湖南地方年鉴 2024

湖南省地方年鉴社　编

上

中国文史出版社

图书在版编目（CIP）数据

湖南地方年鉴 . 2024 / 湖南省地方年鉴社编 .
北京 : 中国文史出版社 , 2024. 11.
-- ISBN 978-7-5205-4986-8

Ⅰ . Z526.4

中国国家版本馆 CIP 数据核字第 2024RE0833 号

责任编辑：薛未未
版面设计：邱莲花
封面设计：邱莲花

出版发行：中国文史出版社
社　　址： 北京市海淀区西八里庄路 69 号院　邮编：100142
电　　话： 010—81136606　81136602　81136603（发行部）
传　　真： 010—81136655
印　　装： 长沙市乐成印刷有限公司
经　　销： 全国新华书店
开　　本： 889 × 1194　1/16
印　　张： 79.5　　**字　　数：** 2424 千字
版　　次： 2024 年 11 月第 1 版
印　　次： 2024 年 12 月第 1 次印刷
定　　价： 990.00 元（全二卷）

编 辑 说 明

一、《湖南地方年鉴》是系统记述湖南省各地方自然、政治、经济、文化、社会等方面情况的综合性地方年鉴。

二、《湖南地方年鉴（2024）》以马克思列宁主义、毛泽东思想、邓小平理论、“三个代表”重要思想、科学发展观、习近平新时代中国特色社会主义思想为指导，坚持辩证唯物主义和历史唯物主义的立场、观点和方法，全面系统地记载湖南省各地方 2023 年度国民经济和社会发展的基本情况与重大事件。

三、《湖南地方年鉴（2024）》从 2023 年湖南省地方经济发展和改革开放的实际出发，实事求是地进行编辑，注重反映地方特色和年度特点，突出地方各行各业经济的发展和改革开放的新情况。全书以省直、市州·县市区、行业三大类，市州·县市区依次是长沙、衡阳、株洲、湘潭、邵阳、岳阳、常德、张家界、益阳、郴州、永州、怀化、娄底、湘西自治州，按市州及所辖的县市区各地方概况、2023 年各地方国民经济和社会发展统计公报及统计数据、文件法规及政治、军事、法治。行业按 20 个行业分类，分别为：综合监督管理、区域开发与园区经济、农业·林业·水利、工业、城乡建设与房地产、生态环境、交通·邮政·通信、经济贸易、财政·税务、金融、民营经济、科学技术与科技服务、教育、新闻·出版·广电、文化事业、旅游、体育、卫生健康、民族宗教、社会生活。对各级领导及部门单位掌握地方各行业发展和运行情况，制定发展计划具有较强的参考作用，同时也具有较高的阅读价值和存史传承价值。

四、《湖南地方年鉴（2024）》采取类目、分目、条目的编辑体例，以字体字号等版式设计区别不同层次。

五、《湖南地方年鉴（2024）》所载稿件，均由各地方政府信息中心提供。

六、本书内容充实，信息量大，特别突出了地方资料的丰富性和延续性，以满足省内外广大读者的需要。

七、本书中的综合性资料，截至 2023 年底。

八、《湖南地方年鉴（2024）》在编写过程中，得到各地方政府及新闻单位的大力支持，在此表示衷心的感谢！囿于编写水平，本书难免有不足、疏漏之处，望专家、读者及各界人士批评指正，我们将进一步改进和完善。

湖南地方年鉴

（2024）

学术顾问　王国宇　毛　建　张　衢

主　　编　李小平

执行主编　蔡坤梅

副 主 编　张　丹　王　兰　钟柏莎

编　　辑　尹　娟　王国英　孙　琴　吴娇娇

杨俊玫　宋　婷　张裕祥　周　娟

禹春玲　彭中英　蒋雨凤

美术编辑　邱莲花

《湖南地方年鉴（2024）》撰稿人

（按姓氏笔画顺序排列）

毛　略	毛玉婷	王慧婷	兰　珺
龙韵锦	石钟惠	田露露	刘思红
刘思慧	刘小梅	伍丽君	陈秋艺
陈　洋	李冬艳	李丽丹	李佩华
李顺利	李思思	李　英	吴　静
肖　丽	肖　敏	张碧颖	周晓南
郭金花	钱亚丽	徐　曼	徐　婷
曹爱连	曹雪飞	黄芬琪	黄秀云
谢　韵			

总　目

目录页码／正文页码·类目

目　录

省　直

市州·县市区

长 沙

◎政治·军事·法治

衡　阳

◎政治 · 军事 · 法治

株　洲

◎政治·军事·法治

湘　潭

◎政治·军事·法治

邵阳

◎政治·军事·法治

岳　阳

◎政治·军事·法治

常　德

◎政治·军事·法治

张家界

◎政治·军事·法治

益　阳

◎政治 · 军事 · 法治

郴　州

◎政治·军事·法治

永　州

◎政治·军事·法治

怀 化

◎政治·军事·法治

娄 底

◎政治·军事·法治

湘西州

行　业

◎综合监督管理

◎区域开发和园区经济

◎农业·林业·水利

◎工　业

◎城乡建设与房地产

◎生态环境

◎交通·邮政·通信

◎经济贸易

◎财政·税务

◎金融

◎民营经济

◎科学技术与科技服务

◎教　育

◎新闻·出版·广电

◎文化事业

◎旅　游

◎体　育

◎卫生健康

◎民族宗教

◎社会生活

湖南地方年鉴
2024
省 直

湖南省主要党政机关领导

（以2023年12月31日在职为准）

中国共产党湖南省委员会

书　记：沈晓明
副书记：毛伟明　李殿勋
常　委：王双全　吴桂英　隋忠诚　谢卫江
魏建锋　杨浩东　汪一光　张迎春
王　宇
秘书长：谢卫江

湖南省第十四届人民代表大会常务委员会

主　任：沈晓明
副主任：马　兰　张剑飞　杨维刚　陈　飞
胡旭晟　周　农
秘书长：王晓科

湖南省人民政府

省　长：毛伟明
副省长：张迎春　李建中　王一鸥　秦国文
蒋涤非　周海兵
秘书长：瞿　海

政协湖南省第十三届委员会

主　席：毛万春
副主席：赖明勇　张　健　张灼华　胡伟林
李　民　肖百灵　虢正贵　潘碧灵
何寄华
秘书长：邓群策

中共湖南省纪律检查委员会

书　　记：王双全
副 书 记：程纪龙　张建平　蔡亭英　胡卫兵
纪委常委：王双全　程纪龙　张建平　蔡亭英
胡卫兵　黄立峰　罗智斌　刘泽友
樊凤鸣　罗国宇　廖国红

湖南省监察委员会

主　　任：王双全
副 主 任：程纪龙　张建平　蔡亭英　胡卫兵
监委委员：樊凤鸣　罗国宇　廖国红　刘晓红
张　锋

湖南省高级人民法院

院　　长：朱　玉
副 院 长：邬文生　杨　翔　蔡俊伟　郭正怀
董　岚

湖南省人民检察院

检 察 长：叶晓颖
副检察长：熊文辉　印仕柏　刘清生　谈　固

湖南概况

省情介绍

湖南省位于我国中部、长江中游，因大部分区域处于洞庭湖以南而得名“湖南”，因省内最大河流湘江流贯全境而简称“湘”，省会驻长沙市。湖南自古盛植木芙蓉，五代时就有“秋风万里芙蓉国”之说，因此又有“芙蓉国”之称。湖南地处东经108° 47′—114° 15′、北纬24° 38′—30° 08′，东西直线距离最宽667公里，南北直线距离最长774公里，总面积21.18万平方公里，占全国国土面积的2.2%，居全国各省区市第10位、中部第1位。

远在旧石器时代湖南就已有古人类活动。距今12000多年前人类即在此种植稻谷，距今5000年前湖南先民开始在此过定居生活。湖南在夏、商和西周时期属《禹贡》九州之荆州南境，春秋战国时属楚国；秦朝时湖南地区设置有黔中、长沙两郡，两汉时期属荆州刺史辖区；三国时期，湖南地区为蜀汉和东吴的角逐之地；两晋时期设有以“湘”命名的“湘州”；唐朝设湖南观察使，为湖南建置之名始；宋朝设“湖南路”，元朝设“湖广行省”，明朝设湖广承宣布政使司（仍称行省）；清分湖广省置湖南省，最终完成独立设省进程，省名沿用至今。

【历史文化】湖南是华夏文明的重要发祥地之一，相传炎帝神农氏在此种植五谷、织麻为布、制作陶器，坐落于株洲市的炎帝陵成为凝聚中华民族的精神象征；舜帝明德天下，足历洞庭，永州九嶷山为其陵寝之地。湖南境内历史遗存众多，出土和发现的澧县城头山古城遗址、里耶秦简、走马楼三国吴简以及凤凰古南方长城、岳麓书院、岳阳楼，是湖南悠久历史的浓缩与见证。其中，出土于宁乡黄材镇的四羊方尊，是目前世界上发现的最精美的商代青铜器，也是中国现存最大的商代青铜方尊；出土于桃源县漆家河的商代皿方罍，是迄今为止出土的方罍中最大、最精美的一件，堪称“方罍之王”；湘西龙山出土的里耶秦简，是继秦始皇兵马俑之后秦代考古的又一重大发现。特别是长沙马王堆汉墓的发掘震惊世界，出土的素纱禅衣薄如蝉翼，仅重49克；长眠其中已2100多年的辛追夫人出土后仍保存完好，被誉为世界第八大奇迹。悠久的历史孕育了灿烂的文化，湖南自古有“古道圣土”“屈贾之乡”和“潇湘洙泗”的美誉，以“心忧天下、敢为人先、经世致用、兼收并蓄”为精神特质的湖湘文化薪火相传，培育形成了“忠诚、担当、求是、图强”的湖南精神。目前全省有长沙、岳阳、凤凰、永州4座国家级历史文化名城，有秋收起义文家市会师旧址、洪江古建筑群等228处全国重点文物保护单位，其中炭河里遗址是已知南方地区最早的西周城址。湖南自古崇文重教，书院最多时达280所，宋代以来，尤以长沙岳麓书院、衡阳石鼓书院闻名遐迩；19世纪末创立于长沙的时务学堂，开近代书院制度改革和新式学堂设立的风气之先。湖南民俗多姿多彩，湘绣、滩头木版年画、皮影戏、江永女书等118项民俗艺术被列为国家非物质文化遗产项目，花鼓戏、昆剧、湘剧、祁剧和常德丝弦等民间歌舞享誉中外；湘西苗族的巫傩文化、德夯苗寨风情、以茅古斯和摆手舞为特色的土家情调等民俗别具一格；湘菜源远流长，早在汉朝就已形成菜系，是汉族饮食文化八大菜系之一。

【湖湘人物】湖南人文荟萃，英才辈出，曾经有过“惟楚有材，于斯为盛”的鼎盛气象。从流寓湖湘的先秦爱国诗人屈原，到西汉著名政论家贾谊、东汉造纸术发明者蔡伦；从唐代著名书法家欧阳询、怀素，到北宋理学鼻祖周敦颐及在湖南讲学传道的南宋著名理学家朱熹和张栻；从明代茶陵诗派领袖李东阳，到有“东方黑格尔”之称的思想家王夫之，湖湘人才群体联袂而起、灿若星河。近现代以来，湖南是维新运动最富生气的一省、辛亥武昌起义首应之区，三湘大地孕育了一大批彪炳史册、光照寰宇的杰出人物，先后涌现了晚清经世派代表人物两江总督陶澍、“睁眼看世界第一人”的启蒙思想家魏源，以及清代中兴名臣曾国藩、左宗棠，维新志士谭嗣同、唐才常，辛亥元勋黄兴、蔡锷、宋教仁，民国第一位民选总理熊希龄，等等。新民主主义革命时期，湖南是全国农民运动的中心、中国革命的重要策源地、抗日战争重要的正面战场，发生了秋收起义、湘南暴动、桑植起义、平江起义、通道转兵、芷江受降等著名历史事件。毛泽东、刘少奇、任弼时、彭德怀等无产阶级革命家，为创建中国共产党、缔造中华人民共和国做出了卓越贡献；新中国首批授衔的十大元帅中有3位是湖南人，10位大将中有6位是湖南人，57名上将中湘籍19人，177位中将中湖南有45人，故湖南有“伟人故里”“将帅之乡”“革命圣地”“红色摇篮”之称。中华人民共和国成立后至改革开放新时期，胡耀邦、朱镕基等党和国家领导人在我国改革发展的历史进程中留下了深刻足迹。此外，“世界杂交水稻之父”袁隆平、“试管婴儿之母”卢光琇等著名科学家，田汉、齐白石、黄永玉等知名艺术家，沈从文、周立波等著名文学家，熊倪、刘璇等世界体育名将，以及全心全意为人民服务的共产主义战士雷锋，他们以其卓越的才情、智慧和品德，在中国乃至世界的历史舞台上写下了浓墨重彩的精彩篇章。

【区位交通】湖南东以幕阜、武功诸山与江西交界，南枕南岭与广东、广西为邻，西以云贵高原东缘与贵州、重庆毗邻，北以滨湖平原与湖北接壤，处于东部沿海地区和中西部地区的过渡带、长江开放经济带和沿海开放经济带的接合部，具有承东启西、连南接北的枢纽地位。湖南交通便利，水陆空综合交通体系立体衔接、纵横交错、通江达海。2023年全年客货运输换算周转量4058.4亿吨公里，比上年增长15.6%。货物运输周转量3057.5亿吨公里，增长3.6%。其中，铁路周转量1015.4亿吨公里，与上年持平；公路周转量1574.4亿吨公里，增长7.5%。旅客运输周转量1345.6亿人公里，增长72.3%。其中，铁路周转量967.8亿人公里，增长79.6%；公路周转量172.5亿人公里，增长17.7%；民航周转量203.3亿人公里，增长116.5%。

年末公路通车里程24.3万公里，比上年末增长0.2%。其中，高速公路通车里程7530公里，增加200公里。铁路营业里程6078.6公里，与上年持平。其中，高速铁路2501公里。民用汽车保有量1157.3万辆，增长4.6%。其中，私人汽车保有量1077.6万辆，增长4.5%。民用轿车保有量645.4万辆，增长5.8%。

【资源禀赋】湖南地貌类型多样，以山地、丘陵为主，大体上是“七山二水一分田”，其中山地面积占全省总面积的51.2%，丘陵及岗地占29.3%，平原占13.1%，水面占6.4%。湖南三面环山，形成从东南西三面向东北倾斜开口的不对称马蹄状，炎陵县与江西交接处的酃峰，海拔2115.2米，是全省最高点。地势最低点在临湘市黄盖湖西岸，海拔24米。湖南矿产丰富，矿种齐全，是驰名中外的“有色金属之乡”和“非金属矿产之乡”。2023年，全省已发现矿种157种，探明资源储量矿种124种。财政出资实施地质勘查项目（含续作项目）21个（只含省级财政投资项目），新发现大中型矿产地2处。世界地质公园2个，国家地质公园14个。湖南生物资源丰富多样，是全国乃至世界珍贵的生物基因库之一，有华南虎、云豹、白鹤等18种国家一级保护动物；有种子植物约5000种，数量居全国第

7位，其中包括水杉、珙桐、绒毛皂荚等国家保护珍稀野生植物55种，占全国总量的17.7%。湖南名胜古迹众多，是闻名遐迩的旅游胜地，古有“潇湘八景”（潇湘夜雨、平沙落雁、烟寺晚钟、山市晴岚、江天暮雪、远浦归帆、洞庭秋月、渔村夕照），现有张家界武陵源风景区、邵阳崀山丹霞地貌2处世界自然遗产、22个国家级风景名胜区、7个5A级景区，其中张家界武陵源风景区是我国首家被联合国教科文组织列入《世界文化和自然遗产名录》的自然名品，南岳衡山是中华五岳之一，岳阳楼是江南三大名楼之一。此外，伟人故里韶山、佛教圣地大乘山、千年学府岳麓书院、凤凰古城、常德桃花源等景区景点光彩夺目，受到了越来越多海内外游客的青睐。

【生态环境】湖南位于北纬25°—30°，属亚热带季风湿润气候，年平均气温16℃—18℃，年平均降水量1200—1800毫米，具有“气候湿润、四季分明，热量充足、雨量集中，春温多变、夏秋多旱，严寒期短、暑热期长”的特点。湖南山清水秀，河网密布，水系发达，5公里以上的河流有5341条，淡水面积达1.35万平方公里，洞庭湖是全国第二大淡水湖，湘江、资水、沅水和澧水等四大水系覆盖全省，其中湘江是长江七大支流之一，全省天然水资源总量为南方九省之冠。湖南属亚热带常绿阔叶林带，植被丰茂，四季常青。省级以上自然保护区53个，面积90.6万公顷。其中，国家级23个，省级30个。世界地质公园2个，国家地质公园14个。全年完成造林面积44.1万公顷。

产业基础。湖南是全国重要的粮食生产基地，自古就有“鱼米之乡”和“湖广熟、天下足”之说。主要农副产品产量如粮食、棉花、油料、苎麻、烤烟以及猪肉等均位居全国前列，其中稻谷产量多年为全国之冠，苎麻、茶叶产量分别居全国第1位和第2位，湘莲具有3000多年历史，产量居全国首位，安化黑茶是中国世博会十大名茶之一，君山银针是中国黄茶珍品。“鞭炮之乡”浏阳市是全球最大和最具盛名的烟花生产基地；醴陵陶瓷已有1700多年的历史，其生产的釉下五彩瓷、毛瓷、国宴专用瓷驰名中外。工业门类齐全，全省拥有14家国家级开发区、1家综合保税区、67家省级开发区和29家省级工业集中区，形成了工程机械、电子信息及新材料、石油化工、汽车及零部件、铅锌硬质合金及深加工等10个优势产业集群。工业领域有机械、轻工、食品（不含烟草制品）、电子信息、石化、有色、冶金、建材、电力等9个千亿产业，有长沙工程机械、岳阳石化2个千亿产业集群，有长沙经开区、长沙高新区、株洲高新区、湘潭经开区4个千亿产业园区，有22家国家级新型工业化产业示范基地，有三一重工、中联重科、华菱钢铁、湘潭电机等一批全国知名企业。第三产业发展较快，广播影视、动漫卡通、文化创意、出版、旅游等产业迅速崛起，特别是广电、出版等优势产业在全国保持领先地位，广电湘军、出版湘军、动漫湘军全国驰名。历时七年编纂出版的《湖湘文库》丛书，累计702册、近4亿字，形成了一座湖湘文化史上的新地标；湖南广电位列“亚洲电视十强品牌”第5位；湖南卫视以创新、活泼、快乐的特点深受观众喜爱，收视率居全国省级卫视第1位。

【综合实力】党的十八大以来，在以习近平同志为核心的党中央坚强领导下，全省上下大力推进科学发展，经济社会呈现又好又快发展的良好势头，经济实力迈上新台阶。2023年，实现地区生产总值50012.9亿元、同比增长4.6%。其中，第一产业增加值4621.3亿元、增长3.5%，第二产业增加值18822.8亿元、增长4.6%，第三产业增加值26568.8亿元、增长4.8%。

湖南省2023年国民经济和社会发展统计公报

2023年是全面贯彻党的二十大精神的开局之年，也是三年新冠疫情防控转段后经济恢复发展的一年。全省上下坚持以习近平新时代中国特色社会主义思想为指导，深入贯彻党的二十大和二十届二中全会精神，认真落实党中央、国务院决策部署，锚定“三高四新”美好蓝图，聚焦高质量发展这个首要任务，深入推动“走找想促”，全力打好“发展六仗”，全年经济稳中有进、进中提质，高质量发展取得新进展，奋力谱写中国式现代化湖南篇章迈出坚实步伐。

一、综合

根据地区生产总值统一核算结果，全年地区生产总值50012.9亿元，比上年增长4.6%。其中，第一产业增加值4621.3亿元，增长3.5%；第二产业增加值18822.8亿元，增长4.6%；第三产业增加值26568.8亿元，增长4.8%。人均地区生产总值75938元，增长5.0%。

三次产业结构为9.3∶37.6∶53.1。工业增加值比上年增长4.8%，占地区生产总值的比重为29.1%；高新技术产业增加值增长8.9%，占地区生产总值的比重为22.8%。第一、二、三产业增加值对经济增长的贡献率分别为7.8%、38.1%和54.1%。其中，工业对经济增长的贡献率为31.2%，生产性服务业对经济增长的贡献率为25.7%。

分区域看，长株潭地区生产总值20741.7亿元，比上年增长4.9%；湘南地区生产总值9797.3亿元，增长4.9%；大湘西地区生产总值8110.2亿元，增长4.8%；洞庭湖地区生产总值11363.7亿元，增长4.0%。

二、农业

全年农林牧渔业总产值8199.4亿元，比上年增长3.7%。粮食种植面积4763.5千公顷，减少2.0千公顷。其中，夏粮面积113.3千公顷，增加0.7千公顷，增长0.6%；早稻面积1204.8千公顷，减少8.0千公顷，下降0.7%；秋粮面积3445.4千公顷，增加5.3千公顷，增长0.2%。秋粮面积中，中稻及一季晚稻面积1481.7千公顷，减少0.17千公顷；双季晚稻面积1260.5千公顷，减少12.5千公顷，下降1.0%。全年粮食产量3068.1万吨，增加50万吨，增产1.7%。其中，夏粮产量46.2万吨，增加0.5万吨，增产1.2%；早稻产量743.2万吨，增加1.9万吨，增产0.3%；秋粮产量2278.7万吨，增加47.6万吨，增产2.1%。

全年棉花种植面积55.9千公顷，比上年下降13.5%；糖料种植面积7.5千公顷，下降0.2%；油料种植面积1614.8千公顷，增长6.4%。棉花产量7.6万吨，减产7.6%；油料293.1万吨，增产5.8%；烤烟21.7万吨，增产11.3%；茶叶27.6万吨，增产3.9%。

全年猪、牛、羊、禽肉类总产量579.7万吨，比上年增长0.4%。其中，猪肉产量461.8万吨，增长0.9%；牛肉产量20.4万吨，下降5.6%；羊肉产量16.9万吨，下降7.1%；禽肉产量80.6万吨，增长1.3%。年末生猪存栏3861.3万头，比上年末下降6.2%，其中，能繁母猪存栏350.1万头，下降5.3%；牛存栏410.7万头，下降7.0%；羊存栏752.8万只，下降6.1%；家禽存笼36865.6万羽，增长1.5%。全年生猪出栏6286.3万头，比上年增长0.6%；牛出栏171.4万头，下降6.4%；羊出栏1018.2万只，下降7.6%；家禽出笼55857.8万羽，增长1.2%。禽蛋产量119.6万吨，增长1.8%。牛奶产量7.8万吨，增长8.3%；水产品产量285.9万吨，增长4.9%。

全年建设高标准农田345万亩。其中，新增建设175万亩，改造提升170万亩。开工各类水利建设项目2362处，投入资金635.1亿元，完成水利工程土石方2.6亿立方米。提质改造农村旅游路、资源路、产业路5790公里。年末农业机械总动力6840.2万千瓦，比上年末增长0.9%。

三、工业和建筑业

全年规模以上工业增加值比上年增长5.1%。其中，民营企业增加值增长5.2%，占规模以上工业的比重为64.4%。高技术制造业增加值增长3.7%，占规模以上工业的比重为13.5%。装备制造业增加值增长8.9%，占规模以上工业的比重为31.5%。省级及以上产业园区工业增加值增长 9.0%，占规模以上工业的比重为 71.2%。六大高耗能行业增加值增长 7.2%，占规模以上工业的比重为 31.3%。分区域看，长株潭地区规模以上工业增加值增长 7.1%，湘南地区规模以上工业增加值增长 7.1%，大湘西地区规模以上工业增加值增长 5.7%，洞庭湖地区规模以上工业增加值增长 4.4%。

全年规模以上工业统计的主要产品产量中，大米 1284.1 万吨，比上年下降 5.7%；饲料 1832.6 万吨，下降 2.7%；原油加工量 903.8 万吨，增长 9.1%；水泥 8285.9 万吨，增长 1.3%；钢材 2890.8 万吨，下降 4.2%；十种有色金属 212.6 万吨，下降 7.4%；混凝土机械 3.2 万台，增长 7.6%；汽车 95.3 万辆，增长 4.6%；发电量 1700.4 亿千瓦时，增长 0.8%。

规模以上工业企业实现利润总额 2052.1 亿元，比上年增长 4.8%。分经济类型看，国有企业 188.4 亿元，增长 40.1%；集体企业 2.7 亿元，下降 32.4%；股份合作制企业 0.1 亿元，下降 63.6%；股份制企业 1654.3 亿元，增长 2.7%；外商及港澳台商投资企业 148.7 亿元，下降 4.2%；其他企业 58.0 亿元，增长 6.8%。利润总额居前五位的大类行业中，化学原料和化学制品制造业 169.6 亿元，下降 7.6%；计算机、通信和其他电子设备制造业 161.5 亿元，下降 10.2%；烟草制品业 156.4 亿元，增长 18.4%；非金属矿物制品业 151.0 亿元，下降 1.6%；电气机械和器材制造业 116.9 亿元，增长 5.6%。规模以上工业企业每百元营业收入中的成本为 82.16 元，营业收入利润率为 5.22%。年末规模以上工业企业资产负债率为 52.7%。

全年建筑业增加值 4277.1 亿元，比上年增长 4.5%。资质以上总承包和专业承包建筑业企业利润总额 376.0 亿元，增长 7.5%。房屋建筑施工面积 75122.3 万平方米，下降 1.4%。房屋建筑竣工面积 25459.6 万平方米，增长 6.1%。

四、服务业

全年批发和零售业增加值 5126.6 亿元，比上年增长 6.1%；交通运输、仓储和邮政业增加值 1984.3 亿元，增长 8.7%；住宿和餐饮业增加值 1098.0 亿元，增长 11.5%；金融业增加值 2598.2 亿元，增长 4.8%；房地产业增加值 2876.9 亿元，下降 1.9%；信息传输、软件和信息技术服务业增加值 1318.6 亿元，增长 10.8%；租赁和商务服务业增加值 1705.0 亿元，增长 6.5%。全年规模以上服务业企业营业收入增长 9.4%，利润总额增长 41.3%。

全年客货运输换算周转量 4058.4 亿吨公里，比上年增长 15.6%。货物运输周转量 3057.5 亿吨公里，增长 3.6%。其中，铁路周转量 1015.4 亿吨公里，与上年持平；公路周转量 1574.4 亿吨公里，增长 7.5%。旅客运输周转量 1345.6 亿人公里，增长 72.3%。其中，铁路周转量 967.8 亿人公里，增长 79.6%；公路周转量 172.5 亿人公里，增长 17.7%；民航周转量 203.3 亿人公里，增长 116.5%。

年末公路通车里程 24.3 万公里，比上年末增长 0.2%。其中，高速公路通车里程 7530 公里，增加 200 公里。铁路营业里程 6078.6 公里，与上年持平。其中，高速铁路 2501 公里。民用汽车保有量 1157.3 万辆，增长 4.6%。其中，私人汽车保有量 1077.6 万辆，增长 4.5%。民用轿车保有量 645.4 万辆，增长 5.8%。

全年邮政行业业务总量 402.7 亿标准量，比上年增长 22.7%；电信业务总量 721.3 亿元，增长 22.5%。年末固定电话用户 548.7 万户，与上年持平；移动电话用户 7680.3 万户，增长 7.0%。年末互联网宽带用户 2744.1 万户，增长 10.9%。

全年国内旅游人数 6.6 亿人次，比上年增长 51.1%；入境旅游人数 112.1 万人次，增长 13.5 倍。旅游总收入 9565.2 亿元，增长 47.4%。其中，国内旅游收入 9545.1 亿元，增长 47.2%；入境旅游收入 2.9 亿美元，增长 11.8 倍。

五、固定资产投资

全年固定资产投资（不含农户）比上年下降 3.1%。其中，民间投资增长 0.8%。分经济类型看，国有投资下降 7.3%，非国有投资下降 1.9%。分投资方向看，民生工程投资下降 4.5%，生态环境投资下降 8.6%，基础设施投资下降 16.1%，高技术产业投资增长 4.0%，工业技改投资下降 4.8%。分区域看，长株潭地区投资下降 4.3%，湘南地区投资增长 3.5%，大湘西地区投资增长 1.2%，洞庭湖地区投资下降 6.1%。

全年房地产开发投资 3833.1 亿元，比上年下降 13.1%。其中，住宅投资 3118.2 亿元，下降 9.1%。商品房销售面积 5636.5 万平方米，下降 14.1%。其中，住宅销售面积 5097.5 万平方米，下降 13.8%。商品房销售额 3700.1 亿元，下降 11.6%。其中，住宅销售额 3299.7 亿元，下降 11.1%。年末商品房待售面积 1296.7 万平方米，比上年末增加 75.4 万平方米，增长 6.2%。

六、国内贸易和物价

全年社会消费品零售总额 20203.3 亿元，比上年增长 6.1%。分经营地看，城镇消费品零售额 17445.6 亿元，增长 5.9%；乡村消费品零售额 2757.7 亿元，增长 6.7%。分消费类型看，商品零售额 17627.8 亿元，增长 5.2%；餐饮收入额 2575.5 亿元，增长 12.3%。分区域看，长株潭地区社会消费品零售总额 7808.5 亿元，增长 5.5%；湘南地区社会消费品零售总额 4037.0 亿元，增长 4.4%；大湘西地区社会消费品零售总额 3643.3 亿元，增长 7.0%；洞庭湖地区社会消费品零售总额 4714.6 亿元，增长 7.8%。

全年限额以上单位商品零售额中，粮油、食品类零售额增长 12.2%，烟酒类增长 7.2%，家用电器和音像器材类增长 6.8%，中西药品类增长 5.6%，通信器材类增长 7.4%，石油及制品类增长 12.6%，汽车类下降 2.4%。绿色智能商品中，可穿戴智能设备零售额增长 12.8%，智能手机增长 13.7%，新能源汽车增长 40.8%。

全年实物商品网上零售额 2432.0 亿元，比上年增长 12.1%，占社会消费品零售总额的比重为 12.0%。

全省居民消费价格比上年上涨 0.2%。其中，城市上涨 0.3%，农村下降 0.1%。工业生产者出厂价格下降 1.5%，工业生产者购进价格下降 2.5%。农产品生产者价格下降 2.4%。

七、对外经济

全年进出口总额 6175.0 亿元，比上年下降 12.1%。其中，出口 4009.4 亿元，下降 21.9%；进口 2165.6 亿元，增长 14.6%。分贸易方式看，一般贸易出口 3465.4 亿元，下降 23.3%；加工贸易出口 405.3 亿元，增长 5.1%。重点出口商品中，机电产品 1918.9 亿元，下降 8.9%；高新技术产品 552.7 亿元，下降 0.4%。分产销国别（地区）看，出口美国 449.7 亿元，下降 37.9%；出口中国香港 536.8 亿元，增长 3.1%；出口欧盟 355.5 亿元，下降 29.4%；出口东盟 761.8 亿元，下降 34.2%；出口共建“一带一路”国家 2181.8 亿元，下降 18.7%。

全年实际使用外商直接投资 14.4 亿美元，比上年下降 59.3%。其中，第一产业 0.2 亿美元，增长 5.2%；第二产业 5.7 亿美元，增长 43%；第三产业 8.5 亿美元，下降 72.8%。新引进世界 500 强企业项目 274 个。实际到位境内省外资金 15062.3 亿元，增长 16.5%。其中，第一产业 662.2 亿元，下降 2.0%；第二产业 9001.0 亿元，增长 29.3%；第三产业 5399.2 亿元，增长 2.0%。引进重大项目 1879 个。

全年对外承包工程新签合同金额 29.9 亿美元，完成营业额 23.5 亿美元；派出各类劳务人员 0.7 万人。对外直接投资新增中方合同额 20.1 亿美元，下降 25.2%。对外直接投资实际投资额 22.2 亿美元，增长 16.3%。

八、财政和金融

全年地方一般公共预算收入 3360.5 亿元，比上年增长 8.3%。其中，税收收入 2208.5 亿元，增长 10.2%；非税收入 1152.0 亿元，增长 5.0%。税收收入中，国内增值税 824.2 亿元，增长 52.2%；企业所得税 225.9 亿元，下降 3.6%。一般公共预算支出 9584.5 亿元，增长 6.6%。其中，教育支出 1578.9 亿元，增长 5.2%；社会保障和就业支出 1559.3 亿元，增长 8.2%；卫生健康支出869.7亿元，增长6.0%；科学技术支出314.0亿元，增长12.3%；住房保障支出266.7亿元，增长20.1%。

年末金融机构本外币各项存款余额77673.5亿元，比上年末增长10.7%。其中，住户存款余额46823.9亿元，增长13.3%；非金融企业存款余额14522.2亿元，增长2.5%。本外币各项贷款余额69396.4亿元，增长10.9%。其中，住户贷款余额22924.9亿元，增长5.2%；非金融企业及机关团体贷款余额46123.0亿元，增长13.9%。

年末全省境内上市公司146家，全年直接融资总额4045.9亿元，比上年增长10.0%。年末A股上市公司总市值15220.5亿元，下降6.3%。年末证券公司分支机构（含分公司和营业部）430家，减少4家；全年证券交易额118337.1亿元，下降1.2%。年末辖区共有期货公司2家，与上年持平；全年成交金额49370.3亿元，下降11.4%。

全年保险公司原保险保费收入1694.0亿元，比上年增长5.0%。其中，寿险保费收入876.5亿元，增长7.2%；健康险保费收入318.3亿元，下降3.1%；人身意外伤害险保费收入33.8亿元，下降9.5%；财产险保费收入465.4亿元，增长8.2%。原保险赔付支出684.3亿元，增长17.8%。

九、教育和科学技术

年末有普通高校123所。研究生教育毕业生3.2万人，普通高等教育毕业生46.3万人，中等职业教育毕业生22.7万人，普通高中毕业生44.0万人，初中毕业生82.7万人，普通小学毕业生89.5万人。在园幼儿183.7万人，比上年下降15.0%。小学适龄儿童入学率100%，高中阶段教育毛入学率94.77%。各类民办学校9932所，在校学生216.9万人。发放高校国家奖学金、助学金（本专科生）14.5亿元，资助高校学生（本专科生）76.9万人次。发放中职国家助学金5.2亿元，资助中职学生52.2万人次。落实义务教育保障资金113.4亿元，发放普通高中国家助学金5.6亿元。

年末有国家工程研究中心（工程实验室）12个，省级工程研究中心（工程实验室）399个。国家地方联合工程研究中心（工程实验室）42个。国家认定企业技术中心75个。国家工程技术研究中心14个，省工程技术研究中心811个。全国（国家）重点实验室28个，省重点实验室387个。签订技术合同55295项，技术合同成交金额3995.3亿元。登记科技成果910项。专利授权量74940件，下降19.4%。其中，发明专利授权量20133件，下降1.4%。工矿企业、大专院校和科研单位专利授权量分别为51332件、9153件和673件。

年末有检验检测机构2051个。其中，国家产品质量监督检验中心25个。法定计量检定机构104个。特种设备生产单位1953家，特种设备57.1万台。重点工业产品监督抽查合格率87.9%。参与制定国际标准3项，参与制定国家标准247项，组织制定地方标准406项。公开出版地图2197幅，天地图用户访问量85.7万次，提供地理空间数据成果21.7万幅。

十、文化、卫生和体育

年末有艺术表演团体655个，群众艺术馆、文化馆149个，公共图书馆148个，博物馆、纪念馆180个。广播电视台（播出机构）108座。有线电视用户585.3万户。广播综合人口覆盖率99.43%，电视综合人口覆盖率99.77%。国家级非物质文化遗产保护目录137个，省级非物质文化遗产保护目录410个。出版图书12078种、期刊235种、报纸44种，图书、期刊、报纸出版总印数分别为5.9亿册、0.8亿册和5.0亿份。

年末有卫生机构57518个。其中，医院1784个，妇幼保健院（所、站）139个，专科疾病防治院（所、站）67个，乡镇卫生院2070个，社区卫生服务中心（站）1051个，诊所、卫生所、医务室14036个，村卫生室36130个。卫生技术人员56.9万人，比上年增长9.7%。其中，执业医师和执业助理医师21.9万人，注册护士27.0万人。医院拥有床位39.0万张，下降1.9%；乡镇卫生院拥有床位10.5万张，下降3.5%。

全省开展全民健身项目3337项次。新建农民体育健身工程的行政村430个。全年获得61个全国冠军。体育场地194745个。其中，体育馆316座，运动场7507个，游泳池1546个，各种训练房8248个。

十一、人口、居民收入消费和社会保障

年末全省常住人口6568万人。其中，城镇人口4017万人，城镇化率61.16%，比上年末提高0.85个百分点。全年出生人口39.5万人，出生率6.00‰；死亡人口59.8万人，死亡率9.08‰；人口自然增长率−3.08‰。0—15岁（含不满16周岁）人口占常住人口的比重为18.84%，下降0.68个百分点；16—59岁（含不满60周岁）人口比重为58.93%，下降0.72个百分点；60岁及以上人口比重为22.23%，提高1.39个百分点。

全年全省居民人均可支配收入35895元，比上年增长5.5%；居民人均可支配收入中位数28606元，增长4.4%。按常住地分，城镇居民人均可支配收入49243元，增长4.1%；城镇居民人均可支配收入中位数43705元，增长3.0%。农村居民人均可支配收入20921元，增长7.0%；农村居民人均可支配收入中位数18585元，增长5.7%。城乡居民收入比由上年的2.42缩小为2.35。分区域看，长株潭地区全体居民人均可支配收入54069元，增长4.4%；湘南地区全体居民人均可支配收入33228元，增长5.5%；大湘西地区全体居民人均可支配收入25110元，增长6.3%；洞庭湖地区全体居民人均可支配收入32744元，增长5.4%。脱贫县农村居民人均可支配收入16036元，增长9.0%。

全省居民人均消费支出25462元，比上年增长5.7%。按常住地分，城镇居民人均消费支出31035元，增长4.9%；农村居民人均消费支出19210元，增长6.3%。

全年城镇新增就业人员76.5万人。年末城乡居民基本养老保险参保人数3413.0万人。城镇职工基本养老保险参保人数2018.4万人，增长6.6%。其中，在职职工1454.0万人，离退休人员564.4万人。城乡居民基本医疗保险参保人数5309.0万人，城镇职工基本医疗保险参保人数1046.7万人。参加失业保险人数740.4万人，增长2.3%。参加工伤保险职工人数994.5万人。参加生育保险职工人数703.5万人。年末领取失业保险职工人数18.4万人。

获得政府最低生活保障的城镇居民32.3万人，发放最低生活保障经费17.1亿元；获得政府最低生活保障的农村居民147.1万人，发放最低生活保障经费47.6亿元。年末提供住宿民政机构床位24.4万张，收养人数11.4万人。其中，养老机构床位23.0万张，养老机构服务人数10.8万人。社区服务机构和设施3.2万个。全年销售社会福利彩票80.3亿元，筹集福彩公益金24.5亿元。圆满完成十大重点民生实事20个项目。其中，开工改造城镇老旧小区2000个，新增蓄水能力5089.4万立方米，农村适龄及城镇低保适龄妇女“两癌”免费检查103.1万人。

十二、资源、环境和安全生产

全省已发现矿种157种，探明资源储量矿种124种。其中，能源矿产7种，金属矿产39种，非金属矿产76种，水气矿产2种。财政出资实施地质勘查项目（含续作项目）21个（只含省级财政投资项目），新发现大中型矿产地2处。

全年达到或优于III类标准的水质断面比例为97.2%，比上年下降0.2个百分点。空气质量优良天数比例为90.5%。省级以上自然保护区53个，面积90.6万公顷。其中，国家级23个，省级30个。世界地质公园2个，国家地质公园14个。全年完成造林面积44.1万公顷。

全年规模以上工业综合能源消费量比上年下降0.7%。其中，六大高耗能行业综合能源消费量增长1.4%。

全年发生各类生产经营性安全事故1244起，生产经营性安全事故死亡人数1318人。亿元地区生产总值事故死亡人数0.03人。道路交通事故万车死亡人数2.22人，比上年减少0.37人。

湖南省人民政府关于印发《湖南省2023年国民经济和社会发展计划》的通知

湘政发〔2023〕4号

各市州、县市区人民政府，省政府各厅委、各直属机构：

《湖南省2023年国民经济和社会发展计划》已经省十四届人大一次会议审议通过，现印发给你们，请认真组织实施。

湖南省人民政府

2023年3月23日

湖南省2023年国民经济和社会发展计划

2022年，全球经济贸易领域风险挑战明显增多，国内疫情影响超出预期，经济发展环境复杂严峻。全省上下始终坚持以习近平新时代中国特色社会主义思想为指导，在省委、省人民政府坚强领导下，认真贯彻疫情要防住、经济要稳住、发展要安全的要求，按照省委经济工作会议、省《政府工作报告》部署要求，全面落实“三高四新”战略定位和使命任务，坚持“稳、进、高、新”工作思路，认真执行省十三届人大五次会议审查批准的2022年国民经济和社会发展计划，全力抓好“两个统筹”，有效应对多轮多地新冠疫情和历史罕见持续高温干旱天气等冲击，计划执行情况总体较好，保持了经济社会大局稳定。全年地区生产总值48670.37亿元，同比增长4.5%，其中，规模以上服务业营业收入增长7.8%，规模工业增加值增长7.2%，高新技术产业增加值增长12.7%；全社会固定资产投资增长6.6%；社会消费品零售总额增长2.4%；进出口总额增长20.2%；地方一般公共预算收入增长6.6%；全体居民人均可支配收入增长6.4%；居民消费价格指数（CPI）上涨1.8%；新增城镇就业73.65万人；生态环境指标有望完成国家下达任务。

按照省委经济工作会议总体部署，2023年经济社会发展主要预期目标是：地区生产总值增长6.5%左右，第一产业增加值增长3.5%，规模工业增加值增长7.5%，固定资产投资增长7%以上，社会消费品零售总额增长7%，进出口增长10%，地方一般公共预算收入增长8%以上，居民消费价格涨幅3%左右，城镇新增就业70万人，城镇调查失业率5.5%左右，居民收入增长与经济增长基本同步，粮食产量600亿斤以上，生态环境指标稳步改善。

为实现上述目标，要坚持把握“稳”的要求，找准“进”的方向，盯住“高”的目标，谱写“新”的篇章，着力打好“发展六仗”，重点抓好以下十个方面工作：

一、充分挖掘内需潜力，积极融入经济发展新格局

持续促进消费恢复。组织一批促消费专项行动，加强我省名优商品的推介。加强消费基础设施建设，推进国家级示范步行街试点创建，支持长沙打造国际消费中心城市，继续实施“县域商业建设行动”。以城镇居民小区、高速公路、国省干道为重点，推进新能源汽车充电基础设施建设。办好第二届湖南旅游发展大会，推动旅游消费恢复。促进养老、教育、医疗、体育等服务消费。合理增加消费信贷，支持住房改善、新能源汽车等消费，充分释放消费潜力。积极扩大有效投资。加强重点领域基础设施建设，以“十大基础设施项目”为引领，推进一批具有战略支撑作用的重大项目。加快长赣铁路建设，加快推进邵永、铜吉、宜常等铁路前期工作；争取官新、白新等4条高速公路建成通车，加快京港澳扩容、衡永、醴娄、桑龙等高速公路建设；加快推进长沙机场改扩建工程、新开工岳阳机场改扩建工程，实现湘西机场通航，加快娄底机场前期工作；建成湘江永州至衡阳三级航道二期工程，加快沅水洪江至辰溪项目、虞公港建设。推进洞庭湖重点垸堤防加固一期工程、犬木塘水库、大兴寨水库建设，加快推进金塘冲水库、梅山灌区、“四口”水系综合整治、洞庭湖堤防加固二期工程等前期工作。建成5G基站10万座，同步配套物联网等信息基础设施。实施物流发展“强基补链”工程。积极抢抓国家政策机遇。认真研究国家五个方面的重大政策，结合实际争取政策支持，强化政策配套和落地落实，用好用活用足政策。积极争取纳入国家“十四五”规划重大工程的项目尽早开工建设；争取国家、央企在湘布局建设新的重大项目；争取中央预算内、专项债等资金支持。充分发挥中央预算内投资的引导带动作用，加快地方政府专项债券使用，切实管好用好专项债资金，坚决杜绝挤占挪用，足额保障项目建设。常态化开展政银企对接。协调做好重大项目用地保障。同时，加强基本建设投资管理，严格落实“投资管理五举措”（政府性投资项目“要件立项制”、中央预算内项目“负面清单管理制”、专项债券项目“四库管理制”、重点建设项目“视频监测制”、概算管理“双责任制”），严肃整改专项债券资金等领域审计查出的问题，提高投资效率。

二、培育壮大实体经济，加快构建现代产业新体系

加快打造国家重要先进制造业高地。

实施优质企业梯度培育工程、经营主体培育工程、新增规模以上工业企业行动、企业上市“金芙蓉”跃升行动、产业发展“万千百”工程，力争制造业增长8%左右，新增百亿企业10家、国家级专精特新“小巨人”企业200家，制造业单项冠军企业（产品）60家。集中优质资源合力开展关键核心技术和零部件薄弱环节攻关。加快传统优势制造业转型升级。积极培育电子信息、新能源汽车、现代石化等战略性新兴产业。发挥好制造强省等专项资金的引导作用，整合资源支持一批重点产业、重点项目建设，支持专精特新企业发展、支持产业链领军企业做大做强。继续以“十大产业项目”为引领扩大产业投资，力争产业投资增长8%左右，加快推进岳阳乙烯炼化一体化、长沙比亚迪和湘潭吉利新能源汽车生产基地、涟钢冷轧硅钢等一批重大产业项目建设。同时，要立足现有基础和禀赋，超前谋划布局一批支撑未来发展的大战略、大产业，开辟发展新赛道。加大智能制造、生命健康、新材料等战略性新兴产业布局力度。大力发展数字经济。推进“四算一体”，建设全国先进绿色算力枢纽和国际领先的算法创新中心。发展“大智移云”等新一代信息技术，加快数字产业化和产业数字化，聚焦集成电路、新型显示、智能硬件、基础软件、基础电子元器件等重点领域，培育一批电子信息特色产业基地，搭建一批公共服务平台，推进一批数据中心建设，打造数字湖南十大应用场景，力争数字经济增长15%以上。提升数字经济常态化监管水平，支持平台企业合规发展。加快构建现代服务业体系。以服务制造业转型升级为导向推进两业融合试点，创建10家左右国家级工业设计中心和国家级服务型制造示范企业。开展省服务业示范集聚区提升工程，打造30家以上现代服务业创新发展区。推进大健康、通用航空等产业融合发展。深入推进“五好”园区建设。完善园区综合评价体系，提高园区发展质量效益，力争营收过4千亿园区实现零的突破，产业园区亩均税收增长15%。持续推进园区闲置国有资产处置盘活，稳步有序推进园区调区扩区。创新园区管理模式，推广运用园区数字地图，加快智慧园区建设。持续抓好助企纾困工作。常态化“送政策、解难题、优服务”，持续开展“纾困增效”专项行动，推行惠企政策“免申即享”“直给直兑”。积极帮助中小微企业降低融资、用能等生产经营成本。

三、持续深化经济改革，全力推动发展环境新提升

激发全社会干事创业活力，让干部敢为、地方敢闯、企业敢干、群众敢首创。深化供给侧结构性改革。实施以要素配置为核心的市场化改革，推进长株潭要素市场化配置国家综合改革试点，落实国家授权改革清单。实施以增加知识价值为导向的新型收入分配制度改革，推进科技成果权益分配改革和科技项目评审、人才评价、机构评估“三评”改革。加快推进国有企事业单位创新人才薪酬分配改革，知识价值信用贷款改革和以知识价值为核心的新资本市场改革等。加快推进投融资体制改革，强化股权投资做引导、债权融资做增信、资本市场募资做培育。探索打造中西部科技金融中心。深入开展投资项目审批制度改革。坚持“两个毫不动摇”。深化国企国资改革，积极稳妥推进混合所有制改革，完善国企现代公司治理。健全完善鼓励省属国有企业敢闯敢为机制。持续抓好民营经济“六个一”行动，实施民营企业培优育强行动，主动为民营企业解难题、办实事。落实促进民间投资各项政策，鼓励和吸引更多民间资本参与重大工程和补短板项目建设。加强政策和舆论引导，切实落实好国企民企平等对待的要求。加快全国统一大市场建设。完善产权保护、市场准入、公平竞争、社会信用等市场基础制度。加强信用监管和信用核查，推广“湘信贷”，积极创建全国社会信用体系建设示范区。落实市场准入“全国一张清单”制度，持续开展不当市场干预行为清理整顿，保障各类经营主体依法平等使用各类生产要素和公共服务资源，平等参与市场竞争。加快打造市场化法治化国际化一流营商环境。落实“十个坚决”措施，深入实施优化营商环境三年行动计划，鼓励各地大胆创新体制机制，通过优化营商环境构筑发展新优势。持续打造“一件事一次办”升级版。建好用好“湘易办”超级服务端。开展涉企“政府承诺、拖欠账款”历史遗留问题清理行动，推行“首违不罚”等柔性执法。纠治部分地方和部门一些领导干部特别是一线审批、执法人员不担当、不作为、乱作为等影响发展环境的突出问题。创新市县、园区营商环境评价。

四、推动科教强省建设，助力开辟创新发展新赛道

推动全员劳动生产率增长6.5%左右。支持教育优先发展。优化调整学前教育资源，重点办好乡镇中心幼儿园。实施新一轮义务教育质量提升工程，加快义务教育优质均衡发展和城乡一体化。加强县域高中建设，增加优质普通高中教育资源供给。深入实施职业教育“楚怡”行动，推进职普融通、产教融合、科教融汇。加快推进高校新一轮“双一流”建设，持续改善本科高校办学条件，持续提升本科录取率。力争劳动年龄人口平均受教育年限稳步提升。推动“双减”走深走实，加强校外培训监管。加快科技自立自强。持续实施“十大技术攻关项目”，集中力量在种业、计算、智能制造、北斗应用、生命健康等领域，突破一批“卡脖子”关键技术，力争新增高价值发明专利4200件左右。持续开展制造业关键产品“揭榜挂帅”，实施100个“产品创新强基”项目。实现规模以上工业企业研发机构和研发活动全覆盖。发挥好省属国有企业在增加研发投入方面的引领作用。统筹推进“三区两山两中心”建设，加快推进“四大实验室”“四大科技基础设施”建设运行，加快建设湖南先进技术研究院，高标准规划建设湘江科学城。推进潇湘科技要素大市场体系向区县延伸，开展科技成果转化赋权改革试点。清理修订现有创新政策，深入实施科技体制改革。打造面向全球集聚创新资源、促进创新合作的高端会展平台。强化人才引进培育。深入实施“芙蓉计划”，大力推进创新人才工程，围绕人才团队和人才家庭基本单元，营造良好人才生态。打造高层次专家服务基层的常态化平台，完善科技特派员制度。加强科研作风学风建设。

五、促进区域协调发展，不断激发区域经济新动能

融入对接国家重大战略。落实中部崛起战略，协同推进长江中游三省高质量发展，推进湘赣边区域合作示范区和鄂南湘北跨省协作示范区建设。全面对接融入粤港澳大湾区建设，深化泛珠三角区域合作。推动强省会和长株潭都市圈建设。全面落实“1+N”政策，持续打造一批长株潭一体化标志性工程。优化调整绿心总体规划，加快推进绿心中央公园建设。加快建设临园、临江两个融城片区和临空、临港两个产业片区。研究制定户籍、住房、教育、医疗等公共服务同城化政策。推动长株潭创建国家区域科技创新中心。推动省内区域联动协调发展。推进岳阳、衡阳省域副中心城市建设。创新湘南湘西承接产业转移示范区承接产业转移机制。组织实施好新时代洞庭湖生态经济区规划。实施湘西地区开发战略。推进革命老区、民族地区、欠发达地区、资源型地区、老工业城市等特殊类型地区振兴发展。推进新型城镇化战略和县域经济高质量发展。“一县一策”分类推进以县城为重要载体的城镇化建设，深入实施县域经济高质量发展工程，推进县域优势传统产业转型升级，提升产业辐射带动能力。实施城市更新行动，加快老旧小区改造，实施燃气管道老化更新改造，加强城市二次供水设施改造，实施县以上城市污水管网建设改造攻坚行动，基本消除城市黑臭水体。推进特色小镇规范健康发展。

六、加快建设农业强省，推动形成乡村振兴新局面

全力保障粮食安全。坚持最严格的耕地保护制度，扎实推进高标准农田建设，加快水安全保障能力建设，完善农业防灾减灾救灾体系，确保粮食播种面积稳定在7135万亩、产量600亿斤以上。加快农业科技创新，深入实施种业振兴行动，开展农机研发制造推广应用一体化试点。加快省级储备粮统一承储机制改革，加强绿色仓储设施建设。推进巩固拓展脱贫攻坚成果同乡村振兴有效衔接。深入开展乡村振兴重点帮扶和示范创建，健全防止返贫动态监测和帮扶机制，加强易地扶贫搬迁后续帮扶，强化技能培训、以工代赈，防止规模性返贫。加快振兴乡村产业。大力发展农产品加工业，继续实施“中国粮·湖南饭”品牌“六名”培育行动，推进预制菜产业发展。健全县乡村三级物流服务网络，支持建设一批农产品冷链物流特色基地，产地型冷链物流集配中心，整县推进农产品产地仓储保鲜冷链物流设施建设。着力建设美丽乡村。深入实施“千村美丽、万村整治”工程、农村人居环境整治提升五年行动，全面推进农村生活污水、垃圾治理。加强“四好农村路”及用水、用电、信息等基础设施和农村公共文化设施建设。深化农村综合配套改革。有序推进产权、户籍、金融等重点领域改革。稳步开展第二轮土地承包再延长30年、农村宅基地制度等改革试点，健全农村集体经营性建设用地入市制度。加强农村集体“三资”管理，创新农业农村投融资机制。

七、建设内陆开放高地，着力集聚开放发展新优势

加快构建以融入共建“一带一路”为重点的全方位对外开放新格局。以共建“一带一路”倡议提出10周年为契机，讲好湖南故事。加快建设五大国际物流通道和货运集结中心。推动中欧班列扩容提质，打造中欧班列（长沙）集结中心。推进怀化国际陆港建设，打造怀化东盟货运集结中心，积极融入西部陆海新通道。高标准推进自贸试验区、中非经贸深度合作先行区建设，办好第三届中国—非洲经贸博览会。加强境外服务能力建设，积极协调保护境外湘企合法权益。加快建设贸易强省。深入实施外贸主体创新行动，培育引进一批大型生产型外贸企业和供应链平台企业。以区域全面经济伙伴关系协定（RCEP）成员国家、欧盟为重点，积极开拓新的外贸市场。大力发展市场采购、跨境电商等外贸新业态，建立市场采购风险补偿融资模式，推动市场采购与跨境电商融合发展。建设国家进口贸易促进创新示范区，扩大重点民生商品进口。推动高质量招商引资。落实外资投资企业国民待遇，加大知识产权和外商投资合法权益的保护力度，争取外资在重点行业和领域增加投资和布局新项目，争取落地一批外资标志性项目，力争实际利用外资增长10%。强化精准招商，继续实施湘商回归工程，积极争取企业总部落户湖南，推进县域返乡创业。

八、提高人民生活品质，努力创造共同富裕新成效

促进居民增收。实施扩大中等收入群体行动计划，稳步推进收入分配制度改革。发展公益慈善事业。促进就业提质。落实就业优先政策，保障好高校毕业生、农民工、退役军人等重点群体就业。深入实施“创响三湘”行动，开展失业人员再就业等帮扶行动。支持和规范发展新就业形态，加强劳动者权益保护。建设健康湖南。推动优质医疗资源扩容下沉和区域均衡布局。加快建设国家医学中心、国家区域医疗中心、省级区域医疗中心。启动建设国家紧急医学救援基地、国家中医药传承创新中心、国家中医疫病防治基地。推进一批中西医结合旗舰医院建设。加强公共卫生队伍建设，构建优质高效医疗卫生服务体系，力争新增执业（助理）医师数4650人左右，持续延长人均预期寿命。完善生育支持政策体系，制定实施“一老一小”整体解决方案，推进居家社区机构相协调、医养康养相结合的养老服务，增加养老床位3万张、3岁以下婴幼儿托位数6.5万个左右。推进全民健身项目建设。完善社会保障。推进全民参保行动，力争基本养老保险参保率持续提升，有序推进基本医疗保险、失业保险、工伤保险省级统筹，完善大病医疗保险和医疗救助制度，落实异地就医结算。提升居民医保补助、城乡低保、残疾人“两项补贴”标准。办好十大重点民生实事。兜牢困难群体保障底线。抓好保供稳价。加强价格分析研判预警监测，做好粮食、生猪、蔬菜等重要农产品价格调控，抓好抗疫用品、药品价格监管和干预，及时启动社会救助和保障标准与物价上涨挂钩联动机制。

九、推进人与自然和谐共生，积极培育绿色发展新形态

统筹“双碳”和能源安全。积极稳妥推进碳达峰碳中和，完善“1+1+N”政策体系，有序实施“碳达峰十大行动”，加快重点行业企业节能降碳改造，坚决遏制“两高”项目盲目发展。提升能源供应保障能力，确保国能岳阳电厂、衡东气电、五强溪水电站扩机工程等项目建成投产，新增电力稳定供应能力400万千瓦以上。加快“宁电入湘”、益阳电厂、安化抽蓄等项目建设进度。开工建设一批风电和光伏发电项目。加快油气、储煤等设施建设。推动新粤浙广西支线湖南段建成投产。加强大容量电化学储能、大容量风电和先进输配电等绿色低碳关键核心技术攻关。推进环境污染治理和生态修复。打好蓝天、碧水、净土保卫战，持续开展“夏季攻势”，抓实中央环保督察及长江经济带生态环境警示片交办问题整改。深入开展重污染天气消除、臭氧污染防治和柴油货车污染治理。深入推进长江经济带污染治理“4+1”工程，持续抓好洞庭湖总磷污染控制与削减、“锰三角”矿山污染综合治理。加强农用地土壤重金属污染源头防治，做好固体废物和新污染物治理。严格落实长江“十年禁渔”。全面铺开科学绿化试点示范省建设，保持森林覆盖率稳定在59%以上。加快发展方式绿色转型。加快“无废城市”建设，继续实施园区循环化改造工程。建立生态产品价值实现机制，完善生态环境补偿、损害赔偿制度。持续推进岳阳长江经济带绿色发展示范区和郴州可持续发展议程创新示范区建设，支持怀化创建生态产品价值实现机制试点城市。同时，按照“十四五”能耗双控和二氧化碳减排目标要求，统筹完成好年度工作任务，推动单位地区生产总值能耗和二氧化碳排放量持续下降。

十、防范化解重大风险，全面落实安全发展新要求

防范化解地方政府债务风险。落实“六个一批”化债举措，加大存量隐性债务处置力度。强化政府债务规模控制、预算管理、风险监控等工作，加强对重点市县监管，严防政府债务风险。加强市县平台公司清理监管，加快推进平台公司“关停并转”。规范政府投资行为，加强政府性项目决策和立项管理，坚决遏制新增地方政府隐性债务。持续推进国有“三资”清查处置，盘活资金用于防风险、保民生、稳投资。防范化解房地产领域风险。扎实做好保交楼、保民生、保稳定各项工作，满足行业合理融资需求，用好专项借款，推动并购重组，改善负债状况，阻断房地产风险向金融、社会领域传导。支持刚性和改善性住房需求，解决好新市民、青年人住房需求。坚持“房住不炒”定位，推动房地产业向新发展模式平稳过渡。防范化解金融领域风险。加强金融风险监测预警，加大对重点行业和领域的风险防控，深入推进互联网金融风险专项整治，严厉打击各类非法金融活动，做好P2P、非法集资等涉众型金融领域风险处置，守住不发生系统性金融风险底线。科学抓好疫情防控。全面落实“乙类乙管”各项措施，加强老年人、儿童等重点人群保护，加强基层防疫能力建设，着力保健康、防重症，最大程度保护人民生命安全和身体健康。防范化解其他重点领域风险。推进预警和响应一体化建设，抓实安全生产、森林防火、城市消防、自建房安全、信访维稳、食品药品安全监管和应对极端气候等各项工作，多措并举防范遏制重特大生产安全事故发生，打好安全生产翻身仗，推动亿元地区生产总值生产安全事故死亡率持续下降，营造和谐稳定的社会环境。

附件

湖南省2023年国民经济和社会发展计划主要指标

序号	指 标 名 称	建议目标
1	地区生产总值增长（%）	6.5%左右
2	一产业增长（%）	3.5%
3	服务业增加值增长（%）	7%
4	规模工业增加值增长（%）	7.5%
5	固定资产投资增长（%）	7%以上
6	社会消费品零售总额增长（%）	7%
7	进出口总额增长（%）	10%
8	地方一般公共预算收入增长（%）	8%以上
9	常住人口城镇化率（%）	提高1个百分点左右
10	研发经费投入增长（%）	12%以上
11	居民人均可支配收入增长（%）	与经济增长基本同步
12	城镇新增就业（万人）	70万人
13	城镇调查失业率（%）	5.5%左右
14	居民消费价格指数（%）	3%左右
15	地级及以上城市空气质量优良天数比率（%）	按国家下达任务
16	地表水达到或好于二类水体比例（%）	
17	粮食产量（亿斤）	600亿斤以上

湖南省人民政府关于印发《湖南省进一步优化外商投资环境更大力度吸引和利用外资的若干措施》的通知

湘政发〔2023〕12号

各市州、县市区人民政府，省政府各厅委、各直属机构：

现将《湖南省进一步优化外商投资环境更大力度吸引和利用外资的若干措施》印发给你们，请认真抓好贯彻执行。

湖南省人民政府

2023年12月28日

湖南省进一步优化外商投资环境更大力度吸引和利用外资的若干措施

为深入贯彻落实国务院关于吸引和利用外商投资工作部署，进一步优化外商投资环境，更大力度吸引和利用外资，特制定以下措施。

一、提高利用外资质量

（一）加大重点领域引进外资力度。支持外商投资企业在湖南设立研发中心、创新中心，加强技术研发、成果转化、产学研合作和创新人才培养，支持外商投资企业与国内企业、高校、科研院所合作交流，联合开展技术研发和产业化应用。鼓励外商投资企业依法在湖南开展境外已上市细胞和基因治疗药品临床试验，对已上市境外生产药品转移至湖南生产的药品上市注册申请实施创新、快捷、常规“三通道”审批，进一步优化审评审批流程，加快创新产品、重点建设项目审评审批。支持先进制造、现代服务、数字经济等领域外商投资企业与各类职业院校（含技工院校）、职业培训机构开展职业教育和培训。支持境外知名高校在湖南落地各类研究机构，与省内高校结对开展科研项目合作。（责任单位：省发展改革委、省教育厅、省科技厅、省工业和信息化厅、省人力资源和社会保障厅、省商务厅、省药品监管局按职责分工负责）

（二）进一步拓展吸引外资渠道。支持符合条件的外国投资者在湖南设立投资性公司、地区总部。着力打造吸引外资的载体和平台，重点推进中欧（湖南）国际合作示范区等国际合作园区建设。组建湖南省投资促进基金，鼓励和支持境外基金参与，协助引进境外项目。加快推广合格境外有限合伙人（QFLP）业务，支持以所募的境外人民币按规定开展境内投资。（责任单位：省财政厅、省商务厅、省市场监管局、省地方金融监管局、中国人民银行湖南省分行、国家外汇管理局湖南省分局、湖南证监局按职责分工负责）

（三）积极承接外商投资企业梯度转移。依托中国（湖南）自贸试验区、湘江新区、国家级开发区、海峡两岸产业合作区（湖南）等各类开放平台，探索通过产值、利益分享机制，积极承接东部地区、沿边地区外商投资企业转移。对在中国境内整体性转移至湖南的外商投资企业，按照原所在地区已取得的海关信用等级实施监督。（责任单位：省委台办、省发展改革委、省商务厅、长沙海关按职责分工负责）

（四）完善外资项目建设推进机制。建立外资重点项目库，推动总投资等值10亿美元以上（含跨境人民币）的重大外资项目申报纳入国家重大和重点外资项目专班服务，总投资等值1亿美元以上（含跨境人民币）的外资项目申报列入国家重点外资项目，争取国家政策支持。建立健全湖南省重点外资项目的申报认定机制和跟踪服务机制，加大重点行业、重点领域利用外资力度。对符合政策规定的外资项目，在资金、人才、用地、用能、出入境便利等方面加大支持力度，加快项目落地实施。出台促进绿色电力消费政策措施，支持外商投资企业更多参与绿证交易和跨省跨区绿色电力交易。（责任单位：省政府外事办、省发展改革委、省工业和信息化厅、省财政厅、省自然资源厅、省商务厅、省地方金融监管局、国家外汇管理局湖南省分局按职责分工负责）

（五）建好供需对接机制。根据“4×4”现代化产业体系建设需要以及省级以上园区优势特色产业链发展情况，建立外资招引需求清单。研究境外重点国家、重点产业和目标企业，建立招引目标清单。完善招商信息资源汇聚传导分配机制，为各地精准提供项目投资信息对接服务，确保供需信息对称。（责任单位：省发展改革委、省工业和信息化厅、省农业农村厅、省商务厅、省文化和旅游厅按职责分工负责）

（六）加强重点地区的深耕拓展。

聚焦欧美、日韩、金砖国家、东盟等重点国别地区，建立市州对口重点国家联系机制，持续开展常态化的对接交流，建立针对重点国家外资招引的深耕拓展机制。鼓励市州充分利用友城机制和境外商（协）会开拓招商资源和渠道。（责任单位：省政府外事办、省商务厅、省贸促会按职责分工负责）

二、保障外商投资企业国民待遇

（七）保障外商投资企业依法参与政府采购活动。优化外商投资企业参与政府采购营商环境，严格执行“中国境内生产”的具体标准，依法查处对外商投资企业实行差别待遇等违法违规行为。畅通外商投资企业权益救济渠道，外商投资企业可就政府采购活动中损害其权益行为依法提起质疑和投诉，各级财政部门应依法受理并公平处理。（责任单位：省财政厅、省商务厅按职责分工负责）

（八）支持外商投资企业依法平等参与标准化活动。实行标准化政策一致、机会均等，保障外商投资企业与内资企业依法平等参加省级专业标准化技术委员会及标准制修订工作。鼓励外商投资企业参与制定企业标准并积极开展标准化服务。（责任单位：省市场监管局）

（九）确保外商投资企业平等享受支持政策。严格落实公平竞争审查制度，出台支持产业发展、扩大内需等涉及市场主体经济活动的政策措施，必须经过公平竞争审查。不得通过限定品牌或以外资品牌为由排斥或歧视外商投资企业及其产品和服务，不得对外商投资企业及其产品和服务享受政策设置额外条件。（责任单位：省商务厅、省市场监管局、各有关部门按职责分工负责）

三、持续加强外商投资保护

（十）健全外商投资权益保护机制。畅通侵权举报受理渠道，强化涉企相关职能部门协同联动，联合查证涉外商投资相关谣言及虚假不实信息，加强涉侵害外商投资合法权益举报线索的受理、研判、复核、转办等工作。密切关注外商投资领域敏感舆情信息，及时清理网上涉侵犯外商投资合法权益的虚假不实和侵权信息，坚决打击恶意炒作行为，依法查处违法违规网站平台和账号。落实外商投资管理制度，依托外商投资协会创新开展外商投资权益保护和投诉处理工作。保护外商投资合法权益，密切关注外商投资遭遇的各类歧视性待遇、隐形门槛和招商惠企政策不落实等情况，协调推动问题妥善解决。（责任单位：省委网信办、省商务厅按职责分工负责）

（十一）强化知识产权行政保护。加强专利侵权纠纷行政裁决，对案件进行繁简分流，进一步提升办理专利侵权纠纷行政裁决案件质效。加强展会知识产权保护，根据展会需要设立知识产权工作站，受理湖南省参展产品知识产权登记申请和举报投诉，畅通展前、展中、展后知识产权全链条保护。加强医药集中采购领域知识产权保护，企业参加采购活动须自主承诺相关产品不存在违反专利法等法律法规的情形。对涉及知识产权纠纷的产品，加强部门沟通会商，通报相关产品信息和知识产权信息，切实维护社会公众和权利人合法权益。对经知识产权管理部门行政裁决或人民法院生效判决认定侵权的产品，及时采取撤网、取消中选资格等措施制止侵权行为。（责任单位：省委宣传部、省商务厅、省市场监管局、省医保局按职责分工负责）

（十二）加大知识产权行政执法力度。坚决打击侵犯外商投资企业知识产权行为，针对跨区域、链条化侵权违法行为开展专项执法行动，加大对外商投资企业的知识产权保护力度。建立完善知识产权纠纷快速处理机制，压缩办案时限，提高维权效率。（责任单位：省委宣传部、省市场监管局按职责分工负责）

（十三）规范涉外经贸政策制定。制定各类涉外经贸政策措施充分考虑政策必要性、可行性、合法性，依法听取外商投资企业意见，按规定进行合法性审核、公平竞争审查、贸易政策合规审查，并合理设置过渡期，增强政策透明度和可预期性。（责任单位：各有关部门按职责分工负责）

四、提高投资运营便利化水平

（十四）优化外商投资企业外籍员工停居留政策。外商投资企业高管、外籍技术人员本人及家属申请办理居留许可时，在按规定核验本人有效护照后，可不留存护照原件。落实外籍高层次人才申请永久居留等便利措施，为符合条件的外商投资企业引进外籍高级管理、技术人才提供出入境政策便利。做好外国人永久居留身份证在全省公共交通、金融服务、医疗保障、互联网支付等场景的便利化应用。（责任单位：省政府外事办、省科技厅、省公安厅、省民政厅、省交通运输厅、省商务厅、省文化和旅游厅、省卫生健康委、省医保局、中国人民银行湖南省分行、国家外汇管理局湖南省分局、中国民航湖南监管局按职责分工负责）

（十五）扎实推动数据出境安全评估。贯彻落实网络安全法、数据安全法、个人信息保护法等要求，发布相关工作指引，指导和帮助外商投资企业有序开展数据出境安全评估申报、个人信息出境标准合同备案等工作，促进湖南省数据跨境安全自由流动。（责任单位：省委网信办）

（十六）统筹优化涉外商投资企业

执法检查。在“双随机、一公开”监督检查过程中，对信用风险低的外商投资企业进一步降低抽查比例和频次。支持有条件的市州统筹安全生产、环境保护、产品质量等涉企执法检查事项，实现“进一次门、查多项事”。（责任单位：省生态环境厅、省商务厅、省应急厅、省市场监管局按职责分工负责）

（十七）完善外商投资企业服务保障。健全湖南省外商投资企业圆桌会议制度，及时协调解决项目签约、建设、投产中遇到的困难和问题。鼓励银行依法拓宽抵质押物范围，创新抵质押担保方式，综合运用知识产权质押贷款、股权质押贷款等，为外商投资企业提供融资服务。依法高效为企业提供自由贸易协定原产地证书签证工作，提升外商投资企业享受优惠的便利化水平。（责任单位：省商务厅、省地方金融监管局、省贸促会、长沙海关按职责分工负责）

五、加大财税支持力度

（十八）强化外商投资促进资金保障。落实招商引资各项政策措施，支持园区开展国际合作园区建设，按规定对符合政策导向的优质外资项目予以支持。鼓励和支持各地更大力度利用外资，加大对重点产业链引资项目资金支持力度，促进项目尽快落地实施。积极争取中央外经贸发展专项资金支持我省重点外资项目。（责任单位：省发展改革委、省财政厅、省自然资源厅、省生态环境厅、省商务厅按职责分工负责）

（十九）鼓励外商投资企业境内再投资。落实境外投资者以分配利润直接投资暂不征收预提所得税政策，广泛开展宣传辅导，提供精准化、个性化纳税服务，积极引导境外投资者持续扩大在湖南投资。（责任单位：省财政厅、省商务厅、省税务局按职责分工负责）

（二十）落实外商投资企业相关税收优惠政策。组织开展个人所得税政策专题培训，辅导外籍纳税人按照国家有关规定精准享受住房补贴、语言训练费、子女教育费等津补贴免税优惠政策。为符合条件的外商投资企业开通绿色通道，建立“一对一”联络机制，优化申报材料，缩短审核时间，指导符合条件的外资研发中心用足用好支持科技创新进口税收政策和采购国产设备增值税退税政策。（责任单位：省科技厅、省财政厅、省商务厅、长沙海关、省税务局、长沙市人民政府按职责分工负责）

（二十一）支持外商投资企业投资国家鼓励发展领域。符合鼓励外商投资产业目录规定的外商投资企业按规定享受相关扶持政策，支持各地在法定权限范围内实施配套奖励措施。对符合条件的鼓励类外商投资项目，在投资总额内进口的自用设备以及按照合同随前述设备进口的技术和配套件、备件，除不予免税目录所列商品外，依法予以免税。（责任单位：省发展改革委、省商务厅、长沙海关按职责分工负责）

六、完善外商投资促进方式

（二十二）健全引资工作机制。持续打造“跨国公司湖南行”品牌活动，办好欧洽周、港洽周、中部投资贸易博览会、湘台经贸交流合作会等重大经贸活动，积极参加商务部“投资中国年”活动。建立健全省、市、县三级联动招商引资机制。推动构建商务部牵头，各行业主管部门、商（协）会、校友会、产业链龙头企业积极参与的“大招商”格局。鼓励各地、园区建强专业招商队伍，根据园区性质分类优化工资收入分配办法，除性质为行政机关或参照管理的园区外，探索更加灵活有效的招商用人机制和薪酬制度。加强招商干部帮学促带，推动招商干部多岗位、跨部门跟班学习和实务培训。（责任单位：省委组织部、省发展改革委、省工业和信息化厅、省人力资源和社会保障厅、省农业农村厅、省商务厅、省文化和旅游厅按职责分工负责）

（二十三）便利境外投资促进工作。在因公临时出国政策范围内，全力保障各地“走出去”招商团组，对相关重点园区企业工作人员因公出国执行招商等经贸任务，出访批次数、人数根据工作需要安排。开启重大项目团组“因公签证直通车”，持续推进省内国有企业因公出国“一张表审批”试点工作，进一步优化企业人员因公出国审批手续，提高审批效率，更好地服务企业“走出去”执行招商等经贸任务。（责任单位：省政府外事办、省商务厅按职责分工负责）

（二十四）拓展外商投资促进渠道。支持各地依托省政府驻外经贸代表处，加强与商务部、中国贸促会驻外经贸和投资促进机构、境外商（协）会的沟通，按规定在全球范围内聘任一批招商顾问，建立完善全球招商服务网络。加强与重点跨国公司常态化联系和合作机制，提升全球招商引资的决策能力和水平。（责任单位：省商务厅、省贸促会按职责分工负责）

（二十五）优化外商投资促进评价。依法实施外资项目长远发展评估。持续优化评估体系，注重外资对经济社会发展的实际贡献，激励地方更大力度扩大利用外资。落实各地主体责任，加强外资招引和服务，切实真招商、招真商。（责任单位：省商务厅）

政治·军事·法治

◎忠诚之光——2022“最美湘警”云发布仪式举行

2023年1月10日，湖南省委宣传部、省公安厅举行忠诚之光——2022“最美湘警”云发布仪式，向社会发布100个“最美湘警”名单，展示获奖代表先进事迹。副省长、省公安厅厅长王一鸥出席。

2022年，全省公安机关在公安部和省委、省政府的坚强领导下，紧紧围绕党的二十大安保维稳工作主线，扎实开展夏季治安打击整治“百日行动”等专项行动，全面落实防风险、保安全、护稳定各项措施，向党和人民交出了一份高标准、高质量的成绩单。全省刑事案件、命案、治安案件、亡人道路交通事故起数“四下降”，人民群众对社会治安和公安队伍建设的评价“两上升”，同时涌现出了一大批先进典型。荣誉和成绩的背后，凝聚了全省广大公安民警辅警的忠诚、担当和奉献。

2022年4月，省委宣传部、省公安厅联合组织开展首届“最美湘警”系列推选宣传活动，推选出全国“最美基层民警”1名、“最美湘警”100名（个）。其中，“最美民警”30名、“最美辅警”30名、“最美警嫂”20名、“最美警队”20个。云发布仪式通过现场访谈、视频展示、特警表演等形式，从不同侧面反映了“最美湘警”的先进事迹，深情演绎的“最美”故事获得了广大网友的纷纷点赞。

忠诚之光——2022“最美湘警”云发布仪式举行

◎湖南以零容忍态度反腐惩恶，一体推进“三不腐”

2023年1月6日，湖南2022年“打虎榜”发布：14名“老虎”接受审查调查、10名省管干部受到开除党籍处分。“打伞破网”不手软，常态化推进扫黑除恶“打伞破网”，移送检察机关19人。持续开展“天网”行动，追回外逃人员13人、赃款6.38亿元。坚持受贿行贿一起查，完善行贿人信息库，立案查办466人，移送检察机关132人。

既“打虎”，“蝇贪”“蚁腐”也不放过。湖南省持续整治群众身边腐败和不正之风，深化“一县一清单”监督、“一领域一专题”治理，全省纪检监察机关查处乡村振兴领域问题1251个，处分1147人。

重点查处“影子公司”“期权腐败”“交易型腐败”、政商“旋转门”等新型腐败、隐性腐败，坚决查处破坏政治生态的“掮客”。紧盯政治问题和经济问题交织的腐败，彻查政治掮客文竹系列案，查处11名被“围猎”的县处级以上领导干部和92名“围猎”腐蚀公职人员的不法商人。

编写党的十九大以来被查处的“一把手”政治生态反思材料集，汇编查处的严重违纪违法省管干部忏悔录，摄制《忠诚与背叛》《永不蒙尘》《严正家风》等警示教育片，以及《反腐倡廉永远在路上》等电视专题片，在全社会特别是党员领导干部中引起强烈反响，不断放大案件查办震慑警示效应。

要闻纪事

1月

△1日，《湖南省居民自建房安全管理若干规定》（简称《若干规定》）正式实施。《若干规定》仅21条，直奔主题、形式简明，为防范和化解居民自建房安全风险提供有力法治保障。

△6日，湖南省高院通报2022年度全省法院根治农民工欠薪工作情况，并发布10起典型案例。

△9日，湖南省检察院举行“公益诉讼守护美好生活，湖南检察在行动”新闻发布会，通报2022年全省公益诉讼检察工作情况，并发布全省公益诉讼检察十大典型案例。

△11日，湖南省检察院召开“利剑护蕾·2022”专项行动新闻发布会。推动问题家长“回炉”、缺位家长“归位”、失德家长“下岗”，共向监护严重失职的家长制发“督促监护令”5309份。

△13日，湖南省十四届人大一次会议主席团举行第一次会议。会议以举手表决的方式，推选出主席团常务主席；通过了大会主席团执行主席分组名单；决定了大会副秘书长；报告了拟邀请在大会主席台就座人员名单；通过了大会日程。

△17日，湖南召开全省疫情防控工作电视电话会，深入学习贯彻习近平总书记关于疫情防控工作的重要指示批示精神和党中央、国务院决策部署，全面落实“乙类乙管”各项措施。

◎加强宪法学习宣传实施 努力谱写新时代中国宪法实践湖南新篇章

2023年1月9日，湖南省委依法治省办在长沙召开纪念现行宪法公布施行40周年学习会。省委常委、省委政法委书记、省委依法治省办主任魏建锋主持会议并讲话。省高院党组书记朱玉、省检察院检察长叶晓颖出席。

魏建锋指出，习近平总书记纪念现行宪法公布施行40周年署名文章，是一篇马克思主义宪法理论中国化时代化的光辉文献，为新时代新征程增强宪法自觉、坚定宪法自信提供了行动指南。要坚持以习近平新时代中国特色社会主义思想为指导，深入学习贯彻党的二十大精神，深入学习贯彻习近平法治思想和习近平总书记署名文章精神，加强宪法学习宣传实施，努力谱写新时代中国宪法实践湖南新篇章。

魏建锋强调，要坚持党的全面领导，坚持依宪立法，坚持依宪施政、依法行政、依法决策，加强宪法实施和监督，强化宪法理论研究和宣传教育，切实维护宪法权威，捍卫宪法尊严，保证宪法实施，更好发挥宪法在推进全面依法治省中的重要作用。

魏建锋要求，要把学习贯彻习近平总书记署名文章与全面落实中央政法工作会议精神结合起来，统筹推进科学立法、严格执法、公正司法、全民守法，开展优化法治化营商环境专项行动，以高水平法治服务保障经济社会高质量发展。

加强宪法学习宣传实施 努力谱写新时代中国宪法实践湖南新篇章

◎湖南省高院举行“中国人民警察节”庆祝活动暨从警纪念章颁发仪式

2023年1月10日，省高院举行“中国人民警察节”庆祝活动暨从警纪念章颁发仪式。第四次全国法院司法警察工作会议后，省高院党组书记朱玉在该院分会场向全体司法警察致以节日问候。仪式上，省高院向从警20年、10年的干警代表颁发从警纪念章，全体司法警察奏唱《中华人民共和国国歌》《人民法院司法警察之歌》。

活动要求，全省各级法院警队要强化政治建警，坚持党对司法警务工作的绝对领导，始终把党的政治建设摆在首位，全面贯彻习近平新时代中国特色社会主义思想，学习贯彻党的二十大精神，充分发挥司法警察工作职责，进一步服务大局，服务全省法院工作。要坚持从严治警，全面加强全省法院司法警察队伍建设，切实发挥总队作为全省法院司法警务工作领导机关职能，按照“讲政治、听指挥、严纪律、作表率”的要求，坚持严格管理与关心爱护相统一，努力营造良好的干事创业氛围。要切实强化责任意识，严守司法警务安全底线，扎实做好安全保卫工作，牢固树立全省法院“一盘棋”思想，切实为法院的安全稳定提供坚强有力的警务保障。

湖南省高院举行『中国人民警察节』庆祝活动暨从警纪念章颁发仪式

◎湖南省委常委会召开会议

2023年1月11日，湖南省委书记、省人大常委会主任张庆伟主持召开省委常委会会议，传达学习习近平总书记在中央政治局民主生活会上的重要讲话和中央政治局民主生活会通报精神，研究部署省委常委班子民主生活会准备工作；传达学习习近平总书记对政法工作重要指示和中央政法工作会议、全国统战部长会议精神，听取湖南省贯彻落实建议汇报。

会议强调，要认真学习贯彻习近平总书记在中央政治局民主生活会上的重要讲话精神，始终把牢正确方向，坚持强化理论武装，不断提高政治站位，坚定拥护“两个确立”、坚决做到“两个维护”。要持续深入学习贯彻党的二十大精神，在全面学习、全面把握、全面落实上持续发力，坚定不移推动党中央决策部署在湖南落地见效。要顺应中国式现代化事业的时代要求和实践需要，提升履职水平，勇于担当作为，强化系统观念，全面提高能力本领。要保持永远在路上的清醒和坚定，扛牢管党治党责任，完善党内监督体系，保持反腐高压态势，持之以恒推进全面从严治党。要带头弘扬优良作风、走好群众路线、坚持团结奋斗，从严从实加强省委常委会自身建设。要以中央政治局民主生活会为标杆，精心组织安排，高质量开好省委常委班子民主生活会。

◎湖南省委常委会召开扩大会议

2023年1月12日，湖南省委书记、省人大常委会主任张庆伟主持召开省委常委会（扩大）会议，传达学习习近平总书记在二十届中央纪委二次全会上的重要讲话精神；听取省纪委监委工作及省纪委全会有关事项汇报。

会议强调，习近平总书记的重要讲话，站在党和国家事业发展全局的高度，深刻分析大党独有难题的形成原因、主要表现和破解之道，深刻阐述健全全面从严治党体系的目标任务、实践要求，对坚定不移推进全面从严治党作出战略部署，为我们在新时代新征程上一刻不停推进全面从严治党、深入推进新时代党的建设新的伟大工程提供了根本遵循。要时刻保持全面从严治党永远在路上的清醒和坚定，始终坚持问题导向，保持战略定力，永远吹冲锋号，把严的基调、严的措施、严的氛围长期坚持下去，把党的伟大自我革命进行到底。要坚定不移健全全面从严治党体系，在党中央的坚强领导下，健全各负其责、统一协调的管党治党责任格局，把全的要求、严的基调、治的理念贯穿到全面从严治党体系构建中，使全面从严治党各项工作更好体现时代性、把握规律性、富于创造性。

◎湖南省政协十三届一次会议召开预备会议

2023年1月12日，政协湖南省第十三届委员会第一次会议在省人民会堂举行了预备会议。

会议由十二届省政协主席会议成员黄兰香、张大方、赖明勇、胡旭晟、张健、易鹏飞、胡伟林、李民主持。省委常委、省委统战部部长、省政协党组副书记隋忠诚作政协湖南省第十三届委员会第一次会议主席团、主席团会议主持人、秘书长建议名单的说明。

会上，李民报告了政协湖南省第十三届委员会第一次会议筹备工作情况；审议通过了政协湖南省第十三届委员会第一次会议主席团、主席团会议主持人、秘书长名单；审议通过了政协湖南省第十三届委员会第一次会议议程和日程；审议通过了政协湖南省第十三届委员会第一次会议提案审查委员会成员名单。

要闻纪事

△18日，湖南省安委办下发通知，要求各生产经营单位在春节复工复产时，开展“开工第一课讲安全”活动，推动企业落实安全生产主体责任，确保节后复工复产安全。

△18日，湖南省政府召开第一次全体会议。会议通报了2022年《政府工作报告》重点工作部门分工落实情况和2023年《政府工作报告》重点工作部门分工意见，公布了省政府对2022年度真抓实干成效明显地区予以表扬激励的通报。

△19日，省委书记、省人大常委会主任、省军区党委第一书记张庆伟到湖南省军区走访慰问，代表省委、省政府向省军区全体官兵，驻湘人民解放军、武警部队官兵、民兵预备役人员和优抚对象，致以诚挚问候和新春祝福。

△29日，省委副书记、省长毛伟明主持召开会议，总结全省春节假期期间安全生产、疫情防控、值班值守等工作，部署当前重点任务。

△29日，长沙以“全面贯彻党的二十大精神 奋力实施‘强省会’战略 加快推进长沙高质量发展”为主题召开大会，省委常委、长沙市委书记吴桂英强调，要以“开局就是决战、起步就是冲刺”的姿态，向更高目标看齐，加速加力、敢闯敢冲，干在实处、走在前列，全面落实“三高四新”战略定位和使命任务。

2月

△2日，湖南省人大常委会组织部分在湘十四届全国人大代表对《中华人民共和国立法法（修正草案）》进行集中研读讨论。

◎湖南省政协十三届一次会议开幕

2023年1月13日，中国人民政治协商会议湖南省第十三届委员会第一次会议在省人民会堂开幕。开幕会由毛万春主持。

张庆伟指出，十二届省政协以来的五年，中共湖南省委坚持以习近平新时代中国特色社会主义思想为指导，深入贯彻落实习近平总书记对湖南重要讲话重要指示批示精神，团结带领全省各族人民牢记嘱托、团结奋进，统筹推进“五位一体”总体布局，协调推进“四个全面”战略布局，圆满完成“十三五”规划、顺利实施“十四五”规划，奋力推进现代化新湖南建设。这些成绩的取得，是以习近平同志为核心的党中央坚强领导、亲切关怀的结果，是全省广大干部群众顽强拼搏、团结奋斗的结果，也凝结着全省各级政协组织和广大政协委员的智慧、心血和汗水。

张庆伟强调，党的二十大擘画了全面建设社会主义现代化国家、全面推进中华民族伟大复兴的宏伟蓝图。希望全省各级政协组织和广大政协委员深入贯彻习近平新时代中国特色社会主义思想和中共二十大精神，继承和发扬人民政协光荣传统，以履职实效把政协作为专门协商机构的优势彰显好、作用发挥好，在新时代新征程上奋力谱写政协事业发展新篇章。

政协湖南省第十三届委员会第一次会议在省人民会堂开幕

◎做到“四个带头” 展现新一届政协的新作为

2023年1月17日，湖南省政协主席毛万春主持召开政协湖南省第十三届委员会常务委员会第一次会议。

会议协商通过政协湖南省第十三届委员会常务委员会关于人事变动的表决办法；协商通过政协湖南省第十三届委员会常务委员会关于省政协各专门委员会设置的决定；协商通过政协湖南省第十三届委员会常务委员会关于任命副秘书长和办公厅、各专门委员会主任、副主任的决定；协商通过有关人事事项。

毛万春表示，常委会组成人员是政协工作的“关键少数”，新一届省政协能不能开好局、起好步，能不能扛起新担当、展现新作为，关键在于常委会组成人员。要以中共二十大精神为指引，按照中共湖南省委的要求，按照全会的工作部署，做到“领导带头干，常委上前线”，履职尽责、担当作为，扎实做好本届政协各项工作。

毛万春强调，要做到带头讲政治，始终坚持党的领导，深入学习贯彻习近平新时代中国特色社会主义思想，带头提高政治判断力、政治领悟力、政治执行力，把对“两个确立”决定性意义的深刻领悟转化为做到“两个维护”的高度自觉；带头勤履职，抓紧学习政协知识，尽快掌握履职方法，写好“委员作业”，带头参与省政协各项履职活动；带头抓落实，办实事、出实招、求实效。

2023年1月29日，长沙以“全面贯彻党的二十大精神 奋力实施‘强省会’战略 加快推进长沙高质量发展”为主题召开大会 ▶

要闻纪事 ★★★★★★★★★★

△4日，湖南湘江新区“智汇潇湘 才聚新区”高层次人才欢乐元宵会活动举行，来自该区各行业的150多位高层次人才欢聚一堂，共迎佳节，共话未来。

△6日，湖南省政府召开新闻发布会，介绍湖南出台《关于打好经济增长主动仗实现经济运行整体好转的若干政策措施》（简称“稳增长20条”）相关情况。

△9日，全省人力资源和社会保障工作会议召开，深入学习贯彻党的二十大精神，部署重点任务，表彰2022年世界技能大赛金牌选手和金牌教练团队、全国人社系统先进集体和先进工作者、全省首届职业技能大赛先进集体和个人。

△14日，省委书记、省人大常委会主任张庆伟在湖南农业大学调研学校发展、科技创新、人才培养、办学治校等情况。湖南农业大学是一所以农学为主体、多学科协调协同发展的教学研究型大学。

△15日，新组建的湖南银行股份有限公司正式亮相，省委副书记、省长毛伟明为湖南银行揭牌并赴企业考察调研。毛伟明一行考察了湖南银行总部营业部，详细了解银行经营情况，并主持召开座谈会，对湖南银行的挂牌成立表示祝贺。

△15日至17日，湖南省政协调研组在郴州市围绕“湘江生态环境保护”“加快建设世界旅游目的地”两个主题开展民主监督调研，并向郴州市反馈湘江生态环境保护民主监督意见。调研组一行详细了解了污水溢流项目进展、污水处理运行和管网配套建设情况及管网连通工程情况，研究建立民主监督监测窗口事宜。

◎助力更多台胞来湖南追梦筑梦圆梦

2023年1月18日，一场特别的座谈会在长沙召开，湖南省委台办邀请留湘过节的台商台企代表共聚一堂，进一步共同深入学习中共二十大精神，共迎新春、共话发展。

自20世纪80年代以来，湖南日益成为台湾同胞投资兴业、安居生活的热土。多年来台湾地区稳居湖南省境外引资第二大来源地。截至2022年11月，湖南省累计批准项目3038个，实际到位台资总额111.56亿美元。

“台商在大陆发展非常稳定，也有责任让更多台湾青年人来大陆发展。”全国台企联常务副会长、湘潭景道新能源技术有限公司董事长罗文德说，未来大陆市场会更加活跃，台商要做好充分准备，跟随政策奋力拼搏，持续加大在大陆的投资。

“祖国大陆是希望的‘沃土’，为台胞成长成才、事业发展提供了无限可能。”长沙市台协常务副会长、花之林餐饮管理（湖南）有限公司执行长钟晨亮表示，花之林在大陆发展近30年，发展信心更加坚定。他呼吁更多台商台企来湖南发展，促进两岸青年脚踏实地干事业。

郴州市台协会长、湖南炬神电子科技有限公司总经理杨宗麒说，从中共二十大报告中，大家感受到了满满的暖心和关怀。自己把最好的年华留在了大陆，也深深感受到台湾只有背靠大陆才能得到更好发展。

省委台办邀请留湘过节的台商代表在长沙召开座谈会，助力更多台胞来湖南追梦筑梦圆梦

◎坚决贯彻落实习近平总书记重要指示精神 全力履行政法工作职责使命

2023年1月18日，湖南省委常委、省委政法委书记魏建锋主持召开省委政法委员会全体会议，深入学习贯彻习近平总书记对政法工作重要指示精神，贯彻落实中央政法工作会议精神，传达学习中央政法委员会全体会议和省两会精神，研究部署做好当前和今后一个时期政法工作。省高院院长朱玉、省检察院检察长叶晓颖出席。

省委政法委员会召开全体会议，坚决贯彻落实习近平总书记重要指示精神 全力履行政法工作职责使命

魏建锋强调，要坚持以习近平新时代中国特色社会主义思想为指导，全面贯彻落实党的二十大精神，深入贯彻习近平法治思想，坚决落实习近平总书记对政法工作的重要指示，坚定拥护“两个确立”、坚决做到“两个维护”，坚持党对政法工作的绝对领导，全力履行职责使命，奋力推进新时代新征程政法工作现代化。

魏建锋要求，要坚持对标对表，认真贯彻中央政法工作会议、中央政法委员会全体会议精神，落实省委常委会会议和省两会要求，坚持统筹发展和安全，以政治建设为统领，以政法改革为动力，以队伍建设为保障，以基础建设为支撑，推进政法机关全面从严治党，建设更高水平的平安湖南、法治湖南，为全面落实“三高四新”战略定位和使命任务，全面建设社会主义现代化新湖南提供坚强保障。

◎牢记『三个务必』，谱写全面从严治党新篇章

2023年1月28日，湖南省第十二届纪委第三次全会召开，会议深入学习贯彻党的二十大和二十届中央纪委二次全会精神，研究部署2023年纪检监察工作，提出要更好发挥全面从严治党在推进现代化新湖南建设中的政治引领和政治保障作用，传递出一刻不停深入推进全面从严治党的鲜明信号。

全面从严治党是新时代党治国理政的一个鲜明特征。新时代十年，经过全面从严治党的革命性锻造，湖南省管党治党宽松软状况得到根本扭转，反腐败斗争取得压倒性胜利并全面巩固，风清气正的政治生态不断形成和发展。过去一年，全省纪检监察机关紧紧围绕全省工作大局有力有效强化政治监督，以零容忍的态度正风肃纪反腐，推动清廉湖南建设向纵深发展，为全省高质量发展和现代化建设提供了坚强保障。

中国共产党湖南省第十二届纪律检查委员会第三次全体会议召开

全面从严治党永远在路上，党的自我革命永远在路上。牢记“三个务必”，发扬彻底的自我革命精神，“永远吹冲锋号”，每一个共产党人都不能有丝毫懈怠。永远保持赶考的清醒和谨慎，在新时代新征程上谱写全面从严治党新篇章，不断取得全面从严治党、党风廉政建设和反腐败斗争新成效，定能以更加充盈的清风正气、持续向好的政治生态为建设社会主义现代化新湖南凝聚起一往无前的奋进力量。

◎促军地共荣 结鱼水深情 巩固和发展坚如磐石的军政军民团结

2023年1月19日，湖南省委副书记、省长毛伟明来到武警第二机动总队某支队长沙直升机场营区，向坚守工作岗位的驻湘部队官兵致以新春问候和诚挚祝福。省军区政委冯毅，省政府党组成员瞿海参加。

促军地共荣 结鱼水深情 巩固和发展坚如磐石的军政军民团结

在综合指挥塔台，毛伟明一行现场观摩了应急、抢险救援训练，并详细了解部队建设、官兵生活保障等情况。他勉励武警官兵坚决贯彻习近平强军思想，赓续红色基因，锤炼战斗精神，聚焦备战练兵强本领，增强军地合力，在抗洪抢险、消防救援、守护群众安全等方面协同作战，确保在党和人民需要的时候“拉得出、冲得上、打得赢”。

毛伟明指出，2023年是全面贯彻落实党的二十大精神的开局之年。当前，湖南正充分利用好习近平总书记考察湖南指明发展方向、注入强劲动力的历史机遇，充分利用好各方面支持湖南、看好湖南的有利条件，提高站位、锚定方位、高标定位、蝶变进位，奋力书写中国式现代化的湖南答卷。武警部队是经济社会发展不可或缺的保障力量，希望大家在服务大局中彰显担当之为。立足全面落实“三高四新”战略定位和使命任务，把“地方所需”与“部队所能”结合起来，积极参与地方重大建设、重大工程和重大项目，为全省经济发展作出新的更大贡献。在低空空域改革中贡献精锐之力。

要闻纪事

△17日，湖南省人大常委会机关召开全体干部大会，聚焦“四个机关”建设、“五个作表率”要求，研究贯彻落实意见，部署安排全年工作。

△17日，湖南省发改委印发《关于组织开展2023年度省现代服务业发展专项资金项目申报工作的通知》，将对现代服务业、冷链物流业发展给予专项资金重点支持。现代服务业项目包括两业融合发展试点园区和企业项目、生产性服务业及服务业重点建设项目、服务业创新项目、生物医药类国家工程研究中心和企业技术中心等。

△18日，由中国野生动物保护协会、湖南省文旅厅、湖南省林业局及岳阳、常德、益阳三地政府共同举办的第十二届洞庭湖国际观鸟节在岳阳市开幕。本届观鸟节以“大美洞庭 观鸟胜地”为主题，为期3天，全国30支队伍参加观鸟比赛。活动设置了夜间观鸟的环节和“互联网+观鸟”板块，民众可通过网络直播进行观鸟。

△17日至19日，全省民政系统学习贯彻党的二十大精神培训班在长沙举办。培训班对学习贯彻党的二十大精神进行全面、深入、系统的宣讲，就如何以中国式现代化为引领推进基层治理现代化和推动养老服务高质量发展进行授课。

△20日，全省第十六届生态环境监测专业技术人员大比武在长沙环保职院落下帷幕。本届大比武共评出49个团体奖项、162个个人奖项。

◎为推动高质量发展促进高效能治理和创造人民高品质生活作出更大贡献

2023 年 2 月 3 日，全省交通问题顽瘴痼疾集中整治行动总结表彰暨三年系统整治行动部署会议在长沙召开。省领导李殿勋、李建中、王一鸥，省政府党组成员瞿海参加会见或出席会议。

李殿勋说，自 2019 年 11 月开展集中整治行动以来，全省实现重特大道路交通事故“零发生”，道路交通亡人事故起数、死亡人数和较大事故起数“三下降”，2022 年湖南省成为全国 8 个未发生 5 人以上事故的省份之一。全省道路交通安全综合治理提档升级，有力有效保障了全省交通安全大局平稳、持续向好。

李殿勋强调，要真正确立“生命至上、安全第一”的发展理念，准确把握“立足防、超前治、科学救”的总体工作方针，深入推进“人、车、路”协同管理，进一步完善信息共享、资源共用、平台共建、责任共担的协同机制，注重日常交通安全协同管理，持续开展突出问题集中整治，尽力消除顽瘴痼疾，努力实现常治长效。

会上，省委督查室等 60 个集体被授予“全省交通问题顽瘴痼疾集中整治工作先进集体”称号；王辉当等 100 名同志被授予“全省交通问题顽瘴痼疾集中整治工作先进个人”称号。

毛伟明与先进集体和个人代表合影

◎湖南省政府在京与部分部委举行工作会谈

湖南省政府在京与部分部委举行工作会谈

2023 年 2 月 6 日，湖南省政府在北京与农业农村部、国家乡村振兴局分别举行工作会谈，就深入贯彻落实党的二十大精神和中央农村工作会议精神，全面建设农业强省，全力推进乡村振兴进行深入交流。省委副书记、省长毛伟明出席。

毛伟明说，近年来，在国家乡村振兴局的帮助下，湖南扎实推进中央考核评估反馈问题大整改，坚决守住不发生规模性返贫底线。2022 年，全省消除返贫风险 8.5 万户 21.3 万人，脱贫人口务工就业规模达 250.7 万人，人均纯收入增长 14.4%。希望国家乡村振兴局加大对湖南工作的推介支持力度，在共建产业园区、易地搬迁后扶、就近就业等方面给予更多试点指导和政策支持。

要闻纪事

△ 20 日，湖南省人大常委会在长沙召开省十四届人大一次会议代表建议交办会。会议向各承办单位统一集中交办省十四届人大一次会议代表提出的 1434 件建议，对高质量做好今年的代表建议办理工作进行部署安排。

△ 20 日至 21 日，省委书记、省人大常委会主任张庆伟在常德市、岳阳市调研民族宗教、红色文旅、县域经济发展、现代农业、现代石化产业、新能源产业等工作。

△ 21 日，长江中游城市群省会城市第九届会商会以视频形式召开。武汉、长沙、合肥、南昌 4 省会城市签署了《长江中游城市群省会城市合作行动计划(2023—2025 年)》《长江中游城市群省会城市“一码通域”合作框架协议》《长江中游城市群省会城市法律服务异地协作框架协议》等文件，4 省会城市还与 12 个观察员城市共同签署《长江中游城市群 2023 年重点合作事项》。

△ 20 日至 22 日，新疆维吾尔自治区吐鲁番市党政代表团来湘考察访问，并在长沙举行 2023 年春季招商引资专场推介会。

△ 23 日，湖南省纪念毛泽东等老一辈革命家为雷锋同志题词六十周年新闻发布会在长沙举行。

△ 24 日，召开的湖南省科技创新奖励大会，对湖南省优秀科技创新成果和创新人物进行了集中表彰。此次共有 293 项项目(团队、人选)获奖，其中杰出贡献奖 1 项、自然科学奖 95 项、技术发明奖 25 项、科技进步奖 166 项、创新团队奖 5 项、国际合作奖 1 项。

◎湖南省政协机关召开 2023 年度党风廉政建设工作会议暨 2022 年度总结表彰大会

2023 年 2 月 7 日，湖南省政协机关 2023 年度党风廉政建设工作会议暨 2022 年度总结表彰大会召开，省政协党组书记、主席毛万春主持并讲话。省政协领导黄兰香、赖明勇、张健、张灼华、胡伟林、李民、肖百灵、潘碧灵、何寄华、邓群策出席。省纪委监委相关负责人到会指导。

会议传达学习了二十届中央纪委二次全会精神和省十二届纪委三次全会精神，听取了机关党风廉政建设工作报告。

毛万春在讲话中指出，要深入学习贯彻习近平总书记在中国共产党第二十届中央纪律检查委员会第二次全体会议上的重要讲话精神，落实中央、省纪委全会安排部署，不断推进机关党风廉政建设。

毛万春强调，要不忘初心，将中国共产党“为中国人民谋幸福、为中华民族谋复兴”的初心和使命铭记于心并落实在行动上；要维护核心，深刻领悟“两个确立”的决定性意义，更加自觉地增强“四个意识”、坚定“四个自信”、做到“两个维护”；要服务中心，深入落实习近平总书记对湖南重要讲话重要指示批示精神，围绕全面落实“三高四新”战略定位和使命任务，找准自身定位履职尽责；要贴近民心，用好政协云等平台载体，与老百姓同呼吸、共命运、心连心；要凝聚人心，团结调动各方面积极因素，实现人民政协更大作为。

湖南省政协机关召开 2023 年度党风廉政建设工作会议暨 2022 年度总结表彰大会

◎湖南省成立打好安全生产翻身仗工作专班

2023 年 2 月 10 日，为打好安全生产翻身仗，湖南省成立工作专班，制定工作方案，层层压实责任。湖南省打好安全生产翻身仗工作专班第一次全体成员会议暨全省打好安全生产翻身仗动员视频会议举行，要求努力实现安全生产“三坚决两确保”年度目标，即坚决杜绝重特大事故、坚决遏制较大事故、坚决防范自然灾害导致重大人员伤亡，确保全省生产安全事故总量持续下降、确保全省防灾减灾形势持续稳定向好。

2023 年，湖南省将从狠抓监管执法、强力打非治违、开展隐患清零行动三个方面列出任务清单，对潜在风险隐患开展排查，紧盯 15 个重点行业领域，全面开展专项整治。全面落实安全生产属地责任、部门主管监管责任、企业主体责任、个人安全防护责任，打好安全生产翻身仗。

会议指出，打好安全生产翻身仗，是全省全年安全生产工作总要求。各级各部门要坚持使命在心、责任在肩，以“时时放心不下”的危机感和责任感，真抓实干。各地各部门要结合本辖区、本领域实际，进一步细化工作实施方案，重点地区、重点行业领域要重点把守。要深入开展打非治违，紧盯问题不放，持续开展潜在风险隐患排查整治行动，确保全省安全形势稳定向好。

◎全省安全生产巡查工作启动

2023 年 2 月 13 日，湖南省安全生产巡查工作已启动，通过巡查排查安全生产工作中存在的薄弱环节和突出问题，防范化解重大安全风险，打好安全生产翻身仗。

根据省安委会制定的计划，2023 年将开展 3 轮综合巡查和 3 轮专项巡查。综合巡查将先后在株洲市、长沙市、永州市展开；专项巡查将先后在泸溪县、湖南钢铁集团有限公司、湘潭综合保税区展开。还将适时组织对本年完成巡查工作的地区开展“回头看”。

巡查主要包括被巡查地区和行业领域建立健全安全生产工作机制、推进安全生产责任和措施落实等情况，以及建立健全双重预防机制、推进“打好安全生产翻身仗”、落实“十五条硬措施”、整治安全生产领域突出问题、潜在风险排查治理、重点行业领域专项整治等情况。

对巡查发现的问题、隐患，省安委办将向被巡查单位进行书面通报并跟踪督办。对巡查发现的典型违法违规行为和重大隐患，将通过媒体予以曝光，并严肃追责问责。

◎湖南省首个环保免罚清单出炉

2023 年 2 月 10 日，湖南省生态环境厅发布消息，《湖南省生态环境违法行为免罚事项清单（第一批）》印发，有效期 5 年。该清单列出 14 个方面 19 项免罚事项，涉及建设项目管理、污染防治、应急管理、固废污染防治、信息公开管理、放射性污染防治等。

为优化营商环境，激发市场活力，全省生态环境部门在坚守生态环境保护底线的基础上，实施柔性执法、实行轻微免罚，以助力经济行稳致远。根据这次印发的清单，对企业首次轻微违法、能及时改正，且未造成实质影响的行为，可进行“宽容”执法，将处罚与教育相结合，实现对市场主体轻微违法违规经营行为的包容审慎监管，降低企业生存成本，为企业发展提供包容的良好环境。

省生态环境厅表示，对列入清单的生态环境违法行为，符合适用条件时予以免罚；对清单未列明，而市州不予以处罚事项清单中予以明确的事项，可继续适用市州相关规定；对清单以外事项，只要符合《中华人民共和国行政处罚法》规定情形的，可依法依规依程序从轻、减轻处罚或者不予处罚。

今后，湖南省将根据法律、法规、政策规定，结合湖南省实际，对免罚事项清单进行动态调整、及时发布。

◎湖南省监察委员会举行监察官宪法宣誓仪式

湖南省监察委员会举行监察官宪法宣誓仪式

2023 年 2 月 14 日，湖南省监察委员会举行监察官宪法宣誓仪式，省纪委监委机关、派驻机构首次确定监察官等级的 570 余名监察官进行宣誓。省委常委、省纪委书记、省监委主任、二级副总监察官王双全主持并监誓。

宣誓仪式开始，全体宣誓人面向国旗列队肃立，气氛庄严热烈。奏唱中华人民共和国国歌后，省纪委分管日常工作的副书记、省监委副主任、一级高级监察官程纪龙手抚宪法，领诵誓词，其他宣誓人齐声跟诵誓词。铿锵洪亮的誓词响彻全场，传递着弘扬宪法精神、履行宪法使命的坚定决心。

宣誓后，王双全勉励大家牢记铮铮誓言，牢记初心使命，牢记法定职责和法定义务，始终忠诚于党、忠诚于人民、忠诚于纪检监察事业。要坚定拥护“两个确立”、坚决做到“两个维护”，用习近平新时代中国特色社会主义思想统领纪检监察一切工作，带头做宪法的忠实崇尚者、严格遵守者、坚定捍卫者，一刻不停推进正风肃纪反腐，为全面建设社会主义现代化新湖南作出新贡献。

宣誓就是承诺，承诺务必践行。参加宣誓仪式的监察官表示，要倍加珍惜党和国家赋予的使命和荣誉，自觉做到对党绝对忠诚、敢于善于斗争、自身正自身硬，以奋发有为的精神状态奋进新征程、建功新时代。

要闻纪事

△26 日，全省“家庭助廉 团团圆圆”主题活动举行，省直机关、国企、高校等单位近 130 名“一把手”配偶参加。活动现场观看了家教家风专题警示教育片，发布家庭助廉倡议书，4 名配偶代表上台分享廉洁治家心得，与会人员受赠家教家风书籍。

△28 日，湖南省政府新闻办公室召开 2023 年省委一号文件新闻发布会，省委农办、省农业农村厅、省乡村振兴局相关负责人解读今天公布的省委一号文件《关于锚定建设农业强省目标扎实做好 2023 年全面推进乡村振兴重点工作的意见》。文件锚定加快建设农业强省目标，聚焦乡村振兴主题，紧紧围绕“三农”工作必须守牢的底线、迫切需要解决的问题，明确重点任务和政策举措。

△2 月 28 日至 3 月 2 日，全国人大常委会原副委员长、中国关心下一代工作委员会主任顾秀莲来湘考察妇女儿童工作。考察期间，顾秀莲出席了湖南省妇联成立 70 周年主题展揭幕仪式，并实地走访了湖南女子学院、长沙市爱尔眼科医院、长沙市天心区赤岭路街道芙蓉南路社区等地，详细了解办学成果、儿童青少年近视防控工作以及基层关工委工作创新开展等。

△2 月 20 日至 3 月 1 日，湖南省基层行政执法业务培训在长沙举行。培训期间还开展了乡镇行政执法问卷调查，对综合执法机构、人员编制、持证上岗、案件办理、委托执法、业务培训、经费装备等情况进行了全面统计。

◎全省老干部工作先进集体和先进个人表彰大会召开

全省老干部工作先进集体和先进个人表彰大会召开

2023年2月15日，全省老干部工作先进集体和先进个人表彰大会在长沙召开，贯彻落实全国老干部局长会议精神，表彰全省老干部工作先进集体和先进个人。省委书记、省人大常委会主任张庆伟作出批示。省委常委、省委组织部部长汪一光出席会议并讲话。

张庆伟指出，广大老干部要进一步发挥优势勇作为，发光发热显担当，为推动高质量发展、建设现代化新湖南贡献更多智慧力量。全省老干部工作部门和老干部工作者要深入学习贯彻党的二十大精神和习近平总书记关于老干部工作的重要指示精神，崇尚先进、学习先进、争当先进，更加用心用情做好老干部工作。各级党委及其组织部门要重视和支持老干部工作，奋力开创老干部工作新局面。

会议强调，要坚持用习近平新时代中国特色社会主义思想凝心铸魂，持续深入学习贯彻党的二十大精神，引导广大老干部坚定拥护“两个确立”、坚决做到“两个维护”。要服务全省中心大局，加强引导、搭建平台，大力培树先进典型，凝聚广大老干部的智慧和力量，更好地助力经济社会发展。要建强组织体系，抓好离退休干部党组织的有效覆盖，提升支部规范化建设水平，切实增强离退休干部党组织的政治功能和组织功能。

◎共建省级农业政策性金融服务乡村振兴实验示范区

省委书记、省人大常委会主任张庆伟会见中国农业发展银行党委书记、董事长钱文挥

2023年2月17日，湖南省与中国农业发展银行在长沙签署战略合作协议，共建省级农业政策性金融服务乡村振兴实验示范区。省委书记、省人大常委会主任张庆伟会见中国农业发展银行党委书记、董事长钱文挥一行，省委副书记、省长毛伟明出席签约仪式并讲话。省领导李殿勋、谢卫江、周海兵参加会见或签约仪式。

毛伟明说，近年来，湖南坚持以习近平总书记关于“三农”工作重要论述为指引，始终把“三农”工作作为重中之重，以首倡之为扛牢精准扶贫首倡之地的政治责任，深入实施乡村振兴战略，农业农村发展取得历史性成就。粮食总产连续三年保持在600亿斤以上，2022年农村居民人均可支配收入同比增长6.8%，增速居全国第6位。农发行与湖南有着良好的合作基础，聚焦乡村振兴、农业农村现代化等重点领域，不断创新产品服务，2022年在湘投放贷款1023亿元，创历史最高水平。

根据协议，双方将积极探索农业政策性金融服务乡村振兴高质量发展的有效途径，在湖南全域共建农业政策性金融服务乡村振兴实验示范区，推动湖南省打造农业农村现代化示范样板，为全国全面推进乡村振兴提供可复制可推广的经验和模式。

要闻纪事

3月

△1日，省委副书记、省长毛伟明在长沙会见来湘访问的多米尼加左派团结运动总书记米格尔·梅希亚一行。

△1日，2023年优抚对象短期疗养活动启动仪式在湖南省荣军优抚医院举行，首批短期疗养活动由常德市退役军人事务局选送51名1—6级残疾军人参加。

△3日，出席十四届全国人大一次会议的湖南代表团在驻地举行第一次全体会议，会议推选张庆伟为十四届全国人大一次会议湖南代表团团长，毛伟明、王双全、李殿勋、乌兰为副团长。杜家毫、许达哲、胡旭晟、刘莲玉、杨维刚、蒋涤非、周海兵、朱玉、叶晓颖、李建成等出席会议。

△5日，2023年是毛泽东等老一辈革命家为雷锋同志题词六十周年。论坛邀请六十年来全国学雷锋活动涌现的先进集体和个人代表、全国雷锋精神和学雷锋活动研究专家学者代表和论坛主题征文优秀作者，以及中央媒体驻湘机构主要负责同志，齐聚雷锋家乡，共话雷锋精神。

△6日，农业农村部、国家乡村振兴局发布通知，对全国94个措施有力、成效突出、群众满意的村庄清洁行动先进县进行通报表扬。湖南4地上榜，分别是：衡阳市南岳区、常德市汉寿县、永州市蓝山县、怀化市沅陵县。

△8日，湖南省粮食和物资储备局相关负责人就新修订的《湖南省实施〈粮食流通管理条例〉办法》（以下简称《办法》）进行了专门解读，以确保涉粮涉储新规定新内容得到有效贯彻执行。

◎湖南省第十六届生态环境监测专业技术人员大比武决赛开启

2023年2月17日，湖南省第十六届生态环境监测专业技术人员大比武决赛大幕开启。390名来自全省各地的生态环境“监兵”齐聚长沙，在空气、水体、土壤、固体废物、辐射、噪声与震动等监测项目中各显身手。

监测是保护的基础，监测数据真、准、全、快、新直接支撑湖南省深入打赢蓝天、碧水、净土保卫战，实现生态环境高水平保护。因此，省生态环境厅、省人社厅、省总工会、团省委、省妇联、省市场监管局联合举办此次大比武。

经过集中培训、层层选拔，182支代表队获得参加决赛的资格。大比武特别设立了社会机构组，鼓励社会监测机构积极参与。按照赛程安排，决赛比拼分为理论知识考试和现场操作竞赛两部分，最终决出个人奖项、团体奖项和组织奖项。

湖南省第十六届生态环境监测专业技术人员大比武决赛开启

决赛中获得各工种比赛第一名的选手，将获得优先申报“湖南省五一劳动奖章”和“湖南省青年岗位能手”机会；在决赛中获一等奖的女选手，将优先推荐申报“巾帼建功标兵”。

◎长江中游城市群省会城市第九届会商会举行 郭元强吴桂英虞爱华李红军讲话

2023年2月21日，长江中游城市群省会城市第九届会商会以视频形式举行。武汉、长沙、合肥、南昌4市及12个观察员城市党政负责同志相聚“云端”，共商加快推进长江中游城市群协同发展。

湖北省委常委、武汉市委书记郭元强，湖南省委常委、长沙市委书记吴桂英，安徽省委常委、合肥市委书记虞爱华，江西省委常委、南昌市委书记李红军出席并讲话。

会议指出，自首届会商会以来，长江中游城市群战略地位持续提升，合作领域不断深化，工作协同推进机制更加完善，城市群建设不断取得新进展。会议听取了第八届会商会以来工作进展情况介绍，观看了宣传短片，线上签署《长江中游城市群省会城市合作行动计划（2023—2025年）》《长江中游城市群2023年重点合作事项》等协议。

吴桂英说，2023年是全面贯彻落实党的二十大精神的开局之年、实施“十四五”规划承上启下的关键之年，也是推进中部地区崛起、长江经济带发展的重要一年。深化长江中游城市群合作，前景广阔，重任在肩。要聚焦推动先进制造业发展，持续激发动力活力，提升互联互通水平，共建共享公共服务，促进绿色低碳转型。

长江中游城市群省会城市第九届会商会举行

◎湖南省新时代少先队『雷小锋』中队成立暨追『锋』少年大型全媒体采访活动启动

活动现场

2023年2月22日，湖南省新时代少先队“雷小锋”中队成立暨追“锋”少年大型全媒体采访活动在长沙望城区长郡月亮岛学校启动。

2023年是毛泽东等老一辈革命家为雷锋同志题词六十周年。60年来，“雷锋”已远远超出个人姓名符号，成为时代楷模，雷锋精神超越时空、跨越国界，历久弥新、永不过时。

2022年9月，望城区发布了“雷小锋”品牌和“雷小锋”形象。自此，望城近10万青少年学子拥有了一个共同的名称——“雷小锋”，和专属的“雷小锋”编号。在此次启动仪式上，成立了湖南省首支新时代少先队“雷小锋”中队。

作为省委机关报，多年来，湖南日报牢记使命、扛起责任，始终把生动诠释雷锋精神，作为一种信仰来追求、一份情感来延续、一种责任来守护，在全社会不断汇聚正能量，营造学习、传承雷锋精神的浓厚氛围。在省文明办指导下，湖南日报社联合共青团湖南省委、湖南省少工委、中共望城区委，并将联动辽宁团省委、辽宁日报社，推出《追“锋”少年》大型全媒体采访活动，在望城区近10万“雷小锋”中，选出7名“雷小锋”中队少先队员代表，走进湖南长沙、望城，辽宁抚顺、辽阳等地，追寻雷锋足迹、感悟“雷锋精神”。

◎湖南省科技创新奖励大会在长沙召开

2023年2月24日，湖南省科技创新奖励大会在长沙召开。省委副书记、省长毛伟明在会上强调，要深入贯彻习近平总书记关于科技创新的重要论述和对湖南重要讲话重要指示精神，扎根创新沃土，勇攀科学高峰，朝着具有核心竞争力的科技创新高地迈进。

湖南省科技创新奖励大会在长沙召开

毛伟明指出，近年来，全省上下牢记习近平总书记“打造具有核心竞争力的科技创新高地”的殷殷嘱托，围绕抢占产业、技术、人才、平台“四个制高点”，培育了一批“领先领头领军”产业企业，涌现了一批“首台首套首创”科技成果，形成了一批“冒尖拔尖顶尖”创新团队，打造了一批“高端尖端前端”创新平台。

毛伟明强调，在“湘军”系列品牌的百花园中，“科技湘军”无疑是最令人敬重、最令人感动、最令人期待的一支劲旅，要将“科技湘军”的旗帜立起来、品牌响起来、动力强起来。要深入实施科教兴省、人才强省、创新驱动发展战略，全力以赴打好科技创新攻坚仗，努力提升湖南在全国科技版图中的地位。2023年要完成一批创新平台建设任务，攻克一批关键核心技术，转化一批高价值成果，提升一批产业发展水平。

要闻纪事

△13日，湖南省委宣传部、省妇联联合主办的湖南省学习宣传《习近平走进百姓家》专题交流会在岳阳召开。《习近平走进百姓家》一书由全国妇联组织编写，通过32个家庭的朴实故事和感人场景，生动讲述了习近平总书记考察调研期间走进百姓家中，问生计冷暖、察民情民愿、讲惠民政策的感人故事，真实记录了新时代十年一个个普通家庭翻天覆地的变化，深刻展现了大国与小家、领袖与百姓的血肉联系。

△14日至15日，省人大常委会副主任、省总工会主席周农率队，调研长沙地区5个工人文化宫建设项目推进情况和园区民营企业工会建设情况。

△16日，由省人社厅主办的湖南省“湘土有才”创业兴业能力提升行动，在“精准扶贫”首倡地花垣县十八洞村启动。2023年湖南省乡村振兴技术技能人才高级研修班同时开班。

△16日，长沙市人社局启动“一个党员一面旗、服务企业促发展”常态化联系服务企业工作，派出400余名党员干部职工，和县级人社部门相关同志一起，以“服务专员”身份，对口联系服务全市1283家企业，促发展稳增长。

△17日，省直机关工委、省林业局主办的省直青年义务植树志愿服务活动在长沙举行，300余名来自省直机关单位的青年代表在长沙县黄兴镇栽种了近1000株树苗。

◎全省党校（行政学院）系统案例教学竞赛在韶山举行

2023年2月26日，全省党校（行政学院）系统学习贯彻习近平新时代中国特色社会主义思想案例教学竞赛开幕式，在韶山干部学院举行。来自省委党校（湖南行政学院）、韶山干部学院、各市（州）委党校（行政学院）和部分县市区委党校（行政学校）的参赛选手、观摩人员等200多人参加开幕式。

案例教学是党校（行政学院）的重要教学方式，《中国共产党党校（行政学院）工作条例》对加强案例式、体验式等互动式教学提出明确要求。2020年，省委党校（湖南行政学院）以“贯彻落实习近平新时代中国特色社会主义思想在改革发展稳定中攻坚克难案例”为主题，向省直单位和各市州共征集65个典型案例，再由各教研部提炼开发，重点打造20余堂优质案例课程，纳入主体班课堂。

2月27日至28日，全省党校（行政学院）系统的40名教师将以赛课的形式，切磋本领、交流观摩、相互促进，共话党校教学事业改革创新，共商党校干部教育事业发展。

全省党校（行政学院）系统案例教学竞赛在韶山举行

◎全省检察长会议在长沙召开

2023年2月27日，全省检察长会议在长沙召开。省检察院党组书记、检察长叶晓颖出席会议并讲话。

会议指出，2023年是全面贯彻落实党的二十大精神的开局之年，是实施“十四五”规划承上启下的关键一年，全省检察机关要坚持守正创新、增强履职担当，开拓进取、奋勇争先，牢牢把握2023年全省检察工作的总体思路和重点任务，奋力推进新时代新征程全省检察工作开好局、起好步，加快推进检察工作现代化。

会议从三个方面对2023年全省检察工作进行了安排部署。一是增强履职担当，全力维护国家安全和社会稳定，着力服务经济高质量发展，以法治方式助力社会治理现代化，运用法治思维和法治方式服务现代化新湖南建设。二是发扬斗争精神，把问题整改融入检察履职，更好履行宪法、法律赋予的监督职能，全面推进法律监督工作现代化。三是坚持守正创新，全面加强检察工作自身现代化建设。

会议还表扬了2022年度先进基层检察院、全省检察机关2022年度常态化扫黑除恶斗争先进集体和先进个人、全省检察机关“利剑护蕾”专项行动先进集体和先进个人。

◎发挥联系服务优势 为助推湘商回归汇智聚力

2023年2月23日至24日，湖南省政协调研组在长沙就助推湘商回归、委员联系服务界别群众等工作开展调研。省政协副主席肖百灵参加调研。

调研组一行实地考察了位于望城区的欧美同学会海归小镇，详细了解其建设规划、项目进展情况。在海归小镇致公联合界别委员工作室，调研组指出，要进一步发挥委员工作室联系服务海外人才和归国留学人员的优势，吸引更多高端人才集聚。

在省政协港澳委员所在的瀛启启邦显辉（长沙）联营律师事务所、金轮天地控股有限公司，调研组一行与委员们互动交流，听取意见建议，鼓励他们继续发挥港澳委员“双重积极作用”，为建设社会主义现代化新湖南拓展国际视野、注入开放活力、贡献委员力量。

要闻纪事

△15日至19日，省政协主席毛万春深入湘西土家族苗族自治州各市县，围绕基层政协工作、民营经济发展、委员工作室建设、乡村振兴、文旅产业发展等开展调研。

△21日至22日，中共中央政治局常委、国务院总理李强在湖南调研并主持召开先进制造业发展座谈会。他强调，要深入学习贯彻习近平总书记在全国两会期间的重要讲话精神，全面落实党的二十大战略部署，牢牢把握高质量发展这个首要任务，坚持把发展经济的着力点放在实体经济上，大力发展先进制造业，推进高端制造，加快建设现代化产业体系。

△21日至23日，省政协调研组在永州市就“打造智慧智能农机产业链发展高地”“狠抓产业振兴，推进农产品加工企业倍增行动”课题和委员工作室建设等开展调研。

△22日，湖南省教育厅正式印发《湖南省教育系统防范中小学生欺凌专项治理行动实施方案》（以下简称《实施方案》），专项治理行动将分为动员部署、集中整治、巩固提升和督导检查四个阶段。

△23日，省委副书记、省长毛伟明在长沙会见澳大利亚FMG集团创始人兼董事长安德鲁·福瑞斯特博士一行。澳大利亚FMG集团是世界第四大铁矿石生产商。

△24日，湖南省人民检察院与省妇联联合出台《关于建立对困难妇女儿童司法救助工作协作机制的实施意见》，省市两级检察机关和妇联组织共同签署《对困难妇女儿童司法救助合作协议》。

◎中国（湖南）第24批援塞拉利昂和第20批援津巴布韦医疗队出征

2023年2月27日，中国（湖南）第24批援塞拉利昂和第20批援津巴布韦医疗队出征仪式在长沙举行。副省长秦国文出席出征仪式并讲话。

据介绍，医疗队队员共32人，其中，援塞拉利昂医疗队21人，援津巴布韦医疗队11人。他们将于次日启程，执行为期1年的援外医疗任务。

2023年是中国派遣援外医疗队60周年，也是湖南省派遣援外医疗队50周年。秦国文指出，50年来，湖南全面贯彻落实国家外交战略，连续向塞拉利昂和津巴布韦派出了42批次530名医疗队员，积极开展疾病诊治，共同参与国际抗疫，着力推进中医药海外传播，填补了受援国多项医疗技术的空白，打造了南部非洲最大的中医针灸中心，赢得了国际社会的广泛赞誉。

秦国文代表省政府向全体援外医疗队员及家属表示衷心感谢，并对即将出征的医疗队员提出要求。他强调，要深入贯彻落实习近平总书记对援外医疗工作的指示批示精神，坚持服务大局，进一步增强做好援外医疗的使命感；坚持精益求精，进一步提升援外医疗湘军的影响力；坚持内外联动，进一步加强援外医疗保障的协同度。要持续推进湘非卫生健康领域国际合作，促进中非卫生健康事业发展，为援外医疗贡献湖南智慧、注入湖南力量。

中国（湖南）第24批援塞拉利昂和第20批援津巴布韦医疗队出征仪式在长沙举行

◎2023年全省商务和开放型经济工作明确两大主抓手

2023年全省商务和开放型经济工作明确两大主抓手

2023年2月27日，2023年全省商务工作会议在长沙举行。会上总结2022年全省商务工作，明确2023年全省商务和开放型经济工作的主抓手为融入“一带一路”和拓展中非经贸合作。

2022年，全省商务和开放型经济发展稳中有进、好于预期。全省进出口达到7058.2亿元，迈进千亿美元省份；全省实际使用外资35.3亿美元，总量居中部第一，来湘投资的世界500强企业达188家，湘商回湘投资累计到位资金4475.1亿元；全省社会消费品零售总额1.9万亿元，消费对经济增长贡献率超过50%。

2023年，全省商务和开放型经济工作聚焦融入“一带一路”、拓展中非经贸两大主抓手，建立“一库四清单”，即全省进出口企业基础数据库，主要出口产品提升任务清单、主要出口目的国提升任务清单、以贸促产招商任务清单、国际贸易通道便利化提升任务清单。

会议部署2023年“十大重点任务”，即力争外贸进出口增长10%，确保社会消费品零售总额增长7%，力争引进内外资增长10%，力争对外实际投资增长10%，加快建设五大国际贸易通道，办好第三届中非经贸博览会，持续扩大对非经贸合作，大力推动湘商回归，实施自贸试验区提升战略，引进1—2个外商直接投资标志性项目。

◎让“半条被子”故事在新时代熠熠生辉

2023年2月27日至28日，省委常委、省委宣传部部长杨浩东赴郴州市调研红色资源保护利用情况。他表示，要进一步学深悟透习近平新时代中国特色社会主义思想，深挖“半条被子”的时代价值，用心用情用力保护好、管理好、运用好红色资源，让“半条被子”故事在新时代熠熠生辉。

在汝城县沙洲村，杨浩东走进“半条被子的温暖”专题陈列馆、“半条被子”故事发生地旧址，了解红色资源保护利用提质升级情况，并开会研究当前工作重点。

杨浩东说，要进一步学习领会、贯彻落实习近平总书记关于用好红色资源、赓续红色血脉的重要论述，立足“半条被子”故事发生地，诠释好长征精神，诠释好中国共产党人的初心和使命。要进一步深刻感悟习近平总书记对沙洲村的念兹在兹，准确认识沙洲村的地位和价值，用好红色资源，在全面推进乡村振兴、大力推进中国式现代化建设中作出贡献。要深入贯彻落实党的二十大精神，进一步挖掘“半条被子”故事的核心内涵和时代价值，打造好沙洲村新时代红色地标。

杨浩东到宜章县、资兴市、苏仙区等地调研了第二届湖南旅游发展大会筹备情况，要求紧紧围绕“办会兴城”目标，细化完善各项工作方案，扎实做好风貌提质改造、观摩组织等各项工作，确保大会如期顺利举行。

让“半条被子”故事在新时代熠熠生辉

◎全国易地扶贫搬迁后续扶持工作现场会在湖南省召开 张迎春出席并讲话

2023年2月27日至28日，国家发展改革委在怀化市、湘西州召开全国易地扶贫搬迁后续扶持工作现场会。省委常委、副省长张迎春，国家发展改革委地区振兴司司长童章舜出席并讲话。

全国易地扶贫搬迁后续扶持工作现场会在湖南省召开

会议深入贯彻落实习近平总书记关于做好易地扶贫搬迁后续扶持工作的重要指示批示精神，通报全国易地扶贫搬迁后续扶持工作进展情况，解读关于推动大型搬迁安置区融入新型城镇化的政策文件。湖南省湘西州、四川省广元市等7个市（州、县）有关负责同志作典型经验交流发言。

会议强调，要深入贯彻落实党的二十大精神和中央有关文件、会议部署要求，深刻认识当前易地扶贫搬迁后续扶持工作面临的新形势新任务新要求，认真组织开展巩固易地搬迁脱贫成果专项行动。要把增加搬迁脱贫群众收入作为根本要求，推动大型搬迁安置区融入新型城镇化实现高质量发展，推动中小型农村安置点成为乡村振兴的示范样板。要抓紧抓牢抓实就业帮扶等重点工作，坚决守住不发生规模性返贫的底线。

22个有易地扶贫搬迁后续扶持任务的省（区、市）发展改革等相关部门负责同志参加会议。27日，与会代表分组实地调研了怀化市沅陵县、麻阳、芷江和湘西州凤凰县、花垣县的部分易地扶贫搬迁安置点。

要闻纪事

△28日，湖南省政协“习近平总书记关于加强和改进人民政协工作的重要思想”第七期专题培训班在韶山干部学院开班。此次专题培训班为期3天，来自全省各地的400余名省政协委员将深入学习贯彻习近平新时代中国特色社会主义思想、中共二十大精神、全国两会精神，学习研讨习近平总书记关于加强和改进人民政协工作的重要思想等内容，全面提升履职能力和水平。

△28日，湖南省发改委发布2023年省重点建设项目名单，共铺排项目324个，总投资21342.5亿元，年度计划投资4616.8亿元，项目数量、投资规模均超往年。

△29日，湖南省民宗系统信息宣传工作会议暨信息员培训班在常德举行，省民宗委官方微信公众号“湖南民宗”正式上线。

△28日至30日，省委常委、省委政法委书记魏建锋赴永州、邵阳等地，深入村、社区，乡镇综治中心，政法单位，产业园区等，调研矛盾风险防范化解、优化法治化营商环境、基层综治中心示范带动建设等工作，督导防汛、巡林等工作。

△30日，湖南省高院向社会通报全省法院依法从严打击毒品犯罪工作情况，并发布5起典型案件。

△31日，省委副书记、省长毛伟明在长沙与中通快递集团董事长兼首席执行官赖梅松一行座谈。中通快递是全球首家年业务量突破200亿件的快递企业，在湘布局建设的枢纽电商物流园区，可吸纳3000名人员就业，实现营收约20亿元、缴税1亿元。

◎开展“湘执利剑2023”专项执行行动

为充分发挥执行职能作用，积极服务经济社会高质量发展大局，湖南高院下发《关于在全省法院组织开展“湘执利剑2023”专项执行行动的通知》（以下简称《通知》），自2023年3月1日起，开展为期10个月的“湘执利剑2023”专项执行行动。

省高院成立了“湘执利剑2023”专项执行行动领导小组，并设立专项执行领导小组办公室。专项执行行动重点部署开展三类行动，即围绕刑事涉财执行案件、涉民生小标的执行案件、涉工程机械行业执行案件、涉知产和环资类执行案件、涉党政机关执行案件和长期未实结执行案件等六类重点案件，开展重点案件集中攻坚行动；围绕以打促执突出执行强制性，开展打击拒执“雷霆”行动。

◎湖南省出台跨境电商专项政策

2023年3月3日，省政府办公厅出台《关于促进跨境电商高质量发展的若干措施》(以下简称《措施》)，加快培育外贸发展新优势，激发外贸增长新动能。

《措施》在加强产业发展、促进集聚发展、完善要素保障、便利跨境贸易等4个方面提出13条支持措施，明确支持跨境电商主体做大做强、培育跨境电商自主品牌、推动跨境电商产业带建设、促进跨境电商综试区差异化发展、打造跨境电商集聚发展园区、完善跨境电商公共服务、推动跨境电商海外仓建设、加强跨境电商人才培育、加大跨境电商金融支持、加强跨境电商联企服务、优化跨境电商通关服务、便利跨境电商外汇收支、落实跨境电商税收政策。

《措施》明确，到2025年，培育一批具有湖南特色的跨境电商规模企业、自主品牌、产业带、产业园等跨境电商主体和载体。目前，湖南先后获批长沙、岳阳、湘潭、郴州、衡阳、株洲6个国家级跨境电商综试区，跨境电商业务规模和综试区平台数量均居中西部前列，安克创新、美迈科技、水羊国际等重点企业跨境电商业务稳步发展。近3年，湖南跨境电商业务规模年均增长超过80%。

◎全面推进乡村振兴 加快建设农业强省

湖南省政府新闻办召开2023年省委一号文件新闻发布会

2023年2月28日，湖南省政府新闻办召开2023年省委一号文件新闻发布会，省委农办专职副主任、省农业农村厅党组副书记贺丽君，省乡村振兴局副局长赵成新回答记者提问。

2022年，全省农业农村发展稳中有进、稳中向好，乡村产业和县域经济加快发展，农村生产生活条件不断改善。2023年，省委一号文件继续聚焦“三农”发展，释放重农强农信号，通过锻长板、补短板、优机制、守底线，全面推进乡村振兴，加快建设农业强省。

种业创新和农机制造是湖南的优势。2023年，湖南省将打造全国种业创新、智慧智能农业装备制造、农产品加工业发展等三个高地，强化农业强省建设的农业科技装备支撑。

2023年，湖南省将加快补齐农业机械化、设施化、适度规模化等短板，大力实施设施农业现代化提升行动，力争2023年全省水稻机械化栽种率、油菜耕种收综合机械化率分别提高4个百分点、2个百分点。

要闻纪事

4月

△2日，民进湖南省委会举办以“共读、共识、共进”为主题的“书香民进”月度读书分享会。活动采取线下实地参与和全程线上直播的方式，在各市委会和新化县工委设立视频分会场。

△6日，中国（湖南）自由贸易试验区工作领导小组第三次全体会议在长沙召开，省委副书记、省长、领导小组组长毛伟明强调，要深入贯彻习近平总书记关于加快建设自由贸易试验区的重要指示精神，落实党的二十大关于实施自由贸易试验区提升战略部署，全面推进自贸试验区高质量发展，着力打造内陆地区改革开放高地，为全省高质量发展增势赋能。

△8日，湖南省首个强制执行研究中心在湘潭大学揭牌成立，民事强制执行理论探索和实践创新有了新平台。

△8日，中国运筹学会第十六届年会在长沙开幕。大会举行了中国运筹学会会士证书颁发仪式，颁发了第八届中国运筹学会科学技术奖终身成就奖、运筹研究奖、运筹应用奖、青年科技奖，并为中国运筹学会2022年度优秀分会颁发了荣誉证书。

△10日，第五届“我是答题王”省禁毒知识竞赛大学生专场赛，在湖南警察学院落下帷幕。此次活动由省禁毒办、省教育厅、共青团湖南省委、省禁毒协会、省学生联合会共同举办，省禁毒委各成员单位联络员和省禁毒办相关负责人参加活动。

◎省直机关纪念毛泽东等老一辈革命家为雷锋同志题词60周年活动在长沙举行

2023年3月5日，省直机关纪念毛泽东等老一辈革命家为雷锋同志题词60周年暨“益爱同行·雷锋家乡学雷锋”志愿服务交流展示活动在长沙举办。

现场，湖南广播影视集团有限公司（湖南广播电视台）志愿服务队、湖南党史陈列馆理论宣讲志愿服务队、中建五局超英志愿服务队、长沙消防雷锋班、省财政厅志愿者工作站，用宣讲、演说、朗诵等方式展示了志愿服务项目成果，一批最美志愿者、最佳志愿服务组织和最佳志愿服务项目受到表彰。同时，开展“关爱守护”志愿服务活动，现场认领困境儿童“微心愿”；组织公益集市，志愿者们围绕理论宣讲、生态环保、文明风尚、科技普及、关爱守护等志愿服务项目，为市民提供“一站式”贴心服务。

省直机关纪念毛泽东等老一辈革命家为雷锋同志题词60周年活动在长沙举行

活动要求，要带头深化省直机关学雷锋活动，发挥好党员干部的模范带头作用、青年的生力军作用，围绕“新时代新雷锋”主题，持续擦亮“益爱同行·雷锋家乡学雷锋”志愿服务品牌，开展好培育一批重点项目、选树一批先进典型、开展一次交流展示、举办一次公益集市、组织一系列学雷锋活动、组织一批专题观展“六个一”系列学雷锋活动。

◎2023雷锋精神论坛在长沙开幕

2023年3月5日，2023年是毛泽东等老一辈革命家为雷锋同志题词六十周年。为深入学习贯彻习近平总书记关于学习弘扬雷锋精神的重要论述，引导广大党员、干部、群众生动践行雷锋精神，做新时代的新雷锋，让雷锋精神在新时代绽放更加璀璨的光芒，5日下午，“新时代 新雷锋”2023雷锋精神论坛在长沙开幕。十三届全国政协常委、民族和宗教委员会主任王伟光，十三届全国政协常委、提案委员会副主任戚建国，省领导吴桂英、杨浩东、秦国文、郝先维出席。

论坛邀请六十年来全国学雷锋活动涌现的先进集体和个人代表、全国雷锋精神和学雷锋活动研究专家学者代表和论坛主题征文优秀作者，以及中央媒体驻湘机构主要负责同志，齐聚雷锋家乡，共话雷锋精神。

开幕式上，学雷锋先进集体代表、“时代楷模”邓州编外雷锋团政委姚德奇，学雷锋先进个人代表、“七一勋章”获得者、第八届全国道德模范艾爱国，《雷锋》杂志社总编辑、解放军报原副总编辑、少将陶克等嘉宾代表发言。现场还发布了《新时代 新雷锋》主题宣言，由来自“时代楷模”望城消防救援大队的“80后”教导员燕路、“90后”青年大学生志愿者代表秦缘、“00后”全国道德模范周美玲共同宣读。

2023雷锋精神论坛在长沙开幕

◎“三力”筑牢湖南高质量发展坚实基础

2023年3月5日，习近平总书记在参加他所在的十四届全国人大一次会议江苏代表团审议时强调，牢牢把握高质量发展这个首要任务。

湖南突出抓好电力、算力与动力“三大支撑”，电力保障算力、算力促进动力，“三力”一体发力，筑牢高质量发展坚实基础。全国两会期间，在湘全国人大代表、住湘全国政协委员和湖南广大干部、群众、企业家围绕“三力”建设建言献策。

全国两会期间，湖南代表团以全团名义向十四届全国人大一次会议提出《关于支持湖南能源建设的建议》。

“能源是主战场，电力是主力军。”全国人大代表，国网湖南省电力有限公司党委书记、董事长孟庆强说，湖南以“电力支撑”为先，加快电源建设，构建坚强电网，电力能源体系实现跨越升级，整体供电能力超过4000万千瓦。

特高压工程在湖南度冬度夏用电高峰期发挥了不可替代的作用。祁韶特高压、南昌至长沙特高压、荆门至长沙特高压工程相继投运。当前，“宁电入湘”工程加速推进，建成后预计年送电超400亿千瓦时。

◎“两高”报告里，湖南元素“湘”当亮眼

2023年3月7日，十四届全国人大一次会议举行第二次全体会议，听取并审议最高人民法院院长周强所作的最高人民法院工作报告，听取并审议最高人民检察院检察长张军所作的最高人民检察院工作报告。多处“湖南元素”被写入“两高”工作报告，彰显湖南在司法领域的创新实践。

湖湘出英模，周春梅、谢新星先进事迹被写进“两高”报告。近五年，全省法院队伍中有154个集体、206名个人获省部级以上荣誉；全省检察机关荣获省部级以上表彰的先进个人有102人次，涌现了“双百政法英模”彭庆文、“全国三八红旗手”姚红等先进典型。

“内蒙古、辽宁、湖北、湖南、广西等法院推行涉企案件经济影响评估机制。”2021年，省高院出台《关于对涉企案件实行生产经营影响评估的实施办法（试行）》，依法促进企业生产经营，保障全省经济高质量发展，被写入最高人民法院工作报告。

“辽吉黑、沪苏浙皖、赣鄂湘、川渝深化检察协作，服务东北全面振兴、长三角一体化发展和长江中游城市群、成渝地区双城经济圈建设。”全省检察机关主动作为服务长江中游城市群建设工作，被写入最高人民检察院工作报告。

◎湖南4地上榜全国村庄清洁行动先进名单

2023年3月6日，农业农村部、国家乡村振兴局发布通知，对全国94个措施有力、成效突出、群众满意的村庄清洁行动先进县进行通报表扬。湖南4地上榜，分别是：衡阳市南岳区、常德市汉寿县、永州市蓝山县、怀化市沅陵县。

近年来，湖南省根据中央农村工作领导小组办公室、农业农村部等18个部门联合印发的《农村人居环境整治村庄清洁行动方案》，采取有效措施，发动群众开展“三清一改”（清理农村生活垃圾、清理村内沟塘、清理畜禽养殖粪污等农业生产废弃物，改变影响农村人居环境的不良习惯），着力解决村庄环境脏乱差问题，涌现出一批美丽宜居村庄。

省乡村振兴局介绍，湖南省将以《农村人居环境整治提升五年行动方案（2021—2025年）》为指引，聚焦家美、院美、村美、风尚美、心里美等“五美”共建主题，持续压茬推进村庄清洁行动四季战役，将村庄卫生清洁与绿化美化相结合，建立健全常态化清洁制度，营造人人动手、清洁家园的良好氛围，进一步拓展深化行动内涵，美化提升村容村貌，不断提升人居环境舒适度，加快建设宜居宜业和美乡村。

湖南4地上榜全国村庄清洁行动先进名单

要闻纪事

△11日，省政府与中国南水北调集团有限公司在长沙签署战略合作框架协议，双方将在引调供水、生态环境保护与修复、新能源开发等领域开展深入合作。根据协议，双方将在引调水工程建设、供水配置供给等领域加强合作，推动水务市场化改革，聚焦“一江一湖四水”持续改善区域生态环境，探索推进湖南区域内抽水蓄能和光伏等清洁能源项目落地。

△11日，学习贯彻党的二十大精神和习近平法治思想专题研讨班在韶山干部学院开班。

△11日，在江永县兰溪瑶族乡勾蓝瑶村新时代文明实践点，“党音速递”微宣讲志愿服务队为村民们带来了精心烹制的“理论＋文艺”大餐。

△14日，省委书记、省委统战工作领导小组组长沈晓明主持召开省委统战工作领导小组2023年第一次全体会议。会议传达学习了习近平总书记近期关于统一战线重要讲话精神，听取了省委统战工作领导小组2022年工作情况及2023年重点工作的汇报。

△19日，湖南省政府新闻办在长沙召开新闻发布会，介绍2023年湖南省创新创业大赛有关情况。以“创新创业，圆梦湖南”为主题，首次设立“科技＋大学生创新创业专业赛”，2023年湖南省创新创业大赛分为主体赛、颠覆性技术大赛、专业赛，赛事设置更精准聚焦。

◎庆“三八” 湖南省国动办送上法律、健康、文化知识“大餐”

2023年3月7日至8日，湖南省国动办开展妇女节主题活动，为国动系统妇女同志送上一道法律、健康、文化知识“大餐”。省国动办党组成员、副主任谢晓清，相关处室负责人，在职及离退休妇女同志参加活动。

活动中，省国动办普法志愿者在机关院内设立宣传点，引导妇女职工了解学习新修订的妇女权益保障法，推动男女平等基本国策贯彻落实。志愿者为妇女职工分发新修订的妇女权益保障法，并讲解在政治权利保障、文化教育权益保障、劳动和社会保障权益、财产权益保障、人格权益保障、婚姻家庭权益保障等方面新作的修订。

健康是一切的基础。活动中，省国动办联合省人民医院举办健康知识讲座，进一步提高妇女职工健康素养，促进女职工身心健康发展。来自省人民医院康复医学科的医生为妇女同志讲解妇科及相关康复知识，并为其进行体态评估，让大家更加了解自己的康复保健方向和方法，更加自觉地养成良好的生活、工作习惯，以强健的体魄、健康的心理、充沛的精力投入繁忙的工作和生活中去。此外，活动期间，还开展了音乐微党课宣讲，学习红色革命精神，并组织妇女同志到湖南省宋旦汉字艺术博物馆参观见学，感受古典文化，体验汉字与篆刻艺术之美。

妇女节主题活动

◎全省党史工作会议在长沙召开

全省党史工作会议在长沙召开

2023年3月10日，全省党史工作会议在长沙召开。会议传达贯彻全国党史和文献部门相关会议精神，总结2022年全省工作，部署2023年工作任务。

会议指出，过去一年，省委党史研究院围绕迎接党的二十大和学习宣传贯彻党的二十大精神，各方面工作取得了新进展。《全面建成小康社会湖南全景录》《全面建成小康社会湖南大事记》入选中宣部2022年主题出版重点出版物，推出了《湖南廉洁文化地图》，开展首届湖南省党史学习教育创新案例征集活动，举办第二届湖南省红色故事宣讲大赛，提质升级改造湖南党史陈列馆基本展陈，开展了“毛泽东党建思想及在株洲的早期革命实践”等7场学术研讨活动，创建了湖南第一师范旧址等36个省级党史学习教育基地。省委党史研究院宣传教育部被中央有关部门表彰为全国反对历史虚无主义先进集体。

会议强调，全省党史部门要始终坚持以习近平新时代中国特色社会主义思想为指导，全面学习、全面把握、全面落实党的二十大精神；发挥职能优势，及时跟进服务中心大局；扛牢主责主业，扎实推进专题征编研究；统筹集约资源，持续优化党史工作体系。要提高政治执行力、服务发展大格局、树牢正确党史观、坐住坐稳“冷板凳”，以更高标准更严要求，推动新时代党史工作高质量发展。

要闻纪事

△19日，湖南省税务局、省公安厅在长沙签署打击涉税违法犯罪合作备忘录（简称“备忘录”），构建“税务+公安”合成防范和打击涉税违法犯罪新格局。

△20日，最高人民法院召开新闻发布会，发布《中国法院知识产权司法保护状况（2022年）》和2022年中国法院50件典型知识产权案例。由省高院民三庭二审的刘国湘与安徽绿亿种业有限公司、合肥丰民农业科技有限公司植物新品种合同纠纷案，入选全国法院50件典型知识产权案例。

△23日，湖南（空军）退役军人暨随军随调家属专场招聘会在长沙人才市场举行。本次招聘由南部战区空军政治工作部、省退役军人事务厅联合主办，采取“线下招聘+线上云聘+直播带岗”的暖心服务组合拳促进退役军人就业。

△24日至25日，以“牢记殷殷嘱托 守护好一江碧水”为主题的洞庭湖生态经济区政协主席联席会议第五次会议在岳阳举行。会议通报了“益阳共识”落实情况，达成了《助推新时代洞庭湖生态经济区高质量发展岳阳共识》。

△25日，省委书记、省委网络安全和信息化委员会主任沈晓明主持召开省委网络安全和信息化委员会全体会议，听取2022年全省网信工作情况汇报，审议《湖南省网络法治建设五年行动计划（2023—2027年）》等文件，研究部署下阶段工作。

◎湖南首家户外法治教育研学基地启动

开营仪式现场

2023年3月10日，2023“说走就走趣星沙”春季活动金洲村分会场暨金洲法治教育研学基地开营仪式在长沙县江背镇金洲村举行。

活动以“金洲水乡美法治研学乐”为主题，由中共长沙县江背镇委员会、长沙县江背镇人民政府主办，中共江背镇金洲村总支部委员会、江背镇金洲村民委员会承办，湖南湘报文化发展有限公司协办。

长沙县金洲村法治研学教育基地是长沙市首个大型户外法治研学基地，依托乡村法治文化公园打造了法治大道、法治书屋、宪法广场、法治大讲堂、皋陶书院、露营基地、法治研学营地等项目，并开设走在法治大道上、中国法治史、法治知识闯关、我是小法官、对簿公堂、劳动教育、红色教育等沉浸式研学课程，形成湖南省独具特色的研学教育基地。营地建成后预计日接待量逾千人，全年接待中小学生研学8万人次以上。

“农村是祖国的根基，青年是国家的未来。”长沙市司法局普法处副处长谢懿强调，金洲村推行的“法治+文旅”模式，是法治乡村建设的新模式、新探索，是适应基层社会治理和青少年法治教育新要求的重要举措，通过整合社会法治教育资源，推进法治教育与法治实践相结合，构建学校、社会、家庭三位一体的青少年法治教育体系。

◎全省3·15国际消费者权益日大会举行

全省3·15国际消费者权益日大会举行

2023年3月15日，全省3·15国际消费者权益日大会在长沙举行，省人大常委会党组副书记、副主任张剑飞出席，副省长蒋涤非讲话。

2022年，全省消费维权工作取得良好成效，完成商品质量抽检1.2万批次，处置不合格产品1107批次，督促企业召回缺陷消费品78.6万件，受理消费投诉、举报、咨询75.1万件，为消费者挽回损失1.36亿元，有效维护了广大消费者合法权益，为化解矛盾、稳定消费、扩大内需、促进发展发挥了重要作用。

蒋涤非强调，要聚焦“提振消费信心”，强化责任、细化举措，进一步优化消费市场环境，促进消费持续繁荣，不断提升消费者的获得感、幸福感和安全感。加强宣传，提升维权意识，加大对消费侵权行为的监督和曝光力度，及时发布消费警示提示信息、维权典型案例，普及消费维权知识，倡导理性消费、依法维权。严格监管，增强维权效能，严厉打击侵权假冒行为，整治价格欺诈、违法广告等乱象，推广线下无理由退货制度，畅通维权渠道，健全消费纠纷多元化解机制，推动形成共建共治的消费维权格局。多向发力，提振消费信心，改善消费供给，创新消费场景，让广大人民群众能消费、敢消费、愿消费，持续促进消费升级和消费潜力释放。

全省3·15国际消费者权益日大会举行

◎扶持跨境电商，助力“买”“卖”全球

2023年3月20日，湖南省政府办公厅出台了首个省级跨境电商专项政策《关于促进跨境电商高质量发展的若干措施》，从加强产业、促进集聚、完善要素保障等四个方面支持跨境电商高质量发展。

2023年全国两会期间，跨境电商再次被提及。政府工作报告指出，五年来，中国坚定扩大对外开放，深化互利共赢的国际经贸合作。推动进出口稳中提质。发展外贸新业态，新设152个跨境电商综试区，支持建设一批海外仓。

党的二十大报告提出，推动货物贸易优化升级，创新服务贸易发展机制，发展数字贸易，加快建设贸易强国。近三年，湖南跨境电商业务规模年均增长超过80%，以长沙为例，2018—2021年，跨境电商进出口业绩76亿美元，年均增长104%，居全国前列。从各式鞋履到家庭储能系统，乃至钢化膜、数据线等手机配件，大批中国好物乘机“出海”。与之相对的是，在友阿跨境荟，消费者又能以低于国内市场的价格，买到美妆、鞋服等全球好物。一进一出，跨境电商已成为带动传统贸易数字化转型的重要引擎。

作为发展速度快、潜力大、带动作用强的新业态，跨境电商是数字贸易的重要组成部分。再过三个多月，第三届中非经贸博览会就将在长沙举办，跨境电商又将作为中非经贸合作的桥梁，带来更多利好。

◎ 2023年国际传播协同协作工作会在长沙召开

2023年3月21日，2023年国际传播协同协作工作会在长沙召开。中国外文局局长杜占元，省委常委、省委宣传部部长杨浩东出席并致辞。经济日报社社长兼总编辑郑庆东、中国海洋发展基金会理事长吕滨出席。

2023年国际传播协同协作工作会在长沙召开

杜占元指出，新时代新征程对加强国际传播协同协作，推动国际传播工作高质量发展提出更高要求。要深入学习宣传贯彻党的二十大精神和全国两会精神，聚焦构建具有中国特色的国际传播战略体系，坚持优势互补、合作共赢，持续推动精准传播联合行动，不断深化中国外文局同各部委、地方、行业等各方面的国际传播协同协作，广泛汇聚各方资源力量，更好服务党和国家工作大局。

杨浩东指出，湖南深入贯彻习近平总书记关于外宣工作重要论述、关于湖南工作的重要讲话和指示批示精神，自觉把地方外宣放在全国外宣大局中谋划、推进、提升。新时代新征程上，要深入学习贯彻党的二十大精神，通过协同协作找准位置、区分责任、发挥作用、作出贡献，利用湖南文化和媒体传播特色优势，讲好湖南故事，在塑造可信、可爱、可敬的中国形象中展现湖南作为。

会上，中国外文局及局属单位分别与经济日报社、湖南省委宣传部等10家单位签署战略合作协议。杜占元、杨浩东为2022对外传播优秀案例颁奖。

要闻纪事

△23日至25日，湖南省十四届人大代表第一期履职学习班在长沙举办。200多位新一届省人大代表，从田间地头、工厂一线、科研前沿而来，开启了一场为期3天的“集中充电”。

△26日，“金汇制造名城 资聚幸福株洲”金融机构走进株洲助力高质量发展“政金企”对接活动举行。本次活动集聚三大证券交易所、4家省级金融管理机构、27家省级金融机构、中金等头部券商和10余家基金机构。

△23日至28日，举办湖南省法治宣传教育能力提升工程暨2023年全省普法骨干培训班。活动特邀来自省委网信办、省司法厅、湖南大学、法治日报社、湖南日报社、湖南省摄影家协会等单位的专家授课，围绕党的二十大精神和习近平法治思想，法治新闻报道策划、编辑与制作技能、新媒体运维、新时代普法与依法治理工作等内容开展业务培训。

△27日，湖南省机关事务管理局学习贯彻习近平新时代中国特色社会主义思想主题教育“红管家”读书班结班。

△28日，湖南省庆祝“五一”国际劳动节暨先进集体先进个人表彰大会在长沙隆重召开。大会对湖南省荣获全国、湖南省五一劳动奖章、奖状和全国工人先锋号的先进集体和个人进行了表彰，省委、省政府对34名全国五一劳动奖章获得者授予省劳动模范和省先进工作者称号。

◎中国式现代化湖南法院大讲堂开讲

2023年3月23日，中国式现代化湖南法院大讲堂开讲。中国法学会副会长江必新应邀作专题报告。省高院党组书记、院长朱玉主持。

中国式现代化湖南法院大讲堂现场

江必新以《以党的二十大报告法治精神推进严格公正司法》为题，围绕严格公正司法是党的二十大报告对司法的核心要求、严格公正司法具有丰富的内涵和外延、严格公正司法的实现路径、严格公正司法需要处理好的若干重大关系等四个方面作了报告。

省高院举办中国式现代化湖南法院大讲堂，旨在深入学习贯彻党的二十大精神，努力建设学习型法院，培养学习型法官，奋力推进审判体系和审判能力现代化。2023年计划举办4期，每季度举办1期，邀请知名专家、学者等就政治、经济、法学理论、审判执行实务等作报告。参训人员以全省法院干警为主，通过线上与线下、主课堂和分课堂相结合等形式，以视频方式带动中级、基层法院干警同步参训。

◎2023年首期『湘江大讲堂』举行

2023年3月24日，2023年首期“湘江大讲堂”在省委党校举行。全国人大民族委员会原主任委员、中国科学院原院长、中国科学院院士白春礼受邀作题为“世界科技前沿发展态势”的辅导报告。省委书记沈晓明主持，省委副书记、省长毛伟明，省政协主席毛万春出席。

3月24日上午，2023年首期“湘江大讲堂”在省委党校举行

讲座中，白春礼从宏观、中观、微观三个层面，介绍了当前世界科技前沿和发展态势，客观分析了中国科技创新取得的进展成就及存在的差距不足，详细论述了实现高水平科技自立自强的实践路径。

报告结束时，沈晓明交流了学习体会，并要求全省各级领导干部要深入学习领会习近平总书记关于科技创新的重要论述精神，把学习科技知识、提升科学素养作为必修课，切实当好科技创新的组织者、参与者、服务者，不断增强领导与推动科技创新和成果转化利用的本领。

◎桂东打造“第一军规”红色旅游品牌

2023年4月3日，在《三大纪律·六项注意》正式颁布95周年之际，桂东县在沙田镇第一军规广场举办主题活动。200余名党员、干部、群众、学生现场合唱军歌，气势高昂，歌声嘹亮。

桂东打造“第一军规”红色旅游品牌

1928年4月3日，毛泽东同志在桂东沙田正式颁布第一军规——《三大纪律·六项注意》，对党和军队的政治纪律、群众纪律、廉洁纪律、生活纪律、军事纪律作了具体的规定。随着红军不断转战和群众工作的不断实践，《三大纪律·六项注意》的内容不断发生变化，最后形成了《三大纪律·八项注意》。

桂东县积极开展红色场馆维修保护，建设红色文化美丽乡村，完善红色景点景区基础设施，规范精品民宿管理，串联“沙洲—沙田—青竹”精品旅游线路，吸引大批游客前来参观学习。2023年春节期间，来到桂东的游客达到5.98万人次。

要闻纪事

△28日，湖南省政府与中国农业银行股份有限公司在长沙签署全面战略合作协议，双方将在打造“三个高地”、乡村振兴、民生等领域开展深入合作。

△28日，湖南省委全面深化改革委员会第十九次会议审议通过《关于深化生态保护补偿制度改革的实施意见》（简称《实施意见》），将实行“输血”与“造血”相结合的生态保护补偿制度。

△28日，湖南省政协召开“助推湘商回归”座谈会，探讨如何优化营商环境，提升政务服务效能，发挥商协会载体作用，搭建招商引资平台，更好促进湘商回归。

5月

△6日，第三届中国—非洲经贸博览会组委会秘书处工作会议暨筹备动员大会在长沙召开，副省长周海兵出席会议。

△9日，省委书记沈晓明，省委副书记、省长毛伟明在长沙会见了来湘参加2023年世界旅游城市联合会长沙香山旅游峰会的10国驻华使节。

△10日，2023世界旅游城市联合会长沙香山旅游峰会拉开帷幕，来自全球37个国家代表、世界旅游城市联合会会员代表等400余人参会，共商世界旅游业振兴发展大计。

△10日，湖南省网信专家咨询委员会聘任仪式暨第一次会议在长沙召开。会议讨论了《湖南省网信专家咨询委员会章程》及有关文件。杨浩东为方滨兴、王怀民、廖湘科、李建成、陈晓红等颁发省网信专家咨询委员会聘任证书。

◎“冯康科学计算奖签约活动暨湖南省计算数学发展论坛”长沙举行

“冯康科学计算奖签约活动暨湖南省计算数学发展论坛”在长沙举行

2023年4月7日，“冯康科学计算奖签约活动暨湖南省计算数学发展论坛”在长沙举行。省委常委、省委宣传部部长杨浩东，中国科学院院士、中国科协副主席袁亚湘致辞并见证签约。中国科学院院士江松、张平等科学家通过线上线下参会。

冯康科学计算奖1994年设立，旨在奖励在科学计算领域作出突出贡献、年龄不超过50岁的海内外华人科学家。活动现场，中国科学院数学与系统科学研究院和湖南教育出版社正式签约，从2023年起，冯康科学计算奖将由双方联合颁发。早在1991年，湖南教育出版社就牵手中国数学会，共同设立了中国数学三大奖之一的华罗庚数学奖。

杨浩东说，新征程上，湖南对数学科学和优秀数学人才的需要，比以往任何时候都更为迫切。数学家和科学家应该被更多人尊重和爱戴。湖南将依托全球华人数学家人才队伍，围绕国家重大战略需求和“三高四新”战略定位和使命任务，推动数学界与产业界的交流与合作，推动应用数学学科发展，促进高层次创新人才交流，为中国式现代化新湖南建设提供智力支持和解决方案。

袁亚湘表示，很高兴看到家乡对数学事业的大力支持。冯康科学计算奖签约活动在湖南举办，将进一步推动应用数学学科发展，促进高层次创新人才交流。期待更多年轻人加入“计算湘军”。

◎湖南省首个强制执行研究中心成立

2023年4月8日，湖南省首个强制执行研究中心在湘潭大学揭牌成立，民事强制执行理论探索和实践创新有了新平台。

切实解决执行难，依法保障胜诉当事人及时实现权益，对法治国家、法治政府、法治社会建成及中国特色社会主义法治体系完善有着重要意义，设立强制执行研究中心具有很强的现实性和针对性。

湘潭大学法学院在湖南省最早开展强制执行理论研究与人才培养，拥有良好的学科基础。湘潭大学强制执行研究中心将依托优势学科资源，与法治实践工作部门深化合作，着力推进强制执行的理论研究、人才培养、学术交流和社会服务，共同编写强制执行理论丛书，探讨强制执行疑难案件，举办强制执行学术会议，培养强制执行人才，推动强制执行立法完善，加快强制执行法立法进程。

湖南省首个强制执行研究中心成立

◎湖南省政府与南水北调集团签署战略合作框架协议

省政府与南水北调集团签署战略合作框架协议

2023年4月11日，省政府与中国南水北调集团有限公司在长沙签署战略合作框架协议，双方将在引调供水、生态环境保护与修复、新能源开发等领域开展深入合作。省委书记沈晓明见证签约，省委副书记、省长毛伟明，南水北调集团党组书记、董事长蒋旭光讲话。

毛伟明说，湖南97.6%的国土面积位于长江流域，水情是最大的省情。近年来，湖南牢记“守护好一江碧水”殷殷嘱托，积极抢抓长江经济带发展等重大历史机遇，统筹推进水灾害、水资源、水生态、水环境治理，全省147个国控断面水质优良率98.6%，位居中部第一，新能源和可再生能源装机容量占全省电源总装机的57.9%，水利事业高质量发展取得明显成效。

蒋旭光说，近年来，湖南持续加强水生态环境治理，科学保护利用水资源，取得的治水兴水成绩令人瞩目。南水北调集团将充分发挥自身优势，加快在湘布局建设水网水务、生态环保、新能源等项目，助力湖南水利事业高质量发展。

根据协议，双方将在引调水工程建设、供水配置供给等领域加强合作，推动水务市场化改革，聚焦“一江一湖四水”持续改善区域生态环境，探索推进湖南区域内抽水蓄能和光伏等清洁能源项目落地，不断提升水资源优化配置和高效利用能力。

省政府与南水北调集团签署战略合作框架协议

◎湖南省少先队辅导员风采大赛举行

2023年4月9日至12日，湖南省少先队辅导员风采大赛省级决赛在长沙举行。最终，吴海芸、张菁等19人分获单项特等奖、单项一等奖、单项二等奖和个人全能奖，长沙市、常德市、郴州市、湘潭市荣获优秀组织奖。

此次大赛旨在全面加强新时代少先队工作，切实提高少先队辅导员政治素质和履职能力。70名少先队辅导员从县区初赛、市州复赛中脱颖而出。他们在决赛现场同台竞技，以扎实的理论基础和丰富的知识储备，聚焦思想引领和政治启蒙，用“童言童语”讲好党的创新理论，展现了少先队辅导员出众的政治素养和专业能力。

大赛于2022年6月启动，吸引了6800余名少先队辅导员踊跃参与，赛事规模、办赛层次和激励举措均创历史新高。大赛创新设置少先队基础专业知识笔试、主题宣讲、少先队活动案例讲解、少先队校外实践活动设计、少先队工作情景处理答辩5项竞赛类别，全面检阅全省少先队一线辅导员解决实际问题能力和基层少工委组织履职科学化水平。小学组和初中组总分排名第一的参赛选手将按程序授予省级“青年五四奖章”“五一劳动奖章”“三八红旗手”荣誉称号。

2023年4月9日至12日，湖南省少先队辅导员风采大赛省级决赛在长沙举行

要闻纪事

△10日至11日，湖南省教育工会六届一次全体委员会议和全委（扩大）会议在长沙召开，选举产生了新一届湖南省教育工会领导班子。

△11日，湖南革命军事馆建设专题会议在长沙召开。省委常委、省军区司令员王宇出席并讲话，省军区副政委郝先维出席。

△11日，全省2023年全国防灾减灾日宣传暨抗洪抢险应急演练活动分别在长沙市和湘阴县举行。省委常委、常务副省长、省减灾委主任李殿勋在长沙市出席主会场活动并讲话。

△11日，湖南省第三届司法人员、律师与企业家同堂培训班开班式在长沙举行。培训班为期3天，开设《党的二十大精神宣讲》《涉案企业合规改革视角下的民营企业刑事法律风险防范》《民营企业民事法律风险防范》等相关课程。来自全省法院、检察、公安、司法系统和企业家代表等200余人参加培训。

△11日，省人大常委会副主任陈飞率省人大调研组赴省住建厅牵头督办“加强历史文化名城保护”类重点处理建议，并就城市雨污分流、污水管网建设运行情况等工作开展调研。

△15日，省委书记沈晓明在益阳调研经济社会发展情况。他强调，要加快产业提质升级，构建现代化产业体系和城乡区域协调发展体系，大力实施乡村振兴战略，奋力书写新时代高标准的“山乡巨变”。

◎湖南推出全国首个省级行政应诉工作平台

2023年5月，为进一步加强和规范行政应诉工作，湖南省行政应诉工作平台上线，并在全省各级行政机关推广应用，标志着湖南省成为首个推出省级行政应诉工作平台的省份。

湖南省行政应诉工作平台集成了案件登记管理、出庭应诉管理、败诉统计、法律法规查询等功能，将逐步实现全省行政应诉案件统一登记、统一管理、统一监督。

该平台对登记信息条目进行了细化优化，“不仅能极大解决以往行政应诉案件台账信息不全、案件统计数据不准等突出问题，还最大限度减轻信息填报工作量，切实做到让数据多跑路、为基层减负”。

同时，该平台在汇集全省行政应诉相关信息和数据的基础上，可以开展多角度、多层次、多领域数据分析，将有助于全面掌握全省各级行政应诉案件情况，找准行政执法、行政应诉等领域存在的突出问题、共性问题，为加强诉源治理、提升行政执法规范化水平等提供基础数据参考和监督依据。

该平台在全省推广应用后，省司法厅将适时组织开展专门培训，进一步提高行政应诉工作人员使用平台的能力水平。同时，将采取定期检查通报等方式，督促各级被诉行政机关按规定使用平台，全面提升行政应诉工作质效，实现行政应诉工作由传统纸质模式向信息化系统管理模式转变。

◎湖南省召开庆祝“五一”国际劳动节暨先进集体先进个人表彰大会

湖南省庆祝“五一”国际劳动节暨先进集体先进个人表彰大会在长沙召开

2023年4月28日，湖南省庆祝“五一”国际劳动节暨先进集体先进个人表彰大会在长沙召开。省委常委、省委组织部部长汪一光出席会议并讲话。省人大常委会副主任、省总工会主席周农主持，副省长蒋涤非宣读表彰决定，省政协副主席肖百灵、省军区副司令员陈博出席。

大会对湖南省荣获全国、湖南省五一劳动奖章、奖状和全国工人先锋号的先进集体和个人进行了表彰，省委、省政府对34名全国五一劳动奖章获得者授予省劳动模范和省先进工作者称号。

汪一光强调，工人阶级和广大劳动群众要坚持以习近平新时代中国特色社会主义思想凝心铸魂，深入学习贯彻党的二十大精神，坚定不移听党话、跟党走。要营造尊重劳动、尊重知识、尊重人才、尊重创造的浓厚氛围，抓实产业工人队伍建设改革，建设高素质劳动者队伍，充分发挥工人阶级主力军作用。要结合主题教育，深入开展“走基层、找问题、想办法、促发展”活动，用心用情解决好劳动群众急难愁盼问题，实现好、维护好、发展好劳动者合法权益，大力弘扬劳模精神、劳动精神、工匠精神，凝聚起奋力建设中国式现代化新湖南的强大力量。

要闻纪事

△16日，省委书记沈晓明主持召开两场主题教育专题调研座谈会，围绕包括“四类干部”在内的全省干部队伍建设这一主题，分别听取市州委书记、组织部长、统战部长代表，以及高校、科研院所和国有企业负责人代表的意见建议。

△17日，2023年湖南省社会科学普及主题活动周暨“学习贯彻二十大·团结奋斗谱新篇”系列宣讲活动启动式在长沙举行。此次活动由省委宣传部、省社科联、省国防动员办公室（省人民防空办公室）主办。全省200余名社科普及工作者参加。

△19日，十二届省委理论学习中心组在岳麓书院开展第十七次集体学习，围绕“以学增智”这一主题接受现场教学并进行专题研讨。

△23日，2023年湖南省科技活动周暨科技潇湘行启动式在郴州市宜章县举行。本次科技潇湘行被科技部选为今年全国科技活动周五大轮值主场活动之一，来自省内外百余名教育、医卫、农业、工业领域专家，将组成科技医疗下乡、科技兴农、科技兴企、科普进校等小分队，围绕“热爱科学 崇尚科学”主题，深入宜章县开展200多场科技活动。

△23日，2023年全省青年马克思主义者培养工程开班式在省委党校举行，湖南省“青马导师”代表和200余名省级“青马工程”学员代表参加。6名省级“青马工程”学员代表发言。

◎湖南省召开“学习二十大 永远跟党走 奋进新征程”五四青年座谈会

湖南省召开“学习二十大 永远跟党走 奋进新征程”五四青年座谈会

2023年5月4日，“学习二十大 永远跟党走 奋进新征程”湖南省五四青年座谈会在长沙召开。省委常委、省委组织部部长汪一光出席会议并讲话。副省长秦国文主持会议，省人大常委会副主任周农、省政协副主席胡伟林出席会议。

座谈会上，汪一光代表省委向全省广大青年朋友、共青团员和青少年工作者致以美好的祝愿和节日的问候。他强调，广大青年要把深学细悟习近平新时代中国特色社会主义思想作为首要政治任务，牢记习近平总书记对广大青年的殷殷嘱托，抓住开展主题教育的契机，认真读原著学原文悟原理，筑牢坚定拥护“两个确立”、坚决做到“两个维护”的思想根基。要强化责任担当，努力提升本领，勇于攻坚克难，善于创新创造，坚持实干实效，为实现“三高四新”美好蓝图贡献青春力量。要锤炼品行、弘扬正气、懂得感恩、甘于奉献，遵规守纪，树立起新时代青年良好形象。全省各级团组织要更好履行引领凝聚、组织动员、联系服务青年职责，千方百计为青年办实事、解难事，真正成为青年朋友的知心人。要坚持党管青年原则，把青年工作作为战略性工作来抓，为广大青年创新创业、成长成才创造良好条件。

会上，观看了《逐光而行》主题视频，6名青年代表作交流发言。

第三届中国—非洲经贸博览会组委会秘书处工作会议暨筹备动员大会在长沙召开

◎中非经贸博览会筹备工作全面铺开，展览面积将达 10 万平方米

2023 年 5 月 6 日，第三届中国—非洲经贸博览会组委会秘书处工作会议暨筹备动员大会在长沙召开。

本届博览会主展馆展区将设 6 个室内馆和 1 个室外展区，展览面积 10 万平方米；将邀请贝宁、刚果（金）、马达加斯加、马拉维、莫桑比克、尼日利亚、赞比亚和摩洛哥等 8 个非洲国家担任主宾国。目前已有 45 个非洲国家和 3 个国际组织共 257 人报名参会，多家国际组织、境外金融机构和商协会将组织非洲企业和采购商参会参展。

湖南已制定与非洲国家经贸合作对口联系机制实施方案，每个市州对口联系 2 个非洲国家，目前长沙、岳阳、益阳、郴州、永州等市代表团已前往非洲开展对接交流。为方便两地人员交流和经贸往来，4 月 16 日起，南方航空已加密长沙至肯尼亚内罗毕航线，增加至每周 2 班。

第三届中非经贸博览会将于 2023 年 6 月 29 日至 7 月 2 日在湖南长沙举办，以“共谋发展、共享未来”为主题。此前已在北京、杭州、广州举办了 3 场推介会，重点面向非洲驻华使馆及国内商协会、企业开展宣传推介和邀商招展。

◎《信访工作条例》实施一周年主题宣传暨全省第六个信访法治宣传月活动启动

2023 年 5 月 9 日，《信访工作条例》（以下简称《条例》）实施一周年主题宣传暨全省第六个信访法治宣传月活动在长沙启动。

在接下来的一个月时间里，全省信访系统将以“贯彻党的二十大、落实新条例、开创新局面”为主线，持续抓好《条例》等信访领域法规政策学习宣传，深入乡村、社区、学校、企业、单位宣传《条例》和信访法治，推动《条例》进党校、进课堂，组织开展“我与《条例》”主题征文和“‘书’写《条例》”等活动。

《条例》是第一部全面规范信访工作的党内法规，自 2022 年 5 月 1 日实施以来，全省各地信访部门坚持把学习宣传贯彻《条例》作为重要抓手，在理顺体制机制、完善配套措施、强化学习宣传、提升工作质效、推动责任落实等方面不断发力，推动全省信访工作“提质增效、进位争先”。

此次活动由省信访局主办，长沙市信访局、芙蓉区政府承办，旨在继续抓好《条例》贯彻落实，进一步提升广大信访干部和群众学《条例》用《条例》的能力水平，进一步畅通渠道，完善“家门口”信访服务体系，打造更高水平的“法治信访”。

《信访工作条例》实施一周年主题宣传暨全省第六个信访法治宣传月活动在长沙启动

◎毛伟明会见第三届长沙国际工程机械展

2023 年 5 月 11 日，省委副书记、省长毛伟明在长沙会见来湘出席第三届长沙国际工程机械展览会的国内外嘉宾代表。

毛伟明说，近年来，湖南深入贯彻习近平总书记关于湖南工作的重要讲话和指示批示精神，把培育壮大工程机械产业作为打造“三个高地”的重要支撑，全力推动工程机械产业高质量发展。目前，湖南工程机械产业持续壮大、产品优势明显、创新动力强劲、国际影响广泛，行业规模连续 13 年居全国首位，工程机械已成为湖南的亮丽名片。2023 年一季度，工程机械行业发展整体向好，203 家规模企业实现营收、利润同比分别增长 6.7%、28.8%。毛伟明指出，工程机械是人类改造自然、改造世界、创造文明的重要工具，也是一个国家和地区竞争力的重要标志。当前我们正加快建设以实体经济为支撑的现代化产业体系，力争到 2025 年，把湖南建成国际一流的工程机械研发中心和“智造”中心。

嘉宾们表示，长沙国际工程机械展览会是行业内影响力最大的专业展会之一。大家期待通过这一平台，更好地了解湖南、考察湖南、投资湖南、发展湖南，与湖南在技术创新、产业链供应链互补、人才交流等领域开展深度合作，携手互利共赢，共同推动工程机械产业高端化、智能化、绿色化发展。

毛伟明会见第三届长沙国际工程机械展览会嘉宾代表

要闻纪事

△ 24 日，“我的韶山行”湖南省中小学生红色研学启动仪式在韶山毛泽东广场举行。省委常委、省委宣传部部长杨浩东宣布红色研学正式启动，并为红色研学承接单位省韶山管理局和韶山市授旗。

△ 25 日，省委常委、长沙市委书记吴桂英主持召开“长沙市大力发展实体经济加快打造国家重要先进制造业高地”主题教育专题调研座谈会。10 家单位代表以问题为导向，围绕长沙先进制造业发展现状、存在问题及当前主攻方向、未来谋篇布局等提出意见和建议。

△ 29 日，省委副书记、省长毛伟明在香港分别会见了香港特别行政区行政长官李家超、中央人民政府驻香港特别行政区联络办公室主任郑雁雄。

△ 29 日，副省长李建中以“四不两直”方式在长沙暗访检查民政服务机构安全生产工作，要求全省民政部门和民政服务机构时刻绷紧安全生产这根弦，树立问题导向，细化措施预案，加强监督管理，把各类安全隐患排除在萌芽状态。

△ 29 日，湖南省十四届人大常委会组成人员履职培训班在长沙举行。培训班为期 1 天，围绕人大立法工作、监督工作以及发展新型农村集体经济等内容，安排了 2 场专题辅导、1 场专题讲座和 1 场履职交流。

△ 29 日，各民主党派、无党派人士和党外知识分子、新的社会阶层人士“凝心铸魂强根基、团结奋进新征程”主题教育暨全省统一战线“五学两助”活动工作推进会在长沙召开。

◎第三届长沙国际工程机械展览会开幕

2023年5月12日，第三届长沙国际工程机械展览会在长沙国际会议中心开幕。第十三届全国政协副主席、中国科学技术协会主席万钢宣布展览会开幕，省委书记沈晓明在开幕式上致辞，省委副书记、省长毛伟明主持开幕式。

观众在长沙国际工程机械展览会室外展区参观

沈晓明指出，要用好长沙国际工程机械展览会这一平台，让与会各方深入交流、各取所需、满载而归，并成为长期友好合作的好伙伴。要深化与各方在工程机械领域的经贸往来，不断优化产业生态和营商环境，在“一带一路”倡议、RCEP等框架下，创新合作方式，健全合作机制，共同推动贸易畅通、产业联通、市场融通，鼓励更多工程机械企业与融资租赁等金融机构合作，发展工程机械租赁业态，推动生产性服务业发展，促进产业链、供应链、价值链全方位深度融合。

本届展会以“高端化 智能化 绿色化——新一代工程机械”为主题，将举办6场重大活动、7场主体活动、2场赛事展演、100余场企业间商务洽谈对接活动。展览面积30万平方米，约1500家中外企业参展，其中全球工程机械50强企业参展参会达到35家，来自60个国家的近2000名国际嘉宾与会。展会将全面展示工程机械领域的新产品、新技术、新理念，展出各类产品超2万件。

在长沙国际工程机械展览会室外展区，观众在工作人员的指导下体验微型挖掘机搬运乒乓球

◎首届湖南省“聚侨兴湘”活动在邵阳启动

2023年5月21日，首届湖南省“聚侨兴湘”活动在邵阳市启动。省委常委、省委统战部部长隋忠诚，中国侨联顾问王永乐出席启动仪式。

首届湖南省“聚侨兴湘”活动在邵阳启动

此次活动由中国侨联指导，省侨办、省侨联和邵阳市委、市政府共同主办。来自58个国家和地区的海外侨社团（机构）代表及中国侨商会、各省（市区）侨商会代表260余人参加。其间，举行第七届“侨商侨智聚三湘”邵阳现场推进会暨海外湘籍侨社团联谊会、2023“海外侨胞故乡行——走进湖南”、邵阳市“邵品出邵”宣传推介会、“侨系雁城”招商引资签约推介会等活动。

为广泛凝聚侨心、汇聚侨智侨力，省侨办、省侨联打造湖南省“聚侨兴湘”活动品牌，整合“侨商侨智聚三湘”“海外侨胞故乡行——走进湖南”两个联谊、招商活动，为地方政府和广大侨胞侨眷搭建合作共赢桥梁和平台。

启动仪式前，隋忠诚会见了侨界嘉宾代表。他说，当前湖南开放发展态势良好，营商环境持续优化，正奋力把“三高四新”蓝图变为美好现实，希望大家在湖南深入考察交流，推进项目合作，进一步讲好中国故事、湖南故事，省委、省政府将全力做好暖侨惠侨工作，共同推进中国式现代化新湖南建设迈出新步伐。

要闻纪事

△30日，省委书记沈晓明率省委常委赴陈树湘红色文化园接受革命传统教育，致敬革命先烈，传承红色基因。他强调，要坚定理想信念，对党绝对忠诚，团结带领全省上下为实现“三高四新”美好蓝图而不懈奋斗。

△31日，湖南省十四届人大常委会第三次会议分组审议了《湖南省实施〈中华人民共和国红十字会法〉办法（修订草案）》。常委会组成人员建议，要深刻认识红十字事业在经济社会发展全局中的重要地位，围绕红十字事业发展实际需要、突出地方特色，增强实施办法的针对性和可操作性。

6月

△4日，湖南省生态环境厅在2023年“六五环境日”湖南主场活动上，表彰湖南省生态环境保护公众参与“四个十佳”先进典型，鼓励湖南居民积极参与美丽湖南全民行动。“四个十佳”分别是十佳公众参与案例、十佳生态环境教育基地、十佳生态环境讲解员、十佳最美“绿色卫士”志愿者。

△5日是“世界环境日”，湖南省检察院召开“生态检察助力美丽中国建设”新闻发布会，介绍了近五年来全省检察机关开展生态检察工作情况。

△8日，湖南省人大常委会副主任张剑飞率队赴株洲市牵头督办“推进数字经济建设”类重点处理建议。

◎湖南省第十批援疆干部人才启程赴疆

2023年5月23日，湖南省第十批135名援疆干部人才将于24日启程赴疆，开展为期3年的援疆工作。23日下午，省委常委、省委组织部部长汪一光出席欢送大会并讲话。

汪一光传达了省委书记沈晓明的亲切问候和良好祝愿，代表省委、省政府向即将奔赴新疆的干部人才表达了衷心感谢和殷切希望。他强调，要完整准确贯彻新时代党的治疆方略，提高政治站位，牢记“国之大者”，以高度的政治责任感和历史使命感扎实做好对口援疆工作，以实际行动坚定拥护“两个确立”、坚决做到“两个维护”。

汪一光指出，对口支援新疆工作是党中央、国务院作出的重大战略部署，要精准把握援疆工作职责使命，扎实工作、砥砺奋进，为助推新疆高质量发展作出贡献。要大力实施民生援疆，多谋划一些打基础利长远的项目，持续加大教育、医疗人才“组团式”援疆力度，切实把援疆工作做到各族群众心坎上。要创新拓展智力援疆，加大双向交流、两地培养力度，为当地打造一支留得住、能战斗、带不走的干部人才队伍。要务实推进产业援疆，加大招商引资、经贸合作和产业园区建设力度，培养壮大更多高质量发展增长极。要持续深化文化润疆，积极搭建各类交互性平台，持续拉紧湘疆情、湘吐情纽带，让民族团结之花开遍天山南北。

湖南省第十批援疆干部人才欢送大会

◎十三届湖南省政协召开第七次主席会议

2023 年 5 月 26 日，湖南省政协主席毛万春主持召开十三届省政协第七次主席会议。

省政协领导黄兰香、胡伟林、李民、肖百灵、潘碧灵、邓群策出席。

会议传达学习了习近平总书记近期重要讲话重要署名文章精神、全国政协有关会议精神和省委近期工作要求；通报了青海省 6 名领导干部严重违反中央八项规定精神问题查处的有关情况。

会议书面传达学习了《领导干部报告个人有关事项规定》；通报了省政协前一阶段主题教育开展情况；审议了政协湖南省第十三届委员会各界别召集人名单（草案）。

十三届省政协第七次主席会议现场

◎全省党校（行政学院）校（院）长会议召开

2023 年 5 月 29 日，全省党校（行政学院）校（院）长会议在长沙召开。省委书记沈晓明作出批示。

沈晓明在批示中指出，近年来，全省各级党校聚焦主责主业，服务中心大局，助力高质量发展，各项工作取得了积极成效。做好新时代党校工作责任重大、使命光荣，要深入学习贯彻习近平总书记在中央党校建校 90 周年庆祝大会上的重要讲话精神，认真落实全国党校（行政学院）校（院）长会议的部署要求，坚持党对党校工作的全面领导，大力支持党校擦亮党校姓党鲜明底色，坚持正确办学方向，坚守为党育才、为党献策初心，不断提升理论教育、党性教育和能力培训实效，为加快实现“三高四新”美好蓝图、全面建设社会主义现代化新湖南作出更大贡献。

会议强调，全省各级党校要把旗帜鲜明讲政治贯穿办学治校全过程各方面，坚持党校姓党，深学笃用党的创新理论，扎实开展主题教育，围绕中心、服务大局，始终把牢正确政治方向。要突出为党育才主业主课，积极履行为党献策职责，扎实推进质量立校生命工程，切实担负起新时代党校工作的重大使命。要强化党委对党校工作的全面领导，坚持从严治校，强化支撑保障，统筹谋划、综合施策，不断提升党校办学治校水平。

◎全省“安全生产月”活动启动

2023 年 5 月 31 日，湖南省 2023 年“安全生产月”活动启动仪式在长沙举行。副省长蒋涤非出席并宣布活动启动。

2023 年 6 月是第 22 个全国“安全生产月”，主题为“人人讲安全、个个会应急”，省安委办制定印发了湖南省“安全生产月”活动实施方案。安全生产月期间，湖南省将以“打好安全生产翻身仗”为主线，深入开展系列安全宣传教育活动。通过组织开展“一把手谈安全”、警示教育等活动，推动全省上下树牢安全红线意识；通过开展应急科普“五个一”宣传活动和安全宣传“五进”活动，提高群众安全意识；聚焦重大事故隐患排查专项整治行动，引导企业主要负责人开展“五带头”宣传活动，提高风险隐患排查整改质量。

启动仪式后，湖南省 2023 年“安全生产月”群众性宣传通过新媒体平台推出。首次线上展播了“人人讲安全、个个会应急”安全公益宣传片和防溺水、高楼火灾逃生等系列应急逃生科普短视频；现场连线油库、医院、食品企业、在建工地，邀请企业负责人、执法人员和专家，全方位解读各行业领域重大事故隐患判定标准，为打好安全生产翻身仗营造浓厚氛围。

◎助推湖南天更蓝水更清地更净

2023 年 6 月 1 日，湖南省政协召开“牢记殷殷嘱托，守护好一江碧水 助推湖南天更蓝、水更清、地更净”专项整治推进会。省政协副主席胡伟林出席。

会上，省政协人口资源环境委员会相关负责人介绍了省政协改善生态环境民主监督开展情况，省生态环境厅、省水利厅、省自然资源厅、省住房和城乡建设厅、省农业农村厅相关负责人分别作发言。

会议指出，要讲政治，提升认识站位，全面强化生态环境治理能力，不断健全现代环境治理体系，压实治理责任、凝聚治理合力，加强治理保障，增强各级领导班子和领导干部抓好生态环保、推进绿色发展的意识和本领；进一步扛牢政治责任，把事业放在心上、把责任扛在肩上，展现担当作为。要讲协作，凝聚联动合力，把“刚”和“柔”结合起来，把“上”和“下”联动起来，把各方面的力量发动起来。要讲实效，扩大成绩战果，坚持问题导向，全面梳理问题整改的“硬任务”；坚持标本兼治，精准制定问题整改的“硬措施”；坚持总结提升，健全完善常态长效的“硬机制”，持续巩固生态环境问题整治成效。

湖南省政协召开“牢记殷殷嘱托，守护好一江碧水 助推湖南天更蓝、水更清、地更净”专项整治推进会

要闻纪事

△9 日，由中国电子信息产业集团有限公司与湖南财信金融控股集团有限公司共同组建的数字湖南有限公司在长沙正式揭牌成立。省政府与中国电子签署战略合作协议，携手推进全省数字经济创新发展，共建国家级电子信息产业集群。

△10 日，湖南省政府与国家电网有限公司在长沙签署深化战略合作框架协议。根据协议，双方将在落实国家碳达峰碳中和目标、推进电网高质量发展、提升能源电力保障能力、加快能源绿色低碳转型、推进能源电力改革创新等方面深化合作，实现共赢发展。

△11 日，宁夏—湖南±800 千伏特高压直流工程和汨罗抽水蓄能电站开工动员大会在湖南、宁夏回族自治区两地以视频连线形式同步举行。汨罗抽水蓄能电站是湖南省“十四五”抽水蓄能重点项目，总投资 81 亿元，装机容量 120 万千瓦。

△13 日，湖南省青年联合会第十二届委员会第一次全体会议和湖南省学生联合会第十次代表大会在长沙开幕。省委常委、省委组织部部长汪一光出席会议并讲话。

△13—14 日，新疆维吾尔自治区党政代表团来湘考察。新疆党政代表团还参加了援疆干部人才代表座谈会，考察了长沙市“一江两岸”夜景亮化工程、马栏山视频文创产业园、湘江基金小镇、中联重科智慧产业城、长沙地铁二号线吐鲁番号。

◎全省法院第二届审判业务（刑事审判）技能竞赛举行

2023年6月3日，湖南省第二届审判业务（刑事审判）技能竞赛颁奖典礼在长沙举行。省人大常委会副主任、省总工会主席周农，省高院党组书记、院长朱玉出席并为获奖选手颁奖。

此次竞赛由省高院、省人社厅、省总工会、团省委、省妇联联合举办，旨在进一步提升全省法院刑事审判队伍专业化水平，着力锻造忠诚干净担当的湖南法院铁军，为实现“三高四新”美好蓝图提供坚强有力的司法服务和保障。

竞赛围绕刑事案件审理、法律适用和政策运用、庭审驾驭、裁判文书制作、庭审记录、整理归纳等重点内容进行。经过层层选拔，全省三级法院共293名干警进入决赛。最终，汉寿县人民法院刘思琴等30名同志分别获得个人一、二、三等奖，长沙、常德、岳阳法院代表队分别获得团体一、二、三等奖。

按照程序，此次竞赛一等奖获奖者刘思琴、向杉杉、裴训芳等3名同志被授予“湖南省五一劳动奖章”荣誉称号；一等奖获奖者刘思琴、裴训芳，二等奖获奖者朱瑶、黄碧瑶等4名同志被授予“湖南省青年岗位能手”荣誉称号；一等奖获奖者刘思琴、向杉杉、裴训芳，二等奖获奖者余丹、黎亦琪、朱瑶、程湘、黄碧瑶、曾璐、王明兴等10名同志被授予“湖南省巾帼建功标兵”荣誉称号。

全省法院第二届审判业务（刑事审判）技能竞赛举行

◎“守护好一江碧水”长江生态环境保护主题论坛在岳阳召开

2023年6月5日，“守护好一江碧水”长江生态环境保护主题论坛在岳阳召开。民建中央副主席孙东生出席并讲话。省政协副主席、民建湖南省委会主委赖明勇出席。论坛由民建中央调研部、民建湖南省委会、中共岳阳市委共同主办。中共中央统战部等国家相关部委，上海、江苏等长江沿线民建省级组织等有关同志参加。

近年来，湖南全力守护好一江碧水，深入打好长江保护修复攻坚战。此次主题论坛为期一天半，中国科学院院士、北京大学环境科学与工程学院教授倪晋仁等嘉宾围绕“长江生态环境保护与绿色发展”作了主题演讲。与会专家学者还围绕提高极端气象灾害下水资源安全保障能力、加强工业固体废物和新污染物治理、完善生态产品价值实现机制等议题深入研讨，并在岳阳实地调研。

◎湖南15项措施助推文旅赋能乡村振兴

2023年6月5日，湖南省文化和旅游厅、中共湖南省委宣传部、省发展改革委等19部门联合印发《关于进一步推动文化和旅游赋能乡村振兴的若干措施》（以下简称《措施》），进一步巩固全省文旅发展成果，助推文旅赋能乡村振兴。

《措施》部署了完善乡村文旅公共服务设施、提高公共文化服务水平、持续培育文明乡风、推动乡村非遗传承发展、丰富乡村旅游产品、打造乡村旅游品牌、推动乡村文旅科技深度融合、壮大乡村文旅经营主体、加强乡村文旅智慧化建设、提升乡村旅游运营服务水平、规范乡村旅游新业态发展、建强乡村文旅人才队伍、加大财政金融支持力度、强化用地用林保障、做好组织实施15项具体举措。

要闻纪事

△14日，全省人大民侨外委系统干部培训班，在湘西土家族苗族自治州吉首市开班，来自14个市州近80名学员参加培训。此次培训为期3天，培训课程聚焦民族、宗教、侨务、乡村振兴等内容，采取专题讲座、分组讨论、现场教学等形式进行。

△14日，湖南省政协召开重点研究课题交办会，向“习近平总书记关于加强和改进人民政协工作的重要思想”研究基地、培训基地和实践基地相关单位交办重点研究课题。

△15日，湖南省政协提案委召开全体委员会议，举行刘彦政协委员工作室揭牌仪式。

△16日，“全民禁毒你我他，禁毒宣传进万家”2023年湖南禁毒宣传月主题活动启动仪式在长沙举行，全省启动禁毒宣传志愿者微传单接力，向广大群众发起远离毒品倡议，参与签到人数超过百万。各市州禁毒办、邮政管理局、禁毒协会也相继开展了“禁毒宣传走进邮政寄递行业”专题讲座，号召邮政寄递行业从业人员自觉远离毒品，积极检举涉毒违法犯罪，担当禁毒志愿者。

△16日，湖南省政协“湘商回归”民建界别委员工作室揭牌仪式在长沙万兴创意科技大厦举行。省政协“湘商回归”民建界别委员工作室由省政协民建界别3位省政协委员和长沙市岳麓区民建界别1位区政协委员发起成立，并吸收相关委员加入其中。

◎湖南省委省政府举办专题培训班

2023年6月6日，根据主题教育部署安排，省委、省政府举办专题培训班，深入学习贯彻习近平总书记关于树立和践行正确政绩观的重要论述和严禁统计造假、严控地方政府债务风险的重要批示精神。中央第十指导组组长张裔炯到会指导并讲话，省委书记沈晓明作辅导报告，省委副书记、省长毛伟明因另有公务安排、作书面辅导报告，省政协主席毛万春，中央第十指导组副组长陈洲和指导组成员出席。

张裔炯指出，要把学习领会习近平总书记关于树立和践行正确政绩观、推动高质量发展的重要论述作为一项重要政治任务，纳入主题教育理论学习重点内容，原原本本读原文、认认真真悟原理，深刻领会正确政绩观的丰富内涵和实践要求，进一步增强树立和践行正确权力观、政绩观、事业观的思想自觉、政治自觉、行动自觉，以实际行动坚决拥护“两个确立”、坚决做到“两个维护”。要把树立和践行正确政绩观贯彻到调查研究、推动发展、检视整改、建章立制中，切实提升主题教育的质效，教育引导党员、干部把为民造福作为最重要的政绩，对违规举债等典型案例进行深度剖析，举一反三提出解决问题、改进工作的办法举措，坚持和运用好解决群众急难愁盼具体问题的有效载体，做打基础、利长远、出实效、创实绩的事。

省委省政府举办专题培训班

◎用法治力量推动湿地保护高质量发展

2023年6月9日，省人大常委会湿地保护“一法一条例”执法检查组全体会议在长沙召开。省委常委、副省长张迎春代表省政府作表态发言，省人大常委会党组书记、副主任乌兰出席并讲话，副主任陈飞，秘书长王晓科出席。

张迎春指出，全省各级政府和部门要以湿地保护“一法一条例”执法检查为契机，进一步提高政治站位，以更大力度和更实举措促进湿地保护“一法一条例”贯彻实施。对执法检查组反馈的意见问题，要及时全面分析、查找原因，主动抓好整改落实。要围绕重点任务，积极抓好工作推进，努力促进全省湿地保护工作再上新台阶。要深入广泛宣传普及湿地保护“一法一条例”，着力抓好氛围营造，进一步发挥好舆论监督、群众监督的积极作用。

乌兰指出，要深学笃行习近平生态文明思想，切实增强贯彻落实湿地保护“一法一条例”的政治自觉、思想自觉和行动自觉，从坚定拥护“两个确立”、坚决做到“两个维护”的政治高度，真正用法治力量推动湿地保护高质量发展。要把握核心要义，坚持问题导向，奔着问题去、追着问题查、盯着问题改，推动湿地保护“一法一条例”全面有效实施。要精心组织、善作善成，做好“依法”“民主”“普法”“转化”四篇文章，确保执法检查取得实效。

◎全省社科理论界学习贯彻《习近平著作选读》第一卷、第二卷座谈会召开

2023年6月11日，全省社科理论界学习贯彻《习近平著作选读》第一卷、第二卷座谈会在长沙召开。省委常委、省委宣传部部长杨浩东出席会议并讲话。

会议指出，编辑出版《习近平著作选读》，是党中央作出的重大决定，是党和国家政治生活中的一件大事。要深刻把握《习近平著作选读》的重大意义，增强忠诚核心、拥戴核心、维护核心、捍卫核心的政治自觉思想自觉、行动自觉。要结合学习贯彻习近平总书记在文化传承发展座谈会上的重要讲话精神，全面系统深化对习近平新时代中国特色社会主义思想的理解把握和研究阐释，把学习宣传贯彻持续引向深入。

会议强调，全省社科理论界要提高政治站位、担当学术使命、拓宽视野格局、坚持问题导向、做好“结合”文章，让习近平新时代中国特色社会主义思想的研究阐释宣传更加可亲可感、入脑入心。要持续抓好用习近平新时代中国特色社会主义思想凝心铸魂的重大政治任务，从中学出政治忠诚、使命担当、实干精神、深厚情怀、斗争本领、清醒坚定，努力把湖南省社科理论事业往前推进一大步，以实际行动为强国复兴作出新贡献。

◎以全域旅游为重要抓手 全面推进乡村振兴

2023年6月9日，海南省政协调研组在长沙开展“加强民族地区教育，为乡村振兴厚植人才基础”专题调研。湖南省政协主席毛万春参加调研。海南省政协副主席李国梁，湖南省政协副主席肖百灵参加调研。

在马栏山视频文创产业园，毛万春和海南省政协调研组一行详细了解园区整体规划、内容生产、技术研发、人才培养等情况。在马栏山政协委员工作室，毛万春与海南省政协调研组一行认真听取了关于工作室运行模式、特色实践和履职亮点等情况的介绍，对工作室用心用情联系服务界别群众，助推园区高质量发展的好经验好做法予以充分肯定。

长沙市开福区沙坪街道汉回村是长沙市唯一的少数民族聚居村。毛万春与海南省政协调研组一行走进汉回村民俗文化馆，听取了中国民族政策、回族传统习俗、汉回村历史和汉回村文化产业发展等方面情况的介绍。毛万春希望汉回村充分发挥省会周边村的地理交通优势和生态资源优势，进一步强化顶层规划设计、突出民族特色、挖掘民俗文化，以全域旅游为重要抓手，全面推进乡村振兴。

毛万春与海南省政协调研组一行还考察了沙坪湘绣城、湖南博物院等。海南省政协调研组一行还将赴湘西土家族苗族自治州和张家界开展调研。

◎全国文化和旅游赋能乡村振兴工作现场经验交流会在湖南省湘西州召开

全国文化和旅游赋能乡村振兴工作现场经验交流会在湖南省湘西州召开

2023年6月6日，全国文化和旅游赋能乡村振兴工作现场经验交流会在湖南省湘西土家族苗族自治州召开。会议深入学习贯彻习近平总书记关于文化传承发展重要讲话精神，关于全面推进乡村振兴、文化和旅游工作重要论述精神，全面贯彻落实党的二十大精神，总结文化和旅游赋能乡村振兴的成效和经验，安排部署下一阶段工作。文化和旅游部党组书记、部长胡和平，湖南省委常委、省委宣传部部长杨浩东出席会议并讲话。文化和旅游部党组成员、副部长饶权主持会议。湖南省副省长秦国文，湖南省政协副主席、湘西州委书记虢正贵出席会议。

胡和平指出，党的十八大以来，习近平总书记高度重视“三农”工作，亲自谋划部署、推动实施乡村振兴战略，作出一系列重要论述，为新时代全面推进乡村振兴指明了前进方向、提供了根本遵循。要深刻领会乡村振兴是推进共同富裕的题中之义，坚持人民至上的工作理念，发挥文化振兴的重要作用，扎实推进文化和旅游赋能乡村振兴各项任务，推动乡村文化繁荣兴盛、乡村旅游蓬勃发展，助力“农业强、农村美、农民富”。

要闻纪事

△16日，2022年度省直机关和中央在湘有关单位落实“谁执法谁普法”普法责任制履责报告评议活动在长沙举行。省纪委监委、省高院、省检察院、省委网信办、省公安厅、省水利厅、省教育厅、省财政厅、省信访局、省文旅厅10家单位被确定为2022年度省直机关和中央在湘有关单位落实“谁执法谁普法”普法责任制重点宣传展示单位。

△27日，湖南省第三期司法所长培训班在长沙开班。省司法厅一级巡视员郑永祁作动员讲话。各市州选派的150名司法所长参加培训。

△27日，湖南省政府党组来到新民学会旧址、湖南第一师范学院，接受革命传统教育，开展集中学习研讨。

△28日，省委书记沈晓明在长沙会见了比尔及梅琳达·盖茨基金会北京代表处首席代表郑志杰一行。

△29日，全省市场监管系统民生领域“铁拳”行动暨执法稽查重点工作推进会在湘潭举行。

△29日，马拉维共和国驻长沙总领事馆正式开馆，马拉维总统查克维拉、省委书记沈晓明出席开馆仪式并为总领事馆揭牌。

△30日，中非质量基础设施互联互通论坛在长沙国际会议中心举行，副省长蒋涤非出席并讲话。

◎学习贯彻习近平新时代中国特色社会主义思想主题教育湖南省委巡回指导组座谈会召开

2023 年 6 月 14 日，学习贯彻习近平新时代中国特色社会主义思想主题教育省委巡回指导组座谈会在长沙召开。省委常委、省委组织部部长汪一光出席会议并讲话。

汪一光指出，在以习近平同志为核心的党中央坚强领导下，在中央主题教育办、中央第十指导组的有力指导下，省委加强组织领导和示范引领，全省主题教育有序推进、态势良好。31 个省委巡回指导组行动迅速有力，统筹推进有序，督导把关有方，工作务实有效，为第一批主题教育深入开展作出了积极贡献。

汪一光强调，省委巡回指导组要进一步知责明责、履职尽责，与联系指导单位同向发力、同题共答，在推动主题教育健康有序开展上发挥更大作用。要把准中央决策部署和省委工作要求，与联系指导单位共同学习提高，共同研究谋划，共同推动落实。要加强分类指导，聚焦落实习近平总书记重要讲话和重要指示批示精神、紧扣联系单位主责主业、区分不同层级不同对象、紧盯不良现象和倾向深化督导。要推动解决问题，在查找问题、整治整改、跟踪问效上下功夫。要压紧压实责任，抓住关键少数，敢于动真碰硬，做好结合文章。要注重统筹协调，强化联动协调，把握节奏进度，用好正反典型，扎实做好督查指导工作。

◎沈晓明毛伟明调研长沙航空枢纽规划建设情况

2023 年 6 月 16 日，省委书记沈晓明，省委副书记、省长毛伟明调研长沙航空枢纽规划建设情况并召开专题会议，研究加快长沙机场一流空港建设，推动新时代湖南民航事业高质量发展。

6 月 16 日，沈晓明、毛伟明在 T3 航站楼施工现场详细了解项目规划、建设进展、安全生产等情况

长沙机场改扩建工程概算总投资超过 400 亿元，按照满足 2030 年旅客吞吐量 6000 万人次、货邮吞吐量 60 万吨的目标设计，项目建成后将成为国内交通接驳方式最多的综合交通枢纽。沈晓明一行乘坐磁浮快线来到长沙机场，并在 T3 航站楼施工现场详细了解项目规划、建设进展、安全生产等情况。

6 月 16 日，沈晓明、毛伟明一行召开长沙航空枢纽规划建设进展专题会议

在随后召开的专题会议上，沈晓明一行听取了长沙航空枢纽规划建设进展情况汇报。会议强调，长沙机场建设区域性航空枢纽，对于服务和支撑湖南打造内陆地区改革开放高地具有重要意义。要深化顶层设计，抢抓民航业疫后重振的重要窗口期，进一步理顺机场管理体制，完善全省机场规划布局，明确省内各大机场功能定位，加快长沙机场一流空港建设，积极扶持基地航司发展，推动新时代湖南民航事业高质量发展。要完善交通网络，更加注重与高铁等交通方式的高效连通和便捷换乘。要注重配套品质，提升机场及周边购物、餐饮、住宿等设施的建设运营水平，深入挖掘本地特色优势，进一步增强长沙机场对旅客的吸引力。

要闻纪事

△30 日，省委副书记、省长毛伟明在长沙会见了来湘出席第三届中非经贸博览会的坦桑尼亚桑给巴尔总统姆维尼一行。姆维尼高度赞扬前两届中非经贸博览会取得的显著成效，并表示坦方将始终致力于弘扬坦中传统友谊，以第三届中非经贸博览会为新起点，推动双方在贸易投资、农业、文化、医疗健康等领域交流合作取得新进展。

7月

△2 日，省委常委、省委宣传部部长杨浩东在长沙会见了菲律宾新闻部副部长杰拉德·巴雷尔率领的来湘参访的菲律宾主流媒体记者团一行。菲律宾主流媒体记者团将在长沙、湘西州、张家界三地参访采拍，进一步了解宣传湖南省先进制造业发展面貌、精准扶贫和乡村振兴成果以及秀丽山水风光。

△4 日，湖南省机关事务管理局等五部门印发《湖南省行政事业单位大力推广新能源汽车的具体措施》。

△5 日，省委常委、长沙市委书记吴桂英在湖南湘江新区调研全球研发中心城市建设工作。

△7 日，2023 年泛珠三角区域合作行政首长联席会议在贵州贵阳举行。会议听取了 2021 年以来泛珠三角区域合作有关工作进展情况和泛珠秘书处工作报告，共同签署《2023 年泛珠三角区域合作行政首长联席会议纪要》。

△8 日，中央第十指导组在长沙召开座谈会，了解湖南省民生领域开展主题教育、深入调查研究、推动解决突出问题等情况，听取相关部门和单位负责同志的意见建议。

◎ 2023 互联网岳麓峰会在长沙开幕

2023 年 6 月 19 日，2023 互联网岳麓峰会在长沙开幕。省委书记沈晓明致辞并宣布开幕，省委副书记、省长毛伟明主持。

沈晓明说，习近平总书记为湖南擘绘了“三高四新”的美好蓝图，其中就包括打造具有核心竞争力的科技创新高地。全省上下认真贯彻落实习近平总书记关于湖南科技创新工作的重要讲话和指示批示精神，正在大力推进长株潭自主创新示范区、湘江科学城、省级“四大实验室”和“四个重大科学装置”建设等三大标志性工程建设，并正谋划将长沙打造成为全球研发中心城市，使之成为湖南现阶段创新驱动发展的第四项标志性工程。

本届峰会以“智联湘江，乘数而上”为主题，邀请互联网领域专家学者、行业精英和企业家等，围绕数字经济发展上中下游产业链，聚焦科技金融、科技创新、智能制造、新一代信息技术、新材料等领域举行主题论坛，共话互联网产业发展新趋势，续谱数字经济美好蓝图。开幕式上还发布了《湘商回乡倡议书》、“十年·百人·千亿”——互联网岳麓峰会影响力白皮书。蚂蚁集团董事长兼 CEO 井贤栋、58 同城 CEO 姚劲波、科大讯飞董事长刘庆峰、华为公司高级副总裁杨伟军、万兴科技董事长兼总裁吴太兵等互联网企业领军人物作主旨演讲或出席。

6 月 19 日，2023 互联网岳麓峰会在长沙开幕

◎为科创企业赋能 助实体经济加速

会谈现场

2023 年 6 月 20 日，上海证券交易所科创板企业培育中心（中部地区）在长沙正式挂牌成立。

毛伟明对上交所长期以来给予湖南资本市场的大力支持表示感谢。他说，湖南深入贯彻习近平总书记关于金融工作的重要论述，启动实施企业上市“金芙蓉”跃升行动，上市公司“量”“质”齐升，债券融资实现新增长，全省资本市场持续健康发展。

邱勇表示，与湖南共建上海证券交易所科创板企业培育中心（中部地区），是上交所落实习近平总书记关于资本市场的重要指示批示精神，服务支持湖南及中部地区资本市场高质量发展的生动实践。上交所将充分发挥交易所债券市场支持高科技成长性企业、服务实体经济的积极作用，助力更多优质的湖南及中部地区科创企业，利用多层次资本市场工具加快高质量发展。

科创板企业培育中心（中部地区）将立足湖南、服务中部，突出“上市发现培育、股权投资对接、债权融资服务、创新要素导入、上市辅导培训、上市交流对接、专业顾问服务、上市行政服务”等八项内容，为湖南乃至中部地区企业科创板上市提供专业化、精准化、一站式、高效率服务，着力提升金融服务能级和活力，以金融服务一体化支撑广大科技型企业加速成长，引领和带动区域经济高质量发展。

毛伟明邱勇共同为培育中心揭牌

◎湖南与巴巴多斯首都建立友好省市关系

省委副书记、省长毛伟明会见巴巴多斯总理米娅·莫特利一行

2023 年 6 月 25 日，湖南与巴巴多斯首都布里奇顿市在北京签署建立友好省市关系协议，湖南省国际“朋友圈”扩大至 105 对。签约仪式前，省委副书记、省长毛伟明会见巴巴多斯总理米娅·莫特利一行。

毛伟明对两省市“结好”表示祝贺，并简要介绍湖南省情及经济社会发展情况。他说，湖南历史文化底蕴深厚、区位条件优越、产业基础雄厚、农业优势明显、旅游资源丰富。相知无远近，万里尚为邻。湖南与巴巴多斯在农业、文化、旅游等方面产业互补性强、契合度高，拥有良好合作基础。

米娅·莫特利表示，巴中两国虽然远隔重洋，但双方友谊源远流长。巴巴多斯人民永远不会忘记湖南在携手战疫的关键时刻给予我们的无私援助，这正是两国团结友谊的象征。巴方愿同湖南深化在教育、金融、商贸物流、旅游、农业等领域的务实合作，推动共建“一带一路”持续走深走实，让双方合作成果更好惠及两地民众。

下午，毛伟明与克里·西蒙兹在人民大会堂共同签署建立友好省市关系协议。根据协议，双方将在农业、制造业、文化、旅游、卫生、教育、建筑及其他互惠领域展开积极交流合作。

省第一生态环境保护督察组督察长沙市意见反馈会

◎新一批湖南省生态环境保护督察完成进驻

2023 年 6 月 26 日，湖南省第二轮第一批省生态环境保护督察 5 个省级督察组全部完成进驻，并在长沙、湘潭、郴州、益阳和娄底等 5 市召开动员会。

开展生态环境保护督察是党和国家重大体制创新和改革举措，是习近平生态文明思想重大原创性成果和制度性保障，目前已成为各地落实生态环境保护主体责任、解决突出生态环境问题、推进高质量发展的重要抓手。湖南省对标、对表中央督察要求，制定《湖南省生态环境保护督察工作实施办法》，审议了《湖南省生态环境保护督察整改工作实施办法》，奠定省级生态环境保护例行督察法治基础。

第二轮第一批省生态环境保护督察进驻时间持续 20 天，督察重点为五个“聚焦”，即聚焦贯彻落实习近平生态文明思想情况、聚焦大气污染防治等重点任务落实情况、聚焦生态环境保护职责履行情况、聚焦各类突出生态环境问题整改情况、聚焦生态环境保护长效机制建设情况。

督察进驻期间，各督察组分别设立专门值班电话和邮政信箱受理举报，其中，接听举报电话时间为每天 8：00—20：00。

要闻纪事

△ 11 日，省委副书记、省长毛伟明在长沙会见了以老挝沙拉湾省委副书记、省人民议会主席西恒·洪宋巴为团长的老挝人民革命党高级干部考察团一行，并简要介绍湖南经济社会发展情况。

△ 12 日，2023 中国新媒体大会在湖南省长沙市举行。中共中央政治局委员、中宣部部长李书磊出席并发表主旨演讲。本次大会由中央宣传部指导，中华全国新闻工作者协会、湖南省人民政府共同举办，来自中央有关部门、各省区市党委宣传部、中央和地方新闻单位、网站平台、新闻院校和研究机构的代表 800 余人参会。

△ 12 日，副省长、省副总林长蒋涤非率队赴长株潭绿心地区开展巡林工作。蒋涤非一行先后前往长沙雨花区石燕湖、株洲九郎山森林公园、湘潭昭山镇红旗村，对花海绿道建设、森林质量精准提升项目建设以及森林防火工作落实情况展开调研。

△ 18 日，在全省人大立法工作会议上，省人大常委会为 15 个基层立法联系点现场授牌。包括县（市、区）人大常委会 14 个、律师事务所 1 家，覆盖全省 14 个市州，实现了提质扩面。

△ 22 日至 23 日，全国政协副主席、农工党中央常务副主席杨震率调研组来湘开展“人工智能对我国经济社会发展影响”专题调研，并出席农工党湖南省委会成立 40 周年纪念大会。

◎中非妇女论坛在长沙举行

中非妇女论坛在长沙举行

2023 年 6 月 29 日，全国妇联和湖南省人民政府 29 日共同在长沙举办以“凝聚中非女性力量 共促妇女全面发展”为主题的中非妇女论坛。国家主席习近平夫人、联合国教科文组织促进女童和妇女教育特使彭丽媛向论坛发表视频致辞。全国政协副主席、全国妇联主席沈跃跃出席论坛并作主旨讲话。

东非共同体轮值主席国布隆迪总统夫人安热莉娜、马拉维总统夫人莫妮卡、坦桑尼亚桑给巴尔总统夫人玛丽亚致辞。省委书记沈晓明致辞，全国妇联副主席、书记处第一书记黄晓薇主持论坛。

彭丽媛表示，中国和非洲是休戚与共的命运共同体，妇女是中非友好大家庭的重要成员。多年来，在中非合作论坛框架下，中非妇女携手谱写出团结合作、共同进步的精彩乐章。在援非医疗队，在维和步兵营，在基建项目现场，在技术培训课堂，中国女性同非洲姐妹们一道，为共创美好生活并肩奋斗，为促进中非友好贡献力量。我同非洲第一夫人发展联合会始终保持友好交流合作，共同传递温暖与希望。

中非妇女论坛在长沙举行

省领导黄兰香，30 多个国家和国际机构的代表、有关部门代表、各界妇女代表及外国留学生等中外嘉宾 200 多人参加论坛。各方高度评价中非传统友谊，一致表示愿为促进妇女全面发展和推动构建新时代中非命运共同体贡献力量。

◎ 2023 年全省文化科技卫生“三下乡”集中示范活动举行

2023 年 6 月 27 日，2023 年全省文化科技卫生“三下乡”集中示范活动在芷江侗族自治县举行。省委常委、省委宣传部部长杨浩东出席活动并讲话。

活动现场，省委宣传部会同文化科技卫生等 29 家相关省直单位，向芷江捐赠资金、项目、物资总计约 1379 万元，并组织开展了服务咨询活动和文艺演出。

杨浩东说，文化科技卫生“三下乡”活动是党中央重视基层、关注民生、服务“三农”的重要举措。活动开展 27 年来，内容日益丰富、渠道持续拓展、形式不断创新，已经成为政府“搭台”、群众“参与”的品牌惠民服务活动。

杨浩东表示，当前“三农”工作重心已经历史性转移到全面推进乡村振兴，“三下乡”活动要围绕全面推进乡村振兴聚焦发力，坚持用习近平新时代中国特色社会主义思想作指导，围绕百姓实际需求，有针对性地开展理论宣讲、丰富农村文化供给、保障农民朋友身体健康、实施科技助农兴农等行动，做到老百姓希望什么我们就做什么。要把集中示范活动和经常性工作结合起来，推动“三下乡”活动提质扩面、提档升级，努力让“三下乡”扎根、繁衍，送到群众心坎里，做到真下乡、常在乡、为老乡，以实际行动为乡村振兴赋能助力，让乡村振兴动力更足、成色更亮。

2023 年全省文化科技卫生“三下乡”集中示范活动举行

要闻纪事

△ 23 日，省委书记沈晓明在长沙会见了美国中华医学基金会理事长欧文迪一行。欧文迪介绍了美国中华医学基金会支持中国医学研究与人才培养等方面的情况。

△ 24 日，《奋进这五年》湖南工会五年成果展在湖南宾馆正式展出。展览分三大板块，全面回顾湖南省工会十六大以来 5 年发展历程，充分展示全省职工昂扬向上、砥砺奋进的精神风貌。

△ 24 日，湖南省公安厅举行首批“红色示范警队”主题宣讲会。省公安厅厅长王一鸥强调，要坚持政治建警，铸牢忠诚警魂。始终坚持党对公安工作的绝对领导，主动将公安工作置于党和国家事业全局中来谋划和推进，把讲政治的外部要求转化为内在主动。

△ 26 日，湖南省十四届人大常委会第四次会议分组审议了《湖南省人民代表大会常务委员会关于加强农业产业小型水利设施建设和管护的决定（草案）》。决定草案明确，设区的市州、县市区人民政府应当将农业产业小型水利设施建设和管护资金纳入预算，省财政部门应统筹资金给予奖补。

△ 26 日，湖南省工会第十七次代表大会举行第二次全体大会，选举产生湖南省出席中国工会第十八次全国代表大会的 64 名代表。中国工会全国代表大会每五年举行一次，由中华全国总工会执行委员会召集。

◎非洲国家在湘设立首家总领事馆

非洲国家在湘设立首家总领事馆

2023 年 6 月 29 日，马拉维共和国驻长沙总领事馆开馆。这是马拉维共和国在中国开设的第一家总领事馆，也是非洲国家在湖南设立的首家总领事馆。2023 年是中国与马拉维共和国建交 16 周年。

2021 年 8 月，习近平主席与马拉维总统查克维拉通电话，达成一系列重要共识，为新时代中马关系发展指明了方向。马拉维共和国在长沙设立总领事馆，是落实两国元首共识、深化双边合作的一项重要成果，也是继 2017 年老挝驻长沙总领事馆开馆后，湖南打造内陆地区改革开放高地的又一里程碑事件，将为湘非两地交流合作提供新机遇。

近年来，随着中国—非洲经贸博览会永久落户湖南和中非经贸深度合作先行区启动建设，湖南和马拉维的交流合作更加紧密，双方在高层访问、经贸投资、现代农业和文化教育等领域交往成效突出。2018 年至 2022 年，湖南与马拉维进出口额从 978.4 万元增加到 4197.3 万元，年均增长 44%。

2022 年 6 月挂牌成立的马拉维—湖南农业大学产学研合作基地、马拉维离岸（中国）产业创新与交流中心是湘马两地友好交往的生动写照。

◎中非妇女论坛举办“妇女教育与减贫”分论坛

中非妇女论坛“妇女教育与减贫”分论坛在长沙举行

2023年6月30日，中非妇女论坛“妇女教育与减贫”分论坛在长沙举行。省委常委、省委组织部部长汪一光出席并致辞，圣多美和普林西比驻华大使多明戈斯、乌干达驻华大使沃内卡、几内亚驻华大使科伊塔等作主题演讲。

汪一光指出，党的十八大以来，以习近平同志为核心的党中央高度重视妇女工作，推动中国妇女事业取得了巨大成就。目前，中国已夺取脱贫攻坚全面胜利，亿万妇女彻底摆脱贫困。在党中央坚强领导下，湖南把妇女减贫和全面发展作为一项战略任务，保障妇女公平享有发展的权利，通过深入实施“春蕾计划”、扎实开展妇女素质提升行动、大力举办妇女创新创业大赛等，推动广大妇女更好地接受教育、提升技能、实现就业、受到呵护，更多地参与基层社会治理，使她们真正成为脱贫攻坚的受益者、参与者和贡献者。

汪一光表示，消除贫困和实现性别平等是人类社会稳定发展的基石，更是全世界妇女的共同期盼。让我们携起手来，不断深化妇女教育与减贫合作，让更多妇女享有人生出彩的机会。

作为中非妇女论坛的分论坛之一，“妇女教育与减贫”分论坛旨在交流中非妇女在教育与减贫事业中的经验与合作，推动妇女全面发展。参会嘉宾就“妇女教育”和“妇女教育减贫实践”进行了圆桌讨论。

◎强化企业主体地位 加快打造创新平台

省委常委、长沙市委书记吴桂英在湖南湘江新区调研全球研发中心城市建设工作

2023年7月5日，省委常委、长沙市委书记吴桂英在湖南湘江新区调研全球研发中心城市建设工作。她强调，要深入贯彻落实习近平总书记关于科技自立自强的重要论述，抢抓新一轮科技革命和产业变革机遇，强化企业科技创新主体地位，加快搭建功能性公共服务平台，持续开展关键核心技术攻关，全力推进全球研发中心城市建设。

湘江科学城定位为建设具有核心竞争力的科技创新高地核心示范区，目前首开区正在加速规划建设中。走进智慧展厅“数字空间站”，吴桂英听取湘江科学城规划建设情况汇报，并指出：湘江科学城是全省大力推进的标志性工程之一，对打造具有核心竞争力的科技创新高地有着重要作用。在考察世界计算·长沙智谷、曙光“硅立方”、华为超晶体算力中心等项目建设情况时，吴桂英强调，算力既是生产力也是创新力，要坚持以项目建设为抓手，强化服务保障、要素保障，推动在建项目尽快形成更多投资量、实物量，助力算力赋能科技创新、产业升级。

吴桂英还来到湖南华曙高科技股份有限公司、长沙先进技术研究院听取研发情况介绍，以及企业负责人对建设全球研发中心城市的意见建议。

◎ 2023年泛珠三角区域合作行政首长联席会议在贵阳举行

2023年7月7日，2023年泛珠三角区域合作行政首长联席会议在贵州贵阳举行。省委副书记、省长毛伟明率团出席会议并发言。会议听取了2021年以来泛珠三角区域合作有关工作进展情况和泛珠秘书处工作报告，共同签署《2023年泛珠三角区域合作行政首长联席会议纪要》。

毛伟明建议，泛珠各方继续在五个方面深化合作。共同加快基础设施连通。共同研究优化区域交通网络，推动长赣高铁、湘桂运河等交通项目，促进桂湘赣天然气管网互通、湘粤背靠背直流工程项目落地。共同促进开放平台畅通。利用好中非经贸博览会、广交会、博鳌亚洲论坛、中国—东盟博览会等平台，携手建设西部陆海新通道，加强自贸区、自贸港联动，共同开拓国际市场。共同探索产业协同发展机制。培育发展“飞地经济”“飞楼经济”，创新产业协同发展、产业转移承接、产业生态培育机制，促进产业政策共享、产业链条延伸、产业技术转移。

7月7日上午，2023年泛珠三角区域合作行政首长联席会议在贵阳召开。会前，“9+2”各方行政首长举行集体合影

此次联席会议以“奋进新征程 合作开新局”为主题，各方行政首长围绕“推动产业梯度转移，协同完善产业链和供应链”“打造多式联运体系，构建高效畅通物流网络”“共同推进‘东数西算’，促进数据增值、激发数据要素价值”等议题进行互动讨论。

要闻纪事

△27日，湖南省十四届人大常委会第四次会议分组审议了《湖南省社会保险基金监管条例（草案）》。常委会组成人员建议，要进一步细化实化相关条款，确保社保基金安全规范运行方面有更实举措；要强化各方责任落实，充分发挥社会监督作用，守护好群众的“救命钱”“养老钱”。

△27日，省十四届人大常委会第四次会议分组审议了省人大常委会执法检查组关于检查湿地保护“一法一条例”实施情况的报告。报告指出，湖南省湿地面积总量保持稳定，全省湿地面积2056万亩，占国土面积的6.47%，高于全国5.85%的平均水平；湿地保护率70.54%，居全国前列。

△27日，省委书记、省军区党委第一书记沈晓明到省军区、武警湖南总队走访慰问，并代表省委、省政府向驻湘人民解放军指战员、武警部队官兵、民兵预备役人员致以节日祝福和诚挚问候。

△28日，省委副书记、省长毛伟明在长沙会见来湘出席第四届湖南国际绿色发展博览会的老挝自然资源与环境部部长本坎·沃拉吉一行。

△31日，湖南省高院联合省司法厅召开新闻通气会，通报2022年全省行政机关负责人出庭应诉有关情况：全省经人民法院通知出庭的行政机关负责人出庭应诉率提升至96.5%。

◎湖南省人大常委会五年立法“路线图”公布

2023年7月18日，全省人大立法工作会议公布《湖南省第十四届人大常委会立法规划》，78件立法项目列入省人大常委会五年立法规划。

2022年6月，省十四届人大常委会正式启动制定立法规划编制工作。此次立法规划项目共分为三类。一类项目46件，为条件比较成熟、任期内拟提请审议的法规草案。二类项目32件，为需要抓紧工作、条件成熟时提请审议的法规草案。三类项目为立法条件尚不完全具备、需要继续研究论证的立法项目。

未来五年，省十四届人大常委会将重点围绕实现“三高四新”美好蓝图、推动创新驱动发展、增进民生福祉、提升社会治理效能、加强民主法治建设、推动绿色发展等六个方面推进立法工作，以良法促发展、保善治。

省人大法制委有关负责人表示，未来将以规划为依据，结合每年立法工作实际，将规划确定的立法项目按照轻重缓急分解、落实到年度立法计划，并根据新情况、新要求，及时调整补充立法项目，加快“小快灵”立法步伐。

◎湖南省十四届人大代表第二期履职学习班在韶山开班

2023年7月13日，省十四届人大代表第二期履职学习班在韶山市开班。省人大常委会党组书记、副主任乌兰出席并讲话，副主任张剑飞主持。

此次学习班培训对象主要是省人大代表中的职务代表，共安排4场专题辅导，将围绕人民代表大会制度和人大代表依法履职、立法、监督、代表工作进行授课，并安排分组讨论和经验交流。

◎湖南省政府与香港新华集团签署战略合作框架协议

2023年7月18日，湖南省人民政府与香港新华集团在长沙签署战略合作框架协议。省委常委、常务副省长李殿勋，全国政协常委、香港中华总商会会长、香港新华集团董事局主席蔡冠深出席座谈会并见证签约。

李殿勋对蔡冠深一行到访湖南表示欢迎。他说，世界百年变局加速演进，全球经济政治格局深度调整，国内外发展环境不确定难预料因素有增无减，需要以更大力度加快构建新发展格局、努力推动高质量发展。湖南交通区位优越，市场规模庞大，产业基础良好，科教资源富集，具备对接融入粤港澳大湾区和深度推进湘港合作的突出优势。希望香港中华总商会发动组织更多香港企业和东盟关联企业到湘投资兴业。湖南将充分挖掘供给能力和需求潜力，深化拓展双方合作，致力营造国内一流营商环境，为来湘投资企业提供根本保障。

蔡冠深表示，将紧抓双方合作机遇，在大健康、数字经济、节能环保等领域加大在湘投资力度，助力怀化国际陆港建设，共同拓展东盟市场，积极融入国家发展大局。

根据协议，双方将围绕搭建国际化交流合作平台、共建一批重点产业项目、共建湘港合作示范园等方面开展合作，推进形成湘港科技创新和产业合作长效机制。

湖南省政府与香港新华集团签署战略合作框架协议

要闻纪事

8月

△1日，湖南省高院开展“法治拥军鱼水情 军民团结一家亲”主题视察活动并召开座谈会。省军区副政治委员郝先维参加，省高院党组书记、院长朱玉陪同调研并主持座谈会。

△1日至2日，湖南省委常委、省委政法委书记魏建锋深入郴州市综治中心和桂阳县、嘉禾县基层政法单位、园区、企业、乡村，调研优化法治化营商环境、平安建设和基层社会治理等工作。

△9日，湖南省人大常委会党组书记、副主任乌兰率队赴永州市开展安全生产“一法一条例一规定”执法检查。省人大常委会秘书长王晓科参加。执法检查组深入基层安全生产一线，详细了解应急综合监管体系建设、居民自建房整治、四级联动开展执法检查等情况。在执法检查汇报会暨反馈会上，执法检查组听取了有关工作情况汇报及意见建议，并反馈执法检查情况，交办问题清单。

△14日，湖南省国防动员机关“准军事化”封闭式集训在衡阳举行。省国动办党组成员、副主任侯建斌作动员讲话。此次集训坚持从国防动员机关抓起，突出练指挥、练协同、练保障、练作风，旨在培养和强化“准军事化”机关业务职能建设，提升新体制下国防动员机关队伍的能力素养和保障水平。

◎为实现“三高四新”美好蓝图提供坚实法治保障

2023年7月18日，全省人大立法工作会议在长沙召开。省人大常委会党组书记、副主任乌兰出席并讲话，副主任陈飞主持，副省长王一鸥代表省政府作表态发言，省人大常委会秘书长王晓科出席。

会议公布了《湖南省第十四届人大常委会立法规划》，为15个基层立法联系点、6个立法研究基地授牌，并宣读了39位立法咨询专家名单。

会议指出，要提高政治站位，深刻把握全面依法治国的战略部署、深刻认识新时代立法工作的总体要求、深刻领悟全省地方立法的使命任务，切实扛牢为现代化新湖南建设提供有力法治保障的政治责任。要落实工作格局，做强党委领导、做实人大主导、做优政府依托、做活各方参与，不断理顺和完善湖南省地方立法体制机制。要突出务实管用，着力推进“小快灵”立法走在全国前列，努力打造具有鲜明湖南辨识度的人大工作品牌。要强化问题导向，做深做实立法调研，及时完善政策配套，改进提升普法宣传，监督推动严格执法，持续推进法规清理完善，做好立法指导和备案审查工作，在抓实重点环节中提升立法质效和实施成效。要夯实基层基础，推进立法联系点提质增效，加强立法人才队伍建设，善用信息化手段助力赋能，为实现“三高四新”美好蓝图提供有力法治保障。

全省人大立法工作会议在长沙召开

◎中共湖南省外卖配送员行业党委成立

中共湖南省外卖配送员行业党委成立

2023 年 7 月 18 日，中共湖南省外卖配送员行业党委在长沙成立。

随着外卖送餐、快递物流等互联网新业态的快速发展，湖南省各类新就业群体也日益庞大。以长沙为例，该市依托互联网平台就业的新形态就业群体已超过 40 万人，其中从事网约配送的职业外卖骑手就有 2.5 万余人。作为新就业群体的重要组成部分，外卖配送员群体也是两新党建工作的新阵地、新力量。

饿了么长沙党支部书记唐益介绍，该党支部 2022 年在长沙市天心区成立。据了解，目前湖南省已成立外卖配送员党支部 19 个，共有党员 222 名。

相关负责人表示，中共湖南省外卖配送员行业党委的成立，表明湖南省外卖配送员行业党建工作进入了高位谋划、整体推进的新阶段，未来要着力建好行业党委龙头，着力提高“两个覆盖”质量，着力加强引领凝聚力量。

◎湖南省纪念延安双拥运动 80 周年座谈会在长沙举行

2023 年 7 月 21 日，湖南省纪念延安双拥运动 80 周年座谈会在长沙举行。省委常委、常务副省长李殿勋出席并讲话，省领导胡旭晟、李建中、张健、郝先维出席。

会议指出，世界百年变局加速演进，全球经济政治格局深度调整，国内外发展环境不确定难预料因素有增无减。做好双拥工作事关巩固党长期执政地位，事关国家建设发展和社会稳定大局，事关部队军事斗争准备质量和打赢能力提升。要提高政治站位，进一步加强军地协同配合，把双拥工作与湖南省情和现实工作结合起来，在做好双拥工作中体现湖南担当。

会议强调，要聚焦军地需求，抓实工作重点。地方要助力国防和军队现代化建设，落实军地互提需求、互办实事“双清单”制度，主动对接联合作战新体制新要求，严格执行拥军优属优惠政策，着力推进军民深度融合发展。部队要担当爱民使命和支援地方建设，积极融入地方发展战略，全力保障民生福祉，随时做好应急处突，为促进湖南省经济社会高质量发展发挥更大作用。

会议要求，要强化组织领导，锤炼过硬队伍，加强宣传教育，加快构建齐抓共管工作格局，努力打造双拥工作湖南样板。

湖南省纪念延安双拥运动 80 周年座谈会在长沙举行

◎十三届湖南省政协召开第八次主席会议

2023 年 7 月 24 日，十三届湖南省政协召开第八次主席会议。省政协主席毛万春主持。

会议传达学习了习近平总书记近期重要讲话重要署名文章精神、中央有关文件精神、全国政协有关会议精神及省委有关会议精神；书面审议了政协湖南省第十三届委员会常务委员会第四次（扩大）会议议程（草案）、日程（草案）；书面审议了“推进以县城为重要载体的城镇化建设”调研报告（草案）和向中共湖南省委、省人民政府的建议案（草案）；书面审议了政协湖南省委员会秘书长会议工作规则（草案）、政协湖南省委员会重要会议请假规定（草案）、政协湖南省委员会专门委员会通则（草案）、政协湖南省委员会重点提案遴选与督办办法（草案）、政协湖南省委员会提案办理协商办法（草案）、政协湖南省委员会提案办理协商第三方评估办法（草案）、政协湖南省委员会关于开展民主监督工作的操作办法（草案）、政协湖南省委员会委员履职经费管理使用办法（草案）、政协湖南省委员会关于深入开展生态环境保护专题协商和民主监督工作的意见（草案）、政协湖南省委员会关于助推县域经济高质量发展的意见（草案）。

十三届省政协召开第八次主席会议。省政协主席毛万春主持

要闻纪事

△ 15 日，湖南省·新疆维吾尔自治区及新疆生产建设兵团对口支援工作座谈会在乌鲁木齐召开。座谈会上，艾尔肯·吐尼亚孜、李邑飞分别介绍了自治区、兵团改革发展稳定和对口支援工作情况，省委常委、常务副省长李殿勋介绍了湖南省经济社会发展和对口援疆工作情况。两省区签署推进“疆电入湘”特高压直流工程合作备忘录。

△ 17 日，湖南省信访重点工作湘东片区调度会议在株洲召开。会议深入学习贯彻党的二十大精神和习近平总书记关于加强和改进人民信访工作的重要思想，落实省委、省政府工作要求，分析当前信访形势，查摆存在问题，调度推进重点工作落实。省委常委、省委政法委书记魏建锋出席会议并讲话。

△ 17 日，湖南省人大常委会副主任、省总工会主席周农，深入湘西州开展“工会送清凉 防暑保安康”慰问活动，为暑期坚守在岗位一线的职工送上真切关怀和诚挚问候。周农一行先后来到吉首市西口汽车站、湘西消防建新路特勤站，为坚守岗位的环卫工、客运员、消防队员、公安民警和交警等送上西瓜、矿泉水、茶饮料和清凉包等防暑降温物品，向他们为社会做出的积极贡献表示衷心感谢，将党和政府的关怀送到一线职工心坎上。

◎湖南法院开展专项行动治理民间借贷纠纷诉源

2023 年 7 月 24 日，湖南省高院印发《关于深入开展民间借贷纠纷诉源治理专项行动的工作方案》（以下简称《方案》），在全省法院开展民间借贷纠纷诉源治理专项行动。

针对民间借贷纠纷数量多、增长幅度大等问题，《方案》从开展专项调研、加强基层对接、强化诉调联动、立足审判职能、完善程序衔接、严惩违法犯罪、加强普法宣传等 7 个方面明确了具体举措。

《方案》要求，要深入开展民间借贷纠纷诉源治理专项行动，不断强化综合治理、源头治理合力，提升诉源治理成效，不断畅通和规范群众诉求表达、权益保障等通道，力争实现一审民间借贷纠纷案件增幅放缓、总量同比下降。

《方案》强调，要有力发挥司法对多元纠纷解决机制的保障作用，精准对接人民调解、行政调解、行业调解、专业调解等社会力量，共同参与民间借贷纠纷诉前调解工作，为人民群众提供更多可供选择的民间借贷纠纷多元化解方案。要做优做强一站式多元解纷和诉讼服务体系建设工作，推进司法确认案件全面通过人民法院调解平台推送。进一步完善司法确认、小额诉讼和简易程序相关流程，将多元解纷、诉调对接、司法确认和速裁快审工作结合起来，为人民群众提供又好又快的司法产品，努力使更多民间借贷纠纷化解在萌芽、化解在诉前。

◎湖南省政协向住湘十三届全国政协常委和委员颁发纪念牌

2023 年 7 月 24 日，受全国政协委托，湖南省政协举行住湘十三届全国政协常委和委员纪念牌颁发仪式。住湘十四届全国政协委员召集人、省政协主席毛万春出席并向住湘十三届全国政协常委和委员颁发纪念牌。

住湘十三届全国政协常委和委员杨维刚、黄兰香、赖明勇、张健、潘碧灵、雷鸣强、吕焕斌、王国海、李云才、傅莉娟、石红、张国刚、杨伟军、赵跃宇、黄至安、徐自强到场领取纪念牌。省政协副主席李民主持仪式，省政协秘书长邓群策出席。

毛万春向获得纪念牌的住湘十三届全国政协常委和委员们表示热烈祝贺和衷心感谢。他说，过去 5 年，大家坚持以习近平新时代中国特色社会主义思想为指导，贯彻落实中共十九大、二十大和中央政协工作会议精神，坚决捍卫“两个确立”，自觉做到“两个维护”，聚焦党和国家中心任务履职尽责，围绕习近平总书记为湖南擘画的“三高四新”美好蓝图献计出力，作出了很大贡献，获得了荣誉，得到了方方面面的认可，可喜可贺。期盼大家继续发扬十三届全国政协委员的好传统，践行“吃得苦、霸得蛮、扎硬寨、打硬仗”的精神，为省政协落实省委、省政府要求实施的“7+4+5+3”履职重点提供更多助力。仪式还为不再连任的住湘十三届全国政协常委和委员颁发了全国政协感谢信。

▲ 2023 年 8 月 1 日，湖南省高院开展“法治拥军鱼水情 军民团结一家亲”主题视察活动并召开座谈会

要闻纪事

△ 22 日，2023 年湖南省高校党委书记校长暑期研讨班在长沙开班。省委常委、省委统战部部长、省委教育工作领导小组副组长隋忠诚出席开班式并讲话。他强调，要深入学习贯彻党的二十大精神，扎实推进教育强省建设，扎实推进高校统战工作，以教育之强夯实湖南发展之基。

△ 23 日，湖南省精准招商和返乡创业工作推进暨开放型经济形势分析会议在长沙召开。省委常委、常务副省长李殿勋出席并讲话。李殿勋强调，要准确把握我国新的发展方位和经济增长的动力转变，积极顺应现代产业转移规律，大力推进新发展阶段的精准招商。

△ 23 日，湖南省株洲监狱正式挂牌。省人民政府副省长王一鸥、省司法厅厅长方华堂分别为“中共湖南省株洲监狱委员会”“湖南省株洲监狱”揭牌，省人民政府督查专员徐林军，省司法厅副厅长、省监狱管理局局长钟艺兵，以及省司法厅、省监狱局、省戒毒局有关负责同志出席挂牌仪式。

△ 24 日，湖南省市县法治建设暨法治政府建设示范创建工作现场推进会在长沙召开。省委常委、省委政法委书记、省委依法治省办主任魏建锋出席会议并讲话，省人大常委会副主任陈飞，副省长、省公安厅厅长王一鸥，副省长、长沙市市长周海兵，省高院院长朱玉，省检察院检察长叶晓颖出席会议或参加有关活动。

◎湖南省公安厅举行首批“红色示范警队”主题宣讲会

2023 年 7 月 24 日，湖南公安厅举行首批“红色示范警队”主题宣讲会。副省长、公安厅长王一鸥出席并讲话。省委第三巡回指导组组长蔡建和，省委政法委副书记王学武，省委宣传部部务会成员、一级巡视员李颖，在家的厅领导等出席会议。

2023 年 4 月，在全省创新开展“红色示范警队”推选宣传活动，按照“层级推优、成熟一个推出一个”原则，从 63 个红色警队中推选确定 7 个警队为全省公安机关首批“红色示范警队”。宣讲中，“红色示范警队”代表结合自身经历，生动讲述了一心向党、矢志为民的警察故事，感人至深、催人奋进。湘潭市韶山冲派出所传承发扬“为有牺牲多壮志，敢教日月换新天”的韶山精神，打造“双心”警务，实现 69 年警卫安保“零事故”；长沙市雷锋派出所以雷锋精神铸就忠诚警魂、以柔情大爱服务为民，打造“新时代新雷锋”警队，不断续写雷锋家乡的“雷锋故事”；株洲市水口派出所发扬“支部建在连上”优良传统，推行“人民调解建在组上”基层治理新模式，工作中坚守“实”的基调，不断彰显“红土卫士”时代风采；岳阳市弼时派出所弘扬弼时同志骆驼精神，俯下身子做人民的骆驼，全心全意为群众排忧解难，用警营“骆驼红”提升群众“满意度”。

湖南省公安厅举行首批“红色示范警队”主题宣讲会

◎第二届湖南旅游发展大会组委会第三次会议召开

第二届湖南旅游发展大会组委会第三次会议在长沙召开

2023年7月25日，第二届湖南旅游发展大会组委会第三次会议在长沙召开。省委常委、省委宣传部部长杨浩东主持会议并讲话，副省长秦国文出席并讲话。

会议强调，要进一步提高政治站位，切实把思想和行动统一到中央决策部署和省委工作要求上来，通过举办大会，充分展示湖南落实习近平总书记“绿水青山就是金山银山”理念的生动实践，持续抓牢重点，集中攻克难点，创新打造亮点。要把办好重点活动作为重中之重，按照“精益求精”的要求，高质量办好开幕式等主体活动和配套活动，确保做则一流、干成精品。组委会成员单位要全面落实支持政策，持续发力招商引资，加大宣传推介力度。郴州要扛起主体责任，提升服务水平，抓好风貌改造，守牢安全底线，倒排工期、全力以赴，确保把大会办出特色办出精彩。

会议指出，要对标抓落实，按照省委工作要求，确保大会办出影响。要对时赶进度，进一步梳理重点任务清单，倒排工期，抓好落实。要对点强责任，靠前指挥、下沉一线、合署办公。要对号进角色，增强紧迫感，找到信心，把心中愿景变成美好实景。

◎毛伟明主持召开省政府常务会议

2023年7月31日，省长毛伟明主持召开省政府常务会议，传达学习习近平总书记近期重要讲话重要指示精神，以及全国有关会议精神，研究部署加快建设湖南现代化产业体系、安全生产、稳就业、信访、农村公路建设、大气污染防治等工作。

会议原则通过《关于加快建设现代化产业体系的指导意见（送审稿）》《关于贯彻促发展惠民生要求落实优化调整稳就业政策若干措施的通知》《湖南省农村公路建设管理办法》《湖南省大气污染防治“守护蓝天”攻坚行动计划（2023—2025年）》。

◎湖南省实施《中华人民共和国红十字会法》办法

1996年8月5日湖南省第八届人民代表大会常务委员会第二十三次会议通过；根据2010年7月29日湖南省第十一届人民代表大会常务委员会第十七次会议《关于修改部分地方性法规的决定》第一次修正；根据2020年11月27日湖南省第十三届人民代表大会常务委员会第二十一次会议《关于修改〈湖南省实施《中华人民共和国义务教育法》办法〉等八件地方性法规的决定》第二次修正；2023年7月27日湖南省第十四届人民代表大会常务委员会第四次会议修订。

县级以上红十字会应当加强有关法律法规、国际红十字和红新月运动基本知识以及应急救援、应急救护、人道救助、无偿献血、造血干细胞捐献、遗体和人体器官（组织）捐献等方面知识的宣传。省红十字会应当开展红十字相关理论研究和对外交流合作。

◎湖南省首例生态环境损害诉讼赔偿案判决

我省首例生态环境损害诉讼赔偿案件庭审现场

2023年8月，邵阳市中级人民法院对邵阳市生态环境局诉山西省临汾市某物流湖南省公司、承保保险公司等被告生态环境损害赔偿一案作出一审判决，被告物流公司和保险公司支付生态环境损害赔偿款及除污费用等共计847026元。这是判决的首例生态环境损害诉讼赔偿案件。

2021年6月12日5时30分，320国道隆回县南岳庙镇南清村路段发生交通事故，临汾市某物流公司一辆重型半挂牵引车及其挂车失控侧翻至路外农田。该突发事故造成柴油泄漏21.38吨，污染了农田土壤、地表水及西洋江南岳庙段下游水体。事故发生后，湖南省及时启动应急预案，采取了阻隔污染源、清除污染物、回填复垦等有效措施，避免造成大型环境污染。

经第三方司法鉴定，案涉生态环境污染事件的损失金额约为847026元。邵阳市生态环境局依法启动了生态环境损害赔偿磋商程序，被告企业拒不履行生态环境损害的赔偿义务，双方未达成一致意见。因此，邵阳市生态环境局依法提起诉讼。邵阳市中级人民法院对该案依法公开进行审理，并邀请部分省、市人大代表旁听庭审。

要闻纪事

△24日，2023年湖南省退役军人安置工作电视电话会议在长沙召开，会议通报了去年全省退役军人安置工作情况，并就今年的安置任务进行部署。省委常委、常务副省长李殿勋，省军区政委马永生出席并讲话，副省长李建中主持。

△28日，湖南省委、省政府县域经济发展座谈会在长沙召开。省委书记沈晓明出席座谈会并讲话，强调要坚持以习近平新时代中国特色社会主义思想为指导，全面贯彻落实党的二十大精神，围绕实现“三高四新”美好蓝图，努力走出一条具有湖南特色的县域经济高质量发展新路子。省委副书记、省长毛伟明，省政协主席毛万春出席。

△28日，湖南省人大常委会党组召开学习贯彻习近平新时代中国特色社会主义思想主题教育专题民主生活会。省人大常委会党组书记乌兰主持并讲话，省人大常委会党组成员出席。省委第一巡回指导组到会指导。

△31日，十二届湖南省委第五轮巡视动员部署会议在长沙召开。省委常委、省纪委书记、省监委主任、省委巡视工作领导小组组长王双全作动员讲话，省委常委、省委组织部部长、省委巡视工作领导小组副组长汪一光主持并宣布本轮巡视组组长、副组长授权和任务分工决定。省领导吴桂英、虢正贵在分会场出席。

◎一以贯之推动湘商回归 让广大湘商在湘更吃香

2023年8月2日，湖南省委书记沈晓明在上海主持召开湘商回归座谈会，面对面听取江浙沪地区12位湘商企业家的意见建议，希望广大湘商企业积极参与支持湘商回归，省委、省政府将全力支持湘商在经济社会发展中站前台、唱主角、挑大梁，让广大湘商在湘更吃香。

座谈会上，上海市湖南商会会长、上海伟仁投资（集团）有限公司董事长谢东海，江苏省湖南商会会长、宇业集团董事局主席周旭洲，浙江省湖南商会会长、浙江紫光未来集团有限公司董事长黄勇，上海徕木电子股份有限公司董事长兼总经理朱新爱，杭州广立微电子股份有限公司董事长郑勇军，江苏宝东医药科技有限公司总经理李君彦，博雷顿科技股份公司董事长陈方明，浙江吉成新材股份有限公司董事长尹邦进，太仓中材钨业科技有限公司董事长刘成凡，上海华维可控农业科技集团股份有限公司董事长吕名礼，上海湘芒果文化投资有限公司总经理江应星，上海阳光酒店总经理余晖先后发言，介绍了企业发展情况，并从促进人才兴湘、打造省级研发创新平台、建强产业链等方面提出意见建议。

省领导谢卫江参加座谈。

湘商回归座谈会

◎全省政法系统书画诗词摄影展暨新时代湖南公安英模画像展开幕

2023年8月2日，湖南省政法系统第32届书画诗词摄影展暨新时代湖南公安英模画像展在湖南美术馆开幕。副省长、省公安厅厅长王一鸥出席并宣布开幕。

湖南政法系统第32届书画诗词摄影展暨新时代湖南公安英模画像展开幕

此次书画诗词摄影展从政法干警创作的2000余件作品中精选160余件展出，参展作品主题鲜明、意境深邃、格调高雅，是讴歌新时代、抒写新时代、建功新时代的生动呈现，彰显了全省政法干警踔厉奋发、笃行不怠的精神面貌和坚守初心、担当使命的新作为、新气象。

新时代湖南公安英模画像展选取40个湘警英雄模范代表，礼赞湖南公安英雄模范可歌可泣、可敬可爱的感人壮举和忠诚为民、英勇无畏的崇高精神，引导激励全省广大公安民辅警坚持以习近平新时代中国特色社会主义思想为指导，坚定捍卫“两个确立”，切实增强“四个意识”，坚定“四个自信”，做到“两个维护”，牢记“对党忠诚、服务人民、执法公正、纪律严明”总要求，以英模为榜样，更好履行捍卫政治安全、维护社会安定、保障人民安宁的职责使命，为实现“三高四新”美好蓝图，努力建设更高水平的平安湖南、法治湖南作出新的贡献。

◎湖南“上新”18条举措稳就业惠民生

2023年8月8日，湖南省人民政府办公厅印发《关于贯彻促发展惠民生要求落实优化调整稳就业政策若干措施的通知》，在贯彻落实中央稳就业保就业决策部署的基础上，结合实际提出持续扩大就业容量、保障重点群体就业、鼓励高校毕业生创新创业、兜牢基本民生底线和确保就业局势总体稳定5个方面18条具体措施，进一步稳定和扩大就业岗位，全力促发展惠民生。

要闻纪事

9月

△7日，湖南省司法厅举办全省2023年国家统一法律职业资格考试考务工作培训班。省司法厅二级巡视员田自成出席并讲话。培训班传达了全国司法厅（局）2023年国家统一法律职业资格考试工作座谈会精神，开展了考务管理和安全系统等业务培训，分析了今年湖南省考试的新形势新任务，深入探讨交流了考试组考的关键性问题，并对全省2023年考试具体组织实施工作进行了部署。

△7日，湖南省人大常委会安全生产“一法一条例一规定”执法检查组第二次全体会议召开。省人大常委会副主任陈飞、胡旭晟、周农，秘书长王晓科出席。

△7日至8日，湖南省人大常委会党组书记、副主任乌兰率队在长沙开展先进制造业促进条例执法检查。省人大常委会党组成员谢建辉，副省长、长沙市市长周海兵，省人大常委会秘书长王晓科参加相关活动。执法检查组深入企业园区，详细了解产品研发、生产经营、人才队伍建设等情况；召开座谈会，听取有关情况汇报，反馈执法检查情况，并交换意见。

△8日，湖南省第二批学习贯彻习近平新时代中国特色社会主义思想主题教育省委巡回督导组培训会议在长沙召开。会议深入贯彻中央、全省主题教育第一批总结暨第二批部署会议精神，安排部署第二批主题教育督导工作。省委常委、省委组织部部长，省委主题教育领导小组副组长、办公室主任汪一光出席会议并讲话。

◎一家好不叫好 大家好才是好 让全体村民都过上更加幸福美好的日子

2023年8月12日，湖南省委书记沈晓明来到湘西土家族苗族自治州花垣县十八洞村调研乡村振兴工作。他强调，要深入学习贯彻习近平总书记2013年11月考察十八洞村时的重要指示精神，自觉扛起精准扶贫首倡地的政治责任，紧紧围绕共同富裕和协调发展，抓好巩固拓展脱贫攻坚成果同乡村振兴有效衔接，让全体村民都过上更加幸福美好的日子。

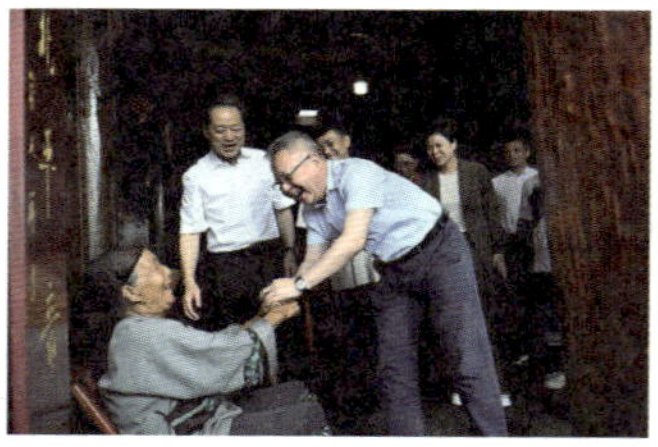

沈晓明与脱贫群众亲切交流

十八洞村包含梨子寨、竹子寨、飞虫寨、当戎寨4个自然寨，村寨之间山川相连，森林环绕。地处半山坡的竹子寨，民居错落有致。沈晓明走进寨子，沿途来到农家乐、青年电商工作室、十八洞小学、蜡染体验馆，与脱贫群众、返乡创业青年、暑假“三下乡”大学生志愿者和孩子们亲切交流，了解产业发展、产品销售、群众增收、乡村教育等情况，勉励年轻人通过拓展电商销售等渠道，将苗乡的优质农产品卖出去，带动更多村民致富。在飞虫寨，沈晓明来到苗绣工坊了解非遗文化传承，并走进农户家中察看生活情况，勉励致富带头人带动更多村民参与产业发展，让群众更多从中得益。在当戎寨，沈晓明边走边看，并与脱贫群众交流，询问家庭生活情况，要求当地干部认真贯彻“不搞‘栽盆景’”的要求，推动全州全县乡村协调均衡发展。

沈晓明来到飞虫寨苗绣工坊，了解非遗文化传承

省领导张迎春、虢正贵参加调研。

◎首个全国生态日湖南公安主题宣传活动启动

首个全国生态日湖南公安主题宣传活动启动式暨打击生态环境领域违法犯罪成果展在长沙举行

2023年8月15日，首个全国生态日湖南公安主题宣传活动启动式暨打击生态环境领域违法犯罪成果展在长沙举行。湖南副省长、省公安厅厅长王一鸥出席并宣布活动启动。

打击生态环境领域违法犯罪成果展，是全省公安机关主题宣传活动的开篇。展览全面展现了近年来全省各级公安机关在省委、省政府和公安部的坚强领导下，与检察院、法院、生态环境、林业等部门密切协作，向生态环境领域违法犯罪发起凌厉攻势，依法严厉打击污染环境、破坏野生动植物资源、破坏土地和矿产资源等突出犯罪活动的生动实践。2021年来，全省各级公安机关累计侦办破坏生态环境刑事案件9700余起，移送起诉13000余人，其中部督案件30余起，获得公安部贺电表扬8次。

主题宣传活动期间，湖南省公安厅与湖南日报社联合开展“谁是生态警务‘最强大脑’”线上答题活动，让用户在网络答题活动中了解生态警务相关知识；制作并发布新媒体普法海报、十大经典案例海报、打击成效数据海报，向用户普及涉生态环境案件相关法律法规；围绕全省各级公安机关在长江大保护、生态环境、野生动物、森林资源等领域的打击工作，推出系列综述文章，展现湖南公安实施生态警务、护航生态三湘的实际行动和工作成效。

◎2023全国生态日（湖南）活动在郴州举行

2023年8月15日，2023全国生态日（湖南）活动在郴州市举行。湖南省人大常委会副主任陈飞出席。

大会指出，近年来，湖南深入践行习近平生态文明思想，牢记“守护好一江碧水”殷殷嘱托，全省生态环境质量持续改善，生态文明建设取得巨大成就。

大会强调，全国生态日的设立，充分体现了以习近平同志为核心的党中央对生态文明建设的高度重视。要在全社会深入学习宣传贯彻习近平生态文明思想，让习近平生态文明思想进学校、进机关、进工厂、进千家万户。要围绕党的中心任务和首要任务，围绕人民群众美好生活需要，完整、准确、全面贯彻新发展理念，转变发展方式、生产方式、生活方式。要贯彻落实习近平总书记关于湖南工作的重要讲话和指示批示精神，携起手来、共同奋斗，把“三高四新”美好蓝图变为美丽湖南生动现实。

活动现场，展示了郴州市仰天湖草原、西河流域、桂阳宝山、临武三十六湾、宜章莽山等地的生态文明建设典型案例。省发改委、省科技厅、省工信厅等9个单位发布全省生态文明建设成果。郴州、岳阳市政府作生态文明建设经验分享。

2023年6月28日，十四届全国人大常委会第三次会议通过决定，将8月15日设立为全国生态日。

首个全国生态日（湖南）活动在郴州仰天湖大草原举行

◎“长株潭生态绿心生物多样性司法保护基地”揭牌成立

2023年8月15日，首个全国生态日当天，湖南省高级人民法院、长沙市中级人民法院与长沙市天心区人民法院共同在天心区南托街道兴马洲揭牌成立“长株潭生态绿心生物多样性司法保护基地”，并开展“生态环境巡回审判”、发布环境资源审判典型案例等系列活动。

南托街道兴马洲社区位于长株潭绿心地区核心地带，是湘江进入长沙地区途经的第一个江心岛。此次揭牌成立的“长株潭生态绿心生物多样性司法保护基地”集宣传基地、科研基地、生态修复基地、审判实践基地多功能为一体，可承担发挥生态法治教育、生态理念宣传、生态文化推广等多种职能作用，对于维护地区生物多样性、保障自然保护地体系建设、助力打赢湘江十年禁渔持久战、切实推动生态环境保护理念深入人心具有十分重要的意义。

8月15日，湖南省高级人民法院、长沙市中级人民法院与长沙市天心区人民法院共同在天心区南托街道兴马洲揭牌成立“长株潭生态绿心生物多样性司法保护基地”

天心区法院发布环境资源审判十大典型案例，包括污染环境罪、非法捕捞水产品罪、虚拟货币“矿机”买卖合同等多种案件类型，所涉生态要素多、保护范围广，对警示、预防环境违法犯罪，提升全社会对环境资源保护重要性的认识，总结环境资源审判经验，推进生态环境司法修复和多元治理都具有积极重要意义。

要闻纪事

△11日，湖南省法院行政审判工作会议召开，谋划部署当前和今后一个时期全省法院行政审判工作，对国家赔偿和司法救助等相关工作作出安排部署，省高院党组书记、院长朱玉出席并讲话。

△12日，2023年党外代表人士暑期谈心总结会在长沙召开。湖南省委常委、省委统战部部长隋忠诚主持会议并讲话。按照中共湖南省委政党协商计划安排，2023年6月以来，省委统战部统筹推动省市县三级统战系统同步开展暑期谈心，坚持全覆盖、多层次、分领域，共组织集中谈心311场次，累计开展谈心8436人次，取得了良好效果。总结会上，胡旭晟、赖明勇、潘碧灵、吴金水、张学武、江帆、徐勇斌、陈强等党外代表人士出席或发言。

△13日，湖南省政法领导干部学习贯彻习近平新时代中国特色社会主义思想锻造政法铁军专题培训班在长沙开班，省委常委、省委政法委书记魏建锋出席并作动员辅导报告，省高院院长朱玉主持，省检察院检察长叶晓颖出席。

△14日，湖南省政协召开“关于扩大开放推动湖南产品走出去的建议”重点提案办理协商会。省政协副主席肖百灵出席。会上，省商务厅、省委宣传部、省市场监督管理局等提案主会办单位相关负责人介绍了前期办理情况。与会人员进行了深入协商交流。

◎“问法湖南”——湖南 5G 智慧精准普法平台正式上线运行

2023 年 8 月 29 日，湖南省司法厅委托红网新媒体集团开发的“问法湖南”——5G 智慧精准普法平台举行上线仪式。

平台构建了“一平台二库三系统四入口五支撑”（“一平台”指 5G 智慧精准普法平台；“二库”指律师智库，视频、案例等法律数据库；“三系统”指普法系统、咨询系统、活动系统；“四入口”指红网 PC 端、时刻客户端、公众号、WAP；“五支撑”指司法行政系统、律师、律所、网民、红网）的科学架构，具备技术延展性，平台突出“一体化服务”和“精准化服务”，创新实现了“点对点”“线上＋线下”等精准普法方式，通过“律师认领制”，实现精准送律师、送法的全省全覆盖。同时，借助大数据、AI 人工智能等技术，通过智能法律咨询、智能案例推送等功能，实现精准普法，为新时代普法工作服务群众“最后一米”打下良好基础。

省司法厅二级巡视员田自成出席上线仪式。他指出，上线“问法湖南”——5G 智慧精准普法平台是贯彻落实习近平总书记的重要指示精神和党的二十大精神的重要举措，是推进“八五”普法规划深入实施的重要途径，是提升公民法治素养和社会治理法治化水平的重要方式。

湖南 5G 智慧精准普法平台正式上线运行

8 月 29 日至 30 日，中国共产党湖南省第十二届委员会第四次全体会议在长沙召开

◎湖南省委十二届四次全会在长沙召开

2023 年 8 月 29 日至 30 日，中国共产党湖南省第十二届委员会第四次全体会议在长沙召开。全会深入学习贯彻习近平新时代中国特色社会主义思想和党的二十大精神，进一步巩固主题教育成果，牢固树立和践行正确政绩观，团结带领全省干部群众锚定“三高四新”美好蓝图、加快推动湖南高质量发展，奋力建设社会主义现代化新湖南。

全会听取和讨论了省委常委会工作报告，审议通过了《中共湖南省委关于锚定“三高四新”美好蓝图 加快推动高质量发展的若干意见》《中国共产党湖南省第十二届委员会第四次全体会议决议》。全会由省委常委会主持，省委书记沈晓明受省委常委会委托向全会作工作报告并发表讲话，省委副书记、省长毛伟明就《若干意见》向全会作起草说明。省领导毛万春、王双全、李殿勋、吴桂英、隋忠诚、谢卫江、魏建锋、杨浩东、汪一光、张迎春、乌兰等出席。

沈晓明在全会第三次全体会议上发表讲话。

全会根据《中国共产党章程》等规定，批准田立文、刘莲玉辞去十二届省委委员职务，决定递补刘仲华、杨昆、张皓为十二届省委委员。全会审议并通过《中共湖南省纪律检查委员会关于曹炯芳严重违纪违法问题的审查报告》，对省委常委会之前作出的给予曹炯芳开除党籍处分的决定予以追认。

要闻纪事

△ 14 日，湖南省信访重点工作湘中湘南片区调度会议在衡阳召开，贯彻落实中央和省委、省政府关于信访工作的系列决策部署，全面分析当前信访形势，加强重点工作调度。省人大常委会副主任周农出席会议。

△ 19 日，湖南省十四届人大常委会第五次会议分组审议了《湖南省科学技术进步条例（修订草案）》。修订草案共 8 章 56 条，主要规定了基础研究、应用研究与科技成果转化、企业科技创新、研发机构、科技人员、区域创新与国际合作、保障措施和监督管理等内容。

△ 20 日，湖南省委巡视工作领导小组召开对村巡察助推“三湘护农”专项行动工作交流会。省委常委、省纪委书记、省监委主任、省委巡视工作领导小组组长王双全强调，各级巡视巡察机构要与同级纪委监委同频共振、同向发力，深化政治监督，及时发现并推动解决阻碍乡村振兴战略实施的责任、能力、腐败、作风、体制机制等问题，助推“三湘护农”专项行动走深走实。8 个市县作交流发言。

△ 20 日至 22 日，湖南省行政应诉工作业务培训班在长沙举办。省司法厅党组成员、政治部主任、直属机关党委书记雷丰超出席并讲话。各市州司法局分管负责同志、应诉科室负责同志、部分县市区司法局行政应诉工作人员、部分省直和中央在湘单位法制工作机构负责同志 100 余人参加培训。开班式上，雷丰超肯定了近年来行政应诉工作取得的成绩，指出要充分发挥行政应诉对依法行政的促进作用，为推动法治政府建设贡献更多智慧力量。

◎湖南省党政代表团在西藏自治区考察对口支援工作

2023 年 8 月 30 日至 9 月 5 日，湖南省党政代表团在西藏自治区考察对口援藏工作。西藏自治区党委副书记、自治区主席严金海参加相关活动，湖南省政协主席毛万春参加考察。西藏自治区党委副书记、自治区常务副主席陈永奇参加座谈。

省领导吴桂英、张迎春，西藏自治区领导任维、许成仓、罗梅、俞允贵分别参加相关活动。省政协秘书长邓群策参加考察。

考察期间，代表团先后深入山南市乃东区、桑日县、扎囊县、贡嘎县等地，深入城镇乡村、产业园区、文化场馆、学校等，实地考察援藏项目进展情况，看望慰问援藏干部。

在山南召开的湖南省第 10 批援藏干部人才座谈会上，毛万春说，希望援藏队员牢记“国之大者”，维护民族团结，奋力担当作为，锻造过硬本领。

陈永奇代表西藏自治区党委、政府向湖南省长期以来给予西藏各项工作的关心支持表示衷心感谢。他说，将进一步提高思想认识，深刻认识对口援藏工作的重大战略意义，在科技创新、产业培育、文旅资源开发、人文交流等方面加强合作，共同推动科技成果转化应用，打造高品质文旅产业，推进藏湘经济高质量发展，构建中华民族共同体精神家园。

9 月 4 日，湖南省·西藏自治区对口支援工作座谈会在拉萨召开。图为会议现场

◎湖南省庆祝第39个教师节大会在长沙举行

2023年9月8日，湖南省庆祝第39个教师节大会在长沙举行。湖南省委书记沈晓明会见了优秀教师代表，省委副书记李殿勋参加会见并出席大会。

9月8日，沈晓明会见了优秀教师代表

省领导谢卫江、张迎春，省教育基金会理事长王柯敏参加会见或出席大会。

李殿勋在会上指出，教育是关系国家和民族前途命运的根本大计。当前，全球科技创新版图加速重构，世界经济政治格局深度调整，面临百年未有之大变局。我国经济社会发展也到了一个转型变革的历史关口，改革发展稳定任务繁重艰巨，迫切需要以更大的力度加快推进教育现代化，推动我国实现从人口红利到人才红利的转变，为抓住和用好全球新一轮科技革命与产业变革的重大机遇，为以中国式现代化全面推进中华民族伟大复兴提供最为关键的人才保障。

李殿勋强调，全省广大教师和教育工作者要按照习近平总书记提出的“四有”好老师、“四个引路人”的要求，紧扣“躬身教坛，强国有我”的时代主题，为了广大少年儿童快乐读书、健康成长，为了培养具有健全人格、担当精神、人文情怀的堪当民族复兴重任的时代新人，在加快建设教育强省、推动湖南教育高质量发展中再立新功、再创辉煌。

大会表彰了2023年“湖南省教书育人楷模”，张华、傅爱斌、王云真、万步炎等优秀教师代表在会上发言。

◎毛伟明率湖南省代表团访问东帝汶

2023年9月8日至10日，湖南省委副书记、省长毛伟明率领湖南省代表团访问东帝汶，深入践行习近平外交思想，巩固传统友谊、发掘合作潜能，会见当地政要、见证项目落地、看望湘商代表，带着真诚而来，满载友谊而归，为服务国家总体外交作出积极贡献。

中国工程院院士柏连阳，省政府秘书长瞿海，中国驻东帝汶大使馆负责同志参加。

访问期间，毛伟明分别同东帝汶总理夏纳纳、东帝汶副总理黎发芳、外交部部长贝内迪托·弗雷塔斯、教育部部长杜尔塞·苏亚雷斯、行政部部长托马斯·卡布拉尔、农业部部长达克鲁兹、马纳图托区省长贝尔纳多·洛佩兹会见会谈。

9月9日，代表团与东帝汶湖南商会代表等欢聚一堂、共叙湘情。

访东期间，毛伟明一行登上正在东帝汶开展诊疗服务的中国海军“和平方舟”号医院船，了解相关情况。他说，“和平方舟”每到一处，都为当地带去健康、和平和友谊，充分展示中国形象和中国人的精神风貌。希望与地方外事工作协同发力，为践行人类命运共同体理念贡献力量。

代表团还出席并见证中南出版传媒集团与东帝汶教育部签署合作谅解备忘录。

9月10日，湖南省委副书记、省长毛伟明在帝力与东帝汶总理夏纳纳亲切握手

◎湖南省2023年国家网络安全宣传周活动在长沙启动

2023年9月11日，湖南省2023年国家网络安全宣传周活动在湖南湘江新区启动。副省长秦国文出席，并为2023年“湖湘杯”网络安全应急演练特等奖单位和湖南省首批一流网络安全院系建设示范项目高校颁奖、授牌。

湖南省2023年国家网络安全宣传周活动启动

今年网络安全宣传周以“网络安全为人民，网络安全靠人民”为主题，由省委网信办、省教育厅、省公安厅、省总工会、共青团湖南省委、省妇联、省通信管理局、中国人民银行湖南省分行主办。

仪式现场播放了网络安全主题宣传片，介绍了湖南省在维护网络安全、促进产业发展、优化网络生态、推进试验区建设等领域亮点工作。邀请了知名网络安全企业代表、市民代表现场诵读《网络安全倡议书》，并举行了2023年“湖湘杯”网络安全应急演练获奖单位和湖南省首批一流网络安全院系建设示范项目高校颁奖授牌仪式。

现场还布置了网络安全主题展，集中展示全省网络安全技术创新、产业发展等方面取得的新成就。设有互动体验区，线上同步举行网络安全知识竞赛，向市民宣传普及网络安全基础知识。

启动仪式后，湖南省将组织开展一系列丰富多彩的网络安全宣传活动，推动网络安全宣传进社区、进农村、进企业、进机关、进校园、进军营、进家庭等活动，不断提升全社会网络安全意识和技能。

要闻纪事

△23日至24日，湖南省党政代表团赴广东学习考察。24日下午，广东·湖南两省合作发展交流座谈会在广州召开，共商深化湘粤交流合作事宜。广东省委书记黄坤明主持会议并讲话，湖南省委书记沈晓明出席并讲话，广东省委副书记、省长王伟中，湖南省委副书记、省长毛伟明分别介绍本省经济社会发展情况。广东省委副书记、深圳市委书记孟凡利参加有关活动。

△25日，湖南省重要经济目标、专业保障队伍骨干业务素能提升培训班在省国动办某基地举行，这也是该基地建成后首次正式投入使用。省国动办党组成员、副主任侯建斌出席开班式并作动员讲话。省国动办直属机关纪委书记参加开班式，并全程督导培训。

△26日，湖南省司法厅副厅长、省监狱局局长钟艺兵为省湘阴监狱和未成年犯管教所揭牌。省监狱局副局长彭四清出席湘阴监狱揭牌仪式，省监狱局纪委书记伍拥军出席未成年犯管教所揭牌仪式。

△27日，湖南省检察院以“生态环境公益诉讼检察助力美丽中国建设”为主题，邀请部分人大代表、政协委员、省检察院特约检察员、省检察院专家咨询委员和“益心为公”志愿者代表参加检察开放日活动，零距离了解检察工作。

△27日，湖南省直单位“书香机关”全民阅读活动现场会召开。省委常委、省委宣传部部长杨浩东出席并讲话，强调要深入学习贯彻习近平总书记关于全民阅读工作的重要论述，推动省直机关在“书香湖南”建设中走在前、作表率。

◎深化杂交水稻国际合作 让杂交水稻更好造福世界

2023 年 9 月 11 日，湖南省政协召开重点提案办理协商会，就杂交水稻国际合作工作开展协商议政。湖南省政协副主席何寄华出席。

协商办理会上，主办单位省商务厅，会办单位省委外事办、省科技厅、省农业农村厅相关负责人介绍了提案办理情况，与会人员进行了深入协商交流。

会议指出，要进一步深化杂交水稻科技创新，保持和加强杂交水稻在高产、耐盐碱、低镉、抗旱等方面的关键技术优势，加大栽培技术创新，并以杂交水稻技术为牵引，整合湖南其他农业优质品种。要深化杂交水稻国际合作，搭建相关培训、论坛、种业国际交流交易、中介合作等平台，培育国际合作主体，利用专业技术团队、专业合作社、物流贸易主体，优化国际合作机制，让杂交水稻国际合作进一步专业化、标准化、市场化。要讲好杂交水稻国际合作故事，加大宣传力度，形成系统宣传方案，开展线上、线下一体化宣传，积极争取国家支持，持续擦亮湖南这张优势名片，助力湖南实现“三高四新”美好蓝图，让杂交水稻更好造福世界。

“以杂交水稻援外与合作助力‘一带一路’倡议实施，打造服务国家外交的湖南名片”的0257 号重点提案办理协商会

◎湖南省人大常委会启动土壤污染防治“一法一办法”执法检查

湖南省人大常委会土壤污染防治“一法一办法”动员部署电视电话会议暨执法检查组第一次全体会议召开

2023 年 9 月 11 日，湖南省人大常委会土壤污染防治“一法一办法”动员部署电视电话会议暨执法检查组第一次全体会议召开，听取有关情况汇报，安排部署下一步工作。湖南省人大常委会副主任陈飞出席。

会议强调，要围绕环境“4+4 要素”，推进“三同时”落实，坚决打赢蓝天碧水净土保卫战。同时抓好中央环保督察、长江经济带生态环境警示片反映问题，以及人大执法检查、省级各类专项行动指出突出生态环境问题整改，举一反三推动问题系统解决；同时推进溯源治理，依靠科技和法律持续提升治理能力；同时完整准确全面贯彻新发展理念，切实转变发展方式、生产方式和生活方式。要坚持问题导向，突出检查重点，摸清污染底数，建立坐标、污染因子、污染深度等清单档案，重点检查有关制度落实、法律落实、责任落实情况，统筹推进涉土突出生态环境问题整改，推动法律法规有效实施。要认真组织、善作善成，牢牢把握“依法”原则，严格对照法律法规开展执法检查，统筹做好法律监督与立法工作，助推法律法规完善修改，确保执法检查取得实效。

要闻纪事

10月

△7 日，湖南省政协召开“区域协调发展战略的具体实施路径”调研工作协调会。省政协党组副书记黄兰香，秘书长邓群策出席。“区域协调发展战略的具体实施路径”课题由黄兰香牵头承担。本次课题调研拟分长株潭、湘南、大湘西、洞庭湖等四个区域进行，通过实地调研、召开座谈会、深度访谈交流等形式，听取各市州党委、政府领导同志和有关部门对区域协调发展的意见建议。

△8 日，湖南省人大常委会道路交通安全“一法一办法”执法检查电视电话动员部署会暨执法检查组第一次全体会议召开。省人大常委会党组书记、副主任乌兰出席并讲话，副主任张剑飞主持，副省长、省公安厅厅长王一鸥代表省政府作表态发言，省人大常委会秘书长王晓科出席。

△10 日，十二届湖南省委理论学习中心组开展第二十五次集体学习，深入学习贯彻习近平文化思想和近期关于宣传思想文化工作重要指示精神。省委书记沈晓明主持并作总结讲话，强调要深入学习贯彻习近平文化思想，推动湖湘文化创造性转化、创新性发展，为推进中国特色社会主义文化建设、建设中华民族现代文明贡献湖南力量。

△10 日，湖南省政府新闻办举行主题为“推进长株潭一体化发展”的新闻发布会。会上发布，2022 年，长株潭以全省 13.3% 的国土面积、25.7% 的常住人口，贡献了 41.7% 的经济总量和 49% 的预算收入，成为湖南省发展核心增长极。

◎王一鸥率团出访马拉维、马达加斯加、缅甸

9 月 11 日下午，马拉维总统府，副省长、省公安厅厅长王一鸥向查克维拉总统交付三一集团捐赠的挖掘机

2023 年 9 月 11 日至 20 日，副省长、省公安厅厅长王一鸥率领湖南省代表团访问马拉维、马达加斯加、缅甸，深入践行习近平外交思想，全面夯实中非经贸博览会成果，增进传统友谊，拓展经贸合作，深化警务交流。

访问期间，王一鸥向马拉维总统查克维拉交付三一集团捐赠的挖掘机，与马拉维警察总监约拉姆、马达加斯加矿业和战略资源部部长拉库图马拉拉和公共安全部部长兰德里亚纳里松、缅甸内政部副部长都意少将会见会谈。王一鸥说，将进一步推进落实中方与三国高层达成的合作共识，深化彼此多领域务实合作，助力彼此关系向更高水平发展。

访问期间，王一鸥分别与三国警方进行交流会晤时说，双方警察部门将在国家间现有执法安全合作框架内加强地区间警务合作机制建设，共同打击跨国违法犯罪。三国警方均表示，将加强对包括湖南在内的中资企业及其人员的安全保护，加大针对中国公民违法犯罪活动的打击力度，为投资者营造安全稳定的营商环境。

访问期间，代表团分别与三国中资企业、华人商会进行座谈交流，实地考察马拉维渔业资源情况、马达加斯加杂交水稻种植与推广情况，并见证东江鱼（资兴）实业集团有限公司与马拉维浙江商会、中马资源有限公司与湖南省遥感地质调查监测所的合作签约仪式。

◎ 2023 年湖南民进科教创新论坛在长沙举行

2023 年 9 月 12 日，2023 年湖南民进科教创新论坛在长沙举行。民进中央副主席何志敏出席开幕式并讲话。省政协副主席、民进湖南省委会主委、湘潭大学校长潘碧灵，中国工程院院士、四川省政协副主席、民进四川省委会主委许唯临，中国工程院院士刘仲华、姜涛、刘少军等出席。

论坛由民进湖南省委会、省教育厅、省科技厅共同主办，中南大学、湖南大学、湖南师范大学协办，主题为“以科教创新支撑引领高质量发展”，重点围绕助力科教兴省、人才强省、创新驱动发展战略实施等开展研讨，包括主旨论坛和人才、科技、教育三个分论坛。此次论坛是民进湖南省委会深入开展“凝心铸魂强根基、团结奋进新征程”主题教育、扎实推进“五学两助”活动的具体举措。

何志敏代表民进中央向论坛举办表示祝贺。他说，本次论坛是民进省级组织集智聚力、履职尽责的创新实践。希望民进湖南省委会坚持正确政治方向，坚持建言资政和凝聚共识双向发力，把论坛办出成效实效、办出品牌特色；希望湖南民进各级组织和广大会员在服务国家和地方经济社会高质量发展中作出更大贡献。民进中央将组织协调会内外力量，继续对论坛给予支持。

科技部、中共湖南省委统战部、民进湖北省委会、民进江西省委会有关负责同志等出席。

9月12日，2023年湖南民进科教创新论坛在长沙举行

全省“万企兴万村”行动现场推进会暨民营企业助力县域经济发展活动走进溆浦

◎湖南省『万企兴万村』行动现场推进会在溆浦举行

2023 年 9 月 13 日，湖南省“万企兴万村”行动现场推进会暨民营企业助力县域经济发展溆浦行活动在溆浦县举行。省委常委、省委统战部部长隋忠诚出席会议。

本次活动旨在贯彻落实党中央关于全面推进乡村振兴重大部署、省委十二届四次全会精神和省委、省政府县域经济发展座谈会工作要求，进一步凝聚民企力量、发挥民企作用，推动“万企兴万村”行动向纵深发展，助力湖南县域经济高质量发展。

2021 年 7 月，湖南省“万企兴万村”行动启动以来，广大民营企业积极响应。截至目前，全省已有 7809 家民营企业参与全省“万企兴万村”行动，结对帮扶 7037 个村。涌现出一批勇于担当、乐于奉献、成绩突出的示范典型，充分彰显全省广大民营经济人士心怀“国之大者”的责任与担当。

会上，宣读了 54 个“万企兴万村”典型项目、14 个典型县、16 家典型金融机构、22 个典型商协会、3 家典型基金会和 31 家“万企兴万村”行动示范企业的认定通报，以及“商会进新化 党员联乡村”行动表扬通报，并进行授牌。何洋、卜贻学、唐海波、周祖辉等企业家代表作交流发言。溆浦县作投资环境推介和经验交流。

以项目赋能县域经济高质量发展。本次活动共签约项目 49 个，投资总额 47 亿元，其中现场签约 24 个投资项目，投资总额 30 亿元。

◎水资源可持续利用与绿色发展（国际）论坛在湖南郴州举行

2023 年 9 月 14 日，水资源可持续利用与绿色发展（国际）论坛在郴州举行。湖南省人大常委会副主任陈飞出席并宣布论坛开幕，副省长秦国文、联合国开发计划署（UNDP）驻华副代表乔展在现场分别致辞，联合国大会主席科学顾问、联合国水机制副主席约翰内斯·卡尔曼视频致辞。

论坛以“郴州好水，生活更美”为主题，包括实地观摩、开幕式暨主旨报告、水资源可持续利用与绿色发展（国际）论坛、国家可持续发展议程创新示范区圆桌会议等环节。国家部委领导、联合国及相关国际组织代表、国内外知名专家、省市领导、其他国家可持续发展议程创新示范区代表等齐聚郴州，共话水发展、共谋水未来。

秦国文在开幕式上表示，习近平总书记开创性提出“节水优先、空间均衡、系统治理、两手发力”治水思路。湖南以此为根本遵循，充分发挥“水优势”，科学利用“水资源”，全力做好“水文章”，为世界推动水资源可持续利用和绿色发展作出了湖南贡献。希望各方进一步团结协作、携手奋进，共同谱写推动构建人类命运共同体的水治理新篇章。

在水资源可持续利用与绿色发展（国际）论坛、国家可持续发展议程创新示范区圆桌会议上，各专家、嘉宾围绕水资源保护、利用和发展提出了观点和建议。

水资源可持续利用与绿色发展（国际）论坛在郴州开幕

要闻纪事

△ 11 日，湖南省人大常委会党组书记、副主任乌兰率队赴张家界市开展道路交通安全“一法一办法”执法检查。湖南省人大常委会秘书长王晓科参加。执法检查组走进企业、景区等开展实地检查，并派出暗访组进行“点对点”抽查，详细了解法规学习宣传、经营者主体责任落实、旅游包车安全管理等情况；在执法检查汇报会暨反馈会上，听取有关工作情况汇报及意见建议，反馈执法检查情况，交办问题清单。

△ 13 日，湖南省政府在长沙举行跨国公司代表圆桌会议，省委副书记、省长毛伟明与 40 余家跨国公司及相关机构高管齐聚一堂，叙友谊、话商机、谋未来。他表示，湖南将深入贯彻习近平总书记关于湖南工作的重要讲话和指示批示精神，诚邀广大跨国公司与湖南一道，双向奔赴、“湘”伴成长，携手创造合作共赢美好未来。副省长周海兵，省政府秘书长瞿海参加。

△ 13 日，湖南省政协召开“支持和助推长沙建设全球研发中心城市”座谈会，听取住湘全国政协委员和省市有关单位负责人的意见建议。全国政协委员、省政协副主席张健出席，省政协秘书长邓群策主持。会上，省教育厅、省科技厅、省人社厅、省发改委、省工信厅及长沙市直有关单位负责人介绍了长沙建设全球研发中心城市前期工作情况。

◎湖南省首次！监狱警察和检察官同堂培训

全省首次！监狱警察和检察官同堂培训

2023 年 9 月 14 日，湖南省监狱局联合省人民检察院第五检察部在长沙举办全省减刑假释业务工作同堂培训班，来自检察院和监狱近 120 名同志参加培训。

此次培训是监狱从事刑罚执行业务工作警察与全省各监狱驻狱检察官的首次同堂培训，旨在充分发挥同堂培训在统一执法司法理念、办案尺度和资源整合方面的重要作用，就准确理解《关于加强减刑假释案件实质化审理的意见》及《关于依法推进假释制度适用的指导意见》等规范性文件精神进行沟通交流，切实解决思想认识不统一、案件办理内部规定不科学、衔接配合不顺畅、问责追责理解不准确等问题，提高“减假暂”案件办理能力水平。培训采取专题讲座和监检交流的方式，兼顾司法疑难问题、最新规范性文件和刑罚执行理论前沿，邀请相关部门权威专家围绕新形势下刑罚执行工作的思考、新形势下如何正确贯彻减假暂刑事政策、减刑假释案件证据的审查判断及运用、防范化解监狱人民警察廉政风险、刑罚执行网上协同工作平台操作等内容进行专题授课，省监狱局、省检察院五部、浙江省高院的有关领导为学员们答疑解惑。

◎2023 世界计算大会在长沙开幕

2023 年 9 月 15 日，2023 世界计算大会在长沙开幕。全国政协副主席、民建中央常务副主席秦博勇致辞并宣布大会开幕，省委书记沈晓明致欢迎辞，省委副书记、省长毛伟明主持开幕式，省委副书记李殿勋出席。开幕式前，秦博勇、沈晓明、毛伟明、李殿勋等领导和部分与会嘉宾参观了“计算万物，数智共进”专题成果展。

9 月 15 日，2023 世界计算大会在长沙开幕

省领导吴桂英、谢卫江、乌兰、秦国文、赖明勇，中国科学院院士姚期智、薛其坤，中国工程院院士李建成、田红旗、谭建荣、陈晓红、王振国、柴立元、向锦武、姜涛，国务院原副秘书长、中国工业经济学会会长江小涓，国防科技大学副校长吴建军，中国电子信息产业集团有限公司党组副书记、总经理李立功，华为技术有限公司轮值董事长徐直军，IBM 大中华区董事长、总经理陈旭东，沙特王子、沙特阿拉伯企业家愿景组织主席法哈德，G20 青年企业家联盟法国主席、弗雷特贝公司创始人阿瑞巴·雷曼等出席开幕式。

开幕式上发布了湖南计算产业发展成果，中国电子与华为联合启动“鹏腾”生态系列计划，“鹏腾”生态湖南创新中心正式成立。在随后举行的开幕论坛上，姚期智、江小涓、薛其坤、徐直军、周进军、陈旭东、阿瑞巴·雷曼先后作演讲。

要闻纪事

△ 14 日，2023 年第 4 期“湘江大讲堂”在湖南省委党校举行，中国法学会副会长徐显明应邀作专题讲座。湖南省委书记沈晓明，省委副书记、省长毛伟明参加讲座。现职省领导，省直各单位、驻长省属本科高校、省属企业相关同志，省委党校有关班次学员等参加讲座。

△ 16 日，第二届湖南旅游发展大会组委会第四次会议在长沙召开，总结第二届旅发大会经验，启动第三届大会筹备工作。湖南省委常委、省委宣传部部长杨浩东出席会议并讲话。

△ 17 日至 27 日，湖南省委常委、省委宣传部部长杨浩东率团访问墨西哥、古巴和多米尼加，深入贯彻习近平外交思想，推动湖南与三国在经贸、农业、文化、旅游、媒体等领域的务实合作，为实现“三高四新”美好蓝图增添动力。

△ 18 日，湖南省高院与省司法厅召开第一次联席会议，正式建立工作交流会商机制，通过《湖南省高级人民法院、省司法厅联席会议工作办法》。

△ 19 日至 20 日，湖南省政协调研组在长沙围绕“关于加快建设世界旅游目的地意见的贯彻实施情况”开展民主监督性调研。省政协副主席赖明勇参加。座谈会上，调研组与长沙市政府、市文旅广体局、市发改委、市商务局、市城市人居环境局等有关负责人，旅行社、景区负责人和导游、文旅专家代表等，围绕意见实施、文旅发展、引客来长的情况以及下一步工作等方面深入交流意见。

◎第二届湖南旅游发展大会在郴州开幕

2023 年 9 月 16 日，第二届湖南旅游发展大会开幕式暨文化旅游推介会在郴州市举行。湖南省委书记沈晓明出席并宣布大会开幕。湖南省委副书记、省长毛伟明，世界旅游联盟主席张旭出席并致辞。湖南省委副书记李殿勋主持开幕式。

中国工程院副院长、院士邓秀新，中国旅游协会会长段强，中国旅游集团党委书记、董事长陈寅，海南省副省长谢京，中国工程院院士王浩，省领导吴桂英、隋忠诚、谢卫江、杨浩东、乌兰、秦国文、肖百灵、虢正贵出席。

开幕式暨文化旅游推介会上还发布了水资源可持续利用和绿色发展《东江湖宣言》，举行了“山水画卷 郴州相见”文艺演出。郴州市在会上作了文化旅游推介。

会前，与会嘉宾对郴州市重点文旅项目进行了现场观摩。

9 月 16 日，第二届湖南旅游发展大会开幕式暨文化旅游推介会在郴州市举行。沈晓明出席并宣布大会开幕

◎2023年省直和中央在长单位转业军官培训班在长沙开班

2023年9月18日，2023年省直和中央在长单位转业军官培训班在长沙举行开班仪式。省退役军人事务厅党组成员、副厅长刘勇出席并作动员讲话，省军区转业办大校主任吴斌出席。

2023年省直和中央在长单位转业军官培训在长沙开班

刘勇强调，转业军官是党和国家的宝贵财富，转业军官培训是党的干部队伍教育培训工作的重要组成部分。参训学员要提高思想认识，珍惜培训机会，切实以饱满的热情、良好的状态投入培训学习，做到学有所得、学有所获、学有所成；要秉持归零心态、适应角色转变，始终保持谦虚慎重、戒骄戒躁的作风和学无先后达者为师的态度，甘当学生，甘做新人；要增强研学能力，全面增强本领，在新的岗位上淬炼思想，练就本领，为全面建设社会主义现代化新湖南贡献自己的力量；要严格自我要求，保持清正廉洁，继续发扬部队的优良作风，强化纪律规矩意识，始终保持忠诚干净担当的政治品格和为民务实清廉的政治本色。

此次培训由退役军人事务厅委托省委党校具体承办，重点围绕学习习近平新时代中国特色社会主义思想、中国共产党党内监督条例、保密法规、党政机关公文写作、公务礼仪与干部形象塑造、网络突发事件的处置与应对、领导干部抓落实能力等内容进行专题辅导培训。

◎省政协港澳委员回湘视察

2023年9月15日至19日，省政协港澳委员在郴州市、湘西土家族苗族自治州、张家界市开展“发挥港澳委员‘双重积极作用’，助推湖南文旅高质量发展”回湘视察暨“委员活动日”活动。省政协副主席肖百灵出席有关活动。

在郴州，委员们出席了第二届湖南旅游发展大会开幕式，观摩了北湖不夜天、裕后街历史文化街区、郴州水世界等文旅项目。在张家界，委员们视察了张家界国家森林公园、张家界军地坪街道委员工作室等地，出席了张家界市文旅推介会。在湘西自治州，委员们走进矮寨大桥、凤凰古城、十八洞村等地考察，详细了解当地发展情况。

在调研结束后召开的座谈会上，委员们围绕调研主题和“委员活动日”开展情况畅谈了履职打算。

◎毛伟明会见出席2023湖南（国际）通航产业博览会嘉宾代表

2023年9月21日，湖南省委副书记、省长毛伟明在长沙会见中国人民解放军空军副司令员俞庆江等来湘出席通航产业博览会的嘉宾代表。

中央空管委办公室常务副主任邹鹏，南部战区空军副司令员张少兵，海南省委常委、常务副省长巴特尔，中国工程院院士刘经南、向锦武，省政府秘书长瞿海参加。

俞庆江说，湖南通航产业基础雄厚、活力十足、未来可期。希望以此次博览会为契机，深化与湖南在发挥通航应用优势、培养航空专业人才、培育通航产业生态等方面的合作，共同促进通航事业高质量发展。

9月21日晚，省委副书记、省长毛伟明在长沙会见空军副司令员俞庆江等来湘出席2023湖南（国际）通用航空产业博览会的嘉宾代表

◎湖南省英烈事迹宣讲团授旗仪式暨首场湖湘英烈事迹宣讲活动在长沙举办

2023年9月22日，湖南省英烈事迹宣讲团授旗仪式暨首场湖湘英烈事迹宣讲活动在湖南大剧院举行，厅党组成员、副厅长邓燕飞为英烈事迹宣讲团授旗并为9名宣讲团成员颁发聘书。厅二级巡视员尹铿出席活动。

湖南省英烈事迹宣讲团授旗仪式暨首场湖湘英烈事迹宣讲活动在长沙举办

活动以“学思想 颂英烈 铸忠诚”为主题，通过深入挖掘、讲述可歌可泣的英烈故事，锻炼新时代英烈精神的守望者和讲述者，创新提升红色讲解的影响力、感召力，在全社会营造尊崇英烈、缅怀英烈、学习英烈、捍卫英烈、关爱烈属的浓厚氛围。

宣讲团成员用真挚的情感、铿锵的语言，倾情讲述了《遗嘱样的信》《六亲台上“再相聚”》《热血湘女—中国第一位民选女县长》《岸英，你是我们的骄傲》《一封无字书，一生家国情》《追记》《生命，为信仰燃烧》《断肠明志，铁血忠魂》《逐梦海天的强军先锋》等9个湖湘英烈故事，大力弘扬英雄烈士的丰功伟绩和高尚人格，生动诠释了共产党人的初心和使命，充分展示了湖湘英烈为民族独立、人民解放和社会主义现代化建设作出的奉献与牺牲。大家被革命烈士事迹深深打动，纷纷表示将牢记历史，接续奋斗，履职尽责，为实现中华民族伟大复兴贡献自己的力量。

要闻纪事

△21日，湖南省监狱管理局召开全省监狱安全工作会议，传达贯彻司法部有关会议精神，总结、研究、部署全省监狱安全工作。省司法厅党组书记、厅长、省监狱管理局第一政委方华堂出席会议并讲话。省司法厅党组成员、副厅长、省监狱管理局局长钟艺兵主持会议。

△25日，湖南省委副书记、省长毛伟明赴株洲调研北斗产业发展和规模应用情况，并与出席第二届北斗峰会的部分嘉宾代表座谈。省委常委、副省长张迎春，国防科技大学政委傅爱国，国防科技大学电子科学学院院长雷勇军，中国工程院院士刘经南、陈纯，中国卫星网络集团有限公司总经理张洪太，中国节能集团董事长宋鑫，中国电建集团总经理王斌，省政府秘书长瞿海参加相关活动。

△26日，农业农村部、工业和信息化部在郴州联合召开全国农机装备补短板暨农业机械稳链强链工作会议。会议强调，要深入学习贯彻习近平总书记重要指示精神，落实党中央、国务院部署要求，加力推进农机装备补短板和农业机械稳链强链工作走深走实，为全面推进乡村振兴、加快建设农业强国提供有力的装备支撑。工业和信息化部党组书记、部长金壮龙出席会议并讲话，湖南省委副书记、省长毛伟明致辞。

◎ 2023 湖南（国际）通用航空产业博览会开幕

2023 年 9 月 22 日，2023 湖南（国际）通用航空产业博览会在长沙国际会展中心开幕。湖南省委书记沈晓明宣布开幕，中国人民解放军空军副司令员俞庆江出席并致辞。会前，部分与会嘉宾参观了博览会展馆。

中央空管委办公室常务副主任邹鹏，中国民用航空局总工程师殷时军，海南省委常委、常务副省长巴特尔在开幕式上致辞，湖南省委常委、副省长张迎春致欢迎辞。中国人民解放军南部战区空军副司令员张少兵，省领导吴桂英、谢卫江、谢建辉，中国工程院院士刘经南、向锦武出席开幕式。

与会嘉宾表示，通用航空产业是国家战略性新兴产业，是促进经济社会高质量发展的新基建、新动能和新增长点。作为全国首个全域低空空域管理改革试点省份，湖南通航产业发展优势明显、发展基础良好、发展势头强劲，探索走出了一条具有自身特色的低空经济发展之路。希望以博览会举办为契机，共同推进我国通航事业和相关产业深度融合，实现高质量发展。

9 月 22 日，2023 湖南（国际）通用航空产业博览会在长沙国际会展中心开幕

本届博览会主题为“通航引领美好生活”，以“线上＋线下”的形式，举办高端论坛、经贸洽谈、互动体验等 18 项活动。博览会展示面积 8 万平方米，包括在长沙国际会展中心举办的静态展示展和在株洲芦淞机场举办的动态飞行表演。

9 月 22 日，2023 湘台经贸交流合作会在长沙开幕

◎ 2023 湘台经贸交流合作会在长沙开幕

2023 年 9 月 22 日，2023 湘台经贸交流合作会在长沙开幕。中共中央台办、国务院台办主任宋涛，中共湖南省委书记沈晓明，中国国民党副主席连胜文出席开幕式并致辞。

作为湖南省大型对台经贸文化交流合作盛会，湘台会自 2005 年以来已连续举办 15 届，成为湖南对台交流的闪亮名片和中部地区独具特色的两岸交流品牌。本届湘台会共签约项目 39 个，总投资额达 145 亿元，覆盖先进装备制造、电子信息、新能源新材料、节能环保等产业领域。

开幕式前，沈晓明还会见了出席湘台会的台湾嘉宾代表。省领导隋忠诚、谢卫江出席有关活动。

要闻纪事

△ 28 日，2023 年第 6 期“湘江大讲堂”在湖南省委党校举行，国防科技大学电子科学学院副院长王飞雪应邀作专题讲座。省委书记沈晓明，省委副书记、省长毛伟明参加讲座。王飞雪以《北斗：从卫星导航到综合时空体系》为题，介绍了卫星导航的工作原理以及我国北斗系统的发展历程，全面解析北斗规模化应用现状及背后的技术逻辑，并分析了低轨时代卫星导航及综合时空体系的发展趋势和机遇，为湖南打造时空领域科创高地、建设长沙全球研发中心城市提供了有益启示。

11月

△ 1 日，湖南省耕地保护和粮食安全工作会议在长沙召开。省委书记沈晓明出席会议并讲话，强调要深入学习贯彻习近平总书记关于耕地保护和粮食安全的重要论述精神，提高政治站位，强化政治担当，坚决守住耕地保护红线和粮食安全底线。省委副书记、省长毛伟明出席，省委副书记李殿勋主持会议。

△ 1 日，湖南省长毛伟明主持召开省政府常务会议，传达学习习近平总书记近期重要讲话重要指示精神以及中央有关会议精神，研究部署未成年人保护、数字经济、道路交通安全、自然遗产保护、调解工作、竹产业高质量发展、野生动物保护等。会议原则通过《湖南省实施〈中华人民共和国未成年人保护法〉办法（修订草案）》《湖南省数字经济促进条例（草案）》《湖南省武陵源世界自然遗产保护条例（修订草案）》《湖南省道路交通安全责任制规定》。会议听取了湖南省调解工作情况汇报。会议原则通过《关于加快竹产业高质量发展的意见》。会议原则通过《湖南省人民政府关于禁止猎捕候鸟等野生动物的通告》。

◎第二届海峡两岸产业合作区岳麓山论坛在长沙举行

第二届海峡两岸产业合作岳麓山论坛长沙举行

2023 年 9 月 22 日，第二届海峡两岸产业合作区岳麓山论坛在长沙举行。湖南省委常委隋忠诚出席。

本届论坛围绕“实现湘台两地高质量融合发展”主题，继续聚焦两岸产业合作，立足海峡两岸产业合作区（湖南）建设，锚定“三高四新”美好蓝图，寻求两岸产业合作新突破。50 多家台湾经贸团体，近 400 名台湾嘉宾出席。

论坛上，湖南省台办、省发改委、省商务厅、省科技厅、长沙市有关负责同志作湖南省情推介，展望湘台两地经贸交流合作发展前景。龚政文、王令麟、张大庆、吴秀华、李新宇、王伯纶等 6 位两岸企业家、专家学者和政界人士代表作主旨演讲。

大家纷纷表示，要积极把握两岸交流中的新机遇，充分发挥海峡两岸产业合作平台作用，加快推进合作区建设，探索优势互补的产业合作模式，持续深化湘台融合发展，实现互利共赢。

2021 年 5 月，湖南获批设立海峡两岸产业合作区。截至今年 8 月，合作区共落户台资企业 45 家。在合作区运行的台企在湘发展良好，稳增长、稳投资、稳就业效应明显。

首届海峡两岸产业合作岳麓山论坛于 2021 年 10 月在长沙举办。首届论坛上，海峡两岸 40 多家具有影响力的行业协会和台商协会作为论坛发起人，共同号召两岸企业家以两岸产业合作助推两岸融合发展。

◎ 2023（癸卯）年海峡两岸炎帝神农文化交流大会在炎陵举行

2023 年 9 月 23 日，2023（癸卯）年海峡两岸炎帝神农文化交流大会在株洲市炎陵县举行。两岸同根同源，中华同心同梦。两岸嘉宾共同拜谒炎帝陵，开展炎帝神农文化研讨、文艺交流展演等。全国政协副主席、民革中央常务副主席何报翔出席拜谒仪式。

中共湖南省委常委隋忠诚，民革中央副主席兼秘书长李惠东出席开幕式并致辞。湖南省政协副主席胡伟林，海峡两岸关系协会副会长周宁，中国国民党中常委王伯纶，全国台企联会长李政宏、台湾中华神农大帝协进会理事长李火炎等参加相关活动。

开幕式上，台湾中华神农大帝协进会向炎帝陵祖庙赠送“帝泽天下”牌匾。湖南省海峡两岸交流促进会为台湾中华神农大帝协进会授予“海峡两岸炎帝神农文化交流大会台湾总召”牌匾。

2023（癸卯）年海峡两岸炎帝神农文化交流大会在炎陵开幕

开幕式上，台湾中华神农大帝协进会向炎帝陵祖庙赠送“帝泽天下”牌匾

◎坚持医养康养结合 推动湖南省养老产业高质量发展

2023 年 9 月 25 日，湖南省政协召开重点提案《坚持医养康养结合 推动我省养老产业高质量发展》办理协商会议。省政协副主席李民出席。

2023 年初，石潇纯等多名省政协委员向省政协十三届一次会议提交联名提案，建议发展健康旅游，积极推进康养综合体建设，加强老年人运动健身服务保障，大力推动智慧康养政策落地见效。

提案得到了省民政厅、省发改委、省工信厅、省卫健委等主办、会办单位高度重视，与提案人多次开展协商交流。省政协组织调研组进行大量调研走访，了解健康养老产业发展情况。

协商会上，与会人员听取了关于提案办理情况的介绍。与会委员、专家学者、相关企业代表等分别提出意见建议。

会议指出，要深入学习贯彻落实党的二十大精神，提高思想站位，充分认识推进医养康养融合发展是实施健康中国战略的重要举措，是适应老龄社会的现实需要，也是实现医疗卫生事业高质量发展的重要渠道。要充分发挥人民政协专门协商机构作用，协助党委政府科学民主决策，补齐医养康养融合发展短板。要强化提案工作整体合力，充分发挥提案“信息源”“智慧库”作用，进一步打造多元养老产业布局，深化医养康养融合发展，加大人才培养力度，将提案办理落到实处，推动湖南养老事业高质量发展。

◎湖南省暨长沙市烈士纪念日向英雄烈士敬献花篮仪式举行

2023 年 9 月 30 日，湖南省暨长沙市烈士纪念日向英雄烈士敬献花篮仪式在湖南烈士公园举行。湖南省委书记沈晓明，省委副书记、省长毛伟明，省委副书记李殿勋同社会各界代表一起，向人民英雄敬献花篮，深切缅怀革命先烈。

9 时整，仪式开始，全场齐声高唱中华人民共和国国歌。国歌唱毕，全场肃立，向烈士默哀。随后，少先队员们齐唱《我们是共产主义接班人》，向烈士致敬。

伴随着深情的《献花曲》，18 名礼兵抬起 9 个花篮，正步向前，拾级而上，将花篮整齐摆放在烈士纪念塔前。这 9 个花篮，分别以省委，省人大常委会，省政府，省政协，驻湘解放军和武警部队，各民主党派省委会、省工商联及无党派人士，省各人民团体和长沙市各界群众，老战士、老同志和烈士亲属，全省少先队员名义敬献。花篮红色缎带上“英雄烈士永垂不朽”的金色大字熠熠生辉，寄托着对英烈的无限哀思和崇高敬意。

9 月 30 日，湖南省暨长沙市烈士纪念日向英雄烈士敬献花篮仪式在湖南烈士公园举行

沈晓明缓步走到花篮前，驻足凝视，仔细整理缎带。随后，省领导和各界代表依次走到纪念碑前，瞻仰纪念碑并献上手中鲜花，缓步绕行一周，追思和学习革命先烈忠贞不渝的理想信念、舍生忘死的崇高精神和无私奉献的优良作风，激励全省干部群众继承先烈遗志，弘扬革命精神。

要闻纪事

△ 3 日，中国致公党第十六届中央常务委员会第四次全体会议在长沙召开。全国政协副主席、致公党中央主席蒋作君出席并讲话。全国政协常委、副秘书长，致公党中央常务副主席张恩迪主持。省委常委、省委组织部部长汪一光，省人大常委会副主任、致公党湖南省委会主委胡旭晟应邀出席并致辞。致公党中央副主席曹鸿鸣、吕彩霞、杨兴平、闫傲霜、徐晓兰、卢国懿出席。

△ 3 日，由湖南省委宣传部、省退役军人事务厅、省军区政治工作局联合主办的“红星耀三湘”2023 年度湖南省“最美退役军人”发布仪式在湖南音乐厅举行。省人民政府副省长王一鸥、省军区少将副司令员张江华出席发布仪式并为“最美退役军人”颁奖，省委退役军人事务工作领导小组办公室主任、省退役军人事务厅党组书记、厅长谢春致辞。

△ 4 日，2023 年第 7 期“湘江大讲堂”在湖南省委党校举行，厦门大学人文与艺术高等研究院执行院长、舆论研究中心主任邹振东应邀作专题讲座。省委书记沈晓明、省委副书记李殿勋参加讲座。邹振东以《舆论规律与传播方法》为题，从“舆论规律、传播特点、工作本领、应对方法”等方面，结合鲜活案例进行了讲授，为做好宣传舆论工作拓宽了思路。在职省领导，省直各单位、驻长省属本科高校、省属企业相关同志，省委党校有关班次学员等参加讲座。

◎沈晓明赴湖南农业大学调研

2023年10月7日，湖南省委书记沈晓明来到湖南农业大学调研，向学校即将迎来建校120周年表示祝贺，向全校师生员工和广大校友致以亲切问候，希望学校坚持以习近平新时代中国特色社会主义思想为指引，深刻感悟习近平总书记的“三农”情怀，进一步发扬优良传统，总结办学经验，大力推进农业科技创新与成果转化，为“三农”工作高质量发展作出更大贡献。

来到学校思源馆，沈晓明仔细察看校史陈列，了解学校发展历程、教学科研等情况，对学校充分发挥学科专业优势、坚持以农为本、服务湖南“三农”发展取得的成绩表示肯定。在“三全育人”中心，沈晓明观看了学生创新创业成果展，鼓励学校将创新创业教育融入人才培养全过程，不断提升学生创新创业的实践能力。

来到园艺学院，沈晓明实地察看园艺作物种质创新与新品种选育工程研究中心、国家植物功能成分利用工程技术研究中心，详细了解基础学科研究、师资队伍建设、人才培养等情况。

沈晓明实地察看并了解岳麓山实验室集聚区农大片区建设情况，强调要依托岳麓山实验室，培育科技创新增量，取得更多世界一流的科技成果；要引进国内外优秀人才，为湖南农业教育教学提供重要支撑，培养一批“三农”工作后备人才。

10月7日，沈晓明来到湖南农业大学思源馆，察看校史陈列，了解学校发展历程、教学科研等情况

英勇跳水救人的『湖南好人』彭清林（左二）为新时代好少年熊莎莎（左四）颁奖，并勉励熊莎莎和她助人为乐的同学们一起传递爱和友谊

◎湖南2位少年获评全国“新时代好少年”

2023年10月11日，中央精神文明建设办公室、教育部、共青团中央、全国妇联、中国关工委在长沙联合举办2023年全国“新时代好少年”先进事迹发布仪式，向社会推出50名优秀少年的先进事迹。来自湖南湘乡市的谢冰骐、衡阳县的熊莎莎获评全国“新时代好少年”。

谢冰骐，女，2011年出生，现为湘乡市东方红学校六年级学生。她积极传播红色文化，长期在东山书院、湘乡烈士陵园、陈赓故居等地宣讲，3年来共参加讲解40多场；热心公益，发起慈善义演为大病儿童募捐；多才多艺，爱好广泛，多次获得绘画、朗诵等才艺比赛奖项。

熊莎莎，女，2008年出生，现为衡阳县井头镇清潭中学九年级学生。她热情善良，乐于助人。三年来，熊莎莎一直背着身患先天性肌无力的同学熊思琦去教室、回寝室、参加课间活动，照顾熊思琦的生活起居。

要闻纪事

△6日，湖南省消防安全重大风险隐患专项排查整治2023行动专题会议暨省消防安全委员会全体成员会议在长沙召开。省委常委、副省长张迎春出席并讲话。

△7日，湖南省自主就业退役士兵职业技能培训机构管理工作会议在长沙召开，会上宣布了“2023—2025年湖南省自主就业退役士兵职业技能培训机构”名单，并授予“定点机构”牌匾。省退役军人事务厅党组成员、副厅长邓燕飞出席会议并讲话。

△8日，湖南省学习贯彻习近平总书记关于党的建设的重要思想理论研讨会在长沙召开。省委副书记李殿勋出席并讲话，强调要坚持正确的政治方向，坚持需求牵引和问题导向，以研讨会为促进，不断把党的建设理论研究引向深入，多出务实管用成果，为服务全省经济转型升级、社会治理变革、民生保障改善贡献智慧和力量。省委常委、省委组织部部长汪一光主持。

△8日，湖南省政协农工党界别委员工作室揭牌仪式在农工党省委会机关举行。省政协副主席、农工党省委会主委张灼华为委员工作室揭牌。

△9日至10日，湖南省十四届人大代表第三期履职学习班在韶山市举办。省人大常委会副主任张剑飞出席开班式并作专题讲座，省高级人民法院院长朱玉、省人民检察院检察长叶晓颖受邀作专题讲座。学习班为期2天，举行5个专题讲座和1次代表履职交流发言。

◎籼型杂交水稻研究成功50周年座谈会在长沙召开

2023年10月11日，籼型杂交水稻研究成功50周年座谈会在长沙召开。省委书记沈晓明出席会议并发言，强调要深学笃行习近平总书记关于种业振兴的重要论述精神，携手攀登杂交水稻研究科学新高峰，更好维护国家粮食安全、解决全球温饱问题。省委副书记、省长毛伟明主持会议。

联合国世界粮食计划署驻华代表屈四喜致辞，国际水稻研究所所长阿杰伊·科利发来贺信。中国农业科学院党组书记杨振海，海南省副省长顾刚，中国科学院院士张学敏、钱前，中国工程院院士万建民、柏连阳，湖南杂交水稻研究中心、袁隆平农业高科技股份有限公司相关代表发言。当前，世界百年未有之大变局正加速演进，全球粮食安全形势仍然严峻。希望大会全面总结50年来中国杂交水稻的重要理论与技术成果，深入研讨新时代杂交水稻体系化发展战略，为全球粮食可持续发展作出更大贡献。

10月11日，籼型杂交水稻研究成功50周年座谈会在长沙召开

省领导谢卫江、张迎春，海南省政协副主席、中国科学院院士骆清铭，中国科学院院士谢华安、朱玉贤、刘耀光、谢道昕，中国工程院院士罗锡文、陈温福、印遇龙、张洪程、宋宝安、康振生、刘少军、刘仲华、单杨、吴义强以及来自省内外相关地区、高校、科研院所和企业的代表出席座谈会。

◎多元化纠纷解决机制研究基地湘大揭牌

多元化纠纷解决机制研究基地湘大揭牌

2023 年 10 月 12 日，最高人民法院立案庭与湘潭大学共建的“多元化纠纷解决机制研究基地”揭牌成立。最高人民法院党组成员、副院长高憬宏为基地揭牌。

高憬宏指出，研究基地要坚持以习近平新时代中国特色社会主义思想为指导，深入贯彻习近平法治思想，学习贯彻全国调解工作会议精神，始终用党的创新理论引领、推动和指导矛盾纠纷预防化解实践。要紧紧围绕党中央重大改革部署开展理论研究，推出一批符合中国实际、具有中国特色、解决实践难题的高质量司法智库成果。要坚持资源共享，建强多元化纠纷解决的理论人才队伍和实践人才队伍，让司法实践成果更多地走进课堂，让理论研究成果更好地指导实践，充分运用法治力量服务中国式现代化。

湘潭大学是湖南最早开展法学本科教育、最早获得法学硕士、博士学位授权点的高校，是湖南唯一的国家级法学专业综合改革试点单位和全国法律专业硕士学位研究生教育综合改革试点单位。该校法学团队主持承担“智慧司法科学理论与司法改革科技支撑技术研究”等国家级课题 20 余项，出版全国首套调解教材、首套调解研究丛书，承担多个调解立法研究项目，成为全国多元化纠纷解决机制研究的重镇。

多元化纠纷解决机制研究基地湘大揭牌

◎出席 2023 全国民营企业科技创新与标准创新大会嘉宾代表齐聚一堂 共襄合作盛举 共铸创新高地

10 月 18 日，省委副书记、省长毛伟明与中央统战部副部长、全国工商联党组书记徐乐江等出席 2023 全国民营企业科技创新与标准创新大会的嘉宾座谈

2023 年 10 月 18 日，2023 全国民营企业科技创新与标准创新大会即将启幕。18 日晚，湖南省政府在长沙举行座谈会，出席大会的部分嘉宾代表齐聚一堂，共襄合作盛举、共铸创新高地。省委副书记、省长毛伟明，中央统战部副部长、全国工商联党组书记徐乐江出席。

省领导吴桂英、隋忠诚、周海兵、张健，全国工商联副主席安立佳，全国工商联副主席、上海市政协副主席寿子琪，贵州省政协副主席李汉宇，省政府秘书长瞿海，以及国家市场监管总局、香港贸易发展局和知名民营企业家代表参加。

座谈会上，毛伟明对各位嘉宾的到来表示欢迎并简要介绍湖南民营经济发展情况。

徐乐江等与会嘉宾一致认为，湖南区位优势明显、产业基础雄厚、营商环境持续向好、高质量发展势头强劲，为民营企业拥抱湖南、投资湖南、深耕湖南提供了充足“阳光雨露”。全国工商联将充分发挥桥梁纽带作用，积极搭建平台，引导更多民营企业来湘投资兴业；各民营企业期待与湖南加强交流对接、深化务实合作，把企业自身优势与湖南资源禀赋结合起来，在共享中部地区高质量发展新机遇中实现互利共赢。

◎第三期老挝地方政府中高级干部湖南研修班开班

2023 年 10 月 24 日，第三期老挝地方政府中高级干部湖南研修班在省委党校（湖南行政学院）开班。湖南省委副书记、省委党校校长李殿勋，老挝万象市委常委、市委宣传部部长宋龙·永努出席并致辞。

李殿勋代表省委、省政府对各位老挝学员的到来表示欢迎，对研修班的开班表示祝贺。他说，中老两国山水相连，自古以来亲仁善邻，传统友谊历久弥新。湖南和老挝在资源禀赋、农业发展等方面具有很多共同点，双方交往合作密切。当前，全球科技创新版图加速重构，世界经济政治格局深度调整，面临百年未有之大变局。立足国际形势和国家改革发展需要，着眼培养现代化高素质执政队伍，开展跨国研修交流十分必要。希望双方利用好研修班这个平台，加强沟通交流，积极互学互鉴，努力把研修班办成合作交流之班、增进友谊之班、促进发展之班。同时希望双方以此次研修班为契机，进一步加强供需对接，促进务实合作，推动中老命运共同体走深走实。

10 月 24 日，第三期老挝地方政府中高级干部湖南研修班在省委党校（湖南行政学院）开班，李殿勋和宋龙·永努共同为老挝万象市行政管理学院党员干部教育培训基地揭牌

现场，李殿勋和宋龙·永努共同为老挝万象市行政管理学院党员干部教育培训基地揭牌。

本期研修班为期 12 天，授课内容以中国共产党的二十大精神为主线，涉及以高质量发展推进中国式现代化各方面。来自老挝中央部委和地方政府的 21 位干部参加学习。

要闻纪事

△ 15 日，湖南省政务服务中心发布服务企业群众“十大典型案例”，一批备受企业群众好评、深具改革创新意义的办事案例新鲜出炉。本次评选出的“十大典型案例”，由省政务服务大厅从各服务窗口征集到的 44 件案例中层层筛选而来，包括服务企业、服务群众的案例各 5 件。

△ 16 日，湖南省党校建设发展工作座谈会在长沙召开，省委副书记、省委党校校长李殿勋出席并讲话。他强调，要认真学习贯彻习近平总书记关于党校工作的重要论述，进一步提高党校办学治校水平，以高质量干部教育培训推动湖南高素质干部队伍建设。省委常委、省委组织部部长、省委党校第一副校长汪一光主持座谈会。

△ 18 日，2023 年第 8 期“湘江大讲堂”在湖南省委党校举行，省作协名誉主席唐浩明应邀作专题讲座。省委书记沈晓明，省委副书记、省长毛伟明，省委副书记李殿勋参加讲座。唐浩明以《家风清正 福泽绵延——湖湘文化中的家教家风》为题，从湖湘地区家教家风的特点出发，揭示了良好家教家风的重要意义与作用，有助于党员干部从中华传统优秀文化中汲取营养，加强家庭家教家风建设。

△ 16 日，湖南省政协召开旱杂粮产业发展协商座谈会。省政协副主席何寄华出席。会上，省旱杂粮产业联盟负责同志介绍了湖南省旱杂粮产业发展情况。省农业农村厅、省发改委、省科技厅、省财政厅、省商务厅、省工信厅、省地方金融监督管理局、省粮食和物资储备局、国家金融监督管理总局湖南监管局等部门相关负责同志就旱杂粮产业发展作回应交流发言。

◎第二届北斗规模应用国际峰会在株洲开幕

这是 10 月 26 日在株洲国际会展中心拍摄的第二届北斗规模应用国际峰会开幕式现场

2023 年 10 月 26 日，第二届北斗规模应用国际峰会在株洲开幕。工业和信息化部部长金壮龙出席并讲话，省委书记沈晓明宣布开幕，省委副书记、省长毛伟明致辞，省委副书记李殿勋主持开幕式。开幕式前，与会领导和部分嘉宾在株洲国际会展中心巡馆，参观了北斗规模应用成果展。

中央网信办副主任王崧、国务院国资委副主任苟坪、国家发展改革委秘书长伍浩、玻利维亚航天局执行副局长哈维尔·阿雷克斯·安德雷德·罗密欧、中联重科董事长詹纯新致辞。阿拉伯信息通信技术组织秘书长穆罕默德·本·阿莫作视频致辞。

省领导谢卫江、谢建辉，国防科技大学政委傅爱国，工业和信息化部总经济师高东升，中国工程院院士杨长风、谭述森、刘经南、丁荣军、陈纯，中国卫星网络集团总经理张洪太，以及来自中国节能、中国电建、航天科技等企业相关负责人，泰国、巴基斯坦驻华大使馆代表，联合国全球卫星导航系统国际委员会、亚太空间合作组织、阿拉伯国家联盟等国际组织代表出席。

◎第二十四届中国中部（湖南）农业博览会在长沙开幕

第二十四届中国中部（湖南）农业博览会

2023 年 10 月 27 日，第二十四届中国中部（湖南）农业博览会在长沙开幕。湖南省委副书记李殿勋出席中国中部农业品牌推介活动并致辞，农业农村部副部长张兴旺，中国农产品市场协会会长张玉香，萨摩亚农渔业部部长拉乌利·里瓦堤·普拉塔沃·福西，马里共和国驻华大使迪迪埃·达科，马拉维共和国驻华大使艾伦·约瑟夫·钦泰扎，省委常委、副省长张迎春，省政协副主席何寄华出席。

此届农博会由农业农村部、湖南省人民政府主办，主题为“办好新农博，奋进新征程”，为期 5 天，22 个省外展团参展，集中展示、展销各地优质农产品和优秀农业品牌，邀请老挝、马里、马拉维等 9 个外国展团参展。其间还将举行农业招商引资对接、优质农产品专场推介、脱贫地区产品专场订货会等活动。

作为中部地区乃至国内外发布农业先进技术、展示最新成果的重要平台，本届农博会将通过展示、推介和培育农业品牌，进一步推动各省份之间的农业交流与合作，提升农业品牌的竞争力和影响力，助力农民增收致富和乡村振兴。

要闻纪事

△ 21 日，2023 年度司法行政业务统计工作培训班在长沙开班，省司法厅二级巡视员田自成、湖南司法警官职业学院党委书记李梓楠出席开班式，司法部办公厅统计处处长赵建平对培训班提出要求。

△ 23 日，“2023·荣光行动”湖南退役军人暨军人军属（湘南片区）专场招聘会在郴州市举行，省退役军人事务厅党组成员、副厅长蒋伟出席并宣布活动开幕，郴州市人民政府副市长彭生智出席并参加相关活动。此次招聘会由省退役军人事务厅、郴州市人民政府、郴州军分区联合主办，吸引来自长沙、湘潭、株洲等地 189 家优质企业，提供 7423 个涉及消防救援、电子信息、文化旅游、国防教育等众多契合退役军人特点的优质岗位。

△ 23 日，由湖南省政协民族和宗教委员会、长沙市政协主办的“同心共筑中国梦 助力我国宗教中国化湖南实践”行动在长沙洗心禅寺举办，省市县政协民宗委和宗教界委员参加。省政协副主席肖百灵出席。在洗心禅寺，与会人员现场考察了推进宗教中国化情况，参加“宗教与中华优秀传统文化”讲座暨调研成果分享会。会后，部分委员还开展了“委员看变化·聚共识·促发展”活动。

◎首届公安院校智慧侦查技能大赛在湖南举行

首届全国公安院校智慧侦查技能大赛在湖南警察学院举行

2023 年 10 月 28 日，首届公安院校智慧侦查技能大赛在湖南警察学院举行。来自全国各地 10 所公安院校的 22 支参赛队伍齐聚长沙，比拼智慧侦查技能。大赛由湖南警察学院、北京警察学院、江苏警官学院等 10 所公安院校协同主办，湖南警察学院承办。

湖南警察学院侦查系主任鄢喜爱介绍，大赛包括智慧侦查技能现场比武和优秀侦查思路设计现场竞演两部分。现场比武中，选手利用各种智慧侦查手段，在繁杂的案情中抽丝剥茧，揭示案件真相。在现场竞演环节，参赛选手全面复盘，总结得失利弊，优化侦查思路。

大赛期间还举办了侦查专业人才培养和学科建设研讨会。与会人员充分交流智慧侦查前沿应用情况，探讨智慧侦查人才培养与侦查系学科建设方向，并就如何进一步深化公安院校联动，加强资源共建共享，提高智慧警务人才培养质量进行深入交流。

湖南警察学院侦查系党总支书记黄亦飞介绍，本次比赛是落实习近平总书记给中国人民公安大学在读英烈子女重要回信精神的重要举措，拓宽了学生智慧侦查视野，加深了师生对智慧侦查的理解，激发了学生练就过硬本领的热情，为各公安院校搭建了交流平台。

◎博鳌经安论坛第二届大会博览会在长沙开幕

10 月 29 日上午，博鳌亚洲论坛全球经济发展与安全论坛第二届大会博览会在长沙开幕

2023 年 10 月 29 日，博鳌亚洲论坛全球经济发展与安全论坛第二届大会博览会在长沙开幕。博鳌亚洲论坛全球经济发展与安全论坛大会荣誉主席、斯洛文尼亚前总统图尔克，博鳌亚洲论坛秘书长李保东出席。省委副书记李殿勋，博鳌亚洲论坛理事、菲律宾前总统阿罗约致辞，副省长周海兵主持，博鳌亚洲论坛新任理事候选人、巴基斯坦前总理阿巴西，博鳌亚洲论坛理事、新加坡前副总理黄根成，博鳌亚洲论坛新任理事候选人、泰国前副总理兼外长敦，斯里兰卡议会国家安全监督委员会主席维拉塞克拉，中日韩合作秘书处秘书长李熙燮，联合国难民署驻华代表卢沛赫，外交部亚洲司大使于红出席。

阿罗约说，当今世界地区冲突加剧，国际安全面临考验。为了全球安全和发展共同利益，国际社会应努力建立有效机制，减少安全担忧，通过对话达成共识、解决争端。希望博鳌亚洲论坛能够为此指明方向。

开幕式后，与会嘉宾参观了展览。

◎沈晓明参观第二十四届中部农博会

2023 年 10 月 29 日，湖南省委书记沈晓明来到长沙国际会展中心巡馆，参观第二十四届中国中部（湖南）农业博览会。他强调，要深入贯彻落实习近平总书记关于“三农”工作重要论述精神，不断提高农博会办会质效，为实现农业农村现代化作出更大贡献。

沈晓明首先来到湖南农业发展展区、湖南农业公用品牌展区，了解农业产业化发展成果，并参观了茶叶、蔬菜、水果、渔业等特色产品展示。

走进农业农村部定点帮扶县展区、中部五省展区、援藏援疆展区及主宾省海南展区等，海南的“新奇特优”水果、新疆的鲜果干果、湖北的香菇莲藕……让人目不暇接。沈晓明一路走一路看，不时与参展企业负责人交流，希望不断增加优质农产品供给，让群众享受现代农业发展成果。

本届农博会还新设了预制菜产业专馆，吸引了近 200 家企业参展。沈晓明来到长沙县预制菜展区，查看食材展示并了解预制菜产业发展情况，鼓励用好“湘菜”品牌优势，充分挖掘预制菜市场潜力，做强湖南预制菜本土品牌。

在现代农业装备展区，中联重科、湖南农夫、益阳富佳等农机生产企业携新产品参展。

湖南省领导吴桂英、谢卫江、张迎春参加巡馆。

10 月 29 日，沈晓明来到长沙国际会展中心巡馆，参观第二十四届中国中部（湖南）农业博览会

◎纪念湖南省老科协成立三十周年座谈会在长沙召开

2023 年 11 月 1 日，纪念湖南省老科协成立 30 周年座谈会在长沙召开。中国老科协荣誉会长陈至立出席，省委书记沈晓明作出批示，中国老科协会长李学勇、省委副书记李殿勋出席并讲话。

中国老科协常务副会长齐让、省老科协特邀高级顾问唐之享出席，省老科协特邀高级顾问蔡力峰主持，省老科协会长欧阳斌作工作报告。

纪念湖南省老科协成立 30 周年座谈会在长沙召开

沈晓明在批示中指出，湖南省老科学技术工作者协会成立 30 年来，坚持党的领导和政治引领，组织全省广大老科协会员积极开展决策咨询、科学普及、科技创新、助力脱贫攻坚与乡村振兴，奉献余热，服务社会，为湖南经济社会发展作出了积极贡献。全省各级党委政府和有关部门要按照习近平总书记对老科协工作的重要指示精神，继续关心支持老科协，为老科协的建设与发展提供保障和支撑。要充分发挥老科协和广大老科技工作者在实施科教兴省、乡村振兴、健康湖南建设等战略中的重要作用，为实现“三高四新”美好蓝图、加快建设社会主义现代化新湖南贡献力量。

会议表彰了湖南省老科协 30 周年先进集体和先进个人。

要闻纪事

△ 25 日，2023 年第 9 期“湘江大讲堂”在湖南省委党校举行，中国工程院院士、湖南农业大学教授刘仲华应邀作专题讲座。省委书记沈晓明，省委副书记、省长毛伟明，省委副书记李殿勋参加讲座。刘仲华以《茶与健康美好生活》为题，系统梳理了湖南茶产业的发展情况，阐述了因地制宜发展茶产业及推进茶产业与相关产业融合发展的重要意义，并分享了茶对健康生活的作用，给统筹做好茶文化、茶产业、茶科技这篇大文章，打造千亿湘茶产业带来新的启发。

△ 27 日，湖南省十四届人大常委会第六次会议分组审议了《湖南省重污染天气防治若干规定（草案）》（以下简称《规定（草案）》）。《规定（草案）》对重污染天气防治方案、监测预报、应急响应作出规定，要求县级以上人民政府应当组织有关部门根据大气污染成因分析成果，制定并组织实施重污染天气防治方案，向社会公开，并定期进行评估。县级以上人民政府生态环境主管部门应当将重污染天气预警期间禁止或者限制大气污染物排放的要求纳入排污许可特殊时段管理。

△ 27 日，湖南省网络统战创新交流研讨会在长沙召开。省委常委、省委统战部部长隋忠诚出席。近年来，全省网络统战工作着力加强制度设计，建立协调机制，打造网络平台和实践创新基地，广泛开展网络统战品牌活动，做深做实网络人士统战工作，形成全省各级各部门共同探索推进网络统战工作的良好氛围，各项工作起步扎实，开局良好、效果初显。

◎“十八洞”减贫与发展论坛在湘西州开幕

2023 年 11 月 3 日，“十八洞”减贫与发展论坛在湘西土家族苗族自治州开幕，全国政协副主席、民革中央常务副主席何报翔视频致辞，湖南省委书记沈晓明宣布开幕，省委副书记、省长毛伟明致辞，省委副书记李殿勋主持。

中国公共关系协会会长、国务院新闻办公室原副主任郭卫民，农业农村部党组成员黄艳，刚果（金）驻华大使巴卢穆埃内，乌干达驻华大使奥利弗·沃内卡，老挝农林部农村发展司副司长阿诺萨·平提马冯致辞。中日韩合作秘书处秘书长李熙燮、中欧美全球倡议发起人高大伟视频致辞。

在随后举行的主论坛上，刘利民、等领导和专家学者分别作主旨演讲；虢正贵、金万兵、卜永彪、施金通、孔高敏分别作“我的乡村我振兴”案例分享。省农业农村厅、中国农业大学和湖南农业大学签署共建科技小院合作框架协议；省乡村振兴局、中国外文局国际传播发展中心和京东集团签署战略合作协议，京东“中国特产·十八洞村馆”正式上线；中国湖南省湘西州花垣县十八洞村与老挝琅勃拉邦省琅勃拉邦市听松村签署缔结“姊妹村”意向协议。

论坛开幕式现场

◎『湖南省留学人员创业启动支持计划项目』选拔大赛结果揭晓

11 月 4 日，“湖南省留学人员创业启动支持计划项目”选拔大赛在长沙收官

2023 年 11 月 4 日，第十届海归论坛主体活动之一“湖南省留学人员创业启动支持计划项目”选拔大赛在长沙收官。省人大常委会副主任、致公党省委会主委胡旭晟为获奖选手颁奖。

大赛决赛采用“路演＋评审”模式，分别从创业组和创新组中评选出 20 个获奖项目，其中一等奖各 1 名、二等奖各 2 名、三等奖各 3 名、优胜奖各 4 名，并给予 1 万元至 18 万元不等的资助支持。新能源动力电池修复技术、北斗三期四模 5G 十一频卫星导航 SOC 芯片产业化项目分获创业组、创新组一等奖。20 个获奖项目中还产生了最具投资潜力奖、最佳科技创新奖各 6 个。

今年大赛奖项多、奖金高，首次增设最具投资潜力奖和最佳科技创新奖，优秀项目最高可获 18 万元资助及省内多个园区入驻优惠政策扶持等，赛事含金量和吸引力不断提升。

6 月启动报名以来，大赛累计收到 200 多个项目申报，涉及生物医药、现代农业、新能源新材料等 7 大战略性新兴产业。参赛选手的留学背景覆盖 16 个国家和地区，具有博士学历人员占比达 58%。针对项目投融资、引进落地等，大赛同步开展专项服务，促成 8 个项目成功签约落地长沙，并发布湖南省高层次人才创新创业“知识产权保护服务包”，无偿为获奖选手及项目等提供知识产权保护服务。

要闻纪事

△ 30 日，湖南“建功新时代 岗位大练兵”省直单位党建业务技能大赛决赛在长沙举行，12 家省直单位的党务工作者代表现场角逐，掀起一场党建业务技能的激烈交锋。决赛现场，参赛选手们充分彰显了省直单位党务干部过硬的专业技能和综合素质。国网湖南电力等单位代表队获得一等奖，省烟草专卖局（公司）等单位代表队获得二等奖，省林业局等单位代表队获得三等奖。

△ 30 日，湖南省委常委会（扩大）会议暨全省“走基层、找问题、想办法、促发展”活动第五次调研情况交流会在长沙召开。会议深入学习贯彻习近平总书记关于主题教育重要讲话和指示批示精神，传达贯彻中央巡回指导组座谈会精神，通报湖南省第二批主题教育进展情况，听取各市州和省直有关单位整改整治情况汇报，上下联动研究解决“表现在基层、根子在上面”的问题，持续深化“走找想促”活动，推动主题教育走深走实。

△ 30 日，湖南省十四届人大常委会第六次会议经过表决，审查批准了《株洲市萍水河—渌水流域协同保护条例》。这是《中华人民共和国立法法》修改后，全国首部跨省流域市级层面开展的协同立法。

◎湖南首份附加证明书颁发跨国公文书流转更便捷

2023 年 11 月 7 日“这份附加证明书对我们企业意义重大，今后开展海外业务不仅办事效率大大提高，工作成本也有所降低，企业走出去的信心更足了！”11 月 7 日，《取消外国公文书认证要求的公约》在中国生效暨附加证明书湖南首发仪式上，拿到湖南首份附加证明书的中联重科股份有限公司海外法务部部长方青说。

3 月 8 日，中国加入《取消外国公文书认证要求的公约》。该公约于 11 月 7 日在中国生效实施，中国外交部当天在北京举行《取消外国公文书认证要求的公约》在中国生效暨附加证明书首发仪式，随后湖南省委外事办在长沙向企业和民众颁发首份商事和民事附加证明书。

《取消外国公文书认证要求的公约》是海牙国际私法会议框架下适用范围最广、缔约成员最多的国际条约，旨在简化公文书跨国流转程序。11 月 7 日起，中国送往其他缔约国使用的公文书，仅需办理公约规定的附加证明书，即可送其他缔约国使用，无需办理中国和缔约国驻华使领馆的领事认证。其他缔约国公文书送中国内地使用，只需办理该国附加证明书，无需办理该国和中国驻当地使领馆的领事认证。

中联重科股份有限公司海外法务部部长方青拿到附加证明书

◎省政府与中国铁建举行工作会谈

2023 年 11 月 8 日，湖南省政府与中国铁道建筑集团有限公司在长沙举行工作会谈。省委副书记、省长毛伟明，中国铁建总经理、党委副书记王立新出席。

副省长秦国文，省政府秘书长瞿海参加。

中国铁建是全球最具实力、最具规模的特大型综合建设集团之一，连续 18 年跻身世界 500 强，2023 年排名第 43 位。目前，中国铁建在湖南设立了铁建重工、中铁城建等各级子公司 26 家，在建项目共计 169 项、累计合同额 1494 亿元，解决就业人员近 3 万人，其铁建重工在长沙生产的直径 16.07 米盾构机为目前我国最大直径的盾构机，并实现了从整机到主轴承等关键部件的完全自行设计、独立制造、自主可控。

毛伟明对中国铁建长期以来对湖南经济社会发展的大力支持表示感谢。他说，湖南与中国铁建在装备制造、轨道交通、旧城改造、乡村振兴等领域合作紧密、成果丰硕。当前，湖南正按照习近平总书记擘画的“三高四新”美好蓝图，加快推动高质量发展，为双方深化合作提供了广阔空间。希望中国铁建进一步加大在湘投资布局、创新合作模式，深入推进双方在科技创新、城市综合开发、基础设施和物流体系建设等领域的合作，实现优势互补、互利共赢。湖南将持续优化营商环境，为中国铁建在湘发展创造良好条件，携手打造央地合作新典范。

11月8日中午，省政府与中国铁道建筑集团有限公司在长沙举行工作会谈。省委副书记、省长毛伟明，中国铁建总经理、党委副书记王立新出席

首届湖南省公安特巡警职业技能竞赛暨跨区域拉动演练举行

◎首届湖南省公安特巡警职业技能竞赛暨跨区域拉动演练举行

2023 年 11 月 8 日，首届湖南省公安特巡警职业技能竞赛决赛暨跨区域拉动演练在长沙举行。省人大常委会副主任周农出席活动并宣布开幕。

此次活动旨在深入贯彻习近平总书记重要训词精神，全面落实省政府加强技能人才培养建设技工大省的意见要求，提升全省公安特警实战和快警平台快速处置能力水平。

来自全省 14 个市州的竞赛选手开展狙击枪应用射击、长短枪应用互换射击、综合体技能、突击攻坚、快警平台快反处置等 5 个科目的角逐。活动将对成绩优异的队员授予省级荣誉称号，其中，“湖南省岗位技术能手”3 名，“湖南省五一劳动奖章”获得者 2 名，“湖南青年岗位能手”3 名，“湖南省巾帼建功标兵”3 名。

活动期间，全省公安机关分湘中、湘北、湘南、湘西 4 个片区开展水上泅渡、公交车及列车反劫持等“红蓝对抗”演练，有效检验全省公安特巡警部门跨区域调动能力，突出拉动测试和街面快反处突体系建设，培养特警最小作战单元专业技战术应用能力。

◎芙蓉实验室第一届理事会和学术委员会成立

2023 年 11 月 17 日，芙蓉实验室成立第一届理事会、学术委员会，实验室进入规范化、制度化、实体化运行和全面发展新阶段。副省长秦国文出席并讲话。

秦国文指出，建设芙蓉实验室是深入贯彻落实习近平总书记关于生命健康重要论述精神，更好保障人民生命健康的重要举措，是省委、省政府锚定“三高四新”美好蓝图、大力推进具有核心竞争力的科技创新高地建设的重大战略部署，对加快实现高水平科技自立自强、打造湖南省生命健康领域战略科技力量具有重要意义。

秦国文强调，要锚定目标任务，高站位谋篇布局，围绕国家所需、未来所向、湖南所能，进一步大视野谋划、大格局布局、大力度推进；要推进科研攻关，突出原始创新、技术攻关和成果转化，以应用研究引导基础研究，基础研究支撑应用研究，全面加强生命健康领域重大科学研究与关键核心技术研发，强化战略科技力量；要聚力“筑巢引凤”，大力度引人育才，做到“引得进”“留得住”“育得出”，培养一批生命健康领域院士和中青年领军人才，强化湖南省生物医药行业和精准医学产业的智力支撑；要汇聚各方资源，加强统筹协调，全面提升实验室攻关效能、发展能力、引领优势，共同推动实验室高质量建设和运行。

芙蓉实验室第一届理事会和学术委员会成立

要闻纪事

12月

△1 日，湖南省委、省政府与中国工程院在长沙举行工作会谈，中国工程院与湖南省人民政府签署《共建中国工程科技发展战略湖南研究院协议》。省委书记沈晓明，省委副书记、省长毛伟明与中国工程院党组书记、院长李晓红一行会谈，并共同见证签约。沈晓明、李晓红共同为研究院揭牌，毛伟明向研究院专家委员会受聘院士代表颁发聘书。

△4 日，湖南省 2023 年“12·4”国家宪法日暨全省“宪法宣传周”主场活动在长沙举行。省委常委、省委政法委书记、省委依法治省办主任魏建锋出席活动并讲话。活动中，举行了宪法宣誓仪式，颁发了“全省法治工作先进集体（个人）”“2023 年度湖南省‘法治为民办实事’优秀项目”“2022 年度湖南省直机关和中央在湘有关单位落实‘谁执法谁普法’普法责任制考评优秀单位”等奖项，上演了精彩的法治文艺节目，营造了浓厚氛围。

△5 日，湖南省人大系统“两个三年行动”2024 年度工作推进座谈会在长沙召开，听取 14 个市州人大的意见建议，安排部署明年重点工作。省人大常委会党组书记、副主任乌兰出席并讲话，副主任张剑飞、陈飞、周农，党组成员谢建辉、陈文浩，秘书长王晓科出席。

◎湖南省首期行政执法教员培训班开班

湖南省首期行政执法教员培训班开班

2023 年 11 月 20 日，湖南省首期行政执法教员培训班在湖南司法警官职业学院正式开班。省司法厅二级巡视员田自成参加开班仪式并作动员讲话。

田自成指出，建立行政执法教员制度是贯彻落实习近平法治思想的重要举措，是提升行政执法人员能力素质的有力抓手，也是“执法人员培训执法人员”的创新举措。他强调，培训组织单位和广大培训学员要加强培训管理，严守培训纪律，务求培训实效。同时结合《提升行政执法质量三年行动计划（2023—2025 年）》，对今后行政执法的有关重点工作进行了安排和部署。

本次行政执法教员培训共分三期，每期培训 5 天，就习近平法治思想、行政法学基础理论、行政处罚法理论与实务等 10 个课程展开系统培训，三期共计培训行政执法教员 370 余人，培训对象覆盖省市县三级数十个行政执法部门。

行政执法教员制度是湖南省贯彻落实法治人才建设有关要求、推进行政执法人员能力素质提升的重要创新举措，通过从行政执法人员和行政执法监督人员中选拔培训一批行政执法教员，常态化开展执法培训，切实提升执法培训效果，对湖南省法治政府建设具有重要意义。

◎湖南省新型工业化推进大会在长沙召开

11 月 23 日，全省新型工业化推进大会在长沙召开

2023 年 11 月 23 日，湖南省新型工业化推进大会在长沙召开。会议强调，要学深悟透习近平总书记关于新型工业化的重要论述精神，坚持以新发展理念为引领，求真务实、开拓进取，推动湖南省新型工业化再上新台阶，为加快实现“三高四新”美好蓝图、全面建设现代化新湖南作出新的更大贡献。省委书记沈晓明，省委副书记、省长毛伟明出席并讲话；省委副书记李殿勋出席。

沈晓明指出，党的十八大以来，习近平总书记就推进新型工业化提出一系列新思想新观点新论断，为推进新型工业化提供了根本遵循。今年 9 月，党中央首次以新型工业化为主题召开全国新型工业化推进大会。全省各地各部门要认真抓好学习领会，并同学习贯彻习近平总书记关于湖南工作的重要讲话和指示批示精神结合起来，融会贯通、一体落实，推动新型工业化在湖南更好落地见效。要深刻把握新型工业化在湖南发展全局中的地位作用和当前全省新型工业化所处的发展方位，扭住新型工业化这个“牛鼻子”，集中攻坚、向“新”而行，持续提升湖南省工业现代化水平，为经济发展注入蓬勃动力。

省领导吴桂英、谢卫江、乌兰、秦国文、周海兵、黄兰香、虢正贵出席。有关市州、园区、企业和省直单位代表作交流发言。

要闻纪事

△ 6 日，湖南省习近平法治思想研究实践基地成立授牌仪式暨理论研讨会在长沙举行。省委常委、省委政法委书记、省委依法治省办主任魏建锋出席并讲话，省检察院检察长叶晓颖主持。会上，进行了基地授牌、开展了理论研讨。

△ 7 日，湖南省生态环境保护大会在长沙召开。会议强调，要深学笃用习近平生态文明思想，全面贯彻全国生态环保大会精神，扛牢“守护好一江碧水”的政治责任，常抓不懈、久久为功，奋力谱写新时代生态文明建设的湖南篇章，为建设人与自然和谐共生的美丽中国作出新的更大贡献。省委书记沈晓明，省委副书记、省长毛伟明出席并讲话；省委副书记李殿勋出席。

△ 7 日，湖南省第七届“爱我国防”主题演讲比赛决赛暨湖南省第二届“新时代最美民兵”发布仪式在长沙举行。省委常委、省委宣传部部长杨浩东，省军区少将政治委员马永生出席活动并为“最美民兵”颁奖。12 组参赛选手晋级决赛，最终来自湘潭的选手王刚等 3 人获得一等奖。长沙市委宣传部等 10 家单位获评优秀组织奖。

△ 8 日，湖南省发改委发布《关于印发以县城为重要载体的城镇化建设省级试点名单的通知》，确定衡山县等 18 个县（市）为以县城为重要载体的城镇化建设省级试点。此次省级试点工作为期 3 年，力争一年夯基础、两年上台阶、三年立标杆。

◎湖南省国动办组织开展“湘国动—2023”人防机动指挥通信跨区支援保障行动

2023 年 11 月 27 日至 12 月 1 日，湖南省国动办组织开展“湘国动—2023”人防机动指挥通信跨区支援保障行动。省国动办带长沙、衡阳、郴州、湘潭 4 市及所属 16 个县（市）区近 100 名通信技术骨干参加训练。

此次训练途经衡山、资兴、耒阳、湘乡 4 市（县），拉练全程近 900 公里。行进途中分批组织了车载短波动中通测试、野外天线架设、超短波及短波通联训练，开展了 4G 单兵、无人机工作站和机动指挥所开设与撤收训练，重点进行了第二代机动指挥车各要素联调联测以及卫星通信、无线图传、视频会议和文电传输等训练，完成了全省车载卫星通信系统互联互通训练考核。

此次跨区支援保障行动进一步加强了全省人防指挥信息保障临战能力建设，提升了人防指挥通信系统应急应战快速反应能力。训练期间，参训人员还进行了 [illegible] 公里野外徒步体能训练，并到陈赓故居参观见学，深刻感受老一辈无产阶级革命家坚定的理想信念和顽强的斗争精神。

“湘国动—2023”人防机动指挥通信跨区支援保障行动

◎全国首例！防性侵设立特殊保护专章

2023年11月29日，省十四届人大常委会第六次会议分组审议了《湖南省实施〈中华人民共和国未成年人保护法〉办法（修订草案）》。

实施办法自2008年12月1日施行以来，为湖南省未成年人保护工作提供了重要的法治支持和制度保障。2020年，全国人大常委会对未成年人保护法进行全面修改后，现行实施办法的部分法律条文，有的与上位法原则精神不相一致，有的已经落后于实践工作。

实施办法修订草案立足湖南省实际，针对湖南省未成年人保护工作面临的突出问题，均作出了比较完备的规定。

实施办法修订草案针对防性侵设立特殊保护专章，在全国尚属首例。修订草案对防性侵教育、性侵害行为的发现、密切接触未成年人的单位从业查询、受害人的医疗救治、生活教育保障等内容作出了规定。

及时发现、报告未成年人身心健康面临的各种侵害和危险，能有效预防侵害未成年人违法犯罪。对此，实施办法修订草案规定未成年人父母或者其他监护人、学校和教职员工、网络产品或者服务提供者、宾馆等住宿经营者、密切接触未成年人的单位及其工作人员等几类主体的报告义务，从强制报告的角度，进一步解决未成年人侵害发现难的问题。

◎湖南省调整优化中小学幼儿园布局

农村地区原则上不再新增幼儿园，鼓励建设九年一贯制学校，严禁随意撤销停办公办普通高中，审慎新批设立民办普通高中……为科学应对因出生人口总体下降、新型城镇化发展带来的基础教育各学段学龄人口变化，调整优化湖南省中小学幼儿园布局，湖南省教育厅于2023年11月29日发布《关于应对学龄人口变化调整优化中小学幼儿园布局的通知》。

◎湖南首批“新时代新雷锋”发布

雷锋派出所、朱有志等7个集体和个人被授予“新时代新雷锋”称号

2023年11月29日，湖南省委宣传部在长沙举行“新时代新雷锋”发布仪式，授予雷锋派出所等7个集体和个人首批“新时代新雷锋”荣誉称号。省委常委、省委宣传部部长杨浩东出席并为获奖者颁奖。

雷锋派出所地处雷锋同志故居所在地，是守护雷锋故里、传承红色基因的公安铁军。南华大学二级教授、博士生导师丁德馨，37年耕耘在铀矿采冶教学科研的前沿阵地，是强核报国、矢志科研的铀矿采冶“拓荒牛”。湖南建投六建集团长沙机场改扩建项目党支部书记、施工技术员，党的二十大代表张珍是逐梦“绿色建造”、绽放青春力量的巾帼榜样。中国人民抗日战争胜利受降纪念馆馆长吴建宏36年弘扬和平文化、保护革命文物。唐军华、伍艳芳夫妇分别是永州市东安县井头圩镇岭观村和上大村的村医，23载扎根基层“医”线、守护群众健康。湖南科技大学黎锦晖音乐学院副院长、教授王育霖，坚持用音乐浸润留守儿童心灵、用爱心浇灌民族团结之花。省社会科学院原党组书记、院长朱有志，退休后，任长沙县开慧镇开慧村党总支第一书记，是退休不褪色、离岗不离心的乡村振兴“领路人”。

仪式现场宣读了《中共湖南省委宣传部关于授予雷锋派出所等集体和个人首批“新时代新雷锋”称号的决定》。

◎全国首部重污染天气防治省级地方性法规出台

12月8日，湖南省十四届人大常委会举行新闻发布会，介绍《若干规定》有关情况

全国首部重污染天气防治方面省级地方性法规《湖南省重污染天气防治若干规定》（以下简称《若干规定》）将于2024年1月1日起施行。2023年12月8日，湖南省十四届人大常委会举行新闻发布会，介绍《若干规定》有关情况。

《若干规定》首次将大气污染成因分析常态化工作机制纳入省级地方性法规。《若干规定》要求设区的市人民政府和未完成大气环境质量改善目标的县市区人民政府应当每年开展大气污染成因分析，并根据污染成因分析结果制定有针对性的重污染天气防治方案。

《若干规定》明确将重污染天气预警期间禁止或者限制大气污染物排放的要求纳入排污许可特殊时段管理，相关排污单位应当依法制定并落实应急减排措施。

针对重污染天气防治相关领域存在监管“疲软乏力”的短板，《若干规定》对重点行业工业企业超低排放改造或深度治理提出了明确要求，加强了对在本省使用的非道路移动机械、高排放重型柴油货车、机动车和通航船舶等移动源的管控，采取了一系列信息化强监管手段；同时，加强了对生态环境监测机构的监管，严禁隐瞒、伪造、篡改环境监测数据和信息。

要闻纪事

△9日，2023年第10期“湘江大讲堂”在湖南省委党校举行。周民以《立信强基 湘融创新 跑出“三湘四水”数字化发展的加速度》为题，从数字经济发展和社会信用体系建设两方面，全面分析了发展数字经济的新机遇、数字经济的新内涵，以及加快“五数融合”、数据融合、数实融合的方法路径，系统阐述了社会信用体系建设的主要沿革、总体成效等，并围绕建设“信用湖南”、完善湖南信用体系监测工作提出具体意见建议，为湖南夯实数字经济发展底座、激发数字经济新动能提供了重要参考。

△11日，湖南省“三农”工作座谈会在长沙召开。省委副书记李殿勋出席并讲话，省委常委、常务副省长张迎春主持，省政协副主席何寄华出席。

△13日至15日，湖南省司法厅在长沙举行2023年全省行政执法监督业务培训。省司法厅副厅长傅莉娟出席开班仪式并作动员讲话。全省各市州、部分县市区司法局分管领导、行政执法监督机构负责同志等70余人参加培训。

△15日，省司法厅党组召开2023年省直司法行政系统党委书记抓基层党建工作述职评议暨模范机关创建工作推进会。厅党组副书记、副厅长杨龙金出席并作总结讲话，厅党组成员、政治部主任、直属机关党委书记雷丰超主持会议，驻厅纪检监察组组长、厅党组成员李兵宣读省直司法行政系统创建模范机关先进单位和示范党支部表彰通报。

◎湖南省政府与中建集团举行工作座谈

2023 年 12 月 20 日，湖南省政府与中国建筑集团有限公司在长沙举行工作会谈，就进一步深化合作进行交流。湖南省委副书记、省长毛伟明，中建集团党组书记、董事长郑学选出席。

副省长李建中、省政府秘书长瞿海，中建集团副总经理吴秉琪参加。

中建集团组建于 1982 年，是全球规模最大的投资建设集团之一，居世界 500 强第 13 位、中国 500 强第 4 位。长期以来，特别是自 2021 年湖南与中建集团签署“十四五”战略合作协议以来，中建集团以全资子公司中建五局为主体，积极参与湖南经济社会建设，累计在湘投资近 2000 亿元，近 5 年累计纳税约 162 亿元，为 20 多万名湘籍劳务工人提供就业岗位。

郑学选表示，湖南现代交通发达、产业基础雄厚、营商环境良好，双方合作历史悠久，未来合作空间广阔。中建集团将充分发挥资金、技术、人才优势，进一步深耕湖南、投资湖南、服务湖南，积极参与交通水利、新基建、城市更新等重点项目建设，助力湖南高质量发展。

12 月 20 日下午，省委副书记、省长毛伟明与中建集团党组书记、董事长郑学选座谈

◎长株潭一体化发展第五届市委书记联席会议在株洲举行

长株潭一体化发展第五届市委书记联席会议在株洲举行

2023 年 12 月 23 日，长株潭一体化发展第五届市委书记联席会议在株洲举行。会议传达了湖南省委、省政府主要领导关于长株潭一体化发展工作指示批示精神。省委常委、长沙市委书记吴桂英，副省长、长沙市市长周海兵出席并讲话。

会议通报了《长株潭一体化发展三年行动计划（2023—2025 年）》今年完成情况，审议并签署《长株潭一体化发展 2024 年行动计划》及系列合作协议。

吴桂英说，希望三市强化同题共答，以协同发展为导向、改革创新为牵引、统筹推进为保障，着力构建“对内互济、对外抱团”的协作格局；强化创新驱动，在培育产业集群、优化创新生态、引进培育人才上协同发力；强化惠民利民，进一步促进优质资源要素优化配置、拓展延伸，持续推进政务服务“跨市通办、一网通办”，不断提升公共服务水平；强化互联互通，打通“断头路”、拓宽“瓶颈路”、畅通“微循环”，加快优化融城发展空间形态；强化生态共治，实施绿心增绿复绿补绿行动、环境空气质量达标攻坚行动，协同推进湘江保护和治理一号工程，共同绘就绿色发展的美丽画卷。

湖南省直部门、长株潭三市和江西省萍乡市有关领导参加。

要闻纪事

△ 17 日，长株潭国家自主创新示范区建设工作领导小组第四次会议在长沙召开，副省长秦国文出席并讲话。会议审议了《长株潭国家自主创新示范区提质升级行动计划》《湘江科学城科技创新和产业发展规划》。

△ 18 日，从湖南省打好重点民生保障仗工作专班了解到，根据省政府统一安排，从 12 月 18 日起，2024 年重点民生实事项目投票活动启动。投票结果将作为最终确定 2024 年重点民生实事项目的重要参考依据。

12 月 18 日至 19 日，2023 年湖南省人才工作者专题培训班在韶山干部学院举办。湖南省委人才工作领导小组成员单位人才业务处室负责人，各市州委组织部分管副部长和人才办（科、中心）主要负责人，省内部分高校、科研院所和企业人才工作负责同志等约 100 人参加。

△ 20 日，湖南省政协推动政协云与履职深度融合工作会议在益阳召开。省政协副主席李民出席。会议通报了省政协办公厅关于 2023 年度政协云履职运用先进单位先进个人评选结果，省政协经济科技委员会等 49 家单位获评年度政协云履职运用先进单位，毛育新委员等 844 人获评年度政协云履职运用先进个人（委员），王铂同志等 105 人获评年度政协云履职运用先进个人（工作人员）。

◎湖南表彰发布第二届新湖南贡献奖和 2023 三湘民营企业百强榜名单

2023 年 12 月 25 日，湖南省政府在长沙举行第二届新湖南贡献奖和 2023 三湘民营企业百强榜发布会。省委常委、省委统战部部长隋忠诚作主发布，副省长秦国文发布《中共湖南省委 湖南省人民政府关于表彰第二届新湖南贡献奖先进集体和先进个人的决定》，省政协副主席、省工商联主席张健发布 2023 三湘民营企业百强榜名单。

湖南裕能新能源电池材料股份有限公司等 79 家民营企业被授予“新湖南贡献奖先进集体”称号；向文波等 100 名民营企业家被授予“新湖南贡献奖先进个人”称号。三一集团有限公司、长沙市比亚迪汽车有限公司、大汉控股集团有限公司等 100 家企业入选 2023 三湘民营企业百强榜名单。

近年来，面对国际国内环境发生的深刻复杂变化，湖南广大民营企业深入践行新发展理念，坚守主业、做强实业，成为构建富有湖南特色和优势的现代化产业体系的重要力量。湖南省委、省政府发布“一奖”“一榜”，旨在表彰其中的先进典型，通过以点带面、重点带一般，引导民营企业坚定信心、轻装上阵、大胆发展，彰显“选一个典型，树一面旗帜”的鲜明导向。

第二届新湖南贡献奖和 2023 三湘民营企业百强榜新闻发布会 12 月 25 日举行

◎ 2023 年湖南省“全民反恐 共创平安”宣传教育系列活动启动

2023 年是《中华人民共和国反恐怖主义法》颁布 8 周年，《湖南省实施〈反恐怖主义法〉办法》颁布近 4 年。12 月 25 日，湖南省 2023 年“全民反恐 共创平安”反恐怖宣传教育系列活动启动仪式在长沙举行。省委常委、省委政法委书记魏建锋出席并讲话，副省长、省公安厅厅长王一鸥主持。省军区副司令员张江华出席。

湖南启动“全民反恐 共创平安”宣传教育系列活动

活动指出，《反恐怖主义法》颁布实施是全面推进依法治国的重要举措，是我国反恐怖主义工作的重要里程碑，为打击恐怖活动提供了强有力的法律武器，实现了反恐怖工作质的飞跃，有力维护了政治安全、社会安定、人民安宁的良好局面。

活动强调，反恐怖主义工作事关国家安全，事关人民群众切身利益，事关改革发展稳定全局，我们要深入学习贯彻习近平法治思想和总体国家安全观，携手同行、勠力同心，持续巩固和拓展反恐怖斗争的主动局面，为实现“三高四新”美好蓝图贡献力量。

活动结束后，与会领导、嘉宾参观了“湖南反恐宣传展”。展览介绍了湖南省推进反恐怖工作的各项举措，普及了公民反恐防范知识，营造了浓厚的宣传教育氛围。

12 月 25 日至 31 日，湖南省将在全省范围内持续开展反恐怖宣传教育进校园、进企业、进单位、进社区、进家庭等系列活动，共筑反恐防恐铜墙铁壁。

◎ 邵永高铁正式开工建设

2023 年 12 月 26 日，邵阳至永州高速铁路在邵阳、永州两地同时举行开工仪式。省委副书记、省长毛伟明在邵阳会场出席活动并宣布开工，中国国家铁路集团有限公司总经理郭竹学致辞。

副省长李建中、省政府秘书长瞿海，中国铁路广州局集团有限公司董事长韦皓参加。

仪式上，毛伟明代表湖南省委、省政府向邵永高速铁路开工建设表示祝贺，向国铁集团长期以来对湖南的大力支持表示感谢。

开工仪式前，毛伟明、郭竹学一行还了解了项目前期筹备情况，向辛勤付出的广大铁路建设者致以感谢。

邵永高铁北起邵阳市、南至永州市，是我国高速铁路网“八纵八横”之一呼南通道的重要一段。对接规划中的永清广铁路后，形成粤港澳大湾区北上新通道，打通广西北上东出客运通道，能有效缓解京港澳通道长衡段运输压力，湖南省高速铁路加速“成环结网”，实现“内联外畅”。项目可研批复投资总额 197 亿元，新建线路全长约 96 公里，共设邵阳站、邵阳县站、永州站 3 座车站，建设工期 4 年，设计时速 350 公里。

邵阳至永州高速铁路开工仪式

12 月 27 日，湖南省纪念毛泽东同志诞辰 130 周年座谈会在长沙举行

◎ 湖南省举行纪念毛泽东同志诞辰 130 周年座谈会

2023 年 12 月 27 日，湖南省纪念毛泽东同志诞辰 130 周年座谈会在长沙举行，深切缅怀毛泽东同志为党和人民建立的不朽功勋，追忆学习毛泽东同志的崇高风范和革命精神，为加快实现“三高四新”美好蓝图、全面建设社会主义现代化新湖南凝心聚力。省委书记沈晓明出席座谈会并讲话，省委副书记、省长毛伟明主持，省政协主席毛万春、省委副书记李殿勋出席。

座谈会上，毛泽东同志亲属代表、军事科学院战争研究院少将研究员毛新宇，省委党史研究院、湖南第一师范学院、湘潭市、韶山市有关负责同志发言，深情追思了毛泽东同志的丰功伟绩和崇高风范，深切表达了对毛泽东同志的无限敬仰和真挚怀念。

省委、省人大常委会、省政府、省政协、省军区在职省领导和部分老同志，毛泽东同志亲属代表，省直有关单位、各民主党派省委会和工商联、各人民团体，湘潭市、韶山市有关负责同志和社会各界代表参加座谈会。

要闻纪事

△ 21 日，湖南省干部教育培训和公务员工作会议在长沙召开，省委常委、省委组织部部长汪一光出席会议并讲话。他强调，要深入学习贯彻习近平总书记关于党的建设的重要思想，认真落实中央精神和省委要求，扎实做好干部教育培训和公务员工作，为实现“三高四新”美好蓝图提供坚强组织保证。

△ 28 日至 29 日，中国共产党湖南省第十二届委员会第五次全体会议在长沙召开。全会深入学习贯彻党的二十大和中央经济工作会议以及习近平总书记关于湖南工作的重要讲话和指示批示精神，总结今年工作尤其是经济工作，部署明年任务，激励和动员全省上下锚定“三高四新”美好蓝图、加快推动高质量发展，为建设社会主义现代化新湖南而不懈奋斗。

湖南省政府印发通知，部署全省第五次全国经济普查工作。普查标准时点为 2023 年 12 月 31 日，时期资料为 2023 年度资料。此次普查将首次统筹开展投入产出调查，全面调查第二产业和第三产业发展规模、布局和效益，摸清各类单位基本情况，掌握国民经济行业间经济联系，对湖南省经济社会发展状况进行“全面体检”。

湖南地方年鉴
2024
市州·县市区

湖南地方年鉴

长沙

长沙县 浏阳市 宁乡市 望城区 雨花区 开福区 岳麓区 天心区 芙蓉区 长沙市

长沙地区

长沙市

长沙，湖南省省会，是长江中游地区重要的中心城市，全国“两型社会”综合配套改革试验区、中国重要的粮食生产基地，长江中游城市群和长江经济带重要的节点城市。东邻江西省宜春、萍乡，西连娄底、益阳，南接株洲、湘潭，北靠岳阳。长沙是综合交通枢纽，京广高铁、沪昆高铁、渝厦高铁在此交会。

长沙位于湖南省东部偏北，湘江下游和长浏盆地西缘。总面积11819平方公里；辖6个区、1个县、代管2个县级市；2023年全市常住总人口1051.31万人，比上年末增长0.9%。城镇化率为83.59%，比上年末提高0.32个百分点。按户籍人口计算，人口出生率为7.37‰，死亡率为5.7‰，自然增长率为1.67‰。2023年地区生产总值14331.98亿元，同比增长4.8%。其中，第一产业实现增加值451.89亿元，增长3.5%；第二产业实现增加值5365.53亿元，增长5.6%；第三产业实现增加值8514.55亿元，增长4.3%。全市规模以上工业增加值同比增长6.8%。全市固定资产投资同比下降6.8%。2023年，全市社会消费品零售总额5561.67亿元，同比增长6.2%。全市居民人均可支配收入61240元，同比增长4.1%。其中，城镇居民人均可支配收入67276元，增长3.2%；农村居民人均可支配收入43200元，增长6.2%。地貌类型多样，地表水系发达。气候温和，四季分明，湘江穿城而过。

长沙是首批国家历史文化名城，历经三千年城名、城址不变，有“屈贾之乡”“楚汉名城”“潇湘洙泗”之称。有马王堆汉墓、四羊方尊、三国吴简、岳麓书院、铜官窑等历史遗迹。凝练出“经世致用、兼收并蓄”的湖湘文化。长沙既是清末维新运动和旧民主主义革命的策源地之一，又是新民主主义的发祥地之一。走出了黄兴、蔡锷、刘少奇等名人。

长沙是中国（大陆）国际形象最佳城市、东亚文化之都、世界“媒体艺术之都”。打造了“电视湘军”“出版湘军”“动漫湘军”等文化品牌。长沙有高校58所，独立科研机构97家，两院院士52名，国家工程技术研究中心14家，国家重点工程实验室15个；有杂交水稻育种、“天河”超级计算机、国内首台3D烧结打印机等科研成果。

长沙市2023年国民经济和社会发展统计公报

2023年，面对复杂严峻的外部环境和艰巨繁重的改革发展任务，全市上下坚持以习近平新时代中国特色社会主义思想为指导，锚定“三高四新”美好蓝图，践行八个“走在前、作示范”和七个“坚定不移”总要求，全力建设全球研发中心城市，扎实推进高质量发展，全市经济社会恢复发展稳定向好，生产需求稳步改善，创新转型赋能发展，民生保障坚实有力，改革开放纵深推进，现代化新长沙建设取得新成效。

一、综合

初步核算，全年地区生产总值14331.98亿元，比上年增长4.8%。分产业看，第一产业增加值451.89亿元，比上年增长3.5%；第二产业增加值5365.53亿元，增长5.6%；第三产业增加值8514.55亿元，增长4.3%。第一、二、三产业对经济增长的贡献率分别为2.6%、45.8%和51.6%。第一、二、三产业增加值占地区生产总值的比重分别为3.2%、37.4%和59.4%。

全年一般公共预算收入1846.11亿元，比上年增长3.2%，其中地方一般公共预算收入1227.07亿元，比上年增长2.1%；一般公共预算支出1626.83亿元，增长3.9%。

全年居民消费价格比上年上涨0.4%，涨幅收窄1.3个百分点。

全年新增城镇就业人员15.67万人，年末城镇登记失业率为1.41%。

二、农业

全年实现农林牧渔业增加值485.63亿元，比上年增长3.7%。其中，农林牧渔专业及辅助性活动增加值33.74亿元，比上年增长8.5%。

全年粮食播种面积30.89万公顷，比上年下降0.7%，其中稻谷播种面积28.32万公顷，下降0.7%。油料种植面积6.40万公顷，增长10.1%。出栏肉猪372.06万头，增长1.2%。

年末农民专业合作社11392家，入社农户18.3万户，参与农户35万户。

全年农业机械总动力641.8万千瓦，水稻耕种收综合机械化水平为86.77%。

三、工业和建筑业

全年全部工业增加值比上年增长5.4%，其中规模以上工业增加值增长6.8%。在规模以上工业中，分经济类型看，国有企业增加值比上年增长4.9%，股份制企业增长9.9%，外商及港澳台商投资企业下降1.4%。分门类看，采矿业增加值增长11.8%，制造业增长7.3%，电力、热力、燃气及水生产和供应业增长2.3%。

全年规模以上工业中，高技术制造业增加值比上年增长5.6%，装备制造业增长11.0%，计算机、通信和其他电子设备制造业增长10.1%，汽车制造业增长15.5%，烟草制品业增长4.5%，有色金属冶炼和压延加工业增长28.4%，电气机械和器材制造业增长48.5%。省级及以上产业园区增加值比上年增长11.1%，占规模以上工业的比重为70.0%。

全年规模以上工业企业利润总额639.69亿元，比上年增长6.4%。分门类看，采矿业利润总额0.77亿元，比上年下降29.4%；制造业613.54亿元，增长7.3%；电力、热力、燃气及水生产和供应业25.37亿元，下降10.4%。

全年建筑业增加值1548.80亿元，比上年增长6.5%。全市具有建筑业资质等级的独立核算企业完成建筑业总产值7637.66亿元，比上年增长3.8%；房屋竣工面积10987.92万平方米，增长14.2%。

四、固定资产投资

全年固定资产投资比上年下降6.8%，工业投资增长1.7%，高新技术产业投资增长4.8%。

全年商品房销售面积1559.52万平方米，比上年下降8.2%；商品房销售额1735.38亿元，下降3.0%。

五、国内贸易

全年社会消费品零售总额5561.67亿元，比上年增长6.2%。按经营单位所在地分，城镇消费品零售额4968.56亿元，增长6.0%；乡村消费品零售额593.11亿元，增长8.6%。按消费类型分，餐饮收入525.82亿元，增长10.0%；商品零售5035.85亿元，增长5.9%。

全年限额以上单位商品零售额中，粮油、食品类零售额增长14.7%，饮料类下降15.0%，烟酒类增长8.5%，服装、鞋帽、针纺织品类增长6.9%；化妆品类下降9.2%，金银珠宝类增长12.5%，日用品类增长7.3%，家用电器和音像器材类增长23.8%，中西药品类增长6.3%，文化办公用品类下降60.1%，家具类下降5.9%，通信器材类增长11.5%，石油及制品类增长10.5%，汽车类下降2.1%，建筑及装潢材料类下降18.7%。

六、邮电

全年电信业务总量167.66亿元（上年不变价），比上年增长21.8%；邮政业务总量192.56亿元（2020年不变价），增长30.9%。邮电业务收入305.14亿元，增长12.8%，其中电信业务收入153.32亿元，增长5.6%；邮政业务收入151.82亿元，增长21.0%。年末本地固定电话用户142.32万户，比上年末增长2.5%；移动电话用户1575.12万户，增长10.9%；年末互联网宽带用户598.46万户，增长12.6%。

七、对外经济和旅游

全年进出口总额2811.51亿元人民币（折合400.69亿美元），比上年下降15.0%。其中，出口总额1896.81亿元，下降22.8%；进口总额914.70亿元，增长7.5%。在出口总额中，机电产品1056.02亿元，占比55.7%；高新技术产品389.40亿元，占比20.5%。在进口总额中，机电产品379.77亿元，占比41.5%；高新技术产品315.63亿元，占比34.5%。

全年实际利用外资金额8.77亿美元，全年实际到位省外境内资金2601.13亿元。

全年接待国内外旅游者19453.33万人次，比上年增长44.0%；旅游总收入2193.05亿元，增长51.2%。

八、金融

年末金融机构各项存款余额（本外币合计，下同）30715.63亿元，比年初增加2833.07亿元，其中住户存款余额11200.40亿元，比年初增加1430.04亿元。年末金融机构各项贷款余额32970.58亿元，比年初增加2899.00亿元，其中短期贷款余额6712.32亿元，比年初增加946.43亿元；中长期贷款余额24851.83亿元，比年初增加1907.40亿元。

全年保险公司原保险保费收入621.13亿元，比上年增长7.4%，其中财产保险公司原保险保费收入197.73亿元，下降2.1%；人身保险公司原保险保费收入423.40亿元，增长12.6%。赔付支出239.21亿元，增长22.6%。

九、教育和科学技术

年末全市有普通高校54所，普通高中129所，初中学校275所，普通小学861所。在学研究生9.05万人，比上年末增长4.5%；普通高校在校学生79.55万人，增长4.3%；普通高中在校学生20.03万人，增长5.6%；普通初中在校学生33.73万人，增长7.9%；普通小学在校学生87.31万人，增长7.1%；幼儿园在园幼儿37.39万人，下降12.1%。小学适龄儿童入学率101.5%，小学升初中入学率103.5%。全年共投入学生免费入学和资助经费15.16亿元，全市所有义务教育阶段234.10万人次学生全部享受了免杂费入学，执行公办教育收费标准的223.17万人次学生全部享受了“一费制”（含课本费、教辅资料费和作业本费）全免入学，在长沙市就读的19.63万名外来务工人员子女，全部享受免杂费、免“一费制”入学。全年补助了13.01万人次农村家庭经济困难寄宿学生生活费。

全年授权专利37900件，比上年下降16.9%，其中发明专利12960件，比上年增长4.8%；签订技术合同26455项，成交金额1206.28亿元。高新技术产业增加值比上年增长8.3%。

十、文化、卫生和体育

年末全市有艺术表演团体13个，文化馆11个，公共图书馆12个，博物馆（纪念馆）22个，档案馆14个。

年末全市有卫生机构（含村卫生室）6379个，其中医院、卫生院340个；卫生防疫、防治机构13个；妇幼保健机构11个。卫生技术人员11.27万人，比上年增加1.41万人，其中执业医师、执业助理医师4.32万人，增加0.64万人；注册护士5.40万人，增加0.60万人。卫生机构床位9.06万张，增加0.18万张，其中医院、卫生院8.35万张，增加0.36万张。

全年开展全民健身项目803项次（市级、区县、乡镇街道三级），全民健身运动参加人数达800万人。年末拥有各级健身辅导站960个，各类体育场地31140个。

十一、环境、节能和安全生产

全市32个国控、省控地表水考核断面平均水质优良率和达标率均为100%，与上年同期持平。其中，Ⅰ类水质断面2个，占6.2%；Ⅱ类水质断面27个，占84.4%；Ⅲ类水质断面3个，占9.4%。

全年全社会用电量532.94亿千瓦时，比上年增长3.1%。其中，工业用电量212.23亿千瓦时，增长4.9%；城乡居民生活用电量153.64亿千瓦时，下降4.1%。

全年生产安全事故死亡人数166人，比上年下降27.5%；亿元GDP各类安全事故死亡人数0.0116人，下降29.3%；道路交通事故死亡人数285人，下降39.6%；万车死亡人数0.76人，下降43.9%。

十二、人民生活和社会保障

年末全市常住总人口1051.31万人，比上年末增长0.9%。城镇化率为83.59%，比上年末提高0.32个百分点。按户籍人口计算，人口出生率为7.37‰，死亡率为5.7‰，自然增长率为1.67‰。

全年城镇居民人均可支配收入67276元，比上年增长3.2%。其中，人均工资性收入37456元，增长3.0%；人均经营净收入8791元，增长3.7%；人均财产净收入8522元，增长3.2%；人均转移净收入12507元，增长3.5%。城镇居民人均消费支出45082元，增长5.0%。在城镇居民消费分类中，食品烟酒人均消费11803元，增长3.9%；衣着人均消费2785元，增长5.1%；居住人均消费8371元，增长4.8%；生活用品及服务人均消费3283元，增长5.8%；交通通信人均消费5094元，增长5.3%；教育文化娱乐人均消费9551元，增长5.8%；医疗保健人均消费3197元，增长5.4%；其他用品和服务人均消费998元，增长5.6%。城镇居民平均每百户家庭拥有家用汽车71.6台，空调263.0台，计算机89.0台。城镇居民人均自有现住房建筑面积41.8平方米。

全年农村居民人均可支配收入43200元，比上年增长6.2%。农民人均消费支出31127元，增长6.2%。农村居民平均每百户家庭拥有家用汽车65.5台，计算机39.9台，移动电话机292.1台。农村居民人均自有现住房建筑面积60.2平方米。

年末参加全市劳动保障部门城镇职工基本养老保险的人数达553.86万人，基本养老金社会化发放率达100%；参加城乡居民基本养老保险人数为258.62万人，参加城乡居民基本养老保险人数（城镇居民）为16.77万人；参加城镇职工基本医疗保险人数为347.13万人；参加失业保险职工人数为247.86万人，增长4.7%；全年新增领取失业保险金人数为5.97万人；参加工伤保险职工人数为283.67万人，增长43.3%；参加生育保险人数为285.43万人；参加城乡居民医疗保险人数为481.65万人。

芙 蓉 区

芙蓉区区域面积42.8平方公里，常住人口60万。下辖13个街道、1个省级园区（隆平高科技园）。芙蓉区是湖南省会长沙的中心城区，也是湖南省委、省政府机关二院、省军区等首脑机关所在地。这里服务业发达，高端楼宇和现代商圈交相辉映，是商贾云集的繁荣之区；这里历史底蕴深厚，马王堆汉墓、白果园化龙池历史街区等承载着城市记忆，是文脉绵延的钟秀之区；这里万象俱新，隆平新区和种业硅谷焕发蓬勃生机，自贸试验区带来新的发展机遇，是创业创新的梦想之区。

芙蓉区用全市 1/276 的土地创造了近 1/10 的经济总量，是全省传统的区域性金融中心、商务中心、消费中心。全省 4 家金融监管一级总部机构均在芙蓉区，湖南省金融创新特色产业园获评全省服务业示范集聚区。芙蓉区楼宇经济拥有良好的发展基础，构建了以五一大道、芙蓉路、韶山路三条城市干道两厢为主体的三大楼宇经济带，建成了湖南第一高楼长沙国金中心、湖南第二高楼世茂环球金融中心等城市地标，汇聚了平和堂、乐和城、友谊商店、新世界等大型综合性商场，形成了五一商圈、芙蓉广场商圈、袁家岭商圈等全省、全市知名商圈。

展望“十四五”，芙蓉区将奋力实施“三高四新”战略，突出“三重三强”导向，构建“三极三区”格局，夯实“三十”具体支撑，奋力建设经济更具动力活力、城市更加精致精美、社会更为文明和谐、人民更感安全幸福的现代化精彩新芙蓉。

芙蓉区2023年国民经济和社会发展统计公报

2023 年，全区上下始终坚持以习近平新时代中国特色社会主义思想为指导，全面贯彻党的二十大精神，聚焦实现“三高四新”美好蓝图，全力打好“发展六仗”，全区经济持续恢复、稳中向好，高质量发展取得新成效。

一、综合

初步核算，全年地区生产总值（GDP）1381.58 亿元，比上年增长 4.8%。分产业看，第一产业增加值 2 万元，比上年下降 96.4%；第二产业增加值 162.64 亿元，增长 0.4%；第三产业增加值 1218.94 亿元，增长 5.3%。第一、二、三产业对经济增长的贡献率分别为 0、1.1% 和 98.9%。第一、二、三产业增加值占地区生产总值的比重分别为0、11.8%和 88.2%。

全年地方一般公共预算收入 39.57 亿元，比上年增长 3.24%，其中税收收入 26.44 亿元，下降 3.35%；非税收入 13.13 亿元，增长 19.68%。

全年 31 项省、市重点民生实事工作考核指标均圆满完成，在生活保障、社会环境、文化建设等方面帮助群众解决了一系列实际问题，产生了良好的社会效益。全年新改建室外运动场 9 个；建设社区养老服务设施 13 家；完成困难老年人居家适老化改造 293 户，完成困难残疾人家庭无障碍改造 20 户；新增停车位 8283 个。

二、农业

全年农、林、牧、渔业总产值 30 万元，比上年下降 62%。农、林、牧、渔业增加值 17 万元，比上年下降 62%。其中，农林牧渔专业及辅助性活动增加值 15 万元。

三、工业和建筑业

全年规模以上工业增加值比上年下降 3.7%，规模以上工业企业实现利润总额 16798.9 万元。

全年建筑业增加值 121.1 亿元，比上年增长 1.2%。全年具有建筑业资质等级的独立核算企业完成建筑业总产值比上年增长 0.3%；房屋施工面积 789.34 万平方米，房屋竣工面积 148.32 万平方米。

四、固定资产投资

全年固定资产投资比上年增长 0.2%。全年施工项目 132 个，建成投产 52 个。全区重点项目完成投资 248 亿元。其中，2 个省重点项目完成年度投资 24.7 亿元；18 个市重大项目完成年度投资 55.1 亿元。

全年房地产投资 93.3 亿元，比上年下降 2.7%。商品房销售面积 57.78 万平方米，比上年增长 16.9%。

五、国内贸易

全年社会消费品零售总额 719.6 亿元，比上年增长 7.4%。分行业看，批发业零售额 145.6 亿元，增长 3.9%；零售业零售额 489.0 亿元，增长 8.1%；住宿业零售额 10.0 亿元，增长 8.8%；餐饮业零售额 75.0 亿元，增长 10.0%。

限额以上单位商品零售额比上年增长 5.0%。分类别看，粮油、食品类零售额下降 15.0%；服装、鞋帽、针纺织品类下降 4.6%；化妆品类增长 0.6%；金银珠宝类增长 71.6%；日用品类下降 15.0%；书报杂志类增长 14.0%；家用电器和音像器材类下降 2.7%；中西药品类下降 18.1%；文化办公用品类增长 1.3%；石油及制品类下降 8.4%；汽车类增长 19.2%。

六、对外经济和旅游

全年外贸进出口总额 106.57 亿元，比上年下降 9.07%。其中，出口总额 59.32 亿元，下降 15.32%；进口总额 47.25 亿元，增长 0.23%。

全年外商直接投资 213 万美元，比上年下降 97.91%；实际使用内资 326.9 亿元，比上年增长 23.59%。

全年接待国内外旅游者 2468.0494 万人次，旅游总收入 273.0224 亿元。

七、教育和科学技术

全区拥有区属中学 5 所、小学 36 所、公办幼儿园 18 所。中学在校学生 10237 人，教职工 791 人；小学在校学生 48338 人，教职工 2640 人。全区小学生入学率、普及率、巩固率、小学升初中入学率、适龄人口入学率均为 100%，初中毕业生升学率为 99.25%。

全区高新技术企业达到 452 家。高新技术产业增加值 152.37 亿元，比上年增长 2.5%。全年专利授权 1704 件；发明专利授权 526 件；签订技术合同 2377 项，成交金额 57.67 亿元。

2022 年全社会研究与发展（R & D）经费 25.79 亿元。

八、文化和卫生

年末全区有区级文化馆 1 个、区级图书馆 1 个、街道文化站 13 个、备案博物馆 4 个。全年提质建设标准化社区（村）综合文化服务中心 5 个、新建文旅融合示范点 1 个、公共图书馆分馆 2 个、智慧社区健身中心 4 个，新改建室外运动场 9 个。

区级文化馆免费开放品牌课程“蓉艺课堂”，开设各类课程 1200 节。区级图书馆共接待读者 52 万余人次，新办借书证 6553 张，图书流通量 89.6 万册次，组织开展各类读书及社会实践活动 432 场次。

年末全区有各类医疗卫生机构 412 个，其中社区卫生服务中心 13 个、社区卫生服务站 50 个。各类卫生机构编制床位数 8611 张，实有床位数 10123 张。卫生技术人员 15948 人，其中注册执业（助理）医师 5599 人，护士 7979 人。

九、环境保护和安全生产

全区环境质量总体保持稳定，空气质量优良率 87.7%，城市污水集中处理率为 100%，环境影响评价和“三同时”执行率均达 100%，城市生活垃圾无害化处理率为 100%。重点工业企业工业废水、二氧化硫、烟尘、粉尘排放达标率均为 100%，工业固体废物综合利用率为 96.5%。全区建成高污染燃料禁烧区 1 个，建成面积 42.8 平方公里。建成环境噪声达标区 12 个，建成面积 32.004 平方公里。

全年未发生较大及以上级别生产安全事故，发生一般生产安全事故 12 起，死亡 12 人，其中：交通运输行业事故 7 起，死亡 7 人；其他事故 5 起，死亡 5 人。全区亿元 GDP 生产安全事故死亡人数为 0.0087 人。

十、人民生活和社会保障

年末全区城镇化率 100%，常住人口

64.42 万人。按性别分，男性 32.12 万人，女性 32.30 万人。按年龄段分，0 — 15 岁 9.40 万人，16 — 59 岁 45.50 万人，60 岁以上 9.52 万人。全年符合政策生育率 99.5%，出生人口性别比 114.23（以女性为 100）。

全年城镇居民人均可支配收入 71870 元，比上年增长 3.3%；城镇居民人均消费支出 50219 元，比上年增长 4.9%。

年末全区有基层社区服务中心 76 个；城市低保对象 1598 户，共 2129 人，全年共发放城市低保金 1585.52 万元；特困供养对象 94 户，全年发放供养金 128.3 万元。年末全区有敬老院 1 家，床位 300 张，敬老院供养人数 40 人。

全年新增城镇就业人数 17058 人，失业人员再就业 9776 人，年末城镇登记失业率 0.97%。年末区本级城镇职工基本医疗保险参保缴费人数 225791 人，增加 46197 人；城乡居民基本医疗保险年末区本级参保缴费人数 151571 人，增加 2796 人，其中大学生纳入城乡居民基本医疗保险人数 57708 人。

天 心 区

【区域位置】天心区位于湖南省省会长沙市城区南部，前身为南区，得名于长沙城著名地标天心古阁。区域范围东以黄兴路、芙蓉中路、韶山路为界，与芙蓉区、雨花区交界，南至暮云，与湘潭昭山示范区毗邻；西临湘江，以湘江主航道中心线为界，与岳麓区隔江相望；北抵五一路，与开福区接壤。辖区 137.34 平方千米，湘江岸线天心段长 32 千米，具有滨江（湘江）、临洲（橘子洲）、望岳（岳麓山）的独特优势，是长沙“山水洲城”魅力的最佳展示区域。区政府机关驻地为湘府中路 298 号。

【地质地貌】天心区处于湘中丘陵向洞庭湖平原过渡地带，地域成南北长、东西窄的地理走向，南北 20 余千米。地形呈波状起伏，地势南北低、中部为丘陵地带，略高，由东向西略斜，西部地势平坦。由于长期风雨侵蚀，形成红土岗地，地质呈酸性。全区成土母质以板页岩风化物为主（占 48.8%），其次为第四纪红土，砂砾岩则集中分布于桂花坪、青园等丘陵地带，土质肥沃的水稻土集中于大托铺街道临江的 5 个村。鹅洲和兴马洲为湘江上独立的沙洲，特别是京广线以西湖区湘江沉积扇上，适于多种农作物生长。

【水文气候】天心区地处北部亚热带暖湿区域，具有四季分明、春温多变、夏秋多晴、严冬期短、暑热期长的典型内陆季风性湿润温和气候的特点。年平均气温 17.2℃，冬季平均气温 4.6℃，夏季平均气温 29.5℃。年平均日照 1730 小时，年平均无霜期 275 天左右，年平均降水量 1420 毫米。区域内淡水资源丰富，防御自然灾害能力较强，发展经济条件十分便利。南部 120 平方千米的天心生态新城，山体植被保护良好，空气清新、环境宜人，是全国生态示范区。

天心区因天心古阁而得名，地处湖南省会长沙的南大门，位于长沙、株洲、湘潭三市城市群几何中心，全区总面积 141 平方公里，2023 年，初步核算，全年实现地区生产总值（GDP）1362.22 亿元。

天心是底蕴厚重的文化景观区。聚集了长沙 60% 的历史文化景点，有天心古阁、白沙古井、第一师范、贾谊故居等闻名遐迩的历史文化遗产，有新世纪体育文化中心、省“三馆一中心”等标志性现代文体设施，可谓“处处是文化，满眼皆历史”。

天心是人气旺盛的商业中心区。五一商圈、长株潭商圈南北呼应，黄兴路步行街、太平老街、坡子街等特色街区商业氛围不断浓厚，鑫悦汇、友阿奥特莱斯、中海环宇城、弘高车世界等一批商业项目相继成熟，呈现出传统商业和现代商贸交相辉映、竞相发展的良好态势。

天心是环境优美的生态示范区。湘江岸线天心段长达 32 公里，沿江风光带具有滨江（湘江）、临洲（橘子洲）、望岳（岳麓山）的独特优势，坐拥 57.65 平方公里长株潭城市群生态绿心，是长沙“山水洲城”魅力的最佳展示区域。

天心是正在崛起的融城核心区。长株潭城际铁路、城市地铁内连外通，长沙外滩、省府新区、暮云片区“三大板块”加快建设，南部片区列入长沙市六大重点片区之一，区位交通优势明显；商贸物流、现代金融、文化创意、地理信息、健康医疗、旅游休闲和大数据（地理信息）、新能源装备等重点产业发展齐头并进，国家级文化（广告）产业园、地理信息产业园、人力资源服务产业园蓬勃发展；以湖南省政府和大批省直机关为依托，行政辐射功能大为增强，发展战略地位日益凸显，一个面向全省新的行政、经济、文化中心正加速形成。

天心区2023年国民经济和社会发展统计公报

长沙市天心区 2023 年国民经济和社会发展统计公报长沙市天心区统计局 2023 年，在市委、市政府和区委、区政府的坚强领导下，全区上下深入贯彻党的二十大精神，聚焦实现“三高四新”美好蓝图，全面践行八个“走在前、作示范”要求，深入实施“五个三”总体战略，全区经济持续恢复，稳中向好。

一、综合

初步核算，全年实现地区生产总值（GDP）1362.88 亿元，比上年增长 5.1%。分产业看，第一产业实现增加值 1.21 亿元，下降 6.2%；第二产业实现增加值 413.37 亿元，增长 3.1%；第三产业实现增加值 948.30 亿元，增长 5.9%。第一、二、三产业分别拉动 GDP 增长 0、0.8 和 4.3 个百分点，三次产业对 GDP 增长贡献率分别为 -0.1%、16.6% 和 83.5%。第一、二、三产业增加值占地区生产总值的比重分别为 0.1%、30.3% 和 69.6%。

全年完成一般公共预算收入 165.38 亿元，比上年增长 4.6%，其中，地方一般公共预算收入 75.23 亿元，增长 6.7%。一般公共预算支出 87.15 亿元，增长 11.9%。全区城镇新增就业 15271 人，失业人员再就业 12377 人，就业困难对象再就业 2190 人；零就业家庭 100% 动态清零；新增农村劳动力转移就业 411 人。

二、农业

全年实现农林牧渔业增加值 1.26 亿元，比上年下降 6.0%，其中，农林牧渔服务业增加值 0.06 亿元，下降 1.7%。

三、工业和建筑业

全年全部工业增加值比上年增长 0.2%，其中，规模以上工业增加值增长 1.4%。

全区具有建筑业资质等级的独立核算企业 79 家，其中，特级 4 家、一级 44 家。全年完成建筑业总产值 1676.24 亿元，比上年增长 5.0%；实现建筑业增加值 280.18 亿元，增长 4.5%。

四、固定资产投资

全年完成全社会固定资产投资比上年增长 6.7%。全区计划总投资超过 5000 万元的在库项目（不含房地产开发）73 个，完成投资占固定资产投资总额的 41.4%。分产业看，第二产业完成投资下降 30.6%，其中，工业投资下降 27.8%；第三产业完成投资增长 15.4%。

全年房地产开发投资比上年增长 31.4%；商品房销售面积 124.61 万平方米，增长 14.2%，其中，住宅销售面积 119.22

万平方米，增长26.9%；商品房销售额170.79亿元，增长42.2%，其中，住宅销售额164.86亿元，增长58.0%。

五、国内贸易、商务和招商引资

全年社会消费品零售总额503.23亿元，比上年增长8.0%，占全市社会消费品零售总额比重为9.0%。按行业分，批发业实现零售总额54.99亿元，增长17.4%；零售业实现零售总额371.46亿元，增长5.8%；住宿业实现零售总额5.00亿元，增长8.2%；餐饮业实现零售总额71.76亿元，增长13.0%。

限额以上批发和零售业单位商品零售额比上年下降0.1%。分类别看，粮食、食品类零售额增长3.2%；服装、鞋帽、针纺织品类增长20.2%；日用品类增长16.5%；家用电器和音像器材类下降93.0%；石油及制品类增长3.4%；汽车类增长1.0%。

全年内外资招商项目（企业）43个，实际利用外资0.45亿美元，比上年下降39.9%；实际到位省外境内资金219.88亿元，下降20.9%。

六、教育和科学技术

全区拥有普通中学23所（含九年一贯制学校5所）、中等职业教育学校7所、普通小学55所（含教学点1个）、幼儿园6163所。普通中学在校学生40111人，教职工3861人；中等职业教育学校在校学生10275人，教职工846人；普通小学在校学生69091人，教职工4116人；幼儿园入托儿童28510人，幼师4714人。全区小学生毕业合格率达100%，生均公用经费小学800元/生·年，初中1000元/生·年。

全年实现高新技术产业增加值比上年增长8.7%。专利授权2588件，下降18.7%，其中，发明专利授权967件，下降13.0%。

七、文化、体育和卫生

全区共有非物质文化遗产项目资源39个，非遗展示中心1个，文化馆1个，公共图书馆20个（其中，24小时自助图书馆3个），街道文化站14个，示范性街道综合文化站9个，示范性社区（村）综合文化服务中心97个。

开展全民健身项目820项次，全区全民健身运动参加人数达75万人次。全年发展社会体育指导员230人，年末拥有各级社会体育指导员4000人，健身辅导站14个，公共体育场地1926个。

全区拥有医疗卫生机构520个，其中，疾控中心1个、妇幼保健所1个、社区卫生服务中心14个、社区卫生服务站65个、驻区企事业单位医疗机构34个。全年建立电子健康档案818234份，建档率达到95.4%。管理65岁以上常住居民56783人，高血压、糖尿病规范管理人数分别为43760和16302人，慢性病规范化管理率均达71.0%以上。区级注册卫生技术人员9928人，比上年增加828人，其中，医生4025人，比上年增加365人；护师护士5903人，比上年增加463人。

八、环境保护和安全生产

全年环保共审批建设项目6件。全年空气质量优良率达到90.1%，优良天数为329天。

全年各类生产安全事故死亡8人，其中，生产经营性道路交通事故死亡8人；铁路运输事故死亡0人；工矿商贸企业从业人员死亡0人；建筑施工行业死亡0人。亿元GDP各类安全事故死亡人数0.006人。

九、人民生活和社会保障

全区年末人口总户数为21.09万户，户政人口数为54.87万人，常住人口数为89.40万，出生率为5.12‰，死亡率为6.21‰，人口自然增长率为-1.09‰，常住人口城镇化率为99.1%。城镇居民人均可支配收入72085元，比上年增长3.0%，高于全市平均水平4809元。

全区城市低保对象25343户次、35182人次，累计发放低保金、物价补贴、过节费等2128.75万元；农村低保对象4085户次、7055人次，累计发放低保金、物价补贴、过节费等424.38万元；申请廉租房及廉租房补贴117户。全年共发放城乡困难居民医疗救助金425.30万元，1425人次；特困供养4617户次、4699人次，供养资金464.22万元；发放优抚金2913.77万元，接待各类退役军人来信来访460人次；新建13个居家养老服务中心。

岳 麓 区

岳麓区，隶属湖南省长沙市。与湘江新区、长沙高新区实行区政合一的管理体制。位于长沙市湘江西滨，东与长沙市开福区、天心区隔湘江相望，南与湘潭市湘潭县相连，西与宁乡市接壤，北与长沙市望城区毗邻，总面积558平方千米。属亚热带季风性湿润气候区，四季分明，雨热同期。

岳麓区，因岳麓山得名。1949年，成立城西区。1955年，改名西区。1960年，从长沙县划出岳麓公社，设立岳麓区。1974年，撤销岳麓区，并入西区。1996年，设立岳麓区。拥有岳麓书院、爱晚亭等国家、省、市级文物保护单位共89处；中南大学、湖南大学、湖南师范大学等16所高等院校坐落于此。

截至2023年6月，岳麓区辖17个街道、2个镇：望月湖街道、岳麓街道、桔子洲街道、银盆岭街道、观沙岭街道、望城坡街道、西湖街道、咸嘉湖街道、望岳街道、梅溪湖街道、麓谷街道、坪塘街道、含浦街道、天顶街道、洋湖街道、学士街道、东方红街道、莲花镇、雨敞坪镇。其中麓谷街道和东方红街道由长沙国家高新技术产业开发区代管，区人民政府驻望岳街道金星北路一段517号。

2023年末，岳麓区常住总人口166.51万人，比去年增加3.71万人，其中城镇常住人口157.50万人，占总人口比重（常住人口城镇化率）为94.6%。年末公安户籍总人口973139人，比上年增加35668人，户籍人口城镇化率为87.4%。按性别分，男性467477人，女性505662人；按年龄结构分，0—17岁235209人，18—34岁198195人，35—59岁385327人，60岁及以上154408人。全年人口出生率为9.95‰，死亡率为2.94‰，自然增长率为7.01‰。

岳麓区境内人口以汉族为主，占总人口的96.7%；土家族7225人，占1.1%；苗族4598人，占0.7%；侗族、蒙古族、回族、白族、瑶族等46个少数民族9852人，占1.5%。

岳麓区2023年国民经济和社会发展统计公报

2023年全区始终坚持以习近平新时代中国特色社会主义思想为指导，全面贯彻落实党的二十大和二十届二中全会精神，锚定“三高四新”美好蓝图，坚定聚焦高质量发展任务，经济社会发展呈现稳中有进、进中提质的良好态势，全区高质量发展取得新进展。

一、综合

初步核算，全年地区生产总值16460518万元，按不变价格计算，同比增长5.3%。其中，第一产业增加值104758万元，同比下降0.7%；第二产业增加值4920175万元，同比增长8.5%；第三产业增加值11435585万元，同比增长4.1%。

第一产业增加值占地区生产总值的比重为0.6%，第二产业增加值比重为29.9%，第三产业增加值比重为69.5%。第一、二、三产业分别拉动地区生产总值0.0、

2.4、2.9 个百分点，三次产业对经济增长的贡献率分别为 -0.1%、44.5%、55.6%。

年末常住总人口 166.51 万人，比去年增加 3.71 万人，其中城镇常住人口 157.50 万人，占总人口比重（常住人口城镇化率）为 94.6%。年末公安户籍总人口 973139 人，比上年增加 35668 人，户籍人口城镇化率为 87.4%。按性别分，男性 467477 人，女性 505662 人；按年龄结构分，0 — 17 岁 235209 人，18 — 34 岁 198195 人，35 — 59 岁 385327 人，60 岁及以上 154408 人。全年人口出生率为 9.95‰，死亡率为 2.94‰，自然增长率为 7.01‰。

岳麓区区级地方一般公共预算收入 71.04 亿元，同比增长 0.9%（按剔除留抵退税等因素后计算增速），其中，税收收入 60.14 亿元，非税收入 10.9 亿元。

完成省市和重点监测年度重点民生实事 19 件 33 项，涵盖医疗卫生、社会保障、人居环境、乡村振兴、教育、养老等方面。

二、农业

全年农林牧渔业总产值 159172 万元，同比下降 3.6%。其中，农业产值 124736 万元，同比下降 3.9%；林业产值 3181 万元，同比下降 6.7%；畜牧业产值 11420 万元，同比下降 8.4%；渔业产值 12463 万元，同比下降 0.6%；农林牧渔专业及辅助性活动产值 7372 万元，同比增长 7.5%。全年粮食总产量 43980 吨，出栏生猪 1.98 万头，肉禽出笼 41.38 万羽，水产品产量 6382 吨。

三、工业和建筑业

全年全部工业增加值 3271846 万元，同比增长 8.0%，其中规模以上工业增加值同比增长 8.5%。

全年建筑业增加值 1664199 万元，同比增长 9.8%。资质以上总承包和专业承包建筑企业 137 家，完成建筑业总产值同比增长 7.9%；房屋建筑施工面积 4133.3 万平方米，同比增长 4.6%；房屋建筑竣工面积 1052.6 万平方米，同比增长 31.9%。

四、服务业

全年批发和零售业增加值 1421833 万元，同比增长 4.3%；交通运输、仓储和邮政业增加值 535368 万元，同比增长 8.8%；住宿和餐饮业增加值 372259 万元，同比增长 9.1%；金融业增加值 1259687 万元，同比增长 5.3%；房地产业增加值 1128657 万元，同比下降 1.8%；信息传输、软件和信息技术服务业增加值 545688 万元，同比增长 5.6%；租赁和商务服务业增加值 645545 万元，同比增长 3.7%；科学研究和技术服务业增加值 1002556 万元，同比增长 5.6%；居民服务、修理和其他服务业增加值 483299 万元，同比下降 0.9%；文化、体育和娱乐业增加值 281887 万元，同比增长 7.3%；非营利性服务业增加值 3738874 万元，同比增长 4.3%。

五、固定资产投资

全年固定资产投资（不含农户）同比增长 0.2%。分经济类型看，国有投资增长 4.4%，民间投资下降 15.7%。分投资方向看，民生工程投资增长 15.0%，产业投资增长 5.6%，基础设施投资下降 2.8%。

全年房地产开发投资 4863633 万元，同比下降 7.9%；商品房销售面积 308.02 万平方米，同比下降 14.1%，其中住宅销售面积为 263.11 万平方米，同比下降 16.4%；商品房销售额 4560093 万元，同比下降 6.0%，其中住宅销售额 3992878 万元，同比下降 8.9%。

六、国内贸易

全年社会消费品零售总额 6523294 万元，同比增长 4.4%。按行业分，批发业实现零售额 503105 万元，同比增长 7.4%；零售业实现零售额 5348989 万元，同比增长 3.0%；住宿业实现零售额 80091 万元，同比增长 16.7%；餐饮业实现零售额 591109 万元，同比增长 13.9%。

七、对外经济和旅游

全年进出口总额（海关口径）42.8 亿元，同比下降 23.8%；其中出口总额 34.3 亿元，进口总额 8.6 亿元。实际到位省外境内资金 473 亿元，同比增长 17.9%；外商直接投资额 2.27 亿美元。

全年旅游总收入 312.98 亿元，同比增长 81.2%。接待国内旅游人数 2774.53 万人次，同比增长 82.2%；国内旅游收入 312.30 亿元，同比增长 81.2%。年末有旅游等级区（点）11 个，其中，4A 级及以上 3 个。

八、教育和科学技术

全区年末普通高校数 13 所，普通高中数 22 所，普通初中数 30 所，普通小学数 98 所。全区共有区属公办中学 29 所，在校学生 38177 人；小学 92 所，在校学生 145295 人；幼儿园 293 所，其中公办园 130 所，局属公办园 121 所，在园幼儿 66053 人。小学适龄儿童入学率 100%，小学升初中入学率 100%。全区共投入学生免费入学和资助经费 21168.6 万元，义务教育阶段 352783 人次学生全部享受了免杂费入学，执行公办教育收费标准的享受“一费制”（含课本费、教辅资料费和作业本费）全免入学学生 348434 人次。全年共接收外来务工人员子女 34712 名，占全区中小学生人数的 18.9%，补助农村经济困难寄宿学生生活费 766 人次。全年新改扩建 14 所中小学校，新建公办幼儿园 10 所，扩充公办学（园）位 23790 个，铺排 145 个中小学幼儿园提质改造项目。

全区共有国家级创新平台 30 个，省级创新平台 282 个，国家级创新平台的企业 3 家，当年入选湖南省技术攻关、“揭榜挂帅”重大科技项目 1 个。当年技术合同成交额 227.39 亿元，技术合同登记件数 5061 件。全年实现高新技术产业增加值 711.61 亿元，占地区生产总值的比重为 43.2%。有效发明专利拥有量（累计）31120 件，同比增长 25.2%；专利授权量 12708 件，其中发明授权量 6046 件。

九、文化、体育和卫生

全区拥有群众文艺团体 298 个，文化馆 20 个（含 19 个分馆），公共图书馆 30 个（含 29 个分馆），博物馆（纪念馆）8 个，街道（镇）文化站 19 个，社区（村）综合文化服务中心 190 个。共有晨晚练点 107 处，智慧社区健身中心 59 个，乡镇全民健身中心 11 个，健身步道 4 条，室外运动场 46 个。公共文化服务不断完善，已建成 112 个市级标准化社区（村）综合文化服务中心。

全区共有各类医疗卫生机构 1226 个，同比增长 9.8%，其中医院 55 个，妇幼保健院（所、站）1 个，专科疾病防治院（所、站）1 个，社区卫生服务中心（站）91 个，村卫生室 79 个，诊所、卫生所、医务室 561 个。卫生技术人员 23578 人，其中执业医师和执业助理医师 10520 人，注册护士 12490 人。拥有床位数 15399 张，新增 693 张。

十、环境保护和安全生产

全区建成区绿地面积达 79.955 平方公里，其中公园绿地 37.5644 平方公里，全区绿化覆盖率达 50.2%。

全年空气质量优良率为 86.3%。湘江饮用水水源保护区水质稳定达标，国省控断面水质达标率 100%。

全年共发生安全生产事故 31 起，各类安全生产事故死亡 30 人。亿元 GDP 生产安全事故死亡人数为 0.019 人。发生经营性道路交通事故 18 起，死亡 18 人。发生火灾事故 881 起，死亡 3 人。

十一、交通

全区年末农村公路里程 1517.88 千米，已硬化里程 1407.41 千米。其中国省道 25.29 千米，已硬化 25.29 千米；县道 67.24 千米，已硬化 67.24 千米；乡道 114.77 千米，已硬化 114.77 千米；村道 1310.59 千米，已硬化 1200.12 千米。共有农村公路桥梁 181 座，桥梁长度 3925.22 延米，其中大中桥 26 座，长度 1883.48 延米；小桥 155 座，长度 2041.74 延米。全区拥有客运站 1 个，其中一级客运站 1 个。

十二、人民生活和社会保障

全区城镇居民人均可支配收入 71688 元，同比增长 3.1%。其中工资性收入 43762 元，经营净收入 8996 元，财产净收入 6582 元，转移净收入 12348 元。城镇居民人均消费支出 52201 元，其中食品烟酒消费 13855 元，衣着消费 2960 元，居住消费 9215 元，生活用品及服务消费 3515 元，医疗保健消费 3641 元，交通通信消费 6494 元，教育文化娱乐服务消费 11290 元，其他用品和服务消费 1231 元。城镇居民人均自有现住房面积 39 平方米。

全区共有养老机构 20 家，有床位数 2866 张，入住老人 1448 人；其中共有公办敬老院 5 家，有床位 1460 张，入住老人 275 人；社区居家养老服务站点 125 个。街道服务中心 19 个，社区（村）公共服务中心 191 个。全年发放城乡居民最低生活保障金 3166.88 万元，居民得到政府最低生活保障 57407 人次，其中城市居民最低生活保障 24769 人次，农村居民最低生活保障 32638 人次。城市和农村低保对象月人均发放保障金 551.65 元。

全年城镇新增就业人员 25503 人，失业人员实现再就业 16004 人，就业困难人员实现就业 3214 人，新增农村劳动力转移就业 497 人；年末城镇登记失业率 3.13%。

全区参加城镇职工基本养老保险登记参保人数达 30.17 万人，基本养老金社会化发放率达 100%。参加城乡居民养老保险人数达 11.91 万人。参加区本级城乡居民医疗保险人数 45.2 万人，参加区本级城镇职工基本医疗保险人数 31.0 万人，基本医疗保险覆盖率达 95.0%。

开 福 区

开福地处长沙北部，总面积 188 平方公里，常住人口 88.21 万人，辖区范围内有 16 个街道，2 个省级园区（马栏山视频文创产业园、金霞经济开发区），1 个 B 型保税物流中心（金霞保税物流中心）。

开福人文荟萃、底蕴深厚。开福区因千年古刹开福寺而得名，是“楚汉名城”和湖湘文化的重要发祥地，也是中国四大名绣之一湘绣的发源地。拥有开福寺、潮宗古街、省博物馆、市“三馆一厅”、沙坪湘绣博物馆、世界之窗、海底世界等旅游景点及国防科大、湘雅医院等科研院所，还有湖南广电集团、湖南出版集团、湖南报业集团等文化骨干企业，是“电视湘军”“出版湘军”“动漫湘军”的核心集结地，是湖南乃至全国当之无愧的文创高地。

开福生态文明、环境秀美。开福区拥有十分丰富的滨水资源，湘江、浏阳河、捞刀河、沙河、白沙河“一江四河”川流环绕，年嘉湖、月湖、青竹湖、楚家湖等“十湖”点缀其间，水域面积近 20 平方公里，城市依水而兴，因水而美，尽显长沙山水洲城的独特魅力。烈士公园、月湖公园、长沙园林生态园等“十园”遍布全区，秀峰山、鹅羊山、太阳山层峦叠嶂，全区森林绿化覆盖率达 36.7%。

开福区位优越、通江达海。与京珠等 11 条高速公路互连互通，距黄花国际机场、长沙高铁站仅 20 分钟车程，拥有长沙唯一的深水港码头长沙新港和火车货运新北站，是省内唯一集铁路港、水运港、公路港于一体的区县，开通了中欧班列（长沙）、湘粤港直通车，是跨境电商综合试验区核心承载地、陆港型国家物流枢纽核心区，是湖南开放崛起的重要板块、中南地区重要的货运枢纽。

开福产业聚集、充满活力。开福区已形成产业更加聚集、结构更加优化的区域经济发展优势，视频文创、智能制造、现代物流、高端商贸等产业逐渐壮大，拥有医药、能源、粮食三大百亿物流产业集群，聚集金融总部机构、分支机构和新型金融机构 300 余家，腾讯、快手、爱奇艺等头部企业重要板块相继落户，新一代信息技术、智能装备、新材料、新能源等军民两用技术和高新技术产业加快发展，集聚高新技术企业 625 家，开福正在产业升级发展的道路上阔步前行。

开福安定和谐，厚德向善。开福区在全市率先推行“街道吹哨、部门报到”机制，社区治理经验在全国推介，连续 19 年保持全省“平安区县”称号，群众获得感、幸福感、安全感持续提升。推进“三区三体系”建设，打造“10 分钟便民服务圈”“15 分钟卫生服务圈”“15 分钟公共文化服务圈”“15 分钟体育健身圈”“20 分钟优质教育圈”的“民生五圈”，让“幸福在家门口升级”逐步实现。厚德建设如火如荼，好人精神深入人心，有任菲莉、董志平等 30 位“全国道德模范”和“中国好人”，建立湖南首家区级好人馆，成立国内首个“中国好人”大本营，成为名副其实的“好人之城”。

开福区2023年国民经济和社会发展统计公报

2023 年，是全面贯彻党的二十大精神的开局之年，是三年新冠疫情防控转段后经济恢复发展的一年，也是开福顶压前行、爬坡过坎、奋力拼搏的攻坚之年。开福区全面贯彻落实党的二十大精神，锚定“三高四新”美好蓝图，践行八个“走在前、作示范”要求，扎实打好“发展六仗”，全力推动高质量发展；先后入选全国高质量发展百强区第 23 位、投资竞争力百强区第 54 位、文化产业竞争力百强区第 9 位，获评 2023 中国最具活力中央商务区、国家知识产权强县建设示范区，综合实力迈上新台阶。

一、综合

初步核算，全年实现地区生产总值 1234 亿元，比上年增长 4.0%。其中，第一产业增加值 1.1 亿元，同比增长 1.1%；第二产业增加值 161.7 亿元，同比增长 4.8%；第三产业增加值 1071.2 亿元，同比增长 3.9%。全区三次产业结构为 0.1 ∶ 13.1 ∶ 86.8。在地区生产总值累计增幅中，第一、二、三次产业分别拉动 0、0.7、3.3 个百分点，三次产业对地区生产总值增长的贡献率分别为 0%、16.6%、83.4%。

全年一般公共预算收入 150.49 亿元，其中地方一般公共预算收入 65.38 亿元，同比增长 2.0%，剔除政策性因素影响，同口径增长 8.0%。

二、农业和农村经济

全年实现农林牧渔业增加值 1.1 亿元，比上年增长 1.1%。其中，农林牧渔专业及辅助性活动增加值 408 万元，同比增长 2.0%。

三、工业和建筑业

全年全部工业增加值比上年增长 1.7%，其中规模以上工业增加值同比增长 1.3%；工业增加值占 GDP 的比重为 4.4%。在规模以上工业中，分经济类型看，股份制企业增长 0.3%，外商及港澳台商投资企业下降 0.2%。分门类看，制造业下降 0.5%，电力、热力、燃气及水生产和供应业增长 7.0%。

全年规模以上工业中，农副食品加工业增长 14.5%，铁路、船舶、航空航天和其他运输设备制造业增长 13.4%，酒、饮料和精制茶制造业增长 8.3%，仪器仪表制造业增长 7.2%，水的生产和供应业增长 7%，废弃资源综合利用业增长 6.5%，通用设备制造业增长 5.3%。

全年具有建筑业资质等级的独立核算企业完成建筑业总产值 455.18 亿元，比上年下降 2.2%；房屋竣工面积 288.69 万平方米，比上年增长 34.1%。

四、固定资产投资

全年固定资产投资比上年增长 6.7%，

其中民间投资增长 12.0%。分投资方向看，工业投资增长 55.5%，基础设施投资增长 3.0%，高新技术产业投资增长 50.4%。

全年房地产开发投资 207.8 亿元，比上年下降 21.5%；实现商品房销售面积 170.8 万平方米，比上年增长 0.8%；其中，实现住宅销售面积 148.1 万平方米，下降 2.5%；实现商品房销售额 219.3 亿元，下降 1.1%。

五、贸易

全年社会消费品零售总额 657.7 亿元，比上年增长 8.6%。按经营单位所在地分，城镇消费品零售额 646.3 亿元，增长 8.6%；乡村消费品零售额 11.4 亿元，增长 5.4%。按消费类型分，餐饮收入 59.1 亿元，增长 7.8%；商品零售 598.6 亿元，增长 8.7%。

限额以上单位商品零售额比上年增长 12.1%。分类别看，粮油、食品类零售额增长 0.6%；服装、鞋帽、针纺织品类增长 39.7%；化妆品类下降 20.3%；金银珠宝类下降 21.2%；日用品类下降 9.6%；书报杂志类增长 4.3%；家用电器和音像器材类下降 0.5%；中西药品类增长 15.7%；文化办公用品类下降 18.7%；石油及制品类增长 20.6%；汽车类下降 10.3%。

六、经济合作

全年进出口总额（海关口径）21.3 亿美元，同比下降 52.6%。

全年实施内联引资项目 161 个，其中新投产项目 150 个，新审批外资项目 0 个，协助办理外资项目 4 个。全年实际到位省外境内资金 338.9915 亿元，同比增长 31%；外商直接投资实际到位资金 3056 万美元，同比下降 48.9%。

七、教育和科学技术

年末全区共有区属公办中学 14 所（含九年一贯制），在校学生 18117 人；小学 55 所，在校学生 63556 人；幼儿园 186 所，其中公办园 74 所，在园幼儿 31968 人。小学适龄儿童入学率 100%，小学升初中入学率 100%。全区共投入学生免费入学和资助经费 10517.73 万元，区属义务教育阶段 161348 人次学生全部享受了免杂费入学，执行公办教育收费标准的 161348 人次学生全部享受了“一费制”（含课本费、教辅资料费和作业本费）全免入学。共接收外来务工人员子女 11722 名，占全区中小学生人数的 12.56%，全部享受免杂费、免“一费制”入学。全年补助了 3830 人次家庭经济困难学生生活费。全年新建和启动新建学校 5 所，扩建学校 1 所，并对 31 所中小学进行了运动场提质建设、校园文化建设和维修改造。

全年签订技术合同 1138 项，成交金额 57.7 亿元，比上年增长 57.7%；有效高新技术企业 625 家，高新技术产业增加值比上年增长 10.5%。

八、文化、体育和卫生事业

年末全区拥有群众艺术表演团体 62 个，文化馆 1 个，街道文化站 16 个。公共文化服务不断完善，已建成 99 个标准化村（社区）综合文化服务中心。全年开展全民健身活动 35 余次，全民健身运动参加人数 37.6 万余人次。公共文化服务不断完善，公共图书馆 28 家，含 1 家市图书馆、1 家区图书馆、15 家图书馆分馆（精英路分馆、科大景园分馆、江湾分馆、富雅分馆、百善台分馆、科大佳园分馆、福元分馆、胜利分馆、檀木岭分馆、汉回分馆、一中广雅中学分馆、左岸分馆、武装部分馆、中岭分馆、风羽分馆），7 家 24 小时自助图书馆（烈士公园南门馆、万达广场馆、湘江世纪城馆、月湖公园馆、秀峰山公园馆、东风路馆、马栏山馆）、4 个流通服务站（湘民社区流通服务站、烈士公园阳光草坪流通服务站、烈士公园文化广场流通服务站、清水塘第三小学流通服务站）。

年末全区共有各类医疗卫生机构 578 个，新增 68 个，其中一级及以上医院 29 个，疾病预防控制机构 3 个，床位 10688 张。

九、环境保护和安全生产

全年国控伍家岭站点优良天数 314 天，优良率 86%。省控沙坪站点优良天数 334 天，优良率 91.5%。湘江饮用水源保护区水质稳定达标，4 个国、省控地表水监测断面地表水达标率 100%。

全年共发生安全生产事故 12 起，各类安全生产事故死亡 12 人，其中：其他工商贸事故死亡 2 人、建筑施工事故死亡 2 人、道路交通事故死亡 8 人。亿元 GDP 生产安全事故死亡率 0.0097 人。

十、人口、人民生活和社会保障

年末全区常住人口为 88.21 万人。其中，城镇人口 85.23 万人，占总人口比重（常住人口城镇化率）为 96.6%。年末户籍人口总数 55.99 万人。按人口性别分，男：26.56 万人，女：29.43 万人。

全年城镇居民人均可支配收入 71017 元，比上年增长 3.3%。居民人均消费支出 41606 元，比上年增长 5.1%。在居民消费分类中，食品烟酒类人均消费 12847 元，增长 4.2%；衣着人均消费 2450 元，增长 4.1%；居住人均消费 7592 元，增长 3.0%；生活用品及服务人均消费 2675 元，增长 7.4%；交通通信人均消费 2930 元，增长 4.6%；教育文化娱乐人均消费 8790 元，增长 8.0%；医疗保健人均消费 3830 元，增长 4.8%；其他用品和服务人均消费 492 元，增长 7.9%。

全年新增城镇就业人员 13327 人，失业人员再就业 18404 人，就业困难人员就业 2625 人，新增农村劳动力转移就业 350 人；城镇零就业家庭实现动态就业援助率达 100%。参加企业职工基本养老保险人数达 33.9 万人，基本养老金社会化发放率达 100%；参加城乡居民养老保险人数达 4.56 万人。

年末全区有养老机构 15 家，居家养老服务站 97 家，社区（村）公共服务中心 115 个。全年发放城乡居民最低生活保障金 3293.1 万元，居民得到政府最低生活保障 55379 人次，其中城市居民最低生活保障 42089 人次，农村居民最低生活保障 13290 人次。城市和农村低保对象月人均发放保障金分别达 595.2 元和 537.1 元。全年发放各类养老服务补贴 4173.6 万元（含高龄津贴 2030 万元）。成立 115 支社区（村）发展基金，募集 1077.8 万元，获市级配捐 148 万元，区级配捐 961.5 万元。

雨 花 区

雨花区位于长沙城区东南，全区总面积 292.08 平方公里，常住人口 128.1 万，辖 12 个街道、1 个镇，1 个省级工业园、1 个自贸管理机构、1 个站场管理机构、1 个市级物流产业园。2023 年，完成地区生产总值 2502 亿元、增长 5%，总量居全省首位。在壹城智库、赛迪顾问和中小城市研究院高质量发展全国百强区中，分别跃升至第 5 位、第 10 位、第 10 位，均居中西部第一，全面挺进全国十强。在全国投资潜力百强区中排名第四居中西部第一。

“高铁之城”。京广、沪昆两条高铁大动脉在长沙高铁南站交会，可直达全国 24 个省会城市、直辖市以及香港特别行政区。中国首条拥有完全自主知识产权的中低速磁浮铁路连接长沙高铁南站与黄花国际机场，实现一站式空铁联运。

“产业之城”。新能源汽车加速制造与服务融合，比亚迪雨花基地成为全国规模大、车型全、运行顺的重点布局板块。建筑业向建管营一体化转型，建筑业总产值占全市 1/3、全省 1/5。商贸业向内外贸一体化升级，高桥、红星两大市场均进入全国综合百强市场前十；数字经济发展势头强劲，中国联通中南研究院等相继落地。经营主体超过 30 万户，总量居中西部第一。

“创新之城”。雨花经开区、高铁片区、自贸区成为长沙建设全球研发中心城市的重要载体，浏阳河智谷、中部工程设计创新智谷、岳麓山实验室油茶科创谷、同升湖人工智能科创谷加快推进，集聚国家、省级“专精特新”企业 55 家，高新技术企业 688 家，重点实验室、技术研究院等创新平台177个，在全国创新百强区中位居全省首位。

“自贸之城”。自贸试验区长沙片区雨花区块5.17平方公里，承担建设中非经贸深度合作先行区核心区的使命任务，集聚中非经贸博览会、全国市场采购贸易方式试点、国家进口贸易促进创新示范区、中非技术贸易措施研究评议基地等六大国家级平台。

“生态之城”。辖区绿心面积179平方公里，占长株潭1/3以上、长沙市2/3以上。拥有省森林植物园、浏阳河、圭塘河、石燕湖等生态资源，圭塘河成为全国唯一同时获得全国“两山”实践创新基地和美丽河流两项国家级生态殊荣的河流。

“幸福之城”。民生事业取得长足进步，先后获评全国智能社会治理教育特色实验基地、全国师德养成教育示范区、全国健康促进区、全国妇幼健康优质服务示范区、全国生育友好工作先进单位、全国社会救助标准化示范单位等荣誉。

雨花区2023年国民经济和社会发展统计公报

2023年是全面贯彻党的二十大精神的开局之年，是三年新冠疫情防控转段后经济恢复发展的一年。全区上下坚持以习近平新时代中国特色社会主义思想为指导，全面贯彻党的二十大和二十届二中全会精神，聚焦实现“三高四新”美好蓝图，践行八个“走在前、作示范”要求，全力以赴抢先机、拼经济、保稳定、促发展。全年经济运行稳中向好，民生福祉持续增进，高质量发展取得新进展，奋力开创“四个一流”现代化强区建设新局面。

一、综合

初步核算，全区实现地区生产总值2501.6亿元，同比增长5.0%。分产业看，第一产业实现增加值6.1亿元，增长3.6%；第二产业实现增加值1325.2亿元，增长4.5%；第三产业实现增加值1170.3亿元，增长5.7%。一、二、三次产业分别拉动GDP增长0、2.4、2.6个百分点，对GDP增长的贡献率分别为0.2%、48.1%、51.7%。

全年实现一般公共预算收入179.0亿元，同比增长6.4%，实现地方一般公共预算收入83.1亿元，同比增长5.0%。一般公共预算支出106.1亿元，增长8.2%。

全年34项重点民生实事项目全面完成。其中，开展补贴性职业技能培训（含创业培训）、农村适龄及城镇低保适龄妇女“两癌”免费检查、康复救助残疾儿童等8个项目超额完成任务。

二、农业

全年农林牧渔业总产值9.5亿元，同比增长3.6%。

三、工业和建筑业

全年规模以上工业增加值同比增长11%，其中雨花经开区规模以上工业增加值增长20.3%。

全年资质等级建筑企业实现建筑业总产值2928.1亿元，增长5.8%。

四、固定资产投资

全年固定资产投资同比下降22.8%，其中房地产开发投资下降27.8%。

全年商品房销售面积200.7万平方米，同比下降19.9%，其中住宅销售面积173.6万平方米，下降15.2%；实现商品房销售额251.0亿元，下降15.9%，其中住宅销售额226.2亿元，下降10.2%。

五、国内贸易

全区社会消费品零售总额813.3亿元，同比增长5.9%。按经营单位所在地分，城镇消费品零售额800.3亿元，增长5.8%；乡村消费品零售额13.0亿元，增长8.5%。按行业分，批发业实现零售额95.4亿元，增长1.7%；零售业实现零售额647.4亿元，增长5.8%；住宿业实现零售额6.0亿元，增长24.2%；餐饮业实现零售额64.5亿元，增长12%。

限额以上法人商品零售额292.8亿元，比上年增长1.5%。分类别看，粮油、食品类增长17.9%；服装、鞋帽、针纺织品类下降21.8%；化妆品类下降7.4%；家用电器和音像器材类增长0.3%；中西药品类下降9.6%；石油及制品类增长1.1%；汽车类下降1.3%。

全区拥有亿元以上商品交易市场6个。

六、对外经济和旅游

全年实际利用外资金额1.21亿美元，同比增长109.6%；实际到位省外境内资金375亿元，同比增长27.8%。引进世界500强企业45家，引进亿元以上省外境内项目59个，比去年增加6个。

全年实现旅游总收入434.3亿元，同比增长23.0%。国内旅游人数3880.6万人次，同比增长13.7%；国内旅游收入433.5亿元，同比增长22.9%。

七、教育和科学技术

全区拥有普通高中4所，初中学校20所，比去年增加2所，普通小学90所，比去年增加8所，幼儿园261所，比去年减少34所。普通高中在校生3546人，初中学校在校生33372人，普通小学在校生122052人，幼儿园在园幼儿54014人。全区民办学历学校4所，培训学校157所。小学适龄儿童入学率100%，初中适龄人口入学率100%，高中阶段教育毛入学率100%。落实义务教育保障资金18.9亿元，义务教育阶段合格学校建设6所。

全年专利授权量4355件，同比下降21.1%。其中，发明专利授权量884件，同比增长4.1%。签订技术合同4913项，同比增长97.5%，技术合同累计成交金额369.1亿元，同比增长62.1%。实现高新技术产业增加值同比增长10.0%。

八、文化、体育和卫生

年末全区拥有艺术表演团体18个，文化馆2个。拥有公共图书馆（区级）1个，图书馆分馆（含街道、社区两级）13个。拥有档案馆1个，已开放各类档案1.3万卷（件）。

全区各类体育场地2737个，共有体育场地面积334.1万平方米。全区全年开展全民健身项目32项次，全区全民健身运动参加人数57.7万人。

年末全区拥有卫生机构数817个，拥有医院、卫生院55个，社区卫生服务中心13个，拥有疾病预防控制中心（防疫站）、妇幼保健院、专科疾病防治院各1个。全区卫生技术人员22615人，同比增长4.6%；执业医师和执业助理医师3839人，同比增长15.4%；注册护士4457人，同比增长6.2%。

九、环境、节能和安全生产

全区现有土地面积292.1平方公里。建成烟尘控制区7个，面积47.8平方公里；建成环境噪声达标区7个，面积29.7平方公里。空气质量良好天数为327天，空气质量达标率为89.6%；工业固体废物综合利用率100%，工业企业主要污染物排放达标率100%，工业项目环保“三同时”执行合格率100%。在总体水质方面，满足Ⅲ类标准的断面比例（省控）为100%。

全年开工各类水利工程10处，完成土石方10.08万立方米。城市生活垃圾无害化处理率100%。

全年发生各类安全生产事故9起，死亡人数10人，全区亿元地区生产总值事故死亡人数0.0040人。全年共发生道路交通事故30起，比上年减少5起；道路交通死亡人数30人，比上年减少6人。

十、人民生活和社会保障

年末全区常住人口128.9万人。公安户籍人口82.2万人，其中城镇人口78.3万人，乡村人口3.8万人；男性39.6万人，女性42.6万人；人口出生率为8.3‰。城镇化率为97.5%。

全年城镇居民人均可支配收入72557元，同比增长3.3%。其中，工资性收入38567元，经营净收入10121元，财产净收入6042元，转移净收入17827元。

全年城镇居民人均消费支出55836元，同比增长4.7%。分类别看，食品烟酒消费14513元，占比26.0%；衣着消费3171元，占比5.7%；居住消费9865元，占比17.7%；生活用品及服务消费6652元，占比11.9%；交通和通信消费4619元，占比8.3%；教育文化娱乐服务消费11942元，占比21.4%；医疗保健消费4062元，占比7.3%；其他用品和服务消费1011元，占比1.8%。

全年新增就业2.3万人，其中，城镇新增就业2.0万人。年末城镇登记失业率1.7%，安排失业人员再就业1.2万人。年末城镇职工基本养老保险参保人数37.8万人，城乡居民社会养老保险参保人数6.8万人，工伤保险参保人数24.4万人，失业保险参保人数22.9万人。

全年各类收养性社会福利单位收养人员1425人，各类收养性社会福利单位床位数2291张。城镇各种社区服务设施1115个，其中综合性社区服务中心144个。筹集社会福利资金57.8万元，直接接收社会捐赠34.4万元。全年社会救济总人数5054人，其中居民最低生活保障人数4425人、特困供养保障人数629人。农村低保覆盖率100%。

望 城 区

望城是雷锋家乡，2011年5月撤县设区，是长沙最年轻的城区。总面积969平方千米，辖11个街镇，另有雷锋街道、白马街道由高新区托管，黄金园街道、金山桥街道和白箬铺镇由湘江新区托管，127个村、社区（其中78个行政村，49个社区），常住人口98.43万，2023年末全区户籍人口为55.12万人（不含雷锋街道、白马街道、金山桥街道、黄金园街道、白箬铺镇）。区人民政府驻地在雷锋北大道1688号。

人文底蕴深。历史文化源远流长，“三山一群”（觉华山的铜官窑遗址、谷山的汉王陵遗址、书堂山的欧阳询文化园以及湘江古镇群）是望城最具代表性的历史文化名片；望城还是工人运动领袖郭亮、独臂将军刘畴西、红中社首任负责人周以栗、时代楷模雷锋等先烈先辈的家乡，有记载的望城籍革命烈士达219人，现存湖南省委旧址、湖南和平解放秘密电台工作站旧址等红色资源60处。

生态环境好。是全国生态文明建设示范区和国家全域旅游示范区，境内拥有长沙城区最长的湘江岸线、最大的湖泊团头湖、最高的山峰黑麋峰、最大的洲岛月亮岛，是长沙山水洲城要素最齐备的城区。全区共有A级景区10家，其中AAAA旅游景区7家（雷锋纪念馆、黑麋峰国家森林公园、千龙湖旅游度假区、靖港古镇、新华联铜官窑古镇景区、长沙铜官窑国家考古遗址公园、长沙市望城光明大观园景区），AAA旅游景区3家（欧阳询文化园、新康戏乡、柏乐园生态旅游区），省级旅游度假区1家，省级五星级农庄15家。

交通区位优。望城东临长沙县，南接岳麓、开福，西至宁乡、益阳赫山，北连岳阳湘阴、汨罗，是长沙对接长江经济带、洞庭湖生态经济区的桥头堡。铁路方面，拥有石长铁路、长株潭城铁、地铁4号线以及在建中的长沙高铁西站、渝长厦高铁。水运方面，拥有湘江长沙综合枢纽和铜官港，是长沙通江达海的必经之地。公路方面，京港澳高速复线、长张高速、长益高速复线等4条高速穿境而过，“五横十纵一环”城区路网格局基本形成。

发展空间广。望城是长沙面积最大的城区，也是国家级湘江新区的重要板块，具有广阔的城市拓展空间和产业承载空间。以国家级望城经开区为主阵地，以先进制造业为主攻方向，吸引了华为、比亚迪、中信戴卡、益海嘉里等一大批三类500强企业落户，形成了“一主三特”（智能终端、绿色食品、医药器械、新材料先进制造）产业集群，区域经济呈现蓬勃发展态势。初步核算，2023年，望城区地区生产总值1070.61亿元，比2022年增长4.2%。

望城区2023年国民经济和社会发展统计公报

2023年，望城区坚持以习近平新时代中国特色社会主义思想为指导，全面贯彻落实党的二十大精神，加快推动现代化新望城建设，交出高质量发展的合格答卷。

一、综合

初步核算，全年实现地区生产总值1070.61亿元，比上年增长4.2%。其中，第一产业增加值61.34亿元，增长3.4%；第二产业增加值439.69亿元，增长4.8%；第三产业增加值569.58亿元，增长3.8%。第一、第二、第三产业分别拉动GDP增长0.2、2.0、1.9个百分点，三次产业对GDP增长的贡献率分别为5.0%、49.0%和46.0%。

三次产业结构调整为5.7∶41.1∶53.2。与上年相比，第一产业比重下降0.2个百分点，第二产业比重下降2.5个百分点，第三产业比重上升2.7个百分点。工业对经济增长的贡献率为34.3%，拉动GDP增长1.4个百分点，全部工业增加值占GDP比重为28.7%，较上年下降2.7个百分点。制造业增加值占GDP比重为23.0%。

全年新增“四上”企业104家。其中，规模以上工业15家，资质以上建筑业8家，房地产开发业4家，限额以上批零住餐业52家，规模以上服务业25家。年末共有在库“四上”企业1051家。其中，规模以上工业384家，资质以上建筑业127家，房地产开发业68家，限额以上批零住餐业320家，规模以上服务业152家。

二、农业、农村

全年实现农林牧渔业增加值66.97亿元，比上年增长3.7%。

全年粮食种植面积60.14万亩，其中水稻种植面积57.75万亩。全年粮食产量27.46万吨，比上年减少0.2%，其中水稻总产量26.64万吨，减少0.4%。

全年出栏肉猪31.21万头。猪肉产量2.29万吨，家禽产量0.32万吨，牛肉产量0.09万吨，羊肉产量0.04万吨。水产品产量3.83万吨，比上年增长8.3%。

三、工业和建筑业

全年全部工业增加值306.95亿元，比上年增长4.7%。规模以上工业增加值增长4.4%，其中，望城经开区规模以上工业增加值增长9.2%。

在规模以上工业中分行业看，新材料先进制造产业、智能终端产业和食品医药产业的产值为759.86亿元，比上年下降5.7%，占全部规模工业产值比重的84.1%。其中，新材料先进制造产业产值466.06亿元，下降7.6%；智能终端产业产值149.57亿元，下降1.5%；食品医药产业产值144.22亿元，下降3.7%。

规模以上工业企业全年实现营业收入

861.71 亿元，比上年下降 6.5%；营业成本 736.17 亿元，下降 6.0%；利润总额 42.78 亿元，下降 12.8%。

全区资质以上建筑业企业完成建筑业总产值 564.50 亿元，比上年增长 5.3%；实现建筑业增加值 133.05 亿元，增长 5.4%。全年房屋施工面积 1979.97 万平方米，下降 9.5%，房屋竣工面积 830.66 万平方米，下降 5.8%。

四、固定资产投资

全年固定资产投资比上年下降 9.5%。其中工业投资下降 32.0%，工业技改投资下降 60.4%。全区计划总投资额超过 5000 万元的在建项目（不含房地产开发项目）150 个，完成投资占固定投资总额的 55.2%。

全年完成房地产开发投资 265.05 亿元，比上年增长 1.7%。全区商品房销售面积 258.64 万平方米，下降 18.8%。

五、国内贸易

全年实现社会消费品零售总额 504.34 亿元，比上年增长 4.2%。分行业看，批发业 26.49 亿元，下降 9.5%；零售业 446.47 亿元，增长 4.9%；住宿业 3.40 亿元，增长 10.8%；餐饮业 27.98 亿元，增长 6.3%。

限额以上单位各类商品零售额中，汽车类下降 2.1%；文化办公用品类下降 79.1%；通信器材类下降 6.2%；粮油、食品类增长 78.6%；家用电器和音像器材类增长 206.8%；饮料类增长 38.0%；石油及制品类增长 18.1%；日用品类增长 72.7%；服装、鞋帽、针纺织品类增长 64.8%；体育、娱乐用品类下降 7.8%。

六、交通和邮电

境内国省干线公路 155.54 公里，其中省道 116.50 公里，国道 39.04 公里，全区路网密度 480.84 公里 / 百平方公里。

全年完成邮政业务收入 1.36 亿元，比上年下降 11.0%。全年新开通 5G 通信基站 380 个，年末累计开通 5G 通信基站达 5672 个。年末移动电话用户 111.61 万户。

七、对外经贸和旅游

全区完成外贸进出口总额 91.5 亿元，比上年下降 38.0%。全区完成实际利用外资（外商直接投资）3657 万美元，下降 8.8%。全区实际利用内资完成 184 亿元，下降 3.0%。

全区共有 A 级景区 9 家，其中 4A 旅游景区 6 家，3A 旅游景区 3 家，省级旅游度假区 1 家，省级五星级农庄 15 家。全区共接待游客人数 1651.11 万人次，比上年增长 48.2%，旅游总收入 184.79 亿元，增长 70.1%。

八、财政金融

全区实现财税总收入 112.29 亿元，比上年同口径增加 10.26 亿元，增长 10.1%。其中：省区两级地方一般公共预算收入 43.51 亿元，比上年同口径增加 7.88 亿元，增长 22.1%。实现全口径税收收入 97.93 亿元，税收收入占一般公共预算收入比重为 87．2%。全区一般公共预算支出 112.59 亿元，比上年减少 13.49 亿元，下降 10.7%。全区政府性基金收入 4.23 亿元，比上年减少 168.51 亿元，下降 97.6%。全区范围内产生的国土基金收入 59.38 亿元，比上年减少 105.94 亿元，下降 64.1%。

年末金融机构各项存款余额 1185.87 亿元，比上年增长 12.3%，其中居民储蓄存款余额 572.95 亿元，增长 16.9%。各项贷款余额 1013.16 亿元，增长 9.9%。

九、科教文卫事业

2022 年度全社会研发经费投入 29.48 亿元，研发强度 3.1%。2023 年度共有高新技术企业 479 家，净增 127 家，实现高新技术产业增加值 300.56 亿元，比上年增长 11.3%，占 GDP 比重的 30.6%；新增 28 个省、市级科技创新平台；技术合同成交额 51.04 亿元，增长 42.2%。

全区新增市场主体 18575 户，新增企业 5111 户，年末共有市场主体 159286 户，个体工商户 127687 户，农民专业合作社 770 户，年末有效商标 18337 件，专利授权 1879 件。

年末全区共有小学 63 所，普通中学 33 所，中等职业中学 1 所。小学专任教师 3914 人，普通中学专任教师 2478 人，中等职业中学专任教师 180 人。小学在校学生 68200 人，普通中学在校学生 31413 人，中等职业中学在校学生 3212 人。当年学前教育阶段公办园幼儿占在园幼儿比重的 59.1%，义务教育阶段适龄儿童少年入学率 100.0%。

全年完成国家级、省级、市级以及区级各类重大体育赛事共计 38 场，全面完成体育类重点民生实事项目建设（室外运动场）20 处，社区智慧健身中心 4 处。惠民演出 221 场，其中送戏下乡 130 场，戏曲进景区 52 场，“周末有戏”30 场，廉政文艺巡演 9 场。送电影下乡 1419.80 场。建成市级标准化村（社区）综合文化服务中心 15 个，公共服务文旅融合示范点 1 个。

年末全区拥有各类医院、卫生院、社区卫生服务中心 38 个，床位 4078 张，卫生技术人员 5190 人，其中执业（助理）医师 2243 人。婴儿死亡率为 1.4‰。

十、人口、人民生活和社会保障

年末全区常住人口 98.43 万人，城镇化率达 79.81%。年末户籍人口 55.12 万人，比上年末增加 0.69 万人，增长 1.27%。户籍人口中男性 26.93 万人，女性 28.19 万人，人口出生率为 8.56‰，人口死亡率为 7.41‰，人口自然增长率为 1.15‰。年末汽车保有量为 24.99 万辆，道路交通事故死亡人数 40 人，万车死亡人数 1.6 人。

全体居民人均可支配收入 55940 元，比上年增长 4.5%。其中，城镇居民人均可支配收入 62637 元，增长 3.0%；农村居民人均可支配收入 46775 元，增长 6.0%。全体居民人均消费支出 36990 元，增长 5.6%。其中，城镇居民人均消费支出 41295 元，增长 4.8%；农村居民人均消费支出 31099 元，增长 6.0%。

城镇新增就业 11850 人，农村劳动力转移就业 3721 人，零就业家庭动态清零，城镇登记失业率控制在 3.5% 以内。三项社会保险参保人数为 74.49 万人，全年基金征缴收入为 19.62 亿元，支出养老金 16.44 亿元，城乡居民养老保险参保覆盖率 100%。

基本医疗保险区内参保人数为 59.51 万人，其中职工医疗保险区内参保人数 19.8 万人、城乡居民医疗保险区内参保人数 39.7 万人，基本医疗保险参保率为 95.1%。

全年完成农村危房改造 27 户，实现全区农村危房改造动态清零。新建停车泊位 12433 个。

十一、环境、节能和安全生产

全年空气质量优良天数 324 天，优良率为 88.8%。国控、省控河流、湖库地表水断面水质和集中式饮用水源地水质达到或优于Ⅲ类水质的比例为 100%。

全望城区全社会用电量 42.36 亿千瓦时，其中工业用电量 18.63 亿千瓦时，居民生活用电量 15.025 亿千瓦时。

全年共发生安全生产事故 11 起，与上年持平；死亡 10 人，亿元 GDP 各类安全事故死亡人数 0.01 人。

宁 乡 市

宁乡市，地处湖南省东偏北的洞庭湖南缘地区，介于东经 111° 53′—112° 46′，北纬 27° 55′—28° 29′，东邻望城区，南接湘潭市雨湖区、湘潭县、韶山市、湘乡市，西与娄底市涟源市、益阳市安化县交界，北与益阳市赫山区、桃江县毗连。东西最大跨度 88 千米，南北纵长 69 千米，市域总面积 2906 平方千米。

历史悠久。夏、商、周三代宁乡为荆楚地。春秋战国时属楚国黔中郡。秦属长沙郡，汉为益阳县地。汉献帝建安十三年（208年）孙、刘破曹后属刘，建安二十四年（219年）关羽败死后属吴。吴会稽王太平二年（257年）始设县，称新阳，设治于长桥（今横市）属衡阳郡。西晋武帝太康元年（280年）改称新康县，治所迁于冷水铺（今冷水铺与万寿山之间）。隋文帝开皇九年（589年）并入益阳县，改属长沙郡。唐高祖武德四年（621年）再从益阳析出置新康县，七年又省入益阳。宋太宗太平兴国二年（977年）析益阳、长沙、湘乡部分地置宁乡县，治所迁今玉潭街道，属潭州长沙郡。元初属湖广行中书省湖南道宣慰司潭州路，元文宗天历二年（1329年）改属湖广行中书省湖南道宣慰司天临路。明隶湖广布政使司长沙府。清隶湖南省长沙府。1914年属湘江道，1922年直属湖南省，1938年属湖南省第一行政督察区，1940年改属湖南省第五行政督察区。中华人民共和国成立后，宁乡归属益阳专区，1952年属湘潭专区，1962年复归益阳专区，1983年划归长沙市辖。2017年4月10日，民政部发布（民函〔2017〕73号）批复：经国务院批准，同意撤销宁乡县，设立县级宁乡市，以原宁乡县的行政区域为宁乡市的行政区域，宁乡市人民政府驻玉潭街道金洲大道5段398号。宁乡市由湖南省直辖，长沙市代管。2017年12月3日，宁乡市成立大会举行，宁乡市委、市政府、市人大、市政协、市纪委正式揭牌，标志着千年古邑宁乡正式迈入新纪元。

风光秀美。襟湘江、面洞庭，山多林茂、生态优良，沩、乌、楚、靳四条河流贯穿全境，流域面积2209.75平方公里，森林覆盖率达48.8%，空气质量优良率达85%，拥有13个国家级环境优美乡镇和5个国家级生态村。旅游资源丰富，红色文化、温泉文化、禅宗文化、青铜文化、民俗文化交相辉映，灰汤温泉跻身全国三大高温温泉，沩山密印寺传承千年，目前有国家5A级景区1个、4A级景区3个、3A级景区4个、国家级旅游度假区1个、国家级风景名胜区1个，入选国家全域旅游示范区创建名单。

区位优越。宁乡是湖南湘江新区的重要组团和湖南的“一带一部”，即长沙作为中心城市带动中西部发展的过渡带、长株潭城市群和环洞庭湖经济圈的接合部。紧扣省委、省政府正在研究的“3＋2”（长株潭＋岳阳＋益阳）战略部署，宁乡也是对接长江经济带的重要节点。五条大道对接长沙，高速、铁路、快速干道、机场纵横交会，对接省会、辐射湘中、畅达全国的立体大交通格局加快形成。

物产富饶。宁乡是全国闻名的“鱼米之乡”“生猪之乡”“茶叶之乡”，是全国重要的商品粮生产基地和农产品后勤基地，宁乡花猪是中国四大名猪种之一，沩山毛尖获国家地理标志保护产品，粮食产量、生猪调出量居于全国前列，2023年4月，入选第二批创新型县（市）建设名单。近年来依托景区景点人气，推出了灰汤贡鸭、关山葡萄、沩山擂茶等一批具有楚沩文化标签的地方特色商品。

人才辈出。宁乡有耕读传家的思想底蕴，民间至今流传着“宁乡人会喂猪、宁乡人会读书”的俚语。自古以来英才辈出，先后孕育了三国蜀相蒋琬、宋代状元易祓等名人俊杰，迎来朱熹、张栻等大理学家到宁乡设坛讲学，涌现出共和国主席刘少奇、中共一大代表何叔衡、人民司法事业奠基人谢觉哉、解放军上将甘泗淇、中国科学院原院长周光召、哈佛高才生何江等杰出人才；近年来，宁乡的高考成绩屡创佳绩、稳居省市前列，获评全省首个教育强县。

宁乡市2023年国民经济和社会发展统计公报

2023年，宁乡市委、市政府带领全市人民全面贯彻党的二十大精神，聚焦实现“三高四新”美好蓝图，锚定“工业强市、幸福宁乡”发展定位和“建设省会副中心、挺进全国前十强”发展目标，坚持“稳住、进好、调优”总基调，踔厉奋发、创新实干，经济运行呈现“稳中向好、稳中提质”的良好态势，市域经济高质量发展迈出坚实步伐。

一、综合

经济增长：初步核算，全年GDP1269.88亿元，比上年增长4.7%。其中，第一产业实现增加值139.93亿元，增长3.7%；第二产业实现增加值536.51亿元，增长5.2%；第三产业实现增加值593.44亿元，增长4.4%。三次产业结构由上年的11.4∶42.0∶46.6调整为11.0∶42.3∶46.7，工业增加值占GDP的比重为38.3%；第一、二、三产业对经济增长的贡献率分别为9.4%、46.7%和43.9%，分别拉动GDP增长0.4、2.2、2.1个百分点。按常住人口计算，人均GDP99206元。第二十三届县域经济基本竞争力排名前移1位，跃居全国百强第16位，中部第3位。

财政收入：全年一般公共预算收入121.66亿元，比上年增长9.1%；其中，地方一般公共预算收入增长5.4%；税收收入增长1.1%。公共财政预算支出135.74亿元，增长4.0%。

就业：全年新增城镇就业14253人，新增农村劳动力转移就业8691人，失业人员再就业12093人，其中就业困难人员再就业2018人，零就业家庭实现动态清零。年末城镇登记失业率为0.65%。

人口：年末，全市户籍户数44.44万户，户籍人口140.38万人。户籍人口中，人口性别比为101.7∶100，城镇人口71.66万人，乡村人口68.72万人；年内出生人口8172人，出生率5.81‰；年内死亡人口13094人，死亡率9.31‰；人口自然增长率−3.5‰。

二、农业

全年实现农林牧渔业总产值241.09亿元，比上年增长3.9%。其中农业产值149.08亿元，增长4.1%；林业产值7.74亿元，增长4.8%；牧业产值59.87亿元，增长2.0%；渔业产值7.82亿元，增长4.8%；农林牧渔服务业产值16.58亿元，增长8.6%。

全年粮食种植面积160.6万亩，比上年下降0.7%，其中稻谷播种面积151.47万亩，下降0.7%；烟叶种植面积4.8万亩，增长19.3%。

全年粮食总产量73.65万吨，比上年增长1.6%；烟叶0.66万吨，增长17.5%；出栏肉猪134.76万头，增长1.9%；出笼家禽2912万羽，下降0.1%。

年末农机总动力199.5万千瓦，比上年增长1.7%。共有联合收割机5645台，大中型拖拉机3616台，高速插秧机871台，当年分别新购193台、172台、252台。水稻耕、种、收综合机械化水平86.4%，比上年提高2.1个百分点。

全年完成中小河流治理靳江河宁乡市治理工程项目、洞庭湖区重点地区排涝能力建设工程堤防加固等重点工程项目3处，完成小型水库除险加固9座，共治理河道15.01公里，加固堤防29.13公里，完成山塘整治1177口，防渗衬砌渠道6公里。新（改）建农村公路448.22公里，改造危桥17座；改（新）建农村无害化户厕6003座。年末农村自来水普及人数达到91.2万，农村自来水普及率达96%。

三、工业和建筑业

工业：全年工业增加值比上年增长5.7%，其中规模以上工业增加值增长6.2%。在规模以上工业中，分门类看，采矿业下降5.5%，制造业增长6.2%，电力、热力、燃气及水生产和供应业增长6.5%；“三链两群”增加值占全部规模工业的82.5%。

全年“三链两群”产值占全部规模工业的80.3%，其中先进储能材料产业链占37.5%、工程机械产业链占20.5%、智能家电智能硬件产业链占9.6%，食品及农产品加工产业集群占8.6%、生命科学产业集群占4.1%。

全市规模工业实现主营业务收入1348.73亿元，比上年下降11.1%；利润总额91.09亿元，增长4.5%；利税总额130.25亿元，增长11.2%。

建筑业：全年建筑业增加值49.94亿元，比上年增长1.8%。61家具有资质等级的总承包和专业承包建筑业企业实现总产值149.32亿元，增长1.6%；房屋建筑施工面积579.90万平方米，下降15.9%；竣工面积249.71万平方米，增长161.5%。

四、服务业

全年批发和零售业增加值150.57亿元，比上年下降0.1%；交通运输、仓储和邮政业增加值36.64亿元，增长11.4%；住宿和餐饮业增加值47.52亿元，增长6.3%；金融业增加值27.86亿元，增长5.3%；房地产业增加值61.91亿元，增长2.9%；其他营利性服务业增加值153.92亿元，增长8.7%；其他非营利性服务业增加值104.57亿元，增长1.6%。

年末市内公路建设通车里程10402.33公里，其中国道161.63公里，省道412.51公里。境内铁路里程99公里；境内通车高速里程162公里。全年客运量488万人次，客运周转量2.3亿人/公里，比上年下降8%；货运量1749万吨，货运周转量11.4亿吨/公里，比上年增长108.79%。年末实有出租车407辆，公交车496辆，其中新能源公交车454辆。

全年邮政业务总量1.96亿元，比上年增长12.6%；电信业务总量2.71亿元，增长7.3%。年末全市电话用户137.07万户，其中移动电话用户132.93万户；年末固定互联网宽带用户43.73万户，增长7.4%。

五、固定资产投资

全年固定资产投资比上年下降19.8%。其中，工业投资增长11.2%，产业投资增长2.2%。

全年房地产开发投资比上年下降37.4%；商品房销售面积101.50万平方米，增长2.0%。

六、市场消费

全年社会消费品零售总额522.48亿元，比上年增长5.1%。按经营地分，城镇消费品零售额337.11亿元，增长3.9%；乡村消费品零售额185.37亿元，增长7.3%。按行业类型分，批发业零售额91.80亿元，增长0.6%；零售业371.05亿元，增长6.0%；住宿业4.19亿元，增长4.9%；餐饮业55.44亿元，增长6.9%。

全年在限额以上单位商品零售额中，8个行业实现正增长。其中，烟酒类零售额比上年增长22.6%，金银珠宝类增长14.8%，通信器材类增长9.6%，服装、鞋帽、针纺织品类增长7.3%。

全年限额以上单位实物商品网上零售额1.69亿元，比上年下降41.9%。

七、对外经济和旅游

招商引资：全年新引进产业项目205个，合同引资743.11亿元；其中工业项目140个，合同引资502.34亿元。实际到位省外境内资金244.9亿元，比上年增长18.7%，实际利用外资4028万美元。

旅游：全年共接待国内外旅游者1334.1万人次，实现旅游总收入143亿元。

八、科学技术和教育

科学技术：年末全市有高新技术企业和生产高新技术产品的企业511家，全年实现增加值369.54亿元，比上年增长6.4%，占地区生产总值的比重为29.1%。全年授权专利2672件，减少19.5%，其中发明专利授权454件，增长1.3%；有效发明2442件，增长21.7%。年末全市有国家级高新区1个、国家级高新技术产业化基地2个、国家级农业科技园区1个、国家级科技企业孵化器1个、博士后科研工作站5家、院士工作站2家、国家级工业设计中心3家、国家级企业技术中心5家，省级重点实验室4个、省级科技企业孵化器4个、省级企业技术中心81家、省级工程技术研究中心32家、省市众创空间6个。

教育：年末全市共有普通中小学229所，中职学校7所，特教学校1所；在校中小学生162277人，其中高中学生37899人（含中职学生10889人），初中学生40804人，小学学生83253人，特教学生321人。全市共有中小学教职工11146人，其中专任教师10330人。全市共有幼儿园348所，在园幼儿32265人，教职工3533人，其中专任教师1635人。适龄儿童入学率100%，九年义务教育完成率100%，小学升学率100%。2023年高考全市上特殊类型控制线（等同于一本，含小门类）以上共计2599人，本科（含小门类）上线共计4906人。中考合格率98.4%；学前教育三年、初中、高中毛入学率分别为97.3%、100%、98%。

九、文化、卫生和体育

文化：年末全市有广播电台1座，电视发射台和转播台1座，剧场1个；广播、电视综合人口覆盖率均达到100%，有线电视用户6.82万户（在册用户）。公共图书馆1座，藏书量32.4万册。注册登记群众文艺团队12家。全年开展送戏下乡102场次，阅读推广活动122场次，戏曲进校园50课时，送文化器材100余套；公益电影放映2945场次。

卫生：年末全市共有医院、卫生院50个，市直医卫单位4个，乡镇卫生院27个，街道卫生服务中心4个，民营医院15个；医疗机构床位总数9698张，其中市直医疗单位3939张，乡镇卫生院4263张，民营医院1496张。全年孕产妇住院分娩率100%，死亡率为0，5岁以下儿童死亡率4.37‰。

体育：年末全市有体育场馆17座，400米田径场21个，乡镇门球场10个；有26个体育协会，2个智慧健身驿站，21个智慧社区健身中心。举办宁乡—张家界骑行、灰汤半程马拉松、广场舞、乒乓球、羽毛球、门球、足球、气排球等大型赛事。体育彩票全年销量1.5亿元。

十、环境保护、能源消费和安全生产

环境保护：全年城镇生活垃圾无害化处理率100%，集中式饮用水水源地水质达标率100%。全年空气优良天数336天，空气优良率92.1%，细微颗粒物（PM2.5）年均浓度36微克/立方米，比上年上升1微克/立方米；可吸入颗粒物（PM10）年均浓度49微克/立方米，上升1微克/立方米；臭氧8小时百分位值131微克/立方米，下降16微克/立方米。沩水、靳江省控考核断面水质优良比例达到100%，年均水质达到地表水Ⅱ类标准。

能源消费：全年全社会用电量53.02亿千瓦时，比上年增长0.7%。其中，工业用电量30.60亿千瓦时，增长2.5%；居民生活用电量14.03亿千瓦时，下降5.7%。

安全生产：全年各类安全生产事故共20起，死亡21人。其中道路运输事故10起，死亡11人；触电事故2起，死亡2人；坍塌事故2起，死亡4人；车辆伤害事故1起，死亡1人；起重伤害事故1起，死亡1人；高处坠落事故1起，死亡1人；物体打击事故1起，死亡1人；燃爆事故1起，重伤1人；火灾事故1起，直接经济损失457.06万元。

十一、人民生活、社会保障

居民收入：全年城乡居民人均可支配收入48822元，比上年增长4.7%，其中，人均工资性收入、经营净收入、财产净收入、转移净收入分别为28587元、8443元、4672元、7120元。城镇居民人均可支配收入57041元，增长3.2%，其中，人均工资性收入、经营净收入、财产净收入、转移净收入分别为31462元、7877元、8431元、9271元。农村居民人均可支配收入39383元，增长6.0%，其中，人均工资性收入、经营净收入、财产净收入、转移净收入分别为25285元、9093元、356元、4650元。

居民消费：全年城乡居民人均消费性支出34134元，比上年增长5.7%；其中，食品烟酒、教育文化娱乐支出、居住、交通通信分别占比25.3%、22.1%、20.3%、13.1%。城镇居民人均消费性支出36550元，比上年增长4.9%；其中，食品烟酒、居住、教育文化娱乐、交通通信支出分别占比24.8%、23.0%、22.6%、8.9%。农村居民人均生活消费支出31359元，比上年增长6.3%；其中，食品烟酒、居住、教育文化娱乐、交通通信支出分别占比26.1%、16.6%、21.5%、18.7%。

社会保障：年末全市参加城镇职工基本养老保险人数29.69万人，参加城乡居民基本养老保险人数75.74万人；参加城镇职工基本医疗保险人数21.97万人，参加城乡居民基本医疗保险人数98.85万人；参加失业保险人数11万人，领取失业保险金人数0.44万人；参加工伤保险人数14.1万人；参加生育保险人数14.01万人。

年末全市共有892人享受城市居民最低生活保障，19082人享受农村居民最低生活保障，10226人享受农村特困人员救助供养，全年临时救助5629人次，166511人享受高龄津贴。

浏阳市

中华人民共和国成立以前浏阳为农业经济县，在漫长的封建社会长期保持自然经济状态。清乾隆以后，以农产品为主要原料的手工业产品逐渐加强，市场交换规模有所扩大。光绪末年，岳阳、长沙相继开埠，刺激域内农产品出口销售，域内经济开始转化为有商品经济色彩的半自给性经济。民国时期，商品生产和商品交换有所扩大，但由于战乱频发，社会动荡，商品经济起落较大，至中华人民共和国成立前夕，域内经济仍维持半自给自然经济体系。中华人民共和国成立后，特别是改革开放以来，在中共浏阳市（县）委、市（县）人民政府领导下，浏阳始终坚持以马克思列宁主义、毛泽东思想、邓小平理论、“三个代表”重要思想、科学发展观、习近平新时代中国特色社会主义思想为指导，坚持稳中求进总基调，顺应经济发展新常态，坚决贯彻执行中央、省、长沙市决策部署，开拓创新、奋勇拼搏，浏阳经济发展水平显著提升，城乡面貌焕然一新，社会事业全面进步，人民生活由基本温饱发展到全面小康。

浏阳位于湖南东北部，现隶属省会长沙市，是世界闻名的花炮之乡，是全国著名的将军之乡、诗词之乡、花木之乡，是全国发展改革试点城市、中国优秀旅游城市。全市总面积5007.75平方公里。辖4个街道、27个镇、1个乡，共326个村（社区）。

浏阳市2023年国民经济和社会发展统计公报

2023年，在市委、市政府的正确领导下，浏阳市上下坚持以习近平新时代中国特色社会主义思想为指导，锚定“三高四新”美好蓝图，聚焦高质量发展，推出了一批重大工作举措，全年经济稳中有进、进中提质，高质量发展取得新进展。

初步核算，全市实现地区生产总值1735.7亿元，按可比价计算，增长5.0%（同比，下同）。其中第一产业增加值136.4亿元，第二产业增加值799.0亿元，第三产业增加值800.3亿元，分别增长3.9%、4.9%和5.3%。三次产业对经济增长的贡献率依次为6.6%、48.0%和45.4%，分别拉动经济增长0.3、2.4、2.3个百分点；三次产业结构为7.9 ∶ 46.0 ∶ 46.1。

一、农业

2023年，全市实现农林牧渔业总产值237.8亿元，按可比价计算，增长4.1%。

全年粮食种植面积120.5万亩，其中稻谷播种面积111.16万亩；蔬菜种植面积69.04万亩，增长1.4%；烟叶种植面积6.4万亩，增长7.4%。

全年粮食总产量56.87万吨，增长1.6%；烟叶9200吨，增长31.7%；蔬菜158.1万吨，增长4.3%；出栏生猪134.42万头，增长1.8%；出笼家禽1272万羽，下降6.6%。

二、工业

2023年，全市实现工业增加值增长4.7%，规模以上工业企业947家，实现规模工业增加值增长4.5%，其中，经开区实现规模工业增加值增长9.8%；实现利润总额增长13.2%。

三、建筑业、房地产业和固定资产投资

2023年，全市建筑行业实现增加值48.0亿元，增长10.4%。拥有资质建筑企业72家，实现建筑业产值87.2亿元，增长10.3%。

2023年，全市房地产业实现增加值53.3亿元，增长2.5%。拥有房地产开发经营企业70家，实现房地产投资额39.6亿元。商品房销售面积90.8万平方米，增长0.4%。

2023年，全市产业投资增长2.0%，工业投资增长10.9%。

四、财政金融、内外贸易和市场主体

财政。2023年，全市完成一般公共预算收入157.28亿元，增长12.21%，税收收入占一般公共预算收入比重为78.62%；地方一般公共预算收入105.78亿元，增长4.58%。全市地方一般公共预算支出179.51亿元，增长3.13%。

金融。2023年，全市金融机构年末各项存款余额1403.7亿元，增长13.8%，比年初增加169.9亿元，其中住户存款余额1030.4亿元；各项贷款余额1220.8亿元，增长12.8%，比年初增加138.7亿元。

内外贸易。2023年，全市实现社会消费品零售总额484.0亿元，增长6.2%。其中：批发业零售额33.1亿元，增长4.8%；零售业零售额395.3亿元，增长6.1%；住宿业零售额4.6亿元，增长5.7%；餐饮业零售额51.0亿元，增长7.8%。

2023年，全市实现自营进出口总额248.0亿元，增长7.3%。经开区实现进出口总额140.34亿元，增长4.5%，其中进口总额38.79亿元，下降22.4%，出口总额101.55亿元，增长20.5%；园区外进出口总额107.66亿元，增长11.2%，其中进口总额1.91亿元，下降9.1%，出口总额105.75亿元，增长11.6%。

市场主体。2023年，新增市场主体2.78万户，年末市场主体总数达16.97万户。

五、交通运输和邮电业

交通运输。2023年，年末市内通车里程4556.05公里。全市公路客运周转量增长17.3%；公路货运周转量增长21.1%。

邮电通信。2023年，全市实现邮电业务总量11.33亿元，增长4.1%。年末拥有移动电话用户153.43万户，增长3.2%；互联网宽带接入用户45.5万户，增长5.9%。

六、旅游和招商引资

旅游。2023年，全市接待旅游人数3505.96万人次，增长15.0%；旅游产业收入370.60亿元，增长15.0%。

招商引资。2023年，全市引进项目124个，其中亿元以上项目39个，10亿元以上项目10个，50亿元以上项目1个。外商直接投资7014.53万美元，湘商回归投资147.2亿元。

七、科学技术和教育

科学技术。2023年，全市拥有高新技术企业717家，高新技术产业增加值336.6亿元，增长11.8%，占地区生产总值的比重为19.4%。全年新增专利授权量2511件，其中发明专利授权449件，实用新型专利授权1644件，外观设计专利授权418件。

教育。2023年，全市拥有普通小学（含教学点）283所，教职员工6144人，本年招生19199人，在校学生114846人，毕业17932人；普通初中56所，教职员工4477人，本年招生18135人，在校学生53682人，毕业16988人；普通高中20所，教职员工3243人，本年招生12000人，在校学生34994人，毕业9682人；中等职业学校12所，教职员工1596人，本年招生7175人，在校学生21414人，毕业7020人；特殊教育学校1所，教职员工62人，本年招生45人，在校学生184人，毕业45人。

八、文化、卫生和体育

文化。2023年，全市拥有文化馆站33个、艺术表演团体58个。全市广播综合人口覆盖率96.5%，电视综合人口覆盖率98.8%，年末公共图书馆藏书61.15万册。

卫生。2023年末，全市拥有卫生机构57个，其中医院55所。医疗卫生机构床位数11466张，卫生技术人员10454人，其中医生5459人。年内诊疗1160万人次，年内治愈率为73.5%。产妇住院分娩率100%，婴儿死亡率2.12‰，5岁以下儿童死亡率4.11‰。

体育。2023年，全市共有体育场地5633个，全年组织县级以上运动会5次，参加活动人数2万人次。运动员在各项比赛中获得国家级奖牌17枚、省市级奖牌110枚。

九、环境保护和安全生产

环境保护。2023年，全年空气质量优良率95.6%，浏阳河出境水质均值保持Ⅱ类，饮用水水源地水质达标率100%。

安全生产。2023年，全市亿元GDP事故死亡率为0.0149；全市生产安全事故死亡人数27人。

十、人口、人民生活和社会保障

人口。2023年，全市年末公安户籍户数41.17万户，总人口为147.43万人，其中，城镇人口75.64万人，乡村人口71.78万人。年内出生人口8329人，出生率为5.65‰；年内死亡人口9913人，死亡率为6.72‰；人口自然增长率-1.07‰。

人民生活。2023年，城乡居民人均可支配收入54662元，增长4.3%，其中城镇居民人均可支配收入61113元，增长3.1%；农村居民人均可支配收入45968元，增长5.9%。城乡居民人均生活消费支出31805元，增长5.7%，其中城镇居民人均生活消费支出35086元，增长5.1%，农村居民人均生活消费支出27383元，增长6.2%。

社会保障。2023年末城镇职工基本养老保险参保人数20.33万人，城乡居民基本养老保险参保人数80.64万人、参保率达98%。城镇职工基本医疗保险参保人数21.52万人，城乡居民基本医疗保险参保人数114.61万人、参保率达95.03%。全年新增城镇就业人员19360人，年末城镇登记失业率0.61%，失业保险参保人数15.00万人。全市共有各种提供住宿的民政服务机构45个，床位5021张；各种社会福利收养性单位34个，床位3665张。全年发放城乡居民最低生活保障经费13913万元，城乡居民最低生活保障人数26208人，城乡低保对象人均月补差标准分别为577元和437元。

长 沙 县

长沙县又名“星沙”。2020年9月习近平总书记、2023年3月李强总理分别莅临视察指导。

区位优越，交通便捷。长沙县自古就有“三湘首邑、荆楚重镇”之美誉。从全国看，位于华中腹地，是长江经济带和粤港澳大湾区辐射带的交汇中心，贯通南北、承东启西；从湖南看，处于长株潭核心地带，雄踞湘江右岸、长沙东部。“湖南空中东大门”黄花国际机场坐落于此，京广、沪昆、渝长厦交会成“米”字形高铁网络，首条国产中低速磁悬浮连通机场与高铁站，京港澳、武深、长株等高速穿境而过，全县公路通车总里程4000多公里，7条地铁线织就地铁网，20分钟车程可达长沙港。今天，142.75万人民幸福地生活在1756平方公里的广袤大地上，县辖18个镇（街道）。

历史悠久，人文荟萃。已有2200多年历史的长沙县，屈原、贾谊、李白、杜甫、苏轼等历代名人，曾在这里留下斑斑胜迹。这里是著名的红色摇篮，“十步之内，必有芳草”，辛亥革命元勋黄兴、《国歌》词作者田汉从这里走出；毛主席的亲密战友和夫人杨开慧烈士、“断肠明志”的红军师长陈树湘烈士诞生于此；这里是中共第一位女党员缪伯英、党的早期领导人李维汉、开国大将许光达的家乡；影珠山作为长沙会战主战场，抗战英雄在此歼灭日寇数万人，红色基因传承至今。

实力强劲，产业发达。长沙县是闻名全国的“中西部第一县”，2023年地区生产总值同比增长4.7%，荣登全国发展潜力百强县榜首，全国投资潜力第3、县域经济和社会综合发展第4、绿色发展第4、综合实力第5、科技创新第5、工业发展第8、新型智慧城市第8。长沙县享有“湖南工业看长沙，长沙工业看星沙”之美誉。工程机械产业已成为世界级产业集群，汽车及零部件产业产值曾破千亿。三一重工进入世界500强，山河智能、铁建重工等跻身全球工程机械50强，大众、博世等40家世界500强企业抢滩登陆。众多的国家级平台为产业发展提供沃土，有国家级长沙经济技术开发区，拥有中国（湖南）自由贸易试验区60.91%的实施面积。在“南征北战，东拓西融”区域发展战略指引下，松雅湖生态新城全新启航，黄花国际贸易港全新谋划，星沙区块链产业园领跑湖南，近7万家企业在这里逐梦圆梦。

敢于改革，勇于开放。“无改革，不星沙；无开放，不星沙。”作为全国18个改革开放典型地区之一的长沙县，1992年创立星沙经济技术开发区，现已壮大为国家级长沙经开区，探索出县区一体的发展机制。率先在全国县级层面推行行政执法综合改革，创新成立县行政执法局。争当湖南自贸试验区制度创新“优等生”，3项自贸创新成果入选《中国自贸试验区发展报告（2023年）》。这里是长沙乃至湖南对外开放的桥头堡，与200多个国家（地区）建立了经贸关系。有黄花综保区等开放平台，获批国家级加工贸易产业园、跨境电商综试区。落成长沙新地标——长沙国际会展中心和长沙国际会议中心，成功承办中非经贸博览会、博鳌亚洲论坛经安峰会等国际性重大展会。

宜居宜业，生活幸福。这里有松雅湖国家湿地公园，影珠山、北山、大山冲三个省级森林公园风光旖旎，浏阳河、捞刀河蜿蜒流过，每年千万游客纷至沓来。生态环境优良，获评中国乡村旅游发展名县，成功创建国家生态文明建设示范区和国家“两山”实践创新基地。行政村100%通硬化路和公交，获评“四好农村公路”全国示范县，污水处理全覆盖，管道燃气通达城区和集镇。驻县银行27家。驻地高校16所，高层次人才占全市1/4。引进北师大、湖师大等名校合作办学，玮希国际学校、英国康礼克雷格公学海外分校相继进驻，教育更具“国际范”。妇幼保健院成为全省首家县域三级妇幼保健机构，投资22亿元建设的县人民医院即将投入使用。在湖南率先建设共同富裕先行区，2023年居民人均可支配收入达5.5万元，农村居民收入继续领跑全省，居全国县域前列。连续17年获评“中国最具幸福感城市”。

长沙县2023年国民经济和社会发展统计公报

2023年，长沙县委、县政府带领全县人民全面贯彻党的二十大精神，聚焦实现“三高四新”美好蓝图，深入践行八个“走在前、作示范”要求，全面贯彻“1345”发展思路，强力推进“四个年”行动，全力打好“发展六仗”，推动县域经济和社会发展稳步向前。

一、综合

初步核算，全县实现地区生产总值（GDP）2129.52亿元，比上年增长4.7%。分产业看，第一产业增加值95.34亿元，增长3.7%；第二产业增加值1035.34亿元，增长4.4%；第三产业增加值998.84亿元，增长5.0%。第一、二、三次产业分别拉动GDP增长0.2、2.3、2.2个百分点，三次产业对GDP增长的贡献率分别为3.8%、48.6%、47.6%。全县三次产业结构调整为4.5 ∶ 48.6 ∶ 46.9。

全年城镇新增就业19176人，各类城镇下岗失业人员实现就业再就业15952人，帮助就业困难人员再就业1463人。年末城镇登记失业率为1.67%。

二、农业

全年实现农林牧渔业总产值160.8亿元，比上年增长3.9%。

全年粮食产量49.5万吨，增长1.2%；蔬菜产量118.2万吨，增长4.2%；水果产量9.2万吨，增长7.9%；猪牛羊禽肉产量5.4万吨，下降1.8%；茶叶产量4.4万吨，增长4.3%。

全年新建高标准农田2万亩，高标准农田累计18.8万亩，农作物综合机械化率达87.3%。全年新增17家市级以上农业龙头企业，示范农民专业合作社18家，示范家庭农场94个。

三、工业和建筑业

全年规模以上工业增加值比上年增长4.3%，其中经开区规模工业增加值增长5.6%。

全年工程机械、汽车及零部件、电子信息三大支柱行业规模工业总产值比上年下降5.5%。其中，汽车及零部件产业产值下降8.2%；电子信息产业产值下降4.4%；工程机械产业产值下降2.5%。

全年规模以上工业企业营业收入比上年下降5.2%，营业成本下降4.9%，利润总额下降7.4%。

全县共有资质以上建筑业企业179家，实现建筑业总产值600.2亿元，比上年增长3.9%。完成竣工产值278.4亿元，增长14.5%。房屋建筑施工面积1173.2万平方米，房屋建筑竣工面积184.4万平方米。

四、固定资产投资

全年固定资产投资比上年增长5.3%。其中第一产业完成投资占全社会固定资产投资的比重为0.3%；第二产业完成投资占全社会固定资产投资的比重为32.6%；第三产业完成投资占全社会固定资产投资的比重为67.1%。全年亿元以上投资项目300个，完成投资占固定资产投资总额的78.6%。

全年房地产开发投资261.4亿元，比上年下降17.6%。商品房销售面积246.6万平方米，下降2.7%；商品房销售额205.9亿元，下降3.4%。

五、国内贸易

全年社会消费品零售总额704.6亿元，比上年增长6.2%。按行业分，批发行业55.8亿元，增长6.8%；零售行业622.5亿元，增长5.9%；住宿行业7.4亿元，增长9.1%；餐饮行业18.9亿元，增长12.9%。

全年限额以上单位商品零售额比上年增长4.3%。其中粮油、食品类比上年增长43.1%；饮料类增长58.2%；烟酒类增长50.8%；服装、鞋帽、针纺织品类增长21.3%；化妆品类下降22.7%；日用品类增长4.5%；五金、电料类增长120.8%；体育、娱乐用品类下降5.6%；书报杂志类下降15.8%；家用电器和音像器材类增长310.4%；中西药品类增长7.0%；文化办公用品类下降25.0%；通信器材类下降24.2%；石油及制品类增长15.5%；建筑及装潢材料类增长2.7%；汽车类下降1.1%；其他未列明商品类增长26.2%。

六、对外贸易和旅游

全年实现进出口总额981亿元，比上年下降24.3%，占全省的比重为15.9%，占全市的比重为34.9%。其中进口总额413亿元，增长21.1%；出口总额568亿元，下降40.5%。

全年外商直接投资3.0亿美元，比上年增长36.4%；引进省外境内资金231.6亿元，增长11.3%。

全年实现旅游总收入294.8亿元，比上年增长46.9%。接待游客2632.6万人次，增长38.2%。年末全县共有星级酒店2家，其中五星级1家；年末全县共有3A旅游景区9处。年末全县共有4A级以上风景区4处。

七、交通和邮电

年末公路通车里程达到6342公里。全年公路客运量3226万人，旅客周转量11367万人公里；公路货运量2881万吨，货物周转量166130万吨公里；行政村客运（公交）班线通达率实现100%。

全年邮电通信业务总量18.9亿元，比上年增长2.0%。年末全县移动电话用户186.7万户，增长2.7%；全县互联网络用户69.2万户，增长13.1%。

八、财政和金融业

全县实现财政总收入366.8亿元，比上年下降2.0%。公共财政预算支出196.5亿元，增长0.5%。其中教育支出39.1亿元，增长0.7%；医疗卫生支出14.1亿元，增长11.4%，社会保障和就业支出12.7亿元，增长1.0%。

年末金融机构人民币存款余额2093.8亿元，比上年增长12.7%；居民储蓄1122.1亿元，增长16.0%；各项贷款余额2303.4亿元，增长8.8%。金融机构网点数272个，职工总人数7163人。

九、科学技术和教育

实现高新技术增加值495.2亿元，增长7.0%。全年认定国家高新技术企业475家，年末总数达1266家。

全县专利授权量为5857件。其中，发明专利授权量为1191件，比上年增长17.8%。

年末全县共有各类全日制学校215所（不含幼儿园），其中职业中专7所、普通高中17所、乡镇农校1所、初级中学46所、小学143所、特殊教育学校1所。共有幼儿园340所，其中公办幼儿园159所。全县在校中小学生199558人，在园幼儿52225人。其中：普通高中26183人，职业高中14945人，初中41316人，小学116965人，特校149人。初中入学率为100%、初中巩固率为99.8%；小学学龄人口入学率100%、巩固率为100%；免除了151763人次学生杂费，义务教育阶段学生杂费免除率达100%。对各级各类贫困学生资助金额达1776.7万元。

十、文化、体育和卫生

年末全县共有文化设施面积160.1万平方米，比上年增长0.7%。拥有文化站18个、文化馆1个，公共图书馆1个，电影院17个，档案馆1个。全年送戏下乡72场、电影2840场。广播电视户户通等文化惠民工程扎实开展，广播综合人口覆盖率和电视综合人口覆盖率均达100%。城区有线电视用户3.1万户，城区有线电视入户率达90%。

年末全县共有体育设施面积391万平方米，比上年增长16.0%。拥有各类体育场地4438个，其中：标准体育馆21座，标准运动场138个，标准游泳池40个，各种训练综合用房300个。开展大型群众体育活动145次，全民健身运动参加人数达80万人次。

年末全县共有各类卫生机构643个，其中医院、卫生院共46个，卫生防疫和防治机构1个，妇幼卫生保健机构1个，社区服务中心（站）12个。卫生人员11260人，其中执业医师、执业助理医师4684人，注册护士5807人，卫生防疫和防治机构卫生技术人员68人，妇幼卫生机构卫生技术人员701人。各类卫生机构拥有病床7503张，每千人拥有病床数5.23张，每千人拥有卫生技术人员数7.71人。

十一、环境和安全生产

全县城镇生活垃圾无害化处理率100%、污水处理率99.2%。全年环境空气质量二级以上天数331天。全县建成区绿化覆盖面积为4706.9公顷。

全年共发生各类生产经营性事故（不含火灾事故，含生产经营性交通事故）27起；亿元GDP安全事故死亡率0.0136；道路交通事故万车死亡率0.898；其他领域安全生产死亡事故19起。

十二、人口、人民生活和社会保障

年末全县户籍户数29.11万户，户籍人口84.04万人，比上年增加3570人。全年出生5936人，人口出生率7.1‰；死亡4368人，人口死亡率5.2‰；人口自然增长率为1.9‰，出生人口性别比为110.6。年末常住人口143.47万人，其中，城镇人口为107.8万人，城镇化率为75.14%，比重较上年提高0.46个百分点。

全年城乡居民人均可支配收入55474元，比上年增长4.2%，其中，工资性收入37813元，经营净收入7156元，财产净收入7365元，转移净收入3141元。

城乡居民人均生活消费支出35604元，比上年增长5.4%，食品烟酒支出占比为26.6%。其中，城镇居民人均生活消费支出为39100元，增长5.0%，食品烟酒支出占比为27.5%；农村居民人均生活消费支出为30549元，增长6.1%，食品烟酒支出占比为24.8%。城乡居民文教娱乐服务消费支出占比22.1%，比上年同期下降0.7个百分点。

年末参加全县劳动保障部门企业职工基本养老保险人数为71.9万人，参加城镇职工基本医疗保险人数为34.4万人，失业保险参保人数为22万人。

年末拥有各类养老机构28个，社会福利收养性单位床位数达6193张。加大对困难群体的救助力度，全县全年共救助17.2万人次，累计发放低保11.2万人次，其中，城镇低保对象3344户次、4834人次；农村低保对象60089户次、106723人次。

政治·军事·法治

◎长沙获评『全国法治政府建设示范市』

2023年1月，中央依法治国办发布关于第二批全国法治政府建设示范地区和项目命名的决定，长沙市获评“全国法治政府建设示范市”。

长沙全力推动《“十四五”法治建设规划》落地落实，出台60多项在全国具有示范意义的法治政府建设制度，将法治政府建设与经济社会发展同部署、同推进。长沙在全省率先建立首批政府立法基层联系点，深入推进科学立法、民主立法，现行有效地方性法规76件、政府规章30件，以良法促发展、保善治；全力推进行政执法“三项制度”，高标准建成全市行政执法综合管理信息系统，率先在全省实行执法数据定期报告制度，行政执法更加公开透明；加强行政执法监督，梳理执法事项清单，严格依据清单执法，保证清单之外无执法。

长沙还成功创建全国民主法治示范村（社区）19个、全省民主法治示范村（社区）110个，8个区县荣获全国法治县（市、区）先进单位，法治建设成效凸显。

◎智能制造，长沙这些数据居全国前列

2023年1月4日，工信部公示了2022年度智能制造示范工厂揭榜单位和优秀场景名单，来自长沙的盐津铺子食品股份有限公司入选。

盐津铺子是食品企业中较早引入智能化生产线的企业，自2017年起，先后布局了15条智能制造烘焙生产线，核心工艺区实现了无人化作业，产线整体不仅可节约90%的人工，综合效益还提升了超50%。2022年公司持续加大生产设备投入，打造浏阳基地“生态智慧工厂”，通过自研工厂App，实现数据自动化采集，全面构建数字化生产体系、食品质量安全体系、仓储物流信息化体系，产品质量与生产效能实现双提升。

早在2015年，长沙率先在全国市级层面出台了《长沙智能制造三年（2015—2018年）行动计划》，明确提出以智能制造为主攻方向，为制造业转型升级提纲挈领。而后几年，一系列引领企业走智能化发展的政策文件相继出台，进一步推进长沙市智能制造向纵深发展。

智能化生产线车间

目前，长沙市拥有国家级智能制造试点示范企业和专项项目27个，国家级智能制造示范工厂揭榜单位7个、优秀场景14个，数量居全国前列。

长沙市工业和信息化局有关负责人表示，未来几年，长沙将力争建成创新成果丰富、产业集聚明显、示范带动突出、制造业发展质量和效益明显提升的智能制造先行区，智能制造整体水平全国领先。

要闻纪事

1月

△3日，澳门工商联会、三一筑工战略合作签约仪式在长沙举行。市人大常委会主任、市工程机械产业链链长文树勋，澳门特别行政区全国人大代表、澳门工商联会会长何敬麟出席并见证签约。会上，双方签署了战略合作框架协议。与会人员就加强长沙与澳门的工程机械产业合作、共建智能制造新生态进行了深入交流。

△3日，长沙县区“项目建设提速年”2023年第一次会议召开，长沙经开区党工委书记、长沙县委书记付旭明出席并强调，要深入贯彻落实党的二十大精神和中央、省委、市委经济工作会议精神，全面落实“三高四新”战略定位和使命任务，奋力实施强省会战略，坚持“大抓项目、抓大项目”，全力开展“项目建设提速年”行动，加快推动县区高质量发展，为率先打造“三个高地”、全面建设中国式现代化先行区提供强大项目支撑和发展动力。

△6日，望城区委常委议军会暨国动委全会召开。区委书记、区人武部党委第一书记秦国良主持会议。会议传达学习了习近平总书记重要讲话精神，听取了党管武装、国防动员等工作情况汇报，审议了《关于加强人民武装工作的实施办法》。

△10日，长沙市公安局隆重举行升警旗仪式，热烈庆祝第三个中国人民警察节。副市长、市公安局局长刘新良出席。当日，长沙各区县（市）公安机关同步举行了升警旗仪式、重温公安机关人民警察誓词等活动。

△11日，长沙县召开宣传思想文化工作2022年度五个“十佳”经验分享会，总结、分享过去一年全县宣传思想文化系统成就经验，推动全县宣传思想文化工作在新的一年开好局、起好步、再上新台阶。长沙县委常委、宣传部部长杨溢，县领导黄泽红、邱友梅、张小春参加。

◎长沙开出湖南首趟复兴号智能型动车组

2023年1月3日，由CR400AF-Z复兴号智能型动车组担当的G84次列车从长沙南站发出，开往北京西站，标志着复兴号智能型动车组正式在广铁集团上线运行。

此次首发的CR400AF-Z复兴号智能型动车组属于复兴号家族中运营时速350公里的车型，采用了新外观造型和低阻力流线头型设计，车身采用三色彩带涂装，呈波浪状环绕，形似“祥龙飞舞”。

CR400AF-Z复兴号智能型动车组改进了旅客服务功能。全车实现Wi-Fi覆盖、无线充电、影视投屏等服务功能，增加了座椅插座及USB接口，满足旅客的各种用电需求。列车上商务座椅智能交互终端通过车载Wi-Fi、PIS网络连接，增设手机投屏功能，为旅客提供更加丰富的列车运行、服务介绍、娱乐资源等旅行服务信息，观光区内商务座定员由5个增至6个，同时增设无线充电装置，改进小桌板设计，优化储物空间，改进提升私密性、舒适性。该动车组在无障碍车厢的相关服务设施处增设盲文标识，为盲人自助服务提供便利条件。车上采用变频空调，噪声更低，温度控制精度更高，车厢更加安静。卫生间设置智能照明，可根据卫生间是否有人，自动调整灯光亮度。

CR400AF-Z复兴号智能型动车组采用了新外观造型和低阻力流线头型设计，车身采用三色彩带涂装，呈波浪状环绕，形似“祥龙飞舞”

后续广铁集团将分别在广州南、深圳北、邵阳、株洲西站等车站开出始发智能型动车组，为沿线旅客提供出行服务的新体验。

◎湖南中烟数字化调香工程中心项目开工

2023年新年伊始，浏阳经开区按下项目建设“快进键”，全力冲刺“开门红”。2023年1月4日，园区开年首个重大项目——湖南中烟数字化调香工程中心项目正式开工。湖南中烟党组书记、总经理籍涛宣布项目开工。长沙市委常委、浏阳市委书记朱东铁出席。

湖南中烟数字化调香工程中心项目是湖南中烟在浏阳的重要战略布局，位于湖南中烟永安烟业综合性科技园。永安烟业综合性科技园总投资约10.2亿元，此次开工的数字化调香工程中心项目将建设三条自动化调配生产线，着力打造管理信息化、产线智能化、生产柔性化的烟草行业调香中心标杆项目。项目建成投产后，预计年产烟用香精香料2000余吨，将进一步延伸产业链条，引领行业技术发展，巩固中烟行业领头羊的优势地位，也必将助推浏阳经济发展和民生改善，为高质量发展赋能添彩。香精香料是决定卷烟产品的风格特色、内在质量的关键因素，是烟草行业的“芯片”“核心科技”，该项目是湖南中烟加快科技成果转化、更好掌握“核心科技”、提升产品核心竞争力、保障品牌高质量发展的重要保障。

浏阳经开区开年首个重大项目——湖南中烟数字化调香工程中心项目举行开工仪式

◎长沙市政协十三届二十七次主席会议召开

政协长沙市第十三届委员会第二十七次主席会议

2023年1月6日，政协长沙市第十三届委员会第二十七次主席会议召开。长沙市政协主席陈刚主持会议，副主席石长松、彭民安、陈剑文、刘金文、陈昌佳、黄锋、黄梁、刘志红，秘书长骆正平出席。

会议传达学习了2022年12月15日至16日中央经济工作会议精神和2022年12月6日中共中央政治局会议精神，习近平总书记在中共中央党外人士座谈会上的重要讲话、二〇二三年新年贺词和在全国政协新年茶话会上的重要讲话精神。

陈刚指出，2023年是全面贯彻落实党的二十大精神的开局之年，要深刻领悟“两个确立”的决定性意义、坚决做到“两个维护”，团结引领好党外人士，全面落实党的二十大各项部署，坚持稳字当头、稳中求进，完整准确全面贯彻新发展理念，坚持建言资政凝聚共识双向发力，为全面建设现代化新长沙贡献政协力量。要突出团结民主两大主题，巩固和发展最广泛的爱国统一战线，充分发挥专门协商机构作用，凝聚共同致力于民族复兴的强大合力。

会议传达了市委常委会和市委联席会议精神，部署了近期重点工作。市政协主席会议成员先后总结复盘了2022年全年工作以及市政协十三届二次会议有关情况，并围绕今年工作思路交流了意见建议。

会议还研究了其他事项。

◎新年长沙首个百亿项目花落望城

2023年1月10日，投资120亿元的中能建300MW级压缩空气储能电站示范项目正式签约落户长沙市望城，这是2023年来长沙招引的首个百亿项目，也是湖南省首家且规模最大的压缩空气储能发电项目，对促进区域新能源发展建设具有重要意义。

投资120亿元的中能建300MW级压缩空气储能电站示范项目正式签约落户望城

中能建300MW（兆瓦）级压缩空气储能电站示范项目选址长沙市望城区桥驿镇，由中能建数字科技集团有限公司、中国葛洲坝集团三峡建设工程有限公司共同投资建设，建设300MW/1200MWh（300兆瓦每1200兆瓦时）压缩空气储能电站，项目预计总投资约120亿元，计划2023—2025年完成建设。

长沙市望城地区具有较好的硬质岩条件，近年来长沙电网存在较大尖峰负荷，结合湖南电网及华中电网需求情况，投资建设大规模长时压缩空气储能电站很有必要。压缩空气储能作为大规模、长储能时长、长寿命的新型储能技术，技术指标对标抽水蓄能，可以实现电网深度调峰、旋转备用、黑启动等功能，可以有效解决新能源电力不稳定、不连续、不可预测等问题。该项目的落户，填补了湖南省内行业空白，对落实国家双碳战略，具有示范引领效应。

要闻纪事

△11日，2023年长沙市军政座谈会举行，军地双方欢聚一堂，共叙军民鱼水情深，共商军地发展大计。省委常委、市委书记、长沙警备区党委第一书记吴桂英，省军区司令员王宇少将，国防科大副校长兼教育长吴建军少将出席并讲话。

△13日，长沙市保密技术服务中心举行挂牌仪式，市委常委、市委秘书长、市委保密委主任刘拥兵出席并揭牌。仪式后，刘拥兵实地调研，深入了解中心运营情况，并看望工作人员。

△13日，长沙市芙蓉区人民法院定王台人民法庭揭牌仪式举行。湖南省高级人民法院副院长杨翔，长沙市中级人民法院党组书记、院长李立新，长沙市芙蓉区委书记周春晖，长沙市芙蓉区人民法院党组书记、院长文继光出席活动，共同为定王台人民法庭揭牌。

△13日，长沙市监察委员会召开第二届特约监察员聘请会。市委常委、市纪委书记、市监委主任胡卫兵出席并讲话。会上宣读了《关于聘请王云霞等14人为长沙市监察委员会特约监察员的通知》，并为特约监察员颁发聘书，6名代表作表态发言。

△16日，中国共产党长沙市雨花区第六届委员会第四次全体会议召开。全会坚持以习近平新时代中国特色社会主义思想为指导，全面贯彻党的二十大精神，认真落实中央和省委、市委经济工作会议，省委、市委全会和省市两会精神，总结2022年成绩，分析当前形势，部署2023年工作，动员全区上下大干快上、奋勇争先，抢先机，拼经济，促发展，奋力建设全国一流现代化强区。

△18日，天心区委书记、区人武部党委第一书记吴新伟主持召开区委常委议军会暨党管武装述职会议，深入学习贯彻党的二十大精神和习近平强军思想，不断推动全区国防动员和后备力量建设取得新的更大成效。会议听取了全区国防动员及武装工作报告，就做好下阶段党管武装各项工作进行安排部署。

◎长沙市委常委会召开会议

2023年1月19日，长沙市委常委会召开会议，传达学习习近平总书记同党外人士座谈并共迎新春时的重要讲话精神，传达学习省十四届人大一次会议和省政协十三届一次会议精神，听取召开全市加快推进高质量发展大会、平安建设、安全生产和消防救援、疫情防控和医疗救治等汇报，研究相关工作。省委常委、市委书记吴桂英主持并讲话。

会议审议了全市加快推进高质量发展大会相关文件。会议强调，要坚持以高质量发展为目标，以项目建设为抓手，以责任落实为保障，抓好项目统筹衔接和要素供给，全力以赴扩内需、兴产业，强科创、促改革，惠民生、守底线，迅速掀起争先进位、跨越赶超的发展热潮，推动长沙经济发展行稳致远。

会议还研究了其他事项。

◎稳外贸促创新成效明显 长沙入围全国十城

2023年1月30日，商务部网站公示了2022年推动外贸稳定和创新发展成效明显予以激励支持的拟推荐名单，共十个城市入选，长沙占据一席。

公示期为2023年1月30日至2023年2月3日。拟推荐名单为辽宁省大连市、上海市浦东新区、江苏省苏州市、浙江省金华市、福建省厦门市、江西省九江市、山东省潍坊市、湖南省长沙市、广东省深圳市、四川省成都市。

进入公示名单意味着2022年长沙外贸发展和创新受到了国家肯定。

据海关统计，2022年，长沙市进出口总值首次突破3000亿元大关，达3315.6亿元，比上年同期增长21.1%，进出口总量排名全国直辖市和省会城市第14位，进出口增速排名第7位。其中，出口2462.9亿元，增长27.3%；出口总量排名第12位，出口增速居排名第7位。

近年来长沙外贸规模逐年攀升，呈跨越式发展趋势，2018年突破1000亿元，2019年突破2000亿元，2022年突破3000亿元，创历史新高，年均增长率约30%。

长沙的外贸伙伴更趋多元。2022年，第一大贸易伙伴为东盟，进出口值755.4亿元，同比增长47.9%。同期，对“一带一路”沿线国家进出口1287.9亿元，增长41.8%；对RCEP其他成员国进出口1167.8亿元，增长27.9%。

◎长沙市·衡阳市合作交流座谈会召开

长沙市·衡阳市合作交流座谈会

2023年2月7日，长沙市·衡阳市合作交流座谈会召开。湖南省委常委、长沙市委书记吴桂英，衡阳市委书记刘越高讲话。长沙市委副书记、市长郑建新，衡阳市委副书记、市长朱健介绍两地经济社会发展情况。

长沙市级领导谭勇、何朝晖、刘拥兵、彭涛，衡阳市领导赖馨正、于新凡、尹培国、朱春光、黄艳娥、曾建华、颜和平出席。

刘越高说，代表团一行用一天半时间深入长沙5个国家级新区园区、9家重点企业考察，看到了“强省会”的新气象，学到了“五好”园区的新思路，探求了“中心化”的新路径。一路学习、一路思考，一路比较、一路感悟，我们为长沙经济社会发展取得的巨大成就和长沙广大党员干部干事创业的闯劲干劲所振奋鼓舞，将全面总结、认真借鉴长沙的好思路、好措施、好经验，为全省高质量发展作出省域副中心城市的积极贡献。

在长期间，衡阳市党政代表团先后前往铁建重工、三一重卡、蓝思科技、长沙戴卡、星邦智能、邦普循环、格力暖通、中电软件园、中联智慧产业城等地考察先进制造业和园区发展。

要闻纪事

△31日，湘潭市·湖南湘江新区深入推进长株潭都市圈建设对接工作会议召开。会议听取了湖南湘江新区九华片区工作进展及合作建议有关情况介绍，双方围绕“三高四新”战略定位和使命任务，就深入实施“强省会”战略，加快开发建设九华片区、深入推进长株潭都市圈建设、共同打造融城样板区和科创先行区进行深入交流座谈。

△30日，湖南湘江新区举办“迎老乡、回故乡、建家乡”湘商新春恳谈会暨重大项目签约仪式，180余位湘商、企业精英齐聚一堂，共谋家乡发展美好蓝图，现场签约15个重点项目，总金额达488亿元。

△30日，长沙市委常委班子2022年度民主生活会会前学习暨市委理论学习中心组集体学习举行。省委常委、市委书记吴桂英主持并作总结讲话。市委副书记、市长郑建新作交流发言。

△31日，长沙市宣传工作座谈会召开，传达学习全国全省宣传部长会议精神，谋划2023年全市宣传思想文化工作。市委常委、市委宣传部部长陈澎出席并讲话。

2月

△1日，长沙市委常委班子用一天时间召开2022年度民主生活会。省委常委、市委书记吴桂英主持会议并作总结讲话。省委督导组负责同志到会指导并作点评讲话。市人大常委会、市政协党组主要负责同志列席。

△2日，省委常委、长沙市委书记吴桂英出席长沙市第十四届纪委第三次全会时强调，要始终牢记“两个永远在路上”“三个务必”，深入推进全面从严治党不松劲、不停步、再出发，坚决打赢正风肃纪反腐攻坚战持久战。

◎长沙市2023年“迎老乡 回故乡 建家乡”新春座谈会暨项目签约活动举行

2023年2月3日，长沙市2023年“迎老乡 回故乡 建家乡”新春座谈会暨项目签约活动举行，近百名海内外异地湖南长沙商会会长、湘籍企业家欢聚一堂，共话家乡发展。活动期间，38个项目成功签约，总投资超千亿元。省委常委、市委书记吴桂英，省政协副主席、省工商联主席张健出席并见证签约。市委副书记、市长郑建新主持。

中国工程院院士、中南大学校长、党委副书记李建成，省商务厅党组书记、厅长沈裕谋，湖南大学校长、党委副书记段献忠，市领导谭勇、文树勋、陈刚、彭华松、朱东铁、陈澎、刘拥兵、邱继兴、刘汇、康镇麟参加。

当天签约的38个项目之中，34个有湘商背景，26个由湘籍企业家直接投资。项目涵盖了智能制造、总部经济、现代服务业、片区开发、新基建、文旅等多种业态，具有“湘商占比高、单体规模大、项目质量优、制造业项目强”等特点。

座谈会发布了长沙首批招商引智荣誉大使、招商大使、招商顾问名单，他们当中有知名专家学者、优秀企业家、商协会负责人、湘籍在外知名人士、外籍友人等，将聚焦提升招商引资和项目建设成效，提供好思路、推荐好项目，助力长沙高质量发展。

活动期间，38个项目成功签约，总投资超千亿元

◎打造国土绿化的“长沙样板”

国家验收组成员实地查看项目实施情况

2023年2月8日至11日，国家林业和草原局验收组在长沙开展《湖南省长沙市国土绿化试点示范项目》国家级验收，认为项目实施符合财政部、国家林草局批复的《湖南省长沙市国土绿化试点示范项目实施方案》要求，达到了预期目标，一些经验做法具有在全国范围内推广示范的作用。

连日来，验收组对长沙市本级和长沙市浏阳市、宁乡市在项目实施、项目管理、资金管理、档案管理等方面进行了全面核查，充分肯定了“长沙市国土绿化试点示范项目”建设成效。验收组表示，希望长沙进一步总结经验，巩固建设成果，探索形成可操作、可复制、可推广的国土绿化建设新模式。

长沙市于2021年4月成功获批“国土绿化试点示范项目”，是湖南唯一项目。该项目建设布局在长沙“一心、一江、多区、多廊道”范围，以长株潭生态绿心、油茶主要分布区、生态廊道等为重点建设区域，总建设规模17.43万亩，其中营造林11.65万亩、油茶营造5.78万亩，总投资3.13亿元。两年来，项目落实科学绿化理念，强化质量管理，提升森林质量和生态服务功能，增加林业碳汇储量，建设起了一批具有区域代表性的高产稳产油茶林，在湖南省国土绿化建设方面起到引领和示范作用。

国家林草局验收组听取项目汇报

◎长沙市十六届人大常委会召开第26次主任会议

2023年2月16日，市人大常委会党组书记、主任文树勋主持召开市人大常委会党组2023年第1次会议暨市十六届人大常委会第26次主任会议。市人大常委会副主任曹再兴、李平、李伟群、张能峰、王瑜珲、张白云，秘书长缪晨光出席会议。副市长肖正波列席会议。

会议传达学习了习近平总书记在学习贯彻党的二十大精神研讨班开班式上的重要讲话精神。

会议研究了市十六届人大常委会第十一次会议议程、日程草案有关事项。

会议听取了需提请市十六届人大常委会第十一次会议审议和审查批准的有关报告和议案的汇报。

会议还听取了关于长沙市人大常委会2023年工作要点草案起草情况的说明；听取了关于长沙市人大常委会2023年立法计划（草案）起草情况的说明；研究了长沙市人大常委会2023年监督、代表工作计划。

◎ 2023星城盛典在长沙举行，刘亚楼、陈澎出席

2023年2月10日，“爱长沙@长沙”网络文化节之“网聚星力量 奋进新时代”2023星城盛典举行，省委网信办副主任刘亚楼，市委常委、市委宣传部部长陈澎出席并致辞。

网聚星力量 奋进新时代 2023星城盛典隆重举行

活动由省委网信办、市委宣传部指导，市委网信办、市文旅广电局、市文明办、湖南湘江新区宣传工作部主办。集中展示了省市网络文化和网络文明建设工作成果，表彰了助力长沙“长红”的优秀新媒体作品和个人，启动第三届“爱长沙@长沙”网络文化节。

陈澎指出，网络空间是我们共同的精神家园。湖南连续11年举办网络文化节，展现湖湘文化的无限精彩；长沙积极打造“爱长沙@长沙”品牌，抒写了硬核、浪漫、火热的“长沙红”。他强调，要深入学习宣传贯彻党的二十大精神和习近平总书记关于网络强国的重要思想，不断推出贴近生活、贴近实际、贴近网民需求的网络文化活动和产品，持续唱响星城好声音，不断传播网络正能量，在网络空间凝聚起奋力实施“强省会”战略、全面建设现代化新长沙的强大精神力量。衷心期盼广大网络媒体和网民朋友“云端”聚力、携手前行，继续通过互联网记录和呈现长沙一山一水的灵动、一饮一食的多彩、一城一地的繁荣、一朝一夕的变化，为助推长沙高质量发展和现代化建设引来更多流量、凝聚更大能量。

要闻纪事

△4日，“学习贯彻中共二十大精神，助力乡村高质量发展”湖南“书香民进”月度读书分享会（长沙站）在浏阳市大瑶镇杨花村杨花书院举行。读书分享会以线上、线下方式同步进行，民进会员以及当地基层干部、村民等80余人参加了现场活动。省政协副主席、民进湖南省委会主委潘碧灵，市人大常委会副主任、民进长沙市委会主委李平出席。

△10日，浏阳撤县设市30周年，浏阳市举行“巨变·何以浏阳”浏阳撤县设市30周年发展成就展，全方位展示浏阳30年来的发展成就。

△13日，工信部发布2022年工业互联网试点示范公示名单，长沙经开区“链网协同”数字化转型试点示范、基于设备反向能耗控制的平行智能工业互联网平台高效节能解决方案以及中电数科基于5G网络全连接的数字化工厂等长沙3个项目上榜，有望跻身国家级。

△14日，长沙市召开推进高质量发展企业座谈会。省委常委、长沙市委书记吴桂英与企业代表面对面恳谈交流、心贴心加油鼓劲、实打实答疑解难，全力支持鼓励广大企业和企业家“敢闯敢干”，以企业高质量发展服务长沙高质量发展和现代化建设。36家企业受邀参会。

△14日，长沙市人民政府举行2023年度长沙重大会展项目发布会，副市长、市工商联主席康镇麟，市政协副主席、市会展办主任李舜出席。

△16日，长沙市政协党组书记、主席陈刚以普通党员身份，参加所在市政协办公厅机关第一党支部组织生活会，与党支部成员面对面学习交流。市政协党组成员、秘书长骆正平以普通党员身份一同参加。会上，支部党员学习了新修订的《中国共产党章程》。党支部负责同志通报了组织生活会准备工作及支委会查摆问题情况，支部党员严肃认真开展了批评和自我批评。

◎长沙入选2022年消费品工业『三品』战略示范城市

2023年2月22日，工业和信息化部公布了2022年消费品工业“三品”战略示范城市名单，全国共有39个城市，合计73个特色优势产业入选。长沙的食品制造业、陶瓷制品制造、医疗仪器设备及机械制造等3个产业上榜。目前，长沙市有消费品规模企业857家，10亿元规模消费品企业40家，消费品工业已成为长沙市工业经济重要组成部分。

消费品工业“三品”战略是指推动制造业产品“增品种、提质量、创品牌”，自消费品工业“三品”战略实施以来，该工作迅速成为引领消费品工业高质量发展的重要抓手，推动中国消费品工业核心竞争力和创新能力不断增强，产品供给能力和需求适应能力稳步提升。

消费品工业“三品”战略中提出，要引导企业开展自动化、智能化工厂技术改造，推广工艺参数及质量在线监控系统，提高产品性能稳定性及质量一致性。这一要求有力助推了众多传统消费品工业企业的转型升级发展。目前，长沙市消费品企业已有超300家获批市级以上智能制造试点企业，获批国家智能制造试点企业8家、国家级新模式应用9家、国家级示范工厂2家、优秀场景4家，引导企业累计完成智能化设备投入超100亿元。

◎长沙市暨望城区2023年『三下乡』集中示范活动在乔口镇启动

长沙市暨望城区2023文化科技卫生“三下乡”集中示范活动在望城区乔口镇举行

2023年2月16日，长沙市暨望城区2023年文化科技卫生“三下乡”集中示范活动在望城区乔口镇举行。市委常委、市委宣传部部长陈澎出席。

活动现场，30余家市直单位、区直单位设立咨询台，不仅有“柴米油盐”等生活物资，更有“笔墨纸砚”等文化食粮，为群众送来了生活物资、精神食粮、咨询服务、互动体验等“大礼包”。近年来，长沙坚持贴近农村、贴近生活、贴近实际原则，连续27年开展文化科技卫生“三下乡”活动。

陈澎指出，“三下乡”活动不仅要做好集中示范活动，也要做好经常性工作，保持常态化下乡态势。要多送理论下乡，把开展“三下乡”活动与学习宣传贯彻党的二十大精神结合起来，让党的好政策好措施在农村落地生根、深入人心。要多送文明下乡，全方位推进新时代文明实践阵地建设，大力宣传乡贤名人、英雄模范、身边好人的感人故事，持续提升乡村道德水平和文明程度。要多送服务下乡，创新开展文化惠民工程，引导科普资源深入基层，大力开展爱国卫生运动和健康促进活动，让农民朋友广受益、多受益。要多送人才下乡，进一步健全长效机制，鼓励人才下乡、能人返乡、资本兴乡，推动“三下乡”活动常下乡、常在乡，合力共建宜居宜业和美乡村。

要闻纪事

△16日，长沙市2022年党风廉政建设和反腐败工作情况通报会召开。市委常委、市纪委书记、市监委主任胡卫兵出席会议并讲话，市委常委、市委统战部部长刘汇主持会议。与会人员一同观看了市纪委监委2022年工作纪实专题片《征程》，会议通报了全市党风廉政建设和反腐败工作情况。与会的各代表分别发言，提出意见建议。

△17日，长沙市委召开2022年度区县（市）和市直行业系统党（工）委书记抓基层党建工作述职评议会议，听取区县（市）委和市直机关工委、市教育局党委、市卫健委党组、市国资委党委、市委两新工委书记抓基层党建工作述职，对述职同志进行测评。省委常委、市委书记吴桂英主持会议，进行全面点评并讲话。市委副书记、市长郑建新出席并作点评。

△20日，2023年长沙市委一号文件发布，为长沙加快推进乡村振兴示范市建设，打造农业强国、农业强省的市域样板描绘“施工蓝图”，定制“操作手册”。其中，打造农业农村共同富裕先行区是重中之重。

△21日，由海通证券主办的第二届湘江论坛在湖南湘江新区开幕。资本机构高管、产业头雁、行业领袖齐聚新区，共同探索新发展格局下的新机遇。湖南湘江新区（长沙高新区）管委会主任、岳麓区区长何朝晖，湖南省证监局一级巡视员李金玉，海通证券党委副书记、总经理李军，湖南财信金融控股集团有限公司党委副书记、副董事长、总经理曾若冰，湖南湘江新区（长沙高新区）党工委委员、管委会副主任郭力夫出席。

◎长沙启动全域“无废城市”建设

2023年2月17日，长沙市生态环境局召开《长沙市“十四五”时期“无废城市”建设实施方案》（以下简称《方案》）解读新闻发布会。会上宣布，从2023年3月1日起，长沙在全域启动“无废城市”建设，推进固体废物减量化、资源化、无害化，全面提升固体废物管理水平。

《方案》计划，到2025年，实现工业固体废物综合利用率走在前列，主要农业废弃物接近全量利用，生活垃圾分类基本实现全覆盖，建筑垃圾综合利用水平显著提升，危险废物得到安全管控，形成可复制、可推广、可持续的长沙市“无废城市”建设样本。

《方案》明确7大建设任务，在加快工业绿色低碳发展方面，到2025年，累计创建省级以上绿色工厂不少于160家，绿色矿山建成率100%，工程机械制造、汽车制造、生物制药等重点行业重点企业，通过清洁生产审核评估工业企业占比不低于85%。在促进农业农村绿色低碳发展方面，提升秸秆综合利用水平，加强畜禽粪污资源化利用，到2025年，畜禽粪污资源化利用率不低于93%，秸秆综合利用率不低于93%。

长沙市生态环境局召开新闻发布会介绍相关情况

◎长沙首次开展监督『三官』履职评议

2023年2月24日，长沙市十六届人大常委会第十一次会议召开，会上首次对“三官”（法官、检察官、人民警察）履职评议工作进行满意度测评，10位员额法官、员额检察官接受现场打分。监督“三官”评议工作是人大监督工作的深化，也是湖南省人大监督工作首创。

长沙开展监督“法官、检察官、人民警察”履职评议

会上，市中级人民法院、市人民检察院、市公安局分别就本单位2022年度履职评议工作情况进行报告。10名员额法官、员额检察官作履职情况报告，并接受现场满意度测评。三家单位的履职评议工作测评结果以及10名员额法官、员额检察官履职情况的测评结果均为满意。

2022年6月，市人大常委会就启动了监督“三官”评议工作，以精准有效的监督持续推动高质量发展。

长沙市人大监察和司法委员会相关负责人介绍，市人大常委会成立了监督“三官”评议领导小组，采取日常监督评议、集中监督评议、直接评议监督、第三方监督评估四种方式，对市中级人民法院、市人民检察院、市公安局履职评议工作开展监督。

据了解，监督评议对象包括入员额满1年的市中级人民法院法官、入员额满1年的市人民检察院检察官和市公安局人民警察。监督评议内容包括贯彻落实党的路线、方针、政策，执行宪法、法律、法规情况，履行法定职责，执法司法能力和绩效情况等。

◎长沙启动“万名干部进万企”行动

2023年2月27日，长沙市优化营商环境工作领导小组印发《长沙市“万名干部进万企”优化营商环境服务季活动方案》，采取点对点、面对面方式开展走访帮扶，全方位提振市场主体信心，更大力度激发市场活力。

据了解，今年长沙市“万名干部进万企”优化营商环境服务季活动开展时间为2月至5月，市直单位选派不少于400名干部，区县（市）选派不少于9600名干部，点对点帮扶9611家规上企业及429家重点中小企业。通过开展一批走访调研、深化一批政策兑现、推出一批专场活动、解决一批实际问题的“四个一批”活动，为市场主体提供全方位、全过程、全生命周期的支持和服务，推动经济实现质的有效提升和量的合理增长。

去年，长沙开展千名干部联千企“送政策、解难题、优服务”行动，对提振市场主体信心、激发市场主体活力起到了显著作用。作为去年行动的升级版，今年的“万名干部进万企”优化营商环境服务季活动，提前至开年之初启动，助力“开门红”，为“双过半”打基础。

◎长沙市委常委会召开会议

2023年3月2日，长沙市委常委会召开会议，传达学习党的二十届二中全会精神和习近平总书记近期重要讲话重要指示精神，研究长沙市贯彻落实意见；传达学习习近平总书记对内蒙古阿拉善左旗露天煤矿坍塌事故作出的重要指示精神，听取全市安全生产工作汇报；学习贯彻习近平总书记关于巡视工作重要论述精神及中央、省委巡视工作领导小组有关要求，听取关于配合十二届省委第四轮巡视工作的情况汇报；审议2023年长沙市人大常委会工作要点、立法计划，长沙市人民政府立法计划，政协长沙市委员会工作要点、协商与监督计划。省委常委、市委书记吴桂英主持并讲话。

会议还研究了其他事项。

◎“像雷锋那样当兵”——纪念毛泽东等老一辈革命家为雷锋同志题词六十周年活动在望城举行

“像雷锋那样当兵”——纪念毛泽东等老一辈革命家为雷锋同志题词六十周年活动在望城举行

2023年3月5日，“像雷锋那样当兵”——纪念毛泽东等老一辈革命家为雷锋同志题词六十周年活动在望城举行。

中央军委政治工作部组织局副局长周炬，中央军委国防动员部政治工作局副主任杨春明，省军区副政委郝先维，长沙警备区司令员汪立生、政委冯紫英、副司令员马运动，区委书记、区人武部党委第一书记秦国良，区领导肖三军、杨钦涵、文楚强出席。

本次纪念活动赓续“雷锋家乡学雷锋”传统，以“像雷锋那样当兵”为主题，旨在深入学习宣传贯彻党的二十大精神和习近平总书记对深入开展学雷锋活动作出的重要指示精神，发挥雷锋家乡传统优势，引导广大地方适龄青年踊跃参军，传播弘扬雷锋精神。

“接过雷锋的枪，就要像雷锋那样当兵！”活动现场，预定新兵代表们个个精神抖擞、意气风发。10名老兵与10名预定新兵踏着激昂的旋律上台，老兵将钢枪郑重地传递给预定新兵。

本次活动还邀请了望城区雷锋民兵宣讲员和雷锋生前所在部队战友，分享雷锋从军的故事。活动结束后，所有预定新兵代表还乘坐雷锋·强军号公交专线前往雷锋纪念馆，参观“与时代同行——纪念毛泽东等老一辈革命家为雷锋同志题词60周年专题展”，深入了解雷锋生平事迹，接受雷锋精神熏陶，争做新时代“永不生锈的螺丝钉”。

要闻纪事

△23日，长沙市委政法委员会2023年第一次全体会议召开。市委常委、市委政法委书记张敏主持会议并讲话，副市长、市公安局局长刘新良，市中级人民法院院长李立新出席。会议传达学习习近平总书记对政法工作作出的重要指示精神、在学习贯彻党的二十大精神研讨班开班式上发表的重要讲话精神，市委政法委员会组成人员进行述职，调度了1—2月份重点工作推进落实情况。

△24日，出台10条政策、搭建100个平台、设立30亿元基金，长沙县人民政府召开新闻发布会，介绍《长沙县全力支持湘商回归和返乡创业10条政策》和《长沙县湘商回归和返乡创业落地平台名录》相关情况，以最大热情、真金白银、真心实意拥抱湘商回归。

△28日，长沙市望城区召开区委人才工作会议暨人才政策发布会，发布促进湖南海归人才科创园（长沙·海归小镇）人才集聚和产业发展36条措施、望城区骨干人才认定和奖励10条办法，“真金白银”大手笔招才引智。

3月

△1日，长沙市委副书记、市长郑建新调研市属高职院校发展。他强调，全市高职院校要深入贯彻落实党中央关于职业教育工作决策部署和习近平总书记有关重要指示批示精神，大力推进现代职业教育体系建设改革，切实提高职业教育质量，加快推动科教强市建设。市级领导何朝晖、肖正波，市政府秘书长许凡参加。

△2日，湖南省文明办主任会议在长沙召开。会议坚持以习近平新时代中国特色社会主义思想为指导，全面贯彻落实党的二十大精神，贯彻落实中央和湖南省有关会议精神，总结工作，分析形势，安排部署今年精神文明建设重点任务。

◎2023雷锋精神论坛在长沙市开幕

“新时代 新雷锋”2023 雷锋精神论坛在长沙开幕

现场发布了《新时代 新雷锋》主题宣言

2023 年 3 月 5 日，“新时代 新雷锋”2023 雷锋精神论坛在长沙开幕。十三届全国政协常委、民族和宗教委员会主任王伟光，十三届全国政协常委、提案委员会副主任戚建国，湖南省领导吴桂英、杨浩东、秦国文、郝先维，长沙市领导郑建新、冯紫英、陈澎、刘拥兵、肖正波出席。

开幕式上，学雷锋先进集体代表、“时代楷模”邓州“编外雷锋团”政委姚德奇，学雷锋先进个人代表、“七一勋章”获得者、第八届全国道德模范艾爱国等嘉宾代表发言。现场还发布了《新时代 新雷锋》主题宣言，由来自“时代楷模”望城消防救援大队的“80 后”教导员燕路、“90 后”青年大学生志愿者代表秦缘、“00 后”全国道德模范周美玲共同宣读。

在随后举行的主题论坛上，“草原英雄小姐妹”玉荣、“当代雷锋”庄仕华等 10 位先进典型代表发言。

大家纷纷表示，新征程上，我们要深刻把握雷锋精神的时代内涵，塑造更多新时代的新雷锋，使之成为习近平新时代中国特色社会主义思想的忠实信仰者、积极投身中国式现代化的建设者、中华优秀传统文化的传承弘扬者、社会主义核心价值观的模范践行者、乐于助人热心公益的忘我奉献者、立足本职岗位追求卓越的示范引领者、中国形象的积极塑造者。

◎专列“带货”直奔长沙

2023 年 3 月 12 日，长沙首趟中老铁路国际进口班列从老挝琅勃拉邦顺利驶出。该趟班列搭载了 520 吨老挝新鲜木薯粉，共 40 个标箱。

2023 年是“一带一路”倡议提出 10 周年。中老铁路是中老两国共建“一带一路”的旗舰项目，此趟专列的开行标志着中国外运与湖南农发集团的战略合作开启新篇章。这也是中国外运旗下中欧班列（长沙）中南国际陆港平台首次通过中老铁路从老挝进口货物，标志着长沙对老挝的进口铁路跨境直达通道顺利打通，为未来长沙开通东南亚常态化进出口班列奠定了基础，将推动湖南对外贸易迈上新台阶。

长沙首趟钟老铁路国际进口班列顺利驶出

◎长沙市“艺心为民”委员工作室揭牌——陈刚出席揭牌仪式

2023 年 3 月 14 日，长沙市政协文教卫体和文史委员会“艺心为民”委员工作室揭牌仪式暨“文艺赋能 助力发展”长沙市文化艺术界和新闻出版界政协委员主题调研活动举行，市政协主席陈刚，副主席刘金文、李舜，秘书长骆正平出席。

“艺心为民”委员工作室由长沙市政协文化艺术界和新闻出版界委员共同筹备，35 名全国、省、市、区四级政协委员入驻。工作室今年计划开展学习宣讲、主题调研、读书分享、文化艺术助力“双五”工程、文化惠民、乡村安全教育等活动。

工作室揭牌前，来自文化艺术界和新闻出版界的省市政协委员前往后湖艺术区朱训德美术馆、卢雨版画工作室等长沙文艺名家工作室，长沙美术馆及湖南省谭国斌当代艺术博物馆展区进行专题调研。

要闻纪事

△3 日，第三十六次长沙市“扫黄打非”工作会议召开。会议深入学习贯彻党的二十大精神，贯彻落实国家和全省有关会议、市委有关批示精神，总结经验、部署任务。市委常委、市委宣传部部长、市“扫黄打非”工作小组组长陈澎，副市长、市“扫黄打非”工作小组副组长肖正波出席。

△7 日，湖南湘江新区（长沙高新区）党工委委员、管委会副主任凌勤杰会见马来西亚沙捞越州交通部长李景胜一行，就进一步加强智轨电车技术合作、国际化推广应用等进行交流。

△7 日，长沙市纪检监察干部队伍教育整顿动员部署会议召开。市委常委、市纪委书记、市监委主任、市纪检监察干部队伍教育整顿领导小组组长胡卫兵出席会议并讲话。

△8 日，湖南省侨联党组书记、副主席孙民生为全国侨联系统“侨胞之家”典型单位学堂坡社区授牌。长沙市侨联党组书记成钢主持授牌仪式。省侨联办公室主任刘志刚、市侨联主席陈慧、湘江新区统战工作部（群团工作部）副部长孟谏君出席。

△10 日，2023 年长沙市消防工作会议暨消安委第一次联席会议举行。市委常委、常务副市长彭华松出席。他强调，当前消防安全形势依然严峻，各级各部门务必持续保持高度责任感、紧迫感，全面从严从紧，努力推动全市消防安全形势持续向好，以高质量消防安全服务长沙经济社会高质量发展。

△15 日，长沙政协同心园微讲堂开讲。科大讯飞副总裁、教授级高工方明以“数字经济与产业转型”为题进行分享交流。市政协主席陈刚，副主席彭民安、陈剑文、刘金文、陈昌佳、黄锋、黄梁、刘志红，秘书长骆正平参加。

△21 日，长沙市政府与湖南省生态环境厅工作会商交流会举行。市委副书记、市长郑建新，省生态环境厅党组书记、厅长刘群出席并讲话，省生态环境厅总工程师张在峰、副市长周敏，市政府秘书长许凡参加。

◎长沙至曼谷定期货运航线开通

3 月 16 日，长沙至曼谷定期国际货运航线正式通航

2023 年 3 月 16 日，一批产自泰国的榴莲经过约 4 小时飞行后顺利抵达长沙黄花国际机场。这批从“泰国 3·15 开摘节”采摘的榴莲抢“鲜”入湘，标志着长沙—曼谷定期国际货运航线正式通航，长沙成功再开一条定期国际航空物流通道。

长沙—曼谷定期全货机货运航线由湖南民航旅游商贸有限责任公司运营，主要服务长沙速鱼供应链有限公司等本地外贸企业。此航线每周执飞 3 个往返航班，执飞机型 B737-800F，最大业载 20 吨，主要运载跨境电商产品、普货等货物。该航线运营班次固定、满载率高，稳定的长沙—曼谷定期货运航线将为湘品出海、优品入湘提供更加便捷、高效的航空货运通道。

该航线是 2023 年长沙黄花机场开通的首条定期国际货运航线，也是长沙航空口岸累计开通的第 11 条定期国际货运航线。

长沙—曼谷定期货运航线开通后，将与长沙航空口岸已开通的长沙至达卡、马尼拉和计划开通的吉隆坡、澳大利亚等货运航线形成合力，采用空空联运、空公联运和空铁（高铁）联运等方式辐射国内重点城市，助力长沙打造面向 RCEP 区域中转枢纽。

16 日，星沙海关发布消息，2023 年前 2 个月，长沙进出口总值 576.5 亿元，比上年同期增长 32.7%。其中，出口 424.9 亿元，增长 44%；进口 151.6 亿元，增长 9%。

◎长沙举行2023年上半年入伍新兵欢送仪式

2023年3月16日，长沙市2023年上半年入伍新兵欢送仪式在高铁长沙南站西广场举行。湖南省征兵办主任、省军区动员局局长李道银，长沙警备区司令员汪立生出席。欢送仪式结束后，全体新兵乘坐高铁启程奔赴军营。

长沙市2023年上半年入伍新兵欢送仪式现场

汪立生在欢送仪式上向情系国防、送子参军的新兵家长们致以崇高敬意。他勉励新战友们倍加珍惜军人荣誉，努力奋斗谱写人生华章，自觉把人生理想融入“强国梦”“强军梦”，把满腔热情化为报国之行，用实际行动保卫祖国，在部队建功立业、实现理想，把自己锻造成为一名有灵魂、有本事、有血性、有品德的新一代革命军人。要严格自律树好“长沙兵”品牌，早日成为标兵模范，擦亮“长沙兵”品牌，建功军营，早传捷报。

◎长沙市政府与湖南银行签署合作框架协议

2023年3月21日，长沙市政府与湖南银行签署合作框架协议。市委副书记、市长郑建新，湖南银行党委书记、董事长黄卫忠出席签约仪式并讲话。市委常委、常务副市长彭华松，湖南银行党委副书记、行长周晖分别代表双方签约。副市长高文棋主持签约仪式，市政府秘书长许凡参加。

此次签约，是市委、市政府积极贯彻全国两会精神和省委、省政府打好“发展六仗”工作部署，推进落实“两个统筹”工作的重要举措，也是构建更加和谐高效的政银企合作模式、以金融高质量发展促进经济高质量发展的有益实践。根据协议，未来三年，湖南银行将为长沙市重点领域、重点产业、重大项目提供不少于1000亿元的投融资支持。

长沙市政府与湖南银行签署合作框架协议

签约仪式上，长沙城发集团、市国投集团、湘江发展集团、市产投集团等市属国企与湖南银行相关分行签署了合作协议。

◎长沙位居GDP百强城市第15位

2023年3月19日，第一财经发布了2022年GDP百强城市名单。其中，24个城市跻身“GDP万亿城市俱乐部”。在湖南，上榜GDP百强城市的是长沙、岳阳、常德、衡阳和株洲，其中长沙位列第15位，在“万亿俱乐部”中长沙增速最快，增速为4.5%。

梳理各地统计局公布的数据和公开报道发现，2022年GDP百强城市经济总量达到85.1万亿元，占全国比重的70.3%。2022年百强城市中，GDP超过5000亿元的有56个，比2021年多3个；十强分别是上海、北京、深圳、重庆、广州、苏州、成都、武汉、杭州、南京。长沙作为新一线城市代表，与北上广深等城市一起跻身全国15强。

2022年，长沙GDP总量接近1.4万亿元，比2021年增长4.5%。其中，第一产业实现增加值451.30亿元，增长3.6%；第二产业实现增加值5589.58亿元，增长6.2%；第三产业实现增加值7925.24亿元，增长3.4%。排名湖南各市州第一。长沙也是湖南唯一的万亿GDP城市，约占湖南省GDP总量的28.7%，城市首位度较高。

2023年，长沙市经济社会发展主要预期目标包括地区生产总值增长7%左右，规模以上工业增加值增长8%以上，社会消费品零售总额增长7%，固定资产投资增长7%以上，服务业增加值增长7.5%，进出口总额增长12%以上，地方一般公共预算收入增长7%等。

◎第五届国际商事法律合作论坛在长沙开幕

2023年3月23日，第五届国际商事法律合作论坛在长沙开幕。中国国际贸易促进委员会党组成员、副会长柯良栋，第十三届全国人大常委会委员、监察和司法委员会副主任委员、中国法学会副会长徐显明，新加坡律政部副常任秘书潘家煌，长沙市委副书记、市长郑建新出席开幕式并致辞。尼泊尔驻华大使比什努·普斯卡·施雷斯塔，中国法学会副会长、中国国际法学会会长黄进，长沙副市长、市工商联主席康镇麟，长沙市政府秘书长许凡参加。

第五届国际商事法律合作论坛在长沙开幕

本届论坛以“法治保障高水平开放，合作促进高质量发展”为主题，设置了“经济全球化发展与法治保障”主论坛和“投资新动能促进全球经贸合作”“区域新规则推动国际贸易发展”“合规新制度助力营商环境建设”等3个平行专题论坛。论坛将进一步深化中外商界和法律界的务实合作，共同携手应对企业在国际化经营中面临的各种风险和挑战，以合作互信践行真正的多边主义，以法治共识推动国际经贸规则完善，助力国际经贸合作与发展。

要闻纪事

△23日，在长沙市连续14年举行的“3·23”党员领导干部廉洁从政教育活动上，省委常委、市委书记吴桂英出席并讲话。市委、市人大常委会、市政府、市政协领导班子成员和法检两院负责人，市纪委有关负责同志，省委第五巡视组有关负责同志，市州观摩团成员等参加。

△24日，2023年长沙市未成年人保护工作领导小组全体会议召开，贯彻落实党中央国务院、省委省政府和市委市政府关于加强未成年人保护工作部署要求，铺排今年未成年人保护工作。市未成年人保护工作领导小组组长、副市长邹特出席。

△30日，长沙市雨花区、湘潭市岳塘区召开区域合作交流座谈会。两区共同签订了推进长株潭一体化区域战略合作框架协议，在10个方面开展深入合作，这对于推进长株潭都市圈建设、增强区域竞争力具有重要意义。

△31日，长沙市先进制造业发展暨“五好”园区创建工作推进大会召开。会议听取了全市先进制造业发展暨“五好”园区创建工作报告，宣读了长沙市先进制造业领域国家级荣誉获得单位名单、长沙市工业企业“三类50强”名单，并为企业代表颁奖。比亚迪、星邦智能、中电工业互联网和宁乡市、浏阳经开区、雨花经开区6家单位作典型发言。

4月

△4日，长沙市红十字会第十次会员代表大会开幕。省委常委、市委书记吴桂英出席并强调，要深入学习贯彻党的二十大精神和习近平总书记关于红十字事业发展的重要指示精神，坚持政治建会、奉献兴会、改革强会、从严治会，践行人道宗旨、服务中心大局，在新起点上奋力谱写红十字事业高质量发展新篇章。市委副书记、市长郑建新主持，省红十字会党组书记、常务副会长伍英出席并讲话。

◎长沙开展集中义务植树活动

2023年3月25日，长沙市开展集中义务植树活动。湖南省委常委、长沙市委书记吴桂英，长沙市委副书记、市长郑建新参加。

长沙市领导冯紫英、陈澎、刘拥兵、张敏等一同参加。

春雨绵绵，位于长株潭绿心中央公园内的白竹公园生机勃发、绿意盎然。这座开放性强的群众公园，已成为周边群众休闲娱乐、亲近自然的生态空间。

在植树点，吴桂英、郑建新与青年志愿者、少先队员和机关干部一起，挥锹铲土、培土围堰、提水浇灌，接连种下桂花、银杏、枫香、榉树、石楠等苗木。劳动间隙，他们同身旁的少先队员亲切交谈，询问学习生活情况，祝孩子们像小树苗一样茁壮成长。

3月25日上午，省委常委、市委书记吴桂英，市委副书记、市长郑建新参加长沙集中义务植树活动

◎第三届中非经贸博览会6月在长沙举行

2023年3月28日，第三届中国—非洲经贸博览会推介会在浙江省杭州市，与2023千岛湖企业家会议同步举办。

第三届中非经贸博览会将于2023年6月29日至7月2日在湖南长沙举办，以“共谋发展、共享未来”为主题，主会场和主展馆分别设在长沙国际会议中心、长沙国际会展中心，分展馆设在中非经贸合作促进创新示范园（湖南高桥大市场）。本届博览会设8个非洲主宾国和山东、湖北2个主题省。会期内将安排举办重大活动、高端论坛、高端研讨、对接洽谈、专题研讨和配套活动等6大类约30场活动。主展馆展览面积约9.1万平方米，集中展示中非经贸合作成果、主宾国、主题省、央企和地方省区市形象、非洲优质特色产品和中国适非产品、产能和服务；分展馆主要利用博览会常设展馆进行展示。第三届中非经贸博览会将面向中非各方广泛开展合作项目征集；持续开展经验分享，首次发布中非贸易指数，再次发布《中国与非洲经贸关系报告》。

◎马栏山人民法庭揭牌——杨翔龚政文陈澎出席揭牌仪式

2023年3月28日，长沙市开福区人民法院马栏山人民法庭揭牌仪式举行。湖南省高级人民法院副院长杨翔，湖南广播影视集团有限公司（湖南广播电视台）党委副书记、总经理、台长、总编辑龚政文，长沙市委常委、市委宣传部部长陈澎，长沙市中级人民法院党组书记、院长李立新等出席揭牌仪式。

3月28日，长沙市开福区人民法院马栏山人民法庭揭牌仪式在马栏山视频文创产业园举行

2021年4月16日，最高人民法院批复同意指定开福区人民法院管辖部分知识产权纠纷案件。同年9月，开福区人民法院开始正式受理知识产权案件。2022年4月1日，经省委机构编制委员会办公室文件通知，马栏山人民法庭获批设立。

马栏山人民法庭立足于马栏山视频文创产业园，致力于强化知识产权保护、驱动文化产业高质量发展，主要管辖开福区、芙蓉区一般知识产权民事案件，以及开福区辖区内的涉外案件。自2021年9月组建并运行以来，截至2023年3月底，共受理案件2526件，审结2397件，其中一案例入选最高法院50件典型知识产权案例。

要闻纪事

△8日，湖南省委常委、长沙市委书记吴桂英会见了在长沙出席数学促进先进制造产业发展座谈会的袁亚湘、张平文、江松、戴永久、张平、莫则尧、杨超等院士专家。市委副书记、市长郑建新参加会见。市领导刘拥兵、彭涛参加。

△10日，长沙市委党校（行政学院）举行2023年春季学期主体班开班仪式。长沙市委副书记、湖南湘江新区（长沙高新区）党工委书记、岳麓区委书记、市委党校（长沙行政学院）校（院）长谭勇出席并讲授开学第一课。

△14日，长沙市人大常委会召开发展全过程人民民主行动方案征求意见座谈会。市人大常委会副主任曹再兴出席并强调，要高标准完成行动方案的起草工作，指导推动全过程人民民主工作的长沙实践，助力打造具有地方辨识度、全国影响力的长沙品牌。会上，市人大常委会研究室就行动方案作了起草说明，与会人员结合工作实际情况，对行动方案的修改完善提出了许多富有建设性的意见建议。

△16日，甘肃省甘南藏族自治州碌曲县人民政府考察团来长沙交流，举行了汉藏美食文化交流暨碌曲县绿色食材湘菜研发应用品鉴会。会上举行了签约仪式。碌曲县人民政府与长沙市景宣科技有限公司本着“资源整合、共谋发展、优势互补、合作共赢”的原则，达成一致意见，由该企业协同长沙市餐饮行业协会引进碌曲县原生态优质牛羊肉并全力推广。

△18日，宁乡市人民法院刑事速裁法庭正式揭牌。宁乡市副市长、市公安局党委书记、局长陈效林，市人民法院党组书记、院长唐珍枝，市人民检察院党组书记、检察长刘文广共同为刑事速裁法庭揭牌。市公安局、检察院及法院相关负责人参加仪式。

◎长沙又添18个老字号品牌

2023年3月27日，湖南省老字号协会第一次会员大会暨全省老字号创新发展工作交流会在长沙举行，第六批74家“湖南老字号”新鲜出炉，长沙共18个品牌入选，数量居湖南省第一。湖南将打造首个老字号新活力集聚区。

在大会现场，湖南省商务厅为第六批共74家“湖南老字号”授牌。

老字号是指历史悠久，拥有世代传承的产品、技艺或服务，具有鲜明的民族传统文化背景和深厚的文化底蕴，取得社会广泛认同，形成良好信誉的品牌。老字号企业不仅是一种商贸景观，更是一种历史文化现象，具有不可估量的品牌价值、经济价值和文化价值，成为工商业发展中的一块“金字招牌”。目前，湖南共有老字号258家，其中“中华老字号”20家、“湖南老字号”238家。

第六批“湖南老字号”经企业申报、市州商务主管部门初审、湖南省商务厅组织专家评审等相关程序。这74个品牌分布在湖南省多个市州，涉及食品、健康、餐饮、茶业、酒业、家纺等多个领域。其中，长沙共18个品牌入选，数量居湖南省第一。长沙的老字号达69家，其中“中华老字号”16家、“湖南老字号”53家。

第六批湖南老字号认定企业授牌仪式

活动现场，湖南省老字号协会与长沙通程控股股份有限公司签订老字号创新发展战略合作协议，标志着湖南省首个老字号新活力集聚区的打造工作正式启动。

◎长沙市望城区基层党组织『雏鹰』计划暨2023年村（社区）干部素能提升班开班

望城区基层党组织“雏鹰”计划暨2023年村（社区）干部素能提升班开班

2023年3月29日，望城区基层党组织“雏鹰计划”暨2023年村（社区）干部素能提升班在区委党校开班。区委常委、区委组织部部长黄燕出席。

开班仪式上，黄燕作开班讲话并授第一堂党课。她指出，要凝聚思想共识，充分认识培训意义，为干部赋能、为当下聚力、为未来蓄势；要锚定目标任务，全面提升综合素能，铸牢忠诚之魂、锤炼成事之能、涵养清正之气；要严格管理监督，多方保障培训成效。同时，要通过培训，进一步让村（社区）干部锤炼党性修养、突破工作瓶颈、提升综合素能，切实把学习成果转化为干事创业的动力和能力，为打造“四敢”先行区、全面建设产强、城美、民富、人和的现代化新望城贡献力量。

本期“雏鹰”计划共有200余名学员报名参加，经综合考虑，最后遴选45名学员参训。培训为期6个月，每月底开展3天集中培训，每月中旬开展一次“雏鹰半月谈”，不定期自主开展学习交流活动等。

◎长沙成科创获奖主力军

首届湖南省先进制造业科技创新大赛颁奖典礼在长沙举行

2023年3月30日，首届湖南省先进制造业科技创新大赛颁奖典礼在长沙举行。中国工程院院士桂卫华、王耀南和吴义强等出席并为湖南十名科技创新人物、十大科技创新企业、十大科技创新技术颁奖。长沙成为当之无愧的科创主力军，获奖数超过“半壁江山”。

本次大赛由湖南省科协、省科技厅、省工信厅、省市场监管局、湖南湘江新区管委会主办，主题为“新技术 新湖南”。大赛设立先进制造业科技创新技术、科技创新人物、科技创新企业三个赛道，由院士专家组成评审委员会。大赛共征集作品271项，其中技术赛道126项、人物赛道77项、企业赛道68项，作品涵盖了轨道交通、工程机械、电子信息、生物医药、中小航空发动机、有色冶金、先进材料等湖南省内主要特色产业。经过初赛、复赛路演答辩、决赛评审和公示阶段，最终评选产生十大科技创新技术、十大科技创新企业和十名科技创新人物。

现场，湘江国投、国信证券共同签署支持湖南省先进制造企业科技创新发展战略合作协议，柳枝行动与大赛部分技术成果转化进行签约，湖南省科协与湘江新区管委会共同签署《促进先进制造业科技创新战略合作框架协议》。

◎长沙举行“我们的节日·清明”主题活动

2023年3月30日，长沙市“我们的节日·清明”主题活动暨未成年人“传承红色基因·清明祭英烈”主题活动在湖南革命陵园举行。

活动现场倡议全体市民在缅怀先辈、饮水思源的情怀中培育和践行社会主义核心价值观，破除陈规陋习、推进移风易俗，争做文明祭扫的宣传者、推动者、践行者。

活动中，宣讲员生动讲述了陈毅安烈士《五十五封家书》的故事，将大家的记忆带回到波澜壮阔的革命岁月，深刻感悟革命先烈家国大爱的革命情怀。

此次活动还特别设置了红色家书和英烈事迹展陈区。在烈士纪念碑旁，青少年们品读红色家书、了解英烈事迹。

当日，在湖南革命陵园，青少年献上一束束黄菊，深切缅怀三湘英烈，立志传承红色基因

◎长沙市望城区成立学雷锋志愿服务促进中心

望城区成立学雷锋志愿服务促进中心

2023年3月30日，长沙市望城区揭牌成立区学雷锋志愿服务促进中心，部署开展“四季‘锋’行 扮靓望城”党员领导干部志愿服务活动，全面开启望城学雷锋志愿服务工作的崭新篇章，让雷锋精神在新时代绽放更加璀璨的光芒。

长沙市望城区学雷锋志愿服务促进中心是望城落实习近平总书记关于加强志愿服务指示的有力举措之一，将推动望城学雷锋志愿服务活动向纵深发展。

望城作为雷锋家乡和雷锋精神策源地，六十年如一日开展形式多样的学雷锋活动，“学雷锋、当好人”已成为望城人民的普遍共识、道德追求、精神标签，雷锋精神已成为望城的立区之魂、兴区之源、强区之基。截至目前，长沙市望城区注册志愿服务组织670家，注册志愿者14.7万余名，培育出正兴学雷锋志愿服务中心、“雷锋号”青少年关爱家园、“雷锋580救助热线”等一大批优秀学雷锋志愿服务项目和组织，涌现出“全国道德模范”周美玲、“全国学雷锋模范消防大队”“时代楷模”望城消防大队等一大批学雷锋先进典型，打造出雷锋纪念馆、望城消防大队等一大批学雷锋活动示范点。

要闻纪事

△21日，长沙市委副书记、市长郑建新主持召开市政府一季度经济形势分析会。他强调，全市上下要牢牢把握高质量发展这个首要任务，认真贯彻落实中央决策部署、省市工作要求，锚定目标、全力攻坚，奋战二季度、实现“双过半”，加快推动全市经济运行稳中有进、稳中向好。

△24日，湖南省委常委、长沙市委书记、市委财经委员会主任吴桂英主持召开市委财经委员会会议，进一步深入学习党的二十大精神、习近平总书记关于湖南工作的重要讲话和指示批示精神，认真贯彻党中央决策部署和省委工作要求，深入分析当前经济运行形势，研究下阶段重点工作。会议分别听取市委财经办（市发改委）、市工信局、市商务局、市住建局、市财政局、市统计局、市税务局一季度经济运行相关情况的汇报。

△25日，湖南湘江新区庆祝“五一”国际劳动节劳模主题活动在岳麓科创港举办。市委副书记、湖南湘江新区（长沙高新区）党工委书记、岳麓区委书记谭勇代表新区党工委、管委会向广大劳动者致以节日问候，并为中冶长天叶恒棣劳模创新工作室、威胜信息程立岩劳模创新工作室等6家“劳模创新工作室”授牌。

△25日，“长台携手，筑梦未来”第三届长台青年企业家融合发展论坛在长沙举行。市委常委、市委统战部部长刘汇出席开幕式。她寄语长沙、台湾两地青年企业家，要勇担时代责任，矢志团结奋斗，在创新创业的舞台上同舟共济、携手并进，与长沙这座城市共同成长、共创辉煌、共筑未来。

△26日，长沙市政协知识产权创新与保护委员工作室、长沙市政协经济科技委员会履职党支部活动阵地在湖南省知识产权交易中心揭牌。市政协主席陈刚，副主席陈剑文，市中级人民法院院长李立新，市政协秘书长骆正平参加揭牌仪式。

◎ 58同城第二总部2018年落户长沙，目前58同城在湘总投资额近30亿元

2023年3月31日，在“星商说”（第二季）企业家聚能分享会上，湘籍企业家、58同城CEO姚劲波畅谈自己把公司第二总部设在长沙、投身家乡经济建设的故事。

2014年，姚劲波在长沙参加了首届互联网岳麓峰会。9年过去了，岳麓峰会已蝶变为同乌镇峰会齐名的行业年度盛会，参加首届峰会的12家企业全部成功上市。姚劲波也响应湖南省委、省政府号召，带领58同城返乡布局，2018年将第二总部落在长沙。

经过4年发展，如今这里已集生态景观、智慧园区、总部经济于一体，成为长沙新经济的创新场。58小镇以科技、互联网、新消费、文化创意四大产业为核心，聚集了58同城（第二总部）、天鹅到家（全国总部）、前行科创（全国总部）、来也科技、瑞升工贸、力翔无人机、快狗打车、山水比德等140多家新经济企业。5500余名企业员工在这里每天演绎创新的碰撞。

“58小镇将推动1000家传统企业与互联网企业实现跨界融合，孵化300家创新型中小企业，培育3—5家产值超10亿元的龙头企业，带动就业人数2万人以上。”姚劲波介绍。

目前58同城在湘总投资额近30亿元，员工3000余人，子公司包括到家集团、长银五八、58农服等。业务涵盖网络招聘、房屋租赁买卖、本地生活服务、二手交易、互联网金融、创新孵化等多个领域。

◎ 2023“好评中国”网络评论大赛在长沙市启动

2023年3月31日，2023“好评中国”网络评论大赛启动仪式暨“好评中国”网络评论创新论坛在长沙举行。中央网信办副主任、国家网信办副主任牛一兵，湖南省委常委、省委宣传部部长杨浩东出席并致辞。中央网信办网络传播局局长范小伟，湖南省委宣传部副部长、省委网信办主任刘学，长沙市委常委、市委宣传部部长陈澎等出席。

牛一兵指出，习近平总书记在党的二十大报告中对塑造主流舆论新格局、推动形成良好网络生态提出了新部署新要求。

杨浩东指出，湖南将以这次活动为契机，不断建强网评阵地、培育网评队伍、繁荣网评创作、打造网评品牌，持续丰富大赛内涵、创新大赛形式、提升大赛水平，推出更多“好评佳作”，让中国故事主题更聚焦、内容更精彩、影响更广泛。

2023“好评中国”网络评论大赛启动仪式暨“好评中国”网络评论创新论坛以“点点星火，汇聚成炬”为主题，围绕传承精神密码、礼赞光辉时代、澎湃青春梦想、汇聚九州同心四个篇章依次展开，邀请党的二十大代表、科技工作者、青年代表、正能量网络名人和2022“好评中国”网络评论大赛作者代表等，共论网络评论高质量发展，引领网民感受网络评论力量、参与网络评论创作。

2023“好评中国”网络评论大赛在长沙启动

要闻纪事

△28日，长沙召开庆祝“五一”国际劳动节大会。大会宣读了《关于“强省会勇担当百万职工在行动”和长沙市重点建设项目劳动竞赛成效评价结果的通报》，对长沙市“五一劳动奖状”、长沙市“五一劳动奖章”、长沙市“工人先锋号”获得者授牌，为首批“长沙工匠”颁发证书。

5月

△2023年是中国和多米尼加建交5周年。长沙市作为中方唯一代表城市，于5月1日晚上——中多建交5周年当晚，在湘江两岸建筑群上点亮了代表多米尼加国旗颜色的灯光。

△4日，湖南省委常委、长沙市委书记、市生态环境保护委员会主任吴桂英主持召开市生态环境保护委员会会议，重温习近平总书记关于“守护好一江碧水”重要指示精神，全面贯彻落实党的二十大精神，传达学习省有关会议精神，听取全市生态环保工作情况及中央、省生态环保督察整改情况汇报，审议《2023年度长沙市大气、水、土壤和噪声污染防治行动计划》等文件，研究部署下一阶段工作。

△4日，芙蓉区组织召开全区负责干部会议，第一时间传达学习省委常委、长沙市委书记吴桂英来芙蓉区调研时的讲话精神，动员全区上下鼓足信心、铆足干劲，全力以赴助推芙蓉区高质量发展。区委书记周春晖主持会议并讲话，区委副书记、区长崔晓传达学习吴桂英书记调研芙蓉区讲话精神。

△5日，长沙市耕地“非农化”“非粮化”专项整治工作会议召开。副市长周志凯、邹特出席会议。

△11日，中联重科“科技献礼新时代”主题活动启动。湖南省副省长蒋涤非，长沙市委副书记、湖南湘江新区（长沙高新区）党工委书记、岳麓区委书记谭勇，湖南湘江新区（长沙高新区）管委会主任、岳麓区区长何朝晖，副市长彭涛出席。

◎ 芙蓉区与中国移动签订共建数字产业经济协议

2023年3月30日上午，芙蓉区与中国移动通信集团湖南有限公司举行共建数字产业经济协议签约仪式。芙蓉区委书记周春晖，中国移动通信集团湖南有限公司党委委员、董事、副总经理张坤参加签约仪式并致辞。

此次合作，双方约定将深化央地合作，进一步推进《关于长沙市芙蓉区人民政府与中国移动通信集团湖南有限公司共同打造“湖南5G通信数字产业园”的合作框架协议》落地见效，围绕产业共建、成果共享推进全面合作，推动数字经济高质量发展拉动地方经济增长，打造“现代一流、全国领先”的数字政府示范区域。

芙蓉区委常委、常务副区长刘洪波，区委常委、区委办主任陈亚静等参加签约仪式。

芙蓉区与中国移动签订共建数字产业经济协议

◎又一枚长沙造卫星升空

“爱太空科学号”卫星发射前，技术人员在航升卫星研发实验室内进行测试

2023 年 4 月 2 日，由湖南湘江新区企业湖南航升卫星科技有限公司自主研制的“爱太空科学号”遥感卫星在酒泉卫星发射中心搭乘中国商业航天首款民营液氧煤油运载火箭天龙二号成功发射入轨。该卫星主要验证航天器相关关键技术和完成预定科学实验，卫星飞行在高度 500 公里太阳同步轨道，设计寿命 1 年。

“爱太空科学号”卫星是航升卫星联合北京爱太空科技发展有限公司，围绕空间创新应用需求、面向商业航天打造的“消费级”科学卫星系列，为航天新技术试验、空间科学研究与实验、航天科学教育与实践等领域提供灵活快速全流程解决方案。卫星采用标准模块化组件制造，可选标准载荷模块，提供了开放的平台与载荷接口供用户完成自主载荷定义，通过卫星平台通用化和载荷定制化，实现交付周期短至 3 个月的目标，打造人人可拥有的“消费级”科学卫星，并针对以中小学生和青少年为创新实践主体完成的科学卫星提供免费搭载机会。

航升卫星副总经理李洪峻介绍，以往遥感卫星是依托太空聚焦地面情况，为城市规划、测绘、土地等提供参考和决策价值，而“爱太空科学号”则是以星空相机的形式，将镜头对准浩瀚的宇宙，为中国青少年的科普教育提供海量的宇宙影像素材并实时传回地面。

◎“长沙经验”再成全国标杆

2023 年 3 月 31 日，国家发展改革委在福建厦门市组织召开全国优化营商环境现场会。由于在知识产权创造、运用和保护指标领域的改革成效明显，对全国具有示范借鉴意义，长沙在会上重点就此作典型推介，副市长高文棋出席会议并作会议发言。

近年来，长沙认真贯彻落实党中央、国务院关于优化营商环境的决策部署，全面推进知识产权强市建设。2021 年，长沙跻身全国版权示范城市创建市，全国协同保护绩效考核排名第二；2022 年，入选首批国家知识产权强市建设示范城市、全国商业秘密保护创新试点城市。

近年来，长沙持续营造市场化、法治化、国际化的一流营商环境，多次获评“中国招商引资最具国际竞争力城市”“中国十佳外商投资最满意城市”等荣誉称号，2022 年度全国工商联“万家民营企业评营商环境”调查结果中，长沙位居全国第六，稳居中西部第一。

2023 年，长沙围绕打好优化发展环境持久仗，以市场化、法治化、国际化、便利化为导向，实施“营商环境领跑行动”，聚焦制度创新和服务优化两个基本点，持续打造一流营商环境升级版。

◎长沙 87 个项目入选省重点建设项目

全市共铺排重大项目 1850 个，年度计划投资约 4456 亿元。

2023 年 4 月 3 日，省政府办公厅发布 2023 年省重点建设项目名单，2023 年全省共铺排重点建设项目 324 个，总投资 21342.5 亿元，年度计划投资 4616.8 亿元。长沙共有 87 个项目入选省重点建设项目，其中包括长沙机场改扩建、中联先进智造基地项目、三一智联重卡零部件和工程机械扩产等项目。

◎ 23 家湘企集中亮相，“长沙元素”走红消博会

11 日，在海南海口举行的第三届中国国际消费品博览会上，茶颜悦色、黑色经典、湘滋味、金井茶业、泥人刘陶艺等长沙企业亮相湖南馆，吸引了大量观众

2023 年 4 月 10 日，第三届中国国际消费品博览会（以下简称“消博会”）在海南海口开幕。4 月 11 日是消博会的首个专业观众开放日，位于海南国际会展中心 7 号馆的湖南馆陈列的优秀消费品受到大家热捧。

300 平方米的湖南馆设计既精美大方，又现代感、科技感满满。主题馆里除了湘绣、湘瓷、湘茶等传统湖湘名片，还汇集了新能源汽车、智能机器人、新材料、文化创意、网红经济等领域的消费品。老字号和“新字号”携手向全球采购商推介湖南制造精品。

在阿凡达（湖南）科技有限公司的展区，1 米高的仿人机器人“i 宝”憨态可掬，它可以为儿童提供教育、陪伴、娱乐、监护等服务。阿凡达（湖南）科技是一家提供人形机器人产品和人工智能教育创新解决方案的新型科技公司。他们希望通过此次展示，让更多人了解到他们的产品。爱心红绿灯、粉红斑马线、橘子洲、太平街、火宫殿……湖南馆里浓缩了众多热门的“长沙元素”。长沙也带来了茶颜悦色、黑色经典、湘滋味、金井茶业、泥人刘陶艺等代表企业。

第三届消博会共吸引了来自 65 个国家和地区的 3000 多个消费精品品牌参展，展览总面积较上届增加 20%。展会期间，预计将有 300 多个品牌发布 1000 多个新品，采购商和专业观众超过 5 万人次，进场观众超 30 万人次。

要闻纪事

△ 15 日，长沙市政协“加快建设青年发展型城市”青年委员座谈会在市政协同心园举行，市政协主席陈刚、副主席刘金文、秘书长骆正平出席。

△ 16 日，长沙市双拥工作领导小组第 29 次全会召开，市委常委、长沙警备区政委冯紫英，市委常委、常务副市长彭华松出席并讲话，市领导邹特、石长松，市政府秘书长许凡参加。

△ 19 日，长沙市人大常委会主任文树勋率市人大常委会组成人员视察儿童友好型城市建设工作。湖南湘江新区（长沙高新区）管委会主任、岳麓区区长何朝晖，市人大常委会副主任曹再兴、李平、李伟群、张能峰、王瑜珲、张白云，副市长肖正波，市人大常委会秘书长缪晨光参加视察。

△ 20 日，长沙市政协举办“文化引领生活、创意出彩人生”马栏山青年文创人才走进“政协同心园”主题活动，进一步凝聚创新创业青年，搭建文创人才交流展示平台，助力马栏山高质量发展。市政协主席陈刚，副主席刘金文出席。10 家文创企业代表开展主题宣讲，与相关园区、单位及省市区三级政协委员深入探讨，共话文创产业新理念、新路径、新业态，为长沙从“网红”走向“长红”建言献策。

△ 26 日下午，长沙市·益阳市合作交流座谈会召开。省委常委、长沙市委书记吴桂英，益阳市委书记陈竞讲话。长沙市领导谭勇、文树勋、陈刚（政协）、曹再兴、肖正波、邹特、康镇麟，益阳市领导熊炜、彭建忠、黄道安、陈计伟、刘勇会、邓曙光、杨智华、何军田参加相关活动。

△ 26 日，“学习新思想 建功新时代”湖南共青团“万人万场”省级示范性宣讲暨“青出于蓝”湖湘侨青人才创享会在湖南湘江新区数字空间站举行。共青团湖南省委副书记叶妙、省委网信办网络宣传评论处处长邓清波、长沙市侨联党组书记成钢出席活动，湖南湘江新区统战工作部（群团工作部）部长、岳麓区委常委、统战部长张柳致欢迎辞。

◎长沙组团参加德国汉诺威工业博览会

德国汉诺威工业博览会于当地时间2023年4月17日至21日举行，市政协主席陈刚率团出访。

主题为“工业转型—创造不同”，共有约800家中国企业参展。其中，长沙有10家企业参展参会，包括精密零部件制造、先进储能、智能物流等“专精特新”企业和生产性服务企业。陈刚一行详细考察了长沙参展企业展位及产品情况，重点了解了长沙企业和产品在全球先进产业链中的行业地位、国际合作情况等。代表团还受邀重点考察了西门子展台，并有针对性地参观了与湖南、长沙具有较好经贸往来基础的德国黑森州、北威州展台，重点调研了最新创新技术、未来数字生态等专题展馆，同时深入了解了印度尼西亚、墨西哥等新兴经济体制造业发展趋势。

此次出访中，长沙代表团在德国、荷兰共开展参展参博、拜访交流、经贸推介、商务对接、考察调研等活动14场，就德国杜伊斯堡港链接“中欧班列”及全球供应链进行了实地考察，参观了三一、澳优等长沙优秀龙头企业欧洲工厂，就促进长沙与欧洲市场更多更好地双向融合进行调研。

◎宁乡高新区人大代表联络站揭牌成立

2023年4月18日，宁乡高新区人大代表联络站揭牌成立并召开第一次全体会议，22名省、长沙市、宁乡市各级人大代表将依托代表联络站，聚焦企业发展中的痛点难点问题，定期收集梳理企业反映情况，协助解决企业“急难愁盼”问题，监督推动政策措施落地见效，搭建起党委政府和企业、园区群众沟通的桥梁，进一步发挥人大代表在产业发展中的示范带动作用，不断丰富全过程人民民主的“宁乡实践”。

会议通过了宁乡高新区人大代表联络站站长、副站长、联络员名单，并颁发聘任书，会后举行了人大代表联络站揭牌仪式。市人大常委会主任王湘云，市（区）领导刘寄华、苏继桃参加会议。

2023年，市人大常委会结合工业园区资源禀赋和工作实际，探索建立了宁乡经开区、宁乡高新区人大代表联络站，全面拓宽代表“履职路”，激发代表履职活力。

◎全球首台可变径斜井掘进机长沙下线

2023年4月20日，一台可实现50度超大倾角爬坡、6.53米和8米可变径开挖的隧道掘进机在铁建重工长沙第一产业园下线，这是全球首台可变径斜井岩石隧道掘进机，这标志着中国地下工程装备又一次取得新突破，填补了中国超大坡度两级斜井全断面机械化施工装备领域的空白。

这台设备取名“天岳号”，总长87米、总重约900吨，由铁建重工、国网新源湖南平江抽水蓄能公司、中国水电八局联合打造，将参与湖南省重点能源工程——国网新源湖南平江抽水蓄能电站引水斜井工程建设。在施工中，设备可灵活“变身”，实现开挖直径6.53米和8米的自由切换，并且兼具水平平洞与50度超大倾角斜井连续作业能力。

4月20日，全球首台可变径斜井岩石隧道掘进机“天岳号”在铁建重工长沙第一产业园下线

“天岳号”采用50度倾角大坡度由下往上爬行施工方式，为全球首创技术，可以实现两级引水斜井全断面开挖、初支一次成型，解决了采用导井和钻爆法扩挖施工工法带来的施工周期长、安全性低、劳动强度大等问题。

要闻纪事

△31日，长沙市领导干部会议召开，宣布省委有关人事安排的决定。省委书记沈晓明出席会议并讲话。省委常委、长沙市委书记吴桂英，省委常委、省委组织部部长汪一光，副省长周海兵出席会议。会议宣布，经省委研究决定，周海兵同志兼任长沙市委委员、常委、副书记。

6月

△1日，新建和改建的2艘办公趸船、2艘执法艇、3艘应急救援艇等7艘执法船艇正式列装长沙市交通运输综合行政执法局，为长沙水上交通执法再添利器。

△3日，长沙市十六届人大常委会第十三次会议决定任命周海兵为长沙市人民政府副市长、代理市长。

△5日，省委常委、市委书记吴桂英，副省长、代市长周海兵带队检查高考准备工作，强调要深入学习领会习近平总书记有关重要指示精神，认真落实党中央、国务院决策部署和省委、省政府工作安排，以极端负责的精神抓实抓细各环节工作，用心用情为高考保驾护航。

△8日，长沙召开湘商回归企业家代表座谈会。湖南自2017年实施“湘商回归”工程以来，累计引入湘商项目投资近2万亿元；2022年，湘商回归投资新注册企业953家、到位资金4475亿元，“湘商回归”成效明显。湘商回归是湖南投资项目的重要来源、促进消费的重要支撑、解决就业的重要渠道。

△8日，副省长、代市长周海兵调研长沙市消防救援工作。他强调，要认真落实习近平总书记关于消防救援工作的重要指示精神，始终坚持“以人民为中心”的发展思想，全力打造“对党忠诚、纪律严明、赴汤蹈火、竭诚为民”的消防救援队伍，不断提升全市消防救援能力水平，为经济社会高质量发展营造安全稳定的良好环境。市委常委、常务副市长彭华松，市政府秘书长许凡参加。

◎深化全民阅读 建设书香长沙

2023年4月21日，以“深化全民阅读，建设书香长沙”为主题的2023年长沙市“世界读书日”系列活动启动式在长沙县田汉实验剧场举行。市委常委、市委宣传部部长陈澎出席并宣布活动启动。

启动式上，“最美读者”“阅读推广示范品牌”“最美分馆”“最美阅读推广人”40名（家）示范典型个人和单位受到表彰。会上发布了“读吧，长沙”十大书香文旅线路，倡导市民“带一本书，走读长沙”。

4月21日下午，书香文旅集市、“你的book，我买单”、红色剧本解谜、《黄兴》新书赏读会、“悦读马拉松”挑战赛等活动在长沙县图书馆举行。

近年来，长沙县高度重视图书馆总分馆体系建设，已建成以县图书馆为总馆，包括22个分馆、258家农家书屋（其中总分馆流通服务点140个）的覆盖城乡、立体交融的阅读平台，搭建起便民利民的“十分钟阅读圈”，并实现了与全市图书馆总分馆资源、物流、数据的全域一体化。长沙县总分馆年均接待读者150余万人次，流通图书120余万册次，数字阅读平台点击量200余万次，开展各类读书活动1200余场次，呈现出资源统管、智能便捷、服务多样、活动丰富的全民阅读新局面。

“读吧，长沙”书香文旅战略合作签约

◎全球首台大直径双护盾土压组合式掘进机长沙下线

2023年4月26日，一台刀盘涂装“龙鲤”图案的隧道掘进机在铁建重工长沙第二产业园下线，标志着全球首台大直径双护盾土压组合式掘进机研制成功。这台设备解决了以往双护盾掘进机只具备敞开式掘进、仅适用单一稳定地质条件掘进问题，实现双护盾和土压掘进模式的有效组合，填补了大直径隧道掘进机在软土和极硬岩交互地质下的全球设计空白。

这台设备直径8.9米，总长131米，总重约1500吨，取名“铁兵广花6号”，由铁建重工、中铁十五局集团联合打造，将参与广州东至花都天贵城际项目京溪路站至白云东平站区间工程建设。

根据不同的地质施工条件，隧道掘进机主要分为土压平衡盾构机、泥水平衡盾构机、岩石隧道掘进机等几大类，其中岩石隧道掘进机又有单护盾、双护盾、敞开式多种类型，制造8米以上的土压和双护盾组合式掘进机在全球尚属首次。

该工程是国内首次在城市轨道领域采用垂直机械法竖井的工区，需要穿越的硬岩地质长度占比高达96%，隧道最大埋深超210米，岩石强度最大超过200兆帕。工程始发井长度仅33.2米，设备在掘进过程中需克服多项硬岩掘进技术难题，穿越多处破碎带、上软下硬复合地层及孤石地层，施工难度大，技术含量高。

26日，一台刀盘涂装『龙鲤』图案的隧道掘进机在铁建重工长沙第二产业园下线

◎2023世界旅游城市联合会长沙香山旅游峰会举办 共话全球旅游复苏新机遇

2023年5月9日，这是全面恢复入境游以来，长沙迎来的首个高规格国际性大会。作为中国第4个峰会落地举办城市，长沙将向世界发出《长沙倡议》。2023世界旅游城市联合会长沙香山旅游峰会将迎来系列重磅活动，包括开幕式、主旨发言、大使论坛、市长对话、研究报告发布、专题演讲、专题论坛等，来自世界各地的嘉宾齐聚山水洲城。

2023世界旅游城市联合会长沙香山旅游峰会

长沙是此次峰会的举办城市，会上将发布《长沙倡议》，在推进旅游资源的高质量利用、加强世界旅游城市的交流与合作等方面，呼吁世界旅游城市凝聚力量，携手同行，共创旅游城市发展新动能，共建全球旅游业美好未来，为倡导旅游可持续发展发出长沙声音。

此次峰会期间还将举办旅游投资推介会和旅游交易洽谈会。投资推介会上，灰汤紫龙岛文旅商综合体、靖港古镇2.0版开发建设、橘子洲沙滩公园、容德樾元宇宙、后湖艺术园、影珠山4A景区等多个长沙市重点文旅招商项目将以路演的形式亮相，向与会基金企业代表深入介绍长沙投资潜力。届时，将有联合会投资分会邀请的17家投资基金企业参加推介会，并与项目负责人现场对接。在交易洽谈会上，将组织28家旅游企业与长沙市60余家旅游供应方面对面洽谈，就各方优势资源进行深入交流，为寻找合作机遇、建立合作关系搭台建桥。

◎第三届长沙国际工程机械展览会开幕

开幕式前，万钢、沈晓明、毛伟明等领导在长沙国际会展中心巡馆

2023年5月12日，第三届长沙国际工程机械展览会在长沙国际会议中心开幕。第十三届全国政协副主席、中国科学技术协会主席万钢宣布展览会开幕，省委书记沈晓明在开幕式上致辞，省委副书记、省长毛伟明主持开幕式。开幕式前，万钢、沈晓明、毛伟明等领导在长沙国际会展中心巡馆。

工业和信息化部总经济师高东升在开幕式上讲话。阿塞拜疆驻华大使杰纳利·阿克拉姆在开幕式上致辞。中国机械工业联合会会长徐念沙和特雷克斯（中国）投资有限公司总经理周中伟、中国建筑集团有限公司副总经理单广袖分别作为主办方和参展企业代表致辞。

本届展会以“高端化 智能化 绿色化——新一代工程机械”为主题，将举办6场重大活动、7场主体活动、2场赛事展演、100余场企业间商务洽谈对接活动。展览面积30万平方米，约1500家中外企业参展，其中全球工程机械50强企业参展参会达到35家，来自60个国家的近2000名国际嘉宾与会。展会将全面展示工程机械领域的新产品、新技术、新理念，展出各类产品超2万件。

要闻纪事

△8日，长沙市中院涉外商事审判庭在长沙知识产权法庭揭牌。这标志着全省首家具有独立编制的专业化涉外商事审判机构正式运行。长沙市中院涉外商事审判庭单独挂牌，是长沙法院服务湖南自贸试验区长沙片区高水平开放、高质量发展的重大举措。

△9日，长沙市人大常委会两级党组理论学习中心组（扩大）举行2023年第4次集体学习，市人大常委会党组书记、主任文树勋出席并讲话。市人大常委会领导曹再兴、李平、张白云、杨长江、缪晨光出席会议。会议深入学习了习近平总书记关于全面从严治党、推进自我革命的重要论述，传达学习了习近平总书记近期重要讲话重要指示精神。

△9日，由长沙市政协指导，市政协经科委、市知识产权局联合主办的“长沙大健康产业商标品牌建设大家谈”专题沙龙活动在政协同心园举办，旨在加强长沙大健康产业商标品牌建设，推动大健康产业商标品牌培育和保护。市政协主席陈刚，副主席陈剑文出席。

△15日，长沙市人大常委会举行调研课题成果汇报会暨人大制度理论研究专家聘任仪式。市人大常委会主任文树勋出席并讲话，市人大常委会党组成员杨长江，市人大常委会秘书长缪晨光出席。会议宣读了2022年度市人大常委会调研课题结项情况的通报，文树勋为市人大制度理论研究专家颁发聘书。

△25日，天心区委副书记、区长周志军主持召开全区经营性居民自建房整治销号工作调度会。他强调，要全面推进经营性自建房安全隐患和问题整治销号进度，确保按照时序要求管控到位、整治到位、销号到位。全力推进自建房智慧管理工作，构筑房屋安全防线，提升房屋管理效率，健全常态长效机制，切实维护人民群众生命财产安全。区领导郑州、李勇军参加。

◎《中国公安法治指数报告（2022）》发布

2023年法治蓝皮书《中国法治发展报告No.21（2023）》

2023年5月19日，中国社会科学院在北京发布2023年法治蓝皮书《中国公安法治指数报告（2022）——基于公安官方网站公开的信息数据》，长沙市公安局在全国73个参评公安机关中位列第八，在省会城市中位列第三。

中国法治蓝皮书“中国公安法治指数”属于第三方线上评估，由“阳光警务”“民主决策”“便民服务”“严格执法”“数字公安”等5项指标组成，既涵盖了透明、民主、规范等较为丰富的法治内涵，又凸显了政府的服务本位和执法职能，还反映了数字法治的时代特征。

◎新一线城市，长沙全国八强

2023年5月30日，第一财经旗下城市数据研究项目新一线城市研究所发布了“2023城市商业魅力排行榜”，榜单评估337座地级及以上城市，在此次上榜的15座新一线城市中，长沙位列第8，较上年度跃升2个名次，超越天津和郑州，城市商业魅力指数为58.4。

2023年上榜的15座新一线城市依次是成都、重庆、杭州、武汉、苏州、西安、南京、长沙、天津、郑州、东莞、青岛、昆明、宁波、合肥。长沙此次跃升2个名次的背后，是强省会促消费的双向奔赴，也是长沙奋力实现“三高四新”美好蓝图，在发展过程中不断提升城市品质、加强城市规划建设，切实提高城市核心竞争力等的必然结果。

长沙先后出台《关于创建国际消费中心城市的实施意见》《关于进一步促进消费持续恢复的若干措施》等政策；第十五届“福满星城”购物消费节发放1216万元消费券，直接撬动消费20亿元以上。

近年来，长沙加快推进出市、出海、出境大通道建设。对外，“四小时航空经济圈”城市航线直达东南亚、南亚、西亚等地区国家；京广、沪昆、渝厦形成黄金“米”字形高铁网络，可直达全国23个省会城市和直辖市；京港澳、沪昆、武深等高速公路四通八达。对内，地铁、城铁、磁浮、云巴实现了全覆盖、零换乘。

◎智能制造城市，长沙全国二十强

2023年5月30日，2023中关村论坛智能制造创新发展平行论坛在北京中关村国家自主创新示范区展示中心召开，会上发布了“智能制造发展指数（区域）暨2022年度智能制造城市二十强”名单，长沙入围。

智能制造发展指数（区域）采取“基础—投入—过程—产出”的思路构建，由产业基础、要素投入、技术创新、应用推广、产业供给、保障支撑、综合成效等7项一级、16个二级量化指标共同构成。

基于该指数，2022年度智能制造城市二十强分别是长沙、常州、成都、东莞、佛山、福州、广州、杭州、合肥、南京、南通、宁波、青岛、苏州、深圳、武汉、无锡、西安、厦门、郑州（按首字母排序）。

近年来，长沙坚持以智能化重塑产业模式和企业形态，不断推动产业技术变革和优化升级。2022年，全市新增市级智能制造试点企业208家，总数达1462家；获评“中国智能制造50强”企业5家，数量居全国第一；获评国家级智能制造示范工厂7家、优秀场景14个，数量均居全国前列；获评省级智能制造标杆企业9家、省级智能制造标杆车间16个，数量均居全省第一。在众多制造业工厂中，博世长沙工厂、三一集团18号工厂被认证为全球“灯塔工厂”。

要闻纪事

△26日，长沙市委常委、常务副市长彭华松主持召开全市安全防范紧急视频会议。他强调，要全面落实“三管三必须”，坚决杜绝重特大事故、坚决遏制较大事故、坚决防止重大人员伤亡，确保全市安全形势稳定。市领导康镇麟、彭涛、黄梁参加。会议传达了省、市关于安全防范工作的指示要求。市安委办、市消防救援支队分别安排部署下一步全市安全防范工作、消防安全工作。

△26日，长沙市中院召开长沙法院打击毒品犯罪新闻发布会。经过连续多年的打击、治理，长沙全市毒品犯罪案件数量呈现逐年下降态势，近3年来年均下降幅度超过11%。

△28日，萧劲光生平业绩与革命精神学术研讨会在长沙召开。92981部队少将政治委员王占武，中共中央对外联络部原副部长马文普，原中央党史研究室副主任李忠杰，湖南省委党史研究院院长胡振荣，市委副书记、湖南湘江新区（长沙高新区）党工委书记、岳麓区委书记谭勇，市委常委、长沙警备区政委冯紫英，萧劲光家属代表萧凯、庄西安出席。

7月

△3日，长沙市委统战部“统战青年说”2023年第四场“青年话清廉，清廉伴青年”党风廉政建设专场活动举行。来自全市统战系统的青年干部走进湖南烈士公园芳草园，参观幽兰苑和《潇湘忠魂专题陈列》，观看弹词《湖湘廉脉源流长》以及《潇湘之子》沉浸式舞台剧视频，了解湖湘廉洁文化发源传承脉络，感受潇湘英烈一心为党、廉洁奉献的忠魂与初心。

△4日，天心区委副书记、区长周志军主持召开国家医学中心周边规划提升研讨会议，深入分析研究国家医学中心周边道路交通规划、配套功能完善等事宜。中南大学湘雅医院党委委员、副院长夏晓波，区领导王钰莹、李勇军，园区领导许伟斌，调研员黄光泽参加。

◎望城区雷锋政务超市党委揭牌成立

2023年5月19日，望城区雷锋政务超市党委正式揭牌成立，雷锋政务IP形象同步发布。市行政审批服务局党组成员、副局长马绍铁，区委书记秦国良，区领导王明玖、易文龙、黄燕、杨钦涵参加揭牌仪式。

近年来，望城区行政审批服务局深入实施“党建聚合力”工程，着力推动党建工作与审批服务深度融合，将党建优势转化为工作优势，实现思想站位大提高、干部队伍大团结、审批服务大提质、行政效能大提速、营商环境大提标，为企业群众奉上“最优质、最高效、最精准、最暖心”的政务服务，擦亮了“望”事办“城”雷锋政务服务品牌。

据了解，雷锋政务超市功能型党委下属3个支部，共有99名党员。按照大厅窗口区域相近、功能趋同的原则设置，不同组织关系的党员可集中组合到一起，就近参加功能型党支部开展的政治学习、业务交流等活动，营造出“比学赶超帮”的良好氛围，有效助推项目审批提速、政务服务提质。

望城区雷锋政务超市党委揭牌成立

◎长沙市十六届人大常委会召开第32次主任会议

2023年6月3日，市人大常委会党组书记、主任文树勋主持召开市人大常委会党组2023年第5次会议暨市十六届人大常委会第32次主任会议。市人大常委会领导曹再兴、李平、李伟群、张能峰、王瑜珲、张白云、杨长江、缪晨光出席会议。市委常委、常务副市长彭华松列席会议。

会议传达了习近平总书记近期重要讲话精神。

会议研究了市十六届人大常委会第十三次会议议程、日程草案有关事项。

主任会议建议：市十六届人大常委会第十三次会议听取并审议市人大常委会联工委关于长沙市第十六届人民代表大会个别代表的代表资格情况的报告；审议有关人事任免案。

会议听取了需提请市十六届人大常委会第十三次会议审议和审查批准的有关报告和议案的汇报。

◎长沙获评“全国版权示范城市”

2023年6月8日，在第十九届中国（深圳）国际文化产业博览交易会“2023文化强国建设高峰论坛——共建互联网版权新生态分论坛”上，“全国版权示范城市”授牌仪式隆重举行，长沙、南通等4个城市被正式授牌为“全国版权示范城市”。中央宣传部版权管理局局长王志成出席，长沙市委常委、市委宣传部部长陈澎代表长沙接牌。

全国版权示范城市，是对一个城市版权发展水平的综合评价，体现着一个城市的科学发展理念、自主创新能力、产业发展水平和核心竞争力。

国家版权局指出，长沙要准确把握全市战略定位和实践要求，充分发挥全国版权示范城市在实现“三高四新”美好蓝图、建设现代化新长沙中的独特作用，打通版权创造、运用、保护、管理、服务全链条，奋力谱写中国式现代化的湖南新篇章，为加快版权强国建设、推动全面建设社会主义现代化国家作出积极贡献。

未来，长沙将坚持以习近平新时代中国特色社会主义思想为指引，全面贯彻落实党的二十大精神，积极探索版权高质量发展“长沙路径”，在更高的水平上深化全国版权示范城市建设。

◎长沙：175条“福利”暖了优抚对象的心

2023年6月12日，长沙市退役军人事务局等26部门联合印发关于《长沙市加强军人军属、退役军人和其他优抚对象优待工作的实施意见》（以下简称《实施意见》）的通知，列出对军人军属、退役军人和其他优抚对象175条优待事项。

《实施意见》列出的优待事项，涉及荣誉激励、生活待遇、养老、医疗、住房、教育、文旅、交通、金融等民生领域，让优抚对象切实享受多方面优待优惠服务。如文化交通优待方面，享受市内博物馆、纪念馆、美术馆、图书馆等公共文化设施和实行政府指导价管理的国有收费景区免除门票优待。医疗优待方面，全市三级综合医院医疗机构设置现役军人、退役军人和其他优抚对象服务窗口，在有效保障急危重症患者诊疗安全的前提下，按照分级诊疗原则实行优先挂号、优先就诊、优先检查检验、优先缴费、优先住院、优先取药等便捷服务。

据悉，此次公布的为第一批优待目录。下一步，长沙市优待内容将随着经济社会发展、国防和军队建设需要以及优待工作不断创新，进行适时调整、补充，优待目录和范围将更加广泛，优待优惠的幅度将更大。

◎2023年中国（长沙）马栏山视频文创产业园部省共建推进工作会议召开

6月12日上午，2023年中国（长沙）马栏山视频文创产业园部省共建推进工作会议在园区召开

2023年6月12日，2023年中国（长沙）马栏山视频文创产业园部省共建推进工作会议在园区召开。国家广播电视总局党组成员、副局长孟冬，湖南省委常委、省委宣传部部长杨浩东出席并讲话，湖南省政府副秘书长周义祥主持，湖南省委宣传部副部长、省广播电视局党组书记、局长贺辉，长沙市委常委、市委宣传部部长陈澎等出席。

会议宣布了2023—2024年度马栏山视频文创产业园部省共建重点项目清单，清单包括继续支持在马栏山新媒体学院设立国家广播电视总局马栏山网络视听人才培训基地等3个延续项目和支持举办2023马栏山芒果节有关活动等6个新实施项目。

在重点项目签约仪式环节中，马栏山视频文创产业园与横店影视文化产业集聚区、达晨财智创业投资管理有限公司、维享时空科技有限公司等6家公司现场签约。

6月12日还举行了2023马栏山芒果节暨视听中国“我的家乡美 湘约马栏山”优秀短视频征集展示活动启动仪式，发布2023马栏山芒果节主体活动。

要闻纪事

△7日，湖南省委常委、长沙市委书记吴桂英主持召开座谈会，围绕长沙市加快建设全球研发中心城市，听取院士、专家、企业家的意见建议。副省长、市长周海兵参加。

△11日，湖南省委常委、长沙市委书记吴桂英主持召开市委实施乡村振兴战略领导小组全体会议暨全市巩固拓展脱贫攻坚成果同乡村振兴有效衔接工作推进与突出问题整改动员部署会议。会议深入学习贯彻习近平总书记关于“三农”工作的重要论述精神，传达中央和省委有关会议精神，听取全市有效衔接工作情况，审议有关文件，研究部署下阶段工作。副省长、市长周海兵出席。

△15日，长沙市委党校第61期中青班学习汇报暨毕业典礼举行，市委副书记、湖南湘江新区（长沙高新区）党工委书记、岳麓区委书记、市委党校（长沙行政学院）校（院）长谭勇寄语党校学员，保持蓬勃朝气、昂扬锐气、浩然正气，将所学所获转化为推动高质量发展强大动力，为实现“三高四新”美好蓝图作出新的更大贡献。市委常委、市委组织部部长罗缵吉出席。

△18日至24日，市人大常委会主任文树勋率队前往浙江大学进行长沙市人大系统“发展全过程人民民主”专题培训。市人大常委会副主任李伟群、张能峰、王瑜珲参加培训。，此次培训紧扣“发展全过程人民民主”这一主题，深入学习贯彻习近平新时代中国特色社会主义思想，特别是习近平总书记关于坚持和完善人民代表大会制度的重要思想和党的二十大精神，以及发展全过程人民民主的重要论述。

△20日，长沙市政协主席陈刚率主席会议成员视察长沙市“推进城市更新，建设品质长沙”工作。副市长周志凯，市政协副主席石长松、彭民安、陈剑文、陈昌佳、黄锋、李舜，秘书长骆正平参加。

◎中非城市合作（长沙）论坛举行

第三届中国—非洲经贸博览会在长沙开幕

2023年6月30日，中非城市合作（长沙）论坛举行，来自非洲12个国家的16个友好城市以及多个国内城市的代表汇聚一堂。安哥拉工贸部部长维克多·费尔南德斯，省委常委、市委书记吴桂英，副省长、代市长周海兵，中非人民友好协会秘书长吉拥军，贝宁驻华大使西蒙·皮埃尔·阿多韦兰德、尼日利亚驻华大使巴巴·艾哈迈德·吉达，中非城市代表等出席。

中非城市合作（长沙）论坛是中非经贸博览会框架的重要活动，是中非城市之间合作共赢的首个平台。本届论坛由中国非洲人民友好协会、湖南省商务厅、长沙市政府共同举办，以“深化中非合作、共创美好未来”为主题，旨在推动中非城市之间合作交流，精心打造中非城市之间贸易往来、合作对接、人文交流的国际化平台，进一步促进中非之间城市命运共同体建设。

在合作签约环节，长沙与乌干达恩德培市签订《深化友好交流补充协议（2023—2027）》，与马里锡卡索市签订《建立友好城市关系意向书》。马栏山对非文化交流合作、国际师生交流和学术交流合作、哇呗跨境电商平台建设、红星直采肯尼亚牛油果战略合作协议的双方代表合作签约。

本届论坛创新推出中非“市长对话”环节，7位中非城市代表以“发挥城市特色优势，深化中非经贸往来”为主题进行研讨交流。

◎世界计算新高地正崛起于长沙

2023年6月18日至19日，为展示湖南和长沙在网络强国建设中取得的成果，全面总结十年岳麓峰会的成绩和“湘商回归”发挥的重要作用，持续扩大岳麓峰会的品牌影响力和产业号召力，以“智联湘江，乘数而上”为主题的2023互联网岳麓峰会在长沙举办。

进入6月，世界计算·长沙智谷项目建设迎来关键节点：1日，项目第一区首开区EPC项目10栋单体建筑主体结构全面完工，进入装修施工阶段；2日，项目第二区顺利打下首根工程桩；6日，项目第三区打下第一根桩。至此，世界计算·长沙智谷进入“三区联动”状态，项目建设取得重要阶段性成果。

世界计算·长沙智谷项目总投资180亿元，占地面积达913亩，建筑面积273万平方米，聚焦先进计算领域算力、算法、算据、AIoT（人工智能+物联网技术）四大核心要素，计划引入20家龙头企业、50家总部企业和1500家中小企业，产业从业人员达8万人，实现千亿元营收规模、带动万亿元产业生态，一个世界先进计算的新高地正在长沙崛起。

◎2023『一带一路』青年创意与遗产论坛暨长沙媒体艺术节高级别论坛举行

“一带一路”青年创意与遗产论坛暨长沙媒体艺术节高级别论坛在长沙世纪金源大饭店举行

2023年6月27日，2023“一带一路”青年创意与遗产论坛暨长沙媒体艺术节高级别论坛举行。纳米比亚驻法国特命全权大使、常驻联合国教科文组织代表阿尔贝图斯·奥查穆布，联合国教科文组织东亚多部门地区办事处代表兼主任夏泽翰，中国联合国教科文组织全国委员会秘书长秦昌威，市委常委、市委宣传部部长陈澎，刚果（金）、埃及、塞内加尔常驻联合国教科文组织官员出席。

在论坛中，与会嘉宾围绕“青年促进世界文化多样性保护”主题，与来自“一带一路”沿线国家的青年代表们展开了热烈的互动交流。

要闻纪事

△20日，长沙市雨花区召开未成年人保护暨“利剑护蕾·2023”专项行动工作调度会，区委副书记、区长黄军其出席会议并讲话，区领导钟孝明、刘燕妮、邓波、周习文，相关区直部门、各街道（镇）主要负责同志参加会议。

△22日，长沙市举行半年度重点工作拉练点评暨三季度重大项目集中开工活动。本轮集中开工项目共计150个，预计总投资595亿元。省委常委、长沙市委书记吴桂英宣布集中开工并在点评会上讲话。副省长、长沙市市长周海兵主持会议。与会人员还深入比亚迪宁乡工厂、长沙市妇幼保健院（河西新院）、泛海统联MIM+AM研发生产基地等项目现场开展拉练观摩。

△26至27日，湖南副省长、长沙市长周海兵走访慰问武警部队官兵、消防救援指战员及退役军人代表，并向驻长部队官兵、军队文职人员、预备役人员、广大民兵、军休干部、退役军人和烈军属致以节日的慰问和崇高的敬意。武警湖南总队司令员李明辉，长沙警备区司令员汪立生，副市长、市公安局局长刘新良，市政府秘书长许凡参加。

△28日，“向世界讲好中国故事——有一种生活叫长沙”长沙市2023年度外宣工作协作交流会举行。市委常委、市委宣传部部长陈澎出席。活动中，表彰了2022年度长沙市对外传播十大优秀案例等，启动了2023“讲好中国故事”创意传播国际大赛长沙分站赛暨第七届“城市之光·长沙魅力”短视频大赛，各方代表分享了外宣工作经验体会。

◎2023互联网岳麓峰会在长沙开幕

2023年6月19日，2023互联网岳麓峰会在长沙开幕。湖南省委书记沈晓明致辞并宣布开幕，省委副书记、省长毛伟明主持。

开幕式前，毛伟明与出席峰会的嘉宾代表座谈。

据了解，本届峰会以“智联湘江，乘数而上”为主题，邀请互联网领域专家学者、行业精英和企业家等，围绕数字经济发展上中下游产业链，聚焦科技金融、科技创新、智能制造、新一代信息技术、新材料等领域举行主题论坛，共话互联网产业发展新趋势，续谱数字经济美好蓝图。开幕式上还发布了《湘商回乡倡议书》、“十年·百人·千亿”——互联网岳麓峰会影响力白皮书。蚂蚁集团董事长兼CEO井贤栋、58同城CEO姚劲波、科大讯飞董事长刘庆峰、华为公司高级副总裁杨伟军、万兴科技董事长兼总裁吴太兵等互联网企业领军人物作主旨演讲或出席。

省委常委、长沙市委书记吴桂英致辞，省领导李殿勋、秦国文、周海兵，中国工程院院士刘经南、陈晓红、柏连阳，市级领导谭勇、何朝晖、彭华松、陈澎、邹特、周志凯、周敏、康镇麟、彭涛出席。

6月19日，2023互联网岳麓峰会在长沙开幕

威胜集团一号厂房的一条条智能化产线

◎以“中国精度”打造长沙先进制造新名片

2023年7月20日，威胜集团有限公司的“企业能耗管理云平台”顺利入围《2023年度湖南省节能节水“新技术、新装备和新产品”》，该平台是专门用于监控和管理生产过程中能源使用的解决方案，可显著提升能源使用的经济性和有效性。

2013年，习近平总书记来到威胜集团视察，留下了“加强研发，不断创新”的殷殷嘱托，指引着企业不断以创新驱动，将能源计量设备的精度不断提高，功能不断丰富。截至目前，威胜集团拥有近600件有效专利，其中发明专利91件；参与已发布的国家、行业标准48项。在精度方面，威胜集团将关口电能表的精度提高至0.1S，优于同类进口产品0.2S的标准。

沿着威胜集团一号厂房拾级而上，透过明亮的玻璃，映入眼帘的是一条条智能化生产线。线上芯片自动烧录、SMT贴片、PCBA老化等80余项工艺流程在自动化设备的加持下马力全开；线下有AGV等物料配送车穿梭其间，放眼望去，偌大的车间里，仅有数名工人与智能化设备协同工作。威胜集团现有员工1500余人，其中研发人员占比超过35%。同时，威胜集团将营业收入的9%以上投入研发和技术创新方面，以确保技术与产品的领先优势。

◎长沙将建百个高质量一刻钟便民生活圈

2023年7月21日，市商务局与市民政局、市财政局等11部门联合印发了《长沙市一刻钟便民生活圈试点城市建设实施方案》，着力配齐配优配强基本保障类业态，加快发展品质提升类业态，鼓励发展智慧升级类业态。“到2025年底，创建不少于100个高质量一刻钟便民生活圈，实现新增和改造商业网点2500个，服务居民300万人，带动就业20万人，居民综合满意度95%以上，示范带动全市一刻钟便民生活圈便利化、标准化、智慧化、品质化水平全面提升，增强人民群众获得感和幸福感。”市商务局副局长黄立斌介绍。

社区便民生活圈的打造是满足居民需求的重要举措、提高居民生活水平的重要渠道、提升居民幸福指数的重要途径，充分彰显了幸福长沙的温度和活力。以步行一刻钟的距离为半径画个圈，不仅圈进了生活消费、交通出行，还圈进了居民的幸福感和归属感。

◎推动湘菜产业化科技化健康化 龙牌全球湘味研发应用中心项目落户雨花

2023年7月7日，长沙市雨花区人民政府与龙牌食品股份有限公司签约，龙牌全球湘味研发应用中心项目正式落户雨花。该项目致力于加强湘菜风味呈现的基础工艺研究和关键核心技术攻关，搭建湘味行业人才互动交流平台，传播湘味文化，打造湘味品牌，推动湘菜产业化、科技化、健康化发展。雨花区委书记刘素月，区委副书记、区长黄军其，龙牌食品股份有限公司董事长汪峥嵘等出席签约仪式。

项目将建设“五个中心、三个工作室、一个课堂”，包含湘菜研发中心、调味品体验中心、实践中心、营销中心、企管中心及湘菜三大泰斗工作室、湘菜分享大课堂等，深耕基础调料品、复合调料品、湘味风味小吃等产品研发生产和应用推广，并通过一系列资源整合、项目并购、市场集聚，推动湘菜产业向价值链高端迈进，形成研发、应用、生产、市场、服务、人才的全产业链集群。未来3—5年，将致力于打造湖南首家“中华老字号”上市企业，带动产业链上下游形成100亿元产值规模，让“湘味”插上腾飞的翅膀，走出湖南，走向世界。

◎博鳌经安论坛第二届大会10月在长沙举行

2023年7月13日，博鳌亚洲论坛全球经济发展与安全论坛（以下简称“博鳌经安论坛”）第二届大会新闻发布会在长沙举行。博鳌亚洲论坛秘书长李保东，副省长、市长周海兵，博鳌经安论坛大会主席曾伟雄，省委外事办主任徐正宪，博鳌经安论坛组委会执行主任赵松，中南大学党委副书记彭立威，副市长、市工商联主席康镇麟，市政府秘书长许凡等出席发布会。

博鳌经安论坛第二届大会定于10月29日至31日在长沙国际会议中心举行，主题确定为“全球发展 共享安全”。第二届大会将继续由博鳌亚洲论坛和湖南省人民政府联合主办，由博鳌经安论坛组委会和长沙市人民政府共同承办。经安论坛第二届大会将举办开幕大会、博览会、中外企业家对话会、分论坛、圆桌会等30余场活动。届时将邀请各国政要、国际组织负责人、企业界代表、媒体领袖和专家学者共聚一堂，探讨经济发展、可持续发展、人口发展等发展领域的前沿问题，以及金融安全、能源安全、产业链安全等和发展密切相关的安全问题。

博鳌经安论坛第二届大会10月在长沙举行

新闻发布会前，博鳌经安论坛组委会与中南大学、新华网、第一财经、长沙晚报社、中食安泓（广东）健康产业有限公司、厦门市美亚柏科信息股份有限公司现场签署合作协议。

要闻纪事

△30日，中国共产党长沙市第十四届委员会第五次全体会议召开。会议听取和讨论了市委常委会工作报告，审议通过了《中共长沙市委长沙市人民政府关于全力建设全球研发中心城市 奋力打造具有核心竞争力的科技创新高地的实施意见》等文件。省委常委、长沙市委书记吴桂英向全会作工作报告并讲话，副省长、长沙市委副书记、市长周海兵就《实施意见（讨论稿）》向全会作起草说明。

△31日，市人大常委会召开安全生产“一法一条例一规定”执法检查培训会。市人大常委会主任文树勋出席并讲话。省应急管理厅副厅长李兵荣进行专题讲座，市人大常委会副主任杨长江、副市长高文棋、市人大常委会秘书长缪晨光出席会议。会上，李兵荣对安全生产法律法规进行了专题解读。市应急管理局、市住建局、市消防救援支队汇报了安全生产“一法一条例一规定”实施情况。

8月

△5日至9日，全国少工委学习习近平总书记重要讲话精神培训班暨2023年全国少先队辅导员专业技能大赛（中学组）在长沙举行。共青团中央少年部部长、全国少工委常务副主任曾锐，团省委书记李志超，副市长、市少工委主任肖正波出席总结颁奖仪式。

△14日，天心区召开城市管理综合整治“百日攻坚”月度讲评大会，回顾总结上阶段工作成效，深入剖析存在的问题和短板，对下一步工作任务进行安排部署。天心区委副书记、区长周志军，区领导张浩平、郑州、王钰堂、肖盛辉参加。

◎全国县域旅游综合实力百强县名单发布

近年来，浏阳文旅产业快速发展，这是浏阳"全BA"走进永和老工业基地，掀起文体旅融合热潮

2023年7月29日，第五届全国县域旅游研究成果《全国县域旅游高质量发展研究报告2023》在北京发布，浏阳再次上榜"全国县域旅游综合实力百强县"，位列全国第四，在2022年第六的基础上实现高位再进位。除浏阳外，湖南还有长沙县、宁乡市和凤凰县上榜。

浏阳坐拥良好的生态环境、厚重的文化底蕴、丰富的旅游资源，发展文旅产业潜力巨大，大有可为。为持续加大文旅产业扶持力度，推动文化旅游市场繁荣壮大，浏阳陆续出台了"旅发十条"等一系列政策文件，有力提振了文旅企业的发展信心。浏阳将聚焦打造"三湘民宿第一高地"发展定位，加快建成10个民宿集聚区、20个民宿示范村、200个民宿精品店，努力在全国打响"浏阳民宿"品牌。

2023年9月，第二届长沙市旅游发展大会将在浏阳举办，采取"1+4+10+N"的办会方式。"1"即在浏阳市城区设1个主会场，举办开幕式暨焰火文艺晚会、项目考察、产业发展推进会、携程文旅消费节四项主体活动；"4"即在浏阳东南西北区设4个分会场；"10"即全市配套开展十大活动；"N"即浏阳市全域配套开展若干个文旅活动。

◎高水平规划高品质建设 打造宜居宜业生态星沙

2023年7月29日，副省长、市长周海兵调研长沙县经济社会发展。副市长周志凯、肖正波，市政府秘书长许凡参加。

来到湖南松雅湖国家湿地公园，周海兵详细了解片区发展和松雅湖未来科技城建设情况

周海兵一行来到浏阳河风光带磨盘洲生态公园，详细了解堤防达标建设情况。长沙县规划堤防19处，总长度99.34千米，目前，未达标堤防建设正在有序推进，计划到2026年全面建成。周海兵指出，长沙县堤防达标建设时间紧、任务重，各相关部门要切实提高思想认识，树牢底线思维、极限思维，全面分析水文气象历史数据，深入研究区域防汛重点难点，摸清问题短板，补齐薄弱环节，加快建设进度，确保工程质量，切实提升流域防洪减灾能力，全力保护人民群众生命财产安全。

来到湖南松雅湖国家湿地公园，周海兵详细了解片区发展和松雅湖未来科技城建设情况。

◎长株潭绿心中央公园将建花博园

湖南花博园投资发展有限公司、湖南都市乡村旅游发展有限公司在雨花区跳马镇正式揭牌

2023年7月28日，湖南花博园投资发展有限公司、湖南都市乡村旅游发展有限公司在雨花区跳马镇正式揭牌，两家公司致力于高标准高水平建设长株潭绿心中央公园，奋力打造都市乡村振兴示范区，将花博园打造成为长株潭"三市休闲旅游之地"。

长株潭绿心中央公园花卉园艺博览园（以下简称花博园）项目是长株潭绿心中央公园四大首开项目之一，对引领长株潭城市群高质量发展具有重要意义。从花博园首开区开始，逐步向外扩延，实现"一村一特色"，引进全国最有吸引力的花卉产品。

项目位于跳马镇南部，北至三市峰、南至复兴湖、东至洞株公路、西至龙王岭，规划面积12.48平方公里，划定城镇开发边界2.72平方公里。项目总投资约30亿元，规划建设"一核十谷五基地"，"一核"即花卉园艺博览核心园；"十谷"即多个山涧花谷，结合原生村落，以自然农田、林地为引导，形成杜鹃、山茶、油菜花、紫薇等缤纷多彩的特色野趣花谷；"五基地"即科技研发、种苗培育、规模种植、综合交易、文旅配套五大产业基地。

要闻纪事

△15日，芙蓉区委书记、区委统战工作领导小组组长周春晖主持召开区委统一战线工作领导小组2023年第一次全体（扩大）会议。会议集体传达学习习近平总书记关于统一战线重要讲话及指示精神，以及省委、市委统战工作领导小组2023年第一次全体会议精神，听取了区委统战工作领导小组2022年工作情况及2023年重点工作计划等情况汇报，研究部署网络统战工作，审议了有关文件。

△16日，长沙市人大常委会主任文树勋率队开展《信访工作条例》执法检查。市人大常委会副主任张能峰，市人大常委会秘书长缪晨光参加检查。检查组先后来到市信访局、市市场监管局和望岳街道办事处，详细了解信访接待阵地建设、群众来访问题办理等情况，听取有关单位信访工作汇报，并就落实《信访工作条例》提出意见和建议。

△19日，《湘江滨水区总体城市设计暨湘江"百里画廊"总体规划》（以下简称《规划》）全国专家审查会在长沙举行，由中国城市规划设计研究院原总规划师、教授级高工朱子瑜等6位专家组成的专家组对《规划》进行了集中审查。专家组对长沙打造世界级湘江画廊愿景表示了充分肯定。

△22日，副省长、市长周海兵主持召开长沙市政府专题会议，研究全市政府产业基金有关工作。他强调，各级各相关部门要充分发挥政府产业基金作用，强化责任意识、风险意识，持续优化管理机制，瞄准发展核心需求，推动投资释放更大效能，真正让政府产业基金成为提升长沙创新能级、推动长沙现代化产业体系建设的强劲动力。市委常委、常务副市长彭华松，市政府秘书长许凡参加。

7月30日，中国共产党长沙市第十四届委员会第五次全体会议召开

◎中共长沙市委十四届五次全体会议召开

7月30日，中国共产党长沙市第十四届委员会第五次全体会议召开。全会坚持以习近平新时代中国特色社会主义思想为指导，深入学习贯彻党的二十大精神和习近平总书记关于湖南工作的重要讲话重要指示批示精神，全面落实党中央决策部署和省委工作要求，听取和讨论了市委常委会工作报告，审议通过了《中共长沙市委长沙市人民政府关于全力建设全球研发中心城市 奋力打造具有核心竞争力的科技创新高地的实施意见》《中国共产党长沙市第十四届委员会第五次全体会议决议》。全会由市委常委会主持，省委常委、市委书记吴桂英受市委常委会委托向全会作工作报告并发表讲话，副省长、市委副书记、市长周海兵就《实施意见（讨论稿）》向全会作了起草说明。

市委常委谭勇、冯紫英、彭华松、陈刚（纪委）、罗缵吉、朱东铁、陈澎、张敏、邱继兴、刘汇、邹特出席。

全会根据《中国共产党章程》《中国共产党地方委员会工作条例》等有关规定，批准夏建平、张宏益、于新凡、夏文斌辞去十四届市委委员职务，递补十四届市委候补委员刘晓凤、许凡、陈剑、罗玉环、张武、周飞同志为十四届市委委员。

◎长沙新港专用铁路通车运营

2023 年 7 月 31 日，湖南省会长沙首条疏港专用铁路正式通车运营，实现了港口铁路与京广线国铁干线的无缝衔接，打通了长沙铁水联运“最后一公里”，长沙新港正式迈入“水铁公”多式联运新时代。

长交集团新港专用铁路项目是长沙市建设首批国家物流枢纽的依托项目，已入选国家《“十三五”港口集疏运系统建设方案》及《“十三五”长江经济带港口多式联运建设实施方案》项目库，对促进湖南省在中部地区率先崛起、推动长江经济带绿色发展具有重要意义。

该专用铁路位于长沙市开福区金霞经开区，始于长沙北站既有粮食专用线，向西下穿芙蓉北路，于沙河大桥处沿湘江北路向南进入长沙新港，线路全长 4.48 公里，铺轨里程 7.7 公里，设计运行速度 40 公里 / 时，总投资 5.45 亿元。

长交集团新港公司董事长唐忠良介绍，新港专用铁路主要用于承运钢材、集装箱、件杂散货、商品汽车等大宗货物。预测近期年货运量 225 万吨，远期年货运量 418 万吨。

长沙新港专用铁路的顺利投运，使长沙新港在保有水运运量大、能效高、绿色环保的传统优势基础上，又增添了全天候、范围广、速度快的优势，港口的经济腹地将进一步向华北、华南和西南地区延伸，满足长沙扩大深度开放、增强物流枢纽吸引力的需要。

7 月 31 日上午，“新港 1 号”内燃机车徐徐驶入长沙新港，长沙首条疏港专用铁路正式通车运营

◎长沙获批全国社会信用体系建设示范区

2023 年 8 月 7 日，国家发展改革委、中国人民银行正式公布第四批社会信用体系建设示范区名单，长沙市和浏阳市双双获批。此次获批是长沙首次获批全国社会信用体系建设示范城市，在信用体系建设中具有里程碑的意义，成功树立了“信用长沙”的标杆。

近年来，长沙认真贯彻落实党中央、国务院和省委、省政府决策部署，紧扣中办国办《关于推进社会信用体系建设高质量发展促进形成新发展格局的意见》提出的工作目标和任务要求。截至目前，共归集公共信用信息 333.68 亿条，其中“双公示”信息 694 万余条，守信失信信息 106884 条；累计完成信用核查 282 万次，执行失信联合惩戒 10952 次，守信联合激励 20754 次。依据省发展改革委和省委组织部要求，在人事招聘、干部晋升、代表选举等领域实施信用核查 36985 人次，累计检出严重失信黑名单 125 例次，并在信用建设助力“促改革、纾企困、惠民生”等方面取得积极成效。

◎推进交通互联先行 加速形成长株潭一体化新格局

2023 年 8 月 8 日，长沙召开长株潭 6 条融城干道建设推进调度会议。市委常委、常务副市长彭华松主持会议并讲话。

推动融城干道建设是推动长株潭一体化发展的重点工作，是关乎群众出行的重大民生工程。长沙制定出台《长沙市推进长株潭一体化发展 2023 年工作要点》，实施基础设施互联互通行动，将推动 6 条融城干道建设纳入三年行动计划及工作要点，确保融城干道建设工作有承接、有推进、有落实。据悉，长株潭 6 条融城干道长沙段总建设里程约 46.38 公里，目前已开工建设 2 条，已启动前期工作 4 条。

会议还对项目推进中存在的问题和困难进行了现场调度交办。

◎上半年全市农村居民人均可支配收入同比增长 6.2%，253 个村集体经济组织收入超过 50 万元

2023 年 8 月 4 日，科技种粮，院士农业，粮食生产“四高”试验示范区喜看稻菽千重浪；上半年，全市农村居民人均可支配收入 20404 元，同比增长 6.2%；253 个村集体经济组织收入已超过 50 万元。截至目前，长沙市共创建湖南省美丽乡村示范村 103 个。全面培育乡村发展新模式、新业态，激活乡村振兴新动能，长沙在行动。

2023 年，长沙新增 3 个院士农业工作室（站），截至目前，共挂牌成立 12 个院士农业工作室，开展粮食生产“四高”试验示范、蔬菜生产“三新三高”试验示范、稻渔综合种养等院士农业项目，按照“院士 + 产业 + 基地 + 项目”路径，推动粮食大面积均衡增产、稻渔综合种养等新技术、新模式在长沙落地转化。

2023 年，全市下达 200 个美丽宜居村庄和 15 个示范片区建设任务，对示范片区逐一开展建设规划现场踏勘及点评，选择第三方技术公司对示范片区建设实行一月一指导服务。落实农村人居环境卫生公共服务改革举措；常态化开展农村环境卫生检查评比，确保农村环境长治长效。启动农村户厕摸排整改，对 2013 年以来财政补助资金建设的户厕实行再“回头看”。同时，全面完成农业四大领域 863 个畜禽养殖、渔业、饲料加工和农机生产经营场所的安全提质改造，上半年全市农业领域未发生一起安全生产事故。

远看靖港，就像一幅美丽乡村画卷

要闻纪事

△ 23 日，湖南市政协湖南金融中心委员工作室开展改善生态环境专项民主监督，市政协主席陈刚、副主席刘金文、秘书长骆正平参加。陈刚一行先后前往湖南中联重科履带起重机有限公司、麓谷·领创广场建设现场、赵洲港泵站和后湖片区，督导废气处理设施运行、在建工地分级管控 A 级工地创建、雨污分流整改、水治理工作等。

△ 24 日，长沙市委理论学习中心组进行集体学习，深入学习习近平生态文明思想、习近平总书记关于党的建设的重要思想。省委常委、市委书记吴桂英主持并作总结讲话。副省长、市长周海兵出席。

△ 25 日，长沙市建安委 2023 年第二次全体会议召开。副市长周志凯出席。他指出，安全生产永远在路上，要以如履薄冰的危机感、如临深渊的紧迫感、时时放心不下的责任感，紧抓不放、常抓不懈，坚决打赢安全生产翻身仗。会议通报了全市建筑施工安全生产形势及二季度督查检查情况，并部署下阶段工作。

△ 27 日至 31 日，受长沙市委委托，市委统战部举办了 2023 年长沙市党外代表人士暑期谈心活动。2023 年谈心活动的主题是助力八个“走在前、作示范”，推动长沙高质量发展。有关人员前往四川省和重庆市参观考察红色革命旧址、统战教育基地、科技创新高地等，开展新型政党制度现场教学，进行一对一谈心活动并召开暑期谈心总结会。

△ 28 日，市委常委、常务副市长彭华松在长沙县调研长沙机场改扩建工程和周边集疏运路网建设。彭华松先后前往长沙机场改扩建工程、长沙机场改扩建工程周边水系恢复治理项目、湘府东路东延线（黄兴大道—机场中轴大道）项目现场，详细了解项目规划、施工进度、工期安排等情况，就加快推进项目建设提出要求。

◎ 2023年长沙市生态环保产业供应链论坛举行

2023年长沙市生态环保产业供应链论坛举行

2023年8月15日，以“绿水青山就是金山银山”为主题的2023年长沙市生态环保产业供应链论坛举行。长沙市人大常委会副主任张白云，长沙市人大环资委主任委员朱锦辉出席活动。

长沙市人大常委会副主任张白云在致辞中表示，近年来，长沙全面贯彻落实习近平生态文明思想，突出生态优先地位，把握绿色发展要求，构建长沙节能环保产业高地，为长沙经济社会绿色低碳发展提供强有力支撑。

国务院发展研究中心资源与环境政策研究所副所长、研究员常纪文，湖南省环境保护科学研究院院长罗岳平分别以《全国生态日的设立顺应了各方面的期盼》《高举生态文明旗帜，大力发展绿色产业》为主题进行了主旨演讲。

长沙市生态环境局局长张武发布2023年长沙市污染防治项目及场景需求，涵盖了挥发性有机物（VOCs）深度治理、水生态修复、生态环境信息化建设、生态环境科技支撑四大关键领域15个重点项目。

现场，来自军信环保、力合科技、中联环境、永清环保、湖南仁和环境、湖南坎普尔环保等环保湘军的代表现场分享了企业各具特色的新业态、新模式、新技术和现代环境服务体系。来自中国邮政储蓄银行长沙市分行的代表分享了生态环保产业供应链专属绿色金融产品。

◎长沙举办“我们的节日·七夕——相知相守 幸福长沙”主题活动

长沙举办“我们的节日·七夕——相知相守 幸福长沙”主题活动

2023年8月20日，由市文明办、市妇联、市民政局联合举办的“我们的节日·七夕——相知相守 幸福长沙”主题活动在浏阳河婚庆文化园启动。

活动中，芙蓉区朝阳街道曙光社区党委书记易唯、望城区乌山街道喻家坡社区居民彭雪平、长沙县黄兴镇敬老院院长黄利霞，作为“最美家庭”“文明家庭”代表，分享了她们的家庭故事和文明家风。

市文明办、市妇联、市民政局发出“文明节俭 婚事新办”倡议，倡导广大市民争做“文明节俭 婚事新办”的积极倡导者、自觉践行者和主动传播者，形成正确的婚姻家庭价值取向，营造健康向上的文明婚俗新风潮，推动形成爱国爱家、相亲相爱、向上向善、共建共享的社会主义家庭文明新风尚。

8月20日，长沙博物馆里，市民踊跃参与一场浪漫的找“对象”活动，与博物馆镇馆之宝“象纹大铜铙”来一场“浪漫相遇”。8月20日至8月22日，黄兴路步行街和芙蓉广场地铁站将开展浪漫古诗词打卡活动。浏阳将在天空剧院烟花营地推出七夕专场焰火表演，共同营造节日的浪漫氛围。

此外，2023年七夕节，全市民政部门还将启动“幸福长沙 浪漫出彩”七夕特辑主题活动，用主题墙打卡、集体婚礼、婚书、福彩花等满满的仪式感，为新人们营造一个温馨甜蜜的氛围。

要闻纪事

△31日，湖南省委常委、长沙市委书记吴桂英，副省长、市长周海兵与出席长沙市全力建设全球研发中心城市首开式的部分嘉宾会谈。嘉宾们就全球研发中心城市建设深入交流，纷纷表示期待以此次首开式为契机，抢抓发展机遇，拓展合作空间，在建强平台、成果转化、产业赋能、人才招引等方面重点发力，为长沙高质量发展贡献更多智慧和力量。

9月

△1日，长沙市政协、贡嘎县政协联动协商视频会议召开。两地政协跨越3500公里，聚焦“提升农村人居环境，助力乡村振兴”，牢牢把握改善民生、凝聚人心这个出发点和落脚点，通过视频联动协商，进一步拓展远程协商履职的新渠道、新模式、新平台。长沙市政协主席陈刚出席，秘书长骆正平参加。

△2日，副省长、市长周海兵出席市安委会第八次全体会议并讲话，他强调，全市上下务必按照中央决策部署和省市工作要求，真抓实干、攻坚克难，全力以赴消除安全隐患，建立常态长效机制，打好安全生产翻身仗，以高水平安全护航高质量发展。市级领导何朝晖、彭华松、刘新良、周志凯、周敏、康镇麟、彭涛，市政府秘书长许凡参加。

△2日，湖南副省长、长沙市长周海兵出席市安委会第八次全体会议并讲话，他强调，全市上下务必按照中央决策部署和省市工作要求，真抓实干、攻坚克难，全力以赴消除安全隐患，建立常态长效机制，打好安全生产翻身仗，以高水平安全护航高质量发展。市级领导何朝晖、彭华松、刘新良、周志凯、周敏、康镇麟、彭涛，市政府秘书长许凡参加。

◎ 4分钟！飞行汽车在长首飞跨越湘江

8月26日，旅航者X2完成从河西的湘江基金小镇到河东的三馆一厅的首次跨江飞行演示

2023年8月26日，全国首个飞行汽车跨江运行场景首飞暨应用场景探索签约仪式在长沙举行。旅航者X2是小鹏汇天自主研发制造的一款双人版智能电动飞行汽车，空机重680千克，最大载荷为160千克，续航时间25分钟，最大设计飞行高度为1000米，最大设计飞行时速为130千米，具备自动驾驶、雷达测距、感知避障等多项功能。

小鹏汇天是亚洲规模最大的飞行汽车公司，是小鹏汽车的生态企业，是中国新型飞行汽车设计规章制定的参与者。小鹏汇天自主研发了五代智能电动垂直起降载人飞行汽车，试飞15000余架次。目前，下一代“陆空两栖”飞行汽车正处于重点研发、攻坚阶段，预计在未来2年至3年实现量产。

飞行汽车产品是交通工具领域的全新物种，对飞行汽车而言，跨越拥堵、障碍、河流的能力是它所必须具备的，当它突破传统交通的限制，以前所未有的方式跨越湘江，充分展现了政府和企业对于未来城市立体交通的探索和努力。

仪式上，小鹏汇天、航空工业长沙院、湖南省通航公司、湘江通航、湖南永通集团、经纬航通联合签订《长沙市低空飞行汽车应用场景探索战略合作框架协议》，将共同开展飞行汽车应用场景探索，为湖南甚至全国的立体交通建设、融合空域管理、低空运行保障、飞行汽车应用奠定基础。

◎吴桂英周海兵与出席长沙市全力建设全球研发中心城市首开式的嘉宾会谈

2023年8月31日，省委常委、市委书记吴桂英，副省长、市长周海兵与出席长沙市全力建设全球研发中心城市首开式的部分嘉宾会谈。同济大学党委副书记、校长郑庆华，吉林大学党委书记姜治莹，中国科学院院士、北京大学党委常委、副校长张锦，360集团创始人、董事长兼CEO周鸿祎，360集团党委书记、总裁张备，华为公司高级副总裁、政务一网通军团CEO杨瑞凯，德国大陆集团中国区副总裁杨承祖，中科大国祯董事长谢贻富，市领导谭勇、邹特、彭涛参加。

会谈中，嘉宾们就全球研发中心城市建设深入交流，纷纷表示期待以此次首开式为契机，抢抓发展机遇，拓展合作空间，在建强平台、成果转化、产业赋能、人才招引等方面重点发力，为长沙高质量发展贡献更多智慧和力量。

◎长沙市委常委会（扩大）会议传达学习省委十二届四次全会精神

2023年8月31日，长沙市委常委会（扩大）会议召开，深入学习贯彻习近平新时代中国特色社会主义思想和党的二十大精神，传达学习省委十二届四次全会精神，研究部署贯彻落实工作。省委常委、长沙市委书记吴桂英主持并讲话。

8月31日上午，省委常委、市委书记吴桂英主持召开市委常委会（扩大）会议

会议强调，省委十二届四次全会是在全省上下深入学习贯彻党的二十大精神、加快推动高质量发展和现代化建设的关键时刻，召开的一次重要会议。全市上下要把学习贯彻省委全会精神与习近平总书记关于湖南工作的重要讲话和指示批示精神贯通起来，加快全会精神落地见效，以推动高质量发展的实干实绩坚定拥护"两个确立"、坚决做到"两个维护"。

会议强调，全市上下要牢固树立正确政绩观，把准高质量发展的前进方向；要全面推进"三个高地"标志性工程建设，打造高质量发展的示范标杆；要加快构建现代化产业体系，夯实高质量发展的坚实基础；要着力推进区域协调发展，构建高质量发展的城乡格局；要着力保障和改善民生，擦亮高质量发展的鲜明底色；要着力防范化解风险，筑牢高质量发展的安全屏障；要切实强化实干担当，凝聚高质量发展的强大合力。

◎设置共享干衣房、共享工具房等解决居民急难愁盼问题

2023年9月，商务部发布《城市一刻钟便民生活圈典型案例集》，全国共有60个案例入选。长沙王家垅社区"建设社区共享设施 提升生活圈居民获得感"上榜。地处老城区的王家垅社区，将社区百姓的"需求清单"转化为便民生活圈的"好评榜单"，探索"社区共享系列"服务。

针对社区宿舍楼阳台普遍偏小、晾晒空间不足的问题，"共享干衣房"应需而生，于2021年5月正式对居民开放，提供烘干、消毒、熨烫、缝补等服务。

根据有关要求，到2023年年底，长沙每个区县（市）至少将建成一个高品质"一刻钟便民生活圈"。根据《长沙市一刻钟便民生活圈试点城市建设实施方案》，到2025年底，长沙将创建一批布局合理、业态齐全、功能完善、智慧便捷、规范有序、服务优质的便民生活圈，服务居民300万人、带动就业20万人，居民综合满意度95%以上，增强人民群众获得感和幸福感。

◎长沙市人大常委会两级党组理论学习中心组（扩大）举行2023年第7次集体学习，文树勋出席并讲话

2023年9月1日，长沙市人大常委会两级党组理论学习中心组（扩大）举行2023年第7次集体学习，市人大常委会党组书记、主任文树勋出席并讲话。市人大常委会副主任曹再兴、李伟群、张能峰、王瑜珲、张白云、杨长江，市人大常委会秘书长缪晨光出席会议，市人大常委会副主任李平列席会议。

会议深入学习了习近平新时代中国特色社会主义思想，习近平总书记关于推动高质量发展、扎实推进共同富裕的重要论述，习近平总书记关于雷锋精神的重要论述，传达学习了习近平总书记近期重要讲话重要指示精神，学习了《习近平著作选读》。李伟群等6位同志围绕学习主题、结合工作进行了交流发言。

◎加快推进乡村振兴示范市建设

2023年9月4日，长沙市委常委、常务副市长、市级副林长彭华松带队深入雨花区跳马镇调研乡村振兴工作，并开展市级林长集中巡林活动，督导检查森林防灭火和安全生产工作。

当日，彭华松一行前往红星全球农批中心营销运营中心芒种广场，详细了解"看见农业"农文科普展厅展陈形式、展馆设置、创新特色，深入调研乡村振兴产业发展情况；深入石燕湖村无何有乡民宿，实地调研乡村振兴民宿产业发展情况。他指出，长沙正处于全面建设乡村振兴示范市的关键期。要扎实推进宜居宜业、和美乡村建设，高质量开展乡村振兴示范镇创建工作，高质量建设美丽宜居村庄和示范片；要坚持生态优先、绿色发展，因地制宜抓好规划布局，做强产业、做优功能、做精品质，推动农文旅融合发展；要对标先进地区，大力发展高质高效的富民产业，不断加快乡村产业发展，加快推进乡村振兴示范市建设。

要闻纪事

△4日，芙蓉区召开区安委会2023年度第三次全体会议。会议传达学习了习近平总书记对凉山州金阳县山洪灾害的重要指示精神和李强总理批示精神，内蒙古阿拉善新井煤业有限公司露天煤矿"2·22"特别重大坍塌事故、河南安阳市凯信达商贸有限公司"11·21"特别重大火灾事故调查报告，解读了《长沙市城市运行安全隐患常态化排查整治联动机制工作方案》，听取了全区自建房及C、D级危房、燃气安全、市场登记规范管理及特种设备、消防安全、人流密集场所等重点行业、重点领域安全专项整治工作情况汇报。

△5日，长沙市政协主席、党组书记陈刚主持市政协党组理论学习中心组（扩大）集体学习，深入学习《习近平新时代中国特色社会主义思想学习纲要（2023年版）》《习近平著作选读》有关章节，学习贯彻习近平总书记关于做好新时代党的统一战线工作的重要思想和有关工作条例。副主席石长松、彭民安、陈剑文、刘金文、黄锋、刘志红、李舜，秘书长骆正平参加。

△6日，长沙市欧美同学会及会员工作室在大泽湖·海归小镇展示中心揭牌成立。市委常委、市委统战部部长刘汇，长沙市欧美同学会会长段燕文，望城区委书记秦国良，区委副书记、区委统战部部长戴水文参加揭牌仪式。

△6日，副省长、市长周海兵主持召开市政府常务会议，传达学习习近平总书记致国防科技大学建校70周年贺信精神，研究全市产业链建设、真抓实干督查激励等工作。会议审议《关于进一步加强新形势下真抓实干督查激励工作的通知》《关于做好2023年真抓实干督查激励有关工作的通知》。

◎2023世界计算大会在长沙开幕

2023年9月15日，2023世界计算大会在长沙开幕。全国政协副主席、民建中央常务副主席秦博勇致辞并宣布大会开幕，湖南省委书记沈晓明致欢迎辞，省委副书记、省长毛伟明主持开幕式，省委副书记李殿勋出席。开幕式前，秦博勇、沈晓明、毛伟明、李殿勋等领导和部分与会嘉宾参观了“计算万物，数智共进”专题成果展。

开幕式上发布了湖南计算产业发展成果，中国电子与华为联合启动“鹏腾”生态系列计划，“鹏腾”生态湖南创新中心正式成立。在随后举行的开幕论坛上，姚期智、江小涓、薛其坤、徐直军、周进军、陈旭东、阿瑞巴·雷曼先后作演讲。

本届大会由湖南省人民政府、工业和信息化部共同主办，设置开幕式、开幕论坛、主题论坛以及名家讲堂、产业对接等系列活动。大会还将集中发布《先进计算产业发展白皮书（2023版）》《2023先进计算企业竞争力研究》等计算领域最新成果。

◎长沙新增六处『中国20世纪建筑遗产』

中山亭见证了长沙的历史变迁

2023年9月16日，在四川成都举行的“第八批中国20世纪建筑遗产项目推介暨现当代建筑遗产与城市更新研讨会”上传来好消息，第八批中国20世纪建筑遗产项目推介名单出炉。位于湖南省会长沙市的长沙中山亭（1930年）、湖南师范大学早期建筑（20世纪50年代）、国货陈列馆旧址（1933年）、橘子洲大桥（1972年）、中苏友好馆旧址（20世纪50年代）、湖南省粮食局办公楼（20世纪50年代）六处历史建筑名列其中。

据介绍，本次活动由中国文物学会、中国建筑学会指导，四川大学、四川省建筑设计研究院有限公司、中国文物学会20世纪建筑遗产委员会共同主办。作为本次活动重点之一，中国文物学会常务副会长、秘书长黄元在现场宣读了101个第八批中国20世纪建筑遗产推介项目。

越来越多的长沙历史建筑受到重视。会上，中国工程院院士、中国文物学会20世纪建筑遗产委员会会长马国馨通过视频送上了祝贺：“20世纪的遗产是近现代非常重要的历史事件、政治事件和社会事件的见证物。”马国馨说，这些遗产和古代遗产有很多不同的地方，“它们见证了众多变化，是一种非常多元、非常综合的建筑遗产”。

◎长沙再次获评“中国投资热点城市”

2023年9月8日至11日，第二十三届中国国际投资贸易洽谈会（以下简称“投洽会”）在厦门举办。长沙以生态秀美的宜居福地、优势突出的产业高地、要素汇聚的创新胜地、辐射八方的开放宝地，营商便利的投资洼地，继2022年后再次获评“中国投资热点城市”。长沙已先后获评“2023高质量发展十大标杆城市”和“2023高质量发展营商环境最佳城市”等称号。

德国巴斯夫、博世住友，英国保诚，荷兰壳牌，法国达能，新加坡益海嘉里，瑞典宜家，全球四大会计师事务所等大型跨国公司在长集聚发展。目前，长沙外资企业共1353家，2022年营业收入2038.8亿元，纳税总额112.5亿元，吸纳就业人数19万。外资企业已成为推动长沙经济社会发展的重要力量。为鼓励外资企业加大投资，长沙正全力建设全球研发中心城市，鼓励吸引和培育外资研发中心，对于世界500强企业研发中心在长落地，最高奖励10亿元，并按每年研发投入增量部分最高支持1000万元；对新建外资研发中心，最高给予500万元支持。

2023年1月至7月，长沙新引进重大项目65个，总投资1270.3亿元，其中，制造业项目37个，占比56.9%。全市新引进“三类500强”企业投资项目25个，总投资693.8亿元。招商引资活力持续强劲。

要闻纪事

△14日，长沙市人大常委会机关召开学习贯彻习近平新时代中国特色社会主义思想主题教育工作会议。市人大常委会主任、市人大常委会机关主题教育领导小组组长文树勋出席并作动员讲话，市人大常委会副主任曹再兴主持会议，市人大常委会副主任张能峰、王瑜珲、张白云，市人大常委会秘书长缪晨光出席。

△14日，长沙市政协学习贯彻习近平新时代中国特色社会主义思想主题教育工作会议召开，深入贯彻落实习近平总书记关于主题教育系列重要讲话和重要指示批示精神，传达学习市委有关工作要求，对市政协主题教育工作进行全面动员部署。市政协主席、党组书记陈刚作动员讲话。

△18日，为期一周的长沙市学习贯彻习近平新时代中国特色社会主义思想主题教育读书班在长沙市委党校开班。省委常委、市委书记吴桂英作动员讲话暨辅导报告，强调要紧扣学深悟透习近平新时代中国特色社会主义思想主题主线，推动“关键少数”先学一步、深学一层，筑牢坚定拥护“两个确立”、坚决做到“两个维护”的思想根基，确保主题教育取得扎实成效。省委第一巡回督导组组长蒋祖烜出席。

△20日，雨花区学习贯彻习近平新时代中国特色社会主义思想主题教育读书班正式开班。省委第一巡回督导组副组长汤建军出席。雨花区委书记刘素月作动员讲话暨辅导报告。区委、区人大常委会、区政府、区政协班子成员，雨花经开区班子成员，区法院、区检察院、火车南站地区综管办、自贸雨花管委会主要负责同志，区委党校常务副校长，区属各党（工）委、党组书记参加开班式。

◎中国国际互联网营销师大会暨互联网营销师培训与选品博览会开幕

中国国际互联网营销师大会暨互联网营销师培训与选品博览会开幕

2023年9月15日，2023中国国际互联网营销师大会暨互联网营销师培训与选品博览会在湖南国际会展中心开幕。

本届大会由长沙市开福区人民政府支持，中国轻工企业投资发展协会主办，亚洲电视控股有限公司联合主办，长沙无忧永邦会展有限公司、谊和永邦（北京）会展有限公司承办。会期3天，大会及展览面积达30000平方米，吸引了三一重工、亚洲电视、京东、快手、中国电信、小芒电商、北文投、飞瓜智投、扇贝森林、芥大侠、邵阳红等不同行业300多家企业及上千种产品同台亮相。

大会还设置了《亚洲电视助力“品牌出海”跨境电商平行论坛》《新职业推动现代职业教育高质量发展主题论坛》等八大专业垂直领域平行论坛，致力于互联网营销单个领域的钻深打透，并为与会者、行业从业者提供对话交流的平台。

本届大会还举办“星狮奖”荣耀盛典，通过品牌影响力、知名度、企业规模、参与大会程度、群众口碑等各方面指标数据全面考察，严格评定出“2023年度影响力互联网营销师”等7大奖项，并在盛典上予以颁奖，20位亚洲小姐现场助阵。同时，举行中国国际互联网营销服务中心、亚洲电视跨境电商（湖南）基地授牌仪式，为打造长沙互联网营销产业中心地位汇聚资源。盛典上多个合作项目进行集中签约。

◎“新支付 兴长沙”数字人民币宣传日活动在长沙市芙蓉区启动

“新支付 兴长沙”数字人民币宣传日活动在芙蓉区启动

2023年9月26日，“新支付 兴长沙”数字人民币宣传日活动启动仪式在交通银行湖南省分行北门前坪举行，中国人民银行湖南省分行党组书记、行长张瑞怀，湖南省地方金融监督管理局党组书记、局长林德勇，长沙市政府党组成员、副市长高文棋，长沙市金融办党组书记、主任邱兵东，芙蓉区委副书记、区长崔晓等共同启动宣传日活动。

数字人民币宣传日活动由湖南省数字人民币试点工作领导小组办公室（中国人民银行湖南省分行）指导，长沙市数字人民币试点工作领导小组办公室（长沙市人民政府金融工作办公室）、长沙市芙蓉区金融事务中心主办，工商银行湖南省分行、农业银行湖南省分行、中国银行湖南省分行、建设银行湖南省分行、交通银行湖南省分行、邮储银行湖南省分行、招商银行长沙分行、兴业银行长沙分行等22家试点银行共同承办。活动旨在进一步落实《湖南省恢复和扩大消费的若干政策措施》有关精神，深入推进长沙数字人民币试点，打造公众能用、好用、会用、习惯用数字人民币的良好环境。

◎2023年『全国科普日』长沙主场活动启动

全国科普日长沙主场活动启动式现场

2023年9月17日，2023年全国科普日长沙主场活动启动式在湖南大学大礼堂举行。

本次“全国科普日”长沙主场活动启动式相较于以往，多了一个特别的环节——高端对话。这场对话，别具一格，把行业前沿最先进的观察思考以及实践经验进行了科普、分享，让大众对全球研发中心城市建设的前景充满信心，明晰努力方向，展望美好蓝图。本环节由长沙市委常委、统战部长刘汇主持，并由她向参加高端对话的专家、院士颁发“长沙科普大使”聘书。

活动现场，湖南大学党委书记、副校长李肯立，长沙市人民政府副市长彭涛致欢迎辞，长沙市科学技术协会党组书记、副主席郭瑞发布《关于助力全球研发中心城市建设，彰显科协创新之为的若干措施》，市直机关工委常务副书记梁敏宣读了《全市党员干部及科技工作者建设全球研发中心城市倡议书》。

此次活动，中联重科股份有限公司、拓维信息系统股份有限公司和马栏山视频先进技术研究院有限公司依次进行了建设全球研发中心城市的科技力量科创路演。

本次长沙市全国科普日活动涉及市级重点活动12项，市级学会重点活动19项以及囊括全区、县（市）重点活动53项，辐射范围广，影响人群多，推动科普事业落地开花，彰显长沙科技创新之为。

◎长沙获评2023企业家幸福感最强市

2023年9月19日，由新华社《瞭望东方周刊》主办的“企业家幸福感营商对话暨制造业立市苏州论坛”在苏州太仓举行，长沙获评年度“企业家幸福感最强市”。长沙副市长高文棋代表长沙作主旨演讲，重点推介长沙持续优化营商环境，推进建设更高水平、更全方位、更宜居宜业的幸福城市。

论坛现场发布了2023企业家幸福感最强市（区）（城区及县级市）、2023企业家幸福感最强市（地级及以上城市）调查推选结果。长沙上榜2023企业家幸福感最强市（地级及以上城市），与长沙一同入选的还有宁波、成都、苏州、杭州、合肥、青岛、鄂尔多斯、温州、泰州。

◎快乐长沙 烟火浏阳　第二届长沙市旅游发展大会在浏阳开幕

2023年10月13日，第二届长沙市旅游发展大会开幕式暨焰火文艺晚会在浏阳举行。省委常委、市委书记吴桂英出席并宣布大会开幕。副省长、市长周海兵致辞，文旅部产业发展司副司长傅瀚霄出席，联合国世界旅游组织旅游大使祝善忠致辞。

13日晚，第二届长沙市旅游发展大会开幕式暨焰火文艺晚会在浏阳举行。省委常委、市委书记吴桂英出席并宣布大会开幕

省委宣传部副部长，省文旅厅党组书记、厅长李爱武致辞，市委副书记谭勇主持开幕式，省委主题教育第一巡回督导组组长蒋祖烜出席。

当晚，浏阳市作文化旅游推介，与会嘉宾观看了大型沉浸式多媒体烟花诗剧《几十里水路到湘江》。

省直有关部门、省属国企主要负责同志，省内市州有关负责同志，国际旅游组织、国内外旅游城市代表，专家学者，金融机构、文旅企业、行业协会、头部旅行商、外地长沙商会代表出席。市级领导文树勋、陈刚（政协）、何朝晖、彭华松、罗缵吉、朱东铁、陈澎、张敏、邱继兴、刘汇、邹特、王瑜珲、肖正波、李舜出席。

大型沉浸式多媒体烟花诗剧《几十里水路到湘江》

会前，与会嘉宾对浏阳市重点文旅项目进行了现场观摩。

要闻纪事

△22日，学习贯彻习近平新时代中国特色社会主义思想主题教育读书班在长沙市委党校结业。市委副书记、湖南湘江新区（长沙高新区）党工委书记谭勇作总结讲话，省委第一巡回督导组副组长汤建军出席，市委常委、市委组织部部长罗缵吉主持结业式。

△2023年是第十个“烈士纪念日”，30日上午，湖南省暨长沙市烈士纪念日向英雄烈士敬献花篮仪式在湖南烈士公园举行。省委书记沈晓明，省委副书记、省长毛伟明，省委副书记李殿勋同社会各界代表一起，向人民英雄敬献花篮，深切缅怀革命先烈。

10月

△7日，中秋国庆长假后首个工作日，长沙市直机关举行庄严的升国旗仪式，庆祝中华人民共和国成立74周年，表达对伟大祖国的崇敬和祝福之情。省委常委、市委书记吴桂英，副省长、市长周海兵参加升旗仪式。

△7日，长沙市招商引资工作动员大会召开，全面掀起新一轮“大招商、招大商、招好商”热潮，以高质量招商引资为长沙高质量发展蓄势赋能。省委常委、长沙市委书记吴桂英出席并讲话。

△9日，中央第十巡回指导组在长沙市召开会议，深入学习贯彻习近平总书记关于主题教育系列重要讲话和重要指示批示精神，听取长沙市主题教育工作情况汇报，与长沙市委主题教育领导小组、湖南省委第一巡回督导组负责同志进行交流，指导推动长沙市主题教育走深走实。

△12日，湖南省委常委、长沙市委书记吴桂英主持召开专题调度会，听取“双五”工程推进情况，研究部署下阶段工作。她强调，要以更坚定决心、更有力举措推进“双五”工程建设，确保实现全年目标任务，为长沙高质量发展和现代化建设提供坚实支撑和强劲动力。副省长、市长周海兵出席。

◎长沙市天心区召开城市管理综合整治“百日攻坚”双月讲评会

2023年10月19日，天心区召开城市管理综合整治“百日攻坚”双月讲评会，总结通报前期工作情况，分析当前存在问题，并对“百日攻坚”行动进行再部署、再推进。天心区委副书记、区长周志军，区领导张浩平、郑州、王钰莹、肖盛辉、李勇军参加。

自启动城市管理综合整治“百日攻坚”行动以来，全区上下积极响应，迅速行动，全力推动攻坚行动走深走实。8、9月份，全区各街道共发现各类城市管理问题12984个，其中街道自查问题6930个，已全部整改；城管巡查问题6054个，已整改6007个，整改率99%。各区直相关部门共发现各类城市管理问题2664个，其中自查问题2032个，已全部整改；城管巡查问题576个，已整改568个，整改率98%，整治工作取得阶段性成效。

会上，周志军对城市管理综合整治“百日攻坚”行动取得的工作成效给予充分肯定，认为八大攻坚行动推进有力有序、有声有色，有力消除了一批城市管理中的痛点、难点、堵点问题，整体效果良好。周志军表示，城市管理是永恒命题，作为区级政府，必须攻坚发力、担当作为，乘势而上、顺势而为，确保攻坚行动取得长治长效。

天心区召开城市管理综合整治『百日攻坚』双月讲评会

◎长株潭市县政务服务大厅『跨域通办』窗口全覆盖

长株潭政务服务一体化工作交流研讨会召开

2023年10月24日，长株潭政务服务一体化工作交流研讨会在长沙市天心区召开。会上，省政务管理服务局发布《长株潭“跨域通办”事项清单》，标志着长株潭三市实现市县两级政务服务大厅“跨域通办”窗口全覆盖，窗口协同联动工作机制全面建立，教育、医保、人社等领域149项高频事项实现线下代收代办。

会议就进一步推动长株潭政务服务一体化进行工作部署。长沙市、株洲市、湘潭市行政审批服务局主要负责人作主题发言；三市公安、医保、公积金中心等业务部门和天心区、天元区、岳塘区人民政府负责人作交流发言。

近年来，长沙市行政审批服务局在推进长株潭一体化和促进区域协调发展上走在前、作示范，会同株洲市、湘潭市行政审批服务局，合力推进三市政务服务“跨域通办、一网通办”，全力打造“幸福长沙、网办到家”政务服务品牌。今年以来，长沙已办理株洲、湘潭两地企业群众“跨域通办”件24.2万件。

要闻纪事

△12日，长沙市与中国邮政储蓄银行股份有限公司湖南省分行签署合作框架协议。省委常委、市委书记吴桂英会见中国邮政储蓄银行党委副书记、行长刘建军，副省长、市长周海兵出席签约仪式并讲话。

△13日，由长沙市委统战部组织的长沙市上市公司董秘联谊会宣布成立，首批成员24人。董秘联谊会采取班子成员“轮值制”，每届班子成员任期3年。每期活动选择由一名班子成员发起，并作为“轮值召集人”，以特定企业需求或共同话题为主题进行交流，活动每个季度开展一次。

△14日，长沙市旅游产业发展推进会议在浏阳市召开。省委常委、长沙市委书记吴桂英出席会议并强调，要切实把旅发大会的成果转化为发展旅游的动力，努力把长沙建设成为“既叫好又叫座”的世界旅游目的地。副省长、长沙市市长周海兵出席。

△17日，长沙市政协组织召开“高质量推进诉源治理，打造社会治理共同体”对口协商会，市政协主席陈刚，市政协副主席刘志红，市中级人民法院院长李立新，市政协秘书长骆正平出席。

△19日，邵阳县委副书记、县长周玉祥一行来到天心区考察学习，深入了解天心区在思想观念、改革创新、产业发展等方面的经验和做法。天心区委副书记、区长周志军，区领导肖盛辉，园区领导谢巍，天心文广园党工委副书记、管委会主任徐伟参加。

△27日，省委常委、市委书记吴桂英在雨花区调研长株潭一体化发展工作时强调，要深入贯彻落实习近平总书记关于湖南工作的重要讲话和指示批示精神，坚持以绿色发展理念推动长株潭一体化，主动担当作为，强化协同联动，高品质规划建设长株潭绿心中央公园花卉园艺博览园项目，让长株潭绿心更绿、群众获得感更强。市领导邹特、周志凯参加。

◎博鳌亚洲论坛全球经济发展与安全论坛第二届大会博览会开幕

2023年10月29日，博鳌亚洲论坛全球经济发展与安全论坛第二届大会博览会在长沙开幕。博鳌亚洲论坛全球经济发展与安全论坛大会荣誉主席、斯洛文尼亚前总统图尔克，博鳌亚洲论坛秘书长李保东出席。省委副书记李殿勋，博鳌亚洲论坛理事、菲律宾前总统阿罗约致辞，副省长、市长周海兵主持，博鳌亚洲论坛新任理事候选人、巴基斯坦前总理阿巴西，博鳌亚洲论坛理事、新加坡前副总理黄根成，博鳌亚洲论坛新任理事候选人、泰国前副总理兼外长敦，斯里兰卡议会国家安全监督委员会主席维拉塞克拉，中日韩合作秘书处秘书长李熙燮，联合国难民署驻华代表卢沛赫，外交部亚洲司大使于红，副市长、市工商联主席康镇麟出席。

开幕式现场

阿罗约说，当今世界地区冲突加剧，国际安全面临考验。为了全球安全和发展共同利益，国际社会应努力建立有效机制，减少安全担忧，通过对话达成共识、解决争端。希望博鳌亚洲论坛能够为此指明方向。

开幕式后，与会嘉宾参观了展览。

◎长沙市雨花代表团参观第六届中国国际进口博览会展馆

2023年11月6日，雨花区委副书记、区长黄军其带领雨花考察团来到国家会展中心（上海），参观第六届中国国际进口博览会（以下简称进博会），对接参展企业，洽谈合作事宜。副区长易静，自贸雨花管委会党工委书记、管委会主任刘亦彪，区直有关部门负责同志参加相关活动。

本届进博会以"新时代，共享未来"为主题，共有154个国家、地区和国际组织，3000余家参展商参展，展览面积和参展企业数量创历史新高。企业商业展设置了食品及农产品、汽车、技术装备、消费品、医疗器械及医药保健、服务贸易等六大展区，通过现场展示、互动体验等多种方式，集中展示了各国科技创新、优势产业等领域最新成果。雨花区组织辖区78家企业及单位的200余人参展。

雨花代表团参观第六届中国国际进口博览会展馆

◎长沙森林防火获国家表彰 2023年秋冬季森林防灭火工作会议举行

2023年11月3日，长沙市举办"2019—2021年度全国森林草原防火工作先进单位"授牌仪式暨长沙市2023年秋冬季森林防灭火工作会议。长沙副市长周志凯出席会议并讲话。

会上，长沙市林业局被授予"2019—2021年度全国森林草原防火工作先进单位"荣誉。据悉，全国森林草原防火工作先进单位是森林草原防火领域的最高荣誉称号，自2001年起每三年评选表彰一次，标志着国家林草局对长沙市森林防火工作的高度肯定。

周志凯表示，市委、市政府将一如既往地重视和推动全市的森林防火工作，进一步提升森林火灾综合防控水平，不断推动森林防灭火工作高质量发展，努力为保护森林资源和人民群众生命财产安全作出新的更大贡献。他强调，全市要坚决贯彻中央、省、市的决策部署，守好森林防火、林业生态资源保护底线，以必胜信心全力以赴打好打赢全年森林防灭火领域"翻身仗"。同时，各区县（市）、各单位要抓好候鸟保护、图斑案件整改、油茶生产、天然林公益林补偿资金拨付等4项重点工作落实，全力争取国务院林长制督查激励。

◎长沙市人大常委会举行新增基层立法联系点（立法联系点）授牌仪式暨培训会

2023年11月6日，长沙市人大常委会举行新增基层立法联系点（立法联系点）授牌仪式暨培训会，市人大常委会主任文树勋出席并讲话，市人大常委会副主任曹再兴、市人大常委会秘书长缪晨光参加会议。

经长沙市十六届人大常委会第37次主任会议研究，确定湖南湘江新区雷锋街道办事处、长沙学院等14家单位为市人大常委会新增基层立法联系点(立法联系点），文树勋为14家单位授牌。授牌仪式后，市人大常委会举行了新增基层立法联系点（立法联系点）工作专题培训。

◎部门一把手"授课"！长沙市雨花区举办"六强"学堂冬季安全生产专题培训

2023年11月10日，长沙市雨花区举办"六强"学堂冬季安全生产专题培训，区委书记刘素月，区委副书记、区长黄军其等相关区领导，相关区直部门、街（镇）主要负责人同堂听课，来自应急、消防、交警、城管部门的"一把手"，走上讲台为大家授课。

培训会上，雨花区应急管理局党委书记、局长刘伟结合此次培训班主题，系统讲解了安全生产的概念，以及冬季安全生产的特点，结合冬季安全生产的典型事例及安全事故警示分析，阐述了做好冬季安全生产防范工作的具体措施和方法。

雨花区消防救援大队大队长徐毅以"秋冬季节如何做好火灾防范"为主题，结合雨花区本土民俗及近期火灾事故案例，详细分析了秋冬火灾高发原因，提出了开展下一步工作的具体要求。

雨花区交警大队大队长陶理新结合雨花区道路交通安全特点，以"破解五大风险 保障冬季交通安全"为题，给出了应对冬季交通安全五大风险的工作建议。

部门一把手"授课"！雨花区举办"六强"学堂冬季安全生产专题培训

雨花区城管执法局党组书记、局长石华聚焦相关法律法规和典型案例，从燃气安全总体形势、燃气安全事故案例分析，以及怎样预防冬季燃气事故三个方面，全面系统地讲解了一堂燃气安全课。

要闻纪事

△27日，芙蓉区委理论学习中心组举行2023年第十次集体（扩大）学习，围绕"以学增智"这一主题接受现场教学并进行专题研讨。区委书记周春晖主持并作总结讲话。区委副书记、区长崔晓出席。研讨会前，与会人员参观了刘少奇天华调查旧址，听取关于"少奇同志1961年天华蹲点调查研究"的专题讲解。

△28日，长沙市举行三季度重点工作拉练点评暨四季度重大项目集中开竣工活动。本轮集中开竣工项目共计384个，预估总投资1367亿元。省委常委、长沙市委书记吴桂英宣布集中开工并在点评会上讲话，强调要拿出决胜的信心、冲刺的劲头、攻坚的力度，奋力交出全年高质量发展优异答卷。副省长、长沙市市长周海兵主持会议。

△31日，中南大学校友企业家·助力长沙建设全球研发中心城市推介活动举行。省委常委、市委书记吴桂英出席并讲话，副省长、市长周海兵出席。中南大学党委书记易红致辞，中南大学校长、中国工程院院士李建成主持。中南大学领导班子成员，院士专家代表，来自全国各地的知名校友代表及特邀嘉宾汇聚一堂。市级领导何朝晖、彭华松、邹特、康镇麟出席。

11月

△1日，在2023年全球智慧城市大会·长沙站，《长三角一体化数智城市指标体系研究报告》(以下简称《报告》)正式发布。《报告》由国家信息中心、嘉善县政务数据办、杭州数梦工场科技有限公司联合研究编制完成，旨在探索跨省级行政区域、没有行政隶属关系、涉及多个平行行政主题的框架下，长三角区域高质量一体化发展的智慧城市群发展新模式，为长三角一体化、数智化建设提供评价方法和行动指引，并为全国城市群一体化发展提供参考。

◎第六届湘江金融论坛在长沙举办

2023 年 11 月 22 日，第六届湘江金融论坛在长沙成功举办。第二十届中央纪委委员、新华社总编辑、党组副书记吕岩松出席开幕式并讲话。省委常委、市委书记吴桂英宣布开幕，副省长、市长周海兵，中国科学院原党组成员、秘书长邓麦村，上海证券交易所党委委员、副总经理董国群等出席开幕式。

第六届湘江金融论坛由中共湖南省委宣传部、湖南省地方金融监督管理局、湖南湘江新区管理委员会、中国财富传媒集团共同主办。当天，来自政产学研金各领域的杰出代表齐聚湘江之畔，聚焦金融强国时代命题，做好科技金融大文章，以金融之力添砖产业变革，用科技之能打造创新高地，为科技与金融高质量发展注入全新动能，助力长沙建设全球研发中心城市，助绘湖南“三高四新”美好蓝图。

在主论坛环节，中国科学院院士、“科创中国”金融科技产业服务团首席科学家、北京航空航天大学教授郑志明，中国人民大学原副校长、国家金融研究院院长吴晓求，中国证券投资基金业协会党委委员、秘书长陈春艳，深圳市创新投资集团有限公司原党委书记、董事长倪泽望，中国电力国际发展有限公司董事局主席、中国微能网创新平台常务副主席贺徙分别作主旨演讲。

◎长沙连续 16 年获评“中国最具幸福感城市”

2023 中国幸福城市论坛

11 月 24 日，“2023 中国幸福城市论坛”在四川成都举行，第十七届中国最具幸福感城市调查推选活动结果新鲜出炉，长沙再度荣登榜单。这也是长沙连续 16 年获评“中国最具幸福感城市”，市委常委、市委宣传部部长陈澎代表长沙作主旨发言并捧回“2023 中国最具幸福感城市”奖杯。长沙县、浏阳市、宁乡市获评“2023 中国最具幸福感城市（县级市）”。

本年度调查推选活动由新华社《瞭望东方周刊》主办，以“高质量发展让城市更幸福”为主题，围绕以人民为中心，以实现城市高质量发展、全面建设社会主义现代化国家为主线，对中国城市的幸福感进行调查，推介幸福城市建设和发展的实践经验。

打造幸福之城，长沙孜孜以求。长沙深入学习贯彻党的二十大精神，始终牢记习近平总书记的殷切嘱托，锚定“三高四新”美好蓝图，努力建设实力强劲、人民幸福、品质一流、治理高效、生态宜居的现代化新长沙，此前已连续 15 年获评“中国最具幸福感城市”。

◎长沙市首批事业单位法人电子证书亮相

2023 年 11 月 15 日，长沙市举行事业单位法人首批电子证书发放仪式，市公积金中心、市不动产登记中心领取了事业单位法人电子证书。这标志着该市事业单位登记管理迈入数字化时代。

事业单位法人电子证书是中央编办根据相关法律，按统一标准规范核发的载有事业单位法人登记信息的电子证件，与现行纸质法人证书并行使用，具有同等法律效力和功能。在长沙市登记管理的事业单位，通过手机 App 申请，携带申领表、法人证书副本，以及法定代表人或其授权的第一管理责任人身份证原件和复印件等资料，可在事业单位登记管理机关通过申请，并领取电子证书。

目前，长沙市事业单位法人电子证书系统与“一网通办”平台实现互联互通、证书信息互认。事业单位工作人员在政务大厅应用场景单位超级柜台出示电子证书验证码，即可进入平台办理业务，前后花费不到 30 秒时间，大大节省了办事时间。

据介绍，长沙市委编办将推进电子证书系统与其他电子证书应用场景部门业务办理系统对接，不断丰富电子证书场景应用，逐步实现“足不出户登记注册、掌上亮证使用便捷”的目标。

要闻纪事

△2 日，中国农业发展银行湖南省分行与开福区政府签署全面合作框架协议。省分行党委书记、行长季贺，开福区委书记罗玉环见证签约。根据协议，双方将秉持“合力支农、共促振兴”的精神，聚焦“三高四新”美好蓝图，奋力实施“强省会”战略，深入推进“四个年”行动，在乡村振兴、产业发展、“五好”园区建设等关键领域重点环节开展合作，实现地方经济和政策性金融的可持续协调发展。

△2 日至 3 日，湖南省政协副主席、省工商联主席张健在长沙宣讲省委十二届四次全会精神，并开展“支持和助推长沙建设全球研发中心城市”课题调研。调研组先后前往湘江实验室、国家超级计算长沙中心、岳麓山工业创新中心（实验室）、芙蓉实验室、岳麓山实验室集聚区、大飞机地面动力学试验平台和万兴科技、安克创新等科创企业，考察科创成果，听取意见建议。

△2 日至 4 日，省委常委、市委书记吴桂英率长沙市代表团访问柬埔寨，会见当地政界人士、见证项目签约、开展文旅推介、加强友城交流，推动新时代中柬命运共同体走深走实。访问期间，吴桂英会见了金边市代市长高财、柬埔寨商务部副部长刘巧凌、柬埔寨旅游部国务秘书钱明光、暹粒省副省长云林内等，深化友谊、推介长沙、畅谈合作，达成诸项共识。

△4 日，第十届海归论坛在长沙圆满落幕。省人大常委会副主任、致公党湖南省委会主委胡旭晟出席并颁奖。市政协副主席、致公党长沙市委会主委黄锋主持闭幕式。闭幕式现场，9 名海归人才与用人单位签署就职协议，9 个海归创业项目成功落地，揭晓了第十届海归论坛“湖南留学人员创业启动支持计划项目选拔大赛”决赛获奖名单并颁奖，同时评出了最具投资潜力奖、最佳科技创新奖各 6 个。

◎深化两地创新合作 助推“长沙制造”走出去

2023 年 11 月 22 日，长沙市政协组织召开“推动长沙与澳门共建工程机械融资租赁平台，助力长沙工程机械企业拓展海外市场”对口协商会，市政协主席陈刚，副市长彭涛，市政协副主席刘金文出席。

“推动长沙与澳门共建工程机械融资租赁平台，助力长沙工程机械企业拓展海外市场”对口协商会

2023 年，市政协成立课题调研组，历经数月在长沙和澳门深入开展调研走访、问卷调查、对接交流等，为推动两地共建工程机械融资租赁平台提出对策建议。会上，市政协委员和课题组成员聚焦国际物流、涉外法律保障、后市场服务等积极建言，相关部门、园区和行业协会负责人现场交流回应。

陈刚说，工程机械是长沙的传统优势产业和支柱产业，在加快建设现代化产业体系中发挥着重要作用。要扛牢打造国家重要先进制造业高地的使命担当，在优质存量中进一步做大增量，不断提升城市产业能级和核心竞争力。要紧盯国际国内市场发展趋势，牢牢把握工程机械再制造市场新机遇，充分挖掘后市场潜力，加快完善配套政策与服务体系，助推“长沙制造”走出去。要加快破题、精准解题，充分发挥长沙先进制造产业优势与澳门金融、服务、平台优势，深化两地各领域创新合作，共同推动贸易畅通、产业联通、市场融通，携手开拓更广阔的市场。

◎长沙"云上看房"博览会盛大启幕

长沙市"云上看房"博览会开幕

2023年12月6日，长沙市"云上看房"博览会开幕式举行，长沙房地产云展馆平台——"云上看房"数字展馆正式上线。展会期间将推出发现好房直播节、双节好房年货节等九大活动，福利不断，好戏连台，不仅为市民看房提供便利，还将为购房者送上实惠"大礼包"。

此次房博会按照"政府搭台、媒体助力、企业唱戏、群众受益"的方式，由长沙市住建局、长沙市人社局、马栏山视频文创园管委会联合主办，长沙晚报社、湖南红网新媒体集团、长沙广播电视台共同承办，旨在通过数字化技术的应用，展现长沙市房地产行业高质量发展的最新成果，采取"线上看房、线下购房"的模式，打造一场永不落幕的房博会，激发市场活力，提振市场信心，为促进长沙房地产市场平稳健康发展注入正能量。

开幕式上，副市长周志凯宣布博览会开幕、云展馆上线，与会领导嘉宾共同按下启动装置，长沙市"云上看房"博览会正式拉开大幕。6日上线的"云上看房"数字展馆是长沙首个房地产云展馆平台，属全省首创，集数字化展示、互动体验、大数据分析以及政务商务服务于一体，是一个永不落幕的线上交易平台，市民足不出户就能一站式看房、选房、买房，还能了解房屋建筑在智能建造、绿色建材、精细施工等方面的特色亮点。

◎长沙市政协"打造农产品加工业发展高地"对口协商会召开

2023年12月5日，长沙市政协组织召开"打造农产品加工业发展高地"对口协商会，市政协主席陈刚、副市长肖正波、市政协副主席黄梁出席。

2023年，市政协联合民进市委会、农工党市委会以及各区县（市）政协组成调研组，深入相关部门、企业考察产业发展现状，并赴外省市开展对比调研，广泛收集问题，借鉴先进经验，提出对策建议。会上，4位市政协委员和长沙县、浏阳市政协有关负责同志围绕助力农产品流通、农产品加工业集聚发展和长沙油茶产业、预制菜产业发展等建言献策，相关部门负责人一一交流回应。

◎"长沙大讲堂"举行

11月25日，长沙大讲堂举行"当前我国宏观经济形势及政策取向"专题讲座。省委常委、市委书记吴桂英出席

2023年11月25日，长沙大讲堂举行"当前我国宏观经济形势及政策取向"专题讲座。省委常委、市委书记吴桂英出席。

中共中央党校（国家行政学院）教授、中国市场经济研究会会长韩保江作专题讲座。他从"当前我国宏观经济形势的主要特点、科学看待中国经济发展的基本面、未来我国宏观经济政策取向"三个方面，全面分析我国经济基本面情况，以及扩大国内需求、建设现代化产业体系、优化营商环境等关键举措。

与会同志表示，讲座具有很强的指导性、针对性、操作性，认真聆听之后，对抓经济工作的思路更清、方向更明，接下来将进一步坚定发展信心决心，在推动产业升级、激活有效需求、加速科技创新、维护安全稳定等方面下功夫、出实招，努力交出一份高质量发展的优异答卷。

省委第一巡回督导组有关同志，在职市级领导，市中级人民法院院长、市人民检察院检察长，各区县（市）、省级以上园区主要负责同志，市委各部委、市直各单位、群团组织、有关事业单位、市管企业、市属高校主要负责同志出席。

◎长沙市第十七次妇女代表大会开幕

11月29日上午，长沙市第十七次妇女代表大会开幕

2023年11月29日，长沙市第十七次妇女代表大会开幕。省委常委、市委书记吴桂英出席开幕式，寄语全市各级妇联组织和广大妇女深入学习贯彻习近平总书记关于妇女儿童和妇联工作的重要论述精神，始终与党同心、跟党奋进，奋勇担当伟大事业的建设者、文明风尚的倡导者、敢于追梦的奋斗者，为全面建设社会主义现代化新长沙贡献巾帼智慧和力量。省妇联党组书记、主席黄芳出席并讲话。

市领导谭勇、彭华松、陈刚（纪委）、罗缵吉、朱东铁、陈澎、张敏、刘汇、邹特、曹再兴、周敏、石长松出席。

吴桂英代表市委、市人大常委会、市政府、市政协向大会的召开表示热烈祝贺，向全市广大妇女和妇女工作者致以诚挚问候，对市第十六次妇代会以来长沙妇女工作取得的成绩和广大妇女在现代化新长沙建设中发挥的"半边天"作用给予充分肯定。

吴桂英指出，党的十八大以来，以习近平同志为核心的党中央高度重视妇女事业和妇女工作。2023年10月，习近平总书记同全国妇联新一届领导班子成员集体谈话时的重要讲话，为推动妇女事业高质量发展提供了遵循、指明了方向。

大会期间，彭娟代表长沙市妇女联合会第十六届执行委员会向大会作工作报告。市科协代表人民团体在开幕式上致贺词。

要闻纪事

△8日，长沙市委副书记、湖南湘江新区（长沙高新区）党工委书记、岳麓区委书记谭勇主持召开专题会议，研究湘江科学城规划开发建设工作。

△9日，"湘港同心，一路同行"长沙市内地港人联谊会成立一周年庆典暨会员联谊活动在华谊兄弟（长沙）电影小镇举行。市委常委、市委统战部部长刘汇出席并讲话。她寄语联谊会，要始终坚持正确方向，加强思想政治引领，当好党委政府联系香港同胞的桥梁和纽带，推动长沙香港两地各领域的交流合作。

△15日，长沙市政协主席陈刚主持召开政协长沙市第十三届委员会第四十七次主席会议。会议传达学习习近平总书记近期重要讲话和致信精神。会议听取市委、市政府关于提案办理工作情况的通报，长沙市政协助推建设全球研发中心城市专题座谈会筹备工作汇报；审议《长沙政协专家咨询委员会工作规则（草案）》；研究市政协十三届三次会议筹备工作并审议《政协长沙市第十三届委员会第三次会议日程（草案）》等；审议《政协长沙市委员会关于邀请海外华侨华人代表列席市政协全体会议办法（试行）（草案）》。

△21日，联合国教科文组织国际自然与文化遗产空间技术中心长沙工作站（以下简称"HIST长沙工作站"）成立仪式在长沙学院举行，省政协副主席李民、市政协主席陈刚出席。

△21日，湖南省委常委、长沙市委书记吴桂英主持召开主题教育专题调研座谈会，围绕"优化干部队伍整体结构，为高质量发展和现代化建设提供坚强组织保障"调研课题，听取党外干部代表的意见建议。

△26日，长沙市委组织部（市委人才工作局）举办"汇聚磅礴力量 全力建设全球研发中心城市"系列人才活动，发布《长沙市全力建设全球研发中心城市人才政策十条（试行）》。

◎吴桂英与出席全球研发人才长沙体验日活动嘉宾会谈

2023年12月15日，湖南省委常委、长沙市委书记吴桂英与出席2023“全球研发人才长沙体验日”活动的嘉宾代表会谈。

吴桂英代表市委、市政府对嘉宾们的到来表示欢迎，向大家对长沙经济社会发展的关心和支持表示感谢。她说，当前长沙正全面落实习近平总书记为湖南擘画的“三高四新”美好蓝图，全力建设全球研发中心城市，推进“七大工程”建设，加大招商引资、招才引智力度。希望大家以这次“体验日”为契机，感受这座城市的蓬勃发展，为长沙推动科技创新多提宝贵意见，多做宣传推介，多引优质资源。长沙将提供优越发展环境，构建高效转化体系，让大家心无旁骛搞研究、放开手脚干事业。

嘉宾代表表示，将借助此次活动，把自身优势资源与长沙发展所需更好地结合，进一步提升合作能级，拓展合作领域，抢抓发展机遇，实现互利共赢。

市领导谭勇、罗缵吉、邹特、康镇麟、彭涛参加。

吴桂英主持召开全球研发人才长沙体验日嘉宾会谈

◎2023先进制造业集群发展大会在长沙举行

2023年12月8日，2023先进制造业集群发展大会在长沙市成功举办。大会由湖南省工业和信息化厅、长沙市人民政府主办，工业和信息化部工业文化发展中心、长沙市工业和信息化局承办。

大会以“链群生态 向新进发 奋进新型工业化”为主题，包括“1场主论坛、3场平行活动和1个集群风采展示”。主论坛上，湖南省国家先进制造业集群培育提升三年行动计划发布，长沙市、株洲市进行了详细解读；国家先进制造业集群标识首次亮相；工业和信息化部工业文化发展中心、电子信息产业发展研究院分别发布了《全球先进制造业集群发展趋势报告（2023）》《先进制造业集群发展促进组织建设指引》等重磅研究成果；一批国家级集群典型案例进行了展示分享。

大会同期，全国先进制造业集群50人论坛交流会、金融“链”集群专项路演、先进制造业集群发展促进组织圆桌会议三个平行活动成功举办，着力探索研究、金融、治理变革赋能集群创新发展之路。

2023先进制造业集群发展大会在长沙市成功举办

要闻纪事

△27日，湖南省委常委、长沙市委书记吴桂英主持召开主题教育专题调研座谈会，围绕“优化干部队伍整体结构，为高质量发展和现代化建设提供坚强组织保障”调研课题，听取经济战线干部代表的意见建议。

△29日，长沙市第十七次妇女代表大会开幕。省委常委、长沙市委书记吴桂英出席开幕式，寄语全市各级妇联组织和广大妇女，深入学习贯彻习近平总书记关于妇女儿童和妇联工作的重要论述精神，始终与党同心、跟党奋进，奋勇担当伟大事业的建设者、文明风尚的倡导者、敢于追梦的奋斗者，为全面建设社会主义现代化新长沙贡献巾帼智慧和力量。

△30日，芙蓉区委书记周春晖来到基层联系点韭菜园街道军区社区，以“学懂、弄通、做实习近平新时代中国特色社会主义思想”为题，为基层党员代表讲授主题教育专题党课。区领导陈亚静、刘克刚参加。

12月

△1日，长沙市宣传思想文化工作会议召开。省委常委、长沙市委书记吴桂英出席并讲话强调，要深学笃行习近平文化思想，贯彻落实全国、全省宣传思想文化工作会议精神，高举思想之旗、守住文化之根、锻造文化之魂、彰显文化之力，推动全市宣传思想文化工作高质量发展。副省长、市长周海兵主持会议。

△4日，中国青年企业家助推长沙全球研发中心城市建设大会召开。省委常委、长沙市委书记吴桂英与由中国青年企业家协会会长潘刚带队的代表团一行会谈。中国青年企业家助推长沙全球研发中心城市建设行动正式启动，澳优湖南省孕婴童食品技术创新中心·生命营养基础科研共享中心揭牌落户。

◎长沙荣获2023中国最佳引才城市

12月15日，在2023中国年度最佳雇主颁奖盛典暨中国人力资本国际管理论坛上，长沙从全国众多城市中脱颖而出，荣获“中国最佳引才城市”称号。这是长沙市首次获此殊荣，也是湖南省今年唯一一个获得此称号的城市。

本次评选活动由北京大学社会调查研究中心、北京大学国家发展研究院、智联招聘等多家专业机构参与组织评审。评委会根据各市提交的引才资料和智联招聘大数据（各占50%得分），通过专业科学的调查和评选，观察各市在人才吸引和保留方面的表现，从人才吸引力、人才保留率、人才活力三个维度进行城市就业大数据分析，综合考量城市在人才吸引和保留方面的政策、法规、制度、活动、成果等因素，最终评选出长沙、成都、济南、石家庄等16个“2023中国年度最佳引才城市”。

聚天下英才而用、汇四海栋梁而任、顺时代潮流而强。长沙市历来高度重视人才工作，大力实施“人才强市”战略，继2017年出台“长沙人才政策22条”后，先后启动了高端产业人才倍增行动计划，又出台了“乡村8条”“自贸区45条”和人才政策“升级版45条”等。11月26日，长沙更是重磅发布“研发人才政策十条”，向全球研发人才发出集结号。

“新动能·新职场”2023中国年度最佳雇主颁奖盛典暨中国人力资本国际管理论坛

◎ 2023 年健康长沙行动推进工作会议召开

会议现场

2023 年 12 月 15 日，健康长沙行动推进工作会议召开，回顾总结健康长沙行动当前工作进展成效，部署推进下阶段重点工作。长沙市人民政府副秘书长王新良主持会议，长沙市人民政府副市长肖正波出席会议并作重要讲话。

会上，健康长沙行动推委会办公室主任、长沙市卫生健康委主任刘激扬作健康长沙行动工作报告；长沙市教育局、市体育局，长沙市天心区人民政府、长沙市浏阳市人民政府进行典型经验发言。

肖正波指出，要学深悟透健康长沙战略安排，进一步提高站位、把握重点，确保健康长沙行动高质量推进。要聚焦关键环节，持续抓实健康长沙各项行动，进一步普及健康知识、加强健康干预、防控重大疾病，为人民群众提供全周期生命健康保障。要坚持统筹推进，确保健康长沙行动落地见效，进一步创新推进机制、强化考核激励、做好结合文章，以全民健康助力长沙高质量发展和现代化建设，为健康湖南战略的实施持续贡献长沙力量。

会议强调，要进一步抓好统筹协调，下一步要全面夯实健康长沙行动工作基础，在重点推进急诊急救示范市建设等民生项目工作的同时，全面提升人民群众健康水平，为锚定“三高四新”美好蓝图、建设现代化新长沙提供有力健康保障。

◎ 2023“全球研发人才长沙体验日”欢迎仪式举行

2023“全球研发人才长沙体验日”欢迎仪式举行

2023 年 12 月 16 日，2023“全球研发人才长沙体验日”欢迎仪式举行。湖南副省长、市长周海兵出席并讲话。市级领导谭勇、何朝晖、罗缵吉、康镇麟、彭涛，市政府秘书长许凡参加。

此次活动吸引了 300 余名各领域高精尖人才、战略专家、高校及科研机构人才、市内外企业青年研发人才、海外人才代表、拟招引落地企业科研人才齐聚一堂，并在活动现场向研发人才推介了全球研发中心城市核心引领区及长沙人才政策，发放了首批“研发人才长沙体验包”。

周海兵在讲话中指出，当前，长沙正锚定“三高四新”美好蓝图，践行八个“走在前、作示范”要求，坚持用真情服务人才、用真心留用人才、用真诚呼唤人才，着力打造聚才“强磁场”，奋力谱写发展新篇章。长沙将全力建设全球研发中心城市；将诚心广纳全球优秀研发人才；将竭诚营造人才成长最优环境。

◎ “园梦号”长沙下线

“园梦号”长沙下线

2023 年 12 月 16 日，铁建重工和中铁十四局共同打造的 14 米级超大直径盾构机“园梦号”在铁建重工长沙第二产业园下线，将应用于“中国城市高铁第一隧”——新建南通至宁波高速铁路苏州东隧道施工。

该设备同时搭载的“推拼同步 + 同步双液注浆 + 整体式全预制箱涵同步拼装”成套先进技术，在国内超大直径盾构设备中属首次应用，将全面提升盾构施工安全和成型隧道质量，提高施工效率。

苏州东隧道地处苏州工业园区、吴中区，全长 15.565 公里，是我国目前建设标准最高、里程最长的时速 350 公里高铁城市隧道，被誉为“中国城市高铁第一隧”。其中，11.82 公里的盾构段施工，需下穿京沪高铁等 3 条铁路、2 条地铁线路、4 处河流湖泊、20 条道路等复杂城市环境，且长距离穿越软土、高水压、高渗透砂性地层，最大埋深达 58 米，最大水土压力超过 6 巴，对盾构设备整体密封性、可靠性等要求高。

为保障盾构机在复杂地层的适应性和高效掘进，铁建重工和中铁十四局团队充分利用多年来在穿越江河湖海城施工中积累的技术成果和成功经验，通过针对性和创新性设计，打造了“园梦号”泥水平衡盾构机。该盾构机开挖直径达 14.81 米，总长 134 米，总重 4200 吨，装机总功率达 0000 千瓦。

要闻纪事

△ 7 日，芙蓉区安全生产委员会 2023 年第四次全体会议暨城市运行安全常态隐患查整工作调度会议召开。会议传达学习了习近平总书记对山西吕梁市永聚煤矿办公楼火灾事故重要指示精神和李强总理批示精神，以及 11 月 29 日全国全省安全生产电视电话会议、2023 年第九次全会暨城市运行安全隐患常态排查整治工作调度会议精神等。相关单位就全区城市运行安全常态隐患查整、安全生产，以及重点工作开展情况进行了汇报。

△ 14 日，芙蓉区召开全区宣传思想文化工作暨网络安全和信息化工作会议，深入学习贯彻习近平新时代中国特色社会主义思想，全面落实中央、省、市相关会议精神，就全区宣传思想文化工作、网络安全和信息化工作进行部署安排。区委书记周春晖出席会议并讲话。

△ 19 日，第七次长沙市妇女儿童工作会议召开，副省长、市长周海兵出席并强调，全市各级各相关部门要深入贯彻习近平总书记对妇女儿童工作的重要指示精神，全面落实全国、湖南省妇女儿童工作会议要求，把妇女儿童工作摆在更加重要的位置，用心用情用力维护好、发展好妇女儿童权益，努力开创长沙市妇女儿童事业高质量发展新局面。副市长肖正波，市政府秘书长许凡参加。

△ 19 日，长沙市法学会法治建设研究会、中国（湖南）自由贸易试验区长沙片区法治研究中心第一届第三次年会暨理论研讨会举行。第十三届全国人大监察和司法委员会委员、省人大常委会原副主任谢勇，市人大常委会主任文树勋，市人大常委会副主任曹再兴，市人大常委会秘书长缪晨光出席。

△ 19 日，长沙市、湘西土家族苗族自治州在长沙举行工作会谈。省委常委、长沙市委书记吴桂英，副省长、市长周海兵，省政协副主席、湘西州委书记虢正贵，副书记、州长陈华出席。

◎长沙市天心区召开 2023 年度区委议军会暨党管武装工作述职会议

天心区召开 2023 年度区委议军会暨党管武装工作述职会议

2023 年 12 月 21 日，天心区委书记、区人武部党委第一书记吴新伟主持召开区委议军会暨党管武装工作述职会议，深入学习贯彻习近平强军思想，客观总结 2023 年工作，安排部署明年工作任务，不断推动全区国防动员事业和后备力量建设高质量发展。

天心区委副书记、区长周志军，区委副书记、统战部长厉波，区人大常委会党组书记、主任黄文先，区政协党组书记、主席张界贻，以及全体区委常委、各街道工委书记参加。

会议传达学习了军委国防动员部“江西集训”会议精神，听取了 2023 年武装工作开展情况及明年工作计划汇报。会上，各街道工委书记就党管武装工作分别进行了现场述职或书面述职。

吴新伟充分肯定了 2022 年以来全区武装工作成效，认为区人武部在练兵备战上有新成绩、在动员准备上有新作为、在特色建设上有新风采、在问题整改上有新突破，充分彰显了天心党管武装工作的特色和成效，为全区经济社会发展作出了重要贡献。就下阶段工作开展，吴新伟强调，要进一步提高政治站位，切实增强党管武装意识。深入学习贯彻习近平强军思想，以主题教育为契机，切实增强党管武装意识，坚决扛起党管武装工作的政治责任，广泛调动各方力量形成齐抓共管合力，推动人民武装建设不断创新发展。

◎宁乡市检察院获评“全国模范检察院”

2023 年 12 月 20 日，全国检察机关队伍建设工作会议暨第十次“双先”表彰大会在京召开，宁乡市检察院被最高人民检察院和人力资源社会保障部共同授予“全国模范检察院”荣誉称号。市检察院党组书记、检察长刘文广代表全院接受表彰。

近年来，市检察院坚持“干在实处、走在前列”，以实施“建精美机关、育精英人才、办精品案件、创精彩业绩”的“四精”战略推进检察工作现代化，为实现“三高四新”美好蓝图、建设社会主义现代化新湖南作出应有贡献。市检察院全面加强政治建设，扎实推进学习贯彻习近平新时代中国特色社会主义思想主题教育，落实省、市党代会和上级检察工作会议目标责任，融合党建与业务建设，与长沙军事检察院共建军地检察宣教基地，成为长沙唯一双获省、市“先进基层检察院”单位。

宁乡市检察院获评“全国模范检察院”

要闻纪事

△20 日，湖南省委第六巡视组向长沙市雨花区委反馈巡视情况。省委第六巡视组长万中学传达了省委书记沈晓明关于巡视工作的讲话精神，并分别向区委书记刘素月和区委领导班子反馈了巡视情况。长沙市委常委、市纪委书记、市监委主任陈刚作了讲话，对抓好巡视整改工作提出要求。刘素月主持向领导班子反馈会议并作表态发言。省委第六巡视组副组长马昌松出席会议。

△21 日，芙蓉区召开 2024 年工作务虚会。会议总结回顾了 2023 年各项工作，分析当前形势，研究谋划 2024 年思路举措，合力推动区域经济社会高质量发展。区委书记周春晖主持会议并作总结讲话，区委副书记、区长崔晓出席会议并讲话。

△25 日，天心区委副书记、区长周志军主持召开专题会议，研究 2024 年项目攻坚“八个一批”有关工作，对项目征拆、项目建设、闲置资源盘活、土地出让、楼宇去化、招商引资、开发销售、资源争取等领域重点任务进行再梳理、再研究、再细化。区领导张浩平、刘正文、李勇军，调研员邹展参加。

△26 日，副省长、市长周海兵主持召开长沙市政府常务会议，传达学习中央农村工作会议精神和习近平总书记对甘肃临夏州积石山县 6.2 级地震作出的重要指示精神，贯彻落实中央经济工作会议精神，研究全市“三农”工作、防灾减灾工作、打好“发展六仗”工作等议题。

△26 日，长江中游城市群省会城市第九次合作协调会在长沙召开。会议邀请武汉、长沙、合肥、南昌四市分管市领导率团参会，市委常委、常务副市长彭华松主持会议并讲话，市政协副主席黄锋出席。经四市协商，长江中游城市群省会城市第十届会商会拟于明年在长沙召开。

◎长沙获评“2023 年度活力城市”

2023 年 12 月 22 日，由中国新闻周刊主办的 2023 年度活力城市大会在北京举办，大会发布“2023 年度活力城市”案例，长沙多项指标表现亮眼，在众多城市中脱颖而出，获评“2023 年度活力城市”。

城市是推动高质量发展、创造高品质生活、全面建设社会主义现代化国家的重要载体。中国新闻周刊长期关注城市建设和区域发展，于 2021 年创办“年度活力城市大会”，以城市活力为主线发掘城市的竞争力、影响力和生命力，为城市发展赋能。

活动中，主办方围绕产业、人口、生态、消费、人文、创新六个活力维度，发布了“2023 年度活力城市”案例，深圳市、武汉市、杭州市、济南市、长沙市、石家庄市、太原市、银川市、海口市、苏州市、无锡市、常州市、烟台市、扬州市、榆林市、湖州市入选。

2023 年度活力城市大会现场

◎长沙依法生育二孩及以上本地户籍家庭增加 1 套购房指标

2023 年，长沙市委、市政府印发《关于优化生育政策促进人口长期均衡发展的工作方案》，明确对依法生育两个及以上子女的本地户籍家庭，增加 1 套购房指标；根据家庭未成年子女数量在户型选择等方面给予适当照顾。长沙市政府常务会议日前审议通过了由市住建局、市卫健委、市公安局联合制定的《依法生育两个及以上子女的本地户籍家庭购买商品住宅实施细则》（以下简称《实施细则》）。目前，《实施细则》已按长效机制试点城市要求报请上级有关部门完成备案，1 月 12 日起实施。

享受购房政策的二孩及以上本市户籍家庭，需同时满足以下 3 个条件：一是夫妻一方或双方为长沙户籍；二是现户籍家庭有两个及以上子女，且至少有一个未成年子女（18 周岁以下）；三是所生育的子女均为依法生育（含合法收养）。

长沙市住建局相关负责人表示，长沙将始终坚持“房住不炒”定位，根据党中央、国务院“保障住房刚性需求，合理支持改善性需求”的工作要求，加快构建保障房、刚需房和改需房等“三房”体系，继续打通满足合理住房需求的政策堵点，进一步释放政策红利，促进房地产市场平稳发展和良性循环。

◎长沙获评全国法治政府建设示范市

2023 年，党的二十大报告指出，法治政府建设是全面依法治国的重点任务和主体工程。

此前，中央全面依法治国委员会办公室公布第二批全国法治政府建设示范地区和项目，长沙获评“全国法治政府建设示范市”。

近年来，长沙市委政法委充分发挥把握政治方向、协调各方职能作用，深入推进全面依法治国在全市的新实践，全面推进法治政府、法治社会、法治城市建设，让依法用权更严格、营商环境更优化、群众的法治获得感更实在。

从获得中国法治政府奖、中国政府创新最佳实践奖等荣誉，到如今被命名为“全国法治政府建设示范市”，长沙不断推动着法治政府建设迈上新台阶，已打造出法治政府建设的“长沙模式”。

◎长沙出台《营商环境投诉处理办法》为 177 万市场主体保驾护航

2023 年 12 月 25 日，长沙市发展和改革委员会、长沙市优化营商环境协调事务中心联合印发《长沙市营商环境投诉处理办法》。

该《投诉办法》包括总则、受理、办理、监督管理及附则 5 个部分二十九条，根据 2021 年出台的《长沙市营商环境投诉举报处理暂行办法》，修订并完善了受理范围、不予受理范围、投诉处理的流程、办理时限、督办考核等内容。出台《投诉办法》是进一步优化投诉流程，切实为市场主体纾难解困，强化法治保障，持续优化稳定公平透明可预期的发展环境重要举措。

《投诉办法》从市场主体保护、市场环境、政务服务、监管执法及其他损害营商环境的行为为 5 个方面，明确了 12 项损害营商环境行为属于投诉举报受理范围，包括对符合法定条件且申报资料准备齐全的行政许可、政务服务申请不予受理，或者不按规定程序和时限办理的；擅自设立收费项目，提高收费标准，扩大收费范围的；对涉企优惠政策不予落实的；利用职权“索、拿、卡、要”，或者故意刁难的等行为。

市场主体投诉可通过拨打热线电话 0731-12345-1 进行投诉，也可以通过邮寄材料、来信来访、网络平台等多种方式进行投诉。

◎湖南省首个促进商会发展专项政策发布 雨花区打造湖南省首个商会集聚区

首家商会大厦长沙市耒阳商会大厦揭牌并与入驻会员签约

2023 年 12 月 27 日，长沙市雨花区举行高铁新城商会集聚区政策发布暨首家商会大厦揭牌活动。活动现场发布了《关于支持高铁新城商会集聚区发展的若干措施》，首家商会大厦长沙市耒阳商会大厦揭牌并与入驻会员签约。这意味着雨花区将着力把高铁新城商会集聚区打造成全省首个商会集聚区，推动各商会协会积极引进企业在此设立总部，不断通过以商招商等高质量招商助推雨花经济高质量发展，这是雨花区深入贯彻落实省市关于招商引资“一号工程”工作部署的又一生动实践和精品力作。

湖南省工商联党组成员、副主席彭天忠，省工商联有关负责同志，长沙市委常委、统战部部长刘汇，市商务局、市工商联、自贸区长沙片区管委会负责同志，雨花区委书记刘素月，区委副书记、区长黄军其等出席活动；相关区领导、部门街镇负责人，近 200 家商会、会员企业、楼宇开发商运营商负责人参加。

得天独厚的交通优势、动能强劲的产业基础、丰富优良的生态资源、全国一流的营商环境，让雨花区在全国投资潜力百强区榜单中位列第 4 名，居中西部第一，雨花区作为投资热土的金字招牌持续擦亮。

要闻纪事

△27 日，“推动中国式乡村振兴，加快长株潭都市圈融合发展——首届麓山论坛”在长沙举办。市政协主席陈刚出席并宣布论坛开幕，民革湖南省委会副主委印仕柏出席。此次麓山论坛由民革湖南省委会主办，民革长沙市委会和民革湖南省委会理论研究委员会承办，长沙市农业农村局、民革株洲市委会、民革湘潭市委会协办。

△27 日，2023 年长沙市法院检察院工作情况通报协商座谈会举行。市委常委、市委统战部部长刘汇出席并讲话。她强调，要深化交流互动，做到真诚协商，积极运用好政党协商成果，在协商和监督中凝聚共识、汇聚力量、提升水平，推动“两院”工作再上新台阶。市中级人民法院院长李立新、市人民检察院检察长余湘文出席。

△30 日，中国共产党长沙市第十四届委员会第六次全体会议召开。全会全面落实省委十二届五次全会精神，总结 2023 年工作尤其是经济工作，部署明年任务，进一步动员全市上下坚定信心、创新实干，全面落实“三高四新”美好蓝图，全力推动长沙高质量发展和现代化建设。

湖南地方年鉴

衡　阳

蒸湘区　珠晖区　石鼓区　雁峰区　南岳区　耒阳市　常宁市　祁东县　衡东县　衡山县　衡阳县　衡南县　衡阳市

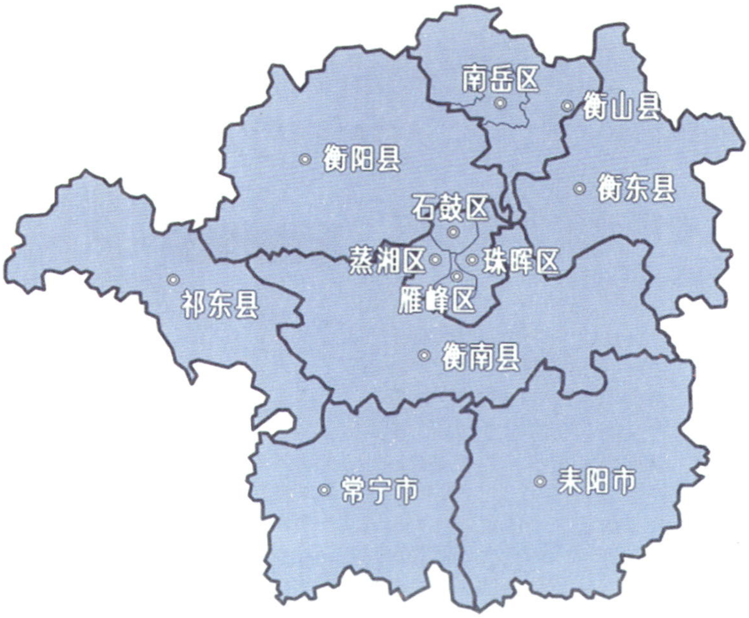

衡 阳 地 区

衡 阳 市

地处南岳衡山之南，因山南水北为“阳”，故此得名。因“北雁南飞，至此歇翅停回”，故又雅称“雁城”。总面积1.53万平方公里，2023年末全市常住人口649.70万人，其中，城镇人口370.36万人，城镇化率57.00%，比上年末提高1.22个百分点。中心城区建成面积137平方公里。是湖南省第二大城市、湖湘文化发源地之一、湘南地区中心城市、国家老工业基地、全国抗战纪念名城、中国优秀旅游城市；是“中国制造2025”试点示范城市、国家服务业综合配套改革试点城市、国家生态文明先行示范区、国家级承接产业转移示范区、国家服务业综合改革试点城市。拥有湖南第一家综合保税区和国家级高新区，获批建设国家创新型城市，被定位为中国现代服务业最佳投资城市、全国加工贸易梯度转移重点承接地、全国现代物流枢纽城市、中南地区区域性物流中心。

辖5区2市5县：雁峰区、石鼓区、珠晖区、蒸湘区、南岳区、耒阳市、常宁市、衡阳县、衡南县、衡山县、衡东县、祁东县。

根据地区生产总值统一核算结果，2023年地区生产总值4190.87亿元，比上年增长5.3%，增速高于全省0.7个百分点。其中，第一产业增加值461.50亿元，比上年增长3.1%；第二产业增加值1385.79亿元，增长7.1%；第三产业增加值2343.57亿元，增长4.6%。按常住人口计算，人均地区生产总值64108元，增长6.3%。

三次产业结构比为11.0 ∶ 33.1 ∶ 55.9。第一、二、三产业对经济增长的贡献率分别为7.3%、44.7%和48.0%。

2023年末全市常住人口649.70万人，其中，城镇人口370.36万人，城镇化率57.00%，比上年末提高1.22个百分点。

全年城乡基本医疗保险参保人数546.6万人，职工基本医疗保险参保人数79.65万人，职工医保退休人员2.38万人，城乡居民医保覆盖率达95.82%。城乡居民基本养老保险参保人数339.09万人，失业保险职工人数67.51万人，领取失业保险金职工人数0.28万人，参加工伤保险职工人数61.69万人。

全市城镇和农村最低生活保障惠及城镇居民、农村居民2.93万人和14.73万人，发放城镇和农村最低生活保障经费1.59亿元和4.8亿元。各类收养性社会福利单位床位数27248张，各类收养性社会福利单位收养人员8766人。

全年销售社会福利彩票5.88亿元，筹集社会福利资金0.67亿元。

全年全市居民人均可支配收入36685元，比上年增长5.7%。按常住地分，城镇居民人均可支配收入45864元，增长4.5%；农村居民人均可支配收入26903元，增长6.7%。其中城镇居民工资性收入28508元、经营净收入4900元、转移净收入8386元、财产净收入4069元。农村居民工资性收入13675元、经营净收入5918元、转移净收入6925元、财产净收入385元。

全年全市居民人均消费支出27888元，比上年增长5.3%。城镇居民人均消费支出32076元，其中食品烟酒支出9673元、居住支出5619元、医疗保健支出2161元、教育文化娱乐支出5442元。农村居民人均消费支出23423元，其中食品烟酒支出7220元、居住支出5198元、医疗保健支出1494元。

全年实现城镇新增就业6.38万人，失业人员实现再就业4.28万人，就业困难人员实现就业8220人，全市开展补贴性职业技能培训5.17万人，其中创业培训1.44万人。全市发放创业担保贷款402笔，发放金额3.6亿元，带动或稳定就业6081人。

交通运输：位于湖南省中南部，地理位置优越，交通便利。是全国45个公路主枢纽城市之一，也是全国179个公路运输枢纽城市之一，2018年被评为陆港型国家物流枢纽承载城市。“1个南岳机场、1条湘江黄金水道、8条高速公路、9条铁路”为主体的立体交通网络正在加速成型。航空方面，南岳机场开通直航城市达31个，为省内第三大机场和中南地区重要的支线机场。铁路方面，已建成营运京广、湘桂、武广高铁、湘桂复线、衡茶吉和怀邵衡6条铁路610公里，营运里程居全省第一，还有安张衡等3条铁路规划待建。公路方面，全市公路通车总里程达21081公里，公路密度达138公里/百平方公里，居全省第四。全市骨干公路网呈“8518”布局，其中，高速公路8条，国道5条，省道18条。水路方面，有湘江、耒水、蒸水、舂陵水、洣水等5条通航河流，通航里程769公里，居全省第七位，其中154公里达到二级航道标准，居全省第二。站场方面，全市共建成汽车客运站117个，农村客运招呼站2531个，每个县都拥有一个及以上的二级汽车客运站，行政村通客班车线路率达100%。

自然资源：是全国有名的“有色金属之乡”“非金属之乡”“鱼米之乡”“油茶之乡”，水口山铅锌矿被誉为“世界铅都”，钠长石储量居亚洲之首，岩盐储量居华南之冠。有矿产69种，木本植物99科、342属、1047种，兽类和鸟类200余种。境内流域面积3000平方公里以上的湘江一级支流有舂陵水、蒸水、耒水、洣水。

旅游资源：历史悠久、文化厚重。是一座具有2300多年历史传承的文化名城，是湖湘文化的重要发源地之一，宗教文化、书院文化源远流长。神农创耒、蔡伦造纸、濂溪问道、船山立说等人间佳话千古流芳。蔡伦、王船山、彭玉麟、罗荣桓、洛夫、琼瑶等名人辈出，薪火相传，垒起衡阳人文高地。钟灵毓秀、山川秀美。中华五岳之一有南岳衡山，历为祭天、封禅胜地。有天堂山、蔡伦竹海、岣嵝峰、“中国印山”等景观；石鼓书院为中国古代四大书院之一；南岳忠烈祠、南岳庙、蔡侯祠、衡州窑、湘南起义旧址群—培兰斋、水口山铅锌矿冶遗址、大渔村王氏宗祠、王船山故居及墓、罗荣桓故居、湘南学联旧址被国务院公布为国家级文物保护单位。“雁峰烟雨”“石鼓江山”“朱陵后洞”“青草渔家”“花药春溪”“岳屏雪弄”“东洲桃浪”“西湖白莲”被称为衡州八景。

特色产品：是全国重要的商品粮、商品油、商品猪生产基地，油茶产业领跑全国。特色食品有玉麟香腰、衡阳唆螺、鱼头豆腐、张飞酒、湖之酒、乌莲、祁东黄花菜、常宁七醋、耒阳粉皮、南岳云雾茶、石鼓酥薄月饼、衡东土菜、三樟黄贡椒、茅市烧饼、坛子菜、大三湘茶油、土头碗、渣江假羊肉、扁粑、衡阳鱼粉等。

衡阳市2023年国民经济和社会发展统计公报

2023年是全面贯彻党的二十大精神的开局之年，是三年新冠疫情防控转段后经济恢复发展的一年。面对复杂严峻的国际环境和艰巨繁重的国内改革发展稳定任务，在以习近平同志为核心的党中央坚强领导下，衡阳市委、市政府坚持以习近平新时代中国特色社会主义思想为指导，全面贯彻落实党的二十大和二十届二中全会精神，顶住外部压力、克服内部困难，全面落实“三高四新”美好蓝图，全力以赴打好“发展六仗”，大力实施“制造立市、文旅兴城”发展战略，持续推进“聚力中心化攻坚”行动，国民经济回升向好，高质量发展扎实推进，为建设社会主义现代化新衡阳奠定了更为坚实的基础。

一、综合

根据地区生产总值统一核算结果，全年地区生产总值4190.87亿元，比上年增长5.3%，增速高于全省0.7个百分点。其中，第一产业增加值461.50亿元，比上年增长3.1%；第二产业增加值1385.79亿元，增长7.1%；第三产业增加值2343.57亿元，增长4.6%。按常住人口计算，人均地区生产总值64108元，增长6.3%。

三次产业结构比为11.0 ∶ 33.1 ∶ 55.9。第一、二、三产业对经济增长的贡献率分别为7.3%、44.7%和48.0%。

二、农业

全年农林牧渔业实现总产值829.01亿元，增长3.5%。其中，农业产值315.79亿元，增长3.4%；林业产值68.61亿元，增长7.6%；牧业产值306.09亿元，增长1.5%；渔业产值75.27亿元，增长5.1%；农林牧渔专业及辅助性活动产值63.24亿元，增长8.4%。

全年粮食作物播种面积707.94万亩，下降0.1%；油料播种面积313.71万亩，增长2.1%；蔬菜及食用菌播种面积104.23万亩，增长2.6%。全年粮食总产量314.52万吨，增长2.0%；油料产量35.61万吨，增长1.9%；蔬菜及食用菌产量231.84万吨，增长3.0%。

全年出栏肉猪704.69万头，增长1.8%；出售和自宰的肉用牛11.32万头，下降5.8%；出售和自宰的肉用羊76.07万只，下降10.6%；出笼家禽8902.17万羽，增长3.3%；水产品产量31.23万吨，增长5%。

三、工业和建筑业

2023年，全市规模工业增加值同比增长7.2%。产值规模排名前八的重点行业呈现“五升三降”态势。其中，有色金属冶炼和压延加工业、电器机械和器材制造业、黑色金属冶炼和压延加工业、农副食品加工业、通用设备制造业，分别增长17.6%、16.3%、13.7%、6.3%、1.8%；计算机通信和电子设备制造业下降14.4%，化学原料和化学制品制造业下降2.7%，非金属矿物制品业下降0.3%。

主要工业产品产量有升有降，产品结构持续改善。其中：变压器、矿山专用设备、泵、电力电缆、中成药、十种有色金属分别增长30.5%、19.3%、13.5%、5.6%、5.0%、1.3%。从高新技术产品看，新动能产品产量保持较快增长，传感器增长28.8%、电子元件增长8.2%、安全自动化监控设备增长12.6%、高密度聚乙烯树脂增长57.5%。从高耗能产品看，部分高耗能产品产量下降幅度较大，水泥下降11.7%、生铁下降7.1%、粗钢下降6.1%、铜材下降1.9%。。

全市规模工业中，高加工度工业增长1.5%，高技术产业下降14.4%，六大高耗能产业增加值增长6.5%。

全年资质以上总承包和专业承包建筑业企业建筑业总产值891.41亿元，比上年增长9.3%。全年建筑业增加值411.28亿元，增长12.0%。房屋建筑施工面积2936.52万平方米，下降5.1%。房屋建筑竣工面积1464.15万平方米，下降1.5%。

四、固定资产投资

全年固定资产投资（不含农户）比上年增长6.4%。其中，民间投资增长13.9%。分经济类型看，国有投资增长2.8%，非国有投资增长7.3%。分投资方向看，民生工程投资下降2.1%，生态环境投资增长28.5%，基础设施投资下降2.2%，高新技术产业投资增长9.8%，工业投资增长4.2%。分区域看，五城区投资增长2.5%，两园区投资下降3.9%，七县市投资增长10.5%。

全年房地产开发投资240.44亿元，比上年下降4.9%。其中，住宅投资211.08亿元，下降3.2%。商品房销售面积519.56万平方米，下降8.3%。商品房销售额244.63亿元，下降11.8%。

五、国内贸易和物价

全年社会消费品零售总额1965.15亿元，比上年增长5.6%。分经营地看，城镇消费品零售总额1680.88亿元，增长4.4%；乡村消费品零售总额284.27亿元，增长13.7%。分行业看，批发业122.62亿元，增长1.1%；零售业1529.69亿元，增长5.1%；住宿业53.6亿元，增长12.9%；餐饮业259.25亿元，增长9.4%。

分商品类别看，在限额以上法人单位商品零售额中，粮油、食品类零售额比上年同期增长31%，饮料类增长14.0%，化妆品类增长26.7%，金银珠宝类增长72.1%，日用品类增长10.7%，电子出版物及音像制品类增长28.1%，家用电器和音像器材类增长12.6%，石油及制品类增长17.6%，汽车类下降1.4%等。

全年居民消费价格比上年下降0.1%。分类别看，食品烟酒价格下降0.7%，衣着价格上涨0.8%，居住价格上涨0.4%，生活用品及服务价格下降0.5%，交通和通信价格下降3.1%，教育文化和娱乐价格上涨1.7%，医疗保健价格上涨0.9%，其他用品和服务价格上涨3.0%。

六、对外经济和旅游

2023年，全市实际使用外资4926万美元，同比增长85.5%。

全市接待国内外游客6212.52万人次，比上年增长42.1%。其中，国内游客6212.45万人次，增长42.1%；国际游客726人次，增长584.9%。实现旅游总收入646.17亿元，增长48.6%。

七、交通和邮电

年末民用车辆保有量120.02万辆，比上年末下降0.3%。其中，民用汽车84.75万辆，增长3.4%；民用私人轿车45.46万辆，增长5.6%。南岳机场旅客吞吐量89.06万人次，增长113.7%。

全年邮政业务总量（按2020年不变价计算）29.69亿标准量，比上年增长11.7%。快递业务量完成14488.80万件，增长14.6%；快递业务收入完成12.50亿元，增长14.6%。2023年末固定电话用户66.92万户，下降3.3%，移动电话用户681.63万户，增长9.0%，年末互联网宽带用户232.48万户，增长9.9%。

八、财政和金融

全年地方一般公共预算收入195.61亿元，剔除减缓税等不可比因素，同口径增长6.15%。其中，税收收入134.55亿元，同口径增长3.0%；非税收入61.06亿元，增长0.9%。全年一般公共预算支出662.65亿元，增长7.2%。其中，公共安全支出28.17亿元，增长2.7%；教育支出116.33亿元，增长6.1%；社会保障和就业支出98.01亿元，增长8.2%；卫生健康支出66.52亿元，下降8.6%；住房保障支出20.86亿元，增长4.2%。

年末金融机构本外币各项存款余额5763.55亿元，比上年末增长9.54%。其中，住户存款4576.97亿元，增长12.7%；非金融企业存款537.44亿元，下降5.4%；非银行金融机构存款12.05亿元，上升52.1%。金融机构本外币各项贷款余额3879.40亿元（含境外及表外贷款数），增长9.1%。其中，住户贷款1508.21亿元，增长5.0%；非金融企业及机关贷款1936.85亿元，增长11.4%。年末金融机构存贷比67.3%，比上年下降0.3个百分点。

年末证券公司营业部31家，证券交易额5494.79亿元，比上年末增长0.08%。

全年保险公司原保险保费收入126.99亿元，比上年增长0.1%。其中，寿险保费收入83.68亿元，下降3.5%；健康险保费收入25.44亿元，下降1.3%，人身意外伤害险保费收入2.24亿元，下降18.5%；财产险保费收入43.31亿元，增长7.8%。保险赔付支出50.64亿元，增长13.4%。

九、教育和科学技术

全市普惠性幼儿园达到1219所，普惠性幼儿园在园幼儿达15.31万人，普惠性幼儿园覆盖率为90.85%。增加公办义务教育学位资金52310万元，新增义务教育学位16210个。获得湖南省首届基础教育改革创新项目112个。全市高考本科上线24201人，上线率46.84%，被北大、清华录取10人（上线13人），上线人数稳居全省第二位。

全年高新技术企业净增217家，总数突破1000家，完成高新技术产业增加值716.71亿元，增长5.5%。科技型中小企业达2095家，同比增长72%。连续两年入围全国城市创新能力百强榜。新增国家级人才项目2个，省“三尖”创新人才工程项目15个，湖湘高层次人才聚集工程项目2个，省杰青、优青项目5个，科技人才托举项目7个，芙蓉计划省企业科技创新创业团队2个。

全市共有法定计量检定机构8个，特种设备检验机构11个。组织定期工业产品质量监督抽查856次，工业产品定期抽查合格率94.3%。发放工业产品生产许可证38张，发放食品相关产品生产许可证35张。参与制定国家标准15项，组织制定地方标准8项。

十、文化、卫生和体育

年末有各类艺术表演团体11个，群众艺术馆、文化馆13个，公共图书馆14个，博物馆、纪念馆20个。国家级非物质文化遗产保护项目7个，省级49个。

年末有广播电台8座，调频、电视转播发射台16座，电视台9座，有线电视用户58.6万户。

年末有体育场地18487个，其中大型体育馆7座，田径场地1070个，游泳场地169个，健身房329个。全市经常参加体育锻炼人数达263.8万人，开展全民健身活动赛事344场，获得世界冠军4个，获得亚洲冠军3个，获得全国冠军11个。

年末有各类卫生机构4333个，其中医院、卫生院412个，妇幼保健院（所、站）13个。执业医师和执业助理医师1.87万人，注册护士2.49万人，卫生技术人员50557人。卫生监督检验机构11家，卫生监督检验机构卫生技术人员208人，医院、卫生院床位50517张。乡镇卫生院共226个，乡镇卫生院床位数共13042张。

十一、资源和环境

全年人均水资源1082.03立方米，平均年降水量1186.17毫米，总用水量30.28亿立方米。

全年已发现的矿产69种，已探明资源储量的矿种有57种。其中能源矿产6种，金属矿产29种，非金属矿产33种，水气矿产1种，实施地质勘查项目（含续作项目）20个。

全市环境质量总体保持稳定，市城区空气质量优良天数326天，优良率89.3%，空气质量综合指数为3.69；PM10、PM2.5年平均浓度分别为55微克/立方米和39微克/立方米，比上年分别下降9.3%和8.6%。全市44个地表水考核断面水质达标率97.7%，湘江干流衡阳段水质年均值达到Ⅱ类标准，13个县级以上集中式饮用水水源地水质达标率100%。

年末市本级有公园28个，公园面积862.52万平方米，城市建成区绿化覆盖率43.33%，市容环卫专用车辆总数455台，生活垃圾无害化处理能力1500吨/日。全市完成燃气市政管道改造25.46公里、庭院管道改造49.207公里、立管改造60.82公里、户内设施改造45920户。

十二、人口、居民收入消费和社会保障

2023年末全市常住人口649.70万人，其中，城镇人口370.36万人，城镇化率57.00%，比上年末提高1.22个百分点。

全年城乡基本医疗保险参保人数为546.6万人，职工基本医疗保险参保人数79.65万人，职工医保退休人员2.38万人，城乡居民医保覆盖率达95.82%。城乡居民基本养老保险参保人数339.09万人，失业保险职工人数67.51万人，领取失业保险金职工人数0.28万人，参加工伤保险职工人数61.69万人。

全市城镇和农村最低生活保障惠及城镇居民、农村居民2.93万人和14.73万人，发放城镇和农村最低生活保障经费1.59亿元和4.8亿元。各类收养性社会福利单位床位数27248张，各类收养性社会福利单位收养人员8766人。

全年销售社会福利彩票5.88亿元，筹集社会福利资金0.67亿元。

全年全市居民人均可支配收入36685元，比上年增长5.7%。按常住地分，城镇居民人均可支配收入45864元，增长4.5%；农村居民人均可支配收入26903元，增长6.7%。其中城镇居民工资性收入28508元、经营净收入4900元、转移净收入8386元、财产净收入4069元。农村居民工资性收入13675元、经营净收入5918元、转移净收入6925元、财产净收入385元。

全年全市居民人均消费支出27888元，比上年增长5.3%。城镇居民人均消费支出32076元，其中食品烟酒支出9673元、居住支出5619元、医疗保健支出2161元、教育文化娱乐支出5442元。农村居民人均消费支出23423元，其中食品烟酒支出7220元、居住支出5198元、医疗保健支出1494元。

全年实现城镇新增就业6.38万人，失业人员实现再就业4.28万人，就业困难人员实现就业8220人，全市开展补贴性职业技能培训5.17万人，其中创业培训1.44万人。全市发放创业担保贷款402笔，发放金额3.6亿元，带动或稳定就业6081人。

衡 南 县

衡南地处南岳衡山之南，三面拱卫衡阳市区，总面积2614平方公里，辖20个乡镇、3个街道，375个村、70个社区，总人口113万人，是“中国物流之乡”“中国好粮油示范县”“全国粮食生产百强县”“全国百个瘦肉型猪生产基地”“省级文明城市”“省级全域旅游示范区”。

这里是文化重地。“衡南渔鼓”“衡南七巧龙”“泉湖二月八”“衡州花鼓戏”“衡南杂技”等非物质文化遗产和乡风民俗流传至今，是全国诗词楹联县、省级公共文化服务示范区。

这里是旅游胜地。县内有“国字号”湿地公园莲湖湾国家湿地公园，有万鸟和鸣的江口鸟洲，有古木参天的岐山国家森林公园，以及被誉为“衡阳第一祠堂”的王家祠堂等众多名胜古迹。

这里是发展高地。衡南聚焦发展第一要务，集中力量打造“一主一特双总部”，以电子信息为主导、农产品精深加工为特色、建筑业物流业双总部经济齐头并进的产业发展格局逐渐形成。在湖南省2021年度真抓实干工作中，衡南推动高质量发展、公立医院综合改革和全省信访“三无”创建等8项工作成效明显，获省政府表扬激励，获奖数量排名全省第2、全市第1。

2022年信访、河长制、城乡基础设施建设等工作荣获省政府真抓实干督查激励，关爱在校留守儿童“三爱三护”行动获省政府综合大督查通报表扬。

2023年全县上下坚持以习近平新时代中国特色社会主义思想为指导，在市委、市政府和县委的坚强领导下，锚定“三高四新”美好蓝图，全力打好“发展六仗”，落实“制造立市、文旅兴城”发展战略，加快推进区域中心化进程，大力弘扬“四敢”精神，较好完成了各项目标任务，加快建成“四区一花园”呈现良好态势。

衡南县2023年国民经济和社会发展统计公报

衡南县委、县政府坚决贯彻落实国家、省、市一系列决策部署，以务实的作风围绕加快建成“四区一花园”，全面推动经济社会发展。2023年，全县经济社会高质量发展迈上新台阶。

一、综合

初步核算，全年地区生产总值（GDP）425.15亿元，同比增长6.0%（可比价）。其中，第一产业增加值73.78亿元，增长3.3%；第二产业增加值149.98亿元，增长8.2%；第三产业增加值201.38亿元，增长5.4%。

三次产业结构比为17.4 ∶ 35.2 ∶ 47.4，第一、二、三产业对经济增长的贡献率分别为10.7%、47.0%和42.3%。工业增加值增长5.9%，占地区生产总值（GDP）的比重为21.3%，提高0.05个百分点。制造业增加值占GDP比重为20.0%，提高0.4个百分点。

二、农业

全年农林牧渔业总产值133.59亿元，下降1.7%。农、林、牧、渔和农林牧渔服务业总产值分别为46.92亿元、10.25亿元、54.43亿元、11.8亿元和10.19亿元。农林牧渔业增加值80.31亿元，增长3.6%。

全年粮食作物种植面积88.75千公顷。其中早稻、夏粮和秋粮种植面积分别为30、4.83和53.92千公顷。

全年油料种植面积39.8千公顷，增长2.4%。棉花种植面积3.54千公顷，增长0.5%。烟叶种植面积1.24千公顷，增长16.3%。

全年粮食产量61.0万吨，增长3.0%。其中早稻、夏粮和秋粮产量分别为18.97、1.65和40.38万吨。

全年油料产量7.03万吨，增长2.6%。棉花产量3877吨，增长4.9%。烟叶产量3105吨，增长8.9%。

全年生猪存栏83.14万头，下降1.3%。其中能繁母猪存栏7.55万头，下降5.4%。全年生猪出栏135.26万头，增长2.6%。猪肉产量9.95万吨，增长3.0%。

全年新增农田有效灌溉面积1786.66公顷，新增节水灌溉面积760公顷。年末实施高标准农田建设项目98个，其中2023年完成1个。高标准农田建设面积68.47万亩，其中2023年5.39万亩。

年末全县拥有各类农业机械13.01万台（套），农机总动力达102.87万千瓦，农业机械化综合作业水平达到82.9%。

三、工业和建筑业

全年规模工业增加值增长8.1%。其中规模工业制造业增加值增长10.4%，电子信息产业增加值下降4.2%，农产品加工业增加值增长11.8%。

全年规模以上工业统计的主要产品产量中，大米3.95万吨、饲料50.41万吨、高压开关设备2731台，分别增长6.1%、39.9%和34.0%。水泥6.40万吨、钢材2101吨，分别下降51.0%和47.5%。

全年规模以上工业企业利润总额7.21亿元，增长23.0%。规模以上工业企业每百元营业收入中的成本为80.7元，增加0.8元。年末规模以上工业企业资产负债率49.3%，提高4.7个百分点。

全年建筑业总产值272.1亿元，增长10.4%。建筑业增加值59.48亿元，增长12.2%。

四、服务业

全年批发和零售业增加值25.30亿元，增长7.9%。交通运输、仓储和邮政业增加值18.90亿元，增长10.4%。住宿和餐饮业增加值3.07亿元，增长12.4%。金融业增加值10.79亿元，增长2.7%。信息传输、软件和信息技术服务业增加值3.24亿元，增长13.1%。租赁和商务服务业增加值23.40亿元，增长13.1%。房地产业增加值21.55亿元，增长2.3%。

全年规模以上服务业企业营业收入增长33.5%，利润总额增长13.2%。

全年客运量5401万人，增长7.6%。旅客周转量53990万人/公里，增长5.9%。货运量441万吨，增长5.5%。货物周转量17980万吨/公里，增长9.0%。

全年共接待游客368.61万人次，增长54.0%。旅游总收入33.57亿元，增长53.3%。

五、固定资产投资

全年固定资产投资（不含农户）增长12.7%。其中国有投资增长281.1%、非国有投资下降3.7%、民间投资下降12.3%。

全年产业投资下降1.8%、制造业投资下降31.7%。

全年房地产开发投资9.5亿元，增长38.4%。其中住宅投资9.3亿元，增长31.4%。商品房销售面积51.5万平方米，下降2.8%。

六、国内贸易

全年社会消费品零售总额146.59亿元，增长10.0%。限上城镇消费品零售额完成11.78亿元，增长36.2%。乡村消费品零售额完成1.72亿元，增长23.4%。限上商品零售额12.37亿元，增长34.4%。餐饮收入1.13亿元，增长25.0%。

全年限上企业实物商品网上零售额1.15亿元，增长173.8%，占限上商品零售额的比重为9.3%，提高4.7个百分点。

全年新注册外资企业3家，引进外资417万美元。引进内资项目230个，实际到位资金110.3亿元，增长16.7%。

七、财政、金融和保险

全年财政总收入22.38亿元，增长11.0%。地方一般公共预算收入16.41亿元，增长12.6%。地方税收收入11.67亿元，增长14.1%。非税收入4.74亿元，增长9.0%。一般预算支出63.33亿元，下降3.7%。

年末金融机构各项存款余额473.44亿元，增长8.9%。各项贷款余额272.43亿元，增长11.8%。余额贷存比57.5%。

全年保险业保费收入4.93亿元，增长1.7%。保险业赔付支出2.78亿元，增长16.2%。

八、教育和科学技术

年末小学适龄儿童入学率100%，高中阶段教育毛入学率92.5%。

年末在库高新技术企业62家，其中2023年净增14家。高新技术产业增加值84.01亿元，增长12.9%。技术合同成交额27.70亿元。

全年有效发明专利147件，增长24.6%。每万人高价值发明专利1.85件，增长25.0%。专利质押融资3100万元，增长6.9%，非正常申请撤回率95.0%，指导帮助企业与高校达成价值60万元的专利转化。

九、文化、体育和卫生

全年公益电影放映6000场次，“送戏下乡”103余场次。送书画进万家7场次，惠及群众6万人次。公开发表、展、演、播、出版各类文学艺术作品，获奖30件（其中，国家级1件，省级5件，地市级24件）。完成辅导作品32件、新闻65件。

全年成功举办县第十届“职教楚怡杯”男子篮球联赛等大型体育赛事活动。湖南省青少年锦标赛共获1金、2银、2铜。分别是“一县一品”柔道项目共获1银，射箭获1金、1银、2铜。全国中学生柔道精英赛获1金。全国传统项目学校田径赛获1银。

年末全县达国家级一级运动员资格6人，达二级运动员资格11人，分别是一级女排4人、男排2人。二级女排6人，男排4人，射箭1人。

年末共有卫生机构557个。其中县级综合医院6个、妇幼保健院1个、中医医院1个、乡镇卫生院26个、社区卫生服务中心（站）3个、诊所（卫生所、医务室）

73个、村卫生室442个、民营医院5个。卫生技术人员3577人。

十、人民生活和社会保障

全年全体居民人均可支配收入35802元，增长5.9%。其中城镇居民人均可支配收入44432元，增长4.7%。农村居民人均可支配收入30231元，增长6.4%。

年末全县城乡居民养老保险参保人数56.88万人，企业养老保险参保人数6.29万人，机关事业单位社保参保人数1.80万人（均不含离退休人员），工伤保险参保人数4.04万人。

全年发放失业保险金74.4万元，失业补助金3.08万元。

十一、环境和应急管理

全年空气质量优良天数346天，优良率94.8%。Ⅲ类或优于Ⅲ类水质达标率100%。农村生活污水处理率31.2%。县城污水处理率95.6%。

全年安全生产事故同比下降39.0%。

衡 阳 县

衡阳县位于湖南省衡阳市西北部，湘江中游，衡阳县城距衡阳市区约10公里。因位于南岳衡山之南而得名，东与南岳区、衡山县交界，南毗蒸湘区、石鼓区、衡南县，西邻祁东县、邵阳市邵东县，北与娄底市双峰县接壤。东西宽74公里，南北长55公里，京广铁路、怀邵衡铁路穿境而过。

衡阳县总面积2558平方公里，辖25个乡镇，443个村、48个社区，全县户籍总人口119.54万人，常住总人口86.25万人，县城建成区面积15.6平方公里，城镇绿化率36%。

衡阳县境物产丰富，有“鱼米之乡”之称，以有色金属著称于世，素有“有色金属之乡”和“非金属之乡”的美誉。衡阳县是中国南方重要的商品粮生产基地，也是牲猪等农副产品的重要产区。

衡阳县2023年国民经济和社会发展统计公报

2023年是全面贯彻落实党的二十大精神的开局之年，也是实施“十四五”规划承上启下的关键之年。衡阳县委、县政府坚持稳中求进工作总基调，不断夯实“稳”的基础、积蓄“进”的动能、巩固“好”的势头，扎实推进我县经济和社会发展迈向新的台阶。

一、综合

初步核算，全年实现地区生产总值（GDP）426.21亿元，同比增长5.2%。分产业看，第一产业实现增加值76.28亿元，增长3.4%；第二产业实现增加值161.49亿元，增长5.3%；第三产业实现增加值188.44亿元，增长6.0%。第一产业拉动GDP增长0.6个百分点，第二、三产业分别拉动增长1.9和2.7个百分点，三次产业对GDP增长的贡献率分别为12.6%、36.0%和51.4%。三次产业结构比调整为17.9∶37.9∶44.2，人均GDP达到48946元，全县地区生产总值在全市占比为10.2%。

全年实现一般公共预算总收入18.30亿元，同比增长21.8%。其中：完成地方一般公共预算收入13.44亿元，增长10.6%；地方税收收入9.45亿元，增长7.5%。

全年财政一般预算支出69.08亿元，增长0.4%。其中：一般公共服务、教育、科学技术、社会保障和就业等支出同比增速分别为6.0%、5.7%、43.6%、0.6%；卫生健康、节能环保、公共安全、城乡社区事务等支出增速分别为-43.2%、-3.8%、18.0%、41.9%。

二、农业

全年粮食播种面积85.78千公顷，增加0.02千公顷，增长0.02%。其中稻谷播种面积78.036千公顷，减少0.02千公顷，下降0.03%；油料播种面积46.61千公顷，增加1.05千公顷，增长2.3%；棉花播种面积3.81千公顷，增加0.12千公顷，增长3.2%；蔬菜播种面积6.63千公顷，增加0.16千公顷，增长2.4%。

全年粮食总产量60.05万吨，比上年增加0.77万吨，增长1.3%。其中，稻谷产量55.92万吨，增长1.1%；全年油料产量78153吨，增长2.2%；棉花产量4627吨，增长4.3%；蔬菜产量23.26万吨，增长3.1%；水果总产量11.80万吨，增加0.33万吨，增长2.8%。

全年出栏肉猪134.87万头，增加3.32万头，增长2.5%；年末生猪存栏84.24万头，减少0.45万头，下降0.5%；出笼家禽1780.64万羽，增长3.0%；全年猪肉总产量9.92万吨，增长2.7%；全部肉类总产量12.10万吨，增长3.7%；禽蛋产量3.66万吨，下降7.5%；全年水产品产量6.67万吨，增长5.7%。

三、工业和建筑业

全年实现全部工业增加值同比增长0.3%。其中：规模以上工业增加值下降3.9%，按经济类型分：股份制企业下降6.3%；外商及港澳台商投资企业增长36.8%；其他经济类型企业增长14.3%。大中型企业下降24.4%，省级及以上产业园区增长16.2%，全年工业用电量为71220.1万千瓦时，增长11.1%。

全年规模以上工业企业实现利润总额7.24亿元，下降7.7%。规模以上工业企业主营业务收入中的成本为93.64亿元，主营业务收入利润率为0.2%。

全年实现全社会建筑业增加值55.98亿元，增长16.2%；实现社会建筑业总产值66.32亿元，增长11.8%。

四、固定资产投资和房地产

全年固定资产投资（不含农户）增长17.4%。其中，第一产业投资增长117.0%；第二产业投资增长15.8%；第三产业投资增长15.3%。其中产业投资增长29.4%，制造业投资增长20.6%，高新技术产业投资43.8%。

全年房地产开发投资19.63亿元，下降3.8%。全年房屋新开工面积15.55万平方米，下降70.5%，其中住宅新开工面积13.02万平方米，下降70.5%。全县商品房销售面积44.33万平方米，下降18.7%，其中住宅销售面积34.79万平方米，下降30.2%，全县实现商品房销售额20.22亿元，下降20.7%，其中住宅销售额16.03亿元，下降28.4%，房地产开发企业土地购置面积为零。

五、国内贸易

全年完成社会消费品零售总额147.06亿元，增长10.3%，占全市社会消费品零售总额比重为7.5%。按行业分，批发业完成零售总额25.67亿元，增长4.1%；零售业完成零售总额95.46亿元，增长11.5%；住宿业完成零售额6.05亿元，增长7.3%；餐饮业完成零售额19.86亿元，增长14.4%。

限额以上批发和零售业商品完成零售额14.62亿元，增长32.4%。分类别看，食品类零售额增长33.0%；汽车类零售额增长23.1%；服装、鞋帽、针纺织品类零售额增长27.4%；家用电器和音像器材类零售额增长27.3%。

六、对外经济

全年进出口贸易总额30976万元，同比下降45.8%。其中，出口额25406万元，下降47.0%；进口额5569万元，下降

39.5%，贸易顺差为19837万元。

七、交通、邮电和旅游

全年实现交通运输、仓储和邮政业增加值12.73亿元，增长13.9%。全社会货物周转量4.42亿吨公里，下降4.5%。全社会旅客周转量1.36亿人公里，下降10.0%。全县行政村客运（公交）班线通达率100%。

全县年末拥有邮政局28所，其中，邮政业务总量1.57亿元，增长15.4%；全年发行报刊348.93万份、杂志32.87万份、包件1918万件、函件11.25万件（口径变化）。

全年接待游客590.96万人次，增长46.0%，实现旅游总收入60.75亿元，增长40.4%。

八、金融、证券和保险

全县金融机构年末各项人民币存款余额586.16亿元，比年初增长13.4%，其中住户存款余额516.46亿元，比年初增长11.4%。年末各项贷款余额271.21亿元，比年初增长15.2%，其中住户贷款余额134.23亿元，比年初增长6.2%。贷存比为46.3%，比上年上升0.7个百分点。

年末拥有各类保险机构20家，全年实现保费收入7.37亿元，增长2.0%。其中：寿险收入39914.08万元，增长1.9%；财产险收入33760.74万元，增长2.2%。完成健康险保费收入14727.16万元，下降1.5%；意外险保费收入1633.29万元，下降8.8%；各项保险业务支出3.10亿元，下降0.1%。

九、教育和科学技术

2023年底全县共有幼儿园143所、在校学生18566人、教职工1947人；普通小学239所、在校学生51579人、教职工3472人；普通初中74所、在校学生32416人；普通高中6所、在校学生16975人。普通初中及高中教职工总人数4772人。

全年承担各级各类科技计划项目36项。其中：省级项目12项，市级项目24项，累计争取上级项目资金526.89万元，签订技术合同370余件，合同成交额突破24.4亿元，完成高新技术增加值32.85亿元，高新技术增加值占GDP比重7.7%，下降了4.7个百分点。

十、文化、卫生和体育

全县共有文化事业机构32个，从业人员127人。非物质文化遗产项目资源67个、文化馆1个、非遗展示中心6个、公共图书馆1个、纪念馆1个、夏明翰事迹陈列馆1个。拥有乡镇文化站25个，其中示范性乡镇综合文化站6个。艺术表演团体（国家）1个。全年戏剧演出累计145场，其中农村演出107场。电影放映单位1个、电影院3家、放映队22个。

年末拥有卫生机构39个（不含村卫生室和门诊部诊所医务室），其中县级医院4家、乡镇卫生院26个、县妇幼保健院1个、其他卫生医疗机构2个（包括疾病预防控制中心1个）、私立医院6个。医院和卫生院拥有床位总数5888张，与去年持平。卫生技术人员5183人，其中：执业医师和执业助理医师1925人、注册护士2780人。

年末拥有体育场地3078个，其中：体育馆6座、运动场1581个、游泳池8个、各种训练房46个。人均拥有公共文化体育设施面积2.78平方米。开展全民健身项目15项次，全县全民健身运动参加人数达32万人次。全年发展社会体育指导员81人，年末拥有各级社会体育指导员631人，健身辅导站144个。全年体育彩票销量2569万元，增幅94.0%。

十一、人口、人民生活和社会保障

2023年末全县户籍总人口119.54万人（公安户籍统计数），比上年末减少0.82万人；全年出生人口5766人，人口出生率为4.49‰；，下降0.31个千分点；死亡人口6682人，死亡率为5.2‰；，上升0.19个千分点；人口自然增长率下降0.71‰；，比上年度降低0.5个千分点。出生人口男女性别比为115.55 ∶ 100（卫健数据）。

年末常住总人口86.25万人，减少1.64万人，其中城镇人口40.30万人，乡村人口45.95万人，城镇化率46.72%，提高了1.29个百分点。

全年城乡居民人均可支配收入33527元，增长6.0%。按常住地分，城镇居民人均可支配收入44828元，增长4.8%；农村居民人均可支配收入26500元，增长6.5%。城镇居民人均消费性支出33371元，增长4.4%。农村居民人均生活消费支出20376元，增长6.2%。城镇居民恩格尔系数为33.0%，农村居民恩格尔系数为32.0%。

全年新增城镇就业人员9101人，比上年增加471人。年末全县参加企业基本养老保险人数10.02万人，比上年增加5188人；机关事业单位养老保险职工人数3.13万人，比上年增加124人；城乡居民养老保险参保人数65.07万人，参加失业保险职工人数4.20万人，参加工伤保险职工人数7.2万人，增加1.18万人。参加生育保险职工人数44588人。全县参加基本医疗保险人数93.69万人，基本医疗保险覆盖率为106.6%。其中，参加城镇职工基本医疗保险人数5.44万人，参加城乡居民基本医疗保险人数88.25万人。

2023年末全县共有养老服务机构30个，收养各类人员582人。年末全县共有927户、1371人纳入城市居民最低生活保障；全县共有10585户、20353人纳入农村居民最低生活保障，7110人纳入农村五保供养。全年发放基本养老服务补贴人数1850人，基本养老服务补贴覆盖率100.0%。

十二、环境、资源和安全生产

县城环境空气优良天数比例为93.0%，农村垃圾进行处理的行政村比例为100%，地表水质达标率100%。森林覆盖率达到40.15%，森林资源蓄积量430.3万立方米。城镇建成区绿化覆盖率42.6%。全年共发生生产安全事故13起、死亡人数16人（其中一般生产经营性道路交通事故11起、死亡14人），亿元GDP生产安全事故死亡率为0.0375，群体性食品安全事故年报告发生数为零。

衡山县

衡山县位于湖南省中部偏东，湘江中游，因南岳衡山而得名。总面积934平方公里，辖7镇5乡。

衡山是文明古邑。自三国至今已有1700多年置县历史，素有“文明奥区”的美誉，是湖湘学派的发源地之一、中国工农联盟首创地。拥有中华民族文物史上三大瑰宝之一的“禹王碑”遗址、联合国非物质文化遗产衡山影子戏和省级非物质文化遗产岳北山歌等。出过2位状元、2位丞相、7位尚书及“一代女魂”唐群英等风云人物，衡山籍中国科学院院士4人。毛泽东主席曾在此考察农民运动并指导开展武装斗争，其堂妹毛泽建献身革命长眠于此。近年来被授予全国科技进步先进县、全国群众体育工作先进县、中国民间文化艺术之乡、中华诗词之乡等称号。

衡山是资源富地。已探明的矿藏有40多种，是著名的“非金属之乡”，钠长石、钾长石储量居亚洲之冠，其中钠长石占全国储量的45%，占全省储量的98%，瓷泥储量居全省第二；是著名的“鱼米之乡”，跻身全国油茶产业发展重点县、生猪调出大县、粮食生产大县和全省粮食生产先进县行列；是著名的生态宜居之乡，植被丰茂、山清水秀、气候宜人，全县森林覆盖超过50%，拥有国家级湿地公园和森林公园。

衡山是交通要冲。环抱南岳衡山，位于全省发展战略重点“一点一线”的中心地带，是衡阳市的北大门，紧靠长株潭城市群。白南高速、240国道横穿东西，107国道、潭衡西高速、南岳高速、武广高铁纵贯南北，京广铁路、京港澳高速、湘江黄金水道傍县城而过，拥有千吨级码头，“七纵二横”立体交通网络基本成型。

衡山是发展热土。已被列入全省41个城市规模在20万人至50万人的重点发展县市规划。目前，县委、县政府率领全县人民，把握新一轮旅游发展和新型城镇化机遇，以植优补短为抓手，精心打造以“休闲度假、康体养生、文化体验”为特色的全域旅游示范县和适度规模的区域性次中心城市，奋力建设产业升级、生态宜人、幸福小康、政清人和的新衡山。

热忱欢迎各级领导来衡山视察指导，热忱欢迎海内外朋友来衡山投资兴业。衡山将以诚挚的胸怀、优越的环境、一流的服务回报您的青睐与支持！

衡山县2023年国民经济和社会发展统计公报

2023年，全县上下统筹推进经济社会发展各项工作，经济运行持续稳定，项目建设务实推进，产业发展基础夯实，改革创新动力显现，民生福祉有力保障。

一、综合

据初步核算，全年实现生产总值2126727万元，按可比价格计算，增长6.5%。其中：第一产业实现增加值403143万元，增长3.2%；第二产业实现增加值859630万元，增长9.6%；第三产业实现增加值863955万元，增长5.4%。产业结构进一步调整，三次产业结构为19.0∶40.4∶40.6。三次产业分别拉动经济增长0.7、3.6和2.2个百分点，贡献率为10.8%、55.7%和33.5%。人均GDP64174元。

全年新增“四上”企业46家，其中：规模以上工业企业21家，限额以上商业企业6家，资质等级建筑房产企业4家，其他服务业企业15家。

二、农业

2023年全县实现农林牧渔业总产值700626万元，增加3.5%，其中：农业产值217730万元，林业产值100225万元，牧业产值272231万元，渔业产值56992万元，农林牧渔服务业产值53448万元。2023年全县实现农林牧渔业增加值429108万元，较上年增长3.5%。

全年粮食播种面积32.71千公顷，与上年持平。粮食总产量21.85万吨，增长2.1%；油料18990吨，减少5.2%；瓜果27485吨，减少0.49%；茶叶490吨，增长5.5%；水果36299吨，与去年基本持平。

全年生猪出栏64.05万头，增长2.28%；家禽出笼757.36万羽，增长3.99%；禽蛋产量1.84万吨，下降8%；肉类总产量4.87万吨，增长2.52%；水产品产量23648吨，增长4.0%。年末农业机械9.52万台，农业机械总动力达46.16万千瓦，人均拥有农业机械1.60千瓦。

三、工业

全县150家规模以上工业企业实现产值163.35亿元，增长9.2%。园区工业产值139.01亿元，增长8.6%。全年实现全部工业增加值60.2亿元，增长10.6%。其中：规模以上工业增加值增长18.9%。全年净增规模以上工业企业13家；园区工业占规模工业的比重达85.1%。工业对经济发展贡献较大，全部工业占GDP的比重28.3%，对GDP的贡献率为42.9%，拉动GDP增长2.8个百分点。其中制造业增加值58.91亿元，占GDP的比重达到27.70%。

四、固定资产投资

2023年，全县固定资产投资较快增长。年内固定资产投资87.49亿元，增长15.9%。城镇投资作出重要贡献，投资80.25亿元，增长18.45%，占全部投资的91.72%；房地产投资7.23亿元，较上年同期减少7.9%。

建筑业持续发展，2023年全县实现建筑业增加值25.73亿元，比上年增长7.3%。全县有资质等级的建筑业企业25家全年完成建筑施工产值72.29亿元，增长15.04%。房屋施工面积223.87万平方米，竣工面积170.15万平方米。

五、运输邮电通信业

2023年末，全县拥有大小货车763辆/9655吨，大小客车258辆/7380客位。邮电事业进一步发展，邮政业务总量和电信业务总量分别增长29.1%和26.7%。互联网相关服务、软件和信息技术业务总量增长67.3%。通信信号实现全覆盖，年末固定电话用户总量2.68万户；移动电话用户总量20.8万户；国际互联网络用户进一步发展，固定宽带网络用户8.15万户。

六、国内贸易

2023年，全县实现社会消费品零售总额55.36亿元，增长10.1%。分城乡看，实现城镇销售额44.3亿元，增长8.4%，实现乡村销售额11.06亿元，增长17.4%。分行业看，批发零售业销售额44.8亿元，增长10.3%；住宿餐饮业销售额10.56亿元，增长8.9%。

七、招商引资

招商引资取得新进展，圆满完成年度目标。聚力中心化招商引资总额完成119亿元；“五制一平台”入库招商项目56个，引进资金90.68亿元，到位资金70.67亿元，项目注册率98.18%，开工率94.55%，资金到位率77.94%；新注册湘商企业数11家，认定涉税市场主体10家；实际到位内资89.15亿元；新引进“三类500强”项目2个。

八、财政和金融

2023年，全县财政稳健运行。全年完成一般公共预算收入167964万元，增长15.82%。其中，税务部门完成115845万元，增长15.53%；财政部门完成52119万元，增长21.25%；全口径税收占一般公共预算收入比重62.46%。地方一般公共预算收入134418万元，增长22.91%。其中，地方税收70318万元，增长11.42%；非税收入64100万元，增长38.58%；地方税收占地方一般公共预算收入比重52.31%。全年完成一般公共预算支出361698万元，增长12.79%。

金融形势平稳发展，存贷较快增长。2023年末，全县各项存款余额222.48亿元，增长9.2%；各类贷款余额147.65亿元，比上年增长12.9%。

保险事业继续发展，2023年完成保险业务收入4.01亿元，增长8.9%。其中：财产险1.54亿元，增长8.4%；人身险2.47亿元，增长9.3%。

九、教育和科学技术

2023年，全县拥有各类专业技术人才13570人。其中：高级职称879人，中级职称5806人，初级职称6885人。万人拥有专业技术人员409人。

教育事业稳步推进，协调发展。公办幼儿园在园幼儿占比52%；适龄儿童入学率100%，残疾儿童入学率100%，初中生年巩固率为100%；本学年新招普通高中生2595人，毕业2375人；招收初中生4780人，毕业4471人；招收小学生3204人，毕业4811人。年末，普通高中在校学生7541人，初中在校学生14762人，小学在校学生23332人。

十、文化、卫生和体育

2023年，医疗卫生保健事业进一步发展。年末全县医疗卫生机构250个（含公立医院、民营医院、村卫生室、诊所等）；卫生工作人员2881人，其中卫生技术人员2400人；卫生机构病床2289张；建制乡镇卫生院全科医生139人（其中包含注册为乡村全科执业助理医生33人）。

文体旅游事业取得新进步。2023年衡山县旅游人次420.23万人次，同比增长46.31%，旅游收入39.72亿元，同比增长43.14%。创办大型群众文化活动11场；县图书馆馆藏书籍17.1万册，电子图书40万册，全年接待读者75.8万人次（含活动人次），文献外借14.1万册；送电影下乡2046场；新增省级“非遗”项目2个：裕熹油纸（布）伞制作工艺和衡山师古民族乐器制作技艺项目；县体育馆全年接待25万余人次。

十一、居民收入消费和社会保障

2023年全县农村居民人均可支配收入30180元，增长6.7%；城镇居民人均可支配收入44747元，比上年增长4.9%。年末全县城乡居民储蓄余额达222.68亿元，增长12.9%，人均储蓄67194元。

年末全县行政事业单位参加养老保险的人数为1.32万人，企业单位职工参加养老保险人数达3.38万人，参加城镇职工基本医疗保险人数2.42万人，城乡居民养老保险人数22.61万人，工伤保险参保2.66万人，失业保险参保2.32万人。城乡居民医疗保险参保人数29.02万人。

十二、人口

2023年，全县年末129152户，总人口432207人，减少3463人。在总人口中，城镇人口143465人，乡村人口288742人。全年共出生人口2515人，出生率5.8‰；死亡人口3756人，死亡率8.6‰；净减人口1241人，人口自然增长率-2.8‰。年末常住人口33.09万人，其中：城镇常住人口16.06万人，城镇化率48.5%。

衡 东 县

衡东因处南岳衡山之东而得名，县域面积1926平方公里，总人口约78万，辖17个乡镇，231个行政村、26个社区。

一位元帅，折射了衡东的人文历史。这里崇学重教、英才辈出。共和国开国元勋、十大元帅有其一——罗荣桓，元代状元有其一——何克明，清代状元有其一——彭浚，民国“四大画家”有其一——陈少梅，中科院院士有其一——刘新垣，舍身为公英雄有其一——欧阳海。这里文化厚重、源远流长。炎帝文化、遗址文化、状元文化、红色文化、民俗文化一脉相承、交相辉映，是全国群众文化工作先进县、全国诗词之乡、全国楹联之乡、湖南书画之乡，也是著名的皮影之乡、剪纸之乡、印章之乡。

一碗土菜，传承了衡东的乡土味道。这里土菜飘香、闻名全国。全国首个地方乡土菜省级标准，铸就了“中国土菜名县”的金字招牌；五届土菜旅游文化节、“土菜中国行”系列活动让衡东土菜发扬光大、声名远扬；县内外1100余家土菜餐饮店、12万名从业人员，让衡东土菜走出湖南、走向全国。这里物阜民丰、独具特色。是全国油茶生产示范县，全省产粮大县、生猪调出大县，嘉庆皇帝御封为贡品的三樟黄贡椒入选“中国十大名椒”。

一江洣水，孕育了衡东的清奇秀美。这里水清岸绿、风景如画。蜿蜒全境的洣水河，因流经炎帝之寝陵而被世人称为“圣水河”，水质常年保持国家Ⅱ级标准，两岸风光延绵宛如“百里画廊”，获评“全省最美河湖”，是国家水利风景区、国家湿地公园。这里茂林修竹、植被丰茂。是全国“造林绿化百佳县”，四方山是省级森林公园，天光山是省级自然保护区，锡岩仙洞被誉为“楚南第一景”。是杜甫、黄庭坚、张九龄、谢灵运、怀素等名家大师巡游之地、创作之地。

一家民企，见证了衡东的跨越赶超。湘油泵是衡阳市近20年来唯一一家主板上市的县域民营企业，是国家行业标准制定单位、省智能制造示范企业，是民营经济“衡东现象”的生动写照。这里区位优越、四面通衢。北靠长株潭，南接粤港澳，京广铁路、京港澳高速、衡炎高速、南岳高速纵横交错，7个高速出口四通八达；湘江由南向北去，洣水自东向西来，四季通航、通江达海；衡阳高铁站、衡山高铁站朝发夕至，南岳机场、大浦机场汇通天下，是全省出口基地县、承接产业转移重点县。这里产业兴旺、生机勃发。机械制造、有色金属、精细化工新材料、建筑建材、绿色食品生产加工等五大传统产业蓬勃发展，文旅康养、现代供应链、土菜餐饮、数字经济等四大新兴产业方兴未艾，是全国重要的铜阳极板加工基地和钨化品加工基地，是湖南省精品旅游线路重点县。

衡东县2023年国民经济和社会发展统计公报

2023年，是全面贯彻党的二十大精神的开局之年。这一年，全县上下坚持稳中求进总基调，牢牢把握高质量发展首要任务，加快构建新发展格局，着力扩大内需、优化结构，聚焦打好打赢“发展六仗”，全县经济呈现持续稳定恢复，结构调整深入推进，运行质量不断提升的良好态势。

一、综合

初步核算，2023年全县实现地区生产总值（GDP）349.25亿元，按可比价计算，增长6.0%。其中，第一产业增加值52.78亿元，增长3.0%，第二产业增加值122.81亿元，增长8.8%，第三产业增加值173.66亿元，增长5.2%。三次产业结构比为15.1∶35.2∶49.7。

二、农业

全县农林牧渔业总产值91.84亿元，增长3.3%。农林牧渔业增加值57.28亿元，增长3.3%，其中：一产业增加值52.78亿元，增长3.0%；农林牧渔服务业增加值4.5亿元，增长8.2%。农作物总播种面积141.91万亩，增长1.1%；粮食作物播种面积86.08万亩，粮食总产量38.71万吨，增长2.1%；全年经济作物播种面积55.83万亩，增长2.7%；油料种植面积34.78万亩，增长3.1%，产量3.67万吨，增长2.7%；蔬菜及食用菌播种面积10.91万亩，增长1.8%；产量24.93万吨，增长2.6%，出栏肉猪77.78万头，减少0.45%；当年出售和自宰的肉用牛0.75万头，减少5.0%；当年出售和自宰用羊毛7.23万头，减少10.1%；出笼家禽768.21万羽，增长3.4%；水产品产量2.63万吨，增长4.5%；新造油茶2.01万亩、低产林改造4.54万亩。

三、工业和建筑业

全县工业增加值增长6.1%，其中规模以上工业增加值增长8.3%。规模以上工业行业中，非金属矿物制品业增长20.3%，医药制造业增长23.2%，汽车制造业增长31.3%，农副食品加工业增长7.4%，通用设备制造业增长10.2%，专用设备制造业增长4.2%。全年新增规模以上工业企业7家。

全县规模以上工业实现产销率97.2%，比去年下降2.7个百分点。主要工业产品产量有升有降，其中：水泥274.55万吨，下降3.4%；氟化盐5.29万吨，增长17.6%；十种有色金属3.6万吨，增长23.6%；饲料7.28万吨，增长16.9%；鲜、冷藏肉2.7万吨，增长21.1%；耐火材料制品1.91万吨，增长10.4%；精炼铜2.84万吨，增长22.2%；中成药0.32万吨，增长33.7%。

全县资质以上总承包和专业承包建筑业企业25家（不包括劳务分包企业），完成总产值32.71亿元，增长10.5%。全县建筑业增加值54.42亿元，增长12.7%。全年新增资质以上建筑业企业3家。房屋建筑施工面积195.71万平方米，增长-11.1%；房屋建筑竣工面积21.15万平方米，增长190.9%。

四、固定资产投资

全年固定资产投资（不含农户）增长 12.1%。分经济类型看，国有投资增长 62.7%，非国有投资增长 –6.0%，民间投资增长 –10.5%。从投资方向看，涉农投资下降 44.8%，工业投资增长 34.9%，高新技术产业投资增长 27.3%，民生投资下降 6.3%，生态投资增长 92.5%，基础设施投资增长 9.6%。从投资结构看，产业投资增长 27.2%，占总投资比重 81.7%，比去年提高 8.5 个百分点；工业技改投资增长 24.7%，占产业投资的比重为 46.6%；高新技术产业投资增长 21.2%，占产业投资的比重为 10.9%。全年施工项目个数比上年增长 –9.8%。

全年房地产开发投资 7.86 亿元。其中，住宅投资 6.50 亿元。商品房销售面积 29.55 万平方米，下降 29.9%。商品房销售额 11.68 亿元，下降 29.6%。商品房销售均价 3951 元 / 平方米，增长 0.5%；年末商品房待售面积 0.26 万平方米，下降 94.8%。全年新增房地产开发业企业 2 家。

五、贸易和招商引资

全县社会消费品零售总额 137.52 亿元，增长 6.2%。其中：城镇、乡村市场消费品零售总额分别增长 6.2%、6.3%。在限额以上法人消费品零售总额中，批发业限上企业销售额 19.59 亿元；零售业限上企业销售额 10.26 亿元；住宿业限上企业营业额 1.61 亿元，增长 27.9%；餐饮业限上企业营业额 1.9 亿元，增长 24.6%。全年新增限上批零住餐业企业 15 家。

2023 年，全县招商引资共签约 3 批次、招引项目 32 个，总引资额 216.5 亿元。共引进三类“500 强”项目 4 个，十亿元以上项目 5 个，亿元以上项目 16 个，外资引入 1182 万美元。完成内联引资任务 94.56 亿元，湘商回归新注册企业数 12 家，到位资金 29.47 亿元，2023 年已到位外资 1173 万美元。

六、交通、邮电和旅游

年末全县机动车保有量 13.15 万辆，其中：汽车 5.84 万辆，摩托车 7.22 万辆，农用车 147 辆，挂车 383 辆。新能源公交车 5 辆（电车），出租车 113 辆，校车 130 辆。客运企业 3 家，客运班线 39 条，营运客车 36 台，发送班次 7.8 万次，旅客发送量 14 万人。24 家货运企业，营运货车包含头和挂数量 1247 台。客渡船 122 艘（营运 87 艘，撤渡休眠 35 艘），挖砂船 3 艘，运砂船 9 艘。

全县公路里程年底到达数 2749.85 公里，其中：国道 79.21 公里，省道 210.58 公里，县道 277.93 公里，乡道 474.08 公里，村道 698.56 公里。全县货运量 334.66 万吨，货运周转量 10039.80 万吨公里。

全县邮政业务总量 1.41 亿元，增长 9.8%。邮政业全年完成邮政函件 4.07 万件，包裹业务 0.62 万件，快递业务量 265.88 万件。年末全县移动电话用户 21.5 万户，电信移动电话用户 25.8 万户，联通移动电话用户 10.4 万户。

全县全年旅游总人数 483.15 万人次，旅游综合收入 45.3 亿元。成功举办第六届土菜文化旅游节，潭江渔村、大布留星航空营地正式营业，白莲村成功创评为湖南省乡村旅游重点村，泊田生活民宿成功创评为湖南省五星级旅游民宿，枫仙岭生态庄园—枫韵楼成功创评为湖南省四星级旅游民宿，水竹生态休闲山庄成功创评为湖南省三星级旅游民宿。

七、财政和金融

2023 年，全县一般公共预算收入 16.35 亿元，增长 18.2%。其中：地方财政收入 11.75 亿元，增长 11.6%；上划中央收入 3.61 亿元，增长 18.2%；上划省级收入 0.99 亿元，增长 300.2%。从收入分类完成情况看，税收收入 12.95 亿元，税收占总收入的比重为 79.2%，比去年提升 1.7 个百分点；地方税收 8.35 亿元，地方税收占地方收入的比重为 71.1%，比去年提升 0.7 个百分点；非税收入 3.4 亿元，增长 9.1%。从公共财政支出完成情况看，累计完成 47.65 亿元，增长 2.7%。

年末全县金融机构各项存款余额 375.0 亿元，增长 13.0%。其中，住户存款 346.92 亿元，增长 12.5%。全县金融机构各项贷款余额 189.4 亿元，增长 15.1%。全县金融机构存贷比例为 50.5%。

八、教育和科学技术

全县幼儿园 117 所，小学 99 所，初中 36 所，高中 6 所。幼儿园在园人数 11880 人，小学在校人数 42180 人，初中在校人数 27592 人，高中在校人数 13847 人。

全年完成高新技术增加值 43.18 亿元，增长 27.0%。新增高新技术企业 18 家。全年专利授权总量为 260 件。其中，发明专利 35 件，实用新型 59 件，外观设计 166 件。有效发明专利是 209 件，万人有效发明专利拥有量为 3.7 件 / 万人。

九、文化和卫生

全县拥有各类艺术表演团体 3 个，文化馆 18 个（包含 17 个分馆），公共图书馆 24 个（包含 20 个分馆、3 个 24 小时自助图书馆），博物馆、纪念馆 5 个，档案馆 1 个，农家书屋 231 个。全县有电视台 1 个，广播电台 1 个，电视转播发射台 3 个。

年末全县拥有二级医院 9 个，妇幼保健院 1 个，疾病预防控制中心 1 个。医疗卫生机构床位数 3747 张，执业（助理）医师数达 1109 人。

十、环境保护和安全生产

全县优良以上空气质量达标率为 95.3%，水环境质量持续改善，我县 5 个考核断面水质年均值达到国家Ⅱ类水平；饮用水源水质达标率 100%。

强力推进安全监管执法，有力推动了全县安全生产形势持续稳定向好。出台《衡东县森林火灾扑救标准指引》，优化扑救流程，健全指挥体系，在全县重要林区、山头、地段的主要路口安装森林防灭火视频监控摄像头 1500 余个，在重点地段林区道路旁安置 5 至 10 吨级的森林消防蓄水桶 158 个，全力保障林区消防用水。持续推进重大事故隐患专项排查整治 2023 行动，坚决打好打赢安全生产翻身仗，指导企业自查自改重大事故隐患 14 处，排查整治一般隐患 648 处，排查重大事故隐患 51 处。做实防汛抗旱工作，累计排查水利工程隐患点 89 处，抗击多轮强降雨及抗旱，周密部署、有效应对，未发生人员伤亡、无较大自然灾害经济损失。

十一、人口、人民生活和社会保障

年末全县常住人口 54.73 万人，其中：城镇人口 21.89 万人，农村人口 32.84 万人，常住人口城镇化率 40.0%。年末全县户籍人口 73.43 万人，其中：城镇人口 13.19 万人，农村人口 60.24 万人，户籍人口城镇化率 18.0%。全年出生人口 3150 人，出生率 3.23‰，死亡率 9.18‰，自然增长率 –5.95‰。

全县全体居民人均可支配收入 34553 元，增长 6.2%，其中：城镇居民人均可支配收入 44545 元，增长 5.0%；农村居民人均可支配收入 28759 元，增长 6.6%。

全县全体居民人均消费支出 24441 元，增长 5.7%。城镇居民人均消费支出 32475 元，其中：食品烟酒支出 8923 元，居住支出 6120 元，医疗保健支出 2321 元，教育文化娱乐支出 5787 元。农村居民人均消费支出 19784 元，其中：食品烟酒支出 5300 元，居住支出 5228 元，医疗保健支出 1469 元。恩格尔系数城镇为 27.5%，农村为 26.8%。

全县财政用于民生支出 39.43 亿元，占财政总支出的 82.74%。各项重点民生实事任务圆满完成或超额完成全年目标任务，新增公办义务教育学位 2820 个，孕产妇免费产前筛查 2617 人，新生儿先天性心脏病免费筛查 2593 人，康复救助残疾儿童 159 人，困难重度残疾人家庭无障碍改造 100 户，困难老年人居家适老化改造 266 户，农村“三路”提质改造建设 94.72 公里，农村公路安防设施建设 93.91 公里等。

祁 东 县

祁东县地处衡阳西南部、湘江中游北岸，辖25个乡镇（街道）、1个国家级森林公园管理处、1个省级湿地公园管理处，总面积1871.29平方公里，总人口100.65万。是著名的“中国黄花之乡”“将军之乡”“黑色金属之乡”，也是湖南省目前唯一的“中国曲艺之乡”。近年来，先后荣获“省级文明县城”“全省城乡环境卫生十佳县”等称号。

文化璀璨的人杰福地。祁东历属祁阳，于1952年分治。古为扬越之地，春秋属楚国，三国始置祁阳县。古老的历史，灿烂的文明，孕育了“楚韵汉风”的地域风采，奔放着文韬武略的胆识雄风，祁剧、渔鼓传承400余年历久不衰，祁剧为全国优秀剧种之一。在这方荆楚大地上，凤翥龙翔，人才济济，三国蜀相蒋琬，明朝重臣宁良、陈荐，清廷尚书陈大受，红军将领王如痴，革命志士曹炎，著名画家管锄非等都孕育于此。当前有祁东籍将军14人，两院院士2人，省部级领导7人，司级领导78人，处级领导1300多人。

承东接西的咽喉要地。据湘桂交通要冲，扼衡阳市西南门户，交通区位优势独特，素有“湘桂咽喉”之称。湘桂复线把祁东带入全国高铁网，娄衡、泉南、祁永高速将祁东纳入全国高速网，“六纵六横”国省干线将祁东融入快捷的公路交通网，归阳千吨级码头使祁东具备通江达海之便利。从县城出发，20分钟可进入全国高速公路网，3小时可融入“珠三角”和“长三角”经济圈。

资源富集的物华宝地。唐代诗人李颀在《渔父歌》中咏：“持竿湘岸竹，热火庐州薪。绿水饭香稻，青荷包紫鳞。”逼真描绘了其鱼米之乡的图景。境内地下矿藏多达30余种，其中铁矿已探明储量5亿吨以上，居中南地区之首。铅锌蕴藏量138万吨以上，可再造一个“水口山”。黄花菜、席草、香芋和生姜被誉为“祁东四宝”，其中黄花菜产量占全国70%以上，被国家命名为“黄花菜原产地”。是全国粮食生产先进县、全国生猪调出大县。近年来枣业发展迅速，祁东酥脆枣被列为中国地理标志保护产品名录，正全力打造“江南枣都”。

风光旖旎的旅游胜地。境内重岗复岭，田畴阡陌，溪流纵横，泉井遍布，古有“祁山叠翠，湘水环清”之美誉。烟江石燕之灵秀，梅塘烟雨之奇特，燕子岩之深邃，熊罴岭之险峻，四明山之巍峨，石门之幽静，温泉之神奇，为历代文人墨客所咏叹。针对地方众多旅游亮点，科学规划整合全县文化景点和自然景观，强力推出一日游旅游工程，重点开发湘祁水电站和归阳状元桥风光带、四明山省级森林公园、鼎山生态公园三个风景区，落排洲湿地景观园、衡宝战役纪念碑、沙井湾民居、魁公祠、排山古戏台、曹炎烈士墓等八个特色景点，并在县城着力打造“五湖四海”人文景观，通过把古迹存量盘活，增添文化内涵，把红色旅游扮靓，将散落在各镇的景点连成一条犹如颗颗珍珠般的园林旅游线路。

祁东县2023年国民经济和社会发展统计公报

2023年，在县委、县政府的坚强领导下，全县上下坚持以习近平新时代中国特色社会主义思想为指导，深入贯彻落实习近平总书记对湖南重要指示批示精神，坚持稳中求进工作总基调，完整、准确、全面贯彻新发展理念，着力推动高质量发展，全面落实“三高四新”战略定位和使命任务，全面打好“发展六仗”，全力以赴拼经济，各项措施加力显效，经济发展活力不断增强，社会经济稳定向好。

一、综合

初步核算，全年实现地区生产总值（GDP）355.11亿元，按可比价格计算，增长6.2%。其中，一产业实现增加值66.14亿元，增长3.0%；二产业实现增加值99.00亿元，增长10.1%；三产业实现增加值189.97亿元，增长5.2%。一、二、三产业对全县经济增长贡献率分别为9.6%、48.7%、41.7%，分别拉动全县GDP增长0.6、3.0、2.6个百分点。其中，工业增加值占GDP比重为21.2%，对经济增长贡献率为36.8%。

全县三次产业比为18.6∶27.9∶53.5。与上年相比，一产业占比下降0.2个百分点，二产业占比下降3.4个百分点，三产业占比提高3.6个百分点。

二、农业

全县农林牧渔业总产值121.23亿元，下降1.5%。其中：农业产值57.17亿元，林业产值3.88亿元，牧业产值39.27亿元，渔业产值11.67亿元，农林牧渔服务业产值9.25亿元。

全县粮食作物播种面积69.67千公顷，增长0.1%；粮食作物产量44.70万吨，增长3.1%；稻谷产量40.30万吨，增长2.6%，其中早稻：13.69万吨，中稻：13.73万吨，晚稻：12.87万吨；经济作物种植面积51.91千公顷，增长2.0%，油料种植面积27.77千公顷，增长0.4%；油料产量4.62万吨，增长0.6%；蔬菜及食用菌产量51.76万吨，增长3.9%；蔬菜及食用菌种植面积14.91千公顷，增长3.7%。

全县生猪存栏58.43万头，下降0.4%，生猪出栏81.54万头，下降0.9%；牛出栏0.94万头，下降5.1%，羊出栏16.01万只，下降12.8%，家禽出栏1296.67万羽，增长3.5%；禽蛋产量3.51万吨，下降7.9%；水产品产量4.84万吨，增长4.9%。

全县乡村居民用电量35207.40万千瓦时，增长1.3%，年末农业机械总动力103.41万千瓦，增长0.2%。

三、工业和建筑业

全年规模以上工业增加值增长14.2%。规模工业行业中，纺织业增长100.1%，农副食品加工业下降3.6%，计算机、通信和其他电子设备制造业增长21.8%，非金属、矿物制造业增长3.4%。

全年规模以上工业资产总计103.39亿元，增长5.6%，营业收入93.25亿元，增长13.2%；营业成本65.32亿元，增长6.8%。

全年资质以上总承包和专业承包建筑业企业建筑业总产值25.83亿元，增长9.6%；建筑业增加值23.62亿元，增长13.2%。房屋建筑施工面积161.37万平方米，下降5.8%；房屋建筑竣工面积73.80万平方米，下降0.7%。

四、固定资产投资

全年固定资产投资（不含农户）增长15.9%；产业投资增长19.6%；民间投资增长34.7%。

全年工业固定资产投资增长8.2%。其中，工业技术改造投资增长25.9%；制造业投资增长16.6%；高新技术产业投资增长1.0%；产业投资占固定资产投资的比重为79.7%。

全年房地产投资完成12.65亿元，增长1.9%。商品房销售面积40.60万平方米，下降4.7%；商品房销售额17.24亿元，增长3.1%。

五、国内贸易和物价

全年社会消费品零售总额171.31亿元，增长10.2%。在限额以上批发零售企业零售额中，粮油食品类下降7.7%，饮料类增长21.3%，服装及日用品类增长54.8%，家用电器和音响类增长94.6%，医药及医疗器材类增长28.5%，石油及制品类增长24.9%。

居民消费价格总水平下降0.1%。分类别看，食品烟酒价格下降0.7%，衣着价格上涨0.8%，居住价格上涨0.4%，生活用品及服务价格下降0.5%，交通和通信价格下降3.1%，教育文化和娱乐价格上涨1.7%，医疗保健价格上涨0.9%，其他用品和服务价格上涨 3.0%。

六、对外经济

全年进出口总额 4.5 亿元，增长 35.0%。实际到位内资 97.61 亿元，增长 12.3%。实际到位外资 358 万美元，增长 65.0%。

七、交通和邮电

全年公路货运量 401.63 万吨，增长 6.0%；公路货运周转量 40601.23 万吨公里，增长 8.0%。公路客运量 357.35 万人，增长 10.0%；公路客运周转量 5775.89 万人公里，增长 10.0%。全县年末公路里程数 3167.72 公里，其中高速公路里程 82.89 公里。

全年邮电业务总量 4.33 亿元，增长 10.7%，其中邮政、电信业务总量分别为 0.22 亿元和 4.11 亿元，分别增长 0.4% 和 11.4%；年末固定电话用户 7.16 万户，下降 4.9%；移动电话用户 67.24 万户，增长 6.1%；年末互联网宽带用户数 16.89 万户，下降 2.8%。

八、财政、金融和保险

全年一般预算收入 17.46 亿元，增长 14.9%，其中地方一般预算收入 13.43 亿元，增长 16.5%。一般预算支出 57.40 亿元，下降 2.4%；其中教育支出 12.96 亿元，增长 0.9%，社会保障和就业支出 11.51 亿元，增长 30.1%，卫生健康支出 3.49 亿元，下降 56.4%。

年末全县金融机构本外币各项存款余额 558.16 亿元，增长 10.3%。其中，住户存款 505.89 亿元，增长 11.6%；单位存款 52.27 亿元，下降 0.7%。金融机构本外币各项贷款余额 277.36 亿元，增长 19.0%。其中，短期贷款为 70.15 亿元，增长 21.3%；中长期贷款 179.23 亿元，增长 18.0%。

全年保险保费收入 6.39 亿元，下降 0.8%，其中，寿险 3.61 亿元，下降 6.0%，产险 2.78 亿元，增长 6.9%；赔付支出 3.21 亿元，增长 11.5%，其中寿险赔付支出 1.24 亿元，增长 1.6%，产险赔付支出 1.97 亿元，增长 5.9%。

九、教育和科学技术

全县小学适龄儿童入学率为 100%。

全年高新技术产业增加值 23.98 亿元，增长 17.3%。全年共申报省市科技计划项目 10 项，其中，省计划项目 6 项；市计划项目 4 项。技术合同交易额 20.30 亿元，完成技术合同 316 件；新认定高新技术企业 8 家；全县拥有市级工程技术研究中心 26 家，拥有国家级星创天地 1 家、省级星创天地 4 家、省级众创空间 2 家、市级星创天地 2 家、市级众创空间 1 家，省级工程技术研究中心 1 家；祁东县经济开发区已批准设立为省级高新技术产业开发区；祁东县被确立为湖南省第二批创新型建设县。

十、文化、卫生和体育

围绕“宣传二十大·奋进新时代”主题，结合我县实际，突出地域特色，组织开展“欢乐潇湘，幸福祁东”系列文化活动，开展祁剧、渔鼓、祁东小调、歌舞等文艺创作，参加第二届祁东黄花菜节和 2023 年衡阳市首届文化艺术节。

组队参加 2023 年第四届衡阳市“三大球”联赛，我县气排球队和篮球代表队分别荣获冠军。2023 年湖南省青少年射击锦标赛，我县运动员获一枚金牌，八枚银牌，两枚铜牌。举办全县“桃花源杯”羽毛球精英赛、象棋赛、湖南省第四届社区运动会（祁东海选赛）等比赛，通过举办品牌赛事，辐射各镇，进乡入村，丰富群众体育生活。

“村村响”综合覆盖率 95.9%，全县有线电视用户为 9.05 万户。年末全县共有档案馆 1 个，馆内存档 15.44 万卷，已开放各类档案 13.54 万卷。

全县医疗卫生机构总数为 473 个，其中：医院 12 个（包括民营医院 7 个）；基层医疗卫生机构 458 个（其中乡镇卫生院 20 个、社区卫生服务机构 4 个，村卫生室 361 个，门诊部及诊所类 73 个）；专业公共卫生机构 3 个（其中：卫生监督机构 1 个，疾病预防控制中心 1 个，妇幼保健院 1 个）。全县医疗卫生机构床位 4456 张，卫生技术人员总数 4562 人，其中执业（助理）医师 1662 人，执业护士 2036 人。

十一、环境和安全生产

全县林地面积 85.82 千公顷，森林覆盖率为 35.8%，全年城镇污水排放总量 1232.70 万吨，城镇污水处理总量为 1171.00 万吨，城镇污水处理率为 95.0%。

全年空气质量达标率为 94.8%，III 类或优于 III 类水质达标率为 100%。

全县全年共发生生产安全事故 11 起，死亡 13 人。

十二、人口、人民生活和社会保障

据公安人口年报统计，全县户籍总人口为 100.65 万人，性别比为 114.4 ：100。全年出生人口 0.60 万人，出生率 6.0‰；死亡人口 0.64 万人，死亡率 6.4‰；人口自然增长率 -0.4‰；出生人口性别比为 115.1 ：100。

全体居民人均可支配收入 27187 元，增长 5.7%。

城镇居民人均可支配收入 36148 元，增长 4.5%；城镇居民人均消费性支出 30106 元，其中食品支出 6058 元，居住支出 5132 元，医疗保健支出 3168 元，文化教育娱乐服务支出 3865 元。城镇恩格尔系数为 20.1%。

农村居民人均可支配收入 21189 元，增长 6.3%；农村居民人均消费支出 19065 元，其中食品支出 4548 元、居住支出 3619 元、医疗保健支出 2048 元，文化教育娱乐服务支出 3371 元。农村居民家庭恩格尔系数为 23.8%。

年末，全县城镇低保共保障 2147 户 0.33 万人，农村低保共保障 12357 户 2.24 万人，发放城镇和农村最低生活保障经费 1580.5 万元和 6871.42 万元。全县企业职工养老保险参保人数 12.05 万人，失业保险参保总人数 3.81 万人，工伤保险参保人数 5.93 万人，城乡居民养老保险参保人数 52.14 万人，机关事业单位养老保险参保人数 2.64 万人，城乡居民医疗保险参保人数 71.85 万人；社保基金安全完整率和规范运作率达 100%。

常宁县

常宁，隶属湖南省，是由衡阳市代管的县级市。位于湖南省南部、湘江中游南岸，东隔舂陵水与耒阳市为界，南与郴州市桂阳县相连，西与永州市祁阳县接壤，北濒湘江与祁东县、衡南县二县相望。常宁下辖 14 个镇、4 个乡、1 个管理处；4 个街道。境内地势南高北低，大致呈两级阶梯形分布，属亚热带季风性湿润气候。地处北纬 26° 07′—26° 36′，东经 112° 07′—112° 41′。面积 2046 平方千米。根据第七次人口普查数据，常宁常住人口为 790676 人。

常宁为中国油茶之乡、杉木楠竹之乡、公交免费城市、全国第二批商务综合行政执法试点县级城市、全国第三批资源枯竭城市。

常宁县2023年国民经济和社会发展统计公报

2023 年，全市上下深入学习贯彻党的二十大和对湖南工作重要指示批示精神，全面落实中央、省委、衡阳市委决策部署，认真贯彻落实省委、衡阳市委各项决策部署，围绕“三高四新”美好蓝图，聚力加快推进衡阳区域中心化进程，在担当实干中争先进位，经济社会发展不断取得新进展新成效。

一、综合

初步核算，2023 年，全市实现地区生产总值 446.84 亿元，增长 6.3%。其中，第一产业增加值 65.65 亿元，增长 3.1%；第二产业增加值 151.69 亿元，增长 11.6%；第三产业增加值 229.5 亿元，增长 4.1%。三次产业结构为：14.7 ∶ 33.9 ∶ 51.4。第一、二、三产业对经济增长的贡献率分别为 8.1%、58.4% 和 33.4%。新增“四上”企业 79 个，其中：规模工业企业 23 个，房地产企业 6 个，限上贸易企业 32 个，规模服务业企业 18 个。

二、农业

2023 年全市农林牧渔业总产值 109.50 亿元，负增长 1.1%；全市农林牧渔业增加值 71.26 亿元，增长 3.5%；经济作物油料播种面积 337395.9 亩，下降 0.1%，产量 38200.2 吨，增长 0.1%。棉花播种面积 25494.54 亩，增长 3.1%，产量 2036.15 吨，增长 9%。烟叶面积 33945 亩，增长 9.5%，产量 4008.64 吨，增长 9.9%。蔬菜播种面积 142170.52 亩，增长 2.7%，产量 308106.01 吨，增长 2.7%。瓜果播种面积 30617.27 亩，增长 4.3%，产量 53201.43 吨，增长 4.2%。2023 年完成粮食总产 36.8 万吨以上，其中完成水稻播种 51.295 千公顷（其中早稻 16.697 千公顷、中稻 14.797 千公顷、晚稻 19.801 千公顷）。全年夏收油菜面积共 31.25 万亩，油菜籽总产 3.35 万吨。全年生猪出栏 84.13 万头，牛 2.17 万头，羊 15.31 万只，出笼家禽 878.21 万羽，期末存栏生猪 56.07 万头，存笼家禽 668.35 万羽。水产品总量 3.72 万吨，比上年同期增长 4.5%。

三、工业和建筑业

2023 年全市 159 家规模以上工业企业实现产值 366.49 亿元，增长 3.9%。全年实现工业增加值同比增长 11.9%。其中，规模以上工业企业增加值累计增长 14.3%。全年净增规模以上工业企业 21 家；园区工业产值占规模工业的比重达 95.2%，上升 2.8 个百分点。工业对 GDP 的贡献率为 52.5%，拉动 GDP 增长 6.2 个百分点。

全市共有资质建筑业企业 24 家，其中，二级资质建筑业企业 5 家。全市建筑业完成总产值 21.51 亿元，增长 10.4%；全市建筑业实现增加值 19.58 亿元，增长 9.4%。

四、固定资产投资

2023 年，全市完成固定资产投资增长 6.1%。其中，房地产投资下降 14%，商品房销售面积 40.9 万平方米，下降 5.7%。全年实际利用内资 48 个，到位资金 99.99 亿元；新增湘商回归项目 11 个，到位资金 29.76 亿元；外资到资 557 万美元（4000 万人民币）。

五、贸易和旅游

2023 年，全市完成社会消费品零售总额 151.4 亿元，增长 10.1%。从地域看，城镇零售总额为 136.4 亿元，增长 10.6%，其中：城区为 114.2 亿元，增长 10.9%；乡村为 15 亿元，增长 8.9%。限额以上法人企业零售额为 14.98 亿元（不包括石油公司和烟草公司的数据），增长 27.4%，占全社会消费品零售总额的 9.9%。在限额以上批发零售企业零售额中，粮油、食品类增长 33.3%、家用电器和音像器材类增长 31.9%、文化办公用品类下降 72.3%、汽车类增长 9.8%、体育娱乐用品类增长 10.8%、石油及制品类增长 39.2%、五金电料类增长 28.6%，日用品类增长 23%、烟酒类增长 12.6%、中西药品类增长 31%、其他类运行平稳。

2023 年，我市完成对外投资 110 万美元，完成外贸进出口额 60.07 亿元。全市全年接待游客 585.2 万人次，旅游综合收入 52.67 亿元。

六、交通和邮电

2023 年，交通工程稳步推进，常宁大桥竣工通车，建设农村公路 69 公里、安防工程 96.362 公里、完成农村公路危桥改造 4 座。成功创建“四好农村路”省级示范县、省城乡客运一体化示范县，开通常宁至水口山城乡公交车及常宁至衡阳班线定制专车服务，村村通客运班车率保持在 100%，公交平安运行约 120 万公里，运载乘客 950 多万人次。

全市邮政业实现增加值 8779 万元，增长 10.8%。

七、财政与金融

全市完成财政总收入累计完成 25.87 亿元，增长 6.4%。地方一般公共预算收入 16.64 亿元，增长 13.4%。地方税收收入 11.8 亿元，增长 12.9%，税收占财政收入比重为 81.3%。全市一般公共预算支出 58.87 亿元，比上年减少 1.85 亿元，下降 2.9%。

12 月末，全市金融机构各项存款余额 433.97 亿元，增长 10.7%。其中，住户存款 385.75 亿元，增长 12.1%。各项贷款余额为 302.98 亿元，增长 15.9%。存贷比为 69.8%，较上年同期增长 3.1 个百分点。

八、教育和科学技术

2023 年，全市共有中小学校（含职业学校、小学教学点）311 所，学生 14.2 万余人，现有在编教职工 7449 人。现有幼儿园 168 所，其中公办幼儿园 38 所，民办幼儿园 130 所，民办幼儿园中普惠性幼儿园 66 所。幼儿教师 1100 名，在园幼儿 19105 人。全市小学校园面积 146.59 万平方米，总校舍面积 46.46 万平方米；初中学校校园面积 155.49 万平方米，总校舍面积 62.02 万平方米。全市义务教育阶段大班额全部清零，新增义务教育办公学位 9788 个，义务教育公办在校生占比 97.46%。2023 年本科上线人数 2568 人。

2023 年，新增高新技术企业 9 家，现有高新企业 73 家，完成高新技术产值 270.98 亿元，同比增长 21.7%。2023 年全市共获得专利授权 271 件，其中发明专利 34 件，实用新型专利 36 件，外观专利 201 件。

九、文化、卫生和体育

全市拥有 6 处省级文物保护单位，30 处市级文物保护单位，各类影剧院 5 个，体育馆 4 个，电视台 1 个，广播电台 1 个。全年实施了 11 个文物工程项目；推进了 18 个文物保护项目的筹建；开展 50 多次全民健身活动及赛事。

2023 年，全市拥有各级各类卫生机构 554 所，其中二级医疗机构 13 所，包括二级综合医院 3 所、中医院 1 所（三级乙等）、妇幼保健院 1 所、二级专科民营医院 8 所，乡镇卫生院 21 所、社区卫生服务中心 4 所、村级卫生室 407 个、民办诊所 83 所、其他各类医疗机构 11 所（包括分院、一级民营医院、厂矿医务室等）。卫生技术人员 6154 人，其中执业医师和执业助理医师 2246 人，注册护士 3091 人。

十、城市建设、环境保护和安全生产

2023 年，我市建筑新增竣工面积为 31.65 万平方米，绿色建筑新增竣工面积为 31.65 万平方米，绿色建筑新增竣工面积占新增竣工面积比例为 100.0%。全年共修补城区道路沥青 20719 平方米，修补人行道板砖、路沿石、树池、流水板 9863 平方米。

生态环境治理成效显著，空气质量优良天数比例为 95.9%，7 个国、省地表水考核断面水质年均值均达到Ⅱ类水质标准，地表水水质达标率为 100%；宜水饮用水水源保护区水质年均值达到Ⅱ类水质标准，达标率为 100%。农用地土壤环境状况总体稳定，受污染耕地安全利用率达到 90% 以上，建设用地安全利用率达 100%。

全市共发生各类安全生产事故 9 起，死亡 9 人，与去年同期相比，事故起数（20 起）下降 55%，死亡人数（20 人）下降 55%。亿元 GDP 生产安全事故死亡率 0.0201，各项指标均在控制范围内。

十一、人口、人民生活和社会保障

2023 年，全市年末户籍人口（公安）总户数 28.12 万户，总人口 92.72 万人；常住人口 77.14 万人，其中：农村 36.28 万人，城镇 40.86 万人。城镇化率 52.97%。

2023 年，全市全体居民人均可支配收入 34368 元，增长 5.7%，其中：城镇居民人均可支配收入 43962 元，增长 4.6%；农村居民人均可支配收入 25282 元，增长 6.5%。城乡居民收入差距进一步缩小，收入比为 173.9 ∶ 100，较上年缩小了 3.1 个百分点。

就业工作稳步推进，全市城镇新增就业 6944 人，失业人员再就业 3119 人，就业困难对象实现就业 857 人；新增农村劳动力转移就业 6300 人；“零就业家庭”动态就业援助率、纯农户家庭未就业高校毕业生动态就业率100%；全市城镇登记失业率控制在4.5%以内。社会保险覆盖面不断扩大，社会保险参保总量达71.27万人，其中职工医保参保6.82万人，居民医保参保64.45万人。机关事业单位社会养老保险在职人员参保1.95万人，企业职工养老保险参保人数5.6万人，城乡居民养老保险参保人数47.7万人，工伤保险参保人数5.26万人。

耒 阳 市

耒（lěi）阳市，湖南省辖县级市，由衡阳市代管，位于湖南省南部，五岭山脉北面，地处衡阳盆地南缘向五岭山脉地过渡地段。

根据第七次人口普查数据，截至2020年11月1日零时，耒阳常住人口为1140675人。

截至2022年底，耒阳市户籍总人口137.8万人，其中男性73.2万人，女性64.6万人；常住总人口112.4万人，其中农村人口58.5万人，城镇人口53.9万人，城镇化率47.98%。

2023年，全市年末户籍总人口136.9万人，其中男性72.8万人，女性64.1万人；常住总人口110.58万人，其中农村人口56.3万人，城镇人口54.28万人，城镇化率49.09%。

耒阳市境内有汉族、苗族、侗族、蒙古族、壮族、土家族、朝鲜族、回族、满族、瑶族、彝族、藏族、布依族、维吾尔族、纳西族、白族、佤族、仡佬族、高山族、畲族、哈瓦族、塔吉克族、塔塔尔族、独龙族，以汉族居多。

西汉高祖五年（前202年），以其治位耒水之北，更名耒阳，至今已有2200多年历史，因地处耒水北岸而得名，不曾改名，素有“荆楚名区”“三湘古邑”的美誉，是“纸圣”蔡伦诞生之地、“诗圣”杜甫卒葬之地。耒阳还素有“油茶之乡”“楠竹之乡”“能源之乡”“汉白玉之乡”的美誉；处于“一点一线”区域，京广铁路、武广高铁、京珠高速公路、107国道、320省道等多条交通干线在境内交织成网，耒水、春陵江四季通航；境内有杜陵烟雨、马阜晴岚、鹿歧晚障、花洲春涨、蔡池双月、耒水夕照等耒阳十景。

截至2022年底，耒阳市辖6个街道、19个镇、5个乡，分别为蔡子池街道、灶市街街道、水东江街道、五里牌街道、三架街道、余庆街道6个街道，新市镇、遥田镇、夏塘镇、南阳镇、公平圩镇、黄市镇、小水镇、哲桥镇、三都镇、永济镇、龙塘镇、大市镇、淝田镇、南京镇、仁义镇、导子镇、马水镇、东湖圩镇、大义镇19个镇，大和圩乡、坛下乡、长坪乡、太平圩乡、亮源乡5个乡。

耒阳市2023年国民经济和社会发展统计公报

2023年，耒阳市坚持以习近平新时代中国特色社会主义思想为指引，全面贯彻党的二十大精神和中央决策部署，围绕实现“三高四新”美好蓝图、“制造立市、文旅兴城”发展战略和奋进“全省县域经济十”目标，以实干作答，用实绩交卷，全力打好发展“六仗”，加快建设“五个耒阳”，深入开展“作风建设攻坚年”、“项目建设攻坚年”行动，奋力稳增长、全力拼经济、着力抓落实，高质量发展成色更亮、底色更足。

一、综合

初步核算，2023年全市地区生产总值（GDP）465.5亿元，增长6.2%。一、二、三产业增加值分别完成66.6亿元、129.1亿元、269.8亿元，分别增长3.4%、9.7%、5.3%。按平均常住人口计算，人均地区生产总值41753元，增长5.7%。三次产业结构比调整为14.3 : 27.7 : 58。

全市新增城镇就业10800人，失业人员再就业7244人，就业困难人员再就业1396人，新增农村劳动力转移就业8800人，城镇登记失业率控制在4.5%以内。

二、农业

全市农林牧渔业增加值增长3.8%；农林牧渔服务业增加值增长8.4%。全市农林牧渔业实现总产值129.33亿元，增长3.7%，其中，农业产值47.2亿元，林业产值7.2亿元，牧业产值53.8亿元，渔业产值11.3亿元。粮食作物总播种面积73.4千公顷，下降0.9%；粮食总产量47.32万吨，增长0.1%；出栏肉猪115.44万头；出栏肉用牛2.77万头；出栏羊11.43万头；出栏家禽1929.34万羽。

全市新增农民专业合作社66个，全市共有农民专业合作社1308个，其中国家级专业合作示范组织5个，省级专业合作示范组织28个；农民专业合作社成员6.92万人。全市共有家庭农场1044家，其中2023年新增80家。截止到2023年底，耒阳市土地流转面积为9.8万亩，其中耕地流转面积为32.34万亩。

三、工业和建筑业

全市工业增加值增长9.6%。其中规模以上工业增加值增长14.8%，园区规模工业增加值增长15.2%；规模工业总产值206.77亿元，增长11.7%，其中采矿业增长11.9%，制造业增长11%，电力、热力、燃气及水生产和供应业下降0.6%；实现营业收入210.51亿元，增长9.16%；实现利润总额6.83亿元，下降26.72%。吸纳从业人员2.6万人。

全市资质建筑企业34个，建筑业总产值14.65亿元，增长15.1%；建筑业增加值增长9.8%。

四、固定资产投资

全市固定资产投资增长2.1%。其中，城镇固定资产投资增长4.7%，工业投资增长9.1%，高新技术投资下降16%。房地产投资（在库资质企业）下降21%。商品房销售面积71.11万平方米，增长9.1%。

五、国内贸易和物价

全市社会消费品零售总额211.67亿元，增长10%。其中，限额以上法人消费品零售总额13.63亿元，增长31.2%，分经营地看，城镇消费品零售额12.65亿元，增长32.6%，乡村消费品零售额0.97亿元，增长16.3%；分消费形态看，餐饮收入1.18亿元，增长62.5%，商品零售额12.45亿元，增长28.9%。

全市居民消费价格指数99.9%，下降0.1%。分类别看，食品烟酒下降0.6%；衣着上涨1.3%；居住上涨0.1%；生活用品及服务上涨0.2%；交通通信下降2.6%；教育文化娱乐上涨0.9%；医疗保健上涨1.5%；其他用品及服务上涨2.5%。

六、对外经济和旅游

全市共引进产业项目60个，实际到位内资98.21亿元，实际到位外资50万美元。全市实现国内旅游总收入117.66亿元，增长6%；接待游客1401万人次，增长7%。

七、交通和邮电

全市机动车保有量19.2万辆，其中小型汽车8.1万辆，摩托车1.1万辆，农用车2951辆，大型汽车1743辆，挂车17辆，共有驾驶员25万人。全年邮政业务总量2.24亿元，增长13.2%，电信业务总量6.42亿元，增长7.5%。年末固定电话用户11.8万户，移动电话用户96.1万户，互联网宽带用户数38.7万户。

八、财政、金融和保险

全市一般公共预算收入26.19亿元，增长24.2%，其中地方一般公共预算收入19.1亿元，增长10.5%。税收收入21.22亿元，增长34.6%，地方税收收入14.12亿元，增长18.3%，税占比为81.01%，地方税占比为

73.96%。一般公共预算支出 74.71 亿元，增长 11%。年末，耒阳市金融机构本外币各项存款余额为 624.93 亿元，增长 9.2%。其中住户存款 552.12 亿元，增长 12.9%；全市金融机构各项贷款余额为 395.14 亿元，增长 14.7%，年末我市存贷比为 63.23%。全市保险保费收入 8.13 亿元，下降 2.3%；全年各项赔付支出 3.92 亿元。

九、教育和科学技术

全市共完成标准化教学点建设项目校 5 所，省重点民生实事项目校 2 所。全市有各类基础教育学校（园）482 所，其中幼儿园 227 所，义务教育学校 240 所，高中学校（含 12 年一贯制学校）14 所，特殊学校 1 所。总共有在校学生人数 227120 人，其中高中在校学生 36604 人，初中在校学生 64394 人，普通小学在校学生 95441 人，在园幼儿 30579 人，特殊学校在校学生 102 人。高考本科上线 4710 人；高二学业水平合格性考试一次性合格率 96.91%。

全市共有科技型中小企业 164 家，其中通过认证的高新技术企业 64 家。高新技术产值 120.74 亿元，增长 5.18%，高新技术产业增加值 45.9 亿元，增长 4.26%，占全市 GDP 比重为 9.86%。2023 年全市共获得专利授权 366 件，其中发明专利 38 件，实用新型专利 121 件，外观专利 207 件。

十、文化、卫生和体育

全市共有非物质文化遗产项目资源 56 个，文化馆 1 个，30 个乡镇文化站分馆，非遗传习所 2 个，公共图书馆 1 个，24 小时图书室 5 个，博物纪念馆 3 个，文化站 30 个，村活动中心 321 个，农家书屋 321 个。人均拥有公共文化体育设施面积 2.27 平方米。全市共有 27 个单项体育协会，全年举办参加各类各级全民健身赛事活动 45 次，参加人数达 30.8 万人次。全年发展社会体育指导员 100 人，年末拥有各级社会体育指导员 2409 人左右，今全市拥有公共体育场地 2 个，其中 22500 余座位的大型室外体育场 1 个、5000 余座位的室内篮球馆 1 个；游泳池 11 个，各种训练房 4 个。全市拥有广播电台 1 座，广播人口覆盖率 99%。电视台 1 座，有线电视用户 3.2 万户。

全市拥有各类卫生机构 567 个，其中医院 36 个（综合医院 24 个、中医医院 1 个、专科医院 11 个），基层医疗机构 528 个（社区卫生服务中心 8 个、卫生院 38 个、村卫生室 370 个、诊所 112 个），专业公共卫生机构 2 个（疾控中心 1 个、妇幼保健机构 1 个），其他卫生机构 1 个。现有卫生工作人员 7682 人，其中执业医师 1836 人，执业助理医师 599 人，注册护士 3976 人，其他专业技术人员 1271 人。医院、卫生院实有床位 7519 张。

十一、城市建设、环境和安全生产

全市自来水用水户数 16.3 万户，供水总量 2450.8 万吨；天然气用气总量 1100 万立方米；城镇污水处理量 3099.33 万吨。优良以上空气质量达标率 94.8%；Ⅲ类或优于Ⅲ类地表水质达标率 100%。

全市共发生 13 起生产安全事故，死亡 16 人，受伤 6 人，直接经济损失 1767.1 万元。与去年同期相比，事故起数（7 起）增加 6 期，上升 85.7%；死亡人数（7 人）增加 9 人，上升 128.6%；受伤人数（6 人）与去年同期持平；经济损失（769 万）增加 998.1 万，上升 129.8%。非煤矿山、烟花爆竹、危险化学品和水上交通、农业机械等行业未发生生产安全事故。

十二、人口、人民生活和社会保障

全市年末户籍总人口 136.9 万人，其中男性 72.8 万人，女性 64.1 万人；常住总人口 110.58 万人，其中农村人口 56.3 万人，城镇人口 54.28 万人，城镇化率 49.09%。

全市城乡居民可支配收入 38222 元，增长 5.6%。城镇居民人均可支配收入 46465 元，增长 4.7%，农村居民人均可支配收入 29856 元，增长 6.2%。全体居民人均生活消费支出 25610 元，增长 5.3%，其中城镇居民人均生活消费支出 28365 元，增长 4.5%，农村居民人均消费支出 22813 元，增长 5.9%。

全市参加机关事业单位养老保险的人数为 3.8 万人，企业单位参加养老保险人数为 10.02 万人，城乡居民养老保险参保人数达到 59.32 万人（含退休），发放人数 24.5 万人。城镇职工医疗保险参保人数 8.3 万人，城乡居民基本医疗保险参保人数 94.3 万人。城镇居民最低生活保障月均保障 4332 人，农村居民最低生活保障月均保障 32571 人。

南 岳 区

南岳衡山为中华五岳名山之一，主峰祝融峰在湖南省衡阳市南岳区境内，七十二峰，群峰逶迤，其势如飞。素以“五岳独秀”“文明奥区”“祭祀灵山”“宗教圣地”“中华寿岳”著称于世。现为首批国家重点风景名胜区、首批国家 5A 级旅游景区、国家级自然保护区、全国文明风景旅游区、世界文化与自然双重遗产提名地。

“南岳”一词，始于春秋战国时期。《周礼·虞书》云：“（舜）五月南巡狩，至于南岳。”以南岳称谓衡山，最早见诸文字是汉初《尔雅》，其《释山》篇有“江南衡”之说，意指江南衡山，后《尚书·大传》中解《虞书》云：“南岳，衡山”。但是据《周礼·职方氏》《春秋》《星经》等典籍介绍，对南岳衡山的来历另有一番解释，它是按星宿的划分，说这地方上承轸宿玉衡星，所以叫衡山。衡山因地处五岳的最南端，故名南岳。

南岳衡山自然风光秀美。这里群峰叠翠，万木争荣，流泉飞瀑，风景绮丽。四时景色各异，春赏奇花，夏观云海，秋望日出，冬赏雪景。祝融峰之高，藏经殿之秀，方广寺之深，水帘洞之奇，自古赞誉为南岳“四绝”。南岳衡山无山不树、无处不绿，核心景区森林覆盖率高达 91.58%。境内有树木 600 多科、1700 多种，其中有国家级保护植物 90 多种，如号称活化石的千年银杏、水杉；濒临绝种、世界罕见、衡山特有的绒毛皂荚；以及摇钱树、同根生、连理枝等等。负氧离子浓度平均值高达 26000 个 /cm3，是难得的“天然氧吧”。与之相伴的有珍稀野生动物黄腹角雉、锦鸡、大头平胸龟、穿山甲等，可以称得上是一座天然的生物宝库!

南岳衡山历史源远流长。五岳自古就是江山社稷的象征，炎帝、祝融曾在此栖息，尧、舜、禹均登临祭拜，历代帝王或遣使或亲临祭祀。自尧舜以来，南岳衡山作为五岳之一的历史已达四千余年。黄帝、舜帝曾在衡山巡狩祭祀；大禹为治水，专程来南岳杀白马祭告天地，得“金简玉书”，立“治水丰碑”。宋徽宗、康熙等皇帝为南岳题诗吟咏。相传黄帝委任祝融氏主管南方事务并封他为管火的火正官即火神；祝融教民以火熟食，生火御寒，举火驱兽；制乐作歌，以谐神明，以和人声。人们为了纪念这位管火有功的火正官，便以他的名字祝融命名南岳衡山的最高峰，并在峰顶建祠用于常年祭祀。

南岳衡山文化底蕴深厚。南岳是中国南方唯一最古老的人文始祖的祭祀山。祭祀文化是南岳文化的源头，自舜帝南巡至隋唐至清，历史上有记载的朝廷遣使祭祀南岳的就有 120 次之多，民间祭祀更是不计其数。如今，每年都有数百万游人，怀着种种美好的心愿，从四面八方来到寿岳灵山寻求精神上的慰藉。福寿文化历史灿烂，蔚为自豪。《星经》载：南岳衡山对应星宿二十八宿之轸星，轸星主管人间苍生寿命，故名“寿岳”。唐玄宗于南岳朱陵洞投龙祈寿。宋徽宗在南岳金简峰皇帝岩御题“寿岳”巨型石刻。康熙皇帝亲撰的《重修南岳庙记》之中钦定衡岳为亿万臣民的“主寿之山”。中华祝颂词“福如东海，寿比南山”之“南山”即南岳衡山。《辞源》释“寿岳”即南岳衡山，南岳衡山因而被称为“中华寿岳”。宗教文化历史悠久，积淀深厚。南岳衡山不仅是风景名山，也是宗教圣山。这里道佛并存，互彰互显，同尊共荣。道教于东汉末年就在南岳筑观，佛教早在南朝梁天监二年（503年）扎根南岳。宗教文化积淀繁衍已达千余年历史。既有佛道儒共存共荣的南岳大庙、佛教禅宗尊为“六朝古刹、七祖道场”的福严寺，视为“天下法源”“曹洞祖庭”的南台寺，又有道家立为《黄庭经》发源地的黄庭观等，道教“三十六洞天、七十二福地”中，南岳独占四处。特别是道佛两教共存一山，共融一庙，共值一殿，共尊一神，成为中国乃至世界宗教文化一绝。书院文化、湖湘文化炽盛浓厚，成果丰硕。南岳书院文化始于唐肃宗时。唐代李繁为纪念其历经四朝的（唐玄宗、肃宗、代宗和德宗）著名宰相父亲李泌，便在南岳建了南岳书院（今邺侯书院），这是中国历史上最早的书院。清代曾国藩在《重修胡文定公书院记》中写道：“天下书院，楚为盛；楚之书院，衡为盛。”据《湖南通志》统计，清光绪年间，在现南岳区范围内，先后共有邺侯、文定、集贤等书院17处。南岳衡山书院的数量位列全国之冠。自唐以来，李白、杜甫、韩愈、黄庭坚、张居正、王夫之、魏源等历代众多的思想家、政治家和文人墨客都曾登临南岳，览胜抒怀，留下了无数诗词歌赋、摩崖石刻和历史遗存。特别是宋代胡安国父子定居南岳衡山，建春秋楼，创建文定书院、碧泉书堂，潜心研究理学和传播学术思想，开创了中国传统文化历史上独树一帜的湖湘学派。抗战文化在中国抗战史上谱写了浓墨重彩的一页。1938年11月至1944年2月，南岳衡山曾一度成为国民党政府在正面战场的抗战指挥中心。蒋介石在此先后主持召开了4次高级军事会议，研讨战略和江南战场问题。国共两党合作创办的南岳游击干部训练班，为正面战场培训了3000多名抗日游击骨干。在南岳游干班，以周恩来、叶剑英为首的中央代表团和胡志明、季维诺夫等共产党人，曾在此大力宣传中国共产党的抗日主张和毛泽东的《论持久战》《论游击战》战略思想，团结和发动社会各界广泛开展抗日救亡运动。在国难当头、佛门受辱的抗日战争年代，南岳成立了佛道救难协会。在全民抗战中为全国宗教界人士树立了爱国爱教的光辉典范，为近代中国佛教史谱写了辉煌的一页。南岳忠烈祠成为抗战时期中华大地修建最早、规模最大的一座抗日烈士纪念陵园。南岳衡山不仅风光旖旎、历史悠久、文化璀璨，而且在世界反法西斯战争史上是一座风云际会、万众仰止的抗战名山，为中华民族同仇敌忾、团结御侮树起了一座万古流芳的历史丰碑。

南岳区2023年国民经济和社会发展统计公报

2023年，全区上下以习近平新时代中国特色社会主义思想为指引，深入贯彻党的二十大精神，紧紧围绕区委“1235”工作思路，聚焦高质量发展这一首要任务，推出了一系列工作举措，全年经济稳中有进、进中提质，发展势头回升向好。

一、综合

经初步核算：2023年，全区实现地区生产总值（GDP）58.14亿元，比上年增长4.9%。其中，一、二、三产业增加值分别为2.56亿元、5.93亿元、49.66亿元，分别增长2.4%、6.1%、4.9%。三次产业结构比为4.4 ：10.2 ：85.4。分季度看，一季度GDP同比增长4.7%，二季度GDP同比增长4.3%，三季度GDP同比增长4.5%。

二、旅游业

全区累计接待游客1475.08万人次，增长47.36%。其中，团队游客38.87万人次，增长97.71%；中心景区购票260.44万人次，大庙景区购票385.76万人次。实现旅游总收入160.58亿元，增长45.64%。实现门票收入3.74亿元，增长110.87%。

三、农业

全年实现农林牧渔业增加值27562万元，增长2.7%。1—12月，翻耕稻谷大田面积23700亩，粮食产量16414吨。蔬菜播种面积10483亩，总产量22361吨。其中，瓜果类种植面积1364.38亩，产量3221吨。生猪出栏1.89万头，存栏1.03万头。羊出栏0.79万只。家禽出栏44.88万羽。

全区农民合作社85个，增长19.7%；家庭农场46个；耕地面积1.65万亩。

四、工业和建筑业

全年完成工业增加值29423万元，增长0.1%；建筑业完成增加值29864万元，增长13.3%。全区资质以上总承包和专业承包建筑业企业共13个，总产值4.97亿元，增长10.2%；房屋建筑竣工面积22.98万平方米，增长10.4%。

五、固定资产投资

全年固定资产投资增长13.1%。房地产开发投资完成1.69亿元，下降30.7%；商品房销售面积11.58万平方米，增加3.0%。其中，现房销售面积1.7万平方米，增长13.1%；期房销售面积9.88万平方米，增长1.4%。

六、交通和邮政业

全区养护公路里程共计394.45公里。其中，国道5.96公里，省道16.44公里，县道41.08公里，乡道44.61公里，村道98.56公里，专用公路2.80公里，其他未列入统计的通村通组公路约185公里。全区机动车保有量31379辆。其中，小型汽车12738辆，客运车辆206辆，货运车辆38辆，摩托车18340辆，农用车55辆，挂车2辆。

全区邮政业务总收入1416万元，增长2.23%；快递业务量完成218万件，增长1%；快递业务收入完成552万元，增长1%。

七、国内贸易和对外经济

全年实现社会消费品零售总额46.34亿元，增长5.0%。按城乡分，城镇完成消费品零售总额38.75亿元，增长4.96%；乡村完成消费品零售总额7.59亿元，增长4.98%。按行业分，批发业完成消费总额2.76亿元，增长4.94%；零售业完成消费总额32.63亿元，增长4.95%；住宿业完成消费总额5.84亿元，增长5.04%；餐饮业完成消费总额5.11亿元，增长4.93%。全区用电量16126.49万千瓦时，下降2.34%；自来水销售382.29万吨，增长11.91%；天然气销售471.5万立方米，下降2.38%。

全区进出口总额9万元。其中，出口额9万元。

八、财政和金融

全年公共财政收入5.83亿元，增长5.86%。其中，地方财政收入47491万元，下降1.87%；上划中央收入8416万元，增长42.45%；上划省级收入2351万元，增长223.83%。一般预算支出总计12.63亿元，增长15.32%。其中，农林水支出20639万元，增长0.8%；一般公共服务16060万元，增长12.26%；教育支出15793万元，增长1.26%；社会保障和就业支出16128万元，增长39.9%；城乡社区支出11296万元，增长34.57%。

年末全区金融机构本外币各项存款余额91.62亿元，比年初增长10.81%，其中，居民储蓄存款余额77.84亿元，比年初增长13.89%。年末金融机构本外币各项贷款余额62.23亿元，比年初增长5.12%。

九、教育

2023年末全区公办学校（园）17所，在编教职员工590人，在校学生（含幼儿）11130人。民办学校（园）及培训机构43所，在校学生及幼儿3927人，教职工428人。全区小学巩固率达100%，初中巩固率达99.5%，小学毕业率和就读初中比率均达100%。

十、文化、卫生和体育

2023年全区艺术表演团体25个，文化艺术馆1个，公共图书馆1个，博物馆1个，美术馆1个，版画馆1个，乡镇文化站3个。

国家级非物质文化遗产保护目录1个，省级非物质文化遗产保护目录3个，市级非物质文化遗产保护目录6个，区级非物质文化遗产保护目录13个。

全区体育场地409个，含运动场315个，各种训练房92个，游泳池2个。

全区医疗卫生机构66家。其中，医院4家；乡镇卫生院2家，社区卫生服务中心1家，诊所33家；村卫生室20家；专业公共卫生机构5家，其中，疾病预防控制1家，妇幼保健1家、急救站（救护站）2家、卫生监督所（中心）1家，医务室1家。医疗机构拥有床位792张。拥有医疗工作人员780人，其中，执业医师（执业助理医师）277人，注册护士375人，乡村医师19人。累计建立居民健康档案64308份。

十一、环境、资源和安全生产

全年优良以上空气质量达标率97.3%，农村垃圾集中处理率100%。

全年人均水资源2322立方米，总用水量0.22亿立方米，人均用水量313.16立方米。

全年共发生各类生产经营性安全事故0起；道路交通事故死亡人数2人，火灾事故死亡人数0人。

十二、人口、人民生活和社会保障

年末全区常住人口6.95万人。其中，城镇人口5.19万人，农村人口1.76万人，城镇化率74.68%。

全区全体居民人均可支配收入53733元，比上年增长4.2%。其中，城镇居民人均可支配收入54211元，增长4.2%，城镇居民工资性收入28985元、经营净收入7989元、转移净收入7572元、财产净收入9665元。

全区居民人均消费支出33418元。城镇居民人均消费支出33594元，其中，食品烟酒支出9039元、居住支出10985元、医疗保健支出2914元、教育文化娱乐支出3571元。

全年基本养老保险参保人数37707人。其中，机关事业单位参保3992人，发放待遇人数为1325人。企业参保人数17300人，发放待遇人数为4245人。全区城乡居民养老保险参保登记16415人，发放待遇人数为5425人。全区城镇职工基本医疗保险参保8363人，生育保险参保5975人，工伤保险参保8343人，城乡居民医疗保险累计登记参保46303人，失业保险参保累计6468人月。全区城镇新增就业769人，失业人员再就业936人，就业困难对象再就业152人。

2023年末获得政府最低生活保障的城乡居民662人。其中，城镇低保136人，农村低保526人，全年累计发放最低生活保障金396.57万元。2023年衡阳市南岳区慈善总会募集资金81.3万元，全年支出88.7万元（定向捐赠20次64.8万，救助85人次20.4万）。2023年南岳区福彩共销售1237万元（其中电脑票销量为710万元，即开票销量为527万元）。

雁 峰 区

“北雁南飞，至此歇翅停回。”雁峰因南岳七十二峰之首回雁峰秀居城中而得名。全区辖1镇、5街道，34个社区、14个建制村，总面积约69.1平方公里，总人口近25万。近年来，雁峰区经济发展综合质效得分排名城区第一，获全省安全生产和消防工作“四连优”、省政府“建设信息基础设施和推进产业数字化”真抓实干奖励等国省市荣誉近140项。

雁峰是历史文化胜地。大雁文化、宗教文化、船山文化、抗战文化、书院文化、红色文化交相辉映，是千年古刹雁峰寺、潇湘八景之冠平沙落雁、“湘南革命摇篮”湖南三师，清末著名书院船山书院，红色景点衡阳党史馆、“衡阳抗战纪念城”碑所在地。

雁峰是工业集聚重地。规模工业企业59家，数量为城区之最。主导产业——输变电是制造强省“1274”行动中的12个重点产业之一。衡阳特变、金杯电工、恒飞电缆、启迪古汉是行业标准制定者。

雁峰是开放创新高地。建成全市唯一的省级科技成果转移转化示范县市区，获批建设全省首批、全市唯一的创新型区。拥有市级工程技术研究中心16家，国家级技术中心1家，省级企业技术7家，技术研究中心2家，工程实验室1家，工业设计中心1家。

雁峰是生态宜居福地。拥有“衡州古八景”的雁峰烟雨、花药春溪、岳屏雪岭、东洲桃浪。全区共有学校51所，是全国社区教育实验区、国家义务教育发展基本均衡区、省现代教育技术实验区。共有8个公园，衡阳市区70%的公园坐落境内，有3A级旅游景区3家，占据衡阳市区80%的生态资源。

雁峰区2023年国民经济和社会发展统计公报

2023年是全面贯彻落实党的二十大精神的开局之年，也是实施“十四五”规划承上启下的关键一年。全区人民在市委、市政府和区委、区政府的坚强领导下，坚持以习近平新时代中国特色社会主义思想为指导，认真贯彻落实习近平总书记对湖南重要讲话重要指示批示精神，全面贯彻落实党中央、国务院各项决策部署，坚持稳中求进工作总基调，全面落实“三高四新”战略定位和使命任务，全力抓好“两个统筹”，推动经济运行难中有进、稳中向好，社会大局和谐稳定，推动雁峰区“一核四新”建设再上新台阶。

一、综合

初步测算，全区地区生产总值完成306.68亿元，增长3.3%。其中第一产业增加值2.28亿元，增长2.2%；第二产业增加值166.38亿元，增长2.2%；第三产业增加值138.02亿元，增长4.6%。一、二、三产业贡献率分别为0.6%、37.9%、61.5%，三次产业结构为0.74 ：54.25 ：45.01。

区本级完成地区生产总值（不含白沙工业园区和衡山科学城）218.95亿元，增长7.1%。其中第一产业增加值2.28亿元，增长2.2%；第二产业增加值95.71亿元，增长10.0%；第三产业增加值120.96亿元，增长5.0%。一、二、三产业贡献率分别为0.4%、60.8%、38.8%，三次产业结构为1.04 ：43.71 ：55.25。

共办理重点民生实事17项27个指标。“湘易办”超级服务端用户突破9.5万人；城镇新增就业2300人，开展补贴性职业技能培训1100人次，其中创业培训360人；农村适龄及城镇低保适龄妇女“两癌”免费检查750人；实现普通门诊异地结算二级以上定点医疗机构全覆盖5个，实现门诊慢特病治疗费用省内异地直接结算1个，实现乡（镇）医保参保登记、信息查询及变更、异地就医备案等经办服务事项直办或帮代办全覆盖7个，实现村（社区）医保参保登记、信息查询及变更、异地就医备案等经办服务事项直办或帮代办全覆盖48个；完成困难老年人居家适老化改造69户；城市低保标准不低于650元每月、农村低保标准不低于7680元每年、困难残疾人生活补贴标准不低于每人每月80元、重度残疾人护理补贴标准不低于每人每月80元、新增散居孤儿基本生活最低保障1100元/月；康复救助残疾儿童68人，完成20户困难残疾人家庭无障碍改造；开工改造14个城镇老旧小区；新增蓄水能力60万方；

新增城区停车位 80 个；新增幼儿托位 500 个；新增养老床位 100 张；村卫生室达标建设 9 个；农村骨干山平塘清淤扩容 205 个；完成既有住宅加装电梯 48 台；中心城区安置房建设 400 套；村级快递点布局建设 4 个。

二、农业

全年全区完成农林牧渔总产值 3.9 亿元，下降 2.2%。全年粮食种植面积 9150 亩；油料种植面积 275 亩，比上年减少 1888 亩，下降 87.3%；蔬菜种植面积 12430.45 亩，比上年增加 548.45 亩，增长 4.6%。

全年粮食总产量 3667 吨。其中稻谷产量 3328 吨，油料总产量 45.95 吨，比上年减少 80.0%。蔬菜总产量 29135.62 吨，比上年增长 1634.62 吨，增长 6.0%。

全年出栏生猪 0.85 万头，比上年减少 0.16 万头，下降 15.8%。年末生猪存栏 0.23 万头，比上年减少 0.23 万头，下降 50.0%；出笼家禽 44.35 万羽，比上年增加 0.67 万羽，增长 1.5%；全年禽蛋产量 0.06 万吨。

三、工业和建筑业

全区完成规模工业总产值（不含白沙工业园区和科学城）144.03 亿元。其中，电气机械和器材制造业实现总产值 118.05 亿元，非金属矿物制品业实现总产值 2.27 亿元，水的生产和供应业实现总产值 4.11 亿元，医药制造业实现总产值 3.87 亿元，通用设备制造业实现总产值 8.17 亿元，其他制造业实现总产值 7.56 亿元。

全年规模以上工业企业实现利润总额 7.79 亿元。按国民经济行业分，电气机械和器材制造业实现利润 7.47 亿元，非金属矿物制品业实现利润 -0.07 亿元，热力、燃气及水生产和供应业实现利润 -0.2 亿元，通用设备制造业实现利润 0.08 亿元。

按注册类型分，股份制企业实现利润 7.79 亿元。

主要工业产品产量有升有降，其中：变压器 151761006 千伏安，增长 29.1%；电力电缆 969800.9 千米，增长 6.8%；自来水生产量 13752 万立方米，下降 7.4%；中成药 1971.2 吨，下降 2.2%；米制半成品 38629.2 吨，增长 20.9%；商品混凝土 373203.6 立方米，下降 23.0%。

完成建筑业总产值 68.62 亿元，增长 7.9%。实现建筑业增加值增长 11.3%。

四、固定资产投资

完成固定资本投资 66.49 亿元（不含白沙工业园和衡山科学城），增长 12.3%。

固定资产投资中，城镇固定资产投资 46.06 亿元，增长 16.4%；房地产开发投资 20.43 亿元，增长 3.9%。

房地产开发投资中，住宅投资 19.16 亿元，增长 5.1%；商业营业用房 0.71 亿元，下降 36.6%；其他 0.55 亿元，增长 79.3%。

五、国内贸易

全年社会消费品零售总额为 138.21 亿元，增长 3.1%。批发业营业收入为 44.86 亿元，增长 15.23%；零售业营业收入为 9.14 亿元，增长 18.55%；住宿业营业收入为 1.31 亿元，增长 25.96%；餐饮业营业收入为 0.87 亿元，增长 47.46%。

六、对外经济

全年内联引资 56.84 亿元，完成实际使用外资 3 万美元，完成外贸进出口总额 72664 万元，增长 48.2%。其中，出口 62037 万元，进口 10627 万元。

七、财政

全区区级一般公共预算收入累计完成 41906 万元，同比增长 7.46%。其中完成区级税收收入累计完成 35471 万元，同比增长 9.0%。

民生支出 8.73 亿元，占一般公共预算支出的 74.11%。

八、教育和科技

全区在校小学生 22696 人，毕业 3459 人，初中在校生 13694 人，毕业生 4906 人，幼儿园在园幼儿 7331 人，公办幼儿园在园幼儿占比达 56.77%。学前三年毛入园率 110.45%，小学、初中入学率均为 100%，小学、初中巩固率均为 100%，小学教师学历合格率为 100%，初中教师学历合格率 100%。争取项目资金 773 万元。各类扶贫资助资金 2118.22 万元，惠及学生 86018 人次。

年末共有市级工程技术研究中心 16 家，国家级技术中心 1 家，省级企业技术 7 家，技术研究中心 2 家，工程实验室 1 家，工业设计中心 1 家。全年实施省市科技创新项目 29 个。

全区发明专利授权 62 件，发明专利万人拥有 22.77 件，成功注册商标 341 件。

九、文化、卫生和体育

全区共拥有各类艺术表演团体 89 个，区文化馆、区图书馆总分馆 133 家，街道（镇）综合文化站 7 家，社区（村）综合文化服务中心 54 个。

全区拥有公共体育馆 1 座，社区、村级全民健身中心 1 个，2023 年新增健身点 16 个，开展全民健身项目 14 项次。

卫生医疗管理年度医疗机构执业许可证校验率 100%，医疗机构持证率 100%，卫生技术从业人员持证率达 100%。卫监、疾控、雁峰社区卫生服务中心、急救中心“四合一”项目主体工程已完工，进入装饰装修阶段；妇幼保健计划生育服务大楼改扩建项目已完工。

孕产妇系统管理率为 96.65%，住院分娩率 100%。3 岁以下儿童系统管理率为 99.44%。全年无重大传染疾病和重大疫情的发生。

十、人口、人民生活和社会保障

全区常住人口 25 万人（其中白沙工业园 3.00 万人、衡山科学城 0.42 万人），户籍人口 18.9 万人，其中城镇户籍人口 15.3 万人。

全区城镇居民人均可支配收入 47775 元，增长 4.1%。全年新增城镇就业人员 2600 人，城镇零就业家庭 100% 实现动态就业援助，失业人员再就业 1510 人（其中就业困难人员再就业 385 人）。发放失业补助金 11.62 万元，累计受惠 278 人次。城市、农村低保对象月人均补助（不包括临时补助）分别为 650 元、640 元。

十一、环境和安全生产

全区环境质量总体保持稳定，区域环境空气质量优良率为 88.5%，优良天数为 322 天，空气质量综合指数为 3.80，PM2.5 为 40 微克 / 立方米。城区地表水水质、水功能区水质实现 100% 达标，稳定达到Ⅱ类水质标准。

全年亿元 GDP 生产安全事故死亡率 0.009 人 / 亿元，全区发生 2 起死亡共 2 人的一般性交通安全生产事故。

石 鼓 区

石鼓区，隶属于湖南省衡阳市，位于衡阳市城区西北部，东临湘江与珠晖区隔江相望，南以解放大道为界与雁峰区毗邻，西沿蒸湘北路蒸水桥并沿蒸水河而上先后与蒸湘区和衡阳县接壤，北与衡阳县樟木乡和集兵镇相邻，总面积 112 平方千米。

2015 年，衡阳市石鼓区乡镇区划调整，将松木乡、黄沙湾街道成建制合并设立黄沙湾街道。调整后，衡阳市石鼓区共撤销 1 个乡级建制，现辖角山 1 个乡，青山、人民、潇湘、五一、合江、黄沙湾、金源 7 个街道。区人民政府驻黄沙湾街道（原区人民政府驻地）。

截至 2021 年末，石鼓区户籍人口 19.19 万人，常住人口 22.21 万人；人口自然增长率 0.82‰。

截至 2022 年末，石鼓区出生人口 1002 人，死亡人口 1457 人，人口出生率 4.57‰，人口自然增长率 -2.07‰，出生人口男女性别比 126.76。

2023 年，全区年末常住人口 217616 万人，出生人口 988 人，死亡人口 1129 人，人口出生率4.54‰，人口自然增长率为-0.65‰，出生人口男女性别比119.56 ：100，办理生育服务证及生育证956个，被评为“全省计划生育工作优秀单位”及“全省计划生育基层群众自治示范县市区”。

石鼓历史悠久，自西汉开始设县治，有两千多年历史，境内有“四大书院”之一的石鼓书院，周敦颐、朱熹、王船山等儒家先贤曾于此临江讲学，著书立说，传承文化思想；演武坪原为古代练兵场，曾国藩、彭玉麟曾据此练兵。

石鼓区2023年国民经济和社会发展统计公报

2023年，石鼓区坚持以习近平新时代中国特色社会主义思想为指引，全面贯彻习近平总书记关于统计工作重要指示批示精神，全面落实中央、省、市各项决策部署，聚焦经济建设这一中心工作和高质量发展这一首要任务，统筹发展与安全，勠力同心、迎难而上，推动经济实现质的有效提升和量的合理增长，经济社会发展凸显新的成效。

一、综合

初步核算，全区实现地区生产总值267.26亿元，增长3.7%。三次产业结构为1.1 ：9.5 ：89.5，其中，第一产业实现增加值2.68亿元，增长2.3%；第二产业实现增加值25.44亿元，增长3.7%；第三产业实现增加值239.14亿元，增长3.7%。

全区全体居民人均可支配收入50609元，增长4.1%，城镇居民人均可支配收入50611元，增长4.1%。

二、农业和农村建设

全年粮食总产量0.67万吨，增长1.5%，其中夏粮产量0.32万吨，秋粮产量0.35万吨。种植商品蔬菜面积完成1.24万亩；病虫草鼠害综合防治0.5万亩；测土配方施肥完成0.15万亩；争取农业产业化专项资金1365万元；出栏肉猪17200头，减少1.04%；出栏牛115头，减少1.37%；出笼家禽61.38万羽，增长1.02%；禽蛋产量0.08万吨，增长1.33%；水产品产量0.24万吨，增长1.04%。

全年新增现代农业园区面积0.07万亩，增长12.5%。年末全区新增农业企业2个，共有各类农业企业31家，市级以上龙头农业加工企业5家，建成农产品基地22个，建成蔬菜基地700亩，建成标准化生猪养殖场1个，全年新增农民专业合作社4个，现有农民专业合作社57个，农民专业合作社成员4728人。

三、工业和建筑业

全区规模以上工业总产值14.99亿元，增长8%。分注册类型看，股份制企业产值1.2亿元，外商及港、澳、台商投资企业和其他经济类型企业产值分别为3.61、0.04亿元，增长17.7%、33.3%；分企业规模看，大中型企业实现产值3.61亿元，占全部工业总产值比重24.1%。国有控股企业实现产值0.31亿元，占全部工业总产值比重2.06%。

规模以上工业中，燃气生产和供应业、汽车制造业、电气机械和器材制造业和非金属矿物制品业4大支柱行业共实现工业总产值4.34亿元，占全区规模以上工业总产值比重28.95%。

全区有建筑业资质等级企业32家，其中，一级资质2家、二级资质6家、三级资质24家，完成建筑业总产值32.2亿元，增长4.5%；签订的合同额23.8亿元，增长6.6%；完成房屋建筑施工面积19.0万平方米，减少2.3%；完成竣工产值20.4亿元；建筑业企业在外省完成建筑业产值4.8亿元，增长8.0%。

四、固定资产投资

全区全社会固定资产投资增长3.9%，重点项目主体地位稳固，完成5000万以上重点项目投资75.6亿元，占全社会固定资产投资比重73.2%。民间投资日渐活跃，5000万以下投资项目均以民间投资为主，侧重在第三产业投资，全年完成投资额6.0亿元，投资项目个数11个。房地产市场逐步回调，完成房地产开发投资21.7亿元，增长73%。全区房屋新开工面积7.7万平方米，房屋施工面积220.0万平方米，商品房销售面积41.0万平方米，其中住宅销售面积37.7万平方米。

五、国内、外贸易和旅游

全区实现社会消费品零售总额262.88亿元，增长0.4%。其中，限额以上社会消费品零售总额61.13亿元，限上批发业零售额增长59.82%，限上住宿业营业额增长1.31%。基本生活类商品增势较好。限额以上批发和零售业（三个增速最快的行业）石油及制品类、日用品类、通信器材类，商品零售额分别增长231%、143.8%和96.6%。汽车类消费需求日益增长，汽车类消费零售额48.19亿元，增长23.2%。

全年实现进出口总额2220万元，其中，出口2220万元，进口0万元，贸易顺差2220万元。实际利用外商直接投资50万美元，增长100%，实际利用内资到位资金23.3亿元。

全年一般公共预算收入25.28亿元，其中税收收入23.92亿元，占一般公共预算收入的比重达94.61%。全年一般公共预算支出14.35亿元，民生支出占一般公共预算支出比重超70%。其中，为支持企业复工复产，拨付企业各类惠企奖补资金1463.3万元，安排稳岗返还补贴等73.24万元；为服务实体经济缓解企业压力，推荐3家“潇湘财银贷”白名单企业，成功贷款566万元，解决了企业融资难题；为促进经济加快恢复、回升向好，兑现2022年商贸领域“规上”企业奖补资金17.24万元、兑现“乐享消费惠购石鼓”促消费活动奖补资金40万元，“真金白银”激发企业内生动力，助力消费回暖、经济态势持续向好。

全年旅游总人数达381.14万人次，实现旅游总收入35.47亿元。年末共有4A级景区1家、3A级景区1家，省五星级乡村旅游景区3家、四星级乡村旅游点1个、三星级乡村旅游景区1家；省乡村旅游重点村1个；湖南文旅新业态示范基地1个。

全区共有非物质文化遗产项目国家级3个、省级5个、市级4个、区级4个，非遗展示中心1个，文化馆2个，公共图书馆总馆1个，分馆7个，镇（街）文化站7个，村（社区）文化服务中心48个，农家书屋16家，镇（街）覆盖率100%。

六、教育科技文化卫生

全区中小学校30所，公办学校28所，民办学校2所；在校学生19951人，公办学校在校学生19140人，民办学校在校学生811人；毕业生3128人，公办学校2600人，民办学校271人；公办学校义务教育阶段在编教师911人；全区在建中小学、幼儿园0所，改扩建4所，新增学位1179个；全区幼儿园（含民办）47所，其中公办园26所，民办园21所，在园幼儿6274人。初中辍学率控制在0%，城乡义务教育秋季“一费制”全面率达到100%，政策范围内农村义务教育阶段学生杂费免除率达100%。全年共接收外来务工人员子女388名，占新生学生人数的20%。

全区共有高新技术产业企业48家，完成高新技术产业增加值68.25亿元，增长10.2%。市科技局认定高新技术企业48家，市级以上企业技术中心1家，市级以上工程中心（实验室）5家。

全区全年专利授权量243件，发明专利授权量45件，有效发明专利138件，专利行政执法案件在规定时限内结案率达100%。

全年末常住人口217616万人，出生人口988人，死亡人口1129人，人口出生率4.54‰，人口自然增长率为-0.65‰，出生人口男女性别比119.56 ：100，办理生育服务证及生育证956个，被评为“全省计划生育工作优秀单位”及“全省计划生育基层群众自治示范县市区”。

全区共有卫生医疗机构182所，医疗机构床位数640张，执业（助理）医师493人，护理人员3478人；共建居民健康档案规范档案化人数22.71万份，建档率100%；石鼓区常住地活产数1006人；石鼓区辖区机构活产数2206人，住院分娩率99.99%，孕产妇系统管理率97.51%，孕产妇死亡率99.40/‰，5岁以下儿童死亡率5.96‰，7岁以下儿童系统管理率97.9%。

七、环境保护和安全生产

生态环境治理方面成效显著，空气优良率90.6%，饮用水水源环地质达标率100%，水质达标率100%。

全区发生各类生产安全事故7起（其中生产经营性道路交通事故4起），死亡8人，直接经济损失540万元；发生工矿商贸生产安全0起，亿元GDP死亡率为2.9%。

全区共开展社会调查66例，累计接收社区矫正68人，解矫47人，办理法律援助案件586件，调解组织共排查各类矛盾纠纷390件，调解率100%；调处成功384件，调处成功率98.46%。

八、人民生活和社会保障

全区新增城镇就业人员2615人，其中失业人员再就业2625人（含就业困难人员就业476人），农村新增劳动力转移就业604人，城镇登记失业率1.01%，城镇零就业家庭实现动态就业援助达100%。发放创业担保贷款140万元，职业培训1890人。全区参加企业职工基本养老保险人数达3.85万人，参加城乡居民养老保险人数达2.89万人，基本养老金社会化发放率达100%，企业养老保险金实现“十九连涨”，失业保险金标准为1395元/月。全区贫困劳动力稳定就业730人，新增农村贫困劳动力转移就业55人，城乡居民养老保险费代缴惠及困难群体2126人。

2023年城镇职工基本医疗保险参保人数13591人，基金收入8187.61万元；城乡居民基本医疗保险参保人数10.44万人。全面保障参保居民的门诊和住院待遇，全年城乡居民享受待遇130907人次，基金支付7790.52万元。全区职工享受待遇66403人次，基金支出2553.26万元。全面落实医疗救助政策，资助困难群体参保4705人，资助资金113.11万元，困难群体参保率达100%。年度医疗救助3177人次，救助金额282.72万元，其中门诊医疗救助1671人次，救助金额34.04万元，住院医疗救助1506人次，救助金额248.68万元。

全年发放城乡居民最低生活保障金2543.3165万元，居民得到政府最低生活保障5.0809万人次，其中城市居民最低生活保障3.6767万人次，农村居民最低生活保障1.4042万人次。补助困难残疾人16026人次，补助生活补贴128.208万元，护理重度残疾人27428人次，补助护理补贴219.424万元。

珠 晖 区

珠晖区因境域有古迹珠晖塔而得名。

政区沿革春秋属楚，秦属长沙郡，西汉高祖5年（公元前202），始建酃县（县治设今珠晖区和平乡湖东村），属长沙郡。东汉建安元年（196年），析酃县南部东北境、烝（zhēng）阳县东境置临烝县，县治设酃县城。三国（220年），析长沙郡东南置湘东郡，郡治设酃县。隋、唐、宋均属衡阳县。元顺帝至元三年（1337年），属湖广行省衡州路新城县。明洪武十年（1377年），属湖广行省衡州府衡阳县。清乾隆二十一年（1756年）属湖南省衡永郴道衡州府清泉县。民国二年（1913年），属衡阳县。民国三年（1914年）属衡阳道。民国九年（1920年）各县直属省。1942年1月1日，属市辖第五区。1949年8月，属衡阳县。1949年10月8日，属市第五区，1951年9月，改属第三区。1955年5月，始称江东区。1960年4月23日，改称“衡阳市江东区人民公社”。1961年，撤石子岭分社和湖北路分社，增设东阳渡分社。1977年6月，设新湘街道。1982年1月，湖南路街道更名为广东路街道。2001年4月，衡阳市城区区划调整，江东区更名为珠晖区，将原市郊区茶山坳镇、东阳渡镇、和平乡、酃湖乡划入。2006年11月17日，将衡南县咸塘镇王江村、茅坪村划入酃湖乡。2007年9月5日，从酃湖乡析出王江村、茅坪村设衡州路街道。

珠晖区辖2乡、1镇、7个街道办事处。2023年实现地区生产总值（GDP）315.8亿元，年末我区GDP总量在全市的占比为7.5%。比上年增长3.9%（不变价增速）。2023年新登记市场主体6970户，日均新登记企业6户，年末市场主体总数达37059户。净增“四上”企业37个。

珠晖区现有高新技术企业56家，2023年完成高新技术产值226亿元。2023年发明专利授权394件，有效发明专利142件。已建成衡阳市人力资源现代产业园、眼镜小镇等产业园，共有各级各类创业孵化基地4家，入库科技型中小企业74家。

全区城乡基本医疗保险参保人数为20.43万人，城镇职工基本医疗保险参保人数为1.12万人。参加城镇职工养老保险人数为4.22万人，参加城乡居民养老保险人数为4.50万人，参加失业保险职工人数为8592人，参加工伤保险职工人数为9751人。

珠晖区2023年国民经济和社会发展统计公报

2023年，是全面贯彻党的二十大精神的开局之年，是三年新冠疫情防控转段后经济恢复发展的一年，全区上下坚持以习近平新时代中国特色社会主义思想为指导，在区委、区政府的坚强领导下，锚定“三高四新”美好蓝图，聚力“制造立市、文旅兴城”发展战略，以实干实绩开创大区向强区跨越新局面。

一、综合

经核算，全年实现地区生产总值（GDP）315.8亿元，年末我区GDP总量在全市的占比为7.5%。比上年增长3.9%（不变价增速，下同）。分产业看，第一产业实现增加值9.1亿元，增长2.3%；第二产业实现增加值107.43亿元，增长1.7%；第三产业实现增加值199.28亿元，增长5.3%。第一、二、三产业对GDP贡献率分别为2.2%、16%、81.8%。三次产业结构调整为2.9∶34∶63.1。

全年新登记市场主体6970户，日均新登记企业6户，年末市场主体总数达37059户。净增“四上”企业37个。

二、农业

全年农林牧渔业实现总产值15.14亿元，下降5.2%。其中，农业产值下降3.3%；林业产值增长7.3%；牧业产值下降20.9%；渔业产值下降0.1%；农林牧渔专业及辅助性活动产值增长5.0%。

全年粮食作物播种面积与去年持平；全年油料播种面积下降5.5%；蔬菜及食用菌播种面积增长3.3%。全年粮食总产量增长3.4%；全年油料产量下降4.9%；蔬菜及食用菌产量增长4.5%。

全年出栏肉猪与去年持平；出售和自宰的肉用牛下降25%；出售和自宰的肉用羊下降9%；出笼家禽增长3.3%。

全年新增耕地灌溉面积163.13公顷。

新增市级农业产业化龙头企业3家，“两品一标”认证农产品达23个。

三、工业和建筑业

全年全部工业增加值下降1.1%，在库规模以上工业企业33个，其中，农副食品加工业增加值增长65.5%，规模以上工业产销率达96.7%。

全区具有建筑业资质等级的总承包和专业承包建筑业企业15家，完成总产值174.41亿元，增长5.72%，房屋建筑施工面积21.73万平方米，下降31.29%。

四、服务业

全年交通运输、仓储和邮政业增加值增长18.9%；金融业增加值增长5%；房地产业增加值增长1.9%；租赁和商务服务业增加值增长7.4%；科学研究和技术服务业增加值增长6.7%。全年规模以上服务业企业营业收入比上年增长14.24%，利润总额下降73.31%。

五、固定资产投资

全年完成固定资产投资（不含农户）增长6.5%。在固定资产投资中，民间投资增长19.1%。分经济类型看，国有投资增长22.9%，非国有投资下降2.4%。分投资方向看，民生工程投资下降36.7%，生态环境投资增长403.6%，基础设施投资增长312.9%，高新技术产业投资下降45.6%，工业投资下降28.2%。分产业看，第二产业投资下降28.3%，第三产业投资增长8.9%。

全年完成房地产开发投资增长18.9%。全区商品房销售面积34.06万平方米，增长32.06%；商品房销售额17.43亿元，增长17.17%。

全年各类棚户区改造开工375套，基本建成375套。

六、国内贸易和对外经济

全年完成社会消费品零售总额142.36亿元，增长0.5%，占全市社会消费品零售总额比重为7.2%。限额以上批发和零售业完成零售额6.92亿元，占社会消费品零售总额4.9%。分商品类别看，在限额以上单位商品零售额中，粮油、食品类零售额比上年增长14%，金银珠宝类下降10.6%，日用品类增长1.1%，家用电器和音像器材类增长19.8%，中西药品类下降59.2%，文化办公用品类下降43.9%，建筑及装潢材料类下降7.0%，石油及制品类下降2.4%。

全年进出口总额1.96亿元，比上年上升1.8%。其中，出口1.96亿元，上升1.7%；进口30万元，上升58.9%。

七、财政

全区一般公共预算收入达到11.85亿元，下降19%，其中，地方收入合计3.20亿元，下降13.29%。全口径税收占财政收入的比重达91.59%，财政总收入占GDP的比重达3.75%。财政一般公共预算支出13.22亿元，下降7.35%，其中社会保障和就业支出2.89亿元，下降17.13%；农林水事务支出1.22亿元，增长4.75%；科学技术支出3494万元，增长1.28%；卫生健康支出1.57亿元，下降27.38%；教育支出2.38亿元，增长0.88%；交通运输支出555万元，增长201.63%。

八、教育、科技

全区拥有普通中学4所，普通小学44所，九年一贯制学校1所，幼儿园66所。普通中学在校学生1901人，教职工134人；九年一贯制学校在校学生950人，教职工175人；普通小学在校学生20611人，教职工989人；幼儿园入托儿童8179人，幼师1152人。全区小学生毕业合格率达100%。

全区公办学位建设中，新增学位810个，完成乡镇寄宿制学校校舍建设面积4550平方米，乡村小规模学校校舍建设面积268平方米；完成中小学校幼儿园改厕5所。补充免费师范生5人。2023年高考珠晖学子再创辉煌，600分以上人数达59人，其中4人被清华大学录取（1人取得清华大学和空军航空大学双学籍），全区空军飞行员录取3人。

我区现有高新技术企业56家，全年完成高新技术产值226亿元。全年发明专利授权394件，有效发明专利142件。已建成衡阳市人力资源现代产业园、眼镜小镇等产业园，共有各级各类创业孵化基地4家，入库科技型中小企业74家。

九、文化、体育和卫生

全区共拥有各类艺术表演团体77个，文化馆1个，公共图书馆1个、分馆10个，24小时图书馆1个，综合性乡镇文化站3个，街道文化站7个。社区文化活动中心40个，社区文化广场40个。

全区拥有体育场地1030个，其中体育馆3座，运动场698个，游泳池3个，各种训练房14个，6000平方米以上的全民健身广场4个，省青少年常规体育比赛获金牌6枚，开展全民健身项目活动10次。

全区共拥有区属各类医疗卫生机构236个，其中医院5个，乡镇卫生院3个，社区卫生服务中心7个，妇女儿童医院1个，其他各类医疗机构及个体诊所220个。区级注册卫生技术人员4543人，其中执业医师和执业助理医师1603人，护师护士2940人。医院、卫生院床位987张。全区疾病预防控制中心1个，疾病预防控制中心（防疫站）卫生技术人员12人。2023年我区累计接种各类疫苗（含新冠疫苗）7328人次。

十、自然环境和安全生产

全年城市空气质量优良天数330天，优良率90.4%，空气污染综合指数为3.65；PM10、PM2.5年平均浓度分别为55微克/立方米和38微克/立方米，以上各项指标在城区排名第一。全区2个地表水考核断面水质达标率100%，湘江干流衡阳段水质年均值达到Ⅱ类标准，2个县级以上集中式饮用水水源地水质达标率100%。全区公园4个，公园面积335万平方米，城市建成区绿化覆盖率42.85%，城镇污水处理率114%，城市生活垃圾无害化处理率100%。

全年发生各类生产经营性安全事故10起，生产经营性安全事故死亡人数9人。工矿商贸企业事故0起，死亡0人。

十一、社会保障和人民生活

全区城乡基本医疗保险参保人数为20.43万人，城镇职工基本医疗保险参保人数为1.12万人。参加城镇职工养老保险人数为4.22万人，参加城乡居民养老保险人数为4.50万人，参加失业保险职工人数为8592人，参加工伤保险职工人数为9751人。

全区城镇居民和农村居民得到政府最低生活保障分别为3558人和2647人。各类收养性社会福利单位床位数788张，各类收养性社会福利单位收养人员468人。

全年结婚登记1192对，离婚登记528对，发放90岁以上高龄老人长寿生活补贴98万元。

全年城镇新增就业3393人，比上年多48人。下岗失业人员再就业4620人，就业困难对象再就业500人，扶持创业人数74人，新增农村劳动力转移就业人数1016人。全区城镇登记失业率为0.9%。

全区全体居民人均可支配收入48463元，增长4.3%。城镇居民人均可支配收入49095元，增长4.3%。其中城镇居民工资性收入27954元、经营净收入3717元、转移净收入12222元、财产净收入5200元。

全区居民人均消费支出33720元，增长3.7%。城镇居民人均消费支出34146元，其中食品烟酒支出9273元、居住支出5821元、医疗保健支出1771元、教育文化娱乐支出6247元。

蒸 湘 区

一、区情介绍

蒸湘区是2001年区划调整时，以原郊区为主组合而成的新区。总面积110.52平方公里，常住人口47.8万，下辖雨母山、呆鹰岭2个镇，蒸湘、红湘、联合、华兴（高新区托管）4个街道。近年来，先后获得“国家科技进步区”“全面建成小康社会达标县市区”“落实开放崛起等政策措施成效明显的县市区”“推动高质量发展成效明显的县市区”等130项国家级、省级荣誉称号。区位优势明显。市委、市政府等主要党政机关坐落于此，是衡阳市的政治、经济、文化中心。境内322国道、S315线、西外环线、衡枣高速连接线纵横交错，潭衡西高速、衡邵高速贯通其中，城区主干道解放大道、船山大道、蔡伦大道穿行而过，构筑起了外联内畅、便捷舒适的交通网络。自然山水独具特色。距城区仅10公里的雨母山3A级风景名胜区，被誉为“城市绿肺”和“衡阳后花园”。景区内有自然景点16处、人文景点33处。存有全国唯一祭祀帝喾的寺宇——帝喾祠，相传为舜帝南巡到达衡阳为祭祀帝喾而建，距今有4000多年历史，赤松观、雁雨寺为重要宗教活动场所。商贸繁荣兴盛。我区商业综合体93万平方米，61家规上服务业企业，总部经济企业8家、专业商品市场11个。万达广场、泰阳电器、晶珠广场、弘阳广场、红星美凯龙与杉杉奥特莱斯、步步高等商贸中心构建城市最大的商圈。杨柳汽车销售街区是湘南地区最大的汽贸城。产业发展兴旺。拥有土桥村翠冠梨、临江村菁香桃等10余个农产品品牌。规上工业企业达35家，以衡钢为龙头的钢管及深加工产业链有相关企业42家、从业人员3万余人、销售额达180亿元。金融业蓬勃发展，聚集金融机构34家。城市环境宜居。全市第一个省级文明城区，人文氛围浓厚，南华大学、湖南交通工程学院等6座高校坐落其中。区内30余个高品质住宅小区星罗棋布，提升了居住品质，积聚了旺盛人气。文旅资源丰富，奇石文化博物馆、艺术家部落、十里荷塘等文旅休闲基地备受青睐。

二、经济指标

初步核算，2023年全年实现地区生产总值308.68亿元，增长3.8%。其中，第一产业增加值3.34亿元，增长2.1%；第二产业增加值110.76亿元，增长5.2%；第三产业增加值194.58亿元，增长3.0%。第一产业增加值占地区生产总值的比重为1.1%，第二产业增加值比重为35.9%，第三产业增加值比重为63.0%，一、二、三产业对经济增长的贡献率分别为0.7%、50.2%和49.1%，分别拉动经济增长0.03、1.9和1.8个百分点。按常住人口计算，人均GDP达106849元。

全年居民消费价格比上年下降0.1%，其中食品价格下降1.1%；教育文化和娱乐价格上涨1.7%。

省、市、区定35项重点民生实事全部完成，在2023年度省政府重点工作综合督查中，我区打好重点民生保障仗典型经验做法受到通报表扬。扎实推进稳就业强保障，成功举办招聘会6场，提供就业岗位13764个，达成就业意向3306人。

蒸湘区2023年国民经济和社会发展统计公报

2023年是全面贯彻党的二十大精神的开局之年，面对复杂多变的经济社会发展形势，在区委、区政府正确领导下，全区上下始终锚定“三高四新”美好蓝图，聚焦打好“发展六仗”，持续推进“聚力中心化攻坚年行动”，加快推进省域副中心城市高质量发展示范区建设，全年经济运行平稳、民生事业持续改善。

一、综合

初步核算，全年实现地区生产总值308.68亿元，增长3.8%。其中，第一产业增加值3.34亿元，增长2.1%；第二产业增加值110.76亿元，增长5.2%；第三产业增加值194.58亿元，增长3.0%。第一产业增加值占地区生产总值的比重为1.1%，第二产业增加值比重为35.9%，第三产业增加值比重为63.0%，一、二、三产业对经济增长的贡献率分别为0.7%、50.2%和49.1%，分别拉动经济增长0.03、1.9和1.8个百分点。按常住人口计算，人均GDP达106849元。

全年居民消费价格比上年下降0.1%，其中食品价格下降1.1%；教育文化和娱乐价格上涨1.7%。

省、市、区定35项重点民生实事全部完成，在2023年度省政府重点工作综合督查中，我区打好重点民生保障仗典型经验做法受到通报表扬。扎实推进稳就业强保障，成功举办招聘会6场，提供就业岗位13764个，达成就业意向3306人。

二、农业

全年实现农林牧渔业总产值6.25亿元，下降3.1%；实现农林牧渔业增加值3.61亿元，增长2.4%。

全年粮食种植面积1.03千公顷，下降0.8%。其中稻谷种植面积0.93千公顷，下降1.5%；油料种植面积0.35千公顷，增长0.4%；蔬菜种植面积0.91千公顷，增长1.4%。

全年粮食总产量6400吨，下降1.6%。其中稻谷产量6120.80吨，下降2.0%；油料总产量599吨，增长0.3%；蔬菜总产量32035吨，增长0.2%。

全年出栏肉猪1.93万头，下降13.8%；生猪存栏1.29万头，下降19.9%；出栏羊0.46万只，下降13.2%；出笼家禽60.05万羽，增长2.0%；水产品产量4578吨，增长4.5%。

三、工业和建筑业

全年实现工业增加值84.77亿元，增长7.2%，其中规模以上工业增加值增长6.9%。按行业类型分，采矿业实现增加值0.13亿元，增长0.2%；制造业实现增加值59.43亿元，增长10.7%；电力、热力、燃气及水生产和供应业实现增加值25.21亿元，增长0.2%。

全年规模以上工业企业（不含国网衡阳供电分公司）实现利润总额9.08亿元，增长10.2%。按国民经济行业分，其中黑色金属冶炼和压延加工业实现利润8.58亿元，增长11.3%；通用设备制造业实现利润0.21亿元，下降12.5%；金属制品业实现利润0.19亿元，增长58.3%；专用设备制造业实现利润0.09亿元，下降35.7%；废弃资源综合利用业实现利润0.05亿元，增长25.0%。按注册类型分，其中股份制企业实现利润8.87亿元，增长11.1%；外商及港澳台商投资企业实现利润0.21亿元，下降12.7%。

全年实现全社会建筑业增加值26亿元，下降1.3%。其中具有资质等级的总承包和专业承包建筑业企业40家，实现总产值75.55亿元，增长7.3%。

四、固定资产投资

全年固定资产投资（不含农户）下降15.6%。其中城镇500万元以上（含）项目完成投资增长84.2%；房地产开发投资下降42.9%。分产业看，第一产业完成投资下降37.0%；第二产业完成投资下降6.3%；第三产业完成投资下降13.6%。在全部投资中，民间投资占投资的比重达到87.2%；产业投资占比为26.5%；制造业投资占比为11.9%。

房地产开发投资中，其中住宅投资27.13亿元，下降31.9%。全年商品房销售面积下降31.9%。

五、内、外贸易

全年社会消费品零售总额215.68亿元，增长0.3%。按城乡分，城镇消费品零售额191.96亿元，增长1.4%；乡村消费品零售额23.72亿元，下降8.1%。按行业分，批发业零售额11.86亿元，下降11.0%；零售业零售额170.39亿元，增长0.9%；住宿业营业额5.35亿元，增长3.6%；餐饮业营业额28.08亿元，增长1.2%。

全年实际到位内资64.3亿元，增

长 11.3%。进出口总额 34.72 亿元，增长 30.8%。其中，出口 29.38 亿元，增长 44.5%；进口 5.34 亿元，下降 14%。

六、财政

全年财政总收入 22.13 亿元，同口径下降 13.3%，其中税收收入 21.04 亿元，占财政总收入的比重达 95.1%。实现地方一般公共预算收入 5.19 亿元，下降 15.2%。全年一般公共预算支出 13.88 亿元，增长 10.6%。其中用于教育、科学技术、文化体育与传媒、社会保障与就业、医疗卫生与计划生育、城乡社区事务、农林水事务、住房保障等民生方面的支出 11.09 亿元，占一般公共预算支出的 79.9%。

七、文化、教育、体育和卫生

年末拥有文化事业机构 9 个，其中图书馆 1 个，文化馆 1 个，美术馆 1 个，镇街文化站 6 个。

年末拥有普通初中 6 所，小学 31 所，幼儿园 71 所。其中雅宸学校和仁大实验学校是九年一贯制学校。

年末拥有体育场馆 193 个，其中体育馆（包括运动场）141 个，游泳池 15 个，各种训练房 37 个。

年末拥有卫生机构 229 个，床位 4653 张，从业人员 5693 人，其中执业（助理）医师 1834 人，执业护士 3481 人。

八、人口和人民生活

全年出生人口 1198 人，人口出生率为 5.88‰；，比上年下降 0.82 个千分点；死亡人口 749 人，死亡率为 3.68‰；，比上年下降1.56个千分点；人口自然增长率为2.2‰。出生人口男女性别比为 102.36 ∶ 100。年末常住总人口 28.91 万人，其中城镇人口 25.95 万人，农村人口 2.96 万人，城镇化率为 90%。

全年居民人均可支配收入 48854 元，增长 4.0%。按居住地分，城镇居民人均可支配收入 48960 元，增长 4.0%。年末居民人均住房面积 41.8 平方米。

九、安全生产和生态环境

全年共发生各类安全生产事故 9 起，比上年上升 50%；死亡 9 人，比上年上升 50%。

全年城市环境空气质量优良天数 316 天，优良率达到 88.3%；蒸水入湘江口国控考核断面继续保持Ⅲ类水质，CWQI（水质综合指数）为 4.7962。

政治·军事·法治

◎衡阳县法院发出全国首份《夫妻共同财产申报令》

2023年1月1日，湖南省衡阳县人民法院向一起离婚纠纷案件双方当事人发出《离婚案件当事人夫妻共同财产申报令》。这是新修订的《中华人民共和国妇女权益保障法》正式施行后的全国首份《夫妻共同财产申报令》。

根据新修订的《中华人民共和国妇女权益保障法》第六十七条第二款规定："离婚诉讼期间，夫妻双方均有向人民法院申报全部夫妻共同财产的义务……"衡阳县法院发出的《夫妻共同财产申报令》便是根据这一新规所出台的一项具体的创新举措，有效地解决了长久以来在离婚诉讼司法实践中存在的一个难题。同时，也意味着财产申报将正式成为离婚纠纷案件的重要组成部分。

衡阳县人民法院为全面贯彻落实《中华人民共和国妇女权益保障法》，先后研究制定了《离婚案件当事人夫妻共同财产申报令》《离婚案件当事人夫妻共同财产申报表》《承诺书》等一系列法律文书，并将在向离婚诉讼当事人送达受理案件通知书和应诉通知书时同时送达，明确告知当事人填报的相关要求、权利义务和未如实申报的法律后果。该制度的施行，不仅有助于人民法院最大限度地查实当事人的财产状况，确保依法公正地处理离婚案件中夫妻共同财产分割的问题，还有助于节约诉讼成本，促进当事人诚信诉讼。

◎衡阳市水运事务中心举行搬迁新址揭牌仪式

2023年1月6日，衡阳市水运事务中心（市船舶检验中心、水上安全监管救助基地）举行了简朴而又庄严的搬迁新址揭牌仪式。湖南省水运事务中心、衡阳市交通运输局相关负责人出席活动。

2020年4月29日，市水运事务中心成立。由原市地方海事局改革分为两个单位，其中一个为水运事务中心。此次搬迁到雁峰区湘江乡湘江村一组，新址增添了市水上安全监管救助基地。市水运事务中心为市交通运输局所属副处级公益一类事业单位，主要承担衡阳市水上交通安全、船舶和港口防污染、船舶船员、船舶检验、港口、航道、水路运输市场等监督管理的行政辅助工作。近年来，市水运事务中心出色地完成了僵尸船集中清理、非法码头的取缔、港口的规范提升、应急救援体系的完善等重要任务，较好地守护了"一江碧水"，打造了衡阳水运的靓丽名片，彰显了衡阳水运人的良好形象。

◎推动更深层次共赢发展 携手打造央地合作典范

2023年1月5日，市委副书记、市长朱健赴湖南有色金属控股集团会谈工作，就进一步深化合作，打造央地合作典范进行深入交流。湖南有色金属控股集团有限公司党委书记、董事长赵志顺参加会谈。

朱健表示，衡阳市委、市政府始终把发展制造业放在重中之重的位置，把有色金属产业链放在衡阳市重点发展的14条产业链的龙头地位，坚定不移发展壮大实体经济。对于湖南有色集团提出的三大类16项需要协调和支持的事项，朱健强调，将把任务清单带回去转化为责任清单，明确落实责任人和时间表，全力以赴提供各方面要素支撑保障，"条块结合"精准解决企业发展难题，切实为企业发展营造最优营商环境。

赵志顺说，2022年是湖南有色集团组建以来取得最好成绩的一年，在衡阳企业完成营业收入233亿元，同比增长7.48%，上缴税金5.24亿元，同比增长38.6%。

◎2023年度衡阳市院士专家重点学科、重点实验室参观考察启动暨揭牌仪式举行

2023年1月6日，2023年度衡阳市院士专家重点学科、重点实验室参观考察启动暨揭牌仪式在南华大学举行，中央候补委员、中国工程院院士刘仲华揭牌并讲话，省政协副主席、南华大学校长张灼华致辞，市委书记刘越高揭牌。

刘仲华、刘越高为"张灼华脑科学与脑疾病重点实验室""高山城市安全与韧性治理重点实验室"揭牌。"张灼华脑科学与脑疾病重点实验室"主要致力于神经退行性疾病，特别是帕金森病、阿尔茨海默病的分子机制和临床转化研究。"高山城市安全与韧性治理重点实验室"重点在智慧城市大数据安全与信息保护等6个方向开展基础理论和关键技术研究。

张灼华表示，要以此次揭牌为契机，进一步凝聚共识，细化建设方案，充分发挥各方优势，确保建设出实效，促进学校教育、科技等资源与衡阳地方经济社会发展深度融合，在合作共建中实现共同发展，为加快建设高水平大学构建衡阳支撑，同时在服务衡阳经济高质量发展上贡献南华力量，为实现湖南"三高四新"战略定位和使命任务、建设现代化新衡阳，谱写校地合作共赢新篇章。

2023年度衡阳市院士专家重点学科 重点实验室参观考察启动暨揭牌仪式举行

要闻纪事

1月

△3日，"中国改革2022年度地方全面深化改革典型案例"名单发布，"衡阳市以制度机制创新推动高质量发展"案例入选。案例从30个省（自治区、直辖市）各级改革部门推荐的近2000个改革案例中遴选。案例紧紧围绕经济、政治、文化、社会、生态文明、党建等六大改革主线。

△4日，衡阳市委书记、市生态环境保护委员会主任刘越高主持召开市生态环境保护委员会2023年第一次全体会议。听取了2022年长江经济带警示片拍摄发现问题整改工作、省"利剑"行动督察情况和2023年衡阳市生态环境问题清单交办工作汇报；听取了《衡阳市关于深入打好污染防治攻坚战落实意见（审议稿）》起草说明。

△4日，衡南县委常委会召开会议，学习贯彻习近平总书记2023年新年贺词和在中共中央政治局民主生活会上的重要讲话精神；传达学习有关文件精神；听取全县疫情防控工作、县委经济工作会议筹备工作情况汇报，研究部署有关工作。

△4日，石鼓区举行学习宣传贯彻党的二十大精神专题宣讲报告会暨科级干部轮训研讨班开班仪式。颜和平从宣示一个主题、展示伟大变革、高举伟大旗帜、明确中心任务、作出战略部署、党的自我革命、坚守底线思维等七个方面，对学习宣传贯彻党的二十大精神进行了集中宣讲。

△4日，衡阳市召开2023年全市春运工作会议，部署相关工作。

△5日，衡阳市医疗保障局、市税务局同时授权发布了2023年度参加城镇职工医保的灵活就业人员缴费标准：基本医疗保险缴费标准统一为每月286.88元，全年计3442.56元；大病保险缴费标准为每月15元，全年计180元。两项合计，每月缴费标准为301.88元，全年缴费标准为3622.56元。

◎2023年『衡阳市十大重点民生实事』出炉

2023年1月12日，根据《政府工作报告》，2023年“衡阳市十大重点民生实事”已经确定并正式发布实施，分别为：增加城区公共停车位、新增幼儿托位、新增社区养老与家庭养老床位、建设张家山抗战遗址公园、村卫生室达标建设、农村骨干山平塘清淤扩容、既有住宅加装电梯、中心城区安置房建设、村级快递点布局建设、建设专门学校（矫治教育）。

2023年是全面贯彻落实党的二十大精神的开局之年。市委、市政府把办好民生实事作为保障改善民生的关键举措，组织专班开展2023年重点民生实事筛选工作，确保实事让群众看得见、摸得着，有获得感。筛选过程中，充分考虑财政负担、民生需求，重点聚焦群众反映强烈、需求紧迫的就学、就医、出行等事项；充分考虑时代背景，重点关注基层卫生体系、养老体系等方面课题。2022年12月12日—12月18日，衡阳市人民政府门户网等平台发布了初步拟定的20件民生实事，并通过衡阳发布、掌上衡阳等平台广泛宣传发动，组织开展网络投票筛选“衡阳市十大重点民生实事”。结合网络投票结果及各方的意见建议，衡阳市确定了2023年“衡阳市十大重点民生实事”，并纳入2023年《政府工作报告》，经市十六届人大二次会议审议通过予以发布实施。

◎衡阳市举行“最美交警”颁奖晚会

衡阳市举行“最美交警”颁奖晚会

2023年1月9日，在第三个中国人民警察节来临之际，一路有我——衡阳市“最美交警”颁奖晚会举行，副市长、市公安局局长胡志文出席活动并颁奖。

活动现场，胡志文等领导为2022年度“最美基层交通民警”“最美基层交通辅警”“最美交警家庭”颁奖，并为9位退休民警颁授荣退纪念勋章。

2022年，衡阳市亡人道路交通事故、死亡人数同比分别下降22.76%、24.45%，3人以上较大道路交通事故“零发生”，没有发生大范围、长时间道路交通拥堵，没有发生“涉交”负面舆情。会议表示，2023年，衡阳市公安交警要坚持人民至上、生命至上，坚决扛牢道路交通安全政治责任；坚持问题导向、目标导向，坚决排查整治交通问题顽瘴痼疾；坚持守土有责、守土尽责，坚决压实道路交通安全工作责任；坚持全员出战、全力以赴，坚决抓好春运春节交通安保工作。要在实现衡阳新发展的时代洪流中踔厉奋发、担当笃行、建功立业，共同奏响“我的衡阳·我的奋斗”最强音。

◎衡阳市新增8家省级创新平台

2023年1月12日，湖南省发改委日前公布了2022年度省级“双创”示范基地、企业技术中心和工程研究中心等创新平台名单，衡阳8家创新平台榜上有名。

此次获得省发改委批准的8家创新平台分别是：1家省级“双创”示范基地——湖南高速铁路职业技术学院；2家省级企业技术中心——衡阳众德智能科技有限公司技术中心、衡阳凯新特种材料科技有限公司技术中心；5家省级工程研究中心——湖南金裕环保科技有限公司环保型金属防腐材料湖南省工程研究中心、南华大学肝癌早诊早治湖南省工程研究中心、湖南神农国油生态农业发展有限公司油茶资源培育和高值化利用湖南省工程研究中心、湖南省湘能舒适环境科技有限责任公司超低能耗建筑墙体材料湖南省工程研究中心、湖南高速铁路职业技术学院高铁及轨道交通智慧运维湖南省工程研究中心。

至此，全市拥有发改系统省级以上创新平台已达61家，主要集中于“一核两电三色四新”等主导产业领域，已形成较为完善的技术创新体系，有力增强了核心关键共性技术研发，为全市产业转型升级、培育壮大新动能发挥了重要支撑作用。

要闻纪事

△5日，衡阳市政协教育界别委员工作室召开会议，总结2022年工作、谋划2023年工作，教育界别委员们齐聚一堂，畅所欲言。

△5日，珠晖区八角塘公安分局暨建国里派出所新址正式揭牌。

△5日，衡阳市雁峰区委五届三次全会暨区委经济工作会议召开，释放出雁峰区2023年经济工作“新信号”——围绕建设现代化新雁峰，紧扣经济要“稳”、产业要“兴”、项目要“快”、招商要“准”、指标要“红”、底线要“守”“六字要诀”，奋力争当加快推进衡阳中心化进程的“领头雁”。

△6日，衡阳市委政法委、市见义勇为基金会相关负责人深入雁峰区、衡阳县、常宁市，表彰慰问见义勇为典型，表达对英雄的崇敬与关爱，努力营造让见义勇为在衡州大地蔚然成风的浓厚氛围。

△8日，石鼓区召开安全生产警示教育大会，深刻吸取“1·8”事故教训，进一步抓好岁末年初安全生产工作，确保社会和谐稳定，以高水平安全保障高质量发展。

△9日，珠晖区人民政府与兵团第六师红旗农场举行合作签约，兵团第六师红旗农场党委书记、政委郑礼华，区委书记魏中发出席并见证签约。

△9日，“央地合作 共谋发展”湖南有色项目建设专题调度会召开。市人大常委会一级巡视员段志刚通报了湖南有色在衡产业发展推进情况，并对需要解决的重点问题作交办说明。

△9日，衡阳市委副书记、耒阳市委书记赖馨正率市直相关部门负责人到韶能集团耒阳蔡伦纸品有限公司，走访慰问“双联”企业、创新能手和困难职工，为他们送去党和政府的关怀与温暖。

△9日，衡阳市妇联召开第十五届六次执委会。会议对2022年工作进行了总结，部署了2023年工作，增、替补了市妇联第十五届执行委员会执委、常委，并表彰了全国妇联系统先进集体、衡阳市2022年最美执委、最美妇联人。

◎“我和我的警察节——逐梦新征程·奋斗创未来”主题活动举行

2023年1月10日是第三个中国人民警察节，也是全国第37个“110宣传日”。“我和我的警察节——逐梦新征程·奋斗创未来”主题活动举行，市委书记刘越高看望慰问公安功模并讲话。市委副书记、市长朱健参加。

刘越高强调，衡阳市公安机关和人民警察队伍要矢志不渝做党和人民的忠诚卫士，全力履行维护国家安全政治安全、确保社会大局稳定、促进社会公平正义、保障人民安居乐业的职责使命，在“逐梦新征程·奋斗创未来”中再创佳绩、再立新功，为加快推进区域中心化进程、全面建设社会主义现代化新衡阳营造安全稳定的社会环境。

刘越高要求，要践行政治忠诚，毫不动摇地坚持和加强党对公安工作的绝对领导，忠诚拥护“两个确立”、坚决做到“两个维护”。要厚植为民情怀，常态化开展扫黑除恶，强力推进禁毒反诈，重拳整治交通顽疾，切实发挥“衡阳义警”“屋场恳谈会”“湾村明白人”等治理品牌作用，努力用自己的“辛勤指数”提升群众的“安全指数”“幸福指数”。要恪守公平正义，准确把握严格规范公正文明执法要求，持之以恒推进执法规范化建设，不断强化执法权力监督制约，善于用法治思维和法治方式打击犯罪、维护稳定。

“我和我的警察节——逐梦新征程·奋斗创未来”主题活动举行

◎衡阳市改革创新入选“中国改革 2022 年度市域改革案例”

2023 年 1 月 16 日，“中国改革 2022 年度案例”名单发布。衡阳市“以制度机制创新推动高质量发展”入选“中国改革 2022 年度市域改革案例”，是湖南唯一获得该项荣誉的城市。至此，衡阳市已连续三年入选中国改革典型案例，连续两年入选中国改革年度案例。

该项评选由国家发改委所辖的中国经济体制改革杂志社主办，是全国改革发展领域的最高荣誉。评选分为改革典型案例和年度改革案例两个层面，年度改革案例是改革典型案例的“升级版”。经权威评审，衡阳市参评案例从全国 30 个省（直辖市、自治区）334 个地级市 2000 多个案例中脱颖而出，在成功入围 200 个改革典型案例后，再跻身 20 个年度市域改革案例，可谓“优中之优”。

此前，在 2020 年和 2021 年，衡阳市“‘六微’模式提升机关党建水平”“全国首创企业赋‘码’保护机制”分别入选“中国改革（2020）典型案例”和“中国改革 2021 年度案例”。衡阳市委改革办也连续 3 年获得全国地方改革通联工作先进单位、地方改革宣传工作先进单位等荣誉。

◎衡阳市公安局荣立集体二等功

2023 年 2 月 2 日，召开的全省公安局长会议上传来喜讯：衡阳市公安局 2022 年度安保维稳成绩突出，被湖南省公安厅荣记集体二等功。副市长、市公安局局长胡志文在主会场参加会议并上台领奖。

2022 年，衡阳市公安机关紧紧围绕党的二十大安保维稳主线和公安工作高质量发展主题，深入开展“喜迎二十大、忠诚保平安”主题实践活动，全力以赴防风险、保安全、护稳定，牢牢守住“五个不发生”工作底线，确保了衡阳市政治社会大局持续安全稳定。衡阳市刑事案件破案、刑拘人数、移诉人数同比上升，“利剑护蕾”、命案侦办、滞留境外涉诈高危人员劝返工作分别排名全省第一、第二和第三，缉毒执法主要指标绝对值位于全省前列，夏季治安打击整治“百日行动”、新一轮打击整治“三贷三霸”专项行动被评为成绩突出，扫黑除恶工作在全省作经验发言，衡阳市成功退出全国禁毒“预警通告”行列。创新“衡阳义警”群防群治模式，衡阳市刑事、治安警情和街面“两抢”案件同比分别下降 15.02%、15.78%、76.1%。一般道路交通事故、死亡人数、受伤人数、直接财产损失同比分别下降 32.14%、25.11%、40.14%、39.69%，较大事故实现“零发生”。衡阳市民调得分 93.45 分，连续三年攀升，达到历史最高水平。

◎衡阳市发布“人才雁阵”引进计划

2023 年 1 月 17 日，衡阳市委人才工作领导小组办公室举办新闻发布会，发布衡阳市“十四五”人才雁阵行动计划及其配套文件、2023 年度衡阳市高层次和急需紧缺人才引进需求目录。

“十四五”期间，衡阳规划实施 1 个“万雁入衡”引才项目，优秀专家人才、企业科技创新创业人才团队、重点产业骨干人才等 9 个支持项目，力争到 2025 年衡阳市人才总量达到 100 万人。

为确保“人才雁阵”行动计划落地落实，衡阳市同步出台 6 个人才引进办法、6 个人才培育办法、4 个人才激励办法、2 个人才服务办法、1 个平台建设办法、1 个人才专项资金管理办法等系列配套文件。

衡阳将进一步简化人才引进流程，引进高层次人才及博士研究生，实行“一事一议，面谈面签，随引随办”；引进硕士研究生及其他急需紧缺人才，可视情况降低开考比例，原则上只选取笔试、面试或实际操作能力测试其中一种方式进行考试考核。引进的高层次人才和急需紧缺人才落地后，符合条件的可享受生活补贴和一次性购房补贴。通过市校企合作引进的博士研究生除享受生活补贴和一次性购房补贴，还可享受驻衡高校和本地企事业单位提供的相关薪酬待遇。并为引进人才提供创业融资担保、家属安置、子女入学等综合服务。

◎衡阳市蒸湘区 5 项工作获得湖南省政府表扬激励

2023 年 1 月 18 日，湖南省政府公布了对 2022 年度真抓实干成效明显地区予以表扬激励的名单及激励措施，衡阳市蒸湘区有 5 项工作获得表彰。

此次表扬激励主要包括“推动高质量发展成效明显”等 37 项工作。其中，蒸湘区“推动高质量发展成效明显”“打造具有核心竞争力的科技创新高地，创新驱动成效明显”“全面促进消费、增强消费对经济增长的基础性作用成效明显”“改善农村人居环境成效明显”“深入推进乡村振兴，打牢粮食安全根基”等 5 项工作获得了表扬激励，成为衡阳市获得表扬激励最多的县（市）区单位。

蒸湘区相关负责人介绍，2022 年以来，该区紧盯经济指标运行，出台《蒸湘区经济高质量发展争先创优工作方案》《蒸湘区加快落实 2022 年省政府真抓实干督查激励措施的工作方案》等举措，全区经济呈现“承压前行、持续恢复、回稳向好”态势。2022 年 1—12 月，全区地区生产总值预计完成 304 亿元，预计增长 5.3%。

◎深挖“林”的潜力 做好“山”的文章 共同促进衡阳林业产业提质增效

2023 年 2 月 13 日，市委副书记、市长朱健会见中林集团党委委员、副总经理李留彬一行。双方就共同服务国家战略，加快推进“双碳”工作、国家储备林和油茶项目建设、林业产业发展等进行深入交流，达成广泛共识。

朱健对李留彬一行的到来表示诚挚欢迎，并简要介绍了衡阳经济社会发展情况。朱健说，衡阳林业资源丰富，区位优势明显，衡阳市林地面积 1165.26 万亩，森林覆盖率达 47.73%。当前，衡阳正深入学习贯彻党的二十大精神，坚持以习近平生态文明思想为根本遵循，把油茶产业作为富民强市的主导产业、促进乡村振兴的支柱产业来抓，提出了打造“中国油茶第一强市”目标。中林集团是林业行业唯一央企和国家生态文明建设的主力军、国家队。

要闻纪事

△ 10 日，耒阳市人武部联合市退役军人事务局组成“送喜报小分队”，为在部队荣立三等功的耒阳籍军人资英勇、资伟和梁志的家属送去立功喜报和慰问金。

△ 10 日，衡阳市委政法委来衡阳县督导反电诈、禁毒、防范打击性侵未成年人三项重点工作。

△ 10 日，衡阳市委书记刘越高会见了到访的中国移动湖南有限公司（以下简称湖南移动）党委书记、董事长、总经理程伟一行，双方就进一步深化合作、实现互利共赢发展进行深入友好交流。

△ 10 日，衡阳市委书记刘越高赴衡阳国家高新区走访慰问专家人才及团队，对其为衡阳经济社会发展作出的贡献表示感谢，并向他们致以新年问候和良好祝愿。

△ 11 日，衡阳市 2023 年春节军政座谈会召开，市委书记、衡阳警备区党委第一书记刘越高，介绍了 2022 年全市经济社会发展情况。

△ 12 日，大庙派出所举行搬迁揭牌仪式，管辖迎宾、祝圣、衡岳、岳庙 4 个社区，面积为 3 平方公里，辖区现有居民户数 4441 户，常住人口 11230 人。

△ 13 日，湖南省十四届人大一次会议衡阳市代表团举行第二次全体会议。会议讨论了《湖南省第十四届人民代表大会第一次会议选举办法（草案）》，推选了监票人。

△ 13 日，衡阳国家高新区政务服务中心举行揭牌暨集中授权签约仪式，高新区政务服务中心 5 个职能部门主要负责人和首席审批代表签订授权委托书。

△ 13 日，衡阳市委两新工委举行全市两新领域学习宣传贯彻党的二十大精神集中宣讲会，对党的二十大精神进行再动员、再升温、再学习、再领悟，推动党的二十大精神在两新领域落地生根、开花结果。

◎衡阳市自然资源卫星应用技术中心揭牌成立

衡阳市自然资源卫星应用技术中心揭牌成立

2023年2月21日，衡阳市自然资源卫星应用技术中心在衡阳市自然资源和规划局揭牌成立，标志着衡阳市建立起了贯通国、省、市、县（乡）的卫星应用体系，将全面实现衡阳市自然资源领域卫星数据获取、产品生产、主业应用与服务的统筹管理。市委常委、副市长黄立出席揭牌仪式。

衡阳市自然资源卫星应用技术中心主要负责衡阳市地理空间数据的汇集整理、共享使用和卫星遥感数据的统筹应用及监测服务；负责衡阳市卫星遥感数据库的建设、数据接收、整理、分析、统筹应用和监测服务；负责指导县（市）区开展卫星遥感技术应用。该中心的成立，将极大完善衡阳市自然资源卫星观测体系，提升衡阳市自然资源综合监管效能，为卫星数据服务政府管理和经济社会发展提供坚实的信息化保障。

衡阳市自然资源和规划局主要负责人表示，市卫星应用技术中心将持续巩固卫星遥感在自然资源调查监测、耕地保护、空间规划、地灾防治、监督执法等领域的重要作用。同时还将根据党政机关及社会各层面对卫星遥感社会化应用的迫切需求，拓展卫星资源在社会治理、执法监管、防灾救灾、城市精细化管理等方面的应用，夯实数字政府建设数据基础，助力衡阳现代化治理能力提升。

◎衡阳市图书馆荣获『全民阅读基地』称号

衡阳市图书馆

2023年2月20日，中国图书馆学会公布了2021年全民阅读工作有关名单的通知，全国24家图书馆荣获“全民阅读基地”称号。其中，衡阳市图书馆榜上有名，成为湖南省唯一上榜的公共图书馆。

“全民阅读基地”是全国图书馆界阅读推广工作最高荣誉之一，旨在表彰近年来在全民阅读工作中，积极宣传和践行社会主义核心价值观，弘扬中华优秀传统文化，组织策划了理念新颖、内容丰富、品牌效应较好的阅读推广活动，推动全民阅读深入开展，取得了较好效果的图书馆。

近年来，市图书馆以阅读推广工作为重点，积极举办各类阅读推广活动，打造多个阅读服务品牌项目。其中，“回雁讲坛”“经典美文诵读”“学习书房”等活动均具有较大影响力，深受广大市民喜爱，在全市形成了人人爱读书、读好书、善读书的全民阅读新风尚。

◎衡阳市检察系统举行演讲比赛

衡阳市检察系统举行演讲比赛

2023年2月15日，衡阳市检察机关“检心永向党·建功新时代”演讲大赛举行，来自两级检察机关各党支部的19组23名参赛选手依次走上舞台，讲述衡阳检察系统那些既平凡又暖心的人和事。市人民检察院检察长刘兴无致辞。

比赛现场，23名参赛选手结合工作实际，用朴实的语言、真挚的情感、鲜活的事例讲述了自己身边的模范人物和优秀事迹，生动诠释了衡阳检察人的豪迈担当和忠诚本色。一条路、一盏灯、一次守护……朴实的主题转化为一个个鲜活事例、一幕幕动人场景、一次次真情流露，赢得在场观众的高度赞赏，现场不时响起阵阵掌声。经过两个小时的激烈角逐，来自衡南县人民检察院的刘成、刘美和市人民检察院第一党支部的聂梦娇获得了一等奖。

要闻纪事

△14日，衡阳市第七次律师代表大会召开，选举产生第七届衡阳市律师协会理事会、监事会及新一届领导机构。

△16日，湖南省委副书记、省长毛伟明参加省十四届人大一次会议衡阳市代表团审议。他强调，要把思想和行动统一到党的二十大精神和习近平总书记对湖南重要讲话重要指示批示精神上来，巩固和放大优势，加快现代产业强市转型步伐，不断增强综合承载力、经济辐射力、示范引领力，为全省高质量发展作出省域副中心城市的积极贡献。

△16日，石家庄武警部队相关负责人，县委常委、常务副县长陈昌义，县人武部政委石斌欣一行为荣立“二等功”的现役军人戴世雄家庭送去“二等功臣之家”牌匾、喜报和慰问金，表达部队及地方党委和政府的亲切关怀。

△17日，全市疫情防控工作视频调度会召开，深入学习贯彻习近平总书记关于疫情防控工作重要讲话重要指示批示精神，传达贯彻全国疫情防控工作电视电话会议和全省疫情防控工作调度会精神，安排部署全市疫情防控重点工作。

△18日，湖南省十四届人大一次会议圆满完成各项议程，在长沙闭幕。衡阳市代表团全体省代表认真履职尽责、积极建言献策，共提交建议、批评、意见145件，其中包括1件议案、2件全团建议，数量居此次大会各代表团第二位。

△19日，衡阳市委副书记、市政府党组书记、市长朱健主持召开市政府党组民主生活会征求意见座谈会。来自县（市）区政府、市直部门、园区、乡镇、村（社区）以及医院、学校、企业的19位基层党组织负责人和党员代表先后发言。

△20日，衡阳市委书记刘越高检查春运、安保维稳、物资供应等工作，并走访慰问一线工作者。

◎衡阳市管干部学习贯彻党的二十大精神集中轮训第四期研讨班开班

2023年2月13日，衡阳市管干部学习贯彻党的二十大精神集中轮训第四期研讨班开班，市委副书记、市委党校校长赖馨正出席并作动员讲话。他强调，要以此次集中轮训为新起点，在学习上“再充电”、思想上“再提升”、精神上“再补钙”、工作上“再加油”，始终保持“闯”的精神、“创”的劲头、“干”的作风，为全面建设社会主义现代化新衡阳作出应有贡献，以实干实绩检验学习贯彻落实党的二十大精神的实际成效。

赖馨正要求要明白学习贯彻党的二十大精神是奋进新时代的重要政治责任，把思想和行动统一到党的二十大精神上来，把智慧和力量凝聚到实现党的二十大确定的目标任务上来；要明白学习贯彻党的二十大精神是领航新征程的深刻思想洗礼，做到在思想上对标对表、行动上紧跟紧随、执行上坚定坚决；要明白学习贯彻党的二十大精神是担当新使命的具体实践要求，以“不畏浮云遮望眼”的定力办好衡阳自己的事情，持续聚力“中心化”。

衡阳市管干部学习贯彻党的二十大精神集中轮训第四期研讨班开班

要在加强党的建设上走深走实，旗帜鲜明把讲政治摆在首要位置，坚持以严的基调强化正风肃纪，保持团结奋斗的精神状态。要在推动高质量发展上争优争先，坚持产业为先、科教兴市、城乡融合发展和改革开放，奋力谱写中国式现代化的衡阳篇章。

◎耒阳市成立“若兰警务室”

“若兰警务室”成立

2023年3月1日，耒阳市公安局蔡子池派出所若兰警务室揭牌仪式举行。衡阳市委副书记、耒阳市委书记赖馨正，市委副书记、市长尹立鑫出席并共同为该警务室揭牌。

赖馨正勉励若兰警务室和全体公安民辅警继承和发扬革命先烈对党绝对忠诚、对人民高度负责、英勇无畏、视死如归的伟大精神，干出更多让群众看得见、摸得着的实绩，干出更多对得起革命先烈、对得起耒阳这座英雄城市的业绩，不断提升耒阳人民群众获得感、幸福感、安全感，为耒阳经济社会高质量发展贡献公安力量。

耒阳市公安局蔡子池派出所若兰警务室管辖范围为若兰广场（党史陈列馆—培兰斋）、蔡伦纪念园、纸都博物馆、杜陵书院等红色文旅景点，目前配备4名女民警、8名女辅警。若兰警务室的成立，是耒阳市赓续红色血脉、传承红色基因的具体体现。若兰警务室将继承和发扬“若兰”精神，更好地服务人民群众、守护一方平安。

◎衡阳劳动能力鉴定委员会首推『医疗专家宣誓』

庄严宣誓

2023年2月27日，经过庄重、热烈的医疗专家宣誓仪式和规范、忙碌的鉴定程序，衡阳市2023年度第一批劳动能力鉴定工作在衡阳静安医院圆满结束。这是衡阳市劳动能力鉴定委员会首次开展医疗专家宣誓、持续推进“和行健”衡阳人社工作标准化服务的一次有效探索。

此次鉴定中，除组织宣誓仪式之外，衡阳市劳动能力鉴定委员会还通过随机抽取专家、签订承诺书、全程录音录像、争议案件集体讨论、市纪委监委参与监督等多种形式，确保鉴定标准得到正确实施，确保鉴定工作全程公平、公正、公开、透明。

参加本批劳动能力鉴定的人员共计796人，涵盖省、市、县（市）区三级近期被认定工伤的职工。此次劳动能力鉴定结论将依据相关规定作出，并及时送达用人单位及工伤职工。

◎衡阳市首批省级商业秘密保护示范企业正式授牌

湖南省商业秘密保护示范站（点）授牌

3月2日，衡阳市首批8家获评省级商业秘密保护示范企业和1家示范站（点）正式授牌。

2022年，衡阳市从8.96万家企业中筛选了先进制造业、高新科技企业300余家，遴选20余家种子企业。特变电工衡阳变压器有限公司、南岳电控（衡阳）工业技术股份有限公司、衡阳镭目科技有限责任公司、湖南水口山有色金属集团有限公司、湖南盛世威得科技有限公司、湖南美蓓达科技股份有限公司、衡阳众德智能科技有限公司、湖南世纪博思科贸有限责任公司等8家企业，入围2022年湖南省商业秘密保护示范企业榜单；湖南省知识产权（衡阳）综合服务中心商业秘密保护站被评为2022年湖南省商业秘密保护示范站（点）。衡阳市获评示范企业数量名列全省前茅。

举行省商业秘密保护示范企业、示范站（点）授牌，是全市市场监管系统以实际行动落实党的二十大提出的“加强知识产权法治保障”的务实之举，是全市市场监管系统率先打好“发展六仗”的鼓劲之行，也是落实持续“聚力中心化攻坚年”行动的开局之为，标志着衡阳市商业秘密保护工作迈上新台阶，开启了“点线面”结合、政企融合立体保护新篇章。

◎第八届全国残疾人岗位精英职业技能竞赛将在衡阳举行

2023年2月24日，中国残联副主席、副理事长程凯一行来衡阳调研竞赛活动筹备情况。第八届全国残疾人岗位精英职业技能竞赛将于2月28日至3月3日在衡阳市举行。中国残联就业服务指导中心主任赖伟、省残联理事长肖红林、副市长谢宏参加调研。

自赛事筹备工作启动以来，衡阳市从部门协调、方案制定、责任分工、服务保障等方面加强谋划，统筹推进，形成赛事筹备工作合力。目前，赛事所需全部物料已准备就绪，近两天可完成比赛场地的设备安装调试。届时，全市34个市直单位将派专人“一对一”为参赛队员接送站，努力做到周到细致服务。

程凯指出，这次赛事不仅是新时代残疾人事业成就的一次生动展示，更是残疾人自强不息、奋勇拼搏精神风貌的一次展演。他强调，要确保赛事安全便利、公平公正，营造扶残助残文明风尚和激励残疾人自强不息的浓厚氛围，努力把赛事办出影响，办出水平，办出成效，办出衡阳特色。

巡视竞赛场地

程凯一行还到衡阳顾连儿童康复医院、慧家社会服务中心等地调研了残疾人托养工作。他对衡阳市积极引导促进残疾人投身创业就业等做法给予充分肯定，希望衡阳市进一步推动残疾人事业高质量发展，让残疾人共享社会文明发展成果。

要闻纪事

△25日，全市春节值班值守视频调度会召开，对道路交通、安全生产、森林防灭火等工作进行再部署、再细化、再压实。会议通过视频连线的方式，详细了解各县（市）区春节值班值守、道路交通秩序、森林防灭火、“迎老乡、回故乡、建家乡”等工作情况。

△28日，衡阳县樟树乡武装部联合乡退役军人服务站及所在村“两委”等组成慰问组，为荣获“四有”优秀警官称号的现役军人刘海涛的家属送上喜报和慰问物资。

△29日，衡阳市以视频会议方式召开2023年衡阳市持续“聚力中心化攻坚年”行动动员大会，向全市释放大抓产业、抓大产业，大抓项目、抓大项目的鲜明信号。

△29日，衡阳市政府2023年第一次全体会议召开。市委常委、副市长黄立通报了2022年《政府工作报告》重点工作分工落实情况和2023年《政府工作报告》重点工作任务分解意见；副市长、市公安局局长胡志文宣读了2022年争取省政府真抓实干激励情况通报；各县（市）区、市属园区以及部分安委会成员单位向市政府递交2023年安全生产和消防工作责任状。

△29日，在全省安全生产和应急管理工作视频会议结束后，衡阳市立即召开安全生产和应急管理工作视频会议。于新凡向获得“省应急管理先进集体”的市应急综合救援大队、衡山县综合应急救援队、南岳区应急管理局、祁东县应急管理局和张永灵等8名“省应急管理先进个人”表示祝贺。

△31日，衡阳警备区党委十四届二次全会召开，传达学习中央军委国防动员部党委、南部战区党委和湖南省军区党委扩大会议精神，全面总结2022年工作，安排部署2023年任务。

△31日，湖南省区域应急救援衡阳中心在衡南县泉溪镇揭牌。中心位于衡南县泉溪镇，规划用地265亩，总建筑面积37083平方米，共14个单体建筑。

◎以决战决胜的奋斗姿态 奋力夺取全国文明城市桂冠

2023年3月6日，衡阳市委书记刘越高以“四不两直”方式在市区暗访督导全国文明城市创建工作。他强调，要深入学习贯彻习近平总书记关于精神文明建设的重要论述，进一步坚定创则必成、志在必得的信心决心，以决战决胜的奋斗姿态，奋力夺取全国文明城市桂冠。

刘越高首先来到南华大学附二医院，在门诊大厅、住院部等地，详细了解医院环境卫生、志愿服务、无障碍设施等情况；在医院周边，刘越高还察看了基础设施建设、卫生清扫、共享电动车摆放等。他指出，要全面提升医院各项工作水平，进一步改善患者就医体验，为广大群众提供温馨、和谐的就诊服务。

来到雁峰区环城南路小学，刘越高认真察看学校的文明阵地建设，并与学生们亲切交流互动，了解孩子们参与文明创建实践活动等情况。他强调，要以文明校园建设为载体，增强创建工作内生动力，实现“教育一个孩子、带动一个家庭、影响整个社会”的良好效果，让文明之花在校园内外开得更加灿烂。

在珠晖区临江社区，刘越高详细了解社区治理、小区改造等内容，并对发现的问题提出整改要求。他强调，要坚持创建为民、创建惠民，抓实抓细各项任务措施，全力打造干净、整齐、有序的小区环境；要夯实社区网格管理责任，形成齐抓共管的工作合力。

◎衡阳市启动《衡阳市历史文化名城保护条例》立法

2023年3月2日，衡阳市人大常委会组织召开《衡阳市历史文化名城保护条例》（以下简称《条例》）立法调度部署会，这标志着衡阳市正式启动《条例》立法工作。市人大常委会副主任欧杏，市政协副主席、市住建局副局长谢肃出席会议。

会议强调，要全面贯彻习近平总书记关于加强历史文化保护和城市规划建设的重要论述，按照站位要高、质量要好、特色要明、推进要快的要求，高标准、高水平、高质量完成《条例》的立法工作，以良法促发展保善治。要坚持问题导向，认真梳理衡阳市历史文化名城保护体制机制、责任落实等方面存在的问题，有针对性地提出解决措施。要聚焦重点难点，妥善处理保护与开发利用的关系，公共利益和局部、个人利益的关系，硬实力和软实力的关系。

◎以『市域之治』为『中国之治』贡献衡阳力量

衡阳市创建全国市域社会治理现代化试点合格城市验收工作部署会召开

2023年3月8日，衡阳市创建全国市域社会治理现代化试点合格城市验收工作部署会召开。市委书记刘越高出席并强调，要深入学习贯彻党的二十大精神，按照全国市域社会治理现代化试点验收工作会议精神和总体安排，以“首创必胜”的坚定决心，高水平、高质量、高标准推进各项工作，以“市域之治”为“中国之治”贡献衡阳力量。

刘越高说，全国市域社会治理现代化试点合格城市是城市环境的金字招牌。衡阳市上下要深化认识、鼓足干劲，锚定迎检验收的目标，以“行百里者半九十”的警醒和绵绵用力、久久为功的定力，狠抓各项工作的推进落实。要对标对表、狠抓重点，围绕验收要点、重要环节、时间节点等方面，按照验收流程和具体任务，一项一项抓落实、一分一分抓提升，确保高质量高标准完成验收任务。

刘越高强调，抓好问题整改是推进工作落实的关键。要务实整改、补齐短板，迅速补缺补漏，坚决打好问题短板“歼灭战”，全面摸排风险隐患问题，列出问题清单、责任清单和整改清单，确保各项指标条条有把握、项项能达标。攻克难点痛点，系统学习先进地区精细化管理、智能化治理的优秀经验，严厉打击违法犯罪行为，建立健全源头防范化解风险隐患的体制机制，全面提升城市综合治理水平。

要闻纪事

2月

△1日，中国共产党衡阳市第十二届纪律检查委员会第三次全体会议召开。与会人员观看了专题片《清廉，让衡阳更美好》和警示教育片《永远吹冲锋号·纪律建设篇》。

△1日，衡阳市长朱健主持召开市政府2023年第3次常务会议，研究部署提升政务服务能力、废旧物资循环利用、节能减排、历史文化保护传承等工作。

△2日，衡阳市委副书记、市长朱健主持召开全市“统筹发展和安全”防范化解风险专题调度会。市直相关部门先后汇报了污染防治、信访维稳、扫黑除恶、禁毒斗争、反电诈以及防汛抗旱等工作情况。

△8日，全市政府系统办公室（研究室）主任会议召开，安排部署“严标准、强执行、优服务”提升年活动。

△9日，衡阳市政府党组班子召开2022年度民主生活会，以“全面贯彻习近平新时代中国特色社会主义思想，深刻领悟‘两个确立’的决定性意义，增强‘四个意识’、坚定‘四个自信’、做到‘两个维护’，团结带领党员干部群众以奋发有为的精神贯彻落实好党的二十大作出的重大决策部署”为主题，紧密联系市政府工作实际，查摆突出问题，开展党性分析，进行批评和自我批评，明确整改措施和努力方向。

△10日，衡阳市长朱健主持召开市政府2023年第4次常务会议，传达学习习近平总书记在学习贯彻党的二十大精神研讨班开班式上的重要讲话精神，研究部署打好打赢“发展六仗”、安全生产、公立医院高质量发展等工作。

△10日，衡阳市委副书记、市长朱健主持召开市政府专题会议。会议集中学习了湖南省“稳增长20条”政策措施，就下一步抓好贯彻落实进行安排部署。

◎第八届全国残疾人岗位精英职业技能竞赛在衡阳圆满落幕

2023年3月3日，2022全国行业职业技能竞赛——“交通银行杯”第八届全国残疾人岗位精英职业技能竞赛暨全国残疾人就业服务机构工作人员职业指导竞赛在衡阳落下帷幕，并举行颁奖仪式。中国残联就业服务指导中心主任赖伟作总结讲话，市委书记刘越高讲话，并共同为获奖选手颁奖。

赖伟向本届竞赛的成功举办表示热烈祝贺。他表示，此次大赛在历史文化名城衡阳市顺利举办，意义重大、成效显著。各地选手向社会各界充分展示出我国残疾人高技术技能人才的硬实力。职业技能竞赛这一行之有效的学习交流提升平台、训练成果展示平台和人才培养选拔平台，对于推动残疾人职业教育培训和人才队伍建设工作，改善残疾人就业质量和生活状况，都具有积极现实意义。

第八届全国残疾人岗位精英职业技能竞赛颁奖现场

本届全国残疾人岗位精英职业技能竞赛，设置计算机程序设计员（移动互联网小程序开发）、物联网安装调试员（物联网开发与应用）、调饮师（调饮）三个项目，共有来自全国30个省（自治区、直辖市）及4个计划单列市的代表队参赛，选手279人，总体赛事规模超过700人。

◎“五个到位”打赢打好创文攻坚战

2023 年 3 月 13 日，衡阳市委政法委召开 2023 年创建全国文明城市工作推进会，深入贯彻落实衡阳市创建全国文明城市推进会议精神，安排部署全国文明城市创建工作，吹响创文决战“冲锋号”，发出创文攻坚“动员令”。

会议对政法委机关开展创建全国文明城市工作进行了具体的部署，要求全体干部职工做到“认识要到位、履责要到位、守纪要到位、保障要到位、考核要到位”，积极开展“交通劝导”“包路段”“包社区”等志愿服务活动，建立常态化长效机制，全力攻坚克难，以扎实的工作赢得衡阳市创建全国文明城市的最终胜利。

衡阳市委政法委召开 2023 年创建全国文明城市工作推进会

◎以“三农”工作的扎实成效 体现农业大市产粮大市的担当

衡阳市春耕生产暨高标准农田建设现场会和农村人居环境整治推进会在衡山县白果镇召开

2023 年 3 月 16 日，衡阳市春耕生产暨高标准农田建设现场会和农村人居环境整治推进会在衡山县白果镇召开。市委副书记、市长朱健强调，要深入学习贯彻落实党的二十大、全国两会及中央、省委、市委农村工作会议各项要求，不误农时、不务虚功，切实以“三农”工作的扎实成效，体现农业大市、产粮大市的担当。

朱健一行先后来到白果镇绍庄村、棠兴村，仔细查看高标准农田建设、春耕生产、集中育秧等工作情况。朱健指出，传承农运精神，建设美丽乡村，白果在打好春耕备耕主动仗上贡献了基层首创经验，各县（市）区主要领导要靠前指挥，向实践学习、向人民群众学习，推动“三农”问题在一线解决。

朱健强调，要尊重基层首创，形成市县合力，在保障粮食安全和高标准农田建设上创造“衡阳经验”。进一步厘清力量、资金和任务，统筹各方力量，探索用好用活涉农资金的有效路径，打好农业发展“组合拳”。要以工业思维、标准化思维，抓强抓实农业，牢固树立全生命周期理念、链式管理理念，实行“一张图谱”指引，厘清职责边界和节点任务，力促“按图索骥”。要抓实抓好“七项重点”，盘清资源盘清任务，探索成立“强农行动”专家团。大力推广平埂增地专项行动。

◎为全省村级『一网通办』工作试出经验

2023 年 3 月 13 日，湖南省政府办公厅党组成员、省政务管理服务局局长周运平一行来衡调研村级“一网通办”工作并召开座谈会。副市长朱春光参加。

近年来，衡阳市全面推进基层政务服务全覆盖，拿出过硬措施补短板、强弱项，持续用力抓好场所建设、功能布局、事项下沉、优化队伍等关键环节，目前衡阳市 187 个乡镇（街道）、2775 个村（社区）实现基层公共服务（一门式）全覆盖，为村级政务服务“一网通办”全省试点打下了良好基础。

会议听取了衡阳市有关工作情况汇报，对前阶段工作表示肯定，强调要进一步凝聚合力，科学做好顶层设计，统一平台、受办分离，加快推进村级政务服务“一网通办”工作，切实给基层减负、让老百姓办事更方便。要聚焦智能审批、下放权限、网办能力、数据共享、制度改革等重点、难点、卡点，集中攻关，力争早日取得实质性进展。要进一步强化保障，强化市、县、乡三级联动，为全省村级“一网通办”工作试出经验、打造标杆，交上一份满意答卷。

◎衡阳市委理论学习中心组（扩大）举行 2023 年第二次集体学习

市委理论学习中心组（扩大）举行 2023 年第二次集体学习

2023 年 3 月 10 日，衡阳市委理论学习中心组（扩大）举行 2023 年第二次集体学习，专题学习“科技自立自强与创新驱动发展战略”和“以中国式现代化全面推进中华民族伟大复兴”。市委书记刘越高主持学习并讲话。

刘越高强调，科技是第一生产力、创新是第一动力。要坚定躬身实干，全面落实科技创新战略部署。要把创新人才引育作为硬基础，把科研技术攻关作为主抓手，把科创体制改革作为金钥匙，抓主抓重、实干善为，打好科技创新攻坚战，确保衡阳在科技强省战略版图中占有重要的一席之地。

刘越高强调，要充分认识中国式现代化取得的瞩目成就，以更加坚定的信心、昂扬的斗志推进中国式现代化。要深刻领会中国式现代化构建的理论体系、中国特色、本质要求和重大原则，坚定走好中国式现代化道路的信心决心。要不断增强推进中国式现代化的使命担当，抢抓战略机遇，把握战略主动，因地制宜创造性向前推进，紧盯高质量发展首要任务，紧紧围绕“制造立市、文旅兴城”，做大做强“一核两电三色四新”十大主导产业，推进“三大枢纽”建设，实施“五大基础”工程，建设“八大示范基地”，大力推进“衡阳制造”高质量发展，加快建设世界旅游目的地，奋力谱写中国式现代化衡阳篇章。

要闻纪事

△ 11 日，全市公安工作会议在市公安局召开，副市长、市公安局局长胡志文作工作报告。会议讲评通报了 2022 年全市公安机关绩效评估工作情况，各县（市）区局负责人交流了 2022 年工作亮点，表彰了一批先进单位和先进个人。

△ 13 日，衡阳市人大常委会党组班子召开 2022 年度民主生活会。会上通报了民主生活会会前准备情况和市人大常委会党组党史学习教育专题民主生活会整改落实情况。市人大常委会党组作对照检查，查摆不足，深入进行党性分析，明确了整改方向和措施。

△ 15 日，2023 年“聚力中心化 建设新衡阳”劳动和技能竞赛启动仪式在衡阳技师学院举行。此次竞赛将聚焦经济发展、项目引领、创新创造、安全生产、文明和谐、生态环保、消费升级等七大方面，开展重点产业、“五小成果”、服务行业、节能减排等内容的劳动和技能竞赛，大力弘扬劳模精神、劳动精神、工匠精神，激发广大职工干一行、爱一行、专一行、奉献一行的正能量和自豪感。

△ 16 日，全市人大农委工作座谈会召开，传达学习中央、省委和市委关于农业农村工作的主要精神，分析研判当前“三农”工作新形势，安排部署 2023 年全市人大农委重点工作任务。

△ 17 日，全市“五好”园区建设工作推进大会召开。市领导于新凡讲评 2022 年全市“五好”园区建设工作，并部署今年相关工作。部分县（市）区、园区、市直部门代表作了交流或书面发言。

△ 17 日，衡阳市委副书记、市长朱健主持召开长江经济带警示片披露问题整改工作调度会。与会人员集中观看了《2022 年长江经济带生态环境警示片》。

◎衡阳市首个驻外人才工作站挂牌成立

2023年3月19日，衡阳市驻北京人才工作站授牌仪式暨优秀专家人才座谈会在衡阳市政府驻北京联络处举行。中国工程院院士刘大响、国际宇航科学院院士陈善广、国际宇航科学院院士申旭辉、国际欧亚科学院院士邓中亮等一起，共同为衡阳市驻京人才工作站授牌。

衡阳市派驻领导充分肯定了衡阳籍专家人才在各行各业做出的卓越贡献，向与会专家人才介绍了衡阳经济社会发展情况和实施“十四五”人才雁阵行动计划有关情况。并寄语各位专家人才当好高参献良策，当好红娘促合作，当好伯乐荐人才，为全面建设社会主义现代化新衡阳献计出力。

驻北京人才工作站是衡阳市建立的首个驻外人才工作站。该站将采取“虚拟机构、实体运行”的方式，以乡情、亲情、友情为纽带，积极对接京津冀地区人才资源，做好人才政策宣传、人才信息匹配、人才引进推荐等工作。

◎2023年衡阳市推行“码上找代表”试点工作

2023年3月21日，市人大常委会主任刘正兴率队来到蒸湘区雨母山镇、12345热线平台，调研“码上找代表”试点工作情况、人大代表向12345热线反映社情民意及“码上找代表”与12345热线融合的运行情况。刘正兴强调，要贯彻落实习近平总书记“密切人大代表同人民群众的联系”重要指示精神和党的二十大精神，2023年在衡阳市推行“码上找代表”试点工作，为人大代表履职赋能助力，进一步畅通社情民意反映渠道，更好地帮助解决人民群众“急难愁盼”问题。

在雨母山镇人大代表联络站，刘正兴详细了解“码上找代表”在基层的试点情况，并与区、镇人大工作者和干部交流探讨如何进一步改进和完善工作平台。来到12345热线人大代表专席，刘正兴询问相关情况。自2022年10月28日人大代表向12345热线反映社情民意暨“码上找代表”与12345热线融合以来，热线共受理人大代表相关工单499个，在线办结296个，转办工单203个，按时办结488个，按时办结率达97.79%，回访满意率达98.58%。

调研人大代表向12345热线反映社情民意及“码上找代表”与12345热线融合的运行情况

◎衡阳市强戒所禁毒教育基地恢复开放

2023年3月21日，因新冠疫情暂停两年的市强戒所禁毒教育基地迎来首个参加禁毒警示教育的团体——衡阳市南岳区“禁毒之声我说你听”宣讲团，标志着该基地恢复正常开放。

在民警带领下，宣讲团成员先后参观了戒毒人员生活区、医疗中心、康复训练中心、习艺车间以及学习现场，直观了解强戒人员戒毒康复生活。随后，在禁毒教育基地展厅，民警结合展出图片、文字以及仿真毒品、吸毒工具等，介绍了我国禁毒历史、禁毒法规、目前毒品主要种类、特点以及危害。

下阶段，市强戒所将充分发挥禁毒教育基地作用，结合禁毒宣传“六进”活动，以公职人员和青少年为主体人群，通过“迎进来”和“走出去”，不断丰富形式和内容，扩大禁毒宣传教育范围和影响。

要闻纪事

△18日，衡阳市创建全国文明城市推进会召开。市领导赖馨正宣读了《衡阳市创建全国文明城市工作2022年度考核结果通报》。市领导周玉梅报告全市创建全国文明城市工作情况。衡阳县、高新区、南岳区、市委组织部作典型发言。各县（市）区、园区及相关单位负责人递交了《全国文明城市创建工作责任清单受理承诺书》。

△20日，吐鲁番市党政代表团来衡阳考察交流，并召开两市工作交流座谈会。朱健全面介绍了衡阳市经济社会发展情况，吐鲁番市鄯善县主要负责人汇报了该县经济社会发展暨援疆工作情况。

△21日，湖南省委副书记、省长毛伟明来到常宁市、衡阳县，调研打好“发展六仗”工作。他强调，要深入贯彻党的二十大精神和习近平总书记对湖南重要讲话重要指示精神，全面落实“三高四新”战略定位和使命任务，勇挑大梁、勇创新业，打赢“发展六仗”，彰显衡阳作为，不断提升省域副中心城市的贡献度、支撑力。

△21日至22日，省人大常委会调研组来衡，调研“巩固拓展脱贫攻坚成果同乡村振兴有效衔接工作”情况。

△22日，衡阳市公安局蒸湘分局举行退赃大会，将侦办“1·5”系列盗窃案中缴获的约20万元涉案赃款赃物集中发还受害群众。

△22日，衡阳市委召开县（市）区及市直行业系统、园区、市属高校党组织书记抓基层党建工作述职评议会议，听取各党组织书记抓基层党建工作述职，对述职同志进行民主测评。

△23日，衡阳市长朱健主持召开市政府2023年第6次常务会议，传达学习中共中央政治局常务委员会关于近期疫情防控工作会议精神、毛伟明省长来衡调研座谈会上的讲话精神和全省有关工作会议精神，研究部署全市信访工作。

◎衡阳算力中心建设项目签约仪式举行

衡阳算力中心建设项目签约仪式举行

2023年3月22日，衡阳市政府与中国电信股份有限公司湖南分公司（以下简称中国电信湖南公司）战略合作暨衡阳算力中心建设项目签约仪式举行。市委书记刘越高出席签约仪式并致辞。

刘越高说，衡阳坚持以数字经济领跑发展，大力推进衡州大道数字经济走廊和大数据中心建设，加快布局人工智能、移动互联网等新兴产业，成功跻身全国数字经济百强城市。此次签约将推动衡阳数字经济驶入“数据高速”，让衡阳区域中心化进程搭上“算力快车”，也将为中国电信在衡高质量发展带来新的机遇。

刘越高表示，衡阳市委、市政府将认真履行战略合作协议，竭尽全力提供优惠条件、优质服务、优良环境，努力让算力中心成为衡阳加快区域中心化进程的“最强大脑”。希望中国电信湖南公司一如既往支持衡阳发展，推动更多新技术、新业务、新项目落户衡阳，共筑算力之梦、共赢数据未来，为全面建设社会主义现代化新衡阳装上“超级马达”，为数字中国建设作出新的更大贡献。

现场，衡阳市政府与中国电信湖南公司、雁峰区政府与中国电信衡阳公司分别签署了战略合作协议或项目建设协议。

◎价格认定工作“衡阳经验”获全省推荐

2023 年 3 月 23 日，在召开的全省价格工作会议上，衡阳市发改委作典型经验交流发言，价格认定工作的“衡阳经验”获全省推荐。

近年来，市价格认证中心坚持以“服务司法、服务社会”为导向，聚焦主责主业，积极发挥价格认定工作在规范价格秩序、优化营商环境、创新基层治理中的重要作用，深入推动价格认定工作高质量发展。据统计，2021 年以来，全市价格认定机构共办理价格认定案件 2348 件，涉案金额 26276.46 万元，办结率为 100%。

作为全省价格争议纠纷调解首批试点，衡阳市建立健全“总对总”多元解纷机制，制定实施方案，组建调解员队伍，加强价格争议调解与司法调解、人民调解、矛盾纠纷调处中心、行业性专业性纠纷化解平台的对接联动，全力推进试点工作。全市价格认证机构已全部入驻法院“总对总”平台，在县市区法院、南岳衡山景区、耒阳“湾村”等地设立 21 个价格争议纠纷调解中心（站），55 名符合条件的价格认证人员被列入法院特邀调解员名册。

◎全省灌区大会在耒阳市召开

2023 年 3 月 24 日，全省灌区大会在耒阳市召开。湖南省水利厅党组书记、厅长罗毅君出席会议并讲话，省水利厅党组成员、副厅长袁侃夫主持会议，衡阳市委副书记、耒阳市委书记赖馨正出席会议并致辞，衡阳市委常委、副市长黄立出席会议。会议表彰了 2022 年度标准化管理灌区、节水型灌区、清淤扫障先进单位。欧阳海灌区、岳阳市水利局、酒埠江灌区、铁山灌区、青山水轮泵站灌区、双峰县水利局、望城区水利局作了交流发言。

罗毅君指出，在省委、省政府的坚强领导下，全省水利系统深入贯彻习近平总书记关于保障粮食安全系列重要讲话和指示精神，砥砺奋进、担当作为，抗旱保灌夺取重大胜利，年度建设任务全面完成，灌区骨干和田间衔接取得新成效，信息化建设扎实推进，管理水平逐步提升，为成功战胜极端干旱、保障粮食产量连续 3 年在 600 亿斤以上作出积极贡献。

罗毅君要求，要把握形势，以更高站位认识灌区工作的重要性，切实增强责任感和紧迫感，全力抓好灌区建设管理，促进农业高质高效、乡村宜业宜居、农民富裕富足。要明确原则，坚持系统思维、优化灌区发展格局，坚持“两手”发力、强化资金保障，坚持守正创新、提升管理水平，以更新思路推动灌区高质量发展。

全省灌区大会在耒阳市召开

◎让“小提案”办出“大实效”

2023 年 3 月 23 日，衡阳市政协召开十三届二次会议提案交办会，市政协主席刘丽华将 365 件提案分别交付市委党群系统、市政府系统、市中级人民法院办理。市委常委、常务副市长于新凡出席会议。

市政协十三届二次会议以来，共收到提案 459 件，经审查立案 365 件，立案率为 79.5%。这些提案内容丰富，涉及衡阳市经济建设方面的提案 77 件、政治建设方面的提案 33 件、文化建设方面的提案 54 件、社会建设方面的提案 170 件、生态文明建设方面的提案 31 件。按照“分级负责、归口办理”原则，市委党群系统承办 17 件，市政府系统承办 356 件，市中级人民法院承办 4 件。

刘丽华指出，这些提案凝聚了政协各参加单位和广大政协委员的智慧和心血，是委员们参政议政的重要成果。办好政协提案，不仅是一份沉甸甸的责任，也是一份沉甸甸的民意，更是一份沉甸甸的期盼。各相关单位要提高思想认识，强化全局观念，站在衡阳市中心大局、推动衡阳高质量发展的高度，认真办理好每一件提案，把“小提案”办出“大情怀”；要压实办理责任，加强办理协商，强化督办评议，进一步提升办理质量，让“小提案”办出“大实效”。

◎全省油茶产业高质量发展现场推进会在衡阳召开

2023 年 3 月 28 日，全省油茶产业高质量发展现场推进会在衡阳召开。省委常委、副省长张迎春出席并讲话，省委副秘书长肖祥清主持，省政府副秘书长孟祥定参加，省林业局党组书记、局长胡长清通报全省油茶产业发展情况。

张迎春指出，发展油茶产业是落实党中央、国务院和省委、省政府战略部署的具体行动，是增加油料供给、维护国家粮油安全的现实需要，是推进生态惠民、助力乡村振兴的必然选择。各地各部门要深刻认识，切实把思想和行动统一到党中央、国务院和省委、省政府的决策部署上来，坚持问题导向，进一步统筹好目标和任务、增量和存量、政府引导和市场融资、品种和技术、增收和提效、保护和保障之间的关系，以过硬管用的措施，加快湖南油茶产业发展三年行动计划，全力推动油茶产业高质量发展。

胡长清强调，要压实工作责任，构建起林业主管部门牵头、相关部门联动支持、社会广泛参与的工作格局。要落实用地政策，坚决做好现有油茶林保护工作，确保新造低改面积、总面积目标任务全面完成。要强化资金统筹，加大现有涉林资金整合力度，全力支持油茶新造和低改。要激发市场活力，进一步完善油茶产业发展多元化投入机制，持续推进国际农业发展基地贷款等金融产品助力产业发展。

全省油茶产业高质量发展现场推进会在衡阳召开

要闻纪事

△ 23 日，衡阳市十六届人大常委会举行第 11 次主任会议。会议听取了市人大常委会法工委关于 2022 年规范性文件备案审查工作情况的报告、关于调整 2023 年立法计划的报告。

△ 23 日，石鼓区召开持续“聚力中心化攻坚年”行动动员大会。颜和平、谢海蓉等为 2022 年度石鼓区高质量发展贡献企业、先进单位、先进个人代表颁发奖牌、奖状。

△ 24 日，衡阳市博士创新发展促进会召开第一次会员大会，审议通过了博士创新发展促进会章程、选举办法等，选举产生了第一届理事、监事、正副会长和秘书长。

△ 24—25 日，衡阳市委书记刘越高率队先后来到京东集团总部、中工服工惠驿家信息服务有限公司等企业考察，并前往国家发改委、海关总署对接工作。

△ 25 日，衡阳市人大常委会组织在衡全国人大代表开展主题为“国家综合交通枢纽重点城市建设情况”的集中视察活动。

△ 25 日，衡阳市委副书记、耒阳市委书记赖馨正在耒阳市督导检查城区人员密集场所、重点企业安全生产工作，并主持召开会议，传达学习省委、省政府相关文件精神。

△ 26 日，衡阳市委副书记、市长朱健以一名“衡阳群众”志愿者的身份，来到华兴街道祥瑞社区，参加爱国卫生运动“周末大扫除活动”，以实际行动示范带动更多市民积极参与到爱国卫生运动中来。

△ 26 日，为期 1 天半的湖南省 2023 年度考试录用公务员笔试圆满结束。衡阳市共计划招录公务员 871 人，报名参考考生 17044 人，为历年来之最，是全省第二大考区。

△ 26 日，衡阳市律师行业工会联合会成立暨第一次会员代表大会在市司法局召开，标志着全市 42 家律师事务所、685 名律师有了维护合法权益的“娘家”。

◎加快农业农村现代化步伐 全面推进乡村振兴

农业农村部党组成员、副部长邓小刚一行来衡阳调研农业农村工作

2023年3月31日，农业农村部党组成员、副部长邓小刚一行来衡阳调研农业农村工作。

在衡阳县台源镇，邓小刚先后走进安发原生态农业科技示范园和湖南嘉穗农业发展公司的育秧中心，深入了解农业产业发展、科技创新情况，详细询问乌莲、渣江米粉等特色农产品的生产工艺、品质特点，认真察看稻油轮作模式和水稻育秧情况。他表示，产业振兴是乡村振兴重中之重。地方各级党委和政府要因地制宜发展乡村特色产业，做大做强农产品精深加工，打造一批能级高、动能足、效益好、特色强的农业产业链，不断拓宽农民增收致富渠道。

邓小刚来到耒阳市三架街道，认真参观了“湾村明白人”基层社会治理展板，详细了解村容村貌、乡村治理等情况，并与“湾村明白人”亲切交谈。他强调，要准确把握乡村振兴的内涵实质、目标任务、政策措施，不断创新工作方式方法，大力推进乡村产业、人才、文化、生态、组织振兴。要以大力实施乡村振兴战略为抓手，着力推进农村基础设施建设，大力开展人居环境整治，注重培育文明乡风，提升乡村治理水平，高质量加快推进宜居宜业和美乡村建设，全面提升广大群众获得感、幸福感、安全感。

◎做好“文化IP”大文章 推动夜间经济和文旅产业深度融合

2023年4月7日，衡阳市委副书记、市长朱健深入高新区、蒸湘区、雁峰区调研夜间经济发展。他强调，要牢牢抓住夜间经济这一城市经济的重要载体和组成部分，谋划布局业态丰富、场景多元的产业项目，打造特色鲜明、主题突出的文化街区，推动夜间经济和文旅产业深度融合。

入夜的金柘小区，临街商铺灯光璀璨，店内人流涌动、美食飘香，洋溢着浓郁的人间烟火气。朱健首先来到串小白烧烤门店，与老板面对面交流，详细了解经营情况。他说道，餐饮消费是夜间经济的主要构成，也是城市烟火气息的风向标。高新区要做好整体规划，围绕精致化服务、精细化管理、个性化宣传等方面下功夫，因地制宜建设特色餐饮集聚区，打造衡阳美食新名片。

在南华里片区，从时光记忆——“张记卤粉”，到新晋国潮——“壹心点心行”，街头人潮涌动，商户热情似火。当来到金钟大雁城片区，朱健品尝了网红打卡点——定师傅烧烤的美食。他指出，金钟大雁城商业综合体集食品品鉴、文化创意、社群交往于一体，业态丰富、功能齐全，要进一步探索沉浸式、体验式、互动式等多元化消费体验，拓展特色产业链，强化上下游深度融合，培育创新业态和模式。

衡阳市委副书记、市长朱健来到金钟大雁城片区，主动品尝了网红打卡点——定师傅烧烤的美食。他在交流中指出，拓展特色产业链，强化上下游深度融合，培育创新业态和模式

要闻纪事

△27日，衡阳市在市委党校举办“五好”园区建设专题研修班。邀请原省发改委副厅级干部唐新华就“五好”园区建设进行培训指导，市发改委、市资规局、市财政局等市直部门分别就2023年“五好”园区建设目标任务分解作说明。

△27日，衡阳市直工委组织召开2022年度市直机关及国省驻衡阳单位党组织书记抓基层党建工作述职评议会议。10名机关党组织书记作现场述职，市直工委班子成员逐一点评。其余68名市直和国省驻衡单位的党组织书记作书面述职。

△28日，衡阳市十六届人大常委会举行第九次会议。会议听取和审议了市人民政府关于市人大常委会安全生产“一法一条例”执法检查报告及审议意见研究处理工作情况的报告。

△28日，衡阳市人大常委会召开衡阳市十六届人大二次会议代表建议交办会。会议向各承办单位集中交办市十六届人大二次会议代表提出的359件建议、批评和意见，对高质量做好今年的代表建议办理工作进行部署安排。

△28日，第五届“我是答题王”湖南省禁毒知识竞赛鸣金，衡阳市代表队一骑绝尘荣获团体一等奖，衡阳市代表队优秀选手阳先萍荣获“个人答题王”称号，衡阳市禁毒办荣获优秀组织奖。

3月

△1日，衡阳市委统战部组织召开2022年度全市市管党外干部履职报告会，8名市管党外干部代表现场作履职报告，总结了过去一年的工作成绩，分析了存在的短板与不足，畅谈工作打算和建议，并分别接受市委组织部有关负责人的点评。

△2日，衡阳市委组织部、市委两新工委举行集中授牌仪式，为市直6个新业态、新就业群体行业党委集中授牌。

◎坚持高站位高水平高标准 办好第三届湖南旅发大会

2023年4月4日，市委书记刘越高专题听取第三届湖南旅发大会筹备情况汇报。他强调，要深入学习贯彻党的二十大精神和习近平总书记关于旅游工作的重要论述，坚定决心、抢抓机遇，坚持高站位、高水平、高标准办好第三届湖南旅发大会，奋力建设世界旅游目的地，为加快推进区域中心化进程提供有力支撑。市委副书记、市长朱健出席并讲话。

在听取有关情况汇报后，刘越高强调，要坚定决心、抢抓机遇，坚持高站位办会，切实把办好第三届湖南旅发大会作为重要政治任务来推进、作为重要战略机遇来把握、作为重要形象窗口来打造，全力推动“办会兴城”，助力衡阳高质量发展提速增效。

刘越高要求，要咬定目标、鼓足干劲，坚持高水平办会。突出打造精品，确保有出彩景区、有出新产品、有出色服务，让盛会精彩纷呈。突出服务发展，扩大有效投资，壮大市场主体，推动产业融合，发挥旅游带动作用，推进“旅游+”“+旅游”，不断延伸产业链、创造新价值、催生新业态，让盛会全域推进。突出人文理念，提升城乡靓度，提升民生温度，提升文明高度，让盛会人人共享。要尽锐出战、精益求精，坚持高标准办会。

第三届湖南旅发大会现场

◎全市首家『五星级办税服务厅』揭牌

衡阳市首家“五星级办税服务厅”在石鼓区政务中心揭牌

2023年4月7日，衡阳市首家“五星级办税服务厅”在石鼓区政务中心揭牌。获此殊荣的石鼓区税务局现场发布“石惠办”纳税服务品牌，持续优化税收营商环境。

“五星级办税服务厅”，是全省税务系统星级办税服务厅最高级别。近年来，石鼓区税务局坚持以纳税人缴费人为中心，聚焦税费工作主责主业，以“精细服务”为切入点，不断加强办税服务厅建设，规范流程，创新举措，擦亮品牌，用心用情做优线上服务、做简线下服务，实现了办税提速、效率提升。2023年2月，石鼓区税务局获评全省首批、全市唯一一家“五星级办税服务厅”。

活动现场，石鼓区税务局向公众发布“石惠办”纳税服务品牌，推出“五心”服务创优“五星”大厅、“远程帮办”远“税”解您近忧、“101深度咨询室”服务品牌提升、岗位标星 邀您监督等十项举措，不断提升纳税人缴费人获得感和满意度，更好地服务石鼓经济高质量发展。

石鼓区税务局为组建的4支红色护航青年志愿服务队授旗，他们将为辖内专业市场、产业基地、上市后备企业提供常态化、专业化税政服务，第一时间解决涉税需求，护航市场主体行稳致远，做大做强。

◎“衡阳战队”荣获团体二等奖

2023年4月10日，第五届“我是答题王”湖南省禁毒知识竞赛大学生专场赛鸣金，“衡阳战队”荣获团体二等奖，衡阳市禁毒办荣获优秀组织奖。

4月9日举行的第五届“我是答题王”湖南省禁毒知识竞赛大学生专场赛复赛惊险刺激，南华大学4名女大学生组成的“衡阳战队”一路凯歌、笑傲群雄，以复赛第一名的成绩挺进决赛。决赛中，“衡阳战队”4名女将沉着冷静，最终将团体二等奖揽入怀中。

此次活动由省禁毒办、省教育厅、团省委、省禁毒协会、省学联共同举办。初赛期间，全省累计参与高校学生突破95万人，总答题数超8700万次，在广大高校学子心中竖起了一道隔离毒品的坚固屏障。

“衡阳战队”荣获团体二等奖

◎31名住衡省政协委员迎来“双考”

2023年从4月11日起，《政协湖南省委员会关于省政协委员履职考勤考绩工作实施办法（试行）》（以下简称《办法》）正式实施。该《办法》适用的对象为全体省政协委员，每季度进行一次考评，综合四个季度考评结果评定年度等次。目前住衡省政协委员共31人。

2023年省政协确立了“7+4+5”履职重点，即紧扣省委提出的稳住经济大盘、发展实体经济、深化改革开放、推进乡村振兴、增进民生福祉、发展民主政治、强化党建引领7点总体要求，落实好助推营商环境优化、助推湘商回归、助推经营主体培育、助推科技创新4项重点工作；把政协云、委员工作室等5个工作品牌作为联系服务界别群众的重要平台。为进一步强化政协委员责任担当，更好发挥政协委员主体作用，推动“7+4+5”履职重点工作落实落细，省政协启动了履职考勤考绩“双考”工作。

《办法》明确了考勤考绩项目及计分标准。委员年度考勤考绩评定分为优秀、良好、称职、不称职四个等次。政协云将及时生成省政协委员参会、履职情况，有关部门按照分工，全面客观收集政协云不能自动生成的基础分项目和加分项目，并及时上传到政协云委员“双考”评价系统。

◎衡阳市政府与中国银行湖南省分行签署战略合作框架协议

2023年4月12日，衡阳市人民政府与中国银行湖南省分行政银企战略合作框架协议签约仪式举行。市委书记刘越高出席并见证签约。市委副书记、市长朱健致辞。中国银行湖南省分行党委书记、行长李芒致辞。

衡阳市政府与中国银行湖南省分行签署战略合作框架协议

朱健说，此次签约是双方共同贯彻党的二十大精神、全国两会精神，以及省委、省政府打好“发展六仗”决策部署的重要举措，也是以金融高质量发展促进经济高质量发展的积极行动。一路同行，我们实现互信互利。当前，衡阳正以国家区域重点城市和省域副中心城市的使命担当，锚定“制造立市、文旅兴城”的奋斗目标，聚焦“一核两电三色四新”十大主导产业，加快推进区域中心化进程。

李芒说，近年来，衡阳市委、市政府紧紧抓住一系列“平台机遇”，加快推进区域中心化进程，勇担省域副中心城市使命。衡阳的产业发展态势、区位交通条件和经济发展环境都呈现出新面貌，双方战略合作前景可期。中国银行湖南省分行将以此次签约为契机，聚焦衡阳“一核两电三色四新”十大主导产业和产业链，以及乡村振兴、科技创新、绿色金融、对外合作等项目建设，真正把为民服务的情怀，体现到助力地区经济社会高质量发展的成效中，不折不扣地落实合作事项，实现政银企合作新跨越。

要闻纪事

△2日，2022全国行业职业技能竞赛——“交通银行杯”第八届全国残疾人岗位精英职业技能竞赛在衡阳火热进行。大赛以“新时代新技能新梦想”为主题，比赛项目紧密对接新产业、新技术、新业态发展，引领残疾人就业新方向。残疾人岗位精英职业技能竞赛包括三个项目，分别为物联网开发与应用、移动互联网小程序开发以及调研项目。

△3日，衡阳市安委会2023年第一次全体会议召开，传达学习习近平总书记对内蒙古阿拉善左旗一露天煤矿坍塌事故作出的重要指示和国务院总理李克强作出的批示精神。

△5日，衡阳县第十八届人民代表大会第三次会议开幕，号召全县抓好发展工业实体经济、实施乡村振兴战略、建设精致精美城市、深化创新改革开放、推动生态环境建设、推进民生保障改善，全面推进社会主义现代化新衡阳县建设。

△6日，聚力中心化 巾帼绽芳华——衡阳市纪念“三八”国际妇女节113周年主题活动在衡阳广电影视中心举行。刘越高等市领导分别为全国巾帼建功标兵、全国巾帼文明岗、全国巾帼建功先进集体、全国最美家庭、全国五好家庭、全国家庭工作先进集体、湖南省巾帼建功标兵、湖南省巾帼文明岗、湖南省巾帼建功先进集体、湖南省最美家庭、湖南省五好家庭以及衡阳市最美巾帼志愿者、最美巾帼志愿服务组织（团队）、最美家庭颁奖。

△8日，湖南省委第一巡视组巡视衡阳市工作动员会召开。省委巡视组将在衡阳市工作3个月左右，并提级巡视市纪委监委机关、组织部门、巡察机构，专项巡视衡阳高新技术产业开发区，同时加强上下联动，指导市、县开展园区专项巡察。

◎吉林省四平市政协来衡山县考察调研

吉林省四平市政协来衡山县考察调研

2023 年 4 月 12 日，吉林省四平市政协副主席、民盟四平市委主委徐群丽率考察调研组一行 10 人来衡山县，开展视察调研活动。县政协主席唐年初、县政协副主席阳涛陪同。

四平市政协调研组一行到县高新区，对衡山创品置业有限公司、湖南恒信新型建材有限公司及湖南金裕环保科技有限公司进行实地调研，了解衡山县“专精特新”企业发展、湘商回归和政协委员参与重点项目建设等方面情况，学习考察“承接产业转移示范区建设”等工作。调研组通过参观考察、听取介绍并与工作人员交谈等形式，详细了解了衡山县在推动产业园区发展、优化营商环境等方面的工作成效和成功经验。

唐年初对调研组一行的到来表示欢迎，并诚挚地希望四平与衡山之间增进交流、加强合作，相互学习、取长补短，共同促进四平与衡山在承接产业转移示范区建设中取得更优异成绩。徐群丽表示，通过实地考察感受到了衡山推进示范区建设的决心和力度，看到了衡山强劲的发展来势，四平市将充分借鉴衡山县在推进示范区建设中好的经验和做法，结合实际加速推进四平承接产业转移工作。

◎衡阳公安刑侦多项工作荣获全省先进

2023 年 4 月 13 日，全省公安刑侦工作会议上，衡阳公安命案侦破、扫黑除恶、利剑护蕾、打击养老诈骗、打拐等多项工作获评全省先进，7 个集体和 8 名个人受到表彰，1 起扫黑除恶案件获评全省精品案件。衡阳公安利用智慧侦查体系聚焦打击治理电信网络诈骗犯罪的经验做法在会议上作典型发言。

近年来，衡阳公安刑侦认真履行打击犯罪主责主业，牢牢把握数据化、网络化、智能化融合发展契机，坚持阵地前移、主动支撑，提升情报导侦核心战力，为警务实战提供精准的“炮火支援”，推动全市刑侦专业化能力取得新提升、情报导侦迈出新步伐、打击犯罪取得新成效。2022 年全市公安刑侦部门各项业务工作呈现出稳中有进、稳中向好的喜人局面。“反诈打跨”实现“两升三降”目标，八类重大刑事案件破案率达 100%。

衡阳市在第四届湖南省刑事技术职业技能竞赛取得历史性突破，理化检验和警犬技术两个项目获团体三等奖，1 人获得个人二等奖，4 人获得个人三等奖，3 人次获“湖南省青年岗位能手”“湖南省巾帼建功标兵”荣誉称号。

全省公安刑侦工作会议上衡阳公安刑侦多项工作荣获全省先进

要闻纪事

△9 日，全省公安交通管理工作会议传出佳讯：衡阳交警揽获“全省公安交警系统深化优秀警队创建优秀单位”“全省道路交通事故预防‘减量控大’工作成绩突出集体”“全省公安机关春运交通安保工作成绩突出集体”所有集体荣誉奖项。

△10 日，湖南省人大常委会副主任、省总工会主席周农率队来衡阳，围绕“深入学习贯彻党的二十大精神，在奋力推进中国式现代化进程中充分发挥工人阶级和工会工作重要作用”主题开展调研。

△10 日，衡阳市委理论学习中心组（扩大）举行 2023 年第二次集体学习，专题学习“科技自立自强与创新驱动发展战略”和“以中国式现代化全面推进中华民族伟大复兴”。

△10 日，衡阳市委书记刘越高率全体在职市领导与干部群众、志愿者、学生代表等 300 余人，来到高新区金龙社区义务植树基地，开展以“履行植树义务，共建美丽衡阳”为主题的义务植树活动。

△15 日，衡阳市政府与中国联通湖南省分公司深化数字经济战略合作协议签约仪式举行。市委书记刘越高出席签约仪式并致辞，市委副书记、市长朱健出席签约仪式并为中国联通中南研究院衡阳高新云数据中心授牌。

△15 日，衡阳市政协召开 2023 年党风廉政建设和反腐败工作会议。市政协党组书记、主席刘丽华出席并讲话。

△15 日，衡阳县 2023 年为立功军人家属集中送喜报暨上半年新兵入伍欢送仪式在夏明翰广场举行，为 2022 年度荣立个人三等功的 53 名衡阳县籍现役军人家属集中送上喜报及奖励金，热烈欢送 2023 年上半年全县即将入伍的新兵。

◎衡阳市成立关注森林活动组委会和执委会

2023 年 4 月 21 日，衡阳市关注森林活动组委会和执委会成立并举行第一次工作会议。市政协副主席、市关注森林活动组委会主任傅萍出席并讲话。

衡阳市关注森林活动组委会和执委会由市政协人口资源环境委员会、市林业局等多个单位和部门组成，将紧扣生态文明和林业发展主题，联合开展调查研究和建言资政活动，动员全社会关心支持参与生态建设，凝聚建设生态文明的强大合力。

关注森林活动是全国政协倡导开展的一项社会公益性活动。近年来，衡阳市在保护林业、发展林业方面取得了显著成效，为纵深推进关注森林活动打下了坚实基础。组委会和执委会的成立，为衡阳市凝聚各方力量深入开展关注森林活动提供了组织保证。

会上宣读了关注森林活动组委会和执委会成员名单，审议了《衡阳市关注森林活动工作规则》《2023 年衡阳市关注森林活动方案》，对下一步工作进行了安排部署。

衡阳市关注森林组织委员会和执行委员会成立大会

◎ 4 个巡察组进驻 5 个乡镇开展巡察

2023 年 4 月 24 日，衡阳县巡察工作会议暨十三届县委第五轮巡察动员部署会召开，标志着十三届衡阳县委第五轮巡察正式启动。

经衡阳县委批准，十三届衡阳县委第五轮巡察共组建 4 个巡察组，采取“一拖一”和“一拖二”相结合的方式，分别进驻岘山镇、界牌镇、集兵镇、大安乡、溪江乡等 5 个乡镇，对 5 个乡镇党委及所辖的 90 个村（社区）党组织开展为期 2 个月的常规巡察。此轮巡察将坚持政治巡察定位，把拥护“两个确立”、做到“两个维护”作为巡察根本任务，把依规依纪依法贯穿巡察全过程，重点围绕“三个聚焦”，即聚焦党中央各项决策部署及省市县党委工作要求在基层的落实情况、聚焦群众身边腐败问题和不正之风以及群众反映强烈的问题、聚焦基层党组织建设情况，强化政治巡察监督，并检查落实巡察、审计等监督发现问题和主题教育检视问题整改情况，努力提升新时代衡阳县委巡察工作质量，为建设社会主义现代化新衡阳县提供坚强政治保障。

衡阳县巡察工作会议暨十三届县委第五轮巡察动员部署会召开

◎ 2023 衡阳市五一劳动奖发布会举行

『大工兴衡』——2023 衡阳市五一劳动奖发布会在衡阳文化艺术中心举行

2023 年 4 月 25 日，“大工兴衡”——2023 衡阳市五一劳动奖发布会在衡阳文化艺术中心举行，表彰一批先进集体和个人。市委书记刘越高，湖南省总工会党组成员、副主席宋峥嵘分别致辞，市委副书记、市长朱健出席，并共同为劳模代表颁奖。

活动现场发布了全国、全省五一劳动奖和工人先锋号拟表彰名单，公布了 2023 年衡阳市创新创业大赛暨“十行状元、百优工匠”劳动和技能竞赛的获奖名单。10 名“十行状元、百优工匠”、10 个“衡阳市五一劳动奖状”、50 名“衡阳市五一劳动奖章”及 50 个“衡阳市工人先锋号”荣誉称号获得个人和集体受到表彰。

刘越高号召全市广大职工群众共同奏响“劳动光荣”最强音，大力弘扬劳模精神、劳动精神、工匠精神，树立辛勤劳动、诚实劳动、创造性劳动的理念，练就干事创业真本领。各级各部门要大力弘扬“创造伟大”主旋律，不断深化产业工人队伍建设改革，构建产业工人技能提升体系，搭建劳动群众建功立业载体，让劳动者的创业干劲、创新才能在“制造立市、文旅兴城”的生动实践中充分涌流。各级工会组织要用心构建“共建共享”新格局，落实和保障好广大劳动者各方面合法权益，不断提高劳动人民的获得感、幸福感、安全感。

◎衡阳市委理论学习中心组（扩大）举行 2023 年第四次集体学习

2023 年 5 月 5 日，衡阳市委理论学习中心组（扩大）举行 2023 年第四次集体学习，专题学习习近平总书记关于推动高质量发展、扎实推进共同富裕的重要论述。市委书记刘越高主持学习。中央党校（国家行政学院）经济学部教授、博士生导师李旭章应邀作专题辅导报告。

会上，李旭章以《学习党的二十大报告——以供给侧结构性改革 促进高质量发展》为题，系统介绍了新发展阶段、新发展理念和新发展格局的科学内涵，深刻阐明了高质量发展在推进中国式现代化进程中的重要作用，深入阐释了以供给侧结构性改革与扩大内需相结合的实践要求。

刘越高强调，要坚持真抓实干，聚焦重点任务。要突出产业项目主引擎，坚持“制造立市、文旅兴城”，构建具有衡阳特色的现代化产业体系，着力打造区域性先进制造业示范基地和区域经济中心。要打造园区平台主阵地，严格按照国家级园区“两主一特”、省级园区“一主一特”的产业定位，全面对标“五好”园区建设要求，持续提升园区承载力、增强园区竞争力、拓展园区吸引力。要深化改革开放主抓手，统筹推进重要领域和关键环节改革，用好对外开放平台，不断提升改革开放水平。要强化科技创新主动力，深入实施创新驱动发展战略，打造区域性科技创新中心。

市委理论学习中心组（扩大）举行 2023 年第四次集体学习

要闻纪事

△ 16 日，衡阳市金融服务持续“聚力中心化攻坚年”行动银企对接暨金融工作座谈会举行。全市 17 家银行机构与 17 家企业代表签约，市直有关部门、人民银行衡阳中心支行、衡阳银保监分局和各金融机构负责人，围绕金融业发展、产业链项目建设、银行业务开展等进行深入交流和探讨。

△ 16 日，全市巡察工作会议暨十二届市委第五轮巡察动员部署会召开，宣布十二届市委第五轮巡察正副组长授权及任务分工决定。

△ 16 日，衡阳市 2023 年度上半年新兵入伍欢送仪式在高铁衡阳东站举行。

仪式在雄壮的《中华人民共和国国歌》声中拉开序幕，新兵们戎装整肃、精神抖擞、军姿挺拔。

△ 17 日，衡阳市委书记刘越高率队前往广东省清远市开展招商引资。刘越高一行先后调研考察先导科技集团和建滔循环经济工业园，并与相关企业负责人举行座谈，大力推介衡阳，对接项目合作。

△ 17 日，历时三天的第四届湖南省刑事技术职业技能竞赛鸣金，衡阳市公安局代表队奋勇拼搏，喜获理化检验和警犬技术两个项目团体三等奖，1 人获得个人二等奖，4 人获得个人三等奖，3 人次获“湖南省青年岗位能手”“湖南省巾帼建功标兵”称号。

△ 19 日，民盟衡阳市委会开展“3·19 民盟生日”主题活动暨盟心讲坛第一期“今天是你的生日”，以庆祝中国民主同盟成立 82 周年。

△ 20 日，衡阳市委书记刘越高会见了来衡阳的中国工程院院士王兴治、邹汝平一行，双方就加强科技创新、推动相关产业融合发展等进行深入交流。

△ 20 日，衡阳市公安局举行 2023 年新警入职暨宪法宣誓仪式。新警学员进行了训练成果汇报表演，分批次演练了女子匕首操及应急棍术，观看了 2023 年度衡阳公安专题汇报片和新警学员培训集锦视频。

◎不断提升市域社会治理整体效能 努力建设更高水平的平安衡阳法治衡阳

衡阳市政法重点工作会议召开

2023年5月10日，衡阳市政法重点工作会议召开，会议分两个阶段进行。市委书记刘越高强调，要深入学习贯彻习近平法治思想和习近平总书记关于加强和创新基层社会治理的重要论述，攻坚冲刺做好市域社会治理现代化试点合格城市创建各项工作，扎实抓好禁毒、反诈打跨等重点工作，不断提升市域社会治理整体效能，努力建设更高水平的平安衡阳、法治衡阳。市委副书记、市长朱健主持会议。

刘越高要求，要深刻认识打击毒品、电信网络诈骗等重点领域犯罪工作的重要性，坚决打赢打好这场攻坚仗。要在研究规律中抓实重点、突破难点，突出治源斩链，始终保持对毒品犯罪的凌厉攻势和高压态势，深入开展各类专项行动，坚决打赢新时代禁毒人民战争。要围绕线上线下，全面守牢网络关口，严打上下游关联犯罪，确保反诈打跨工作取得新成效。要擦亮护蕾行动利剑，从严从快从重打击涉未成年人违法犯罪行为，护航未成年人健康成长。要在凝聚合力中狠抓落实、提升实效，做到明责履责、群防群治、严督严查、抓常抓长，真正以打促改、以打促建、以打促治，为加快推进区域中心化进程营造安全稳定的社会环境。

◎衡阳2人(组)身边好人获评2023年4月“湖南好人”

2023年5月12日，2023年“湖南好人”4月榜单正式揭晓，20人（组）群众身边好人光荣上榜。其中，李芳蓉、何志军获评见义勇为类“湖南好人”；洪自美获评孝老爱亲类“湖南好人”。

衡阳市李芳蓉、何志军获评见义勇为类“湖南好人”

李芳蓉，衡阳市中心医院职工；何志军，衡南县审计局干部。两人系夫妻关系。2022年8月27日晚，何志军发现有人在江中溺水，于是他立即游往溺水者旁边，将其拉出水面并拖到岸边，同时李芳蓉拨通120电话求救。到岸边后发现溺水者已无心跳及自主呼吸。李芳蓉立即组织抢救，等待医生赶到。随后，夫妇两人还协助医生将其送往医院抢救，直到得知溺水者已经进入ICU病房抢救才回家。

洪自美，蒸湘区北塘村五组农民。1995年，洪自美的妻子唐度香全身瘫痪，丧失生活自理能力。心急如焚的洪自美把妻子背在身上四处求医看病，与此同时，他还温柔细致地精心照料唐度香，从来不喊一声苦。2019年，80多岁的老母亲因摔了一跤导致腿骨断裂，只得在他家卧床休养。洪自美每天同时照顾母亲与妻子，从未有过怨言。他事无巨细，尽心尽力，直至母亲过世。

洪自美获评孝老爱亲类“湖南好人”

要闻纪事

△21日，衡阳市禁毒委2023年第一次全体会议暨禁毒突出问题重点整治工作推进会召开。各县（市）区和市禁毒委成员单位分别作了现场述职或书面述职；市政府副市长、市禁毒委常务副主任、市公安局局长胡志文讲评2022年度全市禁毒工作，并安排部署今年工作。

△21日，中国兵工学会火箭导弹专业委员会2023年度学术交流年会在衡阳举行。中国工程院院士王兴治、邹汝平等150余名知名专家、重点企业负责人与会。

△22日，衡阳市政府与中国电信股份有限公司湖南分公司（以下简称中国电信湖南公司战略合作暨衡阳算力中心建设项目签约仪式举行。

△22日，衡阳市委副书记、市长朱健主持召开衡阳市国土空间规划委员会第二次全体会议。会议听取了市自然资源和规划局关于国土空间规划编制工作的汇报，审议并原则通过《衡阳市国土空间总体规划（2021—2035年）》。

△23日，衡阳市生态环境保护委员会2023年第二次全体会议召开。会议观看了《衡阳市生态环境警示片》，通报了全市生态环境保护工作有关情况，并听取相关县（市）和园区负责人表态发言。

△23日，“廉润湖湘”——衡阳廉洁文艺作品汇报会在衡阳文化艺术中心举行，以文艺作品教育引导全市党员干部更加清醒坚定地走好新时代“赶考”之路。

△24日，“智汇潇湘 雁聚衡阳”衡阳博士行动（第三季·2023）举行集中引进签约仪式，共引进签约博士186名。

△24日，2023年市委两新工委全体会议暨市直综合（行业）党委、市属园区企业党委书记履行基层党建工作责任述职评议考核会召开。

△26日，衡山县人民法院福田人民法庭成功调解一起民间借贷纠纷案件。员额法官曹科、庭长段聪合作，让该案件当日立案、当日调解、当日结案，高效快捷的办案得到双方当事人点赞。

◎全省首家智慧数字乡村振兴馆在祁东建成运营

2023年5月12日，全省首家智慧数字乡村振兴馆在祁东县正式运营。仪式现场，湖南黄花泉新农业科技开发有限公司与中科先进技术研究中心（深圳）有限公司签订了战略合作协议。随后，与会人员参观了馆内农产品直播间和销售展厅，详细了解了乡村振兴馆的功能、服务等方面内容，体验了与深圳市数字乡村振兴馆的现场连线，并就农产品销售等进行了沟通。

祁东县智慧数字乡村振兴馆是由省财政厅、省农业农村厅、省乡村振兴局、省供销合作总社四家单位联合发起成立的全国首家省级政府采购助力乡村产业振兴的公益性农副产品网络销售平台。深圳中科先进技术研究中心在祁东县率先设立“双中心”——祁东分中心和广东圳乡农业科学研究院祁东分院，为该县投资价值2000余万元的“乡村振兴双中心系统”。在此“双中心”系统推进下，祁东县建成了全省第一个智慧数字乡村振兴示范项目，搭建了一个沉浸式、全维度、多场景的优质农产品展示大厅，全面展示全县农产品并向全国销售。

全省首家智慧数字乡村振兴馆在祁东建成运营

◎衡阳首次开启 DRG 权重谈判

谈判现场

2023 年 5 月 15 日，衡阳市医疗保障局正式组织启动 2023 年度 DRG（按疾病诊断相关分组）权重谈判工作。这是衡阳市实行 DRG 付费改革后开展的第一次谈判，为确保 7 月 1 日全面启动 DRG 实际付费工作奠定了良好基础。省医疗保障局和市医疗保障局、市卫健委、市纪委监委驻市人社局纪检组相关负责人及各专家组组长等参加了启动大会。

DRG 权重谈判是 DRG 支付改革工作中确保支付方案持续优化的关键环节，也是沟通医保和医疗机构的重要桥梁。此次衡阳市的 DRG 权重谈判划分为 16 个谈判组，为期 4 天，来自 50 家 DRG 改革试点医院相关专业的 138 名谈判专家参与谈判。

DRG 细分组权重是在衡阳市住院历史数据基础上，通过 DRG 分组、数据分析测算得出的基础权重。由于历史数据可能存在各种各样的问题和缺陷，造成基础权重不能够准确体现每个细分组的资源消耗与服务价值，因此需要组织临床专家对细分组基础权重进行论证和校正。

此次谈判坚持政策导向，要求充分发挥医保政策重点保障、合理分流的导向作用，适当提高重大、危急、技术难度较高的DRG组权重，降低多发病、常见病、轻症患者多的 DRG 组权重，引导三级医院提高服务能力，多收治疑难重症病例数，主动将常见病、多发病转诊至二级或基层医疗机构诊治。

◎打造“五张名片”助力湖南全域旅游高质量发展

2023 年 5 月 18 日，湖南省政协“关于加快建设世界旅游目的地意见的贯彻实施情况”专题民主监督推进会在南岳召开。省政协副主席赖明勇强调，要深刻领悟习近平总书记关于文化和旅游工作的重要论述精神，立足政协职能，高效推进民主监督工作，助力湖南全域旅游高质量发展。市政协主席刘丽华致辞。

2022 年 9 月 5 日，省委、省政府出台了《关于加快建设世界旅游目的地的意见》（以下简称《意见》），明确提出：打造五张湖南名片，到 2035 年成为世界旅游目的地。为助推省委、省政府“办一次会，兴一座城”、建设世界旅游目的地战略加速推进和全面落实，省政协围绕文旅产业发展持续发力，2023 年在部署“7+4+5+3”履职重点中，将“打造‘五张名片’助力湖南全域旅游”列为政协工作品牌之一，并对《意见》实施情况开展民主监督。

“关于加快建设世界旅游目的地意见的贯彻实施情况”专题民主监督推进会在南岳召开

推进会以现场考察和座谈会的形式举行。与会人员先后实地考察了南岳大庙、祝融小镇等文旅项目，详细了解南岳贯彻落实《意见》的经验做法，现场感受衡阳和南岳文旅融合魅力以及大力发展全域旅游的良好态势。座谈会上，大家就如何助推文旅融合和精细精准、高效推进民主监督工作建言献策，“五张名片”牵头市州政协交流了工作经验。

◎衡阳市获得地方立法权后 开展首次地方立法学术研讨

“法治视阈下的数字化发展及其引领”学术论坛举行

2023 年 5 月 19 日，“法治视阈下的数字化发展及其引领”学术论坛举行。市人大常委会副主任刘桢干出席活动。

活动特邀西南政法大学数字法治政府研究院院长、立法研究院执行院长周祖成作主题讲座，他从基层立法联系点的制度功能、数字化发展的法治融合及其立法引领等方面进行详细讲解。

据了解，此次论坛由市人大常委会法制工作委员会、市司法局主办，市律师协会、湖南湘华律师事务所承办，这是衡阳市获得地方立法权之后首场关于地方立法的学术研讨，也是市十六届人大常委会基层立法联系点首次参与学术研讨活动。论坛分主题讲座、互动交流和深度座谈三个环节，与会嘉宾深入探析关于基层立法联系点建设和地方立法的思路、数字化和立法融合问题。

“讲座启迪了基层立法联系点建设和地方立法的思路，对我们下一步探索数字化立法，重点领域和前沿领域立法具有重要引领作用。”与会嘉宾纷纷表示。

要闻纪事

△ 27 日，常宁市人民法院驻市公安局刑事速裁法庭举行揭牌仪式。成功审理 4 起轻微刑事案件并当庭宣判。

△ 28 日，湖南省委副书记、省长毛伟明在衡阳调研科技创新和先进制造业发展情况。毛伟明一行首先来到南华大学，考察高性能激光应用联合实验室，了解核科技进展与成果，看望专家教授代表。

△ 29 日，衡阳市委书记刘越高与全市部分制造业企业负责人亲切座谈，听取有关意见建议，了解全市制造业发展情况。来自特变电工、衡钢、建滔实业、金杯电缆、南岳生物等 11 家企业的负责人，聚焦“双碳”战略、新能源产业发展、优化营商环境、产业转型升级、生产要素保障等方面，就如何坚持“制造立市”、加快推动衡阳市制造业高质量发展提出真知灼见，献上务实之策。

△ 29 日，衡阳市人民政府与湖南银行股份有限公司战略合作框架协议签约仪式举行。市委书记刘越高出席并见证签约。

△ 29 日，衡阳市长朱健主持召开市政府 2023 年第 10 次常务会议，传达贯彻毛伟明省长来衡调研讲话精神，研究部署国土空间规划编制、“五好”园区建设、政府债券资金等工作。

△ 31 日，首届战略资源综合利用创新与发展论坛在衡阳开幕。

△ 31 日，国家矿山安全监察局湖南局监督检查衡阳矿山安全工作情况反馈会召开。衡阳市汇报了有关工作，检查组通报了对衡阳市矿山安全监管工作监督检查及第二轮重点联系督导情况。

△ 31 日，共青团衡阳市第二十届委员会第五次全体（扩大）会议召开。团市委负责人代表团市委常委会作工作报告，全面回顾总结 2022 年工作，研究部署 2023 年工作任务。

◎衡阳市石鼓区五届人大代表履职能力提升第一期培训班开班

衡阳市石鼓区五届人大代表履职能力提升第一期培训班开班

2023年5月22日，石鼓区五届人大代表履职能力提升第一期培训班在合肥开班。来自各个行业的100余名区人大代表齐聚一堂，聆听授课，共话学习。区委副书记、区长谢海蓉出席开班仪式并讲话，区人大常委会党组副书记、副主任聂文化主持。

谢海蓉寄语人大代表，要有更高的站位，旗帜鲜明讲政治。善于把党的主张通过法定程序转化为国家意志和人民群众的自觉行动，始终与党委在思想上同心、目标上同向、行动上同步。要有更好的习惯，勤学善学强本领。在坚持不懈的学习中加快知识更新、优化知识结构，用好法定权力。要有更大的作为，尽心尽力履好职。紧紧围绕全区经济社会发展中心大局，深入调查研究，踊跃建言献策，依法履职尽责。要有更强的意识，用心用情服好务。不断丰富和拓展联系群众的渠道，倾听民声、汇集民智、反映民意，当好党委、政府联系人民群众的桥梁纽带。要有更严的标准，率先垂范树形象。做到心有所畏、言有所戒、行有所止，树立石鼓人大代表良好形象。

开班仪式后，授课专家给大家带来了《国际形势与我国对外战略》的专题辅导，正式开启培训第一课。

◎合力推动“三稳”“三保”落地见效 以实干实绩交上一份满意答卷

2023年6月2日，衡阳市“保交楼、保民生、保稳定”攻坚行动部署会召开。市委副书记、市长朱健强调，要深入学习贯彻习近平总书记关于住房工作的重要指示批示精神，坚决扛起“保交楼、保民生、保稳定”政治责任，坚决打好房地产领域风险防范化解攻坚战，以实干实绩向人民群众交上一份满意的答卷。

衡阳市“保交楼、保民生、保稳定”攻坚行动部署会召开

会上，市住建局通报了衡阳市相关工作情况，衡东县、衡阳县、建设银行衡阳市分行、耒阳市、珠晖区分别作交流发言或表态发言。

朱健指出，既要肯定成绩，又要正视问题，以“行百里者半九十”的清醒认识当前形势。自2022年7月以来，衡阳市房地产市场“保交楼、保民生、保稳定”工作见事早、动作早，构建了“市级主导、县级主管、部门主抓、企业主责”责任体系，制定“一楼一策”化解方案、建立“一楼一组”专班，推动相关工作取得了显著成效。同时，要清醒认识到工作中存在的不足和短板，房地产风险化解和“保交楼、保民生、保稳定”工作已进入攻坚的关键阶段，衡阳市各级各部门务必以“等不得、拖不得、慢不得”的紧迫感和危机感，快速推进问题楼盘项目实现交楼，持续推动衡阳市房地产市场平稳健康发展。

要闻纪事

4月

△2日至3日，衡阳市将举办“2023衡商大会”，以浓浓乡情“迎老乡、回故乡、建家乡”。全国有异地衡阳商会30家，主要分布在珠三角、长三角、京津冀、大西南，海南省、南宁、西安、武汉及湖南省内等地，有知名衡商2000余人。

△4日，全市老干部工作会议召开，深入学习贯彻习近平新时代中国特色社会主义思想和党的二十大精神，总结并安排老干部工作。

△4日，最高检对外发布了第四十二批指导性案例。湖南省人民检察院、衡阳市人民检察院办理的志某诉湖南省甲县公安局确认执法信息录入行政行为违法检察监督案（检例第168号案例）入选。这是衡阳检察机关行政检察案例首次入选。

△5日至6日，衡阳市委书记刘越高率队赴北京拜会国家有关部委和央企，对接推进重点工作，争取政策和项目资金支持。

△7日，衡阳市长朱健主持召开市政府2023年第11次常务会议，研究部署法治政府建设、矿山安全生产和产业数字化等工作。

△7日，衡阳市委副书记、市长朱健到市文旅广体局调研，并主持召开全市文旅产业发展座谈会。市文旅广体局负责人汇报了全市旅游工作情况，来自旅游行业协会、文旅企业的从业代表踊跃发言，大家围绕文旅产业链建设、品牌打造、景区建设、民宿发展、市场监管等议题积极建言献策。

△7日，衡阳市人民检察院、解放军长沙军事检察院在衡签订《关于建立军地检察机关公益诉讼协作机制的实施意见》等文件。

△7日，衡阳市人民检察院、解放军长沙军事检察院在衡阳签订《关于建立军地检察机关公益诉讼协作机制的实施意见》等文件。

◎衡阳市蒸湘区首场“村招”热闹开场

2023年6月6日，位于蒸湘区解放大道立交桥东侧的长胜公园。蒸湘区首场村级招聘会——2023年红湘街道联合村充分就业、创业服务现场招聘会在这里举行。42家企业现场招聘，另有89家企业“线上”求贤，提供各类“接地气”的岗位630个，助力辖区村民和附近居民实现“家门口”就业。

联合村是一个“城中村”，常住人口2200余人，流动居民10000余人。为帮助辖区村（居）民实现更加充分更高质量的就业，在蒸湘区人社局、红湘街道办事处的精心指导和大力支持下，联合村村民委员会决定因地制宜、“因材施招”，探索举办一场以“充分就业惠民生，创业就业促发展”为主题的招聘会。

当天的招聘会现场，特变电工、香江百货、京东物流、太平洋人寿、超威电池等131家企业，通过“线上+线下”方式参会，涉及文员、客服、普工、司机、护理员、保安、保洁、配送员等岗位。这些岗位对文化学历技术技能等普遍要求不高，且年龄限制较少，非常适合当地和附近的村（居）民，为广大求职者提供了精准的就业机会。

蒸湘区首场“村招”热闹开场

活动现场，来自街道、村（社区）的工作人员和“衡阳群众”志愿者还对村（居）民和过往市民开展了就业创业、社会保障、劳动维权和关爱未成年人、安全生产、防电信诈骗、防非禁毒等法律法规政策宣传。

◎湖南省政协来衡阳县开展『加强农村普法工作』专题调研

2023年6月7日，湖南省政协社法委主任范运田率队来衡阳县开展“加强农村普法工作”专题调研，市政协副主席傅萍、县政协主席方云耕参加。

在湖南角山米业有限责任公司，范运田现场察看了快检站、质检室、原料仓库、生产车间等，详细了解粮食收、储、产、运、销等环节流程，并召开“有效推进涉案企业合规改革工作，促进民营经济发展”调研座谈会。范运田指出，开展涉案企业合规改革工作是完善社会治理体系、健全共建共治共享的社会治理制度、提升社会治理效能的需要。要提升政治站位，坚决贯彻落实习近平总书记“两个毫不动摇”的重要讲话精神，围绕中心、服务大局，全力促进民营经济发展；要解放思想，深化改革，切实优化营商环境，助力民营经济发展。

在西渡镇梅花村，范运田现场察看了政务大厅、调解室、法律顾问室，详细了解农村普法、矛盾纠纷调解等工作开展情况。范运田指出，农村普法工作是加快社会主义新农村民主法治建设进程的有效措施，是提高农民法律知识水平的重要途径，是维护、促进农村社会公平正义的必然要求。他建议，要创新农村普法宣传方式，力求以更多群众喜闻乐见、寓教于乐、易于接受的方式，广泛开展农村法制宣传教育，以满足群众不断增长的法治需求。

省政协来衡阳县开展『加强农村普法工作』专题调研

◎全面树牢“文旅兴城”理念 把衡阳加快建成世界旅游目的地

2023年6月9日，衡阳市落实“制造立市、文旅兴城”战略文旅产业发展大会召开。市委书记刘越高出席并强调，要全面贯彻落实中央、省、市关于发展文旅产业决策部署，围绕“文旅兴城”，全面树牢理念、厘清思路、夯实基础、强化保障，精心筹办第三届湖南旅游发展大会，全力推动衡阳市文旅产业高质量发展，为加快推进衡阳区域中心化进程注入更强文旅力量、作出更多文旅贡献。市委副书记、市长朱健主持会议。

衡阳市落实“制造立市、文旅兴城”战略文旅产业发展大会召开

刘越高强调，近年来，衡阳市大力推动文旅融合，全力推进全域旅游，衡阳市文旅产业呈现良好发展态势，正处在难得的战略机遇期和发展黄金期。衡阳市上下要全面树牢“文旅兴城”理念，站在战略和全局的高度，谋好大局、顺应大势，在认清形势中坚定信心，在肯定成绩中鼓足干劲，加快补齐短板弱项，推动衡阳市文旅产业大融合大发展。

刘越高要求，要全面厘清“文旅兴城”思路，打好“文旅兴城”牌，构建以南岳为龙头、以市区为中心的环南岳衡山旅游经济圈，推动旅游规划与城市总体规划、土地利用规划、环境保护规划等“多规合一”，实现衡阳市规划“一体化”、旅游“一张图”，在优化空间布局、完善旅游规划上求突破。

◎全省灌溉能力提升示范培训班在耒阳开班

全省灌溉能力提升示范培训班在耒阳开班

2023年6月12日，全省灌溉能力提升示范培训班在耒阳开班。湖南省水利厅党组成员、副厅长杨诗君，衡阳市委副书记、耒阳市委书记赖馨正出席开班式并讲话。

杨诗君指出，举办此次培训班是深入贯彻落实党的二十大精神、认真践行习近平新时代治水思路的重要措施，是准确把握灌区工作面临的新形势和新任务、加快推动灌区高质量发展的根本保障，是加强水利人才队伍建设、提升灌区技能人才实践能力的有力抓手。要充分认识举办此次培训班的重要意义，坚决扛起新时代治水保灌的政治责任，始终胸怀“国之大者”，切实增强责任使命感紧迫感，主动加油充电、蓄势赋能，全面提升履职能力，为推动湖南水利高质量发展作出新的更大贡献；要高质量高标准办好示范培训班，珍惜培训机会，坚持学以致用，不断提升工作技能和管理能力；要严格遵守培训纪律，增强安全意识，服从管理，努力把培训班办成可复制、可推广的“示范班”“标杆班”。

赖馨正对各位领导和同志的到来表示欢迎和感谢，对培训班的开班表示热烈祝贺，并简要介绍了衡阳市、耒阳市水利及灌区工作情况。他指出，水利是农业的命脉、是现代农业建设不可或缺的首要条件，灌区高质量发展是实现农田水利现代化的首要任务。

要闻纪事

△11日，衡阳市委党校举行2023年春季学期开学典礼。市委副书记、市委党校校长赖馨正以“全面学习把握落实党的二十大精神，持续聚力‘中心化’”为题，为全体学员上了“开学第一课”。

△11日，耒阳市政协党组书记、主席李云，副主席高爱民、刘丰为荣获省、衡阳市级示范性委员工作室的医卫界别委员工作室和工商联·共青团界别委员工作室授牌，并就委员工作室如何更好联系和服务所在界别群众进行指导。

△13日，衡阳市委书记、市委审计委员会主任刘越高主持召开市委审计委员会第三次会议。会议传达学习了习近平总书记关于审计工作的重要指示批示精神，传达学习全国审计工作会议、省委审计委员会第三次会议和全省审计工作会议精神，听取相关工作情况汇报，审议有关文件，研究部署下阶段工作。

△13日，国务院参事室“新型能源体系下能源治理现代化研究”课题组调研座谈会在衡召开。与会人员就衡阳在推进新型能源建设、能源保障和安全以及经济社会高质量发展中存在的瓶颈和痛点问题积极向国务院参事室反映，并围绕降低企业用电成本、能源基础设施布局、政策支持等提出有关请求和建议。

△17日，衡阳市委书记刘越高会见到访的中国供销商贸流通有限公司副总经理王永威一行。双方就进一步深化合作、推进项目建设进行交流洽谈。

△17日，衡阳市委副书记、市长朱健到市退役军人事务局调研时强调，要持续深入学习习近平总书记关于退役军人工作的重要论述，牢牢把握“三个机关”的定位，系统梳理工作台账，创新工作品牌，全面推动退役军人工作高质量发展。

◎2023年衡阳市首届文化艺术节开幕

2023年6月16日，“雁鸣衡山·经典流传”2023年衡阳市首届文化艺术节在市文化艺术中心开幕。市委书记刘越高出席并宣布艺术节开幕。市委副书记、市长朱健出席并致辞。

朱健在致辞中说，近年来，市委、市政府坚定落实习近平总书记关于弘扬中华优秀传统文化重要论述，持续大力扶持文化事业发展，湘剧《醉打山门》赴京演出，歌剧《八百矿工上井冈》捧回国家优秀剧目奖，电影《援军明日到达》成功杀青，将于2024年择档上映。在市委的坚强领导下，衡阳市不断扶持和培育各类艺术团体，拉近艺术和人民群众的距离。期盼通过衡阳首届文化艺术节，在实现“文化乐民、文化惠民、文化育民”的同时，进一步滋润艺术的土壤，让艺术的表现形式更加丰富，让艺术的魅力在雁城大地更加熠熠生辉。

当天的开幕式演出分为《红色之魂 初心不改》《山水之间 融合共生》《幸福之城 共享荣光》三个篇章，大量采用衡阳原创并获得国家级、省级奖项的各类节目，涵盖交响乐、歌曲、舞蹈、小品、情景剧、戏曲等多种艺术形式，形成传统与现代相结合、经典与流行相交融的艺术精品，充分展示了全市人民奋发进取、攻坚克难、干事创业的新气象，获得了观众的一致好评。

2023年衡阳市首届文化艺术节开幕

◎加速文旅融合发展 全面推进乡村振兴

刘越高在衡东县调研

2023年6月20日，市委书记刘越高赴衡东县大浦通用机场、部分企业和乡村调研。他强调，要深入学习贯彻习近平总书记关于湖南工作的重要讲话和指示批示精神，统筹好发展和安全两件大事，坚持“制造立市、文旅兴城”，加速推进“航空+”文旅综合体项目建设，全面推进乡村振兴，为衡阳加快推进区域中心化进程贡献衡东力量。

在大浦通用机场，刘越高实地察看了机场建设、设备设施，详细了解机场运营发展、航空运动训练、应急救援等情况，并现场观看了低空跳伞演练。大浦通用机场是湖南省第一个通用航空机场，也是湖南省航空发展示范基地、航空运动管理中心训练基地、综合性航空产业基地。他指出，要抢抓国家支持通航产业发展机遇，以湖南省第三届旅发大会为契机，充分发挥通用机场的独特优势，积极发展航空运动产业，加速推进“航空+”文旅综合体项目建设，打造航空运动休闲旅游目的地。

来到大浦经开区的湖南雁翔湘实业有限公司，刘越高走进企业生产车间与车间中控室，实地察看并了解该企业超白光伏、超薄电子玻璃等产品的生产流程、加工工艺、应用范围、产品优势等情况，并督导安全生产工作。他勉励企业要重点打造高端优质产品，以智能化、数字化赋能，推动产业转型升级。

刘越高在衡东县调研

要闻纪事

△18日，湖南省国资委党委副书记、副主任杨晓喻率省工作组来衡，现场办理省人大代表在省十四届人大一次会议提出的第0281号《关于进一步支持衡钢做大做强的建议》，并召开座谈会，对建议进行现场答复。

△20日，衡阳市委书记刘越高主持召开衡阳市第五次全国经济普查（以下简称“五经普”）情况汇报会，研究部署全市“五经普”工作。

△21日，2023年度全省禁毒协会工作会议在衡阳市举行。会议表彰了9个先进集体、40名优秀禁毒讲师。常德市禁毒协会会长朱利群、长沙市禁毒讲师团副团长周跃五作了经验交流。

△21日，衡阳市公安局珠晖分局粤汉、站前、广东路、茶山坳4个派出所新址揭牌启用，标志着珠晖公安基层基础建设跃上了一个新台阶。

△25日，“大工兴衡”——2023衡阳市五一劳动奖发布会在衡阳文化艺术中心举行，表彰一批先进集体和个人。10名“十行状元、百优工匠”、10个“衡阳市五一劳动奖状”、50名“衡阳市五一劳动奖章”及50个“衡阳市工人先锋号”荣誉称号获得个人和集体受到表彰。

△25日，衡阳市中级人民法院、市市场监督管理局联合举行新闻发布会，通报衡阳市知识产权司法保护和行政执法保护总体情况，发布了《2018—2022衡阳市知识产权司法保护白皮书》和知识产权相关典型案例。

△28日，衡阳市科协第十一次全市代表大会举行。大会表彰了衡阳市首届优秀科技工作者和“小荷”科技人才；选举产生了衡阳市科协新一届领导机构，夏昆当选为市科协十一届全市委员会主席。

◎深化合作交流 实现互利共赢

刘越高会见中国电力工程顾问集团党委书记、董事长罗必雄一行

2023年6月16日，市委书记刘越高会见了中国电力工程顾问集团党委书记、董事长罗必雄一行。双方就加强沟通对接、加快项目落地、深化拓展合作等方面进行深入交流。市委副书记、市长朱健参加会见。

刘越高对罗必雄一行的到来表示热烈欢迎，他说，衡阳是国家区域重点城市和省域副中心城市，人文历史悠久、产业基础坚实、交通区位优越、资源禀赋突出。当前衡阳正深入学习宣传贯彻党的二十大精神，聚焦“制造立市、文旅兴城”，持续推进十大主导产业建设，加快推进区域中心化进程，发展潜力巨大、机遇无限。中电集团是中国电力工程服务行业的“国家队”和“排头兵”，技术力量雄厚，在能源项目建设等方面具有丰富的经验和优势。希望双方不断深化合作，以“宁电入湘”为契机，高效推进合作项目落地，为衡阳实现绿色低碳发展作出更大贡献。

罗必雄介绍了中电集团的发展历程和业务范围，他表示，衡阳拥有良好的发展条件和广阔前景，对双方合作充满信心。下一步将组建专班，紧密对接，把企业优势与衡阳发展需求相结合，进一步深化合作层次、拓展合作领域，更好服务衡阳电力和经济社会高质量发展。

◎相互学习相互借鉴比学赶超 提升“五好”园区建设整体水平

2023年6月26日，衡阳市2023年“五好”园区建设六月联席会议在耒阳举行。市委副书记、市长朱健强调，衡阳市各园区要振奋精神状态，强化系统思维，勇于担当作为，做到务期必成，相互学习、相互借鉴、比学赶超，提升衡阳市“五好”园区建设整体水平。

朱健携衡阳市各县市区、园区、相关市直部门负责人前往耒阳经开区大市循环经济产业园，先后观摩了先导新材料科技有限公司、丰隆环保新材料项目、中核华中新材料有限公司钽铌项目的生产和建设现场。

在随后召开的联席会上，各省级以上园区汇报了1—5月“五好”园区建设工作情况，市商务局、市行政审批服务局、市应急管理局分别汇报了招商引资、放权赋能、安全生产工作情况。

朱健认真听取汇报，并逐一对现场观摩项目进行点评，对耒阳市“五好”园区建设成绩表示肯定。他指出，当前，衡阳市“五好”园区建设取得了一些可喜的进展，主要经济指标保持稳定增长，园区产业项目持续落实落地，园区发展动能不断积蓄提升。在“双过半”的关键节点，衡阳市园区干部要勇立潮头，创造性地抓落实、抓攻坚，相互学习、相互借鉴、比学赶超，提升衡阳市“五好”园区建设整体水平。

衡阳市2023年“五好”园区建设六月联席会议在耒阳举行 朱健出席并讲话

◎千人健步登山倡议市民抵制毒品珍爱生命

2023年6月26日是第36个国际禁毒日，衡阳市2023年全民禁毒宣传月主题活动暨“禁毒路上，一路有你”公益登山活动在南岳举行。1200余名禁毒工作者和禁毒志愿者用脚步丈量南岳的秀山丽水，用行动倡议广大市民抵制毒品、珍爱生命。市委副书记、市长、市禁毒委主任朱健为登山获奖者颁发奖牌。

此次活动由市禁毒委员会主办，旨在通过“禁毒＋运动”的方式，切实增强禁毒工作的广泛性、参与性、实效性，动员广大人民群众积极支持禁毒、宣传禁毒、参与禁毒，全力打好打赢新时代禁毒人民战争。

公益登山活动结束后，朱健主持召开衡阳市禁毒工作专题调度会。肯定禁毒工作成效的同时，朱健强调，禁毒工作由于其本身的反复性、顽固性和艰巨性，目前远没有到可以停下来的地步。禁毒委成员单位要始终紧绷禁毒弦，进一步加强协同配合。下阶段禁毒工作必须坚持目标导向、强化问题导向，坚持分类指导、强化任务落实，坚持人民战争、强化奖优罚劣。

衡阳市2023年全民禁毒宣传月主题活动暨“禁毒路上，一路有你”公益登山活动举行

近年来，市委、市政府坚持迎难而上、知难而进，统筹推进缉毒执法、社会化禁毒和禁毒技术工作，着力提升市域毒品问题治理能力和水平，逐步形成了“党委领导、部门协同、社会共治、齐抓共管”的毒品问题治理大格局。

◎城区首家刑事速裁法庭在衡阳市石鼓区揭牌

刑事速裁法庭揭牌现场

2023年6月27日，石鼓区人民法院与石鼓区人民检察院、市公安局石鼓分局筹备建设的“刑事速裁法庭”在石鼓公安分局揭牌成立。

刑事速裁法庭成立日，石鼓区人民法院负责人在该法庭开庭审理了一起危险驾驶犯罪案件，并当庭宣判。庭审中，被告人吴某某对公诉机关指控的犯罪事实均无异议，并自愿认罪认罚。最终法院当庭宣判，对被告人吴某某判处拘役二个月，罚金人民币3000元。

刑事速裁法庭通过依托公安机关执法办案中心，与公安机关、检察机关在程序上无缝衔接，形成快速高效的侦查、起诉、审理机制，有效缩短办案时限、简化办案程序、提高办案效率，为轻微刑事案件实施“一站式”快速办理机制提供有力司法保障。

石鼓法院在刑事速裁法庭审理一起危险驾驶犯罪案件

要闻纪事

5月

△5日，衡南县农业综合行政执法大队和衡南县交通运输综合行政执法大队一道开展专项整治执法行动。执法人员聚焦重点水域，对湘江“四大家鱼”国家级水产种质资源保护区水域进行了巡查，加强来往商船的登临检查，向商船船员发放宣传资料，提醒船主遵守禁捕制度，严厉打击商船携带网具渔具进入禁捕水域非法捕捞行为。

△9日，衡阳市信访局联合20家市直机关单位在市信访局门口举办《信访工作条例》（以下简称《条例》）实施一周年宣传日活动。

△9日，湖南省司法厅二级巡视员田自成率队实地调研雁峰区法治文化建设工作，衡阳市司法局党组书记、局长杨安定陪同调研。通过实地查看硬件设施、听取工作汇报、聆听法治故事等方式，全方位、多角度、深层次了解雁峰区法治文化阵地建设情况。

△9日至10日，全国人大教科文卫委副主任委员田学军率队来衡阳，开展中、高考考试招生制度改革情况调研。

△10日，“聚力中心化青年当先锋”纪念五四运动104周年暨庆祝建团101周年主题团日活动在市广电中心举行。

△11日，蒸湘区第一次归侨侨眷代表大会胜利召开，大会选举产生了第一届区侨联委员会和第一届区侨联领导班子，谋划了未来五年全区侨联工作。

△15日，衡阳市政协调研组到石鼓区开展“缓解衡阳市城区停车难，提升城市管理水平”专题调研。详细了解路面停车位规划管理、立体停车场运营使用、新能源充电桩的规划建设等情况。

△17日，衡阳市政府督查组来雁峰区督导打好重点民生保障仗工作。督导组通过听取汇报、查阅台账、实地核查、现场交办的方式，详细了解了雁峰区2023年省市重点民生实事项目及省重点监测民生项目的推进情况，重点督查是否成立打好民生实事工作专班，是否建立责任体系、督查考核体系等工作机制。

◎衡阳市3家企业荣膺省级“三品”标杆企业

2023年7月9日，省工信厅公布2023年湖南省消费品工业“三品”标杆企业名单，衡阳市古汉中药、湘衡盐化、周福记等3家企业入围，数量位列全省第三。

衡阳市践行“制造立市、文旅兴城”发展战略，围绕“将消费品行业打造成千亿行业”，出台《关于打好经济增长主动仗实现经济运行整体好转的若干政策措施的实施意见》等政策措施，全力支持消费品工业“三品”标杆企业培育工作，不断提升消费品工业企业“三品”能力，从而提升消费品有效供给能力和水平，不断满足人民群众对美好生活的需要。

市工信局负责人表示，下一步将进一步加强政策引导，建立梯度培育制度，开展市级消费品工业“三品”标杆企业评选工作，挑选出一批在食品、医药、轻工、纺织行业中有基础和潜力的企业，进行重点培育，力争衡阳市更多企业入选省级消费品工业“三品”标杆企业，加快推进衡阳市消费品工业高质量发展。

◎全力推进村（社区）政务服务『一网通办』持续提升群众办事便利度体验度满意度

2023年6月29日，市委书记刘越高赴雁峰区岳屏镇前进村、市政务服务中心调研村（社区）政务服务“一网通办”工作并主持召开座谈会。他强调，要以推进全省村（社区）政务服务“一网通办”试点为契机，坚持便民化导向、突出一体化办理、凝聚“一盘棋”合力，在深化业务流程再造上迈出新步伐，在提升办事便捷性上取得新成效，在推进数据汇聚共享应用上实现新突破，切实打通服务基层群众“最后一公里”，为加快推进区域中心化进程营造良好的发展环境。

来到雁峰区岳屏镇前进村便民服务站，刘越高现场体验便民服务终端办事流程，详细询问“一网通办”推进、便民服务措施、业务项目设置、办理效率等情况。他要求，要切实打通数据壁垒，科学设置高频办理事项，加大“一网通办”宣传力度，不断提升服务质效。随后，刘越高还来到市政务服务中心，详细了解窗口运行及业务办理情况。

座谈会上，在听取衡阳市村级政务服务“一网通办”试点工作情况汇报后，刘越高指出，“一网通办”是深化“放管服”改革的重大举措，衡阳作为全省唯一的村（社区）政务服务“一网通办”试点城市，必须高度重视、大胆创新、扎实有为，按时按质完成试点建设任务，力争为全省提供更多更好的衡阳经验、衡阳方案。

◎赛迪顾问重磅发布2023全国先进制造业园区百强

2023年7月5日，赛迪顾问重磅发布2023全国先进制造业园区百强，衡阳高新技术产业开发区光荣上榜，位列第97位。这是衡阳继2021年、2022年连续两年跻身全国先进制造业百强市之后的又一殊荣。

园区是实体经济发展的重要集聚区，百强园区更是推进新型工业化的先锋队和引领者，是企业家投资兴业的首选地。衡阳高新区坚持制造立区、产业强区，全力推进先进制造业“飙”起来，着力在高端装备制造、智能机器人、电子元器件及产品制造、精密模具制造、新材料制造等领域提升产业发展水平；突出抓好传统制造业转型升级、先进制造业与数字经济深度融合；加快提升标志性产业链韧性和优势，加强制造业创新中心、工业设计中心等创新平台建设，加快推动产业链“卡脖子”关键技术攻坚突破；持续推进“原地倍增”“纾困增效”专项行动、优质企业梯度培育工程，全力支持重点企业上市，着力建设先进制造业产业链群。

要闻纪事 ★ ★ ★ ★ ★ ★ ★ ★ ★ ★

△19日，全市推进“三送三解三优”行动服务企业专项工作部署电视电话会议召开。会议解读了衡阳市“稳经济促发展22条”政策措施和《衡阳市推进工业企业“三送三解三优”行动实施方案》，5名联企干部代表结合去年联企服务情况作工作分享和经验交流。

△24日，湖南省卫生健康人才工作会议在南华大学召开。省卫健委副主任易露茜主持会议，并宣读2022年评选、认定的卫生健康高层次人才人员名单。

△24日，2023首届湖南省“聚侨兴湘·侨系衡阳”活动招商引资签约推介会暨衡阳侨界歌咏会演在市广电中心举行。副市长黄艳娥面向100余名海外嘉宾推介衡阳，诚邀海外侨商来衡共谋发展。

△29日，在全省党校（行政学院）校（院）长会议上，衡阳市委副书记、市委党校校长赖馨正以“以‘党校姓党’的政治忠诚砥砺初心使命”为题作交流发言，全面介绍衡阳市委党校在新征程上的努力方向和工作重点。

6月

△1日，2023年衡阳市庆“六一”暨“艺术童伴”留守儿童关爱工程主题展演活动在市文化艺术中心举行。

△2日，全市科技副县市区长座谈会在“群雁荟”城市会客厅召开，14名挂职副县市区长围绕学习、工作和生活，畅谈经历、体会、感悟和建议，大家真诚沟通、各抒己见。

△6日，刚果（金）驻华大使巴卢穆埃内一行来衡阳考察工业、文旅项目后表示，期待加强两地合作交流，让更多的衡阳企业参与到刚果（金）建设中来。

△6日，湖南省人大常委会委员、法制委主任委员肖迪明率调研组一行来衡南调研财政经济领域高质量立法工作。

◎推动《科技进步法》进园区入企业

2023年6月29日，科技部火炬中心主办、市政府承办、衡阳高新区和市科技局协办的《科技进步法》进园入企宣贯培训在高新区举行。科技部火炬中心副主任李有平、副市长朱春光出席。

衡阳高新区负责人致辞欢迎，期待通过培训推动《科技进步法》在高新区落实落地，让法治红利惠及每一个企业，让法治成为高质量发展最坚实的保障。

朱春光要求，通过学习，把握新法的核心要义和重点内容，提升依法履职本领；通过宣传，让《科技进步法》进企业、进院校、进园区、进学（协）会；通过落实，深化科技体制改革，推动衡阳科技创新与高质量发展。

李有平指出，要充分认识修订《科技进步法》的必要性和重要意义、贯彻落实《科技进步法》的意义和作用、做好《科技进步法》宣贯工作的重要性和紧迫性，为实现高水平科技自立自强、加快建设创新型国家提供更加有力的法治保障。

推动《科技进步法》进园区入企业

科技部人才中心调研与宣传处处长蒋玉宏和科技部火炬中心政策与协调处处长于磊，分别就《科技进步法》宣贯、“企业创新积分制”政策解读与实务作主题宣讲。与会数百家企业负责人听得入脑入心，深感受益匪浅。

◎喜报！衡阳市被命名为省级法治政府建设示范市

屋场恳谈会倾听群众呼声

2023 年 8 月 15 日，湖南省委依法治省办印发《关于第二批全省法治政府建设示范地区和项目命名的决定》，衡阳市被命名为省级法治政府建设示范市。此外，南岳区被命名为示范县（市、区），石鼓区青山街道、珠晖区东阳渡街道被命名为示范乡镇（街道），衡南县首创屋场恳谈会制度探索基层治理新模式、耒阳市“湾村明白人”基层治理新模式、衡阳市蒸湘区切实打造法制审核全链条闭环管理新样板等项目被命名为示范项目。

衡阳市在全省率先出台市级层面《法治建设“十四五”规划》《衡阳市“八五”普法规划》《法治政府建设示范创建奖励办法》等一揽子规划方案；在全省率先制定《政府重大经济合同全生命周期管理办法》，推进营商环境标准化建设，全面铺开政务集成服务“大综窗”标准化改革，平均法定审批时限提速 75.5%，网上政务服务能力综合指标进入全省第一方阵。

政务集成服务显著提升办事效率

衡阳市创新执法监督模式，在全省率先建成市级行政执法监督平台，成为数字化助力行政执法的典范：市本级 36 个执法主体、2372 名执法人员、4435 条权力清单等基础信息、613 万余条执法数据、8464 份案件数据录入平台；建立行政执法人员电子数据库，对全市 3 万多名行政执法人员实行信息化、动态化管理。

◎衡阳市十六届人大常委会举行第十四次主任会议

2023 年 8 月 24 日，衡阳市十六届人大常委会举行第十四次主任会议。市人大常委会主任刘正兴主持会议。

会议听取了市人民政府关于衡阳市 2023 年上半年国民经济和社会发展计划执行情况的报告、关于衡阳市 2022 年市级决算草案和 2023 年上半年预算执行情况的报告、关于 2022 年度市级预算执行和其他财政收支的审计工作报告、关于衡阳市高标准农田建设情况的报告、关于衡阳市存量土地盘活利用的报告。

会议听取和研究了市人民政府关于提请审议《衡阳市平安村社区建设条例（草案）》的议案、关于提请审议《衡阳市历史文化名城保护条例（草案）》的议案。会议听取和研究了《衡阳市人大常委会专家库工作规则（草案）》及专家库人选名单（草案）的有关情况报告、市人大监察和司法委员会关于落实市人大常委会《关于加强禁毒工作的审议意见》情况的调查报告、市人大常委会履职情况调研组关于市人大及其常委会选举任命人员的履职情况调研报告。

会议传达学习了省人大相关会议、学习培训精神。会议还研究了有关人事任免事项。会议决定，8 月 28 日召开市十六届人大常委会第十二次会议。主任会议建议，将上述有关报告、草案和人事任免事项等提请市十六届人大常委会第十二次会议审议。

◎打造好“夜游湘江”文旅项目 促进文旅产业高质量发展

市委副书记、市长朱健会见了来衡阳考察的山水盛典文化产业股份有限公司董事长、中国山水实景演出创始人梅帅元

2023 年 8 月 18 日，市委副书记、市长朱健会见了来衡阳考察的山水盛典文化产业股份有限公司董事长、中国山水实景演出创始人梅帅元，就有关合作事宜进行洽谈。

朱健对梅帅元一行的到来表示诚挚欢迎，并介绍了衡阳经济社会发展情况。他指出，衡阳历史文化底蕴深厚，交通便利，环境优美，旅游资源丰富。在市委的坚强领导下，衡阳大力实施“制造立市、文旅兴城”发展战略，明年将承办第三届湖南旅游发展大会。希望双方以此次会见为契机，深入交流、深度结缘，合作打造独具衡阳特色的“夜游湘江”文旅项目，助力衡阳办好旅游发展大会，促进文旅产业高质量发展。

梅帅元介绍了《印象·刘三姐》《天门狐仙·新刘海砍樵》《文成公主》《桃花源记》等代表性山水实景演出作品的制作过程与经营情况。他说，期待更深入地认识衡阳、了解衡阳，建议衡阳围绕落雁、东洲岛、三江六岸、南岳衡山等元素，打造一个富有文化韵味和市场影响力的城市IP，生动讲好衡阳故事，助力衡阳更好实现“文旅兴城”。

要闻纪事

△ 8 日，为全面落实《中国共产党统一战线工作条例》，做好新时代统一战线工作，衡阳市委统战工作领导小组办公室赴雁峰区调研指导统战工作并召开座谈会。会议听取了雁峰区统战工作专题汇报，分析了目前统战工作存在的问题，并对下一步工作进行安排部署。

△ 6 日至 8 日，湖南省人大常委会副主任胡旭晟率队来衡阳，开展基层安全生产监管能力建设专题调研。

△ 21 日，全省供销合作社基层组织建设暨农业社会化服务推进会在衡阳召开。会议传达了全国供销合作社基层组织建设暨农业社会化服务推进会议精神，发布了《湖南供销统一形象设计应用方案》；衡阳市社、岳阳市社等 8 个供销合作社单位作了交流发言。

△ 26 日，衡阳市委书记刘越高专题听取经营主体和“四上企业”培育情况汇报。他强调，要深学笃行习近平经济思想，通过抓分类培育、贴心服务、入库纳统和综合保障，大力推动经营主体量质齐升，为经济高质量发展打下坚实基础。

△ 27 日，衡阳市人民政府与湖南省地质院战略合作框架协议签约仪式举行。

△ 29 日，衡阳市人大常委会机关全体党员干部来到中核二七二铀业党性教育基地开展主题党日活动，接受党性教育洗礼，汲取红色精神力量。

△ 29 日，2023 年衡阳市社会科学普及主题活动周暨“学习贯彻二十大·团结奋斗谱新篇”系列宣讲活动启动仪式在衡阳县新时代文明实践中心举行。会议宣读了《关于参加全省“喜迎二十大·奋进新征程”百名专家千场宣讲活动开展情况的通报》《关于对首批衡阳市社科普及基地考核结果的通报》《关于 2023 年新建衡阳市社科普及基地名单的通报》，并为 2023 年新建市级社科普及基地授牌。

◎衡阳市优秀专家人才和人才工作者赴深圳研修考察

衡阳市优秀专家人才和人才工作者研修考察开班式

2023 年 9 月 5 日，衡阳市优秀专家人才和人才工作者研修考察活动在深圳改革开放干部学院举行。衡阳市各领域各战线的优秀专家人才和人才工作者 70 余人，集中进行为期五天的研修考察，为衡阳建设国家区域重点城市、省域副中心城市提供坚实的人才支撑和智力保障。市委常委、市委宣传部部长、市委人才工作领导小组副组长周玉梅出席开班式。

在开班式上，周玉梅对此次研修考察提出了要提高思想认识、切实增强培训自觉；要提升能力素养、服务衡阳市中心大局；要严守培训纪律、展现良好队伍形象的具体要求。

为办好此次研修考察，市委人才办提前做了充分准备和精心安排。在课程设计上，既有世情国情和政策蓝图等专题讲座，又有多项科技创新的实地研学，还有供大家深入学习交流的专题讨论。在深爱人才馆、大族激光全球智造中心等现场教学点，学员们深刻感受到新时代“敢闯敢试、开放包容、务实尚法、追求卓越”的深圳精神，纷纷感慨：通过此次研修考察，开阔眼界，扩大视野，令人振奋，回衡阳后，一定要在实践工作中学以致用，发挥好专家人才示范引领作用，创造性、精细化地做好衡阳人才工作。

◎衡阳市政府召开常务会议

2023 年 8 月 25 日，市长朱健主持召开衡阳市政府 2023 年第 24 次常务会议，传达学习省残联第八次代表大会精神，研究部署支持工业企业扩能升级、创建“千兆城市”、财政投资评审管理、军人军属基本优待、森林防火基础能力提升、农村厕改等工作。

会议原则通过《关于加快区域中心化进程鼓励和支持工业企业扩能升级的若干政策措施》，要求衡阳市上下立足当前、着眼长远，全力推动衡阳实体经济振兴发展。要抓扩能促倍增，进一步梳理衡阳市工业企业情况，全面推动企业做大总量、提升质量，着力促进企业生产规模和效益倍增。要优服务解难题，坚持管理和服务并重、帮扶和发展并举，全方位优化企业发展环境。要抓落实保兑现，营造大抓工业、推进原地倍增的浓厚氛围。

衡阳市优秀专家人才和人才工作者赴深圳研修考察

要闻纪事

△30 日，衡阳市邮政分公司党委举行中共中国邮政集团有限公司衡阳市分公司委员会党校（以下简称“衡阳邮政党校”）成立揭牌仪式，为全省邮政首个设立党校的市州邮政分公司。

7月

△1 日下午至 2 日，中国（衡阳）—非洲国家绿色发展合作洽谈会在长沙举办期间，莫桑比克代表团一行应邀来衡实地考察。

△3 日，衡阳市政协机关、中共界别委员工作室联合开展主题党日活动。以“湖湘巨变”为主题，生动讲述了“寸土千滴红军血”“敢教日月换新天”“东方风来满眼春”“同心奋进新征程”四个篇章，用歌声与光影回湖百年峥嵘历程，包括《浏阳河》《秋收起义歌》《十送红军》《夏明翰》《半条被子》等大量耳熟能详的红色曲目和珍贵的视频史料素材。

△18 日，雁峰公安分局和雁峰区人民法院筹备建设的驻公安分局执法办案管理中心“速裁法庭”正式揭牌成立。这标志着雁峰区轻微刑事案件全面转入简案快办协作的新模式。

△20 日，市委老干部局调研组到衡南县开展“走找想促”活动，对衡南县贯彻落实中办《关于加强新时代离退休干部党的建设工作的意见》和湖南省《若干措施》情况进行专题调研。

△21 日，衡阳市人大常委会副主任刘桢干率人大调研组到雁峰区调研居家和社区养老服务条例立法工作。仔细询问了老年食堂、居家上门服务、嵌入式养老机构的运营情况、存在的问题、相关的意见和建议。

△27 日，全县“扫黄打非”工作部署会议召开，传达贯彻国、省、市“扫黄打非”工作会议精神，安排部署全县“扫黄打非”工作和暑期文化市场专项整治工作。县委常委、宣传部部长谷蓉出席会议并讲话。

◎衡阳市委理论学习中心组（扩大）举行 2023 年第 7 次集体学习

衡阳市委理论学习中心组（扩大）举行 2023 年第 7 次集体学习

2023 年 8 月 25 日，衡阳市委理论学习中心组（扩大）举行 2023 年第 7 次集体学习，学习领会“习近平法治思想”，并开展“台海形势”专题辅导。市委书记刘越高主持学习。

会上，西南政法大学行政法学院法理学教研室主任周祖成围绕学习领会习近平法治思想，系统解读了地方立法工作；省委台湾工作办公室主任曾智夫立足湖南对台工作实际，深刻阐述了新时代党解决台湾问题的总体方略。

刘越高指出，高质量法治建设是加快推进区域中心化进程的重要保障。要坚持以法治思想引领法治实践，学深悟透习近平法治思想中蕴含的坚定政治立场、深厚人民情怀、科学思维方法，并转化为科学立法、严格执法、公正司法、全民守法的生动实践，一体推进法治衡阳、法治政府、法治社会建设。要坚持以实用导向提升立法质量，坚持立法为民，切实把全过程人民民主融入立法实践，多制定出台“小切口”“小快灵”的地方性法规，确保立得住、行得通、用得好。要坚持以法治服务保障中心大局，严格执法司法，用心用情解决好事关群众切身利益的问题，不断推进市域社会治理法治化，确保经济社会发展在法治轨道上行稳致远。

◎衡阳市创建『第三批全国法治政府建设示范市』动员部署会召开 朱健出席并讲话

衡阳市创建『第三批全国法治政府建设示范市』动员部署会召开

2023年9月5日，衡阳市创建“第三批全国法治政府建设示范市”动员部署会召开。市委副书记、市长朱健强调，要深入学习贯彻党的二十大精神和习近平法治思想，落实省委十二届四次全会精神，以争先进位的赶超意识、不落人后的大城担当、创则必成的坚定信念，推动衡阳市法治政府建设迈上新台阶。

朱健指出，创建全国法治政府建设示范市，是推动高质量发展的重要举措。各级各部门要自觉以创建全国法治政府建设示范市为契机，切实把权力关进法治的笼子里，让权力依法行使，确保各类改善营商环境的措施落到实处，推动法治政府建设向纵深发展。

朱健要求，要突出工作重点，全面提升法治政府建设工作水平。着力推动政府职能依法全面履行，切实管好政府“有形之手”，放活市场“无形之手”，做到“法无授权不可为”“法定职责必须为”“简政放权高效为”。着力推动科学民主依法行政决策，自觉把法治原则和要求贯彻到决策全过程。着力推动严格规范公正文明执法，逐步完善权责清晰、运转顺畅、保障有力、廉洁高效的行政执法体制机制。着力推动矛盾纠纷依法有效化解，继续扩大“屋场恳谈会”“湾村明白人”品牌影响力。

◎衡阳市监察委员会首次举行监察官宪法宣誓仪式

2023年9月7日，衡阳市监察委员会举行监察官宪法宣誓仪式，市监委首次确定监察官等级的280余名监察官进行集体宣誓。市委常委、市纪委书记、市监委主任、二级高级监察官丁芬主持并监誓。

“我宣誓：忠于《中华人民共和国宪法》，维护宪法权威，履行法定职责，忠于祖国、忠于人民……”奏唱中华人民共和国国歌后，宣誓仪式正式开始，全体监察官面向国旗列队肃立，气氛庄严热烈。在领誓人的带领下，其他监察官齐声跟诵誓词，向宪法和人民作出庄严承诺。

丁芬强调，要始终坚持做对党绝对忠诚的表率，把坚持和加强党的全面领导贯穿到监督执纪问责、监督调查处置的全过程、各方面，以精准有力的政治监督推动习近平总书记重要讲话重要指示批示精神、党中央重大决策部署在衡阳落地见效。要始终坚持做勇担职责使命的表率，持续优化政治生态、优化干部作风、优化发展环境、建设清廉衡阳，以纪检监察工作高质量发展服务保障衡阳市经济社会高质量发展。要始终坚持做勇于自我革命的表率，坚守政治红线、纪律高压线、廉洁底线，把纯洁思想、纯洁组织作为突出问题抓紧抓实抓好，以铁的纪律锻造忠诚干净担当、敢于善于斗争的纪检监察铁军。

衡阳市监察委员会首次举行监察官宪法宣誓仪式

◎衡山县高新区、衡山县人民法院举行“执源治理工作站”揭牌仪式暨“一企一法官”活动启动仪式

衡山县高新区、衡山县人民法院举行“执源治理工作站”揭牌仪式暨“一企一法官”活动启动仪式

2023年9月8日，衡山县高新区、衡山县人民法院举行“执源治理工作站”揭牌仪式暨“一企一法官”活动启动仪式。县委常委、县高新区党工委书记颜海峰，县人民法院党组书记、院长周龙参加。

仪式上，颜海峰和周龙为执源治理工作站揭牌。仪式解读了执源治理工作站的设立目的、功能以及“一企一法官”活动方案，宣读结对员额法官和企业名单并为园区代表企业颁发结对法官联系牌。同时，与会人员还参加了关于《涉企法律风险的类型化解析与防范路径》的法律讲堂，以及安全风险分级管控和隐患排查治理体制建设专题培训。

颜海峰强调，“法治是最好的营商环境”，此次启动仪式是衡山县在不断深入探索营商“软环境”踏出的关键一步，要深刻认识优化法治化营商环境的重要意义。要树立问题导向，着力解决市场主体急难愁盼问题。要及时回应市场主体诉求，进一步规范执行权力运行，依法兑现市场主体胜诉权益；要建立法治化长效机制，不断完善项目履约监管机制，对项目建立“一企一档”，实现“全生命周期”管理，全力打造“五好园区”；要高效联动，充分发挥“执源治理工作站”作用，做到强化信息共享、督促企业主动履行、加大企业信用监管与修复、提升司法与综合治理服务、加大重点企业保障等。

要闻纪事

8月

△9日，湖南省人社厅党组书记、厅长李永军率队来衡调研技工院校建设和人社工作。

△9日，衡阳市人大常委会副主任邹致和带领检查组来到蒸湘区，就《中华人民共和国安全生产法》《湖南省安全生产条例》《湖南省居民自建房安全管理若干规定》（以下简称“一法一条例一规定”）贯彻实施情况开展执法检查。

△15日是首个全国生态日，湖南省公安厅举办打击生态环境领域违法犯罪成果展，公布了近年来全省各级公安机关与检察院、法院、生态环境、林业等部门密切协作，依法严厉打击污染环境、破坏野生动植物资源、破坏土地和矿产资源等突出犯罪活动十大精品案例，衡山县公安局侦办的“1·29”非法捕捞水产品案入选。

△18日，市长朱健主持召开市政府2023年第23次常务会议，传达学习国家统计局关于有关地区统计违法案件的通报，研究部署衡阳市创建“全国法治政府建设示范市”、文明行为促进、历史文化名城保护等工作。

△22日，雁峰区委副书记、区长谢韬会见深圳市龙华区政务服务数据管理局党组副书记、二级调研员蒋春忠一行，并就政务服务“跨省通办”相关工作签订合作协议，着力优化双方营商环境，切实方便两地企业群众办事。

△24日，衡阳市十六届人大常委会第14次主任会议通过了《衡阳市人大常委会专家库工作规则》及专家库人选名单，标志着市人大常委会专家库正式建立。

9月

△1日，衡阳市长朱健主持召开市政府2023年第25次常务会议，传达贯彻省委十二届四次全体会议和省委、省政府县域经济发展座谈会精神。

△4日，全市2023年“五好”园区建设八月联席会议在松木经开区召开。市委副书记、市长朱健强调，要深入学习贯彻省委十二届四次全会精神，高扬“制造立市”大旗，以园区高质量发展引领全市经济高质量发展。

◎衡阳市委办开展“慈善一日捐”活动

2023年9月8日，市委办公室开展“慈善一日捐”活动，市委书记刘越高带头捐款，以实际行动号召衡阳市社会各界广泛参与到慈善事业中来，为推动衡阳市公益慈善事业健康有序发展，加快推动区域中心化贡献力量。

捐款现场，刘越高来到募捐箱前，带头捐出一天的工资，献出自己的一份爱心。随后，市委办全体干部职工积极响应、踊跃捐款，以实际行动汇聚慈善力量、传递爱与温暖。活动现场共募集善款112100元，其中个人捐款32100元，市委办单位捐款6万元、市委保密办单位捐款1万元、市档案馆单位捐款1万元。这些善款将全部用于关爱和帮扶困难群众。

2023年“慈善一日捐”活动自8月28日开展以来，市直机关各单位、爱心企业、社会组织及个人踊跃参与。截至9月8日，市慈善总会共收到捐款237万元。

近年来，衡阳深入学习贯彻习近平总书记关于慈善事业的重要指示精神，大力推动慈善事业高质量发展，积极筹集善款，全力开展慈善救助，打造了具有衡阳特色的慈善品牌，为衡阳完善社会保障体系建设，促进社会和谐与文明作出了积极贡献。

衡阳市委办开展“慈善一日捐”活动

◎政协衡阳市十三届委员会召开第二十一次主席会议

政协衡阳市第十三届委员会召开第二十一次主席会议

2023年9月14日，政协衡阳市第十三届委员会召开第二十一次主席会议。市政协主席刘丽华主持并讲话。

会议学习贯彻中共二十大精神及习近平总书记重要讲话精神；传达学习衡阳市学习贯彻习近平新时代中国特色社会主义思想主题教育工作会议精神，安排部署市政协主题教育工作；审议《衡阳市政协提案办理质量考核评价办法（草案）》；审议专题协商“打造衡阳市稻米区域公共品牌，加快农业强市建设步伐”调研报告（草案）。

刘丽华要求，要深刻理解和把握习近平总书记重要讲话精神，充分发挥政协专门协商机构作用和统一战线组织功能，为铸牢中华民族共同体意识广泛凝心聚力。要抓严抓实主题教育，高标准高质量完成各项任务。要加强政协“两支队伍”教育培训，为政协事业高质量发展夯实根基。

刘丽华强调，要坚持提高站位，充分认识主题教育的重要意义。要坚持知行合一，扎实推动主题教育走深走实，通过读书班、专题研讨、党课和个人自学等方式深入开展学习活动，围绕省政协“1453”履职总要求深入开展“走基层、找问题、想办法、促发展”活动，持续深化“争当‘八大员’助推高质量发展”和“汇智雁城·聚力中心化”两大主题活动。要坚持凝心聚力，确保主题教育见行见效。

要闻纪事

△4日至5日，衡阳市政协围绕培育发展区域性消费中心和地方特色消费中心，组织省、市、县三级政协委员代表来耒阳开展“打造地方特色消费中心 助推县域经济高质量发展”专题调研视察。

△5日，衡阳市人大常委会副主任邹致和带领执法检查组来衡南，就贯彻实施《湖南省先进制造业促进条例》情况开展执法检查。

△5日，十二届市委第六轮巡察动员部署会暨中央、省委巡视整改工作推进会召开。市委常委、市委宣传部部长周玉梅主持会议，并宣布十二届市委第六轮巡察正副组长授权及任务分工决定。

△5日，衡阳市双拥工作领导小组2023年第一次全体会议暨创建全国全省双拥模范城动员部署会召开。会议宣读了市双拥共建模范单位、双拥共建先进个人表扬通报和爱国拥军示范单位名单。市退役军人事务局相关负责人作工作报告，驻衡部队代表作了表态发言。

△6日，湖南省第一生态环境保护督察组督察衡阳市工作动员会召开。督察组组长张兰、副组长刘益贵就做好督察工作分别作了讲话，衡阳市委书记刘越高作了动员讲话。

△7日，衡阳市委书记刘越高深入城区部分中小学校以及高校，看望慰问一线教师代表，调研学校发展情况，并督导校园食品安全工作。

△8日，衡阳市委理论学习中心组（扩大）举行2023年第8次集体学习，学习领会习近平生态文明思想以及习近平新时代中国特色社会主义思想的世界观和方法论。

△12日，衡阳市政协召开“预防性侵害，保护未成年人健康成长”专题协商会议。市政协调研组通报了调研情况，政协委员围绕未成年人权益保护，分别从学校保护、家庭保护、社会保护、司法保护等方面提出问题和建议，相关部门一一回应。

◎奋力打造乡村振兴“石鼓样板”

2023年9月14日，市政协主席刘丽华赴石鼓区调研乡村振兴和政协工作。她强调，要深入学习贯彻习近平总书记关于“三农”工作的重要论述，扎实推进乡村产业发展、基层治理、农文旅产业融合等重点工作，奋力打造乡村振兴“石鼓样板”。

来到蓝美乡依园，刘丽华参观了蓝莓、盆栽苹果种植基地和蓝莓育苗体验中心，认真询问蓝莓等特色产品的种植规模、种养管理模式等。她指出，要充分发挥区域优势，因地制宜培育特色主导产业，深入推进农村一二三产业融合发展，推动乡村产业全链条升级，增强市场竞争力和可持续发展能力。要学习借鉴外地经验，以“果园+花园+乐园+家园”这一农业新业态为抓手，将项目打造成集都市休闲、田园观光、农旅融合于一体的“田园综合体”。

刘丽华还走访了石鼓区政协机关，看望了住石鼓的市政协委员和区政协机关工作人员。她寄语广大政协委员，要锚定“制造立市、文旅兴城”发展战略，充分发挥人民政协专门协商机构作用，助推衡阳加快建设现代化产业体系、城乡融合发展体系。要充分发挥好政协组织和委员作用，通过提案、调研等形式，积极帮助解决发展难题，为推进乡村振兴贡献智慧力量。

市政协副主席、石鼓区委书记颜和平，市政协秘书长谢柯参加调研。

◎以“为民之心”办好“利民之事” 为衡阳高质量发展凝聚政协力量

2023 年 9 月 15 日，十三届市政协“缓解衡阳市城区停车难，提升城市管理水平”专题议政性常委会会议召开。市委副书记、市长朱健出席会议。市政协主席刘丽华主持会议。

会议审议并原则通过《关于“缓解衡阳市城区停车难，提升城市管理水平”向中共衡阳市委、市人民政府的建议案（草案）》。市政协调研组成员分别发言，市直部门代表现场对相关问题作出回应。

十三届市政协“缓解衡阳市城区停车难，提升城市管理水平”专题议政性常委会会议召开

朱健强调，停车问题事关群众出行、百姓民生，反映的是城市形象和治理水平。各级各相关部门要主动作为，树牢“人民城市人民建、人民城市为人民”的理念，以“为民之心”办好“利民之事”，把缓解城区“停车难”作为坚持以人民为中心、发展全过程人民民主的生动实践，深入实施缓解中心城区“停车难”问题三年行动，持续办好“新增城区停车位”等重点民生实事，不断增强群众获得感、幸福感。

朱健要求，要求真务实，以“联动之力”提升“治理之效”。强化部门协同，坚持全市“一盘棋”，共同治理停车乱象，共同推进“停车难”问题解决。引导公众参与，加大宣传力度，引导市民共同参与营造良好的交通治理氛围。加快完善公共停车场周边市政公用设施建设，提升停车位使用率，缓解路面停车位紧张问题。

◎ 2023 年全国科普日（湖南）主场活动在衡阳市南岳区举行

2023 年 9 月 21 日，2023 年全国科普日（湖南）主场活动暨“祝融探火飞天梦”南岳衡山观象节在南岳区举行。省政协副主席李民出席并宣布活动开幕。中国工程院院士印遇龙，人因工程全国重点实验室主任、国际宇航科学院院士、中国载人航天工程原副总设计师陈善广出席活动。省科协党组书记、常务副主席王瑰曙介绍 2023 年湖南省全国科普日活动情况。市委书记刘越高出席并致辞。

2023 年全国科普日（湖南）主场活动在衡阳市南岳区举行

晚会分为“科学报国，科技强国”与“敢为人先，勇攀高峰”两个篇章，舞蹈、话剧、情景音诗画、科学实验秀等精彩纷呈的艺术节目为现场观众带来了一场视听盛宴。

活动现场还发布了湖南省青少年航空航天科学素养提升专题课，并为第十二届湖南省青年科技奖获得者颁奖，为被国家乡村振兴局、中国科协聘为第一批产业顾问组的专家颁发了聘书，为南岳区颁发了“省科普研学（旅游）试点县（市）区”牌匾。

湖南省全国科普日活动于 9 月 17 日—23 日集中举行，主题为“提升全民科学素质，助力科技自立自强”。活动期间，全省各地组织开展科普展览、科普研学、专家报告、科技咨询、科普创作、技能培训、云上科普日等各类科普活动。

◎耒阳市全力推动农村人居环境提升

2023 年 10 月以来，耒阳市农业农村局深入开展农村人居环境整治，强化督导指导，深入宣传发动，全力推动农村人居环境提升，打造生态宜居和美乡村。

行动中，工作人员对道路美化、卫生清洁、基础设施维护等进行巡查整治，发现问题及时下达交办函，督促立行立改。在公平圩镇，工作人员对高速公路出口处至高速公路桥洞下的背街小巷、公共场所等地方进行彻底清理。在黄市镇，工作人员对老危旧房屋进行拆除，扎实开展“三灰一白一坡顶”房屋美化工作。

截至目前，该市共拆除及美化房屋 18000 余平方米，清除乱堆乱放杂物 60 余处，更换垃圾桶 90 个，清理沟渠 6 条，拆除违规大型广告牌 40 块，拆除违规建筑 5 个，更换树脂瓦 1000 平方米。

耒阳市全力推动农村人居环境提升

该局负责人表示，将继续加大对农村环境卫生的巡查和整治力度，让各乡镇以最美湾村形象迎接各地游客的到来。

要闻纪事

△ 14 日，衡阳市委 6 个巡察组完成对衡南县洪山镇等 18 个乡镇党委和对衡阳县、蒸湘区的纪委监委机关、组织部、巡察机构的进驻工作，十二届市委第六轮巡察全面展开。

△ 15 日，衡阳市举行离退休干部学习贯彻党的二十大精神培训班，深入学习贯彻习近平新时代中国特色社会主义思想、党的二十大精神及离退休干部党建业务知识，引导带动广大老同志持续加强理论武装，推进全市离退休干部党建工作再上新台阶。

△ 15 日，十三届市政协“缓解衡阳市城区停车难，提升城市管理水平”专题议政性常委会会议召开。会议审议并原则通过《关于“缓解衡阳市城区停车难，提升城市管理水平”向中共衡阳市委、市人民政府的建议案（草案）》。

△ 15 日，毛泽东与中国农村农民——纪念岳北农工会成立 100 周年学术研讨会在衡山县举行，近百名党史专家学者齐聚衡山，研讨岳北农工会成立的历史地位和重大意义。

△ 15 日，石鼓区人民法院开展“政法机关开放日”活动，区人大代表、政协委员、企业代表、居民代表等 30 余人受邀走进法院，“零距离”接触法院，“沉浸式”体验调解，“面对面”见证阳光司法。

△ 15 日，县委书记、县委退役军人事务工作领导小组组长谭建华主持召开中共衡东县退役军人事务工作领导小组 2023 年第一次全体会议。

△ 16 日，衡阳市举行 2023 年下半年首批新兵入伍欢送仪式，欢送千余名衡阳子弟光荣参军入伍。

△ 18 日，衡阳市人大监察和司法委主任委员杨应辉带队来衡山县开展衡阳市“八五”普法中期评估检查工作。现场听取“八五”普法工作情况汇报，深入了解普法责任制落实、法治文化阵地建设等情况。

◎衡山泉蓉书苑致力于乡村教育阅读推广公益事业，发起人谢颂泉获评全国“乡村阅读榜样”

2023年10月13日，“2023新时代乡村阅读盛典”活动在成都举行。这一由中央宣传部、农业农村部主办的活动，对22位来自全国各地的“乡村阅读榜样”进行了表彰。衡山县白果镇树枫村泉蓉书苑的发起人谢颂泉榜上有名，成为湖南此次唯一的获评者。

2023年，谢颂泉56岁。2002年从武警部队转业到深圳市政协。秉持反哺社会、反哺家乡的初心，每年至少拿出两个月工资，为家乡修路、修桥、通水渠、帮扶五保户，一做就是6年。

现在，泉蓉书苑在白果已经建起两家，还有一家正在筹建中。书苑已筹集了超过5万本藏书，乡村孩子寒暑假、周末及课后都可以在这里阅读、学习。书苑的免费资助对象，也扩大到了周边6个乡镇62个村所有“缺亲人、缺亲情、缺亲伴”的孩子。

谢颂泉在颁奖现场

2020年1月，中国关心下一代委员会为泉蓉书苑颁发了“全国优秀儿童之家”牌匾。谢颂泉也先后获中国第九届公益节“2019年度公益人物奖”、深圳第十六届关爱行动“十佳爱心人物”、深圳2020年首届十大“最美退役军人”。

◎粤汉铁路历史文化研究院在衡阳成立

2023年10月27日，粤汉铁路历史文化研究院在衡阳市成立。衡阳文史专家萧培出任首任院长。

研讨会上，萧培从粤汉铁路在中国铁路史上的重要意义、衡阳在粤汉铁路发展中的重要作用与粤汉铁路建设中衡阳的红色文化三个方面进行了详细阐述。他认为，粤汉铁路历史文化研究院的成立，标志着长沙医学院的创新发展教育和多元化研究方向将迈上新的台阶。

粤汉铁路历史文化研究院常务副院长何宏平介绍，对粤汉铁路历史文化的挖掘与研究已作为“十四五”时期长沙医学院“揭榜挂帅”重大专项，含28个课题。该研究院计划尽快出版院刊和《图说粤汉铁路》《粤汉铁路文史资料汇编》等专著。

◎全省唯一，国家级荣誉

2023年10月16日，全国检察机关大数据法律监督模型竞赛结果揭晓。衡阳县人民检察院的1个法律监督模型获得三等奖，这也是2023年全省唯一获奖单位。

此次竞赛，从全国各地报送了568个参赛模型。衡阳县人民检察院的获奖模型名为“未检控辍保学全流程监督模型”，与此前市人民检察院、衡阳县人民检察院在办案中的一些发现有关。

衡阳县人民检察院在市人民检察院指导下，依托数字建模对未完成义务教育的失辍学未成年人开展精准画像。即通过调取公安、法院、民政、残联等单位数据信息2万余条，提炼出15周岁以下、事实孤儿、行政违法、未成年被害人等特征要素；再从家庭教育、学校教育、社会环境、违法犯罪情况四个维度进行数据碰撞，赋分计算，模型自动生成可能辍学失学未成年人名单；然后结合人工分析研判、调查走访核实，筛选出辍学失学高风险人员。

6月30日，衡阳县人民检察院联合该县9部门出台《关于推进控辍保学工作的实施意见》，建立义务教育适龄未成年人信息共享、帮扶干预、督查追查、联席会议等工作机制，进一步丰富数据来源、完善支持体系。

要闻纪事

△19日，衡阳市公共资源交易中心联合石鼓区青山街道船山路社区开展“党员回家，助力垃圾分类”为主题的垃圾分类宣传活动。

△19日，雁峰区监察委员会举行监察官宪法宣誓仪式，区监委首次确定监察官等级的30名监察官进行集体宣誓。

10月

△9日，衡阳市委党校2023年秋季主体班开班，市委书记刘越高出席开学典礼并讲授“开学第一课”。他强调，要深入学习贯彻习近平新时代中国特色社会主义思想，大力实施“制造立市、文旅兴城”发展战略，奋力写好高质量发展的衡阳答卷。

△9日，市长朱健主持召开市政府2023年第28次常务会议，传达学习《质量强国建设纲要》《湖南省质量强省建设纲要》精神，研究部署复制推广中国（湖南）自由贸易试验区第一批改革试点经验、行政许可事项清单管理、行政事业单位财务管理和市文化艺术中心场馆运营管理等相关工作。

△10日至11日，湖南省人大常委会副主任陈飞率队来衡开展土壤污染防治“一法一办法”执法检查。

△12日至13日，湖南省人大常委会党组副书记、副主任张剑飞率省人大常委会执法检查第二组来衡，开展《中华人民共和国道路交通安全法》《湖南省实施〈中华人民共和国道路交通安全法〉办法》（道路交通安全“一法一办法”）执法检查。

△19日，衡阳市十六届人大常委会举行第十五次主任会议。会议听取了市人民政府关于市本级企业国有资产管理情况的报告、关于全市文化和旅游融合发展情况的工作报告、关于衡阳市中心城区拆迁安置工作情况的报告、关于全市社会保险基金监管情况的报告；会议听取了市人大常委会执法检查组关于《中华人民共和国乡村振兴促进法》《湖南省乡村振兴促进条例》执法检查情况的报告、关于市人大信访工作情况的报告。

◎首届湖南省公安特巡警职业技能竞赛鸣金——衡阳公安特警斩获佳绩

2023年11月6日至9日，首届湖南省公安特巡警职业技能竞赛决赛暨跨区域拉动演练在长沙举行。衡阳市公安局特巡警支队参赛队员不畏强手如林，奋勇拼搏争先，夺得1项一等奖、3项三等奖。

来自全省14个市州的参赛选手在狙击枪应用射击、长短枪应用互换射击、综合体技能、突击攻坚、快警平台快反处置5个科目上展开角逐。市公安局特巡警支队参赛队员祝东升夺得狙击枪应用射击科目个人第一名、荣获一等奖，郭青获得长短枪应用互换射击科目个人第七名、荣获三等奖。在突击攻坚、快警平台快反处置2个科目竞赛中，衡阳公安特警荣获三等奖。根据相关规定，祝东升还将获得“湖南省五一劳动奖章”“湖南省岗位技术能手”殊荣。

首届湖南省公安特巡警职业技能竞赛暨跨区域拉动演练工作启动后，市公安局党委高度重视，第一时间安排部署，局直部门及各县市区局通力配合。在为期半年的训练中，全体参赛队员在一次次重复中熟练技巧，在一次次失败中总结经验。赛场上，参赛队员们奋勇争先、顽强拼搏，团结协作、默契配合，以优异的成绩充分展示了衡阳公安特警风采。

首届湖南省公安特巡警职业技能竞赛决赛暨跨区域拉动演练在长沙举行

◎衡阳市珠晖区一家企业入选2023年度国家级“绿色工厂”

2023年11月8日，位于珠晖区的湖南省湘衡盐化有限责任公司入选2023年度国家级“绿色工厂”名单，成为全省盐行业两家获得此项殊荣的企业之一，也是该公司继2022年获评省级“绿色工厂”后的一国字号荣誉。

近年来，该公司在节能降耗和能源综合利用方面加大投入，取得良好效果，实现了有限资源的循环利用。加快了数字化转型升级的步伐，打造以工业互联网建设为核心、以智能表计为基础的DCS控制系统和生产IODS系统，生产实现了远程控制和在线监控，生产自动化水平居全国同行领先水平。积极推进清洁生产，截至目前，已完成三轮清洁生产审核。认真落实国家节水行动，严格用水全过程管理，建设循环水综合回收利用系统，积极利用非常规水源、开展节水改造。2021年获评“2021年度湖南省节水型企业”，2022年获评湖南省“节水标杆企业”。

◎常宁市开评『先锋红骑手』

常宁市开评『先锋红骑手』

2023年11月7日，常宁市“先锋红骑手”评选活动启动。现场，来自该市快递、外卖行业的110名骑手代表精神饱满，面对鲜红的旗帜庄严宣言，蓄势待发。

此次评选活动从11月6日开始至12月22日结束，面向常宁全市快递外卖企业及其分支机构的投递人员等新就业群体，分宣传启动、推荐报名、网络投票、评审公示、荣誉表彰五个阶段进行，最终评选出常宁10名“先锋红骑手”予以表彰。

近年来，常宁市委“两新”工委以城市驿站为依托，打造暖“新”驿站、红色之家，为快递小哥等户外劳动者们在工作的途中提供便利服务，同时，还成立了“红骑手”志愿服务队。启动“先锋红骑手”评选活动，目的是以党建为引领，关心群众生活、树立行业标准、推进组织建设、选树优秀典型，激励引导全体外卖骑手参与社会治理，争当行业先锋，同心共建最美常宁。

◎衡阳市启动2023年“暖流行动”

启动仪式现场

2023年11月10日，衡阳市2023年“暖流行动”流浪乞讨人员源头治理试点项目在市救助站启动，以期进一步提升衡阳市流浪乞讨人员救助质量和水平，不断健全体制机制，强化部门间协同配合，推动属地管理和源头治理，打通流浪乞讨人员救助“最后一公里”。

在启动仪式上，该试点项目承接方衡阳市慧家社会服务中心相关负责人以路演形式，向与会人员详尽地阐述了项目整体规划、具体实施过程和预期社会成效。

接下来的一年，衡阳市慧家社会服务中心在试点项目中将通过引入社工组织参与救助站服务，创新试点“救助站＋社工＋流浪救助”服务模式，搭建社会力量参与救助服务平台，建立健全社会力量参与流浪乞讨人员救助服务联动机制，探索由单项救助向医疗、心理辅导、就业帮扶等多元服务拓展，实现“双降一提高”（流浪人员比例、反复流浪人员比例双下降，提高受助人员对救助的获得感和幸福感）目标。

启动仪式上，市救助站与各县市区签订《流浪乞讨人员源头治理合作机制协议》，形成了全市救助管理部门上下一盘棋，凝心聚力、精诚合作，持续推动衡阳市社会救助事业高质量发展。

◎“懂常识、守常规、成常态”2023年“全省网络普法行”系列活动在衡阳启动

网民代表与衡阳市高新区衡州小学的学生共同宣读“懂常识、守常规、成常态”网络普法倡议书

2023年11月14日，“懂常识、守常规、成常态”2023年“全省网络普法行”系列活动启动仪式在衡阳举行，提升广大网民对网络法律法规的知晓度、对网络法治精神的认同度、对网络法治实践的参与度。中央网信办网络法治局副局长、一级巡视员侯云灏出席。省委宣传部副部长、省委网信办主任刘学，市委书记刘越高致辞。市委副书记、市长朱健出席。

现场，侯云灏、刘学、刘越高等领导共同启动“懂常识、守常规、成常态”2023年“全省网络普法行”系列活动。刘学还为湖南省网络普法讲师团颁发聘书。活动现场还宣读了“三常”网络普法倡议书，对重点普法活动及“问法湖南”平台进行介绍。衡阳市委网信办、岳阳市委网信办、长沙县黄兴镇现场作网络普法工作经验分享。活动还以衡州花鼓戏、小品等形式开展了普法宣传。

此次系列活动为期2个月，将通过线上线下联动的形式开展，线上举办湖湘青少年网络普法答题、网络普法新媒体作品征集展播等活动，线下邀请有关省直部门、各市州网信部门代表及媒体记者、网络名人等观摩衡阳市有代表性的网络普法项目。通过2023年“全省网络普法行·市州站”活动，深入推进全省网络普法“进机关、进企业、进学校、进社区、进农村、进军营、进网络”。

要闻纪事

△30日，衡阳市委副书记、市长朱健主持召开省委巡视反馈问题整改工作调度会，研究部署新型城镇化建设、提高人均预期寿命等相关工作。

△30日，石鼓区委全面依法治区委员会第三次会议召开。青山街道办事处、区市场监督管理局就2022年履行推进法治建设第一责任人职责情况分别进行了述法。

11月

△2日，市长朱健主持召开市政府2023年第30次常务会议，传达贯彻全省耕地保护和粮食安全工作会议精神，研究部署防范化解债务风险、矿山安全生产、烟花爆竹批发企业布点、消防救援等工作。

△3日，衡阳市委书记刘越高赴联点帮扶“四上”企业——高新控股集团调研，了解企业生产经营情况，研究解决发展中存在的困难问题。

△3日，全市招商引资年轻骨干深圳沉浸式培训启动仪式举行。市委书记刘越高出席仪式并为培训班首批学员授班旗，勉励大家虚心认真学习深圳先进理念和发展模式，在推动衡阳高质量发展的生动实践中书写青春华章。

△6日，衡阳市政府召开专题会议，研究“文旅兴城”文化载体建设。

△6日，衡阳市政府召开专题会议，研究部署全市等级旅游景区创建工作。扎实做好等级景区提质升级各项工作，为办好第三届湖南旅游发展大会奠定坚实基础。

△8日，衡阳市消防救援支队荣立集体二等功授奖大会暨“119”消防宣传月启动仪式举行。朱健宣布全市“119”消防宣传月活动正式启动，并为市消防救援支队颁发集体二等功奖牌。陈毅等8名同志获得“先进个人”荣誉称号。

△9日，石鼓区召开专题座谈会议，传达学习纪念毛泽东同志批示学习推广“枫桥经验”60周年暨习近平总书记指示坚持发展“枫桥经验”20周年大会精神，研究部署贯彻落实措施。

◎衡阳县人民法院获授“全省法治工作先进集体”

衡阳县人民法院获授『全省法治工作先进集体』

2023 年 12 月 4 日，在“12·4”国家宪法日暨全省“宪法宣传周”活动上，衡阳县人民法院被授予“全省法治工作先进集体”。

近年来，衡阳县人民法院狠抓审判执行主责主业，扎实推进服务大局、司法为民、公正司法。同时，高度重视中小学法治副校长工作，15 名法治副校长积极履职，探索构建以学校、学生需求为导向的服务模式，积极开展法治教育，保护学生权益，预防未成年人犯罪，参与校园安全管理，用司法力量助力平安和谐校园建设。在英南学校成立未成年人法治教育基地“天平驿站”，法官宣讲团走进校园开展普法宣讲 25 次，突出案例普法，精心打造 5 堂法治“公开课”并制作成课件赠送给全县所有中小学校，切实为青少年健康成长创造良好法治环境。

衡阳县人民法院党组书记、院长谭天梯获评“2023 年度湖南省中小学校优秀法治副校长”，其法治课《中学生的法治思维课》、法官助理肖文倩的法治课《向校园欺凌说“不”》分获“2023 年度湖南省中小学校精品法治课”。

◎衡阳连续三年上榜全国先进制造业百强城市

2023 年 11 月 24 日，工信部赛迪顾问发布了《2023 先进制造业百强市研究报告》，对全国 293 个地级市（不含直辖市）先进制造业发展情况进行考量，衡阳位列第 73 位，连续 3 年荣耀上榜。

衡阳聚焦实现“三高四新”美好蓝图，坚持“制造立市”不动摇，牢牢把握“企业、产业、产业链、产业生态”4 个着力点，推动先进制造业高质量发展取得新进展新成效。1—10 月，全市规模工业增加值增长 7.4%，分别高于全国 3.3 个百分点、全省 3.2 个百分点，增速连续 7 个月位居全省第一。

市委、市政府聚焦“制造立市”，出台《关于实施“制造立市、文旅兴城”发展战略 加快推进区域中心化进程的意见》，召开高规格、大规模的产业链建设讲评会，提出“突出产业园区和产业项目两大抓手，夯实市场主体、精准招商两大基础，强化降低企业要素成本、优化营商环境两大支撑，凸显原地倍增、数字引领两大特色”的发展思路，让“制造立市”通过四个“两”，实现“四两拨千斤”效果。

衡阳市聚焦“一核两电三色四新”十大主导产业，动态完善“五单一图谱”，全力推进产业链延链补链强链。1—9 月，14 条产业链规上企业实现产值 1132.40 亿元，其中钟表、新能源汽车、电气设备、新物流、移动互联网等 5 条产业链实现两位数增长。

◎石鼓书院获评『省级文明旅游示范单位』

2023 年 12 月 1 日，湖南省文化和旅游厅发布了《关于公布 2023 年省级文明旅游示范单位名单的通知》，全省共 25 家申报单位符合省级文明旅游示范单位评定条件。衡阳市石鼓书院光荣上榜，标志着石鼓书院在倡导文明旅游、推进文旅产业发展、弘扬优秀传统文化等方面取得了显著成果。

近年来，石鼓书院相继获得了“全国巾帼文明岗”“湖南省芙蓉标兵岗”等荣誉。石鼓书院相关负责人表示，石鼓书院将以此次获评“省级文明旅游示范单位”为契机，不断创新工作方法，强化队伍素质建设，提升旅游服务质量，全力营造文明和谐的旅游环境，让游客享受更优质的旅游体验。

要闻纪事

△ 14 日，市长朱健主持召开市政府 2023 年第 31 次常务会议，研究部署安全生产、生态环境损害赔偿制度改革、招投标常态化监管、真抓实干激励等工作。

△ 14 日，政协衡阳市第十三届委员会召开第二十三次主席会议。会议审议了政协衡阳市第十三届委员会第三次会议筹备工作方案（草案）、有关事项和大会发言课题；审议了《关于赠阅 2024 年度政协报刊杂志的工作方案（草案）》。

△ 16 日，衡阳市十六届人大常委会举行第十六次主任会议。会议听取了市十六届人大二次会议以来代表建议、批评、意见办理和督办情况的报告；市人大常委会联工委关于 2023 年度党群系统和“不满意”件代表建议办理情况的报告及市人大各专门委员会书面报告关于 2023 年度市人大代表建议办理和督办工作情况。

△ 21 日，衡阳市委书记刘越高调研企业主题教育和基层党建，并走访联点帮扶“四上企业”，问需于企、助企纾困。

△ 21 日，衡阳市十六届人大常委会举行第十四次会议，会议表决通过了有关人事任免事项，决定任命赵胜平为衡阳市人民政府副市长、衡阳市公安局局长；决定免去胡志文的衡阳市公安局局长职务。刘正兴为本次会议任命的人员颁发任命书，被任命人员向宪法宣誓。

△ 23 日，市长朱健主持召开市政府 2023 年第 32 次常务会议，传达学习全省新型工业化推进大会精神，研究部署市属国有企业经营投资管理、大健康产业发展、粮油生产等工作。

△ 23 日至 24 日，贯彻落实诉源治理决议工作衡阳片会召开。湖南省人大常委会副主任周农参加会议。省人大监察司法委主任委员龙朝阳主持会议，市人大常委会主任刘正兴参加会议。周农率与会人员实地查看了衡阳华菱钢管有限公司、特变电工衡阳变压器有限公司、金杯电工衡阳电缆有限公司以及南华附一医院矛盾纠纷调解中心，了解衡阳市诉源治理工作亮点和创新做法。

◎国家、省、市三级人大代表集中视察衡阳市南岳区重点文旅项目建设

2023 年 11 月 22 日，市人大常委会副主任谢明芳、刘桢干带领部分在衡阳、国家、省、市三级人大代表来岳阳，开展重点文旅项目建设情况集中视察活动。副市长谢宏，区委副书记、区长蒋炳炎，区委副书记谢斌，区人大常委会主任刘军参加。

此次活动主要对制造立市、文旅兴城、乡村振兴、社会治理、城市建设管理等方面的工作进行集中视察。视察组先后前往庙东夜间经济文化街区、“见南山”文旅综合体、金月湖景区、祝融小镇、衡阳“1944”项目等地进行实地考察，详细了解南岳区文旅项目规划建设、发展理念、主题定位等方面的情况。各项目建设现场机器轰鸣，工人师傅紧锣密鼓，协同作业，呈现出紧张快干、加速推进的热闹场面。

座谈会上，视察组听取了衡阳市与南岳区重点文旅项目建设情况。代表们针对项目建设中存在的问题，提出意见与建议，纷纷表示要进一步解放思想、更新观念、结合衡阳文旅实际，大胆探索实践，深挖文旅资源优势。要在工作中履职尽责，建言献策，问计于民、问需于民，以高质量履职为衡阳文旅事业发展作贡献。

谢明芳强调，要提前谋划项目建设，加快项目推进速度，提高项目服务质量。代表们要不辱使命、履职为民，持续提升履职能力，宣传传导正能量，高效务实履职。

国家、省、市三级人大代表集中视察南岳区重点文旅项目建设

◎荣获六项大奖！

2023年12月21日，“中国改革2023年度案例”名单发布，衡阳市获得六项大奖，获奖数量创历史新高，是全省获得奖项最多的市州。至此，衡阳市已连续四年入选中国改革典型案例，连续三年入选中国改革年度市域案例。

此次衡阳市所获的六个奖项分别为：衡阳市城乡治理标准化建设的“衡阳样本”入选“中国改革2023年度地方全面深化改革市域案例”；耒阳市打造“湾村明白人”乡村治理典型入选“中国改革2023年度地方全面深化改革典型案例”；衡阳市委改革办、衡南县委改革办获得2023年度地方改革宣传工作先进单位，在全省市县两级均是唯一；郑欢、王武军获评2023年度地方改革宣传工作先进个人。

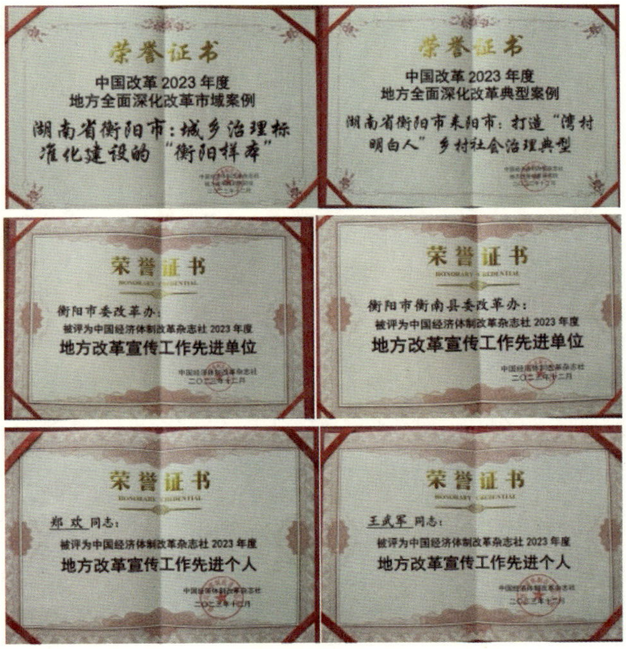

荣获六项大奖！

该项评选由中国经济体制改革杂志社组织，分为改革典型案例和年度改革案例两个层面，年度改革案例是改革典型案例的“升级版”。经多轮次专家评审，城乡治理标准化建设的“衡阳样本”从全国30个省（直辖市、自治区）300多个地级市2000多个案例中脱颖而出，在成功入围200个改革典型案例后，再跻身20个年度市域改革案例，可谓“优中之优”。

◎衡阳市启动第五次全国经济普查

衡阳市政府下发《关于切实做好第五次全国经济普查工作的通知》（以下简称《通知》），安排部署相关工作，标志着衡阳市第五次全国经济普查工作正式启动。普查标准时点为2023年12月31日，普查时期资料为2023年年度资料。

第五次全国经济普查是一项重大国情国力调查，将首次统筹开展投入产出调查，全面调查第二产业和第三产业发展规模、布局和效益，摸清各类单位基本情况，掌握国民经济行业间经济联系，对衡阳市经济社会发展状况进行“全面体检”。

《通知》明确，此次普查对象是在衡阳市辖区内从事第二产业和第三产业活动的全部法人单位、产业活动单位和个体经营户。普查内容主要包括普查对象的基本情况、人员工资、财务状况、能源生产和消费、研发活动，以及投入结构和固定资产投资构成情况等。

此次普查坚持衡阳市统筹协调，分级分类组织实施，将聚焦工作重点，科学安排普查进度。《通知》要求，各县市区人民政府、市高新区管委会和市松木经济开发区管委会要设立相应的普查领导机构，普查领导小组各成员单位按照职责分工协同开展普查工作。所有普查工作人员和普查对象必须严格按照有关规定，按时、如实填报普查表。同时，要加大宣传力度，在衡阳市上下营造良好的普查工作氛围。

◎为衡阳高质量发展提供有力法治保障

2023年12月12日，衡阳市“两院”工作报告征求意见座谈会在市人大常委会机关召开。市人大常委会主任刘正兴主持并讲话。

会上，市法、检“两院”相关负责人分别就《衡阳市中级人民法院工作报告（征求意见稿）》《衡阳市人民检察院工作报告（征求意见稿）》的起草情况作了说明。与会人员一致认为报告内容丰富、数据详尽、亮点突出，客观真实地反映了市“两院”过去一年的工作及所取得的成绩，并结合衡阳发展实际，对报告提出了许多好的意见和建议。

◎“中国改革2023年度地方全面深化改革典型案例”

2023年12月13日，“中国改革2023年度案例征集活动”主办单位中国经济体制改革杂志社发布“中国改革2023年度地方全面深化改革典型案例”名单。衡阳市城乡治理标准化建设的“衡阳样本”、耒阳市打造“湾村明白人”乡村社会治理典型两个改革案例从2000多个案例中脱颖而出，成功入选。全省共入选9例，衡阳入选数量与岳阳并列全省第一。

为梳理和总结地方全面深化改革阶段性成果和经验，“中国改革2023年度案例征集活动”从29个省（自治区、直辖市）各级改革部门推荐的2000多个改革案例中遴选出了200个典型案例。2023年的案例征集活动从地方全面深化改革的视角，征集、整理各地方各领域自主推荐的代表性实践案例，严格推荐、遴选程序，从改革谋划设计、创新实施、推进落实等各个维度，梳理总结地方改革成果，交流推广改革典型经验，促进政策研究、理论创新和实践探索，为地方改革推进提供参考和借鉴，凝聚改革共识和信心，助力地方全面深化改革。

中国改革年度案例征集活动已连续举办15年，对总结推广地方典型改革案例经验、呈现地方全面深化改革的普遍成果、加强地方改革研究和宣传、助力地方改革发挥了积极作用。

要闻纪事

12月

△12日，衡阳市“两院”工作报告征求意见座谈会在市人大常委会机关召开。市法、检“两院”相关负责人分别就《衡阳市中级人民法院工作报告（征求意见稿）》《衡阳市人民检察院工作报告（征求意见稿）》的起草情况作了说明。

△12日，湖南省委组织部副部长、省委老干部局局长、省委离退休干部工委书记刘文新带队赴衡阳市珠晖区调研老干部工作。刘文新一行来到珠晖区衡州路街道白渔潭社区，参观了市“最美老干部”袁有余老同志的《中国名人家风家训展》与剪报展，仔细询问了袁老的身体健康情况、生活状况以及社区作用发挥情况，并听取袁老讲解家风家训专题党课。

△21日，县人大常委会召开2023年度“两官”履职评议大会。9名员额法官、4名员额检察官依次报告了个人履职情况，并现场接受县人大常委会组成人员的点评和询问。

△22日，2023年度市委议军会暨衡阳市党管武装工作述职大会在衡阳警备区召开。会议还审议并原则通过了《关于建立衡阳市军地协作机制的实施意见（试行）》。

△25日，衡阳市委副书记赖馨正参加市政协十三届三次会议中共界别组讨论，与委员们一起协商讨论《政府工作报告》。

△27日，衡阳市委宣传部副部长、文明办主任谭春兰率衡阳市创建办考核组来耒，通过现场查看、资料审阅、随机抽查、召开会议相结合的方式对衡阳市2023年度下半年文明城市创建工作进行考核。

湖南地方年鉴

株洲

株洲市 天元区 炎陵县 茶陵县 攸县 醴陵市 渌口区 芦淞区 荷塘区 石峰区

株 洲 地 区

株 洲 市

株洲，始建于公元214年，古称“建宁”，是中国长株潭都市圈核心城市、长江中游城市群城市之一。现辖三县一市五区，总面积1.1万平方公里，常住人口390万人左右。近年来，株洲市全面贯彻习近平总书记关于湖南工作的重要讲话和指示批示精神，全面落实“三高四新”美好蓝图，坚持“聚焦、裂变、创新、升级、品牌”工作思路，锚定高质量发展主题，全力培育制造名城、加快建设幸福株洲。2023年全市地区生产总值3667.9亿元，按不变价格计算，同比增长5.2%，地方税收收入138.6亿元，增长1.8 %，占地方一般公共预算收入比重为72.1%。

株洲是底蕴深厚的神农福地。株洲自然风光优美，是全国优秀旅游城市、国家园林城市、国家森林城市、全国水生态文明城市、中国绿水青山典范城市，蝉联全国文明城市、国家卫生城市。株洲文化底蕴深厚，这里农耕文化、红色文化和现代工业文明交相辉映，既是中华始祖炎帝神农氏安寝之地，也是英雄辈出的红色热土。

株洲是加速崛起的制造名城。作为新中国“八个新建重点工业城市之一”，株洲诞生了新中国工业发展史上的340多个“第一”，是全省工业门类最齐全的市州。轨道交通装备、中小航空发动机获评国家先进制造业集群，拥有先进硬质材料、陶瓷、服饰、高分子新材料4个省级产业集群，国省集群数量稳居全省第一，电子信息、新能源、现代陶瓷等产业发展势头强劲，13条新兴产业链产值突破6000亿元，全国制造业城市排名第36位。

株洲是活力迸发的创新之都。深入推进国家自主创新示范区建设，国家创新型城市排名全国第28位。全社会研发投入强度达3.02%，连续四年稳居全省首位。拥有国家级创新平台60家，位居全国非省会城市前列。培育国家单项冠军企业（产品）11个，国、省专精特新“小巨人”企业数量分别达79家、383家，均居全省第2，其中国家重点小巨人25家，单位GDP分布密度居全国第一。全市上市企业达到13家，居全省第2位。

株洲是开放包容的交通枢纽。株洲地处我国南北咽喉、东西接点，拥有南方最大的铁路货运编组站，京港澳高速、沪昆高速等纵横连通，距长沙黄花国际机场仅半小时车程，千吨级轮船通江达海。近年来，株洲主动融入“一带一路”倡议，保税物流中心全国排名上升至第55位，株洲至广州港“湘粤一港通”通关模式顺利开行，获批国家跨境电子商务综合试验区，株洲产品畅销180多个国家和地区。

株洲是投资兴业的理想沃土。近年来，我们致力打造市场化、法治化、国际化一流营商环境，营商环境评价连续三年居全省第2位。持续开展营商环境优化提升行动，出台“人才30条”“民营经济10条”等高含金量政策，房价每平米六千余元，“住株洲房子、拿一线城市工资、干全球事业”成为株洲的城市品牌。

株洲市2023年国民经济和社会发展统计公报

2023年，在市委、市政府的坚强领导下，全市上下坚持以习近平新时代中国特色社会主义思想为指导，全面贯彻落实党的二十大和二十届二中全会精神，按照党中央、国务院决策部署，坚持稳中求进工作总基调，完整、准确、全面贯彻新发展理念，锚定“三高四新”美好蓝图，全力打好“发展六仗”，打造制造名城，建设幸福株洲，聚焦高质量发展首要任务，积极应对风险挑战，牢牢把握发展主动权，全市经济运行稳中有进、进中有质，民生保障有力有效，高质量发展扎实推进。

一、综合

初步核算，全市地区生产总值3667.9亿元，增长5.2%。其中，第一产业增加值276.2亿元，增长3.5%；第二产业增加值1613.9亿元，增长5.0%；第三产业增加值1777.8亿元，增长5.6%。三次产业结构分别为7.5 ：44.0 ：48.5。第一、二、三产业对GDP增幅的贡献率分别为5.6%、45.5%和48.9%。全市人均GDP为94983元，增长5.6%。

2023年，全市年末常住人口385.20万人，较上年减少1.91万人。其中，城镇人口280.56万人，较上年增加0.03万人；乡村人口104.64万人，较上年减少1.94万人；城镇化率为72.83%，较上年提升0.36个百分点。

全年居民消费价格总水平（CPI）上涨0.3%。其中，医疗保健价格上涨4.3%，教育文化娱乐价格上涨2.4%，其他用品及服务价格上涨2.3%，衣着价格上涨1.2%，生活用品及服务价格上涨0.4%，居住价格持平，交通通信价格下降1.7%，食品烟酒价格下降1.1%。

二、农业

全年农林牧渔业实现增加值287.9亿元，增长3.6%。农林牧渔业总产值431.5亿元，增长3.7%。其中，农业总产值223.6亿元，增长4.2%；林业总产值36.7亿元，增长9.5%；牧业总产值132.0亿元，增长0.8%；渔业总产值21.0亿元，增长5.5%；农林牧渔服务业总产值18.3亿元，增长8.5%。

全年粮食种植面积220.2千公顷，增长0.02%；蔬菜及食用菌种植面积86.4千公顷，增长2.9%；油料种植面积63.3千公顷，增长9.7%；棉花种植面积0.3千公顷，增长45.3%。

全年粮食产量154.8万吨，增长2.9%；蔬菜及食用菌产量351.8万吨，增产2.9%；水果产量45.6万吨，增产3.1%；油料产量11.3万吨，增产8.7 %；茶叶产量0.3万吨，增产2.1%；棉花产量0.03万吨，增产41.9%。全年猪、牛、羊肉总产量25.5万吨，比上年增长1.6%。其中，猪肉产量23.9万吨，增长2.1%。年末生猪存栏202.1万头，比上年末增长1.6%。全年生猪出栏325.3万头，比上年增长1.8%；牛出栏4.0万头，下降9.1%；羊出栏67.8万只，下降7.1%；水产品产量11.0万吨，增长4.9%。

全年实施高标准农田建设项目6个，高标准农田建设面积13.7万亩。年末农业机械总动力428.0万千瓦，增长1.4%。

三、工业和建筑业

全年规模工业增加值增长7.1%。分经济类型看，国有控股企业增加值增长11.6%；股份制企业增长7.8%，外商及港澳台商投资企业增长0.4%。分三大门类看，采矿业增加值增长24.4%，制造业增长7.3%，电力热力燃气及水生产和供应业增长1.4%。分企业规模看，大中型企业增长8.0%，小型企增长7.3%，微型企业下降6.9%。分行业看，汽车制造业增长27.7 %，专用设备制造业增长23.1%，计算机、通信和其他电子设备制造业增长 15.6%，医药制造业增长 7.5%，化学原料和化学制品制造业增长 6.3%，陶瓷制品制造业增长 6.3%，农副食品加工制造业增长 4.9%，有色金属冶炼和压延加工业增长 3.2%。

省级及以上产业园区工业增加值增长 9.2%，占规模工业比重为 78.9%。六大高耗能行业增加值增长 3.7%，占规模工业比重为 43.0%。高加工度工业增加值增长 9.0%，占规模工业比重为 50.8%。

规模以上工业企业实现利润总额 202.3 亿元，增长 8.9%。分经济类型看，国有企业利润 7.5 亿元，增长 10.9%；股份制企业 167.6 亿元，增长 6.9%，外商及港澳台商投资企业 5.2 亿元，增长 26.4%；其他经济类型企业 21.6 亿元，增长 21.4%。规模以上工业企业营业收入 2809.9 亿元，增长 7.1%；规模以上工业企业每百元营业收入中的成本为 79.0 元，比上年减少 0.04 元。年末规模以上工业企业资产负债率为 50.7%，较上年下降 0.3 个百分点。

全年建筑业增加值 356.6 亿元，增长 3.0%。具有建筑业资质等级的总承包和专业承包建筑业企业实现产值 1224.9 亿元，下降 0.4%；利润总额 28.0 亿元，增长 31.9%。

四、固定资产投资

全年固定资产投资下降 5.9%。分产业看，第一产业投资增长 11.4%，第二产业投资增长 11.4%，其中工业投资增长 11.6%，第三产业投资下降 22.1%。分经济类型看，国有投资下降 37.5%，民间投资增长 7.9%。分领域看，居民服务、修理和其他服务业增长 136.0%，科学研究和技术服务业产业投资增长 37.5%，工业技改投资增长 13.5%，制造业投资增长 11.1%，高技术产业投资增长 8.2%。商品房销售面积 248.1 万平方米，下降 7.7%。商品房销售额 142.3 亿元，下降 5.0%。

五、服务业

全年规模以上服务业企业营业收入 670.2 亿元，增长 10.9%。规模以上服务业利润总额 551.9 亿元，下降 9.7%。

全年交通运输、仓储和邮政业实现增加值 119.7 亿元，增长 10.6%。全年公路客运量 939.6 万人次，下降 3.2%；公路货运量 1.9 亿吨，增长 11.2%；公路运输总周转量 111.1 亿吨公里，增长 13.5%。全年水路客运量 12.1 万人次，下降 20.0%；水路货运量 829.9 万吨，增长 10.5%；水路运输总周转量 21.9 亿吨公里，增长 8.6%。

年末民用车辆保有量 101.0 万辆，本年新注册车辆 9.4 万辆。全年邮政业务总量 26.1 亿元，增长 29.6%。全年电信业务总量 42.0 亿元，增长 19.2%。

六、国内贸易和对外经济

全年社会消费品零售总额 1361.9 亿元，增长 6.6%。分经营地看，城镇消费品零售额 1176.7 亿元，增长 6.5%；乡村消费品零售额 185.1 亿元，增长 7.7%。分行业看，批发业 126.3 亿元，增长 7.8%；零售业 1081.2 亿元，增长 5.9%；住宿业 12.5 亿元，增长 7.6%；餐饮业 141.8 亿元，增长 11.4%。限额以上法人单位商品零售额 413.5 亿元，增长 6.0%。其中，家具类增长 36.2%，中西药品类增长 22.1%，日用品类增长 20.7%，文化办公用品类增长 20.1%，化妆品类增长 17.4%，石油及制品类增长 15.5%，烟酒类增长 12.2%，通信器材类增长 8.0%，服装、鞋帽、针纺织品类增长 6.0%，粮油、食品类增长 5.3%，金银珠宝类下降 35.1%，家用电器和音像器材类下降 23.3%，建筑及装潢材料类下降 0.2%。限额以上网上零售额 22.2 亿元，下降 4.2%。

全年进出口总额 195.8 亿元，下降 6.8%。其中，出口总额 140.3 亿元，下降 10.8%；进口总额 55.5 亿元，增长 5.0%。实际利用外资金额 1627.0 万美元，增长 3.5%。实际利用内资金额 1171.2 亿元，增长 11.5%。

七、财政金融

全年地方一般公共预算收入 192.3 亿元，增长 0.8%。其中，地方税收收入 138.6 亿元，增长 1.8%，占地方一般公共预算收入比重为 72.1%；地方非税收入 53.8 亿元，下降 1.8%，占地方一般公共预算收入比重为 28.0%。

全年一般公共预算支出 592.4 亿元，增长 9.6%。财政用于民生支出 497.9 亿元，增长 14.4%。其中，教育支出 77.6 亿元，增长 3.2%；社会保障和就业支出 58.8 亿元，增长 13.6%；科学技术支出 42.7 亿元，增长 5.3%；住房保障支出 10.9 亿元，增长 33.7%。

年末，金融机构存款余额 4711.5 亿元，增长 11.1%。其中，住户存款余额 3281.1 亿元，增长 13.6%；非金融企业存款余额 840.9 亿元，增长 7.8%。贷款余额 3695.9 亿元，增长 14.3%，存贷比为 78.4%。其中，住户贷款余额 1364.2 亿元，增长 4.5%；非金融企业及机关团体贷款余额 2320.4 亿元，增长 20.6%。全年新增本外币各项贷款 463.8 亿元，增长 31.4%。

年末有证券公司营业部 34 家，证券交易额 4956.6 亿元。年末境内上市公司 12 家，境外上市公司 2 家，全市直接融资总额 452.8 亿元。各项保险保费收入 104.4 亿元，增长 2.4%。其中，财产险保费 30.8 亿元，增长 3.3%；人身保险保费 73.5 亿元，增长 2.0%。各项赔款和给付支出 35.1 亿元，增长 12.0%。其中，财产险赔款 20.9 亿元，增长 15.3%；人身保险给付 14.2 亿元，增长 7.5%。

八、教育和科技

年末有普通高校 9 所。普通高等教育研究生毕业生 879 人，普通高等教育毕业生 34608 人，成人高等教育毕业生 25387 人，中等职业教育毕业生 8055 人，普通高中毕业生 23985 人，初中学校毕业生 45941 人，普通小学毕业生 50484 人，在园幼儿 108869 人。小学适龄儿童入学率 100%，高中阶段教育毛入学率 98.2%。各类民办学校 651 所，民办学校在校学生 10.6 万人。落实义务教育保障资金 5.5 亿元，发放中职国家助学金 1257.8 万元（含中职国家奖学金），发放高校国家奖学金、助学金（本专科生）3076 万元，发放普通高中国家助学金 1239 万元。

全年高新技术产业增加值 914.7 亿元，增长 6.4%。国家级重点实验室 4 个，省级重点实验室 22 个。国家工程研究中心（工程实验室）1 个，省级工程研究中心（工程实验室）36 个。国家认定企业技术中心 16 个，省级工程技术研究中心 77 个。技术合同成交金额 394.8 亿元，签订技术合同 4467 项，授权专利 6178 件。

九、文化、旅游、卫生和体育

年末有艺术表演团体 23 个，群众艺术馆、文化馆 10 个，公共图书馆 10 个，博物馆、纪念馆 10 个，档案馆 10 个。纳入国家级非物质文化遗产保护目录 2 个，省级非物质文化遗产保护目录 37 个。

全年国内旅游总收入 624.0 亿元，增长 50.9%；国内旅游人数 6025.4 万人次，增长 56.6%；国内旅游收入 623.9 亿元，增长 50.9%；入境旅游收入 99.8 万美元，增长 127.5%。

年末有卫生机构 3038 个，其中医院 113 个，妇幼保健院（所、站）10 个，专科疾病防治院（所、站）2 个，社区卫生服务中心 42 个，诊所、卫生所、医务室 1056 个，村卫生室 1592 个。全市疾病预防控制中心（防疫站）10 个。卫生技术人员 3.2 万人，其中执业医师和执业助理医师 1.2 万人，注册护士 1.5 万人。医院拥有床位总数 21955 张，乡镇卫生院 102 个，乡镇卫生院床位数 5692 张，乡镇卫生院卫生技术人员 0.3 万人。

年末有体育场地 10345 个，其中运动场 582 个，游泳池 126 个，各种训练房（综合房及专项训练房）220 个，新建农民体育健身工程的行政村 40 个。经常参加体育锻炼人数 188 万人。获得世界冠军 8 个、亚洲冠军 2 个、全国冠军 14 个，破世界纪录 1 人 / 次 / 项。

十、人民生活和社会保障

全年城乡居民人均可支配收入47123元，增长4.9%。城镇居民人均可支配收入57056元，增长4.0%。其中，工资性收入31875元，经营净收入7566元，转移净收入12146元，财产净收入5469元。农村居民人均可支配收入29073元，增长6.6%。其中，工资性收入12932元，经营净收入8639元，转移净收入6342元，财产净收入1161元。城乡居民收入比为1.96 ∶ 1。全年城乡居民人均消费支出30197元，增长5.7 %。城镇和农村居民人均消费支出分别为34065元和23167元，分别增长5.0%和6.8%。城镇和农村居民家庭恩格尔系数分别为27.6%和27.9%。

全年城镇新增就业人数6.0万人，年末城镇登记失业率为1.6%，失业人员再就业人数2.9万人。城乡居民基本养老保险登记参保人数175.9万人，城镇基本养老保险职工人数130.0万人。城乡居民基本医疗保险参保人数284.5万人，城镇职工基本医疗保险参保人数77.3万人。发放城镇居民和农村最低生活保障经费分别为1.1亿元和2.2亿元。获得政府最低生活保障的城镇居民人数1.9万人，获得政府最低生活保障的农村居民人数7.1万人。完成农村“三路”提质改造291.7公里，城镇老旧小区改造178个。社区服务机构和设施数0.3万个，其中社区养老服务机构和设施0.2万个。

十一、资源、环境和安全生产

全年出让土地面积371.7公顷，下降27.7%。其中，商住用地243.0公顷，下降34.8%；工业用地122.0公顷，下降12.2%；划拨用地面积171.2公顷，下降32.0%。全社会用电总量140.9亿千瓦时，增长4.1%。其中，工业用电量66.9亿千瓦时，增长5.1%；居民生活用电量37.7亿千瓦时，下降4.1%。规模工业发电量102.2亿千瓦时，增长8.9%。规模工业综合能源消费量379.8万吨标准煤，下降1.2%。其中，六大高耗能行业综合能源消费量337.7万吨标准煤，增长0.3%。规模工业能源消费合计447.9万吨标准煤，其中原煤消费量421.9万吨，天然气（气态）消费量5.2亿立方米，液化石油气消费量3.2万吨。

全年完成造林面积1.0万公顷。截至年末，全市共有国家地质公园2个，自然保护区5个，其中国家级自然保护区1个，省级自然保护区1个。省级以上自然保护区面积4.0万公顷。

全年开工各类水利工程164处，水利工程投入资金16.1亿元，增长73.6%。完成水利工程土石方1624.9亿立方米，增长132%。新增节水灌溉面积0.5千公顷，增长0.3%。

全年发生各类生产经营性安全事故98起，各类生产经营性安全事故死亡人数106人，亿元GDP生产安全事故死亡人数0.03人，煤矿百万吨死亡人数8.3人。全年共发生道路交通事故1198起，下降9.8%；道路交通死亡率2.5人/万辆，下降25.1%。

天元区

株洲高新区成立于1992年5月，同年12月经国务院批准为国家级高新区，天元区建区于1997年8月，两区于2000年底进行职能归并、效能整合，实行统一领导体制、统一财政体制、统一机构设置、统一人事管理。天元区现辖4个街道、3个镇，总面积328平方公里，常住人口48.2万人。株洲高新区实行“一区三园”的发展格局，下辖田心片区、董家段片区、河西示范园。2023年，高新区营业收入、技工贸总收入分别增长6%、9%，天元区地区生产总值增长6%。株洲高新区跻身“园区高质量发展百强榜”第48位、“先进制造业百强园区”第81位。

动力产业撑起发展脊梁

田心片区主要布局轨道交通产业集群，董家塅片区主要布局航空航天产业集群，河西示范园主要布局新能源汽车、新能源装备、新材料、电子信息产业集群，实现产业错位发展、高度融合。先后荣获国家产业转型示范园区、国家级先进制造业和现代 服务业融合发展示范区等30余项国家级荣誉。

创新活力释放发展动能

全球首列虚拟轨道列车在这里问世，12米纯电动智能驾驶客车在这里首发，创新发展综合能力位居全省园区第二位，入选“全国科技创新百强区”，获批全国双创示范基地。拥有高新技术企业489家，省级以上专精特新企业148家。现有国家级孵化器（众创空间）14家，院士工作站（点）9家。拥有合作院士16名，国家专家45名，省级科技创新人才33名，市级领军人才58名，获评2021中国年度最佳引才城市（县区）。

深化改革优化营商环境

率先在全省完成园区体制机制改革，高新区搭建“六局一办一中心”管理架构，剥离行政和社会管理职能，建立健全企业全生命周期服务体系，聚焦主责主业谋发展；天元区承担行政职能和社会事务管理职能，向完整政府回归。加快行政集中审批推行“开工即配套”“竣工即交证”，为产业项目提供免费帮代办服务。坚持产城融合发展，动力谷大厦、文体中心、专家公寓等配套陆续投入使用，神农湖、栗雨湖、万丰湖先后高水准建成，生产生活配套日趋完善。

民生实事绘就幸福画卷

以产业振兴引领乡村振兴，获评全省实施乡村振兴战略先进县市区。社会保障实现城乡全覆盖，养老服务、特殊群体救助等体系更加完善。近年来年均新增公办学位超6000个，民办义务教育在校学生实现清零。深入开展“机关干部进小区”活动，解决 群众急难愁盼问题，探索小区自治新模式。全面建立区域医疗联合体，优质医疗资源不断向基层延伸。秉持“让株洲人民快乐，让‘制造名城’出圈”初心，探索性举办株洲“厂BA”，传承厂矿文化基因，标定城市新IP。深入开展全国文明城市创建、平安天元 建设，人民群众获得感幸福感安全感不断增强。

天元区2023年国民经济和社会发展统计公报

2023年，天元区坚决贯彻落实市委、市政府决策部署，锚定“三高四新”美好蓝图，坚持“聚焦、裂变、创新、升级、品牌”工作思路，强化发展形势研判，主动融入区域发展格局，以干部能力提升赋能经济发展，全力打好“发展六仗”，努力促进经济运行持续整体好转。全区经济运行总体平稳、稳中向好。

一、综合

经初步核算，全区实现地区生产总值（GDP）568亿元，同比增长5.9%，增幅分别高于全国全省、全市0.7、1.3、

0.7个百分点，总量居全市第二，占全市比重达到15.5%。其中第一产业增加值增长3.6%；第二产业增加值增长5.9%；第三产业增加值增长6.0%。

全年三次产业比重为2.4∶40.6∶57，与上年同期相比，一产业占比下降0.1个百分点，二产业下降3.4个百分点，三产业占比提高3.5个百分点；三次产业分别对GDP增长贡献率分别为1.7%、43.3%和55%，其中第三产业贡献率较上年提高21.1个百分点。

全年服务业增加值同比增长6%。其中：交通运输、仓储和邮政业增加值增长16.2%；批发和零售业增加值增长21.7%；住宿和餐饮业增加值增长9.2%；金融业增加值增长3.5%；房地产业增加值增长2.1%；营利性服务业增加值增长5.5%；非营利性服务业增加值下降1.7%。

全年一般公共预算收入达到75.8亿元，增长129.3%，其中税收收入70.3亿元，增长154.8%，占总收入的比重为92.8%；非税收入完成5.4亿元，下降0.1%。一般公共预算支出完成45.6亿元，下降12.4%。深入实施“三高四新”财源建设工程，财政收入质量显著提升，地方收入完成46.3亿元，其中税收收入完成40.9亿元，地方税收占地方收入的比重为88.3%，较去年提高1.1个百分点。

二、农业和农村

全年农林牧渔业总产值13.4亿元，增长3.7%。粮食种植面积5.18千公顷，其中稻谷4.802千公顷，豆类0.098千公顷，薯类0.140千公顷；粮食总产量3.5万吨，其中稻谷3.33万吨，豆类297.3吨，薯类620吨。

全年猪牛羊禽肉产量0.46万吨，其中，猪肉产量0.30万吨，牛肉产量0.01万吨，羊肉产量0.03万吨，家禽产量0.12万吨。年末生猪存栏2.71万头，出栏4.10万头；牛存栏0.04万头，出栏0.03万头；羊存栏0.81万只，出栏1.36万只；家禽存栏33.56万羽，出栏77.54万羽。

夯实农业发展基础。2023年完成0.5万亩低镉品种臻两优8612推广任务，创建双季稻示范片6个、旱粮示范片2个，粮食产量3.5万吨。加快推进0.4833万亩高标准农田的新建和改造。抓好龙头企业带动。2023年认定4家企业为天元区农业产业化区级龙头企业，并从中推荐3家企业成功申报市级龙头企业，全区现有市级以上农业龙头企业27家，“三品一标”37个。组织5家企业参加中国中部（湖南）农博会，组织株洲萤火虫休闲农场参加“建行杯”农村双创竞赛获全市二等奖。促进融合发展。成功举办“农民丰收节”“杨梅节”“猕猴桃节”等活动，组织休闲企业参加线上湖南省休闲农业与乡村旅游培训，推荐石三门、悠移两条（春夏季）精品线路，积极发展符合乡村特点的休闲农业、乡村旅游、餐饮民宿等新产业。全区共有星级农庄56家，其中省三星级以上休闲农庄共7家。

三、工业和建筑业

全年工业增加值增长6.4%，对GDP增长贡献率为40.6%，拉动GDP增长2.4个百分点，其中规模工业增加值增长8.4%。2023年完成科技型中小企业备案689家，有效高新技术企业达到430家，新增创新型中小企业74家、省级单项冠军企业12家、省级“专精特新”中小企业73家、国家级“小巨人”企业6家。

产值10亿元以上企业达到11家，北汽株洲公司营收突破110亿元，时代新材等6家企业入选全省制造业百强。陆上风电装备产业集群入选省级先进制造业集群培育对象。全年规模以上工业中，“两主两特”（新能源装备、新能源汽车、新材料、电子信息）产业保持较好增长，2023年“两主两特”规上企业完成产值同比增长6.6%，占规模工业总产值比重达到74.5%。头部企业带动工业经济稳增长。10家重点头部企业完成产值占规模工业总产值比达到65.3%，对全区规工贡献率达59.3%，为全年“稳增长”夯实了基础。规模工业企业产品总体向好。新能源汽车整车4.7万辆，风力发电机组359万千瓦，锂离子电池3972万只，电子计算机整机143万台，电子元件3.87亿只、金属切削工具1.91亿件。

全年实现建筑业总产值96.6亿元，下降15.7%，实现建筑业增加值33.8亿元，增长3.3%；房屋施工面积721万平方米，其中住宅施工面积541万平方米；房屋竣工面积106万平方米。

四、固定资产投资和房地产业

全年固定资产投资增长3%，其中公有制经济投资下降5.5%，非公有制经济投资增长4.4%；高新技术产业投资增长115.3%，占产业投资比重42.5%；基础设施投资下降15.7%；房地产开发投资下降15.4%，占全部投资的41.9%，20个重点房地产项目占全部房地产比重达到99%。

全年各类施工项目个数217个，房地产开发项目37个，本年新开工项目87个，其中亿元及以上项目30个，增长50%；5000万以上施工项目118个，增长6.3%；本年完成投资109.5亿元，增长34.4%。项目招引精准有力。瞄准产业链缺失环节和新兴产业，以“打硬仗、引湘商、见实效”为主题，开展项目招引暨湘商回归“揭榜挂帅”行动，全年累计签约亿元以上项目54个，合同引资额172.6亿元。项目建设加力提速。钻石切削数控刀具智造、麦格米特二期等41个重点项目开工，轨道交通装备产业园基础配套设施、菲斯罗克精密级光纤陀螺基地等44个重点项目竣工，打造了一批“拿地即开工”“竣工即交证”的标杆项目。

五、贸易和招商引资

全年社会消费品零售总额同比增长8.1%。限上消费品零售总额增长6.6%，其中：限上批发业增长7.2%、限上零售业增长6.6%、限上住宿业增长3.9%、限上餐饮业增长7.5%。在限额以上单位商品零售额中，石油制品类零售额增长15.3%、汽车类零售额下降1%。

二手车出口业务爆发式增长。2023年我区试点企业二手车出口约17亿元人民币，出口车辆达7788台，较2022年全年增长近10倍。举办“活力天元 乐购株洲”国际赛道动态汽车消费节，汇聚汽车品牌近40家，摩托车品牌9家，车型200余款，累计成交超300台，实现交易总额超4600万元。外贸综合服务平台效能进一步提高。联合外贸综合服务平台开展2期天元区“助企促贸”外贸业务培训、“跨境电商携手硬质合金行业”专场沙龙等活动，提升服务质效。跨境电商新业态迸发潜能。以“一平台两基地”为基础（平台：阿里云跨境电子商务综合服务平台，基地：阿里云数字经济产业园、株洲互联网直播基地）整合现有资源，打造中国（株洲）跨境电子商务综合试验区·株洲天元区硬质合金产业带，挖掘有跨境电商潜力的企业，支持已有电商企业开拓海外业务，开展跨境电商企业培训，打造株洲市跨境电商直播间，着力孵化跨境电商。

六、教育科学文化体育

全区现有义务教育学校44所，皆为公办。在校中小学生71857人，其中初中学生20958人，小学生50899人；幼儿园123所，在园幼儿20480人。全力做优“天元教育”品牌，探索构建教育高质量发展服务体系，株洲雅礼实验学校建成开学，新增公办学位3960个，新建公办幼儿园3所，新增园位1050个。投入860万元对凿石小学、月塘小学等6所学校进行提质改造，其中，投入253万元对群丰镇中学、长岭中心小学等3所乡村小规模学校进行提质改造。

数字产业升级赋能。搭建“天元云”平台，助力企业数字化改造，实现注册企业200余家，孵化工业机理模型500余个，入选国家第一批“平台+基地”试点项目和湖南省2023年度工业互联网标识解析二级节点创新应用项目。全省首个工业软件园——天元工业软件园开园，签约入驻企业14家，华为在全国布局的第一个工业软件云工程应用创新中心正式落户。“智赋万企”行动持续走深，“株洲齿轮智能制造示范工厂”入选国家级“2023年度智能制造示范工厂揭榜单位”，天桥嘉成“智能协同作业”项目入选国家级“2023年度智能制造优秀场景”。

科技创新成果丰硕。研发经费投入总量22.3亿元，投入强度达4.1%。引进30个创新创业团队项目和20名高端创新创业人才。引进全市首个高校国家重点实验室平台株洲东大创新发展研究院平台，中国科技开发院（株洲）创新孵化基地升级为国家级科技企业孵化器，新增省级重点实验室、企业技术中心、工程研究中心等省级创新平台25家。在全市率先成立县区级知识产权纠纷人民调解委员会，有效发明专利、注册商标总量和增速均居全省前列。湖南工业大学科技园开园，引进10个成果转化项目入园孵化。完成科技型中小企业备案689家，有效高新技术企业达到430家，新增创新型中小企业74家、省级单项冠军企业12家、省级专精特新中小企业73家、国家级“小巨人”企业6家，总量均居全市第一，获评2023年度全国科技创新百强区。

2023年天元区文化馆公益培训班开设声乐、合唱、二胡等10个门类971场公益培训课程，1.7万余群众受益。持续升级“天元文旅”品牌，推进“幸福文体”学院建设，举办了“2023年天元区公共文化进村入户戏曲进乡村（社区）”“欢乐潇湘 幸福天元”“群众文化嘉年华优秀作品展演”等大型主题活动共计24场，文化志愿活动200余场。区图书馆共举办各类阅读活动52场，参与读者2.7万人次。秉持“让株洲人民快乐，让‘制造名城’出圈”的初心，探索性举办株洲“厂BA”，全网曝光超过4.5亿次，24场赛事直播总观看人次超过2000万，得到了群众的喜欢和支持。开展体育品牌赛事活动。2023年举办了湖南省第三届社区趣味运动会天元区海选赛、“湘江马拉松·株洲站”赛事活动，5月21日中国体彩杯·2023年湖南省桨板公开赛在株洲美丽的万丰湖拉开序幕，7月初和10月中旬在株洲国际赛车场成功举行2023CTCC中国场地汽车职业联赛，全民健身意识更加深入人心。

七、卫健和社会保障

全区各类医疗机构331家，其中疾控中心1个、妇幼保健服务中心1个，卫生院及社区卫生服务中心7个，社区卫生服务站5个，村卫生室66个，其他251个。孕产妇免费产前筛查2100人、两癌筛查3000人、新生儿先天性心脏病免费筛查2249例。

2023年城独奖励金人社职工养老代发315.944万元、人社城居保代发11.328万元。共为1711位困难老人购买了意外保险，总计17.11万元。全区老年友善医疗机构创建率92.3%，9家养老机构已与社区卫生服务中心（乡镇卫生院）实现签约合作全覆盖。全区设置网格化的流动巡诊点330个，组建家庭医生服务团队43个，合理设定“签约服务包”，深入机关、学校、社区、乡村、家庭为群众提供主动、连续、综合、个性化的家庭医生签约服务。2023年完成常住人口家庭医生签约144026份。扎实推进“健康天元”建设，顺利通过国卫复审，泰山公共卫生服务中心主体竣工；发展普惠托育服务，可提供托位1720个；试点建设“天元区卫生健康管理服务信息系统”，着力提升基层医疗服务能力。

全年城镇失业登记率为1.55%。新增城镇就业8829人，农村劳动力转移就业532人，失业人员实现再就业4088人，就业困难人员再就业658人。“零就业”家庭动态援助100%；服务省就业平台高校毕业生657人，跟踪回访率100%、就业服务率100%、就业率为96.8%，单位就业比例39.87%；新增就业见习人员55人，不低于去年人数；组织开展补贴性职业技能培训1727人，其中职业技能培训716人，创业培训533人，失业保险提升培训478人。2023年密集组织开展“春风送真情 援助暖民心”新春招聘会、“党建引领 就业服务进小区”“厂门口招聘会”“求职辅导·供需对接会”等主题丰富、形式多样的“线上+线下”专场招聘会28场，吸引企业602家次，提供岗位10004个次。

八、资源环境和社会安全

全年优良天数323天，空气质量优良率为88.5%，生态环境持续改善。打好蓝天、碧水、净土保卫战，主要地表水体水质、湘江断面水质和集中式饮用水水源地均稳定保持国家Ⅱ类水质，土壤环境风险得到基本管控。坚决落实中央环保督察和长江经济带警示片整改要求，争取中央专项债等各级资金2.9亿元，有序推进陈埠港等五大流域雨污分流改造，完成湘江入河排污口15处整治、市政管网220处错混接及2020处缺陷修复，生态环境质量整体向好。

全年共发生一般性生产经营性伤亡事故7起（其中，一般道路交通事故5起，工矿商贸其他类生产安全事故2起），同比减少1起，减少12.5%；死亡7人，同比减少2人，减少22.2%；受伤0人，同比减少7人；直接经济损失448.566万元，同比减少126.43万元；近5年未发生较大火灾事故，未发生较大及以上事故，保持了平稳向好的安全生产形势。亿元GDP生产安全事故死亡率为0.0123人/亿元。安全形势稳定向好。牵头协调道路交通、建设工程、消防、城镇燃气、危险化学品、防汛抗旱、森林防火等重点领域开展专项整治，坚决遏制重特大事故发生，实现全年事故起数、死亡人数、受伤人数、直接经济损失“四下降”。组织开展“重大事故隐患专项排查整治2023行动”和“安全生产翻身仗”等专项行动，有力维护了社会安定、人民安宁。

积极推进食品安全“两个责任”包保工作；全年完成食品、食用农产品抽检全年计划1517批次，合格率97.1%；通过“护苗”“护老”等专项检查食品生产经营主体1800余家，消除食品安全隐患500余起，规范主体148家次，办理食品类案件46起。大力开展药品流通、医疗器械、化妆品线上净网线下清源等专项行动，检查药械化市场主体1415家，立案查处45起；开展涉疫药品和医疗用品稳价保质行动，查处涉疫价格违法案件2起。开展特种设备重大事故隐患专项排查整治，全年检查特种设备使用单位661家，下达安全监察指令书46份，办理相关案件4起，消除“一单四制”重大事故隐患31起。开展重点工业产品质量抽检105批次，合格率97.14%；办理电动自行车和头盔相关案件8起。在教育、医疗等10余个领域开展价格(收费)检查，清退违规收费252.47万元。

九、人口和人民生活

2023年天元区常住人口48.47万人，户籍人口34.19万人。城镇居民人均可支配收入69297元，增长4%，城乡居民人均教育文化娱乐支出5833.5元，占居民消费总支出比重达12.9%；城乡居民人均医疗保健支出3629元，占居民消费总支出比重达8%。城乡居民人均住房建筑面积54.7平方米。城乡居民医疗保险参保超22.65万人。

2023年辖区内基层医疗机构、二级及以上医院均已开通住院、普通门诊费用跨省直接结算。66个村（社区）卫生室开通“两病”门诊报销，享受城乡居民“两病”门诊报销43009人次。异地就医住院费用统筹基金支付129.83万元，双通道统筹基金支持317.06万元，生育门诊统筹基金支付0.54万元；征地医保报销19329人次，基金支付4825.96万元。社会救助工作水平不断提质增效。2023年全额资助3779名特困、低保等特殊困难群众参加城乡居民医保，资助金额105.26万元。2023年实施医疗救助共1459人次，合计金额230万元。

炎 陵 县

炎陵县原名酃县，始建于宋嘉定四年（公元1211年），因中华民族始祖炎帝神农氏安寝于县城西鹿原陂的炎帝陵，1994年更名为炎陵县。全县总面积2030平方公里，辖5镇5乡120个行政村，区域分布为“八分半山一分田、半分水域和庄园”，总人口18.8万，其中乡村人口12.7万。炎陵的特点是“三园”：

——全球华人的精神家园。中华民族始祖炎帝神农氏安寝于此，神州第一陵——炎帝陵是全国重点文物保护单位、国家级风景名胜区、国家5A级旅游景区、中国华侨国际文化交流基地，位列湖南十大文化地标之首。“炎帝陵祭典”入选国家首批非物质文化遗产名录，获评“全球最具影响力十大根亲文化盛事”。

——中国革命的红色家园。炎陵是井冈山革命根据地核心六县之一。毛泽东、朱德等老一辈革命家在这里开展了第一次连队建党、第一次给部队集中上政治课、第一次插牌分田、朱毛第一次会面等一系列首创性革命实践活动。全国首家红军标语博物馆完整保存有红军标语339条。

——宜居宜游的美丽家园。拥有“亚洲第一氧吧”（神农谷空气负氧离子含量达13万个/立方厘米）、“华南第一原始森林”（10万亩）、“湖南第一森林覆盖率”（83.55%）等珍贵自然资源，获评中国最具幸福感县级城市、国家卫生县城、中国深呼吸小城十佳、国家级全域森林康养试点建设县，连续三年上榜中国县域旅游发展潜力百强县市。

在习近平新时代中国特色社会主义思想的指引下，在省委、省政府和市委、市政府的坚强领导下，炎陵正立足“三园”优势，以打造“文旅康养基地、生态工业基地、特色农业基地”为主抓手，全力建成“国家级绿色发展先行区、湘赣边协同发展样板区、长株潭融合发展幸福区”，奋力谱写社会主义现代化新炎陵壮美篇章，3次获评全国信访工作示范县，19年蝉联“省平安县”，推动高质量发展、生态文明体制改革和制度创新、信访、制造业高质量发展、文化和旅游、林长制等工作获省政府真抓实干督查激励表扬。

炎陵县2023年国民经济和社会发展统计公报

2023年是全面贯彻党的二十大精神的开局之年。在县委、县政府的坚强领导下，锚定“三高四新”美好蓝图，全力打好“发展六仗”，坚持“聚焦、裂变、创新、升级、品牌”工作思路，扎实开展“项目攻坚年”“作风建设年”活动，加快推进“三基地”建设，全县经济社会发展取得明显成效。

一、综合

初步核算，2023年实现地区生产总值104.0亿元，同比增长6.1%。其中，第一产业增加值16.2亿元，同比增长3.8%；第二产业增加值40.1亿元，同比增长7.9%；第三产业增加值47.7亿元，同比增长5.2%。其中批发和零售业、住宿和餐饮业、金融业、交通运输仓储邮政业、房地产业同比增长5.4%、14.6%、6.2%、12.1%、2.4%。

全县三次产业结构由上年15.5∶40.7∶43.8调整为15.6∶38.5∶45.9。其中，第一产业比重上升0.1个百分点，第二产业比重下降2.2个百分点，第三产业比重上升2.1个百分点。工业增加值占地区生产总值的比重为29.2%，较上年下降3.7个百分点。第一、三产业对经济增长的贡献率分别为20.1%、129.4%。

二、农业

全县农林牧渔及服务业总产值23.7亿元，同比增长4.1%，其中农业总产值12.8亿元，同比增长4.8%；林业总产值5.6亿元，同比增长10.0%；牧业总产值3.5亿元，同比下降6.8%；渔业总产值0.3亿元，同比增长6.6%；农林牧渔服务业总产值1.5亿元，同比增长8.6%。

全县油料种植面积45266亩，同比增长36.7%；全县粮食总产量8.6万吨，同比增长4.7%，油料产量0.54万吨，同比增长28.1%，茶叶产量350吨，同比增长5.9%，蔬菜产量 10.75 万吨，同比增长 4.1%。猪、牛、羊肉类产量 0.7 万吨，同比下降 2.7%，禽蛋产量 0.07 万吨，同比下降 12.8%。

三、工业和建筑业

全县规模工业企业 123 家。其中亿元产值企业 22 家。全县实现工业总产值同比增长 5.0%，其中规模工业增加值同比增长 7.1%。制造业增加值占工业增加值的比重为 89.1%。

全县建筑业增加值 9.8 亿元，同比增长 25.2%。具有建筑业资质等级的总承包和专业承包建筑业企业利润总额 1.22 亿元，同比增长 24.5，房屋建筑施工面积 87.37 万平方米，同比下降 8.5%。

四、固定资产投资

全县固定资产投资同比增长 4.2%。国有投资同比下降 1.8%，非国有投资同比增长 5.8%。第一产业完成固定资产投资同比增长 20.4%，第二产业完成固定资产投资同比增长 3.5%，第三产业完成固定资产投资同比增长 3.7%。高新技术产业投资同比增长 37.4%；民生工程投资同比增长 26.8%；基础设施投资同比增长 21.9%。

全县施工项目个数 176 个，同比增长 1.1%。其中，投资 5000 万元以上的项目 50 个，同比下降 25.4%。全县房地产开发投资同比下降 9.2%。商品房销售面积 5.8 万平方米，同比增长 10.0%。商品房销售额 2.3 亿元，同比增长 12.2%。

五、国内贸易

全县社会消费品零售总额 41.3 亿元，同比增长 6.5%。按城乡分，城镇零售额 34.8 亿元，同比增长 6.5%；乡村零售额 6.5 亿元，同比增长 6.4%。在限额以上企业商品零售额中，粮油、食品类，烟酒类同比增长 –0.9、16.4%，服装、鞋帽、针纺织品类同比下降 9.7%，日用品类同比增长 16.1%，文化办公用品类同比下降 12.5%，家用电器和音像器材类同比增长 30.1%，汽车类同比下降 5.1%。

六、交通、邮电

全县公路客运量 61.3 万人，同比下降 1.2%。旅客周转量 644.3 万人公里，同比下降 5.2%。全县货运量 429.4 万吨，同比增长 1.2%，货物周转量 4.28 亿吨公里，同比增长 13.6%。

全县年末民用汽车保有量 2.0 万辆，同比增长 1.7%，本年新注册汽车 789 辆，同比下降 5.1%；农村居民每百户年末家用汽车拥有量 16.3 辆，同比增长 5.2%。

全县邮电业务总量 1.34 亿元，同比增长 13.6%。其中，邮政业务总量 0.3 亿元，同比增长 7.5%；电信业务总量 0.54 亿元，同比增长 1.95%。年末移动电话用户数 17.3 万户，年末互联网宽带用户 5.6 万户。

七、财政、金融和保险

全县公共财政预算收入 7.5 亿元，同比增长 12.7%。其中，税收收入 5.6 亿元，同比增长 18.7%；非税收入 1.8 亿元，同比下降 2.6%。地方财政收入 4.9 亿元，同比增长 3.8%。全县公共财政预算支出 21.0 亿元，同比下降 20.9%。其中，教育、社会保障和就业支出分别增长 0.3%、6.0%，卫生健康支出同比下降 54.6%。

年末全县金融机构各项存款余额 136.7 亿元，同比增长 11.8%。其中，居民储蓄存款 119.0 亿元，非金融企业存款 6.7 亿元。各项贷款余额 111.7 亿元，同比增长 18.4%。其中短期贷款 18.7 亿元，中长期贷款 57.1 亿元，票据融资 4.6 亿元。全县存贷比为 81.7%，同比增长 4.5 个百分点。

全县全年保险收入 1.95 亿元，同比下降 7.6%。其中寿保费收入 0.92 亿元，同比下降 7.2%；财险保费收入 1.03 亿元，同比下降 8.2%。理赔支出 0.62 亿元。

八、教育和科学技术

全县有各级各类教育机构 76 个，其中公办教育机构 45 个，民办教育机构 31 个。全县在校学生 23580 人，下降 4.03%。其中普通中小学在校生 19768 人，同比下降 1.94%，中等职业学校 504 人，增长 19.71%。全县专任教师 1603 人。全年共发普通高中国家奖学金、助学金 147.1 万元。

全年全县实现高新技术产业增加值 19.4 亿元，同比增长 4.5%。全县科技机构 1 家。每万人发明专利拥有量 3.8 件 / 万人。授权专利 60 件，同比增长 10%，其中发明专利授权 60 件。

九、文化、卫生和体育

年末全县艺术表演团体 1 个，群众艺术馆、文化馆 1 个，公共图书馆 1 个，博物馆、纪念馆 1 个。电视台 1 座。有线电视用户 1.3 万户。年末广播综合人口覆盖率 100%，年末电视综合人口覆盖率达 100%。

全县体育场地 805 个，体育馆 1 座。开展全民健身项目 7 项次。

全县卫生机构（包括村卫生室）195 个。其中，医院、卫生院 19 个，妇幼保健院（所、站）1 个，专科疾病防治院（所、站）1 个。医院和卫生院拥有床位总数 1215 张。卫生技术人员中，执业医师和执业助理医师 512 人，注册护士 519 人。

十、人民生活和社会保障

年末全县户籍总人口 18.6 万人，其中城镇人口 5.2 万人，乡村人口 13.4 万人；人口出生率 5.63‰，死亡率 8.94‰，人口自然增长率 –3.31‰。年末全县常住人口 15.77 万人。

全县居民人均可支配收入 24967 元，同比增长 6.2%。其中城镇居民人均可支配收入 38081 元，同比增长 3.9%；农村居民人均可支配收入 13836 元，同比增长 8.6%。

全县新增城镇就业人员 0.16 万人，同比持平。参加城乡居民医疗保险的人数 9.3 万人；其中，参加城镇职工医疗保险人数 3.6 万人，其中在职人数 2.75 万人，离退休人员 1.2 万人。参加工伤保险人数 1.66 万人；参加失业保险人数 1.46 万人。城镇、农村低保月人均救助水平为 448 元和 262 元。发放城镇居民最低生活保障经费 312.0 万元，发放农村居民最低生活保障经费 999.7 万元。全年销售社会福利彩票 1050 万元。

十一、资源、环境

全县已探明资源储量的矿种 24 种。城市污水处理率 92.0%，同比下降 1.0%。全县耕地面积 1.0562 万公顷，同比增长 2.1%，城市生活垃圾无害化处理率达 100%。已批准建设自然保护区 1 个，面积 2.38 万公顷。森林覆盖率达 83.49%。

初步核算，全县规模工业综合能源消费量 6.84 万吨标准煤，比上年下降 14.5%。全年空气优良天数 361 天，空气质量达标率 98.9%。

茶陵县

茶陵总面积 2500 平方公里，辖 18 个乡镇（街道、办事处），242 个村（社区），总人口 62.8 万人，汉高祖五年（公元前 202 年）置县，宋代升县为军（地方政府机构），元、明、清为州府。茶陵对外“名片”主要可概括为四句话：红色摇篮、学士故里、中国唯一以“茶”命名的行政县、湘赣边中心县。“红色摇篮”：茶陵是井冈山革命根据地六县（茶陵、炎陵、宁冈、永新、莲花、遂川）之一，为新中国建立牺牲了 5 万余人，走出了 25 位开国将军。建党方面：原茶陵县委书记、“井冈山元勋”宛希先在茶陵倾心编写的《共产党组织根本原则》，成为我党早期不可多见的基层党组织建设专著，可以窥探党支部“三会一课”制度建设的雏形。建政方面：毛泽东同志亲手缔造的第一个县级红色政权——茶陵县工农兵政府诞生地。建军方面：“湖口挽澜”是我军历史上的第一次成功“肃反”，为中国革命的胜利留下了火种。“学士故里”：自古“农勤于耕、士勤于学”，茶陵历代兴办书院 38 所，数量居湖南各州县之首；历代科举考试有进士 139 人，其中刘三吾、李东阳、张治、彭维新并称明清“四大学士”，李东阳开创的“茶陵诗派”在中国文学史上影响深远。另外，茶陵人谭延闿曾任南京国民政府主席、行政院院长，还是湘雅医院的创始人。中国唯一以“茶”命名的行政县：茶陵因地处“茶山之阴”谓之为“茶乡”，又因炎帝神农氏“崩葬于茶乡之尾”而得名，唐代陆羽在《茶经》中记录唐代产茶地时，湘茶产地首列茶陵，素有“千年国饮、始于茶陵”之说。1974年，茶陵被定为湖南红碎茶生产基地县，1978年被列为全国100个茶叶生产基地县之一。1984年，茶陵研制的红碎茶三套样二号被国家农林渔牧业部评定为优质产品，选定为全国执行标准，载入了《中国名茶大典》。2018年，“茶陵红茶”成功申报为湖南省“一县一特”农产品；2020年，经国家知识产权局批准，“茶陵红茶”成功注册国家地理标志证明商标。目前，茶叶产业已成为全县主导产业之一。湘赣边中心县：茶陵地处湘赣边界（周边与江西的莲花县、永新县、井冈山市，郴州的安仁县，株洲的攸县、炎陵县交界）、位于株洲市长条形行政区域图的中部，境内有醴茶、衡茶吉两条铁路，衡炎、茶常、武深、泉南四条高速公路，G106、G322两条国道，融通湘赣闽、连贯湘桂粤，是全市唯一既有铁路客运站，又有铁路货运站的县。

茶陵县2023年国民经济和社会发展统计公报

2023年是全面贯彻党的二十大精神的开局之年，也是三年新冠疫情防控转段后经济恢复发展的一年。在县委、县政府的坚强领导下，全县上下以“项目攻坚年”“作风建设年”活动为主抓手，着力推动高质量发展，经济运行稳中有进、稳步向好，全年经济稳步上升。

一、综合

全县GDP完成270.5亿元，增长5.8%。其中，一产业44.3亿元，增长3.6%；二产业94.8亿元，增长10.4%；三产业131.4亿元，增长3.2%。三次产业结构比为16.4∶35.0∶48.6，三次产业对GDP的贡献率分别为11.2%、63.2%、25.6%，分别拉动GDP增长0.7、3.7、1.5个百分点。

二、农业

全县实现农林牧渔业总产值65.3亿元，增长3.8%，其中，农业总产值28.0亿元，增长3.5%；林业总产值5.4亿元，增长9.7%；牧业总产值26.4亿元，增长2.5%；渔业总产值3.8亿元，增长5.5%；农林牧渔服务业总产值1.8亿元，增长8.7%。粮食总产量26.2万吨，同比增长3.1%；生猪出栏71.3万头，增长6.9%；油料作物产量3.2万吨，增长3.2%；烤烟产量3709吨，下降2.2%；茶叶产量400吨，增长3.0%；家禽出栏165.9万只，下降6.1%。全县开工各类水利工程600处；大型水库蓄水总量3.12亿立方米，总用水量26760万立方米；完成造林面积2.3千公顷。

三、工业和建筑业

工业：全县工业实现增加值55.1亿元，增长8.4%。规模以上工业企业单位157家，实现总产值91.8亿元，同比增长3.0%。全县规模工业增加值增长8.4%，其中，采矿业增加值增长27.2%；制造业增加值增长8.4%；电力热力燃气及水的生产和供应业增加值增长5.3%，国有企业工业增加值增长2.8%；股份制企业工业增加值增长11.6%；外商及港澳台商投资企业工业增加值下降8.7%；其他经济类型企业工业增加值下降13.2%。

建筑业：全县建筑业企业实现总产值75.8亿元，增长1.0%。实现建筑业增加值39.7亿元，增长13.7%。

四、固定资产投资与房地产开发

全社会固定资产投资：全县全社会固定资产投资总额增长5.5%。分产业看，第一产业投资增长8.8%；第二产业投资增长19.6%；第三产业投资下降5.8%；分领域看，产业投资增长17.3%，工业投资增长19.6%，高新技术产业投资下降38.5%。

房地产开发：全年全县房地产开发投资12.9亿元，同比下降4.8%。全县商品房销售面积19.9万平方米，下降9.9%。全县商品房销售额10.3亿元，下降3.6%。

五、县内贸易和对外经济

全县社会消费品零售总额104.1亿元，增长0.2%。其中，限额以上完成19.5亿元，增长4.5%；限额以下完成84.6亿元，下降0.7%。分行业看，限上批发业销售额33.0亿元，下降14.5%；零售业销售额16.7亿元，增长5.0%；住宿业营业额1.3亿元，下降18.3%，餐饮业营业额0.7亿元，增长20.4%。实际利用内资70.1亿元。

六、财政、金融、保险

财政：全县完成公共财政预算收入17.1亿元，增长0.3%，地方财政收入10.7亿元。税收收入14.5亿元，下降0.5%，税收收入占财政总收入比重为84.7%。非税收入完成2.6亿元，增长5.0%，占财政总收入比重为15.3%。全县一般公共财政预算支出完成43.1亿元，下降13.4%。其中，农林水、教育、卫生健康和一般公共服务四项支出分别为10.0亿元、9.9亿元、2.8亿元和1.8亿元。政府性基金支出23.4亿元，增长6.1%。

金融：全县银行机构年末实现各项存款余额399.1亿元，增长14.0%，其中居民储蓄存款335.5亿元。实现各项贷款余额272.4亿元，增长23.9%，住户贷款111.9亿元，增长12.1%，中长期贷款63.7亿元，增长4.7%，短期贷款48.2亿元，增长23.6%；非金融企业及机关团体贷款160.3亿元，增长33.7%；全县存贷比为68.2%，较上年同期提高5.4个百分点。

保险：全县全年保险收入3.2亿元，下降0.9%。其中寿险保费收入2.1亿元，下降2.0%；财险保费收入1.0亿元，增长1.4%。各种理赔支出1.2亿元，增长7.0%。

七、交通、邮电

全年交通运输、仓储和邮政业实现增加值6.0亿元，增长7.6%。通车里程5685.6公里，其中国道140.1公里。全年邮政业务总量762.6万元，下降3.6%。

八、教育、科学技术

教育：2023年年末全县各类学校67所。其中：普通中学30所，小学37所。在校学生76823人，其中，高中在校生14400人，初中在校生24622人，普通小学在校生37801人；各级学校招生人数18826人，各级学校毕业19141人；各级学校专任教师4606人，其中，普通中学任教老师2537人，普通小学任教老师2069人。

科学技术：全县科技支出53834万元，占地方财政支出的12.5%。科技成果转化[illegible]项。全年签订技术合同59项，比2022年多40项，技术合同成交金额5.62亿元，比上年增长40.9%。

九、文化、卫生和体育

文化：全县电视信号覆盖率100%，有线电视用户17520户。电影放映2647场次，电影观众42.4万人次。县图书馆藏书达85.[illegible]万册。

卫生：2023年年末，全县拥有卫生机构（含私营个体）892个，医院（含私营个体）36个，床位数3900张，卫生技术人员213[illegible]人；乡镇卫生院18个，卫生院床位数437张，医生及技术人员595人。

体育：举办县级以上运动会8次，全县获省级以上奖牌数5枚，其中：金牌1枚，银牌2枚，铜牌2枚。

十、人民生活、社会保障

人民生活：住户抽样调查结果显示，全县城乡居民人均可支配收入为30003元，增长5.5%，其中：城镇居民人均可支配收入44397元，农村居民人均可支配收入14929元，分别较上年增长3.8%、8.5%。全县居民蓄存款余额 335.5 亿元，同比增长 11.9%。

社会保障：2023 年末，全县参加基本养老保险人数 43.2 万人；参加失业保险人数 1.9 万人。全县乡镇敬老院 20 个。全县居民最低生活保障人数 18797 人，其中，城镇居民 4048 人，农村居民 14749 人。全县新增就业人员 4206 人，其中城镇实现新增就业人数为 2822 人；城镇登记失业率为 2.9%。

十一、人口

全县年末户籍人口 62.8 万人，其中：男性 32.1 万人，女性 30.7 万人，人口性别比为 105 ∶ 100（男比女）。年末常住人口 48.02 万人，城镇化率 53.81%。人口出生率为 4.30‰，人口自然增长率为 –1.5‰。

十二、生态环境

全县自然保护区 1 个，完成造林面积 2.3 千公顷。建成烟尘控制区个数 1 个，面积 10 平方公里。建成环境噪声达标区 1 个，面积 10 平方公里。城市污水集中处理率达 96%，城市生活垃圾无害化处理率达 100%。

攸 县

攸县为湖南省株洲市辖县，位于湖南省东南部，罗霄山脉中段武功山西端。东邻江西萍乡市、莲花县，西连株洲市渌口区、衡东县；南达茶陵县、安仁县，北接醴陵市。攸县交通便利，境内主要铁路有吉衡铁路、醴茶铁路等，素有“衡之径庭、潭之门户”之称。

自然地理：2023 年末全县土地总面积为 2648.65 平方千米，耕地总面积 76.40 万亩，基本农田面积 69.64 万亩。境内有大小河流 102 条；总降水量为 1401.5mm，比历年同期偏少 116.9mm，2、4、6、7、11 月偏多，其余各月均偏少。日照偏多（总日照时数为 1638.1 小时，比历年同期偏多 168.3 小时）；全年气温偏高，年平均气温 19.0℃，较历年同期偏高 1.2℃；极端最高气温 38.5℃，极端最低气温 –4.0℃。

区划人口：2023 年，攸县辖 13 个镇，即鸾山镇、皇图岭镇、丫江桥镇、酒埠江镇、渌田镇、石羊塘镇、桃水镇、黄丰桥镇、网岭镇、新市镇、莲塘坳镇、菜花坪镇、宁家坪镇。4 个街道，即江桥街道、联星街道、谭桥街道和春联街道。县人民政府驻东城新区（春联街道）攸县发展中心。2023 年末，全县户籍总人口 78.93 万人。总人口中，男性 39.85 万人，占 50.49%；女性 39.08 万人，占 49.51%。人口出生率 5.25‰，死亡率 10.42‰，自然增长率为 –5.17‰。城镇人口 37.81 万人，乡村人口 41.12 人；常住人口 62.44 万人，城镇化率为 58.12%。

攸县2023年国民经济和社会发展统计公报

一、综合

初步核算，全县地区生产总值 463.49 亿元，比上年增长 1.2%。其中：第一产业增加值 78.55 亿元，增长 3.4%；第二产业增加值 131.79 亿元，下降 5.5%；第三产业增加值 253.16 亿元，增长 5%。全县三次产业结构由上年的 16.1 ∶ 34.7 ∶ 49.2 调整为 16.9 ∶ 28.4 ∶ 54.6。与去年相比，第一产业比重上升 0.8 个百分点，第二产业比重下降 6.3 个百分点，第三产业比重上升 5.4 个百分点。第一产业、第二产业、第三产业对经济增长的贡献率分别为 49.6%、–158.6% 和 208.9%。

二、农业

全年农林牧渔业总产值 128.94 亿元，增长 3.7%。其中：农业总产值 70.63 亿元，增长 4.7%；林业总产值 9.89 亿元，增长 9.6%；牧业总产值 35.87 亿元，与上年持平；渔业总产值 5.51 亿元，增长 7.0%；农林牧渔服务业总产值 7.04 亿元，增长 8.7%。

全年粮食种植面积 92.25 万亩，增长 0.2%。油料种植面积 29.48 万亩，增长 5.6%。蔬菜种植面积 38.12 万亩，增长 2.5%。

全年粮食产量 43.67 万吨，增长 2.75%。油料产量 3.41 万吨，增产 6.4%。其中油菜籽产量 3.03 万吨，增产 7.2%。茶叶产量 337 吨，减产 0.6%。水果产量 10.62 万吨，增产 1.6%。蔬菜产量 124.16 万吨，增产 1.4%。猪、牛、羊肉总产量 6.60 万吨，下降 0.8%。禽蛋产量 1.74 万吨，增长 0.6%。全年存栏生猪 48.38 万头，下降 6.5%；出栏生猪 85.84 万头，下降 0.9%；出栏牛 1.59 万头，下降 1.9%；出栏羊 7.62 万只，下降 7.1%。

全年实施中小河流（铁水网岭段）综合治理 11 公里、城南防洪保护圈堤防 2km、治理水土流失 15.63 平方公里，完成小型病险水库加固 13 座。

年末全县共有国家级及省级龙头农产品加工企业 13 家。全年休闲农业营业收入 1.61 亿元，增长 3.5%。

年末全县农业机械总动力 118.98 万千瓦，增长 0.4%。农用运输车辆 3264 台、农用排灌电动机 8835 台。全年机耕面积 8.16 万公顷。

三、工业与建筑业

全年全部工业增加值 109.94 亿元，增长 2.1%。年末共有规模以上工业企业 350 家，实现规模以上工业增加值 65.74 亿元，增长 0.2%。分门类看，采矿业增加值 8.5 亿元，增长 70.9%；制造业增加值 45.71 亿元，下降 6%；电力、热力生产和供应业增加值 11.52 亿元，下降 5.9%。

全年园区规模以上工业增加值 33.42 亿元，下降 2.9%，占规模工业增加值比重为 50.8%，比上年下降 13.8 个百分点。

全年规模以上工业主要产品产量中，原煤 127.36 万吨，增长 4761.2%；饲料 21.33 万吨，增长 38.3%；中成药 306.74 吨，下降 62.7%；火电 50.37 亿千瓦时，增长 17.4%。

全年规模以上工业企业营业收入 176.88 亿元，下降 8%；利润总额 7.58 亿元，增长 22.5%；研发（R&D）经费投入 3.65 亿元，增长 68.2%。

年末全县资质等级总承包和专业承包建筑业企业共 41 家，实现总产值 31.5 亿元，同比下降 38.1%；增加值 21.8 亿元，同比下降 35.6%。

四、固定资产投资与房地产

全年固定资产投资 76.09 亿元，同比下降 35.2%。其中：民间投资 57.99 亿元，增长 15.1%，占全部固定资产投资的比重为 76.2%，比上年提高 33.3 个百分点。产业投资 57.91 亿元，下降 4.1%，占全部固定资产投资的比重为 76.1%，从产业看，第一产业投资 1.92 亿元，下降 66.9%；第二产业投资 51.79 亿元，下降 1.4%；第三产业投资 22.38 亿元，下降 62.2%。从投资主体看，国有投资 12.37 亿元，下降 70.1%；非国有投资 63.71 亿元，下降 16.3%。

从投资方向看，工业投资 51.79 亿元，下降 4.1%，其中制造业投资 28.34 亿元，下降 15.6%。高新技术产业投资 5.72 亿元，增长 54.9%。民生工程投资 8.47 亿元，下降 64.2%。生态环境投资 2.59 亿元，下降 71.7%。基础设施投资 6.16 亿元，下降 75.6%。

全县 5000 万元以上投资项目 92 个，投资额下降 47.4%；亿元以上项目完成投资额下降 78.5%。

全县房地产开发企业 29 家，完成房地产投资 4.6 亿元，下降 7.6%；本年房屋新开工面积 5.52 万平方米，增长 374.8%；商品房销售面积 20.15 万平方米，下降 5.8%；商品房销售额8.21亿元，下降8.6%。

五、贸易

全年全县批发业企业实现商品销售额187.04亿元，增长0.2%，其中限额以上法人企业实现商品销售额25.95亿元，下降23.7%；全县零售业企业实现商品销售额118.04亿元，增加0.9%，其中限额以上法人企业实现商品销售额18.05亿元，下降23.3%；全县住宿业企业实现营业额4.24亿元，增长3.2%，其中限额以上法人企业实现营业额1.39亿元，增长0.2%；餐饮业企业实现营业额14.97亿元，增长16.4%，其中限额以上法人企业实现营业额1.54亿元，增长51.4%。

全年社会消费品零售总额175.97亿元，增长0.1%。其中：批发业23.09亿元，下降1.8%；零售业127.69亿元，增长0.1%；住宿业7.02亿元，增长0.1%；餐饮业18.18亿元，增长2.9%。分经营地看，城镇消费品零售额163.57亿元，增长7.6%；乡村消费品零售额12.4亿元，下降47.8%。分消费形态看，商品零售额163.38亿元，增长1.7%，餐饮消费额12.59亿元，下降17.2%。分限额类别看，限额以上24.79亿元，下降10.8%，限额以下151.18亿元，增长31.4%。

全年实际利用内资141.73亿元。

六、交通、邮电和旅游

全年货运量为2135万吨，增长7.3%；货运周转量为2017488万吨公里，增长7.2%；客运量达到2960万人，增长7.5%；客运周转量为241194万人公里，增长7.4%。

全年邮政业务总量1.11亿元，增长13.7%。固定电话用户116027户，移动电话用户587928户，固定互联网宽带接入用户228300户。

全县AAAA级景区1个，AAA级景区3个，国家级森林公园1处，国家地质公园1处，国家湿地公园1处，拥有星级宾馆1家，旅行社4家。

七、财政、金融和保险

全年全县一般公共预算收入21.48亿元，增长5.9%。按性质分，税收收入17.22亿元，增长6.5%，占比80.2%；非税收入4.26亿元，增长3.6%。按级次分，上划中央收入6.21亿元，增长4.5%；上划省级收入1.51亿元，增长103%；地方收入（县级收入）13.75亿元，增长1.3%。地方收入中：税收收入9.49亿元，增长0.3%，占比69%；非税收入4.26亿元，增长3.6%，占比31%。全县一般公共预算支出54.19亿元，增长2.6%。其中民生支出36.13亿元，下降8.2%。

年末全县金融机构存款余额452.81亿元，增长12.9%。其中：住户存款余额398.46亿元，增长13.7%；非金融企业存款23.56亿元，增长8.1%。金融机构贷款余额290.45亿元，增长23.6%。其中：住户贷款137.75亿元，增长8.7%；非金融企业及机关团体贷款152.7亿元，增长41.1%。年末金融机构余额存贷比为64.1%。

全县共有保险机构20家，各项保险保费收入7.28亿元，增长0.6%。其中：财产险保费3.4亿元，增长3%；寿险保费3.87亿元，下降1.3%。各项赔款和给付支出3.57亿元，增长18.1%。其中：财产险赔款2.18亿元，增长13.9%；寿险给付1.39亿元，增长25.4%。

八、教育与科学技术

年末全县共有各级各类学校120所（含小学教学点）。教职工5806人，其中专任教师5333人。在校中小学生84471人。其中：普通高中在校学生14144人、初中在校学生26242人、小学在校学生44085人。职高在校学生数4136人。幼儿园共126所。

地方财政的科学技术支出66366万元。专利授权数205件，其中发明授权数19个。

九、文化、卫生和体育

全县共有公共文化场馆9个，乡镇（街道）综合文化站17个，村级综合文化服务中心297个，农家书屋304个，乡村大舞台103个，公共文化设施面积达184.37万平方米，人均公共文体设施面积3.054平方米。全县共有单项体育协会18个，体育指导站（点）58个，体育健身会所有公共体育设施面积达162.92万平方米。

年末全县共有各级各类医疗卫生机构522个，实有床位4642张，卫生技术人员3942人。

十、人口、人民生活和社会保障

全县户籍总人口784776人。其中：女性388551人，男性396225人。人口出生率4.88‰，死亡率6.42‰，自然增长率下降1.54‰。常住人口61.77万人，其中：城镇人口36.11万人，农村人口25.66万人，城镇化率58.46%。

全县城乡居民人均可支配收入44984元，增长4.9%；城镇居民人均可支配收入51361元，增长4.1%；农村居民人均可支配收入37525元，增长5.9%。全县城乡居民人均消费支出27886元，增长4.9%。城镇居民人均消费支出27910元，增长4.1%。农村居民人均消费支出27858元，增长5.9%。城乡居民恩格尔系数为24.4%。

年末全县参加城镇职工基本医疗保险人数54304人，已参加城乡居民医疗保险人数564906人；基本医疗保险参保率78%（以户籍人口为基数）。

全年共发放城镇低保资金1356万元；救助农村低保对象7348户、16480人，全年共发放农村低保资金4953万元。截至2023年12月份，全县共有特困供养3356户、3370人。其中：集中供养对象560户、561人，发放生活费732万元。分散供养对象2796户、2809人，发放生活费1889万元；共发放城乡低保、特困人员临时物价补贴34073户、136万元。

全县城镇新增就业5206人，失业再就业3951人，城镇登记失业率控制在2%以内，动态消除城镇“零就业家庭”，新增农村劳动力转移3504人。

十一、环境保护、社会综合治理

全年县城区空气优良天数为350天，优良率为95.9%，农村生活污水处理率36%，农村集中式饮用水源地水质达标率100%。城镇建成区绿化覆盖面积918.34公顷，城镇建成区绿化覆盖率为41.55%。完成造林面积1万亩，其中迹地更新0.3万亩，乔木造林0.7万亩。

全县电力消费量12.98亿千瓦时，下降0.7%。其中：工业用电量4.95亿千瓦时，下降1.4%。规上工业综合能源消耗量增长7.4%。

全年审结各类刑事案件419件、民商事案件7122件；受理各类案件14907件（含旧存670件），审执结13297件，结案率89.2%。全年道路交通事故报警数10258起，死亡47人；全年发生各类安全生产事故12起；各类安全生产事故死亡人数12人。

醴 陵 市

醴陵位于湖南省东部，1985年撤县设市，现辖19个镇、5个街道、1个省级经济开发区，总面积2157平方公里，总人口102.25万。

因盛产陶瓷、花炮，而在国内外享有盛名，是世界釉下五彩瓷原产地、中国“国瓷”“红官窑”所在地和花炮祖师李畋故里，是“中国陶瓷之都”和“中国花炮之都”。

醴陵之名早于秦始，东汉置县，两千余载未易其名。

南朝文学家江淹曾封醴陵侯，朱熹、王守仁、左宗棠曾在渌江书院传经布道。近代人文鼎盛、将星璀璨，被誉为“民国将军县”。在这块红色的土地上先后走出了李立三、左权、耿飚、宋时轮、蔡申熙、程潜、陈明仁等一大批仁人志士和295位国共两党将军。一代伟人毛主席曾四次来到醴陵，以醴陵为重点，写出划时代的革命巨作《湖南农民运动考察报告》。

花炮瓷都。陶瓷、花炮两大产业绵延千年。醴陵陶瓷有4000多个品种、1500多个国家专利。电瓷占世界市场的30%左右，日用瓷占世界市场的14%左右。独创的釉下五彩瓷1915年与国酒茅台同获巴拿马万国博览会一等金奖，被誉为“东方陶瓷艺术的高峰”。醴陵花炮有14大类4000余品种，每年创造财富200余亿元。近年来，1000余台陶瓷智能生产设备、8条烟花爆竹自动化生产线建成投产。醴陵陶瓷、花炮等传统产业正向着自动化智能化方向转型升级，玻璃、服饰、电子信息等新兴产业蓬勃发展。

湘赣门户。醴陵地处“一带一部”的交会点，“湘赣边区域合作示范区”的核心区。“四高”（沪昆高速、岳汝高速、莲株高速、醴娄高速）、“三铁”（沪昆高铁、沪昆铁路、醴茶铁路）在此交织成网，106国道、333省道纵横交错，沪昆高铁在醴设站，渌江500吨级航道直达湘江。市区距株洲火车站40公里，距长沙黄花国际机场40分钟车程，已顺畅融入“长株潭半小时经济圈”“长三角2小时经济圈”“珠三角4小时经济圈”，是全省率先使用天然气，唯一同时拥有海关、商检、铁路口岸和内陆港口的县市。

山水洲城。醴陵属亚热带季风湿润气候，地貌以山地、丘陵和岗地为主。境内115处大小景点星罗棋布、错落有致，李立三故居、耿传公祠、左家老屋等红色景点，状元芳洲、官庄平湖等自然风光，渌江书院、渌江古桥等人文古迹，陶瓷小镇、沩山古窑等产业标志，共同绘就了一幅集红色旅游、生态旅游、工业旅游于一体的全域旅游山水画。城市建成区面积42平方公里，是省级文明城市、省级平安市、国家园林城市、国家卫生城市、全国文明城市提名城市，先后获评“中国全面小康百佳示范县（市）”“全国城市基层党建示范县（市）”“全国社会治理创新示范城市”“全国县域旅游发展潜力百佳县”。

醴陵市2023年国民经济和社会发展统计公报

2023年，在市委、市政府的坚强领导下，全市上下坚持以习近平新时代中国特色社会主义思想为指导，认真贯彻落实党中央、国务院决策部署，坚持稳中求进工作总基调，锚定“三高四新”美好蓝图，全力打好“发展六仗”，聚焦高质量发展首要任务，积极应对风险挑战，牢牢把握发展主动权，完整、准确、全面贯彻新发展理念，全市经济回升向好，三次产业稳步发展，就业物价总体稳定，民生保障有力有效，高质量发展扎实推进。2023年醴陵市县域经济和社会综合发展排名居全国34位；醴陵县域经济基本竞争力排名居全国55位。同时，醴陵位居中部县域经济百强县第9位。

一、综合

初步核算，2023年实现地区生产总值889.7亿元，按可比价计算，同比增长6.4%。分产业看：第一产业实现增加值76.6亿元，同比增长3.3%；第二产业实现增加值458.1亿元，同比增长7.0%，其中：工业增加值同比增长5.1%；第三产业实现增加值355.0亿元，同比增长6.3%。三次产业结构由上年的9.6∶52.7∶37.7调整为9.3∶53.0∶37.6。三次产业对经济增长的贡献率依次为5.0%、57.7%和37.3%，分别拉动经济增长0.3、3.7和2.4个百分点。人均地区生产总值达101747元。

二、农业

2023年，全市农林牧渔业总产值增长3.6%；农林牧渔服务业总产值增长8.5%。

2023年，全市农作物播种面积为174.6万亩，其中：粮食作物播种面积103.3万亩。粮食作物总产量达48.7万吨，其中稻谷46.4万吨。蔬菜产量89.6万吨，增长3.6%。水果产量11万吨，增长3.5%。茶叶产量628吨，增长1.9%。油料播种面积22万亩。全市种粮大户（30亩以上）、家庭农场、农民种植专业合作组织等规模经营主体共发展到6455户（个），流转耕地42.7万亩，流转率69.5%。

2023年，全市肉类总产量8.65万吨；2023年水产品产量2.96万吨，增长3.71%。出栏肉猪93.6万头，增长0.13%；出栏羊43.66万只；出栏牛0.4万只；出栏禽697.03万羽。

2023全市农业机械总动力136.08万千瓦，比上年增加1.96万千瓦，农机综合作业水平达到73.74%，稻油生产全程机械化分别达到88.96%、83.32%。机耕、机收基本实现全覆盖。2023年水利部门完成24座小型水库除险加固、农村小水源供水能力恢复建设等重点民生实事项目建设，新增蓄水能力75.2万立方米，恢复和改善灌溉面积3.8万亩。

三、工业

2023年，全市工业总产值增长4.0%，工业增加值增长5.1%，其中：规模以上工业企业623家，规模以上工业总产值增长3.8%，规模以上工业增加值增长7.1%。按可比价计算，工业经济拉动地区生产总值增长2.3个百分点，对经济增长贡献率达35.2%。

工业增加值占地区生产总值比重为41.5%，同比下降3.8个百分点；高新技术产业增加值占工业增加值比重为23.6%；工业固定资产投资增长37.3%。

2023年，陶瓷、鞭炮烟花两大传统支柱产业产值增速分别增长5.6%和7.1%。服装行业产值增长0.7%，玻璃行业产值增长7.3%，汽配行业产值增长–11.8%。

四、建筑业、房地产业和固定资产投资

2023年，全市具有资质等级的总承包和专业承包建筑企业53家，完成产值154.5亿元，增长9.2%；建筑房屋施工面积505万平方米，增长24%，房屋竣工面积433.6万平方米，增长33%。

2023年末，全市拥有房地产开发企业41家，完成房屋施工面积29.94万平方米，下降23.6%；实现商品房销售面积29.9万平方米，下降23.7%；完成销售额17.6亿元，下降4.0%，其中：住宅销售额15.5亿元，下降0.8%。

2023年，全市固定资产投资增长12.9%。分产业来看，第一产业增长50.2%，第二产业增长37.3%、第三产业下降7.8%。从投资方向来看，工业投资增长37.3%，房地产开发投资下降32.1%，高新技术产业投资增长72.0%。

五、交通运输、邮电通信业

2023年，交通运输、仓储和邮政业增加值增加9.9%。2023年农村公路建设共计239.7公里。其中撤并村连通路（包括增补）76.8公里；建养行动（增补计划）77公里；大中修40.9公里；空白村修水泥路或沥青路45公里。完成安防85公里；完成危桥29座。全市共有公共汽电车运营车辆167台、营运线路12条，总营运里程达170公里，全年公交客运总量达1158.5万人次，行政村通客班车率达到100%。

2023年，完成邮电业务总量7.1亿元。其中，邮政业务总量1.45亿元。年末移动电话用户87.1万户。

六、内外贸易、旅游和招商引资

2023年，完成社会消费品零售总额320.1亿元，增长9.2%。分地域看，城镇实现消费品零售额282.7亿元，增长9.0%；农村实现消费品零售额37.4亿元，增长10.6%。分行业看，批发零售业实现281.1亿元，增长7.7%；住宿餐饮业实现39.0亿元，增长21.0%。

2023年，新批自营进出口企业105家，年末拥有自营进出口权的企业736家。全市完成外贸进出口总额37.7亿元，总量排名株洲市第2名，增长–6.7%。

2023年，实际利用外资650万美元；实际利用内资142.48亿元，增长13.83%。

七、财政、金融

2023年，一般公共预算收入增长15.8%，完成地方税收收入23.5亿元，增长5.7%。地方税收收入占地方收入比重为72.0%。公共财政预算支出86.0亿元，增长1.4%，其中：教育、科学技术、卫生健康、农林水事务、社会保障和就业、住房保障支出分别为12.3亿、6.5亿、4.8亿、10.7亿、12.0亿、1.8亿，分别增长5.0%、–18.8%、–46.1%、10.2%、16.1%、0.4%；文化体育与传媒支出0.9亿，增长7.1%。

2023年末，全市金融机构各项存款余额613.8亿元，比年初增加73.9亿元，增长14.1%，其中：住户存款余额508.1亿元，比

年初增加 60.5 亿元，增长 13.6%；各项贷款余额 467.8 亿元，比年初增加 60.4 亿元，增长 14.8%。

八、节能降耗、环境保护和安全生产

全年空气质量优良天数 345 天，优良率达 94.5%。三刀石、望仙桥水库、官庄水库等断面水质稳定保持Ⅱ类，县级集中式饮用水水源地水质达标率 100%。加强重金属污染土壤防治，污泥无害化处置率 100%。全市新增造林面积 3.03 万亩，森林覆盖率达 47.76%，城市建成区绿化覆盖率达到 43.96%。

2023 年，共发生各类生产安全事故 31 起，死亡 37 人，受伤 5 人，其中：道路交通事故 23 起，死亡 23 人，受伤 5 人；铁路运输交通事故 0 起，死亡 0 人；安全生产事故 8 起，死亡 14 人。

九、教育、科学技术

2023 年，全市有各类基础教育学校数 548 所：其中十二年一贯制学校 1 所（第八中学）；完全中学 3 所（第七中学、株洲市五雅中学、醴陵市青云学校）；高级中学 6 所（第一中学、第二中学、第三中学、第四中学、第五中学、醴陵金鹰高级中学有限公司）；初级中学 30 所；九年一贯制学校 12 所；小学 151 所；另有教学点 61 个；幼儿园 283 所；特殊教育学校 1 所。全市有中等职业学校 3 所。在校学生、在园幼儿共 144688 人，其中：中学生（含高中中职学生）55062 人、小学生 63861 人、在园幼儿 25601 人、特校学生 164 人。学校、幼儿园教职工共 10978 人。

2023 年，全市小学入学率为 100%、辍学率为 0%、升学率为 100%，初中辍学率为 0%、升学率为 100%，幼儿学前三年毛入园率为 92.6%。

2023 年，新增国家级小巨人企业 1 家，省级专精特新中小企业 26 家，新增规模工业企业 24 家；恒茂高科等 3 家企业获得省制造业单项冠军产品，目前，共建设有国家级创新平台 8 个，省级创新平台 44 个；国家级工业设计中心 2 个，省级工业设计中心 6 个；省级企业技术中心 20 家。累计创建国家级绿色工厂 4 家，省级绿色工厂 10 家。获得省研发奖补的企业共 9 家，达 360 余万元。全市新增 31 家高新技术企业，年末拥有高新技术企业 215 家，科技型中小企业 354 家，实现高新技术产业增加值 87.1 亿元，增速 1.9%，高新技术产业增加值占 GDP 比重为 9.8%。

十、文化、体育和卫生

2023 年，醴陵市融媒体中心（广播电视台）紧紧围绕贯彻落实党的二十大精神、醴陵市两会、乡村振兴、安全生产、城市创建、“三高四新”、交通顽瘴痼疾整治等进行了大力报道。全年各媒体平台推出各类专栏、专题、评论、系列报道、深度报道 80 余组，稿件 5000 余条。完成近 1500 条《醴陵新闻》稿件采编工作；完成制作播出了《特别关注》专题节目 30 余期；联办专题栏目《醴陵政法》，展示醴陵政法的动态和亮点；精心组织开设《因为为了人民》《向“千亿园区”迈进》《柔性引才看醴陵》等一批有影响力的专栏；拍摄制作了城市宣传片《千年瓷都 五彩醴陵》、三级干部会全会专题片《决战千亿时代》等共计 50 余部；创作《这就是我，醴陵》、《致敬醴陵工匠》、《炒粉节》、《大咖云集醴陵》、《政协之光》等视频超 1600 条。其中，短视频《致敬英雄 感恩相救：获救小女孩的父亲哭祭汪国华》在醴陵融媒各平台累计阅读量达 4700W+。全程策划运作“来醴陵捡瓷器”话题，全网点击量近 4 亿人次，来醴“捡瓷”“淘瓷”总人数超过 200 万人次，超过 1500 万件瓷器装满了无数个后备箱、行李袋，同步带动来醴玩烟花、逛古城和吃小炒，助力“千年瓷都 五彩醴陵”品牌打造；紧扣“宣传 + 活动”思路，全年策划执行和参与湖南好人榜发布、炒粉节、瓷博会等大型活动 30 多场次。

全年共有 183 条稿件被国家、省和株洲市级媒体采用。其中，中央级媒体 7 条、省级媒体 136 条、株洲级媒体 40 条。“学习强国”醴陵站共计上稿 387 条（篇）。其中，全国平台 24 条（篇）。

全年累计荣获各级各类表彰 30 项，其中市级 7 项，省级 10 项，国家级 5 项。精心拍摄的作品《你好，醴花》荣获“湖南省 2023 年广播电视创新创优扶持节目（电视节目类）”；【走在乡村振兴大道上】《聚“椒”乡村振兴：明月镇化小支部为大党委“协同作战”》荣获“湖南省 2023 年广播电视创新创优扶持节目（新闻作品类）”；《中国医师节微视频 <选择>》荣获“2023 年秋季全国县级融媒优秀作品”；《人生当如“瓷”》荣获“看中国”2023 年主题策划“乡村正多彩”原创短视频大赛“最佳剪辑奖”。电视信息《醴陵引力》荣获 2022 年度“湖南广播电视广告信息节目奖”（信息节目）一等奖；专题作品《营商环境小动漫》荣获 2022 年度“湖南广播电视奖”（新媒体类）二等奖；《珍爱生命 拒绝酒驾》获评湖南省 2023 年度广播电视公益广告大赛（市县电视类）三类扶持奖励，是全省唯一一个由县级融媒体中心选送的作品。

2023 年，承办省级全民健身活动 3 次，参加省级比赛和健身活动 1 次，组织实施本级全民健身赛事活动、青少年比赛 22 场，直接参与全民健身人数约 45 万人次，送戏下乡 100 场，公益电影 2563 场；市文化馆、图书馆和乡镇综合文化站已经全部实现免费开放。

2023 年末，全市现有医疗卫生机构 664 家。其中医院 18 家、建制镇卫生院 19 家、卫生院分院 9 家、社区卫生服务中心 5 家、村卫生室 453 家、诊所 136 家，医务室 8 家、门诊部 12 家、专业公共卫生机构 4 家。系统共有卫生人员 8004 人（含卫生技术人员 6863 人），其中本级政府举办机构 3463 人，民营机构 1553 人，驻醴机构 1999 人，村卫生室 989 人。全市每千人常住人口医师、护士、床位数分别为 2.87 个、3.63 个、6.95 张。

2023 年城乡居民医疗保险参保人数 75.0 万人，城镇职工参保人数 5.4 万人，2023 年，全年累计住院报销 25.5 万人次，基本医疗报销 7.7 亿元；全年累计门诊报销人次 115.4 万人次，报销金额 10062.8 万元。

十一、人口、人民生活和社会保障

2023 年末，全市人口总户数为 28.1 万户，户籍人口数为 102.25 万人，其中男性 52.36 万人，女性 49.89 万人。按年龄分布：18 岁以下 19.64 万人，18—34 岁 17.51 万人，35—59 岁 42.11 万人，60 岁以上 23 万人。城镇人口为 44.34 万人，农业人口 57.91 万。年末常住人口 87.1 万人，城镇化率 65.4%。

2023 年，全市城乡居民人均可支配收入 46716 元，其中城镇居民人均可支配收入 53088 元，同比增加 2027 元，增长 4.0%；农民居民人均可支配收入 38182 元，同比增加 2093 元，增长 5.8%。城乡居民收入差距持续缩小，城乡居民人均可支配收入比为 1.39，比上年缩小 0.02。

2023 年，民生领域支出 67.1 亿元，占公共财政支出的 78.0%。全市新增城镇就业 761[illegible] 人，新增农村劳动力转移就业 3592 人，城镇人口登记失业率 2.62%。2023 年全市社会保险总参保人数 82.68 万人，社会保险基金总收入 31.98 亿元，社会保险基金总支出 31.21 亿元。社保卡制卡人数达 71.52 万人。

2023 年，新改扩建农村敬老院 1 所，农村五保分散供养标准达 6516 元 / 年，农村五保集中供养标准达 7200 元 / 年。发放住房困难租赁补贴 222 户。

渌 口 区

渌口区位于长株潭城市群南缘，享有“湘东明珠”之美誉。原名株洲县，建置于 1965 年，2018 年 6 月经国务院批复同意撤县设区。现辖 8 个镇，129 个村、11 个社区（居委会）。总面积 1053.6 平方公里。属长株潭“两型社会”建设试验区范围，其中 275 平方公里被纳入核心区。交通优势较为明显。京广铁路、武广高铁、京港澳高速、S211、S313 在境内通过，正在施工的醴娄高速在南洲新区设有互通口，距黄花国际机场仅 1 小时车程。黄金水道湘江纵贯南北，两千吨级航道株洲水上服务区设在境内，千吨级船舶可通江达海。自然风光较为秀美。朱亭人工林海，饮誉海内外。株洲航电枢纽雄伟壮观、气势恢宏。水资源相当丰富，湘渌两江环绕渌口城区，湘江流经区境 62 公里，渌江流经区境 13 公里。人文底蕴较为深厚。境内有新石器时代的磨山文化遗址。湘江之滨，唐代大诗人杜甫、刘长卿曾留下不朽诗篇。凤凰山下宋代理学大师朱熹曾夜宿朱亭结亭讲学。

伏波岭上，毛泽东曾留下考察农民运动的足迹。走出了杨得志、杨梅生等7位共和国将军，孕育了李立等著名艺术家。经济发展较为稳健。近几年，先后获评全省“全面小康经济发展先进县”“县域经济发展先进县”“最具投资价值县”“平安县市区”称号等多项荣誉。

2023年实现GDP增长5.9%，规模工业增加值增长8.5%，固定资产投资增长8.7%，社会消费品零售总额增长9.3%。城乡居民人均可支配收入增长6.2%，地方一般公共预算收入下降12.5%。

渌口区2023年国民经济和社会发展统计公报

2023年，面对复杂严峻的国际环境和艰巨繁重的国内改革发展稳定任务，全区人民在区委区政府的坚强领导下，坚持以习近平新时代中国特色社会主义思想为指导，认真学习贯彻党的二十大精神和习近平总书记考察湖南重要讲话指示精神，全面落实党中央、国务院和省、市委各项决策部署，坚持稳中求进工作总基调，锚定三高四新美好蓝图，加快推动渌口高质量发展，坚持“聚焦、裂变、创新、升级、品牌”工作思路，大力开展“项目攻坚年”和“作风建设年”活动，紧扣“培育制造名城、建设幸福株洲”目标，奋起直追、大干快上，加快建设青春渌口、创业新城，推动经济运行稳中有进，社会大局和谐稳定，全区经济加快恢复，发展质量稳步提高。

一、综合

初步核算，全年全区地区生产总值182.9亿元，按可比价格计算同比增长5.9%。其中，第一产业增加值27.4亿元，增长3.6%；第二产业增加值78.7亿元，增长7.9%；第三产业增加值76.9亿元，增长4.6%。

全区三次产业结构由上年的15.1 ∶ 45.5 ∶ 39.4调整为15 ∶ 43 ∶ 42。一、二、三次产业对GDP增长的贡献率分别为10.1%、58.9%、31%，拉动GDP增长0.6、3.5、1.8个百分点。工业增加值占地区生产总值的比重为22.4%，制造业增加值占地区生产总值的比重为21.6%。

二、农业

全年全区实现农林牧渔业总产值52.1亿元，比上年增长3.9%。其中，农业产值22.4亿元，增长4.1%；林业产值4亿元，增长9.5%；畜牧业产值20.9亿元，增长1.4%；渔业产值2.6亿元，增长6.9%。粮食播种面积43.05万亩，同比增长0.8%；早稻面积12.15万亩，同比增长0.4%；中稻面积14.77万亩，同比增长0.2%；晚稻面积13.3万亩，同比增长2.4%。蔬菜面积19.4万亩，增长3.8%；油料作物播种面积9.8万亩，增长12%。全年粮食总产量20.06万吨，同比增长4.3%，早稻产量5.11万吨，同比增长1%；中稻产量7.97万吨，增长5.3%；晚稻产量6.13万吨，同比增长4.7%。经济作物中，油料产量12283吨，增长10.6%；蔬菜产量42.1万吨，增长4.1%；水果产量5.9万吨，增长2%。全年生猪出栏56.3万头，增长5.1%；羊出栏6.42万只，下降1.2%；牛出栏0.28万头，下降6.7%；家禽出笼198万羽，增长0.1%；禽蛋产量0.58万吨，下降3.3%；水产品产量13517吨，增长6.1%。

全区农产品加工企业452家，省级龙头企业8家、市级龙头企业38家。成立邹学校院士团队工作室，通过技术指导提高王十万黄辣椒产品的稳定性和质量，荣获第二十四届中部农博会金奖。红美人柑橘、松西子玉米、南洲忆山茶油和山塘鱼等本土农业品牌影响力不断提升。

三、工业和建筑业

全年全区工业增加值比上年增长3.5%。其中，规模以上工业增加值比上年增长8.5%，分别高于全国、全省、全市3.9、1.7和1.4个百分点；园区规模工业增加值增长12.5%。在规模工业中，非公有制企业增加值增长3.9%。分经济类型看，国有企业增长51.5%，股份制企业增长8.9%，外商及港澳台商投资企业下降19.3%，其他经济类型企业下降64.3%。分三大门类看，采矿业下降61.2%，制造业增长9.4%，电力、热力、燃气及水的生产和供应业下降16.3%。

分行业看，有色金属冶炼和压延加工业、汽车制造业、化学原料和化学制品制造业分别增长6.2%、56.8%、30.6%；电器机械和器材制造业、非金属矿物制品业增加值分别下降30.7%和2.1%。主要工业产品保持不同程度增长。

规模以上工业企业实现主营业务收入比上年下降4.0%。其中，国有控股企业主营业务收入下降3.1%；股份制企业主营业务收入下降3.8%；利润总额下降47.9%。

全年全区资质以上总承包和专业承包建筑业企业实现总产值165.1亿元，比上年下降1%。完成房屋施工面积688.8万平方米，下降22.7%；房屋竣工面积460.7万平方米。

四、固定资产投资和房地产

全年全区固定资产投资比上年增长8.7%，分别高于全国、全省、全市5.7、11.8、14.6个百分点。在固定资产投资中，第一产业投资比上年增长180.8%；第二产业投资增长101.1%；第三产业投资下降39.2%。

剔除跨区项目和房地产：按经济类型分，国有投资下降50.6%，非国有投资增长55.7%，其中民间投资增加119%；按投资方向分，产业投资增长47.4%，基础设施投资下降35.7%。全年施工项目个122个，下降32.6%。其中，本年新开工项目71个，增长73.2%。全区亿元以上项目39个，新开工亿元以上项目20个。

成功举办首届渌商大会，集中签约项目29个，总投资35.53亿元。大唐华银煤电、标准厂房四期等34个项目开工建设，华旦新材料、中车风力发电机等22个项目竣工投产。

全区房地产开发投资13.3亿元，比上年下降42.7 %。其中，住宅投资12.5亿元，下降37.1%；商品房屋销售面积14.6万平方米，下降29.3 %。其中，住宅销售面积13.9万平方米，下降28.2%。商品房销售额6.9亿元，下降36.5%。其中，住宅销售额6.5亿元，下降36.6 %。

五、国内贸易

2023年全区社会消费品零售额66.76亿元，比上年增长9.3%，分别高于全国、全省、全市1.9、3.2、2.7个百分点；按销售地区分，城镇零售额56.4亿元，增长9.7%；乡村零售额10.4亿元，增长7.2%。

按行业分，批发业、零售业、住宿业、餐饮业2、63.5、0.3、0.9亿元，同比分别增长10.9%、9.2%、10.5%、12.1%。分限额类别看，限额以上12亿元，增长13.1%，限额以下54.8亿元，增长8%。限额以上企业商品零售额中，粮油、食品类零售额增长14.5%，饮料类零售额增长21%，烟酒类零售额增长12.6%，服装、鞋帽、针纺织品类零售额增长13.6%，化妆品类零售额增长18.5%，日用品类零售额增长40.1%，家用电器和音像器材类零售额增长15.6%，中西药品类零售额增长7%，文化办公用品类零售额增长22.6%，通信器材类零售额增长36.7%，石油及制品类零售额增长13.4%。

全年新增市场主体7326个，其中，新设立企业2795家，农民专业合作社14家，个体户4517户。北欧跨境电商产业园开园运营。

全年进出口总额（海关口径）3028.7万美元，比上年增长14%，实际利用外资金额0.5万美元。全区引进亿元以上项目30个，其中10亿元以上项目3个，“三类500强”项目4个。

六、交通运输与邮电

完成农村公路提质升级65公里，湘江东岸沿江路、S330启动建设，醴娄高速渌口区连接线、渌枫大道、太长线竣工通车。完成危桥改造3座，开通T1路公交线路，调整T7路、南山公园T2路客运线路。推行14周岁以下儿童和退伍军人免费乘坐公交等便民政策。完善安装公交站线路牌、站牌36套，实现与主城区一卡通刷服务。全年公路货运量1147.8万吨，公路货运周转量28363.2万吨公里，公路客运量789万人次，公路客运周转量12446万人公里。

全区实现邮政业务收入6422.1万元，比上年增长15%。其中，金融板块实现收入4946.9万元，增长10.6%；寄递板块实现收入461.3万元，增长60.7%；邮务板块实现收入960.3万元，增长40.6%。

七、财政和金融

全区完成公共财政预算总收入15.7亿元，比上年增长6.8%。其中，税收收入12.4亿元，增长8.1%。上划中央收入4.8亿元，增长40%；上划省级收入1.2亿元，增长408.8%。完成地方一般公共预算收入9.6亿元，下降12.5%。其中，地方税收收入6.4亿元，下降18.5%，地方税收收入占地方收入比重为66.2%。全区完成公共财政预算支出28亿元，下降9.2%。其中，社会保障和就业支出4.5亿元，下降6.1%；教育支出4.1亿元，增长0.1%。

年末全区金融系统存款余额（月末数）266.6亿元，比上年增长11.5%，金融系统贷款余额（月末数）204.3亿元，增长16.3%。

八、教育和科学技术

全区共有学校（园）128个。其中，幼儿园54所，教学点22个，小学25所，初中5所，九年制一贯制学校16所，普通高中3所，完全中学1所，职业高中2所。全区共有在校学生32960人，其中：学前教育4638人，小学教育12709人，初中教育6908人，高中教育5350人，职业中专教育3355人。2023年高考二本以上录取809人，录取率39%。全区在编在职教师1951人。全年共发放助学金697.4万元，资助贫困学生8732人，购买普惠性民办幼儿园园位660个。小学适龄儿童入学率100%，九年义务教育巩固率100%，高中阶段教育毛入学率98%。挂牌2个“名校长”工作室，51人入选全市优秀教育后备人才库。机关幼儿园迁建、区五中、渌口镇鸿仙中学学生宿舍楼等项目实现竣工。株洲铁航卫生学校与吉尔吉斯斯坦国际大学合作成立中国预科学院。

有效高新技术企业数达到63家，科技型中小企业入库138家。新增专利授权161件，有效发明专利数量214件，高价值发明专利76件，每万人发明专利拥有量8.4件，时代华鑫获评第二十四届中国专利银奖。新增创新型中小企业27家，新增国家级专精特新“小巨人”企业3家，省级专精特新中小企业10家；株洲时代华鑫新材料技术有限公司“聚酰亚胺薄膜”和株洲兆源机电科技有限公司“大型风电电机用分瓣式成型线圈”入选第四批湖南省制造业单项冠军产品。株洲东亚工具有限公司被认定为省级企业技术中心。株洲时代华鑫新材料技术有限公司被认定为2023年湖南省原材料工业“三品”标杆企业和省级绿色工厂。亿杰电子和拾贰焙咖啡荣获2023年度省级创新创业大赛优秀奖。

全区共建成463个5G基站，基本实现全区工业园区、高铁沿线、行政村等重点场所5G网络全覆盖。

九、文化、体育、旅游和卫生

年末全区共有文化馆1个，公共图书馆1个，博物馆1个，广播台1座，电视台1座，有线电视用户8325户。全年开展送戏下乡活动32场，送电影下乡1548场。首个“湖南党史教育基地”在渌口博物馆（杨得志故居）揭牌。成功举办或承办了“青春渌口梦·奋斗正当时”元宵节系列活动、湖南省首届风筝邀请赛、渌口区首届民俗艺术节、乡村合唱节、美食进北大、幸福邻里节、全国业余棋王赛等一系列大型文化活动。

全区体育设施总体达到844个。其中，室内体育设施48个，室外体育设施796个。总场地面积68.6万平方米，人均设施面积2.66平方米。昭陵端午龙舟赛登上CCTV-4银幕，渌口首个“国字号”赛事2023全国体育传统校篮球联赛火爆出圈。高端民宿朱亭五号山谷正式营业；蓬源仙3387露营基地、太湖夜市成为网红打卡地；经世文创部落等重点文旅产业项目加快推进。全区全年接待国内外游客181.7万人次，同比增长49%；实现旅游总收入20.4亿元，同比增长54.2%。

全区医疗卫生计生单位206个，其中，区直医疗卫生健康管理与服务单位3个、区级公立医院3个、中心卫生院3个、乡镇卫生院8个，民营医院2个、村级卫生室151个，诊所医务室36个。全区现有医疗卫生人员1663人。其中，高级职称108人，中级职称428人，初级职称904人。全区平均每千人有卫生技术人员5人，开放床位1522张，每千人拥有床位5.91张。农村适龄妇女“两癌”免费筛查4834人，孕产妇免费产前筛查1100人。市荣军优抚医院落户区人民医院。

十、资源、环境和安全生产

全年空气优良天数332天，空气质量优良率91%，空气质量综合指数3.39，全区主要地表水体水质均值达到国家II类水标准，县级饮用水水源水质达标率为100%。重点建设用地安全利用率达到100%。全年上报建设用地474亩，补充耕地数量指标15.8公顷，基本农田保护面积27.56万亩。成功拆除违建513处。

全区年末实有封山（沙）育林面积5.6万亩，造林面积11200亩，森林覆盖率51.9%。

全年发生各类安全事故12起，各类安全生产事故死亡人数13人，其中铁路事故1起，伤亡1人，工贸行业事故1起，伤亡1人，道路交通事故5起，伤亡6人，直接经济损失581.5万元，深入开展烟花爆竹“打非治违”专项整治行动。工贸行业安全、消防安全、燃气安全等专项整治行动取得明显成效。

十一、人口、人民生活和社会保障

年末全区户籍总人口34万人，根据公安户籍数据显示：全区出生人口1683人，比上年下降5.3%，出生率为4.9‰；死亡人口1992人，下降32.29%，死亡率5.8‰；人口自然增长率为–0.9‰。全区常住人口25.56万人，城镇化率55.01%。

2023年全区居民人均可支配收入33193.8元，比上年增长6.2%。城镇居民人均可支配收入45545元，增长3.7%。其中，工资性收入19610.9元，增长3.2%；转移净收入19903.9元，增长4.1%；经营净收入2945.9元，增长4.2%；财产净收入3084.3元，增长3.3%。农村居民人均可支配收入27646元，增长6.9%。其中，工资性收入13594元，增长7.6%；转移净收入6484.3元，增长7.2%；经营净收入6769.2元，增长5.5%；财产净收入798.6元，增长5.5%。城乡居民收入比为1.6：1。全区城乡居民人均生活消费支出24307.6元，比上年增长7.0%，其中，居民文教娱乐服务消费支出3680.2元，占消费总支出比重为15.1%。城镇居民和农村居民人均消费支出分别为24340元和24293元，同比分别增长4.8%和7.9%。

全年发放创业贷款1599万元，新增城镇就业2527人，新增农村劳动力转移就业2309人。完成“城乡低保提标”任务，城市低保月保障标准由600元提高至650元；农村低保保障标准由4620元/年提高至5040元/年（420元/月）。2023年城市特困人员供养标准由780元/月提高到845元/月。

全年共发放城乡低保资金3454.3万元，发放集中和分散供养五保资金2237万元，养老服务总人数达6.5万人。全区城乡居民基本养老保险参保人数17.5万人，到龄领取待遇人数5.6万人；城乡居民医保参保人数21.6万人，参保率95%。全年职工基本医疗保险参保人数26945人，参保单位732家。城乡居民医保共有2.35万人次获得各类医疗补偿0.17亿元。全面推行异地就医结算与基层医保代办服务，13家区属医疗机构全部实现跨省异地医保联网直接结算。12家公办养老机构全部通过国家养老服务质量管理体系认证，省医药发展集团康乃馨综合养老服务中心实现开业。

芦淞区

芦淞区是株洲发祥地和中心区，1997年区划调整后由株洲市南区改现名。1937年，境内原株洲第十一兵工厂修建一条通往湘江边的简易公路，时人为纪念卢沟桥事变和淞沪会战，便各取一字，将其命名为芦淞路，芦淞由此得名。辖区总面积216.8平方公里，截至2023年底，全区总人口30.25万，辖7个街道、1个镇，拥有1个国家级高新区、1个国家级3A景区。

芦淞区2023年国民经济和社会发展统计公报

2023年，在区委、区政府的坚强领导下，全区上下坚持以习近平新时代中国特色社会主义思想为指导，坚持稳中求进工作总基调，锚定"三高四新"美好蓝图，聚焦高质量发展首要任务，积极应对风险挑战，牢牢把握发展主动权，有效增强经济发展的韧性、活力与后劲，经济运行呈现增长趋稳、质量趋好的态势。

一、综合

初步核算，全年实现地区生产总值74.9亿元，按可比价计算（下同）同比增长5.4%。人均GDP达15.69万元。其中：第一产业增长3.9%，第二产业增长3.5%，第三产业增长7.1%。全区三次产业结构调整为1.8 ：41.8 ：56.4。

二、农业、农村

全区农林牧渔业总产值增长4%。全区粮食种植面积4.80万亩，蔬菜种植面积5.01万亩，粮食产量2.15万吨，猪、牛、羊肉总产量0.45万吨。现有市级以上农业龙头企业23家，其中省级农业龙头企业6家；省五星级农庄2家，国家五星级农庄2家；累计发展家庭农场78家、农民合作社180家。白关镇获评全省抓党建促乡村振兴示范镇、全省平安农机示范镇，龙凤庵村获评市级和美乡村，建成幸福屋场2个。白关丝瓜打入北上广、出口欧洲，润香源入选湖南名品，白关丝瓜、苗妹子豆豆羹获评第24届中国中部湖南农博会金奖。

三、工业、建筑业

全区规模工业增加值增长10.1%。在规模以上工业中，分行业看，航空产业（不含军工）产值下降15.4%，服饰产业产值下降24.1%，通用设备制造业（以机械制造为主）产值增长1.8%，有色金属冶炼及金属制品业（以硬质合金为主）产值增长22.4%，非金属矿物业（以混凝土为主）产值下降8.6%，农副食品加工业产值增长19.8%。规模以上工业企业营业收入下降3.4%，营业成本下降5.6%。

全区建筑业总产值528.7亿元，增长5.2%，建筑业增加值83.8亿元，同比下降2%。资质等级以上建筑业企业房屋施工面积2785.4万平方米；签订合同额1100.5亿元，其中本年新签合同额647.7亿元。

四、固定资产投资、城市建设

全区固定资产投资下降31.8%，其中500万元以上项目投资下降28.9%，房地产开发投资下降42.8%。商品房销售面积增长0.4%；商品房销售额下降44.2%；年末商品房待售面积增长4.1%。天池府保交楼工作顺利完成，湘江大都会、檀香山、翡翠公园、浪琴湾等楼盘有序复工。

“项目攻坚年”活动扎实推进，开工项目34个、竣工25个，获批国债资金1.1亿元。推行标准地出让、工业地弹性供应，出让工业地382亩，征拆集体土地708亩。航空城规划面积拓展至64平方公里，机场空域面积增至6000平方公里、高度上调至8000米，成为中南地区空域资源最充裕的通用机场。千亿大道延伸段、莲易大道连接线、331新老厂区物流通道竣工通车，S532、S533路面改善工程加快推进。新改建雨污分流管网20公里，改造老旧小区4374户。新建微公园2个，创成精细化管理示范街2条。顺利完成创文巩卫复审。

五、商贸、招商引资

全区实现社会消费品零售总额259.2亿元，同比增长9.1%。限上社会消费品零售总额增长3.4%。其中：限上批发业增长

1.8%、限上零售业增长 3.6%、限上住宿业增长 18%、限上餐饮业下降 7.1%。限额以上商品销售中，化妆品类、金银珠宝类、文化办公用品类等零售额增长较快，分别增长 17.9%、17.4% 和 14.7%。

全区共完成招商项目开发 16 个；签约引进亿元以上项目 33 个（其中 10 亿元以上产业项目 1 个、“三类 500 强”企业投资项目 2 个、新注册三类“500 强”企业投资项目 1 个）；内联引资 152.28 亿元，同比增长 1.77%，完成湘商回株投资新注册企业 9 个。完成外贸进出口人民币 10.09 亿元，同比增长 35.3%。

六、财政

全区完成一般公共预算总收入 122606 万元，同比增长 19.1%；完成地方收入 49265 万元，同比增长 21.1%，其中完成地方税收收入 38489 万元，同比增长 21.5%，地方税收占比达到 78.1%。全区一般公共预算支出 18.9 亿元，其中用于民生支出 13.42 亿元，支出占比保持在 71% 以上。

七、科技、教育、文化、体育、卫生

持续加大科技创新力度。直升机动力学全国重点实验室、湖南航空航天配套产业园落户。中钛新材、西迪等 4 家企业获评省制造业单项冠军产品。华锐精密新基地投产，入选省“5G+ 工业互联网”示范工厂。举办科技创新与产业发展大会，获评省创新型县市区、省现代服务业创新发展区、省工业数据云建设应用先进单位。中国航发南方获批创建世界一流专精特新示范企业，新增国省专精特新“小巨人”企业 17 家、创新平台 17 个。331 厂成功入选世界级专精特新企业培育名单，华升雪松成为全区首家服饰类省级专精特新企业。山河科技“多用途轻型运输飞机关键技术”项目，攻克了中大型固定翼无人机短距起降控制等关键技术 4 项。

稳步推进教育发展事业。全区现有义务教育学校 36 所，其中初中 10 所（九年一贯制学校 3 所），小学 26 所。义务教育阶段在校学生 34870 人，其中在校流动人口子女 21429 人，占比 61.45%。公办学校在职教职工近 1800 人。芦淞教育获评全省“义务教育教学改革实验区”，幼小科学衔接、少先队等工作在全省推介，获评市中小学劳动教育实验县市区，两堂督导经验分享视频课入选国家教育行政学院课程资源库，改革经验在央视《晚间新闻》《第一时间》等中央、省、市媒体多次被推介。欧阳兰桂获评省第四届“乡村好校长”，为全市唯一，拥有省级新时代基础教育"名园长"工作室 1 个、省卓越校长培养对象 6 人。获评全国优秀共青团干部 1 人，新增正高级教师 2 人、中小学高级教师 37 人、资深乡村教师（基层高级教师）5 人。新增公办学位 1200 个、普惠园位 1575 个，“双减”经验入选省典型案例。

不断扩大公共文化产品供给。烟雨潇湘文化院揭牌，航空小镇获评国家工业旅游示范基地，大京景区通过国家 4A 级景区景观质量评审，华亿庄园获评国家 3A 级景区，钟鼓岭入选省级夜间消费聚集示范区，大汉·悦中心入选省级旅游休闲街区。隐溪椒园获评省四星乡村旅游区点；枫溪记忆文化产业园、华亿庄园获评湖南文旅消费“新生代新场景”。青山大筒制作技艺、百井剪刻纸、苦竹根雕龙工艺入围第六批省级非遗代表性目录，张进获评第五批省级非遗代表性传承人，开展非遗日主题宣传、庆“六一”龙文化非遗艺术节、“敬老爱老寸草心”非遗、龙凤庵村非遗展示、非遗巡展等活动 50 余次。

广泛开展体育活动和赛事。组织开展省第三届社区趣味运动会芦淞区海选暨“时尚芦淞·幸福邻里”全民健身活动、幸福邻里节暨湖南省第四届社区运动会芦淞区海选赛；举办第十四届少儿象棋、国际象棋公开赛。组织运动员参加湖南省第三届社区趣味运动会总决赛、株洲市第十届老年人体育健身大会、湖南省第四届社区运动会株洲赛区等比赛活动。

切实加强医疗服务体系建设。全区共有各类医疗卫生机构 248 个，其中一级及以上医疗机构 28 家，疾病预防控制机构 2 个。卫生技术人员 4869 人。创建无烟机关、无烟医疗机构、无烟学校 223 家；管理高血压患者、糖尿病患者、孕产妇、老年人、0—6 岁儿童等重点人群 73981 人，开展随访 171491 人次，健康体检 38909 人；全区居民电子健康档案建档率达 95.8%；完成适龄妇女“两癌”免费检查 3154 人，孕产妇免费产前筛查 1900 人，分别是任务数的 101.74% 和 100%。姚家坝卫生院中医骨伤科获评省级重点专科培育专科，全市首家精神病专科医院、城区首家社区医院揭牌成立。在全省范围内率先实现村卫生室医保结算全覆盖，“互联网 + 医疗健康”芦淞模式入选国家基层卫生综合改革典型案例。

八、生态环境保护

芦淞区空气质量优良天数 317 天，优良率为 86.8%，较去年同期优良天数增加 29 天，优良率提高 7.9%。湘江芦淞段水质继续保持Ⅱ类，省控考核断面水质综合指数和改善幅度均排名城区第一，饮用水源水质达标率为 100%。全区无重金属污染地块，土壤环境质量总体保持稳定。实现蓝天“300 天”、全域Ⅱ类水目标，枫溪港整治入选省十大典型案例，智慧河湖经验在全省推介。

九、人口、人民生活及其他

2023 年末全区总人口 30.25 万人，城镇化率达 92.53%。城镇居民人均可支配收入 63532 元，同比增长 4.2%。人均消费支出为 40403 元，增速 4.9%。

社会保障不断夯实。新增城镇就业 1.1 万人，创成省级充分就业社区（村）12 个，“芦淞服饰人”入选省特色劳务品牌。医疗管理服务获评 2023 年度湖南省真抓实干督查激励县市区称号，居民医保缴费工作获评省先进。城乡低保和居民养老保障水平持续提高，获评省居家和社区养老服务示范区。

社会大局和谐稳定。成功化解信访积案 21 件，4 项基层治理创新经验入选全市典型案例。在全市率先启动“社网共建”示范创建，完成泰苑小区、丰园小区等一户一表改造 2114 户。卦石村入选全国村级议事协商创新实验试点单位，龙凤庵村入选省乡村治理示范村，桠枝塘社区获评省和谐社区建设示范单位。经营性自建房整治全部销号，非经营性自建房结构安全隐患整治完成 89.6%。全年较大以上安全事故“零发生”，连续 17 年保持省平安县（市）区称号。

荷 塘 区

荷塘区位于湖南省株洲市，是 1997 年由株洲市原东区和原郊区部分乡镇、街道合并设立，历经数次区划调整后，现辖 1 镇、6 个街道办事处和 1 个省级产业开发区，24 个行政村、38 个居民委员会，总面积 143 平方公里，常住人口 34.33 万人。

荷塘区地处株洲市区“东大门”，境内有京广铁路、湘黔铁路、浙赣铁路、长株潭城际铁路、沪昆高速、莲株高速、S211 省道、城市快速环线等通道，株洲中心汽车站、湘运长途汽车站、汽车南站等市区三大汽车客运均汇集于此，距长沙黄花机场约 30 分钟车程。随着株洲新火车站、长株潭城铁株洲中心站建设，交通将更加便捷。

2023 年地区生产总值（GDP）285.2 亿元，同比增长 3.7%。其中，第一产业增加值 5 亿元，第二产业增加值 132.2 亿元，第三产业增加值 147.7 亿元，分别增长 3.4%、1.5% 和 6.2%。全区三次产业结构比按现价为：1.9 ∶ 46.4 ∶ 51.8。

荷塘区2023年国民经济和社会发展统计公报

2023年是全面贯彻党的二十大精神开局之年，全区上下坚持以习近平新时代中国特色社会主义思想为指引，锚定“三高四新”美好蓝图，紧扣“聚焦、裂变、创新、升级、品牌”工作思路，全力打好“发展六仗”，加快建设“一区两城”，经济社会保持平稳较快发展。

一、综合

全年地区生产总值（GDP）285.2亿元，同比增长3.7%。其中，第一产业增加值5.3亿元，第二产业增加值132.2亿元，第三产业增加值147.7亿元，分别增长3.4%、1.5%和6.2%。全区三次产业结构比按现价为：1.9 ∶ 46.4 ∶ 51.8。

二、农业

2023年，荷塘区实现农林牧渔业总产值8.8亿元，同比增长3.6。其中农业总产值6.65亿元，同比增长5.0%。2022年，全区粮食播种面积3.8万亩，粮食产量1.67万吨。蔬菜种植面积5.34万亩，同比增长4.2%，收获产量14.68万吨，同比增长3.7%。全区出栏生猪1.56万头，出栏羊2.05万只，出笼家禽29.87万羽，牧业总产值10484万元，同比增长–4.1%。渔业总产值8625万元，同比增长4.5%。农林牧渔服务业总产值1749万元，同比增长7.4%。

三、工业和建筑业

全年规模以上工业增加值66.15亿元，同比增长3.6%，其中：园区规模工业占全部规模工业比重为96.0%。从注册登记类型来看，国有控股企业、股份制企业完成增加值分别增长6.8%、7.0%；外商及港澳台商投资企业和其他经济类型企业分别为1.2%、–11.1%。新增规模工业企业13家。全年资质以上建筑业完成总产值92.3亿元，同比增长5.6%，增加值26.2亿元，与2022年持平。建筑企业房屋施工面积29.9万平方米，其中本年新开工面积38.8万平方米，房屋竣工面积11.1万平方米。

四、固定资产投资

全年固定资产投资同比下降17.5%。其中，工业固定资产下降26.6%；产业投资同比下降26.5%；房地产开发投资同比增长56.4%；建安工程投资下降17.5%。

五、国内贸易

全年社会消费品零售总额99.34亿元，同比增长6.4%。批发业和零售业分别实现商品销售额72.21亿元和88.26亿元，同比增长22.4%和7.4%；住宿业和餐饮业营业额分别为2.24亿元和9.81亿元，同比增长8.2%和13.6%。引进内资到位141.2亿元，完成进度为95.8%。

六、对外经济

2023年，我区共完成进出口额9.62亿元，同比下降28.0%。

七、财政

2023年，完成地方收入39373万元，同比下降0.9%，其中：税收收入32994万元，同比下降0.1%，非税收入6379万元，同比下降4.9%。一般公共预算支出完成258187万元，较上年增长13.0%。

八、教育

2023年，全区小学招生人数5080人，同比增长8.66%，小学在校学生30941人，同比增长2.31 %；普通初中招生人数4533人，同比增长3.68%，普通初中在校学生14071人，同比下降3.5%。适龄儿童小学入学率100%，小学升学率100%，普通初中生升学率99.87%。一年级外来务工人员子女入学人数达到3189人，占一年级新生人数的62.77%。

九、旅游

乡村旅游持续升温。荷塘区耕食书院入选首批湖南文旅消费“新生代·新场景”名单“拾野乡村”类；“紫轩小舍”入选“特色宿集”类，是该类别中株洲市唯一入选的民宿。文旅项目持续推进。策划文旅体招商项目3个（庚岭仙境民宿、且曼·仙庾湖镜、荷塘区汽齿厂与电焊条厂片区工业遗址项目），引进千万元以上项目4个（温德姆酒店、株洲市建工五福景苑项目全民健身中心、蝶屏山谷、荷塘区钻石空间体育公园），其中蝶屏山谷项目在全市第二届旅游发展大会上签约。

十、文化、卫生和体育

文化活动丰富多彩。2023年，组织开展7场“我们的中国梦·湖湘文化进万家”送春联等文化志愿服务活动，4场非遗进校园和非遗公益教学活动，3场书画展和主题书展活动。开展“书香致远·四月芬芳”读书节活动系列之“荷你悦读”分享会暨“世界读书日”文明实践活动——王跃文老师《家山》读书分享会、荷塘青锋沙龙活动之“新征程 新青年 新荷塘”交流分享会等读书沙龙活动6场。开展“礼赞二十大奋进向未来”红色公益电影系列展播4场。

2023年，孕产妇健康系统管理率96.6%，7岁以下儿童保健管理率98.17%；5岁以下儿童死亡率4.34‰；婚前医学检查率93.37%；孕前优生检查项目目标人群覆盖率100%，高危孕产妇管理率100%，高危孕产妇住院分娩率99.9%，产后访视率96.79%；3岁以下儿童系统管理率96.09%；5岁以下儿童血红蛋白检测率87.75%；出生缺陷发生率47.26/万。

2023年体育事业有序发展。组织开展“ALL in球站”湖南省街头足球争霸赛活动，活动吸引了长株潭、衡阳、邵阳、常德、岳阳、武汉、四川、新疆等地区的156支队伍，308人参加。组织开展荷塘区第五届“幸福在荷塘”健身广场舞大赛活动，共吸引全区23支广场舞队伍参赛，共526人参与，单日现场观赛参与的人数达到2000余人。组织开展荷塘区第五届社区趣味运动会活动，组织荷塘区代表队参赛湖南省第四届社区运动会株洲选拔赛并荣获团体总分第一名。

十一、人口、社会保障

全区常住人口为34.33万人，城镇化率为98.19%。

2023年，城镇新增就业9572人，完成全年目标任务的108.7%;城镇登记失业率1.22%，低于4.5%的控制目标；新增农民工转移就业429人，完成全年目标任务的114%；职业技能培训已完成831人，完成全年目标任务的103.8%；创业培训已完成546人，完成全年目标任务的109.2%；举办线上线下招聘会73场，组织用工企业1241家，提供岗位3652个，招聘人数18912人。

十二、资源、环境和安全生产

2023年规上工业的综合能源消费量是27.9万吨标准煤，同比下降10.1%，万元产值能耗系数是0.1226，同比下降14.4%。能源消费的种类以煤、电为主，占比为93.3%。其中原煤消费量为16.9万吨，同比下降了10.1%，占比为46.7%，能源消费结构有所优化。

2023年，我区空气优良天数为302天，优良率90.5%,较上年同期增加11.6%,绝对值、改善率居城区第二，空气质量综合指数3.62，绝对值城区第二，改善率城区第三。六项指标PM2.5、PM10、O3、NO2、SO2、CO的平均浓度分别为：36μg/m³，55μg/m³，140μg/m³，21μg/m³，7μg/m³，1.1mg/m³。水环境质量稳中向好，湘江白石国控断面继续保持Ⅱ类水质，城市水质综合指数（CWQI）3.0775（截至10月数据），城区第一，较去年同期改善1.72%，改善率居城区第二。土壤环境质量安全稳定。工业固体废物综合利用率96%，累计安全转移危险废物1071吨。污染地块安全利用率和污水处理厂产生污泥无害化处置率分别达到90%以上和100%，污染耕地安全利用率达到91%，完成义务植树20亩，完成历史遗留矿山修复6处共11.69公顷。

2023年以来，全区发生安全生产事故4起，死亡4人，同比下降66%，没有发生较大及以上事故。

石 峰 区

石峰区位于株洲市北部，因石峰山得名，行政面积约180.58平方公里，常住人口33.64万，辖1个乡镇、7个街道，9个行政村、59个社区。

是工业重地。石峰以工业立区，是国家“一五”“二五”时期布局的老工业区，全国“一五”建设的156个重点项目中，3个落在石峰，共和国工业史上一百多项全国第一在这里诞生。石峰是“火车头精神”发源地，生产了中国第一台电力机车，享有中国电力机车摇篮的美誉，2015年引领株洲建成了全国首个轨道交通千亿产业集群，目前已是国内产业规模最大、集聚程度最高、创新能力最强、品牌声誉最响的轨道交通产业基地。近年来，石峰区在信息技术、能源装备、智能制造、机器人等前沿领域深耕发力，成功引进了北斗信息技术应用产业园、中车双碳产业园、中车功率半导体产业园、三一集团能源装备产业园等百亿级项目，初步构建起了“以轨道交通产业为主导、多元新兴产业齐头并进”的“一主多元”现代产业体系，2017年迈入全国工业百强区。

是通衢要地。石峰地处长株潭城市群核心区，北接长沙、西连湘潭，拥有健全的公铁水运输体系。区内京广高铁、京港澳高速、106国道贯穿南北，沪昆高铁、沪昆高速、320国道连接东西，南方地区最大的货运列车编组站—株洲北站坐落在此，拥有全市唯一的城市候机楼，到长沙黄花国际机场仅需25分钟车程，千吨级株洲唯一的综合枢纽株洲港是国家财政部认定的“生产型服务业功能聚集区”，在铜塘湾保税物流中心（B型）、湘粤非铁海联运、中欧株洲班列等国际通道的加持下，全省货物可从石峰出发，通江达海，直达全球，是株洲乃至湖南走出国门、走向世界的开放先锋。

是创新高地。石峰拥有国家自主创新示范区、国家轨道交通装备高新技术产业化基地等多块金字招牌，先后五次被评为全国科技进步先进城区。拥有轨道交通领域仅有的2名工程院院士、高端人才3万多名、国家级各类创新及检验平台12家。区内湖南（株洲）职教科技园是中南地区规模最大的职业教育基地，是湖南省唯一以“湖南”命名的职业教育科技园区。这里，诞生了全球唯一的“储能式电力牵引轻轨车辆”，世界最大功率电力机车、首列中低速磁悬浮列车，国内唯一8英寸大功率IGBT芯片及模块封装生产线等民族骄傲。

是生态福地。石峰是长株潭城市群两型社会建设示范区。湖南省生态绿肺——长株潭生态绿心中，59平方公里在石峰区，构成了株洲城区首个省级森林公园——九郎山森林公园。过去，受清水塘老工业区“高消耗、高排放、高污染”企业影响，株洲被国家环保部列为“全国十大空气严重污染城市”，为此，石峰壮士断腕，启动了轰轰烈烈的清水塘老工业区搬迁治理改造和绿心地区工业企业退出工程，一举淘汰工业企业300余家，蓝天、碧水、净土攻坚工程同步推进，区域生态环境质量不断改善，使曾经“黑乎乎、灰蒙蒙”变成了现在的“绿油油、水灵灵”，空气优良天数从历史最差的200余天，增加至318天，湘江石峰段水质从III类提升至II类，石峰已成为生态宜居的长株潭城市后花园。

是投资洼地。石峰始终坚持企业至上理念，致力打造高效便捷的营商环境。这里有优惠的政策，“招商引资28条”“人才30条”“民营经济10条”等一系列门槛低、给得足、兑现快的政策，为广大湘商和投资者创业兴业提供了最大实惠和便利。这里有创新的举措，政企早餐会成为服务企业的闪亮品牌，制造名城服务微信群基本实现工业企业全覆盖。此外，建立了“企业办事不求人”常态化服务机制，安排专人专岗主动对接、解决企业困难问题。这里有高效的作风，过去几年，石峰聚焦打通企业服务“最后一公里”，持续深化“放管服”改革，形成了长株潭“跨域通办”“六即”改革（“签约即供地”“拿地即开工”“开工即配套”“竣工即办证”“交房即交证”“投产即培育”）等先行先试成果，“敢为人先、服务至上”是石峰不变的理念。

石峰区2023年国民经济和社会发展统计公报

2023年是全面贯彻党的二十大精神的开局之年，是三年新冠疫情防控转段后经济恢复发展的一年。面对需求收缩、供给冲击、预期转弱三重压力，在区委、区政府的坚强领导下，全区上下聚焦经济建设中心工作和高质量发展首要任务，锚定“三高四新”美好蓝图，全力打好“发展六仗”，主要经济指标“稳中有进、稳中提质”，为建设“制造强区、生态新城”奠定坚实基础。

一、综合

初步核算，全区地区生产总值完成429.2亿元，比上年增长6.0%。其中，第一产业增加值6.0亿元，比上年增长3.6%；第二产业增加值249.5亿元，比上年增长7.5%，其中工业增加值比上年增长8.6%；第三产业增加值173.7亿元，比上年增长3.6%。

全区三次产业结构的比例由上年的0.6 : 64.6 : 34.8调整为1.4 : 58.1 : 40.5，与上年相比，工业增加值比重上升3个百分点。第一、二、三产业对GDP的贡献率分别为1%、76.5%和22.5%。

市区商品零售价格指数为103.2 %，比上年上升1.3个百分点。居民消费价格指数（CPI）为101.6%，比上年上升0.9个百分点。其中，食品价格比上年上升2.3个百分点。

全年完成一般公共预算总收入14.75亿元，比上年增长16%。其中地方收入7.07亿元，比上年增长23.5%。地方税收收入完成5.89亿元，比上年增长23.1%，地方税收收入占地方财政收入比重为83.3%。全年完成一般公共预算支出19.86亿元，比上年下降9%。其中一般公共服务支出2.24亿元，比上年增长46.4%；教育支出3.6亿元，比上年增长3.9%；社会保障和就业支出2.6亿元，比上年增长25.1%；卫生健康支出1.6亿元，比上年增长87.4%；城乡社区支出5.18亿元，比上年下降45.5%。

二、农业

全区农林牧渔业总产值97529万元（可比价，下同），比上年增长3.8%。分产业看农业总产值79400万元，比上年增长4.5%；林业总产值2836万元，比上年增长7.0%；畜牧业总产值5109万元，比上年下降9.4%；渔业总产值6553万元，比上年增长3.5%；农林牧渔服务业总产值3632万元，比上年增长7.8%。

全年粮食播种面积600公顷，其中：早稻67公顷、中稻273公顷、晚稻73公顷。全年粮食产量4000吨。蔬菜种植面积

3223公顷。全年主要农副产品产量保持基本稳定。

三、工业和建筑业

全年工业增加值比上年增长8.6%，其中规模工业增加值比上年增长11.3%。分行业看，在13个行业大类中，7个行业的全年增加值同比呈上升态势。占比前3位的行业共完成工业增加值占全部规模以上工业增加值的比重达82.4%。其中铁路、航舶、航空航天和其他运输设备制造业完成增加值总量居各行业之首，比上年增长0.5%，占工业增加值比重为62.6%；计算机、通信和其他电子设备制造业增加值比上年增长65.6%，占比10.6%；其他制造业增加值比上年增长46.5%，占比9.1%。

全区化学原料和化学制品制造业、非金属矿物制品业、有色金属冶炼和压延加工业和电力、热力生产和供应业等高耗能行业增加值比上年降低9.9%，占规模工业比重为4.4%。

全年规模以上工业企业产销率为100.7%，比上年上升0.31个百分点。

规模工业企业实现营业收入比上年增长12.2%；实现利税总额比上年下降8.5%；实现利润总额比上年下降12.6%。主要行业中，铁路、船舶、航空航天和其他运输设备制造业行业实现利润比上年增长4.97%。全区亏损工业企业亏损面为22.45%，比上年增长14.95%。

高新技术产业实现增加值比上年增长11.3%（现价），占规模以上工业增加值比重达到143.86%。

全年90家资质建筑企业完成建筑业总产值65.7亿元，比上年下降12.8%。房屋建筑施工面积70.9万平方米，比上年下降22.6%；房屋建筑竣工面积34.0万平方米，比上年下降48.3%。

四、固定资产投资和房地产开发

全年完成全社会固定资产投资总额比上年增长4.5%。

分产业看，第一产业投资比上年下降87.2%，占投资总额比重为0%；第二产业投资比上年增长9.6%，占投资总额比重为62.4%；第三产业投资比上年下降4.7%，所占比重为37.6%。全年重大产业项目52个，完成投资58.8亿元。

分投资方向看，工业投资比上年增长12.8%，占比为62.5%，其中工业技改投资比上年增长1.6%。基础设施投资比上年增长29.1%，占比为48.4%。房地产投资比上年下降50.2%，占比为2.9%。产业投资比上年增长3.7%，占比为69.9%。

房地产开发完成投资比上年下降50.2%，占固定资产投资的比重为2.9%。房屋施工面积120.9万平方米，比上年下降32%。全年商品房销售面积9.7万平方米，比上年下降3.3%；实现商品房销售额4.1亿元，比上年下降49.5%。

五、贸易、服务业和对外经济

全年实现社会消费品零售总额91.1亿元，比上年增长8%。批发零售业实现增加值31.7亿元，比上年增长12.1%，住宿餐饮业实现增加值5.5亿元，比上年增长8.8%。

限额以上主要商品销售中，金属材料类销售额为84.7亿，比上年增长2.9%，化工类销售额为25.7亿，比上年下降11.6%，汽车类销售额为2.0亿，比上年增长134.4%。

年末全区限额以上贸易企业171家，全年实现营业收入160.52亿元，实现利润总额0.74亿元。年末共有商品交易市场4个，实现成交额61.04亿元，比上年下降3.2%。

规模以上服务业企业75家，实现营业收入233.6亿元，比上年增长14%。

全年实际利用外资0元。实际引进境内省外资金205亿元，比上年增长74.9%。

六、人民生活、就业和社会保障

2022年末全区常住人口33.64万。据初步统计，全年全区常住人口据抽样调查，居民人均可支配收入60760元，比上年增长3.9%。全年城乡居民人均消费支出41817元，居民人均教育文化娱乐消费支出7078.1元，占消费支出比重16.9%。

全年城镇新增就业人员9701人，比上年增长10.4%。城镇登记失业率为1.15%，比上年下降0.12%。年末参保单位共计1961家，参保人数15.8万人次，（各险种待遇）发放金额72040.67万元。企业养老、机关养老、城乡居保、失业保险（参保）人数分别为9.9万人、0.4万人、2.6万人、2.9万人。参加城乡居民基本医疗保险的人数为197468人，参保率为100%。

全年底全区享受城镇居民最低生活保障人数为24353人次，救助水平为485元/人，年累计发放保障金1180.93万元；享受农村居民最低生活保障人数8743人次，救助水平为376元/人，年累计发放保障金328.39万元；特困供养1732人次，救助水平845元/人，年累计发放金额146.35万元。农村低保覆盖率100%。

七、教育、科技和卫生

年末共拥有九年一贯制学校4所，初级中学4所，小学16所。小学、初中在校生共31190人。全年小学适龄儿童入学率和毕业生升学率继续保持在100%，九年义务教育巩固率100%，教育经费支出占公共财政预算支出的18.1%，全年救助贫幼儿及学生2115人次。（以上只含九年制义务教育数据）

年末共拥有1家国家级创新中心、2家全国重点实验室、1家国家工程研究中心、6家国家企业技术中心、6家省重点实验室、22家省工程技术研究中心、20家省级企业技术中心、2名工程院院士。全年专利授权量为1438件，比上年下降24.6%，其中发明专利授权量610件，比上年下降20.8%。

年末共有卫生机构146个（不含中心医院田心院区），其中综合性医院3家，专科医院6家。共有社区卫生服务中心（站）9家。拥有床位1974张。有卫生技术人员2567人，其中执业医师666人，执业助理医师71人。孕产妇死亡率为0‰，婴儿死亡率为0‰，5岁以下儿童死亡率为3.02‰。适龄儿童免疫规划疫苗接种率在95%以上。

八、环境和安全生产

全年空气质量优良率90.4%，空气良好天数330天，较上年改善11.5%。PM10浓度60μg/m³。生活垃圾无害化处理率为100%。

全年规模以上工业综合能源消费量为66.83万吨标准煤，比上年下降2.0%；产值能耗为0.13吨标准煤/万元，比上年下降10.5%；万元规模工业增加值能耗降低率为11.9%。

全年共发生各类安全事故13起，死亡13人（其中道路交通5人），受伤1人；危险化学品、烟花爆竹等行业未发生较大以上生产安全事故。

政治·军事·法治

◎制造名城政企联谊会暨市企业家年会举行 大力弘扬企业家精神加快培育制造名城

2023年1月10日，制造名城政企联谊会暨株洲市企业家年会举行。市委书记曹慧泉，市委副书记、市长陈恢清到会与企业家们畅叙情谊，共话发展。会上发布了株洲市"亩均英雄榜50强"企业榜单，宣读了2021—2022年度全国、省、市优秀企业家表彰名单。

市企业家协会、市企业联合会会长周清和表示，深深感受到株洲重视、关心企业家的浓厚氛围，未来将促进会员企业积极践行实体经济建设主体责任，为株洲经济社会发展作出更大贡献。优秀企业家代表、株洲肯特硬质合金董事长张国顺说，将坚持科技引领，加强与高校、科研院所的产学研合作，助力株洲实体经济做大做强。

◎湖南省司法厅到株洲市荷塘区督导司法所规范化建设

2023年1月13日，湖南省司法厅人民参与和促进法治处处长魏威一行到荷塘区督导司法所规范化建设工作，市司法局党组书记、局长曹跃良，荷塘区委书记方靖，区委常委、副区长、仙庾镇党委书记刘定光，副区长王昆，区司法局单位主要负责人参加督导。

省司法厅到荷塘区督导司法所规范化建设

魏威一行到荷塘区司法局、仙庾司法所，通过实地查看、听取汇报、现场交流、查阅资料等方式，详细了解了司法所政治建设、组织队伍、业务工作、所务管理和基础保障等工作情况，并就基层司法行政工作中遇到的问题困难和解决途径进行了深入讨论和交流。

◎株洲市委常委会召开会议

2023年1月9日，株洲市委书记曹慧泉主持召开市委常委会会议，研究巡察、优化生育政策、信访和开展"项目攻坚年""作风建设年"活动等工作。

会议传达学习了上级巡视巡察有关会议和文件精神，听取了"株洲市2022年乡镇（街道）、村（社区）党组织提级巡察"和"森林防灭火、自建房安全领域整治工作机动式巡察"情况汇报。会议要求，要深化政治巡察，切实以巡察转作风、强执行、保落实、促发展，不断推动巡察监督走深走实、提质增效。要推进问题整改，既抓好具体问题的整改，又举一反三、由点及面、自下看上，深挖问题根源，堵塞制度漏洞，健全长效机制。要加强队伍建设，发挥巡察发现、培养、锻炼干部的"熔炉"作用，推动优秀年轻干部、拟提拔干部参与巡察工作常态化。

会议听取了株洲市信访工作情况的汇报。会议强调，要夯实基层基础，坚持和发展新时代"枫桥经验"，推动关口前移、重心下移，切实把矛盾纠纷化解在基层。要突出工作重点，充分发挥"N合一"机制作用，加大对房地产、金融、征地拆迁等领域信访矛盾的化解力度，做到"三到位一处理"，不断提升群众获得感和满意度。要凝聚工作合力，充分调动各方力量，营造良好舆论氛围，形成推进信访矛盾化解的良好环境。

要闻纪事

1月

△3日，市委书记曹慧泉主持召开株洲市委常委会会议，传达学习习近平总书记近期重要讲话精神，研究贯彻落实中央八项规定精神、意识形态等工作，听取市人大常委会、市政府、市政协、市中级人民法院、市人民检察院党组工作汇报。

△3日，茶陵县委书记、县人武部党委第一书记邓元连主持召开县委议军会，强调要坚持以习近平强军思想为指导，继承发扬茶陵革命老区爱武管武兴武的优良传统，科学统筹经济社会发展和国防建设，努力开创新时代党管武装和国防动员工作新局面。

△5日，醴陵市第十七届人民代表大会第三次会议在中国陶瓷谷国际会展中心隆重开幕。

△6日，市委副书记、市长、市中小航空发动机与通用航空产业链链长陈恢清主持召开产业链第十次调度会。会议听取了湖南南方通用航空发动机有限公司混改、芦淞通用机场改扩建和常态化运营、株洲航空城三三一老城区更新项目情况汇报，以及产业链历次调度会议定事项、企业反映"急难愁盼"问题进展情况汇报。

△6日，株洲市召开服饰（纺织）产业发展座谈会。市委书记曹慧泉强调，要坚持谋划长远与干在当下相统一，大力实施品牌塑造工程、人才培养工程、政策支持工程，着力构建富有竞争力和影响力的产业生态，全力推动株洲服饰产业转型升级发展。

△10日，2022年度县市区、市直行业系统和市管高职院校党（工）委书记抓基层党建工作述职评议会召开。会上听取了县市区委和市直机关工委、市教育局党委、市卫健委党委、市国资委党委、市委两新工委书记以及市管高职院校党委负责人述职，并对述职同志进行了民主测评。

◎株洲市委理论学习中心组2023年第1次集中学习

市委书记曹慧泉主持并作学习小结

2023年1月3日，株洲市委理论学习中心组举行2023年第1次集中学习。市委书记曹慧泉主持并作学习小结。

学习中，中心组成员集中观看了保密教育片《家国密事》，胡长春领学了习近平总书记关于"三农"工作的重要论述，刘光跃领学了习近平总书记关于坚持和完善人民代表大会制度的重要思想，邓为民领学了《纪检监察机关派驻机构工作规则》。中心组成员围绕深入学习中国共产党章程（修正案），结合思想工作实际作了发言。

曹慧泉指出，要认真学习党章，把握前进方向。深刻把握党的理论创新新成果、党的奋斗使命新要求、党的事业发展新举措、党的建设新经验，深刻领悟"两个确立"的决定性意义，始终在思想上政治上行动上同以习近平同志为核心的党中央保持高度一致，忠诚拥护"两个确立"、坚决做到"两个维护"，把党章各项规定贯彻到工作的全过程各方面，坚定不移办好株洲的事，以一域之光为全局添彩。

曹慧泉强调，要严格遵守党章，锤炼坚强党性。增强党章意识，永葆共产党人先进本色；用好党章"标尺"，做到党章规定的不折不扣执行、党章禁止的坚决不做；经常对照党章照"镜子"，自觉遵守党内政治生活准则，认真贯彻民主集中制，确保言行举止始终符合党章的规定。

◎抢抓“风口”，助力湖南汽车产业“换道超车”

2023 年 1 月 16 日，“政府工作报告提出，大力发展新能源汽车等产业，力争新能源汽车产量突破 100 万辆、占全国 10% 以上，为株洲市新能源汽车产业发展增添了底气和信心。”在株洲市代表团审议现场，省人大代表，株洲市委常委、常务副市长王卫安说，当前株洲正抢抓新能源汽车产业“风口”，助力湖南汽车产业在全国“换道超车”。

株洲拥有北汽株洲分公司、中车电动、株齿公司、汉德车桥等新能源汽车及汽车零部件制造企业 220 多家，产能 50 多万辆。王卫安向大家分享好消息：时代电气新能源汽车电控系统装机已进入全国前五；中车时代电气研发的基于自主碳化硅的汽车“芯”在株洲发布，是国内首款基于自主碳化硅（SiC）的大功率电驱产品；中车时代电动生产的新能源乘用车进入韩国和欧洲市场。

“‘三电’系统（电机、电控及电池）是新能源汽车的核心。”王卫安介绍，株洲现有相关骨干企业 11 家，已形成“三电”等新能源汽车产业核心部件与系统布局。同时，株洲汽车后市场品牌逐步形成，随着总投资 200 亿元的株洲汽车博览园初步建成，标志着株洲新能源汽车产业从以汽车制造业为“单核”的传统发展模式，转变为以汽车制造产业及汽车现代服务业“双轮驱动”的崭新发展模式。

◎湖南省政府公布 2022 年度真抓实干成效明显地区名单及激励措施

2023 年 1 月 18 日，湖南省政府第一次全体会议公布了 2022 年度真抓实干成效明显地区名单及激励措施。在 37 个大项中，株洲市本级及县市区（园区）共 43 次被点名表扬。

结合省政府 2022 年综合大督查情况，省政府决定，对 2022 年度推动高质量发展、一件事一次办、打造科技创新高地、产业建设“万千百”工程等重点工作取得明显成效的市州、县（市、区）、管理区和园区予以通报表扬，并给予激励支持。此次在 37 个大项工作中受到表扬激励的地区，除了将获得 50 万元到 500 万元不等的奖励外，还将在项目、绩效考核加分等方面获得支持。

◎攸县举办 2023 年“湘商话攸州 共谋新发展”新春座谈会 全面开启“招大引强”及“湘商回归”专项行动

攸县举办 2023 年“湘商话攸州 共谋新发展”新春座谈会 全面开启“招大引强”及“湘商回归”专项行动

2023 年 1 月 26 日，攸县举办 2023 年“湘商话攸州 共谋新发展”新春座谈会，县委书记李鹏程，县委副书记、县长武挪强与 40 余名来自广州、深圳、东莞、佛山、长沙、上海等地攸县商（协）会代表、在外发展的企业家以及落户攸县的企业代表欢聚一堂，畅叙桑梓情谊，共话家乡发展。

县委副书记、县长武挪强介绍攸县经济社会发展情况，分管副县长介绍攸县“招大引强”及“湘商回归”相关工作情况并作招商引资推介。与会企业家代表作交流发言，他们结合自身成长经历，畅谈创新创业的经验做法，就引导湘商回归、助力和促进家乡经济社会发展等方面提出了意见和建议。

县委书记李鹏程表示，攸县正全力打好“三大会战”，深入开展招大引强三年行动、优化营商环境三年行动、市场主体培育三年行动、项目攻坚三年行动、干部作风建设三年行动，奋力推动高质量发展。近年来，攸县全面实施“迎老乡、回故乡、建家乡”行动，按照“乡情感动、项目驱动、平台推动、部门联动、政企互动”工作思路，集全县之力，共引湘商回归。

◎醴陵捧回 2022 年度打造“三个高地”工作“全能奖”全能冠军

2023 年 1 月 31 日，株洲市 2023 年打造“三个高地”暨“项目攻坚年”“作风建设年”活动推进大会召开。株洲市委书记曹慧泉讲话，株洲市委副书记、市长陈恢清作工作报告。市委书记、经开区党工委第一书记王利波现场作典型发言，市委副书记、市长刘新华参加。市委副书记、沈潭镇党委书记阳建，市人大常委会主任贺小玲在醴陵分会场收看。

大会通报了 2022 年四季度及全年打造“三个高地”工作竞赛评比结果，宣读了 2022 年株洲市打造“三个高地”促进高质量发展评选表彰通报并颁奖。现场传来喜讯：醴陵捧回 2022 年度“全能奖”全能冠军、2022 年四季度“全能奖”冠军。同时获得 7 项四季度单项奖：改革高地建设冠军、重点项目建设冠军、财源建设冠军、开放高地建设亚军、品牌推广工作亚军、先进制造业高地建设亚军、市场主体培育工作季军。

曹慧泉强调，要全力推进项目攻坚。要抓前期谋划，深刻把握宏观大势，抢抓政策“窗口期”，主动加强对接，争取更多支持。抓招引裂变，做实湘商回归、产业链招商、承接沿海产业转移、战略性新兴产业和未来产业布局等工作。

醴陵捧回 2022 年度打造“三个高地”工作“全能奖”全能冠军

要闻纪事

△ 11 日，天元区第六届人民代表大会第三次会议胜利闭幕，大会宣布了 2022 年度区人民政府民生实事票决项目完成情况满意度测评结果和 2023 年度天元区十大民生实事票决结果。

△ 11 日，株洲市委书记曹慧泉走访慰问驻株部队官兵、敬老院老人、院士专家、技能人才等，送去党委和政府的关怀温暖，并向他们致以新春的美好祝福。

△ 16 日，省十四届人大一次会议株洲市代表团召开两次全体会议，审议省人大常委会、省人民政府、省高级人民法院、省人民检察院工作报告。

△ 19 日，株洲市召开会议传达学习省两会精神，全面部署贯彻落实工作。会议以视频会议形式召开，各县市区设分会场。市领导胡长春、刘光跃、聂方红、邓为民、罗琼、李武宁、杨英杰、王卫安、王庭恺、江小忠等在主会场参加会议。

△ 24 日，市委副书记、市长陈恢清主持召开新春招商引资座谈会，与湖南建投集团党委书记、董事长蔡典维一行座谈，双方就加强政企合作对接，加快推进项目建设，大力拓展合作空间等进行深入交流，达成广泛共识。

△ 29 日，中共株洲市委书记曹慧泉，中共株洲市委副书记、市长陈恢清新春走访团结大院，并参加党外代表人士座谈会。曹慧泉强调，要坚守合作初心，画出最大同心圆，合力塑造“制造名城、幸福株洲”城市品牌，共同把株洲建设得更好。

△ 29 日，全市森林防灭火工作视频调度会召开，贯彻落实全省有关会议精神，安排部署下阶段重点工作。

◎湖南省市场监督管理局与株洲市共建“制造名城”国家知识产权强市

2023年2月27日，局市共建“制造名城”国家知识产权强市推进大会举行，株洲获授牌“国家知识产权强市建设试点城市”。市委书记曹慧泉致辞，省市场监督管理局局长、省知识产权局局长钱俊君讲话，市委副书记、市长陈恢清介绍株洲知识产权强市建设总体情况。省市场监督管理局一级巡视员段志雄，市领导杨英杰、王庭恺出席。

近年来，株洲坚持把知识产权保护工作摆在更加突出的位置，既为“知识”定价，更为“创新”赋权，探索了有益经验，取得了明显成效。2022年8月，株洲市被确定为首批国家知识产权强市建设试点城市。

段志雄介绍了省市场监督管理局、株洲市人民政府共建“制造名城”国家知识产权强市十条措施，陈恢清与钱俊君共同签署《十条举措》。受国家知识产权局委托，钱俊君授予株洲国家知识产权强市建设试点城市牌匾。

钱俊君充分肯定株洲知识产权工作成绩，希望株洲以局市共建为契机，坚持高标准建设、高水平保护、高质量发展，全面提升知识产权创造、运用、保护、管理和服务水平，努力打造中部地区领先的国家知识产权强市，为建设“三高四新”知识产权强省作出应有贡献。

株洲获授牌“国家知识产权强市建设试点城市”

◎国家医保局绩效评价组来株洲市天元区调研检查这两项工作

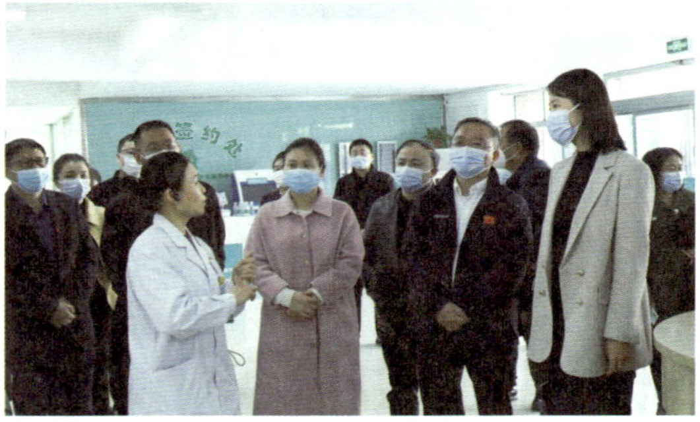
国家医保局绩效评价组来天元区调研检查这两项工作

2023年2月21日，国家医保局规财法规司副司长赵欣一行来株洲市天元区调研，实地查看基层医疗机构“两病”（高血压、糖尿病）门诊用药保障情况、听取医保支持实体经济工业企业发展介绍。

株洲市副市长杨胜跃，高新区党工委副书记、管委会主任刘智勇，省医保局规划财务处处长石珊，市政府副秘书长欧阳元初，市医保局党组书记、局长张文，高新区党工委委员、管委会副主任、天元区委副书记、区长何柢等陪同。

在栗雨街道社区卫生服务中心，调研组详细了解基层医疗机构“两病”门诊用药保障情况，询问所服务的城乡居民人数，现场查看了“两病”门诊专用诊室、“两病”门诊报销台账、药品供应和配备情况。工作人员现场演示，操作了“两病”门诊业务经办流程。

调研组指出要增进民生福祉，落实“两病”门诊用药保障工作，为百姓提供更加贴心便捷、优质高效的医疗保障服务。目前天元区共开设6个医保服务窗口，采取“一窗受理、后台审批、限时办结”的服务模式，全年累计办结医保业务4万余件，满意率达99.9%。调研组一行还参观了中国动力谷展示中心，全面了解株洲经济社会发展情况。区领导亓艳波、丁利英参加调研。

要闻纪事

△31日，株洲市政府常务会议前，市政府举行法律顾问聘任仪式。宣读了市政府法律顾问名单，聘任湖南大学教授屈茂辉、湖南师范大学教授周刚志、湘潭大学教授刘海鸥、湖南工业大学特聘研究员冷必元4名专家学者，贺晓辉、杨建明等8名执业律师为市政府法律顾问，聘任期3年。

△31日，市长陈恢清主持召开市政府常务会议，传达贯彻习近平总书记近期重要讲话精神，邀请法律专家授课，研究2022年《政府工作报告》重点任务落实、市政基础设施建设、交通“治提增”行动等工作。

△31日，株洲市2023年打造“三个高地”暨“项目攻坚年”“作风建设年”活动推进大会举行。会议通报了2022年四季度及2022年全年打造“三个高地”工作竞赛评比结果，宣读了2022年全市打造“三个高地”促进高质量发展评选表彰情况通报，并向获奖单位颁奖。

2月

△1日，株洲市委书记曹慧泉与三一集团有限公司党委书记、三一重工董事长向文波一行座谈，就加快推进项目建设，进一步加强双方合作深入交流。

△1日，株洲市国土空间规划委员会2023年第1次会议召开，审议株洲市三年规划工作思路及2023年重点规划项目、株洲市国土空间总体规划（2021—2035年）等。

△6日，株洲市第十三届纪委第三次全会召开。市委书记曹慧泉出席会议并强调，要深入学习贯彻党的二十大和二十届中央纪委二次全会精神，认真落实十二届省纪委三次全会精神，把严的基调、严的措施、严的氛围长期坚持下去，坚定不移纵深推进全面从严治党，为大力培育制造名城、加快建设幸福株洲提供坚强政治保障。市委副书记、市长陈恢清主持会议。

◎2023年德企走进制造名城——株洲之圆桌论坛举行

2023年2月15日，2023年德企走进制造名城——株洲之圆桌论坛举行。62位德国经济官方机构及驻华州政府代表、德资企业代表齐聚株洲，与株洲企业深入对接合作。市委书记曹慧泉出席活动，市委副书记、市长陈恢清作市情推介，省贸促会副会长邓罗兴、德国工商大会广州代表处首席代表、中国德国商会华南及西南地区执行董事马廷坤、德国北威州国际商务署华东华中大区首席代表徐军分别致辞。

2023年德企走进制造名城——株洲之圆桌论坛举行

此次活动由中德工业城市联盟指导，株洲市政府、中国德国商会华南及西南地区主办，株洲市打造“三个高地”指挥部办公室、株洲市贸促会承办。此次来访代表团是疫情三年后首个到访株洲的外国经贸考察团。德国代表中，有西门子、思爱普、博世、德铁4家世界500强企业、30家德国隐形冠军企业、5家德国经济官方机构以及驻华州政府机构的代表。

陈恢清说，株洲正着力打造国家重要先进制造业高地，培育制造名城，建设幸福株洲，欢迎广大德国朋友深入了解株洲、认识株洲、投资株洲，株洲将以最大的诚意、最好的政策、最优的环境，实现互利共赢、共同发展。

◎株洲市纪念『三八』国际妇女节113周年主题活动举行

2023年3月8日，株洲市纪念“三八”国际妇女节113周年主题活动举行，市委书记曹慧泉出席并致辞。市领导胡长春、罗琼、杨英杰、王庭恺、胡波、欧阳瑞丰、周雪辉、朱胜辉、程铁辉、周建明出席活动。

曹慧泉等市领导向全国三八红旗手、全国巾帼建功标兵、全国巾帼文明岗、全国巾帼建功先进集体代表；株洲市三八红旗手标兵、三八红旗手、三八红旗集体代表等颁发了荣誉证书和奖牌。株洲市各界妇女代表进行了集体宣誓。

曹慧泉代表市委、市人大常委会、市政府、市政协向株洲市广大妇女致以节日的问候和美好的祝愿。他说，妇女同胞是社会的“生力军”，是家庭的“主心骨”，是撑起株洲发展的“半边天”。过去的一年，株洲市各级妇联组织紧紧围绕中心、服务大局，团结引领株洲市196万妇女同胞坚定不移听党话、跟党走，冲锋在科技攻关、创新创业最前沿，拼搏在改革发展、乡村振兴主战场，逆行在疫情防控、防火抗旱第一线，耕耘在家庭和睦、社会和谐大后方，用坚不可摧的女性力量，创造出无愧于时代无愧于人民的骄人业绩，彰显了群英奋进、群芳争艳的靓丽风采。

活动现场举行了文艺会演，通过歌舞、诗朗诵、时装秀等形式，展示了不同行业女性群体魅力。

◎县市区人武部党委第一书记党管武装工作述职会议召开

县市区人武部党委第一书记党管武装工作述职会议召开

2023年3月16日，县市区人武部党委第一书记党管武装工作述职会议召开。市委书记、株洲军分区党委第一书记曹慧泉出席并强调，要全面学习贯彻党的二十大精神，深入贯彻习近平强军思想，扛牢政治责任，提升工作质效，共同谱写株洲市党管武装工作和国防动员事业新篇章，为加快推进国防和军队现代化贡献株洲力量。

会议以电视电话会议形式召开，各县市区设分会场。市委常委、株洲军分区政委周杰对述职情况作讲评，市党政军领导张台华、易湘东、蒲油新参加。天元区、醴陵市、渌口区、芦淞区人武部党委第一书记依次述职，其他县区人武部党委第一书记作书面述职。

曹慧泉指出，过去一年，株洲市各级党委、政府和军事机关，坚决贯彻党中央、中央军委的决策部署，聚焦聚力管武装、建武装、兴武装，进一步巩固军政军民团结，全面加强国防动员和后备力量建设，各项工作取得积极成效。

曹慧泉强调，2023年是全面贯彻党的二十大精神的开局之年，是锚定建军一百年奋斗目标推进高质量发展的攻坚之年，做好武装工作意义重大。要深入贯彻习近平强军思想，进一步强化责任担当，以实干的精神、扎实的作风、过硬的本领，抓好新时代党管武装工作，推动株洲市国防动员和后备力量建设高质量发展。

◎共建现代产业体系共享一流产业生态

株洲高新区企业大会

2023年3月1日，株洲高新区企业大会举行，约1000位企业代表应邀出席，现场兑现奖补资金4931.68万元。市委书记曹慧泉出席并讲话。市领导罗琼、杨英杰、王卫安、王庭恺，湖南工业大学党委书记刘望出席，株洲高新区党工委书记邬凌云致辞，株洲高新区管委会主任刘智勇介绍高新区改革机制及“六局一中心”情况。

大会由企业唱“主角”，来自人力资源、培训服务、金融服务、科创平台、先进装备、检验检测、工业设计、孵化培育、数字赋能等株洲高新区九大产业服务体系的行业及企业代表登台演讲，以亲身经历分享高新区各项服务特点、亮点，为高新区发展站台。大会还对推动产业发展的571个企业和个人进行了奖补兑现，共发放奖补资金4931.68万元。2022年5月，株洲高新区在全省率先完成园区体制机制改革，全力推动管委会向“泛投资机构”转型，建立了企业全生命周期、流水作业的链条式服务模式。

曹慧泉充分肯定株洲高新区机制改革及此次企业大会成效，并从“有什么”“怎么办”“谁来干”三个维度，同大家分享了对当前株洲发展的认识。

要闻纪事

△6日，株洲市领导干部警示教育大会召开，以党的十九大以来，省市两级纪检监察机关查处的阳卫国、顾峰、谢高进、周建光等21起严重违纪违法案为镜鉴，在全市开展为期一年的以案促改专项活动。

△7日，株洲市委书记曹慧泉会见了中国侨联海外委员、博茨瓦纳中国友好协会会长、里程集团董事长南庚戌一行。省侨联党组书记孙民生，市委常委、市委统战部部长罗琼参加。

△7日，政协株洲市渌口区第二届委员会第四次全体会议隆重开幕。来自社会各界、各条战线的区政协委员肩负使命与重托，深入协商议政、认真履职尽责、广泛凝聚共识，为建设“青春渌口、创业新城”贡献智慧和力量。

△8日，炎陵县第十八届人民代表大会第三次会议隆重开幕。县长夏胜利代表县人民政府向大会作《政府工作报告》，县人大常委会主任饶祥明代表县人大常委会向大会作《县人大常委会工作报告》。

△8日，政协株洲市荷塘区第六届委员会第三次会议隆重开幕。在为期两天的会议期间，委员们将认真履职，协商讨论和审议《政协常委会工作报告》《政府工作报告》及其他各项报告，围绕推进荷塘经济社会高质量发展积极建言献策、广泛凝聚共识，为奋力书写中国式现代化新荷塘贡献智慧和力量。

△9日，攸县第十八届人民代表大会第三次会议在发展中心会议中心隆重开幕。大会书面听取了攸县2022年国民经济和社会发展计划执行情况的报告及2023年国民经济与社会发展计划草案、攸县2022年财政预算执行情况的报告和2023年县本级财政预算草案。大会听取了攸县人民政府关于2023年度民生实事候选项目情况介绍。

◎国家卫生城市巩固提升工作电视电话会议暨2023年株洲市爱卫工作全会召开

国家卫生城市巩固提升工作电视电话会议暨2023年株洲市爱卫工作全会召开

2023年3月22日，国家卫生城市巩固提升工作电视电话会议暨2023年株洲市爱卫工作全会召开，对相关工作进行全面动员部署。市委副书记、市长陈恢清强调，要强化问题意识，抓好工作统筹，创造性抓好落实，把国家卫生城市“金字招牌”擦得更稳、擦得更亮。市领导王庭恺、杨胜跃参加。

自2009年成功创建国家卫生城市以来，株洲市已连续通过了三轮复审，市容市貌和环境卫生持续改善。2023年3月开始，株洲市将在新一周期内随时接受全国爱卫办的复审抽查。会上观看了国家卫生城市复审工作暗访督查视频，对迎国卫复审工作暨株洲市爱卫工作进行全面部署。攸县、渌口区、荷塘区及市商务局、市市场监管局主要负责人作表态发言。

陈恢清强调，要强化大局意识，切实提高政治站位，充分认识到国家卫生城市巩固提升工作，是执政为民、幸福株洲建设的重要体现，是一个地方环境优化的重要标志，是株洲捍卫荣誉的迫切需要，务必高度重视，积极主动作为，坚决打好打赢国家卫生城市荣誉保卫战。要强化责任意识，各级各部门守土负责、守土尽责，拿出“闯创干”的精神，当好执行者、行动派、实干家，确保株洲高水平高质量通过国家卫生城市复审。

◎株洲市优化营商环境大会召开

2023年4月4日，株洲市优化营商环境大会召开。市委书记曹慧泉出席并讲话，他强调，要深入贯彻党的二十大精神和习近平总书记关于优化营商环境系列论述精神，全力推动优化营商环境取得新突破，让一流营商环境成为株洲最为靓丽的标识。市委副书记、市长陈恢清主持大会。

曹慧泉指出，习近平总书记高度重视优化营商环境，作出一系列重要论述，为我们优化营商环境提供了根本遵循。中共中央政治局常委、国务院总理李强履新后首站调研就来到株洲，大大提升了株洲产业、企业、企业家以及科学家的影响力，有效提升了株洲城市品牌和形象，为我们打造“三个高地”、优化营商环境提供了新机遇、注入了新动力。

曹慧泉强调，要全力推动优化营商环境取得新突破。要树牢经营城市理念，在推动观念升级中经营好城市不可移动资源，吸引各类可移动资源集聚，在优化土地、劳动力、资本、技术、数据等要素配置中保障重大项目建设、助力企业发展。要不断强化成本控制，推动审批事项“能简尽简”、涉企服务“能优则优”、运营成本“能降尽降”，大力弘扬“优秀企业家”精神和“四千”精神，做到为企业增加1%的利润付出100%的努力，全力以赴降成本、提效率。

株洲市优化营商环境大会召开

要闻纪事

△9日，株洲市荷塘区第六届人民代表大会第三次会议开幕。大会听取了2022年度区人大代表票决的十件民生实事的完成情况和评估结果报告，并以书面形式审查了计划报告、财政报告，表决通过了选举办法和2023年民生实事票决办法。

△10日，株洲市在广东省广州市举行粤港澳大湾区湘商恳谈会。市委书记曹慧泉与广东省湖南商会会长、禾田集团董事长陈乐田等湘商和商会代表深入交流，诚挚邀请广大湘商回归故乡、建设家乡，助力培育制造名城、建设幸福株洲。

△13日，湖南省安委会巡查组组长、省应急管理厅副厅长汪东率队来株开展安全生产综合巡查。巡查组副组长、省应急管理厅二级巡视员范志宇传达了安全生产综合巡查的总体部署，明确了巡查内容和要求。

△15日，株洲市委书记、市碳达峰碳中和工作领导小组第一组长曹慧泉主持召开市碳达峰碳中和工作领导小组第一次全体会议。

△16日，醴陵市2023年打造“三个高地”暨“两个年”活动、全员招商和经济工作推进大会召开，为一批获奖企业和个人颁奖，王利波向外出招商工作小组授旗，刘新华为2023年招商特使颁发证书，市委组织部、市“三高”办、市科工信局等部门单位安排了表态发言。

△17日，全市党务工作会议召开。市委书记曹慧泉出席并讲话，他强调，要坚持以习近平新时代中国特色社会主义思想为指导，深入学习贯彻党的二十大精神，把准政治方向、聚焦中心大局、讲究方式方法，全面提升党务工作科学化水平，为大力培育制造名城、加快建设幸福株洲提供坚强保证。

◎“辣椒院士”团队工作室落户株洲市渌口区

揭牌仪式现场

2023年4月16日，湖南农业大学—株洲市渌口区乡村振兴合作共建暨邹学校院士团队株洲市渌口区工作室揭牌仪式举行。中国工程院院士、湖南农业大学党委副书记、校长邹学校，市委副书记、市长陈恢清讲话并共同为工作室揭牌。

邹学校院士团队育成了世界上种植面积最大的系列辣椒品种，突破了辣椒品种产业化系列关键技术，打造了樟树港辣椒及“湘研”“兴蔬”系列“湘”字号品牌。该院士团队工作室落户渌口，将聚焦从育种、栽培、加工到销售的全产业链，为王十万黄辣椒特色产业发展插上科技的翅膀，着力打造辣椒小镇，探索科技支撑农业产业发展新机制新模式，打造科技赋能乡村振兴的示范样板。“株洲王十万黄辣椒”已成功申报国家地理标志证明商标，入选株洲市十大农业区域公用品牌。

陈恢清表示，要依靠科技进步提高产品品质，加大研发投入，不断提升产品竞争力和市场占有率；强化品牌意识，加强行业自律，规范产品标准，严把产品质量关，持续扩大品牌影响力；走适度规模经营路子，以市场需求为导向，着力优结构、提品质、增效益；深化一、二、三产业融合，延伸产业链条，打造辣椒文化旅游胜地。

邹学校一行参观黄辣椒生产基地

◎首次异地制造名城早餐会在广州举行

第20期制造名城早餐会

2023年4月17日，9名异地株洲商会负责人应邀参加第20期制造名城早餐会，与市委书记曹慧泉等市领导共进早餐，共话“异地商会助力湘商回归”。

9位异地株洲商会负责人与市领导边吃边聊，谈家乡变化、话家乡发展，提出“发挥商会作用，实现精准招商”“引进更多中小配套企业，助力招大引强”“高度重视土地、资金等要素配套，让项目落得下”“发挥优势承接更多大湾区转移产业”“狠抓政策执行，确保好政策真正落地”“学习先进地区做法，持续优化营商环境”等建议。

曹慧泉说，株洲全力培育制造名城、建设幸福株洲，先进制造业以及科技创新实力不断提升，民生保障能力持续增强；全力优化营商环境，突出降成本、提效益，持续降低企业物流成本、能源成本、制度性交易成本以及时间成本，营造了适合企业成长的良好产业生态；全力提升干部能力，深入开展“作风建设年”活动，全面提升干部服务企业、推进项目的能力。希望各位异地株洲商会负责人坚定对家乡发展的信心，多回家乡感受新变化，推动更多企业、项目、资金以及人才在株洲集聚，共同把家乡建设更好。

◎全国首批！株洲市渌口区荣获首届全国“自然资源节约集约示范县（市）”称号

2023年4月21日，首届全国“自然资源节约集约示范县（市）”暨湖南省“十大高效用地园区”授牌仪式在长沙举行。渌口区荣获首届全国“自然资源节约集约示范县（市）称号”，区委常委、常务副区长王静思代表渌口区人民政府接牌并做典型代表发言。

自然资源节约集约示范县（市）创建活动是经全国评比达标表彰工作协调小组批准，由自然资源部组织开展的一项国家级创建示范活动。

党的二十大报告明确要求加快发展方式绿色转型，实施全面节约战略，推进各类资源节约集约利用，推动形成绿色低碳的生产方式和生活方式。近年来，渌口区紧紧围绕株洲市委、市政府和株洲市局的工作部署，紧扣节约集约主题，多措并举打好自然资源节约集约利用“组合拳”。持续强化群众法治意识和干部责任意识，开展土地管理“一法一条例一办法”等法规学习培训和“五进五讲”宣讲活动，健全耕地保护区对镇约谈制度，筑牢自然资源管理的思想基础，推动全区耕地保护和自然资源节约集约利用意识深入人心。大力开展“四清一合”行动，通过清规划、清资源、清耕地、清资金摸清家底，并将“四清”成果录入平台，汇总“一套数据”、形成“一张底图”、做到“一键管理”，从而提升管理质效。

授牌仪式现场

◎“我的青春在株洲”五四青年节主题活动举行，曹慧泉寄语株洲青年

2023年5月4日，“我的青春在株洲”五四青年节主题活动在湖南铁道职业技术学院举行。市委书记曹慧泉向株洲市广大青年致以节日的祝贺，市委副书记、市长陈恢清出席。

活动分为三个部分，在“绽放吧！青年”环节中，12个学生社团和创新创业团体进行了成果展示，包括无人驾驶智能车、传统汉服、青春舞蹈、非遗剪纸工艺等。在“团结吧！青年”环节中，开展了“民族团结我践行”主题团日活动，汉族和少数民族学生代表身着民族服装进行专题学习与交流研讨，优秀青年代表罗淑芬、文凯、汪昭、谭金辉、李晓慧进行“我的青春在株洲”主题分享。最后，活动进入“歌颂吧！青年”环节，千名青年师生齐诵《青春中国》，百名青年师生同绘“我的青春在株洲”主题百米画卷，弘扬“五四精神”，展现新时代株洲青年风貌。

曹慧泉、陈恢清逐一观看成果展示，聆听主题团课和成长奋斗故事分享，与现场师生、各界优秀青年代表互动交流。曹慧泉说，时代各有不同，青春一脉相承。每个人都有梦想，而国家富强、民族振兴、人民幸福是每个中国人的梦。在拼搏中绽放青春，在奋斗中实现梦想，把制造名城、幸福株洲的美好愿景加速变为现实图景，为实现中华民族伟大复兴作出更大贡献。

“我的青春在株洲”五四青年节主题活动举行

要闻纪事

△17日，2022年度党委统一战线工作领导小组述职评议会议召开。各县市区党委统一战线工作领导小组组长和市教育局、市工信局、市民政局主要负责同志现场述职，其他述职对象作书面述职，与会市领导分别作了点评。

△20日，中国人民政治协商会议株洲市芦淞区第六届委员会第三次会议隆重召开。来自社会各界的政协委员们齐聚一堂，积极履行政治协商、民主监督、参政议政职能，共商芦淞经济社会发展大计。

△21日，株洲市委副书记、市长陈恢清主持召开调度会，研究部署清水塘新能源装备产业新城建设相关工作。市资规局有关负责人汇报了清水塘新能源装备产业新城规划优化及重点项目建设情况。

△21日，株洲市芦淞区第六届人民代表大会第三次会议第一次全体会议召开。会议听取了区人民政府工作报告，审查了芦淞区2022年国民经济和社会发展计划执行情况与2023年国民经济和社会发展计划（草案）、芦淞区2022年财政预算执行情况和2023年财政预算（草案），书面听取了芦淞区2022年民生实事人大代表票决制项目完成情况和2023年民生实事人大代表票决制候选项目有关情况说明，表决通过了《补选办法》。

△22日，株洲市召开九郎山职教科创城院校升格工作调度会，湖南铁道职业技术学院、湖南铁路科技职业技术学院、湖南汽车工程职业学院、湖南化工职业技术学院、湖南中医药高等专科学校、湖南工贸技师学院、株洲师范高等专科学校7所院校党委书记分别汇报了升格工作有关情况。

◎加快株洲信息港项目建设

2023年5月7日，市委副书记、市长陈恢清与来株调研的湖南建设投资集团有限责任公司党委书记、董事长蔡典维座谈，就加快株洲信息港项目建设深入交流。禾田集团董事长陈乐田，株洲高新区党工委书记邬凌云参加。

湖南建投三建集团承建的株洲信息港项目，由禾田集团投资。项目以全新理念建设集总部基地、中小企业孵化基地、住宅配套、生活配套等板块于一体的综合性产业小镇。蔡典维一行实地考察项目，详细了解项目规划布局、推进中存在的困难和问题，并座谈听取有关情况介绍。

陈恢清说，株洲信息港是株洲引进的重点项目，招商引资来势看好，未来发展前景广阔。希望各方着眼未来、求同存异，依靠发展解决当前问题，以务实的举措，多方共同努力，切实保障投资需求，推动项目早日建成运营，实现互利共赢发展。

◎曹慧泉主持召开市委全面深化改革委员会2023年第1次会议

2023年5月11日，市委书记、市委全面深化改革委员会主任曹慧泉主持召开市委全面深化改革委员会2023年第1次会议，传达二十届中央深改委第1次会议、省委深改委第19次会议精神，审议有关文件，研究有关改革工作。市委副书记、市长、市委全面深化改革委员会副主任陈恢清出席会议。

会议审议通过了《中共株洲市委全面深化改革委员会2022年工作总结报告》《中共株洲市委全面深化改革委员会2023年工作要点》《株洲市轨道交通装备产业链供应链生态体系建设试点实施方案（2023—2024年）》以及重点改革事项第三方评估报告，听取了民主法制领域改革、社会体制改革以及炎陵县、茶陵县改革工作情况汇报。

会议强调，要深入学习贯彻落实习近平总书记关于全面深化改革的重要论述和对湖南重要讲话重要指示批示精神，认真贯彻落实中央、省委深改委会议精神，聚焦制约高质量发展、高品质生活、高效能治理的痛点堵点难点问题，深入推进十大改革深化行动、十大改革创新行动、十大改革重点项目、十大基层改革探索，以改革之为助力培育制造名城、建设幸福株洲。

◎产业转型升级示范区建设评估优秀

2023年5月13日，国家发展改革委、科技部、工业和信息化部、自然资源部公布2022年度产业转型升级示范区建设评估结果，株洲市为优秀，获得国家通报表扬。

2017年，湖南中部（株洲—湘潭—娄底）获批全国首批12个老工业城市和资源型城市产业转型升级示范区。株洲是湖南中部（株洲—湘潭—娄底）国家产业转型升级示范区建设的主阵地，在此前的年度评估中，分别于2018年、2019年、2020年获得三次优秀评价。

2023年，根据2022年度示范区三市经济社会发展情况、量化统计数据和定性评估评分，国家四部委确定2022年度产业转型升级示范区建设评估结果，其中，株洲市为优秀，娄底市、湘潭市为良好。

2022年，株洲市将推动国家转型升级示范区建设与实施“制造名城、幸福株洲”发展目标紧密结合，成立打造“三个高地”指挥部，突出育链群、强制造、优服务，在推进国家转型升级示范区建设、加快国家老工业基地调整改造方面成效明显。全市全年地区生产总值增长4.5%，规模工业增加值增长8.3%，社会消费品零售总额增长2.4%，地方一般公共预算收入增长6.2%。

要闻纪事

△24日，全市管控查处违法建设违法用地暨加强耕地保护动员部署会议召开。会上观看了警示教育片，宣读了湖南省自然资源督察《督察意见书》。各县市区政府向市政府递交《耕地保护与粮食安全责任书》。

△25日，株洲市委书记曹慧泉主持召开政策落地及项目攻坚调度会。他强调，要深入开展“项目攻坚年”活动，建立常态化项目调度机制，及时解决项目建设中遇到的困难和问题，全力推动项目建设提速增效。市委副书记、市长陈恢清出席会议并讲话。

3月

△1日，株洲市委书记曹慧泉会见了兴业银行长沙分行党委书记、行长李军一行。兴业银行株洲分行是兴业银行长沙分行第一家二级分行，开业以来累计投放各类信贷资金超过300亿元。

△1日，株洲市委书记曹慧泉与FMG集团驻华首席代表霍演及省商务厅党组成员、副厅长郭宁一行座谈交流。澳大利亚FMG集团是世界第四大铁矿公司，致力于在全球发展清洁能源，计划到2030年实现年产绿色氢气1500万吨。

△2日，株洲市委书记曹慧泉会见了中国工业互联网研究院副院长刘文卿一行。中国工业互联网研究院（简称工联院）成立于2018年，主要职责是开展工业互联网相关的发展战略、规划、政策、标准研究及网络、平台、安全体系建设等，承担了国家工业互联网大数据中心建设和管理工作。

△2日，株洲市委书记曹慧泉到工商银行湖南省分行、湖南银行对接工作。株洲市分别与两家银行举行政银座谈会，介绍了株洲发展战略、产业升级、企业发展等方面情况，政银双方分别就进一步加强合作深入交流。

◎株洲市举行厅级领导干部荣誉退休仪式

株洲市首次举行厅级领导荣誉退休仪式

2023年5月8日，株洲市首次厅级领导干部荣誉退休仪式举行。市委书记曹慧泉出席仪式并讲话。市政协原主席蔡溪等8名老领导出席并发言。市委常委、市委组织部部长李武宁宣读新退休干部名单和政治提醒，市委常委、市委秘书长杨英杰主持，市领导钟燕、周雪辉出席。

自《湖南省干部荣誉退休制度（试行）》下发以来，株洲市及时制定相关配套方案，积极组织“开展一次谈心谈话”“举办一次荣退仪式”等“九个一”活动，进一步增强退休干部的归属感、荣誉感、幸福感，激励大家牢记初心使命、珍惜光荣历史、永葆政治本色，继续为党和国家的事业发展发挥余热、贡献力量。

曹慧泉代表市委、市人大常委会、市政府、市政协向老领导致以崇高敬意和衷心感谢。他说，两年来，我们大力培育制造名城、加快建设幸福株洲，产业竞争力更强了，城市知名度更高了，一大批优质企业、重大项目加速落户，株洲迎来快速发展的重要机遇期。尤其3月份以来，中共中央政治局常委、国务院总理李强，省委书记沈晓明相继到株洲调研，既是对株洲工作的高度认可和肯定，也为株洲发展注入了强劲动力。成绩的取得，离不开老领导打下的坚实基础。

◎省推进“五好”园区创建工作会召开

2023年5月18日，全省推进“五好”园区创建工作会议在长沙召开，会议以视频形式开到县一级。会议强调，要深入贯彻党的二十大精神，奋力实现“三高四新”美好蓝图，聚焦高质量发展，突出“三生融合、三态协同”，锚定“五好”目标，把牢“九大趋势”，以园区高质量引领经济高质量。市委副书记、市长陈恢清在株洲分会场参加。市委常委、副市长王庭恺在株洲分会场参加，株洲高新区党工委书记邬凌云代表该区作典型发言。

会上宣读了有关表彰名单，醴陵经开区获评“2022年度湖南省‘五好’园区创建综合评价先进园区”，株洲高新区获评“2022年度湖南省产业园区营商环境评价先进园区”。

会议充分肯定全省“五好”园区创建工作成绩，指出进入新阶段新征程，要更加紧扣推动高质量发展首要任务、聚焦落实“三高四新”美好蓝图、突出建设现代化产业体系战略部署、注重实现经济运行整体好转重要目标，创新园区建设营运、协作共建、开放发展新模式，高质量推进“五好”园区创建。力争到2025年，实现“一提高、两提升、三增强”，即提高高质量发展水平，提升经济贡献度、产业集聚度，增强防范风险能力、服务保障能力、绿色发展能力。

◎株洲田心轨道科技城片区规划专家座谈会召开

株洲田心轨道科技城片区规划专家座谈会召开

2023年5月14日，株洲田心轨道科技城片区规划专家座谈会举行，就《株洲田心轨道科技城空间规划方案》（以下简称《方案》）听取同济大学建筑与城市规划学院原院长陈秉钊教授等11位专家学者意见。市委书记曹慧泉，市委副书记、市长陈恢清出席。

座谈会上，围绕《方案》，陈秉钊以及吕斌、王世福、魏春雨、杨涛、刘晓波、王喜富、唐燕、邵丰、易维良、葛春晖11位来自规划、产业、物流等领域的专家、企业家分别发言，提出“更加突出以环境育化人、以环境激化人”“正确处理好产与城、城与城之间的关系，打造与世界级产业集群相匹配的产城融合新示范”“发挥产业优势，牢牢掌握产业数字化主动权”“加快将交通优势转化为经济发展优势”“努力以‘小城成本’提供‘大城配套’”等建议。

曹慧泉说，各位专家的意见打开了我们的视野，提升了我们看问题的高度，拓展了我们研究问题的深度，相关部门要认真研究吸纳，进一步修改完善《方案》。

曹慧泉指出，依托“厂所结合”的产业链创新链协同优势，田心这片土地上创造了光荣的历史，造就了蓬勃发展的现在，必将再创新的业绩。今后必须传承一代又一代人的使命担当，继续依靠创新、依靠人才支撑株洲田心轨道科技城建设，加快打造世界的田心。

◎中车双碳产业园项目开工

2023年5月14日，中车双碳产业园暨新能源乘用车电驱系统及关键部件制造基地项目开工。副省长蒋涤非宣布项目开工，中车集团党委书记、董事长孙永才讲话，市委书记曹慧泉致辞，市委副书记、市长陈恢清主持开工仪式。

中车双碳产业园选址清水塘产业新城，总规划用地约1000亩，规划建设成为集双碳业务总部、产品研发中心、批量制造基地、检测试验与中试基地等功能于一体的综合性园区，并配套建设国内领先的园区光伏电站、储能系统和综合能源管理系统等样板示范性工程，建成后产值总规模预计超过100亿元。此次开工的一期工程“新能源乘用车电驱系统及关键部件制造基地项目”，建设投资11.09亿元，预计2024年投产，将打造世界一流的乘用车电驱制造基地。

孙永才表示，中国中车正全力打造具有全球竞争力的轨道交通装备、新能源装备现代化产业体系，勇当中国新能源装备产业发展的先锋队和排头兵。此次项目开工是中车与湖南省、株洲市共同践行国家战略，打造央地合作典范工程的重大举措。中车将高水平、高质量、高效率推进项目建设与目标达成，充分发挥优势，不断深化与湖湘合作的深度和广度，开创央地合作新篇章。

项目开工现场

要闻纪事

△3日，全市市场监管工作会议召开，全面总结2022年工作，分析当前形势，研究部署2023年工作。市市场监管局党组书记、局长谢志军作工作报告。

△3日，2023年市委农村工作会议召开。会上大家集中观看了全市农业农村工作汇报片；白云峰宣读了《关于表彰2022年度全市农业农村重点工作考核先进单位的通报》。

△5日是学雷锋纪念日，株洲市委书记曹慧泉参加株洲市“新时代·新雷锋”志愿服务月“公益集市”活动，看望慰问志愿者，并注册成为株洲市“爱心时间银行”志愿者。

△6日，株洲市委书记曹慧泉主持召开市委常委会会议，传达学习党的二十届二中全会精神，传达学习习近平总书记近期重要讲话精神，研究坚决整治乡村振兴领域不正之风和腐败问题、开展领导干部利用职权或影响力为亲友牟利专项整治、市域社会治理现代化试点工作推进、市残联第七次代表大会筹备等工作。

△8日，湖南省商务厅党组书记、厅长沈裕谋来醴督导调研国家级园区创建，先后参观华联瓷业、一江两岸、恒茂高科，实地观摩企业、项目运转情况。

△9日，株洲市委书记曹慧泉等市领导来到天元区凿石微公园建设现场，与干部职工、群众代表等一同参加“创建更高水平国家园林城市 共建共享绿色宜居幸福株洲”2023年株洲市城区全民义务植树月“认种认养认建”活动，以植树造林的实际行动践行生态文明理念，参与建设居民家门口的微公园，全力扮靓幸福株洲。

◎第五届『中国造隐形冠军』长青峰会在株洲举行

第五届『中国造隐形冠军』长青峰会在株洲举行

2023年5月19日，第五届“中国造隐形冠军”长青峰会在株洲举行。“中国造隐形冠军”长青峰会自2017年开始举办，旨在寻找、挖掘、培育、赋能更多的中国“隐形冠军”企业。第五届峰会由中国中小企业协会指导，中外管理传媒主办，株洲市政府协办，包括“中国造隐形冠军”颁奖典礼、峰会演讲、案例分享、第五届中国造隐形冠军白皮书发布等。

曹慧泉在致辞中代表市委、市政府对各位嘉宾的到来表示欢迎，预祝峰会取得圆满成功。他说，“小隐隐于野，大隐隐于市。”长期以来，株洲是一座“实力远大于名气”的城市，城市气质与“中国造隐形冠军”的气质高度契合。这里是新中国“一五”“二五”时期重点布局的新兴工业城市，创造了共和国工业史上的300多项第一。这里有先进轨道交通装备、中小航空发动机2个世界级产业集群，国家级专精特新“小巨人”企业、国家级重点“小巨人”企业单位GDP密度全国第一。这里既是神农福地、老革命根据地，也是一座非常年轻的、适合年轻人工作生活和“隐形冠军”成长的城市。

曹慧泉表示，当前，株洲正在大力培育制造名城、加快建设幸福株洲，努力把“住株洲的房子，拿一线城市的工资，干全球的事业，过北欧小城的生活”的城市品牌擦得更亮。

◎国家高层次人才服务行——走进湖南醴陵活动启动

2023年5月25日，国家高层次人才服务行——走进湖南醴陵活动启动，17名来自各行各业的专家学者齐聚醴陵，为瓷都发展贡献人才力量。人力资源和社会保障部留学人员和专家服务中心副处长邢久新，省人社厅二级巡视员丁兴发，株洲市委常委、组织部长李武宁，市委书记、经开区党工委第一书记王利波出席。

邢久新说，很荣幸邀请到17名国家高层次人才聚焦醴陵陶瓷、烟花、种养等支柱产业，以及医疗、教育等民生事业，目标就是让高层次人才和醴陵产业创新集群搭建一个创新创业的交流平台，实现专家资源和智力成果与国家战略、地方发展、企业需求紧密衔接。

丁兴发对活动提出三点希望，助力产业高质量发展。激发创新型人才活力。建立常态化合作机制。希望建立长期联系，在科技成果转化、人才队伍建设、智力引进等方面深度合作，多采取柔性引才、项目合作、成果转化等方式，助力醴陵跨越式发展。

国家高层次人才服务行——走进湖南醴陵活动启动

要闻纪事

△10日，株洲市委书记曹慧泉主持召开重点工作及重大项目问题周调度会。市发改委汇报了向上争、在洽谈、前期、在建、已竣工五类重大项目有关情况及问题交办建议，市交通运输局重点汇报了全市重大交通基础设施项目建设情况，与会人员就有关工作进行会商交流。

△13日，株洲市残疾人联合会第七次代表大会开幕，省残联党组书记、理事长肖红林出席并讲话，市委书记曹慧泉出席开幕式。

△14日，株洲市召开市域社会治理现代化试点验收工作推进会。会议通报了株洲市试点创建有关情况，市公安局等4家单位作了书面交流。

△15日，株洲市长陈恢清主持召开市政府常务会议，传达贯彻习近平总书记近期重要讲话精神，研究国家卫生城市巩固提升、计划生育家庭特别扶助等工作。

△15日，全市安全生产和消防工作电视电话会议暨市安委会2023年第二次全体会议召开，总结2022年工作，安排部署2023年重点任务。会上宣读了2022年度安全生产和消防工作考核情况通报；市安委办作安全生产和应急管理工作报告；市消防救援支队汇报了全市火灾形势和冬春火灾防控工作；醴陵市、市住建局、市交警支队作交流发言。

△15日，株洲市委书记、市委人才工作领导小组组长曹慧泉主持召开2023年市委人才工作领导小组会议。会议听取了有关情况汇报，审议了株洲市“十四五”期间人才发展规划等文件。

◎“陈云与当代中国”学术研讨会在株洲召开

2023年5月27日，湖南工业大学联合中国社会科学院“陈云与当代中国”研究中心与当代中国研究所、陈云纪念馆、国史学会，在株洲举行第十六届“陈云与当代中国”学术研讨会。来自北京大学、陈云纪念馆等30多家单位的专家学者，围绕陈云的经济思想、党建思想、思想方法、工作方法等进行研讨交流。

1955年3月，周恩来、陈云等六人小组领导编制国家“一五”计划，将株洲列为全国8个重点建设的工业城市之一，为株洲带来历史性发展机遇。株洲走出一条独立自主、科技创新的道路，一大批标志性创新成果填补国内空白。

国史学会会长、中国社会科学院原副院长、“陈云与当代中国”研究中心理事长朱佳木介绍，此次研讨会主题是“陈云研究与党的二十大精神”。陈云的经济思想、党建思想和一贯倡导的思想方法、工作方法，与新时代中国特色社会主义有着高度的契合之处，经受住了实践的反复检验。

『陈云与当代中国』学术研讨会在株洲召开

◎陈恢清在香港广东拜访商协会、考察企业

2023年5月29日、31日和6月1日，湖南—粤港澳大湾区投资贸易洽谈周活动期间，市委副书记、市长陈恢清在香港和广东深圳市、东莞市、佛山市、广州市，拜访相关商协会，考察知名企业，加强对接交流，深化务实合作，为大力培育制造名城、加快建设幸福株洲，实现“三高四新”美好蓝图注入强劲动力。

在香港全港各区工商联，陈恢清与会长杨凯山、首席会长卢锦钦及部分香港企业家座谈，希望该联合会发挥桥梁纽带作用，带动更多香港企业家走进株洲、了解株洲、兴业株洲。来到大湾区进出口商业总会，陈恢清与会长林龙安等围绕加强对外贸易特别是跨境电商等领域合作进行深入交流。

深圳鑫鑫蕾化妆用具公司是国际顶级品牌化妆刷的核心供应商，计划推动炎陵工厂扩能升级并将企业总部迁至炎陵。与公司董事长王鹏座谈时，陈恢清说，株洲全域面临系列重大国家战略机遇，炎陵县具有成本低、配套强等优势，希望鑫鑫蕾把握机遇，加快回归家乡发展步伐。

在佛山中科安齿公司，陈恢清考察展厅、实验室、车间，与公司总经理陈贤帅及中科招商、禾田投资高管就有关合作事宜进行会谈。三方表示，口腔医疗市场前景广阔，将加强沟通对接，加快前期工作，推动合作早日取得实质性成果。

◎陈恢清在深圳组织召开株洲粤港澳大湾区湘商交流会

2023年5月30日，在深圳出席湖南—粤港澳大湾区投资贸易洽谈周活动的市委副书记、市长陈恢清，与广东省湖南商会会长陈乐田等湘商和商会代表座谈，共叙家乡情谊、共商发展大计，并为18位商协会主要负责人颁发招商顾问聘书。

交流会上，陈乐田及深圳市湖南商会会长梁白苹、广东省株洲商会会长尹建国、深圳市株洲商会会长周志华、珠海市株洲商会会长杨运传、香港株洲联谊会创会秘书长杨春、广东省株洲县商会会长张文安、广东省攸县商会会长张泽武、深圳市醴陵商会会长张建林、深圳市攸县商会会长刘海康等商会代表和湘商分别发言，分享在株投资经历，介绍企业及商会发展情况，并围绕招商引资、推动产业发展等建言献策。

陈恢清表示，希望广大湘商和商会发挥人脉、渠道优势，大力宣传家乡，尤其要充分发挥商会招商引资联络作用，吸引带动更多企业和项目落户家乡；弘扬企业家精神，加强商会自身建设，展现湖南、株洲企业家良好形象。家乡将当好大家的坚强后盾，只添动力不加负担，健全政商联络协调机制，以心甘情愿、心急如焚的态度，努力为企业发展营造舒心、安心、放心的良好环境。

陈恢清在深圳组织召开株洲粤港澳大湾区湘商交流会

◎株洲市创建重大项目融资专项库

2023年6月6日，株洲市发改委、市国资委、中国农业发展银行株洲分行联合创建重大项目融资专项库。重大项目融资专项库计划不低于800亿元。截至5月底，株洲市已完成首批重大项目融资专项库的申报工作，涉及88个项目，总投资645.8亿元，融资需求417.6亿元。

2023年，中国农业发展银行株洲分行将继续加大审批投放力度，努力完成不低于100亿元的贷款审批、80亿元的贷款投放。对纳入重大项目库的项目，将有5个方面的政策保障：一是在贷款规模上给予倾斜，同时优先推送申报农发基础设施基金；二是根据项目建设、管理、运营的实际需要合理延长贷款期限；三是在政策允许范围内，给予优惠融资利率支持；四是在担保准入方面给予农发行政策允许范围内最优条件支持；五是发改部门将在省、市两级投资联审时，开辟绿色通道，优先安排。

2023年2月，湖南省政府与农发行总行签署战略合作协议，农发行湖南省分行与省发改委建立重大项目推进工作机制，设立总量1500亿元的重大项目融资专项。株洲市牢牢抓住政策红利“窗口期”，用活用好农发行量身定制的金融产品和融资政策，提高重点项目融资对接精准度和成功率。

宣讲会现场

要闻纪事

△15日，天元区2023年上半年新兵欢送仪式暨为立功军人家属送喜报大会在天元区人武部举行。70名新兵将告别亲人和家乡，踏上从军报国、戍边卫国征程，奔赴座座军营。仪式在庄严肃穆的《中华人民共和国国歌》声中拉开序幕，大会宣读了新兵入伍批准名单，并为新兵家属代表颁发了入伍通知书、光荣之家牌。

△23日，株洲市召开海绵城市建设暨雨污分流工作调度会。市住建局负责人汇报了株洲市海绵城市建设暨雨污分流工作情况，城市五区及株洲经开区、市生态环境局、市城发集团、市三峡水环境综合治理公司负责人分别汇报有关情况。陈恢清向城市五区及株洲经开区、市住建局等9家重点单位交办任务书。

△24日，株洲市委书记曹慧泉主持召开重点工作及重大项目问题周调度会。市发改委汇报了向上争、在洽谈、前期、在建四类重大项目有关情况、交办问题办理情况和问题交办建议，市工信局重点汇报了全市竣工项目投产情况，与会人员就有关工作进行会商交流。

△30日，2023年茶陵县司法行政工作暨“作风建设年”活动动员会议召开。会议还宣读了2023年度司法行政工作先进集体、先进个人、优秀律师及优秀基层法律服务工作者等表彰决定。

△30日，株洲市委书记曹慧泉与中国三峡建工（集团）有限公司党委书记、董事长李斌一行座谈，就加快推进攸县广寒坪抽水蓄能电站项目建设等深入交流。

◎株洲市文旅产业发展研讨会召开

株洲市文旅产业发展研讨会召开

2023年6月12日，株洲市文旅产业发展研讨会召开。市委书记曹慧泉，市委副书记、市长陈恢清出席并讲话，著名出版家、作家、企业家龚曙光主持。市领导胡长春、江小忠、蒋湘晖出席。

研讨会上，市文旅广体局、醴陵市、茶陵县分别介绍了亲子游发展构想、文旅产业策划、红色文化项目开发有关情况，龚曙光、窦文章、刘家明、杨振之、罗宏、殷海雄、龙博、唐智泉等8位专家分别发言，对株洲文旅产业发展提出意见、建议。

曹慧泉说，近年来，株洲大力培育制造名城、加快建设幸福株洲，产业竞争力、时空竞争力、治理竞争力持续提升。在此背景下，全力打造国内知名旅游目的地，旨在更好发挥文化旅游的社会建设功能，全面提升城市品质和人民群众获得感、幸福感、满意度，让城市品牌更具影响力、知名度和美誉度，吸引更多人尤其是年轻人来到株洲。

曹慧泉指出，市委、市政府将进一步理顺文旅产业发展的底层逻辑，坚定不移做好顶层设计，正确处理好“有心栽花”和“无心插柳”的关系，在传承厂矿文化、加强治理创新、打造特色项目中做好打基础、利长远的工作，通过久久为功积累口碑打造城市品牌，推动文旅产业发展更可持续。

◎茶陵无人机『上岗』拉起夜间安全防护网

2023年6月17日，在“嗡嗡嗡”的轰鸣声中，一台无人机在茶陵县原湘东钨矿矿区内起飞，这是茶陵县应急局执法人员正在夜间巡查是否存在私挖盗采行为。“现在我们利用无人机的夜拍功能，对矿区进行巡查，发现可疑热点将呈现不同的颜色。”茶陵县应急局执法人员说。

茶陵：无人机黑夜“上岗”拉起夜间安全防护网

夜晚是违法分子私挖盗采的高峰时期。为更好地打击私挖盗采行为，茶陵县应急局创新执法模式，利用无人机携带的红外夜视功能，对茶陵县部分非煤矿山和尾矿库企业进行夜间不定期巡飞。在黑暗的情况下，根据不同目标的不同温度来感应目标位置，帮助地面团队迅速锁定可疑热源，有效解决了夜晚重点时期视野不清、看护不当的难题，避免了违法分子利用黑夜逃避执法检查。

茶陵县应急指挥中心副主任张天啸表示，夜间亮度低，视野不清，而无人机搭载的红外夜视功能，可以通过显示屏非常清晰地看到人员活动情况，如果发现了疑点问题再去现场核实，能极大地增强夜查的精准性。茶陵县应急局党委副书记、副局长吴发明说，下一步，将持续做好夜巡常态化，用好无人机等科技手段，并与各乡镇、企业通力配合加强日常巡查，不定时不定点开展夜间巡查，坚决遏制私挖盗采行为。

要闻纪事

4月

△9日，株洲市委书记、市先进轨道交通装备产业链链长曹慧泉主持召开株洲市先进轨道交通装备产业链2023年第一次会议。会上听取了产业链重点工作计划、“春蕾行动”工作方案、拟上市企业以及田心片区城市更新等方面情况汇报，相关企业及金融机构负责人作交流发言。

△13日，株洲市委书记曹慧泉与湖南出版投资控股集团有限公司党委委员、副总经理舒斌一行座谈。湖南出版集团是省属国企，主营业务涵盖图书、报纸、期刊、音像、电子、网络、地铁媒体、移动媒体、电视媒体等多种媒介。

△17日，株洲市委副书记、市长陈恢清与中国航天建设集团有限公司总经理、副董事长窦晓玉一行座谈交流。航天建设拥有工程服务全产业链比较完整的从业资质，近年来在服务航天的同时，积极开拓民用市场，业务涉及航天、建材等多个行业。

△17日，9名异地株洲商会负责人应邀参加第20期制造名城早餐会，与市委书记曹慧泉等市领导共进早餐，共话“异地商会助力湘商回归”。

△25日，株洲市委副书记、市长、市中小航空发动机与通用航空产业链链长陈恢清主持召开产业链第13次调度会。他强调，要振奋精神、抢抓机遇，抓紧抓好重点工作、重大项目推进，勇担打造世界级航空产业集群的使命。

△26日，株洲市长陈恢清主持召开市政府常务会议，传达贯彻习近平总书记近期重要讲话精神，研究防汛抗旱、“引客入株”促进消费等工作。

△27日，全省市州长视频会在长沙召开。市委副书记、市长陈恢清在株洲分会场通过视频连线重点汇报株洲打好科技创新攻坚仗情况。

◎醴陵烟花爆竹转型升级工作喜获综合考评得分第一

2023年6月14日—6月16日，应急管理部组织召开全国烟花爆竹转型升级集中区建设现场观摩会，先后前往浏阳、上栗、醴陵、万载四县市现场集中观摩。在此次评比中，醴陵烟花爆竹转型升级工作喜获综合考评得分第一。

被纳入全国烟花爆竹转型升级集中区以来，醴陵牢牢抓住烟花爆竹发展难得的历史机遇，高规格成立工作领导小组，认真落实“月调度、季分析、年观摩”推进要求，建立健全“一套班子、一个方案、一张清单、一抓到底”工作机制，稳步推进集中区建设各项工作。主要做法是，对标“四大专项行动”，做实“四个聚焦”。

6月15日，国家应急管理部党委委员、副部长孙广宇率队来醴，集中观摩醴陵烟花爆竹转型升级集中区建设工作

◎直升机、无人机、救援艇都来了，这是什么大阵仗？

2023年6月17日是全省民兵活动日，株洲市300余名抗洪抢险民兵、消防和应急救援人员集结万丰湖，参加抗洪抢险综合演练。市委副书记、市长、市防汛抗旱指挥部指挥长陈恢清观摩演练并讲话。市党政军领导周杰、王卫安、蒋湘晖、蒲油新，株洲高新区党工委书记邬凌云一同观摩。

株洲市2023年抗洪抢险综合演练

此次演练以入汛以来，辖区多地持续遭遇强降雨过程，湘江水域全线超警，人民群众生命财产受到威胁为背景，采取移动模拟的方式进行，包括应急力量展示、综合救援行动、应急抢险行动3项内容9大科目。

随着指挥员一声令下，救援直升机编队行进、冲锋舟编队行进、侦查救援无人机编队行进、消防救援艇编队行进等演练项目相继展开。演练还设置冲锋舟水面搜救和转移被困群众、直升机索降救援、消防救援艇救援和封堵管涌、构筑子堤等5个科目。

直升机、无人机、救援艇都来参与演练

◎株洲市政府与中南大学协同创新合作交流会举行

2023年7月5日，株洲市政府与中南大学协同创新合作交流会在株举行。中南大学校长、党委副书记、中国工程院院士李建成出席并讲话，市委书记曹慧泉讲话，市委副书记、市长陈恢清主持交流会。

交流会上，株洲市介绍了经济社会发展以及与中南大学产学研合作开展情况，中南大学介绍了产学研情况，相关企业、单位就深化与中南大学的合作提出需求。

2022年1月，中南大学与株洲市政府签订协同创新合作协议书后，双方围绕共建科技创新平台等六大方面开展深度合作，取得了共推力能实验装置建设进入湖南“4+4”科创工程、共同组建重载快捷大功率电力机车实验室并申报获评全国重点实验室、校企共建3家省级工程技术研究中心、中南大学湘雅医学院附属株洲医院挂牌等系列合作成果。

李建成表示，株洲是工业重镇，为中国轨道交通等产业的发展作出了重大贡献。中南大学与株洲的合作渊源深厚，立足双方良好合作基础，未来将充分发挥高校人才、科研、校友等资源优势，推动已有合作进一步落实，并积极对接株洲发展需求，全力推动双方在轨道交通、新能源产业发展、通用航空关键零部件研发、重大创新平台建设、新兴和未来产业发展等更宽领域的务实合作，有力推动学校“双一流”建设，努力为地方经济社会发展作出更大贡献。

◎株洲市发布“技术技能型人才职业素养提升十大行动”

2023年6月20日，株洲市技术技能型人才职业素养提升行动启动仪式举行。市委副书记、市委政法委书记胡长春宣布启动。

启动仪式上，发布了《株洲市技术技能型人才职业素养提升十大行动》。“十大行动”包括政府部门发布《株洲市技术技能型人才职业素养培育白皮书》，企校联合编写《产业工人职业素养知识手册》，企校共同编写《轨道交通、航空动力、先进硬质材料科普知识读本》，校企教师共同讲授《职业素养》课程，校企共同建设“企业班主任队伍”，校企开展“大国工匠走进校园”活动，校企共建职业素养训练基地，协会、联盟定期举行技术技能型人才职业素养提升论坛，校企共同开展产业工人职业素养提升培训，政府、协会定期举办株洲市职业素养教师技能比武，校企行业协会联合开展企业员工、院校学生职业素养竞赛和展示活动。

论坛上，湖南工业大学教授李新生以《新时代技术技能型人力资本生产与高质量发展》为题进行报告。来自株洲精工硬质合金有限公司、中车株洲电动汽车有限公司、中车株洲电机有限公司、株洲硬质合金集团、株洲齿轮有限责任公司、湖南铁道职业技术学院、湖南汽车工程职业学院等企业和学校负责人，围绕“职业院校培养高素质技能人才，助力企业高质量发展”参与访谈。

株洲市技术技能型人才职业素养提升行动启动仪式举行

要闻纪事

5月

△4日，株洲市委书记曹慧泉主持召开市打造“三个高地”指挥部指挥长会议，听取指挥部指挥调度系统情况介绍，研究部署有关工作。会上听取了株洲市打造“三个高地”重大项目全生命周期管理平台有关情况介绍。

△7日，株洲市委副书记、市长陈恢清与来株调研的湖南建设投资集团有限责任公司党委书记、董事长蔡典维座谈，就加快株洲信息港项目建设深入交流。湖南建投三建集团承建的株洲信息港项目，由禾田集团投资。项目以全新理念建设集总部基地、中小企业孵化基地、住宅配套、生活配套等板块于一体的综合性产业小镇。

△8日，株洲市首次厅级领导干部荣誉退休仪式举行。市政协原主席蔡溪等8名老领导出席并发言。

△8日，株洲市委常委会召开会议，传达学习习近平总书记近期重要讲话精神，审议通过《政协株洲市委员会“改善生态环境”专项民主监督工作实施方案》《株洲市义务教育质量提升三年行动计划（2023—2025年）》以及有关先进典型评选办法（试行），研究部署国有“三资”清查处置与管理等工作。

△9日，株洲市禁毒社会化工作暨新一届禁毒协会成立大会召开。会上播放了工作专题片，解读了有关指导意见，宣读了新一届禁毒协会人员名单和表彰决定。

△9日，株洲市委书记曹慧泉会见中国信达资产管理股份有限公司党委副书记、执行董事、总裁梁强一行。中国信达是经国务院批准成立的首家金融资产管理公司，旗下拥有银行、证券、信托、租赁、基金管理等多个业务平台，总资产规模超过1.6万亿元。

◎株洲市委理论学习中心组（扩大）举行集体学习

2023 年 7 月 10 日，株洲市委理论学习中心组（扩大）2023 年第七次集体学习暨神农大讲堂之产业 / 学术论坛第 4 期举行，深入学习领会习近平总书记关于网络意识形态工作的重要论述精神。中国公共关系协会副会长、中国传媒大学国家公共关系与战略传播研究院院长董关鹏应邀作专题辅导报告。受市委书记曹慧泉委托，市委副书记、市长陈恢清主持学习。

专题辅导中，董关鹏以“从 5G 全媒体到元宇宙时代应急管理 + 舆论引导的新挑战新战略新实践”为主题，从“势、道、术”三个维度进行生动讲解，深刻剖析 5G 全媒体和元宇宙时代新闻宣传和舆论引导面临的新形势、新规律、新策略，围绕如何做好新闻发布和舆论引导，了解突发事件舆情发展的基本规律，处置好应急突发事件，提出具体工作建议。

陈恢清强调，全市各级各部门务必保持头脑清醒，深入学习贯彻习近平总书记关于网络意识形态的系列重要论述精神，真正把辅导报告消化好、吸收好、运用好，扎实做好各项工作，为全市高质量大发展提供强大的思想保障和良好的舆论环境。务必把好守牢阵地，坚持以人民为中心，主动适应媒体融合发展新趋势，按照防范风险、凝聚共识的要求，进一步增强意识、提升能力、强化引导、加强监管，持续开展“净网”行动。

◎1100 余名大学生在制造名城开启暑期实践

2023 年 7 月 10 日，“下一站，未来！”2023 年株洲市大学生暑期实践营开营仪式举行，1100 余名大学生正式开始在制造名城的暑期实践活动。市委副书记、市长陈恢清致辞并宣布开营。

开营仪式上，青年干部代表、海归代表、自媒体博主代表、招商队员代表化身“制造名城、幸福株洲”号列车经停石峰区（株洲经开区）站、荷塘区站、芦淞区站、株洲高新区（天元区）站的“站长”，向广大青年学子热情推介株洲。开营仪式上还举行了歌舞、相声表演以及学生实习实践定向合作院校授牌仪式等。

陈恢清说，株洲是享誉全球的制造名城，是科创动能强劲的活力之城，是在高质量发展道路上走在前列的引领型城市，也是令各类人才幸福指数很高的魅力城市。

2023 年株洲市大学生暑期实践营包括政务实践、企业实践以及大厂大所行、“校 BA”和“厂 BA”篮球友谊赛、人才沙龙、红色专列行、暑期三下乡、株洲畅游行等主题活动，来自 220 所高校的 1100 余名在读本科生和硕士、博士研究生，将结合专业特长、个人意愿和岗位双向要求，进入株洲市政府机关、企事业单位开展实习实训。

2023 年株洲市大学生暑期实践营开营仪式举行

要闻纪事

△ 10 日，全市乡村振兴驻村帮扶工作总结表彰暨新一轮动员部署会议召开。市委副书记、市委政法委书记胡长春出席会议并讲话。

△ 11 日，株洲市委书记、市委全面深化改革委员会主任曹慧泉主持召开市委全面深化改革委员会 2023 年第 1 次会议，传达二十届中央深改委第 1 次会议、省委深改委第 19 次会议精神，审议有关文件，研究有关改革工作。

△ 13 日，株洲市委书记曹慧泉与中国电力国际发展有限公司党委书记、董事局主席贺徙一行座谈，就加强合作深入交流。

△ 15 日，全市打击治理电信网络诈骗犯罪和跨境突出犯罪工作协调小组全体成员会议召开。会上观看了相关视频，通报了全市“反诈打跨”工作情况，渌口区等 3 个单位作了发言。

△ 16 日，市长陈恢清主持召开株洲市政府常务会议，传达贯彻习近平总书记近期重要讲话精神，研究交通安全问题整治、品牌提升工程等工作。

△ 16 日，全市交通问题顽瘴痼疾系统整治推进视频会议召开，深入学习贯彻习近平总书记关于安全生产工作重要论述，认真落实党中央、国务院和省委、省政府安全生产电视电话会议部署要求，分析当前形势，部署下阶段工作。

△ 17 日，株洲市委书记曹慧泉会见了来株考察的晶科能源股份有限公司创始人兼 CEO 陈康平一行。晶科能源是一家全球知名、极具创新力的太阳能科技企业，大华股份是全球领先的以视频为核心的智慧物联解决方案提供商和运营服务商，两公司均为 A 股上市企业。

◎茶陵县举行 2023 年森林防灭火技能比武暨应急演练活动

2023 年 7 月 14 日，茶陵县举行 2023 年森林防灭火技能比武暨应急演练活动，县委副书记、县长杨红兵，市森防办主任、市应急管理局党委副书记、副局长刘文清，以及刘军勇、刘喜春等领导到场观摩。

此次演练以“科目展示、贴近实战、综合演练”的形式进行，模拟茶陵县利民办事处莲花路段发生局部森林火情，县应急指挥中心接到报告后紧急调集灭火救援专业队伍，迅速开展扑火救援现场应急处置。来自云阳国家森林公园管理局、茶陵县应急森林消防大队、消防救援大队、林业局、城管局、各乡办应急队等 23 支队伍就油锯破障、风力灭火机操作、高扬程水泵以水灭火等 3 个相关应急救援技术展开激烈技能比武。

在高扬程水泵以水灭火项目中，比武小组组内队员通力合作，迅速连接水泵铺设水带并实施“灭火”，整个过程反应迅速，更是展示了队员们良好的专业素养和积极向上的精神风貌。经过激烈比拼，茶陵县消防救援大队获得县直组一等奖，严塘镇获得乡镇组一等奖。

◎全省安全生产电视电话会议暨省安委会第三次全体会召开

会议现场

2023 年 7 月 20 日，省安委会在长沙召开全省安全生产电视电话会议暨第三次全体成员会议。市委副书记、市长陈恢清在株洲分会场参加并作表态发言。

会议强调，要深入贯彻习近平总书记关于安全生产的重要论述，扛牢“促一方发展、保一方平安”的政治责任，坚决打赢安全生产翻身仗，以安全生产之“稳”，支撑高质量发展之“进”。打赢安全生产翻身仗，要本着对党忠诚、对人民负责、对生命敬畏的态度，做到盯牢重点隐患排查、重点行业监管、重点区域管控、重点环节管理。

陈恢清表示，株洲将坚决贯彻落实省委、省政府安排部署，按照此次会议要求，以非常举措、空前力度坚决打好打赢安全生产翻身仗。始终绷紧思想之弦，强化预测预警，细化防范措施，坚决扭转安全生产被动局面，切实维护人民群众生命财产安全，紧盯烟花爆竹、道路交通、城镇燃气等重点领域，全覆盖、全过程抓排查，清单化、闭环式抓整改，推动隐患排查整改动态清零。深刻吸取事故教训，常态化开展“打非治违”、安全领域治贪反腐专项行动，广泛发动人民群众举报安全生产违法违规行为。压实党政领导、属地、部门、企业、个人等各方责任，严肃事前事后问责，全力确保安全生产形势稳定好转。

◎湖南首家工业软件园在株洲开园

2023 年 7 月 18 日，湖南省首家工业软件园——天元工业软件园正式开园。市委书记曹慧泉，省工信厅党组成员、总经济师熊琛出席开园仪式并为软件园揭牌，市委副书记、市长陈恢清讲话并见证揭牌。开园仪式上举行了 7 家入驻企业及 10 家意向企业签约仪式，天元云科技与湖南澳维科技签署了合作协议。

天元工业软件园位于天元区中国动力谷展示中心，分三期建设，将通过从外引进优质企业和专家人才团队、向内鼓励本地制造企业软件业务“裂变”发展等方式，实现工业软件产业的聚集突破，在株洲培育“对标世界先进、服务国家产业”的工业软件生态。

陈恢清表示，工业软件是产业升级的加速器、智能制造的底座和现代工业的“灵魂”。近年来，株洲坚决贯彻落实党中央决策部署，坚持把发展工业软件作为发展信息技术与打造国家重要先进制造业高地的基础性、战略性产业来抓，布局建设了一批专业园区，形成多点支撑的发展格局。此次天元工业软件园正式开园，必将进一步助推企业加速数字化转型，持续夯实建设制造强市的基础。全市上下要以软件园开园为契机，心甘情愿、心急如焚优化服务，深入推进全市“智赋千企”行动，推动企业转型升级，全力打造国家工业软件企业聚集区和工业软件创新发展新高地。

湖南首家工业软件园在株洲开园，首批入驻企业签约

◎构建网上网下同心圆 为株洲高质量发展提供坚实支撑

市委网络安全和信息化委员会全体会议召开

2023 年 7 月 26 日，市委书记、市委网络安全和信息化委员会主任曹慧泉主持召开市委网络安全和信息化委员会全体会议，深入学习贯彻习近平总书记对网络安全和信息化工作的重要指示精神，传达学习全国网络安全和信息化工作会议、省委网信委会议精神，听取有关情况汇报，审议有关文件，研究部署下阶段工作。市委副书记、市长、市委网络安全和信息化委员会副主任陈恢清出席。

会议指出，习近平总书记关于网络强国的重要思想，鲜明提出网信工作的使命任务，明确“十个坚持”重要原则，既是对中国特色治网之道的科学总结和理论升华，也是引领网信事业发展的思想指南和行动遵循。我们要切实把牢网信工作方向，坚持内容为王，用好用活各类平台，努力推动网信事业高质量发展。

会议强调，要强化阵地意识。要顺应网络时代、算法时代的新变化，深入研究网络平台传播逻辑和特点，积极抢占网上宣传思想阵地。要强化议题设置，切实把培育制造名城、建设幸福株洲取得的新进展新变化宣传好，持续提振发展信心。要走好群众路线，深入开展“走找想促”活动，认真办理好网民留言，吸收好网民合理建议，解决好网民合理诉求。

要闻纪事

△ 17 日，株洲市委副书记、市长陈恢清与山河智能装备股份有限公司创始人兼名誉董事长、山河科技股份有限公司董事长何清华一行座谈交流。山河科技介绍了企业发展、行业趋势等情况，与会单位结合企业诉求作了发言。

△ 17 日，湖南省民政厅党组成员、副厅长游劲民带队来荷塘区调研基层治理工作。游劲民与来自小区的 9 名楼栋长、居民代表、党支部书记、业主委员会主任、骨干志愿者进行亲切交流。

△ 21 日，醴陵陶瓷文化传承创新与产业发展学术研讨会举行闭门会议，华东理工大学艺术设计与传媒学院首任院长程建新等 13 位知名专家学者为产业发展“把脉支招”。

△ 24 日至 25 日，湖南省乡村振兴局副局长赵成新率调研组来茶调研乡村治理工作。调研组一行先后来到明丰智能化育秧基地、洣江街道诸睦村、思聪街道左垅村、马江镇文江村现代农业产业示范园等地，详细了解茶陵县幸福屋场建设、数字乡村、村屯共治和村民议事堂制度、办事清单制等工作开展情况。

△ 24 日，市委副书记、市长陈恢清主持召开株洲高新区轨道交通装备产业园基础配套设施项目一期建设调度会。该项目主要建设内容包括新建动力谷展示交易中心、轨道交通装备产业园后勤配套中心、改扩建轨道交通装备产业园综合服务中心，其中展示交易中心为中国国际轨道交通和装备制造产业博览会会址。

△ 25 日，市委副书记、市长陈恢清主持召开株洲市国土空间规划委员会 2023 年第 3 次专题会议，审议四县市国土空间总体规划、滨江城市设计与规划修改方案等。

◎长株潭入选国家综合型流通支点城市

2023年8月，国家发展改革委等5部门印发《关于布局建设现代流通战略支点城市的通知》，部署现代流通战略支点城市布局建设工作，长沙—株洲—湘潭入选综合型流通支点城市。

综合考虑城市资源禀赋、发展基础、比较优势和未来潜力，5部门将102个城市纳入布局建设范围，按综合型、复合型、功能型分类推进建设，从“大流通”高度推动商流、物流、信息流、资金流融合发展，促进生产消费紧密衔接，加快形成内畅外联的现代流通网络，更好服务以实体经济为支撑的现代化产业体系。

株洲市委市政府高度重视、高位推动现代流通事业发展，聚焦“优化交通物流结构助推物流降本增效”举办第22次“制造名城早餐会”，出台《株洲市服务企业“一降一升”行动实施细则（2023年）》，深入推动公铁水多式联运工作，围绕企业在生产经营过程中物流等重要方面降本增效。

目前，湘粤非铁海联运班列实现常态化运行，铜塘湾保税物流中心功能充分激活，康宁湖南物流分拨中心落户株洲，国家跨境电子商务综合试验区成功获批，装备制造、陶瓷、有色新材料等国家级外贸转型升级出口示范基地持续做大做强，外向通道进一步畅通。

◎陈恢清在株洲市荷塘区调研

市委副书记、市长陈恢清在荷塘区调研

2023年8月1日，市委副书记、市长陈恢清在荷塘区调研打好“发展六仗”工作，并开展“送清凉”活动，看望慰问一线职工。他强调，要更好统筹发展与安全，紧盯目标、狠抓落实，全力以赴打好打赢“发展六仗”，奋力推动株洲高质量发展。

湖南先进硬质材料产业园一期项目预计10月底完成主体封顶，目前已引进多家企业。陈恢清来到项目现场，察看项目进展，了解企业招引、园区配套情况，为施工人员送上“清凉包”，叮嘱大家注意防暑降温，安全有序推进项目建设。要求相关单位严格落实安全生产措施，科学组织施工，着力打造精品示范工程，助力产业集群发展。

在株洲中燃铁达能源公司，陈恢清检查安全生产工作，要求企业严格遵守操作规程，加强联动“打非”，促进燃气瓶规范管理，坚决守牢安全底线。随后，陈恢清考察了创达机械公司生产车间等地，与企业负责人座谈交流，倾听发展诉求。他勉励企业坚持“专精特新”发展，创新产品、提升工艺，切实做好依法统计、安全生产、环保等工作，实现更大发展。相关单位要瞄准提升本地产业配套率挖潜，持续延链、补链、强链，不断增强产业整体竞争力；当好企业“服务员”，在人才招聘、土地供给等方面给予有力支持。

要闻纪事

△29日，株洲市委常委会召开会议，传达学习习近平总书记近期重要讲话精神，传达中央对长沙“4·29”特别重大居民自建房倒塌事故的调查结果及省委常委会会议精神，原则通过《关于加强全市战略和应急物资储备体系建设的实施方案》《中共株洲市委党建工作领导小组2023年工作要点》，研究归侨侨眷代表大会筹备等工作。

6月

△5日，市委副书记、市长陈恢清主持召开株洲市长碰头会暨打好“发展六仗”月调度会，总结前阶段工作，安排部署6月份重点工作任务。他强调，要全力以赴打好“发展六仗”，抓紧抓实项目攻坚、争资引项、企业服务等重点工作，全力冲刺“双过半”。

△8日，株洲市委书记曹慧泉与华为技术有限公司高级副总裁张顺茂一行座谈，就加强合作深入交流。华为创立于1987年，是全球领先的信息与通信基础设施和智能终端提供商。

△12日，市委副书记、市长陈恢清主持召开株洲西站便民改造专题会。他强调，要立足当前、着眼长远，突出功能性定位，进一步强化节本增效的理念，加快株洲西站便民改造，用最少的钱把事情办成、办好。

△12日，市委书记、市委统战工作领导小组组长曹慧泉主持召开株洲市委统战工作领导小组2023年第一次全体会议。他强调，要深入学习贯彻习近平总书记关于做好新时代党的统一战线工作的重要思想，牢牢把握团结奋斗的时代主题，充分发挥统一战线重要法宝作用，为培育制造名城、建设幸福株洲最大限度凝聚人心、汇聚力量。

△14日，株洲市第七次归侨侨眷代表大会开幕。省侨联党组书记孙民生，市委书记曹慧泉，市委副书记、市长陈恢清出席开幕式并为市侨联海外顾问、顾问授牌。

◎株洲市荷塘区“近邻管家”推动基层治理

基层治理茶话会

2023年8月实施以来，株洲市荷塘区宋家桥街道“近邻管家”基层治理项目获评湖南省2023年基层治理创新实验项目，成为株洲唯一获评项目。

宋家桥街道不断探索构建党建引领城乡治理模式，形成“邻里互信、邻里互帮、邻里同乐、邻里共治”的城乡治理良好氛围。由小区党支部书记牵头，以“近邻管家”协会为工作抓手，依托村居民代表和志愿者队伍，建成“邻里之家”，构建家门口便民服务体系。通过“近邻议事厅”“近邻会客厅”等，吸纳辖区单位、政协委员、社会组织、企业以及居民代表等多方主体共同参与公共事务协商，征集村（居）民意见和建议，集中讨论大事、要事、难事，并公示结果。利用“管家信箱”“近邻热线”等服务平台，畅通民意表达渠道。

统筹整合辖区资源，发动成立就业、家政、医疗、文体、矛调、环保六类协会，组建“业管家”“住管家”“医管家”“娱管家”“和管家”“绿管家”六类“近邻管家”队伍，有效凝聚“近邻力量”。社区定期召开“月度首日议事会”、开展“大走访大调研大服务”活动收集群众问题，通过举办“邻里公益集市”、小区春晚、幸福邻里节等活动丰富群众精神文化生活。

◎株洲市召开创建全国法治政府建设示范市动员部署会

会议现场

2023年8月2日，株洲市召开创建全国法治政府建设示范市动员部署会。市委副书记、市长陈恢清强调，要提高站位、聚焦重点、扛牢责任，全力以赴抓好创建工作，以高水平法治建设护航经济高质量发展、人民高品质生活、城市高效能治理。

会上作了工作动员部署，明确了工作重点和创建要求。根据方案，株洲市将全力争创第三批“全国法治政府建设示范市”。

陈恢清强调，要聚焦重点，以更有力的务实举措抓创建作示范。着力推动政府职能深刻转变，持续加大“放”的力度，提升“管”的水平，强化“服”的质效，推动有效市场和有为政府同向发力；着力推进行政决策制度体系建设，进一步完善决策程序，加强合法性审查，严格责任追究，全过程提高行政决策科学化、民主化、法治化水平；着力落实公正文明执法要求，健全行政执法体制机制，加强重点领域执法，树牢执法为民理念，使执法过程成为传递公正文明、维护公平正义的过程；着力防范和化解社会矛盾纠纷，持续加强行政复议应诉工作能力，切实提高人民调解工作实效，不断规范信访工作制度，积极主动回应群众诉求，解决群众“急难愁盼”问题；着力筑牢人民群众法治信仰，加大普法力度，全面彰显公平正义，引导广大干部群众强化敬法畏纪意识。

◎株洲市举行北斗规模应用指挥部揭牌仪式暨座谈交流会

2023年8月6日，株洲市举行北斗规模应用指挥部揭牌仪式暨座谈交流会。市委书记曹慧泉，市委副书记、市长陈恢清共同为指挥部揭牌并出席会议。中国卫星导航定位协会副秘书长肖雄兵、长沙北斗产业安全技术研究院院长胡斌应邀就北斗规模应用作辅导，中车株洲所、太极通工、太昌电子、太空星际等北斗应用领域重点企业以及市委网信办、市发改委等相关市直部门负责人分别发言，谈思路、讲打算、提建议。

株洲市举行北斗规模应用指挥部揭牌仪式

曹慧泉说，北斗规模应用指挥部是株洲落实省委、省政府部署要求，以更高规格、更大力度推进北斗规模应用发展的重要抓手和平台。要抢抓发展机遇，发挥产业基础和创新优势，坚持“专业做”“长期做”“创新做”，创造性抓好各项工作落实，为加快北斗规模应用市场化、产业化、国际化发展贡献株洲力量。

陈恢清指出，要明确目标，抢抓机遇、乘势而上，努力在北斗产业发展及规模化应用上走在前、作示范。要理清思路，坚持市场驱动、政府引导，坚持产业与应用两端发力，强化人才支撑，立足株洲产业特色，着力培植北斗技术在轨道交通、通用航空等领域的应用优势。增强合力，加强专家指导、组织领导、考评激励，专班推动、高效统筹，全力争取上级支持，促进北斗产业高质量发展。

◎株洲市政府与湖南农业大学农业科技合作交流会举行

株洲市政府与湖南农业大学在农业科技合作交流会上签约

2023年8月3日，株洲市政府与湖南农业大学农业科技合作交流会在长沙举行。湖南农业大学党委书记陈弘，湖南农业大学校长、中国工程院院士邹学校，市委副书记、市长陈恢清出席并讲话。中国工程院院士、湖南农业大学学术委员会主任刘仲华，湖南农业大学副校长郑晓峰，市领导蒋湘晖、陈艳娟参加活动。

近年来，湖南农业大学与株洲合作日趋紧密，双方通过项目合作攻关、联合开展科技服务等方式，在蔬菜、生猪、鲴鱼、中药材培育和种养殖等方面取得了丰硕合作成果。

陈弘、邹学校表示，株洲不仅是工业重镇，农业特色也非常明显，双方有着良好的合作基础和广阔的合作空间。湖南农业大学将坚持“农大姓农”的办学定位，在学科布局、专业优化、科学研究等方面紧密对接地方发展需求，全面深化与株洲在王十万黄辣椒、白关丝瓜等特色产业发展以及农业人才培养、科技成果转化等更宽领域务实合作，有力推动学校“双一流”建设，努力为株洲乡村振兴、县域经济发展作出更大贡献。

要闻纪事

△15日，株洲应急管理部党委委员、副部长孙广宇率队赴醴陵市，现场观摩烟花爆竹转型升级集中区建设情况。醴陵平盛烟花是全球最大的烟花爆竹产品供应商之一，其研制出的组合烟花自动化组装装药生产线，可实现设备故障及时准确报警处置、产品质量智能检测和控制等。

△15日，市长陈恢清主持召开株洲市政府常务会议，传达学习习近平总书记近期重要讲话精神，研究服务企业“一降一升”行动、双碳、垃圾分类等工作。

△19日，株洲市召开国有“三资”清查、处置与管理改革工作推进会。市财政局汇报了全市清查、处置国有“三资”工作情况，市资规局、市国资委汇报了相关工作情况，醴陵市、芦淞区作了典型发言。

△26日，“全民禁毒·幸福株洲”2023年株洲市“6·26”国际禁毒日颁奖晚会举行。晚会在武术表演节目《禁毒峥嵘，薪火相传》中拉开序幕。随后，音诗画、小品、戏剧+剪纸、舞蹈情景剧、合唱等将晚会逐步推向高潮。“全民禁毒·幸福株洲”株洲市禁毒文艺巡演由此启动。其间，一批先进集体和先进个人受到隆重表彰。

△27日，株洲市委书记曹慧泉与来株调研的中兴通讯股份有限公司政企华中区总经理张永、公共安全总工程师尘福通等北斗产业相关单位代表座谈，就加强合作深入交流。

△28日，株洲市委书记、市国土空间规划委员会主任曹慧泉主持召开市国土空间规划委员会2023年第2次会议，审议株洲北斗产业园空间规划方案、株洲市城区全民所有自然资源资产（土地、矿产两类）清查统计工作成果、株醴融城片区发展战略规划等。

◎陈恢清调研智慧城市建设工作

智慧株洲建设情况汇报会

2023年8月14日，市委副书记、市长陈恢清调研智慧城市建设工作。他强调，要提高认识，真抓实干，充分发挥智慧城市体系在促进发展中的重要作用，让人民群众和广大市场主体真正得实惠，推动株洲智慧城市建设工作走在前列。

近年来，株洲市构建了“一体统领、一网通办、一网统管、一端通达、一数赋能”新型智慧城市总体建设框架，智慧城市整体水平在相关评价中排名全省第二。

在智慧株洲城市数智中心，陈恢清听取了中心运行、数据采集共享、应用场景打造情况介绍。座谈会上，市行政审批局负责人汇报了智慧城市建设情况，有关市属国企和市直相关部门负责人分别发言。

◎炎陵137名“生态警长”护航绿水青山

民警在“千年鸟道”联防巡逻

2023年8月15日是首个全国生态日，炎陵县县、乡镇、村（社区）三级“生态警长”代表齐聚该县公安局，参加生态警务指挥室启用仪式。2023年4月26日，炎陵县公安局按照“属地管辖、分级设立、逐级负责、全域覆盖”的原则，结合林长制、河长制、田长制，出台《全县公安机关全面推行“生态警长”制实施方案》，设立了137名县、乡镇、村（社区）三级“生态警长”。

炎陵县森林公安局局长肖华介绍，村级“生态警长”由辖区派出所民警担任，乡级“生态警长”为辖区派出所所长或森林公安派出所所长，县级“生态警长”则为县公安局局长。各级“生态警长”的职责，是会同有关部门，领导、组织、落实、监督本辖区公安机关开展“山水林田湖草沙”等生态资源的保护治理、打击违法犯罪、维护生态秩序。

◎曹慧泉主持召开株洲市推进长株潭一体化发展领导小组会议

2023年8月17日，株洲市委书记曹慧泉主持召开株洲市推进长株潭一体化发展领导小组会议，深入学习贯彻习近平总书记关于推进长株潭一体化的重要指示精神，传达学习省长株潭一体化发展领导小组会议精神，审议相关文件，研究部署下阶段重点工作。市委副书记、市长陈恢清出席。

会议审议了《株洲市落实〈长株潭一体化三年行动计划（2023—2025年）〉责任分解表》和《株洲市推动长株潭一体化发展2023年重点任务清单》。

曹慧泉强调，要坚持问题导向，着力破除制约瓶颈，以重点问题突破带动整体工作跃升。坚持差异化融合化思路推动产业发展和科技创新，擦亮株洲优势产业名片，强化与长沙、湘潭的产业协作，共建高能级产业生态圈，有效承接科研成果转化落地，为提高长株潭综合竞争力和辐射带动力贡献株洲力量。明确推进关键性交通基础设施建设路径，立足当前、着眼长远，加强与长沙、湘潭的交通、产业规划对接，科学谋划实施一批标志性工程，着力提高交通便利性、降低物流成本。推动公共服务共建共享，解放思想、转变观念，聚焦教育、医疗等重点领域发力，让老百姓拥有实实在在的获得感。强化生态环境同保共治，共同发力抓好生态绿心、湘江保护等工作。

要闻纪事

△29日，株洲市打好优化发展环境持久仗工作推进会在攸县召开。湖南省优化办主任欧阳晓凤，省发改委优化处二级主任科员姜剑，市委常委、常务副市长王卫安，市政府办二级调研员刘政凯，市政府办党组成员、市优化营商环境中心主任刘奔汉，县委书记李鹏程，县委副书记、县长武挪强参加。

△30日，湖南省政协党组书记、主席毛万春来区走访慰问老党员，向他们转达党中央的关怀和温暖，并向广大共产党员致以崇高敬意和亲切问候。

7月

△3日，全市上半年经济运行监测分析工作会议召开，贯彻落实全省有关会议精神，分析当前经济形势，安排部署下阶段工作。市统计局汇报了上半年经济运行情况，市发改、工信、财政、税务、住建、商务等部门汇报了相关工作情况，各县市区作了交流发言。

△4日，荷塘区直属机关工作委员会召开“两优一先”表彰大会暨“光荣在党50周年纪念章”颁发大会。区委常委、区委办主任田业强宣读表彰决定，对14个先进基层党组织、52名优秀共产党员、16名优秀党务工作者以及9名光荣在党50年老党员予以表彰。

△5日，湖南省中小企业服务中心党委委员、副主任王曙带队来到株洲高新区，考察调研高新区企业服务工作。调研组一行先后参观了动力谷展示中心，考察动力谷园区一站式服务中心，并听取了企业服务局关于高新区企业服务体系的详细讲解。

△5日，工委、区委理论学习中心组（扩大）举行2023年第六次集中学习，并举行“企业资本市场菁英”培养工程开学典礼。

◎株洲市贸促会第五届委员会议召开

2023年8月22日，中国国际贸易促进委员会株洲市支会第五届委员会议召开。省贸促会党组书记、会长杨爱云讲话。市委书记曹慧泉，市委副书记、市长陈恢清出席。

会上，颜梦香代表市贸促会第四届委员会作工作报告，市侨联负责同志代表群团组织致贺词。大会选举产生市贸促会第五届委员会领导机构，推选胡长春为市贸促会名誉会长，选举颜梦香为市贸促会会长、程振斌等5人为副会长或兼职副会长。

杨爱云希望株洲市贸促系统认真学习贯彻习近平总书记在庆祝中国国际贸易促进委员会建会70周年大会暨全球贸易投资促进峰会上的重要致辞精神，认清形势，坚定信心，找准定位，做好服务党和国家工作大局、服务企业工作，在推动高水平“走出去”和高质量“引进来”上再创佳绩。

株洲市贸促会第五届委员会议召开

胡长春表示，株洲市贸促系统要坚持政治建会、开放兴会、服务立会、改革强会，在改革创新中挖掘潜能，在埋头苦干中增长实力，以更高站位扛牢贸促使命、更高水平彰显贸促作为、更高效能擦亮贸促品牌、更高标准展示贸促风采，努力开创株洲市开放型经济高质量发展新局面。

◎株洲市荣膺“2023中国最具生态竞争力城市”

株洲市副市长易湘东在大会上作城市推介和主旨发言

2023年8月25日至26日，2023中国国际生态竞争力峰会在河北省承德市举行。会上，株洲市荣获“2023中国最具生态竞争力城市”称号。

2022年，株洲市空气综合指数为3.70，同比下降（改善）5.1%，综合指数排名首次进入全省前十；湘江株洲段、渌水水质持续保持或优于国家Ⅱ类标准，渌江水质从Ⅲ类提升到Ⅱ类，改善率居全省排名第二；省控断面水质指数达2.8478（全省排名第三），综合排名全省第二，达到历史最好水平。

三一石油装备产业园、中国中车“双碳”产业园、恒和工贸总部经济产业园、襄阳电机新能源产业园、尚驰电气新能源电驱高端产业园等一大批先进产业相继导入，“腾笼换鸟”的方法论，在株洲大地生动实践；获批全省首个“环境修复＋开发建设”试点，片区土壤和地下水治理与风险管控有了政策支持和技术指导，片区治理与开发又有了新路径。

2023中国最具生态竞争力城市奖牌

株洲市坚持“聚焦、裂变、创新、升级、品牌”工作思路，向着高端化、智能化、绿色化、数字化等方向，“3+3+2”现代产业体系加速构建，世界级、国家级、区域级产业集群梯度发展、全面冲锋，以轨道交通装备、中小航空发动机、先进硬质材料“三驾马车”为引领，正迅速辟出一条产业集群发展的高效之路。

◎副省长秦国文在株调研重大科学装置建设工作

2023年8月24日，副省长秦国文到株洲调研重大科学装置建设工作。株洲力能实验装置、航空发动机冰风洞装置是湖南“4+4科创工程”的重要组成部分。力能实验装置定位为紧密结合轨道交通产业发展的应用型公共平台；航空发动机冰风洞装置模拟出的大气结冰环境，可进行航空发动机整机及通航飞机、无人机等飞行器环境结冰试验。

来到中车株洲所、中车株机，秦国文考察力能实验装置一期建设和有关试验研究情况，听取意见建议。目前，一期株所分中心已完成超高斯振动控制系统构建任务，株机分中心正结合重载快捷大功率电力机车全国重点实验室研究方向，着力提升6大试验平台能力。

副省长秦国文在株调研重大科学装置建设工作

在中国航发湖南动力机械研究所，秦国文察看多款航空发动机产品，与科研人员深入交流，详细了解航空发动机冰风洞装置建设和运行情况。目前，项目一期已完成高空环境模拟等调试，具备了中小型航空发动机冰风洞试验能力。秦国文对此表示肯定，指出要心系“国之大者”，服务“省之大计”，积极推进高水平实体化运行，助力湖南打造具有核心竞争力的科技创新高地。各有关部门要落实保障责任，以高效服务和有力保障为装置建设提供支持。

◎全省“智赋万企”行动推进大会召开

全省“智赋万企”行动推进大会召开，图为株洲会场

2023年8月23日，全省“智赋万企”行动推进大会召开。市委副书记、市长陈恢清在株洲分会场参会并作典型发言。

会议强调，全省上下要以“智赋万企”行动为抓手，推动数字技术驱动生产方式和企业形态根本性变革，更好促进经济社会高质量发展。要抓实“三大关键五大支撑”。加快关键设施建设，推动算力资源跨区域高效配置。打造关键服务平台，建设一批特色型、专业型工业互联网平台。开展关键试点示范，争创一批国家级智能制造示范工厂、示范场景。要强化组织领导、应用推广、协调配合、督导考核和宣传推介，擦亮湖南“智赋万企”金名片，更好支撑和引领全省高质量发展、高水平治理、高品质生活。

陈恢清在发言中说，2023年以来，株洲聚焦“三个维度”，适度超前布局、创建千兆城市、加快创新应用，强化了数字新基建。聚合“三大协同”，强化大平台供给推动、大企业示范带动、大产业集群拉动，夯实了转型新基座。聚力“三个一批”，培育一批典型场景、一批标杆企业、一批特色园区，构建了智改新生态。下一步，株洲将全面落实省委、省政府决策部署和此次会议精神，学习兄弟市州经验做法，纵深开展“智赋万企”行动，为发展插上智能化翅膀，为实现“三高四新”美好蓝图贡献更多株洲力量。

要闻纪事

△5日，株洲市召开“厂BA”篮球锦标赛工作调度会。“厂BA”篮球锦标赛将株洲厂矿企业篮球赛史与工业发展结合，在激烈的篮球赛事之外，同步策划夜市、网红街区、地摊文化、篮球嘉年华等特色活动，着力擦亮制造名城名片、营造幸福株洲浓厚氛围。

△6日，工委、区委常委班子召开“镜鉴”以案明纪以案促改肃流毒、正生态、促发展专题民主生活会。省纪委监委到会指导领导宣读了对工委、区委纪检监察建议，充分肯定了此次专题民主生活会，并对下阶段工作提出明确要求。

△6日，株洲市政协召开十届八次常委会议，传达学习习近平总书记近期重要讲话精神，围绕“着眼稳就业，落实就业优先战略”开展专题议政性常委会会议协商。

△10日，市委副书记、市长陈恢清与来株洲调研的北京巅峰智业旅游文化创意股份有限公司创始人刘锋一行座谈交流。北京巅峰智业是中国旅游规划行业的头部企业。

△11日，株洲市委副书记、市长陈恢清以“四不两直”方式，赴渌口区暗访督查安全生产工作。他强调，要牢固树立“生命至上、安全第一”理念，时刻绷紧安全生产这根弦，深刻吸取近期市内外事故教训，痛定思痛，进一步强化安全生产各项工作，确保人民群众生命财产安全。

△12日，天元区“扫黄打非”工作小组办公室组织召开了“扫黄打非”专项整治部署会议。会上通报了全区“扫黄打非”6个专项整治工作方案，部署了重点任务，明确了各“扫黄打非”成员单位的分工职责。

◎首届C10菁英峰会在株洲启动

首届C10菁英峰会在株洲启动

2023年8月28日，首届C10菁英峰会暨第三届长株潭一体化发展青年行动在株洲启动。团省委书记李志超出席开幕式并讲话，市委副书记、市委政法委书记胡长春致辞。市领导李武宁、王庭恺、胡波、唐文发、朱胜辉参加。

C10城市包括株洲、长沙、湘潭、贵阳、无锡、佛山、常州、泉州、芜湖、柳州。启动仪式上，10市团市委书记作了“十城说”主题推介，签约了“C10青年科技人才联盟”合作框架协议，长株潭三市团委书记发布了2023年长株潭一体化发展青年行动项目，10市青年科技人才代表作了“十城智”主题宣讲。

李志超表示，青年人才是湖南人才力量的源头活水。他强调，要打造思想交流碰撞的新舞台，以年轻的姿态唱响青春之歌；要探索跨省共青团合作的新模式，以团结的姿态汇聚青春力量；要构建青春赋能高质量发展的新路径，以奋斗的姿态激扬青春抱负。希望各地青年朋友共话情谊、共谋发展；各地共青团加强省际协同，推动各项合作取得更多标志性成果、实质性进展。

胡长春表示，青年科技人才是科技创新的生力军，科技强国建设离不开一个个科技尖兵。希望以此次峰会为契机，为广大青年科技人才架设一座开放共享、互学互鉴、深化合作的桥梁，共同赋能城市高质量发展。

◎株洲市政府与湖南省地质院合作签约

株洲市政府与省地质院合作签约

2023年9月5日，株洲市政府与湖南省地质院战略合作框架协议签约仪式举行。省地质院党委书记谈文胜，市委副书记、市长陈恢清现场见证。

湖南省地质院以地质工作为主责主业，专业门类全、人才技术强、装备设备精、信息数据多，主要承担基础性战略性公益性地质调查、矿产资源勘查和地质科学研究工作。根据协议，双方将在城市建设、国土空间规划、资源能源保障、生态文明建设、自然资源管理、防灾减灾、乡村振兴、地质旅游等领域开展合作，推动资源科学开发利用与保护，支撑株洲市高质量发展，共同打造政府部门与地质部门融合协作发展新典范。

陈恢清对省地质院长期以来给予株洲的支持表示感谢，期待双方以此次合作签约为契机，以更高站位、更实举措、更大力度推动合作事项落地见效，努力在共同推进自然资源开发利用上取得新突破，在共同推进生态环境保护修复上取得新成效，在共同推进地下市政基础设施普查和国土空间规划上展现新作为，在共同推进民生保障和乡村振兴上取得新进展，推动株洲地质事业高质量发展。

◎茶陵县新兵入伍齐欢送 热血青春奔赴军营

茶陵县2023年下半年新兵入伍欢送仪式在县人武部举行

2023年9月12日，茶陵县2023年下半年新兵入伍欢送仪式在县人武部举行。县领导肖治林、刘永刚参加仪式。

欢送现场，新兵代表们胸戴红花、身披“入伍光荣”绶带，军姿挺拔、庄严宣誓，告别亲人和家乡，将陆续踏上从军报国、卫国戍边征程，奔赴祖国座座军营。

肖治林向全体入伍新兵表示热烈祝贺，勉励大家珍惜参军荣誉，继承革命精神，在本职岗位上锐意进取、苦练本领，磨炼坚强的意志品质，将自己锻炼成一名勇往直前、不辱使命的优秀战士，为家乡争光添彩，为祖国和人民建功立业。

要闻纪事

△17日，湖南省委第四巡视组向株洲市委反馈巡视情况。省纪委副书记、省监委副主任胡卫兵传达了省委书记沈晓明关于巡视工作的讲话精神并对抓好巡视整改工作提出要求。省委第四巡视组组长邓广雁分别向市委书记曹慧泉和市委领导班子反馈了巡视情况。

△18日，石峰区举行首次县处级领导干部荣誉退休仪式。区委书记、株洲经开区党工委书记邹志超出席仪式并讲话。

△25日，株洲市委常委会召开会议，传达学习习近平总书记近期重要讲话精神，传达学习习近平总书记关于“千万工程”、关于“浦江经验”的重要批示精神以及省委贯彻落实有关要求，研究信访、对台、财会监督等工作。

△26日，株洲市委书记、市委国安委主任曹慧泉主持召开市委国家安全委员会第四次会议，深入学习贯彻习近平总书记关于总体国家安全观的重要论述精神，传达学习中央、省委有关会议精神，听取全市党委国家安全工作情况汇报，审议有关文件，研究部署株洲市国家安全工作。

△27日，2023年株洲市上半年经济形势分析会暨打造“三个高地”工作讲评会召开。会上通报了上半年经济形势、二季度打造“三个高地”工作开展情况及竞赛评比结果；天元区、国网株洲供电公司、中车株机作交流发言；市打造“三个高地”指挥部开放组、先进陶瓷与新型功能玻璃产业链办公室作述职发言。

8月

△15日，市长陈恢清主持召开株洲市政府常务会议，传达贯彻习近平总书记近期重要讲话、重要指示精神，传达省委副书记、省长毛伟明关于巡视整改问题批示精神，研究城市地下管线综合管理、为基层减负、通航产业博览会筹备等工作。

◎墨西哥城STE项目首列车下线发运

2023年9月9日，中国为墨西哥首都墨西哥城电动交通局（STE）研制的首列铰接式轻轨列车下线发运仪式在中车株机举行，这是“中国造”轻轨列车首次服务墨西哥城。中国驻墨西哥大使张润、中国中车总经理（总裁）楼齐良、市委书记曹慧泉、墨西哥城市长马蒂·巴特雷斯·瓜达拉马通过视频连线共同见证列车下线并致辞。

2022年9月，中车株机与STE签订6列铰接式轻轨车辆项目合同（后续增购3列），项目列车最高运营速度80公里/小时，将用于墨西哥城轻轨线。

张润说，中国中车项目的实施将有效助力墨西哥大都会区轨道交通发展，造福当地居民。希望双方以此次合作为契机，继续秉承开放、友好的态度，深化各领域务实合作，实现互利共赢发展。

楼齐良表示，中车株机是中车核心子公司，近年来持续深耕墨西哥市场，积极融入当地经济社会发展、造福当地人民。面向未来，中国中车将全力支持中车株机做好项目执行，用优质的产品和服务践行承诺。

株洲医械协会全新医疗器械《条例》宣贯培训班现场

株洲医械协会全新医疗器械《条例》宣贯培训班现场

◎株洲元素闪亮湖南旅博会

2023湖南文化旅游产业博览会现场

2023 年 9 月 15 日，2023 湖南文化旅游产业博览会在郴州国际会展中心开幕。此次旅博会是第二届湖南旅游发展大会的重要子活动。作为株洲市文旅产业蓬勃发展的展示载体，株洲馆以“神农福地·制造名城”为主题亮相此次博览会。本届旅博会由湖南省文化和旅游厅、省科技厅、省工业和信息化厅、省商务厅、郴州市人民政府共同主办。

株洲馆分为五大板块，分别为中华始祖炎帝、千年瓷都·天下醴陵、世界制造名城、第一红色根据地和互动体验区，前四大板块展示了株洲四大旅游品牌，互动体验区则包含“版画体验”五色株洲、厂 BA、街头艺术站等诸多内容，展区充分展现了株洲市的城市魅力与风采，吸引了众多观众前来参观打卡，了解株洲市特色文化旅游产业融合发展的优秀成果。

为进一步突出株洲市“科技 + 文旅”融合创新，株洲馆通过 720° VR 全景技术，将展馆放上“云端”，让观众足不出户也能“云上”逛展，既充实株洲市文旅产业数字化资源，也便于嘉宾观众扫码留存，提升观展体验。

本届博览会还将举办 2023 湖南文化旅游特色文旅商品（矿晶）推介订购会、“科技赋能文旅”新装备新业态推介订购会等活动。在此期间，株洲市将积极推介一批特色旅游产品，进一步擦亮“幸福株洲制造名城”品牌。

◎株洲市政府与湖南电信签署战略合作协议

2023 年 9 月 14 日，株洲市政府与中国电信湖南公司签署战略合作协议。市委副书记、市长陈恢清与中国电信湖南公司党委副书记、副总经理万鹏座谈并见证签约。

根据协议，双方将在大数据算力中心、AI 大模型、千兆城市建设、智慧株洲建设、制造业数字化转型等方面深化合作，为株洲高质量发展注入强劲数字动能。座谈会上，中电信数智科技有限公司株洲分公司揭牌成立，该公司将聚焦电信政企客户业务，提供政务、金融、医疗、水利等行业场景化 DICT 解决方案。

陈恢清说，希望双方以此次协议签署为新起点，充分发挥各自优势，健全常态长效合作机制，全面深化在数字经济、智赋千企、智慧城市、数字政务、北斗应用、数字乡村等领域的合作，实现互利共赢。希望湖南电信加大投资力度，创新运营机制，与株洲携手打造示范应用标杆，助力株洲在打造“三个高地”中干在实处、走在前列。

万鹏说，株洲工业基础深厚，营商环境优越，数字经济发展势头强劲，是湖南电信重要战略投资区域。下一步，湖南电信将紧扣数字株洲建设部署要求，充分发挥自身优势，加大在株投资力度，不断拓展合作的深度广度，积极推动经济社会数字化转型升级，努力为培育制造名城、建设幸福株洲贡献更大力量。

中电信数智科技有限公司株洲分公司揭牌仪式

◎陈恢清调研湖南（国际）通航博览会动态飞行表演暨株洲航空嘉年华活动

湖南（国际）通航博览会动态飞行表演暨株洲航空嘉年华活动现场

2023 年 9 月 24 日，市委副书记、市长陈恢清调研 2023 湖南（国际）通用航空产业博览会动态飞行表演暨株洲航空嘉年华活动。本届通航博览会动态飞行表演于 9 月 22 日至 24 日在株洲芦淞机场举行，由其升级而来的航空嘉年华活动将持续至 10 月 6 日，包括航空运动节、研学季、音乐节、银企对接会和旅游美食季、市场群品牌服饰广场秀等系列活动。

陈恢清参观静态展区、国防教育展区等处，观看动态飞行表演，与芦淞区及市直有关部门负责人深入交流，了解展区功能划分、服务保障，以及展品特点、航空嘉年华后续活动安排等情况，对活动成效给予肯定。陈恢清还听取了芦淞机场改扩建项目推进情况汇报。

陈恢清指出，通航博览会是展示株洲形象的重要窗口，是招商引资和促进产业发展的重要平台。要提高认识，用好用足这一平台，丰富展陈内容，讲好株洲故事，助力株洲加快打造世界级航空产业集群。要精心组织，进一步优化服务，切实做好人员引导、交通组织、安全保障等工作，高水平办好航空嘉年华后续活动，营造更加便捷舒适的展会环境。要打造品牌，认真总结经验，完善机场周边功能配套，全面提升市场化、专业化办展水平，力争一年比一年办得好、一届比一届水平高，努力打造全国极具影响力的行业盛会。

要闻纪事

△ 15 日，株洲市委书记曹慧泉，市委副书记、市长陈恢清会见中国工程院院士、东北大学流程工业综合自动化国家重点实验室主任、国家冶金自动化工程技术研究中心主任柴天佑一行。

△ 16 日，市委副书记、市长陈恢清与来株洲考察的深圳市湖南商会会长梁白革一行座谈。深圳市湖南商会名誉会长敬阳红、执行会长李建光等十余名湘商，副市长杨胜跃，株洲高新区管委会主任刘智勇参加座谈。

△ 16 日，湖南省委副书记、省长毛伟明来到株洲市，以省人大代表身份参加所在的株洲市第一代表小组“北斗产业发展”主题活动。他强调，要深入贯彻习近平总书记关于坚持和完善人民代表大会制度的重要思想，强化科技创新，培育产业生态，全力打造行业领先的北斗规模应用产业集群，为全面实现“三高四新”美好蓝图作出更大贡献。

△ 17 日，全省信访重点工作湘东片区调度会议在株洲召开。会议深入学习贯彻党的二十大精神和习近平总书记关于加强和改进人民信访工作的重要思想，落实省委省政府工作要求，分析当前信访形势，查摆存在问题，调度推进重点工作落实。

△ 17 日，市委书记曹慧泉主持召开株洲市推进长株潭一体化发展领导小组会议，深入学习贯彻习近平总书记关于推进长株潭一体化的重要指示精神，传达学习省长株潭一体化发展领导小组会议精神，审议相关文件，研究部署下阶段重点工作。会议审议了《株洲市落实〈长株潭一体化三年行动计划（2023——2025 年）〉责任分解表》和《株洲市推动长株潭一体化发展 2023 年重点任务清单》。

◎株洲走进清华大学招才引智

“制造名城进清华”招才引智专场推介活动现场

2023年9月25日、26日，“制造名城进清华”招才引智专场推介活动在北京举行。市委副书记、市长陈恢清出席并作城市宣介。

2023年以来，株洲市围绕重点产业需求精准制定校园招聘计划，打出校园引才组合拳，开展线上校招、赴外校招、重点城市本硕引才系列活动。此次“制造名城进清华”招才引智专场推介，中车株洲所、中车株机、中国航发南方、时代新材等19家株洲企事业单位拿出560个岗位，吸引众多学子前来咨询了解。

株洲城市宣介会上，陈恢清从“为什么来清华、株洲在哪里、李强总理履新后到地方调研首站为什么选择株洲、株洲需要怎样的人才、株洲的未来会怎样、身为株洲人幸福吗、株洲市委市政府怎么样”七个维度，全方位阐述了株洲高质量发展逻辑和取得的成效，表达了对人才的渴望。

宣介会前，陈恢清与清华大学党委副书记过勇会面交流，就进一步深化校地、校企合作达成广泛共识。在会见清华大学教授专家时，陈恢清希望各位专家积极牵线搭桥，推介更多优秀毕业生来株发展。清华大学航发院党工组组长、副院长帅石金表示，航发院愿意发挥自身优势，在科研项目布局、科研成果转化、人才培养等方面深化与株洲的合作，实现优势互补、共赢发展。

◎ 2023年度国家中小企业特色产业集群名单公示

2023年9月27日，工信部公示2023年度国家中小企业特色产业集群名单，全国共有100个产业集群入选中小企业特色产业集群“国家队”。其中，醴陵陶瓷制造产业集群成功入围，是此次全省5个入围集群之一。

醴陵陶瓷发轫于秦汉，于清末创烧了名扬天下的釉下五彩瓷，被誉为“东方陶瓷艺术的高峰”，素有“国瓷”美誉，醴陵也因此成为“中国陶瓷历史文化名城”。

作为中国三大瓷都之一，多年来，醴陵打通陶瓷产业链上下游壁垒，创建了全国产业综合性最强、门类最齐全、市场覆盖面最广的陶瓷产业集群，拥有包括材料、装备、制造、商贸、文化在内的完整产业链条，以华瓷股份、陶润实业、仙凤瓷业、东方电瓷为龙头的500余家链上企业集聚发展，日用陶瓷产量占全国的15%、全球的10%，先进电瓷产量占全省的98%、全国的51%、全球的32%，现已成为全国第三批产业集群（陶瓷）区域品牌试点县，是国家级日用瓷、电瓷出口质量安全示范区。醴陵陶瓷企业自动化、智能化替代率位居全国陶瓷主产区前列，集群企业上云比例93%，工业互联网普及率60%，自动化、智能化替代率达75%。

要闻纪事

△21日，市委书记曹慧泉会见中国铁建华中区域总部党委书记、总经理张树海一行。

中国铁建业务涵盖工程承包、勘察设计咨询、装备制造等，在株设有多家子公司，参与投资建设了一系列基础设施项目。

△23日，市委书记曹慧泉主持召开株洲市委常委会（扩大）会议暨大兴调查研究开展“走找想促”活动第二次调研情况交流会，传达学习中央、省委有关会议和文件精神，交流“走找想促”活动开展情况，安排部署下阶段工作。

△25日至26日，2023中国国际生态竞争力峰会在河北省承德市举行。会上，株洲市荣获“2023中国最具生态竞争力城市”称号。

△31日，市长陈恢清主持召开株洲市政府常务会议，传达贯彻习近平总书记近期重要讲话精神，传达省委十二届四次全体会议精神，研究燃气安全、园区赋权等工作。

9月

△4日，株洲市委副书记、市长陈恢清在市应急管理局调研，详细了解工作开展情况，现场协调解决有关问题。

△4日，株洲市司法局局长曹跃良一行来炎举行“全省法治政府建设示范乡镇”“湖南省红色法治文化基地”授牌仪式，并召开座谈会。

△5日，株洲市政府与省地质院战略合作框架协议签约仪式举行。根据协议，双方将在城市建设、国土空间规划、资源能源保障、生态文明建设、自然资源管理、防灾减灾、乡村振兴、地质旅游等领域开展合作，推动资源科学开发利用与保护，支撑株洲市高质量发展，共同打造政府部门与地质部门融合协作发展新典范。

◎株洲市召开2023年健康株洲行动推进会

2023年10月12日，2023年健康株洲行动推进会召开。会议由市卫生健康委党委委员、副主任，健康株洲行动推进委员会办公室副主任邓跃东主持。健康株洲行动推进委员会15个专项行动工作组联络员及市级专家咨询委员会有关专家参加会议。

会议总结了健康株洲行动推进情况，安排部署下阶段任务。对健康湖南行动考核指标体系进行说明，各专项行动组就有关指标落实情况作了汇报。

邓跃东强调，各专项行动组要主动作为，强化措施，全力推进健康株洲行动。思想上要更加重视，树牢争先创优意识；责任要进一步压实，健全工作机制，形成工作闭环；标准要把严，讲究方法，对标对表，及时补齐短板弱项。

株洲市召开2023年健康株洲行动推进会

◎第二届北斗规模应用国际峰会株洲市执委会第二次会议召开

2023年10月18日，第二届北斗规模应用国际峰会株洲市执委会第二次会议召开。市委书记曹慧泉强调，要确保办出一届高水平国际峰会，为加快北斗规模应用市场化、产业化、国际化发展贡献株洲力量。市委副书记、市长陈恢清主持会议。会上听取了峰会筹备工作整体进展情况汇报、各工作组情况汇报，审议了有关执行方案等文件。

曹慧泉充分肯定峰会筹备前段工作成效。他强调，办好北斗峰会是省委、省政府交给株洲的一项重要政治任务，当前峰会筹备已进入冲刺阶段，市执委会和各级各相关部门要抖擞精神、再接再厉，全面履行东道主职责，全力以赴确保办出一届高水平国际峰会，努力让北斗更加可感、可知，为加快北斗规模应用市场化、产业化、国际化发展贡献株洲力量。

曹慧泉强调，要进一步优化细节，加强与省工作专班的密切配合，细之又细做好嘉宾服务、安全保障、人员培训、活动衔接、后勤服务、招商推介、新闻宣传等各项工作，确保各项活动组织顺畅、出新出彩。要坚决确保实效，既要扎实做好峰会筹备、组织各项工作，又要以峰会举办为契机，全面加强与上级单位、企业和专家的对接，全方位展示株洲城市形象和北斗产业发展成效，努力吸引更多政策、资金、技术和项目落地株洲。

◎湖南省发改委主任黄东红来株洲调研北斗峰会筹备工作

2023年10月12日，湖南省发改委主任黄东红来株调研第二届北斗规模应用国际峰会筹备工作，并主持召开调研座谈会。市委副书记、市长陈恢清参加。

来到此次国际峰会主会场株洲国际会展中心，黄东红仔细察看展馆改造、功能分区、布展设计、周边环境等方面情况，叮嘱要把准时间节点，高质量完成各项工作。调研座谈会上，省、市峰会工作专班分别汇报了筹备有关工作情况，与会人员围绕下一步重点任务等进行了会商。

黄东红强调，要按照省委、省政府部署要求，以加快促进北斗规模应用为目标，全力以赴办出一届高水平国际峰会。要全面联动，合署办公，齐心协力抓好工作落实。要聚焦嘉宾邀请、活动安排、项目签约、招商发布、宣传推广、设计布展、接待服务、交通安保组织、周边环境优化等全过程，逐一细化完善工作方案，不放过任何一个细节，争取每个环节都做到最优，确保峰会取得圆满成功。

陈恢清强调，要进一步增强紧迫感、责任感，强化担当，主动作为，加强省市联动，实现高效协同、凝聚合力。要精心组织谋划，进一步强化统筹协调、细化工作任务、狠抓落地落实，建立常态化推进调度机制，及时协调解决存在的困难和问题，确保各项筹备工作快速推进。

◎陈恢清与兴湘集团杨国平一行座谈

2023年10月16日，市委副书记、市长陈恢清与湖南兴湘投资控股集团党委书记、董事长杨国平一行座谈，就加强项目合作深入交流。兴湘集团领导贺柳、朱智斌、刘志刚，市领导江小忠、蒋湘晖参加座谈。

兴湘集团是省属国有资本运营公司，业务涵盖实体产业、金融服务、股权与资产管理、现代服务业、国资国企改革服务等，与株洲在产业项目、基金、设计咨询等方面有着广泛合作基础。

陈恢清说，株洲制造业生态优势、区位优势明显，在实现“三高四新”美好蓝图中承担重要使命。希望兴湘集团以深化与株洲的项目合作为契机，持续加强与株洲在先进优势制造业发展、基金投资、产业园区扩产提质、工业遗址开发等领域的务实合作，共同做好“科学规划，统筹开发”文章，构建全面合作关系，拓宽双方合作空间，实现互利互惠发展。株洲市委、市政府将加强配套统筹、政策支持，全力做好服务企业各项工作，推动合作项目早建成、早见效。

杨国平表示，株洲产业基础好、创新能力强、营商环境优。兴湘集团将以深化与株洲的项目合作为契机，充分发挥自身优势，在产业发展、项目建设等更多领域与株洲开展全面合作，实现互惠共赢发展。

◎胡伟林在株洲出席长株潭政协主席第二次联席会议

2023年10月18日，长株潭政协主席联席会议第二次会议在株洲召开，共同探讨“高质量加速推进长株潭一体化发展”议题。省政协副主席胡伟林出席并讲话。省长株潭一体化发展事务中心党委书记、主任吴小月，市委书记曹慧泉出席。长沙市政协主席陈刚、湘潭市政协主席杨真平、株洲市政协主席聂方红，株洲市领导王卫安、柳怀德等出席。

会上，聂方红就会议筹备情况及相关建议起草作说明，陈刚、杨真平、王卫安和长株潭三市政协委员代表作协商发言。会议协商通过了《长株潭三市政协关于高质量加速推进长株潭一体化发展的建议（草案）》《长株潭政协主席联席会议第三次会议实施方案（草案）》。

胡伟林指出，省委、省政府高度重视长株潭一体化发展，三市政协围绕这一主题开展协商议政，选题准、调研深、建议实。要找准发展过程中存在的问题，服务助推长株潭一体化发展战略深入实施；要发挥政协系统联动优势，每年聚焦几个方面的重点，提出切实可行的建议，推动问题解决，以开放的视野、系统的思维，广泛凝聚共识、增强工作合力；要紧紧围绕省政协“1453”履职总要求，以更强的责任感、使命感积极履职，为高质量推进长株潭一体化发展、加快实现“三高四新”美好蓝图贡献政协更大力量。

长株潭政协主席第二次联席会议

要闻纪事

△5日，株洲市召开污染防治攻坚战秋季攻坚行动动员部署会。传达了生态环境部部长黄润秋调研湖南生态环境保护工作有关情况，宣读了秋季攻坚行动方案，解读了有关实施办法，炎陵县、茶陵县和市住建局、市农业农村局主要负责人作了发言。

△6日，株洲市委副书记、市长陈恢清到国家税务总局株洲市税务局调研。他强调，要深入学习贯彻省委十二届四次全会精神，更好发挥税收职能作用，担当作为、狠抓落实，不断优化纳税服务、培植壮大税源、提升征管质效，为株洲高质量发展贡献更大税务力量。

△7日，第二届北斗规模应用国际峰会筹备工作专题会召开。市委书记曹慧泉强调，要按照省委、省政府部署要求，注重细节、突出实效，高标准抓好各项筹备工作，全力以赴办好北斗峰会。

△7日，株洲市委书记曹慧泉会见启赋私募基金管理有限公司董事长傅哲宽一行。启赋资本是以管理早期VC基金及产业基金为主的创投机构，致力于投资新技术驱动的新产业，并在新一代信息技术、先进制造、生命健康等细分领域形成竞争优势。该公司目前共管理基金超30支，规模超70亿元。

△10日，市委副书记、市长陈恢清来到株洲市二中枫溪学校小学部调研并看望慰问教师代表。陈恢清察看校园环境、教育设施，了解学校办学特色、教学管理、教师队伍建设等情况，看望慰问一线教师，关切询问他们的工作、生活情况，对大家的辛勤劳动和无私奉献表示衷心感谢。

◎湖南省政协副主席李民观摩『株事好商量』活动

“株事好商量”集中协商议事活动在醴陵华联瓷业举行

2023年10月23日，聚焦“提升品牌影响力，推动醴陵陶瓷走进千家万户”这一主题，市政协“株事好商量”集中协商议事活动在醴陵华联瓷业举行。省政协副主席李民到现场调研观摩。市政协主席聂方红参加。省政协相关委室负责人，副市长蒋湘晖，市政协副主席杨小幼参加。

陶瓷是醴陵的支柱产业，但与国内的景德镇、德化等陶瓷名城相比，醴陵的城市知名度和陶瓷产品认知度仍有一定差距。协商现场，与会人员观看了相关视频短片，市政协委员、市直相关单位、醴陵市相关负责人及企业的代表开展互动式协商交流，积极建言献策，共商产业发展。

现场观摩后，李民充分肯定“株事好商量”活动实效。他表示，要深入贯彻落实省委十二届四次全会精神，培育壮大特色优势产业，做大做强县域经济，把醴陵陶瓷这张名片擦得更亮。要培育企业提升发展带动力，大力支持“链主”型企业发展，提升中小微企业发展主动性，不断提升产业核心竞争力。要培育品牌提升产业影响力，深化对陶瓷文化的挖掘阐释，集中力量推广区域品牌，提升产品美誉度、产业集聚度、业态融合度。要培育队伍增强人才吸引力，注重推进职业传承，精心培养本土人才，为高质量发展提供源源不断的人才支撑。

◎中国中车轨道交通装备与清洁能源装备现代产业链共链行动大会在株洲召开

中国中车轨道交通装备与清洁能源装备现代产业链共链行动大会在株洲召开

2023年10月31日，中国中车轨道交通装备与清洁能源装备现代产业链共链行动大会在株洲召开。国务院国资委秘书长庄树新，中国工业经济联合会执行副会长、国务院原派驻国有重点大型企业监事会主席路耀辉，省人大常委会党组成员、副主任陈飞，副省长王一鸥，中国中车党委书记、董事长孙永才出席大会，中国工程院院士丁荣军，市委书记曹慧泉，市委副书记、市长陈恢清等参加大会，中国中车副总裁余卫平主持。

会上，丁荣军以及中国中车党委常委、财务总监李铮，中国中车党委常委、副总裁马云双作主旨报告。现场，中国中车还携手产业链上合作伙伴，举行了49批次签约，发布了中车共链行动对接目录、中车重大科技创新成果转化应用推广目录、产业链服务平台等。

曹慧泉表示，近年来，株洲坚持“聚焦、裂变、创新、升级、品牌”工作思路，以先进制造业当家、创新为主驱动力、成本领先为导向，大力培育制造名城、加快建设幸福株洲，系统构建了体现株洲特色、周期错落有致的“3+3+2”现代产业体系，产业生态越来越好，集聚效应持续彰显。株洲将以此次大会为契机，加强与中车集团等企业的合作，加快推动“链间协同”“链内融通”，为实现“三高四新”美好蓝图、加快建设制造强国贡献更多力量。

要闻纪事 ★ ★ ★ ★ ★ ★ ★ ★ ★ ★

△12日，中国共产党株洲市第十三届委员会第六次全体会议在株洲举行。全会听取和讨论了曹慧泉同志代表市委常委会所作的工作报告。全会审议并通过了《中共株洲市纪律检查委员会关于向平严重违纪问题的审查报告》，对市委常委会之前作出的给予向平开除党籍处分的决定予以追认。

△13日，株洲市委副书记、市长陈恢清与大汉控股集团有限公司党委书记、董事长傅胜龙一行座谈交流。大汉控股集团业务涵盖钢贸物流、新型城镇化开发、商业管理、职业教育等领域，在株开发了大汉希尔顿酒店、大汉悦中心、金帝女装城、大汉信息产业园等项目。

△14日，株洲市政府与中国电信湖南公司签署战略合作协议。根据协议，双方将在大数据算力中心、AI大模型、千兆城市建设、智慧株洲建设、制造业数字化转型等方面深化合作，为株洲高质量发展注入强劲数字动能。

△14日，株洲市委书记曹慧泉与来株调研的上海曹野农业发展有限公司董事长张向东、埃睿迪科技集团董事长吴奇锋、京东科技集团副总裁李永明一行座谈。

△15日，炎陵县举行2023年度下半年新兵入伍欢送仪式。县委常委、县人武部政委谭运平参加欢送仪式。

△18日，株洲市委书记曹慧泉与来株调研的工商银行湖南省分行党委书记、行长邱亚光一行座谈。

△18日，株洲高新区、天元区2023年“作风建设年”暨青年干部作风能力提升培训班——“天元新锋营”在深圳开班。本次“新锋营”是2023年下半年区委组织部和区委党校研究举办的重点班次，在综合考虑各期“青训营”先锋学员、优秀学员的基础上，经单位推荐，最终敲定50名青年干部组成了本次“新锋营”学员队伍。

◎第二届北斗规模应用国际峰会在株洲开幕

2023年10月26日，第二届北斗规模应用国际峰会在株洲开幕。工业和信息化部部长金壮龙出席并讲话，省委书记沈晓明宣布开幕，省委副书记、省长毛伟明致辞，省委副书记李殿勋主持开幕式。

本届峰会以“同世界·共北斗”为主题，聚焦“一会一展一赛”，举办开幕式、主题论坛、专题论坛、配套活动、成果展等13场专项活动，开展北斗规模应用合作洽谈、项目集中签约等，并发布北斗应用新技术、新产品，充分展示北斗规模应用的最新成果，全面搭建洽谈合作平台，擦亮北斗“湖南名片”，推动北斗规模应用市场化、产业化、国际化发展。

毛伟明表示，近年来，在习近平总书记致首届北斗规模应用国际峰会贺信精神指引下，湖南充分发挥北斗技术策源地优势，着力打造全国北斗技术创新引领区、规模应用示范区、产业高质量发展集聚区。

中央网信办副主任王崧、国务院国资委副主任苟坪、国家发展改革委秘书长伍浩、玻利维亚航天局执行副局长哈维尔·阿雷克斯·安德雷德·罗密欧、中联重科董事长詹纯新致辞。阿拉伯信息通信技术组织秘书长穆罕默德·本·阿莫作视频致辞。

◎株洲市委书记曹慧泉主持召开王卫安同志市委政法委履新见面会

2023年11月6日，株洲市委书记曹慧泉主持召开王卫安同志市委政法委履新见面会。市委副书记、市委政法委书记王卫安讲话。市委常委、市委组织部部长李武宁宣读省委任免决定，介绍王卫安同志工作经历。副市长、市公安局局长唐文发，市人民检察院检察长向新林参加见面会。

曹慧泉强调，要讲政治、强党性，全市政法系统要坚持以习近平新时代中国特色社会主义思想为指导，把坚持党的绝对领导贯穿始终，奋力推进政法工作现代化，自觉做“两个确立”“两个维护”的坚定捍卫者、模范践行者。要顾大局、强主责，紧扣中心、服务大局，全力履行职责使命，坚决维护政治安全，全力服务经济发展，促进社会公平正义，确保社会安全稳定，更好服务高质量发展、高效能治理、高品质生活。要锻铁军、强队伍，全面深化政法改革，扎实开展主题教育，持之以恒强素质、提能力、转作风，持之以恒正风肃纪反腐，坚持从优待警，锻造政治过硬、本领高强、作风优良的精兵劲旅。市委政法委要发挥统筹协调作用，公检法司等各部门要强化班子建设，坚持问题导向，强化信息互通与分工协作，共同推动各项工作干在前、走在先。

◎ 2023年株洲市双拥工作领导小组全体会议召开

2023年11月8日，2023年株洲市双拥工作领导小组全体会议召开，市委副书记、市长、市双拥工作领导小组组长陈恢清参加并讲话。株洲军分区领导耿保民、政委邓稳根参加。

会议传达了省双拥办《关于开展省第十一届双拥模范城（县）创建示范考评工作的通知》主要精神。市退役军人事务局、市双拥办相关负责人汇报了有关工作情况。近年来，株洲市高度重视双拥工作，全面加强组织领导，不断完善工作机制，切实强化工作保障，“全国双拥模范城”成果持续巩固，军爱民、民拥军的双拥氛围愈发浓厚。

陈恢清强调，要对标创建要求，打造特色亮点，形成一批“加分项”，加快补齐短板，逐项查漏补缺，充分展示株洲工作成效，确保高标准通过示范考评验收。要坚持以创促建，在拥军优属上再加力，切实解除官兵后顾之忧；在拥政爱民上再加力，将地方所需、群众所盼与部队所能结合起来，为培育制造名城、建设幸福株洲再立新功；在军地共建上再加力，形成军地协同发展新局面，推动双拥工作再上新台阶。要强化协同配合，紧扣创建工作重点和标准，压实各方责任，营造浓厚氛围，严格督查督办，做到上下“一条心”、军地“一盘棋”、创建“一股劲”，凝聚双拥创建强大合力。

◎株洲市举行2023年“119”消防宣传月活动启动仪式

2023年11月8日，2023年株洲市“预防为主 生命至上”“119”消防宣传月活动启动仪式在中车株洲电力机车有限公司举行。

株洲市举行2023年“119”消防宣传月活动启动仪式

市委副书记、市长陈恢清，市人民政府副市长罗绍昀，市人民政府秘书长刘会才，市人民政府副秘书长谭成华，中车株机负责人，市消防安全委员会成员单位负责人等出席活动，消防宣传公益使者代表，基层消防工作者代表，专职消防队、微型消防站代表，企业员工、消防指战员代表等参加活动。出席活动的领导和嘉宾还参观了消防车辆装备建设、观摩了救援技术展示、体验了初起火灾扑救。

随着株洲市2023年“119”消防宣传月活动的正式启动，“践行训词精神”主题图片展、“生命90秒”亮屏行动、消防文创作品征集大赛等消防宣传活动也随之启动；消防“公益说”系列科普视频、“消防主官说安全”系列直播也将在电视、新媒体等平台陆续播出；广播、电视、报纸等媒体也将同步进行“预防为主 生命至上”主题新闻发布会、“蓝焰五年”媒体采访行等宣传报道。通过全方位、多角度、多平台的消防安全宣传，将在株洲迅速掀起一股消防安全宣传的热潮。

◎以“演”铸防，以“练”护航————株洲市荷塘区国动办组织开展2023年防空警报 试鸣暨人员疏散演练活动

2023年11月1日，株洲市荷塘区国动办组织全区开展防空警报试鸣暨人员疏散演练活动，在荷塘区外国语学校和文化路中学演练现场，区委常委、武装部长马永章，区委常委、常务副区长陈柏文，区国动办主任唐斌，区教育局党委委员、总督学田勇，区卫生健康局副局长文钰全程参加了此次演练活动。

学生们在学习防空防灾知识

预先警报响起，全校3100名师生在各班班主任的带领下，双手抱头、身体微屈，按照预先设定的应急疏散路线从各楼层迅速撤离到安全区域，同时，楼梯口、走道等狭窄地带，提前安排安全督导员对学生加以科学指挥，合理疏导，防止学生发生相互拥挤，确保学生安全有序撤离，整个过程用时5分钟。

随后空袭警报拉响，操场上的所有师生迅速向右前方45度趴至地上，双手抱头，进行自我掩护及保护。为了演练活动更贴近实战，学生初步掌握自救互救的方法，模拟了2名学生在空袭中受伤，班主任迅速报告学校，请求医护支援，医疗人员迅速到达现场，对受伤人员进行紧急医疗救治。随着解除警报拉响，全体师生起立。此次演练活动，荷塘区所有大、中、小学校、部分机关、企（事）业单位5万余人参与。

空袭警报响起，全校师生迅速卧倒，抱头掩护

要闻纪事

△19日，湖南省司法厅装备财务保障处一级调研员张智武一行来炎开展政法转移支付资金、执法执勤用车专项督导检查工作，市司法局陪同督查。

△21日，全市县市区长视频会议召开，分析研判当前形势，安排部署下阶段工作。市委副书记、市长陈恢清强调，要深入贯彻落实省委、市委全会精神，全力以赴打好三季度“收官战”，以实干实绩推动高质量发展，为完成全年目标任务奠定坚实基础。

△21日，市委书记、市委巡视整改工作领导小组组长曹慧泉主持召开市委巡视整改工作领导小组专题调度会。会议传达了省委书记沈晓明在听取中央第八巡视组反馈意见持续整改落实情况时的讲话精神，听取了省委巡视株洲反馈问题整改进展情况汇报。

△21日，株洲市委常委会召开会议，传达学习习近平总书记近期重要讲话和指示批示精神，传达学习省委书记沈晓明在株洲调研北斗产业发展和规模应用情况时的讲话精神，研究清廉株洲建设、立法等工作。

△27日，市长陈恢清主持召开株洲市政府常务会议，传达学习习近平总书记近期重要讲话精神，研究加强基层消防、城镇危旧房屋改造等工作。

10月

△7日，全市招商工作大会召开。市委书记曹慧泉主持会议并讲话，强调要切实增强“坐不住、睡不着”的紧迫感，迅速行动起来，加快形成招商引资新热潮，为培育制造名城、建设幸福株洲注入强劲新动能。市委副书记、市长陈恢清作招商工作报告。

◎醴陵、攸县上榜 2023 赛迪中部百强县

2023 年 11 月 14 日，赛迪顾问县域经济研究中心发布《2023 中部县域经济百强研究》，株洲市的醴陵市、攸县成功上榜，分别位列第 12 位、第 53 位。

发力县域经济，醴陵市提出了加快迈进“千亿时代”的奋斗目标，描绘了打造千亿总值、千亿园区、千亿陶瓷产业集群的蓝图。醴陵市集中优势兵力在打造“三个高地”上持续发力，以项目建设为第一战场、以园区为主阵地，推动传统产业快升级、优势产业强链条、新兴产业补短板。检索 2023 年上半年的成绩，醴陵实现地区生产总值 434.6 亿元，增长 6.07%；固定资产投资增长 13.1%，在株洲市十县区中排名第一。同时，一般公共预算收入与园区技工贸总收入分别增长 26.43%、18.47%。

加快动能转换，攸县扭转煤炭产业一支独大局面，高分子新材料、精细化工、绿色建材等产业集聚发展，逐渐挺起产业“脊梁”。2023 年以来，攸县喊出“打好经济翻身仗”口号，打响“三大会战”，铺开“六大行动”。2023 年上半年，攸县 13 家企业通过省级专精特新中小企业认定，宏信科技、亚美茶油分别获第五届“中国造隐形冠军”“时代匠人”荣誉。规模工业企业申报有研发活动企业占比达 86.9%，株洲市排名第一。

◎ 2023 轨博会执委会第一次工作会议召开

2023 年 11 月 12 日，2023 中国国际轨道交通和装备制造产业博览会执委会第一次工作会议召开，安排部署轨博会筹备各项任务。市委书记曹慧泉，省贸促会党组书记、会长杨爱云，市委副书记、市长陈恢清出席并讲话。省贸促会领导吴曙光、杨恩奇，市领导王卫安、杨英杰、江小忠、刘剑飞、杨胜跃、唐文发、罗绍昀、易湘东、蒋湘晖，株洲高新区党工委书记邬凌云参加。

会上听取了轨博会筹备情况及株洲前期工作汇报。轨博会是轨道交通行业唯一国家级经贸平台，由中国贸促会、省政府主办，已举办两届。2023 轨博会将于 12 月 7 日至 10 日在株洲举办。

曹慧泉指出，轨道交通装备是国家名片、世界级产业，要进一步深入思考和认识轨博会的重要意义，深入学习贯彻习近平总书记关于轨道交通发展重要指示批示精神，认真落实党中央、国务院以及省委、省政府部署要求，提高认识，创新观念，形成合力，按照“细致、精致、极致”的标准，以“每一次都是第一次”的心态，扎实做好各项筹备工作，确保办出特色、办出成效、办出影响。

陈恢清强调，要努力办出国际最高水平和影响力的轨博会，对标柏林轨道交通展，确保参会嘉宾代表性、参展企业影响力、展会成果说服力。

◎炎陵县成功创建省级食品安全示范县

2023 年 11 月 9 日，2023 年食品安全宣传周（湖南）启动仪式在长沙举行，湖南省人民政府副省长蒋涤非为炎陵县等 9 个省级食品安全示范县（市区）进行了现场授牌。

民以食为天，食以安为先。炎陵县高度重视食品安全工作，将食品安全纳入政府年度绩效评估考核，以“四个最严”为统揽，创新开展“三定三网三评”，推动食品安全“两个责任”落地见效，建立党政同责、企业主责、部门监管、行业主管、社会共治“五位联动”治理体系，示范创建成绩显著，“建立‘炎陵黄桃’全产业链食品安全监管体系”入选全省食品安全工作改革典型创新举措，创树“食安炎陵·臻味湘约”食品安全文旅工作品牌，全县连续 2 年获评省、市食品安全先进单位。

炎陵县成功创建省级食品安全示范县

要闻纪事

△8 日，湖南农业大学 120 周年校庆系列活动之“推动县域经济发展助力全球研发中心城市建设”校地校企签约仪式举行。根据协议，双方将在决策咨询、科研攻关、科技服务与人才支撑等方面进一步开展深层次、高规格的战略合作，相关重大项目将由湖南农大组建院士（专家）服务团对接开展科技服务，双方还将共建一批农业科技成果转化基地。

△8 日，株洲市委书记曹慧泉主持召开重点工作及重大项目问题周调度会。他强调，要紧盯目标不放松，提升项目管理能力，一个一个解决项目推进中的问题，加快推进一批重大项目签约、建设、竣工、投用。

△9 日，市委书记、市委退役军人事务工作领导小组组长曹慧泉主持召开株洲市委退役军人事务工作领导小组 2023 年第一次全体会议，深入学习贯彻党的二十大精神和习近平总书记关于退役军人工作的重要论述，认真落实中央、省委退役军人事务工作领导小组有关会议精神，研究部署下阶段工作。

△9 日，2023 年青春渌口大讲堂第九期开展《新时代数字政府建设》专题讲座，区委书记、渌口经开区党工委第一书记李晓彤，区委副书记、区长赖晓智参加讲座。

△9 日，市委副书记、市长陈恢清主持召开株洲市长碰头会暨打好“发展六仗”月调度会，总结前阶段工作，安排部署 10 月份重点任务。

△10 日，市委书记、市国土空间规划委员会主任曹慧泉主持召开株洲市国土空间规划委员会 2023 年第 3 次会议，审议株洲市物流仓储发展国土空间专项规划、株洲市铁路专用线国土空间专项规划、湘赣边区域合作示范区渌水流域系统治理概念性规划、芦淞区白关镇龙凤庵村村庄规划。

◎第二届株洲旅发大会在炎陵开幕

2023 年 11 月 9 日，第二届株洲旅游发展大会开幕式在炎陵县举行。市委书记曹慧泉宣布大会开幕，省文化和旅游厅一级巡视员张帆致辞。省委宣传部、省林业局、省乡村振兴局、湖南建投集团、湖南旅游集团、湖南轨道交通控股集团等部门和企业有关领导出席，市委副书记、市委政法委书记王卫安主持开幕式，市领导江小忠、欧阳瑞丰、蒋湘晖、杨小幼，株洲高新区党工委书记邬凌云参加。

此次大会以“神农福地大美炎陵”为主题，精心策划了“5+3”活动。包括株洲市城市品牌建设暨文旅产业发展推进大会、开幕式、文化产业赋能乡村振兴学术论坛、文旅项目观摩、旅游美食推介五大主题活动，跨越山河徒步穿越、云上大院星河奇妙夜、中国著名诗人炎陵采风创作暨“中国诗词朗诵之乡”授牌三大配套活动。

开幕式现场，大型情景舞台剧《千年寻梦炎陵故事》首次公演，“开天辟地”“改天换地”“春回大地”“神农福地”四个篇章依次登场。在青青群山之中，运用声光电等最新科技手段，展现了神农炎帝的丰功伟绩、革命斗争的红色足迹、非遗民俗的文化技艺和绿色炎陵的山水诗意。现场还打造了热闹非凡的非遗市集和神农夜市，让游客在享受视听盛宴的同时，了解本土特色，品味地道美食。

第二届株洲旅发大会开幕式在炎陵举行

◎『流光溢彩六十年』优秀文艺作品展览展演

株洲市文联『流光溢彩六十年』优秀文艺作品展览展演在神农大剧院举行

2023 年 11 月 27 日，株洲市文联“流光溢彩六十年”优秀文艺作品展览展演在神农大剧院举行。省文联党组书记、主席夏义生，市委书记曹慧泉，市委副书记、市长陈恢清出席并为株洲市文学艺术终身成就奖获得者李晓英、聂鑫森，株洲市第九届炎帝文艺奖一等奖获得者万宁等 8 人颁奖。

60 年来，株洲市文联围绕中心、服务大局，团结一代代文艺工作者，整合资源打造文艺品牌，为丰富株洲人民精神生活，推动株洲文艺事业繁荣发展作出了重要贡献。全市文艺工作者围绕中国共产党成立 100 周年、改革开放 40 周年、株洲建市 70 周年等重大主题，创作出中宣部“五个一工程”奖、艾青诗歌奖、戏剧文华奖、音乐金钟奖、摄影金像奖等全国性重大文艺奖项获奖作品，为株洲赢得了“诗城”“音乐之城”“歌剧之乡”等美誉。

此次展览展演集中展示 60 年来株洲文艺事业的光辉历程和辉煌成就、株洲文艺界大团结大繁荣大发展的生动局面，以及广大文艺工作者奋发有为、昂扬向上的精神风貌，开展了戏剧、歌舞、朗诵、沙画等文艺展演，推出了由美术、书法、摄影、民间文艺等 4 个板块构成的文艺作品展。展演展览作品主要为历年来获得重大奖项的优秀文艺作品，其中作品展将持续至 12 月 3 日。

◎中国首台大功率纯电新能源调车机车在株洲下线

2023 年 11 月 16 日，中国首台大功率纯电新能源调车机车在中车株洲电力机车有限公司（以下简称中车株机）下线，将有效解决传统内燃机车高污染、高油耗问题，满足冶金、港口、电力、石化、矿山等行业内部的铁路运输需求。

响应国家“双碳”战略，中车株机为涟钢集团量身打造的这款纯电调车机车，最大牵引功率 1500kW，是目前国内功率最大的新造纯电调车机车。相比于既有内燃机车，这款纯电机车每年可节约能耗成本约 100 万元，降低全生命周期成本 20% 以上，每台每年可减少二氧化碳排放量约 150 吨，相当于种植 8200 棵树。如果按照每 5 米种植 1 棵树来计算，种植长度相当于一个全程马拉松的距离。

此外，这款调车机车还搭载自适应控制、智能辅助驾驶、无线遥控、车地联控等智能控制技术，可实现全方位的机车部件及内外部信息监控，提高了机车智能化水平和运行效率。新型储能系统，有着能量分割、分级保护、火灾检测和自动灭火等“十三重保护”，保证动力电池安全可靠。

近年来，中车株机秉承绿色环保的设计理念，将动力电池作为突破点，以混合动力技术为出发点，形成了涵盖电—电、纯电、内—电、内—电—电、氢—电、“最后一公里”的技术平台，已搭建了完善的新能源机车产品谱系。

我国首台大功率纯电新能源调车机车在株洲下线

◎“中国梦·劳动美”职工文艺会演举行

“中国梦·劳动美”职工文艺会演举行

2023 年 11 月 29 日，“中国梦·劳动美，喜迎工会十六大，团结奋进新征程”职工文艺会演在神农大剧院举行。市委副书记、市长陈恢清出席。市领导王卫安、罗绍昀、刘亚亮、李余粮、朱胜辉、周建明和市工会十六次代表大会全体代表，企业一线职工、劳动模范、新就业形态劳动者代表等出席。

株洲市工会第十五次代表大会以来，在市委和省总工会的坚强领导下，全市各级工会主动融入中心大局，积极服务职工群众，大力深化改革创新，团结职工群众在经济建设、改革发展中奋勇当先，在脱贫攻坚、乡村振兴中担当作为，在抗击疫情、服务社会中冲锋在前，为全市经济社会高质量发展贡献了工会力量、彰显了工会担当。全市工会系统多项工作得到全总、省总的肯定推介，市总工会机关获得“全国模范职工之家”“省文明单位”等荣誉。

此次文艺会演，旨在弘扬劳模精神、劳动精神、工匠精神，展示工人阶级良好形象，凝聚职工群众奋进力量，为大力培育制造名城、加快建设幸福株洲，全面建设社会主义现代化新株洲团结奋斗。会演中，表演者用歌曲、舞蹈、相声、情景表演等形式，展示了各行各业、各条战线的广大职工在岗位上砥砺奋进、开拓创新、逐梦前行，共同开创株洲发展新征程的火热图景。

要闻纪事

△ 11 日，市委副书记、市长陈恢清主持召开株洲市国土空间规划委员会 2023 年第 8 次专题会议，审议城区部分房地产开发项目规划及建筑方案、城区部分地块控规修改方案等。

△ 11 日，市委副书记、市长陈恢清主持召开全市创文巩卫工作调度会议，对有关工作进行再动员、再部署、再安排。他强调，各级各部门要切实增强紧迫感，聚焦短板发力，突出全域创建，确保全国文明城市、国家卫生城市两项复审高分通过，持续擦亮“金字招牌”。

△ 16 日，中央第十巡回指导组在株洲市召开会议，深入学习贯彻习近平总书记关于主题教育系列重要讲话和重要指示批示精神，听取株洲市主题教育工作情况汇报，与株洲市委主题教育领导小组、湖南省委第三巡回督导组负责同志进行交流，指导推动株洲市主题教育走深走实。

△ 18 日，长株潭政协主席联席会议第二次会议在株洲召开，共同探讨“高质量加速推进长株潭一体化发展”议题。会议协商通过了《长株潭三市政协关于高质量加速推进长株潭一体化发展的建议（草案）》《长株潭政协主席联席会议第三次会议实施方案（草案）》。

△ 23 日，市委副书记、市长陈恢清主持召开第二届株洲旅游发展大会调度会，强调要明确办会导向，坚持“隆重、简朴、务实、有效”的办会原则，认真做好各项筹备工作，充分释放旅发大会带动效应，更好推动文旅融合发展。

△ 23 日，株洲市组织市级老领导重阳节参观考察活动，感受经济社会发展新变化、新成效。市委书记曹慧泉看望老干部并与大家亲切交流，市委副书记、市长陈恢清主持交流会。

◎中国创新创业大赛 轨道交通专业赛在株洲开赛

2023年12月7日，第十二届中国创新创业大赛轨道交通产业技术创新专业赛启动仪式暨半决赛和总决赛在株洲举行。此次大赛是湖南省首个国家级科技类赛事，也是中国创新创业大赛的重要组成部分，由中国创新创业大赛组委会办公室和中国中车集团有限公司指导，湖南省科学技术厅和株洲市人民政府主办，株洲市科学技术局牵头承办。

在现场，专业赛汇聚了国内17家轨道交通产业龙头企业、18所重点高校以及20余家科技成果转移转化专业机构，组建了以院士牵头，产业技术带头人、高校专家、创投专家组成的500余人的高端智库与专家库。7日的半决赛，企业组与团队组共有161支参赛队伍采取“现场路演＋答辩”方式进行比拼，25支队伍挺进总决赛上演“巅峰对决”。

此次专业赛秉承“政府引导、公益支持、市场机制”的办赛理念，聚焦国家战略和产业重大需求，围绕推动创新链、产业链、资金链、人才链深度融合，促进企业融通创新，构建企业主导产学研深度融合的创新要素集聚平台；持续推进产业龙头企业、高校、科技园区协同创新发展，助力世界级轨道交通产业集群建设，推动建立与全球轨道交通产业链、创新链和价值链的深度对接机制。

中国创新创业大赛 轨道交通专业赛在株洲开赛

◎ 2023轨道交通博览会12月8日在株洲开幕

2023年12月4日，召开2023中国国际轨道交通和装备制造产业博览会（以下简称“轨道交通博览会”）新闻发布会，宣布博览会将于12月8日在株洲国际会展中心开幕，至10日闭幕。省贸促会党组书记、会长杨爱云介绍博览会相关情况，市委副书记、市长陈恢清就有关工作答记者问。

轨道交通博览会是中国贸促会、湖南省政府共同打造的国际交流合作平台，是中国轨道交通装备制造领域唯一的国家级国际性专业展会，也是湖南立足产业优势、着力打造的高质量发展新引擎。办好博览会，对于大力实施交通强国战略，实现“三高四新”美好蓝图，具有重要意义。

发布会分享，本届轨道交通博览会以“智慧轨道、联通未来”为主题，规划展览面积5万平方米，已确定447家企业参展，完成展览面积5.4万平方米。精心策划了“1+4+6”项活动。将邀请国内外轨道交通上下游企业、科研机构、高校院所等1200余名重要嘉宾参展参会，预计观众约6万人次。

陈恢清介绍，株洲是颇具影响力的制造名城，享有“中国电力机车之都”“全球最大轨道交通装备研制基地”等美誉，是全国唯一的轨道交通装备战略新兴产业集聚发展试点城市、国家产业集群区域品牌建设试点城市。

要闻纪事

△24日，株洲市2023年法治政府建设实地督察座谈反馈会在茶陵县召开，会议听取了茶陵县法治政府建设工作情况汇报，督察组现场反馈了督察中发现的问题并提出意见建议。

△25日，株洲市委书记曹慧泉会见中国电建集团党委副书记、总经理王斌一行，就加强双方合作深入交流。中国电建是全球清洁低碳能源、水资源与环境建设的引领者，全球基础设施互联互通的骨干力量，2022年位居世界500强企业第100位。

△26日，湖南·省人大常委会委员、法制委员会主任委员肖迪明率队来攸开展基层立法联系点建设情况调研及《湖南省油茶产业发展若干规定（草案）》立法调研。

△27日，市委书记曹慧泉会见中国节能环保集团党委书记、董事长宋鑫一行。

△31日，市委书记曹慧泉会见国创氢能科技有限公司常务副总经理韩福江一行。

国创氢能是中国航天科技集团旗下新能源汽车基金联合中国科学院大连化物所、大连市属国企共同发起成立的燃料电池高科技公司，专注于燃料电池发动机、电堆及核心部件的研发、生产等。

11月

△4日，“同心聚力铸风华”民盟株洲市委会成立四十周年纪念大会在市八中举行。湖南省政协副主席、民盟省委会主委何寄华出席并讲话。市委副书记、市委政法委书记王卫安出席。

△6日，市委书记曹慧泉主持召开王卫安同志市委政法委履新见面会。他强调，要继续发扬优良传统，进一步振奋精神、坚定信心、扎实工作，推动全市政法工作再上新台阶，为培育制造名城、建设幸福株洲提供坚强政法保障。

◎株洲市委议军会议召开

株洲市委议军会议召开

2023年12月5日，株洲市委召开议军会议，深入学习贯彻习近平强军思想，研究部署有关重点工作，推动株洲市国防动员和后备力量建设高质量发展。市委书记、株洲军分区党委第一书记曹慧泉主持会议并讲话。市委副书记、市长陈恢清出席。市党政军领导聂方红、阳望平、邓为民、李武宁、杨英杰、江小忠、罗绍昀、耿保民、邓稳根、易湘东、蒲油新参加。

会议学习习近平主席关于国防和军队建设重要指示精神，听取株洲市国防动员和后备力量建设情况汇报，审议相关文件。

会议强调，要全面加强练兵备战，发扬优良传统，扎实推进国防动员体系建设，编实建强基干民兵队伍，锻造能战善战的精兵劲旅。要巩固发展新时代军政军民团结，充分发挥株洲制造、创新等优势，坚持“地方所能”和“部队所需”有机结合，推动军民融合向纵深发展；大力弘扬拥军优属光荣传统，坚决落实有关政策规定，解决好部队官兵“后路、后院、后代”问题，全力争创全国双拥模范城“八连冠”；大力弘扬拥政爱民光荣传统，勇于承担抢险救灾、维稳处突等急难险重任务，为株洲高质量发展贡献更多智慧和力量。

◎全国首部公共安全『摄像头』管理地方性法规诞生

2023年12月14日，株洲市十六届人大常委会第41次主任会议决定，《株洲市公共安全视频图像信息系统管理条例》（以下简称《条例》）于2024年3月1日起施行。该《条例》是全国首部公共安全视频图像信息系统管理地方性法规。

“视频图像信息系统就是俗称的‘摄像头’。近年来，在数据安全、公民隐私保护等方面存在隐患。”株洲市人大常委会法工委主任张胜全介绍，此次颁布的《条例》明确，涉及公共安全的摄像头不得乱建、乱用。建设范围必须符合国家相关法律、法规和《公共安全重点区域视频图像信息采集规范》等国家强制性标准的规定。在管理和使用方面，明确规定公共安全视频图像信息系统所有权人或者管理人，应当建立并落实保密责任追究制度、值班监看制度、信息查阅留痕制度。不得买卖和非法使用、翻拍、复制、传播视频图像信息等，最大限度保护个人信息和隐私。

《条例》明确，因老人、儿童等特殊群体人员走失，其监护人、近亲属可以申请查阅公共安全视频图像信息。公安机关应当制定并公开申请查阅条件和程序，符合条件的，应将查阅结果告知申请人。《条例》明确了相关方义务。

◎株洲市举行2023年株洲市改革典型案例大讨论暨改革成果发布会

2023年12月21日，由株洲市委改革办主办的2023年株洲市改革典型案例大讨论改革成果发布会举办。市委常委、市委秘书长、市委改革办主任杨英杰，市政协副主席周雪辉出席活动，各县市区委改革办、各改革专项小组、相关市直部门负责人以及企业、金融机构、基层代表共计100余人参加活动。

在改革典型案例讨论阶段，围绕政府性投资建设降成本和招投标改革、“一把手走流程”改革、深化高校—园区—政府—资本多方协作机制改革、农村“三社合一”综合改革试点等四个典型案例，由改革牵头部门和相关参与单位负责人，从不同应用场景和认识维度深入讨论交流和剖析，由市委改革办副主任张旭进行案例点评。

成果发布环节公布了株洲市改革案例评选结果，发布了2023年度株洲市“十大改革典型案例”“十大改革创新案例”，并进行现场颁奖。

杨英杰表示，改革是根本动力，也是最大红利。要进一步突出问题导向，保持跋山涉水的精神状态，敢于突进深水区，坚持将改革进行到底，加快形成更多有株洲辨识度的标志性成果。

2023年株洲改革典型案例大讨论暨改革成果发布

◎奋力谱写新时代株洲政协事业发展新篇章

2023年12月25日，政协株洲市第十届委员会第三次会议在市委礼堂隆重开幕。来自社会各界、各条战线的市政协委员齐聚一堂，满怀奋进豪情，积极履行政治协商、民主监督、参政议政职能，为培育制造名城、建设幸福株洲献计出力。市委书记曹慧泉，市委副书记、市长陈恢清出席会议并在主席台前排就座。会议应到委员339名，实到329名，符合规定人数。市政协副主席周雪辉主持开幕式，宣布大会开幕，全体人员起立，奏唱国歌。

市政协主席聂方红代表政协株洲市第十届委员会常务委员会作工作报告。他指出，2023年，政协株洲市第十届委员会及其常务委员会深入学习贯彻习近平总书记关于加强和改进人民政协工作的重要思想，在中共株洲市委的坚强领导和省政协的大力指导下，充分发挥专门协商机构作用，深入开展主题教育，坚定不移以新思想领航定向，深入落实省政协“1453”履职总要求，坚持不渝以委员自身作为带动整体履职，深入践行“项目攻坚年”“作风建设年”活动，坚持不懈以硬作风树新形象，以高质量履职服务高质量发展，为培育制造名城、建设幸福株洲贡献了政协力量。

12月25日上午，政协株洲市第十届委员会第三次会议在市委礼堂隆重开幕

要闻纪事

△7日，市委书记曹慧泉与华为技术有限公司湖南政企总经理吴振华一行座谈交流。

华为是全球领先的信息与通信基础设施和智能终端提供商。

△7日，市委书记曹慧泉主持召开重点民生工作专题座谈会。他强调，要牢固树立以人民为中心的发展思想，紧盯民生领域存在的各类突出问题，持续除痛点、解难题，不断增强人民群众的获得感、幸福感、安全感。

△8日，株洲市2023年“119”消防宣传月活动在中车株洲电力机车有限公司启动。此次消防宣传月活动以“预防为主，生命至上”为主题，将开展“践行训词精神”成果大展示、消防安全大培训、消防安全大体验等系列活动。启动式上表彰了全市职业技能竞赛以及全市多种形式消防队伍比武竞赛获奖个人和集体，一批行业代表宣读消防安全倡议。

△9日，株洲市城市品牌建设暨文旅产业发展推进大会召开。会上通报了2022—2023年度城市品牌推广工作获奖名单。曹慧泉为“株洲市城市品牌推广最具影响力奖”活动主办方颁奖。

△21日，茶陵县莲花路消防救援站正式揭牌并投入执勤，出席活动的领导共同为茶陵县莲花路消防救援站揭牌。茶陵县莲花路消防救援站配备政府专职消防队员30人（含管理人员2人），执勤车辆3辆，消防站投入执勤是对茶陵县消防救援站建设模式的全新探索，有效填补了茶陵经开区消防站点的建设空白。

△28日，湖南省2023年自然资源例行督察进驻株洲工作对接会举行。会上宣读了《督察通知书》，听取了株洲市2023年自然资源管理工作情况汇报。

◎凝心聚力展现新作为 团结奋进谱写新篇章

2023年12月27日，在圆满完成各项议程后，政协株洲市第十届委员会第三次会议胜利闭幕。会议应到委员339名，实到328名，符合规定人数。聂方红主持闭幕式。

会上宣布了政协株洲市第十届委员会常务委员选举结果；市政协提案委员会书面报告了市政协十届三次会议提案审查情况；通过了《政协株洲市第十届委员会第三次会议政治决议》和《政协株洲市第十届委员会第三次会议关于常务委员会工作报告的决议》。

曹慧泉指出，2023年，株洲市上下坚持以习近平新时代中国特色社会主义思想为指导，全面贯彻落实党的二十大精神，锚定“三高四新”美好蓝图，坚持“聚焦、裂变、创新、升级、品牌”工作思路，应对了一系列急事难事，办成了一系列好事实事，交出了一份振奋人心的株洲答卷。成绩的取得，得益于在市委领导下株洲市广大干部群众的团结拼搏，也凝聚着市政协和广大政协委员的智慧和汗水。

曹慧泉号召，让我们更加紧密地团结在以习近平同志为核心的党中央周围，坚持以习近平新时代中国特色社会主义思想为指引，锚定“三高四新”美好蓝图，落实“七个有新作为”要求，大力培育制造名城、加快建设幸福株洲，共同书写好中国式现代化的株洲答卷。

政协株洲市第十届委员会第三次会议胜利闭幕

◎夺取全面建设社会主义现代化新株洲的更大胜利

12月25日上午，株洲市第十六届人民代表大会第三次会议在市政府礼堂隆重开幕

2023年12月25日，备受瞩目的株洲市第十六届人民代表大会第三次会议在市政府礼堂隆重开幕。市委书记曹慧泉出席，市长陈恢清代表市人民政府作工作报告，市人大常委会主任刘光跃主持开幕式。此次大会应到代表384人，实到代表371人，符合法定人数。刘光跃宣布大会开幕，全体人员起立，奏唱国歌。

陈恢清作政府工作报告说，2023年是全面贯彻党的二十大精神的开局之年。我们坚持以习近平新时代中国特色社会主义思想为指引，认真落实李强总理调研株洲指示要求，在省委、省政府和市委的正确领导下，锚定“三高四新”美好蓝图，全力打好“发展六仗”，坚持“聚焦、裂变、创新、升级、品牌”工作思路，大力培育制造名城、加快建设幸福株洲，高质量发展呈现新态势，“三个高地”实现新突破，项目建设增添新动能，发展环境得到新优化，区域发展迈出新步伐，民生福祉有了新改善，社会治理取得新成效，自身建设展现新面貌，全面建设社会主义现代化新株洲迈出坚实步伐。

会议还书面报告了株洲市2023年国民经济和社会发展计划执行情况与2024年国民经济和社会发展计划草案、株洲市2023年财政预算执行情况及2024年市本级财政预算草案，表决通过了《株洲市第十六届人民代表大会第三次会议选举办法》。

要闻纪事 ★ ★ ★ ★ ★ ★ ★ ★ ★ ★

△28日，市委书记曹慧泉主持召开2023中国国际轨道交通和装备制造产业博览会执委会第二次工作会议，强调要更加突出“智慧轨道、联通未来”主题，全力冲刺做好各项筹备工作，努力办成高水平的国际盛会。

△30日，株洲市工会第十六次代表大会开幕。市委副书记、市长陈恢清出席并讲话，他强调，要深入学习贯彻习近平总书记关于工人阶级和工会工作的重要论述精神，踔厉奋发、勇毅前行，开拓创新、躬身实干，不断开创新时代株洲工运事业发展新局面，为实现“三高四新”美好蓝图，加快建设社会主义现代化新株洲作出新的更大贡献。

△30日，株洲市召开第二届北斗规模应用国际峰会工作总结大会。会上宣读了《关于表扬第二届北斗规模应用国际峰会工作先进集体和个人的通报》，部分受表扬代表作交流发言。

12月

△6日，株洲市委常委会（扩大）会议暨全市“走找想促”活动第四次调研情况交流会和主题教育整改整治工作推进会召开。会议听取各县市区、部分市直单位整改整治情况汇报，研究部署深入推进整改整治工作，持续深化“走找想促”活动，推动主题教育走深走实。

△7日，炎陵县委理论学习中心组（扩大）2023年第十五次集中学习暨“以学促干”专题研讨和大兴调查研究“走找想促”活动调研成果交流会、正反面典型案例剖析会召开。

△11日，株洲市委常委会召开会议，传达学习习近平总书记近期重要讲话精神，传达学习省委常委会（扩大）会议精神，听取有关情况汇报，研究市“十四五”规划《纲要》实施情况中期评估、巡察等工作。

◎一鼓作气 乘势而上 朝着“制造名城、幸福株洲”目标奋勇前进

株洲市十六届人大三次会议圆满完成各项议程，胜利闭幕

2023年12月27日，株洲市十六届人大三次会议圆满完成各项议程，胜利闭幕。此次大会应到代表384人，实到376人，符合法定人数。

大会表决通过了市十六届人大三次会议关于株洲市人民代表大会常务委员会工作报告的决议、关于政府工作报告的决议、关于株洲市中级人民法院工作报告的决议、关于株洲市人民检察院工作报告的决议、关于株洲市2023年国民经济和社会发展计划执行情况与2024年国民经济和社会发展计划的决议、关于株洲市2023年财政预算执行情况及2024年市本级财政预算的决议。

曹慧泉指出，2023年，我们以学习宣传贯彻党的二十大精神为主线，锚定“三高四新”美好蓝图，大力培育制造名城、加快建设幸福株洲，株洲的产业竞争力、时空竞争力、治理竞争力、品牌竞争力持续增强。

曹慧泉强调，一鼓作气、乘势而上，必须始终沿着正确的方向笃定前行。从新思想中把准株洲航向，自觉把习近平新时代中国特色社会主义思想作为抓工作、干事业、谋发展的制胜法宝，持续深入地把习近平总书记关于湖南工作的重要讲话和指示批示精神转化为推动工作的思路和举措，更加深刻领悟“两个确立”的决定性意义，坚决做到“两个维护”。

◎全社会研发投入 2022 年总量超 118 亿元，投入强度达 3.27%

近年来，株洲市科技局深入实施创新驱动发展战略，坚持“聚焦、裂变、创新、升级、品牌”工作思路，以财政为引导、企业为主体、项目为支撑，不断强化政策激励，引导全社会加大研发投入，在全面落实研发费用加计扣除、省级财政研发奖补、市级研发管理补助等政策。

研发经费是科技创新活动的源泉，其投入规模和强度，既反映研发活动资金支持力度，也体现地区经济转型升级进程和高质量发展水平。2022 年株洲全社会研发投入总量达到 118.35 亿元，同比增长 14.75%，全社会研发投入强度达到 3.27%，连续五年位居全省第一。

2023 年以来，市科技局坚持问需于企、问效于企，多措并举、精准发力，打出涉企服务“组合拳”。通过量化年度、月度考核指标，在梳理惠企政策、申报流程、评价标准和注意事项等内容后，把优惠政策送至企业；通过政府购买第三方服务形式，为企业提供专利咨询、技术交易、填报指导等服务。

为引聚创新人才，株洲实施“新人才 30 条”“创新人才引培计划”“双创精英人才计划”等政策，优化人才环境。2022 年最具人才吸引力百强城市中，株洲位居第 64 名。目前，全市拥有高层次人才 4630 人，包括本土企业全职院士 3 人、院士后备人才 23 人、国家人才计划专家等高精尖人才 115 人，为株洲“智造”奉献智慧与青春。

◎株洲市党委和政府办公室主任会议召开

2023 年 12 月 28 日，株洲市党委和政府办公室主任会议召开，总结株洲市党委和政府办公室工作，就近期重点工作进行部署。市委书记曹慧泉，市委副书记、市长陈恢清分别对株洲市办公室工作作出批示。市委常委、市委秘书长杨英杰参加。

会上传达学习了习近平总书记关于新时代办公厅工作的重要讲话和指示批示以及全国、全省党委和政府秘书长会议精神，宣读了曹慧泉、陈恢清对株洲市办公室工作的批示要求，并就做好新时代接待、档案管理等工作进行了专题辅导。

曹慧泉指出，近年来，株洲市办公室系统深入践行“五个坚持”重要要求，围绕中心、服务大局，经受了挑战和考验，“三服务”工作取得新成效，为株洲市高质量发展作出了重要贡献，向大家致以诚挚的慰问。

曹慧泉强调，要深入学习贯彻习近平总书记关于新时代办公厅工作的重要讲话和指示批示精神，锚定“三高四新”美好蓝图和省委“七个有新作为”要求，带头树牢正确政绩观，增强工作的预见性、主动性、创造性，更好发挥统筹协调、参谋辅政、督促检查、服务保障等职能作用，标准化、零缺陷做好每一项工作，首问负责、不推不让解决好每一个问题，为培育制造名城、建设幸福株洲贡献更大力量。

◎株洲市工业投资同比增长 16.4% 增幅居全省第二

2023 年以来，株洲市推进“项目攻坚年”系列活动，全力以赴抓项目扩投资。2023 年前 8 个月，全市工业投资同比增长 16.4%，增速较上月提升 5 个百分点，较 2022 年同期提升 19.3 个百分点，增速分别高于全国、全省平均水平 7.6、13.3 个百分点，位居全省第二位，较上月前进 3 位。

从投资比重也可看出，工业投资占全部投资比重的 52.3%，拉动全市投资增长 7.2 个百分点。从投资分类来看，采矿业投资同比增长 107.8%，电力、热力、燃气及水生产和供应业投资同比增长 44.2%，制造业同比增长 12.3%。

前 8 个月，全市工业技改投资同比增长 12.9%，位居全省第四位。民间投资保持稳步增长。近年来，株洲市全面提升干部能力、优化发展环境，金融、电力、土地等要素支撑显著增强，连续三年在全省营商环境评价中排名第二。

◎擦亮“健康底色”，提亮“幸福成色”——2023 年株洲市卫生健康事业发展综述

2023 年，医药体制改革经验做法在全省推介，株洲市两家医院在国家三级公立医院绩效考核中进入 A 级等次；打造国家紧密型县域医共体建设试点县（市）的醴陵标杆，先后荣获国务院办公厅“真抓实干激励表彰”1 次、省人民政府“真抓实干激励表彰”3 次；在全国率先探索开展“职业健康管家”服务，入选国家卫健委健康企业建设百强优秀案例；成功申报全省首批婴幼儿照护服务示范城；石峰区上榜全国医养结合示范县（市、区）……

在株洲市委、市政府的领导下，株洲市卫健委以人民健康为中心，贯彻落实“聚焦、裂变、创新、升级、品牌”十字方针和“三个高地”目标任务，系统谋划推进株洲市卫生健康事业高质量发展，更好地满足了人民群众对美好生活的卫生健康需求，让株洲市人民享有公平可及、系统连续、优质高效的医疗卫生服务。

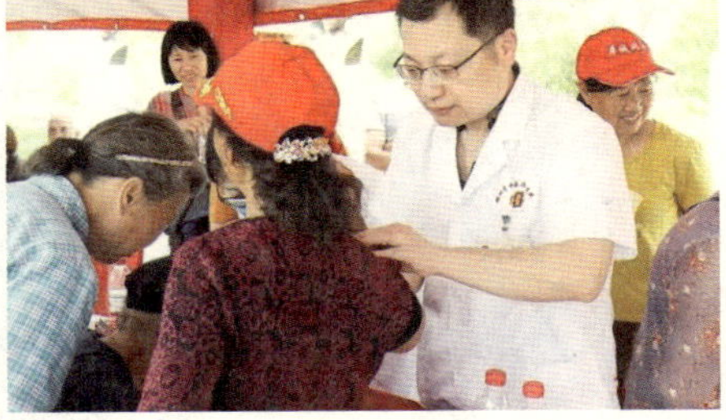

2023 年 5 月，株洲市卫健委组织卫健系统医疗机构医护人员积极参与“三下乡”活动，将优质医疗资源带到基层

株洲市系全国首批 17 个公立医院综合改革试点城市，曾经两次荣获国务院办公厅通报表扬为“公立医院综合改革成效较为明显”城市，两次荣获湖南省政府办公厅通报表扬的“公立医院综合改革成效较为明显”地级市，全省唯一“省级公立医院综合改革示范城市”。

要闻纪事

△ 11 日，全市宣传思想文化工作会议召开。市委书记曹慧泉出席并讲话，强调要学深悟透习近平文化思想，坚持守正创新，推动提质增效，不断开创株洲市宣传思想文化工作新局面。

△ 12 日，株洲市委书记曹慧泉主持召开重点工作及重大项目问题周调度会。他强调，要树立“从零开始，重新出发”的理念，强化交账意识，全力以赴加快项目建设。

△ 14 日，株洲市委副书记、市长陈恢清主持召开专题协商座谈会，听取各民主党派市委会、市工商联有关负责人和无党派人士对《政府工作报告（征求意见稿）》的意见建议。

△ 21 日，市委副书记、市长陈恢清在株洲市统计局召开视频会议，调度全市第五次全国经济普查工作。会上市统计局主要负责人汇报了全市“五经普”工作情况，各县市区政府主要负责人以视频连线方式汇报了有关情况。

△ 21 日，市委书记曹慧泉会见中国科学院空天信息创新研究院二级研究员、国家遥感应用工程技术研究中心原主任池天河一行。

△ 25 日，茶陵交警继续开展道路交通“冬季攻势”行动。茶陵交警采取流动巡逻和定点检查相结合的方式，严查无牌无证、酒驾醉驾、超员、驾乘摩托车不按规定佩戴头盔、货车超载等交通违法行为，提高用警效率和路面见警率，保持对各类交通违法行为的打击力度。

△ 26 日，株洲市十六届人大三次会议第二次全体会议在市政府礼堂举行。曹慧泉、陈恢清出席，刘光跃作市人大常委会工作报告，陈坚作市中级人民法院工作报告，向新林作市人民检察院工作报告。

湖南地方年鉴

湘　　潭

湘潭市　雨湖区　岳塘区　韶山市　湘乡市　湘潭县

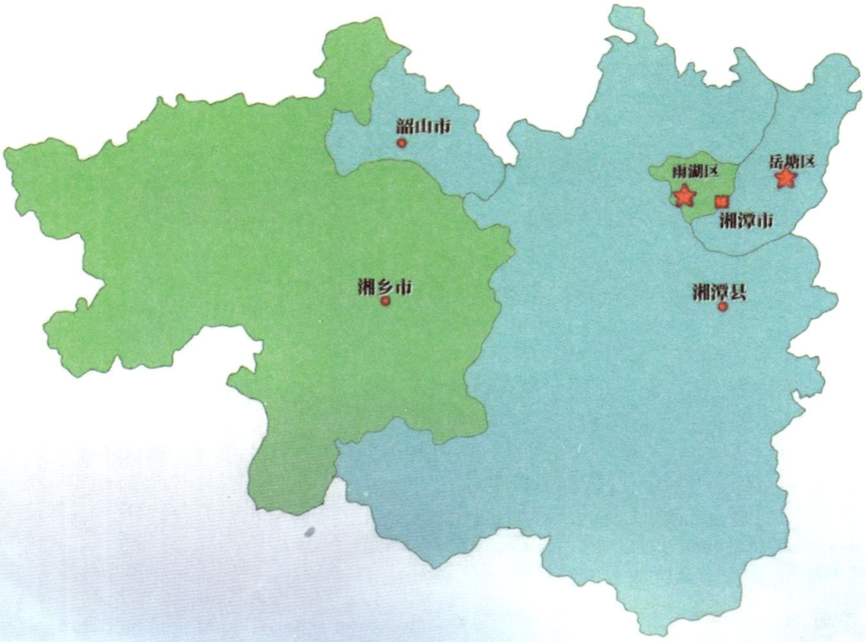

湘 潭 地 区

湘 潭 市

湘潭是伟大领袖毛主席的家乡，面积5006平方公里，人口270.12万，下辖湘潭县、湘乡市、韶山市、雨湖区、岳塘区，是全国文明城市、国家卫生城市、国家森林城市、中国优秀旅游城市。湘潭历史悠久、人杰地灵。自南朝梁天监年间置县以来，已有1500余年的历史，这里是湖湘文化的重要策源地，诞生了蜀汉名相蒋琬、晚清重臣曾国藩、世界文化名人齐白石以及王闿运、杨度等近代文化大家；这里是驰名中外的红色文化胜地，一代伟人毛泽东同志从这里走出，缔造新中国、影响全世界，开国元勋彭德怀、开国大将陈赓、谭政等老一辈革命家功勋卓著、彪炳史册。湘潭区位优越、交通便利。地处习近平总书记赋予湖南"一带一部"倡议定位的核心位置，是长株潭都市圈的重要组成部分和中部高质量崛起的重要节点城市；这里是中部地区交通枢纽，京广、沪昆高速、107、320国道以及南北、东西方向的高铁、普铁大动脉在此交会，湘江黄金水道通江达海，距离长沙黄花机场仅半小时车程。湘潭产业坚实、科教领先。作为国家"一五"时期布局的重点工业城市，拥有36个工业门类，形成了装备、钢铁、军工、汽车等特色产业，将打造汽车制造和新能源、精品钢材及新材料、军工3个千亿产业，培育了湘钢、湘电、江麓、江南、吉利等骨干企业，引进了京东、华为、阿里等新经济巨头；作为湖南第二科教中心，拥有湘潭大学、湖南科技大学、湖南工程学院、湖南软件学院、湘潭理工学院5所本科院校，其他高职院校、成人高校、中等职业学校31所，各类高校职校在校学生超过24万人。湘潭平台完备、生态宜居。先后获批长株潭国家自主创新示范区等20多个国字号发展平台，拥有湘潭高新区、经开区、综合保税区3个国家级园区和天易、湘乡等5个省级园区；坐拥千里湘江第一湾，生态环境优美，森林覆盖率达46.8%，社会和谐稳定，入选中国十大最安全城市。

2023年，实现地区生产总值（GDP）2741.84亿元，增速5.1%。其中，第一产业增加值182.62亿元，第二产业增加值1381.46亿元，第三产业增加值1177.76亿元。年末全市常住人口270.12万人。其中，城镇人口178.72万人。

湘潭市2023年国民经济和社会发展统计公报

2023年，面对错综复杂的外部环境、叠加交织的困难挑战，在市委、市政府坚强领导下，全市上下坚持以习近平新时代中国特色社会主义思想为指导，全面贯彻落实党的二十大和二十届二中全会精神，按照党中央、国务院和省委、省政府决策部署，锚定"四区一地一圈一强"建设，聚焦高质量发展首要任务，以打赢打好"发展六仗"为抓手，抢抓战略机遇、加快动能转换，全市经济运行呈现整体好转、稳中提质的良好态势，全面建设社会主义现代化新湘潭迈出坚实步伐。

一、综合

初步核算，全年地区生产总值2741.84亿元，比上年增长5.1%。其中，第一产业增加值182.62亿元，增长3.5%；第二产业增加值1381.46亿元，增长5.5%；第三产业增加值1177.76亿元，增长4.9%。按常住人口计算，人均地区生产总值101474元，增长5.2%。

全市三次产业结构为6.7 ∶ 50.4 ∶ 42.9。第一产业增加值占地区生产总值的比重比上年下降0.3个百分点；第二产业增加值占地区生产总值的比重比上年提高0.3个百分点。工业增加值占地区生产总值的比重为41.5%，高新技术产业增加值占地区生产总值的比重为29.8%。第一、二、三产业增加值对经济增长的贡献率分别为5.0%、54.5%、40.5%。其中，工业对经济增长的贡献率为39.3%。

二、农业

全年农林牧渔业总产值323.01亿元，比上年增长3.8%。其中，农业产值138.92亿元，增长3.9%；林业产值17.48亿元，增长11.1%；牧业产值125.68亿元，增长1.8%；渔业产值20.34亿元，增长5.1%。

全年粮食种植面积169.54千公顷，比上年下降0.2%。粮食产量121.00万吨，增长2.3%。

全年油料种植面积39.03千公顷，比上年增长11.3%；蔬菜及食用菌种植面积58.80千公顷，增长0.9%。油料产量6.60万吨，增长10.3%；蔬菜及食用菌产量181.40万吨，增长2.9%。

全年猪、牛、羊肉类总产量23.69万吨，与上年持平。其中猪肉产量23.04万吨，与上年持平；牛肉产量0.37万吨，增长8.8%；羊肉产量0.28万吨，下降9.7%。年末生猪存栏172.86万头，比上年末下降7.8%。全年生猪出栏314.30万头，下降0.1%；牛出栏2.97万头，增长5.0%；羊出栏17.47万头，下降5.9%；家禽出笼1620.55万羽，增长15.5%。禽蛋产量4.82万吨，增长6.2%；牛奶产量0.05万吨，下降37.5%；水产品产量10.72万吨，增长4.9%。

全年高标准农田建设面积12.76万亩。开工各类水利工程76处，投入资金13.78亿元，完成水利工程土石方336万立方米。

三、工业和建筑业

全年规模以上工业增加值比上年增长5.9%。装备制造业增加值增长19.1%，占规模以上工业增加值的比重为48.1%。高技术制造业增加值增长46.6%，占规模以上工业增加值的比重为17.9%。省级及以上产业园区工业增加值增长8.1%，占规模以上工业增加值的比重为80.1%。六大高耗能行业增加值增长3.0%，占规模以上工业增加值的比重为27.7%。

全年规模以上工业统计的主要产品产量中，钢材1098.40万吨，比上年增长1.6%；汽车21.49万辆，增长50.6%；交流电动机832.25万千瓦，下降8.6%；发电量135.01亿千瓦时，增长5.1%；家用燃气灶具82.06万台，增长4.9%。

全年规模以上工业企业实现利润总额126.70亿元，比上年增长14.7%。其中，股份制企业103.31亿元，增长5.1%；外商及港澳台商投资企业24.94亿元，增长73.6%。利润总额居前五位的工业行业大类是黑色金属冶炼和压延加工业、电气机械和器材制造业、汽车制造业、电力热力生产和供应业、食品制造业，分别实现利润21.95亿元、17.85亿元、14.26亿元、12.15亿元和10.67亿元。规模以上工业企业每百元主营业务收入中的成本为87.77元。年末规模以上工业企业资产负债率为53.0%。

全年建筑业增加值246.96亿元，比上年增长11.5%。具有资质等级的总承包和专业承包建筑业企业实现利润总额14.85亿元。房屋建筑施工面积4359.45万平方米，房屋建筑竣工面积981.52万平方米。

四、服务业

全年批发和零售业增加值275.10亿元，比上年增长6.2%；交通运输、仓储和邮政业增加值67.25亿元，增长8.3%；住宿和餐饮业增加值46.10亿元，增长15.7%；金融业增加值113.29亿元，增长6.3%；信息传输、软件和信息技术服务业增加值37.07亿元，增长14.6%；租赁和商务服务业增加值64.83亿元，增长8.1%。全年规模以上服务业企业营业收入增长12.6%。

全年客货运输换算周转量74.92亿吨公里，比上年增长4.0%。货物运输总量0.74亿吨，增长1.1%；货物运输周转量74.61亿吨公里，增长4.0%。旅客运输总量299.99万人次，增长16.2%；旅客运输周转量3.08亿人公里，增长11.4%。

民用汽车保有量48.71万辆，比上年末增长3.2%。其中，私人汽车保有量45.67万辆，增长3.0%。民用轿车保有量30.76万辆，增长3.2%。

全年邮政行业业务总量10.42亿标准量，比上年增长21.2%；快递业务量6845.68万件，业务收入5.16亿元，分别增长38.7%和15.0%。电信业务总量32.12亿元，增长21.8%。年末全市固定电话用户23.17万户，增长5.5%；移动电话用户339.36万户，增长5.8%。年末互联网宽带用户149.43万户，增长11.5%。

全年国内游客4699.84万人次，比上年增长48.0%；国内旅游收入458.86亿元，增长46.2%。

五、固定资产投资

全年固定资产投资（不含农户）比上年增长6.1%。其中，民间投资增长3.8%。分经济类型看，国有投资增长3.3%，非国有投资增长6.6%。分投资方向看，民生工程投资增长16.2%，基础设施投资下降15.9%，高技术产业投资增长7.7%，工业投资增长16.0%。

全年房地产开发投资比上年下降22.7%。商品房销售面积384.99万平方米，下降6.9%。其中，住宅销售面积352.72万平方米，下降7.3%。商品房销售额200.45亿元，下降11.1%。其中，住宅销售额184.01亿元，下降9.8%。

六、国内贸易和物价

全年社会消费品零售总额885.0亿元，比上年下降0.8%。分经营地看，城镇消费品零售额724.34亿元，下降1.3%；乡村消费品零售额160.66亿元，增长1.4%。分消费类型看，商品零售额754.61亿元，下降1.5%；餐饮消费额130.39亿元，增长3.5%。

全年居民消费价格比上年上涨0.5%。消费品价格下跌0.5%。

七、对外经济

全年进出口总额368.77亿元，比上年下降1.3%。其中，出口242.78亿元，下降10.3%；进口125.99亿元，增长22.1%。从贸易方式看，一般贸易出口234.07亿元，下降5.4%；加工贸易出口7.29亿元，增长75.9%。从出口商品看，机电产品出口126.25亿元，增长49.4%；高新技术产品出口14.59亿元，增长7.4%。

全年实际利用外资4971.16万美元，比上年下降25.4%。其中，第二产业3939.28万美元，下降12.8%；第三产业1031.88万美元，下降52.0%。实际到位内资963.22亿元，增长11.7%。其中，第一产业33.34亿元，增长37.4%；第二产业610.69亿元，增长8.7%；第三产业319.19亿元，增长15.5%。

八、财政、金融和保险

全年地方一般公共预算收入124.04亿元，比上年下降2.7%。其中，税收收入83.56亿元，下降4.0%；非税收入40.48亿元，增长0.1%。上划中央收入73.77亿元，增长18.9%。上划省级收入11.85亿元，增长479.9%。全市一般公共预算支出285.75亿元，增长5.9%。全年用于保障和改善民生的支出222.27亿元，增长10.0%，占全部支出比重达77.8%。其中，农林水、社会保障和就业、卫生健康、教育支出分别增长9.4%、10.6%、15.4%、16.7%。

年末金融机构本外币各项存款余额3301.33亿元，比上年末增长16.7%。其中，住户存款余额2370.31亿元，增长12.9%；非金融企业存款余额615.12亿元，增长32.4%。本外币各项贷款余额3165.60亿元，增长3.5%。其中，住户贷款余额814.19亿元，增长2.1%；非金融企业及机关团体贷款余额2335.85亿元，增长3.7%。

年末上市公司8家，全国中小企业股份转让系统挂牌企业8家，湖南股权交易所股改版和特色专板挂牌企业124家，年末证券公司营业部19家。

全年保险公司原保险保费收入78.62亿元，比上年增长11.8%。其中，人身险保费收入51.99亿元，增长4.0%；财产险保费收入26.63亿元，增长31.0%。原保险赔付支出32.64亿元，增长30.8%。其中，人身险赔付支出13.88亿元，增长28.1%；财产险赔付支出18.77亿元，增长32.9%。

九、教育和科学技术

年末有普通高校11所。研究生招生5775人，在校生17272人，毕业生4767人。普通高等教育（本专科教育）招生55064人，在校生182047人，毕业生43983人。中等职业教育招生7353人，在校生20902人，毕业生5963人。普通高中招生13743人，在校生43833人，毕业生14216人。初中招生27767人，在校生80024人，毕业生20792人。普通小学招生29443人，在校生171579人，毕业生27743人。在园幼儿64805人。小学适龄儿童入学率100%，高中阶段教育毛入学率99.0%。发放高校国家奖学金、助学金（本专科生）3817.95万元，资助高校学生（本专科生）19448人。发放中职国家助学金769.20万元，资助中职学生7692人次；落实中职免学费资金4396.44万元，资助中职学生36637人次。落实义务教育保障资金30633万元，发放普通高中国家助学金1283.05万元。

年末有国家地方联合工程研究中心（工程实验室）6个，省级工程研究中心（工程实验室）28个。国家认定企业技术中心9个，省级认定企业技术中心32个。省级工程技术研究中心55个。国家级重点实验室1个，省级重点实验室37个。国家级双创示范基地1个，省级双创示范基地15个；国家级专精特新“小巨人”企业37家，省级专精特新中小企业251家。全年获得省级以上科技成果登记数204项。技术合同成交金额338.98亿元。全年专利授权量4140件。其中，发明专利授权量1237件。工矿企业、大专院校专利授权量分别为2500件和1197件。全年高新技术产业增加值增长11.5%。

年末有检验检测机构90个。其中，国家产品质量监督检验中心1个。法定计量检定机构4个。特种设备生产单位45家，特种设备27011台。重点工业产品定期抽查合格率96.6%。参与制定国省标准18项，组织制定地方标准10项。提供地理空间数据成果2867.2GB。

十、文化、卫生和体育

年末有艺术表演团体12个，公共图书馆7个，博物馆、纪念馆8个，群众艺术馆、文化馆6个。有线广播电视用户59.58万户。广播综合人口覆盖率为100%，电视综合人口覆盖率为100%。全市非物质文化遗产保护体系中，国家级2项、省级27项、市级42项、区县级59项。

年末有医疗卫生机构2442个。其中，医院85个，妇幼保健院6个，乡镇卫生院47个，社区卫生服务中心（站）29个，诊所（卫生所、医务室）932个，村卫生室1268个，疾病预防控制中心6个、卫生监督所6个。卫生技术人员23661人，比上年增长1.6%。其中，执业医师和执业助理医师8968人，增长3.5%；注册护士11356人，下降0.2%。医疗卫生机构拥有床位21411张，下降5.0%。其中，医院拥有床位17053张，下降6.5%；乡镇卫生院拥有床位3173张，增长2.0%。

年末有体育场地8204个。其中，体育馆3座，运动场429个（含体育场、小运动场、田径馆），游泳池61个（含游泳跳水场馆），各种训练房343个（含综合房及专项训练房）。开展全民健身项目45项次。新建农民体育健身工程的行政村20个。

十一、人口、居民收入消费和社会保障

年末全市常住人口270.12万人。其中，城镇人口178.72万人，城镇化率66.16%，比上年末提高0.58个百分点。0—15岁（含不满16周岁）人口占常住人口的比重为16%，下降0.27个百分点；16—59岁（含不满60周岁）人口比重为62%，提高0.05个百分点；60岁及以上人口比重为22%，提高0.22个百分点。

全年全市居民人均可支配收入41269元，比上年增长4.9%。按常住地分，城镇居民人均可支配收入48705元，增长3.8%；农村居民人均可支配收入28556元，增长6.4%。城乡居民收入比值由上年的1.75缩小为1.71。

全年全市居民人均消费支出29770元，增长4.8%。按常住地分，城镇居民人均消费支出33652元，增长4.1%；农村居民人均消费支出23133元，增长5.5%。

全年新增城镇就业人员5.26万人。年末城镇职工基本养老保险参保人数93.46万人，其中在职职工83.49万人，离退休人员26.84万人。城乡居民基本养老保险参保人数112.80万人。基本医疗保险参保人数256.31万人。其中，城乡居民基本医疗保险参保人数202.88万人，城镇职工基本医疗保险参保人数53.43万人。参加失业保险职工人数35.57万人，参加工伤保险职工人数46.57万人，参加生育保险职工人数29.79万人。年末领取失业保险职工人数14314人。

全年获得政府最低生活保障的城镇居民1.30万人，发放最低生活保障经费0.67亿元；获得政府最低生活保障的农村居民4.21万人，发放最低生活保障经费1.51亿元。年末各类养老机构床位1.08万张。全年销售社会福利彩票4.43亿元，累计为国家筹集福彩公益金13528万元，其中为市本级筹集福彩公益金2342万元。接受现金捐赠和物资捐赠金额110.40万元。

十二、资源、环境和安全生产

全市已发现矿种45种，探明资源储量矿种20种。

全年达到或优于III类标准的水质断面比例为92.9%。全年空气质量优良率为87.1%。全市城镇生活污水处理率98.22%，城市生活垃圾无害化处理率100%。城市人均公园绿地面积14.75平方米。全年完成造林面积1.17万公顷，年末森林面积21.28万公顷，森林蓄积量1060.65万立方米，森林覆盖率42.5%。

初步核算，全市规模以上工业综合能源消费量944.24万吨标准煤，比上年增长2.9%。其中，六大高耗能行业综合能源消费量900.70万吨标准煤，增长1.8%。万元规模工业增加值能耗下降2.9%。

全年全市共发生各类生产经营性安全事故81起，生产经营性安全事故死亡人数83人。亿元地区生产总值安全事故死亡人数0.03人。道路交通事故万车死亡人数2.18人。

雨 湖 区

湘潭市雨湖区位于湖南省中部的湘江之滨，因境内有千年名胜“雨湖”而得名。2024年，全区辖2个乡、3个镇、10个街道办事处，是湘潭的商贸、科教、文化中心，是长株潭城市群“两型”社会建设的重点区和湘潭市“两型”社会建设的先行区。总面积451.39平方公里，去年末全区户籍人口总户数为175051户，总人口为482189人，其中男性人口239442人，女性人口242747人，男女性别比为98.6 ∶ 100。2023年地区生产总值800.9亿元，比上年增长6.2%。其中，第一产业增加值18.6亿元，增长2.5%；第二产业增加值347.6亿元，增长8.6%；第三产业增加值407.7亿元，增长4.3%。

——历史人文悠久。雨湖是湘潭城市的发祥地，晋时初成江南小镇，宋代湘潭县治迁于此。因濒临湘江，水陆交通发达，客商过往非常频繁，商业氛围浓厚，至明清时期最为鼎盛，人称工商十万，中南八省物资均在此集散，是全国有名的药都，有“小南京”“金湘潭”的美誉，也曾是全国三大布市之一。人文底蕴深厚，区内有万楼、文庙、关圣殿、鲁班殿、唐兴寺、秋瑾故居等文物景点56处，其中省、市重点文物保护单位10处，都富有浓厚的文化内涵和极高的文化价值，是古往今来湘潭人民勤劳和智慧的结晶。

——区位交通优越。雨湖地处湖南省东西、南北交通要冲，水、陆、空交通极为发达。上瑞高速、京珠高速这两条东西、南北交通大动脉在此交会，潭衡高速正在加紧建设，长潭西线高速公路将长沙市岳麓区与我区连成一片。320、107国道在这里会合，湘黔铁路横穿全境，湘江千吨级码头四季通航，距长沙黄花机场仅半小时车程。特别是“百年地标”工程——湘潭火车站，改扩建后有9股道3个站台2个广场，并配备规模始发列车，与正在规划建设的长株潭城际轻轨对接，将成为集火车、城铁、公交为一体的长株潭交通枢纽中心。

——科教资源丰富。区内有湘潭大学、湖南科技大学等5所高等院校、17家科研机构和2个博士后流动站，是全省仅次于长沙市岳麓区的科教中心区域，各类科技人员占职工人数比例均高于全国和全省平均水平。校区交流合作紧密，区人民政府与湘潭大学签署了战略合作协议，区内众多企业也与各院校建立了产学研联合，为经济发展提供了智力支撑。以北二环为主干线，以湘潭大学、湖南科技大学等重点院校为依托，积极对接长沙岳麓山大学科技园，着力打造大学科技走廊，重点建设湘潭大学城科技园，将其建成高科技成果孵化基地和高新技术产业园。

——商贸繁荣兴旺。雨湖是湘潭的商贸物流中心，区内现有各类市场45个、商业网点5000多个。现代商贸业发展迅速，相继建成了白石商业广场、金都商业广场、金海民生大市场、中南农机机电大市场等一批商贸重点项目。现代服务业蓬勃兴起，以湘潭西商贸物流园建设为龙头，依托湘潭义乌小商品城、湘潭大学城科技园综合服务区、先锋生产性物流园，将逐步形成服务外包、电子商务、研发设计等生产性服务业体系。

——工业基础雄厚。锰矿资源丰富，鹤岭镇锰探明储量居全国第一，素有“中国锰都”之称。区内有江南机器厂、江麓机械厂等中央直属企业，为工业的发展奠定了坚实基础。工业发展特色鲜明，区内有先锋工业园、湘潭大学城科技园和雨湖高新技术产业开发区，形成了机电制造、冶金化工、食品医药、新能源等四大支柱产业，培育了平安电气、一格制药、凌天科技、鑫湘锰业等一批重点骨干企业。

雨湖区2023年国民经济和社会发展统计公报

2023年，在区委、区政府的坚强领导下，全区上下认真贯彻落实党的二十大精神和高质量发展要求，深入实施“六提工程”，锚定“全国百强，全省前十，全市第一”总目标，真抓实干，攻坚克难，经济呈现稳中有进、持续向好的发展态势。

一、综合

初步核算，全年地区生产总值800.9亿元，比上年增长6.2%，地区生产总值总量和增速均居全市第一位。其中，第一产业增加值18.6亿元，增长2.5%；第二产业增加值374.6亿元，增长8.6%；第三产业增加值407.7亿元，增长4.3%。

全区三次产业结构为2.3∶46.8∶50.9。第一产业增加值占地区生产总值的比重比上年下降0.2个百分点，第二产业增加值占地区生产总值的比重比上年上升0.3个百分点，第三产业增加值占地区生产总值的比重比上年下降0.1个百分点。工业增加值占地区生产总值的比重为38.8%。第一、二、三产业对经济增长的贡献率分别为–0.3%、58.3%、42.0%。在第二产业中，工业对经济增长的贡献率为35.8%。

二、农业

全年农林牧渔业总产值38.6亿元，比上年增长3.1%。其中，农业产值18.2亿元，增长4.1%；林业产值1.4亿元，增长38.8%；牧业产值14.5亿元，下降1.7%；渔业产值1.8亿元，增长5.1%；农林牧渔服务业产值2.7亿元，增长8.7%。

全年粮食种植面积13.9千公顷。粮食产量9.5万吨，比上年增长2.2%。

全年油料种植面积3.0千公顷，比上年增长0.7%；蔬菜种植面积6.9千公顷，比上年增长0.6%。油料产量0.5万吨，比上年增长1.1%；蔬菜产量23.0万吨，比上年增长3.0%。

全年猪、牛、羊、禽肉类总产量3.3万吨，下降3.3%。其中，猪肉产量2.9万吨，下降3.9%；牛肉产量0.05万吨，与上年持平；羊肉产量0.02万吨，与上年持平；禽肉产量0.24万吨，增长4.3%。年末生猪存栏20.7万头，全年生猪出栏40.3万头。禽蛋产量0.07万吨，与上年持平。

三、工业和建筑业

全年规模工业增加值比上年增长22.6%，增速居全市第一，高于全省和全市17.5和16.7个百分点。湘潭经开区规模工业增加值比上年增长29.2%，雨湖高新区规模工业增加值比上年增长13.2%。

全年资质以内建筑业总产值153.8亿元，比上年增长10.3%。房屋建筑施工面积782.4万平方米，比上年增长0.9%。房屋建筑竣工面积241.5万平方米，比上年下降16.8%。

四、服务业

全年批发和零售业增加值118.9亿元，比上年增长5.2%；交通运输、仓储和邮政业增加值12.8亿元，比上年增长9.7%；住宿和餐饮业增加值11.7亿元，比上年增长10.0%；金融业增加值31.6亿元，比上年增长6.3%；信息传输、软件和信息技术服务业增加值22.2亿元，比上年增长17.7%；租赁和商务服务业增加值28.4亿元，比上年增长8.0%；科学研究和技术服务业增加值5.7亿元，比上年增长10.3%；居民服务、修理和其他服务业增加值16.4亿元，比上年增长4.8%；文化、体育和娱乐业增加值5.0亿元，比上年增长3.9%；非营利性服务业增加值67.8亿元，比上年增长1.5%。全年规模以上服务业企业营业收入比上年增长7.9%。

五、固定资产投资

全年固定资产投资比上年增长5.5%。民间投资比上年下降2.8%。分经济类型看，国有投资下降19.5%；非国有投资增长10.1%。分投资方向看，基础设施投资下降4.4%；高技术产业投资增长28.7%；民生投资下降2.9%；工业投资增长30.5%。

全年资质以内房地产开发投资比上年下降23.2%，商品房销售面积193.8万平方米，居全市第一，比上年增长2.1%。

六、国内贸易、对外经济

全年社会消费品零售总额387.0亿元，总量居全市第一，比上年下降9.8%，社会消费品零售总额占全市比重43.7%。限额以上法人消费品零售额139.3亿元，比上年下降27.6%。其中，粮油、食品类零售额31.8亿元，服装、鞋帽、针纺织品类零售额14.0亿元，家用电器和音像器材类零售额8.2亿元，中西药品类零售额2.8亿元，汽车类零售额1.7亿元。

全年进出口总额186.9亿元，比上年增长4.6%。其中，出口额139.0亿元；进口额47.9亿元，增长160.0%。全年实际到位内资274.7亿元，比上年增长9.9%。

七、财政

全年全区一般公共预算收入68.2亿元，比上年增长17.6%，地方一般公共预算收入34.5亿元，总量居全市第一。其中，税收收入27.1亿元，总量居全市第一；非税收入7.5亿元。全区一般公共预算支出41.6亿元，比上年增长4.6%。其中，科学技术、教育、社会保障和就业、卫生健康分别支出9.1亿元、7.8亿元、4.4亿元、2.4亿元。

八、教育和科学技术

年末全区有普通高校8所（含高校独立学院）。普通高等教育研究生招生5681人，在校研究生16988人，毕业生4681人。普通本专科学校招生32901人，在校生112202人，毕业生25534人。中等职业学校7所，招生3818人，在校生11180人，毕业生3004人。普通高中7所，招生2313人，在校生7295人，毕业生2043人。初中13所，招生6071人，在校生15915人，毕业生2523人。普通小学50所，招生7477人，在校生41718人，毕业生6354人。幼儿园142所，在园幼儿16317人。小学适龄儿童入学率100%，小学毕业生升学率100%。发放中职国家助学金269.7万元，中职国家助学金资助中职学生2697人次，落实中职免学费资金804.1万元，中职免学费资助中职学生6701人次。

年末全区有国家级企业技术中心2家，省级企业技术中心6家；省级工程技术研究中心7家；获得省级以上科技成果登记15项；省级双创示范基地1家。全年专利授权量2358件。其中，发明专利授权量894件。全区高新技术企业250家，高新技术产业增加值227.1亿元，高新技术增加值占GDP比重28.4%。

九、文化、卫生和体育

年末全区有公共图书馆3个，纪念馆1个，群众艺术馆、文化馆1个。全区非物质文化遗产保护体系中，国家级1项、省级9项、市级7项、区级4项。

年末全区共有医疗卫生机构454个，其中医院33个，妇幼保健院1个，乡镇卫生院5个，社区卫生服务中心（站）15个，诊所（卫生所、医务室）295个，村卫生室103个，疾病预防控制中心2个，卫生监督所2个。全区共有卫生技术人员8233人，比上年增长2.1%，其中，执业（助理）医师2832人，增长3.3%；注册护士4197人，下降0.2%。医疗卫生机构拥有床位7896张，比上年下降2.6%。其中，医院拥有床位7565张，下降2.7%；乡镇卫生院拥有床位198张，下降4.8%。

年末全区有体育场地2192个。其中，体育馆13座，运动场71个（含体育场、小运动场、田径馆），游泳场地11个（含游泳池、游泳馆）。开展全民健身15项，新建农民体育健身工程的行政村2个，经常参加体育锻炼人数22.8万人。

十、人口、人民生活和社会保障

年末全区户籍人口总户数为175051户总人口为482189人，其中男性人口23944人，女性人口242747人，男女性别比为98.6∶100。

全年全区居民人均可支配收入4964元，总量居全市第一，比上年增长3.9%。按常住地分，城镇居民人均可支配收入增长3.9%；农村居民人均可支配收入增长5.5%。城乡居民收入比为1.13∶1。

全年全区居民人均消费支出36129元，比上年增长4.0%。按常住地分，城镇居民人均消费支出增长3.9%；农村居民人均消费支出增长4.7%。

全年新增城镇就业1.5万人，失业人员再就业9303人，参加城乡居民基本养老保险人数9.1万人。参加城乡居民基本医疗保险人数36.7万人，参加城镇职工基本医疗保险人数22.1万人，参加生育保险职工人数11.3万人。

全区获得政府最低生活保障的城镇居民4591人，全年发放最低生活保障经费2347万元；获得政府最低生活保障的农村居民4335人，全年发放最低生活保障经费1937万元。年末各类养老机构床位2423张。

十一、资源、环境和安全生产

全年达到或优于III类标准的水质断面比例为100%。全年空气质量达到优良以上标准316天，空气质量优良率为86.6%。全区城镇生活污水处理率98.1%，城区生活垃圾无害化处理率100%。全年完成营造林67公顷，年末森林面积12006公顷，森林蓄积量62.6万立方米，森林覆盖率26.9%。全年开工各类水利工程157处，水利工程投入资金0.3亿元，新增农田灌溉面积753公顷。

全年全区共发生各类生产经营性安全事故7起，生产经营性安全事故死亡人数7人。亿元地区生产总值安全事故死亡人数0.0087人。

岳塘区

岳塘区位于湘潭市河东地区，是湘潭市行政中心区，全省重要工业基地。全区总面积206平方公里，总人口约49万，直接管辖1个镇、11个街道和1个省级经济开发区——岳塘经开区，辖区内还有湘潭国家高新技术开发区。近年来，我们先后获得了全国高质量发展百强城区、中国工业百强区、全国绿色发展百强区、国家科技进步先进区等荣誉，同时拥有全国文明城市、国家卫生城市、国家森林城市、国家园林城市、全国科技进步先进城市、中国优秀旅游城市等金字招牌。

岳塘有良好的区位条件。地处长株潭三市几何中心，京广铁路、湘黔铁路纵横穿境，京港澳和沪昆高速公路交汇其间，湘江U字形三面环绕，距离黄花机场仅半小时车程，形成了集水运、铁路、公路多种物流元素于一体的开放平台体系。特别是长株潭芙蓉大道快速化改造的全线贯通，与长沙主城区实现“半小时”交通圈、生活圈。岳塘已成为湘潭融入长江经济带的关键节点和战略支点，是中国（湘潭）跨境电商综合试验区和长株潭国家物流综合枢纽建设的核心承载地。

岳塘有坚实的产业基础。近年来，我们形成了以智能制造、金融商务、商贸物流、文旅康养为主导的现代化产业体系。智能制造以湘钢、湘电、江滨等大型国有企业为链主，精品钢材及新材料产业链实现集群发展，湘钢收入站稳千亿高地，利润稳居行业前十。金融商务以湘潭金融商务区为主导，入驻企业342家，纳税超过8亿元，入选首批湖南省现代服务业创新发展区。商贸物流以云通物流、顺丰速运、飓速冷链等头部企业为龙头，实现人流、商流、物流、资金流、信息流加速集聚，全力向湖南高端商贸物流样板区迈进。文旅康养以昭山、盘龙大观园、海景乐园三大“4A”级景区和湖南省健康产业园为依托，“山市晴岚”的诗情画意、“绿心”地区的生态秀美、大健康产业的蓄势进发，一个令游客流连忘返、心向往之的国家级旅游度假区呼之欲出。

岳塘有广阔的发展空间。经济运行态势较好。2023年，全区实现了地区生产总值689.2亿元。平台园区完备，享有长株潭国家自主创新示范区、全国跨境电商综合试验区等20多个国字号发展平台，可无缝对接国省各项重大政策落地。国家级的湘潭高新区形成了风电装备制造、矿山装备制造、钢材深加工三大主导产业，入园企业已达3800余家，其中上市企业8家。省级的岳塘经开区2023年生产总值140亿元，成功获批国家级文化产业示范园区、全国优秀物流园区。

岳塘有和谐的宜居环境。全域近山亲水，有潇湘八景昭山、法华山等自然景观，还有昭山古寺、东坪古镇、霞城书院等人文古迹。全区“绿心”面积109.68平方公里，占长株潭绿心总面积的21%。昭山森林公园成功获批省级森林公园，森林覆盖率达67%，负氧离子含量为长株潭城市群最高值，是名副其实的长株潭城市群“后花园”。近年来，我们坚持走生态优先、绿色发展之路，系统实施“治污、增绿、净水、护蓝、转型”五大工程，常年上榜全国绿色发展百强区。我们始终以改善民生为第一追求，民生支出占比多年保持在80%以上，群众获得感、幸福感、安全感显著增强。我们加快义务教育优质均衡发展，先后打造了火炬、滴水湖、湖湘等一批在全省乃至全国具有知名度的学校，让“学有优校”的幸福在每一个老百姓家门口升级。我们以优化人居环境为抓手，大力实施美好社区改造三年行动，美好社区改造经验在国、省推介，打造了“岳塘样本”。

岳塘区2023年国民经济和社会发展统计公报

2023年是全面贯彻落实党的二十大精神的开局之年，是三年新冠疫情防控转段后经济恢复发展的一年。在区委、区政府的坚强领导下，全区上下锚定“三高四新”美好蓝图，牢牢把握高质量发展首要任务，以打好“发展六仗”为抓手，全力拼经济、稳增长、抓落实，全区经济运行总体呈现稳中有进、稳中提质的发展态势。

一、综合

初步核算，全年地区生产总值689.2亿元，比上年增长5.1%。其中，第一产业增加值7.9亿元，增长2.1%；第二产业增加值371.3亿元，增长5.0%；第三产业增加值310.1亿元，增长5.3%。按常住人口计算，人均地区生产总值141987元，增长4.9%。

全区三次产业结构为1.1 ∶ 53.9 ∶ 45.0。第一产业增加值占地区生产总值的比重比上年下降0.1个百分点；第二产业增加值占地区生产总值的比重比上年提高0.2个百分点。工业增加值占地区生产总值的比重为44.2%，比上年提高0.2个百分点；高新技术产业增加值占地区生产总值的比重为45.8%，比上年下降8.0个百分点。第一、二、三产业增加值对经济增长的贡献率分别为0.5%、52.8%、46.7%。其中，工业对经济增长的贡献率为34.3%。

二、农业

全年农林牧渔业总产值7.49亿元，比上年增长2.8%。其中，农业产值3.84亿元，增长3.8%；林业产值0.91亿元，增长3.0%；牧业产值1.6亿元，下降2.0%；渔业产值0.5亿元，增长4.7%。

全年粮食种植面积0.87千公顷，比上年下降2.8%。粮食产量0.65万吨，与上年持平。

全年油料种植面积0.19千公顷，比上年下降2.6%；蔬菜及食用菌种植面积2.25千公顷，增长1.9%。油料产量0.03万吨，下降2.5%；蔬菜及食用菌产量6.78万吨，增长2.8%。

全年猪、牛、羊肉类总产量0.29万吨，其中猪肉产量0.21万吨，下降4.6%；羊肉产量0.02万吨，下降33.0%。年末生猪存栏2.15万头，比上年末下降3.6%。全年生猪出栏2.86万头，下降5.0%；牛出栏0.02万头，与上年持平；羊出栏1.69万头，下降9.6%；家禽出笼37.24万羽，增长2.8%。禽蛋产量0.02万吨，与上年持平。

全年开工各类水利工程221处，投入资金6217万元，完成水利工程土石方25.4万立方米。

三、工业和建筑业

全年规模以上工业增加值比上年增长1.9%。省级及以上产业园区工业增加值增长2.3%，占规模以上工业的比重为90.4%。

全年规模以上工业企业实现利润总额45.01亿元，比上年下降1.4%。其中，股份制企业42.5亿元，下降3.4%；外商及港澳台商投资企业5.41亿元，增长7.1%。

全年建筑业增加值67.6亿元，比上年增长12.4%。具有资质等级的总承包和专业承包建筑业企业实现利润总额2.33亿元。房屋建筑施工面积2962.91万平方米，房屋建筑竣工面积407.62万平方米。

四、服务业

全年批发和零售业增加值58.7亿元，比上年增长1.8%；交通运输、仓储和邮政业增加值20.5亿元，增长14.3%；住宿和餐饮业增加值10.2亿元，增长9.5%；金融业增加值40.7亿元，增长8.3%；信息传输、软件和信息技术服务业增加值8.6亿元，增长13.2%；租赁和商务服务业增加值16.0亿元，增长8.7%。全年规模以上服务业企业营业收入增长15.4%。

全年国内游客1159.9万人次，比上年增长1.9%；国内旅游收入124.5亿元，增长15.6%。

五、固定资产投资

全年固定资产投资（不含农户）比上年增长5.1%。其中，民间投资下降1.4%。分经济类型看，国有投资增长60.6%，非国有投资下降0.3%。分投资方向看，民生工程投资增长23.9%，基础设施投资下降7.7%，高技术产业投资下降30.6%，工业投资增长5.1%。

全年房地产开发投资比上年下降31.7%。商品房销售面积100.4万平方米，增长11.1%。商品房销售额57.2亿元，增长6.5%。

六、国内贸易

全年社会消费品零售总额154.6亿元，比上年增长4.2%。分经营地看，城镇消费品零售额147.9亿元，增长4.3%；乡村消费品零售额6.7亿元，增长2.1%。分消费类型看，商品零售额146.9亿元，增长4.1%；餐饮消费额7.6亿元，增长6.2%。

全年限额以上法人批发和零售业商品零售额95.6亿元，比上年增长1.9%。其中，粮油、食品类零售额增长0.3%，服装、鞋帽、针纺织品类增长53.3%，日用品类增长174.5%，中西药品类下降4.3%，石油及制品类增长18.0%，汽车类下降2.3%。

七、对外经济

全年进出口总额163.7亿元，比上年增长2.7%。其中，出口88.7亿元，增长8.7%；进口75.0亿元，下降3.5%。

全年实际使用外商直接投资1000万美元，比上年增长56.3%。实际到位内资353.5亿元，增长12.4%。

八、财政

全年地方一般公共预算收入26.11亿元，比上年下降0.9%。其中，税收收入19.41亿元，增长1.4%；非税收入6.7亿元，下降6.9%。上划“中央、省”收入28.94亿元，增长17.3%。上划市级收入9.99亿元，下降5.2%。全区一般公共预算支出27.17亿元，增长15.0%。全年用于保障和改善民生的支出19.47亿元，增长11.6%，占全部支出比重达71.7%。其中，教育、社会保障和就业、卫生健康、科学技术支出分别增长42.3%、0.6%、12.3%、11.0%。

九、教育和科学技术

年末全区中等职业教育招生129人，在校生587人，毕业生175人。普通高中招生1886人，在校生5827人，毕业生1978人。初中招生4192人，在校生11646人，毕业生2582人。普通小学招生5899人，在校生31216人，毕业生4126人。在园幼儿13780人。小学适龄儿童入学率100%，高中阶段教育毛入学率99.0%。发放中职国家助学金10.6万元，资助中职学生106人次；落实中职免学费资金42.4万元，资助中职学生353人次。落实义务教育保障资金4503.2万元，发放普通高中国家助学金140.9万元。

年末有省级工程研究中心（工程实验室）11个。国家认定企业技术中心5个，省级认定企业技术中心9个。省级工程技术研究中心17个。国家级重点实验室1个，省级重点实验室7个。国家级双创示范基地1个，省级双创示范基地5个；国家级专精特新“小巨人”企业9家，省级专精特新中小企业67家。全年获得省级以上科技成果登记数93项。技术合同成交金额166.07亿元。全年专利授权量941件，下降23.6%。其中，发明专利授权量755件，增长329.7%。工矿企业、大专院校专利授权量分别为318件和491件。全年高新技术产业增加值315.75亿元，增长9.9%。

十、文化、卫生和体育

年末有艺术表演团体110个，公共图书馆131个，博物馆、纪念馆1个，群众艺术馆、文化馆11个。有线广播电视用户2.8万户。广播综合人口覆盖率为100%，电视综合人口覆盖率为100%。

年末有医疗卫生机构351个。其中，医院21个，妇幼保健院1个，乡镇卫生院1个，社区卫生服务中心（站）10个，诊所（卫生所、医务室）266个，村卫生室44个，疾病预防控制中心1个、卫生监督所1个。卫生技术人员5117人，比上年增长2.1%。其中，执业（助理）医师1874人，增长4.6%；注册护士2567人，增长0.8%。医疗卫生机构拥有床位3671张。其中，医院拥有床位3444张，乡镇卫生院拥有床位20张。

年末有体育场地1639个。其中，体育馆8座，运动场57个（含体育场、小运动场、田径馆），游泳池25个（含游泳跳水场馆），各种训练房309个（含综合房及专项训练房）。开展全民健身项目9项次。新建农民体育健身工程的行政村2个。

十一、人口、居民收入消费和社会保障

年末全区常住人口48.6万人。其中，城镇人口46.44万人，城镇化率95.56%，比上年末提高0.02个百分点。0—15岁（含不满16周岁）人口占常住人口的比重为15%；16—59岁（含不满60周岁）人口比重为67.5%；60岁及以上人口比重为17.5%。

全年全区居民人均可支配收入4905元，比上年增长4.0%。按常住地分，城镇居民人均可支配收入49130元，增长4.0%；农村居民人均可支配收入44532元，增长5.7%。城乡居民收入比值由上年的1.12缩小为1.10。

全年全区居民人均消费支出37809元，增长4.5%。按常住地分，城镇居民人均消费支出37856元，增长4.5%；农村居民人均消费支出34924元，增长5.1%。

全年新增城镇就业人员16861人。年末城镇职工基本养老保险参保人数66374人，其中在职职工43830人，离退休人员2254人。城乡居民基本养老保险参保人数2134人。基本医疗保险参保人数263624人。其中城乡居民基本医疗保险参保人数251244人，城镇职工基本医疗保险参保人数12380人。参加失业保险职工人数19982人，参加生育保险职工人数8183人。年末领取失业保险职工人数389人。

全年获得政府最低生活保障的城镇居民3215人，发放最低生活保障经费1752.万元；获得政府最低生活保障的农村居民1074人，发放最低生活保障经费503.05

元。年末各类养老机构床位 3108 张。圆满完成 9 件 22 项省重点民生实事和 7 件 15 项市重点民生实事。其中改造城镇老旧小区 11 个，提质改造农村旅游路、资源路、产业路 4.98 公里。

十二、资源、环境和安全生产

全区已发现矿种 2 种，探明资源储量矿种 2 种。

全年达到或优于 III 类标准的水质断面比例为 100%。全年空气质量优良率为 87.9%。全区城镇生活污水处理率 76.4%，城市生活垃圾无害化处理率 100%。城市人均公园绿地面积 12.23 平方米。全年完成造林面积 0.09 万公顷，年末森林面积 0.69 万公顷，森林蓄积量 22.4 万立方米。

全年全区共发生各类生产经营性安全事故 13 起，生产经营性安全事故死亡人数 14 人。亿元地区生产总值安全事故死亡人数 0.02 人。

韶 山 市

韶山因舜帝南巡至此奏韶乐而得名，更因孕育一代伟人毛泽东而蜚声中外。2024 年，行政区域面积 247.33 平方公里，下辖 2 乡 2 镇、33 个行政村 5 个社区，常住人口 10.36 万人。韶山是全国爱国主义教育示范基地、国家级风景名胜区、中国优秀旅游城市、国家 AAAAA 级旅游景区、全国红色旅游融合发展示范区、全国红色旅游国际合作创建区、全国科技进步先进市、全国平安建设先进市、国家可持续发展实验区、全国绿化模范县（市）、国家知识产权试点城市、国家级电子商务进农村综合试点县市，是长株潭两型社会综合配套改革试验区和长株潭国家自主创新示范区的重要组成部分。获得全国社会治安综合治理工作最高奖“长安杯”、全国文明城市、国家全域旅游示范区、全国双拥模范县、全国农村生活垃圾分类和资源化利用示范县、全国城市基层党建示范市、全国乡村治理体系建设试点、全国新时代文明实践中心建设试点等国省级荣誉及试点示范 95 项，经济社会各项事业保持了持续健康的发展态势。2023 年，地区生产总值增长 5.1%，实现经济运行稳中有进。

韶山市2023年国民经济和社会发展统计公报

2023 年，市委、市政府坚持以习近平新时代中国特色社会主义思想为指导，深入贯彻党的二十大精神及上级决策部署，坚持稳中求进工作总基调，抢抓机遇、奋力扬帆，全年经济持续回升向好，经济发展韧性、活力和动能进一步增强。

一、综合

初步核算，全市地区生产总值 114.52 亿元，同比增长 5.1%。其中，第一产业增加值 8.12 亿元，同比增长 3.7%；第二产业增加值 50.05 亿元，同比增长 6.1%；第三产业增加值 56.35 亿元，同比增长 4.3%。按常住人口数计算，人均地区生产总值 11.22 万元。

全市三次产业结构为 7.09 ：43.7 ：49.21，其中三次产业增加值占比提高 2.26 个百分点。

二、农业

第一产业总产值 153240.6 万元，同比增长 3.8%。其中，农业产值 74330.1 万元，同比增长 5.8%；林业产值 7971.8 万元，同比增长 0.3%；牧业产值 56731.7 万元，同比增长 1.1%；渔业产值 6214.6 万元，同比增长 5.3%；农林渔牧服务业产值 7892.4 万元，同比增长 6.9%。

全年粮食总面积 8.2 万亩，总产量 4.29 万吨，其中水稻 7.97 万亩，总产量 4.14 万吨。全市生猪存栏头数 7.43 万头，出栏肉猪 14.65 万头。

全市省级现代农业特色产业园 5 个。农民专业合作社 453 个，同比增长 5.8%；农民专业合作社 1.17 万户，同比增长 15.8%；家庭农场 710 个，同比增长 13.6%。年末农业机械总动力 13.98 万千瓦，实施土地整治（高标准农田建设）项目 1 个，高标准农田建设面积 1.12 万亩。

全市全年开工各类水利工程 360 处，投入资金累计 12340 万元。

三、工业和建筑业

全年规模以上工业增加值同比增长 4.0%。全年建筑业总产值同比增长 15.2%。

四、固定资产投资

全年固定资产投资同比增长 10.8%，其中，产业投资同比增长 19.44%，占比 90.47%；工业技改投资占产业投资比重 60.44%；高新技术产业投资占产业投资比重 44.49%；民间投资占固定资产投资比重 89.56%。

全市实施项目共计 100 个，其中本年开复工项目 76 个，本年竣工投产项目 50 个。

全市房地产投资同比增长 -0.1%，商品房销售面积同比增长 -15.0%。

五、国内贸易

全年社会消费品零售总额 31.61 亿元，同比增长 8.3%。全市各类市场主体共 13085 家，2023 年净增市场主体 1179 家。“企业开办”专窗共办理企业设立登记 706 家，新增“个转企”25 家，“一网通办”共办理企业设立登记 660 家，全程电子化设立登记办理 44 家，网办率 98.05%。

六、对外经济

全年进出口总额 4.94 亿元，其中出口额 3.85 亿元，进口额 1.09 亿元。到位外商直接投资 7.6 万美元，新引进“三类 500 强”企业项目 5 个。实际到位内资 60.72 亿元，同比增长 10.4%。

七、交通和旅游

全市道路养护里程 566 公里，其中农村公路养护里程 515 公里，国、省道养护里程 50 公里。农村公路优良率 88%。

公交车通村率 100%，公交车出行分担率 25%，公交综合用地 240 平方米 / 标台，万人拥有公交车保有量 3.5 标台。

全市全年接待来韶游客 721.43 万人，同比增长 416.99%；旅游综合收入 60.76 亿元，同比增长 412.23%。全市旅游等级景区 3 家，其中 5A 级 1 家，3A 级 2 家。

八、财政、金融和保险

全年完成一般公共预算收入 11.73 亿元，同比增长 17.9%。其中：全口径税收 9.83 亿元，同比增长 17.7%；非税收入 1.90 亿元，同比增长 19.2%。全口径税收占财政收入比重为 83.8%。全年完成地方一般公共预算收入 7.40 亿元，同比增长 4.4%。全市一般公共预算支出完成 16.48 亿元，同比增长 -0.6%。其中：教育支出 2.19 亿元，同比增长 18.0%；科学技术支出 1.88 亿元，同比增长 31.6%；社会保障与就业支出 2.43 亿元，同比增长 62.8%；农林水支出 2.68 亿元，同比增长 3.8%。

年末全市金融机构各项存款余额 126.91 亿元，同比增长 20.8%，住户储蓄存款 98.63 亿元；金融机构各项贷款余额 126.94 亿元，同比增长 16.0%。金融机构网点 28 个。

全年征收社会保险费（不含失业保险、工伤保险和医疗保险）2.82 亿元。

九、教育和科学技术

年末全市有各级各类学校 16 所，其中完全中学 1 所，职业高中 1 所，初级中学

1所，小学13所，另有正式办园的幼儿园23所。全市中等职业教育招生422人，在校生836人，毕业生302人。普通高中招生284人，在校生895人，毕业生226人。初中招生876人，在校生2617人，毕业生439人。小学招生1246人，在校生6476人，毕业生987人。在园幼儿3075人。小学适龄儿童入学率100%，小学毕业生升学率100%，高中阶段毛入学率99.05%。发放中职国家助学金27.5万元，中职国家助学金资助中职学生275人次，落实中职免学费资金186.96万元，中职免学费资助中职学生1558人；发放普通高中国家助学金26.65万元，资助普通高中学生200人次；落实义务教育保障资金1030万元，资助义务教育阶段学生1934人次。

公办幼儿园乡镇覆盖率100%，学前三年毛入园率98%，公办幼儿园在园幼儿占比63.38%。全市200余名高中毕业生本科上线100人。学考合格率100%，中考合格率100%。

韶山思政教育实践营地获评全国中小学生校外研学实践营地称号、第三批湖南省青少年教育基地、湖南省关心下一代党史国史教育基地。2023年韶山思政教育实践营地开展“我的韶山行”湖南省中小学生红色研学活动，共接待研学团队114批次，接待师生10.10万人次。

全市省级以上“专精特新”企业20家；国家级单项冠军企业1家，省级单项冠军企业2家；恒欣实业获评国家级“绿色工厂”。中国工程院谭天伟院士在禾益元设立院士专家工作站，“海牛号”首席专家万步炎教授在华进重装设立专家工作站。嘉嘉旺、华进重装、恒升机械3家企业获批省企业技术中心，江冶机电获批省工业设计中心，中韶电气、华进重装2家企业获批省工程技术研究中心。华进重装自主研制的首台1500吨/18.3米钢管全长扩径机组成功打破国外技术垄断。中广核、中南大学、汇达新材料三方合作研发的第四代核燃料棒包壳材料项目产品，技术世界领先。

十、文化、卫生和体育

全市省级非物质文化遗产保护目录6个，市级非物质文化遗产保护目录7个，区级非物质文化遗产保护目录21个。全市有艺术表演团体3个，文化馆1个，公共图书馆6个，博物馆、纪念馆2个。

2023年底，全市共有医疗机构76家，其中医院4家，乡镇卫生院4家，村卫生室33家，诊所、门诊部、医务室33家，疾病预防控制中心1家，卫计综合监督执法局1家，妇幼保健计划生育服务中心1家。

全市共有卫生技术人员748人，其中执业（助理）医师290人，注册护士358人。医疗机构床位567张，其中医院360张，乡镇卫生院206张，其他医疗机构1张。

年末全市有体育场地326个。其中，体育馆3座，小型全民健身中心1个，体育公园1个，运动场（含体育场、小运动场、田径场）10个，游泳池（含季节性开放场馆）2个，全市各种训练房（综合房及专项训练房）4个，新建17处室外健身路径，更新农民体育健身工程5处。全市开展市级以上全民健身赛事11次。

十一、人口、人民生活和社会保障

全市常住人口数10.06万人，其中城镇常住人口6.05万人，农村常住人口4.01万人，城镇化率60.14%，比上年提高0.78个百分点。

全市全体居民人均可支配收入48627元，同比增长5.4%。其中，城镇居民人均可支配收入53507元，同比增长3.8%。农村居民人均可支配收入38224元，同比增长6.6%。

全年新增城镇就业人员1037人；失业再就业人数611人。年末参加失业保险职工人数8806人，同比增长3.6%；领取失业保险金人数214人。2023年末城镇职工养老保险参保人数为3.62万人，同比增长59.29%；参加城乡居民养老保险人数为5.93万人，同比下降2.62%。

全市获得政府最低生活保障的城镇居民3821人次，发放最低生活保障经费163.26万元；获得政府最低生活保障的农村居民22269人次，发放最低生活保障经费889.22万元。城镇社区服务设施5个。全年销售社会福利彩票1422万元，其中，电脑票销售1127万元，即开票销售294.66万元，市本级分配福彩公益金84.4万元。

十二、资源、环境和安全生产

全市现有国家级风景名胜区1个，面积7000公顷。全市森林覆盖率46.3%，乔木林蓄积量76.4万立方米；2023年，完成国土绿化试点示范项目营造林建设任务15159亩、中央财政造林补助项目5100亩、中央财政森林质量精准提升项目2200亩。全市现有耕地面积5678.65公顷，基本农田5000公顷，批准建设用地12.14公顷，建设占用耕地3.09公顷。年末已发现的矿种16种，已探明资源储量的矿种12种。

全市空气质量优良率94.5%，空气质量综合指数为3.12，污染物PM2.5浓度为3微克/立方米。城市集中式饮用水源地韶山灌渠水质为Ⅱ类，地表水水质断面达到或优于Ⅲ类比例为100%。土壤环境质量总体保持稳定，环境安全风险平稳受控，全年未发生突发生态环境事件。

2023年，安全生产形势总体平稳，全市共发生各类生产经营性安全事故4起，死亡4人，同比减少2起、减少死亡2人，事故起数和死亡人数均同比下降33.3%。

十三、政务公开

全年政府门户网站主动公开政府信息7879条，“韶山市人民政府网”微信公众号共发布信息123期388条图文信息，印发《韶山政报》4期。

湘　乡　市

湘乡为湖南省辖县级市，由湘潭市代管，居湘中偏东，东临韶山市和湘潭县，南接双峰县，西与娄底市毗邻，北界宁乡市，总面积1966.21平方公里，辖3乡15镇4个街道335个村（社区）。政府驻地：湘乡市东山街道人民路1号。2023年，湘乡常住人口为71.33万人。其中城镇人口37.2万人，乡村人口34.15万人。2023年，湘乡市实现地区生产总值564.17亿元，同比增长3.5%。

湘乡古称“龙城”，公元前3年置县，历史悠久，文化灿烂，人文荟萃，英才辈出，是湖湘文化重要发源地、湘军策源地、红色摇篮，三国蜀相蒋琬、宋朝状元王容、元代文豪冯子振、湘军统帅曾国藩、力平新疆叛乱的“飞将军”刘锦棠、辛亥革命先驱龚铁铮、红军杰出将领黄公略、大将陈赓与谭政、我党我军杰出的政治工作者李卓然、中将丁秋生、国际诗人萧三、著名儿童文学家张天翼、爱国将领宋希濂、一代报人成舍我、“中国佛教最杰出高僧”虚云法师等都是湘乡籍。一代伟人毛泽东、我党早期重要领导人蔡和森曾分别在湘乡东山学校和湘乡二中求学。中华人民共和国成立后，又走出了贺国强、成思危、宋文汉、丁一平等一批党和国家、军队领导人

东台山、褒忠山、水府庙、韶山灌渠茅浒水乡等山水胜景，与厚重的人文历交相辉映。湘乡境内有国家重点文物保单位东山书院，省级文物保护单位4处发现战国以来的古墓葬5000多座及大量简。文庙、伏虎井、褚公祠、观音阁、状元塔宋窑遗址等20多处古迹保存完好。湘乡色旅游资源丰富，有毛泽东母校东山书院陈赓大将故居、谭政大将故居、李卓然故居黄公略故居等等。文庙、伏虎井、褚公祠观音阁、状元塔、宋窑遗址等20多处迹保存完好。宋代古刹云门寺，内有全第二大千手千眼观音塑像和汉白玉雕刻

十八罗汉，成为国内外佛教信徒拜谒的圣地。水府旅游区享有“天下水府、人间瑶池”之美誉，为湖南省新潇湘休闲八景之一。东台山国家森林公园、曾国藩诗文岛（碧洲公园）、韶山灌区、褒忠山原始次森林风景如画。红色旅游资源丰富，有毛主席母校——东山书院，陈赓、谭政大将故居，杨尚昆题词的黄公略故居，江泽民、李鹏题词的黄公略铜像。

2023年湘乡市守牢粮食安全和规模性返贫底线。粮食种植面积101.1万亩、总产48.2万吨。建设高标准农田3.97万亩，落实耕地恢复7836亩。新（改）建油茶林5.35万亩、茶园0.53万亩。获评全省首批水稻农机社会化服务典型县，成为全省农业社会化服务大联盟首创地。“壶天石羊”国家新畜禽遗传资源通过省级评审，东郊乡跻身首批国家农业产业强镇。永嘉农业入选“湖南好粮油”。获评全国“四好农村路”示范县、全省城乡客运一体化示范县。新建农村公路80公里、机构安防工程95公里、农村旅游路资源产业路34公里，铁文线一东浒线入选全省美丽农村路。建设美丽乡村16个、美丽屋场22个。龙洞镇泉湖村村庄规划成果入选全省“和美湘村”优秀案例。

湘乡市2023年国民经济和社会发展统计公报

2023年，在市委、市政府的坚强领导下，全市上下坚持以习近平新时代中国特色社会主义思想为指导，深入贯彻党的二十大和二十届二中全会精神，牢牢把握高质量发展这个首要任务，全面落实国、省、湘潭市拼经济稳增长系列政策措施，坚决打好打赢“发展六仗”，大力推进“三大进位”工程，以“狠抓项目年、全力拼经济”为主题，力求发展中“稳”有成效，“进”有突破。总体来看，全市经济运行呈现出态势趋稳、动力增强、质效提升等特点。

一、综合

经济总量稳步上升。全年实现地区生产总值564.17亿元，同比增长3.5%，其中，第一产业增加值73.26亿元，增长3.6%；第二产业增加值280.44亿元，增长1.4%；第三产业增加值210.47亿元，增长6.4%；一、二、三产业的贡献率分别为1.7%、13.6%、84.7%。三次产业结构进一步优化，调整为13 ： 49.7 ： 37.3。按常住人口计算，全市人均地区生产总值79093元。

二、农业和农村经济

农业生产发展趋稳。全年完成农林牧渔业总值121.73亿元，同比增长3.8%，其中，农业产值增长4.9%、林业产值增长10.0%、牧业产值增长0.4%、渔业产值增长5.1%、农林牧渔业服务业增长8.4%。全年实现农林牧渔业增加值76.83亿元，同比增长3.8%。

全市粮食播种面积98.77万亩，同比下降0.1%，其中，早稻面积39.63万亩，同比下降0.05%；夏粮面积0.32万亩，同比增长3.23%；秋粮面积58.82万亩，同比下降0.17%（包括中稻面积17.08万亩，同比增长2.46%；双季晚稻面积39.59万亩，同比下降1.02%；秋收旱粮面积2.15万亩，同比下降4.87%）。秋收旱粮中玉米面积1.7万亩，同比下降5.56%，大豆面积0.26万亩，同比增长8.33%。全市粮食产量46.76万吨，同比增长1.94%，其中：早稻产量17.12万吨，同比增长1.42%；夏粮产量0.12万吨，同比增长1.97%；秋粮产量29.52万吨，同比增长2.24%（包括中稻产量10.07万吨，同比增长5.32%；双季晚稻产量18.29万吨，同比增长0.5%；秋收旱粮产量1.16万吨，同比增长4.19%）。秋收旱粮中玉米产量0.98万吨，同比增长2.96%，大豆产量0.09万吨，同比增长23.46%。

全年经济作物种植面积85.54万亩，其中，油菜籽种植面积21.59万亩，产量2.39万吨；蔬菜及食用菌种植面积36.74万亩，产量71.54万吨；瓜果类种植面积2.1万亩，产量2.63万吨。

全市生猪存栏68.96万头，同比下降7.35%，其中能繁母猪存栏5.91万头，同比下降11.93%；生猪出栏121.93万头，同比下降0.54%，猪肉产量8.95万吨，同比下降0.33%。年末牛存栏5.1万头、羊存栏6.12万只、家禽存栏335.06万羽；牛出栏1.23万头、羊出栏6.34万只、家禽出栏352.03万羽；牛肉产量0.13万吨、牛奶产量0.03万吨、羊肉产量0.1万吨、家禽产量0.57万吨、禽蛋产量1.11万吨。

全市共培育农产品加工企业215家，其中规模以上农产品加工企业102家，全年新增6家，市级以上农业产业化龙头企业54家；各类农民专业合作社1231家、家庭农场2296家。

三、工业和建筑业

工业生产稳步恢复。全年规模以上工业增加值同比下降9.1%。规模以上工业总产值累计下降10.6%，其中，采矿业同比下降50.7%，制造业同比下降7.7%，电力热力燃气及水生产和供应业同比下降46.9%。电工电气（电子信息）产值同比增长30.6%，绿色建材产值同比下降6.3%，医疗器械产值同比增长20.9%。制造业增加值同比增长0.5%，占GDP比重为38.1%，较2022年同期回落4.1个百分点。

建筑业发展向好。全年完成建筑业总产值175.02亿元，同比增长15.2%。新迁入建筑业企业3家，新办备案制施工劳务专业作业分包企业20家。全市共有建筑业企业263家，其中总承包企业114家，专业承包企业45家，施工劳务企业104家。

四、服务业

服务业快速增长。全年实现批发和零售业增加值54.55亿元，同比增长10.9%；住宿和餐饮业增加值12.9亿元，同比增长24.6%；金融业增加值15.47亿元，同比增长6.7%；房地产业增加值23.55亿元，同比下降5.2%；信息传输、软件和信息技术服务业增加值4.06亿元，同比增长7.8%；租赁和商务服务业增加值5.08亿元，同比增长1.4%；科学研究和技术服务业增加值3.65亿元，同比下降8.7%；居民服务、修理和其他服务业增加值26.81亿元，同比增长13.4%；文化、体育和娱乐业增加值4.75亿元，同比增长5.3%。全年完成规模以上服务业企业营业收入7.53亿元，同比增长7.5%。

五、固定资产投资

固定资产投资保持增长。全年固定资产投资同比增长7.0%，其中，国有投资同比下降33.6%，民间投资同比增长20.9%。产业投资，同比增长15.6%，占全部投资比重达85.1%。高新技术产业投资增长稳定，同比增长17.3%，高新技术产业投资占全部投资比重达26.2%。按产业看，第一产业投资同比下降129.7%；第二产业投资同比增长5.2%；第三产业投资同比增长5.7%。按投资方向看，工业投资同比增长5.9%，其中工业技改投资同比增长61.8%，民生工程投资同比增长4.3%，生态环境投资同比下降38.6%，基础设施投资同比下降15.5%。按结构看，建筑工程投资同比增长15.3%，安装工程投资同比增长70.1%，设备工器具购置投资同比下降8.5%，其他费用投资同比下降57.9%，制造业投资同比增长0.2%。

重点项目稳步推进。全年实施重点建设项目220个，累计完成投资284.87亿元，投资完成率110.24%，其中湘潭市级重点项目67个，累计完成投资163.09亿元，投资完成率为129.93%，省级重点项目湘乡市电子信息基地项目，累计完成投资12.61亿元，投资完成率126.1%。在“四个十大”重点攻坚项目的示范引领带动下，湘乡市压缩空气储能项目、绿色化工产业园、韶峰南方物流大道等项目稳步落地；埃普特医疗器械智能制造基地及检测中心、健康产业园一期建设、电器检测所等多个项目加速推进；裕能湘乡锂电新材料一期、湖南纬量新材料产业园（一期）、镁基新材料等一批项目实现竣工投产。

房地产市场总体呈现“销售降、投资弱”。全年完成房地产业投资12.11亿元，同比下降16.1%。商品房销售额18.87亿元，同比下降31.2%，其中住宅销售额16.33亿元，同比下降34.2%。商品房屋销售面积36.51万平方米，同比下降28.5%，其中住宅销售面积31.63万平方米，同比下降31.0%。

六、国内贸易

消费市场恢复向好。全年完成社会消费品零售总额170.55亿元，同比增长9.3%，其中限额以上批发业、零售业分别增长44.5%、23.6%，限额以上住宿业、餐饮业分别增长41.7%、46.8%。按销售单位所在地分，城镇消费同比增长9.1%，乡村消费同比增长9.9%，乡村消费增速比城镇消费增速快0.7个百分点，乡村消费市场好于城镇消费市场。按行业分，批发业、零售业、住宿业、餐饮业零售额分别增长8.1%、8.7%、11.0%、14.2%。限额以上基本生活类保持快速增长，粮油食品类、饮料类、烟酒类分别增长80.2%、48.5%、49.1%。

七、对外经济和招商引资

外贸增速低位运行。全年货物进出口总额9.81亿元，同比下降29.6%，其中，湘乡经开区完成7.73亿元，同比下降37.3%。

招商引资量质齐升。全年实际利用内资133.38亿元，完成全年目标任务125亿元的106.4%；引进“三类500强”项目3个；引进亿元以上产业项目23个，完成全年目标任务16个的143.75%；引进“湘商回归”项目18个。

八、交通和旅游

交通运输业和邮政业发展平稳。全年交通运输仓储和邮政业业务收入实现增加值12.49亿元，同比增长10.6%，其中，道路运输业实现增加值7.24亿元，同比增长1.9%；多式联运和运输代理业实现增加值0.97亿元，同比增长59.9%；邮政业实现增加值0.97亿元，同比增长24.3%。

交通事业蓬勃发展。全年高速公路、国省干线、农村公路建设协同推进，醴娄高速湘乡段路基工程完成、益娄高速壶天涧山互通前期工作已完成。G240湘韶线湘乡段与G320绕城线共线段路基建设已完成，完成水稳碎石属设施施工；S545路面改善工程路基已完成，正在进行路面沥青摊铺。韶峰南方物流大道已完成征地拆迁、施工图批复；韶水干线二期已启动国土报批；G320湘潭绕城线城区段已全线贯通，正在进行附公路提质改造计划34公里、安防工程94公里、危桥改造6座。

县域旅游业发展向好。全市实现旅游总收入238.98亿元，同比增长131.8%，接待国内游客人数1807.16万人次，同比增长252.7%。东山书院成功创建省级文明旅游示范单位，水府旅游区创建省级旅游度假区，棋梓镇水府村获评省乡村旅游重点村，连云生态农庄入选省五星级乡村旅游区（点），农夫宝入选省文旅新业态示范基地。东山书院、陈赓故居、黄公略故居、李卓然故居上榜首批湖南省少先队校外实践教育基地。全市拥有国家4A级旅游景区3处（东山书院、茅浒水乡、水府旅游区），3A级旅游景区5处（陈赓故居、李卓然故居、曾国藩生平研究馆、东台山国家森林公园、千年云门），全国特色景观旅游名镇1个（壶天镇），全国红色经典景区1家（东山书院），省级红色旅游景区（点）3家（陈赓故居、黄公略故居、韶山灌区），省级特色旅游名镇1个（棋梓镇），省级特色旅游名村5个，省级乡村旅游重点村2个（泉湖村、浒洲村），省级五星级乡村旅游区（点）9家，四星级乡村旅游区（点）2个，三星级旅游饭店3家（龙城宾馆、华泰大酒店、明月山庄），三星级旅行社2家（大自然旅行社、励志旅行社）。

九、财政、金融

财政收入增长趋稳。全市完成财政总收入27.36亿元，同比增长10.3%，其中地方一般公共预算收入16.35亿元，地方税收收入10.65亿元，非税收入5.7亿元，非税收入占地方一般公共预算收入比重为34.9%。

金融机构存贷款量质提升。12月末，全市金融机构人民币各项存款余额542.77亿元，同比增长9.5%，其中，住户存款475.16亿元，比年初增加47.11亿元；非金融企业存款41.9亿元，比年初减少1.03亿元。全市金融机构人民币各项贷款余额409.07亿元，同比增长13.0%，比年初增加46.98亿元，其中，住户贷款148.16亿元，增长6.0%，比年初增加8.44亿元；非金融企业及机关团体贷款254.4亿元，增长16.5%，比年初增加36亿元。

十、人口、人民生活和社会保障

全市年末户籍总人口89.52万人，比上年末减少0.44万人。其中非农业人口23.25万人。全年出生人口5019人，死亡人口6291人。全年迁入933人，迁出4245人。年末常住人口总户数26.86万户，常住人口71.33万人，其中，城镇常住人口37.2万人，乡村常住人口34.15万人，常住人口城镇化率为52.15%。

居民收支稳步增长。全年全体居民人均可支配收入34604元，同比增长5.4%。分城乡来看，农村居民人均可支配收入26669元，同比增长6.4%，城镇居民人均可支配收入46436元，同比增长3.6%，农村收入较城镇收入增长高2.8个百分点，城乡收入比1∶1.74，较上年缩小0.05，城乡收入差距进一步缩小。

从收入结构来看：全市全体居民人均可支配收入中工资性收入19034元，占比55.0%，增长5.5%；经营净收入5865元，占比17.0%，增长5.4%；财产性净收入3551元，占比10.3%，增长4.4%；转移性净收入6154元，占比17.8%，增长5.4%。城镇居民人均可支配收入中工资性收入25041元，增长3.7%；经营净收入4152元，增长5.2%；财产性净收入7626元，增长2.6%；转移性净收入9617元，增长3.5%。农村居民人均可支配收入中工资性收入15006元，增长6.7%；经营净收入7014元，增长6.1%；财产性净收入817元，增长3.4%；转移性净收入3833元，增长6.3%。

从消费结构来看：全市全体居民人均消费支出26894元，增长5.2%。消费结构中，食品烟酒支出7735元，增长5.4%；衣着支出2041元，增长5.5%；居住支出5820元，增长3.1%；生活用品及服务支出1721元，增长5.3%；交通通信支出2601元，增长5.3%；教育文化娱乐支出4430元，增长6.6%；医疗保健支出2078元，增长6.2%；其他用品和服务支出467元，增长6.3%。城镇居民家庭人均消费支出32357元，增长4.0%，其中食品烟酒支出9538元，增长4.2%；衣着支出3361元，增长3.9%；居住支出5689元，增长1.4%；生活用品及服务支出2295元，增长4.1%；交通通信支出3178元，增长4.2%；教育文化娱乐支出5416元，增长5.6%；医疗保健支出222元，增长5.5%；其他用品和服务支出658元，增长5.2%。农村居民家庭人均消费支出23229元，增长5.7%，其中食品烟酒支出6525元，增长5.9%；衣着支出1156元，增长5.7%；居住支出5907元，增长4.3%；生活用品及服务支出1336元，增长5.6%；交通通信支出2214元，增长5.7%；教育文化娱乐支出3769元，增长6.9%；医疗保健支出1982元，增长6.6%；其他用品和服务支出339元，增长6.4%。

就业形势总体稳中向好。全市完成城镇新增就业6150人，失业人员再就业人数3200人，就业困难人员就业700人；新增农村劳动力转移就业3500人。组织招聘会45场，提供岗位信息6.8万条，达成就业意向 0.88 万人；新建“返乡就业创业服务站”23 个，回引外出务工人员 2260 人。零就业家庭保持动态清零。补贴性培训完成 4420 人。城镇登记失业率 3.6%。

社会保障更有力度。全市实现企业职工基本养老保险参保人数 150154 人，机关事业单位养老保险参保人数 25870 人；城乡居民基本养老保险参保人数 463578 人，困难群体基本养老保险参保率 99%；工伤保险参保人数 64000 人；失业保险参保人数 38500 人；城乡居民医保参保人数 646602 人，其中职工医保参保 62100 人。全年企业职工离退休人数 33909 人，企业职工养老保险总支出 142732.11 万元，其中待遇支出 95706.04 万元；机关事业养老保险领取待遇的离退休人员 9297 人，养老保险总支出 53402.95 万元，其中待遇支出 52113.90 万元；城乡居民养老保险待遇支出 21024.82 万元，其中基础养老金支出 20156.73 万元；工伤保险全市共有参保单位 1341 家，实际缴费参保单位 1161 家；失业保险全市参保人数为 3.82 万人，总收入 2051.41 万元，其中征缴收入 2004.954 万元；总支出 1939.72 万元，收支结余 111.69 万元，累计结余 2811.75 万。审核发放失业保险金 1182 人，1077.77 万元。审核享受失业补助金 623 人次，18.9 万元。缓缴社会保险企业 1 家，累计缓缴金额 23578.28 元。技能提升补贴 35 人，累计发放 5.94 万元。

民生保障稳步改善。全市共有农村低保 8243 户 15275 人，累计发放 5378.15 万元，人均救助水平 293 元 / 月；共有城市低保对象 2256 户 3155 人，累计发放 1509.2 万元，人均救助水平 398 元 / 月。12 月份共有农村特困供养对象 5125 人，累计发放 320.48 万元，城市特困对象 93 人，累计发放 93.7 万元。全市共计发放残疾人两项补贴 2367.34 万元，其中困难残疾人生活补贴发放 15.56 万人次，发放金额 1237.62 万元；重度残疾人护理补贴发放 14.12 万人次，发放金额 1129.72 万元。全市城市低保标准从 2022 年的每人每月 600 元提高到每人每月 50 元，城市特困人员供养标准从每人每月 80 元提高到每人每月 845 元。全市困难残疾人生活补贴发放标准从每人每月 75 元提高到每人每月 80 元。

十一、教育、科学技术

教育事业稳步提升。全市共有各级各类学校 349 所，其中城区学校 101 所，乡村学校 248 所。同比减少学校 15 所，其中撤并学校 17 所，新设学校 2 所。基础教育学校 345 所，其中幼儿园 192 所（另有 43 个附设幼儿班）；小学 104 所（12 个小学教学点不计校数，另有附设小学班 8 个）；初级中学 21 所，九年一贯制学校 18 所，完全中学 5 所，高级中学 2 所，十二年一贯制学校 2 所；特殊教育学校 1 所。中等职业学校 4 所，其中职业高中学校 3 所；成人中等专业学校 1 所。

全市基础教育和中职教育共有学生 98936 人，其中城区学生 64157 人，乡村学生 34779 人。基础教育在校学生 95769 人，其中幼儿园 14216 人，小学生 44739 人，初中生 23431 人，普通高中生 13291 人，特殊教育学校学生 92 人。职业高中学校学生 3167 人。教育部门办的学校共有学生 84111 人，幼儿园 8544 人，小学 42262 人，初中 20599 人，高中 9963 人，特殊教育学校 92 人，职业高中 2651 人。民办学校共有学生 14825 人，在幼儿园 5672 人，小学 2477 人，初中 2832 人，高中 3328 人，职业高中 516 人。

全市共有教职工 8186 人，基础教育学校教职工 7922 人，中职教育教职工 264 人。其中城区学校教职工 4589 人，乡村学校教职工 3597 人。基础教育教职工中，幼儿园 2140 人，小学 2526 人，初级中学 982 人，九年一贯制学校 706 人，完全中学 719 人，高级中学 610 人，十二年一贯制学校 193 人，特殊教育学校 19 人。中等职业学校中，职业高中 242 人，成人中等专业学校 22 人。

科技创新水平持续提升。全年全市获批高新技术企业 21 家，完成科技型中小企业入库 192 家，高新技术产值同比增长 12.0%。工业战略性新兴产业产值占工业总产值比重为 25.2%。完成科技成果转化项目 12 个，成果登记 16 个。完成技术合同份数 212 份，成交额达 27.1 亿元，同比增长 170.1%。全市有国家级星创天地 2 家、省级星创天地 1 家、市级星创天地 5 家、省级科普基地 3 家，市级科普基地 5 家。

十二、文化、体育、卫生

文化、体育产业融合发展。全市共有规模以上文化产业单位 30 家。现有 4A 级景区 3 家，3A 级景区 5 家，现有不可移动文物点 110 处，其中国家级文物保护单位 1 处，省级文物保护单位 8 处，市本级文保单位 32 处，非遗项目 49 个（省级 2 个：云门寺庙会和金石石坝鼓），网吧 20 家，歌舞娱乐场所 65 家，五星级乡村旅游区（点）8 个、三星级宾馆 3 家、旅行社（分支、网点）18 家、游泳馆 8 家、行业协会 20 个。承办“湘乡水府杯”全国象棋男子甲级联赛、湘潭市第二届旅发大会湘乡分会场系列活动、2023 年湖南省青少年皮划艇（激流回旋）锦标赛大型赛事。举办“百龙百狮贺新春”“云门寺庙会”“醉美丰收季”等 46 场特色文旅活动。完成“送戏曲进万村、送书画过万家”65 场，“湖南公共文化进村入户、戏曲进乡村”活动 88 场，“周末剧场”演出 52 场，市文化馆开办各艺术门类公益培训班 444 班（次），培训 12337 人次。

医疗卫生服务体系健全。全市共设置医疗机构 768 家，其中，三级公立医院 1 家（人民医院），二级公立医院 5 家（二医院、中医院、妇保院、康复医院、康宁医院），二级民营医院 5 家（东山医院、起蛟医院、张波口腔、民铭口腔、尚如湖铁医院），一级民营医院 6 家（一公司医院、爱尔眼科、金薮骨科医院、金薮中医骨伤医院、瑞康医院、湘乡曙光医院），18 家乡镇卫生院，4 家社区服务中心，1 家疾病预防控制中心，村卫生室 569 家，门诊部 4 家，个体诊所 144 家，医务室 14 家。现有注册执业医师（含执业助理医师）2318 人；注册乡村医生 297 人（乡村医生注册系统 588 人）；注册执业护士 2870 人。全市可开放病床 4717 张，其中公立医疗机构开放床位 4429 张。

十三、资源、环境和安全生产

全年全市共呈报省厅、湘潭审批 18 个项目，用地总面积 33.6771 公顷，获批 16 个项目，用地总面积 31.8336 公顷。其中国有建设用地项目 6 个，用地面积 12.0821 公顷；集体建设用地项目 10 个，用地面积 19.7515 公顷。全年共挂牌成交土地 9 宗，总面积 437.13 亩。补充耕地数量 6.1366 公顷、水田规模 4.5196 公顷。

森林资源丰富。全市森林地面积 139.21 万亩，森林覆盖率稳定在 47.8%，森林蓄积量达 455.3 万立方米，低效林改造 3.6 万亩。实施营造林和油茶营造 5.8013 万亩，其中营造林 39275 亩，油茶营造 18738 亩。退出国省两级公益林 15847.3 亩，同时申请增加采伐指标 5 万立方米。林业有害生物防治面积 3.43 万亩，共清理松材线虫病枯死木 12609 株。森林火灾受害率控制在 0.9‰ 以内。

安全生产形势总体平稳。安全生产形势总体平稳。全市共发生各类安全事故 19 起、死亡 20 人，同比减少 8 起、少死亡 6 人，同比分别下降 29.6%、23.1%。

环境质量成效提升。全年完善和更新了重污染天气应急减排清单工业企业 370 家。开展涞津水厂饮用水水源溯源分析管控，供水水质综合合格率 100%。完成农村环境整治任务村 13 个，已建成农村生活污水处理设施运行比例达到 80% 以上，完成农村黑臭水体治理任务 1 个，排查整治生态环境风险隐患 46 个。全年空气质量优良率 89.6%，PM2.5 平均浓度 38 微克 / 立方米，国考断面、省控地表水水质达到或好于Ⅲ类水体比例达 100%，无劣Ⅴ类水体，县级集中式饮用水水源地水质达到Ⅱ类，重点建设用地安全利用率达到 100%。

湘潭县

湘潭县位于湖南省中部偏东，湘江下游西岸，东与株洲市天元区和渌口区相连，东南隔湘江与衡东县相望；南与衡山县接壤，西南与双峰县相邻；西与湘乡市接界，西北与韶山市毗连；北与宁乡市相接、与湘潭市雨湖区、岳塘区隔涟水、湘江相望。湘潭县总面积为2132.8平方千米，辖17个乡镇、351个行政村（社区），常住人口77.8万。

深厚的人文底蕴。素有“天下第一壮县”的美誉，是湖湘文化的发祥地，为开国元勋彭德怀、革命先驱罗亦农、世界文化名人齐白石的家乡。石鼓·青山唢呐是国家级非物质文化遗产保护项目。

便利的交通区位。县域中心紧贴京广高铁和沪昆高铁，境内京珠高速及其复线、沪昆高速、107国道、320国道等交通动脉四通八达。县城距长株潭三市中心不超过30分钟车程，已经融入省会长沙半小时经济圈。

显著的资源优势。多年蝉联全国粮食生产先进县，是“中国湘莲之乡”“中国海泡石之都”，湘潭湘莲、湘潭乌石腊肉是国家地理标志产品，海泡石储量约占全国的70%。彭德怀纪念馆是全国爱国主义教育示范基地、中国红色旅游十大景区。

强劲的发展态势。2023年，完成地区生产总值608亿元，增长6%（预计数，同比，下同）；规模工业增加值增长8%；固定资产投资增长3%；社会消费品零售总额增长8.8%；城乡居民人均可支配收入分别为46210元、27353元，增长4.5%、6.9%；地方一般公共预算收入13.28亿元，税收占比达70.03%，提高1.39%。二是综合实力不断增强。位列赛迪中部县域经济百强榜第42名，稳居中郡县域经济与社会综合发展百强县行列。

良好的营商环境。深入实施优化营商环境“一号工程”，持续深化“放管服”和“一件事一次办”改革，创新管理推动综窗服务再升级，不断擦亮“政务小莲”服务品牌。打造“湘易办”湘潭县旗舰店和线下体验中心，实现线上线下服务深度融合。积极推进数字化改革工作，加快数字政府建设。持续开展企业“纾困增效”专项行动，全面落实“千百扶培”工业企业“白名单”制度和县级领导带头联系服务重点企业机制，及时帮助企业解决实际困难。

湘潭县2023年国民经济和社会发展统计公报

2023年，是贯彻落实党的二十大报告的开局之年，也是湘潭县奋进新征程、建功新时代的一年。在县委的坚强领导下，全县上下坚持以习近平新时代中国特色社会主义思想为指导，紧紧围绕锚定“三高四新”美好蓝图、认真打好“发展六仗”、加快建设“四区一地一圈一强”、努力实现“三提一领”发展目标，坚定不移“办实事、求实效”，较好地完成了全年经济社会发展的主要目标任务。

一、综合

初步核算，全年地区生产总值573.08亿元，比上年增长5.6%。其中，第一产业增加值74.8亿元，增长3.7%；第二产业增加值305.1亿元，增长7.0%；第三产业增加值193.2亿元，增长4.1%。按常住人口计算，人均地区生产总值73614元/人，增长5.8%。

全县三次产业结构为13.1 ∶ 53.2 ∶ 33.7。第一产业增加值占地区生产总值的比重比上年上升0.1个百分点；第二产业增加值占地区生产总值的比重比上年下降0.6个百分点；第三产业增加值占地区生产总值的比重比上年上升0.5个百分点；第一、二、三产业对经济增长的贡献率分别为2.68%、71.55%、25.77%。其中，工业对经济增长的贡献率为58.2%，较上年提升2.6个百分点。

二、农业

全年农林牧渔业总产值139.92亿元，比上年增长4%。其中，农业产值58.15亿元，增长2.7%；林业产值5.7亿元，增长10.6%；牧业产值58.46亿元，增长4%；渔业产值9.2亿元，增长5.1%。

全年粮食种植面积82.229千公顷，比上年下降1.3%。粮食产量59.5万吨，比上年增长1.9%。

全年油料种植面积17.87千公顷，比上年增长27.4%；蔬菜种植面积22.19千公顷，增长2.5%。油料产量3.01万吨，增长26.3%；蔬菜产量70.44万吨，增长2.8%。

全年猪、牛、羊肉类总产量10.15万吨，比上年增长1.5%。其中猪肉产量9.86万吨，增长1.54%；年末生猪存栏73.64万头，比上年末下降7.51%；全年生猪出栏134.54万头，比上年增长1.49%。全年出栏牛1.22万头，增长4.27%；全年出栏羊7.09万头，下降5.22%；禽蛋产量3.47万吨，比上年增长7.1%。

全年新增农田有效灌溉面积925公顷；新增节水灌溉面积470公顷；开展各类水利工程578处，投入资金1.82亿元，完成水利工程土石方42.35万立方米。

三、工业和建筑业

全年规模以上工业增加值增长10.3%。其中天易经开区规模以上工业增加值增长18.9%，占规模以上工业增加值的比重为74.9%，比上年上升5.5个百分点。全年规模以上工业企业实现主营业务收入498.4亿元，增长5.04%，实现利润总额24.15亿元，增长65.18%。规模以上工业企业每百元主营业务收入中的成本为82.75元，比上年减少2.09元。年末规模以上工业企业资产负债率为60.7%。

全年全社会建筑业增加值60.9亿元，比上年增长12.2%。具有资质等级的总承包和专业承包建筑企业实现利润总额3.3亿元，比上年增长9.6%。房屋建筑施工面积274.06万平方米，下降6.1%。房屋建筑竣工面积169.61万平方米，下降9.6%。

四、服务业

全年批发和零售业增加值31.8亿元，比上年增长8.6%；交通运输、仓储和邮政业增加值17.5亿元，增长1.8%；住宿和餐饮业增加值6.0亿元，增长23%；金融业增加值20.6亿元，增长4.2%；房地产业增加值24.8亿元，下降10.3%；信息传输、软件和信息技术服务业增加值1.9亿元，增长1.6%；居民服务、修理和其他服务业增加值20.8亿元，增长10.7%；租赁和商务服务业增加值11.7亿元，增长9.9%。全年规模以上服务业企业营业收入增长11.9%。

全年旅客运输总量75万人次，比上年下降2.67%。其中，公路运输量6万人次，下降2.67%；水路运输量6万人次，增长20.24%。全年旅客周转量4185万人公里，下降41.85%。其中，公路周转量4137万人公里，下降42.2%；水路周转量48万人公里，增长20.24%。年末全县公路通车里程270公里，其中，高速公路68公里。年末全县旅游等级区6家，其中4A级景区1家。

全年国内游客1038.7万人次，比上年增长82.88%；旅游总收入123.3亿元。其中国内旅游收入123.3亿元，增长121.9%。

五、固定资产投资

全年固定资产投资（不含农户）比上年增长6.7%。其中，民间投资增长1.9%。分经济类型看，国有投资增长53.3%；非国有投资下降1.8%。分投资方向看，民生投资增长 26.2%；基础设施投资下降 65.6%；高技术产业投资增长 52.4%；工业投资增长 17.2%。

全年房地产开发投资比上年下降1.6%。商品房销售面积 42.97 万平方米，下降 37.7%。其中，住宅销售面积 28.99 万平方米，下降 47.19%。商品房销售额 19.58 亿元，下降 45.4%。其中，住宅销售额 13.78 亿元，下降 74.89%。

六、国内贸易

全年社会消费品零售总额 141.3 亿元，同比增长 9.1%。限额以上法人批发和零售业商品零售额 46.21 亿元，同比增长 22.1%。其中，粮油、食品类零售额增长 36.5%，服装、鞋帽、针纺织品类增长 -0.5%，日用品类增长 660.8%，家用电器和音像器材类增长 41.5%，中西药品类增长 18.2%。

七、对外经济

全年进出口总额 3.43 亿元。其中，出口额 2.82 亿元，进口额 0.61 亿元。新引进世界 500 强企业 4 家，在湘潭县投资的世界 500 强存续企业 20 家。全年实际利用外资 425 万美元，下降 85.76%；实际到位内资 140.82 亿元，增长 8.92%。

八、财政、金融

全年完成财政总收入 22.43 亿元，下降 5.9%。其中，税收收入 18.65 亿元，下降 0.74%；非税收入 3.78 亿元，下降 25.09%。上划中央收入 7.62 亿元，增长 6.7%。上划省级收入 1.8 亿元，增长 205.53%。一般公共预算支出 45.2 亿元，下降 15.35%。其中，社会保障和就业、教育、农林水、卫生健康和住房保障分别支出 10.26 亿元、10.37 亿元、7.88 亿元、4.05 亿元和 0.97 亿元。

年末全县金融机构本外币各项存款余额 674.58 亿元，同比增长 16.9%，较年初增加 97.49 亿元；金融机构本外币各项贷款余额 568.09 亿元，同比增长 5.7%。年末全县湖南股权交易所股改板挂牌企业 27 家，同比下降 22.9%。

九、教育和科学技术

年末全县各类民办学校 9 所，民办学校在校学生 10350 人。中等职业教育学校 5 所，招生 1916 人，在校生 5120 人，毕业生 1621 人。普通高中 10 所，招生 5304 人，在校生 16525 人，毕业生 5732 人。初中 53 所，招生 8618 人，在校生 26415 人，毕业生 8981 人。普通小学 86 所，招生 7811 人，在校生 47430 人，毕业生 8086 人。幼儿园 199 所，在园幼儿 17417 人。特殊教育学校 1 所，招生 20 人，在校生 80 人，毕业生 13 人。小学适龄儿童入学率 100%，高中阶段教育毛入学率为 96.19%。落实义务教育保障资金 10367.96 万元，发放普通高中国家助学金 487.65 万元；发放中职国家助学金 126.1 万元，中职国家助学金资助中职学生 1261 人次；落实中职免学费资金 1154.28 万元，资助中职学生 9619 人次。

全年专利授权量 478 件，下降 11.8%。其中，发明专利授权量 56 件，增长 80.65%。高新技术产业增加值 120.46 亿元，增长 16.9%，占地区生产总值的比重为 21%，比上年下降 18 个百分点。

年末有检验检测机构 1 家。其中，法定计量检定机构 1 家。特种设备生产单位 1 家，特种设备 5454 台。重点工业产品定期抽查合格率 98%。

十、文化、卫生和体育

年末全县有艺术表演团体 2 个，图书馆 1 个，博物馆、纪念馆 2 个，群众艺术馆、文化馆 1 个。年末广播综合人口覆盖率为 100%，电视综合人口覆盖率为 100%。全县非物质文化遗产保护体系中，国家级 1 项、省级 2 项、市级 10 项、区县级 4 项。

年末全县共有医疗卫生机构 787 个，其中医院 13 个，妇幼保健院 1 个，乡镇卫生院 17 个，诊所（卫生所、医务室）220 个，村卫生室 510 个，疾病预防控制中心 1 个、卫生监督所 1 个。全县共有卫生技术人员 4424 人，比上年下降 0.8%，其中，执业（助理）医师 1876 人，增长 1.02%；注册护士 1905 人，下降 2.5%。医疗卫生机构拥有床位 4493 张，下降 1.3%。其中，医院拥有床位 2644 张，下降 4.5%；乡镇卫生院拥有床位 1549 张，增长 4.3%。

年末全县体育馆 3 座，游泳场地 9 个（含游泳池、游泳馆、天然游泳场）。全年开展全民健身项目 19 项次，经常参加体育锻炼人数达 36 万人。

十一、人口、居民收入消费和社会保障

年末全县常住人口 77.8 万人。其中，城镇人口 36.75 万人，城镇化率 47.24%，比上年末提高 0.86 个百分点。

全年全县居民人均可支配收入 34385.1 元，比上年增长 5.3%。按常住地分，城镇居民人均可支配收入 45812.4 元，增长 3.6%；农村居民人均可支配收入 27211.9 元，增长 6.4%。城乡居民收入比由上年的 1.73 ：1 缩小为 1.68 ：1。

全年全县居民人均消费支出 22992.8 元，增长 4.7%。按常住地分，城镇居民人均消费支出 25062.9 元，增长 4.0%；农村居民人均消费支出 21693.3 元，增长 5.0%。

全年新增城镇就业 6150 人。年末参加城镇职工基本养老保险人数 8.51 万人，其中参保职工 4.09 万人，离退休人员 3.62 万人。基本医疗保险参保人数 70.115 万人。其中，城乡居民基本医疗保险参保人数 65.1 万人，城镇职工基本医疗保险参保人数 5.015 万人。参加失业保险人数 3.81 万，年末领取失业保险金人数 6404 人。参加工伤保险人数 7.83 万人，参加生育保险人数 3.6 万人。

全县获得政府最低生活保障的城镇居民 1.96 万人，发放最低生活保障经费 0.084 亿元；获得政府最低生活保障的农村居民 22.99 万人，发放最低生活保障经费 0.63 亿元。年末各类养老机构床位 0.25 万张。全年销售社会福利彩票 6183.99 万元。接受现金捐赠和物资捐赠金额 58.27 万元。

十二、资源环境和安全生产

全年达到或优于 III 类标准的水质断面比例为 100%。全年空气质量达到优良以上标准 329 天，空气质量优良率为 90.1%。全县城镇生活污水处理率 76.8%，城市生活垃圾无害化处理率 100%。全年完成营造林 1329 公顷，年末森林面积 8.7 万公顷，森林蓄积量 375 万立方米，森林覆盖率 42.62%。有省级自然保护区 2 个，面积 5266 公顷。

全年全县共发生各类生产经营性安全事故 21 起，生产经营性安全事故死亡人数 21 人。亿元地区生产总值安全事故死亡人数 0.04 人。

政治·军事·法治

◎湖南省退役军人事务厅领导来湘潭慰问退役军人

2023年1月5日，湖南省退役军人事务厅党组书记、厅长谢春来湘潭走访慰问退役军人和优抚对象，副市长、市公安局局长吴劲松参加。

谢春一行首先慰问了家住韶山市的抗美援朝老兵胡新玉。退役回乡后，胡新玉积极投身家乡建设，把“正直为人、以礼待人”作为家训传承，在当地被传为佳话。接着，谢春为彭公达烈士的养子彭述庄送上慰问金，得知彭述庄腿脚行动不便后，叮嘱工作人员多加关心照顾，落实相关政策，为他们排忧解难。

随后，谢春赶赴湘潭县云湖桥镇探望英雄航天员汤洪波的父母，为他们送上慰问金和节日祝福。慰问期间，谢春还与汤洪波进行了视频通话，感谢他为航天事业作出的贡献，向全体航天员表达敬意。

在听取湘潭市退役军人事务局工作汇报后，谢春说，湘潭为全省退役军人事务工作打造了样板，希望将“旗帜鲜明讲政治，围绕重点创一流，抓好班子带队伍，廉洁自律当表率”作为工作重点，推动退役军人事务工作任务落细落实，提质增效。

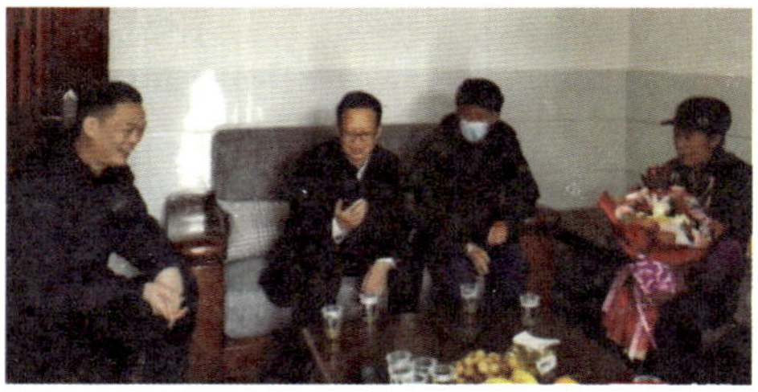

湖南省退役军人事务厅领导来湘潭慰问退役军人

◎湘潭市十六届人大常委会召开第十次会议

湘潭市十六届人大常委会召开第十次会议

2023年1月9日，湘潭市十六届人大常委会第十次会议召开。市人大常委会党组书记、主任李激扬主持会议并讲话。会议审议了有关人事事项。李激扬为此次会议决定任命的人员颁发了任命书，随后举行了宪法宣誓仪式。

李激扬强调，国家机关工作人员要牢记手中的权力是人民赋予的，要筑牢政治忠诚，树牢人民至上理念，努力提高履职能力，正确行使权力。政府职能部门要带头厉行法治，把法治作为行政决策、行政管理、行政监督的重要标尺。

李激扬要求，要以更高站位坚持党的全面领导，坚持不懈用党的创新理论凝心铸魂，把学习宣传贯彻党的二十大精神作为首要政治任务，始终把人大工作置于党的领导之下，全力践行“市委有号召，人大必行动”；要以更高效能依法履职尽责，认真学习贯彻市委十三届四次全会和市委经济工作会议精神，全面落实市十六届人大二次会议部署的各项任务目标，坚决做到“市委的工作重心在哪里，人大工作就跟进到哪里，职能作用就发挥到哪里”。

要闻纪事

1月

△4日，湘潭市委书记刘志仁主持召开全市重点拟上市企业上市工作专题调度会，强调要把思想和行动统一到党的二十大精神上来，全面落实中央、省委、市委部署要求，坚持问题导向、目标导向、结果导向，全力推进企业上市工作取得新成效。

△5日，湘潭市政协主席杨真平主持召开政协湘潭市第十三届委员会第九次主席会议。会议审议通过了政协湘潭市第十三届委员会常务委员会第八次会议议程（草案）、日程；审议了政协湘潭市委员会常务委员会2023年工作要点（草案）；协商辞免增补专门委员会兼职副主任有关事项；协商关于政协湘潭市第十三届委员会专门委员会人事调整安排。

△5日，湘潭市委书记、市“四区一地一圈一强”建设总指挥部总指挥长刘志仁主持召开全市“四区一地一圈一强”建设总指挥部工作调度会，总结2022年工作，研究部署2023年工作。

△6日，湘潭市委副书记、统战部部长刘扬与党外代表人士举行联谊交友活动。

△6日，湘潭市委书记刘志仁主持召开市委常委会会议，传达学习习近平总书记近期重要讲话精神，传达省委、省政府、省政协领导近期对湘潭工作的讲话、批示精神，听取关于市人大常委会、市人民政府、市政协党组2022年工作情况的汇报，研究在城乡建设中加强历史文化保护传承、应对人口老龄化等工作。

△7日，湘潭市医疗器械协会第二届第一次会员代表大会召开，选举产生新一届理事会领导班子。

△9日，湘潭市人大常委会2023年度立法工作计划出炉，2023年计划开展立法审议项目3件、立法调研项目7件。

◎湘潭市政府十六届四次全体会议召开

2023年1月3日，湘潭市政府召开第十六届四次全体会议。市委副书记、市长胡贺波强调，要深入贯彻党的二十大精神，迅速落实市两会部署，以“开局即决战，起步即冲刺”的姿态，披荆斩棘，高歌猛进，创造性推动2023年各项任务加快落地、见质见效。市领导吴志雄、董巍、蒋立军、丁诚、周艳希、吴劲松、伍浩、陈爱民、黄韧，市政府秘书长蒋文龙出席。

会议就2023年《政府工作报告》重点任务进行分工，8个县（市）区、园区和12个安全生产专业委员会牵头单位递交了2023年度安全生产和消防工作责任状。

胡贺波强调，要善始善终确保2022年各项工作收好官，精细精准创造性推动2023年各项任务落地落实。各单位要全力跑好2022年冲刺收官的“最后一棒”，力争各自负责的工作在全省争先创优，以单项增光为全局添彩；要按照《政府工作报告》这一“施工图”，切实履行好“施工队长”的职责，坚持用发展的办法解决前进道路中的困难和问题，以科学态度和专业精神闯出高质量发展的新路子；要起步就冲刺、大干一季度，以超常规举措推进扩投资、促消费、抓招商、强生产、提信心、保主体、增效益等工作，加快节奏，往前安排，提早铺排。

湘潭市政府十六届四次全体会议召开

◎湘潭市1集体4个人获评『最美湘警』

2023年1月10日，从湖南省委宣传部、省公安厅举行的忠诚之光——2022“最美湘警”云发布仪式上传来消息，湘潭市王磊等4人和山枣派出所入围“最美湘警”名单。

为深入学习宣传贯彻党的二十大精神，大力选树宣传公安队伍中涌现出来的先进典型，进一步凝聚警心、鼓舞士气、激励斗志，为平安湖南、法治湖南建设提供坚强思想政治保证和强大精神力量，省委宣传部、省公安厅联合开展了2022年度“最美湘警”系列推选宣传活动。通过各地贯穿全年的宣传展示、自下而上逐级推荐，评选出了全省30名“最美民警”、30名“最美辅警”、20名“最美警嫂”和20个“最美警队”。

其中，湘潭县公安局刑侦大队大队长王磊、湘潭市公安局交·警支队岳塘大队二中队副中队长潘朝阳获评全省“最美民警”，韶山市公安局银田派出所华南村驻村辅警刘小年获评全省“最美辅警”，市公安局岳塘分局荷塘派出所民警戴群星的妻子曹静兰（岳塘区江滨社区计生专干）获评全省“最美警嫂”，湘乡市公安局山枣派出所获得全省“最美警队”荣誉。

◎湘潭市雨湖区获民政部“社会救助改革创新试点”通报表扬

2023年01月19日，民政部办公厅发布关于社会救助改革创新试点和2022年度社会救助领域创新实践活动有关情况的通报，雨湖区在“加快发展服务类社会救助，积极探索‘物质+服务’救助方式”方面获表扬。

雨湖区民政局相关负责人介绍，雨湖区开展相关试点工作以来，着力创新服务机制、优化服务手段、夯实服务保障，建立统筹衔接、政社合作的社会救助“雨湖模式”，社会救助效能大大提升。在联动服务体系方面，建立了“部门+乡镇（街道）党组织+村（社区）党组织+专业机构（敬老院、社工站等）+社工（志愿者）+家庭医生的“六位一体”的联动服务体系，立足职能职责为困难群众提供针对性服务。

为确保试点取得成效，雨湖区不断细化资金保障，区财政投入300多万元，通过政府购买服务方式为特困和低保老人购买居家上门服务；投入106万元为低保、特困人员以及扶贫对象，购买意外伤害险和“扶贫特惠保”；投入60余万元为留守儿童、困境儿童开展“雨润童心”“童享未来”等8个项目。全区累计服务困难群众6万人次，政府财力和社会资金为实现困难对象服务类救助全覆盖提供了坚实保障。

◎ 2022年度湘潭“最美交通人”颁奖仪式举行

2023年1月12日，“奋力闯创干，勇当开路先锋”2022年度湘潭“最美交通人”颁奖仪式在湘潭市广播电视台演播厅举行。这次活动由市交通运输局、市文明办、市直机关工委、市总工会、共青团湘潭市委、湘潭市妇女联合会、湘潭市广播电视台联合举办，湘潭市领导刘俊、蒋立军、杨晓军、唐杰、徐亚健出席。

2022年度湘潭“最美交通人”颁奖仪式举行

2022年初，为激励全体交通人真抓实干、勇毅前行，市交通运输局启动了“最美交通人”评选活动，一大批来自公交、邮政、行政执法、公路建设、道路养护等领域的一线工作人员脱颖而出，有力地展现了交通部门新作为、新形象。最终，经过宣传发动、单位推荐、微信投票、专家评审、社会公示等环节，市交通运输局共评选出10名2022年度湘潭“最美交通人”、10名2022年度湘潭“最美交通人”提名奖。

◎湘潭市雨湖区“一活动一行动”暨扁平化治理改革成果汇报晚会举行

晚会为“最美雨湖人”获奖者颁奖

2023年1月18日，“贯彻二十大 奋进新征程”——雨湖区“一活动一行动”暨扁平化治理改革成果汇报晚会举行。湘潭市委书记刘志仁出席并致辞。

晚会分为红润雨湖、创新雨湖、清廉雨湖、未来雨湖四个篇章。音诗画《党建联盟 红润雨湖》展示了雨湖区党建大联盟将党的政治优势转化为推动城乡高质量发展的优势；小品《守护》以生活化视角带领观众走进区块治理员的日常，进一步了解扁平化治理改革给雨湖老百姓带来的变化；情景剧《美好楠竹 精治共建》演绎“共建共治共享”的基层社会治理故事。

晚会还为“最美雨湖人”获奖者颁奖；表彰了雨湖区2022年度优秀治理员和协理员。现场，雨湖区委与区内6家高校、国企签订红润雨湖党建共建合作协议，在基层治理共商、组织建设共提、红色基因共传、文明新风共创、人才高地共建五方面开展合作。

雨湖区“一活动一行动”暨扁平化治理改革成果汇报晚会现场

要闻纪事

△9日，湘潭市委副书记、统战部部长刘扬主持召开2023年全市春耕备耕动员会暨农村地区疫情防控工作调度会，提前谋划粮食生产开局起步，进一步调度部署农村地区疫情防控，安排返乡农民工就近务工工作。

△9日，政协湘潭市委员会办公室印发《政协湘潭市委员会常务委员会2023年工作要点》的通知。2023年市政协常委会工作要点共分六大部分、26项具体任务。

△10日，湘潭市公安局举行警旗宣誓仪式、“湖南公安荣誉章”颁授仪式等“警察节”系列庆祝活动，市公安局还举行了“湖南公安荣誉章”颁授仪式，11名从警30年以上的民警获授荣誉章。

△10日，湘潭县召开2023年平安建设领导小组第一次会议暨春节和国省两会安全稳定工作会议，深入分析全县安全稳定工作面临的形势，安排部署岁末年初安全稳定工作。

△10日是第四个中国警察节，湘潭县公安局分水派出所正式揭牌成立。此次新启用的办公楼，设置有办案区、办公区、生活区、警营文化区等功能区域，极大地满足了分水派出所全体民警、辅警的工作与生活需求，将更有利于开展基层警务工作。

△10日，湘潭县公安局排头派出所正式揭牌成立。新成立的湘潭县公安局排头派出所位于该乡回龙桥村同心组（排头乡政府往花石方向200米），主要受理辖区内的户籍、接处警、案件等业务，将进一步加强排头乡社会治安管理，提升服务群众水平。

△11日，湘潭市2023年援疆干部人才新年慰问座谈会举行。第九批援疆工作队汇报了援疆工作开展情况，援疆干部人才代表作了交流发言。

◎湘潭市商务局出台推进『湘商回归』专项行动方案

2023 年 1 月 30 日，湘潭市商务局下发了《2023 年推进“湘商回归”专项行动工作实施方案》（以下简称“方案”），2023 年将引领潭商回归目标是：湘潭市全年新增潭商回潭投资新注册企业 120 家以上，潭商回归投资项目实际到位资金 300 亿元以上。

该方案将通过建立健全潭商数据库、落实政策支持、加大宣传力度、创新工作方式、优化营商环境，吸引更多的潭商回潭投资、回乡创业、回报桑梓，推动潭商回归扩量提质增效，为加快建设“四区一地一圈一强”提供强大引擎。目前，市、县（市）区（园区）、乡街三级都对湘商回归工作进行专题研究部署，组建了工作专班，在春节前后组织、策划、开展了各类对接活动 116 场，对接达成意向合作项目 40 余个，营造了湘商回归浓厚氛围，湘商回归工作取得了阶段性成果。

根据方案，下一步湘潭市将摸清湘潭籍企业家和资源底数，建立信息库，重点关注在谈招商项目湘商资源、回潭投资意愿强烈的重点人才和重点企业，建立常态化联系沟通机制；组织编印湘潭湘商回归招商服务指南等基础工作，推动各县（市）区（园区）尽快梳理整合招商引资、就业创业等方面政策文件，在用工、用地、用能以及融资、税费、培训、人才引进等方面加大对湘商回归专项行动的支持保障力度。

◎湘潭市举办湘商侨商回归和返乡创业新春恳谈会

“庆新春 迎盛会 话宏图”湘潭市湘商侨商回归和返乡创业新春恳谈会现场

2023 年 1 月 29 日，“庆新春 迎盛会 话宏图”湘潭市湘商侨商回归和返乡创业新春恳谈会在盘龙山庄大酒店举行，邀请回乡潭商、侨界人士代表共贺新春佳节、共叙老乡情谊、共谋家乡发展。湘潭市委书记刘志仁出席恳谈会，诚邀大家常回家乡会亲友、觅商机、献良策，将浓浓思乡之情化为绵绵助乡之力。

市委市政府高度重视湘商侨商回归和返乡创业工作。2022 年，湘潭市新引进湘商回湘投资项目 105 个，湘商回湘投资项目实际到位资金 253 亿元。2023 年伊始，市委市政府举办了 2023 年新春团拜会、面向广大潭商“发出一封家书、寄出一件春节慰问礼品”等活动，多措并举吸引潭商侨商回潭投资、回乡创业、回报桑梓。

会上，大家认真观看湘潭市湘商回归和返乡创业宣传片。市委常委、常务副市长吴志雄介绍了湘潭市经济社会发展情况、推进湘商侨商回归和返乡创业工作思路。

◎湘潭市 1 个集体和 4 名个人获全省应急管理表彰

2023 年 1 月 31 日，湖南省政府公布 2022 年全省应急管理先进集体和先进个人表彰名单，湘潭市共有 1 个集体和 4 名个人获得表彰。

湘潭县消防救援大队荣获“湖南省应急管理先进集体”称号。2022 年，全队共接警处置灾情 859 起，共检查单位 669 家，组织 240 家消防安全重点单位约谈 8 次、易燃易爆场所约谈 5 次，发现火灾隐患或违法行为 633 处，下发责令改正通知书 350 份，已督促整改 594 处。建队 50 年来，该队始终致力于提升群众安全感和满意度，在莲乡这块热土铸就辉煌。

湘潭县应急管理局副局长田灿、湘潭市气象局气象台工程师何宁、湘潭市应急管理局矿山安全监督管理科科长周志龙、湘潭市消防救援支队吉安路特勤站政治指导员彭娟，分别被授予“湖南省应急管理先进个人”称号。

要闻纪事

△ 11 日，湖南省十四届人大一次会议湘潭代表团举行全体会议，学习《中共湖南省委关于深入学习宣传贯彻党的二十大精神 为全面建设社会主义现代化新湖南而团结奋斗的决定》和中央、省委有关换届纪律的规定要求以及代表团履行全风会纪监督主体责任清单，观看警示教育片，签订严肃换届纪律承诺书。

△ 17 日，湘潭莲乡发展集团有限公司举行揭牌仪式，县委书记黄劲松，县委副书记、县长王利共同为该公司揭牌。

△ 18 日，湘潭市委副书记、统战部部长刘扬主持召开市委农村工作领导小组暨农业农村改革专项小组 2023 年第一次会议，谋划 2023 年“三农”工作。

△ 18 日，湖南省政务管服务局下发通报，湘潭市行政审批服务局被评为全省深化“放管服”改革优化营商政务环境先进单位。

△ 19 日，湘潭市举行 2023 年各界人士新春团拜会。湘潭市委书记刘志仁致辞，向所有关心支持湘潭发展的各界朋友致以新春的问候和美好的祝愿。

△ 20 日，湘潭市委书记刘志仁带队前往湘潭军分区、湘潭县云湖桥镇飞栏村，慰问湘潭军分区全体官兵和航天员汤洪波。

2月

2 月，《湘潭港总体规划（2035 年）》获湖南省政府批复同意。根据规划，湘潭港将建设 4 个港区，预计货运通过能力可达 1 亿吨。全港共形成 7 个作业区（湘江湘潭段 4 个、涟水湘潭段 3 个）、6 处货运港点，布置千吨级及以上货运泊位 82 个，其中新增 3000 吨级泊位 43 个。

◎湘潭市举行 2023 年各界人士新春团拜会

湘潭市各界人士欢聚一堂，喜气洋洋

2023 年 1 月 19 日，湘潭市举行 2023 年各界人士新春团拜会。湘潭市委书记刘志仁致辞。市委副书记、市长胡贺波主持。刘扬、李激扬、杨真平、李江南、吴志雄、刘永珍、向敏、李忠、刘新华、董巍、刘俊、陈忠红等全体在职市领导出席。

刘志仁说，建设现代化新湘潭，要敢闯高质量发展之路，加快推进湘潭制造向湘潭创造转变、湘潭速度向湘潭质量转变、湘潭产品向湘潭品牌转变，不断增强“稳进高新”的强大势能。要敢闯改革开放之路，推动更多大项目、好项目落户湘潭，更多潭企潭品“畅通出海”，全面塑造经济发展新优势。要敢闯攻坚克难之路，守好社会安定、百姓安宁的底线关卡，在重大考验、重大攻坚中凝聚团结奋斗、共克时艰的强大合力；要敢闯共建共享之路，以更多惠民生、暖民心的举措，让群众的生活更宽裕、更便利、更舒心、更安心、更有尊严。要敢闯新的赶考之路，始终牢记“两个永远在路上”，全面净化和重构风清气正的政治生态，大力践行“三牛四干”，更好激发广大党员干部的积极性、主动性、创造性，形成奋进新征程、建功新时代的浓厚氛围和生动局面，为全面落实“三高四新”战略定位和使命任务、加快建设“四区一地一圈一强”、奋力建设社会主义现代化新湘潭作出新的更大贡献。

市委书记刘志仁致辞

◎湘潭12345热线获“全省优秀” 综合得分排名全省第一

2023年2月，湖南省政务服务管理局下发2022年全省12345政务服务便民热线（以下简称“12345热线”）有关情况的通报，湘潭市12345热线获评优秀热线，综合得分在全省14个市州、省级热线中排名第一。

湘潭市12345热线自开通以来，始终坚持以畅通民意渠道、解决民生诉求为主旨，2022年，市12345热线共计接听群众来电50.34万个，较上年同期增长105.33%，受理群众有效诉求45.14万件，同比增长110.14%。按时办结率99.50%，回访满意率95.57%。

2022年以来，湘潭12345热线组织在雨湖区、岳塘区进行试点，大力推进“一呼即应”改革，进一步缩短办结时限，提高办理效率；同时，在湘潭市全面开展“领导接听日”活动，每月由县（市）区、园区、市直部门负责人轮流接听热线来电，全年开展了10次领导接听，及时解答群众关心的热点难点问题，充分发挥媒体公开监督作用；开通服务企业、优化营商环境的“政企通”专席政策专员、企业“一对一”在线服务等。

◎湘潭市产业工人队伍建设改革经验获全国推介

湘潭市产业工人队伍建设改革经验获全国推介

2023年2月，湘潭市产业工人队伍建设改革经验“紧盯重点任务 实施改革攻坚 为建设社会主义现代化新湘潭提供人才支撑”，被全国推进产业工人队伍建设改革协调小组办公室收录为典型案例，向全国推介。

湘潭市启动产改以来，以湘潭市企业和产业工人为主体，组织2300余家单位开展技能竞赛活动5200多场次，参加各类竞赛的职工超140万人次，产业工人走上赛场、磨炼技能。其中产生200余名“湘潭市技术能手”，8名选手在国家级技能大赛中获一等奖；大力推进“一户一产业工人”培养工程，精准培训学员并推荐就业6182人；注重职业教育、继续教育、普通教育的有机衔接，市财政共投入13.88亿元专项资金用于发展职业教育，在全省率先建立职业技能提升补贴制度，累计组织16万人次参加各类职业技能培训。

◎湘潭市推行『一片（网格）一组一代表』基层微治理模式

2023年2月，湘潭市摸排上报矛盾纠纷和民生实事问题共计13215件，已办结11916件，完成率90.2%。“一片（网格）一组一代表”基层微治理，推动村（居）民代表联系服务群众，成为党群关系“新纽带”。目前，村（居）代表常态化联系服务群众工作实现“8有”，即有组织体系图、有划片空间图、有片（网格）长及组长代表公示图、有村（居）民代表联系卡、有片（网格）长及组长代表工作证、有三级微信群、有居民信息账、有浓厚宣传氛围。村（社区）党组织结合“三会一课”每月召开1次民情分析会，村（居）民小组每月召集1次“民情恳谈会”，村（居）民代表联系村（居）民日常化，村（社区）做到小事不出组、大事不出村（社区）。

2022年，湘潭市以发挥村（居）民代表常态化联系服务群众作用为切入口，全域推行“一片（网格）一组一代表”基层微治理模式。在广大城区和农村，建立村（社区）“两委”成员分片（或者网格）联系若干村（居）民小组（每个小组包含100户左右）、村（居）民小组长联系若干村（居）民代表、村（居）民代表每人联系15户左右村（居）民的三级联动机制。

◎湘潭市“非遗新春集市”热闹开市

虞唐高跷巡游

2023年2月1日，湘潭市在盘龙大观园花海乐园举办2023年春节期间群众文化活动“非遗新春集市”。该集市汇聚了30余项非遗项目，将持续至元宵节，让非遗“活”起来，更让年味“浓”起来。

脚踩高跷的小朋友扮演“仙姑”“武生”等各类角色，边走边演绎相关故事。该表演还包括采莲船、舞金钱棒、举牌匾等内容，可谓看头十足。炫目壮观的打铁花表演、灵动喜庆的湘潭火龙舞表演将现场气氛一次次推向高潮，围观市民纷纷拍手叫好。还有不少身着汉服的“小姐姐”手持油纸伞、团扇游园，在花海剧场内，《喜荣归》《刘海砍樵》《福寿图》等传统花鼓戏剧目精彩上演，好戏连台。

集市门口还有供市民互动的非遗项目。国家级非遗项目巫家拳代表性传承人颜亮鸣，正带着弟子进行拳、棍等武术表演，见几个十来岁的孩子打拳威风凛凛，不少市民也跟着颜亮鸣学了起来。不远处的省级非遗项目纸影戏表演现场，同样吸引了不少孩子。湘潭“非遗家族”中当然少不了美食。非遗传承人现场煮面，将来自韶山的庞氏手工面免费送给大家品尝；清甜中略带酒香的石潭甜酒，让人吃了一碗还想再来一碗；还有用湘莲制作的各类产品、湘潭脑髓卷、湘乡蛋花糕、金石黄灿、湘乡烘糕、传统糕点法饼、毛家食品火焙鱼。

要闻纪事

△1日，全市宣传部长会议召开，传达学习全国、全省宣传部长会议和市委常委会会议精神，总结成绩，分析形势，安排部署2023年工作。

△2日，湘潭市人大常委会主任、党组书记，市“四区一地一圈一强”建设总指挥部先进制造业建设项目协调指挥部（以下简称“项目协调指挥部”）指挥长李激扬到湖南裕能新能源电池材料股份有限公司开展调研。

△2日，湘潭市委书记刘志仁带队前往湘乡市龙洞镇泉湖村，实地调研乡村振兴和春耕备耕工作。刘志仁一行首先深入泉湖村印池塘和关山仑油菜种植基地，实地调研高标准农田建设、春耕备耕、农业生产、菜石江流域整治项目进展等情况。

△6日，湘潭市人大常委会党组召开2022年度民主生活会。市人大常委会党组对照“六个带头”要求，结合全面从严治党“两个责任”和“一岗双责”以及意识形态工作责任制等情况，联系人大常委会工作实际，全面查摆问题，深刻剖析根源，明确整改措施。

△6日，湘潭市委书记、市委深改委主任刘志仁主持召开市委全面深化改革委员会第十二次会议，会议审议了《关于完整准确全面贯彻新发展理念做好碳达峰碳中和工作的实施意见》，听取关于湘潭市盘活存量国有资源资产资金工作情况、市属国企改革三年行动有关情况、湘潭市县域警务改革情况、湘潭市农村集体产权制度改革成果运用工作情况、雨湖区承担国家级农村综合改革试点情况的汇报。

◎湘潭市两人获评 2022 年度“湖湘好网民”

湘潭市两人获评 2022 年度“湖湘好网民”

2023 年 2 月 8 日，湖南省第十一届网络文化节之“我是文明大使——2022 年度湖湘好网民新风大典”评选颁奖仪式在长沙举行。湘潭市网民欧建伟、颜芳分别获评湖湘好网民·文明守护大使、文明传承大使，湘潭市委网信办荣获优秀组织奖。

欧建伟网名为“城市啄木鸟欧老”。2011 年以来，他跑遍湘潭的大街小巷，督查城市不文明现象，共撰写了 7 本巡访记录，录制市容市貌改观光碟 12 本，拍摄 1500 余张现场照片，向媒体和有关部门提供近 800 条不文明线索，其中部分问题得到解决，获得了市民的高度赞扬，弘扬了满满正能量。

颜芳是来自韶山的一名导游，网名“韶山颜芳”。一直以来，她探索通过抖音 App 传播红色文化、传递正能量，积极参与网信部门组织开展的各类线上线下活动，赢得抖音众多粉丝点赞，是非常活跃的正能量网络人士。2022 年，颜芳在“当红不让新青年”湘潭城市推介官短视频大赛中被评为湘潭城市推介官。

◎湘潭市在深圳举办招商推介暨“湘商回归”新春交流会

一批优质项目现场签约

2023 年 2 月 8 日，湘潭市专业示范园区大湾区招商推介暨“湘商回归”新春交流会在深圳举行，现场签约 30 个项目，总投资 155.02 亿元。市委书记刘志仁与来自宁德时代、比亚迪、深圳怡亚通等企业的 200 余名客商齐聚一堂，共叙友谊、共商合作、共谋发展。市委副书记、统战部部长刘扬，市领导吴志雄、刘新华、董巍、丁诚、杨晓军等参加。

会议现场播放了湘潭市情宣传片，从历史、现实和未来三个维度，全景展现了湘潭砥砺奋进的辉煌荣光、蓬勃生机和美好前景。中保投资有限责任公司总裁贾飙，比亚迪股份有限公司董事会秘书、投资处总经理李黔，湘潭大学教授、博士生导师王先友先后结合自身实际与促湘潭产业发展，分别作了主旨演讲。深圳市昇茂科技有限公司董事长付强作为“湘商回归”项目代表负责人发言。

这次活动共计签约“湘商回归”“三类 500 强”等各类优质项目 30 个，总投资 155.02 亿元，涵盖工业制造业、能源与城市基础设施、第三产业、农业产业化等类别。推介活动和项目的签约，将进一步助力湘潭扩大影响、做大产业、凝聚人气，实现高质量发展。

◎湘潭 17 名援疆教师启程赴吐鲁番支教

2023 年 2 月 9 日，湘潭新一批援疆教师欢送仪式在市教育局举行。这批援疆教师共有 17 人（1 人已提前赶赴新疆），其中湖南省第十批援疆教师 10 人，首批教育部“组团式”援疆教育人才 7 人，他们将在吐鲁番支教两年。

欢送仪式上，市教育局负责人将两句唐诗送给援疆教师。一句是“劝君更尽一杯酒，西出阳关无故人。”新疆的生活习惯、作息时间，新疆的教育教学基础和要求等都与湘潭有所不同，援疆教师要严格遵守纪律，积极应对各种困难和挑战，保障好自身安全，认真开展好工作。另一句是“莫愁前路无知己，天下谁人不识君。”新疆有许多各地派出的援疆团队，到了新疆以后，援疆教师要潜心教学，播撒爱的种子，传播文化知识，维护民族团结，充分展示毛主席家乡教师团队的风采。

援疆教师们表示，一定不忘初心，牢记使命，团结协作，爱岗敬业，切实维护湘潭教师的良好形象，在祖国最需要的地方，贡献自己的光和热。

湘潭新一批援疆教师启程

要闻纪事

△ 8 日，湘潭市政协党组召开 2022 年度民主生活会。书面通报了市政协党组班子党史学习教育专题民主生活会整改落实情况和本次年度民主生活会有关准备工作情况。

△ 9 日起，湘潭市创建办面向湘潭市广大市民开展深化全国文明城市建设意见建议征集活动，意见建议包括 9 个方面的内容，即：遵守交通秩序、安全文明出行；深化公共文化服务；优化城市管理；市政基础设施建设；打造智慧高效政务服务；社区治理综合提升改造，推进文明社区创建；践行公民道德、争做文明湘潭人；建立诚信体系；提高群众参与深化创建热情。

△ 10 日，湘潭市召开发改统计公共资源交易党风廉政建设工作会议。

△ 13 日，湘潭市已出台相关总体方案和行动计划，全力以赴打好经济增长主动仗、科技创新攻坚仗、优化发展环境持久仗、防范化解风险阻击仗、安全生产翻身仗、重点民生保障仗等“发展六仗”，确保一季度“开门红”、全年开局起好步。

△ 14 日，湘潭市机关事务管理局传来好消息，湘潭市两家单位获评 2022 年省级公共机构节约型示范单位。

△ 14 日，全市退役军人工作会议召开，会议传达了全省退役军人事务局长会议精神，岳塘区、雨湖区长城乡、韶山市韶山乡韶山村退役军人服务站作交流发言。

△ 16 日，湘潭市直宣传文化系统召开 2023 年党风廉政建设工作会议，传达学习中央、省、市纪委全会精神，对 2023 年党风廉政建设工作作出安排部署。

◎湘潭市委常委会召开 2022 年度民主生活会

刘志仁主持并作总结讲话

会议现场

2023 年 2 月 3 日，湘潭市委常委班子召开 2022 年度民主生活会，以中央政治局民主生活会、省委常委会民主生活会为标杆，以“全面贯彻习近平新时代中国特色社会主义思想，深刻领悟‘两个确立’的决定性意义，增强‘四个意识’、坚定‘四个自信’、做到‘两个维护’，团结带领党员干部群众以奋发有为的精神贯彻落实党的二十大作出的重大决策部署”为主题，对照党章党规，对照习近平总书记重要讲话重要指示批示精神和党中央决策部署，对照会前征求的意见建议。市委书记刘志仁主持会议并作总结讲话。会上通报了市委常委班子党史学习教育专题民主生活会整改措施落实情况和 2022 年度民主生活会有关准备工作情况。

刘志仁代表市委常委班子作对照检查，重点从中央要求的“六个带头”方面深入查摆问题不足，深刻剖析原因，明确今后努力方向和整改措施。随后，刘志仁带头，常委同志逐一作个人对照检查发言，开展批评和自我批评。大家围绕主题、直奔问题，自我批评不遮不掩，互相批评坦诚相待，达到了交流思想、增强党性、促进团结的目的，进一步增强了市委常委班子的凝聚力、战斗力、向心力。

◎刘志仁：全面推进乡村振兴 加速迈向农业强市

2023 年 2 月 14 日，湘潭市委以视频会议形式召开农村工作会议，传达落实省委会议精神，就做好 2023 年“三农”工作、全面推进乡村振兴进行安排部署。市委书记刘志仁强调，要深入贯彻党的二十大精神，全面落实中央、省委农村工作会议部署要求，胸怀“建设农业强国”这个“国之大者”，坚持开局就开战、起步就冲刺，弘扬“三牛”精神、大干快干抓紧干拼命干，努力推动“三农”工作在新时代新征程上取得更大成效，为全面建设社会主义现代化新湘潭筑牢坚实根基。

刘志仁指出，全面推进乡村振兴、加快建设“农业强国”，是引领新时代新征程“三农”工作全局的核心战略，是我们必须对标落实的重中之重。要锚定“农业强国”目标，把准“三农”工作战略方向，聚焦农业强市总体目标，立足资源禀赋，以全面推进乡村振兴为总抓手，加快编制农业强市建设方案，从新形势中补齐短板弱项，推动湘潭从传统农业大市向农业强市加速迈进。

刘志仁强调，要加强党的全面领导，确保工作部署落地见效。各县（市）区委书记要当好“一线总指挥”，市委农村工作领导小组要牵头抓总，党委农办、农业农村、乡村振兴部门要按照“三位一体”工作机制分工协作，各成员单位要履职尽责，形成齐抓共管强大合力。

会议现场

◎国家创新型城市创新能力榜出炉，湘潭位列第 58 位

国家创新型城市创新能力榜出炉，湘潭位列第 58 位

2023 年 2 月 15 日，科技部和中国科学技术信息研究所分别发布《国家创新型城市创新能力监测报告 2022》和《国家创新型城市创新能力评估报告 2022》，报告评价结果显示，湘潭市位列国家创新型城市创新能力榜第 58 位、全国城市创新能力百强榜第 65 位。

报告指出，湘潭属于创新应用区类别城市，在 35 个该类别城市中排名第 6 位。在五个方面的监测评价指标体系中，创新治理力指数排名第 24 位，创新驱动力指数排名第 57 位，成果转化力排名第 70 位，技术创新力排名第 66 位，原始创新力排名第 61 位。

截至 2022 年底，科技部共支持 103 个城市（区）建设国家创新型城市，国家 2008 年启动创新型城市评价，湘潭首次参评就取得全国第 58 位的成绩。近年来，市委、市政府高度重视创新型城市建设工作，印发了《湘潭市全力推进国家创新型城市建设三年行动方案（2022—2024 年）》，坚持高起点谋划、高质量推进、高标准落实，全面推进湘潭市国家创新型城市建设“八大工程”。2022 年，湘潭市技术合同成交额占 GDP 的比重为 11.29%，位居全省第一；高新技术产业增加值占 GDP 比重 40.44%，位居全省第一；每万家企业法人中高新技术企业数 197 家，位居全省第一；研发经费投入占 GDP 比重 2.93%，位居全省第二；规上工业企业中有研发活动企业占比 61.21%，位居全省第二。

◎京湘（湘潭）跨区域协作产业项目对接活动在北京举行

2023 年 3 月 1 日，由湘潭市委市政府主办，湘潭市商务局与中咨海外跨区域产业协作中心共同举办的京湘（湘潭）跨区域协作产业项目对接活动在北京举行。副市长丁诚出席，并作湘潭市经济社会发展情况及湘潭市专业示范园区推介。

这次对接活动旨在全力对接北京优势产业资源，积极抢抓首都功能疏解带来的企业合作机遇，推进湘潭专业示范园区建设。活动现场，中咨海外跨区域产业协作中心组织了 45 家北京重点企业参加第一场对接活动。中咨海外（中咨海外咨询有限公司）是央企中唯一专业从事咨询和北京产业转移外溢对接工作的企业，掌握了北京 66 个专业园区的企业外迁信息资源，是园区企业功能性疏解外迁的主要服务平台。

3 月 1 日下午，在播放了“活力湘潭，为‘您’而来”的湘潭市情宣传片后，湘潭市重点推介了湘潭新能源汽车产业城、湘潭动力电池材料产业园暨循环经济产业园、湖南医疗器械产业园、湘潭湘钢先进金属材料精深加工产业园、湘潭天易食品医药产业园等 5 个专业示范园区，以及现代商务及物流产业链条、文旅旅游休闲产业链等两条服务业产业链。

京湘（湘潭）跨区域协作产业项目对接活动在北京举行

要闻纪事

△ 16 日，2023 年全市教育工作会议召开，传达全省教育工作会议精神，总结 2022 年工作，对 2023 年的重点任务进行安排部署。

△ 18 日，湘潭市委办公室召开 2022 年度总结表彰大会。市委总值班室等 12 个先进科室、贺玉瑶等 24 名优秀个人获得表彰。

△ 21 日，全市农业农村工作部署推进会议召开，会议通报了 2022 年度全市实施乡村振兴战略实绩考核情况、巩固拓展脱贫攻坚成果同乡村振兴有效衔接考核结果、2022 年度粮食生产先进单位、2022 年农村人居环境整治提升先进单位。

△ 21 日，湘潭市委出台《关于落实“干部敢为、地方敢闯、企业敢干、群众敢首创”推进湘潭高质量发展的意见》，明确 12 个方面具体措施，释放“四敢”强烈信号，树立“四敢”鲜明导向，营造“四敢”浓厚氛围。《意见》提出持续开展“心连心走基层、面对面解难题”活动，公开征集群众金点子、新创意、好办法；加强与长沙、株洲等地人才合作，探索实行户口迁移“跨市通办”等新机制。

△ 24 日，湘潭市委副书记、市长胡贺波与中国移动湖南公司党委书记、董事长、总经理程伟举行会谈，就加快建设数字政府、发展数字经济进行深入交流，并共同出席市政府与中国移动湖南公司数字经济产业合作协议签约仪式。

△ 24 日，湘潭市供销合作社第五次代表大会开幕。大会审议市供销合作总社理事会工作报告、监事会工作报告以及《湘潭市供销合作总社章程（修订草案）》，并选举产生第五届理事会、监事会。

◎湘潭市第 60 个『学雷锋纪念日』暨『心相莲·搭把手』志愿服务活动启动

启动仪式现场

2023 年 3 月 3 日，湘潭市第 60 个“学雷锋纪念日”暨“心相莲·搭把手”志愿服务活动启动仪式在东方红广场举行，旨在进一步弘扬雷锋精神，激励湘潭市上下全力拼经济、奋力开新局。湘潭市委书记刘志仁出席并宣布活动启动。省委宣传部二级巡视员熊科文，市领导刘扬、刘永珍、刘新华、傅军、丁诚、刘良廷等参加。

随着“心相莲·搭把手”志愿服务品牌的发布，湘潭市将在湘潭市范围内精心推出常态化志愿服务集市，通过设立志愿服务台，为群众提供健康义诊、义剪、维修电器、消费安全指导等各类志愿服务，切实让广大群众感受到“家门口”的贴心服务。现场，刘志仁等为湘潭市和各县（市）区、园区新时代文明实践中心“‘心相莲·搭把手’志愿服务集市”授牌。湘潭市各新时代文明所、站也将设置志愿服务集市。

刘志仁说，湘潭是伟人故里，是志愿服务的热土。过去一年来，广大志愿者传承红色基因，赓续红色血脉，践行雷锋精神，用自己的光亮传递温暖和力量，彰显了价值莲城的温度温情，塑造了伟人故里的崭新形象。

◎湘潭市“文明直通车”热线平台开通

2023 年 3 月 9 日，湘潭市深化全国文明城市建设“文明直通车”热线平台正式开通。湘潭市委常委、宣传部部长刘永珍宣布热线平台开通，并前往现场实地考察。

为提速回应群众诉求、提质文明创建工作实效，市创建办依托 12345 热线，设立“文明直通车”热线平台，受理群众对于深化全国文明城市创建的建议、意见和投诉。“文明直通车”热线平台将形成上报问题、收集反馈、问题落实、督办整改的完整投诉整改机制，积极回应广大市民的期望期盼。

刘永珍指出，2023 年是贯彻落实党的二十大精神的开局之年，也是精神文明创建的“大年”。湘潭市文明创建工作要把出发点放在解决群众所需所盼所想所急上，把落脚点放在切实增强群众的获得感、幸福感和安全感上，着力推动实现知民、靠民、利民的常态长效机制，始终保持文明创建的生机活力。各城市区、园区，各责任单位要分工负责，以问题的有效解决、基层的实际变化、群众的切身感受，来展示湘潭文明创建的实际成果，让人民群众在湘潭生活得更方便、更舒心、更美好。希望广大市民将发现的问题积极反馈到“文明直通车”热线平台，形成文明创建人人参与、文明成果人人共享的良好局面。

◎湘潭市开展世界森林日宣传活动

2023 年 3 月 21 日是世界森林日，湘潭市林长办、湘潭生态环境保护协会民间林长办公室一起来到雨湖区鹤岭镇司马学校，和这里的师生共同开展“健康的森林，健康的人类”活动，宣讲林长制，种下纪念树，并到仙女山林区巡林护林。

湘潭市开展世界森林日宣传活动

2023 年世界森林日主题是“森林与健康”，呼吁回馈森林，而不要总是索取，因为健康的森林造就健康的人类，增强人们爱护森林的意识。在司马学校三年级教室里，市林长制服务中心负责人刘运良向学生们介绍了什么是林长、林长制，并告诉他们，保护山上的小树苗，就是保护人类的生存环境。

要闻纪事

△ 24 日，湘潭县人大常委会机关五楼会议室内涌动着学习思考、鼓劲奋进的热潮，“莲乡人大讲堂”第一期正式开讲。邀请到省人大常委会《人民之友》杂志社主编田必耀授课，田主编以《党的二十大精神与县级人大工作高质量发展》为题，从“学习”“领悟”“落实”三个方面出发，结合党的二十大精神和人民代表大会制度的发展脉络，深刻阐述了新时代加强人大工作的理论意义和实践意义。

△ 25 日，全市司法行政工作会议召开，总结 2022 年工作，部署 2023 年司法行政和党风廉政建设工作，进一步推动全市司法行政工作再上新台阶。

△ 26 日，湘潭市举办“家庭助廉 团团圆圆”主题活动，来自市直机关、正处级事业单位、在湘潭公办高校和国有企业以及县（市）区、园区的 149 名“一把手”配偶参加。与会人员观看了家教家风专题警示教育片《家家之间》，4 名领导干部配偶代表结合各自家庭实际，分享了她们治家理家的心得体会。

△ 27 日，湘潭市委书记刘志仁主持召开市委常委会会议，传达学习习近平总书记近期重要讲话、重要指示精神，全国、全省统战部长会议精神，全国、全省网信办主任会议精神，听取关于湘潭市贯彻落实意见的汇报。

△ 28 日，由团县委组织的“青企汇聚 共赢未来”湘潭县 2023 年首期青年企业家沙龙活动举行。副县长冯传强以及来自市县范围内的 18 名优秀青年企业家参加活动。企业家代表还分别介绍了各自企业的发展情况和发展规划，并就转型升级、人力资源管理、营商环境优化等方面的问题进行了互动交流。

◎湘潭市统一战线开展“大调研、大宣讲、大讨论”活动

2023 年 3 月 23 日，湘潭市委统战部以“同心大讲堂”为载体，举办 2023 年湘潭市统战信息、宣传和理论研究工作推进会暨业务培训班。这次培训是湘潭市统一战线开展“大调研、大宣讲、大讨论”活动的重要一环。

2023 年湘潭市统战信息、宣传和理论研究工作推进会暨业务培训会举办

根据方案要求，“大调研”活动明确了促进“两个健康”发展等 16 个方面的重点选题和参考方向，市委统战部部务会班子成员，各民主党派市委会、市工商联、市侨联主要负责人，各县（市）区党委统战部部长带头选题，通过召开座谈会、发放调查问卷、个别交流等方式深入基层、深入服务对象、深入各自统战领域，摸准情况、找准问题、破解难题，在年底评选一批调查研究优秀成果，推动调研成果转化为发展实效。

“大宣讲”活动明确了党的二十大、中央统战工作会议、各级统战部长会议精神，以及习近平总书记关于做好新时代党的统一战线工作的重要思想等重点宣讲内容，采取“线上＋线下”、送学上门等多种方式进行。“大讨论”活动明确四个围绕，开展专题座谈、学习研讨、征集意见建议等，为湘潭高质量发展贡献更多统战力量。

◎湘潭市400余名科技特派员出征

2023年3月30日，湘潭市召开“落实‘四敢’要求 推进高质量发展”科技特派员出征大会。市委常委、组织部部长刘俊出席。

2022年，省市县共选派了425名科技特派员下沉一线开展工作，深入田间地头、生产车间、医院病室，实实在在解决了一些难点、堵点、痛点问题。2023年，省市县三级继续选派科技特派员400余名，按类别分农业、医卫和企业三类。科技特派员选派坚持由下至上、双向选择、按需选派原则，主要从高等院校、科研院所、机关事业单位、公立医院中选派。

刘俊强调，做好科技特派员工作是解决乡村人才和科技瓶颈的重要举措，是推动湘潭产业振兴发展的实际行动，是科技人才践行爱国奋斗传统的有效途径。要提高政治站位，充分认识科技特派员工作的重要意义。要把握方式方法，充分发挥科技特派员的作用。科技特派员要明确定位，发挥引领作用；讲究方法，提升工作实效；从严要求，树立良好形象，围绕乡村振兴和“四区一地一圈一强”建设，发扬“三牛”精神、“四干”作风，落实“四敢”要求，推进农村发展、产业振兴，助推湘潭市经济社会高质量发展。要完善工作机制，加强管理服务、形成工作合力，确保科技特派员工作取得实效。

湘潭市召开“落实‘四敢’要求 推进高质量发展”科技特派员出征大会

◎湘潭市“为理而来”理论宣讲成果展示活动举行

湘潭市“为理而来”理论宣讲成果展示活动举行

2023年3月31日，由湘潭市委、市政府主办，湘潭市委宣传部承办的“为理而来”理论宣讲成果展示活动举行。这次活动全方位展示湘潭市基层理论宣讲队伍的政治素养、理论水平和实际能力，再掀全民宣讲热潮。市委书记刘志仁，市委副书记、市长胡贺波到现场观摩，并共同启动“为理而来”理论宣讲云平台。

此次理论宣讲成果展示活动为市委理论学习中心组2023年第三次集体学习的第二阶段。理论学习中心组专题学习研讨与“为理而来”理论宣讲活动结合进行，是一次“集体深入研”与“现场体验学”的有机融合，是一次创新学习方式、拓宽学习渠道的积极探索。在播放了《“为理而来”——凝聚奋斗新时代奋进新征程的磅礴力量》视频后，活动分理论微宣讲展示、理论宣讲视频展示、理论宣讲品牌活动展示和“为理而来”云宣讲平台启动四个环节进行。

◎湘潭首个“智慧人才市场”投入运行

2023年4月1日，湘潭市“五送五促”服务制造业专场招聘会在全新改造后的人才市场拉开帷幕，现场挤满了前来应聘的市民。与往年不同的是，2023年的招聘会现场出现了大量智能装备，招聘企业和求职者无须准备纸一张，就可完成招聘全过程。这次招聘会的举办，也标志着湘潭市首个“智慧人才市场”正式投入运行。

求职者通过自助求职机投递简历，寻找适合自己的工作

为提升就业服务质量和公共就业服务能力，2023年以来，市人力资源市场启动了数字化改革，开展了全方位的智能化改造更新。新建成的湘潭市智慧人才市场占地面积1000平方米，设有求职登记区、核验区、咨询台、办公室、自助求职区、智能招聘区、就业大数据展示区、直播带岗区、职业指导室、大数据就业匹配工作站、等候洽谈区、服务台、设备间、资料间等14个功能区域。

◎全省地方猪育种工作研讨会在潭举行

2023年3月29日—31日，全省地方猪育种工作研讨会在湘潭举行。中国科学院亚热带农业生态研究所、省生猪产业技术体系顾问印遇龙院士，省畜牧水产中心党委书记、主任徐旭阳等40多名专家、教授和领导参加，副市长陈爱民出席部分活动并致辞。

3月29日下午，与会人员参观湘潭市沙子岭猪科创馆，了解沙子岭猪种质资源保护与产业开发情况。30日，印遇龙院士、中国农业大学刘剑锋教授等6位专家学者，分别作了精彩的学术报告，主要内容分别为地方猪遗传改良与营养调控及高端猪肉产业发展、中国地方猪资源精准鉴定技术研究及应用、湖南地方优质猪产业化理论与实践、沙子岭猪遗传改良与产业开发、地方猪种规模场主要疫病流行与净化、地方猪繁育体系建设实践。会议期间，专家学者与规模养殖大户代表充分交流，理论联系实际，共同释疑解难。

这次研讨会为全省地方猪产业发展带来了新理念，指明了新方向，湘潭市将立足“创新发展区”产业定位，紧紧扭住“种业创新”“加工引领”两个关键环节，全力打造以沙子岭猪为特色的肉制品加工聚集区，推动优质湘猪全产业链高质量发展，奋力建设农业强市。

全省地方猪育种工作研讨会在潭举行

要闻纪事

△28日，湘潭市人大常委会主任、党组书记李激扬主持召开市十六届人大常委会第18次主任会议。会议讨论通过了《湘潭市人大常委会2023年工作要点》《湘潭市人大常委会2023年立法工作计划》《湘潭市人大常委会2023年监督工作计划》《湘潭市人大常委会2023年讨论决定重大事项工作计划》《湘潭市人大常委会2023年代表工作计划》《湘潭市人大常委会2023年调研工作计划》。

△28日，湘潭市“心连心走基层、面对面解难题”活动领导小组办公室召开会议，传达市委常委会会议关于“心连心走基层、面对面解难题”活动有关精神，组织学习《湘潭市“心连心走基层、面对面解难题”活动2023年工作要点》，部署了近期相关工作。

3月

△9日，湘潭市政协中共界别委员到齐白石纪念馆开展“打造齐白石文化品牌，推进湘潭文化和旅游深度融合发展”视察活动。

△9日、10日，湘潭市农业农村局联合市公安局、市场监管局等职能部门，以及雨湖、岳塘两城区（含园区）农业农村局，集中开展“3·15”农资打假专项执法行动，宣传有关农资产销政策法规。这次专项行动主要任务是抽查农资批发市场、经营门店（点），排查、整治流动商贩。

△13日，湘潭市委副书记、统战部部长刘扬前往岳塘区调研义务教育建设项目。刘扬先后到岳塘区和平中心完小易址重建项目（一期）、湘潭竹埠港实验中学项目建设工地实地查看，了解项目进展和工作计划。

◎ 2023 湘江马拉松赛·湘潭站开跑

2023 湘江马拉松赛·湘潭站鸣枪开跑

2023 年 4 月 9 日，2023 湘江马拉松赛·湘潭站在雨湖区窑湾鸣笛开跑。3000 多名选手从窑湾历史文化旅游街区出发，沿着河西沿江风光带向终点万楼奔跑。省体育局局长罗双全，湘潭市领导刘扬、丁诚、黄钢出席起跑仪式。

2023 湘江马拉松赛·湘潭站由湘潭市政府主办，市文旅广体局、雨湖区政府、湘潭经开区管委会共同承办。比赛立足“体育 + 旅游”，设计了半程马拉松和融城欢乐跑等两条线路，都以窑湾历史文化旅游街区为起点、万楼景区为终点，途经宽裕粮行、“鉴湖女侠”秋瑾故居、全国重点文物保护单位北五省会馆等多个景点。上午 8 时，半程马拉松开跑，线路经过中山路、平政路、沿江中路、沿江北路、吉利东路等，全长 21.0975 公里；5 分钟后，融城欢乐跑开跑，线路经过中山路、平政路、沿江中路等，全长 5.2 公里。

比赛全线配置急救医疗点、医疗跑者、竞赛志愿者、蓝天救援人员和裁判员，为参赛运动员提供医疗救援、电子计时、存取衣、更衣、补水、能量补给、摆渡等服务，守护赛道上的每一位跑者，全力保障跑者顺利、安全完赛。作为区域性市场化运作的全民健身路跑赛事，湘江马拉松赛由长沙、株洲、湘潭、衡阳四市体育主管部门共同成立的“湘江城市体育联盟”倾心打造。

◎湘潭市两人入选 3 月『湖南好人榜』

2023 年 4 月 17 日，2023 年“湖南好人”3 月榜单正式揭晓。其中，湘潭市两人上榜。“80 后”数控尖兵彭小彦获评敬业奉献类“湖南好人”，民警赵赣龙获评助人为乐类“湖南好人”。

民警赵赣龙获评助人为乐类“湖南好人”

“80 后”彭小彦是中国兵器江南工业集团有限公司数控加工分厂编程员兼实操指导员。从事产品数控加工工作 17 年来，解决了多个国之重器关键部件的急、难、新加工任务。她参与了 300 多项关键零部件的研制生产，攻克了多种军民品关键、重要加工难题 136 项；带领团队推广应用的舵翼高效铣削方法在生产中实现了高效生产，4 年来为企业节创价值约 335 万元。截至目前，她已获国家授权专利 8 项，发表行业论文 8 篇。彭小彦先后获得全国技术能手、全国五一巾帼标兵、中央企业优秀共产党员、中央企业劳动模范、湖南省五一劳动奖章等几十项荣誉称号。

“80 后”数控尖兵彭小彦获评敬业奉献类“湖南好人”

赵赣龙是湘潭县公安局射埠派出所副所长兼交警五中队中队长。他是一名警察，也是 36 个孩子的“爸爸”。从 2015 年第一次捐助 600 元帮助一名小女孩开始，8 年时间里，他坚持爱心助学，共筹集善款 22 万元，资助的孩子中有 6 人考上大学，每次假期回来，就跟着他一起做公益。同时，他还组织开展向学校捐赠热水器和饮水机、发放御寒温暖礼袋等公益活动。

要闻纪事

△ 14 日，湘潭市十六届人大常委会第十一次会议召开。会议听取和审议了部分市人民政府工作部门主要负责人履职情况的报告，并开展满意度测评。

△ 16 日，湘潭市委书记刘志仁主持召开市委统一战线工作领导小组 2023 年第一次全体会议。

会议听取了湘潭县、韶山市党委，市委宣传部、市委党校、市国资委、市侨联党委（党组）履行统战工作责任述职并作点评。

△ 19 日，湘潭市委书记刘志仁先后前往雨湖区、湘潭县，开展河长制巡河、防汛备汛及杨梅洲乡村振兴工作调研。他强调，要深入贯彻党的二十大精神和习近平总书记关于治水的重要论述，持续提升水治理体系和治理能力现代化水平，为湘潭高质量发展提供坚实的水安全支撑和保障。

△ 20 日，韶山市深化国家卫生县（市）创建工作会议召开。会议下发了《韶山市深化国家卫生县（市）创建工作方案》和指导手册，市城管、市场监管和卫健等单位负责人分别结合工作实际作了表态发言。

△ 21 日，全市住房城乡建设暨自建房安全专项整治工作电视电话会议召开，明确 2023 年全市住建工作将坚持“聚焦拼经济，奋进新住建”主基调，全力“拼经济”，大力“促发展”，倾力“保民生”，着力“守安全”，致力“防风险”。

△ 21 日，湘潭市政协主席杨真平主持召开政协湘潭市第十三届委员会第十次主席会议。会议审议通过了政协湘潭市第十三届委员会常务委员会第九次会议议程（草案）、日程；审议通过了《政协湘潭市委员会主席会议操作规程（试行）》；审议通过了 2023 年市政协主席、副主席、专委会督办重点提案。

◎湘潭市 152 家企业入选省守合同重信用企业

2023 年度湖南省守合同重信用企业发布仪式

2023 年 4 月 18 日，2022 年度湖南省守合同重信用企业名单发布，全省获评守合同重信用企业 2859 家，湘潭市共有 152 家企业榜上有名。

湖南省守合同重信用企业评选，旨在推进湖南省社会信用体系建设，引导市场主体建立科学、合理的合同和信用管理机制，服务经济发展。根据湖南省地方标准《守合同重信用企业评价规范》及相关文件要求，经企业自愿申报，省（市州）守合同重信用企业协会初审、推荐，省守信协会查询，相关厅局函询，专家委员会评审，公示，省市场监督管理局监督指导，这次全省共评选出 2859 家守合同重信用企业。

在上榜的 152 家湘潭企业中，累计获评年限超过 20 年的有 5 家，包括湖南省第三工程有限公司（27 年）、湖南正志建筑工程有限公司（26 年）、迅达科技集团股份有限公司（25 年）、江南工业集团有限公司（22 年）、湖南省新湘送变电建设有限公司（21 年）；累计获评年限 10 年以上的有 26 家，包括五矿二十三冶建设集团第一工程有限公司（19 年）、湖南省湘乡市电力建设有限公司（18 年）等等。

◎『韶山—井冈山』红色专列首次实现双向引流

2023年4月19日，来自江西省吉安市的500多名学员乘坐“韶山—井冈山”红色专列抵达韶山火车站，开启学习交流之旅。这标志着该趟专列首次实现客源互通、双向引流。湘潭市委常委、宣传部部长刘永珍出席欢迎仪式并致辞，江西省委宣传部、吉安市委宣传部有关负责人出席。

刘永珍说，湘潭是“伟人故里”，是红色之城、文化之城、山水之城、美食之城，相信大家此行一定会有所思、有所悟，更有所获。希望湘赣两地携手合作，坚持以习近平新时代中国特色社会主义思想为指引，贯彻落实党的二十大精神，发挥好两地资源和人文等各方面优势，通过推动“两山”火车滚滚向前，传承红色基因，赓续红色血脉，助推高质量发展。

吉安市建设全国红色基因传承示范区专项工作组办公室副主任、吉安市委宣传部副部长龚淑华表示，湘赣一家亲，湘潭与吉安人文相近，血脉相连，精神相通。下一步，将加强两地红色文化研究成果共享合作，建立平台机制，深化研学红培，促进成果共享，以韶山至井冈山“两山”专列为契机，实现旅游资源、创意、目的地共享。

“韶山—井冈山”红色专列首次实现双向引流

◎湘潭市2个集体2名个人登上全国“两红两优”光荣榜

2023年4月20日，共青团中央作出表彰决定，授予296个团组织全国五四红旗团委称号；授予389个团组织全国五四红旗团支部称号；授予481人（含追授1名）全国优秀共青团员称号；授予342人全国优秀共青团干部称号。湘潭市2个集体和2名个人上榜。

其中，湘潭县第一中学团委荣获全国五四红旗团委称号，岳塘区宝塔街道云峰社区团支部荣获全国五四红旗团支部称号，五矿二十三冶建设集团第一工程有限公司湘潭万境水岸项目部施工技术员宁博、湘潭市莲城志愿者协会宣传部干事肖敏荣获全国优秀共青团员称号。

◎“经典红色”名片湘潭行主题采访启动

2023年4月25日，湘潭市委宣传部组织开展的“传承红色基因 赓续红色血脉”——“经典红色”名片湘潭行主题采访活动启动，进一步宣传以韶山为代表的“经典红色”名片，展示湘潭打造具有国际影响力的红色旅游目的地进展成效。

偌大的毛泽东广场，挤满了开展红色研学活动的学子

活动邀请了人民日报社、湖南日报社、湖南广播电视台、红网、潇湘晨报等中央、省级主流媒体，以及湘潭日报社、湘潭市广播电视台等市级主流媒体参加。在为期两天的行程中，采访团将走进韶山、湘乡、湘潭县、岳塘区、雨湖区等地的特色景点、景区，畅享“红色之旅”，感受“红色魅力”，对湘潭红色旅游资源、景点、产品等进行立体化、全方位宣传推介，提升湘潭红色旅游的知名度、美誉度和影响力。

位于雨湖区的万楼青年码头是湘潭新晋网红旅游打卡点。采访团也将走进这个全国规模最大的集装箱街市，感受视觉、味觉、听觉三重享受的盛宴。

◎湘潭市2023年“护苗·绿书签”行动启动

2023年4月28日，2023年“护苗·绿书签”行动在湖湘学校启动。市委常委、宣传部部长刘永珍出席启动仪式。“护苗·绿书签”行动以“护助健康成长 拒绝有害内容”为主题，通过开展“绿书签”“网络安全进课堂”等系列宣传活动，倡导绿色阅读、文明上网，倡导全社会努力营造积极健康安全的未成年人文化环境。

在护苗网络安全互动课堂上，学生们通过视频学习了防范网络诈骗、抵制盗版书籍等内容，并踊跃回答问题。湖湘学校学生代表还发出倡议，拒绝盗版，远离和抵制有害出版物及信息，同时获赠了正版书籍和绿书签，并参与绿书签行动签名。

刘永珍指出，倡导绿色阅读，严厉打击不法行为，事关少儿健康成长、事关教育事业发展、事关“强国建设、民族复兴”全局。湘潭市扫黄打非工作各级各相关部门要增强责任感和使命感，强化组织领导，压实责任；强化宣传引导，倡导绿色阅读；强化专项整治，织密安全防护网，为湘潭市广大青少年营造一个安全健康、向上向善的文化氛围和学习环境。

湘潭市2023年“护苗·绿书签”行动启动

要闻纪事

△22日，湘潭市人大常委会机关召开会议，专题传达学习全国两会精神。全国人大代表、湖南科技大学“海牛”科研团队负责人万步炎作宣讲报告。

△22日，湘潭市委副书记、市红色教育发展领导小组组长刘扬主持召开领导小组第二次会议，研究部署下阶段工作。

△22日，湘潭市委书记刘志仁与中国银行湖南省分行党委书记、行长李芒一行座谈，双方就进一步深化政银合作深入交流。

△23日，湘潭市委副书记、市长胡贺波率队前往市内多所学校和办学点，深入调研湘潭市教育事业改革和发展工作。胡贺波参观了学校校园和市体育后备人才基地，并认真听取学校发展情况介绍。

△23日，湘潭市委统战部以“同心大讲堂”为载体，举办2023年湘潭市统战信息、宣传和理论研究工作推进会暨业务培训班。

△24日，湘潭市《关于组织开展好2023年度“蓝天保卫战”问题整治及专项执法行动的通知》发布，各县（市）区、园区以及生态环境、公安、住建、城管执法、交通运输等部门将开展“十大专项”行动，打好“主动仗”，守护“湘潭蓝”。

△25日，湖南省教育厅党组成员、副厅长刘静率队来到韶山就“红色研学韶山行”项目相关推进情况展开实地调研。韶山结合本地丰富的红色资源优势，倾力打造“红色研学韶山行”综合项目。把学习贯彻习近平新时代中国特色社会主义思想主题教育与红色教育结合，把伟大建党精神和中国共产党的初心使命刻入每一个孩子的心灵。

◎湘潭首届茶文化节在万楼·青年码头启动

湘潭首届茶文化节在万楼·青年码头启动

2023年4月30日，“春茶之约 万众品茗”湘潭市首届茶文化节主题活动在万楼·青年码头启动。这次活动由市茶产业发展工作领导小组主办，市供销合作总社、市农业农村局、团市委承办。副市长陈爱民出席。

这次茶文化节是一场以茶为媒、以节会友、共谋发展的盛会，希望通过活动展示湘潭茶艺的独特魅力，搭建交流合作的舞台。参加首届茶文化节的有韶山茶业、羊鹿茶业、船形茶业、龙凤茶业、香露红茶业、涟水双泉等茶企，活动持续3天，有湘潭茶艺表演专场、传统文化展示专场、茶道表演、古典音乐专场等展示活动。

◎湘潭城市文明“啄木鸟”欧建伟获评“湖南好人”

2023年5月12日，2023年“湖南好人”4月榜单正式揭晓，20人（组）群众身边好人光荣上榜。其中，湘潭七旬老人欧建伟获评助人为乐类“湖南好人”。

欧建伟是市创建文明城市市民巡访团成员，戴着“市民巡访证”，自费购置了电动车、照相机、DV摄像机和记录本，跑遍湘潭的大街小巷，督查城市不文明现象。他还与相关部门协调，推动问题解决。自2011年开始，他共写完了7本巡访记录，录制市容市貌及城市改观光碟12本，拍摄各种现场照片1500余张，向媒体和创建部门提供线索800余条，其中被湖南都市频道、湘潭日报、湘潭电视台、湘潭晚报、湘潭在线等媒体采纳280多条。这些关系民生热点、重点、难点的问题，通过媒体现场采访、追踪报道，得到圆满解决，受到市民高度赞扬。

◎“书香湘潭·莲城飞花入万家”全民阅读活动启动

2023年4月26日，“书香湘潭·莲城飞花入万家”全民阅读活动启动暨观湘门乐之书店项目签约仪式在雨湖区观湘门举行。湘潭市委常委、宣传部部长刘永珍出席。

“书香湘潭·莲城飞花入万家”全民阅读活动，是推动湘潭市全民阅读工作提质升级的一项重要举措，也是2023年湘潭市宣传思想工作全力打造的一个重要品牌。活动坚持线上线下相结合的模式，依托农家（社区）书屋、书店、协会等公共文化阵地，组织开展各类主题阅读分享活动，推动全民阅读活动深入农村、社区、学校、机关、企业、家庭、网络。

乐之书店是中南传媒·湖南新华书店集团旗下的独立品牌书店，中宣部授予其“年度最美书店”。观湘门乐之书店项目由湘潭城发集团与湖南新华书店集团签约建设，预计12月26日开业，将进一步浓厚湘潭全民阅读氛围。

“书香湘潭·莲城飞花入万家”全民阅读活动启动

刘永珍指出，腹有诗书气自华，最是书香能致远，希望全体市民和各级各部门以活动为契机，争当新时代阅读的“倡导者”“领读者”“力行者”，积极支持提供更加优质的精品阅读、数字阅读、便民阅读服务，加快构建党政推动、各方支持、社会协同、全民参与的工作大格局，共建书香氛围、共享文化成果。

要闻纪事

△30日，湘潭市十六届人大常委会第十二次会议召开。会议听取和审议了市人民政府关于全市重点工程项目和政府性投资项目2022年度执行情况和2023年度计划安排情况的报告。

△30日，湘潭市委副书记、市长胡贺波率队开展打好重点民生保障仗专题调研，重点研究推进公立医院改革和高质量发展工作。

4月

△3日，湘潭市信访工作联席会议2023年第一次全体（扩大）会议举行，确定2023年信访工作要点，安排部署重点工作。会议听取了市信访工作联席会议办公室和市信访工作联席会议专项工作小组汇报，审议并原则通过2023年全市信访工作要点和相关工作规则，讨论并通过了相关工作措施和方案。

△10—14日，“毛泽东家乡湘潭—周恩来家乡淮安”伟人故里行红色文旅交流活动在湘潭举行。参加活动人员观看了实景演出《最忆韶山冲》《中国出了个毛泽东》，参观了韶山毛泽东同志纪念馆、滴水洞、韶山军博园等景点，重访了周恩来在湘潭的足迹，感受了彭德怀的革命故事，在追寻伟人足迹的过程中赓续红色血脉。

△19日，《湘潭市推进国家创新型城市建设2023年工作实施方案》发布。《方案》提出，通过一年建设，全力推进《湘潭市全力推进国家创新型城市建设三年行动方案（2022—2024年）》八大重点工程、26项重点指标取得新成效，推进科技创新攻坚仗四大攻坚任务取得新进展，圆满或超额完成年度创新型城市建设各项工作任务，确保2025年国家创新型城市建设评估验收通过。

◎全省首个！“跨境电商保税新零售”新业态落地湘潭

全省首个！“跨境电商保税新零售”新业态落地湘潭

2023年4月27日，在湘潭市专业示范园区京津冀招商推介暨项目签约大会上，共签约15个项目，总投资近50亿元。其中，深圳华岳时代科技有限公司（以下简称“深圳华岳”）作为深圳免税集团唯一委托代运营公司，与湘潭市商务局、韶山市政府、湘潭综保区正式签约，合作建设深圳免税全球购“跨境电商＋全域旅游”进口商品新零售项目，实现跨境商品监管从物理围网向数字围网的转变。湘潭将成为湖南省实现“跨境电商保税新零售”新业态首落地的城市。

深圳华岳是一家专注跨境电商的科技新零售公司，业务涵盖跨境电商、数字化供应链、保税仓储等板块。2023年以来，湘潭市商务局全力对接粤港澳大湾区招商资源，经深入考察和多轮洽谈，成功促成深圳华岳与韶山市政府、湘潭综保区合作建设深圳免税全球购“跨境电商＋全域旅游”进口商品新零售项目。

该项目将以深圳市国有免税商品（集团）有限公司为基础，依托韶山红色文化旅游资源和湘潭综保区开放平台功能，创新打造“韶山跨境进口商品展示交易中心＋湘潭综保区保税仓”区域合作模式，为韶山各地游客和湘潭市民提供物美价廉的免税进口商品购买服务，为湘潭市外贸和社会消费品零售额稳定增长提供重要支撑。

◎湖南省属普通高校首家妇联组织在湘潭成立

2023年5月23日，湖南工程学院成立妇联组织并召开第一次妇女代表大会。这是湖南省属普通高校成立的首家妇联组织。省妇联党组书记、主席黄芳出席大会。

大会选举产生了湖南工程学院妇联第一届执行委员会，校党委委员、副校长向前当选为第一届主席。该校妇联将架起党群"连心桥"，带靓妇女"半边天"，推动学校妇联组织触角延伸；畅通服务平台，健全组织机构、完善工作制度，不断增强妇联组织的凝聚力和向心力；找准妇联组织参与和服务中心工作的切入点和落脚点，助力全体女同胞在实现学校新发展的新征程中成就自己的出彩人生。

黄芳代表省妇联对大会的召开表示祝贺，希望学校妇联发挥职能优势，成为广大女教职工和女大学生信赖依靠的"娘家人"；各位女教职工彰显巾帼担当，成为推动学校发展的"半边天"；广大女大学生绽放青春活力，成为与时代共舞的追梦人。她要求学校妇联深入学习贯彻党的二十大精神，团结引领广大女性师生听党话、跟党走，在中国式现代化新湖南建设中贡献"她智慧"、释放"她力量"、书写"她时代"。

◎湘潭一家庭获评2023年全国最美家庭

2023年5月15日是国际家庭日。全国妇联揭晓了1000户全国最美家庭名单，湘潭市刘杨家庭榜上有名。

刘杨家庭是湘潭市家风纯正、相濡以沫、孝亲敬老、热心公益的典范家庭。一家人在生活上互相关心照顾，事业上彼此激励鞭策，教育上积极言传身教，携手比肩，不断成长。妻子刘杨以最朴实的态度做好每一项工作，被同事和纳税人亲切地称为"刘老师"。丈夫黄健在多部门历练，以过硬的业务能力成为业内专家。女儿黄靖茜曾获得第21届全国中学生英语能力大赛高中组全国一等奖等多个奖项，2020年以优异成绩考入中国社会科学院并成为中共预备党员。2022年，黄靖茜光荣成为北京冬季奥运会志愿者，她克服重重困难，圆满完成了奥组委交付的工作。

特别难能可贵的是，刘杨一家不仅孝亲敬老，而且还热心公益。夫妻俩平日里对家人、对邻里都和气友善，关系融洽。刘杨家庭还与几个同学家庭一起捐资重修了破旧的中路铺柱塘中心小学教学楼。从2008年起，刘杨家庭开始资助柱塘中心小学的孩子，14年来从未间断，目前，受资助的孩子已经上大学。黄健也荣获湘潭市助人为乐先进个人称号。

◎湘潭入选全国公共就业服务能力提升示范项目

2023年5月13日至14日，人社部公示2023年公共就业服务能力提升示范项目名单，湘潭市成为全国20个入选城市之一，也是湖南省唯一通过评审的示范项目入选城市。

实施公共就业服务能力提升示范项目是国家在新形势下实施就业优先战略的重要举措。近年来，湘潭市出台了《湘潭市进一步做好稳就业工作二十四条措施》《湘潭市产业人才引进三年行动计划》《湘潭市强化企业招工服务二十条措施》《关于促进高校毕业生来潭留潭就业创业若干措施（试行）》等系列政策文件，构建大就业工作格局，为示范项目实施提供了有力政策支持。

湘潭市公共就业服务能力提升示范项目以解决"人找岗、岗找人、人拓能、岗拓量"核心问题为导向，以实现"政策有人送、技能有人教、失业有人管、创业有人帮"为目标，以"四级四有"公共就业服务体系为支撑，通过实施"四级四有"公共就业服务体系建设行动、"技聚莲城"全需求培训行动、农村互助合作就业空间拓展行动、"青春20"快乐就业创业行动、就业困难群体均等就业促进行动、"零障碍"就业创业服务信息平台建设行动等六大行动，打造强服务、提技能、稳就业的"公共就业服务生态体"。

◎全省"五好"园区放榜 湘潭4个园区上榜

2023年5月18日，全省"五好"园区创建推进大会召开，公布了2022年"五好"园区创建综合评价先进园区（含营商环境先进园区）名单。湘潭市湘潭经开区、雨湖高新区、天易经开区获评"2022年度湖南省'五好'园区创建综合评价先进园区"称号，湘潭高新区获评"2022年度湖南省产业园区营商环境评价先进园区"称号。

在2022年度湖南省"五好"园区创建综合评价通报中，雨湖高新区取得历史最好成绩。该区打通新能源电池材料上下游配套全产业链，推动湘潭市动力电池材料产业园暨循环经济产业园建设；众创空间以升级区域"产业＋技术＋院校"为重点，吸引200余家企业入驻；率先出台《园区助力小微贷风险补偿基金管理办法》，解决中小微企业融资难、融资贵问题；持续抓好优化营商环境"一号工程"，为企业项目排忧解难、保驾护航。

全力拼、大胆闯、踏实干，天易经开区已连续两次获评湖南省"五好"园区创建工作先进园区。为打造高品质的产城融合示范区，该区大力发展"一主一特一先"产业，全面优化空间产业布局，积极开展低效用地清理，入选湖南省2022年度"十大高效用地园区"；为打造高水准的创新创业示范区，大力推广柏屹模式，着力建设科创平台和国家级众创空间。

全省"五好"园区放榜 湘潭4个园区上榜

要闻纪事

△24日，湘潭市十六届人大常委会召开第十三次会议。会议传达学习了中共中央办公厅印发的《关于在全党大兴调查研究的工作方案》，以及省委关于大兴调查研究的实施方案、市委关于大兴调查研究的通知。听取了市人大常委会代表资格审查委员会关于个别市人大代表资格变动情况的报告。

△24日，在2023年"碳基材料产业链"专题政银企对接大会上，9家碳基材料企业与金融机构签约，签约金额达2.57亿元。

△25日，韶山市召开2023年妇女儿童工作委员会全体会议，部署《韶山市妇女发展规划（2021—2025年）》和《韶山市儿童发展规划（2021—2025年）》（以下简称两个规划）中期评估工作。会议对两个规划中期评估的具体内容作了详细解读，对两个规划中期监测数据采集方式作了指导。

△25日，湘潭市侨联召开八届七次全委（扩大）会议。会议明确全市侨联组织将团结带领侨界为实现"三高四新"美好蓝图、全面建设社会主义现代化新湘潭作出新贡献。

△26日，湘潭市委副书记、市长胡贺波率队前往湘潭县开展乡村振兴专题调研，同时督导农村道路交通安全，开展巡田、巡河。

△28日，2023年"护苗·绿书签"行动在湖湘学校启动。市委常委、宣传部部长刘永珍出席启动仪式。"护苗·绿书签"行动以"护助健康成长 拒绝有害内容"为主题，通过开展"绿书签""网络安全进课堂"等系列宣传活动，倡导绿色阅读、文明上网，倡导全社会努力营造积极健康安全的未成年人文化环境。

◎湘潭市将组团参加『港洽周』活动

2023年5月29日至6月5日，湘潭市将组团参加2023年湖南—粤港澳大湾区投资贸易洽谈周活动（以下简称“港洽周”）。2023年除参加省级主体活动外，湘潭市还将组织举办港澳湘籍企业家恳谈会，走访对接知名港澳企业，开展产业项目引进基金合作交流等。在深圳、广州将组织项目集中签约、重点企业走访考察。同时各县（市）区、园区将开展“小切口”“专题式”招商推介，各招商小分队将在粤港澳大湾区精准对接走访。

湘潭市积极打造内陆地区改革开放先行区，将资源优势与粤港澳大湾区的产业优势相结合，深化拓展合作。截至2023年4月，湘潭市现有外资企业126家，其中港资企业63家，占湘潭市外资企业的50%。近三年，湘潭市累计实际到位外商直接投资15487.72万美元，其中，香港在潭直接投资和外国资本通过香港投资占82.45%。相较于2020年，2022年实际到位外商直投港资增长近一倍（2020年到位外商直投港资2838万美元，2022年到位外商直投港资5628万美元）。较为知名的在潭港资企业有兴业绿色能源有限公司、蓝思科技（湘潭）有限公司、威胜电气有限公司等企业，主要集中在新能源、汽车零部件等制造业行业。

◎湘潭市首批20家银发人才工作站授牌

银发人才工作站授牌

2023年5月30日，湘潭市银发人才工作站授牌暨“银”企签约仪式举行。湘潭市委书记刘志仁为首批20家银发人才工作站授牌并讲话。市委常委、市委秘书长刘新华，市委常委、组织部部长刘俊参加。

按照湘潭市“聚才湘潭 价值莲城”人才强市战略部署，2023年以来，湘潭市在离退休干部队伍中大力开展“银发人才耀莲城·百站千人助力行”活动，营造了银发人才助力经济社会高质量发展的浓厚氛围。活动开展以来，湘潭市共申请建站96家，1039名老干部、老专家、老学者积极报名参与活动。按照“成熟一个、挂牌一个”的原则，湘潭市选取党建基础好、银发人才作用发挥较明显的村（社区）、机关、高校、企业等筹建银发人才工作站（室）。，刘志仁等为湘潭大学银发人才工作站等第一批20家银发人才工作站授牌。同时，目前湘潭市有48家企业与银发人才工作站达成合作意向，其中11家企业现场签订合作意向书。

◎湘潭市首家“湘易办”体验中心上线

2023年6月8日，湘潭市首家“湘易办”体验中心在岳塘区政务服务大厅正式启用，让办事群众体验“掌上办事”的便利，充分享受“互联网+”带来的智慧服务。

“湘易办”是省委、省政府全力打造的全省群众、企业、公务员办事平台。岳塘区委区政府高度重视“湘易办”App推广注册，截至目前，全区共开展“湘易办”宣传推广活动24场次，动员注册“湘易办”用户10万余人，完成电子证照汇聚制发37类，上线政务服务事项60项，上线惠企政策兑现事项9项。岳塘区相关负责人表示，将不断完善“湘易办”体验中心的各项功能，进一步扩大“湘易办”在全区范围内的知晓面，提高其使用度和影响力，全面提升服务群众、企业、政务的一体化服务能力，助力打造“身在湖南、办事不难”金字招牌。

湘潭市首家“湘易办”体验中心在岳塘区政务服务大厅正式启用

要闻纪事

5月

△4日，湘潭市委副书记、统战部部长刘扬带队调研城区市容环境整治工作。调研组在市城管局举行了深化城区市容环境整治工作调研会，听取相关单位工作汇报，研究部署下阶段工作。

△4日，湘潭市委副书记、市长胡贺波主持召开市长专题会，研究高标准农田建设“投贷联动”工作。

△4日是五四青年节，湘潭市委宣传部机关举办“‘四敢’青年说”微宣讲比赛。市委常委、宣传部部长刘永珍为获奖者颁奖。20名宣传部机关青年干部依次登台，围绕宣传阐释党的二十大精神、弘扬伟大建党精神、落实“干部敢为、地方敢闯、企业敢干、群众敢首创”精神等主题，结合自身岗位职责、学习体会、工作经历、身边典型等，从不同角度分享了精彩故事和深切感受，唱响主旋律、集聚正能量，引发大家强烈共鸣。

△10日，湘潭市政协举行2023年第二期委员大讲堂。全国政协社会与法制委员会原驻会副主任、太和智库首席文化学者顾伯平，中国公共外交协会会长、太和智库首席国际关系学者吴海龙受邀分别作专题授课。

△11日，湘潭市委书记、市委深改委主任刘志仁主持召开市委全面深化改革委员会第十三次会议，强调要把准改革方向、把握改革重点、把牢改革责任，坚定信心决心，以全面深化改革增强湘潭高质量发展的动力和活力。

◎中国（湘潭）—阿尔及利亚投资经贸暨湖南省情湘潭市情推介会举行

2023年6月12日，中国（湘潭）—阿尔及利亚投资经贸暨湖南省情湘潭市情推介会在阿尔及利亚首都阿尔及尔举行。湘潭市委书记刘志仁出席并作湖南省情、湘潭市情和中非经贸博览会推介。

会上，湘潭市商务局与阿尔及利亚中华总商会签订合作意向协议，共同推动深化中阿在贸易往来、对外投资、工业建造、跨境电商产业链、数字化商业营销等领域的合作，同时与湘潭神州龙实业有限公司签订合作协议，推动湘潭市境外经贸合作园区、海外仓实现跨越式发展。湖南誉森供应链管理有限责任公司与SARL YADITEX签订进口采购意向协议，将对接加大椰枣、燕麦、大豆、腰果等产品进口，并探索形成“非洲初加工+海外仓+国内深加工”的新贸易模式。湘潭钢铁集团有限公司与湖南神州龙实业有限公司签订合作意向协议，在钢铁冶金、基础设施、新能源与矿产资源开发、矿石与钢材进出口等领域的投资、建设和运营等方面开展合作。湖南江冶机电科技股份有限公司与埃利赞工业园签订框架协议，将在投资贸易、产业发展、国际市场开拓等方面深化合作。

湘潭市商务局与阿尔及利亚中华总商会签订合作意向协议

推介会现场

◎重走毛泽东青少年之路写生作品展开展

2023 年 6 月 13 日，“讴歌新时代·奋进新征程”重走毛泽东青少年之路写生作品展在湖南科技大学齐白石艺术馆拉开帷幕。湘潭市委常委、宣传部部长刘永珍出席开幕式。

展览由湘潭市文学艺术界联合会主办，市美术家协会、湖南科技大学齐白石艺术学院共同承办，这次展览共展出作品 130 余件，包括国画、油画、版画、雕塑、水彩画等。这些作品主题鲜明、内涵丰富，既有国、省级名家的力作，也有湘潭本土画家的佳作，具有较高的专业层次和艺术水准，在一定程度上展现了湘潭美术的艺术创作水平。

“讴歌新时代·奋进新征程”重走毛泽东青少年之路写生作品展，是湖南省文艺创作扶助基金会扶助项目，从策划、组织、写生到呈现在大家面前，历经 7 个月。该展览是一次高规格、高水准且具有浓郁地域特色的美术作品展，旨在追寻伟人昔日足迹，感受中国今日辉煌，努力创作出一批具有湘潭元素、彰显湘潭文化，体现时代价值和精神内涵的美术精品。

◎韶山村获评首批湖南省红色法治文化基地

2023 年 6 月 20 日，湖南省守法普法工作办公室公布了首批湖南省红色法治文化基地名单，韶山市韶山乡韶山村名列其中，是湘潭市唯一入选单位。

韶山村是毛泽东青少年时期生活、学习和早期从事革命活动的地方，是全国爱国主义教育基地和革命纪念地，具有丰富的红色资源和经典法治元素。长期以来，韶山村充分发挥伟人故里红色资源优势，依托毛泽东同志纪念馆、中共韶山特别支部历史陈列馆等，将丰富的红色资源与法治元素有机结合，创新“党建 + 普法”“红色教育 + 普法”新模式，进一步挖掘红色法治史料，精心打造红色法治文化基地，大力开展红色法治宣传教育，先后获得“全国法治宣传教育基地”、“全国民主法治示范村”、湘潭市“人民调解先进单位”等殊荣。

◎湘潭市政府与中南大学签订科技创新合作协议

湘潭市政府与中南大学签订科技创新合作协议

2023 年 6 月 16 日，湘潭市政府与中南大学科技创新合作签约仪式在中南大学科技园举行。中南大学校长、党委副书记、中国工程院院士李建成，市委副书记、市长胡贺波共同见证签约。中南大学党委常委、副校长陈立章，市领导杨晓军、伍浩、黄韧，市政府秘书长蒋文龙参加。

活动现场，中南大学与市政府签署科技创新合作协议，与湘潭经开区签署科技成果转化合作协议，与湘潭市市场监督管理局签署知识产权合作协议。同时，中南大学还与金杯电工、韶山碳基材料产业研究院、湖南裕能、江冶机电签署了科技成果转化协议，与高瑞电源、开启时代、金海钢构、电化科技签订技术联合攻关协议。此次签约后，中南大学将发挥新能源电池、医疗器械等领域的科研技术实力，围绕湘潭市企业“揭榜挂帅”项目需求，联合开展重大技术攻关，加速承接科研项目孵化和科研成果转化。

李建成表示，中南大学将充分发挥人才培养、科学研究等方面的优势，大力支持湘潭科技创新工作，加快推动科研成果在潭落地转化。希望双方建立更加高效畅通的沟通机制，共同推进校地校企协同发展，为实现“三高四新”美好蓝图贡献力量。

◎中非经贸园湘潭馆成非洲客人打卡地

2023 年 6 月 29 日至 7 月 2 日，第三届中非经贸博览会期间，长沙高桥大市场中非经贸合作促进创新示范园湘潭馆，接待了不计其数的非洲客人，他们在“中非友谊”的特色宣传画前打卡摄影留念。馆内韶山福寿面、毛瓷、湘雨果预制菜、汤妈妈系列食品等与湘潭、与毛主席有深厚渊源的产品，获得非洲客人的点赞。

湘潭馆内洋溢着浓浓的毛主席家乡的氛围，毛瓷摆在进门的橱窗内，大厅中间是一幅主题画，画上的内容是毛主席与非洲朋友在一起，这里成为非洲客人的集中打卡地。画作两侧的展示柜里分别陈列着韶山福寿面和湘雨果外婆菜，画作前面展示的是福寿面和国旗面。

湘潭馆是 2021 年第二届中非经贸博览会上湘潭市商务局设立的展示交易平台，以帮助企业借力中非经贸博览会走出国门。两年来，湘潭名优特色产品，如湘雨果的外婆菜等通过这里源源不断地走进非洲市场。2022 年 5 月，市商务局授权韶山开慧商贸有限公司独家运营湘潭馆，负责湘潭地区名优特产品的展示、内销及市场采购贸易、推广工作。这也是此次中非经贸博览会上为数不多仍然在中非经贸园内设立的市州馆。

第三届中非经贸博览会期间，长沙高桥大市场中非经贸合作促进创新示范园湘潭馆，接待了不计其数的非洲客人

要闻纪事

△ 12 日，由湖南省委党史研究院指导，湘潭市委宣传部、湘潭市委党史研究室、湘乡市委、市政府联合主办的陈赓生平业绩与革命精神学术研讨会在湘乡举行。省委党史研究院、省党史人物研究会等单位相关负责人以及陈赓亲属代表等 130 余人参加。

△ 23 日，湘潭市政协召开十三届九次常委会议，全国政协委员、省政协副主席、民进省委会主委、湘潭大学校长潘碧灵作专题辅导报告。潘碧灵围绕“大会发言和反映社情民意工作”主题进行授课。

△ 31 日，湘潭市政协副主席周长林带队，组织市政协民进界别、市政协委员学习联络委员会，开展“校园周边食品安全”专项民主监督视察。视察组一行现场察看了湘潭市和平小学、雨湖区风车坪小学校园及其周边食品安全管理情况，详细了解学校相关从业人员健康、环境卫生、进货查验、加工制作、餐具清洗消毒等情况。

6月

△ 1 日，湘潭市委书记、湘潭军分区党委第一书记刘志仁主持召开市委议军会议。会议传达学习了习近平总书记关于国防和军队建设的重要讲话精神，播放了《军情研究》专题片，通报了《湘潭市支持驻潭部队做好军事斗争准备若干措施》贯彻落实情况，书面听取了关于全市国防动员改革工作情况的汇报，书面审议了《湘潭市全民国防教育规划纲要（2023—2025）》《关于进一步加强新时代拥军优属优待工作的措施》。

△ 4 日，“清风润‘廉城’‘四敢’耀青春”湘潭市年轻干部廉洁教育主题活动启动。微宣讲《家书传初心》深情展示毛岸英写给表舅的红色家书，字里行间流淌着革命先辈恪守正确人情观、人民利益观的清风正气。

◎湖南省家政服务技能大赛落幕 湘潭代表队斩获佳绩

“湘融湘爱 三湘邮情”杯家政服务技能大赛在长沙落幕，湘潭代表队斩获市州优秀组织奖和6个单项奖的佳绩

2023年7月4日，“湘融湘爱 三湘邮情”杯家政服务技能大赛在长沙落幕。湘潭代表队斩获市州优秀组织奖和6个单项奖的佳绩。

这次家政服务技能大赛是“湘融湘爱·三湘邮情”农民工服务保障活动系列主题活动之一，设置了家政服务员、育婴师、养老护理员、家电清洗、保育员、家政培训、家政职业经理人共7个比赛项目。来自14个市州的200余名选手参赛，湘潭市派出9名选手参与6个项目竞赛。最终，湘潭市有6名选手获得单项奖；综合参赛率、获奖率、团体竞赛积分、认可率，湘潭市积分总排名全省前6，获评市州优秀组织奖。此外，由于参赛选手对应赛项案例视频社会认可度高，湘潭市有5个选手参赛案例获评优先培育案例或优等潜质案例。

湘潭市现有家政服务市场主体36家，从业人员达到2万余人。湘潭市十分重视提升家政服务从业人员技能水平，2022年以来针对5200余名从业人员开展了职业技能培训。

◎湘潭市启动“乡村振兴青年先锋”寻访选树活动

2023年7月11日，由共青团湘潭市委、市农业农村局、湘潭日报社和市广播电视台联合开展的湘潭市首届“乡村振兴青年先锋”寻访选树活动正式启动。

活动将围绕涉农创业、乡村治理、科技兴农、乡村社会实践等服务乡村振兴方面，重点面向基层和工作一线，采取组织推荐、社会推荐与青年自荐相结合的方式，寻访选树一批湘潭市“乡村振兴青年先锋集体”“乡村振兴青年先锋”。活动分为候选人申报、资格审查、专家评审、公示等环节，名单出炉后，还将开展宣传展示活动。

主办方相关负责人表示，希望通过活动的开展，挖掘培育在乡村振兴战略实施中作出积极贡献的青年人才，同时激励广大青年挺膺担当，为加快建设农业强国、加速推进农业农村现代化、全面推进乡村振兴贡献青春力量。

◎湘潭市开展2023年未成年人主题教育实践活动

2023年7月5日，湘潭市2023年未成年人“传承红色基因·童心向党——莲城清风拂校园”主题教育实践活动在湘潭大学附属实验学校举行。市领导刘永珍、李忠、周艳希出席。此次活动由市教育局、市文明办、团市委主办，旨在引导青少年扣好人生第一粒扣子，厚植爱党、爱国、爱社会主义情感。

活动现场，管乐团演奏、舞蹈、歌舞、科技强国主题微思政课、清廉主题微宣讲、诵读、小组唱、合唱，形式多样、内容丰富的节目，讴歌党、讴歌祖国、讴歌人民、讴歌英雄，将现场气氛一次次推向高潮。

市委常委、宣传部部长刘永珍强调，湘潭市各级各相关部门要坚持清廉教育从娃娃抓起，共同营造莲城清风拂校园的良好氛围，充分展示伟人故里青少年儿童爱党、敬党、心向党的昂扬向上、朝气蓬勃、自信自强的精神风貌，实现教育领域“风清气正”、生态优化的喜人局面。

湘潭市开展2023年未成年人主题教育实践活动

要闻纪事

△4日，“清风润‘廉城’‘四敢’耀青春”湘潭市年轻干部廉洁教育主题活动启动，湘潭市委书记刘志仁出席启动仪式并致辞。活动现场，微宣讲《家书传初心》深情回味了毛岸英写给表舅的红色家书，字里行间流淌着革命先辈恪守正确人情观、人民利益观的清风正气。

△6日，长株潭政协主席第一次联席会议在长沙政协同心园召开。联席会议成员还实地考察了湘江一江两岸，围绕打造“五张名片”助推全域旅游深入交流。

△8日，湘潭市工商联（总商会）十七届三次执委会召开。会议增补了18名市工商联（总商会）第十七届执委会执行委员，增补周德光为市工商联（总商会）十七届副主席（副会长）。会议对新入会的会员企业进行了授牌，对全国、全省“四好商会”以及湘潭市入围2022年度“三湘民营企业百强榜”企业等进行了表彰。

△8日，湘潭市委副书记、市长胡贺波率队前往岳塘区，开展“走基层、找问题、想办法、促发展”活动，实地调研第二届湖南花卉苗木博览会筹备工作。

△13日，湘潭市委副书记、市长胡贺波主持召开市国土空间规划委员会2023年第三次专题会议。会议原则通过了湘潭县、湘乡市、韶山市《国土空间总体规划（2021—2035年）》成果审查。

△14日，湘潭市雨湖区长城乡卫星村371区块召开了一场民情恳谈屋场会，乡党委书记、纪委书记等认真听取民意，收集民情13条，现场答复群众3条，交办10条。

◎湘潭形象馆亮相第三届中非经贸博览会

刘志仁、尼扎尔·本·纳吉在湘潭形象馆巡馆

2023年6月29日，第三届中国—非洲经贸博览会暨中非经贸合作论坛在长沙国际会议中心开幕。湘潭形象馆惊艳亮相，数十家企业携手参展，充分展现湘潭市产业经济发展的丰硕成果。湘潭市委书记刘志仁、突尼斯通信技术部部长尼扎尔·本·纳吉一同来到湘潭形象馆巡馆。

“伟人故里 价值莲城”，走进湘潭形象馆，迎面8个大字格外醒目。这次布设的湘潭形象馆，展台整体呈开放式设计，展位布局满足形象和功能展览展示，布展分区着重展示湘潭领先的科技形象和四大类湘潭特色产业，并通过声光电等设计烘托氛围形象，吸引往来观众进入展位参观交流。湘潭形象馆的参展企业共24家，涵盖在机械制造、汽车制造、智能机器人、电子通信、医药器材、箱包、服饰等领域具备优势，且对非经贸有较好基础的湘钢、吉利汽车、阿凡达、永霏、酷牛等企业，以进一步发挥自身优势，积极开拓对非贸易市场。

这次博览会，国药控股湖南有限公司、湘潭综保区联合设立湖南医疗器械产业“走进非洲”产品展，在全省遴选40多家企业参展，其中湘潭企业23家，产品共有1500多种，包括医疗设备、医用耗材、检验试剂等，旨在为湖南医疗器械产业搭建平台，助推“湘”字号医疗器械“组团出海”。

刘志仁、尼扎尔·本·纳吉品尝韶山红茶

◎『文明中国』主题采访团走进湘潭

2023年7月14日至15日，“文明中国”主题采访团走进湘潭开展为期两天的集中采访，感受湘潭城市风貌和文化魅力，宣传推介湘潭精神文明创建工作亮点成效。

在建设路口及市公安交警支队指挥中心，采访团详细了解具有湘潭特色的“智慧交通管理系统”，特别是“秒级全感应信号控制系统”，探寻湘潭市拥堵指数稳居全省最低，成为“全省最不堵车的城市”背后的奥秘。走进雨湖区昭潭街道白石社区，采访团与居民和志愿者交谈，从“家文化”品牌建设中感受基层治理的“家力量”。来到湖南科技大学和湘钢，采访团专访“时代楷模”万步炎和“七一勋章”获得者艾爱国，聆听他们爱党报国、拼搏奋斗、敬业奉献的优秀事迹，深刻感悟民族精神和时代精神。

“文明中国”主题采访由中央宣传部、中央精神文明建设办公室举办。主题报道围绕全面贯彻习近平新时代中国特色社会主义思想和党的二十大精神，认真学习贯彻习近平总书记在文化传承发展座谈会上的重要讲话精神和致首届文化强国建设高峰论坛贺信的重要指示精神，深入基层点位开展行进式调研式采访，充分报道党的创新理论“飞入寻常百姓家”的新做法新亮点，集中反映先进典型人物扎根基层、一线建功的新气象，大力展现城乡人民群众新生活新面貌。

“文明中国”主题采访团走进湘潭

◎胡贺波主持召开专题会议 研究推进招商引资工作

2023年7月24日，湘潭市委副书记、市长胡贺波主持召开专题会议，研究2023年湘潭市招商引资标志性项目、招商引资线索推进工作。市领导吴志雄、丁诚，市政府秘书长蒋文龙参加。

胡贺波强调，要牢固树立招商引资“头等大事”鲜明导向，持续放大招商引资“20条”激励政策优势，积极拓展新思路、丰富“新打法”，开创招商引资工作新局面。要提高招商引资的积极性和主动性，进一步夯实基础、细化举措、营造氛围，努力将招商引资的“金点子”“好线索”转化为有效行动和实际成果。要深化校地合作，健全校友联合招商机制，携手开展精准招商、上门招商，将科教资源比较优势转化为招商引资胜势。各驻外办事处要发挥重要纽带和“桥头堡”作用，讲好湘潭高质量发展故事，创新招商引资服务模式，促进招商引资对接，为湘潭市开展招商引资行动提供有力支撑，助推招商引资工作不断实现新突破。

◎湘潭市举行执法检查电视电话培训会

2023年7月28日，湘潭市安全生产“一法一条例一规定”执法检查电视电话培训会举行。湘潭市人大常委会副主任傅军出席。

根据省人大常委会的年度工作安排，湘潭市市、县、乡人大与省人大“四级联动”，同步对《中华人民共和国安全生产法》《湖南省安全生产条例》和《湖南居民自建房安全管理若干规定》在湘潭市贯彻实施情况进行检查，这是2023年省人大也是市人大的一项重要工作。

培训中，来自省应急管理厅和市住建局的专家，就安全生产“一法一条例一规定”进行了全面细致的解读，并从专业的角度对做好此次执法检查进行了精心指导。

市人大常委会要求，湘潭市各级人大及其常委会、“一府两院”和有关部门要进一步提高政治站位，深刻认识安全生产工作的极端重要性和人大执法检查的必要性；要聚焦短板和弱项，要充分发挥执法检查的重要作用；要加强领导，精心组织，广泛宣传，营造氛围，注重实效，落实整改，认真做好这次执法检查，推动安全生产“一法一条例一规定”全面有效实施，以法律监督之“剑”，托平安湘潭之“底”，为建设现代化新湘潭创造更加安全稳定的环境。

◎湘潭市举办庆祝建军96周年军民联欢晚会

军歌联唱

2023年7月28日，由湘潭军分区主办的“踔厉奋发担使命 勇毅前行向强军”庆祝建军96周年军民联欢晚会在湘钢俱乐部精彩上演。湘潭市委书记、湘潭军分区党委第一书记刘志仁，市委副书记、市长、市双拥工作领导小组组长胡贺波，市领导李激扬、贺建、刘永珍、黄献国、周艳希等，与驻潭部队、拥军模范人物、退役军人、民兵等代表约500人欢聚一堂，共享视听盛宴，共叙军民鱼水情深。

刘志仁说，湘潭是伟人故里、将帅之乡、军工重镇、兵员大市，走出了一代伟人毛泽东及彭德怀、陈赓等一大批无产阶级革命家，近年来又涌现出“英雄航天员”汤洪波、“全国爱国拥军模范”汤瑞仁等一批先进典型。

晚会节目以歌曲、舞蹈、情景剧、京剧、乐器合奏、诗朗诵、军体拳等多类艺术形式，分“龙狮庆盛世”“热血铸军魂”“共筑中国梦”三个篇章轮番上演，深情演绎了中国人民解放军建军96年来走过的光辉历程。其中，情景剧《逐梦苍穹》以“英雄航天员”汤洪波的感人事迹创排，生动演绎了中国航天人的坚定信念、革命精神和高尚品格；歌舞《拥军花鼓》以唱跳形式，诠释了“军民鱼水深 浓浓双拥情”；军体拳《中国龙》以矫健身姿，展现报国男儿的英姿飒爽和责任担当。

要闻纪事

△16日，湖南省委宣传部、省社科联主办，湘潭市委宣传部、市社科联、湘潭大学社科联承办的2023年第3期湖湘大学堂·名家讲坛在湘潭开讲。湖南大学岳麓书院党委书记陈宇翔教授作题为《马克思主义基本原理同中华优秀传统文化相结合》的主旨演讲。

△27日，2023年湘潭市文化科技卫生“三下乡”集中示范活动在湘乡市龙洞镇启动。湘潭市委宣传部、市财政局、市发改委等23家湘潭市直单位，现场捐赠了23万元物资，带来了精彩的文艺表演、实用的科普知识、丰富的惠农物资等。活动现场还发布了科技宣传、“雨露计划”等6个优质惠农项目，精心组织了“时代楷模”万步炎先进事迹宣传，深受群众喜爱和欢迎。

△29日，雨湖区开展庆祝中国共产党成立102周年暨“学用新思想 展现新作为”微宣讲比赛决赛。刘永珍、刘俊、段伟长还为黄淑纯、刘巧云、赵自强、韩继军、李斌长、田书炜6位同志颁发“光荣在党50年”纪念章。

7月

△10日，湘潭市公共资源交易中心与湖南省联合产权交易所有限公司签订合作协议。双方合作范围为湘潭市属国有企业、行政事业单位资产交易业务，包括市属国有企业、行政事业单位的产权转让、增资扩股、实物资产转让（含土地、房产、设备等）、资产租赁等业务，以及辖区内各类单位的排污权交易业务。

◎湘潭市生态环境局与北京绿色交易所签订战略合作协议

2023年8月6日，在北京举行的2023年中国气候投融资联盟成立仪式上，湘潭市生态环境局与北京绿色交易所有限公司签订战略合作协议，双方将加强绿色金融领域合作，开展气候投融资服务，协同推进气候投融资试点建设，促进气候投融资试点产业绿色转型和高质量发展。

双方建立战略合作协议后，将本着优势互补、风险共担、互利共赢等原则，立足湘潭市产业结构，运用碳市场和气候投融资工具服务湘潭“低碳经济”发展，助力打造特色的气候投融资试点城市，同时，为全国气候投融资试点打造样本。双方合作领域包括但不限于气候投融资综合服务平台及能力建设、案例推广、活动论坛、课题研究和产融对接，以及CCER交易综合服务、低碳咨询、绿色金融综合服务等。

湘潭市生态环境局与北京绿色交易所签订战略合作协议

◎湖南税协公益讲坛在湘潭热力开讲

2023年8月9日，随着税务优化服务宣传片《税持彩“链”当空舞》播放，湖南税协公益讲坛湘潭专场活动正式拉开帷幕。此次公益论坛主题为“税惠赋能添动力 助企强链促发展”。论坛邀请了湖南省税务局企业所得税处、北京天职税务师事务所湖南分所相关专家现场授课，分别就企业关注度较高的研发费用加计扣除、安置重点群体就业等方面的税费政策进行详细解读，并现场解答了企业研发创新、稳岗拓岗工作中存在的涉税费疑难问题。

湖南税协公益讲坛在湘潭热力开讲

此次活动通过“湘税通”直播平台，采用“现场宣讲+线上直播”形式，营造出了“全方位”“沉浸式”税收宣传氛围，整场活动线上总点击量达10.26万次，互动1.02万人次。

◎湘潭市行政执法人员培训班开班

2023年8月18日，2023年湘潭市行政执法人员培训班在市公共法律服务中心开班。为贯彻落实习近平法治思想，进一步提升湘潭市行政执法人员能力和水平，促进依法行政，更好地服务经济社会高质量发展，市司法局结合目前湘潭市行政执法工作实际需求，举办了这次培训班。培训班邀请了行政执法、复议应诉、规范性文件、法治建设等领域的专家学者，就习近平法治思想、规范性文件管理、制定和适用行政处罚裁量权基准实务、行政复议办案实务、行政应诉工作有关实务问题探讨、“谁执法谁普法”责任制落实、法治政府示范创建工作等内容进行授课。

湘潭市行政执法人员培训班开班

参加培训的有市级行政执法单位法制工作的分管领导和部门负责人，七大执法领域综合行政执法机构负责人，县（市）区司法局执法监督、文件审核、复议应诉、普法宣传、法治政府创建工作的分管领导和工作人员。值得一提的是，为避免学员培训与工作时间冲突，这次培训时间安排在每周五的上午，一直持续到9月28日，同时为增强培训的针对性，在同一培训地点分不同培训对象安排了不同的培训内容。

要闻纪事

△10日，湖南省“阳光行动·星火计划”青年学子助残研学活动在湘潭启动。为培育志愿助残种子，传承扶残助残美德，让青年学子树立“平等、参与、共享、融合”的现代文明社会残疾人观。此次活动在湘潭市示范性综合实践基地启动，吸引了来自全省各地的40名中学生志愿者参加。

△10日，民进湖南省委会九届五次常委（扩大）会议在湘潭召开。会议听取了民进湖南省委会2023年上半年工作等情况报告，通报了民进全省上半年优才发展情况、全省民进系统信息工作情况、何炳麟故居建设有关情况，审议了民进湖南省第九届委员会常委、委员履职考核评价办法（草案）等有关文件。

△14日，湘潭县人民法院执源治理工作站挂牌成立。

△24日，湘潭市委书记刘志仁带队前往雨湖区、岳塘区、湘潭高新区，督查创文、创卫工作，推动创建工作走深走实，并开展“夏送清凉”和“八一”走访慰问活动，向高温下坚守岗位的一线职工与全市广大退役军人送去党和政府的关怀。

△26日，湘潭市召开推进国家创新型城市建设调度会，副市长杨晓军出席。

△26日，湘潭市新时代文明实践工作现场推进会在湘潭市红润教育培训基地举行，湘潭市委常委、宣传部部长刘永珍出席并强调，新时代文明实践工作是一项重要的政治任务，也是基层宣传工作的有力抓手，要进一步强化思想认识，增强推动这项工作的自觉。

◎为理而来·“敢在湘潭”蹲点调研成果汇报暨第十届“好记者讲好故事”演讲比赛决赛举行

8名参赛选手同台朗诵《“四敢”新风满湘潭》

刘志仁、李颖为一等奖获奖者颁奖

2023年8月21日，湘潭市委宣传部、市新闻工作者协会主办的为理而来·“敢在湘潭”蹲点调研成果汇报暨第十届“好记者讲好故事”演讲比赛决赛举行，8名记者深情讲述了各自亲历亲见亲闻亲为的感人故事。湘潭市委书记刘志仁，省委宣传部部务会成员、一级巡视员李颖出席观看并为一等奖获奖选手颁奖。

2023年，湘潭市新闻工作者深入学习宣传贯彻习近平新时代中国特色社会主义思想和党的二十大精神，以讲好湘潭故事、传播湘潭声音、树好湘潭形象为己任，下沉基层，蹲点一线，持续以高质量高标准完成好蹲点式调研采访任务为切入点，多形式、多层次、全方位报道各地各部门“落实‘四敢’要求 推进高质量发展”的务实举措和实际行动，为社会主义现代化新湘潭建设唱响美妙的时代旋律。

决赛现场，《追光者！》讲述了湘潭宏大真空技术股份有限公司总经理黄乐带领研发团队在真空镀膜领域深耕细作，多次攻破关键真空技术难题，填补多项国内空白的故事。《打赤脚的“舒猛子”》将湘潭市种粮大户舒纲举的奋斗故事娓娓道来，展现了青年人守护粮食安全的责任和担当。《“篮”不住的梦想》挖掘了返乡青年戴哲在村里创办公益篮球夏令营的故事，弘扬了道德新风尚，传播了社会正能量。

◎湘潭市在全省率先成立检察机关知识产权综合保护中心

2023 年 8 月 29 日，湘潭市人民检察院知识产权综合保护中心揭牌仪式在市知识产权保护中心举行，这在全省检察机关尚属首家。湘潭市人民检察院与市知识产权保护中心共同签订《关于知识产权协同保护工作的合作协议》。

根据协议，双方以建立健全知识产权刑事司法保护协作机制为合作宗旨，形成知识产权保护常态化工作机制，协同加强知识产权行政保护与司法保护有效衔接，构建知识产权大保护格局，助力优化法治化营商环境。市检察院将加大对假冒专利和商标等知识产权犯罪的打击力度，加强知识产权民事、行政案件法律监督，综合运用诉前检察建议、提起公益诉讼和惩罚性赔偿等方式，充分履行公益诉讼检察职能，引导企业依法合规诚信经营，提高知识产权保护意识和能力，自觉抵制侵权违法行为。

湘潭市在全省率先成立检察机关知识产权综合保护中心

◎湖南首个自贸协定地方服务中心获准设立

2023 年 8 月 30 日，在西安日前举办的自贸协定专家智库成立暨全国 RCEP 服务中心交流研讨大会上，中国贸促会将“中国贸促会自贸协定（湘潭）服务中心”牌匾授予中国贸促会湘潭市支会，湖南首个自贸协定地方服务中心获准设立。

2022 年 1 月 1 日，区域全面经济伙伴关系协定（RCEP）正式生效实施。为抢抓机遇，湘潭市委、市政府出台《落实区域全面经济伙伴关系协定（RCEP）行动计划（2022—2025 年）》，通过政策引导和“真金白银”扶持，全面深化湘潭市与 RCEP 成员国的经贸合作。

湘潭市贸促会负责人表示，将以此次授牌为契机，进一步研究好、推广好、实施好自由贸易协定，通过加强宣传培训，提升湘潭企业对自贸协定的理解和应用能力，持续助推湘潭企业享受 RCEP 等自贸协定政策红利，为湘潭市开放型经济高质量发展作出更大贡献。

◎湘潭市举行庆祝第 39 个教师节大会

2023 年 9 月 8 日，湘潭市举行庆祝第 39 个教师节大会，表彰湘潭市教育战线的优秀代表。湘潭市委书记刘志仁出席并讲话。市委副书记、市长胡贺波主持。市领导刘新华、傅军、周艳希、韩晓以及老同志周韶光等参加。

湘潭市举行庆祝第 39 个教师节大会 刘志仁出席并讲话

大会对 2023 年度评选出的姜建远等 20 位“莲城园丁奖”获得者、梁迎新等 10 位“湘潭市优秀校长（书记）”、吴慧等 20 位“湘潭市名班主任”、肖荣等 51 位“湘潭市优秀教师”、张腊清等 15 位“湘潭市优秀教育工作者”、张星等 20 位“湘潭市教育新秀”、周芳等 10 位“湘潭市师德标兵”、刘杨等 4 位“湘潭市工匠名师”进行了表彰。与会领导为获奖代表颁奖。优秀教师代表卢学农、蔡瑾婷发言。

胡贺波要求，坚持把教育办强办优作为湘潭高质量发展的生命线，充分激发教育改革最大效能，培养造就一支高素质教师队伍，大力弘扬尊师重教的社会风尚，矢志办好人民满意的教育。

◎“万楼青年就业创业之夜”专场活动启动

“万楼青年就业创业之夜”专场活动启动 刘志仁宋鑫李永军胡贺波出席

2023 年 9 月 9 日，湘潭市“万楼青年就业创业之夜”专场活动在万楼启动，当晚共计提供 10000 个优质岗位、5000 个培训机会，来到现场参加活动的青年达 2.7 万人。市委书记刘志仁宣布活动启动，人社部就业促进司副司长宋鑫，省人社厅党组书记、厅长李永军出席并讲话，市委副书记、市长胡贺波主持，省人社厅党组成员、副厅长廖跃贵，市领导刘新华、傅军、周艳希、刘良廷等一同来到现场，共赏万家灯火，共谋就业创业。

作为湘潭市公共就业服务能力提升示范项目建设的重要一环，“万楼青年就业创业之夜”专场活动由市委、市政府主办，市委人才工作领导小组办公室、市人社局承办，湘潭人才集团具体执行。活动现场发布了湘潭青年就业创业政策清单，授牌成立了湘潭市第一家示范性就业创业服务驿站——万楼青年就业创业服务驿站，总计提供了 1 万个工作岗位、5000 个培训机会、500 个见习岗位、200 个学艺机会，支持 100 个重点孵化创业项目。10 位技能大师代表签约，接受就业青年现场拜师学艺。

刘志仁表示，举办“万楼青年就业创业之夜”，目的是为广大青年就业创业架起一座桥、搭好一条梯，让广大青年找到属于自己的舞台。他希望广大青年树立正确就业观、事业观，珍惜每一个岗位，抓住每一次机会。

要闻纪事

△ 31 日，湘潭市召开 2023 年度政务公开工作业务培训会议，市行政审批服务局特邀省政务管理服务局政务公开和服务处四级调研员龙飞授课辅导，各县（市）区、园区和市直部门政务公开负责人等 90 余人参加。龙飞围绕政务公开存在问题、如何做好新时代政务公开工作、国省政务公开第三方评估指标、2023 年政务公开工作要点等内容进行了深入浅出、生动形象、图文并茂的讲解和解读。

8月

△ 10 日，为进一步推动湘潭市创卫工作深入开展，广泛普及创卫健康知识，提高酒店从业人员卫生服务意识，保障广大群众健康安全，湘潭市卫生计生综合监督执法局开展“做城市主人 当创卫先锋”创建国家卫生城市卫生知识竞赛。此次创卫知识竞赛以赛促学，提高了湘潭市公共场所从业人员对创卫工作的知晓率和参与率，化被动为主动，营造了浓厚创卫氛围。

△ 24 日，全市人大创新工作交流会召开。会议传达学习了省人大创新工作交流会精神，与会人员结合工作实际，围绕如何创新人大工作作交流发言。

△ 24 日，湘潭市委书记刘志仁会见了梅塞尔监事会主席斯蒂芬·梅塞尔一行。

△ 28 日，湘乡市残联组织召开全市残疾人基本状况调查培训班，调查工作全面启动。全市乡镇（街道）、村（社区）残疾人工作者共计 130 人参加会议邀请了省残联、湘潭市残联专家围绕残疾人信息采集模拟、技术系统培训等内容进行授课，要求通过入户调查为主的方式进行残疾人基本信息、住房教育、就业社会保障、基本医疗与康复无障碍、文化体育等方面的数据录入并详细解释和说明其相关业务知识。

◎全省率先 湘潭市开展服务业领域企业标准“领跑者”培育工作

全省率先 湘潭市开展服务业领域企业标准“领跑者”培育工作

2023 年 10 月 13 日，湘潭市在全省率先开展服务业领域企业标准“领跑者”培育工作。活动中，市质量发展工作领导小组办公室下发了《湘潭市实施服务业领域企业标准“领跑者”培育工作方案》。相关专家解读了创新型企业制度、企业标准领跑者制度。市质量发展领导小组相关成员单位负责人与重点培育企业代表、中国标准化研究院湖南基地负责人进行座谈交流。

为加大服务业领域企业标准“领跑者”培育力度，湘潭市在市质量发展工作领导小组框架下，成立市服务业领域企业标准“领跑者”培育工作小组，工作小组办公室设在市市场监管局标准化科。培育工作任务主要包括开展标准化专题培训、组建专家诊断服务组、深入实地帮扶指导、推荐优势企业参评等。

◎湘潭两人登上 9 月『湖南好人榜』

2023 年 10 月 19 日，2023 年“湖南好人”9 月榜单正式揭晓。湘潭市吴渊和欧阳直宪光荣上榜，分别获评敬业奉献类“湖南好人”、助人为乐类“湖南好人”。

吴渊是湘潭市纸影戏影偶制作技艺省级非物质文化遗产传承人。2015 年，吴渊与爷爷一同成立湘潭升平轩纸影博物馆，10 余年来一直致力于传播湘潭纸影文化，整理出版《湘潭地方影子戏》一书。近年来，吴渊和爷爷通过非遗进社区、非遗进校园、电视节目推广、主题展会推广、设计文创产品等形式发扬纸影文化，与湘潭大学、湖南科技大学等高校建立产学研合作，设立非遗传习基地，推出《纸影家族》微信表情包、纸影动画《岳飞平金》、平板交互软件《湘潭纸影》等一系列纸影文创产品，多次接受中央电视台《远方的家》《戏曲采风》《光影追梦人》《探索发现》等节目专题报道。

欧阳直宪是湘潭市公安局水上派出所退休干警。他每天沿着湘江湘潭段 45 公里的河段巡视，发现有私自下水“野泳”的人，及时劝导，组织营救，他累计打捞调查处理各类尸体 1300 多具，处理中小学生溺水事故 300 余起。他做公益自筹资金为“野泳”密集区安装警示牌，制作《中小学生游泳安全教育专题片》警示光碟，购置投影器材巡回宣传，先后将几十万元积蓄投入中小学生防溺水宣教工作。

◎湘潭市发布养老服务事业和产业政策

湘潭市发布养老服务事业和产业政策

2023 年 9 月 26 日，湘潭市发布《湘潭市推进养老服务体系建设三年行动方案（2023—2025 年）》《关于促进养老服务产业发展的若干措施（试行）》（以下分别简称《三年行动方案》和《若干措施》），围绕养老服务事业和产业发展，打造政策“洼地”，推动湘潭市养老服务高质量发展。

《三年行动方案》明确，要构建完善三大体系，即基本服务制度支撑体系、居家社区养老服务优化体系、养老服务质量管理提升体系，涵盖完善基本养老服务清单、建立精准服务主动响应机制、加强老年人能力评估结果运用、丰富养老服务内容等 15 项具体任务。预计到 2025 年，实现湘潭市基本养老服务体系全覆盖。

《若干措施》是全省首个以政府名义出台促进养老服务产业发展的专项政策，按照“补助一点、减免一点、政策口子开一点”三类方式制定 12 条举措，以一系列“真金白银”的惠民举措，大力推动“银发经济”发展。在强化政策扶持方面，全面落实 32 项基本养老服务、23 项养老服务扶持政策清单项目。完善政府投入机制，市、县福利彩票公益金按照不低于 60% 的资金比例用于养老服务体系建设，与一般性公共预算安排的养老服务体系建设资金统筹使用，并建立健全自然增长的机制。

要闻纪事

△ 30 日，湘潭市委办系统“走在前、作表率，我为党旗添光彩”主题演讲比赛决赛举行。市委常委、市委秘书长刘新华作点评讲话，并为一等奖获奖者颁奖。

9月

△ 1 日，先进制造业建设项目协调指挥部（以下简称指挥部）召开“奋战一百天，全面完成全年目标任务”工作调度会。指挥部汇报了总体情况，部分项目企业和责任单位作了典型发言，市直单位回应了有关问题。

△ 6 日，湘潭市委副书记、市长胡贺波带队前往湘潭高新区、岳塘区、雨湖区，深入企业、小区、高校和项目现场等地，开展打好“发展六仗”专题调研。

△ 6 日，湘潭市委副书记、市长胡贺波主持召开专题会议，研究湘潭大学城建设工作。市领导董巍、陈爱民、黄韧，市政府秘书长蒋文龙参加。

△ 7 日，湘潭市人大常委会主任、党组书记李激扬带队开展“五级人大代表督安全”活动，召开安全生产“一法一条例一规定”执法检查反馈意见督办会。

△ 7 日，湘潭市委副书记、市长胡贺波带队赴湘潭县、韶山市开展乡村振兴专题调研，开展巡林工作。他强调，要深入贯彻习近平总书记关于“三农”工作的重要论述，全面落实“敢为、敢闯、敢干、敢首创”的“四敢”精神，聚焦产业、人才、文化、生态、组织五个方面，开拓创新、激发活力，奋力蹚出一条产业强、集体富、村庄美、百姓乐的乡村振兴新路子。

◎全省公安经侦“潇湘论剑 2023”比武决赛在湘潭举行

2023 年 10 月 25 日，全省公安经侦部门实战大练兵“潇湘论剑 2023”情报导侦比武决赛在湘潭市公安局举行。公安部经侦局二级巡视员张宏伟，省公安厅党委委员、副厅长汤向荣，副市长伍浩出席活动。省公安厅及 14 个市州公安局相关负责人，部分省直和中央驻湘单位负责人，以及参赛人员、观摩代表共计 400 余人参加活动。

为持续夯实全省经侦部门大数据风险防范、大数据情报导侦、大数据参谋服务等数据化实战基础，不断推进湖南公安经侦工作现代化，2023 年 3 月以来，省公安厅政治部、经侦总队组织开展“潇湘论剑 2023”情报导侦比武，全省 14 个市州共 25 支队伍、120 余名民警积极参与，通过预赛共评选出 10 支队伍参加比武决赛。

决赛中，湘潭经侦支队与湘潭县经侦大队组成的联队凭借过硬的本领默契的配合，经过激烈角逐，最终荣获一等奖。同时，湘潭市公安局经侦支队情报导侦联勤中心获评全省首批“四星联勤中心”，湘潭公安经侦部门自主研发的神鹰智剑系列数据工具作为全省优秀数据武器进行了展示。

全省公安经侦“潇湘论剑 2023”比武决赛在湘潭举行

◎全球首个万人共绘数字长卷亮相湘潭

2023 年 11 月 4 日，1600 名湖湘学子用手机、触控笔现场绘画，画出 1600 幅各具特色的数字虾图。这些作品与收集到的 8400 幅绘虾作品通过数字艺术技术上传云端，形成“万人绘画致敬白石”的盛景。在第六届中国（湘潭）齐白石国际文化艺术节开幕式上，由现代科技与传统文化完美融合的全球首个万人共绘数字长卷《万人画虾数字艺术作品》精彩亮相。

全球首个万人共绘数字长卷亮相湘潭

为寻求对齐白石艺术以及中国传统文化更鲜活的研究，让世界加深对中国绘画艺术的了解，第六届中国（湘潭）齐白石国际文化艺术节组委会于 10 月 22 日启动“万人绘画致敬白石”征集活动，以“虾”为主题，邀全球民众一起用画笔纪念齐白石老人。

开幕式当晚，活动已通过云征集到了 8400 幅绘虾作品，其中不乏名家墨宝。其中，齐白石曾孙女齐驸女士、齐晓红女士、齐晓清女士，白石二代传人方禹门先生，以及齐白石纪念馆副馆长王奇志创作的五幅墨虾画作，率先进入数字空间，为万人画卷绘下浓墨重彩的第一笔。

活动中，绘画数字艺术空间后台显示，前期征集的画作陆续存入数字空间，以丰富多彩的形态汇到了一起。随着学生们在现场奋笔疾画，越来越多的画作上传，这幅由万人合作完成的画虾长卷在数字空间呈现在现场观众面前。

◎举湘潭市之力打造“经典红色”名片！湘潭市举行推进大会

会议现场

2023 年 11 月 6 日，湘潭市打造“经典红色”名片暨文旅产业推进大会在华银大酒店举行。湘潭市委书记刘志仁，市委副书记、市长胡贺波出席并讲话，市领导李激扬、杨真平、刘永珍、刘新华等参加。

刘志仁强调，要立足战略全局，深刻把握打造“经典红色”名片、加快文旅产业高质量发展的重大意义。这是对标笃行、狠抓落实的坚定行动，是放大优势、加快发展的重要抓手，是利民惠民、致富增收的有效途径。要锚定战略目标，牢牢抓住打造“经典红色”名片、加快文旅产业高质量发展的工作重点。重点抓好五个方面工作：彰显特色、精准定位，提升规划科学性；以文塑旅、以旅彰文，增强产业融合度；致力创新、系统推进，激发品牌溢价性；标准建设、精细管理，推动服务品质化；同心共建、互利共赢，发挥旅游大效益。

项目签约仪式现场

活动现场发布了《湘潭市打造韶山经典红色名片实施方案（2023—2026 年）》，吹响了湘潭市推动落实省委打造“五张名片”、建设世界旅游目的地部署的“冲锋号”。34 个重点文旅项目集中签约，金额达 56.41 亿元，再为深化“办会兴城”注入“新活力”。市文旅广体局、雨湖区、韶山市、湖南银行湘潭分行、旅游企业代表作交流发言。

◎湘潭市举行首届公路治超执法队伍大比武

2023 年 11 月 6 日，湘潭市公路执法队伍开展大比武大练兵活动，400 多名交通执法人员参加。

湘潭市交通运输局邀请公安系统经验丰富的教官对卡口查缉战术进行了现场培训，教官详细讲解了查缉点卡口设置、警力配置、装备配置、场地分区设置、现场指挥、安全防护等知识，并对教学结果进行了现场检验。同时，湘潭县交通运输局等 4 个执法队伍开展了队列会操大比武，考察了执法人员队列队形训练情况，以及车辆停止、减速慢行、靠边停车、直行等交通指挥手势等内容。评委组根据现场各队动作标准、精神风貌等情况进行综合评分，最终，市交通运输综合行政执法支队获比武冠军。

市交通运输局相关负责人表示，这次大练兵大比武活动提升了执法人员的专业素质，振奋了队伍精神，增强了执法队伍凝聚力和战斗力。今后，湘潭市以大练兵活动为契机，进一步加大执法力度、规范执法行为、提升执法能力，为湘潭市道路运输安全保驾护航。

湘潭市举行首届公路治超执法队伍大比武

要闻纪事

△ 11 日，湘潭市委副书记、市长胡贺波主持召开专题会议，研究调度亚洲开发银行湖南低碳城市试点建设项目（以下简称试点建设项目）推进工作。

△ 14 日，2023 年湖南省“乡村振兴巾帼行动”现场会暨湘妹子能量家园工程经验总结培训在韶山举行。“湘妹子能量家园”App 平台是湖南省妇联精心打造的一个公益项目，自 2020 年上线以来，全省已累计注册用户 70.29 万，试点村（社区）覆盖近 600 个，共开展线上线下活动 10056 场次，产生积分 1071.46 万分，生成兑换订单 25413 个，参与人次近百万。

△ 15 日，岳塘区举行 2023 年下半年新兵入伍欢送大会，130 位热血青年怀揣着家乡父老的嘱托和殷切希望，离开故乡奔赴军营，投身国防建设。

△ 15 日，湘潭市委副书记、市长、市政府党组书记胡贺波主持召开市政府党组会议。会议审议通过了《中共湘潭市人民政府党组班子深入开展学习贯彻习近平新时代中国特色社会主义思想主题教育的实施方案》。

△ 15 日，湘潭市政协召开学习贯彻习近平新时代中国特色社会主义思想主题教育工作会议。

周长林宣读了《中共政协湘潭市委员会党组关于深入开展学习贯彻习近平新时代中国特色社会主义思想主题教育的实施方案》。

◎湘潭市举办『爱我国防』主题演讲比赛

2023年11月16日，由市委宣传部、湘潭军分区政治工作处、市教育局、团市委主办，湘潭市委国防教育办公室承办的湘潭市第七届“爱我国防”主题演讲比赛决赛在湘潭大学附属实验学校举行。市领导贺建、刘永珍，省军区政治工作局领导吴斌出席活动，并为获奖选手颁奖。

为推动国防教育深入普及，湘潭市9月底启动第七届“爱我国防”主题演讲比赛，吸引300余位选手报名参赛。历经选拔赛、复赛两个环节，共有10组选手进入决赛。决赛现场，选手们动情演讲，声声有力震撼人心，句句铿锵催人奋进，生动诠释了对“爱我国防”的深刻理解，热情讴歌了国防强大带来的民族复兴，尽情抒发了爱国防、强国防的豪情壮志。最终，李勇、洪亮、傅征戎演讲的《使命飞天》和蒋志刚演讲的《争做新时代的好青年》斩获一等奖。

活动为岳塘区委宣传部等单位颁发了“优秀组织奖”。现场还设置了有奖问答环节，观众踊跃抢答国防教育提问，舞台上下热情互动，营造了关心国防、热爱国防、建设国防、保卫国防的浓厚氛围。

湘潭市举办『爱我国防』主题演讲比赛

◎2023年湖南省新侨创新创业大赛颁奖仪式在湘潭举行 11个项目获奖

“聚侨兴湘·智汇湘潭”2023年湖南省新侨创新创业大赛颁奖仪式现场

2023年11月16日，“聚侨兴湘·智汇湘潭”2023年湖南省新侨创新创业大赛颁奖仪式举行，5个创客期项目和6个成长期项目获奖，行业涉及人工智能、生物医药、新材料、农业、体育运动等领域。

此次大赛由湖南省政府侨务办公室、湖南省归国华侨联合会、中共湘潭市委、湘潭市政府共同举办，是湖南侨界统一品牌“聚侨兴湘”系列活动之一。活动吸引了一大批侨界高层次人才和高科技项目生根湖湘大地，为湖南经济社会发展注入了强劲的“侨动力”。2023年以来，“聚侨兴湘”系列活动先后在湘西、娄底、邵阳、衡阳、郴州等地举办，引进投资项目42个，签约资金超208亿元。

湖南省侨联党组书记、副主席孙民生指出，广大侨商侨企是实现中国式现代化建设不可或缺的重要力量，要认真领会第十一次全国归侨侨眷代表大会精神，深耕主业、聚焦实业，积极参与现代化产业体系构建，在实现“三高四新”美好蓝图中展现担当作为。

颁奖仪式上，聘请了刘少军等28人为湖南省侨界助力乡村振兴专家服务团专家、彭良健等9人为海外招商顾问，并为长沙市留学人员创业园服务中心等8个湖南省新侨创新创业基地（企业）和湖南再红湘绣等16个湖南省侨界助力乡村振兴示范基地（企业）授牌。

为海外招商顾问颁发聘书

要闻纪事

△15日，湘潭市委副书记、市长、市政府党组书记胡贺波主持召开市政府党组会议，深入学习贯彻习近平总书记关于主题教育系列重要讲话和重要指示批示精神，全面落实中央、省委、市委主题教育有关会议精神，部署下阶段主题教育工作。会议审议通过了《中共湘潭市人民政府党组班子深入开展学习贯彻习近平新时代中国特色社会主义思想主题教育的实施方案》。

△25日，湘潭市政府党组召开会议，学习贯彻习近平总书记近期重要指示重要讲话重要文章精神，围绕“以学铸魂”主题开展专题研讨。

△26日，2023年市国防动员委员会第一次全体会议召开，深入贯彻落实习近平总书记关于国防动员工作的重要论述，传达学习省国防动员委员会会议精神，总结前期工作，部署下阶段重点任务。

10月

△1日，新中国迎来74周年华诞。市委、市人大常委会、市政府、市政协举行庄严的升国旗仪式，表达对党和国家的无限忠诚与热爱，共祝伟大祖国更加繁荣昌盛、伟大的中国人民更加幸福安康。

△12日，湘潭市文学艺术界联合会第九次代表大会开幕，全面回顾市第八次文代会以来湘潭文艺事业的奋进历程，共商新时代湘潭文艺高质量发展大计。大会将审议市文联第八届委员会工作报告，并选举产生市文联新一届领导机构。

◎湘潭市第二届红色教育培训精品课程大赛决赛举行

湘潭市第二届红色教育培训精品课程大赛决赛举行

2023年11月23日，“传承红色基因 赓续红色血脉”湘潭市第二届红色教育培训精品课程大赛决赛在市广电中心举行。湘潭市领导吴志雄、刘永珍出席活动并为获奖选手颁奖。市直机关党员干部、红培机构代表、青年学生代表共160余人参加。

2022年湘潭市举办了首届红色教育培训精品课程大赛，推动县（市）区红办、各行业系统和红培机构立足本土红色资源，结合党的二十大精神开发出一系列主题突出、故事感人、特色鲜明、时代感强的红色教育课程。此次比赛有理论教学、现场教学和特色课程三个项目，其中现场教学又分机关组和专业组两个组别；此前，理论教学、现场教学机关组和特色课程已决出成绩，进行的是现场教学专业组的决赛比拼。

10位优秀选手同场竞技，用搭配背景视频、PPT等形式进行讲课，深情讲述了伟人励志出东山、彭德怀和他的大黑骡子、时代楷模万步炎、湘潭走出的鉴湖女侠秋瑾、血染太行垂青史的黄君珏等故事。来自中南大学、省委党校的5名专家担任评委，现场打分。经过激烈角逐，来自雨湖区的章翼鹏凭借课程《时代楷模万步炎——大海深处钻出中国深度》，获得现场教学专业组一等奖。

◎全国省级教育基金会经验交流现场会在湘潭召开

全国省级教育基金会经验交流现场会在湘潭召开

2023年12月5日至6日，2023年度全国省级教育基金会经验交流现场会在湘潭召开。中国教育发展基金会、中国教师发展基金会、湖南省教育厅和来自全国19个省（市、区）教育基金会代表近百人参加。

此次会议以“守正创新，为建设教育强国贡献基金会力量”为主题，旨在共同探讨新发展形势下如何发挥基金会在推动教育改革发展工作中的作用。与会代表作了现场交流发言，重点就教育公益项目建设、基金会发展的经验与做法等进行深入研讨，现场气氛热烈。

◎湖南省消费品工业『三品』专项工作现场推进会在湘潭召开

湖南省消费品工业“三品”专项工作现场推进会在湘潭召开

2023年12月6日，湖南省消费品工业“三品”（增品种、提品质、创品牌）专项工作现场推进会在湘潭市召开。省工业和信息化厅副厅长张治平、副市长杨晓军出席。

与会人员实地参观了东信棉业、臻和亦康、龙牌酱油、湖南永霏等湖南省消费品工业“三品”标杆企业。省工信厅消费品工业处负责人作政策解读，臻和亦康、埃普特两家标杆企业代表围绕提升“三品”创建能力进行了经验分享，一格制药作了“三品”创建情况报告，湘潭市工信局等4个市州工信部门作典型经验介绍，韶山市介绍了2023年消费品工业“三品”战略示范城市创建情况。

张治平对湘潭市将推进消费品工业“三品”专项工作与“三改一扩”（技术改造、数字化改造、绿色低碳化改造，扩产增效）、“智赋千企”等行动深度融合的举措表示赞赏。近年来，湘潭市深入实施质量强市和消费品工业“三品”战略，强力推进消费品工业转型升级，促进了消费品工业加快发展。目前，湘潭市有规模以上消费品工业企业361家，占湘潭市规模工业企业总数的26.1%。2022年以来共有7家企业获评湖南省消费品“三品”标杆企业，2023年韶山市正在申报消费品工业“三品”战略示范城市。

◎全国散文征文大赛在韶山颁奖

2023年12月10日，“重走伟人路 讴歌新时代”全国散文征文大赛在韶山市颁奖，省作家协会党组书记胡革平，湘潭市委常委、宣传部部长刘永珍出席颁奖仪式，并为获奖作者颁奖。

“重走伟人路 讴歌新时代”全国散文征文大赛由湖南省作家协会和湘潭市文联指导，湘潭市作家协会主办，以缅怀伟人丰功伟绩，艺术地再现中国特色社会主义建设事业所取得的巨大成就为征文主题，共收到全国28个省份应征来稿515篇。评审环节先后经过合规性审查及两轮专家盲评，共评选出优秀作品20篇，其中余显斌、陈真获一等奖，万福建等3人获二等奖，甘健等4人获三等奖，杨灿等11人获优胜奖。主办方拟将此次获奖作品及其余佳作进行编辑整理，汇编成《时代的回响》一书。

全国散文征文大赛在韶山颁奖

◎全省政协人口资源环境工作座谈会在韶山举行

2023年12月7日，全省政协人口资源环境工作座谈会在韶山举行，省政协党组成员、副主席胡伟林出席并讲话，湘潭市政协主席杨真平、副主席刘良廷出席。

会议学习了习近平总书记近期重要讲话和中央、省委、省政协有关会议精神，通报了2023年省政协人口资源环境委员会工作情况，通报了2023年市州政协改善生态环境专线民主监督工作及综合测评情况。各市州政协相关负责人和人口资源环境委员会负责人作了交流发言，汇报2023年工作重点和成效，谋划来年工作安排，对促进调研、协商、监督等方面提出了意见建议。

胡伟林指出，全省政协人资环系统的工作可圈可点、值得充分肯定，助推了党委政府的工作，推动了人口资源环境领域政策更好完善和落地，解决了一批事关群众切身利益的问题，工作实效突出。

胡伟林强调，要深刻领会精神，增强推动人口资源环境工作高质量发展的责任感、使命感；准确把握重点，在全省工作大局中体现政协人资环的作为；乘势拼搏奋进，努力开创全省政协人口资源环境工作新局面。人口、资源、环境，这三项工作都牵涉中国的基本国策，高质量推进三项工作是实现中国式现代化的重要保证。

全省政协人口资源环境工作座谈会在韶山举行

要闻纪事

11月

△8日，中国共产党湘潭市第十三届委员会第五次全体会议召开。通过了《中共湘潭市委关于锚定“三高四新”美好蓝图 贯彻新发展理念 净化政治生态 推动高质量发展的若干意见》《中国共产党湘潭市第十三届委员会第五次全体会议决议》。

△8日，全国十三城市关心下一代工作经验交流会第十二次会议在韶山召开。来自湘潭、大同、无锡、包头、合肥、漳州等13个城市的关工委领导和部分基层代表参加会议。会议学习了中共中央办公厅、国务院办公厅《关于加强新时代关心下一代工作委员会工作的意见》，重点就关心下一代工作高质量发展、开展青少年党史学习教育、创建和巩固五好基层关工委建设的经验与做法进行研讨。

△14日，湘潭市直统战系统、市委党校领导班子和干部会议召开。湘潭市委副书记、市委统战部部长、市委党校校长吴志雄出席会议并讲话。

△20日，湘潭市委副书记、市长胡贺波主持召开全市经济运行暨“发展六仗”工作调度会。他强调，要深入落实省委、市委全会精神，加快推动经济持续恢复向上向好，打好打赢“发展六仗”，圆满完成全年度工作任务。

△20日，湘潭市政府党组召开会议，学习贯彻习近平总书记近期重要会议重要讲话重要文章精神，传达学习中央、省有关文件精神，围绕“以学正风”主题开展专题研讨。

◎湘潭5个户外驿站获评『全国最美』

2023年12月10日，在刚公布的2023年全国“最美工会户外劳动者服务站点”名单中，湘潭有5个户外驿站上榜。

获此殊荣的5个户外驿站分别是湘潭市工会户外劳动者服务站点湘钢机务段站、湘潭经开区佳家福站、湖南银行湘潭雨湖支行站、岳塘区五里堆社区站、中国建设银行湘潭市分行营业部站。这些驿站都配备了休息桌椅、饮水机、手机充电器、微波炉、冰箱等设施设备，可为户外劳动者提供饮水、临时休息、热饭、手机充电、手机贴膜、无线网络等服务。

自湘潭市启动建设户外劳动者驿站以来，根据“工会主导、社会参与、共建共享”的工作思路，市总工会充分发挥“工会+”作用，联合企业、金融机构、商场等单位共同建设服务站点，并在驿站建设和管理上逐步破题，从设施配套、优化服务、完善制度上下足功夫，免费为户外劳动者提供志愿服务。截至目前，湘潭市建成各类服务站点246个，惠及职工11万余人。

湘潭5个户外驿站获评『全国最美』

◎第五届“节地中国”学术研讨会在湘潭市举行

2023年12月15日，以“推进县域创新示范，探索资源节约集约治理体系建设”为主题的2023年（第五届）“节地中国”学术研讨会在湘潭市举行。研讨会采取“实地观摩+经验交流”的模式，召集业内专家，通过典型引领、示范带动、交流互鉴，促进资源节约集约利用，推动高质量发展。

与会人员前往实地，了解了湘潭盘活存量用地典型案例。湘潭县锦石乡碧泉村，利用存量集体经营性建设用地入市机会，引进湖南顺餐食品有限公司，有效盘活了存量集体建设用地，为乡村振兴添砖加瓦；天易示范区柏屹产业园利用标准厂房建设，使存量商业用地华丽变身为配套工业厂房，采用“产业链+招商”新模式，为县域经济注入了内生动力。

研讨会上，来自中国农业大学、南京大学、浙江大学的专家教授分别作了题为《土地要素配置与高质量发展》《基于县域主体功能的国土空间绩效研究》《土地节约集约利用试点成效及其治理体系建设探讨》的主题报告；自然资源部人力资源开发中心通报了全国自然资源节约的典型案例，自然资源部咨询研究中心就积极推进自然资源节约集约利用的理论和实践探索创新、广东省三旧改造协会就当地低效用地再开发政策体系与治理结构变迁进行了深入研讨。

◎长株潭一体化区域机关党建联盟成立

2023年12月15日，锚定“三高四新”美好蓝图、推动机关党建高质量发展研讨会暨长株潭一体化区域机关党建联盟启动仪式在韶山举行。湘潭市委常委、组织部部长刘俊，省直机关工委、省长株潭一体化发展事务中心等单位相关负责人出席。

活动现场，长株潭三市直属机关工委及湘江新区机关党委签订党建联盟合作协议，以高质量机关党建助推长株潭一体化发展。长株潭一体化区域机关党建联盟成立后，将实施党建引领模范机关共创共研行动、党建引领产业项目提质提效行动、党建引领公共服务共建共享行动，打造驱动长株潭高质量发展的“红色引擎”，为实现“三高四新”美好蓝图发挥服务保障作用。

长株潭一体化区域机关党建联盟签约仪式

要闻纪事

△23日，湘潭市政协主席杨真平主持召开政协湘潭市第十三届委员会第十五次主席会议。

会议听取了政协湘潭市第十三届委员会常务委员会第十二次会议有关情况汇报；审议通过《市政协常委会民主评议提案办理工作会议方案》及关于民主评议市工信局、市人社局、市住建局、市农业农村局和市文旅广体局政协提案办理工作的报告（草案）。

△29日，由全国妇联、联合国儿童基金会、中国儿童中心组成的督导组来雨湖区，督导“爱在开端：0—6岁科学育儿社区家庭支持”项目（以下简称“爱在开端”项目）建设工作。

12月

△1日，湘潭市委依法治市办、市道安委联合主办的“宪法保权益、交法护平安”主题活动在“市民之家”举行，副市长陈睿参加并为湘潭市法治宣讲团队伍授旗。交通安全儿歌、《宪法之歌》音诗舞、《砂子岭的喇叭哥》快板等节目精彩纷呈，交通安全、宪法知识有奖竞答等互动环节吸引了不少市民参与。

△17日，“传承红色基因 赓续红色血脉”韶山红课堂开讲暨湘潭市党员教育培训示范基地揭牌仪式在韶山红色教育培训基地举行。刘志仁以《传承红色基因 赓续红色血脉 建设具有国际影响力的红色旅游目的地》为题，从“牢记嘱托、感恩奋进，扛牢‘建设红色之城’的政治使命”“站位全局、当好龙头，挑起‘打造红色名片’的重责重担”“坚守传承、继往开来，激扬‘赓续红色血脉’的精神伟力”三个方面进行精彩授课。

◎韶山市红课堂开讲暨湘潭市党员教育培训示范基地揭牌仪式举行

揭牌仪式现场

2023年12月17日，“传承红色基因 赓续红色血脉”韶山红课堂开讲暨湘潭市党员教育培训示范基地揭牌仪式在韶山红色教育培训基地举行。湘潭市委书记刘志仁为培训基地揭牌并讲授党课，动员湘潭市党员干部将红色基因作为宝贵精神财富传承好、发扬好，努力在打造经典红色名片建设具有国际影响力的红色旅游目的地中彰显更大作为。

刘志仁以《传承红色基因 赓续红色血脉 建设具有国际影响力的红色旅游目的地》为题，从“牢记嘱托、感恩奋进，扛牢‘建设红色之城’的政治使命”“站位全局、当好龙头，挑起‘打造红色名片’的重责重担”“坚守传承、继往开来激扬‘赓续红色血脉’的精神伟力”三个方面进行精彩授课，带头落实习近平总书记关于传承红色基因重要论述精神，推动湘潭红色教育培训高质量发展。

刘志仁指出，习近平总书记高度重视红色基因传承，对湘潭寄予厚望。要深刻领会习近平总书记对湘潭传承红色基因的殷殷嘱托，省委、省政府对韶山打造经典红色名片的殷切期待，市委、市政府对建设具有国际影响力的红色旅游目的地的战略安排，守好红色根脉，担起使命责任，将红色基因作为宝贵的精神财富传承好、发扬好，让红色旗帜在主席家乡高高飘扬，让红色基因在伟人故里代代相传。

“传承红色基因 赓续红色血脉”韶山红课堂现场

◎湘潭市举行向毛泽东同志铜像敬献花篮仪式

敬献花篮仪式现场

2023年12月26日，中共湘潭市委、市人大常委会、市人民政府、市政协、湘潭军分区，举行向毛泽东同志铜像敬献花篮仪式。湘潭市委副书记、市长胡贺波，省委主题教育第四巡回督导组组长唐勇，市领导吴志雄、李激扬、杨真平、贺建、刘永珍、李忠、袁新天、刘新华、董巍、刘俊、丁诚等参加。

在韶山毛泽东广场，伴随着《献花曲》旋律，礼兵托起花篮，正步缓缓走向毛泽东同志铜像，将花篮摆放在铜像基座前。全体市领导缓步来到毛泽东同志铜像前，静静肃立。胡贺波上前，代表市委、市人大常委会、市政府、市政协和湘潭军分区整理花篮缎带，并和全场人员一起向毛泽东同志铜像三鞠躬。随后，全体市领导从左往右绕行铜像一周，深情瞻仰铜像，缅怀伟大领袖毛主席的丰功伟绩，表达家乡人民的无限敬仰和深切怀念，激励和引导湘潭市广大党员干部群众紧密团结在以习近平同志为核心的党中央周围，高举习近平新时代中国特色社会主义思想伟大旗帜，深入学习贯彻党的二十大精神，深刻领悟“两个确立”的决定性意义、坚决做到“两个维护”，发扬“三牛”精神，落实“四敢”要求，为锚定“三高四新”美好蓝图、加快建设“四区一地一圈一强”、全面建设社会主义现代化新湘潭而团结奋斗。

◎湘潭市3集体2个人获全国五一劳动表彰

2023年湘潭市有2名个人获得全国五一劳动奖章、3个集体获得全国工人先锋号。

荣获全国五一劳动奖章的是雨湖区姜畲镇农业综合服务中心高级农艺师、技师赵鑫和湖南万通建设集团有限公司技术员、工程师、高级工张准。荣获全国工人先锋号的是国家税务总局湘潭县税务局第一税务分局（办税服务厅）、迅达科技集团股份有限公司迅达质量外协QC小组和湘潭中环水务有限公司抢修大队听漏班。

近年来，市总工会着力弘扬劳模精神、劳动精神、工匠精神，营造劳动光荣的社会风尚和精益求精的敬业风气，围绕重点工程、重点区域、重点行业，在各县（市）区开展各个领域和层次的大练兵、大比武、大展示，加快建设一支宏大的知识型、技能型、创新型高素质产业工人大军，在打造湘潭市一流营商环境及推动高质量发展中发挥主力军作用。

◎湘乡市首次！5名公民“零距离”旁听市九届人大三次会议

湘乡市首次！5名公民“零距离”旁听市九届人大三次会议

2023年12月21日，为贯彻落实全过程人民民主要求，进一步拓宽公民参与人大工作的渠道，5名来自不同工作岗位的普通公民步入湘乡剧院，旁听湘乡市第九届人民代表大会第三次会议第一次全体会议。此举在湘乡市人代会上尚属首次。

根据《湘乡市人大常委会关于公民旁听人民代表大会和常委会会议的试行办法》的有关规定，凡年满18周岁并具有完全民事行为能力、持有本市居民身份证或居住证并在本市居住1年以上的公民，可以自愿提出旁听申请。公民旁听人代会是市第九届人大常委会积极践行全过程人民民主、扩大公民有序政治参与的一项创新举措，通过旁听拓宽了解民意、汇集民情的渠道，为公民了解人大工作、知晓政务政情、有序政治参与提供了平台。

市人大常委会办公室信息服务中心副主任陈正良表示，下阶段，将继续扩大旁听范围、拓展参与人群、完善旁听方式，充分保障旁听公民的知情权、参与权和监督权，进一步提升旁听质效。

◎湘潭市监委首次举行监察官宪法宣誓仪式

2023年12月27日，湘潭市监察委员会举行监察官宪法宣誓仪式，市纪委监委机关、派驻机构首次确定监察官等级的197名监察官进行宣誓。湘潭市委常委、市纪委书记、市监委主任、二级高级监察官李忠主持并监誓。

“我宣誓：忠于中华人民共和国宪法，维护宪法权威，履行法定职责，忠于祖国、忠于人民……”奏唱中华人民共和国国歌后，宣誓仪式正式开始。全体监察官列队肃立，在领誓人的带领下，大家齐声跟诵誓词，向宪法和人民作出庄严承诺。

宣誓后，李忠勉励大家，要始终做对党绝对忠诚的表率，用实际行动坚定捍卫“两个确立”、坚决做到“两个维护”。要始终做勇担职责使命的表率，充分发挥监督保障执行、促进完善发展作用，一刻不停推进全面从严治党向纵深发展。要始终做自身正自身硬的表率，努力锻造一支忠诚干净担当、敢于善于斗争的铁军队伍，确保党和人民赋予的权力不被滥用、惩恶扬善的利剑永不蒙尘。

参加宣誓仪式的监察官纷纷表示，将倍加珍惜党和国家赋予的使命和荣誉，始终忠诚于党、忠诚于人民、忠诚于纪检监察事业，忠实履行宪法赋予的职责使命，以实际行动践行宪法誓言，为全面建设社会主义现代化新湘潭作出新的更大贡献。

湘潭市监委首次举行监察官宪法宣誓仪式

要闻纪事

△23日，长株潭一体化发展第五届市委书记联席会议在株洲举行。会议传达了省委书记沈晓明，省委副书记、省长毛伟明关于长株潭一体化发展工作指示批示精神。会议通报了《长株潭一体化发展三年行动计划（2023—2025年）》2023年完成情况、本次会议筹备情况及相关文件起草说明，播放了长株潭一体化发展第四届联席会议行动计划工作推进宣传短片。三市市长共同签署《长株潭一体化发展2024年行动计划》。

△25日，湘潭民建在湘潭市举行成立七十周年纪念表彰大会。民建湘潭市委会负责同志作湘潭民建七十周年工作情况报告；发布《凝心铸魂 砥砺前行——湘潭民建七十年》纪念书籍，表彰一批优秀组织和优秀个人，为在会30周年以上的会员代表颁发纪念章等。

△29日，2023年度湘潭市人大代表工作表彰会召开，表彰了一批优秀人大代表小组、优秀人大代表、优秀人大工作联络员、优秀人大代表联络站、优秀人大代表建议和“五好”专业代表小组。湘潭市人大常委会副主任傅军主持会议，市人大常委会副主任钟建荣讲话。

△29日，政协湘潭市第十三届委员会第三次会议开幕。市政协主席杨真平代表政协湘潭市第十三届委员会常务委员会向大会作工作报告。报告全面回顾总结了2023年的主要工作成绩，对2024年的工作进行了安排部署。

湖南地方年鉴

邵　阳

邵阳市 双清区 大祥区 北塔区 武冈市 邵东市 新邵县 邵阳县 隆回县 洞口县 绥宁县 城步县 新宁县

邵 阳 地 区

邵 阳 市

邵阳，是湖南省下辖地级市，史称“宝庆”。位于湘中偏西南，资江上游，北障雪峰之险，南屏越城岭之秀，资水流贯全境，与邵水汇聚市内，中间盆地珠连，丘陵起伏；东与衡阳市为邻，南与永州市和广西壮族自治区桂林市接壤，西与怀化市交界，北与娄底市毗连；介于北纬25° 58’—27° 40'，东经109° 49'—112° 57' 之间。2023年辖大祥区、双清区、北塔区、邵东市、武冈市、新邵县、邵阳县、隆回县、洞口县、新宁县、绥宁县、城步苗族自治县，土地总面积20824.37平方千米。全市户籍人口809.66万人，常住人口635.88万人，其中城镇人口和乡村人口分别为345.46万人和290.42万人；人口自然增长率0.48‰。1—12月我市平均气温18.4℃，平均降雨量1008.1毫米。辖区内地表水考核断面水质全部达到或优于Ⅲ类水质，优良率为100%；空气质量优良率88.8%。2023年全市完成地区生产总值2731.42亿元、增长4.8%（与上年比较，下同）。其中，第一产业完成增加值436.1亿元、增长3.2%，第二产业完成增加值897.6亿元、增长6.0%，第三产业完成增加值1397.7亿元、增长4.6%。按常住人口计算，人均地区生产总值为42757元、增长5.7%。三次产业结构比为15.97 ： 32.86 ： 51.17。

邵阳市2023年国民经济和社会发展统计公报

2023年，面对错综复杂的宏观经济环境和艰巨繁重的改革发展任务，全市上下在市委、市政府的坚强领导下，坚持以习近平新时代中国特色社会主义思想为指导，坚决贯彻落实党的二十大精神，全面落实党中央、国务院决策部署和省委、省政府工作安排，坚持稳中求进工作总基调，锚定“三高四新”美好蓝图，聚焦高质量发展首要任务，全力打好“发展六仗”，全市经济稳中提质，各项社会事业蓬勃发展，现代化新邵阳建设迈出坚实步伐。

一、综合

综合实力不断提升，产业活力持续释放。初步核算，2023年全市完成地区生产总值2731.42亿元、增长4.8%（与上年比较，下同）。其中，第一产业完成增加值436.1亿元、增长3.2%，第二产业完成增加值897.6亿元、增长6.0%，第三产业完成增加值1397.7亿元、增长4.6%。按常住人口计算，人均地区生产总值为42757元、增长5.7%。三次产业结构比为15.97 ： 32.86 ： 51.17。民营经济实现增加值1996.5亿元，增长4.9%，占GDP的比重为73.1%。中小企业实现增加值1119.6亿元，增长6.1%，占GDP的比重为41.0%。全社会用电量123.8亿千瓦时，增长3.1%；工业用电量45.8亿千瓦时，增长2.9%。

财政运行总体平稳，重点支出保障有力。全市完成地方一般公共预算收入133.75亿元，增长4.5%。其中税收收入84.88亿元、增长3.0%，非税收入48.87亿元、增长7.3%。一般公共预算支出699.60亿元，增长9.8%。其中，一般公共服务支出75.11亿元、增长6.5%，教育支出117.88亿元、增长1.7%，社会保障和就业支出95.61亿元、增长13.7%，卫生健康支出81.04亿元、增长5.5%，城乡社区支出86.78亿元、增长8.3%。各大项目有序推进，民生福祉稳步增进。省定全市34项重点民生实事项目全部完成。其中开工改造城镇老旧小区176个，为省定任务的100.0%；康复救助残疾儿童1939人，为省定任务的170.1%；困难残疾人家庭无障碍改造1380户，为省定任务的106.2%；困难老年人居家适老化改造4490户，为省定任务的100.0%；养老机构新增护理型床位370张，为省定任务的100.0%；农村公路提质改造558.1公里，为省定任务的111.0%；建设农村公路安防设备884.2公里，为省定任务的116.7%；城市低保标准为650元/月/人，达到省定目标；农村低保标准为5011元/年/人，超过省定目标11元；农村新增蓄水能力517万立方米，为省定任务的100.0%。

二、农业

农业生产平稳开展。全市完成农林牧渔业总产值742.9亿元、增长3.5%。其中完成农业产值413.5亿元、增长5.0%，粮食产量336.1万吨、增长1.6%，蔬菜及食用菌产量340.0万吨、增长3.1%，油料产量24.8万吨、增长5.6%，烤烟产量1.1万吨、增长22.2%，茶叶产量0.72万吨、增长3.1%，牛奶产量3.8万吨、增长1.9%；完成牧业产值240.6亿元、下降0.01%，年末存栏生猪430.6万头、下降7.2%，年内出栏生猪694.6万头、下降0.6%，牛出栏20.0万头、下降5.6%，羊出栏80.2万头、下降2.8%；完成林业产值24.4亿元、增长6.1%；完成渔业产值22.2亿元、增长9.2%，水产品产量10.6万吨、增长7.2%；完成农林牧渔专业及辅助性活动产值42.2亿元、增长8.2%。

农村建设稳步迈进。基本农田面积349.35千公顷，高标准农田建设面积25.0千公顷；年末拥有农产品加工企业11776家（其中国家级龙头企业5家、省级龙头企业83家），实现销售收入1993.8亿元、增长7.0%，实现利润99.7亿元、增长3.2%；开展网上销售农产品的农户12.8万户，增长10.0%；年末拥有农业机械总动力549.6万千瓦，增长2.7%；休闲农业经营主体2086个，休闲农业和乡村旅游共接待游客1912.4万人次，实现营业收入23.7亿元；名优特水产品养殖面积13.9千公顷，名优特水产品产量1.3万吨、增长14.1%。

三、工业和建筑业

规模工业运行平稳。截至2023年底，全市实有规模工业企业共2008户，规模工业增加值增长6.4%，其中民营企业增加值增长6.4%。大中型企业增加值增长11.2%。按经济类型分，国有企业增加值增长6.4%，股份制企业增长6.2%，外商及港澳台投资企业增长9.0%；省级及以上产业园区工业增加值增长14.0%。

重点行业快速发展。全市农副食品加工业增长8.7%；化学原料和化学制品制造业增长18.7%；非金属矿物制品业增长5.4%；有色金属冶炼和压延加工业增长106.7%；汽车制造业增长51.0%；计算机、通信和其他电子设备制造业增长54.2%；专用设备制造业增长4.1%。

产品产量齐头并进。全市规模工业企业主要产品中，中成药0.3万吨、增长41.2%，液压元件11.1万件、增长16.7%，饮料酒15.6万千升、增长8.6%，乳制品4.5万吨、增长9.5%，大米产量83.3万吨、下降4.7%，打火机36.6亿个、增长77.2%，家具82.8万件、增长14.9%，自来水4.0亿立方米、增长8.8%，水泥738.4万吨、增长35.3%，铝材9.5万吨、增长45.3%。

运营效益稳中有升。全市规模工业企业实现主营业务收入2478.7亿元、增长2.0%，实现利润总额132.9亿元、下降6.4%，亏损企业亏损额3.3亿元，亏损面2.6%；利税总额188.1亿元，工业产品销售率96.9%，出口交货值190.2亿元。

建筑行业较快发展。截至2023年底，全市实有具有建筑业资质等级的总承包和专业承包企业322户，完成建筑业总产值791.4亿元、增长9.0%，实现利润总额31.5亿元、增长28.8%，房屋建筑施工面积5388.2万平方米、增长0.4%，其中新开工面积2462.8万平方米、下降4.9%；房屋建筑竣工面积2295.1万平方米、增长17.9%。

四、固定资产投资

投资潜力持续释放。全市固定资产投资同比增长4.3%，其中，国有投资下降7.7%，非国有投资增长7.2%，民间投资增长9.9%。分产业看，第一产业投资下降52.7%，第二产业投资增长12.3%，第三产业投资增长3.5%。施工项目1679个，新开工项目884个，本年投产项目960个。

投资结构趋向优化。全市工业投资增长12.5%，其中，采矿业增长6.6%，制造业增长13.3%，电力、热力、燃气及水的生产和供应业增长8.6%；工业技改投资增长19.9%；高新技术产业投资增长7.1%；生态投资下降12.0%。全市基础设施投资下降7.8%，租赁和商务服务业投资增长19.5%，水利、环境和公共设施管理业投资下降4.7%，教育投资增长27.2%，卫生、社会工作投资增长29.5%。

房地产市场保持平稳。全市房地产开发企业301户，完成投资236.5亿元，增长0.5%。商品房施工面积1849.6万平方米、下降3.8%，销售面积437.0万平方米、下降1.0%。其中，住宅销售面积419.0万平方米、增长0.1%，商品房销售额193.7亿元、下降3.2%，每平方米均价4432.8元、下降2.1%。

五、国内贸易和物价

消费市场活力充沛。全市完成社会消费品零售总额1498.3亿元，增长6.4%。其中，限额以上单位零售额667.0亿元，增长5.6%；限额以上法人单位零售额545.9亿元，增长4.6%。在限额以上法人单位中，城镇实现零售额519.3亿元、增长4.5%，其中城区为292.3亿元、增长3.7%，乡村实现零售额26.6亿元、增长6.3%；批发和零售业507.8亿元、增长4.1%，住宿和餐饮业38.1亿元、增长12.5%。消费结构优化升级。全市限额以上法人商贸企业1534户，完成零售额545.9亿元、增长4.6%，其中粮油、食品类93.0亿元、增长8.5%，饮料和烟酒类39.8亿元、增长10.5%，服装、鞋帽和针纺织品类25.2亿元、增长2.2%，日用品类32.3亿元、增长11.0%，家用电器和音像器材类36.8亿元、增长12.4%，中西药品类36.6亿元、增长3.4%，汽车类97.4亿元、增长0.3%，建筑及装潢材料类17.3亿元、下降17.5%，石油及制品类76.5亿元、增长9.2%。

物品价格温和上涨。全市居民消费价格上涨0.1%。其中食品烟酒价格下跌0.9%，衣着类上涨1.8%，医疗保健类上涨1.0%，居住类上涨0.5%，教育文化及娱乐类上涨2.0%，生活用品及服务类上涨0.6%，交通和通信类下跌2.8%，其他用品和服务类上涨3.0%。

六、对外贸易和旅游

对外贸易承压前行。全市实现进出口总额213.5亿元，下降16.3%。实现出口额203.9亿元、下降16.3%，其中，一般贸易出口额193.2亿元、下降15.2%，加工贸易出口额10.7亿元、下降35.0%；实现进口额9.6亿元、下降15.4%，其中，一般贸易进口额7.5亿元、下降7.6%，加工贸易进口额2.1亿元、下降44.0%。

招商引资量质齐升。全市实际引进省外境内资金1017.9亿元，增长18.1%。实际利用外商直接投资2121.3万美元，下降19.7%。新批境外投资企业4家，新引进世界500强企业16家，在邵投资的世界500强存续企业30家。引进2亿元以上省外境内项目120个，实际到位资金620.3亿元。全年湘商回湘投资新注册企业101家，到位资金354亿元。

旅游市场快速拓展。全年实现旅游总收入519.5亿元、增长52.6%，接待国内旅游总人数4830.8万人次、增长62.7%，国际旅游外汇收入57.5万美元。全市旅游等级区（点）44家，其中4A级及以上的有8家。高质量举办第二届邵阳旅游发展大会，成功创建1家国家4A级旅游景区、2家省级旅游度假区、3家省级工业旅游示范点、1家省级旅游休闲街区、2家省级夜间文旅消费聚集区、4个五星级乡村旅游区（点）、1个湖南省乡村旅游重点镇、4个省级乡村旅游重点村。

七、交通和邮电

区位优势不断凸显。全年交通运输业完成投资110.73亿元、为省定目标的115.4%，其中高速公路完成87.32亿元。白新高速建成通车，全市高速通车总里程达616公里；城龙高速、新新高速总体进展均超60%。洞天高速开始可研编制并正式纳入交通运输部"十四五"发展规划，沪昆扩容、洞溆高速进入初步设计阶段，洞新高速龙井互通及武冈机场连接线开工建设。

交通物流较快发展。全市年末民用汽车保有量81.7万辆、增长3.0%，其中轿车42.0万辆、增长6.6%。铁路完成客运量788.3万人、增长63.9%；公路水路完成货运量9642.5万吨，货物周转量67.6亿吨公里，客运量3378.7万人，旅客周转量12.6亿人公里。

邮电业务稳步向好。全市完成邮政业务总量22.2亿标准量（采用2020年不变价）、增长8.9%；电信业务总量52.9亿元（采用2022年不变价）、增长6.0%。年末固定电话用户26.23万户，比上年末减少0.92万户；移动电话用户650.5万户，比上年末增加29.9万户；互联网宽带用户数89.2万户，比上年末增加7.1万户。

八、金融、证券和保险

金融市场稳健运行。年末全市金融机构本外币各项存款余额4449.9亿元，比年初增加404.3元、增长10.0%，其中住户存款3620.8亿元、增长12.5%，非金融企业存款351.7亿元、下降9.0%，广义政府存款464.6亿元、增长7.6%。年末金融机构本外币各项贷款余额2913.4亿元，比年初增加374.5亿元、增长14.7%，其中住户贷款1305.7亿元、增长9.5%，非金融企业及机关团体贷款1597.3亿元、增长19.5%。人民币消费贷款797.0亿元，增长8.9%；个人住房消费贷款506.7亿元，增长1.2%；房地产开发贷款95.1亿元，增长60.2%；中小微企业贷款1167.0亿元，增长20.3%。年末银行业主要金融机构不良贷款余额56.7亿元，不良贷款比率为1.94%。

证券行业健康发展。年末全市境内上市公司1家。全年直接融资总额72.1亿元。年末A股上市公司总股本1.1亿股，总市值19.1亿元。年末证券公司营业部21家，比上年减少1家；证券交易额3069.2亿元，下降2.3%。年末期货证券营业部成交金额1138.0亿元，增长21.8%。

保险市场总体平稳。全市保费收入99.5亿元，增长0.6%，其中财产险25.0亿元，增长11.7%；寿险51.4亿元，下降1.1%；健康险21.1亿元，下降6.1%；人身意外伤害险2.0亿元，下降4.2%。各项保险赔付支出41.2亿元，增长13.5%，其中财产险17.2亿元，增长15.9%；寿险11.2亿元，增长29.7%；健康险12.1亿元，下降1.1%；人身意外伤害险0.7亿元，增长20.4%。

九、教育和科学技术

教育事业平稳发展。普通高等教育招生1.47万人，增长4.9%，在校生4.63万人毕业生1.26万人。各类中等职业教育招生2.46万人，下降18.4%，在校生7.93万人，毕业生2.58万人。普通高中招生5.41万人下降7.8%，在校生16.79万人，毕业生4.8

万人。初中和小学共招生 17.78 万人，下降 5.3%，在校生 82.95 万人，毕业生 19.75 万人。特殊教育招生 0.01 万人，在校生 0.21 万人。幼儿园在园幼儿 15.1 万人。各类民办学校（包括民办幼儿园）894 所，在校生 20.09 万人。小学适龄儿童入学率和毕业生升学率均达到 100%，高中阶段教育毛入学率为 93.55%。

科技引领强化赋能。全市拥有高新技术产品生产企业 1290 家，实现高新增加值增长 14.0%。签订技术合同 1840 项，成交金额 225.1 亿元、增长 143.2%。科技成果登记 45 项。专利授权 3184 件，其中发明专利 393 件，实用新型专利 1133 件。“宝庆一号”苦瓜等 3 个品种获第七届国际瓜类技术大会优秀新品种奖，粮安科技大祥水稻科技小院获批国家级科技小院，2 个杂交水稻品种获全国金奖。

十、文化、卫生和体育

文化事业持续繁荣。年末全市拥有艺术表演团体 5 个，群众艺术馆、文化馆 13 个，公共图书馆 14 个。国家级非物质文化遗产保护目录 16 个，蔡锷生平业绩成列馆、八路军驻湘通讯处旧址陈列馆相继成为我市第二个、第三个国有博物馆，17 个项目入选湖南省第六批省级非物质文化遗产代表性项目名录，3 地入选 2023 年湖南省非遗工坊（村镇）示范点。广播综合人口覆盖率 97.5%，电视综合人口覆盖率 99.2%。

医疗服务全面提升。年末全市共有卫生机构 5662 个，其中医院 141 个。拥有医院床位数 3.59 万张，下降 2.2%。卫生技术人员 5.09 万人，增长 16.9%，其中，执业医师和执业助理医师 1.93 万人，增长 12.8%；注册护士 2.48 万人，增长 24.3%。全市疾病预防控制中心（防疫站）13 个，共有卫生技术人员 760 人。卫生监督所（中心）13 个，共有卫生技术人员 277 人。

体育事业蓬勃发展。全市拥有体育场地 18333 个，其中大型体育场馆 9 个、健身房 206 个，开展全民健身项目 38 项次，经常性参加体育锻炼的人数达 249.0 万人。成功举办全国举重冠军赛、中国桨板超级联赛暨第二届天子湖桨板公开赛等大型高规格赛事。参加杭州亚运会邵阳籍运动员获得金牌 2 枚、银牌 1 枚，参加湖南省青少年体育锦标赛共获得金牌 41 枚、银牌 42 枚、铜牌 58 枚。

十一、人口、人民生活和社会保障

人口总量稳中略降。年末全市常住人口 635.88 万人，较上年减少 5.90 万人，其中城镇人口和乡村人口分别为 345.46 万人和 290.42 万人；城镇化水平为 54.33%，比上年提高 0.68 个百分点。全市户籍人口总户数 253.08 万户，总人口 809.66 万人，其中城镇人口 217.08 万人、乡村 592.57 万人；年内出生人口 5.35 万人、出生率 6.60‰，死亡人口 4.96 万人、死亡率 6.13‰，自然增长率 0.48‰。

居民生活质量提升。全市全体居民人均可支配收入 26265 元、增长 6.4%；人均消费支出 19966 元、增长 5.9%。城镇居民人均可支配收入 36877 元、增长 4.8%，其中工资性收入 19046 元、增长 6.3%；人均消费性支出 22930 元、增长 5.1%，其中烟酒食品类支出 7103 元、下降 2.2%。农村居民人均可支配收入 18128 元、增长 7.8%，其中工资性收入 7974 元、增长 9.0%；人均消费性支出 17693 元、增长 6.4%，其中烟酒食品类支出 5755 元、增长 3.8%。

保障体系加速完善。全市城乡居民基本养老保险登记参保人数 414.0 万人，城镇基本养老保险职工人数 117.0 万人，其中，职工 76.4 万人，离退休人员 40.6 万人。基本医疗保险参保人数 643.0 万人，其中，城乡居民 585.2 万人。参加工伤保险职工人数 59.1 万人，增加 1.1 万人；参加失业保险职工人数 35.3 万人；参加生育保险职工人数 31.3 万人。城镇新增就业人员 5.0 万人，年末城镇登记失业率为 2.86%，失业人员再就业人数4.8万人，领取失业保险金职工人次数4.6 万人次。

十二、资源、环境和安全生产

各类资源总体稳定。年末全市耕地面积 39.9 万公顷，基本农田 34.9 万公顷，补充耕地 37.2 公顷。已发现矿种 88 种，其中能源矿产 9 种、金属矿产 32 种、非金属矿产 44 种、水气矿产 3 种，已探明资源储量的矿种 27 种；财政出资实施地质勘查项目（含续作项目）22 个；新发现大中型矿产地 9 处。

利民建设全面推进。全年开工各类水利工程 183 处，投入资金 49.0 亿元，水利工程完成土石方 350.9 万立方米，恢复和改善农田灌溉面积 15.5 千公顷。实施公路预防性养护 200.79 公里、路面改善工程 27.27 公里、路面病害修复 5.69 万平方米。

环境治理成效明显。着力打好蓝天、碧水、净土三大保卫战。组织开展市城区大气污染防治“雷霆行动”九大专项行动，市城区环境空气质量综合指数为 3.60，空气质量优良天数 324 天，优良率为 88.8%；重点实施红旗河、黑水溪和枫江溪等 8 处污水管网建设和修复工作，持续推进Ⅲ类水质断面“清零”集中攻坚行动，全市地表水总体水质为优，52 个国省考断面、16 个县级及以上集中式饮用水源地水质达标率 100%；强力推进新邵县雀塘镇锰矿历史遗留废渣治理等 4 个土壤风险管控项目整治，建设用地安全利用率达 100%。

生态文明加速建设。植树造林、公益林保护、退耕还林和石漠化治理等生态工程进展顺利。全市完成造林面积 40.4 千公顷、增长 18.1%，年末实有封山（沙）育林面积 36.2 千公顷、增长 12.1%。国家地质公园共 2 个。自然保护区共 4 个，其中，国家级 3 个，省级 1 个，自然保护区面积 5.4 万公顷。

安全底线不断筑牢。全年共发生各类生产经营性安全事故 59 起，事故死亡人数 55 人；亿元 GDP 生产安全事故死亡人数为 0.020 人；工矿商贸行业生产安全事故死亡 1 人。全年共发生道路交通事故 1327 起、同比减少 21.1%，道路交通万车死亡人数 3.14 人。

双 清 区

双清区位于湖南省中部偏西南部、邵阳市东南部。2023 年辖 2 个镇 1 个乡 9 个街道，全区共 12 个乡级政区，设 59 个社区，33 个村，土地总面积 135.22 平方千米。年末户籍人口 25.99 万人，常住人口 32.01 万人；人口自然增长率 –0.43‰。年内最高气温 38.2℃，最低气温 –4.3℃；年降水量 1008.1 毫米。森林覆盖率 15.02%，水质综合达标率 100%，空气质量优良率 89.7%。2 条高速铁路、2 条高速公路经过区境。省级森林公园 1 个。省级重点文物保护单位 3 处，省级非物质文化遗产保护项目 2 个。

2023 年，双清区地区生产总值 212.13 亿元，比上年增长 4.8%。三次产业结构比为 2.3 ∶ 51.9 ∶ 45.8。人均地区生产总值 66302 元，增长 4.7%。地方一般公共预算收入 3.42 亿元（不含经开区），增长 11.93%；一般公共预算支出 14.83 亿元，增长 9.79%。

年度亮点。2023 年，双清区实施重点项目 58 个，其中市重点项目 17 个。邵阳市第一人民医院医疗综合楼（含儿童医疗服务体系）项目、邵阳市中医医院岐黄综合大楼项目序时施工；邵阳友阿广场二期、邵阳市妇幼保健院扩建等项目主体工程完工；湘中制药原料药技术改造提升、梁家山棚户区改造、志成学校扩建等项目竣工投产。全区（含经开区）省级企业技术中心 26 家，省级工程技术研究中心 5 家，科技型中小企业 557 家，高新技术企业153家，规模以上工业企业259家，新增省级“专精特新”中小企业34家、国家级“专精特新”小巨人企业2家。改造硬化道路45.53万平方米，改造和新建下水管、水电气管道22.3千米，新建垃圾分类亭220座，完成光纤入户5000户、燃气改造2480户。

年度荣誉。2023年双清区推动高质量发展、推进产业发展“万千百”工程、改善农村人居环境、创新驱动发展和科技创新能力提升、推进养老服务体系建设、实施城镇老旧小区改造、打好科技创新攻坚战方面等7项工作获得省政府真抓实干激励表扬。打好科技创新攻坚战获省政府真抓实干督查激励表扬。高崇山镇中心卫生院受到国家卫生健康委、国家中医药局通报表扬，区自然资源局被国家林业和草原局评为松材线虫病疫情防控攻坚行动先进单位，农村留守儿童关爱保护工作经验被国家民政部推介。区民政局获评全省打好重点民生保障仗先进单位、困难群众基本生活救助工作绩效评价优秀单位。观音塘社区获评全省最美潇湘文化阵地；杨柳村获被评省级美丽乡村（和美湘村）示范创建村。

双清区2023年国民经济和社会发展统计公报

2023年是全面贯彻党的二十大精神的开局之年，是三年新冠疫情防控转段后经济恢复发展的一年。在区委、区政府的坚强领导下，全区上下以习近平新时代中国特色社会主义思想为指导，认真贯彻落实中央、省、市决策部署，锚定“三高四新”美好蓝图，聚焦高质量发展首要任务，全力打好“发展六仗”，经济运行稳中有进，社会大局和谐稳定，各项社会事业取得新成效，人民生活持续改善。

一、综合

初步核算，2023年全区完成地区生产总值212.13亿元，按可比价计算同比增长4.8%。其中，第一产业完成增加值4.98亿元，增长1.5%；第二产业完成增加值110.02亿元，增长7.1%；第三产业完成增加值97.13亿元，增长2.8%。

产业结构持续调整。三次产业结构为2.3 ∶ 51.9 ∶ 45.8，二产业、三产业对全区经济增长贡献率分别为70.4%、28.8%，分别拉动全区GDP增长3.4、1.4个百分点。

二、农业

全年农林牧渔及服务业总产值126214.8万元，同比增长3.0%（按不变价计算）。其中农业总产值41308.8万元，同比增长0.8%；林业总产值18.5万元，同比下降77.9%；牧业总产值33117.6万元，同比增长1.4%；渔业总产值2867.0万元，同比增长0.6%；农林牧渔服务业总产值48903.0万元，同比增长6.6%。

全区粮食播种面积6.24万亩，粮食总产量2.36万吨。

三、工业和建筑业

全区规模以上工业企业达259家，规模工业增加值同比增长7.7%，产值同比增长10%。其中汽车制造业产值同比增长46.8%；专用设备制造业产值同比增长7.0%；文教、工美、体育和娱乐用品制造业产值同比下降25.9%；皮革、毛皮、羽毛及其制品和制鞋业产值同比下降5.0%；食品制造业产值同比增长12.4%；电气机械和器材制造业产值同比增长11.0%；农副食品加工业产值同比增长22.5%；废弃资源综合利用业产值同比增长23.5%；橡胶和塑料制品业产值同比增长14.6%。

全年规模工业企业实现营业收入309.7亿元，实现利润总额18.4亿元。

全区在库统计具有资质等级建筑企业40家，全区建筑业实现增加值46.2亿元，同比增长7.5%，占第二产业比重的42.0%。全年实现建筑业产值287.95亿元，同比增长8.5%，房屋建筑施工面积2011.44万平方米，同比下降4.0%，其中：当年新开工面积321.17万平方米，同比下降31.6%。竣工面积全年为574.1万平方米，同比增长45.7%。

四、服务业

全年批发和零售业增加值18.2亿元，同比增长6.2%；交通运输、仓储和邮政业增加值11.5亿元，同比增长1.6%；住宿和餐饮业增加值1.3亿元，同比增长5.9%；金融业增加值8.1亿元，同比增长7.6%；房地产业增加值6.3亿元，同比下降2.3%；信息传输、软件和信息技术服务业增加值7.9亿元，同比增长4.7%；租赁和商务服务业增加值3.2亿元，同比增长3.3%。全年规模以上服务业企业营业收入54.1亿元，同比增长8.2%。

五、国内贸易

全年社会消费品零售总额达到154.45亿元，同比增长5.3%。其中：限额以上批发零售企业和住宿餐饮企业发展到98家，全年实现零售总额110.5亿元。

全年限额以上单位商品零售额中，占比较大的石油及制品类零售额同比增长6.9%，汽车类零售额同比下降3.4%，服装、鞋帽、针纺织品类零售额同比增长17.3%。

六、固定资产投资

全区固定资产投资同比增长8.2%，其中：国有投资同比下降31.6%，非国有投资同比增长14.9%，民间投资增长17.1%。从产业看，第二产业投资额同比增长8.8%，第三产业投资额同比增长7.8%。从投资方向看，工业投资同比增长8.8%，基础设施投资同比下降21.9%。

七、对外经济贸易

全年实际利用外资5万美元（不含经开区），实际到位内资94.77亿元，同比增长12.8%。实现外贸进出口总额21044万元，同比增长18.0%。其中进口总额22万元，出口总额21022万元。

八、财政

全年实现地方一般公共预算收入34181万元（不含经开区），同比增长11.9%。全年公共财政预算支出148387万元，其中：一般公共服务支出27639万元；公共安全支出2805万元；教育支出26715万元；科学技术支出3260万元；社会保障和就业支出33160万元；卫生健康支出12629万元；节能环保支出2030万元；城乡社区支出11674万元。

九、文化、教育和卫生

年末全区拥有区级文化馆1个，公共图书馆1个，24小时自助图书馆2个，藏书66657册；省级非物质文化遗产保护项目2个，市级非物质文化遗产保护项目4个，区级非物质文化遗产保护项目7个。全区现有市级中、短波广播发射台和转播台1个，广播综合覆盖人口100%，电视综合覆盖率为100%。

年末全区共有区属学校39所，其中区属学校普通高中1所，初中3所，小学32所，九年一贯制学校3所；区属学校普通高中在校学生为687人，初中在校学生4951人，小学在校学生23863人；小学适龄儿童入学率、毕业生升学率均达到100%；幼儿园在园幼儿8927人。全区平均受教育年限为10.9年。

年末全区有各类卫生机构195个，其中公立医院和卫生院7个，卫生防疫防治机构1个，妇幼保健机构2个；卫生和计划生育综合监督执法局1个；有执业医师和执业助理医师1637人、注册护士2640人。

十、人口、人民生活、社会保障

年末全区常住人口32.01万人，其中城镇人口为28.83万人；城镇化率为90.07%。

据抽样调查，2023年，全区全体居民人均可支配收入38892元，同比增长5.2%。其中：城镇居民人均可支配收入达到41030元，同比增长5.2%；农村居民人均可支配收入达到28825元，同比增长5.3%。

年末全区参加城镇职工基本养老保险人数28316人，比上年末增加2158人；参加城乡居民基本养老保险人数58114人，比上年末增加1086人；参加失业保险人数4422人，比上年减少168人，全区领取失业保险金累计人数2646人。

年末参加基本医疗保险人数15.71万人，其中参加城镇职工基本医疗保险人数2.35万人，参加城乡居民基本医疗保险人数13.36万人。

大 祥 区

大祥区系1997年10月市辖三区行政区划调整后组建而成。大祥区地处湖南省中部、邵阳市西南部，辖1个镇2个乡11个街道，土地总面积214.66平方千米。年末户籍人口32.14万人，常住人口36.32万人；人口自然增长率5.12‰。年内气温最高37.9℃、最低-3.4℃；年降水量1178.3毫米。森林覆盖率32.9%，水质综合达标率100%，空气质量优良率89.8%。洛湛高速铁路、沪昆高速公路经过区境。有红色旅游经典景区1个，AAAA级以上景区1家。全国、省级重点文物保护单位各1处。

大祥历史悠久，人杰地灵。城区是有着2500多年历史的古宝庆府所在地，春秋时期，楚王族白公曾在此筑城；北宋著名哲学家周敦颐曾居境内爱莲巷并作千古名篇《爱莲说》；是"讨袁护国先驱、再造共和元勋"蔡锷将军的故乡。"心忧天下、敢为人先"的湖湘文化和铁骨铮铮、刚烈如火、勇于认识、敢为人先、机敏聪慧、胸怀天下、百折不挠、勇往直前的宝古佬精神在这里传承。

大祥生态良好，山川秀美。有宝庆古城墙、爱莲巷、蔡锷故居等人文景观和文物古迹，有桃花洞、城南公园、西苑公园、松坡公园、魏源广场、资江风光带等生态休闲场所，正在打造最宜居的滨江生态城区。大祥交通上好，区位优越。上瑞高速、洛湛铁路穿境而过，G320、G207、S217在境内交汇。邵阳市火车站和汽车南站迎送八方宾客。西湖桥、资江二桥、沿江桥、青龙桥、邵水桥、佘湖桥六道彩虹飞架，南北连接，东西贯通。邵永、邵衡、邵怀、邵安、娄邵等高速公路四通八达，交通条件更加趋好，区位优势更加明显，大祥将成为湘西南重要交通枢纽。

大祥科教发达，人才集聚。邵阳学院、邵阳医专、邵阳职业技术学院、邵阳电大、教育学院、邵阳师范、邵阳现代农业科技示范园等高中等院校和科研机构坐落境内，优越的科教资源正焕发强劲的创新活力。大祥民生改善，社会和谐。社会事业蓬勃发展，保障体系逐步健全，社会大局稳定有序，发展环境切实优化，人民群众安居乐业。

大祥区2023年国民经济和社会发展统计公报

2023年，是大祥区发展进程中极具压力、极为不易、极富挑战的一年。面对复杂多变的经济形势，我们坚持以习近平新时代中国特色社会主义思想为指导，深入贯彻党中央、国务院和省委、省政府决策部署，在市委、市政府的坚强领导下，全面落实"三高四新"美好蓝图，扎实开展主题教育，全力打好"发展六仗"，牢牢把握高质量发展这个首要任务，攻坚克难，迎难而上。全区经济保持平稳发展，各项社会事业全面推进，人民生活持续改善。

一、综合

全区经济运行稳中提质，"十四五"规划发展良好。2023年全区生产总值完成232.7亿元，同比增长4.4%，其中，第一产业增加值完成7.5亿元，同比下降3.8%，第二产业增加值完成82.4亿元，同比增长4.8%，第三产业增加值完成134.3亿元，同比增长6.3%。

三次产业结构比为3.2 ∶ 35.4 ∶ 61.4，与上年比较，其中第一产业比重下降0.3个百分点，第二产业比重下降0.2个百分点，第三产业比重上升0.5个百分点，第三产业持续增强，现代服务业优势彰显，产业结构更加符合大祥经济发展实际。

二、农业

农业生产发展平稳、结构向优。2023年，全区实现农林牧渔业总产值17.3亿元，同比持平。其中：农业产值6.3亿元，同比下降3.6%；林业产值8.4万元，同比下降40%；畜牧业产值3.5亿元，同比下降7.8%；渔业产值5515万元，同比增长9.4%；农林牧渔服务业产值6.9亿元，同比增长9.5%。

全区粮食总产量5.6万吨，比上年减少2000吨。经济作物中：油料4103吨，增产77吨；蔬菜6.9万吨，增产600吨；瓜果39105吨，减产1061吨。生猪累计出栏7万头，减少1万头；猪肉产量5500吨，同比下降5%；生猪存栏5万头，同比下降18%。家禽出栏187.3万羽，同比增长42%；累计禽蛋产量900吨，同比增长28%。水产品产量2750吨，同比增长14%。

三、工业和建筑业

工业生产持续稳中有增。2023年，全区规模以上工业54家，规模以上工业增加同比增长0.3%，规模以上工业总产值同比增长0.77%。规模以上工业企业销售产值109亿元，全年规模以上工业企业实现利润3.9亿元，实现税收3.7亿元。

全区年末具有建筑资质等级的独立核算建筑企业75家，全年施工面积370.6万平方米，房屋竣工面积116.3万平方米，商品房销售面积71.3万平方米，同比下降1%；实现建筑业总产值105.1亿元，同比增长15%，其中竣工产值40.6亿元，房屋竣工价值18.9亿元。

四、固定资产投资

固定资产投资稳健。2023年纳入统计施工项目53个，新开工项目32个；固定资产投资同比增长10%。其中：房地产企业62家，在建项目39个，房地产投资完成46亿元，同比增长3.2%，商品房销售面积71.3万平方米，同比增长1%；产业投资同比增长5.6%；工业投资同比增长45%；高新技术产业投资同比下降46.9%；制造业投资同比增长36.6%；工业技改投资同比增长576.4%；农、林、牧、渔业投资同比下降39%。

五、国内贸易和对外经济

国内消费市场持续复苏。2023年，全区限额以上批发零售企业和住宿餐饮企业共84家。实现社会消费品零售总额113亿元，同比增长5.3%。

招商引资工作卓有成效。2023年，全区实际利用内资94.06亿元，同比增长16.1%，实际利用外资10万美元。实现进出口8.48亿元，同比增长19.8%。

六、财政

2023年地方一般预算收入完成32011万元，同比增长10.55%。财政一般公共预算支出完成163387万元，同比增长9.59%。

教育、社会保障和就业、医疗卫生、农林水支出、住房保障支出完成104149万元。

其中：一般公共服务支出32329万元，同比下降2.34%；国防支出296万元，同比增长12.98%；社会保障和就业支出34051万元，同比增长24.31%；公共安全支出2391万元，同比增长40.07%；教育支出33732万元，同比增长16.76%；卫生健康支出13082万元，同比下降36.19%；城乡社区支出9074万元，同比增长11.26%；农林水支13879万元，同比增长3.59%；科学技术支出1642万元，同比增长190.11%；文化与传媒支出1141万元，同比下降37.55%；交通运输支出2150万元，同比下降3.97%；灾害防治及应急管理支出1333万元，同比下降6.39%。

七、教育和卫生

教育方面。区属学校41所。其中区属学校普通中学6所，小学35所，区属学校在校学生3.76万人，普通中学5400人，小学3.3人；普通中学招生2071人，小学招生5973人；普通中学毕业生1038人，小学毕业生4800人，小学升学率100%。

卫生方面。2023年，全区共有各类医疗卫生机构212个，其区人民医院1个，基层卫生院及社区卫生服务中心14个，卫生室81个，诊所116个。共有执业（助理）医师445人。2023年度，全区上报出生人口1969人，符合政策生育率100%。

八、人口、居民生活和社会保障

2023年末全区常住人口36.32万人，城镇人口32.02万人，农村人口4.30万人，总户数14.14万户，城镇化率88.16%。

城乡居民生活水平不断改善。全区全体居民人均可支配收入37288元，同比增长5.0%。城镇居民人均可支配收入40050元，同比增长4.9%。农民人均可支配收入28438元，同比增长5.5%。

就业再就业工作成效明显。2023年全区实现城镇新增就业3960人，完成年度计划的106%，新增农村劳动力转移就业942人。城镇登记失业率控制在2.85%，低于控制目标1.65个百分点。实现失业人员再就业4233人，“4050”等困难群体再就业848人。全面开展培训，全区职业培训1865人。

社会保障事业全面发展。2023年，全区进一步巩固提高城乡低保的动态管理、分类施保和规范化管理，全年累计保障城乡低保5.43万户次、9.05万人次，发放3176.49万元，其中累计保障城市低保3.70万户次、5.91万人次（月平均保障3085户，4924人），发放2339.73万元；累计保障农村低保1.73万户次、3.14万人次（月平均保障1441户，2615人），发放836.76万元。今年保障特困供养人员为10099户，10256人，社会化发放833.88万元。其中分散供养8312户、8469人，社会化发放633.54万元，集中供养1787人，社会化发放200.34万元。2023年全区共办理城乡居民大病共报销2441人次，支付大病金额1281.21万元，发放医疗救助资金5966人、506.24万元。

九、安全生产

安全生产形势总体平稳。全区全年累计发生各类事故8起，死亡8人。其中交通事故发生6起，死亡6人；房屋建设施工事故2起，死亡2人；非煤矿山、烟花爆竹、危险化学品、水上交通、特种设备、工商贸企业等领域未发生安全生产事故。

北　塔　区

邵阳市北塔区，1997年10月邵阳市区划调整后设立，与新邵、邵阳两县接壤，与双清、大祥两区隔江而望。地理坐标：北纬27°11′29″—27°18′12″，东经111°20′48″—111°29′23″。全区现辖4办1镇。土地面积84.4平方公里，耕地面积1.87千公顷，常住人口12.37万余人。北塔区之命名，缘于国家重点文物“北塔”坐落于境内，迄今已有400多年历史。

北塔区地处衡邵丘陵盆地。境内丘岗起伏，河谷平原镶嵌其间，属中亚热带气候，季风交替、四季分明、光照充足、雨水丰沛，年平均气温17℃，年日照1553小时，年降水量1323毫米。区内资江由西向东流过全境，三分之二的村临江而居，水资源丰富。由于区域面积小，地处城郊，除有较丰富的黄板石藏量外，尚未探明有开采价值的矿产资源。

北塔区物产丰富，主要农产品有蔬菜、稻谷、柑桔、家禽牲畜、百合等。其中陈家桥乡的龙牙百合有300多年的栽培历史，肉厚细嫩，色泽洁白，行销海外；茶元头的白田萝卜，状如砂罐，肉质多汁，生吃如藕，松脆甘醇，熟后滑腻软绵；状元洲的生猪、茶元头的养鸭、江北的养鸡都已成规模并各具特色。

北塔区交通便捷。320国道横贯东西，207国道和1821省道纵连南北，洛湛铁路、潭邵高速咫尺相邻，资江一桥、资江二桥、西湖大桥、雪峰大桥、桂花大桥与市中心紧密连接，区内西湖北路、魏源路、北塔路等“七纵十横”城区路网基本形成。

北塔区2023年国民经济和社会发展统计公报

2023年是全面贯彻党的二十大精神的开局之年，也是三年“新冠疫情”防控转段后经济恢复发展的一年。我们坚持以习近平新时代中国特色社会主义思想为指导，深入贯彻党中央、国务院决策部署和省委、省政府工作要求，在市委、市政府的坚强领导下，锚定“三高四新”美好蓝图，聚焦高质量发展首要任务，顶住压力、克服困难，全力打好“发展六仗”，奋力推进中国式现代化新北塔建设。

一、综合

国民经济保持平稳健康快速发展。全年全区实现生产总值634634万元，按可比价计算比去年增长4.1%。其中第一产业实现增加值40543万元，增长2%；第二产业实现增加值221346万元，增长5.3%；第三产业实现增加值372744元，增长3.6%。第二产业对经济增长贡献率为43.59%，第三产业对经济增长贡献率为52.81%。三次产业结构为6.39 ∶ 34.88 ∶ 58.73，人均地区生产总值为51367元。

年末北塔区常住人口12.37万人，其中城镇常住人口9.94万人，乡村人口2.43万人。年末常住人口城镇化率为80.36%，比上年末提高0.13个百分点。

财政收入保持增长。全年财政总收入完成49296万元，同比增长19.26%，公共财政预算收入17953万元，同比增长21.04%。

二、农业

农林牧渔业总产值7.55109亿元，增长3.2%。

种植业生产平稳发展。全年粮食种植面积为43100亩，总产量达到17722吨，其中稻谷产量12997吨。油料种植面积6590.36亩，比上年同比增长0.5%，总产量748吨，比上年同比增加1.2%。蔬菜种植面积为24535.5亩，比上年同比增长0.5%。总产量为47656.1吨，比上年同比增长0.6%。水果总产量达到12232.2吨，比上年同比上升0.6%。

畜牧业生产稳中向好，全年肉类总产

量6300吨，比上年增长3.28%，其中猪肉产量为2900吨，比上年增加3.57%。家禽出笼177.6万羽，比上年增加4.2%，禽蛋产量900吨，比上年增加28.6%。

三、工业和建筑业

全年全部工业增加值173741万元，不变价比上年增长3.5%。规模工业企业增加值比上年增长0.3%。在规模以上工业中，产品销售率为89.8%，比上年下降2.2%；利税总额为89089.3万元，同比上升10.5%。制酒业全年完成总产值437650.2万元，同比增长19.1%；非金属矿物制品业全年完成总产值158215.2万元，同比下降0.6%；橡胶和塑料制品业全年完成总产值77000.9万元，同比下降13.9%。规模以下工业总产值同比增长3.2%。

建筑业稳步发展。全年完成建筑业增加值47664万元，比上年同比增长12.3%。全区具有资质等级的建筑企业35家。

四、固定资产投资

固定资产投资总体平稳。全区固定资产投资（不含农户）比上年增长7.7%。

全年房地产开发投资96942万元。其中住宅投资94786万元；商品房销售面积269145平方米。

五、国内贸易

消费品市场稳健复苏。全区社会消费品零售总额完成274670万元，同比增长6.0%。限额以上单位按经营地统计：城镇完成零售额119625.3万元，增长9.2%，乡村完成零售额20200.6万元，增长7.2%；批发零售业实现零售额133809.7万元，增长9.7%，餐饮业实现零售额6672.5万元，下降8.2%。

全年限额以上单位商品零售额中，粮油、食品类零售额比上年下降1.9%，饮料类下降19.9%，烟酒类下降16.4%，五金、电料类增长6.1%，家用电器和音像器材类增长14.1%。

六、对外经济

全区各级各部门进一步提高了对招商引资工作的重视，以更积极的心态、更加灵活的方式、更加优质的服务营造良好的“亲商、扶商”环境。实际利用内资43.5亿元，同比增长20.7%；进出口总额达到10.96亿元，同比增长33.2%。

七、教育和科学技术

教育事业健康发展。年末全区共拥有18所中小学。在校学生初中3676人，小学9056人，幼儿园学生4939人。中小学入学率100%，小学教师学历合格率100%，初中教师学历合格率100%。

科技取得新成效。向上专利申请22件，其中发明专利授权8件。

八、文化、卫生健康和体育

全区共有艺术表演团体7个，文化馆1个，文化站5个。

年末全区共有卫生机构96个，其中乡镇卫生院1个，社区卫生服务中心4个，民营医院2个，妇幼保健站1个，疾病控制中心1个，卫生监督所1个。总病床床位470张，卫生技术人员662人，其中执业医师221人，执业助理医师49人，注册护士299人。其中农村卫生院1个，床位19张，卫生技术人员33人。

九、居民收入消费和社会保障

居民生活水平进一步提高。全年城镇居民可支配收入36602元，比上年增长4.8%；农村居民人均可支配收入25889元，比上年增长5.4%；农村居民恩格尔系数为22.1%。

社会保障事业进一步发展。年末全区就业劳动力达到4.8万人，新增就业人员1897人。其中城镇新增就业人员1549人。

武冈市

武冈古称都梁，位于湖南省西南部、邵阳市西部中心，现辖14个乡镇、4个街道办事处，总面积1549平方公里，总人口84.5万，其中城镇人口28.61万，系革命老区、武陵山集中连片贫困地区县（市）和省直管县经济体制改革试点县（市），相继被命名为“中国卤菜之都”、省级历史文化名城和省级卫生城市。

武冈历史悠久。早在5000多年前的新石器时代，就有先民在此繁衍生息。自汉高祖“令天下县邑城”开始，武冈先后封侯立郡、设府置州，已有2200余年建城史。期间，公元124年，汉武帝刘彻封长沙定王之子刘遂为都梁敬侯，置都梁侯国。公元1423年，朱元璋第18子朱楩在武冈封“岷王”，建王府，传袭14代，历时272年。民国二年设武冈县，1994年2月撤县设市，同年7月被定为革命老区。

武冈文化灿烂。屈原、陶侃、韩愈、柳宗元、王安石、文天祥等众多名家留下了灿烂的文化瑰宝。以黄埔军校二分校旧址为代表的黄埔文化、以国家级非物质文化遗产武冈丝弦为代表的民俗文化、以武冈卤菜为代表的饮食文化、以云山胜力寺为代表的宗教文化久负盛名。

武冈物产丰富。先后被定为全国商品粮生产基地、茶叶基地、湖南省瘦肉型猪基地、辣椒基地和养鹅“丰收计划重点县（市）”。武冈铜鹅乃世之名鹅，是“湖南三宝”、省十大农业区域公用品牌；武冈卤菜历为皇家贡品，2007年武冈被命为“中国卤菜之都”；武冈脐橙连续几届荣获省农博会金奖，被中联部指定为馈赠外国元首的专用礼品。

武冈旅游独特。这里有“六九福地”“楚南胜境”之称的国家森林公园——云山，省级风景名胜区“法相洞天”法相岩，“湖南百景”之一的中山堂和“盖天下”之称的古城墙；有“绝似青云一支笔”的凌云塔，文天祥赞颂“都梁称伟岸”的文庙大成殿；还有始建于康熙年代，楹联荟萃的浪石古民居，纪念屈原的渔父亭和屈子庙，“湖南二十八古井”之一的“武陵春色”武陵井。武冈被定为全省重点建设的特色历史文化城市，将与湘西凤凰以两种各具特色“古城文化”，形成独具魅力的“湘西南文化旅游”精品线路；荷塘小镇、云山露营公园乡村旅游景点相继建成运营，成功举办了2018年湖南省春季乡村旅游节。

武冈区位优越。位于“湘、桂、黔”交界之地，地处邵阳、怀化、永州、桂林4市交汇中心，素有“三省通衢、黔巫要地”之美称，历为湘西南政治、经济、文化中心。国道G241、G356纵贯全境，随着洞新高速、武靖高速的建成通车，武冈机场的通航营业，武冈的交通区位优势进一步突显。

武冈商贸繁荣。已成为邵阳市西部地区乃至湘、桂、黔边境地区重要物资集散地。

武冈市2023年国民经济和社会发展统计公报

2023年是全面贯彻落实党的二十大精神的开局之年，也是“十四五”规划实施的关键一年。中共武冈市委、市人民政府以习近平新时代中国特色社会主义思想为指导，全面贯彻党的二十大精神以及中央、省委、邵阳市委经济工作会议精神，深入落实习近平总书记对湖南的重要讲话重要指示批示精神，坚持稳中求进工作总基调，完整、准确、全面贯彻新发展理念，服务和融入新发展格局，着力推动高质量发展，全面落实“三高四新”战略定位和使命任务，围绕建设湘西南明珠城市和邵阳西部生态圈中心城市总体目标，高效统筹疫情防控和经济社会发展，统筹发展和安全，全面深化改革开放，把实施扩大内需战略同深化供给侧结构性改革有机结合起来，突出做好稳增长、稳就业、稳物价工作，有效防范化解重大风险，聚焦重点抓落实、努力实现“两个率先”，为全面建设社会主义现代化新武冈开好局起好步。

一、综合

初步核算，2023年全市实现生产总值213.05亿元，扣除不可比因素，同比增长5.3%。其中一、二、三产业增加值分别为60.78亿元、53.56亿元、98.7亿元，同比分别增长3.9%、8.7%、4.5%。三次产业结构由上年的30.7∶24.7∶44.6调整为28.5∶25.2∶46.3，一产业比重下降2.2个百分点，二产业比重上升0.5个百分点，三产业比重上升1.7个百分点。人均地区生产总值34194元。

二、农业

全市实现农林牧渔增加值（含农林牧渔服务业）615818万元，同比增长3.9%。全市粮食作物播种面积101.49万亩，各类粮食总产量46.16万吨，同比增长1.5%，其中水稻总产量36.99万吨，同比增长0.3%；玉米总产量7.14万吨，同比增长5.2%；油料总产量2.68万吨，同比增长7.3%；水果总产量14.20万吨，同比增长5.6%。畜牧养殖业持续发展，完成产值34.99亿元，同比增长3.4%。年内出栏肉猪100.84万头，猪肉类总产量7.39万吨，同比增长4.23%。林业和渔业发展平稳，分别完成产值1.81亿元和2.32亿元，同比增长2.9%和10.8%，水产品总产量8016吨，同比增长10.7%。

全市完成造林绿化3.3万亩，同比增长4%，林木绿化率达46%，同比增长2%。高标准农田建设项目总投资1.17亿元，建成高标准农田4.91万亩，农民专业合作社注册登记数953家，同比增长9%，特色产业总产值48亿元，增长12%。

三、工业和建筑业

全市工业增加值同比增长7.8%。全市共有规模工业企业126家。全市年产值超过5000万元的工业企业80家，其中过亿元的46家。工业园区完成工业总产值101.24亿元，同比增长14%。全年实现新招商企业30家，新开工企业10家。新建标准厂房15万平方米，投产10万平方米，签约企业36家。

全年实现建筑业增加值10.02亿元，同比增长12.6%，资质等级建筑业企业房屋建筑施工面积242.12万平方米，同比增长10.22%。

四、固定资产投资和房地产

全市固定资产投资同比增长5.8%；86个市本级重点项目完成投资72.6亿元，27个邵阳市重点项目超额完成投资计划，欢乐世界文化游乐园项目、垃圾焚烧发电、国防教育基地、高科塑化、雅绮服饰等一批大项目建成投用。

资质等级房地产企业完成房地产开发投资20.9亿元，同比增长5.1%。

五、国内外贸易

全市社会消费品零售总额完成115.33亿元，同比增长7.1%。组织参加“邵阳红·年年红”新春年货购物节活动；联合保利和盛堂、壹号福街等商贸综合体开展“乐享消费·约惠武冈”消费促进季活动；指导举办“乐享消费·惠动武冈”春、秋季车展；积极承办第二届“云山·百威啤酒卤菜节”活动。

全市实现外贸进出口总额2.23亿元，同比增长16.3%，实际利用外资151.02万美元；利用内资74.22亿元，同比增长16.8%。年内发布招商项目18个，概算总投资41.32亿元，引进实体产业项目38个。

六、交通和邮电通信

交通方面：新建公路6.0公里，农村公路安保设施建设223.1公里。年末全市公路通车里程3421.094公里。全年实现公路客运量1508.39万人、旅客周转量211435.95万人公里，分别同比增长4.87%、6.02%；货运量2195.25万吨、货物周转量102580.88万吨公里，分别同比增长5.15%、4.43%。机场全年飞机起降1578次，旅客吞吐量10.49万人次。

邮电通信：全市邮电业务总量52410.34万元，其中邮政12111.39万元、电信10828万元、移动20986.46万元、联通8484.49万元。年末拥有移动电话用户56.11万户，同比增长7.6%；固定电话用户2.54万户，同比下降5.22%；互联网宽带用户17.6万户，同比增长18.28%。

七、旅游和城市建设

全市全年旅游接待557.02万人次，旅游收入54.54亿元。全面启动古城保护开发建设、云山创建5级景区配套基础设施建设、法相岩景区配套基础设施建设；发展赤塘村、荷塘村、木瓜村、古山村、浪石村等优质资源村乡村旅游，助力乡村振兴。开辟“红色记忆+美丽乡村”乡村旅游线路；创建乡乡汇“省级工业旅游示范点”、赤塘村“省级乡村旅游重点村”、同保楼“省级间文化和旅游消费集聚区”；举办“武冈市首届旅发大会暨第二届云山百威啤酒节卤菜”“乡村旅游桃花艺术节”“旗袍文化节”“六·六尝新节”“滩里水龙灯节”等武冈特色品牌节活动。

城市建成区面积25.4平方公里；人均道路面积13.23平方米；人均公园绿地面积15.08平方米，建成区绿地率37.96%、绿化覆盖率38.73%；供水能力12.6万立方米/日，自来水普及率100%；液化气储存能力117吨、天然气供应量1016万立方米，燃气普及率98%；生活垃圾无害化处理率100%；拥有公共交通车辆201台，出租车197台。

八、财政和金融

全市实现财政总收入141792万元，同比增加33.01%，其中，公共财政预算收入105031万元、上划中央收入30619万元、上划省级收入6142万元，分别与上年同比为8.60%、81.56%、188.04%。全市公共财政预算支出598565万元，同比增长4.09%。

年末全市金融机构各项存款余额375.08亿元，比年初增加30.09亿元。各项贷款余额221.29亿元，比年初增加32.74亿元。

九、科技和教育

全市高新技术企业46家，实现高新技术产品产值126.5亿元，同比增长12.2%，全市投入研究与试验发展（R&D）经费支出38400万元，授权专利167件。

全市中等职业学校在校学生10575人；普通中学在校学生57761人；小学在校学生51247人；特殊教育学生250人。全市小学、初中适龄儿童入学率、小学毕业生升学率均为100%。

十、文化、体育和卫生

城乡医疗卫生服务水平进一步提高。全市拥有各类卫生机构426个，其中，医院、卫生院24个，社区卫生服务中心（站）7个，村卫生室304个；实有床位4430张，卫生技术人员4695人，其中执业（助理）医师1834人、在职注册护士2240人。城乡居民医保参保人数60.56万人，医保参保率96.73%，统筹地区政策内住院补偿率78.21%。

十一、人口、人民生活和社会保障

年末全市常住人口62.01万人，城镇化率为51.56%。

全市全体居民人均可支配收入26347元，同比增长6.7%，人均消费性支出19375元，人均住房面积58平方米，城乡居民恩格尔系数24%；全市城镇居民全年人均可支配收入36261元，同比增长5.1%；全市农村居民全年人均可支配收入18943元，同比增长7.9%。

2023年末全市参加基本养老保险职工人数102489人，参加医疗保险职工人数43225人、参加失业保险金职工人数29476人、参加工伤保险职工人数48083人、参加生育保险职工人数21252人。全市2927名特困人员、农村2.65万名低保户、城镇3442名低保对象实现了应保尽保；下拨受灾救济款502万元，保障了灾民的基本生活。

十二、资源、环境和安全生产

全年土地整理复垦开发补充耕地27.22公顷，建设占用耕地34.72公顷。年末实有耕地面积47.77千公顷，其中水田37.42千公顷、旱地10.35千公顷。

全市平均年降水量986毫米，全市饮用水源、地表水水质达标率100%，地表水质以Ⅲ类为主，二氧化硫削减率7.23%，COD削减率20.77%；污水处理厂运行正常，城市污水集中处理率为95.39%。

全市发生生产经营性安全事故2起，死亡2人，亿元GDP生产安全事故死亡0.01人；发生道路交通事故5297起，道路交通万车死亡人数为3.7人。

邵东市

邵东市位于湖南省中部、邵阳市东大门，辖3街道18镇4乡1场和1个省级经开区，面积1778平方公里，人口130万，素有“百工之乡”“商贸之城”“民营之都”的美称，拥有全国可持续发展实验区、全国科技进步先进县、全国电子商务进农村综合示范县、中国箱包皮具生产基地、全国打火机和箱包加工贸易转型升级基地、中国注塑打火机生产第一县、全国2020年消费品工业“三品”战略示范市，湖南省森林城市、湖南省特色制造产业重点县、省级文明县城等区域发展名片。2019年经国务院批准，民政部批复同意撤销邵东县，设立县级邵东市。邵东已跻身全国县域营商环境和治理能力百强县。2021年，邵东实现地区生产总值685.2亿元，增长9.4%。2021年邵东市位列全国服务业百强县（市）第73位，2021年邵东市投资竞争力居全国第65位，2021年获评全国县域治理能力百强县（市）、优化营商环境、促进制造业高质量发展等7项工作获省政府真抓实干表扬激励，获奖数量居全省第四。

邵东市2023年国民经济和社会发展统计公报

2023年，邵东市坚持以习近平新时代中国特色社会主义思想为指导，全面贯彻落实党的二十大精神和二十届二中全会精神，加快建设“三个邵东”，扎实开展主题教育，全力打好“发展六仗”，在市委的坚强领导下，在市人大、市政协的监督支持下，较好完成了全年各项目标任务，经济社会高质量发展迈出坚实步伐。

一、综合

经济总量稳步增长。初步核算，2023年全市实现生产总值763.3亿元，按可比价计算比上年增长5.5%。其中：第一产业实现增加值64.9亿元，增长3.6%；第二产业实现增加值289.8亿元，增长6.6%；第三产业实现增加值408.7亿元，增长5.1%。一二三次产业结构比重为8.5 ∶ 38 ∶ 53.5。全社会用电量22.6亿度，增长4%；工业用电量9.1亿度，增长5.7%。服务业持续恢复，规模以上服务业营业收入23.13亿元，增长13.6%，利润总额1.52亿元，税金及附加0.115亿元，应交增值税0.171亿元，从业人员平均人数8444人。

二、农业农村

农业生产健康发展。2023年度，全市实现农林牧渔业总产值112.1亿元，同比增长3.7%。其中：农业74.3亿元，增长3.8%；林业0.91亿元，增长3.1%；牧业26.9亿元，增长2%；渔业6.1亿元，增长9.9%；农林牧渔服务业4亿元，增长7.8%。粮食产量45.6万吨，增长1.38%；蔬菜产量56.2万吨，增长3%；油料产量5.3万吨，增长3.3%；烟叶33吨，增长–8.3%。生猪生产总体平稳，生猪出栏85.96万头，存栏51.34万头，能繁殖母猪4.98万头，猪肉产量6.35吨。

农村建设步伐加快。全市农林牧渔业用电量2671万千瓦时，大力整治农田抛荒，推进粮食扩面增产，粮食播种面积6.89万公顷，与上年持平；粮食总产量45.6万吨，增长1.38%。年末农业机械总动力93.22万千瓦时，实施土地整治（高标准农田建设）项目12个，高标准农田建设面积2.92万亩。

三、工业和建筑业

制造业转型升级加快。全市规模工业总产值增长6.87%，规模工业增加值增长7.8%，新增规模工业企业32家。按经济类型分，国有企业增长4.5%，股份制企业增长7.8%。工业产品销售产值增长6.85%，销售率99.08%。

建筑业发展较快。具有建筑业资质等级的总承包和专业承包建筑业企业实现利润总额2.26亿元，增长–18.7%。房屋建筑施工面积1390.6万平方米，增长5.9%，房屋建筑竣工面积489.6万平方米，增长33.5%。

四、固定资产投资及项目建设

投资增长较快。全市完成固定资产投资同比增长8.1%。房地产开发投资增长–38.9%，制造业投资增长43.7%。施工项目347个，本年新开工144个，本年投产199个。

五、国内贸易和对外经济

社会消费恢复较快。全市实现社会消费品零售总额336.7亿元，增长6.86%。分区域看，城镇实现零售额298.6亿元，增长7%，乡村实现零售额38.1亿元，增长5.9%。分行业看；批发业实现零售额32.7亿元，增长6.2%；零售业实现零售额259.3亿元，增长7.2%；住宿业实现零售额7.15亿元，增长–0.4%；餐饮业实现零售额37.5亿元，增长6.8%。限额以上实现零售额136亿元，增长7.8%，限额以下实现零售额200.7亿元，增长6.2%。

外经外贸方面，全年实现进出口总额93.5亿元，增长–37.15%，其中出口87亿元，增长–38.59%，进口6.5亿元，增长–8.4%。实际到位内资155.34亿元，增长20.1%。实际利用外资1064.2万美元。

六、交通运输邮电

交通运输业影响较大。全年实现客运量1956万人次，同比增长4.2%；旅客周转量9.3亿人公里，同比增长4%；货运量2720万吨，同比增长3.5%；货物周转量189399万吨公里，同比增长3.8%。

七、财政金融

财政收入稳步增长。全年全市完成财政总收入35.4亿元，同比增长8.85%，其中：地方一般预算收入25.1亿元，同比增长7.61%；上划中央税收收入8.3亿元，增长2.04%；上划省级税收收入1.96亿元，增长91.5%。全市一般预算支出81.8亿元，增长3.04%，其中：一般公共服务支出6.8亿元，增长–5.16%；教育支出13.5亿元，增长5.3%；社会保障和就业支出13.3亿元，增长21%；卫生健康支出5.6亿元，增长–47.92%，农林水支出11亿元，增长18.6%，交通运输支出2.1亿元，增长–36%。

金融信贷走势稳健。我市金融机构各项存款余额711.98亿元，比年初增加66.19亿元，增长10.2%。贷款余额474.92亿元，比年初增加58.98亿元，增长14.2%。

八、科学技术与教育

科技创新稳步提升。高新技术产业增加值158.9亿元，高新技术产业增加值占GDP比重为21%。授权专利643件。

教育事业成效显著。高中（包括职业高中）在校人数26278人，初中在校人数46735人。幼儿园在园幼儿人数18922人，小学适龄儿童入学率达100%，小学毕业生升学率达100%，高中阶段教育毛入学率达到93.3%，落实义务教育保障资金15585万元，发放中职国家助学金221.45万元。

九、文化、卫生与体育

文化事业持续发展。文化馆1个，市级非物质文化遗产保护目录5个，省级非物质文化遗产保护目录1个，电视综合人口覆盖率为60%，有线电视用户1.7万户。档案馆1个，已开放各类档案14.2万卷。

卫生事业继续发展。全市医疗卫生机构1021个，其中医院15个，卫生技术人员6288人，其中执业医师和执业助理医师2552人，注册护士3024人。疾病预防控制中心（防疫站）1个，预防控制中心（防疫站）卫生技术人员95人，卫生监督检验机构1个，卫生监督检验机构卫生技术人员26人。医院、卫生院拥有床位数4212张，其中乡镇卫生院床位数1388张。

体育事业健康发展。全市体育馆6座，游泳池8个，运动场76个。全市经常参加体育锻炼人数46万人，开展全民健身项目19项次，新建农民体育健身工程的行政村27个。

十、人民生活和社会保障

城乡居民收入持续增长，人民生活水平不断提高。全市全体居民人均可支配收入达38383元，增长5.1%。其中：城镇居民人均可支配收入45746元，比上年增长5%；农村居民人均可支配收入31669元，比上年增长5.1%。

社会保障持续巩固。城镇新增就业人员5782人，城镇登记失业率控制在5.2%以内，失业人员再就业人数为5271人。参加城镇基本养老保险职工人数10.7万人。参加工伤保险职工人数8.3万人，参加失业保险职工人数3.97万人，基本医疗保险参保人数达97.48万人，增长-3.63%，获得政府最低生活保障的城镇居民人数为3005人，发放城镇居民最低生活保障经费0.1478亿元，获得政府最低生活保障的农村居民人数为2.54万人，发放农村居民最低生活保障经费0.85亿元。提供住宿民政机构床位数2072张，其中养老机构床位数2027张。提供住宿民政机构收养人数1364人，其中养老机构服务人数1315人。

十一、环境和安全生产

水利建设稳步推进。全年上级拨入资金水利工程项目47处，投入资金2.22亿元，新增耕地有效灌溉面积30千公顷，林地有效灌溉面积30.05千公顷。

生态环境逐步改善。森林覆盖率40.2%，全市活立木蓄积487万立方米，全年完成造林面积4万公顷。

安全生产形势总体稳定。全年共发生道路交通事故20965起；道路交通死亡率2.56人/万辆，降低10.42%。交通事故死亡人数为60人，降低11.76%。工矿商贸企业生产安全事故死亡0人，煤矿百万吨死亡人数0人。

新 邵 县

新邵县隶属于湖南省邵阳市，位于邵阳市北部，湖南省中部，东北靠涟源市，东南邻邵东市，南邻邵阳市区和邵阳县，西毗隆回县，北连新化县、冷水江市，介于邵阳盆地和新涟盆地之间，地势南高北低，资水纵贯全境，属中亚热带季风湿润气候，总面积1763平方千米。

根据第七次人口普查数据，截至2020年11月1日零时，新邵县常住人口为612943人。

截至2023年末，新邵县户籍人口808951人，比上年末减少2705人。全年出生人口5717人，出生率为7.1‰；死亡人口5434人，死亡率为6.7‰；自然增长率为0.35‰。

截至2005年，新邵县民族25个，总人口739159人，其中汉族人口占99.75%。新邵县少数民族按人数多少排列为：回族865人，苗族528人，土家族281人，侗族179人，布依族69人，满族40人，傈僳族38人，壮族36人，彝族34人，土族32人，维吾尔族22人，藏族19人，水族15人，佤族12人，瑶族11人，朝鲜族9人，怒族7人，纳西族6人，哈尼族6人，白族5人，傣族、畲族、仫佬族各2人，黎族1人。

新邵县，始建于1952年，由原新化县、邵阳县各析部分组成，并取两县首字以命名。初属邵阳专区，1977年10月，改属涟源地区，1983年，归属邵阳市。2019年4月16日，新邵县符合贫困县退出条件，同意脱贫摘帽。境内景点众多，如白水洞景区等。

截至2023年6月，新邵县辖11个镇、3个乡：酿溪镇、严塘镇、雀塘镇、陈家坊镇、潭溪镇、寸石镇、坪上镇、龙溪铺镇、巨口铺镇、新田铺镇、小塘镇、太芝庙镇、大新镇，潭府乡、迎光乡。县人民政府驻新邵县酿溪镇大新街36号。

新邵县2023年国民经济和社会发展统计公报

2023年是全面贯彻党的二十大精神的开局之年，也是三年新冠疫情防控转段后经济恢复发展的一年。在县委、县政府的坚强领导下，全县各级各部门坚持以习近平新时代中国特色社会主义思想为指导，全面贯彻落实党的二十大和二十届二中全会精神，坚持稳中求进工作总基调，攻坚克难、拼搏奋进，全力打好“发展六仗”、推进“三重点”工作，国民经济回升向好，安全发展基础巩固夯实，民生保障有力有效，社会大局和谐稳定，现代化新新邵建设迈出坚实步伐。

一、综合

初步核算，全县实现生产总值1947844万元，同比增长4%。其中，第一产业389499万元，比上年增长3%；第二产业582351万元，增长5%；第三产业975994万元，增长4%。一、二、三产业比重为20∶29.9∶50.1，对GDP增长的贡献率分别为17.5%、33.7%、48.8%。

年末全县户籍人口808951人，比上年末减少2705人。全年出生人口5717人，出生率为7.1‰；死亡人口5434人，死亡率为6.7‰；自然增长率为0.35‰。

全年全县实现财政总收入116080万元，比上年下降12.1%。其中，一般公共预算收入74392万元，下降15.6%；上划中央收入33143万元，下降13.9%；上划省级收入8545万元，增长56%。全年一般预算支出493090万元，比上年下降3.4%。其中，一般公共服务支出50728万元，增长1.6%；教育支出99611万元，增长1.6%；社会保障和就业支出88581万元，增长4.6%；医疗卫生支出32815万元，下降55.1%；农林水事务支出73570万元，增长0.3%；城乡社区事务支出32055万元，增长47.2%；交通运输支出20172万元，增长6.3%；资源勘探电力信息等事务支出16579万元，增长105.8%。

重点民生实事项目稳步推进，完成44项重点民生实事项目，其中上线服务事项、集成可应用的电子证照种类、城镇新增就业、开展补贴性职业技能培训、创业培训、康复救助残疾儿童、困难残疾人家庭无障碍改造、建设农村公路安防设施、普通国省道安防精细化提升、农村地区10千伏及以下电网供电能力提升、农村新增基站、农村新增千兆光纤端口、工伤保险参保人数、失业保险参保人数、困难老年人居家适老化改造等项目超额完成目标任务。

二、农业和农村经济

全年落实粮食种植面积49.25千公顷，实现粮食总产量31.59万吨，分别比上年增长0.5%、1.6%。油料种植面积10596.03公顷，油料总产量1.93万吨，分别比上年增长8.1%、7.9%。水果产量7.8万吨，比上年增长2.7%。蔬菜种植面积13094.55公顷，蔬菜总产量26.23万吨，分别比上年增长0.3%、3.2%。全年出栏肉猪78.11万头，比上年下降2.5%；出栏牛2.32万头，比上年下降5.7%；

出栏羊9.04万只，比上年下降2.8%。禽蛋产量3100吨，比上年增长24%。水产品产量11350吨，比上年增长1.2%。

全县农产品加工企业达806家，其中国家级及省级龙头企业7家。实现销售收入1447000万元，实现利税24380万元。

新增农田有效灌溉面积1940公顷，新增节水灌溉面积86.67公顷。全县农作物遭受自然灾害面积547.2公顷，成灾面积308.7公顷。全年化肥施用量（折纯）14602吨。

全年开工各类水利工程10处，水利工程投入资金6956万元，水利工程完成土石方16.8万立方米，治理水土流失面积72.11平方公里。

年末全县拥有农业机械总动力260075千瓦，农村用电量43958.9万千瓦时。

三、工业和建筑业

全年全部工业增加值同比增长6.9%，其中规模以上工业增加值增长7.6%；规模以上工业增加值分门类看，采矿业下降6.6%，制造业增长7.85%，电力、热力、燃气及水生产和供应业增长14.7%。

2023年12月底全县独立核算规模以上工业企业为209家。规模以上工业全年实现营业收入2306384万元，比上年增长3%。规模工业产销良好，产品销售率98.8%。

全县建筑业总产值327318.4万元，比上年增长22.18%。资质等级内建筑业企业实现利润总额14954.1万元。房屋建筑施工面积171.5万平方米，增长6.5%。房屋建筑竣工面积127.1万平方米，增长11.2%。

四、固定资产投资

2023年全县固定资产投资比上年下降25.3%。其中，工业投资下降37.6%，基础设施投资下降46.9%，民生投资增长28.8%，生态投资下降31%，高新技术产业投资增长46.4%，工业技改投资下降55.1%，房地产开发投资比上年下降14.13%。按产业分，第一产业投资比上年下降79.1%；第二产业投资比上年下降37.6%；第三产业投资比上年下降12.4%。

五、交通、邮电和旅游

年末全县公路里程2640.2公里。全县公路货物周转量32.5万吨公里，比上年增长5.4%；公路旅客周转量11.5万人公里，比上年增长6.1%。

全年邮电业务总量43573.1万元，固定电话用户5821户，移动电话年末用户473496户。电话普及率为80部/百人，年末互联网宽带用户580128户。

全年共接待国内旅游者374.6万人次，实现旅游收入37.66亿元。

六、国内贸易

全县实现社会消费品零售总额1144855.5万元，比上年增长7%。其中，限额以上法人企业零售额363207.7万元，比上年增长13.8%。按销售单位所在地分，城镇1014561.3万元，增长6.9%；乡村130294.2万元，增长7.9%。按消费形态分，批发和零售业单位零售额951367.8万元，增长6.9%；住宿和餐饮业单位零售额193487.7万元，增长7.2%。

七、招商引资和对外经济贸易

全年实际利用内资1126316.85万元，比上年增长20.7%，其中工业实际利用境内省外资金913270.88万元。实际利用外资15万美元，下降92.5%。引进亿元以上项目33个。

全年完成外贸进出口总额80764.88万元，其中出口78665.86万元，进口2099.02万元。

八、税收和金融

全县税收入库88855.9万元，下降12.3%。按税收体制分，中央税33489.6万元，省级税8548.9万元，县级税46817.4万元。

年末全县金融机构各项存款余额3041111.2万元，比上年增长10.45%。其中，单位存款294632.4万元，下降1.8%；住户存款2746478.8万元，增长11.9%。年末全县金融机构各项贷款余额2197289万元，比上年增长13.2%。其中，短期贷款670376.7万元，增长15.5%；中长期贷款1411704.6万元，增长11.9%。

九、文化、教育、卫生、体育和科技

全县拥有艺术表演团体6个，文化馆1个，公共图书馆1个，放映农村公益电影4693场。县级电视台1个，电影院2个。

全县共有体育场16个，体育馆2座，运动场731个。开展全面健身项目4次，全面健身运动参加人数24万人。

年末全县拥有各类学校302所，其中高中9所、职业中学3所、初中39所、小学162所、幼儿园88所、特殊教育1所。年末在校学生102844人，其中在校高中生、职业中学、初中生、小学生、幼儿园分别为15770人、4346人、26009人、43378人、13280人。小学适龄儿童入学率、毕业生升学率分别为100%、100%。各类民办学校76所，民办学校在校学生12928人。年末全县共有卫生机构599个，其中医院29个、妇幼保健计划生育服务中心1个、疾病预防控制中心1个、卫生计生综合执法局1个。全县卫生机构拥有4110张床位，卫生技术人员4622人，其中执业医师和执业助理医师1486人、注册护士2312人。

全年全县新增发明专利授权33件，每万人发明专利拥有量达2.78件；签订技术合同71项，技术合同成交金额198900万元。2023年，全县高新技术产品生产企业110家，高新技术产业实现产品产值1340188万元，比上年增长28.3%。

十、人民生活和社会保障

居民人均可支配收入23815元，比上年增长6.6%。城镇居民人均可支配收入36450元，比上年增长4.6%。其中，工资性收入15408元，下降16.8%；经营净收入6099元，增长24.1%；财产性净收入3889元，增长50.4%；转移净收入11054元，增长25.2%。农村居民人均可支配收入17066元，比上年增长7.5%。其中，工资性收入8094元，增长30.1%；经营净收入2584元，增长8.1%；财产性净收入127元，下降24.1%；转移净收入6261元，下降11.7%。

居民人均消费支出17479元，比上年增长6.5%。城镇居民人均消费支出21083元，比上年增长5.3%。其中，食品烟酒支出6498元，下降3.5%；衣着支出1331元，下降12.6%；居住支出3022元，下降34.5%；生活用品及服务支出1175元，下降3.3%；交通通信支出3557元，增长86.8%；教育文化娱乐支出3296元，增长17.2%；医疗保健支出1855元，增长116.4%；其他用品和服务支出349元，下降3.4%。农村居民人均生活消费支出15554元，比上年增长7%。其中，食品烟酒支出5016元，增长0.7%；衣着支出817元，增长13.2%；居住支出3215元，下降12.9%；生活用品及服务支出763元，增长28.8%；交通通信支出1315元，增长9.5%；教育文化娱乐支出2700元，增长33.2%；医疗保健支出1565元，下降44.5%；其他用品和服务支出163元，下降31.5%。

年末全县参加基本医疗保险人数为637039人，其中城乡居民基本医疗保险人数为597917人、职工医疗保险人数为39122人。参加生育保险职工人数为22534人。

年末全县参加城镇基本养老保险职工人数为44631人，参加新型农村社会养老保险人数为452085人；参加工伤保险职工人数为46124人，参加失业保险职工人数为25937人，领取失业保险金职工人数2472人。城镇人口登记失业率为3.6%，失业人员再就业人数4780人。

城镇低保对象月人均补助401元，保障对象已达到2757人，全县城镇低保金共发放1406.1万元；农村低保对象月人均补助255元，全县农村共有18851人享受农村最低生活保障金，全年低保金共发放5678.9万元。销售社会福利彩票2034万元。

十一、资源、环境和应急管理

水资源量7.81亿立方米，年降水量1193.2毫米。

新邵县地处湖南省第二成矿富集地带，矿藏资源极其丰富，是湖南省“有色金属之乡”。已发现的矿种34种，已探明资源储量的矿种7种，其中能源矿产1种、金属矿产4种、非金属矿产2种。

2023年，全县共发生各类生产经营性安全事故6起，死亡5人；全年道路交通死亡率0.02%。

邵 阳 县

邵阳县地处湖南省中部偏西南、邵阳市西南部，位于东经110° 59′—110° 40′，北纬26° 40′—27° 6′之间，2023年辖12个镇8个乡3个农林场，土地总面积2001.01平方千米。

2023年邵阳县辖12个镇8个乡1个园艺场2个林场，设1个省级高新区，土地总面积2001.01平方千米。年末户籍人口104.22万人，常住人口71.45万人；人口自然增长率–3.15‰。

截至2023年，全县共有26个民族，汉族占99.6%，其余6000余人散居少数民族人口主要为回族、壮族、侗族、瑶族等。

年内最高气温38.5℃，最低气温–4.2℃；年降水量1079.3毫米。森林覆盖率46.39%，水质综合达标率100%，空气质量优良率93.2%。怀邵衡高速铁路、洛湛铁路、沪昆高速公路、二广高速公路经过县境，呼南高速铁路、白新高速公路正在建设当中。有天子湖国家湿地公园、河伯岭森林公园、鸡公岩国家石漠公园等3个风景名胜区，有金江湖（弄子生态旅游景区）、塘田战时讲学院旧址、济公岩等3个AAA景区。全国、省级重点文物保护单位分别有1处、2处，国家级、省级、市级非物质文化遗产保护项目分别有2个、2个、4个，省级爱国主义教育基地3个，省级干部党性教育基地1个。

邵阳县境，西汉初置昭陵县；汉元始（5年），境内封昭阳侯国。

三国时期，东吴宝鼎元年（266年）改昭阳侯国为昭阳县，与昭陵县同属昭陵郡。

晋代，武帝太康元年（280年），改昭陵、昭阳县为邵陵、邵阳县。

南北朝时期，陈并邵陵于邵阳。

隋代，开皇十年（590年）废郡，并夫夷、都梁两县入邵阳，移邵阳县治于昭陵故址；隋末析邵阳置武攸。

唐朝，武德四年（621年）析置邵陵、建兴两县，后复并邵陵入邵阳，并建兴入武冈。

南宋，理宗宝庆元年（1225年），升邵州为宝庆府，邵阳仍为附郭之县。

元、明、清三朝，循宋制。

1949年7月析置邵阳市（县级市）；1951年11月析县境东北置邵东、新邵县，邵阳南部和新划入的武冈东部6乡为邵阳县，迁县治于塘渡口，属邵阳专署；1986年属邵阳市。

邵阳县2023年国民经济和社会发展统计公报

2023年是极为不易、极具考验、极其难忘的一年。面对经济下行等诸多挑战，我们坚持以习近平新时代中国特色社会主义思想为指导，在县委、县政府的坚强领导下，深入学习贯彻党的二十大精神，坚持稳中求进工作总基调，统筹疫情防控和经济社会发展，全面落实“三高四新”战略定位和使命任务，扎实推进“三兴三区”建设，较好地推动了经济社会发展。

一、综合经济

全年实现生产总值2140531万元，按可比价计算，同比增长4.2%。其中：第一产业实现增加值483770万元，同比增长3.3%；第二产业实现增加值676230万元，同比增长3.9%；第三产业实现增加值980531万元，同比增长4.9%。第一、二、三产业比重为22.60 ∶ 31.59 ∶ 45.81。第一产业贡献率为19.7%，二产业贡献率为27.5%，三产业贡献率为52.8%。

二、农业和农村经济

2023年建设新农村示范村27个，农产品加工企业457家，其中市级以上龙头企业38个。全年农林牧渔业总产值同比增长3.4%，其中农业产值同比增长7.4%，林业产值同比增长–8.9%，畜牧业产值同比增长–0.3%，渔业产值同比增长–10.4%，农林牧渔服务业产值同比增长9%。

全年主要粮食农作物播种面积104.74万亩，谷物种植面积98.25万亩；水稻种植面积84.43万亩，其中早稻28.30万亩；中稻和一季晚稻种植面积28.04万亩，双季晚稻28.09万亩；烟叶种植面积2.09万亩；玉米种植面积11.76万亩；高粱种植面积1.16万亩；薯类种植面积2.20万亩；油料种植面积33.05万亩；其中油菜籽27.79万亩，花生5.21万亩；蔬菜瓜果种植面积31.43万亩，其中西瓜种植面积4.33万亩，草莓种植面积0.1万亩；糖料种植面积0.17万亩。全年化肥施用量（折纯）28018吨；全年农药施用量689万吨。

全年共免疫牲畜108.12万头，免疫家禽518.79万羽，免疫率均达100%。全年出栏生猪91.42万头，增长–2.2%；能繁育母猪同比增长–11.37%。出栏肉牛2.45万头，同比增长3.38%；出栏羊6.85万头，增长1.93%；出栏家禽518.79万羽，增长19.9%。

全县森林覆盖率为47.7%，林地面积143.1千公顷，活立木5257490立方米。全年完成造林面积0.269千公顷，新造优质油茶林14046.8亩，油茶籽产量62493.9吨。

全年开工各类水利工程691处，完成水利工程土石方0.92亿立方米，水库除险加固19座。全县小Ⅰ型水库46座，小Ⅱ型水库188座，山塘40126口。水资源总量6.71亿立方米，年末全县中小型水库蓄水总量0.37亿立方米，总用水量35395万立方米。

全县拥有农业机械总动力635900千瓦，增长–0.56%。大中型拖拉机672台/43983千瓦。共拥有农用收割机444台，本年新购农用收割机29台。本年发放农机补贴883万元。

三、工业和建筑业

2023年全县工业增加值同比增长1.8%，其中规模以上工业增加值增长0.1%；规模以下工业增加值增长8.0%。按经济类型分：其他经济企业同比增长12.7%；股份制企业同比增长–7.6%；外商及港澳台投资企业同比增长–41.0%。

2023年全县建筑业总产值同比增长4.3%，增加值同比增长9.1%，利润总额同比增长–0.01%，房屋建筑施工面积同比增长7.7%，建筑竣工面积同比增长8.8%。

2023年全社会用电量101078.6045万千瓦时，增长2%。其中居民生活用电同比增长–1%，农业用电同比增长13%，工业用电同比增长–2%。本年投入资金14667.76万元，完成行政村电网改造240个。

四、固定资产投资、房地产开发

2023年全县固定资产投资同比增长12.1%，按经济类型分：国有投资同比增长–27.7%，非国有投资同比增长17%。按产业分：第一产业投资同比增长25%，第二产业投资同比增长14.5%，第三产业投资同比增长6.3%。全县工业固定资产投资同比增长17.5%，其中工业技改投资同比增长32.4%。

县内现有房地产开发公司20家，房地产业增加值同比增长5%。2023年商品房竣工面积32.12万平方米，同比增长48.84%；商品房期房销售面积42.4万平方米，同比增长136.87%。

五、贸易经济

2023年社会消费品零售总额同比增长5.9%。按城乡分：城镇消费同比增长6.0%，乡村消费同比增长4.9%。按行业分：批发业同比增长6.4%，零售贸易业同比增长6.6%，住宿业同比增长3.5%，餐饮业同比增长2.0%。其中限额以上批发零售贸易企业97家，完成零售额同比增长1.7%；限额以上住宿餐饮业29家，完成营业额同比增长37.0%。

2023年实际利用内资87.07亿元，同比增长19.2%；实际利用外资104.55万美元。

六、交通、邮政和通信

2023年全县铁路营运37.4公里，火车站3个，年末公路线路里程4355.959公里。县城公交车辆30辆，出租的士125台。本年完成农村公路建设里程共42.783公里。全年货物周转量同比增长4.64%；货运量同比增长2.98%；旅客周转量同比增长8.26%；客运量同比增长4.04%。

全年邮政业务量10775.35万元，增长14.86%；通信业务总量36238.85万元，增长5.98%。现有乡镇邮政所25个，全年报刊发行619.28万份，增长–8.98%；邮件投递3487332件，增长10.61%；快递3029136件，增长9.27%；信件投递9.45万封，增长–29.45%；邮政网点28个。年末拥有固定电话用户15090户，增长–5%。其中城市电话6751户，增长–4%；乡村电话8339户，增长–5%；新增光缆线路1023公里。年末宽带用户178949户，其中电信互联网用户80517户，增长7%；移动互联网用户82604户，增长9.48%；联通互联网用户15828户，增长6.02%。年末基站2326座，其中电信436座，移动公司1147座，联通基站743座。年末拥有移动电话601125户，其中移动公司299452户；联通105217户；电信196456户。5G用户303414户，其中电信公司115719户，移动公司155330户，联通公司32365户；4G用户176013户，其中移动109800户，联通用户66213户；3G用户1012户，联通用户1012户。

七、财政、金融、保险

2023年全县一般公共预算收入79003万元，增长15.56%。其中税收收入46349万元，增长11.69%；非税收入32654万元。

财政一般预算支出629877万元，同比增长–0.81%。其中农林水事务支出91957万元，增长16.28%；社会保障支出96217万元，增长11.96%；教育支出124061万元，增长1.49%；文化体育与传媒支出6481万元，增长16.02%；医疗卫生支出38863万元，增长–62.29%。

2023年年末金融机构各项存款余额同比增长10.49%，各项贷款余额同比增长20.31%。

2023年共完成保费收入58855万元。其中人身险收入35983万元，财产险收入22871万元。赔付额29862万元，其中人身险赔付12821万元，财产保险赔付17041万元。

八、科学技术和教育

2023年，全县国有事业单位专业技术人员11068人，其中女性6637人。高级技术职称人员1886人。全县高新技术产品生产企业84个，其中高新技术企业50个。全县发明专利拥有量116件，实用新型专利拥有量1126件，外观设计专利拥有量1361件。签订技术合同45项，技术合同成交金额23.08亿元。

年末拥有学校180所，其中普通高中8所，初级中学43所，小学129所。在校学生93309人，其中高（职）中生19251人，初中生26928人，小学生47130人。毕业生22253人，其中高（职）中毕业生5617人，初中毕业生9072人，小学毕业生7564人。特殊学校在校生400人。全县幼儿园在园儿童13065人，比上年增长–23.32%。适龄人口入学率100%。享受免费教科书学生人数76395人。小学招生6789人，初中招生7691人，高中招生6638人，特殊学校招生35人，全县共有专职教师7192人，其中高（职）中专职教师1045人，初中专职教师2847人，小学专职教师3300人。2023年县内参加高考人数5886人。

九、文化、广播、体育、档案

年末拥有群众艺术馆、文化馆22个，公共图书馆24个，藏书11.86万册；拥有国家级非物质文化保护遗产项目2个，省级非物质文化保护遗产项目2个，市级非物质文化遗产保护项目7个。民间艺术表演团体7个，农村电影放映队28个。全县现有中、短波广播发射台和转播台1个，电视台1座，电视综合覆盖率为100%。

国内旅游347.086万人次，国内旅游收入同比增长71.09%。

年末拥有运动场3个，体育馆1座，体育场2个，游泳池4个，各种训练房6个。创建村级体育活动场所30个，配置设备30套。开展群众体育活动22场次，参与人数达1.2万人次；全民健身运动22场次，全民健身运动参加人数达19.2万人次；参加比赛获得亚洲冠军1个；运动员共获省级以上金牌8枚，市级以上银牌85枚。

2023年全县共创建市级文明单位8个、市级文明乡镇3个，市级文明村3个；县级文明单位22个、县级文明乡镇4个，县级文明村67个。

全县拥有县级档案馆1个，馆藏各类档案424450卷（件），本年利用档案4200人次，利用档案资料5030卷次。

十、人口、卫生、人民生活和社会保障

2023年全县常住人口71.45万人，户籍人口104.22万人。结婚人数3480对，离婚1363对，补发婚姻登记证1201对，补办离婚手续236对。全县共有卫生机构39个，共拥有床位4526张。乡镇卫生院25个，拥有床位1504张。现有卫生技术人员3754人，全年共诊疗130万人次（不包含诊所及村卫生室），住院97816人次，出院97360人次。

2023年全县城镇居民人均可支配收入35552元，增长4.4%。按类别分：人均工资性收入17261元，增长4.9%；人均经营净收入6281元，增长4.2%；人均财产净收入2325元，增长4.6%；人均转移净收入9684元，增长3.6%。城镇居民人均生活消费支出为21739元，比上年增长5.2%。分类来看，食品烟酒、衣着、居住、生活用品及服务、交通通信、教育文化娱乐、医疗保健、其他用品和服务等消费支出分别为6937元、1804元、3540元、1042元、2266元、3721元、1760元、670元。分别增长5.9%、4.8%、2%、4.4%、6.1%、8.1%、3.6%、2.8%。农村居民人均可支配收入16958元，增长8%。按类别分：人均工资性收入5362元，增长8.7%；人均经营净收入5525元，增长7.1%；人均财产净收入432元，增长15.3%；人均转移净收入5639元，增长7.7%。农村居民人均消费支出15493元，比上年增长7.3%。分类来看，食品烟酒、衣着、居住、生活用品及服务、交通通信、教育文化娱乐、医疗保健、其他用品和服务等消费支出分别为4830元、632元、3590元、671元、1820元、2001元、1673元、276元，分别增长6.4%、5.2%、6.2%、10.6%、6.4%、8.2%、7.7%、41.8%。

全年投入专项扶贫资金同比增长–30.36%，监测户3963户/12376人，累计已消除风险的监测户1953户/6429人。

年末新增就业人员1.3436万人，城镇新增就业人员0.5788万人，下岗职工再就业0.769万人。参加失业保险2.32万人，参加工伤保险4.55万人。全县参加城乡居民基本医疗保险人数79.0248万人。农村危房改造148户，其中新建95户，维修53户。年末全县工会组织852个，工会会员65025人。2023年佛教信仰人数37625人，道教信仰人数4952人，伊斯兰教信仰人数3308

人，基督教信仰人数215人。

十一、节能减排、环境保护

2023年全县完成环保验收项目4个，环保验收项目实际总投资4669.3万元；完成限期治理项目4个，限期治理投资额为222万元。废水排放总量同比增长116.19%，化学需氧量排放总量同比增长30.69%，氨氮排放总量同比增长41.81%，总氮排放总量同比增长156.58%，总磷排放总量同比增长151.35%，工业废气排放总量同比增长4.28%，二氧化硫排放总量同比增长–31.81%，氮氧化物排放总量同比增长–29.03%，颗粒物排放总量同比增长69.23%，挥发性有机物排放总量同比增长–14.51%。

全县行政区域面积200098.7公顷，其中耕地面积53352.08公顷。现有园地12346.75公顷，林地96084.03公顷，草地1668.84公顷。域内已发现的矿种26种，查明有资源储量的矿种9种。原煤蓄量6429万吨。域内年均降水量907.5毫米，平均气温18.4℃，平均日照1383.4小时。

2023年城市建城区面积17.67平方公里，城市公共绿地6.8487平方公里，城市绿化覆盖率41.51%。城市道路72.22公里，道路面积106.67万平方米，城市自来水供应量1207万吨，环保工人520人，县城日平均清运垃圾量310吨。

十二、安全生产和社会稳定

2023年全县查处治安案件2260件，侦破案件607件，交通事故12054起。法院受理各类民事案件4639件，受理行政案件52件。经济案件受理7人（件），立案侦查7件（人），结案率100%。律师事务所4个，从业律师68人。公证处1个，办理公证数587件，增长13.32%，人民调解委员会442个，全县共排查调处各类矛盾纠纷4034起。

隆 回 县

隆回位于湘中偏西南，总面积2868平方公里，地处湘中稍偏西南。位于东经110°38′—111°15′。北纬27°00′—27°40′。东邻新邵县，西连洞口县，南接邵阳、武冈县，北毗溆浦、新化县。东西宽61.4公里，南北长74.6公里，占全省总面积的1.35%。县城距省长沙283公里，距邵阳市56公里。县辖18个建制镇，5个乡（其中少数民族乡2个），2个街道办事处，506个行政村，25个居委会，41个社区居委会。2023年末全县总人口为128.07万人，常住人口98.02万人。有汉族、回族、瑶族、苗族、蒙古族等24个民族，是革命老区县、湖南省特色县域经济重点县。

隆回境内山、丘、岗、平地貌类型齐全，山地占40.35%，丘陵占25.29%。岗地占18.565%，山原占7.53%，平原占5.64%，水域占2.63%。县境自东南向西北呈阶梯式递升，形成南部丘岗区、西北山原区、北部山地区3个地貌区。县境内山丘属雪峰山脉，全县共有海拔800米以上的山峰647座，其中1500米以上的73座，全部分布于县境西北部和北部。

县域属中亚热带季风湿润气候，气候温和，四季分明，雨量集中，前湿后干，且南北差异较大。年日平均气温11—17℃。年平均无霜期281.2天。年平均降水量1427.5毫米。境内河流分属资水水系和沅水水系。全县有流长5公里、流域面积10平方公里以上的河流71条，总长2073.5公里，河网密度0.77公里/平方公里。年均地表径流总量22.47亿立方米，地下水年前储量3.6—4.8亿立方米。

县内自然资源丰富，生物资源品类繁多，是国家农产品主产区，水稻有籼、粳、糯3个类型，旱粮有近20个品种，经济作物有20多项，上千种。其中金银花、龙牙百合、辣椒、生姜、红皮大蒜驰名中外。植被200余科，1000余种，其中805种野生植物可作药材。竹、杉、松等经济林资源十分丰富。野生动物资源133种。家禽畜品种繁多，是国家生猪调出大县。土壤富硒含量是世界平均值的25倍、全国平均值的30倍。矿藏物产资源丰富。现探明矿种有煤、金、锰、冰洲石、大理石、稀土、锆石等，具有巨大开发潜力。已查明的地下矿藏40余种。其中煤远景储量5886万吨；黄金矿颁面占全县面积的1/3，远景储量6.273吨。其他储量较大的矿藏还有铅、锌、锰、锑、铜、铁、锡、磷、汞、高岭土、大理石、石灰石及稀有金属矿铌、钽、铌铁、独居石、绿柱石、铣石等。境内有6处碱性硅质温泉，水质水温均符合工业用水标准，在农业和医疗方面也有利用价值。水能理论蕴藏量16.24万千瓦，可开发量4.79万千瓦。

隆回县2023年国民经济和社会发展统计公报

2023年，面对错综复杂的宏观环境，全县上下在县委、县人民政府的坚强领导下，坚决贯彻落实“拼经济、抓发展”的要求，在应对挑战中改革创新，在攻坚克难中砥砺奋进，积极因素不断累积，经济运行稳中向好，社会各项事业取得显著成效。

一、综合

国民经济稳步增长。全年实现地区生产总值（GDP）2867759万元，同比增长4.9%，其中：第一产业增加值为576947万元，较上年增长3.3%；第二产业增加值为808894万元，较上年增长7.0%；第三产业增加值为1481918万元，较上年增长4.6%。其中：交通运输、仓储和邮政业增加值实现81200万元，同比增长5.2%；批发和零售业增加值实现67236万元，同比增长7.2%；住宿和餐饮业增加值实现16124万元，同比增长10.4%；金融业增加值实现168804万元，同比增长9.3%；房地产业增加值实现275834万元，同比增长6.6%；其他服务业增加值实现858516万元，同比增长2.8%。三次产业占比为20.12∶28.21∶51.67。

重点民生实事项目全部完成。全年全县10项省级重点民生实事项目、4项重点监测民生项目、6项市级重点民生实事项目、8项县定重点民生实事项目全部圆满落实或超额完成。经评估认定，全年建设乡镇标准化寄宿制学校3所；完成9个农村学校提质改造；开工建设城镇老旧小区15个；完成农村改厕2800座；实现普通门诊异地结算二级以上定点医疗机构全覆盖；农村适龄及城镇低保适龄妇女“两癌”免费检查17000人；完成困难老年人居家适老化改造550户；城市最低生活保障标准由600元/月提高到650元/月，农村最低生活保障标准由4620元每年提高到5000元每年，困难残疾人生活补贴和重度残疾人护理补贴发放标准每人每月分别提高到80元；实施130户困难残疾人家庭无障碍改造139户；农村公路提质改造80.02公里，农村公路安防设施完成建设45.66公里，普通国省道安防精细化提升15公里；新增蓄水能力76万方；完成49个集中式饮用水水源地的规范化建设。

二、农业

农业生产基本稳定。全年农林牧渔及服务业总产值1073953.6万元，比上年增长3.4%。其中农业总产值682411.9万元，增长5.6%，林业总产值28386.6万元，增长10.3%，牧业总产值302774.7万元，下降1.9%，渔业总产值33244.5万元，增长6.9%，服务业总产值27135.8万元，增长8.3%。

全年粮食播种面积72.55千公顷，增长0.28%，粮食总产量52.86万吨，增长1.58%。全年农作物受灾面积6078.3公顷，成灾面积1653.9公顷，绝收517公顷。

畜牧生产保持平稳。全县生猪存栏49.78万头，能繁母猪存栏4.76万头，生猪出栏81.58万头；肉牛存栏6.37万头，肉牛出栏2.64万头；肉羊存栏7.02万头，肉羊出栏10.97万头；家禽存栏369.43万只，家禽出栏577.77万只。

特色产业蓬勃发展。创建省级示范社及重点支持合作社7家，省级示范农场7家。成功申报市级示范合作社12家，市级示范家庭农场15家。全县现有国家级龙头企业1家，省级龙头企业15家，市级龙头企业52家。

三、工业和建筑业

工业经济总体向好。全年实现工业总产值287.21亿元，同比增长10.3%（核减基数）。规模工业增加值同比增长8.8%。年内新增规模以上工业企业16家，全县年末规模工业企业达209家。规模以上工业企业完成总产值246.36亿元，同比增长11.98%；完成销售产值244.24亿元，同比增长15.4%。

规模工业经济效益持续增长。全县规模以上工业企业主营业务收入244.23亿元，同比增长13.31%；利润总额11.18亿元，同比增长17.07%；利税总额17.41亿元，同比增长15.52%。

建筑业增势向上。全年完成建筑业总产值467275万元，比上年增长18%。全县具有资质等级建筑企业27家，全年实现建筑业增加值152051万元，同比增长6.2%。

四、固定资产投资

固定资产投资艰难前行。全年固定资产投资额同比下降6.2%。第一产业投资占总投资的比重为2.6%，第二产业投资占总投资的比重为41.6%，第三产业投资占总投资的比重为55.8%。在总计中：国有企业投资占总投资的比重为14.8%；民间投资占总投资的比重为78.3%。

目建设推进缓慢。全县开工建设投资项目176个，其中本年新开项目105个，完成投资额同比下降10%。全年开工建设000万元以上投资项目67个，其中本年新开工项目39个，完成投资额同比增长3.1%。

房地产业销售升温。全年房地产开发投资22.49亿元，比上年增长27.3%。商品房销售面积53.89万平方米，比上年增长25.2%。

五、国内贸易、对外经济

消费市场保持稳定。实现社会消费品零售总额1820482.2万元，同比增长6.5%。其中：限额以上零售额实现597461.4万元，同比增长8.2%；限额以下零售额实现1223020.8万元，同比增长5.6%。限额以上零售额中，从区域看：城镇地区实现563044.1万元，同比增长8.3%，乡村地区实现34417.3万元，同比增长6.2%。从行业看：批发业实现50627.3万元，同比增长6.4%；零售业实现327145.8万元，同比增长7.5%；住宿业实现23121.2万元，同比下降6.4%；餐饮业实现24621.6万元，同比增长15.7%。

招商引资成效显著。全年实际使用内资86.5亿元，同比增长18.4%，利用外资172.5万美元。全年累计签约招商项目30个，签约总金额106.19亿元，其中亿元以上项目24个，投资总额103.46亿元。新注册外商投资企业1家。

外经外贸有序推进。全年实现外贸进出口总额13.2亿元，同比增长10.7%，其中出口总额13.2亿元。

六、邮电和旅游

邮电事业平稳发展。全年邮政业务总量15016.44万元，同比增长4.1%，函件1.83万件，报刊期发数432.68万份，报刊流转额1401.42万元，集邮9.89万枚。

旅游事业势头强劲。全年共接待游客813.26万人次，旅游收入90.26亿元。举办第二届邵阳旅游发展大会，打造瑶王古寨非遗展厅和崇木凼“一户一场景”建设。

七、财政、金融和保险

财政收支稳定增长。全县财政总收入达到183620万元，同比增长18.4%，其中地方一般预算收入125202万元，同比增长8.76%，财政总收入占GDP的比重为6.4%，其中：税收收入87740万元，同比增长11.87%；非税收入37462万元，同比增长2.11%；上划中央财政收入46824万元，同比增长28.19%；上划省级财政收入11594万元，同比增长237.62%。

公共财政支出（一般预算支出）715512万元，同比增长3.39%，其中：农林水事务支出113663万元，较上年增长7.02%；教育支出172233万元，较上年增长1.9%；医疗卫生支出53055万元，较上年下降48.14%；社会保障和就业支出103866万元，较上年增长23.55%。

金融信贷运行健康。年末金融机构本外币存款余额574.63亿元，比年初增加52.58亿元，其中城乡居民储蓄存款499.74亿元，比年初增加53.93亿元。各种本外币贷款余额336.28亿元，比年初增加59.40亿元，其中中长期贷款余额224.66亿元，较年初增加43.63亿元。

保险业良好发展。全年保费收入50808.2万元，其中：寿险保费收入27892.5万元，健康险保费收入3181.1万元，意外伤害险保费收入930.7万元，财产险保费收入4070.7万元。各项赔款和给付支出23365.0万元，其中：寿险给付5466.5万元，健康险赔款和给付1627.87万元，意外伤害险赔款和给付587.4万元，财产险赔款和给付2570.9万元。

八、教育和科学技术

教育事业不断发展。全县各类学校单位数629所，其中：职业中学3所，普通中学75所，普通小学258所，幼儿园293所。在校学生208046人，其中中等职业教育在校学生9080人，普通中学在校学生87457人，普通小学在校学生87919人，幼儿园在园幼儿数23590人。

科技创新赋能发展。全年专利授权总数490件，其中发明专利授权24件。全年成功申报科技特派员项目2个，组织申报市级科普示范基地2个，省级科普项目2个。

九、文化、卫生和体育

文化事业欣欣向荣。年末拥有文化站25个，公共图书馆1个，公共图书馆藏书14.3万册，文化馆1个，共有县级广播电台1座，电视台2座，中、短波广播发射台15座，有线电视用户26.5万户，乡及乡级以上农村有线广播站数25个，农村有线广播入户率92%。完成花瑶呜哇山歌传习基地设备添置和呜哇山庄传习基地升级改造。完成省级非遗代表性项目申报工作，梅山油龙习俗、花瑶山歌、隆回农民画已通过评审进入公示。

卫生事业稳定发展。全年全县卫生经费18.28亿元，较上年下降16.3%。全县卫生机构881个（含村卫生室），其中专科疾病防治、妇幼保健、疾控中心各1个，卫生监督检验机构1个。各类医疗卫生机构床位数6633张。卫生技术人员6332人，其中医生2481人，护师、护士3102人。

体育事业成绩喜人。全县体育事业经费投入289万元，拥有体育场地1595个，其中体育馆11座，运动场1455个，游泳馆13个，各种训练房83个。举办县级以上运动会15次，达到国家体育锻炼标准人数41.08万人，其中：女性27.21万人。全年获得全国比赛奖牌2枚，省级比赛奖牌20枚。

十、人口、人民生活、就业和社会保障

负增长。2023年末全县总人口为128.07万人，常住人口98.02万人。人口出生率为6.31‰，死亡率为8.59‰，自然增长率为-2.28‰。城市化率为44.93%。

居民生活水平稳步提高。全体居民人均可支配收入22150元，同比增长7.6 %。城镇居民人均可支配收入为33777元，较上年增长4.5%。城镇人均生活消费支出22206元，同比增长4.2%。年末城镇居民每百户家庭拥有彩电114台，电脑80台，空调72台，移动电话260部，冰箱102台。农村居民人均可支配收入16587元，比上年增长9.2%，农民人均生活消费支出15029元，比上年增长6.5%。年末农村居民每百户家庭拥有彩电100台，移动电话195部，冰箱88台，空调9台。

社会保障体系取得实效。全县参加基本养老保险人数83.11万人，参加失业保险人数3.30万人，参加工伤保险人数5.63万人，参加生育保险人数2.86万人，参加城乡居民基本医疗保险参保人数97.02万人。

就业形势总体稳定。年内城镇新增就业5074人，其中城镇失业人员再就业4331人，就业困难人员再就业964人。完成职业技能培训和创业培训6679人，建设就业帮扶车间135个，吸纳就业7790人。大力开发公益性岗位，共开发护林员、保洁员、村协管员、光伏发电管护员、公路养护员、质量安全监督员等乡村公益性岗位5089个。

社会福利持续加强。享受救济的城乡困难户人次数28594人次，城镇低保人数2309人，农村低保人数26285人，全年销售社会福利彩票3335.1万元。

十一、资源、环境与应急管理

资源相对稳定。土地总面积2867.67平方公里，其中耕地67449.31公顷，园地6260.91公顷，林地169732.81公顷，草地249.28公顷，湿地162.82公顷，城镇村及工矿用地21536.46公顷，交通运输用地1507.63公顷，水域面积7398.82公顷。

生态环境进一步改善。全年平均气温18.5℃，年降水量900.2毫米，年极端最高气温37.5℃，年极端最低气温–4℃。空气质量达标率94.8%，地表水质达标率100%。

安全生产事故下降。全县全年发生生产安全事故2起，死亡2人；亿元GDP生产安全事故死亡人数0.0070人。

洞口县

洞口县位于湘西南、雪峰山东麓、资水上游，是蔡锷将军故里、中国雪峰蜜橘之乡。土地面积2200平方公里，辖24个乡镇（街道、管理区），总人口88.51万，有汉、瑶、回等30个民族。

洞口山川秀美。境内层峦叠嶂，溪河纵横，号称“六山半水两分田，分半道路和庄园”。罗溪国家森林公园，为湖南最大国家森林公园，以天然画廊著称于世。平溪江横穿县城，构就“一江两岸三洲”迷人风光，其中回龙洲是全省仅次于长沙橘子洲的第二大城中岛。

洞口人文荟萃。既是革命老区县、红军长征经过地、抗日战争收官之战雪峰山会战主战场，又是中国楹联文化县、中国宗祠文化之都。伏龙洲萧氏宗祠珍存红军标语，闪耀至今。山门镇蔡锷公馆门联“修文演武双能手，护国倒袁一伟人”，概括了蔡锷伟大的一生。开国将军袁也烈、微信之父张小龙、国家科学技术进步奖特等奖获得者舒跃龙、消费经济学创始人尹世杰等一大批当代名人从这里铿锵出发。

洞口宜业宜居。得天独厚的自然条件，特别适合发展粮、猪、橘、茶等产业，雪峰蜜橘赢得周总理命名，斩获全国生态建设示范县、全国商品粮基地县、传统生猪调出大县等荣耀，为实现脱贫攻坚与乡村振兴有效衔接提供了可靠保障。绿色氧吧遍布，罗溪国家森林公园等地负氧离子含量高出世卫组织清新空气标准90倍，县域跻身长寿之乡。沪昆高速、洞新高速、怀邵衡铁路穿境而过，交通区位优势凸显。

洞口踔厉奋发。努力打造国家现代农业产业高新技术示范区、湘桂黔边工贸物流集散示范区、雪峰山生态文化旅游融合发展示范区，高质量建设成为湘西南区域中心县。新时代的洞口，上下同心，干群合力，正锚定县第十三次党代会擘划的“三区一中心”战略目标，蓄势腾飞，砥砺前行。

洞口县2023年国民经济和社会发展统计公报

2023年是全面贯彻党的二十大精神的开局之年，全县上下以习近平新时代中国特色社会主义思想为指导，在县委县政府的坚强领导下，坚持稳中求进工作总基调，全面落实“三区一中心”战略部署，全年经济运行稳中有进，进中提质，发展质量稳步提升，民生福祉持续改善，社会事业稳步向前。

一、综合

经济总量稳步提升。经初步核算，2023年全县实现地区生产总值（GDP）223.96亿元，按可比价计算，同比增长4.9%。分产业看，第一产业增加值65.61亿元，增长3.2%；第二产业增加值56.5亿元，增长7.3%；第三产业增加值101.85亿元，增长4.8%。三次产业增加值占地区生产总值比重分别为29.3∶25.2∶45.5，对经济增长的贡献率分别为21.3%、34.6%和44.1%。分行业来看，交通运输、仓储和邮政业增加值5.98亿元，增长7.1%；批发和零售业增加值4.22亿元，增长8.7%；住宿和餐饮业增加值1.83亿元，增长13.9%；金融业增加值12.22亿元，增长6.4%；房地产业增加值21.15亿元，同比增长4.4%；其他服务业增加值52.45亿元，同比增长3.5%。人均地区生产总值为33900元，同比增长5.9%。

二、农业

农业生产总体平稳。全县完成农业总产值116.89亿元，增长3.5%。全年粮食播种面积达到73.71千公顷，比上年增加0.17千公顷，粮食总产量突破50万吨，达到50.1万吨，其中：水稻产量44.21万吨，增产2.0%；油料作物总产量5.22万吨，增产3.1%；蔬菜产量54.41万吨，增产3.9%；水果总产量18.31万吨，增产4.6%。畜牧养殖业持续稳定发展，禽蛋产量0.14万吨，生猪、牛、羊分别出栏116.47万、2.16万、15.49万头（只），家禽出栏695.88万羽。

林业生产持续稳定发展。全年完成造林面积1.87千公顷，零星植树328.3万株；年末森林蓄积量达到1148.26万立方米，全县森林覆盖率为60.37%。

三、工业和建筑业

工业生产稳步恢复。全年工业增加值比上年增长5.2%，分门类看，采矿业增长5.3%，制造业增长5.2%，电力、热力燃气及水生产和供应业增长5.3%。其中规模以上工业增加值增长5.6%。

工业产销衔接较好。工业产销衔接较好。全县规模以上工业企业实现产品销售率达98.4%。

建筑业稳定发展。全年建筑业增加值11.83亿元，比上年增长16.2%。全县三级及三级以上建筑企业21家，完成建筑业总产值28.48亿元，增长12.8%。

四、固定资产投资

固定资产投资较快增长。全社会固定资产投资比上年增长16.0%。其中城镇投资增长10.9%，工业投资增长27.7%，民间投资增长33.2%，产业投资增长9.7%，现代物流投资增长100.7%。

五、国内贸易

消费品市场形势良好。全年实现社会消费品零售总额129.6亿元，比上年增长

7.2%，增速稳步回升。分城乡看，城镇实现限额以上社会消费品零售总额54.79亿元，增长12.83%，农村实现限额以上社会消费品零售总额2.03亿元，增长18.56%；分行业看，限额以上实现零售额56.82亿元，占整个社会消费品零售总额的43.8%。

对外贸易增长较快。全年外贸进出口总额3.78亿元，比上年增长。30.2%，其中出口总额3.66亿元，同比增长38.7%；进口总额0.12亿元，同比增长-54.7%。

招商引资成效明显。全年实际利用外资45.3万美元，实际利用内资91.1亿元，比上年增长22.4%。

六、对外贸易和旅游

旅游产业发展迅速。全县接待国内外旅游者458.3万人次，实现旅游收入41.5亿元。

七、交通和邮电业

交通运输总体平稳。全年交通运输和邮政业实现增加值5.98亿元。全年各种运输完成货物周转量402418万吨公里，旅客周转量846132万人公里，客货换算周转量444724万吨公里。

邮电通信业发展迅速。全年邮政业务总量增长14.9%，电信业务总量增长20%。年末局用交换机总容量75万户，固定电话用户2.7万户，移动电话用户54.05万户，计算机互联网宽带用户达19.37万户。

八、财政金融

金融信贷运行稳健。金融机构各项存款余额419.78亿元，比年初增加32.19亿，各项贷款余额194.56亿元，比年初增加18.21亿元，存量存贷比为46.35%，增量存贷比为56.55%。

财政收入平稳增长。全县完成财政总收入12.96亿元，其中完成地方财政公共预算收入9.19亿元，增长9.9%，上划中央收入3.01亿元，增长33.6%，上划省级收入0.75亿元，增长184.8%。地方收入税占比为60.9%，比上年提升0.6个百分点。全县财政总支出55.54亿元，增长-7.2%。

九、教育和科技

教育事业蓬勃发展。全县拥有高级中学（含民办）4所，完全中学1所，初级中学36所，九年一贯制学校14所，十二年一贯制学校1所，高中在校学生17531人，初中在校学生35431人，小学在校学生60516人，小学毕业生升入初中的升学率达100%，小学学龄儿童入学率为100%。全县有幼儿园212所（含附设学前班），在园幼儿18101人。其中公办园107所（含附设学前班），在园幼儿9955人；民办园105所，在园幼儿8146人。我县学前三年毛入园率92.1%，公办园占比55%，普惠性幼儿园占比90.1%。

科技事业成果显著。全年R&D内部经费支出5.7亿元，同比增长2.0%。高新技术企业80家，实现高新技术产品产值56.31亿元。

十、文化、卫生和体育

文化事业健康发展。全县有文化馆1个，文物管理站1个，公共图书馆1个，博物馆3个，档案馆1个，向社会开放档案2860人次。全县有线电视台1座，电视转播发射台1座，全年制作电视节目时间189小时，全年播放电视节目时间8760小时，电视综合覆盖率达100%，有线电视用户3万户，其中农村有线广播电视用户1.3万户。

卫生事业不断发展。全县医疗卫生机构461个（包括村卫生室和诊所），年末实际开放床位3861张，卫生技术人员4302人，执业医师1160人，执业助理医师541人，注册护士1973人。农村有医疗点的村334个，100%的村建立了医疗点。全民疾病预防控制体系进一步加强。

体育事业繁荣发展。全县拥有晨、晚练站点292个，每天相对稳定的活动人数21.23万人；全年举办全民健身运动42场次，参加人数7.3万余人，人民的身体素质不断提高。

十一、人口、人民生活和社会保障

人口总量低速增长。根据卫健部门统计数据显示，全年出生人口5937人，出生率为6.7‰；死亡人口5091人，死亡率为5.75‰；全年净增人口846人，人口自然增长率为0.95‰。全县年末常住人口65.71万人，常住人口城镇化率为50.24%。

城乡居民生活水平稳步提升。全年城乡居民人均可支配收入24784元，比上年增长5.4%。城镇居民人均可支配收入36136元，增长3.4%；农村居民人均可支配收入16789元，增长7.6%，居民生活水平不断提高，城乡居民收入水平继续拉近。

社会保障体系更加健全。社会保障覆盖面总体稳定，全县养老保险参保人数为63.6万人，其中：城乡居民养老保险参保人数59.43万人，城镇职工基本养老保险参保人数4.17万人；城镇职工基本医疗保险参保人数4.37万人，城乡居民基本医疗保险参保人数65.79万人；参加失业保险单位545家，参保职工人数3.12万人；参加工伤保险单位910家，参保人数4.35万人。

十二、资源、环境和安全生产

耕地、资源得到有效保护。全县耕地面积50.54千公顷，境内共有大小溪河130多条，分属资、沅两大水系，水能理论蕴藏量达22.5万千瓦，可开发量18.4万千瓦。已探明的矿产有烟煤、石煤、油、油页岩、铁、锰、镍等20多种。其中以煤、铁、锰藏量较多。其中铁储量16753万吨，煤2672万吨，石灰石2651万吨，炭质页岩1809吨，锰507.6万吨。

生态环境持续改善。2023年，我县空气优良天数357天，优良天数比例97.8%；空气质量综合指数2.64，邵阳市第3名，湖南省第15名；PM2.5平均浓度30微克每立方米，邵阳市第5名，改善率排名全市第8名。2023年水环境质量实现“两个100%”：我县地表水考核断面有5个，均达到地表水III类标准，达标率100%，饮用水考核断面一个，达到地表水II类标准，达标率100%。国家级森林公园1个，面积27718.7公顷。

安全生产形势总体稳定。全县全年安全生产事故死亡4人，其中道路交通案例事故死亡3人，亿元GDP事故死亡率为0.0178人。

绥 宁 县

绥宁县地处东经109° 49′—110° 32′，北纬26° 16′—27° 8′。位于湖南省西南部，东邻武冈、城步，西连靖州、会同，南抵通道，北与黔阳、洞口接壤，县城长铺镇距邵阳市200公里。全县户籍总人口37.69万人，其中少数民族人口占62%。下辖17个乡镇，其中少数民族乡8个。在少数民族人口中，人口较多的有：苗族、侗族、瑶族、土家族。

绥宁县地处云贵高原东部边缘、南岭山脉八十里大南山北麓和雪峰山脉南支的交汇地带。境内以山地为主，兼有丘陵、岗地、溪谷平原多种地貌。南、北、东三面高山环抱，中部纵向隆起，地势高低起伏，变化多姿。境内南北最长103.5公里，东西最宽56公里，总面积2917.01平方公里。全县耕地面积25.94千公顷，其中，水田24.40千公顷，旱地1.53千公顷。

境内山丘属雪峰山脉南支和南岭山脉八十里南山北，海拔在1000米以上的山峰有348座。其中黄桑苗族乡的牛坡头海拔1913米，为全县地势最高点。全县海拔最低点为麻塘苗族乡境内的溪口河床，海拔205米。境内气候温暖湿润，四季分明，河水充足，日照较多，受森林调节影响，少酷热，少严寒，是中亚热带季风湿润气候。年平均气温16.7℃，平均年降水量1325毫米。年平均无霜期 308 天，雨水充沛，气候温暖湿润。水能蕴藏量为 19.75 万千瓦，可开发量为 11.26 万千瓦。全县水域宽广，分为沅（西部）、资（东部）两大水系，沅水一级支流有巫水、界溪河；资水一级支流有蓼水、平溪。共有河、溪、涧 2500 余条，流域总面积 2926.67 平方公里，水资源总量为 56.02 亿立方米。中小型水库 38 座，山塘 961 口，总蓄水量 5915 万立方米，灌溉面积 4.7 万亩。丰富的水资源，适宜于发电、淡水养鱼、食品、饮料工业的发展。县内已探明的非金属矿和金属矿有 20 余种，主要矿种有铁、锰、石煤、铅等。铁矿为本县优势矿种，储量丰富。其中石煤地质储量 10 亿吨，硅石总储量 2520 万吨，花岗石地质储量 13.75 万平方米，锰矿地质储量 32 万吨，建筑用的片石、石料和河沙等资源也非常丰富。全县森林资源丰富，林地面积 241.63 千公顷，森林面积 232.21 千公顷，活立木总蓄积量 1654.72 万立方米，楠竹蓄积量 13200 万根，森林覆盖率 77.76%。被联合国誉为"神奇的绿洲"。

黄桑国家级自然保护区，有木本植物 102 科，271 属，1021 种。其中稀有珍贵的 193 种，如国家重点保护的伯乐、长苞铁杉等。野生动物资源也很丰富，哺乳类有云豹、羊、獐、熊等。禽类有白冠长尾雉、红腹锦鸡、相思鸟、猫头鹰等。最近发现濒临灭绝的珍稀动物中华小鲵数量很多。森林资源富饶，人均林地 13.54 亩。农业以种植水稻为主，林粮牧并重。香菇、木耳、竹笋、杨梅、竹荪、五倍子、绞股蓝、金钱柳保健茶等名优土特产品丰富。

改革开放以来，全县人民在历届县委、县政府领导的带领下，励精图治，奋勇争先，各项事业取得了巨大的成绩。全县活立木蓄积量、森林覆盖率、林木年生长量、林木单位面积产量、木材年产量、人均活立木蓄积拥有量等指标位居全省首位，是省政府命名的"三湘林业第一县"。杂交水稻制种经验丰富，稻种质量上佳，是杂交水稻之父袁隆平院士亲笔命名的"中华杂交水稻制种第一县"。2011 年成功争取到武陵山区域发展与扶贫攻坚试点、少数民族高寒山区扶贫开发、衡邵干旱走廊综合治理、资源型（森工）城市可持续发展试点等重大扶持政策。全县交通便利，有 S221、S319 等 3 条省道干线。现在建的有包茂高速公路乐安段及 39 公里的包茂高速引线工程长乐公路、洞新高速公路绥宁连接线、江万公路改造、长河公路改造等重点项目。武靖高速 2011 年 4 月正式列入全省高速公路开工建设重点项目。全县共有公路 1326 公里，做到了村村通公路。通信网络化、宽带化，现全县已建成万门本地电话网、县城光缆传输网、移动通信网和邮政通信网，全面实现了电话交换程序化和传输数字化。具有深厚的民族民间文化积淀，群众文化活动比较活跃。大园苗寨古建筑群、中国工农红军第七军指挥所旧址——龙氏宗祠已顺利通过专家评审，申报为"国保"。大园古苗寨、陈锡兰旧宅、于家大院、鸡公坡大战贺龙指挥所、寨市西河街、上堡武烈王故城、正板古民民居 7 处省保申报项目全部通过。绥宁苗族四八姑娘节列入第二批国家级非物质文化遗产名录，寨市古镇成功申报为国家级历史文化名镇，关峡大园古村成功申报为省级历史文化名村。近年来，文学、戏剧、音乐等都出现大批好作品，部分作品在中央电视台现场播放和获国家级大奖。目前，县城电视接受节目已达 60 套，全县电视覆盖率达 95%，有线电视入户达 27000 户，极大的丰富了群众的文化生活。教育事业蒸蒸日上，群众体育活动蓬勃发展，体育比赛屡获佳绩。卫生技术人员增速较快，山区缺医少药的局面已不复存在；群众卫生水饮用率达 97%。绥宁先后获得全国林业资源林政管理先进县、全国造林绿化百佳县、全国科技兴林示范县、全省"两基"工作先进县、全国科技先进县、全国农村改水先进县、全国普法先进县等数十个荣誉。

上千年来，绥宁各族人民在这块神奇秀美的土地上勤劳耕作，和谐相处，创造一个又一个奇迹，演绎出无数动人心弦的故事传说，留传下来具有深厚的文化底蕴的民俗风情。这些丰富的物质与文化财产推动了绥宁的进步与发展。而今，全县人民在县委、县政府的正确领导下，围绕富民强县目标，以科学发展、快速发展为主题，以转变经济发展方式为主线，继续深入推进"四三三"发展战略，坚持稳中求进，努力在建设生态经济大县的道路上实现新的突破，共同描绘绥宁美好的明天。

绥宁县2023年国民经济和社会发展统计公报

2023 年是全面贯彻党的二十大精神的开局之年，是三年新冠疫情防控转段后经济恢复发展的一年。全县上下在县委县政府的正确领导下，始终坚持以习近平新时代中国特色社会主义思想为指导，全面贯彻落实党的二十大和二十届二中全会精神，坚持稳中求进总基调，着力推动高质量发展。锐意进取、奋发有为、精准施策、稳中求进，全县经济社会发展迈上新台阶。

一、综合

初步核算，2023 年全县地区生产总值 1191452 万元，比上年增长 3.9%。其中：第一产业增加值 271479 万元，增长 3.5%；第二产业增加值 322201 万元，增长 3.2%；第三产业增加值 597771 万元，增长 4.4%。第一产业增加值占地区生产总值的比重为 22.8%，第二产业增加值比重为 27.0%，第三产业增加值比重为 50.2%。按常住人口计算，人均地区生产总值 41871 元（现价），增长 4.8%。

2023 年我县共有 10 件省级重点民生保障项目，6 件市定重点民生保障仗项目，4 项重点民生监测项目，各项指标任务均已完成。县域普通高中"徐特立项目"建设完成 1 所；完成"湘易办"超级服务端用户任务，确保上线服务事项达标，其中"一网通办"事项任务 781 项、集成可应用的电子证照种类 62 类和用户数 13.4 万人；促进高质量充分就业，城镇新增就业 3200 人，完成率 100%，开展补贴性职业技能培训 1437 人次，完成率 119.75%，创业培训 641 人次，完成率 106.83%；开展妇幼健康守护行动；推行异地就医结算与基层医保代办服务；提升基本养老服务水平，完成家庭养老床位建设任务 150 户，完成率为 100%；提高困难群体救助标准，困难残疾人生活补贴及重度残疾人护理补贴标准提高到 80 元 / 月，散居孤儿提高到 1100 元 / 月；开展残疾人关爱服务，康复救助残疾儿童 76 人，完成比例 140%，完成 126 户困难残疾人家庭无障碍改造，完成比例 126%；开工改造 10 个城镇老旧小区完成比例 100%；加强农村"三路"、"两网"及灌溉、饮水建设；建设乡镇标准化寄宿制学校 4 所，完成率 100%；完成家庭养老床位建设任务 150 户，完成率 100%；启动城镇老旧小区改造项目 10 个，完成率 100%；完成农村危房改造 56 户，完成率 100%；完成污水管网改造 4.8 公里，新建污水管网 0.5 公里，完成率 100%；扩大社会保险覆盖面，基本养老、工伤和失业保险参保人数分别为 24.44 万人、2.59 万人、1.86 万人，完成率分别为 100.01%、100.04%、102.07%；改善中职学校办学条件；提高医疗机构重症救治能力，绥宁县人民医院现拥有 ICU 重症床位 21 张，完成率 100%；改善生态环境质量，绥宁县空气质量优良率 98.5%，河口断面 1-11 月水质稳定达到三类或以上，完成率 100%。

二、农业

2023 年，农林牧渔业总产值 512753 万元，同比增长3.6%。其中：农业总产值219802万元，同比增长3.5%；林业总产值52054.1万元，同比增长25.6%；牧业总产值224537.8万元，同比下降0.2%；渔业总产值4242.4万元，同比增长2.8%。

全年粮食种植面积321500亩，比上年增加200亩。油料种植面积95030亩，比上年增加3562亩；蔬菜种植面积172937.3亩，比上年增加3582.3亩。

年粮食总产量151426吨，比上年增加2326吨，其中稻谷产量132167吨，比上年增加1213吨。油料产量7818吨，其中油菜籽产量7576吨；茶叶产量120吨，水果产量84208吨，蔬菜产量201480吨。

年末存栏生猪41.18万头，年内出栏生猪62.01万头；年末存栏牛6.95万头，年内出栏牛2.75万头，年末存栏羊6.11万头，年内出栏羊9.53万头，年内出笼家禽323.76万羽。各类肉类总产量5.64万吨，比上年增加0.1万吨，其中猪肉4.57万吨，比上年增加0.06万吨。全年水产品产量2178吨。

林业产业完成投资额15676万元。全年完成造林3006公顷，木材产品产量6.07万立方米，竹材产品1200万根。年末实有油茶林面积17674公顷，全年油茶籽产量7547吨。

三、工业和建筑业

2023年，工业增加值同比增长4.9%，与GDP的比重为23.8%，对GDP增长的贡献率为28.1%。

全县规模工业增加值同比增长4.9%，其中国有企业增加值增长20.4%，股份制企业增长4.7%；国有及控股企业增长2.5%，大中型企业下降9.3%；园区企业增长3.5%。

2023年，全年建筑业实现增加值20181万元，同比下降9.6%，具有资质等级建筑企业总产值120181万元，同比下降.6%。年内房屋建筑施工面积362184万平方米，同比下降14.5%，房屋建筑竣工面积47233万平方米，同比下降86.7%。

四、固定资产投资

全年固定资产投资（不含农户）比上年增长0.2%。其中民间投资下降36%。分经济类型看，国有投资增长113.7%，非国有投资下降36%。分投资方向看，民生工程投资增长125.2%，生态环境投资增长86.6%，基础设施投资增长20%，高新技术产业投资增长4.6%，工业技改投资下降6.1%。房地产投资完成34989万元，同比下降10.8%。商品房销售额44841万元，同比下降9.1%。

五、国内贸易和物价

2023年，社会消费品零售总额592338.3万元，同比增长6.2%。按行业分，批零贸易业实现零售额520675.5万元，同比增长6.0%，住宿餐饮业零售额71662.8万元，同比增长7.6%。按经营地统计，城镇消费品零售额515334.3万元，乡村消费品零售额77004万元。

限额以上单位实现社会消费品零售总额331936.7万元，同比增长8.6%。按行业分，批零贸易业实现零售额277131.9万元，增长8.2%；住宿餐饮业零售额54804.8万元，增长10.5%。按经营地统计，城镇消费品零售额296011.4万元，同比增长8.0%，乡村消费品零售额35925.3万元，同比增长14.1%。

2023年，限上法人中批零业零售额为184443.7万元。增长6.2%，其中，粮油食品类64435万元，增长15.2%；饮料类4218.5万元，降低6.3%；烟酒类3547.6万元，降低22.2%；服装、鞋帽及针纺织品类12839.0万元，增长7.8%；化妆品类1220万元，增长15.8%；金银珠宝类483.3万元，增长14.3%；日用品类8258万元，增长25.2%；五金、电料类4450.4万元，降低17.8%；体育、娱乐用品类895.7万元，增长43.7%；书报杂志类483.3万元，增长14.2%；家用电器和音像器材类19890.4万元，降低7.7%；文化办公用品类1056.1万元，增长21.0%；家具类538.8万元，降低78.9%；煤炭及其制品类5505.8万元，增长13.3%；石油及其设备类12714.7万元，增长10.6%；机电产品及设备类5013.2万元，增长12.2%；汽车类18301.4万元，增长12.0%。

2023年居民消费价格比上年上涨0.1%。

六、交通、邮电和旅游

全年完成交通运输邮电业增加值27089万元，同比增长7.6%。其中，道路运输业增加值19408万元，同比增长6.0%。年末拥有民用汽车16594辆。民用汽车中，有载客汽车194辆，载货汽车119辆，县城公交车68辆，出租车75辆。年末拥有摩托车数量9312辆。

全年完成邮电业务总量25632万元，同比增长11.8%。其中，邮政业务总量6656万元，同比增长9.5%，电信业务总量18976万元，同比增长12.7%。年末拥有电话装机容量3.23万门，固定电话用户1.98万户，移动用户25.9万户，拥有固定宽带用户8.41万户。

2023年，全县旅游共接待游客295.53万人次，同比增长61.04%，实现旅游总收入31.16亿元，同比增长57.41%。其中国内游客295.53人次，实现旅游收入31.16亿元。

七、财政、金融和保险业

全县财政总收入完成39719万元，比上年增加5858万元，同比增长17.3%，其中税收收入（不含上划中央和省级收入）19777万元，比上年增加2282万元，同比增长13.04%，一般预算收入27999万元，比上年增加3058万元，同比增长12.26%。全县财政总支出588585万元，比上年增加123700万元，同比增长26.61%，一般预算支出382211万元，比上年增加21634万元，同比增长6.00%。实际利用内资24.60亿元，下降18.20%。

年末各项存款余额1735754万元，比上年末增长11.11%，其中：住户存款余额1543400万元，非金融企业存款余额82414万元，广义政府存款余额109913万元。年末各项贷款余额844264万元，比上年末增长15.85%，其中：短期贷款余额245244万元，比上年末增长21.97%，中长期贷款余额212680万元，比上年末下降1.10%。

全年保险业务收入26358万元，同比下降7.90%，其中人寿险保费收入19451万元，同比下降3.70%，财产险保费收入2626万元，同比下降68.81%。保险业务支出8409万元，同比增长37.22%，其中人寿险保费支出4646万元，同比增长32.64%，财产险保费支出3763万元，同比增长43.32%。

八、教育和科学技术

全县有职业中学学校1所；普通中学学校20所，其中九年一贯制学校11所；普通小学学校43所，其中教学点14所；幼儿园99所。各类民办学校40所，其中民办普通中学2所。中等职业教育招生604人，在校生1606人，毕业生443人。普通中学招生5947人，普通中学高中在校生5985人，毕业生1602人；普通中学初中在校生12019人，毕业生3729人。普通小学招生3122人，在校生21082人，毕业生4194人。幼儿园在园幼儿6279人，幼儿园离园3469人。学龄儿童入学率100%，小学毕业生升学率100%，初中毕业生升学率100%。2023年高考本科以上上线人数664人。

全县国有企事业单位拥有各类专业技术人员5681人。2023年政府投入科技活动经费5363万元，科技活动人数624人，专利授权量88件（其中：发明专利9件、实用新型37件、外观设计42件），科技成果数3件。

九、文化、卫生和体育

全县有文化馆1个，公共图书馆1个，档案馆1个，有线电视台1座。

年末拥有卫生机构37个，其中，医院35个，专科疾病防治所1所，妇幼保健院1所。有卫生技术人员2659人，其中，执业医师和执业助理医生1282人，注册护士1036人。有预防控制中心1个，其中卫生技术人员27人。有卫生监督检验机构1个，其中卫生技术人员13人。卫生机构床位数1646张，其中医院床位 1646 张。有乡镇卫生院 25 个，其中床位 388 张，卫生技术人员 1114 人。

全县有体育场地 450 个，其中运动场 42 个。全年共举办县及以上各类运动会 14 次，参赛运动员 7945 人次，聘用教练员 3 人，达到国家体育锻炼标准人数 18.79 万人，其中女性 8.65 万人。

十、人民生活和社会保障

全县年末户籍总人口 37.69 万人。年内出生人口 2290 人，其中男性 1228 人，女性 1062 人，出生率 6.1‰；死亡人口 2185 人，死亡率 5.8‰，自然增长率 0.3‰。常住人口 28.32 万人，其中，农村人口 16.20 万人，城镇人口 12.12 万人，城镇化率 42.80%。

2023 年全体居民人均可支配收入 20674 元，比上年增长 6.6%。城镇居民人均可支配收入 33175 元，比上年增长 4.0%，农村居民人均可支配收入 15537 元，比上年增长 7.7%。2023 年全体居民人均消费支出 14117 元，比上年增长 5.2%。农村居民人均住房面积 56 平方米，城镇居民人均住房使用面积 44 平方米。

年末就业劳动力 20.65 万人，年末城镇登记失业率 2.18%。年末全县参加基本养老保险人数 23.31 万人，其中农村参加基本养老保险 18.96 万人，参加基本养老保险职工 43461 人。全县参加城乡居民基本医疗保险的人数 28.12 万人。参加失业保险职工人数 18649 人，领取失业保险金职工人数 461 人。参加生育保险职工人数 17926 人，参加工伤保险职工人数 25947 人。

十一、资源、环境和安全生产

全县总土地面积 2917.01 平方公里，其中耕地面积 25.94 千公顷，水田 24.40 千公顷，旱地 1.53 千公顷。2023 年我县有林地面积 241.63 千公顷，森林面积 232.21 千公顷，活立木总蓄积量 1654.72 万立方米，楠竹蓄积量 13200 万根，森林覆盖率 77.76%。

2023 年，全社会用电量 43241 万千瓦时，同比增长 0.2%，其中全行业用电 26793 万千瓦时（其中工业用电量 18061 万千瓦时），城乡居民生活用电 16448 万千瓦时。

工业废水排放量 749.3 万吨，排放达标量 648.1 万吨，排放达标率 86.5%，工业废气处理量 400000 万标 m^3；“三废”综合利用利润 2300 万元。主要污染化学需氧量（COD）排放量为 2404.8 吨，二氧化硫排放量为 278 吨。

全县共发生各类生产安全事故 3 起，死亡 0 人。发生道路交通事故 818 起，死亡 12 人，道路交通事故经济损失 36.7 万元。

城　步　县

城步，意为水边之城。城步苗族自治县（Chengbu Miaozu Zizhixian）中国南方绿色食品生产基地；湖南省竹林和百万亩用材林业重点基地县及最大的风能发电地，隶属于湖南省邵阳市，位于湖南省西南部，是湖南省的苗族自治县，是 1956 年国务院批准成立的全国 5 个单列苗族自治县之一。面积 2647 平方公里。城步苗族自治县地处中亚热带季风湿润气候区，属中亚热带山地气候，位于雪峰山脉与南岭之首越城岭山脉交汇之处，南与广西壮族自治区接壤，距省会长沙 432 千米，距邵阳市 206 千米，离桂林市 210 千米。

截至 2016 年，城步苗族自治县总人口 28.8093 万人，年内出生人口 3708 人，出生率为 13.88‰；死亡人口 1599 人，死亡率 5.98‰；全年净增人口 2109 人，自然增长率为 7.9‰。全县常住人口 26.7043 万人。

截至 2010 年，城步苗族自治县常住人口中少数民族 15.6582 万人，占总人口的 62.47%；苗族是主体民族，占总人口的 59.14%。截至 2014 年，城步共有苗、汉、侗、瑶、回、满等 24 个民族，少数民族人口占 62.3%。

根据第七次人口普查数据，截至 2020 年 11 月 1 日零时，城步苗族自治县常住人口为 227911 人。

2015 年，城步苗族自治县总面积 2646.07 平方千米，下辖 7 镇 5 乡，县人民政府驻儒林镇城北社区。2020 年，城步苗族自治县全年实现地区生产总值 564606 万元，同比增长 3.8%。

截至 2019 年，城步苗族自治县辖 7 个镇、5 个乡：儒林镇、茅坪镇、西岩镇、丹口镇、五团镇、长安营镇、白毛坪镇、威溪乡、兰蓉乡、汀坪乡、蒋坊乡、金紫乡。县人民政府驻儒林镇城北社区。

城步县2023年国民经济和社会发展统计公报

2023 年是全面贯彻党的二十大精神的开局之年，是三年新冠疫情防控转段后经济恢复发展的一年。县委县政府带领全县人民在以习近平同志为核心的党中央坚强领导下，坚持以习近平新时代中国特色社会主义思想为指导，全面贯彻落实党的二十大和二十届二中全会精神，坚持稳中求进工作总基调，确定“三高四新”美好蓝图，聚焦高质量发展，推动经济运行稳中有进、进中提质，现代化产业体系建设取得重要进展，科技创新实现新的突破，改革开放向纵深推进，安全发展基础巩固夯实，民生保障有力有效，社会大局和谐稳定，高质量发展稳步推进。

一、综合

初步核算，全年实现地区生产总值 681907 万元，同比增长 4.1%。分产业看，第一产业增加值 158137 万元，同比增长 3.2%；第二产业增加值 178990 万元，同比增长 7.9%；第三产业增加值 344781 万元，同比增长 2.9%。三次产业增加值结构为 23.19 ∶ 26.25 ∶ 50.56。

二、农业

全县农林牧渔业总产值 269227 万元，同比增长 3.1%。其中，农业产值 113957 万元，同比增长 4.0%；林业产值 24794 万元，同比增长 22.3%；牧业产值 118765 万元，同比下降 1.1%；渔业产值 1671 万元，同比增长 1.8%，农林牧渔服务业产值 10040 万元，同比增长 7.5%。

全县粮食播种面积 14.97 千公顷，同比增长 0.13%；油料种植面积 3.5 千公顷，同比增长 11.7%；蔬菜种植面积 6.14 千公顷，同比增长 1.9%。

全县粮食总产量为 83680 吨，同比增长 1.92%；油料产量 5252 吨，同比增长 11.7%；水果产量 54927 吨，同比增长 4.04%；蔬菜产量 118328 吨，同比增长 3.59%；肉类总产量 17300 吨，同比下降 2.26%；水产品产量 941 吨，同比增长 2.28%。

三、工业和建筑业

全县规模工业企业增加值同比增长 7.5%。全年生产乳制品 1.17 万吨；罐头 2. 万吨；实木地板 72.6 万平方米；商品混凝土 10.49 万立方米；中成药 35.4 吨；精制茶 38. 吨，手提包 91.2 万个。

全县具有资质等级的建筑企业 8 家，完成建筑业总产值 5.48 亿元，按现价同比增长 10.93%；完成房屋建筑施工面积 28.41 万平方米，同比增长 7.57%，房屋竣工面积 11.04 万平方米，同比增长 3.27%。

四、固定资产投资和房地产业

全年固定资产投资同比增长 11.4%。全年共组织实施 5000 万元以上的重点投资项目 15 个，本年竣工重点项目 6 个。15 个重点项目计划总投资 134.35 亿元，其中本年完成投资 39.88 亿元。全县具有资质等级的房地产开发企业 7 家，完成投资 57825 万元，房屋施工面积 771006 平方米。

五、国内贸易和对外经济

全县实现社会消费品零售总额425503万元，同比增长4.7%。按经营单位所在地划分：县城356895万元，同比增长5.2%，占消费品零售总额的83.88%；县城以下68608万元，同比增长2%，占消费品零售总额的16.12%。按行业分：批发和零售业393712万元，同比增长4.92%，占消费品零售总额的92.53%；住宿和餐饮业31791万元，同比增长2%，占消费品零售总额的7.47%。

全年实际到位内资30.03亿元，同比增长15.5%；全年实现进出口总额0.2亿元，同比下降54.6%。实际利用外资22.6万美元。

六、交通、邮电和旅游

2023年，全县交通运输、仓储和邮政业实现增加值20530万元，同比增长7.07%。

全年各景点接待国内外游客达355万人次，实现旅游综合收入34.71亿元，同比增长26.54%。

七、财政、金融和保险业

全县实现财政总收入47466万元，同比增长21.73%；其中一般预算收入完成33369万元，同比增长8.83%，占财政总收入的70.3%；税收实现20700万元，同比增长9.43%，占一般公共预算收入的62.03%。全县一般公共预算支出285252万元，其中教育、社会保障和就业、医疗卫生与计划生育支出分别为57649万元、39117万元、19605万元，教育同比增长0.37%、社会保障和就业同比下降7.03%、医疗卫生与计划生育同比下降3.3%。

年末全县金融机构存款余额115.4亿元，同比增长5.94%。其中：企事业单位存款余额6.27亿元，同比下降27.1%；城乡居民储蓄存款余额98.97亿元，同比增长12.15%，机关团体存款8.15亿元，同比下降22.3%。年末全县金融机构贷款余额75.03亿元，同比增长17.11%。贷款占存款的比例为65%。

保险业务持续快速发展。全县实现保险营业收入17983.5万元，同比增长13.6%，各类赔款与给付8845.73万元，同比增长73.31%。

八、教育和科学技术

全年教育经费支出5.76亿元。全县拥有普通中学21所，在校学生15026人；中等职业学校2所，在校学生1040人；普通小学128所，在校学生18234人；特教学校1所，在校学生150人；幼儿园45所，在校幼儿5459人。全县小学专任教师988人，普通中学教师1595人，职业学校教师142人，特教教师16人。学龄儿童入学率、小学适龄儿童升学率、初中升学率、九年义务教育巩固率均达100%，高中阶段毛入学率93.85%。

全县高新技术企业17家。全年专利授权量87件，有效发明专利拥有量14项。全年共开展各类技术培训21场次，受训人数0.085万人次，培养科技示范户300户，其中种植170户，养殖130户。

九、文化、卫生、体育

全县有艺术表演团体9个，文化馆、文化站14个，艺术表演场所1个，公共图书馆1个，藏书15.5万册。高标准电影院1个，电影放映队13个，全年放映电影4370场。广播电视转播台1座，电视人口覆盖率100%，广播人口覆盖率97%，全县公共文化惠民提质升级，全年文化事业经费支出3100万元。

全年卫生事业经费开支14709万元。年末拥有各类卫生机构22个，其中医院和卫生院19个（含5家私立医院）、疾控中心1个、皮防站1个、妇育保健计划生育服务中心1个。病床位1424张，全县拥有卫生工作人员2027人，卫生技术人员1494人，注册护士978人。城镇基本医疗保险参保单位434个，参保人数1.98万人，基本医疗保险基金总收入9457.46万元，其中进入基本医疗保险统筹收入8047.99万元，统筹支付5544.49万元；全县共有19.91万人参加城乡居民基本医疗保险。急性传染病发病率为6.91‰，婴幼儿死亡率为6‰，卡介疫苗接种率97.2%、脊髓灰质炎疫苗接种率97.78%、百日破疫苗接种率97.12%、麻疹疫苗接种率97.3%、乙肝疫苗接种率97.65%。建立和健全重大疾病救助体系，全年大病互助基金收入1553.3万元，大病医疗支出173.92万元。

全县体育事业经费62万元；达到国家体育锻炼标准人员达20.63万，体育场地740个，其中有运动场287个，各种训练场26个，体育场馆29个；年内举办县级以上运动会7次，参加人数达0.58万人次。

十、环境保护

全县用于节能与环境保护的财政支出为9682万元。现已建成污水处理厂6个，村内垃圾及污水处理厂28处，污水集中处理率达92%。工业废水排放达标率100%、废气处理率96%、废物（渣）处理率达100%，工业固体废物综合利用率100%，全年空气质量优良以上天数362天，地表水质达标率达100%。森林覆盖率达78.39%。

十一、人口、人民生活和社会保障

全县常住人口22.11万人，其中城镇人口9.85万人，乡村人口12.26万人；城镇化水平为44.55%，比上年提高0.7个百分点。全县户籍人口总户数9.06万户，户籍人口27.52万人，年内户籍出生人口1692人、出生率6.15‰，死亡人口1466人，死亡率5.33‰，自然增长率0.82‰。

根据城乡一体化住户调查，全体居民人均可支配收入18871元，同比增长5.7%，其中城镇居民人均可支配收入30657元，同比增长1.3%，农民人均可支配收入13472元，同比增长9.25%；全体居民人均消费支出16431元，同比增长2.05%。

基本养老保险参保人数为202056人，其中：机关事业基本养老保险12137人，企业基本养老保险22451人，城乡居民基本养老保险167468人。城镇登记失业人口828人，城镇失业率3.9%。实现新增城镇就业人员3539人，实现城镇零就业家庭就业援助率100%。年末全县共有124202人次享受城乡低保，共发放低保金3552.3万元，其中：城镇居民低保30599人次，发放低保金1210.8万元；农村居民低保93603人次，发放低保金2341.5万元。

新 宁 县

新宁县历史悠久，物产丰富，气候宜人，风景秀丽，素有“五岭皆炎热，宜人独新宁”美誉。现在，县内工业门类齐全，农业全面发展，崀山被辟为国家级旅游风景区。

全县总人口67万人，其中汉族占7.35%。现辖16个乡镇，聚居着汉、瑶、苗、侗、回等14个民族。

境东西直线距离84.3公里，南北直线距离73.8公里。总面积2812平方公里。其中耕地44.12万亩，林地182.36万亩，草地37.67万亩。耕地中，水田33.50万亩，旱土10.62万亩。人均耕地0.91亩，人口密度210人/平方公里。

县境秦属长沙郡，自西汉元朔五年（公元前124年）立夫夷侯国始有建置。东汉建武二十九年（53年），改夫夷侯国为夫夷县，是为建县之始。东晋元兴元年（402年），改夫夷为扶县。梁改扶县为扶阳县，陈改扶阳为扶夷。隋时并入邵阳县。唐时县境属武冈。南宋绍兴二十五年（1155年），置新宁县。1949年10月10日新宁和平解放，属邵阳专署；1986年属邵阳市至今。

新宁县属五岭山区，地貌类型多样。山地272.22万亩，占总面积的65.86%；丘陵82.59万亩，占19.98%；岗地21.34万亩，占5.16%；平原21.26万亩，占5.14%；水域13.06万亩，占3.16%。县境东南以越城岭山脉为屏障，西南以雪峰山余脉为依托，东北与衡邵盆地接壤，形成东南高、西北低的倾斜地势。海拔最高点是麻林乡黄沙村顶佛山主峰，最低点是靖位乡笑岩村下源水，仅225米。西南、东南边境山峰绵延，其中海拔1500米以上的97座。扶夷江贯穿全境，扶夷江沿岸溪谷小平原呈串珠状和枝条状分布，地势比较平坦，平均海拔在250—350

米之间。西北和东北部山丘起伏，为岩溶地貌。

素有"八山半水一分田，半分道路和庄园"的新宁，全县属中亚热带季风湿润气候。气候温和，雨量充沛，光热充足，历年平均气温17℃；无霜期年平均291天；年平均降水量1326.6毫米。县内河流属资水水系。主干河流扶夷江系资江南源，由西南向东北纵贯境内114.5公里。全县河流总长度1400多公里，平均径流总量37.27亿立方米。

新宁市2023年国民经济和社会发展统计公报

2023年，是全面贯彻落实党的二十大精神的开局之年，是新冠疫情防控转段后经济恢复发展的一年，我县坚持“稳字当头、稳中求进”，锚定“三高四新”美好蓝图，以高质量发展为首要任务，以打好“发展六仗”为重要抓手，以“三重点”为主要载体，全县上下齐心协力、攻坚克难，县域经济和社会发展均实现有效提升。

一、综合

县域经济稳步提升。初步核算，2023年全县实现生产总值（GDP）1398271万元，同比增长4.5%。第一产业完成增加值393848万元，增长3.7%；第二产业完成增加值336467万元，增长6.5%；第三产业完成增加值667955万元，增长4%。按平均常住人口计算，人均生产总值（GDP）27960元，增长5.4%。三次产业结构为28.17 ：24.06 ：47.77。

乡村振兴富有成效。牢牢守住了不发生规模性返贫底线，顺利完成了新一轮140支驻村工作队384名工作队员的同步轮换工作，实现驻村帮扶全覆盖。新纳入监测对象564户1870人，全县共有稳定脱贫户30124户112895人，监测对象2735户7720人，其中已消除风险1351户3748人，未消除风险监测对象1384户3922人，风险消除率为48.55%。对2013年以来由财政资金支持实施改造的农村户厕15083座全面摸排，发现问题户厕2504座，整改完成率100%。2023年改厕计划997座全面完成验收。新增小额信贷1272户6145.5万元，贴息630.8万元；收回贷款2551户12650.47万元，逾期率为0.59%。资助家庭经济困难学生60710人4103.07万元，发放“雨露计划”6841人1026.15万元。

城镇建设扎实推进。市、县重点项目顺利推进，建设北路C段顺利完工，新宁县金石镇“创卫”基础设施建设项目、新宁县2022年夫夷江以北片区（8个宿舍区等）老旧小区配套基础设施改造项目、2023年新宁县城镇老旧小区改造项目，均完成70%以上的工程量，新宁县新型城镇化市政基础设施建设项目（县城黄金路一期）正在进行路基压实，新宁县新型城镇化市政基础设施与公共停车场（位）项目、新宁县城夫夷江城区沿岸城镇老旧小区改造建设项目（三城同创）--市政设施工程项目，已完成招标，正在进行建设前的准备工作。新宁香杉湖公园建设工程项目正在进行施工图设计。崀之韵广场健康步道项目、湘水大桥污水管项目、广场路与园艺路交叉口管网改造项目等10个项目已完工，高速连接线两侧环境整治项目、县城太阳能路灯市电改造、县城人行道改造工程等8个项目在建设中，观瀑小学门口道路工程、卫计大楼临时排水工程等5个项目在办理前期审批手续。

二、农业农村

2023年全县实现农林牧渔业总产值550473万元，同比增长3.8%。其中农业329042万元，增长5.8%；林业12051万元，下降3.6%；牧业179124万元，增长1%；渔业10517万元，增长0.4%；农林牧渔服务业19739万元，增长8.4%。粮食总产量299506吨，增长1.2%；油料总产量13680吨，增长12.7%；烤烟总产量3280吨，增长28.9%；药材总产量7450吨，增长5.8%；蔬菜及食用菌总产量188656吨，增长4%；果用瓜总产量24819吨，增长0.9%；柑橘类水果总产量374651吨，增长20.8%；生猪出栏42.14万头，增长1.2%；肉类总产量4.04万吨，增长0.75%；水产品总产量6199吨，增长2.3%。

2023年财政农林水事务支出119658万元，同比增长14.95%。共发放各类惠农补贴40401万元，其中耕地地力保护补贴3917.12万元，生态效益林补贴2059.41万元，农机购置补贴1023万元。

建成高标准农田5万亩，在回龙寺镇、黄龙镇、高桥镇规划实施2.96万亩高标准农田建设。创建了4个万亩、24个千亩、100个百亩双季稻示范片，1个万亩“烟稻轮作”示范片，大豆玉米带状复合种植示范示范面积10.98万亩。稳定脐橙种植面积50万亩，对黄龙三星脐橙园、金石镇洛家塘脐橙园进行标准示范建设，完成脐橙老园改造示范面积1200亩，带动老园改造1万亩，累计改造老园面积达15万亩。新建马头桥镇牧云村玉竹种植基地等4个中药材示范种植基地。创建绿肥示范面积2.89万亩，创建一个千亩化肥农药减量增效示范片（脐橙），创建水稻二化螟绿色防控示范点3个2800亩、柑橘病虫害防控植保贡献率评价试验点1个。

新增申报成功市级龙头企业11家，新增市级特色产业园2家，新增省级示范联合体5家，新增规模农业加工企业2家，达到38家。申报7家市级农民合作社示范社、8家市级家庭农场示范场，4家省级农民合作社示范社、4家省级家庭农场示范场。新增绿色食品认证企业3家，续证企业5家，有机食品续证3家，“二品”企业达31家，新增纳入农产品“身份证”管理体系企业3家，总数达到59家共10个品种，进入国家农产品质量安全追溯系统企业达到58家。获得全省农村创业工作先进典型县，列入国家现代农业示范区创建名单。成功向市申报乡村治理示范乡镇1个、示范村3个。

常态化开展“清江”“清湖”等巡查行动，开展执法巡查1500余次，收缴地笼网、粘网及搬罾网4100余副，收缴拆解“三无”船舶142艘，收缴电鱼设备25套，立案查处48起。全县共拆除空心房410座，拆除面积4.8761万平方米。“非农化”“非粮化”专项整治行动93宗问题图斑、“月清三地”374宗问题图斑全部完成整改举证。完成定量监测蔬菜水果285批次，合格率100%；种植、畜禽业快速检测1028批次，定量检测数量703批次，合格率达到99.5%；动物免疫率、出栏动物检疫率均达到100%。

三、工业和建筑业

2023年全部工业实现增加值269894万元，同比增长4.4%。其中规模工业增长5.3%，园区规模工业增加值占规模工业增加值比重为66.8%。

全县规模以上工业企业锑金属含量1444吨，同比增长5.5%；豆腐及豆制品38908吨，增长24.2%；罐头29607吨，增长10%；精制茶4188吨，增长15.3%；人造板2.78万立方米，下降88.3%；水泥36.2万吨，增长22.4%；商品混凝土74.6万立方米，增长15.2%；砖50682万块，增长1.5%；钢化玻璃7.8万平方米，下降57.5%；发电机组115.4万千瓦，增长17.3%；锂离子电池0.91亿只，增长19.9%；光电子器件1551万只，增长6.3%；电子元件7929.8万只，增长15.3%；自来水生产量2039.7万立方米，增长11.4%。

全县规模以上工业实现主营业务收入697108万元，实现利润总额31448万元，工业品产销衔接良好，产销率98.6%。

2023年建筑业实现增加值66679万元，同比增长15.7%，占第二产业的19.8%。

家资质以内建筑业企业签订合同金额31.69亿元，同比增长10.5%，完成建筑业总产值29.85亿元，增长11.3%。

四、固定资产投资

全县2023年固定资产投资同比增长6.8%，其中5000万元及以上固定资产投资增长17.4%，房地产投资增长19.9%，产业投资增长26%，工业技改投资下降10.4%，高新产业投资下降5.4%，民间投资增长24%，建安工程投资增长11.6%。产业投资占固定资产投资比重为68.6%，制造业投资占固定资产投资比重为33.5%，工业技改投资占产业投资比重为4.4%，高新技术产业投资占产业投资比重为7%。

商品房施工面积122.81万平方米，增长29.7%，竣工面积44.47万平方米，增长159.1%，销售面积24.24万平方米，增长20.1%，商品房每平米均价4742元。

2023年全县重点建设项目64个，概算总投资323.71亿元，年度计划总投资70.26亿元。

五、交通和邮电通信

2023年末拥有营运的民用车辆824台，其中客车248辆，货车576台。年末道路运输从业人员3018人，年内公路通车总里程4103公里。

白新高速于7月31日实现提前通车目标，永新高速新宁段完成投资19.6亿元，路基工程完成98%，新新高速完成投资20.85亿元，路基工程完成65%，预计2025年底可全线通车。S341江黄公路已完成招投标，目前正在推进监理招标程序，堡口大桥前期已完成行业审查意见，正在市自然资源局办理土地预审手续。完成丰田乡通三级路12.378公里、崀山风景名胜区X002旅游提质改造工程24.927公里、X146钟氏油茶专业合作社产业园连接路11.2公里，高标准完成安防116公里、新村与撤并村便捷连通路15.492公里。

2023年邮政业务总量9955万元，报纸发行232.49万份，杂志发行23.24万份。电信业务总量3.34亿元。互联网上网用户14.25万户，网络电视用户5.2万户，其中农村4.1万户；移动电话用户42万户。其中：移动公司用户23.6万户，电信公司用户13.7万户，联通公司用户4.7万户。

六、贸易

2023年全社会消费品零售总额82.37亿元，同比增长6.4%。批发业销售总额增长0.8%，零售业销售总额增长7.9%，住宿业营业总额增长10.2%，餐饮业营业总额增长2.3%。

2023年实际利用内资53.75亿元，同比增长24.9%，实际利用外资17.64万美元，进出口总额5.3亿元。

我县有出口额的实体公司9家，贸易公司3家。我县出口主要以制衣、机电产品、竹木加工产品、皮具、五金等产品为主，目前制衣产业出口额占全县出口额的98%，已成为我县外贸进出口的支柱产业。出口的主要国家和地区主要有欧洲各国、俄罗斯、哈萨克斯坦、格鲁吉亚、越南、泰国、新加坡、日本、韩国、中国香港、中国澳门、中国台湾等30多个国家和地区。

七、财政、金融和保险

2023年全县完成财政总收入97347万元，同比增长17.9%，其中税收收入69816万元，增长23.4%，占财政总收入的71.7%。全县上划中央收入22995万元，上划省级收入5886万元。地方财政收入68466万元，增长8.3%，全县一般公共预算支出469742万元，增长9.8%。

年末全县金融机构各项存款余额274.5亿元，比年初增加24.07亿元，同比增长9.61%；其中住户储蓄存款余额244.6亿元，比年初增加25.95亿元，增长11.87%。年末全县金融机构各项贷款余额为152.66亿元，比年初增加18.7亿元，增长13.96%，金融存贷比为55.61%，比去年同期上升2.12个百分点。

2023年全县完成保费收入29595万元，其中寿险保费收入23249万元，财险保费收入6346万元。保险业全年赔付6324万元，赔付率21.4%。

八、科技、教育、环境保护和安全生产

2023年财政科学技术支出6645万元，同比增长85.6%。纳入统计的高新技术产品生产企业42家，其中省认证高新技术产品生产企业20家。实现高新技术产品产值37.5亿元，增加值9.7亿元，利润总额1.5亿元。专利授权总量为1735件，当年专利授权量为170件，有效发明专利拥有量为70件，每万人发明专利拥有量1.38件。

2023年财政教育支出76883万元，同比增长1.3%。全县拥有126所小学（其中教学点77个，特教1所），在校学生41920人，小学专任教师2616人；拥有中学35所，在校学生39793人，中学专任教师2514人；拥有幼儿园105所，在园幼儿人数11479人，专任教师672人。

新宁一中完成整体搬迁、新宁三中“徐特立项目”、4所乡镇标准化寄宿制学校建设全面完成，九年一贯制学校——金城学校2023年秋季启动一年级和七年级招生，县幼儿园松风亭园区主体工程已完工，明德小学一期扩建项目建设顺利实施，巡田乡中心学校、飞仙桥中心小学学生宿舍和一渡水镇、马头桥镇乡村学校教师公租房建设稳步推进。

义务教育阶段入学率、巩固率100%，劳动年龄人口平均受教育年限持续提升，城市与农村义务教育学校专任教师本科学历比例日趋均衡。2023年高考本科上线1400人，本科上线率46%，600分以上45人，增加了17人。

2023年财政节能环保支出3919万元。环境空气综合指数AQI2.84，空气优良以上天数比为95.6%，城市PM2.5平均浓度29ug/m³。地表水总体水质为优，水质综合指CWQI2.865。主要危险废物和医疗废物安全处置率100%，县域出入境河水水质达到Ⅱ类水质标准，优良率100%，国控窑市田心坝断面、省控宛家岔断面、金河村断面、金家坝断面水质达到Ⅱ类水质标准，优良率100%。

完成新造林0.68万亩，退化林修复0.52万亩、封山育林2万亩；义务植树125.8万株，新建林火阻隔系统474.32公里，新建森林消防蓄水池114个，新增蓄水量3830立方米，有效提升以水灭火能力。落实林长制护林员818名、监管员95个、执法员101人、林业科技员72人。活立木总蓄积量853.76万m3，森林覆盖率59.5%，国家级自然保护区面积21719.8公顷，全县有林木加工企业56家，省级林业龙头企业2家。

全年共发生安全生产事故7起，全部为道路交通事故，死亡人数7人。亿元GDP生产安全事故死亡人数0.05人，直接经济损失410万元。

九、文化、体育、旅游和卫生

2023年文化体育与传媒支出12630万元，同比增长45.2%。馆藏图书35.2万册。县图书馆获评“国家一级图书馆”，新增设24小时自助图书馆1个、微型图书馆5个，大力推进市民中心24小时自助图书馆、图书馆总分馆制项目建设，建成曾令超作品馆。开展全民阅读活动20余次，“戏曲进乡村”180场，文化惠民系列活动、老年节大型文体交流展演等大型文化活动13次。作品《山水情》入展湖南省“礼赞新时代·大美怀仁”中国画邀请展，作品《丹霞之魂》在邵阳市民族团结艺家亲获优秀奖（最高奖），原创歌曲《小妹不离小郎边》获“贯彻二十大·百团百角唱新歌”全市文艺院团竞演活动三等奖。

我县运动员在2023年湖南省青少年运动锦标赛中荣获1金2银4铜，颜明珠在全国举重赛女子项目中荣获银、铜牌。成功举办第六届潇湘100·崀山越野赛、迈克飞人杯全国小篮球联赛湖南赛区邵阳分赛场比赛和“天玺杯”新宁县和美乡村篮球邀请赛（村BA）等赛事活动、参加“体彩杯”邵阳市文旅广体系统气排球暨登山比赛、湖南省第四届社区运动会邵阳赛区比赛并获团体三等奖；成功承办邵阳市第二届武术比赛和“奔跑吧·少年”2023年邵阳市中小学生乒乓球比赛。体育彩票完成销售额3800万元。

完成崀山紫霞峒景区提质、舜皇里文化旅游产业园一期等文旅项目建设，建成崀山橙道、橘影稻香等三条农生旅精品旅游线路，新建了崀山居艺术创作基地，太阳谷生态园完成整改正式营业；推进旦平故里景区提质改造项目实施，八角寨索道提质改造项目动工建设；启动新宁博物馆、中龙院古民居修缮等项目建设；招商建成锦绣恐龙乐园游乐场、崀山直升机低空游项目，与中青城投、深圳创梦天地等大型文旅集团签订战略合作协议，与北京农道联众达成打造“乡宿乡厨乡游”基地合作；启动“崀漫栖居”高端民宿建设。完成西村坊古建筑群一期修缮项目、李氏宗祠一期修缮验收，二期建设完工，编制完成并提交刘氏宗祠消安防项目、紫霞宫项目修缮计划书，对安山乡车头桥和崀山历史博物馆规划设计进行了修改完善；大力挖掘和弘扬书院文化，推动金城书院、坪山书院等传统文化场所复兴。推动非遗传承与旅游融合发展，持续推进“非遗进景区”“非遗进校园”活动，组织舞龙舞狮、采茶灯、邵阳祁剧等非遗项目在崀山好戏连台闹元宵中进行展演，在县城各中小学推广国家非物质文化遗产“岩鹰拳”操；进一步挖掘舜皇山野生茶制作技艺等传统技艺资源，启动第六批县级非物质文化遗产申报工作。全县接待游客594.8万人次，实现旅游总收入68.41亿元。

2023年卫生健康支出55902万元，年末全县拥有卫生机构641个，卫生技术人员4009人，床位数3212个，总资产178175万元，净资产85605万元，总诊疗人次202.73万人次，各类医疗卫生机构总收入92101万元。累计建立居民健康电子档案49.03万份，城乡居民参加医疗保险人数47.67万人，累计补偿参合居民人数55.44万人次，参合居民住院费用实际补偿率55.54%，县乡两级政策范围内住院费用补偿率74.38%。

县中医医院顺利完成整体搬迁，县人民医院“三级医院”创建初见成效，5G院前急救体系建设正在进行；回龙寺镇中心卫生院住院综合大楼已经封顶，正在进行内装修；妇幼保健院标准化建设已通过二甲复评。全县16家乡镇卫生院中医馆都进行了提质升级建设。

全县299个行政村开通门诊统筹医保定点系统。对35118名高血压患者、12646名糖尿病患者、2787名重性精神障碍患者、276名肺结核患者开展了家庭医生签约或续约和随访服务，对全县监测户及脱贫人口实行家庭医生签约服务。我县共有产妇2599人，系统管理率95.28%，产后访视率98.78%，高危管理率100%，住院分娩率100%，无孕产妇死亡。0–6岁儿童27937人，健康管理率96.23%，0–3岁儿童10654人，系统管理率93.16%，新生儿访视率98.81%。5岁以下儿童死亡9人，死亡率3.44‰，新生儿死亡1人，死亡率0.38‰。

共报告传染病报告卡1408张，及时报卡率为99.86%；共报告流感病例875例，其中中小学生333例，无死亡病例报告；新增艾滋病确诊病例52例，其中本土报告病例32例；活动性肺结核病患者登记（不含结胸）406例，病原学阳性242例，病原学阳性率59.61%；在册严重精神障碍患者2840人，规范管理率97.78%，规范服药率90.53%。

十、人口、人民生活和社会保障

年末全县公安户籍总人口63.43万人，其中男性33.37万人，女性30.06万人，性别比111%；常住人口49.78万人，常住人口中城镇人口23.76万人，城镇化水平47.73%。年内出生人口4140人，死亡人口4044人。人口密度为每平方公里230人。

2023年居民人均可支配收入22382元，同比增长5.7%。城镇居民人均可支配收入34641元，增长3.3%，人均消费支出24465元，其中食品支出7321元；农民人均可支配收入15328元，增长8%，人均消费支出14861元，其中食品支出4628元。

2023年社会保障和就业财政支出85871万元，同比增长23.7%。城镇3314人享受最低生活保障，月人均救助405元，农村11210人享受农村最低生活保障，月人均救助257.5元。农村集中特困供养227人，农村分散特困供养3068人，城市集中特困供养13人，城市分散特困供养36人，共发放资金2316.2万元。现有养老机构7个、日间照料之家17个，村级养老服务中心299个，养老服务床位2894张。积极实施临时救助，临时救助7143人，发放临时救助金1007.2万元；完善孤儿信息录入及档案整理，为184名孤儿发放基本生活费262.9万元，为270名事实无人抚养儿童发放基本生活费251.8万元；关心残疾人生活，发放困难残疾人生活补贴5339人，重度残疾人护理补贴7534人，共1244.3万元；关心老龄事业、发放高龄补贴1730人、205.7万元。

政治·军事·法治

◎邵阳市举行铸牢中华民族共同体意识研究基地揭牌仪式

邵阳市铸牢中华民族共同体意识研究基地揭牌仪式在邵阳市委党校举行

1月5日上午，邵阳市铸牢中华民族共同体意识研究基地揭牌仪式在邵阳市委党校举行。邵阳市委常委、组织部部长、统战部部长龚红果出席揭牌仪式并讲话。

2022年以来，邵阳市紧扣铸牢中华民族共同体意识这条主线，以创建全国民族团结进步示范市为抓手，有形有感有效推进民族工作各项重点任务，取得了一系列可喜成绩。邵阳市铸牢中华民族共同体意识研究基地揭牌，标志着邵阳市民族工作理论与实践研究平台的正式成立，将为创建全国民族团结进步示范市提供智库支撑，有力推动邵阳市民族团结进步事业创新发展。

龚红果强调，要提高站位；要做实研究；要保障到位；要擦亮品牌，把邵阳市促进民族团结进步方面的好经验、好做法宣传推广出去，做到在湖南省有影响、在全国有声音。

邵阳市委宣传部、市民宗局、市委党校、市社科联、邵阳学院、湘中幼儿师范高等专科学校相关负责人出席揭牌仪式。

◎邵阳市委副书记华学健赴大湾区开展招商引资工作

1月3日至5日，邵阳市委副书记、市长华学健率队赴大湾区开展招商引资工作，到中国电子信息产业集团对接洽谈合作事宜，与华润燃气集团签订项目投资协议，走访部分重点合作意向企业。副市长刘亚亮，市政府秘书长陈秋良参加。

在中国电子信息产业集团有限公司，华学健一行与中国电子信息产业集团有限公司党组书记、董事长曾毅举行座谈，重点就湖南邵虹项目合作事项展开具体磋商。2022年12月底，国家发改委、工信部两部委正式批复行文将该项目纳入非高风险管理。双方就下一步深化合作落地进行了梳理对接。

在华润集团总部，华学健一行与华润集团副总经理、华润电力、华润燃气董事局主席王传栋就邵阳燃气合作项目举行会谈。双方本着真情合作、互利共赢的原则进行友好磋商，达成一致共识。邵阳市政府同意并支持华润燃气与邵阳燃气共同出资，在邵阳市成立合资公司，由合资公司承接邵阳燃气管道燃气业务，并现场签订了《湖南省邵阳市管道燃气项目投资协议书》。

华学健赴大湾区开展招商引资工作

◎周文赴邵阳市武冈市走访慰问困难群众和道德模范

周文赴武冈市走访慰问困难群众和道德模范

周文赴武冈市走访慰问困难群众和道德模范

1月5日下午，邵阳市政协主席周文率队前往邵阳市武冈市走访慰问困难群众、道德模范，为他们送上防疫“爱心健康包”和慰问金，向他们致以新春的问候和美好的祝福。邵阳市政协秘书长王大松参加。

走访慰问中，周文指出，当前疫情防控进入新阶段，春节将至，随着返乡人员增加，农村地区疫情防控将迎来新挑战，邵阳市各级政协组织和广大政协委员要牢固树立以人民为中心的发展思想，积极响应湖南省政协倡议，踊跃捐资捐物，带着感情、带着责任做好关爱帮扶工作，以实际行动助力农村地区疫情防控各项工作，为助力疫情防控平稳转段和社会秩序稳定贡献政协力量。

要闻纪事

1月

△4日，武冈市委贯彻落实中央、省委、邵阳市委统战工作有关会议精神大会召开，市委书记唐克俭出席并讲话。他强调，要深入学习宣传贯彻党的二十大精神，全面落实中央、省委、邵阳市委统战工作有关会议精神，巩固和发展最广泛的爱国统一战线，为全面建设社会主义现代化新武冈作出新的更大贡献。市委副书记、市长龚畅主持，市领导唐旭峰、罗健、殷绪成、何再弟、陈学先、达继国、王琪、杨建平、杨孟秋、孔令节等参加。

△7日，邵阳市委副书记、市长华学健主持召开市政府2023年第1次常务会议。传达学习中央、省委近期重要会议精神，研究分解2023年《政府工作报告》工作任务等具体事项。

△8日，邵阳市委第三巡察组向市市场监督管理局党组反馈巡察情况。副市长晏丽君出席反馈会议，对抓好巡察整改工作提出要求。市委组织部副部长陈爱民传达了市委书记严华同志关于巡察工作的讲话精神。市委第三巡察组组长刘南霞分别向市市场监督管理局党组书记、局长何育新和党组领导班子反馈了巡察情况。何育新主持向领导班子反馈会议并就做好巡察整改工作讲话。市委第三巡察组副组长罗璇出席会议。

△8日，邵阳市委常委、副市长仇珂静到湖南高速公路集团邵阳分公司（简称“邵阳高速”），专题调度邵阳高速公路运营管理和高速公路建设工作。

◎邵阳市委常委会会议暨市委疫情防控工作领导小组会议召开

1月6日上午，邵阳市委书记严华主持召开邵阳市委常委会会议暨市委疫情防控工作领导小组会议，传达学习习近平总书记近期重要贺词重要讲话指示精神，研究部署春节前后疫情防控、走访慰问送温暖等工作。

会议传达学习了习近平总书记二〇二三年新年贺词和在全国政协新年茶话会、中央政治局民主生活会上的重要讲话精神及对爱国卫生运动作出的重要指示精神。

会议传达学习了湖南省委副书记、省长毛伟明关于邵阳市湘商回归工作批示精神。会议强调，要认真落实湖南省委、湖南省政府决策部署，创新体制机制，强化政策支持，加强工作协同，着力打造湘商回归的邵阳品牌。

会议强调，要提高站位抓落实，确保疫情防控平稳过渡和顺利转段，要突出重点抓关键，要强化宣传抓引导，要强化组织抓保障。

会议强调，要深入贯彻以人民为中心的发展思想，切实加强领导，精心组织实施，严明工作纪律，带着感情、带着责任为群众排忧解难，确保走访慰问暖人心聚人心。

◎邵阳市人大常委会举行省十四届人大代表履职培训班

市人大常委会举行省十四届人大代表履职培训班

1月10日上午，湖南省十四届人大一次会议召开在即，为协助人大代表更好地履职，邵阳市人大常委会对选举产生的驻邵省十四届人大代表进行初任培训。

培训会上，邵阳市人大常委会联工委相关负责人对代表履职的基础知识、代表在会议期间的工作和闭会期间的活动、代表执行职务的保障和对代表的监督等方面作了详细讲解。此次培训旨在通过深入学习贯彻党的二十大精神，学习宪法、代表法等法律法规及中央、湖南省委关于换届选举的指导思想和纪律要求等重点内容，切实提高代表思想政治素质和依法履职能力。

◎邵阳市政府与中联新材进行项目洽谈

1月6日，中联重科股份有限公司副总裁、中联重科新材料科技有限公司（以下简称“中联新材”）董事长陈培亮一行来邵进行投资考察调研。邵阳市委常委、副市长仇珂静调研。

中联新材是中联重科股份有限公司打造的全新板块，以干混砂浆技术为基础和原点，以中联重科多年经营设备的经验和积淀，进军干混砂浆材料领域，致力打造干混砂浆行业桥梁型龙头标杆企业。经前期考察调研，中联新材拟在邵阳市打造湘中南新材料产业基地。

在项目拟定地址、原材料供应地等地现场调研后，陈培亮一行与邵阳市举行项目洽谈会，介绍投资意向，提出有关诉求。邵阳市有关部门分别结合实际予以积极回应。

仇珂静对中联新材考察调研组一行的到来表示热烈欢迎。并说，中联重科股份有限公司是一家极具影响力的大型制造实体企业，中联新材投资的领域也与邵阳市在宝庆电厂周边谋划打造循环经济产业园具有高度的契合点，有着广阔的合作空间，希望双方加强交流对接，推动项目落地，实现合作共赢。

邵阳市政府与中联新材进行项目洽谈

陈培亮表示邵阳区位优越、合作基础扎实、发展潜力巨大。中联新材看好投资邵阳的前景，愿进一步加强沟通交流，尽早敲定合作，推动项目落地，更好助力邵阳高质量发展。

要闻纪事 ★ ★ ★ ★ ★ ★ ★ ★ ★ ★

△9日，双清区委书记赵逢春主持召开2023年第1次常委会会议，传达学习《国家主席习近平二〇二三年新年贺词》《为实现党的二十大确定的目标任务而团结奋斗》《中共湖南省委办公厅 湖南省人民政府办公厅关于做好2023年元旦春节期间有关工作的通知》《王双全同志在全省纪检监察系统视频会议上的讲话》等会议和文件精神。区委副书记、区长江韬，区委常委会会议组成人员刘文伟、何美艳、杨丽江、许新华、郭皓、杨玉华、李丁出席会议。

△9日，邵阳市委副书记、市长华学健在市区看望慰问刘志刚、周吉平等退休老领导，走访慰问重点企业一线产业工人和公安民警，代表市委、市政府感谢他们为邵阳经济发展、社会稳定所作出的重要贡献，向他们表达真诚慰问。市领导刘永德、李长跃、刘亚亮分别参加有关活动。市政府秘书长陈秋良参加。

△10日，绥宁县纪委监委举行党的二十大精神宣讲报告会，县委常委、县纪委书记、县监委主任张立名为全体纪检监察干部作宣讲报告。

△10日，邵阳市委第五巡察组向市医疗保障局党组反馈巡察情况。市人民政府副市长蒋伟出席反馈会议，对抓好巡察整改工作提出要求。市委巡察办副主任蒋文强传达了市委书记严华同志关于巡察工作的讲话精神。市委第五巡察组组长陈扬桂分别向唐远伟和党组领导班子反馈了巡察情况。市医保局党组书记、局长唐远伟主持向领导班子反馈会议并就做好巡察整改工作讲话。市委第五巡察组副组长陈海龙出席会议。

◎邵阳市政府与湖南建投安装集团进行项目洽谈

市政府与湖南建投安装集团进行项目洽谈

1月18日，湖南建投安装集团党委副书记、副董事长、总经理成立强一行来邵进行投资考察调研。邵阳市委常委、副市长仇珂静出席项目洽谈会。

湖南建投安装集团是国家大型综合施工企业，在热力管网市场已耕耘多年，经验丰富。经前期深入考察调研，该公司决定充分利用宝庆电厂的余热资源，在邵阳市建设并运营集中供热项目，满足邵阳市用气企业的热需求。

成立强一行与邵阳市举行项目洽谈会，介绍投资意向，提出有关诉求。市工信局、发改委等有关部门和大祥区结合实际予以积极回应，并就推动项目尽快落地提出建议。

仇珂静对成立强一行的到来表示欢迎。她说，湖南建投安装集团是一家有实力的国有企业，打造的集中供热项目对邵阳市落实“双碳”行动，引领绿色低碳，完善园区配套设施等有着重要意义，希望有关各方加强对接，细化方案，推动项目落地，实现合作共赢。各部门和大祥区要扛好各自责任，做好对接服务，为项目落地、加快推进打好基础。

成立强表示，湖南建投安装集团高度重视集中供热项目，公司已作充分论证，有决心、有能力打造好这一项目，愿与邵阳市各方加强沟通交流，尽早敲定合作，推动项目快速落地，为邵阳高质量发展贡献一份力量，扛起国有企业应有的担当。

◎邵阳106个重点项目集中开工 总投资331.37亿元！

邵阳市举行2023年重点项目集中开工活动

1月29日上午，邵阳市举行2023年重点项目集中开工活动，106个重点项目集中开工建设。邵阳市委书记严华出席主会场活动并宣布项目开工，邵阳市委副书记、市长华学健讲话。

汤立斌、周迎春、周文、于金旺、肖拥军、龚红果等市领导在主会场出席，邵阳市委常委、副市长仇珂静主持活动。

本次集中开工活动采取“主会场＋分会场”的形式举行。主会场设在邵阳经济技术开发区邵阳宝隆产业园二期项目现场，各县市区设分会场。

此次集中开工的项目涵盖产业发展、基础设施、生态环保和社会民生等多个领域，总投资331.37亿元，年度计划投资148.3亿元。其中：先进制造、新材料、电子信息、商贸物流等产业发展类项目80个，总投资271.18亿元；交通、能源等基础设施类项目13个，总投资17.38亿元；卫生、教育、保障性安居工程等社会民生类项目11个，总投资40.54亿元；污水处理及城乡环境综合治理等生态环保类项目2个，总投资2.27亿元。总投资6亿元的邵阳宝隆产业园二期项目，计划年内建成投产，预计可实现年产值50亿元。这批项目建成后将进一步优化邵阳市产业布局、提升产业层次，为推动邵阳经济社会高质量发展注入更多新活力、积蓄更多新动能。

◎邵阳市“学习贯彻党的二十大精神铸牢中华民族共同体意识”主题知识竞赛总决赛举行

2月3日上午，邵阳市“学习贯彻党的二十大精神铸牢中华民族共同体意识”主题知识竞赛总决赛在邵阳市委礼堂举行。

此次竞赛旨在通过“网上与网下同步、群众与干部同台、城市与乡村同行”的竞赛模式，持续掀起学习宣传贯彻党的二十大精神的新热潮，全面提高邵阳市各族干部群众对民族团结进步创建工作参与度、满意度，进一步铸牢中华民族共同体意识。

当天的比赛现场，六支参加总决赛的队伍同台竞技，经过必答、抢答和风险答题环节，最终邵阳市洞口县代表队勇夺桂冠获得一等奖。比赛现场还邀请了六位网络答题达人现场竞答，开展了现场观众互动答题、公布网络答题前100名名单等环节。

邵阳市“学习贯彻党的二十大精神铸牢中华民族共同体意识”主题知识竞赛分网上答题竞赛和线下活动竞赛两种方式。自2022年12月21日开赛以来，各县市区、各系统通过各专场赛、半决赛激烈角逐，最终邵阳市洞口县代表队、邵阳市国资委系统代表队、邵阳市教育系统代表队、邵阳市工信系统代表队、邵阳市绥宁县代表队、邵阳市税务系统代表六支队伍晋升总决赛。同时，全民网上答题竞赛同步开赛，网络答题期间，邵阳市先后有104451人次参与网上答题竞赛，累计提交答卷230107份。

邵阳市“学习贯彻党的二十大精神铸牢中华民族共同体意识”主题知识竞赛总决赛举行

◎邵阳市妇女儿童活动中心正式启用

2月15日，邵阳市妇女儿童活动中心举行揭牌启用仪式，湖南省妇联党组书记、主席黄芳，副市长蒋伟出席活动。

邵阳市妇女儿童活动中心举行揭牌启用仪式

邵阳市妇女儿童活动中心位于邵阳市文化艺术中心B栋4楼东面，总面积1200余平方米。该中心内设妇女运动史展馆、婚姻矛盾纠纷调解、心理咨询、儿童科技、女性技能培训等12个功能室，集家庭教育指导服务、妇女创业就业培训、妇女儿童维权帮扶、妇儿工作综合服务等多项功能于一体，将为邵阳市400多万妇女儿童提供职业培训、科普教育、权益维护、交流联谊、家庭教育指导等公益服务。

黄芳表示，希望邵阳市妇女儿童活动中心秉承“服务妇女、服务儿童、服务家庭、服务社会”的宗旨，以“公益行动、关爱妇幼”为己任，突出妇女特色和儿童特色，不断完善中心整体功能，拓宽服务领域，提升管理水平，开展特色活动，努力把妇女儿童活动中心打造成“广大妇女提升文化素养和综合素质的学习园地”“创新创业型妇女人才的培育基地”“少年儿童健康快乐成长的教育福地”“保障妇女儿童合法权益的平台阵地”，真正成为一项民心工程和惠民工程。

要闻纪事

△10日，邵阳市委召开县市区和市直行业系统党组织书记抓基层党建工作述职评议会议。市委书记严华进行全面点评并作总结讲话。他强调，要以习近平新时代中国特色社会主义思想为指导，持续深入学习贯彻党的二十大精神，扛牢基层党建工作主责主业，以高质量党建引领高质量发展，为全面落实“三高四新”战略定位和使命任务、建设现代化新邵阳提供坚强组织保障。省委组织部有关同志到会指导。市委副书记、市长华学健出席并作点评。

△11日，新邵县委常委、常务副县长王智刚受县委副书记、县长贺朝晖委托，主持召开县人民政府2023年第1次常务会议，重点研究安全生产和应急管理工作、根治欠薪工作等事项。

△12日，湖南省十四届人大一次会议邵阳代表团在驻地召开第一次全体会议和中共党员会议。省人大常委会副主任、省总工会主席周农出席。市委副书记、市长华学健主持会议。市人大常委会主任周迎春，市领导毛学雄等参加。

△13日，邵阳市委常委、市委秘书长肖拥军到新邵县城区、巨口铺镇红庙边村、寸石镇南岳村等地开展送温暖慰问活动，看望慰问困难党员、烈士遗属和困难群众。县委书记陈历贤，县委常委、县委办主任隆慧参加慰问。

△13日，湖南省十四届人大一次会议邵阳代表团举行第二次全体会议。市委书记严华主持会议。市委副书记、市长华学健，市人大常委会主任周迎春，市领导毛学雄等参加。会议讨论了《湖南省第十四届人民代表大会第一次会议选举办法（草案）》；推选了大会监票人。

△14日，邵阳县委副书记、县长周玉祥到白仓镇走访慰问困难群众和抗美援朝老兵。

◎邵阳发起『春季攻势』整治交通违法

2月24日，从邵阳市公安局交警支队了解到，自2月19日邵阳市道路交通安全综合整治“春季攻势”开展以来，邵阳投入更多的警力、更大的精力，紧盯城市道路、国省干道以及农村道路，强势展开“春季攻势”，整治各类交通违法行为。

在邵阳市公安局交警支队的统一部署下，邵阳市12个县（市）区交警大队以辖区国省道、县乡道、城市出入口等为重点路段，设置临时检查点125处，并采取定点和流动相结合、“午查＋夜查”同推进，严厉打击易肇事易肇祸的酒驾醉驾、“三超一疲劳”、无证驾驶、农村“两违”等重点违法，形成严查严管严打高压态势。

截至3月1日，邵阳市共查处各类交通违法行为15万多起，其中酒醉驾行为242起，工程运输车违法3639起，大客车、大货车疲劳驾驶、超速行驶以及货车违法载人、超载、载客汽车超员5类重点违法269起。

◎邵阳市在广州深圳举行粤港澳大湾区“湘商回归”恳谈会

2月18日下午和20日下午，邵阳市先后在广东省广州市、深圳市举行粤港澳大湾区“湘商回归”恳谈会。邵阳市委书记严华向广东省湖南邵阳商会、深圳市邵阳商会颁授“邵阳市湘商回归和返乡创业联络服务站”“邵阳市驻大湾区人才工作站”工作牌，并与商会代表座谈交流，诚邀广大湘商回乡投资兴业，同心协力建设社会主义现代化新邵阳。邵阳市委常委、副市长仇珂静主持，副市长刘亚亮参加。

邵阳市在广州深圳举行粤港澳大湾区“湘商回归”恳谈会

恳谈会上，广东省湖南邵阳商会会长李惠海、深圳市邵阳商会会长刘世梁等商会代表分别发言，介绍了商会及企业发展情况，分享了返乡投资经历，表达了回邵投资兴业意愿；中国工程院院士李国杰介绍了邵阳学院院士工作站建设运行情况，并就家乡人才培养、招才引智等工作提出意见建议。

严华对大湾区广大湘商、专家学者长期以来给予邵阳发展的支持表示衷心感谢。他说，多年来，大家积极推介家乡，以商招商、以情招商，成为邵阳对外沟通的桥梁。同时，大家大力支持家乡脱贫攻坚、乡村振兴、疫情防控、招才引智、产业发展等工作，为邵阳经济社会高质量发展作出了重要贡献。

◎邵阳市举办“家庭助廉 团团圆圆”主题活动暨“最美清廉家庭”选树推介活动

邵阳市举办“家庭助廉 团团圆圆”主题活动暨“最美清廉家庭”选树推介活动

2月26日，根据湖南省纪委监委统一部署安排，邵阳市举办“家庭助廉团团圆圆”主题活动暨“最美清廉家庭”选树推介活动，邵阳市直有关单位、国企、高校等部门单位116名“一把手”配偶参加。邵阳市委常委、邵阳市纪委书记、邵阳市监委主任吴旭鹏出席活动，强调要注重家庭家教家风建设，以清廉家庭建设新成效助推清廉邵阳建设。

活动现场观看了《严正家风》警示教育片，为30户获选邵阳市“最美清廉家庭”颁发证书，4名获选“最美清廉家庭”代表作分享发言，与会人员受赠家教家风书籍。

要闻纪事

△16日，湖南省十四届人大一次会议邵阳代表团举行两次全体会议，继续审议政府工作报告，审议省人大常委会工作报告和省高级人民法院工作报告、省人民检察院工作报告。省人大常委会副主任、省总工会主席周农，市委书记严华出席。市委副书记、市长华学健，市人大常委会主任周迎春分别主持。市领导毛学雄等参加审议。

△17日，湖南省十四届人大一次会议邵阳代表团举行全体会议，继续审议政府工作报告，审议省人大常委会工作报告和省高级人民法院工作报告、省人民检察院工作报告。省委常委、常务副省长李殿勋，省人大常委会副主任、省总工会主席周农与大家一同审议。市委书记严华主持，市委副书记、市长华学健，市人大常委会主任周迎春参加。

△17日，湖南省十四届人大一次会议邵阳代表团举行全体会议，审议大会各项决议草案等。市委副书记、市长华学健主持。市领导毛学雄参加审议。邵阳市退役军人事务局党组书记、局长姜卫军于1月17日下午对邵阳市军休所的军休干部们进行春节慰问，为他们送去党和政府的关怀以及新春祝福。

△19日，湖南市委第一巡察组向市发展和改革委员会党组反馈巡察情况。市委常委、常务副市长出席反馈会议，对抓好巡察整改工作提出要求。市纪委常务副书记、监委副主任刘厚见传达了市委书记严华同志关于巡察工作的讲话精神。市委第一巡察组组长邓小容分别向市发展和改革委员会党组书记杨平和领导班子反馈了巡察情况。杨平主持向领导班子反馈会议并就做好巡察整改工作讲话。市委第一巡察组副组长邓翔出席会议。

◎邵阳市举行“金融暖春润万企”政银企对接会 现场签约48.68亿元

2月22日上午，邵阳市举行“金融暖春润万企”政银企对接会，搭建银企合作交流平台，打通金融活水流向企业“最后一公里”，加快推动实体经济高质量发展。对接会现场，30家企业与14家银行机构签约48.68亿元。邵阳市人大常委会副主任李小平出席，副市长刘亚亮通报有关情况并解读《邵阳市2023年金融暖春润万企专项行动工作方案》。

过去一年，邵阳市金融系统立足发展全局，认真落实稳经济一揽子政策措施，为邵阳市重点项目建设、实体经济发展、社会民生改善提供了有力支撑。至2022年末，邵阳市银行业金融机构各项存款余额达4045.61亿元，增长12.79%，居全省第五位；各项贷款余额达2538.95亿元，增长10.51%。

为深入贯彻中央和湖南省委、邵阳市委经济工作会议精神，全面落实湖南省委、省政府打好“发展六仗”部署要求，更好促进金融服务实体经济，邵阳市委、市政府积极部署开展金融暖春润万企专项行动，力争2023年邵阳市实现贷款增长400亿元，对重点项目融资投放50亿元以上。

会上，邵阳市发改委、邵阳市财政局、邵阳市科技局和人民银行邵阳市中心支行、邵阳银保监分局负责人作融资需求推介和政策解读，各金融机构代表作信贷产品、债权和股权融资工具推介，农业银行邵阳市分行负责人代表邵阳市金融机构发言。

邵阳市举行“金融暖春润万企”政银企对接会 现场签约48.68亿元

◎邵阳市机关青年“弘扬光荣传统 赓续红色血脉”主题演讲大赛决赛举行

邵阳市机关青年“弘扬光荣传统 赓续红色血脉”主题演讲大赛决赛举行

3月2日上午，邵阳市委组织部、市直机关工委、团市委主办的“学习二十大奋进新征程”邵阳市机关青年“弘扬光荣传统赓续红色血脉”主题演讲大赛决赛举行。邵阳市委常委、市委秘书长、市直机关工委书记肖拥军出席并致辞，邵阳市创文指挥部督查组组长周乐彬担任主评委。

各县市区和市直各单位对本次大赛高度重视，前期精心组织了党（团）支部宣讲和单位选拔赛，广泛发动机关青年踊跃参与，经预赛激烈角逐，12名选手晋级决赛。

决赛现场，在12名青年参赛选手饱含深情地讲述下，一个个真实典型的人物愈发鲜活，一件件感人肺腑的事迹愈加生动，一道道精神传承的血脉愈发清晰。他们结合自身工作，或激情澎湃，或娓娓道来，声情并茂富有感染力的演讲引发了大家强烈的共鸣，展示了新时代邵阳市机关青年干部职工朝气蓬勃、积极向上的精神风貌，赢得现场观众阵阵掌声。

决赛采用主题演讲与即兴演讲相结合的方式，评委们围绕主题内容、语言表达、总体印象等评分标准逐一打分。经激烈角逐，来自邵阳市人大机关的何页叶凭借精彩表现夺得决赛一等奖。

邵阳市机关青年“弘扬光荣传统 赓续红色血脉”主题演讲大赛决赛举行

◎邵阳市邵阳县荣获“全省交通问题顽瘴痼疾整治行动先进集体”

2023年2月28日，邵阳市邵阳县交通问题顽瘴痼疾整治措施得力、成效显著，被授予“湖南省交通问题顽瘴痼疾集中整治工作先进集体”称号。

提前谋划，强力推动。2022年，邵阳市邵阳县在全市率先出台县级整治方案，对成员单位及乡镇场实行月调度、月排名，将交通问题顽瘴痼疾整治工作纳入县平安建设、县绩效考核、县重点工作等年度考核指标，整治工作得到稳步推进。

多措并举，靶向发力。一年来，邵阳市邵阳县共出动执法人员3600余人次，出动执法车辆450余台次，先后查处打击非法营运和改装车辆25起，约谈运输企业6家，依法对2家维修企业停业整顿。同时，充分利用科技治超监控系统开展“铁腕”治超，对2家源头企业安装科技治超信息平台，实行全面监管。此外，成立“戴帽工程”专班，在各乡镇场开展联合执法。2022年共查处电动三轮车、四轮车和摩托车违法行为5.3万余起，并对县直成员单位的戴帽情况进行暗访，全年通报单位、企业和学校21家，公职人员3人，约谈快递企业3家，戴帽率得到有效提升。

在去年的“百日行动”等专项整治行动，邵阳市邵阳县开展重点违法整治行动180次，累计查处各类交通违法13万余起，综合成绩排名并列全市第一。

◎邵阳市学雷锋志愿服务暨“周末志愿行”年度主题活动启动

邵阳市学雷锋志愿服务暨“周末志愿行”年度主题活动启动

3月4日，2023年邵阳市学雷锋志愿服务暨“周末志愿行”年度主题活动启动仪式在邵阳市城南公园举行。

严华代表邵阳市委、市政府向全市广大志愿者致以崇高敬意，向长期以来关心支持邵阳市志愿服务事业的社会各界人士表示衷心感谢。他指出，雷锋精神，人人可学；奉献爱心，处处可为。今天启动的邵阳市学雷锋志愿服务暨“周末志愿行”年度主题活动，是贯彻落实习近平总书记重要指示精神的具体举措，也是推动邵阳市志愿服务事业高质量发展的实际行动。

活动现场发布了2023年度助力创文“周末志愿行”专项行动和特色项目，严华为“周末志愿行”10个志愿行动服务队授旗。出席活动的领导为2022年度学雷锋志愿服务“五个一批”先进典型代表颁授证书。

随后，严华还到邵阳市少儿图书馆参加“雷锋精神代代相传”关爱少年儿童志愿服务活动，与少年儿童分享雷锋故事、学习雷锋精神，勉励大家传承和弘扬雷锋精神，刻苦学习、积极向上，努力成为有理想、敢担当、能吃苦的新时代好少年。

当天，邵阳市各文明实践志愿服务队、社会组织志愿服务队同步开展了学雷锋志愿服务活动。

邵阳市学雷锋志愿服务暨“周末志愿行”年度主题活动启动

要闻纪事

△20日，邵阳军分区党委十四届十三次全体（扩大）会议召开。邵阳市委书记、邵阳军分区党委第一书记严华出席并讲话。市委常委、邵阳军分区政委周爱国主持会议，并代表邵阳军分区党委常委会作工作报告。邵阳军分区司令员诸葛军讲话。邵阳军分区副司令员宋德瑞，党委常委刘光明、任术君出席会议。

△28日，邵阳市委书记严华走访了各民主党派市委会和市工商联机关，看望慰问机关干部职工，听取工作意见和建议，代表市委、市政府向全市各民主党派、工商联和无党派人士致以新春问候和祝福。市领导肖拥军、龚红果、段雪梅参加走访。

△30日，邵阳市退役军人事务局举行2023年党组理论学习中心组第1次集体学习暨2022年度民主生活会专题学习研讨。

△30日，邵阳市委书记严华主持召开市委常委会会议，传达学习习近平总书记在2023年春节团拜会上的重要讲话精神，传达学习《中共中央办公厅国务院办公厅关于贯彻落实中央经济工作会议精神做好一季度经济社会发展工作的通知》和省十二届纪委三次全会精神，研究邵阳市贯彻落实意见。

△30日，邵阳市委副书记、市长华学健主持召开市政府2023年第2次常务会议。传达学习习近平总书记近期重要讲话及重要文章精神。传达学习省政府第一次全会精神，研究部署贯彻落实措施。

◎邵阳市城步县举行县政协委员“进百村行万里、引资聚智建苗乡”活动启动仪式

活动现场

3月6日，为认真贯彻落实湖南省委、省政府关于做好“湘商回归、返乡创业”工作决策部署，大力培育市场主体，全面准确地掌握邵阳市城步县在外工作、经商创业人员的基本情况，着力提升招商引资工作水平、扩大有效投资，全面建设“三个高地”，加快推进邵阳市城步县经济社会高质量发展，邵阳市城步县举行县政协委员“进百村行万里、引资聚智建苗乡”活动启动仪式。

唐承威指出，举行邵阳市城步县政协委员“进百村行万里、引资聚智建苗乡”活动是邵阳市城步县政协真情履职、服务发展的创新举措，也是广大政协委员发挥主体作用，展现时代风采的重要载体。在本次活动中，要对邵阳市城步县所有村、居、社区进行广泛深入调研摸底，全面准确掌握“苗乡好儿女”在外工作、经商创业的基本情况，要完成“四个一”目标，即编好一本书，建立《苗乡好儿女人才信息库》；制作一部专题宣传片；助力一次“迎老乡、回故乡、建家乡”的招商活动；助推一批招商项目落地城步。要以高度的政治责任感、饱满的工作热情、务实的工作作风，高质量完成调研工作任务，充分发挥政协凝心聚力的作用和优势，主动服务发展大局，为建设富强活力美丽幸福现代化新城步作出新的更大贡献。

◎用消费放心提振消费信心 邵阳市举行“3·15”国际消费者权益日大会

用消费放心提振消费信心 邵阳市举行“3·15”国际消费者权益日大会

3月15日上午，邵阳市举行“3·15”国际消费者权益日大会，展示2022年邵阳市消费维权工作成果，公布2022年消费投诉热点和2022年消费侵权典型案例，部署2023年消费维权重点工作。

2022年，邵阳市12315热线及平台接收消费者投诉22580件，投诉办结率达到100%，为消费者挽回经济损失578.2万元。

此次大会第一次以晚会的形式召开，共分“警示篇、诚信篇、风采篇、展望篇”四个篇章，以视频公布2022年消费维权典型案件和消费热点，现场开展食品安全“你点我检”、“守法诚信经营”公开承诺，消费维权和食品安全监管热点事件回应等环节，中间还穿插了市场监管工作人员精心编排的文艺节目。

大会通过揭露损害消费者权益现象，持续营造安全放心的消费环境，不断提振消费信心。

◎邵阳市委党校举行2023年春季学期开学典礼

市委党校举行2023年春季学期开学典礼

3月7日上午，邵阳市委党校（邵阳行政学院）举行2023年春季学期开学典礼。邵阳市委书记严华出席并主讲开学第一课。他强调，要把学习贯彻党的二十大精神不断引向深入，深刻理解把握中国式现代化的丰富内涵，切实把学习成果转化为实际行动，奋力谱写中国式现代化的邵阳篇章。邵阳市委常委、宣传部部长于金旺主持。

严华以“踔厉奋发勇毅前行奋力谱写中国式现代化的邵阳篇章”为主题，从“中国式现代化是什么、中国式现代化干什么、中国式现代化怎么干”三个层面，与各位学员交流了中国式现代化的科学内涵和实践要求，并对大家寄予殷切期望。

要闻纪事

△31日，邵阳市第十二届纪委第三次全会召开。市委书记严华出席并讲话，他强调，要坚持以习近平新时代中国特色社会主义思想为指导，深入学习贯彻党的二十大和二十届中央纪委二次全会、省十二届纪委三次全会精神，坚定不移深入推进全面从严治党，为全面建设社会主义现代化新邵阳提供坚强保障。市委副书记、市长华学健出席。

2月

△1日，邵阳市发改委召开传达学习省第十二届纪委第三次全会、市第十二届纪委第三次全会精神专题会议，市委领导班子成员，市委机关各科室、市委属二级机构负责同志参加会议。

△6日，中国共产党洞口县第十三届纪律检查委员会第三次全体会议召开，总结2022年全县纪检监察工作，部署2023年任务。县委书记吴韬出席会议并讲话。他强调，要坚持以习近平新时代中国特色社会主义思想为指导，深入学习贯彻党的二十大和二十届中央纪委二次全会、十二届省纪委三次全会、十二届市纪委三次全会精神，守正创新、踔厉奋发，一刻不停地推进全面从严治党，为全面建设社会主义现代化新洞口而团结奋斗。

△6日至7日，湖南省生态环境厅党组书记、厅长刘群一行来邵会商生态环境工作。市委副书记、市长华学健参加调研。省生态环境厅二级巡视员、机关党委常务副书记钟进，市政府秘书长陈秋良，省生态环境厅相关处室负责人及相关市直单位负责人参加。

◎华学健主持召开邵阳市政府“三重点”工作2023年第二次讲评会议

华学健主持召开邵阳市政府“三重点”工作2023年第二次讲评会议

3月20日上午，邵阳市委副书记、市长华学健主持召开邵阳市政府“三重点”工作2023年第二次讲评会议。

1—2月，邵阳市上下认真贯彻落实党的二十大和中央、湖南省委、邵阳市委经济工作会议精神，高效落实“三个更好统筹”要求，聚焦打好“发展六仗”，把主要任务分解到“三重点”各项指标中进一步细化任务清单，优化考核办法，各项工作得以顺利推进，经济社会发展开局平稳、趋势向好。

会议分析讲评了2023年1月和2月份“三重点”工作落实情况。对获得“三重点”综合考核综合奖的邵阳市邵东市、邵阳市隆回县、邵阳市绥宁县和市发改委、市交通运输局提出了表扬奖励。对获得“三重点”综合考核单项奖的邵阳市武冈市（优化营商环境获评全省优秀等次）、邵阳市洞口县（湖南省园区综合评价进位快）、市城管局（湖南省营商环境评价中“获得用水用气”市本级指标湖南省第一位）提出了表扬奖励。提醒约谈了3个单位相关负责人；约谈了3个单位主要负责人。进一步细化了2023年3月和4月份“三重点”任务清单。

会议要求，抓好下一步经济工作，要做到“五个全力”。第一，全力抓项目建设；第二，全力抓“五好”园区；第三，全力抓财税收入；第四，全力抓风险防范化解；第五，全力抓作风建设。

◎邵阳市86个重大项目集中开工

2023年全省重大项目集中开工仪式邵阳分会场

3月30日上午，2023年湖南省重大项目集中开工仪式邵阳分会场活动在邵阳经济技术开发区亚太通力电梯项目现场举行。邵阳市共有86个重大项目参加全省集中开工，这是邵阳市招商引资和项目建设的又一丰硕成果，也是全面落实“三高四新”战略定位和使命任务、推动高质量发展的具体行动。

2023以来，邵阳市深入贯彻落实党的二十大精神和全国、湖南省两会精神，紧紧扭住项目建设“牛鼻子”，持续优化营商环境，全面加快项目建设，积极扩大有效投资，为邵阳市经济社会高质量发展注入动能、夯实基础。2023年1月29日，邵阳市第一批106个重大项目集中开工，掀起了新一轮项目建设热潮。

此次邵阳市集中开工投资规模5000万元以上的重大项目86个，总投资241.93亿元，年度计划投资108.56亿元。项目涉及产业发展、基础设施、社会民生、生态环保等多个领域，其中先进制造、新材料、电子信息、商贸物流等产业发展类项目55个、总投资154.45亿元。总投资4.2亿元的亚太通力电梯项目是邵阳市重点招商引资项目，建成达产后可年产1万台电梯生产线和电梯空调、电控系统及配套产品。这些项目的开工建设，将进一步优化邵阳市产业布局、提升产业层次，助力邵阳市打好“发展六仗”、努力实现“全年稳、全年红”。

◎邵阳市航天科普系列活动暨武冈国防教育基地启动

3月31日下午，邵阳市航天科普系列活动暨武冈国防教育基地启动仪式举行。

本次活动是中国流动科技馆“致敬航天精神”主题活动之一，也是首届湖南科技创新论坛启动式暨院士专家邵阳行系列活动的第一站。活动主题为“致敬航天精神、提升科学素质，传承红色记忆、强化国防意识”，包括航天科普展、科技专题报告、院士专家进校园公益讲座等子活动。此次启动的邵阳市武冈市国防教育基地，是邵阳市目前规模最大的国防教育基地，2020年被命名为“湖南省全民国防教育基地”。

严华代表邵阳市委、市政府向各位嘉宾表示热烈欢迎，向长期以来关心支持邵阳发展的各界人士表示感谢。

李为代表湖南省科协向活动的成功举办表示祝贺，向关心支持湖南航天科普事业发展的中国航天科技集团表示感谢。

启动式上，与会领导和院士专家为邵阳市首届航天科普主题演讲大赛获奖代表颁奖。随后，院士专家和青少年代表一起参观了航天科普展。

邵阳市航天科普系列活动暨武冈国防教育基地启动

◎首届湖南科技创新论坛将在邵阳市启动

首届湖南科技创新论坛启动式暨院士专家邵阳行系列活动将在邵阳市举行

3月31日至4月4日，由湖南省委人才办、省科协和邵阳市委、市政府共同主办的，首届湖南科技创新论坛启动式暨院士专家邵阳行系列活动将在邵阳市举行。3月20日，邵阳市委常委、副市长仇珂静组织召开活动筹备会议，调度推进各项前期工作。邵阳市政协秘书长王大松出席。

活动将邀请“两院院士”和专家教授共聚邵阳，聚焦智能制造、玻璃产业、纺织机械等重大人才工程项目和“九大优势产业链”深入开展调研，开展校地合作、会地合作、科技创新助力高质量发展项目现场签约，举办邵阳市航天科普系列活动，来自新材料、制造业、种业、养殖业的院士专家将发表主旨演讲。

会议听取市直有关部门和武冈市筹备工作情况汇报，并就存在困难和问题逐一研究解决措施。

会议强调，此次活动是党的二十大胜利召开以来邵阳市承办的首次全省性重大活动，对促进邵阳市经济社会高质量发展、为邵阳市重点产业腾飞注入科技力量具有重要意义。邵阳市各地各单位要高度重视，周密组织安排，加强上下衔接、完善细化方案，强化部门联动，统筹做好会场布置、活动组织、联络协调、宣传报道组织、后勤保障等各项前期工作，确保活动顺利圆满。

要闻纪事

△8日，邵阳市创建全国文明城市2023年工作推进会暨全市爱国卫生工作会议召开。会议强调，要全面贯彻落实党的二十大精神和习近平总书记关于爱国卫生运动重要指示精神，切实增强工作责任感使命感，坚定信心、攻坚克难、奋力冲刺，确保如期实现创建全国文明城市目标，持续巩固提升国家卫生城市创建成果。市委书记严华出席会议并讲话，市委副书记、市长华学健主持。

△8日，城步县召开第十八届人民代表大会第二次会议和政协城步苗族自治县第十一届委员会第二次会议中共党员会议。县委书记余勋伟出席会议并讲话。县委副书记、县长王慧敏出席会议。县委副书记、县委统战部部长曾艺主持。县人大常委会党组书记、主任李宪，县政协党组书记、主席候选人唐承威在主席台就座。

△9日，邵阳市退役军人事务工作会议召开。会议以习近平新时代中国特色社会主义思想为指导，深入贯彻党的二十大精神，贯彻落实习近平总书记关于退役军人工作的重要论述及省部有关会议文件精神，总结工作，部署任务，全面推进新时代新征程退役军人事务工作高质量发展。市退役军人事务工作领导小组副组长、市人民政府副市长、市公安局局长李长跃出席会议并讲话，市人民政府副秘书长刘昊主持会议。

邵阳市湘商产业园

◎科技兴邵涌春潮——写在『首届湖南科技创新论坛暨院士专家邵阳行活动』举行之际

3月底到4月初，由湖南省委人才办、省科协和邵阳市委、市政府共同主办的首届湖南科技创新论坛暨院士专家邵阳行活动，在湘西南重镇邵阳市盛大举行。50余位国内外知名专家、学者云集邵阳，共话科技创新，把脉地方发展。这是一次科技兴邵的新起点，也是科技兴邵的再出发。宝庆大地，资江之滨，科技浪潮滚滚而来，汇聚起推动高质量发展的强大动能。

邵阳市与湖南师范大学签订战略合作协议

◎首届湖南科技创新论坛在邵阳启动

4月2日下午，由湖南省委人才办、省科协和邵阳市委、市政府共同主办的首届湖南科技创新论坛启动式在邵阳举行。来自全国各地的院士专家汇聚一堂，畅谈科技创新，共话发展大计。

启动式上，有关领导和院士共同为“邵阳市院士（专家）产业园”揭牌，9个校地合作、会地合作、科技创新合作项目现场签约，印遇龙等院士作主旨报告。

张剑飞对论坛的启动和邵阳市院士（专家）产业园的揭牌表示祝贺。他指出，此次活动是邵阳与省内外科技界强化合作、抢抓发展机遇的务实举措。期待大家以此为契机，进一步深化科技创新合作，积极推进科技和产业深度融合，为全省高质量发展注入强劲动力。

近年来，邵阳市深入实施创新主体增量提质、创新平台建设、创新生态优化和宝庆人才行动“四大计划”，创新平台加速创建，创新企业加速涌现，创新活力加速迸发。目前，邵阳市已备案国家级众创空间2家、星创天地6家，建成院士工作站（室）4家，入库科技型中小企业达1262家、高新技术企业共572家，实现了千亿产业、千亿园区、国家级经开区、百亿制造企业、上市公司的历史性突破。

首届湖南科技创新论坛在邵阳启动

要闻纪事

△9日，邵阳市退役军人事务局召开全市退役军人服务保障体系建设推进会，深入贯彻党的二十大精神，提升全市基层退役军人服务中心（站）工作运转规范化、制度化水平。会议对前期各县市区退役军人服务中心（站）建设情况进行反馈，并安排部署2023年基层服务中心（站）建设任务。局党组书记、局长姜卫军，局党组成员、副局长欧阳清明，四级调研员肖庆和双清区政府办副主任陈祥德出席。

△9日，邵阳市召开全市住房城乡建设和城市管理工作会议。会议总结回顾了2022年工作成效，分析存在问题，部署2023年工作。市人大常委会副主任蒋志刚，市政协副主席伍先明出席会议。

△10日，邵阳市委副书记、市长华学健主持召开市政府2023年第3次常务会议。传达学习习近平总书记近期重要会议讲话精神。研究部署政府系统未巡先改工作、打好“发展六仗”等具体事项。

△11日，邵阳市公安局长会议召开。会议总结2022年工作，分析当前形势，研究部署2023年和今后一个时期全市公安工作。副市长、市公安局局长李长跃出席会议并讲话。

△13日，邵阳市退役军人事务局党组召开2022年度民主生活会，围绕本次民主生活会主题，紧密联系工作实际，深刻查摆问题，进行党性分析，认真开展批评和自我批评，明确整改措施与努力方向。市退役军人事务局党组书记、局长姜卫军主持会议并作总结表态，2022年度民主生活会市督导组第33组廖彬彬一行到会指导，市纪委监委驻市民政局纪检监察组组长罗璇列席会议。

◎邵阳市政协举办“政青春”青年论坛

4月4日上午，邵阳市政协“政青春”青年论坛在邵阳市政协机关举行。邵阳市政协党组书记、主席周文出席并讲话。邵阳市政协副主席伍先明、杨博理、蒋志南，秘书长王大松参加。

会上，邵阳市政协机关10名青年干部围绕学习贯彻党的二十大精神、全国两会精神等内容，结合自己的工作岗位，畅谈了学习体会、思想认识、工作打算。现场气氛热烈，充分展现出青年干部昂扬蓬勃的精神状态和饱满的工作热情。

在认真听取发言后，周文与青年干部们谈心交流，他说，青年干部是党和国家事业的未来，是推动政协事业高质量发展的重要力量。此次论坛演讲，青年干部们态度认真、准备充分，以积极心态形成了比学赶超的浓厚氛围，今后论坛要创出品牌，让其成为助力青年干部茁壮成长的舞台。

市政协举办『政青春』青年论坛

◎邵阳市乡村振兴、易地扶贫搬迁后续扶持暨以工代赈工作推进会召开

邵阳市乡村振兴、易地扶贫搬迁后续扶持暨以工代赈工作推进会召开

4月7日，邵阳市乡村振兴、易地扶贫搬迁后续扶持暨以工代赈工作推进会召开。邵阳市委书记严华出席并讲话。他强调，要深入学习贯彻党的二十大精神和中央农村工作会议精神，认真贯彻落实党中央、国务院和湖南省委、省政府决策部署，推动易地扶贫搬迁后续扶持和以工代赈工作上台阶、见实效，坚决守住不发生规模性返贫的底线，奋力实现有效衔接工作创先争优，全力推动乡村振兴走在湖南省前列。

会议以视频形式召开，各县市区设分会场。邵阳市委常委、常务副市长部署易地扶贫搬迁后续扶持和以工代赈工作，邵阳市委常委、市委秘书长肖拥军主持，副市长杨卫平就乡村振兴工作作具体安排。

◎邵阳市举行“好声音讲坛”理论微宣讲比赛决赛

邵阳市举行“好声音讲坛”理论微宣讲比赛决赛

4月25日下午，邵阳市“好声音讲坛”理论微宣讲比赛决赛在市区举行。

此次比赛是邵阳市深入学习贯彻党的二十大精神宣讲的一次成果展示。前期，各县市区、市直各单位认真组织了初赛、复赛，经过层层选拔，来自机关单位、党校学校、基层党员、村民群众等10位优秀选手脱颖而出，代表全市广大党员干部群众站在了此次决赛的舞台上。按照部署，本次比赛共设一等奖2名，二等奖3名，三等奖5名，人气奖3名和优胜奖、优秀组织奖。进入决赛的10名选手将受聘担任“宝庆空中讲堂”理论宣讲师和新时代文明实践宣讲师、青年讲师团成员，开展学习习近平新时代中国特色社会主义思想“进机关、进学校、进企业、进社区、进农村、进军营、进网络”的“七进”宣讲活动。

当天下午，经过激烈角逐，来自邵阳市委党校的选手程慧和双清区委宣传部的选手刘芸获得此次比赛的一等奖。

◎邵阳市举行第七期“企业家接待日”活动

邵阳市举行第七期“企业家接待日”活动

4月10日下午，邵阳市委书记严华出席邵阳市第七期“企业家接待日”活动，面对面了解外向型企业经营发展情况，帮助企业解决实际困难和问题，助推邵阳市外向型经济高质量发展。

近年来，邵阳市开放型经济活力迸发，发制品、打火机、箱包3个基地获批国家外贸转型升级基地。2022年，邵阳市外贸实绩企业新增285家、总数596家，分别居全省第二和第三；限上商贸流通企业新增153家，总数达到1618家、居湖南省第二。

活动中，中伟控股集团董事邓正明、湖南丰晟国际物流有限公司董事长宋杰锋、湖南凯耀生物科技有限公司总经理谢康容等6位企业家代表先后发言，围绕总部经济发展、口岸平台建设、项目用地供应、营商环境优化等提出意见和建议。

◎ 2023年“书香邵阳·全民阅读”暨“护苗·绿书签”活动启动

4月25日上午，2023年“书香邵阳·全民阅读”暨“护苗·绿书签”活动在邵阳市邵东市正式启动。

活动现场，优秀阅读推广人刘韦达等作阅读分享并接受表彰，优秀学生代表作“抵制有害出版物和信息”的倡议发言，集体宣读“书香邵阳”全民阅读倡议书。邵阳市新华书店为全市中小学校捐赠一批价值50万元的图书。

于金旺指出，2023年是全面贯彻党的二十大精神开局之年，全民阅读活动要紧扣“践行二十大阅读新时代”这一主题，把握主题教育“学思想、强党性、重实践、建新功”总要求，深入推进习近平新时代中国特色社会主义思想和党的二十大精神学习阅读。

于金旺要求，邵阳市各地各部门要切实强化责任意识，做好少年儿童健康成长的心灵守护者和思想引领者，为少年儿童营造良好的文化环境，确保“绿书签”活动提质增效；各位公益推广人要充分发挥阅读引领作用，积极为群众传播阅读理念、提供阅读指导，不断扩大“书香邵阳”品牌影响；各级各部门要加强组织协调，健全工作机制，组织开展形式多样、喜闻乐见、广泛参与的读书活动，努力形成好读尚学的良好风气，全面推进“书香邵阳”建设，为全面建设社会主义现代化新邵阳提供思想保证和精神力量。

2023年“书香邵阳·全民阅读”暨“护苗·绿书签”活动启动

要闻纪事

△13日，邵阳市医疗保障局党组班子召开2022年度民主生活会暨巡察整改专题民主生活会。市委第18督导组杨焕尧组长到会指导点评并提出要求。市医疗保障局党组书记、局长唐远伟主持会议，其他党组成员参加会议，派驻纪检监察组有关同志列席会议。

△16日，邵阳市委副书记、市长华学健主持召开全国人大代表邵阳议案建议相关工作调度会，要求立足全国大局，着眼邵阳实际，紧扣发展民生，提出高质量议案建议，推动经济社会高质量发展。市人大常委会副主任阳晓华出席。市政府秘书长陈秋良，市人大联工委以及市直有关部门负责同志参加会议。

△16日，邵阳市委教育工作领导小组召开2023年第一次全体会议，传达学习2023年全省教育工作会议精神，并对领导小组各成员单位2022年度履行教育工作职责进行评议。市委副书记、市委教育工作领导小组组长、市委教育工委书记汤立斌强调，要扛牢扛紧教育工作责任，不断推进邵阳教育高质量发展。

△17日，邵阳市林业局召开传达学习中央和省市纪委全会精神暨警示教育大会。市政协副主席、林业局局长冯东旺出席会议并讲话，市林业局党组成员、副局长刘湘中主持会议，林业系统全体干部职工参加。驻市自然资源和规划局纪检监察组组长杨辉出席并指导会议。

△21日，邵阳市委副书记、市长华学健主持召开市政府2023年第四次常务会议。传达学习习近平总书记近期重要文章和重要讲话精神。研究部署农业、教育等具体事项。

◎华东、港澳地区万人游邵阳活动暨千人首发团启动

华东、港澳地区万人游邵阳活动暨千人首发团启动

4月26日，“早安隆回 浪漫崀山”华东、港澳地区万人游邵阳活动暨千人首发团启动仪式在邵阳市隆回大花瑶景区举行。副市长蒋伟出席。

本次活动由邵阳市文旅广体局、邵阳市隆回县委、县政府主办，隆回县文旅广体局、隆回虎形山花瑶风景名胜区管理处、邵阳市中旅国际旅行社承办。华东地区是全国最大的旅游客源地市场之一，也是邵阳重要的客源地。为进一步提振旅游市场信心，邵阳市文旅广体局利用旅游强劲复苏的契机，引导市内旅行社企业深耕华东及港澳旅游市场，推出以“早安隆回 浪漫崀山”为主题的邵阳精品旅游线路，并启动了华东、港澳地区万人游邵阳活动。

游客体验隆回县花瑶独特的迎客方式——花瑶拦门酒

启动仪式上，市文旅广体局、邵阳市隆回县分别作了邵阳文化旅游推介和旅游接待服务表态发言，上海组团社代表作了交流发言，市文旅广体局授予上海新金桥国际旅行社有限公司等6家组团社2023年“最佳组团社”称号。

启动仪式结束后，游客们赴邵阳新宁崀山景区参观游览，深度领略邵阳的自然风光和民俗风情。

◎邵阳市举行2023年“4·26世界知识产权日”集中宣传活动

邵阳市举行2023年“4·26世界知识产权日”集中宣传活动

4月26日，邵阳市2023年“4·26世界知识产权日”集中宣传活动在邵阳市区城南公园举行。邵阳市人大常委会副主任李小平、副市长晏丽君、市政协副主席杨博理参加。

近年来，在市委市政府的坚强领导下，邵阳市深入推进知识产权强市建设，知识产权创造、保护、运用、管理、服务水平不断提升，取得了一系列显著成效。邵阳市现有中国驰名商标17件，地理标志商标19件，地理标志保护产品11件，有效注册商标总量达到68850件，排名湖南省第二。授权专利总量达30618件，有效发明专利拥有量达1210件，万人有效发明专利拥有量达1.87件，其中高价值发明专利增速76.19%，排名湖南省第一。2022年，邵阳市查处商标案件139件、假冒专利案件168件；完成知识产权质押融资1.29亿元，同比增长88%，增速排名湖南省同类地区第一。

活动以视频形式展现了邵阳市知识产权事业保护举措和发展成果，现场为国家知识产权示范企业、优势企业授牌，为邵阳市首批知识产权专家发放聘书，并宣读《加强知识产权保护促经济高质量发展》倡议书。

当天，邵阳市50家党政机关、企事业单位通过设立展台、摆放展板、发放宣传资料等形式，吸引大批市民前来了解知识产权相关法律法规、体验咨询邵阳市地理标志产品，为知识产权强市建设营造了良好氛围。

要闻纪事

△22日，政协邵阳市北塔区第六届委员会第三次会议开幕。来自全区各行各业的政协委员齐聚一堂、履行职能，共同商讨北塔经济社会发展大计，共同谱写人民政协事业崭新篇章。

△23日，出席武冈市六届人大三次会议的人大代表，投票表决武冈市人民政府2023年5件民生实事项目。

△24日，邵阳市委书记严华主持召开市委常委会会议暨市委统战工作领导小组会议，传达学习习近平总书记近期重要讲话重要指示精神，传达学习中央和省有关会议精神，研究“三农”、宣传思想、统一战线等工作。

△27日，邵阳市退役军人事务局召开基层党组织书记抓党建工作述职评议会议，听取3名党总支（支部）书记述职，对述职同志进行民主测评和理论知识测试。局党组书记、局长姜卫军出席会议并进行全面点评讲话，其他局领导分别对联点支部书记进行点评。

3月

△2日，邵阳市委书记严华主持召开市委专题会议，集中学习习近平总书记关于巡视工作的重要论述和《关于新形势下党内政治生活的若干准则》《中国共产党巡视工作条例》等党内法规，传达学习中央和省委关于深化政治巡视的有关部署要求，就配合做好巡视工作提出要求。周迎春、周文、于金旺、肖拥军、吴旭鹏、仇珂静等在职在家市级领导参加学习。

◎邵阳市2023年度军休工作座谈会召开

4月27日，邵阳市2023年度军休工作座谈会在邵阳市退役军人事务局召开。会议总结了2022年度工作，分析了邵阳市当前军休工作发展形势，以提高邵阳市军休工作服务管理水平为目标，共同交流探讨，明确下一步工作开展方向。

会议认为，自退役军人事务部门成立以来，邵阳市军休系统全面贯彻落实有关工作部署，以保障好军休干部“两项待遇”为核心，不断优化工作模式，提升军休队伍综合能力和服务水平。

会议通报了邵阳市2022年度军休工作中取得的成效：在湖南省军休机构星级评定工作中，邵阳市军休所、武冈市军休所被评为“五星级军休机构”，隆回县军休所被评为“四星级军休机构”；邵阳市率先在湖南省开展军休满意度调查，2022年军休对象对军休所工作满意度达95.34%，比2021年满意度提高8.88%，该项创新工作得到了湖南省厅和退役军人事务部的高度认可，并在官网予以推介。

会议强调，军休工作是一项集服务与管理于一体的工作，服务大于管理，落实好邵阳市军队离退休干部的政治待遇和生活待遇，满足军休干部的切实需求，是邵阳市军休工作的奋斗目标。

邵阳市2023年度军休工作座谈会召开

会上，邵阳市军休所、武冈市军休所、隆回县军休所做了交流发言，邀请了军休活动开展、财务工资核算、新闻宣传等方面的专业人士前来授课指导，答疑解惑。

◎邵阳市“弘扬新风尚 建功新时代”劳动模范翰墨颂书法展开幕

“弘扬新风尚 建功新时代”劳动模范翰墨颂书法展在邵阳市宝庆艺术馆开幕

4月28日，在“五一”国际劳动节即将到来之际，由邵阳市总工会主办的“弘扬新风尚建功新时代”劳动模范翰墨颂书法展在邵阳市宝庆艺术馆开幕。邵阳市委常委、宣传部部长于金旺出席并宣布开幕。邵阳市人大常委会副主任、市总工会主席刘永德，全国劳模代表，各县市区总工会干部代表，文学艺术界代表及广大职工、艺术爱好者参加活动。

此次书法展旨在用诗歌赞美劳模精神、劳动精神、工匠精神，用笔墨描绘新时代劳模无私奉献、勇毅奋进的精神风貌，以此激发邵阳市广大劳动人民的积极性、主动性和创造性，促进各民族团结进步，营造全社会艰苦奋斗、勇于创新的浓厚劳动氛围。参展的62幅作品，由中华诗词学会会员、中国楹联学会会员、市楹联学会副会长谢卫民进行诗词创作，中国书法家协会会员、邵阳市文联主席、市书法家协会主席曾伟子进行书写。

本次书法展将展出至5月5日。邵阳市总工会相关负责同志表示，将以此次展出为契机，继续发挥职能优势，积极举办各类活动，活跃职工业余生活，提升文化素养，激发奋斗热情，引领广大职工不忘初心、砥砺前行，为全面建设社会主义现代化新邵阳贡献力量。

◎邵阳市纪念五四运动104周年暨助力经济社会高质量发展各界青年代表座谈会召开

4月28日，邵阳市纪念五四运动104周年暨助力经济社会高质量发展各界青年代表座谈会召开。邵阳市委书记严华出席并讲话，他勉励全市广大青年牢记习近平总书记殷殷嘱托，更好传承和弘扬五四精神，切实担负起新时代赋予的光荣使命，争当推动高质量发展的生力军，为实现“三高四新”美好蓝图、全面建设社会主义现代化新邵阳贡献青春力量。

严华代表邵阳市委、市政府向全市广大青年、共青团员和各级共青团组织、团干部，致以诚挚的问候。他说，2023年是全面贯彻落实党的二十大精神的开局之年。习近平总书记在党的二十大报告中对青年寄予深厚期望。

严华向邵阳市广大青年朋友提出四点希望。一要坚定信仰信念，做有理想的好青年。二要扛牢时代使命，做敢担当的好青年。三要锤炼坚毅品格，做能吃苦的好青年。四要弘扬光荣传统，做肯奋斗的好青年。

严华强调，各级党委（党组）要切实加强和改进党对共青团事业和青年工作的领导，不断完善党建带团建制度机制。邵阳市各级共青团组织要坚持党旗所指就是团旗所向，立足党的事业后继有人这一根本大计。广大团干部要按照政治上过硬、作风上扎实、自律上严格的要求，忠诚党的事业，热爱团的工作。

邵阳市纪念五四运动104周年暨助力经济社会高质量发展各界青年代表座谈会召开

◎邵阳市在北京举行京津冀“湘商回归”恳谈会

邵阳市在北京举行京津冀“湘商回归”恳谈会

5月7日下午，邵阳市在北京举行京津冀“湘商回归”恳谈会。邵阳市委书记严华向北京邵阳企业商会颁授“邵阳市湘商回归和返乡创业联络服务站”牌匾，并与京津冀邵商座谈交流，诚邀各位企业家回邵投资兴业，携手共创美好未来。副市长、邵阳经济技术开发区党工委书记刘亚亮主持座谈会。

会上，北京邵阳企业商会会长唐彬介绍了商会建设和发展情况；刘尧、易定宏、王永、黄朝华、银亚平等商会代表介绍了各自企业发展情况，分享了返乡投资经历，表达了回邵投资兴业意愿，并就家乡产业发展、招商引资、招才引智等工作提出意见和建议。

严华代表邵阳市委、市政府向在外打拼奋斗的广大邵商表示诚挚问候，向长期以来关心支持邵阳发展的各界朋友表示衷心感谢，希望各位邵商一如既往关心邵阳、推介邵阳、支持邵阳，发挥企业资本优势、渠道优势、市场优势，为家乡引入更多高端人才、先进技术、优势产业，共同谱写邵阳高质量发展新篇章。

邵商代表表示，近年来，邵阳交通越来越便捷、营商环境越来越优质、发展动能越来越强劲，大家对邵阳未来的发展充满期待。将积极响应湘商回归和返乡创业号召，加快促进资金回流、技术回乡、人才回归、项目回巢，努力为家乡经济社会高质量发展贡献智慧和力量。

要闻纪事

△10日，湖南省委第十五巡视组巡视邵阳市工作动员会召开。会前，省监委委员刘晓红主持召开与邵阳市委书记严华和市纪委监委、市委巡察办主要负责人的见面沟通会，传达了党中央、省委关于巡视工作的新部署新要求。会上，省委第十五巡视组组长皮巨飞就即将开展的巡视工作讲话，刘晓红就配合做好巡视工作提出要求。严华主持会议并作表态讲话。

△13日，双清区召开“明方向、立规矩、正风气、强免疫”干部队伍作风建设专项活动动员大会，区委书记赵逢春出席会议并讲话，区委常委、常务副区长许新华主持会议，全区在职副处级以上干部，常委部门常务副职，“法检”两院常务副职，各区直（辖）单位主要负责人，各乡镇（街道）党（工）委书记，区纪委监委班子成员、委室主任、派驻纪检监察组长，区委巡察办主任、副主任，区委巡察组组长、副组长等参加会议。

△14日，邵阳县第十八届人民代表大会第三次会议在县委大礼堂开幕，承载着全县人民对美好生活的新期盼，来自全县各条战线三百多名人大代表满怀豪情步入会场，共商发展大计，共绘邵阳县发展蓝图。大会由县人大常委会主任欧阳学主持。县委副书记、县长周玉祥代表县人民政府向大会作政府工作报告。

△15日，邵阳市委副书记、市长华学健主持召开市政府2023年第五次常务会议。传达学习习近平总书记近期重要文章和重要讲话精神。研究部署全市产业高质量发展、生态环境保护等具体事项。

◎邵阳国际数控产业园开园

部分活动代表参观园区企业

5月9日上午，位于邵阳经济技术开发区的邵阳国际数控产业园正式开园。该园围绕数控机械产业进行整体规划布局，致力打造国内一流高端数控机床研发制造基地。园区的正式投产运营，为邵阳市打造“三个高地”、打好“发展六仗”、推动装备制造产业高质量发展夯实更牢基础、注入更劲动力。邵阳市委副书记、市长华学健宣布开园。

开园活动中，广东省东莞市湖南邵阳商会会长、湖南台劲数控机械有限公司董事长胡宝华介绍园区发展情况。湖南盟机智能装备有限公司董事长罗崇明代表入园企业发言。国内数控产业领域部分重点企业，国内装备制造产业链上下游部分重点企业，已入驻园区企业，广东省东莞市湖南邵阳商会以及粤港澳大湾区部分商协会代表、湖南省内部分异地商协会代表参加开园活动，并调研园区企业，共同见证湖南盟机智能装备有限公司首批数控龙门机床正式下线。

◎邵阳市委全面依法治市委员会2023年第一次会议召开

邵阳市委全面依法治市委员会2023年第一次会议召开

5月18日上午，邵阳市委书记、市委全面依法治市委员会主任严华主持召开邵阳市委全面依法治市委员会2023年第一次会议，深入学习贯彻党的二十大精神，传达中央、湖南省委有关会议及文件精神，总结2022年全面依法治市工作，审议有关文件，开展县市区和市直部门年度述法，研究部署下阶段工作。

会议指出，要深入学习贯彻习近平法治思想，不折不扣把党的二十大关于法治建设的战略部署落到实处。紧密结合学习贯彻习近平新时代中国特色社会主义思想主题教育，深入领会习近平法治思想“十一个坚持”的深刻内涵和实践要求，坚定不移走中国特色社会主义法治道路。

会议强调，要紧抓关键环节不放松，以强有力措施全面落实好依法治市各项工作任务。要以高水平法治护航高质量发展，运用好市级层面的立法权限，围绕城镇建设、营商环境、社会治理、环境保护等领域，加强立法工作，切实“夯根基、强保障、保稳定”。

会议要求，要坚持和加强党的全面领导，为中国式现代化邵阳实践提供坚强法治保障。要认真落实工作责任，推动邵阳市法治建设目标任务落实到位。要严格落实述法制度，推动邵阳市各领域工作在法治化方面取得更加明显的进步。要加快建强人才队伍，为全面依法治市提供坚强支撑。

要闻纪事

△15日，邵阳市传达学习全国两会精神会议召开。市委书记严华主持会议并强调，要切实把思想和行动统一到全国两会精神特别是习近平总书记在全国两会期间的重要讲话精神上来，把智慧和力量凝聚到大会确定的目标任务上来，以更加昂扬的奋斗姿态，推动社会主义现代化新邵阳建设迈出新步伐、取得新业绩。

△17日，邵阳城市管理和综合执法局法制科负责人带队到武冈，开展《邵阳市小广告发布管理规定（草案）》立法调研座谈会。

△22日，邵阳市委副书记、市长华学健主持召开市政府2023年第六次常务会议。传达学习习近平总书记近期重要文章和重要讲话精神。研究推进创建全国民族团结进步示范市、市场监管等具体事项。

△23日，双清区委2023年第9次常委会会议召开。会议传达学习习近平总书记在全国两会期间的重要讲话和全国两会精神、习近平总书记关于统计工作的重要论述、省委主要领导关于安全生产工作作出的重要批示精神，研究安全生产、统计、创文、社会稳定等重点工作。区委书记赵逢春主持会议并讲话，区委副书记、区长江韬，区委常委会会议组成人员向树华、刘文伟、何美艳、杨丽江、郭皓、杨玉华、邹昊出席会议，副区长岳创业、岳建国、廖健等列席会议。

△23日，邵阳市委书记严华主持召开市委常委会会议，认真学习习近平总书记在中国共产党与世界政党高层对话会上的主旨讲话和在《求是》杂志发表的重要文章《加快建设农业强国推进农业农村现代化》精神，传达学习省信访工作联席会议第一次全体（扩大）会议和全省信访工作会议精神，听取全市易地扶贫搬迁后续扶持工作情况汇报。

◎邵阳市财政局召开清廉财政机关建设工作推进会

5月11日，邵阳市财政局召开清廉财政机关建设工作推进会，全面贯彻落实党的二十大精神，传达邵阳市清廉机关建设工作推进会精神。

会上，邵阳市纪委监委驻市财政局纪检监察组组长蒋日新宣读了《邵阳市财政局深入开展清廉机关建设实施方案》《邵阳市财政局开展“清廉科室”“清廉标兵”选树活动实施方案》，对清廉建设活动作出了具体部署。

邵阳市财政局党组书记、局长朱敏强调：一要统一思想认识。清廉机关建设是在邵阳市各系统、行业开展的一项重要的活动，是清廉邵阳建设的重要组成部分。二要强化责任落实。要进一步细化工作措施，明确责任人和完成时限。三要狠抓风险防控。财政部门一些职能科室资金密集，存在一定廉政风险，要结合财政部门职能职责和特点，切实紧盯“关键少数”和关键岗位、关键环节，确保财政资金和财政干部政治生命双安全，进一步发挥财政源头反腐作用，切实为党和政府理好财，为人民群众做好服务。四要创建“清廉财政”。把“清廉财政”创建作为履行主体责任的具体举措，切实推动廉洁思想、廉洁制度、廉洁纪律、廉洁文化建设。

邵阳市财政局召开清廉财政机关建设工作推进会

◎省交通运输厅来邵调研“十四五”交通运输发展规划中期评估调整

“十四五”交通运输发展规划中期评估调研座谈会现场

5月18日至19日，湖南省交通运输厅党组成员、副厅长蒋锋一行赴邵阳开展“十四五”交通运输发展规划中期评估调研，就邵阳市隆回县向家村至天星村旅游公路等农村公路、S552隆回大花至善缘亭等国省干线公路项目建设进行了现场考察，并在邵阳市隆回县召开了“十四五”交通运输发展规划中期评估调研座谈会，邵阳市委常委、副市长仇珂静、市政府副秘书长谢旺、市交通运输局局长李叶松等参加相关活动及座谈。

调研座谈会强调，2023年是全面贯彻落实党的二十大精神的开局之年，是实施“十四五”规划承上启下的关键一年，也是为全面建设社会主义现代化国家奠定基础的重要一年，全力以赴做好“十四五”规划中期评估及调整工作，持续推进“十四五”规划顺利实施，对全面建设社会主义现代化新湖南开好局、起好步意义重大。

会议要求，规划调整要超前谋划、多方统筹，既要促投资又要防风险，既要稳增长又要保稳定，既要保重点又要补短板。

进入“十四五”以来，邵阳交通运输系统攻坚克难、顶压前行，崇尚实干、务实高效成为全行业主旋律，固定资产投资稳中有进、项目建设稳步提质。

◎首届湖南省“聚侨兴湘”活动在邵阳启动

5月21日下午，首届湖南省“聚侨兴湘”活动启动仪式在邵阳举行。湖南省委常委、省委统战部部长隋忠诚宣布活动启动，中国侨联顾问王永乐出席。邵阳市委书记严华致辞，湖南省委统战部副部长向恩明，湖南省侨联党组书记、副主席孙民生，邵阳市委副书记、市长华学健出席。

为广泛凝聚侨心侨智侨力，中共湖南省委统一战线工作领导小组决定打造湖南省“聚侨兴湘”品牌活动。湖南省侨办、省侨联将“侨商侨智聚三湘”“海外侨胞故乡行——走进湖南”两个联谊、招商活动进行整合，为广大侨胞侨眷和地方政府搭建合作共赢平台，为新时代新征程构建新发展格局汇聚侨界力量。

首届湖南省“聚侨兴湘”活动由中国侨联指导，湖南省侨办、省侨联和邵阳市委、市政府共同主办，包括第七届“侨商侨智聚三湘”邵阳现场推进会暨海外湘籍侨社团联谊会、2023“海外侨胞故乡行——走进湖南”、邵阳市“邵品出邵”宣传推介等系列活动。

来自58个国家和地区的海外侨社团（机构）代表及中国侨商会、各省（市区）侨商会代表参加启动仪式。

首届湖南省“聚侨兴湘”活动在邵阳启动

◎湖南省首家市级华侨同心产业园落户邵阳

全省首家市级华侨同心产业园落户邵阳

5月22日上午，“第七届侨商侨智聚三湘”邵阳现场推进会暨海外湘籍侨社团联谊大会在邵阳举行。会上，湖南省首家市级华侨同心产业园——“湖南省华侨同心产业园”（邵阳）正式授牌，12个战略合作项目和产业项目签约。中国侨联顾问王永乐、邵阳市委书记严华，湖南省委统战部副部长向恩明先后讲话。湖南省侨联党组书记、副主席孙民生主持，邵阳市委副书记、市长华学健作市情介绍及项目推介。

湖南省侨联党组成员、副主席李祖元作省侨联海外侨社团联谊总会工作报告。

邵阳是湖南省侨务资源大市，现有海外华人华侨13.78万人，遍布世界49个国家和地区。近年来，广大海外侨胞、归侨侨眷积极响应“迎老乡回故乡建家乡”号召，纷纷回乡投资兴业，参与家乡公益事业，为邵阳经济社会发展作出了积极贡献。为充分发挥侨资侨智侨力作用，邵阳市委、市政府决定整合资源，在建设东盟科技产业园、湖南（邵阳）中非经贸产业园的基础上，和湖南省侨联共同建设“湖南省华侨同心产业园”。

会上，湖南省侨办、省侨联发出《关于号召海内外侨界人士助力中国式现代化新湖南发展倡议书》。

会后，与会嘉宾还到邵阳经济技术开发区东盟科技产业园、湖南（邵阳）中非经贸产业园实地考察企业发展情况和投资环境。

要闻纪事

△28日，邵阳市委常委、副市长仇珂静到市交通运输综合行政执法支队召开现场办公会，专题调度我市公共交通有关问题。仇珂静强调，要带着感情做好各项工作，全力确保公交营运安全。市交通运输局党组书记、局长李叶松、副局长蒋胜利，市交通执法支队支队长吴军民，邵阳扬子巴士有限公司负责人等参加会议。

△29日，邵阳市政府党组书记、市长华学健主持召开市政府2023年第二次党组会议。会议传达学习中央、省近期重要会议文件精神。市政府党组成员蒋伟、杨卫平、李长跃、刘亚亮、陈秋良出席会议。

△30日，隆回县政务服务中心金石桥分中心举行揭牌仪式并正式投入运行。县委副书记、统战部部长曾艳梅，县委常委、副县长刘咏波等共同为“隆回县政务服务中心金石桥分中心”揭牌，县政协副主席吴厚宾主持揭牌仪式。

4月

△6日，邵阳市委副书记、市长华学健主持召开市政府2023年第七次常务会议，传达学习习近平总书记近期重要讲话精神，研究推进人大代表建议和政协委员提案办理工作等具体事项。

△6日，邵阳市委理论学习中心组（扩大）举行2023年第三次集体学习，围绕“开辟马克思主义中国化时代化新境界”进行专题学习研讨。市委书记严华主持并作总结讲话。省社科联党组书记、副主席胡代松应邀作辅导报告。市委副书记、市长华学健作交流发言。周迎春、周文、于金旺、肖拥军、吴旭鹏等市委理论学习中心组成员和其他在职市级领导参加学习或交流发言。

◎邵阳市2023年绥宁四月八姑娘节浓情开幕 神奇绿洲引八方游客

2023年绥宁四月八姑娘节在邵阳市绥宁县城盛大开幕

5月24日上午，2023年绥宁四月八姑娘节在邵阳市绥宁县城盛大开幕，标志着绥宁四月八姑娘节系列节庆活动正式启动。

绥宁四月八姑娘节相传是为了纪念宋代飞山洞蛮女英雄杨黎娘而传承下来的民族节日，主要流传于以湖南省邵阳市绥宁县为中心的湘桂黔边界苗族地区，是苗家妇女的特有节日，也是青年男女的“情人节”。2008年，绥宁四月八姑娘节被列为国家级非物质文化遗产，成为湖南省十大民族节庆活动之一。

2023年的节庆活动于5月24日至5月26日举行，围绕“山水情缘·相约娘家”主题，举办绥宁苗族四月八姑娘节全景沉浸式欢庆活动、“极拍中国·三美绥宁”短视频大赛、文旅大集·农特产品展示推荐活动等七大活动，让全球姑娘、游客充分感受神奇绿洲的无穷魅力。

同时，邵阳市绥宁县将以此次“四月八”姑娘节为契机，持续深入实施“生态立县、绿色崛起”战略，紧盯“美丽绥宁、活力绥宁、幸福绥宁”建设总体目标任务，统筹推进生态建设、产业发展、文旅融合、乡村振兴、平安创建、民生保障等工作，以实干实绩奋力推动县域经济社会高质量发展，让邵阳市绥宁县成为生态宜居的标杆、投资兴业的热土、人人向往的家园。

◎推动化妆品安全共治共享——“2023年全国化妆品安全科普宣传周”湖南省启动仪式暨科普大讲堂在邵阳市举行

“2023年全国化妆品安全科普宣传周”湖南省启动仪式暨科普大讲堂在邵阳举行

5月23日，“2023年全国化妆品安全科普宣传周”湖南省启动仪式暨科普大讲堂在邵阳举行。副市长晏丽君，湖南省药品监督管理局党组成员、副局长覃永忠出席。

2023年全国化妆品安全科普宣传周活动从5月22日起至5月28日结束，主题为“安全用妆，共治共享”。启动仪式上，监管执法人员就履行化妆品监管职责作出公开承诺，化妆品经营企业代表就落实主体责任进行表态发言。活动现场还以视频形式展现了邵阳市化妆品监管的有力举措和有效成果，公布了1214位线上化妆品经营者“守法诚信经营承诺书”签订情况，并穿插了丰富多彩的文艺表演和趣味十足的化妆品安全知识抢答环节。

启动仪式后，覃永忠一行走进友阿国际商业广场，详细了解邵阳市化妆品经营企业安全监管情况，要求进一步规范化妆品市场秩序，促进化妆品产业健康发展，推动化妆品安全共治共享。

当天还开展了科普大讲堂活动，来自湖南省药检院的专家详细讲解了化妆品及化妆品经营者质量安全主体责任相关知识。

要闻纪事 ★ ★ ★ ★ ★ ★ ★ ★ ★ ★

△6日，邵阳市人大常委会党组书记、主任周迎春率队前往新邵县，开展《邵阳市乡村公路养护管理规定（草案）》（以下简称《草案》）立法调研。市人大常委会秘书长吴卫红，县人大常委会党组书记、主任刘长峰以及相关部门负责人参加调研。

△7日，邵阳市直单位党组（党委）书记抓基层党建工作述职评议会议暨全市清廉机关建设推进会召开。市委书记严华出席并讲话。市委常委、宣传部部长于金旺主持并作综合点评，市委常委、市委秘书长、市直机关工委书记肖拥军逐一点评，市委常委、市纪委书记、市监委主任吴旭鹏宣读《2023年度全市清廉机关建设考核方案》。市中级人民法院院长曾鼎新、市人民检察院检察长提名人选陈文忠参加会议。

△7日，邵阳市委书记严华主持召开全市社会治理重点工作攻坚行动调度视频会议，分析一季度工作开展情况，安排部署下阶段工作。市委常委、常务副市长，市委常委、市委秘书长肖拥军分别就有关工作进行讲评。市领导吴旭鹏、仇珂静、蒋伟出席。

△11日，邵阳市残疾人联合会第七次代表大会召开。市委书记严华，省残联党组书记、理事长肖红林出席开幕式并讲话。市委副书记、市长华学健，市人大常委会主任周迎春，市政协主席周文出席。市委常委、宣传部部长于金旺主持开幕会，市领导肖拥军、吴旭鹏、仇珂静、刘亚亮出席。

◎邵阳市隆回县举行湖南省党员教育培训现场教学点（向家村）揭牌仪式

5月26日上午，湖南省党员教育培训现场教学点揭牌仪式在邵阳市隆回县岩口镇向家村服务中心举行。邵阳市隆回县委常委、组织部部长李翠婷出席仪式并讲话。

仪式上，李翠婷就湖南省党员教育培训现场教学点在向家村挂牌表示热烈祝贺。她指出，这份荣誉来之不易，既是肯定，更是鞭策。向家村要以此次揭牌为新的起点，努力实现第二次跨越，推动教学点成为教育党员凝聚共识、激发动力的重要载体，切实把现场教学点建好、用好、管好，使之发挥出真正的教学引领作用。

隆回县举行湖南省党员教育培训现场教学点（向家村）揭牌仪式

李翠婷强调，要找准立足点，打造推动教学水平发展的“新高地”。要抓住出发点，打造推动党员素质提升的“新引擎”。要把握落脚点，打造推动党建工作提效的“新台阶”。

◎ 2023 年湖南邵阳—粤港澳大湾区优势产业链招商推介会在深圳举行

5 月 29 日至 6 月 5 日，2023 年湖南—粤港澳大湾区投资贸易洽谈周（以下简称“港洽周”）在香港、深圳等地举办并开展系列招商引资活动。邵阳市根据湖南省工作安排，结合粤港澳大湾区产业发展特点，携带着九大新兴优势产业链上重点项目积极参加“港洽周”相关活动。在前期大量工作对接的基础上，6 月 1 日上午，2023 年湖南邵阳—粤港澳大湾区优势产业链招商推介会在深圳举行。邵阳市委副书记、市长华学健出席推介会并致辞。

邵阳市领导仇珂静、晏丽君、刘亚亮，市政府秘书长陈秋良，深圳科技工业园（集团）有限公司董事长何景成以及来自粤港澳大湾区 130 余位客商嘉宾出席推介会。

与会人员一同集中观看了邵阳形象宣传片。近年来，邵阳市紧扣高质量发展这个首要任务，全面推进实现“三高四新”美好蓝图，通过抢抓战略机遇、系列改革攻坚，目前已成为湘中湘西南最具发展活力和潜力的地区之一。

华学健在致辞中诚邀客商来邵考察投资兴业，与邵阳携手同行、共赴时代之约、共创美好未来。邵阳将以“新机遇”广交天下客商；以“新举措”培育现代产业；以“新服务”铸造环境品牌。

会上举行了重大项目现场签约仪式，经过前期扎实有效的对接洽谈，22 个项目顺利签约，总投资达 103 亿元。

2023 年湖南邵阳—粤港澳大湾区优势产业链招商推介会在深圳举行

◎邵阳市举行“小手拉大手·文明一起走”集中示范活动

6 月 2 日上午，2023 年邵阳市“小手拉大手·文明一起走”集中示范活动在邵阳市五中举行。邵阳市委常委、宣传部部长于金旺出席并讲话，邵阳市人大常委会党组副书记、副主任唐渊，邵阳市政协副主席丰新妹参加。

此次活动由邵阳市委宣传部、市文明办、市教育局、共青团邵阳市委共同主办，旨在充分发动全市师生及广大家长积极投身文明城市创建中来，共建幸福美好邵阳。

邵阳市举行“小手拉大手·文明一起走”集中示范活动

活动期间，舞蹈、童声合唱等文艺表演精彩纷呈、吸人眼球，以文明城市创建为主题创作的情景短剧、诗歌朗诵轮番登场、发人深省，还特别设置互动环节，将现场气氛推至高潮，共同为观众呈现了一场有滋有味的精神盛宴。

于金旺强调，广大同学要明德修身，当好文明参与者；广大家长要率先垂范，当好文明践行者；广大教师要立德树人，当好文明引领者。

集中示范活动结束后，2023 年邵阳市“小手拉大手、文明一起走”集中实践活动将持续开展。下阶段，全市各中小学校将在文明城市创建知识宣传，社区、农贸市场、校园周边环境卫生清扫，小区楼道牛皮癣清理，不文明行为劝导等四个方面开展各具特色的集中实践活动，共同为邵阳市创建全国文明城市助力。

活动中，为六组家庭代表颁发“文明先锋”授带、徽章。

◎以“全省最美、全国示范”的目标建设美丽乡村——周文到邵阳市邵阳县调研乡村振兴工作

周文（右二）一行在新田村调研

6 月 7 日，邵阳市政协党组书记、主席周文率队赴邵阳市邵阳县五峰铺镇新田村调研乡村振兴工作。邵阳市政协党组副书记、副主席段雪梅，市政协党组成员、秘书长王大松参加。

新田村是湖南省政协办公厅乡村振兴帮扶联点村，是湖南省美丽乡村示范村。周文一行来到新田村，一边走一边看，并和驻村帮扶工作队队员、当地村干部、村民亲切交流，详细了解美丽庭院建设、户户通水泥路、污水处理、烤烟种植、村民用电保障和光伏产业发展情况。

在调研座谈会上，调研组听取了驻村帮扶工作队、新田村有关重点工作汇报，并就如何更好以产业推动乡村振兴等内容开展探讨交流。

周文边听边记，不时互动交流，对湖南省政协办公厅驻村帮扶工作队近年来在新田村乡村振兴工作中作出的贡献给予充分肯定，对新一批工作人员的到来表示欢迎。

周文强调，新一批驻村帮扶工作队的进驻，体现了湖南省政协对邵阳乡村振兴工作的关心关爱，也是对邵阳经济社会发展的支持鼓励，我们要加强服务、热情帮助，为工作队营造良好的工作和生活环境，让他们在新田村能感受到“家”的温暖，迅速建立完善“四级协调工作机制”，以更强合力推动工作落实，切实把部署要求转化为不断推动新田村乡村振兴工作创出新成绩的实际行动。

要闻纪事

△ 12 日，邵阳市委副书记、市长华学健主持召开市政府 2023 年第八次常务会议。传达学习习近平总书记在学习贯彻习近平新时代中国特色社会主义思想主题教育工作会议上的重要讲话精神，研究开展落实主题教育工作重要事项。

△ 17 日，邵阳市委书记严华主持召开专题会议研究大兴调查研究工作。他强调，要坚决贯彻落实党中央关于在全党大兴调查研究的决策部署和省委工作要求，在务实管用有效上做文章，努力把调研成果转化为破解难题、推动工作的实际成效。市领导于金旺、肖拥军，市政府秘书长陈秋良出席。

△ 17 日，邵阳市政协邀请市直相关部门召开改善生态环境专项民主监督协商座谈会，听取意见、建议。市政协主席周文出席并讲话。市政协副主席伍先明、孙清良出席会议。

△ 17 日，邵阳市委书记严华会见香港特别行政区政府驻武汉经济贸易办事处主任郭伟勋一行，就深化两地合作、实现互利共赢进行深入交流。省港澳办副主任吴宜彪，香港特别行政区政府驻湖南联络处主任廖凤娴，市领导肖拥军、晏丽君参加会见。

△ 19 日，副市长、市公安局局长李长跃一行到北塔区开展巡林和道路交通安全督导工作。市政协副主席、市林业局局长冯东旺，北塔区委副书记、区长姚文娟，区委常委、副区长屈可馨等参加巡林。

◎邵阳市举行“文化和自然遗产日”非遗展示展演暨首届“非遗夜市”活动

严华、华学健等市领导在非遗夜市了解非遗保护传承工作

6月12日晚，邵阳市2023年“文化和自然遗产日”非遗展示展演暨首届“非遗夜市”活动在邵阳市文化艺术中心举行，为广大市民献上了一道丰盛的文化大餐。邵阳市领导严华、华学健、周迎春、周文、于金旺、吴旭鹏等与各界群众一道共赴非遗之约、共享非遗盛宴。

邵阳市历史文化积淀深厚、民族文化交融荟萃，拥有丰富多彩的非物质文化遗产。近年来，邵阳市扎实推进非物质文化遗产保护和传承工作，积极推动非遗实现创造性转化、创新性发展，加快促进非遗保护与乡村振兴、文旅发展等深度融合，让优秀传统文化焕发出新的活力。邵阳市目前已有国家级非遗项目16项、湖南省级非遗项目36项、邵阳市级非遗项目105项，国家级非物质文化遗产代表性传承人12人、湖南省级传承人25人、邵阳市级传承人155人，初步形成“政府主导、全民参与、成果共享”的文化遗产保护格局。

开幕式现场还为湖南省青年戏曲演员大赛“十佳新角”“风尚新角”邵阳市获得者颁奖。

非遗夜市

◎湖南省第四次民族地区关心下一代工作座谈会在邵阳市城步县召开

全省第四次民族地区关心下一代工作座谈会在城步召开

6月12日至13日，湖南省第四次民族地区关心下一代工作座谈会在邵阳市城步苗族自治县召开。湖南省关工委主任杨泰波出席并讲话。湖南省关工委副主任武吉海作工作报告，副主任石玉珍主持会议，副主任王晓琴、贺安杰出席。邵阳市委书记严华致辞。

杨泰波指出，湖南省民族地区关工委和广大“五老”要坚持以习近平新时代中国特色社会主义思想为指导，深入学习贯彻党的二十大精神和习近平总书记对关心下一代工作的重要指示批示精神，全面落实《关于加强新时代关心下一代工作委员会工作的意见》和湖南省实施意见，推动民族地区关心下一代工作高质量发展。

严华代表邵阳市委、市人大常委会、市政府、市政协向会议的召开表示祝贺，对各位领导和嘉宾的到来表示欢迎，并介绍了全市经济社会发展及关心下一代工作情况。

会上，与会人员观看了邵阳城步苗族自治县专题汇报片，城步苗族自治县、隆回县、湘西土家族苗族自治州龙山县、张家界永定区、怀化市会同县、永州市江华瑶族自治县等县（区）关工委负责同志作了典型发言。现场还为三家爱心企业进行了授牌。

会议期间，与会人员考察了邵阳市城步丹口镇桃林村关心下一代工作现场、红旗小学青少年教育基地和湖南七七科技工作室青少年励志教育基地。

要闻纪事

△20日，大祥区人大常委会党组书记、主任蔡治军主持召开区六届人大常委会第十四次会议。区人大常委会党组成员、副主任刘华、欧阳恩球、张天民、傅国卿，副主任解美出席会议。区人民政府副区长吴方定，区人民法院副院长伍军强、区人民检察院检察长李铁英，区监察委员会负责人，区人大常委会各委办相关同志、各乡镇街道人大负责人、区政府有关部门负责人、部分区人大代表列席会议。

△23日，邵阳市林业局党组书记刘文龙率林长办一行到双清区双龙紫薇园现场调研林长制工作情况，双清区区委常委、副区长李凯等参加。

△24日，邵阳市禁毒和反电诈工作调度会召开。市委书记严华出席并讲话，他强调，要深入学习贯彻党的二十大精神和习近平总书记重要指示批示精神，坚持问题导向、目标导向、结果导向，坚决打好打赢全市禁毒和反电诈攻坚战，全力保障人民群众生命安全，切实维护社会和谐稳定。市委常委、市委秘书长肖拥军主持，副市长、市公安局局长李长跃通报有关工作情况。

△25日，邵阳市委副书记、市长华学健主持召开市政府2023年第9次常务会议，重点研究经济运行工作。

△25日，湖南省人大常委会党组成员、副主任周农带队来到新邵，专题调研加强基层执法能力建设工作。市人大常委会党组成员、副主任刘永德，县委副书记、县长贺朝晖，县人大常委会党组书记、主任刘长峰，县委常委、县政法委书记曾律玮，周志梅等3名省人大代表，酿溪镇、雀塘镇、县城管局行政执法大队及相关部门负责人，市县基层人大代表等参加调研或座谈。

◎邵阳市举行“邵阳民兵等待召唤”民兵建设主题汇报演出

6月15日晚，在湖南省第四个“民兵活动日”到来之际，由中共邵阳市委、邵阳市人民政府、邵阳军分区主办的“邵阳民兵等待召唤”民兵建设主题汇报演出在贺绿汀大剧院举行。湖南省军区党委常委、政治工作局大校主任刘新文，邵阳市五大家主要领导出席。

汇报演出的12个节目由各县市区人武部选送，旨在通过歌曲、舞蹈、快板、音乐短剧、花鼓小戏、情景短剧、武冈丝弦小戏等丰富多彩的文艺形式，充分展示新时代民兵特有的魅力和风采，推动民兵学习宣传贯彻党的二十大精神向纵深拓展，创新民兵政治工作方式方法，增强全民国防意识，激励优秀青年参军报国，全面展示邵阳党管武装成效和民兵建设成果。

整场文艺演出气势恢宏，气氛热烈，精彩纷呈的文艺节目一个接着一个，展现了邵阳民兵良好的政治素养和军事素质，让现场观众享受了一场震撼的视听盛宴，赢得了观众的阵阵掌声和喝彩声。

6月15日晚，还对邵阳市优秀民兵理论宣讲员、优秀红色传承推介员、最美民兵代表进行了颁奖。

花瑶民族舞蹈《花瑶民兵“样唸嗜”》

舞蹈《生命之舟》

◎邵阳市举行 2023 年防范非法集资集中宣传日活动

6 月 15 日，邵阳市 2023 年防范非法集资集中宣传日活动在邵阳市区西苑公园举行。副市长刘亚亮出席。

本次活动由邵阳市政府、市打击和处置非法集资工作领导小组主办，市金融办承办，以“守住钱袋子·护好幸福家”为主题，旨在提高市民对非法集资的防范意识、主动举报意识，营造打击非法集资良好氛围，维护邵阳市金融秩序和社会稳定。

刘亚亮说，邵阳市各级各部门要按照“管行业、管领域，还要管风险”的原则，精心组织，及时部署，围绕非法集资的重点领域、重点区域强化宣传教育，在邵阳市形成抵制非法集资的浓厚氛围。要将宣传工作与日常防范非法集资工作相结合，进一步提高广大群众非法集资辨别能力。要借助“网格化”排查手段和非法集资举报奖励政策，引导公众理性投资、合法理财，自觉远离和抵制非法集资，守住人民群众的“钱袋子”，护好人民群众的“幸福家”。

邵阳市举行 2023 年防范非法集资集中宣传日活动

邵阳市打击和处置非法集资工作领导小组成员单位、银行、保险、证券等 58 个部门、机构参加活动。现场，各单位以设置展板、发放宣传资料、接受咨询、讲解典型案例的方式，进行非法集资相关概念知识和处置非法集资政策法规宣传。当天，邵阳市 12 个县市区同步开展此项活动。

◎邵阳市首个发展全过程人民民主研习中心在邵阳学院揭牌成立

6 月 19 日，发展全过程人民民主邵阳研习中心揭牌仪式在邵阳学院七里坪校区举行。邵阳市人大常委会党组书记、主任周迎春和邵阳学院党委书记宁立伟共同为研习中心揭牌。

发展全过程人民民主邵阳研习中心由邵阳市人大常委会与邵阳学院共同筹建，邵阳市委党校、市社科联等单位协同参与，开展学习交流、调查研究、理论阐释、应用研究、宣传推介等系列工作。同时，邵阳市人大常委会积极推动全过程人民民主基层平台建设，将在各县市区建设一批全过程人民民主实践基地，使理论研习与实践创新相互促进、相辅相成。

周迎春指出，建设发展全过程人民民主邵阳研习中心，是邵阳市践行全过程人民民主重大理念的具体行动，是深化全过程人民民主理论研究、加强实践探索的重要举措，也是坚持和完善人民代表大会制度、做好新时期人大工作的有力支撑。

周迎春强调，在今后工作推进过程中，要切实提高政治站位，加强理论学习，深刻领会党关于全过程人民民主的价值理念、原则精神、目标任务以及运行程序、规范要求等。要坚持正确政治方向和学术导向；要强化主体意识与责任意识；要发扬担当精神和奉献精神。

活动现场，全体人员还集体参观了研习中心。

活动现场，全体人员参观了研习中心

◎华学健专题调度邵阳参加第三届中非经贸博览会重点事项

邵阳市参加第三届中非经贸博览会筹备工作调度会议

6 月 20 日下午，邵阳市委副书记、市长华学健专题调度邵阳参加第三届中非经贸博览会重点事项，要求扎实充分做好形象展示、专场活动、项目发布、外宾来邵考察等各方面准备工作，借助平台优势，抢抓发展机遇，推动实质性合作，共谋发展，共享未来。

第三届中国——非洲经贸博览会（以下简称博览会）将于 6 月 29 日至 7 月 2 日在长沙举办，主题为“共谋发展、共享未来”，由湖南省人民政府和商务部共同举办，这是今年中国同非洲国家在经贸领域最为重要的交流活动之一。

华学健强调，中非经贸博览会是中非合作论坛框架下最大的经贸合作平台，也是湖南第一个国家级、国际性对外开放平台，各级各部门要高度重视，在认识上明晰活动的政治性、经济性和安全性，在行动中做到零差错、零失误、零违规，遵守外事纪律，遵循外事礼仪，充分准备，周密组织，确保活动取得圆满成功。

华学健要求，要抽调精兵强将，成立工作专班，在湖南省工作方案的框架下，进一步细化邵阳专场活动的执行方案和操作细则，各部门同心协力，尽职尽责，做到工作无缝衔接、环环相扣。要坚持把安全摆在首位，精准落实方案，精细开展服务，确保来邵考察外宾人身安全、健康安全。

要闻纪事

△ 26 日，邵阳市林业局召开边巡边改暨优化政务服务助推经济发展动员会，以省委巡视、市委巡察为契机，扎实推进问题整改，市人民政府副市长杨卫平出席会议并讲话。省委第十五巡视组戴盛吾同志、市委第二巡察组正副组长、市行政审批服务局主要负责人、市林业局班子成员、市辖三区分管林业工作的副区长和县市区林业主管部门负责人及部分省市重点项目建设单位负责人参加会议。

5月

△ 4 日，2023 年邵阳市人民政府廉政工作会议召开。市委副书记、市长华学健出席会议并讲话。市委常委、市纪委书记、市监委主任吴旭鹏应邀出席，市委常委、副市长仇珂静出席。会议以视频形式召开，各县市区、邵阳经济技术开发区设分会场。副市长蒋伟、杨卫平、李长跃、刘亚亮，市政府秘书长陈秋良参加。

△ 5 日，邵阳市委书记、市委全面深化改革委员会主任严华主持召开市委全面深化改革委员会第十一次会议，传达学习二十届中央深改委第一次会议和省委深改委第十九次会议精神，总结去年全面深化改革工作，审议有关改革文件，安排部署今年改革工作。市委副书记、市长、市委全面深化改革委员会副主任华学健出席。

△ 5 日，邵阳市委副书记、市长华学健主持召开第二届邵阳旅游发展大会筹备工作调度会，对大会综合协调、项目招商、会议活动、舆论宣传、游客接待等具体事项展开会商，进一步明确任务、分解责任。市委常委、宣传部部长于金旺，副市长蒋伟出席。市政府秘书长陈秋良以及第二届邵阳旅游发展大会组委会成员单位主要负责人参加。

◎邵阳市人大常委会机关召开庆祝中国共产党成立102周年暨“两优一先”表彰大会

邵阳市人大常委会机关召开庆祝中国共产党成立102周年暨“两优一先”表彰大会

6月28日上午，邵阳市人大常委会机关召开庆祝中国共产党成立102周年暨“两优一先”表彰大会。市人大常委会党组书记、主任周迎春出席并以《争做新时代优秀党员干部》为题上党课，党组副书记、副主任唐渊主持会议，副主任蒋志刚、阳晓华、毛学雄、李小平、罗玉梅，秘书长吴卫红出席会议。

在周迎春的领誓下，全体与会党员干部面对党旗，举起右拳庄严宣誓，重温入党誓词。罗玉梅领学解读了《中国共产党党和国家机关基层组织工作条例》，吴卫红宣读了市人大常委会机关“两优一先”表彰决定。17名优秀共产党员、6名优秀党务工作者、4个先进基层党组织受到表彰，3名受表彰代表进行了发言。

周迎春向受表彰的同志表示祝贺，并希望机关各级党组织和广大党员同志以受表彰的先进集体、优秀个人为榜样，切实把思想和行动统一到中央、湖南省委、邵阳市委和市人大常委会党组的各项决策部署上来，把智慧和力量凝聚到市委中心工作和市人大常委会的重点任务上来，努力在“四个机关”建设和人大工作高质量发展上再创佳绩、再立新功。

党课上，周迎春紧扣主题，勉励机关党员干部要在学懂弄通做实习近平新时代中国特色社会主义思想中砥砺政治品格，争做“政治坚定、绝对忠诚”的优秀党员干部。

◎今天，17个非洲国家媒体记者聚焦邵阳

6月28日，在第三届中国—非洲经贸博览会开幕前夕，来自17个非洲国家的主流媒体记者来邵阳市采访考察。邵阳市委书记严华会见了非洲媒体记者团一行。湖南省委外事办副主任邱爱华，邵阳市领导于金旺、肖拥军陪同考察或参加会见。

严华代表邵阳市委、市政府对远道而来的非洲记者朋友表示热烈欢迎，并简要介绍了邵阳经济社会发展情况。

在邵期间，非洲媒体记者团一行先后实地采访了亚洲富士电梯股份有限公司、邵东国际商贸城等企业和项目。他们为邵阳良好的产业基础、优越的营商环境和高质量发展的生动实践点赞，表示将深入了解邵阳、积极宣传邵阳，着力讲好邵阳发展故事，助推邵阳与非洲国家深化交流、密切协作、共赢发展。

来自17个非洲国家媒体记者聚焦邵阳

近年来，邵阳市深入学习贯彻习近平总书记关于湖南工作的重要讲话和指示批示精神，全面落实“三高四新”美好蓝图，不断加强与非洲国家的交流合作和经贸往来，着力打造对接非洲深度合作先行区。目前，邵阳市已与43个非洲国家和地区建立贸易往来，邵阳市对非贸易进出口总额达54.13亿元，居湖南省第二位，其中邵阳发制品、机电、箱包、鞋靴、服装等产品位列湖南省对非出口产品前十位，特别是发制品远销尼日利亚等40余个非洲国家和地区，占非洲30%以上的市场份额。

要闻纪事

△6日，邵阳市召开2023年全市卫生健康工作会议，回顾总结2022年工作情况，研究推进卫生健康高质量发展思路举措，部署2023年重点任务，动员全系统上下同心、踔厉奋发，奋力推进全市卫生健康事业高质量发展。市政府副市长蒋伟出席会议并作发言。

△6日，邵阳市民政局召开习近平法治思想专题学习会，深入学习领会习近平法治思想，学习贯彻习近平总书记关于民法典的重要指示批示精神，不断提高民政工作法治化水平。局领导班子、各科室、局属单位主要负责人列席学习会。

△11日，邵阳市委书记、市委统战工作领导小组组长严华主持召开市委统战工作领导小组2023年第二次全体会议，传达学习习近平总书记近期关于统一战线重要讲话和省委统战工作领导小组2023年第一次全体会议精神，听取有关情况汇报，审议有关文件，安排部署下阶段工作。副市长、市公安局局长李长跃出席。

△11日，邵阳市委副书记、市长华学健主持召开市政府2023年第十次常务会议。传达学习习近平总书记近期重要讲话精神。重点研究科技创新、旅游日宣传暨崀山文化旅游推广等事项。

△12日，邵阳市国防动员委员会2023年第一次会议召开。会议贯彻落实党中央和习近平总书记关于深化国防动员体制改革战略部署，总结我市国防动员改革工作成效，部署下阶段工作。市委副书记、市长、市国防动员委员会主任华学健主持会议。邵阳军分区司令诸葛军出席。市政府秘书长陈秋良参加。

◎湖南省未成年人“传承红色基因·童心向党”主题教育实践活动在邵阳市举行

6月29日，2023年湖南省未成年人“传承红色基因·童心向党”主题教育实践活动在邵阳市举行。湖南省委宣传部二级巡视员王军湘出席并讲话，邵阳市委常委、宣传部部长于金旺致辞，邵阳市领导唐渊、蒋伟、丰新妹出席。

湖南省未成年人“传承红色基因·童心向党”主题教育实践活动在邵阳市举行

开展“传承红色基因·童心向党”主题教育实践活动，是加强未成年人思想道德建设的重要举措，是广泛践行社会主义核心价值体系的重要任务。此次活动，展演了“童心向党”少儿文艺节目、展示了“童心向党·微党课”、展览了“童心向党”少儿非遗文化产品，还发布了2023年第一季度“新时代邵阳好少年”名单并颁奖。活动中，孩子们用热情的歌舞、深情的朗诵、精美的手工作品等，表达爱党、爱国爱社会主义的真挚情感。

近年来，邵阳市紧紧围绕立德树人根本任务，持续深入开展“传承红色基因·童心向党”主题教育实践活动，通过党史学习教育、爱国主义教育、文化艺术展演等形式，引导学生学党史、强信念、跟党走，传红色基因，树远大志向，挥洒青春梦想，描绘中国复兴梦。创造性地推行了述职评议和联席会议等工作制度，打造了“八礼四仪”“为梦护航·榜样的力量”“乡村学校少年宫大联动”系列活动品牌。

◎ 2023 年邵阳市数字内外贸培育培训专项行动开班

2023 年邵阳市数字内外贸培育培训专项行动开班

7 月 7 日，邵阳市启动 2023 年邵阳市数字内外贸培育培训专项行动开班仪式。副市长晏丽君出席。

该专项行动将在邵阳市 12 个县市区开展，旨在为企业提供内外贸数字化营销、数字化采购、数字化组织管理、数字化客户管理、数字人才培训、数字化普惠金融、智慧物流等一站式全链路数字化解决方案，提高邵阳制造、邵阳特色产品“出湘出海”的能力。

晏丽君说，要深化思想认识，领会发展跨境电商的重要意义。要坚定发展信心，把握发展跨境电商的有利条件，紧紧围绕邵阳市产业基础坚实、对外贸易活跃、营商环境优良等发展优势，激发跨境电商发展活力。要加强合作共赢，共享内外贸一体化发展的良好机遇，抓住数字化、网络化、智能化融合发展的战略机遇，赋能邵阳市产业转型升级、提速增效。

本次开班培训共 97 家企业参加，企业类型涉及传统内贸企业、内贸电商企业、跨境电商企业等。培训会上，湖南省商务厅有关负责人就下一步推动传统企业跨境电商转型作情况介绍，邵阳海关有关负责人就跨境电商业务类别和邵阳市跨境电商业务开展情况作介绍，与会企业代表和行业专家分别就数字内外贸融合发展实操作分享交流。

◎邵阳市委宣传部举办『好书伴我行·日读月谈季评』读书分享会暨机关党支部主题党日活动

7 月 13 日，邵阳市委宣传部组织机关党员干部来到新邵县廉政文化教育基地，开展“好书伴我行·日读月谈季评”读书分享会暨机关党支部 7 月份主题党日活动。邵阳市委常委、宣传部部长于金旺出席活动并向过政治生日的党员赠送政治生日贺卡和学习书籍。

在讲解员的带领下，全体党员干部走进党员干部廉政文化教育中心，依次参观了溯源、反腐、亲民、镜鉴、清风、廉德、红颂等展厅，回望建党百年风雨历程，全方位学习邵阳市新邵县党风廉政建设发展历程和廉政思想。

展厅内一个个案例、一幅幅图片、一件件实物，不断撞击着每一位参观者的心灵，让大家不禁叩问初心，进一步筑牢反腐倡廉思想防线。在随后举行的读书分享会上，传达学习了《中国共产党章程》第五章和《中国共产党党内统计公报》，参加湖南省委党校培训班和邵阳市委党校妇干班的同志结合参训期间所思所学和工作实际进行述学。

邵阳市委宣传部举办“好书伴我行·日读月谈季评”读书分享会暨机关党支部主题党日活动

◎邵阳市乡村振兴暨驻村帮扶工作会议召开

7 月 14 日上午，邵阳市召开乡村振兴暨驻村帮扶工作会议，深入学习贯彻习近平总书记关于“三农”工作的重要论述，全面落实湖南省巩固拓展脱贫攻坚成果同乡村振兴有效衔接工作部署要求，安排下一阶段工作。

邵阳市乡村振兴暨驻村帮扶工作会议召开

会议以视频形式召开，各县市区设分会场。邵阳市领导肖拥军、杨卫平、冯东旺在主会场出席。

2022 年，邵阳市在湖南省巩固拓展脱贫攻坚成果同乡村振兴有效衔接考核中获得综合评价“好”的等次，位居湖南省二类市州第一。邵阳市上一轮驻村工作队员扎根一线、履职尽责，累计创建省级美丽乡村示范村 7 个、省级精品乡村 13 个，邵阳市 11 个村集体收入超 100 万元。

会议指出，实施乡村振兴战略是党中央着眼党和国家事业全局作出的重大决策部署，习近平总书记就乡村振兴多次发表重要讲话，为我们做好工作提供了根本遵循。

会议强调，要聚焦重点任务，确保全面推进乡村振兴落地见效。

会议强调，邵阳市各级驻村干部要当好基层党建的“带头人”，加强政治理论学习，规范开展党支部活动，抓好村级党组织建设这个第一要务，形成团结干事的强大合力。

会议要求，要强化组织领导；要压实工作责任；要从严督导考核；要持续改进作风。

要闻纪事

△ 12 日，邵阳市委书记、市林长严华主持召开 2023 年邵阳市林长会议，深入学习贯彻党的二十大精神和习近平生态文明思想，传达学习 2023 年省总林长会议及相关文件精神，听取 2022 年全市林长制工作情况汇报，研究部署下阶段重点工作。市委副书记、市长、市林长华学健，市领导肖拥军、蒋伟、杨卫平、冯东旺出席会议。

△ 15 日，邵阳市委常委、市委秘书长肖拥军到新邵县，调研整治“两个主义”，督导防汛工作。座谈会上，肖拥军听取了新邵县整治形式主义、官僚主义“两个主义”工作的开展情况。

△ 17 日，湖南省住房和城乡建设厅勘察设计处处长吴勇、省自然资源厅及省民政厅相关领导来北塔区召开省人大代表建议办理见面座谈会，邵阳市住建局党组书记、局长曹红旗，市资规局党组成员、副局长蒋卓斌，北塔区委副书记、区长姚文娟，区委常委、组织部长尹锦明，区委常委、副区长屈可馨以及部分省人大代表建议承办单位相关负责人参加此次会议。

△ 19 日，邵阳市财政局召开以“清廉·青年”为主题的年轻干部廉政座谈会。

△ 23 日，双清区 2023 年度组工干部业务培训班在区委党校开班。区委书记赵逢春出席开班仪式作动员讲话并授课，区委常委、组织部部长、区委党校校长邹昊主持。区直机关各单位分管政工的领导干部、各乡镇（街道）党（工）委组织委员、区委组织部和区委党校全体干部职工，共 84 人参加培训。

◎“聚话农博·筑梦苗乡”湖南（城步）高山农业发展论坛举办

7 月 23 日下午，“聚话农博·筑梦苗乡”湖南（城步）高山农业发展论坛在邵阳市城步县举办。本次论坛由商务部外贸发展事务局、湖南省商务厅、邵阳市人民政府共同举办，旨在汇集各方智慧，共同探索高山农业发展的可行路径和创新方案。

华学健代表邵阳市委、市政府向出席活动的各位领导、各位来宾表示诚挚的欢迎，衷心希望大家一如既往关注高山农业、支持邵阳发展，更多地指导帮助搭建发展平台、创新发展模式、提升发展能级，奋力谱写高山农业发展新篇章。

王德阳指出，本次论坛的召开，将促进经济与高山产业的高质量融合，搭建高山农业交流合作平台，推动产业经济带动地方发展。

在主旨演讲环节，中国农业大学教授孟凡乔、中国科学院亚热带农业生态研究所所长谭支良、京东物流政企合作部华中区负责人赵文、湖南省农村发展研究院院长刘宗林，分别围绕拓展高山有机农业、牛奶产量与品质营养调控以及产业模式构建、乡村振兴数字化供应链基地和高山农业——基于鲜明地域特色的新业态等主题作了分享交流。

在随后的圆桌论坛中，李漪、张喆、翟大福、周继强、张曙光和姚慧等专家，围绕高山农业有机化、数字化、合作与机遇等话题，与众多企业、行业大咖深入探讨交流。

“聚话农博·筑梦苗乡”湖南（城步）高山农业发展论坛举办

◎邵阳市第三届贺绿汀音乐节开幕

第三届贺绿汀音乐节在邵阳市区贺绿汀大剧院开幕

7 月 20 日晚，第三届贺绿汀音乐节在邵阳市区贺绿汀大剧院开幕。邵阳市委书记严华出席并宣布开幕。湖南省委宣传部副部长、省文明办主任肖凌之，上海音乐学院党委副书记曹荣瑞讲话。湖南省委党史研究院院长胡振荣，省文联一级巡视员、秘书长邓清柯，邵阳市领导周迎春、周文、龚红果等出席。邵阳市委常委、宣传部部长于金旺主持开幕式，副市长蒋伟致辞。

2023 年是人民音乐家贺绿汀诞辰 120 周年。本次贺绿汀音乐节由上海音乐学院鼎力支持，由邵阳市委宣传部、湖南省音乐家协会、邵阳市邵东市委、邵东市人民政府、邵阳市文化旅游广电体育局、邵阳市文学艺术界联合会、邵阳学院音乐舞蹈学院联合主办，旨在深入学习贯彻习近平总书记在文化传承发展座谈会上的重要讲话精神，加快推进贺绿汀文化的挖掘和保护，充分发挥文化资源优势，全力助推文化强市建设。

本次音乐节包括“长歌未央”专题文艺晚会、贺绿汀音乐节文艺之旅、贺绿汀生平思想和精神风范学术研讨会、“早安邵阳·‘汀’你来唱”贺绿汀经典歌曲全网线上赛、邵阳学院活动周等活动，将持续至 9 月 30 日。

湖南省委党史研究院、省文联、省音乐家协会相关负责人，贺绿汀先生后人和亲属代表，各界干部群众代表参加开幕式。

要闻纪事

△ 24 日，邵阳市委书记严华围绕“持续优化营商环境，助推民营经济高质量发展”课题，到市行政审批服务局调研“放管服”改革暨“数字政府”建设工作。他强调，要贯彻落实党中央、国务院决策部署和省委、省政府工作要求，深化“放管服”改革，加快推进“数字政府”建设，提升政务服务效能，持续优化全市营商环境。市委常委、副市长仇珂静参加调研。

△ 26 日，中国共产党邵阳军分区委员会十五届一次全体会议召开。市委书记严华当选邵阳军分区党委第一书记并讲话。他强调，要坚持以习近平新时代中国特色社会主义思想为指导，深入贯彻落实习近平强军思想和新时代军事战略方针，聚焦实现建军一百年奋斗目标，奋力推动新时代全市国防动员和后备力量建设高质量发展，为全面落实“三高四新”美好蓝图、建设现代化新邵阳作出新的更大贡献。

△ 30 日，武冈市司法局举行社区矫正技能比武，着力提升社区矫正工作人员规范化、专业化、精细化履职能力和工作效能，推动全市社区矫正工作再上新台阶。副市长周志强到场指导。

△ 31 日，绥宁县政法系统干部作风建设座谈会召开。县委书记佘芝云出席并讲话，县委常委、政法委书记向国胜主持会议，县领导黎军、张乐、王瑞平、袁伟娜参加会议。会上，县委政法委、县法院、县检察院、县公安局、县司法局等单位就干部作风建设情况进行了汇报；与会人员就加强政法系统干部作风建设提出了意见和建议。

◎ 2023·湖南（南山）六月六山歌节开幕

开幕式现场

7 月 23 日晚，2023·湖南（南山）六月六山歌节暨湖南（城步）高山农业博览会，在“中国山歌之乡”邵阳市城步苗族自治县拉开帷幕。国家民委离退休干部局副局长朱彤代表国家民委，向邵阳市城步县授予“全国民族团结进步示范县”荣誉称号。

本次节会以“三湘农品汇苗乡·四海山歌上南山”为主题，旨在弘扬民族文化，促进民族融合，以节庆搭平台、展会促交流。共安排了 5 大主体活动，分别为 2023·湖南（南山）六月六山歌节暨湖南（城步）高山农业博览会开幕式及文艺晚会、“邂逅美品·悦动苗乡”高山美食音乐周、“聚话农博·筑梦苗乡”湖南（城步）高山农业发展研讨会暨高山农产品展销会、“乐享生活·畅游苗乡”湘桂风情精品旅游推介会、“悠游南山·凉夏苗乡”避暑休闲体验活动暨首届南山星空露营活动。

近年来，城步苗族自治县借力六月六山歌节，推动文化旅游资源深度融合，以特色节庆活动带动旅游升温，深度挖掘生态文化资源，围绕“旅游 + 生态”“旅游 + 文化”推出特色创意项目，为加快实施乡村振兴战略、推动经济高质量发展注入强劲动力。据统计，2022 年全县接待游客突破 500 万人次，旅游综合收入超 46 亿元。

◎邵阳市“走找想促”活动第二次调研情况交流会召开

邵阳市“走找想促”活动第二次调研情况交流会召开

7月27日上午，邵阳市召开“走基层、找问题、想办法、促发展”活动第二次调研情况交流会，深入学习贯彻习近平总书记关于主题教育最新重要指示批示和中央、湖南省委有关会议文件精神，总结前阶段邵阳市大兴调查研究和“走找想促”活动开展情况，安排部署下阶段工作。

自“走找想促”活动启动以来，邵阳市直机关单位紧紧围绕中央决策部署和湖南省委、邵阳市委有关要求，深化思想认识、强化行动自觉，紧扣中央和湖南省委、邵阳市委提出的调研重点内容及群众关切的热点问题，有针对性地开展调研，着力解决了一批急难愁盼问题，推动活动取得阶段性成效。

会议指出，在客观总结前段工作成效的同时，要高度重视并着力解决市直机关单位在开展“走找想促”活动中存在的问题和不足，对照“走基层”不够深入、“找问题”不够精准、“想办法”不够有效、“促发展”不够明显等问题，真正把自己摆进去、把工作摆进去、把职责摆进去，举一反三、坚决整改。

会议强调，要持续推动调研走深走实，务求活动取得成效；深入基层要身到心到，真正把情况摸清；查报问题要精准精细，真正把问题找准；解决问题要动真碰硬，真正把对策提实；建章立制要及时跟进，真正把成效巩固。

◎凝聚军休情，关爱沁人心——邵阳市退役军人事务局“八一”前夕走访慰问军休干部活动

7月24日—7月25日，在建军九十六周年来临之际，邵阳市退役军人事务局党组书记、局长姜卫军，党组成员、副局长廖洪战分别走访慰问了军休干部代表。

每到一户，姜卫军都与军休老干部们亲切交谈，话家常、关心他们的身体和生活状况，感谢各位离退休老首长们为人民解放事业和地方社会经济发展作出了积极贡献，并代表邵阳市退役军人事务局向军休干部们致以节日的祝贺和诚挚的慰问。军休干部张学兴表示，感谢党与政府和各级领导的关心与厚爱，我们将做到退休不褪色，充分支持军休所的工作，为邵阳市退役军人工作发展献出一份力量。

姜卫军要求随行的军休所工作人员，要认真履行职能职责，竭尽所能地解决好军休干部生活中的实际困难，落实好军休干部“两个待遇”，维护广大军休干部的切身利益，保障每一位军休干部过上一个平安、祥和的晚年。

在“八一”前夕，邵阳市军休所分成五个组，对在邵的军休干部进行全覆盖式的走访慰问，为他们送去节日的祝福。

◎邵阳市“八一”慰问送关怀 情系抗美援朝老战士

2023年8月1日，邵阳市北塔区委副书记、区长姚文娟来到抗美援朝老战士申太恒老人家中走访慰问，向他送去节日的祝福，并致以诚挚的问候。邵阳市北塔区退役军人事务局、区生态产业发展中心相关人员参加走访。

申太恒老人出生于1920年，现年103岁，1949年入伍，1951年3月，申太恒在河南省被编入中国人民志愿军15军，跟随部队来到朝鲜。1952年10月参与上甘岭战役，1963年光荣复员，回到家乡居住。

“正是因为有你们在保家卫国，才有我们现在的幸福生活！”姚文娟与申太恒老人促膝而坐，悉心询问老人的身体、家庭和生活起居等情况，对他年轻时保家卫国作出的贡献表示感谢并致以崇高的敬意，感谢他为国家、为人民、为社会所作的贡献。了解到老人近期身体不适，立即让退役军人事务局联系医院带老人做全身体检，并叮嘱退役军人事务局要一如既往做好走访和关爱帮扶工作，竭心尽力为退役军人办实事、解难题。

“八一”慰问送关怀 情系抗美援朝老战士

下一步，邵阳市北塔区退役军人事务局将持续发挥两级退役军人服务体系作用，动态掌握退役军人的家庭情况，及时提供关心和帮助，用实际行动温暖功臣，用英雄事迹激励工作，带动邵阳市北塔区拥军优抚工作再上新台阶，全面提高辖区的退役军人服务水平。

要闻纪事

△31日，邵阳市人大常委会党组成员、副主任罗玉梅来新宁县调研乡村振兴工作。县人大常委会党组书记、主任刘松荣，县委常委、副县长邓昌海，县人大常委会副主任吴均洋参加调研。

△31日，邵阳市委书记严华主持召开全市“五好”园区建设推进会，总结前段工作情况，安排部署下阶段工作。他强调，要深入学习贯彻党的二十大精神和习近平总书记关于湖南工作的重要讲话和指示批示精神，全面落实省委、省政府决策部署，全力推动“五好”园区建设再上新台阶，为建设现代化新邵阳作出新的更大贡献。市领导刘亚亮出席。

6月

△2日，邵阳市人民政府与湖南省中医药研究院在邵阳市中医医院签订《关于共同推进中医药传承创新发展战略合作框架协议》。市委副书记、市长华学健和湖南省中医药研究院党委书记、院长葛金文出席签约仪式并讲话。湖南省中医药研究院党委委员、副院长陈燕，市领导唐渊、蒋伟、丰新妹，邵阳学院校长张平出席。市政府秘书长陈秋良以及市直有关部门、全市医疗卫生系统重点单位有关负责人参加。

△2日，2023年邵阳市总河长会议召开。会议深入学习贯彻党的二十大精神和习近平生态文明思想，全面落实2023年省总河长会议精神，总结我市前段河湖长制工作，查摆当前存在的问题，研究部署下阶段工作。市委书记、市总河长严华出席并讲话，市委副书记、市长、市总河长华学健主持。会议以视频形式召开，各县市区设分会场。市领导于金旺、肖拥军、仇珂静、晏丽君、杨卫平、李长跃、陈文忠出席。

◎邵阳市政府与海南金盘智能科技股份有限公司签订投资合作框架协议

市政府与海南金盘智能科技股份有限公司签订投资合作框架协议

8月19日，邵阳市人民政府与海南金盘智能科技股份有限公司签订投资合作框架协议，邵阳经济技术开发区同步与海南金盘智能科技股份有限公司签订《绿色低碳高效节能新材料和新能源装备智能制造产业链项目引进合同》，双方将携手启动现代化新能源电气装备生产基地项目，全面深化新材料和新能源领域务实合作。邵阳市委副书记、市长华学健，海南金盘智能科技股份有限公司董事长李志远共同出席签约仪式并讲话。

邵阳市委常委、副市长仇珂静，海南金盘智能科技股份有限公司董事长助理刘通，海南金盘智能科技股份有限公司副总经理黄道军参加签约系列活动。副市长、邵阳经济技术开发区党工委书记刘亚亮主持签约仪式，邵阳市政府秘书长陈秋良参加。

◎邵阳市成功创建“湖南省级节水型城市”

8月22日，邵阳市通过湖南省专家组评审，成功创建“湖南省级节水型城市”。市城管执法局作为邵阳市创建“湖南省级节水型城市”牵头单位，在邵阳市委、市政府坚强领导下，抗牢城市节水主管部门责任，围绕创建“节水型城市”主题，统筹协调，精心部署，扎实推进工作落实，确保各项节水举措落地生花、取得实效。

22日上午，由湖南省住房和城乡建设厅、省发展和改革委员会联合牵头组织节水行业专家对邵阳市“湖南省级节水型城市创建工作”开展现场评价。专家组采用材料审查、实地考察等形式，细致深入检查了邵阳市城区节水工作开展情况。经过专家组严格评审，邵阳市各项指标均达到相关评定要求，同意邵阳市创建成为湖南省级节水型城市。现场评价期间，专家组认真听取了邵阳市城市节水工作情况汇报、观看了邵阳市创建湖南省级节水型城市影像资料，随后专家组分别对湖南湘窖酒业有限公司、邵阳市自来水公司、桂花渡水厂、西苑公园等节水示范项目进行了现场检查。

专家组对邵阳市节水工作给予了充分肯定，并要求在以后的城市节水工作中，进一步提高政治站位和思想认识，结合邵阳市市情、水情，加强城市节水基础管理工作，扩大节水载体覆盖范围和节水示范作用，不断提高城市节水水平。

◎“邵阳人大讲堂”第七讲开讲

“邵阳人大讲堂”第七讲开讲

8月22日，“邵阳人大讲堂”第七讲开讲。湖南省人大常委会委员、省人大财经委副主任委员、常委会预算工委主任欧阳煌以“加强人大预算审查监督”为主题，作《看好人民的“钱袋子” 守好人民的“共同财富”》专题讲座。邵阳市人大常委会党组书记、主任周迎春主持，党组副书记、副主任唐渊，副主任蒋志刚、刘永德、阳晓华、李小平、罗玉梅，秘书长吴卫红出席。

讲座中，欧阳煌结合自身丰富的工作实践，从新时代人大预算审查监督的新职责、新使命、新要求三个方面，就人大预算审查监督的法律依据和职权、审查监督重点、预算联网监督，以及人大预算审查监督的政治性、人民性、法定性、时效性等方面，作了全面细致的解读。讲课中，欧阳煌坚持以习近平总书记重要讲话、重要论述为指引，引用典型案例和大量数据资料，并充分结合地方人大职责职权，为进一步加强预算审查监督工作提供了非常有益的指导，具有很强的针对性和指导性。

要闻纪事

△4日，邵阳市委书记严华主持召开纪检监察机关和巡察、审计机构调研座谈会，围绕“推进干部能上能下、激励干部担当作为”这一课题，听取市纪检监察和审计系统干部代表的意见建议。他强调，要深入学习贯彻党的二十大精神，坚决贯彻落实党中央决策部署，从严从实抓好干部管理监督，更好激发干部干事创业活力。市委常委、市纪委书记、市监委主任吴旭鹏参加座谈会。

△5日，邵阳市政府党组书记、市长华学健主持召开市政府2023年第四次党组会议。会议分为两个阶段，第一阶段：传达学习中央、省近期重要会议文件精神；研究加快推动在全市大兴调查研究工作实施具体事项。第二阶段：市政府月度专题工作会议，总结5月份工作情况，列出6月份工作重点。市政府党组成员、仇珂静、蒋伟、刘亚亮、陈秋良出席会议。副市长晏丽君列席会议。

△6日，绥宁县委书记佘芝云主持召开县委党建工作领导小组2023年第一次会议。县领导唐枝、袁玲、谢文远、周楚舜、唐淼华参加会议。

△7日，邵阳市委副书记、市长华学健组织召开邵阳市未成年人保护工作领导小组2023年第一次会议。会议传达学习了习近平总书记关于未成年人保护工作的重要讲话精神和全省未成年人保护工作领导小组第三次全体会议精神，分析当前全市未成年人保护工作面临的形势和挑战，并安排部署下阶段工作任务。副市长刘亚亮主持，市政府秘书长陈秋良及各成员单位相关负责人参加。

◎邵阳市退役军人事务局调研梅塘村乡村振兴工作

邵阳市退役军人事务局调研梅塘村乡村振兴工作

8月17日，为有效推进巩固拓展脱贫攻坚成果同乡村振兴有效衔接，不断提升人民群众的获得感幸福感和安全感，邵阳市退役军人事务局党组书记局长姜卫军带队到本单位乡村振兴驻点村洞口县梅塘村开展调研。

姜卫军一行先到梅塘村25组了解山塘清淤和水井加深两个百姓“急难愁盼”的问题。驻村工作队了解具体情况后，立即跟局党组报告，局党组高度重视，马上开展调研并邀请邵阳市洞口县水利局主要负责人现场查看，一起探讨解决这一难题，就下一步探测施工做出安排。

随后，姜卫军与村支两委和驻村工作队就乡村振兴工作召开座谈会。会上，驻村第一书记孙海涛代表村支两委介绍了梅塘村班子建设、组织生活开展、基础设施、产业发展、村集体经济收入等情况。听取村支两委的情况汇报后，姜卫军强调村支两委要统一思想，形成合力，谋划好各项工作；要循序渐进，稳扎稳打，把产业做细做实做精；要科学规划，用活现有资源，调动广大群众的积极性，为实现美丽乡村而努力。

最后，姜卫军强调，要把主要精力放在巩固拓展脱贫攻坚成果同乡村振兴有效衔接上，一手抓巩固拓展脱贫攻坚成果，一手抓扎实推进乡村振兴具体工作。

◎ 2023 年邵阳市“宝庆杯”网络安全应急演练正式启动

2023 年邵阳市“宝庆杯”网络安全应急演练正式启动

8 月 23 日上午，2023 年邵阳市“宝庆杯”网络安全应急演练正式启动。副市长、邵阳市公安局局长李长跃出席启动仪式并讲话。

本次演练由邵阳市委网信办主办，从市县两级遴选了涵盖党政机关和交通、住建、卫健、教育、媒体行业等 80 家有信息系统的单位作为参演防守单位，并邀请 13 支由国内头部网络安全、信息安全厂商与本地基础通信企业、网络安全企业等专业人员组成的攻击队伍。攻击队伍将对各防守单位目标信息系统实施网络渗透和攻击，防守单位组织技术支撑力量进行监测、防护和应急处置工作。攻防双方将在真实网络环境下开展为期 7 天的实战攻防，在实战中检验、提升网络安全应急处置能力。

李长跃指出，各相关单位要提高政治站位，切实担负起“防风险保安全”使命任务。要强化责任担当，坚持问题导向，切实推动网络安全工作责任制落地落实。要抓好整改落实，加强对整改落实情况的督促指导和考核问责，把发现的风险问题、系统漏洞防范好、整改好、巩固好，同时要加大对网络安全法律法规和相关知识的宣传普及，切实提升网络安全整体防护能力和水平。

◎湖南“智能制造进园区”活动邵阳站总结会召开

湖南“智能制造进园区”活动邵阳站总结会召开

8 月 29 日，湖南“智能制造进园区”活动邵阳站总结会在邵阳经开区召开。湖南省工信厅一级巡视员黄学工，市委常委、副市长仇珂静出席。

此次活动由湖南省工信厅主办，湖南省智能制造协会、智能制造系统解决方案供应商联盟湖南分盟、邵阳市工信局和邵阳经开区承办，旨在系统深入推进智能制造发展，为湖南省持续深入开展“智赋万企”行动，打造国家重要先进制造业高地提供有力支撑。

总结会前，12 名专家分成两个小组，对邵阳经开区的 12 家企业开展智能制造政策宣讲、理念普及和智能制造诊断，并提供供需对接服务。总结会上，有关专家围绕中小企业科技创新实践、数字化建设规划主题作主旨报告；调研专家组报告 12 家企业的智能制造诊断服务工作成果；举行圆桌会议，组织专家与邵阳市企业负责人面对面交流，现场答疑解惑。

◎法治护航兴邵阳——邵阳市成功创建『全省法治政府建设示范市』

2023 年 8 月 30 日，湖南省委全面依法治省委员会办公室印发《关于第二批全省法治政府建设示范地区（单位）和项目命名的决定》，对第二批湖南省法治政府建设示范地区（单位）和项目予以命名，邵阳市获评湖南省级法治政府建设示范市，邵阳市、邵东市获评湖南省法治政府建设示范县（市、区）。

未来，邵阳市将以创促建，久久为功，加快推进法治政府建设，打造法治建设和区位竞争“金名片”，以法治力量奋力谱写中国式现代化邵阳篇章。

◎邵阳市 10 名退役军人获表彰、15 个军创基地（企业）认定授牌

8 月 30 日上午，邵阳市举行第二届退役军人“十佳创业能手”表彰暨邵阳市退役军人“就业创业示范基地（企业）”授牌大会，10 名退役军人及 15 家军创基地（企业）获表彰和授牌。邵阳市人大常委会副主任罗玉梅，副市长、市公安局局长李长跃，邵阳市政协副主席伍先明出席。

此次评选出的 10 名退役军人创业能手，是来自邵阳市各行业的佼佼者，他们无论是在服役时，还是在退役后，都始终保持军人的优良传统，退役不退志、退伍不褪色，积极争当创业先锋，努力争做社会表率，为邵阳市经济发展和社会稳定作出了积极贡献。

本次被认定的市级退役军人示范基地（企业），是邵阳市军创企业的优秀代表，邵阳市隆回县退役军人创业孵化基地还获评为湖南省退役军人就业创业示范基地。

获得退役军人就业创业示范企业的湖南省瑞源农业有限公司董事长文爱华表示，公司将再接再厉，继续当好退役军人就业创业模范标兵，为带动更多的退役军人就业创业起到示范引领作用。

我市 10 名退役军人获表彰、15 个军创基地（企业）认定授牌

近年来，邵阳市委、市政府始终将退役军人就业创业工作作为重点来抓，取得了很好的成效。目前，邵阳市有退役军人创办、领办的经济实体 1.8 万余个。

要闻纪事

△ 9 日，邵阳市集中打击整治危害药品安全违法犯罪工作领导小组第一次会议召开，副市长、市集打整治领导小组组长晏丽君出席会议并讲话。会议由市政府副秘书长谢洪军主持，邵阳市市场监管局党组书记、局长何育新作工作报告。邵阳市公安局、邵东市市场监管局、隆回县市场监管局就集打整治工作交流发言。市、县集中打击整治危害药品安全违法犯罪工作领导小组全体成员，市、县局药品线相关科（股）室、二级机构参加会议。

△ 9 日，邵阳市委常委会召开会议，传达学习习近平总书记在内蒙古考察时的重要讲话、致首届文化强国建设高峰论坛重要贺信和在《求是》杂志发表的重要文章《中国式现代化是中国共产党领导的社会主义现代化》精神，传达学习省委书记沈晓明来邵调研时的讲话精神，研究贯彻落实意见。市委书记严华主持会议。

△ 9 日，邵阳市退役军人事务局召开“走基层、找问题、想办法、促发展”活动调研工作交流推进会，推动大兴调查研究和“走找想促”活动走深走实。局党组书记、局长姜卫军主持会议，各调研组领导及成员、机关各科室及局属各单位负责人参会。

△ 12 日，邵阳市司法局、市强戒所联合组织志愿者到大祥区西直街小学开展禁毒宣传教育活动。

△ 14 日，城步县召开 2023 年县委党建工作领导小组第一次会议，县委书记余勋伟主持会议并讲话，县委党建工作领导小组全体成员参加会议。

◎邵阳市监察委员会举行监察官宪法宣誓仪式

8月31日上午，邵阳市监察委员会举行监察官宪法宣誓仪式，邵阳市纪委监委机关、派驻机构首次确定监察官等级的215名监察官进行宣誓。邵阳市委常委、市纪委书记、市监委主任、二级高级监察官吴旭鹏主持并监誓。

宣誓仪式开始，全体宣誓人面向国旗列队肃立，气氛庄严热烈。奏唱中华人民共和国国歌后，领誓人手抚宪法，领诵誓词，其他宣誓人齐声跟诵誓词。铿锵洪亮的宣誓声响彻全场，传递着弘扬宪法精神、履行宪法使命的坚定决心。

宣誓后，吴旭鹏勉励大家倍加珍惜党和人民赋予的荣誉和责任，牢记铿锵誓言，牢记职责使命，牢记“三个务必”，始终知责于心、担责于身、履责于行，把许下的庄重承诺转化为今后履职担当的实际行动。

◎邵阳市举行纪念抗日战争胜利78周年主题宣讲活动

邵阳市举行纪念抗日战争胜利78周年主题宣讲活动

9月3日是中国人民抗日战争胜利纪念日。为大力弘扬爱国主义精神，培育和践行社会主义核心价值观，9月3日上午，由邵阳市委宣传部主办的“勿忘国耻警钟长鸣”邵阳市纪念抗日战争胜利78周年主题宣讲活动在邵阳交通学校举行。邵阳交通学校200余名师生参加活动。

活动中，邵阳市委党史办党史专家以《勿忘国耻警钟长鸣——邵阳人民抗战概述》为题，引用大量史实，从日寇侵邵背景、日军侵邵过程、日军侵邵暴行、邵阳人民抗日斗争、邵阳人民抗日历史带来的启示等方面，用通俗易懂的语言讲述了邵阳人民艰苦卓绝的抗战岁月，为大家上了一堂红色教育思政课。他号召大家不仅要铭记历史、勿忘国耻，更要锐意进取、自强不息，努力成长为新时代党和人民需要的有用之才，为实现中华民族伟大复兴而不懈奋斗。

整场宣讲主题鲜明、重点突出、内容丰富，学生们听得聚精会神，反响热烈。宣讲活动结束后，大家纷纷表示，作为新时代的青少年，将继承先辈遗志，倍加珍惜今天来之不易的幸福生活，努力学习、刻苦钻研，为全面建设社会主义现代化新邵阳贡献力量。

◎邵阳市2023年“民族团结进步宣传月”启动仪式暨创建工作现场交流会召开

邵阳市2023年“民族团结进步宣传月”启动仪式暨创建工作现场交流会在新宁县召开

9月11日至12日，邵阳市2023年“民族团结进步宣传月”启动仪式暨创建工作现场交流会在新宁县召开。邵阳市人大常委会副主任阳晓华、副市长蒋伟参加调研或会议。

调研团一行先后来到舜皇里文化产业园、崀山北大门、夫夷江国家湿地公园、金石镇月汉村、新宁县芙蓉学校等地进行实地考察，详细听取各个考察点推动民族团结进步创建工作与中心工作融合发展的相关解说和汇报，就现存问题、下一步工作方向提出意见建议。

在12日召开的交流会上，邵阳市民宗局负责人解读了邵阳市2023年“民族团结进步宣传月”方案，邵阳市新宁县、隆回县、新邵县、大祥区、市文旅广体局、市妇联相关负责人就创民工作如何提质增效作了交流发言。

阳晓华强调，邵阳市创民工作已经到了最后冲刺的关键时刻。各级各部门要进一步坚定做好创民工作的信心和决心；要清醒认识当前形势，紧扣测评标准，掌握迎检要求；要聚集聚力工作重点，保持决战决胜的攻坚态势，抓好测评指标固强补弱，提升创建品牌内涵成色，确保现场验收达标过硬。

活动还邀请了上海华夏社会发展研究院、中国民族报社等单位相关专家进行授课。

要闻纪事

△15日，邵阳市在城南公园举行以“全民禁毒你我他、禁毒宣传进万家”为主题的2023年全民禁毒宣传月主题活动启动仪式。省禁毒办副主任、省公安厅二级警务专员戴纲参加仪式，副市长、市禁毒委常务副主任、市公安局局长李长跃宣布主题活动启动。

△15日，邵阳市委常委议军会、县市区人武部党委第一书记述职暨市领导“军事日”活动举行。市委书记、邵阳军分区党委第一书记严华主持会议并讲话。他强调，要深入学习贯彻习近平新时代中国特色社会主义思想和习近平强军思想，全面贯彻落实党的二十大精神，强化责任担当，凝聚工作合力，不断开创我市党管武装和国防后备力量建设新局面。市委副书记、市长华学健参加“军事日”活动。周迎春、周文、周爱国、于金旺、肖拥军、吴旭鹏、仇珂静、诸葛军等在职市级领导，市国防动员委员会成员单位主要负责同志参加。

△20日，中共邵东市委党校校委理论学习中心组进行第六次集体学习，常务副校长黄小成主持会议，市委宣传部派出专人巡听旁听，校委会成员围绕习近平总书记关于做好新时代党的统一战线工作的重要思想开展学习研讨。

△21日，邵阳市委书记严华主持召开邵阳市深化医药卫生体制改革领导小组2023年第一次全体会议，认真学习贯彻习近平总书记关于医改工作的重要指示批示精神，听取全市医改工作情况汇报，审议深化医改相关文件方案，安排部署下阶段重点工作。市委副书记、市长华学健，市领导蒋伟出席。

◎邵阳市举行第十期“企业家接待日”活动

邵阳市举行第十期“企业家接待日”活动

9月4日，邵阳市委书记严华出席邵阳市第十期“企业家接待日”活动，协调解决农业企业发展难题，支持企业发展壮大，着力提升邵阳市农业产业化水平。

活动中，湖南宝东农牧科技股份有限公司、湖南浩天米业有限公司、湖南省湘俏米业有限公司等8家企业的代表，围绕贷款融资、政策落实、厂房扩建、科技扶持等方面提出问题和诉求。

在认真听取发言后，严华说，各位企业家长期扎根农村、立足农业、心系农民，为邵阳市农业农村发展作出了积极贡献。对大家提出的意见建议，将认真研究、充分吸纳，及时出台有效举措破解企业发展难题，真正把忙帮到点子上、把服务做到企业最需处，为邵阳市农业产业高质量发展提供良好环境。

严华指出，邵阳市是农业大市，广大农业产业化企业是推动农业农村现代化的生力军、构建现代乡村产业体系的中坚力量、带动农民就业增收的重要主体。邵阳市各级各部门要深入学习贯彻党的二十大精神和习近平总书记关于民营经济发展的重要论述，深入开展“三送三解三优”活动，广大企业家要增强信心、保持定力，走好规模化、特色化、品牌化、产业化发展之路，为全面推进乡村振兴作出新的更大贡献。

◎邵阳市开展国家网络安全宣传周“校园日”主题活动

9月12日，邵阳市、县两级同步开展2023年国家网络安全宣传周“校园日”主题活动。各大中专院校、中小学校围绕“网络安全为人民，网络安全靠人民”主题，积极组织策划体验式、互动式教育，深入普及网络安全知识，增强网络安全意识，提升广大师生网络安全意识和防护技能。

当天，邵阳市发放网络安全宣传册、折页、海报、书签等宣传资料共计37600余份，展示横幅、道旗及标语1920余条，通过网络平台推送信息14000余条，其中《国家网络安全宣传周来了，快get“安全包”！》点击量达5000次，引导师生48500余人次参与不同形式的网络安全知识学习与竞赛等活动。

学生在认真学习网络安全法律法规

◎第二届邵阳市市长质量奖揭晓！

9月25日下午，邵阳市2023年质量大会在市区召开。会议深入学习贯彻《质量强国建设纲要》和《湖南省质量强省建设纲要》精神，总结2022年以来全市质量强市工作，研究部署下阶段重点工作任务，对第二届邵阳市市长质量奖获奖的组织和个人进行了表彰。市委副书记、市长、市质量强市领导小组组长华学健出席大会并讲话。湖南省市场监管局二级巡视员肖贝和省缺陷产品召回中心、省质量发展局有关负责同志到会指导。市人大常委会副主任李小平宣读了第二届邵阳市市长质量奖表彰通报，副市长晏丽君主持大会，市政协副主席杨博理出席。

近年来，邵阳深入贯彻落实党中央、国务院和湖南省委、省政府关于质量工作的各项决策部署，坚持把质量放在经济社会发展的突出位置，聚焦推动高质量发展，加快质量强市建设，在提升质量发展水平、夯实质量发展基础、创新质量技术和保障质量安全方面取得了明显成效，2019年获得湖南省政府真抓实干激励表彰，2020年质量工作考核排名全省第4。

华学健为获得第二届邵阳市市长质量奖获奖企业和个人颁奖

会上，华学健为获得第二届邵阳市市长质量奖获奖企业和个人颁奖。

会上，邵阳市武冈市、市工信局就质量强市工作进行了典型发言。第二届邵阳市市长质量奖获奖企业、邵阳纺织机械有限责任公司作为企业代表宣读了《邵阳质量宣言》。

◎邵阳市委理论学习中心组（扩大）举行第九次集体学习暨“以学铸魂”专题研讨

市委理论学习中心组（扩大）举行第九次集体学习暨“以学铸魂”专题研讨

9月20日下午，邵阳市委理论学习中心组（扩大）举行第九次集体学习暨“以学铸魂”专题研讨。邵阳市委书记严华主持并作总结讲话。他强调，要认真学习贯彻习近平总书记关于“以学铸魂”的重要讲话精神，通过主题教育，坚定理想信念、铸牢对党忠诚、站稳人民立场，打牢不折不扣落实党中央和湖南省委决策部署、同频共振建设现代化新邵阳的思想基础。邵阳市委副书记、市长华学健，邵阳市人大常委会主任周迎春，邵阳市政协主席周文作交流发言。湖南省委第五巡回督导组副组长王惜珍到会指导。

严华指出，以学铸魂，就是要从学思想中汲取信仰之力，坚定“革命理想高于天”的理想信念。

严华强调，以学铸魂，就是要从学思想中汲取忠诚之力，坚定“永远听党话、跟党走”的政治自觉。

严华强调，以学铸魂，就是要从学思想中汲取为民之力，坚定“心无百姓莫为官”的人民立场。

◎“崇德尚艺潜心耕耘”《尹晓星选集》暨《音乐家尹晓星评传》研讨会在邵阳举行

“崇德尚艺潜心耕耘”《尹晓星选集》暨《音乐家尹晓星评传》研讨会在邵阳举行

9月27日上午，“崇德尚艺潜心耕耘”——《尹晓星选集》暨《音乐家尹晓星评传》研讨会在邵阳市举行，湖南省音乐文化界40余名领导专家学者汇聚一堂围绕尹晓星的艺术成就与精神品格展开研讨。

此次活动由湖南省音乐家协会、省文艺评论家协会、邵阳市文学艺术界联合会主办，邵阳市音乐家协会、湖南省评协音乐评论委员会承办，旨在庆祝中国共产党成立102周年，促进广大文艺工作者树立正确的文艺历史观、发展观，继承弘扬老一辈音乐家崇高的精神品格，创作更多思想精深、艺术精湛、制作精良的优秀作品。

研讨会上，大家一致认为，尹晓星是一位德艺双馨的作曲家、音乐评论家、音乐编辑家，是广大文艺工作者学习的典范。

湖南省文联副主席、省音乐家协会主席、著名作曲家邓东源表示，《尹晓星选集》及《音乐家尹晓星评传》研讨会的召开具有极其重要的意义，代表湖南省文联、省音协向德艺双馨的尹晓星老师表示敬意，希望大家以此次研讨会为契机，树立好典范、宣传好风范、做好示范。

要闻纪事

△25日，邵阳市委理论学习中心组（扩大）举行2023年第六次集体学习，深入学习习近平总书记关于红色资源保护传承的重要论述和在文化传承发展座谈会上的重要讲话精神，认真学习浙江“千村示范、万村整治”工程经验案例及《领导干部报告个人有关事项规定》精神，联系思想和工作实际开展研讨交流。市委书记严华主持并作总结讲话。省委党史研究院院长胡振荣应邀作辅导报告。市委副书记、市长华学健作交流发言。周迎春、周文、于金旺、吴旭鹏、仇珂静等市委理论学习中心组成员及其他在职市级领导参加学习或交流发言。

△27日，邵阳市双拥工作领导小组2023年第一次全体会议暨全国双拥模范城（县）创建动员部署会召开。会议传达学习全省双拥办主任会议暨双拥模范城（县）创建动员部署会议精神，安排部署双拥模范城创建有关工作，要求以“军地携手、志在必得”的勇气，全力争夺全国双拥模范城荣誉，为加快建设现代化新邵阳贡献新时代双拥力量。市委副书记、市长、市双拥工作领导小组组长华学健出席会议并讲话。市委常委、常务副市长主持。

△27日，邵阳市人大常委会党组书记、主任周迎春主持召开市十七届人大常委会第九次会议。市人大常委会党组副书记、副主任唐渊，副主任蒋志刚、刘永德、阳晓华、毛学雄、李小平、罗玉梅，秘书长吴卫红出席会议。市委常委、副市长仇珂静，副市长蒋伟，市中级人民法院院长曾鼎新，市人民检察院党组书记、代理检察长陈文忠列席会议。

◎邵阳市人民政府与中国系统湖南公司举行洽谈会

10月11日，邵阳市人民政府与中国电子系统技术有限公司（简称“中国系统”）湖南公司举行洽谈会，就深化合作展开深入交流。中国系统湖南公司总经理吴敏，邵阳市委常委、副市长仇珂静出席。

洽谈会上，中国系统介绍了前期企业参与“数字邵阳”建设有关情况，就深化与邵阳市的合作提出建议、请求。邵阳市直有关部门及企业负责人围绕深化与中国系统的合作提出合理化建议。

仇珂静对中国系统湖南公司一行的到来表示欢迎，对中国系统过往对邵阳市“数字邵阳”建设给予的支持表示感谢。她说，真诚希望双方在过往合作取得圆满成功的基础上，进一步深化、拓展合作，力争更大成效，实现互利共赢。

市人民政府与中国系统湖南公司举行洽谈会

◎查处一案 警示一片 治理一域 邵阳市分层分类开展警示教育

10月11日，邵阳市新宁县政府办开展警示教育活动，组织党组成员学习邵阳市纪委监委编写的典型案例剖析材料。还要求与会人员结合案件检视自身，深入查摆问题，撰写整改报告。

3月以来，邵阳市以“明方向、立规矩、正风气、强免疫”干部队伍作风建设专项活动为契机，深化以案促改、以案促治，用好用活典型案例和身边人、身边事，做好执纪审查“后半篇”文章，在邵阳市掀起分层分类警示教育活动热潮。

邵阳市制定分层分类警示教育活动方案，由市县乡三级纪检监察机关（机构）及邵阳市纪委监委各派驻纪检监察组，督促邵阳市各级各部门单位全覆盖推进分层分类学习教育活动。通过组织一次专题学习、开展一次检视检查、进行一次廉政提醒、召开一次教育大会、查纠一批突出问题5个步骤，强化教育效果。

3月以来，邵阳市各级各部门已分层分类开展专题学习2万余次，集中学习47.8万人次，开展廉政谈心谈话17万人次，进行廉政家访4.6万人次。“查处一案、警示一片、治理一域”效果明显，邵阳市干部不作为、乱作为、慢作为等问题得到改善明显，2023年邵阳市18项主要经济指标中13项高于湖南省平均水平。

◎邵阳市“走基层、找问题、想办法、促发展”活动第三次调研情况交流会召开

10月12日上午，邵阳市委书记严华主持召开邵阳市“走基层、找问题、想办法、促发展”活动第三次调研情况交流会。会议深入学习贯彻习近平总书记关于主题教育的最新重要讲话和指示批示精神，传达贯彻中央和湖南省委主题教育办有关工作要求，通报调研情况，交流调研经验，持续深化“走找想促”活动，全力推动调研成果转化为工作成效、发展实效。湖南省委第五巡回督导组组长陈小春，邵阳市委副书记、市长华学健，市人大常委会主任周迎春出席。

邵阳市“走基层、找问题、想办法、促发展”活动第三次调研情况交流会召开

于金旺、肖拥军、吴旭鹏、仇珂静、龚红果等在职市级领导，湖南省委第五巡回督导组部分成员出席。

会上，邵阳市审计局、市教育局、市农科院、市政府办、市自然资源和规划局、武冈市主要负责同志先后作交流发言，分管或联系市领导分别进行点评。

要闻纪事

△27日，邵阳市委书记、市食安委主任严华主持召开市食品安全委员会2023年第一次全体（扩大）会议。他强调，要深入贯彻党的二十大精神，坚决落实“四个最严”要求，压紧压实“两个责任”，毫不放松抓好食品安全工作，全力守护好人民群众“舌尖上的安全”。市委副书记、市长、市食安委主任华学健出席。市委常委、常务副市长通报2022年全市食品安全评议考核情况，副市长晏丽君作全市食品安全工作报告，副市长杨卫平出席。

△28日，邵阳市委副书记、市长华学健主持召开市政府2023年第十三次常务会议。传达学习习近平总书记近期重要讲话精神。重点研究经济运行发展、安全生产等事项。

△29日，邵阳市委书记严华率市委常委会会议组成人员赴邵阳县塘田战时讲学院旧址开展“七一”活动，接受革命传统教育，传承红色基因，赓续红色血脉，汲取奋进力量。周迎春、周文、肖拥军、吴旭鹏、仇珂静参加活动。

△29日，邵阳市人民政府副市长晏丽君到省市场监管局专题汇报、对接知识产权工作，省市场监管局党组成员、副局长吴峰主持专题会议，市市场监管局党组书记、局长何育新，省市场监管局相关处室负责人参加座谈。

◎邵阳市城步县召开迎接省、市“一规划两纲要”法治建设工作实地督察推进会

10月17日，邵阳市城步县迎接省、市“一规范 两纲要”法治建设工作实地督察推进会在邵阳市城步县委四楼会议室召开。县委常委、县委政法委书记王世刚出席并讲话，副县长彭瀹主持会议，县司法局、县法院、县检察院、县公安局、县财政局、县发改局等相关单位以及全县13个乡镇（场）的分管负责人及资料员等参加会议。

会议就省、市“一规划 两纲要”法治建设工作实地督察内容进行了详细解读并部署安排了迎检工作。

会议指出，邵阳市城步县各级各部门要切实提高政治站位，把思想和行动统一到习近平法治思想上来，统一到党中央、湖南省委、邵阳市委、城步县委对法治建设的决策部署上来，迅速研究部署，认真抓好落实，高质量高标准完成本次实地督察工作。

会议要求，邵阳市城步县各乡镇（场）、各部门要坚持问题导向，要强化责任意识，要严肃追责问责，要坚持党的领导、人民当家作主、依法治国有机统一，坚持依法治县、依法执政、依法行政共同推进，坚持法治城步、法治政府、法治社会一体建设，为建设社会主义现代化新城步作出新的更大贡献。

城步迎接省、市“一规划两纲要”法治建设工作实地督察推进会

◎邵阳市政府党组举行“以学增智”专题研讨

邵阳市政府党组举行“以学增智”专题研讨会

10 月 26 日下午，邵阳市政府党组举行“以学增智”专题研讨会议。会议突出主题，深入学习《习近平新时代中国特色社会主义思想学习纲要（2023 年版）》《习近平新时代中国特色社会主义思想的世界观和方法论专题摘编》，深入学习贯彻习近平总书记关于党的建设的重要思想，深入推进新时代党的建设新的伟大工程，全面学习领会习近平新时代中国特色社会主义思想的科学体系、核心要义、实践要求，把握好贯穿其中的立场观点方法，掌握其中蕴含的领导方法、思想方法、工作方法，从中汲取智慧和力量，不断提高推动高质量发展本领、服务群众本领和防范化解风险本领。邵阳市政府党组书记、市长华学健主持并作总结讲话。

邵阳市政府党组成员仇珂静、蒋伟、李长跃、刘亚亮、陈秋良参加。

会议传达学习了习近平总书记关于党的建设和组织工作的重要指示和蔡奇、李干杰同志在全国组织工作会议上的讲话精神。传达学习了湖南省委书记沈晓明近期在湖南省重要会议活动中的讲话精神。李长跃、刘亚亮、陈秋良等同志围绕“以学增智”主题，结合思想工作实际，进行了交流发言。

◎邵阳市举办 2023 年“资本市场赋能邵阳高质量发展”启动仪式暨邵阳“创投日”活动

邵阳市举办 2023 年“资本市场赋能邵阳高质量发展”启动仪式暨邵阳“创投日”活动

10 月 31 日下午，邵阳 2023 年“资本市场赋能邵阳高质量发展”启动仪式暨邵阳“创投日”活动在邵阳市区举行。活动旨在全面贯彻落实《邵阳市落实金融支持经济稳定发展政策提升金融服务质效的若干措施》要求，进一步提升中小企业股权融资意识，拓宽融资渠道，搭建优质企业与投资机构精准高效对接的桥梁。邵阳市委副书记、市长华学健出席活动并致辞。湖南省地方金融监管局党组成员、副局长刘胜军来邵指导。

启动仪式上，“湘江基金小镇邵阳工作站”正式揭牌运行。湘江基金小镇由湖南省政府出台专项政策支持、引导基金出资人自持运营的基金小镇，上交所、上交所科创板企业培育中心（中部地区）、深交所、北交所均在小镇设立服务基地。邵阳工作站的设立，将全面聚焦“三高四新”美好蓝图，为邵阳市企业提供政策申请、风险防控、投融对接、人才培养等一站式服务。

活动还举行了签约仪式，邵阳市企业共发布股权融资需求 17 亿元，其中鼎信泰和投资、湘江盛世投资、国创产投等投资机构分别与湖南京能新能源科技有限公司、湖南广信科技股份有限公司、湖南时代联合新能源有限公司等企业共签订 4.3 亿元战略投资框架协议。

◎邵阳市 2023 年第七期“资江潮·同心大讲堂”开讲

邵阳市 2023 年第七期“资江潮·同心大讲堂”开讲

11 月 3 日下午，邵阳市 2023 年第七期“资江潮·同心大讲堂”精彩开讲，民进中央企业家联谊会首席智库专家、国家工信部“先进制造商学院”特聘教授、正和岛首席经济学家王林应邀作题为“雄关漫道真如铁——经济形势和企业战略调整”的专题讲座。邵阳市委常委、组织部部长、统战部部长龚红果主持。

王林教授从政治经济格局、消费趋势、科学技术和产业链、供应链、价值链的迭代等方面入手，通过大量翔实的数据以及丰富的案例，深入分析了当前国内外经济形势、国家政策方向、企业应对策略，并对推动邵阳民营经济高质量发展提出了宝贵建议。

在交流互动环节，学员们就民营经济面临的主要问题和发展之路、企业如何更好实现数字化转型、企业如何真正吸引和留住人才等问题踊跃提问，王林教授一一答疑解惑。

讲座结束后，大家纷纷表示，本场讲座内容丰富、信息量大、针对性强，听完后收获良多、很受启发，充满了信心和干劲。今后将持续深入学习贯彻习近平总书记关于民营经济发展的重要论述，坚定发展信心，强化责任担当，奋力攻克企业发展的“娄山关”，以实干实绩为邵阳民营经济高质量发展助力添彩。

要闻纪事

7月

△5 日，双清区委书记赵逢春主持召开 2023 年区委党建工作领导小组第一次会议，传达学习市委党建工作领导小组第一次会议精神，区领导向树华、杨丽江、杨玉华、李丁、邹昊，区委党建领导小组成员单位主要负责人参加。

△11 日，双清区委副书记、区长江韬主持召开双清区法治政府建设调研座谈会。区委政法委、区委编办、区政府办、区司法局、部分乡镇（街道）分管负责人和司法所相关负责人参加座谈。

△14 日，2023 年度全市转业军官档案审核工作暨安置业务培训会在邵阳召开。会议传达了全省 2023 年度安置工作精神，分析了安置工作形势，部署了今年安置工作任务，并提出了纪律要求。市委退役军人安置工作领导小组办公室主任，市退役军人事务局党组成员、副局长廖洪战出席会议并讲话。

△26 日，邵东市人大常委会党组副书记罗飏带领市人大农业与农村委员会委员和市人大派驻市乡村振兴局代表监督组成员调研市乡村振兴局工作，并召开座谈会。

△27 日，绥宁县委书记佘芝云率队走访慰问驻绥部队官兵，向他们致以节日的祝福和问候。县人大常委会党组书记、主任石亮明，县委常委、副县长梁恩雄，县委常委、县人武部部长熊巍参加活动。

◎邵阳市洞口县召开2023年巩固拓展脱贫攻坚成果同乡村振兴有效衔接工作固强补弱集中攻坚月动员部署会

11月3日，邵阳市洞口县召开2023年巩固拓展脱贫攻坚成果同乡村振兴有效衔接工作固强补弱集中攻坚月动员部署会，邵阳市洞口县委书记吴韬出席会议并讲话，县委副书记、县长贺永亮主持会议，县领导欧阳佑春、尹小龙、罗颢、唐建新、曾宇亮、袁愈绍、刘玮、唐煜等出席会议。

会议下发了《洞口县2023年巩固拓展脱贫攻坚成果同乡村振兴有效衔接工作“固强补弱集中攻坚月”行动方案》，对下阶段相关工作进行了动员部署。

吴韬要求，邵阳市洞口县上下要充分认识巩固拓展脱贫攻坚成果同乡村振兴有效衔接工作的重要性，紧盯目标任务，精准研判数据，反复查漏补缺，以更有力的举措、更艰辛的努力，确保各项工作不折不扣执行到位。要提高站位强认识；要压实压细责任；要查准问题、找准原因、盯住问题改。

◎“邵阳人大讲堂”第八讲开讲

“邵阳人大讲堂”第八讲开讲

11月17日，“邵阳人大讲堂”第八讲开讲。湖南省人大常委会副秘书长杨志勇应邀主讲，以“努力开拓新时代地方人大监督工作新局面”为主题进行授课。邵阳市人大常委会党组书记、主任周迎春主持。邵阳市人大常委会党组副书记、副主任唐渊，副主任蒋志刚、刘永德、阳晓华、毛学雄、李小平、罗玉梅，秘书长吴卫红出席。

讲座中，杨志勇结合自己多年工作实践和思考研究成果，从“深学笃行习近平总书记关于人大监督工作的重要论述”“着力激活人大监督制度功效”“不断完善人大监督工作机制供给”三个方面，对做好新时代地方人大监督工作作了详尽生动的阐释。讲课既有理论方面的权威阐述，又有实践方面的具体指导，令人深受启发。

就如何在更高起点上谋划推动好人大监督工作，周迎春强调，一要提升监督能力，做到正确监督；二要讲求监督方法，做到有效监督；三要把握原则要求，做到依法监督。

◎邵阳市第七届『爱我国防』主题演讲比赛圆满落幕

11月13日上午，强国复兴有我“感动邵阳 矢志强军”故事会暨邵阳市第七届“爱我国防”主题演讲比赛决赛在湘中幼专举行。邵阳市委常委、宣传部部长于金旺，邵阳军分区领导陈晓勇，湘中幼儿师范高等专科学校党委书记夏宇宏出席活动并为获奖选手颁奖。

该主题演讲比赛自今年10月开展以来，邵阳市广大干部群众积极响应、踊跃报名，历经县（市区）级初赛、市级复赛层层选拔后，最终共有10名选手进入总决赛。

经过激烈角逐，最终，周义丰获一等奖，刘艺、江锐获二等奖，黄凌芳、李婷、伍薇颖获三等奖，其余4名参赛选手获优胜奖，邵阳市大祥区委全民国防教育工作领导小组办公室等7个单位获“优秀组织奖”。

本次演讲比赛由中共邵阳市委宣传部、邵阳军分区政治工作处、邵阳市委全民国防教育工作领导小组办公室主办，由邵阳市教育局、邵阳市退役军人事务局、共青团邵阳市委、湘中幼儿师范高等专科学校协办。

要闻纪事

△27日，洞口县委书记吴韬带领县党政领导先后来到县人武部、驻县部队，亲切慰问部队官兵，代表县委、县政府向人民子弟兵致以节日的问候与祝福。贺永亮、罗颢、唐建新、刘玮等县领导参加慰问。

8月

△29日，邵阳市委第四巡察组巡察市乡村振兴局党组工作动员会召开。会前，市委第四巡察组组长吴波涛主持召开与市乡村振兴局党组书记阳恩平见面沟通会，传达了党中央、省委、市委关于巡视巡察工作的新部署新要求。会上，市委第四巡察组组长吴波涛作了动员讲话，对做好巡察工作提出要求。市乡村振兴局党组书记、局长阳恩平主持巡察进驻动员会并作表态发言。

9月

△3日，邵阳市退役军人事务局、市教育局在邵阳市烈士纪念园开展“学思想颂英烈”主题活动。我市退役军人代表、退役军人事务系统干部职工和邵阳市第三中学的师生代表近160人参加。

△15日，绥宁县2023年秋季新兵欢送大会在县绿洲广场举行，热烈欢送即将开启军旅生涯、踏上保家卫国征途的新兵。县委书记、县人武部党委第一书记余芝云，县委常委、常务副县长、县征兵工作领导小组组长陵建华，县委常委、县人武部部长熊巍，县人武部政委邓先柯参加。

◎邵阳市机关党务干部轮训示范班开班

全市机关党务干部轮训示范班开班

11月13日上午，2023年邵阳市机关党务干部轮训示范班在市委党校开班，邵阳市委常委、市委秘书长、市直机关工委书记肖拥军出席并作开班动员及辅导报告。此次培训为期3天，共有137名市直和部省属驻邵单位机关党务干部参加。

邵阳市举办邵阳市机关党务干部轮训示范班，主要目的是准确把握新时代机关党建新形势、新任务、新要求，进一步提升党建工作能力水平，打造一支政治强、业务精、作风硬的党务干部队伍，推动邵阳市机关党建工作高质量发展。

肖拥军指出，要提高政治站位，深入学习贯彻习近平总书记关于党的建设的重要思想特别是习近平总书记关于机关党建工作的重要讲话和指示批示精神，进一步提升机关党务干部素质能力。要坚持目标导向，真正做到学有所思、学有所悟、学有所得，在理论武装上有新高度、在推动工作上有新思路、在服务发展上有新气象。要聚焦重点任务，不断提升机关党建科学化、制度化、规范化水平，坚持把党的政治建设摆在首位，坚决做到“两个维护”；坚持围绕中心、服务大局，推动党建和业务深度融合；坚持大抓基层的鲜明导向，推动基层党组织全面进步、全面过硬；坚持以严的基调强化正风肃纪，营造风清气正的政治生态。

◎邵阳市委举行专题培训班

11月27日，邵阳市委举行专题培训班，深入学习贯彻习近平总书记关于树立和践行正确政绩观的重要论述，围绕“政绩为谁而树、树什么样的政绩、靠什么树政绩”开展学习研讨，推动邵阳市各级各部门切实增强思想自觉、政治自觉、行动自觉，以正确政绩观引领高质量发展，加快实现“三高四新”美好蓝图、全面建设现代化新邵阳。邵阳市委书记严华出席并讲话。邵阳市人大常委会主任周迎春，市政协主席周文出席。

邵阳市领导吴旭鹏、仇珂静、杨卫平、李长跃、肖平出席，邵阳市委常委、组织部部长、统战部部长龚红果主持。

严华指出，党的十八大以来，习近平总书记围绕树立和践行正确政绩观作出了一系列重要论述，科学回答了“政绩为谁而树、树什么样的政绩、靠什么树政绩”等重大理论和实践问题，为我们树立和践行正确政绩观指明了前进方向、提供了根本遵循。

严华强调，要坚持知行合一，切实树牢正确政绩观。要依靠坚强党性夯实正确政绩观；要牢记初心使命涵养正确政绩观；要坚持系统思维把握正确政绩观；要弘扬务实作风践行正确政绩观。

严华要求，要坚持善作善成，把树立和践行正确政绩观贯穿邵阳高质量发展始终。

市委举行专题培训班

◎邵阳市举行“国际志愿者日”暨“文明邵阳 志愿同行”主题活动

“国际志愿者日”暨“文明邵阳志愿同行”主题活动在市区城南公园举行

12月3日，2023年邵阳市“国际志愿者日”暨“文明邵阳志愿同行”主题活动在市区城南公园举行。邵阳市委书记严华，市委副书记、市长华学健，市领导肖拥军、仇珂静、唐渊、刘承智出席活动。

此次活动由市委宣传部、市创文办、市文明办主办。活动现场，出席活动的领导为2023年度全市最美志愿者、最美志愿服务工作者、最佳志愿服务组织、最佳志愿服务项目和最佳志愿服务社区代表颁发证书，并为获评“2022年度全国学雷锋志愿服务最佳志愿服务社区”的北塔区新滩镇街道资新社区颁奖。广大志愿者开展了健康义诊、应急救护、反诈宣传、垃圾分类等志愿服务活动，吸引了众多市民踊跃参与，赢得了群众的一致好评。

活动现场还举行了“文明邵阳”新时代文明实践志愿服务云平台上线仪式。该平台是依托湖南省志愿服务网打造的志愿服务数字化平台，将为打造“邵阳红”志愿服务品牌、创建全国文明城市发挥重要作用。

近年来，邵阳市全力打造“四季同行·雷锋家乡学雷锋”“邵阳红·周末志愿行”“社区邻居节”等志愿服务品牌。截至目前，邵阳市共有注册志愿服务团队8298支、注册志愿者116万余人，构建起“8+N”志愿服务队伍体系，推动志愿服务活动融入日常、化作经常，有力助推了邵阳市经济社会高质量发展。

◎邵阳市创建全国文明城市工作推进大会召开

11月22日上午，邵阳市创建全国文明城市工作推进大会召开。邵阳市委书记严华出席并讲话，他强调，要咬定目标、握指成拳，以决战决胜的姿态和创则必成的决心，全力争创全国文明城市。邵阳市委副书记、市长华学健主持会议。

会议以视频形式召开，各县市区设分会场。周迎春、肖拥军、吴旭鹏、仇珂静、龚红果等在职市级领导出席，市委常委、宣传部部长于金旺作具体工作部署。

会议指出，近年来，在全市上下的共同努力下，邵阳市文明创建工作取得阶段性成效。

会议强调，要强化攻坚之举，以最硬措施抓好整改、提升质效。问题整改要清仓见底；创建点位要查漏补缺；网报环节要精益求精；共建共享要全面覆盖。

会议强调，要凝聚攻坚之力，以最强担当勇挑重任、狠抓落实。全市各级各部门要牢固树立“千斤重担人人挑”的全局观念，各尽其责、协同配合，凝聚创则必成的强大合力。

会上，邵阳市武冈市、邵阳市大祥区、邵阳市城管局、邵阳市交警支队、邵阳市北塔区状元洲街道、邵阳市双清区肖家排社区就下阶段创文工作发言。

2023年邵阳市创建全国文明城市工作推进大会

要闻纪事

△25日至26日，湖南省人大常委会党组成员、副主任周农率调研组来洞口县调研道路交通安全“一法一办法”贯彻实施工作。市人大常委会党组书记、主任周迎春，县委书记吴韬参加调研。

△26日，绥宁县委书记佘芝云主持召开中共绥宁县委全面依法治县委员会2023年第一次会议。县领导唐枝、袁玲、向国胜、张立名、周楚舜、张乐、王瑞平参加会议。

10月

△10日，湖南省委政研室一级巡视员罗云寿率队来洞口县调研县域经济发展情况，并组织召开座谈会。市委政研室主任陈海清，县委书记吴韬，县委常委、政法委书记袁愈绍，县委常委、县委办主任刘玮参加调研或座谈。

△18日，在邵阳市公安局交警支队统一部署下，全市交警闻令而动，尽锐出战，迅速拉开了“冬季攻势”的帷幕。

△23日，在武冈市第六届人大常委会第十六次会议上，市人大常委会首次对市人民法院法官、市人民检察院检察官开展履职评议。

△26日，邵阳市行政审批服务局党组书记、局长张远红带队到邵东市就“放管服”改革、优化营商政务环境、数字政府建设等工作开展调研。邵东市副市长孙晨辉等参加调研。

△31日，绥宁县第十八届人大常委会第十四次会议召开，县人大常委会党组书记、主任石亮明主持会议。党组副书记、副主任袁子玖，副主任唐艳、罗青松、卿笃林出席会议。县领导陵建华、周元彪、孙熬、张乐、王瑞平列席会议。

◎邵阳市人民政府与北京客商洽谈会商

12月13日下午，邵阳市人民政府与中联云港数据科技股份有限公司董事长周康等北京客商一行洽谈，会商数字邵阳项目落地事宜，推动项目加速落地见效。邵阳市领导仇珂静、胡小刚，邵阳学院副院长蒋剑平出席。

经过前期深入考察、对接，北京客商谋划打造了一批数字邵阳项目，其中部分项目已启动建设。

会上，周康与亚信安全科技股份有限公司总裁陆光明、中联新能源公司总经理蒋向阳、北大创业训练营商务总监崔朕、湖南云港数据科技有限公司总经理李劼磊等客商分别就谋划的项目加快落地、在建项目加快推进提出意见建议。针对客商诉求，邵阳市相关市直部门现场答复，拿出解决问题的思路和办法，明确办结工作时限。

仇珂静、胡小刚对北京客商积极投资数字邵阳建设表示感谢。他们说，对于客商的项目，邵阳十分珍惜和关心支持，各级各部门要进一步改进作风，务实举措，加强对接，以最贴心的服务、最优质的环境，加快推进数字邵阳项目落地相关工作，为项目顺利实施做好各项保障，力争项目早落地、早建成、早投产。同时，希望客商选准项目商业模式，更好对接邵阳、适应市场，实现可持续发展，助力邵阳经济社会高质量发展。

市人民政府与北京客商洽谈会商

◎邵阳市举行南京大屠杀死难者公祭日纪念活动

邵阳市举行南京大屠杀死难者公祭日纪念活动

12月13日，邵阳市退役军人事务局联合市教育局在邵阳市区城南公园举行南京大屠杀死难者公祭日纪念活动。邵阳市退役军人代表、烈士遗属代表、退役军人事务系统干部职工和三八亭小学的师生代表等近300人参加。

2023年12月13日是国家设立的第十个南京大屠杀死难者国家公祭日。上午9时，活动现场全体人员整装肃立，向为中国人民抗日战争献出生命的革命先烈和民族英雄及所有惨遭日本侵略者杀戮的死难同胞默哀并敬献鲜花。“我们应该时刻告诫自己‘勿忘国耻’，祖国光荣，则我们光荣，祖国耻辱，则我们耻辱！”活动现场，三八亭小学学生代表姚科羽的发言慷慨激昂，让在场人员动容。

致敬鲜花后，全体人员依次移步展示区，观看邵阳市革命烈士人物事迹等展示内容。活动结束后，大家纷纷表示，将始终铭记为抗日战争牺牲的革命先烈和民族英雄，牢记侵略战争带给中国人民乃至世界人民的深重灾难，砥砺前行，奋发自强，为实现中华民族伟大复兴而努力奋斗。

要闻纪事

△31日，邵阳市委第一巡察组临时党支部、市退役军人事务局机关党支部的党员、发展对象、群众代表近40人，来到新邵县廉政文化教育基地联合开展主题党日活动。

11月

△1日，湖南省人大常委会党组成员、副主任陈飞一行来邵调研国资国企、金融国企工作。市领导周迎春、仇珂静、毛学雄参加调研或出席座谈会。

△2日，邵阳市机关事务管理局党组书记、局长王满元陪同市政协副主席蒋志南走访新邵县鸿楦再生资源有限公司、邵阳同力再生资源有限公司两家联点企业，以“走基层、找问题、想办法、促发展”方式，上门听心声、问需求、送服务，帮助企业纾困增效，护航企业健康发展。

△7日，大祥区人大机关党支部组织全体党员干部来到洞口县洞口烈士纪念碑前开展“当好主人翁，建功新时代”主题实践活动，祭奠先烈英魂，弘扬革命精神，传承红色基因，赓续红色血脉。

△9日，邵东市政协联合市人民医院到火厂坪镇丰裕村开展送医送药下乡义诊活动，30余名市人民医院的科主任专家、工作人员及志愿者将健康问诊服务免费送到村民家门口。

△15日，邵东市人大常委会党组书记、主任黄负平到双凤乡、九龙岭镇开展专题调研，重点调研人大代表联络站的“建管用”，并对九龙岭镇白鹤村和美乡村建设现场办公。

◎第一期“宝庆院士讲堂”举行 毛军发院士作专题讲座

第一期“宝庆院士讲堂”在邵阳市区举行

12月15日，第一期“宝庆院士讲堂”在邵阳市区举行。中国科学院院士、深圳大学校长毛军发应邀作专题讲座。邵阳市委书记严华主持，市委副书记、市长华学健，邵阳市人大常委会主任周迎春，市政协主席周文出席。

毛军发以“科技教育人才三位一体支撑中华民族伟大复兴”为题，围绕“科教与人才、科技是动力、教育是基础、人才是关键”四个层面，结合其在科技教育一线深耕多年的知识储备和经验积累，通过翔实的数据、生动的语言和鲜活的事例，系统阐述了教育、科技、人才在中国式现代化建设全局中的内在联系，强调要深入实施科教兴国战略、人才强国战略、创新驱动发展战略，不断开辟发展新领域新赛道、塑造发展新动能新优势。讲座主题鲜明、逻辑清晰、视野开阔，既有政治高度，又有思想深度，为邵阳市以科技教育人才“三位一体”统筹推进现代化新邵阳建设提供了重要参考。

“宝庆院士讲堂”是邵阳市贯彻落实习近平总书记关于新时代人才工作的新理念、新战略、新举措，精心策划、悉心打造的高端人才工作品牌。活动将充分发挥邵阳市院士专家资源优势，每个季度邀请“两院”院士来邵开展学术交流、深化产学研合作，对于弘扬科学家精神、促进科创成果转化、服务高质量发展具有重要意义。

◎首届全球异地邵阳商会服务家乡发展年会举行

12月23日，首届全球异地邵阳商会服务家乡发展年会在邵阳市区举行，来自世界各地的邵商代表齐聚一堂，共话桑梓情怀，共商发展大计，共谋美好未来。邵阳市委书记严华出席并讲话，邵阳市委副书记、市长华学健致欢迎辞，邵阳市人大常委会主任周迎春、邵阳市政协主席周文出席。

邵阳市委常委、常务副市长通报全市今年经济社会发展情况，邵阳市委常委、市委秘书长肖拥军主持。

改革开放以来，广大邵商敢为人先、勇闯天下，已发展成为一支人数过百万、资产逾4万亿、企业遍布全球的现代商业大军。作为这支大军的“娘家”，全球异地邵阳商会积极响应邵阳市“迎老乡、回故乡、建家乡”号召，发动广大会员返乡投资兴业、参与家乡建设，成为邵阳发展不可或缺的重要力量。2020至2022年，邵商直接投资及与邵商有关联的投资项目510个、总金额1556.67亿元，分别占全市签约项目总数、投资总额的57.8%和53.3%，为邵阳高质量发展注入了不竭动力。

会上首次发布了《全球邵商发展报告》，与会人员观看了邵阳市招商引资宣传片，与会领导为北京邵阳企业商会、东莞市湖南邵阳商会、长沙市邵阳商会等10家优秀异地邵阳商会颁奖。7位异地邵阳商会会长代表介绍了商会发展情况及下一步打算，并就家乡发展提出意见建议。

首届全球异地邵阳商会服务家乡发展年会举行

◎邵阳市政协委员分组协商讨论『一府两院』工作报告

政协委员分组协商讨论“一府两院”工作报告

12月26日上午，参加政协邵阳市第十三届委员会第三次会议的政协委员分组协商讨论了《政府工作报告》《市中级人民法院工作报告》《市人民检察院工作报告》等工作报告。

段雪梅、刘承智、伍先明、杨博理、孙清良、蒋志南、冯东旺、郑再堂等邵阳市领导和老同志，邵阳市政协秘书长王大松参加分组讨论。

委员们围绕“一府两院”等工作报告展开热烈讨论，谈感受、话发展、建诤言、献良策，踌躇满志，激情满怀。

讨论中，委员们一致认为，《政府工作报告》立意深远、内容详实，总结成绩客观全面、实事求是，展望未来思路清晰、重点突出，用事实说话、用数据交卷，既有站位高度，又有发展速度，更有民生温度，是一个深谋发展、凝心聚力、催人奋进的好报告。

在讨论邵阳市“两院”工作报告时，委员们认为，过去一年，邵阳市“两院”在保障经济社会发展、维护社会稳定、推进司法改革等方面取得了可喜的成绩，让人真切感受到执政为民，守护社会公平正义的力量和温度。

委员们纷纷表示，要紧紧围绕《政府工作报告》确定的目标任务，主动作为、奋发有为、担当善为，认真履职尽责，不断提升政治协商、民主监督、参政议政质量，以强烈的责任担当，为建设现代化新邵阳贡献政协智慧和力量。

◎邵阳市启动反恐怖宣传教育周活动

邵阳市反恐办在邵阳市区魏源广场举行“全民反恐共创平安”反恐怖宣传教育周活动启动仪式

12月28日上午，邵阳市反恐办在邵阳市区魏源广场举行“全民反恐共创平安”反恐怖宣传教育周活动启动仪式。邵阳市委常委、政法委书记、市反恐怖工作领导小组组长杨卫平出席启动仪式并宣布活动启动。

启动仪式上，医疗救护、消防救援、“一村一辅警”“邵阳快警”、猎豹突击队、交通警察6个方队共240余人列队报告并庄严宣誓，邵阳市反恐办、市禁毒办、市消防救援支队、市卫健委和市公安局交警支队、电侦支队等单位部门设置了12个宣传展台，现场向群众发放各类宣传资料1.5万余册，提供相关法律咨询，演示医疗急救知识，并展示了相关反恐和消防救援等特种装备。

近年来，邵阳市创新推出反恐怖宣传教育系列“六个一”宣传品牌，分市县两级反恐办、成员单位和工作联系单位以及重点防范单位三个层级，结合工作实际，突出职能特点，集中开展系列“六个一”为主要载体的反恐怖宣传教育活动。

在反恐怖宣传教育周活动期间，邵阳市各级各部门各单位还将深入开展上门宣讲、走访宣传、演练培训、法治宣讲、播放宣传片等系列形式多样、内容丰富的反恐怖宣传教育活动，积极推进反恐怖宣传教育进校园、进企业、进单位、进社区、进家庭，进一步增强全社会反恐防恐意识和能力，共筑反恐防恐铜墙铁壁。

要闻纪事

△16日，双清区委常委议军会议暨2023年区级领导“军事日”活动举行。区委书记赵逢春主持会议并讲话。他强调，要深入学习贯彻习近平新时代中国特色社会主义思想和习近平强军思想，全面贯彻落实党的二十大精神，全面落实党中央决策部署和市委工作要求，坚持抓经济不忘固国防、搞建设不忘兴武装，持续推动国防动员和后备力量建设高质量发展，为实现建军一百年奋斗目标贡献双清力量。

12月

△4日至5日，邵阳市财政局扎实开展国家宪法日宣传活动。

△15日，双清区委副书记、区长江韬参加区政府办12月份主题党日活动，为政府办党员讲授习近平新时代中国特色社会主义思想，推动主题党日活动走深走实。副区长、双清公安分局局长罗伟成，副区长汤宝莲、岳建国出席活动，区政府办全体党员干部参加。

△22日，中国共产党邵阳县第十三届委员会第六次全体会议召开。全会坚持以习近平新时代中国特色社会主义思想为指导，全面贯彻落实党的二十大精神和中央经济工作会议精神，听取县委常委会工作报告，安排部署下阶段工作。全会由县委常委会主持，县委书记袁胜良受县委常委会委托向全会作工作报告并讲话。县领导周玉祥、曾建新、唐军良、彭茂华、曾林、夏业伟、刘晨旭、张哲、李卫军、向军华等出席。

湖南地方年鉴

岳　阳

岳阳市　平江县　岳阳县　华容县　湘阴县　临湘市　汨罗市　岳阳楼区　云溪区　君山区

岳阳地区

岳阳市

岳阳，古称“巴陵”“岳州”，湖南省辖地级市，国务院首批沿江开放城市，长江中游重要的区域中心城市，省内第二大经济体，湖南省大城市。建城始于公元前505年，因原郡治位于天岳幕阜山之南而得名，是一座有着2500多年悠久历史的国家历史文化名城。位于湖南省东北部，怀抱洞庭，北依长江、南纳三湘四水，江湖交汇。

岳阳交通便利，长江、京广铁路、浩吉铁路、京广高铁、京港澳高速公路、杭瑞高速公路等国家交通大动脉在市区纵横交错。岳阳是湖南唯一的沿江国际贸易口岸城市，也是中国著名的港口城市。城陵矶港通江达海，设有城陵矶综合保税区。2018年12月26日，岳阳三荷机场正式通航，该市形成水、陆、空、铁四位一体综合性大交通格局。

全市常住人口为5051922人，与2010年第六次全国人口普查的5476084人相比，减少424162人，减少7.75%。全市共有家庭户1693071户，集体户57633户，家庭户人口为4666924人，集体户人口为384998人。平均每个家庭户的人口为2.76人，比2010年第六次全国人口普查减少0.61人。

岳阳人文深厚、风景秀丽，集名山、名水、名楼、名人、名文于一体，是中华文化重要的始源地之一，亦是海内外闻名的旅游胜地。

岳阳市2023年国民经济和社会发展统计公报

2023年是全面贯彻党的二十大精神的开局之年，是三年新冠疫情防控转段后经济恢复发展的一年。在市委、市政府的坚强领导下，全市上下深入贯彻落实党的二十大和二十届二中全会精神，认真学习习近平总书记对湖南重要讲话重要指示批示精神，严格执行党中央、国务院和省委、省政府的重大决策部署，锚定“三高四新”美好蓝图，聚焦打好“发展六仗”，奋力谱写社会主义现代化“七个岳阳”新篇章，全市高质量发展取得新进展。

一、综合

根据地区生产总值统一核算结果，全年地区生产总值4841.78亿元，比上年增长4.6%。其中：第一产业增加值482.05亿元，增长3.4%；第二产业增加值1907.40亿元，增长3.8%；第三产业增加值2452.32亿元，增长5.5%。按常住人口计算，人均地区生产总值96749元，增长5.1%。

三次产业结构比例为10.0 ∶ 39.4 ∶ 50.6。第一、二、三产业对经济增长的贡献率分别为8.3%、34.3%和57.4%。其中，工业对经济增长的贡献率为35.2%。民营经济增加值3532.75亿元，增长4.5%。

二、农业

全市实现农林牧渔业总产值841.12亿元，增长3.7%，其中：农业总产值381.53亿元，增长3.4%；林业总产值26.93亿元，增长8.9%；牧业总产值213.89亿元，增长[illegible].3%；渔业总产值166.09亿元，增长5.4%；农林牧渔专业及辅助性活动总产值52.67亿元，增长8.4%。

全年粮食播种面积485.54千公顷，比上年增长0.5%。棉花种植面积11.30千公顷，下降22.3%。油料种植面积139.89千公顷，增长7.0%。蔬菜及食用菌种植面积87.39千公顷，增长2.9%。

全年粮食产量303.01万吨，比上年增产1.6%。棉花产量1.49万吨，减产18.0%。油料产量25.21万吨，增产6.0%。蔬菜及食用菌产量290.23万吨，增产3.2%。茶叶产量1.71万吨，增产1.8%。

全年猪、牛、羊肉总产量37.1万吨，比上年增产0.1%。其中：猪肉产量34.67万吨，增产0.3%；禽蛋产量7.73万吨，增产3.8%；水产品产量57.36万吨，增产0.05%。年末生猪存栏296.08万头，比上年末下降6.9%；牛存栏27.54万头，下降3.0%；羊存栏57.12万只，增长1.8%。全年生猪出栏472.12万头，比上年增长0.1%；牛出栏11.76万头，下降3.3%；羊出栏62.1万头，下降2.7%。

全市共有农产品加工企业4029家，其中国家级及省级龙头企业99家。农民专业合作社9994个，增长3.4%；农民专业合作社成员30.3万户，增长2.0%。年末农业机械总动力666.06万千瓦。高标准农田建设面积37.84万亩。绿色有机地标农产品认证396个，其中绿色农产品348个，有机农产品33个，农产品地理标志15个。国家级现代农业产业园区1个，省级现代农业产业园区86个，市级现代农业产业园区136个。

三、工业和建筑业

全年实现全部工业增加值1596.24亿元，比上年增长4.7%，其中：规模以上工业增加值增长5.0%。分经济类型看，国有企业下降4.1%；集体企业下降46.9%；股份制企业增长7.5%；外商及港澳台商投资企业下降23.6%。分企业规模看，大中型企业下降0.7%；小型企业增长13.9%；微型企业下降20.8%。规模以上工业中，全市十大主要产业增加值增速呈现“七涨三降”。其中：机械行业增长20.9%；食品行业下降3.0%；造纸行业增长11.5%；建材行业增长7.5%；有色及循环行业下降12.4%；电力行业增长20.6%；石化行业增长0.4%；医药行业下降2.8%；纺织行业增长11.6%；电子信息制造业增长14.0%。省级以上园区工业增加值同比增长4.8%，占规模工业的比重为85.1%。六大高耗能行业增加值增长4.4%，占规模工业的比重为43.2%。高技术产业增加值增长10.2%，占规模工业的比重为9.3%。装备制造业增加值增长18.1%，占规模工业的比重为16.9%。

全市规模以上工业企业营业收入增长3.4%；实现利润总额增长29.7%，其中：国有企业下降12.4%；集体企业下降36.2%；股份制企业增长5.9%；外商及港澳台商投资企业下降21.6%。

全市资质以上建筑企业实现总产值792.88亿元，比上年增长4.7%；实现建筑业增加值315.29亿元，增长0.5%。

四、固定资产投资

全市固定资产投资比上年下降7.2%。分产业看，第一产业投资增长35.5%；第二产业投资下降7.8%；第三产业投资下降7.8%。分经济类型看，国有投资增长16.2%；非国有投资下降12.2%，民间投资下降4.8%。分投资方向看，工业投资下降7.8%；民生工程投资增长12.5%；生态环境投资下降31.1%；基础设施投资下降13.7%；高新技术产业投资下降14.3%；工业技改投资下降16.8%。

全年完成房地产开发投资179.14亿元，比上年增长1.0%。其中住宅投资149.20亿元，增长2.7%。商品房销售面积290.86万平方米，下降26.7%；实现商品房销售额

152.82 亿元，下降 26.1%。年末商品房待售面积 100.00 万平方米，增长 9.6%。

五、国内贸易

全年全市实现社会消费品零售总额 2033.33 亿元，比上年增长 9.5%。按经营地分，城镇消费品零售额 1754.93 亿元，增长 9.4%；乡村消费品零售额 278.40 亿元，增长 9.9%。按消费形态分，商品零售额 1715.49 亿元，增长 8.1%；餐饮消费额 317.84 亿元，增长 17.5%。

限额以上法人批发零售企业商品零售额中，粮油、食品类增长 34.5%；饮料类增长 22.9%；烟酒类增长 16.7%；服装、鞋帽、针纺织品类下降 21.6%；化妆品类增长 7.9%；金银珠宝类增长 12.1%；日用品类增长 62.7%；书报杂志类增长 13.5%；家用电器和音像器材类增长 16.5%；中西药品类增长 2.3%；文化办公用品类下降 1.8%；家具类增长 5.3%；通信器材类增长 11.2%；石油及制品类增长 20.9%；建筑及装潢材料类增长 6.9%；汽车类增长 0.5%。

全年规模以上服务业企业营业收入 610.79 亿元，比上年增长 19.1%，利润总额 97.39 亿元，增长 56.0%；期末用工人数 6.6 万人，下降 6.7%。

六、对外经济

全年进出口总额 693.14 亿元，比上年下降 5.7%。其中：出口 156.49 亿元，下降 51.6%；进口 536.66 亿元，增长 30.4%。贸易逆差为 380.17 亿元。分贸易方式看，一般贸易出口 118.71 亿元，下降 55.9%；加工贸易出口 35.13 亿元，下降 21.5%。分重点商品看，机电产品出口 76.40 亿元，下降 43.9%；高新技术产品出口 34.20 亿元，下降 28.5%；农产品出口 6.68 亿元，增长 0.9%。全年实际到位内资 1568.26 亿元；实际使用外商直接投资 8094 万美元，增长 46.6%。

年末，城陵矶港完成集装箱吞吐量 120.16 万标箱，同比增长 19.0%。完成货物吞吐量 1.04 亿吨，同比增长 9.3%。其中，城港公司完成件杂散货进出港量 4660.79 万吨，同比增长 20.6%，其中铁矿完成 2201.54 万吨，同比增长 19.5%；煤炭完成 946.33 万吨，同比增长 15.9%。

七、交通和邮电

2023 年，公路货运量 14523.84 万吨，货物周转量 120.5 亿吨公里；水运货运量 10294.99 万吨，货物周转量 80.46 亿吨公里。民航货运量 80.2 吨，管道货运量 102.59 万吨。

全年公路客运量 1481.32 万人次；水运客运量 9.59 万人次；民航客运量 62.85 万人次。

年末全市民用汽车保有量达 85.82 万辆，比上年末增长 3.6%，其中本年新注册汽车 4.84 万辆，下降 13.6%。

全年完成邮政业务总量 20.86 亿元，增长 16.9%；电信业务总量 47.34 亿元，增长 7.4%。年末固定电话用户 78.37 万户，下降 0.1%。年末移动电话用户 566.09 万户，增长 5.1%。年末互联网宽带用户数 191.59 万户，增长 6.5%。

八、财政和金融

全年一般公共预算地方收入 200.15 亿元，比上年增长 8.2%，其中：税收收入 131.06 亿元，增长 8.3%。税收收入中，增值税 45.85 亿元，增长 6.8%；企业所得税 7.00 亿元，下降 6.3%。一般公共预算支出 633.58 亿元，增长 11.1%。

年末全部金融机构本外币各项存款余额 4191.13 亿元，比上年增长 12.2%。其中：住户存款 2925.27 亿元，增长 13.9%；非金融企业存款 635.80 亿元，增长 12.5%；非银行业金融机构存款 36.89 亿元，增长 13.4%。全部金融机构本外币各项贷款余额 3709.56 亿元，增长 14.7%。其中：住户贷款 1185.48 亿元，增长 5.9%；非金融企业及机关团体贷款 2514.82 亿元，增长 19.0%。

年末共有上市公司 9 家。A 股上市公司总股本 56.67 亿股；A 股上市公司总市值 484.26 亿元。年末共有证券公司营业部 26 家；证券交易额 4216.45 亿元。年末期货营业部成交金额 869.33 亿元。

全年保险公司原保险保费收入 105.78 亿元，比上年增长 3.8%。其中：寿险保费收入 52.04 亿元，增长 1.8%；财产险保费收入 30.28 亿元，增长 11.0%。原保险赔付支出 43.62 亿元，增长 10.7%。其中：寿险业务赔款 10.37 亿元，增长 26.8%；财产险业务赔款 21.38 亿元，增长 9.3%。

九、教育和科学技术

年末有普通高校 6 所。研究生教育招生 0.06 万人，在校生 0.16 万人，毕业生 0.04 万人。普通高等教育招生 2.05 万人，在校生 6.18 万人，毕业生 1.81 万人。中等职业教育招生 1.51 万人，在校生 4.96 万人，毕业生 1.73 万人。普通高中招生 3.33 万人，在校生 9.70 万人，毕业生 2.94 万人。初中招生 6.04 万人，在校生 18.18 万人，毕业生 5.50 万人。普通小学招生 6.18 万人，在校生 35.76 万人，毕业生 6.05 万人。特殊教育招生 0.02 万人，在校生 0.14 万人。幼儿园在园幼儿 14.11 万人。各类民办学校 1457 所，在校学生 14.35 万人。

国家级重点实验室 1 个，省级重点实验室 8 个，市级重点实验室 33 个。科技成果登记数 53 项。全年共签订技术合同 2715 项，技术合同成交金额 334.91 亿元。专利授权量 3704 件，下降 13.1%。其中，发明专利授权量 564 件，增长 8.7%。大专院校、科研单位、工矿企业和机关团体专利授权量分别为 94 件、10 件、2326 件和 25 件。

年末共有法定计量检定机构 7 个。特种设备生产单位 123 家，特种设备 4.86 万台。重点工业产品质量监督抽查 800 批次，定期抽查合格率 94.5%。强制检定计量器具 24.15 万台件。

十、文化、卫生和体育

年末全市共有艺术表演团体 5 个，群众艺术馆、文化馆 11 个，公共图书馆 11 个，博物馆、纪念馆 14 个，档案馆 10 个。广播电视台（播出机构）7 座，有线电视用户 9.66 万户。广播综合人口覆盖率 100.0%，电视综合人口覆盖率 100.0%。国家级非物质文化遗产保护目录 9 个，省级非物质文化遗产保护目录 36 个，市级非物质文化遗产保护目录 47 个。已开放各类档案 26.57 万卷。

年末全市共有医疗卫生机构 4254 个。其中：医院 139 个，妇幼保健院 11 个，社区卫生服务中心（站）107 个，诊所、卫生所、医务室 848 个，村卫生室 2903 个。卫生技术人员 4.06 万人，其中：执业医师和执业助理医师 1.62 万人，注册护士 1.91 万人。全市共有疾病预防控制中心（防疫站）13 个，卫生监督所（中心）10 个。医院拥有床位 25872 张；乡镇卫生院拥有床位 7542 张。

全市经常参加体育锻炼人数 288.82 万人，开展全民健身项目 153 项次。全市共有体育馆 8 个，运动场 852 个，游泳池 93 个，各种训练房 321 个。

十一、人口、人民生活和社会保障

年末全市常住人口 499.14 万人。其中，城镇人口 311.42 万人，城镇化率 62.39%。男性人口 254.71 万人，占 51.0%；女性人口 244.43 万人，占 49.0%，总人口性别比（以女性为 100，男性对女性的比例）为 104.21。

全年居民人均可支配收入 35202 元，比上年增长 5.8%。其中城镇居民人均可支配收入 44045 元，增长 4.7%；农村居民人均可支配收入 23178 元，增长 7.0%。全市居民人均消费支出 25657 元，比上年增长 5.8%。其中城镇居民人均消费支出 29451 元，增长 5.2%；农村居民人均消费支出 20498 元，增长 6.3%。

全年居民消费价格比上年上涨 0.4%。其中，食品烟酒类上涨 0.1%，衣着类上涨 1.6%，居住类上涨 0.1%，生活用品及服务类下降 0.2%，交通和通信类下降 1.3%，教育文化和娱乐类上涨 1.0%，医疗保健类上涨 2.8%，其他用品和服务类上涨 3.5%。

全年城镇新增就业人员 6.63 万人。年末城镇登记失业率为 0.7%；失业人员再就业 4.73 万人。

年末城乡居民基本养老保险登记参保人数264.15万人。其中：城镇基本养老保险职工人数155.3万人。参加基本医疗保险人数502.94万人。其中：参加城乡居民基本医疗保险人数444.07万人，参加城镇职工基本医疗保险人数58.87万人。参加失业保险职工人数47.9万人。参加工伤保险职工人数79.63万人。参加生育保险职工人数35.04万人。年末领取失业保险金职工人数0.39万人。获得政府最低生活保障的城镇居民4.42万人，发放最低生活保障经费2.21亿元；获得政府最低生活保障的农村居民9.6万人，发放最低生活保障经费3.1亿元。年末养老机构床位数2.14万张。养老机构服务人数1.06万人。社区养老服务机构和设施0.19万个。全年销售社会福利彩票5.46亿元，筹集福彩公益金0.75亿元。

十二、资源、环境和安全生产

年末，全市大型水库蓄水总量3.67亿立方米，比上年末增多5.8%。全年平均降水量1227.38毫米，总用水量34.09亿立方米。

全市已发现矿种49种，已探明资源储量的矿种35种，其中：能源矿产3种，金属矿产22种，非金属矿产9种，水气矿产1种。

全市自然保护区14个，其中：国家级1个，省级6个。自然保护区面积31.04万公顷。国家地质公园1个。森林覆盖率38.21%。

全市环境空气质量优良率为87.4%，同比上升0.6个百分点；空气综合指数为3.65，同比改善2.1%。全市50个地表水考核断面水质监测达标率为96%，达到或优于III类标准的水质断面比例为84%；长江岳阳段水质达标率为100%；全市城镇集中式饮用水水源地水质达标率为100%。全市城镇生活污水处理率为98.5%，城市生活垃圾无害化处理率100%。

初步核算，2023年全年规模工业综合能源消费量1070.04万吨标准煤，同比增长3.5%，其中六大高耗能行业综合能源消费量940.38万吨标准煤，同比增长10.1%。全社会用电量193.25亿千瓦时，同比增长3.8%，其中：工业用电量101.46亿千瓦时，同比增长6.8%。

全年发生各类生产经营性安全事故87起，各类生产经营性安全事故死亡人数97人。全年共发生道路交通事故75985起，道路交通万车死亡率为2.90人/万辆。

平 江 县

平江县位于湖南省东北部，与湘、鄂、赣三省交界，毗邻长沙市。现辖25个乡镇（街道），总面积4125平方公里，总人口115万。

平江历史厚重，是蓝红交织的文化宝地。平江古属三苗国，春秋时属罗子国，秦属罗县，东汉末年设县，后唐定名平江，自东汉建县至今有1800多年历史。自东向西贯穿县境193千米的汨罗江，承载着屈原、杜甫两位世界文化名人的忠魂与文韵，是湘楚文化源头之一，被台湾著名诗人余光中誉为“蓝墨水的上游”。历代平江人秉承屈、杜骚风，文人蔚起，才士笃生，是中华诗词之乡、全国文化先进县。

平江人自古崇文尚武、英才辈出，近代孕育了60多位晚清和民国时期的军政要员，以及92位国民革命军抗日将领。平江是中国革命的发祥地和中国工农红军的摇篮之一，曾发生“平江起义”“三月扑城”“平江惨案”等重大革命历史事件，为中国革命牺牲25万人，登记在册的革命烈士2.1万人，占湖南全省烈士总数的五分之一，走出了苏振华、张震、傅秋涛、钟期光等52位共和国开国将军和100多位省部级干部，是第一批革命老区县和全国第四大将军县。

平江交通便捷，是中部崛起的战略要地。平江紧邻长沙，有3条高速、4条国省道直达长沙、岳阳，全程高速到长沙黄花机场和岳阳三荷机场，整体融入长沙1小时经济圈。浩吉铁路横穿平江，北起内蒙古二连浩特，南至江西吉安，客货两用；平江已形成水、陆、空、铁立体交通网络。平江的“融长强县”战略因交通先行而扬帆起航，借力长沙成为国家经济新布局的战略要地。

平江资源富集，是投资兴业的财富高地。平江有林地面积28万公顷，林木总蓄积量400余万方，水力资源蕴藏丰富，矿产资源已探明发现的有50多种，其中黄金产量居全省第二，平江县云母纸产量占市场65%，获评中国云母制品之都。平江是全国粮食、生猪、木材、楠竹、黑山羊、水果等农产品生产大县，茶叶、茶油、酱干、火焙鱼、矿泉水等特色农产品深受欢迎，“平江面筋”“平江酱干”获评地理标志证明商标。

平江县城区规划总面积30km^2，人口30万，规划布局合理，是一座宜居宜业的精美小城，城市功能日益完善，已成功创建国家卫生县城、国家园林县城、省级文明县城、省级园林县城，“一江两岸、山水新城、大美平江”规划蓝图正徐徐铺展。一座超百万人口大县、年均1900万游客、辐射湘鄂赣三省的生态新城，蕴藏着物流、商贸、地产、休闲、现代服务业等无限商机。

如今，平江人民按照县委、县政府确定的“生态立县、工业强县、旅游旺县、融长兴县”发展战略，深入践行省委“三高四新”战略，认真落实市委“三区一中心”建设要求，坚持以经济发展比实力、以产业项目论英雄，大力实施生态优先、产业引领、城乡统筹、开放崛起发展战略，建设湘鄂赣边产城融合新城、创建全国生态文明示范区、全国乡村振兴样板区、全国全域旅游引领区、全省特色产业聚集区，围绕由贫转强打基础、提动能、增福祉、优环境、抓保障，力争挺进全省县域经济十强。

平江县2023年国民经济和社会发展统计公报

2023年，平江县委、县政府坚持以习近平新时代中国特色社会主义思想为指导，深入贯彻党的二十大精神，认真落实党中央、省市各项决策部署，全面贯彻新发展理念，锚定“三高四新”美好蓝图，聚力打好发展“六仗”，真抓实干、奋勇争先，全县经济发展“稳中有进、进中向好、好中提质”，高质量发展取得新成效。

一、综合

根据地区生产总值统一核算结果，全年完成地区生产总值412.04亿元，同比增长7.4%。其中第一产业增加值62.47亿元，同比增长3.3%；第二产业增加值152.45亿元，同比增长10.4%；第三产业增加值197.12亿元，同比增长7.5%。三次产业结构比由去年16.3 ∶ 37.3 ∶ 46.4调整为15.2∶37.0∶47.8，第一、二产业增加值占地区生产总值的比重分别下降1.1和0.3个百分点，第三产业增加值占地区生产总值的比重上升1.4个百分点。第一、二、三产业对经济增长的贡献率分别为8.2%、50.3%和41.5%。按常住人口计算，人均地区生产总值44003元，同比增长7.6%。

二、农业

全年农林牧渔业总产值102.69亿元，农林牧渔专业及辅助性活动产值6.83亿元。实现农林牧渔增加值67.06亿元，同比增长3.6%；其中农林牧渔服务业增加值4.59亿元，同比增长8.7%。

经济作物总播种面积38.5千公顷。油

料播种面积 21.58 千公顷，产量 4.16 万吨；其中油菜籽播种面积 19.7 千公顷，总产量 3.41 万吨；花生播种面积 1.65 千公顷，总产量 0.7 万吨；芝麻播种面积 0.2 千公顷，总产量 0.06 万吨。棉花播种面积 0.76 千公顷，总产量 0.083 万吨。中草药材播种面积 0.295 千公顷。蔬菜及食用菌播种面积 11.13 千公顷，总产量 34.09 万吨。瓜果播种面积 0.88 千公顷，总产量 2.35 万吨。其他农作物播种面积 3.8 千公顷。

粮食作物总播种面积 68.22 千公顷，平江粮食总产量 42.35 万吨。其中：早稻播种面积 22.07 千公顷，早稻总产量 12.6 万吨；中稻面积 15.27 千公顷，中稻总产量 11.93 万吨；晚稻面积 22.36 千公顷，晚稻总产量 13.89 万吨；其他粮食面积 8.52 千公顷，总产量 3.93 万吨。

全年生猪存栏 59.05 万头，能繁母猪存栏 5.25 万头，生猪出栏 92.18 万头，猪肉产量 6.76 吨。牛存栏 7.51 万头，牛出栏 3.18 万头，牛肉产量 0.38 万吨；羊存栏 29.91 万只，羊出栏 31.22 万只，羊肉产量 0.52 万吨；家禽存栏 325.09 万羽，家禽出栏 463.97 万羽，家禽产量 0.67 万吨，禽蛋产量 1.06 万吨。

三、工业与建筑业

全年规模工业增加值累计增长 11.5%。全县规模以上工业企业 296 家，累计完成工业总产值 799.6 亿元，同比增长 11.6%。四大支柱产业的产值占全县规模工业总产值的 55.3%，其中：休闲食品产业总产值 396.2 亿元，同比增长 15.8%；云母制品产业总产值 48.3 亿元，同比增长 5%；石膏建材产业总产值 42.2 亿元；电子信息产业总产值 27.7 亿元，同比增长 2.8%。全年规模以上工业企业实现利润 29.3 亿元。

全年资质以上总承包和专业承包建筑业企业实现总产值 52.08 亿元，比上年增长 1.1%。房屋建筑施工面积 160.89 万平方米，比上年下降 5%。房屋建筑竣工面积 70.48 万平方米，比上年下降 17%。

四、服务业

服务业全年批发和零售业增加值 42.86 亿元，同比增长 13.8%；交通运输、仓储和邮政业增加值 10.86 亿元，同比增长 1.7%；住宿和餐饮业增加值 7.34 亿元，同比增长 13.1%；金融业增加值 17.13 亿元，同比增长 9.6%；房地产业增加值 28.73 亿元，同比下降 1%；营利性服务业增加值 57.45 亿元，同比增长 10.1%；非营利性服务业增加值 27.77 亿元， 同比增长 2.9%。全年规模以上服务业企业营业收入 77.16 亿元，同比增长 26.5%。

全年完成邮电业务总量 7.71 亿元，同比增长 4.5%。其中，邮政业务总收入 1.58 亿元，同比增长 6%；电信业务总收入 1.59 亿元，同比增长 13.6%；移动业务总收入 3.48 亿元，同比增长 1.2%；联通业务总收入 1.06 亿元，同比增长 1%。全年三大网络用户合计 95 万人，其中电信用户 22.1 万人，移动用户 52.5 万人，联通用户 20.4 万人。

全年共接待游客 1577.72 万人次，同比增长 81.5%，旅游总收入 162.42 亿元，同比增长 85.9%。

五、固定资产投资和房地产业

全年固定资产投资同比下降 29.3%。按经济类型分：国有投资同比下降 39.3%，非国有投资同比下降 46%，民间投资同比下降 45.1%；按产业分：第一产业投资为零，第二产业投资同比下降 52.9%，第三产业投资同比下降 27.7%；按投资方向分：产业投资同比下降 54.2%，基础设施投资同比下降 44.8%，工业投资同比下降 52.9%，工业技改投资同比下降 59.1%，高技术产业投资同比下降 55.9%，生态环境投资同比下降 26.3%，民生工程投资同比增长 12.2%；按结构分：建安投资同比下降 50%。全年房地产开发投资同比增长 27.8%。

全年房地产开发投资 18.06 亿元，比上年增长 27.8%。其中，住宅投资 14.81 亿元，增长 25.8%。商品房销售面积 30.28 万平方米，下降 26.5%。其中，住宅销售面积 26.75 万平方米，下降 29.2%。商品房销售额 15.48 亿元，下降 28.2%。其中，住宅销售额 13.58 亿元，下降 31.6%。年末商品房待售面积 3.44 万平方米，比上年末减少 1.62 万平方米，下降 17.5%。

六、国内贸易和对外经济

全年实现社会消费品零售总额 183.23 亿元，同比增长 9.7%。按经营单位所在地分：城镇实现社会消费品零售总额 151.36 亿元，同比增长 10.9%；乡村实现社会消费品零售总额 31.87 亿元，同比增长 4.7%。按消费形态分：批发业实现零售额 28.87 亿元，同比增长 9.7%；零售业实现零售额 125.22 亿元，同比增长 9.6%；住宿业实现零售额 11.93 亿元，同比增长 9.3%；餐饮业实现零售额 17.21 亿元，同比增长 9.6%。

全年实现外贸进出口总额 9.38 亿人民币，同比增长 1.8%。

七、财政与金融

全县一般公共预算总收入完成 26.76 亿元，同比增长 8.0%。地方一般公共预算收入完成 16.8 亿元，同比增长 10.1%。其中：地方税收收入完成 12.17 亿元，同比增长 10.9%。地方税收收入占地方一般公共预算收入的比重为 72.4%。

年末全县金融机构各项本外币存款余额 453.6 亿元，比年初增长 10.7%；各项本外币贷款余额 403.69 亿元，比年初增长 14.0%。年末存贷比为 89.0%。

八、教育和科学技术

年末学校总数 328 所，其中：完全中学 2 所、高级中学 6 所、职业高中 2 所、初中 51 所、完全小学 163 所、教学点 102 处、特教学校 1 所、教师进修学校 1 所。在校学生人数 135915 人，其中：普通高中 19305 人、职业高中 6257 人、初中 39426 人、小学 70604 人、特教学校 323 人。普通高中毕业生数 5930 人，初中毕业人数 12897 人、小学毕业人数 12524 人。幼儿园数 202 所，在园幼儿人数 25375 人。启动实施教育项目建设 98 个，其中杨梓山小学、启明中学小学部、县第二幼儿园等 7 个新建项目投入使用，新增学位 6012 个。新建标准田径场 29 个，7 个学校完成食堂厨房标准化改造。新增班班通设备 42 套、录播教室 5 间，新建中小学实验室 23 间，购置理化生实验教学仪器 2 万余台件套。高考本科录取率达到 65.7%，超过省平均 12 个百分点，进入全省县域十强，4 名学生被清华、北大录取。发放学生资助资金 5233.34 万元，资助学生 91253 人次，完成生源地大学生助学贷款 6902.87 万元。

年末有国家级重点实验室 1 个，省级工程技术研究中心 7 个，签订技术合同 147 项，技术合同成交金额 13.84 亿元。2023 年全县授权专利 648 件，其中发明专利 52 件，有效发明专利为 167 件，万人有效发明专利为 1.778 件，同比增长 27.2%。商标申请量 2565 件，有效注册商标总量 13803 件。

九、文化、卫生和体育

年末有艺术表演团体 61 个，其中歌剧团 10 个，戏曲剧团 39 个，曲艺、杂技、木偶皮影团 6 个。艺术表演场所（剧场、影剧院 1 个，艺术创作机构 3 个，艺术展览机构 5 个

年末有卫生机构 985 个，其中医院 1 个。医卫技术人员 6503 人，其中：执业医师 2159 人、执业助理医师 406 人、注册护士 3081 人、药学人员 250 人。卫生机构床位数 4875 张，其中：城市医院 2914 张、农村医院 1758 张、妇幼保健站 203 张。

全县经常参加体育锻炼人数 50 万人，全年开展全民健身项目 65 项次。承办了湖南省第十八届青少年体育舞蹈锦标赛、2023 湖南省青少年航空航天模型锦标赛、“奔跑吧·少年”2023 年湖南省青少年攀岩锦标赛、平江县中法高空扁带国际友谊赛，参加了 2023 年湖南省青少年空手道锦标赛。向岳阳市体校输送运动员 20 人。全县统计场地 1974 个，其中：室内体育场地 125 个、室外体育场地 1849 个。

十、人口、居民收入消费与社会保障

全县年末户籍人口 110.35 万人，总户数 32.75 万户。年末常住人口 93.36 万人，

其中城镇人口50.59万人，农村人口42.77万人，城镇化率54.19%。

全体居民人均可支配收入21718元，同比增长5.9%；其中城镇居民可支配收入31792元，同比增长4.7%，农村居民可支配收入14576元，同比增长7.2%。居民人均消费支出18234元，同比增长5.7%，其中城镇居民24704元，增长4.7%，农村居民13647元，增长6.6%。

全年新增城镇就业人员0.64万人。农民工总量49.13万人（包括未就业的劳动力），其中：外出农民工29.44万人，本地农民工5.6万人。年末城乡居民基本养老保险登记参保人数63.11万人。年末城镇登记失业率2.33%、失业人员再就业人数0.7万人。参加基本医疗保险人数98.22万人。其中，参加城镇职工基本医疗保险人数5.51万人，参加城乡居民基本医疗保险人数92.71万人。参加失业保险职工人数5.36万人。

获得政府最低生活保障的城镇居民人数5.27万人，发放城镇居民最低生活保障经费2472万元。年末提供住宿民政机构床位数3254张，收养人数28人。社区服务机构和设施数551个。全年销售社会福利彩票5341万元，筹集福彩公益金194.79万元。圆满完成23件重点民生实事。其中，新增一所标准化中职学校，提质改造乡镇寄宿制学校7所，农村适龄妇女和城镇低保适龄妇女两癌筛查1.81万人，建成高标准农田6.27万亩，改新建农村户用厕所15123个，提质改造农贸市场2家。

十一、资源、环境和安全生产

县域环境质量稳中向好，1个国考断面、6个省考断面月均值达到或优于国家Ⅱ类水质标准，集中式饮用水水源地水质优良率达到100%。7个断面水质综合指数3.1402（全省总排名第50名），较去年改善1.87%（全省排名第36名），其中：总磷均值0.052mg/L（去年0.06mg/L），较去年同期削减13.33%，新市总磷均值0.045mg/L（去年0.089mg/L），较去年同期消减49.44%；城区细颗粒物PM2.5平均浓度为31微克/立方米（2023年市级考核指标：33微克/立方米），可吸入颗粒物（PM10）月均浓度为49微克/立方米，综合指数为2.98，全县空气环境质量优良率达到94.4%。

亿元GDP生产安全事故死亡率为0.027人/亿元，每万人口生产安全事故死亡率为0.15人/万人。全年交通事故死亡起数（总体事故数据）55起55人，每万人口交通事故死亡率0.59人/万人。

岳阳县

岳阳县地处湘北，西揽洞庭，北扼长江。辖15个乡镇（街道），总面积2809平方公里，总人口72万。极人文之盛。岳阳县古称巴陵，自西晋太康元年置县，迄今已有1700年。自古人杰地灵，是湖湘文化的重要发源地。境内有商周遗址、鹿角古窑、慈云宝塔等名胜古迹；留下了爱国诗人屈原、抗金名将牛皋、明代尚书方钝的足迹；是古文大家吴敏树、“黄埔三杰”贺衷寒、革命先驱刘士奇、政协原副主席毛致用故里；培育了空天英模张超、“载人深潜英雄”叶文韬、亚运会皮划艇冠军胡明海等大批当代英杰。

揽山川之秀。东部山陵起伏，中部丘岗纵横，西部湖网密布，地形多样，山水竞奇。八百里洞庭浩浩荡荡，横无际涯，是国家级自然保护区；国家森林公园大云山云遮雾掩、钟灵毓秀，自古为道教圣地；铁山水库碧波如镜、千岛雄峙，是岳阳市人民的“大水缸”；民间故宫张谷英村古色古香、独特精巧，被誉为“天下第一村”；抗战古迹新墙河翠如蟒带、风光绮丽，留下了同仇敌忾、共御外侮的故事……

兼水陆之便。自古为京广要冲、沿江重镇、三湘门户。位于武汉与长株潭两大城市群叠加地区。县城毗邻市区，距长沙100余公里、武汉200公里。水路可凭长江水道和鹿角码头远涉重洋，公铁可依浩吉铁路、京广铁路、武广高铁、京港澳高速、许广高速、G240纵贯各方，空运可借岳阳三荷、长沙黄花、武汉天河三大机场通达寰宇，商务出行便利，物流运输快捷。

汇物产之丰。岳阳县物产丰富，自古称“鱼米之乡”。有丰富的粮食、棉、油、生猪、水果、楠竹、蔬菜、茶叶、水产、药材等农业资源，有砂石、钒矿、稀土、高岭土、独居石等矿产资源30余种，是全国粮食生产先进县、全国生猪百强县、全国水产品生产重点县、全国蔬菜产业重点县和全省楠竹基地示范县。

强产业之基。全县规模以上工业企业达到231家，生物医药、建筑材料及新材料、智能制造三大产业成为在全省具有竞争力的产业，岳阳高新产业园区亩均税收达到15.3万元；连续14年评为国家（省）粮食生产先进单位，有国家级农民合作社15家，国家级农业品牌75个、中国驰名商标3个、中国地理保护标志农产品1个，农业成为朝阳产业；张谷英景区、大云山成功创建国家AAAA级景区，相思山、刘备洞、岳阳樱花园、洞庭灵雾山等成为旅游新亮点，“天下洞庭、淳美巴陵”文旅品牌享誉国内外，荣获首批全国县域商业“领跑县”、2023深呼吸生态旅游魅力名县、湖南茶叶“三茶统筹”先行县。

聚发展之势。近年来，县委县政府紧紧聚焦建设“七个岳阳”发展坐标，按照“融聚实优”四字要求，全力推进“四区”建设，推动项目大攻坚、民生大改善、环境大优化、工作大提升，努力开创县域经济高质量发展新局面，积极争当省域副中心城市建设排头兵，奋力谱写中国式现代化岳阳县篇章。经济更加繁荣，城乡更加优美，社会更加和谐，人民生活更加幸福，获评国家卫生县城、全国文明城市提名城市、湖南经济发展快进县、湖南全面小康十快进县、洞庭湖生态经济优秀县、中部县域经济百强县。

岳阳县2023年国民经济和社会发展统计公报

2023年是全面贯彻党的二十大精神的开局之年，全县上下坚持以习近平新时代中国特色社会主义思想为指导，深入贯彻落实中央、省、市各项决策部署和县委、县政府工作要求，坚持稳中求进工作总基调，完整、准确、全面贯彻新发展理念，坚决打好“发展六仗”，全面落实“三高四新”美好蓝图，积极融入省域副中心城市建设，全力推进“四区”建设，高质量发展成效明显，主要预期目标圆满实现，全县经济回升向好。

一、综合

初步核算，全县实现地区生产总值420.19亿元，按可比价计算，同比增长6.5%。其中第一产业增加值72.89亿元，同比增长3.5%；第二产业增加值162.12亿元，同比增长4.6%；第三产业增加值185.18亿元，同比增长9.3%。三次产业结构比为17.3 ∶ 38.6 ∶ 44.1。分季度看：第一季度增加值同比增长5.7%，第二季度增加值同比增长4.9%，第三季度增加值同比增长

6.9%，第四季度增加值同比增长6.5%。

二、农业

全县农林牧渔业实现增加值77.65亿元，同比增长3.8%。其中农林牧渔服务业增加值5.06亿元，同比增长8.4%。

全县农作物总播种面积181.17万亩，同比增长0.3%。其中：粮食作物播种面积120.01万亩，同比增长0.1%；经济作物播种面积61.16万亩，同比增长0.9%。经济作物中蔬菜及食用菌播种面积19.14万亩，同比增长0.9%。粮食总产量51.43万吨，同比增长0.9%；蔬菜及食用菌产量41.07万吨，同比增长1.2%。

全县年末牛存栏4.39万头，同比下降2.2%。全年出栏肉猪89.95万头，同比增长4.0%。年末生猪存栏56.87万头，同比下降2.5%；其中母猪存栏5.1万头，同比下降2.3%。当年活家禽存笼（鸡鸭鹅）457.25万羽，同比下降2.3%；家禽出笼631.97万羽，同比增长6.4%；禽蛋产量1.45万吨，同比增长3.6%。肉类总产量7.99万吨，同比增长2.8%；其中猪肉产量6.61万吨，同比增长4.3%。

全县农业机械总动力89.09万千瓦，同比增长0.8%；农用化肥施用量32512.4吨（折纯），同比减少0.31%。

三、工业和建筑业

据初步核算，全县全部工业实现增加值152.29亿元，同比增长4.5%。其中规模以上工业企业增加值同比增长7.2%，高新技术产业园区规模工业增加值同比增长4.1%。分产业看：生物医药、建筑建材、机械制造工业总产值分别同比增长22.0%、30.8%、40.6%；农副产品加工业总产值同比下降34.4%。全年规模以上工业企业实现利润同比下降8.4%。

全县全社会建筑业实现增加值10.29亿元，同比下降6.6%。房屋建筑施工面积96.41万平方米，同比下降5.3%。

四、固定资产投资

全县固定资产投资同比增长12.1%，其中一、二、三产业投资占比分别为3.8∶61.0∶35.1。民间投资占全部投资的比重为73.5%，产业投资占全部投资的比重为74.7%，高新技术产业投资占全部投资的比重为20.5%。

全县完成房地产开发投资6.68亿元，比上年下降2.5%。商品房销售面积22.67万平方米，下降22.9%。商品房销售额9.94亿元，同比下降23.8%。

五、国内贸易和对外经济

全县全年实现社会消费品零售总额172.13亿元，同比增长9.7%。按所在地分：城镇社会消费品零售额同比增长9.7%；乡村社会消费品零售总额同比增长9.9%。按行业分：批发业销售额同比增长8.0%；零售业销售额同比增长8.5%；住宿业同比增长12.6%；餐饮业同比增长17.5%。

全县外贸进出口总额113919万元，同比增长4.3%。其中：出口总额108158万元，同比增长6.3%；进口总额5761万元，同比下降23.5%。进出口差额（出口减进口）102397万元。引进外资962万美元，同比下降72.2%。

六、交通、邮电和旅游

全县全年公路货运量1668万吨，同比增长0.8%；货运周转量80555万吨/公里，同比增长1.0%。客运量4060万人，同比增长0.8%；客运周转量28355万人/公里，同比增长0.9%。全县公路通车里程2878.84公里，其中：等级公路2836.54公里，农村通公路行政村比重达100%。全年新注册机动车2009辆，其中小型汽车502辆。

全县邮政业务总收入10818.4万元，同比增长11.1%，其中：邮务类收入1343.3万元；寄递物流类收入1521.66万元；代理金融类收入7953.44万元。电信业务总量10519万元，同比增长1.4%。移动业务总量14551.8万元，同比增长7.1%。联通业务总量3088万元，同比增长2.0%。

全县共接待中外游客846.4万人次，同比增长80.0%，旅游综合收入达86.8亿元，同比增长80.0%。

七、财政、金融和保险

全县一般公共预算收入17.06亿元，同比增长23.0%。一般公共预算地方收入10.20亿元，同比增长8.0%。税收收入14.93亿元，占一般公共预算收入的87.5%。

至12月末，全县金融机构各项存款余额293.99亿元，比年初增长14.9%；其中，住户存款余额224.58亿元，比年初增长13.6%。各项贷款余额237.54亿元，比年初增长19.6%；其中，中长期贷款178.76亿元，比年初增长19.1%。

全县保险机构11家，保费收入5.9亿元，同比增长16.81%。其中，寿险保费收入2.48亿元，增长6.05%；财产险保费收入3.42亿元，增长26.1%。全县保险机构理赔支出2.38亿元，比上年增长7.48%。

八、教育、科学技术

全县各类学校283所（含幼儿园），其中幼儿园155所（其中公办幼儿园74所）、普通小学60所、教学点34所、初中学校21所、九年一贯制学校6所、高中学校4所、中等职业教育学校2所、特教学校1所。在校学生人数92068人，其中幼儿园15856人、普通小学28254人、普通初中21735人、普通高中10703人、中等职业教育学校5385人、特殊教育学校135人。

全年争取省市科技项目21个，5家企业争取到省级财政研发奖补资金210万元；全年技术合同交易额31.22亿元；全社会研发经费投入近19.1亿元；财政科技支出1.31亿元。全县新认定高新企业14家，高新企业数达85家。高新产业增加值同比下降34.3%，占GDP比重14.4%。

年末，累计建设省级工程技术研究中心4个，市级工程技术研究中心10个正在申报。科技成果登记数0项。全年专利申请214件（其中发明专利63件）；授权专利权257件（其中发明专利35件）；万人发明专利拥有量3.28件/万人。

九、文化、卫生和体育

全县公共文化设施面积265万平方米，人均4.7平方米。年末统计，全县文化系统共有艺术表演团体26个、文化艺术中心1个、文化馆1个、美术馆1个；公共图书馆1个，总藏书量18.6万册，公用房屋建筑面积1250平方米，阅览座位数59个；博物馆1个、陈列馆1个；村级综合文化服务中心193个，实现所有行政村社区全覆盖。全县入选国家级非物质文化遗产保护目录项目2个，入选省级非物质文化遗产保护目录项目4个。全国重点文物保护单位2处，省级重点文物保护单位7处。全县广播电台1座，广播综合人口覆盖率100%。电视台1座，电视综合人口覆盖率100%，有线电视用户4.05万户，网络总长456公里。

年末，全县共有医疗卫生机构267个，其中，医院12个；基层医疗卫生机构252个包括乡镇卫生院21个、村卫生室191个、门诊部5个，诊所、卫生所、医务室35个；专业公共卫生机构3个。全年卫生技术人员4416人，其中，执业医师（助理）医师1908人，注册护士1991人。医疗机构编制床位3371个，实有床位数3645张。全年诊疗病人192.24万人次，其中医院诊疗41.0万人次、基层医疗机构诊疗145.7万人次（含工生院、村卫生室、门诊部、诊所诊疗人次数）、妇幼诊疗5.47人次。

全县新增群众体育组织1个，组织指导全民健身活动31次，参加健身活动的群众约21万人次。2023年湖南省青少年锦标赛中，我县运动员共取得11金6银1铜佳绩；县体校运动员在全国第一届学生青年运动会上，获举重和皮划艇激流回旋两枚金牌，为我县再添新彩。学校阳光体育活动蓬勃开展，体艺“2+1”、阳光体育大课间、足球特色学校创建如火如荼。湾湖小学、笪口镇中心小学成功申报全国青少年校园足球特色学校。大力开展群众体育健身活动，加大群众体育经费投入，每年安排不少于15万元作为全民健身经费并组织发放、安装了10套健身路径、3

农体工程、1套多功能运动场、10副篮球架。目前，乡镇拥有健身场地设施占比100%，行政村拥有健身场地设施占比92.44%，社区拥有健身场地设施占比100%，全县已基本形成覆盖城乡和各类人群的群众体育组织网络。

十、人口、人民生活和社会保障

全县年末户籍总人口709673人，其中城镇人口234635人。年末常住人口55.14万人，其中城镇人口30.28万人，城镇化率54.9%。全年出生人口4267人，死亡人数3089人，净增人数1178人。

全年城乡居民人均可支配收入31257元，同比增长5.8%。按常住地分，城镇居民人均可支配收入38863元，同比增长4.5%；农村居民人均可支配收入24655元，同比增长7.0%。全年居民人均消费支出18413元，比上年增长7.2%。按常住地分，城镇居民人均消费支出18912元，增长9.9%；农村居民人均消费支出17980元，增长4.8%。

全年社会养老保险参保人数463880人；医疗保险参保人数（含医疗生育保险）502990人；工伤保险参保在职人数50375人；城镇失业保险参保人数28007人。城镇新增就业6834人，年末城镇登记失业率为0.65%，失业人员再就业6093人。

全县有敬老院16个，民办养老机构1个，养老总床位数达2917张，每千名老人养老床位数达24张。全县共发放各项救助资金12466.2万元，保障城乡低保16917人，特困供养5363人；向9049人次发放残疾人“两项补贴”1112.552万元，救助流浪乞讨人员895人次；临时救助6185人次，发放救助资金649.35万元；共办理收养登记5件，救助各类未成年人10人共4万余元；为11名孤儿、7名事实无人抚养儿童发放助学金13万余元；为287名事实儿童、40名孤儿、73名困境儿童发放生活补贴346万余元并实行医疗保险全额兜底保障。

十一、资源、环境和安全生产

县内发现矿种30余种，已探明资源储量的矿种20余种。其中：能源矿产有石煤和地热，金属矿产有钒矿、钛铁矿等，非金属矿产20余种，水气矿产有矿泉水，优势矿产有石煤、钒、稀土、高岭土、花岗岩、地热、石英砂。全年完成营造林任务2.52万亩，引导各乡镇、各部门及社会组织完成义务植树210余万株，林地保有量143万亩，森林覆盖率达39%，村庄绿化覆盖率达45.8 %，绿化村庄占比达90 %；活立木总蓄积量371.1万立方米，年增长率稳定在3.5%；湿地保护率稳定在76.2%。

全县污水处理厂17家，收集处理能力7.3万吨/天。Ⅲ类或优于Ⅲ类地表水质达标率62.5%。空气质量优良天数333天，优良以上空气质量达标率91.2%。

全县境内区域站年度最高气温为44.7℃（8月5日羊楼洞水库），最低气温为-6.9℃（12月22日大云山站），全年平均气温17.8℃，区域站年平均降水量1164.3毫米。

全年全社会用电总量142073.78万千瓦时，同比增长4.0%。其中工业用电量69017.87万千瓦时，同比增长10.5%。

年度生产安全事故死亡11人，亿元GDP生产安全事故死亡率为0.026人/亿元。全年道路交通事故死亡3人，万车死亡率为0.15人/万辆。全年刑事案件结案数636件，民事案件结案数3108件。

华 容 县

华容位于岳阳市境西北端，总集雨面积1606平方公里，人口72.46万，现辖14个乡镇、3个管理区、161个村场（居委会）。是全国文明县城、国家卫生县城、国家现代农业示范区、中国棉纺织名城。

典型湖区。地处洞庭湖冲积平原腹地，河湖密布、沃野千里，是有名的鱼米之乡，素有“稻田丰稔甲湖广，麻桑夙著震九州”的美誉。现同时拥有长江经济支撑带和洞庭湖生态经济区两大“国家动力”。

通江达海。扼湘鄂两省三市要冲，汇通长江和洞庭湖两大水系，是长江入湘第一县、蒙华铁路入湘第一站，也是岳常高速、岳宜高速公路，拟建中的岳常、武张铁路及省道306、202、203、222线的交汇地。

民富业旺。居民人均储蓄存款、社会消费品零售总额连续多年居岳阳市第一，金融机构贷款余额连续多年居岳阳市前列。粮棉油（菜）鱼猪等多类农产品产量稳居全国或全省前列，已有8种农产品获中国地理标志农产品认证。工业正大力培育以芥菜产业园、雪花啤酒为龙头的食品加工，以科创、科力嘉为龙头的纺织服装，经赛隆药业、福尔康卫材为龙头的医药卫材，以神华国华岳阳（华容）电厂、汽车电源为龙头的新型能源等四大重点产业。物流消费辐射湘北鄂南，五星级酒店、城市综合体等高端项目竞相启动，十大专业市场建设渐次铺开，正规划推进“县城—桃花山—小集成垸”百里山水休闲廊道建设。

移民特质。作为历史悠久的“水乡泽国”，八方移民在此反复融合激荡，形成了开放包容、创新争先和尊师重教、重情重义的地域文化，寓外乡友众多。已相继获得全国计生优质服务县、社会治安综合治理先进县、可持续发展示范区和粮食生产标兵县等荣誉。

全县人民正众志成城，大力推进沿江开发攻坚、产业发展升级、基础设施提质、城乡环境创优、社会事业同兴、体制机制创新“六大工程”建设，全面强化党的建设、依法治县和社会稳定“三大保障”，为奋力建设“一极三宜”江湖名城作出华容新的贡献！

华容县2023年国民经济和社会发展统计公报

2023年全县上下坚持以习近平新时代中国特色社会主义思想为指导，全面贯彻党的二十大精神，认真落实中央、省、市各项决策部署，将高质量发展作为首要任务，全力推动经济企稳回升，切实打好“发展六仗”，深入实施“八大提升工程”，迈出了加快构建“一廊二中心”产业发展新格局的坚实步伐。

一、综合

初步核算，全年地区生产总值439.46亿元，比上年增长6.5%。其中，第一产业增加值97.81亿元，增长3.8%；第二产业增加值133.58亿元，增长6.9%；第三产业增加值208.07亿元，增长8.1%。全年人均地区生产总值80532元，增长8.0%。

三次产业结构为22.3 ∶ 30.4 ∶ 47.3。第一产业占地区生产总值的比重比上年下降1.2个百分点；第二产业占地区生产总值的比重下降1.3个百分点，其中工业增加值占地区生产总值的比重为27.8%，下降0.8个百分点；第三产业占地区生产总值的比重提高2.5个百分点。第一、二、三产业增加值对经济增长的贡献率分别为13.6%、38.2%和48.2%。其中，工业对经济增长的贡献率为41.7%。

年末全县常住人口54.3万人，比上年末减少0.54万人。其中，城镇人口29.66万人，乡村人口24.64万人，城镇化率54.62%，比上年末提高0.08个百分点。男性人口27.78万人，占常住人口的比重为

51.2%；女性人口 26.52 万人，占常住人口的比重为 48.8%。总人口性别比（以女性为 100，男性对女性的比例）为 104.75，比上年末下降 0.18。0—15 岁（含不满 16 周岁）人口占常住人口的比重为 16.5%，16—59 岁（含不满 60 周岁）人口比重为 61.38%，60 岁及以上人口比重为 22.12%。

二、农业

全年农林牧渔业总产值 180.2 亿元，比上年增长 4.0%。其中，农业产值 93.9 亿元，增长 5.6%；林业产值 1.7 亿元，增长 8.8%；牧业产值 25.3 亿元，增长 2.3%；渔业产值 49.1 亿元，增长 1.1%；农林牧渔专业及辅助性活动产值 10.3 亿元，增长 8.2%。

全年粮食种植面积 90.2 千公顷，比上年增加 0.99 千公顷，增长 1.1%。其中，早稻种植面积 30.87 千公顷，增长 0.2%；夏粮种植面积 1.58 千公顷，增长 2.0%；秋粮种植面积 57.75 千公顷，增长 1.6%；中稻种植面积 20.89 千公顷，增长 1.2%；晚稻种植面积 31.88 千公顷，增长 1.06%；大豆种植面积 0.8 千公顷，增长 19.8%；玉米种植面积 3.66 千公顷，增长 6.9%。油料种植面积 41.0 千公顷，增长 1.4%。棉花种植面积 6.4 千公顷，下降 18.1%。糖料种植面积 0.2 千公顷，增长 4.8%。中草药材种植面积 0.5 千公顷，增长 3.0%。蔬菜及食用菌种植面积 19.1 千公顷，增长 10.1%。瓜果类种植面积 1.8 千公顷，增长 4.5%。

全年粮食产量 55.7 万吨，比上年增加 1.1 万吨，增产 1.9%。其中，早稻产量 18.7 万吨，增产 0.5%；夏粮产量 0.5 万吨，增长 2.7%；秋粮产量 36.5 万吨，增产 2.7%；中稻产量 15.9 万吨，增产 2.2%；晚稻产量 18.4 万吨，增产 2.5%；大豆产量 0.17 万吨，增产 30.2%；玉米产量 1.9 万吨，增产 7.7%。油料产量 7.41 万吨，减产 0.6%。棉花产量 0.87 万吨，减产 16.2%。糖料产量 1.03 万吨，增产 5.4%。中草药材产量 0.14 万吨，增产 3.1%。蔬菜及食用菌产量 68.12 万吨，增产 10.1%。瓜果类产量 5.28 万吨，增产 4.7%。

全年猪、牛、羊、禽肉产量 5.04 万吨，比上年增长 2.4%。其中，猪肉产量 3.97 万吨，增长 1.8%；牛肉产量 0.19 万吨，下降 5.0%；羊肉产量 0.06 万吨，与上年持平；禽肉产量 0.82 万吨，增长 7.9%。禽蛋产量 1.31 万吨，增长 8.3%。年末生猪存栏 32.55 万头，下降 5.8%；生猪出栏 54.08 万头，增长 1.7%。

全年水产品产量 15.9 万吨，比上年增长 0.35%。其中淡水产品养殖产量 15.9 万吨。淡水养殖面积 16.8 千公顷，下降 4.01%。

全年苗木产量 60 万株，比上年下降 70.9%。

全年新建和改造提升高标准农田面积 3820 公顷。开工各类水利工程 620 处，投入资金 8.8 亿元，完成水利工程土石方 136.42 万立方米。

年末农业机械总动力 109.6 万千瓦，比上年增长 0.2%。机耕面积 137.2 千公顷，机播面积 46.2 千公顷，机电灌溉面积 83.7 千公顷，机收面积 113.3 千公顷。

三、工业和建筑业

全年全部工业增加值 122.0 亿元，比上年增长 8.9%。规模以上工业增加值增长 7.9%。年末共有规模以上工业企业 183 家，其中，本年新增 19 家。规模以上工业企业营业收入增长 9.9%，实现利润总额 20.56 亿元，增长 31.9%。其中，国有企业实现利润 0.14 亿元，下降 2.0%；股份制企业实现利润 20.14 亿元，增长 33.9%；外商及港澳台投资企业实现利润 0.29 亿元，下降 29.3%。在规模以上工业中，非公有制企业营业收入增长 10.6%。

全年规模以上工业企业利润总额居前五位的大类行业中，农副食品加工业 6.28 亿元，比上年增长 48.1%；纺织业 3.70 亿元，增长 25.0%；非金属矿物制品业 1.91 亿元，增长 23.2%；医药制造业 1.16 亿元，增长 33.3%；计算机、通信和其他电子设备制造业 0.89 亿元，增长 53.5%。

全年建筑业增加值 11.9 亿元，比上年下降 12.2%。全县具有资质等级的总承包和专业承包建筑业企业 19 家，实现建筑业总产值 19.4 亿元，增长 3.2%。房屋建筑施工面积 83.5 万平方米，增长 2.7%。房屋建筑竣工面积 53.1 万平方米，下降 1.8%。

四、服务业

全年批发和零售业增加值 28.8 亿元，比上年增长 12.5%；交通运输、仓储和邮政业增加值 20.1 亿元，增长 4.6%；住宿和餐饮业增加值 10.0 亿元，增长 4.0%；金融业增加值 14.1 亿元，增长 9.6%；房地产业增加值 20.3 亿元，下降 1.3%；信息传输、软件和信息技术服务业增加值 23.1 亿元，增长 37.9%；租赁和商务服务业增加值 17.2 亿元，增长 5.1%；居民服务、修理和其他服务业增加值 20.3 亿元，增长 5.6%。全年规模以上服务业企业营业收入增长 25.7%，利润总额增长 13.2%。

全年货物运输总量 46.6 万吨，比上年增长 237.0%。货物周转量 17773 万吨公里，增长 115.9%。客运量 348.3 万人，增长 120.2%。旅客周转量 34067.8 万人公里，增长 151.6%。

年末全县公路线路里程 2726.3 公里。其中，高速公路 58.73 公里。汽车客运站 2 个，民用营业性客车 221 辆。年末公交车路数 8 路，下降 11.1%。公共汽车营运车辆 60 辆，下降 28.6%。出租汽车 200 辆。民用轿车保有量 6.7 万辆。

全年邮政业务总量 1.01 亿元，比上年增长 6.7%。电信业务总收入 2.9 亿元，下降 0.4%。年末固定电话用户 5.55 万户，移动电话用户 142.3 万户，互联网宽带用户 34.6 万户。

五、固定资产投资

全年固定资产投资比上年增长 0.7%。其中，民间投资下降 23.4%，占固定资产投资的比重为 70%。产业投资增长 3.2%，占固定资产投资的比重为 67.4%。分经济类型看，国有投资增长 8.2%，非国有投资下降 16%。分投资方向看，民生工程投资增长 22.2%，生态环境投资下降 46.4%，基础设施投资下降 3.3%，工业技改投资下降 30.0%，高技术产业投资下降 30.0%。

在固定资产投资中，第一产业投资比上年增长 35.5%，占固定资产投资的比重为 2.4%，比上年提高 1.1 个百分点；第二产业投资增长 1.2%，占固定资产投资的比重为 53.1%，提高 9.9 个百分点；第三产业投资下降 24.7%，占固定资产投资的比重为 44.5%，下降 1 个百分点。

全年房地产开发完成投资 9.1 亿元，比上年下降 40.6%。其中住宅投资额 7.3 亿元，下降 40.8%。商品房销售面积 26.6 万平方米，下降 33.6%。其中住宅销售面积 26.1 万平方米，下降 34.0%。商品房销售额 10.6 亿元，下降 35.3%。其中住宅销售额 10.2 亿元，下降 36.5%。年末商品房待售面积 4.[illegible] 万平方米，比上年末减少 4.1 万平方米，下降 50.0%。

六、国内贸易

全年社会消费品零售总额 164.03 亿元，比上年增长 9.7%。按经营地统计，城镇消费品零售额 143.79 亿元，增长 9.9%；乡村消费品零售额 20.24 亿元，增长 10.8%。按消费类型统计，商品零售额 151.66 亿元，增长 9.3%；餐饮收入额 12.37 亿元，增长 14.9%。

全年限额以上单位商品零售额中，粮油、食品类零售额比上年增长 26.6%，饮料类增长 24.5%，烟酒类增长 10.0%，服装、鞋帽、针纺织品类增长 20.1%，化妆品类增长 25.1%，金银珠宝类增长 11.1%，日用品类增长 20.1%，家用电器和音像器材类增长 13.9%，中西药品类增长 11.5%，文化办公用品类增长 13.1%，通信器材类增长 20.5%，石油及制品类增长 16.6%，汽车类增长 8.5%。

七、对外经济

全年进出口总额 48850 万元，比上年增长26.6%。其中，出口47778万元，增长24.0%；进口1072万元，增长1274%。进出口顺差46706万元，增长21.5%。

八、财政、金融和保险

全年一般公共预算收入10.2亿元，比上年增长19.0%。一般公共预算地方收入8.3亿元，增长10.0%。其中，税收收入6.1亿元，增长12.0%；非税收入2.2亿元，增长4.5%。一般公共预算支出55.2亿元，增长10.7%。其中，一般公共服务支出7.0亿元，增长25.0%；教育支出8.4亿元，增长0.4%；社会保障和就业支出10.1亿元，增长13.2%；卫生健康支出6.6亿元，增长0.4%；城乡社区支出2.2亿元，下降4.6%；农林水支出9.7亿元，增长1.5%。

年末金融机构本外币各项存款余额384.8亿元，比年初增加43.2亿元，比上年末增长12.7%。其中，境内住户存款余额322.2亿元，增加36.7亿元，增长12.9%；非金融企业存款余额27.3亿元，增加4.1亿元，增长17.6%。本外币各项贷款余额258.8亿元，增加43.1亿元，增长20.0%。其中，境内住户贷款余额89.6亿元，增加3.7亿元，增长4.4%；非金融企业及机关团体贷款余额168.6亿元，增加39.4亿元，增长30.5%。

全年保险公司原保险保费收入4.96亿元，比上年增长7.3%。其中，寿险保费收入2.69亿元，增长1.0%；财产险保费收入2.27亿元，增长15.6%。原保险赔付支出2.07亿元，下降6.2%。其中，寿险赔付支出0.52亿元，增长14.2%；财产险赔付支出1.55亿元，下降11.4%。

九、居民收入消费和社会保障

全年全县居民人均可支配收入34119元，比上年增长5.7%。城镇居民人均可支配收入40196元，增长4.5%。农村居民人均可支配收入28812元，增长6.3%。城乡居民人均可支配收入比值为1.40，比上年缩小0.02。

全年全县居民人均消费支出21543元，比上年增长5.1%。城镇居民人均消费支出22200元，增长5.0%。农村居民人均消费支出20970元，增长5.1%。全县居民食品烟酒消费支出占消费总支出的比重（恩格尔系数）为28.4%，比上年降低0.1个百分点，其中城镇为32.2%，农村为24.9%。

全年城镇新增就业人员5563人。年末城镇登记失业率为2.19%，比上年末减少0.31个百分点。失业人员再就业5163人，新增农村劳动力转移就业4726人。

年末全县城乡居民基本养老保险参保人数42.0万人。城镇职工基本养老保险参保人数12.8万人。其中，在职职工7.4万人，离退休人员5.4万人。基本医疗保险参保人数58.8万人，下降9.1%。其中，城乡居民基本医疗保险参保人数55.8万人，下降9.4%；城镇职工基本医疗保险参保人数3.1万人，增长0.4%。工伤保险参保人数5.9万人。失业保险参保人数2.3万人，其中领取失业保险金职工人数771人。

年末全县共有各类提供住宿的社会服务机构16个，床位2069张，收养救助1588人。其中，养老服务机构15个，床位2019张，收养救助1553人；救助管理机构1个，床位50张，收养救助35人。年末共有不提供住宿的社区服务机构和设施437个。其中，社区服务中心9个，社区服务站203个。

年末全县获得政府最低生活保障的城市低保人数5600人，发放最低生活保障标准每人每月650元，发放最低生活保障经费2787.3万元。获得政府最低生活保障的农村低保人数18811人，发放最低生活保障标准每人每年5004元，发放最低生活保障经费5682.5万元。

十、教育和科学技术

年末全县共有各级各类学校161所。其中，学前教育82所，小学46所，初中26所，高中5所，特殊教育学校1所，职业高中1所。在校学生6.9万人。其中，学前教育在校学生1.1万人，小学在校学生3.1万人，初中在校学生1.5万人，高中在校学生0.8万人，特殊教育在校学生0.02万人，职业高中在校学生0.4万人。小学适龄儿童入学率100%，小学毕业生升学率100%，初中升学率98.15%。教职工人数5488人。其中，学前教育教职工1355人，小学教职工1463人，初中教职工1686人，高中教职工750人，特殊教育教职工23人，职业高中教职工211人。

全年全县组织实施县级以上科技计划项目8项。承担国家各类科技计划项目2项。登记科技成果4项。签订技术合同239项，技术合同成交金额37.03亿元。授权专利271件。其中，发明专利授权16件。共有高新技术产业企业130家，高新技术产业增加值占GDP比重为23.06%，比上年提高3.01个百分点。

年末全县有检验检测机构7个，其中产品质量监督检验中心1个。法定计量检定机构1个。重点工业产品质量监督抽查110批次。工业产品定期抽查合格率97.3%。组织制定地方标准1项。

十一、文化、卫生和体育

年末全县共有省级非物质文化遗产保护目录1个，艺术表演团体4个，群众艺术文化馆1个。公共图书馆1个，藏书总量20.25万册。剧场、影剧院1个，放映农村公益电影1869场。博物馆1座，文物藏品1237件，全年参观人数20.1万人次。广播电视台1座，有线电视用户2.3万户，广播综合人口覆盖率99%，电视综合人口覆盖率98%。

全年接待游客474.2万人次，比上年增长67.0%。旅游总收入51.7亿元，增长70.4%。年末共有旅行社1家，全年组团旅游8.12万人次，其中组团国内旅游7.75万人次。

年末全县共有医疗卫生机构499个。其中，医院11个，乡镇卫生院22个，妇幼保健院1个，诊所、卫生所、医务室42个，村卫生室415个。卫生机构实有床位3936张。卫生技术人员3241人。其中，执业医师和执业助理医师1635人，注册护士1377人，药师76人，技师91人。全年总诊疗人次数301.1万人次。其中，门诊267.2万人次，急诊13.6万人次。观察室留观病例1.1万例。参与健康检查16.1万人次。住院治疗10.0万人次。病床使用率66.09%。

全年全县查螺面积9510万平方米，查螺乡镇数11个，查螺村数65个。查出有螺面积8130万平方米，查出有螺乡镇3个，查出有螺村数16个。药物灭螺1617万平方米。其中，垸内药物灭螺164万平方米，灭蚴250万平方米。检查血吸虫病人数10.8万人，当年查出病人0人，实有病人557人，治疗病人368人。血吸虫病化疗人数1.2万人。

年末全县共有体育场地1636个。其中，体育馆8座，运动场893个，游泳池5个，各种训练房38个。共开展全民健身项目10项次。经常参加体育锻炼人数37.9万人。

十二、资源、环境和安全生产

全县共有12个镇、2个乡，居委会48个，村委会155个。土地总面积1590.94平方公里。绿化覆盖面积1064.45公顷，绿化覆盖率41.21%，公园3个。城镇污水处理率99.69%。生活垃圾无害化处理率100%。

全县已发现矿种30种，探明资源储量矿种4种。其中，非金属矿种2种，水气矿种1种。

全年水资源总量82800万立方米。总用水量40287万立方米，比上年增长7.3%。水库61座，水库总库容6784万立方米。年末水库蓄水总量764.3万立方米，下降47.9%。全社会用电量11.3亿千瓦时，增长4.9%。其中，工业用电量3.5亿千瓦时，增长24.1%。

全年完成造林面积908.67公顷，比上年下降28.9%。森林覆盖率10.36%。湿地保护率75.65%。自然保护区3个，保护区面积 10228 公顷。

全年优良以上空气质量达标率 89.3%，比上年下降 1.4 个百分点。达到或优于 III 类标准的水质断面比例为 81.3%，达到 IV 类标准的水质断面比例为 94.5%。

全年降水总量 947 毫米，比上年下降 3.9%。日照时数 1587.8 小时。年平均气温 18.4℃，比上年上升 0.1℃。

全年发生各类生产经营性安全事故 3 起，比上年下降 40%。生产经营性安全事故死亡人数 3 人。亿元地区生产总值生产安全事故死亡率 0.0068 人。发生道路交通事故 6962 起，比上年下降 5.7%。其中，死亡人数 45 人，下降 4.2%。道路交通事故万车死亡人数 0.029 人，下降 3.3%。

湘 阴 县

湘阴位于湖南省北部，居湘资两水尾闾。东接汨罗市，西邻益阳市，南连望城区，北郊沅江市、岳阳县、屈原行政管理区。县境东起长康镇的金鸡山，西至南湖洲镇的毛角口，南到樟树镇的易家坡，北达磊石山的挡嘴洲。东西最宽处 51.3 千米，南北最长处 61 千米。县域总面积 154145.47 公顷。

2023 年，全县年末户籍人口 69.74 万，出生人口 3842 人，出生率 5.21‰，死亡人口 4460 人，死亡率 6.05‰，人口自然增长率下降 0.84‰，出生人口男女性别比为 108.63 ∶ 100。年末全县常住人口 57.25 万。

2023 年，全县完成地区生产总值 421.78 亿元，同比增长 6.8%。其中第一产业增加值 75.54 亿元，同比增长 3.8%；第二产业增加值 158.83 亿元，同比增长 7.2%；第三产业增加值 187.41 亿元，同比增长 7.6%。三次产业结构比为 17.9 ∶ 37.7 ∶ 44.4。

湘阴县2023年国民经济和社会发展统计公报

2023 年，在湘阴县委、县政府的坚强领导下，全县上下认真贯彻落实中央和省、市决策部署，坚持以习近平新时代中国特色社会主义思想为指导，全面贯彻落实党的二十大精神，完整、准确、全面贯彻新发展理念，坚持稳中求进工作总基调，对标“三高四新”战略定位和使命任务，按照“承、闯、创、聚”四字要求，落实县委“12355”发展思路，持续推动高质量发展，奋力当好实施“强省会”战略的突击队、建设省域副中心城市的先锋队，县域经济社会发展稳中有进、进中向好。

一、综合

经上级统计部门核算，2023 年，全县完成地区生产总值 421.78 亿元，同比增长 6.8%。其中第一产业增加值 75.54 亿元，同比增长 3.8%；第二产业增加值 158.83 亿元，同比增长 7.2%；第三产业增加值 187.41 亿元，同比增长 7.6%。三次产业结构比为 17.9 ∶ 37.7 ∶ 44.4。

全县一般公共预算地方收入 25.58 亿元，同比下降 1%；一般公共预算地方税收收入同比增长 11%；规模工业增加值同比增长 11.8%；固定资产投资额同比下降 6%；社会消费品零售总额同比增长 9.5%；城镇居民人均可支配收入同比增长 4.3%；农村居民人均可支配收入同比增长 6.2%，新增“四上”单位 224 家。

二、农业

2023 年，全年完成农林牧渔总产值 139.4 亿元，同比增长 3.6%。其中农业产值 53 亿元，同比增长 2.1%；林业产值 3.98 亿元，同比增长 8.9%；牧业产值 27.77 亿元，同比增长 1.2%；渔业产值 46.58 亿元，同比增长 5.9%；农林牧渔专业及辅助性活动产值 8.07 亿元，同比增长 8.1%。

全年粮食播种面积 78.133 千公顷，同比增长 0.95%，粮食总产量 50 万吨，同比增长 2.57%；年末生猪存栏 35.48 万头，能繁母猪 3.06 万头，全年生猪出栏 55.35 万头，猪肉产量 4.06 万吨；牛存栏 3.56 万头，牛出栏 1.64 万头，牛肉产量 0.19 万吨；羊存栏 3.89 万只，羊出栏 4.43 万只，羊肉产量 0.08 万吨；家禽存笼 333.02 万羽，家禽出笼 468.32 万羽，家禽产量 0.68 万吨，禽蛋产量 1.07 万吨。全年蔬菜及食用菌播种面积 16.57 万亩，同比增长 0.2%；蔬菜及食用菌产量 41.21 万吨，同比增长 0.1%。全年油料播种面积 17.93 万亩，同比增长 10.8%；油料产量 2.09 万吨，同比增长 11.1%；全年茶叶产量 26.37 万吨，同比增长 1.3%；全年水果产量 3.98 万吨，同比增长 2.7%；全年食用坚果产量 584.2 吨，同比增长 3.1%。

三、工业、建筑业

2023 年，全县规模以上工业企业 246 家，其中本年新增 38 家，实现规模工业增加值增幅 11.8%；园区规模工业企 161 家，实现园区规模工业增加值增幅 18.1%。

全县规模以上工业按行业类型分：农副食品加工业产值同比增长 33.78%；酒、饮料和精制茶制造业产值同比增长 16.03%；纺织业产值同比增长 36.34%；纺织服装、服饰业产值同比增长 29.81%；木材加工和木、竹、藤、棕、草制品业产值同比增长 16.82%；家具制造业产值同比增长 29.55%；造纸和纸制品业产值同比增长 68.9%；文教、工美、体育和娱乐用品制造业产值同比增长 90.88%；化学原料和化学制品制造业产值同比增长 52.4%；医药制造业产值同比增长 56.19%；橡胶和塑料制品业产值同比增长 30.68%；黑色金属冶炼和压延加工业产值同比增长 21.13%；有色金属冶炼和压延加工业产值同比增长 54.33%；通用设备制造业产值同比增长 41.43%；专用设备制造业产值同比增长 226.32%；电气机械和器材制造业产值同比增长 38.54%；计算机、通信和其他电子设备制造业产值同比增长 132.51%；仪器仪表制造业产值同比增长 51.66%；其他制造业产值同比增长 103.65%；废弃资源综合利用业产值同比增长 101.8%；金属制品、机械和设备修理业产值同比增长 65.46%；水的生产和供应业产值同比增长 34.83%。

全县资质以上建筑企业 46 家，其中本年新增 3 家。建筑业总产值同比增长 1.62%，在外省完成建筑业总产值同比增长 13.09%。

四、房地产业

2023 年，全县房地产企业 55 家，其中本年新增 2 家。完成房地产开发投资增幅同比下降 15.7%；全年房屋施工面积 354. 万平方米，同比下降 21.1%，其中新开工面积 33.77 万平方米，同比增长 56.58%；全年商品房销售面积 40.08 万平方米，同比下降 30.1%，实现销售额 20.07 亿元，同比下降 25.1%，商品房销售均价 5008 元 / 平方米待售面积 33 万平方米。

五、固定资产投资、招商引资

2023 年，全县固定资产投资项目 19 个，实现固定资产投资增幅同比下降 6%，产业投资增幅同比下降 30.3%。其中五千万元以上项目 108 个，占全县投资总额比重 78.5%。工业投资项目 80 个，占全县投资总额比重 53.9%；技改投资项目 40 个，占全县投资总额 30.57%；高新技术投资项目 27 个，占全县投资总额比重 27.8%；生态环境投资项目 14 个，占全县投资总额比重 3.48%。湖南省岳阳市鹤龙湖水系连通项目湘阴县青草湖水环境综合治理项目等113个投资项目开工建设；金龙首开区项目一期、S506屈原至湘阴公路一期工程等120个投资项目加速推进；龙潭生命公园一期、虞公港一期水工部分等76个投资项目竣工投产。

全年招商引资引进各类项目35个，其中五千万元以上项目23个，亿元以上项目18个；协议引资157.58亿元，内联引资148.76亿元；外商直接投资142万美元。

六、商贸、旅游业

2023年，全县限额以上批发零售住宿餐饮企业221家，其中本年新增104家。全年实现社会消费品零售总额161.21亿元，同比增长9.5%。全年进出口总额10921万美元，同比增长99%。

全县旅行社7家，旅行社服务网点18个，旅游景点2个，实现旅游产业总收入69.09亿元；接待旅游总人数为662.5万人；旅游人天数759.9人／天。

七、交通运输、邮电

2023年，全县境内公路总长度3063.95公里。国道72.2公里，省道235.72公里，县级公路337.33公里，乡级公路968.14公里，村级公路1450.6公里。全县汽车客运量111.03万人，旅客周转量8451.74万人公里。

全县邮电业务总量4.48亿元，同比增长5.9%。年末移动电话用户54.18万户，宽带上网用户19.54万户，固定电话用户7.93万户。

八、财政、金融和保险

2023年，全县财政总收入34.06亿元，同比增长0.91%，一般公共预算地方收入25.58亿元，同比下降1%，其中地方税收收入11.77亿元，同比增长11.01%。全县公共财政支出58.55亿元，同比增长21.42%，一般公共服务支出5.40亿元，同比增长23.74%，其中教育支出9.35亿元，同比增长9.03%；社会保障和就业支出10.60亿元，同比增长29.11%；医疗卫生支出8.56亿元，同比增长18.53%。

2023年年末，全部金融机构各项存款余额306.93亿元，同比增长11.54%，其中住户存款243.04亿元，同比增长13.37%。全部金融机构各项贷款余额295.62亿元，同比增长14.58%。

全县保险公司17家，其中寿险业务保费收入3.53亿元，寿险赔款0.91亿元；财产险业务保费收入2.68亿元，财产险赔款1.90亿元。

九、科技教育、文化卫生

2023年，全县科技创新平台51个，其中国家级2个。实施科研计划28项，其中国家级8项。全年科技成果登记10项，技术合同认定登记项数281项，技术合同认定登记交易额29.16亿元。全县共有高新技术企业91家，科技型中小企业495家，专利授权量462件，每万人口有效发明专利拥有量5.94件。全年高新产业增加值同比增长17.8%，占GDP比重23.1%。

全县共有学校207所，教职员工5906人。其中普通中学34所，专任教师2305人，在校学生27711人；小学69所，专任教师1347人，在校学生34588人；中等职业学校3所，专任教师243人，在校学生3989人；幼儿园100所，专任教师762人，在园幼儿数13208人；特殊教育学校1所，专任教师29人，在校学生180人。

2023年，全县有县级公共图书馆1个，总藏书量35.49万余册。群众艺术机构1个，文化活动次数349次，举办训练班66班次，训练人数4070人。全年电视播出时间6387.5小时，转播中央一套节目948小时，年末电视覆盖率99%。

全县共有卫生机构25个，其中县级医院13个、乡（镇）卫生院20个；年末在职职工人数4012人；编制床位数4235张；全年诊疗人次数2115407人次，其中门、急诊人次数1740161人次；病床使用率67.31%。

十、人口、居民收入和社会保障

2023年，全县年末户籍人口69.74万人，出生人口3842人，出生率5.21‰，死亡人口4460人，死亡率6.05‰，人口自然增长率下降0.84‰，出生人口男女性别比为108.63 ∶ 100。年末全县常住人口57.25万人，城镇化率54.41%。

据住户抽样调查资料显示，2023年城镇居民人均可支配收入41624元，同比增长4.3%；农村居民人均可支配收入26961元，同比增长6.2%。

2023年全县参加城镇基本养老保险参保职工人数77778人，参保离退休人员数55413人；城市特困户救助178人，农村特困户救助6358人，农村特低保救助人数13245人；结婚登记2839对，离婚登记1191对；年末城镇登记失业人数1042人；新增参保人数5466人；参加失业保险人数37190人。

2023年民生实事方面：促进高质量充分就业，其中城镇新增就业4800人，完成率105.5%、开展补贴性职业技能培训2621人次，完成率104.84%；开展妇幼健康守护行动，其中农村适龄及城镇低保适龄妇女“两癌”（乳腺癌、宫颈癌）免费检查16042万人，完成率100.26%；提升基本养老服务水平，其中完成368户困难老年人居家适老化改造，完成率100%；开展残疾人关爱服务，其中康复救助残疾儿童134人，完成率161.45%、完成120户困难残疾人家庭无障碍改造，完成率100%；加快城镇老旧小区改造，其中开工改造8个城镇老旧小区，完成率100%、城镇住宅小区居民“一户一表”改造接收155户，完成率209.46%；加强农村“三路”、“两网”及灌溉、饮水工程建设，其中农村公路提质改造83.39公里，完成率134.5%、建设农村公路安防设施142.14公里，完成率117.47%、农村地区110千伏、35千伏电网供电能力提升（投入资金3100万元），完成率101.57%、农村地区10千伏及以下电网供电能力提升（投入资金6170万元），完成率103.09%、新建农村5G/4G基站155个、完成率250%、升级改造农村千兆光纤端口14008个，完成率379.31%、新增蓄水能力42.53万立方米，完成率108.49%；扩大社会保险覆盖面，其中养老保险参保人数达到56.06万人，完成率115.42%、工伤保险参保人数达到7.2万人，完成率160%、失业保险参保人数达到4.16万人，完成率110.9%；完成医疗救助目标任务，其中完成参保资助、住院救助、门诊救助、再救助6.11万人次，完成率180%；实施新生儿出生缺陷免费筛查，其中完成2252人次新生儿出生缺陷（耳聋基因）免费筛查，完成率100.54%；支持既有住宅加装电梯，其中既有住宅加装电梯30台，完成率136.36%；提质改造部分乡镇寄宿制学校，其中提质改造3所乡镇寄宿制学校，完成率100%；小型水库除险加固和标准化建设，其中除险加固小型水库8座，完成率100%、运行管护标准化建设25座，完成率100%；实施农村户厕改造和公厕建设，其中改新建农村户用厕所7000个，完成率100%、改新建农村公共厕所3座，完成率100%；实施高标准农田建设，其中建成高标准农田5.5万亩，完成率100%。

十一、资源、环境和安全生产

2023年，全县国土总面积1541.45平方公里，耕地面积49720.46公顷。绿化覆盖面积868.27公顷，公园绿地面积188.87公顷，园林绿化面积790.24公顷。公园个数8个，公园面积213.72公顷，建成区面积2186公顷，建成区绿化面积790.24公顷。人工造林面积1170亩，全年完成义务植树株数120万株，森林抚育面积750亩。

全年城镇污水排放总量1501.77万吨，城镇污水处理量1437.91万吨，城镇污水处理率95.75%。全社会用电总计122202.48万千瓦时，其中全行业用电57764.78万千瓦时，城乡居民生活用电64437.71万千瓦时。

全年工业COD排放量11.48吨，工业二氧化硫排放量85.89吨，烟尘排放量32吨，工业粉尘排放量18.05吨，工业用水总量140万吨，污染源治理总投资2245.7万元，建成投产执行“三同时”项目数23个，实施环境行政处罚案件56起。

全年平均气温18.4℃，比上年平均气温偏高0.2℃；月最高气温37.6℃，出现在8月份；月最低气温零下5.4℃，出现在1月份；年总降水量978mm；年总日照时数1487.2小时。

全县安全事故发生11起。全年共发生交通事故3115起，其中重大事故46起，一般事故3069起，发生事故死亡人数46人，发生事故经济损失折款236.49万元。

临湘市

临湘位于湘鄂交界处，长江中下游南岸，素称“湘北门户”，是湖南省县级市。市域总面积1760平方公里，辖10镇、4街道，161个村（居委会），总人口大约53万。

临湘底蕴深厚，山川秀美。五代后唐清泰年间（934—936）马殷置王朝场，北宋淳化五年（994年）升为王朝县，至道二年（996年）更名临湘县，1992年撤县设市。1000多年来，楚文化与湖湘文化在此交汇融合，积淀了一大批地域特色鲜明的历史文化遗产，瑶文化、茶文化、三国文化、红色文化、竹文化、民俗文化丰富多彩。临湘还是万里茶马古道的两个南方起点之一，临湘青砖茶、老青茶曾经是行业标志性品牌。临湘是“国家全域旅游示范区”创建单位，境内“山奇、水秀、洞幽”，境内的黄盖湖为湖南省第二大湖，是东吴名将黄盖训练水军的基地，是赤壁之战的主战场，已列入国家级风景名胜区。龙窖山千家峒是300万瑶族同胞的精神家园，堆石墓群属全国重点文物保护单位。五尖山国家森林公园、“6501”航空航天国防园、十三村酱文化博览园、浮标小镇是国家AAA级景区。嗡琴戏、白羊田天狮舞、十三村分别被列为国家级、省级非物质文化遗产。

临湘区位独特，交通便捷。南距长沙、北离武汉各约150公里，是长株潭城市群和武汉城市圈的中心节点，离岳阳市三荷机场仅20公里，已列入国家区域中心城市和岳阳市大城市组团、岳阳市“十四五”规划，定位为融城发展区域。境内“一江东流、三省交界、五线贯通”，拥有长江岸线38.5公里，是长江经济带上的重要口岸，建成有3个3000吨级栈桥式泊位的鸭栏货运码头。地处湖南、湖北交汇处，与赤壁、通城、崇阳紧密毗连，京广铁路、京广高铁、浩吉铁路、京港澳高速、杭瑞高速、107国道六条“国字号”交通大动脉穿境而过，是湖南15个交通节点县市之一。市域内公路总里程达到2300公里，100%的镇、行政村通水泥路，完成了城乡客运一体化改革，全市所有行政村公交车通达率达到100%，形成了“五纵六横”的公路网络，是全国“四好农村路”示范市。

临湘环境优良，潜力巨大。境内水利基础设施齐全，兴建集中供水工程61处，其中日供水规模在千吨万人及以上的水厂有11处。辖区内共有变电站13座，其中220千伏变电站1座，总容量360兆伏安。城市功能配套完善，整体提质改造107国道临湘段，先后建成了麦坡东路、连新路、永昌东路、北正街、民兴路、巴茅塘路等10多条城区道路，建设了汽贸城、商贸城等7个专业市场，完成了“气化湖南”岳临线工程，启动了20平方公里的云湖新区建设，城市承载能力不断提升。围绕“空心房”整治、村庄清洁行动集中攻坚，农村人居环境实现了“干干净净、整整齐齐、清清爽爽”的目标，涌现了一批示范村、示范片、示范带，探索出了具有临湘特色的乡村振兴之路。同时，着力优化营商环境，扎实推进“最多跑一次”改革，建设了全新的政务服务中心和“临湘智慧政务平台”，实现了“一件事一次办”“不见面审批”，使行政审批更加便捷、高效。出台了《招商引资优惠政策》《重大招商项目一事一议优惠政策（工业八条）》、促进企业发展15条措施等系列方案，临湘发展的软硬环境持续优化，发展来势越来越好。

临湘市2023年国民经济和社会发展统计公报

2023年，全市坚持以习近平新时代中国特色社会主义思想为指导，深入贯彻党的二十大和二十届二中全会精神，认真落实党中央、国务院决策部署，积极融入湖南“三高四新”战略大局，加快推动县域经济高质量发展，全年经济稳中有进、进中提质，高质量发展取得新进展，为全面建设社会主义现代化新湖南不断贡献临湘力量。

一、综合

2023年全市地区生产总值343.94亿元，比上年增长6.5%。其中，第一产业增加值42.82亿元，增长3.1%；第二产业增加值135.75亿元，增长6.9%；第三产业增加值165.38亿元，增长6.7%。三次产业结构比为12.4：39.5：48.1。

分季度看，一季度地区生产总值增长6%；上半年增长4.7%；前三季度增长5%；全年增长6.5%。

全年一般公共预算收入15.73亿元，增长7.5%；一般公共预算地方收入10.34亿元，增长8%；一般公共预算地方税收收入7.62亿元，增长10.8%。

全市总人口525399人，其中城镇人口192211人，农业人口333188人，户籍人口城镇化率36.58%，比上年下降0.11个百分点。全市常住人口42.53万人，其中城镇人口25.31万人，农村人口17.22万人，常住人口城镇化率59.51%。全年出生人口3031人，死亡人口5094人。

二、农业

全年实现农林牧渔业总产值69.40亿元，增长3.4%。其中农业产值29.08亿元，增长2.1%；林业产值3.44亿元，增长9%；牧业产值19.86亿元，增长2.2%；渔业产值12.42亿元，增长4.8%；农林牧渔服务业产值4.6亿元，增长9.4%。

全年粮食播种面积57600公顷，增长2.37%；棉花种植面积1333.45公顷，减少0.9%；油料种植面积15133.86公顷，减少1.1%；蔬菜及食用菌种植面积8302.16公顷。

全年粮食产量35.28万吨，增长0.97%；棉花产量0.15万吨，增长0.2%；油料产量2.8万吨，增长0.6%；蔬菜及食用菌24.93万吨减少0.5%。

全年猪、牛、羊总产量4.56万吨，其中：猪肉产量4.38万吨；禽蛋产量0.65万吨。

三、工业和建筑业

全年规模以上工业企业236家，规模以上工业增加值增长8.7%。

全年建筑业总产值22.74亿元，增长8.32%。

四、固定资产投资

全年固定资产投资比上年增长8.5%，分投资方向看，工业投资增长5.37%，民生投资增长5.45%，生态投资增长179.36%，基础设施投资下降11.62%，高新技术产业投资下降 36.61%。

全年完成房地产开发投资比上年下降 17.47%。其中住宅投资下降 29.18%。商品房销售面积 14.04 万平方米，下降 68.79%；实现商品房销售额 7.26 亿元，下降 70.40%。

五、国内贸易

全年全市实现社会消费品零售总额 120.57 亿元，比上年增长 10.6%。按经营地分，城镇消费品零售总额 106.21 亿元，增长 10.5%；乡村消费品零售总额 14.36 亿元，增长 11.75%。

限额以上法人批发零售业商品零售额中，粮油、食品类增长 0.5%；饮料类增长 6%；体育、娱乐用品类增长 22.4%；中西药品类增长 20.7%；文化办公用品类下降 21.1%；通信器材类增长 8.2%；石油及制品类增长 30.7%；建筑及装潢材料类下降 38%；汽车类增长 12.5%。

六、对外经济

全年完成外贸进出口总额 4.34 亿元，同比下降 31.1%。

七、交通、邮电和旅游

全市共有城乡巴士 95 台，城际公交 30 台，公交车 90 台，出租车 229 台，校车 184 台。完成农村公路提质改造 80.879 公里、建设生命防护工程 30.682 公里、完成养护工程 95.779 公里，（其中修复养护 35.755 公里、预防养护 60.024 公里）实施危桥改造 7 座，县、乡、村道好路率分别达到 94.11%、88.65% 和 89.1%。

全年完成邮政业务总量 10046 万元，电信业务总量 8523 万元。全市移动电话用户 41.18 万户。其中，电信、移动、联通和广电移动电话用户分别为 13.09 万户、22.19 万户、5.40 万户、0.50 万户。全市宽带互联网用户 14.15 万户。其中，电信、移动、联通和广电宽带互联网用户分别为 5.0 万户、7.48 万户、1.3 万户和 0.37 万户。

全年共接待游客 728.46 万人次，同比增长 54.53%；实现旅游收入 73.4405 亿元，同比增长 57.28%。

八、金融、保险

全年存款余额 286.29 亿元，增量 38.6 亿元，同比增长 15.6%；全年贷款余额 232.04 亿元新增贷款投放 38 亿元，同比增长 19.58%。

全年保费收入 4.96 亿元，其中财险累计收入 2.11 亿元，寿险累计收入 2.85 亿元，总赔付支出 2.2 亿元，同比增长 16.1%。

九、教育和科学技术

2023 年末，全市普通小学学校总数 36 所（教学点 41 个），在校小学生 30909 人，教职工 1972 人，其中专任老师 1961 人。全市中学 25 所，在校学生 30673 人。其中：初中在校生 16960 人，高中在校生 13713 人（包括职业高中）。全市普通初中和高中拥有教职工 2394 人，其中专任教师 2291 人。

全年专利授权量 213 件，其中，发明专利授权量 41 件。

十、文化、卫生和体育

2023 年末，全市共有艺术表演团体 23 个，文化馆 1 个，乡镇文化站 14 个，公共图书馆 1 个，博物馆 3 个，电影院 2 个，公共图书馆藏书册数 62.5 万册。

全年电视人口覆盖率 100%，广播人口覆盖率 100%，有线电视户数 1.7 万户。

全市共有医疗机构 435 个（含 8 家二级医疗机构），拥有床位数 2752 张（含全市公立医院、私立医院及乡镇卫生院），全市共有卫生工作人员 2435 人（其中在编职工 1636 人，临聘人员 799 人），高级职称 174 人，中级职称 637 人。

全市拥有体育场馆 1 座，体育场地 48 个，运动员 129 人，教练员 18 人。全年共举办市以上运动会 38 次，参加人数 5.5 万人次。全年参加省级以上运动会获金牌数 23 枚（省级）枚，国家级 5 枚，银牌数枚 17（省级），国家级 1 枚，铜牌数 23 枚（省级），国家级 3 枚。

十一、人民生活和社会保障

全年城镇居民人均可支配收入 39298 元，增长 4.9%；农村居民人均可支配收入 23653 元，增长 6.4%。城镇居民人均消费支出 28201 元，增长 4.3%；农村居民人均消费支出 18027 元，增长 6.2%。

全年新增城镇就业人员 5087 人。全年共征缴养老保险 4.51 亿元，争取中央、省财政转移支付资金 12.09 亿元，及时发放离退休人员养老金 15.4 亿元。参加失业保险职工人数 19605 人。全年新增参保 43449 人，工伤保险基金收入 1279.43 万元。

2023 年末，全市社会救济对象总人数 157047 人次。全市拥有养老服务机构 15 个，其中市级综合型养老服务机构—社会福利中心 1 个，镇（街道）敬老院 13 个，民办 1 个，拥有养老床位数 1943 张，入住人数 570 人。全年销售社会福利彩票 9479.8 万元，筹集福彩公益金 792.53 万元（未包括省级公益金拨款）。

十二、资源和环境

全市已发现矿种 35 种，其中，能源矿产 2 种，金属矿产 13 种，非金属矿产 19 种，水气矿产 1 种。探明资源储量矿种 21 种。

全市空气质量优良率 90.7%，地表水达到Ⅲ类或优于Ⅲ类水体比例 100%。城镇污水处理率 98.0%，对农村生活垃圾进行无害化处理的行政村比例 100%。

汨 罗 市

汨罗，简称罗城，隶属湖南省岳阳市，地处湖南省东北部，紧靠洞庭湖东畔、汨罗江下游。汨罗市东部、东南部分别与长沙市长沙县、望城区接壤，西邻湘阴县和沅江市，北接岳阳县，东北与平江县交界。因境内有汨水、罗水会合，其下游名汨罗江，因而得名，总面积 1562 平方公里，常住人口 632246 人（根据第七次人口普查数据，截至 2020 年 11 月 1 日零时），户籍人口 659486 人（截至 2023 年 12 月 31 日零时）。拥有世界级非物质文化遗产“汨罗江畔端午习俗”和国家级非物质文化遗产“长乐抬阁故事会”，是“中国龙舟名城”“中华诗词之乡”，被誉为“端午源头、龙舟故里、诗歌原乡”“蓝墨水的上游、文化人的圣地”。汨罗江是战国时期楚国文学家、著名爱国诗人屈原行吟求索、投江殉国之地，现有屈子祠、屈原墓等纪念屈原的古迹建筑，建有屈子文化园、屈子书院等旅游景点。汨罗市交通发达，京广铁路、京广高铁、107 国道、240 国道、京港澳高速及复线、210 省道纵贯南北，平益高速、536 国道、308 省道横贯东西。汨罗农业基础坚实，是全国重要的商品粮生产基地、生猪调出大县；循环经济产业园是国家首批循环经济试点、大宗固体废弃物综合利用基地、绿色产业示范基地和湖南省高新技术产业开发区，长沙经开区汨罗产业园是湖南省首个正式实施、跨市州合作的飞地工业园，被定为湖南工程机械配套产业园。2021 年，汨罗入选赛迪投资竞争力百强县第 95 位、全省县域经济高质量发展先进县 10 强。2019 年 3 月 6 日，中央宣传部、财政部、文化和旅游部、国家文物局公布《革命文物保护利用片区分县名单（第一批）》，汨罗市名列其中。

汨罗市2023年国民经济和社会发展统计公报

2023 年，汨罗市委、市政府团结带领全市人民，坚持以习近平新时代中国特色社会主义思想为指导，落实“三高四新”战略定位和使命任务，服务省域副中心城市建设，锚定“十百千万”坐标定位，聚焦“一二三四”工作目标，放下包袱、轻装上阵，经济社会发展质量有了进一步提升。

一、综合

初步核算，全市完成地区生产总值462.9亿元，同比下降1.8%。其中第一产业增加值49.7亿元，增长3.1%；第二产业增加值183.5亿元，下降4.2%；第三产业增加值229.7亿元，增长0.2%。三产业结构比为10.7 ：39.6 ：49.7。按常住人口计算，人均GDP达到83409.2元。

二、农业

全市实现农林牧渔业总产值83.6亿元，增长3.4%，其中，农业产值35.1亿元，增长3.5%；林业产值2.3亿元，增长8.9%；牧业产值31.0亿元，增长0.4%；渔业产值9.1亿元，增长9.8%；农林牧渔服务业产值6.1亿元，增长8.5%。

全市粮食作物种植面积98.7万亩，其中稻谷种植面积83.3万亩，玉米种植面积10.1万亩，其他粮食作物种植面积5.3万亩。粮食产量41.2万吨，其中稻谷产量36.3万吨，玉米产量3.8万吨，其他粮食作物产量1.1万吨。经济作物种植面积37.5万亩，其中油菜籽14.0万亩，蔬菜及食用菌13.5万亩，瓜果类4.1万亩，其他经济作物种植面积4.2万亩。

全市猪、牛、羊、禽肉产量7.0万吨，其中猪肉产量6.0万吨，牛羊肉产量0.3万吨，禽肉产量0.7万吨，禽蛋产量1.1万吨。年末生猪存栏53.0万头，全年生猪出栏81.8万头。

全市共有农民专业合作社1258家、家庭农场508家、规模以上农业企业49家，省级龙头企业8家、市级龙头企业36家，创建国家、省级农业产业强镇3个，现代农业特色产业园8个，年末农业机械总动力58.6万千瓦。实施高标准农田建设项目2个，高标准农田建设面积12.93万亩，“两品一标”农产品33个。

三、工业和建筑业

全市规模工业企业343家，规模工业增加值同比下降4.6%。计算机、通信和其他电子设备制造业、金属制品、机械和设备修理业等主导行业实现较快增长，分别增长257.3%、85.5%、81.7%

园区完成规模工业总产值194.5亿元，下降8.4%，园区规模工业总产值占全市规模工业总产值比重达到85.3%。

全市共有建筑业企业31家，其中一级建筑施工总承包企业1家，二级建筑施工总承包企业10家，三级建筑施工总承包企业20家。全年实现建筑业总产值41.3亿元，增长3.3%。

四、固定资产投资和房地产

全年固定资产投资增长4.8%；分领域看，工业投资增长2.3%，房地产开发投资增长2.1%。分产业看，产业投资增长20.2%，民间投资增长17.3%。高技术产业投资下降63.1%。

全市共有房地产开发企业46家。从商品房屋建筑用途看，住宅投资占全部房地产开发投资的87.6%。房地产新开工面积174817平方米，商品房销售面积354131平方米。

五、交通、邮电通信

现有客运汽车312辆，全年汽车客运量273.8万人次。铁路旅客发运量111.8万人次，其中高铁发运量83.4万人次。拥有新能源（纯电动）公交车173台，其中城市公交车91台，城乡巴士82台，已开通城市公交营运线路16条。全市现有驾校6家，培训6630多人。提质改造农村公路65.6公里，实施安保工程91.3公里。

全市4G基站1810个，实现行政村全覆盖；共有5G基站1233个，覆盖城区及主要集镇；通组光纤宽带端口总数达39.3万，行政村通宽率100%，自然村通宽率95%。

六、国内贸易

全市完成社会消费品零售总额151.1亿元，增长7.1%，其中限上法人单位实现社会消费品零售总额18.2亿元，下降1.9%。按经营地看，限额以上法人批发和零售业城镇实现零售额16.2亿元，下降1.7%，限额以上法人批发和零售业乡村实现零售额2.0亿元，下降3.1%。按消费类型看，商品零售额增长0.3%；餐饮收入下降25.5%。按商品类别看，烟酒类下降2.6%、粮油、食品类增长26.9%、石油及制品类下降14.5%、新能源汽车类增长293.7%、日用品类增长27.4%、中西药品类下降36.0%。全年电子商务交易额60.1亿元，同比增长8.7%。

七、财政、金融和保险业

全市完成一般公共预算收入25.1亿元，同比下降0.8%，一般公共预算地方收入完成15.7亿元，同比增长4.0%，其中税收收入12.4亿元，同比增长12.0%，非税收入3.3亿元，同比下降17.8%，地方收入税收占比78.9%。

全市金融机构共12家，年末各项存款余额379.2亿元，较年初增长15.3%，其中个人存款291.1亿元，较年初增长14.8%。年末各项贷款余额368.7亿元，较年初增长20.3%。全市金融机构存贷比为97.3%。

全市保险机构共24家，全年实现保费收入7.8亿元，增长0.2%，其中财产保险费收入3.7亿元，增长12.7%；寿险保费收入4.4亿元，增长3.3%。全年共支付和结付各项赔款3.4亿元，增长9.0%。

八、科技和教育

全市高新技术企业97家，净增20家，完成科技型中小企业备案332家。全市研发投入11.6亿元，占GDP比重达到2.4%；完成高新技术产业增加值49.7亿元，占GDP比重11.0%；完成技术合同登记300项，交易总额22.48亿元。国际马德里商标数10件，国家地理标志证明商标3件，国家地理标志保护产品2件。

全市共有各级各类学校（幼儿园）235所。其中幼儿园121所，在园幼儿14228人；小学68所，初级中学17所，九年一贯制学校20所，在校小学生38912人，在校初中学生21969人；职业中学3所，在校学生5818人；普通高中4所，在校学生10676人；特殊教育学校1所，在校学生209人。小学适龄儿童入学率100%。

九、文化旅游、卫生健康和体育

全市共有艺术表演团队9个、文化馆（站）17个、公共图书馆（站）17个、纪念馆5个。全市有广播电台1家、电视台1家。世界级非物质文化遗产保护目录1处，国家级非物质文化遗产保护目录2个，省级非物质文化遗产保护目录10个，国家级文物保护单位3处，省级文物保护单位12处，岳阳市级文物保护单位11处。馆藏图书49.13万册、报刊150种、古籍2000余册。

汨罗市有A级旅游景区9个，其中国家4A级景区2家（任弼时纪念馆、屈子文化园）、国家3A级景区7家（长乐古镇、西长、普德文化园、神鼎山、红花山、八景洞、屈原酒生态酿酒园），星级旅游酒店1家，省级旅游度假区1家（汨罗江旅游度假区），全国乡村旅游重点村2个（西长村、新义村）、省级乡村旅游重点镇1个（屈子祠镇），省级乡村旅游重点村3个（序贤村、永青村、长乐街社区），省级工业旅游示范点1个（屈原酒生态酿酒园）、省级夜间文旅消费聚集区1个（长乐古镇景区）、省级旅游休闲街区1个（长乐古街）、湖南省五星级乡村旅游区点5个。汨罗市202年旅游人次数998.78万人次，同比增长57.63%；旅游收入100.75亿元，同比增长60.65%。

年末全市共有卫生机构563个，其中医院9所，妇幼保健院1所，专科疾病防治医院4所，疾控中心1家，乡镇卫生院19所（14家乡镇卫生院，5家非建制卫生院），社区卫生服务中心2个，诊所、医务室、门诊部77个，村卫生室及下属点450个。卫生技术人员3860人，增长4.9%，其中执业医师和执业助理医师1609人，增长3.4%，注册护士1601人，增长8.6%。医院拥有床位总数3746张，增长3.7%。

全市共有综合性体育馆13座，游泳场10个，羽毛球馆32个。在湖南省青少年田径锦标赛，汨罗市第二中学学生霍丰瑞

2.12 米获男子跳高第一名并打破湖南省纪录；汨罗市体育学校代表岳阳市征战 2023 湖南省足球协会青少年锦标赛女子乙组比赛，获亚军；岳阳市中小学生运动会，我市共派出 35 支代表队，获大团体总分第一名、金牌数第一名、奖牌数第一名。

十、人民生活

全市城镇居民人均可支配收入 43124 元，增长 4.2%；农村居民人均可支配收入 26270 元，增长 6.2%。

全市城镇居民人均消费支出 29106 元，比上年增长 4.25%；农村居民人均生活消费支出 24904 元，增长 4.9%。

十一、人口和社会保障

年末全市户籍人口 659486 人，其中男性 344616 人，女性 314870 人。总人口中 18 岁以下人员 128082 人，18—35 岁人员 121523 人，35—59 岁人员 259481 人，60 岁及以上人员 150400 人。全年出生 3980 人，其中男性 2123 人，女性 1857 人，出生率为 5.8‰。死亡 5012 人，其中男性 2957 人，女性 2055 人，死亡率 7.3‰。人口自然增长率 -1.5‰。

全市新增城镇就业人员 7068 人。参加基本养老保险职工人数 94610 人，其中在职 53601 人，退休人员 41009 人。城镇职工基本医疗保险参保人数 41636 人，居民基本医疗保险参保人数 490269 人。参加失业保险职工人数 26539 人。参加工伤保险职工人数 46543 人。城乡居民养老保险登记参保人数 361669 人。领取失业保险金职工人数 181 人。城市低保户 1364 人，城市低保标准 650 元 / 月，月救助水平达 366 元；农村低保户 12445 人，农村低保最低生活保障标准 5004 元 / 年，月救助水平达 237 元。发放城镇最低生活保障资金 570 万元，发放农村最低生活保障资金 3142 万元。各类收养性社会福利养老机构 10 家，总床位数 1560 张，收养入住各类人员 1129 人。

十二、资源、环境和安全生产

全市已经探明部分储量的矿种主要有花岗岩、长石、石英、高岭土、耐火黏土、砖瓦用黏土、金、砂砾石等八种。其中汨罗江砂金矿是已探明的长江以南最大的河流矿床，地质储量 20 吨左右；高岭土总储量 5000 万吨，可淘洗精泥 1250 万吨；花岗岩预测地质总储量在 5000 亿立方米以上，可开采利用储量 7000 万立方米以上；石英总储量 10 万吨以上；境内花岗岩体的晚期伟晶岩脉中，已探明有铍、锂、铷、铯、铌、钽等稀有金属矿分布。

环境保护监测站监测分析，全市城区空气优良天数为 335 天，优良率为 91.8%，PM2.5 平均浓度为 32 微克 / 立方米，PM10 平均浓度为 49 微克 / 立方米，综合指数为 3.11。国控、省控、集中式饮用水水源地水质均满足Ⅱ（二）、Ⅲ（三）类水质标准，水质达标率 100%。汨罗江总磷同比下降 5.88%，污染地块安全利用率达 91% 以上，重点建设用地安全利用率达 100%。

全年森林覆盖率（林木绿化率）47%，活力木蓄积量 348 万立方米。建档挂牌古树名木 504 株，后备资源 170 株。

全年共查处非法违法行为 1323 起，取缔关闭非法作业场所 87 处，责令停产停业 85 家，行政拘留 51 人，行刑衔接 16 起，刑事拘留 25 人。明确 34 名市级领导，81 个市直单位“三包”责任，落实“3 个责任人”1256 名，完善水利设施，加固堤防水库、整治山塘、清淤沟渠、修复水毁灾损工程，更新改造机埠，实现增加蓄水容积 18.9 万立方米。启动 3 次Ⅳ应急响应，提醒叫应 100 余次，成功应对 10 轮较强及以上强降雨。围绕特殊人群，针对人员密集场所、工地等重点领域，深入开展防火安全宣传和隐患排查。修编专项应急预案 37 个，市镇村组织各种类型应急演练达 200 多场，企事业单位演练达 1000 多场。

岳阳楼区

岳阳楼区因千古名楼岳阳楼而得名，已有 2500 多年建城史。1996 年经国务院批准，由岳阳市原南区和郊区合并而成，现辖 14 个街道、1 个乡、108 个社区（村），面积 103.7 平方公里，实有管理服务人口 85 万，城镇化率达 95.5%。作为岳阳市的主城区，岳阳楼区聚焦省委实施“三高四新”战略、市委建设名副其实的省域副中心城市的部署要求，深入推进科教立区、开放兴区、产业强区、改革活区、依法治区“五大战略”，全力打造核心引领区和首善之区。

这是一方产业兴旺、商贸繁荣之地。聚焦生产生活服务业、总部经济以及新业态新模式的产业定位，先后引进金茂、融创、祥源、友阿、平安银行等优质企业，现代商贸、金融保险、文旅休闲等传统优势产业持续壮大。主动顺应新一轮产业革命和科技变革形势，加快推动东茅岭商圈、花板桥商圈、天伦城商圈与电商产业深度融合，谋划推进东风湖新区、奇家岭城市新区、胥家桥片区、七里山片区等产业聚集区建设，全力打造全市的政治经济文化中心、金融中心、商贸流通中心、文旅中心、高端服务业中心、科教康养中心，综合实力稳居全市第一。

这是一个城乡秀美、绿色生态之区。强力实施中心城区棚户（旧城）区和老旧小区改造、东风湖新区开发、洞庭南路历史文化街区建设、基础设施配套，全力以赴提质老城区、改造旧城区、振兴古城区、拓展新城区，实现了老城旧貌换新颜的历史性跨越。持续开展污染防治攻坚战“夏季攻势”“洞庭清波”专项行动，各级环保督察反馈问题如期整改销号，东风湖治理经验全省推介，成为岳阳建设长江经济带绿色发展示范区的样板。如今，岳阳楼区精致的城市建设、精美的城市环境，与烟波浩渺的洞庭湖、名闻天下的岳阳楼、苍翠幽静的金鹗山、巍然屹立的慈氏塔等人文自然景观交相辉映、美不胜收，宛如一幅水墨丹青的迷人画卷。

这是一座民生幸福、平安和谐之城。主动顺应人民对城市美好生活的向往，聚焦善治善管目标，勇担城市建管与社会治理主职主责，深入推进“党建＋网格化微治理”改革、五个“一公里公共服务圈”建设，持续开展环卫治脏、市容治乱、禁违治违、交通治堵、环保治污、治安治差“六治”工作，有效实现城市建设上水平、城市管理上档次、城市服务上台阶。坚持法治、德治、自治有机结合，持续优化城市法治环境、政务环境、人文环境、营商环境，逐渐成为闻者向往、来者依恋、居者自豪的宜居宜业福地。先后获评“全国和谐社区建设示范城区”“全省首批法治政府创建示范区”等多项省级以上荣誉，为岳阳夺得全国文明城市、全国社会治安综合治理优秀市、中国最具幸福感城市等多个“国字号”荣誉发挥关键作用。

岳阳楼区2023年国民经济和社会发展统计公报

2023 年在市委、市政府和区委的坚强领导下，在区人大、区政协的监督支持下，我区坚持以习近平新时代中国特色社会主义思想为指导，全面贯彻党的二十大精神，紧紧围绕打好“发展六仗”，坚持系统思维，深化改革创新，保持定力、顶住压力、精准发力，较好完成了年度各项目标任务，经济社会保持平稳健康发展，中心城区首位度持续提升。

一、综合

根据地区生产总值统一核算结果，全年地区生产总值804.28亿元，比上年增长6.1%。其中：第一产业增加值6.89亿元，增长2.6%；第二产业增加值129.84亿元，下降4.4%；第三产业增加值667.55亿元，增长8.4%。按常住人口计算，人均地区生产总值125267元，增长2.7%。

第一、二、三次产业分别拉动GDP增长-0.03、-4.95、8.42个百分点，三次产业结构为0.86 ∶ 16.14 ∶ 83。与上年比较，第一产业所占比重下降0.04个百分点，第二产业比重下降5.56个百分点，第三产业比重上升5.6个百分点。

二、农业

全区实现农林牧渔业总产值11.6亿元，增长3.0%，其中：农业总产值7.06亿元，增长1.7%；林业总产值0.51亿元，增长8.9%；牧业总产值0.74亿元，下降2.4%；渔业总产值2.4亿元，增长5.4%；农林牧渔服务业总产值0.89亿元，增长8.7%。

全区共有农产品加工企业62家，其中国家级及省级龙头企业9家、市级龙头企业20家。农产品加工企业营业收入96.8亿元，增长8%；农产品加工企业实现利润2.96亿元，增长7.5%；休闲农业经营收入305万元，增长5%。年末农业机械总动力20.3万千瓦，增长0.01%。实施高标准农田建设项目2个，高标准农田建设面积1万亩。

三、工业和建筑业

全区现有25家规模工业企业，全年完成规模工业总产值19.7亿元，同比下降31.8%。全区规模以上工业企业营业收入20.86亿元，下降23.4%；全区现有资质以上建筑企业66家，实现总产值120.72亿元，比上年减少0.01%。

四、固定资产投资

全年固定资产投资同比下降3.0%，产业投资同比下降59.5%，施工项目182个，增长28.2%，其中本年新开工项目135个，增长55.2%。

完成房地产投资47.66亿元，增长19.1%。商品房全年房屋施工面积612.92万平方米，下降6.1%。房屋竣工面积30.65万平方米，增长189.8%。销售面积64万平方米，增长6.4%。销售额39.9亿元，增长6.7%。

五、商贸业

全区实现社会消费品零售总额601.58亿元，增长10.1%。按经营地分，城镇571.49亿元，增长10.1%；乡村30.08亿元，增长9.9%。按消费形态分，批发业90.24亿元，增长9.8%；零售业271.75亿元，增长10.2%；餐饮业150.46亿元，增长10%；住宿业89.12亿元，增长9.9%。

限额以上法人批发零售企业商品零售额中，粮油、食品类增长13.07%，饮料类增长49.8%；烟酒类增长7.89%；服装、鞋帽、针纺织品类增长20.1%；化妆品类下降13.6%；金银珠宝类增长5.59%；日用品类下降0.51%；五金、电料类下降6.3%；体育、娱乐用品类下降44%；书报杂志类增长32.4%；电子出版物及音像制品类增长80%；家用电器和音像器材类增长15.1%；中西药品类增长26.6%；文化办公用品类增长4.76%；家具类增长9.6%；通信器材类增长23.3%；石油及制品类增长11.8%；机电产品及设备类增长14.1%；汽车类下降5%。

六、服务业

全年完成规模以上服务业企业营业收入79.03亿元，比上年增长30.8%；利润总额4.81亿元，增长43.2%；期末用工人数1.5万人，下降6.3%。

七、财政

全年全区一般公共预算收入30.02亿元，增长9.5%，其中：税收收入27.15亿元，增长9.8%；非税收入2.87亿元，增长6.4%。一般公共预算地方收入12.48亿元，比上年增长9.9%，其中：税收收入9.61亿元，增长11.0%。税收收入中，增值税3.18亿元，增长5.1%；企业所得税0.44亿元，下降12.7%。一般公共预算支出44.81亿元，增长15.43%。

八、教育和科学技术

学前教育招生5764人，在校生22167人，毕业生10151人。小学教育招生10292人，在校生56895人，毕业生8770人。初中教育招生7431人，在校生21994人，毕业生6334人。高中教育招生2440人，在校生7032人，毕业生2231人。各类民办学校3所，在校学生1540人。小学适龄儿童入学率和小学毕业生升学率都达到了100%。落实义务教育保障资金11.9亿元，发放普通高中国家助学金191.2万元。

全年技术合同交易件数408件，技术合同交易金额35亿元。全区检验检测机构34家，特种设备数量5239台，工业产品生产许可证9张，食品生产许可证53张。

九、文化、卫生和体育

年末全区共有艺术表演团体3个，群众艺术馆、文化馆1个，公共图书馆1个，博物馆、纪念馆1个。国家级非物质文化遗产保护目录1个，省级非物质文化遗产保护目录1个，市级非物质文化遗产保护目录4个，区级非物质文化遗产保护目录3个。广播综合人口覆盖率100%，电视综合人口覆盖率100%。

年末有卫生机构609个。其中，医院49个，基层医疗卫生机构551个（其中：社区卫生服务中心21个，社区卫生服务站72个，乡镇卫生院4个、村卫生室44个，门诊部59个，诊所、卫生所、医务室351个），专业公共卫生机构9个。全区拥有卫生技术人员11827人，其中执业医师和执业助理医师4337人，注册护士5857人。全区实有床位数11547张。

全区经常参加体育锻炼人数33万人，开展全民健身项目27项次。共有体育馆56个，运动场257个，游泳池21个，各种训练房168个。

十、人口、人民生活和社会保障

年末全区常住人口64.48万人。其中，城镇人口62.34万人，乡村人口2.14万人，城镇化率96.68%。全年城镇居民人均可支配收入48791元，增长5.0%。全区城镇居民人均消费支出36693元，比上年增长5.3%。

全年城镇新增就业人员8854人。年末城镇登记失业率控制在3.5%以下，失业人员再就业6601人。

年末城乡居民基本养老保险登记参保人数4.56万人。基本医疗保险参保人数43.07万人，其中：参加城乡居民基本医疗保险人数38.89万人，参加城镇职工基本医疗保险人数4.18万人。参加生育保险职工人数2.9万人。参加工伤保险职工人数8.7万人，参加失业保险职工人数2.44万人，领取失业保险金职工人数470人。获得政府最低生活保障的城镇居民12.89万人，发放最低生活保障经费5582.87万元。获得政府最低生活保障的农村居民10219人，发放最低生活保障经费426.55万元。年末养老机构床位数2829张。养老机构服务人数930人。社区养老服务机构和设施38个。全年销售社会福利彩票0.1亿元，筹集福彩公益金200万元。

十一、资源、环境和安全生产

年末全区新增蓄水能力10.8万立方米，全年开工各类水利工程6处，水利工程投入资金2700万元，比上年增长8%，水利工程完成土石方0.602亿立方米，增长5.2%。

全区环境空气质量优良率为85.6%，同比上升1%；空气综合指数为3.75，同比下降2.6%。全区1个地表水考核断面水质监测达标率为100%，达到或优于III类标准的水质断面比例为100%；长江岳阳楼段水质达标率为100%；岳阳楼区郭镇乡农村集中式饮用水水源地水质达标率为100%。老旧小区改造228个，比上年增长23%。

全年发生各类生产经营性安全事故起，死亡人数2人。

云溪区

云溪位处岳阳市北部，长江中游南岸，1984年建区，时名北区，1996年更名为云溪区，现辖2镇3街道，总面积403平方公里，素以“工业重镇”“鱼米之乡”“湘北门户”著称。

——区位交通优越。云溪扼守湖南北大门，区域内许广高速、杭瑞高速、京广铁路、浩吉铁路、武广高铁等穿境而过，28公里长江黄金水道环绕西北，荆岳长江大桥连通湘鄂两省，距岳阳三荷机场仅20公里，水陆交通条件十分便捷，具有临城伴厂、滨湖通江、多元交汇的独特区位优势。

——城乡风光秀美。云溪东据逶迤山岭，西展坦荡湖乡，集湖光、山色、水韵于一体，拥有白泥湖国家湿地公园、清溪省级森林公园等诸多自然景观，形成了得天独厚的“天然氧吧”。近年来，美丽乡村建设、城乡人居环境整治、移风易俗行动扎实推进，云溪街道八一村被评为全国文明村，千年古镇陆城被评为湖南省经典文化村镇，一幅幅美丽的乡村画卷正在徐徐铺展。

——人文底蕴厚重。境内有铜鼓山、大矶头等国家重点文物保护单位和庄王擂鼓、岳飞洗马、刘璈巡台、尚书故里等遗迹景观，流传着脍炙人口、引人入胜的人文故事，印刻着先民3400年前刀耕火种、繁衍生息的痕迹，回荡着刀光剑影、鼓角争鸣的历史硝烟，诉说着云溪人民好德崇善、勤劳智慧的优良美德。

——产业特色鲜明。境内驻有湖南石化、华能电厂等大型央企和湖南岳阳绿色化工高新区、城陵矶新港区、城陵矶综合保税区、岳阳自贸片区、岳阳静脉产业园等多个产业园区，发展石化产业已历时半个世纪，是我国中部地区重要的石化产业基地，也是长江中游区域性航运物流中心和岳阳产业项目建设的“主战场”。2023年绿色化工高新区实现技工贸总收入1415亿元、实现税收140亿元，亩均税收突破50万元，居全省第一。

——发展走势强劲。近年来，全区上下锚定加快建设湖南万亿现代石化产业核心基地的美好蓝图，以“产业强区、项目兴区”为抓手，着力打造绿色化工重镇、山水生态新区、产城融合新城、民生幸福家园，区域经济社会发展增势稳、劲势足、走势强。特别是当前，随着岳阳百万吨乙烯项目开工建设、己内酰胺项目竣工投产，必将迎来一个大有希望、大有作为的黄金期，也必将成为岳阳省域副中心城市建设的“排头兵”。

云溪区2023年国民经济和社会发展统计公报

2023年是全面贯彻党的二十大精神的开局之年，也是三年新冠疫情防控转段后经济恢复发展的一年。全区上下坚持以习近平新时代中国特色社会主义思想为指导，深入贯彻党的二十大和二十届二中全会精神，认真落实省委、市委决策部署，锚定“三高四新”美好蓝图，聚焦高质量发展这个首要任务，深入推动“走找想促”，全力打好“发展六仗”，全年经济稳中有进、进中提质，高质量发展取得新成效。

一、综合

初步核算，全年实现地区生产总值334.25亿元，比上年增长0.3%。分产业看，第一产业实现增加值12.55亿元，增长[illegible].7%；第二产业实现增加值197.26亿元，增长–0.9%；第三产业实现增加值124.44亿元，增长2.4%。三次产业对GDP增长的贡献率分别为3.7%、59.1%、37.2%。

全年一般公共预算地方收入5.29亿元，同比增长10.0%，其中一般公共预算地方税收收入4.48亿元，同比增长11.5%。

二、农业

初步测算，全年完成农林牧渔业总产值21.9亿元，比上年增长2.1%。农林牧渔专业及辅助性活动产值1.41亿元。

三、工业和建筑业

全区规模以上工业实现总产值908.85亿元，同比下降4.22%。规模以上工业增加值同比增长0.8%。

全区规模以上工业企业实现主营业务收入924.55亿元，利润总额达29.41亿元。

全年具有建筑业资质等级的独立核算企业完成建筑业总产值16.07亿元；房屋竣工面积2.67万平方米。

四、固定资产投资

全年完成固定资产投资比上年下降16.5%。

五、贸易

全年实现社会消费品零售总额48.17亿元，比上年增长6.3%。

六、交通和邮电

年末公路通车里程为638.609公里。年末本地固定电话用户43296户；移动电话用户158718户；年末互联网宽带用户202014户。（2022年数据，2023年未公布）

七、金融

年末金融机构各项存款余额（本外币合计，下同）227.70亿元，其中住户存款余额132.80亿元。年末金融机构各项贷款余额228.37亿元。

八、教育和科学技术

全区现有普通中学10所，小学11所，幼儿园、托儿所30所。普通中学在校学生4685人，小学在校学生9553人。普通中学专任教师575人，小学专任教师590人。高新技术产业增加值212.87亿元，下降1.8%。

九、文化、卫生和体育

全区拥有文化馆1个，公共图书馆藏书量78.109千册，档案馆1个，剧场、影院5个，公园19个。全区广播综合人口覆盖率100%；电视综合人口覆盖率达100%。

全区拥有卫生机构（含村卫生室、个体诊所）122个，其中综合医院1家、中医医院1家、妇幼保健院1家、镇（中心）卫生院6家、卫生防疫防治机构2家，民营医院5家。卫生技术人员1140人，其中执业医师及执业助理医师440人，注册护士575人。卫生机构床位1338张。年末拥有体育场地数575个。

十、人民生活和社会保障

年末全区常住人口14.24万人。其中：城镇9.17万人，农村5.07万人；男性7.45万人，女性6.79万人。0—15岁人口2.45万人，16—59岁人口8.74万人，60岁及以上人口3.05万人。城镇化率64.4%。（2022年数据，2023年未公布）

全年城镇居民人均可支配收入50767元，比上年增长4.4%。

全区提供住宿的民政服务机构8个；民政服务机构床位数535张；城市居民最低生活保障人数993人；农村居民最低生活保障人数2798人。

年末参加全区人力资源和社会保障部门城镇职工基本养老保险47439人；年末参加城乡居民养老保险46953人；年末参加基本医疗保险人数106127人，参加城乡居民医疗保险人数达89898人。参加失业保险职工人数10713人。

君 山 区

美丽富饶的君山区位于湖南省东北部，是1996年经国务院批准设立，由原国营君山农场、国营钱粮湖农场撤并而成的县级行政区，辖四个镇、一个街道、一个生产场，总面积718平方公里，是岳阳市中心城区三大组成部分之一。

君山区东临滚滚长江，南濒淼淼洞庭，境内大部地区由洞庭湖淤积平原构成，北边是古洞庭湖河岸山脉，区域内水网密布，良田成片，绿树成荫，物产丰饶。原国家副主席董必武欣然题写“胜境名区”，国务院总理温家宝由衷赞叹“洞庭明珠”。区内旅游资源极为丰富。千古名楼岳阳楼，国家“AAAAA”景区君山岛，世界面积最大的野生荷花成片聚生地、国家“AAAA”景区野生荷花世界，世界级湿地东洞庭湖保护区，千古名刹武当行宫天井山，如同颗颗璀璨的明珠撒落在君山区这片绿色神奇的原野上。荷花人工种植和野生面积常年在5万亩左右。星级农家乐、花卉博览园等生态休闲设施完备，湖乡传统农耕文明与现代化生产方式相得益彰。春季踏青，夏季赏荷，秋季看苇，冬季观鸟，湖乡特色鲜明的生态休闲旅游资源极为丰富，是岳阳城区的“绿肺”和“花园”。正如洞庭湖接纳了三湘四水，君山区以她博大的胸怀接纳了来自云南、贵州、四川、河南、山东等20多个省（市）区的移民与土家族、侗族、回族等10多个少数民族。多地多民族的融合，铸就了“尚德务实，开拓创新”的君山精神，丰富了君山湖湘文化内涵，打造出特色鲜明的君山文化。

君山区驶入发展的快车道。全区现已开发棉、粮、菜、油、林、水果、芦苇、养殖等八大主导产业，农业产业结构已形成十大农产品板块基地，优质水果示范区、绿色蔬菜示范区、高效养殖示范区、现代物流区、休闲观光区等五大功能区初具规模，新农村建设如火如荼，农村产业增收明显；工业经济日益向规模型、科技型、外向型方向发展。君山区先后被列为国际重要湿地、国家级生态建设示范区、国家级滨湖城市生态网络示范区、东方伊甸园、中国野生荷花之乡、中国观鸟之都、海峡两岸现代农业合作核心试验区、国家农产品质量安全县、全国农产品加工示范基地。“八百里洞庭凭岳阳壮阔，万千般气象数君山雄奇”。沐浴着中部崛起春风的君山区，经济快速发展，城镇日趋繁荣，社会和谐稳定，正朝“打造洞庭生态明珠、全面建成小康社会“的目标迈进。25万君山人民在区委区政府的坚强领导下，凝神聚力、真抓实干，共圆全面建成小康社会的时代梦想，奋力开创“守护好一江碧水、建设好精致君山”的崭新局面！

洞庭明珠耀华夏（三湘四水汇洞庭），天下谁人不识君！

“未到江南先一笑，岳阳楼上对君山”。君山系洞庭湖中小岛，位于岳阳市区西南方，水程12公里。总面积0.98平方公里.与千古名楼岳阳楼隔湖相望。是一个山体呈椭圆形，君山区行政地图两旁高、中间低的小岛。山上有大小峰72个。

君山，原名湘山，又名洞庭山，即神仙洞府之意。君山四周环水，景色旖旎，流传于此的神话典故众多。传说舜帝的二妃娥皇、女英曾来这里，死后即为湘水女神，屈原称之为“湘君”，故后人又把这座山叫“君山”。据《巴陵县志》记载：君山原有三十六亭、四十八庙、五井、四台等众多名胜古迹，现已修复的有二妃墓、湘妃祠、柳毅井、传书亭、朗吟亭、飞来钟等古迹。新建的洞庭山庄，茶楼、酒店，玲珑雅致，别具一格。

君山四面环水，气候温和，雨量充沛，云雾缭绕，土地肥沃，宜于竹类和茶树生长。有罗汉竹、斑竹、方竹、实心竹、紫竹、龙竹、梅花竹、连理竹等多种。相传斑竹上的点点斑痕乃舜帝二妃攀竹痛哭时遗留下来的。岛上所产的特色绿茶——君山银针可谓驰名海内外君山银针茶，唐时就定为贡品，专供帝王饮用。1956年莱比锡世界博览会上，“君山银针”被誉为“金镶玉”，获金质奖章，现为我国名茶之一。君山上的珍贵小动物——金龟，不仅可供观赏，亦是药用良材。

君山有许多美丽动人的神话传说，历代迁客骚人在此留下许多名篇佳作。如屈原《九歌》中的《湘君》《湘夫人》篇，李白有“帝子潇湘去不还，空余秋草洞庭间，淡扫明湖开玉镜，丹青画出是君山”。君山自古至今名贯中外，览岳阳楼之华丽，沐洞庭湖之辉光，吞巫山云雨，集衡岳霓裳，隐隐云间洞府，巍巍水上天堂，八百里风光旖旎，几千年古迹昭彰，真是“蓬莱宫在水中央”“丹青画出是君山”。

君山区2023年国民经济和社会发展统计公报

2023年是君山发展爬坡过坎、攻坚克难的一年。全区上下坚持以习近平新时代中国特色社会主义思想为引领，全面贯彻落实党的二十大精神，在区委区政府的坚强领导下，锚定“三高四新”美好蓝图，坚持市委“1376”总体思路，大力实施区委“1236”工作思路，聚焦打好“发展六仗”，努力实现“农文旅体大融合”，奋力建设精致精美、出新出彩洞庭明珠，经济社会人文发展取得长足进步。

一、综合

全年地区生产总值192.7亿元，增长2.3%，其中：第一产业增加值39.09亿元，增长3.7%；第二产业增加值56.84亿元，下降6.5%；第三产业增加值96.76亿元，增长5.9%。三次产业结构为：20.3∶29.5∶50.2。第一产业对经济增长的贡献率为23%，第二产业对经济增长的贡献率为29.5%，三产业对经济增长的贡献率为50.2%。

二、农业

全区农业总产值70.21亿元，比上年增长3.9%。全年农作物总播种面积81.5万亩。粮食播种面积39.70万亩，总产15.89万吨，其中：水稻播种面积28.15万亩，总产11.43万吨；旱粮播种面积11.55万亩（其中玉米6.13万亩，小麦2.21万亩，豆类薯类3.21万亩），总产4.46万吨。经济作物播种面积41.8万亩，其中：棉花2.41万亩，总产籽棉0.23万吨；油料18.52万亩，总产1.89万吨；瓜果3.84万亩，总产7.7万吨；蔬菜种植12.82万亩，总产29.81万吨。

三、工业和建筑业

全年全部工业增加值50.98亿元，下降7.6%，其中，规模工业增加值下降8.2%。全区101家规模工业企业完成总产值106.05亿元，比上年增长-24.13%。全部工业用电量8447.86万千瓦时。全部工业实缴税金1.0亿元，全部工业从业人员年平均人数为1.5万人，园区企业实现产值94.63亿元，增长-23.36%，园区规模工业增加值占规模工业比重为90.31%。

全年建筑业总产值同比增长6.7%。年度无新增建筑企业。具有资质等级的总承包建筑企业24家。

四、固定资产投资

全年完成固定资产投资同比下降5.3%。产业投资同比增长61.2%。

五、国内贸易和旅游

全年社会消费品零售总额71.52亿元，同比增长9.6%。其中，批零业完成55.5亿元，增长8.6%，住宿餐饮业完成15.95亿元，增长13.0%。全年接待旅游人数186.51万人次，实现旅游综合收入18.58亿元。

六、交通运输

全区交通运输仓储业实现增加值6.38亿元，比上年增长9.1%。全区客货运周转量3.48亿吨公里。其中，货运量430万吨，客运量216万人。境内公路总长1120.33公里。

七、财政和金融

全区财政总收入7.29亿元，比上年增长38.49%。其中，一般公共预算地方收入5.05亿元，增长21.2%。财政总收入中，税收收入5.8亿元，增长17.4%，非税收入1.49亿元，增长55.2%。税收收入占财政总收入的比重为79.6%，比上年下降4.1个百分点。

2023年地方一般公共预算支出24.4亿元。

年末全区金融机构人民币各项存款余额116.15亿元，比上年增长14.3%，其中住户储蓄存款103.38亿元。年末全区金融机构各项贷款余额55.4亿元，增长51.8%。

八、文化教育、医疗卫生事业

全区有各类学校65所。其中幼儿园33所，小学22所，初中6所，高中2所，技工学校2所。

全区在校学生人数26361人，较上年下降4.4%，其中技工学校在校生1670人，增长7.7%；高中在校生3180人，增长2.1%；初中在校生5577人，增长4.9%；小学在校生11188人，下降1.3%；幼儿4746人，下降24.1%。

全区当年各年龄段毕业生7216人，比上年增长0.9%。全区在职教师1545人，比上年下降2.6%。全区校园面积116.13万平方米，下降4.1%，校舍建筑面积38.4万平方米，增长19%。拥有图书82.32万册，增长10.1%。

文化体育事业取得新进展。组织开展了50场“文化惠民，送戏下乡”活动；“送图书下乡”活动送书册数共计18600册。全区拥有公共文化体育设施面积77.42万平方米，同比增长4.4%。

全区医疗卫生机构15个。其中，疾病预防控制中心1个、医院5个、卫生院4个、社区卫生服务中心2个、血防站3所。全区拥有床位总数1320张。全部职工人数1080人。执业医师和执业助理医师318人；注册护士342人；药剂人员55人；检验人员53人。

九、资源环境和安全生产

全年降雨量1195.08毫米，年平均气温19.1℃。水利工程年供水总量14280.09万立方米。年末拥有水库26座，年末蓄水量98.9万立方米。水闸52座。全区一线防洪大堤118.98公里，其中：长江大堤41.11公里，洞庭湖大堤27.88公里，华容河堤46.39公里，藕池河堤3.6公里。农业总灌溉面积28.79千公顷，有效实灌面积24.56千公顷，旱涝保收面积15.41千公顷，节水灌溉面积2千公顷。

全区行政区划面积627.11平方公里，其中，湿地10.63万亩，耕地44.34万亩，种植园用地0.6万亩，林地5.61万亩，草地0.09万亩，工矿用地0.52万亩，交通运输用地1.16万亩，水域及水利设施用地18.86万亩，特殊用地0.27万亩，其他土地1.62万亩。

生态文明建设扎实推进。工业废水治理设施7套，处理工业废水排放8.699万吨，工业废水排放达标率100%；处置工业固体废物1452吨，处置率100%。

全年完成四旁植树67.5万株。森林资源覆盖率达到5.42%。年末全区拥有自然环境保护区和名胜风景区4个，其中国家级1个，自然保护区面积4.31万公顷。

2023年全区安全生产形势总体平稳向好，未发生较大及以上安全生产和消防事故。区应急管理局出动432人次，检查企业216次，督查并完成隐患整改137处，行政处罚49次，罚款43.978万元。

十、民生和社会保障

年末全区户籍人口242044人，总户数103542户。其中，城镇人口135000人，乡村人口107044人；户籍人口城镇化率为55.8%，常住人口城镇化率为55.89%。

民生实事顺利推进完成“湘易办”上线服务事项50项、集成可应用的电子证照种类超过80类、用户数突破9.01万；城镇新增就业2758人；开展补贴性职业技能培训1076人次；完成农村适龄及城镇低保适龄妇女“两癌”免费检查5000人次；全区3家二级定点医疗机构普通门诊可直接结算。我区已实现定点医院异地就医联网结算全覆盖；43个门诊慢特病的省内参保人员在区内3家二级医疗机构直接结算；全区5个乡镇、75个村（社区）实现医保经办帮办代办服务全覆盖已全部实现；完成困难老年人居家适老化改造任务123户；城市低保标准不低于650元/月；农村低保标准不低于5000元/年；困难残疾人生活补贴标准不低于80元/月；重度残疾人护理补贴标准不低于80元/月；散居孤儿最低保障标准1100元/月；集中养育孤儿最低保障标准1500元/月；康复救助残疾儿童50人；完成70户困难残疾人家庭无障碍改造；开工改造10个城镇老旧小区；农村公路提质改造24公里；农村新增基站43个；农村新增千兆光纤端口2851个；新增蓄水能力20.31万立方米；恢复和改善灌溉面积0.94万亩；基本养老保险参保人数达到18.782万人；失业保险参保人数达到0.43万人；新增1所标准化中职学校；全市空气质量优良率在2022年85.8%的基础上，持续改善；全市省控断面水质优良率三类以上水体比例稳中向好，达到66.60%。完成海绵城市项目建设；完成参保资助、住院救助、门诊救助、再救助14360人次；完成605人次新生儿出生缺陷（耳聋基因）免费筛查；支持既有住宅加装电梯1台；除险加固小型水库4座；运行管护标准化建设5座；改新建农村户用厕所882个；改新建农村公共厕所2座；建成高标准农田2.1万亩。完成君山垸城乡供水一体化PPP项目；完成君山综合汽车站建设；完成君山殡仪馆建设；新建口袋公园3个；完成岳西中学提质改造。

2023年，全年城镇新增就业2910人，新增农村转移就业1204人。全区城镇居民人均可支配收入43400元，增长4.8%。农村居民人均可支配收入27149元，增长7.2%。

2023年全区参加基本养老保险职工人数11.22万人，发放企业离退休人员基本养老保险金14.98亿元，比上年增长7%。全年民政事业费支出3659.48万元。城镇居民最低生活保障人数4026人，发放城镇居民最低生活保障金1614.31万元；农村居民最低生活保障人数1578人，发放最低生活保障金743.96万元。

政治·军事·法治

◎岳阳市公安局警察节系列活动“警”彩纷呈

“走进英模”警察节主题艺术展

2023年1月10日是第三个中国人民警察节，也是党的二十大召开后的首个中国人民警察节。岳阳市公安局精心组织开展了形式多样的主题活动庆祝“中国人民警察节”。副市长、市公安局局长李劲松参加相关活动。

当天，市公安局举行了“豪情书万金 浓墨映初心”警察节主题书法创作活动。

来自全市公安机关民辅警、退休干部的书法爱好者们，用春联为广大民辅警献上了新春祝福和节日期许，行草隶篆各体皆备的金句和春联作品跃然纸上，表达着大家对新的一年的美好祝愿。

市公安局还组织青年理论学习小组学员现场参与了活动，并召开座谈会交流、研讨心得体会。大家纷纷表示，将在党的领导下，以吃苦者、奋斗者的姿态，惜时如金、刻苦求知，笃学不倦、多务实功，在攻坚克难中锤炼过硬本领，为岳阳公安高质量发展贡献自己的青春力量。

◎君山区 大力推动“清廉君山”建设

2023年新年伊始，岳阳市君山区举办的廉政宣传教育月活动“青廉”对话如火如荼，青年干部通过听廉政故事、看廉政基地、谈廉政建设，共同审视“历史”、对话“现实”、谋划“未来”。钱粮湖镇镇长伍艳婷说，此类活动有助于增强青年干部“守廉”意识，扣好廉洁从政“第一粒扣子”。

君山区纪委监委大力推动“清廉君山”建设，将开展廉政宣传教育月活动作为学习宣传贯彻党的二十大精神的内容之一。按照“一周一主题、一周一活动”安排，打出观廉寻廉、讲廉播廉、谈廉述廉、颂廉扬廉“组合拳”，实现各单位廉政教育、“一把手”讲廉政党课、谈心谈话、述责述廉等全覆盖。

◎湘阴县把虞公港打造成内陆地区改革开放高地的战略支点

“政府工作报告明确将虞公港列为全省‘十大基础设施项目’，我们深感使命光荣、责任重大。”2023年1月16日，省人大代表，湘阴县委副书记、县长刘世奇接受记者采访时表示。

刘世奇介绍，虞公港处于湘江汇入洞庭湖、湘资沅澧“四水”交汇处，定位为着力打造城陵矶港区的延伸港、大宗散货集散中转港和服务长株潭地区的深水港。建成后，可将长江水运向湖南腹地延伸近100公里，让省会长沙成为临长江城市，提升通江达海能力，补齐水运物流短板，全面对接融入长江经济带发展。

“目前，虞公港一期工程4个泊位码头已正式动工，集疏运体系正在加紧推进前期工作，省政府批准设立了临港产业开发区。”刘世奇表示，将按照省委、省政府工作要求，坚持“港口先行、以港带产、配套跟进、港产融合”，与湘江新区、湘水集团、湘江集团紧密合作、协同联动，全速推进虞公港开发建设。

刘世奇说，湘阴将举全县之力集中攻坚、抢抓进度，确保一期工程2024年6月建成投用，2027年12月泊位全面建成。同时，加力推进集疏运体系，全面加快相关前期工作，确保芙蓉北路北延、进港公路产业通道尽快开工，2024年6月竣工通车；力争铁路专用线今年开工，2025年底建成。

要闻纪事

1月

△6日，岳阳市文化艺术会展中心一会议室内气氛轻松热烈，一场由市委副书记、市长李挚主持的企业家沙龙正在进行。32家企业老总齐聚一堂，敞开心扉，通过点对点沟通、面对面交流，共谋发展良策。市委常委、市委统战部部长邱虹，经开区管委会主任谢春生，市政府秘书长孙志诚参加。

△6日，岳阳市委书记曹普华主持召开专题会议，传达学习中央、省委有关巡视巡察工作新精神、新要求，听取八届市委第三轮常规巡察、首轮村（社区）提级巡察等综合情况汇报，研究部署下阶段巡察工作。

△9日，岳阳市委常委、副市长李美云赴中心城区开展春运工作专题督查。市直有关部门负责人陪同。李美云一行先后来到洞庭汽车站、高铁站、高速集团岳阳分公司等地，详细询问了解我市春运运行情况，并对发现的问题进行督导交办。

△9日，岳阳市委书记、市委财经委主任曹普华主持召开市委财经委员会第五次会议。会议传达学习了中共中央、国务院《扩大内需战略规划纲要（2022—2035年）》和国家发改委《“十四五”扩大内需战略实施方案》有关精神；听取了我市去年以来落实中央财经委第十一次会议和省委财经委第六次会议精神，全面加强基础设施建设情况的汇报；审议了有关文件，并就岳阳市基础设施建设工作进行了研究部署。

◎岳阳市岳阳楼区纪念粤汉铁路（岳州）工人运动100周年

2023年1月17日，岳阳市岳阳楼区举办粤汉铁路（岳州）工人运动陈列开展仪式暨联动历史文化资源促进老字号品牌消费活动，纪念粤汉铁路（岳州）工人运动100周年，进一步擦亮岳阳品牌，闹热经济、促进消费。岳阳市委常委、宣传部长刘启峰，市政府副市长魏淑萍共同为陈列展揭幕。区委书记曾平原，区委副书记、区长白再兴等领导出席。

活动中，来自枫树小学的志愿者宣讲了红色故事，区新时代文明实践服务中心、团区委以及老字号企业代表分别作表态发言。各街道（乡）、区直及垂直管理各单位主要负责人以及优秀志愿者和党员代表参加仪式。

纪念粤汉铁路（岳州）工人运动

当天，“国潮国货·品质生活——岳阳老字号嘉年华”展示展销活动同步开启，十三村酱菜、兰花萝卜、长乐甜酒以及岳州笔、岳州扇制作技艺等13个湖南省老字号、非遗保护项目、网红品牌、优质企业的产品在此齐聚一堂，给市民朋友们带来了十足的年味。

◎汨罗市举行2023年『迎老乡、回故乡、建家乡』招商活动

汨罗市“湘商回归”暨“迎老乡、回故乡、建家乡”活动举行

2023年1月19日，汨罗市举行“湘商回归”暨“迎老乡、回故乡、建家乡”活动，岳阳市政协主席、党组书记黎作凤出席并见证投资项目集中签约。岳阳市人大常委会副主任喻文、岳阳市政协副主席李运帷参加。

黎作凤指出，过去的一年，汨罗市产业项目蓬勃发展，汨罗高新区晋升千亿园区、成为省级“五好”园区；营商环境持续优化，进入全省先进行列，排名全省第13位；乡村振兴全面推进，入选国家首批乡村振兴示范创建县；教育改革稳步推进，在广大乡友的倾情奉献下，年度教育基金募集金额是前17年总和的3.7倍。特别是有9项工作获得省政府真抓实干督查激励奖励，创造岳阳县（市）区年度获奖数量新的历史纪录。他向汨罗市委、市政府及全市人民表示热烈祝贺，并向一直关心、支持汨罗发展的寓外乡友、各界朋友表示衷心感谢。

◎岳阳市第10次荣获“全国无偿献血先进市”称号

2023年2月7日，国家卫生健康委、中国红十字会总会、中央军委后勤保障部卫生局联合颁发了《关于表彰2020—2021年度全国无偿献血表彰奖励获奖者的决定》，对2020—2021年度全国无偿献血表彰奖励各奖项获奖情况予以公布，岳阳市再次荣获全国“无偿献血先进市”称号，这也是岳阳市第10次获此殊荣。

岳阳市中心血站自1998年成立以来，作为岳阳市唯一的采供血机构，承担着全市60余家医疗机构及部分湘雅医院、500多万人口的医疗安全供血任务。自《中华人民共和国献血法》颁布实施以来，岳阳市委、市政府高度重视无偿献血工作，成立了政府牵头、市卫健委主管，各部门参与的岳阳市公民无偿献血领导小组，健全机制，明确职责，形成了无偿献血工作分管市长亲自抓、主管部门具体抓的工作格局。近年来，岳阳市不断强化组织领导、积极探索创新，全市血液采集量逐年快速递增，不仅较好地保障了全市临床用血需求，还支持了兄弟地市部分血液，开创了全市无偿献血工作新局面。

此次表彰中，岳阳市共有2669人荣获“全国无偿献血奉献奖”，其中“终身荣誉奖”76人，金奖1172人，银奖404人，铜奖1017人；“全国无偿献血促进奖单位奖”1个，“全国无偿献血促进奖特别奖”1人；77人荣获“全国无偿献血志愿服务奖”。

◎岳阳市4名文艺工作者获 第二届湖南省文学艺术奖

2023年2月8日，第二届湖南省文学艺术奖在长沙进行颁奖，岳阳4名文艺工作者获奖，其中舒文治的《来神腔》、彭东明的《坪上村传》和曹宪成的《桃花烟雨》获优秀作品奖，岳阳市剧作家吴傲君获优秀文艺家奖。

舒文治的短篇小说《来神腔》是一篇糅合现实主义与浪漫主义的优秀短篇小说，通过描写信访干部姜明白和上访群众杨来神的相互交往，展现了当代历史语境里信访干部与上访群众的和谐关系，荣获毛泽东文学奖。彭东明的长篇小说《坪上村传》叙说了村庄一代又一代人命运的起落、社会的变迁以及正在消逝的风情风俗，是一部厚重又有思辨精神的村庄家谱，也荣获毛泽东文学奖。曹宪成的《桃花烟雨》是一部以“精准扶贫”为题材的大型现代花鼓戏，取材于湘西十八洞村的扶贫故事。2019年4月，该剧获第23届曹禺剧本奖。吴傲君是国家一级编剧、中国戏剧家协会会员，著有《喜脉案》《将军谣》《蔡坤山耕田》《十步桥》等剧本，《喜脉案》获全国优秀剧本奖，《将军谣》获中宣部“五个一工程”奖，《蔡坤山耕田》获第24届曹禺剧本奖。

湖南省文学艺术奖是经湖南省委、省政府批准设置的全省文学艺术最高综合类奖项，于2012年进行首届评选表彰。此次评选出98件文艺作品、10名文艺工作者。

◎第二届岳阳市旅游发展大会组委会第一次全体会议召开

第二届岳阳市旅游发展大会组委会第一次全体会议召开

2023年2月16日，第二届岳阳市旅游发展大会组委会第一次全体会议召开，听取候选地申办陈述，投票表决第二届岳阳市旅游发展大会建议承办地。市委常委、市委宣传部部长刘启峰，副市长魏淑萍出席。

会议宣读了《关于成立第二届岳阳市旅游发展大会组委会的通知》，平江县和汨罗市分别作候选承办地申办陈述，组委会成员投票推荐第二届岳阳市旅游发展大会承办地，推荐结果呈报市委、市政府审定后面向社会公布。

刘启峰强调，举办本次会议的主要目的是确定第二届市旅发大会承办地，进一步统一思想，明确办会思路和要求，确保高质量实现“办会兴城”目标。

要闻纪事

△9日，岳阳市政协主席、党组书记黎作凤主持召开市政协党组理论学习中心组2023年第一次集中（扩大）学习、市政协党组2023年第一次（扩大）会议暨九届市政协第十四次主席（扩大）会议，深入学习贯彻习近平总书记近期重要讲话精神，审议相关议题。市政协副主席秧励、刘铁健、李运帷、张赟，市政协秘书长李冯波参加。

△10日，岳阳楼区在岳阳楼公安分局举行升警旗仪式，庆祝第三个中国人民警察节。区委书记曾平原，区委常委、政法委书记李水平，区政府副区长、公安分局局长余昕出席仪式。升警旗，奏唱警歌，重温公安机关人民警察誓词。仪式上，曾平原代表区委、区政府向全体民辅警及警属致以节日的问候和衷心的感谢。

△12日，湖南省十四届人大一次会议岳阳代表团举行中共党员会议，成立岳阳代表团临时党支部，通过临时党支部组成人员名单。岳阳市委书记曹普华主持，市委副书记、市长李挚，市人大常委会主任、党组书记马娜，市领导李建华等参加。

△13日，岳阳市公安局举行2023年老干部春节团拜会。副市长、市公安局局长李劲松出席团拜会并讲话。

△17日，岳阳市委副书记、市委政法委书记汪涛主持召开打造新时代“守护好一江碧水”生态文明实践基地、聚焦“4·25系列活动”专题调度会。市委常委、市委宣传部部长刘启峰，市人大常委会秘书长汪四新参加。各成员单位主要负责人参加。

◎ 2023 年岳阳市“放管服”改革十件实事清单出炉

2 月 24 日，记者从岳阳市行政审批局获悉，2023 年，岳阳市将进一步深化“放管服”改革、推进“数字政府”建设、加强政务公开、提升行政效能和优化政务服务环境工作，以企业群众所思所想所盼为落脚点，以审批服务堵点难点痛点为突破口，充分发挥市职转办、市智慧办、市公开办统筹协调作用，围绕打造“好上更好、简上再减、亲上加清、精益求精”的服务品牌，合力办好如下“十件实事”：

“湘易湘办，岳办岳好”。城市服务“一码通”。岳行岳畅“易停车”。惠企服务“岳商通”。推行“亲清”服务。高频证照“掌上办”。综窗改革“一窗办成。阳光中介“一网办”。无证明城市升级版。

◎岳阳楼区苦练内功锻造纪检监察铁军

2023 年 2 月 18 日至 20 日，岳阳市岳阳楼区纪检监察系统利用节假日，在岳阳市委党校开办全员培训班。3 天时间共设置 14 堂课，该区纪检监察系统近 150 人参加培训。岳阳楼区委常委、区纪委书记、区监委主任张扩军介绍，新时期对纪检监察工作提出新要求，培训班注重培养纪检监察专业精细者和多面手，有助于锻造纪检监察铁军。

为更好贴近“基层”属性，培训班邀请省纪委监委、省委党校、市纪委监委，以及湖南大学、中南大学、湖南师范大学、湘潭大学、湖南理工学院等单位专家学者授课，内容包括党的二十大精神专题学习、监察法、政务处分法、能力素质养成、新闻宣传等，让基层干部了解和学习最新理论、最优方法。

此次参训人员覆盖面广，包括岳阳楼区纪委监委机关纪检监察干部，以及在一线执纪执法的各个街道（乡）纪工委干部，还邀请 9 名特约监察员及 22 名岳阳楼区职务犯罪案件专家咨询委员会专家委员一起学习探讨。

2022 年以来，岳阳楼区纪委监委先后制定创建“三化一型”机关、“结对帮带”活动实施方案等，联合湖南理工学院法学院举办“啄木鸟”学法课堂，建立常态化跟班学习制度，并组织外出学习交流，逐步形成一套符合基层实际的干部素质提升机制，为全区纪检监察工作高质量发展提供保障。

岳阳基层治理“群英断是非”工作法研讨会在京举行

◎岳阳基层治理“群英断是非”工作法研讨会在京举行 探索打造新时代“枫桥经验”新样板技创新大会

2023 年 2 月 25 日，由岳阳市委、市政府和新华每日电讯共同主办的岳阳基层治理“群英断是非”工作法研讨会在北京召开。来自国家部委、地方党委政府以及中央党校、北京大学、武汉大学、中国社会学会、浙江新时代枫桥经验研究院等机构的嘉宾参加研讨。

“群英断是非”是岳阳楼区创新推出的工作法。岳阳楼区地处岳阳市中心城区，流动人口与常住人口交流交融，经济活动与社会矛盾交织交融，公共管理与利益诉求交杂交锋。该区探索将党建引领、民主协商、践行全过程人民民主贯彻始终，完善协商议事机制，化解民众矛盾纠纷。

与会嘉宾认为，“群英断是非”工作法是“大抓基层，增强党组织政治功能与组织功能，推进以党建引领基层治理”的实践创新，也是发展“全过程人民民主”与“协商民主”的实践创新，通过坚持法治、自治、德治、心治相结合，探索打造新时代“枫桥经验”新样板。

要闻纪事

△ 18 日，岳阳市政协党组书记、主席黎作凤主持召开会议，第一时间传达学习省政协十三届一次会议精神，强调要全面贯彻落实会议精神，争做建设省域副中心城市、谱写全面建设社会主义现代化新湖南岳阳篇章的坚定支持者、有力推动者、积极参与者，为岳阳高质量发展画出最大最美同心圆。市政协全体领导和干部职工参加。

△ 19 日，岳阳市人大常委会主任、党组书记马娜主持召开市九届人大常委会党组第 23 次（扩大）会议。市人大常委会副主任、党组副书记李永丰，市人大常委会副主任刘晓英、赵岳平、喻文、黄俊钧、田文静、张中于，市人大常委会秘书长汪四新出席。

△ 29 日，岳阳市委常委、市纪委书记、市监委主任谢运策主持召开市纪委常委会（扩大）会议，专题传达学习省第十二届纪委第三次全会精神，研究贯彻落实措施。

△ 29 日，岳阳市政协党组书记、主席黎作凤出席市政协机关 2023 年干部职工大会，强调要务实作为，凝心聚力，以“五个更高”标准推进政协各项工作再上新台阶，为建设名副其实省域副中心城市、谱写全面建设社会主义现代化新湖南岳阳篇章贡献更多政协智慧和力量。市政协全体领导和干部职工参加。

△ 30 日，岳阳市委副书记、市长李挚主持召开市政府第 13 次常务会议，传达学习中央和省市有关文件会议精神，听取市本级政府固定资产投资项目立项审查情况等汇报，审议相关规划等。

◎岳阳市召开建设国家创新型城市工作推进会暨全市科技创新大会

岳阳市召开建设国家创新型城市工作推进会暨全市科技创新大会

2023 年 2 月 24 日，岳阳市召开建设国家创新型城市工作推进会暨全市科技创新大会。市委书记曹普华出席并讲话，他强调，要深入学习贯彻党的二十大精神和中央、省委关于科技创新的决策部署，认真落实全省科技创新奖励大会精神，加快实施创新驱动发展战略，推进国家创新型城市建设，为岳阳高质量发展注入澎湃动力。市领导马娜、黎作凤、李建华、张世愚、市政府秘书长孙志诚和中央、省驻岳有关单位及省属、市属高校负责人等参加。

会上，曹普华等为省级科技创新平台、团队和省科技创新创业领军人才、省青年科技人才进行了授牌；市委常委、常务副市长李建华主持会议并宣读有关创新平台、团队和人才立项通报；副市长张世愚作全市科技创新工作报告；湘阴县、城陵矶新港区、湖南理工学院、聚仁化工公司作典型发言；大家一同观看了“岳阳市实施创新驱动发展这十年”宣传片。

◎华容县纪委监委探索创新派驻监督模式——建立定期会商、定期通报、定期反馈和不定期检视、不定期沟通工作联系机制

“县林业局党委与派驻纪检监察组共同会商，直面发展中的问题，推进全面从严治党，这样的机制创新好！”2023年3月3日，华容县塔市国有林场负责人李军球在接受记者采访时介绍，他提交的加强国有林场资产处置和苗木采购监督管理的意见建议得到采纳，将更好地推动林场事业发展。

收集全面从严治党有效意见65条，提出整改意见37条，建立会议台账14套……2023年以来，华容县纪委监委创新机制，力促县直单位会同派驻纪检监察组举行定期会商会议，将全面从严治党、党风廉政建设、反腐败斗争责任，转化为“看得见、讲得清、做得到”的会商事项，确保会有所促、商有所得，实现以会促联、以联促责、以责促效。

华容县委常委、纪委书记李强介绍，该县探索建立派驻纪检监察组与驻在单位党委（党组）定期会商、定期通报、定期反馈和不定期检视、不定期沟通的工作联系机制，有效应对推进全面从严治党、党风廉政建设和反腐败斗争工作中问题出现的不确定性，促进形成监督责任和主体责任“双责”合璧、一体发力、同频共振的派驻监督模式。

◎推出“六大专项行动”　岳阳以“大人才”格局支撑高质量发展

2023年3月1日，岳阳市委人才工作领导小组发布消息称，2023年，岳阳市将推出“六大专项行动”，市级人才发展专项资金规模增长20%，达1.2亿元，人才总量预计从原来的75万人提高到80万人。

岳阳将大力实施人才强市战略，出台《岳阳市“十四五”期间人才发展三年攻坚行动规划》，深入贯彻落实全市高质量发展推进大会精神，开展“四海揽才”升级、高端人才引进、本土人才赋能、乡村人才振兴、科创平台提质、人才生态优化“六大专项行动”。以“大引进”广纳天下英才、以“大培育”服务产业项目、以“大激励”支持创新创业、以“大保障”创优人才生态，推动人才工作守正创新、整体跃升，构建“大人才”格局，为开创省域副中心城市建设新局面提供人才支撑。

2023年，岳阳市将聚焦九大重点产业链，常态化组织开展产业急需紧缺高层次人才和实用技能人才引进活动，推动本地高校毕业生留岳率稳定在30%以上。在重点高校、城市挂牌成立招才引智工作站，并认定一批人才飞地。重点支持企事业单位柔性引进100名“周末工程师”“候鸟专家”，开展“百名专家教授岳阳行”活动，推动产学研合作交流。

◎岳阳市举行『家庭助廉 团团圆圆』主题活动

2023年2月26日，岳阳市举行“家庭助廉 团团圆圆”主题活动。市委常委、市纪委书记、市监委主任谢运策出席。

与会领导为“清廉家庭”代表颁奖并赠书

活动现场，与会人员聆听了张谷英村孝廉家风故事，3名家属代表作了发言。活动还对20户“清廉家庭”代表颁奖并赠书，宣读了“家庭助廉 团团圆圆”倡议书。

谢运策指出，领导干部家属要深化“家风抵万金”的认识，重视家教家风、抵御歪风邪气，与领导干部相互支持、相互提醒，用廉洁守住家的幸福、家的平安，以良好家风促进党风政风带动社风民风，让清廉之风吹进千家万户，全力营造以清为美、以廉为荣的社会新风尚。

岳阳市“家庭助廉、团团圆圆”主题活动现场

◎岳阳市18名个人和集体入选全省学雷锋和志愿服务先进典型

2023年3月2日，2022年度湖南学雷锋和志愿服务先进典型发布仪式在长沙市望城区雷锋大剧院举行。经各地各部门推荐申报、资格审查、评审公示，岳阳市共18名个人和集体入选全省学雷锋和志愿服务先进典型。他们中包括学雷锋示范点2个，岗位学雷锋标兵1人，最美志愿者9人，最美志愿服务工作者2人，最佳志愿服务组织1个，最佳志愿服务项目1个，最美志愿服务社区2个。他们是：湖南省学雷锋活动示范点岳阳大地飞鹰出租汽车有限公司、汨罗市文化馆；湖南省岗位学雷锋标兵朱春荣；全省最美志愿者刘强、范春林、杨艳、吴迪辉、彭雄武、胡淼、刘东鹏、彭达理、刘会莲等9人；全省最美志愿服务工作者贾敏、高启慧；全省最佳志愿服务组织汨罗市爱行天下志愿者协会；全省最佳志愿服务项目岳阳市红十字应急救护志愿者协会“救在身边”志愿服务项目；全省最美志愿服务社区平江县汉昌街道四柱路社区、华容县章华镇水产场社区。

现场发布2022年湖南省学雷锋和志愿服务先进典型名单

2022年湖南省“最美志愿者”代表上台接受表彰

要闻纪事

2月

△2日，岳阳市政协主席、党组书记、汨罗高新区党工委第一书记黎作凤出席汨罗高新区高质量发展推进大会，强调要在新一轮园区建设大会战中，敢闯敢干敢为，加压加力加速，在湖南高新区高质量发展新征程中争先进位、走在前列。岳阳市政协秘书长李冯波参加。

△2日，岳阳市委常委班子用一天时间召开2022年度民主生活会。市委书记曹普华主持会议并代表市委常委班子作表态发言。省委组织部有关负责同志作点评讲话，省纪委有关负责同志到会指导。市人大常委会、市政协党组负责同志列席。

△3日，岳阳市委书记、市委宣传思想工作暨意识形态工作领导小组组长曹普华主持召开市委宣传思想工作暨意识形态工作领导小组会议。市领导汪涛、刘启峰、魏淑萍等参加。市委常委、市委宣传部部长、市委宣传思想工作暨意识形态工作领导小组副组长刘启峰汇报了2022年有关工作情况和2023年工作部署。市委组织部、市委统战部、市委网信办、市委巡察办、市国安局5个单位作了汇报发言。

△6日，岳阳市财政工作会议召开。会议深入学习贯彻党的二十大精神，认真落实中央、省、市经济工作会议和全市高质量发展推进大会等会议精神，总结部署财政工作。市委常委、常务副市长李建华出席并讲话。

◎岳阳市公安机关举行新警入警宣誓仪式暨训练成果汇报演练

整齐的队列

2023年3月13日，为总结新警集训情况、检验训练成效，岳阳市公安机关隆重举行新警入警宣誓仪式暨训练成果汇报演练，副市长、市公安局局长李劲松出席仪式并讲话，97名新警参加。

饱满的精神、嘹亮的口号、整齐的步伐、挺拔的身姿，“站如松、行如风”的队列动作不仅展现了新警学员的精神风貌，也展现了公安民警的良好形象。

李劲松寄语全体新警，要不忘初心，在坚持崇高理想中标定青春航向。新时代新征程，青年民警要踔厉奋发、拼搏奋斗，笃定对党的忠诚、对国家的热爱、对梦想的执着和对事业的追求，勇当阔步前行的奋进者，岳阳人民的守护神。要脚踏实地，在尽好应尽之责中彰显青春担当。在经风雨、见世面、壮筋骨、长才干中创建一流的非凡业绩，书写新一代岳阳公安人的青春芳华。要艰苦奋斗，在接受磨砺锻造中挥洒青春热血。要坚决做到自律自省自警自励，把心放在正道上，创造无愧于历史、无愧于时代、无愧于青春的业绩。

防暴队形演练

◎岳阳市举行新兵出征仪式

向新兵代表赠送纪念品

2023年3月14日，由湖南岳阳军分区举办的“激扬青春 强军报国——争当张超式新时代革命军人”岳阳市2023年上半年新兵出征仪式在市民兵训练基地举行。市委常委、岳阳军分区司令员周隽，市委常委、常务副市长李建华出席，活动还邀请了张超父亲张胜华参加。

仪式在庄严肃穆的国歌声中拉开序幕。在全体人员的共同见证下，全市的300余名新兵代表们举起右拳庄严宣誓，他们身披绶带、胸带红花，精神抖擞。会场大屏幕上，陆续播放岳阳籍优秀军人代表寄语新兵的祝福视频，鼓励新兵们坚定从军信念，建功火热军营。

李建华代表市委、市政府向全体新兵表示热烈祝贺。他寄语全体新兵，要把满腔热血化为报国之志，把家乡人民的厚望化为自己的实际行动；要严守军队纪律，珍惜军人荣誉，恪守军人职责，发扬不怕苦不怕累的精神，在艰苦环境中摔打磨炼，做一名永远忠于党和人民的好战士；要珍惜军营美好时光，服从命令，听从指挥，勤奋学习，刻苦训练，练就过硬军事本领，为实现中华民族的强国梦、强军梦贡献应有力量。各级党委、政府和相关部门要全力做好服务，保证各种优抚政策及时到位，给予军属更多关心和帮助。

即将奔赴军营的新兵代表

当天的活动还组织观看了演讲《逐梦海天的强军先锋》、大合唱《强军战歌》等文艺节目。

要闻纪事

△8日，岳阳市八届纪委三次全会在岳阳文化艺术会展中心召开。市委书记曹普华出席并讲话。会议以视频方式召开。市委常委，市人大常委会、市政府、市政协在职市领导，市中级人民法院院长、市人民检察院检察长等在主会场参加会议。各县市区设分会场。市委常委、市纪委书记、市监委主任谢运策主持会议并作工作报告。会上，与会人员集中观看了警示教育片《歧路上的沉沦》；6个单位作了交流发言。

△13日，岳阳市委书记曹普华主持召开2022年全市产业链链长述职点评会。市委副书记、市长李挚作工作点评，市领导汪涛、马娜、刘启峰、谢群、李建华、谢胜、李美云等参加。会议通报了去年全市产业链建设工作情况，听取了各产业链链长履职情况汇报。

△20日，岳阳市政协党组书记、主席黎作凤出席全市政协系统2023年党风廉政建设工作会议。市政协副主席秧励、刘铁健、张赟，市政协秘书长李冯波，市政协老领导白尊贤参加。会议传达学习了中央、省、市纪委全会精神，全面总结了2022年全市政协系统党风廉政建设工作，对2023年工作明确了总体要求、重要任务、具体举措。

△25日，由岳阳市委市政府、新华每日电讯共同主办的岳阳基层治理“群英断是非”工作法研讨会在北京举行，来自相关部委和中央党校、北京大学、中国社会学会、浙江新时代枫桥经验研究院等机构的嘉宾，围绕如何贯彻落实党的二十大精神，讲好“群英断是非”故事，基层如何践行全过程人民民主等主题展开研讨。新华每日电讯总编辑方立新，市委副书记、市长李挚出席并致辞，市领导汪涛、刘启峰、谢群参加研讨。

◎湖南省学习宣传《习近平走进百姓家》专题交流会在岳召开

2023年3月13日，湖南省学习宣传《习近平走进百姓家》专题交流会在岳阳市召开。省委宣传部副部长、省文明办主任肖凌之，省妇联党组书记、主席黄芳，市委常委、市委宣传部部长刘启峰，市政协副主席何祚云出席。

此次专题交流会采用“线上+线下”方式举行，市广播电视台“方琳书香”读书会代表诵读了《习近平走进百姓家》精彩篇章节选，4个优秀家庭代表分别结合自身家庭和亲身感悟，与大家深入交流了《习近平走进百姓家》读书心得，并分享了家庭教育方面的知识和经验。

肖凌之指出，《习近平走进百姓家》的出版发行，是加强家庭家教家风建设的鲜活素材，对于引导广大家庭感悟习近平总书记的深厚人民情怀，领悟习近平新时代中国特色社会主义思想的真理伟力具有重要意义。他寄语与会人员要强化政治引领，绘好思想共识“同心圆”；要发挥阵地作用，奏响担当作为“主旋律”；要打造创建品牌，建设家庭文明“新风尚”。

3月13日下午，湖南省学习宣传《习近平走进百姓家》专题交流会在岳阳市召开

◎岳阳市人大常委会机关开展“助推美丽乡村建设”志愿者暨主题党日活动

岳阳市人大常委会机关组织开展“贯彻党的二十大精神 助推美丽乡村建设”志愿者暨主题党日活动

2023年3月15日，岳阳市人大常委会机关组织开展“贯彻党的二十大精神 助推美丽乡村建设”志愿者暨主题党日活动。市人大常委会主任马娜，市人大常委会副主任李永丰、刘晓英、黄俊钧、喻文，市人大常委会秘书长汪四新参加活动。

马娜一行深入联点村清溪村，沿着清溪村徒步到双花村，沿路考察乡村建设情况，感受乡村振兴新变化，对取得的阶段性成果给予肯定。

据悉，清溪村是市人大常委会机关驻村帮扶的重点村，与周边双花村有整个云溪区甚至岳阳市不可多得的山水资源，现阶段清溪村、双花村旅游开发已有一定的基础。2021年5月，市人大常委会机关、市金融办、市十五中抽调精干力量组成驻村工作队进驻清溪村，摸实情、定规划、立制度，推动强化基础建设，发展农旅康养，整治人居环境，弘扬乡风文明，推进服务融合、事务融合、产业融合、资源融合、治理融合。2022年市人大常委会机关协调解决帮扶资金138万元，建设项目18个，共投入资金900余万元。2022年清溪村被评为市级美丽乡村。后段，市人大常委会机关将加力推动引进投资商续建清溪天子山景区，开发木岭景区，打造精品乡村旅游品牌，实现“以农业带动旅游，以旅游推动农业”的农旅融合发展目标，为清溪村乡村振兴贡献智慧和力量。

◎马拉维共和国代表团访问考察岳阳市部分企业

马拉维共和国代表团访问考察岳阳市部分企业

2023年3月14日，马拉维共和国农业部长塞缪尔·达利索·卡瓦莱、驻华大使艾伦·钦泰扎等一行在岳阳市政协主席、党组书记黎作凤，湖南省委外事工作委员会办公室副主任戴志光等陪同下，深入岳阳市部分企业访问考察。

湖南金叶众望科技股份有限公司是一家大型股份制复合肥生产企业，主要产品有烟草专用基肥、烟草专用追肥、农用复合肥、农用硝酸钾及经济作物专用肥。在企业负责人带领下，塞缪尔·达利索·卡瓦莱一行参观了企业生产线，并对企业产品尽快出口马拉维充满期待。

在听取企业相关情况介绍后，双方就烟草专用肥料的出口模式、运输方式、产能产量、测土配方施肥等共同关心的问题，进行了深入交流探讨。

岳阳观盛投资发展有限公司是湖南省重点外贸供应链示范企业，塞缪尔·达利索·卡瓦莱一行观看了公司宣传片，了解公司经营情况和对非贸易情况，并与企业负责人进行了友好交流座谈。据介绍，观盛公司与非洲地区一直保持着密切的外贸往来，城陵矶综保区对非洲地区年贸易额超过20亿元，目前与合作方在非洲投资超过一亿美元，项目涉及橡胶加工、棕榈油初级压榨等。今后将进一步扩大对非投资，形成经贸合作新模式。

◎岳阳市九届人大常委会党组理论学习中心组举行集体学习研讨

2023年3月17日，岳阳市人大常委会主任、党组书记马娜主持召开市九届人大常委会党组理论学习中心组2023年第2次集体学习研讨会议暨第25次（扩大）会议。市人大常委会副主任、党组副书记李永丰，市人大常委会副主任黄俊钧、喻文、田文静、张中于，市人大常委会秘书长汪四新参加。

岳阳市九届人大常委会党组理论学习中心组举行集体学习研讨

要闻纪事

3月

△7日上午，岳阳市举行纪念“三八”国际劳动妇女节113周年表彰大会暨“做‘四好’女人 享幸福人生”报告会。市委副书记、市委政法委书记汪涛出席并讲话，市领导刘晓英、赵岳平、魏淑萍、秧励、高鸽子参加。

△8日，在庆祝第113个“三八”国际劳动妇女节之际，湖南省政协党组副书记黄兰香，省政协党组成员、副主席肖百灵率省政协机关妇女干部前往湘阴县开展“秉承生态文明理念 共享美丽湖南成果”主题活动。市政协主席、党组书记黎作凤，市政协秘书长李冯波参加。

△8日，2023年岳阳市文化体育旅游产业链工作推进会召开。市委常委、市委宣传部部长、市文体旅游产业链链长刘启峰出席并讲话，副市长、市文体旅游产业链副链长魏淑萍主持。会议传达学习了2022年全市产业链链长述职点评会议精神，并对《2023年市文体旅游产业链工作要点》作了说明。平江、汨罗、岳阳楼区和南湖新区文体旅游产业链链长作了述职发言，其他县市区进行了书面述职。

△13日，非洲马拉维共和国农业部长塞缪尔·达利索·卡瓦莱率代表团访岳欢迎仪式举行。市人大常委会主任马娜致辞，副市长陈阁辉主持，市人大常委会秘书长汪四新参加。

△14日，岳阳市中级人民法院召开新闻发布会，发布《岳阳市消费者权益司法保护工作报告（2018—2022年度）》白皮书，通报了近五年来消费者权益保护审判工作的总体情况，总结了消费者权益保护案件的主要特点以及消费者权益司法保护工作的主要举措。同时，发布了岳阳法院消费者权益司法保护十五个典型案例。

◎ 2023湘江新区花乡生活节之湘阴桃李芬芳踏春季拉开帷幕

2023湘江新区花乡生活节之湘阴桃李芬芳踏春季拉开帷幕

2023年3月18日，春风十里·“桃”醉湘阴——2023湘江新区花乡生活节之湘阴桃李芬芳踏春季在湘阴东塘镇赛美桃园拉开帷幕，桃李芬芳踏春游、湖鲜美食品鉴、游园群众摄影打卡、非遗展示等活动精彩上演。市委常委、市委宣传部部长刘启峰宣布开幕，省外事办副主任戴志光，湘江新区、湘阴县相关负责人等一同见证。

作为岳阳“南码头”、长沙“北花园”的湘江新区湘阴片区，以创建国家全域旅游示范县为契机，积极推进农文旅融合发展，开发打造“名人、名水、名窑、名食”四张名片。

湘阴积极拓展融合发展新业态，借力“五纵三横三轨一港”立体融长交通体系，大力实施岳州窑文化复兴、湖湘名人文化开发、文物保护利用等“十项文化工程”，加快柳庄·湖湘文化博览园和重点景区项目开发建设，推动旅游全要素协同发展，积极创建历史文化名城，打造长株潭都市圈休闲度假、美食体验、康养居家的首选地。

当日，湘阴共发布三条春季精品旅游线路，分别为一日游乡野踏青线路、二日游人文生态线路、三日游湘江新区春季花乡休闲体验线路。同时还将陆续“上新”十里野花节、五彩花海夜音节、洞庭草原踏青节、天鹅山春游等系列节会活动，带动湘阴旅游“热”起来。

◎ 世界单日产能最大的文化纸机项目在岳开工

2023年3月22日，岳阳林纸提质升级综合技改项目一期年产45万吨文化纸项目开工仪式在岳阳市城陵矶新港区举行，将建成世界车速最高、单日产能最大、控制最先进的文化纸机。副省长蒋涤非，省政协党组副书记黄兰香，中国诚通党委书记、董事长朱碧新，市委书记曹普华共同触摸仪式启动球，市委副书记、市长李挚主持，中国纸业党委副书记、总经理钟天崎，市领导汪涛、黎作凤、刘启峰、李建华、谢胜等出席。

项目总投资31.72亿元，新增造纸产能45万吨，年实现产值30亿元，预计2025年初建成投产。项目整体引进一条芬兰维美德公司年产45万吨高档文化纸生产线，纸机设计幅宽10515毫米，设计车速1700米/分，单日最大产能1802吨，是当今世界设计产能最大、车速最高、控制最先进的文化纸机。项目投产后，将进一步带动岳阳周边地区物流、林业、环保、印刷、包装、化工、机械制造、文旅等产业上下游发展，推动产业升级，促进新技术的应用和转化，助力岳阳市全面落实“三高四新”战略定位和使命任务、加快建设名副其实的省域副中心城市。

世界单日产能最大的文化纸机项目在岳开工

要闻纪事

△13日，2023年岳阳市政府残工委全体会议召开。会议深入学习习近平总书记关于残疾人事业重要指示精神，贯彻落实省委、省政府关于残疾人工作的重大决策部署，总结2022年工作，部署2023年任务。副市长陈阁辉出席会议并讲话。

△15日，岳阳市政协主席、党组书记黎作凤主持召开政协岳阳市第九届委员会常务委员会第八次会议，集中收看省政协传达学习全国两会精神视频直播，围绕全国两会精神开展交流讨论。会议通报了《政协岳阳市委员会常务委员会2023年工作要点》《岳阳市政协2023年协商工作与监督工作计划》。

△15日，全国人大代表、岳阳市委副书记、市长李挚赴岳阳县，宣讲全国两会精神，调研春耕备耕、重点项目建设等工作。他强调，要深入学习贯彻习近平总书记重要讲话精神和全国两会精神，统筹好发展和安全，不断提升人民群众的获得感、幸福感、安全感。市政府秘书长孙志诚，市直有关部门负责人参加。

△18日，岳阳市委副书记、市政法委书记汪涛带队督导中心城区全国文明城市建设工作，强调要严格对标对表找差距，精准施策抓落实，不断构建文明创建常态长效机制，以创建实效全方位提升城市文明程度，进一步增强人民群众幸福感、满意度。

△20日，岳阳市委书记曹普华主持召开市委人才工作领导小组2023年第一次会议，听取2022年全市人才工作情况和2023年主要工作思路汇报，审议《岳阳市“十四五”期间人才发展三年攻坚行动规划》。市委副书记、市长李挚，市领导刘启峰、谢群、黄伟雄等参加。

◎岳阳“揽才列车”开进江浙

2023年3月19日至20日，为深入贯彻落实党的二十大精神，促进高校毕业生高质量充分就业，持续打好重点民生保障仗，岳阳市就业服务中心组建“揽才小分队”，先后赴南京工程学院和扬州大学开展“大中城市联合招聘高校毕业生”活动。

期间，招聘现场人头攒动、气氛火爆，不少大学生停驻在岳阳企业招聘展台前浏览岗位信息，投递求职简历，期望来一场“双向奔赴”。

此次招聘活动，岳阳市共有6家具有代表性的企业参加，提供岗位300余个，吸引120多名大学生投递简历，其中湖南籍本科生6人、硕士生6人；岳阳籍本科生1人、硕士生4人，现场初步达成就业意向逾百人。

高校毕业生是宝贵的人才资源，事关国家发展和社会进步。岳阳市就业服务中心相关负责人表示，下一步将坚持强化就业优先政策导向，从政策落实、供需对接、技能培训等方面持续发力，护航高校毕业生实现稳定就业，为加快建设名副其实的省域副中心城市提供强有力的就业支撑和人才保障。

招聘活动现场

◎全省首创！君山区『一号通』区镇村立体全覆盖

“您好，我是‘君事通’客服，请问有什么可以帮到您的？”2023年3月29日，在岳阳市君山区政务服务中心三楼的“君事通”客服中心，话务员们正忙碌的接听着办事群众打来的咨询电话，电话铃声此起彼伏，场面十分热闹。

为全面落实省市关于打好“发展六仗”之一——打好优化发展环境持久仗的部署要求，近日，君山区开通“君事通”线上咨询导办客服平台，可通过一个号码接通区、镇、村三级任意办事部门，实现“一号通”立体全覆盖，进一步推进部门倾听民心、为民服务，畅通政府与企业群众互动渠道，不断增强人民群众对政务服务的满意度和获得感。

据了解，“君事通”服务平台采用“1+32+8+N”模式，即1个号码响应，连接32个AI智慧客服，8个人工总客服和94个窗口。用户拨打3312345热线，通过语音提示、智能问答、短信回复的方式，平台就可以根据用户需求，精准转接对应业务员，为用户提供便捷的服务。

据悉，君山区开通“君事通”线上咨询导办客服平台的同时，着力做好省级重点民生实事“湘易办”的推广应用，实现“湘易办”君山区服务事项上线1146项，将集成可应用的电子证照种类80类、用户数达到常住人口比例的60%以上，真正实现“让数据多跑路、群众少跑腿”。

◎岳阳市纪检监察系统“铸忠诚·强本领·优作风”专题培训班开班

专题培训班开班式现场

2023年3月22日，岳阳市纪检监察系统“铸忠诚·强本领·优作风”专题培训班开班。市委常委、市纪委书记、市监委主任谢运策出席开班式并讲专题党课。

此次专题培训为期3天，聚焦政治能力建设、日常监督效果和办案质量提升，开设了落实中央八项规定精神等11个方面的课程。

◎岳阳市出版（版权）工作会议召开

2023年3月24日，2023年岳阳市出版（版权）工作会议召开，市委常委、市委宣传部部长刘启峰出席并讲话。

就做好今年出版（版权）工作，刘启峰强调，要彰显主流价值，抓牢出版宣传。持续抓好党的创新理论著作等的发行学习使用工作，讲好习近平总书记思想在巴陵大地落地生根的精彩故事，推出一批高质量出版物。要树立精品意识，建设书香岳阳。进一步深化全民阅读，打造“书香岳阳·爱心阅读”等阅读品牌，推动农家书屋阅读提质增效。要加强传媒监管，提升质量水平。用“走出去”“请进来”的方式加强业务培训，全面提升岳阳媒体的综合实力。要坚持创新发展，做强市场主体。建设具有强大综合实力和传播力影响力的新型主流印刷企业，着力打造一批文化地标和最美书店，做实做优做强发行主业，擦亮“新华书店”金字招牌。要提高版权意识，创建示范性城市。加强使用正版软件宣传教育，做好国产软件推广使用，建立健全软件正版化常态管理机制。要规范管理服务，守好出版阵地。全面落实主管主办制度，纵深推进“放管服”改革，加强出版行业监管，严格规范市场行为，为企业有序安全发展保驾护航。

◎岳阳市委常委、市委宣传部部长刘启峰等出席“守护好一江碧水”洞庭湖艺术三年展采风写生活动启动仪式

启动仪式 嘉宾合影

2023年4月2日，“守护好一江碧水”洞庭湖艺术三年展采风写生活动启动仪式在“守护好一江碧水”首倡地展陈馆举行，30余名知名艺术家、专家教授在岳阳采风，用笔墨丹青描绘长江生态之美。湖南省文旅厅二级巡视员黄国斌参加，岳阳市委常委、市委宣传部部长刘启峰宣布活动启动。

五天时间里，来自中国国家画院、湖南省画院、湖南师范大学、湖南省中国画学会等部门和单位的30余名知名艺术家、专家教授，先后前往长江、洞庭湖、岳阳楼、君山岛、张谷英等地采风写生，以艺术的灵感和审美想象力捕捉长江、洞庭湖生态之美、文化之美、发展之美，用生动的画笔描绘人与自然和谐共生的美丽画卷。此次采风写生活动旨在为“守护好一江碧水”洞庭湖艺术三年展收集素材。2023年12月，中国国家画院、湖南省文化和旅游厅将在岳阳市美术馆共同主办“守护好一江碧水”洞庭湖艺术三年展，展览将深入挖掘和展现“守护好一江碧水”绿色主题创作的成果，用丹青描绘绿水青山，讲好湖南故事，讲好岳阳故事。

要闻纪事

△21日，岳阳市政法系统优化法治化营商环境专项行动工作部署会议召开，部署全市政法系统优化法治化营商环境三项专项行动，为服务岳阳经济高质量发展提供坚实法治保障。市委副书记、市委政法委书记汪涛出席并讲话，市级领导李劲松、简龙湘、李胜昔参加。会议以视频形式开到县市区。

△22日，岳阳市委常委、常务副市长、市医药及医疗器械产业链链长李建华调研黄茆山生态修复绿色发展示范项目和全市医药及医疗器械产业链工作，副市长、市医药及医疗器械产业链副链长张世愚参加。

△23日，岳阳市委两新工委2023年第一次全体（扩大）会议暨履行两新党建责任述职评议会议召开，市委常委、市委组织部部长谢群出席会议并讲话。

△22日，湖南省委依法治省办副主任，省司法厅党组书记、厅长方华堂带队来岳阳调研全面依法治市和司法行政工作。岳阳市委副书记、市委政法委书记汪涛，市领导谢运策、黄俊钧、李劲松等陪同调研或座谈。

△24日，岳阳楼区人民政府法律顾问聘任仪式举行，11名法学专家、律师和1家律师事务所受聘为区政府法律顾问和顾问单位。区委副书记、区长白再兴颁发聘任书并讲话。

△24日，岳阳市科协第八次全市代表大会闭幕，市委副书记、市委政法委书记汪涛出席并讲话。市领导谢群、赵岳平、张世愚参加。

◎岳阳市召开全面推进田长制严格耕地保护暨违法建设治理工作部署会

2023年4月7日，岳阳市召开全面推进田长制严格耕地保护暨违法建设治理工作部署会，深入学习贯彻党的二十大精神和习近平总书记关于耕地保护工作的重要指示精神，对全面推进田长制、严格耕地保护和违法建设治理工作进行再部署、再督导、再检阅，为建设现代农业强市和推动岳阳高质量发展提供坚实保障。市委书记曹普华出席并讲话，市委副书记、市长李挚主持，市领导汪涛、马娜、李建华、谢运策、谢胜、李美云、陈阁辉、李运帷参加。

会议以视频会议的形式开到了县市区，通报了全市耕地保护和违法建设治理突出问题，表彰了2022年度全市全面推行田长制严格耕地保护和落实粮食安全责任制工作优胜单位和优秀个人，汨罗市、岳阳县筻口镇作了典型发言，临湘市坦渡镇、华容县北景港镇作了表态发言。

岳阳市召开全面推进田长制严格耕地保护暨违法建设治理工作部署会

◎今年首趟！中欧班列回程粮食专列抵达岳阳城陵矶

4月4日下午，满载着1300多吨哈萨克斯坦进口大麦的回程专列抵达岳阳城陵矶

2023年4月4日，满载着50个40英尺集装箱、1300多吨哈萨克斯坦进口大麦的回程专列，抵达岳阳城陵矶松阳湖铁路专用线新港站，这是岳阳2023年首趟来自“一带一路”沿线国家和地区的进口粮食国际班列。

该班列从哈萨克斯坦出发，经阿拉山口口岸入境，跨越一万多公里，再转运抵达城陵矶。这批大麦最终送往位于岳阳经开区的金汇龙科技公司和屈原管理区的正虹科技发展股份公司作饲料加工之用。后续，哈萨克斯坦还将有大麦、玉米等粮食产品陆续抵达城陵矶，更多地满足岳阳畜牧养殖企业对饲料的需求。

疫情防控政策优化调整后，市场进出口货物的需求代偿性增大。岳阳及周边地区粮油需求量大，加工企业众多，粮食进口已成为一大重要外贸板块，城陵矶港已发展成为长江中上游流域大宗资源性农产品进口中心港和粮油储备、加工和集散中心，辐射带动了湖南省粮食加工业集聚发展。

2023年来，城陵矶新港区聚焦打好“发展六仗”，持续扩大开放优势，进一步释放“三区一港五口岸”九大国家级开放平台集聚效应，城陵矶进境原木指定监管场地正式启用，城陵矶口岸至香港直达航线实现今年首航，“上海—岳阳—重庆”进口集装箱货物转运监管新模式落地实施。1至2月份，实现进出口增长103.9%、集装箱吞吐量增长30.1%。

要闻纪事 ★ ★ ★ ★ ★ ★ ★ ★ ★ ★

△30日，岳阳市委副书记、城陵矶新港区党工委第一书记汪涛主持召开城陵矶新港区第7次党工委（扩大）会议，传达学习市委书记曹普华在城陵矶新港区调研时的讲话精神，并就具体工作、推进措施进行再安排再部署。

△31日，岳阳市政协主席、党组书记黎作凤主持召开市政协党组2023年第四次（扩大）会议暨九届第十七次主席（扩大）会议，传达学习习近平总书记近期重要讲话重要文章精神，审议有关议题。市政协党组会议成员和主席会议成员秧励、刘铁健、何祚云、李文、李运帷、范泽容、高鸽子、李冯波参加。

4月

△3日，岳阳市委常委、市委宣传部部长刘启峰赴南湖新区开展“下基层、访民情、守底线、促发展”活动。

△6日，岳阳市纪委监委举办第二期“借调归来话感受”报告会，市委常委、市纪委书记、市监委主任谢运策出席会议并讲话。

△7日，岳阳市委书记曹普华来到湖南理工学院，宣讲党的二十大精神，以“新时代、新青年、新使命”为题作宣讲报告。市领导刘启峰、谢胜参加，湖南理工学院党委书记卢先明主持。

△14日，岳阳市委书记、市委审计委员会主任曹普华主持召开市委审计委员会第二次会议，传达学习习近平总书记关于审计工作的重要论述和2023年全国审计工作会议、省委审计委员会第三次会议精神，听取全市审计工作情况汇报，审议相关文件。市委副书记、市长、市委审计委员会副主任李挚，市领导李建华、谢胜、刘晓英等参加。

◎内蒙古自治区政协考察组来岳阳调研交流

2023年4月12日至13日，内蒙古自治区政协副主席张磊率团来岳阳，围绕乡村振兴、高标准农田建设、农民增收致富等主题开展考察调研，市政协副主席秧励参加。

春耕时节，农民抢抓农时，忙着起秧、抛插早稻，田间地头一派热火朝天的景象。考察组一行先后来到汨罗市屈子祠镇范家园村，桃林寺镇石桥村、亦仁村、岳阳县筻口镇瑞丰农机专业合作社等地，考察高标准农田建设和农民增收致富等情况。考察中，双方就高标准农田建设的项目管理、投融资模式、验收工作、建后管护等进行深入交流探讨。考察组一行还参观了洞庭南路历史文化街区，了解岳阳文旅产业发展情况。

考察组对岳阳不断深化农村改革、着力推进农业农村现代化建设表示赞许，认为岳阳推进高标准农田建设所探索的路径可复制、可推广，为高标准农田建设提供了成功经验，具有良好的借鉴意义。希望双方继续加强沟通交流，相互促进，助推两地全面推进乡村振兴迈上新台阶

内蒙古自治区政协考察组来岳调研交流

◎ 2023 中华茶祖节暨首届黄茶（岳阳·平江）产业发展大会开幕式在平江县举行

2023 年 4 月 20 日，2023 中华茶祖节暨首届黄茶（岳阳·平江）产业发展大会开幕式在平江县举行，活动通过节会贯彻落实习近平总书记“三茶统筹发展”指示精神与省委、省政府“着力打造五彩湘茶优势特色产业”决策部署，弘扬茶祖文化、倡导茶为国饮、普及茶知识、宣传茶品牌、提高湘茶知名度、扩大湘茶消费，促进岳阳、全省茶产业、茶文化、茶旅游、茶休闲业发展，助力乡村振兴。中国工程院院士、湖南农业大学学术委员会主任刘仲华宣布开幕，市委书记曹普华，市领导马娜、谢胜、陈阁辉、李运帷等出席。

据介绍，整个活动为期两天，包括中国茶叶流通协会黄茶专业委员会一届三次会议、黄茶产业发展大会、平江茶旅融合精品路线考察、黄茶展销会等活动。来自全国各地的专家、嘉宾、茶企代表齐聚平江，围绕以茶文化、茶产业、茶科技统筹推进中国黄茶产业发展主题开展交流。

活动期间，中国茶叶流通协会还授予平江县“茶旅融合示范区”牌匾及全国“茶业百强县域”称号，湖南省九狮寨高山茶业有限责任公司获评“2022 年度全国茶业百强企业”。

2023 中华茶祖节暨首届黄茶（岳阳·平江）产业发展大会开幕式在平江县举行

◎全民国家安全教育日系列宣传活动启动仪式举行

岳阳市 2023 年『4·15』全民国家安全教育日系列宣传活动启动仪式举行

2023 年 4 月 15 日，岳阳市 2023 年“4·15”全民国家安全教育日系列宣传活动启动仪式在平江县天岳广场举行。

2023 年 4 月 15 日是第八个全民国家安全教育日，活动主题是：“贯彻总体国家安全观，增强全民国家安全意识和素养，夯实以新安全格局保障新发展格局的社会基础”。近年来，岳阳市坚决扛牢政治责任，以习近平新时代中国特色社会主义思想为统领，以总体国家安全观为指引，以系列宣传活动为契机，线上线下推动国家安全宣传教育进企业、进农村、进机关、进校园、进社区、进军营、进网络，切实提升人民群众“维护国家安全，你我皆是主角”的思想意识，充分营造“国家安全，人人有责，人人尽责”的良好氛围，为全市经济社会高质量发展提供坚实保障。

活动现场摆放宣传展板 50 块，设立法律咨询服务台 14 个，发放各类宣传手册 42000 余份，同时通过国家安全宣传片展播、主题歌舞及情景剧表演、国安知识有奖竞答、法律咨询服务等形式，向在场群众普及国家安全法等法律法规和相关知识，积极引导群众学法、懂法、守法、用法，自觉参与到维护国家安全的行动中来，推动国家安全理念深入人心、落地生根。

第三届“岳商大会”组委会工作会议举行

2023 年 4 月 21 日，岳阳市委常委、市委统战部部长邱虹主持召开第三届“岳商大会”组委会工作会议。副市长魏淑萍，市工信局、市商务局、市文化旅游广电局、市工商联、岳农集团、市文旅开发有限公司等部门单位相关负责人参加。

会议传达了市委常委会议关于岳商大会筹备工作指示精神，相关部门单位汇报了工作进展情况，以及工作中存在的困难和问题，并对后段工作做了具体安排。

邱虹强调，岳商大会是岳阳政治经济发展中的一件大事和喜事，是推介岳阳、展示岳阳形象的窗口。邱虹要求，认识要深化，各部门单位要站在全市的高度，重视抓好本次岳商大会筹备工作，确保召开一次高质量、高水平的岳商大会。氛围要浓厚，要营造良好氛围，做好新闻宣传报道，力争办出影响力；岳商大会系列活动要丰富多彩，全方位、立体式展现岳阳经济发展成果。服务要优质，加强统筹安排，强化责任，做好对口接待服务工作，确保岳商感受到温暖贴心氛围。活动质量要高效，岳商大会系列活动要体现岳阳的经济发展水平，要加强对接协调，进一步细化方案，加强对接，确保流程通畅。效果要实，要加大力度，进一步吸引投资、吸引人才，确保寓外岳商期待有回应、回归有平台，更好地为家乡建设作贡献。

第三届“岳商大会”组委会工作会议

要闻纪事

△ 14 日，岳阳市交通运输工作会议召开，市委常委、副市长李美云出席并讲话，市人大常委会副主任刘晓英，市政协副主席刘铁健参加。

△ 17 日，岳阳市人大常委会 2023 年党的建设工作会议举行。市人大常委会主任、党组书记马娜主持并讲话。市人大常委会副主任、党组副书记李永丰，市人大常委会副主任刘晓英、赵岳平、黄俊钧、田文静，市人大常委会秘书长汪四新等参加。市直机关工委负责人到会指导。

△ 19 日，岳阳市人大监察和司法、法制工作座谈会举行。市人大常委会主任马娜，副主任黄俊钧出席。会上，市人大监察和司法委、市人大法制委通报了去年工作情况和今年工作安排，与会人员进行了交流发言。启届以来，全市各级人大监察和司法委、法制委紧紧围绕全市中心和工作大局，认真履行职责，积极主动作为，取得了明显成效。

△ 19 日，岳阳市委书记曹普华赴岳阳楼区开展“下基层、访民情、守底线、促发展”活动，专题调研城市更新、城市管理等工作。市领导谢胜、李美云参加。

△ 19 日，八届市委第四轮巡察动员部署会议召开。岳阳市委常委、市委组织部部长、市委巡察工作领导小组副组长谢群主持会议并宣布各巡察组分组安排和授权决定，市委常委、市纪委书记、市监委主任、市委巡察工作领导小组组长谢运策作动员讲话。

◎岳阳荆州推出11个党建合作项目

2023年4月23日，岳阳市、荆州市区域党建合作共建研讨交流暨第一次联席会议在岳阳召开，推出区域党建合作共建11大创新项目，涵盖加快产业发展、壮大集体经济、优化政务服务、加强基层治理等，吹响荆州、岳阳两地共抓保护、共谋发展、共开新局的奋进号角。

4月23日，岳阳市、荆州市区域党建合作共建研讨交流会暨第一次联席会议在岳阳市铂尔曼酒店召开

2022年9月，两地签署区域党建合作共建框架协议。两地积极探索、大胆实践，党建共建、干部共育、产业共融、区域共治“四项工程”纵深推进，两地党建合作共建领域越走越宽。

岳阳、荆州区域党建合作共建11大创新项目中，石首—华容区域党建“共富课堂”、云溪—监利共同缔造“产业联合体”等项目着眼乡村振兴，带动两地人民共同富裕；生态环保方面，两市以“一商四联”区域生态环境治理党建合作、洪湖—临湘“六联共建·先锋同行”为抓手，建立联防联控机制，擦亮一江两岸山清水秀鲜明底色；“进一扇门，办两省事”跨省政务服务联盟，解决两市居民异地办事“多地跑”“折返跑”问题，造福两地民生福祉。

两市将依托11大项目，完善协商联动机制，瞄准乡村共富目标，推动加快资源共享、优势互补、协同发展，整合红色教育资源，把农文旅融合发展打造成为两地经济发展新的增长极，打造具有美誉度、辨识度的党建“金名片”。

◎岳阳市举办首期『青春有岳·我心向阳』2023年青年人才沙龙

2023年5月4日，岳阳市举办首期“青春有岳·我心向阳”2023年青年人才沙龙，邀请各行业青年人才代表共聚一堂，解政策、叙友谊、谈发展，围绕“如何释放高层次青年人才活力，助力岳阳市高质量发展”主题畅谈交流。市委副书记、市长李挚出席并讲话，市委副书记、市委政法委书记汪涛，市委常委、市委组织部部长谢群，和市直相关单位负责人参加。

沙龙上，与会青年代表现场分享了扎根一线、笃行实干的精彩故事，介绍了来岳生活感受，畅想未来发展，围绕“促进本地毕业生留岳就业”“加强高校与企业之间的产学研深度合作”等话题进行分享交流，并就岳阳人才新政、城市功能品质提升、营商环境优化等方面献智献策。市直相关部门负责人从留住人才、创新扶持等方面，重点介绍了当前岳阳市在招才引智方面的优惠政策和相关举措，为青年人才们答疑解惑。

岳阳市举办首期『青春有岳·我心向阳』2023年青年人才沙龙

李挚指出，当前岳阳正加快建设名副其实的省域副中心城市，广大青年要增强志气、涵养才气、保持锐气、提升正气，争做志存高远的领跑者、勤学善思的有心者、奋发有为的实干者和修身养德的清醒者，一起参与、支持和接力岳阳发展，努力让青春之光在实现“三高四新”美好蓝图、建设省域副中心城市的征程中更加耀眼、更加闪亮。

要闻纪事

△26日，湘阴县长刘世奇率队赴甘肃省酒泉市肃州区考察学习，并就深化战略合作进行座谈、签约。肃州区委常委、常务副区长张剑雨，县人大常委会副主任陶娜、副县长邓澳利、县政协副主席甘文伟等参加。会上，张剑雨、邓澳利分别代表两地政府签订了《深化战略合作框架协议》。

△27日，岳阳市委副书记、市长李挚主持召开市政府第12次党组会暨市政府专题会议，学习贯彻习近平总书记近期重要讲话精神，中央、省相关会议和文件精神，审议相关工作方案，研究部署当前重点工作。市领导李建华、李劲松、陈阁辉、黄伟雄、张世愚，市政府秘书长孙志诚参加。

5月

△6日，岳阳市委副书记、市长李挚率市科技、水利、农业农村等相关部门负责人赴屈原管理区，实地调研创建国家农业高新技术产业示范区工作，并见证屈原管理区与湖南农业大学战略合作签约，副市长陈阁辉、张世愚，市政府秘书长孙志诚一同前往。

△10日，岳阳市召开禁毒工作电视电话会议，总结前段全市禁毒情况，部署安排后段工作。市委副书记、市长、市禁毒委主任李挚出席并讲话。市委副书记、市委政法委书记、市禁毒委第一副主任汪涛主持，市领导黄俊钧、李劲松，市政府秘书长孙志诚参加。

△11日，岳阳市青年理论学习工作推进会暨习近平新时代中国特色社会主义思想青年读书会召开，市委常委、市委宣传部部长刘启峰出席并讲话。

◎岳阳荣膺中国“十大秀美之城”

2023年5月5日，2022—2023年度“中国美好生活城市发布盛典”在成都举行，岳阳荣膺中国“十大秀美之城”称号，是我省唯一获此殊荣的城市。副市长黄伟雄代表岳阳现场领奖。

中国美好生活城市发布盛典

“中国美好生活城市发布盛典”依托于《中国美好生活大调查》的多维度调查数据、独特的数据模型及算法，用大数据寻找人民对“美好生活”的共同坐标，调查每年覆盖全国150多个城市、300多个县，是目前全球最大规模的民生感受型调查。

今天的岳阳，城区就是景区，家园便是花园；市民生活在绿水青山之间，城在绿里，人在画中。岳阳正全力守护“中国优秀旅游城市”的绿水青山、丰富“历史文化名城”的独特涵养、加快建设“省域副中心城市”的新时代崭新形象。洞庭天下水，岳阳天下楼。山水交融、城景相依、生态宜居、绿意盎然的岳阳，正以百姓忧乐为忧乐，努力建设幸福宜居城市。

据悉，2022—2023年度“中国美好生活城市发布盛典”发布了“十大大美之城”“十大秀美之城”“十大旅游向往之城”和“十大魅力打卡之城”四个榜单，用独家感受型数据展现人民对美好生活的期盼。入选中国“十大秀美之城”，这是568万岳阳人民的骄傲和自豪。

首届湖南省辣椒文化旅游节在湘阴开幕

◎首届湖南省辣椒文化旅游节在湘阴开幕

2023 年 5 月 8 日，首届湖南省辣椒文化旅游节在湖南省特色产业小镇——“辣椒小镇”湘阴县樟树镇拉开帷幕。湖南省人大常委会党组成员谢建辉宣布开幕，中国工程院院士、湖南农业大学校长邹学校出席，省文化和旅游厅党组书记、厅长李爱武讲话，市委副书记、市长李挚致辞，市领导刘启峰、陈阁辉、魏淑萍，市政府秘书长孙志诚及多国驻华使节、各界嘉宾、行业代表等近千人参加。

在 2023 樟树港辣椒上市发布会上，樟树港辣椒龙头企业阳雀湖农业开发有限公司与来自省内外的 16 家企业达成 1700 余万元订单协议，樟树港辣椒将香飘全国餐桌。

首届湖南省辣椒文化旅游节通过“线下节会＋线上宣推”方式联动，除举办多国驻华使节共品“湖湘天椒宴”、湖南省辣椒产业高质量发展专家峰会、首届湖南省辣椒文化旅游节辣椒博览会等专场活动外，还开展了寻找“天下第一鲜椒”等线上活动。开幕式上，“湖南省辣椒协会”正式成立，发布了“樟树港辣椒品牌保护”倡议，举行了“把爱椒给你”扶残助残公益专项基金签约仪式，发布 10 个最受信赖的樟树港辣椒交易平台、10 个最受欢迎的湖南辣椒产品、5 类最具特色的湖南鲜椒。

◎岳阳市政协 2023 年名家讲堂暨知情明政大讲堂开讲

2023 年 5 月 9 日，岳阳市政协 2023 年第一期名家讲堂暨知情明政大讲堂开讲，邀请省政协原副主席、长沙民政职业技术学院原院长刘晓教授作《元宇宙畅想》的专题讲座，市农业农村局主要负责人通报全市芥菜产业转型升级高质量发展工作情况。市政协副主席刘铁健主持，副主席何祚云、李文、张赟、范泽容、高鸽子，市政协老领导秦吉兵，全国政协委员柳玲玲出席。

刘晓教授以生动案例指出，元宇宙就是整合多种新技术而产生的新型相容的互联网应用和社会形态，并围绕元宇宙的技术底座、经济系统，以及元宇宙与数字经济、元宇宙与教育分别进行了阐述。市农业农村局主要负责人从全市芥菜产业基本情况、2022 年央视 3·15 晚会曝光带来的危机与挑战、一年来岳阳市应对措施及工作成效，以及下一步岳阳市芥菜产业高质量发展的方向等方面，详细介绍了岳阳市芥菜产业探索转型升级高质量发展新路径的历程。

岳阳市政协 2023 年名家讲堂暨知情明政大讲堂开讲

刘铁健希望广大政协委员以此次活动举办为契机，充分发挥政协优势，多建务实之言，多献睿智之策，多谋创新之举，努力把政协的人才优势、智力优势转化为推动岳阳市经济社会高质量发展的工作优势，为市委、市政府提供决策参考和智力支持。

◎岳阳市和美乡村示范创建工作推进会召开

2023 年 5 月 12 日，岳阳市召开和美乡村示范创建工作推进会，全面动员、系统部署，高质量推进和美乡村建设。岳阳市委副书记汪涛主持，副市长陈阁辉作工作部署，市直相关单位负责人，各县市区分管负责人，和美乡村示范创建村所在乡镇、村负责人参加。

会议传达学习了《岳阳市和美乡村示范创建方案》，岳阳市委组织部、岳阳市农业农村局、湘阴县等 6 个单位部门作了表态发言。

汪涛强调，各级各部门要深刻学习领会习近平总书记对和美乡村建设的重要讲话、重要指示批示精神，坚决贯彻中央、省委 1 号文件对示范创建的决策部署，严格按照创建方案和会议要求，不断创新举措抓好落实，努力形成和美乡村示范创建齐抓共建的工作合力。市县创建办要按照相关文件履行好服务责任，做好协调工作。各县市区、市直部门要注重点面、远近、共性结合，充分发挥村级、群众、乡友和资本的积极性。县乡村要坚决落实主体示范带头责任，行业部门要落实帮扶责任，实行项目化、清单化管理，量化推进，确保示范创建各项工作不折不扣落到实处。

岳阳市和美乡村示范创建推进会

要闻纪事

△ 11 日，由湖南省减灾委员会主办，岳阳市人民政府、湖南省应急管理厅、岳阳军分区、湘阴县人民政府、湖南省湘水集团有限公司承办，主题为“防范灾害风险 护航高质量发展”的湖南省 2023 年全国防灾减灾日宣传暨抗洪抢险综合应急现场演练在湘阴县鹤龙湖镇（城西垸）南阳堤段举行。

△ 12 日，岳阳市召开《岳阳市危险货物道路运输站场管理规定》贯彻实施动员大会。市委常委、副市长李美云，市人大常委会副主任黄俊钧出席，市直相关单位、各县市区相关负责人与会。

△ 12 日，岳阳市委书记曹普华在华容县开展“走基层、找问题、想办法、促发展”活动，调研产业项目、乡村振兴、基层党建、安全生产、防汛备汛等工作。他强调，要千方百计挖潜扩能、提质增效，夯实基层基础，全面推进乡村振兴，牢牢守住安全底线，努力以一地一域之“稳”服务全局全域之“进”。市领导谢胜参加调研。

△ 15 日，岳阳市委书记、市委深改委主任曹普华主持召开市委深改委 2023 年第一次会议，传达学习中央、省委深改委会议精神，审议相关改革文件，听取有关情况汇报，研究部署改革工作。市委副书记、市长、市委深改委副主任李挚，市领导汪涛、刘启峰、谢群、周隽、邱虹、李建华、谢运策、谢胜、李美云、黄伟雄等列席。

△ 30 日，岳阳市委常委、常务副市长李建华赴经开区开展“三送三解三优”活动。市发改委、市信访局、市行政审批服务局等单位主要负责人参加。

2023 年岳阳市科技活动周在汨罗高新区启动

◎ 2023 年岳阳市科技活动周启动

2023 年 5 月 25 日，以“热爱科学、崇尚科学”为主题的 2023 年岳阳市科技活动周启动仪式在汨罗高新技术产业开发区举行。岳阳市政协主席、党组书记黎作凤宣布科技活动周启动，省科技厅二级巡视员王红讲话，市人大常委会副主任赵岳平宣读2021 年岳阳市科技创新平台立项通报，副市长张世愚致辞，市政协秘书长李冯波参加。

启动仪式上，参加活动的领导为获奖企业授牌。启动仪式前，省、市、县领导，相关市直部门负责人、专家、企业家、学生等社会各界代表共同参观了科技创新工作主题展览，并在启动仪式后聆听科技创新发展专题讲座。

◎岳阳一户家庭获评『全国最美家庭』

2023 年 5 月 14 日，全国妇联公布了 2023 年全国最美家庭名单，湖南 34 户家庭上榜，其中有汨罗市的夏文彬家庭。

今年 60 岁的汨罗镇瞭家山社区退休干部夏文彬曾是社区妇联主席，从事基层工作 28 年。她带领社区志愿者积极参与各项社区基层治理工作，同时通过言传身教，带动子女们积极参与到社区志愿服务工作中。在移风易俗工作中，她和同是党员的丈夫同心同力，参与制订“村规民约”，带头签订承诺书，加入社区红白理事会，倡导“婚事新办、丧事简办、余事不办”，积极引导群众算好经济账、精力账、亲情账，一家人以实际行动推进移风易俗，助力社区获得了多项国家级、省市级荣誉。

汨罗是全国妇联移风易俗工作试点。近年来，汨罗以此为契机，充分发挥妇女“半边天”作用，推动建立建强红白理事会、巾帼志愿服务先锋队、妇女议事会、巾帼乡贤等队伍，提质升级村规民约，建立健全激励机制，以点带面推动移风易俗工作纵深发展。2023 年，汨罗有夏文彬家庭、黄吉光家庭、戴世元家庭获省最美家庭荣誉，李三星家庭、兰亮家庭、荀耀林家庭、周永红家庭、杨华家庭、任庄宪家庭、颜念红家庭获岳阳市最美家庭荣誉。

◎湖南省党校系统第十五次教学比赛在岳阳开幕

2023 年 5 月 26 日，湖南省党校（行政学院）系统第十五次教学比赛（精品课评选）暨首届教学管理优秀奖评选活动在岳阳市委党校开幕，省委党校副校长张思京出席并讲话，省委党校副校长、韶山干部学院院长蔡文辉和省总工会二级巡视员易鸿志出席，省委党校副校长刘艺主持，市委常委、市委组织部部长、市委党校校长谢群致辞。来自全省各地的专家评委，省委党校、韶山干部学院、各市州委党校和部分县市区委党校的参赛选手、观摩人员近 300 人参加。

湖南省党校系统第十五次教学比赛在岳阳开幕

张思京指出，每两年举办一次全省党校（行政学院）系统教学比赛，是一个传承了 30 年的优秀传统，是湖南省党校（行政学院）系统的一张闪亮名片，对提升全省党校（行政学院）系统教学水平，增强教学的政治水平、政策水平、学术水平，提高教学实际效果具有重要作用。在学习贯彻党的二十大精神的开局之年和开展学习贯彻习近平新时代中国特色社会主义思想主题教育之年，举办此次活动是全省党校（行政学院）系统学习贯彻党的二十大精神的具体举措，也是推动主题教育走深走实的具体行动。本次活动将参照中央党校的做法，同步举行首届教学管理优秀奖评选表彰。

要闻纪事 ★ ★ ★ ★ ★ ★ ★ ★ ★ ★

6月

△ 6 日，岳阳市汽车流通行业协会第四届第一次会员大会召开，市委常委、市委统战部部长邱虹出席并为会长单位授牌，副市长魏淑萍、市政协副主席何祚云参加会议。

△ 11 日，长沙市岳阳商会圆满完成换届并举行第四届一次会员大会。市人大常委会主任、党组书记马娜为“岳阳市湘商回归和返乡创业联络服务站”授牌，受市委书记曹普华，市委副书记、市长李挚委托，市政协主席、党组书记黎作凤出席长沙市岳阳商会第四届一次会员大会，代表市委、市人大常委会、市政府、市政协向长沙市岳阳商会换届大会的胜利召开，以及新当选的新一届商会领导班子表示热烈祝贺，向所有在长沙创业打拼的岳阳乡友、企业家们表示亲切问候和良好祝愿。

△ 12 日，岳阳市委政法委召开理论学习中心组集中（扩大）学习会议，专题传达学习习近平总书记在二十届中央国家安全委员会第一次会议上的讲话精神、中央深化政法改革有关文件精神和《中共岳阳市委关于推动“敢为、敢闯、敢干、敢首创”奋力开创高质量发展新局面的意见》。市委副书记、市委政法委书记汪涛主持会议并就学习贯彻习近平法治思想提出要求。

△ 12 日下午，岳阳市委书记、市委网络安全和信息化委员会主任曹普华主持召开市委网络安全和信息化委员会全体会议，传达学习习近平总书记关于网络强国的重要思想，及省委网络安全和信息化委员会全体会议精神，听取全市网信工作情况汇报，审议《岳阳市政务新媒体内容建设管理办法》等文件，研究部署后段工作。

◎岳阳市首届城市生活垃圾分类宣传周活动举行

《岳阳市生活垃圾分类管理办法》实施暨首届城市生活垃圾分类宣传周启动仪式活动在南湖广场举行

2023 年 5 月 27 日，《岳阳市生活垃圾分类管理办法》实施暨首届城市生活垃圾分类宣传周启动仪式活动在南湖广场举行，市委常委、副市长李美云出席并宣布活动启动，市政协副主席何祚云等参加。启动仪式上，市城管局负责人发布了生活垃圾分类倡议书，市直机关干部职工代表、青年志愿者代表和学生代表分别作表态发言。

垃圾分类，牵民生、连文明，既是关键小事，更是民生大事。据悉，《岳阳市生活垃圾分类管理办法》实施暨首届城市生活垃圾分类宣传周启动仪式，目的是贯彻落实习近平总书记重要指示批示精神，对强化岳阳市群众生活垃圾分类意识，扩大生活垃圾分类影响力，努力营造政府倡导、社会响应、人人参与的良好氛围，推动垃圾分类成为岳阳市广大市民的低碳生活新时尚具有重要作用。“举办这次活动，希望能加强生活垃圾分类工作宣传，提高市民群众参与生活垃圾分类的积极性和主动性，将垃圾分类行动融入市民生活。”市城管局相关负责人表示，近年来，越来越多的人开始关注绿色环保、关注垃圾分类。下一步，岳阳将着力解决制约垃圾分类的关键性瓶颈问题，开展多种形式的垃圾分类宣传活动，让垃圾分类成为新时尚，让环保理念深入人心。

◎『百万职工畅游乡村 携手助农兴游促销』活动启幕

岳阳市“百万职工畅游乡村 携手助农兴游促消”活动在美丽的南湖之滨正式启动

2023 年 6 月 1 日，岳阳市“百万职工畅游乡村 携手助农兴游促消”活动在美丽的南湖之滨正式启动，市委常委、市委宣传部部长刘启峰宣布活动启动并讲话，市人大常委会副主任、市总工会主席喻文主持启动仪式。

启动仪式上，市总工会负责人和景点代表宣读了《活动倡议书》和《承诺书》，市文旅广电局主要负责人作了旅游线路推介。

刘启峰指出，举办“兴游促消”活动，就是要营造岳阳人游岳阳的浓厚氛围，厚植岳阳人懂岳阳的文化底蕴，凝聚岳阳人建岳阳的强大力量。要提高站位，擦亮岳阳文旅品牌。各有关部门单位、各级工会和旅游景点要挖掘文旅资源，做好活动规划，强化组织协调，推动“兴游促消”活动在全市广泛深入开展；要聚焦景点特色，进一步丰富活动内涵、提升文化品质、打造特色品牌。要用心服务，保障职工舒心体验。文旅部门和各景区要用最优服务展现最美风景，用最严管理筑牢最密防线，用最好体验赢得最佳口碑。要抓好结合，助力乡村振兴发展。各有关单位要积极探索文旅发展新模式，通过“兴游促消”推进消费帮扶，繁荣乡村旅游，助力乡村振兴，实现岳阳市乡村振兴、文旅产业发展和提升职工生活品质的合作共赢。

岳阳市“百万职工畅游乡村 携手助农兴游促消”活动在美丽的南湖之滨正式启动

◎ 2023 年岳阳市社科普及主题活动周启动

2023 年 6 月 2 日，2023 年岳阳市社科普及主题活动周暨“学习贯彻二十大·团结奋斗谱新篇·创造岳阳新精彩”系列宣讲活动启动式在湖南理工学院举行。省社科联党组书记、副主席胡代松出席并讲话，市委常委、市委宣传部部长刘启峰宣布活动启动，市人大常委会副主任赵岳平，副市长魏淑萍，市政协副主席张赟，湖南理工学院党委书记卢先明等参加。

市委常委、市委宣传部部长刘启峰宣布活动启动

胡代松对岳阳社科工作给予高度肯定。他指出，本次活动是全省社科普及活动周的“岳阳篇章”，也是全面贯彻落实党的二十大精神的“岳阳行动”。希望广大社科工作者做先进思想的倡导者，做服务人民的实践者，做社会风尚的引领者，做宣传普及的开拓者，为绘就“芙蓉国里尽朝晖”的新时代壮丽画卷彰显岳阳社科担当，为岳阳加快建设省域副中心城市作出新的更大贡献。

魏淑萍指出，各地、各有关单位要按照 2023 年岳阳市社科普及主题活动周活动部署和安排，立足职能优势，突出主题和特色，精心组织、注重实效，开展形式多样的社科普及宣传活动，推动党的二十大精神传遍巴陵大地、温润千家万户。

启动仪式上，通报表彰了优秀社科普及基地，并为 2023 年新晋社科普及基地进行了授牌。

◎岳阳市第三届百合农旅文化节开幕

2023 年 6 月 2 日，岳阳市第三届百合农旅文化节在岳阳楼区郭镇乡正式拉开帷幕。

据介绍，节会期间，游客不仅能欣赏到 100 多个各色品种的百合花，还能参加花海相亲会、儿童绘画展、巴陵非遗展、露营派对、乡野厨房、吃龙虾大赛等多个主题活动，内容丰富多彩，场景浪漫热烈。

近年来，岳阳楼区按照“产业兴旺、生态宜居、乡风文明、治理有效、生活富裕”的总要求，全面推进脱贫攻坚与乡村振兴有效衔接，连续两年被评为全国数字农业先进区，引进了“柏连阳院士基层联系点”，郭镇乡被评为全省美丽乡村全域推进示范乡镇、全市农业产业化特色小镇和全市乡村振兴十佳乡镇，田园牧歌等企业分别荣获全国农业产业化龙头企业、高新技术企业、农文旅融合发展示范企业和研学旅游主要基地。

田园牧歌相继打造了百果园、百花园、百合园、芦笋园、菊花园等示范园区。一年一度的百合农旅文化节也成为岳阳市民的传统节日，更成为带动当地村民就地就业、自主创业的主要机遇。通过农文旅融合发展，共新增农家乐、农家客栈、民宿酒店、旅游休闲等企业 50 多家，扩大就业岗位 1000 多个。

游客徜徉百合花园中

市领导刘晓英、何祚云，岳阳楼区主要负责人及市直有关单位负责人参加开幕式。

要闻纪事

△ 14 日，岳阳市残疾人联合会第七次代表大会开幕。市委书记曹普华出席并讲话，他强调，全市上下要深入学习贯彻党的二十大精神和习近平总书记关于残疾人事业的重要论述，扛牢职责使命、积极担当作为，团结带领广大残疾人创造更加幸福美好的新生活，共同开辟岳阳残疾人事业与经济社会协调发展新局面。市委副书记、市长李挚主持。

△ 16 日，岳阳市人大常委会召开 2023 年度法官和检察官履职评议工作动员会。市人大常委会主任马娜，市人大常委会副主任黄俊钧，市中级人民法院院长简龙湘，市人民检察院检察长李胜昔出席。会议宣读了 2023 年法官、检察官履职评议实施方案并就有关情况作了说明，宣读了 2023 年法官、检察官履职评议人员名单，法官代表和检察官代表作了表态发言。

△ 16 日，岳阳市委副书记、市长李挚赴云溪调研万亿现代石化产业核心基地建设，听取岳阳现代石化产业链发展情况汇报，现场办公研究解决产业发展中的问题，并邀请石化专家代表座谈。市领导邱虹、何祚云，市政府秘书长孙志诚参加。

△ 22 日，在出席全国、全省安全防范工作紧急视频会议岳阳分会场会议后，市委副书记、市长李挚主持召开全市安全防范工作紧急视频会议。副市长黄伟雄参加。

△ 26 日，岳阳市委书记、市委外事工作委员会主任曹普华主持召开 2023 年市委外事工作委员会全体会议，深入学习贯彻习近平外交思想和党的二十大精神，传达中央、省外事工作会议精神，听取全市外事工作情况汇报，审议有关文件，研究部署下阶段工作。市委副书记、市长、市委外事工作委员会副主任李挚，市委副书记、市委政法委书记、市委外事工作委员会副主任汪涛，市领导李建华、谢胜、魏淑萍参加。

◎ 2023 年湖南国际文化旅游节暨纪念屈原逝世 2300 周年系列活动将在汨罗举行

2023 年 6 月 8 日，2023 年湖南国际文化旅游节暨纪念屈原逝世 2300 周年系列活动新闻发布会在长沙举行。省文化和旅游厅党组成员、副厅长尚斌出席并介绍活动情况，副市长魏淑萍回答记者提问。

尚斌介绍，2023 年湖南国际文化旅游节暨纪念屈原逝世 2300 周年系列活动，将于 6 月 20 日至 6 月 22 日在岳阳汨罗举行。节会将以三湘四水、相约湖南、天下洞庭、“舟”游汨罗为主题，通过四大主体活动和六大系列活动，展现岳阳汨罗文化旅游资源，推介岳阳汨罗文化旅游产品，展示岳阳汨罗文化旅游业发展新业态新成就。

其中，四大主体活动即 2023 年湖南国际文化旅游节开幕式、“我们的节日·端午”主题活动暨汨罗江国际龙舟邀请赛、非遗展示（屈子祠祭典）、屈原精神及时代价值学术研讨会。六大系列活动包括湖南省“世界旅游目的地”精品旅游线路采风踩线活动、岳阳市文创旅游商品展示 + 美食品鉴会、“天下洞庭”2023 湖南·岳阳小龙虾产业博览会、“天下洞庭”偶遇君山活动、“天下洞庭”2023 岳阳野生荷花旅游季活动、“味道湖南·洞庭味道·鱼韵悠长”巴陵全鱼制作技艺厨艺大赛。

新闻发布会现场

◎湖南省首张“一网通办”联办证照在岳阳颁发

全省首张！企业开办“一网通办”联办证照在岳阳颁发

2023 年 6 月 21 日，岳阳市元锦贸易有限公司法定代表人在岳阳市政务服务中心市场监管局窗口负责人手中领取到全省首张通过企业开办“一网通办”“证照联办”平台办理的营业执照和食品经营许可证。他高兴地说：“原以为需分开办的事，现在网上一次申请、一起办，不到 2 天就办好了营业执照和经营许可证，马上就可以开张经营了，真是太好了！”

据悉，企业开办“一网通办”“证照联办”于近日在湖南省市场主体准入准营推出全生命周期“一网通办”服务平台上线，目前可办理的许可证为食品经营许可证和食品生产许可证（含特殊食品），申请人可一网、一次、一门办理营业执照和食品经营（生产）许可证，实现“准入即准营”。

目前，岳阳市政务服务已形成“六端”服务格局，即：网上专栏端、指尖 App 端、大厅线下端、自助服务端、电话应答端、政务直播端，不断固化、深化、转化改革成效，持续优化营商政务环境，全力为岳阳高质量发展赋能增效。

◎湖南首批！平江 3 地获评省红色法治文化基地

2023 年 6 月 20 日，湖南省守法普法工作办公室发布了首批湖南省红色法治文化基地和第三批湖南省法治宣传教育基地名单，其中，平江县红色法治文化基地（平江起义旧址及纪念馆、湘鄂赣省第一次工农兵代表大会旧址、李六如故居）获评首批湖南省红色法治文化基地。

近年来，平江县委、县政府坚持在赓续红色血脉中发展红色旅游，在挖掘红色资源中推进文旅融合，在发挥红色价值中传播红色文化，制定出台了“红色平江”五年行动计划，精心遴选了李六如故居等 16 个红色重点项目和加义镇泊头村等 5 个红色村开展集中攻坚，全县现有李六如故居、喻杰故居等 6 个红色景区已竣工运营，“韶山—宁乡—平江”被确定为全国首批 30 条红色旅游 1 号线路，平江起义旧址及纪念馆被列为全国首批 100 个红色旅游经典景区之一。

要闻纪事

7月

△ 1 日，岳阳市委书记曹普华与来岳考察的塞内加尔代表团和科特迪瓦代表团一行座谈，双方围绕进一步深化经贸往来、投资兴业、农业互补、人员互访、人文交流等领域的持续合作交换了意见，并达成了深化全方位合作的共识。塞内加尔驻华大使伊布拉伊玛·锡拉，塞内加尔总理府外事顾问穆斯塔法·索赫纳·迪奥普，塞内加尔出口促进署合作促进司司长盖耶·法度玛塔·迪乌夫，科特迪瓦商务部对外贸易促进和出口援助司司长罗巴·马克·莫比奥，科特迪瓦商务部营销和商品组织总监高梅南·顾迪奥·玛度，市委常委、市委秘书长谢胜，市人民政府副市长魏淑萍等参加座谈。

△ 6 日，岳阳市测绘院有限公司揭牌暨土地超市“招商云系统”上线启动仪式举行。岳阳市委常委、副市长李美云出席仪式并宣布启动，市直有关单位主要负责人参加。

△ 8 日，庆祝民进岳阳市委会成立 40 周年大会在岳阳文化艺术会展中心举行，省政协副主席、民进湖南省委会主委潘碧灵，市委常委、市委统战部部长邱虹出席并讲话，民进湖南省委会专职副主委黄铁华，市人大常委会副主任李永丰，副市长、民进岳阳市委会主委张世愚，市政协副主席张赟，市政协副主席、民革岳阳市委会主委范泽容等参加。

△ 10 日，岳阳市委副书记汪涛主持召开全市退捕渔民安置保障工作调度会。市人社局、市农业农村局、市医保局主要负责人，各有关县区分管负责人参加。会议听取了我市退捕渔民安置保障工作总体情况介绍，岳阳县、华容县、岳阳楼区、君山区分别作工作汇报。

◎岳阳市法院“迎七一·真理的力量”演讲比赛举行

岳阳市法院“迎七一·真理的力量”演讲比赛举行

2023 年 6 月 9 日，为热烈庆祝中国共产党成立 102 周年，深入学习贯彻党的二十大精神，不断提升全市法院干警忠诚拥护“两个确立”、坚决做到“两个维护”的思想自觉、政治自觉、行动自觉，岳阳市法院“迎七一·真理的力量”演讲比赛举行。市中级人民法院院长简志湘出席活动，中院全体院领导、干警和各基层法院院长在主会场观看，各基层法院干警通过视频连线方式在分会场观看。

演讲比赛现场，来自全市 11 家法院的选手紧紧围绕主题，以《维护地正气 护大美洞庭》《赓续红色血脉 传承法治信仰》《以青春之力 谱写司法绚丽华章》《初心如炬 信仰引路》《新征程闪耀天平之光》《青春向党 法治有我》《法院的故事》等为题，用生动的语言、鲜活的事例、真挚的情感，讲述了新时代法院干警不忘初心、牢记使命、砥砺奋进的感人故事，充分诠释了对党、对祖国、对人民、对司法事业的热爱，展现了青年干警奋进新征程、建功新时代的坚定信念与决心。

◎谢运策主持岳阳市纪委监委理论学习中心组集体（扩大）学习

2023年6月26日，岳阳市纪委监委理论学习中心组举行2023年第六次集体（扩大）学习，市委常委、市纪委书记、市监委主任谢运策主持学习并讲话。

会议集中学习了习近平总书记关于应对风险挑战、贯彻总体国家安全观的重要论述，特别是《习近平著作选读》有关重要篇目，传达学习了湖南省委有关文件精神，4名同志作了发言。

会议还对大兴调查研究工作提出明确要求，强调要经常性开展日常调研，高质量开展廉情调研，深度开展专项监督调研，做实调研与日常工作结合文章，坚持到一线去“解剖麻雀”，着力发现和治理基层群众身边微腐败问题，以解决问题的成效检验监督调研的实效。

市纪委监委理论学习中心组2023年第六次集体（扩大）学习现场

◎2023年湖南省“我们的节日·端午”主题活动在汨罗启动

2023年湖南省『我们的节日·端午』主题活动在汨罗启动

2023年6月21日，2023年湖南省“我们的节日·端午·爱国求索 文明传承”主题活动启动仪式暨“南方新材料杯”汨罗江国际龙舟邀请赛在汨罗江国际龙舟竞渡中心拉开帷幕。湖南省委常委、宣传部部长杨浩东宣布2023年湖南省“我们的节日·端午”主题活动启动，全国政协常委、中国作协书记处书记邱华栋，省政协副主席赖明勇，市委书记曹普华，市委副书记、市长李挚，省委宣传部副部长、省文明办主任肖凌之，省社会科学院党组书记、院长钟君，中国社会科学院文学研究所纪委书记、副所长饶望京，中国龙舟协会副主席、湖南省龙舟协会主席孙平波等出席。湖南籍宇航员汤洪波以视频形式送来端午节问候。

8时30分，伴随着庄严肃穆、神秘古朴的氛围，汨罗儿女演绎楚地舞蹈《倡舞祈福》、民族歌舞《闹端阳》，万人齐诵《天问》，少儿倾情朗诵《诗韵流殇汨罗江》，以充满巫风楚韵的歌舞，千古传承的龙舟下水、龙舟上红、龙头点睛仪式，迎接八方来客，拉开活动帷幕。

随后，汨罗江上龙舟竞渡，鼓声雷动；沿江两岸，群众挥舞彩旗，敲锣打鼓，加油呐喊声此起彼伏……2023汨罗江国际龙舟邀请赛正式拉开序幕。

市领导黎作凤、刘启峰、谢胜等参加启动仪式。

◎岳阳市政协举行庆祝中国共产党成立102周年系列活动

2023年6月28日，岳阳市政协举行庆祝中国共产党成立102周年系列活动，市政协主席、党组书记黎作凤出席并讲话，市政协党组副书记、副主席秧励主持，市政协领导刘铁健、何祚云、张赟、刘传汉，市政协老领导白尊贤，市政协秘书长李冯波参加。

会议还进行了市政协党组理论学习中心组2023年第六次集中（扩大）学习，讲授专题党课《践行习近平生态文明思想，深入推进长江经济带绿色发展示范区建设》，举行了“爱在政协——慈善一日捐”主题党日活动，并为先进党支部、优秀共产党员、优秀党务工作者和优秀党建指导员颁奖，为第二批岳阳市示范性政协委员工作室集中授牌。

岳阳市公安局举行庆祝建党102周年暨“七一”党建表彰大会。

在“七一”到来之际，为表彰先进，激励斗志，不断增强党组织的创造力、凝聚力和战斗力，全力推进岳阳公安事业实现新提升、新跨越，6月28日，市公安局举行庆祝建党102周年暨“七一”党建表彰大会，副市长、市公安局党委书记、局长李劲松出席并现场讲授党课。

大会宣读了“七一”党建专项表彰通报，并现场为先进基层党支部、优秀党员、优秀党务工作者进行了表彰。

岳阳市政协举行庆祝中国共产党成立102周年系列活动

要闻纪事

△14日，湖南省委常委、省委政法委书记魏建锋深入岳阳市平江县基层政法单位、综治中心、企业和学校，调研法治化营商环境建设、“利剑护蕾”和安全稳定等工作。

△16日，岳阳市委书记、市总河长曹普华，市委副书记、市长、市总河长李挚联合签发市第14号总河长令《关于进一步提升河湖管护能力的实施意见》，该总河长令为全市第一个综合性的指令。

△17日，岳阳市委政法委员会2023年第二次全体（扩大）会议召开，市委副书记、市委政法委书记汪涛出席并讲话，市级领导李劲松、简龙湘、李胜昔等参加并就相关工作提出要求。会议听取了市政法单位及市信访联席办、市平安办、市维稳协调办等单位上半年工作汇报，并就后段全市政法工作进行安排部署。

△17日，岳阳市委副书记、市长李挚主持召开城市治安电子防控系统四期运维服务项目调度会，研究有关事项，市领导李建华、李劲松，市政府秘书长孙志诚参加。

△19日，临湘市人民法院聚焦涉民生案件精准发力，开展“湘执利剑2023”专项行动。行动中，执行干警闻令而动、亮剑出击，按照既定行动方案，奔赴各现场点开展行动。

△25日，岳阳市人大常委会主任、党组书记马娜主持召开市九届人大常委会党组第30次（扩大）会议，市人大常委会副主任李永丰、刘晓英、赵岳平、黄俊钧、田文静，市人大常委会秘书长汪四新参加。

◎岳阳市召开“十佳乡镇（街道）党（工）委书记”“百佳村（社区）党组织书记”座谈会

岳阳市召开『十佳乡镇（街道）党（工）委书记』『百佳村（社区）党组织书记』座谈会

2023 年 6 月 30 日下午，在中国共产党成立 102 周年之际，岳阳市召开“十佳乡镇（街道）党（工）委书记”“百佳村（社区）党组织书记”座谈会，市委书记曹普华向全市各级党组织和全体党员致以节日问候，向受到表扬的先进基层党组织书记表示热烈祝贺，强调要从党的光辉历程中汲取砥砺奋进的精神力量，通过评先进、树典型、明导向，引导全市广大党员干部永葆坚定信仰、对党忠诚、为民服务、实干担当、清正廉洁的本色，为推动岳阳高质量发展、加快建设名副其实的省域副中心城市提供坚强的组织保障。市委副书记、市长李挚主持，市领导汪涛、马娜、黎作凤、刘启峰、谢群、邱虹、李建华、谢运策、谢胜、李美云出席。

市委常委、市委组织部部长谢群宣读表扬通报；7 名基层党组织书记代表发言；会议还观看了《好样的，你们！》宣传片。

◎岳阳 26 个少先队中队获“全国红领巾中队”称号

2023 年 7 月，全国少工委发布了 2023 年度全国红领巾中队名单，岳阳市中小学、街道社区的 26 个少先队中队光荣上榜，荣获“全国红领巾中队”称号。

此次评选活动中，岳阳市中小学校少先队中队以及街道社区、农村、青少年宫等校外少先队中队积极申报，并认真对照活动成效好、组织建设示范好、红色实践教育开展好、学习英雄榜样氛围好、“五小”活动社会影响好等五条标准，开展了卓有成效的创建活动，涌现出一批政治鲜明、思想先进、团结友爱、活泼向上、具有全国示范作用的少先队中队集体。岳阳楼区岳阳楼小学 394 中队、岳阳楼区花板桥学校 257 中队，湖南民族职业学院附属小学繁星中队、临湘市五里牌街道少先队向阳中队、岳阳县城南小学快乐中队等 26 个集体上榜。

被命名的少先队中队集体表示，将珍惜荣誉、再接再厉，不断增强少先队员光荣感和组织归属感，团结凝聚少先队员，努力成长为有志向、有梦想，爱学习、爱劳动，懂感恩、懂友善，敢创新、敢奋斗，争当德智体美劳全面发展的新时代好队员。

◎曹普华、汪涛等出席『岳台同心·走进家乡』活动

2023 年 7 月 2 日，由湖南省人民政府台湾事务办公室、岳阳市联合主办的“岳台同心·走进家乡”活动在岳阳楼景区举行，活动以齐诵《岳阳楼记》的形式，赴一场跨越山海的学子“湘”会，叙一段同根同源的血脉亲情。市委书记曹普华，省委台办主任曾智夫，台湾台东县湖南同乡会理事长彭权英致辞，市委副书记汪涛主持，市委常委、市委秘书长谢胜等参加。

本次活动以“畅叙家乡情，学子来‘湘’会”为主题，为期 9 天，30 多名来自宝岛台湾的乡友和师生将分别走进岳阳、长沙、张家界、湘西、怀化等地开展参观调研学习。

在岳期间，台湾嘉宾将前往洞庭湖旅游度假区、君山岛、团湖公园等地进行实地考察，两岸学子还将进行节目表演。

“岳台同心·走进家乡”活动举行 曹普华曾智夫等出席

要闻纪事

△ 25 日，岳阳市委副书记、市长李挚会见来岳考察的老挝自然资源与环境部部长本坎·沃拉吉率队的代表团一行，双方就生态环境保护、经贸合作等方面进行交流。老挝驻长沙总领事馆总领事颂奇·旺康，省贸促会二级巡视员周胜桥、市政协副主席刘铁健、市政府秘书长孙志诚参加。

△ 26 日，岳阳市全域实施农村客货邮融合发展工作现场推进会在汨罗召开，贯彻落实党中央、国务院关于农村客货邮融合发展的决策部署，借鉴推广汨罗模式和经验，推动我市城乡客运与快递物流有机融合，更好地服务农产品进城、消费品下乡，畅通城乡要素流动，助力乡村振兴。市委副书记、市长李挚出席会议并讲话，市委常委、副市长李美云，市政府秘书长孙志诚参加。

△ 24 日—26 日，岳阳市委书记曹普华带队在长三角地区考察期间，成功签约 8 个投资规模大、科技含量高、带动效益好的重大项目。曹普华同市领导汪涛、谢胜、魏淑萍，汇川技术股份有限公司朱兴明、攀华集团有限公司董事长李兴华等企业代表参加签约仪式并见证项目签约。

△ 27 日，岳阳市公安局召开全市公安机关夏季治安打击整治行动推进会，副市长、市公安局局长李劲松出席。会上传达了公安部、省公安厅近期有关会议精神，通报了“夏季行动”前期工作进展情况及部署推进“夏季行动”下一阶段工作。

◎ 2023 年岳阳市公共机构节能宣传周暨低碳日活动举行

2023 年 7 月 11 日，为牢固树立绿色低碳发展理念，充分发挥公共机构示范引领作用，由岳阳市机关事务局、市发改委主办的 2023 年岳阳市公共机构节能宣传周暨低碳日活动启动仪式，在君山区“守护好一江碧水”展陈馆举行，市委常委、常务副市长李建华出席并宣布活动启动，市政协副主席李文等参加。

启动仪式上，宣读了岳阳市全国机关事务工作先进集体获评单位、节约型机关及 2022 年湖南省公共机构节约型示范单位获评名单，与会领导对获奖单位进行授牌。君山区政府与新能源汽车合作项目举行了签约。

岳阳始终牢记习近平总书记“守护好一江碧水”殷切嘱托，坚持降碳、减污、扩绿、增长协同推进，“候鸟的欢歌”“江豚的微笑”“麋鹿的倩影”成为岳阳崭新名片。

本次活动以“节能降碳，你我同行”为主题，节目精彩纷呈：循环播放节能降碳公益宣传片、孩子们自编自演节能降碳版歌舞“花园种花”、志愿者宣读岳阳市公共机构节能倡议书等。现场，工作人员通过讲解日常生活节能小常识，动员市民参与低碳降耗，实现生活方式和消费模式向勤俭节约、绿色低碳、文明健康的方式转变，充分发挥出公共机构在节约能源资源工作中的表率和示范作用。

启动仪式后，全体人员参观了君山区景明低碳生活科普馆。

2023 年岳阳市公共机构节能宣传周暨低碳日活动启动

◎岳阳市 2023 年深化全国文明城市建设工作推进会召开务所落户岳阳

岳阳市 2023 年深化全国文明城市建设工作推进会在南湖宾馆召开

2023 年 8 月 18 日，岳阳市 2023 年深化全国文明城市建设工作推进会召开，市委常委、市委宣传部部长刘启峰参加。会议通报了 2023 年城市文明程度指数模拟测评成绩及排名、居民小区和背街小巷督查情况，讲评了当前存在的问题，并部署了下阶段文明城市建设工作。针对模拟测评和小区小巷专项督查暴露出的问题，刘启峰指出，各地各单位要端正态度、诚恳接受、照单全收，勇啃“硬骨头”、攻下“拦路虎”。刘启峰强调，深化全国文明城市建设是践行人民至上理念的重要路径、提升城市治理水平的有效载体、建设省域副中心城市的应有之义，要更加精准把握新时代文明城市建设的新任务新要求。要经常走街串巷，深入一线去调研，摸清摸透实际情况，提高解决问题的能力、拿出解决问题的办法。针对基础设施、市容环境、交通秩序、市场管理、小区管理等方面存在的重点难点问题，各地各单位要拿出切实可行的整改推进方案，实行挂图作战、逐个销号。要注重城乡共建，不断深化巩固文明村镇创建成果，用好新时代文明实践所（站），推进移风易俗。要加大对文明城市工作的宣传力度，充分发动群众、引导群众，引导市民群众“当主人、唱主角”，营造“人人参与创建，共建美好家园”的良好社会氛围。

◎岳阳 1 人上榜 7 月『湖南好人榜』

2023 年 8 月 11 日，2023 年“湖南好人”7 月榜单正式揭晓，20 人（组）群众身边好人光荣上榜，其中岳阳董敏芳获评敬业奉献类“湖南好人”。

获评敬业奉献类“湖南好人”的董敏芳，是岳阳县丰瑞农机专业合作社理事长。2013 年，董敏芳放弃城市高薪白领工作，回到家乡，在种粮一线一干就是 10 年。她成立岳阳县丰瑞农机专业合作社，种粮全过程为农民提供专业的机械化服务，还实现了增产增收。

董敏芳带领团队建成占地面积 150 亩、省内一流的现代化机插秧育供示范中心，为本地 6 万亩稻田提供了机插秧苗，每年节约秧田面积约 10%，增产粮食 1 万多吨。以“高效节水灌溉系统”为主攻项目，配套“四情”监测系统、农产品质量追溯体系，建成了岳阳市首个全过程远程监控、产品可追溯的 900 亩智慧农业示范基地，打造了现代农业高质量发展的新业态。她曾获得“湖南省最美扶贫人”“湖南省三八红旗手”“全国巾帼建功标兵”“全国十佳农民”等荣誉称号，2022 年当选为中国共产党第二十次全国代表大会代表。

◎岳阳市君山区荣获“全国信访工作示范区”

君山区荣获“全国信访工作示范区”

2023 年 7 月 25 日，岳阳市君山区荣获“全国信访工作示范区”授牌仪式举行，区委常委、常务副区长沈澍及相关单位负责人参加。

近年来，君山区委区政府深入贯彻习近平总书记关于加强和改进人民信访工作的重要思想，全面加强党对信访工作的领导，理顺信访工作体制机制，全面推行“我来办、马上办、认真办”“三办工作法”，切实做到“为党分忧、为民解难”，群众满意率显著提升。

此次授牌，既是对君山区区 2022 年信访工作的肯定，更是对以后信访工作的鞭策与激励。君山区将持续巩固示范创建成效，充分发挥示范引领作用，对标对表全国信访工作示范县市区创建标准，以时时放心不下的使命感，全力践行新时代“枫桥经验”，全力推动信访工作高质量发展。

◎岳阳市举行第六个“中国医师节”表彰大会

2023 年 8 月 18 日，岳阳市举行第六个“中国医师节”表彰大会，省卫健委党组副书记、副主任祝益民，副市长黄伟雄出席。来自全市各级医疗服务机构的近 300 位医师和医务工作者代表参加。

会议组织观看了展示岳阳医务工作者光辉形象的宣传视频，集中表彰奖励了 17 位“白求恩式好医生”、104 位“圣洁医德好医生”、30 支“卓越医疗团队”和 10 家“优秀医疗质控中心”。

黄伟雄向全市医师、医务工作者致以节日的问候和崇高的敬意。他勉励广大医务工作者以仁为美，涵养圣洁医德，矢志不渝做一个内心有爱、眼里有光的仁医良医；以进为乐，锻造过硬医技，持续擦亮医疗卫生“岳家军”品牌；以精为要，打造品牌医业，集中培育打造一批省内一流、国内知名的特色专科和“拳头”产品；以廉为基，厚植清正医风，持续构建和谐医患关系。

岳阳庆祝第六个『中国医师节』

要闻纪事

8月

△ 1 日，云溪区巴陵先锋退役军人志愿服务队成立暨授旗仪式在区退役军人事务局举行。区委常委、区人武部部长郁发展出席，区退役军人事务局、巴陵先锋退役军人志愿服务队队员和社会爱心人士参加。在成立仪式上，郁发展向志愿者服务队授旗。

△ 11 日，湖南省农业农村厅副厅长龚昕率队到平江县调研县域经济高质量发展相关工作，市人大常委会副主任李永丰，县领导鲁勇、尹佑祥陪同。龚昕一行先后来到伍市镇武岗村、平江高新区，实地走访调研了光伏大棚、山润油茶、麻辣王子、劲仔食品，认真听取了属地乡镇和各企业相关负责人对产业发展、基础设施、未来规划等方面的情况汇报，了解了市场前景、企业发展、项目建设等情况。座谈会上，副县长尹佑祥汇报了平江县县域经济高质量发展整体情况，与会人员发表了相关意见建议。

△ 16 日，2023 年岳阳市林长会议召开，市委书记、市林长曹普华出席并讲话，强调要树立“林长制看岳阳”标杆，擦亮“林长制看岳阳”成色，释放“林长制看岳阳”效应，持续掀起奋勇争先的实干热潮，奋力开创各项事业发展新局面。市委副书记、市长、市林长李挚主持。

△ 21 日，岳阳市召开交通运输领域安全监管执法暨治超工作推进会议，总结前阶段我市交通运输领域开展道路交通安全监管执法和货运车辆超限超载治理情况，对下阶段专项整治工作进行再明确、再部署、再动员。市委常委、副市长李美云出席并讲话。

◎岳阳市首批党史学习教育基地名单出炉

岳阳市首批党史学习教育基地命名授牌仪式

2023年8月23日，为进一步利用好红色资源、发扬好红色传统、传承好红色基因，中共岳阳市委党史工作领导小组办公室、中共岳阳市委党史研究室联合发布岳阳市首批党史学习教育基地名单，分别是：任弼时纪念馆、平江起义纪念馆、何长工同志纪念馆、陈毅安烈士纪念馆、“守护好一江碧水”首倡地展陈馆、岳阳市档案馆刘士奇故居、粤汉铁路工人运动历史陈列。据悉，首批“岳阳市党史学习教育基地”的发布，是岳阳市贯彻落实中央关于党史学习教育常态化长效化的重要举措，是落实上级关于党史学习教育基地建设管理有关要求的具体行动，对更好地传承红色基因、赓续红色血脉、用好红色资源、传承革命精神具有重要意义。

◎第二届岳阳市旅游高质量发展推进会在平江县召开

2023年8月28日，第二届岳阳市旅游高质量发展推进会在平江县召开，岳阳市委副书记、市长李挚出席并讲话，市级领导马娜、刘启峰、赵岳平、魏淑萍、张赟、谢春生，以及省内部分市州政府分管领导及文旅部门负责人，环洞庭湖荆州市文旅部门负责人，湘鄂赣天岳幕阜山文旅联盟5市及20县文旅部门主要负责人等参加。

会议现场，岳阳市各县市区党（工）委书记通过创意短视频向与会嘉宾推介大江大湖大岳阳。平江作为红色热土、生态绿洲、文化高地，在大会上重点推荐文旅资源优势，向全国、全世界的游客发出热情邀约，来蓝墨水的上游，拥抱激情山水，品味自在平江。

第二届岳阳市旅游高质量发展推进会在平江县召开

推进会上还举行了“湘鄂赣天岳幕阜山文化产业和旅游产业融合发展示范区创建”启动仪式，湘赣边红色、绿色、古色、金色四条精品旅游线路联合发布仪式，进一步推动湘鄂赣三省文旅产业的共融、共通和共享发展。在2023年岳阳市重点文旅项目签约环节，福寿山国际旅游度假区、山润油茶小镇、黄梅港湿地公园等25个重大文旅项目、10个“引客入平”旅行社营销合作成功签约，总投资额超过66亿元。李佳琦、刘元媛、游平江、王平江正式受聘担任“平江文旅推广大使”。

要闻纪事

△22日，“湖南统一战线教育基地”揭牌仪式在岳阳县新墙河抗战史实陈列馆举行，县委常委、统战部部长杨前进为基地揭牌，并代表县委和县委统战部，对基地成功评选表示热烈的祝贺。

△22日，临湘市拥军优属优待合作签约授牌仪式在江旅星耀·临湘中心举行。市退役军人事务局、拥军企业代表等参加活动。活动中，市退役军人事务局与湖南江旅星耀旅游开发有限公司、湖南省十三村食品有限公司、临湘市小家庭餐饮有限公司代表签订了《“拥军联盟”合作（服务）协议》，并现场为3家“拥军联盟合作单位”授牌。

△25日，岳阳市召开2023年第二次爱卫会全体成员（扩大）会议，对国家卫生城市复审迎检工作进行再动员、再部署、再推进。市委副书记、市长李挚强调，全市要上下同心、众志成城，以背水一战的勇气和决战决胜的信心，全力以赴打好打赢这场“翻身仗”“保卫战”。市领导李建华、李美云、李劲松、黄伟雄、魏淑萍、张赟，市政府秘书长孙志诚参加。

△30日，岳阳市委常委、常务副市长李建华主持召开全市危化品安全生产紧急会议，云溪区、汨罗市、临湘市政府负责人，市直有关单位部门、高新园区负责人参加。会议通报了近期典型事故情况，分析研判安全生产形势，安排部署下一阶段工作任务。与会县市区、部门单位负责人分别发言。

◎岳阳市君山区“踔厉奋发强国防 勇毅前行向复兴”主题演讲比赛顺利举行

2023年8月18日，岳阳市君山区“踔厉奋发强国防 勇毅前行向复兴”主题演讲比赛顺利举行，区委常委、区委宣传部部长朱平，区人大常委会副主任廖钶珉，区政协副主席刘宏及相关单位负责人参加。比赛中，选手们立足自身岗位、围绕工作实际，从不同角度畅谈爱国情怀、初心使命及勇气担当，讲述对“爱我国防”的感悟。铿锵的语句、高远的志向，展现当代青年爱国拥军、意气风发的风貌。经过激烈角逐，柳林小学何鑫源、君山小学彭心恩获一等奖，君山小学吴雨思、柳林洲街道办事处曹培浩获二等奖，退役军人事务局冉承萍、广兴洲镇刘晃、实验小学龙顺获三等奖。

君山区“踔厉奋发强国防 勇毅前行向复兴”主题演讲比赛顺利举行

◎第二届岳阳市旅游发展大会开幕

2023年8月28日，第二届岳阳市旅游发展大会在平江县天岳广场开幕。湖南省人大常委会原党组书记、副主任刘莲玉出席，省委宣传部副部长、省文化和旅游厅党组书记、厅长李爱武出席并讲话，岳阳市委书记曹普华宣布开幕，市委副书记、市长李挚致辞，市领导马娜、刘启峰、谢胜等出席并共同启动开幕。

本次大会以“激情山水·自在平江”为主题，旨在全面贯彻党的二十大精神和习近平总书记关于旅游工作的重要论述，认真落实省委、省政府“办会兴城”和全市高质量发展推进大会精神，加快世界旅游目的地建设，推动岳阳经济社会高质量发展，由市委、市政府主办，市委宣传部、市文化旅游广电局和平江县委、县政府承办。

20时10分许，曹普华宣布，第二届岳阳市旅游发展大会开幕。随后，刘莲玉、李爱武、曹普华、李挚、马娜、刘启峰、谢胜等共同启动开幕按钮。

开幕式后举行了主题晚会，晚会分为六个篇章，运用“戏剧＋影视”的艺术手法，演绎平江在华夏典籍中源起、流转的华彩瞬间。

省直有关部门负责人，湘鄂赣天岳幕阜山文旅融合发展联盟5市20县文旅代表，湘赣边区域合作示范区24县市区文旅代表，洞庭湖区域5市文旅代表及文旅专家和中景协、省景协部分协会成员代表等共2000余人参加开幕式。

第二届岳阳市旅游发展大会开幕

◎平江县首批“湖南省红色法治文化基地”授牌活动举行

2023年8月29日，平江县首批“湖南省红色法治文化基地”授牌活动在平江起义纪念馆举行。岳阳市司法局局长李峰，县委副书记、政法委书记鲁勇出席，活动由市委依法治市办专职副主任张韬主持，县司法局、相关乡镇街道司法所，平江起义纪念馆、李六如故居、湘鄂赣省第一次工农兵代表大会旧址相关负责人参加活动。

平江县首批“湖南省红色法治文化基地”授牌活动举行

活动上，鲁勇介绍了平江首批入选的湖南省红色法治文化基地，包括平江起义纪念馆、湘鄂赣省第一次工农兵代表大会旧址、李六如故居。

李峰为平江县红色法治文化基地授牌，她指出，红色阵地要融入法治元素，打造特色品牌。要围绕传承红色法治基因，弘扬新时代法治精神的主题，建设特色的红色法治宣教基地和场所，打造靓丽的法治文化名片。红色教育要融入法治宣传，提升法治观念。要进一步学习贯彻习近平法治思想，引领全民普法工作，创新红色＋法治双驱全民普法形式，形成“大”普法格局。红色活动要融入法治内容，激发教育动力。要依托红色法治文化基地开展活动，充分融入法治内容，积极开展红色宣讲，激发群众向上、向善的力量，营造良好社会氛围。

◎岳阳市人大常委会“一件事一次办一网通办”评议工作座谈会召开

2023年8月31日，为加快岳阳市转变政府职能、深化“放管服”改革、持续优化营商环境，岳阳市人大常委会“一件事一次办一网通办”评议工作座谈会在市政务服务中心召开。市人大常委会副主任赵岳平、副市长张世惠出席并讲话。

岳阳市人大常委会“一件事一次办一网通办”评议工作座谈会

会议听取了市行政审批服务局、市公安局、市人社局等单位有关“一件事一次办一网通办”政务服务工作实效、存在的问题及工作诉求等情况汇报。随后，市人大评议工作组对各部门审批工作存在的问题进行了评议，同时就工作“难点痛点堵点”等方面提出了建议。

赵岳平肯定了全市政务系统“一件事一次办一网通办”取得的工作成绩。他强调，各部门要以评促改，及时整改落实评议意见并突出评议重点，着重提升全市营商环境；要加强数据共享服务，加快建立政务大数据管理系统；要学习借鉴外地先进经验和做法，高标准、高规格推进智慧政务建设、打造智慧政务示范样板工程；要聚焦区域协调发展，赋能“跨省通办”提质增效，切实解决企业群众“难点痛点堵点”。

下午，市人大评议工作组还分别到市妇幼保健院、新港区政务服务中心、岳阳楼社区服务中心实地考察“出生一件事”、涉企服务、基层一门式业务办理等情况。

要闻纪事

9月

△5日，岳阳市扫黑除恶斗争领导小组会暨全市扫黑除恶斗争工作推进会召开。会议传达了全国、全省扫黑除恶斗争领导小组会议和市委常委会会议精神，重点围绕省委第七巡视组巡视反馈问题，突出重点攻坚，部署后段工作。市委副书记、市委政法委书记、市扫黑除恶斗争领导小组常务副组长汪涛出席并讲话，副市长、市公安局局长李劲松，市中级人民法院院长简龙湘，市扫黑除恶斗争领导小组相关成员单位和县市区党委政法委书记参加。

8月31日至9月5日，岳阳市委副书记，市长李挚率领岳阳市党政代表团赴西藏山南市桑日县考察调研并召开交流座谈会，深入贯彻落实新时代党的治藏方针，考察对接援藏工作，看望慰问岳阳援藏干部人才，共商对口支援工作、共谋深化合作发展。市领导邱虹、陈阁辉，市政府秘书长孙志诚一同前往。

△10日，岳阳县召开2023年下半年征兵“阳光”定兵会。县委常委、县人武部部长张海波，县人武部政委黄良武出席。会议介绍了今年上半年征兵工作基本情况，并听取县征兵办体检组、政考组、纪检组和各乡镇（学校）对拟定兵人员的推荐意见，进行集体定兵定向。

△12日，岳阳市委书记、市委学习贯彻习近平新时代中国特色社会主义思想主题教育领导小组组长曹普华主持召开市委常委会专题会议暨市委学习贯彻习近平新时代中国特色社会主义思想主题教育领导小组第一次会议，听取前段主题教育工作情况汇报，审议有关方案文件，研究部署下一步工作。市委副书记、市长、市委学习贯彻习近平新时代中国特色社会主义思想主题教育领导小组副组长李挚，市领导马娜、黎作凤、刘启峰、周隽、邱虹、谢运策、李美云等参加会议。

◎岳阳市第十五届自然科学优秀学术论文评选结果揭晓

2023年9月18日，岳阳市第十五届自然科学优秀学术论文评选结果正式揭晓。经巴陵科技智库专家评选、评审委员会领导小组审议、评选结果网上公示，最终评出优秀论文77篇。其中：特等奖论文1篇、一等奖论文8篇、二等奖论文37篇、三等奖论文31篇。

此次评选工作自今年2月启动，历时7个月，吸引了广大科技工作者积极参与，受到了社会各界广泛关注。本届评选中，参评论文质量较高，研究内容覆盖面广，聚焦了岳阳市经济社会发展的热点领域和科技需求，体现了广大科技工作者的科技创新能力和学术水平，对推进岳阳市经济社会高质量发展具有一定的参考价值和应用价值。

“论文评选作为岳阳市服务广大科技工作者的平台载体，对于引导广大科技工作者在科技活动中弘扬追求真理、实事求是、崇尚创新、开放协作的学术作风具有积极作用。”岳阳市科协学会学术部工作人员表示，希望评选出的优秀论文能够激励广大科技工作者加快科技创新步伐，更加注重基础研究、产学研协同创新和工程技术创新，促进科研成果转化，把论文写在岳阳大地上、落在服务产业转型发展上，发挥科技创新对经济社会发展的引领和带动作用。

◎湖南省新的社会阶层人士联谊组织建设交流研讨会在岳阳召开

湖南省新的社会阶层人士联谊组织建设交流研讨会在岳阳召开

2023年9月8日，湖南省新的社会阶层人士联谊组织建设交流研讨会在岳阳召开，湖南省委统战部副部长廖建华出席并讲话，岳阳市委常委、市委统战部部长邱虹致辞。

会上，岳阳、永州、株洲、湘潭、张家界、郴州等市作了交流发言。特别是岳阳“培养一批有全国影响的代表人士、打造一批有全国影响的工作品牌、建设一批有全国影响的实践创新基地”的做法受到了高度肯定。

当天上午，与会人员还前往岳阳市、岳阳县新阶联及省级新的社会阶层人士统战工作实践创新基地考察调研。

◎岳阳5个集体被认定为第21届全国青年文明号

2023年9月，共青团中央等23家全国创建青年文明号活动组委会成员单位联合印发《关于命名第21届全国青年文明号并进行星级认定的决定》，其中，岳阳市5个集体被认定为第21届全国青年文明号。

一星级全国青年文明号：湖南省岳阳市公安局君山分局巡逻警察大队、中国石化长岭分公司炼油二部DCS中心控制室、中国石化巴陵石油化工有限公司橡胶部SBS装置技术组。

二星级全国青年文明号：湖南中创化工股份有限公司乙酸仲丁酯生产车间、岳阳市文化旅游开发有限公司讲解中心。

要闻纪事

△13日，岳阳市委副书记、市长李挚主持召开全市九大重点产业链建设工作调度会，听取产业链建设工作情况汇报，对产业链建设进行再动员、再调度、再部署，不断夯实岳阳高质量发展的产业基础。市政府秘书长孙志诚，各产业链办主任及相关市直单位主要负责人参加。

△15日，按照党中央统一部署和湖南省委、岳阳市委工作要求，岳阳市政协召开学习贯彻习近平新时代中国特色社会主义思想主题教育动员部署会。市政协主席、党组书记黎作凤出席并讲话，市政协党组副书记、副主席秧励主持，市政协领导何祚云、张赟、孔福建、刘传汉，市政协秘书长李冯波参加。市委主题教育办联络协调组第四组组长王柳青到会指导。

△15日，岳阳市委副书记、市长李挚主持召开市城区土地储备与出让委员会2023年第3次会议，审议市城区拟出让土地出让方案。市委常委、常务副市长李建华，市委常委、副市长李美云，以及相关部门单位负责人参加。

△26日，岳阳市委常委、市委宣传部部长刘启峰带领市新闻出版局、市版权局、市文化执法等相关部门负责人，对市中心城区文化出版市场进行督导检查和调研。经开区党工委副书记、管委会主任谢春生参加。

10月

△7日，岳阳市城投集团举行奥体会务中心暨城投经济总部大楼揭牌仪式，市委副书记、市长李挚出席并揭牌，市委常委、常务副市长李建华，市政府秘书长孙志诚参加。

◎洞庭渔火季主题曲《岳州印记》正式版首演

2023年9月9日，“洞庭天下水·岳阳天下楼”2023年第二届岳阳市旅游发展大会——岳阳楼旅游区分会场专场音乐会在岳阳港工业遗址公园洞庭渔火季主舞台举行，《岳州印记》正式版首次呈现在广大市民面前。市委常委、市委宣传部部长刘启峰宣布活动启动，市领导赵岳平、魏淑萍出席。

当晚活动上，现场发布了洞庭渔火季主题曲《岳州印记》并进行首演，逐项公布了洞庭渔火季秋之韵系列精彩活动内容。专场音乐会上，巴陵戏歌曲《岳阳楼记》《岳来岳精彩——岳阳FLOW》、岳阳市旅游推广名片歌曲《水灵灵的岳阳》、平江旅游推荐名片歌曲《邂逅那个夏天》以及平江天岳幕阜山景区打造的宣传片主题歌《天问》等激情开唱，岳阳本土歌手及高校乐队同台演出，多场烟花秀燃起现场观众火热激情……

音乐会上，由市委宣传部统筹策划，姜宗福作词，李歌也作曲，方帆担纲戏曲设计，本土歌手李歌也、胡峥、余志峰、钱宇、吴坤阳与由巴陵戏传承研究院青年演员方帆领衔的13位戏曲演员联袂表演的《岳州印记》将整个活动掀起高潮。

“欢乐渔火”引得人流涌动，“岳阳声音”唱响洞庭欢歌

歌曲充盈着独特的民族性、烟火气和精气神，说的身边人和事，唱的熟悉的曲调与旋律，让一座拥有2500多年历史的古城重新鲜活。

◎岳阳市举办第21个全国公民道德宣传日活动

2023年9月20日，岳阳市隆重举行“德耀巴陵”岳阳市道德模范与身边好人基层巡回宣讲暨“建清廉城管 当执法标兵”道德讲堂活动，市委宣传部、市文明办相关负责人，市城管局联点社区相关人员，市城管局领导班子成员、局机关干部职工、局属单位和岳阳华润燃气公司班子成员、党务专干共计160余人参加活动。

活动分三个阶段进行。首先，道德模范和宣讲成员依次真情讲述了徐金娥、阳鹏、李国武、胡光志、方赛群等5位道德模范与身边好人助人为乐、见义勇为、诚实守信、敬业奉献、孝老爱亲的感人故事，深深感动和鼓舞着在场的每一个人。

宣讲结束后，在气势恢宏、催人振奋的《三大纪律八项注意》歌声中，由市城管综合行政执法支队承办的市城管局第38期“建清廉城管 当执法标兵”道德讲堂拉开帷幕。

随后，市纪委监委驻市城管局纪检监察组负责人为大家上了一堂廉政专题党课。

新时代、新要求、新期盼，大家纷纷表示，将争做崇高道德的践行者、文明风尚的引领者、美好生活的创造者，为加快建设名副其实的省域副中心城市作出更大贡献。

◎岳阳市第七届“爱我国防”主题演讲决赛暨2023年全民国防教育系列活动颁奖仪式举行

2023年9月21日，岳阳市第七届“爱我国防”主题演讲决赛暨2023年全民国防教育系列活动颁奖仪式举行，市委常委、市委宣传部部长刘启峰出席并致辞，岳阳军分区政治委员司开明，省委宣传部相关领导等参加。

决赛现场，选手们结合自身工作和生活实际，深情讲述了自己对国防建设的理解和思考，用最真挚的感情讴歌情系国防、献身国防的先进典型，抒发了用青春报效祖国的满腔热情，唱响了关心国防、热爱国防、建设国防、保卫国防的时代主旋律。经过激烈的角逐，比赛最终评选出一等奖2名、二等奖3名、三等奖7名。

2023年是国防教育工作从部队转隶至地方的首年，岳阳市多部门联合组织开展了主题鲜明、形式多样、内容丰富的群众性国防教育活动，有力推进了国防教育进机关、进学校、进企业、进社区、进乡村、进军营、进网络。

岳阳市第七届“爱我国防”主题演讲决赛暨2023年全民国防教育系列活动颁奖仪式举行

刘启峰强调，要坚持党的全面领导，牢牢把握全民国防教育工作的政治方向，坚持党管宣传、党管意识形态。要坚持培育时代新人，始终把爱党爱国爱社会主义教育作为全民国防教育的重要任务，突出青少年、覆盖全社会。要坚持军地齐抓共管，把全民国防教育工作作为全党全社会的共同责任，上下同心、军地合力，密切配合、同向发力，构建全民国防教育新发展格局。

◎岳阳市政协党组理论学习中心组开展“以学铸魂”专题研讨

2023年9月25日，岳阳市政协主席、党组书记黎作凤主持召开市政协党组理论学习中心组2023年第八次集体学习暨“以学铸魂”专题研讨会。市政协党组会议成员和主席会议成员秧励、刘铁健、何祚云、李运帷、张赟出席。

会议集中学习了《习近平著作选读》《习近平新时代中国特色社会主义思想学习纲要》等内容；传达学习了习近平总书记在广东考察时对开展主题教育提出的重要指示精神，以及省委和市委关于开展主题教育的有关精神。参会人员联系思想和工作实际，分享交流了学习感悟和体会。

◎2023湖南红色旅游文化节将于10月13日在平江举行

2023年9月26日，2023湖南红色旅游文化节媒体通气会在长沙举行，会上宣布，节会将于10月13日至15日在平江县举行。省文化和旅游厅党组副书记、副厅长、省文物局局长陈远平出席会议并通报节会有关情况，市委常委、市委宣传部部长刘启峰出席会议并介绍节会工作筹备情况。

本次节会以“致敬潇湘红 奋进新时代”为主题，策划举办一个主体活动和七个系列活动。一个主体活动为2023湖南红色旅游文化节开幕式暨文艺展演；七个系列活动为2023湖南红色旅游文化节媒体通气会、湘鄂赣边三省红色主题歌曲邀请赛、潇湘红色故事讲解员大赛、湖南省红色文创和红色旅游发展成果展览展示、中国革命文物主题游径建设专题研讨会、“将军故里展新姿”全国十个开国将军县乡村振兴图片视频展、红色研学线路观摩活动，全方位宣传展示我省特色红色旅游资源和红色旅游发展成果。

新闻通气会现场

湖南是一方红色热土，红色资源丰富，红色基因鲜活。据介绍，本届湖南红色旅游文化节将充分贯彻“精益求精、务求实效、越办越好”的原则要求，致力于创新实效，力争实现办会模式“新”、办会成效“实”、带动效应“强”、全国影响“大”，激励人们发扬革命传统，赓续红色血脉，传承红色精神。

要闻纪事

△13日，岳阳市委书记曹普华主持召开市委常委会（扩大）会议暨全市“走找想促”活动第一次调研情况交流会，深入学习贯彻习近平总书记关于主题教育的重要讲话和指示批示精神，认真落实党中央和省委关于大兴调查研究的部署要求，交流前段活动开展情况，部署后段工作，推动主题教育走深走实，促进高质量发展提速提效，在全市形成“以实绩论英雄、按贡献排座次”的鲜明导向，为建设名副其实的省域副中心城市提供坚强保障。认真听取市委常委会会议组成人员交流发言后，曹普华同大家交流了个人“走找想促”活动开展情况。

△17日，湖南省政协党组副书记黄兰香一行来岳阳市开展“区域协调发展战略的具体实施路径”课题调研并召开座谈会。市政协主席、党组书记黎作凤，市委常委、市委统战部部长邱虹，市委常委、常务副市长李建华出席。中石化湖南石油化工有限公司党委书记、执行董事鄢智勇，市政协副主席刘铁健，岳阳职业技术学院党委书记陈美中，市政协秘书长李冯波参加。

△23日，湖南省人大常委会《湖南省数字经济促进条例》立法调研座谈会在岳阳召开，省人大财经委主任委员李大剑，市委常委、常务副市长李建华，市人大常委会副主任刘晓英，省直、市直相关部门、企业负责人参加。

◎湖南省当代中国马克思主义研究中心岳阳市基地正式揭牌

湖南省当代中国马克思主义研究中心岳阳市基地揭牌

2023年10月11日，湖南省当代中国马克思主义研究中心岳阳市基地建设工作座谈会暨揭牌仪式在湖南理工学院举行，市委常委、市委宣传部部长刘启峰出席并讲话，湖南理工学院党委书记卢先明致辞。

会上，刘启峰、卢先明共同为基地揭牌。市委宣传部就基地建设工作方案和有关制度作了说明；市委宣传部和湖南理工学院签署了校地共建合作协议；基地向首席专家和首批38名理论研究员颁发了聘书。

刘启峰对基地成立表示祝贺，他指出，成立湖南省当代中国马克思主义研究中心岳阳市基地，是为了充分整合全市社科理论资源，汇聚理论研究力量，提升岳阳市学习研究宣传阐释马克思主义中国化时代化最新成果的能力和水平。要以此为契机，感悟思想伟力，深刻领悟“两个确立”的决定性意义，坚持不懈用习近平新时代中国特色社会主义思想凝心铸魂；要坚持靶向发力，把牢政治方向、掌握科学方法、把握研究重点、聚焦岳阳实践，着力推动岳阳基地在全国全省走在前列，结出硕果；要夯实保障措施，健全长效机制、加强共建共管、强化队伍建设，全面形成共建共管、协同发力的工作格局。

◎湘鄂赣边三省红色主题歌曲邀请赛在岳阳平江举办

2023年10月13日，2023湖南红色旅游文化节湘鄂赣边三省红色主题歌曲邀请赛总决赛在红色热土——岳阳市平江县举办。来自湘鄂赣三省8个县市区的10位参赛选手激情放歌。

国家文化和旅游部、省直有关部门负责人出席活动。湖南省委宣传部副部长、省文明办主任肖凌之，省文化和旅游厅党组副书记、副厅长、省文物局局长陈远平，岳阳市委常委、市委宣传部部长刘启峰分别为冠亚季军颁奖。省内市州文旅部门负责人和国内相关文旅企业、研究院、协会、旅行社代表，国内外游客等参加。

比赛由一首参赛选手领唱、平江学子合唱的《热血罗霄》拉开序幕。比赛分为《红色热土》《初心如磐》《新的征程》三大篇章，10位选手轮番上场，倾情为祖国献唱。最终来自湖南岳阳县选手赵维纳凭献唱的《花儿为什么这样红》夺冠，湖南浏阳市的吉平与湖北洪湖市的毛旺分别夺得亚、季军。

活动以举行红歌比赛、穿插创意短片、邀请烈士后人现场讲述的方式，回顾了湘鄂赣艰苦卓绝的革命岁月，引导更多人走进湘鄂赣，传习红色文化、传承红色基因、传唱红色经典，不仅彰显了具有浓厚区域特色的湘鄂赣多元生态资源、人文历史底蕴，更展现出平江独特的红色魅力，有利于平江塑造中国最具特色的红色旅游目的地形象。

三省红色主题歌曲邀请赛总决赛落幕

要闻纪事

△23日，岳阳市举行庆祝第十一个法定老年节暨市级离退休干部经济形势通报会，市委副书记汪涛出席并讲话，市领导黎作凤、谢群、李建华、李永丰，与老同志黄甲喜、罗传根、高碧云、刘泗元、陈志刚、张治雄、赵协成、白尊贤、赖社光、陈奇达、徐新楚、向伟雄等欢聚一堂，同庆佳节，共话发展。

△25日，湖南省人大选举任免联络工作湘北片区工作会议在岳阳市召开。省人大常委会联工委副主任范文彬，市人大常委会副主任李永丰出席。省人大常委会联工委和长沙、岳阳、常德、张家界、益阳、娄底、湘西等湘北片区各市州人大常委会联工委负责人参加。会上，湘北片区各市州人大常委会联工委负责人交流了工作情况，并就如何进一步提高乡镇、街道人大工作水平，提升联工委业务水平和工作能力等方面提出了工作建议。

△23日至24日，湖南省政府债务国资管理监督培训暨预算联网工作推进会在岳阳市举行。省人大常委会党组副书记、副主任张剑飞出席会议并强调，要以更有力的监督支持和保障高质量发展。

11月

△1日，岳阳县举行恢复县建制四十周年大型文艺晚会，副县长续广宁出席活动。岳阳县从1983年恢复县建制，距今已四十周年，在县委、县政府的正确领导下，县城面貌发生了翻天覆地的变化，各项事业取得辉煌成就。文艺表演百花齐放、丰富多彩，民俗表演与创新形式相结合，传统文化与现代元素交相辉映，赢得了现场观众阵阵掌声。

◎2023中国革命文物主题游径建设专题研讨会在岳阳市平江县召开

2023年10月14日，中国革命文物主题游径建设专题研讨会在岳阳市平江县召开。中央党史和文献研究院、上海市历史博物馆（上海革命历史博物馆）、湖南党史陈列馆、韶山毛泽东同志纪念馆、井冈山革命博物馆、延安革命纪念馆、西柏坡纪念馆以及国家革命文物协同研究中心、全国革命文物展示联盟、全国馆校合作联盟等相关单位代表齐聚一堂，建言献策。市委常委、市委宣传部部长刘启峰主持会议第一阶段，市人大常委会副主任赵岳平参加会议。

本次研讨会系2023湖南红色文化旅游节活动之一。研讨会上介绍了平江革命文物现状及保护情况，发布了“红军之源”平江县域主题游径，平江与中国文物交流中心、全国革命文物展示联盟、全国馆校合作联盟签订合作意向书，与会专家围绕“中国革命文物主题游径建设赋能文旅融合高质量发展”主题提出意见建议。

平江作为中国革命文物主题游径建设专题研讨会召开地，立足自身特色，深挖活用红色资源、丰富红色文化教育，在“做优调研、做强品牌、做好宣传”上下功夫，在推动革命文物保护与利用上取得了可喜成绩。下一步，平江还将多方联动，全力配合专家规划好革命文物主题游径线路、建设内容，因地制宜，深入开展革命文物主题凝练、内涵挖掘与价值阐释等工作。

2023中国革命文物主题游径建设专题研讨会召开

◎岳阳市人大代表履职能力提升培训班在全国人大深圳培训基地结业

2023年10月16日至10月21日，岳阳市第九届人大代表履职能力提升培训班在全国人大深圳培训基地举办，市人大常委会主任、党组书记马娜作开班动员讲话，市人大常委会副主任、党组副书记李永丰作结业讲话。市人大常委会副主任刘晓英、赵岳平、喻文、田文静，市人大常委会秘书长汪四新，部分市人大常委会组成人员、各县市区人大常委会负责人等60余名市九届人大代表中的职务代表参加了培训。

本次培训班，主要是贯彻落实中央、省委、市委人大工作会议精神，提升人大代表履职能力，推进新时代人大工作。培训邀请了全国人大、上海市人大、深圳市人大有关专家作专题辅导，学习内容包括习近平总书记关于坚持和完善人民代表大会制度重要思想、监督法和地方人大监督工作、地方立法、深圳改革与创新发展、代表履职交流、中国国家核心利益与战略选择等，同时还组织现场考察了深圳市石岩街道人大代表联络站、深圳前海石公园生态环境保护、广东省改革开放40周年展览等教学点，通过政治理论与业务培训相结合，专题辅导与现场教学相结合，培训取得较好效果。

◎湖南省首个农民培训学院在岳阳揭牌成立

湖南首个新时代农民培训学院落户岳阳

2023年10月26日，新时代农民培训学院揭牌暨岳阳市百佳村（社区）党组织书记能力素质提升专题培训班开班仪式在汨罗大荆举行，省乡村振兴局党组成员、副局长杨文辉，省委第六巡回督导组副组长胡凯波，市委副书记汪涛，市委常委、市委组织部部长谢群，岳阳职业技术学院党委书记陈美中、院长黄岳山等共同见证。

岳阳市新时代农民培训学院地处汨罗市大荆镇，这是湖南省首个农民培训学院，该基地以服务“三农”为己任，为岳阳培养了一大批农村党员干部以及深耕农村的“土专家”“田秀才”，为脱贫攻坚和乡村振兴作出了积极贡献。今年初，为贯彻落实党的二十大精神，大力开展乡村振兴人才培训，市委、市政府高度重视，高位推进，投资1280万元对基地进行整体提质改造，并正式更名为“岳阳市新时代农民培训学院”，由岳阳职院作为具体负责单位，全方位推动筹建工作。至此，一座全省首家地市级实体化运行的农民培训学院正式落成，校内设有综合楼、实践馆、宿舍楼、食堂4栋主体建筑，还配套有设施齐备的体育、停车、实训等场地。

当天，来自全市百佳村（社区）的党组织书记参加了新时代农民培训学院首期培训班。

◎岳阳市政协“爱岗敬业 无私奉献”主题道德讲堂开讲

2023年10月27日，岳阳市政协机关委员大讲堂暨第十七期道德讲堂开讲，邀请市政协常委、市妇幼保健院产科主任肖锦艳讲述爱岗敬业、无私奉献的故事。市政协副主席秧励、市政协秘书长李冯波参加。

“不管肩上的责任多么重大，不管日常的工作多么繁杂，能守护母婴安全，就是我最大的成功和幸福。”肖锦艳以《为母婴安康撑起一片蓝天》为题，从无私奉献情系母婴、勇于创新先行先试、矢志护佑母婴安全等方面分享了自己的心路历程。

市政协机关委员大讲堂暨第十七期道德讲堂开讲

参加道德讲堂的市政协青年干部们表示，爱岗敬业是职业道德的核心和基础，无私奉献是中华民族的传统美德。作为政协机关的青年干部，在今后的工作中将立足岗位、履职尽责、甘于奉献，全面提高工作能力和水平，提升适应新时代新任务新要求的素质，争做新时代忠诚、干净、担当的好干部。

◎“健康湖南”岳阳市首届太极拳大赛开幕

2023年10月27日，“健康湖南”岳阳市首届太极拳大赛暨岳阳市老年人体育健身大赛太极拳比赛在南湖广场开幕，市政协主席、党组书记黎作凤宣布开幕。市领导周隽、赵岳平、张世愚、张赟，市政协老领导赖社光，八届市政协副主席刘传汉，市政协秘书长李冯波参加。

本次赛事为期两天，由岳阳市教育体育局、南湖新区管委会主办，岳阳市全民健身指导服务中心、南湖新区教育体育科技局、岳阳市老年人体育协会、岳阳市太极拳协会承办。来自各县（市）区，市直各单位，中央、省直属驻岳各单位的21支代表队和参赛队员，将在岳阳市全民健身指导服务中心（体育馆）参加甲乙两组团体赛和三式、三拳、四剑、一刀等四个项目个人赛。

市委、市政府高度重视体育事业发展，《岳阳市全民健身实施计划（2022—2025年）》扎实推进，体育基础设施不断完善，群众体育参与率大幅提升，体育强市建设迈出坚实步伐。开展群众性体育健身比赛，是推广、引领全民健身运动的重要形式。市全民健身指导服务中心将组织丰富多彩的活动，营造全民健身的浓厚氛围，把全民健身推向更高水平。

岳阳市首届太极拳大赛

开幕式上，运动员、裁判员代表分别宣誓，太极拳爱好者进行了大型集体太极拳、太极刀、综合太极拳等节目表演。

要闻纪事

△2日，岳阳市委常委、市委秘书长谢胜主持召开市委秘书长办公会2023年第11次会议，传达学习习近平总书记近期重要讲话和重要指示精神，传达市纪委监委通报文件精神，听取有关工作汇报。市委秘书长办公会全体成员参加。

△6日，岳阳市青联第五届委员会全体会议和市学联第五次代表大会开幕。市委副书记汪涛出席开幕会并讲话，市委常委、副市长李美云，市人大常委会副主任赵岳平，市政协副主席李运帷参加。

△6日，市委书记曹普华赴平江县开展“深入基层听民声，汇聚民智促发展”人大代表小组主题活动及主题党日活动，并调研项目建设、安全生产、基层治理、林长制等工作。市人大常委会主任、党组书记马娜，市委常委、市委秘书长谢胜参加。

△7日，国务院安全生产和消防工作考核巡查组第七组来岳阳考核巡查专题座谈会召开，深入学习贯彻习近平总书记关于安全生产重要指示批示精神，落实党中央、国务院关于安全生产重大决策部署。国务院安全生产和消防工作考核巡查组第七组组长、水利部副部长刘伟平出席并讲话，国家安全生产应急救援中心一级巡视员姚勇主持，市委书记曹普华作表态发言，市委副书记、市长李挚汇报有关工作情况，省安委办主任、省应急管理厅厅长杨昆，水利部监督司副司长曹纪文等考核巡查组其他成员和省直有关部门负责人，市领导李建华、谢胜参加。

◎岳阳市9人上榜湖南省企业『创新达人』名单

2023年10月31日，由湖南省科协、省工商联、省科技厅、省工业和信息化厅、省国资委共同主办的2023年湖南省企业“创新达人”评选活动在长沙发布评选结果，岳阳市中国石油化工股份有限公司长岭分公司刘海春、湖南渔米食品有限公司李满雄等9人名列其中。

作为全国首批试点省份，湖南省企业“创新达人”选树宣传工作已连续开展4年。经由各市州组织推荐、资格审查、专家评审、网络公示等程序，共计100名企业“创新达人”从全省14个市州242名候选人中脱颖而出，其中科研能手52人、技能工匠15人、企业家38人。

2023年湖南省企业“创新达人”发布暨宣讲大会在长沙召开

◎岳阳市公安局举行“三所合一”整合运行揭牌仪式

岳阳市公安局举行“三所合一”整合运行揭牌仪式

2023年10月31日，岳阳市公安局在市监所管理中心举行“三所合一”揭牌仪式，宣布岳阳市拘留所、岳阳市第一强制隔离戒毒所、岳阳市特殊病人治疗所正式整合运行。副市长、市公安局局长李劲松出席仪式。

“三所合一”整合运行是岳阳公安严格按照省公安厅全面深化公安改革方案要求，以“创新监所管理机制，探索建立更加科学、精准的勤务模式，提升勤务效率”为主要目标，力求突破管理机制、人员编制等瓶颈，科学调配有限警力资源，真正实现“资源合理配备、机制顺畅运行、工作高效推进”的创新之举，也是积极探索警务机制改革取得的新突破。

揭牌仪式上，李劲松要求全市公安机关紧紧抓住全面深化公安改革契机，进一步强化担当作为，坚决捍卫政治安全；强化打击整治，坚决筑牢平安“防火墙”；强化法治思维，坚决维护公平正义；强化支撑保障，坚决推进基层基础建设；强化政治建警，坚决锻造钢铁队伍，在平安岳阳建设中奋力推进岳阳公安高质量发展。

◎岳阳市举行系列活动纪念《岳阳楼记》诞生977周年

2023年10月29日，为庆祝“岳阳楼日”的设立暨纪念《岳阳楼记》诞生977周年活动在岳阳楼前举行，市人大常委会主任、党组书记马娜出席并宣读设立“岳阳楼日”的决定，市委常委、市委宣传部部长刘启峰，市人大常委会副主任赵岳平，市政协副主席秧励，岳阳经济技术开发区管委会主任徐杰峰参加。

为落实习近平总书记“更有效地推动中华优秀传统文化创造性转化、创新性发展，更有力地推进中国特色社会主义文化建设，建设中华民族现代文明”的重要指示，2023年8月1日，岳阳市人大常委会作出决定，将农历九月十五日设为“岳阳楼日”。

庆祝“岳阳楼日”的设立暨纪念《岳阳楼记》诞生977周年活动现场

要闻纪事

△8日，岳阳市委副书记、市长李挚主持召开全市非公有制经济工作领导小组2023年全体会议，深入学习贯彻党的二十大精神和习近平总书记关于民营经济发展的重要论述，总结回顾2022年以来全市非公有制经济工作，审议有关文件，部署下步工作，全力以赴推动非公有制经济高质量发展。市领导邱虹、李建华，市政府秘书长孙志诚参加。

△14日，岳阳市委副书记汪涛主持召开《中长期青年发展规划(2016—2025年)》岳阳市实施工作联席会议第四次全体会议暨青年发展型城市建设推进会。联席会议成员单位和青年发展工作实事项目相关单位，全国和省级青年发展型城市建设县域试点党委分管领导，以及各县市区团委书记参加会议。

△16日至17日，湖南省代表建议和公益诉讼检察建议双向衔接转化岳阳片区会议召开，省人大常委会党组成员、副主任周农出席会议并讲话，市人大常委会主任、党组书记马娜致辞，市人大常委会副主任赵岳平、喻文，市人民检察院党组书记、检察长李胜昔陪同调研并参会，省人大常委会监察司法委、省人民检察院相关负责人，长沙市、株洲市、湘潭市、常德市、益阳市、张家界市等市人大、检察院相关负责人参加会议。

△17日，岳阳市委书记、军分区党委第一书记曹普华，市委副书记、市长、国防动员委员会主任李挚等市党政军领导，集体参加岳阳市2023年党政军领导军事日活动，共同深入学习贯彻习近平强军思想，增强国防观念，提高军事素养，体验军营生活，以实际行动密切军地联系，推动党管武装落地落实。

◎曹普华主持召开“迎老乡、回故乡、建家乡”珠三角地区招商座谈会

曹普华主持召开“迎老乡、回故乡、建家乡”珠三角地区招商座谈会

2023年10月27日，岳阳市委书记曹普华在广东省湖南商会主持召开岳阳市“迎老乡、回故乡、建家乡”珠三角地区招商座谈会，与企业家代表共叙桑梓情谊，共谋家乡发展。省政府驻深圳办事处党组书记、主任敖琢参加座谈会并讲话，市领导汪涛、谢胜、魏淑萍参加。

“迎老乡、回故乡、建家乡”工作，是推动经济高质量发展的“牛鼻子”，是建设省域副中心城市的“强引擎”。岳阳市持续推动“湘商回归”“岳商回归”工作升温加力，深入开展“送政策、解难题、优服务”专项行动，常态化开展作风顽瘴痼疾、营商环境突出问题电视问政，大张旗鼓为税收贡献突出的重点企业和单位颁奖等，促进人才回归、技术回乡、企业回迁、资金回流。目前，在外经商的岳阳人近70万，有规模企业400多家，近年来全市招商引资入园规模企业中，岳阳籍人士或返乡人士创办的占六成以上，成为当之无愧的“金招牌”“金凤凰”。

敖琢诚挚邀请广大企业家来湖南和岳阳投资兴业。他表示，省政府驻深圳办事处将始终秉持服务初心，用最开放的态度欢迎大家来湖南和岳阳投资，用最感恩的心态为大家来湖南和岳阳投资做好服务保障，用最务实的行动打通大家来湖南和岳阳投资的“最后一公里”、项目落地全过程。

◎岳阳公安启动“净风4号”专项行动

2023年11月13日，岳阳市公安局召开全市公安机关“净风4号”行动动员部署会，启动“净风4号”行动。副市长、市公安局局长李劲松出席会议。

会议解读了《全市公安机关“净风4号”行动工作方案》。会议要求，全市公安机关要认清形势、锚定目标，彰显担当斗争精神。进一步提升站位，统一步调，全警动员、全力以赴，打防并举、标本兼治，迅速形成强大声势，坚决打赢突出问题整治攻坚战；重拳打击严重暴力犯罪，深度治理、快侦快破盗抢骗、黄赌毒以及枪爆等突出违法犯罪，强化社会治安整体防控，加强道路交通安全管理，深化“两队一室”改革和“枫桥所”创建；抓好行动统筹，充分发挥合成作战机制优势，相互促进，巧干活干，推动工作效能最大化；从严从紧抓好内部管理，进一步提升队伍素质，用心用情落实从优待警，合理安排好民辅警调休轮休，科学调整警力部署。

◎岳阳市党政干部网络安全和信息化工作能力提升培训班开班

2023年11月20日，岳阳市党政干部网络安全和信息化工作能力提升培训班在市委党校正式开班，市委常委、市委宣传部部长刘启峰作开班动员讲话。

本次培训班为期5天，课程涵盖习近平总书记关于网络强国的重要思想、网络宣传和舆论引导、网络舆情管控、网络综合治理、网络安全和信息化、互联网法律法规等。

刘启峰强调，要深学细悟习近平总书记关于网络强国的重要思想，切实增强做好新时代网信工作的使命感责任感，立足问题导向、目标导向，聚焦网信工作“五个方面”的使命任务和“十个坚持”重要原则，抓重点、补短板、强弱项，扎实推进全市网络安全和信息化工作高质量发展，以网络强国推动中国式现代化岳阳实践取得新成效。要围绕中心服务大局，着力推动网信工作各项任务落实落细，壮大网上主流思想舆论，筑牢网络安全屏障，深化网络综合治理，抓好信息赋能发展。要学思践悟，全力提升领导干部依法治网用网能力水平，提高对互联网规律的把握能力，练就对网络舆论的引导能力，掌握对信息化发展的驾驭能力，夯实对网络安全的保障能力，解决本领恐慌问题，切实将学习成效转化为推动网信事业发展的强大合力。

◎岳阳首个县（区）级海关服务站在华容揭牌

岳阳市首个县（区）级海关服务站在华容正式揭牌

2023年11月17日，岳阳首个县（区）级海关服务站在华容揭牌。长沙海关副关长韦泳亮，副市长魏淑萍出席揭牌仪式。

为优化口岸营商环境，延伸海关服务触角，解决服务“最后一公里”的问题，市口岸办、岳阳海关携手在华容县设立海关服务站，旨在充分发挥口岸经济辐射能力，畅通外贸企业与口岸、海关联络的渠道，推动县域经济开放发展，为进出口外贸企业提供更专业的指导和更便捷的通关服务。今后，口岸、海关等部门还会定期安排人员到服务站进行业务培训、政策解读等。

韦泳亮说，设立华容县海关服务站是推动县域开放型经济发展的创新举措。华容海关服务站要充分发挥好桥梁纽带作用，积极加强沟通协调、抓实调查研究、做好政策宣讲，协助进出口企业用好用足各项惠企政策，及时为企业纾难解困，助推大企业、好项目在华容落地生根。

揭牌仪式上，岳阳海关和华容县政府还签署了共同推进开放型经济高质量发展合作备忘录。

◎岳阳市检察机关司法警察培训班开班

岳阳市检察机关司法警察培

2023年11月20日，岳阳市检察机关司法警察培训班在市委党校正式开班，来自全市各检察院的70名司法警察齐聚一堂，共同开启为期一周的实战化警务技能培训。市人民检察院党组书记、检察长李胜昔出席并作动员讲话。

开班仪式上，相关负责人宣读了《培训方案》和相关管理规定，从强化学员的警务化管理，建立良好的教学训练、生活秩序，培养学员良好的警风等方面提出明确要求，参训学员代表作了发言。

李胜昔表示，此次培训是贯彻落实最高检、省人民检察院关于加强新形势下司法警察工作的具体行动，是提高政治建警、业务强警，提升警队整体战斗力水平的重要途径，对加强全市检察机关司法警察警务实战化建设和队伍正规化建设有着十分重要的作用和意义。他强调，司法警察作为检察队伍中的一支重要力量，担负着协助、保障、维护检察业务正常开展的职能，希望参训人员在此次培训中切实提高司法警察整体素质和履职能力，学有所成、学有所获、学有所用。

要闻纪事

△20日，华容县举行2023年科职领导干部和青年干部培训班开班典礼。县委常委、组织部部长陈胜出席并作开班动员讲话。此次科职领导干部培训班学员73人，青年干部培训班学员57人，培训时间为期两周。培训内容既有最新理论成果，又有最新政策解读；既有党性锻炼，也有警示教育，将为学员们提供一次很好的“充电蓄能”学习机会，让学员们在此次学习过程中长知识、增才干、强本领，为华容县建设发展添砖加瓦。

△24日，2023年冬季湘鄂交界水域联合执法巡航暨装备入列活动在岳阳举行。此次联合执法巡航行动，由农业农村部长江办牵头组织，将集合湖南、湖北两省渔政、公安、海事等执法船艇9艘、执法人员50余名，利用3天时间，对长江干流、东洞庭湖湘鄂交界水域开展联合执法巡航，重点对非法捕捞、违规垂钓、违规载客等3类违法违规行为开展集中整治。

△29日，岳阳市召开《岳阳市铁山水库饮用水水源保护条例》颁布实施动员会，市人大常委会副主任黄俊钧、副市长陈阁辉出席会议并讲话。

△29日，岳阳市委常委、市委秘书长谢胜主持召开市“四大家”秘书长联席会议，统筹谋划“四大家”办公室近期重点工作，进一步提升办公室服务质量和水平，为全市全面完成全年目标任务提供支持和保障。市人大常委会秘书长汪四新、市政府秘书长孙志诚、市政协秘书长提名人选陈念军参加。

◎岳阳市首届廉洁家风主题戏曲集中观演活动举行

岳阳市首届廉洁家风主题戏曲集中观演活动举行

2023年11月20日，岳阳市首届廉洁家风主题戏曲集中观演活动在岳阳文化艺术会展中心举行。市委书记曹普华，市委副书记、市长李挚，市领导马娜、刘启峰、谢群、邱虹、谢运策、谢胜等观看演出。

观演前，大家集中观看了警示教育片《严正家风》。随后，《铁面无私夏原吉》《明灯》《部长吃笋》等廉洁文化戏曲相继登场，以群众喜闻乐见的形式演绎清廉故事，颂扬本土廉洁人物清廉自守的高尚气节。演出在多媒体投射出的光、声、影的配合下，情景交替、影像交叠，“沉浸式”体验让大家在寓教于乐中接受廉洁意识熏陶。

市“四大家”班子成员，市中级人民法院院长、市人民检察院检察长；市直和中央、省驻岳正处级以上单位主要负责人、分管党风廉政建设工作的副职，各县市区党政主要负责人、纪（工）委书记，以及市纪委监委、市委宣传部、市文旅广电局、市妇联干部及其家属共700余人共同观演。

◎全国农机社会化服务提档升级培训岳阳开班

农机社会化服务提档升级培训班在湖南岳阳举办

2023年11月22日，为期3天的全国农机社会化服务提档升级培训班在岳阳市举行，农业农村部农业机械化总站副站长徐振兴出席开班仪式，副市长陈阁辉致辞。

近年来，岳阳市深入贯彻落实党中央、国务院决策部署，持续加强引导推动，农机社会化服务在探索创新中蓬勃发展，有力保障了国家粮食安全和重要农产品有效供给，促进了农业节本增效和农民增产增收，呈现出发展速度快、创建质量优、覆盖范围广的显著特点。本次培训为期3天，分为室内培训与农机社会化服务和防灾救灾现场教学两大板块进行。

徐振兴充分肯定了农机社会化服务的发展成就，他指出，要充分认识当前农业机械化发展形势，扎实推动我国农机社会化服务高质量发展，要参与新机具新技术的试验熟化，要创建区域性农机社会化服务中心，加快配套农机装备迭代升级，强化专业机手队伍建设，完善作业质量激励机制，加大政策支持力度。希望各方面关注和支持农机社会化服务的发展，深入研究农机社会化服务新业态、新模式、新主体，切实加强指导支持力度，全面提升发展水平，为加快建设农业强国，全面推进乡村振兴提供强有力的机械化技术、装备及人才支撑。

◎岳阳市组团参加首届链博会

2023年11月28—30日，副市长魏淑萍率队参加首届中国国际供应链促进博览会，同期开展经贸交流和考察拜访活动，市贸促会、市商务局、市政府驻北京联络处等部门负责人陪同。

首届链博会以“链接世界 共创未来”为主题，于11月28日至12月2日在北京举行，是全球首个以供应链为主题的国家级展会，集中展示各链条上中下游关键环节的新技术新产品新服务，旨在打造高水平对外开放的新窗口，服务构建新发展格局的新平台，吸引了全球500多家知名企业参展参会，展出面积达10万平方米。市贸促会组织湖南君山银针茶业有限公司代表“岳阳黄茶”在“绿色农业链”湖南展区参展，200多人报名参加各类经贸对接活动。

展会期间，魏淑萍一行前往中国贸促会拜访国际合作部部长吴蒙，就借助全球贸促资源助力岳阳高质量发展进行深入交流；实地考察了中国疾控中心传染病防治所、鑫汇生物科技、鼎成肽源公司、北京美景天成投资有限公司，详细了解生产经营和科研创新情况，重点推介岳阳市优良的营商环境和产业发展态势，并表示企业研发领域具有很强的科技性和代表性，与岳阳市九大重点产业链适配度较高，诚挚邀请企业来岳实地考察，开展产业对接，寻找合作空间。

要闻纪事

12月

△1日，第七次岳阳市妇女儿童工作会议召开，会议深入贯彻习近平总书记对妇女儿童工作的重要指示精神，全面落实第七次全国、全省妇女儿童工作会议精神，总结工作成绩，部署后段工作，推动妇女儿童事业迈上新的台阶。市委副书记、市长李挚出席并讲话。市委常委、副市长李美云主持。

△4日，云溪区人大常委会举行宪法宣誓仪式。区人大常委会主任吴跃中，副主任叶小平、曹显良、刘仲平、杨宏、张奇君出席，区人大常委会机关全体干部参加。上午9时许，仪式正式开始。区人大常委会全体干部起立奏唱中华人民共和国国歌。随后，吴跃中面对国旗，抚按《中华人民共和国宪法》，右手举拳，带领区人大常委会机关全体工作人员庄严宣誓。随后，吴跃中以“学习贯彻习近平总书记关于坚持和完善人民代表大会制度重要思想，推动云溪人大工作高质量发展”为主题作了一堂生动的党课宣讲。

△12日，岳阳市举行民盟岳阳市委会成立40周年庆祝大会，省政协副主席、民盟湖南省委会主委何寄华，市委副书记、市长李挚出席，市委副书记汪涛，市人大常委会主任、党组书记马娜，市政协主席、党组书记黎作凤，省政府参事、市人大常委会原副主任、一级巡视员、民盟市委会原主委万岳斌，副市长、民进市委会主委张世愚，市政协副主席、民盟市委会主委、市侨联主席高鸽子参加。

◎岳阳市洞庭渔火季·冬之味之“畅享绿色出行 建设美丽岳阳”骑行活动启动

岳阳市洞庭渔火季·冬之味之“畅享绿色出行 建设美丽岳阳”骑行活动启动

2023年11月25日，岳阳市洞庭渔火季·冬之味之“畅享绿色出行 建设美丽岳阳”骑行活动启动，300多名骑行爱好者齐聚王家河畔，在青山绿水间尽情享受骑行与游玩的乐趣。市委副书记、市长李挚宣布活动启动，市委常委、副市长李美云，市人大常委会副主任张中于，副市长魏淑萍，市政府秘书长孙志诚等参加。

上午9时40分，随着一声号令，由市直有关单位党员干部职工代表、市民代表组成的300多名骑行爱好者，戴着头盔、身着骑行服，精神抖擞，冲劲十足，整装待发。活动队伍开始沿着美丽的王家河畔环湖道逆时针骑行，全程13.5公里，沿途绿意盎然、风景秀美。骑行队伍伴着柔美的湖光山色，一路上好景不断，大家尽情享受着骑行的乐趣，用活力和激情描绘出人与自然完美融合的美丽画卷。

近年来，全市上下奋力打好蓝天、碧水、净土保卫战，努力倡导绿色环保健康新生活。此次骑行活动既是以洞庭渔火季为主线的重点活动之一，也是打造岳阳节会品牌的有力举措，更是市委、市政府贯彻落实习近平总书记“守护好一江碧水”殷殷嘱托的生动实践，旨在进一步唤起广大市民朋友的环保意识，让更多人参与到绿色出行、低碳环保的行动中来，自觉践行绿色生产和生活方式，共建共享美丽岳阳。

◎岳阳市举办首届『文平杯』大中专学生茶艺竞赛活动

岳阳市2023首届『文平杯』大中专学生茶艺竞赛在岳阳市茶博城举行

2023年12月6日，岳阳市2023首届“文平杯”大中专学生茶艺竞赛在岳阳市茶博城举行。市人大常委会副主任田文静宣布竞赛开幕，市政协副主席范泽容出席活动。

本次茶艺竞赛分主题茶艺展示运用和茶艺知识问答两个赛项。在竞赛现场，选手们身着茶服，端坐在茶席前，伴随着轻柔的音乐，熟练地洗杯、温壶、送茶、注水，展现出茶人的风采，带给观众真切的茶艺美学享受。

经过精彩的茶艺竞演，来自全市9所大中专院校的13支队伍角逐出一、二、三等奖。赛后，相关企业和大中专院校之间签订了就业意向协议。

目前，岳阳已发展省市级龙头企业34家，综合产值突破78亿元，具备茶产业发展和茶文化传播的良好基础和独特优势。

岳阳茶文化源远流长，大中专院校作为非遗传承的主阵地，学习和传播茶文化，是夯实青年学子人文修养、提升职业技能的有效手段。月山茶韵小镇、岳阳茶博城作为岳阳茶文化的宣传载体，文平茶业作为岳阳茶文化传播的先行者，此次赛事以“文平茶业”冠名，在茶博城举行，更显行业特色，为岳阳茶文化的传承和发展注入了新的活力。

此次活动由市农业农村局、岳阳市茶叶产业化领导小组办公室、市人力资源和社会保障局、岳阳职业教育集团主办，市教体局指导，岳阳市茶叶学会承办。

◎2023年岳阳首个保护知识产权驻企业工作站成立

2023年11月29日，岳阳副市长、市公安局局长李劲松组织召开食品安全包保企业座谈会，并为市公安局保护知识产权驻企业工作站揭牌。

座谈会上，食品安全包保企业益海嘉里（岳阳）粮油工业有限公司、岳阳大润发商业有限公司、湖南凯美特气体股份有限公司负责同志就落实食品安全责任、安全生产及企业强化知识产权保护等工作情况作交流发言。

李劲松强调，落实食品安全“两个责任”，是打通食品安全责任落实“最后一公里”的具体举措，是关乎人民群众“舌尖安全”的务实之举。各责任部门务必进一步提高政治站位，始终坚持把食品安全工作作为“一把手”工程，强化“不能出事、出事就是大事”的思想认识，切实守护好食品安全防线和底线；公安、市场监管、农业农村、卫生健康等职能部门要压实责任、通力协作，时刻紧盯食品安全领域突出问题，关注群众关切和社会热点，强化资源共享，畅通行刑衔接，形成合力，切实守牢食品安全民生底线；企业更要深刻认识食品安全事关千家万户，重点把好食品进货渠道、从业人员体检、工作环境卫生、出厂检验检疫等关卡。

揭牌仪式上，李劲松强调，市公安局保护知识产权驻企业工作站的挂牌成立，是全市公安机关加强优化营商环境工作的具体探索和实践。全市公安机关要以此为契机，进一步提升优化营商环境的认识站位，全方位帮助企业解难题、纾困境、促发展。

◎岳阳市清廉园区建设现场推进会召开

2023年12月7日，岳阳市清廉园区建设现场推进会召开。岳阳市委常委、市纪委书记、市监委主任谢运策出席会议并讲话。

岳阳市清廉园区建设现场推进会现场

与会人员先后来到EOD大型商业综合体项目、湖南六九〇六信息科技股份有限公司、岳阳绿色化工高新区应急响应中心、己内酰胺产业链搬迁与升级转型发展项目、岳阳东方雨虹防水技术股份有限公司，现场观摩清廉园区建设工作成效。随后，城陵矶新港区党工委、云溪区委、市发改委和临湘市纪委监委负责人先后作了交流发言。

◎岳阳市电子信息及软件服务产业链供需签约仪式在城陵矶新港区举行

2023年12月7日，岳阳市电子信息及软件服务产业链供需签约仪式在城陵矶新港区举行。岳阳市委副书记、市电子信息及软件服务产业链链长汪涛出席并讲话，市委常委、市委秘书长、城陵矶新港区党工委第一书记谢胜主持，市人大常委会副主任、市电子信息及软件服务产业链副链长黄俊钧参加。

近年来，岳阳市通过不断地建链补链延链强链，吸引了紫光、汇川、易亲等龙头企业的落户，极大地提升了产业的层次和规模，带动了配套企业的入驻。本次共有11个合作项目集中签约，通过链内供需精准匹配，将有力推动企业开放共享、互利共赢，推动产业链提质扩量、补链强链，为全市产业发展注入新的活力。

汪涛表示，希望各位企业家进一步加深了解、加强合作，在本地找到产业合作的契合点、发力点，切实提高本地产品配套率，协同发展、抱团共赢。市委、市政府和市电子信息及软件服务产业链办将担责于身、履责于行，与企业家携手共进，着力打造服务最优、成本最低、效率最高的发展环境，让企业家在岳阳投资放心、发展安心、办事顺心、创业开心、生活舒心。

岳阳市电子信息及软件服务产业链供需签约活动举行

要闻纪事

△15日，岳阳市委副书记、市长李挚主持召开市政府第24次常务会议，学习贯彻习近平总书记近期重要讲话精神，以及中央和省市有关会议精神等，讨论《政府工作报告》，听取市中心城区殡葬秩序整治等工作情况汇报，审议相关文件和工作方案。

△17日，岳阳文化艺术会展中心大剧院气氛热烈庄重，舞台上方电子屏幕上显示着“隆重纪念毛泽东同志诞辰130周年”的醒目横幅，舞台主屏幕“缅怀毛泽东 奋进新时代”主题鲜明，来自社会各界的800多人在这里举行纪念毛泽东同志诞辰130周年活动。市人大常委会副主任赵岳平出席并讲话，张治雄、宋爱华等老同志参加活动。

△17日，政协岳阳县第十四届委员会第三次会议在县花鼓戏传承剧院隆重开幕。受政协岳阳县第十四届委员会常务委员会委托，县政协主席周里向大会作政协工作报告，县政协副主席彭荣欣向大会报告了县政协十四届三次会议以来的提案工作情况。会上，县政协委员周件成、刘凤林等分别以《破题开局 加力加速推进沿湖开放经济崛起区建设》《优化营商环境 助推高质量发展》为题向大会建言。

△18日，政协平江县第十一届委员会第三次会议在县人民影剧院开幕。受政协平江县第十一届委员会常务委员会委托，县政协主席熊江新向大会作工作报告。县政协副主席郑湘平代表政协平江县第十一届委员会常务委员会作提案工作情况报告。县委书记李勇发表讲话。会上，胡焕新等政协委员分别围绕园区发展、海绵城市建设、提升养老市场活力等主题作了大会发言。大会宣读了平江县第十八届人民代表大会常务委员会邀请书。

◎『清风徐来·廉润容城』廉洁文化主题晚会在华容举行

2023年12月12日，“清风徐来·廉润容城”廉洁文化主题晚会在华容县隆重举行，500多名党员干部及家属齐聚一堂，在“情景式”廉政演出中共品清风岁月，共颂廉洁赞歌。华容县委书记陶伟军，县委副书记、县长周鹏，县委副书记张岳平，县人大常委会主任李学松，县政协主席张大宏等全体在家县级领导观看演出。

伴随着正气凛然的老生戏腔响起，晚会在廉政花鼓戏《大夏拒礼》中拉开序幕。该剧目以华容籍明朝兵部尚书刘大夏为原型而创作，讲述了他清正廉洁、高风亮节的感人故事。微宣讲《圣洁之光——何长工同志的清廉故事》则讲述了华容老一辈无产阶级革命家何长工舍小家为大家、不占公家便宜的清廉故事。演出以花鼓戏、快板、微宣讲、歌舞颂、情景剧等多种艺术形式寓廉于景，十二个节目按照“颂廉篇”“倡廉篇”“行廉篇”三个章节有序进行，为观众带来了一场主题鲜明、寓意深刻的廉洁文化盛宴。

清风正气沁人心『清风徐来·廉润容城』廉洁文化主题晚会在华容举行

◎岳阳市首家市级无党派代表人士工作室挂牌成立

首家岳阳市级无党派代表人士工作室揭牌

2023年12月20日，岳阳市委常委、市委统战部部长邱虹来到湖南石化，为无党派代表人士梁红文工作室揭牌。

梁红文工作室是岳阳市第一家挂牌成立的市级无党派代表人士工作室，也是新时代无党派人士和党外知识分子工作打造的新载体新品牌。工作室牵头人梁红文曾先后荣获全国优秀科技工作者奖、国家科技进步奖，特别是其研发的SEBS产品，攻克了卡脖子难题，填补了国内技术空白。工作室科研团队共有成员55人，团队依托自主研发的核心技术优势，承担国家、省部级科技专项及公司级热塑性弹性体科研项目10余项，成功实现工业化。

邱虹代表中共岳阳市委、市委统战部向“梁红文工作室”的成立表示热烈祝贺。

◎岳阳市委八届六次全体会议召开，谢卫江作工作报告

中国共产党岳阳市第八届委员会第六次全体会议召开

2023年12月30日，中国共产党岳阳市第八届委员会第六次全体会议召开，深入贯彻落实中央经济工作会议精神和省委十二届四次、五次全会精神，总结2023年工作，部署2024年任务。省委常委、岳阳市委书记谢卫江作工作报告并讲话。

全会指出，省委书记沈晓明在省委十二届五次全会提出明年工作要统筹好十个方面关系，部署八个方面重点工作举措，提出十个抓落实要求。省委副书记、省长毛伟明部署2024年全省经济工作。岳阳各级各部门要深入学习贯彻，不折不扣抓落实。

全会提出，岳阳要锚定“三高四新”美好蓝图，坚持“1376”总体思路：“1”即始终牢记习近平总书记“守护好一江碧水”殷殷嘱托，“3”即在锚定“三高四新”美好蓝图中强化融入长江经济带、省域副中心、内陆地区改革开放高地三种意识，“7”即全面把握打造实力岳阳、富饶岳阳、美丽岳阳、开放岳阳、幸福岳阳、平安岳阳、新风岳阳“七个岳阳”目标任务，“6”即抓紧抓实“抓产业、促协调、优生态、扩开放、惠民生、防风险”六项重点工作。要坚持创新赋能，坚持扩大内需，坚持统筹城乡，坚持生态优先，坚持底线思维，奋力谱写社会主义现代化“七个岳阳”新篇章。

要闻纪事

△18日，岳阳县第十八届人民代表大会第三次会议在县花鼓戏传承剧院隆重开幕。会议由大会主席团执行主席周峰主持。县长吴光文代表县人民政府向大会报告工作。报告分为2023年主要工作回顾、2024年主要目标和重点任务、切实加强政府自身建设三个部分。

△19日，平江县第十八届人民代表大会第三次会议在县人民影剧院隆重开幕。在热烈的掌声中，县长彭方建代表县人民政府向大会作《政府工作报告》。大会上，县人民政府常务副县长李适时作2023年民生实事项目完成情况及2024年候选项目形成情况的报告。大会还表决通过了《平江县第十八届人民代表大会第三次会议选举和表决办法》和《平江县人民政府2024年度民生实事项目投票表决办法》；书面报告了平江县2023年国民经济和社会发展计划执行情况及2024年国民经济和社会发展计划草案，平江县2023年财政预算执行情况及2024年财政预算草案，县十八届人大二次会议代表建议办理情况。

△19日，政协华容县第九届委员会第三次会议开幕。受政协华容县第九届委员会常务委员会委托，县政协主席张大宏向大会作工作报告。县政协副主席朱先涛受政协华容县第九届委员会常务委员会委托，向大会报告了政协华容县第九届委员会第二次会议以来的提案工作情况。会议进行了委员代表参政议政发言。

△20日，岳阳市青年企业家协会第八届第一次会员大会召开，市委副书记汪涛出席并讲话。

◎李六如故居成为湖南省首个税收红色教育基地

湖南省税务局党委委员、总会计师彭友山（右一）、岳阳市税务局党委书记、局长刘宇（左一）、平江县委副书记、县长彭方建（中）共同为湖南省首个税收红色教育基地挂牌

2023年12月22日，湖南省首个税收红色教育基地在平江县李六如故居正式挂牌成立。

湖南省税收红色教育基地的正式挂牌标志着湖南省首个集税史展览、教育培训、参观游览为一体的税收红色地标在平江诞生。平江将不断完善软件、硬件设施，努力将教育基地打造成主题教育的新课堂、税务系统红色教育的新阵地。湖南省税务系统将以此次授牌活动为契机，继续弘扬和传承革命斗争精神，不断加强党对税收工作的全面领导，把李六如红色税收教育基地作为强化党员干部党性教育的有力抓手、作为推动党建与业务融合发展的创新路径，高标准地把税收红色教育基地建设好、发展好、运用好，努力把李六如故居打造成全国税务系统税收红色教育基地。

揭牌仪式后，党员干部代表共同参观李六如故居税务展陈馆，通过图片和实物，重温红色税务历史，感悟红色革命精神，还前往了平江县税务局开展读书会活动。

近年来，国家税务总局湖南省税务局落实税务总局关于“有条件的省税务局可打造税收红色教育基地”的工作要求，追溯湖湘大地红色税史，指导岳阳市税务局、平江县税务局深入挖掘李六如同志与红色税收的历史渊源，在平江县委、县政府的大力支持下，精心设计李六如故居税收展陈馆，并于2023年6月29日正式开展。

◎岳阳市两村上榜省级美丽乡村示范村名单

经各地示范创建，省委农办牵头组织考核验收，2023 年，省委农村工作领导小组决定授予浏阳市古港镇三口村等 30 个村“省级美丽乡村示范村”荣誉称号，并予以通报表彰。岳阳市华容县禹山镇八岭村、临湘市白羊田镇合盘村上榜。

近年来，岳阳市全面落实“五级书记抓乡村振兴”工作要求，成立市委书记任组长，市长、市委副书记任副组长的领导小组，县市区相应建立一把手牵头、专班具体负责的责任体系。深入实施乡村建设行动，农村生活垃圾无害化处理率达 100%，全市农村卫生厕所普及率达 96% 以上。累计建成省级特色精品乡村 15 个、美丽乡村示范村 84 个。今年 7 月，湖南省委实施乡村振兴战略领导小组通报 2022 年乡村振兴战略考核情况，岳阳市获评全省推进乡村振兴战略先进市（排名第一），华容县、平江县、岳阳县、临湘市 4 个县（市）进入先进行列。

◎21件省市重点民生实事项目全部完成

截至 2023 年，2022 年全市 21 件省市重点民生实事项目全部完成，针对性地解决了一批群众最关心、最受益、最直接的民生难题，人民群众的获得感幸福感安全感进一步提升。

岳阳市承办的 10 件省级重点民生实事、22 项具体指标任务全部提前完成年度目标任务，其中 10 项指标任务超额完成。超额完成的有：增加公办义务教育学位，民办义务教育学位压减 13501 个；完成孕产妇免费产前筛查 2.38 万人次；完成新生儿先天性心脏病免费筛查 2.38 万人次；完成农村适龄妇女及城镇低保适龄妇女“两癌”免费检查 9.71 万人次；康复救助残疾儿童 1200 人；城市低保标准不低于 600 元 / 月；农村低保标准不低于 4686 元 / 年；完成农村旅游路、资源路、产业路提质改造 521 公里；建设农村公路安防设施 541 公里；新增蓄水能力 452 万立方米。

岳阳市确定的 11 件市级重点民生实事、16 项具体指标任务已全部完成年度目标任务，其中 2 项指标任务超额完成。超额完成的有：支持全市既有住宅加装电梯 442 台；实行新生儿出生缺陷免费筛查 22560 个。

◎湖南省政府正式推荐岳阳市申报国际湿地城市

2023 年，湖南省人民政府向国家林业和草原局出具《推荐函》和《国际湿地城市推荐书》，正式推荐岳阳市申报国际湿地城市。

《国际湿地城市推荐书》显示，根据国土三调全口径湿地资源统计，岳阳市有湖泊水面、河流水面、内陆滩涂等 7 种湿地类型，湿地总面积 2852 平方公里，湿地率 19.19%。全市建有 14 处自然保护区、6 处湿地公园、7 处风景名胜区、1 处地质公园、12 处森林公园、6 处水产种质资源保护区共 46 处保护地，包括水源保护区在内共有 7 种保护形式，湿地保护总面积 1858 平方公里，湿地保护率达 65.14%。按国土三调全口径湿地资源统计，岳阳市湿地率和湿地保护率均居全省前列，远大于国际湿地城市提名认证指标要求（指标分别为 7% 和 50%）。

岳阳市湿地范围内已记录到鸟类 378 种，包括国家一级保护鸟类白鹤、白头鹤、东方白鹳、黑鹳、大鸨、中华秋沙鸭、白尾海雕等 18 种，二级保护鸟类小天鹅、鸳鸯、灰鹤、白额雁等 74 种，中日和中澳候鸟保护协议的鸟类 158 种。区域内淡水鱼类记录 117 种，野生植物和归化植物 1186 种，还栖息有国家一级保护野生动物、长江流域湿地旗舰物种——江豚和麋鹿。其中，东洞庭湖麋鹿为我国最大的自然野化种群，洞庭湖长江江豚数量占我国长江江豚总数近 13%。岳阳市湿地保护成效正在凸显。

◎政协岳阳市九届三次会议开幕

政协岳阳市九届三次会议开幕

2023 年 12 月 30 日，政协岳阳市第九届委员会第三次会议在岳阳文化艺术会展中心开幕。来自全市各个界别、各条战线的政协委员们满怀豪情，积极建言资政，为谱写社会主义现代化“七个岳阳”新篇章而团结奋斗。

开幕会由秧励主持。

本次会议应到委员 367 人，实到 357 人，符合政协章程规定人数。

下午 2 时 30 分，秧励宣布大会开幕，全体起立，奏唱国歌。

谢卫江代表中共岳阳市委，对政协岳阳市第九届委员会第三次会议的召开表示热烈祝贺。

黎作凤代表政协岳阳市第九届委员会常务委员会向大会作工作报告，全面回顾总结了 2023 年主要工作成绩：始终把党的领导作为最根本的保证，在加强学习教育中夯实思想基础；始终把助推发展作为最首要的任务，在推进协商民主中展现履职风采；始终把团结奋斗作为最鲜明的底色，在加强协商协作中凝聚发展共识；始终把自身建设作为最永恒的课题，在从严从实管理中激发内生活力。

会议还听取了张赟代表政协岳阳市第九届委员会常务委员会作的关于市政协九届二次会议以来提案工作情况的报告。

毛程、卢俊、罗鹏、李永波、陈立新委员在大会上作了发言。

要闻纪事

△ 22 日，岳阳台商协会举行第四届理监事成员就职典礼仪式，省委台湾工作办公室主任曾智夫，全国台企联荣誉会长王屏生，市委副书记汪涛致辞，副市长魏淑萍，全国各地台商朋友，以及岳阳台协第四届全体会员参加。

△ 22 日，湖南省城陵矶港口集团有限公司在岳阳正式揭牌成立，副省长李建中为公司揭牌，市委常委、副市长李美云参加揭牌仪式。

△ 25 日，湖南省委常委、岳阳市委书记谢卫江到洞庭湖博物馆和市博物馆调研并主持召开座谈会，强调要深入学习贯彻习近平生态文明思想和习近平文化思想，认真落实省委书记沈晓明在岳阳调研时的讲话精神，提高站位，整体谋划，分步实施，深入研究可持续、有效益的运营机制，有效盘活公共资源，把洞庭湖博物馆打造成人与自然和谐共生的生态名片。

△ 28 日，金鹗书院开院仪式举行，岳阳市政协主席、党组书记黎作凤宣布开院，市委常委、市委宣传部部长刘启峰，金鹗书院名誉院长、《北京大学学报》原主编程郁缀教授分别致辞，市领导赵岳平、张赟、范泽容，以及来自我市和全国各地的一百多名专家、学者参加。

湖南地方年鉴

常德

常德市
武陵区
鼎城区
汉寿县
桃源县
临澧县
石门县
澧县
安乡县
津市市

常德地区

常德市

常德市地处湘西北，史称“川黔咽喉，云贵门户”，区域面积1.82万平方公里，辖9个县市区和6个管理区，其中含2个国家级园区，总人口600万，地域面积居全省第五，人口居全省第四，经济总量居全省第三，财政收入居全省第二。

常德历史厚重、人文荟萃。常德城始建于2200多年前的战国时代，古称武陵、朗州，公元1117年的北宋时期称为常德。常德是中华道德文化、农耕文化、湘楚文化的重要发祥地，“常德德山山有德”的民谣千古流传，澧县城头山是中国年代最早的古城遗址，发现了距今约6500年的水稻田，屈原在常德写下了《天问》《九歌》等名篇。常德全境纳入湘鄂渝黔革命老区，近代以来走出了宋教仁、王尔琢、林伯渠、帅孟奇、丁玲、翦伯赞等一大批杰出人物。

常德区位优越、交通便利。常德是长江经济带的重要节点城市，是洞庭湖生态经济区的重要一极，拥有机场、铁路、高速公路、水运等立体交通网络。目前，桃花源4D级机场旅客吞吐量跻身全国百强，常益长高铁于2022年底全线建成通车，常德港提升为全国36个内河主要港口之一，区域性综合交通枢纽和物流枢纽正在形成。

常德生态宜居、生活幸福。常德境内湖光山色，西洞庭湖和湖南四大水系中的沅澧两水水质常年保持在三类以上，市城区太阳山、穿紫河等“三山三水”展现了“看得见山、望得见水”的美好图景。国家5A级旅游景区桃花源，是陶渊明笔下《桃花源记》的原型地。国家级旅游度假区柳叶湖，水域面积达21.8平方公里，被誉为“中国城市第一湖”。常德基础教育水平全省领先，文化事业协调发展，市城区三大城市医疗集团和15家三级医院“护航”群众健康，群众在“家门口”就能享受到优质的公共服务。

常德资源丰厚、物产富饶。常德是全国重要的农产品生产基地，享有“洞庭鱼米之乡”的美誉，共有耕地面积652万亩，粮食面积、产量均连续20年稳居全省第一，油料产量约占全省的1/4，蔬菜、畜禽、水产品产量居全省前列，拥有汉寿甲鱼、石门柑橘等特色农产品品牌。全市现已发现矿产59种，磷矿、石膏、金刚石、膨润土等8种矿产探明储量居全省首位，被称为“非金属矿产之乡”。

常德产业聚集、经济活跃。大力实施创新突破产业突围三年攻坚行动，先进装备制造、数字产业、农产品精深加工等支柱产业和生物医药、新能源等新兴产业加快发展。过去五年，地区生产总值年均增长6.4%，工业、投资、消费、财政收入等主要经济指标位居全省前列。2023年，全市实现地区生产总值4385.68亿元，总量居全省第三；地方一般公共预算收入202.22亿元，总量居全省第二；城、乡居民人均可支配收入分别为42155元、22754元，分别增长4.1%、6.6%。

常德市2023年国民经济和社会发展统计公报

2023年，全市上下坚持以习近平新时代中国特色社会主义思想为指导，全面贯彻落实党中央、国务院和省委、省政府各项决策部署，坚持稳中求进工作总基调，锚定“三高四新”美好蓝图，全力打好“发展六仗”，深入实施创新突破产业突围三年攻坚行动和“六大专项行动”，经济运行难中求进、稳中向好，高质量发展迈出坚实步伐。

一、综合

经初步核算，2023年全市实现地区生产总值4385.7亿元，比上年增长3.6%。其中，第一产业增加值493.5亿元，增长3.1%，对经济增长的贡献率为10.6%；第二产业增加值1704.6亿元，增长1.1%，对经济增长的贡献率为12.4%；第三产业增加值2187.5亿元，增长5.8%，对经济增长的贡献率为77.0%。

全市三次产业结构调整为11.3∶38.8∶49.9。第一产业比重下降0.3个百分点，第二产业比重下降2.4个百分点，第三产业比重提升2.7个百分点。

全市居民消费价格指数为100.1%。按类别分，医疗保健类上涨2.2%，食品烟酒类下降0.8%，居住类上涨0.4%，衣着类上涨1.0%，交通和通信类下降2.3%，教育文化和娱乐类上涨1.3%，其他用品和服务类上涨2.7%，生活用品及服务类上涨0.2%。

二、农业

初步测算，全年农林牧渔业总产值897.3亿元，比上年增长3.5%。其中农业产值419.0亿元，增长3.5%；林业产值23.3亿元，增长4.5%；牧业产值290.1亿元，增长1.1%；渔业产值94.6亿元，增长7.6%。

全市粮食作物种植面积588.8千公顷，棉花种植面积25.2千公顷，油料种植面积303.4千公顷，蔬菜种植面积126.2千公顷。全年粮食总产量382.8万吨，棉花产量3.8万吨，油料产量61.6万吨，蔬菜产量375.3万吨，茶叶产量3.1万吨，水果产量154.0万吨。

全年生猪出栏523.1万头，比上年增长0.8%，存栏298.5万头，比上年下降7.8%；出栏牛16.9万头，下降8.5%；出栏羊190.6万只，下降8.4%；禽蛋产量35.6万吨，下降5.7%。

全市拥有国家级现代农业产业园区5个，省级90个，市级29个。农产品加工企业7095家，其中国家级及省级龙头企业110家。农产品加工企业实现营业收入2075亿元，增长6.8%；休闲农业经营收入51.2亿元，增长7.2%。农民专业合作社8899个，增长5.9%，家庭农场29521个，增长77.1%。二品一标农产品认证个数381个，其中绿色食品316个，有机食品49个，农产品地理标志16个。

三、工业和建筑业

全市规模以上工业增加值增长2.0%。民营企业规模以上工业增加值增长3.3%，装备制造业增加值增长5.6%，省级以上园区规模以上工业增加值增长3.2%。

全市规模以上工业主要产品产量中，大米236.1万吨，增长13%；水泥1102.2万吨，增长4.6%；铝材3.0万吨，增长16.2%；电子元件24.6亿只，增长20.4%。

全市规模以上工业企业产品销售率为98.5%，比上年下降0.1个百分点。

全年完成建筑业增加值341.0亿元，下降2.0%。

四、固定资产投资

全市固定资产投资下降13.8%。按经济类型分，国有投资占比19.2%，下降0.2个百分点；非国有投资占比80.8%，上升0.2个百分点；民间投资占比69.6%，上升2.9个百分点。按产业分，第一产业投资占比

4.4%，下降 1.2 个百分点；第二产业投资占比 49.1%，上升 7.3 个百分点；第三产业投资占比 46.4%，下降 6.1 个百分点。按投资方向分，工业投资占比 49.1%，上升 7.3 个百分点；民生投资占比 7.1%，下降 0.6 个百分点；生态投资占比 6.9%，上升 0.4 个百分点；基础设施投资占比 17.8%，下降 2.3 个百分点；房地产开发投资占比 12%，下降 5.1 个百分点。

全市亿元以上项目 731 个，其中新开工项目 166 个。

全市商品房屋销售面积 411.0 万平方米，下降 8.6%。商品房屋销售额 209.2 亿元，下降 8.2%。

五、国内贸易

全市社会消费品零售总额 1779.5 亿元，增长 6.3%。分地域看，城镇社会消费品零售额（限额以上法人）419.0 亿元，增长 8.6%；乡村社会消费品零售额（限额以上法人）14.4 亿元，增长 13.7%。

限额以上法人批发和零售业商品零售额 409.3 亿元，增长 8.2%。分商品类别看，粮油、食品、饮料、烟酒类增长 7.4%；服装、鞋帽、针纺织品类下降 7.9%；化妆品类增长 5.0%；日用品类增长 57.0%；家用电器和音像器材类增长 18.6%；汽车类增长 5.2%；石油及制品类增长 12.4%；文化办公用品类下降 3.2%；体育、娱乐用品类增长 74.0%；通信器材类下降 16.5%。

六、交通运输、邮电和旅游业

全市完成交通运输、仓储和邮政业增加值 195.4 亿元，比上年增长 4.3%。实现水运货运量 3248.7 万吨，增长 0.5%，货物周转量中公路和水路分别为 212.0 亿吨公里、105.7 亿吨公里，分别增长 0.6%、0.5%。实现公路客运量 3214.9 万人，增长 5.1%，公路旅客周转量 17.1 亿人公里。

全年完成邮政快递业业务总量 19.7 亿元，增长 19.6%。年末固定电话用户 32.8 万户，增长 4.9%；年末移动电话用户 597.5 万户，增长 4.9%；年末互联网宽带用户数 214.5 万户，增长 9.7%。

全年接待国内旅游人数 5058.9 万人次，增长 59.3%；接待境外入境人数 3.7 万人次，增长 1645.6%。全年实现旅游总收入 586.2 亿元，增长 54.0%。年末全市拥有旅游等级区（点）46 家，其中 4A 及以上景点 14 家。

七、招商引资和对外贸易

全年新批外商投资项目 26 个。实际利用外资 593.7 万美元。新增境外投资企业 2 家。引进境内省外资金 1353.0 亿元，增长 21.1%。分产业类别看，第一产业到位资金 92.7 亿元，增长 32.9%；第二产业到位资金 990.1 亿元，增长 30.8%；第三产业到位资金 270.1 亿元，下降 7.0%。

全年完成进出口总额 182.3 亿元。其中出口 127.7 亿元；进口 54.6 亿元。分贸易方式看，一般贸易出口 120.1 亿元；加工贸易出口 7.5 亿元。分重点商品看，机电产品出口 57.0 亿元；高新技术产品出口 15.4 亿元；农产品出口 11.0 亿元。

八、财政和金融

全市完成地方一般公共预算收入 202.2 亿元。其中税收收入 109.0 亿元；非税收入 93.2 亿元。一般公共财政预算支出 641.2 亿元。其中社会保障和就业支出 99.4 亿元；教育支出 93.6 亿元；农林水事务支出 96.3 亿元；医疗卫生支出 69.2 亿元；城乡社区事务支出 78.1 亿元。

全市年末金融机构本外币各项存款余额 4906.5 亿元，比上年末增长 10.8%。其中非金融企业存款 557.3 亿元，增长 3.6%；住户存款 3685.3 亿元，增长 13.0%。年末金融机构本外币各项贷款余额为 3525.8 亿元，增长 8.4%。分贷款对象看，非金融企业及机关团体贷款 2208.8 亿元，增长 12.7%；住户贷款 1294.6 亿元，增长 2.9%。

全市保费收入共 129.1 亿元。其中财产险保费收入 42.1 亿元，增长 5.5%；健康险保费收入 14.4 亿元，下降 11.1%；寿险保费收入 71.7 亿元，增长 0.4%。赔付支出 51.1 亿元，其中财产险赔付 30.4 亿元，健康险赔付 3.8 亿元，寿险赔付 16.6 亿元。

年末全市上市公司数量 8 家。其中境内上市公司 7 家，境外上市公司 1 家。辖区共有证券公司营业部 13 家，全年证券交易额 2835.7 亿元，下降 6.5%。期货公司营业部 2 家，全年成交金额 1751.6 亿元，下降 33.9%。

九、教育和科学技术

年末全市有普通高校 6 所，招生 2.8 万人，增长 8.9%；在校学生 8.2 万人，增长 8.6%；毕业学生 2.1 万人，增长 6.6%。中等职业学校 42 所，招生 1.7 万人；在校学生 4.9 万人，下降 1.6%；毕业学生 1.6 万人。普通高中 42 所，招生 2.9 万人，增长 1.7%；在校学生 8.5 万人，增长 3.2%；毕业学生 2.6 万人。初中学校 230 所，招生 5.1 万人，下降 2.0%；在校学生 15.7 万人，下降 0.1%；毕业学生 5.1 万人。普通小学 350 所，招生 5.1 万人，增长 1.2%；在校学生 30.8 万人，增长 0.2%；毕业学生 5.1 万人，增长 0.8%；小学适龄儿童入学率 100%。特殊教育学校 8 所，招生 291 人，在校 2600 人，毕业 456 人。幼儿园在园幼儿 11.3 万人，下降 14.2%。各类民办学校 524 所，在校生 14.4 万人。民办普通高校 2 所，在校生 2.5 万人，下降 18.8%。

年末全市有检验监测机构 128 家。其中国家产品质量监督检验中心 1 个；法定计量检定机构 9 个，强制检定计量器具 16.1 万台件。特种设备生产单位 71 家，特种设备数量 4.3 万台。组织制定地方标准 14 项。重点工业产品质量监督抽查 1068 批次，抽查合格率 94.9%。

全年高新技术产业增加值增长 4.4%。年末全市省级工程（技术）研究中心 40 个，省级重点实验室 5 个。高新技术企业 726 家，科技型中小企业 1610 家。签订技术合同 3513 份。全年授权专利 2846 件，其中发明专利 562 件。

十、文化、卫生和体育

年末全市拥有艺术表演团体 33 个。群众艺术馆、文化馆 10 个，公共图书馆 10 个，博物馆、纪念馆 17 个，广播电视台 9 座，广播综合人口覆盖率达到 100%，电视综合人口覆盖率达到 99.98%，有线电视达用户 26.5 万户。国家级非物质文化遗产保护目录 7 个，省级非物质文化遗产保护目录 41 个。

全市拥有卫生机构 5122 个。其中医院 114 个，乡镇卫生院 178 个，妇幼保健院 10 个，专科疾病防治院 19 个，社区卫生服务中心 150 个，诊所、卫生所、医务室 1204 个，村卫生室 3317 个。卫生技术人员 45072 人，其中在岗执业医师和执业助理医师 18156 人，注册护士 21460 人。全市拥有疾病预防控制中心（防疫站）13 个，卫生技术人员共 493 人；卫生监督所（中心）12 个，卫生技术人员 142 人。医院、卫生院拥有床位总数 3.7 万张，其中乡镇卫生院拥有床位数 1.2 万张。

全市现有体育场地 9276 个，运动场 84 个，各种训练房 822 个，体育馆 11 座，游泳池 17 个。开展全民健身项目 57 项次，新建农村体育健身工程的行政村 63 个，全市经常参加体育锻炼人数 257 万人。全年获得世界冠军 1 个，亚洲冠军 5 个，全国冠军 8 个。

十一、资源环境和安全生产

全市完成造林面积 2.4 万公顷。自然保护区 8 个，其中国家级自然保护区 3 个，分别为壶瓶山、西洞庭、乌云界国家级自然保护区；省级自然保护区 2 个，分别为鼎城区花岩溪、桃源县望阳山省级自然保护区。省级以上自然保护区面积 13.4 万公顷。已发现的矿种 59 种，探明资源储量的矿种 33 种。市城区空气质量达标率 87.1%，空气质量达到二级标准的县市区 7 个。

全社会用电量 145.9 亿千瓦时，比上年下降 0.9%。其中工业用电量 61.6 亿千瓦时下降 0.9%；城乡居民生活用电量 45.7 亿千瓦时，下降 7.8%。

十二、人口、居民生活和社会保障

全市年末常住人口 518.7 万人。其中城镇人口 300.7 万人，农村人口 217.9 万人。常住人口城镇化率 57.98%，比上年提高 0.2 个百分点。年末户籍总人口 584.7 万人。其中城镇人口 210.1 万人，乡村人口 374.6 万人男性人口 297.2 万人，女性人口 287.5 万人。

全市城镇居民人均可支配收入 42155 元，比上年增长 4.1%；城镇居民人均消费支出 31043 元，增长 4.5%。农村居民人均可支配收入 22754 元，增长 6.6%；农村居民人均消费支出 21694 元，增长 6.5%。

全市新增城镇就业人员 5.7 万人，失业人员再就业人数 3.0 万人。年末参加城镇基本养老保险职工人数 154.7 万人。其中，参保职工 98.6 万人，参保离退休人员 56.1 万人。城乡居民基本医疗保险参保人数 460.4 万人，城镇职工基本医疗保险参保人数 58.3 万人。参加工伤保险职工人数 59.5 万人，参加生育保险职工人数 34.6 万人，参加失业保险职工人数 35.4 万人。获得政府最低生活保障的城镇居民 2.2 万人，获得政府最低生活保障的农村居民 11.0 万人。年末提供住宿民政机构床位数 3.09 万张，其中养老机构床位数 2.95 万张。全市销售社会福利彩票 4.06 亿元。

武 陵 区

武陵，位于湖南北部、常德中部偏北，地处洞庭湖西部，是位于湘西北的一座历史文化古城，是常德市政府所在地，也是常德市乃至湘西北的政治、经济、文化中心。自秦蜀郡守张若在此筑城，迄今已有 2280 余年的历史，史称张若城。武陵是古代南北的交通枢纽，又是上溯黔东，下达苏皖的运输要道，“左包洞庭之险，右扼五溪之要”，素有“荆楚唇齿”“滇黔咽喉”之称，是历代封建统治者开发西南的门户，又是江南闻名遐迩的“鱼米之乡”。境内主要有常德诗墙、白马湖文化公园、丁玲公园、武陵阁步行城、笔架城、常德博物馆、河洑国家森林公园等景点。

武陵区地形以丘陵平地为主，西部的河洑山为境内唯一大型山区。境内湖泊有白马湖等，主要河流有穿紫河、姻缘河、三闾河。穿紫河水系位于常德市城区北部，西起竹叶港，东至南碈。途经新河渠、费家湖、仁智当、李仁当、白马湖、长港、穿紫桥河、姻缘桥河、三闾港、沙河等沟港。全长 17.3km，是常德市的一条环城水系。

武陵区居沅水下游，属亚热带季风湿润气候区，全年平均气温 16.5℃—17.5℃，年降雨量 1400 毫米，日照时间长，无霜期 256 天以上，年均相对湿度在 68—89% 之间；冬季盛吹东北偏北风，夏季盛吹东南偏南风，春秋两季为季风转换时期，以偏北风居多。城区交通便捷，319、207 国道纵横贯穿全境，紧邻的桃花源机场已开通与中国主要大城市的航线，石长铁路、黔张常高铁、长常高速公路、常张高速公路、常益长高铁建成通车，是全国“八纵八横”高速铁路网络的重要组成部分。城区供水、供电等各项基础设施完备，邮政电信网络功能齐全，道路纵横交错，商业广场、文化娱乐一应俱全，安居小区整齐如一。

2014 年武陵区区划调整撤销护城、南坪岗、东江、东郊 4 个建制乡，成立 4 个街道；新组建芙蓉、芷兰 2 个街道；调整乡镇行政区划范围，将丹洲乡的高泗、泽远、石灰 3 个建制村和河洑镇的青林、杨桥 2 个建制村，芦荻山乡的马家吉社区等 6 个村（居）划归城区街道管辖；对全区 11 个街道范围进行调整，对 11 个街道进行命名；调整社区管辖范围并对新组建社区和撤并的社区进行命名、更名。至此，武陵区共有 11 个街道办事处、2 个乡、1 个镇。共有社区 103 个、行政村 25 个。

武陵区2023年国民经济和社会发展统计公报

2023 年，面对错综复杂的国内外形势和艰巨繁重的改革发展稳定任务，全区坚持以习近平新时代中国特色社会主义思想为指导，在区委、区政府正确领导下，全面贯彻新发展理念，着力推动高质量发展，全区经济稳健运行，产业质效优化提升，高质量发展取得新成效，现代化建设迈出新步伐。

一、综合

初步核算，全年全区完成地区生产总值 1397.3 亿元，比上年增长 0.2%。其中：第一产业增加值 11.8 亿元，下降 1.0%；第二产业增加值 714.7 亿元，下降 3.8%；第三产业增加值 670.7 亿元，增长 5.0%。三次产业结构比为 0.8 ∶ 51.1 ∶ 48.0。

区本级完成生产总值 488.7 亿元，比上年增长 1.1%。其中：第一产业增加值 3.9 亿元，增长 3.4%；第二产业增加值 63.7 亿元，下降 9.9%；第三产业增加值 421.1 亿元，增长 5.3%。三次产业结构比为 0.8 ∶ 13.0 ∶ 86.2。

全年全区地方一般公共预算收入完成 00.7 亿元。区本级地方一般公共预算收入完成 9.9 亿元，其中税收收入完成 6.5 亿元，一般公共预算支出完成 29.8 亿元。

二、农业

全年全区完成农林牧渔业增加值 162124 万元，增长 1.8%。区本级完成农林牧渔业增加值 60649 万元，增长 3.5%；完成农林牧渔业总产值 91098 万元，比上年增长 3.6%。

全年粮食播种面积 54010 亩，棉花种植面积 339.5 亩，油料种植面积 15733.5 亩，蔬菜种植面积 30982.9 亩。全年粮食总产量 23360 吨，棉花总产量 30.3 吨，油料总产量 1792.2 吨，蔬菜总产量 67672.3 吨。

三、工业和建筑业

全年全区完成工业增加值 6604076 万元，比上年增长 0.1%。区本级完成工业增加值 285166 万元，下降 7.5%，其中规模以上工业增加值下降 9.0%。

全区规模以上工业企业产品销售率 97.2%，同比下降 1.8 个百分点，实现营业收入 82.55 亿，同比下降 3.0%。区本级规模以上工业企业产品销售率 96.5%，同比下降 2.8 个百分点，实现营业收入 23.25 亿元，同比下降 17.2%。

区本级规模以上工业主要产品中，大米 4.5 万吨，增长 13.6%；冷冻饮品 1.7 万吨，下降 8.8%；精制食用植物油 0.5 万吨，增长 27.5%；服装 27.1 万件，增长 43.4%；商品混凝土 28.5 万立方米，下降 26.7%；罐头 0.3 万吨，下降 33.7%；钢结构 1.0 万吨，下降 35.2%。

全年全区完成建筑业增加值 55.6 亿元。区本级建筑业完成增加值 35.3 亿元，完成建筑业产值 96.1 亿元。

四、固定资产投资

全年区本级工业完成投资增速 145 %，工业技改完成投资增速 506.1 %。制造业投资占固定资产投资比重为 10.0%，比上年提高 2.9 个百分点；民间投资占固定资产投资比重为 54.3 %，比上年下降 10.7 个百分点；高新技术投资占固定资产投资比重为 3.6 %，比上年下降 6.2 个百分点。

全年全区施工项目共有 176 个，本年新增项目 55 个，本年投产项目 27 个。计划总投资亿元以上项目 35 个，亿元以上项目本年实际完成投资 22.2 亿元。

全年全区房地产开发投资完成 39.3 亿元，商品房施工面积 553.9 万平方米，下降 16.4%，商品房销售面积 72.2 万平方米，下降 0.9%。

五、内贸和外经

全年全区完成社会消费品零售总额 465.8 亿元，比上年增长 6.1%。完成批发和零售业增加值 207.1 亿元，比上年增长 6.3%；

完成住宿和餐饮业增加值 39.1 亿元，比上年增长 9.3%。

区本级完成社会消费品零售总额 397.3 亿元，比上年增长 6.0%。完成批发和零售业增加值 124.6 亿元，比上年增长 6.7%；完成住宿和餐饮业增加值 37.1 亿元，比上年增长 9.8%。

全年区本级引进内外资总额 68.59 亿元；完成进出口总额 8484 万美元，比上年下降 36.4%。

六、教育和科学技术

年末全区共有义务教育阶段学校 42 所（含 6 所民办学校），其中公办学校中城区学校 24 所，乡镇学校 12 所。全区现有义务教育阶段中小学教职工 2456 人，其中专任教师 2154 人，中小学在校学生 42290 人，其中小学生 39105 人，初中生 3185 人。全区现有幼儿园 104 所（其中公办园 40 所），在园幼儿 14847 人。

全年争取国省科技资金 124 万元，技术合同成交额 36.97 亿元，签订产学研合作协议 13 个，32 家企业通过高新技术企业认定，科技型中小企业入库 231 家。全年发明专利授权 87 件，全区有效发明专利拥有量 796 件。

七、文化、体育和卫生

全区免费开放图书馆 1 个、文化馆 1 个、体育馆 1 个、乡（街）综合文化站 14 个，村（社区）综合文化服务中心 128 个；全区有健身场地 1509 处，健身路径 311 处，健身活动面积达 237.7 万平方米，乡镇（街道）文体活动中心和农民体育健身工程覆盖率达 100%。全年共开展送戏下乡惠民演出 20 场，开展送电影下乡进社区约 493 场；体育馆共开展大型文体活动 16 场次，全面开放服务群众 35.78 万人次。区文化馆创作的歌曲《湖南 YOUNG》获 2023 年湖南省百团百角唱新歌比赛优秀节目奖。武陵作家在全国各地报刊上公开发表微小说作品共 520 多篇，被全国有影响力的选刊选载共 190 多篇。

全区拥有卫生机构 561 个。其中医院 15 个、卫生院 3 个，社区卫生服务中心 11 个，诊所（卫生所、医务室）376 个，门诊部 32 家，行政村卫生室 25 个，社区卫生室 33 个，社区卫生服务站 66 家。卫生技术人员共 2371 人，其中：执业医师和执业助理医师 1157 人、注册护士 1214 人。全区拥有疾病预防控制中心 1 个、卫生技术人员共 55 人；卫生计生综合监督执法局 1 个、卫生技术人员共 6 人。医院、中心、卫生院拥有床位总数 1072 张。

八、资源环境和安全生产

全区优良天数 316 天，优良率为 86.6%，地表水达到Ⅲ类或优于Ⅲ类水体比例 100%。农村垃圾集中处理率 100%，城市生活垃圾无害化处理率 100%。

全区全年发生生产经营性安全事故 12 起，死亡 11 人。其中道路运输事故 9 起，死亡 9 人；建筑业事故 3 起，死亡 2 人。

九、人口、人民生活和社会保障

年末区本级户籍人口 431632 人，其中：城镇人口 341213 人，乡村人口 90419 人；男性 210161 人，女性 221471 人。18 岁以下人口 67700 人、18—34 岁人口 69811 人、35—59 岁人口 180937 人、60 岁及以上人口 113184 人。全年出生人口 2179 人，人口出生率为 5.05‰，比上年降低 0.41 个千分点。死亡人口 2222 人，死亡率为 5.15‰，比上年降低 1.39 个千分点，人口自然增长率为 -0.1‰，比上年上升 0.98 个千分点。新生婴儿男女比例为 114 ∶ 100。

全区居民人均可支配收入为 50510 元，比上年增长 3.8%，其中城镇居民人均可支配收入为 51360 元，比上年增长 3.5%；农村居民人均可支配收入 38738 元，增长 4.7%；居民人均消费支出 46079 元，增长 3.8%。

全区企业养老保险在职参保 106366 人，实际缴费 83019 人，累计新增扩面 1877 人；全区企业离退休人员 53251 人；企业养老保险基金总收入 219298.07 万元，其中基本养老保险费收入 77316.71 万元；基本养老保险总支出 230659.77 万元，其中养老待遇支出 141392.85 万元，丧抚金及其他支出 6103.76 万元，上解上级支出 83163.16 万元。全区机关事业参保单位 157 家，在职人数 5081 人，实际缴费 5081 人，全区机关事业单位退休人员 3452 人；机关养老保险基金总收入 21013.64 万元，其中基本养老保险费收入 12427.4 万元；基本养老保险总支出 21434.04 万元，其中养老待遇支出 21339.92 万元。城乡居民养老保险参保 78456 人，已领待遇 21981 人，全年基金支出 4399.61 万元。全年失业保险参保人数 23208 人，失业保险基金支出 5274.19 万元（含 2023.07 失业保险省级统筹上解省本级资金）。城镇新增就业 8453 人，失业人员再就业 5050 人，城镇登记失业率控制在 4.0% 以内。工伤保险参保 49199 人，工伤保险基金支出 1476.16 万元。

城镇职工基本医疗保险参保单位 2963 家，参保人数 60627 人，生育保险参保 33064 人，城乡居民基本医疗保险参保 271797 人；全年征缴城镇职工医疗保险基金（含个人账户）19387 万元，征缴城乡居民医疗保险基金 26495 万元；全年支付城镇职工基本医疗保险基金（含个人账户）16876 万元，支付城乡居民基本医疗保险基金 20821 万元。

鼎 城 区

鼎城区位于湖南省北部，洞庭湖西滨，沅水尾闾。地处北纬 28° 35′—29° 23′，东经 111° 27′—112° 11′。东接汉寿县，西邻桃源县，南连益阳市桃江县、安化县，北抵临澧县、津市市，东北隔澧水望安乡县。

鼎城区在历史上有过临沅县、索县、监沅县、沅南县、汉寿县、吴寿县、武陵县、常德县等名称，先后隶属于黔中郡、武陵郡、义陵郡、建平郡、武州、沅州、嵩州、朗州、武贞军、永顺军、武顺军、武平军、鼎州、常德军、常德路、常德府、武陵道、常德专署、常德市等县以上行政机构。1988 年县改区后，原区公所（县辖区，为乡级行政区）改为办事处。2021 年 12 月，全区部分村（社区）合并后，有乡镇 18 个（灌溪镇已获批复改为灌溪街道，但未正式更名挂牌）、农（林）场 1 个，街道办事处 4 个、居委会 93 个、村委会 203 个。全区总面积 2340 平方千米。

2023 年年末全区户籍人口 72.9 万人，同比减少 0.4 万人。其中：城镇人口 21.3 万人，同比减少 0.2 万人，乡村人口 51.6 万人，同比减少 0.2 万人。全区男性人口 37.1 万人，占总人口的 50.8%，女性人口 35.8 万人，占总人口的 49.2%。其中 0—17 岁人口 10.7 万人，18—34 岁人口 12.4 万人，35—59 岁人口 30.1 万人，60 岁以上人口 19.7 万人，同比增加 1.4 万人。

鼎城区地势自西南向东北倾斜，由山地、丘陵、岗地过渡到广阔的滨湖平原。南有雪峰山余脉的插角、九龙、沧山、古城盘古诸山延伸，重峦叠嶂。西北有武陵山余脉的太阳、白云等山脉绵亘，山崖峻峭。西、南、北群山起伏，冈峦盘环；东北湖河网结，水陆交错。中部沅水曲形切割，将区境分为南北两部。南部俗称“前河”“前乡”，枉、沧二水蜿蜒而下，形成若干溪岔与沿河平地。北部俗称“后河”“后乡”，澧水绕区东北边境向东流入洞庭湖，中有渐水、冲柳、马家吉诸河流淌其间，牛屎、白芷、土硝等湖点缀其内。全区最高点为插角山（又名插角殿），主峰插花岭海拔 716.2 米；沅水两岸、澧水之西地势低平，海拔 30 米左右。全区地势高差 686.2 米，比降为 1.5%。

鼎城区2023年国民经济和社会发展统计公报

2023年，全区上下坚持以习近平新时代中国特色社会主义思想为指导，认真贯彻落实中央、省、市、区委各项决策部署，坚持“稳中求进工作总基调”，统筹落实“六稳”工作要求，全区经济稳中向好、社会大局和谐稳定。

一、综合

经初步核算，2023年完成地区生产总值467.4亿元，同比增长7.1%。其中第一产业增加值77.5亿元，同比增长3.5%；第二产业增加值149.2亿元，同比增长10.8%；第三产业增加值240.8亿元，同比增长6.0%。三次产业结构为16.58 ∶ 31.91 ∶ 51.51。

二、农业

2023年，全区实现农林牧渔业总产值140.9亿元，同比增长3.9%。农林牧渔业增加值84.6亿元，同比增长3.8%。

全年粮食作物种植面积151.54万亩，同比增长0.03%；棉花种植面积11.15万亩，同比增长0.45%；油料种植面积67.62万亩，同比下降0.26%；蔬菜种植面积36.13万亩，同比增长1.12%。全年粮食总产量66.3万吨，同比增长1.38%；棉花产量1万吨，同比增产6.24%；油料产量9.07万吨，同比增产0.76%；蔬菜产量62.35万吨，同比增产3.57%；水果产量10.3万吨，同比增产7.23%。

全年猪、牛、羊、家禽出栏分别为73.57万头、2.91万头、15.81万只、1320.01万羽，同比分别增长2.32%、下降9.06%、下降8.08%、下降1.23%；全年肉、禽蛋、牛奶总产量分别为7.92万吨、5.82万吨、0.31万吨，同比分别增长0.89%、下降2.18%、下降8.82%。

全区拥有农产品加工企业1184家，实现营业收入190.1亿元，同比增长6.0%；实现利润7.5亿元，同比增长5.2%。拥有农民专业合作社1066个，合作社成员7.5万户。实施高标准农田建设项目3个，高标准农田建设面积7.7万亩。绿色有机地标农产品认证个数45个，其中绿色农产品45个。名优特水产品养殖面积16万亩，名优特水产品产量1.1万吨。稻田综合种养11.5万亩，土地托管面积88.3万亩，全年化肥施用量（折纯）4.4万吨，同比减少2.6%。

全年开工各类水利工程0.14万处，投入资金1.9亿元，完成土石方190万立方米，新增节水灌溉面积360公顷，新增蓄水能力466.4万立方米。

三、工业与建筑业

2023年，全区工业增加值97.2亿元，同比增长9.9%。规模以上工业企业净增19家，达到228家，产值过亿元企业96家，同比增加12家。规模以上工业增加值同比增长12.3%，省级以上园区规模以上工业增加值同比增长16.8%。规模以上工业企业实现营业收入336.1亿元，同比增长13.2%，实现利润总额14.2亿元，同比增长28.3%，实现税金总额5.3亿元，同比减少21.3%。规模以上工业中，有亏损企业25家，亏损面11.0%，同比增长3.8个百分点，亏损企业亏损额为2.1亿元，同比增长13.7%。规模以上工业产品销售率为98.2%，同比增长0.4个百分点，出口交货值9.8亿元，同比增长28.5%。规模工业营业收入利润率4.23%，同比增长0.5个百分点；每百元营业收入中的成本为84.9元，同比减少0.64元。

全区具有资质等级以上建筑企业有31家，完成建筑业总产值57.7亿元，同比增长9.7%；完成房屋建筑施工面积130.8万平方米，同比下降34.1%。

四、固定资产投资和房地产业

2023年，全区固定资产投资同比增长1.2%。按经济类型分：国有投资同比增长13.7%；非国有投资同比下降10.8%；民间投资同比下降8.6%。按投资方向分：工业投资同比增长3.2%；基础设施投资同比下降6.5%；民生工程投资同比下降47.7%。按国民经济行业分：农林牧渔业投资同比下降20.7%；制造业投资同比下降7.4%。

全年完成房地产开发投资29.1亿元，同比减少20.5%。商品房销售额26.2亿元，同比减少9%，其中住宅销售额23.1亿元，同比减少11.5%。商品房施工面积268.1万平方米，同比减少17.9%，其中住宅188.5万平方米，同比减少17.6%。商品房销售面积55.1万平方米，同比减少3.2%，其中住宅销售面积49.5万平方米，同比减少8.3%。商品房待售面积57.2万平方米，同比减少20.5%，其中住宅待售面积36.9万平方米，同比增长14.2%。

五、贸易和旅游

全年完成社会消费品零售总额241.4亿元，同比增长8.6%。全年101家限额以上企业实现零售额89.1亿元，同比增长12.8%，其中86家限额以上批发和零售业企业实现零售额87.5亿元，同比增长12.6%；15家限额以上住宿和餐饮企业实现餐饮收入1.6亿元，同比增长23.6%。

全年完成进出口总额40560万美元，同比增长0.6%。其中出口额40513万美元，同比增长1.2%；进口额47万美元，同比减少82.3 %。实际利用外资金额10万美元，同比增长66.6%。

全区拥有旅游等级区（点）13家，其中4A级及以上1家。国内旅游人数428.4万人次，实现国内旅游收入50.7亿元；境外入境人数0.8万人次，实现入境旅游收入184.4万美元。

六、交通运输和邮电

2023全年完成公路客运量490.8万人，同比增长158%，旅客周转量1.9亿人公里，同比增长265%。水路客运量38.2万人，同比增长0.51%，旅客周转量0.3亿人公里，同比增长1.0%。汽车总站每天发送旅客1442人次，同比增长0.34%。全区行政村客运（公交）班线通达率100%。年末全区一级公路73.68公里，二级公路198.04公里，三级公路67.26公里，四级公路2872.27公里。

全年完成邮电业务总量5.5亿元，同比增长6.2%，其中，邮政业务总量1.0亿元，同比增长8.6%；移动业务总量2.1亿元，同比增长1.0%；电信业务总量1.7亿元，同比增长5.5%；联通业务总量0.7亿元，同比增长23.1%。年末固定电话用户2.2万户，与上年持平；年末移动电话用户71.9万户，本年新增加2.5万户；年末互联网宽带用户22.9万户，本年新增加2.3万户。

七、财政与金融

全年完成一般公共预算收入28.5亿元，同比增长47.8%；地方一般公共预算收入21.8亿元，同比增长8.4%，其中税收收入7.1亿元，同比减少46.9%，占地方一般公共预算收入的比重为32.8%。地方一般公共预算支出59.6亿元，同比减少1.1%。

年末金融机构本外币各项存款余额466.9亿元，同比增长10.2%；年末金融机构本外币各项贷款余额352.4亿元，同比增长6.4%。

八、教育与科技

2023年全区共有各级各类学校、幼儿园198所。其中：学前教育126所；义务教育65所，其中小学33所（含点校5所）、初中15所、九年一贯制17所；高中阶段教育7所，其中普通高中6所（含2所停止招生、暂未撤销学校）、成人中等学校1所。共有在校学生68035人，其中学前教育14152人，义务教育45990人，高中阶段教育7893人。共有在职教职工6099人，其中专任教师4868人。小学适龄儿童入学率、小学毕业生升学率均达到100%，高中阶段毛入学率97.51%。

全区拥有省级工程技术研究中心1个。全年签订技术合同315项，同比增长34%；技术合同成交金额49.9亿元，同比增长157.4%。发明专利申请232件，同比增长31.1%；发明专利授权130件，同比减少28.2%。

2023年实现高新技术产业增加值70.5亿元，同比增长4.6%，高新技术产业增加值占GDP的比重为15.1%。

九、文化、卫生和体育

全区拥有艺术表演团体1个，群众艺术馆、文化馆1个，公共图书馆1个，档案馆1个，档案馆已开放各类档案2.4万卷件，同比增长11.7%。拥有国家级非物质文化遗产保护目录1个，省级非物质文化遗产保护目录4个。广播电视台1座，广播和电视综合人口覆盖率均达到100%。

全区共有卫生机构684个，共拥有床位3764张。现有卫生技术人员4071人，其中执业医师和助理医师1740人，注册护士1749人。全区有乡镇卫生院27个，拥有床位1257张，卫生技术人员691人。疾病预防控制中心1个，卫生技术人员39人。卫生监督所1个，卫生技术人员9人。全年传染病监测系统共报告本区法定传染病19种8801例，同比增长157%。报告死亡13例（艾滋病11例，狂犬病1例，肺结核1例），无甲类传染病报告。

年末拥有各类体育场地2942个，同比增加1014个。全年全区开展全民健身项目35项次，经常参加体育锻炼的人数达到41万人。获得世界冠军0个，亚洲冠军3个，全国冠军0个。

十、资源环境与安全生产

全年实有耕地面积7.8万公顷，基本农田6.1万公顷。全年完成造林面积0.2万公顷，年末林地面积7.2万公顷，森林覆盖率达到32.2%。拥有省级自然保护区1个，自然保护区面积0.1万公顷。

辖区内已发现矿种8种，已探明资源储量的矿种8种，其中能源矿产8种。财政出资实施地质勘察项目3个。新发现大中型矿产地1处。

全年规模工业综合能源消费量18.6万吨，同比下降7.1%，单位增加值能耗变动率为-17.3%。全年全社会用电量10.2亿千瓦时，与上年持平，其中工业用电3.4亿千瓦时，与上年持平，农业用电1.4亿千瓦时，同比增长27.3%，生活用电5.4亿千瓦时，同比下降5.3%。

城市污水处理率97.5%，城市生活垃圾无害化处理率100%，城市人均公园绿地面积16.7平方米，城镇老旧小区改造10个。

全年发生各类生产经营性安全事故14起，各类生产经营性安全事故死亡人数15人，亿元GDP事故死亡人数0.03人。全年共发生道路交通事故4489起，死亡43人。发生火灾事故327起，死亡0人，受伤0人，直接经济损失300万元，同比下降64.7%。

十一、人口、人民生活与社会保障

2023年年末全区户籍人口72.9万人，同比减少0.4万人。其中：城镇人口21.3万人，同比减少0.2万人，乡村人口51.6万人，同比减少0.2万人。全区男性人口37.1万人，占总人口的50.8%，女性人口35.8万人，占总人口的49.2%。其中0—17岁人口10.7万人，18—34岁人口12.4万人，35—59岁人口30.1万人，60岁以上人口19.7万人，同比增加1.4万人。

全年全区出生人口3493人，人口出生率为4.8‰；死亡人口5119人，死亡率为7.0‰，全年人口自然增长率为-2.2‰。全年共迁入1410人，迁出3214人。

全体居民人均可支配收入34026元，同比增长4.9%，城镇居民人均可支配收入45275元，同比增长3.8%，农村居民人均可支配收入23510元，同比增长5.9%。全体居民人均消费支出26761元，同比增长2.8%，城镇居民人均消费支出28236元，同比增长4.8%，农村居民人均消费支出25382元，同比增长0.8%。

全区基本医疗保险参保人数65.7万人，同比减少1.7%；其中城镇职工基本医疗保险参保人数4.6万人，同比增长0.5%；城乡居民基本医疗保险参保人数61.1万人，同比减少1.9%。参加生育保险职工人数2.7万人。城镇新增就业0.6万人，城镇登记失业率2.29%，失业人员再就业0.3万人。城乡居民基本养老保险登记参保人数42.8万人，城镇基本养老保险职工人数9.6万人，参加工伤保险职工人数5.9万人，参加失业保险职工人数3.5万人，领取失业保险金职工人数0.1万人。

全年发放最低生活保障经费4846万元，同比减少7%。获得政府最低生活保障的城镇居民1941人，比上年末减少118人；获得政府最低生活保障的农村居民11760人，比上年末增加96人。全年销售社会福利彩票5423万元，同比增长35.8%，累计筹集福彩公益金380万元，同比增长19.5%。民政部门直接接受社会捐赠290.1万元。

汉 寿 县

汉寿，湘西北一块开放而文明的热土，地处雪峰山脉向洞庭湖平原过渡地带，总面积2021平方公里。辖15个镇，2个乡，4个街道办事处，1个省级高新技术产业园区。2023年，汉寿县户籍人口796487人，其中：城镇人口279712人，乡村人口516775人；男性410936人，女性385551人；0—17岁137787人，18—34岁144416人，35—59岁332348人，60岁以上181936人。

汉寿是一个历史悠久的地方。战国时，属楚地。秦朝时，为黔中郡地。西汉为武陵郡索县地。东汉阳嘉三年（134），改索县为汉寿县，取汉王朝长寿不衰之意，治所今鼎城区断港头。三国吴，汉寿县改为吴寿县。赤乌十一年（248），析吴寿县置龙阳县，设治所于今县城，属武陵郡。宋大观年间（1107—1110），改为辰阳县。绍兴三年（1133），复名龙阳，五年升县为军，移治黄城寨（今聂家桥乡黄城港），三十年复县，治所迁回原址，隶属鼎州。元元贞元年（1295），升为州，辖沅江县，属常德路。明洪武三年（1370），降为县。至清，属常德府。民国元年（1912），龙阳更名汉寿，三年，隶武陵道。五年，属湘江道，十一年，直隶于省，二十七年，隶属第五行政督察区。1949年8月4日，县境和平解放，隶属益阳专署。1952年11月，改属常德专署。1988年，常德专署改市，隶属常德市。境内有多处距今7000多年的新石器时期遗址，不仅是重要的楚文化传承地和沧浪文化的发源地，还形成了独具特色的沧浪文化、屈楚文化和龙舟文化。

汉寿是一块流金淌银的福地。2021平方公里的沃土，坐拥西洞庭湖、沅澧二水的鱼米之利，盛产粮、棉、油、鱼、猪、甲鱼、芦苇、玉臂藕等农特产，富藏花岗岩、黄金、石英砂、天然气等矿物，拥有国家4A级景区清水湖旅游度假区和常德野生动物世界、3A级景区西洞庭湖国家城市湿地公园、青山湖候鸟公园、汉寿蔬菜产业园等优质旅游资源，是“全国生态旅游百强县”和全省旅游强县。同时拥有中国地理标志产品玉臂藕、汉寿甲鱼，有“中国甲鱼之乡”“中国长寿之乡”“中国诗词之乡”之称。是国家确认的重点粮、棉、油、鱼生产大县和“生猪调出大县”“优质农产品出口基地县”，也是出口创汇基地县、承接产业转移重点县和城乡一体化示范县。

汉寿是一处连通八方的要塞。这里自古就是“西楚唇齿，云贵门户”，现在更是水、陆、空路路畅通。2023年，全县完成交通运输、仓储和邮政业增加值19.79亿元，增长2.0%。全县公路里程2334公里，其中省道 179 公里、县道 313 公里、乡道 804 公里、村道 1038 公里。年末汽车保有量 85993 辆，其中：民用汽车 85909 辆，私人汽车 84641 辆。公交车线路 6 条。年末移动电话用户 74.69 万户，互联网宽带用户 21.18 万户。

汉寿是一方充满活力的热土。随着洞庭湖生态经济区、长江中下游城市群和长江经济带三个国家级战略的规划实施，汉寿作为这“一区一群一带”上的重要县份，又兼具常德千亿工业走廊廊头的重要身份，具有其他县市不可比拟、无法复制的政策优势。近年来，全县上下坚持以习近平新时代中国特色社会主义思想为指导，全面贯彻落实党的二十大和党的二十届二中全会精神，锚定“三高四新”美好蓝图，躬身实践“创新突破产业突围”，深入实施“强工稳农、活旅靓城”发展战略，大力推进“双区牵引、六轮驱动”，经济社会高质量发展迈出了坚实步伐。

古老而文明的龙阳，开放而富饶的汉寿期待您的到来，盼望您的加盟，让我们携起手来，共创美好明天！

汉寿县2023年国民经济和社会发展统计公报

2023 年是全面贯彻党的二十大精神的开局之年，是经济恢复发展的一年。面对经济复苏弱于预期，多重挑战叠加的严峻考验，全县上下坚持以习近平新时代中国特色社会主义思想为指导，全面贯彻落实党的二十大和党的二十届二中全会精神，锚定“三高四新”美好蓝图，躬身实践“创新突破产业突围”，深入实施“强工稳农、活旅靓城”发展战略，大力推进“双区牵引、六轮驱动”，经济社会高质量发展迈出了坚实步伐。

一、综合

初步核算，全县实现地区生产总值 387.17 亿元，增长 7.2%。其中：第一产业增加值 60.74 亿元，增长 3.9%；第二产业增加值 138.99 亿元，增长 9.5%；第三产业增加值 187.44 亿元，增长 6.7%。三次产业构成比为 15.7 ：35.9 ：48.4。含西湖管理区，地区生产总值 408.31 亿元，增长 7.1%。第一、二、三产业对经济增长的贡献率分别为 9.6%、46.8% 和 43.6%。其中，制造业对经济增长的贡献率为 35.7%。制造业增加值增长 10.3%，占地区生产总值的比重为 25.6%；含西湖管理区，高新技术产业增加值增长 8.2%，占地区生产总值的比重为 2.8%。

二、农业

年末耕地面积 94.17 万亩。全年实现农林牧渔业总产值 109.28 亿元，增长 3.4%，农业增加值 65.67 亿元，增长 3.7%。全年粮食作物播种面积 139.02 万亩，同比下降 1.07 %，总产量 59.8 万吨，增长 1.49%。油料播种面积 56.61 万亩，增长 0.5%，总产量 7.60 万吨，增长 1.5 %。棉花播种面积 2.69 万亩，下降 30.7%，总产量 0.26 万吨，下降 18.8%。麻类播种面积 0.27 万亩，同比持平，总产量 0.043 万吨，同比持平。蔬菜播种面积 29.35 万亩，增长 1.6%，蔬菜总产量 61.78 万吨，增长 3.2%。水果总产量 10.74 万吨，增长 4.9%。全年出栏生猪 61.79 万头，下降 0.91%，牛出栏 1.44 万头，下降 8.28%，羊出栏 4.36 万只，下降 21%，家禽出笼 671.59 万羽，下降 1.58%，禽蛋产量 3.44 万吨，下降 5.55%。年末生猪存栏 33.43 万头，下降 9.92%，其中：能繁母猪 2.81 万头，下降 7.87%。家禽存笼 410.74 万羽，下降 1.35%。农业机械总动力 119.46 万千瓦，增长 1.77%。

三、工业和建筑业

全县工业增加值增长 9.9%。规模工业增加值增长 9.5%。园区规模工业增加值增长 9.0%，占全县规模工业增加值的 78.9%。

规模工业销售产值增长 5.7%，产销率为 97.9%。完成出口交货值 3.3 亿元，营业收入增长 5.8%。

资质内建筑企业完成建安产值 59.48 亿元，增长 10.0%，施工面积 99.77 万平方米，下降 9.9%，竣工面积 25.58 万平方米，下降 42.9%，年末建筑从业人员 1.7 万人。

四、固定资产投资和房地产

500 万元以上固定资产项目及房地产投资总额下降 8.7%。500 万元以上固定资产投资中，房地产开发投资 12.95 亿元，下降 27.2%。第一产业投资增长 627.2%，第二产业投资下降 0.8%，第三产业投资下降 22.5%。

房地产开发，施工面积 223.3 万平方米，下降 5.1%，其中住宅 171.7 万平方米，下降 8.0%。商品房屋销售面积 49.39 万平方米，下降 1.0%，商品房销售额 21.0 亿元，增长 1.2%。

五、贸易、引资和对外经济

全年社会消费品零售总额 154.4 亿元，增长 10.0%，其中：批发业销售额增长 9.7%，零售业销售额增长 8.9%；住宿业营业额增长 8.4%，餐饮业营业额增长 10.2%。实现批发零售业增加值 49.05 亿元，增长 10.0%，住宿、餐饮业增加值 10.33 亿元，增长 10.2%。

实际引进境内资金 124.79 亿元。实际利用外资 121 万美元，引进 2 亿元以上境内项目 9 个。进出口总额 21.63 亿元，其中：出口额 21.50 亿元，进口额 0.13 万元。

六、交通、邮政和通信

全县完成交通运输、仓储和邮政业增加值 19.79 亿元，增长 2.0%。全县公路里程 2334 公里，其中省道 179 公里、县道 313 公里、乡道 804 公里、村道 1038 公里。年末汽车保有量 85993 辆，其中：民用汽车 85909 辆，私人汽车 84641 辆。公交车线路 6 条。年末移动电话用户 74.69 万户，互联网宽带用户 21.18 万户。

七、财政和金融

全县一般公共预算收入完成 19.8 亿元，地方一般公共预算收入 13.77 亿元，其中：税收收入 6.01 亿元，非税收入完成 7.76 亿元。一般公共预算支出 62.21 亿元，其中：一般公共服务 5.09 万元，教育 10.21 亿元，科学技术 1.48 亿元，社会保障和就业 9.81 亿元，卫生健康 3.71 亿元，住房保障 2.64 亿元。

年末金融机构各项存款余额 461.91 亿元，比年初增加 41.76 亿元，其中居民储蓄存款余额 383.33 亿元，比年初增加 41.86 亿元。各项贷款余额 308.66 亿元，比年初增加 22.31 亿元，其中住户贷款余额 116.63 亿元，比年初增加 7.44 亿元。

八、科学技术和教育

高新技术企业 55 家，完成高新技术产品产值 261.73 亿元（含西湖管理区），实现增加值 52.35 亿元，增长 8.2%。授权专利 240 件，其中发明专利 24 件。

全县有检验监测机构 9 个，法定计量检定机构 1 个，强制检定计量器具 2754 台件。特种设备生产单位 1 个，特种设备 3156 台。重点工业产品质量监督抽查 100 批次，抽查合格率 95%。

全县共有各级各类学校 65 所，其中：高级中学 3 所，职业高中 3 所，成人中等专业学校 1 所，初级中学 14 所，九年一贯制学校 15 所，小学 28 所，特殊教育学校 1 所。全县在校学生数共 77509 人，其中高中学生 11048 人，职业高中学生 4790 人，初中学生 21325 人，小学学生 40346 人。有教职工 5264 人，其中普通中学教职工 2615 人，职中教职工 283 人，小学教职工 2335 人，特殊学校 31 人。幼儿园 102 所，在园幼儿 14626 人，幼儿园教职工 2287 人。

九、文广、卫生和体育

有县级文化馆 1 个，电影院 3 个，档案馆 1 个，县级公共图书馆 1 个。艺术表演团体9个。非物质文化遗产名录27个，其中：省级非物质文化遗产名录3个。

中央、省台电视农户综合覆盖率为100%，中央、省台广播农户综合覆盖率为100%。

各类卫生机构558个，卫生技术人员5324人，医院床位数4702张。

年末有体育馆1个，运动场113个，游泳池12个，各类训练房60个。

十、人口、人民生活和社会保障

城乡居民人均可支配收入31311元，名义增长6.2%。城乡居民人均消费支出23003元，增长9.4%。城镇居民人均可支配收入41789元，增长4.4%。其中，工资性收入18384元，经营收入10756元，转移性收入8578元，财产性收入4071元。城镇居民人均消费支出24482元，增长9.5%，人均住房面积60.9平方米。农村居民人均可支配收入24700元，增长7.3%。其中，工资性收入9518元，经营收入8870元，转移性收入5381元，财产性收入931元。农村居民人均消费支出22070元，增长9.2%，人均住房面积69.3平方米。

参加城镇基本养老保险职工人数8.99万人，离退休4.0万人。城乡居民基本养老保险登记参保人数46.21万人。城镇职工基本医疗保险参保人数4.12万人，基本医疗保险参保人数71.46万人。参加失业保险职工人数2.07万人，参加工伤保险职工人数4.61万人，参加生育保险职工人数2.27万人。

年末全县户籍人口796487人，其中：城镇人口279712人，乡村人口516775人；男性410936人，女性385551人；0—17岁137787人，18—34岁144416人，35—59岁332348人，60岁以上181936人。

十一、安全生产和资源环境

单位规模工业增加值能耗变动率–27.3%。全社会用电量115672.9万千瓦时，增长0.01%，其中工业用电量17359.4万千瓦时，增长0.2%，城乡居民生活用电量57862万千瓦时，下降2.5%。

全年共发生各类生产经营性安全事故13起，死亡13人。亿元GDP生产安全事故死亡0.033人。

城区空气质量优良率93.4%，总体水质满足Ⅲ类标准的断面比例100%。森林覆盖率13.9%，全县活立木蓄积128.9万立方米。

桃源县

桃源县地处湖南西北部、沅江中下游，因千古名篇《桃花源记》而得名，素有“人间仙境、世外桃源”之美誉。先后获评国家生态文明建设示范县、国家卫生县城、全省县域经济十强县、革命老区县等荣誉称号。2023年，全县完成地区生产总值481.2亿元，规模工业增加值38.9亿元，社会消费品零售总额204.3亿元，一般公共预算收入22.1亿元，居民人均可支配收入28982元。

桃源是全省地域大县。西连怀化沅陵、张家界慈利和永定，东靠常德临澧、武陵、鼎城，北依常德石门，南抵益阳安化，总面积4442平方公里，位居全省第4、全市第1位，其中平原22.49%、丘陵40.15%、山地35.99%、水面1.37%。高速（常张、常吉）、国道纵贯全境，盐田港建成运营，形成集机场（桃花源机场）、高铁（客运站2个）、高速、水运于一体的综合立体交通网络。

桃源是全省人口大县。共有28个乡镇（街道）、413个村（社区），其中有枫树维回乡、青林回维乡2个民族乡。“七人普”户籍人口96.2万、常住人口80.92万，均位居全省前列、全市第1，其中城镇人口34.6万，城镇化率较“六人普”提高16.14个百分点。

桃源是全省生态大县。地处北纬28°线，四十八溪河纵横南北，两百里沅水穿境而过，森林覆盖率65.5%，孕育了“桃源处处桃花源”的山清水秀自然景观。全县共有国家级4A景区1处、国家3A级景区3处，枫林花海、夷望山水、热市温泉、乌云界国家级自然保护区、沅水国家湿地公园、望阳山省级自然保护区、星德山省级地质公园等知名旅游景点享誉省内外。

桃源是全省教育大县。公元963年建县，出土的商代晚期国宝级青铜器“皿方罍”被誉为“方罍之王”。近代以来，建立湘西北首个红色政权——徐溶熙苏维埃政权，走出民国先驱宋教仁、史学泰斗翦伯赞等名人志士。全县有各类学校264所、在职教师6200多人，桃源一中立德树人办学经验被省教育厅发文推介，清华北大录取人数长年位居全省前列，被誉为湖南省“第五大名校”；桃源职业中专连续7年本科录取人数占全省职校录取计划十分之一。

桃源县2023年国民经济和社会发展统计公报

2023年是全面贯彻党的二十大精神的开局之年，也是三年新冠疫情防控转段后经济恢复发展的一年。在错综复杂的宏观环境下，桃源县在“市域副中心、现代新桃源”发展目标引领下，县域经济经历了“波浪式发展、曲折式前进”的寻底修复的过程，呈现弱恢复态势。

一、综合

初步核算，2023年全县完成地区生产总值4812488万元，比上年增长0.1%。从三次产业看，第一产业增加值1026520万元，增长2.9%；第二产业增加值1353219万元，下降10.3%；第三产业增加值2432749万元，增长5.9%。从产业结构看，三次产业结构调整为21.3∶28.1∶50.6，第一产业上升0.4个百分点，第二产业下降5.3个百分点，第三产业上升4.9个百分点。全县人均GDP为60512元，按可比价计算，增长0.7%。

二、农业

2023年，全县完成农林牧渔业总产值1788431万元，比上年增长3.2%。完成农林牧渔业增加值1075725万元，增长3.4%，其中农林牧渔服务业增加值49205万元，增长17.8%。

全县粮食作物播种面积178.42万亩，基本持平。其中早稻面积58.00万亩，基本持平；中稻41.32万亩，增长0.24%；晚稻59.48万亩，下降0.86%。油料播种面积79.98万亩，下降1.2%；其中油菜籽面积76.78万亩，下降0.8%。棉花播种面积2.50万亩，减少6.1%。烟叶播种面积2.44万亩，增长7.6%。蔬菜播种面积27.14万亩，增长3.1%。

全年粮食总产量76.85万吨，比上年增产1.51%；其中早稻产量23.85万吨，增产0.17%；中稻产量22.53万吨，增产1.75%；晚稻产量23.09万吨，增产0.26%。油料产量11.11万吨，减产3.20%；其中油菜籽产量10.52万吨，减产3.00%。棉花产量0.2万吨，减产4.6%。烟叶产量0.35万吨，增产20.70%。蔬菜产量65.94万吨，增产2.5%。茶叶产量1.08万吨，增产1.70%。

全年完成林木育种育苗面积1875亩，造林面积58611亩，成林抚育和管理面积62611亩，零星植树140万株。木材采运63000立方米，竹材采运420万根，油茶产量28771吨，竹笋干1609吨。

全年猪牛羊肉产量6.81万吨，下

2.99%，其中猪肉产量5.37万吨，减少2.36%；出栏生猪73.15万头，下降2.4%；牛出栏3.73万头，下降8.35%；羊出栏61.44万只，下降4.58%；家禽出笼2092万羽，下降4.7%；禽蛋产量10.50万吨，下降8.93%。

全年水产品总产量35680吨，增产2.87%。名优特水产品养殖面积7100亩，产量5200吨。稻田综合种养25950亩。

全县拥有农业机械总动力110.19万千瓦，比上年增长2.8%。全年化肥施用量（折纯）36182吨，下降1.8%。全年开工各类水利工程21处，投入资金5.87亿元。实施高标准农田建设项目1个，面积8.26万亩。全县共有农民专业合作社1423个，增长7.6%，带动农户16.8万户。家庭农场2150个，增长13.5%。全县有农产品加工企业835家，增长5.3%，其中国家级及省级龙头企业14家，实现营业收入345.1亿元，下降4.9%，实现利润14.7亿元，增长6.4%。全县有休闲农业经营主体106个，休闲农业和乡村旅游接待424.9万人次，休闲农业经营收入11.8亿元，增长8.5%。

全县有省级现代农业产业园区11个，绿色有机地标农产品认证57个，其中绿色农产品51个、农产品地理标志6个。

三、工业和建筑业

2023年，全部工业完成增加值96.2亿元。全县规模以上工业完成总产值190.6亿元；其中制造业完成产值180.9亿元，电力及水的生产和供应业产值9.7亿元。高新技术产业园区企业完成产值134.8亿元，其产值占全部规模工业产值的70.7%。

全年规模工业企业生产大米134768吨、饲料174428吨、精制植物油6226吨、水泥100.3万吨、发电量22.39亿千瓦时。

规模工业企业实现营业收入180.64亿元，全年出口交货值14.21亿元。产销率为98.49%，提高0.91个百分点。

2023年，全县全社会建筑业完成增加值39.3亿元，比上年下降2.6%。全县有资质以上建筑企业26家，总产值74.83亿元，增长1.4%；房屋建筑施工面积405.5万平方米，下降28.2%，其中新开工面积87.28万平方米，增长12.0%；房屋建筑竣工面积88.21万平方米，下降15.5%。

四、服务业

初步核算，2023年全县服务业增加值1432749万元，比上年增长5.9%。从行业来看，批发和零售业增加值625440万元，增长6.0%；交通运输、仓储和邮政业增加值242479万元，增长4.7%；住宿和餐饮业增加值160157万元，增长10.4%；金融业增加值154784万元，增长4.2%；房地产业增加值231479万元，增长2.1%；营利性服务业增加值472668万元，增长11.2%；非营利性服务业增加值494768万元，增长2.0%。全年规模服务业66家企业实现营业收入355363万元，增长8.3%，实现利润总额112470万元，增长858.8%，完成税金及附加4262万元，增长39.5%，应交增值税2355万元，下降65.9%，期末用工人数5080人，下降9.5%。

2023年，全县公路水路客运量1683.1万人，下降4.1%，客运周转量2.16亿人公里，下降8.5%；货运量386.7万吨，下降3.3%，货物周转量6.52亿吨公里，下降1.1%。全县公路线路年末里程达4488公里，其中高速公路为116公里。年末民用汽车保有量98533辆，增长4.9%，其中本年新注册汽车1509辆，下降27.4%；私人汽车93637辆，增长5.1%。

2023年，全县完成邮电业务总量69760万元，比上年增长5.7%，其中邮政业务总量14459万元，增长13.2%；电信业务总量25000万元，增长5.5%。年末移动电话用户83.41万户，增长3.8%，本年净增3.02万户。年末拥有互联网宽带用户28.23万户，增长13.1%。全县旅游等级区（点）共5个，其中AAAA级及以上2个，旅游人数947.5万人，增长44.1%，实现旅游收入74.6亿元，增长47.2%。

五、固定资产投资和房地产

2023年，全县民间投资占全部投资的比重为88.0%，同比提高18.4个百分点；产业投资占全部投资的比重为80.3%，提高3.5个百分点；制造业投资占全部投资的比重为50.2%，提高3.6个百分点；高技术产业投资占全部投资的比重为9.8%，下降1.6个百分点。房地产开发投资91252万元，下降41.5%，其中住宅投资74573万元，下降45.7%。

全县商品房销售面积40.09万平方米，同比下降1.0%，其中住宅销售面积36.80万平方米，增长6.9%；房屋施工面积201.99万平方米，下降12.9%；商品房销售额190105万元，增长12.7%，其中住宅销售额157671万元，增长14.2%；房屋待售面积21417平方米，增长1.7%；商品房销售均价4742元，增长13.9%。

六、国内贸易

2023年，全县完成社会消费品零售总额2043383万元，比上年增长1.5%。按消费形态分，商品零售额1517522万元，增长0.9%；餐饮消费额525861万元，增长3.4%。从销售单位所在地区的经营形式看，城镇零售额1697027万元，增长1.1%；乡村零售额346356万元，增长3.7%。按企业经营规模大小划分，限额以上实现零售额270491万元，增长3.2%；限额以下实现零售额1772892万元，增长1.3%。限额以上批发零售业法人实现商品零售额259549万元，增长2.8%；其中粮油食品类商品零售额增长14.5%、服装鞋帽针纺织品类下降12.4%、日用品类增长76.0%、家用电器和音像器材类增长2.2%、石油及制品类下降9.0%、汽车类下降10.1%。通过互联网实现的商品零售额为5082万元，下降3.4%。

七、对外经济

2023年，全县完成进出口总额24274万美元，同比下降30.3%；其中，出口23896万美元，下降29.9%；进口378万美元，下降49.7%；新批外商投资项目2个，新引进世界500强企业4个，实际引进境内省外资金133.66亿元，增长37.2%。

八、财政、金融和保险

2023年，全县完成一般公共预算收入220626万元，比上年增长7.3%，其中，地方财政收入147520万元，下降15.4%。地方财政收入中税收收入86482万元，下降27.0%；非税收入61038万元，增长9.2%。上划中央“两税”39866万元，所得税16973万元。

全年一般公共预算支出762859万元，下降9.4%。主要支出项中社会保障与就业支出134402万元，增长7.5%；教育支出133685万元，增长0.4%；农林水支出149550万元，下降9.0%；卫生健康支出53818万元，下降41.1%；一般公共服务支出441706万元，下降6.0%；科学技术支出13887万元，增长5.6%；节能环保支出19807万元，下降40.4%；文化体育与传媒支出6252万元，增长16.4%；城乡社区支出84326万元，增长8.5%；住房保障支出21421万元，下降36.4%。总支出中民生支出532822万元，下降11.8%，占比69.9%，下降1.4个百分点。

全年金融机构年末本外币存款余额573.34亿元，比年初增长11.0%。存款中住户存款余额为497.12亿元，增长12.0%；非金融企业存款36.22亿元，增长40.0%。金融机构年末各项贷款余额为398.71亿元，比年初增长9.9%。贷款中住户贷款为115.89亿元，增长8.1%；年末银行业主要金融机构不良贷款余额3.49亿元，不良贷款率为0.87%，上升0.01个百分点。

2023年通过发行、配售股票共筹集资金9.8亿元，首发上市股票1只。年末上市公司2家，总股本2.24亿股，总市值42.65亿元。

全年保险公司原保险保费收入85147万元，比上年下降2.3%；其中寿险保费43565万元，下降2.8%；财产险保费41582万元，下降1.7%。原保险赔付支出37485万元，下降0.2%；其中寿险给付15782万元，增长24.7%；财产险赔付21703万元，下降

12.8%。

九、教育和科学技术

2023年，全县中等职业教育招生3198人，在校学生8485人，毕业学生2511人；普通高中招生4611人，在校学生13530人，毕业学生4337人；初中学校招生8918人，在校学生27492人，毕业学生8609人；普通小学招生7591人，在校学生48463人，毕业学生8564人；特殊教育招生27人，在校学生250人，毕业学生59人。幼儿园在园幼儿16823人。

全县小学适龄儿童入学率为100%，小学毕业生升学率为100%，九年义务教育巩固率为100%，高中阶段教育毛入学率为98.8%，高中毕业生升学率为89.0%。全年为大中专院校输送新生5984人，16人获高等教育自学考试大专以上毕业证书。各类民办学校82所，在校学生12448人。发放中职国家助学金279.8万元，资助学生2540人次。落实中职免学费资金2118.0万元，资助学生16559人次。发放普通高中国家助学金394.4万元，资助高中生3524人次。

全县拥有检测检验机构6个，法定计量检定机构1个，特种设备生产单位3家，特种设备2435台。发放工业产品生产许可证5张，发放食品生产许可证81张，强制检定计量器具2735台件，重点工业产品质量监督抽查128批次，重点工业产品定期抽查合格率为93.8%。组织制定地方标准1项。

全县省级工程技术研究中心3个，全部高新企业147个，其中省科技厅认定的高新企业70个，全年高新技术产业总产值达164.1亿元，同比下降13.3%，其中，高新技术产品产值144.2亿元，下降11.9%；高新技术产品增加值30.9亿元，下降9.7%。全年专利申请受理157件，其中发明专利95件。签订技术合同208项，技术合同成交额22.3亿元，增长10.7%。

十、文化、卫生和体育

2023年，全县拥有表演艺术团体120个，其中汉剧艺术团1个，民营演艺团体119个；文化馆1个；公共图书馆1个；博物馆3个；省级非物质文化遗产保护目录9个。拥有广播电台1座，广播综合人口覆盖率达到100%；电视台1座，电视综合人口覆盖率达到99.9%；有线电视使用用户3.3万户。全县共有城市数字影院5个，从业人员40人，放映电影706部，公益性电影放映4140场，商业性放映电影24031场。县文管所收藏文物6269件，其中一级文物11件。档案馆1个，已开放各类档案57350卷（件）。

全县各类医疗卫生机构847个，其中综合医院8个、中医院1个、专科医院2个、乡镇卫生院39个、村卫生室661个、社区卫生服务中心（站）1个，门诊部诊所医务室等130个、疾病预防控制中心1个、妇幼保健院1个、卫生监督所1个、其他机构2个。全县卫生技术人员6602人，其中综合医院1556人、中医院532人、专科医院34人、乡镇卫生院3438人、村卫生室282人、社区卫生服务中心（站）261人、门诊部诊所医务室205人、疾病预防控制中心47人、妇幼保健院206人、卫生监督所14人、其他机构27人。全县有乡村医生和卫生人员423人。

全县各类医疗卫生机构拥有床位5958张，其中综合医院1990张、中医院646张、专科医院200张、社区卫生服务中心（站）178张、乡镇卫生院2788张、妇幼保健院156张。

全县有体育场地1386个，其中体育馆1个，运动场130个，游泳池3个；经常参加全民健身运动人数29万人，开展全民健身项目21项次；新建农民体育健身工程行政村51个；电脑体育彩票布点43个，全年完成销售额7236万元。

十一、人口、人民生活及社会保障

2023年，全县年末户籍总人口（县公安局统计数、自然年度）为940911人，其中桃花源37173人，年末总人口比上年减少5654人。总人口中城镇人口220038人、乡村人口720873人；男性人口482352人，女性人口458559人。总人口中0—17岁149351人，18—34岁147825人，35—59岁388495人，60岁及以上255240人。年内出生4091人，出生率4.33‰，死亡7875人，死亡率8.34‰。全年自然人口减少3784人，人口自然增长率为−4.01‰。2023年末，全县常住人口79.26万人，其中城镇人口35.35万人，城镇化率达44.60%。全县常住人口中桃花源常住人口2.93万人，其中城镇人口0.63万人，城镇化率21.50%。

2023年，全县全体居民人均可支配收入28982元，同比增长4.9%，其中城镇居民人均可支配收入40093元，增长3.3%；农村居民人均可支配收入22370元，增长5.8%。城乡居民人均消费支出22500元，增长6.8%，其中城镇居民人均消费支出27660元，增长3.0%，农村居民人均消费支出19429元，增长9.6%。城镇居民人均住房面积76.2平方米，农村居民人均住房面积80.0平方米。

全年新增城镇就业人员5778人，失业人员再就业人数2780人，年末城镇登记失业率2.49%。全县外出农民工30.01万人，其中外出乡外县内8.50万人、外出县外省内5.05万人、跨省外出16.46万人，外出农民工月均收入5200元。

全年城乡居民基本医疗保险参保人数762813人。城镇职工基本医疗保险参保60510人，其中在岗职工34494人，退休人员26016人。城乡居民养老保险参保人数623187人。参加城镇基本养老保险的职工143635人，其中在岗职工97308人、离退休人员46327人。参加生育保险的人数33520人。参加失业保险职工人数34044人，领取失业保险金人数587人。参加工伤保险的人数57174人。

全县获得政府最低生活保障的城镇居民1970人，发放金额985.1万元；农村居民19273人，发放金额5743.3万元。有各类收养性社会福利床位2745张，收养人员1529人，其中提供住宿民政机构床位数320张，收养51人。城镇各种社区服务设施489个。销售社会福利彩票2595万元，筹集福彩公益金285.2万元。直接接收社会捐赠735.6万元。农村“三路”提质改造99.7公里，城镇老旧小区改造25个，新增蓄水能力59.9万立方米，农村适龄及城镇低保适龄妇女“两癌”免费检查15015人。

十二、资源、环境和应急管理

2023年末，全县耕地面积121.34万亩，其中水田105.65万亩，旱地15.69万亩，园地33.36万亩；基本农田110.66万亩；批准建设用地1665亩，建设占用耕地195亩。应急测绘保障服务7次，天地图用户访问1531次，提供地理空间数据成果530幅。改善农田有效灌溉面积2030公顷，全县农田有效灌溉面积总体保持稳定。全县规模工业综合能源消费量435284吨标准煤，其中六大高耗能行业消费377505吨标准煤；万元规模工业增加值能耗变动率下降14.0%。全社会用电量14.73亿千瓦时，下降0.3%，其中工业用电量4.88亿千瓦时基本持平；居民生活用电量6.29亿千瓦时，下降3.9%。全县已发现矿种19种，探明资源储量的矿种13种，新发现大中型矿产地1处。年降水量1111.1毫米。

水质达到或优于Ⅲ类标准的断面比例为100%。县城区空气质量达到二级标准，城市污水处理率为97%，农村垃圾集中处理率为100%，城市生活垃圾无害化处理率为100%，城市人均公园绿地面积9.2平方米。全县有林地面积405.45万亩，活立木蓄积量1373.7万立方米，完成造林面积5.8万亩，森林覆盖率57.22%。自然保护区共5个，其中国家级3个、省级2个。国家地质公园1个。

建有地震宏观观测点7个。全县发生安全生产事故15起，比上年增加3起；死亡人数16人，增加5人；经济损失1175.3万元，增加789.6万元。全年共发生道路交通事故12起，道路交通死亡率为0.5074人/万辆。亿元GDP安全生产事故死亡人数为0.0332人。

临澧县

临澧地处湘西北，属环洞庭湖区丘陵县，是民主革命先驱林修梅、无产阶级革命家林伯渠、著名作家丁玲的故乡。全县辖2个街道、9个乡镇、1个经济开发区、160个村（社区），总面积1203平方公里，总人口45.5万人。临澧历史悠久，是楚文化重要传承地，境内现存宋玉墓、申鸣城、九里楚墓群、距今8000多年的杉龙岗稻作遗址等文化遗存。清雍正七年（1729年）设县，称安福县，民国三年（1914年）改称临澧县。临澧资源丰富。素有“洞庭鱼米之乡”“非金属矿之都”美誉，石膏探明储量居全国第4位、全省第1位。生态环境较好，旅游资源丰富，有太浮山、官亭湖、林伯渠故居等景观。临澧交通便利。207国道、东常高速纵穿南北，353国道和即将建设的安慈高速横贯东西，枝柳、石长、洛湛铁路穿境而过。另从呼南高铁宜石常段线路布局看，临澧有望设站尽快进入“高铁”时代。临澧殊荣较多。改革开放以来，先后获得全国文化先进县、全国科技进步县、全国教育工作先进县、全国民政工作先进县、全国村民自治模范县、全国社会治安治理先进县、全国计划生育优质服务先进县、全国国土资源节约集约模范县、全国农村社区建设示范先进县、全国新型职业农民培育示范县、全国农技推广示范县、全国“五好”县级工商联、中国烟花爆竹之乡、中华诗词之乡等40多项国家级荣誉和100多项省级荣誉称号。

临澧县2023年国民经济和社会发展统计公报

2023年，是全面贯彻党的二十大精神的开局之年，在县委县政府的坚强领导下，全县上下坚持以习近平新时代中国特色社会主义思想为指引，全面落实“三高四新”战略定位和使命任务，坚定不移“兴产业、连红线、建新区”，全力打好“发展六仗”，纵深推进创新突破产业突围三年攻坚行动，各项工作有序推进，经济运行稳中向好。

一、综合

初步核算，2023年实现地区生产总值250.99亿元，比上年增长8.0%。分产业看，一、二、三产业分别实现增加值38.31、93.26和119.42亿元，分别比上年增长4.0%、13.1%和5.6%，对GDP的贡献率分别为9.0%、58.2%和32.8%，分别拉动GDP增长0.7、4.6和2.6个百分点。第一、二、三产业结构比例为15.2 ∶ 37.2 ∶ 47.6。

全社会用电量10.1亿千瓦时，与上年基本持平。其中：居民生活用电量3.17亿千瓦时，比上年下降5.69%；工业用电量5.64亿千瓦时，比上年增长2.69%。

二、农业

2023年，全年农林牧渔业实现总产值1.69亿元，比上年增长3.8%（可比价）；实现增加值41.61亿元，比上年增长4.1%。

全年粮食作物种植面积79.80万亩，比上年减少0.03%；棉花种植面积3.03万亩，比上年减少20.8%；油菜籽种植面积6.75万亩，比上年减少2.2%；蔬菜种植面积14.83万亩，比上年增长2.3%；烟叶种植面积2.81万亩，比上年增长21.8%；水果（园林）种植面积16.44万亩，比上年增长3.5%；全年粮食总产量337300吨，比上年增长1.41%；棉花产量3430.80吨，比上年下降12.5%；油料产量62223.40吨，比上年增长2.3%；蔬菜产量322923吨，比上年增长3.4%；烟叶产量4084.46吨，比上年增长33.4%；水果（园林）产量109026.4吨，比上年增长8.6%。

2023年末生猪存栏30.57万头，生猪出栏56.02万头，猪肉产量4.11万吨；牛存栏3.08万头，牛出栏1.65万头，牛肉产量0.20万吨；羊存栏12.84万只，羊出栏18.96万只，羊肉产量0.32万吨；家禽存栏683.33万羽，家禽出栏1641.25万羽，禽肉产量2.36万吨，禽蛋产量3.38万吨。

全县农产品加工企业506家，实现销售收入143.37亿元。高标准农田建设面积32280公顷，比上年增长10.2%。绿色有机地标农产品认证个数19个，其中绿色农产品17个，农产品地理标志2个。休闲农业经营主体个数80个，休闲农业和乡村旅游接待人次120.65万。

全年完成水利工程投资8.12亿元，完成水利工程土石方342万立方米，新增农田有效灌溉面积566.66公顷，新增节水灌溉面积173.33公顷，新增蓄水能力18.8万立方米。

三、工业和建筑业

2023年，全县实现工业增加值66.18亿元，比上年增长11.6%。其中，规模以上工业增加值36.02亿元，比上年增长13.2%；规模以下工业增加值30.16亿元，比上年增长4.5%。规模以上工业实现工业总产值164.12亿元，比上年增长9.0%；营业收入162.02亿元，比上年增长8.3%；利润总额6.99亿元，比上年下降16.9%；上缴税收2.73亿元，比上年增长66.3%。园区规模以上工业企业110家，实现工业总产值124.75亿元，比上年增长4.3%，占全县规模工业总产值比重为76.01%，比上年减少7.3个百分点；实现工业增加值25.82亿元，比上年增长6.1%。

规模以上工业企业全年消耗能源46.25万吨标准煤，比上年增长18.8%；万元产值能耗0.28吨标准煤，比上年增长7.7%；规模工业单位增加值能耗变动率为4.7%。

全县规模以上工业企业主要工业产品中，饲料6.92万吨，比上年增长4.4%；纱2.08万吨，比上年减少8.7%；卫生用纸制品3.43万吨，比上年下降54.2%；化学纤维3.34万吨，比上年增长5.7%；硅酸盐水泥熟料203.23万吨，比上年增长1.3%；水泥256.17万吨，比上年增长1.9%；石灰55.71万吨，比上年减少1.9%；卫生陶瓷制品2581.6万件，比上年增长12.8%；焰火制品131866.90万元，比上年增长37.3%；涂料0.67万吨，比上年增长408.2%；中成药267.1吨，比上年增长54.8%；商品混凝土18.24万立方米，比上年减少31.1%；电力电缆5890.2千米，比上年增长9.3%。

2023年，全县建筑业实现增加值27.18亿元，比上年增长15.1%。全县资质以上建筑业企业11家，完成建筑业总产值21.10亿元，比上年增长5.3%；完成房屋建筑施工面积60.57万平方米，比上年增长17.6%；年末建筑从业人员3828人，比上年增长6.9%。

四、固定资产投资和房地产

2023年，全年固定资产投资比上年增长15.6%。其中，固定资产投资（不含房地产）增长60.9%；房地产开发投资项目下降86.5%。按经济类型分：国有投资比上年减少15.5%；非国有投资比上年增长24.8%；民间投资比上年增长40.4%。按投资方向分：工业投资比上年增长115.1%；基础设施投资比上年下降9.0%；高新技术产业投资比上年增长31.0%；民生工程投资比上年增长25.9%。按国民经济行业分：农林牧渔业投资比上年增长206.1%；制造业投资比上年增长109.7%；电力、热力、燃气及水的生产和供应业比上年增长66.2%；教育业投资比上年增长163.0%。

2023年，实施房地产开发项目17个，房屋施工面积105.08万平方米，比上年下降36.3%，其中住宅76.14万平方米，比去年下降39.2%。商品房屋销售面积31.55万平方米，比去年下降12.9%。

五、国内外贸易和招商引资

2023年，全年实现社会消费品零售总额102.1亿元，比上年增长6.0%。其中限上社会消费品零售总额23.2亿元，比上年增长8.1%。限上社会消费品零售总额按城乡分：城镇21.9亿元、乡村1.4亿元，分别比上年增长7.4%、20.0%；按类别分，餐饮收入1.1亿元，商品零售22.1亿元，分别比上年增长22.4%、7.4%。限下社会消费品零售总额78.9亿元，比上年增长5.4%。

2023年，全县实际引进境内省外资金148.25亿元，比上年增长23.28%；引进2亿元以上境内省外项目7个，比上年增长了40%。其中引进工业项目投资141.54亿元，比上年增长26.37%。新签约重大项目23个，其中亿元项目18个，总投资69.46亿元。全年完成海关进出口总额7958万美元，比上年下降36.26%。其中出口总额7928万美元，比上年下降35%。

六、交通运输和邮电业

2023年，全县公路年末通车里程2665.6公里，比上年增长0.48%，其中高速公路45.6公里。完成农村公路提质改造40.6公里，比上年增长57.36%。全年年末民用汽车保有量56808辆，比上年增长5.72%。本年新注册汽车2635辆，比上年下降6.73%。新注册私人汽车2578辆，比上年下降6.29%。

全年完成邮政业务总量6877万元，比上年增长23.1%。电信业务总量24009万元，比上年增长5.92%。年末拥有固定电话用户14440户，比上年下降3.1%；移动电话用户366319户，比上年增长3.75%；宽带上网用户131584户，比上年增长9.48%。

七、财政、金融

2023年，实现财政总收入91753万元，比上年增长18.8%。其中，地方一般预算收入60015万元，比上年下降18.4%，其中税收收入42543万元，比上年下降25.9%。地方一般预算支出415604万元，比上年增长9.1%。其中教育支出48958万元，比上年增长1.7%；科学技术支出17865万元，比上年增长115.2%；社会保障和就业支出65968万元，比上年增长4.0%；医卫健康支出32588万元，比上年下降34.1%；农林水支出85958万元，比上年增长32.3%。

2023年，年末金融机构各项存款余额316.37亿元，比上年增长11.18%；其中，住户储蓄存款余额278.24亿元，比上年增长12.51%；非金融企业存款余额15.22亿元，比上年增长13.56%。年末金融机构各项贷款余额203.02亿元，比上年增长12.18%；其中，住户贷款余额63.78亿元，比上年增长3.23%；非金融企业及机关团体贷款余额139.22亿元，比上年增长17.82%；从贷款类型来看，个人住房消费贷款25.59亿元，比上年下降5.14%；房地产开发贷款3.84亿元，比上年下降49.61%；农林牧渔业贷款65219万元，比上年增长1517.53%，制造业贷款14.40亿元，比上年增长17.50%。年末银行业主要金融机构不良贷款比率为1.35，比上年下降了0.02个百分点。

八、教育和科学技术

2023年，年末全县共有在岗教职员工4290人，其中：普通高中662人，职业中专131人，教师进修学校19人，普通初中1239人，小学1193人，幼儿园1046人。年末拥有中等职业教育学校1所，在校学生2193人，比上年增长3.05%，毕业生618人，比上年下降25.27%；普通中学3所（含九年制、十二年制），在校学生18282人，比上年增长1.67%，毕业生5504人，比上年下降4.49%；普通初中20所（含九年制、十二年制），在校学生11462人，比上年增长1.42%，毕业生3434人，比上年下降4.45%；普通小学42所（含小学、九年制及十二年制）在校小学生20665人，比上年下降2.72%，毕业生3702人，比上年下降2.06%；特殊教育学校1所，在校学生191人，毕业生15人；幼儿园57所，在校生7114人，比上年下降17.78%。各类民办学校28所，在校学生5333人。2023年全县参加高考人数2149人，本科录取1346人，高职专科录取672人。全年落实义务教育保障资金3228万元；落实中职免学费资金510.24万元，资助4252人次；发放中职国家助学金44万元，资助440人次；发放普通高中国家助学金200.4万元。

2023年，年末全县拥有省级工程（技术）研究中心3个，科技成果登记数7项。高新技术企业57家，比上年增长50%；签订技术合同305份，合同成交金额23.2亿元，比上年增长125%。全年专利授权量170件，比上年下降34.6%，其中发明专利授权量30件，比上年增长15.38%。

年末全县拥有检验检测机构10家，法定计量检定机构1家，特种设备生产单位2家，特种设备数量2285台，强制检定计量器具2943台，重点工业产品质量监督抽查125批次，重点工业产品定期抽查合格率92.8%，工业产品生产许可证8张，食品生产许可证48张。

九、文化、体育、卫生和旅游

2023年，年末拥有艺术表演团体14个，群众艺术馆、文化馆12个，公共图书馆12个，公共图书馆藏书量791.2千册，博物馆、纪念馆2个，广播电台1座，省级非物质文化保护目录4个，电视台1家，广播综合人口覆盖率98%。

全县拥有体育场馆2个；各类体育场地1961个。运动场（体育场、小运动场、田径场）81个，游泳池（游泳跳水场馆）13个，各种训练房（馆）54个。开展全民健身项目18项次，全县经常参加体育锻炼人数达15.3万人左右。新建农民体育健身工程的行政村9个。获得世界冠军1个，亚洲冠军2个。

2023年，全县年末共有医疗卫生机构372个，其中医院3个，妇幼保健院1个，疾病预防控制中心1个，卫生监督所1个，乡镇卫生院17个，社区卫生服务中心2个，村卫生室277家，诊所、卫生所和医务室69个。拥有卫生专业技术人员3069人，其中：执业医师和执业助理医师1173人；注册护士1472人。医疗卫生机构床位数2329张，其中医院床位数1203张，乡镇卫生院床位数1039张。孕产妇产前免费筛查实际完成1151人。

2023年，全县拥有旅游等级区（点）6家，其中AAAA级旅游景区1家。全年接待国内外游客500万人次，实现旅游综合收入50.1亿元。

十、人口、居民生活和社会保障

2023年，全县年末户籍总户数149137户，年末户籍总人口43.05万人，其中农村人口23.44万人，城镇人口19.61万人；年末全县常住人口36.61万人，其中城镇人口17.1万人、农村人口19.51万人，常住人口城镇化率46.71%，比去年提高0.47个百分点。

2023年，全县实现城乡居民人均可支配收入33262元，比上年增长6.0%。其中：城镇居民人均可支配收入43089元，比上年增长4.5%；农村居民人均可支配收入25228元，比上年增长7.4%。城乡居民可支配收入比值由上年的1.75下降为1.71。全县城乡居民人均消费支出24117元，比上年增长5.7%。其中：城镇居民人均消费支出27772元，比上年增长3.2%；农村居民人均消费支出21129元，比上年增长8.0%。

2023年，城镇新增就业人员4730人，比上年增长0.45%。失业人员再就业242[illegible]人，比上年下降10.51%。就业困难人员再就业876人。年末城镇登记失业率2%，比上年下降了1.22个百分点。

2023年，全县城镇基本养老保险职工人数9.03万人，比上年增长4.39%。城乡居民基本养老保险参保人数22.81万人，比上年下降1.76%。参加失业保险职工人数1.73万人，比上年基本持平；领取失业保险金职工400人次，比上年增长110.53%；参加工伤保险职工人数3.85万人，比上年下降6.6%。参加基本医疗保险人数37万人，比上年下降3.6%。其中：城乡居民基本医疗参保人数34.24万人；城镇职工基本医疗参保人数2.81万人；参加生育保险人数1.56万人。

2023年，全县城乡居民最低生活保障人数12042人，与上年基本持平。其中：城镇1040人，比上年下降32.5%；农村1100[illegible]人，比上年增长4.6%。发放最低生活保障金3698.85万元，比上年下降10.48%。其中城镇505.32万元，比上年下降41.44%；农村3192.53万元，比上年下降2.28%。全县社区服务机构和设施数476个，其中社区养老服务机构和设施数90个，比上年增长12.5%，养老机构床位数2184张。乡镇政府创办的养老机构15所，收养和救助人数895人。特困人员救助供养机构18个，救助和收养人数1250人。全县销售社会福利彩票2088万元，比上年增长7.13%；筹集福彩公益基金280.68万元，比上年增长1.05%。

十一、资源环境和应急管理

2023年，全县拥有土地面积1203.87平方公里，基本农田面积39631.58公顷，比上年增长1.36%。全年批准建设用地45.83公顷，比上年下降28.38%。已发现矿种26种，其中已探明资源储量的矿种8种。全年完成营造林面积2242公顷，比上年增长87%。自然保护地3个，其中国家级自然保护地1个，省级自然保护地2个。自然保护地面积8229.8公顷。城市人均公园绿地面积13.68平方米，城区绿化覆盖面积753.69公顷。县城区污水日处理能力3万吨，污水处理率98%。

2023年，我县全年城市空气质量达标率92.6%，比上年下降0.8个百分点；全年空气质量达到二级标准的天数338天。水环境质量保持良好，达到或优于Ⅲ类水质标准的断面比例为100%。全年平均气温18℃，与上年基本持平；年极端最高气温38.9℃(5月8日)，年极端最低气温-4.7℃(1月25日)。年总降水量950.6mm，年内一日最大降水量85.2mm（6月13日），全年雨天天数171天。最长连续降雨天数11天，最长连续降雨总量89.4mm。全年日照总时数1566.6小时，年日照百分率35%。

2023年，全年发生各类生产经营性安全事故11起。各类生产经营性安全事故死亡人数11人。亿元GDP事故死亡人数0.043人。全年发生道路安全事故3052起，比上年增长5.97%；道路交通死亡率4.40人/万辆，比上年下降9.07%。

石 门 县

石门县地处湘鄂边界，东望洞庭湖，南接桃花源，西邻张家界，北连长江三峡，有“武陵门户”与“潇湘北极”之称。全县面积3970平方公里，辖17个乡镇、4个街道、4个农林场、夹山管理处、东山峰管理区，总人口64.92万人。石门是湘西北门户，地形呈现弯把葫芦状，地势自西向东南倾斜，西北部群山叠翠、东南部平岗交错。陆地最低处为蔡家溪与澧水汇合处，海拔42.5米，最高处是壶瓶山顶，海拔2098.7米；全县平均海拔在500米。南部有十九峰、观国山、太浮山；中部有燕子山、云落观、八户山；西部有东山峰、亮垭山、鹅公山；北部有太青山、壶瓶山等。纵横全境的河流沟溪有236条。发源或流经县境的有澧、渫、沱、澹、道、黄、涔7条水，沱水、澧水、道水自西向东，分别贯穿县境北部、中部、南部，入松滋，临澧，而后汇入洞庭。渫水从西北往东南纵贯，长约165公里。沱、渫、道、澧四水域有子良、磨市、雁池、二都、易家渡、蒙泉等河谷平原，乃全县境内之“膏腴”。境内年平均气温18.40℃，最冷的元月平均气温5℃，最热的7月，平均气温28.6℃，全年无霜期282天，日照1554.5小时，年平均降雨量1390.3毫米。良好的自然环境，为丰富资源的形成创造了适宜的条件。

石门县2023年国民经济和社会发展统计公报

2023年，全县上下坚持以习近平新时代中国特色社会主义思想为指导，聚焦高质量发展，以“创新突破产业突围”为引领，全县经济稳中有进、进中提质。

一、综合

初步核算，全年完成地区生产总值373.55亿元，比上年增长4.2%。其中，第一产业增加值54.51亿元，增长3.0%；第二产业增加值129.52亿元，增长3.6%；第三产业增加值189.52亿元，增长5.0%。一、二、三产业对GDP增长的贡献率分别为12.2%、27.0%和60.8%，分别拉动经济增长0.5、1.1和2.6个百分点。

全县三次产业结构为14.6 ：34.7 ：50.7。全县高新技术产业增加值41.22亿元，增长4.9%，占全县GDP的11.0%。

二、农业

全年完成农林牧渔业总产值95.76亿元，比上年增长3.3%。农林牧渔业增加值增长3.2%，农林牧渔服务业增加值增长9.0%。

全年农作物总播种面积150.33万亩，比上年下降0.5%。粮食播种面积72.30万亩，下降0.2%，其中水稻面积40.31万亩，下降2.4%。经济作物种植面积78.03万亩，下降0.7%，其中油料种植面积43.32万亩，下降1.3%；棉花种植面积1.15万亩，下降4.9%；烤烟种植面积2.54万亩，增长0.3%；蔬菜种植面积17.17万亩，与去年持平。

年末果园面积33.15万亩，增长1.6%，其中柑橘面积31.94万亩，增长1.6%。年末茶园面积13.19万亩，增长0.9%。

全年粮食总产量30.25万吨，增长1.3%，烤烟、蔬菜、茶叶、柑橘均保持增产态势。

全年木材间伐量39731立方米，活立木蓄积1620.37万立方米。

全年肉类产量9.40万吨，下降1.1%，其中猪肉产量4.91万吨，下降1.0%。

全年淡水养殖面积8.03万亩，下降2.8%；水产品产量11850吨，增长1.3%。

全年开工各类水利工程5000处，投入资金5.09亿元，完成土石方187万立方米。年末农业机械总动力80.47万千瓦，增长3.5%。全年农用化肥施用量（折纯）3.34万吨，下降1.7%。

全县农产品加工企业1066家，其中国家级及省级以上龙头企业6家。年末有农民专业合作社1120家，成员7.31万户。家庭农场3666个，经营土地面积14.33万亩，休闲农业经营主体78个。全县有三品一标农产品认证79个，其中绿色食品34个，有机食品45个。

全县省级现代农业特色产业园11个，市级现代农业特色示范园5个。高标准农田建设2.74万亩。

三、工业和建筑业

全年实现工业增加值108.06亿元，增长6.4%。其中规模以上工业增加值增长6.7%。规模以上工业企业产品销售率达99.9%。

规模以上工业企业完成营业收入344.15亿元，增长0.7%；营业成本286.86亿元，增长1.0%；实现税金及附加1.78亿元，下降10.1%；应交增值税3.47亿元，下降8.7%；利润总额10.41亿元，下降25.0%；亏损企业15家，亏损面8.1%，亏损额1.00亿元，增长44.9%。

全县实现建筑业增加值21.62亿元，下降8.3%。全县具有资质等级的总承包和专业承包建筑企业18家，完成建筑业总产值13.58亿元，下降20.5%；房屋建筑施工面积83.91万平方米，下降22.9%；房屋建筑竣工面积24.78万平方米，增长10.9%。

四、固定资产投资

全年固定资产投资额增长2.6%。全

县固定资产投资施工项目223个，其中新开工120个。按产业分：一产业投资增长38.4%；二产业投资增长7.8%；三产业投资下降22.8%。工业投资增长7.8%，其中工业技改投资增长62.0%。

全年房地产开发投资下降54.3%。房地产开发房屋施工面积226.45万平方米，下降15.6%，其中住宅187.86万平方米，下降13.0%；房屋竣工面积64.46万平方米，增长403.6%，其中住宅52.14万平方米，增长338.5%；商品房销售面积37.82万平方米，下降18.6%，其中住宅32.38万平方米，下降15.0%；商品房销售额15.98亿元，下降26.9%，其中住宅销售额12.74亿元，下降17.8%。

五、国内贸易

全年实现社会消费品零售总额144.38亿元，同比增长0.2%。其中限额以上社会消费品零售总额44.15亿元，下降0.1%。按消费形态分，商品零售42.37亿元，餐饮收入1.78亿元。按销售单位所在地分，城镇40.26亿元；乡村3.89亿元。

全年完成批发和零售业增加值40.28亿元，比上年增长6.6%；住宿和餐饮业增加值9.46亿元，增长11.5%。全年实现电子商务交易额39.75亿元，增长15.6%。

六、对外经济

全年完成进出口总额48827万元，下降52.5%，其中出口总额45740万元，下降55.5%。全县商品出口企业21家。全县全年引进内外资总额158.09亿元，实际利用外资金额6.4千美元，实际引进境内省外资金158.09亿元，引进亿元以上项目28个。

七、交通、邮电和旅游

全年实现交通运输、仓储和邮政业增加值20.64亿元，同比增长5.6%。

年末，全县公路线路总里程3911.86公里，全年提质改造农村公路110.76公里。全县汽车保有量7.58万辆，其中私人汽车保有量7.03万辆，私人轿车保有量3.81万辆。全年完成公路客运量204.60万人，完成公路旅客周转量3462.19万人公里。

全年邮政部门业务总量10882.73万元，增长12.6%；三大运营商业务总量4.07亿元，增长4.1%。年末移动电话用户53.27万户，增长4.0%，全县移动电话普及率为96.98部/百人。年末互联网宽带用户19.54万户。

全县等级旅游区（点）4家，其中4A级及以上2家。全县全年共接待国内游客591.48万人次，增长67.5%；创国内旅游总收入64.38亿元。全年因私出境7059人次。

八、财政、金融、证券和保险

全县全年完成财政总收入18.82亿元，比上年下降4.8%。地方公共财政预算收入12.95亿元，下降7.7%，其中税收收入6.39亿元，下降28.4%。上划中央收入4.64亿元，增长20.4%，上划省级收入1.23亿元，增长3.1%。税务部门共完成各项税收收入12.78亿元，增长8.9%。公共财政预算支出55.99亿元，下降6.8%。其中，农林水支出11.10亿元；社会保障和就业支出8.50亿元；教育支出10.29亿元；科学技术支出0.48亿元；文化旅游体育与传媒支出0.59亿元；卫生健康支出4.52亿元；节能环保支出1.35亿元。

年末全县金融机构本外币各项存款余额379.17亿元，增长5.1%。金融机构本外币各项贷款余额306.19亿元，增长13.9%。

全县年末拥有证券公司营业部1家，全县商业保险分支机构完成保费收入94745万元，增长0.1%。

九、教育和科学技术

全县中等职业教育学校共2所，共招生1862人，在校生5107人，毕业生1472人。中学35所，其中高级中学5所，初级中学30所。高级中学招生3366人，在校生9635人，毕业生2958人。初级中学招生5653人，在校生18228人，毕业生5861人。普通小学共招生5770人，在校生34360人，毕业生5484人。小学适龄儿童入学率和毕业生升学率均达到100%。幼儿园在园幼儿11481人。全县各类民办学校4所，在校学生4560人。全年落实义务教育保障资金61482万元，发放中职国家助学金673.7万元。

年末拥有地震台站3个，法定计量检定技术机构1个，年强制检定计量器具4500台件。特种设备生产单位2家，特种设备数量3885台。全县各类科普协会368个，举办科普宣讲活动60次，实用技术培训400次。全年授权专利178件，其中发明专利24件。签订技术合同275项，成交金额25.06亿元。

十、文化、卫生和体育

全县文化站22个，艺术表演团体9个。文化馆、博物馆和公共图书馆各1个。全县省级非物质文化遗产保护目录7个，市级9个。全年放映农村公益电影2964场，出版报纸1种。综合档案馆1个，开放各类档案4.95万卷。年末拥有广播电台1座，电视台1座，有线电视用户数3.08万户。

全县卫生机构561个，其中医院、卫生院31个，卫生监督执法机构、疾病预防控制中心、妇幼保健院、专科疾病防治院各1个。全县医院、卫生院拥有床位4317张，其中乡镇卫生院床位1600张。全县编制内卫生技术人员2597人，其中乡镇卫生院卫生技术人员686人。在卫生技术人员中，执业医师和执业助理医师1703人。全县注册护士2291人。

年末全县体育场地1560个，其中体育馆3座，运动场1446个，游泳池6个，各种训练房105个。全县经常参加体育锻炼的人数达24万人，开展全民健身项目25项次，全年获得亚洲冠军1个。

十一、人口、人民生活和社会保障

据公安部门统计，年末全县总户数228665户，户籍总人口649217人，其中城镇人口234007人，乡村人口415210人。在总人口中，男性人口333053人，女性人口316164人。年末全县常住人口54.93万人，其中城镇人口26.90万人，城镇化率48.97%。

全年出生人口2858人，人口出生率4.12‰；全年死亡人口6152人，死亡率8.88‰；全年减少人口3294人，人口自然增长率-4.76‰。

全县居民消费价格指数100.1%。全县城乡居民年人均可支配收入为24487元，增长5.4%。城镇居民人均可支配收入33621元，增长3.4%，剔除价格因素，实际增长3.3%，其中工资性收入15173元；经营净收入9273元；转移性收入6512元；财产性收入2664元。农村居民人均可支配收入18122元，增长7.1%，剔除价格因素，实际增长7.0%，其中工资性收入6056元；经营净收入6765元；转移性收入5091元；财产性收入210元。

全县全体居民人均消费支出为23271元，增长1.9%。城镇居民年人均消费支出27464元，增长3.1%，其中食品烟酒支出7659元；衣着支出1773元；居住支出6177元；生活用品及服务支出1594元；医疗保健支出1885元；交通通信支出3402元；教育文化娱乐服务支出4324元；其他用品和服务支出652元。人均住房使用面积73.6平方米。农村居民人均消费支出20348元，增长0.4%，其中食品烟酒支出5582元；衣着支出825元；居住支出5180元；生活用品及服务支出1509元；医疗保健支出2622元；交通通信支出2160元；教育文化娱乐支出2213元；其他用品和服务支出256元。人均住房面积87平方米。

全县城乡居民基本医疗保险参保人数515378人；参加城镇职工基本医疗保险人数46543人。参加城镇基本养老保险职工人数87810人，其中在职职工人数60918人（含灵活就业），离退休人员26892人。参加失业保险职工人数26668人；参加工伤保险职工人数58263人。城乡居民养老保险登记参保人数394781人。

年内新增城镇就业人员5511人，城镇登记失业率3.5%。新增农村劳动力转移就业4691人。

全县城镇低保对象月人均补助标准44

元，城镇居民最低生活保障人数859人，全年发放保障经费472万元。农村低保对象月人均补助标准262元，农村居民最低生活保障人数15900人，全年发放保障资金4975万元。农村五保户分散供养标准为6504元/年。

全县城市棚户区改造400套，改建公办养老机构1所。改（新）建农村户用厕所5123户。全年销售社会福利彩票2952.4万元，筹集社会公益金259.72万元。全年直接接受社会捐赠330.9万元。

十二、资源、环境和应急管理

年内批准建设用地310.01公顷，建设占用耕地68.05公顷，补充耕地1184.90公顷，出让国有土地使用权30.86公顷。年末实有耕地面积32547.15公顷，其中水田面积20592.84公顷，旱地面积11951.02公顷。全县基本农田27496.53公顷。

全年完成造林面积873公顷，综合治理水土流失面积9平方公里。国家级自然保护区1个，面积66568公顷。森林覆盖率60.4%。已发现的矿种36种。年平均气温18.4℃，年总降水量927.1毫米，年日照总时数1554.5小时。人均用水量739.5立方米。

全县全年用电量13.46亿千瓦时，比上年下降1.6%，其中工业用电量5.26亿千瓦时，下降8.4%，居民生活用电量4.18亿千瓦时，下降6.0%。全县规模工业综合能源消费量158.21万吨标准煤，下降7.5%，规上工业增加值能耗变动率-13.3%。

年城区空气质量达标率92.6%；全年二氧化硫排放量同比下降7.3%；化学需氧排放量下降47.4%；氨氮排放量下降34.9%；氮氧化物排放量增长1.1%；工业企业主要污染物排放综合削减率28.6%，污染物排放达标率100%；工业固体废物综合利用率100%，城市生活垃圾无害化处理率100%，城市人均公园绿地面积9.68平方米。

全年农作物受灾面积7838.73公顷，其中成灾面积2410.31公顷，绝收面积1130.01公顷。

全年共发生各类生产经营性安全生产事故7起，死亡7人，亿元GDP生产安全事故死亡人数0.0187人，全年森林火灾0起。

澧县

石澧县位于湖南省西北部，洞庭湖西岸，澧水中下游，因澧水贯穿全境而得名。全县辖15个镇、4个街道，总面积2075平方公里，总人口88万人，是全国商品粮基地县、全国优质棉基地县、全国油菜生产百强县、国家农业可持续发展实验示范区、全国葡萄标准化栽培示范基地、国家新型城镇化综合改革试点县、国家中小城市综合改革试点县、国家卫生县城、中华诗词之乡、湖南省文明县城、湖南省园林县城、湖南省经济强县、湖南省全面小康“十快进县”。入选全国县域商业“领跑县”，成功创建国家农产品质量安全县。粮食安全、水利建设、经营主体培育等9项工作获省市真抓实干表扬激励。

史前文明的发展高地。澧县境内的城头山遗址是我国迄今发现的时代最早、文物最丰富、保护最完整的古城遗址，将中华文明史向前推进了一千多年，先后两次被评为全国十大考古新发现，其复原图景被制作成模型，以“中国最早的城市”为题在上海世博会中国馆展出。2023年城头山国家考古遗址公园入选长江主题国家级旅游路线。澧县鸡叫城遗址入选湖南省第一批省级大遗址名单。以城头山、鸡叫城、彭头山、八十垱为核心的澧阳平原史前文化遗址群正在积极申报世界文化遗产。县域旅游资源丰富，旅游业发展较快，现已成功创建湖南省全域旅游示范区。

物产丰富的资源宝地。澧县处于北纬N29° 25′ 09″ 至N29° 57′ 24″，东经E111° 12′ 27″ 至E112° 04′ 21″ 之间，属中亚热带北缘内陆季风气候区，四季分明、雨量充沛，山丘平湖自西向东依次分布，拥有全省最大的冲积平原——澧阳平原的绝大部分。现代农业特色突出，盛产稻、棉、油及葡萄、桔柚，享有“鱼米之乡”“南方吐鲁番”的美誉。境内矿产资源丰富，发现矿种32种，其中芒硝矿储量4.66亿吨，是长江以南储量最大、品质最高的矿区。中药材发展迅速，获评为省级中药材种植基地示范县。

洞庭湖区的战略要地。澧县地处常德、岳阳、张家界、宜昌和荆州五城的几何中心，距长江黄金水道80公里，为湘西北地区对接长江经济带的桥头堡，境内有二广高速（二连浩特至广州）、枝柳铁路（湖北枝城至广西柳州）、澧水航道等交通干道。宜常高铁、澧石张高铁联络线正式落户。津澧融城步伐不断加快，国务院批复的洞庭湖生态经济区明确提出，要把津澧新城培育为洞庭湖区域五个中心城市之一。国家发改委等11个部门确定津市市——澧县为第二批国家新型城镇化综合试点地区，湖南省人民政府办公厅发文（湘政办发〔2016〕95号）支持澧县与津市市合并设市。县域交通发达，2021年成功创建“四好农村路”国家级示范县。

英才辈出的人文胜地。澧县古称澧州，自古人杰地灵。古有周代将军白善、楚国丞相申鸣、汉代将军马伏波、晋朝尚书车胤、唐代诗人李群玉、元朝状元郝希贤、明朝户部尚书李如圭和工部尚书李充嗣、民国开国元勋蒋翊武等；这里还曾是屈原行吟之地，范仲淹求学治学之所；南宋杨幺、钟相，明末李自成、清代洪秀全等均曾鏖战澧州；作为贡献了两千英雄儿女的革命老区，这里还曾是红军征战驻守的重镇，贺龙曾任澧州镇守使，周恩来、任弼时、王震、廖汉生、郭沫若等也曾辗转于此，从事革命活动。

投资兴业的价值洼地。澧县是全省平安建设先进县、全省信访工作“三无”县、全省法治政府建设示范县。近年来，县委、县政府大力营造营商环境，本着“成就企业家，厚待投资者”的招商理念，毫不动摇推动招商引资突破突围，全力引进客商来澧投资兴业，先后出台了一系列优惠鼓励政策，大力推行“放管服”改革，精简审批环节，让投资者“最多跑一次、办事不求人”。优化招商引资环境，为企业落地生根、发展壮大营造了优越的投资环境。2023年立项争资增长率排名全市第一。

澧县2023年国民经济和社会发展统计公报

2023年，澧县锚定“三高四新”美好蓝图，大力实施“创新突破产业突围”三年攻坚行动，全县经济社会平稳健康发展。全年实现地区生产总值增长6%，规模工业增加值增长6.5%，固定资产投资增长1.5%，社会消费品零售总额增长9.9%，完成地方一般公共预算收入14.6亿元，城乡居民人均可支配收入分别增长4.1%、6%，再次跻身中部地区县域经济百强县，综合实力稳居全市第一方阵。

一、综合

经济总量进一步增长。全年实现地区生产总值475.9亿元，按可比价格计算，比上年增长6%。其中，第一产业增加值63.1亿元，增长3%，对经济增长的贡献率为

7.4%，拉动GDP增长0.4个百分点；第二产业增加值150.8亿元，增长7.2%，对经济增长的贡献率为37.8%，拉动GDP增长2.3个百分点；第三产业增加值261.9亿元，增长6.2%，对经济增长的贡献率为54.8%，拉动GDP增长3.3个百分点。全县三次产业增加值比例由上年的14 ∶ 32.8 ∶ 53.2调整为13.3 ∶ 31.7 ∶ 55。

农业基础进一步夯实。田长制全面落实，恢复耕地1.5万亩，建成高标准农田6.3万亩，澧阳平原灌区入选全国首批整灌区推进高标准农田建设试点。特色产业控规提质，葡萄总产超18万吨、产值过30亿元；柑橘、中药材、油茶、茶叶、健康水产等特色产业稳健发展，柑橘生产被评为全省重点县。新增规模农产品加工企业5家，被认定为国家农业现代化示范区创建单位，城头山镇入选首批国家农业产业强镇，火连坡镇、王家厂镇、小渡口镇获评全省“平安农机”示范镇。

工业短板进一步补齐。加快推动产业升级，工业技改投资增长23.9%，高新技术产业增加值增长32.2%，主导产业产值、税收均呈两位数增长，服装辅料产业集群成为省级中小企业特色产业集群培育对象。聚力建设“五好”园区，科创产业园二期投入使用，创新创业园获评国家级科技企业孵化器，县高新区获评全省“开放十强”园区。大力培强经营主体，新增经营主体10081家，其中“四上”单位132家，新认定省级专精特新中小企业11家，稳健平安通过国家级专精特新“小巨人”企业复审，萌恒短纤维缝纫线荣获省级制造业单项冠军。

三产优势进一步巩固。新增限上商贸流通企业70家，创历年之最。澧州国际汽车城开业运营，万达商圈人气火爆，欢乐城中央大街被评为全省首批夜间消费聚集示范区。城头山国家考古遗址公园入选长江主题国家级旅游线路。成功举办澧县第十八届葡萄节、城头山农耕文化旅游节、汽车展销会等重大节会活动，旅游接待总人数、总收入分别增长65.1%、62.3%。新增外贸实绩企业4家，实体外贸业绩增长55.4%，实现进出口总额5966万美元。

二、农林牧渔业

农业生产保持稳定。全年农林牧渔业总产值122.1亿元，增长3.7%。农林牧渔业增加值73.8亿元，增长3.6%。粮食作物播种面积116.7万亩，增速与上年持平；粮食总产量53万吨，增长1.4%。棉花播种面积9.5万亩，减少14.2%；棉花总产量1.1万吨，减少6.1%。油菜籽播种面积64.9万亩，增长0.1%；油菜籽总产量9万吨，减少2.7%。水果产量26.6万吨，增长9%。

养殖行业总体平稳。全年生猪存栏41.6万头，比上年减少10.2%；生猪出栏70万头，比上年增长3.2%。家禽存笼592.4万羽，减少2.4%；家禽出笼910.2万羽，减少1.7%。全年肉类总产量7.2万吨，增长0.3%。其中，猪肉产量5.1万吨，增长2.6%；家禽产量1.3万吨，增长0.8%；牛肉产量0.2万吨，减少20%；羊肉产量0.5万吨，减少10%。禽蛋产量6.3万吨，减少3.2%。

三、工业和建筑业

工业经济增速明显。全年有规模以上工业企业159家，比上年增加11家，规模以上工业增加值增长6.5%；全年共有92家园区规模工业企业，比上年增加1家，园区规模以上工业增加值增长16.3%；全年共有152家高新技术企业和高新产业企业，其中：高新技术企业45家，高新技术行业企业35家，高新产品产业企业72家，共实现高新技术产业增加值51.6亿元，增长32.2%。

工业产能保持增势。全年生产饲料4万吨，增长33.8%；涂料7.7万吨，增长8%；水泥63.1万吨，增长14.1%；砖5582万块，增长13.3%；瓷质砖1473.8万平方米，增长5.7%；钢化玻璃32.3万平方米，增长32.6%；纱2.6万吨，增长19.7%；家具3.6万件，增长82.4%；塑料制品3.2万吨，增长26.8%；机制纸及纸板4.2万吨，增长25.8%。

工业企业效益良好。全年规模以上工业企业实现主营业务收入288.1亿元，增长8.4%；利润总额11.9亿元，下降9.9%；每百元主营业务收入中的成本为83.8元，比上年增长1.6元；规模以上工业企业资产负债率为49.7%，比上年增长0.6个百分点；规模以上工业企业产品销售率为99.2%，比上年增长0.7个百分点。

建筑行业保持增长。全社会建筑业增加值55.1亿元，增长9.8%。其中，24家资质建筑企业共完成建筑业总产值46亿元，增长10%。

四、固定资产投资

有效投资趋稳向好。全年固定资产投资（不含农户）比上年增长1.5%。分经济类型看，国有投资下降26.4%；非国有投资增长11.2%。分产业看，第一产业投资增长27.2%；第二产业投资增长33.3%；第三产业投资下降20.1%。分投资方向看，工业投资增长33.3%；民生投资下降1.1%；高新技术产业投资下降1.6%；基础设施建设投资下降45.3%。全年投资项目179个，其中5000万元以上投资项目81个。

房地产市场持续降温。全年房地产开发项目20个，房地产开发投资下降19.8%。全年商品房网签销售面积42.1万平方米，下降7.4%；网签商品房销售额18.9亿元，下降11.8%。商品房成交均价为4476元/㎡，下降4.8%。其中，住宅成交均价为4104元/㎡，非住宅成交均价为8413元/㎡。

五、国内贸易和对外经济

消费市场欣欣向荣。全年实现社会消费品零售总额229.5亿元，增长9.9%。全年120家限额以上批发零售住宿餐饮企业实现零售额26.8亿元，比上年增长14.9%。其中76家限额以上批发和零售业企业实现零售额20.8亿元，增长13.9%；44家限额以上住宿和餐饮企业实现餐饮收入6亿元，增长18.7%。

消费商品增速较高。在限额以上批发和零售企业中，粮油、食品、饮料、烟酒类零售额3.1亿元，比上年增长51.5%；汽车类零售额8亿元，增长5.7%；石油及制品类零售额5亿元，增长18.1%；家用电器和音像器材类零售额1.9亿元，增长45.1%。

六、交通、邮电和旅游业

交通运输保持稳定。年末汽车拥有量为203259辆，其中小型汽车35344辆；本年新注册汽车12259辆，其中本年新注册小型汽车2135辆。参加营运的载客汽车304辆，客位5949人，参加营运的载货汽车1842辆。公路客运量98万人，货运量334.5万吨；水路货运量576.5万吨；年末出租汽车200辆，客运总量432万人次；年末全县有摩托车26187辆；客船28艘，有760客位；货船16艘，净载重量2.9万吨；全年公路通车里程2673.3公里。其中，国道89.2公里、省道300.6公里、县道405.3公里、乡道795.7公里、村道1082.5公里。

邮政通信均衡发展。全年邮政电业务总量6.3亿元，比上年增长3.3%。其中，通信行业业务总量4.9亿元，增长2.9%；邮政业务总量1.4亿元，增长10.8%。年末拥有移动电话用户70.8万户，增加0.4万户；固定电话用户4.9万户，减少0.5万户；互联网宽带用户25.6万户，增加0.3万户。全年订销报纸、杂志累计份数分别为620.8万份和30万份。邮政储蓄存款余额85.1亿元，比年初增加12.2亿元，增长16.7%。

旅游行业增速明显。全年实现旅游收入59.9亿元，比上年增长62.3%，接待国内旅游人数500万人次，增长65.1%。全年共有国家级4A旅游景区2个（城头山旅游景区、彭山景区）、国家3A级旅游景区3个（澧州古城、天供山景区、黄家套旅游景区）。全年有宾馆酒店和社会旅馆387家。其中，五星级酒店1家（瑞高酒店）、三星级酒店2家（桃花滩宾馆、金龙玉凤饭店）。旅行社5家，旅行社营业部7家。

七、财政和金融

财政收入保持稳定。全年完成一般公

共预算收入 20.4 亿元，同比增长 1.8%。第三产业完成税收 7.1 亿元，占全部税收收入（含上解中央、省税收，下同）11.9 亿元的 59.7%，其中房地产业税收 2.3 亿元，占税收的 19.3%；第二产业税收 4.8 亿元，占税收的 40.3%；其中工业税收 3.6 亿元、建筑业税收 1.2 亿元，分别占全部税收的 30.3% 和 10.1%。全年完成地方财政收入 14.6 亿元，下降 7.9%。其中：税收收入 5.8 亿元，下降 41.5%；非税收入 8.8 亿元，增长 48.7%。

财政支出结构优化。全年公共财政预算支出 71.3 亿元，增长 3.7%。其中，一般公共服务支出 4.2 亿元，下降 4.2%；公共安全支出 1.9 亿元，下降 7.9%；教育支出 9.5 亿元，增长 1.8%；社会保障和就业支出 12.4 亿元，增长 11.7%；卫生健康支出 5.5 亿元，下降 39.2%；农林水支出 13.7 亿元，增长 3.3%；文化旅游体育与传媒支出 0.7 亿元，增长 4%；住房保障支出 2.7 亿元，增长 2.5%；城乡社区事务支出 10.8 亿元，增长 25.3%。

金融市场平稳运行。年末金融机构人民币存款余额达到 595 亿元，比年初增加 59.3 亿元，增长 11.1%。年末金融机构各项贷款余额 323.1 亿元，比年初增加 28.7 亿元，增长 9.8%。全县金融机构存贷率 54.3%，较去年下降 0.6 个百分点。

八、教育和科学技术

教育水平优化增强。全县共有各级各类学校 89 所，比上年减少 32 所。其中，小学 56 所，比上年减少 30 所；初中学校 26 所，比上年减少 2 所；普通高中 3 所；职业中学 4 所。本学年在校学生 86748 人，比上年增长 177 人。其中，小学生 44262 人，比上年减少 139 人；初中生 23612 人，比上年减少 436 人；高中生 12528 人，比上年增加 435 人；中职生 6346 人，比上年增长 317 人。本学年毕业生人数 22600 人。其中，小学毕业生 7834 人，初中毕业生 8409 人，高中毕业生 4201 人，中职毕业生 2156 人。全县共有教职员工 6387 人。其中，普通中学教职员工 3697 人，职业中学教职员工 490 人，小学教职员工 2200 人。本年参加高考人数 4055 人，录取考生 3848 人。其中，录取本科生 2637 人。

全县共有幼儿园 120 所。其中，公办幼儿园 58 所，民办幼儿园 62 所；城区幼儿园 51 所，农村幼儿园 69 所。在园幼儿 14558 人，其中城区幼儿 9322 人，农村幼儿 5236 人，在园教职工 2193 人。

创新能力持续提升。全年承担的科研项目 46 项，其中国家级 1 项，省级 12 项，市级 7 项，县级 26 项。项目总投入 481 万元。年末全县拥有国家级星创天地 1 家、省级工程技术研究中心 1 家、省级科技企业孵化器 1 家、省级众创空间 2 家。

九、文化体育、卫生

公共文化充满活力。全县有专业艺术表演团体 9 个，剧团演出 94 场，观众 8 万人次。公共图书馆 1 个，图书馆藏书 17.9 万册，总流通人数 100.4 万人次。博物馆 2 个、纪念馆 1 个，文物藏品 6496 件，其中一级品 28 件。广播电台 1 座，农村有线广播站 15 个，广播综合人口覆盖率 100%。电视发射台和转播台 1 座，有线电视用户 5.6 万户，电视综合人口覆盖率 99.9%。

全民体育持续热化。全县有体育场地 1818 个，经常参加锻炼的人数 58 万人。全年举办县级以上运动会 3 次，参加人数 0.7 万人次。全年获国家、省级奖牌 37 枚，其中省级金牌 13 枚，银牌 10 枚和铜牌 14 枚。

医疗卫生优化提质。全县拥有各类医疗卫生机构 668 个。其中，医院 12 个、卫生院 17 个、专科疾病防治站 3 个、妇幼保健院 1 个、卫生防疫站 1 个、社区卫生服务中心 24 个、诊所、卫生室和医务室 117 个，村卫生室 493 个。全年有卫生工作人员 6167 人，有卫生技术人员 5039 人，其中执业医师 1559 人、注册护士 2253 人。各类医疗卫生机构拥有床位 5149 张，其中乡镇卫生院床位 1447 张。全年诊疗病人 386.5 万人次。

十、人民生活和社会保障

居民收入持续提升。全县城乡居民人均可支配收入 29647 元，增长 5.5%。其中，城镇居民人均可支配收入 39387 元，增长 4.1%。农村居民人均可支配收入 24474 元，增长 6%。

就业创业形势稳定。城镇新增就业人员 5778 人，失业人员再就业 2982 人，就业困难人员再就业人数 952 人。援助农村贫困家庭转移就业 15174 人，年末城镇登记失业率 3.4%，比去年增长 0.7 个百分点。

社会保障效益显著。年末七大保险参保人数为 147.2 万人。其中①城镇职工基本医疗保险参保人数 5.1 万人；②企业基本养老保险参保人数 15.7 万人；③机关事业单位养老保险 2.8 万人；④新型农村养老保险 45.7 万人；⑤失业保险 3.5 万人；⑥工伤保险 5.9 万人；⑦城乡居民医保参保人数 68.5 万人。

全年获得政府最低生活保障的城镇居民有 0.3 万人，比上年减少 0.02 万人，月人均补助标准 393.8 元，共发放城镇居民生活最低保障经费 0.15 亿元。获得政府最低生活保障的农村居民 1.7 万人，月人均补助标准 246.7 元，共发放农村居民最低生活保障经费 0.48 亿元。全年销售社会福利彩票 4594 万元，筹集社会福利资金 992 万元。

十一、节能降耗、资源环境和安全生产

节能降耗保持成效。全县规模以上工业企业综合能源消费量 30.3 万吨标准煤，比上年下降 8%；规模以上工业企业单位增加值能耗变动率下降 13.7%。全社会用电量 14 亿度，下降 3.2%。其中，工业用电 4.3 亿千瓦·时，下降 9.9%。

资源矿产品种丰富。县境内已发现的矿种有 32 种，有探明资源储量的矿种 10 种。其中能源矿产 2 种，金属矿产 1 种，非金属矿产 7 种。县域国土面积 2075.6 平方公里。全年批准建设用地 15.4 公顷，全年交易建设用地 483.1 亩，土地成交价款 3.2 亿元。

污染防治长效稳定。全县 PM2.5 的年均浓度为 35 微克 / 立方米，超标率比上年增长 2.5%。空气质量优良天数 332 天，空气质量优良率 91%，比上年下降 1.9%。全县 47 处集中式饮用水水源地水质开展“一季一监测”，水质达标率为 100%，有效保证了人民群众的“水缸子”安全；对 14 处千人以上水源保护区规范化设施进行了修补和重建，加强了水源地保护措施。启动了北民湖水环境综合治理、梦溪中小河流流域治理、张家滩湿地建设、澹水老河槽二期治理等工程项目建设，完成原正峰锌业遗留污染地块风险管控任务，全县水环境综合指数及改善幅度获市级真抓实干表彰激励。

安全生产形势稳定。全年共发生各类安全生产事故 10 起，死亡 11 人，亿元 GDP 生产安全事故死亡人数为 0.02 人。

安乡县

安乡县位于洞庭湖西北部，是湖南的北大门，处于湘鄂两省、四市（常德、益阳、岳阳、荆州）、八县（鼎城、汉寿、澧县、津市、南县、公安、石首、华容）的交界处，辖 12 个乡镇，区域面积 1087 平方公里，户籍人口 51.6 万；属于洞庭湖生态经济区的核心圈层，是长江“三口”（太平口、藕池口、松滋口）泄洪与澧水注入洞庭湖的必经之地。2023 年，完成地区生产总值 269.5 亿元，同比增长 6.1%；地方一般公共预算收入 4.6 亿元，增长 7.1%；规模工业增加值 25 亿元，增长 7.8%；固定资产投资 92.8 亿元，增长 9.8%；社会消费品零售总额 123.8 亿元，增长 7.6%；城乡居民人均可支配收入分别增长 3.7%、7.2%。

历史底蕴深厚。安乡于东汉建武十六年（公元 40 年）建县，称为作唐，南北朝改称安乡，沿袭至今。有近 7000 年的人类文明史，有享誉中外的汤家岗、划城岗和度家岗等一批新石器时代原始社会古文化遗址。东晋名士车胤、南北朝著名山水诗人阴铿、北宋大文豪范仲淹，曾生活求学于安乡。老一辈无产阶级革命家毛泽东、彭德怀、贺龙等都到过安乡指导革命工作。党和国家领导人江泽民、朱镕基、温家宝等都曾来安乡视察工作。由于居民主要从江西、湖北及长沙、益阳等地移民而来，形成了安乡独特的湖乡文化、堤垸文化和典型的移民文化、厚重的码头文化。

乡村振兴提速。安乡是一个典型的纯湖区农业大县，农产品资源十分丰富，是全国重要的粮、棉、油、鱼生产基地，是全国棉花、油料百强县，素有“鱼米之乡”的美誉。上世纪 60 年代“农业学大寨”时期，安乡开展了轰轰烈烈的“园田化”建设，被毛泽东赞誉为“南有新田、北有安乡”。近年来，我县加快调整农业产业结构，着力推进现代农业发展，扎实推进粮食生产、珊珀湖产业带等示范片建设，先后荣获了全国基本农田保护示范建设县、全国渔业健康养殖示范县、全国平安农机示范县、全省新农村建设先进县、全省农村电子商务试点县等称号，并成功创建省级现代农业产业园、农业科技园区。

产业特色鲜明。2001 年我县开始建设工业园区，2013 年县委、县政府作出工业园区向“一园两区”拓展，构建河东河西协调发展的园区新格局。2023 年，安乡产业开发区获批省级高新技术产业开发区，以园区为核心的工业税收首次突破亿元大关。明确特色农副产品精深加工、精密加工与新材料、体育健康与医药医美三大优势产业链。科技型中小企业评价入库 111 家，获评国家级专精特新“小巨人”企业 1 家。酱卤特色走红出圈，我县获评“湘式酱卤美食地标城市”，成功创建“中国酱卤之乡”。

交通实现突围。坚持交通先行，建成岳常高速安乡段、安慈高速安乡段、G353 公路、荆八公路、S512 理兴垱至黄山头公路、张九台大桥、陆家渡大桥、丰凝港大桥、大杨树大桥、官垱大桥、长岭大桥、马坡湖大桥。其中，长岭大桥实现“当年议定、当年立项、当年设计、当年开工”的“四个当年”目标，被省市誉为交通建设的“安乡速度”。成功创建“四好农村路”省级示范县、城乡客运一体化省级示范县。马坡湖大桥建成通车，实现“五垸相连、八县相通”的历史夙愿。

城乡环境优化。大力加强生态文明建设，积极创建国家循环经济示范县和全国生态文明建设示范县。县城区“七纵十二横”道路骨架基本形成。城乡污水处理主体设施基本建成，先后被授予国家卫生县城、省级文明县城、省级生态文明建设示范区等荣誉称号。农村有毒有害垃圾实现集中处理，获评省级美丽乡村建设先进县。安康乡获批省全域美丽乡村试点乡镇；三岔河镇梅家洲村、安康乡仙桃村获评全国乡村治理示范村。获评全省农村人居环境整治提升先进县。

社会和谐稳定。坚决守牢“生产、生活、生态”底线，未发生较大及以上生产安全事故，最大程度守护了人民群众生命安全和身体健康。城镇调查失业率控制在 5.5% 以内。县一中获评全省空军招飞优秀单位。相继建成了全省一流的县人民医院、县级中医院、县妇幼保健院等民生工程。县人民医院、县中医医院紧密型医疗集团组建完成。成功创建“中国长寿之乡”。汤家岗遗址、划城岗遗址、南禅湾晋墓群被定为全国第七批重点文物保护单位。颜昌颐故居入选首批常德市党史教育基地。常态化开展扫黑除恶斗争，扎实推进反电诈和禁毒工作，获评全省禁毒工作先进县，连续 12 年保持全省平安县称号。

安乡县2023年国民经济和社会发展统计公报

2023 年，县委、县政府团结带领全县人民全面贯彻落实党的二十大和中央、省委、市委经济工作会议精神，坚持稳中求进工作总基调，贯彻新发展理念，融入新发展格局，着力推动高质量发展。全县经济社会发展总体平稳，县域经济实现质的有效提升和量的合理增长。

一、综合

初步核算，全年实现地区生产总值 269.5 亿元，同比增长 6.1%。其中一、二、三产业分别实现增加值 48.8 亿元、73.8 亿元、146.9 亿元，分别增长 2.9%、7.9%、6.5%。三次产业结构比由上年 19.4 ∶ 27.8 ∶ 52.8 调整为 18.1 ∶ 27.4 ∶ 54.5。

民生改善等各项事业成效显著，省市重点民生实事 53 项全部完成。农村公路提质改造 32.5 公里，建设农村公路安防设施 162.6 公里；新增义务教育学位 900 个；新增医疗转型床位 120 个，实现普通门诊医疗费用跨省直接结算 4 家；困难残疾人家庭无障碍改造 130 户；城市低保标准达到 650 元 / 月，农村低保标准达到 5000 元 / 年；困难残疾人生活补贴标准每人 80 元 / 月，重度残疾人护理补贴标准每人 80 元 / 月；新增机构养老床位 120 张，新增社区（村）养老床位 50 张；开工改造城镇老旧小区 17 个，既有住宅加装电梯 20 台；新增蓄水能力 28 万立方米；城镇新增就业 4351 人；新建城区公厕 2 座，改造城区公厕 3 座，新建农村公用厕所 3 座；改造农村户用厕所 989 个。

二、农业

初步测算，全年农林牧渔业总产值 85.7 亿元，实现增加值 52.8 亿元，同比增长 3.2%。

全年农作物播种面积（复种）176.4 万亩。粮食播种面积 80.2 万亩。其中，早稻、中稻、晚稻播种面积分别为 18.4 万亩、34.4 万亩、20.5 万亩。棉花播种面积 5.3 万亩，油料播种面积 62.7 万亩，蔬菜播种面积 22.4 万亩。

全年粮食产量 35.4 万吨。其中，早稻、中稻及一季晚稻产量、晚稻分别为 7.0 万吨、17.4 万吨、8.7 万吨。

全县生猪存栏 27.2 万头，同比减少 1.9%，生猪出栏 51.0 万头，同比增长 3.9%；牛存栏 1.24 万头，同比减少 6.1%，牛出栏 0.53 万头，同比减少 14.5%；羊存栏 2.7 万头，同比减少 11.9%，羊出栏 5.64 万头，同比减少 9.6%；家禽存笼 362.3 万羽，同比减少 4.3%，家禽出笼 338.1 万羽，同比减少 6.0%；禽蛋产量 1.84 万吨，同比减少 18.9%。

全县完成造林面积 3.4 万亩，森林覆盖率 8.0%，林地面积 4.24 万亩，活立木蓄积量 45.43 万立方米。

年末拥有耕地面积 77.9 万亩。全县农业机械总动力 68.2 万千瓦，比上年增加 0.[illegible] 万千瓦。机耕面积 13.0 万公顷（复耕），机播面积 7.2 万公顷，机收面积 11.5 万公顷，综合机械化水平 79.7%，其中机耕水平 90.2%，机播水平 54.3%，机收水平 81.2%。

三、工业和建筑业

全年工业完成增加值 34.9 亿元，同比增长 5.1%。其中，规模以上工业企业完成增加值 25.0 亿元，同比增长 7.8%。规模以上工业企业实现主营业务收入 140.8 亿元，同比增长 7.0%。

全县有资质以上建筑业企业 11 家，其中：一级资质企业 1 家，二级资质企业 2 家，三级资质企业 7 家，专业资质企业 1 家。全县建筑业完成增加值 39.0 亿元，同比增长 10.9%。

四、固定资产投资

全年固定资产投资同比增长 9.8%。其

中，房地产开发投资同比下降77.8%。商品房屋销售面积15.3万平方米，同比减少9.1%，商品房销售额6.1亿元。

五、国内贸易

全县完成社会消费品零售总额123.8亿元，同比增长7.6%。其中，限额以上批发和零售企业完成零售额16.7亿元，同比增长10.9%；限额以上住宿和餐饮业完成营业额1.7亿元，同比增长16.4%。

六、交通运输、邮电通信业

全年完成交通运输、仓储和邮政业增加值15.6亿元，同比增长2.9%。完成交通运输发送旅客753.44万人次，其中公路运输发送724.4万人次（含公共客运），水运运输发送29万人次。水陆（路）货物运输52.2万吨，其中陆路货物运输28.4万吨，水路货物运输23.9万吨。行政村客运班线通达率达100%。

全县公路总里程达到2154.3公里。其中，高速公路45.5公里、国道49.7公里、省道157.2公里、县道327.0公里、乡道731.1公里、村道843.7公里。有水泥硬化路及沥青路1723.8公里。

全年电信完成业务总量9820万元，同比增长6.7%。联通完成业务总量3000万元，同比增长20%。移动完成业务总量11146万元，同比增长3.1%。

年末全县拥有固定电话用户1.43万户，移动电话用户34.1万户，互联网宽带用户11.6万户。

七、招商引资和对外贸易

全县实际引进内资总额87.3亿元，同比增长23.2%；进出口总额7638万美元，同比减少41.3%。

全年新签约招商引资项目26个，其中亿元以上项目17个。当年开工建设项目11个，已投产项目14个。

八、财政、金融

全县一般公共预算收入完成68191万元，同比增长20.1%；地方一般公共预算收入完成45865万元，同比增长7.1%。其中税收收入完成25999万元，同比下降3.1%；非税收入19866万元，同比增长19.8%

一般公共预算支出完成349186万元，同比减少12.2%。其中，一般公共服务支出47053万元，同比增长42.8%；教育支出8526万元，同比增长0.1%；社会保障和就业支出67993万元，同比减少5.4%；卫生健康支出25756万元，同比减少46.1%；农林水事务支出55344万元，同比减少5.4%；住房保障支出9531万元，同比减少58.0%。

年末全县金融机构本外币各项存款余额2786399万元，比年初增加322944万元，同比增长13.1%。其中：住户存款2300393万元，比年初增加284073万元，同比增长14.1%；非金融企业存款146959万元，比年初增加31747万元，同比增长27.6%；广义政府存款338736万元，比年初增加6991万元，同比增长2.1%。金融机构本外币各项贷款余额1768002万元，比年初增加218704万元，同比增长14.1%。其中：中长期贷款319274万元，同比增长0.2%；短期贷款267576万元，同比增长23.2%。

九、教育和科学技术

全县有各级各类学校39所。其中小学13所、初中19（含民办学校1所）所、普通高中4所、中等职业学校2所（含民办学校1所）、特殊教育学校1所。在校学生34106人，比上年减少796人。其中，小学16438人，减少269人；初中9116人，减少412人；普通高中5674人，增加133人；中等职业学校2692人，减少245人；特校学生186人，减少3人。全县有各类幼儿园59所，其中公办28所，民办31所。在园幼儿6888人，减少1231人。

全县教育系统共有在职干部和教职工4208人，其中在职干部和公办教职工3106人，非财政供养人员1102人。义务教育阶段教师2401人（含特校、民办学校）；高级中学及中等职业教师856人（含民办学校）；幼儿园教师866人，其中专任教师384人。在职干部85人，离退休人员共3079人。

全县小学适龄儿童入学率和年巩固率均达100%，初中巩固率100%，初中生升入高一级学校比例99.2%，普职分流比例为39.1%。全年高考本科批录取人数871人。

全县共有94家拥有高新技术或高新产品企业，其中省科技厅认定的高新企业34家，拥有高新产品的企业60家。94家企业全年完成高新技术产值148.57亿元，同比增长10.9%，实现高新增加值36.97亿元，同比增长8.5%。

全年专利授权17件，同比增长6.3%；有效发明专利91件，同比增长16.7%，商标申请件704件，同比增长20.3%。

十、文化、卫生和体育

全县有县属艺术表演团体86个，全年演出场次102场，观众77万人次，比上年增长3.8%。县级剧院1个，有座位数716个，同比减少40%，全年演出10场，观众1.5万人次，同比减少50%。电影放映公司1家，全年放映农村公益电影1380场，与上年同比持平。群众艺术馆、文化馆各1个，全年组织各类文艺活动32场，参加人员12.8万人次。公共图书馆1个，图书馆总藏量9.9万册，同比增长3.1%。

全县有文物管理机构1个，藏品16741件，其中一级品12件、二级品21件、三级品64件。国家文物保护单位3处，省文物保护单位3处。非物质文化遗产项目31个，其中省级2个、市级7个。

全县有县级运动场1个，建筑面积3.26万平方米；体育馆1座，建筑面积2.27万平方米，座位3080个；游泳池5个；各种训练房15个。现有农民体育健身工程的行政村115个。全县有乒乓球教练员6人，羽毛球教练员1人，舞蹈教练员10人。

全县有国家AAA级景区2家，五星级乡村旅游景点3处，红色旅游基地2处。

全年安乡新闻网、北有安乡App发布稿件10034条，总点击量765.8万人次。中央电视台、新华社客户端上稿8条，湖南卫视、湖南经视上稿21条，市电视台上稿236条。

全县拥有各类卫生机构370个。其中，三级医疗机构1个（人民医院）、二级医疗机构3个（中医医院、精神康复医院、妇幼保健院）、疾控中心1个、卫生计生综合执法局1个、民营医院4个（爱尔眼科医院、张波口腔医院、安欣医院、济苍精神病医院），卫生院20个、专科疾病防治院（血防所、站）3个、门诊部3个、诊所（卫生所、医务室）68个、村卫生室266个。全县有卫生技术人员2284人，其中执业医师和执业助理医师842人，注册护士1066人，全科医生数117人。门急诊诊疗人次1569760，住院人次110932，出院人次110254，双向转诊975人次。

全县查螺7811.68万平米（其中：垸内824.17万平米，垸外6987.50万平米），未发现阳性钉螺；累计药物灭螺1625.93万平米（其中灭蚴210万平米），垸内未发现钉螺孳生；完成人群查病215633人次，其中询检166390人次，血清学检查47522人次，粪便检查1721人次；完成人群化疗10659人次；完成晚血病人救治289例，已连续13年未发现急感病例。

十一、资源环境和安全生产

县城区噪声昼间平均等效声级值为52.3dB(A)，夜间为42.2dB(A)；工业“三废”排放达标率100%；全县工业共形成COD减排量45.2吨，氨氮减排量11.7吨，二氧化硫减排量20.1吨，氮氧化物减排量36.2吨；农业共形成COD减排量350.2吨，氨氮减排量57.6吨；空气质量指标中可吸入颗粒物PM2.5年日平均浓度为31μg/m³，可吸入颗粒物PM10年日平均浓度为51μg/m³，二氧化硫年日平均浓度为6μg/m³，一氧化碳年日平均浓度为1mg/m³，臭氧年日平均浓度为130μg/m³；降水PH值年平均7.0，酸雨频率为0；县城饮用水水源达到国家《地表水环境质量标准》（GB3838—2002）Ⅱ类水质，马坡湖、沙河口、芦林铺三个国控断面达到地表水环境质量标准（GB3838—2002）Ⅱ类水质标准。

全社会用电量10.1亿千瓦时，同比减少6.3%。其中，工业用电量4.1亿千瓦时，同比减少11.5%；城乡居民生活用电量3.2亿千瓦时，同比减少6.7%。

全年生产安全事故6起，死亡10人，亿元GDP生产安全事故死亡率0.0371人/亿元。

十二、人口、人民生活及社会保障

全县年末户籍总人口为501836人。其中非农业人口130113人，农业人口371723人；男性259248人，女性242588人。0—17岁人口67076人，18—34岁人口78549人，35—59岁人口217315人，60岁以上人口138896人。60岁以上人口占总人口的27.7%。

全县年内共出生人口1132人，其中男性578人，女性554人，出生人口男女性别比104∶100，年内死亡3922人，死亡率为9.45‰。

全体居民人均可支配收入27926元，同比增长5.8%；城镇居民人均可支配收入35669元，同比增长3.7%；农村居民人均可支配收入22981元，同比增长7.2%。全体居民人均消费支出22135元，同比增长6.6%。其中：城镇居民人均消费支出27123元，同比增长3.3%；农村居民人均消费支出18949元，同比增长9.1%。

全县企业养老保险在职参保及退休人员共计87963人，同比增加2.6%，企业养老保险征缴基金32612万元，同比增加7.0%。全县机关养老保险在职参保及退休人员16865人，同比增加1.0%，机关养老保险征缴基金18554万元，同比增加10.3%。全县失业保险参保17276人，同比减少0.2%，失业保险征缴基金297.4万元，同比增加16.0 %。全县工伤保险参保27215人，同比增加6.1 %，工伤保险征缴基金851.2万元，同比增加5.3%。全县城乡居民养老保险参保278986人（含领待人员），同比减少1.3 %，养老保险基金支出16413.86万元，同比增长20.4%。

年末全县城镇低保2424人，农村低保11039人。全年发放城镇低保资金1201.0万元，同比下降8.9%；发放农村低保资金3463.8万元，同比下降0.8%。城市特困469人，农村特困3521人。全年发放城市特困供养资金505.0万元，同比增长21.5%；发放农村特困供养资金2587.9万元，同比增长17.8%。

全县参加城镇居民基本医疗保险393361人，征缴基金13755.6万元。全年普通门诊补偿383247人次，慢特病门诊补偿人次65619人次，门诊补偿支出4724.1万元；住院补偿108163人次，住院补偿支出33670.2万元。城镇职工医疗保险参保人数30409人，城镇职工医疗保险征缴基金10982.7万元。

津市市

津市市地处湘北，依澧水而生，傍津设市而名，历史上是一座知名的码头商埠城市和重要的轻工业城市。现辖4个镇、5个街道和1个省级高新区，总面积约557.19平方千米，人口28万。先后获评国家卫生城市、全国平安县市、全国营商环境质量十佳县市、省级文明城市等称号。2023年，津市全年地区生产总值215.9亿元，增长4.8%，规模工业增加值增长2.5%，固定资产投资增长9.6%，地方一般公共预算收入增长69.3%，城乡居民人均可支配收入分别增长4.2%和4.6%。津市是一座工业之城。津市因工业而兴，上世纪70年代就形成了较为齐全的轻工业门类。现有规上工业企业120家，形成了以生物医药与健康食品为主导、绿色精细化工为特色的“一主一特”产业体系。是中联重科的车桥产业基地，全国最大的酶制剂生产和出口基地、全国最大的甾体原料药和医药中间体出口基地。津市是一座水运之城。津市港是澧水流域枢纽港，省内六大良港之一，拥有澧水流域唯一的县级公共保税仓和海关工作站。正与深圳盐田港集团合作，加快打造全国内河港口运营标杆。津市是一座文化之城。是孟姜女传说发源地、车胤故里，“孟姜女哭长城”“车胤囊萤照读”故事分别为国家、省级非物质文化遗产。距今约50万年的虎爪山旧石器遗址、红二军团指挥部旧址是国家级重点文物保护单位。境内毛里湖是湖南省最大的溪水湖、全国22个重点国家湿地公园之一，药山寺为佛教曹洞宗祖庭。津市是一座创新之城。是全国新时代文明实践中心试点县市、全国乡村治理体系建设试点县市、全国水系连通与农村水系综合整治试点县市。获评全国科技进步先进县市、湖南省科技成果转移转化示范县、湖南省可持续发展实验区、湖南省知识产权强县。津市是一座城乡融合之城。先后实施和完成了规划、供水、环卫、公共服务等多个一体化建设，城镇化率达67.2%。农村人居环境整治2019、2020连续两年获评省政府真抓实干激励，2021年被省政府推荐为全国先进。是全国村庄清洁行动先进县市，湖南省首批生态文明建设示范县市。

津市市2023年国民经济和社会发展统计公报

2023年，全市上下坚持以习近平新时代中国特色社会主义思想为指导，在市委、市政府的坚强领导下，锚定“三高四新”美好蓝图，全力打好打赢“发展六仗”，深入实施创新突破产业突围三年攻坚行动，聚焦“6+3+1”重点工作，顶压奋进，推动全市经济社会发展稳中向好。

一、综合

初步核算，2023年全市实现地区生产总值215.9亿元，增长4.8%。其中，第一产业增加值27.0亿元，增长3.0%；第二产业增加值90.6亿元，增长3.4%；第三产业增加值98.3亿元，增长6.7%。

三次产业结构由上年的13.1∶43.9∶43.0调整为12.5∶42.0∶45.5。一、二、三产业对经济增长的贡献率分别为9.8%、30.4%和59.8%，分别拉动经济增长0.5个、1.4个和2.9个百分点。工业增加值占地区生产总值比重为36.7%，高新技术产业增加值占地区生产总值比重为17.0%。

全年完成省重点民生实事任务9项。市三中“特立体艺馆”建设项目达到序时进度；城镇新增就业4246人、补贴性技能培训1517人次（其中创业培训213人次）；完成1个县级妇幼保健机构标准化建设、农村适龄及城镇低保适龄妇女“两癌”免费检查3749人；实现职工医保普通门诊异地结算二级以上定点医疗机构全覆盖（个）、实现全部43个门诊慢特病治疗费用省内异地直接结算、实现乡镇（街道）医保参保登记、信息查询及变更、异地就医备案等经办服务事项直办或帮代办全覆盖（9个）、实现村（社区）医保参保登记、信息查询及变更、异地就医备案等经办服务事项直办或帮代办全覆盖（77个）；完成450户困难老年人居家适老化改造；提高城市低保标准达到650元/月、农村低保标准达到5000元/年、困难残疾人生活补贴和重度残疾人护理补贴标准达到80元/月、散居孤儿基本生活最低保障标准达到1100元/月；困难残疾人家庭无障碍改造50户、残疾儿童20人141个月到定点康复机构进行康复训练；开工改造城镇老旧小区16个；农村公路提质改造2.5公里、建设农村公路安防设施12公里、普通国省道安防精细化提升6公里、新增蓄水能力26万立方米、恢复和改善灌溉面积10300亩。

完成常德市重点民生实事任务6项。城镇新增就业4246个、失业人员再就业2424个、就业困难人员就业787个、新增农村劳动力转移就业1094个；新增义务教育学位270个；新增医疗床位50张、转型床位30张，新增机构养老床位100张、家庭养老床位450张；新增路外停车位120个、路内停车位110个；改造农村户厕84个、新建农村公厕3座；既有住宅加装电梯22台。

二、农业

初步测算，全年农林牧渔业总产值50.2亿元，增长3.5%。农林牧渔业增加值30.5亿元，增长3.4%。

农作物播种面积64.18万亩，其中粮食作物播种面积33.90万亩，与上年持平，经济作物播种面积30.28万亩，下降1.7%。

禽蛋产量2.1吨，下降6.3%。水产品产量3.06万吨，增长0.3%。

年末拥有农业机械33442台，比上年增加282台；总动力23.19万千瓦，比上年增加1.13万千瓦。年末耕地面积26.11万亩，其中，基本农田22.86万亩。农业用电量4748万千瓦时，增长11.5%。全年开工各类水利工程29处，水利工程投入资金5.42亿元，水利工程完成土石方127万立方米，新增和恢复农田灌溉面积2.58万亩。

三、工业和建筑业

全市工业增加值比上年增长2.7%。其中，规模以上工业增加值增长2.5%；园区规模以上工业增加值增长5.5%。

全市规模以上工业主要产品中，精制盐86.9万吨，增长13.8%；水泥7.11万吨，下降33.6%；车桥9.7万根，增长13.5%；纱1.9万吨，增长47.7%；饲料14.9万标吨，下降13.4%；化学药品原药5463吨，增长216.4%。

全年完成建筑业增加值11.4亿元，增长10.5%。年末拥有资质建筑业企业11家，完成建筑业产值13.3亿元，8.5%。

四、固定资产投资

全市固定资产投资比上年增长9.6%。按经济类型分，国有投资下降47.3%；非国有投资增长27.0%，民间投资增长17.4%。按产业分，第一产业投资增长94.1%；第二产业投资增长26.6%；第三产业投资下降14.0%。按投资方向分，工业投资增长26.6%；高新技术产业投资增长7.3%；民生投资下降15.2%；生态投资下降82.8%；基础设施投资下降76.0%。全年商品房销售面积10.4万平方米，下降17.5%。

五、国内贸易

全市社会消费品零售总额86.0亿元，增长7.5%。其中，城镇社会消费品零售额53.0亿元，增长11.4%，乡村社会消费品零售额33.0亿元，增长4.9%。限额以上法人批发和零售业商品零售额28.9亿元，增长10.4%，其中网上零售额增长68.6%。分商品类别看，粮油、食品、饮料、烟酒类增长42.4%；服装、鞋帽、针纺织品类下降1.1%；化妆品类下降20.9%；中西药品类增长180.8%；家用电器和音像器材类增长43.3%；汽车类下降24.5%；石油及制品类增长14.9%；文化办公用品类下降20.4%。

六、交通运输、邮电和旅游业

全市完成交通运输、仓储业和邮政业增加值11.2亿元，增长2.4%。实现公路、水运货运量435.6万吨，增长1.5%。货物周转量72897万吨公里，下降2.1%。实现公路客运量305.6万人，增长11.8%，旅客周转量10785.2万人公里，增长18.0%。境内公路全程总长558.22公里。其中，高速公路35.65公里，国道4.76公里，省道106.32公里，县道27.92公里，乡道167.98公里，专用公路1.69公里，村道213.90公里。全市年末汽车保有量23515辆，增长1.5%。本年新注册民用汽车408辆。

全年完成邮电业务总量2.3亿元，增长9.5%。其中，邮政业务总量0.48亿元，增长21.6%；电信业务总量1.82亿元，增长6.4%；年末移动电话用户20.8万户，与上年持平；宽带网用户7.75万户，增长6.7%。

全年完成旅游总收入21.8亿元，增长60.8%。国内旅游人数218.1万人次，增长66.6%。年末拥有国家旅游等级区（点）6家，其中4A级以上1家。旅行社1家。

七、招商引资和对外贸易

全年引进内外资总额105.6亿元，增长22.9%；新批外商投资项目2个，新批境外投资企业2家，实际利用外资95万美元。全年完成进出口总额10113万美元，下降38.7%。

八、财政、金融和保险

全年一般公共预算收入12.21亿元，增长92.7%。其中地方一般公共预算收入10.41亿元，增长69.3%；公共财政预算支出28.72亿元。税务局完成各项税收入库4.96亿元，增长8.1%。

年末金融机构各项存款余额219.7亿元，增长10.8%。其中，非金融企业存款余额34.4亿元，增长11.3%，住户存款余额167.8亿元，增长13.8%。金融机构各项贷款余额154.6亿元，增长10.7%。其中个人消费贷款19.9亿元，增长1.4%。年末拥有11家保险机构，全年各项保费收入3.6亿元，增长17.8%，各项赔款和给付支出1.36亿元，增长32.2%。

九、教育和科学技术

年末全市拥有各类学校33所，在校学生14936人，招生3551人，毕业学生3696人。其中：中等职业学校3所，在校学生932人，增长23.3%；普通高中2所，在校学生2289人，增长2.9%；初中学校11所，在校学生3685人，下降3.1%；普通小学16所，在校学生7903人，下降3.5%；特殊教育学校1所，在校学生127人，下降2.3%。小学适龄儿童入学率达100%。幼儿园在园幼儿3567人，下降12.7%。各类民办教育机构46个，在校学生2558人，增长7.9%。义务教育阶段合格学校建设28所。落实义务教育保障资金1526万元，发放中职国家助学金20.1万元，中职国家助学金资助中职学生201人次。

全年高新技术产业增加值36.8亿元，增长8.2%。年末拥有高新技术企业56家，省级工程技术研究中心18个。专利申请93件，其中发明专利93件。授权专利49件，其中发明专利49件。全年技术合同成交金额23.8亿元，增长14.8%。

十、文化、卫生和体育

年末拥有艺术表演团体7个，群众文化馆1个，公共图书馆1个，博物馆（纪念馆）2个，国家级非物质文化遗产保护名录1个，省级非物质文化遗产保护名录1个。

年末拥有医疗卫生机构总计188个。其中，医院、卫生院11家，妇幼保健院1家，专科疾病防治院1家，疾病预防控制中心（防疫站）1个，卫生监督所（中心）1个，社区卫生服务中心（站）13个，诊所、卫生所、医务室63个，村卫生室96个，农卫站1个。全市卫生技术人员1775人。其中，执业医师和执业助理医师720人，注册护士820人，乡镇卫生院卫生技术人员225人，疾病预防控制中心（防疫站）卫生技术人员24人。医疗卫生机构共有床位1078张，其中乡镇卫生院拥有床位228张。

全市经常参加体育锻炼人数10万人，年内开展全民健身项目30次。年末拥有体育场地195个，其中体育馆2个，运动场28个，游泳池3个，各种训练房25个。

十一、资源环境和安全生产

全市森林覆盖率17.8%，全年完成造林面积2067公顷，年末实有封山育林面积2817公顷。平均年降水量894.8毫米，下降 1.2%。

全社会用电量 7.95 亿千瓦时，增长 1.3%。其中工业用电量 4.93 亿千瓦时，增长 2.7%，单位规模工业增加值能耗下降 5.0%。城乡居民生活用电量 1.67 亿千瓦时，下降 6.2%。持续开展大气污染防治，市城区空气质量达标率达 91.5%。

全年发生各类生产经营性安全事故 5 起，各类生产经营性安全事故死亡 4 人。亿元 GDP 生产安全事故死亡人数 0.02 人。

十二、人口、居民生活与社会保障

全市年末居民总户数 9.11 万户，总户籍人口 22.0 万人。其中，城镇人口 12.03 万人，乡村人口 9.97 万人。按性别分，男性人口 11.2 万人，女性人口 10.8 万人。按年龄分，0—17 岁 2.81 万人，18—34 岁 3.44 万人，35—59 岁 9.13 万人，60 岁及以上 6.62 万人。全年出生人口 0.08 万人，死亡人口 0.12 万人。

全市居民人均可支配收入 37292 元，增长 4.5%；城镇居民人均可支配收入 45099 元，增长 4.2%；农村居民人均可支配收入 23029 元，增长 4.6%。全市居民人均消费支出 28407 元，增长 4.4%；城镇居民人均消费支出 31717 元，增长 3.5%；农村居民人均消费支出 22360 元，增长 6.2%。

年末参加城镇基本养老保险职工人数 8.4 万人，其中：参保职工 4.49 万人，离退休人员 3.91 万人。城乡居民基本养老保险登记参保人数 7.65 万人。全市基本医疗保险参保人数 19.39 万人，其中城镇职工基本医疗保险参保人数 3.14 万人，城乡居民基本医疗保险参保人数 16.25 万人。城镇登记失业率 1.3%。参加失业保险 2.0 万人，领取失业保险金职工人数 0.04 万人。参加生育保险 1.65 万人。参加工伤保险职工人数 2.66 万人。

获得政府最低生活保障的城镇居民 2505 人，发放城镇居民最低生活保障费 1012 万元；获得政府最低生活保障的农村居民 3383 人，发放农村居民最低生活保障费 1008 万元。各类收养性社会福利单位床位 1994 张，各类收养性社会福利单位收养人员 929 人。销售社会福利彩票 1562 万元，筹集社会公益金 184 万元，直接接收社会捐赠 55 万元。

政治·军事·法治

◎常德市召开2022年度各民主党派市委会、市工商联和无党派人士参政议政专题调研成果汇报会

1月3日上午，常德市召开2022年度各民主党派市委会、市工商联和无党派人士参政议政专题调研成果汇报会。市委书记曹志强出席并讲话。市委副书记、市长周振宇主持会议，并交办2022年度参政议政专题调研成果采纳落实工作。

会上，各民主党派市委会、市工商联、市知联会主要负责人先后发言，围绕优化营商环境助力“五好”园区建设、发挥高等教育优势作用、改善科技成果转化机制、持续推动县域经济高质量发展、加大农产品区域公用品牌建设力度、助推文旅体产业高质量发展、促进我市“农民工”稳定就业、年轻一代民营企业家成长需求、常德经济动植物地方特色品种资源保护等主题，积极建言献策。

会上，市委常委、常务副市长徐永健通报了2021年度各民主党派市委会、市工商联和无党派人士参政议政专题调研成果采纳落实情况。

汇报会现场

市领导黄清宇、康重文、傅勇、冈滨辰、杨成英、周代惠、陈华、邹吉茂、刘保湘等参加汇报会。

◎常德市春运电视电话会议要求 全力做好春运疫情防控和运输服务保障工作

全省春运工作电视电话会议常德分会场

1月4日下午，2023年全国、湖南省春运工作电视电话会议刚刚结束，常德市接着召开全市春运电视电话会议，传达全国、全省春运工作电视电话会议精神，部署全市2023年春运工作。

2023年春运从1月7日开始，至2月15日结束，为期40天。副市长杨成英要求，要科学研判今年春运形势，要提前做好客流预测分析，科学制定运输方案，综合调度运输组织，全力保障人民群众出行。要保障安全畅通，提高应急能力。各级各相关部门要认真查找春运安全工作中的薄弱环节，加强隐患排查治理，做好道路疏堵保畅，提高应急处置水平。重点围绕“两客一危”车辆、四类重点船舶、高速公路、铁路、机场、邮政快递等重点领域，组织开展安全检查和隐患整改，确保重大风险管控到位、安全隐患整改到位。相关部门要加强路网监测调度，利用多种方式及时发布路况信息，引导公众合理选择行驶路线。要增强服务意识，提升服务品质，做好旅客运输精细服务，满足重点群体出行需求，让旅客春运期间走得了、走得好。要科学精准做好春运疫情防控工作，持续优化落实疫情防控措施，做好从业人员防护，加强旅客出行引导。全市春运工作要按照“强服务、保畅通、保安全”的总体要求落实到位，确保春运平安有序。

◎2023年常德市宣传思想工作务虚会召开

1月4日，常德市宣传思想工作务虚会召开，研究谋划2023年宣传思想重点工作。市委常委、市委宣传部部长彭晛丹出席会议并讲话。

会议现场

会议指出，学习宣传贯彻党的二十大精神，是贯穿全年工作的一条主线。各地各单位要进一步加强谋划，在理论宣传、新闻宣传、文艺宣传、社会宣传、网络宣传等方面，全面策划出一批独具特色、务实管用的举措。围绕中心、服务大局，是宣传思想工作的基本职责。要聚焦党委政府中心工作，多谋划、多开展经济形势、发展政策等方面的宣传，更好地强信心、稳人心、筑同心，以宣传之力服务经济发展。

会议要求，谋划新一年的宣传思想工作，要聚焦党的二十大相关部署，注重从党的二十大报告中找依据、找思路、找措施，做到目标化管理、项目化推进、品牌化打造；要聚焦加快建设文旅强市，加强顶层设计和路径规划，发展休闲游、康养游、研学游等旅游新业态，积极创建国家文化和旅游消费示范城市；要聚焦全国文明城市创建夺牌，全面推进文明培育、文明实践、文明创建，确保向市委、市政府和全市人民交出一份满意的答卷。

要闻纪事

1月

△6日，常德市八届人大常委会召开第三十八次主任会议。市人大常委会党组书记、主任余怀民主持会议。讨论了《常德市人大常委会2023年立法计划(草案)》《常德市人民代表大会常务委员会2023年工作要点(草案)》。

△7日，常德市委书记曹志强主持召开老干部政情通报会，通报2022年全市经济社会发展情况，聆听各位老领导、老同志对市委、市政府工作的意见建议，凝心聚力谋发展，团结奋进新征程。

△8日，常德市委副书记、市长周振宇走访慰问企业军转干部、省劳模代表、养老院老年人等，为他们送去新春慰问金，并致以新春的祝福。

△9日，常德市委副书记、市长周振宇主持召开市长碰头会。周振宇强调，以开局就要加速、起步就要起势的精气神，推动各项工作落细落地，努力实现“开门红”“开门稳”。

△9日，常德市政协主席、党组书记黄清宇主持召开市政协2023年第1次机关工作碰头会。市政协副主席张业梅、王鳌、袁世平，市政协秘书长曾克非参加会议。

△10日，常德市委书记曹志强主持召开全市疫情防控和医疗救治工作调度会。市委副书记、市长周振宇出席会议并讲话。

△10日，常德市深化基层治理网格化服务管理工作视频会召开。市委常委、市委政法委书记刘国龙出席会议并讲话。

2023 年常德市公安机关春运道路交通安保工作动员部署电视电话会议

◎常德市公安机关动员部署 2023 年春运道路交通安保工作

1 月 5 日，2023 年常德市公安机关春运道路交通安保工作动员部署电视电话会议召开，会议传达学习了全省公安机关春运工作动员部署电视电话会议精神，动员部署今年全市春运道路交通安保工作。

会议强调，全市公安机关要全警动员，全力以赴，提升风险研判、隐患治理、路面管控、部门联动、宣传引导能力水平，科学制定道路交通安保工作方案，保障群众安全出行；要加强安全隐患排查治理、交通违法打击处理，做好道路疏堵保畅，提高应急处置水平；要按照“保安全、保畅通、强服务”总体要求，加强调度指挥，形成部门合力，规范文明执法，强化宣传提示，创造平安有序的道路交通环境。

会议要求，对标对表《春运方案》，采取强有力措施，高位推进各项工作，努力实现“四个不发生”的工作目标；坚持问题导向，对照各项春运措施，针对人车路企安全隐患，抓好重点车辆及驾驶人“三率”工作，提高车辆报废率、检验率和违法处理率；坚持“守底线、树形象、创品牌”的理念，严格执行春运期间 24 小时值班和领导带班制度，加强督导检查和视频巡察，强化纪律作风建设。

◎常德市委常委会召开会议

1 月 6 日下午，常德市委书记曹志强主持召开市委常委会会议，传达学习习近平总书记二〇二三年新年贺词精神，习近平总书记对爱国卫生运动、非物质文化遗产保护工作作出的重要指示精神；传达学习中央农村工作会议精神、中共中央政治局民主生活会精神等，研究常德市贯彻落实意见，并听取有关情况汇报。

会议强调，要深刻领会“两个确立”的决定性意义，不断增强“四个意识”、坚定“四个自信”、做到“两个维护”，确保各项工作开好局、起好步，确保社会主义现代化新常德建设始终沿着正确方向不断前进。

会议强调，要充分发挥爱国卫生运动的组织优势和群众动员优势，同时，进一步完善爱国卫生运动工作体系，加快建设健康常德。要深入学习贯彻习近平总书记对非物质文化遗产保护工作作出的重要指示精神，坚定文化自信，坚持守正创新，推动全市非遗保护传承工作再上新台阶。

会议强调，要深入学习、对标对表，科学谋划部署，抓好保障粮食安全、推进乡村振兴、强化科技支撑、建设和美乡村等“三农”工作重点任务，全面加强党对“三农”工作的领导，加快推进我市由农业大市向农业强市转变。

会议听取了市委常委班子民主生活会有关事项、公安重点工作和全市社会保险基金运行管理等情况汇报。

◎常德市政府第 23 次常务会议召开

1 月 6 日，市长周振宇主持召开常德市政府第 23 次常务会议，传达学习中共中央政治局民主生活会精神及有关重要讲话、会议和批示精神，研究《2022 年度市政府党组班子民主生活会建议方案》等事项。

会议强调，习近平总书记主持召开新一届中央政治局首次民主生活会，体现了高标准、严要求，为全党树立了榜样、作出了示范，我们要深入学习领会，抓好贯彻落实，对标看齐开好市政府党组班子民主生活会。

会议强调，习近平总书记新年贺词深情回顾了党和国家过去一年的非凡历程和伟大成就，我们要认真学习领会，坚定前进方向，致力奋发作为，凝聚各方力量，奋力谱写中国式现代化的常德篇章。

会议强调，要认真贯彻省委副书记、省长毛伟明关于《常益长铁路常德段沿线安全环境整治工作情况的报告》批示精神，要常态化整治沿线环境，努力将高铁沿线建成风景线、旅游线、致富线，打造造福于民的致富之路、开放之路、希望之路。要扎实做好春运工作，确保春运期间安全有序，充分展示常德的良好形象。

会议还研究了《常德市惠农补贴资金专项整改工作方案》并部署方案组织实施工作，听取了市自来水有限责任公司争取中央预算内投资情况。

要闻纪事

△ 11 日，常德市国资监管系统党的二十大精神宣讲暨 2023 年工作务虚会召开。副市长谭丁出席会议并讲话。

△ 11 日，2023 年常德市工会工作务虚会在市总工会机关召开。市人大常委会副主任、市总工会主席李育智出席会议并讲话。

△ 11 日，常德市委组织部立即召开新阶段疫情防控工作中更好发挥基层党组织和党员作用电视电话会议。市委常委、市委组织部部长康重文出席会议并讲话。

△ 12 日，参加湖南省十四届人大一次会议的常德代表团，在驻地召开了全体会议。市委书记曹志强主持会议。市委副书记、市长周振宇，市人大常委会党组书记、主任余怀民出席会议。市委常委、常务副市长徐永健，常德经开区党工委书记车世忠参加会议。

△ 15 日，湖南省十四届人大一次会议常德代表团召开全体会议，审议省政府工作报告及其他报告。市委书记曹志强主持会议。市委副书记、市长周振宇，市人大常委会党组书记、主任余怀民参加审议。

△ 18 日，常德市委书记曹志强主持召开市委常委会（扩大）会议，传达学习湖南省十四届人大一次会议精神、湖南省政协十三届一次会议精神，安排部署相关工作。

△ 19 日，常德市委常委、市委政法委书记刘国龙赴全市多家政法单位，看望慰问一线政法干警，送去新春慰问与祝福。副市长、市公安局局长余良勇，市政协副主席、鼎城区委书记朱金平参加慰问活动。

◎常德市召开全国禁毒示范城市创建暨地域性突出毒品问题整治攻坚行动推进会

1 月 6 日，常德市召开全国禁毒示范城市创建暨地域性突出毒品问题整治攻坚行动推进会。市委常委、市委政法委书记、市禁毒委第一副主任刘国龙出席会议并讲话。副市长、市公安局局长、市禁毒委常务副主任余良勇通报全国禁毒示范城市创建和地域性突出毒品问题整治攻坚工作进展情况。

会上交办了《关于切实加强麻精药品管理工作的提醒函》。

会议指出，全市要进一步强化禁毒宣传教育、涉毒违法犯罪打击、吸毒人员管理、制毒物品和麻精药品清理整顿、毒品问题综合治理，切实推进常德市禁毒工作向纵深发展。要坚决扛牢创建全国禁毒示范城市的责任担当。切实增强政治自觉，强化担当作为，紧紧围绕经济社会发展大局，全力推进示范创建各项工作。进一步制定完善方案，开展自查自纠，加强宣传引导，凝聚群众力量，营造全民参与、共建共享的创建氛围。要切实强化创建全国禁毒示范城市的工作保障。加强组织领导、协作配合，守住工作底线，大力防范化解涉毒风险隐患。要全力抓好全市地域性突出毒品问题整治攻坚工作。坚决查处麻精药品非法流弊和滥用问题，坚决斩断非列管化学品进入替代滥用的渠道，坚决防止非列管物质滥滥成势。

会议现场

◎常德市人大常委会召开全国、湖南省人大代表建议征求意见座谈会

市人大常委会召开全国、省人大代表建议征求意见座谈会会议现场

为充分发挥在常全国、湖南省人大代表作用，更好地呼吁中央部委、省直部门支持常德市经济社会发展，1月9日下午，常德市人大常委会召开全国、湖南省人大代表建议征求意见座谈会。市人大常委会党组副书记、副主任尹正锡，市人大常委会副主任邹如龙出席座谈会。

会上，有关单位汇报了协助在常全国人大代表、省人大代表准备有关建议的情况。省十四届人大一次会议召开在即，新当选的省十四届人大代表正抓紧时间，认真撰写准备提交的议案建议，内容涉及经济社会发展、基础设施建设、民生改善、生态环境保护等方面。

尹正锡强调，各相关单位要突出重点，聚焦事关常德高质量发展的重大事项、瓶颈问题，汇聚民意、加强研究、精准发力，为广大代表积极、科学建言献策，提供智力支持和优质服务；要以高度的责任感、使命感做好协助工作，要深入调研、深层次思考，将工作做实做细，有步骤有计划地推进各项工作。

邹如龙指出，各单位要高度重视人大代表建议工作，善于借力，充分发挥人大代表建议的作用，紧盯事关常德发展的重要问题和关键问题，为广大代表的建议工作提供强有力的支持和帮助。

◎常德市公安局举行升警旗仪式庆祝中国人民警察节

1月10日上午，常德市公安局举行升警旗仪式，庆祝第三个中国人民警察节。副市长、市公安局局长余良勇出席仪式并带领全体民警重温入警誓词。

上午8时，全体民警警容严整、精神饱满、气势勃发、整齐列队，护旗手迈着铿锵的步伐行进至旗杆前。伴随着《中国人民警察警歌》振奋激昂、催人奋进的旋律，警徽熠熠的警旗冉冉升起，全体民警肃立注目行举手礼，向警旗致以崇高的敬礼，以庄严神圣的方式表达对中国人民警察队伍的无限热爱。随后，余良勇带领全体民警重温入警誓词，誓言铮铮，句句铿锵有力，字字掷地有声，增强了全警在警旗引领下忠诚履职尽责的使命感，彰显了常德公安对党忠诚、服务人民、执法公正、纪律严明的铁军风采。

◎常德市安乡县公安局举行2023年中国人民警察节升警旗仪式

仪式现场

仪式现场

1月10日，常德市安乡县公安局举行2023年中国人民警察节升警旗仪式，庆祝第三个中国人民警察节。副县长、县公安局局长汪洋参加仪式并致辞。

8时30分，在中国人民警察警歌声中，警旗冉冉升起，全体民辅警队列整齐、警容严整，向警旗致以崇高敬礼。随后，全体人员重温了入警誓词。仪式现场还为2022年退休民警代表颁发了光荣退休荣誉章，为3名“所队示范星”、6名“排头警”颁发了荣誉牌。

汪洋向全县公安机关人民警察及其家属致以节日祝福。他希望全体民辅警要将今天中国人民警察节庆祝活动焕发出来的精气神，转化为护航全县经济社会高质量发展、打击突出违法犯罪、维护社会大局安全稳定的强大动力，为建设平安安乡、法治安乡作出更大贡献。

仪式结束后，部分民警还参观了安乡县公安局传统教育室，收听收看了2022年“最美湘警”发布仪式电视电话会议。

◎常德市武陵区举行“公安心向党·护航新征程”活动

活动现场

1月9日晚，常德市公安局武陵分局以“公安心向党·护航新征程”为主题，举行武陵公安·青年说第三季致敬警察节活动，武陵区委副书记、区长寻健出席并讲话。

活动现场，武陵公安将镜头对准老、中、青三代民警，以“赓续荣光”“擎旗奋进”“青春宣言”三个篇章为引，以光荣从警三十年、荣退仪式、颁奖仪式、授旗仪式为线，以歌曲、访谈、朗诵、情景剧的形式演绎武陵公安的动人故事。

活动中，寻健代表区委、区政府向公安武陵分局全体工作人员致以节日的祝福和诚挚的问候，他指出，2023年是全面贯彻落实党的二十大精神的开局之年，是全面建成现代化新武陵的奋进之年，希望全区公安民警始终保持对党绝对忠诚、绝对可靠的政治本色，坚持改革创新、发扬斗争精神，以人民需要为“源头水”，以保卫平安为“主战场”，敢打敢拼，善作善成，创造无愧于时代、无愧于人民、无愧于使命的精彩事业。区委、区政府将坚定不移做公安工作的坚强后盾，一如既往地保障支持公安工作、关心关爱公安队伍，坚决落实从优待警政策、持续完善暖警爱警举措，让公安工作更有保障，让公安队伍更有力量。

贺吉敏、邓慈陵、戴志刚、黄永清参加活动。

要闻纪事

△19日上午，常德市委书记曹志强主持召开市委常委会会议，传达学习习近平总书记近期重要讲话重要指示精神；传达学习全国、全省有关会议精神，研究常德市贯彻落实意见。

△23日，常德市召开安全防范工作视频调度会，副市长郭碧勋对做好春节期间安全防范工作进行安排部署。

△28日，常德市委书记曹志强主持召开市委常委会（扩大）会议。会议以视频形式召开，各区县（市）设分会场。全体在家市级领导参加会议。

△29日，常德市人大常委会机关全体干部职工大会召开。市人大常委会党组书记、主任余怀民出席会议。市人大常委会党组副书记、副主任尹正锡主持会议。

△29日，常德市委副书记、市长周振宇主持召开市政府第24次常务会议，传达学习相关会议和重要指示精神，听取全市真抓实干督查激励、立项争资、安全生产和消防等工作情况汇报。

△30日，常德市委书记曹志强主持召开市委常委会会议，传达学习全国全省宣传部长会议、全国全省委网信办主任会议精神；传达学习十二届省纪委三次全会精神，研究常德市贯彻落实意见，并听取有关工作情况汇报，审议相关文件。

2月

△1日，常德市委常委班子召开2022年度民主生活会。市委书记曹志强主持并作表态讲话。省委组织部二级巡视员高麟，省纪委监委第二监督检查室副主任、二级巡视员刘瑾瑜等有关同志全程到会指导。

◎常德市召开烟花爆竹禁燃禁放工作调度会

烟花爆竹禁燃禁放工作调度会

1月11日，常德市召开2023年污染防治第一次调度会暨烟花爆竹禁燃禁放工作调度会。副市长、市公安局局长余良勇主持会议，副市长郭碧勋出席会议并讲话。

郭碧勋要求，要强化宣传，提高群众知晓率和参与度；要抓牢关键环节，细化压实管控责任，确保禁燃禁放区实现零燃放；要加强联防联控，各级各部门要依托村组（社区）网格化管理，开展常态化巡察，确保实现巡察无死角、无遗漏；要压实责任，区县（市）、乡镇（街道）要承担主体责任，相关部门要强化职能部门责任，对落实不到位的，要从严问责。

余良勇强调，要迅速传达、部署，各级各部门要马上召开专题会议，进行再部署、再强调，进一步营造浓厚工作氛围；要聚焦重点、关键，宣传发动、联防联控、查处处罚等重点任务要做到整体推进，生产、存储、运输、销售、燃放等关键环节要实现闭环处理；要加强文明、规范、理性执法，既要依法惩处违法燃放行为，又要避免引发舆情；要强化责任，各区县（市）要压实主体责任，相关单位要各司其职，加强衔接，通力合作，形成强大工作合力。

◎常德市举行优秀改革案例展演暨全面深化改革工作推进会

优秀改革案例展演暨全面深化改革工作推进会现场

1月11日，常德市举行优秀改革案例展演暨全面深化改革工作推进会。市委常委、市委秘书长、市委改革办主任傅勇主持会议并讲话。省委改革办副主任李钦参加会议。

9位区县（市）和7个改革专项小组的代表通过PPT分别展演了各自的案例经验，评委逐一进行了打分。汉寿县《天鹅归来——汉寿县创新机制推动西洞庭保护的生态答卷》、石门县《深山响起踢球声——石门县探索校园足球发展之路》、桃源县《聚焦“全生命周期” 优化“闭环式”服务——桃源县退役军人服务保障工作经验》3个案例获评一等奖。

傅勇指出，要锁定全年目标，做好梳理总结和争先创优工作；要统筹抓好全市改革考评，坚持“一把尺子量到底”，真正把考核的“指挥棒”作用发挥好，充分激发各级各部门齐心协力抓改革的动力和活力；要把握发展大势，加强工作谋划；要增强改革的系统性、针对性、实效性。大家一定要振奋精神，坚定信心，真抓实干，推动全面深化改革取得更大成效，为建设社会主义现代化新常德作出更大贡献。

◎常德市『朋友圈』添新好友 与乌干达穆科诺市结为友好合作城市

1月11日，常德市与乌干达共和国穆科诺区穆科诺市正式签订《友好合作城市意向书》，穆科诺市成为常德市第4座友好合作城市。常德市委副书记、市长周振宇与穆科诺市市长穆卡萨·埃里萨·恩科约约代表双方签约，并以录制视频的形式相互致辞。

根据《友好合作城市意向书》，双方同意在平等互利的基础上，加强两市间的友好交往和经济、贸易往来，积极开展科教文卫旅体、环境和自然资源管理、社区基础服务等各个领域的交流与合作，进一步做好国际合作项目，促进两市经济社会发展，努力实现互利双赢。

周振宇表示，穆科诺市区位优势明显，与常德市优势互补，两市可在产业发展、环境和自然资源管理、公共基础设施建设等多个领域开展合作。希望两市能在和平友好、平等互利、相互尊重的基础上，共同开创互利互惠、合作共赢的新局面，共同谱写友好合作发展的新篇章。

穆卡萨·埃里萨·恩科约约表示，穆科诺市坐拥纳曼维工业园区，是乌干达最大的投资项目之一，发展态势良好。合作签署后，我们会在多个领域受益，比如青少年体育、农业机械化、环境退化治理、青少年职业教育等，将使两市的合作关系更上一层楼，实现互利共赢。

市政府秘书长陈爱喜参加签约活动。

要闻纪事

△2日，常德市八届人大常委会第三十九次主任会议召开。市人大常委会党组书记、主任余怀民主持会议。

△2日，常德市政府党组班子召开2022年度民主生活会。市委副书记、市长、市政府党组书记周振宇主持会议。市政府党组班子成员徐永健、周代惠、谭丁、郭碧勋、陈爱喜参加会议。市政府副市长杨成英、原副市长龚德汉列席会议。

△2日，常德市委副书记、市长周振宇主持召开市政府党组理论学习中心组集中学习研讨暨市长碰头会，传达学习重要文章及有关重要批示和文件、讲话、会议精神，进行集中学习研讨，听取1月份重点工作完成情况，研究常德市部署2月份重点工作。

△3日，中国人民政治协商会议常德市鼎城区第十届委员会第三次会议开幕。常德市政协副主席、鼎城区委书记朱金平、鼎城区委副书记、区人民政府区长陈远等领导到会祝贺。鼎城区政协主席雷建国代表政协鼎城区委员会常务委员会作工作报告。

△3日，鼎城区第十八届人民代表大会第三次会议开幕。常德市政协副主席、鼎城区委书记朱金平出席会议，鼎城区委副书记、区人民政府区长陈远代表区人民政府向大会作政府工作报告。

△5日，常德市委副书记、市长周振宇主持召开市政府八届四次全体会议。市领导徐永健、陈章杰、尹正锡、杨成英、周代惠、余良勇、谭丁、郭碧勋、庞波，原副市长龚德汉，市政府秘书长陈爱喜参加会议。

◎常德市安全生产电视电话会议召开 全力维护社会大局平安稳定

全市安全生产电视电话会议召开 全力维护社会大局平安稳定

1月11日，全国、湖南省安全生产电视电话会议结束后，常德市立即召开相关会议迅速落实全国、全省会议精神，对全市安全生产工作进行再强调、再部署。市委书记曹志强主持会议并讲话。他强调，岁末年初历来是生产安全事故高发期，我们要把安全放在心上、责任扛在肩上、工作抓在手上，警钟长鸣，久久为功，全力维护社会大局平安稳定。市委副书记、市长周振宇出席会议并讲话。

曹志强强调，必须时刻绷紧思想之弦。我市安全生产形势总体平稳，但事故总量依然偏大、安全监管盲区仍然较多，随着岁末年初人流、物流、车流剧增，加上可能面临的寒潮、雨雪、冰冻等天气，安全风险防范任务十分繁重。

周振宇要求，要加强交通运输安全管控；要加强消防安全管控；要加强烟花爆竹安全管控；要加强旅游场所安全管控；要加强企业生产特别是危险化学品、非煤矿山、工贸、城镇燃气、特种设备等方面的安全管控；要加强建筑施工安全管控；要加强森林防灭火安全管控。同时，还要注意加强极端恶劣天气的应对防范、社会治安管控以及督导检查和值班值守。

会议以视频方式召开。市领导徐永健、傅勇、杨成英、周代惠、余良勇、谭丁、郭碧勋在主会场参会。

◎常德市鼎城区委组织部推动党的二十大精神落地见效

鼎城区斗姆湖镇葛麻山社区一角，“红色轻骑兵”正在宣讲党的二十大精神

1月12日，“找准切入点和发力点，做好结合文章，推动全区组工干部在学中干、在干中学，持续掀起学精神、抓落实的热潮。”常德市鼎城区委常委、组织部部长黄秋云在接受采访时介绍。

党的二十大胜利召开后，常德市鼎城区委组织部将学习宣传贯彻党的二十大精神，与开展“一课一片一实践”紧密结合，组织党员讲“微党课”、观看党员教育片、开展社会实践活动，通过学思践悟，将学习成效转化成为民服务的内生动力。

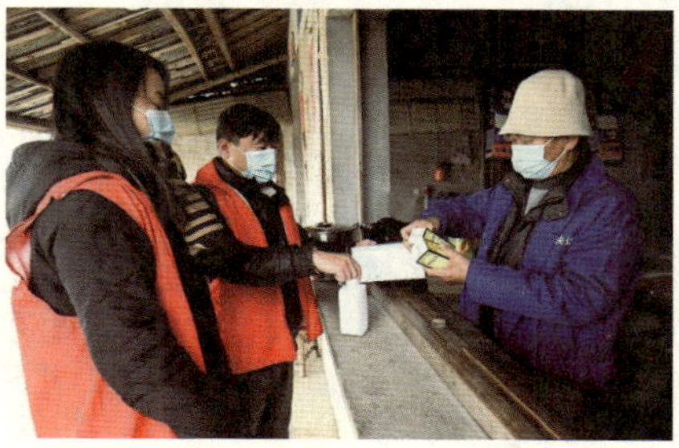

鼎城区斗姆湖镇葛麻山社区，党员干部为群众发放健康防疫包

鼎城区委组织部领导充分发挥“领头雁”作用，专题授课、示范带动，为机关党员“充电蓄能”，学深悟透党的二十大精神要义。组建21支“红色轻骑兵”，由机关党员担任宣讲员。

在区委组织部带动下，鼎城区各党政机关、乡镇（街道）、村（社区）、企事业单位纷纷成立“红色轻骑兵”。目前，全区共有2837支“红色轻骑兵”，开展党的二十大精神宣讲6700余场。

鼎城区委组织部学思践悟党的二十大精神，氛围浓厚。机关干部争当宣传贯彻党的二十大精神的“排头兵”，以实际行动践行使命担当。

连日来，鼎城区委组织部机关党员主动走进基层、深入农户家中，收集村级集体经济发展、物业费缴纳、家门口办证等群众“急难愁盼”问题35个，目前已推动解决33个。

◎奋力夺取现代化新常德建设的更大胜利

2023年1月16日，“湖南省政府工作报告精彩、务实，报告对中央精神吃得很透，对湖南实际扣得很紧，对群众需求把得很准。聆听之后，我们倍感振奋、倍受鼓舞、倍增信心。”湖南省人大代表、常德市委书记曹志强接受湖南日报全媒体记者采访时说，常德将认真贯彻省两会精神，全面落实“三高四新”战略定位和使命任务，坚持“稳进高新”工作方针，锚定方位、高标定位、争先进位，奋力夺取现代化新常德建设的更大胜利。

2022年，常德创造性落实国、省稳经济一揽子政策措施，精准性打出一系列政策措施“组合拳”，推动了经济增长。常德主要经济指标位居全省第一方阵，四大千亿产业、四大新兴产业增势迅猛，先进装备制造产业集群成为省级先进制造业集群。

“发展的落脚点是满足人民对美好生活的向往。”曹志强说，常德将始终坚持以人民为中心的发展思想，扎实办好民生实事，切实解决群众急难愁盼突出问题，让人民群众有更多获得感、幸福感、安全感。

◎常德市安乡县人武部新营院落成启用仪式举行

1月12日，常德市安乡县人武部新营院落成启用仪式举行。常德市委常委、常德军分区司令员李邦哲，安乡县委副书记、县长徐桢参加并为新营院揭牌。县领导李进、何志祥、胡秋兰、袁超云、韩翼飞、江峰、刘飞、肖刚刚参加启用仪式。

李邦哲在启用仪式上表示，新营区展现新面貌，新气象催生新作为。他希望安乡县委、县政府和人武部全面贯彻党的二十大精神，深入贯彻习近平强军思想，砥砺前行、紧抓实干，着眼应对强敌，务实推进国防动员建设，尽快使新营院发挥军事功能、释放军事效益、产生军事成果。要完善政治环境，打造有文化有底蕴有内涵的新时代军队营院，充分发挥政治工作铸魂、励志、育人功能。要提高正规化建设水平，严格规范“四个秩序”，做到硬件要硬、软件不软，软件建设与硬件建设相匹配、相协调，争创一流人武部。要强化后备力量建设，锻造一支召之即来、来之能战、战之必胜的新型民兵队伍，在抢险救灾、乡村振兴和应急处突等任务中勇挑重担，以实际行动支持地方经济社会建设。

落成启用仪式现场

要闻纪事

△9日，鼎城区举行全国禁毒示范城市创建暨地域性突出毒品问题整治攻坚行动推进会。鼎城区委常委、区委政法委书记钟科程，鼎城区人民政府副区长、区公安局局长罗立杰参加会议。

△13日，常德市政协主席、党组书记黄清宇主持召开市政协2023年第3次机关工作碰头会。市政协副主席张业梅、王鳌、袁世平，市政协二级巡视员匡加才，市政协秘书长曾克非出席会议。

△13日，常德市人大常委会召开与“一府一委两院”联席会议。市委副书记、市长周振宇出席会议，市人大常委会党组书记、主任余怀民主持会议。

△14日，中共常德市委办公室领导班子召开2022年度民主生活会。市委常委、市委秘书长傅勇主持会议。市纪委监委相关负责人到会指导。

△14日，常德市人大常委会党组班子召开2022年度民主生活会。市人大常委会党组书记余怀民主持民主生活会。

△14日，常德市委政法委领导班子召开2022年度民主生活会。市委常委、市委政法委书记刘国龙主持会议。市委组织部有关负责同志到会指导、点评。

△16日，常德市人大常委会召开2023年立法工作推进会。市人大常委会党组书记、主任余怀民出席会议。市人大常委会副主任李育智主持会议，副市长、市公安局局长余良勇，市人大常委会秘书长李绍霞参加会议。

△17日，常德市规范性文件备案审查工作推进会召开。市人大常委会副主任李育智出席会议。

◎常德4个集体和6名个人获全省应急管理系统先进表彰

1月29日，湖南省召开应急管理工作暨全省应急管理先进单位和先进个人表彰视频会议，常德4个集体和6名个人获全省应急管理系统先进表彰。常德市委常委、常务副市长徐永健在常德分会场参会并与获奖集体和个人代表合影。

武陵区应急管理局、鼎城区灌溪镇社会事务综合服务中心（安全生产监督管理站）、临澧县消防救援大队、澧县应急管理局获得“湖南省应急管理先进集体”称号；丁湘滨、吕会明、何扬帆、姜祎、袁明、徐高勇荣获“湖南省应急管理先进个人”称号。他们在工作中全力防范化解重大安全风险，有效应对处置事故灾害，为保障人民安居乐业、维护社会安全稳定、服务保障高质量发展作出了突出贡献。

常德市应急管理局希望受到表彰的先进集体和先进个人珍惜荣誉、再接再厉，发挥表率示范作用，为应急管理事业改革发展作出新的更大贡献。全市各级各有关单位和广大应急管理工作人员要以受表彰的先进集体和先进个人为榜样，在今后的应急管理工作中再创佳绩。

常德市委常委、副市长徐永健（第一排中间）与获奖集体和个人代表合影

◎常德市第十三届鼎城区委理论学习中心组开展2023年第一次集中学习

1月17日，常德市第十三届鼎城区委理论学习中心组开展2023年第一次集中学习暨区委常委班子民主生活会专题学习研讨，围绕学习贯彻党的二十大精神和《中国共产党章程（修正案）》、习近平总书记重要讲话精神，省委十二届三次全会、市委八届五次全会暨市委经济工作会议精神开展集中学习研讨。常德市政协副主席、鼎城区委书记朱金平主持学习活动并讲话，区委副书记、区人民政府区长陈远等全体在家的区委理论学习中心组成员参加会议。

会上，全体与会人员在深入学习指定内容的基础上，结合自身工作实际开展交流研讨，为开好区委常委班子年度民主生活会打牢了思想基础。

朱金平指出，要对标对表、学深学透，深刻领悟党的二十大精神的重大意义。

朱金平要求，要入脑入心、笃信笃行，认真汲取党章蕴含的精神力量。

朱金平强调，要担当担责、善作善成，努力践行推动高质量发展的职责使命。

◎常德市人大常委会传达学习省十四届人大一次会议精神

1月19日上午，常德市人大常委会机关召开会议，传达学习省十四届人大一次会议精神。常德市人大常委会党组副书记、副主任尹正锡主持会议。

会上，与会的全体干部职工集中学习了省十四届人大一次会议精神。同时，本次会议还传达学习了习近平总书记在二十届中央纪委二次全会上的重要讲话精神和全市落实中央八项规定精神深入纠治“四风”工作视频会议的有关精神。

尹正锡强调，全体机关干部职工要进一步学习领会省十四届人大一次会议精神，要把学习贯彻省十四届人大一次会议精神和学习贯彻党的二十大精神结合起来，要提高站位学、深入系统学、联系实际学，确保学有所思、学有所悟、学有所得。要进一步加强人大机关廉洁建设。要高度重视，认真学习把握中央八项规定精神和纠治“四风”有关规定，做到学习有认识、思想有触动、觉悟有提高；要坚持问题导向，深入开展自查自纠，强化日常管理，做到防微杜渐；党员领导干部要起示范带头作用，要以严的纪律、实的作风持续推动中央八项规定精神落实落地。要进一步推动人大工作与时俱进。牢牢把握“四个机关”定位要求，坚持与时俱进、守正创新、主动作为、干在实处、走在前列，努力推动人大工作再上新台阶。

要闻纪事

△17日，常德市委副书记、市长周振宇主持召开市政府第25次常务会议，传达学习相关重要会议、重要讲话、重要文章、重要批示精神，研究常德市贯彻落实意见，并听取有关工作情况汇报，审议相关文件。

△17日，常德市委书记曹志强主持召开市委常委会会议，传达学习习近平总书记重要讲话重要指示批示精神；传达学习全国、全省有关会议精神，研究常德市贯彻落实意见。

△17日，常德市人大法制委系统暨对口单位联系会召开。市人大常委会副主任李育智出席会议。

△21日，常德市委书记曹志强主持召开市委常委会（扩大）会议，传达学习省委书记、省人大常委会主任张庆伟2月20日来常调研时的讲话精神，研究常德市贯彻落实意见，并安排相关工作。市委副书记、市长周振宇作了精神传达学习。

△22日，常德市委召开市直单位党组（党委）书记抓基层党建工作述职评议会议。市委书记曹志强出席会议并点评。市委常委、市委秘书长傅勇主持会议。市领导彭晛丹、康重文、何艺辉等参加会议。

△22日，常德市委召开县市区和市直行业系统党组织书记抓基层党建工作述职评议会议。市委书记曹志强主持会议，进行全面点评并讲话。市委副书记、市长周振宇出席并作点评。省委组织部有关同志到会指导并作点评。

△23日，常德市委书记曹志强与来常考察的海捷控股集团有限公司董事长储慧斌一行座谈，就项目合作、产业园建设等事宜进行洽谈交流。

◎常德市委政法委理论学习中心组（扩大）举行2023年第1次集体学习研讨

1月31日，常德市委政法委理论学习中心组（扩大）举行2023年第1次集体学习研讨。常德市委常委、市委政法委书记刘国龙主持会议并讲话。

会议传达学习了习近平总书记同党外人士座谈并共迎新春时的重要讲话精神，以及《党的二十大报告学习辅导百问》《习近平法治思想学习纲要》《二十大党章修正案学习问答》等内容。

刘国龙指出，此次集中学习研讨既是“倒好时差”的收心会，也是推动工作的动员会，全市政法系统干部职工要迅速进入工作状态，高起点谋划部署全年工作，胸怀全局，对标对表，补短拉长，奋力推进政法工作现代化；全力抓好当前工作，纵深推进扫黑除恶常态化，扎实开展市域社会治理现代化试点，不断深化政法改革，全面落实案件评查、“护企惠企30条”“万名干警联基层”工作制度，继续抓好政治轮训、政治督察、作风巡查；强力推动跟踪问效，提高抓落实的能力和水平，实行每月重点任务清单工作制度，真抓实干、真督实导，切实发挥考核指挥棒作用；持续狠抓作风建设，坚决落实中央八项规定及其实施细则精神，持续纠治“四风”问题，严格执行新时代政法干警“十个严禁”，筑牢拒腐防变思想防线。

市委政法委理论学习中心组（扩大）举行2023年第1次集体学习研讨

◎“线上＋线下”同步开展！常德市2023年“春风行动”招聘会举行

2月3日，为解决企业用工需求，促进各类人才本地就业，2023年常德市“春风行动”大型招聘会暨助企稳工稳岗服务专项行动启动仪式在常德市高新区拉开帷幕。此次活动由常德市人民政府主办，常德市人力资源和社会保障局、常德市鼎城区人民政府、常德高新技术产业开发区管理委员会承办。

有竞争力的薪资、完善的职业发展通道、优厚的福利待遇……招聘现场，求贤若渴的各家企业把这次招聘会当作广纳人才、补充新鲜血液的好机会，纷纷亮出自家的“靓岗位”“好待遇”。

据统计，当天入场的112家单位提供了装备制造、物流餐饮、家政服务、普工等众多职位5000余人，现场共有6000多名求职者参加活动，其中有1000多名求职者通过线上预约自发赶到现场求职。现场达成初步就业意向2017人，通过抖音、微信受理线上求职1157人次，22.8万人观看线上招聘直播，接受群众政策咨询2000余人次，发放宣传资料3000余份。

企业代表正在为求职者介绍招聘情况

现场设有六个专区，分别是仪式启动区、招聘求职区、直播带岗区、政策宣传区、休息接待区、岗位发布区。不仅能够宣传稳岗留工、返岗就业等政策，还可以进行工会普法、市场主体登记、劳动监察等咨询，促进就业困难人员与企业无缝对接。

招聘会现场

◎常德市2023年一季度重点产业项目集中开工

2月15日上午，常德经开区生物医药产业园暨常德市2023年一季度重点产业项目集中开工仪式主会场活动在常德经开区举行。常德市委书记曹志强出席活动并宣布项目集中开工。常德市委副书记、市长周振宇主持开工仪式。

本次全市集中开工重点项目共90个，总投资231.54亿元，其中产业项目68个，总投资170.49亿元，占全部开工项目的73.63%。常德经开区生物医药产业园是一家集生物原料、医药制剂、医疗器械、现代美妆等于一体的综合性生物医药专业园区，用地面积约884.4亩，项目一期总投资38.06亿元，建成达产后预计年总产值300亿元、年创税收5亿元。目前，园区已入驻创正医疗、华杏堂医疗、曼纽科医疗、融创精密等企业，计划投资15.2亿元，年内争取再落户上下游企业及产业链项目10个以上。

项目集中开工活动以主会场加各区县（市）分会场方式举行。

市级领导余怀民、黄清宇、陈章杰、傅勇、李邦哲、谭丁、车世忠、方志炜在主会场参加活动。

◎常德市政协党组班子召开2022年度民主生活会

会议现场

2月2日，常德市政协党组班子召开2022年度民主生活会。常德市政协主席、党组书记黄清宇主持会议并作表态讲话。

会议以“全面贯彻习近平新时代中国特色社会主义思想，深刻领悟‘两个确立’的决定性意义，增强‘四个意识’、坚定‘四个自信’、到‘两个维护’，团结带领党员干部群众以奋发有为的精神贯彻落实二十大作出的重大决策部署”为主题，联系市政协党组工作，深入进行性分析，严肃开展批评和自我批评。

会议通报了本次民主生活会准备情况、2021年度市政协党组班子党学习教育专题民主生活会问题整改工作落实情况。

黄清宇代表市政协党组，就如何扎实做好民主生活会整改落实的“后篇文章”，提出五点要求。一是增强政治意识；二是增强自豪意识；三增强合作意识；四是增强责任意识；五是增强自律意识。

市政协副主席、党组成员王鳌、袁世平，市政协秘书长、党组成员曾非出席会议，市政协副主席张业梅列席会议。市纪委监委、市委组织部关同志列席会议。

要闻纪事

△23日，常德市委书记曹志强主持召开2023年常德市碳达峰碳中和工作领导小组暨推动长江经济带发展领导小组全体会议，听取我市相关工作情况，安排部署下段工作。市委副书记、市长周振宇出席会议。会议以视频形式召开，各县市区、市直“六区”设分会场。市领导徐永健、陈章杰、傅勇等在主会场参加会议。

△26日，常德市公安局长会议召开。会议回顾总结2022年工作，分析当前形势，全面部署2023年公安工作任务。副市长、市公安局局长余良勇出席会议并讲话。

△27日，常德市委副书记、市长周振宇主持召开市长碰头会，回顾总结2月份重点工作完成情况，研究部署3月份重点工作。

△28日，常德市委书记曹志强主持召开市委常委会会议，传达学习2月21日中共中央政治局会议精神和习近平总书记近期重要讲话、重要指示批示精神，研究常德市贯彻落实意见。

3月

△2日，2023年县市区政协主席例会在常德市政协机关召开。市政协主席、党组书记黄清宇主持会议并讲话。

△2日，武陵区委党的二十大精神宣讲团走进公安武陵分局，开展党的二十大精神宣讲。副区长、公安武陵分局局长戴志刚参加报告会。

△3日，常德市委政法委员会2023年第二次全体（扩大）会议召开。市委常委、市委政法委书记刘国龙主持会议并讲话。

◎常德市建设『无上访村（社区）』工作会议召开

2月24日，常德市建设“无上访村（社区）”工作会议召开。会议对2022年的工作进行了总结，对2023年全市坚持和发展新时代“枫桥经验”，持续推进“无上访村（社区）”建设工作进行了部署。会议由常德市委常委、常德市委政法委书记刘国龙主持。副市长、常德市公安局局长余良勇出席会议并讲话。

2022年，全市扎实推进打造群众信访县级“终点站”2022年—2025年三年行动计划；全市“无上访村（社区）”建设合格乡镇（街道）128个，合格率达到75.7%，合格村（社区）2168个，合格率达到95.6%；没有发生一起因为未按要求开展风险评估引发涉访涉稳问题。全市以网格管理为依托，将191万余个家庭全部纳入网格微信群，在线下和线上及时开展纠纷排查化解，乡村两级调处矛盾成功率达98%以上。

2023年，全市将建立和完善乡镇（街道）信访工作联席会议机制，实现100%覆盖；群众初次信访事项化解率和群众满意率均要达到95%以上。

◎常德市召开创建国家食品安全示范城市工作部署会

常德市召开创建国家食品安全示范城市工作部署会

2月16日，常德市召开创建国家食品安全示范城市工作部署会议，副市长杨成英参加会议并讲话。

会上下发了《第三批国家食品安全示范城市创建“示范引领”项目评审细则》，解读了《常德市全面推进创建国家食品安全示范城市工作实施方案》（征求意见稿）和《常德市创建国家食品安全示范城市宣传工作方案》（征求意见稿），并向各成员单位征求意见。

杨成英表示，创建国家食品安全示范城市是贯彻落实党的二十大精神、满足人民群众对美好生活向往的具体实践。2023年，常德将迎来创建国家食品安全示范城市的验收。她要求，一是要提高站位，凝聚共识，增强做好评价验收工作的责任感和紧迫感。要强化领先意识、创新意识和宣传意识，营造全民参与共建共治共享的浓厚氛围。二是要明确目标，夯实责任，确保创建工作圆满成功。要认真领会精神，细化目标任务，坚持问题导向，形成一月一调度、一季一督查、半年一讲评、全年达目标的工作节奏。三是要加强领导，健全机制，稳步推动各项工作落地见效。要建立责任清单制度，实行限时办结制度，完善问题解决机制，努力为常德增添一张亮丽的“国字号”名片。

◎常德市人大优化营商环境评议工作调研座谈会召开

2月17日，常德市人大常委会组织召开全市人大优化营商环境评议工作调研座谈会。常德市人大常委会党组副书记、副主任尹正锡出席。

全市人大优化营商环境评议工作调研座谈会召开

会议回顾了2022年度优化营商环境评议工作情况。各区县（市）人大常委会有关负责人还就各地的人大优化营商环境评议工作进行了交流。

尹正锡对2022年度各区县（市）的人大优化营商环境评议工作给予了充分肯定，称赞各区县（市）的人大优化营商环境评议工作组织有力，行动迅速；市县联动，代表参与；清单管理，强化督办；改进作风，成果运用。

市人大常委会秘书长李绍霞主持座谈会。

要闻纪事

△7日，常德市委书记曹志强主持召开市委常委会会议，传达学习习近平总书记在参加十四届全国人大一次会议江苏代表团审议时的重要讲话精神、在中央党校建校90周年庆祝大会暨2023年春季学期开学典礼上的重要讲话精神；传达学习中国共产党第二十届中央委员会第二次全体会议精神，研究常德市贯彻落实意见。

△7日，常德市政府系统办公室工作电视电话会议召开，市委常委、常务副市长徐永健出席会议并讲话。市政府秘书长陈爱喜参加会议并对政府系统办公室工作进行了安排部署。

△7日，2023年安乡县新增耕地“春苗”行动暨耕地保护田长办第一次会议召开。县领导胡岚参加。

△9日，常德市政协主席、党组书记黄清宇主持召开市政协八届七次常委会会议。市政协副主席张业梅、袁世平、陈华、刘保湘，市政协秘书长曾克非出席会议。

△10日，安乡县人武部组织2023年上半年预定新兵开展役前教育训练及学雷锋主题活动。

△16日，常德市公安交管工作暨党风廉政建设大会召开。副市长、市公安局局长余良勇出席会议并讲话。

△16日，常德市城市工作暨城镇更新提质专项行动大会召开。市委副书记、市长周振宇出席会议并强调，要深入推进以人为核心的新型城镇化，加快打造宜居、韧性、智慧、绿色城市，以实干实绩奋力书写新型城镇化的常德篇章。副市长郭碧勋作工作报告。市人大常委会副主任廖可元，市政协副主席王鳌，常德经开区党工委副书记、管委会主任方志炜参加会议，市政府秘书长陈爱喜主持会议。

◎湖南省地质院与常德市人民政府签订战略合作框架协议

2月15日，湖南省地质院与常德市人民政府举行战略合作框架协议签订仪式。湖南省地质院党委书记谈文胜出席仪式并讲话，市委副书记、市长周振宇主持签约仪式，湖南省省地质院党委委员、副院长刘凤娟，副市长郭碧勋代表双方签署战略合作框架协议。

根据协议，双方将本着“聚焦需求、统筹协调、加强合作、互利共赢、成果共享”的原则，借助湖南省地质院的地质技术优势，加强常德市区域内基础性、公益性、战略性地质工作统筹部署，在城市建设、空间规划、能源资源保障、生态文明建设、自然资源管理、地质灾害防治、乡村振兴、地质旅游等领域开展地质技术战略合作。

谈文胜表示，常德是生态大市、文化大市，矿产、水资源、土地、农业、旅游等自然资源禀赋良好，在湖南省内具有重要地位。希望双方围绕全面落实“三高四新”战略定位和使命任务，加强“现代常德”与“地质湘军”的深度合作，打造市、院新型融合协作发展典范。

湖南省地质院与常德市人民政府签订战略合作框架协议

周振宇代表市委、市政府，向省地质院长期以来对常德发展给予的关心和支持表示衷心感谢。此次双方正式建立战略合作伙伴关系，对于更好助推常德经济社会高质量发展，更好实现互利共赢具有重要意义。

市政府秘书长陈爱喜参加签约仪式。

◎常德市举行打好“发展六仗”暨“四个十大”项目建设推进会

常德市举行打好“发展六仗”暨“四个十大”项目建设推进会

2月25日，常德市打好“发展六仗”暨“四个十大”项目建设推进会召开。常德市委副书记、市长周振宇主持会议并讲话。他强调，要全面贯彻落实党的二十大和中央经济工作会议精神，按照省、市两会的部署，吹响冲锋号、亮出组合拳、发动新攻势，以昂扬奋进的姿态打好“发展六仗”、建好“四个十大”项目，确保全市经济社会高质量发展迈出新步伐、取得新成效。

会议就打好经济增长主动仗、科技创新攻坚仗、优化发展环境持久仗、防范化解风险阻击仗、安全生产翻身仗、重点民生保障仗和推进十大基础设施项目、十大社会民生项目、十大技术攻关与成果转化项目、十大产业项目建设进行了安排部署。

周振宇指出，要统一思想，以更加清醒的认识抓推进。

周振宇强调，要聚焦重心，以更加精准的举措抓推进；要健全机制，以更加有力的保障抓推进。

周振宇指出，当前区域竞争百舸争流、千帆竞发，全市上下一定要振奋精神、保持奋进之态，担当尽责、大兴求实之风，昂扬斗志、鼓足攻坚之劲，全力打好“发展六仗”、抓好“四个十大”项目建设，以实干实绩交出常德经济社会高质量发展的合格答卷。

◎常德市武陵区表彰三八红旗手（集体）、五好家庭、最美家庭、最美执委

表彰大会现场

3月2日，常德市武陵区举行三八红旗手（集体）、五好家庭、最美家庭、最美执委表彰大会。常德市武陵区委书记康少中出席会议，区委副书记、区长寻健致辞。

表彰大会上，康少中、寻健等区领导分别为获得三八红旗手、湖南省五好家庭、最美家庭、最美执委的家庭或个人颁奖，湖南文理学院马克思主义学院院长黄向阳，市妇联党组成员、副主席杨惠敏为武陵区党的创新理论巾帼志愿宣讲团授旗。

颁奖现场

受区委书记康少中委托，区委副书记、区长寻健致辞，他代表区委、区政府，向全区广大妇女同胞们致以节日的祝贺和美好的祝福，向全区各级妇联组织和妇女工作者致以亲切的慰问，向关心支持武陵区妇女事业发展的社会各界人士表示衷心的感谢。寻健希望，全区广大妇女同胞要凝心聚力、勇于担当，争做促进社会和谐幸福的新时代女性；希望各级妇联组织要继续发扬“党有号召、群团有行动”的优良传统，在新征程上贡献巾帼力量、再展巾帼风采；希望全区各级各部门和社会各界要一如既往地关心和支持妇女工作，共同营造尊重、保护、关心、支持妇女工作的良好氛围。

区领导曹慧、宋雨泓、张宇辉参加活动。

◎常德市石门县举行庆祝第113个“三八”国际妇女节暨2023年三八红旗手（集体）表彰会议

3月6日，常德市石门县举行庆祝第113个“三八”国际妇女节暨2023年三八红旗手(集体)表彰会议，表彰先进集体、先进个人及最美家庭。常德市石门县委书记吴兴国出席会议并代表县委、县人大常委会、县政府、县政协、县人武部，向受到表彰的先进集体、先进个人、最美家庭表示祝贺，向全县妇联干部、妇女工作者以及广大辛勤劳动的妇女同胞致以节日的问候。

吴兴国寄语我县广大妇女同胞要忠心向党，当好新征程的坚定践行者。要切实增强主人翁意识，充分发挥聪明才智，积极投身创新创业，以巾帼不让须眉的志气、妇女能顶半边天的豪气，在经济建设、乡村振兴、文明创建等各条战线上大显身手，全面彰显新时代女性的担当和魄力。要崇德向善，当好新风尚的优秀倡导者。要当好“廉内助”，在家庭家教家风建设中率先示范、走在前列，弘扬文明家风和清廉家风，大力破除陈规陋习，让良好的家教家风成为石门的新潮流新时尚。妇联组织要更好肩负起团结凝聚广大妇女的职责使命，全面提升工作水平，提高妇女在高质量发展中的参与度和贡献度，真正当好妇女群众的“娘家人”。各级各部门要高度重视妇女儿童工作，加大支持保障力度，在全社会形成尊重妇女地位、关注妇联事业、支持妇女工作的良好氛围。

石门县举行庆祝第113个“三八”国际妇女节暨2023年三八红旗手（集体）表彰会议

要闻纪事

△16日，常德市委副书记、市长周振宇主持召开市政府第26次常务会议，传达学习习近平总书记重要讲话重要指示批示精神，传达学习全国、湖南省有关会议精神，听取常德市防汛备汛、大气污染防治等工作情况汇报，审议有关文件。

△20日，常德市政协主席、党组书记黄清宇主持召开市政协2023年第5次机关工作碰头会。市政协副主席张业梅、袁世平，市政协二级巡视员匡加才，市政协秘书长曾克非出席会议。

△21日，常德市委书记曹志强主持召开市委常委会会议，传达学习政协湖南省第十三届委员会常务委员会第二次（扩大）会议精神，省委常委、省委政法委书记魏建锋来常调研讲话精神及全省市域社会治理现代化试点验收工作部署会精神，研究常德市贯彻落实意见，并审议有关文件。

△23日，全国市域社会治理现代化试点验收暨优化法治化营商环境专题调度会议召开。常德市委副书记、市长周振宇出席会议并强调，全市上下要统一思想、咬定目标、鼓足干劲，以决战决胜的姿态、敢打必胜的心态，努力创建全国市域社会治理现代化试点合格城市，全力营造法治化营商环境。

△23日，常德市委副书记、市长周振宇主持召开市政府第27次常务会议，传达学习相关重要会议、重要讲话、重要文件、重要批示精神，研究常德市贯彻落实意见，并听取有关工作情况汇报，审议相关文件。

△28日，常德市委政法委召开2023年第7次委务会，开展集中学习，部署近期工作任务。市委常委、市委政法委书记刘国龙主持会议。

◎ 2023 年全国冬油菜病虫害防控现场会在常德市鼎城区召开

2023 年全国冬油菜病虫害防控现场会在鼎城区召开

3 月 7 日，2023 年全国冬油菜病虫害防控现场会在常德鼎城召开，来自湖南、江苏、浙江等 11 个冬油菜主产区省市的植保负责人及专家齐聚鼎城，观摩冬油菜病虫害绿色防控、统防统治现场，并就今年冬油菜病虫害防控工作开展交流部署。

开幕式上，龚昕代表省农业农村厅对全体与会人员到湘表示热烈欢迎。他指出：此次现场会的召开，为湖南提供了难得的学习交流机会，湖南将以此次会议为契机，学习借鉴兄弟省市的好经验、好做法，全力确保油菜生产安全，服务国家油料安全大局。

陈章杰在致辞中表示：此次现场会在常德鼎城召开，是农业农村部和省农业农村厅对常德、对鼎城冬油菜病虫害防控工作的肯定，他代表市委、市政府表示感谢。

朱金平在介绍鼎城油菜产业发展情况时指出：2022 年实现常德市鼎城区油菜籽加工产值 15.12 亿元，全产业链产值 18.23 亿元。

朱恩林在会上作总结讲话时指出：召开此次现场会的主要任务时落实党中央国务院“稳粮稳油”的战略部署，围绕今年种植业“两稳两扩两提”的总体目标，对油菜病虫害防控工作进行再动员、再部署、再落实。

当天上午，全体与会人员来到鼎城区十美堂镇万亩油菜示范片，现场观摩了油菜病虫害生物、化学防治展示和鼎城区油菜统防统治技术展示。

◎常德市津市举行“津市这一年”——2023 年庆“三八”国际劳动妇女节“巾帼话津市”主题交流暨表彰活动

获得荣誉的集体和个人接受表彰

3 月 8 日上午，常德市津市举行“津市这一年”——2023 年庆“三八”国际劳动妇女节“巾帼话津市”主题交流暨表彰活动。常德市委书记黄旭峰出席活动并讲话，代表“四大家”向全市广大妇女同胞和妇女工作者致以节日的问候和美好的祝愿，感谢大家的辛勤付出。

会上，与会人员一同观看了《巾帼津彩》宣传视频。向芬芬、刘硕雯、杨芳、郑红霞、王晨慧、赵立华、朱清君、贺茫八名同志分别围绕大园区、大港区、大街区建设，全力打造“南北双环”乡村振兴示范带、加强文化事业发展、办好人民更加满意的教育、提升卫生事业发展水平、打造高素质干部队伍等方面作交流发言。

黄旭峰指出，广大妇女同胞们在平凡的岗位上做出了不平凡的成绩，为津市的各项事业发展作出了巨大的贡献。各级各单位要为广大妇女学习、成才、创业提供良好环境，推动妇女事业全面健康发展。

常德市领导宋磊、姜正才、李景峰、叶春华、胡湘萍、易榕参加会议，并为荣获国家级巾帼文明岗、最美家庭，常德市三八红旗集体、巾帼文明岗、巾帼建功标兵、最美家庭，津市市三八红旗手（集体）、巾帼文明岗、巾帼建功先进集体、巾帼建功标兵、最美家庭的个人和集体颁奖。

要闻纪事

△ 28 日，常德市人大常委会机关召开贯彻市委八届六次全会精神专题会议。市人大常委会党组书记、主任余怀民出席会议。

△ 30 日，常德市人民法院驻高新区司法服务工作站正式揭牌成立。

4月

△ 3 日，常德市委副书记、市长周振宇主持召开市政府党组理论学习中心组集中学习研讨会、市政府党组会议暨市长碰头会，传达学习重要会议、重要讲话和重要文件精神，总结 3 月份重点工作，研究部署 4 月份重点工作。

△ 4 日，常德市八届人大常委会第 43 次主任会议召开。市人大常委会党组书记、主任余怀民主持会议。

△ 6 日，常德市委政法委直属机关党委召开 2023 年度机关党建暨党风廉政建设工作会。市委常委、市委政法委书记刘国龙主持会议，副市长、市公安局局长余良勇，市中级人民法院院长张经伟，市人民检察院检察长罗厚清参加会议。

△ 6 日，湖南省政协召开会议部署动员“改善生态环境”专项民主监督工作。常德市政协主席、党组书记黄清宇和机关全体干部以远程视频的方式在机关会议室集中收听观看，9 个县市区政协也通过远程视频的方式收听收看。

△ 6 日，常德市委政法委员会举行 2023 年第三次全体（扩大）会议。市委常委、市委政法委书记刘国龙主持会议。

△ 7 日，武陵区委书记康少中，区委副书记、区长寻健等区领导前往双英大厦，为武陵区创新突破产业突围三年攻坚行动指挥部揭牌。

◎ 2023 年常德市全面促进消费活动暨汽车消费节启动

活动仪式现场

3 月 25 日，2023 年常德市全面促进消费活动暨汽车消费节启动仪式在常德万达广场举行。

2023 年，常德将按照“政府引导、金融助力、企业让利、群众受惠”的原则，以传统大宗消费、文化旅游消费、日常生活消费、新型业态消费 4 大消费板块为重点，全年开展 100 场以上消费促进活动，多领域、多层次、多元化提振消费信心，激发消费活力。此次汽车消费节汇集了比亚迪、吉利、何等 21 个国内外主流新能源汽车品牌的最新产品，共设展位 90 个，展期一周。活动现场设置了网红打卡点，安排了丰富多彩的文艺演出、推介活动等，充分展现“车生活”应用场景下的新兴消费体验。各大车商出台众多促销政策，包括现场签到礼、订车礼、抽奖礼等，部分车型价格优惠 4000 元到 60000 元不等。

副市长谭丁在致辞中指出，举办此次活动，是市委、市政府贯彻落实中央、省委经济工作会议精神，着力扩大内需、促进消费市场复苏繁荣、推动经济运行整体好转的具体实践。全市上下要围绕促进消费提质升级，举办多领域、多层次、多元化的消费促进活动，进一步提振消费信心，释放消费潜力，达到“促消费、活市场、稳增长、聚人气”的目的，更好助力全市经济社会高质量发展。

◎常德市召开新材料产业创新突破产业突围工作调度会

调度会现场

4月6日，常德市召开新材料产业创新突破产业突围工作调度会。

会议听取了常德市新材料产业发展情况和《常德市新材料产业专项小组创新突破产业突围三年攻坚工作方案（2023—2025年）（讨论稿）》的汇报。

康重文强调，发展新材料产业是落实党中央、省委和市委决策部署的具体举措，是形成常德经济增长新引擎新动能的重要抓手。各相关部门思想要紧起来，要紧绷思想之弦、紧盯目标任务、紧抓重点工作，为新材料产业发展注入新动能，以大手笔、大项目推动大发展。行动要快起来，要加快对接早签约，精准绘制招商“索引图”，加速引进一批大企业、好项目；要紧盯进度早开工，完善“同步并联”“限时审批”等机制，让企业不跑“多头”，只找“一人”；要倒排工期早投产，要按照时间节点，倒排工期、挂图作战，定期跟进了解项目进展；要抢抓机遇早上市，支持实施技术攻关项目，帮助企业招才引智，推动形成“培育一批、成熟一批、上市一批”的工作格局。责任要担起来，要落实联系产业细分领域、联系重点企业、联系新投产项目、联系新开工项目、联系新引进项目、联系重点园区“六联”机制，加强上下联动、严格考核奖惩、细化考核办法、强化跟踪问效，为我市新材料产业发展营造良好环境。

◎常德市政协机关开展『家庭助廉 团团圆圆』主题活动

4月7日，常德市政协机关开展“家庭助廉 团团圆圆”主题活动，常德市政协秘书长、党组成员、机关党组书记曾克非，常德市政协机关干部及部分干部配偶，常德市纪委监委驻机关纪检监察组同志参加活动。

活动现场，大家认真观看了常德市纪委监委摄制的警示教育片《警钟2022》，学习了《市政协机关树清廉家风·建清廉家庭倡议书》，领取了《严以治家 清风传家》廉政书籍。常德市政协两位机关干部的配偶分享了廉洁治家心得并作出助廉承诺。

曾克非表示，全体机关干部要做到正心正己，拒腐防变，把家庭打造成廉洁港湾；要做到德位相配，常思为政之德，常怀律己之心；要做到守土有责，一言一行既要对事业负好责，也要对家庭负好责，把好自身和家人的廉洁关。

活动现场

曾克非强调，新时代政协工作面临新常态、新形势，常德市政协机关干部要把奋发进取的作风和清正廉洁的家风进行有机结合，做到让组织放心、家人安心。希望干部配偶当好清廉家风的宣传者、践行者和守护者，筑就“单位+家庭”的廉洁教育双防线。

◎常德市政务管理服务和数据共享攻坚工作电视电话会议召开

4月6日，常德市政务管理服务和数据共享攻坚工作电视电话会议召开。市委副书记、市长周振宇出席会议并强调，要争当行政审批制度改革的探路者、数字政府建设的先行者和优化营商环境的排头兵，用实干实绩为建设中国式现代化新常德贡献更大力量。

全市政务管理服务和数据共享攻坚工作电视电话会议召开

常德市委常委、常务副市长徐永健作工作报告，重点部署了七个方面的工作：着力办好“湘易办”民生实事，加快推动政务服务“掌上好办”；着力开展“无证明城市”建设，更好实现“一件事一次办”；着力深化“放管服”改革，提升“揭榜竞优”活动实效；着力加强服务全过程监管，优化政务营商环境；着力推进政务公开标准化，提升政务服务透明度、便捷度；着力打好数据共享攻坚战，强化算力基础支撑；着力激活数据要素新动能，大力发展数字经济。

◎ 2023ISGC 国际烈酒（中国）大奖赛落户湖南常德

何继红讲话

4月9日，“2023ISGC国际烈酒（中国）大奖赛”新闻发布会在四川成都举办，发布会宣布：“2023ISGC国际烈酒（中国）大奖赛”主题赛程将于今年9月18日至9月21日在湖南常德市举办。

国际烈酒（中国）大奖赛组委会负责人介绍，“2023ISGC国际烈酒（中国）大奖赛”由新闻发布会、大奖赛主题赛程、颁奖典礼3项主题活动组成，除了闻发布会和主题赛程之外，大赛颁奖仪式将在第109届全国秋季糖酒会间举办。今年的大奖赛为何落户湖南常德市呢？组委会的相关负责人介，首先，常德是湘楚文化、农耕文化、中华道德文化的重要发祥地；其，“烟都酒乡”的常德正在打造国内第三大酱酒产区；再次，这里的交通达便捷，美食闻名；最后，这里的酒业产区发展、品评场地、评委食等非常符合举办大奖赛的要求。

在发布会的大奖赛启动仪式上，国际烈酒（中国）大奖赛组委会特请何继红、刘秀华、李赛男、彭茵、吴金、中国副食流通协会酒专委行会长李锦宜等领导和专家共启动“2023ISGC国际烈酒（中）大奖赛”，并由熊玉亮宣布：2023ISGC国际烈酒（中国）大赛”的酒样征集，以及侍酒师国海选活动同日正式启动。

2023ISGC国际烈酒（中国）大奖赛现场

要闻纪事

△7日，常德市八届人大常委会第44次主任会议召开。市人大常委会党组书记、主任余怀民主持会议。

△7日，常德市委书记曹志强主持召开市委常委会会议，传达学习3月30日中共中央政治局会议、二十届中共中央政治局第四次集体学习、学习贯彻习近平新时代中国特色社会主义思想主题教育工作会议精神，研究贯彻落实意见，并听取市人大常委会、市政府、市政协、市中级人民法院和市人民检察院党组工作情况汇报。

△7日，常德市政协召开第八届第十五次主席会议，专题视察实体商业发展情况。市政协主席、党组书记黄清宇，副市长谭丁，市政协副主席王鳌、袁世平、陈华，市政协二级巡视员匡加才、市政协秘书长曾克非参加视察。

△11日，常德市交通运输工作暨铁路沿线环境综合整治会议召开。市委副书记、市长周振宇出席会议并讲话，副市长杨成英作工作报告，武陵区、澧县人民政府负责人作表态发言，安乡县、临澧县人民政府负责人作交流发言。市人大常委会党组副书记、副主任尹正锡，常德经开区党工委副书记、管委会主任方志炜参加会议。市政府秘书长陈爱喜主持会议。

△11日，武陵区联合人民调解委员会驻武陵区人民法院调解工作室揭牌，区委常委、政法委书记邓慈陵，区人民法院院长熊利波参加。

△13日，常德市八届人大常委会第十次会议举行。市人大常委会党组书记、主任余怀民出席会议，并主持第二次全体会议。冯滨辰主持本次会议第一次全体会议。

◎国家体育总局体彩中心调研组来常德市澧县调研体彩工作

调研组一行在万达商业广场体彩销售门店调研

4月12日下午，国家体育总局体彩中心副主任董红芳，湖南省体育局党组成员、副局长龚旭红一行来常德澧县调研体彩工作。常德市文旅广体局局长曾莉，县领导王毅、张硕陪同调研。

调研组一行先后前往人民路、翊武路和万达商业广场体彩销售门店，与经营业主详细沟通，了解各门店的客群流量、体彩销售、经营成本、人员待遇等情况，对常德澧县体彩销售门店入驻万达商业广场的创新做法给予了充分肯定，并就做好相关工作现场提出指导意见，鼓励销售人员要强化服务意识，努力提高营销水平。每到一处，大家还现场买体彩、刮体彩，用实际行动支持体彩事业发展。

常德澧县现有体彩网点52家，近三年来共筹集体彩公益金800余万元。2021年被国家体育总局体彩中心评为优秀区县，2021年和2022年连续被省体彩中心评为优秀区县。

◎常德市桃源县组织部署2023年禁捕退捕“春雷行动”

桃源县组织部署2023年禁捕退捕“春雷行动”

4月17日晚，为进一步加大对非法捕捞及违规垂钓的打击力度，副县长康少兵在桃源县畜牧水产事务中心六楼会议室主持召开会议，组织部署2023年禁捕退捕“春雷行动”。行动主要包括四个方面的重点工作：一是开展政策大宣讲。全方位、广角度、多形式宣讲禁捕退捕相关政策措施，营造良好社会舆论氛围。二是开展垂钓大规范。对国家级种质资源保护区、一级水源保护地、水电站上下游300米全面禁钓。严厉整治多线多钩、利用活饵、视频装置等违规垂钓。同时，加大对公职人员违规垂钓整治。三是开展联合大打击。禁捕退捕成员单位、各乡镇（街道）要形成合力，全县一盘棋，在重点水域和时段，对非法捕捞、非法河渔交易等进行重点打击，办理一批典型案件。四是开展渔民大走访。进一步面对面走访退捕渔民，了解退捕渔民在相关政策落实、就业帮扶等方面的困难，并及时予以妥善解决。

此次行动从4月17日开始，至5月31日结束。常德桃源县禁捕办每周将通报各单位工作开展情况。

◎常德市澧县新时代名校长培养项目（2023—2025）启动

启动仪式现场

4月19日，常德市澧县新时代名校长培养项目（2023—2025）启动。澧县县委副书记、澧县县委统战部部长张见明出席启动仪式并讲话，副县长孙家辉主持。

张见明要求，要正确对待此次培训，按照政治硬、责任强、业务精、心思正、自律严的标准，不断向党的教育方针、先进模范、身边典型、教育实践、管理服务对象学习，为推动常德澧县教育事业高质量发展贡献力量。

要闻纪事

△13日，常德市委组织部召开干部作风建设年动员部署会议，市委常委、市委组织部部长康重文出席会议并讲话。

△13日，常德市召开2023年市人民政府廉政工作会议。市委副书记、市长周振宇出席会议并强调，要齐心协力建设人民满意的法治政府、创新政府、廉洁政府和服务型政府，坚定不移把政府系统党风廉政建设和反腐败斗争向纵深推进，为中国式现代化新常德建设提供坚强保障。

△17日，常德市政协主席、党组书记黄清宇主持召开市政协党组2023年第六次（扩大）会议暨市政协第八届第十六次主席会议，市政协副主席王鳌、袁世平、陈华、邹吉茂、刘保湘，市政协二级巡视员匡加才，市政协秘书长曾克非出席会议。

△18日，常德市政协召开八届九次常委会（扩大）会议。市政协主席、党组书记黄清宇出席会议并讲话。

△20日，常德市人大常委会党组书记、主任余怀民主持召开市八届人大常委会第四十六次主任会议。

△21日，常德市委书记曹志强主持召开市委常委会会议，传达学习习近平总书记在广东考察时的重要讲话精神，研究常德市贯彻落实意见。

△23日，石门县举办离退休干部学习贯彻党的二十大精神暨离退休干部党支部书记培训班。

县委常委、组织部部长、县直机关工委书记杨鹰出席开班仪式并讲话。全县副处级以上离退休干部，部分乡镇、街道及县直单位离退休干部党支部书记参加集中培训。

◎常德市举行“沅澧—2023”军地联合指挥行动演练

防汛抢险演练现场

防汛抢险演练现场

4月14日上午，常德市举行“沅澧—2023”军地联合指挥行动演练。常德市委书记、常德军分区党委第一书记曹志强参加并作总结讲评。

此次演练由常德市委、市政府和常德军分区牵头成立军地联合指挥部，组织各县市区军地应急分队参加，以发生洪涝灾害和森林火灾为背景，对号令发布、会商研判、视频调度、灾害发生、救援处置、群众安置等个环节进行了全面模拟。

曹志强指出，举行此次演练是贯彻习近平总书记关于防灾减灾救灾重要论述的具体举措，也是对常德市军地应急力量联合指挥、联合行动、联合保障的实战考量。

市委常委、常德军分区司令员邦哲在讲评中要求，要以此次演练为冲锋号，进一步加强组织领导，完善体制机制，确保指挥协调顺畅；进一步加强灾情研判，为各级指挥员决策部署提供精准数据支撑；进一步加强练兵备战，确保任何时候、任何条件下拉得出、打得赢；进一步加强物资保障，确保随时能到位、随时能输送、随时能补充；进一步完善方案预案，确保任何情况都预想在先、有案可循、不打乱仗。

◎常德市桃源县召开创建湖南省民族团结进步示范县工作动员会议

会议现场

4月23日，常德市桃源县召开创建全省民族团结进步示范县工作动员会议，部署创建湖南省民族团结进步示范县各项工作，动员桃源县各级进一步统一思想认识、提高政治站位、压实工作责任、细化推进措施，扎实开展湖南省民族团结进步示范县创建工作，进一步促进各民族交往交流交融，铸牢中华民族共同体意识，切实推动桃源县民族团结进步事业高质量发展。

会议由县委常委、组织部部长王斌主持，副县长汤赛男在会上作动员报告，相关部门负责人宣读了《关于成立桃源县民族团结进步示范县创建工作领导小组的通知》《桃源县民族团结进步示范县创建工作方案》。

◎常德市武陵区人大常委会启动《中华人民共和国反食品浪费法》执法检查

5月11日，常德市武陵区人大常委会召开《中华人民共和国反食品浪费法》执法检查动员会，常德市武陵区人大常委会主任曹慧，常德武陵区委常委、常务副区长杜登全，常德武陵区人大常委会副主任杜修锋、钱攀、帅勇、王华、周建华参会。

会上，来自湖南博集律师事务所的周玲律师，从《中华人民共和国反食品浪费法》的立法背景入手，细致讲解了反食品浪费的原则和要求、餐饮服务经营者和食品生产经营者的义务及法律责任，介绍相关部门的工作职责、监管措施。

会上还宣读了《中华人民共和国反食品浪费法》执法检查工作方案，此次行动将持续到2024年3月，重点针对反食品浪费执法检查和日常监督情况、各相关部门履行《中华人民共和国反食品浪费法》职责落实情况等7个内容开展检查。

◎常德市公安局举行“筑梦青春 善作善成”青年民警座谈会

5月4日，常德市公安局举行“筑梦青春 善作善成”迎“五四”青年民警座谈会。副市长、市公安局局长余良勇出席会议并讲话。

市公安局举行“筑梦青春 善作善成”青年民警座谈会

参会人员首先观看宣传短片《五四荣光》，现场感悟常德公安青年民警的青春力量、热血担当。随后，会议宣读了关于进一步加强年轻干部培养选拔教育管理工作的相关文件。16名青年民警代表结合岗位职责和亲身经历畅谈工作体会，共话常德公安发展愿景。

余良勇指出，常德公安是一支有着优良传统、英雄辈出的队伍，年轻民警要在继承和传承中展现担当作为，发扬好常德公安精神，勇敢肩负起时代赋予的重任。他要求，要坚定理想信念，争做忠诚可靠的有志青年；要坚持不懈用习近平新时代中国特色社会主义思想凝心铸魂，深刻领悟“两个确立”的决定性意义，始终把“两个维护”作为最高政治原则和根本政治规矩；要练就过硬本领，争做勤学笃行的有识青年；要增强依法办事的本领，坚持不懈地推进执法规范化建设，把严格规范公正文明执法要求落实到每一个执法环节；要严守纪律规矩，争做一身正气的有德青年；要系好人生的第一粒扣子，做有原则、有底线的“干净人”，自觉抵制歪风邪气，在平凡岗位上担当作为，不断创造新的青春业绩。

◎常德市津市召开庆“五一”暨常德市津市工匠2022年年度人物表彰大会

表彰大会现场

颁奖现场

4月27日上午，常德市津市市庆“五一”暨常德市津市工匠2022年度人物表彰大会召开。常德市委书记黄旭峰，常德市委副书记、市长彭子晟为津市工匠2022年年度人物获得者颁奖，并向受表彰的优秀工匠及全市各行各业、各条战线的广大劳动者们，致以节日的问候和崇高的敬意。

会上，与会人员共同观看了《守护力量之源——全市产业工人队伍建设改革进行时》专题片。常德市委常委、市人民政府副市长高力宣读了表彰通报，吴家剑、郭建平、曹旭、王子锋、周玉明、马力被评为津市工匠2022年年度人物。

常德市领导黄旭峰、彭子晟、李景峰、叶春华、徐兴宇、高力为6名优秀工匠颁发奖杯和荣誉证书。

长期以来，常德市广大劳动群众围绕中心、服务大局，立足本职、拼搏奉献，在产业兴城的第一线建功立业、在水运复兴的主战场日夜奋战、为民服务的最前沿挥洒汗水、在疫情防控的大考时冲锋在前，在常德津市大地奏响了团结奋斗、奋勇争先的新时代劳动者之歌。

会上，全国五一劳动奖章获得者屈俊、程秋还依次讲述了他们立足岗位勇担当、勤学苦练比作为的劳动故事。

要闻纪事

△24日，武陵区委组织部第一期“组工学堂”开讲，活动旨在以讲促学、以学促干，切实提升组工干部综合能力。区委常委、组织部部长杨松参加。

△24日，常德市长周振宇主持召开市政府第29次常务会议，传达学习上级相关重要会议、重要讲话精神，研究常德市贯彻落实意见。

△27日，常德市政协召开第八届第十七次主席会议，专题视察市域社会治理现代化试点工作。市政协主席、党组书记黄清宇，副市长、市公安局局长余良勇，市政协副主席张业梅、王鳌、袁世平、陈华、邹吉茂、刘保湘，市中级人民法院院长张经伟，市政协二级巡视员匡加才，市政协秘书长曾克非参加视察。

△27日，常德市人大常委会召开2023年评议优化营商环境工作动员大会。市人大常委会党组书记、主任余怀民主持会议。

△28日，常德市委副书记、市长周振宇主持召开市政府党组会议暨市长碰头会，传达学习重要讲话、文件精神，安排部署下一阶段重点工作。

△28日，常德市委书记曹志强主持召开全市一季度经济形势分析会暨打好“发展六仗”、推进“四个十大”项目建设调度会。市委副书记、市长周振宇出席会议。

5月

△5日，常德市委政法委员会2023年第四次全体（扩大）会议召开。市委常委、市委政法委书记刘国龙主持会议。常德军分区副司令员周林平、市中级人民法院院长张经伟、市人民检察院检察长罗厚清出席会议。

◎常德市“扫黄打非”工作推进会召开

5月24日，常德市“扫黄打非”工作推进会召开，各县市区委宣传部、常德市“扫黄打非”领导小组相关成员单位负责人参加会议。

2022年，常德市“扫黄打非”工作成效显著、亮点纷呈。市“扫黄打非”办、市文化市场综合行政执法支队、常德武陵区委宣传部获评湖南省“扫黄打非”优秀集体，1人获评全国“扫黄打非”先进个人，3人获评湖南省“扫黄打非”优秀个人。

全市“扫黄打非”工作推进会召开

会议要求，下一步，全市“扫黄打非”战线要在强化领导上再发力，各级党委（党组）要按照意识形态工作责任制的要求，切实加强党对“扫黄打非”工作的领导，加强对“扫黄打非”重大问题的分析研判和重要工作的统筹指导；要在案件查办上再发力，做到有案必查，查案必究，多领域、全链条打击；要在工作宣传上再发力，落实好信息报送制度，围绕重点工作加强宣传报道，线上、线下创新开展各类宣传活动；要在夯实基础上再发力，将“扫黄打非”工作打造成让市委市政府放心的安全工程、让人民群众满意的民心工程。

◎常德市津市市举行计划生育协会“5·29”工作表彰大会

5月29日，常德市津市市举行计划生育协会“5·29”工作表彰大会。

表彰会现场

会上，常德市津市卫健局负责人进行致辞。计划生育协会相关负责人通报了获奖名单。现场为3个先进乡级计生协会、15个先进村级计生协、21位计生协工作先进个人进行颁奖。

常德市津市市人大常委会副主任胡湘萍要求，要提高政治站位，充分认识人口发展和计划生育工作的重要性；要抢抓机遇，推动计生协事业高质量发展；要把握关键，提升计生协治理能力。要在常德市委市政府的坚强领导下，上级计生协和卫生健康局精心指导下，同心同德，奋勇前进，努力开创全市计生协改革转型发展新局面，为助力健康津市建设作出新的更大贡献。

◎用青年声音 讲好安乡故事——常德市安乡县开展第一期“安乡青年说”活动

6月1日，常德市安乡县委组织部和团县委联合开展了第一期“安乡青年说”活动。活动邀请全县优秀青年代表以富有青年味、接地气的形式讲述安乡故事。常德市安乡县委常委、组织部部长宋化丽出席活动。

活动现场

本期活动以“网红县城”为主题开展讨论，16名来自不同单位的青年代表随机抽签分成4个讨论小组。活动主讲人从安乡美景、特色美食、特色习俗等三个方面分析安乡晋升网红县城的优势，为打造网红安乡提出了对策建议。各小组围绕主题开展集中讨论，绘制思维导图，由小组长上台分享讨论成果，其他组员进行补充发言，大家集思广益、畅所欲言，进行了一次深入的交流互动。

“安乡青年说”活动旨在搭建展现安乡青年风采的平台，提升安乡青年的责任感、使命感，鼓励安乡青年立足岗位、拼搏进取。大家纷纷表示将以本次活动为契机，以争的勇气、拼的姿态、冲的劲头，为安乡高质量发展贡献青春力量。

要闻纪事

△6日，常德市委副书记、市长周振宇主持召开全市自建房安全整治工作调度会。他强调，要注重精准施策，常态长效“抓排查、抓处置、抓管理”，全力推动自建房安全整治落实落地。

△6日，常德市八届人大常委会召开第四十七次主任会议。市人大常委会党组书记、主任余怀民主持会议。

△8日，常德市委书记曹志强主持召开市委常委会会议。

△8日，澧县公安局举行反恐大队（特巡警大队）成立揭牌，副县长、县公安局局长杜卫雄，县公安局政委舒春初出席并揭牌。

△15日，常德市长周振宇主持召开市政府第30次常务会议，传达学习习近平总书记在河北省考察时的重要讲话精神、在雄安新区考察时的重要讲话精神、在二十届中央财经委员会第一次会议上的重要讲话精神和4月28日中央政治局会议精神，传达学习省委书记沈晓明来常调研指示精神，研究常德市贯彻落实意见，并听取相关工作情况汇报。

△18日，常德市委书记曹志强主持召开市委常委会会议，传达学习习近平总书记在河北考察时的重要讲话精神、对一艘中国籍远洋渔船在印度洋中部海域倾覆作出的重要指示精神，研究常德市贯彻落实意见。

△24日，澧县公安局人大代表联络站揭牌暨“警民共话执法司法公正”活动启动仪式在县公安局举行。县领导全贤松、裴平、陈祖毅、杜卫雄出席。

◎“医”心向党 踔厉奋进——常德市汉寿县举行卫健系统业务知识竞赛暨首届“群众满意医院、满意科室、名医、名护”表彰活动

“5·12”是国际护士节，为激发全县医护人员的职业自豪感和责任感，常德市汉寿县举行卫健系统业务知识竞赛暨首届“群众满意医院、满意科室、名医、名护”表彰活动。

县人民医院、县中医医院、县妇幼保健院等六支队伍脱颖而出进入决赛，决赛分为必答题、抢答题和风险题三个环节，内容涵盖了常见病、多发病、罕见病等各类疾病的诊疗、护理和预防知识。参赛人员团结协作，展现了扎实的专业素养。经过激烈角逐，县中医医院荣获一等奖，辰阳街道社区卫生服务中心、县妇幼保健院获得二等奖，县人民医院、崔家桥镇中心卫生院、崔家桥镇三和卫生院获得三等奖。

活动共表彰了5家“群众满意医院”、5个“满意科室”、10名“名医”和10名“名护”。同时，医护人员精心编排表演的文艺节目也为活动添彩。

江毅表示，全县广大医护工作者要继续弘扬南丁格尔精神，发扬爱岗敬业、无私忘我的奉献精神，发扬披肝沥胆、呕心沥血的敬业精神，发扬精益求精、勇攀高峰的进取精神，把真诚和爱心奉献给每一位患者，全力保障人民群众的生命安全和身体健康，为汉寿卫生健康事业高质量发展作出新的更大贡献。

表彰颁奖

◎常德精准阻击“五种歪风”

6月8日，常德市纪委监委推出的“‘四风’问题人人拍”平台正式上线。市民随手拍下身边的“四风”问题证据，进入“清廉常德”微信公众号和网站，就能进行线上举报。

这是常德创新运用网络平台“刹歪风”的生动实践。去年12月以来，常德为防止“四风”问题反弹回潮，部署推进转作风、刹歪风、树新风专项整治，精准阻击违规吃喝、打牌赌博、借贷谋利、参股经营和公车私用“五种歪风”。

截至目前，常德市自查自纠问题2711件，上缴违纪资金676万元；查处问题线索98件，给予党纪政务处分109人，组织处理77人。

“‘五种歪风’大多是群众身边的‘蝇贪蚁腐’，案情并不复杂，快查快处才能回应社会关切，对潜在的违纪者形成震慑。”常德市纪委监委相关负责人介绍，纪检监察机关对发生在党的二十大之后违反中央八项规定精神的问题线索，内容具体、可查性强的即受即查即处，一周内启动核查，半个月内办结。

常德市纪委监委相关负责人表示，一系列作风建设“组合拳”，释放了全面从严治党寸步不让的坚定决心。

◎常德市汉寿县召开2023年『十佳十差』股室评议工作动员会

会议现场

6月9日，常德市汉寿县召开2023年“十佳十差”股室评议工作动员会。常德市汉寿县委常委、纪委书记、监委主任熊海兵参加会议并讲话，常德市汉寿县委常委、组织部部长周平主持。

会议解读了《汉寿县2023年“十佳十差”股室评议工作实施方案》。开展评议是推进作风转变的有力抓手，是倾听民声民意的重要途径，是优化营商环境的现实需要。开展评议将推动全县上下凝聚改革共识，进一步挖掘攻坚克难促发展的内生动力。

会议要求，要端正态度，当好“考生”，认真对待、消除误区、严守纪律。要改进工作，提升水平，优化服务流程、改进服务态度、提升执法水平。要压实责任，立好履责标尺，拿好惩处戒尺，用好评议公尺，稳步推进“十佳十差”股室评议工作。

常德市汉寿县行政审批局、人社局、公安局相关股室或二层机构负责人作表态发言。与会单位签订了承诺书。

◎常德市安乡“交警＋城管”联动整治违停乱象

联合执法组对违停车辆进行查处

6月12日，为进一步规范县城区停车秩序，持续优化道路通行环境，常德市安乡县公安局交警大队联合县城管局执法人员组成联合执法小组，对县城区各道路违停乱象集中开展清理行动，全面整顿车辆乱停乱放的违法行为，确保车不占道，还路于民。

本次整治违停行动中，执法人员对有驾驶员在车上的进行劝导教育，提醒驾驶员尽快驶离；对驾驶人不在现场且不能及时到达现场的，以及联系不上驾驶员且阻碍交通的，执法人员依法进行拖离。同时，对沿街商户开展交通安全知识宣传，提升广大交通参与者的文明意识，切实规范道路停车秩序，确保道路畅通。

当天的整治行动中，出动警力12人，警车2台，共拖离违停车辆16台。下阶段，常德市安乡县公安局交警大队将继续联合城管执法人员开展集中整治行动，进一步加大宣传教育与执法打击力度，引导广大群众自觉遵守法律法规，文明行车，规范停车。

◎常德高新区开展2023年“六·五”世界环境日宣传活动 助力生态文明建设

6月5日是第52个“六·五”世界环境日，为深入宣传贯彻习近平生态文明思想和党的二十大精神，积极传播生态文明理念，展现常德高新园区企业生态环境保护工作。6月5日上午，在常德高新区管委会前坪开展2023年“六·五”世界环境日宣传活动，常德市生态环境局综合行政执法支队支队长赵晋泓，常德高新区党工委委员、管委会副主任刘霞初出席活动。

常德市生态环境局高新区分局紧紧围绕“建设人与自然和谐共生的现代化”主题，通过现场搭建环保咨询台、悬挂宣传横幅、电子显示屏播放标语、设置宣传展板、派发宣传资料等系列活动，组织环保宣传进园区、进企业，积极普及环保法律法规、政策知识及相关案例，加大宣传力度和范围，切实提高广大群众的环保意识、文明意识和知法守法能力。

据悉，当天共发放相关法律法规、环保知识等宣传资料共1500份，环保工作人员接待群众咨询，耐心答复群众关心的环境问题数起。

常德高新区开展2023年“六·五”世界环境日宣传活动 助力生态文明建设

各内设机构、直属事业单位、派驻机构、鼎力公司和征拆办干部职工，园区各企业负责人及环保专干参加活动。

要闻纪事

△27日，常德市委副书记、市长周振宇主持召开市政府党组理论学习中心组集中学习研讨会、市政府党组会暨市长碰头会，传达学习有关重要会议、重要讲话和重要文件精神，总结5月重点工作，研究部署常德市6月重点工作。

6月

△1日，常德市八届人大常委会召开第四十八次主任会议。市人大常委会党组书记、主任余怀民主持会议。尹正锡、邹如龙、廖可元、呙滨辰、张阳、李绍霞参加会议。

△1日，常德市政协秘书长联席会议召开，市政协秘书长曾克非出席会议并讲话。

△2日，常德市委政法委员会召开2023年第5次全体（扩大）会议。市委常委、市委政法委书记刘国龙主持会议。会议传达学习了习近平总书记近期出席相关会议、活动的重要讲话精神，以及中央政法委和省委、市委相关会议主要精神。

△2日，常德市打好重点民生保障仗工作推进会召开。市委常委、常务副市长徐永健出席会议并讲话。

△5日，常德市政协主席、党组书记黄清宇主持召开2023年第10次市政协机关工作碰头会。市政协副主席张业梅，市政协二级巡视员匡加才，市政协秘书长曾克非出席会议。

△8日，常德市召开交通问题顽瘴痼疾系统整治推进会暨市道安委第二次全会。副市长、市公安局局长余良勇主持会议并讲话。

△8日，常德市长周振宇主持召开市政府第31次常务会议，传达学习相关重要讲话及会议精神，听取相关工作情况汇报，研究常德市部署下阶段重点工作任务。

◎ 2023 常德健康长寿产业发展推进会召开

会议现场

6 月 15 日，2023 常德健康长寿产业发展推进会召开。中国老年学和老年医学学会为常德市安乡县、汉寿县授牌，两县成为第 97、98 个“中国长寿之乡”。

近年来，常德市深入学习贯彻习近平总书记关于健康中国建设的重要论述，顺应人民群众健康生活新期待，大力弘扬孝亲敬老传统美德，积极创建“中国长寿之乡”，全力发展大健康产业。截至 2022 年底，常德市 90 岁以上老人数量较 2011 年翻一番、百岁老人数量增长近 5 倍，64 个乡镇（街道）被授予“长寿之乡”称号，常德市安乡县、汉寿县成功创建“中国长寿之乡”，生物医药、健康食品、康养度假、养老服务等业态蓬勃发展。

周振宇代表常德市委市政府向长期以来关注常德经济社会发展的领导、专家学者以及企业家表示由衷的感谢。他说，做大做优做强健康长寿产业，常德有坚实的基础、深厚的潜力，更有坚定的决心。

刘维林代表中国老年学和老年医学学会向所有与会嘉宾、所有支持老龄事业产业发展的同人们表示衷心的感谢。他说，中国老年学和老年医学学会将继续发挥自身品牌优势、专家智库优势、社会资源优势，为常德市“长寿之乡”品牌升级、产业转型、经济发展，提供全面帮助和扶持。

授牌仪式

◎ 2023 年常德市全民禁毒宣传月主题活动启动

6 月 26 日，常德市举行 2023 年“全民禁毒你我他 禁毒宣传进万家”全民禁毒宣传月主题活动启动仪式。现场为 5 位禁毒形象大使颁发证书。

近年来，常德市委市政府坚决贯彻落实习近平总书记关于禁毒工作的系列重要指示精神，始终把禁毒工作作为德政工程、民心工程来抓，持续深入开展禁毒人民战争，综合治理突出毒品问题，全市毒情整体向好态势得到巩固。2022 年，常德市禁毒工作群众满意度测评居全省第一；连续 7 年被评为全省禁毒工作先进市。

活动号召广大干部群众争做抵御毒品的排头兵，深刻认识毒品危害，自觉学习禁毒知识，筑牢防毒拒毒思想防线；争做宣传教育的践行者，积极参与禁毒宣传教育活动，从家庭做起、从身边做起，大力宣传禁毒知识和毒品危害，提醒亲朋邻里时刻保持警惕；争做禁绝毒品的监督员，主动、及时向政法机关举报吸毒、贩毒、种毒、制毒等涉毒违法犯罪线索，让毒品违法犯罪分子无处藏身；争做平安关爱的帮扶人，积极参与志愿服务活动，努力挽救涉毒的失足者，帮助他们迷途知返、根除恶习、重获新生。

仪式结束后，寄递行业工作人员、网约车司机带着禁毒倡议书出发，奔赴千家万户开展禁毒宣传。

为市禁毒形象大使颁发证书

要闻纪事

△ 9 日，常德市委书记曹志强主持召开市委常委会会议，传达学习习近平总书记在文化传承发展座谈会上、二十届中央国家安全委员会第一次会议上、中共中央政治局第五次集体学习时、二十届中央审计委员会第一次会议上的重要讲话精神，研究常德市贯彻落实意见。

△ 15 日，常德市八届人大常委会召开第四十九次主任会议。市人大常委会党组书记、主任余怀民主持会议。

△ 25 日，常德市委书记曹志强主持召开市委常委会会议，传达学习习近平总书记对宁夏银川市兴庆区富洋烧烤店燃气爆炸事故作出的重要指示精神、给上海市虹口区嘉兴路街道垃圾分类志愿者的重要回信精神，研究常德市贯彻落实意见。

△ 25 日，汉寿县人民检察院公益诉讼法治教育基地揭牌。湖南省人民检察院第八检察部主任陈忠，常德市人民检察院党组副书记、副检察长荣明，汉寿县委常委、政法委书记杨戊，县人民检察院党组书记、检察长覃业辉，湖南西洞庭湖国家级自然保护区管理局党组书记钟丽琴参加。

△ 29 日，常德市政协召开第八届第十八次主席会议，专题协商打击防范电信网络诈骗犯罪。市政协主席、党组书记黄清宇主持会议并讲话。

△ 29 日，常德市人大常委会机关庆“七一”主题活动正式拉开帷幕。市人大常委会党组书记、主任余怀民出席活动，并参加所在党支部的节目演出。

△ 30 日，汉寿县庆祝中国共产党成立 102 周年座谈会举行，县委书记周功表出席会议并讲授专题党课，县委副书记、县长王时雨主持会议，全体县级领导参加会议。

◎常德市：集中无害化处理一批毒品

6 月 25 日，常德市举行“传承销烟精神 共创无毒家园”毒品销毁活动，现场共销毁近年来缴获的冰毒、麻古、海洛因以及毒品半成品等 2864.56 千克。

此次毒品运送和处理的各个环节，均有法院、检察院工作人员全程监督，特警武装护航，禁毒民警全程录像，确保了安全性。为减少对环境的污染，毒品销毁采用无害化处理方式，全部进行封闭焚烧。

近年来，常德市认真贯彻习近平总书记关于禁毒工作的系列重要指示精神，坚持打防结合、标本兼治、综合治理，深入推进禁毒人民战争，在涉毒案件查处、吸毒人员管控和禁毒社会化工作等方面取得优异成绩，连续七年荣获全省禁毒工作先进单位。

禁绝毒品是一场人民战争，常德市将树牢“毒品一日不绝，禁毒一刻不止”思想，继续健全完善打防结合、标本兼治的长效工作机制，强力遏制毒品犯罪，大力推进全国禁毒示范城市创建。

活动现场——毒品销毁活动

销毁图片展示区

◎常德市人大常委会审议油茶产业发展专项报告

6月26日，常德市八届人大常委会第十一次会议听取和审议了常德市油茶产业发展情况的报告，这是常德市人大常委会2018年听取和审议油茶产业发展专项报告后，再次审议油茶产业发展专项报告，以全面摸清常德市油茶产业家底，为推动全市油茶产业高质量发展"把脉问诊"。

分组审议现场

油茶产业在常德市农产品精深加工，特别是林业产业中占有较大比重。目前，全市油茶种植面积近200万亩，总产量2.52万吨，产值52亿元。全市从事油茶种植的林农7.25万人，100亩以上的种植基地206个，油茶专业合作社55个，4个主产县市被确定为全国油茶产业建设重点县。全市现有油茶经营企业50家，其中，省级龙头企业8家、市级龙头企业5家；拥有鼎城茶油、津市茶油国家地理标志证明商标，"常德茶油"也通过了国家地理标志保护产品评审。2023年以来，常德市将发展油茶产业作为创新突破产业突围三年攻坚行动重要内容，为油茶产业实现高质量跨越式发展提供了重要组织和政策保障。

◎常德市公安局举行演讲比赛暨晋升警衔仪式

市公安局举行演讲比赛暨晋升警衔仪式

6月30日，为庆祝中国共产党成立102周年，进一步深入宣传贯彻党的二十大精神，激励全警强化责任担当、忠诚履职尽责，推动公安工作和队伍建设再上新台阶，常德市公安局举行"公安心向党 奋进新征程" 主题演讲比赛暨晋升警衔仪式。副市长、常德市公安局局长余良勇出席活动。

来自全市公安机关的10位青年民警紧扣主题，立足各自岗位，发表了热情洋溢的演讲，多角度呈现常德公安民警保安全、护稳定、促发展的感人故事，用真情实感彰显了新时代青年民警忠诚履职、无私奉献的精神风貌，让大家接受了一次思想和心灵的洗礼。经过激烈的角逐，本次比赛评选出一等奖1名、二等奖2名、三等奖3名、优秀奖4名。

随后，常德市公安局举行了晋升警衔仪式。常德市公安局相关负责人宣读了授衔命令。余良勇向晋升三级警监的6名民警表示祝贺，并为他们颁发了警衔命令和标识。

最后，余良勇为退休民警蒋祥明颁发"光荣在党50年"纪念章，向老党员致以崇高的敬意和问候。

◎常德公共机构节能宣传周启动仪式举行

7月11日上午，2023年常德市公共机构节能宣传周启动仪式暨节能重点工作推进会在市民之家举行。本次节能宣传周的主题是"节能降碳，你我同行"，全国低碳日的主题是"积极应对气候变化，推动绿色低碳发展"。

启动仪式上，市政府办机关事务管理科和澧县机关事务服务中心，就生活垃圾分类和反食品浪费，以及持续推进节约型机关创建分别作了典型发言。市发改委、市教育局、市卫健委相关负责人宣读了2022年省级公共机构节约型示范单位名单、2021—2022年度公共机构能源资源节约示范案例名单以及2021年第一批、2022年第二批常德市市直"节约型机关"建成单位名单，并为有关单位代表颁发奖牌、证书。市机关事务管理局相关负责人宣读了关于开展2023年全市节约型机关创建工作的通知。

市机关事务管理局主要负责人介绍，在市委市政府的坚强领导下，近年来，全市各级公共机构认真贯彻落实"碳达峰、碳中和"决策部署，节能降碳工作取得了阶段性效果。2022年，人均综合能耗126.58千克标准煤、单位建筑面积能耗7.33千克标准煤，较2021年均呈下降趋势；成功创建"节约型机关"610家，创建率超过国省既定目标任务，创建效果持续巩固。

颁奖授牌

◎常德市安乡县"中国酱卤之乡"正式授牌

活动现场

6月29日，"中国酱卤之乡"授牌仪式暨常德市安乡县"名菜、名厨、名店"评选活动在常德市安乡县体育馆正式启动。

中国食品工业协会副会长蔡永峰向常德市安乡县颁授"中国酱卤之乡"牌匾，副市长杨成英宣布活动正式启动，中国烹饪大师、中国湘菜泰斗许菊云出席活动并讲话，常德安乡县委书记王先波致辞，常德安乡县委副书记、县长蒯鹰，常德安乡县委副书记李进等县领导参加。

王先波在致辞中指出，酱卤下酒、小酌怡情是安乡传承百年、独具特色的饮食文化。2023年，县委、县政府深入推进"创新突破、产业突围"，瞄准百亿酱卤产业目标，围绕特色农副产品精深加工，大力发展以酱卤为特色的预制菜产业，开工建设了预制菜产业园，正在抓紧组建预制菜研发中心、规划打造酱卤饮食文化特色街区。特别是在中国食品工业协会的帮助支持下，成功创建了"中国酱卤之乡"。

当天，活动现场还举行了常德市安乡县2023年二季度招商项目集中签约仪式和安乡县酱卤产品产销对接签约仪式，现场签约招商项目8个，总投资额20.8亿元。

要闻纪事

△30日，常德市长周振宇主持召开市政府第32次常务会议，传达学习相关重要指示、会议精神，听取相关工作情况，研究常德市部署下阶段重点任务。

△30日，常德市委政法委员会召开2023年第6次全体（扩大）会议，总结2023上半年工作，研究部署下阶段工作。市委常委、市委政法委书记刘国龙主持会议并讲话。市中级人民法院院长张经伟、市人民检察院检察长罗厚清出席会议。

△30日，临澧县召开庆祝中国共产党成立102周年表彰大会。县委书记李雨初出席并讲话。

7月

△4日，常德市乡镇党委书记抓党建促乡村振兴专题培训重点班在临澧开班，市委组织部党员教育中心主任陈素敏，县委常委、组织部部长廖资水出席开班仪式并讲话。

△6日，常德市八届人大常委会召开第五十次主任会议。市人大常委会党组书记、主任余怀民主持会议。

△6日，常德市委书记、市委统一战线工作领导小组组长曹志强主持召开市委统一战线工作领导小组2023年第一次全体会议，深入学习贯彻习近平总书记关于做好新时代党的统一战线工作的重要思想，传达学习全国统战部长会议、省委统一战线工作领导小组2023年第一次全体会议精神，总结2022年全市统战工作，审议相关文件，研究常德市部署下阶段统战工作。

◎常德籍 90 后飞行员彭峰荣立一等功、二等功

李邦哲与彭峰家属交谈

7 月 12 日，常德军分区、常德市退役军人事务局、常德市汉寿县委、常德汉寿县人民政府等方面的军地领导及部队代表来到常德市汉寿县龙阳街道张家湖社区，为荣立一等功、二等功的常德籍现役军人彭峰的家属送去喜报、牌匾、军功奖励金。

彭峰 1991 年出生于汉寿，现为海军某部飞行员。他坚定理想信念，深入钻研技能，砥砺血性胆气，争做刀尖利刃，先后荣立三等功 1 次、二等功 1 次、一等功 1 次。

市委常委、常德军分区司令员李邦哲表示，喜报是对优秀军人品德、奉献和功绩的褒奖，既凝聚着军人长期工作训练的艰辛、顽强战斗的牺牲，也凝结着军属的默默奉献、无私支持。他号召大家营造崇尚先进、学习先进、争当先进的良好风尚，激励和引领更多有志青年循着功臣的足迹投身军营火热熔炉、投入保家卫国伟大事业，在全社会形成热爱国防、尊崇军人、关心军属的浓厚氛围。

功臣牌匾

◎坚决扛牢有效衔接工作政治责任 以更大力度全面推进乡村振兴

会议现场——脱贫攻坚成果同乡村振兴小组会

曹志强讲话——脱贫攻坚同乡村振兴工作小组会

7 月 24 日，常德市委书记曹志强主持召开常德市巩固拓展脱贫攻坚成果同乡村振兴有效衔接领导小组工作推进会。会议深入学习贯彻习近平总书记关于“三农”工作的重要论述，紧跟中央、省委有关决策部署，较真碰硬抓好反馈问题整改，推动巩固拓展脱贫攻坚成果上台阶、全面推进乡村振兴见实效。

曹志强强调，要深化思想认识，以高度自觉抓好有效衔接工作。全市各级党委政府要按照任务要求，坚决扛牢整改主体责任，聚焦监测帮扶、政策落实、稳收增收、风险防控和群众满意抓整改，以问题整改提升脱贫攻坚成果的质量和成色。

曹志强强调，要坚持系统观念，以更大力度全面推进乡村振兴。巩固拓展脱贫攻坚成果、全面推进乡村振兴是一项系统工程，各级各部门必须同心协力、同步发力，压实责任、加强力量、提升作风，推动各项工作落地见效。

会上，市委常委、市委组织部部长康重文通报了《2022 年度常德市巩固拓展脱贫攻坚成果同乡村振兴有效衔接考核结果》。市政府原副市长龚德汉安排部署了下段工作。

要闻纪事

△ 7 日，常德市委书记曹志强主持召开市委常委会会议，传达学习习近平总书记对防汛救灾、党的建设和组织工作作出的重要指示精神，习近平总书记在中共中央政治局第六次集体学习、同团中央新一届领导班子成员集体谈话时的重要讲话精神，研究常德市贯彻落实意见。

△ 14 日，常德市委书记、市委退役军人事务工作领导小组组长曹志强主持召开市委退役军人事务暨双拥工作领导小组会议，深入学习贯彻党的二十大精神和习近平总书记关于退役军人工作的重要论述，听取工作情况汇报，审议有关文件，研究部署退役军人和双拥工作。市委副书记、市长、市委退役军人事务工作领导小组第一副组长、市双拥工作领导小组组长周振宇出席会议。

△ 14 日，常德市长周振宇主持召开市政府第 33 次常务会议，传达学习习近平总书记重要讲话和重要指示批示精神以及中央、省相关会议和文件精神，听取有关工作情况汇报，研究常德市部署贯彻落实工作措施。

△ 20 日，汉寿县人民法院开展公众开放日活动，县人大常委会主任佘斌参加并讲话，县人大常委会副主任郭辉勇、县人民法院院长丁建英、县人民检察院检察长覃业辉参加。

△ 20 日，常德市委书记曹志强主持召开市委常委会会议，传达学习习近平总书记对网络安全和信息化工作作出的重要指示精神、在全国生态环境保护大会上的重要讲话精神；传达学习全国、全省有关会议精神，研究常德市贯彻落实意见。

◎健康常德行动：常德市 2023 年全国老年健康宣传周活动正式启动

7 月 24 日—30 日，2023 年全国老年健康宣传周活动开始啦！今年活动的主题是“科学健身 助力老年健康”。

为宣传普及老年健康政策和科学知识，切实提高老年人健康素养和健康水平。7 月 26 日上午，常德市卫健委、常德市武陵区卫健局联合常德市第三人民医院、芙蓉街道卫生服务中心在落路口社区开展了以“科学健身助力老年健康”为主题的 2023 年老龄健康周宣传系列活动。常德市卫健委党组成员、副主任李军出席活动。

活动现场通过摆放宣传展牌、发放宣传资料、设立健康咨询台等方式向老年群众广泛宣传健康保健知识。开展健康讲座，讲解在日常生活中如何科学运动、健康养生，并现场进行干预指导、答疑解惑；开展现场义诊，医务人员为老年群众提供针对性的健康诊疗服务，免费量血压、测血糖、疾病诊断、用药指导，结合中医理疗开展针灸、推拿等。真心解决老年群众身心健康问题。

医务人员就老年人中医养生开展健康知识讲座，并现场量血压、测血糖

李军强调，要以此次健康宣传活动为契机，采取持续发力、综合施策、形式多样的方式，加强科学指导，强化健康宣传，提升老年人科学健身、健康养生意识。

◎常德入选全国城市一刻钟便民生活圈试点名单

2023 年 8 月 3 日，商务部网站公布了关于全国第三批城市一刻钟便民生活圈试点评审结果，常德市榜上有名，是该批湖南省唯一入选城市。

根据相关要求，在自愿申报的基础上，本着“公平、公开、公正”的原则，商务部联合相关部门共同组织专家对地方申报材料进行评审，确定 70 个城市（区、州、盟）开展全国第三批城市一刻钟便民生活圈试点。

建设城市一刻钟便民生活圈，既是促进消费的重要抓手，更是惠民生、暖民心的重要举措。近年来，常德市不断优化商业布局、提升业态品质、引导创新发展、增强服务能力、引导规范经营，为城市一刻钟便民生活圈建设打下基础。统计数据显示，常德市城区现有社区商业网点约 4.58 万个，主要包括餐饮店、药店等。

常德将根据《城市一刻钟便民生活圈建设指南》，出台城市一刻钟便民生活圈市级试点建设相关文件，建设和评选一批市级试点建设社区。目前，常德市初步选定了市城区 10 个社区作为试点建设生活圈，按照“一圈一策”的原则，持续完善公共服务设施配套，构建城市一刻钟便民生活圈。

◎常德市石门以司法之力守护绿水青山

8 月 15 日，常德市石门县磨市镇横铺村，常德市石门县人民法院组织干警开展一起环境资源案件强制执行，现场督促被执行人补种树木 68 棵，缴纳滥伐林木价值 4 倍的罚款 5732 元，替代性修复森林资源。

15 日，石门县集中开展环境资源案件强制执行和巡回审判等司法活动。邀请地方党委、政府和村（社区）干部、护林员、群众代表参加，就地开展生态环保主题宣传，把法庭搬到案发地、搬到群众身边，达到“办结一案、教育一片、警示一方”效果，提高全社会共同保护生态环境的自觉意识。

以司法之力，筑牢生态环境保护的坚实屏障。今年，常德市石门县建立完善生态环境保护执法司法联动工作机制，县人民法院在市生态环境局石门分局、县林业局、县水利局、县自然资源局设立环境资源案件法官联络站，安排员额法官一对一联系，做好环境资源案件的提前介入与司法指导，确保案件办理质效。县人民法院、县人民检察院在壶瓶山国家级自然保护区管理处，设立环境资源公益诉讼联络站，共享环境资源案件线索，为当地生态环境保护提供有力的司法保障。

◎ 2023 湖南·澧县第十八届葡萄节盛大开幕

8 月 18 日上午，2023 湖南·澧县第十八届葡萄节在澧州古城盛大开幕。此次葡萄节以“品澧县葡萄、享阳光滋味”为主题，旨在以果为媒、以节会友，全面宣传、推介和展示常德市澧县葡萄产业，诚邀四方游客共赴常德市澧县，游中华城祖、赏世界稻源，与常德市澧县人民共赴一场“萄”醉一夏的葡萄盛宴。

开幕式上，北京新发地、京东物流、百果园等商贸、物流、新零售等机构与常德市澧县政府及有关部门举行签约仪式。

本届葡萄节由中共澧县县委、常德市澧县人民政府主办，常德市澧县农业农村局、常德市澧县葡萄合作联社承办，得到了中国农学会葡萄分会、国家葡萄产业技术体系、湖南农业大学、湖南省葡萄协会、北京中视完美国际传媒、湖南天框文化创意、中国农业银行澧县支行、京东物流股份有限公司、湖南顺丰速运有限公司、抖音有限公司的大力支持与指导。除了开幕式，葡萄节还将举办常德市澧县葡萄产业发展及智慧葡萄园建设规划研讨会、常德市澧县葡萄产业游园活动、常德市澧县葡萄产业高质量发展论坛、常德市澧县葡萄及澧县优质农产品专题营销会等系列活动，助力常德市澧县葡萄走进千万家、飘香海内外。

开幕式现场

◎ 2022 年度长江流域渔政协助巡护优秀队伍和优秀队员评选揭晓 常德 1 支队伍和 1 名队员受表扬

长江流域渔政协助巡护优秀队伍二等奖颁奖现场

澧县渔政协助巡护队 12 名队员合影

7 月 31 日是第 16 个“世界巡护员日”，2022 年度长江流域渔政协助巡护优秀队伍和优秀队员表扬活动在四川省宜宾市江安县举行，36 支巡护队伍和 100 名巡护队员受表扬。其中，常德市澧县渔政协助巡护队获评渔政协助巡护优秀队伍二等奖，常德市鼎城区牛鼻滩镇巡护队队长袁承文获评渔政协助巡护优秀队员。

常德市澧县渔政协助巡护队于 2021 年 1 月于成立，现有 12 名专职巡护队员，其中 11 人为退捕渔民。自队伍成立以来，队员每天奔波在禁捕水域两岸，协助渔政开展禁捕退捕巡查工作，累计巡护路程达 18 万余公里，凭借懂水情、熟鱼情的优势，发现上报或协助渔政办理涉渔案件 31 起（其中刑事立案 7 起、行政拘留立案 1 起），清理残存地笼 120 余条，劝阻劝离违规垂钓人员 2800 余人次，暂扣鱼竿 380 余根，发现“三无”船舶 2 艘。该巡护队现已成为澧县禁捕退捕巡查工作不可或缺的力量。

常德市鼎城区牛鼻滩镇巡护队队长袁承文今年 56 岁，2020 年至 2023 年，他一心扑在沅水牛鼻滩河段的禁捕退捕工作中，采取“白 + 黑”“5+2”模式，共协助鼎城区农业综合执法局收缴捕捞工具、网具近 200 条，地笼 2000 多条，劝阻违规垂钓人员 325 人，收缴钓竿 308 根，发现“三无”船舶 11 艘，配合执法局和派出所立案 20 多起。

要闻纪事

△ 21 日，常德市人大常委会机关召开专题会议，传达市委常委会有关会议精神。市人大常委会党组书记、主任余怀民主持会议。

△ 21 日，常德市委副书记、市长周振宇主持召开市政府八届五次全体会议。市领导尹正锡、周代惠、余良勇、谭丁、郭碧勋、庞波，市政府原副市长龚德汉，市政府秘书长陈爱喜参加会议。

△ 24 日，常德市政协召开八届十次常委会（扩大）会议，以远程视频的方式在市政协机关六楼会议室集中收听收看省政协十三届四次常委会（扩大）会议。市政协主席、党组书记黄清宇出席会议并讲话。

△ 25 日，常德市政协召开 2023 年第 2 次县市区政协秘书长联席会议。市政协秘书长曾克非出席会议并讲话。

△ 25 日，常德市政协召开第八届第十九次主席会议，专题视察医疗保障工作。市政协主席、党组书记黄清宇，副市长周代惠，市政协副主席张业梅、王鳌、袁世平、陈华、邓彬彬，市政协秘书长曾克非参加视察。

△ 28 日，安乡县政协安心成长委员工作室和中医药推广委员工作室揭牌成立，县政协主席胡秋兰、副县长陈建军共同为工作室揭牌，县政协副主席王峥参加。

△ 28 日，常德市委书记曹志强主持召开市委常委会会议，传达学习 7 月 24 日中共中央政治局会议精神、习近平总书记在中共中央政治局第七次集体学习时的重要讲话精神和对全军党的建设会议作出的重要指示精神；传达学习习近平总书记在党外人士座谈会、中央财经委员会第二次会议、中央全面深化改革委员会第二次会议上的重要讲话精神，研究常德市贯彻落实意见。

◎常德市2023年网络安全宣传周活动在武陵区启动

9月11日，2023年常德市网络安全宣传周启动仪式举行。常德市委常委、常德市委宣传部部长彭晛丹参加活动并宣布启动，常德市武陵区委书记、武陵区网信委主任康少中，常德市政府副市长、常德市公安局局长余良勇现场发表讲话。

启动仪式上播放了市2023年国家网络安全宣传周主要活动宣传片，康少中现场介绍了武陵区网络文明相关情况。

截至今年6月，中国网民规模达10.79亿人，居世界第一；2022年，中国数字经济规模达50.2万亿元，居世界第二，占GDP比重提升至41.5%；2022年，中国网上零售金额高达13.79万亿元，居世界第一。互联网时代，人们在接受网络平台提供的服务时，也面临不少安全挑战，网络安全和数据安全正在被越来越多的网民所重视。

余良勇表示，举行本次仪式旨在全面普及宣传网络安全知识，激发全社会共同维护网络安全的热情。希望各地各部门要不断深化对依法治网的规律性认识，依法加强网络空间治理，既要充分尊重网民交流思想、表达意见的权利，又要加大网络执法力度，坚决打击网络违法犯罪活动，构建网络空间良好秩序，营造安全、健康、文明、清朗的网络空间。

启动仪式最后，彭晛丹现场宣布活动启动，参与活动的领导共同触动启动按钮。

2023年常德市网络安全宣传周活动正式启动

◎常德市桃源县2023年公益助学奖优暨『两育』工作表彰大会召开

表彰大会现场

8月23日，常德市桃源县2023年公益助学奖优暨“两育”工作表彰大会在县文体中心召开。

会上，杜登全、江志晖、陈会龙、徐兴宇、江娟娟、汤赛男、向真金等县领导为受资助的大学生代表发放了助学金，为空军飞行学员和考取北京大学、清华大学的新生发放了奖学金，对全县“两育”工作先进单位进行了表彰。常德市桃源县委常委、（常务）副县长提名人选徐兴宇宣读了奖优助学决定和表彰通报，副县长汤赛男主持会议。优秀毕业生代表、优秀家长代表在会上分别发言。

本次活动，对15名考取空军飞行学院和北京大学、清华大学的学生每人发放奖学金10000元，对160名优秀困难大学生每人发放助学金3000元。桃源县教育基金会自成立以来，围绕“爱烛行动”“育才行动”“助校行动”三大公益项目开展公益活动，帮助家庭经济困难师生走出困境，激励教师乐于奉献，鼓励学生学有所成，助推教育均衡优质发展。截至2022年底，公益支出5004.24万元，公益项目累计惠及中小学76所，直接奖励资助慰问教师11206人次，资助奖励学生9342人次。

要闻纪事

8月

△8日，常德市委书记曹志强主持召开市委常委会会议，传达学习习近平总书记对防汛救灾工作作出的重要指示及李强总理批示精神；传达学习习近平总书记在四川、陕西考察调研时的重要讲话精神，研究常德市贯彻落实意见。

△15日，常德市长周振宇主持召开市政府第34次常务会议，传达学习相关重要指示、讲话、会议和文件精神，听取相关工作情况汇报，研究常德市部署下阶段重点工作。

△17日，常德市八届人大常委会第51次主任会议召开。市人大常委会党组书记、主任余怀民主持会议。

△18日，常德市委书记曹志强主持召开市委常委会会议，传达学习8月17日中共中央政治局常务委员会会议精神；传达学习全国、全省有关会议精神，研究常德市贯彻落实意见，并听取相关情况汇报，审议有关文件。

△22日，常德市政协主席、党组书记黄清宇主持召开市政协八届十一次常委会会议。市委常委、常务副市长徐永健，副市长周代惠应邀出席会议。

△24日，常德市政协召开第八届第二十次主席会议，专题协商“发挥异地商会招商引资前沿阵地作用”。市政协主席、党组书记黄清宇主持会议并讲话。

△26日，常德市委副书记、市长周振宇主持召开市政府党组理论学习中心组集中学习研讨暨市政府党组班子民主生活会专题学习研讨、市政府党组会议暨市长碰头会，传达学习有关重要会议、重要讲话和重要文件精神，总结7月至8月重点工作，研究常德市部署9月重点工作。

◎常德市“全民城管”平台正式上线

市民现场操作“全民城管”平台

2023年8月18日，常德市城市管理委员会在屈原公园举行常德市“全民城管”启动仪式，副市长郭碧勋出席活动。

活动中，常德市城管执法局、市自然资源和规划局、市生态环境局、市住建局相关负责人依次表态发言，承诺将坚持“全民城管共建家园”的宗旨观念，及时解决老百姓身边的痛点难点堵点问题，并积极在社区广泛开展“全民城管”理念宣传，提高市民参与城市建设、管理的积极性。

郭碧勋指出，“全民城管”是全新工作实践、全新工作机制、全新工作平台，各级各部门要以“全民城管”为契机，引导群众广泛参与城市管理，推动城市问题及时解决、管理水平持续提升。要贯彻“共建”理念，增强做好“全民城管”工作的责任感和自觉性，坚定不移推动各项工作落地见效。要畅通“共治”机制，围绕解决城市管理领域突出问题，加快构建“纵向贯通、横向协同、覆盖全面、多方参与”的深度“共治”协同机制。要营造“共享”氛围，做好做实问题处理进度告知、结果反馈、满意度回访等工作，不断提升群众知情权、参与度、成就感。

◎湖南革命军事馆与湖南文理学院签署“馆校融合”合作协议

湖南革命军事馆与湖南文理学院签署“馆校融合”合作协议

2023 年 9 月 16 日是第 23 个全民国防教育日，9 月 16 日，湖南革命军事馆在湖南文理学院举行“馆校融合”暨常德细菌战文史资料捐赠仪式。湖南革命军事馆工作专班总顾问董亮主持仪式，常德军分区副司令员周林平参加活动。

活动现场，湖南文理学院细菌战罪行研究所向湖南革命军事馆捐献文物史料和研究成果 145 件（套、册），湖南博物院和湖南省文物局博物馆与社会文物处为湖南文理学院颁发捐赠证书及“突出贡献单位”奖牌，湖南革命军事馆与湖南文理学院签署“馆校融合”合作协议书。

湖南革命军事馆与湖南文理学院联合开展“馆校融合”文化建设，开创了军事馆与高校合作的先河，为下一步湖南革命军事馆与其他相关单位开展合作积累了经验。开展“馆校融合”，高校及科研机构可以为军事馆提供更多文物史料，更好地把军事馆打造成为国内一流的爱国主义和国防教育基地。

◎常德市 2023 年下半年新兵欢送仪式在常德鼎城举行

9 月 14 日，常德市 2023 年下半年新兵欢送仪式在湖南应用技术学院举行，常德市委常委、市人民政府常务副市长、市征兵工作领导小组组长徐永健，常德市委常委、常德军分区大校司令员李邦哲，常德军分区大校副司令员周林平出席欢送仪式。

仪式上，来自常德市鼎城区的110名新兵和其他各县市区的120名新兵代表身着戎装、胸戴光荣花、肩披“光荣入伍”绶带，队列整齐、精神抖擞、英姿勃发，他们将带着家乡父老的嘱托，怀揣着保家卫国的信念，踏上从军报国、戍边卫国的征程，开启光荣的军旅生涯。

徐永健代表常德市委、市政府向光荣应征入伍的新兵们表示热烈祝贺和崇高敬意，并勉励他们要牢记使命、不负韶华，在军队这个大舞台上施展才华，在军营这个大熔炉里淬炼成钢，担负起练兵备战的责任使命，书写好绚烂无悔的青春篇章；要刻苦锻炼、增强本领，练就过硬本领、锤炼优良作风，尽早从杰出青年转变为合格军人，使自己成为国防和军队现代化建设的优秀人才；要发扬传统、奋勇拼搏，在部队努力创造让军旗添彩、让亲人骄傲、让家乡自豪的优异业绩。徐永健表示，常德市委、市政府和军分区将一如既往发扬拥军优属的优良传统，严格落实各项优抚优待政策，为他们安心服役、建功立业当好坚强后盾。

常德市 2023 年下半年新兵欢送仪式现场

常德市 2023 年下半年新兵欢送仪式在鼎城举行

◎常德张家界开展跨界水域联合执法检查活动

9 月 12 日，为加强跨界水域的治理与保护，实现流域联防联控联治，常德市联合张家界市在常德市桃源县黄石水库开展跨界水域联合执法检查活动。

此次活动由常德市桃源县河长办牵头，常德市河长办、常德市水政监察支队、张家界市水政监察支队、张家界市慈利县河长办、张家界市慈利县黄石水库水资源保护中心等部门相关负责人参加。检查范围主要涉及白洋河漆河镇段、黄石水库库区。在联合执法检查过程中，检查人员沿河而上，深入库区，现场查看了河库管护情况，并在常德市桃源县黄石水库灌区管理局召开了跨界水域联合执法工作联席会议。

会上，参与活动人员听取了常德市桃源县黄石水库灌区管理局、张家界市慈利县黄石水库水资源保护中心在跨界水域治理上的工作开展情况、取得的成绩及面临的困难。相关参会人员就河长制工作开展中的一些做法、经验以及遇到的一些难点问题进行了分享交流。最后，常德市桃源县河长办和张家界市慈利县河长办签订了《跨界河流水域联合执法监管协议》。

联合执法现场

通过本次联合执法检查，形成了常德市和张家界市共同打击涉水违法行为的合力，达成了共享执法信息、共同维护水域良好管理秩序的共识，为今后常态化开展跨界水域联合执法行动奠定了基础。

要闻纪事

△ 28 日，常德市政协主席、党组书记黄清宇主持召开 2023 年第 14 次市政协机关工作碰头会。市政协副主席张业梅、王鳌，市政协秘书长曾克非出席会议。

△ 29 日，常德市八届人大常委会举行第十二次会议。市人大常委会党组书记、主任余怀民出席会议。市委常委、常务副市长徐永健列席会议。

△ 31 日，常德市委政法委员会召开 2023 年第 8 次全体（扩大）会议，总结 8 月份政法工作，研究部署当前重点工作。市委常委、市委政法委书记刘国龙主持会议并讲话，市级领导周林平、张经伟、罗厚清出席会议。

△ 31 日，常德市政协召开第八届第二十一次主席会议，专题视察农村偏远地区饮水提质情况。市政协主席、党组书记黄清宇，市政协副主席王鳌、陈华、邹吉茂、刘保湘、邓彬彬，原副市长龚德汉，市政协秘书长曾克非参加视察。

9月

△ 6 日，常德市八届人大常委会召开第五十四次主任会议。市人大常委会党组书记、主任余怀民主持会议。市人大常委会党组副书记、副主任尹正锡，市人大常委会副主任邹如龙、廖可元、禹滨辰，市人大常委会原副主任张阳，市人大常委会秘书长李绍霞参加会议。

△ 11 日，常德市委书记曹志强主持召开市委常委会会议，传达学习习近平总书记在新时代推动东北全面振兴座谈会上的重要讲话、致国防科技大学建校 70 周年贺信、对四川凉山州金阳县山洪灾害作出的重要指示精神，以及在听取新疆维吾尔自治区党委和政府、新疆生产建设兵团工作汇报时的重要讲话精神；传达学习 8 月 31 日中共中央政治局会议精神，研究常德市贯彻意见。

◎常德市党建引领基层治理专题培训重点班开班

全市党建引领基层治理专题培训重点班开班现场

9月19日，全市党建引领基层治理专题培训重点班在常德市津市市开班。

此次培训旨在提高基层干部的思想政治素质和政策水平，更好地掌握社会管理综合治理的方针政策、主要工作内容和工作方法，不断提高面对新情况、新问题下的应变能力和创新能力。同时，进一步引导全市基层党组织坚持党对基层治理的全面领导，持续加强基层治理队伍建设，切实发挥基层党组织战斗堡垒和党员先锋模范作用，扎实推进基层治理体系和治理能力现代化。

本次培训班为期5天，主要采取专题辅导、党性教育、光影铸魂、现场教学、经验交流、分组讨论等方式进行，课程设置坚持以党建引领基层治理工作为导向，包含党的二十大精神、习近平总书记关于“三农”工作的重要论述、社会基层治理等主题。

参训学员纷纷表示，将珍惜这次难得的学习机会，以良好的精神面貌、勤奋严谨的学风、奋发进取的精神高质量地完成这次培训任务，不断提升自身综合能力素养，为全面推进创新突破产业突围、加快实现“三高四新”美好蓝图贡献基层力量。

◎ 2023国际烈酒（中国）大奖赛在常德盛大开幕

9月20日，由中国副食流通协会、国家白酒、葡萄酒及露酒产品质量监督检验中心、上海合作组织国际酒业文旅服务工作委员会支持，中国副食流通协会酒类专业委员会、湖南省常德市武陵区人民政府主办，国际烈酒（中国）大奖赛组委会、湖南省酒业协会、酒新社承办的ISGC2023国际烈酒（中国）大奖赛在桃花源里的都市——湖南省常德市开幕。

2023国际烈酒（中国）大奖赛在常德盛大开幕

在开幕式上，常德市武陵区政府主要负责人表示，国际烈酒（中国）大奖赛在武陵举办，既是推动产业创新升级的重要抓手，也是提振市场信心、激发消费活力的有力举措，必将吸引八方宾客品读地方文化，品饮特色美酒。

主办方介绍，今年ISGC2023国际烈酒（中国）大奖赛由新闻发布会、主题赛事、颁奖典礼3大活动组成，主题赛事于9月19日至9月23日举办，11月18日在常德市隆重颁奖。2023年的大奖赛与往年相比，呈现出3大特点：一是评委由往年的60名增至90名，来源国增加了法国、墨西哥、美国、韩国等；二是评分系统首次使用智能手机进行评分，更加快捷方便、分数精准、公平公正；三是修正了大赛评分标准，该标准吸取中外品酒方法和规则，改变了人们习惯采用的品评方式，是大奖赛多年实践的总结和创新，也是中国独有的自主知识产权的酒类品评方法。

要闻纪事

△15日，常德市长周振宇主持召开市政府第35次常务会议，传达学习相关重要指示、讲话、会议和文件精神，听取相关工作情况汇报，研究部署我市贯彻落实的工作措施。

△28日，常德市长周振宇主持召开市政府第36次常务会议，传达学习相关重要会议、讲话、指示精神，听取相关工作情况汇报，研究常德市部署贯彻落实的工作措施。

10月

△7日，常德市委书记曹志强主持召开全市招商引资大会，深入学习贯彻习近平新时代中国特色社会主义思想，全面落实省委十二届四次全会和省党政代表团赴广东、江西、湖北学习考察总结会精神，动员全市上下牢牢扭住招商引资这个“牛鼻子”，全面掀起大抓招商、大抓项目、大抓发展的热潮，进一步推动创新突破产业突围，为新时代常德高质量发展注入澎湃动能。市委副书记、市长周振宇出席会议。

△9日，常德市八届人大常委会召开第五十五次主任会议，市人大常委会党组书记、主任余怀民主持会议。

△13日，常德市长周振宇主持召开市政府第37次常务会议，传达学习相关重要指示、讲话、会议和文件精神，听取相关工作情况汇报，研究部署常德市贯彻落实的工作措施。

△15日，常德市人大常委会召开第五十六次主任会议。市人大常委会党组书记、主任余怀民主持会议。

◎ 2023年湖南省创新创业大赛总决赛在常德市举行

2023年湖南省创新创业大赛总决赛在常德市举行

2023年9月20日—21日，2023年湖南省创新创业大赛主体赛总决赛暨颁奖仪式在常德市柳叶湖畔举行。湖南省科技厅党组成员、副厅长、一级巡视员鲁先华出席颁奖仪式并讲话，常德市委常委、常务副市长徐永健参加颁奖仪式并致辞。

本届大赛围绕“创新创业，圆梦湖南”主题，以科技型中小企业和高新技术企业为参赛主体。2023年4月大赛启动以来，吸引了2005家企业报名参加，经过市州赛区的选拔推荐、湖南省半决赛，共评选出180家优秀企业、24家入围湖南省总决赛企业、58家入围全国赛企业。经过激烈角逐，最终长沙驰芯半导体科技有限公司“超宽带（UWB）芯片”项目获小微企业组一等奖，永州明睿陶瓷科技有限公司“高性能精密陶瓷结构件”项目获成长企业组一等奖。

鲁先华指出，湖南省创新创业大赛历经10年发展，累计吸引2.1万多个项目报名参赛，为湖南省创新团队和科技型中小企业搭建了创新展示、交流合作、融资对接和成果转化等多元化服务平台。希望获奖企业和广大创新创业者不忘初心，大力弘扬科学家精神、企业家精神、工匠精神，让更多的创新创业项目生根发芽、开花结果，为加快实现“三高四新”美好蓝图作出新的更大贡献。

◎常德市举行烈士纪念日向人民英雄敬献花篮仪式

敬献花篮仪式现场

2023 年 9 月 30 日是我国第十个“烈士纪念日”。9 月 30 日上午，常德市烈士纪念日向人民英雄敬献花篮仪式在常德烈士公园举行。常德市委书记曹志强，市委副书记、市长周振宇等市领导同各界代表一起，向英雄烈士敬献花篮，表达对先烈的深切缅怀和崇高敬意。

以中共常德市委，市人大常委会，市政府，市政协，常德军分区，各民主党派常德市委、市工商联和无党派爱国人士、各人民团体，常德市社会各界群众，老战士、老同志和烈士亲属，全市少先队员名义敬献的 9 个花篮一字排开。花篮红色缎带上书写着“人民英雄永垂不朽”的金色大字。

仪式开始前，曹志强、周振宇等市领导还在烈士长廊慰问了烈士亲属、抗美援朝在乡复员军人代表，了解他们的身体状况和生活情况，并代表市委市政府向他们表示崇高敬意和亲切慰问。

◎常德市第五届『关爱明天、普法先行』青少年法治宣传教育活动启动

9 月 21 日，常德市第五届“关爱明天、普法先行”青少年法治宣传教育活动启动仪式在湖南幼儿师范高等专科学校丁玲剧场举行。活动由常德市关工委主办，湖南幼专承办，常德市委政法委、常德市文明办、常德市中级人民法院、常德市人民检察院、常德市教育局、常德市司法局、团市委和常德市法学会等部门单位协办。

活动现场，湖南幼专党委书记李宏岸为活动致辞，常德市关工委常务副主任曹儒国讲话并宣布活动正式启动，常德市津市市人民检察院副检察长熊玉芳为青少年学生和与会人员上了一堂精彩的法治宣传教育课。活动现场，组委会为青少年学生和基层关工委、学校代表赠送了《全国青少年法治教育读本》，湖南幼专学生发布了《法治同行倡议书》。

第五届“关爱明天、普法先行”青少年法治宣传教育活动启动

常德市关工委副主任朱晓平、张新民、熊国建、郭立纯等出席活动，相关部门单位和市城区中小学负责人，湖南幼专 400 名新生参加了活动。

◎“第 21 届全国青年文明号”评选结果揭晓 常德市 4 个青年集体上榜

2023 年 9 月 28 日，共青团中央等 23 家全国创建青年文明号活动组委会成员单位联合印发《关于命名第 21 届全国青年文明号并进行星级认定的决定》，命名 1932 个集体为“第 21 届全国青年文明号”，其中，认定 709 个集体为首批“二星级全国青年文明号”，认定 1223 个集体为“一星级全国青年文明号”。常德市 4 个青年集体光荣上榜。

常德市公安局交通警察支队直属四大队事故处理中队、常德市临澧县人力资源和社会保障局服务大厅、常德市规划展示馆、国家税务总局临澧县税务局第一税务所（办税服务厅）4 家青年集体荣获“第 21 届全国青年文明号”，其中，常德市公安局交通警察支队直属四大队事故处理中队、常德市临澧县人力资源和社会保障局服务大厅被认定为首批“二星级全国青年文明号”，国家税务总局临澧县税务局第一税务所（办税服务厅）、常德市规划展示馆被认定为“一星级全国青年文明号”。

下一步，团市委将不断健全青年文明号创建机制，持续提升青年文明号活动的规范性和专业性，提升青年文明号活动的时代感和实效性，为加快建设中国式现代化新常德贡献青春力量。

◎常德市 2023 年第 16 次市政协机关工作碰头会召开

9 月 25 日，常德市政协主席、党组书记黄清宇主持召开 2023 年第 16 次市政协机关工作碰头会。

会议传达学习了习近平总书记在新时代推动东北全面振兴座谈会上的重要讲话精神、8 月 31 日中共中央政治局会议精神，以及全国、湖南省学习贯彻习近平新时代中国特色社会主义思想主题教育第一批总结暨第二批部署会议精神等有关内容。常德市政协各委室、常德市纪委监委驻市政协机关纪检监察组负责同志汇报了近期重点工作和重要活动安排。

黄清宇强调，要扎实开展学习贯彻习近平新时代中国特色社会主义思想主题教育，高标准高质量完成好各项学习任务。要统筹做好各类会议筹备、调研组织工作，深入开展课题协商、民主监督等履职活动。要及时完成委员活动日工作总结和情况上报，认真做好满意度测评。各委室要全面梳理回顾今年以来的各项履职成果，积极谋划全会前期准备工作。要积极发挥政协作用，持续助推创建全国文明城市、乡村振兴等各项中心工作。要严明纪律要求，持续推进党风廉政建设，驰而不息纠治“四风”，机关干部要严格遵守各项纪律规定，时刻管住自己、管住细节、管住身边人，真正成为政治上的明白人、纪律上的正派人、干净人、作风上的正派人。

会议现场——第 16 次市政协机关碰头会

要闻纪事

△ 16 日，常德市委书记曹志强主持召开市委常委会（扩大）会议暨全市“走基层、找问题、想办法、促发展”活动第一次调研成果交流会。省委主题教育第七巡回督导组组长向曙光，副组长吴开明、彭楚筠出席会议。市委副书记、市长周振宇作交流发言。

△ 16 日，石门县首届县长质量奖颁奖大会在县委党校举行。县委副书记、县长李长春出席大会并为获奖组织和个人颁奖。

△ 18 日，常德市政府党组召开“镜鉴”以案明纪以案促改暨省委第四轮巡视整改专题民主生活会。市委副书记、市长、市政府党组书记周振宇主持会议并作表态发言。市政府党组成员徐永健、周代惠、余良勇、谭丁、陈爱喜参加会议，原副市长郭碧勋列席会议。

△ 19 日，2023 年年轻干部培训班示范课堂之写作训练举行。澧县县委常委、县委组织部部长周澧主持培训，活动邀请了市政府研究室党组书记、主任沈雄飞进行授课。来自全县各镇街及部分县直单位的 200 余名优秀年轻干部参加。

△ 19 日，常德市委理论学习中心组开展 2023 年第 10 次集体学习暨“以学增智”专题研讨。市委书记曹志强主持研讨会并作总结讲话。省委主题教育第七巡回督导组组长向曙光，副组长吴开明、彭楚筠及督导组全体成员到会指导。

△ 20 日，常德市政协八届三次会议筹备工作调度会召开。市政协副主席王鳌主持会议并讲话，市政协秘书长曾克非出席会议。

◎常德市“最美家庭”和“文明家庭”评选活动启动

2023年9月30日，常德市妇联、市文明办联合开展的“最美家庭”和“文明家庭”评选活动启动。9月30日前符合条件的家庭可通过自荐、他荐和组织推荐等多种方式参与。

此次评选活动将聚焦爱国守法、遵德守礼、敬业诚信、家教良好、绿色节俭、热心公益等多个方面，选树2023年度常德市“最美家庭”30户、常德市第七届“文明家庭”30户。

近年来，常德市积极打造家庭文明创建品牌，选树“最美家庭”和“文明家庭”，通过举行“最美家庭”“文明家庭”事迹报告会、爱国爱家诗文评选、家书征集、党史知识家庭竞赛等丰富多彩的活动，推动形成社会主义家庭文明新风尚。

◎湖南省市军地联合为“英雄航天员”张陆家庭送喜报

省军区少将副司令员张江华为张陆家庭敬送喜报

10月1日，正值国庆节，张陆同志荣获“英雄航天员”荣誉称号喜报送达仪式在常德市汉寿县举行。湖南省军区少将副司令员张江华，常德市委书记曹志强，湖南省退役军人事务厅党组书记、厅长谢春等将“英雄航天员”荣誉称号喜报和“英雄航天员之家”牌匾送到张陆及其父母手中，为英雄航天员的家乡增添了节日的喜庆。

在热闹的锣鼓声和军乐声中，军地送喜报队伍将“英雄航天员之家”的金字牌匾送到张陆父母家中。仪式上，张江华宣读了《关于给费俊龙颁发“二级航天功勋奖章”，授予邓清明、张陆“英雄航天员”荣誉称号并颁发“三级航天功勋奖章”的决定》，敬送了喜报并为张陆家庭颁发了“英雄航天员之家”牌匾。

仪式结束后，张江华一行到张陆父母家中交流座谈，详细询问了张陆家属生活、工作和家庭情况，感谢他们为祖国、为部队培养了一名优秀的军事人才，为家乡增光添彩。同时叮嘱有关部门落实好拥军优属政策，主动帮助张陆家庭解决实际问题、解决后顾之忧。

◎总投资41.5亿元！常德市鼎城区（常德高新区）与13家重点企业签约

10月12日，2023年常德市鼎城区（常德高新区）招商引资大会暨重大项目集中签约仪式在常德高新区举行。常德市政协副主席、常德市鼎城区委书记、常德高新区党工委书记朱金平参加会议并讲话。

2023年鼎城区（常德高新区）招商引资大会暨重大项目集中签约仪式

会上，常德市鼎城区委副书记、区人民政府区长陈远传达了全市招商引资大会精神，并对招商引资工作进行安排部署。常德高新区党工委副书记、管委会主任曾君作常德高新区招商引资工作报告。江南城投、尧天坪镇、常德高新区经济合作局等单位负责人依次作表态发言。

在随后举行的签约仪式上，常德市鼎城区（常德高新区）与13家重点企业签约，总投资41.5亿元，涉及智能制造、新材料、新能源和现代服务业等领域。

要闻纪事

△20日，桃源县离退休干部经济形势报告会暨“最美老干部”表彰大会召开，桃源县委书记黄伟雄出席会议并讲话。县委副书记、县长马吉云作全县经济形势报告，县委副书记、统战部部长杜登全主持会议。

△23日，常德市政协主席、党组书记黄清宇主持召开2023年第17次市政协机关工作碰头会。市政协副主席王鳌、市政协二级巡视员匡加才、市政协秘书长曾克非出席会议。

△26日，常德市政协副主席、鼎城区委书记、常德高新区党工委书记朱金平参加区委办机关党支部党员大会，并为全体党员上专题党课。

△26日至27日，常德市八届人大常委会举行第十三次会议。市人大常委会党组书记、主任余怀民出席会议，并主持第三次全体会议。市人大常委会党组副书记、副主任尹正锡，市人大常委会副主任邹如龙、石玉林、廖可元、呙滨辰，市人大常委会秘书长李绍霞出席会议。

△27日，常德市委书记曹志强主持召开市委常委会会议，传达学习习近平总书记致中华全国工商业联合会成立70周年贺信精神、习近平总书记同中华全国总工会新一届领导班子成员集体谈话时的重要讲话精神、习近平总书记在第三届“一带一路”国际合作高峰论坛开幕式上的主旨演讲精神等，研究常德市贯彻意见。

△31日，常德市长周振宇主持召开市政府第38次常务会议，传达学习相关重要指示、讲话、会议和文件精神，听取相关工作情况汇报，研究部署常德市贯彻落实的工作措施。

◎2023年常德市“市长接老兵回家”暨“最美退役军人”系列发布仪式举行

10月12日，2023年常德市“市长接老兵回家”暨“最美退役军人”系列发布仪式在常德市文化馆举行，副市长、常德市公安局局长余良勇出席活动并讲话。

仪式上，有关领导为荣获2023年常德市“最美退役军人”“最美拥军人物”“最美兵支书”“最美退役军人志愿者”“优秀退役军人服务中心（站）主任（站长）”和“最佳退役军人志愿服务组织”称号的64名同志和10个组织颁发证书，6名典型代表和1名2023年秋季退役士兵代表作典型发言。

余良勇代表市政府向先进典型和组织表示祝贺，向全市今年返乡的退役士兵表示慰问。他指出，全市广大退役军人要向身边典型看齐，学习他们良好的精神风貌和拼搏精神，坚持以典型为引领，学习先进、崇尚先进、争当先进，争取在各自岗位上干出不平凡的业绩。要一以贯之永葆军人本色，立足岗位积极干事创业，把军队的好思想、好作风和好传统带回地方，带头到乡村振兴第一线、经济建设主战场、为民服务最前沿，真抓实干、发光发热，努力成为现代化新常德的亲历者、建设者、推动者。各地各部门要树牢“一盘棋”思想，全力支持配合退役军人服务保障工作，带着感情、带着温度，切实把退役军人服务保障工作做实、做细、做好。

2023年我市“市长接老兵回家”暨“最美退役军人”系列发布仪式举行

◎常德“冬季攻势”防控道路事故

10月20日以来，常德公安交警部门以“冬季攻势”专项行动为抓手，联合相关部门，抓实抓细“人防、物防、技防”防控体系，深化“人、车、路、企、政”五项机制，发挥城乡“路长”机制，实行上下联动、警民共治、全民参与的社会共治共管机制，全方位综合治理城乡道路交通顽瘴痼疾，进一步压降道路交通事故。

为打击交通违法行为，全市公安交警以“农村保平安、城市保畅通”为目标，紧盯货车野蛮驾驶、“三超一疲劳”等道路交通违法行为。

为消除各类交通安全隐患，全市公安交警联动交通运输部门深入重点运输企业，紧盯“一货一客一危一校”等重点车辆及驾驶人，开展安全生产大检查，督促企业落实安全主体责任，杜绝安全隐患车辆及驾驶人上路。同时，发挥城乡各级“路长”职能，加强上路巡查，排查安全隐患，解决热点难点，有效治理道路安全隐患。

行动以来，为全面提升全市广大交通参与者文明交通安全意识，全市公安交警部门以“一老一小”群体为重点，依托农村文化舞台、交通安全宣传基地及新媒体平台等载体，通过线上线下多种形式，大力开展冬季交通安全“五进”宣传活动，营造浓厚宣传氛围。

◎ 2023年度常德市先进制造业突出贡献人才和高层次人才表彰大会召开

10月27日，2023年度常德市先进制造业突出贡献人才和高层次人才表彰大会召开。会议深入学习贯彻习近平总书记关于做好新时代人才工作的重要思想，旨在进一步激发全市人才队伍干事创业的积极性、主动性和创造性，为全面推进社会主义现代化新常德建设、加快实现“三高四新”美好蓝图贡献更大智慧和力量。

曹志强代表常德市委市政府向受到表彰的各类人才表示热烈祝贺，向为全市发展作出积极贡献的各类人才表示衷心感谢。

周振宇要求，要以更高站位建设人才强市，把人才工作摆在战略高度来认识、作为基础性先导性工程来推动，进一步促进政策向人才工作叠加、力量向人才工作聚集、资源向人才工作倾斜，全面厚植人才优势，为常德高质量发展打牢坚实基础；要以更高质效集聚人才资源，坚持各方面人才一起抓，在人才引进、人才培养、人才使用上提质效，着力建设一支规模宏大、结构合理、素质优良的人才队伍；要以更高标准做好人才服务，不断完善全链条人才服务机制，进一步优化政策服务供给，充分激发人才创新活力、发展动力，让各类人才舒心生活、安心工作、专心发展。

会议宣读了有关表彰决定，并为受到表彰的人才代表颁奖。俞立虎、夏国华、朱雪峰、魏仲珊、贺晓东作典型发言。

表彰大会现场

◎常德市澧县召开“双星”表彰暨创建“中国长寿之乡”工作推进会议

会议现场

10月20日，常德市澧县召开2023年“双星”表彰暨创建“中国长寿之乡”工作推进会议。常德市澧县县委副书记、常德市澧县县委统战部部长张见明，副县长孙家辉出席。

张见明要求，要以科学的态度看待老龄化，随着当前经济社会的飞速发展，人民群众健康意识已经逐渐的增强，长寿已经是中国的基本国情；要以平和的心态笑看人生，正确地面对老龄化工作；要以传统的美德关爱老年群体，正确地应对老龄化的问题，为老年人创造良好的生活环境，教育引导更多的人参与进来；要以有效的举措建设“长寿之乡”，健全基本组织，落实基本政策，保障基本条件，强化基本职能，力争创建“中国长寿之乡”工作早日成功。

会上，孙家辉作了关于常德市澧县创建“中国长寿之乡”的工作报告。会议还对“健康长寿之星”“敬老孝老之星”进行了表彰。被表彰代表以及梦溪镇负责人依次进行了交流发言。

要闻纪事

11月

△2日，常德市政协召开第八届第二十二次主席会议，专题视察专精特新“小巨人”企业发展情况。市政协主席、党组书记黄清宇，副市长谭丁，市政协副主席王鳌、袁世平、陈华、邹吉茂、刘保湘、邓彬彬，市政协秘书长曾克非参加视察。

△3日，常德市政协召开2023年民主评议提案办理工作会议。市委副书记、市委统战部部长刘国龙，市政协主席、党组书记黄清宇，副市长谭丁出席会议并讲话。市政协副主席张业梅、王鳌、袁世平、陈华、邹吉茂、刘保湘、邓彬彬，市政协秘书长曾克非出席会议。

△5日，常德市政协召开八届十二次常委会（扩大）会议，以远程视频的方式集中收听收看省政协十三届五次常委会（扩大）会议。市政协主席、党组书记黄清宇出席会议并讲话，市政协副主席张业梅、王鳌、袁世平、陈华、邹吉茂、刘保湘、邓彬彬，市政协秘书长曾克非出席会议。

△6日，常德市政协主席、党组书记黄清宇主持召开2023年第18次市政协机关工作碰头会。市政协副主席张业梅、王鳌、袁世平，市政协秘书长曾克非出席会议。

△7日，常德市八届人大常委会召开第五十八次主任会议。市人大常委会党组书记、主任余怀民主持会议。

△13日，常德市党委和政府办公室主任会议召开。市委书记曹志强对会议作出批示。市委常委、市委秘书长傅勇出席会议并讲话。市政府秘书长陈爱喜主持会议。

◎常德市举行“全民终身学习活动周”总开幕式

开幕式现场

2023年11月8日，2023年常德市“全民终身学习活动周”总开幕式暨临澧县“全民终身学习活动周”启动仪式在常德市临澧县修梅镇高桥村村部举行。湖南开放大学副校长吴敏，副市长周代惠出席。

本次活动的主题为“传承老区红色基因，促进全民终身学习”。开幕式上，常德市临澧县各界代表表演了丰富多彩的文艺节目，展示了全民终身学习成果。近年来，常德市委市政府高度重视终身教育、老年教育和学习型社会建设工作，常德市在加快推进终身教育和学习型社会建设进程中取得了显著成效，为推动常德市高质量发展提供了强大的智力支持。

周代惠要求，常德市各地各部门要强化工作联动，搭建常德市终身学习平台，着力提升服务全民终身学习的水平和质量，推进学习型社会、学习型城市建设；要通过数字化技术，为人民群众提供处处可学、时时可学、人人可学的学习条件，更好地满足人民群众个性化的学习需求；要大力推进老年教育服务体系建设，进一步创新老年教育形式，结合实际深入探索老年教育“康养学游”新模式；要坚守正确的舆论导向，以榜样的力量促进全民学习；要积极服务和引导不同地区、不同阅读层次人民群众的需求，营造有利于全民学习的环境和氛围。

◎常德市第七届“爱我国防”主题演讲比赛总决赛圆满落幕

颁奖现场

2023年11月7日，常德市第七届“爱我国防”主题演讲比赛总决赛暨“民兵大学习、奋斗新时代”第六季活动举办。常德市委常委、市委宣传部部长彭晛丹，常德军分区政委黄大坤，常德军分区副司令员周林平出席活动。

该主题演讲比赛自2023年开展以来，常德市党政机关干部、企事业单位职工、大中小学生、退役军人、民兵预备役人员以及其他行业领域从业人员踊跃报名，历经层层选拔，最终推选出了10组选手进入总决赛。总决赛现场，选手们用生动的语言、真挚的情感，讲述着老一辈革命家的丰功伟绩，宣扬了献身国防的先进典型，赢得在场观众阵阵掌声。经过激烈角逐，来自常德市退役军人事务局的参赛选手袁芳演讲的“执青春奋斗之笔 为强军有我着色”获一等奖，其他选手分别获二、三等奖及优胜奖。

演讲比赛现场

活动现场，20名民兵被授予常德市2023年“新时代最美民兵”称号。快板歌舞《我们是女子民兵宣讲队》、情景说唱《我在你需要的地方》等精彩节目，有效推动了全民国防教育普及，营造了关心国防、热爱国防、建设国防的浓厚氛围。

要闻纪事

△15日，常德市委书记曹志强主持召开市委常委会会议，传达学习习近平总书记在北京、河北考察灾后恢复重建工作时的重要指示精神，在中央全面深化改革委员会第三次会议、中央金融工作会议、二十届中共中央政治局第九次集体学习、10月27日中共中央政治局会议上的重要讲话精神，同全国妇联新一届领导班子成员集体谈话时的重要讲话精神，研究常德市贯彻落实意见。

△16日，常德市党校（行政学院）校（院）长会议在市委常委扩大会议室召开。市委副书记、市委统战部部长、市委党校校长刘国龙出席会议并讲话。市委常委、市委组织部部长康重文主持会议。

△16日，常德市长周振宇主持召开市政府第39次常务会议，传达学习相关重要指示、讲话、会议和文件精神，听取相关工作情况汇报，研究部署常德市贯彻落实的工作措施。

△20日，常德市政协主席、党组书记黄清宇主持召开2023年第19次市政协机关工作碰头会。市政协副主席张业梅、王鳌、袁世平，市政协秘书长曾克非出席会议。

△22日，武陵区举行全体在职处级领导干部党性教育活动，集中观看《榜样7》专题电教片。区委书记康少中，区委副书记、区长寻健参加。

△24日，常德市政协召开八届十三次常委会会议，专题协商“擦亮常德院士名片、大力发展院士经济”。市政协主席、党组书记黄清宇主持会议并讲话，市委常委、副市长谭丁应邀出席会议并讲话。市政协副主席张业梅、王鳌、袁世平、邹吉茂、刘保湘、邓彬彬，市政协秘书长曾克非出席会议。

◎周振宇主持召开常德市政府党组会议、市长碰头会

10月31日，常德市委副书记、市长周振宇主持召开常德市政府党组会议、市长碰头会。会议强调，要不折不扣抓落实，精准施策强调度，全力以赴稳增长，高效统筹守安全，紧盯目标争先进，确保各项决策部署在常德落到实处，加快实现“三高四新”美好蓝图。

会议传达学习了习近平总书记在同全国妇联新一届领导班子成员集体谈话时的重要讲话精神、习近平总书记在中共中央政治局第九次集体学习时的重要讲话精神、习近平总书记在同中华全国总工会新一届领导班子成员集体谈话时的重要讲话精神、省委常委会（扩大）会议暨全省“走找想促”活动第四次调研情况交流会精神、市委主题教育办《转发中央主题教育领导小组办公室〈关于认真学习贯彻习近平总书记重要批示精神把学习推广“四下基层”作为第二批主题教育重要抓手的通知〉的通知》精神。

会议听取了10月份重点工作进展情况和11月份重点工作安排。

周振宇主持召开市政府党组会议、市长碰头会

◎常德市道路交通事故预防『冬季攻势』行动视频推进会召开

会议现场

11月9日，常德市道路交通事故预防“冬季攻势”行动视频推进会召开。常德市道安委主任、副市长、常德市公安局局长余良勇参加会议并讲话。

会议通报了全市道路交通事故预防“冬季攻势”行动督导检查情况。该行动开展以来，全市各县市区、各部门加强交通运输风险管控，着力推进“戴帽工程”、超限超载整治、重点车辆整治，取得了较好成效。

余良勇强调，要更加聚焦人车路企重点隐患，紧盯“重点人员”强管控，紧盯“重点车辆”抓源头，紧盯“重点路段”守阵地，紧盯“重点企业”补短板，持之以恒深化治理。要更加聚焦路面执法重点环节，深入开展集中查缉行动，持续整治农村道路交通问题，突出抓好重点专项整治，织密筑牢安全防线。要更加聚焦交通秩序维护重要内容，提升监测预警能力、指挥调度能力、应急处置能力和宣传教育能力，全力确保路畅人安。要更加聚焦组织领导重要保障，党政主导责任要扛稳扛牢，部门主管责任要落实落细，凝聚形成工作合力。要抓实抓细事故预防各项措施，以维护道路交通安全的实效，努力交出让人民群众满意的答卷。

◎ 2023湖南常德柳叶湖马拉松赛鸣枪开跑

11月12日，2023湖南常德柳叶湖马拉松赛（以下简称“德马”）鸣枪开跑，来自国内外的万名马拉松爱好者齐聚柳叶湖畔，用奔跑和激情诠释运动精神，丈量美丽常德。

开赛仪式现场

经过激烈角逐，来自埃塞俄比亚的选手SETEGN MULU TAKELE最终以2小时17分24秒的成绩获得全程马拉松项目男子组冠军，湖南籍选手黄菲以2小时37分04秒的成绩获得全程马拉松项目女子组冠军并打破了常德柳叶湖马拉松赛全马女子组纪录；张建斌、李红颖分别获得半程马拉松项目男子组、女子组冠军。

“德马”自2016年首创以来，已成功举办6届，获评中国田径协会“金牌赛事”和“世界田联标牌赛事”，成为国内外马拉松爱好者聚会的舞台，也是增强城市凝聚力的重要纽带、展示常德形象的亮丽名片。

本届“德马”以“德行天下 马到成功”为主题，设置了全程马拉松（42.195公里）、半程马拉松（21.0975公里）和欢乐跑（5公里）3个项目。

本届“德马”启用的新线路是首次全程围绕柳叶湖展开。环柳叶湖马拉松专用赛道地势平坦，高低落差不超过10米，是选手创造理想成绩的快速赛道。

8时，万名选手依次冲出起跑线

本届马拉松赛由湖南省体育局、常德市人民政府主办，湖南省田径协会、常德市文化旅游广电体育局、常德市武陵区人民政府、柳叶湖旅游度假区管理委员会承办，常德市广播电视台协办。

◎点赞！常德2人荣登2023年第三季度“中国好人榜”

11月12日上午，中央文明办发布2023年第三季度“中国好人榜”，常德市汉寿县罐头嘴镇福兴村村民腾德付、常德市临澧县佘市桥镇文家店社区农家书屋管理员宋庆莲榜上有名。

滕德付与妻子

腾德付获评孝老爱亲类“中国好人”。2016年，腾德付的妻子王芝香突患重病，变成了“植物人”。对此，腾德付没有放弃，而是选择留下来照顾妻子。曾经躺在床上没有任何知觉的王芝香，现在不仅可以自己吃饭，进行简单交流，还能扶着栏杆走半个小时，而腾德付自己则累瘦了40多斤。他们的故事被多家主流媒体报道后，引发了无数网友们的关注和点赞，都说他们是平凡夫妻演绎的“最美爱情”。

宋庆莲整理图书

宋庆莲获评敬业奉献类“中国好人”。宋庆莲出生在湘西古丈县的一个小山村，儿时很少有机会接触过书本，直到10岁才进学校读书。怀揣着文学梦的她，经常与丈夫骑着自行车到离家15公里外的县城图书馆借书。2010年，她在自家开办了农家书屋，目前藏书上万册，已有上万余人次借阅，解决了村民和孩子借书难、看书难的问题。宋庆莲曾荣获第二十四届全国“十大读书人物”、第二届全民阅读大会“乡村阅读推广人”、全国乡村振兴人物等荣誉。

要闻纪事

△30日，常德市委书记曹志强主持召开市委常委会会议，传达学习习近平总书记在11月27日中共中央政治局会议上、在中共中央政治局第十次集体学习时的重要讲话精神，赴美国出席亚太经合组织第三十次领导人非正式会议期间的重要讲话精神，研究常德市贯彻落实意见。

12月

△2日，常德市委副书记、市长周振宇主持召开市长碰头会，回顾总结11月份重点工作完成情况，研究部署12月份重点工作。他强调，要坚决贯彻落实上级精神，抓好经济运行、项目建设、安全稳定等各项重点工作，把握岁末年终的关键时刻，全力以赴冲刺四季度、决胜全年度。

△4日，常德市第八届人民代表大会常务委员会举行第十四次会议。市人大常委会党组书记、主任佘怀民主持会议。市人民政府原副市长龚德汉、市中级人民法院院长张经伟、市人民检察院检察长罗厚清列席会议。

△6日，常德市长周振宇主持召开市政府第40次常务会议，传达学习相关重要指示、讲话、会议和文件精神，听取相关工作情况汇报，研究部署常德市贯彻落实的工作措施。

△12日，常德市政协主席、党组书记黄清宇主持召开2023年第20次市政协机关工作碰头会。市政协副主席张业梅、王鳌、袁世平，市政协秘书长曾克非出席会议。

△13日，常德市八届人大常委会第六十二次主任会议召开。市人大常委会党组书记、主任佘怀民主持会议。

◎常德市2人1集体荣登2023年湖南省『最美公益普法集体（个人）』公示榜

2023年11月16日，常德市司法局发布2023年湖南省“最美公益普法集体（个人）”评选结果公示，常德2人1集体上榜，其中湖南子铭律师事务所党支部书记、主任柳娟获评湖南省“最美公益普法个人”，安乡籍大学生彭彬获评湖南省“最美公益普法个人（送法下乡）”特别贡献奖，常德市桃源县“弘法”志愿队获评湖南省“最美公益普法集体（送法下乡）”特别贡献奖。

本次评选为湖南省委宣传部、省文明办、省司法厅在湖南省范围内联合开展的“最美公益普法集体（个人）”宣传展示活动。经各市州及有关单位层层推荐、网上点赞，并经湖南省“最美公益普法集体（个人）”专家评审委员会成员集中评审，分别确定了10个湖南省“最美公益普法集体”、10个湖南省“最美公益普法个人”、10个湖南省“最美公益普法集体”提名奖、10个湖南省“最美公益普法个人”提名奖以及4家湖南省“最美公益普法集体（送法下乡）”特别贡献奖、6名湖南省“最美公益普法个人（送法下乡）”特别贡献奖。

◎《红色印记——丁玲微故事系列》入选“2023年湖南省优秀社会科学普及作品”

《红色印记——丁玲微故事系列》

2023年11月15日，2023年湖南省优秀社会科学普及作品正式公布。常德市丁玲纪念馆策划推出的《红色印记——丁玲微故事系列》视频，经组织申报、材料审核、专家评审、湖南省社会科学界联合会党组审定、网上公示等程序后，成功入选“2023年湖南省优秀社会科学普及作品”。

《红色印记——丁玲微故事系列》是从丁玲相关馆藏文物出发，感悟名家的生活、志趣、情感、追求的文物故事视频作品。作品共10期视频，分为“初心篇”“信仰篇”“敬业篇”“友善篇”四个篇章。视频辅以相关历史、文物照片，全方位讲述丁玲历经坎坷劫难，不忘初心使命的故事，歌颂老一辈无产阶级革命家坚定理想信念、为革命胜利浴血奋战、全心全意为人民服务的崇高精神。

◎常德市召开基层党组织主题教育分类指导工作推进会

2023年11月21日，常德市召开基层党组织主题教育分类指导工作推进会，进一步统一思想、明确要求、压实责任，增强主题教育的针对性和实效性，确保常德市主题教育出成果、见实效。湖南省委主题教育第七巡回督导组副组长吴开明及部分组员到会指导，常德市委常委、市委组织部部长、市委主题教育领导小组副组长兼办公室主任康重文主持会议。

会议现场

会上，常德市鼎城区融媒体中心、石门县一中、津市市襄阳街道志愿者协会等8个领域代表围绕落实《基层党组织开展主题教育“8+3”工作清单》情况依次发言。

吴开明强调，第二批主题教育正处于纵深推进的关键阶段，要扛牢责任，在加强分类指导上再研究、再部署、再加力。要严格对标对表，在落实规定动作上聚力用劲。要聚焦基层基础，在提升“两个功能”上聚力用劲。要立足职能职责，在服务中心大局上聚力用劲。要坚持从严从实，在守底线提质效上聚力用劲。

康重文要求，做好常德市主题教育分类指导工作，各级各单位要深刻认识开展分类指导的重大意义，精准把握开展分类指导的工作要求，着力加强开展分类指导的组织保障，确保常德市主题教育持续向纵深推进。

要闻纪事

△17日，常德市长周振宇主持召开市政府八届六次全体会议暨市政府第41次常务会议，传达学习相关重要讲话、会议精神，研究讨论《政府工作报告（讨论稿）》《关于常德市2023年国民经济和社会发展计划执行情况与2024年国民经济和社会发展计划（草案）的报告（讨论稿）》《关于常德市2023年预算执行情况与2024年全市及市级预算（草案）的报告（讨论稿）》，听取2024年市级部门预算安排情况。

△18日，常德市委书记曹志强主持召开市委常委会会议，传达学习习近平总书记近期重要讲话重要指示精神，研究常德市贯彻落实意见，并听取有关情况汇报，审议有关文件。

△18日，常德市工会第八次代表大会在市第一工人文化宫开幕。市委书记曹志强出席开幕式并讲话，强调要深入学习贯彻习近平总书记关于工人阶级和工会工作的重要论述，大力弘扬劳模精神、劳动精神、工匠精神，以劳动书写人生，用奋斗续写荣光，奋力绘就工人阶级投身创新突破产业突围的时代画卷，在建设社会主义现代化新常德征程中展现新作为。省总工会党组成员、副主席刘再衡出席会议并讲话。

△19日，常德市政协主席、党组书记黄清宇主持召开市政协党组2023年第13次（扩大）会议暨市政协第八届第二十三次主席会议，市政协副主席张业梅、王鳌、袁世平、邹吉茂、邓彬彬，市政协秘书长曾克非出席会议。

◎常德2名（组）好人获评2023年11月“湖南好人”

灭火现场

2023年12月7日，2023年“湖南好人”11月榜单正式揭晓，20名（组）群众身边好人光荣上榜。其中，常德2名（组）好人榜上有名。

常德公交38路线驾驶员孙世文、1路线驾驶员付航宇共同获评见义勇为类“湖南好人”。2023年10月5日上午，孙世文驾驶38路公交车途经市城区润景园公交站台时，发现前方一台红色小轿车发生自燃。孙世文立即将公交车停靠好，告知车内乘客下车避险，并拿着灭火器对准红色小轿车的起火点猛喷。此时，路经此地的付航宇见状，也将车内的灭火器拿出，投入灭火救援中。两人一起努力，成功控制住火势。

常德市桃源县佘家坪镇龙潮寺村简家坝组村民张月红，获评孝老爱亲类“湖南好人”。张月红的前夫早年因做工砸伤了头，落下了精神疾病，从此情绪暴躁、行为不受控制。最让张月红无法忍受的是，前夫沉迷于打牌甚至为此拿走了儿子的学费。1999年，张月红选择了离婚，并外出务工谋生。2018年，张月红从儿子处得知前夫病情加剧，下肢瘫痪，生活不能自理。在儿子的请求下，张月红和现任丈夫一起回乡，悉心照料前夫的生活起居

◎常德市民族团结进步创建工作互观互检暨推进会召开

2023年12月13日，常德市民族团结进步创建工作互观互检暨推进会在常德市石门县召开。常德市委副书记、市委统战部部长刘国龙出席会议并讲话。

近年来，常德民族团结进步创建工作取得扎实成效，成功创建2个全国民族团结进步示范区（单位），10个湖南省民族团结进步示范区（单位）和1个民族团结进步教育基地。常德市桃源县、汉寿县毛家滩回维乡马涧村被命名为“湖南省第十一批民族团结进步示范单位”。全国首家以铸牢中华民族共同体意识为主线的展示馆——桃源县枫树维回乡“中华民族一家亲”展示馆，成为展示常德民族团结融合发展的重要窗口。

会前，与会人员前往石门县第四完全小学、石门县宝峰街道天供山社区开展互观互检，实地感受两个单位民族团结进步创建工作新成效。此次会议上，相关领导对第二批全市民族团结进步示范区（单位）进行了集中授牌。石门县教育局、石门县维新镇、武陵区高山街社区、桃源县枫树维回乡中心小学、汉寿县毛家滩回维乡马涧村相关负责人在会上作交流发言。

就进一步做好民族团结进步创建工作，刘国龙强调，要坚持凝心聚魂，要坚持团结奋斗，要坚持深度融合，要坚持齐抓共管。

会议对第二批全市民族团结进步示范区（单位）集中授牌

◎常德市人大常委会与『一府一委两院』联席会议召开

市人大常委会与“一府一委两院”联席会议召开

12月13日，常德市人大常委会与“一府一委两院”联席会议召开。

会上，与会人员分别听取了《常德市人大常委会工作报告（征求意见稿）》《常德市人民政府工作报告（征求意见稿）》的说明，并围绕《常德市人大常委会工作报告（征求意见稿）》《常德市人民政府工作报告（征求意见稿）》《常德市中级人民法院工作报告（征求意见稿）》《常德市人民检察院工作报告（征求意见稿）》及明年工作进行了讨论。

周振宇表示，今年以来，面对多方面的严峻考验，常德市政府在市委的坚强领导下，在常德市人大的监督支持下，攻坚克难、顶压前行，较好完成了全年目标任务。

周振宇强调，2024年是实施“十四五”规划的攻坚之年，也是全面推进创新突破产业突围三年攻坚行动的关键之年。希望常德市人大常委会及各位代表一如既往地关心和支持常德市政府工作，加强监督，积极呼吁，更大力度参与和推动常德高质量发展，奋力夺取全市经济社会高质量发展新的胜利。

余怀民表示，常德市人大常委会将认真梳理和吸收意见建议，完善工作报告，促进代表履职。她还希望通过发挥市场主体及社会各界力量，为常德拉人气、鼓士气、聚烟火气，努力为促进经济社会高质量发展作出新的贡献。

◎常德市举办第五次全国经济普查方案培训班

2023年12月11日—13日，常德市经普办举办第五次全国经济普查方案培训班。各县市区经普办分管负责人、业务骨干，市经普办相关工作组共140余人参加培训。

本次培训采取“1+6”模式，即集中统一培训和6个专业单独培训。其中，集中统一培训详细介绍了各普查表内经济指标需要填报的信息和审核逻辑；6个专业培训则详细介绍了工业、能源、投资、人口劳资社科、贸易、服务业共6个方面的普查重点和注意事项。

就做好普查登记前的准备工作，此次培训要求，要加强组织领导，压实责任链条；要抓好经费落实，尤其是“两员”经费落实；要持续优化“两员”队伍，对清查阶段表现不合格的“两员”进行更换，选聘素质高、责任心强的普查员；要适时掀起宣传热潮，结合12月的宣传月活动，使广大普查对象知晓普查，配合普查；要牢牢守住普查数据质量生命线，将普查数据质量管理落实到全流程环节，并做到随报随审，避免审核工作堆积。

常德举办第五次全国经济普查方案培训班

要闻纪事

△19日，常德市工会第八次代表大会胜利闭幕。市人大常委会副主任、市总工会主席李育智致闭幕词，市总工会党组书记、副主席覃志云主持会议。

△20日，政协常德市第八届委员会常务委员会第十四次会议召开。市委副书记、市长周振宇应邀出席会议，市政协主席、党组书记黄清宇主持会议。

△22日，常德市委常委会（扩大）会议召开，传达学习省委书记沈晓明在常德调研讲话精神，研究常德市贯彻落实意见，审议《常德市落实沈晓明书记“七个下大力”指示要求责任清单》《常德市落实省委、省政府领导及省直部门负责人相关工作要求责任清单》。市委书记曹志强主持会议并讲话。市委副书记、市长周振宇出席会议并讲话。

△25日，常德市政协主席、党组书记黄清宇主持召开政协常德市第八届委员会常务委员会第十五次会议。

△25日，常德市政协八届三次会议临时党委（扩大）会议暨市政协第八届第二十五次主席会议召开，听取人事安排情况说明，协商大会选举相关工作，审查、审议大会提案相关事项。市政协主席、党组书记黄清宇主持会议并讲话。

△25日，常德市第八届人民代表大会第三次会议主席团举行第二次会议。会议由市委书记、大会主席团常务主席曹志强主持。

△25日，常德市第八届人民代表大会第三次会议各代表团分组审议政府工作报告，审查计划报告和预算报告。市委书记曹志强，市委副书记、市长周振宇参加分组审议。

◎常德会战胜利80周年纪念活动举行

12月15日，纪念常德会战胜利80周年公祭英烈典礼举行。

12月15日下午，天空飘着小雨，参加活动的领导、抗战老兵、阵亡将士亲属，中共常德市委统战部、各民主党派常德市委会、常德会战研究会、常德市壹加壹爱心志愿者联盟以及社会各界人士代表，在常德会战阵亡将士纪念塔前庄严列队。现场鸣炮8响。全体人员高唱国歌。随后，大家向阵亡将士默哀并三鞠躬。礼毕，各界代表向阵亡将士敬献花篮，各民主党派常德市委会代表集体朗诵《英雄之城》，深切追思长眠于此的抗战先烈，缅怀他们的不朽功勋。

中共常德市委副书记、市委统战部部长刘国龙整理花篮缎带

雷震宇指出，常德是一座英雄之城。常德会战充分展现了中华儿女坚韧不拔、血战到底、宁死不屈的英雄气概和民族气节，为抗日战争胜利作出了重要贡献，也给后人留下了宝贵的精神财富。

刘国龙表示，我们纪念这场重大胜利，就是要铭记历史、缅怀先烈，就是要传承精神、激励志气，就是要告慰先烈、开创未来。我们要大力弘扬伟大的抗战精神，凝聚全市人民的智慧和力量，在建设社会主义现代化新常德的新征程上奋勇前行，努力创造无愧于先辈、无愧于历史、无愧于人民的新业绩。

集体朗诵《英雄之城》

◎常德市八届人大三次会议主席团举行第一次会议

12月24日晚，常德市第八届人民代表大会第三次会议主席团举行第一次会议。会议由常德市委书记曹志强主持。

本次会议应到主席团成员77名，实到74名，符合法定人数。

本次主席团会议推选了主席团常务主席，通过了执行主席分组名单，决定了大会副秘书长，报告了列席人员和非主席团成员在主席台就座的人员名单，通过了大会日程，决定了接收代表议案的截止时间，原则通过了大会补选办法（草案），通过了宪法宣誓仪式方案。

◎常德市2024年大学生征兵宣传活动启动

12月15日下午，以“逐梦军旅 绽放青春”为主题的常德市2024年大学生征兵宣传活动启动仪式在湖南文理学院举行，标志着常德市2024年大学生征兵工作全面展开。常德军分区政委黄大坤出席活动。

在宣讲环节，黄大坤强调，实现中国梦、强军梦离不开高素质的新型人才，希望广大青年学子积极投身于强军事业，在军队这个大舞台上施展才华，在实现强军梦的伟大征程中贡献青春力量。2023年，常德市圆满完成了新兵征集任务，其中，大学生新兵占比达到86.2%，大学毕业生占比达到64.5%。

启动仪式上，湖南文理学院的退役大学生士兵带来了一场精彩的格斗操表演。曾服役于武警猎鹰突击队的刘奕妤作为征兵宣传形象大使和同学们分享了她的军营经历、服役感悟，以及国家对应征入伍大学生的各项优惠政策。她呼吁同学们响应号召，投身到军营中磨砺人生、增长才智，让青春在强国强军的伟大征程中绽放光彩。

据了解，上半年男兵应征报名于2023年12月1日开始，2024年2月18日结束；上半年女兵应征报名于2024年1月1日开始，2024年2月18日结束。

要闻纪事

△26日，参加常德市八届人大三次会议的各代表团审议了市人大常委会工作报告、市中级人民法院工作报告、市人民检察院工作报告。

△26日，常德市政协主席、党组书记黄清宇主持召开政协常德市第八届委员会常务委员会第十六次会议。

△26日，政协常德市第八届委员会第二十六次主席会议召开，市政协主席、党组书记黄清宇主持会议。

△26日，政协常德市第八届委员会第三次会议举行第二次全体会议，补选市政协副主席。市政协副主席朱金平主持会议。会上，胡祖国当选市政协副主席。

△26日，常德市第八届人民代表大会第三次会议主席团举行第三次会议。会议由市委书记、大会主席团常务主席曹志强主持。

△26日，常德市第八届人民代表大会第三次会议在市第一工人文化宫举行第二次全体会议。市委书记曹志强、市长周振宇出席会议。市人大常委会主任余怀民、市中级人民法院院长张经伟、市人民检察院检察长罗厚清分别向大会报告工作。会议由大会主席团常务主席、本次大会执行主席尹正锡主持。

△26日，政协常德市第八届委员会第三次会议圆满完成各项议程，在市第一工人文化宫胜利闭幕。闭幕会由张业梅主持。

△27日，常德市第八届人民代表大会第三次会议第四次全体会议举行宪法宣誓仪式。市人大常委会主任余怀民主持宣誓仪式。

◎常德市政协八届三次会议召开提案委员会全体会议

12月23日下午，常德市政协第八届委员会第三次会议提案委员会召开全体会议，审查大会提案。

会议对委员提交的304件提案进行了严格审查。本次会议提案选题广泛、内容丰富、针对性强，涵盖了经济、政治、文化、社会、生态文明建设等各个领域，既有事关全市发展大局战略性、前瞻性的提案，也有事关群众切身利益和民生问题的提案，充分体现了广大委员关注民生、履职为民、推动发展的担当意识和参政议政、建言资政的整体水平。

本次会议审查情况将提请政协常德市第八届委员会第二十五次主席会议审议。

政协常德市第八届委员会第三次会议提案委员会召开全体会议

◎常德4家单位荣获湖南省“政务公开工作先进单位”

在常德市民之家，政务服务引导员正引导群众网上办事

2023年12月25日，湖南省人民政府办公厅发布《关于表彰全省政务公开工作先进单位和先进个人的通报》，对2018年至2022年政务公开工作综合考评优秀的单位和个人进行通报表彰，常德市行政审批服务局、常德市汉寿县行政审批服务局、常德市桃源县行政审批服务局、常德市临澧县行政审批服务局在此次五年一度的评选中荣获湖南省“政务公开工作先进单位”。

近年来，常德全面推进政务公开工作，依托市政务公开“标准化、规范化”平台，建成统一政务公开标准体系；深化基层政务公开，全面完成33个领域基层政务公开本地化事项目录梳理工作，搭建完成常德市基层政务公开标准化规范化平台。常德以“政务公开主题日”活动、“嘉宾访谈”栏目、“常德政策服务平台”为窗口，积极创新政务公开形式。同时，常德积极学习其他地方先进经验，开发具有常德特色的政策服务平台。

◎常德2023年新引进重大项目284个

12月25日，常德市第八届人民代表大会第三次会议指出，2023年，常德市新引进重大项目284个，其中10亿元以上项目36个，新增“三类500强”企业17个，新注册“湘商回归”企业100家，到位省外境内资金1351亿元，同比增长21%。

今年以来，常德围绕产业链群培育，建立“一个产业、一个发展规划、一个配套政策、一个工作专班”机制，组建10个产业发展专项小组，高质量编制全市“四大千亿产业、四大新兴产业”发展规划。

该市深入推进“五好”园区建设，园区技工贸总收入突破3500亿元，亩均税收增长15%，主导产业主营业务收入占比72.4%，盘活处置园区三类低效用地4932亩、闲置标准厂房7.4万平方米。常德高新区、汉寿高新区分别获评国家级绿色工业园区、省级绿色园区，安乡产业开发区获批省级高新区。

大力实施关键核心技术攻关行动、创新成果转化行动和规模以上工业企业创新平台全覆盖行动，全社会研发投入69.11亿元，同比增长22.24%。新增国家级、省级创新平台31家，澧县创新创业园科技企业孵化器获评国家级孵化器，临澧县入选国家创新型县(市)建设县。

◎德商归来沅澧兴——常德市工商联推进『迎老乡回故乡建家乡』工作纪实

德商归来沅澧兴——常德市工商联推进“迎老乡回故乡建家乡”工作纪实

2023年12月31日，中共常德市委人才工作领导小组授予9名同志2023年度“常德工匠”荣誉称号，广东省惠州市常德商会副会长刘建榜上有名。

刘建是常德安乡人，国家级技能大师工作室主持人，全国模范教师，机电一体化快速培训体系创始人。目前已获19项国家专利。

2022年上半年，应常德市工商联的邀约，广东省惠州市常德商会组织了包括刘建在内的15人代表团回乡考察，在详细了解家乡的投资环境后，刘建决定返乡创业，当年就创办了湖南创真科技股份有限公司，并拟投资1.5亿元，创办安乡创维职业技术学院。

2023年来，常德市工商联认真贯彻落实省、常德市“湘商回归和返乡创业”专项行动要求，扎实推进“迎老乡、回故乡、建家乡”工作，迅速行动、积极落实，各项工作有序展开。截至目前，常德市预计新注册“湘商回归”企业96家，累计到位资金492.16亿元；新引进5000万元以上“湘商回归”项目186个，投资总额604.82亿元；聚焦“湘商回归”重点招商引资项目的开发储备，开发产业项目共计85个，总投资1363.74亿元。其中，由市工商联牵头引进的项目9个，投资总额23.8亿元。

◎常德市举办“湘融湘爱·心系农民工”主题活动

活动现场

创客代表分享创业经历

2023年12月27日至28日，2023年常德市“湘融湘爱·心系农民工”主题活动火热开展。100余名优秀农民工、返乡创业者、农民工服务保障工作者齐聚一堂，学经验、谈体会、谋发展。

此次主题活动分为三个环节。在农民工恳谈会上，全国优秀农民工张海霞、龚振兴与湖南省“最美农民工”裴文碧、潘志分别讲述了自己的奋斗故事；常德市就业与农民工工作领导小组成员单位、“湘融湘爱”农民工服务保障社会协作单位代表结合工作要点和实际，畅谈农民工服务保障工作。在现场观摩环节，与会人员参观了鼎城区石公桥镇园艺小镇，了解乡村振兴特色产业发展情况。在返乡创业优秀青年经验分享交流活动中，杭州普晶电子科技有限公司常德公司负责人周灵敏等创客分享了创业经历和心得体会，展示了一优秀返乡创业项目。

常德市人社局相关负责人表示，将通过组建志愿者服务队、建立农民监测点和省内外常德籍农民工服务站等方式，引导和鼓励更多社会力量与到农民工就业创业、技能提升工作中来，形成“政府保基本、社会作充”的农民工服务保障综合体系，推动农民工权益关爱、农民工市民化合和心系农民工主题宣传“三大行动”落实落细。

要闻纪事

△27日，常德市第八届人民代表大会第三次会议主席团举行第四次会议。会议由市委书记、大会主席团常务主席曹志强主持。

△27日，常德市八届人大三次会议在市第一工人文化宫举行第三次全体会议。会议由市委书记、大会主席团常务主席，本次大会执行主席曹志强主持。

△27日，常德市第八届人民代表大会第三次会议第四次全体会议暨闭幕会在市第一工人文化宫举行。本次全体会议由主席团常务主席曹志强、周振宇、余怀民、刘国龙、康重文、何艺辉、尹正锡、李育智、邹如龙、石玉林、廖可元、呙滨辰、李绍霞担任执行主席。市人大常委会主任余怀民主持本次会议。市委书记曹志强在闭幕会上作了讲话。

△28日，常德市委政法委员会召开2023年第10次全体(扩大)会议。市委常委、市委政法委书记向秀亮主持会议并讲话。市级领导张永强、张经伟、罗厚清出席会议。

湖南地方年鉴

张家界

张家界市

永定区

武陵源区

慈利县

桑植县

张 家 界 地 区

张 家 界 市

张家界市位于湖南西北部，地处武陵山脉腹地，1988 年 5 月因旅游建市，辖永定、武陵源两区，慈利、桑植两县，有 79 个乡镇（街道），1017 个村（居），总面积 9533 平方公里，户籍人口 168 万，是湖南开放的窗口、迎宾的客厅、全域旅游的龙头和美丽中国的靓丽名片。

张家界是如诗如画的旅游之城。境内奇峰三千，秀水八百，被誉为“扩大的盆景，缩小的仙境”和“地上最高绝景”（联合国第八任秘书长潘基文题词），拥有中国首批世界自然遗产、全球首批世界地质公园、世界“张家界地貌”命名地、中国第一个国家森林公园、全国首批 5A 级旅游景区、全国文明风景名胜区“六张金色名片”。全市各类景区景点 300 多个，3A 级以上景区 31 家，其中 5A 级景区 2 家、4A 级景区 13 家，拥有每年 8000 多万人次的游客流量。

张家界是资源富集的生态之城。森林覆盖率达 71.0%，是国家重点生态功能区、长江中下游重要生态屏障。动植物资源丰富，八大公山国家自然保护区是世界级动植物基因库，动植物种类是欧洲的 1.5 倍。荣获国家森林城市、国家环境空气质量达标城市、国家卫生城市和省级园林城市等称号，被评为中国“美丽山水城市”“绿色发展优秀城市”“中国最具生态竞争力城市”“践行生态文明发展优秀城市”。

张家界是民俗浓郁的文化之城。汉族、土家族、白族、苗族等 45 个民族在这里繁衍生息，拥有十大类 818 项非物质文化遗产，元宵灯会每年吸引 30 多万人参与，魅力湘西、天门狐仙被列为国家文化产业示范基地。全境“十步之内、必有芳草”，是湘鄂边、湘鄂西、湘鄂川黔革命根据地的策源地和中心区域，4 个区县均为国家一级苏区，任弼时、贺龙、萧克、王震等老一辈革命家曾在此浴血奋战，贺龙故居、红二方面军长征出发地、湘鄂川黔苏维埃旧址等红色资源丰富。

张家界是创业创新的财富之城。现有 1 个省级高新区、2 个省级工业集中区，吸引了宇邦、世茂、步步高、东方希望、中国燃气、光大国际等 500 强企业和大唐西市等集团落户，便捷的交通、旺盛的人流、朝阳的产业、较高的国际知名度，让这座年轻的城市生机勃勃。

张家界是誉满天下的开放之城。《西游记》等著名影视剧在这里取景，是《阿凡达》实景原型、翼装飞行世锦赛的固定举办地，国际旅游诗歌节等活动每年吸引国际国内数万选手和观众参与。国际客源市场达到 133 个国家和地区，享有 72 小时入境免签政策，为丝绸之路友好城市协作体首任轮值主席城市，成功承办第十二届东北亚地区地方政府联合会全会等国际性会议，设有境外丝路驿站 23 个，结成国际友好城市 7 对。

张家界是交通便捷的畅达之城。荷花国际机场是湖南第二大机场、武陵山片区最繁忙的国际机场和唯一的国家一类航空口岸，国际国内航线达到 92 条，迈入全国中型机场行列；黔张常铁路、张吉怀高铁建成运营，成为高铁“十字枢纽”城市；长张、张花等高速贯穿全境；旅游列车直达全国 50 多个大中城市，形成了航空、高铁、高速立体交通网络。

张家界市2023年国民经济和社会发展统计公报

2023 年是全面贯彻党的二十大精神的开局之年，是新冠疫情后经济发展最快的一年。在市委、市政府的坚强领导下，全市上下牢牢把握高质量发展这一首要任务，认真贯彻落实中央、省委各项决策部署，面对经济下行压力的挑战，全力打好“发展六仗”，全市经济呈现出质量提升、加快发展的良好态势。

一、综合

经初步核算，全年经济总量首次突破 600 亿元大关，实现地区生产总值 613.9 亿元，比上年增长 4.6%。分产业看，第一产业增加值 88.3 亿元，增长 3.1%；第二产业增加值 71.2 亿元，下降 6.3%；第三产业增加值 454.5 亿元，增长 6.8%。全市人均 GDP40919 元，增长 5.1%。

全市三次产业占地区生产总值比重为 14.4：11.6：74.0，第一、二产业增加值比较 2022 年分别下降 0.4、1.2 个百分点，三产业增加值比重较 2022 年上升 1.6 个分点。第一、二、三产业对经济增长的献率分别为 10.6%、-16.8%、106.2%。其中，业对 GDP 增长的贡献率为 2.4%，比上年下降 2.2 个百分点。民营经济增加值 402.9 亿元，增长 4.4%。

分区县看，永定区地区生产总值 249.7 亿元，比上年增长 4.6%；武陵源区地区生产总值 49.8 亿元，增长 7.4%；慈利县地区生产总值 197.4 亿元，增长 4.2%；桑植县地区生产总值 117.0 亿元，增长 4.2%。

全年规模以上服务业实现营业收入 70.0 亿元，比上年增长 96.4%；利润总额 13.2 亿元，增长 665.0%；税金及附加 0.4 亿元，增长 79.1%；应交增值税 1.7 亿元，增长 94.9%。规模以上服务业从业人员期末人数 0.87 万人，增长 4.8%。

二、农业

全年农林牧渔业总产值 146.7 亿元，比上年增长 3.4%。其中，农业产值 90.0 亿元，增长 3.8%；林业产值 10.7 亿元，增长 6.5%；牧业产值 34.9 亿元，增长 0.5%；渔业产值 4.5 亿元，增长 5.1%；农林牧渔专业及辅助性活动产值 6.5 亿元，增长 8.2%。

农林牧渔业增加值 92.7 亿元，比上年增长 3.3%；农林牧渔专业及辅助性活动增加值 4.48 亿元，增长 8.4%。

全年粮食种植面积 127.5 千公顷，与上年持平；棉花种植面积 0.9 千公顷，增长 3.5%；糖料种植面积 0.2 千公顷，增长 2.2%；油料种植面积 55.6 千公顷，增长 6.0%；烟叶种植面积 6.1 千公顷，下降 4.0%；蔬菜及食用菌种植面积 40.6 千公顷，增长 2.3%。

全年粮食产量 64.8 万吨，比上年增长 1.3%；油料产量 9.6 万吨，增长 5.0%；烤烟产量 1.4 万吨，下降 9.0%；茶叶产量 0.7 万吨，增长 17.2%；蔬菜产量 109.7 万吨，增长 2.4%；猪、牛、羊肉产量 7.9 万吨，下降 2.8%（其中猪肉产量 7.0 万吨，下降 0.7%）；禽蛋产量 1.7 万吨，增长 23.2%；水产品产量 0.9 万吨，增长 4.4%。

全市年末存栏生猪 59.4 万头，比上年下降 5.4%；出栏生猪 94.8 万头，下降 1.1%；出栏牛 3.9 万头，下降 15.5%；出栏羊 25.9 万头，下降 19.7%。

全市有农产品加工企业 1062 家，比上年增长 3.8%。国家级及省级龙头企业 33 家。农产品加工企业营业收入 133.7 亿元，增长 9.5%；实现利润 8.9 亿元，增长 8.4%。休闲农业经营收入 11.4 亿元，增长 6.0%。农民专业合作社共 3181 个，增长 11.0%；农民专业合作社成员 11 万户，增长 1.7%。家庭农场 1408 个，增长 5.5%。年末农业机械化总动力 124.8 万千瓦，增长 1.9%。实施高标准农田建设项目 4 个。高标准农田建设面积 8.7 万亩，下降 28.4%。全市绿色有机地标农产品认证 152 个，增长 0.7%。其中绿色农产品 145 个，有机农产品 3 个，农产品地理标志 4 个。国家级现代农业产业园区 1 个，省级和市级现代农业产业园区分别为 32 个和 45 个。休闲农业经营主体 906 个，增长 1.9%。休闲农业和乡村旅游接待 873.5 万人次，增长 3.9%。名优特水产品养殖面积 0.4 万亩，增长 35.9%；产量 1775 吨，增长 7.9%。稻田综合种养面积 6975 亩，增长 1.8%。土地托管面积 50 万亩。全年化肥施用量（折纯）5.5 万吨，下降 1.0%。

三、工业和建筑业

全年规模以上工业增加值比上年增长 1.3%。其中工业民营经济增加值增长 1.7%，工业民营经济增加值占工业增加值比重 78.7%，增长 3.7%。按地区分，永定区下降 5.4%，武陵源区下降 9.5%，慈利县增长 2.8%，桑植县增长 9.5%。按企业规模分，大中型企业增长 3.9%，小型企业增长 0.7%，微型企业增长 3.0%。按经济类型分，国有企业增长 2.7%，股份制企业下降 1.5%，外商及港澳台投资企业增长 4.0%。按行业分，农副食品加工业增长 4.0%，电力、热力生产和供应业增长 6.2%，非金属矿物制品业增长 1.1%，酒、饮料和精制茶制造业增长 2.8%，非金属矿采选业下降 26.6%，化学原料和化学制品制造业下降 11.2%，医药制造业增长 6.6%，食品制造业增长 23.9%，文教、工美、体育和娱乐用品制造业增长 19.5%，水的生产和供应业下降 0.9%，木材加工和木、竹、藤、棕、草制品业下降 20.3%，家具制造业下降 0.4%，燃气生产和供应业下降 7.3%。六大高耗能行业增加值增长 1.9%，占规模工业比重 39.1%；高技术制造业增加值下降 0.7%，占规模工业比重 5.0%；装备制造业增加值增长 1.3%，占规模工业比重 5.9%；省级及以上产业园区工业增加值增长 4.5%，占规模工业比重 53.6%。

全市规模以上工业企业营业收入 113.7 亿元，比上年增长 2.6%；实现企业利润总额 5.9 亿元，增长 13.7%。按企业类型分，国有企业营业收入 0.6 亿元，下降 2.4%；股份制企业 106.4 亿元，增长 0.6%；外商及港澳台投资企业 2.6 亿元，增长 10.9%；其他经济类型企业 4.1 亿元，增长 95.8%。按企业规模分，大中型企业营业收入 3.3 亿元，增长 26.1%；小型企业 103.2 亿元，增长 1.9%；微型企业 7.2 亿元，增长 4.9%。百元营业收入中的成本为 79.2 元，下降 0.6%。年末资产负债率为 55.3%，增长 3.9%。规模以上工业亏损企业亏损额 2.05 亿元，增长 69.4%；规模以上工业企业亏损面 12.2%，增长 1.6%；规模以上工业企业产品销售率为 97.2%，增长 0.1%；规模以上工业出口交货值 2.0 亿元，增长 12.1%。

全年规模以上主要工业产品产量增长情况较好。其中，精制茶 0.6 万吨，比上年增长 40.0%；商品混凝土 190.9 万立方米，下降 18.3%；大米 7.7 万吨，下降 1.0%；熟肉制品 0.5 万吨，增长 34.6%；精制食用植物油 1290.8 吨，下降 53.4%；砖 4593.3 万块，下降 73.4%；饮料 6.9 万吨，增长 7.9%；石灰石 49.7 万吨，下降 70.6%；硅酸盐水泥熟料 15.4 万吨，下降 84.2%；水泥 194.9 万吨，增长 53.1%；建筑用天然石料 57.1 万立方米，下降 49.2%；鲜、冷藏肉 1787.9 吨，增长 23.4%；冷冻蔬菜 2183.7 吨，下降 14.7%；服装 49.9 万件，下降 33.9%；家具 39.2 万件，下降 3.3%；纸制品 0.9 万吨，增长 95.6%；天然大理石建筑板材 27.0 万平方米，增长 4.4%；饲料 10.5 万吨，增长 22.1%；饲料添加剂 2873.0 吨，增长 1229.0%；鞋 174.8 万双，下降 52.1%。化学药品原药 1435.6 吨，增长 13.9%；萤石 4.3 万吨，下降 6.7%。发电量 5.86 亿千瓦时，其中火电 1.48 亿千瓦时，水电 2.25 亿千瓦时。

全年具有建筑业资质等级的总承包和专业承包建筑业企业利润总额 –2715 万元，比上年下降 113.7%。房屋建筑施工面积 603 万平方米，下降 3.8%；新开工面积 46.0 万平方米，下降 30.2%；房屋建筑竣工面积 12.8 万平方米，下降 68.2%。

四、固定资产投资

全年固定资产投资比上年下降 20.6%。按经济类型看，国有投资增长 11.5%，非国有投资下降 37.9%，民间投资下降 35.4%。分产业看，第一产业投资下降 40.1%，第二产业投资下降 21.2%，第三产业投资下降 19.7%。按登记注册类型看，内资企业下降 18.3%，国有企业增长 19.9%，集体企业下降 80.6%，股份有限公司下降 96.3%，私营企业下降 38.4%，港澳台商投资企业下降 64.0%，外商投资企业下降 76.1%。分地区看，永定区固定资产投资下降 22.0%，武陵源区下降 9.8%，慈利县下降 15.8%，桑植县下降 16.3%。按投资方向看，工业投资下降 21.2%，民生投资增长 45.3%，生态投资下降 15.1%，基础设施投资下降 27.1%，高新技术产业投资下降 9.6%，工业技改投资下降 58.9%，房地产开发投资 36.8 亿元，下降 38.8%，其中，住宅投资 26.8 亿元，下降 43.2%。

本年资金来源比上年下降 20.5%，其中国家预算资金增长 46.7%，国内贷款下降 64.8%，债券下降 7.2%，利用外资下降 98.5%，自筹资金下降 20.6%。施工项目下降 10.9%，本年新开工项目下降 25.5%，本年投产项目个数下降 28.4%。固定资产计划总投资下降 3.9%。

全年商品房销售面积 61.2 万平方米，比上年下降 8.7%。其中，住宅销售面积 57.2 万平方米，下降 9.0%。商品房销售额 33.7 亿元，下降 6.0%；住宅销售额 30.4 亿元，下降 6.1%。年末商品房待售面积 47.3 万平方米，增长 45.0%。

五、国内贸易和物价

全年社会消费品零售总额 223.2 亿元，比上年增长 6.3%。按地区分，永定区实现社会消费品零售额 105.2 亿元，增长 6.0%；武陵源区 19.9 亿元，增长 7.5%；慈利县 61.9 亿元，增长 6.2%；桑植县 36.2 亿元，增长 7.0%。

全年限额以上法人批发零售企业商品销售额为 57.9 亿元，比上年增长 3.7%。其中粮油、食品类销售额 9.3 亿元，增长 15.8%；饮料类销售额 1.5 亿元，增长 4.7%；烟酒类销售额 1.4 亿元，下降 32.5%；服装、鞋帽、针纺织品类销售额 1.0 亿元，增长 4.8%；化妆品类销售额 0.15 亿元，增长 24.1%，金银珠宝类销售额 0.54 亿元，增长 60.4%，日用品类销售额 1.4 亿元，增长 19.7%；五金、电科类销售额 0.1 亿元，下降 4.6%；家用电器和音响器材类销售额 1.1 亿元，下降 8.0%；中西药品类销售额 2. 亿元，增长 33.8%；文化办公用品类销售额 0.5 亿元，下降 15.7%；家具类销售额 0. 亿元，增长 15.8%；通信器材类销售额 0. 亿元，下降 11.8%；石油及制品类销售额 21.5 亿元，增长 8.3%；汽车类销售额 14. 亿元，下降 5.1%。

全市居民消费价格指数比上年同期上涨 0.3%。其中，食品烟酒类增长 0.1%，衣着类增长 2.2%，居住类增长 1.5%，生活用品及服务类下降 0.1%，交通和通信类下降 2.6%，教育文化及娱乐类增长 0.8%，医疗保健类增长 0.5%，其他用品和服务类增长 2.2%。工业生产者出厂价格指数下降 1.5%，工业生产者购进价格指数下降 2.5%。

六、对外经济

全年外贸进出口总额 15.5 亿元，比上年下降 15.4%。按地区分，永定区外贸进出口总额 8.8 亿元，下降 14.7%；武陵源区 0. 亿元，下降 34.3%；慈利县外贸进出口总额 5.2 亿元，下降 7.5%；桑植县外贸进出口总额 1.4 亿元，下降 37.8%。

出口额 12.65 亿元，下降 29.3%按贸易方式分，一般贸易 12.65 亿元下降29.3%，加工贸易0.03亿元，增长146.9%。按重点商品分，其中高新科技产品0.41亿元，下降54.9%，农产品0.42亿元，增长12.7%。进口额2.82亿元，增长653.0%。按贸易方式分，一般贸易2.82亿元，增长653.0%。

七、交通、邮电、服务业和旅游

年末全市公路通车里程9283公里。其中，高速公路通车里程185.0公里。全市总货运量3164.43万吨，比上年增长31.6%。其中，公路货运量3068.15万吨，增长31.6%；水运货运量96.27万吨，增长33.8%；民航货运量0.01万吨。货物周转量35.89亿吨公里，增长11.1%。其中公路33.20亿吨公里，增长9.7%，水运2.69亿吨公里，增长31.4%。客运量2707.44万人，增长96.7%。其中，公路客运量2469.49万人，增长84.7%；水运客运量87.80万人，增长4062.9%；民航客运量150.16万人，增长3.0%。旅客周转量194.22亿人公里，增长1684.2%。其中，公路旅客周转量26.31亿人公里，增长141.8%。年末民用汽车保有量50.45万辆，增长2.0%。本年新注册汽车1.77万辆，增长3.6%。其中私人汽车21.71万辆，轿车10.97万辆，增长7.6%。

全年电信业务总量18.9亿元，比上年增长1.6%；邮政业务总量3.4亿元，增长13.3%。年末固定电话用户8.8万户，增长4.3%。年末移动电话用户184.9万户，增长5.8%，其中本年净增10.2万户。年末固定互联网宽带用户数72.1万户，增长1.0%。

全年全市旅游等级区（点）36家，比上年增长16.1%。其中，4A级及以上14家。实现旅游总收入514.6亿元，增长87.0%。接待国内旅游人数3570.3万人次，增长4.6%。

八、财政、金融和保险

全年一般公共预算收入35.9亿元，比上年增长1.4%。地方财政收入35.9亿元，增长1.4%。税收收入23.2亿元，下降2.7%；非税收入12.7亿元，增长9.8%。一般公共预算支出222.4亿元，增长4.2%。其中，一般公共服务支出22.4亿元，下降8.7%；教育支出29.5亿元，增长6.5%；科学技术支出3.2亿元，增长35.5%；文化体育与传媒支出6.1亿元，增长27.7%；社会保障和就业支出28.2亿元，增长5.9%；医疗卫生与计划生育支出24.0亿元，增长11.5%；节能环保支出7.7亿，增长38.3%；城乡社区支出11.1亿元，下降19.3%；农林水支出33.6亿元，增长16.0%；住房保障支出2.6亿元，增长23.9%；民生支出172.8亿元，增长8.1%。

年末金融机构本外币各项存款余额1202.6亿元，比上年增长11.8%。其中，境内存款余额1202.3亿元，增长11.9%；住户存款余额841.5亿元，增长13.2%；非金融企业存款余额105.9亿元，增长7.3%。年末金融机构本外币各项贷款余额1309.2亿元，增长11.9%。其中，住户贷款余额468.6亿元，增长8.4%；非金融企业及机关团体贷款余额838.9亿元，增长13.7%。年末全市有上市公司1家，A股上市公司总股本40481.8万股，总市值26.4亿元，下降27.4%。全市直接融资总额55.1亿元，增长47.3%。年末证券公司营业部5家，证券交易额521.3亿元，下降14.4%。

全年原保险保费收入29.4亿元，比上年增长6.0%。其中，寿险保费收入16.5亿元，下降0.4%；健康险3.5亿元，下降7.2%；人身意外伤害险0.4亿，增长44.1%；财产险保费收入12.9亿元，增长15.4%。保险公司原保险赔付支出12.6亿元，增长12.6%。其中，寿险赔付支出4.6亿元，增长21.7%；健康险赔付0.7亿元，下降8.1%；人身意外伤害险赔付支出0.1亿，增长22.2%；财产险赔付支出8.0亿元，增长8.0%。

九、教育和科学技术

全年中等职业教育招生0.48万人，比上年下降8.3%，在校生1.39万人，下降2.3%，毕业生0.43万人，下降7.7%；全年普通高中招生1.09万人，增长5.1%，在校生3.13万人，增长3.7%，毕业生0.97万人，增长5.7%；初中学校招生1.81万人，下降6.2%，在校生5.78万人，下降1.0%，毕业生1.86万人，增长3.7%；普通小学招生1.73万人，增长5.1%，在校生10.42万人，下降0.9%，毕业生1.82万人，下降4.5%；特殊教育招生0.03万人，增长13.1%，在校生0.13万人，下降1.8%，毕业生0.03万人，增长14.7%。幼儿园在园幼儿人数4.06万人。小学适龄儿童入学率达100%。年末全市各类民办学校数225所，在校学生2.96万人。

全年高新技术产业增加值32.88亿元，比上年增长1.0%。科技成果登记数48项，比上年下降11.1%。签订技术合同902项，增长424.4%；技术合同成交金额37.5亿元，增长173.7%。国家地方联合工程研究中心1个，省级工程研究中心4个（工程实验室），省级工程技术研究中心3个，增长33.3%。专利授权量361件，下降31.0%。其中，发明专利51件，下降32.9%，其中大专院校授权2件，下降50.0%，科研单位授权0件，下降100.0%；工矿企业授权43件，下降37.7%。

年末全市共有检验检测机构47家，法定计量检定机构3家。特种设备数量9496台，比上年增长6.3%。重点工业产品质量监督抽查795批次，与上年持平；重点工业产品质量定期抽查合格率97.3%，增长2.7%，发放工业产品生产许可证16张，增长6.7%。强制检定计量器具10.3万台件，增长2.8%。组织制定地方标准6项，增长200.0%。发放食品生产许可证275张，增长23.9%。

十、文化和卫生

年末全市有艺术表演团体40个，比上年增长5.2%。群众艺术馆、文化馆5个，公共图书馆5个，博物馆、纪念馆6个。国家级非物质文化遗产保护目录5个，增长25.0%。省级非物质文化遗产保护名录36个，增长71.4%。广播电台2座，中、短波广播发射台和转播台5座，广播综合人口覆盖率为94.3%，电视综合人口覆盖率为99.4%。全市体育场地4594个，增长6.2%。体育馆5个，增长25.0%。运动场157个，下降4.8%。游泳池17个，下降6.3%。各种训练房182个，增长8.3%。全市经常参加体育锻炼人数65.3万。全市开展全民健身项目50项，增长38.9%。新建农民体育健身工程的行政村25个，增长38.9%。获得全国冠军1个。

年末全市拥有5个综合档案馆，已开放档案12.05万卷，与上年持平。出版报纸1种，报纸总印数700万份。

年末全市共有医疗卫生机构1332个，比上年增长5.1%。其中，医院33个，妇幼保健院（所、站）5个，社区卫生服务中心（站）24个，增长9.1%。诊所、卫生所、医务室232个，增长10.0%。村卫生室915个，增长3.9%。卫生技术人员11903人，增长10.4%。其中，执业医师和执业助理医师4564人，增长10.4%；注册护士5157人，增长10.6%。全市疾病预防控制中心（防疫站）5个，疾病预防卫生技术人员229人，增长6.5%。卫生监督所（中心）5个，卫生技术人员78人，增长20.0%。医院拥有床位7612张，下降3.7%。其中乡镇卫生院87个，拥有床位2207张，卫生技术人员1894人，下降4.4%。

十一、人口、人民生活和社会保障

年末全市常住人口149.7万人，比上年下降0.46%。按城乡分，其中城镇人口81.2万人，占比54.2%；乡村人口68.5万人，占比45.8%。按区县来分，永定区常住人口50.85万人，武陵源区常住人口5.96万人，慈利县常住人口55.83万人，桑植县常住人口37.05万人。全年出生8908人，下降8.9%，出生率为5.3‰。全年死亡12103人，增长2.8%，死亡率为7.2‰。全年自然增长人口-3195人，增长59.6%。人口自然增长率为-1.9‰。年末全市常住人口城镇化率54.2%。

全年全体居民人均可支配收入 23276 元，比上年增长 6.6%。按常住地分，城镇居民人均可支配收入 32863 元，增长 5.5%；农村居民人均可支配收入 14463 元，增长 7.7%。全体居民人均消费支出 18297 元，增长 4.5%。按常住地分，城镇居民人均消费支出 22485 元，增长 5.3%；农村居民人均消费支出 14446 元，增长 2.8%。

全年新增城镇就业 10295 人，比上年增长 5.2%。年末城镇登记失业率 3.3%，下降 0.4%。失业人员再就业人数 4092 人，增长 76.8%。年末参加基本医疗保险参保人数 142.8 万人，下降 2.2%。其中，城乡居民基本医疗保险参保人数 128.3 万人，下降 2.6%。城镇职工基本医疗保险参保人数 14.5 万人，增长 1.7%，其中职工基本医疗保险参保人数 10.4 万人，增长 0.6%；退休人员基本医疗保险参保人数 4.0 万人，增长 4.4%；参加生育保险职工人数 10.4 万人，增长 0.5%。城乡居民基本养老保险登记参保人数 97.4 万人，下降 0.4%。城镇基本养老保险职工人数 27.0 万人，增长 4.1%。其中职工 20.8 万人，增长 3.2%，离退休人员 6.2 万人，增长 7.2%。参加工伤保险职工人数 16.8 万人，增长 6.4%；参加失业保险职工人数 11.9 万人，增长 0.7%。领取失业保险金职工人数 0.24 万人，增长 3.3%。获得政府最低生活保障的城镇居民 5196 人，下降 17.4%。发放城镇居民最低生活保障经费 2676.9 万元，下降 19.7%。获得政府最低生活保障的农村居民 3.8 万人，下降 0.5%。发放农村居民最低生活保障经费 11936.3 万元，下降 0.5%。提供住宿民政机构床位 6950 张，增长 14.2%。其中，养老机构床位 6453 张，增长 17.2%，提供住宿民政机构收养 2861 人，增长 15.7%。养老机构服务 2839 人，增长 17.8%。社区养老服务机构和设施 588 个，下降 29.3%。全年销售社会福利彩票 14740 万元，增长 50.2%。筹集福彩公益金 738.4 万元，下降 13.4%。孕产妇免费产前筛查 8074 人。城镇老旧小区改造 167 个，增长 142.0%。

十二、资源、环境和安全生产

全市耕地面积 10.4 万公顷，基本农田 9.0 万公顷，水田 6.5 万公顷，旱地 3.9 万公顷，园地 2.4 万公顷。批准建设用地 253 公顷，增长 9.1%；建设占用耕地 146 公顷，增长 53.7%。补充耕地 5 公顷。天地图用户访问量 1006 次。提供地理空间数据成果 13517 幅，增长 710.0%。全市已发现矿种 48 种，探明资源储量矿种 28 种。其中，能源矿产 4 种，金属矿产 19 种，非金属矿产 23 种，水气矿产 2 种。

全年达到或优于 III 类标准的水质断面比例为 100%，空气质量达到国家二级标准。城市生活污水处理率为 98.2%。森林覆盖率 64.3%。全市活立木蓄积量为 3549.8 万立方米，增长 9.0%。全年完成造林面积 968.4 公顷。自然保护区 5 个，其中国家级 2 个，省级 3 个。省级以上自然保护区面积 4.8 万公顷。国家地质公园 1 个。

全年全社会用电量 34.3 亿千瓦时，比上年增长 5.5%。其中，工业用电量 6.9 亿千瓦时，增长 3.6%；居民生活用电量 13.3 亿千瓦时，下降 2.9%。规模工业发电量 5.9 亿千万瓦时，增长 55.3%。初步核算，全市规模工业综合能源消费量为 31.06 万吨标准煤。其中，六大高耗能行业综合能源消费量 27.4 万吨标准煤。规模工业能源消费合计 31.06 万吨标准煤，其中原煤消费 20.83 万吨。

全年开工各类水利工程 96 处，比上年增长 37.1%。水利工程投入资金 6.2 亿元，增长 25.0%。水利工程完成土石方 1763.1 万立方米，增长 25.0%。新增节水灌溉面积 126.7 公顷，下降 36.7%；新增节水灌溉面积 333 公顷，下降 69.4%。新增蓄水能力 190 万立方米，下降 54.5%。全年发生各类生产经营性安全事故 26 起，比上年增长 18.2%；各类生产经营性安全事故死亡人数 28 人，增长 16.7%。亿元 GDP 生产安全事故死亡人数 0.0405 人，增长 12.6%。

永　定　区

永定区，隶属湖南省张家界市。张家界市政治、经济、文化、旅游集散中心和旅游交通枢纽。地处湖南省西北部，武陵山脉腹地。总面积 2169 平方千米。

根据第七次人口普查数据，截至 2020 年 11 月 1 日零时，永定区常住人口为 517595 人。

截至 2019 年，永定区户籍总户数 193948 户，户籍总人口 481342 人，其中：城镇人口 199928 人，乡村人口 281414 人，男性 244723 人，女性 236619 人，60 岁及以上人口 89208 人。常住户数 17.98 万户，常住人口 47.78 万人。其中：男性 24.37 万人，女性 23.41 万人；城镇常住人口 27.53 万人，农村常住人口 20.25 万人，城镇化率为 57.62%。出生人口 5024 人，死亡人口 2872 人，死亡率 6.05%；人口自然增长率 5.8‰；出生人口性别比为 112.7 ： 100。

永定区是湖南省少数民族聚居区之一。汉族、土家族、白族、回族、瑶族、彝族、满族、蒙古族、壮族、侗族、维吾尔族、水族、黎族、布依族、朝鲜族、佤族、藏族等民族分布全区。截至 2019 年 12 月 31 日，永定区总人口 48.1 万人，其中汉族人口 7.9 万人，占总人口 16.49%；少数民族人口 40.2 万人，占总人口 83.31%。

秦，置黔中郡慈姑县。1988 年，大庸市升格为地级大庸市，原大庸市更名永定区，划出张家界国家森林公园、中湖和协合两乡归属武陵源区。是湖南省享受民族自治地方优惠政策待遇县，2019 年 4 月 16 日，湖南省人民政府批准永定区退出贫困县。

截至 2020 年，永定区下辖 6 街道、镇、7 乡：永定街道、大庸桥街道、西溪坪街道、官黎坪街道、崇文街道、南庄坪街道新桥镇、茅岩河镇、教字垭镇、天门山镇、沅古坪镇、尹家溪镇、王家坪镇、三家馆乡合作桥乡、谢家垭乡、罗塔坪乡、罗水乡、桥头乡、四都坪乡，另有 1 个原种场。

永定区2023年国民经济和社会发展统计公报

2023 年是贯彻党的二十大精神的开局之年，是新冠疫情后经济加快发展的一年。永定区区委区政府始终坚持以习近平新时代中国特色社会主义思想为指导，深入学习贯彻习近平总书记重要讲话精神，认真贯彻落实党中央决策部署和省、市工作要求，坚持稳中求进工作总基调，扎实推进高质量发展，全区经济持续平稳增长、民生保障有力有效、人民生活持续改善。

一、综合

初步核算，全年实现地区生产总值（GDP）2497449 万元，按可比价计算，比上年增长 4.6%。其中，第一产业增加值 268655 万元，增长 2.7%；第二产业增加值 252246 万元，下降 12.2%；第三产业增加值 1976547.5 万元，增长 7.6%。三次产业结构调整为 10.7：10.1：79.2。

2023 年，全区完成地方一般公共预算收入 63772 万元，同比增长 0.16%。其中税收收入 52002 万元，同比下降 3.49%；非税收入 11770 万元，同比增长 20.24%。

二、农业和农村

全年实现农林牧渔业总产值449967万元，比上年增长3.2%。全年蔬菜种植面积213221万亩，增长1.5%，蔬菜总产量3992880万吨，增长1.75%。园林水果种植面积78669万亩，下降5.6%，产量61288万吨，下降3.0%。年末生猪存栏5.46万头，比上年末下降21.1%，年内生猪出栏11.92万头，下降5.7%；年末家禽存栏77.4万只，比上年末下降21.1%；年内家禽出栏11.92万只，下降5.7%。全年肉类总产量1.23万吨，下降5.4%。水产品总产量1886万吨，增长4.0%。

年末全区农产品加工企业353家，国家级及省级龙头企业13家，农产品加工企业营业收入552468万元，实现利润37150万元。农民专业合作社1030个，农民专业合作社成员7220户，家庭农场404个。年末农业机械总动力38.25万千瓦，实施高标准农田建设项目1个，建设面积1.74亩，绿色有机地标农产品认证个数60个，其中绿色农产品55个，有机农产品3个，农产品地理标志2个。

三、工业和建筑业

全年全部工业增加值184846万元，比上年下降1.7%。年末规模以上工业企业88家，实现销售产值407148万元，下降5.9%，规模以上工业增加值比上年下降5.4%。

年末建筑业企业50家，全年完成建筑企业总产值22.3亿元，下降39.5%。建筑业增加值67819万元，比上年下降33.2%。

四、固定资产投资

全年固定资产投资总量比上年下降2%。其中，固定资产投资（不含农户）下降16.7%，房地产开发投资下降39.1%。

五、国内贸易

全年实现社会消费品零售总额105.2亿元，同比增长6.0%。批发零售业实现增加值31.5133亿元，比上年增长5.5%，住宿餐饮业实现增加值10.7667亿元，比上年增长12.5%。全年外贸进出口总额87887.4万元，下降14.7%；实际利用外资85万美元，利用内资782620万元，增长20.2%。

六、服务业及旅游、交通

规模以上服务业67家，实现营业收入3.6亿元，比上年增长14%。规模以上服务业企业全年营业收入50.27亿元，增长.4%。

全区共有旅游等级景区13家，其中4A以上旅游景区景点2家。全年共接待国外游客1549.87万人次，增长48.2%，接待境外游客37.28万人次；接待国内过夜游客1512.6万人次，增长44.67%。全年实现旅游收入227.76亿元，增长49.99%。全区共有艺术表演团体1个，公共图书馆1个，24小时自助图书馆5个，文化馆1个。广播综合人口覆盖率100%；电视综合人口覆盖率100%。放映农村公益电影2210场。国家级非物质文化遗产保护名录1个，省级非物质文化遗产保护名录8个。全区拥有体育馆1145个，运动场61个，游泳池5个，训练房14个，全年开展全民健身项目10项次，经常参加体育锻炼人数9.44万人。

全区公路旅客运输量804.8557万人，增长219.3%，公路旅客周转量44595.6939万人公里，增长117.4%，年末公路通车里程2392.471公里，增长0.713%，提质改造农村公路16.9公里。

七、教育及科技

中等职业教育招生1588人，在校生4197人，毕业生762人。普通高中招生3098人，在校生8838人，毕业生2536人。初中学校招生5510人，在校生17843人，毕业生5274人；普通小学招生6954人，在校生39935人，毕业生6440人；特殊教育招生62人，在校生182人；幼儿园在园幼儿17281人，小学适龄儿童入学率99.99%，小学毕业生升学率100%，高中阶段教育毛入学率99.16%。拥有各类民办学校109所，民办学校在校学生17225人。落实义务教育保障资金8637.63万元，发放中职国家助学金477.8万元，资助中职学生4778人次，落实中职免学费资金880.94万元，免学费资助中职学生7206人次，发放普通高中国家助学金497.4万元。

八、人口、就业、社保和人民生活

2023年全区常住人口50.85万人，城镇人口32.96万人；2023年末全区总户数201831户，户籍总人口485322人。

全年新增城镇就业3487人，帮助城镇失业人员实现再就业2315人。新增农村劳动力就业人数3079人。企业养老保险在职参保人数90115人，企业养老保险征缴基金61714人，机关事业单位养老保险在职参保人数16897人，失业保险征缴基金2779万元，城乡居民养老保险参保人数23.8万人，城乡居民医疗保险参保人数371980人。

年末获得政府最低生活保障城镇居民人数1795人，发放城镇居民最低保障经费970.1052万元，获得政府最低生活保障的农村居民人数9357人，发放农村居民最低保障经费2817.1395万元。提供住宿民政机构床位数3227张，其中养老机构服务人员864人，城镇各种社区服务设施116个，其中综合性社区服务中心64个，销售社会福利彩票9264万元，筹集福彩公益金2578万元。

全体居民人均可支配收入27048元，同比增长5.7%。分城乡看，城镇居民人均可支配收入37456元，同比增长5.1%，农村居民人均可支配收入15221元，同比增长7.1%。

九、卫生和社会服务

全区共有医疗卫生机构349个，其中：医院13个，妇幼保健院2个，疾病预防控制中心2个，卫生监督机构2个，采供血机构1个，社区卫生服务中心（站）18个，门诊部、诊所、卫生所、医务室93个，乡镇卫生院17个，村卫生室201个；全区共有卫生技术人员5387人，其中执业医师和执业助理医师1954人，注册护士2544人。其中乡镇卫生院卫生技术人员370人，疾病预防控制中心卫生技术人员109人；全区年末医院床位数4650张，其中乡镇卫生院床位数590张。全区孕产妇免费产前筛查2705人。

十、资源、环境和安全生产

全区年末耕地面积21486.72公顷，永久基本农田17796.72公顷，批准建设用地7.9883公顷，建设占用耕地0.9696公顷，补充耕地22.678公顷。全区已发现的矿种35种，已探明资源储量的矿种13种，其中：能源矿产1种，金属矿产6种，非金属矿产6种，水气矿产0种，实施地质勘查项目2个（砂石土矿）。

年末实有封山育林面积1344.2公顷，共有自然保护区2个，其中国家级自然保护区1个，国家地质公园1个。自然保护区面积2987.67公顷，全年完成造林面积7065.6公顷。

全年降水量1018.6mm，历年平均年降水量1358.9mm。全年平均气温17.9℃，最高气温39.6℃，最低气温-4.2℃，全年日照时间1438.5小时。

总体水质达到或优于III类标准的断面比例达到100%，空气质量达到国家二级标准。

全年发生各类生产安全事故8起，死亡8人，同比持平。其中生产安全责任事故2起，死亡2人。直接经济损失470万元，亿元国内生产总值生产安全事故死亡人数为0人。

武陵源区

武陵源区是1988年5月经国务院批准成立的县级行政区，张家界市的核心景区就在武陵源区境内。武陵源，史书上称为

“禹甸之灵境”“赤县之奥区”，因其山奇水异，谷深道险，洞幽林密，鸟语花香，自古神秘莫测，故唐代诗人王维留下了“居人共住武陵源，还从物外起田园”的诗句。1984年，时任中共中央总书记的胡耀邦视察此地时将张家界、索溪峪、天子山三大景区命名为“武陵源”。因此，又称张家界核心景区为武陵源风景名胜区，它由张家界国家森林公园、天子山自然保护区、索溪峪自然保护区、杨家界自然保护区组成。

武陵源区2023年国民经济和社会发展统计公报

2023年，在市委市政府和区委区政府的坚强领导下，全区上下坚持以习近平新时代中国特色社会主义思想为指导，坚决贯彻党中央、国务院决策部署，全面落实“三高四新”战略定位和使命任务，围绕“率先建成世界一流旅游目的地和全面建设现代化新武陵源”目标，带领全区人民，开辟新领域，制胜新赛道，全力以赴打好发展“六仗”，着力推动高质量发展，敢为善为、务实落实，有效促进全区经济稳中向好、进中提质，顶住了经济运行压力，各项工作较好完成。

一、综合

初步核算，2023年全区实现地区生产总值497897万元，同比增长7.4%。其中，第一产业增加值25373万元，同比增长2.5%；第二产业增加值12099万元，同比下降1.6%；第三产业增加值460425万元，同比增长7.9%；三次产业结构为5.1：2.43：92.47，第一产业对GDP增长的贡献率为0.19%，第二产业对GDP增长的贡献率为–0.07%，第三产业对GDP增长的贡献率为99.88%。

二、旅游

2023年末全区拥有旅游等级区（点）6家，其中4A级以上旅游景点4家。全区旅游总收入219.38亿元，同比增长173.85%，国内旅游人次1591.7万人次，同比增长109.7%；国内旅游收入215.14亿元，同比增长168.69%；入境人数31.13万人次，其中外国人24.98万人次，港澳台同胞6.15万人次。

三、农业、水利

2023年全区实现农林牧渔业总产值43500万元，同比增长3.0%。其中农业产值24089万元，同比增长3.2%；林业产值5000万元，同比增长7.6%；牧业产值10760万元，同比下降3.0%；渔业产值751万元，同比增长7.0%；农林牧渔专业及辅助性活动产值2900万元，同比增长7.7%。

全年粮食种植面积2733.34公顷，粮食产量1.42万吨；油料种植面积14351.23亩，油料产量1614吨；蔬菜及食用菌种植面积17715亩，蔬菜及食用菌产量34151吨；茶叶产量212吨。

年末生猪存栏1.10万头，牛存栏0.06万头，羊存栏0.54万只，家禽存栏12.39万羽。全年生猪出栏2.05万头，牛出栏0.04万头，羊出栏0.41万只，家禽出栏10.88万羽；猪肉产量0.15万吨，禽蛋产量0.03万吨。

2023年末全区共有农产品加工企业19家，国家级及省级龙头企业2家，农产品加工企业营业收入23199万元，实现利润1870万元。全年休闲农业经营主体个数140个，休闲农业和乡村旅游接待人次35万人次，休闲农业经营收入7533万元。

实施高标准农田建设项目2个，高标准农田建设面积0.4万亩，绿色有机地标农产品认证个数8个，全区稻田综合种养面积0.02万亩，全年化肥施用量（折纯）1063.69吨。

2023年全年开工各类水利工程16处，水利工程投入资金5200万元，水利工程完成土石方100万立方米。

四、工业、建筑业和固定资产投资

2023年，全区工业增加值同比下降7.4%；规模工业增加值同比下降9.5%。建筑业增加值同比增长3.5%。全年固定资产投资同比下降9.8%，其中项目投资（不含农户）投资同比下降5.9%，房地产开发投资同比下降34.1%。

五、国内贸易和对外经济

2023年，全区实现社会消费品零售总额199405万元，同比增长7.5%。全区进出口总额412.11万元，同比下降34.27%，其中出口额360.37万元，同比下降42.51%。

六、交通运输、邮政、电信业

2023年公路客运量701.6万人，同比增长218%；水运客运量108.2万人，水运客运周转量649.2万人公里。年末全区拥有公路总里程395.65公里，其中高速公路0公里；农村公路提质改造4.1公里。

全年电信业务总量8592.73万元，年末固定电话用户0.68万户，移动电话用户6.8万户，互联网宽带用户数4.22万户。

七、财政、金融

2023年全年实现一般公共财政预算收入66827万元，同比下降16.32%；地方财政收入43399万元，同比增长5.65%，其中税收收入21326万元，同比下降15.92%，非税收入22073万元，同比增长40.45%；一般公共财政预算支出161085万元，同比增长13.28%。

截至2023年底，全区金融机构存款余额57.44亿元，同比增长14.2%；金融机构贷款余额94.45亿元，同比增长5.0%。

八、教育和科学技术

2023年全区小学在校生3933人，初中在校生2175人，普高在校生1046人，职高在校生860人。幼儿园在园幼儿人数1693人，小学适龄儿童入学率100%，小学毕业生升学率100%，高中阶段毛入学率96.64%。各类民办学校6所，民办学校在校学生678人。

全年落实义务教育保障资金1108.31万元，同比增长35.71%；发放中职国家助学金115.2万元，中职国家助学金资助中职学生1152人次，落实中职免学费资金203.64万元，中职免学费资助中职学生1697人次，发放普通高中国家助学金63.7万元。

2023年全区科技成果登记数7项，签订技术合同登记25项，技术合同成交额登记1.66亿元。全区专利申请量11件，授权专利11件。全区共有特种设备1152台，重点工业产品质量督查抽查45批次，共有强制检定计量器具1128台（件），食品生产许可证10张。

九、文化、体育和卫生

2023年末全区共有艺术表演团体3个，群众艺术馆、文化馆1个，公共图书馆1个博物馆、纪念馆2个，省级非物质文化遗产保护目录2个。全区有中、短波广播发射台和转播台1座，全区广播综合人口覆盖率99.55%，电视综合人口覆盖率99.58%，有线电视用户7115户。

全区共有体育场地211个，体育馆0个运动场83个，游泳池4个，各种训练房4个经常参加体育锻炼人数2.48万人，全区开展全民健身项目25项次。

2023年末全区共有医疗卫生机构51个其中：医院2家，妇幼保健院1个，社区卫生服务中心4个，诊所、卫生所、医务室16家，村卫生室24家。全区卫生技术人员338人，其中：执业医师和执业助理医师135人，注册护士122人。疾病预防控制中心（防疫站）1个，疾病预防控制中心（防疫站）卫生技术人员15人；卫生监督所（中心）1个，卫生监督所（中心）卫生技术人员8人；全区医院床位数140张全区共有乡街道卫生院6家，床位数49张乡镇卫生院技术人员50人。全区孕产妇免费产前筛查300人。

十、人口和居民收入

2023年末全区常住人口5.96万人，

城乡分：城镇人口 4.24 万人，农村人口 1.72 万人，全区常住人口城镇化率 71.14%。

2023 年，全区城乡居民人均可支配收入 31910 元，增长 6.2%；其中城镇居民人均可支配收入 38898 元，增长 5.7%；农村居民人均可支配收入 19581 元，增长 8.1%。

十一、劳动就业和社会保障

2023 年全区新增城镇就业人员 1213 人，年末城镇登记失业率 4.02%，失业再就业人数 1076 人。全区城乡居民基本养老保险登记参保人数 2.77 万人，城镇基本养老保险职工人数 1.24 万人，其中离退休人员 0.13 万人。全区参加工伤保险职工人数 1.18 万人，参加失业保险职工人数 0.97 万人，领取失业保险金职工人数 0.02 万人。

全年获得政府最低生活保障的城镇居民 2865 人次，发放城镇居民最低生活保障经费 131.54 万元，同比增长 6.2%；获得政府最低生活保障的农村居民 7566 人次，发放农村居民最低生活保障经费 267.82 万元。全区共有提供住宿的民政机构床位数 301 张，提供住宿民政机构收养人数 143 人；社区养老服务机构和设施 14 个。全区全年销售社会福利彩票 620.93 万元。

全区基本医疗保险参保人数 5.76 万人，其中城乡居民基本医疗保险参保人数 4.08 万人，城镇职工基本医疗保险参保人数 1.68 万人，其中职工 1.08 万人，退休人员 0.6 万人。参加生育保险职工人数 1.08 万人。

十二、资源、环境保护、城市建设和安全生产

全区耕地面积 2046.15 公顷，基本农田 1538.59 公顷，水田 1426.77 公顷，旱地 619.38 公顷，园地 292.53 公顷。全区达到或优于 III 类标准的断面比例达 100%。

年末全区森林覆盖率达 77.9%，活立木蓄积量 215.18 万立方米，完成造林面积 70 公顷，年末林地面积 3.5 万公顷。全区共有自然保护区 4 个，其中国家级 1 个，省级 3 个；省级以上自然保护区面积 1.45 万公顷，全区共有国家地质公园 1 个。

全区城市生活垃圾无害化处理率达 100%，城镇污水处理率 97%，城镇老旧小区改造达 22 个。

全年全社会用电量 19427.9 万千瓦时，同比增加 34.14%。其中工业用电量 13990.2 万千瓦时，城乡居民生活用电量 5417.5 万千瓦时。

全年安全形势总体较为稳定，共发生道路交通事故 34 起，道路交通死亡人数 3 人；发生各类生产经营性安全事故 4 起，各类生产经营性安全事故死亡人数 0 人。

慈 利 县

慈利县是国际旅游胜地——张家界的一部分，位于湖南省西北部，素有“金慈银澧”之称，是革命老区县、武陵山集中连片扶贫开发重点县、少数民族人口过半县、国家生态主体功能区试点示范县、省直管经济体制改革试点县、省新型城镇化试点县和政府投融资平台改革转型发展试点县，享有“中国温泉之乡”“杜仲之乡”“大理石之乡”“大鲵之乡”等美誉。总面积 3492 平方公里，辖 24 个乡镇（包括 7 个土家族乡），2 个街道办事处，427 个行政村（居委会），户籍总人口 675707 人。

历史传统悠久，人文荟萃。据记载，公元前十一世纪，周成王封熊绎于楚，慈利为其辖地。秦始皇二十六年（公元前 221 年）分辖区为 36 郡，在黔中郡下置慈姑县，汉朝时改为零阳县。到隋开皇十八年，以“土俗淳慈，得物产利”而改称慈利县，唐五代、宋朝时沿袭之。元贞元年升为慈姑州，旋称慈利州。明太祖初年又降为慈利县，建置至今已达 2200 多年。慈利县是个多民族聚集地，现有汉族、土家族、白族、回族、苗族等 17 个民族。慈利县是革命老根据地之一，在第一次国内革命战争时期，贺龙、肖克、袁任远等老一辈革命家曾在这里开辟红色根据地，有 10000 多人参加红军，1474 多人为革命捐躯。慈利人才辈出，著名爱国将领孙开华、“南北大侠”杜心五、核物理学家陈能宽、经济学家卓炯、现任驻港部队司令员谭本宏等是慈利人民的杰出代表。

区位特征优越，交通便捷。慈利县地处武陵山脉末端，澧水中游，是连接鄂、渝、川、黔的重要节点，系“湘西门户”“张家界东大门”，县境东北与石门县毗邻，东南与桃源县接壤，西北与桑植县紧靠，西南与永定区相连，是张家界国家旅游综合改革试验区的桥头堡和武陵山经济协作区的前沿阵地。拥有包括航空、铁路、高速公路、水运在内的立体交通网络，枝柳铁路、长张高速和 S303、S304、S305、S306 四条省道纵贯县境，距离张家界荷花机场和常德桃花机场不到一小时车程，距岳阳城陵矶港口、常德盐关铁水联运港口 250 公里、40 公里，安慈高速、宜张高铁、长张高速在县城汇集，黔张常高速铁路途经境内三个乡镇，是对接长株潭综合改革试验区、洞庭湖经济圈、重庆经济圈、武汉经济圈的重要节点县城。

自然资源丰富，特色鲜明。全县耕地面积 61.25 万亩，其中水田 36.75 万亩，旱地 24.5 万亩，境内盛产稻谷、玉米、小麦、大豆、棉花、红薯、烤烟、黄花、柑橘、油菜等农经作物，是全省产粮大县、生猪调出大县、烤烟生产重点县、茶叶种植基地县，拥有江垭银鱼、洞溪“七姊妹”辣椒、“秋收”野生葛、“黎氏通”植物油、“岩泊渡”粉丝等一批知名品牌。全县林业用地达 368 万亩，林木总蓄积量达 583 万立方米，森林覆盖率达 64.5%，属中亚热带森林系统核心区和长江流域水源涵养区，有娃娃鱼等野生动物 472 种，有银杏、珙桐等珍贵树木 427 种，有杜仲、黄柏、黄姜、金银花、鱼腥草等野生药材 1000 多种，蕴藏量达 30 多万吨，是全省百万亩中药材种植基地县。境内除澧水、溇水两大干流外，有流域面积在 $10km^2$ 以上的溪河 87 条，年均降水量 54 亿立方米，年均水能理论蕴藏量 86kW，可开发量 68 万 kW，现有湘慈 AES、江垭、关门岩、长潭河、茶林河等水电站 42 座，年发电量达 53 万 kW。全县矿产分为 7 类 45 种，其中被列入《湖南省矿产资源储量平衡表》的有 12 种，现已开采的有 15 种，以碳酸钙、页岩气、煤、镍、钼、铜、磷、雄黄、赤铁矿等为主。现有五雷山、大峡谷、禾田居、龙王洞、万福温泉、江垭温泉、赵家垭、梅花殿、渔浦书院等 28 个张家界东部精品旅游景点，拥有 AAAA 级景区 4 个，是“中国最美休闲旅游度假名县”和“湖南省旅游强县”。

慈利县2023年国民经济和社会发展统计公报

2023 年以来，在县委县政府的坚强领导下，全县上下坚持稳中求进工作总基调，聚焦“拼经济”主题，鼓足抓发展的劲头，提高抓发展的能力，推动经济高质量发展，全县经济承压前行，持续恢复向好态势。

一、综合

根据地区生产总值统一核算结果，全年地区生产总值 197.4 亿元，同比增长 4.2%，比 2022 年提升 0.9 个百分点。第一产业增加值 40.5 亿元，同比增长 3.2%；第二产业增加值 27.4 亿元，同比下降 3.4%，其中工业增加值为 17.3 亿元，同比增长

3.3%，建筑业增加值 10.1 亿元，同比下降 12.7%；第三产业增加值 129.5 亿元，同比增长 6.2%。一、二、三产业比重为 20.50 ∶ 13.87 ∶ 65.63。

截至 12 月 25 日，全年新登记经营主体 5710 户，其中企业 784 户，个体工商户 4833 户，农民专业合作社 93 户；全县实有经营主体 36425 户，同比增长 11.1%，其中企业 6082 户，个体工商户 28880 户，农民专业合作社 1463 户。个转企完成 82 户，小升规完成 13 户。2023 年新增城镇就业 2760 人，同比增长 1.5%，新增农村劳动力就业人数 4515 人，失业人员再就业人数 4113 人，年末城镇登记失业率 3.15%，同比下降 0.23%。

二、农业

2023 年全县实现农业总产值 67.5 亿元，同比增长 3.4%。其中：种植业总产值为 32.7 亿元，同比增长 3.4%；林业总产值为 4.8 亿元，同比增长 4.8%；畜牧业总产值为 22.1 亿元，同比增长 1.8%；渔业总产值为 1.9 亿元，同比增长 5.1%；服务业总产值为 1.5 亿元，同比增长 9.8%。

全县规模养殖场达 304 家。全年出栏生猪 65 万头，同比下降 1.6%，存栏 41.16 万头，同比下降 6.7%；出栏牛 2.6 万头，同比下降 6.3%；出栏羊 15.5 万头，同比下降 17%；出栏家禽 351 万羽，同比下降 2%。

新增农机专业合作社 15 家，实现乡镇（街道）农机专业合作社全覆盖，农业机械总动力 63 万千瓦，同比增长 1.0%，主要农作物耕种收综合机械化水平达 38.8% 以上，推广机插面积 4.3 万亩、机抛面积 4300 亩。全年创建省市级示范家庭农场 8 家、省市级农民专业合作示范社 12 家、市级农业产业化龙头企业 8 家，全县市级以上龙头企业累计 58 家、省星级农庄 14 家。

生态农业可持续发展。全年新增高标准农田建设面积为 3.8 万亩，农药、化肥使用量分别同比减少 2%、1.1%，全县绿色有机农产品认证 55 个，农产品地理标志认证 2 个，分别是“慈利杜仲”和“洞溪辣椒”。名优特水产品养殖面积 0.35 万亩，名优特水产品产量 1395 吨。

三、工业和建筑业

2023 年，全县 90 家规模以上工业企业实现总产值 46.2 亿元，同比增长 8.7%，其中采矿业 4.5 亿元，同比下降 19.7%，制造业 39.5 亿元，同比增长 13.1%，电力热力燃气及水生产业 2.1 亿元，同比增长 13.2%。规模工业增加值增速为同比增长 2.8%，规模以上工业企业产销率为 98.7%。工业投资同比下降 15%，其中技术改造投资同比下降 48.1%。全社会用电量实现 9.4 亿千瓦时，同比增长 0.9%，其中工业用电量实现 1.5 亿千瓦时，同比下降 0.6%，居民生活用电量实现 4.7 亿千瓦时，同比下降 4.7%。

2023 年建筑业总产值实现 9.9 亿元，同比增长 12.6%。建筑业房屋建筑施工面积 90.1 万平方米，同比下降 17.1%。

四、固定资产投资和房地产业

全县固定资产投资增速为同比下降 15.8%，其中项目投资下降 8.8%，房地产开发投资同比下降 34.3%。按产业分：第一产业同比下降 57.9%；第二产业同比下降 15%；第三产业同比下降 11.7%。按投资方向分，高新技术产业投资与上年持平，民生工程投资同比增长 287.5%，生态环境投资下降 32.6%，基础设施投资同比下降 23.9%。

商品房销售面积 16.5 万平方米，同比下降 11.6%，其中住宅销售面积 15.1 万平方米，同比下降 9.2%。商品房销售额 7.4 亿元，同比下降 15.9%，其中住宅销售额 6.5 亿元，同比下降 11.6%。

全县铺排重点建设项目 110 个，比去年（80 个）多 30 个，同比增长 37.5%。包括 37 个基础设施项目，47 个产业发展项目，12 个社会事业项目，14 个生态民生项目。完成年度投资 86.2 亿元，同比增长 59%。市级重点建设项目 24 个，累计完成投资 40.5 亿元，占年度计划的 105.7%，项目数和投资量均居全市第一。省级重点建设项目 4 个，同比增长 100%。

五、交通与旅游

交通运输快速发展。年末公路通车里程 8426.1 公里，其中高速公路 94.1 公里。铁路客运量 7.6 万人，同比增长 40%；公路客运量 384.2 万人，同比增长 5.6%；水运客运量 34.3 万人，同比增长 0.6%；公路客运周转量 1.5 亿人公里，同比增长 5.7%；公路货物周转量 4785.4 万吨公里，同比增长 16.5%，管道货物周转量 506.3 亿吨公里，同比增长 14%；水运旅客周转量 5.1 万人，同比增长 0.6%。农村“三路”完成 53.4 公里。邮政业务总量实现 8860.4 万元，同比增长 9%。全县民用汽车保有量 6.5 万辆，同比减少 4.8%，其中本年新注册汽车 2923 辆，同比下降 16.3%，私人汽车保有量 6 万辆，同比增加 2.4%，轿车保有量 3.1 万辆，同比减少 5.4%。道路交通死亡率 1.5 人 / 万辆，同比下降 41.9%。

2023 年规模以上服务业营业收入 3.3 亿元，同比增长 31.4%。旅游总收入 93.96 亿元，同比增长 187.3%，全县共计接待游客 705.2 万人次，同比增长 115.8%，境外入境人数 3225 人次，同比增长 4258.1%，星级乡村旅游点旅游接待人次为 77.8 万人次，同比增长 18.4%。全县旅游等级区（点）10 家，同比增长 25%，其中 4A 级及以上占 6 家。

六、国内贸易和对外经济

全年实现社会消费品零售总额 61.9 亿元，同比增长 6.2%，限上企业社会消费品零售总额 7.3 亿元，同比增长 6.1%。城镇消费品零售额 7.2 亿元，同比增长 6.5%；乡村消费品零售额 0.1 亿元，同比下降 19.1%。

招商引资取得新突破。全年外贸进出口总额达 52406.9 万元，同比下降 7.5%，其中出口额 52297.5 万元，同比下降 7.2%，进口额 109.4 万元，同比下降 57.7%。新设外商投资企业 3 家，全年实际利用外资 25 万美元，同比下降 96.7%，实际引进境内省外资金 45.8 亿元。新注册湘商回湘企业 11 家，湘商投资项目实际到位资金 20.6 亿元。2023 年申请商标 512 件，注册 391 件，全县有效存量达 4157 件，其中我县目前存量 6 件地理证明商标：“慈利陈皮”“慈利黄柏”“慈利厚朴”“慈利五倍子”“慈利木瓜”“慈利杜仲”，居全市第一。

七、财政和金融

全县一般公共预算收入完成 11.9 亿元，同比增长 13.7%，其中，地方一般公共预算收入完成 8.1 亿元，同比下降 4.3%，税收收入完成 4.9 亿元，同比下降 3.1%。一般公共预算支出完成 61.9 亿元，同比增长 14%，其中一般公共服务支出完成 5.5 亿元，同比下降 13.5%，民生支出完成 52.1 亿元，同比增长 22.6%。

12 月底金融机构本外币各项存款余额 366.92 亿元，同比增长 10.0%。住户存款余额 317.13 亿元，同比增长 12.3%，金融机构本外币各项贷款余额 308.7 亿元，同比增长 11.9%。不良贷款比率为 1.25%。

八、科学技术和教育

全县拥有高新技术企业 45 家，2023 年新增 8 家，同比增长 21.6%。专精特新中小企业 20 家，国家级专精特新“小巨人”企业 1 家，储备创新型中小企业 17 家。科技成果登记数 14 项，同比增长 16.7%，科技特派员 112 人，同比增长 6.67%，签订技术合同 126 项，技术合同成交金额达 10.6 亿元。年末固定电话用户 6198 万户，移动电话用户 588440 万户，互联网宽带用户 224615 万户。

推进创新载体平台建设。全县拥有省级企业技术中心 6 家，中小企业创新发展服务中心 1 家，省级科技企业孵化器 1 家，省级众创空间 1 家，国家级众创空间 1 家，省级星创天地 4 家，省级科普示范基地 2 家

全县共有 157 所小学学校（含教学点 126 个），3 所中等职业教育学校，34 所初中学校，6 所普通高中学校，各类民办学校 32 所。拥有教师共 6702 人，同比增长 1.1%

其中专任教师5930人，包括普高专任教师856人。农村义务教育专任教师本科及以上学历占比66.4%。

落实学生资助政策，落实义务教育保障资金8822万元，发放中职国家助学金608.2万元，落实中职免学费资金1090.56万元，发放普通高中国家助学金569.5万元。

九、文化、体育和卫生

全县拥有广播电台1座，电视发射台和转播台1座，公共图书馆1座，博物馆1个，群众艺术馆、文化馆2个，艺术表演团体21个，档案馆1个，已开放各类档案4.9万卷（件）。全县体育场地2196个，其中运动场1个，游泳池8个，各种训练房3个。所有文化场馆全年免费对外开放。全县经常参加体育锻炼人数27.4万人，开展全民健身项目8项。

成功创建国家3A级景区2个，湖南省五星级乡村旅游点1个，湖南文旅消费新场景3个，11个景区景点被命名为科普教育基地、红色教育研学基地和中小学研学实践教育基地。慈利打硪号子、九子鞭等7个项目被列入第六批省级非物质文化遗产代表性项目名录，茅花界薅草鼓、土家泥塑、土家麦酱制作技艺3个项目被列入张家界市第七批市级非物质文化遗产代表性项目名录。

全县卫生机构582个，其中14家医院，1家妇幼保健院，1个疾病预防控制中心，1个卫生监督所（中心），2个社区卫生服务中心（新设立），30个乡镇卫生院，95个诊所（卫生所或医务室），438个村卫生室。卫生技术人员0.36万人，同比增加12.5%，其中执业医师和执业助理医师0.14万人，同比增长7.7%，注册护士0.15万人，同比增加15.4%。医院床位数2951张，同比下降0.5%，社区卫生服务中心床位数225张，乡镇卫生院床位数889张，同比下降28.6%。

截至年底，全县现有托育机构13家，托位数1097个，实际入托753人，入托率为68.6%。

十、人口、人民生活和社会保障

全县共2个街道，24个乡镇，427个行政村。农村垃圾无害化处理率为100%，城市污水处理率96.8%。

2023年末全县总户数239752户，户籍总人口673257人，其中男性344874人，女性328383人，男女性别比约为105.02∶100，人口性别比例基本正常。全县常住人口为55.83万人，常住城镇人口27.66万人，城镇化率为49.54%。户籍城镇人口共有165255人，占总人口数的24.5%，同比下降0.36%，从人口年龄段的分布看：0—17岁110333人，占总人口16.39%，18—34岁119749人，占总人口17.79%，35—59岁270725人，占总人口40.21%，60岁至99岁172450人，占总人口25.61%，100岁及以上有45人。从人口自然增长看，全年出生3660人，出生率为5.4‰，同比减少4.5%，死亡4795人，死亡率为7.1‰，同比减少31.07%；从人口机械增长看，全年迁入983人，同比增加11.96%，迁出2509人，同比增加8.05%。

城乡居民收入持续增长，人民生活水平不断提高。全县城乡居民人均可支配收入为23021元，同比增长7.4%。城镇居民人均可支配收入32450元，增长6.1%；农村居民人均可支配收入16363元，增长7.7%。城乡居民人均消费支出19175元，同比增长4.4%，城镇居民人均消费支出23520元，同比增长5.0%，农村居民人均消费支出16107元，同比增长3.2%，城镇居民消费价格指数99%，其中食品烟酒96.1%，衣着100.2%，居住99.5%，生活用品及服务100.5%，交通和通信97.9%，教育文化及娱乐100.4%，医疗保健102.4%。

十一、资源环境和安全生产

行政区域面积3492.1平方公里，耕地面积69万亩，基本农田61.65万亩，建设占用耕地1664.25亩。林地面积2812万公顷，森林覆盖率64.9%，城市人均公园绿地面积12.96平方米，全县活立木蓄积1000万立方米，全年完成造林面积666.7万公顷，国家级自然保护区2个，省级风景名胜区1个。全年开工各类水利工程411处，水利工程投入资金4.6亿元，恢复和改善灌溉面积0.7万亩，新增蓄水能力77万立方米，同比增长2.3%。

已发现矿种42种，已探明资源储量的矿种有21种。其中能源矿产3种，金属矿产4种，非金属矿产13种，水气矿产1种。

安全生产形势总体稳定。全年发生各类生产经营性安全事故9起，同比下降25%，死亡11人，同比下降21.4%。亿元GDP生产安全事故死亡人数为0.1人。

桑 植 县

桑植县位于湖南西北边陲，东界石门县、慈利县，南毗永定区、永顺县，西接龙山县，北邻湖北省宣恩、鹤峰县。地处北纬29° 17′—29° 84′，东经109° 41′—110° 46′。县域东西长104公里，南北宽71公里，土地总面积3474平方公里，耕地面积31.47千公顷。2022年末，全县总户数16.8万户，总人口45.64万人，其中：男性23.84万人、女性21.8万人，少数民族人口42.52万人，常住人口37.79万人，其中：城镇16.03万人、农村21.76万人。

桑植县是贺龙元帅的故乡、红二方面军长征出发地，隶属国际旅游新城——张家界市。东接世界自然遗产保护区——武陵源风景名胜区，南依张家界市区，西接猛洞河、芙蓉镇，北邻湖北宣恩、鹤峰，是湖南通往祖国西北的北大门。境内自然风景奇特秀丽，民族风情神秘浓郁。全县总面积3474平方公里，拥有28个民族，总人口45万人，其中以土家族、白族、苗族为主的少数民族占总人口的92.6%。

桑植是一片绿色的海洋。拥有中国首批、湖南省首个国家级自然保护区八大公山原始森林，这里已被纳入中国“人与生物圈保护区（MAB）”和中国“具有全球意义的17个生物多样性关键地区之一”，以及全球200个重要生态区之一。同时还拥有峰峦溪国家森林公园1个，九天洞赤溪河、娄水省级风景名胜区2个，是名副其实的天然氧吧、生态绿色海洋。

桑植是一块红色的土地。伟大的贺龙元帅的故乡，中国工农红军第二方面军万里长征出发地，也是湘鄂边、湘鄂西、湘鄂川黔根据地的中心地，贺龙故居、贺龙纪念馆和红二方面军长征出发地已先后被列入全国红色旅游精品名录。

桑植是一个彩色的家园。多民族聚居在此，伴随产生了灿烂绚丽、多姿多彩的民族文化，其中以桑植民歌、桑植民族仗鼓舞为代表的多项文化旅游资源已先后被列入国家、省级非物质文化遗产保护名录，桑植被授予“中国民歌之乡”称号。

桑植县2023年国民经济和社会发展统计公报

2023年，全县上下坚持以习近平新时代中国特色社会主义思想为指导，认真贯彻习近平总书记考察湖南的重要讲话精神，在县委、县政府的坚强领导下，深入践行“53355”总体思路，全力打好发展“六仗”，扎实做好“六稳”“六保”工作，牢固树立创新、协调、绿色、开放、共享的新发展理念，坚持稳中求进工作总基调，全面落实高质量发展要求，立足桑植发展实际，统筹推进稳增长、促改革、调结构、惠民生、防风险各项工作，经济社会发展保持稳中有进、稳中向好，各项社会事业继续取得新的进步。

一、综合

初步核算，2023 年全县实现地区生产总值 1170242 万元，同比增长 4.2%。其中：第一产业 183937 万元，同比增长 3.8%，第二产业 173606 万元，同比下降 0.2%，第三产业 812699 万元，同比增长 5.1%。全县三次产业构成由上年的 16.1 ∶ 14.5 ∶ 69.4 调整为 15.7 ∶ 14.8 ∶ 69.5。其中，工业增加值占地区生产总值的比重为 9.99%，比去年上升 1.28 个百分点。一、二、三产业对经济增长的贡献率分别为 14.8%、–0.8% 和 86.0%。

二、农业和农村经济

全年完成农林牧渔业总产值 29.77 亿元，同比增长 4.0%；实现农林牧渔业增加值 18.88 亿元，同比增长 3.9%。

三、工业

全年实现工业增加值同比增长 9.5%。年末规模以上工业企业 61 家，规模工业总产值 31.01 亿元，同比增长 9.0%。

四、固定资产投资、房地产和建筑业

2023 年，全县固定资产投资同比下降 16.3%。从投资构成来看，国有投资同比增长 40.8%，占全部投资的 70.3%，民间投资同比下降 65.6%，占全部投资的 21.9%。从投资类型来看，房地产开发项目完成投资 3.58 亿元，同比下降 48.5%。工业投资持续快速增长，全年工业投资同比增长 52.8%。2023 年全县商品房销售面积 15.3 万平方米，同比增长 0.08%，其中住宅销售面积 14.7 万平方米，同比下降 2.87%。

2023 年，全县建筑业总产值完成 7.55 亿元，同比增长 0.3%。

五、交通运输

2023 年，全县实有营运客车 200 辆 /3956 座，营运货车 371 辆 /4897 吨位；全年完成货运量 6926.8 万吨、货运周转量 75.3 亿吨公里，客运量 268.6 万人、旅客周转量 28432.2 万人公里。全县公路通车里程为 6587 公里，境内高速公路 19.6 公里。其中交通运输部统计年报国道 77.27 公里，省道 370.96 公里，县道 376.4 公里，乡道 821.5 公里，村道 1266.7 公里。

六、商业、旅游业

全县实现社会消费品零售总额 361543 万元，同比增长 7.0%。全年进出口总额 13931 万元，实际利用外资 9.9 万美元，新引进世界 500 强企业 2 家。

2023 年，全县共接待各类游客 338.08 万人次，同比增长 13.8%；实现旅游收入 40.16 亿元，同比增长 53.5%。

七、财政、金融业

2023 年全县实现一般公共预算收入 6.87 亿元，同比增长 14.5%。其中，地方收入 4.33 亿元，同比增长 7.3%，税收收入 3.18 亿元，同比增长 7.96%。一般公共预算支出 52.63 亿元，同比增长 13.78%。其中，农林水、社会保障和就业、教育、医疗卫生与计划生育支出分别为 11.9 亿元、7.26 亿元、8.29 亿元、5.69 亿元，同比分别增长 48.6%、1.73%、1.35%、9.03%。2023 年末金融机构人民币存款余额 222.38 亿元，同比增长 12.2%，金融机构人民币贷款余额 198.95 亿元，同比增长 20.7%。

八、科学技术和教育

全县全年授权专利 80 件，其中发明专利 10 件。工矿企业授权 10 件，有法定计量检定机构 1 家，特种设备 240 台，重点工业产品质量监督抽查 100 批次，重点工业产品定期抽查合格率 95%。全县新增省级工程技术研究中心 1 个，科技成果登记数 6 项，签订技术合同 106 项，技术合同成交金额 11.7 亿元。

2023 年末，全县普通高等教育在校生 11001 人（招生数 3341 人，毕业生 2868 人），成人高等教育在校生 2594 人（招生数 608 人，毕业生 899 人），中等职业教育在校生 3489 人（招生数 1301 人，毕业生 856 人），普通高中在校生 8957 人（招生数 3188 人，毕业生 2983 人），初中学校在校生 17150 人（招生数 5049 人，毕业生 5707 人），普通小学在校生 26756 人（招生数 4016 人，毕业生 5022 人），特殊教育在校生 184 人（招生数 46 人，毕业生 97 人），幼儿园在园幼儿人数 8751 人。小学适龄儿童入学率 100%，小学毕业升学率 100%，高中阶段教育毛入学率 93.1%，各类民办学校 3 所，民办学校在校生 535 人。

全年落实义务教育保障资金 6754 万元，中职国家助学金资助中职学生 4697 人次，发放中职国家助学金 469.7 万元；中职免学费资助中职学生 6525 人次，落实中职免学费资金 783 万元；发放普通高中国家助学金 609.9 万元，国家奖学金、助学金资助高校学生 102 人次。

九、文体宣传、体育和医疗卫生

2023 年末全县拥有群众艺术馆、文化馆 1 个，公共图书馆 1 个，纪念馆 2 个，国家级非物质文化遗产保护目录 3 个，省级非物质文化遗产保护目录 13 个，拥有广播电台 1 座，广播综合人口覆盖率 90.25%，电视综合人口覆盖率 99.1%，有线电视用户 2 万户。全县拥有档案馆 1 个，已开放各类档案 4469 件，拥有体育场地 1044 个，体育馆 1 个，游泳池 3 个，各种训练房 22 个。开展全民健身项目 17 次，新建农民体育健身工程的行政村 37 个。

2023 年，全县拥有医疗卫生机构 350 个，其中医院 6 个，乡镇卫生院 38 个（卫生院分院 15 个），有村医卫生室 252 个，诊所、卫生所、医务室 51 个，专防中心 1 个，妇幼保健院 1 个，其他医疗机构 1 个；年末医院、卫生院床位数 2155 张，每千人拥有床位 5.74 张。2023 年全县家医签约 147555 人，签约率为 39.3%，同比 2022 年提升 1.05%，其中贫困户、慢病患者签约率达 100%，建档立卡户中，孕产妇、儿童、老年人、残疾人等重点人群签约率达 100%，计生特殊家庭实现签约全覆盖。

全县基本医疗保险覆盖率稳定在 100%。2023 年全县企业养老保险在职参保人数 22437 人，征缴基金 15997 万元，机关事业单位养老保险在职参保人数 10336 人，失业保险总参保人数 23000 人，失业保险征缴基金 708 万元；城乡居民养老保险参保人数 28.4 万人，征缴基金 5510 万元，城乡居民参加医疗保险人数为 36.53 万人，征缴基金 35874 万元。

十、人民生活与民生建设

全年城乡居民人均可支配收入 16640 元，同比增长 6.8%。其中城镇居民人均可支配收入 22729 元，同比增长 5.3%，农村居民人均可支配收入 12906 元，同比增长 7.1%。

全年全县新增城镇就业 2827 人，新增农村劳动力转移就业 3115 人，创业带动城乡就业人数 1755 人。获得政府最低生活保障的城镇居民人数 1.79 万人，发放城镇居民最低生活保障经费 979.7 万元，获得政府最低生活保障的农村居民人数 1.6 万人，发放农村居民最低生活保障经费 5296.2 万元。提供住宿民政机构床位 0.38 万张，其中养老机构床位 0.22 万张，社区服务机构和设施 152 个。全年销售社会福利彩票 2041. 万元，筹集福彩公益金 326. 万元。

全年完成造林面积 10147 公顷，年末实有国家级自然保护区 2 个，国家地质公园 1 个，自然保护区面积 24197 公顷。

十一、资源、环境和安全生产

2023 年，全县活立木蓄积量 1342.4 万立方米，森林覆盖率 64.75%，耕地面积 3.4 万公顷，基本农田 2.93 万公顷。批准建设用地 58 公顷。全县已发现矿种 28 种，探明资源储量矿种 13 种。其中，能源矿产 种，金属矿产 5 种，非金属矿产 12 种，水气矿产 2 种。财政出资实施地质勘查项目（含续作项目）2 个。

全年全社会用电量 6.10 亿千瓦时，同比增长 2.6%，其中，工业用电量 1.54 亿千瓦时，同比增长 4.82%；居民生活用电量 2.4 亿千瓦时，同比下降 0.6%。

十二、人口

2023年末，全县户籍人口总户数16.87万户，户籍总人口45.53万人，其中：男性23.78万人、女性21.75万人，城镇人口11.32万人，乡村人口34.21万人，少数民族人口42.43万人。按年龄分：0—17岁人口8.83万人，18—34岁人口8.99万人，35—59岁人口17.85万人，60岁及以上人口9.86万人；常住人口37.05万人，其中城镇常住人口16.3万人，农村常住人口20.75万人，城镇化率为43.99%。

2023年，全年发生各类生产经营性安全事故4起，各类生产经营性安全事故死亡人数4人，亿元GDP生产安全事故死亡人数0.0342人。

政治·军事·法治

◎助力张家界经济高质量发展 张家界市召开工业招商秋季攻势活动总结座谈会

1月4日，张家界市召开工业招商秋季攻势活动总结座谈会，总结招商工作经验，部署安排下阶段招商工作。张家界市委副书记、市长王洪斌出席会议并讲话。张家界市领导杨洪峰、高靖生、李文化以及市政府秘书长向志刚参加会议。

会上，张家界市驻东莞工业招商前线指挥部全面汇报了2022年工业招商秋季攻势活动有关情况，招商小分队及市直有关部门进行了工作总结并就如何做好张家界市招商工作提出建议。

王洪斌代表张家界市委、市政府对参与此次工业招商秋季攻势活动的所有工作部门和个人表示衷心感谢，并用“四个特别”进行了全面总结。

王洪斌强调，工业招商秋季攻势活动特别有成效，特别有价值，特别需要坚持。通过开展此次招商活动，张家界市落地了一批项目、储备了一批资源、锻炼了一支队伍，为张家界产业结构调整、稳住经济大盘作出了突出贡献，助推了张家界市经济逆势而上，为推动全员招商找到了突破口，为张家界探索积累了招商引资领域可复制可推广的工作经验，务必要在坚持中完善、在完善中坚持。

张家界市召开工业招商秋季攻势活动总结座谈会

◎张家界市举行省十四届人大代表初任培训班

1月9日下午，张家界市举行省十四届人大代表初任培训班。张家界市委书记刘革安强调，要不负新时代的期望，不负张家界市人民的重托，始终做政治合格、积极履职、纪律严明、作风优良的人大代表，为加快建设世界一流旅游目的地、全面建设社会主义现代化张家界作出新的更大贡献。张家界市领导王洪斌、田华玉、尚生龙、周芳参加会议。

会议书面传达学习了党的二十大精神和《组织法》《选举法》《代表法》等法律法规；张家界市委副书记、市长王洪斌书面通报了全市经济社会发展情况，并就拟在湖南省十四届人大一次会议上收集提交的代表建议情况作说明；全国人大代表童路雯分享了履职经验和心得体会。

刘革安指出，人大代表肩负着党和人民的重托，要以高度负责的态度依法履行好职责。要始终做政治合格的人大代表，要始终做积极履职的人大代表，要始终做纪律严明的人大代表。

张家界市举行省十四届人大代表初任培训班

刘革安强调，人大代表是党和国家机关联系人民群众的纽带，一定要具有廉洁、勤政、务实、为民的好作风，模范遵纪守法，带头引领发展，深入联系群众，做一个真正代表人民的人大代表，做一个让党放心、让人民群众满意的人大代表。

要闻纪事

1月

△3日，2023年张家界市统战工作务虚会召开。市委常委、市委统战部部长廖国豪，市政协副主席陈艳静参加会议。

△5日，张家界市委书记刘革安主持召开市委常委会2023年第1次会议，传达学习贯彻习近平总书记致二〇二三年新年贺词精神。

△5日，张家界市人大常委会党组书记、主任田华玉主持召开市八届人大常委会第18次主任会议，决定市八届人大常委会第九次会议△5日召开。市人大常委会副主任陈红日、褚新年、周芳、龙维务、陈光明、刘明成、邓剑及秘书长郝超参加。

△6日，政协张家界市第八届委员会第二次会议在市委礼堂隆重开幕。开幕会由陈叶峰主持。

欧阳斌代表政协张家界市第八届委员会常务委员会作工作报告。市委书记刘革安在大会上发表讲话。

△6日，市政协八届七次常委会会议召开。市政协主席欧阳斌主持会议。会议听取了各讨论组召集人关于学习市委书记刘革安讲话精神、讨论市政协常委会工作报告和提案工作报告的综合汇报。市政协副主席李立、王光明、李文化、陈叶峰、杨余茂、汤敬波、赵旭、陈艳静，秘书长潘远忠出席会议。

△7日，张家界市第八届人民代表大会第二次会议在市人大会堂隆重开幕。刘革安主持大会并宣布开幕。王洪斌代表市人民政府向大会作政府工作报告。

△7日，市八届人大二次会议主席团举行第二次会议，市委书记、主席团常务主席刘革安主持会议。会议听取了市委关于各项候选人建议名单的说明；讨论了市委关于各项候选人建议名单，同意将候选人名单以大会主席团的名义提交给各代表团酝酿、讨论。会议还决定了代表依法联合提名候选人的截止时间。

◎增强全民国家安全意识 筑牢国家安全人民防线 张家界市委国安委全体会议召开

1月5日上午，张家界市委书记刘革安主持召开张家界市委国安委全体会议，听取相关工作情况汇报，分析研判张家界市当前和今后一个时期各重点领域存在的突出风险隐患，研究部署2023年工作。张家界市委副书记、市长王洪斌，市委副书记、市委政法委书记舒行钢参加会议。

会议指出，要深入学习领会习近平总书记关于国家安全的重要指示和党的二十大关于国家安全的重要论述。要扛牢政治责任，做到守土有责、守土负责、守土尽责；要营造学习宣传贯彻总体国家安全观的浓厚氛围。

会议要求，要坚持问题导向；要定期研判、及时研判、准确研判各领域国家安全形势；要不断健全工作机制；要切实增强维护国家安全的能力。

会议强调，要统筹当前和长远，切实做好岁末年初安全风险的防范化解；要强化工作统筹，狠抓工作落实，抓实抓细谋划、预警、处置等工作，以实际行动践行好党的二十大关于国家安全工作的部署，持续巩固张家界安全稳定形势。

张家界市委国安委全体会议召开

张家界市领导尚生龙、廖国豪、刘卫兵、杨洪峰、吴文海、赵云海、龙铁军、陈瑜、李文化参加会议。

◎上下同心 顽强拼搏 张家界市举行庆祝中国人民警察节活动

1月10日上午，张家界市公安局举行庆祝2023年中国人民警察节活动。副市长、市公安局局长龙铁军出席活动。

2022年，张家界市公安机关共有43名民警被湖南省公安厅授予“湖南公安荣誉章”，其中市局机关10人。本次活动为获授“湖南公安荣誉章”的民警代表颁发了奖章，并举行了2022年度新警入警仪式及张家界市公安机关2022年度“最美公安”发布仪式。张家界市公安机关2022年度“最美民警”“最美辅警”“最美警嫂”“最美警队”代表分别上台领奖。龙铁军表示，张家界市公安机关要深入贯彻党的二十大精神，在张家界市委市政府和湖南省公安厅的坚强领导下，团结奋斗，善作善成，为建设更高水平平安张家界、法治张家界，谱写社会主义现代化张家界建设新篇章贡献公安力量。

2022年，张家界市公安机关上下同心，顽强拼搏，取得了民调综合排名湖南省第六，人民群众对社会治安和公安队伍整体评价创近十年新高，涌现出全国公安优秀基层单位永定公安分局刑侦大队、张家界市慈利县公安局指挥中心和全国优秀人民警察黄忠、全国公安机关爱民模范陆海军等一大批先进集体和个人，张家界市公安局被评为省级文明单位。

现场宣誓

现场颁奖

◎张家界交警开展“平安春运 交警同行”主题宣传活动

张家界：“平安春运 交警同行”交通安全主题宣传活动进农村集镇

1月10日上午，张家界市公安局交警支队、直属一大队宣传民辅警携手走进张家界市永定区农村集镇，联合开展“平安春运 交警同行”交通安全主题宣传活动。

“为了安全，请佩戴好安全头盔。”“车辆多，请走人行道。”……1月10日，正值张家界市永定区三家馆乡赶集日，面对熙熙攘攘的车辆和人流，民辅警对摩托车驾驶员和老人耐心地进行交通安全提醒。随着外出务工人员返乡潮进一步激增，农村春运安保工作压力进一步加大，为全面提升农村群众春运安全意识，最大限度确保人民群众生命财产安全，1月10日，张家界市公安局交警支队、直属一大队宣传民辅警利用乡镇赶集日，群众较为集中的优势，在集镇设置“平安春运 交警同行”宣传点，宣讲交通安全知识，发放交通安全宣传资料。为深化宣传效果，宣传民辅警还为群众准备了安全头盔等交通安全宣传品免费发放，得到群众积极参与和广泛好评。

1月10日，宣传民辅警还走进三家馆乡政府，为三家馆乡20余名乡镇干部上了一堂别开生面的交通安全课，既提升了他们的交通安全意识，也提升了他们履行农村交通安全劝导和管理的能力。

◎张家界市一林场获评“全国十佳”

1月14日，湖南省林业局发布消息，湖南共3家林场获评2022年度全国“十佳林场”，其中，张家界市永定区石长溪国有林场入选。

全国“十佳林场”评选活动由中国林场协会举办，每年举办一次，旨在表彰全国各地在森林经营、护林防火、产业发展、设施建设、科技兴林、改革管理等方面有突出业绩的林场，助力推进生态文明建设，促进绿色发展。2022年，全国共有4855家国有林场参加评选。经中国林场协会实地考察和相关专家评审，44家国有林场被评为全国“十佳林场”。

张家界市永定区石长溪国有林场地处永定区西南部，是湖南省杉木速生丰产林基地之一，森林覆盖率达93%。近年来，林场坚持“营林为本、生态优先、合理利用、持续发展”，森林后备资源充足，形成生机盎然的景象。

永定区石长溪国有林场山林风景

要闻纪事

△8日，政协张家界市第八届委员会第二次会议举行选举大会，选举产生副主席1名，常务委员4名。姚媛贞当选为市政协副主席。

△11日，张家界市长王洪斌主持召开市政府第20次常务会议，传达学习习近平总书记近期重要讲话精神，听取张家界市统计部门“四个必查”“三个一批”等工作情况汇报，审议《2023年〈政府工作报告〉任务分解方案（送审稿）》等文件稿。

△14日，参加省十四届人大一次会议的张家界市代表团召开全体会议，集中审议省长毛伟明所作的省政府工作报告。省委常委、省纪委书记、省监委主任王双全，省政协党组副书记、副主席乌兰与代表们一同审议省政府工作报告。市委书记刘革安主持会议。

△19日，市八届人大常委会第十次会议召开。会议听取和审议了人事任免议案，表决通过了人事任免名单，并举行了向宪法宣誓仪式。

△30日，市委常委班子2022年度民主生活会会前学习暨市委理论学习中心组集体学习举行。市委书记刘革安主持并作总结讲话。

2月

△1日，市人大常委会党组书记、主任田华玉主持召开市八届人大常委会党组2023年第二次（扩大）会议。市人大常委会党组副书记、副主任陈红日，市人大常委会党组成员、副主任褚新年、龙维务、陈光明、刘明成、邓剑及秘书长郝超参加，市人大常委会副主任周芳列席。

△3日，张家界市委书记刘革安主持召开市委常委会2023年第3次会议，传达学习习近平总书记重要讲话精神及有关会议文件精神，听取全国文明城市创建、巩固国家卫生城市创建成果、市旅发会举办等工作情况汇报。

◎“科普研学试点城市”工作推进会在张家界市召开

1月18日下午，张家界市委副书记、市委政法委书记舒行钢主持召开“科普研学试点城市”工作推进会。张家界市委常委、副市长杨洪峰参加。

舒行钢强调，要提高政治站位，充分认识到推进“科普研学试点城市”工作，有利于提升张家界市科普能力水平和全民科学素质，有利于提升张家界市旅游内涵和品质，要依托张家界市独特的自然和人文资源，实现“全域科普”推动张家界“全域旅游”发展，助力世界一流旅游目的地建设。要找准试点方向，丰富建设内容，理顺工作机制，促进科技与旅游深度融合，赋能文旅产业高质量发展。要完善方案措施，建立工作台账，成立工作专班，建立考核体系，加强调度研究，强化机制保障，广泛营造社会氛围，坚持全社会、全领域、全民参与科普研学试点城市建设，全方位提升城市科普标准。

会上，张家界市科协汇报了“科普研学试点城市”工作方案，张家界市文旅广体局、市教育局、市科技局、市工信局、市农业农村局等主要负责人就探索“科普+旅游”有效路径，推动建成全国科普研学示范城市交流发言。

『科普研学试点城市』工作推进会召开

◎娄澧桑植白茶茶叶产业表彰大会在张家界市桑植县举行

娄澧桑植白茶茶叶产业表彰大会举行

1月16日，娄澧桑植白茶茶叶产业表彰大会在张家界市桑植县龙潭坪镇溪口村娄澧茶厂隆重举行。湖南省茶叶研究所原所长、二级研究员包小村，张家界市政协副主席陈叶峰，张家界市桑植县委常委、县委宣传部部长王茂蓉等相关领导出席活动。

活动在茶艺表演、舞蹈《盛世欢歌》中拉开帷幕，张家界市政协副主席陈叶峰宣布表彰大会正式开始，与会领导为张家界原丰城农业科技开发有限公司、湖南通世达生态农业发展有限公司授予乡村振兴贡献企业牌，为茶园管理和茶农们颁发最佳茶园管理奖、茶农最佳采茶奖，活动还为在场观众送上了丰富多彩的节目，一场场精彩的节目轮番上阵，让在场观众拍手叫好。随后包小村、陈叶峰为娄澧桑植白茶研究院揭牌。

龙潭坪镇溪口村张家界娄澧茶叶加工厂于2021年建成投产后，在解决了龙潭坪镇茶叶变卖难的问题的同时，直接或间接提供就业岗位百余个。截止2022年底，溪口村实现茶叶产业总收入200余万元，村集体经济收入17万元，全村现有80%的村民在家门口实现增收致富。溪口村大力深耕白茶产业，丰富白茶产品，提升白茶质量，发展农旅融合，让白茶产业在推动张家界市桑植县经济发展的同时，也进一步推动了张家界市茶叶品牌知名度，为产业兴旺、乡村振兴提供了新动能。

要闻纪事

△4日，张家界市委常委班子召开2022年度民主生活会，市委书记刘革安主持会议并作总结讲话。省委组织部副部长、省委编办主任陈潇等到会指导并点评。市人大常委会、市政协党组负责同志列席。

△6日，张家界市政府党组召开2022年度民主生活会会前征求意见座谈会，面对面听取来自张家界市基层及各行业代表的意见建议，为高质量开好市政府党组民主生活会做好准备。市政府党组书记、市长王洪斌出席会议并讲话。市政府党组成员、秘书长向志刚参加会议。

△7日，张家界市第八届纪律检查委员会第三次全体会议召开。市委书记刘革安出席并讲话。市委副书记、市长王洪斌主持会议。市领导舒行钢、田华玉、欧阳斌、王令波、李传荣、刘卫兵、杨洪峰等参加会议。

△7日，张家界军分区党委六届二次全体（扩大）会议召开，传达学习上级党委全会精神，总结2022年工作，部署2023年任务。市委书记、张家界军分区党委第一书记刘革安出席会议并讲话。市委常委、张家界军分区党委书记、大校政治委员罗明同志代表军分区党委常委会向全会报告工作，张家界军分区党委副书记、大校司令员郭钰同志作主题讲话。

△13日，张家界市人大常委会党组书记、主任田华玉主持召开市八届人大常委会第20次主任会议，决定市八届人大常委会第十一次会议2月27日召开。市人大常委会副主任褚新年、周芳、龙维务、陈光明、刘明成、邓剑及秘书长郝超参加。

△14日，张家界市人大常委会党组书记、主任田华玉主持召开市八届人大常委会党组2023年第三次（扩大）会议暨2023年理论学习中心组第二次集中学习研讨会议。市人大常委会副主任陈红日、褚新年、周芳、龙维务、陈光明、刘明成、邓剑及秘书长郝超参加。

◎张家界山水组合亮相湖南春晚

1月15日晚，2023年湖南卫视芒果TV春节联欢晚会如期举行。晚会中，张家界山水组合以一曲《你莫走》带领观众领略张家界独特的民族风情。

“妹儿丫头你莫走，唱首歌歌儿把你留……哥哥哥哥我不走，妹妹陪你到白头……”晚会现场，山水组合与演员左小青、歌手廖佳琳跨界混搭，以一曲《三湘四水拜新年》带领观众领略张家界的奇山秀水及湖南省各地的宝藏风光。男声粗犷沙哑，女声柔情甜美，一曲层次鲜明，山水组合将张家界山的沉稳与水的柔美透过歌声唱给观众听。方言的音调，口语化的表达，描绘出穿行张家界山水画卷间的野趣生活，令人沉浸在土家儿女的爱情故事中。

这首创作于2020年4月的山野民谣《你莫走》自发行起全网综合点。

张家界山水组合亮相湖南春晚

◎张家界市传达学习湖南省两会精神会议召开

1月19日上午，张家界市传达学习全省两会精神会议召开

1月19日上午，张家界市传达学习湖南省两会精神会议召开，进一步动员张家界市上下深刻学习领会湖南省两会精神，贯彻落实各项工作部署，确保湖南省两会精神在张家界落实落细。张家界市委书记刘革安出席会议并讲话，张家界市委副书记、市长王洪斌主持会议。舒行钢、田华玉、欧阳斌、王令波、李传荣、尚生龙、廖国豪、刘卫兵、杨洪峰等全体在职在家市级领导参加会议。

会上，张家界市人大常委会党组书记、主任田华玉传达了湖南省十四届人大一次会议精神，张家界市政协党组书记、主席欧阳斌传达了省政协十三届一次会议精神。

刘革安还就当前重点工作进行安排部署，要求各级各部门认真落实落细各项工作举措，强化值班值守，加强经济调度，严守廉洁纪律，切实抓好假期旅游接待服务、疫情防控、保障群众生产生活需要等工作，确保市民和游客度过一个平安祥和的春节。

王洪斌强调，要深入学习领会湖南省两会精神，把湖南省两会提出的主要目标任务与张家界市实际结合起来抓好贯彻落实。同时，要切实抓好岁末年初安全生产、疫情防控、旅游接待服务、群众生活、值班值守等各项工作，特别要抓细抓实春节期间污染防治工作，守护好张家界的好山好水好空气。

◎张家界市将连续三年开展湘商回归和返乡创业专项行动

1月28日，湘商回归和返乡创业专项行动工作推进情况汇报会在张家界市召开。副市长高靖生，张家界市政协副主席、市商务局局长李文化参加。

从2023年起，张家界市将连续三年组织开展湘商回归和返乡创业专项行动，力争三年内返乡创业户数达到张家界市外出务工总人数的5%以上。同时，2023年张家界市坚持政府组织推动、县域统筹实施，力争2月28日前，完成春节返乡创业招商工作；3月31日前，出台实施好相关方案和配套政策，并抓好月调度、季讲评。

高靖生指出，要全面压实责任，真抓实干、凝心聚力，通过完善体制机制、创新激励政策、搭建创业平台、优化创业服务，推动外出务工经商人员大规模返乡创业。要强化统筹调度，坚持每月一调度、每季度一讲评，确保工作取得实效。要广泛宣传引导，及时总结经验，传播返乡创业声音，营造引得进、留得住、干得好的良好营商环境。

◎张家界市部署未成年人思想道德建设工作

2月10日，张家界市创建全国文明城市社会文化环境创建组召开工作推进会，安排部署创建全国文明城市未成年人思想道德建设工作。张家界市人大常委会原副主任、市创建全国文明城市领导小组副组长、市创建办副主任向锦云，副市长陈瑜出席会议。

会上，张家界市教育局相关负责人作了社会文化环境创建组整体工作汇报，市文旅广体局等各相关责任单位相继作了表态发言。

向锦云要求，各级各部门要精心组织专项测评迎检工作，对标对表补充完善社会文化环境工作组迎检资料；要针对当前的弱势和短板，健全学校、家庭、社会“三位一体”教育体系，广泛深入开展道德实践教育活动，不断优化未成年人成长环境；要加大校园周边环境综合整治，严厉查处违法违规行为，确保学校周边环境整洁有序；要积极开展未成年人社会关爱活动，不断营造全社会关爱未成年人的浓厚氛围。

陈瑜强调，当前社会环境创建组已进入全面攻坚期、冲刺阶段，各相关部门单位要层层压实责任，凝聚思想共识，营造浓厚氛围，要围绕《全国未成年人思想道德建设工作测评体系》指标要求，对各项工作安排到点到位，攻坚克难，为张家界市成功创建全国文明城市打下坚实基础。

◎张家界市召开湘商回归和返乡创业专项行动企业家座谈会

1月29日，张家界市召开湘商回归和返乡创业专项行动企业家座谈会，落实湖南省委、省政府决策部署，听取企业家代表意见建议，共叙乡情，共谋发展。市委副书记、市长王洪斌出席会议并讲话。市委常委、市委统战部部长廖国豪主持会议，副市长高靖生，市政协副主席、市商务局局长李文化参加会议。

会上，企业家代表围绕招商引资、返乡创业、产业发展、优化营商环境等展开热烈讨论，提出了一系列富有建设性、针对性和可操作性的意见建议，现场气氛热烈、暖意浓浓。

随后，与会领导还为张家界市湘商回归和返乡创业联络服务站授牌，为张家界市湘商回归和返乡创业专项行动招商大使颁发聘书。

王洪斌对企业家代表提出的意见建议表示衷心感谢。他说，广大张家界籍企业家走出大山，筚路蓝缕、艰苦创业，成就一番事业的同时，心系家乡建设发展，作出了重要贡献，家乡为拥有一大批优秀的企业家感到骄傲和自豪。

王洪斌还与企业家代表分享了过去一年来张家界经济社会发展取得的成果。真心期盼广大张家界籍企业家成为家乡发展的参与者、建设者和贡献者，成为美丽张家界的推荐官、宣传员，成为提升张家界城乡治理水平的监督员，政企齐心，抢抓机遇，合力推动张家界经济社会高质量发展取得新成效。

张家界市召开湘商回归和返乡创业专项行动企业家座谈会

要闻纪事

△16日，2023年张家界市委政法工作会议召开，传达贯彻落实相关精神，总结工作、分析形势，研究部署今年重点任务。市委副书记、市委政法委书记舒行钢出席会议并讲话，副市长、市公安局局长龙铁军主持会议，市人民检察院党组书记、检察长罗树中出席会议。

△17日，永定区政协举行2023年第一期“政协大讲堂”，会议邀请了市文化旅游智库研究院理事长刘云作题为《努力当好政协委员、彰显勇于担当的为民情怀》的专题辅导。

△20日，张家界市长王洪斌主持召开市政府第21次常务会议，传达学习习近平总书记近期重要讲话重要批示精神，审议《张家界市打好发展“六仗”实施六个“十大行动”工作方案（送审稿）》等文件稿，并开展会前学法。

△22日，张家界市委书记刘革安主持召开中共张家界市委常委会2023年第4次会议，传达学习习近平总书记重要讲话精神及中央、全省有关会议精神，听取张家界市南京市对口合作工作进展等情况汇报，研究审议相关事项。

△27日，桑植县政府廉政工作暨县政府新任命国家工作人员宪法宣誓仪式举行。县委副书记、县长梁高武出席会议并讲话，县委常委、县纪委书记、县监委主任张交通作廉政工作讲话，县委常委、常务副县长钟照寰主持会议，副县长龚召君、钟德华、汪业锋，县公安局政委黎昌辉，县政府调研员向才英参加。

△28日，“习近平总书记关于加强和改进人民政协工作的重要思想”张家界市研究基地、培训基地、实践基地建设工作座谈会在市委党校召开。市委副书记、市委政法委书记、市委党校校长舒行钢为“习近平总书记关于加强和改进人民政协工作的重要思想张家界市研究基地”揭牌。

◎张家界和南京携手打造对口合作典范

两市签订对口合作框架协议

2月10日至11日，张家界市委书记刘革安率市党政代表团赴南京考察交流，对接革命老区重点城市对口合作工作。南京市委书记韩立明会见代表团一行，南京市委副书记、市长陈之常出席两市对口合作工作联席会。两市一致表示，携手打造发达省市与革命老区重点城市对口合作典范。

2022年5月，国家完善发达省市与革命老区重点城市对口合作机制，明确张家界市与南京市建立对口合作关系。2022年12月，江苏省和湖南省人民政府联合印发《张家界市南京市对口合作实施方案（2022—2026年）》。在两市对口合作工作联席会上，双方签订了对口合作框架协议。框架协议将实施方案明确的合作内容进一步细化为共同传承红色文化、衔接推进乡村振兴、开展人才交流合作、深化文旅合作发展、加强产业载体建设、提升基础设施能级、完善基本公共服务、推进绿色低碳发展八个方面，并确定了合作机制。

◎张家界市召开创建“全国民族团结进步示范市”工作调度会

2月16日，张家界市创建“全国民族团结进步示范市”工作调度会召开。张家界市委常委、市委统战部部长廖国豪，副市长陈瑜出席会议并讲话。

会上，宣读了《张家界市2022年度关于创建“全国民族团结进步示范市”工作督查情况通报》；安排部署了创建“全国民族团结进步示范市”近期工作。

廖国豪指出，深入开展民族团结进步创建工作是贯彻落实习近平总书记关于加强和改进民族工作的重要思想的有力举措，是铸牢中华民族共同体意识的重要载体，是推动张家界市民族团结进步事业高质量发展的有效途径。

廖国豪强调，2023年是张家界市创建“全国民族团结进步示范市”的关键之年，张家界市上下要紧盯目标，坚定信心。进一步提高政治站位，统一思想认识，切实增强创建工作的责任感和紧迫感；要对照标准，紧盯问题。各单位各部门要对照“全国民族团结进步示范市”创建标准、时间节点、考评要求及督查反馈的问题，查漏补缺抓落实；要加强指导培训，突破重点难点。各级各部门要把准时间节点、踩准工作节奏，加强配合协作，形成工作合力，确保张家界市顺利通过第三方评估，力争今年成功创建“全国民族团结进步示范市”。

张家界市召开创建“全国民族团结进步示范市”工作调度会

要闻纪事

3月

△2日，张家界市委书记刘革安主持召开中共张家界市委常委会2023年第5次会议，传达学习二十届中央委员会第二次全体会议精神及习近平总书记重要讲话重要指示批示精神，听取安全生产、全国民族团结进步示范市创建、新时代产业工人队伍建设、全国市域社会治理现代化试点验收等工作。

△2日，张家界市致公党市委会召开四届四次全委（扩大）会议，认真学习中共二十大精神，总结回顾过去一年工作，对涌现出的先进集体和优秀党员进行了表彰，并对2023年工作进行安排部署。致公党省委会专职副主委、省政协民族和宗教委员会主任向佐谊，市政协副主席、致公党市委会主委、市商务局局长李文化参加会议。

△2日，2023年张家界市直统战系统全面从严治党工作会议召开。会议传达学习了习近平总书记关于全面从严治党的重要论述，全面贯彻落实党的二十大精神，就市直统战系统深入推进全面从严治党进行部署。市委常委、市委统战部部长廖国豪出席会议。

△3日，张家界市委书记刘革安主持召开2023年一季度党建工作例会，听取一季度党建工作开展情况汇报，研究部署下阶段党建工作。市委常委、市委组织部部长李传荣参加会议。

△5日，桑植县人武部开展2023年上半年役前教育训练活动，对48名预定新兵开展集中训练，为他们迈入军旅生活上好“第一课”。

△7日，张家界市政协机关召开2023年党风廉政建设工作会议。市政协党组书记、主席欧阳斌，市政协副主席汤敬波及秘书长潘远忠参加会议。

△16日，张家界市委常委、市委统战部部长廖国豪主持召开全市统战重点工作推进会。市政协副主席、市工商联主席陈艳静等参加。

◎张家界市永定区：“政协大讲堂”打造“书香政协”

2月17日上午，张家界市永定区政协举行2023年第一期“政协大讲堂”，深入学习贯彻党的二十大精神和习近平总书记关于加强和改进人民政协工作的重要思想，进一步提升履职能力，为张家界市永定区经济社会高质量发展贡献政协力量。

会议邀请张家界市文化旅游智库研究院理事长刘云作题为《努力当好政协委员、彰显勇于担当的为民情怀》的专题辅导。

委员们表示，将依托政协大讲堂平台，加强学习、促进交流，进一步提高自身综合素质和履职能力。

“政协大讲堂”是张家界市永定区政协的一项履职创新工作。张家界市永定区将持续举办“政协大讲堂”，邀请专家名师走进讲堂，宣传党的创新理论、交流履职体会，让广大政协委员和政协工作者充分认识加强学习的重要性，正确处理好学习与履职的关系，共同努力建设好学习平台，擦亮“书香政协”永定品牌。

永定区政协2023年首期“政协大讲堂”开讲

◎张家界市新的社会阶层代表人士培训班举行

会议现场

3月1日，张家界市新的社会阶层代表人士培训班举行，共计60名代表参训。张家界市委常委、市委统战部部长廖国豪出席开班仪式并讲话。

此次培训邀请张家界市委党校副校长张武斌、建行张家界分行行长邓若茹围绕党的二十大精神、新金融助推当前经济社会高质量发展作专题辅导，旨在深入学习贯彻习近平新时代中国特色社会主义思想和党的二十大精神，全面、完整、准确贯彻习近平总书记关于做好新时代党的统一战线工作的重要思想，落实全国、湖南省统战部长会议和张家界市党务工作会议要求，开展经济形势政策教育，深化对当前国情、湖南省情、张家界市情的认知，加强新的社会阶层代表人士队伍建设，为推动张家界经济社会高质量发展作出积极贡献。

廖国豪指出，张家界市新的社会阶层人士要深入学习宣传贯彻党的二十大精神，牢牢把握正确政治方向，全面准确学习，突出重点学习，坚持学以致用。要立足岗位建功立业，发挥优势服务中心大局，助推经济发展，参与社会治理，维护和谐稳定，主动正面发声，凝聚网络正能量，坚定文化自信，弘扬真善美。要加强新阶联自身建设，充分发挥桥梁纽带作用，加强组织建设，突出党建引领，加大政治安排力度，打造工作品牌。

◎张家界市政协系统荣获多项省级荣誉

2月22日，张家界市政协对2022年度获省级以上表彰的先进单位和个人进行通报，张家界市政协系统在9项工作中获评湖南省先进单位，获评湖南省先进个人59人次。

2022年，张家界市政协系统坚持以习近平新时代中国特色社会主义思想为指导，全面贯彻落实党的二十大精神，全面加强政协系统党的建设，坚持发扬民主和增进团结相互贯通、建言资政和凝聚共识双向发力，充分发挥专门协商机构作用，勠力同心，务实笃行，勤勉履职，创先争优，广泛凝聚政协智慧、政协力量，在助推张家界高质量发展中展现政协作为，使张家界市政协工作迈上新台阶。

◎张家界市法院工作会议要求 全面提升能力 争创一流业绩

2月21日，张家界市中院召开全市法院工作会议暨全市法院党风廉政建设和反腐败工作会议，全面总结成绩，分析形势，安排部署2023年张家界市法院工作。张家界市中院党组书记、院长陈建新出席会议并讲话，湖南省人大代表许玲莉、张家界市人大代表李彬受邀出席会议。

会前，全体与会干警集中观看了警示教育片，对11个先进集体和43名先进个人进行表彰，各基层法院院长依次述学述职述廉述党建。

陈建新充分肯定张家界市法院2022年工作。他强调，2023年张家界市法院要紧紧围绕“努力让人民群众在每一个司法案件中感受到公平正义”目标，坚持服务大局、司法为民、公正司法，全面提升能力，争创一流业绩，建设一流法院，为奋力谱写现代化建设张家界篇章贡献法院力量。要提升政治能力，坚定拥护“两个确立”、坚决做到“两个维护”；要提升平安建设、法治建设能力，助推社会高效能治理；要提升服务大局能力，司法护航高质量发展；要提升司法为民能力，守护人民群众高品质生活；要提升改革创新能力，推进审判体系和审判能力现代化；要提升拒腐防变能力，锻造忠诚干净担当的法院队伍。

◎湖南省委第十一巡视组巡视张家界市工作动员会召开

湖南省委第十一巡视组巡视张家界市工作动员会召开

2023年3月10日上午，根据湖南省委关于巡视工作的统一部署，湖南省委第十一巡视组巡视张家界市工作动员会召开。会前，湖南省纪委常委、省监委委员廖国红主持召开与张家界市委书记刘革安和市纪委监委、市委组织部、市委巡察办及张家界高新技术开发区党工委主要负责人的见面沟通会，传达了党中央、湖南省委关于巡视工作的新部署新要求。会上，湖南省委第十一巡视组组长戴乐平就即将开展的巡视工作作了讲话，廖国红就配合做好巡视工作提出要求。刘革安主持会议并作表态讲话。

湖南省委第十一巡视组副组长赵钧、卢镇疆及有关同志，张家界市委常委，市人大常委会、市政府、市政协党组领导班子成员，张家界市中级人民法院、市人民检察院党组主要负责人出席会议；其他副厅级以上领导干部，张家界市人大常委会、市政协各委室负责同志，市纪委监委、市委组织部、张家界高新技术开发区领导班子成员及内设机构负责人，张家界市政府办主任，市委巡察办组全体干部，市直及驻张正处级单位主要负责人，各县区党委书记、县区长、县区委副书记，各县区人大常委会主任、政协主席、组织部部长、纪委书记，张家界市慈利县、桑植县产业开发区管理委员会主要负责人列席会议。

要闻纪事

△20日，中共张家界市委党校（市行政学院）2023年春季学期开学典礼举行，市委书记刘革安出席并作开班第一课专题辅导。市委副书记、市委政法委书记、市委党校（市行政学院）校（院）长舒行钢主持开学典礼，市委常委、市委组织部部长李传荣等参加。

△21日，张家界市委书记刘革安主持开展市委理论学习中心组2023年度第三次集体学习，深入学习领会习近平总书记关于中国式现代化的重要论述、党的二十届二中全会和全国两会精神。

△22日，张家界市长王洪斌主持召开市政府第23次常务会议，传达学习习近平总书记近期重要讲话精神，听取全市防汛备汛、2022年度市本级审计查出问题整改等情况汇报，审议有关文件稿。

△22日，市人大常委会对市生态环境局履职监督评议动员会召开。市人大常委会副主任刘明成出席会议。

△27日，市委统战部机关党支部召开2022年度组织生活会和党支部书记“双述双评”会议。市委常委、市委统战部部长廖国豪以普通党员身份参加会议。

△28日，永定区2023年统战干部业务能力提升培训班在省社会主义学院开班，永定区各民主党派基层组织及区新阶联和区知联会负责人、区委统战工作领导小组成员单位分管领导、乡镇（街道）统战委员、区直统战系统各单位业务骨干等60余人参加培训。

△30日，永定区政务管理服务工作培训班开班仪式在区政务服务中心举行。永定区委常委、区人民政府常务副区长向慈庸出席开班仪式并讲话。

4月

△3日，张家界市委书记刘革安主持召开中共张家界市委常委会2023年第8次会议，传达学习习近平总书记重要讲话精神及中央、全省有关会议精神，研究审议相关事项。

◎奇峰秀水育军魂 参军报国抒壮志—— 张家界市武陵源区举行“强国有我·欢送新兵”主题活动

3 月 14 日，张家界市武陵源区举行“强国有我·欢送新兵”主题活动，区委书记、区人武部党委第一书记张龚出席并讲话，张家界市武陵源区委副书记、区长吴俞萍，区领导龚新河、陈军、戴林广、赵云及征兵领导小组成员单位分管负责人、乡（街道）主要负责人、专武干部，全体新兵、民兵、消防救援大队，新兵家属、学生代表、群众代表参加欢送仪式。

上午 9 点 30 分，张家界市武陵源标志门阳光明媚、春风和煦，欢送仪式在嘹亮的国歌声中拉开帷幕。现场宣读了张家界市武陵源区 2023 年度春季征兵审批新兵命令，为新兵佩戴绶带、大红花，向新兵家属发放入伍通知书，新兵代表、新兵家属代表分别进行发言，新兵集体宣誓。

张龚向即将应征入伍的新兵同志们表示热烈的祝贺，希望他们胸怀壮志，不负青春，把握住这次人生难得的机遇，尽快实现从青年学生到铁血军人的转变，积极投身加快推进国防和军队现代化的伟大实践，在新的人生征程上开创新天地，成就新事业。

欢送仪式在豪迈激昂的《中国人民解放军军歌》声中落下帷幕，10 名新兵即将奔赴祖国各地，为国防建设奉献青春热血。

奇峰秀水育军魂 参军报国抒壮志—— 张家界市武陵源区举行“强国有我·欢送新兵”主题活动

活动中，新兵代表、新兵家长代表分别进行发言

◎张家界市慈利县房屋征收中心机关支部开展“新时代 新雷锋 我是党员我带头”主题党日活动

3 月 10 日，张家界市慈利县房屋征收中心机关支部开展了“新时代 新雷锋 我是党员我带头”主题党日活动。

活动现场，全体党员干部积极与张家界市慈利县中心养老院的老人们攀谈，询问他们的生活状况和精神状况，嘱咐他们要保养好身体，并为老人们送去牛奶等慰问品。

此次活动把雷锋精神融入了党员日常组织生活，让中心养老院的老人“空巢”不“空心”。下一步，张家界市慈利县房屋征收中心将以全面贯彻落实党的二十大精神为主题，不断开展学雷锋志愿服务活动，提升群众获得感、幸福感、安全感。

张家界市慈利县房屋征收中心机关支部开展“新时代 新雷锋 我是党员我带头”主题党日活动

要闻纪事

△ 4 日，张家界市政协党组书记、主席欧阳斌主持召开市政协党组 2023 年第 4 次会议暨八届十六次主席会议。市政协副主席李立、王光明、陈叶峰、杨余茂、汤敬波、陈艳静、姚媛员及秘书长潘远忠参加会议。

△ 4 日，张家界市第八届人大常委会党组 2023 年第六次（扩大）会议暨市人大大讲堂专题讲座召开。市人大常委会党组副书记、副主任陈红日主持会议，市人大常委会副主任褚新年、周芳、陈光明、刘明成以及秘书长郝超出席，机关在家干部职工参加学习。

△ 7 日，张家界市委书记刘革安主持召开 2023 年市委人才工作领导小组第一次会议，深入学习贯彻党的二十大精神，全面落实习近平总书记关于做好新时代人才工作的重要思想，以及中央、省委关于人才工作的重大部署，听取 2022 年度人才工作情况，审议人才工作有关文件，研究部署当前和今后一个时期的全市人才工作。

△ 11 日，张家界市政协启动“培育壮大农业产业化龙头企业，加快打造茶叶、生猪两大百亿产业集群”暨“提升农村饮用水供水保障能力”调研协商监督工作。市政协副主席汤敬波参加。

△ 17 日，张家界市委书记刘革安主持召开会议，专题调度大兴调查研究工作。市委常委、市委组织部部长李传荣，市委常委、市委秘书长刘卫兵等参加会议。

△ 18 日，张家界市长王洪斌主持召开市政府第 24 次常务会议，传达学习有关会议精神，听取全市殡葬改革等工作情况汇报，审议有关文件稿。

△ 18 日，张家界市政府 2023 年第 3 次党组（扩大）会议召开。市政府党组书记、市长王洪斌主持会议并讲话。市政府党组副书记尚生龙和党组成员杨洪峰、汪涛、高靖生、赵云海、龙铁军、向志刚出席会议，副市长陈瑜、市政协副主席赵旭列席会议。

◎ “道德颂·爱之光”第七届张家界市道德模范颁奖仪式举行

3 月 15 日下午，“道德颂·爱之光”第七届张家界市道德模范颁奖仪式举行。张家界市委书记、市文明委主任刘革安，张家界市委副书记、市长、市文明委第一副主任王洪斌出席并为道德模范颁奖，张家界市领导舒行钢、欧阳斌、刘卫兵、吴文海等参加颁奖仪式并为道德模范颁奖。

第七届张家界市道德模范评选于 2022 年 4 月启动，面向城乡基层、各行各业，按照群众推荐、遴选审核、公示宣传等程序，评选出助人为乐、见义勇为、诚实守信、敬业奉献、孝老爱亲五类道德模范。

经评定，张家界市文明委决定授予邓晓英、吴猛、秦玉凤、刘绍校、陈运峰、周超、刘超、邓绍云、刘美菊、汪李丽、谭继承、许金杏、吴献海、朱允铣 14 人“张家界市道德模范”荣誉称号，授予全红亮、刘军改、王极、周元林、罗苏、谭森、吴金娥、田其军、王贵初、陈金梅、顾霞、魏小菊、礼桂成、安吉忠 14 人“道德模范提名奖”。

3 月 15 日下午，“道德颂·爱之光”第七届张家界市道德模范颁奖仪式举行

◎张家界市举行“迎老兵·送新兵”仪式

党的二十大代表、市委书记、张家界军分区党委第一书记刘革安致辞并宣布2023年春季张家界新兵出征，同时宣讲党的二十大精神

3月15日下午，张家界市举行“迎老兵·送新兵”仪式，迎接20名2023年张家界籍退伍老兵回家，欢送225名2023年春季张家界新兵出征。

仪式上，党的二十大代表、市委书记、张家界军分区党委第一书记刘革安致辞并宣布2023年春季张家界新兵出征，同时宣讲党的二十大精神。张家界市委副书记、市长、市国防动员委员会主任王洪斌向10名新兵军属代表授“光荣之家”牌匾。张家界市委常委、常务副市长、市征兵工作领导小组组长尚生龙宣读新兵入伍命令。张家界市委常委、张家界军分区政委罗明，张家界军分区司令员郭钰与8名功臣老兵向新兵代表授“和平之枪”。

刘革安代表张家界市委、市人大常委会、市政府、市政协和张家界军分区向光荣退伍返乡的老兵、积极送子参军的军属表示崇高敬意，向即将应征入伍的新兵表示祝贺，并向推动张家界市征兵工作高质量发展的各界人士表示感谢。他号召张家界市上下紧密团结在以习近平同志为核心的党中央周围，在国防建设、经济社会建设两个战场，接续奋斗、奉献青春，不负时代、不负韶华，向党和人民交出优异答卷。

张家界市级领导张贻龙、曾自立等出席仪式。

◎张家界市交通秩序整治攻坚行动暨首届“文明交通百日零违法”挑战赛启动

张家界交通秩序整治攻坚行动暨首届“文明交通百日零违法”挑战赛现场

张家界市人大常委会原副主任向锦云出席启动仪式。副市长、市公安局局长龙铁军主持。

吴文海强调，要通过聚焦重点区域、重点人群，突出整治交通违法行为，坚决整治交通顽瘴痼疾；要加强宣传教育，提升全民交通安全意识、文明意识、规则意识；要凝聚合力，形成文明交通人人参与、齐抓共管的良好局面，为张家界市创建全国文明城市、建设世界一流旅游目的地贡献力量。

张家界市首届“文明交通百日零违法挑战赛”挑战时间为3月20日至6月30日，张家界市私家车车主、公交车司机、出租车司机、网约车司机只要符合报名条件均可随时报名参赛。所有报名参赛者在100天挑战赛结束后，经交警部门查询赛期内无道路交通违法行为的即可获得“张家界好司机”电子荣誉证书和相应奖品，届时还将选出1000余名参赛者给予天门山景区门票或加油卡等奖励。在百日挑战期内，所有参赛车主的信息将录入数据库，只要出现交通违法行为，即为挑战失败。

市委常委、市委宣传部部长吴文海为车辆贴“百日零违法”标志

◎张家界市政协举行2023年第一期“政协大讲堂”

张家界市政协举行2023年第一期“政协大讲堂”

3月23日下午，张家界市政协在“习近平总书记关于加强和改进人民政协工作的重要思想”张家界市研究基地——张家界市委党校举行2023年第一期“政协大讲堂”。张家界市政协党组书记、主席欧阳斌，市政协副主席李立、王光明、杨余茂、陈艳静、姚媛贞，市政协原副主席张元次及秘书长潘远忠参加讲座。

张家界市委党校副校长张武斌以“从新型政党制度看人民政协”为题，从三个方面对如何理解人民政协是实行新型政党制度重要政治形式和组织形式作了深入浅出、引人入胜的专题讲授。

欧阳斌以“认真贯彻落实中共二十大与全国政协十四届一次会议精神，推动张家界市政协工作再上新台阶”为题，从五个方面为大家带来了一堂精彩的专题讲座。

大家一致认为，此次讲堂对于提升政治理论素养和指导委员履职，做好政协本职工作具有很强的指导作用。大家纷纷表示，将持续深入学习好党的二十大精神，切实把思想和行动统一到党的二十大精神上来。

张家界市、区县部分政协委员、政协机关工作人员、党校主体班全体学员、研究基地部分教师参加讲座。

要闻纪事

△23日，张家界市八届人大常委会第23次主任会议召开。市人大常委会党组副书记、副主任陈红日主持会议，市人大常委会副主任褚新年、周芳、陈光明、刘明成及秘书长郝超参加。

△26日，张家界市委书记刘革安主持召开市委常委会2023年第10次会议，传达学习习近平总书记重要讲话精神和有关会议精神，听取张家界市党政代表团赴海南学习考察和“五一”假期各项工作筹备情况等，审议相关文件。

△28日，张家界市政协党组、机关党组理论学习中心组2023年度第四次集中学习举行。市政协党组书记、主席欧阳斌主持会议，市政协副主席李立、陈叶峰、杨余茂、汤敬波、姚媛贞及秘书长潘远忠参加会议。

△28日，张家界市政协2023年第6次党组会议暨八届十七次主席会议召开。市政协党组书记、主席欧阳斌主持会议，市政协副主席李立、陈叶峰、杨余茂、汤敬波、姚媛贞及秘书长潘远忠参加会议。

△28日，张家界市长王洪斌主持召开市政府第25次常务会议，传达学习有关会议精神，听取张家界市配合做好“湘易办”超级服务端建设升级工作等情况汇报，审议有关文件稿。

5月

△4日，张家界市委书记刘革安主持召开省委巡视组交办立行立改事项和信访案件办理情况调度会。市委副书记、市长王洪斌出席会议。市级领导王令波、李传荣、尚生龙、刘卫兵、杨洪峰、万东、陈瑜、陈建新参加会议。

△11日，张家界市人大常委会党组副书记、市人大常委会副主任陈红日主持召开市第八届人大常委会党组理论学习中心组第五次集中学习研讨（扩大）会议。市人大常委会副主任龙维务、陈光明、刘明成以及秘书长郝超参加。

◎张家界市委统战部 2023 年第三次中心组学习（扩大）会议暨 3 月“同心读书会”召开

3 月 27 日上午，张家界市委统战部召开 2023 年第三次中心组学习（扩大）会议暨 3 月“同心读书会”，张家界市委常委、市委统战部部长廖国豪主持会议，张家界市委统战部、各民主党派市委会机关全体干部参加。

市委统战部 2023 年第三次中心组学习（扩大）会议暨 3 月“同心读书会”

会议传达学习了习近平总书记关于中国式现代化的重要论述、党的二十届二中全会精神、全国两会精神等。民进市委会秘书长龙腾蛟作 3 月“同心读书会”《多党合作 · 民进记忆》专题发言，介绍了中国民主促进会的诞生历史、优良传统、基本职能、取得的成绩等，回顾了中国民主促进会与中国共产党合作事业推进过程中的重大事件、感人故事。通过学习交流，与会人员深受教育、深受启发、深受感动。

廖国豪强调，要切实把思想和行动统一到党的二十大精神上来，全面把握中国式现代化的中国特色、本质要求和必须牢牢把握的重大原则，结合张家界统战工作的实际找准定位，把党的二十大提出的目标任务落到实处；要不断完善“同心读书会”活动，拓展学习的深度与广度，坚持学以致用，将“同心读书会”活动打造成学习交流的平台、凝聚共识的平台、推动工作的平台、锻炼干部的平台，以“同心读书会”常态化推进机关学习常态化，扎实推进部机关“五型机关”建设。

◎张家界市政府与中车株洲所 签订合作框架协议

张家界市政府与中车株洲所签订合作框架协议

4 月 15 日，张家界市政府与中车株洲所签订合作框架协议，双方将围绕能源、交通等领域开展合作。市委副书记、市长王洪斌，中车株洲所党委书记、董事长李东林出席并见证签约。

签约仪式上，双方介绍了各自基本情况，围绕轨道交通、新能源装备、汽车与工业等领域展开深入交流。

王洪斌对张家界与中车株洲所签订合作框架协议表示祝贺，对中车株洲所极强的科技创新能力、市场营销能力和组织管理能力表示由衷赞赏。王洪斌表示，希望双方以此次合作框架协议签订为契机，深入推进务实合作，依托中车株洲所的创新优势、资源优势和平台优势，积极学习借鉴中车株洲所在企业管理等方面先进工作经验，助力张家界经济社会高质量发展。

李东林十分看好中车株洲所与张家界的合作前景，对张家界得天独厚的资源优势、广阔的旅游市场表示赞赏。李东林表示，张家界正加快建设世界一流旅游目的地，中车株洲所矢志成为交通和能源领域的世界一流企业，科技创新与旅游高质量发展相辅相成，双方合作前景广阔。希望双方聚焦重点领域，深入沟通交流，实现政企合作互利共赢。

中车株洲所副总经理张向阳，张家界市委常委、常务副市长尚生龙，市政协副主席、市商务局局长李文化，市政府秘书长向志刚参加签约。

要闻纪事

△ 11 日，张家界市人大常委会党组副书记、市人大常委会副主任陈红日主持召开市第八届人大常委会党组第八次（扩大）会议。市人大常委会副主任龙维务、陈光明、刘明成以及秘书长郝超参加。

△ 15 日，张家界市政协 2023 年度委联委全体委员会议暨全市区县委联委工作会议召开。市政协副主席陈叶峰出席会议。

△ 18 日，张家界市委书记刘革安主持召开市委常委会 2023 年第 11 次会议，传达学习习近平总书记重要讲话精神及中央、全省有关会议精神，听取创建国家食品安全示范城市、张家界市生态环境损害赔偿、落实省委巡视办《未巡先改提示函》等有关工作情况汇报，研究审议相关事项。

△ 18 日，张家界市长王洪斌主持召开市政府专题会议，研究全市砂石土矿“净矿”出让、宜冲桥水库前期工作、大峡谷板块预留建设用地等事项。市领导尚生龙、陈光明、万东、赵旭以及市政府秘书长向志刚参加会议。

△ 23 日，张家界市召开 2023 年全市违法建设集中整治第一季度讲评会，对违法建设集中整治进行再动员、再部署、再加压。市委副书记、市长王洪斌主持会议并向各区县交办第一季度考核整改任务清单，市领导尚生龙、龙维务、万东、赵旭等参加。

△ 24 日，张家界市委书记刘革安主持召开市委常委会 2023 年第 12 次会议，传达学习习近平总书记重要讲话重要指示精神、有关回信精神以及中央、省委有关会议精神，审议《张家界市旅游环境综合整治行动方案》等。

△ 26 日，张家界市长王洪斌主持召开市政府第 26 次常务会议，传达学习中央、省有关会议精神，审议《张家界市市长质量奖管理办法（送审稿）》等文件稿。

◎天门山上演民族交响音乐会

4 月 12 日，“春回大地”——张家界市创建全国文明城市系列音乐会的首场演出在海拔 1300 多米的天门山景区天门洞广场精彩上演。

音乐会以神奇壮观的天门洞为背景舞台，湖南民族乐团和张家界爱乐乐团的艺术家们演绎了民族管弦乐《我的中国》《唱支山歌给党听》，桑植民歌《马桑树儿搭灯台》《棒棒锤在岩板上》，马头琴《万马奔腾》，唢呐《百鸟朝凤》，以及歌曲《领航》等 10 多首经典曲目，为现场游客带来了一场听觉盛宴。

4 月 12 日，艺术家们还走上天门洞 999 级天梯，吹起悠扬的笛声和清脆的唢呐，弹起动听的琵琶，唱起了一首首动听的桑植民歌，与游客们互动，让游客们近距离感受中国民乐的无穷魅力。

本次活动由张家界市委宣传部主办，吉首大学张家界学院、张家界市文明办、张家界市交响艺术中心和湖南民族乐团承办。“春回大地”——张家界市创建全国文明城市系列音乐会共有两场演出，第二场演出将于 4 月 13 日 19：30 在张家界学院风雅厅举行。

天门山上演民族交响音乐会

◎张家界市供销合作社农业社会化服务大联盟平台启动

4 月 23 日，张家界市供销合作社农业社会化服务大联盟成立大会暨张家界市供销合作社农业社会化服务大联盟平台启动仪式举行。张家界市供销合作社农业社会化服务大联盟平台的启动，标志着张家界市农业生产方式将逐渐走向“整合资源，抱团发展”的大农业生产模式。

张家界市供销合作社农业社会化服务大联盟由张家界市供销合作社联合社发起，与张家界市农资农机企业代表，农业生产主体及相关农业协会组织代表，金融机构代表共同商议签订“四方”战略合作协议成立。截至目前，张家界市已有 68 家农业相关市场主体加入“农业社会化服务大联盟”。

张家界市供销合作社农业社会化服务大联盟合作签约仪式

“农业社会化服务大联盟”成立后，将以市场需求为导向，进一步整合联盟成员资源，成员可充分借助供销合作社组织体系和经营网络，共享信息、联合合作、共同发展，区域内农民和农业相关市场主体“足不出户”就能在小程序上便捷享受到“同质价优、同价质优”的农资、农机、金融等服务，强化了农户、农业市场主体与现代农业的有效衔接，把为农服务“最后一公里”缩短为为农服务“零距离”。

会上，张家界市供销合作社联合社还就“农业社会化服务大联盟”小程序平台操作进行了演示培训。

◎张家界市举行 2022 年度“四看四比”主题活动述职讲评会

张家界市举行2022年度“四看四比”主题活动述职讲评会

4 月 27 日下午，张家界市举行 2022 年度“四看四比”主题活动述职讲评会议。市直有关部门主要负责同志围绕“四看四比”主题活动开展情况集中晒“成绩单”，通过“讲”“比”“看”激励先进、鞭策后进，激发张家界市干部群众的积极性和创造性，营造干事创业、共谋发展的浓厚氛围，全力推动张家界市高质量发展。张家界市委书记刘革安出席会议并讲话，市委副书记、市长王洪斌作总点评。

刘革安充分肯定了 2022 年度“四看四比”主题活动取得的成效。同时，他指出，各级各部门要正视问题，鼓足干劲，进一步营造干事创业、争先创优、推动发展的浓厚氛围。

刘革安强调，要完善机制，不断推动“四看四比”主题活动取得更大实效。坚持认识再深化；坚持举措再强化；坚持机制上再完善；坚持实效上再提升。

王洪斌在讲评时要求，务必进一步抬高争先创优坐标；务必进一步提升抓落实的水平。

会议通报了各单位 2022 年度受到湖南省级及以上部门书面通报表彰和批评的情况以及 2022 年高质量发展指标数据情况。

张家界市领导欧阳斌、王令波、李传荣、尚生龙、廖国豪、刘卫兵、杨洪峰等参加。

◎“习近平总书记关于加强和改进人民政协工作的重要思想”张家界市实践基地揭牌

4 月 28 日上午，“习近平总书记关于加强和改进人民政协工作的重要思想”张家界市实践基地永定区联系点在张家界市永定区石长溪林场揭牌。张家界市政协党组书记、主席欧阳斌为基地揭牌，市政协党组副书记、副主席李立，市政协党组成员、秘书长潘远忠参加揭牌仪式。

“习近平总书记关于加强和改进人民政协工作的重要思想”张家界市实践基地揭牌

张家界市打造“三个基地”五个联系点是进一步深入贯彻习近平总书记关于加强和改进人民政协工作的重要思想，深化落实湖南省政协关于“习近平总书记关于加强和改进人民政协工作的重要思想”研究基地、培训基地、实践基地建设工作相关要求的重要举措。

欧阳斌到张家界市永定区“两山”理论实践基地委员工作室调研，听取了堡子界森林康养基地的项目规划。他要求，认真落实张家界市委刘革安书记提出的加强三个基地建设，抓出特色，形成品牌，更好助力张家界现代化建设的要求；实践基地要依托委员工作室载体，突出特色，创出经验，打造品牌，更好地联系服务界别群众，助力张家界市永定区经济社会发展；通过实践基地的建设，形成有特色、有价值、可复制、可推广的成果，推动张家界市政协工作创新发展，不断提升张家界市政协工作水平。

要闻纪事 ★ ★ ★ ★ ★ ★

△ 26 日，张家界市政协 2023 年第 7 次党组会议暨八届十八次主席会议召开。市政协党组书记、主席欧阳斌主持会议，市政协副主席李立、王光明、陈叶峰、杨余茂、汤敬波、赵旭、陈艳静、姚媛贞及秘书长潘远忠参加会议。

△ 26 日，张家界市政协党组、机关党组理论学习中心组 2023 年度第五次集中学习举行。市政协党组书记、主席欧阳斌主持会议，市政协副主席李立、王光明、陈叶峰、杨余茂、汤敬波、赵旭、陈艳静、姚媛贞及秘书长潘远忠参加会议。

△ 30 日，张家界市委书记、市委统战工作领导小组组长刘革安主持召开市委统战工作领导小组 2023 年第一次全体会议暨 2022 年度述职评议会议，传达学习习近平总书记关于统一战线重要讲话精神和省委统战工作领导小组会议精神，审议相关文件并听取党外干部工作情况汇报，对全市 2022 年度统战工作进行述职评议，安排部署下阶段全市统战工作。

6月

△ 7 日，张家界市人民政府、中国人民解放军湖南省张家界军分区、国家粮食和物资储备局湖南局战略合作签约仪式举行。粮储湖南局分党组书记、局长王军，市委书记刘革安见证签约，市委副书记、市长王洪斌主持签约仪式并见证签约。

△ 8 日，张家界市委书记刘革安主持召开市委常委会 2023 年第 13 次会议，传达学习习近平总书记重要讲话精神、省委省政府专题培训班精神等，听取巡视交办问题整改和信访案件办理、首届中国（张家界）文旅融合发展大会以及全国全省少数民族传统体育运动会筹备工作等情况汇报。

△ 8 日，张家界市中级人民法院召开全市法院刑事审判工作会议。市中级人民法院院长陈建新出席会议并讲话。

◎张家界市统一战线『同心大讲堂』（第八期）开讲

5 月 18 日下午，张家界市统一战线“同心大讲堂”（第八期）暨无党派人士和党外知识分子“凝心铸魂强根基、团结奋进新征程”主题教育宣讲会举行，张家界市全国人大代表王涯就学习宣传贯彻全国两会精神作专题宣讲，张家界市政协副主席、市工商联主席、市知联会会长陈艳静出席，张家界市无党派人士和党外知识分子代表共 200 余人参加。

王涯介绍了十四届全国人大一次会议的主要内容，详细解读了全国两会精神，以生动形象的语言并结合亲身感受进行了宣讲。

会议强调，张家界市无党派人士和党外知识分子要坚持思想政治引领，旗帜鲜明地坚决拥护中国共产党的领导，不断增进对中国共产党和中国特色社会主义的政治认同、思想认同和情感认同；要坚持服务中心大局，充分发挥党外知识分子人才荟萃、智力密集的优势，围绕张家界市委市政府的中心任务开展调查研究，立足专业优势，为党委政府决策提供有力有效的建议和意见；要坚持加强自身建设，不断提升参政履职能力，在助力张家界市经济社会高质量发展中彰显担当作为。

张家界交警一大队全力护航“五一”假期交通畅安

◎张家界交警全力护航“五一”假期交通平安顺畅

4 月 29 日，前来张家界旅游观光的外地游人和车辆逐步增多。为给广大人民群众营造一个安全、畅通、有序的节日氛围和交通环境，张家界交警支队通过不断优化勤务管理模式，全力以赴确保五一期间辖区道路交通平稳有序，确保广大群众安全出行。

◎做好新时代统战工作——张家界市统一战线“同心大讲堂”（第七期）活动开讲

5 月 10 日上午，张家界市统一战线“同心大讲堂”（第七期）活动在市委党校举行，张家界市委常委、市委统战部部长廖国豪以《深入学习贯彻习近平总书记关于做好新时代党的统一战线工作的重要思想，推动张家界经济社会高质量发展》为题作辅导报告。

廖国豪强调，把握新时代统一战线的重点任务，必须坚持好发展好完善好中国新型政党制度，必须以铸牢中华民族共同体意识为党的民族工作主线，必须坚持中国宗教中国化方向，必须做好党外知识分子和新的社会阶层人士统战工作，必须促进非公有制经济健康发展和非公有制经济人士健康成长，必须发挥港澳台和海外统战工作争取人心的作用，必须加强党外代表人士队伍建设。做好新时代统战工作，要坚持中国共产党的领导，坚持大团结大联合，坚持围绕中心、服务大局，坚持完善大统战工作格局，找到统一战线与推动张家界市建设世界一流旅游目的地的结合点。

张家界市统一战线“同心大讲堂”（第七期）开讲

张家界市政协副主席、民盟市委会主委、市自然资源和规划局局长赵旭，张家界市政协副主席、市工商联主席、市知联会会长陈艳静，市政协副主席、农工党市委会主委、市人民医院院长姚媛贞参加。

要闻纪事

△ 14 日，张家界市长王洪斌主持召开市政府第 27 次常务会议，传达学习上级有关精神，听取全市开展第五次全国经济普查工作等情况汇报，审议《张家界市人民政府工作规则（送审稿）》等文件稿。

△ 14 日，市政府 2023 年第 4 次党组（扩大）会议召开。市政府党组书记、市长王洪斌主持会议并讲话。市政府党组副书记尚生龙和党组成员汪涛、高靖生、万东、向志刚出席会议，副市长陈瑜、市政协副主席赵旭列席会议。

△ 15 日，张家界市委、市政府举办专题培训班，深入学习贯彻习近平总书记关于树立和践行正确政绩观的重要论述和严禁统计造假、严控地方政府债务风险的重要指示批示精神，传达落实省委、省政府专题培训班会议精神，推动全市各级各部门牢固树立和扎实践行正确价值观，把智慧和力量凝聚到推动高质量发展上来，加快建设世界一流旅游目的地。市委书记刘革安，市委副书记、市长王洪斌作辅导报告。

△ 16 日，市委书记刘革安主持召开张家界市“铁腕治旅”工作调度会，总结分析前段工作，对下阶段工作进行再强调再部署、再落实再推进。市委副书记、市长王洪斌，市委常委、市委宣传部部长吴文海，副市长汪涛、龙铁军参加会议。

△ 20 日，市委理论学习中心组 2023 年第六次集体（扩大）学习暨第二期张家界“天门大讲堂”举行。市委书记刘革安主持学习。王洪斌、欧阳斌、王令波、李传荣、尚生龙、罗明、廖国豪、杨洪峰、高靖生、万东、陈瑜等市委理论学习中心组成员及固定列席人员参加。

△ 21 日，张家界市委书记刘革安主持召开市委常委会 2023 年第 14 次会议，传达学习省委书记沈晓明在张调研讲话精神，听取省、市绩效考核结果情况汇报，审议有关法规草案等。

◎张家界市武陵源区委政法委获评“新时代政法楷模集体”

5 月 11 日，全国党委政法委系统“新时代政法楷模”表彰大会在北京人民大会堂举行。经报请党中央批准，中共中央政法委员会、人力资源和社会保障部联合发文表彰，来自全国的 33 个集体获评“新时代政法楷模集体”，张家界市武陵源区委政法委获此殊荣，湖南省仅此一家。

近年来，张家界市武陵源区委政法委作为平安建设的牵头单位，牢固树立“小集体、大智慧，小城市、大平安”治理意识，在仅有 13 名机关工作人员的前提下，统筹推进平安建设工作，用集体智慧弥补工作人员数量不足，竭尽全力守护千万游客的平安出行，聚力推动世界一流旅游目的地建设，不断提升游客舒适度、满意率和安全感，取得了丰硕的成果。此前，张家界市武陵源区成功创建“平安中国建设示范县（2017—2020）”，获评“全国信访工作示范区”，连续 28 年保持湖南省社会治安综合治理先进区县，连续 18 年保持湖南省“平安区县”称号，连续 3 年获评湖南省信访工作“三无”县市区、“示范区”，成功创建首批“全省法治政府建设示范地区”，获评“2017—2020 年度平安湖南建设重点推进县（市、区）”，捧回首届湖南“平安杯”。

张家界市武陵源区委政法委 获评“新时代政法楷模集体”

张家界市召开“铁腕治旅”推进大会

◎重拳出击“铁腕治旅” 擦亮“金字招牌” 努力打造“放心旅游、舒心旅游”国际旅游目的地——张家界市召开“铁腕治旅”推进大会

5月26日上午，张家界市召开“铁腕治旅”推进大会，动员张家界市上下持续深入开展“铁腕治旅”，重拳整治旅游市场环境，不断擦亮张家界旅游“金字招牌”，努力打造“放心旅游、舒心旅游”国际旅游目的地。

张家界市委书记刘革安出席会议并讲话，张家界市委副书记、市长王洪斌主持会议，欧阳斌、王令波、李传荣、尚生龙、罗明、廖国豪、杨洪峰、吴文海及其他在家市级领导出席。

会上，张家界市委常委、市委宣传部部长吴文海宣读了《张家界市深化“铁腕治旅”行动方案》的主要内容，市文旅广体局、市公安局、市市场监督管理局、市交通运输局、张家界市永定区、武陵源区中湖乡、市旅游协会等部门、区县、乡镇及行业协会代表作表态发言。

◎全力优化营商环境 加快推进项目建设——张家界市召开2023年5月重点项目暨招商引资工作调度会

5月19日上午，张家界市委书记刘革安主持召开2023年5月重点项目暨招商引资工作调度会，对张家界市重点项目和招商引资工作再调度、再督办、再推进，确保实现年初预定投资和项目建设目标任务。张家界市委副书记、市长王洪斌出席。

会议听取了1—4月张家界市固定资产完成、重点项目推进、张家界市招商引资工作开展、重点项目集中交办问题办理落实等工作开展情况，明确责任和交办问题完成时限，并对下阶段工作开展进行部署安排。

会议强调，项目是经济发展的基本载体，抓好项目建设就是抓住经济发展的“牛鼻子”，张家界市各级各部门要进一步树牢“项目为王”理念，要严格落实调度机制，要下大力气抓好项目开（复）工。

会议强调，要充分认识到招商引资是经济发展的重要引擎和第一抓手，牢固树立抓招商就是抓项目，抓招商就是抓发展的理念，进一步完善招商项目对接机制、招商引资项目包装和策划等工作，进一步营造全员招商的浓厚氛围，进一步汇聚招商合力，齐心协力推动招商项目签约落地落实见效。

张家界市领导王令波、李传荣、尚生龙、罗明、廖国豪、刘卫兵、杨洪峰、吴文海、褚新年、汪涛、万东、赵旭、姚媛贞等参加会议。

◎张家界市开展铁腕治旅联合执法行动

张家界市开展铁腕治旅联合执法行动

6月5日，张家界市发改委、市税务局、市文旅广体局、市市监局、市公安局等部门深入各旅游演艺场所、景区景点，开展铁腕治旅联合执法行动，全力维护旅游市场秩序。

行动中，联合执法组深入魅力湘西、大湘西记忆、千古情、土司城等旅游演艺场所，对门票的定价与公示、购票优惠政策、实名制购票等方面提出具体要求，要求各旅游演艺场所做到价格透明化，购票规范化。同时，在各旅游演艺场所配套的购物店里，联合执法组还对商品的价格公示、正品保障、30日无理由退货等方面进行检查，叮嘱相关负责人要依法经营、文明从业、共同营造良好的旅游市场环境。

接下来，张家界市将持续推进旅游环境优化，不断加大联合执法力度，严厉打击旅游领域的违法犯罪行为，坚决做到发现一起、查处一起，不断提升旅游服务质量，切实维护旅游市场秩序。

◎张家界市委理论学习中心组举行2023年第五次集中学习

5月23日，张家界市委理论学习中心组举行2023年第5次集中学习

5月23日，张家界市委理论学习中心组举行2023年第5次集中学习。张家界市委书记刘革安主持学习，王洪斌、欧阳斌、王令波、李传荣、尚生龙、罗明、廖国豪、刘卫兵、吴文海、汪涛、高靖生、万东、龙铁军、陈瑜等市委理论学习中心组成员及固定列席人员参加。

学习邀请国家民委直属中国民族博物馆非遗部主任、研究员，中国博物馆协会民族博物馆专业委员会常务理事覃代伦就“构建中华民族共同体视域下的张家界文旅融合新模式”作专题辅导，通过解读现行民族政策，分享国家民委系统铸牢中华民族共同体意识的工作案例，探讨新时代张家界文旅融合新模式、新特点，为张家界市更好开展全国民族团结进步示范城市创建工作提出意见建议。

学习中，张家界市政协党组书记、主席欧阳斌和副市长陈瑜还分别围绕“深入学习并深刻认识习近平新时代中国特色社会主义思想实现了马克思主义中国化时代化新的飞跃”“深入学习贯彻习近平总书记关于加强和改进民族工作的重要思想，推动张家界市民族工作高质量发展”等内容作重点发言，其他中心组成员进行交流发言。

要闻纪事

△20日，张家界市政协党组书记、主席欧阳斌主持市政协党组理论学习中心组2023年度第六次集中学习。市政协副主席李立、王光明、陈叶峰、杨余茂、赵旭、陈艳静、姚媛贞及秘书长潘远忠参加。

△20日，张家界市政协2023年第8次党组会议暨八届十九次主席会议召开。市政协党组书记、主席欧阳斌主持会议，副主席李立、王光明、陈叶峰、杨余茂、赵旭、陈艳静、姚媛贞及秘书长潘远忠参加。

△25日，张家界市人大常委会党组副书记、副主任陈红日主持召开市八届人大常委会第25次主任会议，决定市八届人大常委会第十三次会议调整至6月28日召开。市人大常委会副主任褚新年、周芳、龙维务、陈光明、刘明成、邓剑及秘书长郝超参加。

△27日，张家界市委书记刘革安主持召开市委全面依法治市委员会2023年第一次会议，深入学习贯彻习近平法治思想，传达中央、省委有关会议精神，审议相关事项并研究部署2023年全面依法治市工作。市委副书记、市长王洪斌出席会议。

△26日，张家界市政协召开全市政协系统履职党支部书记、委员工作室政治指导员暨意识形态工作座谈会。市政协副主席陈叶峰出席。

△29日，张家界市委书记刘革安主持召开2023年二季度党建例会，专题听取市直行业系统党建工作开展情况，研究部署下阶段党建工作。市委常委、市委组织部部长李传荣参加会议。

7月

△4日，张家界市第八届人大常委会党组2023年第10次（扩大）会议召开。市人大常委会党组副书记、副主任陈红日主持会议，副主任褚新年、龙维务、陈光明、刘明成、邓剑及秘书长郝超参加，副主任周芳列席参加。

◎助推乡村振兴“加速跑” 张家界市人社部门多措并举 稳就业保民生

2023 年以来，张家界市人社部门多措并举保持农村劳动力就业局势稳定，助推乡村振兴“加速跑”。截至目前，张家界市农村劳动力转移就业 42.6867 万人，新增农村劳动力转移就业 6073 人，脱贫劳动力转移就业 95921 人。

保障农村劳动力返岗。今年以来，张家界市人社部门积极组织开通专线输送农村劳动力 1356 人，极大地缓解了张家界市农民工返岗就业的需求。

切实强化劳务协作对接。张家界市人社部门积极推进与国内、湖南省内发达地区开展劳务对接；开展跨区域劳务协作洽谈活动；积极打造劳务输送转移就业新高地。截至 5 月底，张家界市已建立劳务对接机制 82 个。

大力推动就地就近就业。今年以来，张家界市持续打造“家门口稳就业”张家界模式，积极加强和稳固推进对 198 家就业帮扶载体的跟踪管理和吸纳就业功能，扩大脱贫人口、农村低收入人口就地就近就业空间。截至 5 月底，张家界市共有就业帮扶载体 198 家，提供招聘岗位 13231 个，吸纳脱贫劳动力 3849 人。

积极营造良好就业氛围。张家界市人社部门深入开展“春风行动”暨“就业援助月”活动。同时，大力实行线上招聘及岗位发布。截至 5 月底，“湘就业”管理平台共入驻企业 319 家、发布岗位 1055 个，各级媒体发布岗位 7 批 3226 个。

◎张家界市永定区获评湖南省深化小型水库管理体制改革样板县（区）

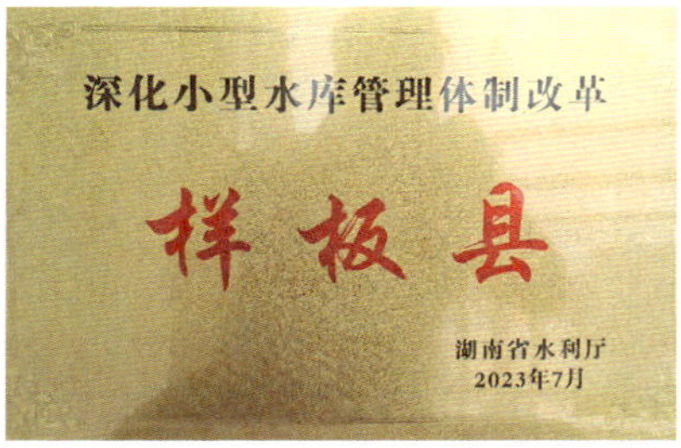

张家界市永定区获评全省深化小型水库管理体制改革样板县（区）

7 月 4 日，在浏阳市召开的湖南省水利工程运行管理工作会议上，10 个县（区）获评湖南省深化小型水库管理体制改革样板县（区），张家界市永定区位列其中。

2022 年，张家界市永定区高标准启动深化小型水库管理体制改革样板县（区）创建工作，采用“亮化、靓化、量化”措施，对区内 84 座小型水库整体环境多维治理。结合河长制工作，张家界市永定区系统梳理水库的生态文化禀赋，因地制宜把小型水库分为：城市公园类、城郊休闲类、乡镇观光类、生态涵养类，重点打造集“平安水库、生态水库、美丽水库、网红水库”于一体的“永定样板水库”，发挥小型水库“山涧明珠”的综合效应。同时，引入第三方专业管护公司履行日常巡查等管护责任。通过创建工作，实现了辖区小型水库向保民生和增效益并重转变，解决了人员经费匮乏、运行管护不专、管理设施短缺等长期以来存在的弊端。

张家界市永定区一水库风景

张家界市永定区小型水库管理体制改革初见成效，下一步将以此为新的起点，继续搞好小型水库管理体制改革，逐步建成一套工程产权明晰、管护机制完善、管理责权清晰、管理人员精干、管护工作高效的小型水库管理体制和运行机制，不断提高管理水平，确保小型水库安全运行。

要闻纪事

△ 5 日，张家界市长王洪斌主持召开市政府第 28 次常务会议，传达学习习近平总书记近期重要讲话精神，听取全市国有“三资”清查处置等工作情况汇报，审议有关文件稿。

△ 7 日，张家界市“走基层、找问题、想办法、促发展”活动推进会召开，会议总结了前段工作开展情况，并就重点任务进行安排部署。

△ 11 日，张家界市委副书记、市长王洪斌主持召开市双拥（军供）工作领导小组 2023 年第一次全体会议，深入学习贯彻习近平总书记关于双拥工作重要论述，研究部署张家界市创建全省第十一届双拥模范城相关工作，推动张家界市拥军优属、拥政爱民工作再上新台阶。市领导尚生龙、罗明、龙铁军、赵旭，市政府秘书长向志刚参加会议。

△ 12 日，张家界市委副书记、市长王洪斌调研公安工作。副市长、市公安局局长龙铁军，市政府秘书长向志刚参加。

△ 19 日，市委书记刘革安主持召开市委常委会 2023 年第 16 次会议，传达学习习近平总书记重要讲话重要指示批示及中央、全省有关会议、文件精神，听取全市 2023 年上半年意识形态领域形势等情况汇报，研究审议相关事项。

△ 19 日，张家界市委书记刘革安主持召开市委常委会（扩大）会议暨全市“走找想促”活动第二次调研情况交流会，市委副书记、市长王洪斌出席并讲话。市领导田华玉、欧阳斌、王今波、李传荣、廖国豪、刘卫兵、杨洪峰、吴文海等参加会议。

△ 21 日，张家界市委书记、市委全面深化改革委员会主任刘革安主持召开市委全面深化改革委员会第十九次会议，传达中央深改委第二次会议精神，听取相关改革情况汇报，审议有关改革文件。市委副书记、市长王洪斌出席会议。

◎张家界市召开 2023 年市总河长会议

6 月 15 日下午，2023 年市总河长会议召开

6 月 15 日下午，张家界市委书记、市总河长刘革安主持召开 2023 年市总河长会议，深入学习贯彻习近平生态文明思想和党中央关于全面推进河湖长制的决策部署，认真落实 2023 年湖南省总河长会议精神，切实扛牢“守护好一江碧水”政治责任，听取 2022 年张家界市河长制工作情况汇报、区县级总河长述职汇报，研究部署下一阶段工作。张家界市委副书记、市长王洪斌出席会议。

会议对 2022 年张家界市河长制工作取得的成绩给予充分肯定。2022 年，张家界市上下深入贯彻习近平总书记“守护好一江碧水”重要指示精神，坚决扛牢源头保护的政治责任，抓细抓实各项工作。张家界市水环境质量持续提升，国控监测断面水质全国排名第 13 位，湖南省控断面全省排名第 1 位。

会议指出，实行河长制是贯彻落实中央、湖南省委决策部署的政治要求，是深入践行绿色发展理念、扎实推动张家界市高质量发展的必然选择，是切实解决水环境突出问题、有力提升人民群众获得感幸福感安全感的重要举措，张家界市各级各部门要提高站位、强化认识，坚决扛牢张家界市治水兴水的政治责任，让张家界的青山常在、绿水长流、空气常新，让人民群众的获得感幸福感安全感更可持续。

张家界市领导尚生龙、廖国豪、杨洪峰、万东、龙铁军等参加会议。

◎张家界市在上海举行“迎老乡、回故乡、建家乡”项目签约仪式

张家界市在上海举行“迎老乡、回故乡、建家乡”项目签约仪式

7月8日下午，上海市张家界商会第二届一次会员大会暨“迎老乡、回故乡、建家乡”项目签约仪式举行。张家界市委书记刘革安出席并致辞，上海市湖南商会会长、伟仁投资集团董事长谢东海，上海市张家界商会会长、易坤文化用品有限公司董事长李永超，张家界市领导廖国豪、刘卫兵、杨洪峰、高靖生、陈艳静等参加。

活动共签约项目25个，总投资42亿元。其中，招商引资项目15个，投资金额38.1亿元；“张品入沪”项目10个，投资金额3.9亿元。此次集中签约项目具有理念新、领域广、进展快的特点，领域涉及功能总部结算经济、互联网离岸直播、中药材种植基地及精深加工、张家界特色预制菜、张家界特色农产品深度合作、高端民俗项目等，既有互联网数字经济、离岸直播经济、人工智能、宠物疫苗研发与生产等新业态，也有“张品入沪”的尝试和推动，是对招商引资新方向的探索和创新。

◎张家界市宣传思想文化系统召开专题会议 深入学习贯彻习近平总书记在文化传承发展座谈会上的重要讲话精神

7月14日，张家界市宣传思想文化系统召开专题会议，深入学习贯彻习近平总书记在文化传承发展座谈会上的重要讲话精神。张家界市委常委、市委宣传部部长吴文海主持会议并讲话。

会议指出，习近平总书记在文化传承发展座谈会上围绕坚守中华文化立场，坚定文化自信，推动中华优秀传统文化创造性转化、创新性发展，建设社会主义文化强国，创造性提出了一系列新观点、新论断、新思想，为新时代中国特色社会主义文化建设指明了前进方向、提供了根本遵循。

吴文海强调，张家界市宣传思想文化战线要提高政治站位，深刻认识习近平总书记在文化传承发展座谈会上重要讲话的丰富内涵和深远意义，切实担负起“举旗帜、聚民心、育新人、兴文化、展形象”的使命任务；要正确认识张家界市文化传承发展取得的成绩及存在的问题；要坚持以习近平总书记重要讲话精神为指引，进一步坚定文化自信，增强文化自觉，切实担负起文化使命。要深入学习贯彻，增强文化传承发展自觉、坚守人民立场，把握文化传承发展方向，推动文化传承发展取得新成就、不断迈上新台阶。

◎6月“湖南好人榜”发布，张家界市3人光荣上榜！

获评见义勇为类“湖南好人”的彭清林，是一名美团外卖员

获评诚实守信类“湖南好人”的王后泉，是湖南省张家界市卫生管理处的一名环卫工人

7月11日，2023年“湖南好人”6月榜单正式揭晓，21人（组）群众身边好人光荣上榜。其中张家界市彭清林入选“见义勇为类湖南好人”，王后泉入选“诚实守信类湖南好人”，徐生科入选“敬业奉献类湖南好人”。

◎张家界市荣获“世界乡村旅游RL杯（乡村之光）”最高品牌荣誉

7月11日，2023乡村旅游潞村论坛在浙江省湖州市八里店镇世界乡村旅游小镇举行。会上，世界乡村旅游理事会、亚太旅游协会公布了《关于授予张家界市等15家单位“世界乡村旅游RL杯（乡村之光）”的决定》。

“世界乡村旅游RL杯（乡村之光）”遴选出5个最高品牌项目、3个创新品牌项目、3个人气品牌项目、3个奉献品牌项目、1个特别荣誉品牌项目，张家界市荣获最高品牌项目。

世界乡村旅游RL杯（乡村之光）品牌项目竞选活动是第四届世界乡村旅游大会重要板块之一，意在寻找世界乡村旅游优质项目。然后将其品牌、创新模式、优异机制、奉献精神等在全球推广，树立世界乡村旅游发展排头兵与典型样板，供乡村旅游从业者研究与学习，实现乡村经济的持续性发展，推动乡村旅游健康稳步向上，培育世界乡村旅游领军者。

张家界市荣获『世界乡村旅游RL杯（乡村之光）』最高品牌荣誉

要闻纪事

△21日，张家界市委理论学习中心组2023年第七次集体（扩大）学习暨第三期张家界“天门大讲堂”举行。市委副书记、市长王洪斌主持并作总结讲话。田华玉、欧阳斌、王令波、尚生龙、廖国豪、刘卫兵、杨洪峰、吴文海等市委理论学习中心组成员及其他全体在家市领导参加。

△22日，张家界市委书记刘革安深入武警张家界支队和桑植县，看望慰问部队官兵、光荣院老人、现役军人家属、参战老兵及“全国最美拥军人物”等，为他们送去党和政府的关怀和节日祝福。市委常委、市委秘书长刘卫兵，张家界军分区司令员林宏生参加慰问。

△24日，张家界市政协党组理论学习中心组开展2023年度第七次集中学习。市政协党组书记、主席欧阳斌主持并作总结讲话。市政协副主席李立、王光明、李文化、陈叶峰、杨余茂、汤敬波、赵旭、陈艳静、姚媛贞以及秘书长潘远忠参加学习。

△26日，张家界市长王洪斌主持召开市政府第29次常务会议，传达学习中央、省有关会议精神，听取张家界市打击治理电信网络诈骗犯罪工作、市第七届运动会筹备工作等情况汇报，并开展会前学法。

△28日，张家界中国共产党张家界市第八届委员会第五次全体（扩大）会议召开，市委书记刘革安代表市委常委会作工作报告，市委副书记、市长王洪斌主持会议，市领导欧阳斌、李传荣、尚生龙、罗明、廖国豪、刘卫兵、杨洪峰等参加会议。

△31日，张家界市八届人大常委会第26次主任会议召开，决定市八届人大常委会第十四次会议于8月31日召开。市人大常委会党组书记、主任田华玉主持会议，副主任陈红日、褚新年、周芳、龙维务、刘明成及秘书长郝超参加。

◎张家界市桑植县荣获全国“政府采购百强县”称号

7月20日，第18届全国政府采购监管峰会暨政府采购20周年双庆典在内蒙古自治区鄂尔多斯市隆重召开，张家界市桑植县被评为“2022—2023年度政府采购百强县”，张家界市桑植县财政局被评为“2022—2023年度政府采购百强县突出贡献单位”。

该奖项由财政部指定政府采购宣传媒体“政府采购信息报”和“政府采购信息网”组织评选，每两年一次，由县级财政部门申报，市级以上财政部门推荐，再由“政府采购百强县专业度评价”评审组委会从采购预算编制情况、政府采购制度建立与执行情况、政策功能落实情况等10个方面进行综合打分评选而定。这是张家界市桑植县首次获得该奖项，是对张家界市桑植县过去两年政府采购工作和财政工作最大的鼓励与肯定。

第18届全国政府采购监管峰会暨政府采购20周年庆典召开

◎南京市张家界特色农产品馆开馆了

南京市张家界特色农产品馆开馆了

7月19日上午，张家界特色农产品推介会在江苏省农副产品展示展销中心召开并举行了南京市张家界特色农产品馆的开馆仪式，正式启动了张家界特色农产品服务南京消费市场序幕。苏湘两省供销合作总社、宁张两市供销合作社、江苏农展中心、宁沪杭地区相关商贸、餐饮企业、采购平台和商会，南京市和张家界市各级相关部门领导出席。

开馆仪式上，苏湘两省供销合作总社、张家界市慈利县政府、宁张发改委领导分别讲话，对推介会的举办表示祝贺，对推进宁张合作寄予期望。张家界特色农产品推荐官对张家界莓茶、桑植白茶、张家界大鲵、张家界葛粉、慈利红薯粉等部分张家界特色优质农产品进行了宣传推介，湖南惠民供销农业服务有限公司与南京部分采购商签订了采购合作协议，与会人员巡馆参观了张家界特色农产品的展示。

今年来，张家界市各级供销合作社充分发挥为农服务主力军作用，克服自身困难，抢抓发展机遇，拓宽农产品消费渠道，全面推动“张品入宁”“湘品出湘”。接下来，张家界市各级供销合作社将全面推进张家界优质特色农副产品服务南京消费市场工作。

湖南省供销合作总社党组成员、理事会副主任张军，江苏省供销合作总社党组成员、理事会副主任张利强参加了开馆仪式并讲话。

要闻纪事

8月

△9日，张家界市政协党组书记、主席欧阳斌到永定区谢家垭乡，督导乡镇（街道）党（工）委专职副书记联系政协工作贯彻落实情况。市政协党组成员、秘书长潘远忠，市政协相关委室负责人参加督导。

△15日，张家界市委书记刘革安主持召开市委常委会2023年第18次会议，传达学习习近平总书记近期重要讲话精神，听取全市信访工作及学习践行“浦江经验”等工作情况汇报，审议有关文件稿。

△15日，2023年张家界市违法建设集中整治第二季度工作讲评会召开，市委书记刘革安主持会议并讲话，市委副书记、市长王洪斌出席会议并讲话。市领导尚生龙、万东、赵云海、赵旭等参加会议。

△16日，张家界市政协推进委员工作室创先争优暨改善生态环境专项民主监督2023年秋季行动工作会召开。市政协主席欧阳斌出席并讲话，市政协副主席李立、王光明、陈叶峰、汤敬波、赵旭、姚媛贞以及秘书长潘远忠参加。

△16日，张家界市召开全市法院院长座谈会，深入学习贯彻全国大法官研讨班和全省中级法院院长座谈会等会议精神，推进全市法院审判工作现代化。市中级人民法院党组书记、院长陈建新出席会议并讲话。

△17日张家界市召开省委巡视组巡视反馈意见整改工作动员会，市委书记刘革安出席并讲话，市委副书记、市长王洪斌主持会议，田华玉、欧阳斌、王令波、李传荣、尚生龙、罗明、廖国豪、刘卫兵、杨洪峰及其他在家部分市级领导参加会议。市委常委、市委秘书长、市委巡视整改办主任刘卫兵宣读了《中共张家界市委关于省委第十一巡视组巡视反馈意见整改方案》。

◎全国首批古代名碑名刻文物名录公布！张家界市有文物入选

7月14日，国家文物局公布了《第一批古代名碑名刻文物名录》，湖南共有57通（方）重要文物入选，包括三国吴九真太守谷朗碑、东晋“升平五年”潘氏衣服石券、南北朝刘乾题崖刻等，涵盖三国、东晋、南北朝、唐、宋、元、明、清等历史时期。其中，张家界市慈利县博物馆元“故将士王公诚夫墓碣铭”碑入选。

35	南宋卫樵等题名石刻	淡岩石刻	永州市	宋
36	北宋张颙石墓志	湖南博物院	长沙市	宋
37	元姚紱撰转壑飞流	浯溪摩崖石刻	永州市	元
	落碧虚石刻			
38	元何崇礼撰诗石刻	浯溪摩崖石刻	永州市	元
39	元“故将士王公诚夫墓碣铭”碑	慈利县博物馆	张家界市	元
40	明丁懋儒撰大明中兴颂石刻	浯溪摩崖石刻	永州市	明
41	明刻程子四箴碑	岳麓书院	长沙市	明
42	明岳麓书院石碑	岳麓书院	长沙市	明

《第一批古代名碑名刻文物名录》

◎张家界市政协举办 2023 年第三期『政协大讲堂』

张家界市政协举办 2023 年第三期“政协大讲堂”

7 月 27 日，张家界市政协在张家界市武陵源区举办 2023 年第三期“政协大讲堂”，市政协副主席陈叶峰出席，市政协副主席杨余茂，湖南省政协提案督办处负责人作专题授课。

第三期“政协大讲堂”以“加快康养旅游发展，助力张家界建设世界一流旅游目的地的思考”为主题。杨余茂向大家讲述了什么是康养旅游和康养旅游产业，国内外康养旅游发展趋势以及张家界市康养旅游发展的必要性、可行性，并分析了张家界市康养旅游面临的困难和问题，以及张家界市加快发展康养旅游的三条重点路径、建立完善康养旅游发展保障体系的六条措施。省政协提案督办处负责人就提案工作进行了专题授课。

陈叶峰指出，要全面落实习近平总书记对政协委员提出的“懂政协、会协商、善议政，守纪律、讲规矩、重品行”要求，进一步增强政协委员的政治把握能力、调查研究能力、联系群众能力、合作共事能力。要全面履职，争先创优，主动担当，进一步发挥好政协委员在本职工作中的带头作用、政协工作中的主体作用、界别群众中的代表作用，为张家界市建设世界一流旅游目的地贡献智慧和力量。

住武陵源区的市政协委员，武陵源区政协机关工作人员，武陵源区政协委员及武陵源区乡镇（街道）党（工）委专职副书记和政协专干参加。

◎张家界市文旅广体局专题调研乡村振兴工作

7 月 31 日，张家界市文化旅游广电体育局乡村振兴专题工作会议在张家界市桑植县沙塔坪乡沙塔坪村召开。

这次会议是此轮张家界市乡村振兴帮扶责任单位及联系村调整后的首次党工委会，张家界市文旅广体局党工委高度重视，从人力、物力、保障等方面给予了重点安排和扶持。驻村工作队短时间内认真履职尽责，扎实有效地开展了高质量调研走访，精心铺排了后半年的驻村帮扶工作。

张家界市委宣传部副部长、市文旅广体局党工委书记、局长欧兵波强调：一要提高政治站位，忠实履职。无论是工作队还是结对干部，都要提高对乡村振兴工作的思想认识，认真落实好驻村帮扶、联系工作；二要熟悉情况，进入角色。驻村工作队要进一步深入调查研究，精准掌握村情民情，科学谋划集体经济产业，全方位做好乡村振兴工作；三要对标落实，确保质效。要坚持党建引领、底线思维、量力而行、全面提升的工作思路，对照各级党委政府的乡村振兴考核要求，高标准对标对表、高质量逐项落实。

党工委会结束后，张家界市文旅广体局全体党工委成员及结对干部走村入户，开展了乡村振兴调研和结对走访工作。

张家界市文化旅游广电体育局乡村振兴专题工作会议在张家界市桑植县沙塔坪乡沙塔坪村召开

张家界市文旅广体局专题调研乡村振兴工作

◎助力退役军人迈好军地转型第一步 张家界市 2023 年度政府安置工作退役军人适应性培训开班

7 月 24 日，张家界市退役军人事务局举行 2023 年度政府安置工作退役军人适应性培训班开班仪式，2023 年待安置的转业军官、退役军士、消防士参加培训。

此次培训为期四天，教学内容积极适应退役军人实际需求，不仅开设了《安置政策宣讲》《退役军人保障法》《机构编制工作条例》《保密知识教育》《文稿与写作》等多个实用性课程，还邀请相关专家开展了党的二十大精神和习近平新时代中国特色社会主义思想专题授课，促使退役军人进一步坚定理想信念、牢记军人本色、树立正确择业观、完成角色转变、提高自身能力。此外，培训期间还邀请了往年的优秀转业军官、退役军士代表交流工作经验，切实增强培训生动性和学习效果，助力参训退役军人迈好退役“第一步”。

张家界开展 2023 年度由政府安排工作退役军人适应性培训

近年来，张家界市退役军人事务局始终把做好退役军人安置工作作为稳军心、顺民心的重要工作，落实“培教先行、人岗相适”要求，把解决好退役军人的后顾之忧作为政治任务，摆上重要议事日程。张家界市退役军人安置工作连续 3 年位居全省前茅，得到湖南省委、省军区领导的表扬，取得了部队、用人单位、退役军人“三满意”的效果。

要闻纪事

△ 17 日，永定区人大常委会举行了法律专家咨询团成员聘任仪式，向第一批被聘任的 15 名法律专家颁发聘书。区人大常委会主任欧湘云，区人大常委会副主任覃岗，区人民政府副区长、区公安分局局长谷佶晖，区人民法院代理院长杨斌，区人民检察院代理检察长李澧出席或列席会议。

△ 23 日，张家界市委理论学习中心组 2023 年第八次集体（扩大）学习暨第四期张家界“天门大讲堂”举行。市委书记刘革安主持学习，欧阳斌、王令波、罗明、廖国豪、刘卫兵、杨洪峰等市委理论学习中心组成员及固定列席人员参加学习。

△ 24 日，张家界市第八届人大常委会党组理论学习中心组 2023 年第八次集中学习研讨（扩大）会议暨人大大讲堂专题讲座举行。市人大常委会党组书记、主任田华玉出席并作总结讲话，市人大常委会副主任陈红日、褚新年、龙维务、陈光明、刘明成、邓剑以及秘书长郝超参加。

△ 24 日，张家界市人大常委会党组书记、主任田华玉主持召开市八届人大常委会第 27 次主任会议，市人大常委会副主任陈红日、褚新年、龙维务、陈光明、刘明成、邓剑以及秘书长郝超参加。

△ 24 日，张家界市人大常委会党组书记、主任田华玉主持召开市第八届人大常委会党组 2023 年第 12 次（扩大）会议。市人大常委会副主任陈红日、褚新年、龙维务、陈光明、刘明成、邓剑以及秘书长郝超参加。

△ 28 日，张家界市政协党组理论学习中心组开展 2023 年度第八次集中学习。市政协党组书记、主席欧阳斌主持，副主席李立、王光明、陈叶峰、杨余茂、汤敬波、赵旭、姚媛贞及秘书长潘远忠参加。

◎张家界市武陵源区获评全国深呼吸生态旅游魅力名县

张家界武陵源景区

2023年8月3日，《2023深呼吸生态旅游魅力指数》暨2023“深呼吸生态旅游魅力名县”名单公布，湖南省10个县市区入选。其中，张家界市武陵源区榜上有名。

《2023深呼吸生态旅游魅力指数》依据美丽中国·深呼吸小城团体标准及生态旅游指数评价体系，评选出了2023“深呼吸生态旅游魅力名县”，入围名单的湖南县市区包括郴州市桂东县、湘西土家族苗族自治州凤凰县、湘西土家族苗族自治州保靖县、张家界市武陵源区、永州市江华瑶族自治县、怀化市通道侗族自治县、邵阳市新宁县、常德市桃源县、益阳市沅江市、岳阳市岳阳县。

根据生物多样性、资源丰富度、资源独特性三大指标，课题组制定了“深呼吸生态旅游魅力指数评价体系”，再结合森林生态系统、草原生态系统、湿地生态系统、海洋生态系统、淡水生态系统和湖泊生态系统分类，在全国范围划分12条“美丽中国·深呼吸生态旅游带”，沿12条生态旅游带，结合魅力指数评价体系，选定了2023“深呼吸生态旅游魅力名县”名单。

◎刘革安在调研西线旅游时强调 发挥优势 创新思路 加压奋进 推动张家界西线旅游加快发展

调研座谈会现场

8月10日，市委书记刘革安调研西线旅游

8月10日，张家界市委书记刘革安带队深入张家界市永定区和桑植县，就张家界西线旅游开发建设、旅游接待等情况进行调研，并主持召开座谈会。他强调，要坚定发展信心，主动担当作为，发挥优势特色，创新工作思路，持续加压奋进，破难点、通堵点，致力将西线旅游打造成为张家界市旅游发展重要增长极。

张家界西线旅游资源丰富，有红色旅游、康养度假、峡谷风光、洞天美景、温泉民宿、研学旅行等旅游产品。刘革安先后来到桑植红军体验园、九天峰峦景区、廻龙观野奢休闲营地、茅岩河景区漂流上码头、张花高速路段茅岩河服务区等地，实地了解各景区（景点）开发运营、旅游接待、鸭温景观道路项目推进等情况。

座谈会上，市经投集团公司相关负责人汇报了西线旅游开发建设有关情况。近年来，西线旅游开发建设初见成效，基础设施不断完善，资源优势不断扩大，旅游产品不断丰富，品牌形象不断提升，服务质量不断优化。

在实地调研和听取大家的汇报发言后，刘革安指出，各级各相关部门、企业要高度重视西线旅游发展，进一步坚定信心，正视西线旅游存在的问题，切实增强危机感紧迫感责任感，主动担当作为，创新思路、加压奋进，全力破解西线旅游的问题。

要闻纪事

△30日，张家界市八届人大常委会第十四次会议召开。市人大常委会党组书记、主任田华玉，市人大常委会副主任陈红日、褚新年、周芳、龙维务、陈光明、刘明成、邓剑及秘书长郝超出席。副市长万东、龙铁军，市中级人民法院院长陈建新，市人民检察院、市监察委员会相关负责人列席会议。

△29日，张家界市八届人大二次会议第61号重点建议现场评议会召开。

△31日，张家界市委书记刘革安主持召开市委常委会2023年第19次会议，传达学习中央、省有关会议、文件精神，审议《市委落实全面从严治党主体责任清单（审议稿）》等文件稿。

9月

△1日，张家界市长王洪斌主持召开市政府第30次常务会议，传达学习中央、省有关会议精神，听取张家界市2023年上半年规范行政执法“七条措施”贯彻落实情况汇报，审议有关文件稿，并开展会前学法。

△5日，张家界市长王洪斌主持召开市政府第31次常务会议，传达学习省有关会议精神，听取张家界市落实耕地保护和粮食安全责任制考核工作等情况汇报，审议有关文件稿。

△12日，张家界市委书记刘革安主持召开市委常委会2023年第20次会议，传达学习习近平总书记近期重要讲话重要指示精神，中央、省委学习贯彻习近平新时代中国特色社会主义思想主题教育第一批总结暨第二批部署会议精神等，审议张家界市开展学习贯彻习近平新时代中国特色社会主义思想主题教育实施方案。

◎筑牢“一老一小”安全防线 张家界市永定区强化福利机构 常态化安全管理

永定区民政局继续组织党员干部深入全区敬老院、儿童福利机构、救助站等地开展安全生产检查

8月10日，张家界市永定区民政局继续组织党员干部深入全区所有的敬老院、儿童福利机构、救助站等地，采取“四不两直”方式开展安全生产检查，共检查11家机构，发现安全隐患43条，目前已整改38条，还有5条安全隐患正在整改中。

2023年以来，张家界市永定区民政局继续坚持养老机构安全自查、督查机制。对张家界市永定区所有的敬老院、儿童福利机构、救助站等地，每月上、下旬开展两次安全隐患自查，对自查发现的问题建台账、列清单及时整改，并将自查问题清单和整改报告分别报送区民政局和属地乡镇（街道）。为保证安全隐患自查落实到位，张家界市永定区民政局每月都对福利机构安全隐患自查整改情况进行检查；每季度开展安全管理督导，重点督导福利机构安全管理制度落实、自查问题隐患整改及人员在岗在位情况。对督导发现的问题限时整改并上报结果，督导组对问题整改的情况进行“回头看”，形成问题隐患整改闭环管理模式，确保安全隐患及时发现、整改到位。

◎张家界市召开首届中国（张家界）文旅融合发展大会暨首届张家界旅游发展大会执委会工作调度会

张家界市召开首届中国（张家界）文旅融合发展大会暨首届张家界旅游发展大会执委会工作调度会

8 月 14 日，首届中国（张家界）文旅融合发展大会暨首届张家界旅游发展大会执委会工作调度会召开。张家界市政协主席欧阳斌主持，副市长汪涛参加会议。

欧阳斌一行先后来到杨家界门票站、中湖野鸡铺水美乡村、武陵源赛车运动休闲基地、大热荒野·武陵源营地等 8 个重点项目建设现场，督导观摩项目建设情况，并就项目建设中存在的问题进行现场办公。欧阳斌指出，各项目建设要按照既定时间节点要求，在保证质量的前提下加紧、加快工程进度；要加强精品意识，做到业态内容再丰富、运营管理再增强、观摩路线再优化，打造一批精品文旅项目。

调度会上，执委会各工作小组分别汇报了前一阶段的工作进展、存在的主要困难、意见建议和下一步工作打算。与会成员针对旅发大会召开的嘉宾邀请、文艺演出、观摩路线、新闻宣传、住宿安排、安全保障等相关筹备工作进行了研究讨论。

◎张家界市城区首批“电子哨兵”上岗

8 月 14 日，在国道 G353 线与永定区尹家溪镇莫家岗村道交叉路口，由张家界市公安局交警支队直属一大队新设立的“电子哨兵”正精准播报国道 G353 线双向实时交通信息，提醒过往车辆和行人注意交通安全。

张家界市公安局交警支队直属一大队首批采购了 5 套智能交通哨兵预警系统，分别设置在沙堤大道与 G353 线交叉路口、G353 线与莫家岗村村道交叉路口、G353 线与马口村交叉路口、G353 线与教字垭镇交叉路口、G241 线与汪家寨村交叉路口，24 小时不间断守护交通畅安。

“电子哨兵”通过智能人车检测，为存在交通冲突道路上的车辆和行人提供爆闪警示灯、高亮显示屏、高音喇叭“三位一体”的全方位、立体式主动预警，提醒驾驶人减速慢行和行人注意避让，从而进一步提升广大交通参与者交通安全意识，有效预防和减少道路交通事故的发生。

张家界市公安局交警支队直属一大队将不断优化“电子哨兵”功能，并分批增购设备，投放到辖区相应交通路段路口。张家界交警提醒，车辆和行人遇交通路口时，无论有无“电子哨兵”提醒，都应做到提前观察路况信息，确认安全后再通行。

张家界市城区首批“电子哨兵”上岗

◎首届中国（张家界）文旅融合发展大会暨首届张家界旅游发展大会组委会第 2 次会议召开

8 月 16 日下午，张家界市委书记刘革安主持召开首届中国（张家界）文旅融合发展大会暨首届张家界旅游发展大会组委会第 2 次会议。张家界市委副书记、市长王洪斌出席会议。

会议听取了大会总体筹备情况汇报，综合协调组、项目建设组、嘉宾接待组等工作组就各自实际分别汇报进展情况。会议还听取了张家界市旅游产业发展推进会议、文旅融合发展论坛、张家界市文旅融合发展项目推介暨招商签约会等七大主体活动进展情况汇报。与会人员就大会筹备情况及相关问题进行研究讨论。

刘革安充分肯定了大会筹备工作取得的阶段性成效。他强调，要高度重视，始终坚持把办好大会作为头等大事，学习借鉴首届湖南旅游发展大会成功承办经验，以必胜的信心、战时的状态，全面完成筹备工作任务。

届中国（张家界）文旅融合发展大会暨首届张家界旅游发展大会组委会第 2 次会议召开

王洪斌要求，大会召开在即，各级各部门务必主动担当作为，强化思想自觉、政治自觉和行动自觉，全力以赴加速冲刺，确保各项活动任务安排落实落地。

张家界市领导欧阳斌、尚生龙、刘卫兵、汪涛、高靖生、赵云海、龙铁军、陈瑜、李立、杨余茂、陈艳静参加会议。

要闻纪事

△ 13 日，张家界市召开学习贯彻习近平新时代中国特色社会主义思想主题教育工作会议，深入学习贯彻习近平总书记关于主题教育系列重要讲话和重要指示批示精神，全面落实中央、省委主题教育第一批总结暨第二批部署会议精神，对张家界市主题教育进行动员部署，引导全市党员干部坚持用党的创新理论统一思想、统一意志、统一行动，锚定“三高四新”美好蓝图，为加快建设世界一流旅游目的地、全面建设现代化张家界不懈奋斗。

△ 14 日，张家界市人大常委会党组书记、主任田华玉主持召开市第八届人大常委会党组 2023 年第 13 次（扩大）会议，市人大常委会副主任褚新年、龙维务、陈光明以及秘书长郝超参加。

△ 14 日，张家界市政协 2023 年第 11 次党组会议暨八届二十二次主席会议召开。市政协党组书记、主席欧阳斌主持，副主席李立、王光明、杨余茂、汤敬波、陈艳静及秘书长潘远忠参加。

△ 20 日，张家界市委书记刘革安主持召开市委常委会 2023 年第 21 次会议，传达学习习近平总书记近期重要指示精神，全国、全省重要会议和文件精神等，研究全市中秋、国庆节假日期间旅游接待和安全生产等工作。

△ 20 日，张家界市八届人大常委会第 28 次主任会议召开，决定市八届人大常委会第十五次会议于 10 月 26 日召开。市人大常委会党组书记、主任田华玉主持会议，市人大常委会副主任褚新年、陈光明、刘明成以及秘书长郝超参加。

△ 26 日，张家界市委理论学习中心组 2023 年第十次集体（扩大）学习暨第五期张家界“天门大讲堂”举行。市委副书记、市长王洪斌主持学习，田华玉、欧阳斌、尚生龙、杨洪峰、吴文海等市委理论学习中心组成员及固定列席人员参加学习。

◎首届中国（张家界）文旅融合发展大会暨首届张家界旅游发展大会开幕式及大型系列主题公益活动“绿色中国行——走进美丽张家界”暨第20届湖南张家界森林保护节调度会召开

9月1日，张家界市委常委、市委宣传部部长吴文海主持召开首届中国（张家界）文旅融合发展大会暨首届张家界旅游发展大会开幕式及大型系列主题公益活动“绿色中国行——走进美丽张家界”暨第20届湖南张家界森林保护节调度会，听取活动开幕式及公益演出等筹备工作开展情况汇报，对下步工作进行再安排再部署。

会议强调，要深刻认识顺利举办首届中国（张家界）文旅融合发展大会暨首届张家界旅游发展大会开幕式及大型系列主题公益活动“绿色中国行——走进美丽张家界”暨第20届湖南张家界森林保护节的重要性。各相关单位要进一步压实责任，明确工作任务，加强统筹沟通、密切配合，把握关键、抓好细节，做到各个环节的无缝衔接、顺畅运转，保障大会安全顺利圆满召开；要统筹兼顾，抓好安全生产、交通秩序、环境卫生整治和氛围宣传营造等工作，力争把活动办出特色、办出水平、办出影响。

◎张家界市举办“金融服务进市州”专场活动

张家界市举办“金融服务进市州”专场活动

9月7日，张家界市举办“金融服务进市州”暨“金融稳外贸 农行在行动”主题推介活动。

活动现场，农业银行张家界分行与张家界市商务局签订《搭建融资服务平台框架协议》，农行各区县支行与7家企业代表分别签订合作协议，提供贷款金额4.9亿元，主要支持张家界市进出口贸易。同时，来自国家外汇管理局张家界市分局、张家界市税务局、湖南外贸公共服务平台、湖南省农行国际金融部等单位专家，紧紧围绕外汇业务政策与操作、出口退税政策、湖南外贸公共服务平台功能、农行金融稳外贸等政策宣讲与金融产品推介。

近年来，张家界市以搭建贸易平台、优化政策供给、培育外贸主体为抓手，不断推动张家界市消费品进口、招引外贸实体企业等方面取得积极成效。2023年上半年，张家界市完成进出口总额6.56亿元，其中，进口总额0.83亿元，同比增长244.64%，增幅排湖南省第一。

◎张家界市启动党委信息工作“百日攻坚”行动

8月24日下午，张家界市第三季度党委信息工作讲评会召开，正式启动张家界市党委信息工作“百日攻坚”行动。

会议传达学习了中央、湖南省委有关会议文件精神，通报了第三季度张家界市党委信息工作开展情况，分析总结了当前工作中的短板弱项，并就下一步党委信息工作提出了具体要求。

会议指出，要压实党委信息工作责任，树牢进位争先的进取意识，明确责任目标，畅通信息渠道，抬高工作坐标，强化考核指挥棒作用，凝聚各方面力量，全面提升党委信息工作的能力和水平。

各区县、市直及驻张重点单位信息工作分管领导、信息工作负责人参加会议。

要闻纪事

△27日，张家界市政协八届十二次常委会会议召开，围绕“培育壮大农业产业化龙头企业，加快打造茶叶、生猪两大百亿产业集群”议题开展协商议政。市委副书记、市长王洪斌出席会议并讲话，市政协党组书记、主席欧阳斌主持会议。

△28日，张家界市长王洪斌主持召开市政府第32次常务会议，传达学习习近平总书记关于统计工作重要指示批示精神，听取张家界市落实14周岁以下儿童凭有效证件免费乘坐公交工作等情况汇报。

△28日，张家界市人大常委会党组书记、主任田华玉主持召开市人大常委会党组理论学习中心组2023年第九次集中学习（扩大）会议。市人大常委会副主任褚新年、周芳、龙维务、陈光明、刘明成及秘书长郝超参加。

△28日，2023年张家界市国防动员委员会全体会议召开，传达学习贯彻上级精神，部署张家界市国防动员建设重点任务。市委副书记、市长、市国防动员委员会主任王洪斌出席会议并讲话。

10月

△9日，张家界市委书记刘革安主持召开市委常委会2023年第23次会议，传达学习习近平总书记近期重要讲话和重要指示精神，听取巡视整改工作情况汇报，审议有关文件。

△8日，张家界市长王洪斌主持召开市政府第33次常务会议，听取张家界市“十四五”规划纲要实施中期评估等工作情况汇报，审议有关文件稿。

△11日，张家界市委书记刘革安主持召开2023年第三季度党建例会，专题听取各区县党建工作开展情况汇报，研究部署下阶段党建工作。市委常委、市委组织部部长李传荣参加会议。

◎张家界市举办2023年国家网络安全宣传周——法制日宣传活动

张家界市举办2023年国家网络安全宣传周——法制日宣传活动现场

张家界市举办2023年国家网络安全宣传周——法制日宣传活动现场

9月14日上午，张家界市2023年国家网络安全宣传周——法制日宣传活动在人民广场举办，现场市民积极参与知识问答，进一步加强网络安全知识学习。

本次活动由张家界市委网信办主办，张家界市公安局、永定区委网信办等单位协办，主要围绕打击整治网络谣言、网络水军，净网2023年专项行动，网络安全保护等重点工作，宣传普及《中华人民共和国网络安全法》《中华人民共和国数据安全法》《中华人民共和国保守国家秘密法》以及各种反电诈知识，达到提升全社会网络安全意识和个人防护技能。现场通过展板宣传、资料发放、现场解答等方式，开展面向公众的网络安全普法宣传教育。

◎张家界市公安局永定分局举办反诈示范街宣传活动

张家界市公安局永定分局举办反诈示范街宣传活动

9月15日晚，张家界市公安局永定分局反诈示范街宣传活动在后溶街举办。活动以“全民反诈，你我同行”为主题，通过现场互动带动市民深入了解更多诈骗的手段和防范方式，让反诈知识深入人心。

活动中，张家界市公安局永定分局开展了反诈知识有奖问答，在引导市民积极答题中让多类反诈知识点被大家所记住。同时，张家界市公安局永定分局还推出了歌曲、小品、特警特技表演等反诈主题节目，以轻松活泼的宣传形式让反诈知识贴近生活、简单易懂。

永定公安分局负责人介绍，“反诈示范街”的元素从街口起点一直延伸到终点，道路两侧路灯杆上悬挂“反诈宣传灯箱”、打造独具特色的“反诈宣传网红墙”“反诈联盟餐馆”“反诈宣传卡通人物形象鲵警官和猴警官”等反诈元素，充分的利用醒目亮眼的方式搭建起古香古色的反诈宣传平台，扩大宣传面。

将诈骗的类型、伎俩、套路和警示等内容展现出来，让现场的客人感到眼前一亮。独特风趣、多彩醒目的永定公安“反诈示范街”即将成为新晋网红打卡地。现场民警介绍，将后溶街建设成“反诈示范街”，打造反诈宣传阵地，是通过一条街道，感染一个小区，辐射带动整个辖区进行全面反诈。

◎张家界市2023年三季度基层党建工作推进会在张家界市永定区召开

张家界市2023年三季度基层党建工作推进会在张家界市永定区召开

10月13日，张家界市2023年三季度基层党建工作推进会在张家界市永定区召开。张家界市委常委、市委组织部部长李传荣出席。

会议通报了张家界市三季度基层党建工作重点任务推进落实情况，听取了各区县委组织部部长关于基层党建工作的汇报，4名乡镇（街道）党（工）委书记代表作交流发言。

会议强调，要突出重点，坚持以党建引领推动各项工作高质量开展，聚焦痛点、堵点、难点问题，集中精力，解决好“灯下黑”和“两张皮”等问题，坚持党建工作和业务工作一起谋划、一起部署、一起落实。要进一步提升干部的能力和水平，认真总结实践经验、典型做法和特色亮点，大胆创新，精心培育，以“模范部门”建设为抓手，努力培育一批立得住、叫得响、受群众欢迎的党建品牌。要做深做实“三长制”工作，选出符合条件的村（居）民代表，健全运行机制，推动基层党建工作高质量发展。

10月13日，与会人员先后深入永定街道后溶街特色街巷、南庄坪街道永康社区、沙堤街道莲花社区等地，现场观摩了片组邻“三长制”、“党建好声音”微宣讲、党建引领小区治理等工作开展情况，考察了红色驿站、城市党建服务综合体、“三长制”管理服务平台、党员“码上报到”、物业纠纷诉源治理工作站等建设情况。

◎缅怀革命先烈 弘扬英雄精神——张家界市举行向革命烈士敬献花篮仪式

2023年9月30日上午，张家界市社会各界向革命烈士敬献花篮仪式在张家界烈士陵园举行。张家界市委书记刘革安出席，市委副书记、市长王洪斌主持仪式，尚生龙、杨洪峰、吴文海、林宏生、龙维务、高靖生、赵云海、龙铁军、陈叶峰等市领导和张家界市各界代表一起，向革命烈士敬献花篮，共同缅怀英烈、寄托哀思。

参加敬献花篮仪式的各界代表表示，将不断继承和发扬革命先烈遗志，传承红色基因、赓续红色血脉、弘扬英雄精神，在各自岗位上践行初心、担当使命、踔厉奋发、忠诚履职，为加快建设世界一流旅游目的地和现代化张家界贡献力量。

张家界市举行向革命烈士敬献花篮仪式

参加敬献花篮仪式的还有市直和张家界市永定区等单位、市级各人民团体、市级民主党派和无党派人士、烈士遗属、老战士、驻军官兵、在校师生、社会各界干部群众等代表。

要闻纪事

△12日，张家界市委书记刘革安围绕牵头（领办）调研课题主持召开新时代推进全面从严治党思想建设调研座谈会，深入学习习近平文化思想，专题听取张家界市推进全面从严治党思想建设工作情况汇报，就贯彻落实好习近平文化思想、更好开展全市推进全面从严治党思想建设工作进行部署。

市委常委、市委秘书长刘卫兵，市委常委、市委宣传部部长吴文海等参加。

△19日，张家界市人大常委会党组书记、主任田华玉主持召开市八届人大常委会第29次主任会议。市人大常委会副主任褚新年、周芳、龙维务、刘明成以及秘书长郝超参加。

△23日，张家界市委书记刘革安主持召开市委常委会2023年第24次会议，传达学习习近平总书记近期重要讲话和重要指示精神，审议巡视整改相关材料，听取张家界市第五次全国经济普查工作开展情况等。

△24日，张家界市长王洪斌主持召开市政府第34次常务会议，传达学习习近平总书记重要讲话精神，听取张家界市知识产权强市建设等情况汇报，审议有关文件稿，并开展会前学法。

△24日，张家界市委副书记、市长王洪斌主持召开会议，专题调度省人大常委会道路交通安全“一法一办法”执法检查向张家界市反馈问题整改工作及部分全国人大代表和省人大代表（张家界）乡村振兴工作调研座谈会精神落实情况，听取整改落实方案等情况汇报，部署安排重点工作。

◎张家界市委常委班子实地接受党性教育——刘革安讲授专题党课 曹英华王洪斌参加

10月27日，根据学习贯彻习近平新时代中国特色社会主义思想主题教育总体安排，张家界市委常委班子走进张家界市桑植县贺龙纪念馆接受党性教育，示范引领张家界市各级党组织和广大党员利用红色资源开展党性教育，进一步增强坚定拥护“两个确立”、坚决做到“两个维护”的思想自觉、政治自觉、行动自觉，不断将主题教育引向深入，凝心聚力推动世界一流旅游目的地建设取得扎实进展。张家界市委书记刘革安参加并讲授专题党课，湖南省委第八巡回督导组组长曹英华，张家界市委副书记、市长王洪斌，市委副书记、市委政法委书记曾若冰，张家界市政协党组书记、主席欧阳斌，市领导王令波、李传荣、尚生龙、廖国豪、刘卫兵、吴文海参加。

在贺龙纪念馆，张家界市委常委班子列队面向贺龙元帅铜像，向贺龙元帅铜像敬献花篮。随后，张家界市委常委班子参观贺龙纪念馆，聆听“湘鄂西革命根据地党组织制定的‘做个好党员’十条标准”专题讲解。

在专题党课中，刘革安以“传承红色基因，践行初心使命，奋力谱写建设世界一流旅游目的地新篇章”为主题，从“重走红色故地、重温红色历史要感悟什么？”和“传承红色基因，践行初心使命要做些什么？”两个层次进行了深刻阐述。

张家界市委常委班子实地接受党性教育

◎刘革安在张家界市永定区调研时强调——以高质量党建全面推进乡村振兴

11月5日，张家界市委书记刘革安结合领办调研课题，到张家界市永定区部分乡镇调研基层党建和乡村振兴工作。刘革安强调，要深入学习贯彻习近平总书记关于党的建设的重要论述，以开展主题教育为契机，切实加强基层党建，全面推进乡村振兴，以实干实绩交出高质量发展满意答卷。张家界市委副书记、市委政法委书记曾若冰参加调研。

刘革安在张家界市永定区调研时强调：以高质量党建全面推进乡村振兴

调研中，刘革安主持召开座谈会，与区、乡镇、村居党组织负责人代表，围绕加强基层党建、推进乡村振兴进行交流。刘革安指出，抓好党建引领是抓好各项工作的关键，张家界市各级党组织要切实加强基层党组织建设，深化认识，正视问题，积极探索路径，不断完善机制，以破解制约高质量发展瓶颈问题为发力点，推动基层党建工作提质增效。要深入推进抓基层党建促乡村振兴，因地制宜大力发展产业，保护好绿水青山的良好生态，积极推动移风易俗、弘扬文明乡风，不断探索农村新型治理体系，努力把党的政治优势、组织优势转化为发展优势、治理优势。要紧扣开展好第二批主题教育这一主线，把思想和行动统一到中央和湖南省委的部署和要求上来，将“四下基层”等要求贯穿“走找想促”活动全过程，广泛凝聚人心，不断激发活力，以实干实绩提升人民群众幸福感和满意度。

◎张家界市桑植县入选2023年国家地理标志产品保护示范区筹建名单

2023年10月27日，国家知识产权局公示了2023年国家地理标志产品保护示范区筹建名单，中国共20个示范区入选，其中，湖南两地入选，国家地理标志产品保护示范区（湖南桑植）位列其中。公示期为30个工作日（2023年10月19日至2023年11月29日）。

要闻纪事

△26日至27日，张家界市八届人大常委会第十五次会议召开。市人大常委会党组书记、主任田华玉，市人大常委会副主任褚新年、周芳、龙维务、陈光明、刘明成及秘书长郝超出席。市人民政府副市长高靖生、赵云海、陈瑜，市中级人民法院院长陈建新、市人民检察院检察长罗树中、市监察委员会相关负责人列席会议。

△30日，张家界市委书记刘革安主持召开市委常委会（扩大）会议暨全市“走基层、找问题、想办法、促发展”活动第四次调研情况交流会，省委第八巡回督导组组长曹英华和副组长王迎春，市委副书记、市长王洪斌出席。

△31日，张家界市政协党组书记、主席欧阳斌主持召开市政协党组理论学习中心组2023年度第十次集中学习。市政协副主席李立、王光明、陈叶峰、杨余茂、汤敬波及秘书长潘远忠参加会议。

11月

△3日，张家界市委书记刘革安主持召开市委常委会2023年第25次会议，学习贯彻习近平总书记近期重要讲话和中央会议精神，传达学习省委书记沈晓明来张调研讲话和省委有关会议精神，研究张家界市贯彻落实意见。

△4日，张家界市委副书记、市长王洪斌主持召开2023年第三季度区县长碰头会议，总结前三季度工作，部署安排第四季度及2024年相关工作。市政府秘书长向志刚参加会议。

△5日，张家界市政协八届十三次常委（扩大）会议接着召开，迅速贯彻落实省政协十三届五次常委（扩大）会议精神，协商市政协八届三次会议筹备工作等事项。市政协党组书记、主席欧阳斌在张家界分会场视频列席省政协会议，并围绕第三季度省政协委员双考排名靠前向全省政协系统作经验交流。

◎张家界市直机关工委举办2023年市直机关纪检干部培训班

10月18日至20日，张家界市直机关工委举办2023年市直机关纪检干部培训班，以深入学习贯彻党的二十大精神和中央、湖南省市纪委全会精神，着力提高市直机关纪检干部的政治素质和履职能力。24家市直机关及部分驻张单位的机关纪委书记、副书记、委员共计80余人参加培训。

张家界市直机关纪检干部培训班

张家界市直机关纪检监察工委负责人在开班动员上讲话强调，要加强理论武装，提高思想认识，强化党性锤炼，铸就政治忠诚。要把握职责定位，突出工作重点，发扬斗争精神，抓出工作成效。要坚持严字当头，锻造过硬作风，绷紧纪律之弦，当好示范表率。

培训班紧密结合机关纪委工作实际，邀请了张家界市纪委监委、市委巡察办、市委党校、市直机关工委的领导、专家进行授课。授课内容包括《〈中国共产党纪律处分条例〉解读》《发挥巡察利剑作用，做好整改和成果运用》《机关纪委工作任务》等课程。本次培训通过课堂讲授、现场答疑解惑等方式，让学员们进一步增长了知识、开阔了眼界、拓展了思路、明晰了方向。

截至目前，市直共24家单位成立了机关党委，均按要求成立了机关纪委，完成了张家界市直单位机关纪委应建尽建的目标任务。本次培训也是张家界市直机关工委为市直机关纪检干部“量身定做”的首次集中培训

◎坚持党建引领 推动两新组织高质量发展

张家界市委书记刘革安结合领办调研课题，开展两新组织党建工作调研

11月13日，张家界市委书记刘革安结合领办调研课题，开展两新组织党建工作调研。刘革安强调，要深入学习贯彻习近平总书记关于党的建设的重要思想，抓细抓实新经济组织、新社会组织、新就业群体党建工作，把党的政治优势、组织优势实实在在转化为两新组织的竞争优势、发展优势，为张家界高质量发展凝聚强大合力。张家界市领导李传荣、刘卫兵参加调研。

刘革安先后来到张家界安顺出租车有限公司、永康社区“红色驿站”、张家界市江西商会，与基层党组织负责人和企业负责人面对面交流，深入了解两新组织党建和党建引领发展等情况，并主持召开座谈会，一同交流工作举措、研究具体问题。

◎湖南省张家界市2023年食品安全宣传周启动仪式暨创建国家食品安全示范城市短视频大赛颁奖仪式举行

湖南省张家界市2023年食品安全宣传周启动仪式暨创建国家食品安全示范城市短视频大赛颁奖仪式举行

11月6日，湖南省张家界市2023年食品安全宣传周启动仪式暨创建国家食品安全示范城市短视频大赛颁奖仪式在大庸古城“我和我的祖国”主题广场举行。湖南省食安办主任、省市场监管局党组书记、局长钱俊君出席并讲话。张家界市委书记、市食安委主任刘革安为获奖者颁奖并宣布食品安全宣传周启动。湖南省局党组成员、副局长廖健，副市长汪涛、万东，张家界市人大常委会原副主任吕毅出席仪式。

钱俊君指出，世界一流旅游地，必须有一流的食品安全。希望张家界市一如既往地重视食品安全，持之以恒提升创建成果，全力以赴落实“两个责任”，齐心协力推动社会共治。

近年来，张家界市各级党委政府对食品安全工作高度重视、全力推进，广大企业和社会各界对食品安全工作积极参与、鼎力支持，张家界市食品安全形势持续向好，连续7年实现食品安全“零事故”，工作迈入湖南省先进行列，顺利通过国家食品安全示范城市考核验收。

活动以“尚俭崇信尽责，同心共护食品安全”为主题，由张家界市人民政府、市食安委主办，市食安委办公室、市广播电视台承办。颁奖仪式上，出席领导分别为创建国家食品安全示范城市短视频大赛的金奖、银奖、铜奖、优秀奖、提名奖及最佳组织奖获得者颁奖。

◎张家界市慈利县与石门县开展联合执法巡河行动

11月10日，张家界市慈利县和石门县开展澧水跨界河流联合执法巡河行动。

此次巡查流域为澧水慈利县至石门县交界河段，重点对围垦河湖、侵占水域以及非法排污、养殖、采砂、设障、捕捞、倾倒垃圾、取用水等涉河涉水违法行为进行打击。

张家界市慈利县与石门县联合开展澧水跨界河流联合巡河执法行动

此次联合执法行动由两县河长办牵头开展，以活动为契机，双方达成共管共治共识，建立常态化联合巡查机制，加强跨界河湖联防联控，深化“河长＋警长”“河长＋检察长”协作机制，强化水行政执法与刑事司法的衔接、与检察公益诉讼的协作，试点推行生态司法助力河长制，切实维护河湖管理秩序，共同保障水安全。

澧水跨界河流联合执法巡河联席会

要闻纪事

△7日，张家界市委书记刘革安结合领办调研课题，主持召开新时代全面从严治党作风建设和反腐倡廉工作调研座谈会。市级领导王今波、刘卫兵、陈建新、罗树中参加。

△9日，常务副市长尚生龙主持召开张家界市政府第35次常务会议，专题研究市城区巡游出租车经营权到期续营工作。

△15日，张家界市人大常委会第七监督评议组对市民宗局开展履职监督专项评议。市人大常委会副主任邓剑出席，部分市人大代表、市直部门相关负责人以及服务对象参加评议。

△17日，张家界市政协召开老委员咨询团2023年座谈会，市委副书记、市长王洪斌，市委副书记、市委政法委书记曾若冰出席，市政协党组书记、主席欧阳斌主持。市政协老委员咨询团成员萧征龙、杨流芳等出席。

△21日，张家界市委理论学习中心组开展“以学正风”专题学习研讨。市委书记刘革安主持并总结讲话。省委第八巡回督导组组长曹英华出席，市委副书记、市长王洪斌，市委副书记、市委政法委书记曾若冰作交流发言。

△22日，张家界市长王洪斌主持召开市政府第37次常务会议，听取建立我市科技创新及孵化平台高质量发展工作机制等情况汇报，审议有关文件稿。

△22日，张家界市人大常委会第三监督评议组对市司法局开展履职监督评议测评。市人大常委会副主任周芳出席会议，部分市人大代表、市直部门相关负责人以及服务对象代表参加评议。

◎张家界市机关事务管理系统参观考察湖南省新能源汽车推广应用展示基地

11月21日，张家界市机关事务管理局有关负责人组织张家界市机关事务系统20余人到湖南省新能源汽车推广应用展示基地参观考察。

考察队就党政机关新能源汽车推广、新能源汽车使用等问题进行学习，详细了解10余个符合政府采购标准的热门新能源汽车品牌的相关性能及其配套设施建设、售后服务情况，学习新能源汽车充电、出行优势、适用场景等知识。考察人员还通过现场体验试乘试驾活动，感受新能源汽车的智能及环保节约优势。

下一步，张家界市机关事务管理局拟联合相关单位举办党政机关新能源汽车推介会，继续把新能源汽车推广应用作为实现“双碳”目标的有力抓手，不断加强宣传推介力度，积极稳妥推动新能源汽车使用工作。

张家界市机关事务管理系统参观考察湖南省新能源汽车推广应用展示基地

◎张家界市公安局交警支队召开道路交通事故预防“减量控大”媒体通气会

11月24日，张家界市公安局交警支队召开道路交通事故预防“减量控大”媒体通气会，对张家界市道路交通预防事故“减量控大”、顽瘴痼疾集中整治道路交通违法行为工作情况进行了通报。

截至11月24日，张家界市共查处各类交通事故58460起，其中查处现场违法行为13871起、非现场违法行为44589起。各类违法行为查处数量分别是：摩托车、电动自行车（含超标车）典型违法行为10965起，其中非法载人、闯红灯、骑乘人员不戴头盔、非法加装伞具等改装及涉牌涉证违法行为6889起，汽车驾乘人员未系安全带违法行为2259起，不礼让斑马线违法行为1817起；“两客一危一校”违法查处，安全设施不全、机件不符合技术标准等共15起；农用牌（绿牌）拖拉机违法行为130起；工程运输车、公交车、低速电动车（微型客车）违法行为332起；“两客一危”及重中型货车违法行为640起；超限超载专项行动共计682起，其中货车不进站检测、不按规定车道行驶交通违法行为482起，货车以及以跨道、压线、故意遮挡号牌、未悬挂机动车号牌和不按规定安装机动车号牌等方式逃避不停车超限检测交通违法行为200起。

下一步，张家界市公安交警将持续严查违法行为，坚决维护道路交通安全形势稳定，严格落实湖南省冬季公路交通安全区域整治行动方案部署。

要闻纪事

△29日，张家界市八届人大常委会党组理论学习中心组2023年第十一次集体（扩大）学习暨常委会党组2023年第15次（扩大）会议召开。市人大常委会党组书记、主任田华玉，市人大常委会党组成员、副主任褚新年、龙维务、陈光明、邓剑以及秘书长郝超参加，副主任周芳列席会议。

12月

△5日，张家界市委书记刘革安主持召开2023年度党内监督专题会议。市委副书记、市长王洪斌出席。市领导王令波、李传荣、廖国豪、刘卫兵、杨洪峰、万东参加。

△7日，张家界市召开领导干部集体廉政谈话会。市委书记刘革安，市委常委、市纪委书记、市监委主任王令波出席会议并讲话，市委常委、市委组织部部长李传荣主持会议。市委各部委、市直各有关单位主要负责同志，各区县委书记、区县长参加会议。

△12日，市委书记刘革安主持召开市委常委会（扩大）会议暨全市“走找想促”活动第五次调研情况交流和主题教育推进会。省委第八巡回督导组组长曹英华，市委副书记、市长王洪斌出席。

△13日，市长王洪斌主持召开市政府第38次常务会议，听取我市行政执法监督办法制定等情况汇报，审议有关文件稿，并开展会前学法。

△13日，市政府党组书记、市长王洪斌主持召开市政府党组（扩大）会议，传达学习中央经济工作会议等近期中央会议精神，研究部署我市贯彻落实工作。市政府党组副书记尚生龙，市政府党组成员汪涛、龙铁军、向志刚参加会议。

◎张家界市首批行政办事员“持证上岗”

11月17日，张家界市慈利县政务服务中心7名综合窗口工作人员取得行政办事员（政务服务综合窗口办事员）从业资格证，成为张家界市首批“持证上岗”的行政办事员。

行政办事员（政务服务综合窗口办事员）是近年来最新列入国家职业技能标准的职业。“持证上岗”激发了窗口工作人员的学习热情，进一步规范了窗口人员的职业行为准则，提高了礼仪素养，为更好地服务市场主体、营造良好的营商环境打下坚实基础，为张家界市慈利县政务服务提质增效注入了新的动力。

张家界市慈利县政务服务中心率先全市实现综合窗口行政办事员『持证上岗』

◎张家界市召开领导干部集体廉政谈话会

12月7日下午，张家界市召开领导干部集体廉政谈话会，旨在以谈促知、以谈促责、以谈促干，教育警醒张家界市领导干部坚决扛起全面从严治党主体责任，带头正确行使权力，带头发扬党的优良作风，系好“风纪扣”，走好“廉洁路”，高标准严要求履职担当，为加快建设世界一流旅游目的地、奋力谱写中国式现代化张家界新篇章作出新的更大贡献。

张家界市召开领导干部集体廉政谈话会

张家界市委书记刘革安，市委常委、市纪委书记、市监委主任王令波出席会议并讲话，市委常委、市委组织部部长李传荣主持会议。

刘革安指出，张家界市领导干部要旗帜鲜明讲政治，要树立正确的政绩观。

刘革安强调，张家界市领导干部要真抓实干强担当，要合作共事重团结。

刘革安强调，张家界市领导干部要筑牢底线守规矩，在永葆清廉本色上当表率、作示范。

会上，王令波分析了张家界市党风廉政建设和反腐败斗争形势以及存在的突出问题，提出了明确的纪律规矩要求，强调张家界市领导干部要始终做到政治清醒、带头强化政治担当、切实增强政治自觉，压紧压实管党治党政治责任，深入推进全面从严治党，筑牢张家界市高质量发展的思想根基。

张家界市委各部委、市直各有关单位主要负责同志，各区县委书记、区县长参加会议。

◎弘扬崇高精神 完善工作机制——张家界市见义勇为表彰会召开

11月30日下午，张家界市见义勇为表彰会召开，总结2023年张家界市见义勇为工作情况，表彰先进个人。张家界市委副书记、市委政法委书记曾若冰出席并讲话。

曾若冰强调，要大力弘扬见义勇为崇高精神，立足本土文化和真实事迹，充分利用短视频、直播等方式开展宣传，提升传播速度、广度和深度。要积极为见义勇为者排忧解难，及时摸清家庭情况底数，出台优惠扶持政策，落实落细关爱扶助工作。要健全完善见义勇为工作机制，规范见义勇为申报、确认工作流程，建立见义勇为专干（联络员）制度，确保工作高效运转。要逐步健全危险预警预防机制，运用“人防＋技防”科学手段，开展各类应急培训，提高群众安全意识和应急救援水平。

◎张家界市获评“国家食品安全示范城市”

11月28日，在2023年全国食品安全宣传周启动仪式上，第三轮国家食品安全示范城市名单发布，36个城市入选，张家界市作为湖南省唯一的市州代表名列其中。

11月28日，张家界市被国务院食安办正式授牌为“国家食品安全示范城市”，副市长汪涛代表张家界市前往北京出席授牌仪式，捧回了这块来之不易的“国字号”招牌。

2014年9月国务院食安办启动“国家食品安全示范城市”创建工作，2016年5月张家界市被列入第三批创建国家食品安全示范试点城市。

创建工作开展以来，张家界市委、市政府紧扣旅游城市市情，按照“四个最严”要求，坚持高位推动，始终将创建国家食品安全示范城市工作作为党委、政府的“一把手”工程，纳入了张家界市“十三五”“十四五”规划，建立了张家界市县乡村四级创建包保督导工作机制，形成了“党政同责、上下统筹”的食品安全示范城市“大创建”格局。实施全域治理，强化示范引领，注重能力提升，守护了亿万游客“舌尖上的安全”，也成功迈入城市食品安全治理水平国家队方阵。

张家界市获评“国家食品安全示范城市”

要闻纪事

△18日，张家界市八届人大常委会第33次主任会议召开，决定市八届人大常委会第十七次会议调整至12月19日召开。市人大常委会党组书记、主任田华玉，市人大常委会副主任陈红日、褚新年、周芳、龙维务、陈光明、刘明成、邓剑以及秘书长郝超参加。

△19日，张家界市八届人大常委会第十七次会议召开。市人大常委会党组书记、主任田华玉，市人大常委会副主任陈红日、褚新年、周芳、龙维务、陈光明、刘明成、邓剑及秘书长郝超出席。副市长杨洪峰、汪涛，市中级人民法院院长陈建新，市人民检察院检察长罗树中，市监察委员会相关负责人列席会议。

△20日，张家界市委书记刘革安主持召开市委常委会2023年第29次会议，传达学习习近平总书记近期重要讲话重要指示精神，审议相关文件稿，听取有关情况汇报。

△20日，张家界市市长王洪斌主持召开市政府第39次常务会议，传达学习全国、全省新型工业化推进大会精神，听取2024年全市重点项目计划编制工作等情况汇报，审议有关文件稿。

△22日，中国共产党张家界市第八届委员会第六次全体会议召开。市委副书记、市长王洪斌作《实施意见（审议稿）》的起草说明，市委副书记、市委政法委书记曾若冰作《意见（审议稿）》的起草说明。

△23日，政协张家界市第八届委员会第三次会议隆重开幕。开幕会由陈叶峰主持。

湖南地方年鉴

益 阳

益阳市 赫山区 资阳区 安化县 桃江县 沅江市 南县

益 阳 地 区

益 阳 市

益阳市北拥南洞庭，背倚雪峰山，是湖南省辖地级市、长江中下游城市群重要成员、洞庭湖生态经济区核心城市之一，也是长株潭都市圈的拓展区、辐射区，辖赫山区、资阳区、安化县、桃江县、沅江市、南县6个县市区和国家级益阳高新技术产业开发区、大通湖管理区，总面积1.23万平方公里，常住人口375.9万人。2023年，全市实现地区生产总值2136.21亿元、增长3.4%，地方一般公共预算收入106.40亿元、增长6.3%，固定资产投资增长6.8%，规模工业增加值增长3.3%，社会消费品零售总额901.70亿元、增长7.2%，城镇居民人均可支配收入39446元、增长3.6%，农村居民人均可支配收入23445元、增长6.1%。

益阳是一座历史悠久、英才辈出的城市。自秦代置县以来从未更名，楚文化、三国文化、湖湘文化兼容并蓄，梅山文化、茶文化、竹文化源远流长，陶澍、胡林翼、黄自元影响深远，素有“中国诗歌之乡”“花鼓戏窝子”等美誉。这里诞生了湖南第一个农村党支部中共金家堤支部，涌现了共和国第一号烈士段德昌等革命英烈，走出了14名两院院士、4名外籍院士、18名长江学者，是著名历史学家周谷城、党的文艺路线奠基人之一周扬和《暴风骤雨》《山乡巨变》创作者周立波的故乡，被授予“文学之乡”称号。这里体坛群星闪耀，先后走出了龚智超、田卿、谌利军3位奥运冠军，各项目运动员夺得世界冠军116项，是全国有名的“羽毛球之乡”，被誉为“世界冠军摇篮”。

益阳是一座山水秀丽、交通便捷的城市。坐落在雪峰山下、资水之畔、洞庭之南，素有“银城”之誉。黎锦晖先生的《桃花江是美人窝》广为传唱。有4A级旅游景区11家、3A级旅游景区23家，获评“最适宜人居城市”“中国杰出绿色生态城市”“全国优秀旅游城市”“国家森林城市”“国家卫生城市”等称号，“益山益水·益美益阳”声名远播。益阳中心城区紧邻省会长沙，长益高铁益阳南站到长沙火车站约30分钟，距长沙黄花机场、高铁南站约90分钟车程。6条铁路、6条国道、26条省道及长常、二广等多条高速公路纵横全境，水路经洞庭湖可通江达海。

益阳是一座物产丰饶、产业兴旺的城市。自古就是富饶的“洞庭粮仓”“鱼米之乡”，是全国著名的“黑茶之乡”“稻虾之乡”“楠竹之乡”。形成了以食品加工、轻工纺织、建材家居3大传统产业，电子信息、现代农业、文化旅游3大优势产业，高端装备制造、新材料、新能源、生物医药4大新兴产业为支撑的现代化产业体系，铝电解电容器产业被认定为国家级中小企业特色产业集群，电子电路板、船舶制造、黑茶制造、生态竹木产业被认定为省级产业集群。益阳是全国现代农业示范区、全省唯一的现代农业综合改革试点市，粮食、茶叶、水产、笋竹4大主导产业和畜禽、蔬菜、中药材、休闲食品等特色产业蓬勃发展，安化黑茶、南县稻虾米、桃江笋竹、沅江芦笋、大通湖蟹等优质农产品享有较高市场知名度。

当前，益阳正深入学习贯彻党的二十大精神，认真贯彻落实习近平总书记考察湖南重要讲话和指示精神，锚定实现“三高四新”美好蓝图，突出产业立市，着力推进新型工业化、农业农村现代化、区域协调发展、开放型经济发展，加快建设社会主义现代化新益阳，奋力书写新时代高标准的“山乡巨变”。

益阳市2023年国民经济和社会发展统计公报

2023年是全面贯彻党的二十大精神的开局之年，是疫情防控转段后经济恢复发展的一年，极不平凡、极为不易。一年来，全市上下坚持以习近平新时代中国特色社会主义思想为指导，锚定“三高四新”美好蓝图，认真执行省委、省政府决策部署，在市委、市政府的坚强领导下，坚持稳中求进工作总基调，聚焦打好“发展六仗”，保持定力、精准发力，上下齐心、奋力前行，经济发展稳中有进、回升向好，高质量发展扎实推进。

一、综合

根据地区生产总值统一核算结果，全年地区生产总值2136.21亿元，比上年增长3.4%。其中：第一产业增加值353.53亿元，增长3.5%；第二产业增加值931.25亿元，增长3.4%；第三产业增加值851.43亿元，增长3.2%。人均地区生产总值56567元，增长4.3%。

第一、二、三产业对经济增长的贡献率分别为18.1%、43.8%、38.1%。全市三次产业结构由上年的16.9：43.7：39.4调整为16.5：43.6：39.9。

二、农业

全年农林牧渔业总产值为662.24亿元，比上年增长3.9%。其中，农业产值343.35亿元，增长3.9%；林业产值20.72亿元，增长2.8%；牧业产值159.62亿元，增长1.1%；渔业产值94.26亿元，增长7.4%。

全年粮食种植面积551.01万亩，比上年增长0.02%，总产量234.74万吨，增长1.6%；油料种植面积218.43万亩，增长3.6%，产量26.25万吨，增长3.6%；蔬菜种植面积206万亩，增长2.0%，产量513.31万吨，增长3.0%；中草药种植面积11.91万亩，增长4.5%，产量5.83万吨，增长3.9%；茶园面积50.43万亩，下降0.9%，茶叶产量10.15万吨，增长3.7%。

全年生猪出栏402.83万头，比上年下降0.8%；牛出栏8.58万头，下降5.0%；家禽出笼2679.36万羽，下降5.1%。禽蛋产量16.79万吨，增长8.1%；水产品产量48.17万吨，增长5.0%。

三、工业和建筑业

全年1456家规模以上工业企业实现增加值比上年增长3.3%。九大主要行业增加值占全部规模工业的89.8%，增长5.1%，增速比全市平均水平高1.8个百分点；950家市级及以上园区规模工业企业增加值增长7.1%，增速比全市平均水平高3.8个百分点。

全年规模以上工业企业生产饲料89.72万吨，比上年下降38.4%；大米552.27万吨，增长6.2%；精制茶23.01万吨，下降4.8%；纱12.22万吨，下降7.6%；锑品3.63万吨，增长37.6%；起重机9.36万吨，下降23.4%；民用钢质船舶22.44万载重吨，增长17.2%；电子元件653.75亿只，下降4.9%；印制电路板595.53万平方米，增长13.7%。

全年规模以上工业实现营业收入2679.3亿元，比上年增长0.8%；实现利润116.2亿元，增长5.8%，其中：九大主要行业实现利润107.8亿元，占全部规模以上工业的92.8%。

全市具有资质等级的总承包和专业承

包建筑企业161家，比上年同期净增7家。实现建筑业产值444.98亿元，下降3.5%；实现建筑业增加值150.99亿元，增长1.3%，占GDP的比重7.1%。房屋建筑施工面积1547.23万平方米，下降5.9%；建筑业从业人员平均人数11.51万人，增长5.8%；建筑企业全员劳动生产率38.66万元/人，下降9.1%。

四、固定资产投资

全年固定资产投资比上年增长6.8%。从经济类型看：国有投资下降8.0%，非国有投资增长15.3%，民间投资增长20.1%。按三次产业分：第一、三产业投资分别下降3.8%、3.5%，第二产业投资增长17.5%，三次产业投资比重由3.0 ∶ 50.6 ∶ 46.4调整为2.7 ∶ 54.2 ∶ 43.1。从投资方向看：工业投资增长17.3%，其中，工业技改投资增长19.5%；高技术产业投资下降6.9%；民生工程投资下降10.3%；生态环境投资增长10.7%；基础设施投资下降2.1%。

全年在库项目1404个，比上年减少424个，其中：5000万元以上项目625个，减少241个，亿元及以上项目407个，减少140个。

全市完成房地产开发投资102.06亿元，比上年下降10.8%。其中：住宅投资91.23亿元，增长2.8%。房地产施工面积963.57万平方米，下降29.7%；商品房屋销售面积143.04万平方米，下降29.7%。其中：住宅销售面积133.40万平方米，下降23.4%。

五、国内贸易、物价和对外经济

全年实现社会消费品零售总额901.70亿元，比上年增长7.2%。分地域看，城镇实现零售额715.76亿元，乡村实现零售额185.94亿元，分别增长7.0%和8.1%。分行业看，全市限额以上单位中批发业实现零售额66.33亿元，增长19.5%；零售业实现零售额240.85亿元，增长1.9%；住宿业实现零售额3.93亿元，增长15.0%；餐饮业实现零售额30.35亿元，增长22.0%。分商品类别看，全市限额以上单位中粮油、食品类增长10.7%，饮料类增长58.7%，日用品类增长6.6%，家用电器和音像器材类增长6.1%，化妆品类增长10.6%，石油及制品类增长9.4%，汽车类中新能源汽车增长39.0%。

全年居民消费价格比上年上涨0.5%。八大类消费中，食品烟酒上涨0.2%；衣着持平；居住上涨0.1%；生活用品及服务下降0.2%；交通通信下降1.4%；教育文化娱乐上涨0.5%；医疗保健上涨6.5%；其他用品及服务上涨3.2%。

2023年，全市进出口总额74.11亿元，比上年下降64.6%。其中，出口62.78亿元，下降67.8%；进口11.33亿元，下降21.7%。实际到位内资869.92亿元，比上年增长13.5%；实际使用外商直接投资1676万美元，比上年增长520.7%。

六、交通和邮电

官新高速建成通车，益常复线加快建设，全市高速公路通车里程达524公里。S328安化东坪至渠江公路（狮子山大桥除外）等44公里干线公路建成通车，G234益阳段等项目加快推进。常鲇航道加快疏浚，益芦、澧资航道已取得初步设计批复，即将开工建设，资水益阳桃花江航电枢纽加快推进前期工作。

全市年末民用车辆保有量101.56万辆，比上年增长3.2%。其中：汽车60.61万辆，增长3.5%；私人汽车57.68万辆，增长3.3%。

邮政行业业务总量达16.31亿标准量，比上年增长15.9%。快递业务量0.93亿件，增长37.6%。电信业务总量35.37亿元，增长23.5%。

七、财政和金融

全年完成地方一般公共预算收入106.40亿元，比上年增长6.3%。其中：地方税收收入70.41亿元，增长5.5%；税收收入占地方收入的比重为66.18%，比上年下降0.51个百分点。全年完成一般公共预算支出417.54亿元，增长4.1%。其中：教育支出68.18亿元，增长3.9%；社会保障和就业支出61.92亿元，增长5.4%；卫生健康支出47.45亿元，下降0.5%。民生支出共计336.88亿元，增长6.5%，占总支出的80.7%，人均民生支出8921元。

年末金融机构本外币各项存款余额3183.55亿元，比年初增加307.79亿元。其中：住户存款余额2536.71亿元，比年初增加311.83亿元。金融机构本外币贷款余额2392.19亿元，比年初增加289.33亿元。金融机构存贷比为75.14%，比上年末提高2.02个百分点。从贷款分类看，中长期贷款1720.96亿元，比年初增加203.41亿元；短期贷款567.48亿元，比年初增加68.66亿元；涉农贷款1152.83亿元，比年初增加177.83亿元；住户贷款806.61亿元，比年初增加56.89亿元；非金融企业及机关团体贷款1582.96亿元，比年初增加229.95亿元。

全市共有境内上市公司8家，全市直接融资总额61.73亿元，年末A股上市公司总市值474.4亿元。

全市共有保险公司41家（中支机构），其中：寿险24家，财产险17家。寿险和财产险保费收入共计95.33亿元，比上年增长0.7%。其中：寿险65.64亿元，下降3.4%；财产险29.69亿元，增长11.0%。

八、科学技术、教育和卫生

全市新认定高新技术企业154家，总数达到691家；科技型中小企业2895家；技术合同登记数2813项，增长12%，年成交额218亿元，增长170%；实现高新技术产业增加值512.29亿元，增长13.6%，占GDP比重24%；新增2家国家级科技企业孵化器、1家省级科技成果转化中试基地、1家省级文化和科技融合示范基地（单体类）。

全市现有高等院校5所。其他各级各类学校1490所，其中：幼儿园852所，小学394所，初中174所，特殊教育学校5所，普通高中41所，中等职业类学校24所；在校学生592870人，其中，幼儿园90804人，特校1018人，小学261214人，初中129705人，普通高中70170人，中等职业类学校39959人；全市有中小学教职工73746人，其中，在职47942人。

全年出生人口2.19万人，符合政策生育率98.87%，出生人口性别比为111.3∶100（以女性为100）。共完成免费孕前优生健康检查41855人，目标人群覆盖率101.34%。完成免费产前筛查18334人，农村适龄妇女“两癌”筛查72813人。脱贫人口大病集中救治率100%，脱贫人口慢病签约服务率100%，33种专项大病救治率100%。全市无偿献血有序开展，实现临床用血100%来自无偿献血，未发生用血安全事故。适龄儿童免疫规划疫苗接种率保持在95%以上。全市共有医疗卫生机构床位32355张，每千人口拥有医疗卫生机构床位8.6张。全市注册执业（助理）医师11688人，每千人口执业（助理）医师数3.1人。注册护士13735人，每千人口护士数3.7人。全市共有医养结合机构17家，医疗养老床位近6000张，每千名老年人拥有医疗养老床位数6.8张。全市共有居家养老服务设施1073个，养老服务机构141家，现有机构养老床位14341张。

九、文化、旅游、广电和体育

成功举办中国作协在益系列活动，“文学之乡”正式授牌。市图书馆、桃江县图书馆成功创建为国家一级馆，南县图书馆等2家图书馆升级为国家二级馆；全国唯一的中国当代作家签名版图书珍藏馆于10月全面建成运营。完成不可移动文物保护项目4个，完成可移动文物修复270件（套）；创新评选益阳市首届银城十大非遗大师，16个项目、13名传承人分别入选省级非遗项目、传承人名录。

2023年全市接待游客4505.6万人次，增长35.2%；实现旅游总收入452.3亿元，增长44.7%。获评省首批夜间文化和旅游消费集聚区1个、省级旅游度假区1个、国家4A级旅游景区3个、四星级旅游饭店2家、省级文旅新业态示范基地7家、省级乡村旅游重点村（镇）4个、五星级乡村旅游区

（点）4家、五星级旅游民宿2家、省级文明旅游示范单位1家、省级工业旅游示范点1家、省清廉文化推广传播优秀阵地1个。1个项目入选全省首批非遗与旅游融合发展推荐目录，获评省级非遗工坊示范点2家、省级非遗村镇示范点1个。

深入实施“新时代精品”工程，240多件优秀广播电视新闻作品被国家主流媒体采用，1300多件广播电视新闻作品被省级主流媒体采用；1件公益作品、13件网络原创视听节目作品、3件广播电视作品在省级大赛中获奖，其中市广播电视台制作的《山乡再巨变》获湖南广播电视新闻一等奖。

端午假期，首届兰溪双桡龙舟表演赛火爆全网，入选“湖南2023年度十大体育新闻事件”。益阳体育健儿在亚运会、亚残运会等赛场奋勇拼搏，为家乡赢得了荣光，其中，羽毛球运动员贾一凡、举重运动员谌利军分别夺得4项冠军。成功承办全国羽毛球后备人才基地赛（南方赛区）、全国U系列羽毛球比赛U12—14总决赛等国家级赛事4项，2023年湖南省篮球联赛等省级赛事10项；举办市级赛事31项，县级赛事121项，激发体旅双重消费活力。

十、人口、居民收入消费和社会保障

全市年末常住人口375.92万人，比上年减少3.44万人。其中：城镇人口197.99万人，城镇化率52.67%，比上年提高0.75个百分点。0—15岁人口占18.07%，下降0.15个百分点；16—59岁人口占58.49%，下降0.71个百分点；60岁及以上人口占23.44%，提高0.86个百分点。

全体居民人均可支配收入31048元，比上年增长4.9%。其中，城镇居民人均可支配收入39446元，增长3.6%；农村居民人均可支配收入23445元，增长6.1%。全体居民人均消费支出23621元，其中，食品烟酒支出7329元，居住支出4930元，教育文化娱乐消费支出2906元，交通通信支出3430元，以上四项支出占全体居民人均消费支出的比重为78.7%，比上年低0.1个百分点。

全年城镇新增就业3.67万人，城镇登记失业率1.69%，城镇调查失业率控制在5.3%。失业人员再就业1.94万人，就业困难对象再就业6467人。各类职业技能培训2.51万人，新增农村劳动力转移就业1.99万人，零就业家庭动态清零。城镇职工基本养老保险年末参保54.39万人，机关事业单位养老保险年末参保10.01万人，城乡居民养老保险年末参保240.40万人。工伤保险年末参保44.5万人，失业保险年末参保24.7万人。

十一、环境、能源和安全生产

2023年益阳市中心城区空气质量平均优良天数比例为84.7%，PM2.5平均浓度为43微克/立方米，PM10平均浓度为62微克/立方米；县市区环境空气质量平均优良天数比例范围在82.7%—95.9%之间。全市33个国省控断面Ⅰ—Ⅲ类水质断面占比93.9%（省定目标84.85%）；资江流域水质总体为优，资江干流益阳段达到Ⅱ类水质；南洞庭湖3个国控断面总磷浓度年均值0.044毫克/升，下降10.2个百分点；大通湖断面持续保持Ⅲ类水质，总磷浓度年均值为0.082毫克/升，下降12.8个百分点。积极推进农村生活污水治理，完成50个行政村生活污水治理、7条农村黑臭水体治理。开展资江流域锑污染综合整治，资江流域益阳段20个断面锑浓度均值为0.0028mg/L。

初步核算，全年规模以上工业综合能源消费量比上年下降9.8%。其中，六大高耗能行业综合能源消费量下降0.5%。全市全社会用电量107.67亿千瓦时，增长1.7%，其中，工业用电量49.07亿千瓦时，增长6.2%。

全年发生各类生产安全事故62起，比上年减少7起；生产安全事故死亡人数66人，比上年减少3人。亿元生产总值生产安全事故死亡人数0.03人。工矿商贸企业从业人员生产安全事故死亡人数4人。涉及十二类道路运输车辆的道路交通死亡人数比上年下降14.8%。

赫山区

【地理】赫山区位于湘中偏北，处洞庭湖西缘，东邻湘阴、望城，南界宁乡，西接桃江，北临资阳，地理坐标为北纬28°16′—28°53′，东经112°11′—112°43′。南北长49千米，东西宽52千米。西南为雪峰山余脉，最高点碧云峰海拔502米；最低点北濒湖海拔22.4米。中部地面起伏平缓，丘岗与平原相间；东北部为滨湖平原，平坦开阔，耕地连片。自南至北依次为岳家桥镇、衡龙桥镇、泥江口镇、沧水铺镇、泉交河镇、欧江岔镇、龙光桥街道、新市渡镇、笔架山乡、兰溪镇、会龙山街道、龙岭工业园、赫山街道、金银山街道、桃花仑街道和八字哨镇。区人民政府驻地赫山街道洪家村社区。

【历史沿革】赫山区原名益阳县。三万年之前，这里就有先民繁衍生息，四到三千多年前，域内有着“龙山文化”“殷商文化”活动的印记。战国时期，楚国在此设县，并建县治于兔子山，距今至少有2300年（有待进一步考证），秦时属长沙郡，三国时期属吴之衡阳郡，隋初属潭州，后属长沙郡，南宋建炎四年（1130）县治曾迁今沧水铺，元升县为州，属天临路，明复为县，属长沙府，1914—1922年属湘江道，1937年属第一行政督察区，1940年属第五行政督察区，1949年属益阳专区，1952年改属常德专区，1962年复属益阳专区，1968年属益阳地区，1994年撤县建区，更现名，属益阳市。秦时县域面积为2.18万平方千米，包括今赫山区、安化县、新化县、桃江县、冷水江市、资阳区的全部，以及宁乡、湘阴、望城、南县、汉寿、新邵、涟源县的一部分。

从三国始，县域逐渐划小至新中国成立时，总面积3092平方千米，至1994年3月，总面积1631.82平方千米（含划归资阳区的部分乡镇），至2023年底，总面积1278.7平方千米（含高新区）。

【行政区划】2023年，赫山区辖5个街道（不含朝阳街道）、9个镇、1个乡和1个工业集中区（不含高新区），147个行政自然村、61个社区居委会。土地总面积1278.7平方千米，耕地44981公顷。年末户籍数273611户、人口772425人，常住人口688715人。年内最高气温39℃，最低气温-2.6℃，年降水量1161毫米。

赫山区2023年国民经济和社会发展统计公报

2023年，全区上下高举习近平新时代中国特色社会主义思想伟大旗帜，全面学习把握落实党的二十大精神，在上级党委、政府和区委、区政府正确领导下，牢牢把握高质量发展这个首要任务，锚定“三高四新”美好蓝图，贯彻落实区委“135”工作思路，全力打好“发展六仗”，现代化新赫山建设迈出坚实步伐。

一、综合

全区实现地区生产总值479.5亿元，同比增长4.0%，增速比全市高0.6个百分点，居全市第3位。其中，第一产业增加值 53.0 亿元，同比增长 3.8%；第二产业增加值 243.0 亿元，同比增长 4.0%；第三产业增加值 183.5 亿元，同比增长 4.0%。三次产业结构比由上年 11.4：50.7：37.9 调整为 11.1 ：50.7 ：38.2。

开展培优扶强行动，推进“两云”平台、“智赋万企”数智融合，10 家企业入选全省上市后备企业资源库，新增规模工业企业 40 家、省级专精特新企业 24 家、高新技术企业 29 家、“上云”企业 1450 家、“上平台”企业 167 家，入库科技型中小企业 782 家，入选全省创新型中小企业 47 家。139 个重点项目完成投资 236.9 亿元，电厂三期获评全省优秀重点项目和工程进度最快项目，万洋众创平台 20 家企业、粤浙科技平台 4 家企业以及信立威新材、中锦华泰、绿建科技、乐普科技、大和水工、壹纳光电等 30 个项目竣工投产，大融合科技、金汇物流、博峰电子等 28 个项目在建放量。我区成为全国首批、全省唯一“五好两宜”和美乡村试点试验区县，“建设 1+6 美丽屋场、打造宜居宜业和美乡村”入选全国第二届乡村振兴品牌节典型案例，益阳国家农业科技园区顺利通过验收，兰溪双桡龙舟表演赛火爆出圈，赢得美誉。

持续打好蓝天保卫战、“夏季攻势”“洞庭清波”“利剑行动”主动仗，以及中央和省环保督察问题整改歼灭战，空气质量优良天数比例 83.8%，国控省控断面水质达到或优于Ⅲ类，龙山港饮用水水源地水质达标率达 100%，受污染耕地安全利用率 91%，九二五矿山治理和产业开发、众鑫汽车拆卸整改成为全省典型案例。

深入打好安全生产巩固提升仗，安全事故起数、死亡人数分别下降 41.2%、37.5%。排查整治安全风险隐患 12500 余处，投入 3200 万元系统整治交通问题顽瘴痼疾 461 处，建成 4 个政府专职消防救援站，初步形成中心城区“五分钟应急消防救援圈”。基层应急能力建设获全省推介，兰溪镇获全省乡镇应急能力比武集体全能一等奖，新市渡镇自搭桥村滑坡灾害成功避险避灾入选全国典型案例，我区获评全国平安渔业示范县。

二、农业和农村经济

全区实现农林牧渔总产值 103.74 亿元（不含高新区），比上年增长 4.2%。粮食播种面积 109.8 万亩，其中稻谷播种面积 104.07 万亩。粮食总产量 49.49 万吨，其中稻谷产量 47.28 万吨。油料种植面积 10.83 万亩，蔬菜种植面积 31.8 万亩。全年出栏生猪 60.14 万头，出笼家禽 541.73 万羽，蛋品产量 4.69 万吨，水产品产量 3.32 万吨（不含高新区），茶叶 4083 吨，蔬菜 87.39 万吨，水果 5.01 万吨。

创建粮食生产省级万亩综合示范片，新推进 42 个村土地数字化改革、流转土地 26 万亩，建成高标准农田 8.66 万亩，启动新建 14.36 万亩（含投融资项目二期 10.24 万亩），完成常规稻种子生产备案面积 4 万亩，镉低积累水稻品种试验示范实现保产低镉目标，粮食生产面积、产量、质效全面提升。收购粮食 30 万吨，未发生“卖粮难”和粮食质量安全问题。积极发展乡村产业、庭院经济，涌现新市渡镇乡创农庄等典型项目。新评定市级农业产业化龙头企业 11 家，新增返乡创业主体 1502 个，兰溪被认定为全国首批国家农业产业强镇。

三、工业和建筑业

全区规模工业企业 351 家，实现规模以上工业增加值增长 5.6%。规模以上工业企业实现营业收入 801.26 亿元，增长 4.7%。实现利润 19.61 亿元，增长 9.9%。

规模以上工业企业生产大米 391.5 万吨，增长 6.7%；饲料 18.9 万吨，下降 23.5%；精制茶 9.5 万吨，增长 15.4%；纱 5267.8 吨，下降 39.2%；中成药 3384.4 吨，增长 3.6%；电子元件 47.2 亿只，下降 4.6%。

全区具有资质等级的总承包和专业承包建筑企业 33 家，实现建筑业产值 112.0 亿元，下降 0.2%；实现建筑业增加值 26.7 亿元，增长 1.5%，占 GDP 的比重 5.6%。商品房销售面积 28.19 万平方米，下降 29.5%。

四、固定资产投资

全区在库项目 269 个，其中 5000 万以上项目 122 个、亿元及以上项目 89 个，房地产项目 25 个。固定资产投资同比增长 5.7%。从投资方向看：工业投资增长 2.7%，技术改造投资下降 2.4%，产业投资增长 7.2%，房地产投资下降 20.3%。

五、内外贸易和服务业

全区实现社会消费品零售总额 191.2 亿元，增长 6.4%。按行业分，全区批零业实现商品零售额 166.1 亿元，增长 5.4%；住餐业实现零售额 25.1 亿元，增长 13.2%。批发和零售业实现增加值 34.1 亿元，增长 5.4%；交通运输、仓储和邮政业实现增加值 12.6 亿元，增长 1.6%；住宿和餐饮业实现增加值 9.3 亿元，增长 11.2%；金融业实现增加值 31.4 亿元，增长 5.5%；房地产业实现增加值 21.8 亿元，增长 0.5%；信息传输、软件和信息技术服务业实现增加值 4.7 亿元，增长 10.7%；租赁和商务服务业实现增加值 6.3 亿元，增长 13.5%。

六、财政和金融

全区完成地方一般公共预算收入 205916 万元，增长 8.9%。其中：地方税收收入完成 170780 万元（区级税收收入 77542 万元，上划市级收入 93238 万元），增长 8.6%；非税收入完成 35136 万元，增长 10.1%。地方税收收入占地方一般公共预算收入的比重为 82.9%，比上年同期下降 0.2 个百分点。分部门来看，税务部门完成 305026 万元，增长 39.2%；财政部门完成 24501 万元，增长 10.4%。全区完成一般公共预算收入 329527 万元，增长 36.6%。完成一般公共预算支出 583155 万元，增长 11.9%。年末金融机构本外币各项贷款余额 655.16 亿元，比年初增加 57.61 亿元。

七、科学技术和教育

华慧新能源、华翔翔能完成新三板挂牌，阳光电子获评全省“上云上平台”标杆企业，华琳电子入选全省“数字新基建”100 个标志性项目，华翔翔能获评全国服务型制造示范企业、全国智能光伏试点示范企业、全省先进制造业龙头企业。

投入 1.27 亿元改善办学条件，新增学位 2250 个，建设新优质学校 55 所，6 所中职学校完成办学条件达标，义务教育城乡差距缩小 5%，本科录取率达 58.1%，教育评价改革、“双减”工作、科普教育等成为全省品牌。

八、文化和医疗卫生

文旅消费亮点纷呈，兰溪双桡龙舟表演赛现场吸引游客 15 万人次，短视频播放量超 14.5 亿。广场舞大赛暨广场舞服饰博览会参与群众 3 万人次，参展企业 17 家。岳家桥半程马拉松赛、会龙山杨梅文化节、沧水铺篮球赛等活动火热开展。乡村振兴学院、箴言书院、洞庭画院建成开放，兰溪民俗文化体验园、岳家桥体育小镇、衡龙桥华林龙凤大观园等成为文旅消费新场景，泉交河镇、八字哨金家堤村分别入选全省乡村旅游重点镇村，泉交河菱角岔村入选全省乡村旅游精品村。旅游总收入、人数分别上涨 51.2%、46.8%。

成功创建全国医养结合示范区，区妇幼保健院公卫楼、区精神病医院医养中心、岳家桥镇中心卫生院医养中心投入使用，市三医院南院区、衡龙桥镇卫生院综合楼完成主体工程，村卫生室全面实施门诊统筹医保报销。基层医疗卫生机构诊疗量占比 78.5%，区域内住院率 90.3%，城乡居民医保患者自付费用下降 8.74%

九、居民生活和社会保障

城乡居民可支配收入 41707 元，增长 4.9%。城镇居民人均可支配收入 49732 元，增长 3.7%；农村居民人均可支配收入 28568 元，增长 7.1%。全体居民人均消费支出 28034 元，其中：食品烟酒支出 8759 元居住支出 5028 元、教育文化娱乐消费支出 2565 元、交通通信支出 6068 元。

新增城镇就业 6528 人，实现失业人员再就业 3468 人、困难人员就业 1101 人。

改造老旧小区35个、保障性住房293套、棚户区518户、农村危房399户，建设公租房379套，完成安置1136户。发放低保、残疾、特困供养人员等困难群众生活救助资金1.45亿元，常住人口城乡居民医保参保率达95%以上。加强“一老一小”保障，全面实行公办养老机构区级统管“1+5”模式，完成583户适老化改造，新增婴幼儿托位3200个。

资 阳 区

资阳区地处湘中偏北、资水尾间、洞庭湖畔，西北与常德汉寿县地土相连，东南与岳阳湘阴县隔水相望。前身为原县级益阳市，1994年撤县设区，因在资水北岸而得名资阳。辖6个乡镇、2个街道、1个省级经开区，总面积736平方公里，常住人口35.6万人。2023年实现地区生产总值226.26亿元，同比增长4%；社会消费品零售总额86.27亿元，同比增长7.4%；全体居民人均可支配收入34780元，同比增长4.1%；完成地方一般公共预算收入8.83亿元，增长8.03%，其中税收收入占比73.28%；规模工业增加值、固定资产投资同比分别增长5.6%、13.6%。

资阳历史悠久，人杰地灵。自秦置县，已有两千多年的历史，城区曾是著名的三国古战场，留下了“关羽单刀赴会”等历史传说，保存有鲁肃堤、诸葛井等历史遗迹。码头文化、水运文化源远流长，九宫十八庙依稀可寻，明清至民国时期商业繁荣发达，为益阳赢得了“银城”的美誉。玉陵坡巷、魏公庙巷、灯笼馆巷这三条保存完整的明清古巷，被称为江南最美的巷子，正在重新定位、全面开发，即将形成全新的古城经济圈，全面打响“古韵古城 资水资阳”文旅品牌。

资阳生态优良，物产丰饶。背倚洞庭，怀揽资江，是国家级生态建设示范区、国家洞庭湖湿地生态保护区。境内淡水湖泊、生态湿地面积达20万亩，千亩以上湖泊有10个，其中作为湖南十大淡水湖之一的黄家湖是国家湿地公园、国家水利风景区。盛产水稻、蔬菜、生猪、茶叶、水产品等，有“鱼米之乡”“花卉苗木之乡”之美称，人称“水绿鱼虾肥，土沃稻麻丰”，是“中国鲫鱼之乡”“全国粮食生产先进县区”“全国粮食生产绿色高质高效示范区”“全国蔬菜区域基地县区”“全国渔业健康养殖示范县”。

资阳交通便捷，区位优越。位于最具发展潜力的长江中游城市群、环洞庭湖生态经济区和泛长株潭城市群三大经济圈内，距省会长沙70公里，到黄花国际机场仅1个多小时车程，长张高速及复线、华常高速、国道319、234、省道319、228、204纵横全境，水运从资江入洞庭通江达海，是湘中北重要的交通枢纽和物资集散地，被商务部批准为“加工贸易梯度转移重点承接地”。

资阳来势喜人，未来可期。响亮地提出“打造中国PCB‘第三极’”的奋斗目标。近年来，主要经济指标增速连续多年全市领先，获得湖南省经济快进县、湖南省创新评价20强县市区、全省打造内陆地区改革开放高地先进区县市等荣誉。长春经开区综合实力在全省保持前列，是“省级先进园区”“全省高质量发展先进园区”，获批国家外贸转型升级基地（电子元件）、湖南省电子电路板特色产业园区。

当前，资阳正深入学习贯彻党的二十大精神和全国两会精神，认真贯彻落实习近平总书记关于湖南工作的重要讲话和指示批示精神，全面落实“三高四新”战略定位和使命任务，踔厉奋发，真抓实干，为“打造中国PCB‘第三极’，建设社会主义现代化幸福新资阳”努力奋斗。

资阳区2023年国民经济和社会发展统计公报

2023年是全面贯彻落实党的二十大精神的开局之年，也是新冠疫情防控转段后经济恢复发展的一年。一年来，全区上下坚持以习近平新时代中国特色社会主义思想为指导，深入贯彻党的二十大和二十届二中全会精神，认真落实市委、市政府决策部署，锚定“三高四新”美好蓝图，聚焦打造中国PCB“第三极”奋斗目标，贯彻新发展理念，全力打好“发展六仗”，经济社会发展态势总体平稳、稳中有进、稳中向好，深入推进高质量发展。

一、综合

根据地区生产总值统一核算结果，全年地区生产总值226.26亿元，比上年增长[illegible]%。其中：第一产业增加值30亿元，增长[illegible].3%；第二产业增加值116.43亿元，增长[illegible].5%；第三产业增加值79.83亿元，增长[illegible].7%。

第一、二、三产业对经济增长的贡献率分别为11.04%、56.43%、32.53%。全区三次产业结构由上年的12.99：53.45：33.56调整为13.26：51.46：35.28。

全年发生各类生产安全事故2起，比上年下降71%；生产安全事故死亡人数2人，比上年下降75%。

二、农业

全年农林牧渔业总产值54.82亿元，比上年增长3.6%。粮食播种面积64.26万亩，比上年增长0.1%，粮食总产量27.64万吨，比上年增长1.5%；油料产量1.07万吨，比上年增长6.9%；蔬菜及食用菌产量63.18万吨，比上年增长2.8%；茶叶产量0.22万吨，比上年增长4.4%；生猪出栏60.73万头，比上年增长1.1%；家禽出栏290.28万羽，比上年减少2.4%；禽蛋产量1.15万吨，比上年增长9.5%；水产品总量3.73万吨，比上年增长5.0%。

三、工业和建筑业

工业增加值比上年增长4.7%，占GDP的比重为43.58%。规模工业企业增加值增长5.6%，新增规模工业企业27家，总数达195家。工业总产值比上年增长5.44%，年产值过亿元的工业企业71家，其中9家企业过10亿元。

建筑业增加值比上年增长3.6%，占GDP的比重为7.91%。建筑业总产值38.29亿元，比上年增长5.1%。规模以上建筑企业14家。

四、固定资产投资和项目建设

固定资产投资比上年增长13.6%。其中：工业投资增长12%，技改投资增长–3.5%，产业投资增长26.8%，建安工程投资增长11.91%。

全区现有各类在建项目140个（不含房地产），比上年减少53个，其中：投资500万元—5000万元的92个、5000万元以上的48个、亿元及以上项目38个。

全年房地产累计完成投资4.94亿元，增长–45%。房地产施工面积80.24万平方米，增长–50.74%；商品房屋销售面积9.08万平方米，增长–50%。其中：住宅销售面积6.82万平方米，增长–70.33%。

五、国内贸易

全年实现社会消费品零售总额86.27亿元，比上年增长7.4%。分地域看，城镇实现零售额74.63亿元，乡村实现零售额11.64亿元，分别增长7.5%和7.1%。分行业看，全区限额以上单位中批发业实现零售额8.5亿元，增长2.7%；零售业实现零售额12.5亿元，增长9.3%；住宿业实现零售额0.17亿元，增长21.1%；餐饮业实现零售额1.98亿元，增长21.7%。分商品类别看，全区限额以上单位中粮油、食品类增长14%，饮料类增长15%，日用品类增长17.5%，化妆品类增长12%，石油及制品类增长31.9%。

六、财政、金融和保险

全年累计完成地方一般公共预算收入（含上划市级）88385万元，同比增加6570万元，增长8.03%。其中：地方税收收入完成64765万元，同比增加4919万元，增长8.22%。非税收入完成23620万元，同比增加1651万元，增长7.52%。地方一般公共预算收入中税收收入占比73.28%，同比上升0.13个百分点。

年末金融机构本外币各项存款余额282.28亿元，比年初增加32.79亿元，增长13.15%。金融机构本外币贷款余额227.65亿元，比年初增加48.63亿元，增长27.16%。

全区共有保险公司15家（含乡镇网点机构），其中：人寿险7家，财产险8家。人寿险和财产险保费收入共计3.8468亿元。其中：人寿险0.619亿元；财产险3.2278亿元。

七、教育、卫生与科学技术

全区现有学校62所，其中小学45所，初中10所（含民办1所），高中学校4所（含民办2所），职业学校3所（含民办2所）。学生39593人，其中义务教育阶段30129人，普通高中7434人，职业高中2030人。幼儿园84所，在园幼儿8280人，公办幼儿占比52.39%。共有在职在编教职工2470人，其中中小学、幼儿园教师2327人。

我区扎实推进医药卫生体制改革。一是坚持“三名战略”，专科特色明显。目前全区拥有国家级特色专科1个，省级重点专科11个，市级重点专科18个。二是持续推进公立医院高质量发展，“真抓实干”工作进入全市前三。全区5家城市公立医院2023年医占比35.41%，药占比22.77%。三是持续完善分级诊疗体系建设。益阳市中医医院“借船出海”与省直中医院组建紧密型医联体成效明显，2023年益阳市中医医院医疗收入、门诊人次数、出院人次数与去年同期比较分别增长16.48%、0.21%、25.58%。四是基本药物制度实施工作全覆盖。目前全区167家提供基本医疗的村卫生室已100%实施国家基本药物制度。五是中医药服务网络体系逐步健全，全区2022年顺利通过“全国基层中医药工作示范区”省级复评，中医药服务能力明显提升（中医股）。公共卫生与慢性病防控方面，累计建立居民电子健康档案337360份，建立老年人健康档案55313份，开展健康体检38980人。全区居民电子健康档案建档率95.11%，健康档案查阅认领率为75.25%；老年人健康管理率70.47%；高血压患者任务完成率113.46%，规范管理率79.54%；糖尿病患者任务完成率109.90%，规范管理率79.6%，农村脱贫人口及监测对象4类慢病患者家庭医生签约服务应签尽签、应管尽管。产筛完成1774例，完成率104.35%，先心病完成1801例，完成率105.94%，两癌任务数为4000例，完成4017例，完成率100.5%。2023年无偿献血2756人次。立项争资1.02亿元。大力开展群众性爱国卫生运动。2023年圆满完成了全区传染病监测工作，全区无甲类传染病报告，乙类传染病共报告2450张；新型冠状病毒感染监测：共检测71个样，均未检出霍乱弧菌；接收手足口样本共24个，检出阳性18个；接收新型冠状病毒2019-nCoV核酸检测样品共256样次，检出阳性78个；全区共报告食源性疾病病例982例，食源性疾病事件3起，监测完成率91.1%；艾滋病防治方面，按现住址+现存活统计全区管理HIV/AIDS323人，2023年报告死亡4例；免疫规划工作方面，共接种免疫规划疫苗40524剂次，非免疫规划疫苗66382剂次（新冠疫苗除外），月报表报告的免疫规划疫苗基础免疫和加强免疫接种率均达到了98%以上。2023年全区卫健系统共完成门诊诊疗1834923人次、住院治疗108699人次。积极推进医养结合。全区共有医养结合机构2所，医疗养老床位288张，每千名老年人拥有医疗养老床位数4.29张。全区共有养老服务机构15所，现有机构养老床位1117张，每千名老年人床位16.6张。全区共有医疗卫生机构床位2591张，每千人口拥有医疗卫生机构床位7.3张，注册执业（助理）医师1189人，每千人口执业（助理）医师3.4人，注册护士1511人，每千人护士4.3人。

全区新认定高新技术企业24家，总数达到88家；科技型中小企业379家；技术合同登记数908项，增长22.5%，年成交额45.06亿元，增长177%；新增2家省级工程技术研究中心。

八、文化、旅游、广电和体育

我区公共文化高质量发展获《湖南省公共文化服务体系高质量发展五年行动计划》绩效评价“优秀”。全区开展群众文化活动1609次，较去年增长82.63%；公共文化基础设施总面积137万余平方米，同比增长20.76%。创排大型现代花鼓戏《敲门》，于9月下旬至10月中旬在益阳大剧院成功开展3次汇报演出。益阳市资阳区文化馆“益阳弹词”惠民演出获2023年文旅公共服务高质量发展“四个一批”优秀案例，益阳市汽车路街道人民路社区红军苑文化中心获2023年文旅公共服务高质量发展“四个一批”优秀空间。张家塞富民村获2023年村（社区）级“最美潇湘文化阵地”。新创了益阳弹词《侨领清风》参加湖南省第六届文化（群艺）馆（站）业务技能竞赛并获二等奖。张家塞甜酒酿造技艺、益阳套色剪纸、关云长单刀赴会传说成功申报成为省级非物质文化遗产项目；洞庭木雕传承人王庆云成功申报成为省级非遗项目传承人，王艺宏、王艺鹏成功申报成为洞庭木雕区级传承人，王胜、刘燕成功申报成为益阳弹词区级非遗传承人；益阳木杆秤制作技艺、益阳竹制家具、张家塞糍粑制作技艺、银城双面彩绣、益阳素墨烙画、陶公酱酒制作技艺、郭氏雷火针疗法7个项目列入资阳区第七批区级非物质文化遗产代表性项目名录。

组织策划了第三届湖南省社区趣味运动会资阳区海选赛以区人民政府办公室名义下发了《2023年资阳区第七届全民健身运动会实施方案》，完成了第七届全民健身运动会男子篮球比赛等赛事。与团区委一道组织开展了“樱花欢乐跑”活动。组织开展了第七届全民健身运动会青龙洲健康跑活动、象棋比赛、羽毛球比赛、乒乓球比赛、社区趣味运动会比赛、集体跳绳比赛、拔河比赛、电子竞技比赛。组织气排球比赛和工间操、网球国家（三级）社会体育指导员培训。积极举办2023年“全民健身日”广场舞比赛、教学活动、全民健身日宣传。组织策划湖南省第四届社区运动会7场益阳市资阳区海选赛。开展“古韵古城 资水资阳”2023年第七届全民健身运动会广场舞（工间操）大赛。

青少年业余体校组织参加湖南省青少年网球锦标赛与青少年跳水锦标赛，获得了1金1银的好成绩。2023年12月27日—31日，在新疆天山天池国际滑雪场举行的全国自由式滑雪雪上技巧锦标赛暨“十四冬”资格赛上，我区运动员曹天晴，在女子个人项目中获得金牌；网球比赛中龚雅涵获湖南省青少年网球排名赛两站亚军。

全区现有篮球、排球、足球三大球场地214个，运动体育场地面积87.96万平方米，经常参加体育锻炼的人数15.5万人。

九、人口、居民收入和社会保障

全区常住人口为34.55万人，其中：城镇人口19.09万人，乡村人口15.45万人。城镇化率55.27%。

全体居民人均可支配收入34780元，增速4.1%，其中：城镇居民人均可支配收入40965元，增长3.2%；农村居民人均可支配收入27504元，增长5.1%。

全区居民人均消费支出25798元，其中，食品烟酒消费支出8543元，居住支出4095元，教育文化娱乐支出3507元，交通通信支出4407元，以上四项支出占全体居民人均消费支出的比重为79.7%。

全年城镇新增就业4541人，城镇调查失业率控制在4.5%。失业人员再就业2423人，就业困难对象再就业769人。开展补贴性职业技能培训人数2739人，新增农村劳动力转移就业1335人，零就业家庭动态清零。

城镇职工基本养老保险全年参保10.84万人，机关事业单位养老保险全年参保0.77万人，城乡居民养老保险全年参保21.69万人。工伤保险全年参保3.49万人，失业保险全年参保2.78万人。

安 化 县

安化地处湘中偏北、雪峰山脉北段、资水中游，是山区林业大县、库区移民大县、革命老区县和省乡村振兴重点帮扶县。全县总面积4950平方公里，为全省第三大县，共辖19个镇、4个乡，共有362个村71个社区，总人口103万。

国民经济 2023年全县实现地区生产总值280.92亿元，同比增长3.6%；规模以上工业增加值同比增长4%；固定资产投资同比增长9%；实现社会消费品零售总额111.16亿元，同比增长9%；完成地方一般公共预算收入11.46亿元，同比增长8.32%；实现城乡居民人均可支配收入17526元，同比增长6%。

交通运输 2024年纳入省交通厅年报数据公路总里程5570.885公里。按行政等级分：国道227.599公里，省道506.845公里（含农养省道298.355公里），县道762.782公里，乡道1384.821公里，村道2676.812公里，专用公路12.026公里。境内通航河道22条，通航里程292.85公里。其中，其中资水干流航道127公里，资水支流航道165.85公里，流域面积达4851平方公里。高速路网一横两纵，为平洞高速、二广高速和官新高速。

自然资源 安化地形地貌多样，各类资源丰富。属亚热带季风气候区，土地肥沃，适宜各种作物生长。全县有林地面积608.9万亩，森林蓄积量2228.3万立方米，森林覆盖率77%，是国家级重点生态功能区县。境内高山叠嶂，峰峦挺拔，海拔千米以上的高峰63座。资水横贯县境中部，境内干流长度大于5公里的溪河170条，水能资源理论蓄积量150万千瓦。盛产松、杉、竹、果、茶叶、油茶、油桐、棕、药材等，有木本药材103科，1022种；钨、金、锑、钒等矿产资源丰富，已探明矿藏39种。

旅游资源 安化生态完好，秀美神奇，是国家级重点生态功能区县。拥有六步溪国家级自然保护区、柘溪国家森林公园、湖南雪峰湖国家湿地公园、湖南雪峰湖国家地质公园、云台山国家石漠公园等5张国家级生态名片。雪峰湖国家湿地公园被列入长江自然生态之旅国家级旅游线路。拥有茶马古道、云台山、梅山文化生态园、茶乡花海、青云洞·云上九歌5家国家4A级景区，4家AAA级旅游景区，1家省级旅游度假区、1家省级旅游休闲街区。目前已基本形成“黑茶文旅度假中心，茶旅文体康融合发展轴、红旅文旅融合发展轴，生态旅游发展片区、茶旅文体康融合发展片区、红旅文旅融合发展片区”为主要内容的“一心两轴三区”发展格局。2023年接待游客人数突破1000万人次，实现旅游综合收入95亿元。

特色产品 安化特色农产品资源十分丰富。近年来，我县坚持“一县一特”“一乡一品”，大力发展茶叶、中药材、小水果、油茶、笋竹、稻花鱼等特色产业，成功打造“安化腊肉”“山山食品”“阿香柑橘”等优质农产品品牌。“安化黑茶”“安化红茶”“安化红”“安化黄精”“安化小籽花生”“安化腊肉”“安化厚朴”获得国家地理标志证明商标。“安化黑茶”纳入国家地理标志产品保护名录，获评湖南茶叶乡村振兴“十大领跑公共品牌”。“安化黄精”入选“2022年中国地理标志农产品（中药材）品牌声誉前100位”。苦荞、油茶、安化小籽花生等“安化杂粮”公共品牌日益响亮。目前，全县拥有绿色食品认证企业36家，“两品一标”产品达149个，有机产品数量居全省第一。

安化县2023年国民经济和社会发展统计公报

2023年是全面贯彻落实党的二十大精神的开局之年，全县人民在县委、县政府的坚强领导下，锚定“三高四新”美好蓝图，深入实施“一四五”发展战略，攻坚克难，砥砺奋进全力打好打赢“发展六仗”，全县经济平稳健康发展。

一、综合

经济发展总体平稳。初步核算，全年实现地区生产总值280.88亿元，同比增长3.6%。其中，第一产业增加值56.92亿元，同比增长3.2%；第二产业增加值96.50亿元，同比增长4.4%；第三产业增加值127.46亿元，同比增长3.2%。三次产业比为20.3∶34.4∶45.4，一产业比重下降0.3个百分点，二产业比重下降0.1个百分点，三产业比重上升0.5个百分点。一、二、三产业对经济增长的贡献率依次为18.9%、40.0%和41.1%，分别拉动GDP增长0.7、1.4、1.5个百分点。

市场物价基本稳定。消费品价格指数99.7%，邮递服务价格指数100%，交通费价格指数103.8%，服务项目价格指数101.6%，采矿业工业生产者出厂价格指数94.1%，制造业工业生产者出厂价格指数98.4%，在外餐饮食品价格指数101.6%，旅馆住宿价格指数101.9%，通信服务价格指数100.5%。

二、农业经济和乡村振兴

农业产业稳步提质。全年完成农林牧渔业总产值105.09亿元，同比增长3.6%。完成粮食播种面积67.1万亩，实现粮食总产量24.08万吨。全年出栏生猪106.6万头，同比增长1.4%，腊肉年产量突破10000吨，产值超过10亿元，出栏牛3.67万头，增长1.9%，出栏羊44.35万只，增长1.6%，出笼家禽401.42万羽，下降7.6%，水产品总产量1.44万吨，增长4.4%，黄精种植面积达10.55万亩，年产黄精1.3万吨，实现综合产值11.1亿元。打造“安化杂粮”公共品牌，培育苦荞、油茶、安化小籽花生、安化黄精、安化腊肉等优质特色品牌，获评国家粮油作物单产提升项目示范县、湖南“优质粮油工程升级版”特色县，“红皮小籽”获评全国最具影响力花生产品品牌；“安化黄精”先后荣获国家农产品地理标志、国家地理标志证明商标；“安化腊肉”获国家地理标志证明商标等。

成功认定省级示范合作社7家、省级示范家庭农场8家。实现茶叶产量7.83万吨，高质量举办湖南茶业科技创新论坛、茶产业发展大会、安化黑茶开园节等活动。安化黑茶被列入2023年全国“土特产”推荐名单，入选中国地理标志农产品区域公用品牌声誉评价百强。获评“多彩茶乡一全国特色魅力茶乡”“中国茶叶流通协会2023年度三茶统筹融合发展县域”。

乡村振兴全面巩固。牢牢守住“零返贫、零致贫”底线，全年纳入监测户393户1186人，消除风险80户224人。巩固“3+1”保障成果，发放国家助学金4114万元，7.38万人次学生受益，义务教育阶段适龄儿童少年无一人因贫失学辍学；完成农村危房改造406户；脱贫户、监测户基本医疗保险参保率达100%。实施易地搬迁后续扶持产业项目25个，开发公益性岗位2984个，建设就业帮扶车间85家，易地搬迁后续扶持经验在全省推广。成功创建美丽庭院2151个、美丽屋场50个、市级美丽乡村4个。坚持文化振兴引领乡村振兴，打造示范镇1个、示范村3个。《文化赋能走出乡村振兴新路子》典型经验获全省推介。

三、工业和建筑业

工业经济稳中加固。全年新增规模工业企业14家，总数达到197家，规模工业总产值和规模工业增加值分别增长1.5%、3.7%。优势产业来势喜人。新能源产业快速发展，乐安光伏项目达到并网条件；久泽坪、大峰山、芙蓉山三期等风电项目有序推进，天子山风电项目具备核准条件；黄阳坪抽水蓄能电站完成入规报告编制。新材料产业提质增效，完成金雕三期标厂、博兴主体和迈邦扩建项目，启动兴同新材项目建设，泰森、金源入选工信部第五批电池回收白名单。矿产建材产业稳步推进，渣滓溪矿业利税再创新高，湘安钨矿实现复工复产；启动石英矿、花岗岩矿、冰碛岩矿前期勘查，完成矿权出让4个。

园区建设成效显著。实现园区技工贸总收入103.16亿元、亩均税收13.45万元，分别同比增长9%、33.3%。完成园区调区方案编制并启动报批。加强要素保障，完成融资10.87亿元。整合资金6.98亿元推进高明园区扩容提质延链，建设扩容区238亩，完成S328连接线、园区五化和供水工程建设；成功打造“国家循环化改造示范试点园区”，纳入“省级工业固体废物资源综合利用示范基地”，荣获“全省十大高效用地园区”。

建筑业平稳增长。全县完成资质以上建筑业总产值28.55亿元，增长6.5%。其中建筑工程产值27.78亿元，增长6.7%，其他产值0.65亿元。房屋建筑施工面积128.34万平方米，其中，本年新开工面积66.28万平方米。从事建筑业活动的平均人数8355人，全员劳动生产率34.2万元/人。建筑业增加值16.36亿元，增长3.6%。

四、固定资产投资和城镇化水平

投资保持较快增长。全年投资500万元以上项目共有204个，其中投资5000万元以上的项目97个，亿元项目60个。全县固定资产投资增长11.6%。其中，工业技术改造投资上升25.7%，房地产开发投资下降37.4%。重点项目快速推进，109个县级重点项目完成投资114亿元。官新高速顺利通车，青云洞·云上九歌开门迎客，滔溪百花寨开园试营业，《天下茶道》文旅大戏正式公演。万隆温泉中心、安化松针茶旅产业园、博兴钨业、飞龙汽贸品牌汽车4S综合服务项目、仙丰水库、安化爱国主义和职业教育基地等完成主体建设。

城镇功能更加完善。健全生活垃圾收集、转运和处置体系，全力推动生活垃圾分类处置，建设主题公园3个、宣教中心2个、示范点30处。海鸥路立体停车场投入使用，启用临时停车场5处，新增小车停车位3700个、摩托车停车位6200个，有效缓解停车难问题。玉溪新城建设进展顺利，玉溪南路建成通车，玉溪隧道成为全市第一条景观隧道，吉祥安置区有序推进。持续建设“气化安化”，基本实现县城市政中压管网全覆盖。加大老旧小区改造力度，改造老旧小区58个。集中推进居民自建房排查整治，累计排查居民自建房屋21.55万栋。开工建设保障性租赁住房300套。强力推进黑臭水体整治PPP项目，实现乡镇污水处理厂有效运行。全县城镇化水平稳步提升，城镇化率达36.76%，比上年提升0.75个百分点。

五、交通、水利、邮电

交通建设不断推进。全年完成交通基础设施建设投资12.05亿元（不含高速）。农村公路、安防工程齐头并进，完成农村公路提质改造180.05公里，完成危桥改造18座、安防工程346.75公里。官新高速、龙江公路、东高公路路面改善项目、大熊山至茶马古道旅游公路利源隆—高城段建成通车，东渠公路唐溪大桥合龙、路基及隧道工程全部完工，仙芙公路及安化抽水蓄能电站移民安置专项交通工程项目开工建设，平瓦厂渡改桥、小淹资江大桥、宁乡龙田至安化驿头铺公路已完成招投标工作即将开工。平洞高速至黄沙坪公路已完成前期工作。

水利、电力建设推进迅速。全年共建设各类水利工程18个。移动土石方59万立方米，完成劳动工日约37.48万个，出动机械台班约11.68万个，新增供水能力约16.36万立方米每天，新增、恢复灌溉面积0.68万亩，新增供水受益人口约1万人。电网建设不断加强。全年完成投资3.55亿元，其中主网1.81亿元，农配网1.74亿元。全年完成售电量13.73亿千瓦时，下降2.6%，收入9.55亿元，下降8.2%。

邮电通信事业稳定发展。完成4G网络基础设施投资1.41亿元，新建及扩容4G基站392个，4G基站累计3140个。完成5G网络基础设施投资5.5亿元，新建及扩容5G基站1112个，5G基站累计2241个，新开5G机房35个，5G机房累计150个，新增光网端口2.75万个，光网端口数量达到99.24万个，实现了全县433个的行政村光网、4G网络99.2%双全覆盖。全年实现营业收入5.62亿元。年末宽带互联网用户数33.78万户。年末固定电话用户4.4万户；移动电话用户82.51万户，其中手机互联网用户78.71万户。

六、招商引资、国内贸易、旅游

招商引资成果丰硕。全县累计新签约项目39个，新开工项目32个，新投产项目24个，引进境内省外资金103.9亿元，市域外省内资金5.21亿元。引进外商直接投资298万元人民币（42万美元），结束安化多年来无外资的历史。完成外贸出口6.41亿元、加工贸易1026.41万美元、对外劳务收入2655.58万美元。荣获益阳市2023年真抓实干恢复和扩大消费先进单位、打造内陆地区改革开放高地先进单位。

消费市场保持稳定。全年实现社会消费品零售总额111.01亿元，增长8.9%。分地域看，城镇实现零售总额91.69亿元，增长9.1%，乡村实现零售额19.32亿元，增长7.6%。全县限额以上法人单位实现零售额21.79亿元，占全县社会消费品零售总额的19.6%。

旅游业发展迅速。全年共接待各类游客1145万人次，实现旅游综合收入83.35亿元。着力打造旅游新亮点，培育“安化民宿”品牌，凤凰屿、梅山野奢星空民宿等成为网红热点，叶子湾、皇茶生态康养庄园获评省五星级旅游民宿。青云洞·云上九歌溶洞景区获评国家4A级旅游景区，9处景点入选全国乡村旅游精品线路，雪峰湖国家湿地公园被列入长江自然生态之旅国家级旅游线路。获评“湖南省旅游强县”“中国最佳养生休闲旅游胜地”“湖南省全域旅游创建示范区”。

七、财政、金融、保险业

财政收入保持稳定增长。全县实现财政总收入17.81亿元，同比增长9.1%。实现地方财政收入11.47亿元，增长8.5%。其中，国内增值税2.58亿元，个人所得税0.亿元，企业所得税0.61亿元。全县财政总支出68.93亿元，下降3.4%。

金融保险体系不断完善。年末全县金融机构各项存款余额491.34亿元，增长11.5%。各项贷款余额334.62亿元，增长18.4%。全县保险企业个数达到41家，其中人寿保险24家，财产保险17家。全年实现保费收入9.08亿元，其中财产保险收入 4.5 亿元，人寿保险收入 4.58 亿元。全年赔款给付支出 4.11 亿元，其中财产保险支出 3.03 亿元，人寿保险支出 1.08 万元。

八、科技、教育、文化

科技创新显著增强。县内商标申请 1456 件、注册 916 件，商标累计有效注册量 11326 件。全年专利授权量为 221 件，其中发明专利授权量为 33 件。新认定高新技术企业 14 家，重新认定 10 家，全县高新技术产品企业 113 家，其中高新技术企业 67 家。全年实现高新技术产品产值 114.8 亿元，同比增长 41.3%。高新技术产品增加值 24.81 亿元，占 GDP 的比重为 8.8%。高新技术产业投资同比增长 88.7%。完成 332 家科技型中小企业入库备案。组织 18 家企业参加创新创业大赛，其中 11 家企业晋级省半决赛，湖南省白沙溪茶厂股份有限公司、安化云台山八角茶业有限公司、安化县云天阁茶业有限公司获得省优胜奖。

教育事业加速发展。全县共有教育机构 221 所，其中职高 1 所，普通高中 8 所（民办 2 所），初中 40 所（民办 1 所），小学 72 所（小学教学点 78 个），特殊学校 1 所，幼儿园 99 所（民办 32 所）。年末在校学生 127475 人，其中：职业高中 7833 人，普通高中 12849 人，初中 31197 人，小学 58318 人，特殊学校 309 人，幼儿园 16969 人。全县本科上线率达 65.43%；学考合格率达 99.82%，全市第一。全面开展校园食品安全和营养提升工程，学校就餐条件和餐食质量明显改善。职业教育助力乡村振兴典型经验全省推广。庞晓晓老师获评“全国优秀特岗教师”。防溺水工作首次实现“零溺亡”。新入编教师 322 名，其中接收公费师范毕业生 197 名，特岗转正教师 120 名，县外选调优秀教师 5 名。

文化服务水平不断提升。全年先后举（承）办各种形式的群众文艺活动 309 场次，完成送戏下乡 138 场，开展“欢乐潇湘·神韵安化”月月乐群众文体活动 12 场次，完成农村公益电影放映 5600 余场。实施 23 个乡镇文化综合服务站数字化工程。茶马古道景区、黄沙坪黑茶小镇、安化黑茶制作技艺获评“万里茶道”（中国段）旅游景区品牌、文化街区品牌、非物质文化遗产品牌。风雨廊桥保护利用工作在全国廊桥保护三年行动计划启动会上作经验交流。农村广播通村率达 100%，有线电视通村率达 100%。

九、卫生、体育、环境保护

卫生事业全力推进。强化基本药物管理，全县基本药物实行省级平台统一采购、配送、结算，全面落实药品零差率销售，实现药占比控制在 30% 以下的目标。推动县级公立医院开通多项微信平台便民事项，我县 3 家县级公立医院启动卓越服务工作，其中县人民医院被确定为省级卓越服务示范创建单位。我县深化医药卫生体制改革工作获省政府真抓实干成效明显地区表扬激励。年末全县共有执业（助理）医师人数 2676 人，医疗机构床位数 6192 张。

体育事业有序开展。全国羽毛球后备人才基地赛等大型赛事在我县成功举办。安化县羽毛球运动学校全年向省队输送集训队员 11 人，参加全省青少年羽毛球比赛，获 U13 组男子团体第四，U14 组女子团体第二，U17 组女子团体第三的成绩。安化县羽毛球运动学校被命名为“国家体育后备人才基地”。全县体彩销售额达 3298 万元。谌利军勇夺亚运会举重男子 67 公斤级冠军并打破亚运会纪录，罗研博获全国残疾人游泳锦标赛 50 米蝶泳金牌。

生态环境持续优化。以“夏季攻势”“利剑行动”和第二轮省生态环境保护督察反馈问题整改为抓手，持续推进生态环境突出问题整改。统筹开展河道采砂整治、畜禽养殖污染整治和蓝天保卫战“三大行动”，全年空气质量优良天数 352 天，优良率达 96.4%；秸秆禁烧工作排名全市第一；完成 50 个农村千人以上饮用水源地整治，7 个省控断面达Ⅱ类水质。扎实开展“生态三湘”专项行动，加强六步溪等自然保护地生态保护监管，打好长江“十年禁渔”保卫战，生活垃圾填埋场实现生态封场。全年预计削减氮氧化物 10.86 吨，挥发性有机物 49.91 吨。

十、人口、计划生育、人民生活

人口计生工作有序推进。2023 年末，全县共有户籍人口数 98.26 万人，常住人口 76.49 万人，其中城镇常住人口 28.12 万人，农村常住人口 48.37 万人。人口出生率 5.04‰，死亡率 7.09‰，自然增长率 –2.05‰。全面三孩政策放开，标志着我国人口发展进入了新阶段。我县全年共出生 5137 人，死亡 7230 人，出生人口性别比为 111.8 ：100。

城乡居民生活水平不断提高。抽样调查显示，全县居民人均可支配收入 17506 元，增长 5.9%。其中，城镇居民人均可支配收入 24716 元，增长 2.7%；农村居民人均可支配收入 14076 元，增长 7.9%。居民消费水平不断提升。全县居民人均消费支出 14949 元，增长 1.9%。

十一、社会保障和安全生产

社会保障持续加强。全年新增城镇就业 5228 人，农村劳动力转移就业 4442 人，新增创业主体 5213 户，创业带动就业 5699 人。全县基本养老保险参保 69.99 万人，医疗保险、工伤保险、失业保险参保人数分别为 79.77 万人、8.15 万人、4.5 万人。城镇登记失业率控制在 2.83% 以内；发放创业担保贷款 5000 万元，落实就业补贴资金 2940 万元。基础设施建设加快推进。县中医医院完成主体建设，并通过二甲复评。县妇幼保健院完成主体建设，并通过标准化项目验收。县第三人民医院、马路镇中心卫生院投入使用。雪峰山片区尘肺病医院完成基础建设。

安全生产形势总体稳定。全县共发生各类生产经营性安全生产事故 13 起，死亡 13 人，连续 8 年未发生较大及以上生产安全事故，全县安全生产形势稳定向好。亿元 GDP 生产经营性伤亡事故数 0.046 次；亿元 GDP 生产经营性伤亡事故死亡人数 0.046 人。全年共办理安全生产行政执法案件 73 起，经济处罚 151 万元，有效遏制了安全事故发生。

桃 江 县

桃江地处湘中偏北、洞庭尾闾（资江中下游），自秦置县，因境内桃花江得名，素有“美人窝”“楠竹之乡”“茶叶之乡”“建材之乡”等美誉。总面积 2068 平方公里，辖 15 个乡镇，总人口 87 万。

桃江人杰地灵。“国保”春秋古越墓群、屈原天问传说、浮邱山千年银杏群，见证了桃江人文历史的久远；“马迹塘故事”“胡呐喊”“地花鼓”“五道茶”等非物质文化遗产诠释了民俗文化的厚重；夏曦、夏思痛、张子清、张昆弟等革命先驱彪炳史册；文坛才子莫应丰，国画大师高希舜、胡念祖落笔生辉；丁夏畦、夏家辉、文伏波等 3 名院士及 7 位将军、8 位大学校长、370 多名专家教授尽显名士风流；作为空军飞行学员早期培训基地，桃江为国家输送了 256 名飞行员，近三年有丁阳、罗胜科、李明等 3 名桃江籍解放军战士荣立一等功，涌现出了为国防事业壮烈牺牲的温涛、温伟彬等英雄人物，是名副其实的“功臣之乡”。

桃江景色宜人。资江贯穿县境 102 公里，汇聚 7 条支流，水资源总量达 23 亿立方米，森林覆盖率达 64.15%，野生动植物达 1584 种，有桃花江竹海、浮邱山、桃花湖、凤凰山、罗溪瀑布、羞女峰等风景名胜 20 多处；有国家 4A 级景区桃花江竹海、紫金湾欢乐王国，以及桃花江国家森林公园、羞女湖国家湿地公园、五星级乡村旅游区、全国地质文化村、省级乡村旅游重点村、四星级旅游饭店、省四星级旅游民宿等丰富旅游资源，是全国休闲农业和乡村旅游示范县。

桃江资源丰富。拥有楠竹 115 万亩，居全国第三、湖南第一，“桃江竹凉席”“桃江绿茶”“桃江竹笋”“桃江竹叶（绿茶）”为中国地理标志证明商标，其中“桃江竹笋”“桃江竹叶（绿茶）”获国家农产品地理标志。修山面、桃花江擂茶、二十四碟、全笋宴、武潭鱼、鲊埠牛肉等特色美食香飘四海。已发现矿产资源 25 种，探明储量 15 种，其中陶粒板岩、花岗石、石灰石、锑、金、锰等在全国占重要位置；有 3 座大型水电站、3 座风电场，是全国绿色能源县、全国生猪调出大县、全国产粮大县、全国油茶林示范基地建设县。

桃江产业集聚。有桃江高新技术产业开发区、灰山港产业开发区两大省级工业园区，拥有 101 万平方米标准化厂房，总规划面积 9.15 平方公里，基本形成了以先进装备制造、电子信息与数字经济、建材和装配式建筑、生态绿色食品、竹旅文体康五大优势产业链为主的产业发展格局，正在全力打造湖南千亿竹产业核心基地、全省先进装备制造产业机械铸件配套基地、装配式建筑生产基地。

桃江交通便捷。距省会长沙仅 1 小时车程，距离益阳高铁南站仅 20 分钟车程，县城千吨级码头经资江入洞庭通江达海，洛湛铁路、石长铁路、渝长厦高铁穿境而过；3 条国道（G207、G234、G536）、4 条高速（G55 二广、S20 平洞、S71 益娄、S7101 益阳南线绕城）、6 条省道（S223、S225、S319、S321、S538、S541）横贯东西、辐射八方，形成优势凸显的交通大格局。

桃江县2023年国民经济和社会发展统计公报

2023 年是全面贯彻党的二十大精神的开局之年，是三年新冠疫情防控转段后经济恢复发展的一年。全县上下紧紧围绕县委、县政府工作思路，加快推动县域经济高质量发展，经济社会发展呈现稳中有进、回升向好态势，富饶美丽幸福新桃江建设迈出坚实步伐。

一、综合

初步核算，全年实现地区生产总值 321.04 亿元，比上年增长 1.5%。其中，第一产业增加值 51.09 亿元，增长 3.4%；第二产业增加值 149.37 亿元，下降 0.9%；第三产业增加值 120.57 亿元，增长 3.5%。

三次产业结构比重由上年的 16.0 ∶ 47.6 ∶ 36.4 调整为 15.9 ∶ 46.5 ∶ 37.6；第一产业比重下降 0.1 个百分点、第二产业比重下降 1.1 个百分点、第三产业比重提升 1.2 个百分点；一、二、三次产业对经济增长的贡献率分别为 37.8%、–26.1%、88.3%，分别拉动经济增长 0.6、–0.4、1.3 个百分点。

二、农业

全年完成农林牧渔业总产值 100.70 亿元，比上年增长 3.9%。其中：农业产值 51.75 亿元，增长 5.1%；林业产值 8.88 亿元，增长 2.6%；牧业产值 28.55 亿元，增长 0.6%；渔业产值 2.44 亿元，增长 11.6%；农林牧渔服务业产值 9.08 亿元，增长 8.5%。

全年粮食种植面积 88.4 万亩，粮食总产量 36.81 万吨，比上年增长 2.3%，其中水稻产量 33.47 万吨，增长 1.7%，油菜种植面积 30.73 万亩，油菜籽产量 35626.27 吨，增长 4%。肉类总产量 5.74 万吨，增长 16.2%；出栏生猪 65.21 万头，下降 3.1%；出栏牛 2.07 万头，下降 7.2%；出栏羊 5.11 万只，下降 11.3%；出笼家禽 451.35 万羽，下降 3.5%；禽蛋产量 24900 吨，增长 11.7%。水产品总产量 14577 吨，增长 4.2%。

三、工业和建筑业

全县实现工业增加值 119.94 亿元，比上年下降 1.8%。全年新增规模工业企业 17 家。规模以上工业企业增加值下降 3%，按经济类型分，国有企业增加值下降 35.4%，占全部规模工业增加值比重为 0.1%；集体企业增加值增长 99.2%，占全部规模工业增加值比重为 0.2%；股份制企业增加值下降 0.3%，占比 97.9%；外商及港澳台商投资企业增加值下降 89.5%，占比 0.2%；其他经济类型企业下降 47.1%，占比 1.6%。规模以上工业营业收入下降 8.1%，利润总额下降 5.9%。

全年新增高新技术企业 18 家，评价入库科技型中小企业 476 家，增长 141.6%。

湖南桃江高新技术产业开发区、灰山港省级工业集中区全年新增入园规模企业 6 家，入园规模工业企业达 153 家；园区全年新投产工业项目 18 个，新开工工业项目 18 个，园区工业固定资产投资 32.97 亿元。

全年完成建筑业增加值 29.54 亿元，比上年增长 3.3%。资质内 26 家建筑企业完成总产值 73.12 亿元，比上年增长 1.1%。建筑施工面积 355.95 万平方米，下降 11.5%。从产值构成看，建筑工程产值 68.99 亿元，增长 1.4%，占比 94.4%；安装工程产值 3.03 亿元，下降 14.9%，占比 4.1%；其他建筑业产值 1.1 亿元，增长 44.7%，占比 1.5%。

四、固定资产投资

全县固定资产投资比上年增长 13.5%。按经济类型分，国有投资增长 13.1%，非国有投资增长 13.2%。按产业分，第一产业投资增长 13.4%，第二产业投资增长 83%，第三产业投资下降 29.8%。投资总额中，工业投资 74.67 亿元，增长 81%，工业技改投资 40.9 亿元，增长 156.1%，高新技术产业投资 19.54 亿元，增长 26.9%。

全年在库项目 168 个，比上年减少 108 个，其中：5000 万元以上项目 104 个，减少 45 个，5000 万及以下项目 64 个，减少 64 个。全县 100 个项目纳入重点项目库调度管理，其中在建项目 71 个，总投资 94.5 亿元。

全县 27 家房地产开发企业完成投资 11.81 亿元，比上年增长 5.0%；施工房屋面积 141.40 万平方米，增长 9.3%；商品房屋销售面积 21.09 万平方米，下降 22.7%。

五、内外贸易、招商引资和旅游

全年实现社会消费品零售总额 135.8 亿元，同比增长 7.4%。按规模分，限额以上 18.3 亿元，增长 10.5%；限额以下 117.5 亿元，增长 6.9%。按经营地分，城镇 114.3 亿元，增长 7.6%；乡村 21.5 亿元，增长 6%。按行业分，批发业 7.3 亿元，增长 6%；零售业 125.3 亿元，增长 7.6%；住宿业 1.6 亿元，下降 4.0%；餐饮业 1.6 亿元，增长 7.7%。全年新增限额以上贸易企业 21 家、限额以上个体户 3 家。

全年电子商务交易额 133.85 亿元，比上年增长 10.1%。全年引进三类“500 强”项目 3 个、投资过亿元项目 10 个、过 5000 万元项目 20 个；全年引进外商直接投资 21 万美元，省外境内资金 124.6 亿元，域外省内资金 5.0 亿元；引进湘商回湘投资累计到位资金 16.5 亿元，湘商回湘新注册企业 13 家。开展了 4 次集中签约活动，签约项目 42 个，签约资金 98.9 亿元；实现外贸进出口额 4.1 亿元，外贸进出口“破零倍增”企业 6 家。完成对外承包工程和劳务合作 616.3 万美元，修水水利作为益阳市唯一对外承包工程企业，签订了老挝东萨宏水电站施工合同 80.7 万美元。

全年共接待各类游客 654 万人次，较上年下降 1.3%，实现旅游总收入 60 亿元，增长 55.9%。桃花江竹海景区创成国家 AAA 级旅游景区，全县成功申请益阳市 2024 年文旅融合发展大会举办权。

六、交通和邮政

全年处治农村公路村道安全隐患 34.68 公里，改造危桥 63 座，省道路面改造 33.319 公里，农村公路养护工程 44.195 公里，其中破碎板处治 13.658 公里，农村公路中修（白加黑）28.037公里，农村公路大修（白改黑）2.5公里。

国道234赫山区谢林港至桃江石洞公路桃江段建设，累计完成投资9423万元。全年完成“三路”建设41.209公里，新村与撤并村联通路建设36.991公里。毛羊坪渡改桥（大栗港桥）项目工程共筹集资金1500万元左右。

年末全县民用车辆拥有量144561辆，其中汽车99556辆。全年全社会货运周转量42564万吨公里，客运周转量1864万人公里。

全年完成邮政业务收入12558万元，增长8.6%。

七、财政、金融和保险

全县财政一般公共预算收入164954万元，比上年增长18.1%，其中地方一般公共预算收入109314万元，增长9.3%。地方一般公共预算收入中税收收入76878万元，增长9.8%，其中增值税29085万元，下降0.3%；企业所得税4943万元，增长14.3%；个人所得税1144万元，增长1.6%。全县一般公共预算支出564455万元，下降3.8%，其中教育、卫生健康分别支出122927万元、36652万元，分别增长8.7%、下降48.7%。一般公共预算收入占GDP的比重为5.1%，比上年上升0.7个百分点。

全县金融机构年末各项存款余额436.31亿元，比年初增加43.84亿元，增长11.2%，各项贷款余额288.95亿元，增加26.61亿元，增长10.2%。城乡住户存款余额385.83亿元，增加47.85亿元，增长14.2%。非金融企业及机关团体贷款余额181.9亿元，增加25.21亿元，增长16.1%。

全县共有保险公司38家（网点机构数），其中：寿险24家，财产险14家。寿险和财产险保费收入共计9.69亿元，比上年增长9.4%。其中：寿险5.75亿元，增长7.7%；财产险3.93亿元，增长11.6%。

八、科学技术和教育

全年共申报科技项目20项，到位资金179万元。鼎煌制造、华锦成电机等18家企业成功申报高新技术企业；烯富环保、赛荆铸业等18家企业重新认定为高新技术企业，全县拥有高新技术企业93家。年内，组织11家企业参加益阳市创新创业大赛，大队长农业获省创新创业大赛优秀奖。

年末全县有中小学校147所，其中普通高中5所、职业高中2所、初中32所、九年一贯制学校10所、十二年一贯制学校1所、小学81所、教学点14所、教师发展中心1所、特殊学校1所。在校学生88492人，其中普通高中13229人、职业高中5207人、初中24361人、小学45473人、特殊教育学校222人。教师结构进一步优化，年内补充教师102人，培养公费定向师范生108名。全年发放学生资助资金3380万元（含社会资助资金1080万元），无一人因贫失学。

九、文化、卫生和体育

全年送教下乡7次、送戏下乡57次、公益电影累计放映场次3000场，举办“浪漫桃花江 竹乡遇见美”等主题活动20余场。举办文化工作培训班，组织文化从业人员279人参加“湖湘课堂”在线培训，开展中国作家“文学公开课”桃江专场等10多期人才集中培训，参训人员达3000多人次。全县人均拥有文化设施面积达1.98平方米/人，文化场馆服务人次达237.57万人次。

全县年末拥有医疗卫生机构547家，其中县级医院7家，乡镇医院15家。实际开放床位4714张，年末有卫生技术人员4543人，每千人拥有医疗卫生机构床位数6.88张、卫生技术人员数6.63人。全年组建263个家庭医生签约服务团队，签约居民42.93万人，签约率63.1%。

全年新建2个多功能运动场、15公里健身步道，全县人均体育场体地面积达到2.83平方米。全年共举办县级以上全民健身赛事活动达57场。全年体彩销售总额达到2760万元，较上年增加近1000万元。

十、生态环境、能源和安全生产

“三大保卫战”成效明显，全县优良天数为350天，优良率为95.9%，空气综合指数3.00，PM2.5、PM10月平均浓度分别为30微克/立方米、46微克/立方米。资江干流断面达Ⅱ类，桃江县一水厂县级集中式饮用水源水质达到Ⅲ类，“千吨万人”饮用水水源水质达标率为100%。

全年规模以上工业综合能源消费量比上年下降10.1%。全市全社会用电量19.07亿千瓦时，增长5.2%，其中工业用电量10.06亿千瓦时，增长13%。

全年发生生产安全责任事故3起，死亡4人，事故发生数较上年有所反弹，增长200%，死亡人数上升300%，直接经济损失增长192%。亿元GDP生产安全事故死亡人数为0.012人，每万人口生产安全事故死亡人数为0.045人。

十一、人口、人民生活和社会保障

年末全县户籍总人口85.26万人，其中男性44.32万人，女性40.94万人。全县常住人口67.02万人，其中城镇36.67万人，乡村30.35万人，城镇化率为54.7%。全县出生人口4624人，死亡人数5711人，自然增长率下降1.27‰，出生人口性别比111.43。

全县城乡居民人均可支配收入29833元，比上年增长4.6%，其中，城镇居民人均可支配收入39430元，增长2.8%；农村居民人均可支配收入22769元，增长6.1%。人均消费总支出22802元，增长4.7%，其中人均食品烟酒消费支出6341元，增长2.7%；人均居住消费支出5144元，增长5.3%。

全年新增城镇就业5616人，新增农村劳动力转移就业4732人，新增市场主体6634家，发放创业担保贷款8260万元。城镇登记失业率保持在4.5%以下。全年养老保险基金收入249994万元，支出237514万元；工伤保险基金收入4926万元，支出5326万元；失业保险基金收入1569万元，支出6441万元。年内处理拖欠农民工工资投诉案件255起，追回拖欠农民工工资815万元。

全年完成城乡低保、特困人员补助、残疾人“两项补贴”提标，发放城市低保对象4051人、累计50892人次、金额2004万元；发放农村低保15483人、累计177889人次、金额4479万元，城市特困补助1348人、金额123万元，农村特困补助67131人、金额4002万元，临时救助8607人次、金额632万元，困难残疾人补助71184人次、金额569万元，重度残疾人补助155393人次，金额1243万元。全年办理结婚登记3042对，离婚登记984对，补办结婚登记196对、离婚登记79对。

沅江市

沅江居洞庭之南，因沅水归宿之地而得名，境内“湘资沅澧”四水，呈“三分芦田三分洲，三分水面一分丘”的地貌特征。全市现辖10个镇、2个街道和2个湿地保护中心，2023年户籍人口69.66万人，面积2129.45平方公里。中心城区汇聚资水、沅水“两江”，坐拥浩江湖、蓼叶湖、下琼湖、上琼湖、石矶湖、胭脂湖和榨南湖“七湖”。作为湖南省特色县域经济重点县（市）、湖南省卫生城市、湖南省文明城市，一座“湖在城中、城在湖里、湖城一体”的秀美生态水城正魅力彰显，一片投资兴业的希望热土正愈发充满活力！

沅江人文底蕴深厚。南朝梁武帝普通三年（522年）建县，1988年经国务院批准县改市。中国最大的内陆岛——赤山岛上曾出土10万年前新石器，漉湖等地早在5000多年前已形成原始村落，明朗山上的汉墓和历史遗迹，无不见证着洞庭湖区悠久的人类文明。屈原、诸葛亮、李白、杜甫、王安石、“曾左胡彭”曾在此吟诗作赋、挥毫泼墨，凌云塔、镇江塔、魁星楼是洞庭湖区现存最为完好的人文景观。

沅江区位优势明显。位于长株潭城市群一小时经济圈内，是益沅桃城镇群副中心；南临长石、洛湛铁路和长常高速，国道G234线、益南高速纵贯全境；水路通江达海，拥有千吨级港口码头白沙港，航道直抵岳阳城陵矶港口，可经长江直达上海；规划中的通用航空项目有望定址沅江。

沅江物产资源丰富。素有“鱼米之乡”“芦苇之乡”美誉，是国家重要商品粮生产基地、粮食生产先进县（市）和全国百强渔业市；拥有亚洲最大的天然芦苇荡，野芹菜、野藜蒿、芦笋和蓼米等“洞庭四珍”遍布湖洲、天赐野成，被誉为“洞庭虫草”的“沅江芦笋”从“养在深闺人未识”，渐渐成长为美食界的新宠，以芦苇作基质的芦菇产业正蓬勃发展。砂石储量丰富，品质上乘。

沅江工业基础雄厚。具有地方特色的六大产业链锻造成形，即以中联重科为龙头的装备制造业、以亚光科技为龙头的船舶制造业、以辣妹子为龙头的绿色食品业、以新马制衣为龙头的纺织服装业；新能源、新型建材产业发展势头强劲。2012年，园区工业总产值首次突破百亿元，并跻身湖南省同类园区综合实力20强；2013年被评为湘商十大最具投资价值经济园区。2014年凭借船舶制造入围“湖南省特色县域经济重点县”；2019年，船舶产业园获评省级特色产业园；2020年，船舶制造小镇获评省级特色工业小镇；2023年，纺织服装获评全省县域外贸特色产业集群。

沅江投资环境优越。园区基础设施完善、配套功能齐全、服务环境优良，为投资者提供了广阔的发展平台。《支持工业经济发展“二十条”》《优化营商环境“二十条”》《招商引资若干规定》《关心关爱企业家“二十条”》等系列措施的陆续出台，用地、税费、政务服务等优惠政策的不断完善，为投资者营造了宽松的创业环境。作为一带一部、洞庭湖生态经济区重要城市，沅江既承接着东部产业的梯次推进效应，又面临“乡村振兴”、中部崛起、长江经济带、“三高四新”、益阳市现代农业综合改革试验区等战略机遇，发展潜力巨大，未来风光无限。

沅江发展态势良好。近年来，沅江市坚持高质量发展第一要务，扛起全面从严治党和增进民生福祉两大责任，实施“产业强市、生态立市、文化兴市”三大战略，彰显“美丽湖城、文旅湖岛、生态湖洲、鱼米湖乡”四大特色，建设“富饶、美丽、幸福、创新、智慧”现代化沅江，全力做好“凝聚‘沅江人’、深耕‘沅江文’、用活‘沅江水’、创好‘沅江业’”四篇文章，全市经济社会发展保持稳中有进态势。2023年，沅江市主要经济指标在益阳实现“保三争一”；14项工作获省政府真抓实干督查激励，居全省各区县市第二。

沅江市2023年国民经济和社会发展统计公报

2023年，全市上下深入贯彻习近平新时代中国特色社会主义思想，党的二十大精神和中央、省、市经济工作会议精神，聚力打好“发展六仗”，着力推动经济高质量发展，经济发展呈现稳中有进态势。

一、综合

初步核算，全市实现地区生产总值（GDP）301.67亿元，比上年增长4.3%。其中：第一产业增加值76.20亿元，增长3.8%；第二产业增加值115.84亿元，增长5.5%；第三产业增加值109.63亿元，增长3.4%。按年均常住人口测算，全市人均GDP为54325元，增长5.1%。全市三次产业结构为25.3：38.4：36.3，第一、二、三次产业对经济增长的贡献率分别为22.9%、48.9%和28.2%。

全市工业增加值比上年增长5.9%，占GDP的比重为32.9%。农业产业化水平加快提升。全市家庭农场和农民专业合作社共6515家。积极推进示范“四级联创”工作；创建省级示范家庭农场7家，省级示范合作社6家；创建市级示范家庭农场9家，市级示范合作社8家；创建县级示范家庭农场35家，县级示范合作社25家。全市已打造“沅江辣妹子”“沅江芦笋”“沅江芦菇”“沅江大米”“沅江枳壳”“沅江大头鱼”“四季红腐乳”“阳罗面条”等八大特色农业品牌。全市注册商标145个，24种农产品获得绿色认证。“二品一标”有效期获证企业8家，获证产品57个产量15.2万吨。

全年10件30项重点民生实事项目全部按时完成或超额完成任务。3件5项重点监测民生项目也达到预期。农村“三路”建设因成绩突出被省人民政府命名为2023年度“四好农村路”省级示范县。新增蓄水和恢复改善灌溉面积工作成效明显，目前已翻两番完成年度山塘清淤增蓄任务，相关工作做法被省小型农业水利设施建设和管护工作专班办公室作为典型经验在全省推介。“徐特立项目”在全省率先完成项目主体建设。湘易办、居家适老化改造、康复救助残疾儿童、农村公路安防设施建设等多项民生实事项目被益阳日报、湖南日报等主流媒体报道、点赞。

二、农业

全市实现农林牧渔业总产值136.54亿元，比上年增长4.1%。其中农业产值66.49亿元，增长3.3%；林业产值1.37亿元，增长4.5%；牧业产值26.48亿元，增长3.4%；渔业产值34.43亿元，增长5.2%；农林牧渔服务业产值7.77亿元，增长3.8%。全年出栏生猪59.27万头，下降2.4%；出笼家禽503.78万羽，增长1.1%；水产品产量17.57万吨，增长5.0%。

全年农作物种植面积227.69万亩，增长0.4%。粮食播种面积108万亩，与上年度持平，其中稻谷种植面积102.17万亩，下降0.1%；油料种植面积50.33万亩，增长1.1%；蔬菜种植面积40.22万亩，增长1.7%。

全年主要农产品产量：粮食产量45.71万吨，增长1.1%；油料产量5.98万吨，增长1.2%；蔬菜产量88.80万吨，增长3.3%；水果产量30.16万吨，增长4.6%；肉类产量5.12万吨，下降1.2%，禽蛋产量2.84万吨，增长11.8%；水产品产量17.57万吨，增长5.0%。

全年水利基础设施建设完成6.23亿元，建设工程21处，投入工日91.56万个，出动机械台班31.52万个，移动土石方70.63万立方米，浇筑砼29.41万立方米。

现代林业稳步推进。全市人工造林8700亩。

三、工业和建筑业

全市共有规模以上工业企业188家，规模工业总产值比上年增长4.5%，规模工业增加值增长6.1%。沅江高新技术产业园区规模工业产值（省级认可有园区代码企业，含船舶产业园）增长25.9%。

全市规模工业企业年产值过亿元的有86家；年产值过5亿元的有18家，比上年减少7家。晓日砂石、帝豪船舶、赤蜂农化等骨干企业成为推动全市工业经济发展的主要动力。

全市规模以上工业企业生产服装617万件，增长39.7%；饮料1.94万吨，增长5.2%；纱1.8万吨，下降44.6%；起重机9.36万吨，下降23.4%；民用钢质船舶22万载重吨，增长17.2%；大米58.3万吨，增长32.4%；罐头2.2万吨，下降52%；品混凝土112.5万立方米，增长68.8%；织造布7221.1吨，增长50.9%；家具62

万件，增长60.8%；机制纸及纸板1.38万吨，增长10.9%；电子元件10.91亿只，增长21.4%；化学农业原药2.27万吨，增长22.3%。

全市规模以上工业企业营业收入比上年增长4.4%；应交增值税增长14.9%；亏损企业亏损总额为0.19亿元，下降34.5%。全年实现利润总额20.97亿元，下降8.0%。

全市实现建筑业增加值16.62亿元，比上年增长3.6%。全市具有资质等级的建筑企业18家，完成产值50.11亿元，增长4.5%。全年房屋施工面积154.72万平方米，房屋竣工面积97.72万平方米。从事建筑业活动的从业人员平均人数为6359人，下降2.6%。

四、固定资产投资

全市固定资产投资比上年增长13.6%。施工项目共168个，本年投产项目106个，其中5000万元以上项目完成投资额占全部投资的比重为84.0%。

从经济类型看：国有投资下降24.5%，非国有投资增长47.6%，民间投资增长56.6%。从投资方向看：工业投资增长45.7%，民生投资增长1.1%，生态环境投资下降22.2%，基础设施投资下降17.9%，高新技术产业投资下降0.5%，工业技改投资增长54.7%。

全市完成房地产开发投资比上年增长9.6%。商品房销售面积22.7万平方米，下降22.8%。其中：住宅销售面积22.42万平方米。

五、国内贸易

全年实现社会消费品零售总额118.74亿元，比上年增长7.5%。分地域看，城镇消费品零售额81.54亿元，同比增长7.4%；乡村消费品零售额37.2亿元，同比增长7.6%。分行业看，批发和零售业零售额100.1亿元，同比增长6.3%；住宿和餐饮业零售额18.64亿元，同比增长13.9%。分商品类别看，限额以上单位中粮油、食品类增长15.7%，烟酒类增长24.9%，日用品类增长35.9%，机电产品及设备类增长4.1%，金银珠宝类增长15%，石油及制品类增长5.1%。

六、对外经济和旅游

全年引进境内省外资金129.83亿元，比上年增长15.5%；引进域外省内资金7.43亿元，同比增长11.9%；完成新签约项目4个，签约投资额83.08亿元；新开工项目31个，投资额21.47亿元；新投产项目6个，投资额40.12亿。

全市接待游客人数635.3万人次，比上年增长42.1%，实现旅游综合收入58.02亿元，比上年增长26.0%。小河咀村获评省级旅游重点村，樟庐溪谷创评五星级乡村旅游点；第八届美丽中国·深呼吸小城夏季旅游文化节上沅江市入选2023“深呼吸生态旅游魅力名县”名单（全省仅有十个县区入选）；全省第二届旅发大会“洞庭天下水 沅来就很美 沅江亲水自驾”线路入选2023湖南首批十大自驾游宝藏线路；优度乡村音乐入选首批湖南文旅消费“新生代新场景”；太阳鸟控股有限公司获评“文旅装备制造十佳品牌产品”企业。举办了“春色满沅 沅来真美”乡村文化旅游节，期间举办了“沅气满满”“重走游学路·奋进新征程”全民健步行活动、“沅声动听”“先锋樟庐溪谷·乡村音乐会”等多项活动。推出春意洞庭、春花伴竹、春茶飘香、春光筑梦、春日奋发等5条春季精品旅游线路，全方位展示水城沅江新时代乡村文化旅游风貌。推出“南洞庭游船+渔村音乐会”旅游路线，燃爆整个暑假。小河咀渔村音乐会的帐篷、草地、啤酒、烧烤吸引了四面八方的游客。

七、交通和通信

S220沅江市四季红镇至黄茅洲大桥北项目已完成投资17000万元；S317竹莲至百禄桥路面改善工程即将建成通车；S228沅宁线（沅江段）、S317竹莲互通连接线二期、S217河南线（沅江段）二期已竣工验收；续建沅江乐园至漉湖公路，正进行用地报批和工可编制工作；G234沅江市茅草街大桥至白沙大桥公路工可修编已完成。建成农村公路旅游路、资源路、产业路（含乡镇通三级公路、新村与撤并村连通路）129.94公里。完成23座农村公路危桥改造；完成199.32公里农村公路安全生命防护工程。协助省交通运输厅、华夏美湘文化发展有限公司续建沅水常德至鲇鱼口2000吨级航道建设工程；完成益阳市沅江市白沙千吨级码头提质改造项目；完成沅江市砂石集散中心项目建设（省规划外项目）；协助省交通运输厅开展了澧资白沙至甘溪港1000吨级航道建设工程前期用地预审、工可编制工作。继续推进城乡客运一体化示范县创建附属设施建设项目建设，已完成农村客运招呼站项目建设和标志标牌设置。

全市通信业营业收入3.52亿元，业务总量3.92亿元。年末移动电话用户58.17万户，固定电话用户4.24万户，宽带互联网用户19.59万户，手机互联网用户46.29万户。

八、财政、金融和保险

全年实现一般公共预算收入20.49亿元，比上年增长12.8%。其中：地方一般公共预算收入14.92亿元，增长8.8%；上划省级收入1.18亿元，增长127.1%；上划中央收入4.39亿元，增长11.3%。一般公共预算收入中：税收收入12.9亿元，增长16.6%，税收所占比重为63.0%。全年一般公共预算支出55.65亿元，增长1.1%。

年末金融机构本外币各项存款余额380.45亿元，比年初增长8.0%。住户存款余额328.02亿元，比年初增长13.6%。非金融企业存款余额30.36亿元，比年初增长14.6%。机关团体存款余额16.45亿元，比年初下降41.7%。财政性存款余额5.48亿元，比年初下降37.7%。各项贷款余额为280.92亿元，比年初增长18.7%。其中短期贷款余额72.72亿元，比年初增长15.8%；中长期贷款余额195.36亿元，比年初增长21.8%。

年末共有保险公司38家（中支机构），其中寿险25家，财产险13家。全市保费收入9.18亿元，比上年增长10.3%。其中寿险6.05亿元，增长6.5%；财产险3.13亿元，增长18.5%。

九、科学技术和教育

全年投入科技经费615万元，新增高新技术企业16家，培育高新技术企业29家，申报省级以上科技计划11项，争取项目资金1430.69万元，成功入选湖南省第二批创新型县（市、区）建设名单，获得省级科技特派员工作先进县（市），获得省政府重点工作综合督查典型经验做法通报表扬，获得益阳市打好科技攻坚仗工作先进单位。全年专利授权328件，其中发明专利授权36件，实用新型授权145件，外观设计授权147件。目前全市拥有有效发明专利175件，其中高价值专利46件。专利密度3.14件/万人，比上年增长25.1%。2023年全市商标有效注册量636件，累计有效注册量7662件，同比增长6.9%。专利开放许可89件。全年完成知识产权质押融资贷款3694万元。

全市共有各级各类学校210所，其中：普高2所、完全中学3所、十二年制学校1所、中职学校3所（含民办1所）、教师进修学校1所、初级中学8所、九年制学校9所、小学59所（含小学教学点9所）、特殊教育学校1所、幼儿园123所（含民办81所）。全市共有在校学生（含幼儿）78358人，其中：小学生34758人、初中生16490人、高中学生8291人、中职学生6062人（含非全日制2357人）、特校学生92人、幼儿12665人。高中阶段升学率98.6%、初中入学率100%、小学入学率100%。

十、文化、体育和卫生

大力推动现代公共文体服务体系建设，持续推进公共文体场馆（站）免费开放，开展“沅来有乐”系列群众文化活动和“我们的节日”系列活动60余场次，主办各类展览10余场，受惠30余万人。花鼓情景剧《信仰》参加益阳市“贯彻二十大·百团百角唱新歌”活动，说唱快板《争做禁毒真卫士》代表益阳参加第二届湖南省禁毒文化宣传季活动，民俗音乐歌舞《采莲船》在央视春晚展播。积极推动文化传承，以镇镇有非遗为目标，挖掘新增阳罗面、南竹山腊八豆、藜蒿粑粑等市级非遗，推荐沅江芦菇参展第二十四届中国中部（湖南）农博会，荣登金奖产品榜。洞庭小调和南洞庭竹木雕刻技艺申报省级非遗。沅江阳罗面、億倡麻香糕等非遗产品亮相全省旅发大会、文博会、旅博会，广受欢迎。积极争取上级资金，着力修缮省级不可移动文物保护单位，周维寅别墅维修及“沅江市洞庭湖博物馆馆藏文物”修复工作正在开展。

改善全民健身环境，加快体育基础设施建设，大力营造全民健身氛围，促进体育事业蓬勃发展。组织开展“沅气满满 重走游学路 奋进新征程”红色健步行活动；“发展体育运动，增强人民体质”题词 71 周年主题系列活动比赛和表演 30 多场次。举办沅江市第八届大众运动会暨沅江市首届“文旅杯”三人制篮球比赛，“农商银行杯”足球邀请赛等体育赛事。在 2023 年湖南省第二届公开摔跤赛上，我市运动员获得男子自由式摔跤 +55kg 级冠军、男子自由式摔跤 –50kg 级冠军、男子自由式摔跤 –42kg 级冠军。

全市共有医疗卫生机构 611 个，其中：市直公立医院 5 家，民营医院 12 家，镇（中心）卫生院 11 所，社区卫生服务中心 4 个，血吸虫病防治站 3 个，控制站 7 个，其他医疗卫生机构 569 家。全市共有医疗卫生机构床位 3580 张，卫生工作人员 4340 人。其中：卫生技术人员 3491 人，乡村医生 278 人，其他技术人员 246 人，管理人员 75 人，工勤技能人员 250 人。专业公共卫生机构人员数 711 人。全市建立居民电子健康档案 58.7 万份，建档率 95%。12 项基本公共卫生服务项目稳步推进，群众满意度达 92% 以上。居民电子健康档案认领率达 71.5%；预防接种单苗接种率均达到 95% 以上；共发放健康教育宣传资料 100 余万份，更换健康教育宣传栏 1300 余期，举办知识讲座 1700 余次，开展公众咨询活动 130 次，参加健康活动及接受健康咨询达 2 万余人次；0—6 岁儿童健康管理率为 96.2%，孕产妇早孕建册率为 94.7%，产后访视率达 93.1%；65 岁以上老年人健康管理人数 61324 人，老年人健康管理率 63.5%；高血压和糖尿病患者规范管理率分别为 74.5% 和 75.5%，严重精神障碍患者规范管理率 95.4%；卫生计生监督协管巡查 700 余次；65 岁以上老年人和 0—3 岁儿童中医药健康管理率分别为 73.2% 和 87%；结核病患者管理率达 90% 以上。无偿献血 4154 人次，总采血量 165.58 万毫升，临床采血 100% 来自无偿献血。孕产妇住院分娩率达 100%，孕产妇系统管理率达 95% 以上。

十一、人口、人民生活和社会保障

年末全市公安户籍总人口 69.66 万人。年末常住人口 55.29 万人，常住人口城镇化率 51.1%，比上年提高 0.71 个百分点。根据卫健局统计数据，全年出生率为 4.84‰，死亡率为 7.91‰，人口自然增长率为 –3.07‰。

据抽样调查显示，全体居民人均可支配收入 35893 元，比上年增长 4.9%。全体居民人均消费性支出 26884 元，增长 6.4%。居民文教娱乐服务消费支出 4875 元，占消费支出比重为 18.1%。城镇居民人均可支配收入 45485 元，增长 4.1%。城镇居民人均消费性支出 29278 元，增长 4.4%。其中居住、生活用品及服务、交通通信、教育文化娱乐、医疗保健、其他用品及服务分别增长 4.6%、6.4%、3.2%、9.7%、9.9%、6.5%。农村居民人均可支配收入 26794 元，增长 5.2%。农村居民人均消费支出 24614 元，增长 8.4%。其中食品烟酒、衣着、交通通信、教育文化娱乐、医疗保健支出分别增长 7.3%、8.7%、9.3%、9.2%、9.8%。

新增城镇就业 5724 人，失业人员再就业 3024 人，农村劳动力转移就业 3022 人，就业困难人员再就业 1037 人，城镇调查失业率低于全省平均水平。全市困难群众城乡居民基本养老保险参保率达 100%，城乡居民参保 36.73 万人，企业职工养老保险参保 12.82 万人，机关事业养老保险参保 2.48 万人，工伤保险参保 5 万人，失业保险参保 3.94 万人。完成事业单位公开招聘 207 人，招募“三支一扶”人员 5 名。

全年发放城镇居民最低生活保障金 2330.20 万元，享受最低生活保障 6.03 万人次；发放农村最低生活保障金 2855.50 万元，享受最低生活保障 11.69 万人次。社会福利中心、城乡老年人服务设施、城乡居家养老服务示范点等现有床位 5410 张。

十二、安全生产和环境保护

全年各类生产安全事故 12 起，死亡 13 人。其中：道路运输事故 9 起，死亡 9 人；水上运输事故 1 起，死亡 2 人，其他事故（触电）1 起，死亡 1 人，建筑施工事故 1 起，死亡 1 人，受伤 2 人。与上年同比，事故起数增加 2 起、上升 20%，死亡人数增加 4 人、上升 44.4%，受伤人数减少 15 人、下降 88.2%。

环境空气质量连续 4 年达到国家二级标准，全年环境空气质量优良天数 339 天，优良率为 92.9%；环境空气质量综合指数 3.12，较上年下降 3.7%，全省 90 个考核县（市）排名第 62 位，益阳市排名第 3 位。主要污染物二氧化氮年平均浓度较上年上升 12.5%、二氧化硫年平均浓度与去年同期持平；南洞庭湖水质年均达到Ⅲ类，总体水质持续改善。省控断面稳定达到Ⅲ类水质；城区内湖水质稳中有升。城市集中式饮用水水源水质达标率 100%。

南　县

“洞庭明珠·生态南县”，于 1895 年设县建制，素有“鱼米之乡”美誉，先后获“中国挂面之都”“全国生态农业示范县”“粮食生产先进县”“基本农田保护示范县”“生猪调出大县”“水产健康养殖示范县”“平安渔业示范县”“社会治安综合治理先进县”“中国虾稻米之乡”“中国生态小龙虾之乡”“中国小龙虾全产业链发展示范县”“‘中国好粮油’行动国家示范县”“全国粮油生产全程机械化示范县”“国家农产品质量安全县”“全国稻虾全产业链典型县”“四好农村路”全国示范县等称号。

南县地处湘北边陲、洞庭腹地，地理坐标为东经 112° 10′ 53″—112° 49′ 06″、北纬 29° 03′ 03″—29° 31′ 37″。南北最长处约 53 千米，东西最宽处约 63 千米，总面积 1075.62 平方千米，与湘鄂两省五县（市）交界，位于益阳、岳阳、常德、荆州四大地级市辐射中心，是长江经济带综合立体交通走廊建设重要节点的腹地、“一带一部”等多重战略叠加地、洞庭湖生态经济区核心地。杭瑞高速、南益高速、长常高速、益阳绕城高速串联成网，国道 G234、G353 和省道 S202 纵横贯穿境内。“全国第二跨”钢拱拱桥茅草街大桥横越淞澧洪道沟通内外。北距长江黄金水道 30 公里，长江水系藕池河的 5 条支流流经南县，注入洞庭。境内有 500 吨级散装和 1000 吨级集装箱码头，可“南极潇湘，北通巫峡”。

南县盛产粮、棉、油、菜、果、湘莲等大宗农产品和猪、牛、羊、虾、龟、鳖等优质畜牧水产品。目前，全县有机食品认证 2 个，地理标志农产品 2 个，绿色食品认证 62 个。已发展各类农产品加工企业约 500 家，拥有上市公司 1 个（克明面业）、中国驰名商标 3 个（克明、顺祥、森艺）、地理标志商标7件（南县小龙虾、南县稻虾米，南洲稻虾米、南县大米、南县草龟、南县中华鳖、南洲洞庭蟹）、地理标志保护产品1件（南县小龙虾）、马德里国际商标5件（金信达、克明、顺祥、凯维布朗“KE” and kevebron、固虹）。

近年来，南县大力发展稻虾、蔬菜、龟鳖等特色优势产业，2023年南县稻虾面积62万亩，南县稻虾区域公用品牌价值355.6亿元，“南县稻虾米”荣获第107届巴拿马太平洋万国博览会（中国区）特等金奖。蔬菜复种面积达32万亩，建成全省最大的菜苔（6000公顷）、榨菜（3000公顷）生产基地，成为全国蔬菜生产重点县、湖南省“蔬菜之乡”。发展龟鳖高标准养殖基地约5000亩，实现龟鳖养殖约2亿元。

南县下辖华阁镇、明山头镇、乌嘴乡、青树嘴镇、南洲镇、中鱼口镇、三仙湖镇、茅草街镇、浪拔湖镇、麻河口镇、武圣宫镇、厂窖镇11个镇1个乡。

南县2023年国民经济和社会发展统计公报

2023年，全县各级各部门在县委、县政府的坚强领导下，坚持以习近平新时代中国特色社会主义思想为指导，全面贯彻党的二十大精神，深入落实中央、省、市、县经济工作会议精神，团结一致、坚定向前、克难奋进，始终保持战略定力，始终锚定发展目标，全力打好“发展六仗”，经济发展保持稳中有进、稳中向好、稳中提质的良好态势，新动能加快壮大，高质量发展扎实推进。

一、综合

初步核算，全年地区生产总值280.62亿元，比上年增长4.1%。其中，第一产业增加值68.12亿元，增长3.5%；第二产业增加值82.75亿元，增长6.0%；第三产业增加值129.75亿元，增长3.3%。三次产业结构比例为24.3 ∶ 29.5 ∶ 46.2。第一产业占地区生产总值的比重比上年下降0.6个百分点；第二产业占地区生产总值的比重上升0.5个百分点，其中工业增加值占地区生产总值的比重为19.5%，上升0.1个百分点；第三产业占地区生产总值的比重提高0.1个百分点。按常住人口计算，人均地区生产总值58757元，增长5.4%。

年末全县常住人口47.33万人，比上年末减少0.85万人。其中，城镇人口23.50万人，农村人口23.83万人，城镇化率[illegible]9.7%，比上年末提高0.7个百分点。

二、农林牧渔业

全年农林牧渔业总产值128.16亿元，比上年增长3.9%。其中，农业产值60.27亿元，增长3.8%；林业产值0.39亿元，增长3.6%；牧业产值26.31亿元，下降0.6%；渔业产值33.43亿元，增长6.7%；农林牧渔专业及辅助性活动产值7.76亿元，增长[illegible]9%。

农作物播种面积（复种）195.47万亩。粮食播种面积86.34万亩。其中，早稻、中稻、晚稻播种面积分别为17.3万亩、40.94万亩、[illegible].16万亩。棉花播种面积4.35万亩，油料播种面积55.59万亩，蔬菜播种面积33.32万亩。

粮食产量39.07万吨，增产2.3%。其中，早稻产量6.69万吨，增产0.1%；中稻及一季晚稻产量22.09万吨，增产1.6%；晚稻产量6.75万吨，减产2.4%。油料产量7.21万吨，增产0.8%。棉花产量0.41万吨，增产1.8%。蔬菜及食用菌产量95.87万吨，增产3.1%。

生猪存栏31.55万头，同比下降13.7%，生猪出栏43.02万头，同比下降4.3%；牛存栏2.21万头，同比下降9.8%，牛出栏1.09万头，同比下降11.4%；羊存栏5.49万头，同比下降0.4%，羊出栏5.68万头，同比下降10.1%；家禽存栏421.32万羽，同比增长1.3%，家禽出栏445.69万羽，同比下降7.2%；禽蛋产量3.2万吨，同比增长4.9%。

全年水产品产量16.28万吨，比上年增长4.8%。淡水养殖面积10173公顷（池塘6533公顷，湖泊2910公顷，河沟720公顷，其他10公顷），稻田养殖39783公顷。

全年完成造林面积2.45万亩，森林覆盖率10.6%，林地面积7.01万亩（有林地面积6.30万亩），活立木蓄积量45.36万立方米，湿地保护率50.7%。自然保护区1个，保护区面积1568公顷。

全县农业机械总动力90.55万千瓦，比上年增加1.426万千瓦。机耕面积9.46万公顷（复耕），机播面积5.74万公顷，机收面积9.17万公顷，综合机械化水平87.9%，其中机耕水平98.0%，机播水平63.8%，机收水平98.3%。

三、工业和建筑业

全年全部工业增加值54.75亿元，比上年增长5.0%。规模以上工业增加值增长6.0%。年末共有规模以上工业企业116家，其中，本年新增13家。规模以上工业企业营业收入增长3.4%，实现利润增长56.9%。

全年实现建筑业增加值28.05亿元，比上年增长8.2%。全县具有资质等级的总承包和专业承包建筑业企业13家，实现建筑业总产值增长10.0%。房屋建筑施工面积下降4.8%，房屋建筑竣工面积下降6.0%。

四、固定资产投资

固定资产投资比上年增长8.4%。其中，民间投资增长47.1%，占固定资产投资的比重为48.0%。产业投资增长7.2%，占固定资产投资的比重为87.7%。分经济类型看，国有投资下降1.9%，非国有投资增长13.6%。分投资方向看，民生工程投资增长4.1%，生态环境投资下降17.2%，基础设施投资增长13.8%，工业技改投资下降13.5%，高技术产业投资增长2.7%。分产业看，第一产业投资比上年下降54.4%，占固定资产投资的比重为1.6%；第二产业投资增长4.0%，占固定资产投资的比重为52.1%；第三产业投资增长20.0%，占固定资产投资的比重为46.3%。

全年房地产开发完成投资同比增长6.9%。商品房销售面积13.14万平方米，同比下降66.8%；商品房销售额6.37亿元，同比下降65.1%。

五、国内贸易

社会消费品零售总额107.55亿元，比上年增长7.2%。其中，限额以上批发和零售企业完成零售额22.61亿元，同比增长7.6%；限额以上住宿和餐饮业完成营业额1.21亿元，同比下降0.5%。从商品类别看，食品、饮料及烟草制品类零售额增长17.9%，文化、体育用品及器材类增长13.1%，医药及医疗器材类增长8.8%，家用电器及电子产品类增长2.4%，五金、家具及室内装饰材料类增长13.2%，石油及制品类增长13.1%，汽车类下降5.0%。

六、交通运输、邮电通信业

全年完成交通运输、仓储和邮政业增加值7.19亿元，同比增长2.3%。完成交通运输发送旅客520.80万人次，其中公路运输发送449.3万人次（含公共客运），水运运输发送71.5万人次。水陆（路）货物运输676.9万吨，其中陆路货物运输614.75万吨，水路货物运输62.15万吨。行政村客运班线通达率达100%。

全县公路总里程达到1708.42公里。其中，高速公路53.63公里、国道56.81公里、省道163.17公里、县道264.14公里、乡道386.16公里、村道784.51公里。有水泥硬化路及沥青路1603.42公里。

全年电信完成11903万元，完成率97.61%，同比增长7.84%；移动完成业务总量16300万元，与上年同比增幅1.8%；联通完成业务总量4698万元，与上年同比增长2.7%。年末全县拥有固定电话用户3.08万户，移动电话用户49.23万户，互联网宽带用户16.14万户。

七、招商引资和对外贸易

全县实际引进内资总额33.7亿元，同比增长17.0%；域外省内3.6亿元，同比增长16.1%。外贸进出口总额2.89亿元，同比下降81.7%；其中，实体外贸进出口总额增长10.8%。

全年新签约招商引资项目56个，其中亿元以上项目8个；当年开工建设项目28个，已投产项目18个。

八、财政、金融和保险

全县一般公共预算收入13.12亿元，比上年增长10.5%。一般公共预算地方收入8.22亿元，增长7.8%。其中，税收收入6.52亿元，增长8.6%；非税收入1.70亿元，增长4.8%。一般公共预算支出48.64亿元，下降3.6%。其中，一般公共服务支出5.13亿元，增长15.7%；教育支出10.08亿元，增长3.2%；社会保障和就业支出7.73亿元，增长12.5%；卫生健康支出3.45亿元，下降52.4%；城乡社区支出1.43亿元，下降27.9%；农林水事务支出9.41亿元，增长13.8%。

年末金融机构本外币各项存款余额388.11亿元，比年初增加43.02亿元，比上年末增长12.8%。其中，境内住户存款余额323.57亿元，增加38.05亿元，增长13.3%；非金融企业存款余额34.24亿元，增加3.6亿元。本外币各项贷款余额310.61亿元，增加34.3亿元，增长12.4%。其中，境内住户贷款余额71.24亿元，增加4.23亿元，增长6.3%；非金融企业及机关团体贷款余额239.35亿元，增加30.07亿元，增长14.4%。

全年保险公司原保险保费收入6.77亿元，比上年增长6.6%。其中，寿险保费收入3.85亿元，增长4.0%；财产险保费收入2.92亿元，增长10.2%。原保险赔付支出3.43亿元，增长26.3%。其中，寿险赔付支出1.19亿元，增长80.6%；财产险赔付支出2.24亿元，增长8.9%。

九、居民收入消费和社会保障

居民人均可支配收入30476元，比上年增长4.3%；城镇居民人均可支配收入38400元，增长3.3%；农村居民人均可支配收入24100元，增长5.0%。

居民人均消费支出23721元，比上年增长6.0%；城镇居民人均消费支出28642元，增长4.3%；农村居民人均消费支出19761元，增长7.6%。

城镇新增就业人员5123人，年末城镇登记失业率为2.6%，比上年末增加0.14个百分点；失业人员再就业4552人，新增农村劳动力转移就业2831人。

全县城乡居民基本养老保险参保总人数345934人，同比增加0.02%，基金支出19493.23万元，同比增加15.0%。城镇职工基本养老保险参保总人数86732人，同比增加3.1%；征缴基金31228.10万元，同比增加4.0%；机关事业单位基本养老保险参保总人数21983人，同比增加0.9%，征缴基金20564.26万元，同比增加1.0%；失业保险参保21347人，同比增加2.1%；失业保险征缴基金1120.43万元，同比增长11.1%；工伤保险参保41805人，同比减少14.9%，工伤保险征缴基金1134.00万元，同比减少5.7%。

年末共有各类提供住宿的社会服务机构17个，床位1819张，收养救助1127人。其中，乡镇敬老院14个，床位1466张，福利院1个，床位数310张，医养中心1个，床位18张，民办1个，床位25张。儿童福利机构1个，床位22张，救助管理机构1个，床位50张，收养救助684人。

年末获得政府最低生活保障的城市低保人数3239人，发放最低生活保障标准每人每月391元，发放最低生活保障经费1592万元。获得政府最低生活保障的农村低保人数10538人，发放最低生活保障标准每人每年252元，发放最低生活保障经费2975万元。

十、教育和科学技术

全县共有各级各类学校189所。其中，幼儿园91所（其中民办53所），普通小学67所（其中小学教学点14所），普通初中20所，普通高中4所（其中民办1所），完全中学1所，九年一贯制学校2所（其中民办1所），十二年一贯制学校1所，特殊教育学校1所，职业高中2所（其中民办1所）。在校学生6.05万人。其中，学前教育在校学生0.90万人，小学在校学生2.72万人，初中在校学生1.35万人，高中在校学生0.64万人，特殊教育在校学生0.02万人，职业高中在校学生0.41万人。小学适龄儿童入学率100%，小学毕业生升学率100%，高中阶段教育毛入学率83.8%。教职工人数5800人。其中，学前教育教职工1068人，小学教职工2149人，初中教职工1590人，高中教职工669人，特殊教育教职工18人，职业高中教职工306人。

全县有78家拥有高新技术或高新产品企业，其中省科技厅认定的高新企业54家，拥有高新产品的企业23家。78家企业全年完成高新技术产值130.51亿元，同比增长35.3%，实现高新增加值45.13亿元，同比增长45.0%。

全年专利授权166件，同比下降24.8%；有效发明专利107件，同比增长11.5%。

法定计量检定机构1个，强制检定计量器具2300余台件。重点工业产品质量监督抽查162批次。工业产品定期抽查合格率81.48%。

十一、文化、卫生和体育

全县共有艺术表演团体9个，群众艺术文化馆13个，公共图书馆18个，藏书总量17万册。博物馆1座，文物藏品1260件，参观人数94万人次。广播电视台发射塔一座，县城区有线电视用户1.6万户，农村有线电视用户数2.3万户，广播综合人口覆盖率100.0%，电视综合人口覆盖率100.0%。

有体育场地1057个，其中，公共体育场馆3座，游泳池5个。共开展全民健身运动34项次。全年总接待游客834.35万人次，增长37.10%，旅游总收入77.16亿元，增长47.16%。旅行社1家。

各类卫生机构490个，医院14家，其中，综合医院1家，中医院1家，专科医院12家；基层医疗机构470家，其中乡镇卫生院21家，村卫生室405家，门诊部2个，普通诊所37家；专业卫生机构数8家，其中包括疾病预防控制中心1家、妇幼保健院1家、卫生监督所1家、专科疾病防治院（所、站）5家。卫生机构实有床3571张。全县有卫生技术人员2596人，其中执业医师和执业助理医师1235人，注册护士1366人，药师117人，技师274人。

十二、资源、环境和安全生产

全县11个镇，1个乡，居委会34个，村委会132个。土地总面积1065.02平方公里，绿化覆盖面积716.16公顷，绿化覆盖率42.64%。城镇污水处理率95.0%以上；生活垃圾无害化处理率100%。

全社会用电量8.38亿千瓦时，下降3.0%。其中，工业用电量2.54亿千瓦时，增长9.9%。

全年空气质量优良率达88.8%。达到或优于III类标准的水质断面比例为100.0%。

全年降水总量992.6毫米，比历年平均降水量1280.80毫米明显偏少288.20毫米。日照时数1645.00小时，比历年平均日照时数1493.80小时偏多151.2小时。

全年发生各类生产经营性安全事故起，生产经营性安全事故死亡人数2人。亿元地区生产总值生产安全事故死亡率人。发生道路交通事故7417起，比上年下降3.6%。其中，死亡人数29人，下降25.6%。

政治·军事·法治

◎益阳市全域推进村（居）民代表常态化联系服务群众工作

2023年1月3日，益阳市召开全域推进村（居）民代表常态化联系服务群众工作动员会。市委常委、市委组织部部长李铁华出席会议并讲话。

会议指出，全域推进村（居）民代表常态化联系服务群众工作，是学习贯彻党的二十大精神的实质要求，是提升党建引领基层治理效能的重要举措，是践行新时代党的群众路线的现实需要，是防范化解风险挑战的具体抓手。会议还印发了《关于全域推进村（居）民代表常态化联系服务群众工作的实施意见（试行）》。

会议还就2023年基层党建工作作了部署。李铁华要求，要重点围绕高质量党建引领乡村全面振兴、推进以党建引领基层治理、统筹发展党员和党员教育管理等内容，加强系统谋划，强化项目化运作、品牌化管理，持续推动益阳基层党建工作高质量发展。

各县（区、市）委常委、组织部部长，市直有关单位和市委组织部有关负责同志参加会议。

◎益阳市全力保障春运期间群众出行安全畅通

益阳市2023年春运工作电视电话会议现场

2023年1月4日，全市春运工作电视电话会议在益阳市交通运输局召开。副市长、市春运工作领导小组组长乐运成出席并讲话。

会上，市委宣传部、市教育局、市工信局、市公安局、市交通运输局、高警局益阳支队、益阳火车站、高铁益阳南站、益阳湘运集团、益阳神舟运输有限公司、益阳众旺公交公司等相关单位、企业负责人集中收看全国、全省2023年春运工作电视电话会议。

乐运成强调，要贯彻落实全国、全省春运工作电视电话会议精神，紧盯“安全、健康、便捷、舒适”目标任务，动态研判交通安全形势，从严从细从实抓好组织部署、方案制定、指挥调度、检查督促等各项工作。要围绕高铁站首次面临挑战和益阳市地形地貌丰富等特殊因素，加强关键节点交通组织，做好流量监测、清障救援、恶劣天气应急管理等各项准备。要科学精准抓好疫情防控，严格执行“乙类乙管”各项措施，紧盯行业疫情防控，制定完善突发疫情处置应急预案。要做好安全管理保平安，重点督促运输企业落实安全主体责任，围绕“两客一危”车辆、水路交通等重点领域，组织开展安全检查和隐患整改。要加强组织管理保畅通，压实属地责任，针对不同路段、时段和车辆，防范化解各类交通安全隐患风险。

◎益阳市扎实推动“三学三讲三进”确保党的二十大精神见行见效

2023年1月3日，益阳市委常委、市委政法委书记胡安邦发表题为《以民主聚力量 以法治促发展 不断筑牢基层社会治理基石》的署名文章。连日来，全市政法系统立足主责主业和本职工作，进一步推动党的二十大精神的学习领会和贯彻落实。

全体政法干警坚持学以致用、学用结合，深入开展“三学三讲三进”系列活动，党委“带头学”、支部“跟进学”、干部“自己学”，领导干部“带动讲”、专家学者“深入讲”、宣传媒介“广泛讲”，组织宣讲队伍进基层、进学校、进企业。全市系统全面组织部署，引导广大干部职工学出信仰、学出干劲、学出担当，不断掀起学习宣传贯彻党的二十大精神热潮。

市委常委、市委政法委书记胡安邦先后主持召开机关专题会议、理论学习中心组集体学习、市委政法委员会2022年第三次全体（扩大）会议暨党的二十大精神宣讲报告会，传达学习党的二十大精神，研究部署贯彻落实具体措施，并深入益阳科力远电池有限责任公司、安化县江南镇庆阳村、资阳区龙塘社区等地开展宣讲，引导教育广大党员干部群众从精神中汲取力量、指导实践。市委政法委领导班子成员也纷纷下沉分管联系单位，通过宣讲报告会、基层座谈交流会等形式带头宣讲党的二十大精神。

要闻纪事

1月

△4日，益阳市法院检察院工作情况通报协商座谈会召开。市委副书记、市委统战部部长熊炜出席并讲话。会议通报了市中级人民法院、市人民检察院工作情况，各民主党派市委会、市工商联、无党派人士代表围绕执行力度、律师权益、便民利民、民营企业家权益、基层力量等方面作交流发言。

△5日，益阳市委副书记、市长陈竞主持召开市政府第二次全体会议。市委常委、常务副市长刘勇会通报了2022年《政府工作报告》任务完成情况，对2023年《政府工作报告》任务分解和市重点建设项目安排进行了说明。

△6日，益阳市委常委会召开2023年第1次会议，传达学习习近平总书记近期重要指示精神，中央、省委近期重要会议精神，研究人才等工作。市委书记瞿海主持会议。

△10日，益阳市委召开县（区、市）和市直行业系统党（工）委书记抓基层党建工作述职评议会议，听取16位党（工）委书记抓基层党建工作述职，并对述职同志进行测评。市委书记瞿海主持会议并作全面点评讲话。湖南省委组织部有关同志到会指导。会议还通报了2022年度全市信访工作示范乡镇（街道、园区）考核结果。

△11日，驻益省十四届人大代表初任培训班开班，市人大常委会党组书记、主任彭建忠主持，全国人大代表、省人大财经委副主任委员徐云波讲授了人民代表大会制度的内涵和人大代表履职要求，市人大常委会副主任刘凌云讲授了预算基本业务知识及审查监督实践，市人大常委会副主任崔建平出席。

◎益阳市做好根治欠薪工作 保障农民工工资支付

益阳市召开集中整治拖欠农民工工资问题专项行动调度暨集体约谈会议

2023年1月5日，益阳市集中整治拖欠农民工工资问题专项行动调度暨集体约谈会议召开。市委常委、常务副市长刘勇会出席并讲话。

会上，市人社局负责人通报了今年全市集中整治拖欠农民工工资问题专项行动开展情况。市住建局（人防办）、市公安局、市中级人民法院等单位汇报了相关工作情况，重点欠薪项目业主单位和施工总承包单位作表态发言。

据了解，截至目前，全市共检查用人单位812家，涉及劳动者11.42万人。摸排欠薪隐患36起，发出劳动保障监察整改函55份、限期改正指令书37份。立案办理各类案件57件，其中拖欠农民工工资案件48件，协调处理各类投诉1461件，共为7806名农民工追回工资1.59亿元。

刘勇会强调，各级各部门务必提高政治站位，进一步强化底线思维和风险意识，增强责任意识和使命担当，坚决贯彻落实好国务院、省、市决策部署，及时采取得力措施，有效管控和遏制欠薪事件发生。要强化工作举措，加强源头管控、督促检查、预警处置，确保实现农民工工资无欠薪的目标。要压实主体责任，落实好部门监管责任，及时受理、查处拖欠农民工工资的违法行为，努力让人民群众的获得感成色更足、幸福感更可持续、安全感更有保障。

◎安化县举行第三个“中国人民警察节”暨党的二十大安保维稳工作总结表彰大会

安化县举行第三个“中国人民警察节”暨党的二十大安保维稳工作总结表彰大会

2023年1月9日，安化县隆重举行第三个“中国人民警察节”暨党的二十大安保维稳工作总结表彰大会。

在表彰大会上，县领导分别为安化县党的二十大安保维稳工作“十佳民警”“十佳辅警”“十佳村警”和全县公安机关2022年度“十佳警嫂”颁奖。慰问了6个公安基层单位，为从警30年民警颁发“湖南公安荣誉章”，并举行公安民警光荣退休仪式，为8名退休民警代表颁发退休纪念盾。

随后，获得表彰的优秀个人代表和优秀公安基层单位代表先后交流发言。

安化县委书记石录明为全县公安机关广大民辅警、退休老民警送上了节日的问候。他指出，民辅警们要全面学习贯彻党的二十大精神，坚持政治建警、严优并举，持续巩固教育整顿成果，锻造过硬队伍，永远做党和人民的忠诚卫士；要围绕中心、服务大局，聚力打造绝对安全的政治环境、持续稳定的社会环境、服务暖心的发展环境；要始终坚持以人民为中心，坚持和发展新时代“枫桥经验”，持续推出便民惠民举措，切实为人民群众排忧解难，保障群众生命财产安全；要坚持严管厚爱结合、激励约束并重，坚持刀刃向内，从严治警，打造公安铁军。

县领导李丰、陈飞燕、胡能华、钟曙波、李德辉、张强参加表彰大会。

要闻纪事 ★ ★ ★ ★ ★ ★ ★ ★ ★ ★

△11日，益阳市委书记瞿海主持开展市委常委班子2022年度民主生活会会前学习暨市委理论学习中心组2023年第1次集体学习。市委副书记、市长陈竞，市委副书记、市委统战部部长熊炜，市政协主席胡立安参加集体学习并发言。

△12日，益阳市委办公室召开2023年务虚会议，梳理总结2022年工作成绩，全面分析面临的形势和问题，科学系统谋划2023年工作，推动“三服务”工作高质量发展。市委常委、市委秘书长黄道安主持会议并讲话。

△14日，湖南省十四届人大一次会议益阳代表团集中审议政府工作报告。省委常委、省委政法委书记魏建锋参加讨论，鼓励益阳发挥优势，壮大产业，为全面建设社会主义现代化新湖南开好局起好步贡献力量。市委书记瞿海主持集中讨论。

△16日，湖南省十四届人大一次会议益阳代表团集中审议政府工作报告、省人大常委会工作报告、省“两院”工作报告。省委常委、省委政法委书记魏建锋参加讨论，鼓励益阳发展全过程人民民主，营造良好司法环境，为全面落实“三高四新”战略定位和使命任务作出新贡献。市委书记瞿海，市委副书记、市长陈竞分别主持集中讨论。

△23日，益阳市委副书记、市长陈竞主持召开全市蓝天保卫战约谈会议。市委常委、常务副市长刘勇会，益阳高新区党工委书记汪军，市政府秘书长梁成立出席会议。会上，市蓝天办通报相关情况，各县（区、市）和市生态环境局、市农业农村局、市城管局等相关部门单位作表态发言。

△29日，益阳市委常委会召开2023年第3次会议，传达学习习近平总书记重要讲话精神和全国、全省重要会议精神，研究部署当前有关工作。市委副书记、市长陈竞主持会议。

◎益阳市公安局隆重庆祝第三个中国人民警察节

2023年1月10日，益阳市公安局隆重举行庆祝第三个中国人民警察节暨“守卫银城”新时代巡防警务启动仪式，副市长、市公安局局长史尚篪致辞。

1月10日是第三个中国人民警察节，也是全国第37个“110主题宣传日”。10日8时，激昂的《中国人民警察警歌》响起，擎旗手挥臂扬旗，鲜艳的警旗冉冉升起，参加仪式的全体民辅警警容严整、士气昂扬，庄重肃穆地向警旗敬礼，并重温人民警察誓词。“守卫银城”新时代巡防警务举行启动仪式，50台崭新的警用摩托车排列整齐，闪烁着蓝色的灯光，随着一声令下，整装待发的交警和特警驾驶着警用摩托车，会同巡逻警车、特警装甲车在中心城区开展巡逻，成为街头巷尾一道亮丽的风景线。

史尚篪表示，希望全市广大公安民辅警深入学习宣传贯彻党的二十大精神，铭记使命，续写辉煌，严守“1—3—5”分钟见警生命线，坚决做到出警快、处突快、抓获快、调处快、服务快，切实提升街面见警率、管事率，努力建设更高水平的平安益阳，保一方平安、护一方稳定、正一方风气，在打击犯罪、压降警情、服务群众中切实发挥“精兵”“尖刀”作用，勇毅护航新时代壮阔征程。

市公安局隆重庆祝第三个中国人民警察节

◎益阳军地联合送喜报 拥军优属暖人心

2023年1月11日，益阳军分区、市退役军人事务局和桃江县党委政府相关负责人来到大栗港镇曹家港村现役军人李明老家，送上一等功喜报。市委常委、益阳军分区司令员席尚平讲话。

现场，部队领导宣读喜报，地方领导为李明及家属佩戴绶带，并在李明家里悬挂一等功臣牌匾。据了解，李明现服役于海军航空大学某部。入伍以来，李明刻苦钻研，苦练精飞，先后荣获三等功1次、二等功1次。2022年度完成任务成绩突出，荣立战备训练一等功。

席尚平向李明表示祝贺，对其家属的无私奉献表示崇高敬意。他说，李明是从益阳走出去的优秀飞行员，他的荣誉，是按纲施训、苦练精飞的成果，更是用忠诚与热血报效祖国的生动体现。他指出，强国必先强军，军强才能国安，地方党委、政府永远是军队、军人、军属的坚强后盾，将按照习近平主席号召的“让军人成为全社会最尊崇的职业”，做好各项工作，强国强军、支前拥军。

军地领导将喜报送到李明家中

益阳军地联合送喜报 拥军优属暖人心

◎益阳市政府召开2023年第2次常务会议 专题研究金塘冲水库项目推进工作

2023年1月11日，益阳市政府召开2023年第2次常务会议，专题研究金塘冲水库项目推进工作。市委副书记、市长陈竞主持会议。

会议听取了关于金塘冲水库项目工作情况汇报。会议强调，要坚定工作目标，抢抓机遇、只争朝夕，将金塘冲水库作为全市项目建设头号工程，加快争取国家发改委和水利部将金塘冲水库项目列入今年重点项目建设清单，全力以赴推进项目前期各项准备工作。要厘清政策程序，加强对水利项目投融资、移民、项目建设等相关政策的学习研究，精准掌握政策中的项目申报要求和前置条件及各项准备工作。要善于学习借鉴，积极学习其他地方同类项目推进经验和做法，制定周密的工作推进方案，进一步明确项目推进的时间表、路线图、责任书和重点问题解决方案，严格按照时间节点，压茬推进各项前期工作，推动金塘冲水库早开工、早建设。要强化组织协同，加强项目工作专班人员力量的配备和完善，坚持挂图作战、节节推进，强化上下协同、横向协作，共同做好金塘冲水库项目申报工作。要守好廉洁底线，完善内部制度建设，加强项目推进过程监管，确保依法依规、有力有序推进金塘冲水库项目建设。

◎湖南省退役军人事务厅来沅陵慰问退役军人和现役军人家属

2023年1月12日，湖南省退役军人事务厅党组成员、副厅长刘勇率队来沅慰问退役军人和现役军人家属。

刘勇一行首先来到现役军人刘健家属家中，与刘健的家人亲切交谈。刘健于1999年入伍，现任某部部队长，荣立二等功1次，三等功4次。

省退役军人事务厅来沅慰问退役军人和现役军人家属

刘勇对刘健无私奉献的精神给予了高度评价，并询问刘健父母的生活情况，了解他们的所需所求，把慰问金送到刘健父亲手中，并向他们致以崇高的敬意。刘勇叮嘱随行的相关部门负责人，要多多关心关爱军人家属，及时解决他们遇到的困难，为现役军人消除后顾之忧。

随后，刘勇一行来到复员军人李伏保家中。李伏保于1951年入伍，1954年退伍，曾在志愿军炮兵第9师16团3营中担任观测员。刘勇紧紧握住老人的手，详细询问了他的生活和身体状况，了解相关优抚待遇落实情况，并送上新春祝福。

刘勇要求，各级退役军人事务部门要始终坚持以退役军人为中心，带着深厚的感情，用心用情用力做好退役军人和其他优抚对象服务保障工作，真正让退役军人有更多、更直接、更实在的获得感、幸福感、安全感。

要闻纪事

2月

△3日，益阳市委常委会召开2023年第4次会议，传达学习习近平总书记在中共中央政治局第二次集体学习时的重要讲话精神和省委书记、省人大常委会主任张庆伟来益阳调研有关讲话精神，研究益阳市贯彻落实工作。市委副书记、市长陈竞主持会议。

△10日，益阳市政府召开2023年第3次常务会议，集中学习《中华人民共和国体育法》，审议并原则通过《关于对2022年度市政府真抓实干成效明显地区（单位）予以表扬激励的通报》《益阳体育强市建设规划（2022—2030年）》等。市委副书记、市长陈竞主持会议。

△13日，为期5天的市管干部学习贯彻党的二十大精神集中轮训第二期研讨班在市委党校开班。益阳市委常委、市委组织部部长李铁华作动员讲话。来自全市的255名市管干部参加学习。

△14日，益阳市委召开全市领导干部大会，省委组织部副部长、省公务员局局长（兼）张值恒出席会议并宣布省委关于益阳市主要领导干部调整的决定：陈竞同志任中共益阳市委书记。

△17日，益阳市第七届纪委第三次全会召开。市委书记陈竞出席并讲话。市委副书记、市委统战部部长熊炜，市人大常委会主任彭建忠，市政协主席胡立安出席。市委常委、市人大常委会、市政府、市政协在职市领导，市中级人民法院院长、市人民检察院检察长等参加会议。市委常委、市纪委书记、市监委主任欧阳艳作工作报告。会上，与会人员集中观看了警示教育片《不可触碰的底线2022》和《利剑高悬 清淤护航》。

◎ 2022 年度益阳市直医疗卫生单位党组织书记抓基层党建述职评议会议召开

会议现场

2023 年 1 月 18 日，益阳市委卫健工委组织召开 2022 年度市直医疗卫生单位党组织书记抓基层党建工作述职评议会议，听取市直 8 家医疗卫生单位的党组织负责人抓基层党建工作述职，并对述职同志进行点评与测评。市人民政府副市长、市委卫健工委书记罗晓皓出席会议并讲话，市委卫健工委常务副书记、市卫健委党组书记、主任夏大主持会议，市委基层办主任方平到会指导。

市人民政府副市长、市委卫健工委书记罗晓皓出席会议并讲话

罗晓皓指出，2022 年面对严峻复杂的疫情和经济下行压力等挑战，各基层党组织冲锋在前、勇挑重担、大胆担当，以实际行动和优异成绩获得了市委、市政府和广大人民群众的认可和赞扬。

她强调，全市卫健系统各级党组织和党员干部要深入学习贯彻党的二十大精神，坚持以习近平新时代中国特色社会主义思想为指导，全面落实新时代党的建设总要求和新时代党的组织路线，踔厉奋发、勇毅前行，推动卫健系统基层党建工作再上新台阶。

市委卫健工委班子成员、在职副处级以上领导干部、三级调研员，市卫健委机关各科室（中心）负责人、计生协会办公室负责人，市委卫生健康工委出席市第七次党代会代表，市直各医疗卫生单位党组织书记、副书记、党建工作分管领导、党办主任等参加了会议。

◎益阳市 2 单位 5 个人获评全省应急管理先进

2023 年 1 月 29 日，湖南全省安全生产和应急管理工作会议在长沙召开，授予 50 个单位“湖南省应急管理先进集体”称号、100 名个人“湖南省应急管理先进个人”称号，益阳市 2 个集体、5 名个人榜上有名。在益阳分会场，市委常委、常务副市长刘勇会为益阳市未到主会场的获奖集体和个人进行现场颁奖。

赫山区应急管理局、桃江县消防救援大队等获得“湖南省应急管理先进集体”称号；吴子宪、李尚明、卜清华、杨令、饶聪等获得“湖南省应急管理先进个人”称号。

益阳市 2 单位 5 个人获评全省应急管理先进

要闻纪事

△ 20 日，益阳市统战部长会议召开。市委副书记、市委统战部部长熊炜出席会议并讲话。市中级人民法院院长彭卫兵、益阳医学高等专科学校党委书记周奎出席会议。会议通报了 2022 年全市民族宗教工作情况，宣读了《关于 2022 年度全市统战宣传工作、统战理论政策研究工作创新成果的通报》和《关于为第五批市级“同心美丽乡村”授牌的决定》，有关单位进行了交流发言。

△ 21 日，安化县人大常委会党组书记、主任陈飞燕主持开展县人大常委会党组班子民主生活会会前学习暨理论学习中心组 2 月份集中学习。会上，与会人员集中观看了党员教育微视频。传达学习了省十四届人大一次会议精神、县委三次全会暨经济工作会议精神。集中学习了习近平总书记在党的二十届一中全会上的重要讲话精神和县纪委关于开展警示教育活动的通知，以及习近平总书记在二十届中央纪委二次全会上的重要讲话精神和张庆伟书记在十二届省纪委三次全会上的讲话精神。5 位同志围绕学习内容分别作了研讨发言。

△ 22 日，益阳市委书记陈竞主持召开书记专题会议，听取七届市委第二轮巡察综合情况汇报，研究部署下阶段巡察工作。市委常委、市委组织部部长李铁华，市委常委、市纪委书记、市监委主任欧阳艳参加会议。

◎沅江高新区开局即决战、起步即冲刺，全力“拼经济”

沅江市主要领导一行考察参观山东圣泉集团

湖南桃花江游艇制造有限公司生产厂区一角

2023 年 2 月 3 日，沅江市委书记杨智勇主持召开沅江市 2023 年园区工作推进会，鼓士气、定任务、划重点、亮实招，吹响抢抓时间“拼经济”的奋斗号角，展现出全力以赴稳增长、促发展的信心和决心。

4 天 3 省，走访 6 家企业，与 1 家企业签订战略合作协议，这是杨智勇今年首趟招商记录。

2 月 15 日至 18 日，杨智勇率队赴北京、山东、江苏等地开展招商考察，走访乡贤，为沅江高质量发展蓄势赋能。沅江市领导谭洪祥、吴限忠，沅江高新区党工委书记李选才一同考察。

3 月 3 日，新华社刊发《洞庭湖畔船厂赶订单》一文，让沅江高新区船舶产业园、湖南桃花江游艇制造有限公司生产厂区一艘名为佳鑫 9188 的 8000 吨级散货船“火”了。其船身颜色上蓝下红，球鼻艏仿照轮改良，非常抢眼。

更让媒体争相报道的，是这里络绎不绝的订单：今年首季度，沅江产区订单突破 4.4 亿元，同比增长 50%，8 艘 7 千吨至 8 千吨级大船和 40 多艘小型游艇同时在建。

连日来，沅江高新区船舶产业园 50 余家船舶及配套企业铆足干劲，奋力冲刺。

开局即领跑，沅江高新区各项经济指标飘红：今年以来，沅江高新区招商引资洽谈项目 28 个（约 60 亿元），新增固定资产投资入库项目 8 个，投资金额为 20 亿元。

◎益阳市召开创文交通秩序综合整治组迎国检工作调度会

2023年2月16日，益阳市创文交通秩序综合整治组迎国检工作调度会召开。副市长、市公安局局长史尚篪出席会议并讲话，市政府副秘书长杨禄仁主持会议。

会上，市公安局交警支队长徐春波通报了全市创文交通秩序综合整治组前段工作情况。各成员单位汇报了当前工作困难和需要解决的问题。

会议要求，一是认识要提高。创文工作人人都是参与者，人人都是受益者，要切实提高站位，认清当前创文工作面临的形势，以决战决胜的姿态和敢打必胜的斗志，扎实完成迎检任务。二是责任要明确。各相关单位要责任上肩，认真对照各项任务指标，定人员、定任务、定措施、定时限，形成事事有人管，件件有人抓的责任体系。三是措施要发力。要把工作抓在日常、重点攻坚，扎实开展联合执法、严管重罚，从严从速整治交通不文明行为。四是奖惩要到位。要加强日常调度，实时跟进督导通报，敢于动真碰硬，强化责任追究，充分运用纪律措施倒逼履职尽责，坚决打赢创文攻坚战。

市公安局、市城管执法局、市交通运输局、市市场监管局、市住房和城乡建设局、市司法局、市教育局、市文明办等单位相关负责人参加会议。

◎以党的二十大精神为指引 奋力推进新时代益阳政法工作现代化

2023年2月8日，益阳市委政法工作会议召开，总结2022年政法工作，分析当前面临形势，研究部署2023年政法工作。市委常委、市委政法委书记胡安邦讲话，副市长、市公安局局长史尚篪主持会议，益阳军分区副司令员李俊、市中级人民法院院长彭卫兵、市人民检察院检察长王东晖出席。

2022年，全市政法战线以护航党的二十大和学习、宣传、贯彻党的二十大精神为主线，全力以赴防风险、保安全、护稳定、抓改革、促发展，推动全市政法工作总体态势稳中有进、核心指标进位争先，高质量发展迈出坚实步伐。在湖南省对市平安建设考评中获评全省先进市州，全省公众安全感民意调查得分为93.42分，同比提高0.36分，创历史新高。

胡安邦表示，当前全市政治社会稳定形势总体向好，但要清醒认识面临的形势和挑战，准确把握新时代新征程政法工作的历史方位。他强调，要全力做好今年政法工作，为全面建设社会主义现代化新益阳提供坚强政法保障，以党的政治建设为统领，确保政法工作坚定正确的前进方向。

会议宣读了《关于2022年度全市平安建设考核评估情况的通报》，有关单位负责人交流发言。

益阳市委政法工作会议召开

◎益阳市政府办深入开展“一月一课一片一实践”活动

市政府办深入开展“一月一课一片一实践”活动

2023年2月17日，益阳市政府办第二党支部开展“一月一课一片一实践”活动，市政府副市长杨智华、市政府副秘书长朱凤章及全体支部党员参加活动。

活动组织观看了警示教育片《忠诚与背叛——2022湖南反腐警示录》，集中学习了市纪委监委典型案例通报等文件精神，用观看教育片与文件学习相结合的方式，进一步筑牢了党员干部廉洁自律思想防线。

杨智华结合自身实际，为全体党员上了一堂生动丰富的微党课。随后，全体党员联系思想和实际，就“如何真正把党的二十大精神转化为推动工作的强大动力”逐一进行了交流发言，各位党员结合自身实际，深入交流了自己的心得和看法，活动现场讨论热烈、氛围浓厚。

本次“一月一课一片一实践”活动是对全体支部党员的一次思想洗礼和行动鞭策，为支部党员进一步补足了精神之“钙”，把稳了思想之“舵”。通过学习，全体党员干部纷纷表示，将进一步坚定信念、增强党性、提高站位，实实在在将党的二十大精神践行到平时的实际工作中，继续为党和人民的事业贡献自己的力量。

要闻纪事

△23日，益阳市人大常委会党组书记、主任彭建忠主持召开市七届人大常委会第14次主任会议。会议听取了市人大环资委关于《益阳市国土空间规划（2021—2035年）》审查意见的报告。会议讨论了《益阳市人大常委会立法协商办法（草案）》《益阳市人大常委会立法咨询专家工作规定（修订草案）》《益阳市人大常委会基层立法联系点工作规定（修订草案）》《益阳市人大常委会2023年“部门服务抽样评”工作方案（草案）》，还讨论了市七届人大常委会2023年工作要点（草案）。

△24日，益阳市委书记陈竞主持召开益阳市国土空间规划委员会2023年第一次全体会议，深入学习贯彻习近平总书记关于国土空间规划工作的重要指示批示精神，听取全市国土空间规划编制工作的情况汇报，研究《益阳市国土空间总体规划(2021—2035年)》。市委常委、常务副市长刘勇会，市政协副主席谢梅成，益阳高新区党工委书记汪军等参加会议。

△27日，益阳市七届人大常委会第九次会议召开。会议学习了《中共益阳市委关于加强和改进新时代人大工作的实施意见》，听取了市人民政府关于提请审议《益阳市国土空间总体规划（2021—2035年）》的议案及说明、市人大环资委相关审查意见的报告，审议通过了市人大常委会2023年工作要点（草案），听取并审议表决了市人大常委会主任会议、市人民政府、市中级人民法院提请审议的人事任免议案、报告及说明，对市七届人大二次会议以来的市人大代表建议进行集中交办。新任国家工作人员向宪法宣誓。

◎益阳市管干部学习贯彻党的二十大精神集中轮训第三期研讨班圆满结业

2023年2月20日，益阳市管干部学习贯彻党的二十大精神集中轮训第三期研讨班在中共益阳市委党校开班，市委常委、秘书长黄道安出席开班式并作动员讲话，市委党校常务副校长李振华主持开班式。来自全市的253名市管干部参加学习。2月24日，举行结业式，市委组织部常务副部长祁辉出席并作总结讲话。

本期研讨班邀请了4位专家教授为学员授课：

2月21日，中共中央党史和文献研究院原副部长级院务委员冯俊教授作《学习贯彻党的二十大精神，做到五个“牢牢把握”》专题辅导（远程授课）

2月22日，省委党校张思京副校长作《中国共产党章程（修正案）》专题辅导

2月23日，省委党校王蔚教授作党的创新理论专题辅导

2月23日，省委党校戴军教授作推动高质量发展专题辅导

结业式上，参训学员纷纷表示：本次培训时间虽短，但收获丰厚，既在理论学习上“加了油”，又在拓宽视野上“提了神”，还在提升能力上“充了电”，是一次坚定航向的理论武装、一次重温初心的精神洗礼、一次鼓劲加压的奋进实践，通过培训必将进一步提升自身素质和履职能力，凝心聚力推动全市工作高质量发展。

◎为建设现代化新益阳贡献科协力量

第三期研讨班现场

2023年2月22日，益阳市企业科学技术协会联合会第一次会员代表大会召开。副市长杨智华出席会议并讲话。

会议选举产生了市企业科协联合会理事会理事长、荣誉理事长、常务副理事长、副理事长、监事长、监事和秘书长，颁授了牌匾和聘书。杨智华表示，市企业科协联合会的成立，既为党和政府联系企业科技工作者架起了桥梁，也为广大企业科技工作者搭建了交流平台。希望联合会抓紧建立健全各项规章制度，努力推动各项工作有序开展，不断扩大联合会的知名度和影响力。他要求，市企业科协联合会要在坚持政治引领上做示范，引领科技工作者感党恩、听党话、跟党走，树牢“四个意识”，增强“四个自信”，坚定拥护“两个确立”，坚决做到“两个维护”；要在推进科技创新上当先锋，为会员企业牵好线、服好务，不断提升会员企业自主创新能力，为全市先进制造业高质量发展提供有力支撑；要在深化学术交流上求实效，激发会员企业科技工作者创新的斗志、创造的自信、创业的勇气，促进知识转化为现实生产力。为提升全市科技创新能力、建设社会主义现代化新益阳作出应有贡献。

要闻纪事

3月

△3日，益阳市公安局赫山分局召开全区公安工作会议。副区长、分局局长曾钰彬出席会议并讲话，会议由分局党委副书记、政委钟程主持。会议的主要任务是：以习近平新时代中国特色社会主义思想为指导，全面贯彻落实党的二十大精神，贯彻落实省委、市委、区委政法工作会议，全省、全市公安局长会议精神，总结成绩，表彰先进，分析形势，安排部署今年公安工作。

△6日，益阳市委办公室召开2023年机关工作部署会议，总结2022年工作，安排部署2023年重点工作。市委常委、市委秘书长黄道安出席会议并讲话，市委常务副秘书长郭腊云作工作报告，市委副秘书长刘金洲主持会议。会议表彰了先进集体、先进个人代表。

△6日，益阳市市管干部学习贯彻党的二十大精神集中轮训第五期研讨班开班式在益阳市开放大学举行。市委常委、市纪委书记、市监委主任欧阳艳作开班动员讲话。共103位市管干部参加开班式。

△7日，益阳市人大常委会机关召开2023年度党风廉政建设工作会议。市人大常委会党组书记、主任彭建忠讲话，党组副书记、副主任汤瑞祥主持，副主任刘凌云、陈伟志、崔建平，秘书长秦本华出席。会议传达学习了市七届纪委三次全会精神，总结了2022年机关党风廉政建设工作，部署了2023年工作。与会人员集中观看了警示教育片并签订廉洁承诺书。

△13日，省直机关党支部书记履职能力提升培训班在益阳开班。省直机关工委委员、省直工会主席杨立勇作开班动员讲话和专题教学。市委常委、市委秘书长、市直机关工委书记黄道安在开班仪式上致辞。

◎益阳市“书香政协”香染紫红洲

2023年2月22日，益阳市政协副主席陶汉文带领部分政协委员深入沅江市共华镇紫红洲村，向当地均和学校捐赠了1000多册图书。

此前，市政协文教卫体和文史委提出向紫红洲村捐书的倡议，得到政协委员的积极响应。这次活动是“书香政协”委员读书活动的深化和扩展，目的是为共建文明乡村、推进乡村振兴加薪添火。当整理一新、用红绸捆扎的一摞摞图书送进均和学校时，受到了孩子们的热情欢迎。陶汉文向青少年们寄语，要以阅读开眼界、长见识，修身养德，树立理想，锤炼本领，用知识的工具丈量世界、服务社会。读书要讲方法，真正融会贯通，每学期写几篇读后感，总结所学所悟，化为自身所有。

市政协文教卫体和文史委还将通过各种方式筹集图书，为均和学校的师生们建一个图书馆。

益阳市政协副主席陶汉文带领部分政协委员深入沅江市共华镇紫红洲村，向当地均和学校捐赠了1000多册图书

◎益阳市发布人才新政 20 条

2023 年 2 月 26 日，“智汇潇湘·‘益’起来”益阳市 2023 年人才新政发布暨重点产业招才引智活动在中南大学举行。市委常委、市委组织部部长李铁华，副市长杨智华，中南大学党委副书记李景升出席。

在 2022 年出台“人才新政 25 条”的基础上，益阳市针对产业发展特色，突出创新价值、能力、贡献导向，研究出台《益阳市关于支持重点产业企业人才引育留用若干措施（试行）》（简称“支持产业人才 20 条”），并在活动现场发布。“20 条”的出台，旨在集中资源力量，实行靶向引才、精心育才，进一步凸显产业竞争的比较优势。其中，对能实现成果转化并推动益阳重点产业发展的科技创新人才及团队实行“一人一策”“一事一议”，给予最高 1000 万元综合支持；每年视情遴选 3 个左右产业领军人才团队项目，根据投资力度和落地成效，最高给予 500 万元资金支持；重点产业领域高层次人才个人或创办（控股）的企业可申请“优才贷”，额度最高可达 2000 万元；设立重点产业“领军人物”奖和重点产业企业“突出贡献人才”奖等。

本次重点产业招才引智活动，吸引不少毕业生驻足咨询

李铁华表示，益阳求贤若渴，诚邀天下英才遇见益阳、相聚益阳、逐梦益阳。益阳各级各部门将尽心尽力当好服务员、护航员，尽最大努力为人才成长搭台助力，为人才创新创业提供保障。

◎多米尼加访问团来益考察 加深友谊开展务实合作

多米尼加访问团来益考察 加深友谊开展务实合作

2023 年 2 月 28 日，多米尼加左派团结运动总书记、地区一体化政策部长米格尔·梅希亚率多米尼加访问团来益阳市考察船舶制造、渔具制造以及乡村振兴与文旅发展。市委副书记、代市长熊炜，省外办副主任杨琦，市委常委、市委秘书长黄道安，益阳高新区党工委书记汪军参加考察。

访问团一行先后前往亚光科技、鑫海股份等企业，详细了解各企业发展战略、生产经营、新品投产、全产业链协同融合发展等情况，听取生产研发情况及未来发展构想的介绍。随后，在“山乡巨变第一村”清溪村，访问团一行走进清溪展馆、王蒙书屋等地，观看非遗文化展品、欣赏花鼓小调与地花鼓表演，详细了解清溪村文旅融合助推乡村振兴的做法和经验。

米格尔·梅希亚表示，此次访问收获很大，双方在经贸、船舶制造、农业、人文艺术等领域都有较强的互补性和广阔的合作前景，希望益阳企业多到多米尼加开展业务交流，进一步丰富友好城市内涵，在渔业、船舶制造和文化旅游资源等方面加强交流合作。

熊炜代表市委、市政府向多米尼加访问团来益考察表示热烈欢迎，向访问团介绍了益阳市经济社会发展情况，希望通过访问团此次考察，进一步加深彼此了解，扩大经贸、文化、旅游等领域交流，更好地合作共赢。

◎益阳市实行生活垃圾分类管理

2023 年 3 月 1 日，益阳市政府新闻办公室举行新闻发布会，《益阳市生活垃圾分类管理条例》3 月 1 日起施行，标志着益阳市生活垃圾分类管理迈入法治化、规范化的新阶段。

《条例》共六章三十条，从源头减量、分类投放、分类收集运输处置、法律责任等方面作了明确规定，推动规范生活垃圾分类管理，提高生活垃圾减量化、资源化、无害化水平，改善城乡环境，促进生态文明建设。

为确保条例有效实施，益阳市司法行政部门将扎实开展普法宣传、加强行政执法监督、强化执法联动；益阳市城市管理和综合执法部门突出落实好“服务抵罚款”规定，引导当事人通过参加生活垃圾社会服务活动，换取执法部门减免执行罚款；益阳市农业农村部门选择益阳高新区谢林港镇清溪村等 8 个行政村，作为全市第一批实行农村生活垃圾分类管理的区域，试点先行，总结经验，形成模式，推进农村开展生活垃圾分类管理。今后每年明确一批实行农村生活垃圾分类管理的区域，力争到“十五五”末实现农村生活垃圾分类管理区域全覆盖。

新闻发布会现场

要闻纪事

△ 15 日，益阳市人大常委会党组书记、主任彭建忠召开《益阳市殡葬管理条例》立法调研座谈会。市人大常委会副主任陈伟志主持。市人大常委会秘书长秦本华，市人大法制委、社会委，市政府办相关负责同志参加。会议听取了益阳市殡葬管理及改革情况、殡葬管理立法前期调研和起草情况，市民政局、市司法局及资阳区、安化县、南县民政局等单位就立法工作提出意见建议。

△ 15 日，益阳市委常委会召开 2023 年第 8 次会议，传达学习全省领导干部会议和湖南省传达学习全国两会精神。市委书记陈竞主持会议。

△ 15 日，益阳市传达学习全国两会精神会议召开。市委书记陈竞传达全国两会精神并讲话。市委副书记、代市长熊炜主持会议。市人大常委会主任彭建忠、市政协主席胡立安出席。

△ 16 日，七届市委反腐败协调小组第二次会议召开。会议深入贯彻党的二十大精神，认真落实中央纪委、省纪委、市纪委全会以及省委反腐败协调小组会议精神，总结 2022 年反腐败协调工作，谋划部署今年重点工作任务。益阳市委常委、市纪委书记、市监委主任、市委反腐败协调小组组长欧阳艳出席并讲话。市委反腐败协调小组副组长史尚麓、彭卫兵参加会议。

△ 16 日，益阳市蓝天保卫战工作推进会召开。市委副书记、代市长熊炜出席会议并讲话。市委常委、常务副市长刘勇会主持会议。市政府秘书长梁成立出席会议。会议通报了当前全市蓝天保卫战工作情况，分析了存在的问题，部署了下阶段工作。相关单位在会上发言。

◎益阳市政府召开2023年第4次常务会议 研究部署打好经济增长主动仗、创建国家园林城市等工作 熊炜主持

2023年3月1日，益阳市政府召开2023年第4次常务会议，学习《湖南省乡村建设行动实施方案》，传达学习全国、全省相关会议精神，研究部署打好经济增长主动仗、创建国家园林城市等工作。市委副书记、代市长熊炜主持会议。

会议集中学习《湖南省乡村建设行动实施方案》。会议指出，乡村建设是实施乡村振兴战略的重要任务，也是国家现代化建设的重要内容，乡村建设的基本目标是改善农村生产生活条件，重点是保障基本功能，解决突出问题。各级各部门要高度重视，明确责任，定期调度，严格考核，争项引资，狠抓落实，进一步建立健全工作机制，扎实推进乡村建设各项工作，全力打造全域乡村建设新格局。

会议传达学习了全国、全省消防救援工作会议和全省自然资源、科技创新、财政工作、人社工作、安全生产、应急管理、统计工作等会议精神。会议强调，各级各部门要吃透会议精神，扛牢责任担当，狠抓工作落实，奋力创先争优，进一步细化工作方案和落实机制，逐项分解任务，明确责任到岗、任务到人，确保各项工作方向不偏、力度不减。

会议审议并原则通过《益阳市打好经济增长主动仗若干政策措施》《2023年益阳市创建国家园林城市工作方案》《关于益阳师范高等专科学校专项债券财政贴息方案》。

益阳市消费者权益保护工作第五次联席会议暨益阳市消费者委员会第三届第十三次常委会召开

副市长邓曙光出席会议并讲话

◎益阳市全力做好消费者权益保护工作

2023年3月3日，益阳市召开消费者权益保护工作第五次联席会议暨市消费者委员会第三届第十三次常委会议，总结2022年全市消费者权益保护工作，部署2023年工作。副市长邓曙光出席会议并讲话。

邓曙光指出，2023年是“提振消费信心年”，益阳市要以此为主线，从增强消费能力、改善消费条件、创新消费场景、释放消费潜力入手，营造安全放心的消费环境，打好经济增长主动仗。他强调，做好消费者权益保护工作，事关广大人民群众切身利益，事关经济社会高质量发展。要切实提高政治站位，严守消费安全底线，防范化解重大风险。严厉打击假冒伪劣，强化消费领域执法。推进质量强市战略，提升产品和服务质量。完善消费纠纷化解机制，改善群众维权体验。抓好放心消费创建，推进消费环境建设。加强“提振消费信心年”主题宣传，壮大消费监督力量。不断加强消费者权益保护工作的协作共治机制，完善维权机制，创新维权体系，强化维权保障，坚定信心，同心同德，不断提升益阳市消费者权益保护工作水平，让人民群众的获得感、幸福感、安全感更加充实。

要闻纪事 ★ ★ ★ ★ ★ ★ ★ ★ ★ ★

△23日，宣布益阳军分区党委第一书记任职大会召开。省军区司令员王宇宣布省军区党委任职通知：市委书记陈竞任益阳军分区党委委员、常委、第一书记。省军区政治工作局主任刘新文，市党政军领导熊炜、彭建忠、胡立安、黄道安、席尚平、李俊，市政府秘书长梁成立等出席会议。大会由益阳军分区政委关键主持。

4月

△4日，益阳市委编委召开2023年第一次会议，深入学习贯彻习近平总书记关于机构编制工作的重要论述和重要指示批示精神，认真落实全国全省编办主任会议精神，听取全市机构编制工作情况汇报，审议有关事项，研究部署2023年机构编制工作。市委书记、市委编委主任陈竞主持会议。

△14日，益阳市政府召开全市促进企业上市工作领导小组调度会，市委副书记、代市长熊炜出席并讲话。市委常委、常务副市长刘勇会主持会议。市政协副主席、市科技局局长高德文，市政府秘书长梁成立参加会议。市政府金融办、各县（区、市）汇报了企业上市“金芙蓉”跃升行动推进情况，10家重点拟上市企业汇报了企业发展情况，有关部门作了交流发言。

△17日，益阳市政协机关文明办公室评比揭晓，市政协党组成员、秘书长李赛为评选出的10间“文明办公室”授予了流动红旗。

△18日至19日，2023年一季度益阳市安全生产行政执法考评工作会议在资阳召开，市应急局党委委员、副局长谭文辉出席会议，市应急局执法支队长及各区县相关工作人员参加会议。

◎“她”声有力量！益阳市资阳区这场巾帼故事宣讲“声”入人心

活动现场

宣讲员风采

2023年3月7日，为庆祝“三八”国际劳动妇女节成立113周年，益阳市资阳区开展“聆听她时代 逐梦新资阳”2023年纪念“三八”国际妇女节暨最美巾帼故事宣讲会活动。区政协党组书记、主席张金龙出席活动并致辞，区领导张辉、李良兵、贺江华、匡春梅、熊丽红、盛焱参加活动。

活动以“文艺+宣讲”的方式，邀请各行各业的优秀女性站上舞台、拿起话筒，通过出新出彩的微宣讲和有声有色的文艺表演，进一步展现了新时代妇女自尊、自信、自立、自强精神风貌，用身边典型事迹教育人、用真实故事感染人、用昂扬风貌激励人，引领广大妇女同胞们为建设美丽现代化新资阳贡献巾帼力量。

在灯光绚丽的舞台上，来自长春镇、汽车路街道、区人民检察院等各部门单位的8位优秀宣讲员用饱满的热情、生动的故事、质朴的语言、丰富的形式，从不同角度、不同层面出发，把一个个鲜活可爱、美好勇敢的女性形象生动呈现，让一段段热血沸腾、催人奋进的“巾帼”故事直抵人心。

此次活动由资阳区委区政府举办，各区直各单位的女干部，乡镇、街道、经开区、农业科技园区的副科级及以上女干部、妇联副主席，区女企业家协会全体会员、怡康“金嘴巴”婚姻调解队全体成员以及不在上述之列的区妇联执委等300余人参加活动。

◎2023 湖南油菜花节在南县启动

2023 年 3 月 9 日，由湖南省农业农村厅、益阳市政府主办的 2023 湖南油菜花节启动仪式，在主会场南县乌嘴乡罗文村油菜花海举行。湖南省委常委、副省长张迎春出席并宣布开幕。

本届油菜花节以“油菜花儿开 三湘等您来”为主题，除南县主会场外，还在望城区等 11 个县（市、区）设立分会场。启动仪式上，省农业农村厅发布“2023 年湖南最美油菜花乡村旅游点”名单，南县乌嘴乡罗文村、双峰县锁石镇等 13 个乡镇、村上榜。南县政府与省内 5 家油脂加工企业、1 家油菜苔加工企业、1 家菜籽油网络销售企业，及省油菜产业协会签订战略合作协议，共同推进南县油菜产业高质量发展。

本届油菜花节将持续至 4 月上旬，同步举行湖南省油菜生产现场推进会、油菜农业机械和农业技术展览、特色农产品展示与推介、新媒体大 V 南县行、罗文花海马拉松赛等活动。分会场通过现场连线，以“点赞新乡村”形式，由当地乡镇党委书记或乡镇长担任推荐官，“云推介”节会盛况。

湖南是全国油菜生产的主产区和优势区，省委、省政府将油料产业发展列入全省农业优势特色十大千亿产业。通过举办油菜花节，有力促进全省油菜产业与乡村旅游融合发展，取得良好经济、社会和生态效益。

2023 湖南油菜花节活动现场

“2023 年湖南最美油菜花乡村旅游点”名单

◎打好生态环境攻坚战 为美丽湖南建设贡献益阳力量 省生态环境厅调研组来益阳调研并召开生态环境工作会商交流会

2023 年 3 月 8 日，省生态环境厅党组书记、厅长刘群来益阳调研并召开生态环境工作会商交流会。市委副书记、代市长熊炜主持会议。市委常委、常务副市长刘勇会参加会议，并汇报益阳市生态环境保护工作。

刘群充分肯定了益阳市生态环境保护工作成效，表示省生态环境厅将一如既往支持益阳加强生态环境保护，进一步助力益阳高质量发展。希望益阳继续深入践行习近平生态文明思想，切实增强责任担当，始终保持清醒头脑，坚决扛好生态环境保护的政治责任。继续深入打好污染防治攻坚战，紧盯年度目标、问题整改和环境质量提升，科学制定工作方案，对标对表查找薄弱环节，不遗余力推进突出生态环境问题整改，坚决守住生态环境安全底线。

◎守住特种设备安全底线 推动平安益阳建设升级

2023 年 3 月 10 日，益阳市特种设备安全监察暨特种设备安全专业委员会成员单位全体会议召开，总结工作，表彰先进，部署今年重点任务。副市长邓曙光出席会议并讲话。

2022 年，在市委、市政府的高度重视和各责任主体的共同努力下，特种设备安全工作开展扎实，全市未发生一起一般以上特种设备安全事故，特种设备安全形势持续保持稳定，电梯智慧监管、气瓶信息化管理、特种设备标准化管理创建、安全责任保险等工作走在全省前列。

邓曙光充分肯定了 2022 年全市特种设备安全工作成绩。他要求，要准确把握特种设备安全监察工作新要求，坚定不移贯彻总体国家安全观，全面贯彻上级新部署新要求，树立特种设备监察工作新理念。要提高思想认识，强化政治担当；完善监管体系，大力推进“三个监管”“三项改革”；排查风险隐患，着力解决“三类问题”；敢于动真碰硬，压紧压实各方责任；强化能力建设，夯实工作基础，扎实做好特种设备安全工作。

益阳市特种设备安全监察工作暨市特种设备安全专业委员会成员单位全体会议

市特种设备安全专业委员会成员单位分管负责人，各县级人民政府、特种设备安全监察机构、特种设备使用与维保单位、检验检测机构负责人等 200 余人参会。

要闻纪事

△ 19 日，益阳市委常委会召开 2023 年第 13 次会议，传达学习习近平总书记重要讲话精神，中央、省委有关重要会议文件精神，研究主题教育和大兴调查研究等工作。市委书记陈竞主持会议。会议审议并原则通过了《益阳市文化振兴推动乡村振兴工作实施方案》《政协益阳市委员会“改善生态环境”专项民主监督实施方案》。会议还听取了 2023 年市劳动模范和先进工作者评选表彰工作情况汇报。

△ 24 日，益阳市禁毒工作大会暨创建全国禁毒示范城市工作推进会召开。市委副书记、代市长、市禁毒委主任熊炜讲话。市委常委、市委政法委书记、市禁毒委常务副主任胡安邦作工作报告。副市长、市公安局局长、市禁毒委副主任史尚麗主持会议并部署 2023 年全市缉毒执法工作以及“清源断流”专项行动。市政协副主席、市科技局局长高德文参加会议。会议宣读了有关文件，安化县在会上作经验交流发言，市卫健委作表态发言。

△ 25 日，益阳市政法宣传工作联席会议召开，表彰 2022 年度政法优秀新闻专栏、优秀新闻作品、优秀通讯员，部署当前和今后全市政法宣传舆论工作。市委常委、市委政法委书记胡安邦讲话，市委常委、市委宣传部部长陈计伟主持。

△ 26 日，益阳市七届人大常委会第十次会议召开。会议听取并审议了市人民政府关于提请审议《益阳市中心城区资江两岸风貌管控若干规定（草案）》（以下简称《规定》）的议案及说明，关于全市 2022 年生态环境状况和生态环境保护目标完成情况及 2023 年生态环境工作目标计划安排情况的报告；听取了市人大有关专委会的审议意见报告及调查报告等；表决通过了关于确定益阳市“市树、市花”的决定、《关于加强市人大及其常委会对地方政府债务审查监督的实施办法（试行）》（草案）。

◎益阳市政协七届十五次主席会议召开

2023年3月30日，政协益阳市第七届委员会第十五次主席会议召开。市政协主席胡立安主持并讲话。

市政协副主席周朗、曾斌、高德文、谢梅成、陶汉文、侯正春、邓象庭，秘书长李赛出席会议。市政协一级巡视员、主席会议特邀顾问胡捷列席。

会议传达了市委常委会2023年第11次会议精神，协商确定了市政协七届九次常委会会议会期、议程，协商通过了市政协2023年工作要点、重点提案及督办分工情况和《全市优化营商环境委员议政活动工作方案（草案）》。

胡立安指出，全市政协系统、政协各参加单位和广大政协委员要深入学习贯彻党的二十大精神和全国两会精神，落实好省政协“7+4+5+3”履职工作重点，贯彻好市委书记陈竞在市政协机关调研走访时的讲话精神，按照工作要点明确的任务和要求，高质量、高标准完成2023年各项工作，为助力益阳高质量发展贡献“政协之为”。要加强对提案办理工作的指导、沟通、协调与督办，推动相关工作取得显著成效。委员议政民主监督活动要出影响、出效果，为全市“营商环境提升年”行动贡献政协力量。

会议协商讨论了2023年度市政协常委会重点调研课题的调研实施方案（草案），协商通过了市政协2023年“‘益’起来协商”协商与民主监督工作计划和打造“‘益’起来协商”品牌工作方案（草案），通报了市政协“迎老乡回故乡建家乡”域外委员工作室建设实施意见、洞庭湖生态经济区（四市一区）政协主席联席会议第五次会议有关情况。

胡立安强调，全体机关干部要把思想和行动统一到市委市政府部署的“三个提升”行动上来，厘清思路、明确责任、创先争优、深入调研，坚决落实好各项工作。

◎益阳市政协七届九次常委会会议召开

2023年3月31日，政协益阳市第七届委员会常务委员会第九次会议召开。市政协主席胡立安讲话。他指出，要学理论、悟思想、见行动，贯彻落实省政协“7+4+5+3”履职重点，在助力益阳形成乡村振兴新优势上担当作为，在助力形成新型工业化新优势上建言献策，在助力做大做强中心城区形成新优势上持续用功，在助力区域协调发展形成新优势上用心用力，实干笃行奋力开创全市政协工作新局面。

市政协党组副书记、副主席周朗主持。市政协副主席曾斌、高德文、谢梅成、陶汉文、李晓跃、侯正春、邓象庭，秘书长李赛出席。

会议听取了市纪委监委关于全市纪检监察工作的情况通报；传达学习了全国两会、省政协近期会议和市委书记陈竞在市政协机关调研走访时的讲话精神；协商通过了2023年度市政协常委会重点调研课题“壮大农业产业化龙头企业 助力乡村产业振兴”和“打造世界电容器之都，着力推动先进制造业发展”的调研实施方案（草案）；通报了市政协2023年工作要点、“‘益’起来协商”协商与民主监督工作计划、打造“‘益’起来协商”品牌工作方案、重点提案及督办分工情况、市政协优化营商环境委员议政活动工作方案和“迎老乡回故乡建家乡”域外委员工作室建设实施意见。

要闻纪事

△26日至27日，2023年第一季度益阳市经济形势分析会召开。市委书记陈竞主持会议并讲话。市委副书记、代市长熊炜部署下阶段经济工作。会议通报了一季度全市经济运行有关情况，市直及中央、省属驻益有关单位和县（市、区）负责人作了发言，与会人员现场观摩了中心城区一批新开工、新投产项目。

△27日，益阳市委理论学习中心组开展2023年第4次集体学习，围绕“深入学习领会习近平总书记关于发扬斗争精神、应对风险挑战、贯彻总体国家安全观的重要论述”为主题，开展专题学习研讨。市委书记陈竞主持并作总结讲话。

△28日，益阳市公安机关党风廉政建设会议暨“冬春攻势”总结表彰大会召开，集中观看警示教育片，全面总结“冬春攻势”专项行动，通报表彰先进集体和个人，并调度部署“五一”假期安保维稳工作。副市长、市公安局局长史尚麓讲话。

5月

△6日，益阳市召开创建国家园林城市第五次推进会。市委副书记、代市长熊炜出席并讲话。市人大常委会副主任黄育文参加会议并讲话。市政府秘书长梁成立主持会议。市创园办汇报了益阳市创建国家园林城市工作有关情况，赫山区、资阳区、益阳高新区及市直有关单位负责人作了发言。

△12日，益阳市政府召开2023年第8次常务会议，研究交通问题顽瘴痼疾整治和农村道路安全等工作，审议并原则通过《益阳市小型农业水利设施建设和管护三年行动实施方案（2023—2025年）》《益阳市耕地“非农化”“非粮化”专项整治若干措施》等。市委副书记、代市长熊炜主持会议。

◎益阳市开展三项专项行动 优化法治化营商环境

益阳市开展三项专项行动 优化法治化营商环境

2023年3月30日，益阳市政法系统优化法治化营商环境专项行动工作部署会召开，回顾2022年工作，分析当前形势，查找问题，部署全市政法系统优化法治化营商环境三项专项行动。市委常委、市委政法委书记胡安邦出席并讲话，市人民检察院检察长王东晖主持会议。

会议明确，在全市政法系统部署开展涉企执法司法提质增效、打击治理侵害企业合法权益行为、优化经济领域政法服务三项专项行动，推进法治化营商环境建设，为全市高质量发展和现代化建设提供有力保障。

胡安邦强调，要提高政治站位，充分认识优化法治化营商环境的重要性、必要性、紧迫性。要认清当前形势，精准查找法治化营商环境建设过程中存在的问题。要坚持“四个结合”，在推进“三项行动”上下功夫，坚持主动作为与问题整改、严格执法与审慎执法、平等保护与重点保护、依法打击与优化服务务相结合。要健全保障机制，在狠抓专项行动落实上做文章，加强组织领导，坚持问题导向，务实工作举措，加强教育宣传，从严督导问责，为优化法治化营商环境建设作出应有贡献。

◎益阳市第二届惠民购车节拉开帷幕

2023年4月14日，由益阳市政府主办的“乐享消费 惠购银城”益阳市第二届惠民购车节在佳宁娜广场正式拉开帷幕。市委副书记、代市长熊炜宣布启动并到车企展馆巡展。副市长邓曙光致辞，市政府秘书长梁成立出席。

此次活动荟萃40余个汽车品牌，市政府共设立100万元补贴，对在本次购车节购买裸车发票价格为6万元及以上，且本地完税或免税的家庭新乘用车（不含二手车、黄牌车、货车、7座以上客车）的消费者，前300名每台补贴人民币2000元，第301至700名每台补贴人民币1000元。活动期间，还设有汽车涂鸦艺术节、汽车电影节、车展模特现场表演、购车锦鲤送大奖等形式多样的活动。

益阳市第二届惠民购车节拉开帷幕

邓曙光指出，近年来，益阳市坚定实施扩大内需战略，全力培育消费主体、改善消费环境、出台促消费政策、深挖消费潜力，为加速市场回暖、推动消费复苏创造了良好条件。希望广大车展企业牢牢抓住政府百万补贴的有利时机，秉承“诚信兴商、服务至上”的理念，大力开展形式多样的促销活动，展特色、聚人气、树形象，为全市人民送上一场精彩纷呈、红红火火的消费盛宴。

◎以党办工作高质量发展为建设现代化新益阳作出贡献

2023年4月4日，益阳市党委（党组）办公室工作会议召开。市委常委、市委秘书长黄道安讲话。

会议传达学习贯彻习近平总书记重要批示精神，落实全省党委督查、机要密码、专用通信工作会议精神和市委常委会会议有关精神，总结2022年全市党委办公室工作，研究部署下阶段工作。

黄道安表示，2022年全市党办工作取得新成绩，参谋辅政有新提升，督查落实有新发展，统筹协调有新成效，机关治理与队伍建设有新亮点。他强调，要肯定成绩，坚定做好党办工作的信心决心。要认识到短板与不足，研究具体措施，切实加以解决。要把握重点，全面推动党办工作高质量发展，提升政治力，坚定拥护“两个确立”、坚决做到“两个维护”；提升学习力，加快适应现代化建设需要；提升统筹力，协助党委（党组）总揽全局、协调各方；提升参谋力，辅助党委（党组）科学决策；提升执行力，推动决策部署落地；提升保障力，确保机关顺畅高效运转。要从严从实，持续提升党办机关建设水平，坚持党建引领，强化规范管理，建设高素质队伍，通过党办工作高质量发展，为建设现代化新益阳作出贡献。

◎益阳市全力开创退役军人工作新局面

2023年4月6日至7日，湖南省退役军人事务厅党组书记、厅长谢春一行来到益阳市调研退役军人工作，益阳市副市长、市公安局局长史尚篪参加调研。

谢春一行先后走访安化县梅城镇、桃江县修山镇退役军人服务站，资阳区张家塞乡富民村（全国模范退役军人许国良乡村振兴点）等地，亲切慰问老复员军人李征朝和现役军人、一等功臣罗胜科的母亲，参加“2023·崇尚·清明祭英烈”向益阳烈士敬献花篮活动，组织市、县退役军人事务部门相关负责同志座谈交流。

谢春对益阳退役军人工作给予充分肯定。他指出，要进一步提高政治站位，夯实基层基础，加大困难帮扶力度，用心用情做好退役军人服务保障工作，打通服务保障“最后一公里”。

史尚篪表示，全市退役军人事务部门要全面落实调研组的指示精神，发挥体制优势，压实主体责任，全力开创退役军人工作新局面。

◎湖南省军休业务培训班在益阳举办

2023年4月12日至14日，湖南省军休业务培训班在益阳举办，400余名军休系统工作人员参训。省退役军人事务厅党组成员、省纪委监委驻省退役军人事务厅纪检监察组组长、一级巡视员贺运生出席并作廉政警示教育讲座。

本次培训，旨在深入学习贯彻习近平新时代中国特色社会主义思想和党的二十大精神，进一步提升全省军休业务水平和管理能力。培训中，全省多位军休业务骨干紧密结合工作实际，分别就军休服务管理、待遇政策解读、接收安置、企业军转、自主择业、逐月领取退役金等业务，为参训人员作了精彩授课。益阳市退役军人事务局、长沙市科大佳园军休站等8家单位作了交流发言。

此次培训内容丰富、重点突出、形式灵活、针对性强。参训学员纷纷表示，通过学习和交流，厘清了工作思路，加深了政策理解，畅通了沟通渠道，学到了经验方法，开拓了思维视野，为下一步更好地做好军休服务管理工作提供了有力指导。回到工作岗位后，会将所学运用到实践工作中，进一步提升业务水平，扛起责任担当，推动军休服务管理工作高质量发展。

湖南省军休业务培训班在益阳举办

要闻纪事

△12日，益阳市委常委会召开2023年第15次会议，研究召开益阳市第七届人民代表大会第三次会议有关事项。市委书记陈竞主持会议。

△19日，益阳市七届人大常委会第十一次会议召开。市人大常委会党组书记、主任彭建忠主持并讲话。会议听取了市人大常委会办公室关于召开市七届人大三次会议有关情况的报告，表决通过了市人大常委会关于召开市七届人大三次会议的决定，通过或原则通过了市七届人大三次会议有关文件及名单草案。会议还传达了省人大常委会党组书记、副主任乌兰和省人大常委会副主任陈飞来益调研视察讲话精神。

△19日，益阳市工业经济形势分析暨“三送三解三优”工作部署会召开。市委副书记、代市长熊炜讲话。副市长邓曙光主持会议，副市长杨智华部署全市工业经济发展工作，副市长乐运成、史尚篪出席会议，市政府秘书长梁成立宣读《中共益阳市人民政府党组班子“三送三解三优”行动实施方案》。会议总结了全市前4个月工业经济运行情况，客观分析了当前形势，研究部署了下阶段工作。

△22日，益阳市政协系统“学习二十大 青春向未来”演讲比赛在益阳大剧院举行，市政协党组书记、主席胡立安，市政协党组副书记、副主席周朗，市政协副主席曾斌、侯正春，市政协一级巡视员胡捷、李长庚，市政府秘书长梁成立，市政协秘书长李赛出席。比赛最终评选出一等奖1名，二等奖2名，三等奖5名，优胜奖8名。

◎益阳市政府系统公文写作提升班开班

2023年4月19日，益阳市政府系统公文写作提升班开班。市政府秘书长梁成立出席开班仪式。

本次培训由市政府办公室和市政府研究室主办，旨在贯彻落实市委、市政府“三项行动”决策部署，培养办公室系统业务工作骨干。本次培训邀请到了省政府研究室、市委政研室、市人大研究室等单位的业务骨干，分别以常用文稿、调研报告、政务信息、新闻写作等为例，讲解了公文种类、格式、行文规则等知识，总结了各类文稿起草的要点和技巧，详细阐明了行政公文处理的规范和要求，为参加培训的学员们送上了一道提升公文写作能力的知识大餐。

梁成立指出，要提高政治站位，勇于担当使命。作为关键部门、关键岗位的文稿工作人员，身在兵位、心为帅谋，要以高度的政治责任感和工作主动性，扎实做好文稿服务工作。要把握工作特点，善于履职尽责。切实把握好高度、广度、力度、温度、精度，写好思想、写好观点、写好方法，做到论据翔实、论证缜密、论断权威，以理服人，增强文稿的感染力、号召力、影响力。要坚持久久为功，勤于学以致用。多学习、多积累，多模仿、多练笔，多调研、多思考，下苦功夫，植厚根基，努力提升文字表达水平和公文写作能力。

◎凝心聚力攻坚克难 扎实推进健康益阳建设

益阳市卫生健康和医疗保障工作会议召开

2023年4月20日，益阳市卫生健康和医疗保障工作会议召开，副市长罗晓皓出席并讲话。

2022年，益阳市卫生健康和医疗保障系统抗疫情、保稳定、促发展，疫情防控、医保基金监管及支付方式改革等取得较好成效，医疗卫生服务水平得到有力提升，医药卫生综合改革持续深化，医保体系更加完善，医保管理更加高效。全市个人卫生支出占卫生总费用比重为27.53%，在全省B类地区名列第一，益阳市成为全省第一个“互联网＋医疗急救”先行先试城市和全省最先打通现场—院前—院内信息共享渠道的市州，卫生健康工作获得省政府真抓实干督查激励奖励；全市医保基金收入63.7亿元，创历史新高，基金运行安全平稳。全市198家定点医院全部纳入DIP管理，在全省第一个实现线上实际付费。益阳“15分钟医保服务圈”获国家医保局、省医保局专题推介。

◎益阳市召开2023年劳动模范和先进工作者表彰大会

2023年4月27日，益阳市召开2023年劳动模范和先进工作者表彰大会。市委书记陈竞讲话并颁奖。市委副书记、代市长熊炜宣读表彰决定。湖南省国防工业工会主任罗华，市人大常委会主任彭建忠，市政协主席胡立安，市领导李铁华、黄道安、欧阳艳、胡安邦、陈计伟、席尚平、杨丽萍、乐运成、曾斌等出席大会。

陈竞代表市委、市政府向受到表彰的劳动模范、先进工作者表示热烈祝贺，向奋战在全市各条战线的广大职工和劳动群众致以诚挚问候。

陈竞强调，全市各级党委政府要加强和改进对工会工作的领导，为工会工作提供更多支持、创造更好条件，实现好、维护好、发展好劳动者合法权益，让劳动最光荣、劳动最崇高、劳动最美丽蔚然成风。各级工会组织要坚定政治方向，认真履职尽责，全面提高工会工作能力水平，促进广大职工和劳动群众体面劳动、舒心工作、全面发展。

表彰大会还开展了文艺会演，部分工会组织献上了精心准备的节目，歌舞、音舞诗画、小组唱、群口快板等齐登场，节目内容丰富多彩，演出精彩纷呈，掌声此起彼伏。

要闻纪事

△25日，益阳市委全面深化改革委员会召开2023年第1次会议，传达学习二十届中央全面深化改革委员会第一次会议、省委全面深化改革委员会第十九次会议精神，听取2022年全市全面深化改革工作情况汇报，审议并原则通过《市委深改委2023年工作要点》。市委书记、市委全面深化改革委员会主任陈竞主持会议。

△27日，益阳市七届人大三次会议筹备处各组组长和县市区先遣工作人员会议召开。市人大常委会党组副书记、副主任汤瑞祥主持会议，市人大常委会秘书长秦本华参加。

△29日，益阳市第七届人民代表大会第三次会议举行第二次全体会议，经过大会选举，熊炜当选益阳市人民政府市长。

6月

△8日，益阳市委常委会召开2023年第18次会议，传达学习习近平总书记近期重要讲话精神，中央、省委有关重要会议文件精神，听取关于河湖长制工作情况汇报，审议并原则通过《益阳市政治生态强基工程实施方案》。市委书记陈竞主持会议。

△9日，益阳市委全面依法治市委员会2023年第一次会议召开。市委书记陈竞主持会议并对部分党政主要负责人述法情况作点评。会议解读了中央全面依法治国委员会《关于进一步加强市县法治建设的意见》，传达学习了省委全面依法治省委员会2023年第一次会议精神，听取并点评了赫山区、南县、市交通运输局、市生态环境局有关负责人现场述法，听取了全面依法治市工作情况汇报，审议了相关文件，研究部署了下阶段工作。

◎益阳市纪检监察干部专题培训班开班

益阳市纪检监察干部专题培训班开班

2023年4月24日，“铸忠诚 强本领 锻铁军”益阳市纪检监察干部专题培训班开班。市委常委、市纪委书记、市监委主任欧阳艳作动员讲话，并讲党课、作廉政教育报告。

欧阳艳指出，理论武装永远在路上、永远是进行时，没有迟早之分，只有深浅之别。全市纪检监察干部要紧跟党中央部署和号召，全身心投入、全过程贯穿、全系统覆盖，推进新时代纪检监察工作高质量发展。

欧阳艳强调，要在深学习上下功夫，坚持不懈用习近平新时代中国特色社会主义思想统领纪检监察一切工作，真正把学习成果转化为指导实践、推动工作、破解难题的有力武器、科学方法和具体行动。要在实调研上下功夫，着力破解制约纪检监察工作高质量发展的短板弱项，践行“深、实、细、准、效”的调查研究要求，结合实际找准小切口，推动解决一批突出问题。要在抓落实上下功夫，铆足干劲推动各项工作再上台阶、再开新局，不折不扣落实中央纪委、省纪委和市纪委全会各项任务。要在强队伍上下功夫，以更高标准、更严要求纯洁思想、纯洁组织，永葆纪检监察队伍先进性、纯洁性、革命性、战斗性。

◎做堪当民族复兴重任的时代先锋

2023 年 5 月 4 日，“青春书写新时代山乡巨变”益阳市青年座谈会举行。市委常委、市委组织部部长李铁华讲话，副市长乐运成主持会议，市人大常委会副主任杨丽萍、市政协副主席曾斌出席。

会上，李铁华为第二届银城青年英才项目支持人选颁发证书，团市委作共青团青年工作专题汇报，8 名来自不同行业的青年代表结合自身实际，畅谈青春感悟，展示当代益阳青年的担当与风貌。

李铁华寄语全市广大青年，要筑牢思想之魂，做信念坚定的新时代益阳好青年，强化理论武装，涵养家国情怀，担当历史使命，将个人奋斗与全市高质量发展紧紧联系在一起，勇做走在时代前列的奋进者、开拓者、奉献者；要夯实能力之基，做锐意创新的新时代益阳好青年，坚持学习提高，注重知行合一，努力创新创造，让实干实绩成为“青春作为”的最佳证明；要砥砺奋斗之志，做攻坚克难的新时代益阳好青年，脚踏实地、迎难而上，勇于跳出舒适区，敢于涉险滩、啃硬骨头；要把稳人生之舵，做崇德向善的新时代益阳好青年，明辨是非、恪守正道，坚守底线、不越雷池，感恩党和国家、感恩社会和人民，努力成长为堪当民族复兴重任的时代新人和先锋分子。

◎益阳市政协 2023 年首场“‘益’起来协商”聚焦“改善生态环境”专项民主监督

益阳市政协组织召开全市政协委员工作室改善生态环境专项民主监督工作会议

2023 年 5 月 6 日，益阳市政协 2023 年首场“‘益’起来协商”活动暨“改善生态环境”专项民主监督工作推进会召开。益阳市政协主席胡立安，益阳市委常委、常务副市长刘勇会讲话，益阳市领导邓曙光、周朗、曾斌、高德文、谢梅成、陶汉文、李晓跃、侯正春、邓象庭，益阳市政协秘书长李赛出席。

会议介绍了“改善生态环境”专项民主监督工作情况，市生态环境局、市住建局、市农业农村局及各民主监督小组负责人作表态发言。

胡立安强调，开展“改善生态环境”专项民主监督是深入贯彻习近平生态文明思想，全面落实省委、省政府、省政协与市委、市政府相关部署的具体举措，是关系益阳发展和益阳人民福祉的大事、要事。做好专项民主监督工作，要积极主动作为，对标对表工作要求，落细落实责任，深入基层、深入群众广泛开展调查研究；要突出“严”的主基调，坚持问题导向，动真碰硬、齐抓共管，形成工作合力，全力做好专项民主监督工作；要切实加强统筹协调和联系服务，严肃认真开展考核评比，传导压力、激发动力，促进民主监督工作取得实际成效，为益阳坚决打赢蓝天、碧水、净土保卫战贡献政协智慧和力量。

◎强化人大视角和法治思维 推进地方人大工作高质量发展 乌兰来益调研 彭建忠参加

2023 年 5 月 16 日至 17 日，湖南省人大常委会党组书记、副主任乌兰深入益阳市人大代表联络站、高新企业等，对贯彻落实中央人大工作会议和省委推进会精神进行“回头看”，就加强和改进基层人大工作、城市风貌管控立法等开展调研。

湖南省人大常委会联工委主任程水泉，湖南省人大常委会研究室主任王向前，湖南省人大法制委副主任委员、常委会法工委主任吴秋菊，益阳市人大常委会党组书记、主任彭建忠，益阳市人大常委会副主任崔建平、秘书长秦本华参加调研，益阳市人大常委会班子成员参加座谈。

乌兰一行深入赫山区衡龙桥镇代表联络站、信维电子科技有限公司、笔架山乡政府，桃江县三塘街镇赤塘村、桃花江镇大华村，资江北岸文昌广场等地，听取基层一线的人大代表、企业代表、群众代表的意见建议。两次召开座谈会，听取市县两级人大及其常委会有关工作情况汇报，与基层人大代表面对面交流。

强化人大视角和法治思维推进地方人大工作高质量发展乌兰来益调研 彭建忠参加

要闻纪事

△ 13 日，益阳市政府召开 2023 年第 9 次常务会议，集中学习《中华人民共和国农产品质量安全法》，审议并原则通过《益阳市应急广播体系建设实施方案》等。市委副书记、市长熊炜主持会议。

△ 16 日，2023 年益阳市总河长会议召开。市委副书记、市长熊炜主持会议。会议以视频形式召开，各县市区设分会场。会议听取了长江经济带生态环境警示片调查组反馈问题整改落实情况，市水利局、市生态环境局、市住建局、团市委汇报河湖长制工作情况，各县市区总河长述职，有关市级河长汇报履职情况。

△ 21 日，政协益阳市第七届委员会第十八次主席会议召开。会议协商通过了《政协益阳市第七届委员会常务委员会第十次会议暨“壮大农业产业化龙头企业 助力乡村产业振兴”专题议政性常委会议方案（草案）》《政协益阳市第七届委员会常务委员会第十一次会议方案（草案）》，协商讨论了《关于“壮大农业产业化龙头企业 助力乡村产业振兴”的调研报告（草案）》和《关于“壮大农业产业化龙头企业助力乡村产业振兴”向中共益阳市委、市人民政府的建议案（草案）》，听取了“打造世界电容器之都 着力推动先进制造业发展”调研组赴广东调研情况汇报。

△ 21 日，益阳市人大常委会党组书记、主任彭建忠主持召开市七届人大常委会第 19 次主任会议。市人大常委会党组副书记、副主任汤瑞祥，副主任卜铁洪、杨丽萍、刘凌云、陈伟志、崔建平、黄育文，秘书长秦本华出席。

◎用好调查研究“传家宝”真抓实干推动高质量发展 陈竞主持市委理论学习中心组集体学习 彭建忠胡立安参加并作交流发言

2023年5月30日，益阳市委理论学习中心组开展2023年第5次集体学习，围绕“深入学习领会习近平总书记关于调查研究的重要论述和习近平总书记关于抓落实的重要论述”主题，开展专题学习研讨。益阳市委书记陈竞主持并作总结讲话。市人大常委会主任彭建忠，市政协主席胡立安，市委理论学习中心组成员李铁华等参加学习并作交流发言。

陈竞指出，调查研究是谋事之基、成事之道，关乎党和人民事业的得失成败。要从政治和全局的高度深刻领会党中央战略考量，把调查研究作为开展主题教育的重要内容，不断强化调查研究这项基本功，使调查研究的过程成为加深对党的创新理论领悟的过程，自觉做新思想的坚定信仰者、忠实实践者，示范带动全市上下大兴调查研究；要把调查研究作为弘扬党的光荣传统和优良作风的实践要求，用好调查研究这个“传家宝”，扑下身子察实情、干实事、求实效，让改革发展稳定的各项任务落下去，让惠及人民群众的各项工作实起来；要把调查研究作为破解高质量发展难题的有力举措，中心组成员作为“关键少数”，要重视调研、善于调研、深入调研，聚焦制约高质量发展的突出问题，找准根源症结所在，形成正确决策思路，在破解难题中推进工作，更好引领全市改革发展实践。

◎联手共护妇女儿童合法权益

2023年5月30日，深化妇女儿童合法权益保护工作联席会议在益阳市人民检察院召开。益阳市人民检察院检察长王东晖出席并讲话。

会前，与会人员还前往市妇女儿童活动中心，共同参加“家是港湾——用正确的爱让孩子迷途知返”家庭教育指导课。会上，签发了《关于保护妇女儿童权益联动工作机制的实施细则》，赫山区妇联、沅江市人民检察院分别作了典型发言。

王东晖表示，要充分认识保护妇女儿童权益的紧迫性和重要性，切实增强落实各项工作机制的责任感和使命感，积极探索突显工作成效的创新形式和创新方法，为妇女儿童合法权益筑起预防侵害、不允破坏的防护墙。

市妇联负责人表示，联席会议成员单位将进一步加强沟通协作，实现资源共享、优势互补，合力推动妇女儿童权益保护工作纵深发展，积极构建全市妇女儿童合法权益保护联动新格局。

深化妇女儿童合法权益保护工作联席会议在益阳市人民检察院召开

◎资阳区：创新举措巩固成果 有序推进禁毒工作

2023年5月31日，益阳市资阳区老干部禁毒宣传团走进新桥河镇，创新开展新桥河镇“月月禁毒日”送戏下乡活动。看戏的群众纷纷说：将“送戏”与“禁毒”融合在一起，不仅让老百姓在轻松欢快的氛围中学到了禁毒知识，也大大提高了大家参与全民禁毒战争的积极性。禁毒宣传就是要不断创新、不断贴近民生，以群众喜闻乐见的艺术元素开展禁毒宣传工作。

2023年，在市区禁毒委的坚强领导下，在市禁毒协会的精心指导下，资阳区禁毒协会强化组织领导，注重节点宣传，抓好未成年人禁毒工作，开展“禁毒宣传进万家”系列宣传活动，创新开展了禁毒示范门店的创建工作，有固定的平台、稳定的队伍、常态化的宣传内容，自创自编结合实际，开展节点宣传，媒体宣传创新高。

2023年是全面贯彻党的二十大精神的开局之年，全区禁毒工作利用学雷锋60周年，壮大禁毒志愿者队伍，加强和创新禁毒宣传模式，积极创新和推进禁毒宣传教育的常态化。全年除春节和“6·26”禁毒日两个重大节点外，进一步深化学校和“月月禁毒日”活动。通过“班班通”网络，让禁毒宣传遍及城乡。

要闻纪事

△21日，益阳市委常委会召开2023年第19次会议，传达学习习近平总书记近期重要讲话和重要指示批示精神、省委书记沈晓明有关批示和省委有关会议精神、重要党内法规精神，听取关于失业保险基金管理、职业技能培训和评价专项整治工作的汇报。市委书记陈竞主持会议。

△27日，2023年益阳市总林长会议召开。市委副书记、市长熊炜主持会议。会议以视频形式召开，各县市区设分会场。会议听取了长江经济带生态环境警示片调查组反馈问题整改落实情况，市林委会成员有关单位汇报了林长制工作情况，各县市区林长述职。

△29日，益阳市举行《中华人民共和国中医药法》实施六周年和《湖南省实施〈中华人民共和国中医药法〉办法》实施三周年宣传周活动启动仪式。

△29日，益阳市七届人大常委会第十二次会议召开。市人大常委会党组书记、主任彭建忠讲话，副主任杨丽萍主持。会议审议了市人民政府关于河道砂石资源管理和利用情况的报告、市人大常委会执法检查组关于检查《益阳市资江保护条例》贯彻实施情况的报告。

△30日，益阳市政协举行庆祝中国共产党成立102周年会议暨“光荣在党50年”纪念章颁发仪式。市政协党组书记、主席胡立安出席会议并讲话。奏唱中华人民共和国国歌之后，市政协机关全体党员重温入党誓词。胡立安向陈恒祥、周槐福颁发了“光荣在党50年”纪念章。会上，市政协办公室、专委会党支部书记先后作经验交流及表态发言，“光荣在党50年”代表陈恒祥作经验分享。

◎益阳市赫山区举行拥军优抚合作协议签订仪式

2023年5月29日，益阳市赫山区退役军人事务局和胡林翼故居“拥军优抚”合作协议签约仪式在泉交河镇胡林翼故居举行。副区长曾钰彬出席并讲话。

仪式上，区退役军人事务局和胡林翼故居签订“拥军优抚”合作协议，为全国的现役和持优待证的退役军人在参观游览方面提供门票全免服务。

曾钰彬指出，“拥军优抚合作协议”的签订，将进一步发挥文旅机构在拥军优抚事业中的重要作用，提升退役军人及优抚对象的荣誉感，让军人成为全社会尊崇职业。区退役军人事务局要发挥好主体职能，积极协调全区各个拥军企业，坚定不移落实中央及地方各项拥军优抚政策，不断推出更多更好惠及广大退役军人的服务，持续塑造关爱退役军人的良好社会氛围。

仪式结束后，退役军人代表持优待证参观了胡林翼故居。

赫山区举行拥军优抚合作协议签订仪式

◎蒋涤非率队调研益阳市农业改革与中央环保督察反馈问题整改

2023年6月7日，副省长蒋涤非率队调研益阳市乡村振兴、粮食生产万亩综合示范片改革、中央环保督察反馈问题整改等工作。省政府办公厅副主任贺建壬、省市场监督管理局副局长廖健、省工业和信息化厅一级巡视员黄宝林、省住房和城乡建设厅二级巡视员吴启旺、省农业农村厅二级巡视员邱伯根、省商务厅二级巡视员尹荻菲及市委常委、常务副市长刘勇会，副市长邓曙光陪同。

上午，蒋涤非一行先后来到赫山区笔架山乡中塘村省级粮食生产万亩综合示范片，泉交河镇新松树桥村“三美同创”示范点、菱角岔村湖南农田谋士综合农事服务中心、竹泉山“智慧农业第一村”等地，重点调研益阳市农业改革情况。他充分肯定益阳市土地数字化改革、高标准农田建设、“十代”社会化服务、农业科技攻关等方面取得的成绩，希望益阳市继续发挥农业改革“领头羊”作用，推动农业改革向纵深发展。

下午，蒋涤非一行来到市中心城区西流湾排渍口调研，听取污水溢流及整改情况。2018年中央生态环境保护督察“回头看”反馈该问题后，市委、市政府高度重视，成立综合整治工程指挥部，统筹实施片区排水系统提升改造工程，取得初步效果。蒋涤非要求，有关部门要加紧工程建设，力争早日销号，为老百姓营造一个好的居住环境。

◎努力在全省打造国家重要先进制造业高地中展现益阳作为 “银城大讲堂”2023年第1期开讲

2023年6月2日，“银城大讲堂”2023年第1期在益阳大剧院开讲，湖南省工信厅一级巡视员黄宝林应邀作专题讲座，益阳市委书记陈竞主持。他强调，要进一步增强推进先进制造业高质量发展的责任感和使命感，以“时不我待”的意识、“紧盯不放”的韧劲、“一抓到底”的实力，集中精力补短板、强弱项、扬优势，努力推动益阳市先进制造业高质量发展。

市委副书记、市长熊炜，市人大常委会主任彭建忠，市政协主席胡立安，湖南城市学院校长何振，市委理论学习中心组成员，其他在职副厅级以上干部，市委、市政府副秘书长，市人大常委会、市政协正副秘书长，市直和中央、省属驻益有关单位主要负责同志，各县市区委书记、县市区长、分管工业的副县市区长，省级园区主要负责人，相关重点先进制造业企业负责人听取讲座。

◎益阳宣传进千家万户 禁毒务攻坚致胜

2023年6月16日，益阳市2023年“6·26”国际禁毒日主题宣传暨“全民禁毒你我他 禁毒宣传进万家”宣传月主题活动启动仪式，在奥林匹克公园举行。市委常委、市委政法委书记、市禁毒委常务副主任胡安邦宣布活动启动，副市长、市公安局局长、市禁毒委副主任史尚篪致辞。

2023年以来，益阳市禁毒部门联合邮政管理部门以物流寄递行业为切入点，印制禁毒主题宣传海报、车贴、标签等，组织对快递网点、快递小车、快递包裹进行张贴，通过快递小哥将禁毒宣传送进千家万户。同时，联合交通运输主管部门组织滴滴出行网约车、城市公交车、的士车张贴禁毒主题车贴、提示牌等，将禁毒知识普及给每一名乘客。

史尚篪强调，2023年既是全省新一轮禁毒人民战争的攻坚之年，又是益阳市为期三年创建全国禁毒示范城市的关键之年。全市各级各部门要坚决扛牢禁毒工作政治责任，切实做到守土有责、守土尽责，着力在“打击整治”上出重拳、在“管理管控”上下功夫、在“预防教育”上求实效，全力打好六大攻坚战，全面推动益阳市禁毒工作高质量发展。

各县市区、市禁毒委成员单位、物流寄递和交通运输行业的500余名代表参加启动仪式。

宣传进千家万户 禁毒务攻坚致胜

◎全力以赴为益阳市数字经济发展增添新动能

2023年6月1日，益阳市委副书记、市长熊炜率队赴深圳开展招商引资活动，先后前往华为技术有限公司、昊阳天宇科技（深圳）有限公司等企业拜访与考察，与华为公司轮值董事长徐直军、昊阳天宇公司副总经理蔡京儒等企业家就合作事宜深入交流。副市长杨智华、益阳高新区党工委书记汪军、市政府秘书长梁成立参加。

在华为技术有限公司，徐直军围绕产业数字化“智赋百企”、智慧益阳1322架构提升城市治理智慧化等合作展望提出建议与意见，并表示将继续加大在益阳的投入，全力以赴促益阳打造为新型智慧城市中的标杆，为益阳高质量发展作出贡献。

熊炜对华为公司长期以来重视和支持益阳经济社会发展表示感谢。他表示，益阳正全力打造世界电容器之都、区域性先进碳基复合材料“碳谷”、中国PCB第三极、国家重要新能源基地，希望双方在现有良好合作的基础上，以“港洽周”为契机，深化沟通联系，强化战略协同，拓宽合作领域，全面推动新型智慧城市建设提速提质，共享数字益阳新未来，共赢数字发展新时代。

在昊阳天宇科技（深圳）有限公司，蔡京儒对熊炜一行表示欢迎，并介绍了产业布局、竞争优势、组织结构、企业文化等基本情况，希望可以与益阳开展深入合作，推动实现互利共赢和高质量发展。

要闻纪事

7月

△7日，益阳市委常委会召开2023年第20次会议，传达学习习近平总书记近期重要讲话、指示和有关回信精神，中央、省委有关重要会议精神，省委领导来益调研讲话精神，听取全市对台工作情况汇报，审议并原则通过《益阳市规范村级组织工作事务、机制牌子和证明事项的工作方案》。市委书记陈竞主持会议。

△11日，益阳市政协党组召开2023年第7次（扩大）会议，传达学习省政协主席毛万春来益调研重要讲话精神，研究贯彻落实意见。市政协党组书记、主席胡立安主持。市政协党组班子成员周朗、谢梅成、陶汉文、李赛参加。市政协副主席曾斌、高德文、侯正春、邓象庭列席。

△17日，益阳市政府召开2023年第11次常务会议，集中学习《湖南省生态环境保护督察整改工作实施办法》，审议并原则通过《益阳市人民政府关于推动气象高质量发展的实施意见》《第十五届省运会竞赛项目场馆布局方案》等。市委副书记、市长熊炜主持会议。

△18日，益阳市委常委会召开2023年第21次会议，传达学习习近平总书记近期重要讲话和指示精神、中央和省委有关重要会议精神，研究部署省委第八巡视组巡视益阳市反馈意见整改相关工作。市委书记陈竞主持会议。

△21日，益阳市上半年禁毒工作暨创建全国禁毒示范城市工作讲评会召开，总结上半年全市禁毒工作，分析当前面临的毒情形势，部署推动下阶段工作，深入推进全国禁毒示范城市创建取得新成效。市委常委、市委政法委书记、市禁毒委常务副主任胡安邦出席，副市长、市公安局局长、市禁毒委副主任史尚篪主持。

◎保护发掘用活优秀传统文化 更好担负起新的文化使命

2023年6月16日，益阳市宣传思想文化战线深入学习贯彻习近平总书记在文化传承发展座谈会上的重要讲话精神专题会议召开。市委常委、市委宣传部部长陈计伟出席并讲话。

陈计伟指出，习近平总书记在文化传承发展座谈会上的重要讲话，对中华文化传承发展的一系列重大理论和现实问题作了深入系统阐述，是一篇闪耀着马克思主义真理光芒、充盈着中华文化独特气韵的光辉文献，是建设中华民族现代文明和社会主义文化强国的行动指南。要深入学习领会，切实把思想和行动统一到习近平总书记的重要讲话精神上来。

陈计伟强调，要精心组织学习宣传。把学习宣传贯彻习近平总书记的重要讲话精神作为一项重要政治任务，扎实开展学习研讨、座谈交流等工作，做好主题宣传报道和理论研究阐释，发出益阳声音，推出更多成果。要加强发掘保护利用，要把益阳优秀传统文化发掘好、保护好、用起来，融入宣传思想文化各项工作，为推动全市高质量发展提供有力支撑。要加大保障支持力度，要加强组织领导，整合各类资源，调动各方力量，加大政策扶持，推动全市文化传承发展和宣传思想全局工作取得新的突破。

会上，县市区、与会部门单位代表结合工作实际作了交流发言。

◎打击非法捕捞 筑牢生态屏障（主）大通湖区扎实推进『生态三湘2023』专项行动

执法小组正在巡查重点水域，打击非法捕捞

2023年6月26日至28日，贯彻落实长江流域重点水域"十年禁渔"的总体部署，深入推进"生态三湘2023"专项行动，益阳市公安局大通湖分局联合大通湖区农业农村和水利局，开展打击非法捕捞联合执法行动，守护好一湖碧水。

大通湖区长江流域重点水域包括东洞庭湖大堤10.3公里沿线、外延500米范围，约7700亩水域，共有河渠148条。针对重点水域、重点场所、重点人群，联合执法组开展滚动排查、摸准线索，重点打击"电毒炸""地笼""绝户网"等非法捕捞违法犯罪行为。此次行动共收缴禁用渔具丝网8副、鱼竿10根，劝离并教育违规垂钓人员10人。

联合执法壮大声势，日常巡查形成制度。沿湖各个派出所每周至少开展一次沿湖巡查，每月与环保、农水等部门至少开展一次联合巡查。2023年以来，共组织开展日常巡查269次，联合巡查21次，查缴渔获物270余公斤；共受理涉嫌污染环境案件1起、非法捕捞案件3起，涉环类案件共移送起诉8人。

要闻纪事

△25日，市政协组织召开2023年"'益'起来协商"暨上市公司限售股减持税收优惠有关提案办理协商会。市政协副主席李晓跃参加。会议听取了市财政局、市税务局、市市场监督管理局相关负责人的提案办理情况汇报。提案人、部分政协委员和相关部门负责人围绕下一步如何扶持企业发展壮大、纵深推进财源建设工程进行交流协商。

△27日，政协益阳市第七届委员会第十九次主席会议召开。市政协主席胡立安主持并讲话。会议协商通过了《益阳市政协系统工作创新案例评选活动工作方案（草案）》，听取了市政协委员学习联络委关于红旗渠外出培训情况、市政协经济科技和外事委关于"打造世界电容器之都，着力推动制造业发展"外出考察情况汇报。

△28日，市政府召开2023年第12次常务会议，传达学习省人民政府第二次全体会议精神，审议并原则通过《益阳市国土空间总体规划（2021—2035年）》《益阳市产业园区土地节约集约利用提质增效方案》等。市委副书记、市长熊炜主持会议。

△28日，南县召开2023年"八一"建军节庆祝大会暨双拥模范县创建动员会，县委副书记、统战部长詹宇祥等出席会议。

△31日，益阳市人大常委会主任彭建忠主持召开市七届人大常委会第20次主任会议。会议听取了市人大环资委关于原东部新区及银城大道沿线规划管理情况的调查报告。会议听取了市人大财经委关于2023年上半年国民经济和社会发展计划执行情况的调查报告、关于2023年上半年预算执行情况的调查报告。

◎立足农旅文旅融合优势 加快建设世界旅游目的地

"关于加快建设世界旅游目的地的意见的贯彻实施情况"民主监督会议现场

2023年6月27日至28日，湖南省政协副主席潘碧灵一行来益阳开展"《关于加快建设世界旅游目的地的意见》（以下简称《意见》）贯彻实施情况"民主监督暨"走进益山益水 感受益美益阳"调研活动。益阳市政协主席胡立安，副市长邓曙光，市政协副主席陶汉文、秘书长李赛参加。

潘碧灵一行详细了解了益阳市贯彻落实《意见》的主要情况，在"学习二十大精神，挖掘益阳地域文化"读书分享会上听取了系列读书心得及益阳故事演讲，赴胡林翼故居、兰溪洞庭画院、湖南工艺美术职业学院、清溪村、天意木国等地考察调研了益阳文旅产业发展情况。

胡立安表示，此次民主监督工作为益阳进一步贯彻落实《意见》指明了方向。市政协将迅速传达学习，领会精神实质，将《意见》的贯彻落实与"立足扩大内需战略基点，大力发展文化旅游产业"调研课题紧密结合，为湖南建设世界旅游目的地贡献益阳政协智慧和力量。

◎陈竞会见恩东嘎·盖布尔·查理一行

2023年7月2日，益阳市委书记陈竞会见了来湖南出席第三届中国—非洲经贸博览会的喀麦隆驻华大使馆参赞恩东嘎·盖布尔·查理一行。喀麦隆经济、计划和国土政治部技术顾问佩迪·埃迪斯·斯特哈弗，喀麦隆商务部外贸司司长穆桐比·约瑟夫·恩桐比，副市长杨智华等参加会谈。

陈竞对远道而来的喀麦隆贵宾来益阳考察访问表示欢迎，并简要介绍了益阳市市情和经济社会发展情况。他说，中国政府历来高度重视发展与喀麦隆的关系。近年来，益阳注重加强与喀麦隆在经贸、文化等方面的合作，2022年，益阳市与喀麦隆的进出口贸易额同比增长92%。希望恩东嘎·盖布尔·查理一行以此次中非经贸博览会特别是对益阳的考察访问为契机，进一步了解益阳，积极拓展两地在农业、制造业、对外贸易、体育、文化、旅游等方面的合作空间，推动喀麦隆与益阳各领域合作迈上新台阶。

恩东嘎·盖布尔·查理感谢益阳的热情邀请和接待。他表示，益阳是一座美丽的城市，此次到访时间虽短，但益阳给我们留下了深刻印象。相信通过这次对益阳的考察访问，一定能推动喀麦隆与益阳在各领域的合作交流取得新发展。

在益期间，恩东嘎·盖布尔·查理一行还前往和祥竹业、益阳茶厂、市规划馆、清溪村等地考察与交流。

益阳市委书记陈竞会见喀麦隆驻华大使馆参赞恩东嘎·盖布尔·查理

◎ 2023年益阳市对台工作会议召开

2023年7月12日，2023年益阳市对台工作会议召开。会议坚持以习近平新时代中国特色社会主义思想为指导，深入学习贯彻新时代党解决台湾问题的总体方略，全面落实中央、省委有关对台工作会议精神，听取全市对台工作情况汇报，部署安排下阶段工作。市委书记陈竞作讲话。市委常委、市委秘书长黄道安主持会议，副市长杨智华出席。

陈竞指出，党中央对台工作一以贯之的高度重视、高瞻远瞩、高位推动，充分彰显了在以中国式现代化全面推进中华民族伟大复兴进程中，坚定不移推进祖国统一大业的信心、决心和能力。益阳市对台工作也取得了新成效，落实落细各项惠台政策，对台交流活动丰富多彩，对台宣传力度显著增强，工作进入全省第一方阵。今年是全面贯彻落实党的二十大精神的开局之年，也是全面建设现代化新益阳的关键之年，做好对台工作意义重大。要切实把思想和行动统一到党中央对台海形势的科学研判和对台工作的决策部署上来，聚力国家所需、竭尽益阳所能，为加强两岸交流合作作出益阳贡献。

◎市政协组织召开"'益'起来协商"专题协商会

2023年7月5日，益阳市政协组织召开"'益'起来协商"专题协商会，就市政协七届二次会议第0016号重点提案《关于高质量承办省运会推进益阳市中心城区体育场馆建设和利用的建议》办理开展协商议政。市政府副市长邓曙光，市政协副主席高德文、陶汉文参加。

2026年，益阳市将承办省第十五届运动会，但与高质量承办省运会要求相比，市中心城区体育场馆建设和利用还存在一些不足，经深入调研后，市政协委员谌思羽在市政协七届二次会议期间向大会提交了《关于高质量承办省运会推进益阳市中心城区体育场馆建设和利用的建议》。该提案被确定为市政协年度重点提案，明确由市文旅广体局、市发改委、市财政局、市自然资源和规划局、市住建局等部门单位办理。

市政协组织提案人和部分委员深入中心城区部分体育场馆，通过实地察看、听取介绍、现场交流等方式，详细了解体育馆对外开放情况和项目规划与建设推进情况。协商会上，委员们就聚焦统筹谋划、加快推进场馆建设，聚焦场馆利用、丰富体育服务供给，聚焦技术支持、提升场馆发展能力，为省第十五届运动会赛事提供良好的场地保障等提出了意见建议，并与提案承办部门单位进行了互动交流。

益阳市政协"'益'起来协商"聚焦体育场馆建设和利用

要闻纪事

8月

△4日，益阳市人大常委会传达全省人大创新工作交流会精神暨安全生产"一法一条例一规定"执法检查工作推进会召开。市人大常委会主任彭建忠主持并讲话，市人大常委会副主任卜铁洪、杨丽萍、刘凌云、陈伟志、崔建平、黄育文出席。市人大常委会各委室、市政府相关部门、各县市区人大常委会、大通湖区人大联工委负责同志参加。

△8日，益阳市人大常委会安全生产"一法一条例一规定"执法检查工作座谈会召开。市人大常委会副主任杨丽萍讲话，市应急管理局、市住房和城乡建设局等19家市直部门单位有关负责同志参加。

△9日，益阳市委常委会召开2023年第23次会议，传达学习习近平总书记近期重要讲话精神和省委书记沈晓明来益调研有关讲话精神，研究益阳市贯彻落实工作。市委书记陈竞主持会议。

△14日，益阳市委书记、市委国家安全委员会主任陈竞主持召开市委国家安全委员会第四次会议，深入学习贯彻习近平总书记关于总体国家安全观的重要论述精神，传达学习中央、省委有关会议精神，审议有关文件，研究部署全市国家安全工作。

△17日至18日，全省现代农业发展专项资金使用绩效人大代表评议活动在益阳举办。省人大常委会党组副书记、副主任张剑飞出席评议会议并讲话，市人大常委会党组书记、主任彭建忠参加。

◎为创建公共资源交易“湖南模式”添彩

2023年7月17日，湖南省公共资源交易信息化平台“六统一”工作现场推进会在益阳市召开，湖南省公共资源交易中心党组书记、主任曾胜，省优化经济发展环境领导小组办公室主任欧阳晓风，省公共资源交易中心党组成员、副主任牛顺生，市委常委、常务副市长刘勇会出席会议。

会议通报了全省“六统一”阶段性工作情况。“六统一”指的是统一顶层设计、统一主干系统部署、统一平台运行及规程、统一数据接口标准及路径、统一安全管控机制和统一实施管理要求。通过公共资源电子化交易，实现市场主体“一次注册”，交易项目“一窗受理”，交易数据“全网共享”。湘西自治州公共资源交易中心、益阳市公共资源交易中心作了经验介绍。

刘勇会指出，近年来，益阳市坚持守正创新理念，积极营造开放有序、智慧便捷、公平公正的交易环境，不断激发市场活力和社会创造力。他表示，益阳将以这次会议为契机，认真学习借鉴兄弟市州先进经验，进一步落实好“六统一”工作各项部署，不断提升公共资源交易服务水平，以益阳一域之光为创建公共资源交易“湖南模式”全域添彩。

湖南省公共资源交易信息化平台『六统一』工作现场推进会

◎资阳区：启动『新星计划』实践活动

2023年资阳区『新星计划』实践活动正式启动

活动现场

2023年7月20日，2023年资阳区“新星计划”实践活动正式启动，163名资阳籍大学生将利用暑假在资阳区机关、企事业单位参加社会实践。

启动仪式结束后，学生先后参观了资阳区沿江风光带古城公园、奥士康科技股份有限公司和丰堆仓革命旧址，进一步了解家乡的发展与变化，体会古韵古城、资水资阳的文化底蕴，触摸资阳高质量发展的强劲脉搏，感受孕育于资阳本土的红色文化和革命精神，不断汲取红色力量。

要闻纪事

△21日，市委书记、市委退役军人事务工作领导小组组长陈竞主持召开中共益阳市委退役军人事务工作领导小组2023年第一次全体会议。会议传达学习了省委退役军人事务工作领导小组第五次全体会议精神，听取全市退役军人工作情况汇报，审议并原则通过《中共益阳市委退役军人事务工作领导小组2023年工作要点》《益阳市政府安排工作退役士兵市本级安置条件》。

△24日，益阳市人大常委会党组书记、主任彭建忠主持召开市七届人大常委会第21次主任会议。市人大常委会党组副书记、副主任汤瑞祥，副主任卜铁洪、杨丽萍、刘凌云、陈伟志、崔建平、黄育文，秘书长秦本华出席。

△25日，益阳市法治政府建设示范创建、禁捕退捕暨水域滩涂养殖发证登记工作推进会召开。副市长何军田讲话。会议调度了益阳市“智慧渔政”申报第三批全国法治政府建设示范项目工作，禁捕退捕工作，水域滩涂养殖发证登记工作。

△24日，益阳市政府召开2023年第13次常务会议，传达学习《中华人民共和国职业教育法》，审议并原则通过《2023年度益阳市人民政府质量工作考核方案》《益阳市医疗保险基金总额控制管理暂行办法》《益阳市城乡居民基本医疗保险普通门诊统筹基金总额控制管理暂行办法》等。市委副书记、市长熊炜主持会议。

△28日，益阳市召开2023年8月安全生产工作点评暨燃气安全专项整治会议。市委常委、常务副市长、市安委会第一副主任刘勇会讲话。会议通报了8月全市安全生产形势及7大专项整治工作情况，部署城市安全运行排查整治及后段安全生产工作，全市城镇燃气、建筑领域安全整治工作，并就防溺水、客运和水上交通专项整治工作作交流发言。相关部门作表态发言。

◎2023年桃江县转业军士和军转干部移交安置工作会议召开

2023年桃江县转业军士和军转干部移交安置工作会议召开

2023年7月19日，2023年桃江县转业军士和军转干部移交安置工作会议在县党政大楼召开，县委副书记、统战部部长、县委安置工作领导小组组长冷亮出席会议并讲话，县委常委、常务副县长、县委安置工作领导小组副组长贺武彬主持会议。

会议传达学习了上级关于转业军士和军转干部移交安置工作的相关文件精神，并就《桃江县2023年度转业军士安置工作方案（草案）》及军队转业干部情况进行了解读说明。2023年，桃江县共接收符合安排工作条件的退役士兵30人，其中，一级上士13人、二级上士16人、二级消防士1人。

冷亮指出，桃江县退役军人移交安置工作时间紧、任务重，各级各部门要进一步提高站位，增强做好退役军人移交安置工作的思想认识，把退役军人移交安置工作作为贯彻落实党的二十大精神的一项重要政治任务，主动适应新形势新要求，进一步提高服务效能，扎实做好安置工作，创新安置方式，健全“阳光安置”工作机制，高质量完成年度安置任务。

冷亮要求，全县上下要进一步增强政治责任感、历史使命感和现实紧迫感，上下同心、军地合力，扎实做好年度退役军人安置工作，以实绩实效书写一份令人满意的退役军人安置工作“桃江答卷”。

◎提升服务效能 持续优化益阳市政务营商环境 市政协开展委员议政活动 胡立安出席并讲话

市政协主席胡立安出席并讲话

益阳市政协开展“优环境 强服务 转作风 促发展”优化政务营商环境委员议政活动

2023年7月25日，益阳市政协开展“优环境 强服务 转作风 促发展”优化政务营商环境委员议政活动。市政协主席胡立安出席并讲话。市领导欧阳艳、陈计伟、刘勇会、周朗、曾斌、高德文等，市政协秘书长李赛参加。

此次活动以市生态环境局、市交通运输局、市城市管理和综合执法局、市市场监督管理局、市政务管理服务局、益阳高新区管委会等单位为议政对象。金辉、谌思羽、梁跃平、郭卫星、刘柳、刘春雷等13名市政协委员踊跃发言，围绕现阶段行政执法标准不统一、惠企政策宣传不到位、“一件事一次办”改革难落地等方面问题与各部门负责人深入探讨。

胡立安指出，政务营商环境是地方综合实力、区域竞争力、现代化程度和治理水平的集中体现，也是未来发展前景的重要标志。全体政协委员要持续跟踪调研，务实建言，努力提高调查研究能力，切实在参政议政中建诤言、在政党协商中献良策。要加强民主监督，助推落实，通过委员视察、民主评议等形式开展民主监督，努力打造审批项目最少、行政效率最高、行政成本最低、行政过程最透明的政务环境。要广泛凝聚共识，形成合力，牢固树立大局意识，深入界别群众，加强政策宣传，以更优质的服务、更扎实的举措持续优化政务营商环境，助推益阳高质量发展。

◎益阳市政协“‘益’起来协商”聚焦专精特新“小巨人”企业发展 胡立安部署相关工作

2023年7月20日，益阳市政协主席胡立安主持召开2023年“‘益’起来协商”暨第0120号重点提案《关于加快益阳市专精特新“小巨人”企业发展的建议》办理协商会议。副市长杨智华，市政协副主席曾斌、秘书长李赛参加。

会议听取了重点提案办理情况汇报。提案人、部分政协委员及相关职能部门负责人就如何推动产业项目发展、抓好立项争资工作、推动创新平台搭建等开展协商，并对提案办理工作提出意见建议。

胡立安强调，提案办理要主动，不推责不打折，要主动研究部署、沟通对接、规范答复，把提案办理放在心上、抓在手上，主动办、自觉办；提案办理要负责，换其位思其方，以“对群众负责、让委员满意”为出发点和落脚点，责任不松、标准不减，确保提案办理工作不断档、不脱节；提案办理要系统，落一子满盘活，在解决阻碍“小巨人”企业发展难题的同时，一体思考如何推进益阳市现代企业发展、打造益阳市现代产业体系；提案办理要务实，重实际求实效，把握群众满意这个判断办理效果的标准和依据，在“实”字上下功夫，持续开展提案办理“回头看”和满意度回访工作，切实打通提案办理成果转化的“最后一公里”。

益阳市政协2023年“‘益’起来协商”暨第0120号重点提案《关于加快益阳市专精特新“小巨人”企业发展的建议》办理协商会议现场

◎益阳开展夏季“禁毒宣传进万家”活动

2023年7月25日，益阳市夏季治安打击整治行动暨2023年“禁毒宣传进万家”夏夜集中宣传活动在资阳区鹅羊池广场拉开帷幕。本次活动由益阳市禁毒办、市公安局主办，资阳区禁毒办、区公安分局、区卫健局、区市监局、汽车路街道、大码头街道、长春经开区等单位协办。资阳区人民政府副区长、区公安分局局长、区禁毒委副主任刘洪波，市禁毒办专职副主任、市社会化禁毒办主任夏萍等参加活动。

益阳市夏季治安打击整治行动暨2023年“禁毒宣传进万家”夏夜集中宣传活动

活动现场，500余名各界群众集中观看了禁毒题材电影，禁毒民警和志愿者们通过摆放禁毒宣传展板、展示毒品仿真模型、发放禁毒宣传手册等形式，为过往群众普及毒品预防宣传教育知识和禁毒法律法规，引导群众远离毒品危害，珍惜美好生活，切实提升识毒、拒毒、防毒意识，并呼吁广大群众积极参与新时代禁毒人民战争，共同助力全国文明城市和禁毒示范城市创建。

市禁毒办负责人表示，在本次夏季治安打击整治行动期间，市、县两级禁毒办还将组织开展禁毒题材电影巡回播放、禁毒视频作品展播、禁毒宣传进娱乐场所等活动，以群众“看得见、容易记、记得住”的方式开展禁毒宣传教育活动，进一步扩大毒品预防宣传教育的广度和深度，营造全民参与禁毒的浓厚氛围。

要闻纪事

△30日，益阳市七届人大常委会第十三次会议召开。市人大常委会主任彭建忠讲话，副主任刘凌云主持，党组副书记、副主任汤瑞祥，副主任卜铁洪、杨丽萍、陈伟志、崔建平、黄育文，秘书长秦本华出席会议。市委常委、常务副市长刘勇会，市中级人民法院院长彭卫兵，市人民检察院检察长王东晖列席会议。

9月

△4日，益阳市1至7月工业经济形势分析会召开。市委副书记、市长熊炜出席并讲话。他强调，各级各部门要坚定信心、保持定力，坚持问题导向、目标导向、结果导向，以更加昂扬的精神状态、更加务实的作风和更加有力的举措，为圆满完成全年经济发展目标任务全力冲刺。市委常委、常务副市长刘勇会主持会议。

△6日，益阳市委书记陈竞主持召开省委巡视益阳反馈问题整改工作调度会，专题听取整改落实进展情况汇报，查找分析整改过程中的问题，对下阶段整改工作进行再部署、再推进，推动巡视整改落到实处、取得实效。市委副书记、市长熊炜讲话。

△11日，益阳市委常委会召开2023年第27次会议，传达学习习近平总书记有关重要讲话重要论述精神和中央、省委有关重要会议精神，研究意识形态工作和主题教育工作等。市委书记陈竞主持会议。

△14日，益阳市政协主席、秘书长联席会议召开。会议传达学习了省政协主席毛万春来益调研指示要求及相关文件精神，通报了破解基层“两个薄弱”、全市政协系统线上委员工作室有关情况以及改善生态环境专项民主监督工作情况。各县市区政协就贯彻落实相关指示精神、年度特色亮点工作及下阶段工作安排作交流发言。

◎陈竞主持召开2023年上半年全市经济形势分析会 熊炜讲话 彭建忠胡立安出席

2023年8月22日至8月23日，益阳市委书记陈竞主持召开2023年上半年全市经济形势分析会。他强调，要看清形势、保持信心、找准问题、明确措施、扛牢任务，用实干实绩交出全年经济工作满意答卷。市委副书记、市长熊炜讲话。市人大常委会主任彭建忠，市政协主席胡立安，市领导李铁华、欧阳艳、胡安邦、陈计伟、刘勇会、刘凌云、邓曙光、杨智华、乐运成、何军田、罗晓皓、史尚篪、李晓跃，益阳高新区党工委书记汪军，副厅级干部喻国良等出席会议或参加项目观摩。

会议通报了上半年全市经济运行有关情况，各县市区和市直及中央、省属驻益有关单位负责人发言。

熊炜指出，要全面把握“持续恢复、长期向好”的发展大势，正确认清“稳中有进、稳中向好”的发展态势，辩证看待“有喜有忧、忧中有喜”的发展现状，进一步强信心、找问题、抓关键，突出抓好政策落地、项目推进、消费促进、招商引资、助企纾困、污染防治、安全发展等关键重点，持续打好“发展六仗”，保持定力，奋发作为，着力推动经济实现质的有效提升和量的合理增长。

会前，与会人员还前往贝贝昇、国信金湘、湖南联合大麦光电制造、湖南康玖堂生物科技有限公司、华兴玻璃、微克科技等项目现场观摩考察。

8月22日，益阳市举行2023年上半年经济形势分析会会前重点项目现场观摩

◎“八一”慰问送关怀 共叙军民鱼水情

2023年8月1日，益阳副市长、市公安局局长史尚篪率队走访慰问驻益部队官兵及现役军人家属，向他们致以节日问候和美好祝福。

史尚篪一行先后来到武警益阳支队、市消防救援支队，详细了解官兵工作、学习、生活等情况及存在的困难，衷心感谢官兵们长期以来积极参与和支持益阳市经济建设、抗洪救灾、防火灭火等工作，并分别送上5万元慰问物资。随后，史尚篪一行分别看望慰问了现役军人夏亚西、陈璐的父母，和家属们亲切交谈，了解现役军人在部队的生活情况，详细询问他们的身体状况及工作情况等。史尚篪说，官兵们为守护人民群众生命财产安全作出了巨大贡献，其家属们无私奉献、默默支持，作出了巨大努力和牺牲。各相关职能部门要时刻关心、关爱军人及其家属的生活，认真做好服务保障工作，解除现役军人后顾之忧，让他们安心服役、戍边卫国，为中国国防建设再立新功。

◎携手共进谋发展 合作共赢谱新篇 熊炜与袁亮宏座谈

2023年8月1日，市委副书记、市长熊炜与袁记食品集团董事长袁亮宏一行座谈。副市长杨智华、袁记食品集团总经理杨智程参加。

熊炜对袁亮宏一行的到来表示欢迎，感谢袁记食品集团多年来为益阳经济社会发展作出的贡献。他指出，当前，益阳市深入学习贯彻落实党的二十大精神，围绕实现“三高四新”美好蓝图，把产业强市作为第一路径，把招商引资作为第一工程，把园区发展作为第一阵地，把营商环境作为第一资源，奋力打造世界电容器之都、中国碳谷、中国PCB第三极、国家重要新能源基地。益阳重大项目多、发展速度快、营商环境好、要素成本省，有巨大的发展潜力和投资空间，热切期待袁记食品集团投资益阳，推动更多优质项目落地见效。益阳将进一步优化营商环境，做好全方位、高品质的“妈妈式”服务，为袁记食品集团的发展提供广阔天地。

袁亮宏介绍了袁记食品集团的发展情况。他表示，益阳有着丰富的优质农产品，将充分发挥集团的平台、技术、人才、资金等方面优势，把高质量发展贯穿企业发展的全过程、各领域、各方面、各环节，加大投资规模，助推益阳食品产业做大做优做强，助力益阳经济社会高质量发展。

要闻纪事

△15日，益阳市组织工作会议召开。市委书记陈竞出席会议并讲话。市委常委、市委组织部部长李铁华主持会议。市领导黄道安、欧阳艳、陈计伟，益阳高新区党工委书记汪军，益阳医学高等专科学校党委书记周奎，益阳职业技术学院党委书记胡康平，市人大常委会秘书长秦本华，市政协秘书长李赛等出席会议。

△18日，为期五天的益阳市学习贯彻习近平新时代中国特色社会主义思想主题教育读书班在市委党校开班。市委书记陈竞作动员讲话，市委副书记、市长熊炜主持开班式，省委第九巡回督导组组长徐文龙，市人大常委会主任彭建忠，市政协主席胡立安出席，省委第九巡回督导组部分成员列席。

△21日，益阳市委常委会召开2023年第28次会议，传达学习习近平总书记有关重要指示精神和省委有关会议精神，研究纪检监察等工作，审议通过《益阳市打好蓝天保卫战 全面提升市中心城区环境空气质量行动方案（2023—2025年）》。市委书记陈竞主持会议。

△22日，益阳市学习贯彻习近平新时代中国特色社会主义思想主题教育读书班在市委党校结业。市委常委、市委组织部部长李铁华出席结业式并讲话。

△28日，政协益阳市第七届委员会第二十一次主席会议召开。市政协主席胡立安主持并讲话。会议协商讨论了《政协益阳市第七届委员会常务委员会第十二次会议暨“关于打造世界电容器之都 着力推动先进制造业发展”专题议政性常委会议方案（草案）》《政协益阳市第七届委员会常务委员会第十三次会议方案（草案）》《关于打造世界电容器之都 着力推动先进制造业发展向中共益阳市委、市人民政府的建议案（草案）》及其他有关人事事项。

◎湖南省委党校来益阳市资阳区开展“科技创新与生态文明”专题调研

座谈会现场

2023年8月14日，湖南省委党校科技与生态文明教研部主任、教授毛明芳一行深入资阳区开展“科技创新与生态文明”专题调研并召开座谈会。益阳市资阳区委副书记、统战部部长曾波，副区长肖友良、侯笛参加。

调研组一行先后来到张家塞乡富民村、沙头镇富兴村、湖南宇晶机器股份有限公司、奥士康科技股份有限公司，通过实地参观、现场讲解、交流探讨等方式，详细了解科技创新与生态文明建设情况。

在湖南宇晶机器股份有限公司、奥士康科技股份有限公司，调研组一行走进企业生产车间，详细了解企业发展历程和一系列科技创新成果，同时就生产工艺、产品研发、企业经营情况与企业负责人进行深入交流。

随后，调研组一行和区领导及相关单位负责人围绕科技创新、生态文明建设等工作进行了座谈交流。座谈会上，调研组听取了资阳区科技创新与生态文明建设有关情况工作汇报，肯定了资阳推进经济社会高质量发展的优秀做法和典型经验，对反映的问题、困难有了更清晰的认识，也为解决这些问题提供了参考依据。调研组指出，将认真提炼总结各方意见和建议，努力推动调研成果转化为科技创新与生态文明建设的具体举措。

调研组参观企业生产车间

◎益阳市宣传部长座谈会召开

2023年8月29日，益阳市市宣传部部长座谈会召开。会议传达学习了2023年上半年益阳市经济形势分析会精神，相关市直宣传文化单位、县市区委宣传部围绕上半年特色工作作交流发言。市委常委、市委宣传部部长陈计伟出席并讲话。

陈计伟指出，要坚持以习近平新时代中国特色社会主义思想为指导，深入贯彻党的二十大精神，认真落实上半年全市经济形势分析会精神，紧抓时间、抢抓机遇、担当作为，全面完成全年工作目标任务，为全市经济社会高质量发展贡献宣传力量。

陈计伟强调，要坚持围绕中心、服务大局。要严格落实党中央决策部署和省委、省委宣传部、市委工作要求，切实做好学习贯彻习近平新时代中国特色社会主义思想主题教育宣传、文明城市创建、以文化振兴推动乡村振兴等工作。要努力打造亮点、形成品牌。要强化创先争优意识，找准差距、补齐短板、发挥优势，抓深抓实各项工作，努力打造更多亮点和品牌，全面提升全市宣传工作水平。要坚决守牢底线、防范风险。要全面落实意识形态工作责任制，始终坚持正确舆论导向，强化宣传阵地建设管理，进一步提升舆情应对处置能力，确保益阳市意识形态领域安全稳定。

◎陈竞主持召开全市“走找想促”活动第二次调研情况交流暨大兴调查研究工作推进会

2023年8月25日，益阳市委书记陈竞主持召开全市“走找想促”活动第二次调研情况交流暨大兴调查研究工作推进会，深入学习贯彻习近平总书记关于大兴调查研究的系列重要讲话和指示批示精神，全面落实省委关于“走找想促”活动重要会议精神，总结交流全市市直机关“走找想促”活动开展阶段性情况，部署下阶段工作，为即将开展的主题教育打下坚实基础。市委副书记、市长熊炜，市人大常委会主任彭建忠，市政协主席胡立安等出席会议。

会议强调，要持续推动“走找想促”活动走深走实，认真对照中央和省委、市委部署要求，坚持问题导向，坚持求真务实，坚持系统思维，做到深入基层既要身到，更要心到；查报问题既要数量，更要质量；解决问题既要治标，更要治本，切实提高调研实效。要认真谋划主题教育相关工作，严格对标对表，按照中央统一部署和省委工作要求，结合益阳市实际，积极主动谋划好、组织好，进一步加强理论学习，高质量起草方案，完善机构设置，坚持开门搞教育，既下好先手棋、打好提前量，又按照规定时间节点推进，防止出现“抢跑”。

会上，8家市直机关单位的负责同志就调研开展情况和心得体会作交流发言，分管市领导分别作了点评。

◎市委理论学习中心组开展2023年第9次集体学习

2023年8月25日，益阳市委理论学习中心组开展2023年第9次集体学习，围绕“深入学习领会习近平总书记关于推动高质量发展、扎实推进共同富裕的重要论述”主题，开展专题学习研讨。市委书记陈竞主持并作总结讲话。市委副书记、市长熊炜，市人大常委会主任彭建忠，市政协主席胡立安出席。市委理论学习中心组成员李铁华、欧阳艳、胡安邦、陈计伟、刘勇会、邓曙光、杨智华、乐运成、何军田、罗晓皓、史尚篪、彭卫兵、王东晖参加学习。

会议指出，共同富裕是中国特色社会主义的本质要求，实现全体人民共同富裕，是我们党矢志不渝的奋斗目标。党的十八大以来，习近平总书记在多个重要场合就扎实推动共同富裕作出一系列重要论述，对共同富裕理论作出新阐释，对共同富裕战略作出新部署，是我们加快推动高质量发展、扎实推进共同富裕的科学指南、行动遵循。全市上下要深入学习领会、结合益阳实际抓好贯彻落实。

会议强调，扎实推进共同富裕，必须把握核心要义。会议强调，扎实推进共同富裕，必须抓实重点任务。会议强调，扎实推进共同富裕，必须加强党的领导。进一步加强组织领导，强化人才支撑，凝聚工作合力，努力在现代化过程中稳步实现共同富裕目标。

◎益阳做实专项民主监督助推生态环境改善

益阳市政协组织召开全市政协委员工作室改善生态环境专项民主监督工作会议

2023年8月23日，益阳市政协组织召开全市政协委员工作室改善生态环境专项民主监督工作会议。市政协副主席周朗、谢梅成，秘书长李赛参加。

会议听取了南县政协改善生态环境专项民主监督的经验介绍、市政协改善生态环境专项民主监督的工作安排，传达学习了省政协《政协委员工作室改善生态环境专项民主监督工作实施方案》和省政协副主席李民的相关讲话。

会议要求，要进一步提高思想认识，把开展专项民主监督与学习贯彻习近平新时代中国特色社会主义思想主题教育结合起来，自觉服从服务于中心大局。要进一步明确目标责任，按照既定工作目标，全力做好专项民主监督工作。要进一步正视问题，补齐短板，积极主动作为，扎实推进问题整改工作。要进一步强化工作措施抓落实，通过聚焦重点内容、创新监督形式、发挥政协委员主体作用、加强宣传推介、提高政协云资料上传精准度等方式，动真碰硬、齐抓共管，确保改善生态环境专项民主监督取得实效。

要闻纪事

△28日，益阳市政府召开2023年第16次常务会议，学习《中华人民共和国野生动物保护法》等，审议并原则通过《关于加快竹产业高质量发展的实施意见》《益阳市贯彻落实第二轮省生态环境保护例行督察反馈问题整改方案》等。市委副书记、市长熊炜主持会议。

△30日，益阳市委书记陈竞、市人大常委会主任彭建忠、市政协主席胡立安等市党政军领导，人民团体有关负责人和全市各界群众代表怀着无比崇敬的心情，来到益阳烈士纪念广场，向革命先烈敬献花篮，缅怀先烈、致敬英雄，进一步汇聚起建设社会主义现代化新益阳的磅礴力量。

10月

△7日，益阳市委书记陈竞主持召开2023年第29次市委常委会会议，传达学习习近平总书记近期重要讲话指示精神和中央、省委有关重要会议精神，研究市委七届四次全会等有关工作。

△11日，政协益阳市第七届委员会常务委员会第十三次会议召开。市政协主席胡立安出席并讲话。会议审议通过了政协益阳市第七届委员会常务委员会第十三次会议议程（草案）及有关人事事项；听取了中共益阳市委、市人民政府关于提案办理情况的通报及部分市直部门单位关于重点提案办理情况的汇报；书面通报了《关于政协益阳市第七届委员会中共党员委员联系党外委员有关情况》《关于全市政协系统委员工作室有关情况》《关于2023年1—9月社情民意信息工作情况》。

◎益阳群团组织共奏禁毒宣传『交响』

2023年8月29日，“全民禁毒你我他 禁毒宣传进万家”2023年益阳市毒品预防宣传教育进家庭专题活动在市妇女儿童活动中心拉开帷幕。本次活动由市禁毒办、市妇联、团市委、市公安局联合主办，市人民政府副秘书长、市禁毒办主任杨禄仁出席活动并致辞，市妇联、团市委、市社会化禁毒办等部门负责人参加活动。

活动现场，来自中心城区的150余名青少年和禁毒妈妈志愿者宣读了禁毒倡议书，进行了《湖南禁毒宣言》集中宣誓，并为10名禁毒妈妈代表颁发了“禁毒妈妈志愿者”绶带。湖南省优秀禁毒讲师、益阳市禁毒协会金牌讲师熊剑老师上了一堂精彩生动的毒品预防宣传教育专题讲座，为参加活动的人员普及毒品预防宣传教育知识和禁毒法律法规，引导大家远离毒品危害，珍惜美好生活，切实提升识毒、拒毒、防毒意识，让远离毒品，珍爱生命的健康生活理念深入每一个家庭，并呼吁大家积极发动身边亲友参与新时代禁毒人民战争，共同助力全国文明城市和禁毒示范城市创建。

◎益阳市启动2023年“质量月”活动

2023年9月7日，2023年益阳“质量月”活动启动仪式在安化县举行，副市长邓曙光宣布全市2023年“质量月”活动正式启动。

2023年益阳“质量月”活动启动仪式在安化县举行

“质量月”活动是贯彻落实《质量强国建设纲要》的重要抓手。本次活动以“增强质量意识，推进高质量发展”为主题。启动仪式上，企业代表宣读了质量提升倡议书。

“质量月”期间，益阳市将组织开展“质量体检”进企业活动、民生领域案件查办“铁拳”行动、危险化学品质量安全治理行动、食品相关产品监督抽查和风险监测活动、阳光纤检进校园活动、食品安全放心工程建设攻坚行动、食品安全示范创建活动、电梯安全宣传“进校园、进社区、进轿厢”活动、计量服务中小企业行活动、有机产品和绿色产品认证宣传活动等一系列活动，全面营造政府重视质量、企业追求质量、社会崇尚质量、人人关心质量的浓厚氛围。

2023年益阳“质量月”活动现场

市质量强市领导小组各成员单位真抓实干，担当作为，益阳市2022年质量工作取得历史最好成绩，在2021年省政府质量工作考核进入全省A类的基础上，2022年保持A类并获得全省第一的成绩，获得2022年度省政府质量工作真抓实干督查激励、2022年度国务院质量强国建设真抓实干督查激励。

要闻纪事

△20日，益阳市委书记陈竞主持召开2023年第31次市委常委会会议，传达学习习近平总书记近期重要讲话重要指示精神和中央、省委有关重要会议、文件精神，研究巡视整改等工作，审议通过《益阳市贯彻落实〈中共湖南省委关于锚定“三高四新”美好蓝图加快推进高质量发展的若干意见〉责任清单》。

△24日，益阳市人大常委会党组书记、主任彭建忠主持召开市七届人大常委会第24次主任会议。市人大常委会党组副书记、副主任汤瑞祥，副主任卜铁洪、刘凌云、陈伟志、崔建平、黄育文，秘书长秦本华出席。

△25日，益阳市禁毒问题顽瘴痼疾集中整治专项行动动员部署电视电话会召开。市委常委、市委政法委书记、市禁毒委常务副主任胡安邦出席并讲话，副市长、市公安局局长、市禁毒委副主任史尚麓主持。会议解读了《全市禁毒问题顽瘴痼疾集中整治专项行动方案》，通报了全市1至9月创建全国禁毒示范城市工作进展情况。

△30日，政协益阳市第七届委员会第二十三次主席会议召开。会议听取了优化政务营商环境委员议政活动相关单位整改工作情况汇报、政协益阳市第七届委员会第三次会议委员大会发言工作推进情况汇报，协商通过了《关于开展市政协优化法治营商环境委员议政活动方案（草案）》《政协益阳市第七届委员会第三次会议筹备工作方案（草案）》《政协益阳市第七届委员会第三次会议常委会工作报告起草工作方案（草案）》。

◎桃江召开全民国防教育集中宣传活动推进会

2023年9月7日，桃江县委全民国防教育工作领导小组办公室组织召开桃江县全民国防教育集中宣传活动推进会，县委常委、县委宣传部部长、县委全民国防教育工作领导小组副组长林龙飞出席。

会议就今年全民国防教育日七大集中宣传活动进行了部署安排。各乡镇、县委全民国防教育工作领导小组成员单位以及部分责任单位分管领导就今年以来全民国防教育工作开展情况及下一步集中宣传活动计划，结合自身实际进行了交流发言。

林龙飞指出，近年来，桃江以精神文明建设为抓手，积极挖掘红色革命血脉，大力营造拥军崇军氛围，全力促推桃江儿女投身军营、建功立业。由县委宣传部牵头，相关部门单位积极参与，围绕“功臣之乡”这一品牌在新闻报道、社会宣传、经验推介、活动举办等方面开展了一系列卓有成效的工作。

桃江县委全民国防教育工作领导小组办公室组织召开桃江县全民国防教育集中宣传活动推进会

◎益阳市坚定理想信念 铸牢对党忠诚 站稳人民立场 奋发有为 加快建设现代化新益阳

2023年9月21日，益阳市委理论学习中心组开展2023年第10次集体学习暨“以学铸魂”专题研讨，突出“以学铸魂”主题，深入学习贯彻习近平总书记在主题教育工作会议上的重要讲话精神、在中央政治局第四次集体学习时的重要讲话精神，深入学习贯彻《习近平著作选读》，深刻领悟“两个确立”的决定性意义，弘扬伟大建党精神，牢记“三个务必”，坚定信仰信念信心，筑牢信仰之基、补足精神之钙、把稳思想之舵，始终忠诚于党、忠诚于人民、忠诚于马克思主义。市委书记陈竞主持并作总结讲话，市委副书记、市长熊炜作交流发言，市人大常委会主任彭建忠，市政协主席胡立安参加学习研讨。省委第九巡回督导组副组长谢军和督导组部分成员出席。

益阳市委理论学习中心组成员李铁华、黄道安、欧阳艳、胡安邦、陈计伟、邓曙光、乐运成、何军田、罗晓皓、史尚篪、彭卫兵、王东晖参加学习研讨。

◎益阳市举行新兵入伍欢送仪式

首批400余名新兵整齐列队，从这里踏上军旅征程

2023年9月16日，在嘹亮的军歌声中，益阳市2023年下半年新兵入伍欢送仪式在高铁益阳南站举行。市委常委、常务副市长、市征兵工作领导小组组长刘勇会，益阳军分区席尚平、李俊出席。

刘勇会代表市委、市政府向光荣入伍的全体新兵表示热烈祝贺。希望新入伍的同志发扬吃得苦、霸得蛮的韧劲，用革命军人的标准严格要求自己，做好面对困难、面对清苦的准备，强化听从指挥、服从命令的意识，立起扎根军营、建功立业的志向，以实际行动迈好军营“第一步”、蹚好军旅“头一脚”；培育雷厉风行的军人作风，在各项军事任务中冲在一线、担当作为，为国家建设竭尽聪明和智慧；珍惜部队生活的有限时间，内强素质，外塑形象，以优秀士兵的喜报，以功臣的奖章，让家人因大家而骄傲，让益阳人民因大家而自豪。

在欢送仪式上，席尚平宣读了“新兵入伍命令”，他希望新战友们入伍后坚定信念，听党指挥，刻苦训练，外练筋骨皮，内练精气神，争当习武先锋，当新时代的合格兵。力争在平凡的岗位上干出不平凡的业绩，切实担负起保卫祖国、建设祖国的神圣使命，圆满完成党和人民交给的各项任务。

◎首届“益阳企业家日”政企座谈会召开

首届“益阳企业家日”政企座谈会召开

2023年9月25日，首届“益阳企业家日”政企座谈会召开。受市委书记陈竞委托，市委副书记、市长熊炜出席并讲话。市人大常委会主任彭建忠，市政协主席胡立安，市委常委、市委组织部部长李铁华出席会议。市委常委、常务副市长刘勇会主持会议。副市长杨智华参加会议。

会上，湖南金博碳素股份有限公司、湖南艾华集团股份有限公司、华翔翔能科技股份有限公司等14家企业负责人作交流发言，相关部门单位、县市区负责人针对企业家提出的问题进行答复。

熊炜指出，民营企业是推动益阳发展的主力军。今年上半年，民营经济规模工业生产指标占全部规模工业生产指标的89.6%；目前，全市共有科创平台204个、省级以上“专精特新”企业207家、高新技术企业566家，其中民营企业的占比分别达88.7%、92.7%、89.4%；广大民营企业挑起了“稳就业”的大梁，提供了全市90%以上的就业岗位，民营经济在益阳各项事业中的地位作用不容置疑，民营企业家为益阳经济社会发展所作的突出贡献不可磨灭。

◎益阳市加强“五个平台”建设 做好退役军人保障服务

益阳市退役军人就业创业服务促进会换届暨授牌大会

益阳市退役军人就业创业服务促进会换届暨授牌大会

2023年9月26日，益阳市退役军人就业创业服务促进会换届暨授牌大会在益阳佳宁娜国际酒店举行。省退役军人就业创业服务促进会名誉理事长、省委原常委、省军区原司令员黄跃进，市领导刘凌云、史尚篪、谢[illegible]成，益阳军分区李俊及省退服会有关领导出席大会。

会议强调，新一届退服会班子要进一步加强信息拓展、法律支持、就业培训、合作发展、服务保障“五个平台”建设，充分发挥政府与社会、军队与地方、退役军人与用人单位、自主创业与市场之间的桥梁纽带作用，广泛宣传退役军人就业创业政策，提高服务水平。各级各有关部门要加强组织领导，健全工作机制，着力完善退役军人就业创业服务体系，为促进退役军人就业创业、推动益阳高质量发展作出新的更大贡献。

大会听取了第一届理事会的工作报告和财务工作报告，审议通过了《章程》修改报告，选举产生了第二届理事会领导班子，并宣布了益阳市退役军人就业创业服务促进会第二届理事会领导班子成员名单。同时，为新任理事长、副理事长、理事单位和会员单位进行了授牌。

要闻纪事

△30日，益阳市七届人大常委会第十四次会议召开。会议听取和审议了专项工作报告、预算调整报告、“财政审计整改评”“司法百案质效评”等，对纳入2023年“财政审计整改评”评议范围的单位整改情况，“司法百案质效评”被评查单位以及与所评查案件相关的员额法官、员额检察官履职情况等，进行了满意度测评，表决通过了市人大常委会关于批准2023年市本级及益阳高新区和大通湖区预算调整方案的决议、有关人事任免事项。会上，新任国家工作人员向宪法宣誓。

11月

△6日，益阳市委书记陈竞主持召开2023年第32次市委常委会会议，传达学习习近平总书记近期重要讲话精神和中央、省委有关重要会议精神，进一步部署粮食安全、耕地保护和突出环境问题整改等工作。

△15日，资阳区委书记付振南到茈湖口镇明朗村讲授主题教育专题党课。省委第九巡回督导组有关成员到会指导，区领导李良兵、贺江华参加。

△22日，益阳市禁毒工作会议召开。副市长、市公安局局长史尚篪讲话，市禁毒协会会长曾立坤出席会议。会议通报了前段工作情况，各县市区禁毒协会进行了工作经验交流。

△22日，益阳市政协组织召开2023年度专门委员会履职党支部书记述职大会。市政协党组书记、主席胡立安出席会议并作综合点评和讲话。各专委会履职党支部书记从学习贯彻习近平新时代中国特色社会主义思想和党的二十大精神、落实党建责任、严肃组织生活、融入业务工作等方面作述职报告，总结党建工作成效，分析存在的问题，并结合实际提出下一步的努力方向和整改措施。

◎益阳市大力实施"强中心城区"战略推进高质量发展

中国共产党益阳市第七届委员会第四次全体会议召开

2023 年 10 月 8 日，中国共产党益阳市第七届委员会第四次全体会议胜利召开。全会以习近平新时代中国特色社会主义思想为指导，深入学习贯彻党的二十大精神，审议通过了《中共益阳市委关于实施强中心城区战略 加快推动高质量发展的若干意见》《中国共产党益阳市第七届委员会第四次全体会议决议》，总结市委七届三次全会以来的工作，安排部署当前和今后一个时期任务，对于进一步动员全市上下统一思想、凝聚共识、坚定信心、推动落实，做好今后一个时期的工作，向着建设社会主义现代化新益阳的宏伟目标阔步迈进，具有重大而深远的意义。

◎南县举行"烈士纪念日"公祭活动

2023 年 9 月 30 日，南县各界人士在德昌公园段德昌烈士纪念碑前举行"烈士纪念日"公祭活动，深切缅怀革命烈士的丰功伟绩，表达崇敬和哀思。

仪式现场

铭记历史，缅怀英烈。上午 9 点，公祭活动在段德昌烈士纪念碑前拉开序幕。县委书记罗讯等、离退休老同志代表、各部门单位主要负责同志、干部职工代表、驻南官兵代表、烈士家属代表、军队离退休干部代表、功臣模范代表、退役军人代表和师生代表等近 200 人面对烈士纪念碑，庄严伫立，齐声高唱中华人民共和国国歌。全体人员肃立、脱帽，怀着沉重的心情向长眠在这里的革命烈士默哀。随后，少先队员们齐唱《我们是共产主义接班人》。

伴随着肃穆的《献花曲》，10 名特警抬着花篮缓步走向烈士纪念碑，将花篮摆放到纪念碑前。罗讯上前整理花篮缎带。全体干部群众、烈士家属依次敬献鲜花，缓步绕纪念碑一周，深情瞻仰烈士纪念碑，表达对烈士的崇敬和哀思。

仪式现场

要闻纪事

△ 22 日，益阳市人大常委会党组书记、主任彭建忠主持召开市七届人大常委会第 25 次主任会议。会议听取了市人大财经委关于《益阳市国民经济和社会发展第十四个五年规划纲要》实施情况中期评估的调研报告，市人大财经委关于全省政府债务国有资产管理监督培训暨预算联网监督工作推进会精神的情况汇报。会议讨论了《益阳市人大常委会"部门服务抽样评"监督评议实施办法（草案）》。会议还研究了关于召开市七届人大四次会议的方案，讨论确定了大会秘书处各组正副组长名单，讨论了市人大常委会工作报告。

△ 24 日，益阳市委书记、市委主题教育领导小组组长陈竞主持召开会议，专题听取全市城镇燃气安全隐患排查整治工作情况汇报。他强调，要以"时时放心不下"的责任感和时不我待的紧迫感，扎实推进城镇燃气安全隐患排查整治工作，全力保障人民群众生命财产安全，以实实在在的工作成效，为促进益阳高质量发展和社会大局稳定贡献力量。

△ 28 日，政协益阳市第七届委员会第二十四次主席会议召开。市政协主席胡立安主持并讲话。会议书面征求了《政协益阳市第七届委员会常务委员会工作报告（讨论稿）》意见；协商讨论了《政协益阳市第七届委员会第三次会议日程安排（草案）》；通报了《益阳市政协机关关于落实公务接待突出问题"负面清单"管理三项机制文件精神的措施》；协商通过了《益阳市政协委员工作室考评办法（试行）（草案）》与《省政协七项制度》相关文件。

◎钟剑波主持召开南县科技创新工作专题会

钟剑波讲话

会议现场

2023 年 10 月 1日，南县县委副书记县长钟剑波主持召开南县科技创新工作专题会。

会议听取了南县科技创新工作开展情况汇报，总结分析当前存在的问题，就下阶段工作进行安排部署。

钟剑波强调，要统一思想，充分把握科技创新工作的重要意义。科技创新是大局所在、大势所趋、大事所系，要深入学习贯彻习近平总书记关于科技创新的重要论述，站在"国之大者"的高度来谋创新、抓创新、促创新，以科技创新引领高质量发展。

◎统一思想认识 推进整合提质 让人民群众健康福祉更有“医”靠

2023 年 10 月 13 日，益阳市委书记陈竞主持召开 2023 年第 30 次市委常委会会议，专题听取关于推进市中心医院整合湖南康雅医院及支持市中心医院高质量发展的情况汇报。

会议审议并原则通过市中心医院整合湖南康雅医院方案，以无偿划转方式，将湖南康雅医院资产划转至市中心医院，建立益阳市中心医院高新院区。

会议强调，要统一思想，充分认识市中心医院整合湖南康雅医院是大势所趋、发展所需，是落实“强中心城区”战略的重大举措，要着眼两院需求，整合提质发展，切实满足人民群众对优质医疗资源的需要。要依法依规，高度重视整合过程中的清产核资、人员分流、遗留问题处置等工作，做到精准精细、手续完备、程序合规。要确保稳定，各有关部门要强化责任担当和协同配合，加强政策宣传教育引导，进一步做细、做实人员分流工作，确保社会大局和谐稳定。要加强领导，成立整合工作专班，压实责任、通力配合，制定切实可行的整合工作推进方案，强化监督，严格按时间节点全力推进，确保圆满完成整合任务。

◎加快推动文旅产业高质量发展 为奋力书写新时代高标准的“山乡巨变”注入更强动能 邓斌出席

10 月 28 日，益阳市文旅产业融合发展推进会议召开。市委书记陈竞出席会议并讲话，强调要深入学习贯彻习近平总书记关于文化和旅游工作重要论述精神，认真落实省委十二届四次全会、市委七届四次全会部署，加快推动我市文旅产业高质量发展，为奋力书写新时代高标准的“山乡巨变”、加快建设现代化新益阳注入更强动能。

市委副书记邓斌，湖南城市学院校长何振，市领导汤瑞祥、邓曙光、高德文、陶汉文，益阳高新区党工委书记汪军，益阳医学高等专科学校党委书记周奎，益阳职业技术学院党委书记胡康平，市政府秘书长梁成立出席会议。会议由市委常委、市委宣传部部长陈计伟主持。

陈竞指出，近年来，经过全市上下的共同努力，我市旅游市场强劲复苏，文旅业态不断丰富，品牌创建成效明显，“益山益水 益美益阳”的美誉度不断提升，但也还存在不少短板弱项。要准确把握形势，切实增强抓好文旅产业的责任感和使命感，进一步抓实重点工作，奋力推动全市文旅产业高质量发展。

陈竞强调，要抓好文旅产业规划的编制和落实，把全市作为一个“处处有旅游”的大景区、目的地来打造，加快把规划图变成施工图、实景图，形成全域推进、特色鲜明、互补协同的发展格局。要加强创意策划，正确看待创意策划，提升创意策划能力，舍得创意策划投入，进一步把格局打开、理念更新、视野拓宽，以高水平策划带动项目高质量发展。要创响文旅品牌，大力实施旅游品牌战略，坚持全市一盘棋，加大宣传推广力度，集中精力创全市的大品牌，通过品牌大创建助推文旅大发展。要提高运营水平，进一步提升管理服务水平，创新营销方式，形成营销合力，更好集聚旅游人气和流量。要深度挖掘文化潜力，坚持以文塑旅、以旅彰文，在旅游项目开发中充分挖掘其中的文史、名人、传说、民俗等方面的亮点和内涵，为旅游注入文化灵魂。要推进融合发展，加快适应旅游消费新变化新趋势，大力推进“旅游 +”“+ 旅游”，促进旅游与体育、农业、工业、康养、科技等融合发展。要完善配套服务，构建“吃住行游购娱”全链条服务体系，实施“游客满意在益阳三年行动计划”，给游客留下宾至如归的美好印象。要加强组织领导，进一步强化组织、要素、环境、人才保障，形成推动文旅产业融合发展的强大合力。

会上，副市长邓曙光宣读了 2023 年益阳市文旅融合发展突出贡献奖表扬奖励通报，市文化旅游广电体育局、益阳高新区管委会、湖南尊游天下旅行社有限公司、安化百花寨茶旅文化有限公司负责人作交流发言。益阳高新区管委会向 2024 年益阳市文旅融合发展大会承办地桃江县移交会旗。

◎益阳加快东接东融对接“强省会”战略

2023 年 10 月 23 日，益阳碳基复合材料龙头企业金博股份举行汽车领域碳陶制动盘新品发布会，意味着国内高端汽车长期依赖进口碳陶制动盘的历史结束。背靠中南大学的金博股份发展迅速，2022 年成为长沙比亚迪定点供应商。

2022 年 11 月，益阳市委办、市政府办印发《益阳市落实强省会战略加快东接东融工作方案（2022—2023 年）》，吹响落实强省会战略、加快东接东融的号角。实施一年，成效明显。

益阳与长沙在工业方面的合作日益紧密。截至目前，全市有 258 家规模工业企业与长株潭 702 家企业（单位）建立业务合作关系，36 家工业新兴优势产业链龙头企业与长株潭 176 家企业建立业务合作关系。

益阳是国家现代农业示范区、全省唯一现代农业改革试验市。2022 年以来，益阳市与长沙在现代农业方面的合作日益紧密。

益阳也是长沙的“后花园”。长沙市民节假日到益阳旅游休闲健身，成为一种新风尚。两市联合举办第二届湖南省青少年业余羽毛球赛、第二届全省职工羽毛球嘉年华活动等。

…博股份制动领域新品发布会隆重举行

益阳与长沙在教育、医疗等方面的合作也更进一步。益阳 5 所中职学校与 6 所长沙高职院校联合开展“3+2”五年制高职教育培养。目前，各县市区人民医院与省级著名医院均建立长期的合作指导关系。

要闻纪事

12月

△ 1 日，益阳市政府召开 2023 年第 19 次常务会议，传达学习《知识产权强国建设纲要（2021—2035 年）》、习近平总书记关于统计工作的重要讲话和指示批示精神、省委书记沈晓明来益调研讲话精神，审议并原则通过《益阳市农作物秸秆露天禁烧和综合利用管理办法（试行）》等。市委副书记、市长熊炜主持会议。

△ 7 日，益阳市委书记陈竞主持召开“三个提升”专项行动阶段性汇报会，对全市推进“三个提升”专项行动进行调度分析，对下阶段工作进行部署。市委副书记、市委统战部部长邓斌，市领导李铁华、刘勇会、高靖生，市政府秘书长梁成立等出席。

△ 8 日，益阳市高质量发展指标任务完成情况调度会召开。市委书记陈竞出席会议并讲话，强调要进一步坚定信心、锚定目标，以实干实效交出全年高质量发展合格答卷。

△ 12 日，市委书记、益阳军分区党委第一书记陈竞主持召开 2023 年市委议军会暨县市区人武部党委第一书记党管武装工作述职会，强调要坚持以习近平新时代中国特色社会主义思想为指导，深入学习贯彻习近平强军思想，进一步加强党管武装工作，不断推动益阳市国防动员和后备力量建设高质量发展。

△ 13 日，益阳市政府召开 2023 年第 21 次常务会议，传达学习《中华人民共和国行政复议法》，审议并原则通过《益阳市创建千兆城市实施方案》等。市委副书记、市长熊炜主持会议。

◎益阳市村庄规划暨自然资源违法问题整治“百日攻坚”调度会召开

2023 年 11 月 21 日，益阳市村庄规划暨自然资源违法问题整治“百日攻坚”调度会召开。市委副书记、市长熊炜出席并讲话。市委常委、常务副市长刘勇会主持会议，市政府秘书长梁成立参加。

会上，市自然资源和规划局作了工作报告，各县市区汇报了工作情况。

熊炜指出，全市村庄规划和自然资源违法问题整治“百日攻坚”取得了一定成效，同时也要清醒认识到工作存在的短板、不足。他强调，要进一步提质村庄规划，坚持“实用”第一原则、“管用”第一标准、“好用”第一要求，切实做到促发展、谋长远、有特色、接地气、能落地。要进一步推进耕地恢复，认真落实全省耕地保护和粮食安全工作会议精神，把该补齐的坚决补齐、该优化的坚决优化、该打通的坚决打通，坚决守住耕地保护红线和粮食安全底线，共同推动田长制、“米袋子”责任制落地见效。要进一步强化问题整治，动真碰硬消存量，强化监管遏新增，全面完成自然资源违法问题整治“百日攻坚”行动目标任务。要进一步压实工作责任，加强组织领导，强化部门协同，严格考核奖惩，确保各项任务落细落实落地。

县委常委、副县长熊跃明为合作单位（企业）授牌并合影留念

◎桃江县 15 家拥军优抚合作单位（企业）集中签约

2023 年 11 月 9 日，桃江县举行第一批优惠优待现役军人、退役军人以及其他优抚对象合作单位（企业）集中签约活动，15 家合作单位（企业）现场签约，县委常委、副县长熊跃明出席活动并为合作单位（企业）授牌。

9 月 1 日起，县拥军优属拥政爱民领导小组办公室、县退役军人事务局会同有关部门启动了合作单位（企业）征集工作。本次签约的 15 家拥军优抚合作单位（企业）为桃江万基旅游置业有限公司、桃江县遇见美文化旅游投资有限公司、壹方山水生态旅游发展有限责任公司、桃江县桃花江公共汽车有限公司、桃江县中西医结合医院、湖南省桃江县宏运房地产开发有限公司、桃江县景星房地产综合开发有限公司、桃江万基铭臣房地产开发有限公司、桃江县金鹰机动车驾驶员培训学校有限公司、湖南喜龙酒店管理有限公司、桃江大汉酒店有限公司、中国太平洋财产保险股份有限公司桃江支公司、中华联合财产保险股份有限公司桃江县支公司、中国移动通信集团湖南有限公司益阳市桃江县分公司和湖南桃花美人体育文化传播有限公司。根据协议，现役军人、退役军人和其他优抚对象凭现役军人证件、退役军人优待证等到这些单位（企业）消费，即可享受优惠优待。

要闻纪事

△ 15 日，益阳市人大常委会党组书记、主任彭建忠主持召开市七届人大常委会第 26 次主任会议。市人大常委会副主任汤瑞祥、卜铁洪、杨丽萍、刘凌云、陈伟志、崔建平、黄育文，秘书长秦本华出席。

△ 18 日，益阳市七届人大常委会第十五次会议召开。会议听取和审议了市人民政府关于《益阳市国民经济和社会发展第十四个五年规划纲要》实施中期评估报告，市人大常委会办公室关于召开市七届人大四次会议有关情况的报告，表决通过了关于召开市七届人大四次会议的决定和有关人事任免事项。会上，新任国家工作人员向宪法宣誓。

△ 20 日，湖南省政协推动政协云与履职深度融合工作会议在益阳召开，贯彻落实省委十二届四次全会精神和全省网络安全和信息化工作会议新部署新要求，总结交流前阶段政协云建设情况，研究部署推动政协云与履职深度融合工作。省政协副主席李民出席并讲话。市政协主席胡立安、副主席周朗、秘书长李赛参加。

△ 26 日，益阳市政府召开 2023 年第 22 次常务会议，传达学习毛伟明省长来益调研讲话精神，审议并原则通过《益阳市 2024 年市重点建设项目名单》等。市委副书记、市长熊炜主持会议。

△ 27 日，政协益阳市第七届委员会第二十五次主席会议召开。市政协主席胡立安主持并讲话。市政协副主席周朗、高德文、谢梅成、陶汉文、李晓跃、侯正春、邓象庭，秘书长李赛参加。

◎益阳市政协 2023 年第七期“政协大讲堂”开讲 胡立安作专题授课

益阳市政协 2023 年第七期“政协大讲堂”开讲

2023 年 11 月 1[illegible]日，益阳市政协今年第七期“政协大讲堂”开讲。湖南省纪委监委驻省政协机关纪检监察组组长徐勇、市政协主席胡立安作专题授课。市政协副主席周朗、陶汉文、侯正春，秘书长李赛参加。

讲堂上，徐勇结合自身多年从事纪检监察工作的亲身体会和心得感悟，以《做新时代尽责担当、亲清有为的政协委员》为题，深入解读了省政协党组《关于推动构建省政协“亲清”履职关系的意见（试行）》的出台背景及对政协委员提出的要求。

随后，胡立安围绕“贯彻新思想新要求，充分彰显人民政协新形象”这一主题，从人民政协的光辉历程激动人心、新时代新思想新使命振奋人心、益阳政协的工作实践鼓舞人心三个角度出发，科学阐述了人民政协事业发展面临的方向性、全局性、战略性问题。他强调，要充分学习贯彻习近平总书记关于加强和改进人民政协工作的重要思想，坚定政治方向、聚焦中心任务、广泛凝聚共识，切实发挥出人民政协在维护政治核心、增进团结民主、促进社会和谐中的优势作用。

◎益阳市全力打好年底“收官战” 认真谋划明年政法工作

2023 年 12 月 15 日，益阳市委政法委委员 2023 年度述职暨 2024 年全市政法工作务虚会召开。委员会成员进行述职，各县市区党委政法委书记汇报工作情况。市委常委、市委政法委书记胡安邦出席，市中级人民法院院长提名人选何文哲、市人民检察院检察长王东晖参加。

2023 年，全市政法系统紧扣“奋力推进政法工作现代化”主题，全力以赴防风险、保安全、护稳定、促发展，各项工作取得新成效、新突破，在全省公众安全感民意调查中得分创历史新高，全年工作很好体现了“守正”与“创新”的结合。

胡安邦表示，在抢抓有效时间、全力打好年底“收官战”的同时，要认真谋划好 2024 年工作，打好 2024 年“开局战”。他强调，要加强政治建设，确保政法工作坚定正确的政治方向；坚持问题导向，加强县域政治安全和社会稳定风险防控；强化源头治理，着力解决信访突出问题；注重强基导向，不断夯实政法工作基层基础，持续推进社会治安风险预测预警防控智能化平台试点工作，持续深化综治中心示范带动建设；坚持和发展新时代“枫桥经验”；强化法治保障，以高质量法治服务高质量发展；从严管党治警，努力打造忠诚干净担当的政法铁军。

◎湖南省政协调研组在益阳调研

肖百灵在益阳调研：推动中医药全产业链“走出去” 助力高质量发展

2023 年 12 月 14 日至 15 日，湖南省政协调研组在益阳市安化县，围绕“深化区域合作，推动湖南中医药全产业链高质量发展”课题开展调研。省政协副主席肖百灵参加。

在安化中医药馆，调研组一行从道地药材种植、研发、药食同源产品，到中药材市场销售等多方面了解情况。在安化中源农业多花黄精种苗繁育中心，调研组一行了解到，企业以黄精产业为特色，开发有黄精片、黄精茶、黄精果等产品，辐射带动周边 600 余户农户从事中药材种植致富。

在中茶湖南安化第一茶厂有限公司、安化县国家现代农业产业园成果展示馆，调研组指出，要加强“湘茶”在健康消费中的开发和研究，进一步推动产业升级，发挥政协港澳委员“超级联系人”作用，助力“湘茶”走向粤港澳大湾区乃至全球。

调研组指出，要深入学习贯彻中央经济工作会议精神，推动各部门加强协作，统筹协调形成“一盘棋”，联动湘赣粤港澳中医药全产业链协同发展联盟，全链条发力，畅通产业链上下游渠道，进一步推进中医药现代化、产业化，坚定不移助推高质量发展。要充分发挥政协优势作用，立足港澳台侨特色，共同架起“湘药”产业发展的“连心桥”，扩大高水平对外开放，助推中医药产业走出湖南、走向世界。

◎赫山区第二届最美系列颁奖典礼举行

2023 年 12 月 21 日，最美润山乡 多彩新赫山——赫山区第二届最美系列颁奖典礼在益阳大剧院举行。益阳市委常委、宣传部部长陈计伟，市委宣传部副部长陈洁云出席颁奖典礼，赫山区委书记周卫星出席颁奖典礼并致辞，区委、区人大、区政府、区政协全体在家领导出席活动，参加区两会的人大代表、政协委员，区直及驻区单位主要负责人，乡镇街道、龙岭产业开发区主要负责人参加活动。

活动对六个最美系列的优秀典范进行了分批表彰。他们有的是“树高千尺不忘根，水流万里总思源”，兴业给力、回报桑梓的最美湘商；有的是“该出手时就出手”，既当邻居“贴心人”，又当群众“勤务兵”的最美邻长；有的是“知者创物，巧者述之”，厚植匠心、工于技艺的最美工匠；有的是“强国有我，请党放心”，品学兼优、开拓进取的最美少年；有的是不离不弃、超越血缘、母女情深的最美婆媳；有的是“披星戴月、甘当砖瓦”，敬业勤勉、倾情服务的最美环卫工人。

本次活动由中共益阳市赫山区委、益阳市赫山区人民政府主办，益阳市赫山区精神文明建设指导委员会、益阳市赫山区新时代文明实践中心、中共益阳市赫山区委宣传部、益阳市赫山区融媒体中心、益阳市赫山区新媒体文化传媒有限公司承办。

颁奖典礼现场

区委书记周卫星为最美湘商颁奖

要闻纪事 ★ ★ ★ ★ ★ ★ ★ ★ ★ ★

△ 28 日，益阳市七届人大常委会第十六次会议召开。会议听取和审议了市人大法制委、常委会法工委关于 2023 年度规范性文件备案审查工作情况的报告，市七届人大常委会代表资格审查委员会关于个别代表的代表资格审查报告；审议通过或原则通过了市七届人大四次会议有关文件及名单草案，审议并原则通过了市人大常委会工作报告；审议表决了有关人事事项；对市人大各专门委员会和常委会办事机构、工作机构 2023 年度工作进行了满意度测评。会上，新任命的国家工作人员进行了宪法宣誓。

△ 29 日，政协益阳市第七届委员会常务委员会第十四次会议召开。市政协主席胡立安主持并讲话。市政协副主席周朗、高德文、谢梅成、陶汉文、李晓跃、侯正春、邓象庭，秘书长李赛出席。

△ 30 日，中国共产党益阳市第七届委员会第五次全体（扩大）会议暨市委经济工作会议召开。市委书记陈竞受市委常委会委托向全会作工作报告，并就贯彻落实中央经济工作和省委十二届五次全会精神、做好 2024 年全市经济工作作讲话。市委副书记、市长熊炜部署 2024 年全市经济工作。

湖南地方年鉴

郴州

郴州市 北湖区 苏仙区 资兴市 桂阳县 永兴县 宜章县 嘉禾县 临武县 汝城县 桂东县 安仁县

郴 州 地 区

郴 州 市

郴州，具有悠久的历史。早在一万多年前，郴州一带就有原始人在这块土地上繁衍生息。

“郴”字独属郴州，最早见于秦朝，郴州有文字可考的历史，已有两千余年。自秦代以来，一直为郡、州、府、县的治所。

郴州拥有独特的区位优势。郴州市位于湖南省东南部，地处南岭山脉与罗霄山脉交错、长江水系与珠江水系分流的地带。“北瞻衡岳之秀，南直五岭之冲”，自古以来为中原通往华南沿海的咽喉。既是“兵家必争之地”，又是“文人毓秀之所”。东界江西赣州，南邻广东韶关，西接湖南永州，北连湖南衡阳、株洲，素称湖南的南大门。

郴州市现辖两区（北湖、苏仙）、一市（资兴）、八县（桂阳、永兴、宜章、嘉禾、临武、汝城、安仁、桂东）。总面积1.94万平方公里。郴州市城区是全市政治、经济、文化和教育中心。1959年11月，析郴县之郴州镇为地辖郴州市。1963年改为郴州镇。1977年恢复县级市。1995年设立地级市。

郴州属中亚热带季风性湿润气候区。具有四季分明、春早多变、夏热期长、秋晴多旱、冬寒期短的特点。多年平均气温17.4℃，多年平均降水量1452.1毫米，比全省平均数多19.7毫米，为全国多年平均降水量的2.22倍，为世界大陆多年平均降水量的1.3倍。由于气候温暖湿润，郴州山清水秀，风光旖旎，被誉为“四面青山列翠屏，山川之秀甲湖南”。

郴州交通便利，四通八达。京广铁路、京广高速铁路、京珠高速公路、厦蓉高速公路、107国道、106国道、省道1806线、1803线和郴资桂高等级公路等纵横境内。北上长沙，南下广州，可以朝发午至。人流物流畅通无阻。郴州通信发达，电信网络遍布全市城乡，电波传送沟通海内外。

郴州，是邓中夏、黄克诚、曾中生的故乡，是我国历史文化名城，是《湘南起义》所在地，是中国女排“五连冠”的腾飞地，拥有丰富多彩的历史文化遗迹和东江湖、苏仙岭、万华岩、莽山国家森林公园等名胜风光，是旅游观光的胜地。

郴州，素有“竹木之乡”和“有色金属之乡”的美誉。香菇、方竹、相思鸟、玲珑茶、东江鱼、临武鸭、龙须草席驰名全国。矿产资源丰富，仅钨的储量就超过了美、俄两国。

郴州市2023年国民经济和社会发展统计公报

2023年，全市上下坚持以习近平新时代中国特色社会主义思想为指导，全面贯彻党的二十大精神，在市委、市政府的坚强领导下，牢牢把握高质量发展这一首要任务，锚定“三高四新”美好蓝图，聚焦“四大定位”，创造“四敢”环境，打好“发展六仗”，全市经济社会发展取得明显成效。

一、综合

统一核算结果显示，全年地区生产总值3110.58亿元，按可比价格计算，比上年增长5.0%。其中，第一产业增加值325.34亿元，增长3.8%；第二产业增加值1200.33亿元，增长6.3%；第三产业增加值1584.91亿元，增长4.2%。三次产业结构比为10.4 ∶ 38.6 ∶ 51.0。按常住人口计算，人均地区生产总值67347元，增长5.6%。

年末共有各类市场主体37.89万户，比上年增长8.9%。其中，企业95510户，增长15.6%。

年末全市常住人口460.05万人，比上年减少3.63万人。其中，城镇人口278.01万人，乡村人口182.04万人。全市城镇化率60.43%，比上年提高0.9个百分点。

全年全市城镇新增就业6.03万人。新增农村劳动力转移就业人数3.96万人。失业人员再就业人数2.17万人。

全年居民消费价格比上年上涨0.2%。其中食品烟酒下降0.4%，衣着下降0.1%，居住下降0.7%，生活用品及服务下降0.1%，交通和通信下降4.5%，教育文化和娱乐上涨1.4%，医疗保健上涨8.6%，其他用品和服务上涨3.4%。工业生产者出厂价格下降1.5%，工业生产者购进价格下降2.5%。

二、农业

全年农林牧渔增加值338.99亿元，比上年增长3.9%，全年粮食种植面积473.36万亩，油料种植面积135.59万亩，蔬菜种植面积171.59万亩。全年粮食产量190.92万吨，比上年增产2.1%；油料产量16.38万吨，增产12.7%；茶叶产量10227.86吨，增产5.3%；蔬菜产量366.11万吨，增产3.2%。

全年猪牛羊肉产量48.1万吨，比上年增长0.3%，其中猪肉产量45.93万吨，增长1.2%。禽蛋产量3.86万吨，增长11.2%；牛奶产量0.07万吨，减少13.5%。年末存栏生猪378.01万头，比上年末减少7.4%。全年出栏生猪625.14万头，比上年增长1.1%。全年水产品产量11.87万吨，比上年增长34.6%。

全年新增蓄水能力428.52万公顷；开工各类水利工程1743处，投入资金16.33亿元，完成水利工程土石方1665.79万立方米。

三、工业和建筑业

全年工业增加值1017.19亿元，比上年增长5.5%。其中，规模以上工业增加值增长7.1%。规模以上工业中，分经济类型看，国有企业增加值增长5.6%；集体企业增长31.7%；股份制企业增长8.7%，外商及港澳台商投资企业下降7.2%。分门类看，采矿业增长9.5%，制造业增长7.3%，电力、热力、燃气及水生产和供应业增长1.9%。高技术制造业增加值下降20.7%，占规模以上工业的比重为10.1%，比上年降低0.9个百分点。省级以上产业园区工业增加值增长9.2%，占规模以上工业的比重75.4%，比上年降低0.9个百分点。

全年规模以上工业中，烟草制品业增加值比上年增长4.5%，石油加工、炼焦和核燃料加工业下降58.2%，非金属矿物制品业增长3.6%，金属制品业增长0.1%，有色金属冶炼和压延加工业增长41.0%，装备制造业下降16.5%，消费品制造业下降2.2%，计算机、通信和其他电子设备制造业下降11.5%。

全年规模以上工业统计的主要产品产量中：大米产量45.84万吨，比上年下降8.7%；饲料产量65.95万吨，比上年下降30.7%；卷烟产量150.03亿支，比上年下降0.1%；服装产量503.5万件，比上年增长85.9%；十种有色金属产量65.28万吨，比上年增长4.6%；白银产量4630.78吨，比上年下降13.6%；焰火制品产量39.68亿元，比上年增长4.0%；自来水生产量18983.3

万立方米，比上年下降5.6%。

全年全社会发电量200.34亿千瓦时，比上年下降1.0%；其中规模工业发电量175.06亿千瓦时，比上年下降6.6%。全社会用电量144.97亿千瓦时，增长3.5%；其中工业用电量96.3亿千瓦时，下降0.2%。

全年规模以上工业企业利润总额148.79亿元，比上年下降1.8%。分经济类型看，国有企业利润增长6.4%；集体企业增长40.0%，股份制企业下降5.5%，外商及港澳台商投资企业增长48.0%。分门类看，采矿业利润18.87亿元，比上年增长1.7%；制造业113.85亿元，下降3.9%；电力、热力、燃气及水生产和供应业16.07亿元，增长11.3%。全年规模以上工业企业每百元营业收入中的成本为82.7元，比上年下降0.4个百分点。年末规模以上工业企业资产负债率为52.43%，比上年末提高2.5个百分点。全年规模以上工业产销率为98.7%，比上年末提高0.2个百分点。

全年建筑业增加值186.09亿元，比上年增长13.0%。全市资质以上总承包和专业总承包建筑企业实现总产值612.90亿元，比上年增长7.8%。房屋建筑施工面积2437.39万平方米，增长4.4%；房屋建筑竣工面积1200.45万平方米，增长6.7%。

四、服务业

全年批发和零售业增加值310.45亿元，比上年下降0.4%；交通运输、仓储和邮政业增加值116.75亿元，增长10.4%；住宿和餐饮业增加值83.72亿元，增长13.9%；金融业增加值138.35亿元，增长5.0%；房地产业增加值142.87亿元，下降4.6%；信息传输、软件和信息技术服务业增加值61.59亿元，增长15.2%；租赁和商务服务业增加值91.58亿元，增长12.1%。全年规模以上服务业企业营业收入比上年增长18.5%。

全年旅客运输总量（包含公路、水运）1571.72万人次。全年旅客周转量(包含公路、水运）7.42亿人公里，其中公路周转量7.16亿人公里，水运周转量0.26亿人公里。全年北湖机场共开通7条往返航线，通达国内11个航点，旅客吞吐量共计41.58万人次。

全市民用汽车保有量68.61万辆，比上年末增加3.15万辆，其中私人汽车保有量64.56万辆，增加2.99万辆。个人轿车保有量37.54万辆，增加2.53万辆。

全年邮政行业业务总量16.54亿元，比上年增长17.4%，电信业务总量45.06亿元，增长21.5%，快递业务总量8.3亿元，增长32.0%。年末固定电话用户39.64万户，比上年末下降2.6%；年末移动电话用户522.1万户，增长5.9%。年末互联网宽带用户数173.36万户，增长8.7%。

五、固定资产投资

全年固定资产投资比上年增长7.3%。分产业看，第一产业投资下降36.7%；第二产业投资增长19.2%；第三产业投资增长0.1%。分经济类型看，国有投资增长18.5%，非国有投资增长5.0%，其中，民间固定资产投资增长20.3%。分投资方向看，产业投资增长7.3%，高新技术产业投资增长16.7%，基础设施投资增长17.5%，民生工程投资下降9.2%，生态环境投资增长14.6%。建筑、安装工程投资增长11.8%。

全年房地产开发投资154.39亿元，比上年下降9.0%。其中，住宅投资132.2亿元，下降25.3%。商品房销售面积370.4万平方米，下降40.6%，其中住宅销售面积343.4万平方米，下降38.5%；商品房销售额176.1亿元，下降41.8%，其中住宅销售额159.9亿元，下降39.7%。年末商品房待售面积38.4万平方米，比上年末增长10.6%。

六、国内贸易

全年社会消费品零售总额1168.41亿元，比上年增长7.7%。按经营地统计，城镇消费品零售额818.34亿元，增长7.6%；乡村消费品零售额350.07亿元，增长7.8%。按消费类型统计，商品零售额1007.41亿元，增长6.5%；餐饮消费额161.0亿元，增长15.8%。

全年限额以上单位商品零售额中，粮油、食品类零售额比上年增长16.7%，饮料、烟酒类增长20.8%，服装、鞋帽、针纺织品类增长7.8%，化妆品类增长19.0%，金银珠宝类增长14.5%，日用品类增长7.5%，家用电器和音像器材类增长2.1%，中西药品类下降18.2%，文化办公用品类增长7.8%，家具类增长7.6%，建筑及装潢材料类增长31.5%，石油及制品类增长21.9%，汽车类下降9.1%；通过公共网络实现商品销售额8.96亿元，增长4.9%。

七、对外经济

全年货物进出口总额444.30亿元，比上年下降9.9%。其中，出口274.80亿元，下降24.8%；进口169.50亿元，增长32.7%。货物进出口顺差105.30亿元，比上年减少135.02亿元。分贸易方式看，一般贸易出口244.68亿元，下降17.2%，加工贸易出口194.28亿元，增长63.1%。

全年新增外资企业36个。实际使用外商直接投资金额15932万美元，比上年增长50.1%。其中，第一产业584万美元，增长40.4%；第二产业5232万美元，增长1.3倍；第三产业10116万美元，增长27.2%。实际引进境内省外资金1612.09亿元，增长21.0%。其中，第一产业129.58亿元，下降16.4%；第二产业1078.43亿元，增长78.1%；第三产业404.08亿元，增长2.9%。

八、财政金融

全年地方一般公共预算收入188.03亿元，比上年增长5.6%。其中，税收收入130.54亿元，增长3.6%；非税收入57.48亿元，增长10.7%。一般公共预算支出560.82亿元，增长10.6%。

年末金融机构本外币各项存款余额3735.47亿元，比上年末增长11.3%。其中，住户存款余额2843.19亿元，增长12.8%；非金融企业存款余额436.08亿元，增长8.6%。金融机构本外币各项贷款余额2881.18亿元，增长13.7%。其中，住户贷款余额1342.84亿元，增长6.9%；非金融企业及机关团体贷款余额1538.28亿元，增长20.3%。

全年保险公司原保险保费收入86.42亿元，比上年增长5.0%。其中，寿险原保险保费收入39.06亿元；财产险业务原保险保费收入25.42亿元。原保险赔付支出37.76亿元，增长25.3%。

九、居民收入消费和社会保障

全年全市居民人均可支配收入33323元，比上年增长5.4%。按常住地分，城镇居民人均可支配收入44039元，比上年增长3.9%；农村居民人均可支配收入22224元，增长7.1%。城乡居民人均可支配收入比值为1.98，比上年缩小0.06。

全年全市居民人均消费支出23980元，比上年增长6.0%。按常住地分，城镇居民人均消费支出28437元，增长4.9%；农村居民人均消费支出19365元，增长7.0%。

年末全市参加企业基本养老保险人数68.12万人。参加机关事业单位基本养老保险人数19.38万人。参加城乡居民基本养老保险人数253.0万人。参加城乡居民基本医疗保险参保人数389.44万人，其中参加城镇职工基本医疗保险参保人数51.22万人。参加失业保险职工人数33.52万人。参加工伤保险职工人数45.70万人。参加生育保险人数32.13万人。获得政府最低生活保障的城镇居民1.75万人，获得政府最低生活保障的农村居民11.77万人。全年销售社会福利彩票4.29亿元，筹集福彩公益金1.2亿元。

十、科学技术和教育

年末有省级企业技术中心38个，国家级企业技术中心2家，省级重点实验室2个，省级工程研究中心4家。授权专利量287件，其中发明专利授权量323件。全年共签订技术合同2053项，技术合同成交金额232.04亿元，比上年增长3.5倍。

全年普通高等教育招生1.44万人，在校生4.47万人，毕业生1.14万人。中等职业教育招生1.87万人，在校生5.07万人，毕业生1.58万人。普通高中招生4.51万人，在校生13.53万人，毕业生4.47万人。初中招生8.04万人，在校生24.81万人，毕业8.51万人。普通小学招生6.07万人，在校生40.59万人，毕业生7.91万人。特殊教育招生0.07万人，在校生0.43万人，毕业生0.08万人。幼儿园在园幼儿12.21万人。九年义务教育巩固率为98.5%，高中阶段毛入学率为93.2%。

十一、文化旅游、卫生健康和体育

年末全市共有艺术表演团体7个，博物馆、纪念馆13个，公共图书馆12个，群众艺术馆、文化馆12个。有线电视用户17.5万户。广播综合人口覆盖率为99.93%，电视综合人口覆盖率为99.93%。全年出版各类报纸5.45万份。

全年国内游客7066.59万人次，比上年增长45.9%；旅游总收入731.43亿元，增长46.1%。

年末全市共有医疗卫生机构4208个，其中医院122个，妇幼保健院(所、站)12个，专科疾病防治院（所、站）3个，社区卫生服务中心（站）47个，诊所、卫生所、医务室946个，村卫生室2757个，疾病预防控制中心（防疫站）12个。医院和卫生院拥有床位总数3.55万张。全市卫生技术人员3.85万人。其中，执业医师和执业助理医师1.46万人，注册护士1.86万人。年末全市共有体育场地15495个。全年开展全民健身项目117项次。全市经常参加体育锻炼人数211.7万人。

十二、资源、环境和应急管理旅游

全市已发现各类矿产116种，已探明储量的矿产61种。实施地质勘查项目（含续作项目）43个。

全市建有自然环境保护区4个，其中国家级2个，保护区总面积4.06万公顷（整合优化后数据）。全年完成造林面积1.23万公顷。年达到或优于III类标准的水质断面比例为100%。设市城市生活污水处理率99.3%，设市城市生活垃圾无害化处理率100%。

初步核算，全年规模以上工业综合能源消费量比上年下降5.3%。

全年发生各类生产经营性安全事故88起；亿元地区生产总值生产安全事故死亡人数0.032人，比上年增长17.5%。全年发生道路交通事故2.98万起，道路交通死亡率为2.42人/万辆，比上年下降0.78人/万辆。

北 湖 区

北湖区是郴州市政治、经济、文化中心，中国石墨之都，全国民族团结进步模范单位，湖南省发展县域经济十强县市区之一。

名称来历 因城区有一处面积为12.5公顷的古湖——北湖而得名。

地理位置 北湖区位于湖南省南部，郴州市中部，五岭之一的骑田岭北麓，东、北与苏仙区接壤，南与宜章县、临武县交界，西与桂阳县相邻。地理坐标东经112°41′34″—113°05′11″，北纬25°25′53″—25°52′49″之间。北湖区地理位置优越，郴州火车站及郴州西站（京广高铁站点）位于辖区，京广复线铁路和京广高速铁路穿境而过，G030线、京珠高速公路国道G107线、省道S214线纵贯南北，有郴资桂高等级公路S322线、X090线和X091线横贯东西。郴州北湖机场位于华塘镇，为4C级支线机场。陆空立体交通格局基本形成。北距长沙333公里，南距广州374公里。区人民政府驻骆仙街道骆仙西路2号，电话区号0735，邮政编码423000。

政区沿革 秦王政公元前221年，始置郴县，属长沙郡。区境为郴县属地。民国元年（1912年），废郴州直隶州，复置郴县，隶衡阳道。民国十九年（1930年）2月，实行区域自治，全县分5个自治区，在城区为第一自治区。民国二十七年（1938年），设湖南省第八督察区，治郴县。同年，第一自治区改为“在城镇”。民国1940年4月，第八督察区改为第三督察区，治“在城镇”。民国1945年11月，“在城镇”改为升平镇。1949年10月郴县由衡阳专区代管。11月，郴县隶郴县专区，升平镇改为城关镇。1958年8月，改城关镇为郴县郴州市。1959年11月，建立郴州市，归郴县专员行政公署直接领导，升格为县级市。辖原郴县市郊、板桥、马头岭3个农村人民公社和城区6个居民委员会。1960年7月，郴州市隶郴州专区。1963年5月，改为郴县郴州镇，仍为县级建制，辖五岭、北湖、许家洞3个办事处（保留人民公社名称）和郴江人民公社。1965年5月，郴县市郊、许家洞人民公社划入郴州镇，分别与郴江人民公社、许家洞街道合并，改名为市郊、许家洞人民公社。1977年12月，恢复郴州市。1978年3月，市郊人民公社分设为市郊、郴江2个人民公社。12月，撤销五岭、北湖城市人民公社，设立相当公社一级的南塔区、红卫区、北湖区、许家洞区。1980年11月，改区为街道办事处。1982年3月，红卫街道办事处更名人民路街道办事处。1983年4月，许家洞街道和许家洞人民公社合并许家洞镇，北湖街道办事处分设为北湖、下湄桥街道办事处，新设苏仙街道办事处。1984年4月，郴县安和人民公社划入郴州市。同年，所有公社改乡。至1994年11月，市辖人民路、北湖、下湄桥、南塔、苏仙岭5个街道，许家洞镇和郴江、市郊、安和3个乡。1994年12月，撤销郴州地区，设立地级郴州市，原县级郴州市和郴县分别改为北湖区和苏仙区，原县级郴州市人民路、北湖、下湄桥3个街道和郴江、市郊、安和3个乡以及原郴县的华塘、鲁塘2个镇和小溪、南溪、永春、江口、芙蓉、保和、同和、月峰、大塘9个乡（其中月峰、大塘为瑶族乡），共3个街道2个镇12个乡由北湖区管辖。1996年1月小溪乡改石盖塘镇，城区新设燕泉街道办事处。2000年12月，安和乡改万华岩镇。2001年7月，郴江乡改郴江镇。2012年4月南溪乡与鲁塘镇成建制合并，设立新的鲁塘镇；同和乡与华塘镇成建制合并，设立新的华塘镇；江口乡与石盖塘镇合并，设立新的石盖塘镇；撤销郴江、万华岩2个镇和保和、市郊2个乡，设立郴江、骆仙、增福3个街道和保和镇。2015年12月，芙蓉乡、永春乡和大塘瑶族乡合并，设立仰天湖瑶族乡；2015年12月，从原保和镇划出雷大桥村、安和村、大树下村、坦山村、下凤村、新田岭村等村组建安和街道。同时撤销保和镇，原保和镇保和片区与月峰瑶族乡合并，设立保和瑶族乡。2016年10月，撤石盖塘镇，设立石盖塘街道。

政区划分 2024年，北湖区辖骆仙街道、人民路街道、燕泉街道、北湖街道、郴江街道、下湄桥街道、石盖塘街道、增福街道、涌泉街道、安和街道、华塘镇、鲁塘镇、仰天湖瑶族乡、保和瑶族乡，10街道2镇2乡。91个村，71个城市社区，3个乡镇社区，1215个村民小组。

北湖区2023年国民经济和社会发展统计公报

今年以来，北湖区全面贯彻落实党的二十大精神，坚持稳中求进工作总基调，聚焦“四大定位”、创造“四敢”环境、打好“发展六仗”，全力推动经济高质量发展，全区经济运行呈现“逐月好转、稳中有进、进中提质”的发展态势。

一、综合

根据地区生产总值统一核算结果，2023年地区生产总值514.5亿元，比上年增长5.3%。其中，第一产业增加值16.9亿元，增长3.7%，对GDP增长的贡献率为2.6%，拉动GDP增长0.1个百分点；第二产业增加值144.5亿元，增长8.5%，对GDP增长的贡献率为44.8%，拉动GDP增长2.4个百分点；第三产业增加值353.1亿元，增长4.0%，对GDP增长的贡献率为52.6%，拉动GDP增长2.8个百分点。三次产业结构比为3.3 ：28.1 ：68.6。

二、农业

2023年，全区农林牧渔业总产值33.5亿元，比上年增长3.9%。其中农业总产值19.6亿元，增长4.4%；林业总产值2.7亿元，增长5.3%；牧业总产值9.4亿元，增长2.0%；渔业总产值0.8亿元，增长5.0%；农林牧渔服务业总产值1.0亿元，增长8.9%。

2023年，全区粮食播种面积14.4万亩，油料种植面积2.4万亩，蔬菜及食用菌种植面积18.6万亩，烟叶种植面积1.3万亩。全年粮食产量5.8万吨，增长1.7%；油料产量0.3万吨，增长22.6%，其中油菜籽产量0.2万吨，增长30.3%；蔬菜及食用菌产量41.8万吨，增长3.1%；烤烟产量0.2万吨，增长18.6%。

全年猪、牛、羊肉类总产量0.84万吨，比上年增长0.8%。其中，猪肉产量0.73万吨，增长3.2%。年末生猪出栏9.87万头，增长1.3%；牛出栏0.43万头，下降17.0%；羊出栏3.84万头，与去年同期持平；水产品产量0.32万吨，增长2.1%；禽蛋产量0.16万吨，增长4.6%。

2023年，全区共有农产品加工企业47家，比上年增长6.8%，其中国家级及省级龙头企业7家；农产品加工企业实现销售收入85.6亿元，比上年增长19.2%；实现利税1.32亿元，比上年增长10.0%；实现利润21.2亿元，比上年增长13.4%；休闲农业经营收入8.2亿元，增长26.0%；年末农业机械总动力27.1亿千瓦；绿色有机地标农产品认证28个，其中绿色农产品27个，农产品地理标志1个；农民专业合作社455个，休闲农业经营主体852个；休闲农业和乡村旅游接待人次15.2万人次；省级现代农业产业园5个，市级现代农业产业园9个；实施高标准农田建设项目1个，高标准农田建设面积0.63万亩，比上年下降43.2%；名优特水产品养殖面积130亩，名优特水产品产量80吨，稻田综合种养面积1.98万亩。

三、工业和建筑业

2023年，全区工业增加值87.35亿元，比上年增长6.7%。其中，规模以上工业增加值比上年增长7.2%。规模以上工业中，分经济类型看，国有企业增加值增长11.7%，股份制企业增长8.2%，外商及港澳台投资企业增长5.3%；分门类看，采矿业增加值增长18.9%，制造业增长8.5%，电力热力、燃气及水生产供应业增长0.7%。

2023年，全区规模以上工业中，农副食品加工业增加值比上年增长10.8%；烟草制品业增长7.8%；化学原料和化学制品制造业增长27.8%；医药制造业下降11.3%；非金属矿物制品业下降18.0%；有色金属冶炼和压延加工业增长11.8%；专用设备制造业增长9.3%；计算机、通信和其他电子设备制造业增42.4%；规模以下工业增加值增长3.8%。

2023年，全区规模以上工业中，省级以上产业园区增加值增长8.0%，占规模以上工业增加值的比重为0.05%。六大耗能行业增加值增长4.9%，占规模以上工业的比重为2.7%。高技术产业增加值下降6.4%，占规模以上工业增加值的比重为0.18%。高加工度工业增加值增长6.0%，占规模以上工业增加值的比重为1.5%；装备制造业增加值增长27.8%，占规模以上工业增加值的比重为1.9%。

2023年，全区规模以上工业统计的主要产品产量中，大米0.6万吨，饲料37.4万吨，比上年下降13.1%；水泥136.0万吨，下降1.2%；十种有色金属7.0万吨，下降37.3%。

2023年，全区规模以上工业企业营业收入176.5亿元，比上年下降2.5%；实现利润总额6.6亿元，下降24.2%。分经济类型看，国有企业利润增长23.7%；股份制企业下降34.8%；外商及港澳台投资企业增长26.3%。按企业规模分，大中型企业1.0亿元，下降55.1%；小型企业4.2亿元，下降22.0%，微型企业1.4亿元，增长33.0%。全年规模以上工业企业每百元营业收入中的成本为85.8元。年末规模以上工业企业资产负债率为65.5%，比上年回落加0.5个百分点；规模以上工业亏损企业亏损额3.3亿元，增长229.7%，亏损面13.9%；规模以上工业企业产品销售率95.5%，比上年下降2.3%。

2023年，资质以上总承包和专业承包建筑业企业实现总产值273.4亿元，比上年增长8.2%。房屋建筑施工面积762.2万平方米，下降1.5%，其中，新开工面积240.1万平方米，下降5.3%；房屋建筑竣工面积221.0万平方米，增长22.5%。

四、固定资产投资和房地产

2023年，全区固定资产投资比上年增长7.7%。按经济类型分，国有投资增长122.7%，非国有投资下降21.1%，民间投资下降11.0%；按登记注册类型分，内资企业增长6.9%，国有企业增长110.8%，股份有限公司下降70.5%，私营企业增长2.5%，外商投资企业增长109.8%；按投资方向分，工业投资增长48.6%，民生投资下降45.0%，生态投资增长298.1%，基础设施投资增长67.2%，高新技术产业投资增长108.1%，工业技改投资增长26.7%，房地产开发投资增长2.7%，其中住宅投资增长8.2%；按产业分，第一产业下降94.2%，第二产业增长48.6%，第三产业下降4.5%。商品房销售面积下降47.1%，其中住宅销售面积下降41.8%；商品房销售额下降45.0%，其中住宅销售额下降42.1%。

五、服务业

2023年，全区批发和零售业增加值84.0亿元，比上年增长4.1%；交通运输、仓储和邮政业增加值26.6亿元，增长13.0%；住宿和餐饮业增加值16.5亿元，增长12.4%；金融业增加值34.4亿元，增长2.5%；房地产业增加值8.8亿元，下降17.0%；信息传输、软件和信息技术服务业增加值8.9亿元，增长21.6%；租赁和商务服务业增加值18.6亿元，增长3.7%。

2023年，全区规模以上服务业企业营业收入87.9亿元，增长6.1%；规模以上服务业利润总额5.63亿元，增长0.6%；规模以上服务业税金及附加0.37亿元，下降1.6%；规模以上服务业应交增值税1.92亿元，下降5.0%；规模以上服务业期末用工人数15161人，下降3.7%。

2023年，全区邮政业务总量6.23万元，比上年增长8.8%；快递业务总量4.62万元，增长12.0%；电信业务总量11.37万元，增长34.4%；年末固定电话用户7.65万户，增长0.8%；年末移动电话用户104.73万户，增长10.2%，其中本年净增10.35万户；年末互联网宽带用户33.38万户，增长7.7%。

六、国内外贸易

2023年，全区实现社会消费品零售总额290.7亿元，比上年增长8.4%。分经营地看，城镇消费品零售总额为283.5亿元，增长8.0%；乡村消费零售总额为7.2亿元，增长26.9%。分消费形态看，商品零售额为265.7亿元，增长7.5%；餐饮消费额为25.0亿元，增长18.8%。

2023年，全区限额以上单位批发零售业商品零售额158.7亿元，比上年增长9.8%。其中粮油、食品类零售额增长29.4%，饮料类增长27.0%，烟酒类增长11.8%，服装、鞋帽、针纺织品类增长2.4%，化妆品类增长8.8%，金银珠宝类增长47.3%，日用品类增长19.6%，五金、电料类下降17.3%，体育、娱乐用品类下降47.8%，书报杂志类增长7.5%，家用电器和音像器材类增长1.0%，中西药品类下降44.1%，文化办公用品类增长1.7%，家具类增长27.4%，通信器材类下降7.8%，石油及制品类增长25.5%，建筑及装潢材料类增长50.4%，机电产品及设备类增长13.9%，汽车类下降5.9%，通过公共网络实现的商品销售额2.0亿元，增长11.8%，通过公共网络实现的商品销售额占社会消费品零售总额比重为0.7%。

七、对外经济

2023年，全区新增外资企业7个，实际利用外资898万美元，比上年下降48.86%；湘商回郴企业15家；新引进世界500强企业2家；新批境内省外项目71个，实际引进境内省外资金252.79亿元，增长28.7%；引进2亿元以上境内省外项目19个，引进2亿元以上境内省外资金148.68亿元；进出口总额205.14亿元，增长30.0%，其中，出口额112.86亿元，增长12.0%。

八、财政和金融

2023年，全区一般公共预算收入12.5亿元，比上年增长18.0%，其中地方财政收入8.9亿元，增长6.6%；税收收入6.2亿元，增长3.1%；非税收入2.6亿元，增长16.0%。全年一般公共预算支出39.7亿元，增长7.5%，其中，一般公共服务支出3.2亿元，下降5.1%；教育支出10.1亿元，增长7.6%；科学技术支出3.5亿元，增长41.7%；文化体育与传媒支出1.0亿元，增长0.2%；社会保障和就业支出5.1亿元，下降6.8%；医疗卫生和计划生育支出3.2亿元，下降0.6%；节能环保支出0.5亿元，增长1.1%，城乡社区支出3.2亿元，下降1.2%；农林水支出3.0亿元，增长12.3%；住房保障支出2.4亿元，下降43.4%。

2023年末，全区金融机构本外币各项存款余额895.5亿元，比上年末增长12.2%；年末金融机构本外币各项贷款余额690.7亿元，增长10.3%；原保险保费收入25.8亿元，增长2.3%。

九、科学技术和教育

2023年，全区高新技术企业169家，新增8家；高新技术产业增加值108.1亿元，比上年增长13.0%。全年共签订技术合同444项，比上年增长31.8%；技术合同成交金额34.4亿元，比上年增长278.4%。国家企业技术中心1项；湖南省认定企业技术中心5家；省级工程技术研究中心6个。

2023年，全区授权专利501件，其中发明专利42家；个人授权4件；工矿企业授权31件；机关团体授权7件。

2023年，全区中等职业教育招生2499人，在校生6352人，毕业生1568人；普通高中招生4447人，在校生11225人，毕业生2942人；初中招生11008人，在校生32051人，毕业生9463人；普通小学招生11557人，在校生68721人，毕业生11394人；特殊教育招生85人，在校生247人，毕业生9人。幼儿园在园幼儿22782人。小学适龄儿童入学率100%；九年义务教育巩固率99.9%；高中阶段毛入学率100%；小学毕业生升学率100%。各类民办学校135所，民办学校在校生25945人。落实义务教育保障资金10842万元，发放中职国家助学金180.6万元，中职国家助学金资助中职学生1806人次。落实中职免学费资金1393.68万元，中职免学费学生11614人次。发放普通高中国家助学金230.85万元。

十、文化、卫生和体育

2023年，全区共有艺术表演团体42个，群众艺术馆、文化馆1个，公共图书馆1个；国家非物质文化遗产保护目录1个，省非物质文化遗产保护目录5个；广播、电视综合人口覆盖率100%；放映农村公益电影2328场，出版图书种类5种，图书出版总印数1950册。

2023年，全区旅游等级区（点）8家，其中4A级及以上3家；全年旅游总收入146.9亿元，比上年增长41.66%；国内旅游人数1454.15万人次，增长47.19%；国内旅游收入146.9亿元，增长41.66%；境外入境人数787人次，增长804.6%，其中境外入境外国人138人，港、澳、台同胞649人次，国际旅游外汇收入13.73万美元。

2023年，全区共有医疗卫生机构443个，比上年增长3.99%，其中医院37所，妇幼保健院1所，社区卫生服务中心（站）12个，门诊部、诊所、卫生所、医务室292个，村卫生室87个；全区卫生技术人员9537人，其中，执业医师和执业助理医师3482人，注册护士4753人；全区疾病预防控制中心（防疫站）1个，全区疾病预防控制中心（防疫站）卫生技术人员44人；全区卫生监督所（中心）2个，卫生监督所（中心）卫生技术人员54人；全区医院床位数8683张，其中，其中乡镇卫生院9个，乡镇卫生院床位数238张，乡镇卫生院卫生技术人员196人。

2023年，全区共有体育场地1041个，其中体育馆3个，运动场17个，游泳池24个，各种训练房44个。全年开展全民健身活动项目23项次，全区经常参加体育锻炼人数25万人，新建农民体育健身工程的行政村2个，获得世界冠军1人。

十一、人口、人民生活和社会保障

2023年，全区出生人口1710人，比上年下降23.8%；全区死亡人口1363人，下降5.1%。

2023年，全区全体居民人均可支配收入46462元，比上年增长4.6%。其中，城镇居民人均可支配收入49730元，增长4.0%。农村居民人均可支配收入32463元，增长7.2%。2023年城乡居民人均可支配收入比值为1.534，比上年缩小0.045。城镇居民人均住房面积为40.0平方米，比上年增加0.3平方米；农村居民人均住房面积为77.8平方米，比上年增加0.3平方米。

2023年，全体居民人均消费支出34437元，比上年增长5.7%；其中城镇居民人均消费支出35524元，增长5.2%；农村居民人均生活消费支出29780元，增长7.8%。

2023年，全区城镇新增就业人员5598人，农村新增劳动力转移就业1486人；失业人员再就业人数2840人；全年企业基本养老保险参保人数115684人，其中参保职工人数96125人，离退休人数19559人；参加机关事业单位基本养老保险参保人数13709人，其中参保职工人数9697人，离退休人数4012人；参加城乡居民基本养老保险参保人数107206人；参加工伤保险职工人数56211人；参加失业保险职工人数40258人；全区基本医疗保险参保人数32.76万人，其中，城乡基本医疗保险参保人数26.33万人，城镇职工基本医疗保险参保人数6.43万人，其中城镇在职人员参保人数4.72万人，城镇退休人员参保人数1.71万人；获得政府最低生活保障的城镇居民21133人，发放城镇居民最低生活保障费968.9万元；获得政府最低生活保障的农村居民33908人，发放农村居民最低生活保障经费992.4万元；提供住宿民政机构床位2554张，其中养老机构床位2554张；提供住宿的民政机构收养451人；社区综合服务机构和设施74个，其中农村有3个，综合性社区服务中心71个；新改建公办养老机构1所，公办养老机构新增床位150张。

十二、资源、环境和安全生产

2023年，全区耕地面积8246.8公顷，比上年增长0.4%；其中，水田面积6698.3公顷，下降0.4%；基本农田6621.5公顷；批准建设用地65.9公顷，其中，国有土地批准建设用地29.8公顷，集体用地批准建设用地36.1公顷；建设占用耕地7.1公顷，其中集体建设占用耕地0.8公顷，国有建设占用耕地6.3公顷；补充耕地494.3公顷。新增农田有效灌溉面积53公顷，新增节水灌溉面积906公顷。

2023年，全区已发现各类矿产38种，已探明储量的矿产19种，其中，能源矿产2种，金属矿产10种，非金属矿产7种。

2023年，全区全年开工各类水利工程323处，水利工程投入资金2.2亿元，水利工程完成土石方 49.74 万立方米。

2023 年，全区森林覆盖率为 61.4%，全年完成造林面积 0.014 万公顷，活立木蓄积 259.4 万立方米。

2023 年，全区城市污水处理率 99.3%，比上年增长 0.2%；城市生活垃圾无害化处理率 100.0%；发生各类生产经营性安全生产事故 4 起，死亡 7 人。

2023 年，全区总体水质达到或优于Ⅲ类标准的断面比例为 100.0%，空气质量达到二级标准的地级及以上县市区 1 个。

苏仙区

苏仙区，隶属湖南省郴州市，是郴州市的政治、经济、文化中心，别称“福城”。地处湖南省南部，郴州市中部，湘江支流耒水上游。东西跨 37.4 公里，南北长 61.0 公里。北与永兴县接壤，东与资兴市相连，南与宜章县交界，西与北湖区、桂阳县为邻。土地总面积 1342.27 平方公里。区委、区政府驻郴州市苏园东路 6 号。截至 2023 年末，苏仙区常住人口 43.66 万人，城镇化率 75.0%。截至 2024 年 4 月，苏仙区辖 8 个镇、6 个街道。

1994 年 12 月，国务院批准郴州撤地建市、郴县撤县设区，1995 年 3 月，郴县正式更名为郴州市苏仙区。苏仙区以“天下第十八福地——苏仙岭风景区”冠名。资郴桂高等级公路（资兴——郴州——桂阳）横穿东西，京珠高速公路、京广铁路复线、107 国道纵贯南北。2021 年 1 月 29 日，入选湖南省人民政府公布的 2020 年度真抓实干成效明显的地区名单（全省信访工作“三无”创建达标县市区）。

根据第七次人口普查数据，截至 2020 年 11 月 1 日零时，苏仙区常住人口 435836 人。

苏仙区境内的少数民族有：瑶族、回族、土家族、蒙古族、苗族、满族、仡佬族、壮族、藏族、维吾尔族、布依族、朝鲜族、彝族、侗族、黎族、白族、畲族、赫哲族等，本地民族为瑶族。全区少数民族总人口 15632 人，其中瑶族人口 8687 人。

苏仙区2023年国民经济和社会发展统计公报

2023 年，是贯彻落实党的二十大精神的开局之年，是改革开放 45 周年，也是我区勇担重要使命、取得重要突破的一年。这一年，面对错综复杂的外部环境和艰巨繁重的改革发展稳定任务，在区委区政府的坚强领导下，全区上下始终坚持以习近平新时代中国特色社会主义思想为指导，深入贯彻党的二十大精神，锚定“三高四新”美好蓝图，聚焦“四大定位”，创造“四敢”环境、大抓“五资”工作、打好“发展六仗”，以主战场、主阵地、主会场的担当确保第二届湖南旅游发展大会取得圆满成功，全力打造城市会客厅、开放排头兵、科教主阵地、文旅新地标，全区经济运行稳中有进、稳步向好。

一、综合

根据地区生产总值统一核算结果，全年全区地区生产总值（GDP）423.8 亿元，按照可比价计算（下同），比上年增长 5.1%。其中，第一产业增加值 23.7 亿元，增长 3.9%；第二产业增加值 211.8 亿元，增长 7.7%；第三产业增加值 188.3 亿元，增长 2.2%。按常住人口计算，全区人均地区生产总值达 9.7 万元，增长 5.1%。全区三次产业结构调整为 5.6 ：50.0 ：44.4，其中第一、第二产业增加值占 GDP 的比重均比上年下降 0.3 个百分点，第三产业增加值占 GDP 的比重比上年提高 0.6 个百分点。

年末全区常住人口 43.66 万人。其中，乡村人口 10.91 万人，城镇人口 32.75 万人，城镇化率 75.0%，比上年末提高 0.27 个百分点。全年出生人口 1697 人，出生率为 4.48‰；死亡人口 2197 人，死亡率为 5.8‰，自然增长率为 -1.32‰。

全年全区城镇新增就业人员 4651 人，比上年增长 0.3%；失业人员再就业人数 2407 人，下降 2.2%；新增农村劳动力转移就业 1744 人；年末城镇登记失业率为 0.73%。

二、农业

全年全区实现农林牧渔业产值 44.24 亿元，比上年增长 4.0%。其中，农业产值 18.83 亿元，增长 5.5%；林业产值 2.38 亿元，增长 4.4%；畜牧业产值 19.06 亿元，增长 2.2%；渔业产值 2.19 亿元，增长 3.9%；农林牧渔服务业产值 1.78 亿元，增长 8.5%。全区粮食种植面积为 19.2 千公顷，产量为 11.8 万吨；油料种植面积为 5.96 万亩，产量为 0.77 万吨；蔬菜种植面积为 11.24 万亩，产量为 23.61 万吨；烤烟种植面积为 2.32 万亩，产量为 0.49 万吨。

年末全区共有规模以上农产品加工企业 51 家，其中国家级及省级龙头企业 7 家，市级龙头企业 29 家。全年实现销售收入 117.85 亿元，比上年增长 6.3%；实现利税 7.8 亿元，增长 26.0%；实现利润 14.4 亿元，增长 9.8%。

年末全区休闲农业经营主体个数为 342 个，全年实现收入 5.68 亿元，比上年增长 15.9%。全年休闲农业和乡村旅游接待 182.1 万人次，增长 4.0%。

年末全区共有“两品一标”农产品 33 个，比上年增长 32.0%，其中绿色食品 30 个，增长 36.4%。

全年全区开工各类水利工程 198 处，投入资金 3513.4 万元，完成土石方 6.8 万立方米；治理水土流失面积 19.05 平方公里。

全年全区完成农村公路提质改造 41.067 公里，完成 3.365 公里农村公路安防设施建设，完成 3.253 公里普通国省道安防精细化提升，新增蓄水能力 68.5 万立方米，改（新）建农村户厕 623 个，改造提质农贸市场 12 个，完成 1335 个城镇住宅小区居民“一户一表”改造，既有住宅新加装 55 台电梯，康复救助残疾儿童 156 人，为 4514 位农村适龄及城镇低保适龄妇女进行“两癌”免费检查，实现农村低保标准 5040 元 / 年，完成困难老年人居家适老化改造 208 户，新增养老机构护理型床位 200 张。

三、工业和建筑业

全年全部工业增加值 191.1 亿元，比上年增长 7.7%，其中规模以上工业增加值增长 12.3%。在规模以上工业中，分三大门类看，采矿业增长 11.4%，制造业增长 12.6%，电力、热力、燃气及水的生产和供应业增长 11.9%；分重点行业看，有色金属增长 26.5%，建材下降 21.5%，机械装备制造增长 91.0%，电子信息下降 22.1%；苏仙产业开发区增长 7.2%，高新技术产业园增长 15.1%。

全年规模以上工业统计的主要产品产量中，水泥 155.5 万吨，比上年下降 16.5%；十种有色金属 7.6 万吨，增长 97.2%；白银 55.9 万千克，增长 13.7%。

全年全区规模以上工业企业产品销售率为 100.0%，实现利润总额 22.84 亿元，比上年增长 20.7%。

全年全区建筑业增加值 21.1 亿元，比上年增长 8.3%；具有资质等级的总承包和专业承包建筑企业房屋建筑施工面积 443.3 万平方米，下降 15.7%；房屋建筑竣工面积 98 万平方米，下降 16.4%。

四、服务业

全年批发和零售业增加值29.7亿元，比上年下降0.2%；交通运输、仓储和邮政业增加值15.3亿元，增长15.0%；住宿和餐饮业增加值11.5亿元，增长7.4%；金融业增加值22.4亿元，增长0.8%；房地产业增加值17.1亿元，下降2.5%；其他服务业增加值91.0亿元，增长1.9%，其中：营利性服务业42.5亿元，增长4.9%；非营利性服务业48.5亿元，增长0.4%。全年规模以上服务业营业收入51.7亿元，比上年增长72.6%。

五、国内贸易

全年全区实现社会消费品零售总额147.9亿元，比上年增长7.7%。按经营地统计，城镇消费品零售额124.8亿元，增长7.6%；乡村消费品零售额23.1亿元，增长8.4%。按消费类型统计，商品零售额120.3亿元，增长6.4%；餐饮消费额27.6亿元，增长13.7%。限额以上法人批发零售企业实现商品零售额24.1亿元，下降5.2%，其中粮油、食品类零售额2.2亿元，增长3.4%；服装、鞋帽、针纺织品类零售额0.7亿元，下降7.4%；汽车类零售额9.6亿元，下降12.9%；中西药品类零售额1.7亿元，增长14.7%；石油及制品类零售额2.4亿元，增长50.2%；金银珠宝类零售额2.9亿元，下降9.7%；建筑及装潢材料类零售额2.4亿元，增长61.5%；中西药品类零售额1.7亿元，增长14.7%。

六、固定资产投资

全年全区固定资产投资比上年增长6.1%。按经济类型分，公有制投资下降9.2%，非公有制投资增长6.3%，其中民间投资增长3.8%。按产业分，第一产业投资下降89.1%；第二产业投资增长14.2%，其中采矿业投资增长10.2%，制造业投资增长7.7%，电力、热力、燃气及水的生产和供应业投资增长301.6%；第三产业投资增长1.0%，其中交通运输、仓储和邮政业投资下降32.0%，信息传输、软件和信息技术服务业投资下降79.1%，批发和零售业投资增长51.5%，住宿和餐饮业投资下降47.7%，房地产开发投资下降15.3%，租赁和商务服务业投资增长66.4%，教育投资下降67.0%，文化、体育和娱乐业投资增长398.3%。

全年全区商品房销售面积41.4万平方米，比上年下降44.3%；商品房销售额23.6亿元，下降42.2%；年末商品房待售面积15.5万平方米，下降25.5%。

七、对外经济

全年全区实际使用外资9685万美元，比上年增长51.8%；实际到位内资250.9亿元，增长19.2%；外贸进出口总额130.59亿元，下降47.7%。

八、财政金融

全年全区地方一般公共预算收入11.5亿元，比上年增长14.2%。地方财政收入8.13亿元，增长6.7%，其中，税收收入5.3亿元，增长9.4%；非税收入2.83亿元，增长1.9%。一般公共预算支出40.65亿元，增长8.0%，其中民生支出33.02亿元，增长15.3%。

年末全区金融机构本外币各项存款余额746.23亿元，比上年末增长12.2%；金融机构本外币各项贷款余额575.57亿元，增长10.3%。全年保费收入25.75亿元，增长2.3%。

九、居民收入消费和社会保障

全年全区全体居民人均可支配收入41527元，比上年增长5.0%。全区城镇居民人均可支配收入47605元，增长4.0%，其中工资性收入30125元，经营性净收入3656元，转移性净收入8131元，财产性净收入5693元。全区农村居民人均可支配收入29748元，增长7.1%，其中工资性收入17650元，经营性净收入7380元，转移性净收入4548元，财产性净收入170元。全区城镇居民人均生活消费支出29247元，增长4.9%，城镇居民人均住房面积为61平方米；农村居民人均生活消费支出23651元，增长7.8%，农村居民人均住房面积为67平方米。

全年全区基本医疗保险参保率达96.05%，基本医疗保险参保人数为41.93万人，其中城乡居民基本医疗保险参保人数为30.37万人，城镇职工基本医疗保险参保人数为11.56万人；参加生育保险职工人数8.25万人。全区参加企业基本养老保险人数6.27万人，机关事业单位基本养老保险人数1.32万人，城乡居民基本养老保险人数15.06万人；参加工伤保险职工人数3.47万人；参加失业保险职工人数1.64万人，比上年增长7.2%。

全年全区发放城镇居民最低生活保障经费1022万元，获得政府最低生活保障的城镇居民人数为1828人；发放农村居民最低生活保障经费2028万元，获得政府最低生活保障的农村居民人数为5684人。新建城乡养老服务示范点81所，养老服务示范点新增床位数243张。全区销售社会福利彩票296万元，筹集福彩公益金285万元，直接接收社会捐赠303万元。城镇各种社区服务设施339个，提供住宿民政机构床位数1578张，提供住宿民政机构收养人数541人。

十、科学技术和教育

年末全区拥有省级星创天地1个，省级工程技术研究中心10个，国家高新技术企业192家。年末拥有专利授权706件，其中发明专利授权164件；签订技术合同230项，成交金额17.2亿元。

全年中等职业教育招生2091人，在校生6336人，毕业生1232人；普通高中招生4182人，在校生11713人，毕业生2919人；初中学校招生6165人，在校生19314人，毕业生6152人；普通小学招生5730人，在校生36208人，毕业生6346人；九年义务教育巩固率为98.89%，高中阶段教育毛入学率为96.78%。年末全区共有幼儿园104所，幼儿园在园幼儿人数13766人；各类民办学校9所，在校生13704人。

十一、文化旅游、卫生健康和体育

年末全区共有群众艺术文化馆和公共图书馆各1个，博物馆（纪念馆）5个，艺术表演团体23个，国家级非物质文化遗产保护目录1个，省级非物质文化遗产保护目录4个。广播综合人口覆盖率100%，电视综合人口覆盖率100%。

年末全区等级旅游区（点）9家，其中4A级及以上旅游区（点）5家。全年接待国内旅游人数876.3万人次，比上年增长51.0%；接待入境旅游人数1819人次，增长726.8%；实现旅游总收入88.3亿元，增长53.9%；国际旅游外汇收入51.99万美元，增长756.5%。

年末全区辖区内共有卫生机构401个，其中：医院11个，妇幼保健院（所、站）2个，专科疾病防治院（所、站）1个，社区卫生服务中心（站）6个，诊所、卫生所、医务室195个，村卫生室153个。卫生监督所（中心）2个，拥有卫生技术人员47人；疾病预防控制中心（防疫站）2个，拥有卫生技术人员179人；乡镇卫生院15个，拥有卫生技术人员537人。全区拥有医院床位数3445张，其中乡镇卫生院床位数694张；卫生技术人员4387人，其中执业医师和执业助理医师1717人，注册护士2035人。

年末全区共有体育场地1326个，其中：体育馆52座，运动场1092个，游泳池28个，各种训练房57个。全年开展全民健身项目17项次，全区经常参加体育锻炼人数24万人，新建农民体育健身工程的行政村46个。

十二、资源、环境和应急管理

全年全区批准建设用地24.29公顷，建设占用耕地6.04公顷，补充耕地61.05公顷；实施地质勘查项目（含续作项目）8个。年末耕地面积1.32万公顷，其中基本农田面积1.05万公顷。全区已发现的矿种145种，已探明资源储量的矿种22种。

全年城区空气质量达标率95.5%，集中式饮用水水源地水质达标率100%，城市生活垃圾无害化处理率100%，城市污水处理率74.8%。年末森林覆盖率61.33%，城市人均公园绿地面积15平方米。

年末全区拥有省级自然保护区1个，面积为5044公顷，国家地质公园1个；林地面积9.48万公顷，实有封山（沙）育林面积7796.67公顷。全年完成造林面积300公顷。

全年全区发生各类生产经营性安全事故5起，死亡人数5人，亿元GDP安全生产事故死亡人数为0.0118人。

资 兴 市

资兴市位于湖南省东南部，全市土地总面积为2746.79平方公里，总人口38.43万，辖9个镇、2个街道、2个少数民族乡，共183个建制村、32个社区和1个省级经济开发区，是一座新兴工业城市、生态旅游城市和开放魅力城市。

资兴历史悠久、人文荟萃，是一座新兴城市。自东汉永和元年（公元136年）建置以来，已有1800多年历史，孕育了程子楷、曾中生、曾希圣、曹里怀、谭政文、白薇、袁亚湘等资兴籍风流人物。1984年撤县设市，1989年市政搬迁，形成了独具特色的红色文化、寿佛文化、农耕文化、移民文化、山水文化。

资兴物华天宝、资源丰富，是一座生态城市。资兴是湖南省重要的林业基地、能源基地、建材基地和战略性水源保护地。其中东江湖水面24万亩、蓄水量81.2亿立方米，是长株潭衡郴地区的“第二水资源”，也是全省“两型”社会建设的战略水资源。

资兴山川秀丽、景色迷人，是一座旅游城市。境内拥有烟波浩渺的东江湖、惊险刺激的东江漂流、璀璨夺目的兜率岩、中华奇景小东江、“三恒”水质的东江湾、古朴幽静的回龙山、炎帝沐浴的汤市温泉等，是湖南省文化旅游产业重点县。东江湖景区是国家首批生态旅游示范区，是国家AAAAA级旅游景区。

资兴区位明显、政务高效，是一座开放城市。资兴是湖南对接粤港澳的“南大门”，处于长株潭、珠三角高铁1小时经济圈，享有国家长江经济带、湖南省“一带一部”和湘南承接产业转移示范区等区位优势。近年来，大力推进行政审批制度改革，推行限时办结制、代理服务制，主动晒出政府“三清单一目录”，政务环境廉洁高效。优越的交通区位、良好的投资环境，使资兴越来越成为外商投资置业的理想之地，已有华润电力、青岛啤酒、杉杉新材料、浦发银行等一批上市公司和国内知名品牌企业先后落户资兴，洼地效应日渐显现。

资兴经济繁荣、社会和谐，是一座魅力城市。先后获得国家可持续发展先进示范区、全国社会治安综合治理最高奖项——“长安杯”、全国文化先进市、国家卫生城市、国家循环经济示范市等荣誉称号，被确定为首批国家新型城镇化综合试点县市。

资兴市2023年国民经济和社会发展统计公报

2023年，全市上下坚持以习近平新时代中国特色社会主义思想为指导，全面贯彻落实习近平总书记关于湖南工作的重要讲话和指示批示精神、考察郴州重要讲话重要指示精神，锚定“三高四新”美好蓝图，聚焦“四大定位”，创造“四敢”环境，加快“六区”建设，打好“发展六仗”，全力“办会兴城”，高质量发展取得新成效。

一、综合

初步核算，全年地区生产总值398.19亿元，比上年增长5.3%。其中，第一产业增加值41.29亿元，增长3.8%；第二产业增加值214.22亿元，增长7.5%；第三产业增加值142.69亿元，增长2.4%。三次产业结构为10.4 ∶ 53.8 ∶ 35.8，第一、二、三次产业对经济增长的贡献率分别为7.6%、76.0%和16.4%。全年人均地区生产总值125218元，增长6.1%。

二、农业

全年农林牧渔业总产值71.13亿元，比上年增长3.9%；农林牧渔业增加值42.61亿元，增长3.9%。粮食种植面积27.2千公顷，增长0.7%；油料种植面积8.87千公顷，增长14.8%；蔬菜及食用菌种植面积12.81千公顷，增长1.6%。粮食产量14.2万吨，增长2.8%；油料产量1.49万吨，增长15%；蔬菜及食用菌产量38.75万吨，增长3.4%。水产品产量3.67万吨，增长3.5%。出栏生猪下降4.9%，出栏牛下降22.8%，出栏羊下降18.6%，出笼家禽增长5.0%。

年末有农业龙头企业48家，其中国家级1家，省级5家，郴州市级23家，资兴市级19家。年末休闲农业经营主体236个，全年实现经营收入4.23亿元，休闲农业和乡村旅游接待人次209.48万人次。全年实施高标准农田建设项目1个，高标准农田建设面积1.44万亩。年末有绿色有机地标农产品认证16个，其中绿色食品13个、有机食品1个、农产品地理标志2个。省级现代农业产业园区7个，郴州市级现代农业产业园区18个。农民专业合作社558个，合作组织成员1.53万户。家庭农场1264个。

全年开工各类水利工程356处，投入资金15317万元，完成土石方20万立方米。新增节水灌溉面积300公顷。年末农业机械总动力38.64万千瓦，比上年增加0.21万千瓦。

三、工业和建筑业

全年全部工业增加值183.27亿元，比上年增长6.8%；占生产总值的比重为46.0%；对经济增长的贡献率为59.3%。规模以上工业增加值增长7.8%。在规模以上工业中，国有控股企业增长0.5%，非公有制企业增长6.9%。分门类看，采矿业增长13.2%，制造业增长7.1%，电力、热力、燃气及水生产和供应业增长8.7%。园区规模以上工业增加值增长3.7%，占全市规模以上工业增加值的比重为77.7%。

全年规模以上工业统计的主要产品产量中，发电量48.68亿千瓦时，焦炭10.94万吨，水泥57.89万吨，十种有色金属8.57万吨，白银441.27吨。

全年规模工业企业主营业务收入518.11亿元，盈亏相抵后实现利润总额37.31亿元。

全年建筑业增加值32.26亿元，比上年增长13.7%；占生产总值的比重为8.1%。具有资质等级的总承包和专业承包建筑企业房屋建筑施工面积272.35万平方米，房屋建筑竣工面积252.19万平方米。

四、服务业

全年批发和零售业增加值32.0亿元，比上年增长4.1%；交通运输、仓储和邮政业增加值12.58亿元，增长11.5%；住宿和餐饮业增加值9.14亿元，增长10.9%；金融业增加值10.16亿元，增长9.4%；房地产业增加值16.56亿元，下降1.3%；信息传输、软件和信息技术服务业增加值5.0亿元，增长7.4%；租赁和商务服务业增加值4.91亿元，下降1.1%。全年规模以上服务业企业营业收入10.35亿元。

年末公路通车里程2272公里。年末民

用汽车保有量50968辆。

全年邮政业务总量0.89亿元（2021年不变价），比上年增长8.8%；电信业务总量2.59亿元（2022年不变价），增长13.0%。年末固定电话用户3.56万户，移动电话用户36.89万户，互联网宽带用户数13.12万户。

五、国内贸易

全年社会消费品零售总额72.16亿元，比上年增长8.6%，其中限额以上法人批发和零售业商品零售额6.39亿元，增长8.7%。

六、固定资产投资

全年固定资产投资（不含农户）比上年增长7.7%，其中民间投资增长6.1%。按产业分，第一产业投资下降35%；第二产业投资增长9.2%；第三产业投资增长7.8%。按投资方向分，工业投资增长9.2%；产业投资增长3.8%；高新技术产业投资增长32.9%；基础设施投资增长21.0%；生态环境投资增长15.9%。

全年房地产开发投资10.49亿元，商品房销售面积下降42.5%，商品房销售额下降33.8%。

七、对外经济

全年外贸进出口总额14.94亿元，比上年下降7.3%。其中，出口额11.80亿元，下降20%；进口额3.14亿元，增长129.6%。

全年实际使用外资1179万美元，比上年增长185.5%；实际到位内资153.45亿元，增长19.3%。

八、财政金融

全年地方一般公共预算收入23.59亿元，增长7.1%。其中，税收收入15.33亿元，增长6.2%；非税收入8.26亿元，增长8.9%。一般公共预算支出46.59亿元，增长8.5%。

年末金融机构各项存款余额306.69亿元，比年初增加37.11亿元，其中：住户存款余额250.50亿元，比年初增加27.17亿元；非金融企业存款余额35.50亿元，比年初增加8.99亿元。金融机构各项贷款余额211.57亿元，比年初增加50.49亿元。

全年各类保险保费收入6.0亿元，比上年增长7.0%；各类保险赔付支出2.79亿元，增长59.8%。

九、人口、居民收入消费和社会保障

年末常住人口31.64万人，其中城镇常住人口21.52万人，常住人口城镇化率68.01%，比上年末提高0.50个百分点。

全年全体居民人均可支配收入40537元，比上年增长5.3%。其中，城镇居民人均可支配收入46909元，增长4.3%；农村居民人均可支配收入29309元，增长7.2%。

全年城镇居民人均消费支出26582元，农村居民人均消费支出23911元。城镇居民恩格尔系数为31.0%，农村居民恩格尔系数为27.1%。城镇居民人均住房面积47.29平方米，农村居民人均住房面积79.01平方米。

全年城镇新增就业4684人，其中失业人员再就业1704人；城镇登记失业率0.79%。年末参加城乡居民基本养老保险人数16.84万人；参加城镇职工基本养老保险人数7.60万人。参加工伤保险人数4.98万人。参加失业保险人数4.89万人，年末领取失业保险金人数1415人。参加城镇职工基本医疗保险人数3.61万人；参加城乡居民基本医疗保险人数25.19万人。参加生育保险人数2.05万人。获得政府最低生活保障的城镇居民人数1897人，发放城镇居民最低生活保障经费1142.04万元。获得政府最低生活保障的农村居民人数9957人，发放农村居民最低生活保障经费3717.76万元。年末提供住宿民政机构床位1058张，收养人数513人。社区服务机构和设施229个，其中社区养老服务机构和设施220个。销售社会福利彩票3594万元，筹集福彩公益金234.14万元。

十、科学技术和教育

全年授权专利186件，其中发明专利27件。签订技术合同117项，技术合同成交金额16.61亿元。高新技术产业增加值109.03亿元，增长10.1%。年末国家高新技术企业38家，比上年末增加5家。湖南省认定企业技术中心7个，郴州市技术研发中心3个。国家专精特新“小巨人”企业1家，湖南省专精特新“小巨人”企业16家。

全年中等职业教育招生876人，在校生2459人，毕业生900人。普通高中招生1822人，在校生5417人，毕业生1921人。初中招生3811人，在校生12205人，毕业生3746人。普通小学招生3661人，在校生22542人，毕业生3988人。特殊教育招生55人，在校生219人，毕业生48人。幼儿园在园幼儿7471人。九年义务教育巩固率为99.87%，高中阶段毛入学率为97.56%。落实义务教育保障资金5284万元。发放中职国家助学金73.7万元，资助中职学生737人次。落实中职免学费资金608.92万元，中职免学费资助中职学生4684人次。发放普通高中国家助学金163.9万元。

十一、文化旅游、卫生健康和体育

年末艺术表演团体2个，文化馆1个，博物馆、纪念馆5个，公共图书馆1个。广播电台1座，广播综合人口覆盖率100%；电视台1座，有线电视用户数7.0万户，电视综合人口覆盖率100%。国家级非物质文化遗产保护名录1个，省级非物质文化遗产保护名录2个，郴州市级非物质文化遗产保护名录13个。全年国内游客1089.67万人次，入境游客0.11万人次。国内旅游收入112.86亿元，国际旅游收入13.06万美元。年末有国家等级旅游区6家，其中，5A级1家，3A级5家。

年末医疗卫生机构289个，其中，医院8个，社区卫生服务中心（站）13个，乡镇卫生院18个，村卫生室178个，门诊部4个，诊所、卫生所、医务室62个，妇幼保健院1个，专科疾病防治所1个，疾病预防控制中心1个。卫生技术人员2570人，其中，执业（助理）医师1068人，注册护士1222人。病床床位2130张，其中，医院床位1555张，乡镇卫生院床位399张。

全市经常参加体育锻炼人数16.0万人。全年开展全民健身项目24项次。新建农民体育健身工程的行政村23个。年末有体育馆1座，游泳池6个，标准田径场15个。

十二、资源、环境和应急管理

全市已发现矿种33种，探明资源储量矿种17种，其中，能源矿产2种，金属矿产5种，非金属矿产10种。新发现大中型矿产地1处。

全年城市污水处理率97.02%，城市生活垃圾无害化处理率100%，城市人均公园绿地面积13.43平方米。全年完成造林面积387公顷。年末活立木蓄积1298.96万立方米，森林覆盖率72.91%。全年城区空气质量优良天数比例为97.0%，达到或优于Ⅲ类标准的水质断面比例为100%。单位规模工业增加值能耗比上年下降7.5%。

全年发生各类生产经营性安全事故5起，死亡人数5人。

桂阳县

桂阳县位于郴州市西部，现辖22个乡镇（街道）、398个行政村（社区），总面积2958平方公里、总人口90.1万，是郴州市面积最大、人口最多的县。目前，正按照“千年古郡、产业高地、冠军之城、全国百强”的“四个定位”，全力以赴推动县域经济高质量发展，2023年跻身乡村振兴全国百强县、中国县域发展潜力百强县、中部县域经济百强县。

桂阳是历史悠久的千年古郡。自汉初设郡以来已有2200多年历史，历为郡、国、监、军、路、府、州、直隶州、县的重要地方治所，历来被称为“楚南名区，汉初古郡”。

桂阳是人才荟萃的人文福地。桂阳籍名人中，有造纸术发明者蔡伦，有新中国成立以来100位感动中国人物之一、共产主义战士欧阳海，有奥运冠军易思玲、史逸婷、侯志慧，被誉为“冠军摇篮”“英雄故乡”。桂阳是革命老区，红色资源丰富，境内有苏维埃旧址、欧阳海故居、夜宿梨山等红色文化基地，欧阳海故居获评“湖南省爱国主义教育基地”。

桂阳是资源富庶的八宝之地。素有“有色金属之乡”美誉。境内已探明的矿藏达11类103种，其中铅、锌、铜、锡和微晶石墨储量位居全国前列，潜在经济价值在2000亿元以上。矿产采冶起始于汉代，盛极于唐宋，至今仍为县内重要支柱产业。

桂阳是区位独特的交通枢纽。历为中原通往岭南的交通要道和兵家必争之地，被称作“三湘之屏藩，两广之管钥”。如今，郴州北湖机场毗邻县城，京深高铁、厦蓉高速、许广高速和正在建设的桂新高速贯穿全境，北上长沙、南下广州均在1小时车程左右，全面步入与长株潭、珠三角城市群“同城时代”。

桂阳是久负盛名的烤烟王国。烟叶种植始于明代，是全国第二大烤烟生产基地，“桂阳金叶”品牌叫响全国，2017年被列为全国南岭丘陵生态区焦甜醇甜香型烟叶典型产区。2023年，烤烟产业种植面积超过23万亩，实现总产值12.02亿元、创利税2.44亿元，均创历史新高。

桂阳是潜力十足的经济强县。县域经济综合实力连续多年稳居全省十强，全面小康实现程度排全市第一、全省第七，先后荣获“中国最具投资潜力特色魅力示范县”、全国休闲农业与乡村旅游示范县、全国首批自然资源节约集约示范县、全国新时代文明实践中心建设试点县、国家园林县城、国家卫生县城、省级历史文化名城，是全国文明城市提名城市。2023年实现生产总值464.89亿元、增长5.1%（同比，下同）；固定资产投资增长12.7%；规模以上工业增加值增长7.8%；实现地方财政收入23.10亿元，增长6.2%；社会消费品零售总额169.22亿元，增长8.5%；全体居民人均可支配收入35066元，增长6.8%。

桂阳县2023年国民经济和社会发展统计公报

2023年，在县委、县政府的坚强领导下，全县各级各部门坚持以习近平新时代中国特色社会主义思想为指导，全面贯彻党的二十大精神，深入落实中央、省、市、县经济工作会议精神，聚焦“四大定位”、发扬“四敢”精神，打好“发展六仗”，经济发展保持稳中有进、稳中向好、稳中提质的良好态势，新动能加快壮大，高质量发展扎实推进。

一、综合

初步核算，全年全县地区生产总值464.89亿元，按可比价格计算，比上年增长5.1%。其中，第一产业增加值64.01亿元，增长4.0%；第二产业增加值180.14亿元，增长9.2%；第三产业增加值220.74亿元，增长2.2%。按常住人口计算，全县人均地区生产总值66939元，增长6.2%。

三次产业比重调整为13.77 ：38.75 ：47.48。其中，第一产业增加值占GDP的比重比上年下降0.35个百分点，第二产业增加值占GDP的比重比上年提高0.52个百分点，第三产业增加值占GDP的比重比上年下降0.17个百分点。

二、农业

全县实现农林牧渔业总产值112.70亿元，比上年增长4.2%。实现农林牧渔业增加值67.57亿元，增长4.2%。其中农林牧渔服务业增加值3.56亿元，增长8.3%。粮食种植面积72.5万亩，增长0.4%；产量29.32万吨，增长1.4%。烤烟种植面积25.11万亩，增长7.2%；产量3.58万吨，增长12.9%。油菜籽种植面积11.0万亩，增长42.8%；产量1.15万吨，增长42.3%。蔬菜及食用菌种植面积21.41万亩，增长1.0%；产量47.41万吨，增长3.3%。全年出栏生猪80.64万头，增长1.2%；出栏牛0.77万头，下降27.4%；出栏羊7.44万头，下降14%；出栏家禽280.56万羽，下降3.0%。禽蛋产量2100吨，增长10.5%。水产品产量1.37万吨，增长2.4%。

全县农产品加工企业1580家，其中国家级及省级龙头企业7家，销售收入198.44亿元，实现利润17.33亿元。休闲农业经营收入20.23亿元，增长9.4%。农民专业合作社1186个，合作社成员8.6万户。家庭农场1296个。高标准农田建设面积4.21万亩，绿色农产品认证22个、农产品地理标志1个。现代农业产业园省级4个、国家级1个，休闲农业经营主体个数210个。休闲农业和乡村旅游接待人次312.5万人次，增长13.4%。

全年开工各类水利工程581处，水利工程建设投入资金0.82亿元，完成土石方8.3万立方米。年末农业机械总动力70.82万千瓦，比上年末增长6.1%。农村居民安全饮水达标率100%。

三、工业和建筑业

全县工业增加值比上年增长9.3%，其中规模以上工业增加值增长11.7%。规模以上工业增加值中，非公有制企业增长13.2%；大中型工业企业增长4.0%；采矿业增长8.1%，制造业增长13.4%，电力、燃气及水的生产和供应业下降13.6%。省级及以上园区工业增加值增长17.7%。

主要工业产品产量中：铁矿石增长10.7%；铅金属含量增长6.1%；锌金属含量下降1.4%；硫铁矿（折含硫35%）增长16.3%；水泥增长34.7%；铅增长33%。

全县规模以上工业企业188家，其中亏损企业个数10个，同比增长11%。全县工业实缴增值税4.6亿元，比上年上升19.4%。全县29个工业中类行业中，有27个行业实现盈利，比上年增加4个盈利行业；分三大门类看采矿业利润总额同比增长5.4%，制造业利润总额同比下降5.9%，降幅收窄；电力、燃气及水的生产和供应业利润总额同比增长3.5%。

全县建筑业增加值17.39亿元，比上年增长7.3%。房屋建筑施工面积368.12万平方米，增长1.9%；其中新开工面积197.57万平方米，下降10.0%。房屋建筑竣工面积199.19万平方米，增长2.5%。

四、固定资产投资和房地产

全县投资500万元以上施工项目121个，其中，5000万元以上投资项目50个，新开工项目108个，已投产项目112个；实现固定资产投资比上年增长7.6%。按产业分，第一产业投资增长44.6%；第二产业投资增长26.9%；第三产业投资下降11.5%。按经济类型分，国有投资下降28.9%；非国有投资增长19%。从投资方向看，基础设施投资增长0.5%；民生投资下降52.5%；生态环境投资下降9.1%；工业投资增长26.4%；工业技改投资下降52.5%；房地产开发投资下降43.3%；高新技术产业投资下降12.2%。

全年完成房地产开发投资12.39亿元，同比下降43.3%。其中，住宅投资10.99亿元，下降40.2%。全县商品房销售面积33.75万平方米，同比下降57.2%。其中住宅销售面积31.38万平方米，下降52.9%。商品房销售额16.60亿元，下降57.1%；其中住宅销售额 15.25 亿元，下降 50.1%。

五、国内贸易和旅游

全县社会消费品零售总额169.22亿元，比上年增长 8.5%。限额以上单位消费品零售额 44.20 亿元，增长 14.1%。限额以上单位消费品零售额按销售地区分，城镇消费品零售额 40.51 亿元，增长 13.4%；乡村消费品零售额 3.69 亿元，增长 22.6%。按行业分，零售业 34.95 亿元，增长 12.6%；住宿业 278.8 万元，下降 58.8%；餐饮业 9.22 亿元，增长 20.7%。按商品类别分，粮油、食品类增长 1.6%；服装、鞋帽、针纺织品类增长 8.0%；中西药品类增长 25.3%；文化办公用品类增长 38.1%；石油及制品类增长 11.3%。

全县接待国内旅游人数572.99万人次，比上年增长 43.99%；实现旅游总收入 59.23 亿元，增长 44.56%。

六、对外经济贸易

全县外贸进出口总额 30.46 亿元，其中出口 26.67 亿元，进口 3.79 亿元。按贸易方式分，一般贸易进出口总额 20.76 亿元，加工贸易进出口总额 9.7 亿元。

全年有进出口业绩的企业数量 34 家。实际到位内资 141.89 亿元，同比增长 21.7%；实际使用外资 990 万美元，增长 405.1%。

七、交通和邮电

全县交通运输、仓储和邮政业增加值 12.75 亿元，比上年增长 10.2%。年末公路通车里程 5171.3 公里。年末机动车保有量 14.41 万辆，其中私人汽车保有量 8.69 万辆。

全县完成邮政业务总量 2.64 亿元，比上年增长 14.75%。全年电信业务总量 4.12 亿元（2022 年不变价）。年末固定电话用户 2.51 万户；移动电话用户 55.06 万户，比上年增加 1.96 万户；年末互联网宽带用户 18.47 万户。

八、财政金融

全县财政总收入 31.91 亿元，比上年增长 5.2%。按部门征管看：税务部门征收 26.29 亿元，增长 3.9%；财政部门征收 5.62 亿元，增长 11.6%。地方财政收入 23.10 亿元，增长 6.2%。其中，税收收入 16.99 亿元，增长 5.0%；非税收入 6.11 亿元，增长 9.7%。上划中央收入 6.85 亿元，下降 5.3%；上划省级收入 1.96 亿元，增长 42.9%。总税收占总收入的比重为 80.84%，比上年降低 0.8 个百分点。地方税收占地方收入的比重为 73.54%，比上年下降 0.8 个百分点。全县一般公共预算支出 67.05 亿元，增长 4.1%。

年末全县金融机构本外币各项存款余额 386.04 亿元，比上年增长 10.4%。金融机构本外币各项贷款余额 354.88 亿元，增长 9.0%。全年新增本外币各项贷款 29.17 亿元，下降 29.7%。

年末证券公司营业部 2 家。全年实现保费收入 7.71 亿元，增长 10.85%。

九、科学技术和教育

全县 70 家高新技术企业实现增加值 139.28 亿元，比上年增长 21.28%。全年签订技术合同 101 项，同比增长 216%；技术合同成交金额 25.55 亿元，增长 1281.08%。授权专利 417 件，比上年增加 109 件；其中授权发明专利 11 件，增加 4 件。年末有国家基本气象站 1 个，区域自动气象站 63 个，地震台站 1 个。

全县落实义务教育保障金 1.37 亿元。全县小学适龄儿童入学率 100%，九年义务教育巩固率 99.94%，高中阶段教育毛入学率 96.64%，小学毕业生升学率 100%。全县中等职业教育招生 2547 人，在校生 5669 人，毕业生 1975 人；发放中职国家助学金 111.5 万元，资助中职学生 1115 人次；落实中职免学费资金 938.8 万元，中职免学费资助中职学生 7800 人次。普通高中招生 6202 人，在校生 20029 人，毕业生 7066 人。初中招生 11583 人，在校生 36389 人，毕业生 12109 人。普通小学招生 7431 人，在校生 53846 人，毕业生 11849 人。幼儿园在园幼儿 13848 人。特殊教育招生 27 人，在校生 329 人，毕业生 62 人。各类民办学校 106 所，民办学校在校学生 14031 人。

十、文化、卫生和体育

全县乡镇综合文化站 22 个，拥有艺术表演团体 1 个，群众艺术馆、文化馆 1 个，公共图书馆 1 个，博物馆、纪念馆 2 个，国家级非物质文化遗产保护目录 1 个，省级非物质文化遗产保护目录 6 个。年末全县拥有广播电台 1 座，广播综合人口覆盖率 100%。电视台 1 座，电视综合人口覆盖率 100%。年末有线电视用户 4 万户。

年末全县拥有医疗卫生机构 599 个。其中，医院、卫生院 50 个，妇幼保健院、卫生监督检验机构和疾病预防控制中心各 1 个，诊所、卫生所、医务室 109 个，社区卫生服务中心（站）4 个，村卫生室 432 个，其他医疗机构 2 个。卫生技术人员 4409 人。其中，执业医师和执业助理医师 1672 人，注册护士 2145 人。疾病预防控制中心卫生技术人员 38 人。卫生监督检验机构卫生技术人员 28 人。医院床位数 4371 张。乡镇卫生院 37 个，乡镇卫生院床位数 861 张，乡镇卫生院卫生技术人员 969 人。

年末全县共有体育场地 2343 个，其中体育馆 2 座，运动场 69 个，游泳池 12 个，各种训练房 69 个。全县经常参加体育锻炼人数 29 万人。开展全民健身项目 42 项次，新建农民体育健身工程的行政村 64 个。获得世界冠军 15 个，亚洲冠军 4 个。

十一、资源、环境和安全生产

全县现有省级自然保护区 1 个，保护区面积 744 公顷。全年完成造林面积 667 公顷。森林覆盖率达到 48.71%。全年达到或优于Ⅲ类标准的水质断面比例为 100%。

城市污水处理率 93.28%；城市生活垃圾无害化处理率 100%；城市人均公园绿地面积 14.86 平方米。

规模工业综合能源消费量 45.63 万吨标准煤，同比增长 0.28%。全社会用电量 15.11 亿千瓦时，增长 13.7%，其中：工业用电量 6.78 亿千瓦时，增长 32.29%；居民用电量 5.07 亿千瓦时，下降 2.26%。

全县全年共发生各类生产经营性安全事故 6 起，死亡 6 人。亿元 GDP 事故死亡人数 0.0129 人。

十二、人口、人民生活和社会保障

年末全县常住人口 69.45 万人。其中城镇人口 39.11 万人，乡村人口 30.34 万人，城镇化率 56.3%。全年出生人口 4998 人、出生率为 5.4‰；死亡人口 4532 人、死亡率 4.9‰；人口自然增长率为 0.5‰。

全县城镇居民人均可支配收入 46654 元，比上年增长 3.9%。其中，工资性收入 29216 元，居民经营性净收入 3739 元，转移性净收入 7566 元，财产性收入 6133 元。全县城镇居民人均消费支出 28654 元，比上年增长 5.0%，其中食品烟酒支出 9918 元，衣着支出 1779 元，居住支出 5711 元，家庭生活用品及服务支出 1641 元，交通通信支出 2987 元，教育文化娱乐服务支出 4207 元，医疗保健支出 1764 元，其他商品及服务支出 646 元。

全县农村居民人均可支配收入 28539 元，比上年增长 6.9%。其中，工资性收入 13471 元，家庭经营性净收入 8390 元，转移性净收入 5589 元，财产性净收入 1088 元。农村居民人均生活消费支出 21935 元，比上年增长 7.2%，其中食品烟酒支出 7885 元，衣着支出 1041 元，居住支出 4133 元，家庭生活用品及服务支出 1295 元，交通通信支出 2552 元，教育文化娱乐服务支出 2788 元，医疗保健支出 1852 元，其他商品及服务支出 390 元。

城镇居民家庭恩格尔系数 34.6%，农村居民家庭恩格尔系数 35.9%。城镇居民人均住房面积 42 平方米，农村居民人均住房面积 63 平方米。

全县城镇新增就业人员 6200 人；城镇登记失业率 0.94%；失业人员再就业 4700 人；农村新增劳动力转移就业 5500 人；参加企业基本养老保险人数 5.44 万人，其中参保职工人数 4.37 万人，离退休人员 1.07 万人；参加机关事业单位基本养老保险人数 2.21 万人，其中参保职工人数 1.51 万人，离退休人员0.70万人；参加城乡居民基本养老保险人数44.26万人；参加工伤保险职工人数4.42万人；参加失业保险职工人数2.81万人；全县城乡居民基本医疗参保人数66.15万人，城镇职工基本医疗保险参保人数3.62万人，其中职工2.57万人，退休人员1.04万人。参加生育保险职工人数2.57万人，其中女性1.14万人。

获得政府最低生活保障的城镇居民2908人，发放城镇居民最低生活保障经费1600万元。获得政府最低生活保障的农村居民2081人，发放农村居民最低生活保障经费7100万元。提供住宿民政机构床位数为800张，提供住宿民政机构收养人数为400人。社区综合服务机构和设施374个，其中农村319个，综合性社区服务中心3个。销售社会福利彩票3100万元。直接接收社会捐赠450万元。

永　兴　县

永兴县，隶属湖南省郴州市，地处湖南省东南部、郴州市北陲，东邻资兴市，南连苏仙区，西靠桂阳县，北接安仁县及衡阳市耒阳市，属中亚热带大陆湿润季风气候，永兴县地域狭长貌似蚕形，东西长90千米，南北宽56千米。土地总面积1979.40平方千米，占湖南省土地总面积的0.93%，东部多山，西部以丘陵为主，中部丘岗平原间布。截至2024年2月，永兴县辖2个街道、10个镇、4个乡：便江街道、湘阴渡街道、马田镇、悦来镇、高亭司镇、油麻镇、黄泥镇、金龟镇、樟树镇、柏林镇、太和镇、鲤鱼塘镇、洋塘乡、龙形市乡、七甲乡、大布江乡。永兴县人民政府驻便江街道。

西汉高祖五年（前202年），始置便县，数次更名，宋熙宁六年（1073年），以“永世兴旺”之意定名永兴县，沿袭至今，1994年6月，郴州撤地建市，永兴县隶属郴州市。永兴系黄克诚大将的故乡；拥有全国重点文物保护单位3处，即侍郎坦摩崖石刻群、湘南起义旧址群——板梁暴动夺枪旧址、板梁村古建筑群等，景点包括黄克诚故居、板梁古村等。京广铁路、京珠高速公路、国道G107、省道S212纵横境内，耒水上游的便江四季通航。2020年7月，永兴县入选2017—2019周期国家卫生县城。

根据第七次人口普查数据，截至2020年11月1日零时，永兴县常住人口538532人。

截至2023年末，永兴县户籍总人口68.31万人。全县常住人口52.63万人。其中，城镇人口29.77万人，乡村人口22.86万人。城镇化率56.57%，比上年提高0.98个百分点。全县人口出生率4.8‰，死亡率4.2‰，人口自然增长率0.6‰

截至2022年，永兴县共有37个民族，占全县总人口的0.33%，其中人员相对较多的有瑶族、土家族、苗族、壮族、侗族。

永兴县2023年国民经济和社会发展统计公报

2023年，全县上下在县委、县政府的坚强领导下，坚持以习近平新时代中国特色社会主义思想为指导，深入学习贯彻党的二十大精神，牢牢把握高质量发展这个首要任务，围绕实现“三高四新”美好蓝图，聚焦郴州发展“四大定位”，按照县第十三次党代会确立的“五区并建、实干兴县”目标和市委永兴工作督战会议提出的“中国银都、大将故里、永兴样板、全省十强”要求，以打好“发展六仗”为总揽，全力推动县域高质量发展，实现了新征程的良好开局。荣获省政府真抓实干督查激励奖“11+1”项（推动高质量发展，建设数字基础设施、推进“智赋万企”行动，打造内陆地区改革开放高地，自然资源节约高效利用，改善农村人居环境，创新驱动发展和科技创新能力提升，营商环境改善，“一件事一次办”改革，商事制度改革工作，打好防范化解风险阻击仗、财政管理改革，推动林长制工作，打好科技创新攻坚仗经验推介），继续保持全国产粮大县、全国生猪调出大县“国”字号金字招牌。

一、综合

初步核算，全县实现地区生产总值（GDP）为398.1亿元，按可比价格计算，比上年增长5.6%，两年平均增长5.8%。其中，第一产业增加值40.3亿元，增长4.3%；第二产业增加值149.1亿元，增长8.9%；第三产业增加值208.7亿元，增长3.5%。三次产业结构比为10.1 ∶ 37.5 ∶ 52.4，分别拉动GDP增长0.5、3.2和1.9个百分点。按常住人口计算，全县人均地区生产总值71599元，比上年增加4408元，增长6.6%。

全年新增城镇就业人数4884人，完成年度目标的101.4%；城镇登记失业率1.28%，解决失业人员再就业人数2249人；新增农村劳动力转移就业4683人，农村外出就业劳动力累计（不含本乡镇）10.2万人。

二、农业

全县实现农林牧渔业总产值60.12亿元，比上年增长4.4%。其中，农业总产值28.11亿元，增长4.9%；林业总产值5.48亿元，增长6.2%；牧业总产值20.0亿元，增长2.5%；渔业总产值3.62亿元，增长5.9%；农林牧渔服务业总产值2.91亿元，增长8.0%。粮食种植面积46.67千公顷，增长2.6%；油料种植面积17.5千公顷，增长7.2%；蔬菜种植面积16.8千公顷，增长3.3%；烤烟种植面积3.5千公顷，增长14.4%。

全年粮食总产量28.0万吨，比上年增长3.5%；油料产量2.8万吨，增长7.3%；油菜籽产量2.5万吨，增长7.8%；水果产量12.9万吨，增长4.9%；蔬菜产量48.9万吨，增长3.2%；烤烟产量0.62万吨，增长12.1%，收购烤烟12.49万担；存栏生猪45.1万头，下降3.3%；出栏生猪69.2万头，增长1.95%；出栏牛1.5万头；出栏羊7.2万头；出笼家禽444.8万羽，下降2.8%；禽蛋产量6700吨，增长9.8%。

全年开工各类水利工程0.11万处，投入资金1.25亿元，完成水利工程土石方356.3万立方米。总用水量2.26亿立方米，人均用水量432.5立方米。新增农田有效灌溉面积0.317万公顷，化肥施用量（折纯）2.17万吨。完成病险水库除险加固14座。

全县共有农业产业化龙头企业27家。其中省级4家，市级23家。农产品加工企业实现总产值195.3亿元，比上年增长10.8%；实现销售收入160.0亿元，增长17.2%；实现利润10.6亿元，下降4.6%；实现利税0.37亿元，下降50.7%。农民专业合作社1219个，增加32个；新增农民专业合作社省级示范点4个。农民专业合作组织成员2.9万户。全年实现耕地流转面积29.8万亩，增长12.4%。建设家庭农场（包括未注册）1171个，增加104个，实现休闲农业经营收入6.78亿元，增长18.9%。认证三品一标农产品16个。省级现代农业产业园区5个，市级现代农业产业园区8个。荣获全省柑橘品改示范县、全省农民教育培训工作先进单位，“永兴冰糖橙”“油茶籽油”获第24届中国中部（湖南）农业博览会金奖。

三、工业和建筑业

全县工业增加值比上年增长9.0%，其中，规模以上工业增加值增长10.7%。在规模以上工业中，按企业规模分，大中型企业增加值增长 17.8%，小型企业增加值增长 7.7%；按经济类型分，国有企业增加值增加 13.4%，集体企业增加值下降 41.8%，股份制企业增加值增长 13.5%，外商及港澳台投资企业增加值下降 54.8%；按轻重工业分，轻工业增加值下降 53.0%，重工业增加值增长 12.5%；按行业分，采矿业增加值负增长 8.6%，制造业增加值增长 11.3%，电力、燃气及水的生产和供应业增加值负增长 11.4%。园区规模工业增加值增长 13.9%，占规模以上工业增加值比重 93.8%。

全县规模以上工业企业主营业务收入比上年增长 12.5%，规模以上工业企业利税增长 11.9%，利润总额增长 10.7%。其中采矿业利润总额下降 9.6%；制造业利润总额增长 16.6%；电力、燃气及水的生产供应业利润总额下降 51.2%。

全年共生产白银 5000 吨、黄金 10.5 吨、十种有色金属 21 万吨。

全县完成建筑业增加值 11.3 亿元，比上年增长 7.9%。具有资质等级的总承包和专业承包建筑企业 11 家，实现建筑业总产值比上年增长 9.4%。

四、固定资产投资

全县全社会固定资产投资增长 7.7%（不含农户）。其中，500 万元以上投资增长 8.5%。按投资方向分，工业投资增长 27.4%，产业投资增长 9.2%，民生投资增长 0.8%，生态投资增长 47.9%，基础设施投资增长 39.5%，高新技术产业投资增长 6.8%，工业技改投资增长 18.3%。按经济类型分，国有投资增长 27.9%，非国有投资增长 5.1%，其中民间投资增长 5.1%。

全县房地产开发投资 9.1 亿元，比上年下降 5.6%。房屋施工面积 118 万平方米，增长 12.9%。商品房销售面积 29.5 万平方米，下降 35.4%，商品房销售额 10.3 亿元，负增长 49.0%。商品房待售面积 0.3 万平方米，下降 40.0%。

五、服务业

全年批发和零售业增加值 35.12 亿元，比上年增长 3.5%；交通运输、仓储和邮政业增加值 15.89 亿元，增长 12.3%；住宿和餐饮业增加值 7.22 亿元，增长 12.0%；金融业增加值 10.56 亿元，增长 5.2%；房地产业增加值 14.05 亿元，下降 2.8%；信息传输、软件和信息技术服务业增加值 8.95 亿元，增长 13.0%；租赁和商务服务业增加值 22.69 亿元，增长 3.8%。规模以上服务业企业营业收入比上年增长 12.1%，利润总额增长 109.3%。

年末公路通里程 2260 公里，新建成乡镇到村水泥（沥青）路 349.9 公里，改造县乡公路 309.9 公里。全年货运量 2759.66 万吨，其中，公路货运量 2628.48 万吨，水运货运量 131.18 万吨；全年货物周转量 63191.5 万吨公里，其中公路货物周转量 62684.9 万吨公里，水运货物周转量 506.65 万吨公里；全年客运量 2136.25 万人，其中，公路客运量 2115.54 万人，水运客运量 20.71 万人；机动车保有量 114042 辆，其中，汽车 65412 辆，摩托车 48204 辆，农业运输车 89 辆，挂车 337 辆。

全年邮电业务总量 4.5 亿元，比上年增长 12.5%。其中，邮政业务总量 1.2 亿元，增长 12.2%；电信业务总量 3.3 亿元，增长 12.6%。年末固定电话用户 5.32 万户，移动电话用户 45.05 万户，增加 1.31 万户。年末互联网宽带用户 14.64 万户。

六、国内贸易

全县实现社会消费品零售总额 137.5 亿元，比上年增长 8.4%。分地域看，城镇消费品零售额 98.7 亿元，增长 8.1%；乡村消费品零售额 38.8 亿元，增长 9.1%。分消费类型看，商品零售额 119.0 亿元，增长 7.3%，餐饮消费额 18.5 亿元，16.3%。分类别看，限额以上单位商品零售额 36.4 亿元，增长 15.2%；限额以下单位商品零售额 101.1 亿元，下降 6.5%。限额以上批零商品零售额中，粮油、食品、饮料、烟酒类 2.40 亿元，比上年增长 35.9%；服装、鞋帽、针纺织品类 0.43 亿元，增长 45.7%；化妆品类 0.29 亿元，增长 52.9%；金银珠宝类 2.47 亿元，增长 32.4%；日用品类 0.04 亿元，下降 9.8%；中西药品类 2.25 亿元，增长 16.5%；文化办公用品类 2.76 亿元，增长 8.1%；家具类 0.06 亿元，增长 9.5%；石油及制品类 6.18 亿元，增长 7.4%；建筑及装潢材料类 0.09 亿元，增长 31.2%；机电产品及设备类 0.07 亿元，增长 18.4%。

七、对外经济

全县目前已有获进出口权企业 54 家，全年外贸进出口总额 51145 万美元，比上年增长 7.9%。其中出口总额 24539 万美元，负增长 7.6%。按贸易方式分，一般贸易 35015 万美元，加工贸易 16130 万美元。按产销国别（地区）分，中国香港 22012 万美元，欧盟 8325 万美元，东盟 3256 万美元，南非 7440 万美元。出口的产品主要是机电产品 4991 万美元，鞋类 376 万美元，箱包及类似容器 354 万美元，金属银 15 万美元。

全县实际利用外资项目 2 个，全县实际使用外商直接投资 764 万美元，比上年增长 27.4 倍；实际到位内资 143.1 亿元，增长 21.8%，引进亿元以上境内省外项目 26 个，亿元以上项目实际到位资金 171.1 亿元。

八、财政、金融与保险

全县一般公共预算收入 27.11 亿元，比上年下降 7.3%，其中，地方财政收入 20.14 亿元，比上年增长 6.81%；上划中央“两税”4.49 亿元，下降 37.4%，上划中央所得税 0.97 亿元，下降 6.0%。在地方财政收入中，实现税收收入 14.54 亿元，增长 4.0%，占一般公共预算收入比重 53.6%；非税收入 5.6 亿元，增长 14.8%，占一般公共预算收入比重 20.6%。全县一般公共预算支出 50.91 亿元，增长 7.6%，其中教育、科学技术、文化旅游体育与传媒、社会保障和就业、卫生健康等民生支出 39.62 亿元，占总支出的 77.8%，比上年提高 1.2 个百分点。

年末全县金融机构本外币各项存款余额 295.3 亿元，比上年增长 8.9%；全县金融机构本外币各项贷款余额 211.8 亿元，比上年增长 21.9%。年末全县拥有 1 家证券公司营业部，开户股民（含基金）2643 个，证券交易额 192.2 亿元，增长 4.6%。年末全县保险公司实现保费收入 6.53 亿元，增长 4.1%。其中，寿险 2.05 亿元，健康险 2.47 亿元，人身意外伤害险 0.08 亿元，财产险 1.93 亿元。年末全县保险公司各项赔付和给付支出 3.23 亿元，增长 39.4%，其中寿险 0.35 亿元，健康险 1.66 亿元，财产险 1.20 亿元。

九、教育和科学技术

全年财政投入教育支出 8.9 亿元。中心城区新增义务教育阶段学位 2434 个。发放义务教育助学金 741.82 万元，普通高中国家助学金 421.35 万元，中职国家助学金 75.2 万元。义务教育助学金资助学生 14475 人次；中职免学费资助中职学生 5639 人次。高考本科上线 2044 人。全县小学适龄儿童入学率 100%，毕业生升学率 100%；初中适龄人口入学率 100%，九年义务教育巩固率 100%；高中阶段教育毛入学率 93.2%。各类中等职业教育招生 1018 人，在校生 2948 人，毕业生 902 人；普通高中招生 5002 人，在校生 15431 人，毕业生 4153 人；初中招生 8491 人，在校生 26584 人，毕业生 8658 人；普通小学招生 5585 人，在校生 40118 人，毕业生 8709 人；特殊教育招生 43 人，在校生 259 人，毕业生 31 人。全县幼儿园在园幼儿 11146 人。各类民办学校 5 所，民办学校在校学生 10368 人。

全县实现高新技术产品产值 442.3 亿元，比上年增长 9.5%；实现高新技术产业增加值 154.4 亿元，增长 25.3%（现价）。全年完成科普培训 8250 人次。授权专利 252 件。省级高新技术企业 46 家。省级工程技术研究中心 7 个，技术开发和服务机构数 5 家，签订技术合同 613 项，技术合同成交额 55.95 亿元。

全县全年新发放食品生产许可证（餐饮）387 张，开展食品质量监督抽查 1403 批次，重点工业产品质量监督抽查 100 批次。重点工业产品定期抽查合格率达 83.0%。

全县年末有各类气象台站 55 个，自动

观测点55个。全年平均气温19.4℃，全年极端最高气温38.4℃，全年极端最低气温零下2.0℃，全年日照时数1465.9小时，全年降雨量1543.6毫米，最长连续无雨期15天，雪日数3天。

十、文化旅游、卫生和体育

全县共有242家农家书屋，16个乡镇（街道）综合文化站。放映农村公益电影0.308万场，免费送戏下乡90场；年末全县共有艺术表演团体1个，文化馆1个，公共图书馆1个，博物馆1个。拥有电视台1座，广播电台1座，县级广播电视台1个，调频转播发射台1座，电视转播发射台1座，有线电视用户数万户。广播综合人口覆盖率100%，电视综合人口覆盖率100%。电视综合人口覆盖率100%。永兴县文化馆荣获2023年“欢乐潇湘”全省群众文艺会演“优秀群众文艺团队（单位）”，《拼布绣直播间》荣获2023年“欢乐潇湘”全省群众文艺会演最佳节目（舞蹈类）。

年末全县共有国家等级旅游区（点）5家，其中，4A级及以上旅游区（点）1家。中国白银文化坊成功创建国家AAA级旅游景区，便江街道锦里村成功创建第五批湖南省乡村旅游重点村，油麻镇下青村获评红色美丽村庄建设示范村，黄克诚故居获评郴州市廉洁文化教育基地，板梁古村、中国白银文化坊入选首批湖南文旅消费“新生代新场景”名单。

年末全县卫生机构472个，其中，医院12个（县及县以上医院2个），妇幼保健院（所、站）1个，专科疾病防治院（所、站）1个，社区卫生服务中心（站）12个，诊所、卫生所、医务室、门诊部184个，村卫生室242个，疾病预防控制中心（防疫站）1个，卫生监督检验机构1个，乡镇卫生院18个。医院拥有床位数1825张。全县卫生技术人员3588人。其中，执业医师和执业助理医师1452人，注册护士1791人。

年末全县共有体育场地1135个，体育馆5座，运动场39个，游泳池2个，各种训练房130个。全民健身项目20次，参加全民健身运动1106万人次，新建农民体育健身工程的行政村65个，经常参加体育锻炼人数32.6万人次。马田镇队在2023年湖南省和美乡村篮球赛（村BA）暨全国选拔赛总决赛中获得冠军，永兴县中老年篮球队荣获2023“中国体彩”湖南省（第六届）城市中老年人男子篮球联赛冠军。

十一、人口、人民生活和社会保障

年末全县户籍总人口68.31万人。全县常住人口52.63万人。其中，城镇人口29.77万人，乡村人口22.86万人。城镇化率56.57%，比上年提高0.98个百分点。全县人口出生率4.8‰，死亡率4.2‰，人口自然增长率0.6‰。全县农村部分计划生育家庭奖励扶助对象4212人，发放奖励扶助金606.5万元；独生子女伤残死亡家庭扶助对象408人，发放扶助金509.2万元。

全年全县居民人均可支配收入为34492元，比上年增长5.1%。其中，城镇居民人均可支配收入43688元，增长3.4%；农村居民人均可支配收入26252元，增长6.7%。全体居民人均消费支出19845元，增长5.9%，其中，城镇居民人均消费支出19903元，增长5.2%；农村居民人均生活消费支出19793元，增长6.6%。城镇居民家庭恩格尔系数41.3%，比上年下降0.1个百分点；农村居民家庭恩格尔系数35.6%，下降0.5个百分点。

城乡居民医疗保险参保人数49.48万人，城镇职工基本医疗保险参保人数3.19万人，其中，职工参保人数2.14万人，退休人员1.05万人。城乡居民养老保险参保人数35.62万人，新增人数938人。城镇基本养老保险参保人数7.7万人，其中机关事业参保人数1.86万人，企业参保人数5.84万人。参加工伤保险职工人数3.21万人。参加生育保险职工人数0.98万人，参加失业保险职工人数2.79万人。全县领取失业保险金人数137人。

城乡居民医保参保率达93.0%。全县共有11.05万人次享受城乡居民医保补偿，补偿总额46222万元，统筹地区城乡居民医保住院费用平均补偿率61.5%。

年末全县共有敬老院7所，各类收养性社会福利单位床位数100张，各类收养性社会福利单位收养人员数33人，城镇各种社区服务设施346个，综合性社区服务中心36个，销售社会福利彩票2369万元，筹集社会福利资金829.2万元。全县获得政府最低生活保障的城镇居民人数1773人，发放城镇居民最低生活保障经费801.01万元；获得政府最低生活保障的农村居民人数15019人，发放农村居民最低生活保障经费4332.03万元。城镇低保对象月人均补助385.3元/月，比上年减少7.7元；农村低保对象月人均补助250.9元/月，比上年减少20.8元。农村低保覆盖率为3.36%。发放救灾救济款53万元，全县重点优抚对象人数4093人。

十二、资源、环境和安全生产

年末全县共有基本农田27141.3公顷，全年批准建设用地83.71公顷，建设占用耕地21.27公顷，出让国有土地使用权102.4公顷。实施地质环境恢复治理工程1个。

全县已发现矿产22种，已探明资源储量的矿产15种。其中能源矿产1种，金属矿产5种，非金属矿产7种，水气矿产1种。煤炭储量达2.3亿吨。

全县人均水资源量3189立方米，总用水量2.26亿立方米，人均用水量432.5立方米。年平均降水量1543.6毫米，年末大型水库蓄水总量0.52亿立方米。全年开工各类水利工程0.11万处，水利工程投入资金1.25亿元，水利工程完成土石方356.3万立方米，新增节水灌溉面积0.06万公顷。

县城区空气质量优良率95.9%，集中式饮用水水源地水质达标率100%，地表水监测断面功能区达标率100%。区域环境噪声平均值为55.0分贝，交通噪声平均值为65.5分贝。全县建成区烟尘控制区1个，控制区面积为5.14平方公里。城市污水处理率95.14%，城市生活垃圾无害化处理率100.0%，城市人均公园绿地面积13.16平方米。

全县化学需氧量排放量31.7吨，下降38.46%；二氧化硫排放量469.2吨，增长12.1%；氨氮排放量0.134吨，下降72.7%；氮氧化物排放量264.9吨，增长24.5%；工业固体废物综合利用率91.6%，比上年提高34.26个百分点。建成区环境噪声点位达标率100%。

全年完成造林面积2189.33公顷；年末实有封山育林面积13280公顷；综合治理水土流失面积2058公顷；水土流失地区封育保护面积19.8公顷；森林覆盖率58.2%。

全县单位GDP能耗0.4799吨标准煤/万元，下降2.5%；单位规模工业增加值能耗0.4447吨标准煤/万元，下降1.4%。全社会用电量9.88亿千瓦时，工业用电量3.6[illegible]亿千瓦时，生活用电量4.37亿千瓦时，原煤消耗量3.17万吨，天然气消耗量0.94亿立方米。

全县全年发生各类安全生产事故8起，死亡人数8人。全年发生道路交通事故92[illegible]起，道路交通死亡人数22人。

宜 章 县

宜章总面积2117平方公里，辖14镇5乡，246个行政村，20个社区（居委会），3个国有林场。

宜章是省际边界县。全县11个乡镇共[illegible]287公里与广东省韶关、清远两市四县（市[illegible]接壤，是湘江水系和珠江水系的分水岭。

宜章是革命老区县。宜章是朱德、陈毅领导湘南起义的策源地和首义地。1928年，朱德、陈毅发动了年关暴动，打响了湘南起义第一枪，组建了工农革命军第一师，建立了中国第一批苏维埃政权，是工农红军二万五千里长征突破的第三道防线所在地，当年全县有3700多人参加红军奔赴井冈山。宜章养育了中国早期工人运动杰出领袖邓中夏，以及毛科文、胡少海、张际春、陈光、欧阳毅、曾志、彭儒等党政军优秀人才。2014年3月，宜章被列为赣闽粤原中央苏区振兴规划联动发展区。

宜章是片区脱贫县。2011年，被列入国家集中连片特殊困难地区（罗霄山片区）扶贫攻坚重点县。全县80个贫困村全部出列，20274户75382名贫困人口全部高质量脱贫。2019年获得“全国脱贫攻坚奖组织创新奖”，2021年2月被中共中央、国务院评为“全国脱贫攻坚先进集体”。

宜章是生态宜游县。宜章属于国家生态主体功能区，是国家全域旅游示范区、湖南省旅游强县、全省文化旅游产业重点县，成功创建“中国温泉之乡”。全县森林覆盖率达到63.5%。境内有莽山国家4A级风景区，正在创建莽山国家5A旅游度假区。成功承办“2019中国湖南国际旅游节”，圆满举办2020年首届中国山岳旅游（莽山）大会。

宜章是山区农业县。山地面积占72.2%，耕地面积54.5万亩，其中水田面积34.9万亩，是全国粮食生产大县、全国生猪调出大县、全国茶业百强县、全国脐橙标准化生产示范县。

宜章县2023年国民经济和社会发展统计公报

2023年，宜章县全面贯彻落实党的二十大和省委十二届四次全会精神，全力建设“天下莽山、氟化高峰、脐橙之乡、好人之城”，坚持稳中求进工作总基调，着力扩大内需、优化结构、提振信心、防范化解风险，走出了一条回升向好的复苏曲线，交出了一份成色好、分量足的成绩单，全县经济社会发展稳中有进、回升向好。

一、综合

初步核算，2023年全县实现地区生产总值（GDP）276.29亿元，按可比价格计算，比上年增长5.1%。其中，第一产业增加值3.26亿元，增长4.0%；第二产业增加值96.21亿元，增长7.9%；第三产业增加值146.82亿元，增长3.5%。产业结构持续优化，三次产业结构比重由上年的12.3 ∶ 35.4 ∶ 52.3调整为12.1 ∶ 34.8 ∶ 53.1，其中第一、二、三产业增加值占GDP的比重较上年分别下降0.2个、下降0.6个、提高0.8个百分点。

全县就业形势稳定有序，全年城镇新增就业人员5688人，增长9%；失业人员再就业2154人，增长2.9%；新增农村劳动力转移就业4491人，下降4%；年末城镇登记失业率0.7%，比上年下降1.65个百分点；农村外出就业劳动力7.91万人，增长3%；在外务工总收入59.06亿元。

二、农业

2023年，全县农林牧渔业总产值55.2亿元，比上年增长4.1%。其中，农业总产值30.6亿元，增长4.8%；林业总产值1.56亿元，增长5.6%；牧业总产值20.1亿元，增长2.4%；渔业总产值10.6亿元，增长3%；农林牧渔服务业总产值18.5亿元，增长8.4%。全县粮食种植面积69.8万亩，增长1.9%；粮食总产量28.06万吨，增长32%。蔬菜及食用菌种植面积13.3千公顷，增长0.4%；产量47.6万吨，增长3.2%。烟种植面积32千公顷，增长9.1%；产量0.55万吨，增长24.9%。出栏生猪82.41万头，增长1.4%；出栏牛1.07万头，下降37.4%；出栏羊3.19万只，下降29.6%；出栏家禽393.53万羽，增长15.6%。

年末全县农产品加工企业840家；县级以上农业龙头企业98家，其中：省级8家，市级30家。实现销售收入113.84亿元，增长7%；实现利润8.3亿元，增长46.2%。农民专业合作经济组织1206个，专业合作社成员4.94万户，家庭农场1568个；实现休闲农业经营收入15.36亿元。

全年耕地流转面积21.23万亩，流转耕地占承包耕地总面积的比重为41.9%。年末农业机械总动力93.98万千瓦，耕整机械18443台，种植施肥机械141台，农用排灌机械28111台，田间管理动力机械1446台。全年开工各类水利工程0.19万处，水利工程投入资金8.25亿元，完成土石方335万立方米，治理水土流失面积19.91平方公里；新增农田有效灌溉面积392公顷，新增节水灌溉面积413公顷。年末全县水库蓄水总量1.06亿立方米，总用水量1.9亿立方米，人均用水量340.27立方米。全年农村电网改造升级完成投资0.31亿元，行政村配电网改造完成78个。

三、工业和建筑业

2023年，全县规模以上工业增加值比上年增长7.8%。规模以上工业中，轻工业产值79.3亿元，下降5.2%；重工业产值89.3亿元，增长2.9%；园区工业产值108.2亿元，增长3.5%。按行业划分，采矿业产值20.3亿元，下降13.2%；制造业产值146.7亿元，增长0.9%；其中烟花爆竹业产值增长4.8%，建材业产值下降7.8%；新兴产业产值下降9.3%，其中新一代电子信息产业产值下降9.9%。主要产品产量中，铅精矿折含量0.77万吨，增长3.2%；锌精矿折含量0.25万吨，下降5.1%；钨精矿折含量0.76万吨，下降35.6%；水泥166.7万吨，下降29.2%。规模工业经济效益中，利润增长的行业有13个，盈亏相抵后利润总额增长27.2%，其中：采矿业利润总额增长53.7%，制造业利润总额增长22.6%，电力、燃气及水的生产和供应业利润总额下降5.5%。

2023年，全县建筑业总产值19.01亿元，增长18%。具有资质建筑企业15家，房屋施工面积56.95万平方米，下降9.6%；房屋竣工面积49.86万平方米，下降5.6%；商品房销售面积51.85万平方米，下降21.1%；商品房销售额22.61亿元，下降23.2%。全县在库统计的房地产开发企业29家，全年商品房销售均价4360.56元/平方米；住宅销售均价4174.85元/平方米。

四、固定资产投资

2023年，全县投资500万元以上施工项目155个（不包括房地产项目），其中新开工项目120个；投资亿元以上施工项目48个，其中新开工项目35个；全县重点建设项目54个，其中工业项目23个。全县固定资产投资比上年增长7.7%。按产业分，第一产业投资增长2.7%；第二产业投资增长0.3%；第三产业投资增长16.7%。其中，基础设施投资增长24.3%；民生投资增长47.8%；生态环保投资增长536.2%；工业投资增长0.3%；房地产开发投资下降46.9%。

五、国内贸易

2023年，全县社会消费品零售总额102.3亿元，比上年增长8.4%。按行业分，批发业零售额8.2亿元，下降1.5%；零售业零售额76.9亿元，增长9%；住宿业零售额2.7亿元，增长12.6%；餐饮业零售额14.5亿元，增长10.1%。按地域分，城镇消费品零售总额90.3亿元，增长8.2%；乡村消费品零售总额12亿元，增长10.3%。限额以上法人批发和零售业商品零售额中：粮油、食品类增长12.9%，饮料类增长7.9%，烟酒类增长7.8%，服装、鞋帽、针纺织品类增长10.3%，化妆品类增长9.9%，金银珠宝类增长12.3%，日用品类增长10.7%，五金、电料类增长6.3%，体育、娱乐用品类增长 9.8%，书报类下降 8.4%，家用电器和音像器材类增长 0.4%，中西药品类下降 4.3%，文化办公用品类增长 2.3%，家具类下降 2.6%，通信器材类增长 3.6%，石油及制品类增长 14.2%，建筑及装潢材料类增长 2.9%，汽车类增长 12.7%。

六、对外经济

2023 年，全县外贸进出口总额 19206 万美元，比上年增长 1.5%，其中：出口额 18529 万美元，下降 0.7%。全县新批境内省外项目 45 个，其中引进亿元以上境内省外项目数 42 个。实际到位内资 142.26 亿元，增长 21%；其中亿元以上项目实际到位资金 130 亿元。实际利用外资 1586 万美元，增长 67.1%。按产业类别分，第二产业实际利用外资 1053 万美元；按投资项目分，新引进外资千万美元以上项目 0 个，千万美元以上项目合同利用外资 0 万美元。

七、交通、邮电和旅游

2023 年，全县交通运输、仓储和邮政业增加值 10.8 亿元，比上年增长 11.7%。公路旅客周转量 46 万人。年末机动车保有量 131241 辆，其中：汽车保有量 79479 辆，摩托车保有量 51762 辆。

全年邮电业务总量 5.67 亿元，增长 16.7%。其中，邮政业务总量 1.4 亿元，增长 32.3%；电信业务总量 4.26 亿元，增长 12.3%。年末全县固定电话用户 3.8 万户，移动电话用户 56.81 万户，互联网宽带用户 19.57 万户。全县邮政业务网点 32 个，其中：邮政所 16 个，代办所 15 个。

年末全县共有国家级旅游景区 5 家，其中 4A 级景区 1 家。全年接待游客 761.43 万人次，增长 43.53%；实现旅游总收入 78.91 亿元，增长 48.1%。

八、财政、金融和保险

2023 年，全县一般公共预算收入 16.08 亿元，增长 11.2%。其中：税收收入 12.68 亿元，增长 11.5%；非税收入 3.7 亿元，增长 10.2%。地方财政收入 11.83 亿元，增长 6.8%。上划中央"两税"2.52 亿元，增长 12.8%；上划中央所得税 0.9 亿元，增长 55.3%。一般公共预算支出 46.91 亿元，增长 1.1%；其中民生支出 36.75 亿元，增长 0.7%。

年末金融机构本外币各项存款余额 303.52 亿元，增长 8%。其中，单位存款余额 16.74 亿元，下降 8.9%；个人存款余额 263.14 亿元，增长 11%；全年新增本外币各项存款 22.54 亿元，增长 36.5%。年末金融机构本外币各项贷款余额 248.72 亿元，增长 11.4%。其中，短期贷款余额 51.68 亿元，增长 31.3%；中长期贷款余额 183.9 亿元，增长 7.1%。

年末全县共有保险业务机构 14 家，全年各类保险保费收入 7.98 亿元，增长 36.4%。其中：寿险保费 3.98 亿元，增长 11.8%；财产险保费 4 亿元，下降 3.4%。各项赔款和给付支出 3.66 亿元，增长 30.3%。其中：财产险赔款 3.04 亿元，增长 27.7%。年末证券公司营业部 1 家，全年证券交易额 107.26 亿元，下降 1.4%。其中，A 股开户数 1104 个，基金开户数 982 个。

九、教育和科学技术

2023 年末，全县共有义务教育阶段合格学校 284 所，落实义务教育保障资金 9.07 亿元，发放国家奖学金、助学金 184.5 万元，发放中职国家助学金 907.3 万元。中等职业教育招生 1779 人，毕业生 1592 人；普通高中招生 5230 人，毕业生 4930 人；初中学校招生 9913 人，毕业生 9574 人；普通小学招生 7389 人，毕业生 10150 人；特殊教育招生 17 人，毕业生 19 人；幼儿园在园幼儿 14451 人；各类民办学校 11 所，在校学生 7293 人。全年小学适龄儿童入学率 100%，九年义务教育巩固率 99.9%，高中阶段教育毛入学率 99.3%，毕业生升学率 96.3%。

年末全县共有高新技术产品企业 113 家，全年高新技术产业增加值 50.35 亿元，增长 16.9%；研发经费支出 8.5 亿元，增长 15.3%。全年专利申请 100 件，其中：发明专利 22 件。年末全县各类气象台站 1 个，自动观测点 29 个。

十、文化、卫生和体育

2023 年，全县共有艺术表演团体 1 个，文化馆 1 个，公共图书馆 1 个，纪念馆 1 个，广播电台 1 座；乡镇综合文化站 19 个，体育场地 2039 个，运动场 1342 个。全年全民健身运动参加人数 39.2 万人，送戏下乡 208 场，放映农村公益电影 2983 场。年末广播综合人口覆盖率 99.45%。

年末全县共有卫生机构 526 个，其中：医院 34 个，妇幼保健院（所、站）1 个，疾病预防控制中心（防疫站）1 个，卫生监督检验机构 1 个，乡镇卫生院 27 个，诊所、卫生所、医务室 61 个，农村卫生室 428 个。医疗机构床位数 3914 张，其中：县级医院床位数 2349 张，乡镇卫生院床位数 1565 张。卫生技术人员 3875 人，其中：执业医师和执业助理医师 1325 人，注册护士 1897 人。

十一、人口、人民生活和社会保障

2023 年，年末全县总人口（户籍人口）64.25 万人，其中：城镇户籍人口 21.51 万人，乡村户籍人口 42.74 万人。全县常住人口 55.75 万人，其中：城镇常住人口 29.91 万人，乡村常住人口 25.84 万人，城镇化率 53.65%。人口出生率 6.31‰，人口死亡率 5.26‰，人口自然增长率 1.05‰。全县全体居民人均可支配收入 25746 元，比上年增长 5.3%。其中，城镇居民人均可支配收入 40073 元，增长 3.1%；农村居民人均可支配收入 14666 元，增长 7.8%。居民消费价格指数 100.2，其中：食品烟酒消费价格指数 99.6，衣着消费价格指数 99.9，居住消费价格指数 99.3，生活用品及服务消费价格指数 99.9，交通和通信消费价格指数 95.5，教育文化和娱乐消费价格指数 101.4，医疗保健消费价格指数 108.6，其他用品和服务价格指数 103.4。

全县获得政府最低生活保障城镇居民 757 人，发放城镇居民最低生活保障经费 439.19 万元，获得政府最低生活保障农村居民 12362 人，发放农村居民最低生活保障经费 4307.81 万元。城乡居民基本医疗参保人数 502029 人，城镇基本养老保险参保职工人数 67071 人；参加工伤保险职工人数 40586 人；参加失业保险职工人数 27909 人，领取失业保险金职工人数 1775 人。各类收养性社会福利单位床位 1301 张，收养各类人员 395 人。城镇建立各种社区服务设施 24 个。销售社会福利彩票 3318 万元，筹集社会福利资金 302.47 万元，直接接收社会捐赠 177.01 万元。

十二、资源、环境和安全生产

2023 年，全县耕地面积 29554.62 公顷，批准建设用地 107.33 公顷，建设占用耕地 30.41 公顷，基本农田面积 26375.07 公顷。各类矿产种，已探明储量矿产 28 种。其中金属矿产 19 种，非金属矿产 18 种，水气矿产 2 种。全年平均气温 20.1℃，全年平均降水量 1531.9 毫米。全年完成造林面积 1214 公顷，自然保护区 2 个，其中国家级自然保护区 1 个；自然保护区面积 2689 公顷。全县空气质量达标率 99.2%，集中式饮用水水源地水质达标率 100%，地表水达标率 100%，化学需氧量排放量 94.85 吨，化学需氧量排放量达标率 100%；二氧化硫排放量 379.94 吨，二氧化硫排放量达标率 100%，氨氮排放量 8.62 吨，氮氧化物排放量 421.67 吨；工业环保三同时执行合格率 100%，工业固体废物综合利用率 43%；建成环境噪声点位达标率 100%。全年各类安全生产事故 2 起，各类安全生产事故死亡人数为零，亿元 GDP 生产安全事故死亡人数为零，工矿商贸企业从业人员十万人生产事故死亡人数为零，煤矿百万吨死亡人数为零，火灾事故死亡人数为零；全年发生道路交通事故为零，道路交通万车死亡人数为零。

嘉 禾 县

【位置】嘉禾县隶属于郴州市，位于湖南省郴州市西南部，南岭北麓，舂陵水（钟水河）中上游。地处东经 112° 14′—112° 35′，北纬 25° 26′—25° 47′。东部与郴州市桂阳县为邻，南部与郴州市临武县、永州市蓝山县接壤，西部与永州市宁远县相接，北部与永州市新田县交界。县城距郴州市 78 公里，距广东韶关市 310 公里，距广西桂林市 278 公里。

【面积】全县南北长 39.3 公里，东西宽 35.7 公里，辖区土地总面积 699.33 平方公里，占郴州市总面积的 3.61%、湖南省总面积的 0.3%，是湖南省地域面积最小的县。

【建制沿革】嘉禾县从汉代至元代均为临武县地。明初为桂阳州（今桂阳县）及临武县地。明崇祯十二年（1639），析桂阳及临武县地置嘉禾县。建县前，县东十里两路口设有巡检司一员。建县初：设知县一员，其属有典吏一员，教职有训导一员。县分为上乡、富乐、贵贤、銮三等共四乡十四里。康熙三十一年（1692）增改上乡八里为九里，富乐、贵贤、銮三等三乡六里为十里，编为四乡十九里，里分都、都分甲。清雍正十年（1732）改桂阳州为直隶州，临、蓝、嘉三县不隶衡州府，而属直隶州，清咸丰元年（1851）后，乡分为团，以后团划区，全县划分城乡三十六团十区。民国二十六年（1937）9 月，全县由三十六团十区调整为 16 个乡镇。民国三年（1914）县知事沈霈用武力断制之。凡坚持在五百地的都抓进监狱，并杀城乡绅士李灿花、雷印申等数人。民国二十八年（1939）4 月，嘉禾县并乡，由原 16 个乡并为珠泉、清化、泮溪、南平、贵贤、广发、清伟、厚宝、石桥、东平、晋平、乐泉 12 个乡镇。1949 年 12 月 5 日，嘉禾解放，全县划为 5 个区、43 个乡，分别在含田、行廊圩、仙人桥、广发圩、花溪村成立 5 个区人民政府。1952 年 4 月，在普满圩增设第六区人民政府。在城关设县辖珠泉镇人民政府。1950 年 3 月，乐泉乡划归临武县管辖，1954 年 5 月，临武县第五区商溪、曲水两乡划归嘉禾县第五区管辖。6 月，蓝山县所属六区高铺乡划归嘉禾县五区管辖。1954 年 7 月，全县调整为 86 个乡（包括五区辖塘村镇在内）及 1 个县辖镇。1956 年 5—6 月撤区并乡，将原有的 6 个区、85 个乡、2 个镇撤销，合并为 18 个乡、2 个镇。1958 年 10 月，全县将原有 20 个乡（镇）合并为 6 个乡。10 月 19 日启用新的乡人民委员会和人民公社印章。12 月，蓝山县与嘉禾县合并为蓝嘉县，县政府所在地设南山县城。1961 年 5 月，蓝嘉县分设为蓝山县和嘉禾县。1964 年 1 月，花溪公社与塘村镇合并为塘村镇人民公社。9—12 月，调整人民公社规模，全县由原来的 18 个公社、1 个镇调整为 11 个人民公社、1 个镇。1976 年 11 月，将原珠泉公社调整为城关、钟水、石羔公社（即：城关镇、车头、石羔、钟水、塘村镇、花溪、袁家、泮头、龙潭、行廊、肖家、普满、石桥、田心、坦坪、莲荷、广发、盘江乡）。1984 年 3 月，公社全部改称为乡建制，全县共有 16 个乡两个镇（花溪、塘村未合），1986 年 3 月，撤销花溪公社扩大塘村镇行政区域，全县共有 17 个乡镇。2012 年将泮头乡合并到袁家镇，钟水乡、莲荷乡、石羔乡、城关镇合并为珠泉镇，全县由 17 个乡镇合并为 13 个乡镇（原盘江乡云里村划入广发镇建制）。2015 年 12 月，将田心镇与坦坪镇合并设立坦坪镇，镇政府设在坦坪镇人民政府驻地；撤销盘江乡，车头、肖家、珠泉 3 个镇，设立珠泉、晋屏 2 个镇；调整普满乡、行廊镇的部分行政区域。将原珠泉镇的 12 个建制村与原盘江乡的行政区域合并设立晋屏镇；将原珠泉镇的 26 个村和原车头镇的行政区域合并设立珠泉镇；将原肖家镇坌头建制村划入普满乡；将原肖家镇的 9 个建制村划入行廊镇。部分乡镇区划调整后，全县由原来的 13 个乡镇变为了 10 个乡镇。

【区划】2023 年末，辖珠泉、晋屏、塘村、袁家、龙潭、行廊、石桥、坦坪、广发 9 个镇，普满 1 个乡，共 10 个乡镇政区，全县共有 167 个行政村、29 个居委会、2105 个村民小组。

【人口状况】2023 年末全县户籍人口，总户数 134525 户，总人口 430882 人，比上年末减少 1887 人。其中：男 229397 人 女 201485 人，城镇人口 172900 人，农村人口 163200 人。年末全县常住人口 336100 人，比上年末减少 3800 人。

嘉禾县2023年国民经济和社会发展统计公报

2023 年在县委、县政府的正确领导下，全县上下坚持以习近平新时代中国特色社会主义思想为指引，全面贯彻新发展理念，坚持稳中求进工作总基调，深化高质量发展主题，聚焦“四个定位”，创造“四敢”环境，打好“发展六仗”，全县经济运行稳向好。

一、综合

按统一核算口径，全县地区生产总值 156.92 亿元，按可比计算价（下同），比上年增长 2.2%。其中，第一产业增加值 27.14 亿元，增长 4.0%；第二产业增加值 50.63 亿元，下降 3.2%；第三产业增加值 79.15 亿元，增长 6.1%。

二、农业

全县农林牧渔业总产值 50.83 亿元，比上年增长 4.1%。其中农业产值 21.93 亿元，增长 5%；林业 3.08 亿元，增长 6.1%；牧业 23.1 亿元，增长 2.7%；渔业 0.56 亿元，增长 5.3%；农林牧渔服务业 2.16 亿元，增长 8.2%。全县粮食播种面积 20.87 千公顷，粮食产量 12.53 万吨。油菜种植面积 3.53 千公顷，产量 5983 吨。蔬菜种植面积 6.64 千公顷，产量 207030 吨。烤烟种植面积 3.48 千公顷，产量 6574.61 吨。出栏生猪 73.78 万头，出栏牛 0.46 万头，出栏羊 1.88 万头，出笼家禽 189.84 万羽，水产品产量 3410 吨。

三、工业和建筑业

全县规模以上工业增加值比上年下降 16.9%。从经济类型看，国有企业增加值增长 9.3%，股份制企业增加值下降 16.6%，其他经济类型企业增加值下降 50.1%；公有制经济增加值上涨 28.3 个百分点，非公有制经济增加值下降 18.2 个百分点。主要工业产品中，铸铁件 83.3 万吨，铸造机械 13347 台，十种有色金属 358 吨，发电量 1.7 亿千瓦小时。

全县建筑业总产值 6.16 亿元，比上年下降 14.1%。房屋建筑施工面积 33.34 万平方米，下降 13%；房屋建筑竣工面积 22.82 万平方米，下降 23.5%。

四、固定资产投资

全县固定资产投资比上年增长 8%。其中，非国有投资增长 31.9%；国有投资下降 23.3%。按产业分，第一产业下降 24.2%，第二产业增长 33%，第三产业下降 7.4%。按投资方向分，基础设施投资下降 14.6%，民生投资增长 19.2%，生态环保投资下降 52.1%，工业投资增长 33%，工业技改投资增长 18.9%。

全县房地产开发投资 51362 万元，比上年下降 6.44%。其中，住宅投资 47089 万元，增长 14.1%，商业营业用房投资 2884 万元，下降 76.59%。商品房销售面积 26.73

万平方米，下降23.39%。商品房销售额91196万元，下降30.4%。

五、国内贸易

全县社会消费品零售总额50.4亿元，比上年增长2.4%。在限额以上社会消费品零售总额中，按行业分，批发业销售额为1.77亿元，增长2.3%；零售业销售额为0.83亿元，下降3.5%；住宿业营业额为0.06亿元，下降51.2%；餐饮业营业额为0.28亿元，增长18.7%；按经营地分，城镇和乡村消费品零售总额分别为1.34亿元和0.01亿元，分别下降1.3%和62.5%。

六、对外经济

2023年1—12月全县外贸进出口总额61148.8万元，比上年同期下降22.71%。实际到位内资114.53亿元，增长21.3%。

七、交通邮电

全县交通运输、仓储和邮政业增加值5.3亿元，比上年增长3.2%。全年公路客运量60.6万人，公路客运周转量3112.7万人公里。

全县邮电业务总量1.97亿元，比上年增长8.24%，其中移动0.81亿元，增长1.1%；电信0.6亿元，增长17.97%；联通0.56亿元，增长9.75%。此外邮政0.55亿元，增长14.8%。

八、财政金融和保险

全县一般公共预算收入147621万元，比上年增长13.4%。地方财政收入105333万元，增长6.9%。其中，税收收入113173万元，增长8.8%，占财政总收入的比重为76.7%；非税收入34448万元，增长31.4%。上划中央企业所得税3205万元，下降26%，个人所得税1021万元，下降16.2%，上划省级收入8958万元，增长148.7%。全县一般公共预算支出298130万元，下降2.4%。

年末全县金融机构本外币各项存款余额193.1亿元，比上年末增长9.8%。全县金融机构本外币各项贷款余额为139.88亿元，增长17.6%。全县金融机构不良贷款余额2.38亿元，不良贷款率为1.7%。

全年保险公司各类保险保费收入4.59亿元，比上年增长15.11%。其中寿险保费收入2.55亿元，同比增长2.8%，财险保费收入2.36亿元，同比增长32.58%。

九、教育和科学技术

全县中等职业教育在校生2876人，普通高中在校生10682人，初中在校生18013人，小学在校生27066人。幼儿园在园幼儿7792人，特殊学校在校人数107人。小学适龄儿童入学率100%，小学毕业生升学率100%。

专利授权160件，其中发明14件，实用新型82件，外观设计64件。

十、文化、卫生和体育

年末全县共有艺术表演团体1个，文化馆1个，乡镇文化站10个，公共图书馆1个。全县电视台1座，广播电台1座。全县有医疗卫生机构262个，其中医院5个，妇幼保健院（所、站）1个，卫生院12个，诊所、医务室45个，村卫生室195个，疾病预防控制中心（防疫站）1个。医疗卫生机构拥有床位总数2368张，医疗卫生机构技术人员2064人，其中，执业医师和执业助理医师763人，注册护士967人。全县共组建家庭医生团队217个，常住人口签约率达41.88%，重点人群签约率达61.5%，建档立卡贫困患者签约率达100%。

年末共有体育场地1090个，其中体育馆1座，游泳池5个，各种训练房9个。

十一、资源、环境和安全生产

全年批准项目建设用地9.698公顷，建设占用耕地1.998公顷，建设占用农用地9.578公顷，耕地保有量19001公顷，基本农田保护面积16980公顷。

县城区优良以上天数达355天，空气质量优良率达97.3%，集中式饮用水水源地水质达标率100%，地表水监测断面功能区达标率100%。全年开展城乡绿化活动20次，义务植树种植50万株，人工造林700公顷，全县森林覆盖率为42.5%。

全年各类生产安全事故6起，死亡7人。

十二、居民生活和社会保障

全年新增农村劳动力转移就业人员3749人，新增城镇就业人员3688人，下岗失业人员再就业人数1503人，就业困难对象再就业人员人数645人，创业培训人数完成709人次，职业技能培训人数已完成2212人次。

全县城镇居民人均消费性支出25786元；农村居民人均生活消费支出21695元。城镇居民人均住房建筑面积70.26平方米，农村居民人均住房建筑面积69.74平方米。

全县城乡居民基本医疗保险参保人数319388人；城镇职工基本医疗保险参保人数17770人，工伤保险参保人数26695人。企业基本养老保险参保人数29681人，机关事业单位基本养老保险参保人数1226人，城乡居民社会基本养老保险209865人

临　武　县

临武地处南岭山脉，位居楚尾粤头，系湘江、珠江两江之源，县域总面积1383平方公里，辖13个乡镇、5个农林场所、1个国家森林公园、1个省级高新技术产业开发区，214个建制村（社区），总人口40万。

临武是千年古城。《史记》载："楚南郡邑之最古者莫如临武。"战国时设临武邑，汉高祖五年（公元前202年）置县，曾名大武、隆武，复称临武，迄今已有2200多年历史。

临武是文化名城。人文发轫于舜帝南巡，舜文化、龙文化、玉文化、傩文化等积淀厚重。历朝历代人才辈出，元有出使西番的陈楚舟，明有兵部尚书刘尧海、礼部尚书曾朝节等；韩愈、米芾、徐霞客等文人墨客都曾驻足临武，留下不少人文墨宝。

临武是资源宝城。境内蕴藏矿产9类50多种，是有色金属之乡、玉石之乡、碳酸钙之乡、风电之乡。拥有"通天玉""香花玉""舜珑玉"，独有国宝"香花石"。特别是境内锂矿资源储量大、分布广，锂矿潜在资源量可达500万吨，目前已吸引上海安能等4家锂电全产业链企业落户，投资规模1024亿元。

临武是山水画城。历史悠久的"古八景"和景致怡人的"新八景"交相辉映、美不胜收，形成了"一城两翼三线多点"的全域旅游格局。

临武是魅力新城。境内岳临高速横贯东西，厦蓉高速擦境而过，两条省道S214、S324线贯穿全境，三小时可南下广州、北上长沙，一小时可抵郴州高铁站、北湖机场。城区形成了"四纵四横一环线"的城市路网和"两河流三广场十公园"的城市肺网。

近年来，先后有产业开发区"双创""自然资源节约高效利用""四大措施"战略、情保民生等12项工作获省政府真抓实干督查激励措施表扬激励，荣获中国珠宝玉石首饰特色产业基地、国家级现代农业示范区、全国绿色能源大县等荣誉称号。产业园区建设、产业项目建设、矿山绿色转型发展等20余项重要工作在全国、全省、全市重点推介，多次获得国家、省、市表彰。今年来，临武县委、县政府始终坚持以习近平新时代中国特色社会主义思想为指导，全面贯彻落实党的二十大精神，锚定"三高四新"美好蓝图，聚焦"四大定位"创造"四敢"环境，打好"发展六仗"加快建设"五个临武"，全力打造"电产业之都、宝玉矿石之乡、特色农业之县转型示范之城"，团结一心，砥砺前行奋力谱写中国式现代化的临武新篇章！

临武县2023年国民经济和社会发展统计公报

2023年，全县上下始终坚持以习近平新时代中国特色社会主义思想为指导，全面落实“三高四新”美好蓝图，聚焦“四大定位”，创造“四敢”环境，打好“发展六仗”，服务“办会兴城”，加快建设“五个临武”，全力打造“电池产业之都、宝玉矿石之乡、特色农业之县、转型示范之城”，“稳”的态势持续巩固，“新”的动能加速积蓄，“实”的举措温润民心，“好”的效应不断释放，高质量发展迈出了坚实步伐。

一、综合

初步核算，全年全县地区生产总值为174.9亿元，按可比价计算，比上年增长4.2%。分产业看，第一产业完成增加值20.7亿元，增长3.6%；第二产业完成增加值70.4亿元，下降0.3%；第三产业完成增加值83.8亿元，增长8.8%。三次产业结构由12.2 ：41.5 ：46.3调整为11.8 ：40.3 ：47.9。

全县城镇新增就业人员3586人，失业人员再就业人数1390人，农村新增劳动力转移就业4137人，年末城镇登记失业率1.03%。

二、农业

全年实现农业总产值36.1亿元，按可比价计算，比上年增长3.8%。其中，农业产值18.6亿元、林业产值1.8亿元、牧业产值13.6亿元、渔业产值0.6亿元，农林牧渔服务业产值1.5亿元。

全年粮食种植面积20.33千公顷，粮食总产量12.1万吨。蔬菜种植面积8.52千公顷，蔬菜产量27.34万吨。果园面积3.23千公顷，水果产量6.13万吨。出栏生猪66.95万头，猪肉产量4.92万吨；出栏牛2.16万头，牛肉产量0.26万吨；出栏羊11.69万只，羊肉产量0.18万吨；出笼家禽422.77万羽，家禽产量0.61万吨，禽蛋产量0.21万吨。水产品总产量6505吨。

年末全县拥有国家级及省级农产品加工龙头企业8家。全县农产品加工企业实现销售收入108.1亿元，比上年增长10.0%；农产品加工企业实现利税0.7亿元；实现利润5.3亿元，增长15.8%。年末共有农民专业合作社734个，农民专业合作社成员[illegible]021户，专业大户1954户，家庭农场417个，休闲农业经营主体64个，休闲农业和乡村旅游接待人次79.8万人次。

全年完成高标准农田建设面积1.2万亩，土地托管面积10.9万亩，秸秆还田面积25.5万亩。

三、工业和建筑业

全年规模以上工业增加值比上年下降13.8%，其中非公有制经济增加值下降13.6%；大中型企业增加值增长24.2%；园区工业增加值下降9.2%，占全部规模工业增加值的68.7%。按三大门类分，采矿业增加值增长8.7%，其中有色金属采掘业增加值下降4.9%；制造业增加值下降14.8%，其中电子设备制造业增加值增长46.5%，农产品加工业增加值下降25.7%；电力、燃气及水的生产和供应业增加值增长5.6%。

锡金属含量3523吨，下降57.5%；铅金属含量7205.9吨，增长62.2%；锌金属含量3615.9吨，增长38.9%；发电量75857.7万千瓦小时，下降27.8%。规模以上工业盈亏相抵后实现利润总额3.62亿元，下降22.1%。

全年建筑业实现增加值5.4亿元，比上年增长10.9%。资质等级以上建筑企业总产值5.9亿元。房屋建筑施工面积41.41万平方米；房屋建筑竣工产值3.0亿元。

四、固定资产投资

全年固定资产投资比上年增长10.8%，工业投资增长22.5%，其中工业技改投资下降4.5%。产业投资下降5.6%；民间投资增长25.8%；高新技术产业投资增长58.8%。

全年房地产开发投资12.0亿元，比上年下降6.7%。商品房销售面积26.98万平方米，比上年下降43%。

五、国内贸易

全年实现社会消费品零售总额51.2亿元，比上年增长2.3%。按行业分，批发业9.5亿元，零售业36.2亿元，住宿业2.2亿元，餐饮业3.3亿元。80家限上法人消费品零售额同比下降28.4%，按消费形态分，餐饮收入同比增长4.4%，商品零售收入同比下降29.4%；分地域看，全县限上法人城镇、乡村消费品零售额分别下降29.5%和16.5%。

六、对外经济贸易与旅游

全年全县实际到位内资125.2亿元，增长22.2%。实际利用外资409万美元，增长2.5%。

全县共有旅游等级区（点）13家，其中3A级及以上3家。全年全县接待各类游客总人次数为364.4万人次，同比增长44.0%，综合旅游收入为37.7亿元，同比增长48.3%。

七、交通、邮电业

2023年末全县机动车保有量98219辆，其中汽车41335辆，摩托车56097辆，农用运输车13辆，挂车774辆。

2023年，全县电信业务总量2.5亿元，比上年增长14.5%；邮政业务总量0.7亿元，增长28.1%。年末固定电话用户2.58万户，移动电话用户34.98万户，互联网宽带用户11.6万户。

八、财政、金融与保险

全年一般公共预算收入完成14.0亿元，比上年增长6.3%。其中上划中央收入3.9亿元，增长12.9%；上划省级收入1.1亿元，增长36.8%；地方财政收入完成9.0亿元，增长1.1%。完成税收收入总量11.4亿元，税收总量占财政总收入的比重为81.4%，地方税收收入占地方财政收入的比重为71.2%。一般公共预算支出31.9万元，增长11.9%。

年末全县金融机构各项存款余额为192.8201.3亿元，比上年增长4.4%。其中，住户储蓄存款余额171.2亿元，增长12.0%；非金融企业存款余额18.2亿元。

年末金融机构各项贷款余额150.3亿元，比上年增长11.9%。其中，住户贷款余额63.8亿元；非金融企业及机关团体贷款余额86.4亿元。

全年实现保费收入2.88亿元，比上年增长1.0%，其中人身险实现保费收入1.51亿元，财产保险实现保费收入1.37亿元。

九、教育和科学技术

年末全县共有普通小学131所、普通初中19所、普通高中3所、中等职业教育1所，特殊教育学校1所，幼儿园71所，在校小学生28586人，初中生20316人，高中10687人，中等职业教育学生2410人，幼儿园在园幼儿7934人，特殊教育在校生211人，小学适龄儿童入学率100%。各类民办学校5所，民办学校在校生6417人。各级各类学校专任教师4321人，其中：幼儿园475人，小学2095人，初中1376人，高中723人，中等职业教育127人，特殊教育学校32人。全县九年义务教育巩固率99.05%，高中阶段教育毛入学率94.9%，小学毕业生升学率100%。

全年落实义务教育保障资金4.18亿元；发放中职国家助学金59万元，中职国家助学金资助中职学生590人次；落实中职免学费资金528.6万元，中职免学费资助中职学生4405人次。发放普通高中国家助学金

399.8 万元。

全年实现高新技术产业增加值 12.4 亿元，比上年增长 13.1%。全县专利授权 130 件，其中发明授权 20 件，实用新型专利授权量 68 件，外观设计专利授权量 42 件。全年科技成果登记 113 项，签订技术合同 35 项，技术合同成交金额 22.8 亿元。

十、文化、卫生和体育

年末全县共有艺术表演团体 34 个，群众艺术馆、文化馆 1 个，公共图书馆 1 个；国家级非物质文化遗产 1 个，省级非物质文化遗产 7 个。全年放映农村公益电影 2407 场。

年末全县拥有电视台 1 个，广播电台 1 个，中、短波广播发射台和转播台 1 座，有线电视用户数 18694 户，广播综合人口覆盖率 100%，电视综合人口覆盖率 100%。

年末全县共有卫生医疗机构 24 个（不包括村卫生室、医务室和诊所），其中医院 5 个、乡镇卫生院 15 个、妇幼保健计划生育服务中心 1 所，卫生技术人员 2311 人，卫生医疗机构实有床位数 2500 张。城乡居民基本医疗保险参保人数 29.06 万人，城镇职工基本医疗保险参保人数 2.08 万人；参加生育保险人数 1.40 万人。

年末全县拥有体育场地 1752 个，运动场（体育场、小运动场、田径场）21 个，各种训练房 23 个。全年开展全民建设项目 38 项次，全县经常参加体育锻炼人数 4.7 万人；新建农民体育健身工程行政村 37 个。

十一、环境保护和安全生产

年末全县有生态环境监测站 1 个，监测人员 8 人，环境噪声达标区 9 个，面积 11.64 平方公里，城区空气质量达标率 97.0%，集中式饮用水水源地水质达标率 100%，地表水监测断面功能区达标率 100%，区域环境噪声平均值 53.3 分贝，交通噪声平均值为 65.7 分贝。

全年发生各类生产经营性安全事故 1 起，各类生产经营性安全事故死亡人数 1 人，亿元 GDP 事故死亡人数为 0.0057 人。

十二、人口、人民生活和社会保障

2023 年末全县常住人口 31.6 万人，其中城镇人口 16.8 万人，农村人口 14.8 万人，全县城镇化率 53.16%。

全年全县出生人口 2264 人，出生率 5.82‰；死亡人口 2118 人，死亡率 5.45‰；自然增长人口 146 人，人口自然增长率为 0.38‰。

全年城镇居民人均可支配收入 37225 元，比上年增长 3.6%，其中工资性收入 25462 元，经营性净收入 2525 元，财产性净收入 3240 元，转移性净收入 5998 元。农村居民人均可支配收入 19367 元，增长 6.7%。其中，工资性收入 10139 元，经营性净收入 4093 元，财产性净收入 555 元，转移性净收入 4581 元。城乡居民人均可支配收入 26749 元，增长 5.3%。

全年城镇居民人均消费性支出 24040 元，其中：食品消费支出 8325 元，衣着消费支出 1720 元，居住支出 3788 元，生活用品及服务支出 1501 元，交通通信支出 2415 元，教育文化娱乐服务支出 3870 元，医疗保健支出 2016 元；城镇居民恩格尔系数为 34.6%；城镇人均住房面积 52 平方米。在农村居民总支出中，农村居民人均生活消费支出 15305 元，其中食品消费支出 5132 元，衣着消费支出 805 元，居住消费支出 3414 元，生活用品及服务支出 757 元，交通通信支出 1432 元，教育文化娱乐服务支出 2419 元，医疗保健支出 975 元；农村居民恩格尔系数为 33.5%；农村人均住房面积 53 平方米。

社会保障不断加强。2023 年，参加城乡居民基本养老保险人数 184645 人；参加企业基本养老保险人数 26507 人；参加机关事业单位基本养老保险人数 12947 人。失业保险参保人数 16825 人，工伤保险参加人数 25312 人。

全年获得政府最低生活保障的城镇居民人数 1613 人，农村居民 9772 人，分别发放城镇居民和农村居民最低生活保障资金 863.8 万元和 3370.1 万元。各类收养性社会福利单位床位 853 张，各类收养性社会福利单位收养人员 459 人。全县社区综合服务机构和设施 216 个。

汝 城 县

汝城县位于湖南省东南部，地处湘、粤、赣三省交界，素有“鸡鸣三省，水注三江”之称，是湖南通粤达海的“南大门”。全县土地面积 2400.7 平方公里，辖 14 个乡镇 217 个村，人口 42.28 万，其中少数民族乡镇 3 个，少数民族人口 7.4 万，是国家扶贫开发工作重点县、罗霄山片区连片扶贫开发县。2019 年 3 月，湖南省人民政府批复同意汝城县脱贫摘帽；2020 年 9 月 16 日，习近平总书记考察湖南汝城并作出重要指示。

红色革命老区。汝城是湘南起义的策源地、朱范谈判合作地、红军长征突破第二道封锁线所在地、“半条被子”故事发生地，湘南起义旧址群汝城会议旧址被列入全国红色旅游经典景区、沙洲红色旅游景区正在创建全国红色旅游经典景区。毛泽东、朱德、彭德怀、陈毅等老一辈无产阶级革命家在这里留下光辉足迹，养育了朱良才、李涛两位开国上将及宋裕和等开国功臣，被省政府认定为革命老游击区和第一批井冈山老区县。

绿色生态高地。汝城位于北纬 25° 的黄金气候生态带，平均海拔 600 多米，森林覆盖率 73.49%，全县 14 个乡镇中有 12 个被评为国家级生态乡镇，是国家重点生态功能区，被评为全国绿化模范县、国家园林县城、国家卫生县城、省级生态文明建设示范县。九龙江国家森林公园拥有华南地区保存最好、物种最多的原始次生林，被誉为“南岭植物王国”，是国家 AAAA 级旅游景区。

蓝色温泉之乡。汝城是中国温泉之乡，“一城双泉”独具特色，热水温泉是华南地区“流量最大、水温最高、水质最好、面积最广”的天然热泉，被誉为“华南第一泉”；暖水温泉是国内罕见的可以直接饮用的温泉。热水温泉是国家 AAAA 级旅游景区，热水镇被评为全国首批特色小镇。

古色文化名城。汝城是“千年古县”，自东晋穆帝升平二年（公元 358 年）置县，至今已有 1600 多年历史。汝城是湖南省历史文化名城，“汝城香火龙”入选国家级非物质文化遗产，“汝城古祠堂群”“汝城绣衣坊”等 3 处 14 个点是全国重点文物保护单位。汝城是中华农耕文明的发祥地，中华民族的人文祖先神农作耒耜于汝城耒山。汝城是理学文化的发源地，理学鼻祖周敦颐在此著就《爱莲说》《太极图说》《拙赋》等千古名篇。

特色产业基地。汝城位于郴州、韶关、赣州“红三角”的中心，厦蓉、湘深高速公路呈“十字形”交汇，距离赣州机场和武广高铁郴州站、韶关站仅一小时车程，有着“毗邻粤港澳，连通湘粤赣”的区位交通优势。近年来，汝城坚持以习近平新时代中国特色社会主义思想为指引，坚定不移学习贯彻习近平总书记在湖南汝城考察的重要讲话精神，深入实施“三高四新”“一极六区”战略部署，传承红色基因，推进绿色发展，着力打造全国红色传承示范区、绿色发展示范区、乡村振兴示范区，建设面向粤港澳大湾区、全国有影响的产业转移首选地、优质农副产品供应地、休闲旅游目的地，加快建设生态美、产业兴、百姓富的幸福汝城。

汝城县2023年国民经济和社会发展统计公报

2023年是全面贯彻党的二十大精神的开局之年，是三年新冠疫情防控转段后经济恢复发展的一年。全县上下坚持以习近平新时代中国特色社会主义思想为指导，深入贯彻党的二十大和二十届二中全会精神，加快实现“三高四新”美好蓝图，打好“发展六仗”，聚焦“四大定位”，加快打造“红色沙洲、温泉之都；中国汝城、幸福边城”，全县经济社会发展继续保持稳中有进、回升向好的良好态势。

一、综合

根据全市统一初步核算，全年地区生产总值109.56亿元，比上年增长4.2%。其中，第一产业增加值20.11亿元，增长3.8%；第二产业增加值27.57亿元，增长2.8%；第三产业增加值61.88亿元，增长5.1%。第一产业增加值占地区生产总值比重为18.4%，第二产业增加值比重为25.2%，第三产业增加值比重为56.5%。

年末全县常住人口34.01万人。其中城镇人口16.65万人，乡村人口17.36万人，城镇化率48.96%，比上年提升1.67个百分点。全年出生人口1934人，出生率为4.51‰；死亡人口2993人，死亡率为5.97‰；自然增长率下降2.47‰。全年城镇新增就业3571人，新增农村劳动力转移就业4297人，失业人员再就业1401人。

二、农业

全年农林牧渔业总产值48.21亿元，比上年增长3.9%。其中农林牧渔及服务业总产值8369万元，增长8.4%。粮食种植面积35.5万亩，增长4.7%。其中，稻谷种植面积24.4万亩，增长4.3%。油料种植面积8.72万亩，增长31.3%。蔬菜及食用菌种植面积6.63万亩，增长2.8%。水果种植面积4.46万亩，增长2.8%。茶叶种植面积2.49万亩，增长1.6%。

全年粮食产量15.3万吨，增产5.5%。其中稻谷产量11.88万吨，增产5.0%，玉米产量1.91万吨，增产8.9%。

全年油料产量1.07万吨，比上年增产7.4%。蔬菜及食用菌产量34.45万吨，增产3.1%。水果产量4.19万吨，增产3.5%。茶叶产量486.9吨，增产4.5%。

全年猪牛羊禽肉产量3.83万吨，比上年增长1.9%。其中，猪肉产量3.8万吨，增长4.7%。禽蛋产量1.03万吨，增长3.2%。年末生猪存栏33.75万头，比上年末增长2.1%；全年生猪出栏51.71万头，比上年增长4.6%。全年水产品产量1184吨，增长2.7%。

全县农民专业合作社582个，家庭农场626个，绿色有机地标农产品认证个数88个。高标准农田建设面积1.53万亩。

三、工业和建筑业

全年工业增加值19.36亿元，比上年增长0.9%。规模以上工业增加值增长1.9%。在规模以上工业增加值中，分经济类型看，国有控股企业增长19.9%；股份制企业增长3.6%，外商及港澳台商投资企业下降15.5%。分门类看，采矿业增长8.8%，制造业下降8.6%，电力、热力、燃气及水生产和供应业增长1.5%。省级及以上产业园区工业增加值增长3.7%。

全年规模以上工业增加值中，黑色金属矿采选业比上年下降0.2%，有色金属矿采选业增长13.8%，食品制造业增长18.9%，酒、饮料和精制茶制造业增长8.1%，皮革、毛皮、羽毛及其制品和制鞋业增长18.5%，木材加工和木、竹、藤、棕、草制品业下降10.7%，文教、工美、体育和娱乐用品制造业增长17.8%，非金属矿物制品业下降30.6%，有色金属冶炼和压延加工业下降28.2%，专用设备制造业下降4.3%，汽车制造业增长26.4%，计算机、通信和其他电子设备制造业增长11.1%，电力、热力生产和供应业增长1.5%。

全年规模以上工业企业主营业务收入43.22亿元，下降2%。规模以上工业企业实现利润2.83亿元，下降15.3%。按经济类型分，国有企业0.16亿元，增长33.3%；股份制企业2.5亿元，下降16.7%；企业主营业务收入中的成本为78.8%，比上年增长1.46个百分点。年末资产负债率为54.7%，比上年末降低0.3个百分点。规模以上工业企业产品销售率为95.9%，比上年下降1.8个百分点。规模以上工业出口交货值390万元，下降42.3%。

工业主要产品产量中，铁矿石原矿8.86万吨，增长1.07%；稀有稀土金属矿1.76万吨，增长9.9%，建筑用天然石料1.89万立方米，下降15.2%；大米1.33万吨，下降14.3%；精制茶727.9吨，增长17%；商品混凝土13.6万立方米，下降37.9%；天然大理石建筑板材1.89万平方米，下降15.2%；自来水生产量2032.6万立方米，增长0.5%。

全年全县建筑业增加值8.23亿元，比上年增长8.1%。全县具有资质等级的总承包和专业承包建筑业企业总产值13.43亿元，比上年增长4.2%。房屋建筑施工面积79.54万平方米，增长2.9%。其中新开工面积61.99万平方米，增长2.4%。房屋建筑竣工面积66.89万平方米，增长7%。

四、服务业

全年批发和零售业增加值10.72亿元，比上年增长3.7%；交通运输、仓储和邮政业增加值4.1亿元，增长13.7%；住宿和餐饮业增加值4.45亿元，增长13.4%；金融业增加值7.48亿元，增长8.4%；房地产业增加值11.65亿元，增长0.3%。全年规模以上服务业企业营业收入3.8亿元，比上年增长15.3%。

年末公路通车里程5503.9公里，其中高速公路138.25公里。年末机动车保有量9.32万辆，其中汽车3.91万辆，摩托车5.39万辆，农用运输车196辆，挂车107辆。本年新注册汽车5293辆。

全年邮政业务总量8227.05万元，比上年增长84.9%。电信业务总量2.26亿元，增长14.4%。

五、固定资产投资

全年固定资产投资比上年增长7.6%。按产业分，第一产业下降23.3%，第二产业增长1.7%，第三产业增长14.5%。按经济类型，国有投资增长99.4%，非国有投资下降3.5%，其中，民间投资下降1.1%。按投资方向分，工业投资增长1.7%，民生投资增长51.2%，生态投资增长41%，基础设施投资下降45.4%，高新技术产业投资增长8.6%，工业技改投资下降19.1%。

全年房地产开发投资6.41亿元，比上年下降9.6%。其中住宅投资5.81亿元，下降7.1%。商品房销售面积24.67万平方米，下降18.7%。其中住宅销售面积23.42万平方米，下降22.7%。商品房销售额12.5亿元，下降18.7%。其中住宅11.3亿元，下降23.5%。年末商品房待售面积2.05万平方米，增长35.8%。

六、国内贸易

全年社会消费品零售总额45.94亿元，比上年增长7.7%。其中城镇43.78亿元，增长7.9%；乡村2.16亿元，增长4.1%。按消费形态分，商品零售额40.76亿元，增长8%；餐饮消费额5.17亿元，增长5.5%。

全年限额以上法人批发零售企业商品零售额9.58亿元，增长14.2%。其中粮油、食品类增长22.6%，饮料、烟酒类增长12.8%，服装、鞋帽、针纺织品类增长8.0%，化妆品类增长11.6%，日用品类增长 13.2%，五金、电料类增长 5.7%，家用电器和音像器材类增长 8.2%，中西药品类增长 8.7%，文化办公用品类增长 11.9%，家具类增长 18.3%，石油及制品类增长 36.8%，建筑及装潢材料类增长 13.3%，汽车类下降 19.6%。

七、对外经济

全年外贸进出口总额 1.96 亿元，比上年下降 57.9%。新增外资企业 1 个，实际使用外资金额 98 万美元，比上年下降 66.9%。实际到位内资 113.24 亿元，增长 16.4%。引进 2 亿元以上境内省外项目数 14 个，引进 2 亿元以上境内省外资金 94.8 亿元。

八、财政金融

全年一般公共预算收入 9.3 亿元，比上年增长 13.7%。地方财政收入 5.77 亿元，增长 2.3%。其中税收收入 3.81 亿元，下降 13.4%；非税收入 1.96 亿元，增长 58.2%。

年末金融机构本外币各项存款余额 209.57 亿元，比上年末增长 20.1%。其中住户存款 165.64 亿元，增长 13.9%。年末金融机构本外币各项贷款余额 182.12 亿元，增长 12.3%。金融机构人民币各项存款余额 209.55 亿元，增长 20.1%。金融机构人民币各项贷款余额 182.12 亿元，增长 12.3%。

全年保险公司原保险保费收入 2.97 亿元，比上年下降 4.5%。其中寿险 1.9 亿元，下降 10.7%；健康险 0.67 亿元，下降 32.6%；人身意外伤害险 0.061 万元，下降 7.9%；财产险 1.07 亿元，增长 8.8%。原保险赔付支出 1.28 亿元，增长 17.6%。其中健康险 0.41 亿元，增长 8.9%；人身意外伤害 0.016 亿元，增长 26.8%；财产险 0.64 亿元，增长 99.2%。

九、居民收入消费和社会保障

全年全体居民人均可支配收入 20246 元，比上年增长 6.6%。按常住地分，城镇居民人均可支配收入 29353 元，增长 4.8%。城镇居民按收入类别分，工资性收入 22851 元，增长 4.9%；经营净收入 2161 元，增长 9.8%；转移净收入 2871 元，增长 1.9%；财产净收入 1470 元，增长 2.0%。农村居民人均可支配收入 15143 元，增长 7.6%。农村居民按收入类别分，工资性收入 8484 元，增长 7.2%；经营净收入 2393 元，增长 9.7%；转移净收入 4030 元，增长 5.9%；财产净收入 236 元，增长 7.4%。城乡居民收入比为 1.94，较上年缩小 0.05。

全年全体居民人均消费支出 19026 元，比上年增长 5.0%。按常住地分，城镇居民人均消费支出 22730 元，增长 4.3%，其中食品烟酒 6298 元，增长 4.9%，教育文化娱乐 2422 元，增长 7.1%。农村居民人均消费支出 16950 元，增长 7.7%，其中食品烟酒 4885 元，增长 5.2%，教育文化娱乐 2529 元，增长 7.3%。全县全体居民恩格尔系数为 28.3%，其中城镇为 27.7%，农村为 28.8%。城镇居民人均住房面积 48.3 平方米，农村居民人均住房面积 52.1 平方米。

年末参加企业基本养老保险的人数 24870 人，增长 9.3%。其中参保职工人数 19871 人，增长 10.8%；离退休人数 4999 人，增长 3.8%。参加机关事业单位基本养老保险人数 14962 人，增长 3.9%。其中参保职工人数 10234 人，增长 3.8%；离退休人数 4728 人，增长 3.9%。参加城乡居民基本养老保险人数 225752 人，下降 0.5%。参加工伤保险职工人数 22397 人，增长 18%。参加失业保险职工人数 14121 人，增长 0.8%。城乡居民基本医疗保险参保人数 34.96 万人，下降 3.5%。城镇职工基本医疗保险参保人数 2.05 万人，增长 2.1%。其中职工 1.33 万人，增长 1.03%；退休人员 0.72 万人，增长 4%。参加生育保险职工人数 1.33 万人，增长 1.03%。获得政府最低生活保障的城镇居民人数 1203 人，下降 14.5%。发放城镇居民最低生活保障经费 728 万元，下降 12%。获得政府最低生活保障的农村居民人数 1.09 万人，下降 16.5%。发放农村居民最低生活保障经费 3461.2 万元，下降 33.1%。

销售社会福利彩票 2180 万元，增长 18.1%。筹集福彩公益金 862 万元，下降 26.6%。直接接收社会捐赠 41.67 万元，下降 18.6%。新改建公办养老机构 1 所，公办养老机构新增床位数 280 张。

十、科学技术和教育

全年高新技术产业增加值 13.23 亿元，比上年增长 2.4%。签订技术合同 78 项，技术合同成交金额 10.97 亿元。授权专利 127 件，其中发明专利 6 件，工矿企业授权专利 6 件。

全年中等职业教育招生数 1619 人，在校生 3754 人，毕业生 693 人。普通高中招生数 3639 人，在校生 11191 人，毕业生 3483 人。初中学校招生数 6206 人，在校生 19356 人，毕业生 6268 人。普通小学招生数 4604 人，在校生 32532 人，毕业生 6228 人。特殊教育招生数 9 人，在校生 106 人，毕业生 15 人。幼儿园在园幼儿人数 9519 人。小学适龄儿童入学率 100%，九年义务教育巩固率 98.93%，高中阶段教育毛入学率 93.56%。小学毕业生升学率 100%。各类民办学校数 53 所，民办学校在校学生 6400 人。落实义务教育保障资金 8707 万元，增长 13.9%。发放中职国家助学金 483.9 万元，增长 8.1%。中职国家助学金资助中职学生 4839 人次，增长 8.1%。落实中职免学费资金 825.48 万元，增长 5.2%。中职免学费资助中职学生 6879 人次，增长 5.2%。发放普通高中国家助学金 649.08 万元，增长 5.8%。

十一、文化旅游、卫生健康和体育

年末全县国家级非物质文化遗产保护目录 1 个，省级非物质文化遗产保护目录 2 个，广播电台 1 座，中、短波广播发射台和转播台 1 座，电视台 1 座，电视综合人口覆盖率 100%。

全县共有旅游等级区（点）10 家，其中 4A 级及以上 3 家。全年旅游总收入 50.37 亿元，增长 48.8%，国内旅游人数 496.51 万人，增长 48.97%。

年末全县卫生机构 326 个，其中医院 7 个。妇幼保健院（所、站）1 个，专科疾病防治院（所、站）1 个，诊所、卫生所、医务室 40 个，村卫生室 254 个。卫生技术人员 2308 人，其中执业医师和执业助理医师 909 人，注册护士 1043 人。全县疾病预防控制中心（防疫站）1 个，疾病预防控制中心（防疫站）卫生技术人员 31 人。卫生监督所（中心）1 个，卫生监督所（中心）卫生技术人员 13 人。医疗卫生机构床位数 2536 张，其中医院床位数 1259 张，乡镇卫生院 21 个，床位数 1192 张，卫生技术人员 665 人，妇幼保健机构床位数 85 张。

全县经常参加体育锻炼人数 5.5 万人，增长 0.1%。全县开展全民健身项目 22 项次。新建农民体育健身工程的行政村 2 个。

十二、资源、环境和应急管理

全年开工各类水利工程 17 处，水利工程投入资金 0.99 亿元，水利工程完成土石方 8.89 万立方米，新增节水灌溉面积 3186 公顷。全县达到或优于 III 类标准的水质断面比例 100%。全年森林覆盖率 74.2%，活立木蓄积 1377.68 万立方米，完成造林面积 820 公顷。

初步核算，全年规模工业综合能源消费量 3.72 万吨标准煤，下降 21.8%。其中六大高耗能行业 1.68 万吨标准煤，增长 16.7%。原煤 1.15 万吨标准煤，增长 9.5%。规模工业发电量 10.91 亿千瓦时，下降 0.09%。全社会用电量 5.92 亿千瓦时，增长 4.3%。其中工业用电量 1.83 亿千瓦时，增长 2.6%；居民生活用电量 2.29 亿千瓦时，增长 7.8%。

2023 年汝城年平均气温 17.8℃，较历年平均值偏高 0.7℃，居 1959 年以来历史第二高值，仅次于 2021 年。冬、春、夏季平均气温正常，秋季平均气温显著偏高，年降水量 1514.4mm，较历年平均值偏少 60.3mm，属正常年份，且分布较均匀，冬季降水量偏少，春、夏、秋季降水量正常，年日照时数 1355.4 小时，较历年平均偏少 232.4 小时，属不足年份，冬、春季日照时数正常，夏、秋季日照时数不足。

全年各类生产经营性安全事故 1 起，各类生产经营性安全事故死亡 1 人。万元 GDP 事故死亡人数 0 人，煤矿百万吨死亡 0 人。

桂 东 县

桂东县位于湖南省最东面，地处湘赣边界、罗霄山脉腹地，全县总面积1451.56平方公里，辖11个乡镇、1个国家级自然保护区和1个国家级森林公园，总人口23万。桂东是一类革命老区，是党的群众路线发祥地、《三大纪律八项注意》颁布地、工农红军长征首发地，是典型的革命老区、湘赣边区、深山林区、贫困地区。在顺利通过国家严格的专项评估检查后，经国务院扶贫开发领导小组研究批准，2018年8月3日，湖南省人民政府正式批复同意桂东县2017年脱贫摘帽，桂东县成为湖南省第一个脱贫摘帽的国家扶贫开发工作重点县，也是全省第一批脱贫摘帽的五个片区县之一。桂东的县情可以用五个“湖南之最”来概括：一是解放最早。桂东于1949年6月16日解放，是湖南省境内第一个解放的县。二是海拔最高。全县平均海拔900米，县城830米，是全省海拔最高的县，县域内海拔2000米以上高山12座，1000米以上大山近500座。三是森林覆盖率最好。全县森林覆盖率为85%，居全省县市区第一位，是省内也是国内既有国家级自然保护区又有国家级森林公园的唯一一个县。四是人类居住最适宜。桂东地处北纬25° 44′—26° 13′，东经113° 37′—114° 14′。人居地海拔大多在800米到1000米，全县负氧离子平均含量4.6万个/立方厘米（最高瞬时值15万/立方厘米），经大世界基尼斯总部多次检测，认定为世界第一。境内冬暖夏凉，比长沙夏天低8℃左右、冬天高4℃左右。PM2.5指数常年保持在7微克/立方米左右，是远近闻名的“养生天堂、避暑胜地、世界氧吧”。五是群众幸福感最强。桂东连续18年被评定为全省“平安县”，是信访“三无县”“无毒害县”，在近年来省里组织的民意调查中，桂东年年位居全省县市区第一名。

桂东县2023年国民经济和社会发展统计公报

2023年在市委、市政府和县委县政府的坚强领导下，在县人大、县政协的有力监督和大力支持下，县人民政府坚持以习近平新时代中国特色社会主义思想为指导，深入贯彻党的二十大精神，全面落实习近平总书记考察湖南、考察郴州重要指示批示精神，锚定“三高四新”美好蓝图，聚焦“四大定位”，创造“四敢环境”，打好“发展六仗”，加快推进“四城”建设，积极应对风险挑战。

一、综合

初步核算全县实现地区生产总值530581万元，按可比价计算（下同），增长4.1%，其中第一产业增加值78756万元，增长3.5%，第二产业增加值122066万元，增长1.3%，第三产业增加值329759万元，增长5.5%。三大产业的结构由2022年的14.51∶25.78∶59.71调整为14.84∶23.01∶62.15，结构进一步优化。按常住人口（GDP采用可比价）计算，人均地区生产总值35223元/人，增长7.8%。

全年实现工业增加值89204万元，增长1.2%，其中规模以上工业增加值39339万元，下降11.6%，规模以下工业增加值49865万元，增长4.7%。

全县完成公共财政收入47289万元，增长6.71%，其中，地方财政收入34038万元，增长6.1%。

2023年全县深入贯彻落实习近平总书记关于安全生产重要指示批示精神及国务院安全生产“十五条”硬措施，牢固树立“人民至上、生命至上、安全第一”的发展理念，统筹好发展和安全两件大事，全面压实“四个”责任，结合安全生产三年行动巩固提升工作，扎实开展安全生产“四大”行动、安全生产大检查“百日攻坚”、重点行业领域潜在风险隐患排查等系列工作，突出抓好重点行业领域、重要时间节点安全防范工作，杜绝了较大及以上安全生产事故和亡人火灾事故的发生，保障了人民生命财产安全。

二、农业

粮食生产总体平稳，特色产业初具规模，农村社会和谐发展形势好。初步统计，农林牧渔业总产值149079万元，增长3.7%，其中农业总产值77357万元，增长4.13%，林业总产值19090万元，增长4.95%，畜牧业总产值44985万元，增长1.84%，渔业总产值672万元，增长5.07%；农林牧渔专业辅助性活动产值6975万元，增长8.7%。农作物播种面积15.71千公顷，下降15.14%，其中粮食作物播种面积8.375千公顷，下降26.53%，粮食总产量51001吨，下降21.89%。其中稻谷产量44779.95吨，下降18.04%；油料种植面积3.51千公顷，增长42.6%，油料产量5579.83吨，增长40.8%；蔬菜及食用菌种植面积2.65千公顷，增长2.7%，蔬菜及食用菌总产量74979.42吨，增长3.1%；茶叶产量3731.5吨，增长4.3%；园林水果产量2312.85吨，增长3.3%。

三、工业和建筑业

全年实现工业增加值89204万元，增长1.2%，其中规模以上工业增加值39339万元，下降11.6%，规模以下工业增加值49865万元，增长4.7%。2022年全县建筑业总产值32936万元，增长1.8%。商品房销售面积44646平方米，同比下降58.2%。

四、固定资产投资

2023年全县计划总投资500万元以上固定资产投资施工项目132个，其中新开工项目80个。2023年固定资产投资增长7.6%，其中房地产投资增长12%。按产业划分，第一产业投资下降42.1%；第二产业投资增长12.8%；第三产业投资增长15.1%。按投资方向分：民间投资增长20.9%高新技术产业投资增长91.3%，产业投资同比增长8.8%，工业投资增长12.8%；基础设施投资下降19.6%；民生工程投资增长27.2%；生态环境投资下降23.2%。

五、交通运输邮电业

全县交通运输邮电仓储业实现增加值23486万元，增长8.9%；全社会客运量273.3万人，同比增长6.0%客运周转量7197.7万公里，同比增长14.0%。公路长度2026.14公里，其中：国道60.714公里、省道151.367公里、县道286.863公里、乡道192.992公里。乡级以下村公路1269.701公里。电信业务总量增长13.1%；邮政业务总量增长7.1%。

六、国内贸易和旅游

2023年，社会消费品零售总额313469万元，增长7.7%。批发和零售贸易业238236.4万元；住宿和餐饮业75232.6万元。实际利用外资47万美元，较上年增长176.5%。到位内资577483万元，增长12.3%。

按照最新统计方法，2023年全县旅游接待人次265.05万/人次，同比增长44.5%；旅游收入302953万元，增长45.19%。

七、金融、保险业

2023年末，桂东全县金融机构各项存款余额1113421万元，增长10.8%；城乡居民储蓄存款余额665515万元，增长13.15%；各项贷款余额760299万元，增长22.0%。全年保费收入增长1.6%。

八、教育、文化、卫生和体育

教育布局进一步优化，全县学校占地面积915725.52平方米，校舍建筑面积420939.46平方米。农村职业中学1所、普通中学12所、普通小学14所、幼儿园42所。

在岗教职工人数达2054人，其中专任教师1607人，农村职业中学专任教师91人；普通中学专任教师950人，其中：女性433人；普通小学专任教师606人，其中：女性433人；幼儿园专任教师170人，其中：女性167人。

普通高中学校在校学生3567人，职业中学在校学生1554人，普通初中在校学生6549人，普通小学在校生12259人，幼儿园在园幼儿4527人。学龄儿童入学率100.00%，小学毕业生升学率100.00%，中学毕业生升学率93%。

全县积极开展文化活动，艺术表演团体数12个，艺术表演场所数108个，全年艺术表演观众人数59402人次。年末有公共图书馆1个、文化站11个、博物馆2个、群众文化馆1个、影剧院1个，有线电视台1座。公共图书馆藏书近8万册。公共多功能体育馆1个、田径场1个，达到国家体育锻炼标准人数5882余人次。

全县继续健全医疗卫生服务体系，进一步改善乡镇卫生医疗条件，进一步完善了疾病防控体系和突发公共卫生事件应急机制，人民群众的医疗保健水平得到了提高。年末，全县卫生机构数169个，医院5个，门诊所17个、卫生防疫站1个、妇幼保健站（所）1个；卫生机构床位1103张，医院床位640张，妇幼保健站（所）床位50张；卫生技术人员1008人，卫生工作人员1186人，医院医士458人，中医生87人，护师护士465人；农村医院14个，乡村医院床位365张；全年住院人次685490人次，出院26123人次；治愈率91%，婴儿死亡率为0，新生儿接生率100%，病床周转率43%，病床使用率77.9%。

九、环境保护

全县空气质量达标率100.00%，工业废水达标率100.0%，工业固体废物综合利用率100.00%，烟尘控制覆盖率100.00%，噪声达标区覆盖率100.00%，废水处理率97.42%，全年无污染事故发生。全县能源消耗总量为16.31万吨标煤，单位GDP能耗为0.3119吨标煤/万元（2023年环境数据暂未反馈，该数据为2022年环境数据）。

十、人口、人民生活

年末，全县常住人口15.94万人。按城乡划分（常住人口），其中城镇人口6.64万人、乡村人口9.30万人，城镇化率41.65%。

全县全体居民人均可支配收入19559元，比上年增长6.2%，其中：城镇居民人均可支配收入27801元，增长5.0%；农村居民人均可支配收入14540元，增长7.5%。

安 仁 县

“神农药都·仁者安仁”。安仁于宋乾德三年（公元965年）置县，地处湖南省东南部、郴州市最北端。全县辖5镇8乡162个行政村（社区），总人口44.68万，总面积1478平方公里，是国家首批认定的革命老区县。

神农药都、人文圣地。安仁神农文化底蕴深厚，相传华夏始祖神农在此“尝百草、教化农耕”，因纪念神农衍生而来的“安仁赶分社”全国独具，被列入世界非物质文化遗产名录。每到春分时节，县城万商云集，百货风行，尤以传统的中草药交易为盛，流传着“药不到安仁不齐，药不到安仁不灵，郎中不到安仁不出名”的千古佳话。受神农精神世代浸润，安仁人民耕读传家，人文蔚起，涌现了南宋名将韩京、抗法英雄侯材骥、湖湘先贤欧阳厚均、陶艺泰斗周国桢、“东方神雕”周轻鼎、画坛一绝东方人、开国儒将唐天际、三一总裁唐修国等一大批著名人物。

农业强县、产粮宝地。安仁水稻生产历代享有盛名，明、清时代已著称衡湘，1989年列为全省商品粮基地之一。有机富硒米、豪峰茶、生态茶油、安仁枳壳、食用菌等绿色农产品畅销全国。近年来，深入推进农村综合改革，全域推动高标准农田建设，大力推行农业规模经营，全力推广机械化、信息化、集约化耕作，发展农业社会化服务，发展壮大农产品精深加工业，成为长株潭、粤港澳绿色农产品基地。

制造新区、发展高地。产业园区“异军突起、快速崛起，开创‘制造业’新路”。三一产业园引领带动作用日益凸显，致力于打造成三一集团装配式建筑产业区域中心、高端智能零部件及新能源制造产业基地；大金山产业园建设强力推进，致力于打造成中南地区鞋机（制鞋）产业链生产基地；安仁金荣科创园致力于培育一批专精特新“小巨人”“独角兽”企业；郴州国家农业科技园通过科技部评审并授牌，致力于做强做优区域特色农业，带动全县农业产业全面开花；神农通用机场场址通过评审，航空产业园致力于打造飞机研发与生产、销售与运营，飞行员培训与疗养为一体的航空产业基地；神农药都产业园加快推进，致力于打造集中草药种植、中医药研发生产、医疗器械加工制造、中医康养于一体的全国知名中医药产业中心。

仁者安仁、宜居福地。安仁自古就有“桃源福地”之美誉，是全国生态魅力县。山清水秀，风光旖旎，永乐江贯穿全境，森林覆盖率57.23%，全年空气优良率近100%。国家AAAA级旅游景区稻田公园、国家AAA级旅游景区熊峰山国家森林公园、国家AAA级旅游景区渡口丹霞景区和神农始祖殿等在内的“神农文化十大景区”享誉全国。连续11年被省委、省政府授予“全省平安县”称号。火车货运站开通营运，茶常高速、金紫仙抽水蓄能等重大项目进展顺利。

安仁县2023年国民经济和社会发展统计公报

2023年是全面贯彻党的二十大精神的开局之年，是三年新冠疫情防控转段后经济恢复发展的一年。在以习近平同志为核心的党中央坚强领导下，安仁县坚持以习近平新时代中国特色社会主义思想为指导，全面贯彻落实党的二十大和二十届二中全会精神，按照党中央、国务院决策部署，坚持稳中求进工作总基调，全县经济回升向好，高质量发展扎实推进，民生保障有力有效，社会大局和谐稳定。

一、综合

初步核算，全年全县生产总值（GDP）140.3亿元，按可比价计算（下同），比上年增长5.1%。其中，第一产业增加值30.1亿元，增长4.1%；第二产业增加值43.5亿元，增长7.9%；第三产业增加值66.7亿元，增长3.8%。按常住人口计算，全县人均生产总值40511元，比上年增长5.4%。

第一产业增加值占地区生产总值比重为21.5%，比上年回落0.3个百分点，第二产业增加值占地区生产总值比重为31.0%，比上年提高0.3个百分点，第三产业增加值占地区生产总值比重为47.5%，与上年持平。

年末全县户籍人口44.68万人，常住人口34.39万人。其中，城镇人口17.09万人，乡村人口17.3万人。全县城镇化率49.69%，比上年提高1.4个百分点。

二、农业农村

全年全县农林牧渔业总产值53.7亿元，按可比价计算（下同），比上年增长4.3%。

全县粮食播种面积67.2万亩，下降1.12%；粮食产量28.8万吨，增长1.46%。油菜种植面积26.6万亩，下降0.3%；产量3.0万吨，下降2.3%。蔬菜及食用菌种植面积12.6万亩，增长1.7%；产量30.1万吨，增长3.2%。烤烟种植面积5.6万亩，增长20.9%；产量0.7万吨，增长23.9%。出栏生猪43.8万头，增长4.6%；出栏牛1.0万头，下降11.9%；出栏羊1.5万只，增长5%；水产品产量0.83万吨，增长2.7%。

全县农产品加工企业中，国家级及省级龙头企业有7家。共有农民专业合作社916家，农民专业合作社成员3.2万人。高标准农田建设面积7.9万亩，绿色有机地标农产品认证个数30个，其中，绿色农产品26个、有机农产品2个、农产品地理标志2个。省级现代农业产业园区个数5个，市级现代农业产业园区个数7个。

全年开工各类水利工程0.6万处，水利工程投入资金4.1亿元，完成土石方256.4万立方米，新增节水灌溉面积1.03千公顷。

三、工业和建筑业

全年工业增加值29.8亿元，比上年增长6.6%。其中：规模以上增加值比上年增长8.9%，规模以下增加值增长5.1%。在规模以上工业增加值中，按企业规模分，大中型企业比上年增长15.6%，按经济类型分，国有企业比上年增长5.2%；股份制企业比上年增长7.9%；外商及港澳台商投资企业比上年增长32.6%。按行业分，农副食品加工业比上年增长32.2%，化学原料制品和制造业比上年增长1.9%，医药制造业比上年下降18.2%，非金属矿物制品业比上年增长12.2%，计算机、通信和其他电子设备制造业比上年增长1.8%，电力、热力生产和供应业比上年增长0.2%，有色金属冶炼及压延加工业比上年下降12.8%。

规模以上工业企业营业收入72.3亿元，比上年增长4.8%，规模以上工业企业实现利润2.4亿元，比上年增长36.2%，规模以上工业亏损企业亏损额0.5亿元。企业产品销售率达105.6%，出口交货值达2.7亿元。

主要工业产品产量中，大米15.4万吨，比上年增长4.7%，饲料6.0万吨，比上年增长81.2%，十种有色金属0.6万吨，比上年下降30.3%；水泥125.7万吨，比上年增长2.5%。

全年资质以上总承包和专业总承包建筑企业实现总产值46.5亿元，比上年增长10.0%，增加值13.7亿元，增长10.9%。房屋建筑施工面积271.5万平方米，下降3.0%，其中，新开工面积141.7万平方米，房屋建筑竣工面积202.0万平方米，增长28.6%。

四、固定资产投资

全年全县固定资产投资比上年增长10.8%。按产业分，第一产业投资增长78.4%，第二产业投资增长8.7%，第三产业投资下降39.0%。按投资方向分，工业投资增长8.7%；民生投资下降22.6%；基础设施投资增长18.4%；高新技术产业投资下降48.4%；工业技改投资增长65.7%。

全年房地产开发投资比上年下降2.8%。商品房销售面积29.7万平方米，下降34.1%。其中，住宅28.8万平方米，比上年下降33.7%；商品房销售额11.7亿元，下降36.4%。

五、国内贸易

全年全县社会消费品零售总额69.8亿元，比上年增长8.0%。其中，城镇61.3亿元，增长8.0%；乡村8.5亿元，增长6.8%。按消费形态分，商品零售额、餐饮消费额分别为62.8亿元、7.0亿元，分别增长0.7%、212.0%。

全年限额以上法人批发零售企业商品零售额比上年增长14.1%，其中，粮油、食品类零售额比上年增长17.8%，饮料、烟酒类增长12.7%，服装、鞋帽、针纺织品类增长27.1%，化妆品类下降20.7%，金银珠宝类增长20.3%，日用品类增长13.7%，家用电器和音像器材类增长13.6%，中西药品类增长19.9%，文化办公用品类下降14.5%，家具类增长0.7%，石油及制品类增长15.1%，汽车类增长15.8%；实物商品网上零售额0.61亿元，下降21.2%。

六、对外经济

全年全县实际使用外商直接投资212万美元，实际到位内资117.0亿元，分别比上年增长146.5%、17.9%。

七、交通和邮电

全年批发和零售业增加值12.4亿元，比上年增长3.3%；交通运输、仓储和邮政业增加值2.8亿元，增长10.2%；住宿和餐饮业增加值3.1亿元，增长11.8%；金融业增加值7.9亿元，增长5.2%；房地产业增加值13.2亿元，增长2.6%；信息传输、软件和信息技术服务业增加值1.2亿元，增长13.4%；租赁和商务服务业增加值2.9亿元，增长6.1%。

年末全县民用汽车保有量4.0万辆，本年新增注册汽车0.3万辆，其中，私人汽车0.3万辆，轿车0.25万辆。

全年完成邮电业务总量3.2亿元，其中：完成邮政行业业务总量0.9亿元，比上年下降3.0%。完成电信业务总量2.3亿元，比上年增长14.9%。年末固定电话用户2.1万户，比上年末增长5.5%；移动电话用户30.5万户，本年净增1.2万户。互联网宽带用户数10.2万户，增长7.4%。

八、财政、金融与保险

全年全县财政总收入8.7亿元，比上年增长26.4%。地方财政收入6.1亿元，增长6.5%，其中，税收收入4.4亿元，增长4.3%；非税收入1.7亿元，增长12.8%。上划中央"两税"1.5亿元，增长90.9%；上划中央所得税0.6亿元，增长8.5%。全县一般公共预算支出37.9亿元，增长7.5%。

年末全县金融机构本外币各项存款余额236.1亿元，比上年增长11.3%。其中，住户存款余额201.1亿元，增长13.1%。

年末全县金融机构本外币各项贷款余额154.8亿元，增长19.4%。

年末全县共有保险公司8家，全年各类保险保费收入4.6亿元，比上年增长6.1%。其中，寿险保费收入2.2亿元，下降2.9%；财产险保费收入2.4亿元，增长15.7%。各项赔款和给付支出2.0亿元，增长71.8%。其中，寿险给付0.31亿元，增长30.2%；财产险赔款1.74亿元，增长82.4%。

九、教育和科学技术

全年全县中等职业教育招生数0.11万人，在校生0.31万人，毕业生0.09万人；普通高中招生数0.29万人，在校生0.97万人，毕业生0.32万人；初中学校招生数0.58万人，在校生1.8万人，毕业生0.47万人；普通小学招生数0.41万人，在校生2.9万人，毕业生0.59万人。在园幼儿0.8万人。小学适龄儿童入学率100%；九年义务教育巩固率98.6%；高中阶段教育毛入学率95.5%；初中毕业生升学率100%。各类民办学校47所，在校学生1.05万人。

全县签订技术合同59项，增长5.6%，技术合同成交金额8.3亿元，比上年增长2.9%。授权专利176件，增长10.0%，其中，发明专利7件，下降41.7%。

十、文化、卫生健康和体育

全县共有艺术表演团体1个，群众艺术馆、文化馆2个，公共图书馆1个，博物馆（纪念馆）1个。国家级非物质文化遗产保护目录1个，省级非物质文化遗产保护目录3个；全县有广播电台1座，电视台1座。广播综合人口覆盖率98%；电视综合人口覆盖率99%。有线电视用户2.6万户，放映农村公益电影1848场。

全县接待旅游人数405.49万人次，增长45.61%，旅游收入41.35亿元，增长47.19%。

年末全县卫生机构303个，（含村卫生室245个）其中，医院3个，诊所、卫生所、医务室58个，疾病预防控制中心（防疫站）1个，妇幼保健院（所、站）1个，卫生监督所1个。医院床位数715张，卫生院床位数410张，卫生技术人员2240人，其中：执业医师和执业助理医师901人，注册护士1268人。

年末全县体育场地994个，游泳池8个。

全年全县经常参加体育锻炼人数17万人，开展全民健身项目15项次，新建农民体育健身工程的行政村20个。

十一、资源、环境和应急管理

全年耕地面积26420.2公顷，其中，水田面积22950.8公顷，基本农田23753.3公顷，补充耕地190.1公顷。

全年森林覆盖率为57.23%，活立木蓄积549.97万立方米，完成造林面积2.03万亩。

全年发生各类生产经营性安全事故6起，死亡7人；亿元地区生产总值生产安全事故死亡人数0.05人。

十二、居民收入消费和社会保障

全年全体居民人均可支配收入23828元，比上年增长6.6%。其中，城镇居民人均可支配收入33914元，增长5.3%；农村居民人均可支配收入16708元，增长8.0%。全体居民人均消费支出20414元，增长5.3%，其中，全县城镇居民人均消费支出25695元，增长5.2%；农村居民人均消费支出16685元，增长5.3%。城镇居民人均住房建筑面积82平方米，农村居民人均住房建筑面积87平方米。城镇居民家庭恩格尔系数30.8%；农村居民家庭恩格尔系数32.8%。

全年城镇新增就业人员0.4万人；农村新增劳动力转移0.4万人，失业人员再就业人数0.2万人，年末城镇登记失业率3.0%。参加企业基本养老保险人数2.5万人，其中，参保职工人数1.9万人，离退休人员0.6万人；参加机关事业单位基本养老保险人数1.4万人，其中，参保职工人数1.0万人，离退休人员0.5万人；参加失业保险职工人数1.1万人；参加工伤保险职工人数2.5万人。全县基本医疗保险参保人数37.2万人，其中，城乡居民基本医疗保险参保人数35.1万人，城镇职工基本医疗保险参保人数2.1万人，其中：退休人员0.7万人，参加生育保险职工人数1.4万人；获得政府最低生活保障的城镇居民0.2万人，农村居民1.1万人；分别发放城镇、农村居民最低生活保障经费1088.2万元和3583.6万元，销售社会福利彩票1460万元，筹集福彩公益金40.2万元。

政治·军事·法治

◎郴州市嘉禾县公安局召开“雷霆行动·冬春攻势”专项行动推进会

1月3日，郴州市嘉禾县公安局召开“雷霆行动·冬春攻势”专项行动推进会。

会议解读了《嘉禾县公安局“雷霆行动·冬春攻势”专项行动工作方案》，安排部署了岁末年初打击防范工作。

会议要求，要强化底线思维，发扬斗争精神，坚决履行保卫一方平安、维护一方稳定的使命职责。要向各类违法犯罪掀起凌厉攻势，坚决确保岁末年初社会治安大局持续安全稳定、人民群众生命财产安全。要全警动员，加强组织领导，打出声势。要全面出击，聚焦人民群众反映强烈的突出问题，坚持从严从快、全链条打击，打出成果。要全力以赴，紧盯重点领域，强化科技赋能、突出显性用警，不断提升打击效能，打出平安。

吴巨培主持召开2023年第1次市委常委会会议

◎郴州市2023年第1次市委常委会会议召开

1月3日上午，郴州市委书记吴巨培主持召开2023年第1次市委常委会会议。市委副书记、市长阚保勇等郴州市委常委会会议成员出席会议。

会议传达学习习近平总书记近期重要讲话、重要指示、重要文章和重要回信精神；传达学习湖南省委常委会会议等有关会议精神；研究承办第二届湖南旅发大会有关工作等事宜。

会议强调，要认真学习贯彻国家主席习近平二〇二三年新年贺词和习近平总书记在2023年第1期《求是》杂志发表的重要文章精神，坚定信心、笃志前行，努力拼搏、实干兴郴，精诚团结、共同奋斗，全力以赴开好局、起好步、办好会、兴好城。

会议强调，要坚决落实党中央国务院、湖南省委省政府关于疫情防控工作最新决策部署，提升思想认识，科学精准防控，突出抓好农村，全面压实责任，紧盯“保健康、防重症”目标，确保防控措施优化转段平稳有序和社会秩序稳定。

会议强调，要认真落实湖南省纪检监察系统视频会议精神，保持严的基调，抓住关键重点，突出以上率下，注重系统施治，推动作风建设常态化长效化。

会议强调，要严格对标对表、善于借势借力、全面加力加速、狠抓落地落实、加强领导督导，尤其要精心策划、大力宣传，以旅发大会带动郴州经济社会高质量发展。

◎郴州市政协党组理论学习中心组（扩大）举行集体学习

1月4日，郴州市政协党组理论学习中心组（扩大）举行2023年第1次集体学习。郴州市政协党组书记、主席陈跃文主持学习。

会议传达学习了习近平总书记近期重要讲话、重要文章和新年贺词精神；传达学习了中央、湖南省委、郴州市委经济工作会议精神以及《政协湖南省委员会关于加强和改进省市县政协委员学习工作的意见》。

会议指出，要跟进学习习近平总书记最新重要讲话精神，坚持不懈用习近平新时代中国特色社会主义思想凝心铸魂。要按照统一部署，对标对表开好专题民主生活会，确保取得扎扎实实的成效。要切实把思想和行动统一到中央、湖南省委、郴州市委经济工作会议作出的决策部署上来，引导社会各界提振发展信心，紧紧围绕加快建设“世界旅游目的地、国家创新示范区、开放发展排头兵、湖南重要增长极”而团结奋斗，推动社会主义现代化新郴州建设开好局起好步。要全力参与办好发展经济这个最大实事，更加积极主动服务招商引资工作，围绕产业链延链补链强链精准招商，助推项目落地，为郴州经济社会发展作出政协新贡献。

郴州市政协党组理论学习中心组（扩大）举行2023年第1次集体学习

郴州市政协党组副书记、副主席赵宇，党组成员、副主席周汶、李罗丝，党组成员、秘书长何青松参加学习；市政协副主席李雪莲、潘执坤、李波勇列席会议。

要闻纪事

1月

△3日，资兴市退役军人事务局与中国工商银行资兴市分行、农业银行资兴市支行、邮储银行资兴市支行、资兴市生源商业连锁有限公司等优抚合作单位开展了为退役军人送温暖活动。

△4日，郴州市立即召开郴州市2023年春运工作电视电话会议，部署安排全市2023年春运工作。市委常委、副市长马天毅出席并讲话。

△4日，苏仙区人民检察院召开党组理论学习中心组2023年第一次集中学习（扩大）会，学习传达省、市、区经济工作会议精神暨备战第二届湖南旅发大会誓师大会精神，并部署了相关工作举措。

△5日，郴州市委政法委员会2023年第一次全体会议召开，市委副书记、市委政法委书记黄进良主持并讲话。会上，与会人员就学习贯彻党的二十大精神交流了心得体会，听取了市直政法单位2022年工作情况汇报，研究部署了2023年工作。市级领导肖义、王雨田、肖功员出席会议。

△5日，郴州市委常委、市委统战部部长欧阳锋主持召开郴州市承办第二届湖南旅游发展大会部分观摩项目推进调度会，听取郴州长卷文旅城、五盖山旅游度假区、汝城国际温泉旅游度假区等观摩项目进展情况，研究建立项目推进工作机制，部署近期重点工作任务。

△5日，嘉禾县交通运输局和交警大队联合出击，在县车站和县人民医院对面，逐一排查违法开展营运行为的车辆，为即将到来的春节营造良好的交通运输环境。

◎创响『全球郴』办好旅发会

1月12日，郴州市承办第二届湖南旅发大会执委会指挥部宣传活动组工作调度会召开。郴州市委副书记、市委政法委书记黄进良出席并讲话。

会上，传达学习了首届湖南旅发大会组委会第五次会议、湖南卫视来郴座谈会、誓师大会及引流宣传座谈会会议精神，并就旅发大会策划的有关活动及《“郴州旅游宣传年”活动方案》《宣传活动组工作机制》等文件进行了讨论交流。

黄进良对宣传活动组前一阶段所做的工作给予了肯定。他强调，要深入研究，深刻领会湖南省委、省政府关于“办一次会、兴一座城”的理念，认真学习钻研文化旅游、宣传营销等方面业务知识，潜心研究郴州历史人文、自然地理、旅游文化资源，通过谋划推出一系列宣传活动让全球相识郴州、相约郴州、相恋郴州、相爱郴州、相传郴州。要精心策划，精选宣传推广活动，突出主体主题活动，创新宣传营销方式，彰显郴州优势特色，确保取得实际效果。要加快推进，加强与湖南省直部门、媒体等对接，严格按照既定方案，压茬推进、抓紧实施。要完善机制，确保各项工作规范有序开展。要强化统筹，各单位、县（市区）、专班之间保持密切沟通，齐心协力推动各项任务落实落地。

创响“全球郴”办好旅发会

◎郴州市开展烟花爆竹专项整治行动

1月5日，郴州市北湖区北湖街道应急办工作人员联合北湖城管执法中队到街道辖区门店开展烟花爆竹专项整治行动。

北湖街道联合郴州市北湖区城管执法中队、社区（村）应急专干组建了3支专项整治队伍，对辖区门店不定时开展烟花爆竹专项整治行动，重点检查商户烟花爆竹销售许可证、营业执照等证件是否齐全有效；检查商户运营规范情况，烟花爆竹生产日期是否在有效期内，储存、摆放方式是否达标以及消防设施是否完善等。

北湖街道坚持检查与宣传相结合，广泛宣传烟花爆竹安全知识及燃放规定，并利用“村村响”、移动小喇叭、微信群、上门发放宣传资料等方式，以烟花爆竹领域生产、储存、运输、销售环节典型违法案例作为警示教育内容，动员群众积极举报相关违法线索，筑牢人民安全防线。截至目前，共检查商户500余户次，检查中发现违规销售烟花爆竹门店4家，共计收缴、销毁违规销售烟花爆竹7件。

◎湖南省委宣传部慰问组来郴州市慰问全国道德模范刘真茂

1月15日，受中央宣传部、中央文明办委托，湖南省委宣传部二级巡视员熊科文一行来郴州市看望慰问全国道德模范刘真茂，给他送上诚挚慰问和美好祝福。

省委宣传部慰问组来郴慰问全国道德模范刘真茂

按照有关安排，中央宣传部、中央文明办开展慰问帮扶全国道德模范活动，刘真茂是湖南省4名慰问对象之一。自1983年开始，他便自发成为宜章县狮子口大山义务护林员，近40年来一直坚守在义务护林的一线。2015年10月13日，他被评为全国诚实守信道德模范。

慰问组一行向刘真茂转达了中央宣传部、中央文明办的亲切关怀，感谢他为精神文明建设作出的贡献，并详细了解他的工作生活情况，叮嘱他保重身体，勉励他继续发挥榜样示范作用。刘真茂表示，感谢中央宣传部、中央文明办和湖南省、郴州市各级党委、政府的关怀关心，他将珍惜荣誉、不忘初心，时刻以共产党员的身份严格要求自己，做到退役不退志、退伍不褪色，坚持把好事做好、实事实办、善始善终，用实际行动弘扬真善美、传递正能量。

要闻纪事

△6日，2023年郴州市烟叶工作暨卷烟打假表彰会议召开，市委副书记、市长阚保勇出席会议并讲话。市委副书记、市委政法委书记黄进良主持会议，副市长彭生智部署相关工作，市政府秘书长李建军参加会议。会前，还召开了全市“两烟”工作领导小组会议，听取相关工作情况汇报，审议有关事项。

△6日，郴州市人大常委会党组（扩大）2023年第1次会议暨理论学习中心组集体学习举行。市人大常委会党组书记、主任江波主持会议并讲话。市人大常委会党组副书记、副主任张军，党组成员、副主任高爱国、龙齐阳、段被成，党组成员、秘书长陈剑参加会议。市人大常委会副主任廖满珠列席会议。

△6日，郴州市委常委、市纪委书记、市监委主任肖开斌主持召开2023年第1次市纪委常委会会议。会议传达学习了习近平总书记二〇二三年新年贺词、习近平总书记在中央政治局民主生活会上的重要讲话精神、《中共郴州市委关于深入学习宣传贯彻党的二十大精神为全面建设社会主义现代化新郴州而团结奋斗的决定》及郴州市承办第二届湖南旅游发展大会誓师大会、督查督导工作部署会议精神等。

△9日，为深入贯彻党的二十大精神，资兴市司法局召集全体干部职工开展党的二十大精神宣讲活动。

△9日，湖南省生态环境厅与郴州市人民政府签署合作协议。省生态环境厅党组书记、厅长刘群，市委书记吴巨培出席活动并讲话。市委副书记、市长阚保勇主持活动。

◎郴州一揽子措施支持返乡入乡创新创业

2023年1月17日，郴州市召开新闻发布会，发布出台《支持返乡入乡创新创业促进乡村振兴和县域经济高质量发展的若干措施》，从用工、资金、资源以及优化营商环境和关心关爱人才等方面，提出一揽子措施支持外出务工人员、高校毕业生、退役军人、“新乡贤”等各类人才返乡入乡创新创业，促进乡村振兴和县域经济高质量发展。

在支持人才返乡入乡创新创业上，对参与乡村振兴创新创业的人员，符合郴州市“人才新政52条”等规定条件的，优先享受相关政策。

积极引导金融机构开发支持返乡入乡创新创业金融产品，最高贷款金额达500万元；设立“裕农学堂”，为创业者提供线上线下精品课程；对创新创业经济实体，落实税费相关优惠政策。

在营商环境方面，郴州设立市场主体登记办理快捷通道，依法及时核发相关证照，企业开办时限压减至0.5个工作日；对返乡入乡创新创业项目建设用地指标应保尽保，建设用地审批应批尽批；支持创新创业人员通过合法流转方式利用闲置土地、闲置厂房等场地进行创业。

郴州市召开新闻发布会，发布出台《支持返乡入乡创新创业促进乡村振兴和县域经济高质量发展的若干措施》

郴州还将广泛开展“迎老乡、回故乡、建家乡”活动，建立1名领导干部联挂+1个责任部门落实+1个导师团队指导的“三个一”服务机制，搭建乡村人才数据信息服务平台等，以加强创业指导和跟踪服务。

◎郴州市政协党组理论学习中心组（扩大）举行集体学习

1月18日，郴州市政协党组理论学习中心组（扩大）举行2023年第2次集体学习。郴州市政协党组书记、主席陈跃文主持学习。

会议传达学习了习近平总书记在二十届中央纪委二次全会上的重要讲话精神和湖南省纪委有关文件、会议精神；传达学习了郴州市纪委关于5起违反中央八项规定精神典型案例的通报，并组织观看电视专题片《永远吹冲锋号》。

会议传达学习了湖南省政协十三届一次会议精神。会议指出，刚刚闭幕的湖南省政协全会是在全面贯彻落实党的二十大精神开局之年召开的十分重要的会议。要抓好传达学习，组织开展形式多样的学习宣讲活动，在郴州市政协系统掀起学习宣传贯彻热潮；要抓好工作谋划，对标湖南省政协全会要求，认真谋划好2023年政协工作，有效服务省之大计、市之大事；要抓好跟踪落实，密切跟踪立案提案的交办、承办、督办等情况，协同相关部门加强与湖南省直提案承办单位汇报对接，努力为郴州高质量发展争取更多支持。

郴州市政协党组副书记、副主席赵宇，党组成员、副主席周汶、李罗丝，党组成员、秘书长何青松参加学习；郴州市政协副主席李雪莲、潘执坤、李波勇、曹暇列席。

◎携手共创全国双拥模范城

郴州市委、市政府召开2023年春节慰问驻郴部队座谈会

1月20日上午，郴州市委、市政府召开2023年春节慰问驻郴部队座谈会。市委书记、郴州军分区党委第一书记吴巨培出席并讲话，市委副书记、市长阚保勇主持座谈会。

吴巨培代表郴州市向驻郴部队指战员、武警部队官兵、民兵预备役人员、全市军烈属、军队离退休人员、革命伤残军人、转业复员退伍军人，致以新春祝福和衷心感谢。

市领导黄进良、江波、陈跃文、欧阳锋、马天毅、张先旺、彭生智，驻郴部队主官参加会议。

◎郴州市人大常委会党组（扩大）2023年第2次会议暨理论学习中心组集体学习举行

1月19日，郴州市人大常委会党组（扩大）2023年第2次会议暨理论学习中心组集体学习举行。郴州市人大常委会党组书记、主任江波主持会议并讲话。

会议传达学习了习近平总书记同党外人士座谈并共迎新春时的重要讲话精神；传达学习了全国统战部长会议精神；传达学习了湖南省十四届人大一次会议精神。

会议强调，要纵深推进全过程人民民主的郴州实践，着力打造全过程人民民主的地方实践高地，为新时代地方人大工作高质量发展汇聚更多智慧和力量。要把贯彻落实湖南省十四届人大一次会议精神与郴州市委六届五次全会、市委经济工作会议以及市委六届人大二次会议精神融会贯通，深化细化年度人大工作“施工图”并抓好落实见效，以高效能履职服务高质量发展。要加强大会期间所提交议案建议办理工作对接跟进，争取更多的政策、项目和资金支持郴州加快建设世界旅游目的地、国家创新示范区、开放发展排头兵、湖南重要增长极，支持郴州承办好第二届湖南旅发大会。

会议还传达学习了湖南省春节期间纠治“四风”明察暗访工作视频会议以及郴州市委有关文件精神，强调要守住“廉关”、过好“年关”，过一个干干净净、清清爽爽、平平安安的春节。

郴州市人大常委会副主任廖满珠列席。

◎郴州市政府六届三次全会召开

市政府六届三次全会召开

1月30日上午，郴州市政府六届三次全会召开，全面贯彻党的二十大精神，中央省委市委经济工作会议、省市两会和湖南省政府第一次全会精神，总结2022年相关工作完成情况，奋战2023年各项工作任务。郴州市委副书记、市长阚保勇出席会议并讲话，他强调，要锚定全年目标，一往无前全力拼、只争朝夕抓紧干，确保开好局、起好步、开门红，全力实现“保位争先”，为湖南省发展大局作出郴州新的更大贡献。

会议通报了2022年郴州市委经济工作会议和郴州市政府工作报告主要工作任务完成情况，2022年度郴州市争取湖南省政府真抓实干督查激励工作情况和“十大惠民工程”完成情况；传达了郴州市两会精神，下发了2023年郴州市委经济工作会议和郴州市政府工作报告100项主要工作任务的责任分工。

郴州市领导冯海燕、马天毅、王伟东、赵华东、龙齐阳、周海林、彭生智、黄峥嵘、肖义、罗成辉、李罗丝，郴州市政府秘书长李建军出席会议。

要闻纪事

△9日，郴州市委书记吴巨培主持召开书记专题会议，集中学习中央办公厅《党的十九大以来中央巡视工作总结报告》，听取六届市委第一轮巡察整改和第二轮巡察情况汇报，研究成果运用意见，部署安排2023年巡察工作。市委副书记、市长阚保勇出席会议。市领导黄进良、肖开斌、颜长文等出席会议。

△9日，郴州市委书记吴巨培开展春节前下基层走访慰问，把党和政府的关怀送到抗美援朝老兵、生活困难群众、困难职工心坎上。

△9日，郴州市委副书记、市长阚保勇主持召开市政府第28次常务会议。会议传达学习了近期召开的国务院常务会议、省委常委会会议、省政府常务会议、市委常委会会议精神，学习宣讲了《中华人民共和国反电信网络诈骗法》，研究部署了市政府2023年1月份重要工作，审议了有关文件。

△9日，郴州市委副书记、市长阚保勇主持召开市政府党组2023年第1次（扩大）会议暨理论学习中心组第1次集体学习。

△9日，郴州市人大常委会党组书记、主任江波专题调度桂东县四都镇西水村乡村振兴规划编制和资兴市回龙山瑶族乡柏树村观澜书院布展工作。

△10日，郴州市委书记吴巨培主持召开2023年第2次市委常委会会议。市委副书记、市长阚保勇等市委常委会会议成员出席会议。

△10日，郴州市人民政府与湖南有色产业投资集团签订战略合作协议并举行会谈。副省长陈飞，郴州市委书记吴巨培见证签约并讲话，市委副书记、市长阚保勇主持活动，湖南有色集团党委书记、董事长王选祥出席活动。

◎坚定举旗铸魂 强化党管武装 谱写国防动员和后备力量建设新篇章

1月31日，郴州军分区党委十四届十四次全体会议召开，郴州市委书记、郴州军分区党委第一书记吴巨培出席并讲话。

吴巨培代表郴州市委、市政府向郴州军分区全体官兵、文职人员、职工和广大民兵表示衷心感谢和诚挚问候。

吴巨培说，2023年是全面贯彻落实党的二十大精神开局之年，是郴州市朝着建设“世界旅游目的地、国家创新示范区、开放发展排头兵、湖南重要增长极”全面进军的起步之年，要自觉站在“两个大局”高度，胸怀“国之大者”，统筹安全和发展两件大事，统筹经济建设和国防建设两项任务，坚决完成党中央、中央军委和习近平主席赋予的使命任务，奋力谱写郴州国防动员和后备力量建设新篇章。

郴州军分区党委十四届十四次全体会议

郴州市委常委、郴州军分区党委书记、政委张先旺主持会议。

郴州军分区领导赵华东、毛善猛、黄建华、谭霜剑出席会议。

◎郴州市第六届纪委第三次全会召开

2023年2月2日，中共郴州市第六届纪委第三次全会召开。郴州市委书记吴巨培出席并强调，要全面贯彻习近平新时代中国特色社会主义思想，深入学习贯彻党的二十大精神和二十届中央纪委二次全会、十二届湖南省纪委三次全会精神，始终牢记“三个务必”“两个永远在路上”，讲政治、强党性、优作风、担使命，深入推进全面从严治党不松劲、不停步、再出发，为全面建设社会主义现代化新郴州提供坚强政治保障。郴州市委副书记、市长阚保勇出席会议。

郴州市委常委、市纪委书记、市监委主任肖开斌主持会议并代表郴州市纪委常委会作工作报告。会上，与会人员集中观看了警示教育片《底线2022》。

市第六届纪委第三次全会召开

郴州市领导江波、陈跃文、冯海燕、欧阳锋、贺建湘、马天毅、颜长文、王伟东、张先旺等在主会场参加会议；会议以视频方式召开，各市县设分会场。

◎郴州市委常委会召开2022年度民主生活会

2023年2月3日，根据党中央、湖南省委部署要求，郴州市委常委班子召开2022年度民主生活会，以“全面贯彻习近平新时代中国特色社会主义思想，深刻领悟‘两个确立’的决定性意义，增强‘四个意识’、坚定‘四个自信’、做到‘两个维护’，团结带领党员干部群众以奋发有为的精神贯彻落实党的二十大作出的重大决策部署”为主题，对照党章党规，对照习近平总书记重要讲话重要指示批示精神和党中央决策部署，对照会前征求的意见建议，联系郴州市委常委会工作，深入进行党性分析，严肃开展批评和自我批评。郴州市委书记吴巨培主持会议并作总结讲话，湖南省委督导组负责同志到会指导并作点评讲话。

市委常委会召开2022年度民主生活会

郴州市人大常委会、市政协党组负责同志列席。

要闻纪事

△11日，郴州市召开市安全生产委员会、市消安委2023年第一次全体成员（扩大）会议，全面部署全市安全生产和消防重点工作。市委书记吴巨培出席会议并讲话，市委副书记、市长阚保勇主持会议。市级领导冯海燕、马天毅、王伟东、周海林、彭生智、肖义、赵宇、潘执坤、王卫东等参加会议。

△11日，出席省十四届人大一次会议的郴州代表团在住地酒店组织了集体学习。市委书记吴巨培主持会议，市委副书记、市长阚保勇，市人大常委会党组书记、主任江波出席会议。市委常委、常务副市长冯海燕，市人大常委会副主任廖满珠出席。

△11日，郴州市委副书记、市长阚保勇来到苏仙区，深入现场、直达工地，实地调研检查春节前安全生产工作。他强调，要深入学习贯彻习近平总书记关于安全生产工作的重要论述，以“时时放心不下”和“睡不着觉、半夜惊醒”的高度责任感，抓紧抓实抓细抓牢安全生产各项工作，让人民群众欢乐祥和平安过春节。市政府秘书长李建军参加调研检查。

△11日，郴州市人大常委会举办驻郴省十四届人大代表初任培训班，对我市选举产生的省十四届人大代表进行初任培训。市人大常委会党组副书记、副主任张军出席会议并讲话，党组成员、秘书长陈剑主持会议。

△12日，出席省十四届人大一次会议的郴州代表团在住地举行第一次全体会议。市委书记吴巨培，市委副书记、市长阚保勇，市人大常委会党组书记、主任江波出席会议。市领导冯海燕、廖满珠出席会议。

◎郴州市全力推进旅发大会重点观摩项目建设

1月31日，郴州市政协主席陈跃文带队赴郴州市宜章县调研第二届湖南旅游发展大会重点观摩项目建设情况。

陈跃文一行先后来到一六温泉小镇项目建设现场、梵墅度假庭院、上席温泉精品民宿等地，边走边看，详细了解项目规划和建设情况。

陈跃文指出，要紧紧围绕加快建设“世界旅游目的地”战略定位，充分发挥市县乡三级联动机制作用，用足用活政策，加强统筹协调，强化要素保障，全力配合支持项目建设。要充分挖掘利用优势资源，合理开发自然资源，打造自然生态景观，系统化整合乡村旅游资源，大力发展乡村旅游，精心打造旅游精品，全力打造“网红打卡地”。要抢抓项目建设进度，紧扣节点，倒排工期，确保项目保质保量按时完工。要加强宣传和执法工作，大力整治车辆乱停乱放等不文明行为，切实做好旅发大会沿线乡村风貌提质改造工作，把办好第二届湖南旅游发展大会与促进乡村振兴紧密结合，全面推动郴州市文旅产业高质量发展。

陈跃文赴宜章调研旅发大会，重点观摩项目建设情况

郴州市政协秘书长何青松参加调研。

◎民法典实施后郴州市首起民事公益诉讼案开庭

公益诉讼起诉人

庭审现场

2月15日，郴州市人民检察院诉李某瑞等环境污染民事公益诉讼案在郴州市中级人民法院第八审判庭开庭审理。

2020年3月至2021年6月，李某瑞为了提取铅锭，组织陈某宾、李某杰等10人从事废铅蓄电池的收购、运输、拆解和加工。其间，李某瑞对拆解、加工过程中产生的废铅板、废铅膏、废酸液以及含铅烟粉尘、二氧化硫等随意堆放和排放，对周边的水、土壤和大气造成严重污染。李某瑞无资质处置危险废物造成环境污染的行为构成环境侵权，陈某宾、李某杰等10人为李某瑞处置危险废物提供条件和帮助，构成共同侵权，李某瑞与陈某宾、李某杰等10人应连带承担环境侵权民事责任。

该案是民法典实施后郴州市中级人民法院受理的第一起民事公益诉讼案，目前该案正在进一步审理当中，将择日进行宣判。

◎郴州市2023年第5次市委常委会（扩大）会议召开

2月7日，郴州市委书记吴巨培主持召开2023年第5次市委常委会（扩大）会议。郴州市委副书记、市长阚保勇等市委常委会会议成员出席会议。

会议传达学习习近平总书记在中共中央政治局第二次集体学习时的重要讲话精神，传达全国、湖南省有关会议精神，研究郴州市贯彻落实意见，部署承办第二届湖南旅发大会有关工作。

会议还研究了其他事项。

吴巨培主持召开2023年第5次市委常委会（扩大）会议

◎郴州出台16条举措激励干事创业

2月16日，郴州市召开新闻发布会，解读刚出台的《关于创造“四敢”环境加快推进郴州高质量发展的意见》（以下简称《意见》），推动郴州市营造“干部敢为、地方敢闯、企业敢干、群众敢首创”环境，明确了16个方面的具体措施。

郴州市召开新闻发布会，解读刚出台的《关于创造“四敢”环境加快推进郴州高质量发展的意见》

郴州承办2023年第二届湖南省旅发大会，郴州市委、市政府多次提出，以敢为敢闯敢干敢首创的担当作为，在加快建设“世界旅游目的地、国家创新示范区、开放发展排头兵、湖南重要增长极”的“四大定位”上干出好势头、干出新业绩。

鼓励“干部敢为”。积极探索打破干部职工身份界限，选派市县干部职工到中省对口部门跟班学习；实行首违轻微违纪违规预警提醒机制，健全容错免责机制，为干部敢为解决后顾之忧。

支持“地方敢闯”。支持和鼓励各地探索更多“小切口”改革；制定权力下放清单，最大限度为地方放权赋能；进一步为基层松绑减负、助力地方轻装上阵。

支持创造“企业敢干”的营商环境；深化“放管服”改革。

《意见》还提出设立“林邑人才日”、落实支持返乡入乡创新创业“15条”措施、组建郴州职教联盟等措施，营造“群众敢首创”的阵地。

◎在法治轨道上全面建设社会主义现代化新郴州

2月24日，中共郴州市委理论学习中心组2023年第2次集体（扩大）学习暨第5期郴江大讲堂举行。郴州市委书记、市委理论学习中心组组长吴巨培主持并作学习小结，武汉大学党委常委、副校长周叶中教授作《以习近平法治思想为指导 全面建设社会主义现代化国家》专题辅导，郴州市委理论学习中心组成员出席。

中共郴州市委理论学习中心组2023年第2次集体（扩大）学习暨第5期郴江大讲堂现场

专题辅导中，周叶中教授娓娓道来、侃侃而谈，从“习近平法治思想是全面建设社会主义现代化国家的行动指南”“系统把握习近平法治思想的主要内容”“以习近平法治思想为指导，完善保障社会主义现代化建设的法治体系”三大部分，对习近平法治思想进行了全面系统的阐述。

吴巨培在学习小结中对周叶中教授坚定的政治立场、宽广的国际视野、深厚的法律素养、丰富的实践经验、娴熟的运用能力、顽强的斗争精神表示高度赞赏。

就如何深入学习贯彻习近平法治思想，深化全面依法治市，建设更高水平的法治郴州，吴巨培指出，要深刻把握核心要义，把深入学习贯彻习近平法治思想作为一项重要政治任务；要全力服务发展大局，保障高质量发展、推进高效能治理、守护高品质生活；要切实筑牢法治根基，扛牢“第一责任”、抓住“关键少数”、凝聚“法治合力”。

要闻纪事

△12日，市政府办党组理论学习中心组举行2023年第1次集体（扩大）学习暨民主生活会前专题学习研讨，邀请市委宣讲团成员、市机关事务管理局二级巡视员谭家胜宣讲党的二十大精神。

△13日，郴州市召开全市防御寒潮大风雨雪天气视频调度会议，进一步压紧压实各方责任，全力防范应对本轮极端天气。

△13日，出席省十四届人大一次会议的郴州代表团在住地举行第二次全体会议，市委书记吴巨培主持会议，市委副书记、市长阚保勇，市人大常委会党组书记、主任江波出席。会议讨论了省十四届人大一次会议选举办法草案，推选了监票人。

△13日，郴州市委副书记、市委政法委书记黄进良来到桂阳县，开展春节前走访慰问活动，为部分退役军人、台胞、先进典型、敬老院老人和困难群众、职工、党员等，送去党和政府的关心和温暖。

△13日，郴州市委宣传部组织召开对口帮扶临武县西山瑶族乡工作座谈会，就如何做好对口帮扶和助力乡村振兴工作进行探讨交流。

△14日，出席省十四届人大一次会议的郴州代表团审议了省委副书记、省长毛伟明所作的政府工作报告。省委常委、常务副省长李殿勋，副省长李建中与大家一同审议。市委书记吴巨培参加审议并发言。市委副书记、市长阚保勇，市人大常委会党组书记、主任江波参加审议。省直有关部门负责人，市领导冯海燕、廖满珠参加审议。

◎郴州“城市大脑”：数造新未来 智创“全球郴”

2023年2月27日，郴州“城市大脑”启动上线。郴州市委书记吴巨培宣布郴州“城市大脑”启动上线并讲话。郴州市委副书记、市长阚保勇主持活动。

郴州“城市大脑”采用“1+3+11+N”的架构体系，包含指挥中心、政务云平台、交换共享平台、城市大脑中枢平台，覆盖11个县市区，运用大数据、云计算、人工智能等前沿科技将分散的政府、企业、社会数据资源进行整合，赋能城市治理、民生服务、产业经济等N类业务应用场景，以“一站办齐事、一屏观郴州、一网管全城”为现代化治理能力目标，解决城市治理痛点、难点、堵点，提升公共服务能力，让郴城更智慧、让生活更美好。

上线！郴州“城市大脑”：数造新未来 智创“全球郴”

吴巨培详细了解郴州“城市大脑”的相关情况及功能演示后，对项目给予充分肯定。他说，郴州“城市大脑”项目站在高起点谋划布局，高水平、高标准打造了集政务服务、城市治理、应急管理、产业发展等为一体的应用平台，取得了阶段性成效，提升了城市核心竞争力。希望大家在今后的运用中不断提升，进一步汇聚数据资源、提高运算能力、发挥强大作用，集中力量和资源，打破信息壁垒，实现一网通办，推动算力资源、数据资源向智力资源高效转化。

郴州市领导黄进良、江波、陈跃文、冯海燕、马天毅、王伟东、肖义、罗成辉出席启动仪式。

◎郴州市第六届市政协第十二次主席会议召开

六届市政协第十二次主席会议召开

2月27日，郴州市政协第六届委员会第十二次主席会议召开。郴州市政协主席陈跃文主持会议。

会议审议了《政协郴州市委员会2023年工作要点（草案）》《政协郴州市委员会2023年协商与监督工作计划（草案）》；审议通过了《政协郴州市委员会关于突出协商主责主业助力打造和擦亮“真郴协商”品牌的指导意见》；审议了《郴州市政协2023年“汇智聚力、建功郴州”主题活动实施方案（草案）》；审议通过了《2023年郴州市政协“提案办理推进年”活动实施方案》；听取了《2023年市政协社情民意信息和微建议办理协商议题》情况汇报。会议传达学习了十三届湖南省政协经科委全体委员暨湖南省市州政协经科委工作会议精神。会议审议了六届市政协常委会第七次会议有关事项。

◎让『半条被子』故事在新时代熠熠生辉

2023年2月27日至28日，湖南省省委常委、省委宣传部部长杨浩东赴郴州市调研红色资源保护利用情况。他表示，要进一步学深悟透习近平新时代中国特色社会主义思想，深挖“半条被子”的时代价值，用心用情用力保护好、管理好、运用好红色资源，让“半条被子”故事在新时代熠熠生辉。湖南省委宣传部分管日常工作的副部长卿立新、郴州市委书记吴巨培参加相关活动。

在汝城县沙洲村，杨浩东走进“半条被子的温暖”专题陈列馆、“半条被子”故事发生地旧址，了解红色资源保护利用提质升级情况，并开会研究当前工作重点。

其间，杨浩东到郴州市宜章县、资兴市、苏仙区等地调研了第二届湖南旅游发展大会筹备情况，要求紧紧围绕“办会兴城”目标，细化完善各项工作方案，扎实做好风貌提质改造、观摩组织等各项工作，确保大会如期顺利举行。

湖南省文旅厅党组副书记、副厅长陈远平，郴州市领导黄进良、贺建湘、黄四平、周海林参加相关活动。

要闻纪事

△15日，出席省十四届人大一次会议的郴州代表团继续审议政府工作报告，审查计划、预算报告。市委书记吴巨培主持会议。市委副书记、市长阚保勇参加审议并发言。市人大常委会党组书记、主任江波参加审议。省直有关部门负责人，市领导冯海燕、廖满珠参加审议。

△17日，开国上将邓华将军家乡——郴州市北湖区再次传来喜报，在安和街道坦山村，人头攒动，锣鼓喧天，鞭炮齐鸣。区人武部部长、区政府副区长等领导一行为新荣立二等功的现役陆航旅飞行员贺俊植家庭送去立功喜报、牌匾及慰问金。随着送喜报队伍的到来，贺俊植立功受奖的消息让这个安静的小山村沸腾起来。

△17日，郴州市委常委、市纪委书记、市监委主任肖开斌主持召开2023年第2次市纪委常委会会议，传达学习习近平总书记在二十届中央纪委二次全会上的重要讲话精神、二十届中央纪委二次全体会议公报及全省春节期间纠治“四风”明察暗访工作视频会议精神，并部署2023年春节前后有关工作。

△17日，郴州市委办公室举行理论学习中心组2023年第1次集体学习暨主题党日活动、2023年“一月读书会”。

△19日，郴州市委书记吴巨培主持召开2023年第3次市委常委会会议。市委副书记、市长阚保勇等市委常委会会议成员出席会议。

△19日，郴州市召开全市春节期间大气污染防控工作调度会，听取近期全市大气污染防治工作情况汇报，安排部署春节期间烟花爆竹燃放管理和大气污染防控工作。副市长彭生智出席会议并讲话。

◎郴州市人大常委会为基层立法联系点集中授牌

3月1日上午，郴州市人大常委会举行集中授牌仪式，为湖南天地人（郴州）律师事务所等20个基层立法联系点授牌，郴州市在推动地方立法“直通车”行稳致远方面又迈出新步伐。

此次集中授牌的20个基层立法联系点，涵盖了乡镇（街道）、政府部门与司法机关、村民委员会、社区以及高等院校、企业、律师事务所等，兼顾了不同地域、行业、领域的立法需求，具有代表性和广泛性、理论性和实践性，在发展全过程人民民主、增强地方治理效能方面将发挥独特作用和优势。

郴州市基层立法联系点的工作职责，主要是发挥好“三员”作用。当好“联络员”，充分发挥扎根基层、贴近实际、面向群众的优势，加强上下联系、内外交流，不断提高基层群众参与立法的深度和广度；当好“采集员”，及时收集、整理和反馈与地方立法有关的情况、意见建议，打通立法民意征集的“最后一公里”；当好“宣传员”，采取丰富多样的形式，组织面向基层和群众的立法宣传活动，引导社会舆论，凝聚各方共识，为地方性法规的科学制定和有效实施奠定良好基础。郴州市人大常委会每年将组织对基层立法联系点上一年度开展工作的情况进行考评，考评结果作为调整或者撤销基层立法联系点的主要依据。

市人大常委会为基层立法联系点集中授牌

◎郴州市坚决整治乡村振兴领域不正之风和腐败问题

郴州市召开乡村振兴领域不正之风和腐败问题专项整治工作会议

3月3日，郴州市召开乡村振兴领域不正之风和腐败问题专项整治工作会议，安排部署开展“三湘护农”专项行动，坚决整治乡村振兴领域不正之风和腐败问题，为全面推进乡村振兴提供坚强保障。郴州市委常委、市纪委书记、市监委主任肖开斌出席会议并讲话。

会议要求，郴州市纪检监察机关要按照中央纪委、湖南省纪委和郴州市纪委文件要求，紧盯责任落实、产业发展、便民服务、基层减负、政策执行、惠农补贴资金、农村集体“三资”管理、农业“非农化”、涉农项目审批分配等方面问题，抓实村级“小微权力”治理、陈规陋习治理、扫黑除恶整治等工作，全面精准发力，坚决纠治一切影响中央、湖南省委政策落实的突出问题，坚决惩治一切损害群众利益的腐败行为。同时，要以“时时放心不下”的责任感主动谋划、夯实举措、有序推进，充分整合运用各方面力量，凝聚工作合力，突出系统施治，加大典型案件曝光力度，抓实同级同类警示教育，完善制度机制，确保专项整治取得实实在在的成效。

◎郴州市纪委监委发布十条措施和十严禁

3月7日，郴州市纪委监委发布《关于进一步激励干部敢为的十条措施》（以下简称“《十条措施》”）和《关于护航“身在郴州、办事无忧”一流营商环境“十严禁”》（以下简称“《十严禁》”）。

2023年2月，郴州制定出台了《关于创造“四敢”环境、加快推进郴州高质量发展的意见》和《郴州市打好发展“六仗”工作方案》，为贯彻落实两个文件，持续优化干事环境，以干部敢为带动地方敢闯、企业敢干、群众敢首创，护航“身在郴州、办事无忧”一流营商环境，郴州市纪委监委多次组织相关人员开会讨论，并征求社会各界代表意见，制定出了《十条措施》和《十严禁》。

《十条措施》的主要内容紧扣纪检监察工作职能职责，从正向可为制定了十条措施，《十严禁》则主要围绕市场主体反映强烈的突出问题，从反向不可为制定了十严禁。

郴州市纪委监委将对违反“十严禁”的党员干部、公职人员，一律先停职再调查处理。

◎郴州市人大常委会党组（扩大）2023年第6次会议暨理论学习中心组集体学习举行

市人大常委会党组（扩大）2023年第6次会议暨理论学习中心组集体学习举行

3月20日，郴州市人大常委会党组（扩大）2023年第6次会议暨理论学习中心组集体学习举行。郴州市人大常委会党组书记、主任江波主持会议并讲话。

会议传达学习了习近平总书记在中国共产党与世界政党高层对话会上的重要主旨讲话精神；传达学习了全国两会精神以及湖南省、郴州市相关会议精神；传达学习了湖南省人大常委会党组书记、副主任乌兰在湖南省人大常委会机关全体干部大会上的讲话精神。

随后，郴州市人大常委会召开第二十次主任会议，原则通过《郴州市六届人大二次会议代表建议督办工作方案》和《郴州市人大常委会2023年主要工作分月安排》。

郴州市人大常委会党组副书记、副主任张军，党组成员、副主任高爱国、龙齐阳、段被成，党组成员、秘书长陈剑出席会议。

◎全面推进乡村振兴 加快建设农业强市

2023年3月16日，郴州市委农村工作会议召开，全面贯彻落实党的二十大精神，深入贯彻落实中央、湖南省委农村工作会议精神，总结2022年郴州市“三农”工作，分析当前“三农”工作形势，研究安排2023年“三农”工作任务，就加快建设农业强市进行部署。郴州市委书记吴巨培出席并讲话，郴州市委副书记、市长阚保勇主持会议。

吴巨培指出，2022年，郴州认真贯彻落实党中央决策部署和湖南省委工作要求，有效克服疫情、汛情、旱情等多重挑战，郴州市“三农”发展呈现稳中向好、稳中有进的良好态势。2023年是全面贯彻党的二十大精神的开局之年，做好“三农”工作意义重大。郴州市上下要深入学习贯彻党的二十大精神和习近平总书记关于“三农”工作的重要论述，全面落实中央、湖南省委农村工作会议精神，全面推进乡村振兴，加快农业农村现代化，加快建设农业强市目标。

要锚定建设农业强市目标，奋力开创郴州市“三农”工作新局面。要办好建设农业强市头等大事，切实保障粮食和重要农产品稳定安全供给。要聚焦建设农业强市重要任务，扎实推动乡村振兴战略深入实施。要紧扣建设农业强市内在要求，加快建设宜居宜业和美乡村。

郴州市委农村工作会议召开，全面推进乡村振兴 加快建设农业强市

会议以视频形式召开，县市区设分会场。市领导黄进良、江波等参加会议。

要闻纪事

△21日，郴州市委副书记、市委政法委书记黄进良到郴州市公安局北湖分局人民路派出所、郴州西站走访慰问一线值班民警，送去党和政府的深情关怀，致以新春的美好祝福。

△25日，郴州市委副书记、市长阚保勇督导检查节日值班值守、安全防范等工作，走访慰问一线工作人员，代表市委、市政府向大家致以新春问候和美好祝愿。市领导黄四平、彭生智，市政府秘书长李建军参加相关活动。

△28日，郴州市开展“新春第一访”。市委书记吴巨培向全市各民主党派、工商联和无党派人士致以诚挚的问候和新春的祝福。市委副书记、市长阚保勇出席活动。

△28日，郴州市委统战部举行2023年新春见面会，市委常委、市委统战部部长欧阳锋主持会议并讲话。

△29日，郴州市委副书记、市长阚保勇主持召开市政府第29次常务会议。

△29日，郴州市委常委、市纪委书记、市监委主任肖开斌主持召开2023年第4次市纪委常委会会议。会议传达学习了省十二届纪委三次全会精神和有关文件，研究审议了市六届纪委三次全会工作报告和筹备方案。

△30日，中共郴州市委理论学习中心组举行2023年第1次集体学习，传达学习中央政治局民主生活会会议精神，开展市委常委班子2022年度民主生活会会前专题学习研讨。市委书记、市委理论学习中心组组长吴巨培主持并作总结讲话，市委副书记、市长阚保勇等市委理论学习中心组成员出席。

◎郴州市举行农业综合行政执法实战练兵检阅仪式

3月20日，郴州市农业综合行政执法实战练兵检阅仪式在郴州四清湖体育拓展训练基地开展。

队列检阅，接受臂章、队旗，庄严宣誓，农产品安全、农业投入品模拟执法，禁捕执法模拟现场演练……郴州市农业综合行政执法队伍身披新“铠甲”，整装再出发。

农业综合行政执法是推进郴州农业农村高质量发展的“护卫队”“主力军”。自2019年党中央作出深化农业综合行政执法改革的重大决策部署以来，郴州市农业行政执法队伍团结拼搏、锐意进取，为郴州市“三农”事业高质量发展作出了重要贡献。

参加完实战练兵检阅仪式后，郴州市农业综合行政执法队员纷纷表示，接下来将进一步讲政治、强担当，“练出”工作新局面；进一步优服务、提效能，“练出”队伍新形象；进一步勇争先、创一流，“练出”干事新境界，以良好的精神风貌、扎实的工作作风、高涨的工作热情、优良的服务态度、严明的组织纪律投入工作中，积极为建设社会主义现代化新郴州，贡献农业行政执法新力量。

市农业综合行政执法实战练兵检阅仪式现场

◎郴州市与湖南联通签署战略合作协议

2023年3月23日上午，郴州市人民政府与中国联通湖南省分公司签署深化数字经济战略合作协议。郴州市委书记吴巨培，中国联通湖南省分公司党委书记、总经理，联通（湖南）产业互联网有限公司董事长欧阳恩山见证签约并讲话。郴州市委副书记、市长阚保勇主持活动。

签约仪式上，吴巨培代表郴州市委、市政府向中国联通湖南省分公司表达感激之情、敬佩之心、合作之愿。

中国联通郴州分公司融入郴州、扎根郴州、服务郴州，发挥独特优势，在多领域开展广泛合作，呈现强劲的发展来势。希望双方以签约为契机，聚焦数字经济，在数字技术融合创新、智慧社会建设、承办旅发大会、推动乡村振兴、城市大脑建设等方面开展全方位、全领域合作，推动更多好项目、好产业、好成果在郴州落地生根。

欧阳恩山表示，中国联通湖南省分公司将深入学习贯彻党的二十大精神和全国两会精神，继续发挥网络、人才、技术、科研、服务优势，持续加大在郴州的数字基础设施投资力度，特别是为旅发大会提供高质量通信保障，深入推动“智赋万企”行动计划，重点加快在东江湖投资建设数据中心，协同推进数字产业化和产业数字化，促进数字经济和实体经济深度融合，助力郴州高质量发展。

郴州市领导欧阳锋、肖义出席活动。

郴州市与湖南联通签署战略合作协议

◎郴州市召开2023年“扫黄打非”工作电视电话会议

3月23日，郴州市召开2023年“扫黄打非”工作电视电话会议，郴州市委常委、市委宣传部部长、市“扫黄打非”工作小组组长贺建湘出席会议并讲话，副市长，郴州市公安局党委书记、局长，郴州市“扫黄打非”工作小组副组长肖义主持会议。

会议充分肯定了2022年郴州市“扫黄打非”工作取得的实际成效。2022年，郴州市“扫黄打非”战线着力守正创新，持续正本清源，集中体现在政治责任有担当，专项整治有成效，联防协作有合力，基层基础有提升，切实维护了郴州市意识形态安全和文化安全。

会议强调，做好2023年“扫黄打非”工作要锚定“守阵地、护安全、防风险、正风气、促发展”的目标，坚定不移、坚持不懈开展好“扫黄打非”工作。要深化思想认识；要注重方式方法；要突出工作重点；要加强党的领导。

3月23日，郴州市召开2023年『扫黄打非』工作电视电话会议

要闻纪事

△31日，郴州市纪委监委理论学习中心组举行2023年第1次集体学习研讨活动，传达学习中央政治局民主生活会会议精神。市委常委、市纪委书记、市监委主任肖开斌主持会议并讲话。会上，市纪委监委领导班子成员结合工作实际进行了研讨发言。

2月

△1日，郴州市委书记吴巨培主持召开2023年第4次市委常委会会议。市委副书记、市长阚保勇等市委常委会会议成员出席会议。

△1日，郴州市委统战部召开2023全市统战工作务虚会，市委常委、市委统战部部长欧阳锋主持会议并讲话。

△2日，郴州市安全生产、应急管理、消防工作电视电话会议暨市安委会第2次全体成员（扩大）会议召开。市委副书记、市长阚保勇出席并讲话。他强调，要深入学习贯彻习近平总书记关于安全生产重要论述，立足于早、着眼于快、落脚于实，全面谋划部署、从严从实推进2023年安全防范各项工作，为实现“保位争先”、建设现代化新郴州提供坚强有力的安全保障。

△2日，郴州市人大常委会党组（扩大）举行2023年第3次会议暨理论学习中心组集体学习，开展市人大常委会党组2022年度民主生活会会前专题学习研讨。市人大常委会党组书记、主任江波主持并作总结讲话。市人大常委会党组副书记、副主任张军，党组成员、副主任高爱国、龙齐阳、段被成，党组成员、秘书长陈剑参加会议。市人大常委会副主任廖满珠列席。

◎坚决打赢国家卫生城市复审迎检攻坚战

2023年3月30日，郴州市国家卫生城市巩固及复审工作推进会召开，郴州市委副书记、市长阚保勇主持并讲话。他强调，要迅速进入迎战状态，抓紧抓实各项工作任务，坚决打赢国家卫生城市复审迎检攻坚战，以最好的成效迎接复审检查，以最美的形象迎接旅发大会。

郴州市国家卫生城市巩固及复审工作推进会召开

阚保勇指出，思想认识必须到位。要充分认识到国卫复审事关发展大局，只能胜不能败；国卫复审标准高要求严，务必精益求精；国卫复审时间紧任务重，必须立即行动。

郴州市级领导黄峥嵘、王卫东，市政府秘书长李建军参加会议。

◎郴州：百名担当作为好支书集中“充电”蓄力当好“领头雁”

郴州市全市村（社区）党组织书记培训示范班开班

2023年4月18日，郴州市全市村（社区）党组织书记培训示范班开班。郴州市委书记吴巨培与参加培训的100名担当作为好支书见面交流，郴州市委副书记、市长阚保勇出席活动。

本次培训为期三天，以习近平新时代中国特色社会主义思想为指导，全面贯彻落实党的二十大精神，聚焦“增强基层党组织政治功能和组织功能”，通过案例教学、经验交流、专题辅导、现场教学、分组研讨等多种学习方式，邀请专家学者讲理论、业务部门讲政策、基层骨干讲实操、先进典型讲经验、研讨交流讲体会，全面提高村（社区）党组织书记的政治能力、服务群众的能力、推动高质量发展的能力、守牢安全防范底线的能力、做好群众致富带头人的能力。

吴巨培向百名担当作为好支书表达敬意与感谢，对大家在基层一线辛勤付出所取得的成绩表示充分肯定。寄语大家珍惜难得的学习机会，认真听课，积极互动，广泛交流，不断提升理论水平和履职能力。郴州市委、市政府将全力关心、支持、保障大家的工作和生活，共同努力把郴州建设得越来越好。

郴州市领导黄进良、江波、欧阳锋、贺建湘、肖开斌、颜长文参加活动。

◎全面推动机关党建工作落实落细提质提效

2023年4月7日，2022年度市直和中省驻郴单位党组（党委）书记抓基层党建工作述职评议会召开。郴州市委副书记、市委政法委书记黄进良出席并讲话。他强调，要全面贯彻落实习近平总书记关于机关党建重要论述，按照“创模范机关、创特色亮点、创党建品牌”工作要求，守正创新、真抓实干，推动郴州市机关党建工作迈上新水平，以高质量党建引领高质量发展。

会上，述职对象分别就履行党建工作责任情况作现场述职或书面述职，与会人员对所有述职对象进行测评。

黄进良强调，要加强政治建设，要服务中心大局，要夯实基层基础，要着力正风肃纪，要压实党建责任。

郴州市委常委、市委秘书长、市直机关工委书记欧阳锋出席并点评，郴州市委常委、市委组织部部长颜长文主持。

市直和中省驻郴单位党组（党委）书记抓基层党建工作述职评议会召开

◎郴州市政府党组举行2023年第6次（扩大）会议暨理论学习中心组第4次集体学习

2023年4月10日下午，郴州市委副书记、市政府党组书记、市长阚保勇主持召开市政府党组2023年第6次（扩大）会议暨理论学习中心组第4次集体学习。

会议指出，要坚持不懈用习近平新时代中国特色社会主义思想武装头脑、指导实践、推动工作，要深入贯彻落实习近平总书记关于“三农”工作重要论述，各级各部门要认真落实湖南省有关会议精神，确保会议精神在郴州落地见效。

随后，郴州市政府党组理论学习中心组就“深刻认识开展习近平新时代中国特色社会主义思想主题教育的重大意义”这个主题举行第4次集体学习，部分成员领学了习近平总书记在中共中央政治局会议、学习贯彻习近平新时代中国特色社会主义思想主题教育工作会议和中共中央政治局第四次集体学习时的重要讲话精神，以及湖南省有关会议精神，并围绕主题进行了研讨发言。

阚保勇在作学习小结时强调，要提高站位带头学，把握要求贯通学，聚焦发展结合学，在学习中汲取前进的力量，推动高质量发展的实际成效。

市政府党组举行2023年第6次（扩大）会议暨理论学习中心组第4次集体学习

阚保勇对4月份郴州市政府重点工作进行了部署，强调要抓好“发展六仗”工作调度、经济运行分析、旅发大会筹办、防汛和安全稳定，重要会议、重大活动的协调调度等重点工作，确保二季度开好局。

要闻纪事

△2日，中国共产党郴州市第六届纪律检查委员会第三次全体会议先后召开第二次、第三次大会，审议并表决通过了中国共产党郴州市第六届纪律检查委员会第三次全体会议工作报告和会议公报（草案）。市委常委、市纪委书记、市监委主任肖开斌主持会议，并代表市纪委常委会作工作报告。

△2日，中共郴州市第六届纪委第三次全会召开。市委书记吴巨培出席并强调，要全面贯彻习近平新时代中国特色社会主义思想，深入学习贯彻党的二十大精神和二十届中央纪委二次全会、十二届省纪委三次全会精神，始终牢记“三个务必”“两个永远在路上”，讲政治、强党性、优作风、担使命，深入推进全面从严治党不松劲、不停步、再出发，为全面建设社会主义现代化新郴州提供坚强政治保障。市委副书记、市长阚保勇出席会议。

△3日，郴州市委常委班子召开2022年度民主生活会，会上书面通报了市委常委班子党史学习教育专题民主生活会整改措施落实情况和2022年度民主生活会征求意见情况。市委书记吴巨培主持会议并作总结讲话，省委督导组负责同志到会指导并作点评讲话。市人大常委会、市政协党组负责同志列席。

△4日，2023年全市资规住建城管系统务虚（扩大）暨工作部署推进会召开。副市长罗成辉出席会议并讲话

△6日，郴州市人大常委会党组召开2022年度民主生活会，紧紧围绕会议主题，紧密联系工作实际，严肃开展批评和自我批评。市人大常委会党组书记、主任江波主持会议并作总结讲话。市人大常委会党组副书记张军，党组成员高爱国、龙齐阳、段被成、陈剑出席会议。非中共党员副主任廖满珠列席。

◎湘潭大学与郴州深化『产学研』合作 打造全国校地合作典范

2023年4月25日，郴州市·湘潭大学"产学研"合作座谈会举行。湖南省政协副主席、民进湖南省委会主委、湘潭大学校长潘碧灵，郴州市委书记吴巨培出席座谈会并讲话。

座谈交流中，潘碧灵详细介绍了湘潭大学办学历史、特色专业、人才培养、学科建设等方面的情况。他表示，湘潭大学将发挥优势，加强与郴州的全面战略合作，定目标、定指标、定任务，推进"产学研"深度融合，实现信息共享、项目共报、合作共推、成果共用，全方位、多领域、大力度、高实效，精诚团结，共同努力，打造全国校地合作典范。

吴巨培感谢湘潭大学广大师生对郴州经济社会发展的关心与支持，期盼湘潭大学和郴州进一步加强对接交流，在人才培养、成果转化、环境治理、文旅发展、创新平台、大数据产业、理论宣讲、商务经贸等领域展开具体深入的合作。期待双方合作硕果满枝、成果落地，助力郴州高质量发展。

郴州市级领导欧阳锋、黄峥嵘、潘执坤、周亦彬，湘南学院党委书记邹宏如出席活动。

郴州市·湘潭大学"产学研"合作座谈会举行

◎科技创新合作框架协议签约暨技术转移中心签约揭牌活动在郴州市举行

科技创新合作框架协议签约暨技术转移中心签约揭牌活动在郴州市举行

2023年4月25日上午，科技创新合作框架协议签约暨技术转移中心签约揭牌活动在郴州国家创新示范区创新中心举行，湖南省政协副主席、民进湖南省委会主委、湘潭大学校长潘碧灵出席并讲话，郴州市委副书记、市长阚保勇出席并致辞，湖南农业大学党委委员、副校长陈光辉出席并讲话。

活动现场，湘潭大学与郴州市科技局签订了湘潭大学（郴州）技术转移中心框架协议；湖南农业大学与郴州市科技局签订了湖南农业大学技术转移与知识产权（郴州）分中心框架协议；佛山市科技局与郴州市科技局签订了佛郴科技创新合作框架协议。

潘碧灵、阚保勇、陈光辉等领导分别为湘潭大学（郴州）技术转移分中心、湖南农业大学技术转移与知识产权（郴州）分中心、粤港澳大湾区（深圳、广州、佛山）郴州技术转移中心揭牌。

湘潭大学副校长葛飞，佛山市有关领导，郴州市级领导潘执坤、王卫东，郴州市政府秘书长李建军参加会议。

◎郴州市召开『发展六仗』推进会

2023年4月28日上午，郴州市召开"发展六仗"推进会。郴州市委书记吴巨培出席会议并讲话，郴州市委副书记、市长阚保勇主持会议。

郴州市召开"发展六仗"推进会

回顾2023年一季度成绩单，郴州GDP等大部分主要经济指标增速高于全国、湖南省平均水平。坚持稳字当头，多措并举"稳增长、稳就业、稳物价"，办会兴城动力足、产业发展势头好、民生保障人心暖、风险防控举措实、社会大局持续稳……良好的发展来势正是郴州全力拼经济的缩影。

站在"奋战二季度、决战半年度"的关键节点，郴州以时不我待的紧迫感全力推进"发展六仗"工作，意义重大。正如郴州市委书记吴巨培掷地有声的话语，郴州市上下要鼓足干劲、凝聚力量、振奋精神、提升能力，全面转入旅发大会决战和冲刺阶段，更好统筹发展和安全，开创郴州高质量发展新局面。

郴州市领导黄进良、江波、欧阳锋、贺建湘、马天毅、肖开斌、王伟东、张先旺、黄峥嵘等出席。

要闻纪事

△6日，郴州市委统战部领导班子召开2022年度民主生活会。市委常委、市委统战部部长欧阳锋主持会议并讲话。会议通报了2022年度民主生活会准备工作情况、党史学习教育专题民主生活会整改工作落实情况。随后，部领导班子作了对照检查发言，班子成员逐一查摆问题并作深入剖析，认真开展批评与自我批评。会议还组织学习了中央八项规定有关文件精神，集中观看《失守的家风》警示教育片。

△6日，郴州市委办公室理论学习中心组举行2023年第2次集体学习。市委常委、统战部部长欧阳锋参加学习并作小结。

△6日，2023年第2次市委秘书长会议召开。市委常委、统战部部长欧阳锋出席会议并讲话。

△7日，郴州市政协党组开展2022年度民主生活会会前专题学习研讨暨理论学习中心组（扩大）2023年第3次集体学习。市政协党组书记、主席陈跃文主持学习并讲话。会议传达学习了有关文件精神，与会人员围绕"贯彻落实党的二十大精神，今年政协工作怎么干"进行研讨发言。市政协党组副书记、副主席赵宇，党组成员、副主席李罗丝，党组成员、秘书长何青松参加学习；市政协副主席李雪莲、潘执坤、李波勇列席。

△9日，资兴市公安局一行7人来到该市人民检察院调研公安机关与检察机关办理刑事案件的监督与协作等工作。在家院领导及相关业务部门负责人参加会议。

◎深化全国文明城市 国家卫生城市创建工作

2023年郴州市文明委全体（扩大）会议暨深化全国文明城市、国家卫生城市创建工作推进会召开

2023年4月28日下午，2023年郴州市文明委全体（扩大）会议暨深化全国文明城市、国家卫生城市创建工作推进会召开。郴州市委书记吴巨培出席会议并讲话，郴州市委副书记、市长阚保勇主持会议。

会议深入学习贯彻习近平新时代中国特色社会主义思想和党的二十大精神，总结2022年巩文巩卫工作，安排部署2023年创建提质工作，听取相关工作报告。

吴巨培代表郴州市委、市政府感谢全市人民在文明创建提质工作中的辛勤付出。他希望郴州市上下高度重视文明创建提质工作，进一步增强责任心，不断深化全国文明城市、国家卫生城市创建工作，让我们的城市人见人爱、精致精美、宜居宜业。

阚保勇要求，要提高站位强担当，以只能胜、不能败的责任感，以等不起、慢不得的紧迫感打好打赢这场保卫战，确保交出郴州高分答卷。要凝心聚力抓攻坚，进一步建机制、优举措、强保障、抓重点、攻难点、创亮点，坚持问题导向、目标导向、结果导向，营造全面创建、全域创建、全民创建的浓厚氛围。要统筹结合提质效，把创建提质工作与旅发大会筹办等重点工作统筹结合、一体推进，持续擦亮全国文明城市、国家卫生城市这两块国字号"金字招牌"。

郴州市领导黄进良、欧阳锋、贺建湘、马天毅、王伟东、黄峥嵘出席会议。

◎在法治轨道上全面建设社会主义现代化新郴州

2023年5月11日，郴州市委书记、市委全面依法治市委员会主任吴巨培主持召开郴州市委全面依法治市委员会第五次会议，深入学习贯彻党的二十大精神和习近平法治思想，传达学习湖南省委依法治省委员会2023年第一次会议精神，回顾总结2022年全面依法治市工作，开展县市区和市直部门年度述法，研究部署2023年全面依法治市重点工作。郴州市委副书记、市长、市委全面依法治市委员会副主任阚保勇出席会议并讲话。

会议强调，要深入学习贯彻党的二十大精神和习近平法治思想，把牢法治建设正确方向。坚定捍卫“两个确立”、坚决做到“两个维护”，持续抓好习近平法治思想的学习、宣传、培训、研究和落实，坚定不移走中国特色社会主义法治道路，一体推进法治郴州、法治政府、法治社会建设，把党的二十大关于法治建设的战略部署落到实处，为建设现代化新郴州提供坚强有力的法治保障。

会议要求，要切实强化思想引领，要加快建设法治政府，要严格规范公正文明执法。

郴州市委全面依法治市委员会第五次会议

郴州市嘉禾县、郴州市临武县、郴州市交通运输局、郴州市水利局有关负责人进行了述法，吴巨培现场一一点评。

郴州市领导黄进良、贺建湘、肖开斌、颜长文等出席会议。

◎郴州市人民政府与中国能建葛洲坝集团签订战略合作协议

郴州市人民政府与中国能建葛洲坝集团签订战略合作协议

2023年5月11日下午，郴州市人民政府与中国能建葛洲坝集团战略合作签约仪式举行。郴州市委副书记、市长阚保勇，中国能建监事会主席、总法律顾问、首席合规官和建生出席并讲话。

中国能建葛洲坝集团与郴州双方紧密合作，携手并进，在多个领域开展了务实有效的合作。根据此次协议，双方将进一步完善战略合作机制，共同推进能源等领域的合作。

阚保勇代表郴州市委、市政府对中国能建的到来表示热烈欢迎，对此次战略合作协议的签订表示衷心祝贺。他指出，中国能建是一家底蕴深厚、实力雄厚、富有情怀、敢于担当的央企，是值得信赖的合作伙伴。希望中国能建能进一步提高在郴业务的投资强度，加大在建项目的推进力度，拓展双方合作的空间广度，共赢致和，行稳致远。郴州将以最大的诚意、最好的服务，促进双方合作发展，共建企地合作新典范。

和建生对郴州市委、市政府的关心和支持表示感谢，并简要介绍了中国能建的发展情况、竞争优势。他表示，郴州地理位置优越，资源禀赋丰厚，发展势头强劲。中国能建将充分发挥自身优势，在更多领域进一步加大合作力度，为助推郴州经济社会高质量发展作出积极贡献。

中国能建葛洲坝集团党委副书记、总经理谭华，市委常委、副市长马天毅参加签约仪式。

◎郴州市全面打响旅发大会观摩项目建设百日攻坚战

2023年5月10日，郴州市委副书记、市长阚保勇召开专题会议，调度推进郴州市承办第二届湖南旅发大会观摩项目。他强调，要进一步锚定目标，聚焦问题，明确措施，落实责任，全面打响旅发大会观摩项目建设百日攻坚战，确保办出精彩盛会、展现兴城之效。

会议听取了部分单位和县市区观摩项目推进情况，通报了“三个清单”争取情况。阚保勇肯定了前段工作取得的成绩，指出了存在的短板和问题，并向相关单位和县市区交办了任务单。

阚保勇强调，现在距离8月15日前旅发大会观摩项目全部完工，只有不到100天时间，时间不等人，关键在于人。要锚定目标，聚焦问题，冲刺攻坚。要全力以赴抓执行、促落实，要全力以赴争资金、强保障，要全力以赴优服务、快审批，把握节点尽快办、优化流程规范办、强化协调合力办，要全力以赴抓督查、解难题，严格序时进度，要全力以赴守底线、保安全，守牢安全底线。

郴州市委副书记、市长阚保勇召开专题会议，调度推进郴州市承办第二届湖南旅发大会观摩项目

郴州市领导颜长文、周海林、罗成辉，市政府秘书长李建军参加会议。

要闻纪事

△10日，2022年度市委宣传部部务会班子民主生活会召开。市委常委、市委宣传部部长贺建湘出席会议并讲话。

△13日，郴州市委副书记、市长阚保勇主持召开市政府第30次常务会议。会议传达学习了近期召开的国务院常务会议、省委常委会会议、市委常委会会议精神；学习宣讲了《湖南省乡村振兴促进条例》；审议了有关文件，研究了有关事项，部署了重点工作。

△13日，桂东县桥头乡召开2023年第一季度基层党建工作推进会。

△14日，郴州市政协党组召开2022年度民主生活会。市政协党组书记、主席陈跃文主持会议并作总结讲话。市政协党组副书记、副主席赵宇，党组成员、副主席周汶、李罗丝，党组成员、秘书长何青松参加会议；市政协副主席李雪莲、李波勇、曹暇列席会议。

△14日，郴州市委书记吴巨培主持召开2023年第6次市委常委会会议。市委副书记、市长阚保勇等市委常委会会议成员出席会议。

△15日，郴州市委常委、市纪委书记、市监委主任肖开斌主持召开2023年第6次市纪委常委会会议，传达学习习近平总书记在第二十届中央纪律检查委员会第二次全体会议上的重要讲话精神、李希同志的工作报告及习近平总书记在学习贯彻党的二十大精神研讨班开班式上的重要讲话精神等。

△17日，郴州市委副书记、市政府党组书记、市长阚保勇主持召开市政府党组2023年第2次（扩大）会议暨理论学习中心组第2次集体学习。

◎郴州市培养选拔“四类干部”为高质量发展提供高素质专业化干部队伍保障

2023年5月13日下午，郴州市委书记吴巨培主持召开郴州市“四类干部”调研座谈会，与年轻干部和女干部、少数民族干部、党外干部代表深入座谈交流。

座谈会上，12位“四类干部”代表结合自身经历和岗位实际谈体会、说体验、讲体悟，部分县市区及市直相关部门负责人就“四类干部”培养选拔情况进行汇报交流。

认真听取大家的发言后，吴巨培指出，党的二十大报告对培养选拔年轻干部和女干部、少数民族干部、党外干部提出了明确要求，习近平总书记先后就此作出了一系列重要指示。当前，郴州迫切需要统筹全局、系统谋划、下大力气推动“四类干部”培养选拔，用好用活各类干部，为郴州经济社会高质量发展提供高素质专业化干部队伍保障。

郴州市委书记吴巨培主持召开郴州市“四类干部”调研座谈会

吴巨培强调，郴州市上下要把准政治方向，坚持问题导向，创造良好环境，以干事导向引领用人导向，不折不扣把党中央和习近平总书记关于加强“四类干部”队伍建设的各项要求落到实处。

吴巨培勉励郴州市“四类干部”深入学习领会习近平新时代中国特色社会主义思想，保持定力，坚定信心，奋发有为，不断开创事业发展新局面。要不忘初心，要不辱使命，要不畏艰难，要不负众望。

郴州市领导欧阳锋、颜长文、罗成辉参加座谈。

◎郴州第十批援疆干部人才接棒援疆 挑重担 树标杆 擦亮“郴州援疆”品牌

2023年5月22日，郴州市举行座谈会，欢迎第九批援疆干部人才凯旋，欢送第十批援疆干部人才出征。郴州市委书记吴巨培出席相关活动并讲话。

对口支援新疆是党中央从党和国家战略全局高度作出的重大决策部署，郴州市对口支援新疆吐鲁番市托克逊县以来，先后选派500多名干部人才倾情开展对口援助工作。即日起，经过精心挑选的第十批援疆干部人才接过对口援疆“接力棒”，开启为期三年的援疆工作。

欢迎第九批援疆干部人才凯旋，欢送第十批援疆干部人才出征

吴巨培代表郴州市委、市政府向第九批援疆干部人才致以崇高的敬意和衷心的感谢并寄语第十批援疆干部人才，一声召唤上天山。闻令而行，听令而动，坚决担负起崇高的使命和责任，接续奋斗、担当作为，贡献郴州援疆干部人才的智慧和力量。

座谈中，第九批与第十批援疆干部人才围绕如何做好援疆工作进行了深入交流。大家表示，将牢记援疆初心，忠诚履职尽责，弘扬舍家报国、忠诚担当、团结奉献、创新奋进的援疆精神，用实际行动践行新时代党的治疆方略，凭借“吃得苦、霸得蛮、扎硬寨”的韧劲，勇担重任、接续奋斗，让当地百姓的生活再上一个新台阶。

郴州市委常委、市委组织部部长颜长文出席活动。

要闻纪事

△17日，郴州市六届人大常委会第十九次主任会议召开。市人大常委会党组书记、主任江波主持会议。市人大常委会党组副书记、副主任张军，副主任高爱国、廖满珠、龙齐阳、段被成，秘书长陈剑参加会议。

△20日，郴州市人大常委会党组（扩大）2023年第4次会议暨理论学习中心组集体学习举行。市人大常委会党组书记、主任江波主持会议。市人大常委会党组副书记、副主任张军，党组成员、副主任高爱国、龙齐阳、段被成，党组成员、秘书长陈剑参加会议。

△21日，郴州市司法局相关负责人带队到桂阳、北湖调研西河乡村振兴法治示范风光带项目建设工作。

△22日，郴州市委宣传部理论学习中心组举行2023年第2次集体（扩大）学习暨2月支部主题党日活动。市委常委、市委宣传部部长贺建湘主持学习并讲话。

△23日，北湖区人武部、区退役军人事务局负责人一行看望慰问了荣立三等功的现役军人肖文山、曹坚雄等家庭，送去了肖文山等所在部队立功的三等功喜报、慰问信以及慰问金，表达党和政府对立功军人家属的亲切关怀。

△23日，郴州市委书记、市国土空间规划委员会主任吴巨培主持召开郴州市国土空间规划委员会2023年第一次全体委员会议，市委副书记、市长、市国土空间规划委员会第一副主任阚保勇出席会议。会议听取郴州市国土空间规划委员会工作情况、郴州市国土空间总体规划、郴州市国际陆港国土空间规划等汇报，审议并原则通过有关文件。市级领导冯海燕、王伟东、罗成辉、李雪莲、潘执坤、王卫东等出席会议。

◎2023年湖南省科技活动周暨科技潇湘行在郴州市宜章县启动

2023年5月23日上午，2023年湖南省科技活动周暨科技潇湘行启动仪式在郴州市宜章县举行。

副省长周海兵强调，各级各部门要深刻认识科学普及的重要意义，聚焦社会发展要求和民生改善需求，凝聚起湖南省上下合力推进科技创新的强大合力。周海兵寄语社会各界特别是广大青少年朋友，要在科技活动中拓宽视野、启迪思维，更加积极主动投身科技创新事业，在科技创新发展的大潮之中，书写人生精彩华章。

市委副书记、市长阚保勇在致辞中表示，近年来，郴州深入贯彻习近平总书记重要论述，锚定“三高四新”美好蓝图，推动科技创新、科学普及两翼齐飞、共同发展。郴州将以举办这次科技活动周为契机，推动科技走进生活、惠及群众、促进发展，树立热爱科学、崇尚科学的社会风尚。郴州也将一以贯之发扬“开放包容、求实创新”的郴州精神，诚心诚意提供“身在郴州、办事无忧”的精细服务，让广大科技人才在郴州成长成才、出新出彩。

2023年湖南省科技活动周暨科技潇湘行在宜章启动

活动现场，与会领导还向湖南省24个全国科普示范县（市、区）进行了授牌。

湖南省科技厅党组成员、副厅长周建元主持启动仪式。

◎深化交流合作 讲好郴州故事

郴州市委书记吴巨培会见人民日报社湖南分社社长吴齐强，双方就深化交流合作 讲好郴州故事深入交流

2023年5月24日，郴州市委书记吴巨培会见人民日报社湖南分社社长吴齐强，双方就加强地方与中央媒体合作，宣传郴州亮点工作，共同讲好郴州故事等相关事宜进行深入交流。

吴巨培代表郴州市委、市政府感谢人民日报社及其湖南分社长期以来对郴州高质量发展给予的关心、支持和帮助。吴巨培说，一直以来，人民日报社湖南分社在重大报道、重大题材、重要宣传中积极宣传推介郴州，提升了郴州的知名度和美誉度。希望人民日报社湖南分社一如既往地关注郴州，发挥主流媒体作用，进一步加大对郴州的宣传力度，深度挖掘郴州在建设办会兴城等方面的好经验好做法，宣传郴州广大干部群众团结奋斗的良好精神风貌，不断提升郴州形象，传播郴州好声音。

吴齐强感谢郴州市委、市政府对人民日报社湖南分社工作的大力支持。他表示，人民日报社湖南分社将与郴州进一步加强沟通交流，深入挖掘、总结报道郴州各项工作取得的新成效、新亮点、新经验，为郴州加快建设“世界旅游目的地、国家创新示范区、开放发展排头兵、湖南重要增长极”营造良好的舆论环境。

郴州市委常委、市委宣传部部长贺建湘参加会见。

◎郴州市举行老干部交流座谈活动

2023年5月30日，郴州市举行“看变化、话发展、聚合力”老干部交流座谈活动。李评等在郴副厅级以上离退休老领导，郴州市委书记吴巨培出席相关活动。

座谈会上，老干部们敞开心扉、踊跃发言，高度赞赏郴州高质量发展取得的可喜成绩，表达出老干部对郴州各项事业高质量发展的关心、关注。吴巨培边听边记，向老干部表达感激之情。

在汇报郴州之变时，吴巨培说，当前，郴州市上下深入学习贯彻党的二十大精神，认真贯彻落实习近平总书记关于湖南工作的重要讲话和指示批示精神、考察郴州重要讲话指示精神，呈现来势好、大局稳、风气正、后劲足的良好局面，郴州市上下抢抓系列重大发展机遇、开放机遇、产业机遇，充分调动各方积极性、主动性、创造性，持之以恒、久久为功、稳扎稳打、步步前进。

吴巨培希望凝聚磅礴之力，进一步凝聚团结、拼搏、发展、智慧、支持的力量，全力以赴干好郴州的工作。

活动中，老干部们前往新飞学校、福地广场等重点产业项目、文旅项目、民生项目现场实地观摩。大家表示，将继续发挥余热，一如既往支持市委、市政府工作，为社会主义现代化新郴州建设作出积极贡献。

郴州市领导黄进良、陈跃文、欧阳锋、马天毅、颜长文出席相关活动。

郴州市举行老干部交流座谈活动

◎《非遗里的中国·湖南篇》在郴州启动

中央广播电视总台大型文化节目《非遗里的中国·湖南篇》在湖南省郴州市举行启动仪式

2023年6月2日晚，中央广播电视总台大型文化节目《非遗里的中国·湖南篇》在湖南省郴州市举行启动仪式。

中央广播电视总台总编室党委副书记吴卫勇、总台综合频道负责人贺亚莉与郴州市委书记吴巨培、湖南省文化和旅游厅副厅长帆共同揭幕。郴州市委副书记、市委政法委书记黄进良，郴州市委常委、委秘书长欧阳锋，郴州市委常委、市委宣传部部长贺建湘，郴州市人民府副市长周海林，中国文物学会会长单霁翔等参加启动仪式。

《非遗里的中国·湖南篇》落地于郴州长卷。郴州记载着湘南的历史韵，是见证千年历史的文化名城。这里的秀丽山水和悠久历史共同孕育了诸多如“人类口头和非物质遗产代表作”湘昆、传统银饰锻制技艺（郴银饰锻造技艺）、嘉禾伴嫁歌、栖凤渡鱼粉制作技艺、糍粑制作技艺（大米糍制作技艺）等国家级、湖南省级、郴州市级非物质文化遗产技艺，绘出郴州大地上非遗技艺的五彩斑斓。

要闻纪事

△23日，郴州市六届人大常委会第九次会议召开，市人大常委会党组书记、主任江波出席会议。市人大常委会党组副书记、副主任张军，副主任高爱国、龙齐阳、段被成，秘书长陈剑参加会议。市委常委、副市长王伟东，市监察委员会、市中级人民法院、市人民检察院以及市直有关部门负责同志列席会议。

△23日，郴州市六届人大常委会第九次会议听取和审议了市人民政府《关于郴州市2021年度国有资产管理情况有关报告审议意见研究处理情况的报告》，并以无记名投票方式进行了满意度测评。

△24日，2023年永兴县政府全体会议召开。县委副书记、县长宾心华出席会议并讲话。县领导罗玉辉、陈朝阳、尹涛、李立彪、周雄、李和、何丽娟、范洪水、李检华、李永东参加会议。

△24日，郴州苏仙区人民检察院召开2023年检察工作务虚会，院领导班子成员、各部门正副职深刻剖析存在的问题，大胆畅谈新一年的工作打算，凝聚共识，为2023年苏仙检察各项工作谋好思路、定好措施，争取各项工作争先进位。

△24日，郴州市委第二提级巡察组向汝城县纪委监委机关、县委组织部和县委巡察机构反馈了巡察情况，标志着六届市委第二轮巡察反馈工作全面完成。冯海燕、王伟东、彭生智、罗成辉等市领导分别出席反馈会议，对巡察整改工作提出明确要求，市委巡察工作领导小组成员分别参加反馈，传达市委书记吴巨培在书记专题会上的讲话精神。

◎郴州市召开“决战一百天 办好旅发会”冲刺攻坚大会

郴州市召开“决战一百天 办好旅发会”冲刺攻坚大会

2023 年 6 月 5 日，郴州市召开“决战一百天 办好旅发会”冲刺攻坚大会，向郴州市发出冲刺攻坚总动员。郴州市委书记吴巨培出席会议并讲话，郴州市委副书记、市长阚保勇主持会议。

大会现场集中交办问题清单，表扬通报承办旅发大会担当作为人员，与一线重点项目负责人现场视频连线，现场典型发言，各行各业代表发出倡议，会场战旗猎猎、誓言铮铮、摩拳霍霍！

吴巨培对郴州承办第二届湖南旅发大会的工作成效给予充分肯定。希望郴州市上下坚决贯彻落实湖南省委、省政府战略决策，落实湖南省委书记沈晓明对办好旅发大会作出的批示要求，聚焦冲刺“办会兴城”的关键时刻，坚定信心，下定决心；排除万难，攻坚克难；保持定力，提升战力；奋战百天，决战决胜。

阚保勇要求，郴州市上下要树牢决战决胜的坚定信心，进一步统一思想、鼓足士气。要扬起冲锋冲刺的豪情斗志，要强化务实求实的良好作风，要进一步强化指挥。

湖南省文化和旅游厅副厅长张帆，郴州市领导黄进良、江波、陈跃文、欧阳锋、贺建湘、马天毅、肖开斌、颜长文、王伟东、张先旺、黄峥嵘等出席会议。

◎第十九届深圳文博会郴州专场文旅推介会举行

2023 年 6 月 8 日，第十九届中国（深圳）国际文化产业博览交易会第二届湖南旅游发展大会郴州专场文旅推介会在广东省深圳市举行，启动第二届湖南旅发大会倒计时 100 天。湖南省委常委、省委宣传部部长杨浩东，广东省商务厅党组书记、厅长张劲松，郴州市委书记吴巨培出席活动。

本次郴州专场文旅推介会聚焦第二届湖南旅游发展大会，邀请全国百强旅行社、旅行商、文创协会代表等齐聚一堂，共赏“山水画卷”之美，共话“郴州相见”之情。

推介会上，湖南省委常委、省委宣传部部长杨浩东为“郴心之旅——粤港澳大湾区媒体总编辑郴州行”活动授旗。

推介会现场，深圳金展集团总经理王振代表投资商发言。

活动中，女排奥运冠军赵蕊蕊与观众互动，深情回忆了“中国女排”在郴州训练的难忘时光，让大家感受到“顽强奋斗、团结协作、勇攀高峰、永不言败”的女排精神。

现场还播放了郴州文旅宣传片《山水画卷 郴州相见》及推介视频，视频连线郴州代表景点莽山、东江湖、高椅岭、仰天湖。第二届湖南旅发大会吉祥物“山侠”“水仙”发布“郴州市礼遇粤港澳大湾区等主要客源地游客的若干措施”及“深阅郴州 郴邀您来”精品旅游线路。

湖南省直有关部门负责人，郴州市领导陈跃文、贺建湘出席活动。

第十九届深圳文博会郴州专场文旅推介会举行

要闻纪事

△ 25 日，郴州市委副书记、市长阚保勇主持召开市政府第 31 次常务会议。

△ 25 日，郴州市委副书记、市政府党组书记、市长阚保勇主持召开市政府党组 2023 年第 3 次（扩大）会议。会议传达学习了习近平总书记重要讲话、重要文章、重要批示、重要指示、重要贺信精神；传达学习了中央、省委农村工作会议以及全省有关工作会议精神，研究了郴州市贯彻落实意见。

△ 26 日，郴州市委召开 2022 年度县市区和市直行业系统党（工）委书记抓基层党建工作述职评议会议，听取县市区委和市直机关工委、市国资委党委、市教育局党委、市卫健委党委、市委两新工委书记抓基层党建工作述职，对述职同志进行民主测评。市委书记吴巨培主持会议，进行全面点评并讲话；市委副书记、市长阚保勇出席并作点评。市领导黄进良、冯海燕、欧阳锋、贺建湘、马天毅、肖开斌等出席。省委组织部有关同志到会指导并讲话。

△ 27 日，郴州市政协党组理论学习中心组（扩大）举行 2023 年第 4 次集体学习。市政协党组书记、主席陈跃文主持学习并作小结讲话。市政协党组副书记、副主席赵宇，党组成员、副主席周汶，党组成员、秘书长何青松参加学习；市政协副主席潘执坤、李波勇、曹暇列席。

△ 27 日，郴州市委统战部、市工商联、市侨联理论学习中心组 2023 年第 2 次集体（扩大）学习举行，市委常委、市委统战部部长欧阳锋参加学习并讲话。本次学习以“深入学习领会习近平法治思想”为主题，邀请了市委党校谭礼塘副教授作专题辅导，参会同志代表作学习研讨发言。

◎郴州市委、市政府举办专题培训班

市委、市政府举办专题培训班

2023 年 6 月 12 日，郴州市委、市政府举办专题培训班，深入学习贯彻习近平总书记关于树立和践行正确政绩观的重要论述和严禁统计造假、严控地方政府债务风险的重要批示精神，传达落实湖南省委、省政府专题培训班会议精神，郴州市委书记吴巨培作辅导报告，郴州市委副书记、市长阚保勇出席并讲话。

吴巨培强调，郴州市各级各部门要对标看齐，牢固树立正确政绩观。要对照反思，查找存在的主要问题。要对症施策，防止和纠正政绩观偏差。要对表落实，着力推动高质量发展。

会议还对深入开展调查研究和“走基层、找问题、想办法、促发展”活动有关事项作出部署。吴巨培强调，要提高站位强担当，深学深悟明方向，聚力聚焦提质效，不折不扣抓落实，确保取得较好成效。

阚保勇指出，郴州市上下要深入学习习近平总书记关于树立和践行正确政绩观的重要论述，对标对表、细照笃行，实事求是、真抓实干，心系群众、为民造福，进一步锤炼政治品格、突出问题导向、涵养为民情怀、强化发展意识。

在职市领导、县市区党政主要负责同志、市直有关单位主要负责同志参加培训班。

◎全国烟叶高质量发展现场会在郴州召开

全国烟叶高质量发展现场会在郴州召开

2023年6月14日至15日，全国烟叶高质量发展现场会在郴州召开。副省长秦国文出席并致辞，国家烟草专卖局副局长出席并讲话，中国烟叶公司总经理陈江华作会议小结，郴州市委副书记、市长阚保勇代表郴州市委、市政府致辞。

会议播放了湖南烟叶发展的主题宣传片。会上，湖南省烟草专卖局（公司）、湖南中烟工业有限责任公司等6家公司先后作交流发言。

秦国文在致辞时说，湖南将继续夯实基础把烟叶产业做大，继续在提质增效中把烟叶产业做优，继续在转型升级中把烟叶产业做强，为全国烟草高质量发展贡献湖南力量。

陈江华作会议小结时说，要深刻领会会议精神抓落实，奋力开创烟叶高质量发展新局面。要对标先进经验抓落实，积极探索烟叶高质量发展新路子。要突出工作重点抓落实，推动烟叶高质量发展不断取得新成效。

阚保勇在致辞时说，近年来郴州实现了百里烟海、百万担烟、百亿产业“三百蓝图”。下一步，将统筹推进高质量基本烟田、高标准烟基设施、高素质职业烟农、高水平生态烟区建设，全力推动郴州烟叶高质量发展，努力为全国烟草农业现代化建设作出郴州贡献。

国家烟草专卖局有关部门负责人，各省级烟草工商企业负责人，副市长彭生智参加会议。

◎阚保勇开展“为民办实事”下访等活动 多到一线去听民意解民忧

2023年6月20日上午，郴州市委副书记、市长阚保勇深入郴州市北湖区开展下访活动，并到部分老旧小区调研基层治理和“和美小区”创建工作。

位于郴州大道与华塘大道交汇处向东600米处的油山村杨家路口，是周边1100多名村民的通行要道。由于没有设置红绿灯，村民驾车要绕道2公里才能掉头，出行很不方便且存在较大安全隐患。阚保勇耐心听取信访群众的意见，现场查看实际情况后，对相关问题当即进行交办。他强调，各级各部门要牢固树立人民至上的理念，多到一线去、到群众中间去，面对面听民意、实打实解民忧，以对人民高度负责的态度，把民生好事办好、实事办实。

郴州市委副书记、市长阚保勇深入郴州市北湖区开展下访活动

五岭花园小区、东湾院小区是建于2003年的老旧小区。阚保勇走进小区，边走边看，与社区、物业、业委会相关负责同志交流，了解小区面临的问题和困难，并向相关单位作了交办。他强调，和美小区创建是巩固全国文明城市创建成果、提高人民生活品质、提升基层治理水平的重要举措，各级各部门要高度重视，积极推进。老旧小区要坚持“软硬”兼施、“内外”兼修，全民参与、共建共享。要加快设施配套，要加强文明创建，持续提升人民群众的获得感、幸福感和安全感。

◎吴巨培开展“七一”走访慰问活动 向郴州市广大党员致以节日的问候

2023年6月29日，郴州市委书记吴巨培深入部分困难党员家中开展“七一”走访慰问活动，为他们送去党的关怀和温暖，并通过他们向郴州市广大党员致以节日的问候。

郴州市委书记吴巨培深入部分困难党员家中开展“七一”走访慰问活动

走访慰问中，吴巨培分别来到湖南省党内关怀帮扶对象王广宁和郴州市党内关怀帮扶对象黄平家中，同他们亲切唠家常、话家事，对他们为党和人民事业、为郴州经济社会发展作出的贡献表达敬意和感谢，并仔细询问他们目前的身体状况、存在的困难和问题，了解医保和大病救助等情况，鼓励他们保持良好精神状态，积极乐观面对生活，增强信心，战胜困难。

吴巨培说，党的十八大以来，以习近平同志为核心的党中央高度重视困难党员和老党员的关怀帮扶工作，各级党委政府要时刻把困难党员、老党员的冷暖挂在心上，多措并举落实党内关怀帮扶制度，思想上多关心、生活上多关照、精神上多关怀，用心用情解决好他们的实际困难和问题，让他们充分享受到发展成果，切实感受到党的关怀和组织的温暖。

郴州市委常委、市委秘书长欧阳锋参加走访慰问。

要闻纪事

△28日，政协郴州市第六届委员会常务委员会第七次会议召开。市政协主席陈跃文主持会议。市政协副主席赵宇、李雪莲、潘执坤、李波勇、周汶、李罗丝、曹暇，秘书长何青松出席会议。

△28日，资兴市人民检察院开展“一课一片一实践”廉洁主题党日活动。

3月

△1日，郴州市委常委、市委统战部部长欧阳锋前往苏仙区调度第二届湖南旅发大会部分重点观摩项目建设情况。

△1日，郴州市政府办党组理论学习中心组2023年第3次集体（扩大）学习暨业务培训读书分享活动举行。

△1日，嘉禾县交通运输局安全运输股、运政、治超执法队联合高速交警桂阳大队、高速路产管理所，在嘉禾县车头高速出口路段开展联合安全监管联合执法，严厉打击非法营运、超限超载、改装改型等道路交通安全违法行为。

△2日，郴州市人大常委会党组书记、主任江波率队到市中级人民法院调研。市人大常委会副主任廖满珠，秘书长陈剑参加调研。

△3日，郴州市委党校召开教职工大会，专题学习习近平总书记在中央党校建校90周年庆祝大会暨2023年春季学期开学典礼上的重要讲话，传达学习市委党务工作会议精神。

△3日，郴州市检察长会议暨全市检察机关党风廉政建设和反腐败工作会议召开。市检察院党组书记、检察长肖功员参加会议并讲话。

△4日，郴州市委书记吴巨培到苏仙区、北湖区专题开展安全生产工作检查，对全市安全生产工作进行再部署再安排。市领导罗成辉参加检查。

◎郴州形象馆亮相第三届中非经贸博览会

2023 年 6 月 29 日，由商务部和湖南省人民政府共同主办的第三届中国—非洲经贸博览会在长沙开幕。郴州市委副书记、市长阚保勇参加开幕式暨中非经贸合作论坛，并和赞比亚、南非代表团一同来到郴州形象馆巡馆。

本届博览会以“共谋发展、共享未来”为主题，6 月 29 日起至 7 月 2 日在长沙国际会展中心举行，郴州市福银新能源、郴州粮机、农夫机电、成鑫汽车、老一队茶叶等数十家企业参展，展品十分丰富。

赞比亚、南非代表团对郴州参展的企业及产品大加赞赏，表示将赴郴州深入考察、交流和对接，进一步拓宽合作领域、提升合作层次、扩大合作成果。

副市长杨平参加相关活动。

郴州形象馆亮相第三届中非经贸博览会

◎2023 年全国和美乡村篮球大赛郴州市选拔赛启动

2023 年全国和美乡村篮球大赛郴州市选拔赛启动

2023 年 7 月 9 日上午，2023 年全国和美乡村篮球大赛郴州市选拔赛在北湖区华塘镇吴山村正式启动。郴州市委副书记、市委政法委书记黄进良宣布开幕。

本次选拔赛全部赛程 4 天，吸引了郴州市各县市区共 11 个乡镇的 11 支队伍、132 位运动员参加，队员均为来自农村的农民业余球员。经过 14 场激烈比拼后，本次选拔赛产生的最佳球队，将代表郴州参加全国和美乡村篮球大赛（村 BA）湖南省选拔赛。

2023 年 6 月，农业农村部办公厅、国家体育总局办公厅联合印发通知，决定组织开展全国和美乡村篮球大赛（村 BA）。大赛分为基层赛、大区赛和总决赛三个阶段。金秋十月，全国总冠军将在贵州省台江县决出。

郴州市将通过举办本次选拔赛，进一步丰富乡村文体活动、增强农民群众健身意识、展示郴州新时代农民风采，营造全社会关心关注宜居宜业和美乡村建设的浓厚氛围，助力乡村全面振兴。

郴州市领导罗成辉参加活动。

◎建强用活“城市大脑” 让城市更智慧生活更美好

2023 年 7 月 13 日，郴州市委书记吴巨培主持召开会议，专题调度郴州城市大脑驱动智慧城市建设工作。

郴州市委书记吴巨培主持召开会议，专题调度郴州城市大脑驱动智慧城市建设工作

郴州城市大脑自 2023 年 2 月 27 日正式启动上线，目前，以“一中心三平台”为底座的城市大脑全面构建，初步形成跨部门、跨层级、跨区域的联动运行指挥体系。

吴巨培对郴州城市大脑的建设运行给予充分肯定、寄予厚望，强调要进一步统一思想、统一定位、统一要求，坚持问题导向，充分发挥潜能，真正建好、管好、用好“城市大脑”，争创湖南省一流。

郴州市领导黄进良、欧阳锋、肖义、杨平参加会议。

要闻纪事

△6 日，郴州市政协党组召开 2023 年第 3 次会议。市政协党组书记、主席陈跃文主持会议并讲话。会议传达学习了党的二十届二中全会精神、汪洋同志在全国政协十四届一次会议开幕会上所作的工作报告精神；两名同志作了中心发言。市政协党组副书记、副主席赵宇，党组成员、副主席周汶、李罗丝，党组成员、秘书长何青松参加会议；市政协副主席李雪莲、潘执坤、李波勇、曹暇列席会议。

△6 日，郴州市委统战部召开贯彻落实市委党务工作会议精神专题部署会，研究部署贯彻落实意见。市委常委、市委统战部部长欧阳锋主持会议并讲话。

△6 日，郴州市委常委、市纪委书记、市监委主任肖开斌主持召开 2023 年第 8 次市纪委常委会会议。会议传达学习了党的二十届二中全会精神、习近平总书记对内蒙古阿拉善左旗露天煤矿坍塌事故作出的重要指示精神、中央纪委《关于开展乡村振兴领域不正之风和腐败问题专项整治的意见》等，研究审议了《关于进一步激励干部敢为的十条措施》等。

△7 日，中共郴州市政协机关委员会党员大会召开。市政协党组书记、主席陈跃文出席会议并讲话。会议选举产生了新一届市政协机关党委班子和机关纪委班子，审议通过了第四届市政协机关党委工作报告和第一届机关纪委工作报告。市政协党组副书记、副主席赵宇，党组成员、副主席周汶、李罗丝，党组成员、秘书长何青松，老同志许时典等参加会议。

△8 日，郴州市政协系统办公室工作会议在资兴召开。市政协党组书记、主席陈跃文出席会议并讲话。市政协党组副书记、副主席赵宇，党组成员、秘书长何青松参加活动。

◎郴州市质量强市建设协调推进领导小组第一次全体会议召开

全市质量强市建设协调推进领导小组第一次全体会议召开

2023 年 7 月 19 日上午，郴州市质量强市建设协调推进领导小组第一次全体会议召开，郴州市委副书记、市长、市质量强市建设协调推进领导小组组长阚保勇强调，要深入学习贯彻习近平总书记关于质量强国建设的重要论述精神和国省有关部署要求，持续推动质量强市战略实施，大力开展质量提升行动，全面提升质量工作水平，为郴州高质量发展提供坚实支撑。

会议听取了郴州市质量强市工作报告，通报了 2022 年度县市区人民政府质量考核结果，审议了《郴州市质量强市建设实施方案》。

阚保勇强调，要充分肯定成绩，坚定质量强市的信心，再接再厉、精益求精，推动工作再上新台阶。

要突出问题导向，补齐质量强市的短板，提高质量工作的实效和水平。

要聚焦发展大局，抓牢质量强市的重点，紧扣产业强赋能、紧扣办公抓提质、紧扣民生优供给、紧扣安全守底线，实现规划高标准、建设高层次、运营高水平、服务高品质、投资高效益、发展高质量。

要强化统筹协同，凝聚质量强市的合力。加强组织领导、考核激励、示范引领、宣传引导，构建党委领导、政府主导、部门联合、企业主责、社会参与的大质量工作格局。

郴州市领导杨平主持会议。

◎打造精品力作 全新精彩呈现

2023 年 7 月 29 日，郴州市委书记吴巨培到北湖区调研第二届湖南旅发大会重点观摩项目建设及观摩线路城乡风貌提质等工作。

位于北湖区华塘镇塔水村的枝青乡村度假酒店，吴巨培希望加快周边人居环境整治进度，突出特色亮点，确保风格统一协调，打造高标准高品质民宿，助力乡村振兴。

远恒佳科创研学基地视觉中心、科创中心、未来中心均已建设完成，人工智能、机器人、“互联网 +”AI 技术、互动体感技术带给游客沉浸式体验空间。吴巨培仔细了解项目相关情况后说要进行深入思考、精心策划，通过声、光、电巧妙融合，让人眼前一亮，充分感受科技创新的力量。

来到正在建设中的小埠耕读馆，吴巨培要求在确保质量和安全的前提下，加力加速按时间节点推进施工进度，打造以农耕文创为主题，集文化、教育、旅游、农业、商业为一体的多功能场馆，依托小埠生态文旅城探索文教体旅融合发展的创新实践。

调研中，吴巨培还对第二届湖南旅发大会观摩路线设计、文创产品等工作进行调度，要求进一步优化观摩路线，全程实战演练，制定最佳方案，营造浓厚氛围，美化视觉产品，打磨文创产品，融入郴州元素，展示郴州风采，确保精益求精、务求实效、越办越好。

郴州市领导黄峥嵘、周海林、罗成辉参加调研。

◎认真践行“浦江经验”：访民情 听民意 解民忧 惠民生

郴州市委书记吴巨培到郴州市资兴市下沉接访，面对面听取群众诉求，现场研究解决信访问题

2023 年 7 月 26 日，结合开展“走基层、找问题、想办法、促发展”活动，郴州市委书记吴巨培到郴州市资兴市下沉接访，面对面听取群众诉求，现场研究解决信访问题。

吴巨培接待了 14 批来访群众，认真听取他们反映的景区提质、建筑安全等问题，并与市县及有关部门同志现场研究解决方案，逐一回应，现场交办。他要求当地党委、政府及相关部门按照“137”工作标准跟踪办理，并举一反三，全面梳理类似案例，带着感情、带着责任做好信访工作，以解决问题的实效取信于民。

吴巨培指出，习近平总书记在浙江工作期间亲自倡导、亲自谋划、亲自垂范的“浦江经验”，集中体现了我们党的根本宗旨、人民立场和群众观念，郴州市各级各部门要深入学习领会“浦江经验”蕴含的真理力量和实践伟力，自觉对标看齐，坚持以人民为中心的发展思想，扎实走好新时代的群众路线，不断提高做好群众工作的能力和本领，面对面听民声，心连心解民忧，实打实惠民生，续写新时代“半条被子”的故事。

要建立组织领导机制，要建立联动推进的机制，要建立常态长效机制，要建立考核督导机制，推动治理体系和治理能力现代化。

郴州市领导欧阳锋参加接访。市直部门及资兴市在接访现场共开设 12 个接访室联合接待群众来访。

◎建好“水世界”“郴心游”郴州

2023 年 7 月 23 日，郴州市委书记吴巨培主持召开会议，专题调度“郴州水世界”内展设计方案和“郴心游”项目建设情况。郴州市委副书记、市长阚保勇出席并讲话。

“郴州水世界”和“郴心游”是第二届湖南旅发大会重点观摩项目和智慧文旅项目。目前，项目按时序进度顺利推进。

吴巨培强调，“郴州水世界”内展设计要坚持以习近平生态文明思想为指导，坚持“绿水青山就是金山银山”理念，围绕“水资源可持续利用与绿色发展”主题，充分运用现代科技手段，精心细致打磨细节，完善设计方案，全面融入全市各县市区元素，呈现人与自然和谐共生的生动图景，增强对“郴州好水、生活更美”的体验感，彰显“山水画卷、郴州相见”的价值内涵。

阚保勇要求，要更加注重科学性，突出科技感，提升感染力，把“郴州水世界”打造成全景展示郴州生态文明建设特别是水资源可持续利用与绿色发展成果的载体。要进一步学习借鉴外地先进经验和做法，坚持需求导向，强化平台关联，精准推送信息，增强宣传效果，切实把“郴心游”智慧文旅平台建设成为广大游客认为好用、实用的文旅平台，为提升郴州文旅知名度、美誉度、影响力赋能增效。

郴州市委书记吴巨培主持召开会议，专题调度“郴州水世界”内展设计方案和“郴心游”项目建设情况

郴州市领导欧阳锋、马天毅参加会议。

要闻纪事

△ 9 日，湖南省人大常委会副主任、省总工会主席周农率队来郴，围绕“深入学习贯彻党的二十大精神，在奋力推进中国式现代化进程中充分发挥工人阶级和工会工作重要作用”开展调研。省总工会党组书记、副主席何俊峰陪同调研。市人大常委会党组书记、主任江波主持座谈会，市领导马天毅、段被成参加相关活动。

△ 12 日，郴州市委书记吴巨培主持召开 2023 年第 8 次市委常委会会议。市委常委会会议成员出席会议。会议传达学习习近平总书记近期重要讲话、重要文章、重要批示精神；传达学习全国、全省有关会议精神，省领导在郴州调研时的讲话精神，研究郴州市贯彻落实意见；听取承办第二届湖南旅发大会有关情况汇报。会议原则通过《关于推进新时代郴州教育高质量发展的若干意见》《郴州市 2023 年“五好”园区建设行动方案》。

△ 13 日，郴州市人大常委会党组（扩大）2023 年第 5 次会议暨理论学习中心组集体学习举行。市人大常委会党组书记、主任江波主持会议并讲话。市人大常委会党组副书记、副主任张军，党组成员、副主任高爱国、龙齐阳参加会议。市人大常委会副主任廖满珠列席。

△ 13 日，郴州市政协党组理论学习中心组（扩大）举行 2023 年第 5 次集体学习。市政协党组书记、主席陈跃文主持学习并作小结讲话。市政协党组副书记、副主席赵宇，党组成员、副主席周汶、李罗丝参加学习；市政协副主席李雪莲、李波勇、曹暇列席。

◎落实『田长制』促进『田长治』牢牢守住耕地保护红线

郴州市田长制工作委员会2023年第一次全体（扩大）会议暨耕地保护工作推进会议

2023年8月1日，郴州市委书记、市总田长吴巨培主持召开郴州市田长制工作委员会2023年第一次全体（扩大）会议暨耕地保护工作推进会议，传达学习习近平总书记关于耕地保护和粮食安全的重要讲话指示精神，听取有关工作情况汇报，研究部署下阶段工作。郴州市委副书记、市长、市总田长阚保勇出席会议并讲话。

吴巨培强调，要以更高的站位扛牢耕地保护、粮食安全政治责任；要以更硬的举措守住耕地保护底线目标；要以更严的要求抓好耕地“两非”问题整治；要以更强的担当提升“田长制”体系运行效能。

阚保勇指出，要进一步强化专项整治，加快改，确保按时间节点完成整改销号任务；严格查，真正让耕地保护制度“长牙齿”“会咬人”；长效管，一体推进“天上看、地上查、网上管”，牢牢守住耕地保护红线和粮食安全底线。进一步强化巡田实效，奔着问题去、带着办法来，真正沉到田间地头，一级带一级，层层抓落实。进一步强化考核评价，对标对表，推动工作责任落实；进一步强化工作统筹，切实抓好“三农”领域各项工作，为郴州经济社会高质量发展贡献“三农”力量。

郴州市领导王伟东、彭生智参加会议。

◎郴州市人大常委会副主任廖满珠来临武县开展安全生产“一法一条例一规定”执法检查

2023年8月3日，郴州市人大常委会副主任廖满珠率检查组来临武县开展安全生产“一法一条例一规定”执法检查。郴州市临武县人大常委会党组书记、主任谭晓亮参加检查。

廖满珠一行先后来到汾市镇红豆庄园、舜峰镇韩山社区、久森新能源等地，通过明查和暗访的形式，仔细检查民宿、商业自建房以及企业生产等安全工作，详细了解郴州市临武县安全生产工作开展情况以及存在的问题和不足。

廖满珠指出，这次执法检查是中央、省、市、县四级联动的安全生产执法检查，各级各部门要高度重视，严格贯彻落实安全生产法，依法依规开展各项工作，真正做到依法行政、依法监督、依法治安，要积极面对检查过程中发现的问题，认真做好问题整改；要进一步提高工作站位，用法治的思维去提升对安全生产法、安全生产工作的重要认识；要进一步突出工作重点，常抓不懈、齐抓共管，要加强预防、加强排查，标本兼治地处理好各项问题；要进一步加大安全生产宣传力度，教育引导百姓自发自觉地参与到安全生产工作中来，让安全生产知识入脑入心；要进一步整合资源力量，加强部门协调协同，联防联治，努力形成信息共享、部门互利的安全生产格局，确保临武各项工作安全有序稳定开展。

县领导黄亮平、李征文、周红参加活动。

市人大常委会副主任廖满珠来临武县开展安全生产『一法一条例一规定』执法检查

要闻纪事

△15日，嘉禾县人民检察院联合该县市场监督管理局、法院等单位，围绕“提振消费信心”消费维权年主题，在嘉禾县中伟神农步行街联合开展“保护消费者权益 公益诉讼检察与您同行”宣传活动。

△15日，郴州市委副书记、市长阚保勇主持召开市政府第32次常务会议。

△15日，郴州市委副书记、市政府党组书记、市长阚保勇主持召开市政府党组2023年第4次（扩大）会议暨理论学习中心组第3次集体学习。会议传达学习了习近平总书记重要讲话、重要文章、重要批示、重要指示、重要贺信精神，传达学习了全国两会精神和国省有关会议精神，研究郴州市贯彻落实意见。

△15日，郴州市人大常委会党组书记、主任江波率队深入市中心城区，就《郴州市文明行为促进条例》贯彻实施情况进行调研。他强调，要推进地方性法规“全生命周期”管理，用法治擦亮城市文明底色，提升旅发大会成色。

△15日，郴州2023年第6次市委秘书长会议召开。市委常委、市委统战部部长欧阳锋出席会议并讲话。会议传达学习了习近平总书记在十四届全国人大一次会议上的重要讲话精神，省委、市委宣传思想工作暨意识形态工作领导小组会议精神，全省党委国安、督查、机要密码、专用通信工作会议精神，研究了办公室贯彻落实意见。

△16日，郴州市委贯彻落实中央、省委统战工作会议精神大会召开。市委书记吴巨培出席会议并讲话，市委副书记、市长阚保勇主持会议。

◎郴州市产业“四大攻坚”工作推进电视电话会议召开

2023年8月11日下午，郴州市打造“永兴样板”、锂电新能源全产业链发展、东江湖大数据产业发展、氟化工产业基地建设“四大攻坚”工作推进电视电话会议召开。郴州市委副书记、市长阚保勇出席并讲话。他强调，要坚定攻坚之志、凝聚攻坚之力、发起攻坚之势、扩大攻坚之效，以工业质效之“进”支撑经济增长之“稳”。

全市产业“四大攻坚”工作推进电视电话会议召开

阚保勇指出，要充分肯定成绩，坚定“攻坚”信心。在“攻”的态势、“新”的动能、“快”的增长、“稳”的支撑中，保持定力，坚定信心，一抓到底。要瞄准关键发力，再掀“攻坚”热潮。加快打造“永兴样板”，加快推进锂电新能源全产业链发展，加快推进大数据产业发展，加快建设氟化工产业基地；加强常态调度，强化督查考核，严格落实安全生产和生态环保措施，持续掀起攻坚热潮。要大抓工业经济，实现“攻坚”目标。要始终树牢大抓工业的鲜明导向，加快谋划推动现代化工业体系建设，切实加强工业经济运行调度，不断提高创造性执行的能力本领，以“四大攻坚”的重点突破，带动工业经济整体提升，为郴州市高质量发展提供坚实支撑。

郴州市级领导马天毅、王伟东、王卫东参加会议。

◎郴州市委理论学习中心组 2023 年第 8 次集体（扩大）学习举行

市委理论学习中心组 2023 年第 8 次集体（扩大）学习举行

2023 年 8 月 11 日，中共郴州市委理论学习中心组 2023 年第 8 次集体（扩大）学习举行。郴州市委书记、市委理论学习中心组组长吴巨培主持，郴州市委副书记、市长阚保勇等市委理论学习中心组成员出席。

专题辅导中，湖南省委宣传部部务会成员、二级巡视员刘新年作“建设具有强大凝聚力和引领力的社会主义意识形态”专题讲座。

吴巨培在学习小结中说，要增强意识形态工作主动性，深入学习贯彻党的二十大精神和习近平总书记关于意识形态工作的重要论述，深学深悟、笃信笃行，以实干实绩坚定捍卫“两个确立”、坚决做到“两个维护”，为全面建设社会主义现代化新郴州凝聚强大精神力量。

吴巨培还就安全生产工作进行安排部署，他强调，郴州市上下要深入学习贯彻习近平总书记关于安全生产的重要论述和重要指示批示精神，时刻保持清醒头脑，做到天天抓、时时抓、人人抓、处处抓。绷紧思想之弦；夯实安全之基；用好执法之剑；扛牢工作之责。

◎ 2023 中国优秀旅游城市自行车大赛郴州站开赛

2023 年 8 月 12 日，2023 中国优秀旅游城市自行车大赛郴州站在飞天山国家地质公园鸣笛开赛。

本次大赛由中国自行车运动协会、湖南省体育局、郴州市政府主办，郴州市文化旅游广电体育局、郴州市苏仙区政府承办，旨在倡导“绿色环保、低碳出行”的环保理念。大赛共设置山地自行车男子精英组、山地自行车男子大师组、山地自行车女子组和骑游公开组 4 个组别，吸引了国内外近 600 名自行车骑行爱好者参赛。

经过激烈的角逐，最终陈凯、陈湘源、万佳丽分别获得山地自行车男子精英组、男子大师组、女子组冠军。陈凯表示，在飞天山国家地质公园骑行，碧水映丹霞的独特美景，让人心情舒畅。比赛中，有着众多极具挑战性的弯道以及坡度起伏较大的道路，充分体验到了骑行竞技的快乐。

郴州作为中国优秀旅游城市之一，拥有丰富的自然风光和悠久的历史文化。本次大赛精心设计赛程路线，让选手和观众们沉浸式体验飞天丹霞、翠江河畔充满诗情画意的唯美意境，强化了郴州作为中国旅游城市的定位和文化肌理，让文旅内涵得到进一步拓展。同时，本次大赛也将为第二届湖南旅游发展大会增添一大亮点，吸引更多游客来到郴州，感受其独特魅力。

副市长周海林参加开幕式。

2023 中国优秀旅游城市自行车大赛郴州站开赛

开赛现场

◎郴州市与中核集团湖南核工业矿冶局举行座谈交流

2023 年 8 月 14 日，郴州市委书记吴巨培会见中核集团（中南）市场开发部主任、核工业湖南矿冶局党委书记、局长肖启斌，双方就进一步深化合作开展座谈交流。

郴州市与中核集团湖南核工业矿冶局举行座谈交流

吴巨培代表郴州市委、市政府感谢中核集团及湖南核工业矿冶局对郴州经济社会高质量发展的鼎力支持。他说，双方感情不断加深，特别是 2023 年以来，“711 时光小镇”的提质改造，为双方深度合作奠定了良好基础，注入了强大能量。希望双方合作不断加强，对接不断加快，在建筑施工、投资开发等方面开展全方位合作。郴州将加强对接沟通，以更大力度、更快速度、更优服务推进双方在更多领域、更多项目上达成共识，推动双方合作在新时代焕发更加灿烂的光芒。

肖启斌表达了对郴州的感激之情、与郴州的合作之意。他说，湖南是核工业的摇篮和发祥之地，郴州是中国核工业第一功勋铀矿 711 矿所在地，双方交流互动频繁、合作前景广阔。下一步，中核集团及湖南核工业将在红色文旅项目合作、新能源开发、资产盘活利用、产业导入等多个领域与郴州开展深入合作，更好地服务郴州经济社会高质量发展，希望郴州一如既往地关心、支持企业发展，实现合作共赢。

郴州市领导欧阳锋、王伟东、罗成辉参加会见。

要闻纪事

△ 16 日，政协郴州市第六届委员会第十三次主席会议召开。市政协主席陈跃文主持会议。市政协副主席赵宇、李雪莲、潘执坤、李波勇、周汶、李罗丝、曹暇出席会议。

△ 17 日，致公党郴州市委会（筹）2023 年全体党员大会召开。大会观看了《音乐里的致公党史》宣传片，传达学习了 2023 年全国两会精神，听取了致公党郴州市委会(筹)2022 年度工作报告，安排部署了 2023 年工作。

△ 20 日，郴州市政协对 2023 年“提案办理推进年”活动进行动员部署。市政协党组书记、主席陈跃文出席活动并讲话。市政协副主席赵宇、李雪莲、潘执坤、李波勇、周汶、李罗丝、曹暇，市政协秘书长何青松出席活动；提案承办单位领导和政协机关全体干部参加动员活动。

△ 20 日，郴州市委书记吴巨培主持召开 2023 年第 9 次市委常委会会议。市委副书记、市长阚保勇等市委常委会会议成员出席会议。会议传达学习习近平总书记近期重要讲话、重要文章、重要论述和全国两会精神；传达学习全省有关会议精神，省委副书记、省长毛伟明在郴州调研时的讲话精神，研究我市贯彻落实意见；听取郴州市承办第二届湖南旅发大会督查督导情况汇报。

△ 20 日，政协郴州市第六届委员会常务委员会第八次会议召开。市委副书记、市长阚保勇应邀出席会议并讲话，市政协主席陈跃文主持会议。市政协副主席赵宇、李雪莲、潘执坤、李波勇、周汶、李罗丝、曹暇，市政协秘书长何青松出席会议；市政府秘书长李建军列席会议。

◎首个全国生态日（湖南）活动在郴州市举行

2023年8月15日，以“绿水青山就是金山银山”为主题的首个全国生态日（湖南）活动在郴州举行。湖南省人大常委会副主任陈飞出席。

此次活动由湖南省人大常委会、省人民政府主办，湖南省发展和改革委员会、郴州市人民政府共同承办，旨在全方位、多角度、深层次宣传湖南省践行习近平生态文明思想取得的成果，展示湖南风采和郴州特色，营造人人参与生态环境保护事业良好氛围。

首个全国生态日（湖南）活动在郴州举行

活动现场发布了湖南省科技创新、湖南省工业绿色低碳发展、湖南省城乡建设领域生态文明建设、湖南省生态环境领域、湖南省水资源节约集约高效利用、湖南省林草生态文明建设等多领域的重要成果；郴州市、岳阳市介绍生态文明建设经验做法；与会人员还走进仰天湖生态修复项目、郴州市资兴市水文化建设项目、东江湖大数据产业园冷水资源利用项目、东江湖水源地保护现场进行调研。

党的十八大以来，郴州市委、市政府深入贯彻习近平生态文明思想，践行新发展理念，以壮士断腕、刮骨疗毒的勇气，转变发展方式，转换增长动力，坚定走生态优先、绿色发展道路，2022年生态文明建设获得国务院督查激励。

湖南省政府副秘书长周义祥，郴州市领导黄进良、江波、马天毅、王伟东、高爱国、罗成辉、潘执坤参加活动。

郴州市2023年网络安全攻防演练启动

◎郴州市2023年网络安全攻防演练启动

2023年8月21日，郴州市网络安全工作培训会暨2023年“林邑杯”网络安全攻防演练正式启动，郴州市委书记吴巨培现场观摩演练。

本次演练活动确定郴州市重点单位作为防守单位，邀请8家国内知名专业网络安全厂商作为攻击单位，在现实网络环境下开展“背对背”实战攻防对抗，全面促进统一指挥、协调有序的安全应急管理机制落实，完善安全事件防范与处置流程，提升运维人员安全意识和安全突发事件处置能力。

吴巨培指出，要深入学习贯彻习近平总书记关于网络强国的重要思想，加强党对网络安全工作的领导，坚决扛牢网络安全工作责任，充分运用攻防演练成果，持续推进郴州市网络安全风险隐患排查，进一步查找漏洞，补齐短板，提高防范意识，不断规范和完善网络安全应急工作机制，提升网络安全应急能力和防护水平，为现代化新郴州建设筑牢网络安全屏障。

本次演练为期5天。活动期间，攻防双方将在主办方组织下围绕重要信息系统开展网络攻击渗透和防守阻断。演练结束后，将针对攻防演练中发现的安全问题、攻击情况等进行总结，及时向防守单位下发通报，督促整改。

国家计算机网络与信息安全管理中心湖南分中心主任、湖南省委网信办副主任（兼）薛增裕，郴州市领导贺建湘、马天毅参加活动。

要闻纪事

△22日，中共郴州市委理论学习中心组2023年第3次集体（扩大）学习暨第6期郴江大讲堂举行。市委书记、市委理论学习中心组组长吴巨培主持并作学习小结，湖南省人大财政经济委员会副主任委员、省人大常委会预算工作委员会主任欧阳煌作《看好人民的“钱袋子”守好人民的“共同财富”》专题辅导。市委副书记、市长阚保勇等市委理论学习中心组成员出席。

△23日，郴州市政协系统党的建设暨党风廉政建设工作会议召开。市政协党组书记、主席陈跃文出席会议并讲话。市政协党组副书记、副主席赵宇作市政协党的建设暨党风廉政建设工作报告。市政协党组成员、副主席周汶、李罗丝，党组成员、秘书长何青松参加会议。

△23日，郴州市政协党组理论学习中心组（扩大）举行2023年第6次集体学习。市政协党组书记、主席陈跃文主持学习并作小结讲话。会议传达学习了全国两会精神；传达学习了习近平总书记在第6期《求是》杂志发表的重要文章《加快建设农业强国 推进农业农村现代化》。市政协党组副书记、副主席赵宇，党组成员、副主席周汶、李罗丝，党组成员、秘书长何青松参加会议；市政协副主席李雪莲、李波勇、曹暇列席。

△27日，资兴市公安局召开2023年全市公安工作会议。郴州市公安局党委委员、副局长廖劲松，市政府副市长、市公安局党委书记、局长周文伟，市人大常委会副主任李建宏，市政协副主席、工商联主席段振华，市委政法委常务副书记黎荣，市人大监察司法委主任委员谭志勇出席会议。会议由局党委副书记、政委吴泉望主持。

◎郴州市政协牵线搭台 做强县域经济

政协牵线搭台 做强县域经济丨郴州启动“行长走基层”大调研大走访

8月上旬，由郴州市政协主席团成员牵头、10余家银行机构组成的县域经济调研组，先后前往自贸区郴州片区（高新区）、郴州经开区、郴州市资兴市、郴州市永兴县、郴州市嘉禾县等地开展大调研大走访，全面铺开“行长走基层”系列银企对接活动。

促进县域经济高质量发展课题，是郴州市政协当前开展的重点调研协商课题之一。郴州不少银行机构的行长，本身就是郴州市政协委员，由市政协牵头开展“行长走基层”活动，得到了金融机构的积极响应。

2023年以来，郴州市政协发挥协商民主优势，牵头招商引资联合作战指挥部，采取一系列行动，助推打造“身在郴州、办事无忧”营商环境品牌。郴州市政协主席陈跃文介绍，推动“行长走基层”活动走深走实，有效解决借贷双方信息不对称问题，此轮县域经济调研将汇总成果，推动“政、银、企”一批项目集中签约。

◎郴州市人民政府与中国广电湖南网络股份有限公司签订战略合作协议

2023年8月22日上午，郴州市人民政府与中国广电湖南网络股份有限公司就深化数字经济战略合作举行座谈交流，并签订战略合作协议。郴州市委副书记、市长阚保勇，中国广电湖南网络股份有限公司党委书记、董事长欧文凯出席并讲话。

阚保勇代表郴州市委、市政府对欧文凯一行的到来表示欢迎，对广电长期给予郴州的支持表示感谢，对双方签订战略合作协议表示祝贺。他说，50多年来，从广播到电视到5G，广电始终与郴州人民一道同心筑梦、携手并进，为郴州发展作出了积极贡献。当前，郴州市正抢抓数字经济发展机遇，大力发展大数据产业，深入开展“智赋万企”行动，着力推动数字经济和实体经济深度融合。希望双方以此次签约为契机，进一步深化战略合作，共同打造郴州数字经济的新引擎、新平台、新载体。

中国广电湖南网络股份有限公司党委副书记、总经理黄硕，市委常委、副市长马天毅参加活动。

郴州市人民政府与中国广电湖南网络股份有限公司签订战略合作协议

◎“全球郴”奏响“郎”朗琴声

2023年8月27日晚，郴州市委书记吴巨培为国际著名钢琴大师、联合国和平大使、郴州文化旅游国际公益形象大使郎朗颁发聘书，并进行友好交流座谈。

作为首个郴州文化旅游国际公益形象大使，郎朗与郴州相继开展“郎朗音乐巴士城市巡游”“我在郴州莽山与郎朗齐奏”“2023郎朗音乐盛典”等活动，并受邀参加第二届湖南旅发大会开幕式演出，筹备更多音乐活动，积极宣传推介郴州。

吴巨培代表郴州市委、市政府及530万郴州人民感谢郎朗对郴州文旅事业的大力支持，为郴州走向世界架起音乐文化桥梁。他说，当前郴州正加快建设“世界旅游目的地、国家创新示范区、湖南重要增长极、开放发展排头兵”，期待双方开展全方位、多层次的深度合作，以音乐为媒介，通过音乐的力量，提升郴州国际化水平，让世界认识郴州，引领郴州走向世界。

郴州市领导黄进良、欧阳锋、周海林参加活动。

◎郴州市第五次全国经济普查单位清查启动仪式举行

2023年8月28日，郴州市第五次全国经济普查单位清查启动仪式在五岭广场举行。郴州市委常委、常务副市长、市第五次全国经济普查领导小组常务副组长冯海燕宣布郴州市第五次全国经济普查单位清查工作正式启动。

根据第五次全国经济普查方案要求，2023年8月至10月将对全市所有的法人单位、产业活动单位和个体经营户进行“地毯式”清查，摸清各类单位的基本情况和行业分布状况，为后续各项经济普查工作奠定基础。

启动仪式结束后，普查工作人员开展了展板展示、现场咨询、互动体验等活动，并主动向市民宣传经济普查的目的、意义和作用，积极营造全民参与、全民响应的普查工作氛围。

郴州市第五次全国经济普查单位清查启动仪式举行

◎第五届中部六省标准化战略合作联盟会议在郴州召开

8月25日上午，以“标准化助推旅游业高质量发展”为主题的第五届中部六省标准化战略合作联盟会议在郴州召开。国家市场监管总局标准创新管理司司长肖寒出席并讲话，湖南省市场监管局党组书记、局长钱俊君，郴州市委副书记、市长阚保勇出席并致辞。

会上，湖南、山西、安徽、江西、河南、湖北中部六省标准化战略合作联盟成员单位作大会交流发言。会议听取了郴州市旅游标准化情况介绍；商讨了湖南省地方标准《自驾游线路公共服务设施建设指南》在中部六省共享实施事宜；通过了《石窟寺文物近景摄影测量三维数字化采集规程》联盟标准；确定了第六届中部地区标准化战略合作联盟会议由湖北省市场监管局承办。

国家市场监管总局有关负责同志和湖南、山西、安徽、江西、河南、湖北中部六省市场监管局及湖南省文旅厅相关负责人出席会议；湖南省市场监管局总工程师李丁主持会议，副市长杨平参加会议。

第五届中部六省标准化战略合作联盟会议在郴州召开

要闻纪事

△27日，郴州市人大常委会党组（扩大）举行2023年第7次会议暨理论学习中心组集体学习。市人大常委会党组书记、主任江波主持会议并讲话。会议学习了习近平总书记在《求是》杂志发表的重要文章《加快建设农业强国 推进农业农村现代化》。市人大常委会党组成员、龙齐阳、段被成，党组成员、秘书长陈剑参加会议。市人大常委会副主任廖满珠列席会议。

△27日，郴州市委常委、市纪委书记、市监委主任肖开斌主持召开2023年第9次市纪委常委会会议。会议传达学习了习近平总书记在全国两会期间的重要讲话精神、李希同志在湖北调研时的讲话精神、省纪委落实中央八项规定精神纠治“四风”工作视频会议精神等，研究审议了有关工作方案。

△28日，郴州市委书记吴巨培主持召开2023年第10次市委常委会会议。市委副书记、市长阚保勇等市委常委会会议成员出席会议。

△29日，郴州市委宣传部理论学习中心组举行2023年第3次集体（扩大）学习。市委常委、市委宣传部部长贺建湘主持并作学习小结。会议组织学习了党的二十届二中全会和全国两会精神，部分部务会成员作中心发言。全体与会人员参加了《贯彻党的二十大精神·强国复兴有我》音乐党史思政公开课，观看了《永不生锈的螺丝钉》廉政微视频。

△29日，郴州市纪委监委理论学习中心组举行2023年第3次集体（扩大）学习，市委常委、市纪委书记、市监委主任肖开斌主持会议并讲话。

◎林邑茶话·企业家沙龙第九期活动在郴州举行

2023年9月3日下午，郴州市委副书记、市长阚保勇来到郴州国际陆港，主持林邑茶话·企业家沙龙第九期活动，与郴州市八家外向型企业负责人，就推动郴州市外向型企业和经济高质量发展进行座谈交流。

阚保勇首先讲明了来意，表明了态度。三个多小时的座谈交流，八位民营企业家敞开心扉，畅所欲言。阚保勇认真倾听，仔细记录，不时插话询问，与企业家探讨发展形势，听取企业诉求，回应意见建议，并将具体问题现场交办给相关部门限时办理。

阚保勇指出，发展外向型经济，是高水平开放的重要内容，是高质量发展的必然要求。要坚持开放发展定力不动摇，要坚持融湾向海方向不偏离，要坚持开放能级提升不松劲。

郴州市副市长杨平参加活动。

林邑茶话·企业家沙龙第九期活动举行

◎湖南省“学习二十大、助力旅发会”知识竞答活动在郴州市正式启动

2023年8月31日，湖南省“学习二十大、助力旅发会”知识竞答活动启动仪式在郴州城市大脑指挥中心举行。湖南省总工会一级巡视员王邵刚宣布活动正式启动，郴州市委副书记、市委政法委书记黄进良致辞。

此次知识竞答活动由湖南省总工会、郴州市人民政府主办，9月1日至20日，湖南省全体工会会员可通过登录“湘工惠”平台或“郴心游”智慧文旅平台参与答题并抽奖，中奖会员可获得面值700元的“郴心游”智慧文旅平台通用电子旅游消费券1张，凭券在购买“郴心游”智慧文旅平台上任意旅游产品时可进行等额抵扣。

黄进良在致辞中指出，郴州市各级工会组织要在湖南省总工会的指导下，精心部署、周到安排，积极动员广大职工、工会会员主动参与竞答、带头打卡消费。文旅等相关行业主管部门要加强监督管理，引导旅游景区、星级酒店等经营主体不断丰富旅游产品供给、提升旅游服务质量、培优旅游服务品牌，让广大游客在郴州市吃得安心、住得舒心、游得称心、玩得开心。希望媒体朋友们发挥独特优势，多形式、多角度报道此次活动，全方位、立体式宣传推介郴州，让更多游客来到郴州畅游山水美景、畅享美好时光。

郴州市人大常委会副主任、市总工会主席段被成主持启动仪式。

湖南省“学习二十大、助力旅发会”知识竞答活动正式启动

◎郴州市构建“五化五联”服务体系促进高质量充分就业

2023年9月7日，郴州市政府办公室印发了《郴州市构建“五化五联”服务体系促进高质量充分就业的工作方案》，力图打造“覆盖全民、贯穿全城、辐射全域”的基层公共就业服务标杆，明确到2025年成功创建全国公共就业创业服务示范城市，更好满足均等化、普惠化、多样化、便捷化的就业服务需求。这是郴州市健全就业公共服务体系的一次有益探索，也是郴州市创建全国公共就业创业服务示范城市的一项重要举措。

《方案》明确，要设立多元化平台联结城乡，与此同时，郴州市将进一步推动智能化服务联通城乡。《方案》提出，要组建专业化队伍联络城乡。《方案》指出，要用市场化手段将城乡联营起来。《方案》还明确要以精细化管理联动城乡。

要闻纪事

△30日，郴州市委副书记、市长阚保勇主持召开市政府第33次常务会议。

△31日，安仁县检察院2022年度扫黑除恶斗争考核综合得分排名全市第一，被评为全市检察机关常态化扫黑除恶斗争先进集体、第一检察部副主任李艳被评为全市检察机关常态化扫黑除恶斗争先进个人，陈某某等人组织、领导、参加黑社会性质组织案（“7.30”涉黑案）起诉书被评为全市检察机关常态化扫黑除恶斗争优秀法律文书。副检察长唐晓文作《力抓“四到位”，实现“四个最”常态化推动扫黑除恶斗争工作高质效发展》经验发言。

4月

△3日，郴州市委书记吴巨培主持召开2023年第11次市委常委会会议。市委副书记、市长阚保勇等市委常委会会议成员出席会议。会议传达学习了3月30日中共中央政治局会议精神和习近平总书记近期重要讲话、重要贺信精神，传达学习了全省有关会议精神，听取了郴州市承办第二届湖南旅游发展大会情况汇报。会议原则通过《郴州市“十四五”期间人才发展规划》。

△14日，2023年第8次市委秘书长会议召开。市委常委、市委秘书长欧阳锋主持会议并讲话。会议传达学习了3月30日中共中央政治局会议精神、习近平新时代中国特色社会主义思想主题教育工作会议精神、习近平总书记在二十届中共中央政治局第四次集体学习时的重要讲话精神。

△19日，市六届人大常委会第二十一次主任会议召开。市人大常委会党组书记、主任江波主持会议。

◎郴州市举行涉旅行业品牌成功创建集中授牌仪式

2023年9月10日上午，郴州市举行涉旅行业品牌成功创建集中授牌仪式。中国旅游饭店业协会副秘书长张维，湖南省委宣传部副部长、省文旅厅党组书记、厅长李爱武，郴州市委书记吴巨培，市委副书记、市长阚保勇出席并为2023年郴州市涉旅行业品牌创建单位进行现场授牌。

2023年初以来，郴州市扎实推进旅游服务提升年活动和文旅产业“千百十一”工程，开展了“郴心服务”星级评定，制定了《郴州市涉旅行业“九不准”规定》，全面提升文旅行业服务质量，助力郴州市加快建设“世界旅游目的地”，助推文旅产业高质量发展。经过多轮评审复核，郴州新创A级景区11个、湖南省级旅游度假区2家、湖南省级旅游休闲街区2家、四星级酒店4家、五星级酒店2家、五星级温泉旅游企业1家、全国自驾车旅居车5C级营地1个。

我市举行涉旅行业品牌成功创建集中授牌仪式

此外，东江湖旅游区等104家单位被评为郴州市“郴心服务”旅游服务星级单位，96人被评为郴州市“郴心服务”旅游服务星级个人，进一步创响了“郴心服务”旅游服务品牌。

湖南省旅游饭店协会秘书长陈伏姣，郴州市领导欧阳锋、周海林、李罗丝参加现场授牌仪式。

◎第 18 届世界水资源大会开幕 郴州向世界讲述“水故事”

2023 年 9 月 11 日，第 18 届世界水资源大会在北京开幕，郴州市委书记吴巨培出席大会并在第一次全体会议上作嘉宾研讨发言。

这是世界水资源大会第一次在中国举办，主题为“水与万物：人与自然和谐共生”，会期为 9 月 11 日至 15 日。来自国内外相关政府部门、科研学术机构、高校、企业及涉水国际组织的近 1300 位代表，将通过高级别全体会议、数十场专场会议和专题会议及中国水利成就展等涉水领域成果展览，发布《北京宣言》，与世界各国分享中国的治水理念、成就与经验。

第 18 届世界水资源大会开幕 郴州向世界讲述“水故事”

吴巨培在第一次全体会议上以“郴州好水 生活更美”为题，现场作嘉宾研讨发言。他说，近年来，郴州深入贯彻习近平生态文明思想，积极探索水资源综合利用、可持续利用的郴州“水立方”模式，呈现“郴州好水 生活更美”的人与自然和谐共生的生动图景。郴州坚持系统治理；坚持价值转化；坚持城乡一体。

“三湘四水，相约湖南；山水画卷，郴州相见。”研讨发言中，吴巨培向国内外专家学者发出诚挚邀请，期待与大家相聚郴州，共商水事，助力郴州加快建设国家可持续发展议程创新示范区。

副市长彭生智出席活动。

◎第二届湖南非遗博览会在郴州举行

2023 年 9 月 15 日晚，“非遗画卷 美好相见”第二届湖南非遗博览会在郴州长卷历史文化街区开幕。湖南省委常委、省委宣传部部长杨浩东，湖南省政协党组成员、副主席肖百灵，湖南省委宣传部分管日常工作的副部长、省新闻出版局（省版权局）局长卿立新，湖南省委宣传部副部长、省文化和旅游厅党组书记、厅长李爱武，郴州市委书记吴巨培，市委副书记、市长阙保勇等出席开幕式并走进郴州长卷历史文化街区现场观摩。

第二届湖南非遗博览会主要以“沉浸式情景非遗展演”和“非遗集市”两大板块内容开展，突出讲好湖南故事，打造非遗品牌。共有 150 余个非遗项目、近 1000 名非遗传承人及演职人员参展参演，活动从 9 月 15 日持续至 17 日。

第二届湖南非遗博览会在郴州举行

此外，本次非遗博览会现场还配套开展联合国教科文组织《保护非物质文化遗产公约》通过 20 周年纪念活动，湖南省文化和旅游厅将打造专题宣传展示区，用线上线下的方式，通过展览的形式同步举办专题纪念活动。

◎郴州市汝城县启动 2023 年“全民国防教育月”活动

9 月 15 日上午，在郴州市汝城县体育馆，2023 年“全民国防教育月”活动暨欢送新兵仪式正在举行。

老兵讲故事

活动由中共汝城县委、郴州市汝城县人民政府、郴州市汝城县人武部等 3 个单位联合举办。郴州市汝城县 600 多人从天南地北赶来，相聚一堂齐参与，让整个体育馆沉浸在热闹欢歌中。

“全民国防教育月”活动暨欢送新兵仪式正在举行

通过此次活动，有利于培育广大人民群众的爱国主义精神，增强民族凝聚力和依法履行国防义务的责任感，自觉维护祖国统一和民族团结。

◎第二届湖南旅游发展大会在郴州开幕

毛伟明致辞

2023 年 9 月 16 日晚，第二届湖南旅游发展大会开幕式暨文化旅游推介会在郴州市举行。湖南省委书记沈晓明出席并宣布大会开幕。湖南省委副书记、省长毛伟明，世界旅游联盟主席张旭出席并致辞。湖南省委副书记李殿勋主持开幕式。中国工程院副院长、院士邓秀新，中国旅游协会会长段强，中国旅游集团党委书记、董事长陈寅，海南省副省长谢京，中国工程院院士王浩，湖南省领导吴桂英、隋忠诚、谢卫江、杨浩东、乌兰、秦国文、肖百灵、虢正贵出席。郴州市委书记吴巨培作文旅推介，郴州市委副书记、市长阙保勇出席活动。

吴巨培热情洋溢、饱含深情地用“一个奇特的‘字’、一江奇妙的‘水’、一座奇异的‘矿’、一群创造奇迹的‘人’”等四个情真意切、感人至深的故事推荐“奇境——郴州”。从历史沿革、地理区位等方面，对郴州做了全面详细生动的推介，向世界递上郴州的名片，向全球发出郴州的邀约，期待与大家相约在郴州，见山、见水、见初心，见到美丽中国，见到更美好的未来。

开幕式上举行了“山水画卷 郴州相见”文艺演出

开幕式暨文化旅游推介会上还发布了水资源可持续利用与绿色发展《东江湖宣言》，举行了“山水画卷 郴州相见”文艺演出。

郴州市委、市人大常委会、市政府、市政协、郴州军分区领导出席活动。

要闻纪事

△ 25 日，郴州市委副书记、市长阙保勇主持召开市政府第 35 次常务会议。

△ 26 日，郴州市汝城县未成年人保护工作领导小组 2023 年第一次全体会议召开。汝城县委副书记、统战部长侯峥辉主持会议，汝城县委常委、宣传部部长龙媛，汝城县委常委、政法委书记何志成，汝城县人民政府副县长李生华、周厚李参加会议。

5月

△ 4 日，郴州市委书记吴巨培主持召开 2023 年第 14 次市委常委会会议。市委副书记、市长阙保勇等市委常委会会议成员出席会议。

△ 8 日，郴州市政协党组召开 2023 年第 4 次会议。市政协党组书记、主席陈跃文主持会议。市政协党组副书记、副主席赵宇，党组成员、副主席周汶，党组成员、秘书长何青松参加会议；市政协副主席潘执坤、李波勇、曹暇列席会议。

△ 17 日，嘉禾县委党校组织第 60 期科干班学员到萧克故居开展红色教育活动。

△ 29 日，桂东县十六届人大常委会第十一次会议召开。桂东县人大常委会党组书记、主任周国栋主持会议，县人大常委会副主任郭国军、邓青青、郭远高、李剑出席会议。副县长黄嘉荣、县监察委员会、法院、检察院、政府办、自然资源局主要负责人和县人大常委会机关副科级以上干部列席会议。

6月

△ 1 日，郴州市委副书记、市长阙保勇主持召开市政府第 38 次常务会议。会议研究了垃圾分类工作，学习宣讲了《湖南省物业管理条例》，听取了郴州市第三次全国土壤普查工作情况汇报。

◎郴州市政府党组举行 2023 年第 19 次（扩大）会议

市政府党组举行 2023 年第 19 次（扩大）会议

2023 年 9 月 18 日晚，郴州市委副书记、市政府党组书记、市长阚保勇主持召开市政府党组 2023 年第 19 次（扩大）会议。

会议强调，要深入学习领会习近平总书记近期重要文章、重要指示、重要贺信、重要回信精神，结合郴州实际，不折不扣、一体抓好贯彻落实。

会议要求，郴州市政府系统办公室要深入学习贯彻习近平总书记关于办公厅工作的重要讲话和指示批示精神，坚持不懈用党的创新理论凝心铸魂，聚焦中心大局，扎实做好统筹协调、参谋助手、督促检查、服务保障等工作，提升“三服务”水平。坚定不移推进全面从严治党，打造忠诚干净担当的高素质专业化队伍，建设让党放心、让人民满意的模范机关。

会议指出，郴州市政府党组定期听取班子成员履行管党治党责任情况报告，是全面从严治党的一项规定动作。要旗帜鲜明讲政治，始终在思想上政治上行动上同以习近平同志为核心的党中央保持高度一致。要履职尽责勇担当，坚持问题导向，紧盯关键岗位、关键环节加强日常监督，严格制度执行，推动全面从严治党与业务工作双融合、双促进、双提升。要以身作则强示范，班子成员带头守纪律讲规矩，切实发挥“关键少数”示范表率作用。

会议还研究了其他事项。

◎全力守护好郴州大局平安

2023 年 9 月 29 日，郴州市在分会场收听收看全省中秋国庆假期值班视频调度会议后，对郴州市相关工作进行再调度、再部署。

会议会商了当前交通、旅游、市场、应急管理等情况，并视频连线调度了各县（市、区）值班在岗、景区交通等情况。

会议对安全生产再部署并强调，要做好安全隐患排查整治，围绕重点领域全方位防护。坚决守护文旅安全，在景点景区、道路交通上下功夫，规范景区秩序，落实各项景区安全防范措施；严格值班值守，进一步严肃工作纪律，做好应急处突准备，全力守护好郴州大局平安。

郴州市领导冯海燕、肖义出席。

◎ 2023 年全国广场舞展演湖南郴州片区活动启动

2023 年 9 月 26 日晚，2023 年全国广场舞展演——湖南郴州片区广场舞大会在五岭广场欢乐开舞，来自湖南、福建、江西、广东、海南、广西六地的 19 支队伍 1200 多名广场舞爱好者齐聚郴州，共同开启一场激情洋溢的群众文化盛会。

9 月 26 日晚，亮相展演的节目有来自广东的《英歌魂》、福建的《四果汤》、海南的《椰壳哒哒幸福来》、江西的《采茶新韵》、湖南的《禾扦声声》、广西的《火红的壮乡》……一支支精彩的广场舞展现出热土欢歌、舞动时代的美好生活景象。活动中，文化和旅游部公共服务司为 19 支团队授予“优秀广场舞团队”称号。

本届广场舞大会围绕“引领新风尚 欢跃新时代”主题，突出群众特色，舞种不限，通过线上线下融合联动，吸引群众广泛参与，多角度展示各地广场舞风采。在全国设立了六大片区，郴州是六大片区之一，每个片区的优秀广场舞团队将在 10 月下旬赴贵州贵阳参加全国广场舞大会成果展示活动。

2023 年全国广场舞展演 湖南郴州片区活动启动

文化和旅游部公共服务司司长陈彬斌，湖南省文化和旅游厅党组成员、副厅长尚斌，广东省文化和旅游厅党组成员、副厅长赵红，郴州市领导贺建湘、廖满珠、周海林、李罗丝参加活动。

要闻纪事

△20 日，郴州市委副书记、市长阚保勇主持召开市政府第 39 次常务会议。

7月

△3 日，宜章县与上海大学法学院党委共建中夏党支部签约仪式暨校地座谈交流会在上海大学宝山校区法学院举行。县委书记张润槐，上海大学党委常委、组织人事部常务副部长、组织处处长沈艺参加。李秀芳、李永辉、张益诚等领导参加活动。

△6 日，郴州市委书记、市委编委主任吴巨培主持召开市委机构编制委员会 2023 年第一次会议。市委副书记、市长、市委编委副主任阚保勇出席会议。市领导欧阳锋、颜长文参加会议。

△13 日，郴州市委常委、市纪委书记、市监委主任肖开斌主持召开 2023 年第 18 次市纪委常委会会议。会议传达学习了习近平总书记在中共中央政治局第六次集体学习时的重要讲话精神、6 月 30 日中共中央政治局会议精神、习近平总书记对党的建设和组织工作作出的重要指示精神；传达学习了全省“三湘护农”专项行动工作电视电话会议精神和省纪委《关于开展“两带头五整治”纠风防腐专项行动工作方案》。

8月

△1 日，郴州市级国家机关 2023 年上半年工作情况通报会在苏仙区举行。市委常委、副市长王伟东，苏仙区委副书记、区长吴文明参加会议。苏仙区人大常委会主任黄晓东主持会议。

◎传承红色基因 赓续红色血脉

2023 年 9 月 30 日上午，郴州市委书记吴巨培等市级领导及各界人士怀着无比崇敬的心情，在郴州市烈士公园（东塔岭）举行烈士纪念日公祭活动。

“郁郁青柏掩忠骨，烈烈英魂诉长风。”蓝天白云映衬下的湘南起义纪念塔巍然矗立。上午 9 时，公祭活动在庄严肃穆的氛围中正式开始，现场全体人员高唱雄壮的《中华人民共和国国歌》。随后，全场肃立，向为中国人民解放事业和共和国建设事业英勇献身的英烈默哀。少先队员齐声献唱《我们是共产主义接班人》，表达新时代少年儿童发扬革命传统、奋发图强的精神风貌。

伴随着悠扬深长的《鲜花曲》，礼兵托起花篮，踏着整齐划一的步伐，缓缓走向纪念塔，为革命先烈敬献花篮；郴州市委书记吴巨培神情肃穆，缓步上前仔细整理缎带，表达对革命烈士的深切哀思。

活动中，各界人士代表整齐列队缓步走向湘南起义纪念塔，深情瞻仰、敬献鲜花、鞠躬默哀，追思革命先烈的丰功伟绩，感受今天来之不易的幸福生活，在传承红色基因中，汲取精神力量，为加快建设“世界旅游目的地、国家创新示范区、开放发展排头兵、湖南重要增长极”作出新的更大贡献

在郴州市烈士公园（东塔岭）举行烈士纪念日公祭活动

郴州市级领导冯海燕、欧阳锋、赵华东等出席活动。

◎第三届湖南汽车行业（东江湖）发展大会在郴州市举行

2023年10月15日，“湘聚天下·智行未来”第三届湖南汽车行业（东江湖）发展大会在郴州举行，湖南汽车行业领袖公司代表、汽车行业精英和权威专家学者齐聚郴州，共谋新时期汽车产业高质量发展大局，为汽车产业可持续发展提供方案、贡献智慧。

10月15日，中国汽车流通协会副秘书长兼产业协调部主任郎学红，乘用车市场信息联席会（乘联会）秘书长、中国汽车流通协会汽车市场研究分会秘书长崔东树，湖南大学产业发展研究中心主任、湖南省政府智库专家教授、博士生导师刘梦麒，中国汽车流通协会二手车发展战略研究会参事、广东广物优车科技有限公司总经理助理郭俊荣等嘉宾针对汽车市场分析、新能源汽车发展、湖南产业规划、新车平行出口等话题进行主题演讲，为湖南“拥抱汽车行业新时代”描绘宏伟蓝图，提供实现湖南汽车产业高质量发展的路径。

副市长杨平参加活动。

◎以干部『辛苦指数』换取群众『幸福指数』

2023年10月3日上午，郴州市委副书记、市长阚保勇采取“四不两直”方式，督导检查“两节”期间的交通、燃气、消防等安全生产工作并看望慰问一线值班人员。

在湖南华永燃气有限公司，阚保勇详细了解企业生产经营等情况，现场查看风险隐患排查清单和生产设备，指出要严格落实安全生产主体责任，加强日常巡查，做好配送等各环节管理，从源头上防范风险、杜绝隐患，牢牢守住安全底线。

来到高速交警郴州支队指挥中心，阚保勇通过实时监控，查看郴州境内各条高速公路交通运行情况，了解重点路段警力部署情况。他强调，假期返程高峰即将来临，要全力做好疏堵保畅、事故快处、应急联动、舆情应对等工作，确保群众安全出行。

随后，阚保勇还分别来到郴州市消防救援支队指挥中心、市应急指挥中心，通过视频连线，听取各县市区“两节”期间值班值守、应急救援等工作情况汇报并向坚守岗位的值班人员致以节日问候与诚挚祝福。他说，群众过节，干部过关。要保持严阵以待的精神状态；要压实安全防范的各项措施；要严肃值班值守的工作要求；要加强一线人员的关心关怀。各级各部门要恪尽职守，以干部的“辛苦指数”换取群众“幸福指数”，保障人民群众欢度平安祥和假期。

◎郴州市第五次全国经济普查单位清查工作调度会召开

2023年10月15日，郴州市第五次全国经济普查单位清查工作调度会召开，郴州市委常委、常务副市长冯海燕主持会议并讲话。

会上，郴州市第五次全国经济普查领导小组办公室通报了单位清查工作情况。截至10月14日，郴州市共入户清查对象45.62万个，郴州市累计新增底册外清查对象18.17万个；从编码情况来看，郴州市单位和个体户已编码45.13万个，占上报数的98.9%。会议指出了当前普查工作开展中存在的问题，并安排部署下阶段重点任务。郴州市发改委、市市场监管局、郴州市宜章县、永兴县、汝城县分别作表态发言。

会议强调，要进一步提高思想认识，第五次全国经济普查工作是党的二十大后开展的首次重大国情国力调查，是反映经济活动的重要基础工作，对今后一段时间的郴州市国民经济核算影响重大，务必按照国省有关部署抓好。要进一步找准存在的问题，聚焦问题短板，压实各方责任，坚持“每日一安排，每日一调度，每日一通报”清查工作制度，加大新产业、新业态、新商业模式普查力度，全力挖潜增效。要进一步强化工作举措，强化统筹领导、宣传动员、走访排查、人员经费保障，提高清查数据质量。

◎郴州市政府与湖南轨道集团签署战略合作协议

郴州市政府与湖南轨道集团签署战略合作协议

2023年10月9日，郴州市政府与湖南轨道集团在长沙举行战略合作协议签约仪式，双方将在铁路基础设施等重点领域开展合作，推动轨道交通与文旅产业深度融合。郴州市政协主席陈跃文，湖南轨道集团党委书记、董事长舒行钢出席座谈会并见证签约。

陈跃文感谢湖南轨道集团对郴州承办第二届湖南旅发大会的支持。他表示，郴州旅游资源丰富，特别是旅发大会的成功承办，郴州旅游呈现“井喷”态势，双方合作其时已至、其势已成，要坚定合作决心和信心。双方要尽快组建专班，成立项目公司；市县两级政府、各有关部门和企业要做好配套服务，为湖南轨道集团在郴投资发展营造良好环境。希望湖南轨道集团加紧开展项目踏勘、论证、规划、设计、审批等前期工作，推动项目早日落地。

舒行钢感谢郴州市委、市政府对湖南轨道集团的支持和信任。他表示，企地双方要各自发挥优势，认真分析客源市场，充分论证项目商业模式，推进轨道交通项目尽快进入实施阶段。湖南轨道集团将按照互利共赢、协同发展的原则，扎实推动郴州旅游观光轨道项目有关工作，助力郴州营造方便、快捷、优质的旅游环境，加快打造世界旅游目的地。

郴州市委常委、副市长王伟东，湖南轨道集团党委副书记、总经理胡建华参加活动。

要闻纪事

△4日，郴州市委书记、市委对台工作领导小组组长吴巨培主持召开2023年市委对台工作领导小组第一次会议，深入学习贯彻党中央对台工作决策部署和习近平总书记关于对台工作的重要论述精神，传达学习中央、省委有关对台工作会议精神，听取全市对台工作情况汇报，部署安排下阶段工作。市领导黄进良、欧阳锋、黄峥嵘参加会议。

△8日，郴州市人大常委会执法委来永兴县开展安全生产“一法一条例一规定”执法检查。县领导王梅、刘爱军、范睿陪同检查或参加汇报会。

△8日，2023年市人大代表专题视察暨听取市级国家机关上半年工作情况通报会（安仁）召开，市人大常委会副主任廖满珠出席会议并讲话。

△29日，郴州市六届人大常委会第二十八次主任会议召开。市人大常委会党组书记、主任江波主持会议。市人大常委会党组副书记、副主任张军，副主任高爱国、廖满珠、龙齐阳、段被成，秘书长陈剑参加会议。

9月

△1日，桂阳县召开创建全省双拥模范县工作推进会。县委书记巫初华参加会议并强调，全县上下要进一步统一思想认识，坚定信心决心，强化工作举措，全面冲刺全省双拥模范县创建工作，确保我县双拥创建一举成功。县委副书记、县长李志强主持会议。县领导刘久正、肖晖、阳征良、曹伟、黎宾、钟宾、戴玲俐等参加会议。

◎郴州市人民政府与中国一拖集团有限公司签署战略合作框架协议

2023年10月24日下午，郴州市人民政府与中国一拖集团有限公司签署战略合作框架协议，郴州市委副书记、市长阚保勇，中国一拖集团有限公司董事长、党委书记刘继国出席座谈会并见证签约。

阚保勇对刘继国一行到访郴州洽谈合作表示热烈欢迎。他说，郴州市委、市政府高度重视、大力发展农业机械产业。中国一拖集团是郴州的老朋友、好伙伴，真诚希望双方能以此次战略合作协议签订为新的起点，充分发挥各自优势，在技术研发、人才培养、产业共建等方面强化对接，在农机制造基地建设、农机零部件供应、农机营销服务网络共享等领域提升合作层次，扩大合作空间，共享机遇，共赢未来。郴州也将以最大的诚意，为企业提供“身在郴州，办事无忧”的优质服务。

中国一拖集团有限公司董秘、工会主席李强，郴州市级领导黄进良、彭生智、王卫东出席。

郴州市人民政府与中国一拖集团有限公司签署战略合作框架协议

◎郴州市举行第十三届“五岭夕阳”中老年群众才艺展示赛

郴州市举行第十三届“五岭夕阳”中老年群众才艺展示赛

2023年10月23日，“情暖金秋·爱在重阳”郴州市“我们的节日·重阳”暨第十三届“五岭夕阳”中老年群众才艺展示赛在郴州市苏仙福地广场举行。

此次活动由郴州市老龄工作委员会、郴州市文明办主办、郴州市卫生健康委员会承办，来自郴州市的15支参赛队伍近300人齐聚一堂共展老龄风采。活动在郴州市老年大学古筝社团一曲荡气回肠的《战台风》古筝合奏中拉开序幕，随后歌舞、乐器演奏、服装秀等节目先后亮相，最后150人的大合唱《我的家乡郴州美》和全场参与的《党旗颂歌+手鼓舞》快闪更是将现场气氛推向了高潮。多种形式的节目充分展示了郴州市中老年人群体积极向上的精神风貌，为现场观众带来了丰富多彩、精彩纷呈的表演。最终经过专业评委打分，桂阳县代表队和嘉禾县代表队获得此次活动一等奖。

副市长杨平，郴州市人大常委会原副主任、市关工委副主任段太林参加活动。

◎郴州市深入开展“走找想促”活动 推动主题教育走深走实

2023年10月25日下午，郴州市委书记吴巨培主持召开市委常委会（扩大）会议暨全市“走基层、找问题、想办法、促发展”活动第一次调研情况交流会，深入学习贯彻习近平总书记关于主题教育重要讲话和重要指示批示精神，传达学习中央、湖南省委有关会议文件精神，通报郴州市前一阶段主题教育开展情况，明确下一阶段努力方向，推动郴州市主题教育和“走找想促”活动持续走深走实。湖南省委第十巡回督导组组长邓立佳，郴州市委副书记、市长阚保勇出席会议。

深入开展“走找想促”活动 推动主题教育走深走实

湖南省委第十巡回督导组部分成员，郴州市领导黄进良、冯海燕、欧阳锋等出席会议。

要闻纪事

△4日，临武县举行军地联合送二等功喜报活动。县委书记刘杨为荣立二等功的现役军人骆旋家中送去“二等功臣之家”牌匾、喜报和慰问金，向取得荣誉的军人及家属表示热烈祝贺，并致以崇高的敬意。郭青龙、余亚军、黄祖民、李强发参加活动。

△6日，2023年永兴县人大常委会开展员额检察官履职调查工作正式启动，当天举行了动员大会。县人大常委会副主任李国斌参加。

△14日，桂阳县人民检察院党组成员、副检察长刘新勇受邀走进县应急管理局，以“强化‘三个维度’ 确保公正执法”为主题开展行政执法专题培训。

△25日，郴州市六届人大常委会第二十九次主任会议召开，市人大常委会党组书记、主任江波主持会议。会议听取了市人大常委会法工委关于省人大常委会审查批准《郴州市野外用火管理若干规定》（以下简称《规定》）情况的汇报，研究了《规定》贯彻实施工作。市人大常委会副主任廖满珠、龙齐阳，秘书长陈剑参加会议。

10月

△8日，郴州市委书记吴巨培主持召开2023年第34次市委常委会会议。市委副书记、市长阚保勇等市委常委会会议成员出席会议。会议传达学习近期中共中央政治局会议精神及习近平总书记近期重要讲话、重要指示、重要回信、重要贺信精神；传达学习近期省委常委会会议精神，湖南省党政代表团赴广东、江西、湖北学习考察有关精神及全省有关会议精神，研究郴州市贯彻落实意见。

◎郴州市县域经济发展暨“五百行动”现场推进会召开

2023年10月20日下午，郴州市县域经济发展暨“五百行动”现场推进会在郴州市永兴县召开。郴州市委书记吴巨培，市委副书记、市长阚保勇出席相关活动。

吴巨培指出，党的十八大以来，习近平总书记就发展县域经济作出一系列重要论述，为我们推进县域经济高质量发展提供了根本遵循和行动指南。郴州市上下要坚持以习近平新时代中国特色社会主义思想为指导，全面贯彻落实党的二十大精神，全面落实“三高四新”美好蓝图，聚焦“四大定位”，进一步明确方向、路径、举措和要求，推动县域经济高质量发展。

吴巨培强调，要坚定信心决心，推动县域经济争先进位。要锚定首要任务，推动县域经济提质增效。要聚焦“两个体系”，推动县域经济整体跃升。要加强党的领导，强化县域经济发展保障。

阚保勇要求，要以更高的站位抓落实，要以更大的力度强产业，要以更实的举措融城乡。当前，各地各部门要紧扣全年目标任务，加强调度和谋划，强化责任和措施，确保实现2023年圆满收官和明年良好开局，推动郴州市县域经济发展各项工作干在实处、走在前列。

全市县域经济发展暨“五百行动”现场推进会召开

郴州市领导黄进良、黄峥嵘等参加会议；会前，与会人员前往永兴县湘阴渡街道堡口村、盛牛金果冰糖橙基地、中国银都文创园开展现场观摩交流。

◎学习滁州经验 拼出郴州成效

2023年10月30日至31日，郴州市委书记吴巨培率郴州市党政代表团赴安徽省滁州市学习考察。滁州市委书记许继伟，滁州市委副书记、市长吴劲出席相关活动。

在郴州·滁州交流座谈中，许继伟代表滁州市委、市政府对郴州市党政代表团表示欢迎，并通过“一帝一村、一山一亭、一书一文”简要介绍了滁州市情及经济社会发展情况。

吴巨培代表郴州市委、市政府感谢滁州对郴州党政代表团的热情接待、大力支持。他说，郴州期待与滁州加强联系对接，开展全方位、多领域、深层次的交流合作，实现优势互补、合作共赢。

在滁州期间，郴州市党政代表团深入隆基乐叶等光伏新能源企业考察。大家认为，滁州“双招双引”、全力构建一体化产业链、推进产业政学研融合的经验做法，对郴州构建“1221”现代化产业体系具有很好的学习借鉴意义。

滁州市领导王图强、汪建中、杨甫祥、查镜波；郴州市级领导江波等参加相关活动。

◎郴州市第二届“企业家日”大会举行

郴州市第二届“企业家日”大会举行

2023年11月1日，郴州市第二届“企业家日”大会举行，表彰和鼓励在各个行业和领域取得显著成绩的企业家们，同时展望郴州市未来的经济发展。

大会宣读了《2022年度优化营商环境工作先进集体和先进个人表彰通报》（含“新郴州贡献奖”先进集体和先进个人），表彰在各个行业表现突出的企业家们和在优化营商环境工作作出贡献的部门、个人。这些奖项的颁发不仅是对企业家们2022年辛勤付出的肯定，更是对他们未来发展的鼓励和期望。

本次大会的成功举办，无疑对推动郴州市的经济发展有着积极的影响。我们期待在未来的日子里，郴州市的企业家们能够在新的发展征程中再创佳绩，为推动郴州市经济高质量发展贡献更大的力量。

◎郴州市举行2023年度『最美退役军人』表彰大会

郴州市举行2023年度“最美退役军人”表彰大会

11月2日，2023年度郴州市“最美退役军人”事迹发布暨颁奖仪式在郴州市竹园宾馆举行，对在各领域作出突出贡献的15名退役军人先进典型进行表彰。

本次活动由中共郴州市委宣传部、郴州市退役军人事务局、郴州军分区政治工作处主办，郴州日报社承办。仪式通过播放专题短片、诵读颁奖词和文艺会演相结合的方式，展现了最美退役军人的感人事迹和人生故事。这些人中，有赴汤蹈火、竭诚为民的消防员；有致力乡村振兴、共建美丽乡村的“兵支书”；有推动产业发展、先富带后富的创业排头兵；也有三十年如一日、以坚守点亮山村孩子梦想的“兵教师”……

郴州市副市长彭生智出席仪式并为“最美退役军人”颁奖。

◎郴州市举行119消防宣传月启动仪式

郴州市举行119消防宣传月启动仪式

2023年11月4日，郴州市“预防为主，生命至上”119消防宣传月启动仪式在五岭广场举行。

启动仪式上，相关负责人宣读了郴州市优秀消防安全楼栋长评选结果和郴州市中小学安全教育教师教学竞赛获奖通报，并为郴州市优秀消防安全楼栋长和郴州市中小学安全教育教师教学竞赛获奖代表颁发了荣誉证书。

启动仪式现场设置了消防工作宣传展示区、消防救援技能表演展示区、消防特种装备器材展示区等7个可供大家参观、打卡展区。每个展区的设计理念和展览主题有所不同，不仅有专业的消防装备器械、新颖的消防文创作品、品牌联名产品，还推出了与消防知识相关的桌面互动游戏。活动现场还模拟出了生活中的多个场所，消防宣传员为大家讲解这些场所中容易出现的消防隐患，并为观众科普各类消防安全常识，在寓教于乐中学习消防知识，掌握消防技能，提升安全意识。

郴州市委常委、常务副市长冯海燕出席仪式并宣布活动正式启动，副市长肖义出席仪式。郴州市消防安全重点单位工作人员、消防志愿者和消防指战员代表约500人参加仪式。

要闻纪事

△9日，郴州市政府与湖南轨道集团在长沙举行战略合作协议签约仪式，双方将在铁路基础设施、旅游观光轨道等重点领域开展合作，推动轨道交通与文旅产业深度融合。市政协主席陈跃文，湖南轨道集团党委书记、董事长舒行钢出席座谈会并见证签约。市委常委、副市长王伟东，湖南轨道集团党委副书记、总经理胡建华参加活动。

△10日，临武县人民检察院组织全院干警开展“一月一课一片一实践”主题党日活动，集中观看爱国主题电影《志愿军》。

△11日，郴州市委书记吴巨培主持召开2023年第35次市委常委会会议。市委副书记、市长阙保勇等市委常委会会议成员出席会议。会议传达学习习近平总书记对宣传思想文化工作作出的重要指示精神。

△12日，郴州市政协党组（扩大）2023年第12次会议召开。市政协党组书记、主席陈跃文主持会议并讲话。市政协党组副书记、副主席赵宇，党组成员、副主席周汶、李罗丝，党组成员、秘书长何青松出席会议；市政协副主席李雪莲、曹暇列席会议。

△17日，郴州市委书记吴巨培主持召开2023年第36次市委常委会会议。市委副书记、市长阙保勇等市委常委会会议成员出席会议。会议传达学习习近平总书记近期重要讲话精神，传达学习近期省委常委会会议、省委书记沈晓明关于信访工作的批示精神及全省有关会议精神；决定10月下旬召开市委六届六次全体会议；听取全市第五次文代会筹备工作等有关情况汇报。会议原则通过《郴州市贯彻落实第二轮省生态环境保护督察报告整改方案》等文件。

◎郴州上线全省首家智能化『土地超市』

2023年11月4日，郴州市“土地超市”启动仪式举行，这是湖南省首家集资源信息归集、部门集成联动、高效优质服务、订选购一体的智能化资源要素类超市。郴州市委书记吴巨培出席启动仪式并宣布郴州市“土地超市”正式上线运行。

目前，“土地超市”公众版和移动版已经正式上线！超市上架各类“货源”424宗，其中，国有土地357宗，集体土地4宗，矿产资源46宗，标准厂房17宗。

郴州市“土地超市”货源齐、信息全、服务优，超市按照以需定供原则，从企业的实际需求出发，为投资企业提供“一站式”选地购地平台；与此同时，“土地超市”还与不动产登记系统、报建系统等相关平台高度整合融合，提供了集规划、交易、办证、报建于一体的全流程服务。

郴州市“土地超市”坚持“线上线下”两端发力，“线上”开展实景三维数据应用，规范数据标准，与湖南省工改、省自然资源政务、郴州城市大脑等平台对接，实现县市区管理数据互通，保障数据来源和质量；“线下”由高素质、专业型的服务推广团队，通过湘易办、微信公众号、视频号、小程序等为郴州土地招商“引流”，确保“土地超市”运营质效，为郴州市招商引资及项目落地提供坚实的要素保障。

郴州市级领导王伟东、罗成辉、周亦彬出席活动。

郴州上线全省首家智能化『土地超市』

◎郴州市举行现代商贸物流和片区开发招商重点项目集中签约仪式

我市举行现代商贸物流和片区开发招商重点项目集中签约仪式

2023年11月21日，郴州市与一批来自经济战线主战场、产业发展第一线的行业领跑领军企业，进行现代商贸物流和片区开发招商重点项目集中签约仪式，现场签约项目12个，总投资124亿元。

在政商座谈中，郴州市发改委、市自然资源和规划局分别汇报现代商贸物流和片区开发招商情况，签约企业代表作了简要发言。

近年来，郴州市认真落实党中央、湖南省委、湖南省政府决策部署，紧紧锚定高质量发展首要任务，加快实现“三高四新”美好蓝图，聚焦服务“发展六仗”，坚定大招商、招大商的决心，全力以赴谋发展，经济社会发展保持了“快”的走势，开辟了“新”的态势，强化了“进”的攻势，破除了“难”的形势，维护了“稳”的大势，汇聚了“拼”的气势。

郴州市级领导冯海燕、罗成辉、周亦彬见证签约。

◎坚持因地制宜示范引领 稳步推进『四类乡村』建设

2023年11月8日至9日，郴州市委副书记、市委政法委书记黄进良率队到汝城县开展“四下基层”暨“走找想促”活动，调研“四类乡村”建设情况。他强调，要认真学习借鉴浙江“千万工程”经验，坚持因地制宜、示范引领、稳步推进，深入开展“五百行动”，加快建设“四类乡村”，促进农业更强、农村更美、农民更富，推进乡村全面振兴。

黄进良一行先后来到韩田村、五一村等地，实地查看村庄基层治理等情况，并与干部群众广泛交流，深入剖析当地开展“五百行动”，建设“四类乡村”存在的问题短板，现场研究具体解决办法。

其间，黄进良还来到郴州市委党校沙洲分校调研，强调要坚持向内挖潜、向外拓展，用好红色资源，讲好红色故事，开发更具郴州特色的红色教育精品课程，充分发挥微信公众号等宣传载体作用，不断提升知名度和影响力，持续擦亮沙洲红色教育名片。

要闻纪事

△17日，郴州市中级人民法院（以下简称郴州中院）召开全市基层法院院长座谈会暨优化营商环境工作推进会。会议通报了今年1—9月各基层法院重点工作情况，对优化营商环境相关工作进行了讲评。全市11个基层法院院长分别汇报了今年以来主要工作开展情况以及下一步工作打算。

△20日，郴州市委常委、市纪委书记、市监委主任肖开斌主持召开2023年第27次市纪委常委会会议。会议传达学习了习近平总书记近期重要讲话精神，以及全市组织工作会议精神等。中国共产党郴州市第六届委员会第六次全体会议，于2023年10月21日在郴州举行。全会由市委常委会主持。

△25日，政协郴州市第六届委员会第十九次主席会议召开。市政协主席陈跃文主持会议。市政协副主席赵宇、李雪莲、潘执坤、李波勇、曹暇，秘书长何青松出席会议。

△25日至26日，市六届人大常委会第十三次会议召开。市人大常委会党组书记、主任江波出席会议。市人大常委会党组副书记、副主任张军，副主任高爱国、廖满珠、龙齐阳、段被成，秘书长陈剑参加会议。市委常委、常务副市长冯海燕，副市长肖义，市中级人民法院院长王雨田，市人民检察院检察长肖功员，市监察委员会负责同志，各县市区人大常委会负责同志，部分市人大代表，市直有关部门负责同志等列席会议。

△27日至28日，郴州市委书记吴巨培率郴州市党政代表团赴浙江省湖州市学习考察，湖州市委书记陈浩出席相关活动。湖州市领导李上葵、吴智勇；郴州市级领导江波、陈跃文、马天毅、罗成辉、伍志平、周亦彬等参加相关活动。

◎郴州市直机关第二届“模范机关杯”羽毛球赛闭幕

市直机关第二届“模范机关杯”羽毛球赛闭幕

2023年11月19日，由中共郴州市直属机关工作委员会、郴州市总工会共同主办的市直机关党建带群建系列活动——第二届“模范机关杯”羽毛球赛闭幕式举行。郴州市委书记吴巨培出席闭幕式并为获奖选手颁奖。

此次赛事共吸引28支来自市直各机关、中省驻郴单位的男女混合团体项目代表队和16支特邀精英双打项目队伍共330多名运动员参加。经过两天的激烈角逐，赛事圆满完成。其中，郴州市林业局夺得团体赛冠军，郴州市税务局获得团体赛亚军，郴州市城管局获得团体赛季军。同时决出精英赛混双冠、亚、季军。

赛场上，白羽风驰电掣，羽毛球运动员们尽情挥洒汗水，厮杀对决，紧张激烈；赛场外，加油声、赞叹声、鼓掌声不绝于耳，热情洋溢。羽毛球赛的举行让郴州市广大机关干部周末业余生活更加健康丰富，同时展现出他们积极向上、顽强拼搏的体育精神，更进一步激励他们在今后的工作中，以更加饱满的精神、昂扬的斗志走在前、作表率。

郴州市领导欧阳锋、马天毅、段被成、杨平出席闭幕式。

◎ 2023湖南（郴州）蔬果产业博览会开幕

2023湖南（郴州）蔬果产业博览会开幕

2023年11月24日上午，2023湖南（郴州）蔬果产业博览会在郴州国际会展中心开幕。湖南省农业农村厅二级巡视员龙志刚、郴州市政协主席陈跃文出席活动。

本届展会以“绿色蔬果 健康生活”为主题，聚焦科技兴农、贸易合作、品牌发展导向，突出蔬果产业元素，在更高站位、更高层次、更高标准上，打造以郴州为代表的湖南蔬果亮丽名片。通过搭建农业交流合作平台，进一步促进湘赣粤三省农产品贸易互联互通，巩固提升湘赣边区、粤港澳大湾区开放合作态势，为全面推进乡村振兴战略实施，加快建设农业强市提供重要支撑。

本届展会主要设“郴州柑橘”等11大展区，总展览面积约5万平方米，设特装展位26个，展会折合标准展位1100余个，共吸引来自湖南、江西、广东、山东等9个省市区1100余家企业参展，展出特色农产品2万余种。本届展会为期5天，其间还将举办特色农产品产销对接、“一县一专场”等系列主题活动。

开幕式上还进行了郴州市农业招商引资项目签约活动，集中发布签约项目29个，签约金额62.5亿元，其中现场签约项目12个，签约金额36.55亿元。

开幕式后，与会领导及嘉宾还进行了巡馆，详细了解参展商的产品、产量、销量等情况。

郴州市领导冯海燕、段被成、彭生智、周汶参加活动。

◎务实举措严实作风 加快建设『四类乡村』

2023年11月29日，郴州市开展“五百行动”建设“四类乡村”工作推进会议在郴州市汝城县召开。郴州市委副书记、市委政法委书记黄进良出席并讲话。他强调，要深入学习贯彻习近平总书记关于“三农”工作重要论述，认真学习借鉴浙江“千万工程”经验，以更实举措更严作风，确保“五百行动”“四类乡村”建设有力有序有效推进。

会前，与会人员到汝城县6个村进行了现场观摩。会上，2个村和3个县作典型发言或表态发言。

副市长彭生智参加会议。

◎郴州展区：打造享誉全球的“郴州品牌”

2023年12月1日上午，第六届东盟·湖南（永州）名优产品交易会在永州经济技术开发区科创中心开幕。活动现场的郴州市形象展区内人头攒动，极具特色的郴州展示项目吸引了不少游客的目光。

郴州市形象展区：打造享誉东盟的“郴州品牌”

本次交易会展览面积约2万平方米，规划7大展区。其中，郴州市形象展区共81平方米，有11家企业参展，涵盖7个县（市、区）的代表性展品：食品类有资兴东江鱼系列产品、桂阳金太和贡系列辣味制品；饮品类有北湖区仰天湖蜜饮、桂阳湘昆名泉酒系列产品、资兴狗脑贡茶、桂东玲珑王茶；农产品类有宜章脐橙、永兴冰糖橙；矿物晶体类有郴州奥宝文化艺术品有限公司的矿晶科普文创产品等。

“这次交易会是我们展示自己、了解国内和海外的重要窗口。”郴州市金展仰天湖楚瑶蜂生物科技有限公司总经理刘楚伟表示，要把握交易会带来的机遇，借助大会平台与世界各地客商积极对接，结识更优更有实力的合作伙伴，开拓更广阔的市场，打造享誉全球的“郴州品牌”。

◎ 2023年郴州市“全民健身·西河骑行”活动举行

2023年11月25日，2023年郴州市“全民健身·西河骑行”活动在位于郴州市北湖区华塘镇招旅村的郴州乡村篮球园地拉开序幕。郴州市委副书记、市委政法委书记黄进良参加活动。

本届活动由郴州市全民健身服务中心、北湖区文化旅游广电体育局主办，旨在贯彻落实全民健身国家战略，认真落实郴州市委、市政府打造西河乡村振兴示范带的部署要求，大力推动文化体育事业发展，助力推进乡村全面振兴。

开幕式现场，随着号令枪响起，骑行队伍陆续列队出发，一路享受着公共体育发展的成果和运动健身的快乐，体验着西河沿线丰富的自然人文特色资源，感受着乡村振兴带来的新变化、新气象。整个活动历时半天，近800名骑行爱好者从郴州乡村篮球园地出发，在华塘镇茅坪村折返，全程约20公里。最终，根据各团队活动完成情况，捷安特乐骑俱乐部等8支队伍获得优秀组织奖。

副市长罗成辉，郴州市人大常委会原主任、市旅游文化产业促进会会长钟本强参加活动。

2023年郴州市『全民健身·西河骑行』活动举行

要闻纪事

△30日，郴州市委副书记、市长阚保勇主持召开市政府第47次常务会议，传达学习国家、省、市有关会议精神，研究部署相关工作。

△30日，郴州市委副书记、市政府党组书记、市长阚保勇主持召开市政府2023年第21次（扩大）会议。

11月

△1日，郴州市委常委、市纪委书记、市监委主任肖开斌主持召开2023年第28次市纪委常委会会议。会议组织学习了《论党的自我革命》，听取了廉洁文化和清廉单元建设情况汇报；深入传达学习了全省领导干部利用职权或影响力为亲友牟利问题专项整治工作推进会议精神，研究郴州市贯彻落实意见。

△2日，郴州市六届人大常委会第三十一次主任会议召开。市人大常委会党组书记、主任江波主持会议。市人大常委会党组副书记、副主任张军，副主任高爱国、龙齐阳、段被成，秘书长陈剑参加会议。

△2日至3日，郴州政协郴州市第六届委员会常务委员会第十一次会议召开。市委副书记、市长阚保勇应邀出席会议并讲话，市政协主席陈跃文主持会议并讲话。市委常委、常务副市长冯海燕应邀出席会议并就提升提案办理工作质效提出要求。市政协副主席赵宇、李雪莲、潘执坤、李波勇、周汶、曹暇，市政协秘书长何青松出席会议。

△3日，郴州市人大常委会党组召开2023年第26次（扩大）会议。市人大常委会党组书记、主任江波主持会议。市人大常委会党组成员、副主任高爱国、龙齐阳，党组成员、秘书长陈剑参加会议。

郴州市举行创新创业大赛颁奖仪式

◎郴州市举行创新创业大赛颁奖仪式

2023年12月6日上午，郴州市举行2023年湖南省创新创业大赛主体赛郴州分赛颁奖仪式。

此次比赛于4月28日启动，决赛于7月31日圆满落下帷幕，吸引了郴州市126家涵盖高端装备制造、新能源和节能环保、生物医药等领域企业报名参加。颁奖仪式上，10家优秀企业项目分别获颁一、二、三等奖和优胜奖，郴州市10个单位获得“优秀组织奖”。其中，东佳电子（郴州）有限公司获得一等奖。

郴州市委常委、副市长马天毅寄语创新创业者，要把握机遇，从发展转型中找准方向，坚定创新创业的信心；要脚踏实地，坚持“创业要实”的理念，走好走稳每一步；要百折不挠，逢山开路、遇河架桥，保持坚忍不拔、百折不挠的闯劲，在创新创业的行动中书写奋斗故事。

马天毅要求，郴州市各级各部门要以本次大赛为契机，以更大力度推进政策创新、以更优环境拓展服务、以更实举措扶持创业，积极做好资源配套、资金支持、产业服务、平台建设等各项工作，全力把郴州打造成创新蓝海、创业沃土、创客乐园。

◎郴州市永兴县人民检察院被最高人民检察院记『集体一等功』

永兴县人民检察院被最高人民检察院记“集体一等功”

12月20日，最高人民检察院发布《关于为105个先进集体和132名先进个人记一等功的决定》，郴州市永兴县人民检察院被最高人民检察院记“集体一等功”。

近年来，郴州市永兴县人民检察院始终坚持以人民为中心的法治理念，以创先争优为目标，以执法办案为中心，以队伍建设为根本，以机制创新为动力，各项工作取得显著成绩。连续两届荣膺“湖南省文明标兵单位”，获评“全国维护妇女儿童权益先进集体”“全国巾帼文明岗”等湖南省级以上集体荣誉30项，5件案件入选全国典型案例，获三等功以上及“湖南省人民满意公务员”等湖南省级以上个人表彰表扬36人次。

◎郴州市举行2023年度柑橘『双十佳』评选活动

2023年12月17日，由郴州市农业农村局指导，南岭柑橘研究院和郴州市柑橘协会联合主办的2023年度柑橘“双十佳”评选活动举行。此次评选活动特邀7名专家评委和11名大众评委参与，评选出的柑橘“双十佳”样品将经过农药残留检测后再对外公布。

此次评选主要是针对郴州市范围内种植的脐橙和冰糖橙，评选办公室根据各产区报名情况，派出3个小组对申报基地进行现场核查与取样，共采集48份样品（脐橙和冰糖橙各24份），每份样品都采摘了15公斤，以体现果园的代表性。同时，每一份样品一个送样号，并对样品信息逐一进行登记，由业主、取样人、取样组长、县（市、区）联络人签字，交由评选办公室工作人员装入信封密封，加盖公章进行保存。

在评选中，评审专家和大众评委们围绕果实的外部和内部品质进行打分。其中外部品质主要从颜色、果形、果实大小以及果面的光泽度来进行打分，而内部品质则主要是围绕口感方面来进行打分。评选活动的举办，旨在进一步擦亮“郴州柑橘”品牌。

副市长彭生智参加活动。

要闻纪事

△13日，郴州市委书记吴巨培主持召开2023年第39次市委常委会（扩大）会议。市委副书记、市长阚保勇等市委常委会会议成员出席会议。

△13日，郴州市委书记吴巨培主持召开市委常委会（扩大）会议，专题传达学习贯彻省委书记沈晓明来郴调研讲话指示精神，研究部署贯彻落实意见，审议贯彻落实责任分工方案以及省领导、省直部门提出的问题和工作意见整改清单。市委副书记、市长阚保勇出席会议。黄进良、江波、陈跃文、冯海燕、欧阳锋、马天毅、肖开斌、颜长文、王伟东、张先旺、黄峥嵘等在郴市级领导；各县市区主要负责同志；市直单位（部门）主要负责人参加会议。

△13日，郴州市委副书记、市长阚保勇主持召开市政府第48次常务会议。

△22日，郴州市委副书记、市长阚保勇主持召开市政府第49次常务会议，传达学习国家、省、市有关会议精神，听取全市1月至10月经济运行情况暨打好“发展六仗”工作推进情况汇报，研究部署下一阶段重点工作。

△24日，郴州市六届人大常委会第十四次会议召开。市人大常委会党组书记、主任江波主持会议。市人大常委会党组副书记、副主任张军，副主任高爱国、龙齐阳、段被成，秘书长陈剑参加会议。市“一府一委两院”相关负责同志列席会议。

12月

△6日，郴州市贯彻落实“一规划两纲要”法治督察（桂阳县）反馈会召开。督察组组长、市委全面依法治市委员会办公室副主任、市司法局党组书记、局长陈忠华，县委书记巫初华参加会议。县级领导钟宾、肖剑锋、刘诗文参加会议。

◎郴州市委议军会议暨“军事日”活动举行

市委议军会议暨“军事日”活动举行

2023年12月12日，郴州市委书记、郴州军分区党委第一书记吴巨培主持召开郴州市委议军会议并参加“军事日”活动，深入学习贯彻习近平新时代中国特色社会主义思想和习近平强军思想，总结一年来国防后备力量建设取得的成绩经验，分析当前面临的形势任务，研究加强党管武装工作的措施办法，进一步增强军队凝聚力、提升部队战斗力。郴州市委副书记、市长阚保勇出席活动。

吴巨培说，一年来，郴州军地各级认真贯彻习近平新时代中国特色社会主义思想和习近平强军思想，毫不放松加强党管武装，思想政治引领高位落实，应战应急能力持续提升，国防动员基础不断夯实，服务地方发展成效显著，国防动员和后备力量建设得到新加强。

吴巨培强调，要突出政治引领，把牢党管武装正确方向。要聚焦主责主业，提升备战打仗能力水平。要强化双向协同，推进军地深度融合发展。要赓续红色血脉，巩固发展军政军民团结。

阚保勇说，军民团结一家亲。要举军地之力，要聚军地之能，要合军地之心。

郴州市领导黄进良、陈跃文、冯海燕、马天毅、肖开斌、颜长文、王伟东、张先旺、黄峥嵘，郴州军分区司令员赵华东、副司令员毛善猛参加活动。

◎第11期郴江大讲堂举行

2023年12月20日，第11期郴江大讲堂举行，中国法学会副会长徐显明以“习近平法治思想与中国特色社会主义法治道路”为题，作专题讲座。郴州市委书记吴巨培主持讲座。

在专题讲座中，徐显明从“习近平法治思想确立的重大意义”“为什么要全面依法治国”“怎样全面依法治国”“习近平法治思想中的辩证法和方法论”等四个方面，深刻解读了习近平法治思想的时代背景、核心要义、实践要求。

吴巨培在主持时说，徐显明副会长的讲座，引经据典、娓娓道来、信手拈来，深入浅出、抽丝剥茧、层层递进，从历史到现实、从理论到实践，对习近平法治思想的重大意义、理论特征、体系构架等进行了深刻阐释。希望郴州市上下坚持以习近平新时代中国特色社会主义思想为指导，深入学习贯彻习近平法治思想，坚定不移走中国特色社会主义法治道路，以法治服务高质量发展、推动高效能治理、守护高品质生活、锻造高素质队伍，切实把学习成果转化为推进法治郴州建设的生动实践，为加快建设现代化新郴州提供坚强法治保障。

郴州市领导江波、冯海燕、欧阳锋、黄峥嵘等出席讲座。

◎郴州市两会召开中共党员大会

郴州市两会召开中共党员大会

2023年12月24日下午，郴州市两会召开中共党员大会。郴州市委书记吴巨培出席会议并讲话。郴州市委副书记、市长阚保勇主持会议。郴州市委副书记、市委政法委书记黄进良，市人大常委会党组书记、主任江波，郴州市政协党组书记、主席陈跃文在主席台就座。

吴巨培指出，要把加强党的全面领导贯穿于人大、政协工作始终，贯穿于两会全过程，进一步统一思想、明确任务、严肃纪律、鼓舞干劲，充分发挥党员代表、委员的先锋模范作用，团结带领全体代表和委员，集中精力开好两会，确保大会圆满成功。

吴巨培强调，要坚决做到绝对忠诚；要坚决贯彻组织意图；要坚决带头履职尽责；要坚决做到纪律严明。

冯海燕、欧阳锋、马天毅、肖开斌、颜长文、张先旺、黄峥嵘等郴州市领导参加会议并在大厅前排就座。

◎坚持“三个”导向 推动乡村振兴提质增效

2023年12月29日，郴州市2023年度巩固拓展脱贫攻坚成果同乡村振兴有效衔接暨建设“四类乡村”工作推进会召开，郴州市委副书记、市委政法委书记黄进良出席并讲话。他强调，要坚持问题导向、目标导向、结果导向，压实责任、实化举措，全力推进有效衔接突出问题整改，全面落实“四类乡村”建设目标任务，推动乡村振兴工作深入实施、提质增效。

黄进良强调，要扎实抓好巩固拓展脱贫攻坚成果同乡村振兴有效衔接工作，从严从实推进考核评估、督查等各类反馈问题整改，强化动态监测帮扶和兜底保障，持续巩固提升工作成效，确保经得起历史和人民检验。要加快推进“四类乡村”建设，建立健全督查考核机制，切实加强投入保障，推动拆除整治等各项工作任务落到实处、见到实效。要利用元旦、春节等有利时机，深入推进返乡入乡创业工作，吸引各类人才投身乡村振兴，探索成立“强村公司”“乡贤联谊会”“共富慈善基金”。要统筹抓好高标准农田建设、土壤“三普”、耕地“非粮化”整治、规范农村建房等当前各项重点工作，确保今年工作圆满收官、明年工作平稳开局。

郴州市政府副市长彭生智参加会议。

◎郴州市资兴市司法局荣获“资兴市清廉机关示范点”荣誉

2023年清廉资兴建设工作推进会现场

12月25日，郴州市纪委监委召开2023年清廉资兴建设工作推进会，宣读了《关于确定资兴市清廉单元建设示范点的通报》，并为郴州市资兴市清廉单元示范点授牌。郴州市资兴市司法局荣获“资兴市清廉机关示范点”荣誉，并在会上以《坚持三个引领 打造清廉机关样板》为题作交流发言。

自清廉机关建设工作开展以来，郴州市资兴市司法局深入学习贯彻党的二十大精神和习近平总书记关于全面从严治党的重要论述，锚定“政治生态好、工作作风实、担当作为强”目标，坚持以党建文化引领凝心聚魂、以廉政建设引领正风肃纪、以法廉结合引领社会风尚，持续推进清廉机关建设取得实效。先后荣获全国司法行政系统先进集体、全国“人民调解工作先进集体”、全国节约型机关等国字号荣誉，创下了每年至少一个国字号荣誉的优异成绩，为郴州市资兴市获评首届平安中国建设示范县、三夺“长安杯”作出了积极贡献。

下一步，郴州市资兴市司法局将继续按照清廉机关建设工作总体要求，以“清廉建设永远在路上”的政治自觉和行动自觉，进一步健全完善管理、监督、考核各项制度机制，强化党风廉政建设，发挥示范点作用，持续优化法治化营商环境，服务保障郴州市资兴市经济社会高质量发展。

要闻纪事

△7日，郴州市委副书记、市长阚保勇主持召开市政府第50次常务会议。

△11日，郴州市人民检察院与市审计局共同出台《关于建立检察监督与审计监督贯通协作机制的意见》（以下简称《意见》），并就深入开展检审贯通协作进行交流座谈。

△18日，郴州市六届人大常委会第三十三次主任会议召开。市人大常委会党组书记、主任江波主持会议。市人大常委会党组副书记、副主任张军，副主任高爱国、廖满珠、龙齐阳，秘书长陈剑参加会议。

△19日，郴州市六届人大常委会第十五次会议召开。市人大常委会党组书记、主任江波出席会议。市人大常委会党组副书记、副主任张军，副主任高爱国、廖满珠、龙齐阳、段被成，秘书长陈剑参加会议。市委常委、副市长王伟东，副市长罗成辉，市中级人民法院院长王雨田，市人民检察院检察长肖功员，市监察委员会负责同志，市直有关部门负责同志等列席会议。

△22日，湘粤四市十二县（市）六届七次治安联防协作会议在湖南省郴州市桂阳县召开。郴州市公安局党委副书记、常务副局长曹忠出席会议并讲话，中共桂阳县委副书记、县委统战部部长杨君毅致辞。郴州市公安局党委委员、副局长祁永忠主持会议。

湖南地方年鉴

永州

永州市
冷水滩区
零陵区
祁阳市
东安县
双牌县
道县
江永县
江华县
宁远县
新田县
蓝山县

永 州 地 区

永 州 市

永州市位于湖南南部、湘江上游，北邻衡阳、邵阳，东连郴州，西接广西桂林、贺州，南接广东清远。1995年，撤销原零陵地区，设地级永州市。现辖冷水滩、零陵2个区，东安、双牌、道县、江永、江华、宁远、新田、蓝山8个县，金洞、回龙圩2个管理区和永州经济技术开发区，代管祁阳1个县级市。全市总面积2.2万平方公里、居全省第二，2023年末全市常住人口507.62万人。永州是国家历史文化名城、国家卫生城市、国家森林城市、全国森林旅游示范市、中国幸福城市20强。

永州最靓的名片是山水。永州是一座风光秀丽的山水洲城，是湘江的发源地之一，因潇、湘二水在零陵区萍洲（又名萍岛）汇合，雅称“潇湘”。境内山川秀美，愚溪、浯溪、濂溪“三条名溪”各领风骚；舜皇山、阳明山、九嶷山“三大名山”风光旖旎。“唐宋八大家”之一柳宗元钟情于这里的山水，留下了传颂千古的《永州八记》；宋代诗人欧阳修、陆游沉醉于这里的灵秀，吟咏出“画图曾识零陵郡，今日方知画不如”“挥毫当得江山助，不到潇湘岂有诗”的不朽名句；毛泽东主席感叹这里的神韵，写下了“九嶷山上白云飞，帝子乘风下翠微”的壮丽诗篇。

永州最深厚的底蕴是文化。永州是一座历史厚重的文化名城，古称零陵，因中华人文始祖舜帝葬于境内九嶷山而得名，有2100多年设郡置府历史，是湖南四大历史文化名城之一。全市现有国家级文物保护单位34处、居全省之首，省级文物保护单位86处。发现了最早完全现代形态的人类化石，以及目前世界最早的栽培稻样本；孕育了舜文化、柳文化、理学文化、女书文化、瑶文化等千姿百态的文化；诞生了黄盖、怀素、周敦颐、何绍基等历史名人，涌现出李达、陶铸、江华等无产阶级革命家。这里是红军长征的重要节点，红军足迹经过永州11个县（市、区），红34师师长陈树湘在道县“断肠明志”，为后世留下了宝贵的精神财富。

永州最优的禀赋是生态。永州是一座宜居宜业的生态绿城，素有“锦绣潇湘”的美誉，拥有“湘江源头区域国家生态文明先行示范区”“国家主体功能区建设试点示范”“国家森林城市”等多块“国字号”生态招牌。全市现有4个国家级自然保护区、10个国家森林公园、8个国家湿地公园，森林覆盖率65.53%；2023年，全市地表水环境质量在全国地级及以上城市中排名第10位、创永州历史最好成绩，连续四年水质排名全国前二十，52个国考省考断面水质优良率100%、水质排名全省第一；永州是湖南乃至全国重要的粮食、烤烟、水果、油茶等绿色农产品生产基地，湖南农副产品集中验放场（道县）被列为全国第一批6个粤港澳大湾区“菜篮子”供应配送分中心之一。

永州最大的潜力是开放。永州是一座潜力无限的开放新城，有优越的区位优势，属国家级“湘南湘西承接产业转移示范区”，坐拥粤港澳大湾区、成渝地区双城经济圈、中国—东盟自由贸易区、中部地区崛起“四大经济圈”黄金叠加地。境内二广、泉南、厦蓉、道贺四条高速穿境而过，衡柳高铁及湘桂、洛湛铁路交汇贯通；永州机场已开通北京、重庆、海口等航线；湘江水运可出洞庭入长江抵上海；已纳入《国家综合立体交通网规划纲要》的“粤港澳—成渝主轴”和“湘桂通道”在永州交汇，建成后将实现与“四大经济圈”的互联互通和深度融合。永州现有1个国家级经开区、1个国家级农业科技园区和10个省级工业园区，重点打造食品加工、智能家居、现代农业、文化旅游、新能源、数字产业等六大千亿级产业；稀土、锰、锂、铷、铯等矿藏保有储量居全省首位。

近年来，永州坚持以习近平新时代中国特色社会主义思想为指导，认真学习贯彻党的二十大精神，全面落实“三高四新”美好蓝图，牢牢锚定“在全省版图中增加永州分量”的战略使命、建设“三区两城”的战略目标、构建“一核两轴三圈”的战略格局、“向南向海向外”的战略方向、“产业、通道、平台”三个战略抓手、“半年谋划、一年起跑、两年加速、一年半冲刺”的战略执行计划，抓紧抓实高质量发展这个首要任务，奋力建设现代化新永州。

永州市2023年国民经济和社会发展统计公报

2023年是全面贯彻党的二十大精神的开局之年，面对复杂严峻形势和多重困难挑战，在市委、市政府的坚强领导下，全市坚持以习近平新时代中国特色社会主义思想为指导，认真贯彻落实党中央、国务院和省委、省政府各项决策部署，坚持稳中求进工作总基调，完整、准确、全面贯彻新发展理念，加快构建新发展格局，全面深化改革开放，锚定“三高四新”美好蓝图，打好“发展六仗”，全市经济运行总体平稳，供给需求稳步改善，转型升级积极推进，民生保障有力有效，高质量发展扎实推进。

一、综合

根据地区生产总值统一核算结果，全年全市实现地区生产总值2495.83亿元，同比增长4.2%。其中，第一产业441.54亿元，增长3.9%，第二产业809.54亿元，增长2.7%，第三产业1244.74亿元，增长5.3%。按常住人口计算，人均地区生产总值48165元，增长5.4%。

全市第一产业增加值占地区生产总值比重为17.7%，第二产业增加值比重为32.4%，第三产业增加值比重为49.9%。第一、二、三次产业对全市经济增长的贡献率分别为17.5%、20.6%、61.9%，分别拉动全市GDP增长0.7、0.9、2.6个百分点。民营经济完成增加值1811.36亿元，占GDP比重为72.6%，同比增长3.0%，低于GDP增速1.2个百分点。

二、农业

全年完成农林牧渔业总产值871.52亿元，比上年增长4.2%，其中，农业总产值400.09亿元，增长4.0%；林业总产值123.10亿元，增长8.5%；牧业总产值246.57亿元，增长1.7%；渔业总产值53.25亿元，增长4.8%。

全年粮食种植面积487.3千公顷，增长0.02%，产量306.02万吨，增长1.8%；蔬菜种植面积206.85千公顷，增长1.8%，产量678.74万吨，增长3.0%；油料种植面积118.56千公顷，增长17.9%，产量22.62万吨，增长17.1%；烤烟种植面积22.67千公顷，增长7.2%，产量5.03万吨、增长9.4%。

全年出栏生猪808.19万头，增长1.9%；

出栏牛30.87万头，下降7.2%；出栏羊110.51万头，下降5.4%。猪、牛、羊肉产量64.93万吨，增长1.4%；禽蛋产量8.39万吨，增长16.9%；水产品产量20.44万吨，增长4.8%。

全年实施土地整治（高标准农田建设）项目68个，完成高标准农田建设面积36.97万亩，开工各类水利工程3.01万处，投入资金43.59亿元，完成水利工程土石方0.23亿立方米。全市农产品加工企业达7808家，其中，国家级及省级龙头企业达到78家。农民专业合作社9537个，家庭农场数量达到30341个。

三、工业和建筑业

全年规模以上工业增加值比上年增长2.5%。其中，民营企业增加值增长0.9%。高技术制造业增加值下降0.3%，高加工度工业增加值增长13.1%。省级及以上产业园区工业增加值增长9.2%。按经济类型分，国有企业增长3.2%，股份制企业增长4.1%，外商及港澳台商投资企业下降10.4%。

分行业看，全市化学原料和化学制品制造业，有色金属冶炼和压延加工业，计算机、通信和其他电子设备制造业，烟草制品业增加值分别增长60.2%、17.6%、8.1%、4.5%。分产品看，在全市全年规模以上工业统计的产品中，卷烟118.50亿支，增长0.9%；平板玻璃9.94万重量箱，增长55.0%；十种有色金属2.35万吨，增长2.3%；变压器128.0万千伏安，增长47.2%；发电量208.86亿千瓦时，下降4.7%，其中火电94.04亿千瓦时，下降5.6%，水电46.43亿千瓦时，下降29.4%，风电53.02亿千瓦时，增长14.2%。

全市规模工业企业营业收入1741.04亿元，下降1.0%；实现利润总额82.17亿元，下降14.4%，其中亏损企业亏损额4.44亿元，增长26.2%，亏损面9.6%，比上年增长7.1个百分点；工业产品销售率96.7%，比上年下降0.9个百分点。

全年全社会建筑业增加值159.05亿元，比上年增长3.7%。房屋建筑施工面积1458.51万平方米，下降8.3%，其中，新开工面积263.49万平方米，下降34.7%，房屋建筑竣工面积178.18万平方米，增长8.0%。

四、固定资产投资

全年固定资产投资比上年下降5.9%。分经济类型看，国有投资下降27.0%，民间投资下降0.3%。分投资方向看，工业投资增长22.3%，民生投资下降33.5%，生态投资下降4.3%，基础设施投资下降29.2%，高新技术产业投资增长1.3%，工业技改投资下降19.2%。

全年施工项目个数比上年下降30.4%。其中，本年新开工项目下降39.9%，本年投产项目个数下降48.6%。

全年房地产开发投资比上年下降8.9%。商品房销售面积444.32万平方米，下降24.2%。其中，住宅销售面积409.14万平方米，下降22.2%。商品房销售额200.42亿元，下降29.7%。其中，住宅销售额183.61亿元，下降25.2%。年末商品房待售面积8.12万平方米，下降63.5%。

五、国内贸易和物价

全年社会消费品零售总额903.39亿元，比上年下降2.0%。分经营地看，城镇消费品零售总额749.81亿元，下降2.0%；乡村消费品零售总额153.58亿元，下降1.6%。

全年限额以上法人批发和零售业商品零售额340.98亿元，比上年下降0.5%。分商品类别看，日用品类增长28.1%，建筑及装潢材料类增长20.0%，化妆品类增长5.0%，金银珠宝类增长5.0%，石油及制品类下降1.6%，汽车类下降21.1%。全年居民消费价格指数比上年上涨0.2%。

六、对外经济

全年进出口总额436.35亿元，比上年增长5.2%。其中，出口424.39亿元，增长4.0%；进口11.96亿元，增长71.7%。全年实际使用外商直接投资0.41亿美元。实际到位内资865.32亿元，增长25.0%。

七、交通、邮电

全年全市货物周转量84.53亿吨公里，增长22.2%，其中，公路货物周转量82.2亿吨公里，增长22.4%，水运货物周转量2.34亿吨公里，增长14.0%。全市旅客周转量14.32亿人公里，下降8.8%，其中，公路旅客周转量12.63亿人公里，下降15.6%；水运旅客周转量0.25亿人公里，增长10.6%。年末全市公路通车里程2.32万公里，其中，高速公路通车里程492公里。年末民用汽车保有量66.68万辆，增长4.2%；私人汽车保有量63.40万辆，增长4.0%；轿车保有量35.03万辆，增长6.8%。

全年邮政业务总量（2020年不变价）12.31亿元，比上年增长7.2%；电信业务总量（2022年不变价）41.66亿元，增长20.1%。年末固定电话用户19.70万户，下降4.3%；移动电话用户497.18万户，增长5.6%。年末互联网宽带用户164.50万户，增长7.1%。

八、财政、金融和保险

全年地方财政收入163.30亿元，增长3.0%。地方收入中，税收收入109.83亿元，增长0.4%；非税收入53.47亿元，增长8.7%。一般公共预算支出575.46亿元，增长9.7%。其中，一般公共服务支出48.63亿元，增长9.0%；卫生健康支出80.41亿元，增长17.2%；教育支出109.05亿元，增长6.1%；住房保障支出18.26亿元，增长15.3%。

年末全市金融机构本外币各项存款余额3455.37亿元，比上年末增长12.5%。其中，住户存款余额2815.13亿元，增长13.0%；非金融企业存款余额267.10亿元，增长9.0%。本外币各项贷款余额2597.24亿元，增长12.7%。其中，住户贷款余额1220.52亿元，增长4.9%；非金融企业及机关团体贷款余额1374.44亿元，增长20.4%。

全年保险公司原保险保费收入82.49亿元，比上年增长4.4%。其中，寿险保费收入32.44亿元，下降2.3%；健康险保费收入21.59亿元，增长8.1%；人身意外伤害险保费收入1.54亿元，下降6.9%；财产险保费收入26.92亿元，增长11.4%。原保险赔付支出37.12亿元，增长13.1%。

九、教育和科学技术

年末全市中等职业教育毕业生2.42万人，普通高中毕业生3.94万人，初中学校毕业生8.48万人，普通小学毕业生8.51万人。在园幼儿14.75万人。各类民办学校1088所。发放中职国家助学金0.25亿元，资助中职学生2.47万人次；落实中职免学费资金1.80亿元，资助中职学生15.02万人次。发放普通高中国家助学金0.51亿元。

签订技术合同2095项，增长25.8%；技术合同成交金额136.6亿元，增长48.3%。专利授权量2219件，下降21.0%，其中，发明专利261件，下降9.7%。高新技术产业增加值416.01亿元，增长7.1%。

十、文化、卫生和体育

年末全市有艺术表演团体6个，群众艺术馆、文化馆12个，公共图书馆12个，博物馆、纪念馆5个。广播电台10座，电视台10座。国家级非物质文化遗产保护名录7个，省级非物质文化遗产保护名录39个。

年末全市共有卫生机构5286个。其中，医院148个，妇幼保健院（所、站）12个，专科疾病防治院（所、站）1个，社区卫生服务中心（站）47个，诊所、卫生所、医务室755个，村卫生室4103个。卫生技术人员4.28万人，其中执业医师和执业助理医师1.66万人，注册护士2.04万人。医院拥有床位30034张，乡镇卫生院拥有床位9012张。

全市开展全民健身项目47项次。全市体育场地（室内、室外）达1.48万个，其中，体育馆13个、运动场593个、游泳池52个，新建农民体育健身工程的行政村91个。全年获得1个亚洲冠军，7个全国冠军。

十一、人口、人民生活和社会保障

年末全市常住人口507.62万人。其中，城镇人口252.34万人，城镇化率49.71%，比上年末提高1.13个百分点。全年出生人口3.06万人，出生率为4.68‰；死亡人口3.77万人，死亡率为5.77‰；自然增长率为-1.09‰。

全年全市全体居民人均可支配收入28781元，比上年增长5.4%。城镇居民人均可支配收入38801元，增长4.3%。农村居民人均可支配收入20428元，增长6.0%。

全年全市居民人均消费支出22953元，比上年增长4.8%。城镇居民人均消费支出27750元，增长3.8%；农村居民人均消费支出18955元，增长5.3%。

全年新增城镇就业人员5.75万人。年末城乡居民基本养老保险登记参保人数334.56万人，同比下降0.6%。城镇基本养老保险职工人数85.12万人，增长3.6%，其中，参保职工60.27万人，参保离退休人员24.85万人。参加失业保险职工人数33.37万人；参加工伤保险职工人数55.07万人。年末领取失业保险金职工人数0.64万人。基本医疗保险参保人数528.88万人，下降2.9%，其中城镇职工基本医疗保险参保人数40.7万人，增长0.1%。获得政府最低生活保障的城镇居民3.12万人，发放最低生活保障经费1.50亿元；获得政府最低生活保障的农村居民14.45万人，发放最低生活保障经费4.45亿元。年末提供住宿民政机构床位17304张，收养人数7964人。建立社区服务机构和设施数3392个。全年销售社会福利彩票7.23亿元，筹集福彩公益金2.31亿元。

十二、资源、环境和安全生产

全年全市耕地面积33.64万公顷，基本农田30.01万公顷，批准建设用地0.09万公顷，补充耕地0.02万公顷。已发现矿种75种，已探明资源储量的矿种55种，其中金属矿产21种，非金属矿产30种，能源矿产3种，水气矿产1种。自然保护区32个，其中国家级4个，省级2个，自然保护区面积12.89万公顷。

全市达到或优于Ⅲ类标准的水质断面比重为100%，空气质量达到国家二级标准的县市区数9个。

初步核算，全年全市规模工业综合能源消费量313.11万吨标准煤，比上年下降4.7%。其中，六大高耗能行业综合能源消费量286.76万吨标准煤，下降3.9%。规模工业能源消费合计437.46万吨标准煤，原煤327.04万吨。全市全年发生各类生产经营性安全事故50起，生产经营性安全事故死亡人数50人。

冷水滩区

冷水滩区，湖南省永州市辖区，是永州市委、市人民政府所在地，是永州市的政治、经济、文化、科教、交通、传媒、通信和金融中心。

中国永州冷水滩政府网向您介绍古老神奇的潇湘大地上，一座充满生机活力、美丽富饶的现代新兴城市。

冷水滩地处湖南省西南部，湘江上游，北靠邵阳，南抵郴州，与粤北、桂北相望。是潇水和湘江在萍岛汇合后的第一座城市。总面积1217.12平方公里，总人口55.49万人，其中城镇人口37.36万人，2023年全区完成GDP424.92亿元，同比增长3.3%。辖10个乡镇、9个街道办事处。冷水滩山水形胜，人杰地灵，素有“湘西南门户”和“潇湘第一城”之称。

冷水滩是一座文化厚重的历史古城。早在虞舜时期，就是“最古之名胜”。自秦、汉、唐、宋以后，前来经商定居者接踵而至；名流学者和游人骚客也是络绎不绝，留下了柳宗元、怀素、徐霞客等墨客的足迹，留下了“五代”时期的石牛石马遗址、“唐叟钓矶”石刻和宋人制陶“窑址”……冷水滩还是中国共产党创始人之一、著名马克思主义理论家李达同志的故乡。

冷水滩是一座山川秀丽的生态绿城。属亚热带季风湿润气候，境内山陵、丘岗、盆地相间分布，河谷纵横，生态环境保持良好。2023年冷水滩区城镇化率65.23%，全年城镇污水处理量8856万吨，处理率为98.3%；农村生活污水治理率33.87%；空气优良质量天数343天，优良以上空气质量达标率94%；地表水达到Ⅲ类或优于Ⅲ类水体比例为100%；全年完成人工造林面积447公顷，义务植树175.8万株；年末森林面积54900公顷，森林蓄积量183.41万立方米，森林覆盖率36.01%，堪称“天然氧吧”。

冷水滩是一座宜居宜商的现代名城。2023年全区新增城区公共停车位930个，农村“千人以上”集中式饮用水水源地环境综合整治和规范化建设38个，居民住宅小区“一户一表”改造接收12033户；全区完成农村公路提质改造30.79公里，农村公路安防设施100.1公里，普通国省道安防精细化提升9.9公里；截至2023年底，全区被认定为高新技术企业的有74家，新增国家级高新技术企业22家，全年有外贸进出口企业达41家，进出口突破5000万元以上企业6家。全区有普通小学37所，普通初中37所，全年小学适龄儿童入学率和毕业生升学率均为100%。全区共有18个乡镇文化站，4个体育场馆，454个卫生机构。2023年共接待游客593.39万人次，旅游总收入53.77亿元；全区公路通车总里程2386.26公里，全面构筑公路、铁路、航空、水运四位一体的现代交通网络，打通对外连接大通道；先后成功创建省级卫生城市、国家卫生城市和国家森林城市，上榜中国幸福城市20强。

冷水滩是一座蓄势待发的开放新城。近年来，全区主要经济指标保持两位数以上增长，发展速度始终在全市保持第一方阵的领先地位，重点项目建设和投资均位居全市首位。在全市第1个、全省前20个实现全面建成小康社会目标。先后获得国家现代农业示范区、中国幸福城市等国家级荣誉50余项、省级荣誉100余项。当前，全区上下积极顺应“市强区兴民富”一体化发展大势，按照“率先全面建成小康社会、率先基本实现现代化”总体定位，全力推进“产业集群、园区升级、城镇提质、全域旅游、基础设施”等“八大会战”，建设最具吸引力、凝聚力、影响力、辐射力的中心城区，打造区域交通、生态文明、区域城市、产业集群等“四大中心”。

敞开大门迎新朋，浓墨重彩绘潇湘。我们竭诚欢迎海内外客商前来合资合作，投资开发，共寻商机，共谋发展，携手共创文明、开放、和谐、富裕冷水滩，共同绘就锦绣潇湘最新最美的图画！

开放冷水滩，永远欢迎您！

冷水滩区2023年国民经济和社会发展统计公报

2023年，在区委区政府的坚强领导和级各部门的共同努力下，全区上下坚持以习近平新时代中国特色社会主义思想为指导，全面落实“三高四新”战略定位，聚焦高质量发展首要任务，以“发展六仗”为总抓手，坚持稳中求进工作总基调，着力扩大内需、优化结构、提振信心、防范化解风险，就业物价总体稳定，民生保障有力有效，高质量发展扎实推进。

一、综合

初步核算，2023年全区完成GDP424.92亿元，同比增长3.3%。其中，第一产业完成49.42亿元，同比增长3.6%；第二产业完成116亿元，同比增长-2.5%；第三产业完成259.5亿元，同比增长5.9%。按常住人口计算，人均GDP为73990元，同比增长3.9%。三次产业结构比为：11.6 ： 27.3 ： 61.1。第一、二、三产业对经济增长的贡献率分别为13.7%、-21.4%、107.7%，分别拉动全区GDP增长0.45个、-0.71个、3.56个百分点。

全年全区新增城区公共停车位930个；新增城区公办幼儿园学位1140个；农村“千人以上”集中式饮用水水源地环境综合整治和规范化建设38个；居民住宅小区“一户一表”改造接收12033户；开展补贴性职业技能培训4434人次；困难重度残疾人家庭无障碍改造100户；“0—6岁”残疾儿童康复救助380人；城市低保标准提高到650元/月，农村低保标准提高到5004元/年，社会散居孤儿基本生活费最低保障提高到1100元/月，集中养育孤儿基本生活费最低保障提高到1500元/月，困难残疾人生活补贴标准和重度残疾人护理补贴标准人均提高到80元/月；农村适龄及城镇低保适龄妇女“两癌”免费检查10627人，进行了1个糖尿病防控中心和21个糖尿病门诊标准化建设，实现普通门诊异地结算二级以上定点医疗机构全覆盖17个，实现全部43个门诊慢特病治疗费用省内异地直接结算54个，实现医保参保登记、信息查询及变更、异地就医备案等经办服务事项直办或帮代办全覆盖的乡镇（街道）19个、村（社区）221个；农村新增基站边（边远山区网络“扫盲”工程）65个，农村新增千兆光纤端口5432个。截至年底，全区完成农村公路提质改造30.79公里，农村公路安防设施100.098公里，普通国省道安防精细化提升9.9公里。

二、农业和农村经济

全年实现农林牧渔业总产值（现价）88.26亿元，同比增长3.9%，其中，农业总产值42.97亿元，同比增长4.2%；林业总产值5.45亿元，同比增长8.5%；牧业总产值28.6亿元，同比增长1.5%；渔业总产值6.34亿元，同比增长6.6%；农林牧渔服务业总产值4.9亿元，同比增长8.6%。实现农林牧渔业增加值52.07亿元，同比增长3.8%。

全年粮食种植面积50.284千公顷，同比增长0.02%，其中，夏粮面积0.685千公顷，同比增长0.15%；早稻面积15.867千公顷，同比增长-0.01%；秋粮面积33.732千公顷，同比增长0.04%。秋粮面积中，中稻及一季晚稻面积11.479千公顷，同比增长-0.85%；双季晚稻面积15.586千公顷，同比增长-0.96%。全年粮食产量32.25万吨，同比增长1.7%。其中，夏粮产量0.28万吨，同比增长0.8%；早稻产量9.73万吨，同比增长0.74%；秋粮产量22.23万吨，同比增长2.14%。

全年猪、牛、羊、禽肉类总产量7.47万吨，同比增长-0.13%，其中，猪肉产量6.21万吨，同比增长1.97%；牛肉产量0.19万吨，同比增长18.75%；羊肉产量0.13万吨，同比增长18.18%。年末生猪存栏54.31万头，其中，能繁母猪存栏4.69万头，同比增长-4.87%；牛存栏3.66万头，同比增长27.53%；羊存栏6.02万只，同比增长-3.83%；家禽存笼518.66万羽，同比增长41.34%。全年生猪出栏84.6万头，同比增长1.69%；牛出栏1.61万头，同比增长20.15%；羊出栏7.66万只，同比增长8.96%；家禽出笼652.36万羽，同比增长-13.21%。禽蛋产量1.05万吨，同比增长69.35%；水产品产量1.47万吨，同比增长6.81%。

全年实施高标准农田建设项目28个，高标准农田建设面积3.6万亩。新增农田有效灌溉面积251公顷。共开工各类水利工程85处，投入资金4270万元，劳动工4.4万个，完成土石方17.85万立方米，完成河道治理1个项目建设，治理水土流失面积5.36平方公里。

全年机械总动力达77.1万千瓦，其中，柴油发动机动力63.5万千瓦，汽油发动机动力0.29万千瓦，电动机动力13.2万千瓦。耕整机13279台，总动力达5.6万千瓦；联合收割机931台，总动力达2.45万千瓦；农作物机械化率达62.3%。

三、工业和建筑业

全年全部工业增加值同比增长-5.9%。分门类看，采矿业增加值同比增长-26.3%，制造业增加值同比增长-4.8%，电力、热力、燃气及水生产和供应业增加值同比增长-6.6%。全区工业用电量44953万千瓦时，同比增长7.9%。

全年规模工业增加值同比增长-9.7%，完成规模工业总产值247.6亿元，同比增长-11.4%，其中，区属规模工业总产值99.4亿元，同比增长-29.8%。年内新增规模工业企业22家，完成工业总产值21.1亿元。

按行业分，规模以上工业中，农副食品加工业完成工业总产值34亿元，同比增长-16.3%；医药制造业完成工业总产值7.8亿元，同比增长-9.0%；计算机信息业完成工业总产值21亿元，同比增长-19.0%；专用设备制造业完成工业总产值16.5亿元，同比增长-8.2%；汽车制造业完成工业总产值5.6亿元，同比增长-31.2%；电力、热力生产和供应业完成工业总产值1亿元，同比增长-6.4%。

全年规模以上工业企业产品销售率达95.1%，主营业务收入达226亿元，同比增长-6.5%，实现利润总额5亿元，同比增长-15.1%。

全年建筑业增加值23.5亿元，同比增长13.8%，建筑业总产值58.97亿元，同比增长16.8%。房屋建筑施工面积94.35万平方米，同比增长-55.3%，其中，新开工面积21.33万平方米，同比增长-83.8%。房屋竣工面积51.67万平方米，同比增长-64.7%。

四、固定资产投资

全年固定资产投资同比增长3.1%。按产业分，一产业投资同比增长-27.3%；二产业投资同比增长76.4%；三产业投资同比增长-20.5%，三次产业投资比重为2.4 ： 40.8 ： 56.8。

从经济类型看，国有投资同比增长15.7%；民间投资同比增长-4.4%。从投资方向看，工业投资同比增长83.2%，其中，工业技改投资同比增长63.4%；高新技术产业投资同比增长38.1%；民生工程投资同比增长-73.0%；生态环境投资同比增长41.8%；基础设施投资同比增长-61.8%。

全年房地产开发投资同比增长28.2%。施工房屋总面积483.6万平方米，同比增长-0.1%，其中，住宅376.78万平方米，同比增长-2.1%。竣工房屋面积25.1万平方米，同比增长-26.1%，其中，住宅面积24.99万平方米，同比增长9.6%。销售房屋面积122.39万平方米，同比增长-27.3%，其中，住宅面积105.86万平方米，同比增长-29%。全年实现销售额53.9亿元，同比增长-37.1%，其中，住宅46.45亿元，同比增长-35.7%。全年商品房每平方米平均销售4404元，其中，住宅商品房每平方米平均销售4388元。

五、内外贸易

全年社会消费品零售总额198.76亿元，同比增长2.6%。分经营地看，城镇消费品零售总额191.17亿元，同比增长18.7%；乡村消费品零售总额7.59亿元，同比增长-76.8%。全年限额以上单位商品零售额中，分行业大类看，批发业零售额0.54亿元，同比增长36.4%；零售业零售额88.54亿元，同比增长1.2%；住宿业零售额1.01亿元，同比增长 15.8%；餐饮业零售额 2.35 亿元，同比增长 57.8%。分商品类别看，粮油、食品类零售额同比增长 4.2%，日用品类同比增长 0.7%，中西药品类同比增长 -39.4%，饮料、烟酒类同比增长 23.6%，家具类同比增长 28.9%，汽车类同比增长 14.2%。

全年实物商品网上零售额 1.07 亿元，同比增长 -7.7%，占社会消费品零售总额的比重为 0.5%。

全年有外贸进出口企业达到 41 家，进出口突破 5000 万元以上企业 6 家。完成外贸进出口总额 14.07 亿元人民币，其中，出口 13.42 亿元人民币，进口 0.65 亿元人民币。实际利用外资 178 万美元，承接产业转移项目 39 个，实际引进内资 80 亿元，同比增长 8.1%。

六、交通、邮电和旅游

全年交通运输、仓储和邮政业增加值 12.1 亿元，同比增长 12.5%。旅客周转量 52.1 万人公里，同比增长 -6.0%。全区公路通车总里程 2386.255 公里，其中，国道 18.042 公里，省道 82.619 公里，县道 228.743 公里，乡道 319.474 公里，村道 1737.377 公里。

全年邮政业务总量 5452 万元，同比增长 -2.5%。截至年底，互联网宽带用户 25.42 万户；固定电话用户 5.14 万户；移动电话用户 100.21 万户。

全年共接待游客 593.39 万人次，同比增长 52.6%，旅游总收入 53.77 亿元，同比增长 54.4%。

七、财政、金融和保险

全年区属财政总收入完成 10.3 亿元，同比增长 -8.4%。地方财政一般公共预算收入 6.8 亿元，同比增长 -13.2%；上划中央税收 2.7 亿元，同比增长 3.3%；上划省级税收 0.7 亿元，同比增长 2.4%。一般公共预算支出 40.16 亿元，同比增长 -3.2%，其中，教育支出 8.45 亿元，同比增长 5.3%；科学技术支出 1.94 亿元，同比增长 1.7%；文化旅游体育与传媒支出 0.56 亿元，同比增长 -8.9%；社会保障和就业支出 6.22 亿元，同比增长 14.6%；卫生健康支出 3.3 亿元，同比增长 -48.6%；农林水支出 7.46 亿元，同比增长 0.5%。

驻区各家银行机构年末存款余额 749.9 亿元，比年初增加 67.76 亿元，同比增长 [illegible]63%。年末各项贷款余额 743.6 亿元，比年初增加 71.39 亿元，同比增长 10.23%。全年全区保费收入 30.25 亿元，同比增长 4.0%。

八、教育和科技

截至年底，全区有普通小学 37 所（不含小学教学点），在校学生 60439 人，专任教师 3491 人；普通初中 37 所，在校学生 33277 人，专任教师 2328 人；普通高中 10 所，在校学生 13253 人，专任教师 951 人；中等职业中专 10 所，在校学生 12693 人；在园幼儿 22790 人。本年小学适龄儿童入学率为 100%，毕业生升学率 100%；普通初中适龄人口入学率为 100%，初中毕业生升学率为 98%。全年发放国家助学金 576.55 万元。

截至年底，全区认定为高新技术企业的有 74 家，新增国家级高新技术企业 22 家，全年实现高新技术产业产值 177.7 亿元，实现高新技术产业增加值 61.81 亿元。全年专利授权量 311 件，其中，发明专利 42 件，实用新型专利 159 件，外观设计专利 110 件。

九、文化、体育和卫生事业

截至年底，全区共有公共图书馆 1 个，18 个乡镇文化站。全年免费送戏下乡 50 场，举办文化艺术培训 224 期，培训学员 9664 余人，组织开展老年合唱团免费培训 4800 人次。年末公共图书馆图书藏量 496.461 千册，图书馆累计接待读者 86.1331 万余人次，外借图书 39.2701 万余册次。

全年共开展群体活动 26 次。参与健身 6 万人次，参与率 10.3%，新建健身路径 32 条。篮球、羽毛球、乒乓球、户外活动等协会 9 家。全年获省级运动金牌 3 枚，银牌 2 枚，铜牌 3 枚。全区有体育场馆 4 个，公共文化体育设施面积 137.3 万平方米，人均拥有公共文化体育设施面积 2.37 平方米。

截至年底，全区有卫生机构 454 个（含村卫生室），其中，医院 32 个，基层医疗卫生机构 415 个，专业公共卫生机构 7 个。全区卫生机构拥有床位总数 8099 张，比去年多 331 床，每千人拥有床位 14 张，其中，医院床位数 6776 张，基层医疗单位床位数 963 张，专业公共卫生机构床位数 360 张。全区有卫生技术人员 7408 人，其中，执业医师和执业助理医师 2665 人，注册护士 3787 人。

十、人口、人民生活和社会保障

年末全区户籍人口 55.49 万人，共 19.44 万户，其中：男性人口 28.66 万人，女性人口 26.83 万人。年末全区常住人口 57.27 万人，其中，城镇人口 37.36 万人，农村人口 19.91 万人，城镇化率为 65.23%，比上年末提高 0.78 个百分点。全区人口出生率为 5.2‰，死亡率为 6.12‰，自然增长率为 -0.92‰。

全年全体居民人均可支配收入 39379 元，同比增长 4.3%，全体居民人均生活消费支出 24908 元，同比增长 4.6%。城镇居民人均可支配收入 44351 元，同比增长 4.0%；城镇居民人均消费支出 28344 元，同比增长 4.1%。农村居民人均可支配收入 29585 元，同比增长 5.3%，农村居民人均生活消费支出 18140 元，同比增长 6.3%。城镇居民家庭恩格尔系数为 23.76%，农村居民家庭恩格尔系数为 36.86%。

全年新增就业人数 5974 人，失业人员再就业 5711 人。截至年末，城乡居民基本养老保险参保人数 21.35 万人，同比增长 0.7%；城镇职工基本养老保险参保人数 8.45 万人，同比增长 6.6%，其中，在职职工 6.89 万人，离退休人员 1.55 万人；基本医疗保险参保人数 51.04 万人，其中，城乡居民基本医疗保险参保人数 39.77 万人，城镇职工基本医疗保险参保人数 11.27 万人；生育保险参保职工人数 3.19 万人（仅冷水滩区职工），与去年基本持平；工伤保险参保职工人数 5.26 万人，同比增长 0.1%；失业保险参保职工人数 3.34 万人，同比增长 6.4%，全年领取失业保险职工人数 3282 人次。

十一、资源、环境和安全生产

全区国土面积 1217.1247 平方公里，年末耕地面积 28143.75 公顷，其中，水田 25159.12 公顷，旱地 2984.63 公顷。

全年城镇污水处理量 8856 万吨，处理率为 98.3%；农村生活污水治理率 33.87%；空气优良质量天数 343 天，优良以上空气质量达标率 94%；地表水达到Ⅲ类或优于Ⅲ类水体比例为 100%。全年完成人工造林面积 447 公顷，义务植树 175.8 万株；年末森林面积 54900 公顷，森林蓄积量 183.41 万立方米，森林覆盖率 36.01%。

全年发生各类生产经营性安全事故 8 起，死亡人数 8 人。发生道路交通事故 24 起，死亡人数 24 人。

零陵区

零陵是一座具有 2000 多年历史的文明城，是湖南四大历史文化名城之一。据文史记载，大约五千年前，零陵属炎帝势力范围，原始社会末期，属三苗国的江南地区。司马迁的《史记·五帝本纪》载：舜“南巡狩，崩于苍梧之野，葬于江南九疑，是为零陵”。零陵之名始见于典籍，迄今是全国 36 个最古老的地区名之一。夏禹时为荆州之域，春秋时属楚国南境，秦时划归长沙郡，西汉元鼎六年（前 111 年），始置零陵郡，东汉光武帝年间（公元 25—55 年），将零陵郡治移至泉陵（今市零陵区）。自北，泉陵成为至今设郡置府（州）的所在地。隋开皇九年，废零陵郡，置永州。永州，一谓因水而名，柳宗元《湘口馆记》以潇湘二水于此汇合，合“二水”二字为“永”（《元和郡县志》）；二谓以山为名，城西南百里，“有永山永水之出州”（《方舆胜览》）。此后，永州零陵一直为唐、宋、元、明、清历代五朝的郡、道、路、府、州治所。新中国成立后，设立零陵专署。1952年11月撤销零陵专区后，归属湘南行政区。1962年10月恢复零陵专署。1995年11月经国务院批准，撤销零陵地区建立地级永州市，零陵区作为永州市主城区之一。零陵地处北纬24°39′至26°51′，东经111°06′至111°21′之间，南北相距最长245公里，东西相间最宽144公里。

零陵所处地理位置属温、热带线合部，加之独特的地形地貌，形成境内气候温和、雨量充沛、土地肥沃、物产丰富的亚热带气温条件，既具温光丰富的大陆性季风气候特点，又有雨量充沛、空气湿润的海洋性气候特征。全年平均气温在17.6℃—18.6℃之间，无霜期年均285—311天，年降雨量1290—1900毫米。

零陵资源丰富，盛产稻谷、红薯、黄豆、油茶等。可供开发利用的水利资源超过13.5万千瓦。零陵矿产资源丰富，有锰、钴、金和煤、石灰石等。其中锰矿储量达1400万吨，是湖南省的重点产锰区，宝山钢铁厂的原料基地。零陵区已发现的矿产18种（24亚种），其中有色金属矿产7种，黑色金属矿产2种，非金属矿产7种，能源矿产2种，水气矿产2种。锰为优势矿产，建筑用石材、砂砾、黏土为主要矿产。

零陵区2023年国民经济和社会发展统计公报

2023年是全面贯彻党的二十大精神的开局之年，是三年新冠疫情防控转段后经济恢复发展的一年。区委区政府带领全区人民坚持以习近平新时代中国特色社会主义思想为指导，坚持稳中求进工作总基调，紧紧围绕打造“四区两城”，建设“五力零陵”目标，牢牢把握高质量发展这个首要任务，以打好“发展六仗”为主线，聚力稳增长、全力拼经济、着力抓落实，有力推动全区经济社会发展取得新成效。

一、综合

初步核算，2023年全区实现地方生产总值275.39亿元，同比增长5.1%。其中，第一产业增加值49.35亿元，同比增长4.2%；第二产业增加值110.66亿元，同比增长4.4%；第三产业增加值115.38亿元，同比增长6.2%。第一产业增加值占地区生产总值比重为17.9%，第二产业增加值比重为40.2%，第三产业增加值比重为41.9%，三次产业对经济增长的贡献率分别为16.2%、34.9%和48.9%，分别拉动GDP增长0.8个、1.8个和2.5个百分点。其中，工业对经济增长的贡献率为54.5%。按常住人口计算，人均地区生产总值49089元，增长5.8%。

年末全区户籍人口60.13万人。常住人口55.90万人，比上年减少0.39万人，其中城镇人口33.40万人，农村人口22.50万人，城镇化率达59.75%，比上年提高1.14个百分点。全年出生人口3048人，比2022年少出生547人，出生率为4.8‰；人口死亡率为6.1‰；自然增长率为-1.3‰。

全年全区新增城镇就业5925人，失业人员再就业2521人。

二、农业

2023年，全区完成农业总产值104.98亿元，增长4.5%；实现农业增加值52.07亿元，增长4.4%。

年末全区粮食播种面积83.82万亩，比上年增加0.02万亩。粮食总产量36.87万吨，比上年增加0.69万吨。蔬菜种植面积44.07万亩，比上年增加0.76万亩；蔬菜产量105.34万吨，比上年增加3.12万吨。名优特水产品养殖面积0.94万亩，产量2135吨。

全年猪牛羊禽肉产量7.84万吨，比上年下降1.0%。其中，猪肉产量6.30万吨，增长2.4%；牛肉产量0.22万吨，下降24.1%；羊肉产量0.10万吨，下降9.1%；禽肉产量1.22万吨，下降10.9%。禽蛋产量0.56万吨，下降1.7%。年末生猪存栏55.06万头，比上年末下降5.1%；全年生猪出栏85.77万头，比上年增长2.2%。

年末共有农产品加工主体1031家，其中国家级、省级龙头企业7家。绿色有机地标农产品认证个数86个，其中无公害农产品55个，绿色食品30个，农产品地理标志1个。休闲农业经营主体120个，休闲农业和乡村旅游接待人次达110.21万人次。家庭农场累计达751家，新增22家；农民专业合作社累计达1047家，新增24家，合作社成员达2.31万户。

三、工业和建筑业

2023年，全区完成规模工业总产值213.44亿元，增长13.1%。省市属企业完成产值54.49亿元，同比增长3.0%，其中，烟厂完成产值52.27亿元，同比增长4.5%；区属规模工业完成总产值158.95亿元，同比增16.9%。

分经济类型看，国有企业完成产值53.60亿元，增长4.1%；股份制企业完成产值159.85亿元，增长16.5%。

分行业看，烟草制品业完成产值52.27亿元，增长4.5%；农副食品加工业完成产值26.64亿元，增长9.2%；非金属矿物制品业完成产值20.16亿元，增长23.8%；计算机、通信和其他电子设备制造业完成产值9.37亿元，增长7.9%；电气机械和器材制造业完成产值9.33亿元，增长22.0%；医药制造业完成产值8.38亿元，增长24.0%。

全年全社会用电量14.13亿千瓦时，同比增长4.3%；其中，工业用电量6.46亿千瓦时，同比增长7.2%。全区规模工业企业营业收入187.31亿元，增长12.5%；实现利润总额12.58亿元，增长29.6%。

全年实现工业增加值94.83亿元，增长8.4%。其中，规模工业增加值同比增长8.7%。分门类看，采矿业增加值增长58.5%，制造业增加值增长6.7%，电力、热力、燃气及水生产和供应业增加值增长2.1%。

全年完成建筑业总产值51.68亿元，下降5.2%；实现增加值15.82亿元，下降14.5%。

四、固定资产投资

2023年，固定资产投资比上年下降29.2%。其中，项目投资下降33.5%。分经济类型看，国有投资下降44.6%，民间投资下降18.0%。分产业看，第一产业投资下降47.8%，第二产业投资下降3.6%，第三产业投资下降43.9%。分投资方向看，工业投资下降3.6%，工业技改投资增长9.6%，高新技术产业投资下降16.5%，生态环境投资下降72.8%，基础设施投资下降53.9%。全年施工项目103个，同比下降56.0%。

全年房地产投资下降10.5%。全年商品房销售面积59.6万平方米，同比下降17.6%。其中，住宅销售面积59.3万平方米同比下降17.4%。商品房销售额25.06亿元同比下降22.3%。其中，住宅销售额24.9亿元，同比下降22.4%。

五、服务业

2023年，全年批发和零售业增加值14.13亿元，增长6.8%；交通运输、仓储和邮政业增加值10.47亿元，增长13.1%；住宿和餐饮业增加值3.38亿元，增长6.9%；金融业增加值13.48亿元，增长4.8%；房地产业增加值14.80亿元，下降6.8%；信息传输、软件和信息技术服务业增加值5.4

亿元，增长 29.9%；租赁和商务服务业增加值 4.83 亿元，增长 4.6%；科学研究和技术服务业增加值 2.02 亿元，增长 25.8%；居民服务、修理和其他服务业增加值 8.69 亿元，增长 15.7%；文化、体育和娱乐业增加值 1.65 亿元，增长 10.7%。

全年规模以上服务业营业收入 6.14 亿元，增长 13.1%。

年末，全区公路通车里程共 2310.74 公里，其中：高速公路通车里程 0 公里、国道通车里程 88.03 公里、省道通车里程 114.46 公里、县道通车里程 344.13 公里、乡道通车里程 491.01 公里、村道通车里程 1273.12 公里。乡镇通沥青或水泥路率、行政村通达率、通畅率均达到 100%。

六、国内贸易与对外经济

2023 年全区社会消费品零售总额 109.96 亿元，同比下降 4.8%，其中城镇零售总额 89.67 亿元，同比下降 4.9%；乡村零售总额 20.29 亿元，同比下降 4.2%。按消费形态分，住餐收入 11.35 亿元，同比增长 34.0%；商品零售 98.61 亿元，同比下降 7.9%。

全年限额以上单位商品零售额中，粮油、食品类零售额比上年下降 24.6%，饮料类下降 13.7%，烟酒类下降 28.2%，服装、鞋帽、针纺织品类下降 24.5%，化妆品类下降 9.1%，金银珠宝类增长 12.0%，日用品类下降 21.7%，家用电器和音像器材类下降 7.5%，中西药品类下降 20.6%，文化办公用品类增长 14.6%，家具类下降 21.1%，通信器材类下降 60.3%，石油及制品类增长 6.8%，汽车类下降 13.5%，建筑及装潢材料类下降 7.2%。

全年实际利用外资 241 万美元。完成内联引资 80.33 亿元，同比增长 20.5%。完成外贸进出口总额 30.95 亿元，同比增长 49.0%。其中，出口 29.59 亿元，同比增长 43.9%；进口 1.36 万元，同比增长 20.0%。全区外贸进出口企业共 28 家。

七、财政与金融

2023 年，全区财政总收入 16.16 亿元，比上年增长 5.2%。一般公共预算收入 12.16 亿元，比上年下降 8.4%。其中税收收入 5.11 亿元，比上年下降 29.3%，占地方财政收入为 42.04%。上划中央税收 3.16 亿元，比上年增长 39.3%；上划省级税收 0.84 亿元，比上年增长 732.8%。全区一般公共预算支出 46.7 亿元，比上年增长 3.0%。其中民生支出 34.86 亿元，占总支出的 74.6%。

年末全区金融机构本外币各项存款余额 365.40 亿元，同比增长 12.2%；本外币各项贷款余额 292.84 亿元，增长 14.0%。

八、教育与科学技术

2023 年，全区共有高等教育学校 3 所。中等职业学校 5 所，共有教职工 721 人，中职在校生共 11726 人，全年招生 3630 人，毕业生 4023 人。发放中职国家助学金 385.3 万元，资助中职学生 3853 人次；落实中职免学费资金 2645.52 万元，资助中职学生 22046 人次。发放普通高中国家助学金 239.2 万元。全区各类民办学校 124 所，民办学校在校学生 12548 人。

全区共有基础教育学校 249 所，其中幼儿园 164 所，小学 51 所，初中 25 所，高中 4 所（不含永州市一中）。共有教职工 7514 人，其中专任教师 5947 人。学前教育幼儿在园 13498 人，减少 27.5%；入园 4433 人，减少 35.2%；离园 6951 人，减少 7.4%。小学在校生 39084 人，减少 1.9%；招生 6489 人，增加 6.1%；毕业生 7691 人，减少 7.2%。初中在校生 24879 人，减少 2.0%；招生 7739 人，减少 7.1%；毕业生 8394 人，减少 1.6%。高中在校生 9015 人，减少 0.9%；招生 2833 人，减少 4.8%；毕业生 3109 人，增长 27.2%。

2023 年，全区省级工程技术研究中心 1 个，签约技术合同 294 项，技术合同成交金额 6.49 亿元。全区科技经费支出 1.82 亿元，比上年增长 11.8%。年末认定高新技术企业 14 家，新增国家级（省级）高新技术企业 3 家。专利授权量 228 件，比上年下降 33.9%，其中发明专利 59 件，比上年下降 31.4%。

九、文化旅游、体育和卫生

2023 年，全区共有花鼓戏剧团 1 个，文化馆 1 个，16 个文化站；博物馆、纪念馆 1 个，公共图书馆 1 个，24 小时自助图书馆 3 个，图书藏量 638.6 千册，年末图书馆累计接待读者 57.5 万余人次。省级非物质文化遗产保护项目名录 5 个，市级非物质文化遗产保护项目名录 14 个。

全年游客 673.9 万人次，比上年增长 68.7%；旅游总收入 66.98 亿元，比上年增长 64.4%。全区旅游等级区（点）6 家，其中 4A 级及以上景区 3 家，3A 级景区共 3 家。全区体育场 1 个，全民健身中心数量 1 个。

年末全区共有医疗卫生机构 541 个，其中，医院 13 个，基层医疗卫生机构 524 个，专业公共卫生机构 4 个。在基层医疗卫生机构中有社区卫生服务中心（站）15 个，乡镇卫生院 10 个，村卫生室 350 个，门诊部（所）149 个。在专业公共卫生机构中有妇幼保健院 1 个，疾病预防控制中心 1 个，卫生监督所（中心）1 个，中心血站 1 个。年末全区共有卫生技术人员 4783 人，其中执业（助理）医师 1751 人，注册护士 2402 人。医疗卫生机构床位数 3805 张，其中，医院床位数 2916 张，基层医疗卫生机构拥有床位 849 张，专业公共卫生机构 40 张。全年总诊疗 245.65 万人次，全年入院人数为 9.50 万人，出院人数 9.49 万人。门诊病人次均诊疗费用 133.9 元，住院病人人均住院费用 5016.1 元。

十、居民收入消费和社会保障

全年全区城乡居民人均可支配收入 34791 元，同比增长 4.8%。城镇居民人均可支配收入 40608 元，同比增长 4.2%；农村居民人均可支配收入 27665 元，同比增长 5.4%。全年全区居民人均消费支出 24680 元，同比增长 5.4%。城镇居民人均消费支出 30807 元，同比增长 3.7%；农村居民人均消费支出 19734 元，同比增长 6.0%。

年末全区参加城镇职工基本养老保险人数 4.15 万人，比上年末增加 0.23 万人。参加城乡居民基本养老保险人数 31.45 万人，比上年末减少 1.28 万人。参加基本医疗保险人数 54.60 万人。其中，参加城镇职工基本医疗保险人数 5.05 万人；参加城乡居民基本医疗保险人数 49.55 万人。参加失业保险人数 2.37 万人，领取失业保险金职工人数 698 人。年末全区获得政府最低生活保障的城镇居民人数为 3436 人，发放城镇居民最低生活保障经费 1746.98 万元；获得政府最低生活保障的农村居民人数为 9185 人，发放农村居民最低生活保障经费 2703.6 万元。

十一、资源和环境

2023 年，全区降水量 1139.0 毫米，年日照时数 1385.2 小时，年平均气温 19.6℃，比上年上升 0.3℃，其中最高温度 38.0℃，最低温度 -1.2℃。

2023 年，全区森林覆盖率为 50.53%。全年人工造林面积 1243.8 公顷，封山育林面积 1808.4 公顷，森林抚育面积 120.0 公顷，退化林修复面积 566.7 公顷，油茶新造面积 296.4 公顷、低改面积 423.6 公顷。森林病虫害防治面积 2622.84 公顷，无公害防治率 100%。年末水功能区水质达标率为 100%，河流出境水质Ⅲ类标准达标率 100%，空气质量优良率 92.8%。

祁 阳 市

祁阳是老一辈无产阶级革命家陶铸的故乡，是全省的人口大市、经济强市。市域总面积 2538 平方公里，辖 19 个镇、3 个街道，总人口105.62万，常住人口79.0万。祁阳历史悠久，三国时置县，至今1700多年。2021年1月，经国务院批准，民政部批复同意，撤销祁阳县，设立县级祁阳市。

祁阳是一本厚重的文史书。1700多年建县史，拥有浯溪碑林、祁剧、祁阳小调、祁阳石等国家级历史文化名片。浯溪碑林是全国最大的露天碑林，现存自唐朝以来的碑刻505方，元结撰文、颜真卿大字正书的《大唐中兴颂》碑，享誉海内外。祁剧、祁阳小调被列入国家非物质文化遗产名录，祁阳石为国家地理标志保护产品。祁阳自古崇文重教，人杰地灵，三国蜀相蒋琬，明清重臣陈荐、陈大受、欧阳利见等历史名人，无产阶级革命家陶铸和共和国第一代将军刘金轩、周玉成都出自祁阳。

祁阳是一幅秀美的山水画。湘江流经100.8公里，一江九洲，百里画廊。太白峰国家森林公园、浯溪国家湿地公园、大江省级森林公园、挂榜山小鲵省级自然保护区山清水秀，景色迷人，是中国油茶之乡，先后获评全国绿化模范县、全国卫生县城、全省园林县城，森林覆盖率60.42%。

祁阳是一座开放的桥头堡。南临两广，北倚内陆，泉南高速、衡永高速、湘桂高铁贯穿全境，湘江终年通航，距永州机场半小时车程，全面融入长株潭高铁1个半小时、珠三角3小时经济圈，祁阳高新区、现代农业产业园建设如火如荼，着力打造“50平方公里、50万人口”生态智慧园林现代化中等城市。

祁阳是一曲昂扬的奋进歌。“十四五”期间，将突出“打造现代新城、挺进全省十强”的战略定位，大力实施“创新强市、产业富市、文教兴市、生态立市、依法治市”战略，努力建设现代化新祁阳。

祁阳市2023年国民经济和社会发展统计公报

2023年，是全面贯彻党的二十大精神的开局之年，是疫情防控转段后经济恢复发展的一年。我们坚持以习近平新时代中国特色社会主义思想为指导，深入贯彻党的二十大和二十届二中全会精神，认真落实中央、省、永州市决策部署，在市委坚强领导下，扎实开展主题教育，锚定“三高四新”美好蓝图，打好“发展六仗”，把握“六大战略支点”，聚焦“建设新祁阳、挺进省十强”目标，聚力稳增长、全力拼经济、着力抓落实，经济实现稳中向好、稳中提质，高质量发展迈出坚实步伐。

一、综合

根据地区生产总值统一核算，2023年全市地区生产总值421.52亿元，同比增长6.2%。其中，第一产业增加值66.89亿元，同比增长4.1%；第二产业增加值134.10亿元，同比增长5.5%；第三产业增加值223.53亿元，同比增长7.3%。

三次产业结构比为：15.8 ∶ 31.6 ∶ 52.7。工业增加值增长4.8%，工业增加值占地区生产总值的比重为23.8%。第一、二、三产业对经济增长的贡献率分别为11.1%、27.3%和61.6%。第一、二、三次产业分别拉动GDP增长0.7、1.7、3.8个百分点。

二、农业

全年农林牧渔业总产值124.38亿元，增长4.4%。其中，农业产值62.36亿元，增长4.0%；林业产值14.68亿元，增长8.5%；牧业产值24.74亿元，增长2.0%；渔业产值15.70亿元，增长4.6%；服务业产值6.90亿元，增长8.6%。

全年粮食种植面积85.15千公顷，比上年增加0.01千公顷。棉花种植面积70.05公顷，比上年下降4.7%；糖料种植面积911.18公顷，比上年增长4.3%；油料种植面积27145.02公顷，比上年增长5.5%；烟叶种植面积35.94公顷，比上年下降0.6%；蔬菜种植面积28638.77公顷，比上年增长0.8%。2023年粮食总产量56.29万吨，比上年55.32万吨增加0.97万吨。油料产量5.27万吨，比上年增长5.9%；其中，油菜籽产量3.81万吨，比上年增长5.0%。棉花产量90.2吨，比上年减少2.0%。烟叶产量97吨，比上年减少34.5%。茶叶产量307.96吨，比上年增长1.3%。蔬菜产量90.57万吨，比上年增长3.1%。

全年猪牛羊肉总产量7.34万吨，比上年增长2.1%。其中，猪肉7.03万吨，比上年增长2.5%。年末存栏生猪62.4万头，比上年下降2.7%；全年出栏生猪95.63万头，比上年增长2.2%。全年出栏牛1.31万头，同比下降18.1%；全年出栏羊9.22万头，同比下降0.8%。禽蛋产量2.17万吨，比上年增长6.4%。

年末机械总动力88.60万千瓦，比上年增长0.5%；农民专业合作社1327个，农民专业合作社成员2.62万户。实施土地整治（高标准农田建设）项目6个，比上年增加5个。高标准农田建设面积6.54万亩，下降2.0%。三品一标农产品认证个数35个，累计40个。休闲农业经营主体106个，休闲农业和乡村旅游接待105.24万人次，名优特水产品养殖面积2.19万亩，土地托管面积46.9万亩，秸秆还田面积112.5万亩。

三、工业和建筑业

全年实现全部工业增加值101.16亿元，增长4.8%。其中，规模以上工业增加值增长7.4%。规模以上工业企业总产值457.93亿元，增长9.1%。规模工业销售产值444.96亿元，增长8.1%。

规模以上工业统计主要产品中，石灰石400.3万吨，同比下降35.8%；锂电子电池6781.4万只，增长52.7%；技术陶瓷制品159.27万件，增长200.2%；合成复合肥料4.87万吨，增长18.4%；服装1049.6万件，下降39.4%；鞋6677.8万双，下降44.6%；水泥286万吨，增长11.1%；石灰21.1万吨，增长25.3%；商品混凝土349.9万立方米，下降2.3%，铝材2.1万吨，增长10.4%；砖3.8亿块，增长34.8%；金属压力容器7.3万吨，增长17.2%。

2023年，全市有建筑业资质等级以上企业27家，完成总产值77.64亿元，同比增长17.2%。实现建筑业增加值32.94亿元，同比增长7.8%。房地产销售面积495373平方米，同比下降12.7%。

四、固定资产投资

2023年固定资产投资比上年增长-8.0%。按投资方向分，涉农项目投资增长-25.7%，工业投资增长-20.8%，高新技术产业投资增长38.2%，民生工程投资增长20.9%，生态投资增长10.9%，基础设施投资增长14.4%，房地产开发投资增长-2.4%。

五、国内外贸易

全年社会消费品零售总额136.77亿元，比上年增长3.1%。按销售单位所在地分，城镇社会消费品零售总额实现86.85亿元，比上年增长1.8%；乡村社会消费品零售总额实现49.92亿元，比上年增长5.4%。按行业分，批发业完成37.06亿元，比上年增长6.4%；零售业完成63.05亿元，比上年增长2.8%；住宿业完成19.70亿元，比上年增长-2.7%；餐饮业实现16.96亿元，比上年增长3.8%。

全年进出口总额72.54亿元，同比增长41.7%。其中，出口70.51亿元，比上年增长49.4%；进口2.04亿元，比上年下降49.0%。

六、交通邮电

交通运输、仓储和邮政业增加值9.5 亿元，增长率13.1%。全年货运量2562.5 万吨，其中：公路货运量2532.18万吨，增长12.0%，水运货运量30.35万吨，增长39.5%。货物周转量126244.84万吨公里，其中：公路货物周转量117746.37万吨公里，增长12.9%；水运货运量8498.47万吨公里增长 33.6%。客运量 675.84 万人，其中：公路603.5万人，增长2.1%；水运72.34万人，增长64.3%。旅客周转量15057.34万人公里，其中：公路旅客周转量 14242.6 万人公里，增长 2.5%；水运旅客周转量 814.74 万人公里，增长 32.9%。

全年完成邮政业务量 1.26 亿元，比上年增长 1.7%。移动公司业务总量 1.82 亿元，比上年增长 2.0%，年末移动电话用户 26.3 万户，年末互联网宽带用户数 9.2 万户。电信公司业务总量1.9亿元，比上年增长5.0%；电信公司年末固定电话用户 2.68 万户，比上年下降 30.0%；年末移动电话用户 25.43 万户，比上年增长 5.1%；年末互联网宽带用户数 12.01 万户，比上年增长 5.2%。

七、财政、金融

全年财政一般公共预算收入 30.82 亿元，同比增长 9.7%。地方收入完成 20.04 亿元，同比增长 1.1%。税收收入 16.31 亿元，同比增长 3.8%，非税收入完成 3.73 亿元，同比下降 9.3%。一般预算支出 64.26 亿元，同比增长 4.9%。其中：一般公共服务支出 5.93 亿元，同比增长 11.9%；教育支出 14.75 亿元，同比增长 5.4%；文化旅游体育与传媒支出 0.85 亿元，同比增长 4.0%；社会保障和就业支出 12.80 亿元，同比增长 17.2%；卫生健康支出 6.35 亿元，同比下降 31.3%；节能环保支出 1.04 亿元，同比增长 33.7%；农林水支出 11.43 亿元，同比增长 13.8%；住房保障支出 2.10 亿元，同比增长 5.3%。

年末全市金融机构本外币各项存款余额 560.72 亿元，比上年增长 10.8%。境内存款 560.45 亿元，其中：住户存款 506.21 亿元，比上年增长 11.3%；非金融企业存款 29.81 亿元，比上年增长 1.5%。境外存款 0.27 亿元，比上年增长 24.1%。金融机构本外币各项贷款余额 326.39 亿元，比上年增长 11.1%。其中：住户贷款余额为 148.94 亿元，比上年增长 5.6%；企（事）业贷款余额 175.45 亿元，比上年增长 14.9%。

八、教育和科学技术

年末全市中等职业教育毕业生 3985 人，普通高中毕业生 5525 人，初中学校毕业生 11195 人，普通小学毕业生 11583 人。在园幼儿 16680 人。各类民办学校 158 所，民办学校在校学生 20614 人。落实义务教育保障金 14845 万元。发放中职国家助学金 380 万元，中职国家助学金资助中职学生 3800 人次；落实中职免学费资金 3033.6 万元，中职免学费资助中职学生 25280 人次。发放普通高中国家助学金 557.15 万元。小学适龄儿童入学率达 100%。小学生升初中比率为 100%，高中阶段教育毛入学率 93.56%。

全年专利授权量为 278 件，同比下降 33.2%。授权专利中，发明专利授权 17 件，同比下降 26.1%；实用新型专利 109 件，同比下降 42.3%；外观专利 152 件，同比下降 25.5%。

九、文化、卫生和体育

年末有艺术表演团体 448 个，群众艺术馆、文化馆 14 个，公共图书馆 22 个，公共图书馆图书总藏量 425 千册。博物馆、纪念馆 1 个，剧场、电影院 4 个，国家级非物质文化遗产保护名录 2 个，省级非物质文化遗产保护名录 3 个，放映农村公益电影 0.7 万场。广播电台 1 座，电视台 1 座。全市体育场地 1873 个，其中：体育馆 1 个，运动场（体育场、小运动场、田径场）1872 个。经常参加体育锻炼人数 15 万人，开展全民健身项目 28 项次，新建农民体育健身工程的行政村 56 个。

2023 年共有各类卫生机构 799 个，其中：医院 18 个，妇幼保健院 1 个，社区卫生服务中心（站）3 个，专科疾病防治院（所、站）9 个，诊所、卫生所、医务室 64 个，村卫生室 685 个。卫生技术人员 6274 人，比上年增长 6.1%，其中：执业医师和执业助理医师 2701 人，比上年增长 5.5%，注册护士 2936 人，比上年增长 9.9%。全市疾病预防控制中心（防疫站）1 个，全市疾病预防控制中心（防疫站）卫生技术人员 123 人。卫生监督所 1 个，卫生监督所卫生技术人员 21 人。医院床位数 3924 张，乡镇卫生院 26 个，乡镇卫生院床位数 2071 张；乡镇卫生院卫生技术人员 1737 人。

十、人口、社会保障和人民生活

全年出生人口 4710 人，人口出生率为 4.66‰，比上年减少 0.13‰；死亡人口 7458 人，人口死亡率为 7.38‰，比上年增加 0.22‰，全年自然增长人口为减少 2748 人，人口自然增长率为 -2.37‰，比上年减少 0.35‰。

2023 年常住人口 79.0 万人，其中：城镇常住人口 31.54 万人，农村常住人口 49.46 万人，城镇化率 39.92%。

2023 年城镇新增就业人员 8230 人。年末城镇登记失业率 1.89%，失业人员再就业人数 3500 人。基本医疗保险参保人数 80.7 万人，其中：城乡居民基本医疗保险参保 75.46 万人，城镇职工基本医疗保险参保人数 5.24 万人。参加生育保险职工 3.59 万人。城乡居民基本养老保险登记参保 50.79 万人。城镇基本养老保险职工人数 7.69 万人。参加工伤保险职工人数 8.76 万人。参加失业保险职工人数 5.41 万人。领取失业保险金职工人数 357 人。

2023 年获得政府最低生活保障的城镇居民人数 5597 人，发放城镇居民最低生活保障经费 2683.5 万元。获得政府最低生活保障的农村居民人数 22178 人，发放农村居民最低生活保障经费 6525.3 万元。

各种社会福利收养性单位 539 个，各类收养性社会福利单位床位数 7787 张，各类收养性社会福利单位收养人员数 2860 人。城镇各种社区服务设施 79 个，综合性社区服务中心 43 个。销售社会福利彩票 5216.4 万元。筹集福彩公益金 620.08 万元，直接接受社会捐赠 230 万元。

2023 年全市全体居民人均可支配收入 29968 元，同比增长 5.7%。农村居民可支配收入 20322 元，同比增长 6.2%；农村居民人均生活消费支出 17044 元，增长 6.5%；农村居民家庭恩格尔系数为 31%。全市城镇居民可支配收入 42534 元，同比增长 4.6%；城镇居民人均生活消费支出 32687 元，比上年增长 3.8%。城镇居民家庭恩格尔系数为 30%。

十一、城建、环境和安全生产

2023 年祁阳市小城镇个数 19 个。城区面积为 30.87 平方公里，其中：绿化覆盖面积为 1384 公顷。城市污水处理率 99.24%，城市生活垃圾无害化处理率 100%，人均公园绿地面积 15.85 平方米。

2023 年森林覆盖率为 49.5%，全市活立木蓄积 833 万立方米，完成造林面积 1360 公顷。自然保护区 5 个，其中国家级 2 个，省级 1 个。自然保护区面积 18538.63 公顷。

2023 年发生各类生产经营性安全事故 3 起，死亡 3 人。全年共发生道路交通事故 4164 起，同比下降 8.9%。

东安县

东安县地处湖南南部，辖 1 个省级经济开发区、15 个乡镇、2 个国营林场，面积 2219 平方公里，2023 年末常住人口 47.63 万人。2023 年全年地区生产总值 2330025 万元，比上年增长 3.9%。其中，第一产业增加值 494559 万元，增长 3.6%；第二产业增加值 853334 万元，增长 2.2%；第三产业增加值 982132 万元，增长 5.6%。按常住人口计算，人均地区生产总值 48482 元，增长 5.4%。东安县有以下四个特点：

湘江之源。是湘江入湘第一县，境内流程 50.4 公里；交通便捷，湘桂高铁、洛湛铁路、二广高速、衡昆高速穿境而过，处于永州市半小时经济圈内，高铁40分钟可抵达桂林、2个小时可抵达长沙、3个小时可抵达广州，素有“湘南门户”之称。

武术之乡。春秋战国时为楚南境地，北宋（984年）始置东安县，曾孕育出南宋礼部尚书邓三凤、清太子少保席保田、清朝广东水师提督唐仁廉、近代机械工业“火车头”宾步程、著名爱国将领唐生智等历史名人。东安人崇德尚武，东安武术驰名中外，是全国首批命名的“武术之乡”，成功创建中国德文化之乡。

富饶之地。是全国商品粮生产基地县、全国生猪调出大县、全国银杏之乡和湖南省柑桔、楠竹、紫皮大蒜基地县。锑、锰等矿产资源丰富，初步形成了传统冶炼、农产品精深加工及光伏电子三大产业集群。唐生智故居、舜皇山、舜皇岩、广利桥、吴公塔等风景名胜古迹闻名遐迩。国宴名菜“东安鸡”位于八大菜系中湘菜之首，享誉海内外。

生态之城。拥有1.1万公顷省级森林公园（黄金洞）1个，1.5万公顷国家级森林公园（东安舜皇山）1个，森林覆盖率70%，城市绿化率65%，率先建成全省第一座太阳能电站，为湖南省光伏产业基地县，东安舜皇山被评为国家级自然保护区，成功创建省级卫生县城，紫水国家湿地公园成功进入国家试点，致力打造“潇湘第一生态城”。

东安县2023年国民经济和社会发展统计公报

2023年是全面贯彻党的二十大精神的开局之年，也是三年新冠疫情防控转段后经济恢复发展的一年。县委、县政府带领全县上下坚持以习近平新时代中国特色社会主义思想为指导，深入实施“五五一”发展思路，扎实推进高质量发展，全年经济平稳增长，社会大局保持稳定。

一、综合

初步核算，全年全县实现地区生产总值2330025万元，比上年增长3.9%。其中，第一产业增加值494559万元，增长3.6%；第二产业增加值853334万元，增长2.2%；第三产业增加值982132万元，增长5.6%。按常住人口计算，人均地区生产总值48482元，增长5.4%。三次产业结构为21.23 ∶ 36.62 ∶ 42.15。第一、二、三次产业增加值对经济增长的贡献率分别为20.35%、20.22%、59.43%，分别拉动地区生产总值增长0.8、0.8、2.3个百分点。其中，工业增加值对经济增长的贡献率为21.1%。

二、农业

全年农林牧渔业总产值957158万元，比上年增长3.9%。其中，农业产值509598万元，增长3.7%；林业产值82859万元，增长8.5%；牧业产值266012万元，增长2.0%；渔业产值57800万元，增长4.7%；服务业产值40889万元，增长8.6%。全年农林牧渔业增加值516705万元，增长3.8%。

全年粮食种植面积57.88千公顷，比上年增长0.04%，总产量37.71万吨，比上年增长1.91%；蔬菜种植面积24.88千公顷，增长0.49%，产量81.42万吨，增长2.65%；油料种植面积10.43千公顷，增长97.44%，产量2.08万吨，增长69.35%；烤烟种植面积1.69千公顷，增长39.83%，产量2455吨，增长33.04%。

全年出栏生猪60.43万头，增长2.16%，猪肉产量4.44万吨，增长2.54%；出栏牛1.87万头，下降8.78%；出栏羊10.82万头，增长6.08%。家禽出栏1061.05万羽，增长4.63%，产量1.64万吨，增长23.31%；禽蛋产量1.74万吨，增长19.18%；水产品产量2.58万吨，增长4.90%。

全年开工各类水利工程311处，投入资金15813万元，完成水利工程土石方19573立方米。全县农产品加工企业549家，其中省级龙头企业2家；农民专业合作社602个，休闲农业经营主体76个，家庭农场1966个；年末农业机械总动力82.3万千瓦。省级现代农业产业园区9个，市级农业产业园区8个。绿色有机地标农产品认证22个。新增农田有效灌溉面积68.1公顷。新增蓄水能力22万立方米。建设高标准农田面积4万亩。改（新）建农村户用厕所1530个。农村公路提质改造58.1公里。

三、工业和建筑业

全年全部工业增加值665548万元，比上年增长2.9%。规模以上工业增加值下降2.8%。在全部工业增加值中，分门类看，采矿业增加值下降1.2%，制造业增长4.9%，电力、热力、燃气及水生产和供应业下降6.5%。制造业增加值占GDP比重为25.04%。

在规模以上工业统计的产品中，大米6.41万吨，比上年下降7.6%；石灰石117.79万吨，增长26.0%；水泥314.98万吨，下降3.5%；硅酸盐水泥熟料42.74万吨，增长13.8%；铁合金3.24万吨，增长63.2%；十种有色金属2.35万吨，增长2.3%；机械化农业及园艺机具4.47万台，下降19.4%；新增产品集成电路897.2万块；发电量901120.9万千瓦时，增长2.43%。

全县规模工业企业营业收入126.15亿元，比上年下降4.58%；实现利润5.49亿元，下降13.95%；工业产品销售率90.95%，下降5.23%；年末规模以上工业企业资产负债率为46.34%，下降3.56%。

全年建筑业增加值18.78亿元，比上年下降0.4%。全部建筑业企业利润总额0.93亿元，下降46.2%。房屋建筑施工面积509.06万平方米，下降1.9%，其中，新开工面积367.57万平方米，下降2.5%。房屋建筑竣工面积317.63万平方米，下降14.8%。

四、服务业

全年批发和零售业增加值109161万元，比上年增长7.0%；交通运输、仓储和邮政业增加值76385万元，增长12.8%；住宿和餐饮业增加值20849万元，增长6.5%；金融业增加值93723万元，增长4.6%；房地产业增加值163397万元，下降0.3%；信息传输、软件和信息技术服务业增加值33965万元，增长12.1%；租赁和商务服务业增加值47875万元，增长9.4%。全年规模以上服务业企业营业收入增长17.2%，利润总额增长11.3%。

全年客货运输换算周转量22224.7万吨公里，比上年增长4.6%。货物周转量10696万吨公里，增长4.6%。其中，公路周转量9587.9万吨公里，增长5.2%；水运周转量1108.1万吨公里，下降1.0%。旅客周转量11528.75万人公里，增长4.7%。其中，公路周转量11528.7万人公里，增长4.7%；水运周转量0.051万人公里，下降95.3%。全年铁路货物发送量39.7万吨，货物到达量18.2万吨；客运量96.2万人，旅客周转量2.0万人公里。

年末全县公路通车里程3436.8公里。其中，高速公路通车里程31.6公里。年末民用汽车保有量137151辆，其中私人汽车5591辆，本年新注册汽车3112辆。

全年邮政业务总量8224.3万元，比上年增长7.4%。电信业务总量30092.5万元，增长12.0%。年末固定电话用户17196户，下降4.2%；移动电话用户367140户，增长4.2%。年末互联网宽带用户129671户，增长5.8%。

五、固定资产投资

全年固定资产投资（不含农户）比上年下降8.4%。分经济类型看，国有投资下降49.6%，民间投资增长3.6%。分投资方向看，工业投资增长4.4%，民生工程投资下降6.8%，基础设施投资下降43.8%，新技术产业投资下降16.8%，工业技改投资下降56.4%。分产业看，第一产业下降56.9%；第二产业增长7.6%；第三产业下降14.9%。

全年施工项目203个，比上年下降21.3%。其中，本年新开工项目121个，下降23.9%。本年投产项目78个，下降48.0%。

全年房地产开发投资比上年下降2.2%。商品房销售面积32.21万平方米，下降9.9%。其中，住宅销售面积31.95万平方米，下降6.8%。商品房销售额118262万元，下降8.9%。其中，住宅销售额116566万元，下降5.7%。

六、国内贸易和对外经济

全年社会消费品零售总额622435万元，比上年下降11.7%。按经营地统计，城镇消费品零售额524868万元，下降11.8%；乡村消费品零售额97567万元，下降11.3%。按消费类型统计，商品零售额508055万元，下降12.5%；餐饮收入额114380万元，下降7.8%。

全年限额以上单位商品零售额97420万元，比上年下降29.9%。分商品类别看，粮油、食品类零售额增长29.8%，饮料、烟酒类增长55.4%，化妆品类增长20.9%，日用品类增长54.3%，体育、娱乐用品类增长32.3%，家用电器和音像器材类下降14.3%，机电产品及设备类下降83.9%，中西药品类下降66.7%，石油及制品类下降28.3%，汽车类下降61.1%。

全年进出口总额164600万元，比上年下降23.6%。其中，出口164000万元，下降23.7%；进口600万元，增长29.6%。全年实际利用外资金额20万美元，下降89.5%。实际引进境内省外资金624487万元，增长14.1%。

七、财政金融

全年地方一般公共预算收入122650万元，比上年增长2.4%。其中，税收收入86123万元，增长2.3%；非税收入36527万元，增长2.6%。一般公共预算支出431516万元，增长3.1%。其中，教育支出99251万元，增长3.5%；社会保障和就业支出[illegible]1256万元，增长3.2%；农林水支出70102万元，增长14.8%；卫生健康支出56594万元，下降19.0%；城乡社区支出19547万元，增长40.1%；住房保障支出12955万元，增长2.7%。

年末全县金融机构本外币各项存款余额277.73亿元，比上年增长12.0%。其中，住户存款余额243.09亿元，增长12.1%；非金融企业存款余额15.75亿元，增长[illegible]8.3%。本外币各项贷款余额173.38亿元，增长16.8%。其中，住户贷款余额85.56亿元，增长7.2%；非金融企业及机关团体贷款余额87.82亿元，增长27.9%。

八、教育和科学技术

年末全县中等职业教育毕业生1691人，普通高中毕业生3452人，初中学校毕业生5890人，普通小学毕业生7195人。在园幼儿13357人。小学适龄儿童入学率达100%。高中阶段教育毛入学率90.0%。小学毕业生升学率达96.0%。各类民办学校6所，民办学校在校学生8881人。增加公办幼儿园学位360个。落实义务教育保障资金6213万元。发放中职国家助学金104.2万元，资助中职学生1042人次。落实中职免学费资金985.2万元，资助中职学生8210人次。发放普通高中国家助学金352万元。

全年举办普及性培训班281期，开展专业性技术培训班10期，培养科技示范户342户。引进推广新优品种、新技术、新成果、新产品80项，开发引进和推广科技成果新产品8项，登记科技成果35项。签订技术合同283项，技术合同成交金额107200万元。专利申请量171件。专利授权量188件，其中发明专利授权量12件，工矿企业专业授权量9件。

年末有检验检测机构9个。法定计量检定机构1个。特种设备数量1432台。重点工业产品质量监督抽查合格率98%。强制检定计量器具2990台。累计发放工业产品生产许可证5张，食品生产许可证33张。

九、文化旅游、卫生和体育

年末有艺术表演团体1个，群众艺术馆、文化馆2个，公共图书馆（室）302个，档案馆1个，文物管理机构2个，广播电台1个，电视发射台1座。有线电视用户9143户。广播综合人口覆盖率100%，电视综合人口覆盖率100%。省级非物质文化遗产保护名录2个。

全县国内游客624.7万人次，比上年增长71.9%；旅游总收入620868万元，增长54.4%。全县旅游等级区（点）5家，其中4A级及以上1家。

年末全县共有卫生机构588个，其中县级医院16个，妇幼保健院（所、站）1个，诊所、卫生所、医务室125个，村卫生室446个。卫生技术人员3178人。医院拥有床位3558张，乡镇卫生院拥有床位1234张。

全县共有运动场（体育场、小运动场、田径场）41个，各种训练房（综合房及专项训练房）18个。举办各类比赛59项次。开展全民健身项目11项次。新建农民体育健身工程的行政村31个。在国家级体育比赛中获得17枚奖牌，其中金牌4枚、银牌7枚、铜牌6枚。在省级体育比赛中获得11枚奖牌，其中金牌2枚、银牌3枚、铜牌6枚。市级体育比赛中获得60枚奖牌，其中金牌20枚、银牌21枚、铜牌19枚。

十、人口、居民收入消费和社会保障

年末全县常住人口47.63万人，其中城镇人口20.50万人、乡村人口27.13万人，常住人口城镇化率43.04%，比上年末提高1.22个百分点。年末全县户籍总户数217280户，户籍总人口620434人，其中男性人口327362人、女性人口293072人。全年共出生3585人，出生率5.77‰；死亡人口2977人，死亡率4.79‰；人口自然增长率0.98‰。

全年全县居民人均可支配收入28843元，比上年增长5.0%。按常住地分，城镇居民人均可支配收入40738元，增长4.0%；农村居民人均可支配收入21678元，增长5.4%。城乡居民可支配收入比值由上年的1.90缩小为1.88。全年全县居民人均消费支出22140元，比上年增长5.0%。按常住地分，城镇居民人均消费支出28945元，增长4.2%；农村居民人均消费支出18040元，增长5.2%。城镇居民家庭恩格尔系数为30.07%，农村居民家庭恩格尔系数为34.42%。

全年新增城镇就业人员4670人。年末城镇登记失业率2.09%。失业人员再就业人数1753人。年末参加城乡居民基本养老保险登记人数341655人。参加城镇职工基本养老保险人数42656人。其中，参保职工28726人，参保离退休人员13930人。参加基本医疗保险人数489446人，其中，参加职工基本医疗保险人数26546人，参加城乡居民基本医疗保险人数462900人。参加失业保险职工人数18570人。参加工伤保险职工人数26289人。参加生育保险职工人数17191人。年末领取失业保险金职工人数714人。获得政府最低生活保障的城镇居民1339人，发放最低生活保障经费651.57万元；获得政府最低生活保障的农村居民11932人，发放最低生活保障经费3616.27万元。年末提供住宿民政机构床位627张，收养人数427人。其中，养老机构床位627张，养老机构服务人数427人。城镇老旧小区改造29个。城镇建立各种社区服务设施51个，综合性社区服务中心15个。孕产妇免费产前筛查2353人。全年销售社会福利彩票3733.3万元，筹集福彩公益金323.66万元。

十一、资源、环境和安全生产

全县已发现矿种24种，探明资源储量矿种16种。其中，能源矿产1种，金属矿产11种，非金属矿产11种，水气矿产1种。财政出资实施地质勘查项目（含续作项目）

4个，新发现大中型矿产地2处。

全县达到或优于Ⅲ类标准的水质断面比例为100%。空气质量达到国家二级标准。城市污水处理率96.84%。城市生活垃圾无害化处理率100%。城市人均公园绿地面积12.03平方米。耕地面积38853.33公顷，基本农田35733.33公顷，批准建设用地72.80公顷。国家级自然保护区1个，面积13472.61公顷。年末实有封山育林面积666.7公顷，全年完成造林面积（含油茶造林）1329.2公顷，活立木蓄积462.86万立方米。

全年规模工业综合能源消费量169.46万吨标准煤，比上年下降8.65%，其中六大高耗能行业综合能源消费量165.98万吨标准煤，下降8.14%。规模工业能源消费合计169.46万吨标准煤，原煤374.49万吨。

全年发生各类生产经营性安全事故0起，死亡0人。万元地区生产总值事故死亡人数0人。道路交通事故万车死亡人数2.04人，增长7.94%。

双 牌 县

双牌县位于湖南省南部，永州市中腹，古名泷泊。现辖6镇5乡2林场1个国家森林公园，总人口15.18万人，总面积17.5万公顷，大体呈“九山半水半分田”之格局。

双牌地貌基本轮廓由五大高低相当的准平面构成，呈现东西高、南北低、中部群山连绵的马鞍形。境内气候属亚热带大陆性季风湿润气候，平均气温17.6℃，年降雨量1546mm，雨热同季，是湖南省温光、水条件最优越的县区之一，随山形、地势变化山地立体小气候十分明显，冬暖夏凉，一年四季皆宜旅游。

双牌旅游资源丰富，现有国家四级景区2处、三级景点12处、二级景点39处、一级景点19处，国家AAA级景区1个，其他各具特色的旅游景点灿若繁星，不胜枚举。东部阳明山自古为天下名山，一向以优美的自然生态和源远流长的佛教文化冠绝湘南，具有“古、奇、灵、秀”四大特色，被誉为“灵山福地”；中部潇水湖于崇山峻岭间曲折奔涌，双牌水库大坝横空出世，截高峡出平湖，沿途青龙洞、月亮湾岛、黄龙山、瑶乡民谷文化村、江村八景等景点如一颗颗璀璨的明珠镶嵌在一幅流动的画卷上；西部的紫金山，朝夕阳光照耀，山如紫金，其中紫金山北部的永山、永水是永州历史的正源，所谓“永山永水出永州”，永州这一秦汉古郡因此而得名，还有天光坳、桃花江、紫金天池等山光水景无不聚天地造化之灵气，令人叹为观止，心往神驰。双牌县不仅历史文化古迹甚多，还是红色旅游的绝佳之地。第一次大革命时期，党的创始人之一李达曾匿身于紫金山桃木漯村数月，在山区撒播了革命的种子。红军长征时，任弼时、萧克、王震率红六军团在阳明山祖爷岩一带开展过游击战争。

灵山秀水画不尽，枝枝叶叶总关情。在各级领导的关心和支持下，双牌县的旅游开发和经济社会发展将会进一步加快，“绿色双牌，和美家园”一定会越来越富饶而美丽。

双牌县2023年国民经济和社会发展统计公报

2023年，是全面贯彻党的二十大精神的开局之年。面对异常复杂的国际环境和新冠疫情防控转段后经济恢复发展的复杂局面，县委县政府带领全县上下全面落实“三高四新”美好蓝图，牢牢把握“六大战略支点”，紧紧围绕“打造一双王牌、做足两篇文章，努力建设最精最美双牌”发展目标，主动作为、顶压前行，付出艰辛努力，全年经济社会发展稳中向好，高质量发展扎实推进。

一、综合

经济发展企稳回升。2023年，全县地区生产总值达93.44亿元，同比增长3.8%。其中，第一产业增加值21.46亿元，同比增长3.4%；第二产业增加值35.27亿元，同比增长2.5%；第三产业增加值36.71亿元，同比增长5.3%。

经济结构有所优化。全县三次产业结构比由上年的23.3 ∶ 38.1 ∶ 38.6调整为23 ∶ 37.7 ∶ 39.3，三产业所占比重有所上升，升高0.7个百分点。

财政收入稳步增长。全年完成财政总收入10.30亿元，同比增长9.74%，其中地方一般预算收入6.6亿元，同比增长5.06%。累计入库税收收入4.69亿元，同比增长4.04%，非税收入1.9亿元，同比增长7.68%。上划中央“两税”（增值税和所得税）2.78亿元，同比增长25.21%，上划中央所得税0.18亿元，同比下降49.27%。全年财政总支出21.69亿元，同比增长6.51%。其中：财政一般公共服务支出2.86亿元，同比增长6.51%；民生支出3.01亿元，同比增长27.84%；社会保障和就业支出2.63亿元，同比增长6.03%；教育支出3.28亿元，同比增长6.7%；农林水事务支出4.86亿元，同比增长7.5%；节能环保支出0.36亿元，同比下降50.3%；住房保障支出1.04亿元，同比增长14.85%；医疗卫生与计划生育支出1.66亿元，同比下降17.74%；科学技术支出0.75亿元，同比增长24.44%；文化体育与传媒支出0.26亿元，同比增长0.35%；城乡社区支出1.01亿元，同比增长72.85%。

二、农业

农业生产稳中有增。2023年全县实现农林牧渔业增加值23.09亿元，同比增长3.7%，其中农林牧渔服务业增加值1.63亿元。全年完成农林牧渔业总产值45.6亿元，同比增长3.8%，其中：农业产值6.8亿元，同比增长1.7%；林业产值22.98亿元，同比增长8.5%；牧业产值11.65亿元，同比增长-3.7%；渔业产值1.13亿元，同比增长0.2%；农林牧渔服务业产值3.01亿元，同比增长8.6%。

2023年，粮食作物种植总面积21.9万亩。其中，谷物面积18.83万亩，豆类面积1.13万亩，薯类面积1.95万亩；稻谷面积15.99万亩，其中早稻6.5万亩，中稻和一季晚稻面积3.47万亩，双季晚稻面积6.02万亩。经济作物播种面积中，糖料面积0.04万亩，油料面积4.93万亩，烟叶面积0.06万亩，蔬菜面积9.59万亩。

2023年全县生猪出栏30.43万头，牛出栏3.98万头，羊出栏30.01万只，家禽出栏253.64万羽。年末生猪存栏19.93万头，牛存栏7.63万头，羊存栏20.07万只，家禽存栏195.22万羽。

2023年新增市级龙头企业5家，共有省级现代农业产业园区4个，市级现代农业产业园区9个；减少“二品一标”农产品认证个数6个，累计14个；高标准农田建设面积0.45万亩，农业机械拥有量达到3.67万台（套），总动力达到20.49万千瓦，机耕面积20.83万亩，机收面积15.0万亩，水稻耕、种、收综合机械化水平达到76.45%，同比增长8.9%，农机作业总产值达到0.34亿元；农机生产安全事故“零”发生；全年争取农机购置补贴355.5万元，推广新型实用农机具24台（套）；截至2023年共建成“平安农机示范乡镇”11个、“平安农机示范村”41个、“平安农机示范户”623户。

三、工业和建筑业

工业生产趋缓。2023年，全县规模以上工业增加值同比增长1.4%，工业用电量30856万千瓦时，同比下降26.84%。

工业经济效益有所下滑。2023年规模以上工业企业营业收入79.78亿元，同比下降4.2%，规模以上工业企业实现利润总额3.02亿元，同比下降29.29%。

建筑业利润大幅下滑。2023全年建筑业总产值10.69亿元，同比增长9.02%，全县具有资质等级的总承包和专业承包建筑企业实现利润0.19亿元，同比下降93.34%。房屋建筑施工面积61.35万平方米，同比增长32.64%，其中新开工面积41.16万平方米，同比增长4.73%。全县房屋建筑竣工面积37.07万平方米，同比增长11.72%。

四、固定资产投资

民间固定资产投资形势向好。2023年全县固定资产投资同比下降0.9%。按经济类型分，国有投资下降55.1%，民间投资增长51.5%；按投资方向分，工业投资增长56.3%，工业技改投资下降4.8%，房地产投资下降0.5%，高新技术投资增长5%。

房地产市场有所下滑。2023年全县商品房销售面积8.13万平方米，同比下降23.29%；商品房销售额3.01亿元，同比下降28.02%。

五、国内贸易

社会消费增速放缓。2023年社会消费品零售总额30.49亿元，同比下降2.4%。

六、对外经济和旅游

进出口总额平稳。2023年完成进出口总额9.77亿元，同比增长1.34%。1—12月，实际利用外资20万美元。

旅游业持续向好。2023年全年接待游客489.02万人次，实现旅游综合收入48.62亿元，同比分别增长53.1%、73.14%。

七、交通运输和邮电

交通运输拓展加速。年末公路通车里程2002.849公里。高速公路27公里，国道52.01公里，省道144.043公里，县道15.16公里，乡道228.636公里，村道1236公里。全年实现全社会货物周转量14278万吨公里，旅客周转量3992万人公里。

邮电通信快速增长。2023年末固定电话用户4249户。移动电话用户共133569户，其中使用移动网络53600户，使用联通网络34750户，使用电信网络45399户。年末互联网宽带用户数35008户。

八、金融、证券和保险

金融市场有序发展。2023年末全县金融机构各项存款余额96.18亿元，较年初净增16.9亿元，同比增长21.32%。其中个人储蓄存款余额为74.82亿元，较年初净增9.66亿元，同比增长14.82%。全县金融机构各项贷款余额为66.32亿元，较年初净增12亿元，同比增长22.1%。年末全县共有保险公司分支机构9家。

九、教育和科学技术

教育事业扎实推进。全县共有中小学校26所，其中：中学15所，小学11所；共有教师1733人，其中普通中学专任教师793人，小学专任教师940人；共有在校学生17779人，其中：普通中学在校学生8510人，小学在校学生9269人；职业教育学校1所，学生1710人；幼儿园41所，在园幼儿3210人，其中：民办幼儿园34所，在园幼儿1444人。

2023年，全县全年专利授权121件，数量与去年持平。高新技术企业24家，比去年增加7家，高新技术产业增加值19.28亿元，增长8.7%。

十、文化、卫生和体育

文化事业繁荣发展。目前有公共图书馆1个，公共图书馆图书总藏量279.4千册，群众艺术馆1个，剧场、影剧院1个，乡镇图书室、文化站27个；中、短波广播发射台和转播台1座，电视台1座。

卫生事业稳步发展。2023年末全县实有卫生机构164个，医疗卫生机构床位1046张；各类卫生技术人员1159人，其中执业（助理）医师478人，乡村医生中执业（助理）医生资格人员比例为34.8%。

体育运动全面普及。2023年全县共有各类体育场地377个，其中体育馆1个，足球、篮球、排球场地158个，游泳池1个，综合房（馆）及专业训练房馆合计2个，室外专项体育场合计132个，其他体育健身场地83个；举办和参与上级全民健身活动15场次，经常参加体育锻炼人数6.32万人。

十一、人口、人民生活和社会保障

人口增长速度放缓。2023年末全县总人口15.18万人，城镇化率50.33%，比去年高0.85个百分点；全年出生人口922人，出生率4.89‰，比去年同期上升1.25个千分点；全年死亡人口1167人，死亡率6.87‰，比去年同期上升0.65个千分点；人口自然增长率-1.68‰，比去年同期上升0.9个千分点。

居民收支稳定增长。2023年全体居民人均可支配收入为21884元，同比增长5.4%。其中，城镇居民人均可支配收入34510元，同比增长4.3%。农村居民人均可支配收入13309元，同比增长5.6%；2023年全体居民人均消费支出17255元，同比增长2.3%。其中，城镇居民人均消费支出21752元，同比增长3.9%，农村居民人均消费支出14201元，同比增长0.2%。

社会保障力度持续提升。2023年全县养老、工伤、失业三项基本养老保险参保总人数达到13.55万人次。其中：养老保险参保111142人，工伤保险参保17160人，失业保险参保7200人。2023年基本医疗保险参保148784人，其中城乡居民基本医疗保险参保134899人。

1—12月全县实现城镇新增就业3567人，新增农村劳动力转移就业1602人，失业人员再就业1218人，其中就业困难人员再就业328人，募集就业见习岗位564个，高校毕业生就业392人，完成职业技能培训1365人，发放各类稳岗就业补贴1781.911万元，发放创业担保贷款6098万元，新增农村劳动力转移就业1602人。

社会福利事业有序发展。2023年城市分散特困供养标准10140元/年/人，分散特困供养人数15人；农村分散特困供养标准6528元/年/人，分散特困供养人数856人；截至2023年末，全县农村低保对象2234户4307人，其中兜底保障对象（低保户中的建档立卡贫困户）512户1311人；2023年1—12月，全县共计发放农村低保44744人次，发放农村低保金1105.4万元，月人均救助水平达到247元；2023年1—12月，全县共计发放城市低保对象7773人次，发放城市低保金290.2万元，实际月人均救助水平达到373元；2023年1—12月，全县共发放特困供养13197人次，发放特困供养金748.76万元。

十二、环境保护和安全生产

生态环境质量稳中向好。2023年空气质量优良率为95.3%、较2022年上升5.2%，2022年PM10平均浓度为41微克每立方米，PM2.5平均浓度为26微克每立方米。省控地表水考核断面水质和双牌县城镇饮用水断面水质达标率100%。主要污染物化学需氧量、氮氧化物排放量分别减排60.02吨、9.18吨。

生态屏障功能持续加强。2023年，全县森林覆盖率达88.25%；全县共有8.94万人次以各种不同形式进行了义务植树，义务植树尽责率达91.7%。现有国家级自然保护区、国家湿地公园、省级自然保护区各1家。

安全生产形势稳定。全年共发生各类生产经营性安全事故0起，死亡0人，事故起数比去年减少6起。亿元GDP生产安全事故死亡人数为0人；道路交通事故死亡人数为8人；工矿商贸十万从业人员生产安全事故死亡人数为0人。

道　县

道县，隶属湖南省永州市，位于湖南省南部、永州市中部，东邻宁远县，南界江华瑶族自治县、江永县，西接灌阳县、全州县，北连双牌县，总面积2441.78平方千米。

截至2023年6月，道县辖7个街道、12个镇、3个乡：濂溪街道、西洲街道、上关街道、营江街道、东门街道、富塘街道、万家庄街道梅花镇、寿雁镇、仙子脚镇、清塘镇、祥霖铺镇、蚣坝镇、四马桥镇、白马渡镇、柑子园镇、白芒铺镇、桥头镇、乐福堂镇、审章塘瑶族乡、横岭瑶族乡、洪塘营瑶族乡，另辖道县大坪铺农场。县政府驻濂溪街道寇公街66号。

秦，设营浦县。清，道州为县级散州。民国二年（1913年），改道州为道县。道县是湖南省历史文化名城、全国糖料作物生产基地、全国秸秆养牛示范基地、全国粮食生产先进县、全国蔬菜产业重点县、全国厚朴生产基地县、全国生猪生产调出大县、全国能繁母牛养殖示范县、全国出口食品农产品质量安全示范县、全国100个柑橘生产基地、中国脐橙之乡。

2020年，道县户籍数233156户。户籍人口802091人，其中男440074人，女362017人。常住人口62.17万人，其中男333247人，女288028人。常住人口中有30个民族。其中：汉族601052人，蒙古族11人，回族31人，藏族4人，维吾尔族14人，苗族605人，彝族80人，壮族396人，布依族35人，朝鲜族3人，满族18人，侗族114人，瑶族18323人，白族19人，土家族480人，哈尼族6人，傣族14人，黎族16人，佤族4人，拉祜族5人，水族4人，景颇族5人，土族4人，仫佬族6人，布朗族1人，撒拉族1人，毛南族2人，仡佬族8人，保安族1人，京族1人，未定族称人口9人，入籍3人。

2023年，道县年平均常住人口57.76万人，年末常住人口57.40万人，其中：城镇人口29.84万人，常住人口城镇化率为51.99%，比上年提高1.23个百分点；2023年人口出生率4.99‰，死亡率6.55‰，人口自然增长率1.56‰；2023年末户籍人口总户数22.84万户，户籍总人口78.84万人。

道县2023年国民经济和社会发展统计公报

2023年，全县上下坚持以习近平新时代中国特色社会主义思想为指导，以学习宣传贯彻党的二十大精神为主线，在县委、县政府的坚强领导下，坚持稳中求进工作总基调，完整、准确、全面贯彻新发展理念，在重大项目支撑、财政金融助力、公共服务保障等方面综合施策，全县经济总体呈现“稳步复苏、量增质提”特征，社会大局稳定，全面建设社会主义现代化道州新征程迈出坚实步伐。

一、综合

初步核算，2023年，实现地区生产总值2661740万元，比上年增长4.8%。其中，第一产业增加值514610万元，增长3.5%；第二产业增加值777671万元，增长7.3%；第三产业增加值1369459万元，增长4.0%。按常住人口计算，2023年人均地区生产总值为46083元，比上年增长5.9%。

2023年三次产业结构为19.3∶29.2∶51.5。工业增加值占地区生产总值的比重为23.5%，比上年提高0.7个百分点；高新技术产业增加值占地区生产总值的比重为11.8%，比上年下降6.8个百分点。第一、二、三产业对经济增长的贡献率分别为15.2%、42.3%和42.5%，分别拉动GDP增长0.74个、2.05个、2.05个百分点。2023年非公有制经济增加值168.75亿元，比上年增长4.0%，占地区生产总值的比重为63.4%，比上年提高0.6个百分点。

2023年居民消费价格指数（CPI）比上年上涨0.4%，其中消费品价格指数比上年下跌0.8%。居民消费八大类指标中：食品烟酒类下跌1.4%，衣着类上涨0.4%，居住类下跌0.1%，生活用品及服务类下跌0.2%，交通和通信类下跌1.4%，教育文化和娱乐类上涨0.5%，医疗保健类上涨8.2%，其他用品和服务类上涨3.0%。

二、农业

2023年粮食种植面积87.03万亩，增长0.02%；油料种植面积20.8万亩，增长37.3%；烟叶种植面积4.68万亩，增长8.4%；蔬菜种植面积50.96万亩，增长1.8%。2023年粮食总产量37.42万吨，增长1.9%；油料产量2.7万吨，增长35.3%；烤烟产量5365吨，增长25.9%；蔬菜产量105.5万吨，增长2.9%；水果产量24.05万吨，增长6.9%。2023年生猪出栏78.52万头，增长2.0%；牛出栏7.42万头，增长16.67%；羊出栏17.71万只，下降6.26%；禽蛋产量0.88万吨，增长31.34%；水产品总产量2.77万吨，增长6.4%。

三、工业和建筑业

2023年实现工业增加值63.43亿元，增长7.7%，其中：规模工业总产值154.8亿元，增长10.4%，规模工业增加值43.13亿元，增长7.1%。2023年新增规模以上工业企业15家，规模以上工业企业达到144家。

2023年在规模以上工业统计的主要工业产品中，锂离子电池4505.36万只（自然只），增长2.3%；集成电路271.1万块，减少17.7%；电子元件43630.2万只，增长13.0%；印制电路板1.93万平方米，增长51.3%；服装1131.7万件，增长25.0%；手提包（袋）、背包697.7万个，增加6.6%；鞋2536.5万双，增加1.0%；硅酸盐水泥熟料64.35万吨，增长0.2%；水泥91.45万吨，增长2.0%；商品混凝土37.04万立方米，下降37.6%；砖3.71亿块，下降43.7%；钢化玻璃71.23万平方米，增长17.4%；纸制品0.45万吨，增长2.4%；高岭土（瓷土）0万吨，减少100%；大米155.9万吨，增长49.8%；精制食用植物油1.2万吨，增长35.4%；冷冻蔬菜0.56万吨，增长241.4%；化学试剂11142吨，增长25.8%；铁合金12.49万吨，增加20.8%；铸铁件0万吨，减少100%；铸钢件0万吨，减少100%；液压元件6.7万件，增长21.6%；金属紧固件0万吨，减少100%；灯具及照明装置2968套（台、个），下降13.9%；自来水生产量1524.4万立方米，下降16.2%；光电子器件13321.7万只，增长29.8%；金属切削机床1505台，下降34.3%；水泥混凝土电杆6.05万根，下降64.3%；饮料酒533.9千升，增长62.9%。

2023年规模工业企业实现主营业务收入142.59亿元，增长4.79%；实现利税总额12.71亿元，增长57.89%，其中利润总额11.45亿元，增长76.12%。

2023年实现建筑业增加值153341万元，比上年增长5.7%。具有资质等级的总承包和专业承包建筑企业完成产值492385万元，增长12.7%；房屋建筑施工面积150.47万平方米，比上年下降0.4%；房屋建筑竣工面积107.7万平方米，比上年上升4.7%。

四、服务业

2023年实现批发和零售业增加值242320万元，增长5.8%；交通运输、仓储和邮政业增加值90115万元，增长12.9%；住宿和餐饮业增加值20566万元，增长6.8%；金融业增加值104579万元，增长5.3%；房地产业增加值203303万元，下降1.7%；信息传输、软件和信息技术服务业增加值 39201 万元，增长 12.5%；租赁和商务服务业增加值 59612 万元，增长 1.5%。

2023 年完成客运量 79.8 万人，增长 10.1%；客运周转量 8379 万人公里，增长 10.5%；完成货运量 284.2 万吨，增长 10.0%；货运周转量 2983.8 万吨公里，增长 10.0%。

2023 年水路运输完成客运量 35.1 万人，增长 24.5%；完成客运周转量 523.5 万人公里，增长 48.7%。完成货运量 74.6 万吨，下降 1.0%；完成货运周转量 419 万吨公里，增长 8.1%。

2023 年公路通车里程 2893.81 公里，增加 0.8%。其中，高速公路通车里程 77.3 公里。

五、贸易和旅游

2023 年实现社会消费品零售总额 804689 万元，下降 4.9%。按行业分，批发业销售额 379195 万元，增长 21.9%，零售业销售额 769518 万元，增长 0.7%，住宿业营业额 10903 万元，增长 8.6%，餐饮业营业额 112254 万元，增长 9.5%。

2023 年完成外贸进出口总额 70326 万元，下降 84.32%。其中：出口总额 70094 万元，下降 84.33%；进口总额 231 万元，下降 33.04%。全年实际到位外资 23 万美元，下降 93.3%；实际到位内资 95.6 亿元，增长 19.43%。

2023 年共接待国内游客总人数 483.38 万人次，增长 28.32%；实现国内旅游总收入 51.26 亿元，增长 46.76%。国内一日游人数 261.47 万人次，增长 20.86%；实现国内旅游一日游总收入 23.77 亿元，增长 35.68%。

六、固定资产投资

2023 年完成固定资产投资 117.53 亿元，下降 13.0%。其中，产业投资完成 1005032 万元，增长 17.0%，产业投资占固定资产投资比重为 85.51%。产业投资中的工业投资完成 876353 万元，增长 91.2%。工业投资中的工业技改投资完成 213028 万元，增长 46.2%。高新技术产业投资完成 67934 万元，下降 57.5%。全县在建项目 136 个，比上年减少 123 个，其中新开工项目 82 个，比上年减少 65 个；全年投产项目 94 个，比上年减少 54 个。

2023 年实现房地产业增加值 203303 万元，下降 1.7%。完成房地产开发投资 74025 万元，下降 63.01%。房屋施工面积 87.47 万平方米，下降 17.51%；竣工面积 35.16 万平方米，下降 29.15%。商品房销售面积 42.18 万平方米，下降 16.16%；商品房销售额 19.74 亿元，下降 22.95%。

七、财政、金融和保险

2023 年完成财政总收入 185274 万元，减少 11.26%，其中一般预算收入 156778 万元，增长 6.4%。全县一般公共预算支出 535005 万元，增长 3.7%。

2023 年金融机构各项存款余额 3089000 万元，比上年增长 12.40%，比年初净增 342510 万元。其中城乡居民储蓄存款余额 2673700 万元，增长 13.9%，比年初净增 326321 万元；年末全县金融机构各项贷款余额 2011283 万元，比上年增长 14.15%，比年初净增 249210 万元。其中中长期贷款余额 1544112 万元，比上年增长 12.78%，比年初净增 166212 万元。

2023 年实现保费收入 63098.84 万元，增长 9.3%。

八、教育和科学技术

2023 年，全县共有中等职业中学 2 所，在校学生 8455 人，毕业生 2122 人，教职工 461 人；普通中学 41 所，在校学生 51325 人，毕业生 16627 人，教职工 3753 人；普通小学 45 所，在校学生 54374 人，毕业生 10333 人，教职工 3574 人；幼儿园 203 所，在校学生 18181 人，毕业生 8205 人，教职工 1738 人；特殊学校 1 所，在校学生 102 人，毕业生 0 人，教职工 11 人。

2023 年全县共完成研发经费备案企业 7 家；249 家企业进行了科技型中小企业登记；创新创业大赛参赛企业 10 家，其中 2 家入围省赛半决赛，1 家获得省优秀企业称号，23 家企业通过高企认定。科技创新工作受到了省、市的充分肯定。

九、文化、卫生和体育

2023 年图书馆藏有纸质图书 64.03 万册，电子图书 25 万册。数字资源总量 8.5TB，可以通过移动数字阅读平台进行移动阅读。全年接待 184 万人次，图书、期刊流通 112 万册次。举办线上线下活动 98 次，参与人数 86729 人。

2023 年文化生产和服务单位 600 家，其中，寿雁镇文化站 2023 年被评为湖南省“最美潇湘文化阵地”。全年组织开展文化服务活动 100 余场，送戏下乡 88 场。全县人均接受文化场馆服务次数 2.80 人次。

2023 年末全县医疗卫生机构（含诊所）489 个。其中：医院 14 所，卫生院（社区卫生服务中心）24 所，妇幼保健院、疾病预防控制中心、卫生监督所共 3 个；拥有床位总数 4056 张，比上年增加 60 张；卫生技术人员 4135 人，比上年增加 308 人。其中执业（助理）医师 1706 人，注册护士 1891 人，全科医师 253 人；全年总诊疗人次数 423 万人次，出院人次数 12.74 万人次。

十、人口、人民生活和社会保障

2023 年，年平均常住人口 57.76 万人，年末常住人口 57.40 万人，其中：城镇人口 29.84 万人，常住人口城镇化率为 51.99%，比上年提高 1.23 个百分点；2023 年人口出生率 4.99‰，死亡率 6.55‰，人口自然增长率 1.56‰；2023 年末户籍人口总户数 22.84 万户，户籍总人口 78.84 万人。

2023 年全县居民人均可支配收入 29132 元，增长 5.6%。按常住地分，城镇居民人均可支配收入 37326 元，增长 4.10%；农村居民人均可支配收入 23090 元，增长 5.70%。

2023 年全县新增城镇就业 5904 人，失业人员再就业 3699 人，新增农村劳动力转移就业 5020 人，发放创业贷款 325 笔 6347 万元，职业技能培训 3264 人次。2023 年基本养老保险参保人数 46.75 万人，失业保险参保人数 2.43 万人，工伤保险参保人数 3.26 万人。

十一、环境和安全生产

2023 年全县空气质量综合指数为 2.64，空气质量优良率为 97.5%，空气质量连续 8 年保持在国家空气质量二级标准。水环境质量始终保持在Ⅱ类水质，县城集中式饮用水源地水质达标率达 100%，地表水各断面水质优良率均达 100%。全县土壤污染环境风险得到有效管控，受污染耕地安全利用率达 92% 以上，土壤环境总体稳定。

初步核算，2023 年规模工业综合能源消费量 18.37 万吨标准煤，增长 2.9%。

2023 年全县发生生产安全事故 1 起、死亡 1 人，比上年增加 1 起 1 人，没有发生较大及以上生产安全事故。亿元地区生产总值事故死亡人数为 0.003 人。

江 永 县

江永县地处湖南省西南边陲，位于都庞岭南麓，东邻江华瑶族自治县，南毗广西富川瑶族自治县，西交广西恭城瑶族自治县，北与广西灌阳县相邻，东北与道县接壤。县域面积 1629.15 平方公里，辖 5 镇 4 乡 2 个国营农林场、2 个自然保护区和 1 个国家级森林公园，总人口 28.04 万人（含回龙圩管理区 1 万人），其中瑶族人口占 62.8%。2023 年，实现地区生产总值 99.17 亿元，同比增长 7.1%，排名全市第 2，取得近十年最好成绩；完成地方财政收入 5.84 亿元，同比增长 2.5%；规模工业增加值同比增长 8.7%；固定资产投资同比增长 9.5%；完成社会消费品零售总额 30.94 亿元，同比增长 3%；全体居民人均可支配收入 21031

元，同比增长5.8%。2021年度省政府真抓实干表扬激励工作实现零的突破，信访、就业、自然资源管理、“放管服”和“一件事一次办”改革工作以及《江永县“四个一批”做强供粤港澳蔬菜产业》典型经验获得表扬激励，所获表扬激励事项数量居全市第一、全省前列。2022年土地节约集约利用工作获国务院真抓实干表扬激励，打造优势特色千亿产业、河湖长制工作、信访工作、清理拖欠民营企业中小企业账款四项工作获得省政府真抓实干表扬激励。2023年，环境空气质量综合指数及改善幅度获得省政府真抓实干督查激励。

1. 历史文化底蕴深厚。秦时立县，唐设永明，有2000多年历史，是湖南省历史文化名城。境内“三千文化”享誉中外：瑶族古都千家峒是世界瑶族发祥地和祖居地；千古之谜女书是世界现存唯一的性别文字，被列为国家非物质文化遗产；千年古村上甘棠是全国历史文化名村、全国传统村落、国家重点文物保护单位。

2. 产业发展特色鲜明。农业提质增效。“江永五香”（香柚、香芋、香姜、香米、香菇等）久负盛名，拥有农业产业化国家重点龙头企业1家、省级4家、市级14家，建成粤港澳大湾区“菜篮子”（果蔬）生产认定基地24个，30万亩优质果蔬直供粤港澳，出口量稳居全省前列，先后获评全国蔬菜产业重点县、国家外贸转型升级基地（水果蔬菜）、湖南省“数商兴农”示范县等20余项荣誉。工业提档加速。从零起步打造出电子信息、新能源新材料两大新兴特色产业，2023年围绕“一主一特”签约引进5000万元以上项目45个，汽配产业呈现“集群式”“抱团式”“链条式”发展。旅游提质升温。成功创建湖南省全域旅游示范区，入列国家革命文物保护利用片区分县，入选湖南省第三批精品旅游线路重点县，被评为“中国最美的小城”。

3. 生态环境保持领先。森林覆盖率70.15%，是首批全国生态建设示范县、全国绿色能源示范县、国家重点生态功能区，先后荣获中国天然氧吧、中国深呼吸小城、全国森林康养基地试点县、中国气候宜居城市（县）等称号。2023年空气质量综合指数为2.07，排名全市第一、全省第三。

4. 改革创新走在前列。创新“互联网+”基层服务“235”模式，得到省政府真抓实干综合督察组高度评价和省委领导肯定性批示，经验刊发《湖南日报内参》。荣获“2021年度中国营商环境百佳示范县市”。政务服务标准化建设荣获“全国政务服务百佳实践案例”，入选《2022年度县市投资营商环境百佳典范》。2023年被列为全省乡村医生等级评定试点县。

5. 乡村振兴成效显著。江永乡村振兴直播小站受到商务部推介。“乡村文旅促振兴”入选中国民生发展论坛“2022民生示范工程”案例；旭日升现代家庭农场发展模式获全省家庭农场典型推介；邑口村入选湖南乡村振兴“十大”典型村优秀案例，成功创建为省级和美湘村。

6. 社会大局和谐稳定。首创“135”村级群防平台和“1+N”新型社区警务模式，荣膺第六届“全国社会治理创新典范县”、全省信访工作示范县。连续七年保持“全省平安县”。荣获“全国民族团结进步模范集体”。2022年，获评全省安全生产工作先进单位。2023年林火阻隔系统两年建设任务提前一年超额完成，在全省林业工作会议上作典型发言。

江永县2023年国民经济和社会发展统计公报

2023年是全面贯彻党的二十大精神的开局之年。面对严峻复杂形势和多重困难挑战，我们坚持以习近平新时代中国特色社会主义思想为指导，深入学习贯彻党的二十大精神以及习近平总书记关于湖南工作的重要讲话重要指示批示精神，在县委、县政府的坚强领导下，牢牢把握高质量发展这个首要任务，坚持稳中求进工作总基调，牢固树立和践行正确政绩观，锚定“三高四新”美好蓝图，打好“发展六仗”，把握“六大战略支点”，积极融入“三区两城”，大力推进“开放引领、产业强县”，全县经济社会呈现出稳中有进、回升向好的良好态势。

一、综合

国民经济。初步核算，2023年，全县地区生产总值99.17亿元，按可比价计算，比2022年增长7.1%。从三次产业看，第一产业增加值29.85亿元，增长4.1%；第二产业增加值26.15亿元，增长11.3%；第三产业增加值43.18亿元，增长7.1%。人均地区生产总值46386元，增长9.3%。三次产业结构比为30.1 ∶ 26.4 ∶ 43.5。三次产业对经济增长的贡献率分别为18.8%、38.2%、43.0%，分别拉动经济增长1.3、2.7、3.1个百分点。

财政。2023年全县完成地方一般公共预算收入5.84亿元，同比增长2.5%，其中税收收入4.16亿元，增长4.7%，非税收入1.68亿元，下降2.7%。全县一般公共预算支出25.21亿元，增长2.9%。其中，一般公共服务支出2.41亿元，增长11.0%；教育支出5.38亿元，增长7.5%；文化体育与传媒支出0.59亿元，增长144.5%；医疗卫生与计划生育支出2.24亿元，增长2.6%；社会保障和就业支出3.70亿元，增长25.4%；科学技术支出0.68亿元，增长1.4%；节能环境保护支出1.17亿元，增长425.8%；城乡社区事务支出0.51亿元，增长38.3%；农林水务事务支出5.2亿元，增长0.1%；住房保障支出0.26亿元，下降22.9%；民生支出共12.07亿元，增长0.7%。

二、农业

全县农林牧渔业完成总产值59.5亿元，增长4.4%，其中：农业29.9亿元，增长4.8%，林业5.8亿元，增长8.5%，牧业19.3亿元，增长2.1%，渔业1.3亿元，增长4.5%，农林牧渔业及辅助性活动3.2亿元，增长8.6%；实现农林牧渔业增加值31.6亿元，增长4.3%。全年播种粮食面积25.1千公顷，增长0.02%，粮食总产量13.5万吨，增长1.9%；全县油料种植10.4千公顷，增长5.2%，总产量1.86万吨，增长6.7%，其中油菜籽1.4万吨，增长4.3%；全县烟叶种植1.7千公顷，增长1.2%，烤烟产量0.36万吨，增长2.9%；蔬菜种植面积19.1千公顷，增长2.0%，产量69.5万吨，增长3.1%。

畜牧养殖业：年末存栏生猪45.4万头，下降9.4%；全年出栏生猪77.6万头，增长2.0%。出栏牛1.9万头，出栏羊2.9万头。全年肉类总产量6.4万吨，下降6.9%，其中猪肉5.7万吨，牛肉0.23万吨，羊肉0.05万吨，水产品1.62万吨，禽肉0.59万吨，禽蛋产量0.46万吨。

全县耕地面积2.3万公顷，基本农田1.9万公顷。年末农业机械总动力2.67万千瓦；水利工程投入资金1.17亿元；新增蓄水能力67.1万立方米，新增节水灌溉面积1.32千公顷；化肥施用量（折纯）1.59万吨。

全县农产品加工企业299家，增长2.1%；农民专业合作社735家，农民专业合作社成员13809户；家庭农场2028个；高标准农田建设面积2.34万亩；绿色有机地标农产品认证个数25个，增长8.7%，其中绿色食品21个，农产品地理标志4个；省级现代农业产业园区3个；名优特水产品养殖面积0.878万亩，产量3819吨；稻田综合种养0.2万亩。

三、工业和建筑业

工业。2023 年全部工业实现增加值 20.7 亿元，同比增长 10.5%。采矿业增加值 0.4 亿元，占 GDP 比重 0.4%；制造业增加值 18.5 亿元，占 GDP 比重 18.6%；电力、热力、燃气及水生产和供应业增加值 1.9 亿元，占 GDP 比重 1.9%。在全县生产总值中，工业增加值占生产总值的比重为 20.9%，工业对经济增长的贡献率为 28.1%，拉动经济增长 2.0 个百分点。全县规模以上工业企业完成产值 63.4 亿元，增长 13.4%，增加值增长 8.7%；规模以上工业企业实现利润总额 2.8 亿元，增长 9.0%；全县规模以上工业主要产品产量中，发电量 15.5 亿千瓦时，增长 3.2%，其中水电 4.0 亿千瓦时，下降 6.2%，风电 11.5 亿千瓦时，增长 6.9%。2023 年全县工业用电量 1.59 亿千瓦时，下降 10.8%。全年规模工业综合能源消费量为 2.37 万吨标准煤，下降 18.5%。

建筑业。全年建筑业实现增加值 5.4 亿元，增长 14.6%。全县三级及三级以上建筑企业 6 家，完成总产值 5.6 亿元，增长 18.1%；房屋建筑施工面积 32.6 万平方米，增长 12.7%，房屋竣工面积 6.96 万平方米，增长 4.2%。

四、固定资产投资和房地产

全年全社会固定资产投资增长 9.5%，施工项目 65 个，其中新开工 46 个；本年投产项目 35 个。房地产开发投资 2.36 亿元，下降 67.3%；商品房销售面积 15.28 万平方米，下降 26.4%。

五、内外贸易

国内贸易。2023 年完成社会消费品零售总额 30.94 亿元，增长 3.0%。其中：商品零售额 26.34 亿元，餐饮业消费额 4.59 亿元。

对外经济。全年进出口总额 19.7 亿元，同比增长 36.9%。其中出口额 19.7 亿元，增长 37.2%。实际利用外资 6 万美元，对外实际投资 200 万美元；实际引进境内省外资金 35.1 亿元。

旅游。全域旅游总收入 50.6 亿元，国内旅游人数 509.2 万人次；4A 级及以上旅游区 2 个。

六、交通和邮电通信

交通。全年交通运输、仓储和邮政业实现增加值 3.2 亿元，增长 12.8%。农村“三路”提质改造 122.6 公里；年末公路通车里程 126.96 公里；全年公路货运量 344.1 万吨，客运量 261.3 万人。年末民用汽车保有量 28636 辆，增长 4.6%；当年新注册汽车 1324 辆，下降 16.0%。

邮电通信。全年邮电通信业务总量 15735 万元，增长 4.7%。年末固定电话用户 5589 万户，增长 110.1%。移动电话用户 24.3 万户，增长 5.1%。互联网用户 7.8 万户，增长 6.1%。

七、金融和保险

金融。年末全县金融机构各项存款余额 146.7 亿元，增长 12.6%，其中住户储蓄存款 129.8 亿元，增长 14.6%。年末各项贷款余额 96.1 亿元，增长 15.0%；全年保费收入 2.7 亿元，增长 12.9%。

八、教育和科学技术

教育。2023 年全县全年招生 0.99 万人，其中：小学 0.30 万人，初中 0.39 万人，高中 0.18 万人，中等职业教育 0.13 万人。全年在校学生 4.06 万人，其中：小学 2.06 万人，初中 1.16 万人，高中 0.50 万人，中等职业教育 0.33 万人。全年毕业学生 1.04 万人，其中：小学 0.39 万人，初中 0.39 万人，高中 0.17 万人，中等职业教育 0.09 万人。全年增加公办幼儿园学位 360 个，幼儿园在园幼儿 0.68 万人。小学适龄儿童入学率 100%，小学毕业升学率 100%，高中阶段毛入学率 94.5%。各类民办学校 2 所，民办学校在校学生 568 人。落实义务教育保障金 4448 万元；发放中职国家助学金 157.6 万元，中职国家助学金资助中职学生 1576 人次；落实中职免学费资金 734.8 万元，中职免学费资助中职学生 6123 人次；发放普通高中助学金 326.9 万元。

科学技术。全年授权专利 78 件，其中发明专利 62 件。签订技术合同 145 项，技术合同成交额 6.68 亿元。检验检测机构 7 家，法定计量检定机构 1 家；特种设备 542 台，强制检定计量器具 2900 台件，重点工业产品质量监督抽查 50 批次，重点工业产品定期抽查合格率 98%。

九、文化、卫生和体育

文化。全县有文化馆 1 个，艺术表演团体 10 个，公共图书馆 1 个，博物馆 1 个，档案馆 1 个，纪念馆 1 个；开放各类档案 23096 卷；国家级非物质文化遗产保护名录 1 个，省级非物质文化遗产保护名录 4 个。

卫生。年末全县卫生机构 228 个。其中，医院 5 家，乡镇卫生院 12 家，妇幼保健院 1 所，诊所、卫生所、医务室 19 家，村卫生室 189 家；卫生技术人员 0.2 万人，其中乡镇卫生院卫生技术人员 0.09 万人；执业医师和执业助理医师 0.09 万人，注册护士 0.08 万人。疾病预防控制中心 1 个，疾病预防控制中心卫生技术人员 28 人，卫生监督所 1 个，卫生监督所卫生技术人员 7 人。医院床位数 1186 张，乡镇卫生院床位数 610 张；孕产妇免费产前筛查 1246 人。

体育。全县拥有体育场地 756 个，体育馆 1 座，运动场 56 个，游泳池 2 个，各种训练房 39 个，经常参加体育锻炼人数 17.5 万人，开展全民健身项目 20 项次。新建农民体育健身工程的行政村 8 个。

十、人口、人民生活和社会保障

人口。年末全县总人口（户籍人口）为 28.07 万人，男性人口 14.87 万人，占 52.98%；女性人口 13.20 万人，占 47.02%。18 岁以下 6.44 万人，18—35 岁 5.80 万人，35—60 岁 10.73 万人，60 岁以上 5.10 万人。全年出生 1695 人，出生率为 6.04‰，死亡 1982 人，死亡率为 7.06‰，人口自然增长率为 -1.02‰。年末常住人口 21.10 万人，其中城镇 7.82 万人，农村 13.28 万人，城镇化率 37.06%。

人民生活。全体居民人均可支配收入为 21031 元，增长 5.8%。城镇居民人均可支配收入 32689 元，增长 4.5%；农村居民人均可支配收入 15033 元，增长 6.0%。全体居民人均消费支出 16034 元，增长 4.7%。城镇居民人均消费支出 19523 元，增长 3.4%，城镇居民家庭恩格尔系数 33.1%；农村居民人均消费支出 14238 元，增长 5.2%，农村居民家庭恩格尔系数 31.6%。城镇居民人均住房面积 61 平方米，农村居民人均住房面积 68 平方米。

社会保障。全年城镇居民 1918 人获最低生活保障，发放城镇居民最低生活保障经费 908.5 万元，农村居民 7225 人获最低生活保障，发放农村居民最低生活保障经费 2101.2 万元；提供住宿民政机构床位 240 张，提供住宿民政机构收养 198 人；城镇各种社区服务设施 263 个；销售社会福利彩票 1452.7 万元，筹集福彩公益金 366.9 万元；城镇老旧小区改造 4 个，改（新）建农村户用厕所 402 户；城镇新增就业 0.38 万人，增长 2.2%；年末城镇登记失业率 1.3%；失业人员实现再就业 0.12 万人；城乡居民基本养老保险登记参保人数 13.95 万人，城镇基本养老保险职工人数 0.66 万人；参加工伤保险职工人数 2.15 万人；参加失业保险职工 1.05 万人；领取失业保险金职工人数 95 人；基本医疗保险参保人数 23.1 万人，其中城乡居民医疗保险参保 21.6 万人，城镇职工医疗保险参保人数 1.5 万人，参加生育保险职工人数 0.96 万人。

十一、资源环境、气象和安全生产

资源环境。国家级自然保护区 1 个，省级自然保护区 1 个，自然保护区面积 2.88 万公顷；全县活立木蓄积面积 712 万立方米；全年完成造林面积 9590 亩；年末林地面积 159 万亩；森林覆盖率 43.7%；已发现矿种 36 种，已探明资源储量的矿种 2 种；全社会用电量 4.5 亿千瓦时；水质达到或优于 III 类标准的断面比例 100%；城镇污水处理率98.1%；城镇生活垃圾无害化处理率100%；城镇人均公园绿地面积14.9平方米。

气象。全年平均气温19.6℃，年极端最高气温37.5℃，年极端最低气温-1.6℃。年降水总量1461mm，年日照总时数1402小时，无霜期365天。

安全生产。全年发生各类安全生产事故4起，各类生产经营性安全事故死亡4人，亿元地区生产总值生产安全事故死亡人数0.04人。发生道路交通事故997起，道路交通死亡率4.88人/万辆。

江 华 县

江华地处湖南最南端的南岭北麓、潇水源头，地接两广、三省通衢，总面积3248平方公里，辖16个乡镇，1个国有林场，总人口54万人，其中瑶族人口占比70%，是全国瑶族人口最多的县，位于南岭瑶族集中聚居区中心位置，被誉为"神州瑶都"。

文化底蕴深厚。江华已有2000多年建县史，孕育了中国共产党建党时早期党员中的李启汉、陈为人两位江华籍同志以及最高人民法院原院长江华等老一辈无产阶级革命家，成立了永州市境内第一个中国共产党组织、湖南省境内最早的党的基层组织之一——中共江华县支部，江华被湖南省人民政府认定为革命老区县。

民族风情浓厚。江华是一个以瑶族为主体的多民族县，各族人民像石榴籽一样紧紧抱在一起，中国瑶族文化传承研究中心落户江华，瑶族盘王节成为全省四大少数民族传统节庆之一。瑶家十八酿、盘王大歌、长鼓舞、瑶医药、千年瑶寨、爱情小镇……共同绘就了一幅有声有色、有滋有味、有意有韵的瑶乡画卷。

自然资源丰厚。江华天上有风能、山上有森林、山下有水能、地下有矿产。江华风能可开发量在200万千瓦以上，是湖南省光照时间最长、资源最好的县区之一，森林覆盖率达78.91%，水能已开发量达40万千瓦，有大型稀土矿、中型铜铅锌矿、钨锡矿、铀矿和铁矿等丰富矿藏，已探明稀土资源储量10.43万吨。全县境内空气质量优良率达98.1%，水质达标率100%，水质综合指数排名全省第二。江华是全省唯一的全域清洁能源友好互动示范县、全省唯一的全绿电运行示范县。

产业基础坚实。深入践行"五心四到两保障""两联零跑五自由"的母亲式服务，以稀土新材料和新能源深加工为主导产业、以电机和电器为特色产业的"一主一特"优势产业量质齐升，链条企业总数达162家，产业集聚度达75%。中稀（湖南）是"国家级绿色矿山试点单位"，也是唯一的离子型稀土矿高新技术企业。超70%的电机企业与美的、格力等国内外知名品牌合作，产品远销47个国家。智能小家电电机产业集群被认定为省级产业集群，电机产业获评湖南省县域外贸特色产业集群。《"江华奇迹"是如何创造的——偏远山区的"五好园区"涅槃之路》在省委办公厅《工作情况交流》《省政府通报》上刊发，并向全省推介。

乡村和美富实。走稳走好"以巩固拓展脱贫攻坚成果为基础、以发展产业促进就业为抓手、以特色小镇建设为载体、以壮大村级集体经济为重点、以农村人居环境整治为突破口"的乡村振兴江华路径。江华获评"四好农村路"省级示范县、全省"乡村振兴十大优秀案例典型县""实施乡村振兴战略先进县市区"等荣誉，"宝妈生产线"获国家级优秀就业服务案例奖。"乡村振兴月例会"经验做法得到多位省委常委肯定，在全省推广并向国家推荐。

江华县2023年国民经济和社会发展统计公报

2023年，在县委县政府的坚强领导下，全县锚定全国民族地区高质量发展标杆，深入实施县委"125"战略，推动经济运行整体好转，全年经济稳中有进、进中提质，高质量发展取得新进展。

一、综合

根据地区生产总值统一核算结果，全县地区生产总值162.03亿元，按不变价格计算，比上年增长3.7%。分产业看，第一产业增加值35.07亿元、增长4.0%，第二产业增加值57.06亿元、增长3.1%，第三产业增加值69.90亿元、增长4.1%。全县第一产业增加值占地区生产总值比重为21.6%，第二产业增加值比重为35.2%，第三产业增加值比重为43.1%。按常住人口计算，全县人均地区生产总值36576元，增长5.2%。

二、农业

全年农林牧渔业总产值70.57亿元，比上年增长4.3%。农林牧渔业增加值37.07亿元，增长4.0%。

全年粮食播种总面积58.26万亩，粮食总产量23.61万吨。其中，稻谷面积38.93万亩，下降0.5%，产量15.6万吨，增长1.0%；玉米面积16.5万亩，增长0.9%，产量7.23万吨，增长2.3%。蔬菜种植面积17.33万亩，增长3%，产量24.36万吨，增长5.3%；油料种植面积13.05万亩，增长10.2%，产量1.75万吨，增长10.5%；烤烟种植面积5.5万亩，增长5.9%，产量0.9万吨，增长9.3%。

年末生猪存栏45.43万头，下降4.8%，全年生猪出栏72.25万头，增长2.3%。年末牛存栏12.23万头，增长9.4%；全年牛出栏5.15万头，增长27.5%。年末家禽存栏384.1万羽，增长15.6%；全年家禽出栏628.62万羽，增长27.0%。猪、牛、羊肉产量6.08万吨，增长4.1%；禽蛋产量0.26万吨，增长30.0%；水产品产量0.52万吨，增长2.0%。

全年开工各类水利工程274处，投入资金0.71亿元，完成土石方51万立方米，新增节水灌溉面积248亩。全县农产品加工企业635家，农民专业合作社625个，休闲农业经营主体75个，家庭农场1311个。

三、工业和建筑业

全年规模工业总产值比上年增长7.6%。分三大门类看，采矿业下降26.3%；制造业增长10.2%；电力、热力、燃气及水生产和供应业下降13.5%。全部工业增加值52.61亿元，比上年增长2.2%。规模工业增加值增长2.0%。工业实缴税金6.1亿元，增长7.7%。

全年规模以上工业统计的产品产量中，大米8.4万吨，增长21.2%；水泥175.9万吨，下降3.0%；液晶显示屏4787万片，增长25.3%；锂离子电池10778.2万只，增长21.6%；光电子器件6433.7万只，增长17.6%；商品混凝土50.4万立方米，下降38.3%；发电量14.7亿千瓦时，下降16.0%，其中水电4.4亿千瓦时，下降36.5%；风电9.4亿千瓦时，下降1.7%。

全县规模工业企业营业收入164.8亿元，下降5.9%；实现利润14.2亿元，下降29.9%；工业产品销售率97.0%，比上年下降2个百分点；出口交货值5.69亿元，增长49.9%。年末规模以上工业企业资产负债率为55.4%，比上年上升6.2个百分点。

全年建筑业增加值4.46亿元，比上年增长14.8%。房屋建筑施工面积26.51万平方米，下降1.2%，新开工面积12.30万平方米，下降45.2%，房屋建筑竣工面积18.25万平方米，增长92.9%。

四、固定资产投资

全年固定资产投资比上年增长3.4%。按经济类型看，国有投资增长27.2%，非国有投资下降3.2%。按投资方向看，工业投资增长22.3%，高新技术产业投资下降24.5%，民生工程投资下降22.4%，生态环境投资增长50.7%，基础设施投资增长22.5%，房地产开发投资下降8.9%。全年施工项目个数比上年下降13.7%。其中，本年新开工项目下降44.0%，本年投产项目个数增长1.1%。

全年商品房销售面积26.41万平方米，下降37.9%。其中，住宅销售面积21.46万平方米，下降36.4%。商品房销售额12.7亿元，下降42.6%。其中，住宅销售额9.75亿元，下降35.4%。年末商品房待售面积3.88万平方米，下降26.3%。

五、国内贸易

全年社会消费品零售总额61.02亿元，比上年下降14.0%。分经营地看，城镇消费品零售总额47.07亿元，下降13.7%；乡村消费品零售总额13.96亿元，下降15.0%。

限额以上法人单位商品零售额12.35亿元，比上年下降53.4%。分商品类别看，粮油、食品类增长7.3%，烟酒类下降16.7%，服装、鞋帽、针纺织品类下降81.1%，家具类下降72.9%，石油及制品类下降26.1%，建筑及装潢材料类增长44.7%。

六、对外经济

全年进出口总额106.85亿元，比上年增长26.3%。其中，出口106.27亿元，增长26.7%；进口0.58亿元，下降19.1%。实现破零企业16家，倍增企业30家。

全年实际利用外资金额979万美元，比上年增长18.8%。新引进2家500强企业。实际引进境内省外资金92.05亿元，增长24.1%。引进2亿元以上境内省外项目20个。

七、交通、邮电和旅游

全年公路货运量264.50万吨，增长0.5%；公路货物周转量1.98亿吨公里，增长1.5%；公路客运量390.20万人，增长0.3%；公路旅客周转量1.83亿人公里，增长2.2%。

年末全县公路通车里程0.23万公里。其中，高速公路通车里程15.6公里。年末民用汽车保有量5.90万辆，本年新注册汽车0.29万辆。

年末固定电话用户1.58万户，移动电话用户48.64万户，互联网宽带用户11.86万户。

全年全县国内旅游人数591.50万人次，国内旅游收入58.76亿元。全县共有旅游等级区（点）6家。江华瑶都水街·中国爱情小镇获得首批湖南省夜间消费聚集示范区。江华瑶都金竹被评为湖南省五星级乡村旅游区（点）。

八、财政和金融

全年一般公共预算收入17.5亿元，比上年增长6.2%，其中地方收入12.4亿元，增长7.5%。地方收入中，税收收入9.06亿元，增长4.6%；非税收入3.30亿元，增长16.1%，非税占比26.6%。上划中央“两税”2.90亿元，增长24.4%；上划中央所得税1.10亿元，下降37.1%。一般公共预算支出44.81亿元，增长5.6%。其中，教育支出8.88亿元，增长15.7%；社会保障和就业支出5.99亿元，增长8.0%；城乡社区支出6.20亿元，增长71.28%；科学技术支出1.09亿元，增长0.8%；住房保障支出1.29亿元，增长2.4%。

年末全县金融机构本外币各项存款余额254.58亿元，比上年末增长8.7%。其中，住户存款余额190.58亿元，增长11.9%；非金融企业存款余额40.64亿元，增长0.3%。本外币各项贷款余额195.1亿元，增长4.6%。其中，住户贷款余额107.87亿元，下降3.0%；非金融企业及机关团体贷款余额87.23亿元，增长15.9%。

九、教育和科学技术

年末全县中等职业教育在校生0.64万人，普通高中在校生0.99万人，初中学校在校生2.56万人，普通小学在校生4.49万人，幼儿园在园幼儿1.40万人。各类民办学校6所，在校学生0.41万人。全年落实中职免学费资金1457万元，资助中职学生1.21万人次。发放普通高中国家助学金523万元、中职国家助学金237万元。

全年授权专利292件，其中发明专利31件。

十、文化、卫生和体育

年末全县有艺术表演团体14个，群众艺术馆、文化馆1个，公共图书馆1个，农家书屋312家，文物保护单位52处。其中，全国重点文物保护单位3处、省级11处、市级14处、县级24处。拥有国家级非物质文化遗产2项，省级非物质文化遗产6项，市级非物质文化遗产15项。

年末图书馆藏书量50.2万册，全年到馆125.58万人次，外借图书47.8万余册次（其中纸质书籍32.4万余册次，电子图书15.1万余册次），阅览106.2万余册次。全年共完成送图书下乡3500余册。

年末全县共有卫生机构430个。其中，医院11个，妇幼保健院（所、站）1个，诊所、卫生所、医务室46个，村卫生室346个。卫生技术人员4157人。其中，执业医师和执业助理医师1475人，注册护士2060人。医院拥有床位3473张，乡镇卫生院拥有床位810张。

年末全县体育场地2548个。经常参加体育锻炼人数17.4万人。开展全民健身项目16次。高质高效高标承办了第十届全省民族运动会，江华代表团在竞赛项目中斩获20金16银11铜，在表演项目中获得4个金奖，以团体总分527.48分的成绩圆满收官，奖牌榜和团体总分均居甲组第一，创历史最好成绩。全县共有体彩网点23家，2023年全年销售体育彩票2747万元。

十一、人口、人民生活和社会保障

年末全县总人口为53.41万人，总户数16.53万户，常住人口43.92万人，其中城镇人口16.94万人，农村人口26.98万人，城镇化率38.57%。全年出生人口数3518人，出生率6.36‰；死亡人口数3117人，死亡率5.64‰；人口自然增长率0.73‰。

全年全县居民人均可支配收入22474元，增长5.2%。按常住地分，城镇居民人均可支配收入33546元，增长3.8%；农村居民人均可支配收入15703元，增长5.8%。农村居民收入比城镇快2.0个百分点，城乡居民收入比由上年度的2.18调整为2.14，城乡居民收入差距进一步缩小。全年全县居民人均生活消费支出15351元，比上年增长4.6%。按常住地分，城镇居民人均生活消费支出22123元，增长3.3%；农村居民人均生活消费支出11210元，增长5.2%。

全年新增城镇就业人员4589人。年末城乡居民基本养老保险登记参保人数32.98万人。参加城镇基本养老保险职工人数5.19万人；参加工伤保险职工人数4.06万人；参加失业保险职工人数2.04万人，领取失业保险金职工人数0.02万人。

全年获得政府最低生活保障的城镇居民人数1.75万人，发放城镇居民最低生活保障金682.88万元。获得政府最低生活保障的农村居民人数16.23万人，发放农村最低生活保障金4366.42万元。全县提供住宿民政机构床位1644张，收养各类人员713人。全年销售社会福利彩票1.29亿元，筹集福彩公益金922万元。

十二、资源、环境和安全生产

全年全县耕地面积3.03万公顷，基本农田2.59万公顷，批准建设用地32.2公顷，补充耕地21公顷。已发现矿种43种，已探明资源储量的矿种26种。

全县城市污水处理率97.3%，城市生活垃圾无害化处理率达100%。全县达到或优于III类标准的水质断面比重为100%。全年完成造林面积0.12万公顷，年末林地面积24.29万公顷；全县活立木蓄积2154万立方米；全县森林覆盖率65.73%。

全县全年发生各类生产经营性安全事故2起，生产经营性安全事故死亡人数2人。亿元地区生产总值事故死亡人数0.012人。全年发生道路交通事故5503起，道路交通死亡率1.5人/万辆。

宁远县

宁远县位于湖南省永州市南部，辖16个乡镇（其中少数民族乡4个）、4个街道办事处，4个国有林场，土地总面积2510平方公里，总人口86万。

宁远历史文化悠久。自秦汉设郡置县，至今已有2200多年历史，宋乾德三年（公元965年）定名宁远，寓武定功成，远方安宁之意。《史记》载："舜南巡狩，崩于苍梧之野，葬于江南九嶷"。夏朝时为纪念舜帝而建的舜帝陵，成为"中华第一古陵"，历代君王致祭不断，近年来修葺一新后更成为海内外华夏子孙祭祖朝拜的圣地。宁远仰九嶷山水之灵气，承舜德文化之教化，自古人才辈出，历史上曾孕育出唐代湖广第一状元李郃和宋代特科状元乐雷发，84名进士，居湖广各县之首。国家级重点文物保护单位宁远文庙是全国第二大孔庙。2005年、2009年、2012年、2015年、2018年和2022年先后六次举行湖南省公祭舜帝大典。

宁远自然风光秀美。境内的九嶷山是国家森林公园、湖南省六大风景名胜区和十大旅游区之一，秀丽的九嶷山水和舜葬九嶷，吸引了大批政治家、史学家和文学家登临九嶷，寻宗访古，屈原、司马迁、李白、杜甫、朱熹、徐霞客等历代文人骚客都曾亲临九嶷，留下了大量歌咏九嶷山和赞颂舜帝的瑰丽篇章。一代伟人毛泽东一曲脍炙人口的"九嶷山上白云飞"，更使九嶷山蜚声中外，催人神往。

宁远区位优势明显。永（永州）连（广东连州）二级公路纵贯全境，与高速公路或铁路联结，县城距长沙、广州均在400公里以内，可"朝发午至"；距永州机场100公里，距湘南"门户"郴州120公里，距国际旅游名城广西桂林180公里，车程均在2小时以内。随着衡枣高速、洛湛铁路、厦蓉高速、二广高速的通车，宁远作为区域"交通中心"的优势将更加突出。随着湖南省公祭舜帝陵大典的举行及九嶷山旅游开发的整体推进，宁远作为辐射海内外的"旅游观光、祭祖朝圣中心"的优势将更加凸显；作为周边地区"商贸物流中心"和"沿海产业转移承接地"的优势将更加鲜明。一系列千载难逢的发展机遇，将使宁远的前景更加美好。

宁远县2023年国民经济和社会发展统计公报

2023年，是全面贯彻落实党的二十大精神的开局之年，也是宁远发展史上极具挑战、极为不易的一年。我们坚持以习近平新时代中国特色社会主义思想为指导，在县委的坚强领导下，全面落实"三高四新"美好蓝图，集中精力打好"发展六仗"，主动融入"一核两轴三圈"区域经济格局。面对内外交织的多重考验，我们承压奋进抓发展，稳住了经济大盘。

一、综合

经初步核算，2023年，全县实现地区生产总值2616611万元，同比增长-0.5%。其中，第一产业增加值399560万元，同比增长3.9%；第二产业增加值818732万元，同比增长-6.6%；第三产业增加值1398319万元，同比增长1.9%。

全县三次产业结构由上年的14.9:33.2:51.9调整为15.3 : 31.3 : 53.4，一产业所占比重上升0.4个百分点，二产业所占比重下降1.9个百分点，三产业所占比重上升1.5个百分点。

二、农业

农业生产发展良好。全县完成农林牧渔业总产值832891万元，同比增长4.2%。全年粮食播种面积72.68万亩，粮食总产量达到31.57万吨，同比增长0.8%。经济作物中，烤烟种植面积8.79万亩，收购烟叶21.43万担。

林业保持稳定。全县森林覆盖率为53.77%。人工造林面积达到3300公顷。木材采伐量10.68万立方米。

畜牧业有起有落。生猪出栏94.28万头，同比增长2.1%；生猪存栏58.97万头，同比下降6.53%。水产品产量2.61万吨，同比增长3.91%。

三、工业和建筑业

工业经济收量提质。2023年，全县规模以上工业企业103家，本年新增规模工业企业13家。全年规模以上工业增加值同比增长-10.8%。完成规模工业总产值1444668万元，同比增长-15.7%。

工业企业效益下滑。全年规模以上工业企业主营业务收入1434603万元，同比增长-13.5%；规模以上工业企业产品销售率达到99.3%。

建筑业持续增长。全县实现建筑业增加值222080万元，同比增长-1.9%。全县具有资质的建筑业企业达21家，分别实现总产值、利润 610217万元和29369万元，同比分别增长9.7%和10.7%。房屋建筑施工面积657.5万平方米，同比增长5.7%，其中新开工面积569.2万平方米，同比增长7.2%

四、固定资产投资

投资有升有降。2023年，全县固定资产投资同比增长-7.0%。其中，国有投资同比增长-39.4%，非国有投资同比增长2.7%，民间投资同比增长5.1%。从产业来看，第一产业投资同比增长79.7%；第二产业投资同比增长4.2%；第三产业投资同比增长-27.4%。产业投资占全部投资的比重达到77.9%。

投资结构不断调整。工业投资同比增长4.2%，工业技改投资同比增长-73.5%，高新技术产业投资同比增长56.2%。

房地产市场略有降温。商品房销售面积54.3万平方米，同比下降4.5%；销售金额达到29.06亿元，同比下降8.5%。2023年全县商品房住宅销售均价为4901元/平方米，同比下降4.2%。

五、国内贸易

消费市场稍许回温。2023年，全县完成社会消费品零售总额944795万元，同比增长0.5%。分地域看，城镇消费品零售额726925万元，同比增长0.5%；乡镇消费品零售额217870万元，同比增长0.7%。分行业看，批发和零售业零售额848223万元；住宿和餐饮业零售额96572万元。年末限额以上批发零售贸易企业56家；限额以上住宿餐饮业企业26家。

六、招商引资和旅游

招商引资形势向好。全年实际到位外资672万美元；内联引资97.9亿元，同比增长24%；完成外贸进出口额64.8亿元，同比增长40.6%。

旅游业蓬勃发展。全年共接待游客738.94万人次，同比增长率为73.3%；全县旅游总收入为73.31亿元，同比增长率为55.7%。

七、交通运输和邮电

交通建设日益完善。2023年，全县管养线路总里程共2805.408公里，其中按行政等级分，国道63.302公里，省道241.953公里，县道344.356公里，乡道713.35公里，专用公路1.878公里，村道1440.569公里；按技术等级分，二级公路210.21公里，三级公路68.165公里，四级公路2219.788公里，等外公路 307.245 公里；按路面类型分，沥青砼 211.58 公里，水泥砼 2148.957 公里，未铺装路面 439.958 公里，简易铺装路面 4.913 公里。

通信服务优化升级。全年电信业务总量 1.2 亿元，移动业务总量 1.79 亿元，联通业务总量 0.6 亿元。年末移动电话用户共 46.34 万户，其中移动 22.34 万户，联通 10 万户，电信 14 万户。

八、财政、金融

财政运行平稳有序。2023 年我县全年完成财政总收入 235036 万元，同比增长 0.16%，其中县本级收入 171955 万元，同比增长 0.31%；上划省级收入 12795 万元，同比增长 0.2%；上划中央收入 50286 万元，同比下降 0.33%。全年一般公共预算支出 619919 万元，同比增长 1.59%。其中，教育支出 151937 万元，同比增长 3.67%，社会保障和就业支出 78134 万元，同比增长 6.76%，卫生健康支出 53552 万元，同比减少 40.32%，科学技术支出 10078 万元，同比减少 61.29%，住房保障支出 19979 万元，同比增长 22.68%。

金融运行稳健有力。2023 年末全县金融机构各项存款余额 3501608 万元，较年初净增 495275 万元，同比增长 16.47%。其中个人储蓄存款余额为 2996778 万元，较年初净增 355607 万元，同比增长 13.46%。全县金融机构各项贷款余额为 2522821 万元，较年初净增 328162 万元，同比增长 14.95%。

九、教育与卫生

教育事业稳步推进。2023 年全县共有公办中小学校 90 所，其中：高中 3 所（含完全中学 2 所），初中 25 所，小学 60 所，特殊学校 1 所，公办职高学校 1 所，其中九年一贯制学校 7 所。另有教学点 86 个、民办职高 3 所。在校学生 122815 人，其中：高中学生 19373 人，初中学生 34808 人，小学学生 59888 人，特殊学校学生 738 人，公办职高学生 6879 人，民办职高学生 1129 人。全县教师总数 8827 人（含民办学校教师），其中：高中教师 1375 人，初中教师 2473 人，小学教师 3152 人，特校教师 37 人，幼儿园教师 1188 人，公办职高教师 352 人，民办职高教师 218 人，教师进修学校教师 32 人。全县共有公办幼儿园 43 所，学生 11446 人；民办幼儿园 95 所，学生 7014 人。

卫生条件持续改善。2023 年末全县实有卫生机构 698 个，其中综合医院 4 个，专科医院 13 个，街道社区服务中心 2 所，乡镇卫生院 16 所，卫生院分院 9 个，村卫生室 536 个，校医务室 7 个，门诊部 13 个、诊所 57 个，医疗服务站 0 个，医疗服务点 38 个，妇幼保健院 1 个、疾病控制中心 1 个、卫生监督所 1 个。卫生技术人员 4663 人，卫生机构床位数 4516 张。

十、环境保护和安全生产

节能减排成效显著。2023 年，我县挥发性有机物、氮氧化物、化学需氧量、氨氮任务数等四项指标减排量分别为 3.33 吨、0 吨、325.78 吨、0 吨。

安全生产形势总体稳定。全县发生各类生产经营性安全事故 5 起、死亡 5 人。

十一、人口、人民生活和社会保障

人口规模增速放缓。2023 年末，全县常住人口 64.78 万人，其中男性 34.19 万人，女性 30.59 万人，男女性别比为 112 ： 100。常住人口中的城镇人口为 32.61 万人，城镇化率为 50.34%。全年出生人口数 4809 人，2022 年漏报人数为 95 人，新生儿男女性别比为 121.43 ： 100；死亡人口数 5466 人，人口自然增长率为 –0.79‰

居民收入平稳提高。全县城乡居民人均可支配收入为 27199 元，同比增长 4.9%。其中，城镇居民人均可支配收入为 36183 元，同比增长 3.7%；农村居民人均可支配收入达到 21356 元，同比增长 5.4%。

社会保障事业不断健全。2023 年末，全县参加社会养老保险的总人数达到 55.71 万人。其中：机关事业单位参加基本养老保险人数为 2.36 万人；企业单位参加基本养老保险人数为 3.74 万人；城乡居民基本养老保险参保总人数为 49.61 万人。2023 年农村最低生活保障户数 16630 户，人数达 28679 人；城镇最低生活保障户数 3885 户，人数达 7307 人；五保户人数 5934 人；国家抚恤、补助各类优抚对象人数 7953 人。

医疗保障体系日趋完善。2023 年，全县参加医疗保险人数 702056 人，其中城乡居民 669147 人，职工 32909 人。

就业形势保持稳定。2023 年，新增农村劳动力转移就业 5129 人，城镇新增就业 6069 人，安排就业培训 2889 人，其中：城镇企业职工培训 344 人，农村劳动力培训 2516 人，失业人员培训 29 人，其他培训 0 人。

新田县

新田县位于湖南省南部、永州市东部，辖 10 个镇、1 个民族乡、2 个街道，230 个行政村（社区），总面积 1022.4 平方公里，总人口 44.3 万。上世纪 60 年代末，新田人民艰苦奋斗、自力更生的壮举，赢得了一代伟人“南有新田”的高度赞誉。

开放新田，投资热地。围绕“三高四新”战略，突出新材料新能源主导产业、硒锶资源及传统产业，主动承接沿海产业转移，积极融入粤港澳大湾区，以开放增强发展活力。“放管服”改革多次获得省市表彰，发展环境持续优化，助推新田成为创新创业投资“热地”。交通瓶颈破解有力，全县现有高速连接线 2 条、国省道 5 条，通过二广高速、许广高速融入长沙、广州、桂林 4 小时经济圈。桂新高速、永清怀高铁启动实施后，新田打造内陆地区开放新高地即将开创新局面。

硒锶新田，特产基地。地处亚热带季风气候区，年平均气温 18℃，年平均降水量 1425 毫米，是湖南省“四大温室县”之一。优良的气候孕育了优质的农特产品，陶岭三味辣椒、新田大豆被认定为国家地理标志保护产品，新田被定为全国 43 个烤烟基地县之一。境内 998 平方公里土壤含防癌抗衰老的微量元素硒，有助于延年益寿的富锶矿泉水面积达 176.7 平方公里，是中国天然富硒农产品之乡、国家出口食品农产品质量安全示范县，被誉为“硒锶之乡”。境内常住人口中 90 岁以上老人有 976 人，百岁以上长寿老人有 37 人，占总人口比例为 10.8/10 万。

美丽新田，旅游胜地。新田古色、红色、绿色旅游资源丰富，是最具潜力的旅游目的地。新田于崇祯十二年（1639 年）建县，但境内出土的商周时期的陶片、东汉的陶罐等文物，证实了这片土地的悠久历史。以国保单位龙家大院为代表，古村落、古建筑在全县星罗棋布。大观古堡、南国武当山流传着“建文帝踪迹新田”的故事，“锦衣总宪”古牌匾见证着一门六代“锦衣世家”的传奇。新田是革命老区县，是“黄埔三杰”之首蒋先云的家乡，是红军长征先遣队红六军团攻克的第一个县城，境内有小源会议旧址等 17 处革命遗址。福音山国家森林公园物种丰富、景色迷人，千年银杏王被选为“湖南最美古树”。

生态新田，宜居福地。立足国家主体生态功能区的定位，积极创建国家生态文明建设示范县。目前森林覆盖率达 56%，空气质量优良率稳居 95% 以上，水质持续达标率达 100%。大力弘扬“南有新田，奋勇争先”的新田精神，围绕创建国家文明县城提升形象品位，打造更加宜居的幸福家园。成功创建国家卫生县城、国家森林城市、国家信访工作“三无”县、湖南省平安县、湖南省园林县、湖南省教育强县、湖南省双拥模范县。

新田县2023年国民经济和社会发展统计公报

2023年，在县委、县政府的坚强领导下，紧紧围绕县委、县政府的总体部署和工作目标任务，坚持稳中求进、以进促稳的工作思路，按照“拼经济、开门红、翻身仗”的工作要求，全面落实“三高四新”战略定位和使命任务，加快建设“一核两轴三圈”大格局，深入实施稳经济一揽子政策和接续政策措施，全力稳住了经济大盘，经济发展承压前行、持续恢复、回稳向好，社会大局和谐稳定。

一、综合

国民经济稳步增长。经初步核算，2023年全县地区生产总值达988597万元，同比增长7.3%。其中，第一产业增加值261918万元，同比增长4.4%；第二产业增加值152619万元，同比增长12.2%；第三产业增加值574060万元，同比增长7.5%。人均地区生产总值29449元，同比增长8.8%。

产业结构调整。三次产业结构比调整为26.5 ：15.4 ：58.1。第一、二、三产业对经济增长贡献率分别为17.4%、23.1%和59.5%，一、二、三产业分别拉动GDP增长1.27、1.69和4.34个百分点。

二、农业

农业生产稳步发展。2023年全县完成农林牧渔业总产值514769万元，同比增长4.7%。其中，农业产值257508万元，同比增长5.8%；林业产值40728万元，同比增长8.5%；牧业产值174111万元，同比增长2.3%；渔业产值21426万元，同比增长2.8%；服务业产值20996万元，同比增长8.6%。全县粮食作物种植面积450107亩，同比增长0.01%；油料种植面积47808亩，同比增长34.4%；糖料种植面积2546亩，同比增长3.8%；蔬菜种植面积206734亩，同比增长2.6%。粮食总产量158650吨，同比增长2.2%；油料产量6709吨，同比增长32.1%；糖料产量10308吨，同比增长3.9%；园林水果产量23766吨，同比增长4.0%；蔬菜产量318252.00吨，同比增长3.1%。

养殖业发展平稳。2023年末全县存栏生猪38.56万头；出栏生猪59.68万头；出栏牛1.49万头；出栏羊7.53万只；出笼家禽905.61万羽；水产品总产量7666吨。

特色农业发展迅猛。2023年全县富硒农产品示范基地总面积达18.9万亩。烤烟产业稳步发展，2023年末全县共完成优质烟种植面积6.1万亩，烟叶税收5027万元，收购烟叶12.9万担，实现烟农收入2.52亿元。

农业产业化稳步推进。2023年全县共有农产品加工企业460家，比上年增加58家，农产品加工企业实现销售收入136.4亿元，利润11.06亿元，2023年新增农业产业化市级龙头企业5家，全县省级农业龙头企业达到8家，市级农业产业化企业达到24家。

农业综合生产能力持续提高。2023年全年开工各类水利工程122处，水利工程投入资金4052万元，水利工程完成土石方约105.8万立方米。2023年末全县拥有农业机械7.7万台，增长4.05%；其中农用耕作拖拉机580台，增长16%。运输拖拉机报废下降到587台，报废率82%。农业机械总动力46.1万千瓦，增长1.09%。机械化耕作程度达到89.6%，比上年提高0.4个百分点。

农村生活设施不断改善。农村饮水巩固累计达到8.16万人，自来水累计受益人口达85.16%。

耕地保有量达到省市要求。2023年全县年末耕地面积20580.25公顷，基本农田面积18045.10公顷，全年向省政府申报新增建设用地209.5722公顷，批准建设用地209.5722公顷，出让国有土地使用权41.5023公顷。

三、工业和建筑业

工业生产增长较快。2023年新增规模以上工业企业10家，全县年末规模工业企业达50家。规模以上工业总产值同比增长16.1%。规模以上工业增加值同比增长9.6%。全县规模以上工业企业产品销售率98.6%；营业收入313247万元，同比增长18.1%。

建筑业健康发展。全年实现建筑业增加值34406万元，全县资质以上建筑企业13家，完成建筑业总产值65369万元；竣工总产值30711万元。资质内房屋建筑施工面积43.91万平方米，其中新开工面积18.81万平方米。

四、固定资产投资

固定资产投资平稳增长。2023年完成固定资产投资同比增长18.6%。其中，产业投资增长73.4%，占全部投资的78.8%；工业投资增长117.3%，占全部投资的76.5%。

房地产业。房地产开发投资同比下降29.4%，占全部投资的12.9%。商品房销售面积同比下降50%。

五、贸易和旅游

城乡消费市场保持恢复态势。2023年实现社会消费品零售总额403193万元，同比增长2.6%。分行业看，批发业60631.8万元，增长1.9%；零售业317849.1万元，增长2.4%；住宿业6669.5万元，增长4.5%；餐饮业18042.6万元，增长7.8%。从经营规模看，限额以上消费品零售额109205.7万元，增长7.9%；限额以下消费品零售额293987.3万元，增长0.8%。

招商引资成效显著。全年实际到位内资45.23亿元，同比增长31.0%；利用外资197万美元。全县进出口总额达45.67亿元，同比增长45.36%。

旅游产业发展取得新突破。全年接待游客总人数413.18万人次，同比增长50.7%，实现旅游综合总收入41.06亿元，同比增长72.8%。

六、交通和邮电

交通运输事业稳步发展。2023年，全县交通运输、仓储和邮政业实现增加值34260万元，同比增长12.8%。全年货运周转量46328.2万吨公里，同比增长12.7%；客运周转量10420万人公里，同比增长3.6%。2023年，农村公路建设总投资5051.47万元。其中，新建、改建农村公路29.492公里，投资3336万元；危桥改造3座，投资180.87万元；安保工程15.2公里，投资427.1万元；农村公路水毁抢修3.5公里，投资435.5万元；安全隐患处治105处，投资125万元；农村公路养护总里程75.2公里，投资547万元。2023年末全县民用车辆保有量72276辆，增长1%。其中，汽车39202辆，增长1.0%；摩托车32626辆，农用车292辆，挂车156辆；本年新注册机动车2858辆，新注册小型汽车921辆。

邮电通信业发展升级。全县完成邮政业务总量3365万元，同比增长3.4%；电信业务总量7878万元，增长15.3%；联通业务总量2226万元，增长10.3%；移动业务总量7460万元，增长3.58%。年末固定电话用户9705万户，移动电话用户30.06万户（其中：移动12.02万户、联通4.24万户、电信13.8万户），宽带用户8.37万户（其中：移动3.4万户、联通0.47万户、电信4.5万户）。

七、财政、金融和保险

财政实力稳步提升。全县完成财政总收入90206万元，同比增长14.0%。其中，一般预算收入 69427 万元，增长 5.3%；税收收入 49993 万元，增长 2.6%；非税收入 19433 万元，增长 13.2%；上划中央收入 16703 万元，增长 35.9%；上划省级收入 4076 万元，增长 342.9%。全县财政支出 332742 万元，同比增长 0.3%。其中，一般公共服务支出 31964 万元，增长 9.7%；教育支出 72432 万元，增长 1.6%；科学技术支出 12781 万元，增长 4.6%；文化体育与传媒支出 3805 万元，减少 48.9%；社会保障和就业支出 57836 万元，增长 24.0%；医疗卫生支出 35483 万元，减少 20.2%；环境保护支出 3501 万元，下降 2.5%；城乡社区事务支出 6752 万元，减少 16.6%；农林水事务支出 55686 万元，增长 0.6%；住房保障支出 13643 万元，增长 66.9%。

金融业平稳增长。年末全县金融机构各项存款余额 1746166 万元，比年初增加 305105 万元，增长 21.2%。其中，个人储蓄存款 1426231 万元，比年初增加 191522 万元，增长 15.5%；单位存款 286729 万元，比年初增加 90805 万元，增长 46.4%。金融机构各项贷款余额 1332695 万元，比年初增加 181192 万元，增长 15.7%。其中，短期贷款余额 328721 万元，比年初增加 82202 万元，增长 33.3%；中长期贷款余额 917535 万元，增加 93807 万元，增长 11.4%。

保险业运行良好。全年实现保费收入 43693.99 万元，同比增长 7.1%。

八、教育和科技

教育事业持续发展。2023 年全县共有各级各类学校 191 所。其中，幼儿园 112 所，小学教学点 27 所，完全小学 21 所，九年一贯制学校 13 所，十二年一贯制学校 1 所，初级中学 12 所，高级中学 2 所，职业教育学校 1 所，成人教育学校 1 所，特殊教育学校 1 所。全县共有各级各类在校学生 76208 名。其中，在园幼儿 9842 名，小学 32447 名，初中 19092 名，普通高中 8706 名，中等职业教育学校 5944 名，特殊教育学生 177 名。全系统共有教师 5494 人。其中，特殊教育教师 19 人，公办幼儿园教师 623 人，小学公办教师 1594 人，初级中学公办教师 1105 人，公办九年一贯制学校教师 840 人，高级中学公办教师 625 人，职中、教师进修学校教师 303 人。全县小学入学率达到 100%，初中阶段入学率达到 100%。进一步推进农村义务教育经费保障新机制改革，免除学杂费 5.15 万人，免除金额 5258 万元，免费提供教科书金额 793 万元。资助义务教育阶段贫困学生 2.18 万人次，资助金额 726.82 万元。

科技水平不断提升。2023 年，全县科技经费支出 12775 万元，比上年增加 550 万元。全县共有高新技术企业 33 家，新增 5 家。有农村科技推广站 12 个，引进推广新优品种、新技术、新产品、新成果 158 项（个），比上年增加 7 个；申报省级以上重点科技项目 1 项；专利授权量 118 件，其中发明专利授权量 9 件，实用新型专利授权量 64 件，外观设计专利授权量 45 件，发明专利授权量比上年负增长 68.9%。

九、文化、卫生和体育

文化事业持续健康发展，群众文化生活丰富多彩。全县有全国重点文物保护单位 1 处，省级文物保护单位 16 处，市级文物保护单位 10 处，县级文物保护单位 102 处，馆藏文物 1000 余件；中国传统村落 7 个，中国历史文化名村 1 个，省级历史文化名村 10 个。全年大力开展送戏下乡、送电影下乡、送图书下乡等进村入户工程，今年以来，开展送戏下乡 189 场次、送图书下乡 52 场次、送电影下乡 2352 场、下基层流动文化服务 52 次，各社会文艺团队开展活动 385 次。积极组织开展了“四季春晚”、“舞出精彩人生 共建文明新田”新田县第六届广场舞大赛、“乡村春晚”“世界读书日”“新田县少儿舞蹈大赛选拔赛”“文化和自然遗产日”活动、“篮球争霸赛”“中国旅游日”等大型文化惠民亮点活动，原创编排音乐类作品《辣椒姑娘》获 2023 年“欢乐潇湘”全省群众文艺会演金奖、“湘南三地县区足球比赛”线上观看人数达 100 万人次，不仅丰富了群众的文化生活，而且也大力展现了生活在新时代的人民群众美好的幸福生活，总计参与人次达 87.39 万。开设了钢琴、舞蹈、声乐、旗袍、形体等免费培训班，开放周还邀请了名人开展作曲作词讲座、非遗展览等活动，组织各级文化专干参加线上线下培训 1200 人次，发布志愿服务信息 101 条，充分满足了基层群众的文化需求。同时，积极组织文艺工作者深入群众，扎根基层，创作出了一批国家强、城市美、农民富等反映现实题材的群众文艺作品，将更多展示新时代国家富强、人民幸福的优秀作品送到群众中。如文化馆开展了湘南瑶乡盘王节暨坐歌堂活动；编写了 24 首法治瑶歌且参加了湖南省“湘遇非遗，法治同行”比赛活动；创作了快板《二十大精神耀城乡》、小品《赛萌》等一大批质量上乘、群众喜闻乐见的优秀节目，既丰富了群众精神文化生活又展现了新时代、新风貌、新特色的民族气节。

医疗卫生条件不断改善。2023 年末全县卫生机构 459 个。其中，县级医院 2 个，乡镇卫生院 11 个，街道卫生服务中心 2 个，妇幼保健院 1 个，卫计综合执法局 1 个，疾控中心 1 个，私立医院 7 个，诊所 39 个，社区卫生服务站 7 个，村卫生室 388 个。医院和卫生院拥有床位总数 2750 张。全县卫生技术人员 2518 人，增长 14.3%；其中执业医师 624 人、执业助理医师 286 人、注册护士 1228 人。全县城乡居民基本医疗保险覆盖人口数达 351022 人；城乡居民县内补偿率为 68.1%。

体育事业蓬勃发展。2023 年主办、协办、承办体育活动 11 场。全年参加各种赛事运动人员 8000 余人，全年积极组织队伍参加省市相关赛事活动，获得湖南省 2023 年太极拳公开赛集体项目一等奖，个人项目获 16 枚金牌、10 枚银牌、2 枚铜牌；获得湖南省第三届社区趣味运动会永州市选拔赛团体总分第一名；获得湖南省第四届社区趣味运动会永州市选拔赛团体总分第二名；参加的永州市 2023 年气排球赛暨江永县气排球邀请赛，取得 8 强的历史最佳成绩。

十、人口、人民生活和社会保障

人口和计划生育工作取得新进展。全县年末总人口 44.3 万人（公安局提供），常住人口 33.23 万人，其中城镇常住人口 17.13 万人，乡村常住人口 16.1 万人，城镇化率 51.55%。人口出生率 5.81‰，死亡率 9.44‰，自然增长率 –3.6‰（卫生健康局数）。

城乡生活持续向好。全县居民人均可支配收入 21292 元，同比增长 6.1%。其中，城镇居民人均可支配收入 33530 元，同比增长 4.9%；农村居民人均可支配收入 13874 元，同比增长 6.3%。全县居民人均住房面积 69.1 平方米，文教娱乐服务消费支出占消费总支出比重为 10.5%。

社会保障不断完善。就业工作力度加大，全县新增城镇就业人员 4420 人，下岗失业人员再就业 2135 人，年末城镇登记失业率达 1.49%。社会保险稳步推进，年末全县参加城乡居民医疗保险人数 35.1 万人，全县参加城乡居民基本养老保险人数 23.08 万人。全县参加失业保险人数为 1.48 万人，领取失业保险金的职工人数为 609 人，参加工伤保险人数 3.1667 万人。城乡低保扩面提标，全县城镇低保保障对象 2948 人，最低保障标准为 650 元 / 月 · 人。农村低保保障对象 10119 人，最低保障标准 417 元 / 月 / 人；全县城镇特困供养对象 51 人。农村特困供养对象共 1999 人，其中：分散供养 1799 人，年标准 6505.2 元 / 人；全县拥有敬老院 5 所，敬老院集体供养人数 233 人，年标准 10140 元 / 人。

为民办实事项目全面达标。2023 年，我县区打好重点民生保障仗所有指标全部完成，其中 10 项超额完成任务，所有指标均验收达标；具体包括：“湘易办”服务事项、“一网通办”事项、“湘易办”可应用的电子证照种类、“湘易办”用户数、提高困难群体救助标准（6个指标）达到省市标准、困难残疾人家庭无障碍改造100户、推行异地就医结算与基层医保代办服务全覆盖（4个指标）、林区道路改（扩）建8.5公里、农村新增基站52个、农村新增千兆光纤端口3128个、新增城区公共停车位810个，完成率270%、基本医疗保险参保率达到95%以上、新增ICU床位34张和新增可转换ICU床位66张、空气质量优良率力争达到90%、国考断面水质优良率三类以上比例达到100%；开工改造城镇老旧小区15个，完成率107%、城镇新增就业4383人，完成率109.6%、开展补贴性职业技能培训2088人，完成率139%、困难老年人居家适老化改造120户，完成率167%、农村适龄和城镇低保妇女“两癌”免费检查5340人，完成率100.75%、康复救助残疾儿童135人，完成率180%、新增城区公办幼儿园学位360个、农村公路提质改造29.5公里，完成率113%、建设农村公路安防设施15.201公里，完成率127%、普通国省道安防精细化提升12.036公里，完成率185.17%、农村小水源恢复新增蓄水能力8万立方米、小型水库除险加固新增蓄水能力12万立方米、推进急危重症救治网络体系建设和新增急救站3个、居民住宅小区“一户一表”改造110户、农村地区10千伏及以下电网供电能力提升投资额1600万元、糖尿病标准化防控中心和标准化门诊建设13个、启动建设县域普通高中“徐特立”项目1个。

十一、资源、环境和安全生产

生态环境进一步改善。2023年全县造林面积6000公顷，全年完成造林验收合格面积6000公顷。全县森林覆盖率稳定在46.4%。2023年全县水资源总量9.38亿立方米，年末大中型水库蓄水总量3348.57万立方米。总体水质状况良好，全县满足III类标准的断面比例达100%。

环境保护成效显著。2023年全县经整合优化后的自然保护地总面积9215.38公顷，其中湖南福音山国家级森林公园8348.27公顷，湖南新田大观堡国家级石漠公园385.91公顷，湖南新田县新田河省级湿地公园471.20公顷。2023年度新田县化学需氧排放量1.27吨（工业源）；工业二氧化硫排放量44.67吨；工业废水排放达标率100%，工业废气排放达标率100%，工业固体废物综合利用率81.88%；建设项目环保“三同时”执行合格率100%。

安全生产形势较平稳。2023年全年发生各类生产经营性安全事故5起，死亡5人（均为道路交通事故）。全年无发生较大及以上各类生产经营性安全事故，未发生较大及以上道路交通事故。

蓝 山 县

蓝山县，隶属湖南省永州市，位于湖南省南部边陲，南岭山脉中段北侧，地处九嶷山东麓，地势由西南向东北倾斜，境内山、丘、岗、平区相互交错，以山地为主，东与临武县接壤，南与江华瑶族自治县、广东省连州市毗邻，西与宁远县交界，北接嘉禾县，总面积1806平方公里。

2023年，蓝山县总户籍人口为41.20万人，共10.96万户，其中男性人口为21.89万人，女性人口为19.31万人。出生人口2471人，死亡人口2917人，全县人口出生率为5.77‰，死亡率为6.81‰，自然增长率为1.04‰。全县已婚育龄妇女人数为64078人，年末常住总人口为32.21万人，其中城镇人口为17.56万人，农村人口为14.65万人，城镇化率为54.52%。

截至2023年6月，蓝山县辖8个镇，6个民族乡：塔峰镇、毛俊镇、楠市镇、所城镇、新圩镇、祠堂圩镇、土市镇、太平圩镇、汇源瑶族乡、犁头瑶族乡、浆洞瑶族乡、湘江源瑶族乡、大桥瑶族乡、荆竹瑶族乡，另辖：荆竹林场、浆洞林场、南岭林场、原种场、黄毛岭茶场。蓝山县人民政府驻塔峰镇城东路181号。

汉高祖五年(前202年)，建县，名南平。唐天宝元年（742年），以境内“山岭重叠，荟蔚苍萃，浮空如蓝”而更名为蓝山。蓝山县是中国民族团结进步模范单位、湖南省人口计生工作先进县、湖南省农产品质量安全县、湖南省县域经济发展先进县十强。湖南国土资源省直管县经济体制改革试点县、国家卫生县城。

蓝山县2023年国民经济和社会发展统计公报

2023年，全县各级各部门在县委、县政府的正确领导下，认真贯彻落实党中央、国务院及省、市委、市政府决策部署，坚持稳中求进工作总基调，全面落实“三高四新”战略定位和使命任务，全力打好“发展六仗”，加快构建新发展格局，突出做好稳增长、稳就业、稳物价等工作，着力推动高质量发展，全县市场需求逐步恢复，生产供给持续增加，居民收入平稳增长，经济运行整体回升向好。

一、综合

经初步核算，2023年全县地区生产总值达到156.65亿元，同比增长6.7%。其中，第一产业增加值22.42亿元，同比增长3.7%；第二产业增加值70.07亿元，同比增长7.2%；第三产业增加值64.15亿元，同比增长7.3%。按常住人口计算，人均地区生产总值为48438元，同比增长7.7%。

三次产业结构比为14.31 ∶ 44.73 ∶ 40.95，与上年相比，第一产业占比下降0.56个百分点，第二产业占比上升0.11个百分点，第三产业占比上升0.45个百分点。第一、二、三次产业对经济增长的贡献率分别为8.6%、47.3%和44.1%，分别拉动GDP增长0.58、3.17和2.96个百分点。全年工业增加值为58.34亿元，占地区生产总值的比重为37.2%，对经济增长的贡献率为36.3%，拉动GDP增长2.43个百分点。

二、农业

2023年，全县实现农林牧渔业总产值（现价）45.35亿元，同比增长4.1%，实现农林牧渔业增加值24.39亿元，同比增长4.0%。全年粮食种植面积34.54万亩，同比增长0.01%，实现产量13.77万吨，同比增长1.9%；油料种植面积12.60万亩，同比增长5.5%，实现产量1.8万吨，同比增长6.0%；蔬菜种植面积15.58万亩，同比增长1.8%，实现产量32.30万吨，同比增长3.0%；茶叶种植面积3.36万亩，实现产量387吨，同比增长4.6%；水果种植面积7.47万亩，实现产量7.28万吨，同比增长4.3%。生猪出栏68.97万头，同比增长2.1%，猪肉产量5.06万吨；牛出栏1.93万头，同比增长11.6%，牛肉产量0.23万吨；羊出栏5.06万头，同比下降10.1%，羊肉产量0.09万吨；家禽出笼351.75万羽，同比增长5.4%，家禽产量0.52万吨。

全年农林水事务财政支出40131万元，同比下降35.45%。年末农业机械总动力37.50万千瓦，同比增长0.3%，全县主要农作物机耕面积达到36.54万亩。

三、工业和建筑业

2023年全县规模以上工业企业97家，本年新增规模以上工业企业8家。全部工业增加值完成58.34亿元，同比增长6.6%，其中规模工业增加值同比增长6.8%。分门类看，采矿业增加值1.97亿元，同比增长34.3%；制造业增加值50.40亿元，同比增长5.7%；电力、热力、燃气及水生产和供应业增加值5.97亿元，同比增长3.9%。规模以上工业企业总产值198.99亿元，同比增长10.1%；2023年全县工业用电量46893.40万千瓦时，同比下降25.8%，占全社会用电量的比重为56.2%；全年规模工业综合能源消费量为1.26万吨标准煤，同比下降0.7%。

全年规模工业企业营业收入190.60亿元，同比增长8.6%；盈亏相抵后实现利润4.34亿元。

全年实现建筑业增加值11.73亿元，同比增长10.3%，占地区生产总值的比重为7.5%。具有资质等级的总承包和专业承包建筑企业房屋建筑施工面积136.66万平方米，同比下降2.1%，其中新开工面积90.07万平方米，同比增长4.3%。房屋建筑竣工面积78.25万平方米。

四、固定资产投资

全年固定资产投资完成72.14亿元，同比下降1.45%。在固定资产投资中，国有投资同比增长19.6%，占全部投资的比重为49.0%，非国有投资同比下降15.7%，占全部投资的比重为51.0%。在全部投资中，第一产业投资同比下降83.6%；第二产业投资同比下降5.9%；第三产业投资同比增长12.3%。

全年产业投资同比下降2.7%，工业投资同比下降5.9%，工业技改投资同比下降49.5 %，制造业投资同比下降51.3%，高新技术投资同比下降6.9%。

全年房地产业实现增加值7.96亿元，同比增长3.4%。房地产业完成投资14.31亿元。商品房销售面积23.79万平方米，销售额达到10.82亿元。

五、国内贸易

全年社会消费品零售总额52亿元，同比下降2.5%。分行业看，全县批发业销售额完成21.31亿元，同比增长23.6%；零售业销售额完成42.54亿元，同比增长0.9%；住宿业营业额完成4.32亿元，同比增长10.2%；餐饮业营业额完成6.08亿元，同比增长11.1%。

六、对外经济贸易

2023年全县进出口总额21.20亿元，同比下降41.4%。招商引资成效明显，全县实际利用外商直接投资379万美元，同比下降11.7%，实际到位内资66.66亿元，同比增长26.4%。

全年共接待国内外旅游总人数650万人次，实现旅游总收入39亿元，比上年增长37.2%。

七、交通和邮电

2023年全县完成交通运输、仓储和邮政业增加值11.40亿元，同比增长13%。全县民用汽车保有量稳步增加，全县民用车辆达6.45万辆。邮电通信业稳步发展，年末固定电话用户1.79万户，移动电话用户27.69万户，年末互联网宽带用户9.45万户。

八、财政、金融与保险

2023年全县财政总收入达到134275万元，同比增长4.8 %。其中地方财政收入109489万元，同比增长3.0%。在全县财政总收入中，税务完成104121万元，同比增长5.6 %；财政完成30154万元，同比增长2.1%。全年财政总支出为368874万元，同比下降6.7%。其中一般预算支出345789万元，同比下降2.4%；科学技术经费支出20088万元，同比增长25.3%。

2023年末全县金融机构本外币各项存款余额达170.48亿元，同比增长17%，其中城乡居民储蓄存款余额达150.60亿元，同比增长14.9%。年末全县金融机构各项贷款余额116.83亿元，同比增长20.7%。全县保险保费收入3.42亿元，同比增长5.2%。

九、教育、文化、卫生、广播和体育

2023年全县各级各类学校共有127所，其中幼儿园82所，小学13所，初中5所，九年一贯制学校22所，高中2所，中等职业学校1所，特殊教育学校1所，教师进修学校1所。2023年全县全年招生14916人，其中：小学4499人，初中5804人，高中2356人，中等职业教育2246人，特殊教育11人。全年在校学生60321人，其中：小学29001人，初中18010人，高中6800人，中等职业教育6346人，特殊教育164人。全年毕业学生14995人，其中：小学5680人，初中5710人，高中1815人，中等职业教育1790人，特殊教育0人。全年增加公办幼儿园学位270个，幼儿园在园幼儿9681人。全县教师总数4811人（含民办学校教师），其中：小学教师1805人，初中教师1399人，高中教师457人，职高教师287人，特校教师24人，幼儿园教师839人。

全年拥有乡镇文化站14个，文化馆1所，村级文化站223个，文物管理所1所，图书馆1所。全县文物藏品335件，其中一级1件，二级17件，三级52件，一般文物265件，图书馆藏书达49万册。

2023年末全县共有各类医疗卫生机构398个（含基层医疗卫生机构、卫生室），其中医院9个，建制乡镇卫生院15个，疾病预防控制中心1个，妇幼保健院1个，卫生监督所各1所，拥有床位总数2541张，比上年增加144张。全县卫生技术人员2323人。

全县拥有电视台1座，差转台1座。电视人口覆盖率89%，电视用户11809户。

2023年全县公共体育设施面积为851698平方米，同比增长20.4%。人均体育设施面积达到2.6平方米，同比增长20.4%。2023年，参加湖南省青少年锦标赛我县运动员荣获金牌2枚、银牌1枚、铜牌1枚；参加永州市青少年锦标赛荣获金牌16枚、银牌4枚、铜牌7枚。全县经常参加体育锻炼人数30万人，开展全民健身项目16次。新增体育单项协会1个。

十、资源、环境与应急管理

全县面积179785.74公顷，年末耕地面积17569.24公顷，其中：水田14134.39公顷，旱地3434.85公顷。年末森林面积141410.57公顷，绿地面积1748.5公顷。

2023年，国控地表水监测断面设车头桥、岭脚村共2个监测点位。本月岭脚村、车头桥水质类别都为Ⅱ类，水质达标率100%，水质优。省控地表水监测断面设紫良乡野狗岭（湘江源头）、汇源源峰村（新田湾河）、所城、候背电站4个监测点位，每个点位监测25个水质项目，所测项目均达到《地表水环境质量标准》（GB3838—2002）相关要求，汇源源峰村（新田湾河）、紫良乡野狗岭（湘江源头）、候背电站、所城水质类别都为Ⅱ类，水质达标率100%，水质优。饮用水水源地设舜水河取水口（岭脚村段）、新田湾河取水口（汇源源峰村段）2个监测点位，每个点位监测25个水质项目，所测项目均达到《地表水环境质量标准》（GB3838—2002）相关要求，新田湾河取水口（汇源源峰村段）、舜水河取水口（岭脚村段）水质类别都为Ⅱ类，水质达标率100%，水质优。2023年，我县空气质量综合指数为2.64，空气优良率为97.8%，PM2.5平均浓度25微克/立方米，PM10平均浓度38微克/立方米。

全年生产安全事故死亡人数7人；交通事故发生4215起，受伤人数971人，死亡人数19人，万人交通事故死亡率为0.0003。

十一、人口、人民生活和社会保障

2023年全县总户籍人口为41.20万人，共10.96万户，其中男性人口为21.89万人，女性人口为19.31万人。出生人口2471人，死亡人口2917人，全县人口出生率为5.77‰，死亡率为6.81‰，自然增长率为1.04‰。全县已婚育龄妇女人数为64078人，年末常住总人口为32.21万人，其中城镇人口为 17.56 万人，农村人口为 14.65 万人，城镇化率为 54.52%。

2023 年全体居民人均可支配收入为 29265 元，同比增长 5.6%，其中城镇居民人均可支配收入为 39222 元，同比增长 4.7%，农村居民人均可支配收入为 21454 元，同比增长 6%。全年全县居民人均生活消费支出 24986 元，同比增长 5.3%。城镇居民人均生活消费支出 32447 元，同比增长 4%；农村居民人均生活消费支出 19133 元，同比增长 6.3%。

2023 年全县城镇新增就业人员 4159 人。年末城镇登记失业率 5.3%，比上年下降 0.2%。失业人员再就业人数 2272 人。2023 年全县参加城镇职工基本养老保险人数 4.2 万人，参加城乡居民基本养老保险人数 21.8 万人，参加失业保险人数 1.58 万人，参加城镇职工基本医疗保险人数 2.25 万人，参加城乡居民基本医疗保险人数 30.83 万人。全年城市低保资金和农村低保资金按规定标准发放到位率均为 100%。

2023 年全县用于教育、文化体育与传媒、社会保障和就业、医疗卫生、城乡社区事务、节能环保、农林水事务、住房保障等方面的民生支出达到 26.27 亿元，占财政支出的比重为 75.91 %。重点民生实事各项目顺利完成。

湖南省三湘地域文化历史研究院

院长　蔡坤梅

湖南省三湘地域文化历史研究院主要以研究湖湘地域文化历史工作，整合资源和力量，制定新时代地域文化历史研究规划，收集、修复、保存地方文献和资料，讲好湖湘历史，传播湖湘文化，推动湖湘历史文化发展而成立的社会公益性机构。自成立以来，以湖湘地域历史文化为主题，分别参与省委党史部门、省政府文化部门、省政协文史部门编纂《脊梁·90位湖南共产党人》《周小舟文集》《中国共产党·红色湖南图志》《湖南抗战图史》《图记湖南改革开放》《辉煌70年·湖南图鉴》《湖南通史图志》《湖南历史博览》《湖南百年图库》《芙蓉国里》《湖南地名志》《湖南古县》《湖南地域文化志》等一系列地域文化历史辞书。与中国文化信息协会合作编纂了《中国历史图典》《中国通史图志》《中国乡村图志》等全国性历史文化辞书。致力于推进湖湘地域特色历史文化学学科体系，积极推动地域历史学融合发展，充分发挥知古鉴今、资政育人的史学功能，为湖湘地域历史文化贡献智慧和力量。

《红色湖南图志》共六卷，入编文字150余万，辑录图片9000余幅，对中国共产党湖南历史的重大事件、重要人物、重要文献，列条目予以介绍记载，并录编了全省各地的红色革命遗址遗迹。

《湖南抗战图史》约70万字，图片3500余幅，共二卷，记述了在中国共产党领导下的湖南人民抗日战争，客观真实地揭露了日本帝国主义的侵略罪行，全面鲜活地再现了湖湘儿女抵御侵略的卓越功绩。

《图记湖南改革开放》按湖南改革开放历史进程编为四卷，以图文并茂的形式展现了改革开放40多年来湖南人民携手同心创造的人间奇迹，记录了湖南改革开放前进步伐。

湖南地方年鉴 2024

湖南省地方年鉴社　编

下

中国文史出版社

政治·军事·法治

◎新田县公安局荣获多项荣誉

新田县公安局荣获多项荣誉

2023年2月12日，新田县公安局在永州市公安局长会议上，获得“党的二十大永州市公安机关安保维稳工作成绩突出单位”“永州市公安机关综合调研工作成绩突出单位”“永州市公安机关‘利剑护蕾’专项行动成绩突出单位”“永州市公安机关打击治理电信网络诈骗犯罪和跨境突出犯罪工作成绩突出单位”等荣誉。另外，新田县公安局城西派出所、枧头派出所获永州市公安机关加强派出所工作成绩突出单位、禁毒大队获永州市禁毒“清源断流”专项行动突出单位，胡邦久、刘瑶等民警获成绩突出个人。

新田县公安局在全年重大节点安全保卫工作中，按照“万无一失”的标准和“一失万无”理念，全面启动一级加强勤务，严格落实24小时值班和“领导双值班”制度。建立战时情报研判机制，全面摸排情报线索，按照“一条不漏、一刻不误、一查到底”要求，推动风险隐患日清日结、动态清零。

◎为奋力建设现代化新永州贡献力量永州市发展改革暨人社工作会议召开

2023年2月14日，永州市发展改革暨人社工作会议召开。市委常委、常务副市长侯文出席并讲话。

侯文指出，2023年是全面贯彻落实党的二十大精神的开局之年，也是实施“十四五”规划的中期之年，做好全年发展改革工作意义重大，要把稳经济增长作为首要任务，继续实行“三量四分”法，全力推动经济再上新台阶；要围绕打好经济增长主动仗，切实“抓项目建设，比经济指标”。

侯文强调，要准确把握当前人社工作面临的形势任务，厚植民本情怀，因势而谋、顺势而为，推动人社工作实现新跨越；要统筹协调做好2023年各项重点工作，奋力争先创优，精准把握任务、对标目标，精细理清思路、强化措施，精心组织实施、确保成效，在提升民生保障、社会治理效能中取得新进步。

◎永州市检察院出台20条举措服务经济

2023年2月19日，永州市检察院制定出台《永州市人民检察院服务保障“拼经济、稳增长”20条》，从6个方面提出20条具体工作举措，以高质量检察履职，服务保障永州拼经济、稳增长，全面打好发展“六仗”。

服务打好经济增长主动仗方面。建立简案快办机制，严厉打击扰乱市场主体正常生产经营秩序的犯罪。开展国有财产保护、国有土地使用权出让领域公益诉讼专项监督行动。助力保交楼工作，推动问题楼盘涉法疑难问题快速解决。开展“检察进百企”法治宣传活动，为企业提供优质法律服务。

服务打好优化发展环境持久仗方面。建立涉企案件办理绿色通道，减少企业诉累。持续开展挂案清理行动，依法纠正涉企刑事案件有案不立、立而不侦、久侦不结等情况。开展涉企民商事审判和执行专项监督活动，助推解决“执行难”。深化涉案企业合规改革，助力各类市场主体纾困发展。

永州市检察院会议

要闻纪事

1月

△28日，湖南省第十二届纪委第三次全体会议召开。

△28日，道县县委机关大院举行新春升国旗仪式，激发广大干部职工的爱国热情，动员全县上下笃定前行、团结奋斗、拼搏实干。

△31日，蓝山县扫黑办利用“春风行动”入工业园区重点企业的有利时机，开展《中华人民共和国反有组织犯罪法》宣传活动，引导人民群众积极参与扫黑除恶斗争。

2月

△1日，永州市委书记朱洪武主持召开2023年第2次市委常委会会议，传达学习习近平总书记对政法工作重要指示精神和中央政法工作会议精神、在二十届中央纪委二次全会上的重要讲话精神、在二〇二三年春节团拜会上的重要讲话精神、关于巡视工作的重要论述摘录精神。

△2日，永州市人大常委会召开2023年工作务虚会，围绕深入学习贯彻落实党的二十大精神，总结2022年工作，谋划2023年目标任务，推动中央和省委、市委人大工作会议部署要求落地见效。

△2日，永州市委书记朱洪武深入宁远县、江永县、回龙圩管理区调研产业项目建设、乡村振兴等工作时强调，要聚精会神抓产业发展、抓环境优化，扎实办好发展经济这件最大实事，始终与百姓站在一起、想在一起、干在一起，高标准、高水平、高质量推进乡村振兴。

△2日，道县人民法院蚣坝法庭对一起离婚纠纷案件的当事人发出《夫妻共同财产申报令》。

◎朱洪武在参加指导永州市冷水滩区委常委班子2022年度民主生活会上强调努力在建设现代化新永州的新征程上勇争先走在前当示范作表率

2023年2月20日，永州市委书记朱洪武参加指导冷水滩区委常委班子2022年度民主生活会。他强调，要进一步扛牢永州高质量发展主战场的使命和担当，扎实做好全面贯彻落实党的二十大精神的开局之年的各项工作，努力在建设现代化新永州的新征程上勇争先、走在前、当示范、作表率。

会议通报了区委常委班子党史学习教育专题民主生活会、“镜鉴”以案促改净化修复政治生态专题民主生活会整改措施落实情况和此次区委常委班子民主生活会准备情况。冷水滩区委常委班子进行了全面对照检查，区委常委同志逐一进行对照检查，开展批评和自我批评。

朱洪武要求，区委常委班子及班子成员要带头严于律己、严负其责、严管所辖，引领带动全区党员干部把心思汇聚到干事创业上来，切实以政治生态的风清气正、党员干部的风雨兼程，推动高质量发展。

冷水滩区委常委班子2022年度民主生活会

◎宁远县“五老”宣讲队开展“宣讲党的二十大精神·桑榆情更浓”活动

2023年2月23日，宁远县五老志愿宣讲队来到宁远县教育局老年之家开展“宣讲党的二十大精神·桑榆情更浓”宣讲活动。

宣讲现场，宁远县“五老”志愿宣讲队成员欧阳秉民围绕党的二十大主要精神，用掷地有声的朴实语言，向退休老党员干部同志阐明我们党执政为民的本质要求，讲清楚、道明白党的二十大精神，发动更多的老同志加入党的二十大精神的学习和宣传中来，为宁远县党的二十大精神宣讲作出老干部应有的贡献，进一步展现宁远县老同志“退休不褪色、离岗不离责”的担当精神。

参加活动的老同志以党的二十大精神现场开展诗词、对联创作并朗诵，书法爱好者以党的二十大报告中的词句创作书法作品，现场书写展示，大家还积极参加相关知识抢答，对答对的人员发放纪念奖品，宣讲现场活动丰富，大家热情高涨。

◎永州市公安交警全面开展道路交通安全综合整治『春季攻势』行动

2023年2月19日起至4月30日，永州公安交警部门全面开展道路交通安全综合整治“春季攻势”行动。

永州市公安交警部门结合春季道路交通安全形势特点，聚焦公路客货运输突出风险和农村地区管理薄弱环节，按照“立足防、超前治、科学救”的总体工作方针，采取错时执勤、昼夜巡查、分散设卡等方式，推行“点、线、面”相结合的巡逻查控模式，提高执法密度、频率和效率，紧盯“两客一危一货”重点风险隐患以及“一老一少”重点人群，做到引导教育与严管严控相结合、路面查纠与源头治理齐发力，全力预防道路交通事故发生。

“春季攻势”行动开展以来，永州市共计查处各类重点违法行为为21万余起。其中酒驾305起、醉驾62起，超员32起、超载7123起、工程车违法行为8608起、涉牌涉证1698起，其他违法行为为19万余起。

要闻纪事

△3日，永州市第六届纪委第三次全会召开。市委书记朱洪武出席并讲话。他强调，要深入学习贯彻党的二十大精神和二十届中央纪委二次全会、省十二届纪委三次全会精神，保持永远在路上的坚韧和执着，把严的基调、严的措施、严的氛围长期坚持下去，不断把全面从严治党推向纵深，为全面建设社会主义现代化新永州提供坚强保障。

△3日，中国共产党永州市第六届纪律检查委员会第三次全体会议在冷水滩举行，坚决落实二十届中央纪委二次全会、省十二届纪委三次全会部署和市委要求，总结永州市2022年纪检监察工作，部署2023年任务。

△3日，永州市第六届纪委第三次全会召开，引发零陵区纪检监察干部热议。大家表示，将认真学习领会全会精神，以“永远在路上”的政治自觉，一刻不停再吹正风反腐冲锋号，为全面贯彻落实党的二十大精神、全面建设社会主义现代化新永州提供有力政治保障。

△6日，永州军分区党委十一届十六次全会暨人武部党委第一书记党管武装工作述职会议召开。

△8日，永州市政协党组举行2022年度民主生活会专题学习研讨暨党组理论学习中心组（扩大）2023年第二次集体学习。

△9日，永州市委常委班子召开2022年度民主生活会。会议以中央政治局民主生活会为标杆，围绕民主生活会主题，结合征求的意见建议，坚持问题导向，坚持刀刃内向，聚焦“6个方面”，紧密联系思想、工作、学习、生活实际，全面深入开展党性分析，严肃认真开展批评和自我批评。

◎永州市零陵区军功荣耀映古城讲好开学第一课

2023年2月20日，报喜团手捧沉甸甸的“二等功臣之家”牌匾，一路敲锣打鼓来到荣立二等功的现役军人陶军勇家中，陶军勇和家人接过“二等功臣之家”牌匾，喜悦与自豪之情溢于言表，闻讯而来的乡亲邻里一起分享了这荣誉时刻。

陶军勇，现服役于东部战区陆军某部陆航旅，一级飞行员，入伍以来，立个人三等功2次。累计安全飞行3500余小时，因工作实绩特别突出，2023年初荣立二等功。

在零陵区委书记、区人武部党委第一书记赵立平与二等功臣陶军勇见面座谈会上，赵立平为陶军勇披绶带、戴红花，并叮嘱相关部门要进一步做好新时代“双拥”工作，基层武装部和退役军人服务站合力协作，让各项优待政策的落实更具力度、厚度和温度。

报喜团手捧沉甸甸的『二等功臣之家』牌匾，一路敲锣打鼓来到荣立二等功的现役军人陶军勇家中

◎江永县『非遗+普法』引领法治宣传新风尚

2023年3月，永州市司法局、江永县司法局在国家级非物质文化遗产女书发源地——江永县上江圩镇，依托“江永女书”开展非遗普法示范活动，运用非遗传统文化的独特魅力展现法治元素。

江永县组织由当地的非遗文化传承人、民俗文化传承人、“瑶胞”普法志愿者等共同组成的“百灵鸟”普法宣传分队，通过探索“女书”非遗文化、“赶鸟节”“洗泥节”“盘王节”等民俗文化与法治文化的有机融合，持续开展“民俗普法三百行动”，在女书岛为游客呈现了一套匠心独运的非遗法治“宝藏”。

活动现场，非遗女书传承人带领大家游览女书生态博物馆，设置女书学堂体验环节，巧妙地融入普法元素，引领大家学习吟唱女书作品中《四字女经》《训女词》中蕴含“法治元素”的歌谣，用朴素直白的女书语言鼓励女性树立正确的道德观、法治观；教会大家用女书文字书写“尊法、学法、守法、用法”，气氛十分活跃。

◎蓝山县开展风能源企业驾驶人道路交通安全集中教育培训

蓝山县开展风能源企业驾驶人道路交通安全集中教育培训

2023年2月24日，为深入推进交通安全综合整治“春季攻势”行动，进一步加强企业源头安全生产主体责任意识，从源头上预防和减少道路交通事故的发生，确保企业交通运输安全。蓝山县公安局交警大队应邀为华电新能湖南分公司的驾驶员开展交通安全培训会。

培训会上，民警用简单通俗的语言重点讲解了驾驶员在日常行车过程中超速行驶、疲劳驾驶、酒后驾驶、接打电话等违法行为的危害，重点分析了人、车、路在交通安全中的相互联系，对超车、会车、恶劣天气下的操作要领和安全驾驶常识进行了教育宣传，提示大家养成良好的驾驶习惯，坚决杜绝交通违法行为，摒弃各类交通陋习，谨慎驾驶，文明行车。同时，民警通过播放多媒体课件，结合辖区近期典型道路交通事故案例，深入浅出地讲解了日常交通应当注意的安全常识，以及交通安全法律法规及交通安全防范措施。

最后，民警与驾驶员们签订了有关交通安全管理的承诺书。通过此次安全培训，进一步提升了驾驶员的交通安全意识和守法意识，驾驶员们纷纷表示在以后驾驶车辆时一定遵守道路交通法律法规，做到安全文明出行。

◎永州市中院郑江云法官荣获全国三八红旗手称号

2023年3月3日，全国妇联公布2022年度全国三八红旗手名单，永州市中级人民法院审判委员会委员、审判监督第一庭庭长郑江云榜上有名。全国法院系统仅最高人民法院及北京、上海、浙江、福建、山东、湖南6省市8名个人获此殊荣。

郑江云工作照

郑江云用心用情用力做好审判监督工作，将创新与担当、无私与温情贯穿始终，在全国法院率先开启对减刑假释罪犯的“法官后语”，感化罪犯心灵，彰显司法温情；实行减刑假释案件实质化审理，推行阳光审判，所主办或负责的10000多件减刑假释案件无一不合格案件；在全省法院率先实行民事、刑事、行政案件再审审查与审理“立审合一”模式，并在全省法院推行。郑江云所办案件荣获湖南省法院系统2021年度优秀案例一等奖、全国法院系统2021年度优秀案例二等奖。她曾获湖南省先进工作者、湖南省三八红旗手、全省法院办案标兵、永州市优秀法官、永州市三八红旗手等荣誉称号。

◎2023年“我爱永州·志愿同行”百万青少年学雷锋实践育人行动启动

授旗现场

颁奖现场

2023年2月27日，2023年“我爱永州·志愿同行”百万青少年学雷锋实践育人行动启动仪式暨永州市优秀志愿服务项目展示交流活动举行。市委书记朱洪武宣布活动启动并讲话。

朱洪武指出，习近平总书记对深入开展学雷锋活动作出重要指示，要求深刻把握雷锋精神的时代内涵，让学雷锋在人民群众特别是青少年中蔚然成风。今天举行“我爱永州·志愿同行”百万青少年学雷锋实践育人行动启动仪式，既是贯彻落实习近平总书记重要指示精神的具体举措，也是弘扬雷锋精神、书写新时代雷锋故事的实际行动。

启动仪式上，朱洪武为20支永州市学习贯彻党的二十大精神理论微宣讲志愿服务队授旗，出席活动的领导为2022年度青年志愿服务优秀个人、优秀团队、优秀项目代表颁奖，活动现场还宣读了2023年“我爱永州·志愿同行”——百万青少年学雷锋实践育人行动倡议书。

要闻纪事

△10日，永州市政府党组召开2022年度民主生活会，会议以中央政治局民主生活会为标杆，紧扣主题，紧密联系市政府工作实际，深入进行对照检查和党性分析，严肃开展批评和自我批评，明确整改措施和努力方向。

△12日，2023年全市公安局长会议在市公安干校大报告厅举行。会议要求，要扛牢主责主业，努力建设更高水平平安永州。坚决守牢政治安全阵地，坚持和发展新时代“枫桥经验”，加强矛盾纠纷排查化解。

△13日，永州市委副书记、市长陈爱林调研永州陆港。他强调，增强信心、守正创新、真抓实干是做好永州陆港工作的当务之急和关键所在，要通过工作加倍努力、各部门齐心协力、政策聚焦发力，奋力打造永州发展的新增长极。

△13日，永州市六届人大常委会第十七次主任会议召开。会议听取了市人大常委会联工委关于人事事项的汇报；听取了市人大常委会研究室关于市人大常委会2023年“一要点五计划（草案）”的汇报；听取了履职评议办公室关于2022年市人大常委会对市人民政府工作部门主要负责人开展履职评议工作有关情况的汇报，研究了履职评议相关事项；

△13日，永州市委书记朱洪武主持召开2023年第3次市委常委会会议，传达学习了习近平总书记在中共中央政治局第二次集体学习时的重要讲话精神和在学习贯彻党的二十大精神研讨班开班式上的重要讲话精神；传达学习了全国、全省统战部长会议精神，研究永州市贯彻落实意见，审议相关文件。

△13日，东安县白牙市镇纪委深入各村，对村干部在岗情况进行督查。此次督查采取不打招呼、突击检查的形式，每到一村，都认真查看干部职工在岗、去向、工作开展情况，确保不漏一人。

◎湖南省委第九巡视组巡视永州市工作动员会召开

2023年3月10日，根据省委关于巡视工作的统一部署，省委第九巡视组巡视永州市工作动员会召开。省委第九巡视组组长毛健刚就即将开展的巡视工作作了讲话，樊凤鸣就配合做好巡视工作提出要求。朱洪武主持会议并作表态讲话。

朱洪武表示，做好巡视工作是中央、省委部署的重要政治任务，市委及各级党委、党组、各级领导干部一定要站在讲政治、讲大局的高度，自觉把思想和行动统一到习近平总书记关于巡视工作重要论述上来，统一到党中央决策部署上来，统一到省委巡视工作的具体要求上来，以主动接受巡视、自觉接受检查、诚恳接受监督的实际行动，坚定拥护“两个确立”、坚决做到“两个维护”。这次巡视既是对永州市领导班子和干部队伍的一次全面检阅，也是对永州市各项工作的一次全面促进。永州市各级党组织将坚定扛牢政治责任，客观反映情况，严守纪律规矩，积极主动、全力配合，坚定支持巡视工作。

湖南省委第九巡视组巡视永州市工作动员会召开

◎陈爱林主持召开永州市政府第26次常务会议传达学习全国两会精神研究部署打造『三个高地』等工作

陈爱林主持召开市政府第26次常务会议

永州市政府第26次常务会议

2023年3月16日，永州市委副书记、市长陈爱林主持召开市政府第26次常务会议，传达学习习近平总书记在全国两会期间的重要讲话精神和全国两会精神、党的二十届二中全会精神，研究部署打造“三个高地”、贯彻落实省2023年重点任务等工作。

会议指出，要旗帜鲜明讲政治，学习好、贯彻好、落实好全国两会精神，以实际行动坚定拥护“两个确立”、坚决做到“两个维护”。要牢牢把握高质量发展这个首要任务，着力抓好现代化产业体系建设、科技创新、深化改革开放、乡村振兴、民生保障等工作，推动经济实现质的有效提升和量的合理增长。要牢牢把握“两个毫不动摇”“三个没有变”的方针政策，正确引导民营经济健康发展、高质量发展。

要闻纪事 ★ ★ ★ ★ ★ ★ ★ ★ ★ ★

△14日，永州市政府副市长李旦梅到湖南科技学院调研科技创新工作。李旦梅一行走进湖南科技学院国家级众创空间、永州市数控机床工程技术研究中心、湘南历史建筑文化遗产湖南省科普基地、木本油料资源利用国家重点实验室永州生物炼制创新中心，详细了解项目研究、技术创新、校企合作、人才引进等情况。

△15日，全市组织部长会议在冷水滩召开。祝云武要求，全市组织系统要坚持在巩固优化提升上下功夫，树立“放眼全局谋一域”的工作理念，鼓足“勇争一流走在前”的工作劲头，加大“认真具体求深入”的工作力度，增强“打铁必须自身硬”的工作作风。

△16日，永州市委副书记、市长陈爱林主持召开市政府第25次常务会议，传达学习习近平总书记在学习贯彻党的二十大精神研讨班开班式上和中共中央政治局第二次集体学习时的重要讲话精神，研究部署千名干部联千企“送政策、解难题、优服务”和安全生产、农业农村等工作。

△16日，全市宣传部长会议在冷水滩召开，传达学习全国全省宣传部长会议精神，全面落实省、市党代会精神和市委常委会会议要求，总结去年成绩，分析当前形势，部署2023年工作。

△16日，永州市与巴西马林加市通过线上视讯的方式，签署建立友好城市关系意向书。市委副书记、市长陈爱林，马林加市副市长埃迪森·斯卡伯拉致辞并签署意向书。副市长肖扬主持签约仪式并介绍永州市情。

△16日，永州市零陵区人民法院针对一起未成年人侵权案件向被告监护人发出《家庭教育令》，责令未成年被告家长定期接受家庭教育指导，加强对子女的教育监管。这是自《中华人民共和国家庭教育促进法》颁布实施以来，该院发出的首份《家庭教育令》。

◎祁阳市组织召开自媒体代表座谈会

2023年3月20日，祁阳市委网信办组织召开自媒体代表座谈会，学习中央网信办《关于开展“清朗·从严整治‘自媒体’乱象”专项行动的通知》，以及互联网相关文件精神和法律法规。

近年来，祁阳市自媒体充分发挥自身优势，在传播正能量、通达社情民意、凝聚社会共识方面发挥了积极作用。会议要求，自媒体从业人员要始终树立风险意识和底线思维，加强内容管理，维护信息发布秩序，坚决摒弃流量至上、畸形审美等不良倾向；自觉抵制色情赌博、网络诈骗、恶意营销、违规采编等违法违规行为，努力营造风清气正、健康向上的良好网络舆论环境，推动自媒体行业良性发展、持续发展。与会代表纷纷表示，将自觉遵守相关法律法规，积极弘扬社会正能量，为“建设新祁阳挺进省十强”贡献自媒体力量。

祁阳市组织召开自媒体代表座谈会

◎全省福彩2023年县域市场销售工作现场学习交流会在永州市江华县召开

2023年3月24日，全省福彩2023年县域市场销售工作现场学习交流会在永州市江华瑶族自治县召开，江华县委常委、常务副县长何开银出席会议，180余名来自省福彩中心、各市（州）、县市区福彩中心工作人员、市场管理员及业主代表等参加会议。

会议现场

会议指出，全省福彩县域市场销售工作现场会在永州市江华瑶族自治县召开，既是对江华福彩工作的支持和肯定，也是对江华福彩战线工作者们的鼓励和鞭策，更是增强友谊、深化学习交流的良好机遇。

会上，江华瑶族自治县民政局汇报了福彩发行工作典型经验做法，集中回答了各县市区提出的疑问。在经验交流环节，各市（州）、县市区福彩工作者踊跃发言，就目前福彩发展过程中遇到的一些问题进行讨论、分析，取长补短，现场气氛十分热烈。

实地参观学习

◎永州市政府与湖南省地质院签订战略合作框架协议

2023年3月21日，永州市政府与湖南省地质院战略合作框架协议签约仪式在永州嘉隆酒店举行。省政协副主席、省地质院院长何寄华出席并讲话。省地质院党委委员、副院长蒋年生出席。市委副书记、市长陈爱林致辞。市政协主席谢景林主持签约仪式。副市长李旦梅代表市政府与省地质院签署合作框架协议。

何寄华表示，此次市院战略合作框架协议的签署，是面向未来的战略之举，是落实发展责任的使命所在，是完善工作机制的现实所需。省地质院将以此次签约为契机，抓好合作事项落实，主动融入和服务永州市经济社会发展，在矿产资源和新能源开发利用、生态文明建设、城乡建设事业、技术服务等领域广泛深入合作，凝聚合作共识，完善合作平台，做实合作项目，携手开创互利共赢、协同发展的新局面，推动永州经济社会高质量发展，推进地质事业高质量发展。

陈爱林说，永州将围绕打造具有核心竞争力的科技创新高地，立足自身实际，立志有所作为。要把科技创新与经济战场结合起来，把“走出去”和“引进来”结合起来，把中央和省驻永科研院所、大学的力量发挥好，找准着力点，实现新突破，推进全领域发展。希望双方以此次签约为契机，加快推动更多具体项目落实落地，共同谱写高质量发展新篇章。

◎永州市委理论学习中心组2023年第3次集体（扩大）学习举行

2023年3月29日，永州市委理论学习中心组2023年第3次集体（扩大）学习举行。市委书记朱洪武主持并作总结讲话。他强调，要进一步担当战略使命，瞄准战略目标，坚持战略方向，构建战略格局，落实战略抓手，强化战略执行，奋力推动永州经济社会高质量发展。

第十四届全国人大代表，楚天科技股份有限公司党委书记、董事长兼总裁唐岳以《贯彻落实全国两会精神，推动永州民营经济和民营企业发展》为题作专题辅导。讲课中，唐岳围绕学习贯彻习近平总书记关于民营经济发展的重要论述和全国两会精神，就永州民营经济与民营企业的战略定位思考、发展的交通设施条件、发展的有利客观条件、发展的窗口期进行了深入分析，并以楚天科技的商业实践，对永州的基础设施改良、招商引资策略、营商环境优化、企业家培育等提出了建议。

朱洪武指出，要深入学习贯彻习近平总书记关于民营经济发展的重要论述，切实担当市第六次党代会确定的在全省版图中增加永州分量的战略使命，瞄准建设“三区两城”战略目标，坚持向南向海向外战略方向，构建“一核两轴三圈”战略格局，落实通道建设、平台建设和产业项目建设三大战略抓手，按照“半年谋划、一年起跑、两年加速、一年半冲刺”的总体部署，强化战略执行。

永州市委理论学习中心组2023年第3次集体（扩大）学习举行

要闻纪事 ★★★★★★★★★★

△17日，永州市委书记朱洪武主持召开县市区（管理区、经开区）及市直行业系统党（工）委书记抓基层党建工作述职评议会会议。

△17日，永州市委政法工作会议召开。张建坤指出，全市政法系统要深入学习贯彻习近平法治思想，坚持党对政法工作的绝对领导，坚持统筹发展和安全，奋力推进政法工作现代化，坚决创成全国市域社会治理现代化试点合格城市，保持全省平安建设先进市荣誉，建设更高水平的平安永州、法治永州。

△21日，全市打好经济增长主动仗工作推进会召开。会议传达了毛伟明省长在听取贯彻落实打好经济增长主动仗若干政策措施以及“发展六仗”推进情况时的讲话精神。

△21日，全市政协委员工作室建设工作推进会在道县召开。道县、东安、江华县政协以及市政协工商联界、科协科技界等委员工作室分别进行了交流发言。

△21日，零陵区第九届纪律检查委员会第三次全体会议召开。会议强调全面落实中央、省、市纪委全会部署安排，推进全面从严治党，把严的基调、严的定力、严的措施、严的氛围长期坚持下去，以政治生态的“绿水青山”赢得高质量发展的“金山银山”。

△23日，永州市六届人大常委会第九次会议举行第一次全体会议。会议听取和审议了市人民政府有关工作部门主要负责人履职情况的报告并进行满意度评价；书面听取了市人民政府其他工作部门2022年度工作情况报告并进行满意度测评。

△24日，永州市政协党组书记、主席谢景林主持召开市政协六届十四次主席会议，会议审议了有关评选表彰办法；审议了政协永州市委员会机关各委室工作职责。

◎祁阳市白竹湖社区荣获湖南省“扫黄打非”进基层示范点称号

祁阳市白竹湖社区荣获湖南省『扫黄打非』进基层示范点称号

2023年4月13日，祁阳市为白竹湖社区举行2022年度省级“扫黄打非”进基层示范点授牌仪式。

近年来，白竹湖社区坚持把“扫黄打非”工作作为推动和谐社区创建等工作的有力抓手，不断推进“扫黄打非”进校园、进小区、进楼栋，筑牢社区文化安全防线，打通服务群众“最后一公里”，先后荣获“湖南省文明社区”“永州市文明社区”“市最美志愿服务社区”“市民主法治示范社区”等荣誉称号。

下一步，白竹湖社区将积极探索“扫黄打非”工作与新闻宣传通联点、新时代文明实践站的有机结合，引导居民群众建立积极健康、向上向善的文化生活，营造风清气正的社区文化环境。

◎ 2023年全省重大项目集中开工仪式永州分会场活动暨永州市第二次重大项目集中开工签约活动举行

2023年3月30日，2023年全省重大项目集中开工仪式永州分会场活动暨永州市第二次重大项目集中开工签约活动在冷水滩区高科园睿信科技产业园举行。市委书记朱洪武出席，市委常委、常务副市长侯文主持，市领导何恩广、刘玲军、周小驹、肖扬出席。

此次活动永州市共开工投资5000万元以上重大项目53个，总投资151亿元，年度计划投资78亿元。其中，基础设施项目5个，总投资10.1亿元，年度计划投资7.25亿元，涉及公路交通、能源网和城市停车场等重大项目；产业发展项目44个，总投资138.2亿元，年度计划投资69.58亿元，涉及先进制造装备、先进材料、电子信息、旅游康养、现代农业和园区基础设施等；社会民生项目3个，总投资1亿元，年度计划投资0.4亿元，涉及教育、工人文化宫等；生态环保项目1个，总投资1.7亿元，年度计划投资0.77亿元。

2023年全省重大项目集中开工仪式永州分会场活动暨永州市第二次重大项目集中开工签约活动举行

永州市共签约重大项目48个，总投资125.47亿元，均为产业项目。其中电子信息产业项目9个，总投资13.5亿元；新材料新能源项目9个，总投资42.45亿元；农产品深加工项目5个，总投资6.5亿元；生物医药项目3个，总投资13亿元；特色轻工项目13个，总投资34.92亿元；文化旅游项目1个，总投资3.6亿元；智能制造项目8个，总投资11.5亿元。

要闻纪事

△24日，江华瑶族自治县人民法院召开2022年度总结表彰大会，全面回顾2022年度全院各项工作，对工作成绩突出的先进部门和先进个人进行表彰，号召全院干警向受表彰的部门、个人学习。

△28日，永州市委理论学习中心组2023年第2次集体（扩大）学习举行。戚建国以《关于国际战略形势的认识与思考》为题，围绕深入学习领会党的二十大关于国家安全战略部署和习近平总书记关于国防教育重要论述，从“世界历史发展进程的百年之变”“全球一体化的百年之变”“世界多极化的百年之变”等九个方面作专题辅导。

△28日，江华瑶族自治县公安局在全县组织开展集中统一清查行动，全面加强重点行业场所治安检查、重点人员摸排管控、重点路段交通安全管理、重点单位安全防范、重点领域风险隐患集中排查整治，严厉查处打击各类突出违法犯罪活动，严防发生重大案事件和重大安全事故。

3月

△3日，2023年全市司法行政工作会议召开。市委常委、市委政法委书记张建坤出席会议并讲话，市人大常委会副主任胡先荣主持会议。

△6日，永州经开区创建全国文明城市和巩固国家卫生城市工作推进会召开，仁湾街道、市城管执法分局、区开发建设和生态环境局、区园林环卫事务中心负责人分别作表决心发言。

△8日，永州市禁毒委主任华学健组织市、县两级禁毒委成员单位及重点乡镇（街道）主要负责人召开会议，专门就联点帮扶督导工作进行部署，要求各级各部门清醒认识当地严峻的毒情形势，深刻认识抓好毒品问题集中整治对全市的重大意义。

◎永州市启动“智赋万企”行动

2023年4月21日，“云领潇湘数联未来”永州市“智赋万企”企业行举行启动仪式。市委常委、副市长、永州经开区党工委第一书记何恩广，市政协副主席、市工信局局长方智毅出席。

何恩广在致辞中指出，要以此次启动仪式为契机，深入开展“智赋万企”行动，重点实施基础设施提升、数字产业集聚、试点示范培育等“十大工程”，让更多企业插上智能化翅膀，实现产业核心竞争力明显增强。

根据省工业和信息化厅《湖南省“智赋万企”行动方案（2023—2025年）》，“智赋万企”行动将以加强数字基础设施建设为基础，以协同推进数字产业化和产业数字化为重点，以智能制造为主攻方向，加快推动数字技术驱动生产方式和企业形态根本性变革，着力提升企业的生产效率和产业竞争力。

永州市『智赋万企』企业行举行启动仪式

◎ 2023 年第 8 次永州市委常委会（扩大）会议召开

2023 年第 8 次永州市委常委会（扩大）会议召开

2023 年 4 月 23 日，永州市委书记朱洪武主持召开 2023 年第 8 次市委常委会（扩大）会议，传达学习习近平总书记近期重要讲话、批示精神；传达学习 3 月 30 日中共中央政治局会议精神和《中共中央关于在全党深入开展学习贯彻习近平新时代中国特色社会主义思想主题教育的意见》精神；听取永州市关心下一代工作情况汇报，审议《中共永州市委党建工作领导小组 2023 年工作要点》。

会议指出，习近平总书记近期重要讲话和中央有关会议、文件精神内涵丰富、思想深邃，具有很强的政治性、思想性、针对性、指导性，为我们开展主题教育、扩大对外开放、壮大实体经济、促进共同富裕提供了科学指引和行动指南。我们要认真学习领会，不折不扣抓好贯彻落实。要深刻认识主题教育的重大意义，深入学习领会习近平新时代中国特色社会主义思想的科学体系、精髓要义、实践要求，以实际行动坚定拥护“两个确立”、坚决做到“两个维护”。

◎永州市与吉布提市签署合作关系备忘录

永州市与吉布提市签署合作关系备忘录

2023 年 4 月 27 日，根据全省统一安排，永州市人民政府市长陈爱林率永州经贸代表团赴非洲吉布提共和国吉布提市，开展经贸合作交流活动。在中国驻吉布提大使胡斌和吉布提权力下放部部长级代表阿里的见证下，双方现场签署合作关系备忘录。永州市人民政府市长陈爱林、吉布提市市长穆罕默德出席并签署。永州市人民政府秘书长齐爱社参加。

根据合作关系备忘录，双方将在教育、文化、旅游、经贸、城市改善、公共交通等方面加强交流与合作。双方表示，将进一步加强人员交流互访，加强经贸人文交流，积极推动双方企业开展合作，促进双方城市的共同繁荣发展，开启双方合作交流新篇章。

◎永州整治农村集体“三资”管理突出问题

2023 年 5 月，为切实加强农村集体资金、资产、资源的监督管理，整治群众身边的腐败和不正之风，永州市坚持“四从”原则，在全市范围内持续大力开展农村集体“三资”管理突出问题整治工作。

市委、市政府高度重视，主要领导亲自批示，分管领导亲自部署，纪委监委全程监督。市政府成立由分管市级领导牵头、18 个市直部门为成员的市农村集体“三资”管理突出问题专项治理工作协调小组，建立联席会议制度，实行高密度督促指导，建立一周一报表、一月一汇报、一季一通报的工作调度机制。

以县市区为单位，按照“五查一台账”的自查方法，全面组织各村（社区）开展“三资”管理问题大排查，即村级自身查、群众举报查、乡镇全面查、部门协助查、县级抽样查，对排查出的问题制定问题清单、线索清单、责任清单，建立问题台账，实行销号管理，督促整改到位。各地对排查出的问题严格按照“四改一移送”的要求，边查边纠、立行立改、应移尽移。截至目前，全市已排查出“三资”管理问题 1058 个，完成整改 955 个，整改率 90.24%。

◎永州市政法“三项重点工作”调度会召开

2023 年 4 月 28 日，永州市政法“三项重点工作”调度会召开，市委书记朱洪武出席并讲话。市委政法委、市公安局、市信访局分别作打击性侵未成年人犯罪、命案防范、信访等三项重点工作情况汇报。朱洪武指出，抓好“三项重点工作”是贯彻落实习近平法治思想的实际行动、检验社会治理水平的重要标尺、增强群众幸福感安全感的有力举措。

朱洪武强调，要突出工作重点，靶向施策、精准发力。利剑护蕾要重拳出击、形成震慑，突出以打开路、打击先行，突出各方聚力、齐抓共管，突出宣传造势、营造氛围；命案防范要以防为先、严防严控，在可防可控、必防必控、联防联控上下功夫；信访工作要用心用情、提质提效，着力提高初信初访办理、重复信访化解、巡视组交办件办结质效；保持零容忍态度，抓关键环节，精准发力推进。要强化工作保障，加强领导、压实责任。

永州市政法『三项重点工作』调度会召开

要闻纪事

△ 9 日，全市政协宣传思想工作座谈会在东安县召开。东安县政协、零陵区政协、湖南日报社永州分社、红网永州站、永州日报社、市融媒体中心进行了交流发言。

△ 9 日，新田县公安局组织 250 余名警力，发动组织社会力量 35 人，在全县范围开展“永警利剑Ⅳ·永安 2023”集中统一清查行动。清查行动为期 4 小时，清查重点场所 93 家，发现整治各类风险隐患 3 处，查处治安案件 1 起，查处交通违法行为 18 起。

△ 10 日，永州市委书记朱洪武主持召开市综合交通基础设施“十大工程”调度推进会。市综合交通基础设施“十大工程”领导小组办公室汇报了“十大工程”推进情况。

△ 10 日，永州市政协党组举行理论学习中心组（扩大）2023 年第三次集体学习。会议学习了习近平总书记在参加十四届全国人大一次会议江苏代表团审议和在看望参加政协会议的民建工商联界委员并参加联组讨论时的重要讲话精神及十三届全国政协主席汪洋所作全国政协常委会工作报告精神，参会人员围绕学习内容进行研讨发言。

△ 10 日，全市统战部长座谈会召开。各县市区（管理区、经开区）党委统战部部长逐一发言，聚焦推进今年全市统战工作提质增效、创新发展，共同交流好做法、好经验，探讨好思路、好举措。

△ 14 日，永州市委书记、市委人才工作领导小组组长朱洪武主持召开 2023 年市委人才工作领导小组会议。他强调深入推进人才强市战略，加快把永州打造成近悦远来、活力迸发的人才高地。

△ 14 日，祁阳市人民法院召开党风廉政建设和反腐败工作会议，推动党风廉政建设和反腐败工作走深走实。大会通报表彰了 2022 年度先进集体和先进个人，法院班子领导为获奖的集体和个人颁奖。

◎湘南片区园区发展专题调研座谈会在永州市冷水滩区召开

2023年5月12日，湘南片区“深化园区管理制度改革，推动园区高质量发展”专题调研座谈会在冷水滩召开。省发改委党组成员、副主任杜中华，市委常委、副市长何恩广出席并讲话。

座谈会上，衡阳市、郴州市、永州市园区办、各市州参会园区发言，围绕园区体制机制改革、要素保障、绿色发展等方面提出许多建议和意见。

杜中华表示，将认真研究吸纳，对具体问题清单进行交办，在制度层面上研讨解决办法。他希望各园区要坚定“五好”方向，抓好园区建设。园区是实体经济的主战场、产业发展的主载体、改革开放的主阵地，要以建设“五好”园区为统揽，把握发展趋势，找准园区高质量发展方向和路径，加快推动产业园区发展迈上新台阶。要坚持问题导向，抓好政策落实。要深入调研，摸准园区发展存在的问题和短板，有针对性地提出建议和意见，深化园区改革创新，为园区发展注入新的活力。要强化园区企业自主创新能力，构建“亲”“清”政商关系。要突出亩均效益，抓好园区评价，促进园区布局集中、土地集约、产业集聚可持续发展。

◎永州市首届人才发展大会举行

2023年5月9日，智汇潇湘——“永聚英才州连四海”永州市首届人才发展大会在冷水滩举行。市委书记朱洪武出席会议并讲话。市委副书记、市长陈爱林致欢迎辞。中国科学院院士、矿床地球化学国家重点实验室主任胡瑞忠，中国工程院院士、中南林业科技大学校长吴义强先后发言。中国工程院院士、湖南省农业科学院党委书记柏连阳，欧洲科学院外籍院士、中国科学院自动化研究所研究员蒋田仔受邀出席。省委组织部人才工作办公室主任王斌初讲话。

朱洪武说，近年来，永州深入学习贯彻习近平新时代中国特色社会主义思想和习近平总书记关于做好新时代人才工作的重要思想，深入实施人才强市战略和潇湘人才行动计划，创新出台“人才新政36条”及配套措施，不断构建完善全链条人才发展体系，努力为人才来永创新创业提供最大诚意、最好资源、最优服务。

开幕式上，市委常委、组织部部长祝云武宣读了永州市“小荷”科技人才支持计划名单、永州市优秀人才表彰名单、永州市首批高层次人才认定名单；与会领导为相关人才进行了颁证、颁奖、授卡；发布了永州市第一批“揭榜挂帅”榜单；举行了人才项目现场签约；永州市优秀人才代表曾健青、蒋小军先后发言。

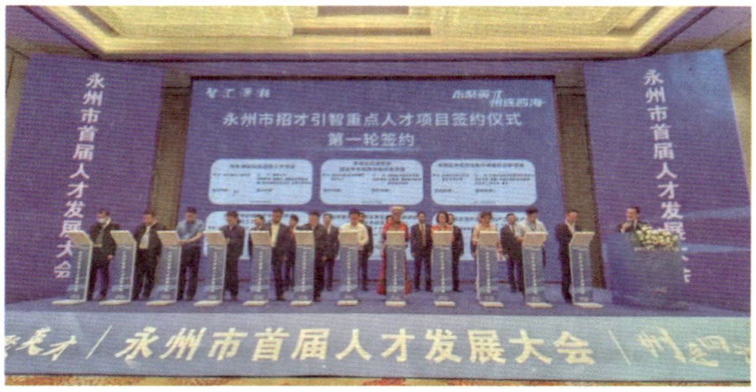

人才项目签约仪式

开幕式现场

要闻纪事

△15日，永州市传达学习贯彻全国两会精神大会召开。市委书记朱洪武强调，要深入学习贯彻全国两会精神特别是习近平总书记两会期间发表的系列重要讲话精神，动员全市上下切实把思想和行动统一到两会精神上来，以一往无前的奋斗姿态、只争朝夕的精神状态，加快推进现代化新永州建设。

△16日，共青团永州市第六届委员会第二次全体（扩大）会议举行，会议听取了团市委常委会工作报告，系统总结2022年全市共青团工作，全面部署2023年各项工作；表彰2022年度永州共青团工作优秀单位和青年大学习先进单位。

△20日，永州市政协党组书记、主席谢景林主持召开市政协六届十五次主席会议，协商通过了市政协六届七次常委会会议日程及议程（草案）；审议了《2023年市政协重点提案办理与督办工作安排》（草案）；协商了全市政协社法和民宗委工作培训会议方案（草案）；协商了有关人事事项。

△20日，永州市委书记朱洪武以普通党员身份参加市委办机关一支部2022年度组织生活会。他强调，不断提升“三服务”工作质效，努力做到最讲政治、最有格局、最善落实、最重形象，切实当好市委的“坚强前哨”和“巩固后院”。

△21日，副省长李建中来永州调研乡镇（街道）人民武装部与退役军人服务站紧密协作工作并召开座谈会，他强调，要坚持动员服役、激励现役、优待退役，切实做到为国防和军队建设服务、为经济社会发展服务，持续巩固发展军政军民团结。

△22日，永州市委书记朱洪武主持召开全市精神文明建设先进典型代表座谈会。他强调，选树榜样、宣传榜样、激励榜样，为加快建设社会主义现代化新永州凝聚强大正能量。

◎永州市大兴调查研究工作专班会议召开

2023年5月5日，永州市大兴调查研究工作专班会议在冷水滩召开。市委常委、组织部部长祝云武出席会议并讲话。

祝云武指出，在全党大兴调查研究，是以习近平同志为核心的党中央作出的一项重大决策部署，必须从政治和全局高度，深刻领会大兴调查研究是推动高质量发展之需，是破解基层难题之策，是密切党群关系之举的深远意义。专班工作小组必须提高政治站位，统一思想认识，领会抓好大兴调查研究工作的极端重要性。他要求，要突出重点，切实把握目标任务。抓好统筹调度，加强督查指导，推动解决问题。要统筹协调，切实抓好工作落实。专班成员要各司其职，密切配合，严守纪律。他强调，大兴调查研究工作，任务重、要求高，希望专班工作小组精诚团结、攻坚克难，以“功成不必在我、功成必定有我”的境界，全力以赴推动调查研究工作走深走实，为推动永州的高质量发展作出新的更大贡献。

永州全市大兴调查研究工作专班会议召开

◎永州经开区举行“政企交流主题日”活动

2023 年 5 月 15 日，永州经开区第五十六次“政企交流主题日”活动在智能装备产业园商务中心举行

2023 年 5 月 15 日，永州经开区第五十六次“政企交流主题日”活动在智能装备产业园商务中心举行。市委常委、副市长、永州经开区党工委第一书记何恩广出席并讲话。

活动中，市工信局相关负责人就先进制造业高地中央专项资金申报政策作专题解读，市发改委相关负责人详细介绍了发改项目扶持的具体内容和申报标准。园区企业家与市直、区直相关部门负责人就产品铁路专线运输、惠企政策享受、企业融资、职工子女就学等问题进行了深入交流。

何恩广指出，园区企业要牢固树立创先争优意识，用好用足中央、省、市惠企政策，助推企业不断做大做强；要坚持以市场需求为导向，建立合法、依规、有序的竞争机制，努力营造良好发展氛围；要始终坚持生命至上理念，严把安全生产责任关，坚决防范遏制各类安全生产事故发生。永州经开区要一如既往地支持企业发展，在惠企政策申报和融资需求解决等方面提供指导、帮助和协调；要积极对接上级部门，加速推进园区配套教育机构建设进程，全力为园区企业家和职工子女就学创造有利条件。

◎永州市打造内陆地区开放高地暨商务和开放型经济流动现场会召开

2023 年 5 月 17 日，永州市打造内陆地区开放高地暨商务和开放型经济流动现场会在新田县召开，副市长肖扬出席会议并讲话。

会议通报了永州市一季度经济运行情况并安排部署下步工作，新田县、祁阳市分别就外贸工作、社会消费品零售工作作典型发言，冷水滩、江华就相关工作作表态发言。

会议强调，永州市商务部门必须紧紧围绕市委、市政府重大战略抓执行、促落实，努力在打造内陆地区开放高地上走在全省前列，推动永州市商务和开放型经济高质量发展。要强化政策支撑、积极助企纾困、培育消费新业态、开展促消费活动、打造特色消费，千方百计释放社会消费潜力；要强实体、抓特色、补短板、畅通道、拓合作、办展会，想方设法提升外经外贸动力；要做好湘商回归、开展精准招商、创新招商方式、强化招商保障，全力以赴激发招商引资活力。

◎“湘企融”永州区域平台启动

2023 年 5 月 26 日，“湘企融”永州区域平台启动仪式暨中小企业商业价值信用贷款政银企对接活动在冷水滩区举行。省工信厅二级巡视员李红亮，市委常委、副市长何恩广，市政协副主席、市工信局局长方智毅出席。

“湘企融”平台是根据省委、省政府统一部署，省中小企业服务中心具体承建，多部门共同参与打造的一站式融资服务平台，旨在解决银企信息不对称难题，合力缓解中小企业融资难、融资贵。目前，该平台注册企业 15 万家，入驻金融机构 28 家，发布金融产品 150 个，撮合融资超百亿元。

“湘企融”永州区域平台启动

◎《永州市生活垃圾分类管理条例》6 月 1 日起正式实施

2023 年 5 月 23 日，《永州市生活垃圾分类管理条例》正式实施暨永州市生活垃圾分类宣传周活动启动。市城管执法局、市委宣传部、市发改委、市生态环境局等单位相关负责人，城管执法人员、环卫工人、志愿者等社会各界人士参加启动仪式。

活动现场，对《永州市生活垃圾分类管理条例》进行了解读，宣读了《生活垃圾分类倡议书》，参观了垃圾分类宣教基地。《永州市生活垃圾分类管理条例》将于 6 月 1 日起正式施行，这标志着永州市生活垃圾分类步入了法治化、系统化、常态化轨道。每年 5 月的第 4 周为“全国垃圾分类宣传周”，此次宣传周的主题是“让垃圾分类成为新时尚”，5 月 23 日至 6 月 2 日期间，各相关市直单位及各区垃分办将牵头开展“垃圾分类科普教育基地集中开放日参观”“垃圾分类进机关、进学校、进小区”“可回收物、有害垃圾知识宣传”等系列主题活动，积极引导市民参与生活垃圾分类，形成人人自觉参与垃圾分类的良好氛围。

永州市生活垃圾分类宣传周活动启动

要闻纪事

△ 25 日，全市政府系统办公室主任会议暨业务培训班以视频形式在冷水滩召开。

△ 27 日，政协永州市第六届委员会常务委员会第七次会议在冷水滩召开。会议分为两阶段进行。第一阶段会议就关于“永州（中古）生物技术联合创新中心项目建设”调研报告及建议案（草案）作了说明；第二阶段会议传达学习了习近平总书记在全国政协十四届一次会议上的重要讲话精神和全国政协十四届一次会议精神。

△ 31 日，江永县自然资源局组织召开地质灾害防治工作培训会。局相关股室、基层所干部职工、技术支撑单位、26 处地质灾害隐患监测点群测群防人员共 75 余人参加会议。

4月

△ 12 日，永州市政协党组书记、主席谢景林主持召开市政协党组 2023 年度第四次（扩大）会议暨市政协六届十六次主席会议

△ 13 日，永州市政协党组书记、主席谢景林主持召开市政协党组理论学习中心组（扩大）2023 年第四次集中学习。会议深入学习了习近平总书记关于调查研究的重要论述；结合 4·15 全民国家安全教育日，深入学习习近平总书记关于贯彻总体国家安全观的重要论述。

△ 13 日，永州市政府召开廉政工作会议。市委副书记、市长陈爱林强调，以永远在路上的坚定执着推进党风廉政建设，努力建设人民满意的法治政府、创新政府、廉洁政府和服务型政府。

△ 14 日，一季度全市污染防治攻坚战专题调度会召开。按市政府要求，各级各部门要持之以恒改善生态环境质量，奋力保持“夏季攻势”争先态势，坚决守牢生态环境安全底线，切实抓好突出生态环境问题整改，强力抓实十大生态环保项目建设，加快推进入河排污口整治。

◎永州市监察委员会举行监察官宪法宣誓仪式

2023年5月31日，永州市监察委员会举行监察官宪法宣誓仪式，永州市首次确定监察官等级的209名监察官进行宣誓。市委书记朱洪武讲话并监誓。市委常委、组织部部长祝云武主持仪式，市委常委、市委秘书长刘玲军出席。

宣誓仪式开始，全体宣誓人面向国旗列队肃立，气氛庄严热烈。奏唱中华人民共和国国歌后，领誓人手抚宪法，领诵誓词，其他宣誓人齐声跟诵誓词。铿锵洪亮的誓词响彻全场，传递着弘扬宪法精神、履行宪法使命的坚定决心。

宣誓后，朱洪武勉励大家倍加珍惜党和人民赋予的身份和荣誉，牢记铮铮誓言，牢记初心使命，牢记监察官的职责和义务，从严恪守监察官之义、监察官之重、监察官之责，始终知责于心、担责于身、履责于行，把许下的庄严承诺转化为履职担当的实际行动，自觉接受最严格的约束和监督，决不辜负监察官光荣而神圣的使命。

◎永州市首个省级应急消防科普教育基地在祁阳市开馆揭牌

2023年5月30日，湖南省应急消防科普教育基地——祁阳市消防科普体验馆在祁阳市举行开馆揭牌仪式。湖南省消防救援总队党委委员、副总队长邹田荣，永州市委常委、宣传部部长刘厚出席并讲话，永州市政协副主席、祁阳市委书记蒋良铁出席。

永州市首个省级应急消防科普教育基地在祁阳市开馆揭牌

祁阳市消防科普体验馆总占地面积1500m²，引进AR、VR、全息成像等国内外先进技术，设置了室内、室外两大体验板块；从“防”“消”“救”三个维度，规划了形象展示、发展历史、知识科普、技能体验、消防设备、应急救护六大展区以及十六个匹配展览设施。

刘厚表示，祁阳市消防科普体验馆开馆揭牌，标志着永州市首个省级应急消防科普教育基地正式扬帆启航，实现了永州消防宣传阵地建设的跨越发展，开启了消防安全科普教育社会化的新篇章。

◎永州市创建全国文明城市工作2023年第一季度讲评会召开

2023年6月1日，永州市创建全国文明城市工作2023年第一季度讲评会召开。市委书记朱洪武强调，要深入学习贯彻党的二十大精神和习近平总书记关于精神文明建设的重要论述，准确把握文明城市创建新形势，动员永州市上下高标准、常态化抓好各项创建工作，全力打好全国文明城市创建决胜战。市委常委、宣传部部长刘厚主持会议。市领导车丽华、肖质彬、姚如男出席。永州市生活垃圾分类宣传周活动启动。

朱洪武指出，自创建工作启动以来，经过永州市上下的共同努力，文明创建各项工作取得了一定成效。2023年是本轮创建周期的收官之年、验收之年，是极为关键的攻坚之年、决胜之年。永州市上下要锚定创建目标，进一步坚定决战决胜的信心，及时跟进、认真研究，吃准吃透测评体系的新变化新要求，以决胜之举、决胜之策、决胜之势，坚决打好打赢文明创建这场持久战攻坚战，奋力夺取全国文明城市桂冠。要抓实创建重点，进一步鼓足决战决胜的干劲。

要闻纪事

△14日，永州经开区依托全民国家安全教育日，在李达中学开展“扫黄打非”宣传活动。工作人员和志愿者通过摆放展板、发放资料、答疑解惑等方式，向青少年普及未成年人保护、非法出版物识别、网络安全等知识，号召青少年增强自我保护意识，远离非法出版物和有害信息，养成“绿色阅读 文明上网”“多读书、善读书、读好书”的习惯。

△14日，在永州经开区科创中心，副市长、市公安局局长车丽华与全市生物医药、电子科技、新能源、食品家居等领域的41名企业家代表和5名市公安局特邀监督员代表共聚一堂，召开“优化营商环境·服务经济高质量发展”企业家座谈会，共话提升警务效能，优化营商环境，创高水平平安、商高质量发展对策。

△14日，永州市公安局在永州经开区科创大楼举行新闻发布会，通报近3年来永州市公安机关优化营商环境工作开展情况和取得的成效，发布《永州市公安局进一步优化营商环境、服务经济社会发展双二十条措施》。

△18日，永州市委党校（永州市行政学院）举行2023年春季学期开学典礼，县处级干部进修班、中青年干部培训班、科局长培训班和乡镇（街道）党（工）委书记培训班全体学员参加开学典礼。

△19日，湖南省第十届少数民族传统体育运动会在江华瑶族自治县开幕。开幕式期间，共出动安保力量880余人，警车50余辆。全体参战人员各司其职、严守岗位，严密细致做好社会面管控、交通疏导、秩序维护等各项工作，确保了各项活动顺利有序进行。

△20日，永州市委副书记、市长陈爱林主持召开市政府第28次常务会议，传达学习李强总理在国务院第一次全体会议上的讲话精神，研究部署防汛、油茶产业发展、交通运输等工作。

◎蓝山县司法局组织开展“法治体检”活动

2023年6月2日，蓝山县司法局组织湖南昱众所律师团队深入湖南奇秀科技有限责任公司、永州市星月玩具制造有限公司开展“法治体检”活动。

活动中，湖南昱众所律师团队结合自身办理过的涉企典型案例，就企业生产过程中合法用工、劳动权益维护、工伤维权等法律方面的问题进行现场答疑解惑，同时，针对企业在日常经营管理中如何规避法律风险提出了防范意见和建议。

下一步，蓝山县还将常态化开展“法治体检”进企业活动，定期组织律师、公证员等，紧扣企业生产经营法律需求，积极回应涉企法律热点问题，助力企业高质量发展。

蓝山县司法局组织开展『法治体检』活动

◎“六五世界环境日”永州主会场活动启动

2023年永州市“六五世界环境日”永州主会场活动在东安县举行

2023年6月2日，2023年永州市“六五世界环境日”永州主会场活动在东安县举行。

近年来，市委、市政府深入贯彻习近平生态文明思想，坚决扛起“守护好一江碧水”的源头责任，努力推动生态文明建设走在全国前列。2022年，永州市地表水环境质量排名全国第12、全省第1，空气质量连续三年保持全市域二级达标，11个县市区均获评为国家或省级生态文明建设示范区，“夏季攻势”和“利剑”行动排名全省第一。

活动要求，必须对标高质量发展不动摇，牢固树立绿色低碳发展理念，加快结构优化调整，依法淘汰落后产能和化解过剩产能，大力推行绿色制造、绿色生活。必须保持战略定力不松劲，坚持方向不变、力度不减，突出科学精准依法治污，深入打好蓝天、碧水、净土三大保卫战，抓实“春风行动”“夏季攻势”“利剑”行动和“守护蓝天”行动。

◎永州市居民小区『一户一表』改造工作推进会召开

2023年6月16日，永州市居民小区“一户一表”改造工作推进会在冷水滩区召开。

截至目前，永州市共完成“一户一表”改造39个小区、1.41万户，完成户数占全省完成总数59.04%，排名全省第一。

“一户一表”改造工作纳入了2023年全省十大重点民生实事项目，也是省政府“获得电力”测评的重要内容。开展城镇住宅小区居民“一户一表”改造接收，是满足居民生活用电快速增长需求，提升全社会公共服务水平的重要举措。各级各部门要强化组织领导，发挥政府主导作用；要全力攻坚克难，确保任务顺利完成；要实现资金筹集破局，树立全省示范标杆；要规范建设标准，避免出现前清后乱；要做优供电服务，打通小区服务“最后一公里”；要加强督导督办，严格落实考核问责。

◎“永州陆港杯”2023年中国龙舟公开赛（湖南·永州站）成功举办

2023年6月4日，“永州陆港杯”2023年中国龙舟公开赛（湖南·永州站）开幕式及各组别决赛在永州市冷水滩区潇湘平湖举行。湖南省人民政府副省长蒋涤非宣布开幕，亚洲龙舟联合会主席、中国龙舟协会主席范广升鸣锣。永州市委书记朱洪武出席开幕式并致欢迎辞。永州市委副书记、市长陈爱林主持开幕式。

永州龙舟运动有着悠久的历史和广泛的群众基础，是永州传统的体育项目之一。目前，永州市共有龙舟200余条，冷水滩、祁阳、东安、道县等地都常年举办龙舟赛。永州道县被湖南省人民政府授予“龙舟之乡”称号，道州龙船习俗于2021年被列入国家级非物质文化遗产代表性项目名录。此次永州站赛事于6月3日—4日开赛，来自广东、福建、湖北、重庆、湖南等地的19支专业代表队及大众组12支队伍在潇湘平湖挥桨竞渡，1000多名运动员参赛，50多万群众相聚湘江两岸现场观赛。

各支队伍奋勇争先

◎永州市委市政府举办专题培训班

2023年6月13日，永州市委、市政府举办专题培训班，深入学习贯彻习近平总书记关于树立和践行正确政绩观的重要论述和严禁统计造假、严控地方政府债务风险的重要批示精神。市委书记朱洪武传达省委省政府专题培训班精神并作辅导报告。市委副书记、市长陈爱林作辅导报告。市委常委、组织部部长祝云武主持。

朱洪武强调，要严禁统计造假、严控债务风险，坚决刹住统计造假和盲目举债歪风。全市各级各部门要切实把思想和行动统一到习近平总书记重要指示批示精神上来，严格落实省委省政府专题培训班部署要求，旗帜鲜明同统计造假行为作斗争，坚持实事求是、动真碰硬、担当作为、制度管事，推动专项治理向纵深发展。

◎宁远县交警为夜幕增添“平安色”

2023年6月14日，为进一步预防和减少因夜间视线不佳、尾灯不亮等造成的道路交通事故，保障人民群众的生命财产安全，宁远县公安局交警大队在全县范围内开展了“亮尾行动”，为群众出行安全“加码”。

行动中，民警在严查各类交通违法行为的同时，在二轮摩托车、电动车和反光标识不清晰、老化、缺失的三轮车尾部粘贴反光贴，并向群众详细介绍反光贴的作用，发放交通安全宣传折页，普及道路交通安全法律法规，全面增强群众交通安全意识和风险防范意识。

此次行动，宁远交警共粘贴反光贴900余份，发放宣传资料1100余份，有效加大了摩托车、电动车安全行车系数，切实提升了辖区群众的出行幸福感和安全感。

要闻纪事

△20日，永州军分区党委十二届一次全体会议召开。全会选举朱洪武、张嘉庆、熊壮、黄萍、王良锋、王四海为军分区第十二届党委常委；朱洪武、张嘉庆、熊壮分别当选为第一书记、书记、副书记。会议审议通过了永州军分区纪委十二届一次会议选举结果，黄萍当选为军分区纪委书记，王四海当选为军分区纪委副书记。

△20日，永州市委副书记、市长陈爱林主持召开市政府第28次常务会议。研究部署防汛、油茶产业发展、交通运输等工作。会议听取了《永州市防汛应急预案》修订情况汇报。

△20日，永州市公安局组织开展全市公安机关“政治·业务双提升”第45次专题学习，邀请公安部一级巡视员、中国人民公安大学客座教授赵炜作党的二十大精神专题辅导。

△25日，永州市侨联六届二次全委会召开。会议提出，努力开创新时代侨联事业新局面。

△25—26日，湖南省委副书记、省长毛伟明赴江华瑶族自治县、江永县，按照开展学习贯彻习近平新时代中国特色社会主义思想主题教育部署，围绕“湖南经济运行面临的机遇挑战及对策建议”课题深入调研

△27日，永州市委依法治市办第4次会议召开，会议传达学习了省委相关会议和文件精神，总结2022年工作，研究部署2023年工作。

△24日至30日，永州市人民政府市长陈爱林率永州市经贸代表团出访非洲埃塞俄比亚和吉布提两国。为期7天的出访交流，主题突出，日程紧凑，圆满完成了各项任务，实现了加强交流、增进友谊、扩大合作、共促发展的预期目的。

5月

△6日，第六届永州市政协第一次重点关切问题情况通报会召开，主题是“改善全市生态环境质量，深入推进改善生态环境专项民主监督工作”。

◎ 2022 年度“永州好人”颁奖仪式暨 2023 年第一季度“永州好人”现场发布活动举行

2023 年 6 月 16 日，2022 年度“永州好人”颁奖仪式暨 2023 年第一季度“永州好人”现场发布活动在江华瑶族自治县举行，表彰永州市 30 名 2022 年度“永州好人”，现场发布 22 名 2023 年第一季度“永州好人”。市委常委、宣传部部长刘厚出席并讲话。

刘厚强调，文明的足迹沉着深厚，道德的力量润物无声，“永州好人”大部分来自基层，他们在自己的平凡岗位上默默耕耘，展示了永州最美丽的风景、最闪亮的名片，诠释了新永州、好永州、福永州、美永州的精神风貌，带动形成了崇德向善、见贤思齐的浓厚氛围。我们要以此次活动为契机，深入挖掘身边好人好事所体现出来的精神风貌、精神力量，让好人之德扎根永州，让文明之花开遍永州，共同为现代化新永州建设汇入强大的精神力量。

2022 年度『永州好人』颁奖仪式暨 2023 年第一季度『永州好人』现场发布活动举行

◎ 2023 年永州市文化科技卫生“三下乡”活动举行

2023 年永州市文化科技卫生“三下乡”活动举行

2023 年 6 月 21 日，2023 年永州市文化科技卫生“三下乡”暨新时代文明实践集中示范活动在冷水滩区黄阳司镇举行。市委常委、宣传部部长刘厚出席并讲话。

刘厚指出，要提高政治站位，广泛动员参与，把“三下乡”活动与学习宣传贯彻习近平新时代中国特色社会主义思想和党的二十大精神结合起来，与推进农业强市、文化强市、科技强市、健康永州建设等结合起来，动员各方人才力量流向农村，汇聚更多资金技术流入基层，让“三下乡”活动成果更多、更好、更持久地惠及广大父老乡亲。要紧贴基层实际，全力服务“三农”，依托新时代文明实践中心、所、站，重点开展好志愿服务、理论宣讲、乡风文明、文化展演、医疗义诊和卫生健康、农林科技知识普及等活动。

活动中，市直 22 家承办单位为黄阳司镇捐赠现金 22.6 万元，捐赠物资价值 43.4 万元。活动还为当地复退转业老军人、烈军属、老干部、老劳模、长寿老人代表发放慰问金，开展理论宣讲、文艺演出、示范性项目展示及各项服务活动。

◎永州市零陵区公安集中统一清查护紧夏夜治安『安全阀』

2023 年 6 月 28 日，为持续做好夏季治安防控，有效防范清除各类安全风险隐患，营造安全稳定的社会环境，守护零陵“烟火气”，零陵公安分局在全区开展集中统一清查行动。

行动中，分局各警种协同作战，下沉支援派出所，持续强化重点行业、重点场所的检查，对燃气企业、加油站等重点领域开展一次全面排查，及时消除安全隐患；对宾馆、酒店、民宿等住宿行业的消防设施设备、视频监控储存，以及是否按照要求登记住宿人员信息等方面进行重点检查，对检查中发现的问题责令相关单位限期整改到位，堵塞管理漏洞；巡特警大队与各派出所采取步巡加车巡的方式，加强对广场、商场、夜市、景点等重点部位、重点区域的巡逻管控，提升见警率和管事率；交警大队在全区重点路段开展设卡查缉，严厉打击酒醉驾、超速超载等交通违法犯罪行为。

要闻纪事

△8 日，永州陆港众合永盛预制菜+中央厨房装备制造产业园开工仪式暨湘粤非铁海联运班列常态化开通、产业招商集中签约活动举行。集中签约的 19 个项目总投资 120 亿元，开工建设的永州陆港众合永盛预制菜+中央厨房装备制造产业园项目总投资 10 亿元，用地面积约 500 亩，三年内全部建成投产，达产后将实现年产值 10 亿元，年纳税额 5000 万元。

△9 日，永州市人才引领产业发展论坛在冷水滩举行，中国工程院院士、湖南省农业科学院党委书记柏连阳，中央财经大学中国互联网经济研究院副院长欧阳日辉，中国电建集团中南勘测设计研究院有限公司电气所副所长吴昌龙，湖南省旅游学会常务副会长殷海雄，深圳中商产业研究院项目总监潘炜迪 5 位院士、专家先后作主旨演讲。

△8 日至 10 日，湖南省政协副主席李民率省政协调研组来永就“推进以县城为重要载体的城镇化建设”重点课题开展调研。

△10 日，永州市委书记、市委全面依法治市委员会主任朱洪武主持召开市委全面依法治市委员会 2023 年第一次会议，深入学习贯彻党的二十大精神和习近平法治思想，回顾总结去年全面依法治市工作，审议有关文件，开展年度述法，研究部署下阶段工作任务。

△11 日，2023 年一季度全市自然资源和规划系统重点工作流动现场会在东安县召开。副市长肖扬强调，全市自然资源和规划系统要聚焦服务发展“六仗”，加强用地保障，加大土地出让，做到土地保障到位。

◎第三届中非博览会永州陆港招商推介会在长沙举行

第三届中非博览会永州陆港招商推介会在长沙举行

2023 年 6 月 29 日，第三届中国—非洲经贸博览会暨中非经贸合作论坛在湖南长沙国际会议中心开幕。博览会 13 场地方专场活动之一——中国·永州陆港招商推介会在长沙国际会议中心举行。吉布提驻华大使阿卜杜拉·米吉勒、埃塞俄比亚驻华大使塔费拉·德贝·伊马姆、省人大常委会党组成员陈文浩分别致辞。市委书记朱洪武为埃塞俄比亚永州商会筹备工作委员会授牌并致辞。

推介会上，举行了中非跨境电商平台上线启动仪式，签约了 10 个中非合作项目，涉及农产品深加工、海外仓、港口合作、产业园合作、矿产资源贸易、电子元配件贸易、电力工程、钻机采购、进出口贸易等领域。深耕非洲市场 10 余年的江华邦特尔智能设备有限公司总经理闵高照作为客商代表发言。

◎埃塞俄比亚驻华大使访问永州

2023年7月1日至2日，参加第三届中非经贸博览会的埃塞俄比亚驻华大使塔费拉·德贝·伊马姆、海关委员会副主任阿齐兹·钱恩·阿贝贝一行赴永州深入考察、交流和对接，谋求进一步拓宽中非合作的合作领域、提升合作层次、扩大合作成果。市委副书记、市长陈爱林会见塔费拉大使一行并陪同考察零陵。市领导吕斌、肖扬、方智毅等分别陪同。

塔费拉大使一行先后赴永州陆港、果秀集团、金森电力、鑫科新能源、零陵古城、湖南科技学院、蘋洲书院参观考察营商环境、基础建设、产业项目、文旅融合等情况。在永州陆港，塔费拉大使实地察看项目建设和运营现状，询问陆港的出海通道、吞吐容量、运输时间、通关环境、优惠政策等具体情况。在果秀集团，一行人先后参观了柑橘文化展厅、杏鲍菇生产车间，了解企业产品外贸物流情况，探讨合作的可能性。在永州经开区，客人对金森电力和鑫科新能源两家高新科技企业产生浓厚兴趣，表示欢迎永州企业去开拓非洲市场。

埃塞俄比亚驻华大使访问永州

◎永州公安开展夏夜治安巡查宣防行动

永州公安开展夏夜治安巡查宣防行动

2023年7月7日，永州市公安机关调集1.1万余名警力在永州市范围内组织开展夏夜治安巡查宣防第一次集中统一行动，在市公安局情报指挥中心，副市长、市公安局局长车丽华通过永州“快反135”警民融合可视化对讲机向永州市公安机关下达集结出发指令。

永州市公安机关牢固树立“一盘棋”思想，按照“党委领导、部级抓总、省级主责、市县主战、派出所主防”原则，高效运行永州“快反135”机制，跨警种合成作战，点、线、面结合，空中无人机+路面警力立体巡逻，为永州丰富多彩的“夜间经济”保驾护航。永州市参战警力充分发扬“亮剑”精神，发挥“守夜人”作用，统筹资源力量、聚焦重点乱点、强化显性用警、深化群防群治，对重点部位、场所、路段、水域等地进行全面巡查，持续开展“见警察、见警灯、见警车”行动。采用“车巡+步巡”模式加大对夜市、烧烤摊、广场、商圈等重点部位巡逻频率，对网吧、酒吧、KTV等重点场所采用“突击式”“地毯式”“拉网式”清查以最大程度消除各类安全隐患，基层派出所围绕“九小场所”消防安全隐患全面开展排查整治。

◎宁远县召开卫健系统2023年“庆七一”表彰大会

2023年7月12日，宁远县召开卫健系统2023年“庆七一”表彰大会。县委副书记、统战部长杨康出席并讲话。副县长艾可军主持会议，会上新发展党员集中进行了入党宣誓。会议宣读并表彰了一批先进基层党组织、优秀共产党员、优秀党务工作者，向部分50年党龄党员代表颁发了“光荣在党50年”纪念章。

杨康要求，卫健系统各级党组织和广大共产党员要自觉做到政治上忠诚、思想上忠诚、行动上忠诚，内化于心、外化于行，争做信念坚定、对党忠诚的践行者。要在改善群众就医环境上担当作为，在推进健康宁远建设上担当作为，在推动中医中药事业上担当作为，在夯实医卫人才队伍上担当作为，干在实处、走在前列，争做担当负责、开拓创新的实干家。

宁远县召开卫健系统2023年『庆七一』表彰大会

要闻纪事

△15日，《信访工作条例》实施一周年主题宣传暨永州市第六个信访法治宣传月集中宣传活动在冷水滩区政府广场启动。开展《条例》宣传月暨第五个信访法治宣传月活动，编印《条例》折页、图解手册等宣传资料2万余份，通过短视频、微动漫等方式推出接地气的宣传作品。

△15日，江华瑶族自治县人民法院开展“公众开放日”活动，邀请江华县禁毒办40余名工作人员及江华县职业中专学校30余名师生代表走进法院，旁听一起贩卖毒品案件当庭公开宣判。

△16日至17日，湖南省委常委、常务副省长李殿勋赴永调研高质量发展情况。

李殿勋一行深入永州市揽胜科技、中古生物技术联合创新中心、永州陆港、国际农产品智慧冷链物流商贸中心等地，就高质量发展推进情况进行调研。

△22日至23日，广西贺州市委书记李杰云率党政代表团一行到永州市考察交流。李杰云一行先后来到永州国际农产品智慧冷链物流中心、茅竹镇三家村、唐家山油茶文化主题公园、湖南益安运动用品有限公司、浯溪碑林、陶铸纪念馆、潇湘算力中心、湖南盛永能源科技、永州鑫科新能源有限公司、宋家洲生态公园等地，进行实地参观考察、互动交流。

△23日，2023年全市教育考试招生工作暨高考安全工作视频会议召开，安排部署相关工作。

△25日，永州市人民政府与中国联通湖南分公司举行座谈会，双方就深化数字经济战略合作进行深入交流。

△26日，永州市召开5月份污染防治攻坚战专题调度会。会议要求，要全力抓好中央污染防治攻坚战成效考核，全面压实责任，迅速抓好整改，认真举一反三，立行立改，确保重点任务按期完成。

◎永州市第二家省级重点实验室揭牌

2023年7月28日，由湖南时代阳光药业股份有限公司与中国中医科学院医学实验中心联合成立的“中成药复杂作用解析”湖南省重点实验室在北京揭牌，这是永州获批的第二家省级重点实验室。中国中医科学院党委书记查德忠、省科技厅副厅长曾立新、副市长李旦梅出席并为实验室揭牌。

查德忠指出，成立“中成药复杂作用解析”湖南省重点实验室是加强院地合作示范，发挥中医药行业国家队作用的具体举措，有利于构建创新中药设计理论，指导中药新药研发，促进中药药效物质及作用机制研究方法的突破。

曾立新希望湖南时代阳光加强与中国中医科学院的深度合作，共同建好“中成药复杂作用解析”湖南省重点实验室，充分发挥企业的创新主体作用，加大科研投入，引进与培养创新人才，争取出成果、出效益，省科技厅将在政策、项目、人才等方面继续为实验室做好服务，提供支持。

永州市第二家省级重点实验室揭牌

◎全面优质完成烟叶收购工作任务

2023年7月28日，2023年永州市烟叶收购工作视频会议召开，会议总结上半年烟叶工作，传达全省烟叶收购座谈会会议精神，安排部署2023年烟叶收购工作。副市长吴恢才出席并讲话。

2023年以来，永州市认真贯彻市委、市政府烟叶工作要求，认真践行“1134”烟叶工作思路，瞄定烟叶工作年度目标任务，永州市烟叶规模稳中有增，生产形势稳中向好，永州烟叶产业平稳发展。永州市烟叶将于8月2日开称收购，9月下旬全面结束。

吴恢才要求，要认真贯彻省政府办公厅《关于支持烟叶产业高质量发展若干政策措施》，烟叶收购总体要求要做到“四个确保”，确保完成75万单任务，确保质量稳定，确保烟农增收，确保收购秩序平稳有序。要做好收购准备，落实好收购政策，做到应收尽收。要加强收购管理，严肃收购纪律，优化收购服务，做好应急预案，确保人身财产和交通安全。要加强协调配合，狠抓收购各项工作落实到位，全面优质完成烟叶收购工作任务。

◎新化县检察院构建多元帮教模式

2023年7月14日，新化县检察院检察官罗艳梅向三位涉罪未成年人家长送达《督促监护令》，责令家长“依法带娃”，履行好监护职责。

新化县检察院充分发挥检察职能，通过教育、感化、挽救等手段，构建“检察+”多元帮教模式，助力涉罪未成年人回归正途。组建“检察官+社工+心理咨询师+志愿者”专业帮教团队，全面掌握涉罪未成年人的性格心理特点，对涉罪未成年人实行“一人一档”个性化帮教；联合县民政局建立涉罪未成年人帮教救助机制，依托32个乡镇社工站，定期开展未成年人法律宣传、公益劳动、偏差行为及心理矫治等活动。

对监护缺位、监护不力的案件，该院通过制发《督促监护令》，督促监护人履职到位，并开展“一对一”家庭教育指导，帮助监护人给孩子补上缺失的“家庭教育课”。2023年以来，该院已制发60份《督促监护令》，联合开展帮教220人次。

要闻纪事

△29日，永州市委常委、宣传部部长刘厚主持召开市县新闻宣传工作座谈会。来自省驻永单位、市直单位和部分县区、乡镇的一线宣传工作者代表，立足各自领域，结合工作实际，就如何做好新时期永州新闻宣传工作交流心得体会，并围绕新闻报道三结合、部门工作三同步、宣传推介三协同的“三个三”新闻宣传工作机制提出具体的意见建议。

△30日，湖南省乡（镇、街道）人民武装部和退役军人服务站紧密协作暨基层武装部建设推进会在永州召开。省市两级军地领导130余人齐聚一堂，共商国防后备力量建设和退役军人服务保障工作发展大计。

5月25日至6月1日，永州市委副书记、市长陈爱林率永州市各县市区政府主要负责人参加“港洽周”活动。采取分散和集中相结合、规定动作和自选动作相结合的方式，先后到山东、福建、香港、广东等地开展招商引资。

6月

△1日，永州市委书记朱洪武主持召开“加快外向型优势产业发展”课题调研职能部门座谈会，围绕加快外向型优势产业发展主题，听取相关职能部门和各方面的意见建议。市直有关部门围绕全市外向型产业现状、机遇、挑战和建议先后发言。

△7日，永州市第三届住房公积金管理委员会第二次会议召开。会议审议通过了《永州市住房公积金管理工作报告》《永州市住房公积金财政监督报告》《关于适当调整住房公积金使用政策的通知》《关于有关事项提请市住房公积金管理委员会审议决策的报告》。

△8日，全市政法重点工作“双月”调度暨省交办重点信访事项调度会议召开

市委书记朱洪武强调，要统筹好发展和安全两件大事，大力发扬“三盯”精神、始终保持“三干”作风，以一流标准、一流业绩、一流作风抓好各项工作，建设更高水平的法治永州和平安永州。

◎蓝山县以学促干提升基层政协工作水平

蓝山县以学促干提升基层政协工作水平

2023年7月18日，蓝山县委组织全县14个乡镇专职副书记及政协工作专干开展乡镇政协工作学习培训，传达学习上级有关指示精神和省政协关于进一步加强乡镇（街道）政协工作的相关要求，进一步增强基层政协力量，推动政协工作向基层延伸。

培训活动围绕“充分认识新时代人民政协工作的重要性”“主动担负起新时代赋予的政治责任”“当好政协工作向基层延伸的实践者和推动者”等主题，引导学员加快进入角色开展工作，用好用活政协云，开展线上履职，主动担负起推进政治协商向基层延伸这一职责使命。勉励基层干部充分发挥在本职工作中的带头作用、政协工作中的主体作用、界别群众中的代表作用，以“政协之为”服务蓝山高质量发展。

培训会还对“政协云”手机App安装操作和各项功能模块、日常履职操作进行了理论学习讲解，利用手机投屏进行现场演练，帮助参训人员快速掌握政协云App各项操作，有效促进政协工作线上履职。培训现场，参训人员踊跃提问，积极参与交流互动，学习热情高涨，进一步提高了基层干部素质和政协工作水平。

◎畅叙军民鱼水情 共谱双拥新篇章

市委副书记、市长陈爱林前往武警永州支队、市消防救援支队开展走访慰问

2023年7月29日，市委副书记、市长陈爱林前往武警永州支队、市消防救援支队开展走访慰问，向他们致以节日祝福和诚挚问候。市领导车丽华、黄萍，市政府秘书长齐爱社参加。

陈爱林来到武警永州支队，与部队官兵亲切交谈，听取部队建设情况介绍，详细了解他们的工作和生活情况。他表示，感谢武警部队长期以来在促进永州经济社会发展、维护社会大局稳定等方面作出的重要贡献，希望广大官兵深入贯彻习近平强军思想，牢记职责使命，发扬光荣传统，保持优良作风，在服务发展大局、保障安全稳定中再立新功。要一如既往地关心和支持部队建设，用心用情帮助群众解决实际困难，全力谱写军地共建新篇章。

◎永州成功创建全国社会信用体系建设示范区

2023年7月31日，国家发改委发布第四批全国社会信用体系建设示范区名单，永州市成功上榜。

近年来，永州市在省发改委、省信用办的指导下，在永州市委、市政府的坚强领导下，扎实推进信用体系建设，以平台建设、数据管理、信用承诺、信用核查、信用监管、信用应用、信用宣传、信用修复等为发力点，不断强化信用信息归集共享，创新信用场景应用，优化分级分类监管，推进惠民便企服务，为成功创建全国社会信用体系建设示范区奠定了坚实基础。

全国社会信用体系建设示范区的创建，将带动全市上下形成重信誉、守诚信、讲信用的良好风尚，为永州市经济社会发展注入信用力量。下一步，永州市将补短板、强弱项，固优势、创特色，不断擦亮“信用永州”金字招牌，奋力推动全市社会信用体系建设高质量发展。

◎蓝山县人武部开展“光荣从军路，峥嵘岁月稠”军装纪念照拍摄活动

蓝山县人武部开展“光荣从军路，峥嵘岁月稠”军装纪念照拍摄活动

2023年8月1日是第96个“八一”建军节，蓝山县人武部以“致敬光荣的您”为主题组织开展“光荣从军路，峥嵘岁月稠”军装纪念照拍摄活动，重温从军光荣，定格烽火记忆，致敬英雄老兵。

此次活动主要通过集中拍摄的方式进行。在活动现场，工作人员们积极地为退役军人发合适的军装，大家互相之间整理造型，整齐统一地换上军装，以最佳的姿态面对镜头，留下了一张极具纪念意义的大合照。

通过此次为老兵们重拍军装照的活动，进一步引导了军人“不忘初心、牢记使命”，弘扬了“退伍不退志，退役不褪色”的正能量。

◎永州企业在阿联酋迪拜挂牌

2023年8月，永州企业湖南明意湖集团迪拜海外仓在阿联酋迪拜机场物流园正式挂牌，副市长吴恢才和明意湖集团董事长李洪梅共同揭牌。

迪拜海外仓的建立，对明意湖全面开拓中东市场，推进全球市场营销战略具有里程碑的意义。10年前，江华瑶族自治县河路口镇瑶族打工妹李洪梅怀揣梦想回到江华工业园创业，创立了明意湖公司，专注手机膜的研制与加工，10年艰辛创业，如今的明意湖集团已经成长为国内最大的手机膜生产企业之一，董事长李洪梅也被称为“全球手机膜女王”。为拓展和巩固中东和非洲市场，李洪梅决定在阿联酋迪拜机场物流园设立海外仓，仓库面积为4000平方米，目前已有多家合作伙伴进驻，仓库有序存满了手机膜、数据线等各类货物，运营半年来，辐射能力明显。

吴恢才希望，明意湖集团以此次挂牌为契机，开拓创新，发扬优良传统，再创明意湖事业新辉煌，带领更多的永州企业走向海外，为实现永州向南向海向外发展目标贡献力量。

永州企业湖南明意湖集团迪拜海外仓在阿联酋迪拜机场物流园正式挂牌

要闻纪事

△9日，永州市公安局实施“派出所主防”战略市局机关及直属分局民警下基层锻炼部署暨欢送会在市公安局一楼视频会议室举行。

△9日，政协永州市第六届委员会常务委员会第八次会议在冷水滩召开，聚焦“加强湘粤桂合作 加快构建省际边界综合立体交通网络”开展专题议政协商。

△10日，永州市首个县区级海关服务站——祁阳市海关服务站揭牌仪式在祁阳高新区中小企业服务中心举行。

△14日，永州市委副书记、市长陈爱林专题调研优质医疗资源服务南部县区工作。他强调，要促进优质医疗资源扩容和区域均衡布局，让老百姓看得好病看得起病，在“家门口”就能享受优质高效便捷的医疗服务，切实增强群众的获得感。

△15日，全市社科理论界学习贯彻《习近平著作选读》第一卷、第二卷座谈会召开。会议指出，《习近平著作选读》高度凝结了习近平总书记对新时代重大理论和实践问题的深邃思考，集中展现了马克思主义中国化时代化的最新成果，是闪耀着真理光芒的理想著作、是映照着初心使命的政治文献、是指引着奋进方向的思想灯塔。

△19日，永州市委理论学习中心组2023年第6次集体（扩大）学习暨永州市“智绘潇湘”大讲堂(第一期)举行。

△25日，由法制日报社举办的2023政法智能化建设创新案例及论文征集宣传活动结果正式揭晓发布。永州市公安局“永州‘快反135’群防群治警民手机融合对讲平台”获评智慧警务创新案例第一名，永州“快反135”连续三年入选全国政法智慧警务创新案例。

△26日，永州市委书记朱洪武到冷水滩区调研外向型优势产业发展情况。朱洪武强调，要充分利用通道平台，大力发展外向型经济，全力推动外向型优势产业高质量发展。

◎全市二季度农村人居环境整治提升“大比武”现场推进会召开

永州市二季度农村人居环境整治提升“大比武”现场推进会在蓝山县召开

2023年8月14日，永州市二季度农村人居环境整治提升“大比武”现场推进会在蓝山县召开，副市长吴恢才出席会议并讲话。

会议传达学习了浙江“千万工程”经验，通报了永州市二季度农村人居环境整治提升暗访情况、高标准农田建设工作情况、农村问题厕所排查整改再“回头看”工作督导情况，对二季度农村人居环境整治提升“大比武”评价为“好”的零陵区、江华瑶族自治县、蓝山县授予了流动红旗，有关县市区做了交流和表态发言。

吴恢才强调，要把握“全面提升、示范带动”两个关键，要认真学习贯彻习近平总书记关于浙江“千万工程”的重要指示批示精神，用好“大比武”这一主要抓手，将“千万工程”经验转化为推动永州市农村人居环境整治提升，建设和美湘村的生动实践。要突出“资金保障、过程监管”两个重点，做到专款专用，并千方百计筹措资金，切实加强勘察设计、招投标、施工建设等全过程监管，确保项目建设取得实效。

◎永州市举行首个全国生态日主题实践活动

永州市举行首个全国生态日主题实践活动

2023年8月15日，“潇湘明珠生态廊道”永州市首个全国生态日暨“美丽中国，我是行动者”——绿色卫士下三湘走进冷水滩主题实践活动举行，省生态环境厅二级巡视员钟进出席开幕式并致辞。

活动设置1个主会场、4个分会场，现场通过生态保护宣传文艺会演，保护生物多样性、低碳减排、保护母亲河、垃圾分类等主题宣传，积极引导广大群众增强生态环境保护意识，提升自身生态文明素养。

活动强调，各社会团体、环保志愿服务组织、家庭、公民进一步增强生态环境保护意识，提升自身生态文明素养，自觉节约能源资源，践行绿色低碳的生活方式，大力推进垃圾分类，积极参加环保实践和监督，自觉做生态文明理念的模范践行者，共建人与自然和谐共生的美丽家园，努力建设天更蓝、地更绿、水更清的美丽永州。

◎『走，去永州』——永州文旅青年推介官工作座谈会召开

2023年8月11日，“走，去永州”——永州文旅青年推介官工作座谈会召开。市委常委、宣传部部长刘厚出席并讲话。

座谈会上，8位文旅青年推介官作了发言，介绍了相关工作。7月以来，团市委在全省创新开展“智汇潇湘鸿雁之约”——永州市2023年大学生返家乡助力乡村振兴主题实践系列活动，共吸引了1000余名大学生参与，其中文旅青年推介官聚焦永州山水美景、历史文化、特色美食等优势要素，目前已发布文旅短视频40余个，浏览量超过200万人次。

刘厚要求，永州文旅青年推介官要在推介标的上突出特色具有吸引力，做到有氛围感、话题感、参与感。在推介内容上调动情感具有共振力，聚焦人的情感，吸引更多人参加。在推介方式上遵循规律具有转化力，做足提前预热、全程直播、自媒体联动、精彩回顾、花絮分享等环节，力争传播方式从视频传播、智能传播、情感传播逐步升级。

『走，去永州』——永州文旅青年推介官工作座谈会召开

要闻纪事

△26日是第36个国际禁毒日，永州市委副书记、市长、市禁毒委主任陈爱林参与国际禁毒日宣传活动并调研永州市禁毒工作。“全民禁毒你我他 禁毒宣传进万家”主题宣传暨永州市2023年“健康人生 绿色无毒”全民健康跑活动在冷水滩区宋家洲公园举行。旨在营造“健康人生 绿色无毒”浓厚宣传氛围，提升全民识毒、防毒、拒毒意识。

△27日，永州市委书记朱洪武以普通党员身份参加市委办机关党员干部“走基层、找问题、想办法、促发展”主题党日活动并上党课。

△27日，道县在陈树湘“绝对忠诚”党员教育培训基地举行庆祝中国共产党成立102周年“绝对忠诚守初心 坚定信心快发展”主题党日活动启动仪式。

△27日，零陵区委党校举行庆祝建党102周年主题演讲比赛，零陵区2023年中青班暨“青马工程”培训班学员分四组参加演讲。

△28日，永州市政府办机关三支部来到冷水滩区上岭桥镇东村村开展“七一”“一月一课一片一实践”主题党日活动。全体党员在党旗面前再次庄严宣誓，重温入党誓词，并观看党员教育片，围绕党建引领乡村振兴与村支两委、驻村工作队、村党员进行座谈交流，纷纷围绕乡村振兴发展计划踊跃发言。

△28日，蓝山县水电公司召开庆祝中国共产党成立102周年暨“七一”表彰大会。大会在重温入党誓词仪式中正式拉开帷幕。会议通报了公司党委荣获2022年度县直机关先进基层党组织表彰的喜讯，宣读了水电公司党委《关于表彰2022年度先进党支部、优秀共产党员和党务工作者的决定》，并对上年度在公司发展建设中涌现出来的先进集体和个人进行了表彰。

◎永州市召开打造内陆地区开放高地暨上半年商务和开放型经济工作流动现场会

2023年8月16日，永州市打造内陆地区开放高地暨2023年上半年永州市商务和开放型经济工作流动现场会在宁远县召开。副市长肖扬出席并讲话。

会议强调，必须牢牢把握高质量发展这个首要任务，锚定“三高四新”美好蓝图，紧扣“发展六仗”，把握“六大战略支点”，统筹兼顾质量、增量、存量，推动三量齐升，争取实现更好结果。要努力提升质量，在思想认识、统计数据、真抓实干、安全生产上提质量，把为民造福作为最大政绩，创造经得起实践和历史检验的政绩，确保人民群众生命财产安全。要努力扩大增量，在企业入统、招商引资、项目落地、促进消费上扩增量，持续加大限上企业入统工作的统筹调度，全力做好湘商回归工作。

永州市打造内陆地区开放高地暨上半年全市商务和开放型经济工作流动现场会

会上，宁远县、冷水滩区、新田县分别就外贸、社会消费品零售、湘商回归工作作典型发言。道县、江华瑶族自治县就相关工作作表态发言。会前，与会人员还参观了宁远县九嶷时代广场、永州汇盛鞋业有限公司。

◎永州市首个省外党员干部教育培训现场教学示范点在海南文昌揭牌

2023年8月21日，永州市驻海南流动党支部党员干部教育培训现场教学示范点揭牌仪式在海南省文昌市会文镇灶管村荔枝园基地举行，这是永州市在省外创建的首个党员干部教育培训现场教学示范点。

蓝山县在海南从事荔枝种植销售、农资经营、木材家具经营等行业的流动人口达4000余人。为加强和改进流动党员教育管理，在永州、文昌两地组织部门的指导下，2021年4月，蓝山县驻海南流动党员党支部在海南文昌成立，现有流动党员31名。党支部自成立以来，不断完善“组织共建、党员共管、发展共促”的新时代流动党员“共建共管共促”新模式，致力于团结凝聚蓝山籍流动党员，打造团结之家、温情之家、奉献之家，让流动党员“离乡离土不离党，漂洋过海不迷航”；大力探索“党支部＋合作社＋商会”的“三合一”发展模式，通过“一人带一户、一户带一组、一组带一村”发展荔枝产业，牵头成立海南湘蓝热带水果合作社，统一技术指导、统一农资供应、统一销售渠道，提高荔枝产量和品质，带领蓝山老乡共同创业致富，实现年产值5亿元，占海南“妃子笑”荔枝60%的份额，闯出了一条“党建红引领产业红”的新路子。

◎永州市全力推广『湘易办』超级服务端

永州市全力推广“湘易办”超级服务端

2023年8月18日，永州市“湘易办”超级服务端工作推进会召开。市委常委、副市长何恩广出席并讲话。会议对“湘易办”超级服务端建设任务和指标进行了解读，安排部署了下一阶段工作。

会议要求，要统一思想，充分认识到建好用好“湘易办”是落实政治责任的必然要求，是优化营商环境的必然要求，是为打好“发展六仗”提供支撑与保障的必然要求，更是提升企业群众获得感与满意度的必然要求。要提高认识，聚合力，以群众需求为导向，进一步提升“湘易办”的丰富度和好用度，让企业群众办事越来越便利，让更多市场主体选择永州、爱上永州、投资永州、发展永州。

◎2023年上半年永州市文化旅游广电体育工作流动现场会召开

2023年8月22日，2023年上半年永州市文化旅游广电体育工作流动现场会在零陵区召开。副市长肖扬出席并讲话。

肖扬表示，永州市上半年文旅广体系统抢抓文旅复苏机遇，狠抓文旅产业发展，品牌创建重点突破、推陈出新，文旅市场持续火爆、多点开花。他强调，要强化“创先”意识，锚定“争优”目标，打好打赢2023年永州市文旅广体工作收官战，努力实现三大目标；要加快文旅项目推进，抓好22个市级重点项目建设，确保完成年度投资计划；要加强文旅项目包装申报，聘请专业团队，进一步加大项目包装申报力度；要补齐配套服务短板，努力实现“快进慢游”的旅游交通体验，大力支持乡村民宿和星级农庄发展，持续挖掘景区文化，完善景区配套，增强景区体验；要以市场需求为导向，优化旅游服务供给，做旺人气，提升市场知名度，推动市域内主要景区互为推介、互送客源、联动发展，培育形成旅游环线；要牢固树立安全发展理念，以“时时放心不下”的责任感抓实抓细安全生产工作，打好安全生产翻身仗，不断推动文化旅游产业高质量发展，为永州的经济发展贡献文旅力量。

永州市“湘易办”超级服务端工作推进会召开

◎永州市“快反135”App上线

2023年8月29日，永州公安“物联网＋警民融合”群防群治平台暨永州“快反135”App上线推广仪式在永州市公安局举行。市委常委、市委政法委书记张建坤，副市长、市公安局局长车丽华共同按下启动键。

2023年以来，永州公安创新研发永州“快反135”App，深化“互联网＋群防群治”创新实践，实现报警途径多元拓展、群防队伍精准指挥、社情线索一键上报、警种资源融合支撑，推动永州市公安机关“情指行”一体化落地落实和永州“快反135”机制迭代升级。截至目前，永州市已注册认证普通群众端用户突破50万，群防群治端用户已达1.5万。

车丽华指出，永州“快反135”App是永州市公安科技应用创新的又一重大举措。要进一步加大推广力度，争取在9月底实现普通群众端用户100万＋、群防群治端用户5万＋，年底基本实现“三端”用户永州市全域全警全网覆盖。要进一步强化实战应用，加强全警科技信息化实战培训，掀起全局全警全民实战应用高潮，形成警务实战集群效能。要进一步深度研发拓展，深度研发更多的管用、能用、好用的功能模块，在全省率先打造移动警务、指尖警务。

永州市“快反135”App上线

要闻纪事

△29日，永州市委书记朱洪武，市委副书记、市长陈爱林在长沙分别会见了吉布提驻华大使阿卜杜拉·米吉勒、埃塞俄比亚驻华大使塔费拉·德贝·伊马姆，就开展经贸合作、增进双方友谊进行交流。

△30日，2023年永州市夏季旅游营销策划会暨避暑旅游季活动调度会召开。围绕“湘江源头纳凉去”活动主题，各县区开展“避暑漂流节”“星空露营季”“烧烤篝火晚会”“民谣嘉年华”等一系列精彩活动。

△30日，江永县委办于县市民广场升旗处开展“初心不改、矢志不渝庆七一”集中宣誓活动。广大党员和入党积极分子高举右拳，面对鲜红的党旗，大家庄严宣誓，用铮铮誓言表达自己坚决拥护中国共产党的领导，牢记为人民服务的宗旨。

7月

△1日，永州籍在长沙教育界人士代表座谈会召开。市教育局介绍了近两年全市教育工作情况。与会人士围绕教育人才引留、名师工作室建设、拔尖创新人才培养、教育均衡发展等建言献策，表示尽其所能为家乡教育发展贡献力量。

△4日，永州公安举行祁阳市现代农业产业园警务站揭牌仪式。祁阳现代农业产业园以建设“大产区、大园区、大景区”为目标，成功引进了中林集团、广垦集团、源福集团、唐家山茶油等龙头企业落户园区，新建“万”字号基地8个，打造了全国单片面积最大的10万亩油茶产业示范基地。

△5日，永州市委副书记、市长、市非公有制经济工作领导小组组长陈爱林主持召开永州市第二届新湖南贡献奖推荐工作会议。会议传达学习了《湖南省非公有制经济工作领导小组关于开展第二届新湖南贡献奖推荐评选工作的通知》，听取了永州市第二届新湖南贡献奖推荐工作开展情况，以及民营企业、中小企业先进集体和先进个人推荐情况，并对拟推荐名单进行了讨论研究。

◎ 2023 年地方工会史志编撰工作中南部交流片会暨“新时代农民工就业状况”调研座谈会在永州市召开

2023 年地方工会史志编撰工作中南部交流片会暨“新时代农民工就业状况”调研座谈会在永州市召开

2023 年 8 月 31 日，2023 年地方工会史志编撰工作中南部交流片会暨“新时代农民工就业状况”调研座谈会在永州市召开。中国工运研究所所长徐璐主持会议，省总工会党组书记、副主席刘扬，市委常委、组织部部长祝云武出席会议并致辞，中国工运研究所副所长逄国君，市人大常委会副主任、市总工会主席胡先荣出席会议。

刘扬指出，这次会议为更好提升工会史志编撰水平和工运理论研究提供了难得机遇。我们将以此次会议为契机，深入贯彻落实全总史志编撰要求，充分吸取专家学者的宝贵意见，学习借鉴兄弟省市工会的好经验好做法，为中国工运史和工运理论研究贡献湖南力量。

会上，逄国君介绍了工会史志编撰工作推进情况及发布《2022 年度中国劳动关系状况分析报告》。来自江苏、浙江等 10 个省（区）总工会的负责同志分别作了深入交流，与会的各位专家提出了工作思路和意见建议。

◎永州市委理论学习中心组举行 2023 年第 8 次集体学习

2023 年 8 月 31 日，永州市委理论学习中心组举行 2023 年第 8 次集体学习，学习《习近平法治思想学习纲要》、习近平总书记关于民主法治和全过程人民民主的重要论述、习近平总书记关于安全生产的重要论述和重要指示批示，集中观看安全生产警示教育宣传片及交通问题顽瘴痼疾整治专题片。市委书记朱洪武主持学习并作总结讲话。市委副书记、市长陈爱林以及市委理论学习中心组成员参加。

朱洪武强调，要在推进全面依法治市上聚焦聚力。着力提高地方立法质量，深入调研论证城乡基层治理、农田水利建设、农村公路等立法项目，以高质量立法服务高质量发展。着力提高依法行政效能，深化行政执法体制改革，不断提升法治政府建设水平。着力提高司法服务水平，加快构建科学合理、规范有序、权责一致的执法司法权运行机制，努力让人民群众在每一个司法案件中感受到公平正义。

◎永州市首届『慈善杯』演讲大赛举行

2023 年 9 月 5 日，为深入贯彻落实党的二十大精神，进一步推动永州市慈善事业高质量发展，由永州市慈善总会、永州市演讲与口才学会联合举办的“学习二十大慈善你我他”全市首届“慈善杯”演讲大赛在冷水滩举行，副市长李旦梅，市慈善总会会长杨海河出席。

李旦梅指出，慈善是弘扬中华民族传统美德，扶危济困、造福人民的崇高事业。习近平总书记在党的二十大报告中为新时代慈善事业高质量发展指明了方向。全市广大慈善工作者要深入学习党的二十大精神，坚决担起新时代慈善事业的新使命，创新工作思路，扎实落实好工作任务。希望通过此次活动，广泛动员引导社会公众参与慈善活动，弘扬中华传统美德，倡导人人向善、人人行善，厚植永州慈善文化根基，在全市营造人人关心慈善、支持慈善、参与慈善的浓厚氛围。

永州市慈善总会会长杨海河给蒋润芝老师颁奖

比赛现场，16 名选手用生动的事例讲述了永州市慈善事业发展取得的成就。经过激烈的角逐，来自道县的蒋润芝获得一等奖。

要闻纪事

△7 日，永州副市长、市公安局局长车丽华在祁阳市观音滩镇井仙村开展“一月一课一片一实践”主题党日活动。车丽华与驻村工作队、村支两委班子、村民党员等共同重温入党誓词，观看《陶铸：铸松树品格 成伟岸人生》宣传教育片。

△7 日，永州市人民政府第三届政府法律顾问聘任仪式举行。市委副书记、市长陈爱林为新聘任市政府法律顾问颁发聘书并讲话。他强调，要深入学习贯彻习近平法治思想，深度参与政府工作，当好市政府的法律智囊、法律参谋、法律助手，以高质量法律服务保障高质量发展。

△11 日至 12 日，湖南省财政厅、省残联到永州市零陵区、冷水滩区调研建立残疾人辅助器具补贴制度相关工作。残疾人基本辅助器具补贴工作是落实“建设残疾人友好城市”的重要举措。

△13 日，永州筑牢湖南“新南门”生态屏障，建立“河长+”机制，实行“一河一警长一检察长一法官”，以法治力量攻坚清违治乱，确保“湘江北去，潇江碧透”。

△21 日，2023 年永州市林长会议召开。会议深入学习贯彻习近平生态文明思想和党中央关于推行林长制的重要部署，传达学习 2023 年省总林长会议精神，听取全市林长制工作情况汇报，研究部署下一阶段重点工作。

△24 日，永州市政府召开第五次全体会议，分析上半年经济形势，部署下半年工作。市委副书记、市长陈爱林强调，进一步巩固全力以赴抓经济、热火朝天拼发展的新气象，推动经济持续向好发展，争取实现更好结果。

◎“创客中国”湖南省中小微企业创新创业大赛永州市复赛举行

“创客中国”湖南省中小微企业创新创业大赛永州市复赛举行

2023 年 9 月 5 日，2023 年“创客中国”湖南省中小微企业创新创业大赛永州市复赛在冷水滩举行，湖南省工信厅党组成员、总经济师熊琛，市委常委、副市长、永州经开区党工委第一书记何恩广，市政协副主席、市工信局局长方智毅出席。

熊琛要求，要以“创客中国”创新创业大赛为载体，以优化环境为抓手，通过“一起益企”中小企业服务行动、“智赋万企”行动、“一链一策一批”中小微企业融资促进行动等系列活动，持续激发中小微企业双创热情。要进一步挖掘参赛企业需求，聚集双创服务资源，全生命周期优服务，进一步推动中小企业专精特新发展。

何恩广指出，“创客中国”中小企业创新创业大赛，是落实“智赋万企”行动、发掘培育“专精特新”企业、打造行业领军“独角兽”企业的一个重要载体，对推动中小企业创新发展，助力永州市打造先进制造业高地发挥着重要作用。希望通过大赛吸引更多省内外投融资机构、核心服务机构等关注支持，鼓励引导永州市中小企业转型创新，促进传统产业提档升级，推动新兴产业加速扩张，实现高质量发展。

大赛经过激烈路演答辩，湖南泉想湖智能科技有限公司、湖南紫金锂多金属新材料有限公司分获企业组和创客组第一名。

◎国内4大港口内陆港在永州陆港启动

国内4大港口内陆港在永州陆港启动

2023年9月8日，招商蛇口、妈湾、赤湾、湛江港口—永州陆港内陆港揭牌和海铁联运专列发行仪式在永州举行，永州至深圳蛇口港、湛江港海铁联运专列发行，标志着永州陆港在打造新通道，扩大通道区域辐射能力上。

蛇口集装箱码头、赤湾集装箱码头、妈湾智慧港均为招商港口集团旗下港口，自2011年5月开始实施一体化运营，是深圳西部母港主体运营管理平台、进出华南的重要“海上门户”，服务有“世界工厂”美誉的粤港澳大湾区。湛江港是新中国成立后第一个自行设计建造的深水海港，华南沿海地区通航条件和原油、铁矿石接卸条件最好的港口，中国大陆通往东南亚、中东、非洲、欧洲和大洋洲航程最短的港口。此次启动的4条海铁联运线路，由湖南安迅物流运输有限公司和招商局港口华南营运中心、湛江港（集团）股份有限公司共同运营。三大实力运营商在永州陆港牵手，为永州出口企业和物流企业拓展外向型产业打造了一条“通江达海”的大通道，也为进一步深化永州与深圳、湛江合作建立起一条牢固的纽带。三地合作深化交通物流合作，开通4条海铁联运线路，有利于国家西部陆海新通道建设，有利于永州“向南向海向外”发展、加快建设融入粤港澳大湾区引领区。

招商蛇口、妈湾、赤湾、湛江港口—永州陆港内陆港揭牌和海铁联运专列发行

◎平安永州建设表彰大会召开

平安永州建设表彰大会召开

2023年9月7日，平安永州建设表彰大会在冷水滩召开。市委书记朱洪武，市委副书记、市长陈爱林会见受表彰代表。

张建坤强调，护平安就是护发展。近年来，永州市各级各部门统筹发展和安全，以市域社会治理现代化试点合格城市创建为抓手，维稳安保稳出新局面，治理创新创出新品牌，扫黑除恶扫出新常态，治安整治治出新成效，助跑发展跑出新速度，平安永州建设取得扎实成效，有力护航了永州市经济社会高质量发展。守平安重在守防线。要常态化开展扫黑除恶斗争，纵深推进“利剑护蕾·2023”专项行动、社保基金专项整治等重点工作，坚持依法治网，坚决守好政治安全生命线、社会稳定安全线、社会治安管控线、公共安全防控线。

会上表彰了平安永州建设先进集体40个、先进个人75名，永州市见义勇为先进个人20起23人，永州市社保基金防风险先进集体10个、先进个人10名。与会领导为受表彰的先进集体代表和先进个人代表颁奖，受表彰代表作了交流发言。

◎江永县和回龙圩管理区人才素质提升专题培训班在海南大学开班

2023年9月11日，江永县和回龙圩管理区人才素质提升专题培训班在海南大学开班，江永县委常委、纪委书记、监察委主任、四级高级监察官廖小红出席并作开班讲话，相关县级领导、部分县直单位、乡镇和回龙圩管理区领导干部、年轻干部共72人参加此次培训。海南大学马克思主义学院副院长秦晓华致辞。

海南省旅游委原巡视员、省社科联原副主席、中国太平洋学会海洋旅游专业委员会副会长、省社科院特约研究员陈耀为学员们作了题为《创新打造旅游品牌助力发展高质量旅游》的专题讲座，海南大学原副校长、教授、博士生导师傅国华作了题为《产业数字化数字产业化专题——数业及三数理论新框架》的专题教学，给学员们留下了深刻的印象。

此次培训班为期5天，采取“集中授课＋现场教学”方式，特邀海南大学知名专家学者教授，围绕旅游开发、经济创新发展、数字化产业发展、产业招商、乡村振兴等课题为学员提供高质量授课，并实地参观考察海口综合保税区、澄迈共享农庄、生态软件园等地，通过学习海南新一轮全面深化改革开放、推进海南自由贸易试验区和中国特色自由贸易港建设先进经验，为江永县和回龙圩管理区人才干部素质提升注入新活力。

江永县和回龙圩管理区人才素质提升专题培训班在海南大学开班

要闻纪事

△24日，武冈市组织召开全市禁毒工作推进会，传达学习近期湖南省、邵阳市禁毒工作推进会精神，通报武冈市当前禁毒工作情况，并对即将开展的禁毒工作“大宣传、大管控、大打击”专项行动进行动员部署，推动全市各相关单位聚焦禁毒工作短板弱项，久久为功，狠抓整改提升，确保禁毒工作成效实现年初既定目标。

△25日至26日，永州市在祁阳市开展2023年党外代表人士、民营经济代表人士暑期谈心活动。与会党外代表人士先后参观了陶铸纪念馆，实地调研部分企业，并开展集中学习、一对一谈心交流和总结座谈会。

△27日，永州市委书记朱洪武前往市军休所、永州军分区、91954部队开展走访慰问，代表市委、市人大、市政府、市政协、永州军分区和全市人民，向广大驻永部队官兵、消防指战员、民兵预备役人员及全市军队离退休干部、烈军属、退役军人致以节日的问候和美好祝福。

△27日，蓝山县人民检察院召开全院干警大会，会上举行了“党风廉政特邀监督员”聘任仪式，并为新聘任的2位廉政监督员颁发了聘书。

△27日，全市党校（行政学院）校（院）长会议召开，深入学习贯彻习近平总书记在中央党校建校90周年庆祝大会暨2023年春季学期开学典礼上的重要讲话精神，认真落实全国、全省党校（行政学院）校（院）长会议精神，总结分析形势任务要求，研究部署重点工作任务。

△27日，2023年第二季度全市自然资源和规划系统重点工作流动现场会在宁远县召开。副市长肖扬强调，要咬紧年度目标不动摇，确保完成自然资源和规划工作年度目标任务。

◎永州市学习贯彻习近平新时代中国特色社会主义思想主题教育工作会议召开

2023年9月13日，永州市学习贯彻习近平新时代中国特色社会主义思想主题教育工作会议召开。会议深入学习贯彻习近平总书记关于主题教育的系列重要讲话和指示批示精神，全面落实党中央、省委主题教育第一批总结暨第二批部署会议精神，对全市开展主题教育进行动员部署。市委书记朱洪武主持会议并讲话，省委第十一巡回督导组组长丛培模到会指导并讲话。

朱洪武指出，要认真学习领会，深刻认识主题教育的重大意义。党中央召开学习贯彻习近平新时代中国特色社会主义思想主题教育工作会议，习近平总书记在会上发表重要讲话，深入阐述了开展主题教育的重大意义、总体要求、目标任务和重点措施，深刻阐明了此次主题教育的政治引领意义、理论武装意义、实践推动意义、使命感召意义，为全党开展主题教育提供了科学指引和根本遵循。

朱洪武强调，要把握目标要求，扎实推动主题教育走深走实。坚持“跟进学”与“系统学”相贯通，推动理论学习入脑入心、笃学笃信。认认真真读原著、学原文、悟原理，深刻理解把握习近平新时代中国特色社会主义思想的道理学理哲理，注重深入系统学、联系实际学、及时跟进学。

永州市学习贯彻习近平新时代中国特色社会主义思想主题教育工作会议召开

◎永州市打击传销工作电视电话会议召开

永州全市打击传销工作电视电话会议召开

2023年9月12日，永州市打击传销工作电视电话会议召开，副市长、市打击传销工作联席会议总召集人肖扬出席并讲话。

会议指出，2022年以来，市打击传销工作联席会议各成员单位和各级各有关部门通力协作，扎实开展专项行动，着力防范风险隐患，全力维护社会稳定，取得了明显工作成效。会议强调，要继续保持打传工作高压态势，持续推动永州市打传工作迈上新台阶、取得新成效。要以更坚定的信心、更负责的态度、更有力的举措，全面推进打击传销各项工作任务落地落实，为建设现代化新永州营造安全稳定的市场环境。

肖扬要求，要坚持以习近平新时代中国特色社会主义思想为指导，始终把打击传销作为净化经济发展环境、维护社会大局稳定、整治规范市场秩序的重要内容，全力打好打赢围剿传销活动的攻坚战、持久战。要进一步提高认识，压实责任，强化合力，通过宣传引导、完善机制、联动整治等务实举措，坚决遏制传销活动发展蔓延势头，以“四无”创建的实干实绩，不断推动永州市打击传销工作上台阶、上水平。

要闻纪事

△27日，由人民法院新闻传媒总社指导、湖南省高级人民法院和湖南日报社共同主办的“中国梦·天平颂”湖南法院新媒体大赛在长沙举行颁奖典礼，现场揭晓了获奖作品名单。宁远县人民法院自编自导自演的作品《迷途》荣获大赛视频类优秀奖！

△28日，中国共产党永州市第六届委员会第四次全体会议召开。全会由市委常委会主持，市委书记朱洪武受市委常委会委托向全会作上半年工作报告并讲话，市委副书记、市长陈爱林报告全市上半年经济发展情况。

△28日，永州市委副书记、市长陈爱林在永州一中主持召开全市夏令营活动教师代表座谈会。12名高中教师代表围绕夏令营集训活动进行交流发言。

△31日，永州市普通高中校长座谈会在祁阳一中召开。市教育局通报了全市普通高中教育发展情况。永州一中、祁阳一中、江华二中、新田一中，金洞管理区管委会分别作了典型发言。

8月

△4日，冷水滩区司法局邀请冷水滩区公安分局民警对社区矫正对象开展了以“防范电信网络诈骗”为主题的法治教育活动。

△13日，区域性旅游联盟建设座谈会在蓝山县云冰山景区召开，聚焦“全力打造千亿文旅产业，奋力建设文化生态旅游名城”目标，围绕打造龙头旅游企业，加强资源整合，推动永州全域旅游和文旅经济快速高质量发展。

△15日，永州市委书记、市委网络安全和信息化委员会主任朱洪武主持召开市委网络安全和信息化委员会全体会议，深入学习贯彻习近平总书记关于网络安全和信息化工作的重要指示精神，传达学习全国网络安全和信息化工作会议、省委网信委全体会议精神，听取全市网信工作情况汇报，研究部署下阶段工作。

◎永州市质量大会暨2023年“质量月”启动仪式举行

永州市质量大会暨2023年『质量月』启动仪式举行

2023年9月13日，永州市质量大会暨2023年“质量月”启动仪式举行。市委副书记、市长陈爱林出席会议并宣布永州市2023年“质量月”正式启动。他强调，要深入学习贯彻习近平总书记关于质量工作的重要论述，牢固树立质量第一意识，坚定不移推进质量强市建设，为全面落实“三高四新”美好蓝图、加快高质量发展提供有力保障。

陈爱林强调，要全面提升产业发展质量，优化农产品供给，增强制造业竞争力，拓展服务业名片效应，提升一、二、三产业质量效益和竞争力。要充分发挥科技创新作用，围绕产业链部署创新链，围绕创新链布局产业链，汇聚创新人才，大力推进技术创新、品牌创新，谋划推出一批标志性工程，努力在打造科创高地上发出永州声音。

会上，陈爱林现场为五家企业颁发了市长质量奖。市场监管局报告了永州市质量工作，相关县市、市直部门和获奖企业代表作了典型发言。

◎全国人大第0791号建议办理调研座谈会在永州召开

2023年9月14日，全国人大第0791号建议办理调研座谈会在永州市召开。市委书记朱洪武主持会议并讲话，市委副书记、市长陈爱林汇报邵永铁路、永清广高铁推进情况。在2023年召开的第十四届全国人民代表大会第一次会议上，湖南代表团提交了《关于支持湖南重大交通项目建设的建议》。

座谈会上，朱洪武说，永州作为湖南唯一一个湘粤桂三省区交界的地级市，交通不便、通道不畅一直是制约永州高质量发展的最大瓶颈。打通铁路动脉、突破交通瓶颈，实现把三省区交界的区位优势转化为三省区通衢的交通优势，是永州面临的最现实、最紧迫的工作，也是600多万永州人民以及湘粤两省沿线群众翘首以盼的共同愿望。

全国人大第0791号建议办理调研座谈会在永州召开

调研组指出，近年来，国家铁路局高度重视全国人大建议办理工作，积极组织开展调研论证，广泛听取意见，及时回应地方关切，并将建议的办理与服务大局、依法履职紧密结合，推动重点工作取得实效。要抓住机遇，夯实基础，加强引导，保持沟通，齐心协力把全国人大建议办理好。

◎永州市举行2023年秋季新兵起运暨欢送仪式

2023年9月16日，第23个全民国防教育日，永州市举行2023年秋季新兵起运暨欢送仪式。市委常委、军分区政委张嘉庆出席并讲话，军分区副司令员黄萍主持。

在激昂的国歌声中，欢送仪式拉开序幕。即将奔赴军营的新兵们身着崭新军装，胸前戴红花，个个精神抖擞，朝气蓬勃。某部干部孙伟杰、大学生新兵阳金住分别代表接领干部、全体新兵发言。英姿飒爽的新兵们对即将开始的军旅生活充满了信心和期待。大家纷纷表示，入伍后将刻苦训练，不辜负祖国和家人的期盼。

张嘉庆勉励新兵们要牢记习近平总书记的殷切希望，牢记党和人民的嘱托，把正人生航向和军旅方向，以优良的成绩和良好的精神风貌，为实现建军一百年奋斗目标和建设世界一流军队奉献青春、贡献力量。

◎永州市迎接国家园林城市验收工作部署会召开

2023年9月14日，永州市召开迎接国家园林城市验收工作部署会。

会议强调，要统一思想，提高认识，切实增强迎检工作的紧迫感和责任感。永州市各级各部门必须扎扎实实地按创园标准做实做细各项工作，力争以最好的状态迎接国家住建部的现场考评。要突出重点，狠抓关键，全力确保永州市创园工作达标。切实加大整改力度，严格对照国家园林城市验收标准和市创国园指挥部办公室下发的冲刺攻坚方案和问题清单，再度压实责任，倒排工期，挂图作战，限时整改，集中精力主攻公园项目建设和绿化养护两个薄弱环节，努力把责任范围的工作做细做实做好。切实加大查漏补缺力度，确保整改措施不落实不放过，整改效果不达标不放过。切实加大督查力度，有针对性地进行重点整改，全力向创建国家园林城市的目标冲刺。要强化配合，协同作战，进一步形成创国园迎检工作的强大合力。

永州市迎接国家园林城市验收工作部署会召开

◎永州市学习贯彻习近平新时代中国特色社会主义思想主题教育读书班开班

2023年9月18日，为期一周的永州市学习贯彻习近平新时代中国特色社会主义思想主题教育读书班在市委党校道县分校开班。市委书记朱洪武作开班动员和辅导报告。

朱洪武指出，要全面系统把握习近平新时代中国特色社会主义思想这一科学体系。习近平新时代中国特色社会主义思想是系统全面、逻辑严密、内涵丰富、内在统一、不断发展的科学理论体系，必须在全面学习、系统领会、整体把握上下功夫，从时空维度来把握，从涵盖领域来把握，从主要内容来把握。

朱洪武强调，要以上率下推动主题教育扎实开展、走深走实。参加这次读书班的都是永州市“关键少数”中的关键少数，要坚持率先垂范、以上率下，更加注重学用结合，更加注重调研实效，更加注重群众参与，更加注重建章立制，更加注重融合中心工作，更加注重防止形式主义，当好主题教育的组织者、参与者、推动者、实践者，为永州市上下作出示范、当好表率。

永州市学习贯彻习近平新时代中国特色社会主义思想主题教育工作会议召开

要闻纪事

△17日，永州市委常委、组织部部长祝云武到零陵区柳子街社区调研督导文明创建工作。祝云武先后来到河西农贸市场、杨梓塘路等地，实地查看国卫问题整改情况，调研柳子街文明创建工作，并听取有关工作汇报，提出整改意见。

△22日至28日，副市长吴恢才率领永州市经贸代表团走出国门，先后赴阿联酋迪拜和阿治曼、沙特阿拉伯王国利雅得开展经贸招商活动，积极探寻开拓中东市场商机。

△25日，冷水滩区召开统计法治暨第五次全国经济普查单位清查业务培训（含“两员”测试）会议。区“五经普”领导小组成员单位及其办公室成员、各乡镇街道“五经普”工作分管领导、普查指导员、普查员共计150余人次参加了此次培训。

△31日，永州市委理论学习中心组举行2023年第8次集体学习，学习《习近平法治思想学习纲要》、习近平总书记关于民主法治和全过程人民民主的重要论述、习近平总书记关于安全生产的重要论述和重要指示批示，集中观看安全生产警示教育宣传片及交通问题顽瘴痼疾整治专题片。

9月

△7日，永州市委政法委员会2023年第二次全体（扩大）会议召开。会议传达学习了中央和省委、市委相关会议精神，回顾小结今年来政法各项工作，找短板、强弱项、明导向，安排部署下阶段政法重点工作。会议听取了市直政法单位工作汇报，祁阳市、双牌县、宁远县就相关工作作典型发言。

△7日，永州市政协召开“持续做大做强永州菜产业”专题协商会议。调研组就“持续做大做强永州菜产业”调研情况作了说明，与会委员积极建言献策，市直相关部门提出了意见和建议。

◎永州市冷水滩区举行第十四届『中国统计开放日』暨『政务公开主题日』宣传活动

冷水滩区举行第十四届“中国统计开放日”暨“政务公开主题日”宣传活动

2023 年 9 月 21 日，冷水滩区第十四届“中国统计开放日”和“政务公开主题日”宣传活动在万达广场举行。此次统计开放日以“经济大普查数说新时代”为主题，由永州市经普办、永州市统计局主办，冷水滩区统计局协办了此次活动。市统计局副局长伍重武、冷水滩区委副书记张明出席并致辞，市政府副秘书长陈李勇宣布活动正式启动。永州市统计局、冷水滩区统计局、经开区统计局及曲河街道办事处等 60 余名五经普工作人员参加了此次活动。

张明指出，第五次全国经济普查是党的二十大胜利召开后开展的首次重大国情国力调查，是新时代对国家经济的全面透视性体检，意义重要而深远。各级普查机构要提高站位、系统谋划，夯实责任、扎实推进，用全面、真实、准确的数据，为国家的发展和人民的幸福提供扎实的统计信息支撑。

伍重武表示，开展好永州市第五次全国经济普查，对于摸清新时期永州经济社会家底、客观反映高质量发展成效等具有十分重要的意义和作用，要加强组织领导、强化业务培训、注重部门合作、紧扣目标要求、抓好数据审核、积极宣传动员，确保用全面、真实、准确的普查数据服务永州经济社会高质量发展。

◎全球湖南商会会长联席会议暨助推永州高质量发展大会在宁远县举行

2023 年 9 月 25 日，全球湖南商会会长联席会议暨助推永州高质量发展大会在宁远举行。省政协副主席、省工商联主席、省总商会会长张健出席并讲话。市委副书记、市长陈爱林致辞。

张健指出，要弘扬诚信文化，促进高质量发展。企业要视信誉为生命，树立质量第一、信誉至上的经营理念，政府部门更要模范带头讲诚信，对民营企业信守承诺，打造企业家们争相投资兴业的乐土，实现当地高质量发展。要打造四好商会，凝聚智慧力量。着力创建政治引领好、队伍建设好、服务发展好、自律规范好“四好”商会，团结协作促发展，努力创建中国特色一流商会组织。

陈爱林说，近年来，永州充分发挥比较优势，持续推动湘商回归，经济社会发展呈现出新的气象。广大湘商为永州发展作出了重要贡献。真诚希望各个商会积极牵线搭桥，促进更多交流和合作。真诚邀请广大湘商到永州投资创业，积极推动产业回归、资本回流、项目回投、人才回聚、总部回建。我们一定全方位服好务，让更多湘商爱上永州、选择永州、投资永州、发展永州。

全球湖南商会会长联席会议暨助推永州高质量发展大会在宁远县举行

要闻纪事 ★ ★ ★ ★ ★ ★ ★ ★ ★ ★

△ 10 日，永州副市长、市公安局局长车丽华以“四不两直”方式深入祁阳市公安局潘家埠派出所、梅溪派出所两个农村地区派出所督导检查公安基层基础工作，靠前指挥、参战督战夏夜治安巡查宣防第三次集中统一行动。

△ 11 日，蓝山县委党校举办 2023 年度教学比赛活动，理论研究工作室、党史党建研究工作室、红色文化研究工作室、县域经济社会发展研究工作室等四个“名师工作室”的讲师及相关教职人员参与听课、评课。

△ 12 日，永州市委书记朱洪武主持召开 2023 年第 17 次市委常委会会议，传达学习习近平总书记在 8 月 31 日中共中央政治局会议上的重要讲话精神、在黑龙江考察时的重要讲话精神和在主持召开新时代推动东北全面振兴座谈会上的重要讲话精神以及在全国优秀教师代表座谈会上的致信精神。

△ 13 日，全市学习贯彻习近平新时代中国特色社会主义思想主题教育工作会议召开。会议深入学习贯彻习近平总书记关于主题教育的系列重要讲话和指示批示精神，全面落实党中央、省委主题教育第一批总结暨第二批部署会议精神，对全市开展主题教育进行动员部署。

△ 14 日，永州市委书记朱洪武会见工商银行湖南分行行长邱亚光一行，双方就进一步深化合作进行洽谈交流。

△ 16 日，正值第 23 个全民国防教育日，永州市举行 2023 年秋季新兵起运暨欢送仪式。

△ 25 日，政协永州市第六届委员会常务委员会第九次会议在冷水滩召开，聚焦“全力扩大周敦颐世界影响力”开展专题议政协商。会议审议通过了《关于“全力扩大周敦颐世界影响力”向中共永州市委、永州市人民政府的建议案》，陈丽萍、张京华、唐俊、刘忠华等市政协委员及专家学者围绕会议主题进行议政发言。

◎癸卯年全球湘商祭舜大典在宁远举行

癸卯年全球湘商祭舜大典在宁远举行

2023 年 9 月 26 日，癸卯年全球湘商祭舜大典在宁远举行。祭舜大典由省政协副主席、省工商联主席、省总商会会长张健主祭，省人大常委会原副主任、省舜文化研究会创会会长唐之享参加。参加祭舜大典活动的还有全国知名企业家代表、境内外湖南商会会长、省工商联所属商协会会长、省工商联（总商会）企业家副主席（副会长）、异地永州商会会长、市工商联所属商协会会长、市民营企业家代表，县市区总商会领导、全国各地的舜文化专家学者，天下舜商代表以及省、市各级新闻媒体代表 600 余人。

600 多名嘉宾在九龙柱入口处进行诚信签名，精彩的龙狮迎宾表演寓意“龙腾虎跃、五谷丰登、风调雨顺”；在舜帝陵园入口，唱起了瑶家迎宾歌，为嘉宾敬献甘甜纯美的瓜箪酒；来到江泽民题词碑亭处，100 多名主祭人手持诚信火炬带领大家走诚信大道；进入明德广场经神道，到达舜帝陵祭祀广场，击鼓三通后开山门，过午门，进入舜帝陵正殿祭祀广场。祭舜大典仪式共有九项仪程。击鼓 9 通，鸣金 9 响；16 位礼生向舜帝敬献三牲、五谷、百果；主祭人张健盥手、上香、酹酒；全体肃立，向舜帝圣像三鞠躬，虔诚致敬。

◎永州市秋冬农业生产现场会召开

永州全市秋冬农业生产现场会召开

2023年9月26日，永州市秋冬农业生产现场会在江华瑶族自治县召开，安排部署秋冬农业生产工作。副市长吴恢才出席并讲话。

吴恢才指出，抓好秋冬农业生产，是确保2023年农业农村工作任务全面完成的关键，是实现农民增收目标的保证，也是开展好明年农业农村工作的基础。各级各部门要高度重视、认清形势，切实增强抓好秋冬农业生产的责任感和紧迫感，全力以赴把秋冬农业生产抓紧、抓实、抓出成效，为稳住经济大盘、有效应对风险挑战提供坚实支撑。

与会人员还前往白芒营镇、大路铺镇等地，现场观摩油菜集中育苗、机械直播、飞播、机栽及设施大棚油菜毯状育苗等油菜种植新技术模式，参观农业产业园、畜禽粪污资源化利用等项目。会上，江华瑶族自治县就油菜生产和养殖业高质量发展作交流发言，双牌县就畜禽粪污资源化利用整县推进作表态发言。

◎首届湖南油茶节将在祁阳举行

2023年10月12日，首届湖南油茶节新闻发布会在长沙召开，宣布首届湖南油茶节将于11月15日至16日在祁阳市举行。省林业局二级巡视员李志勇致发布词，副市长肖扬出席发布会。

本届油茶节的主题是“发展油茶产业，助力乡村振兴”。期间，将举办开幕式、唐家山油茶文化园巡园、茶油产品机械及科技成果展示展销、油茶产业发展高峰论坛、“走，去永州”茶油美食节等主题活动。

近年来，永州油茶产业构建起“两群四带”发展格局，全市有油茶林面积350万亩，其中超过10万亩的县区有9个，超过万亩的乡镇有39个，万亩以上集中连片种植基地22个，油茶加工企业301家，年加工能力15万吨，位居全国第一。2022年，全市茶油产量7.8万吨，产值突破100亿元。其中，祁阳油茶林面积达62.56万亩，素有“天然油库”之称，是中国油茶之乡、全国第一批油茶产业示范基地、湖南省茶油大县（市）。此外，祁阳还拥有全球单片面积最大的10万亩油茶示范林。

◎永州市冷水滩区司法局举办青年律师模拟法庭对抗赛

2023年10月8日，2023年永州市青年律师辩论赛冷水滩区参赛队伍模拟对抗赛在冷水滩区司法局五楼会议室举行，来自全区的3支队伍参加比赛。区政协副主席兼司法局局长熊健，区司法局党组成员、副局长陈权政及司法局相关负责人参加活动。

比赛采取三对三团体辩论赛的模式，以正、反方分组进行辩论，每场辩论赛分为理论开篇、自由辩论、总结陈词三个阶段。比赛现场，3支代表队的9名辩手围绕“律师见证的法律效力”“律师应以当事人利益为重还是以国家法律为重？”等3个辩题展开激烈辩论，从情、理、法三方面阐明各自观点，攻辩掷地有声，为现场观众呈现了一场精彩的法治文化盛宴。

冷水滩区司法局举办青年律师模拟法庭对抗赛

此次比赛弘扬了法治精神，充分展现了参赛青年律师的风采，也展示了他们对法律知识的熟练程度，找到了当下各队存在的不足，为参加永州市青年律师辩论赛打下了扎实基础。

◎道县召开集中打击整治假币违法犯罪攻坚行动动员会

2023年10月12日，道县召开集中打击整治假币违法犯罪攻坚行动动员会，县委副书记、县长唐超学出席会议并讲话。

唐超学强调，要认清形势、提高站位，下死决心扭转被动局面。各级各部门要深入学习习近平法治思想，不断提高政治判断力、政治领悟力、政治执行力，调动一切力量，采取一切措施，齐抓共管，坚决打好打赢治理假币犯罪这场硬仗。要精准发力、抓铁有痕，以铁手段推动集中整治取得立竿见影的实效。

道县2023年集中打击整治假币违法犯罪攻坚行动动员会

会上，刘军就全县假币违法犯罪综合治理作了工作报告。五个重点整治村被授黄牌并作表态发言，寿雁镇作了誓师发言。会议还宣读了《道县集中打击整治假币违法犯罪攻坚行动专项通告》《关于严厉打击假币违法犯罪的通告》《道县集中打击整治假币违法犯罪攻坚行动工作方案》等。

要闻纪事

△25日，全市中秋国庆“两节”道路交通安全工作部署会暨市道安委第三次全会召开，深入推进全市道路交通安全“减量控大”和交通问题顽瘴痼疾系统整治工作，研判分析当前道路交通安全形势，安排部署中秋国庆“两节”期间保安保畅工作，确保全市道路交通持续平安平稳。

△25日至26日，全省社区矫正案件交叉评查总结暨监管安全分析会议在永州市举行。省司法厅党组成员、副厅长杨龙金要求，要切实增强社区矫正工作使命感、责任感和危机感，进一步深化思想认识，强化对社区矫正对象监管教育和安置帮教对象教育帮扶措施的落实，帮助他们有效融入社会，防止发生突发性恶性事件和执法人员违法犯罪。

△26日，全市打击走私综合治理工作视频会议召开。副市长肖扬出席会议并讲话。

△27日，国民革命军荣誉第一师抗日将士纪念园项目奠基仪式在永州市零陵区石山脚街道玉禾田村举行。

△27日，永州市委常委、副市长、永州经开区党工委第一书记何恩广带队到永州经开区督导检查安全生产工作。何恩广一行先后来到信征科技、恒通电力、锦络电子、运达风电、衡永高速运营管理中心等企业和重点项目建设现场进行督导检查，详细了解企业生产经营、安全风险管控、设施设备运行等情况，并叮嘱相关负责人要严格落实安全生产主体责任，时刻绷紧安全生产这根弦。

△30日是我国第十个烈士纪念日。永州市在烈士纪念园举行以“实干笃行 砥砺奋进”为主题的向烈士敬献花篮仪式。参加敬献花篮仪式的各界代表表示，要深刻缅怀革命先烈忠贞报国的丰功伟绩，传承弘扬革命先烈英勇无畏的斗争精神。

◎宁远县成功举办“金芙蓉”跃升行动企业上市签约仪式

宁远县成功举办“金芙蓉”跃升行动企业上市签约仪式

2023年10月17日，宁远县人民政府成功举办了“金芙蓉”跃升行动企业上市签约仪式，标志着宁远县“金芙蓉”跃升行动取得了新突破、开启了新征程、迈向了新台阶。

此次签约仪式特邀永州市政府副秘书长肖潇，市金融办资本市场科科长雷水云参与见证。财信证券总裁助理徐璐，湖南优谦企业管理有限公司永州市项目经理裴从园，宁远县委常委、常务副县长齐纲要，宁远县副县长曾彩平，宁远县政府办（金融办）、财政局、高新区等相关部门负责人以及4家签约企业代表出席并参加了签约仪式。

永州市政府副秘书长肖潇指出要提高认识、把握机遇，坚定不移地推进企业到资本市场募资，牢牢把握资本市场改革发展机遇和注册制改革的政策窗口期，善用资本发展壮大；要强化措施、凝聚合力，持之以恒地推进企业上市“金芙蓉”跃升行动，鼓励和引导更多优质企业愿意通过资本市场做优做强，努力培育壮大更多优质的市场主体。

签订合作协议后，财信证券和湖南优谦企业管理有限公司将积极组织专业团队进驻，加强对四家企业的深度服务。宁远县委、县政府也将继续加大政策支持力度，引入优质资源，提升服务水平，为企业股改挂牌想办法、解难题、化风险，推动宁远县企业挂牌工作实现新突破。

◎全省农村人居环境整治提升暨和美乡村建设湘南片区现场推进会在永州召开

2023年10月17日，2023年全省农村人居环境整治提升暨和美乡村建设湘南片区现场推进会在永州召开。省农业农村厅党组成员、副厅长刘益平，省乡村振兴局二级巡视员邹序树，副市长吴恢才出席。

会议指出，要聚焦责任落实、底线任务、持续增收、产业发展、促进就业、乡村建设和乡村治理、2022年度考核评估问题整改“七个重点”，要切实解决特殊群体增收、严格落实医保政策、强化帮扶产业带动、抓实就业攻坚行动、全力提升群众满意度等重点难点问题，对标对表、细化举措，压实责任、全面推进，确保巩固拓展脱贫攻坚成果同乡村振兴有效衔接各项工作扎实推进。

会议强调，要以学习浙江“千万工程”经验为抓手，扎实推进农村人居环境整治提升，突出重点、精准施策，扎实推进村庄规划落地落细、厕所革命走深走实、人居环境尽善尽美、基础设施公共服务互联互通、和美乡村有力有序、文明乡风入脑入心。要强化组织统筹、农民主体和宣传推介，把农民的积极性、主动性调动起来，齐心协力抓好农村人居环境整治提升、和美乡村建设，实现美好家园共建共治共享，助力乡村振兴。

要闻纪事

10月

△9日，永州市领导干部高质量发展研修班在深圳大学正式开班。此次培训为期一周，培训重点聚焦优化营商环境与政府服务、产业集群与区域经济发展、扶持中小企业发展等内容，着力引导学员从课堂所学、研讨所思、考察所悟中找差距、找对策、找路径，帮助提升永州市领导干部推动高质量发展的能力和水平。

△9日，永州市委副书记、市长陈爱林赴长沙主持召开永州新能源项目推进座谈会。国能湖南公司、五凌电力、华电湖南分公司、中电建江西电建、中电建中南院投资公司、湖南运达风电等企业负责人出席。

△10日，永州市冷水滩区启动了“金秋”路警联合治超行动，冷水滩区成立工作专班，明确工作目标、责任和管理措施，区道安办、交警、交通等部门，充分利用各类交通违法数据信息，结合每月事故研判会议，总结事故多发的路段、时段和车型，积极探索事故发生的深层次原因和规律。

△16日，全市学习贯彻党的二十大精神“二十大·二十队”理论微宣讲集中展示活动在市融媒体中心演播厅举行，祁剧、曲艺快板、访谈、情景剧、道州调子戏、零陵渔鼓、朗诵等多种形式的节目轮番上演，舞台上各位宣讲队员和表演者声情并茂，把党的二十大精神融入作品中。

△19日，永州市零陵区携手广西壮族自治区全州县开展“扫黄打非”联合执法行动，强化合作交流，进一步规范文化市场秩序，形成“扫黄打非”工作合力，共同营造风清气正的社会文化环境。

◎2023年永州市柑橘采摘文化季暨迴峰蜜柑九分甜品牌发布会举行

2023年永州市柑橘采摘文化季暨迴峰蜜柑九分甜品牌发布会举行

2023年10月18日，2023年永州市柑橘采摘文化季暨迴峰蜜柑九分甜品牌发布会在回龙圩桃花岛市民广场举行，永州市委常委、宣传部部长刘厚宣布活动开幕，永州市副市长肖扬出席并致辞，永州市人民政府副秘书长、二级巡视员谭立宏主持仪式部分，回龙圩管理区委员会书记易恢节致欢迎辞，中国柑橘研究所、湖南省柑橘协会等单位和部门相关领导参加活动。

回龙圩管理区是国家农业部现代农业（柑橘）示范区、全国农垦系统中最大的柑橘无公害示范基地农场、湖南省绿色食品示范基地、粤港澳大湾区菜篮子生产基地，有“湘桂边界柑橘之乡”的美誉。“迴峰”商标蝉联四届“湖南省著名商标”，“迴峰蜜柑”获得农产品国家地理标志认证。目前，管理区柑橘种植面积已达10万余亩，年销售柑橘30万吨。

活动以“永州之野，迴峰蜜柑，果真好吃”为主题，策划举行“点亮柑橘之光”开幕式、迴峰蜜柑高端品牌“迴峰蜜柑九分甜”推介会与签约仪式、“柑橘产业改革标兵”颁奖、“最美橘花”代言人授牌、《橘子闯关记》发布会、“采摘季”启动授旗、采摘活动、柑橘产业高质量发展论坛、中国诵读永州演诵比赛、柑橘采摘文化农民趣味运动会等十大系列活动，全方位展示回龙圩管理区柑橘产业发展和乡村振兴成果。

◎永州市 2023 年“温暖社保·社保服务进万家”活动正式启动

2023 年 10 月 21 日，永州市 2023 年“温暖社保·社保服务进万家”活动正式启动，永州市人社局党组书记、局长骆方方，市人社局党组成员、副局长邹越，国家税务总局永州市税务局党委委员、副局长桂来上，市人社局党组成员、副局长罗基松，市人社局、市税务局机关科室和局属单位负责同志和业务骨干参加启动仪式。

永州市人社系统认真落实“温暖社保”三年行动计划，持续健全覆盖全民、统筹城乡、公平统一、安全规范、可持续的多层次社会保障体系，织密织牢社会保障民生网，不断提升群众幸福感获得感。截至 9 月底，永州市养老保险、工伤保险、失业保险参保人数分别达 417.8 万人、51.5 万人、33.2 万人，新开工建设项目工伤保险参保率达 100%。2023 年以来，按时足额发放社保待遇 84.7 亿元，减征企业工伤、失业社保费 2.1 亿元；帮助 10.5 万名困难人员代缴城乡居保保费。

活动指出，社会保障事关民生福祉，事关社会稳定。结合永州实际，永州市定于 10 月下旬在永州市开展“社保服务进万家”活动，在启动仪式结束后，将开展发布一批政策宣传视频，社保政策宣讲员走进直播间，“宣传服务上街道”，社保政策进社区、进乡村、进企业、进校园“四进”“走进社会保险”服务体验等活动。

永州市 2023 年『温暖社保·社保服务进万家』活动正式启动

◎农工党永州市委会举行成立 20 周年纪念会

农工党永州市委会举行成立 20 周年纪念会

2023 年 10 月 24 日，农工党永州市委会举行成立 20 周年纪念会。省政协副主席、农工党湖南省委会主委、南华大学校长张灼华，市委常委、市委秘书长刘玲军，省政协副秘书长、农工党湖南省委会专职副主委蒋秋桃，市人大常委会副主任贺一夫，副市长肖质彬，农工党湖南省委会副主委、长沙市政协副主席黄梁，市政协副主席桂砺锋、魏秋云，市政协原副主席欧阳德群等领导出席。

张灼华在致辞中说，希望农工党永州市委会始终坚持中国共产党的领导，坚守正确政治方向，聚焦中共二十大确定的目标任务，切实履行参政党职能，适应新时代要求，不断推进中国特色社会主义参政党市级组织建设，为全面实现“三高四新”美好蓝图、加快建设现代化新永州、助推建设社会主义现代化新湖南作出新的更大贡献。

会议听取了农工党永州市委会主委、市市场监督管理局局长周云玲作的农工党永州市委会工作报告，颁发了“加入中国农工民主党 20 年”纪念章，表彰了“农工党永州市委会成立 20 周年”优秀支部、单项先进支部和优秀党员、先进党务工作者。

◎永州市创建全国文明城市推进会召开

2023 年 10 月 19 日，永州市创建全国文明城市推进会召开。市委书记朱洪武强调，要深入学习贯彻党的二十大精神和习近平总书记关于精神文明建设的重要论述，动员永州市上下统一思想、迅速行动，打赢创建“收官之战”，为加快建设现代化新永州作出新的更大贡献。市委常委、宣传部部长刘厚主持会议。副市长车丽华出席。

朱洪武要求，要调优迎战状态，以众志成城的强大合力攻坚冲刺。全国文明城市创建是当前一项重要任务，是永州市上下的共同责任，要牢固树立一盘棋思想和主人翁意识，主动应战、正面迎战、协同作战，责任链条要再压实，督导考核要再加力，创建氛围要再浓厚，全面汇聚起攻坚冲刺的强大合力。

会上，刘厚通报了第二、三季度考核结果；车丽华通报了 2023 年第二、三季度永州市城区生活垃圾分类工作督查情况；冷水滩区、零陵区、永州经开区和市城管执法局、市公安局交警支队作表态发言。

永州市创建全国文明城市推进会召开

要闻纪事

△ 20 日，永州市 2023 年秋季招才引智高校行活动启动仪式在湖南师范大学举行。永州市与湖南师范大学签订了教育领域深度合作协议，双牌县与湖南师大附中签订了帮扶共建合作协议；此次高校行活动，永州市 195 家单位提供了 668 个岗位，计划招聘 1202 人，40 多家单位负责人来到现场张榜纳才。

△ 24 日，永州市委副书记、市长陈爱林主持召开三季度经济形势分析专题会，研究部署四季度工作。

△ 25 日，永州市委书记朱洪武主持召开 2023 年第 22 次市委常委会（扩大）会议，传达学习习近平总书记致中华全国工商业联合会成立 70 周年、欧美同学会成立 110 周年的贺信精神以及向纪念亲诚惠容周边外交理念提出 10 周年国际研讨会发表书面致辞精神；分析前三季度全市经济运行形势，研究部署下阶段经济工作。

△ 25 日，永州市生态环境志愿服务工作座谈会召开。会上，8 名志愿者着眼全市生态文明建设大局、立足自身工作实际，就生态环境志愿服务工作讲认识、谈体会、提建议。

△ 25 日至 27 日，湖南永州和江西吉安开展了“扫黄打非”区域联防协作和交叉执法检查。两地在永州市冷水滩区召开了“扫黄打非”区域联防暨交叉执法检查交流会，围绕文化市场日常监管、案件线索查办、宣传教育等方面进行了交流，分享各自的工作经验和创新做法，并就如何加强区域联防协作工作进行深入探讨。

△ 25 日，湖南省江华瑶族自治县人民法院、广东省连山壮族瑶族自治县人民法院永和人民法庭一行受邀来到广西壮族自治区八步区人民法院桂岭人民法庭，研讨签订三地边界人民法庭司法协作联席会议制度。

◎永州市政法重点工作双月调度暨信访工作会议召开

2023年11月8日，永州市政法重点工作双月调度暨信访工作会议召开。市委书记朱洪武出席并讲话。市委常委、政法委书记张建坤主持会议。胡先荣、车丽华、黄玉芳、蒋良铁、龚文启、周伟任等领导出席会议。

朱洪武指出，2023年以来，永州市各级各部门认真履职尽责，持续攻坚突破，“利剑护蕾”专项行动、命案防范、反电诈、道路交通顽瘴痼疾三年系统整治、诉源治理、政法“五老”调解、信访等重点工作都有新的进展、好的成效。但形势依然严峻、问题仍然突出，务必要认真研究，找准症结，采取有效措施，切实加以解决。

朱洪武强调，永州市各级党委要扛牢主体责任，保持工作定力，切实把政法重点工作牢牢抓在手上。市委政法委要加大对重大案件、重点问题、重要事项的统筹协调力度，推动各单位履职尽责、各项工作落实落地。

永州市政法重点工作双月调度暨信访工作会议召开

◎永州市未成年人“一站式”服务中心、女童保护中心揭牌

2023年10月24日，永州市未成年人“一站式”服务中心、永州市女童保护中心揭牌仪式举行，市委常委、政法委书记张建坤出席揭牌仪式并讲话。

张建坤要求，各级各部门要提高站位、强化担当，努力形成“党委统一领导、党政群齐抓共管、部门单位各负其责、社会各界广泛参与”的工作格局。要按照优先保护、预防为主、多部门协作、全社会参与的原则，为“两个中心”引入专业力量和社会组织，精准配置未成年人保护服务资源。相关部门要抓好制度执行，构建“六位一体”的未成年人保护工作格局。要以打击开路、防范为本的工作举措，持续保持打击整治性侵未成年人违法犯罪的强大攻势，防范未成年人受到二次伤害，共同为未成年人健康成长撑起一片蓝天。

永州市未成年人“一站式”服务中心、女童保护中心揭牌

揭牌仪式上，介绍了永州市未成年人“一站式”服务中心、永州市女童保护中心的相关情况。

◎永州市网络安全和信息化工作会议召开

2023年11月15日，永州市网络安全和信息化工作会议召开。市委书记、市委网络安全和信息化委员会主任朱洪武出席并讲话。市委常委、副市长何恩广主持会议。

朱洪武指出，近年来，永州市各级各部门深入学习贯彻习近平总书记关于网络强国的重要思想，认真贯彻落实党中央决策部署和省委、市委工作要求，永州市主流舆论不断巩固壮大，网络安全屏障更加牢固，管网治网水平有效提升，信息化驱动引领作用持续增强，网信事业发展取得了明显成效。

朱洪武强调，要在深学笃行中牢牢把握正确政治方向。永州市各级各部门要牢记习近平总书记对网信工作提出的“五个方面”使命任务和“十个坚持”重要原则，守牢守好互联网这个主战场、主阵地、最前沿。要在严管严治中防范化解网络风险隐患。

要闻纪事

△26日，副市长吴恢才来到冷水滩区湘江水域及农贸市场等地，调研督导全市禁捕退捕工作，坚决遏制非法捕捞行为，打赢打好长江十年禁渔持久战。

△27日，永州市2023年秋季招才引智高校行北京专场活动在中国人民大学举行。现场播放了永州市招才引智宣传片，在永州工作的中国人民大学毕业生代表发言，195家引才单位提供668个优质岗位，现场接受1300余名北京地区高校学子报名咨询。

△27日，永州市召开全市道路交通事故预防“冬季攻势”部署推进会暨全市交通问题顽瘴痼疾系统整治推进会。会议要求，各级各部门要切实把思想和行动统一到习近平总书记关于安全生产的重要论述上来，坚决做好道路交通事故预防工作，坚决打赢道路交通安全整治攻坚战。

△31日，永州市召开全市禁毒问题顽瘴痼疾集中整治专项行动动员部署会暨全市禁毒工作推进会。会议强调，各级党委政府和成员单位要强化责任意识和大局意识，主要领导要切实履行好禁毒工作“第一责任人”的职责，把集中整治和年终收官冲刺纳入重要议事日程。

11月

△2日，全市森林防灭火工作视频会商调度会召开。分析研判全市森林防火工作形势，总结前段时间森林防灭火工作，安排部署下阶段工作。

△5日，永州市第一中学举行建校120周年校庆大会。省教育厅二级巡视员柴世钦，市领导侯文、刘玲军、李农妹、肖质彬、蒋井泉及知名校友周华松、盛剑明、张蕾等在主席台就座，清华大学、中国科学院大学、南开大学、兰州大学、天津大学、东北财经大学、中国药科大学、湖南科技学院、永州职业技术学院、潇湘技师学院等学校代表参加。

◎永州市冷水滩区打造“五支队伍”

2023年10月30日，永州市冷水滩区司法局组织公职律师陈林、政法“五老”朱方贤走进上岭桥镇大塘乾村，向群众解读《关于依法严厉打击猎捕候鸟等相关违法犯罪的通告》等相关法律法规，提醒广大群众禁止猎捕、杀害候鸟、鸟类市场交易，号召广大群众主动爱鸟护鸟。

为推动全区法治建设深入开展，该区突出法律顾问、公职律师队伍、人民调解、“法律明白人”和普法志愿者五支法治队伍建设，不断凝聚法治工作力量。目前，该区聘请9名律师组成法律顾问团队，全区37名公职律师分别担任了60个村（社区）法律顾问；设立“调委会”229个、调解员1037名，实现区、乡镇（街道）、村（社区）三级调解组织全覆盖；培育“法律明白人”612名，其中460人担任村（社区）网格员，344人担任“好邻居”调解员；涌现出以区司法局“蒲公英”青年志愿服务队、区法院“小獬豸”青年普法志愿服务队、返乡大学生法律宣传志愿队等普法志愿者队伍，累计开展法治宣传活动200余场，覆盖群众超3万人。

◎永州市开展“冬日亮剑”专项执行行动

2023年11月7日，为深入贯彻习近平法治思想，认真贯彻落实全省法院执行工作会议精神和市委政法委工作部署，全面推动执行工作高质量发展，永州市“冬日亮剑”专项执行行动动员会在市中级人民法院召开。市委常委、市委政法委书记张建坤出席会议并讲话，副市长、市公安局局长车丽华出席会议。会议由市中院党组书记、院长龚文启主持。

龚文启强调，永州市法院要提高站位，深化认识，切实增强工作使命感、责任感和执行力，推动专项行动入脑入心。要突出重点，精准施策，综合适用执行惩戒，狠抓刑事涉财产执行、专项案件整治、失信联合惩戒、依法打击拒执行为，推动专项行动见行见效。要守正创新、久久为功，推动专项行动行稳致远。要加强组织领导，压实责任，严格纪律，强化保障，推动专项行动善作善成。

会议宣读了《关于开展“冬日亮剑”专项执行行动的工作方案》，市公安局、市检察院、市司法局作了发言。

◎长沙海关与永州市工作座谈会召开

2023年11月19日，长沙海关与永州市工作座谈会召开。市委书记朱洪武，长沙海关关长、党委书记朱光耀出席会议并讲话。长沙海关副关长、党委委员吴昊，长沙海关总工程师陈再辉，副市长吴恢才出席。副市长肖扬主持会议。

朱洪武希望长沙海关加大改革创新力度，进一步优化服务，在通关检测、平台建设、质量保障、市场拓展、“两仓”建设等方面，继续给予永州关心和支持。永州将进一步把产业基础做实、把出口企业做强、把通关平台做好、把质量检测做优，大力发展外向型优势产业特别是蔬菜出口，努力培育新的出口增长点。

朱光耀表示，长沙海关将充分发挥好海关的职能作用，推进开放平台建设和市场主体建设，促进企业发展，提振企业信心；推进蔬菜供港和新业态的发展，加大对跨境电商的培训和指导，进一步提升通关便利性；推进铁海联运、中欧班列和进出口贸易，全力支持永州开放型经济发展，为加快实现“三高四新”美好蓝图贡献海关智慧和力量。

◎永州市六届人大常委会第十四次会议召开

2023年11月23日，永州市六届人大常委会第十四次会议召开。市人大常委会党组副书记、副主任周小驹，副主任吕斌、李农妹、胡先荣、贺一夫、冯德校、龙飞凤，秘书长高守凯出席。

永州市六届人大常委会第十四次会议召开

会议审议和表决了《市人大常委会关于召开市六届人大三次会议的决定（草案）》；听取了市人大常委会法工委关于2023年备案审查工作情况的报告；听取和审议了市人民政府关于《永州市国民经济和社会发展第十四个五年规划纲要》实施情况中期评估的汇报；听取和审议了市人民政府关于2023年市级预算调整方案（草案）的报告，审议和表决了《市人大常委会关于批准2023年市级预算调整方案的决议（草案）》；听取和审议了市人民政府《关于全方位融入粤港澳大湾区的议案》办理情况的报告；听取和审议了市人大财经委关于市六届人大二次会议主席团交付审议的《关于全方位融入粤港澳大湾区的议案》办理情况和审议结果的报告；表决了人事事项。

◎永州市启动“全国安全用药月”活动

2023年11月23日，2023年“全国安全用药月”永州启动仪式暨基层（药品）监管能力建设现场会在东安县和谐广场召开。

永州市启动“全国安全用药月”活动

此次活动主题是“安全用药、健康为民”，旨在通过活动的深入开展，全面普及安全用药常识，提高公众药品科学素养，增强企业主体责任意识，不断满足人民日益增长的药品安全需求，营造全社会关心关注用药安全的浓厚氛围，助推医药产业高质量发展。

活动现场，通过播放宣传片、设置宣传展板、专家义诊区、合理用药指导区、药品科普知识互动区等方式，向广大群众普及安全用药知识，展示永州药品安全监管工作成效，还为群众提供测量血压、血糖等便民服务。

◎永州市关工委、市教育局“诵读经典，培根铸魂”活动座谈会在东安举行

2023年11月24日，永州市关工委、市教育局“诵读经典，培根铸魂”活动座谈会在东安县举行。市关工委副主任盘玉花出席座谈会，县委常委、组织部部长成宇主持，县相关单位、学生、老师、家长及志愿者代表参加座谈会。

座谈会上，县关工委就全县开展“诵读经典，培根铸魂”活动情况作了工作汇报，与会人员就如何推进经典阅读工作作了交流发言，市关工委就下一步活动在东安开展进行了具体安排部署。

会议要求，要明确任务、高度重视，充分认识开展“诵读经典，培根铸魂”活动对于落实立德树人教育目标、增强青少年道德素质的重要性。要坚持以点带面，充分发挥家、校、社作用，抓好示范引领，大力助推“个十百千万”工程的实施。要加强组织领导，齐心协力、通力合作，相互配合，高效统筹推进“诵读经典，培根铸魂”活动。

永州市关工委、市教育局“诵读经典，培根铸魂”活动座谈会在东安举行

要闻纪事

△9日，2023年第三季度全市自然资源和规划系统重点工作流动现场会在江华瑶族自治县召开，与会人员现场观摩了江华工业园区国梦机电土地集约节约利用情况、丰辉机电低效用地处置情况、沱江镇沱岭村万亩水稻耕地“非农化”“非粮化”整治情况。

△9日，永州市教育基金会理事会补选会议暨“爱心助学”捐赠仪式在冷水滩区举行。会议听取了市教育基金会工作报告，宣读了《永州市教育基金会理事会选举办法》，补选产生了市教育基金会新任理事和监事，唐佐明当选为永州市教育基金会理事长。

△9日，东安县青年联合会第一届委员会第一次全体会议召开。会议听取和审议了《大会选举办法（草案）》，听取和审议了《第一届委员会主席、副主席、常委候选人建议名单（草案）》，选举了第一届委员会主席、副主席、常委。

△10日，永州市委书记朱洪武主持召开全市“五大千亿产业”工作汇报会，听取“五大千亿产业”推进情况汇报。他强调，要进一步梳理工作思路，明确重点任务，调优发展路径，坚持问题导向，以更加务实的作风推进构建现代化产业体系，在全市营造大抓产业、大兴产业的浓厚氛围。

△13日，2023年全市第四次重大项目集中开工签约活动暨江华湾水源抽水蓄能电站开工仪式举行，共开工签约重大项目250个，总投资603.1亿元。

△17日，祁阳市人民政府与交通银行永州分行政银合作洽谈会暨战略合作框架协议签约仪式举行。

△22日，道县县委副书记、县长唐超学一行前往白芒铺镇绕塘脐橙基地和道州脐橙集散中心，调研“道州脐橙”品牌推介暨“道品出海”首发仪式相关筹备工作。

◎湖南省自然资源年度例行督察组进驻永州

2023年12月4日，湖南省2023年自然资源例行督察永州市工作对接会召开，督察组组长、省自然资源厅总规划师申志军，副市长肖扬出席并讲话。会上宣读了《督察通知书》，对督察的目标任务、重点内容、工作要求进行了明确，听取了永州市2023年自然资源管理工作情况汇报。

申志军指出，督察组将按照“任务全交办、整改全到位、责任全追究”要求，聚焦重大决策部署落实、历年督察执法反馈问题整改等方面情况，重点督察地方党委、政府履行自然资源管理职责和耕地保护党政同责情况，加快推进违法违规问题整改，持续加强土地用途管制，全面提升自然资源管理现代化水平，推动经济社会高质量发展与自然资源高水平保护协同共进。

肖扬表示，永州各方要将此次督察作为一次提升能力、促进工作的机会，进一步提高政治站位、深化认识，坚决扛牢自然资源保护管理主体责任；要端正态度、全面配合，按照督察组要求，实事求是、客观公正地反映工作情况；要立行立改、狠抓落实，针对督察组反馈问题，逐项攻坚、逐一销号，确保在规定时间内整改到位；要完善机制、标本兼治，持续健全制度，强化监控手段，及时发现处置问题。

湖南省2023年自然资源例行督察组进驻永州

◎永州市开展中心城区职业院校师生“进园区、进企业”活动

2023年11月29日，永州市开展中心城区职业院校师生“进园区、进企业”活动，副市长肖质彬出席并讲话。

职业院校师生代表一行先后到园区、企业开展“沉浸式”体验活动，实地参观了园区环境、智能化车间、党员活动室等地，现场了解企业发展、生产经营等方面情况。

肖质彬指出，要深刻认识产教融合对于职业教育和经济社会高质量发展的重大意义，用好改革创新，补短板、强弱项、固底板、扬优势，统筹职业教育、高等教育、继续教育协同创新，推进职普融通、产教融合、科教融汇，优化职业教育类型定位。他强调，要立足永州实际，抓住政策机遇，从供需两端发力，探索建立产教融合新机制和新路径，不断推进教育链、人才链、创新链、产业链深度融合。要完善对接机制，创新人才培养模式，推动教学改革，强化融合共建共享，实现人才培养、资源共享、科技创新于一体的校企融合发展新机制。

◎2023年永州市“宪法宣传周”活动启动

2023年12月1日，以“大力弘扬宪法精神建设社会主义法治文化”为主题的2023年永州市“宪法宣传周”主场活动在冷水滩区滨江广场举行。市委常委、宣传部部长、市委全面依法治市委员会守法普法协调小组组长刘厚宣布活动启动，市人大常委会副主任胡先荣，副市长、市公安局局长车丽华，市政协副主席黄玉芳，市中级人民法院院长龚文启出席活动。

刘厚在致辞中指出，要聚焦“八五”普法重点，大力弘扬宪法精神，教育引导广大干部群众自觉尊崇宪法、学习宪法、遵守宪法，争做宪法精神的捍卫者、践行者、传承者。要发挥部门职能优势，形成法治工作合力，着力解决好立法、执法、司法、守法等领域的突出矛盾和问题，促进各环节法治工作相互贯通，推动法治永州建设不断取得新成效。

活动现场奏唱了国歌，举行了宪法宣誓仪式，并精选了3个具有代表性的优秀普法文艺节目在启动仪式上演出。各普法成员单位通过悬挂横幅、发放法治宣传资料、摆放宣传展板、免费发放普法礼品等方式，向现场群众宣传宪法等法律知识。

要闻纪事

△27日，永州市委副书记、市长陈爱林主持召开县市区长视频会议，研究部署年前重点工作。他强调，要紧盯目标、抓住关键、强化责任，打好全年工作收官战，聚焦重点项目，布好局。

△28日，国家统计局湖南调查总队党组书记、总队长刘顺国一行来宁远县调研统计调查工作开展情况，在天堂镇温氏集团坪岭种猪场，刘顺国详细了解种猪场养殖数量、饲喂管理、经营规划等相关情况，并与种猪场负责人进行交流，分析了当前养殖业目前存在的困难和未来发展前景。

△28日，湖南稀土新材料产业园奠基暨伴生矿物料综合处置等项目开工仪式举行。产业园规划总用地面积约2400亩，目前已签约项目8个，一期总投资约30亿元，投产后可实现年产值100亿元以上，年税收9亿元以上。

△28日，永州陆港世界食品港暨熙可全球食品保鲜加工中心项目开工仪式举行。

△30日，永州市委书记朱洪武，市委副书记、市长陈爱林在冷水滩分别会见了老挝驻长沙总领事馆总领事颂奇·旺康、缅甸联邦共和国驻南宁总领事馆总领事吴觉梭登，就开展经贸合作、增进双方友谊进行深入交流。

△30日，永州市农村交通安全管理经验交流现场会在新田县召开。与会人员实地观摩了新田县龙泉街道秀富里村、枧头镇龙家大院村，并观看了新田县道路交通安全文明示范村创建视频汇报片和运用头盔识别智能监控开展交通违法精准劝导现场演示。

◎2023年“学理论 悟思想 建新功——‘声动宁远’”理论微宣讲大赛决赛举行

2023年“学理论 悟思想 建新功——‘声动宁远’”理论微宣讲大赛决赛举行

2023年12月18日，2023年“学理论 悟思想 建新功——‘声动宁远’”理论微宣讲大赛决赛在原政务中心101会议室举行。

此次活动的主要目的，是以习近平新时代中国特色社会主义思想为指导，以新时代文明实践中心所、站（点）为依托，紧紧围绕学习宣传贯彻党的二十大精神，深入宣传习近平总书记带领全党全国各族人民在实现中华民族伟大复兴新征程上走过的非凡十年，深刻阐释党的二十大报告提出的新思想新观点，广泛宣传党和人民创造的新作为新业绩，弘扬“学习党的二十大·建功新时代”主旋律，打造“四个中心”，致力“三区一振兴”，激励全县广大党员干部群众为建设社会主义现代化新宁远而团结奋斗。

活动经过海选、初赛，最终选取了12支队伍进入决赛的舞台，进入决赛的队伍以现场宣讲的形式，通过现场评委打分，角逐此次比赛的最高荣誉。活动中，宣讲选手们立足宁远实际，将“大主题”和“小切口”相贯通，将“讲理论”和“讲故事”相结合，把血肉联系延伸到群众的心坎里，引发共鸣。最终由县纪委监委选送的微宣讲《一刻不停推进全面从严治党》获得大赛一等奖。

◎永州市第五届美术作品展开幕

2023年12月20日，“大美永州——新时代山乡巨变”永州市第五届美术作品展在湖南科技学院美术与艺术设计学院展览馆开幕。市委书记朱洪武参观了美术展，市委常委、宣传部部长刘厚出席并宣布美术展开幕。市委常委、市委秘书长刘玲军，湖南科技学院党委书记李钢出席或参观美术展。

此次展览以乡村振兴为主题，以“画永州”为主线，聚焦新时代永州山乡发展新成效，创作了美术作品400余件，其中100件作品入展。此次作品展题材丰富、面貌多样，既有老一辈画家的精心之作，也有中青年画家充满新思维、新观念和创造性的佳作，多角度展现乡村变迁、全方位呈现农村故事、立体化塑造人民典型，集中反映了新时代潇湘大地天翻地覆的史诗性变革，充分展现了新永州、好永州、美永州、福永州的崭新面貌。现场还对30幅优秀作品及作者进行了表彰。

永州市第五届美术作品展开幕

◎永州政务服务搭上直播快车

2023年以来，永州市积极打造“永州政务”直播间，创新政策宣讲、在线解答、诉求回应、咨询办事等为一体的线上交互式、立体化政务服务新模式。已开通医保、公安、政务服务等专场直播，观看人数达32万人次、点赞量50万次。

永州市重点围绕“湘易办”应用、户籍办理、基本医疗、入学就业等群众关切领域和“一件事一次办”等影响力大、关注度高、涉及面广的重大改革，精心策划主题，举办各类“专题直播”。将利企惠民政策以案例、弹幕形式与网民在线互动，让政策文字变成鲜活话语，搭建起政策和企业群众之间的“云桥梁”。同时，在直播过程中发起投票，让观众参与选择下期直播主题，实现“点单式”直播服务。

除政策宣讲外，“永州政务”直播间还向群众提供在线解答、诉求回应、咨询办事等线上服务。邀请市直部门、县市区主要领导在12345热线“领导接听日”依托直播平台开展举办“领导直播”。直播时收集问题、直播后梳理解决问题，并举一反三推动政务服务提质。2023年，通过“领导接听日”共接听企业群众来电309个，其中当场答复239件，转办70件，现已办结66件。

◎湖南省产改督查组到永州经开区督查产业工人队伍建设改革工作

2023年12月21日，湖南省产改督查组来到永州经开区，督查产业工人队伍建设改革工作并召开座谈会。省产改督查组组长、省国防工业工会主任罗华，市总工会党组副书记、副主席邓家旭，区党工委副书记黄安平，省产改督查组、市总工会、区直相关单位负责人参加。

湖南省产改督查组到永州经开区督查产业工人队伍建设改革工作

座谈会上，黄安平汇报了永州经开区推进新时代产业工人队伍建设改革工作开展情况。督查组通过查阅全区产改相关资料、座谈交流等方式进行了全面督查。

罗华对永州经开区产业工人队伍建设改革工作给予高度肯定，认为区党工委、管委和各相关部门高度重视、思路清晰、举措有力，取得了显著成效。他要求，要进一步提高政治站位，加强组织领导，加大对工会履行牵头抓总职责的指导和支持力度，理顺工作关系，健全工作机制，为深化改革提供保障。要强化技能提升，加大培训力度，发挥劳模工匠示范引领和带动作用，加快构建产业工人技能形成体系。要倾力服务职工，保护职工合法权益，积极解决产业工人最关心、最直接、最现实的利益问题，提高产业工人地位，进一步增强产业工人获得感、幸福感、安全感。

◎永州首衡国际农产品交易中心启动运营暨首届年货节开幕

2023年12月22日，永州首衡国际农产品交易中心启动运营暨首届年货节开幕。市委书记朱洪武出席并宣布启动运营和开幕。市委副书记、市长陈爱林，首衡集团董事长米亚林，省发改委二级巡视员龚新平出席并讲话。

开幕式上，首衡集团分别与商户代表、永州各县市区重点企业、战略合作伙伴进行了签约，并举行了全国重点扶持市场授牌仪式。开幕式后，出席活动的领导和嘉宾到年货节现场和永州绿色农产品展销中心巡馆。

永州首衡国际农产品交易中心是湖南省重点项目，总规划占地740亩，投资约26亿元。项目以打造全产业链条、全业态发展的产业集群为核心理念，规划“展示交易、冷链物流、加工配送、信息溯源”四大功能；建设“蔬菜、水果、淡水鱼、海鲜、冻品、肉蛋禽、副食、粮油”八大交易板块；打造“预制菜展销中心、智慧冷链中心、电商直播中心、安全检测中心、大数据中心”五大亮点工程。项目启动运营后，预计可实现年交易额近100亿元，提供3000个就业岗位。

此次年货节以“年货有惠”“年货有味”“年货有效”“年货有俏”等四个主题打造不同以往的新奇年货节，全场联动，500多户商家、上万种吃住行娱各类商品参与优惠活动，市民在现场可以挑选心仪的年货，感受浓浓的年味。

永州首衡国际农产品交易中心启动运营暨首届年货节开幕

要闻纪事

12月

△1日，第六届东盟·湖南（永州）名优产品交易会开幕式在永州经开区举行。本届交易会以“共建西部陆海新通道 共享湖南东盟新未来”为主题，聚焦推动湖南与东盟国家的经贸交流与合作，共同探索和分享经济发展的新机遇。本届交易会为期三天，集中展示东盟各国、湖南省各市州以及海南、广东、广西的特色装备、农副产品、人文风情、地方美食等。

△6日，永州市宣传《中华人民共和国无障碍环境建设法》暨无障碍公交车运行启动仪式在市全民健身服务中心广场举行。

△22日，永州市台湾同胞投资企业协会第三届第二次会员代表大会暨成立十周年庆典活动在冷水滩区举行。与会代表们认真听取了永州市台商协会2023年度工作报告和财务报告，对协会过去一年的工作进行了全面梳理和总结。

△24日，中国人民政治协商会议永州市第六届委员会第三次会议在永州会堂隆重开幕。来自全市各族各界、各条战线的政协委员们肩负人民的殷切重托，齐聚一堂，积极履行政治协商、民主监督、参政议政职能，共谋永州高质量发展大计，建言献策建设现代化新永州。

△26日，永州市委书记朱洪武来到市六届人大三次会议祁阳代表团参加讨论。他强调，祁阳要锚定挺进全省县域经济前十强的目标，加压奋进，实干争先，努力在全市发展大局中挑起大梁、走在前列。

△28日，祁阳市文联系统召开2023年度工作表彰暨音乐、美术、曲艺和祁阳石协会换届会议。

湖南地方年鉴

怀　化

怀化市
沅陵县
辰溪县
溆浦县
麻阳县
鹤城区
芷江县
中方县
新晃县
洪江市
会同县
靖州县
通道县

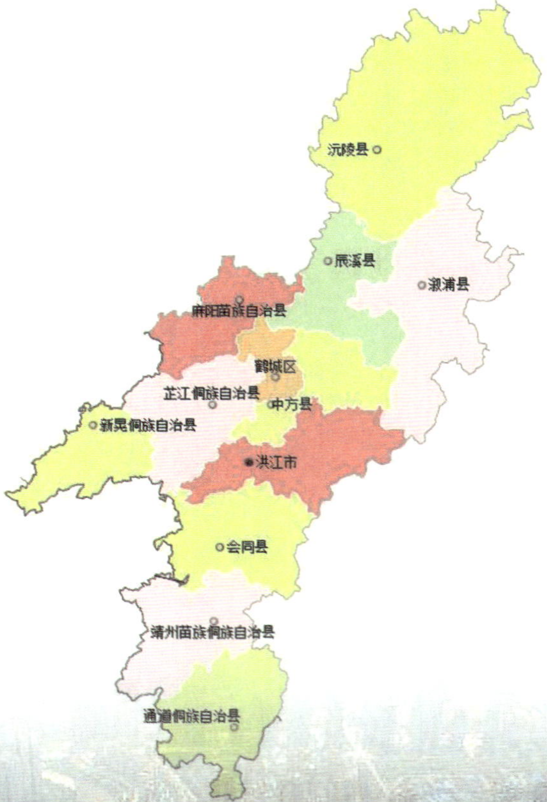

怀 化 地 区

怀 化 市

怀化市，别称“鹤城”，古称“鹤州”“五溪”，湖南省辖地级市，位于湖南省西南部，处于武陵山脉和雪峰山脉之间，地处中亚热带川鄂湘黔气候区和江南气候区的过渡部位。截至2023年底，怀化市辖13个县市区（含1个管理区）和1个国家级高新区、1个国际陆港经济开发区，区域面积2.76万平方公里。截至2023年末，怀化市常住人口447.21万人。

怀化市自古以来就有“黔滇门户”“全楚咽喉”之称，是中央红军通道转兵发生地、抗日战争胜利受降见证地、世界杂交水稻发源地。怀化是全国性综合交通枢纽，是共建西部陆海新通道、面向印度洋国际陆海大通道和“一带一路”的重要节点城市，先后获批商贸服务型国家物流枢纽、国家复合型流通支点城市。依托怀化国际陆港，怀化已打通中老、中越、中缅等4条国际大通道，开辟主要出海口4个，开通国际国内运输线路98条，形成了“依托双通道、对接两大洋、服务双循环”的对内对外开放新格局。

怀化市历史悠久，文化厚重。境内高庙文化遗址将中华文明史上溯到7800年前，是中国南方农耕文明的重要发祥地之一。伟大爱国主义诗人屈原曾流放怀化境内沅水流域，在这里创作了《涉江》《离骚》等不朽名篇。王昌龄在此写下“青山一道同云雨，明月何曾是两乡”等千古绝句。全域为革命老区，是向警予、粟裕、滕代远的家乡。传统村落数量为湖南省第一，境内的中华书山、通道转兵会址、芷江受降坊、安江农校杂交水稻纪念园、洪江古商城、芋头古侗寨等享誉中外。怀化，是一个怀景怀乡怀味的地方。

2023年，怀化市实现地区生产总值1948.52亿元，比上年增长5.6%。

怀化市2023年国民经济和社会发展统计公报

2023年，是全面贯彻党的二十大精神的开局之年，是三年新冠疫情防控转段后全面恢复发展的一年。在市委、市政府的坚强领导下，全市坚持以习近平新时代中国特色社会主义思想为指导，深入学习贯彻党的二十大精神以及习近平总书记关于湖南工作的重要讲话和指示批示精神，锚定“三高四新”美好蓝图，大力实施“五新四城”战略，抢抓战略机遇，发挥比较优势，锐意赶超，阔步奋进，全市经济社会发展交出新答卷迈上新台阶。

一、综合

初步核算，全年完成地区生产总值（GDP）1948.52亿元，比上年增长5.6%。其中：第一产业增加值282.10亿元，增长3.4%；第二产业增加值565.38亿元，增长5.8%；第三产业增加值1101.04亿元，增长6.1%。按常住人口计算，全市人均GDP为43335元，增长6.6%。

全市三次产业占比为14.5 ∶ 29.0 ∶ 56.5，与上年相比，第一产业回落0.9个百分点，第二产业提升0.1个百分点，第三产业提升0.8个百分点。第一、二、三产业对GDP增长贡献率分别为9.7%、30.2%、60.1%。工业对GDP增长的贡献率为17.8%。民营经济实现增加值1316.59亿元，增长6.1%，占全市GDP的67.6%。其中：第一产业民营经济增加值281.52亿元，增长3.4%，占第一产业增加值的99.8%；第二产业民营经济增加值407.31亿元，增长6.9%，占第二产业增加值的72.0%；第三产业民营经济增加值627.77亿元，增长6.9%，占第三产业增加值的57.0%。

全市年末常住人口447.21万人，下降1.1%。按城乡分：城镇人口223.78万人，增长1.5%；乡村人口223.43万人，下降3.5%。按性别分：男性人口231.29万人，下降1.1%；女性人口215.92万人，下降1.1%。按年龄分：0—15岁（含不满16周岁）人口95.34万人，下降1.5%；16—59岁（含不满60周岁）人口257.02万人，下降1.2%；60岁及以上人口94.85万人，下降0.4%。全市年末城镇化率为50.04%，比上年提升1.27个百分点。全年出生率为6.22‰，死亡率为8.78‰，人口自然增长率为–2.56‰。

全年新增城镇就业人员3.73万人，增长1.3%。年末城镇调查失业率为5.3%，下降0.4个百分点。失业人员再就业1.64万人，下降15.2%。

二、农业

全市完成农林牧渔业总产值506.04亿元，增长3.6%。其中，农业产值266.32亿元，增长5.2%；林业产值37.40亿元，增长7.9%；牧业产值172.90亿元，下降0.2%；渔业产值16.86亿元，增长8.0%；农林牧渔专业及辅助性活动产值12.57亿元，增长8.2%。

全市粮食种植面积308.00千公顷，下降0.6%。棉花种植面积0.35千公顷，增长24.3%。糖料种植面积0.71千公顷，增长0.7%。油料种植面积137.53千公顷，增长9.1%。烟叶种植面积1.32千公顷，增长67.9%。蔬菜及食用菌种植千公顷75.32，增长2.4%。

全年粮食产量196.17万吨，增长1.3%。油料产量22.56万吨，增长9.4%。其中：油菜籽产量21.17万吨，增长9.6%。烟叶产量0.27万吨，增长42.0%。茶叶产量1.35万吨，增长5.0%。蔬菜及食用菌产量181.10万吨，增长3.6%。

全年出栏生猪402.12万头，下降0.2%。出栏牛19.70万头，下降4.1%。出栏羊89.44万头，下降5.6%。全年猪、牛、羊肉产量33.42万吨，下降0.4%。其中：猪肉产量29.52万吨，下降0.03%。牛奶产量0.14万吨，下降12.5%。水产品产量8.27万吨，增长2.2%。禽蛋产量2.15万吨，增长31.9%。

全市开工各类水利工程191个，增长8.5%；水利工程投入资金47.94亿元，增长21.9%；完成水利工程土石方2339.44万立方米，增长20.3%。

三、工业和建筑业

全市完成工业增加值444.81亿元，增长4.2%。

规模以上工业增加值增长4.8%。分门类看，采矿业下降4.2%，制造业增长6.7%，电力、热力燃气及水的生产和供应业下降0.9%。分经济类型看，国有企业下降3.0%，集体企业增长22.3%，股份制企业增长5.0%，外资及港澳台资企业增长12.1%，其他类型企业增长11.7%。

规模以上工业中，煤炭开采和洗选业增长42.3%，农副食品加工业下降12.6%，食品制造业增长9.2%，酒、饮料和精制茶制造业下降5.7%，石油加工、炼焦和核燃料加工业增长41.4%，化学原料和化学制品制造业增长10.2%，医药制造业增长13.5%，化学纤维制造业增长115.5%，非金属矿物制品业增长17.0%，黑色金属冶炼和压延加工业增长 9.1%，金属制品业增长 40.8%，专用设备制造业增长 8.5%，汽车制造业增长 15.1%，计算机、通信和其他电子设备制造业增长 20.4%。

全市完成建筑业增加值 121.30 亿元，增长 13.5%。具有资质等级的总承包和专业承包建筑业企业利润总额 11.10 亿元，增长 15.3%。房屋建筑施工面积 1851.87 万平方米。其中：新开工面积 271.51 万平方米；房屋建筑竣工面积 232.09 万平方米。

四、服务业

全年批发和零售业增加值 138.89 亿元，增长 9.6%；交通运输、仓储和邮政业增加值 120.88 亿元，增长 12.2%；住宿和餐饮业增加值 41.11 亿元，增长 11.8%；金融业增加值 111.30 亿元，增长 6.3%；房地产业增加值 136.67 亿元，下降 0.1%；信息传输、软件和信息技术服务业增加值 27.10 亿元，增长 9.1%；租赁和商务服务业增加值 40.57 亿元，增长 11.3%；居民服务、修理和其他服务业增加值 91.97 亿元，增长 14.2%。全市规模以上服务业完成营业收入 129.58 亿元，期末用工人数 2.94 万人。

全年铁路货运量 152.98 万吨，下降 34.3%；公路货运量 8816.60 万吨，增长 16.0%；水运货运量 563.60 万吨，增长 12.7%；民航货运量 13.60 吨，增长 36.9%。公路货运周转量 81.42 亿吨公里，增长 9.3%；水运货物周转量 15.54 亿吨公里，增长 12.7%。铁路客运量 1082.75 万人，增长 70.5%；公路客运量 2193.90 万人，增长 7.6%；水运客运量 383.60 万人，增长 22.8%；民航旅客吞吐量 36.90 万人，增长 190.4%。公路旅客周转量 10.41 亿人公里，增长 14.9%；水运旅客周转量 1.03 亿人公里，增长 8.5%。

年末民用汽车保有量 56.01 万辆，增长 4.5%。其中：私人汽车 53.00 万辆，增长 4.6%；轿车 29.09 万辆，增长 7.8%。本年新注册汽车 3.66 万辆。

全年邮政业务总量（2020 年不变价）11.82 亿标准量，增长 11.9%；电信业务总量（2022 年不变价）45.38 亿元，增长 18.9%。年末固定电话用户 22.06 万户，增长 0.8%；移动电话用户 439.42 万户，增长 0.6%。年末互联网宽带用户 160.68 万户，增长 9.4%。

全年旅游收入 534.81 亿元，增长 41.2%。其中：国内旅游人数 5837.9 万人次，增长 44.2%；国内旅游收入 534.78 亿元，增长 41.2%。全市旅游等级景区（点）59 家，增长 9.3%。其中：4A 级及以上 16 家，增长 14.3%。

五、固定资产投资

全市固定资产投资完成额（不含跨区投资）增长 7.6%。按经济类型分，国有投资下降 2.9%，非国有投资增长 11.4%，民间投资增长 17.9%。按登记注册类型分，内资企业投资增长 7.9%，其中私营企业增长 12.3%。按产业分，第一产业投资增长 0.3%，第二产业投资增长 39.7%，其中制造业增长 62.5%，第三产业投资下降 4.2%。按投资方向分，工业投资增长 39.9%，基础设施投资下降 16.4%，民生投资增长 37.2%，生态投资下降 36.4%，高新技术产业投资增长 24.4%，工业技改投资增长 8.9%。全年施工项目 1137 个，下降 28.9%。其中：本年新开工项目 439 个，下降 47.3%；本年投产项目 489 个，下降 21.7%。

全市房地产开发投资完成 178.86 亿元，下降 10.7%。商品房销售面积 414.74 万平方米，下降 5.3%。商品房销售额 173.92 亿元，下降 7.7%。年末商品房待售面积 38.10 万平方米，下降 55.6%。

六、国内贸易和物价

全市社会消费品零售总额 769.29 亿元，增长 9.2%。按销售单位所在地分，城镇 672.46 亿元，增长 9.3%；乡村 96.82 亿元，增长 9.1%。按消费形态分，商品零售额 673.71 亿元，增长 9.1%；餐饮消费额 95.58 亿元，增长 10.0%。

全市居民消费价格指数（CPI）为 99.6%，比上年下降 2.2 个百分点。按类别分，食品烟酒类 98.4%，衣着类 100.7%，居住类 99.9%，生活用品及服务类 99.5%，交通和通信类 97.4%，教育文化和娱乐类 101.6%，医疗保健类 100.9%，其他用品和服务类 103.3%。全市服务项目价格指数为 100.6%。

七、对外经济

全市实现外贸进出口总额 103.62 亿元，增长 121.6%。其中：进口总额 11.53 亿元，增长 160.3%；出口总额 92.09 亿元，增长 117.5%。按贸易方式分，一般贸易出口 85.37 亿元，增长 113.0%；加工贸易出口 6.05 亿元，增长 169.1%。按重点商品分，机电产品出口 36.00 亿元，增长 168.9%；高新技术产品出口 5.53 亿元，增长 295.6%；农产品出口 5.67 亿元，增长 2639.1%。

按产销国别（地区）分：出口中国香港 16.75 亿元，增长 398.1%；出口美国 10.38 亿元，增长 269.2%；出口中国台湾 1.05 亿元，增长 12.3%；出口日本 2.67 亿元，增长 26.0%；出口韩国 1.60 亿元，增长 6.1%；出口印度 1.49 亿元，增长 8.4%；出口俄罗斯 1.20 亿元，增长 27.7%；出口南非 0.43 亿元，增长 50.3%；出口巴西 0.58 亿元，下降 28.8%。按贸易对象分：出口 RCEP 其他成员国 35.00 亿元，增长 101.6%；出口东盟 27.73 亿元，增长 161.3%；出口欧盟 6.84 亿元，增长 97.9%；出口"一带一路"沿线国家 39.78 亿元，增长 99.1%。

全年新批外商投资项目 29 个，增长 7.0%。新引进世界 500 强企业 28 家，增长 12.0%。实际利用外资 7741 万美元，增长 561.1%。其中：第二产业 1390 万美元，增长 428.5%；第三产业 6351 万美元，增长 599.5%。新批境内省外项目 341 个，增长 19.2%。实际利用境内省外资金 689.98 亿元，增长 19.0%。其中：第一产业 47.0 亿元，增长 23.9%；第二产业 456.01 亿元，增长 24.9%；第三产业 186.97 亿元，下降 8.6%。

全年对外承包工程完成营业额 1439 万美元，增长 292.1%。派出各类劳务人员 148 人，下降 45.0%。新增境外投资企业 6 家，增长 100.0%。新增中方对外合同投资额 3563 万美元，增长 51.3%。对外实际投资额 1746 万美元，增长 558.6%。

八、财政和金融

全市实现地方一般公共预算收入 124.18 亿元，增长 3.9%。其中：地方税收收入 87.00 亿元，增长 3.9%；非税收入 37.18 亿元，增长 3.8%。全市一般公共预算支出 560.38 亿元，增长 10.1%。其中：教育支出 98.87 亿元，增长 6.0%；科学技术支出 9.88 亿元，增长 9.3%；文化旅游体育与传媒支出 9.54 亿元，增长 33.0%；社会保障和就业支出 82.68 亿元，增长 17.7%；卫生健康支出 66.98 亿元，增长 19.5%；节能环保支出 9.46 亿元，增长 11.9%；城乡社区支出 56.89 亿元，增长 29.7%；农林水支出 88.90 亿元，增长 3.1%；住房保障支出 14.20 亿元，增长 15.4%。

全市年末金融机构本外币各项存款余额 3089.33 亿元，增长 9.9%。其中：住户存款余额 2484.88 亿元，增长 12.4%；非金融企业存款 235.90 亿元，增长 14.2%；非银行业金融机构存款 26.11 亿元，增长 109.6%。全市年末金融机构各项贷款余额 2238.76 亿元，增长 14.8%。其中：住户贷款余额 1032.47 亿元，增长 5.9%；非金融企业及机关团体贷款余额 1206.18 亿元，增长 23.7%。按类别分，个人住房消费贷款 532.33 亿元，增长 0.4%；房地产开发贷款 53.94 亿元，增长 25.9%；中小微企业贷款 935.39 亿元，增长 29.8%。按行业分，农林牧渔业贷款 43.29 亿元，增长 129.1%；制造业贷款 76.48 亿元，增长 54.8%。

全市年末境内上市公司 2 家。A 股上市公司总股本 2.86 亿股，A 股上市公司总市值 34.12 亿元，下降 8.6%。全市直接融资总额 114.31 亿元，增长 67.8%。年末证券公司营业部 8 家。全市证券交易额 1239.45 亿元，下降 0.5%。

全市保险保费收入 74.48 亿元，增长 5.6%。其中：寿险收入 33.17 亿元，增长 4.8%；健康险收入 16.85 亿元，下降 5.7%；人身意外伤害险收入 1.59 亿元，下降 7.4%；财产险收入22.87亿元，增长18.6%。全市保险赔付支出30.94亿元，增长12.6%。其中：寿险赔付6.82亿元，增长17.7%；健康险赔付10.26亿元，增长0.7%；人身意外伤害险赔付0.36亿元，下降5.4%；财产险赔付13.49亿元，增长21.5%。

九、教育和科学技术

全市有普通高校4所。普通高等教育招生数1.96万人，在校生6.34万人，毕业生1.73万人。成人高等教育招生数0.12万人，在校生0.83万人，毕业生0.34万人。中等职业教育招生数1.81万人，在校生5.25万人，毕业生1.87万人。普通高中招生数3.44万人，在校生9.68万人，毕业生2.77万人。初中学校招生数6.49万人，在校生19.52万人，毕业生5.97万人。普通小学招生数6.15万人，在校生37.37万人，毕业生6.50万人。特殊教育招生数156人，在校生1482人，毕业生183人。幼儿园在园幼儿13.25万人。小学适龄儿童入学率100%，高中阶段教育毛入学率87.95%，小学毕业生升学率100%。全市各类民办学校575所，在校学生11.35万人。发放中职国家助学金0.59亿元，中职国家助学金资助中职学生5.90万人次。落实中职免学费资金1.22亿元，中职免学费资助中职学生9.62万人次。发放普通高中国家助学金0.53亿元。

省级工程研究中心（工程实验室）2个。省级工程技术研究中心8个，增长300.0%。全市科技成果登记数2项。认定登记技术合同1397项，增长104.8%；技术合同成交金额75.04亿元，增长87.1%。全市授权发明专利378件，下降10.0%。其中：大专院校授权39件，下降32.8%；科研单位授权2件，增长100.0%；工矿企业授权322件，下降7.2%；机关团体授权6件，增长500.0%。

全市拥有检验检测机构146家。法定计量检定机构13家。特种设备生产单位26家，特种设备20112台。开展重点工业产品质量监督抽查1758批次，重点工业产品定期抽查合格率达93.5%，发放工业产品生产许可证60张。强制检定计量器具6.86万台件。参与制定国际标准1项，参与制定国家标准1项，组织制定地方标准4项，发放食品生产许可证154张。

十、文化、卫生和体育

全市拥有艺术表演团体6个，群众艺术馆、文化馆15个，公共图书馆14个，博物馆（纪念馆）12个，拥有国家级非物质文化遗产保护目录16个，省级非物质文化遗产保护目录68个。全市广播综合人口覆盖率达99.55%，电视综合人口覆盖率达99.77%。全市有线电视用户13.84万户。开放各类档案2.17万卷（件）。

全市共有卫生机构4731个。其中：医院137个，妇幼保健院（所、站）14个，疾病预防控制中心（防疫站）14个，卫生监督所（中心）14个，专科疾病防治院（所、站）2个，社区卫生服务中心（站）22个，乡镇卫生院306个，诊所、卫生所、医务室1160个，村卫生室3025个。医院床位数28476张。卫生技术人员4.11万人，其中执业（助理）医师1.54万人，注册护士1.94万人。乡镇卫生院306个，乡镇卫生院卫生技术人员7888人，乡镇卫生院床位数8058张。

全市体育场地15009个，其中体育馆4个。全市运动场（体育场、小运动场、田径场）497个，游泳池（游泳跳水场馆）115个，各种训练房（综合房及专项训练房）576个。全市经常参加体育锻炼人数208.36万人。全市开展全民健身项目301项次，新建农民体育健身工程的行政村80个。全市获得世界冠军2个，获得亚洲冠军2个，获得全国冠军2个。

十一、居民收入消费和社会保障

全市城乡居民人均可支配收入为24555元，增长6.6%。城镇居民人均可支配收入35945元，增长5.2%；农村居民人均可支配收入15352元，增长7.6%。全市城乡居民人均消费支出18866元，增长6.3%。城镇居民人均消费支出25893元，增长5.5%；农村居民人均消费支出13189元，增长6.4%。

全市城乡居民基本养老保险登记参保人数280.41万人，下降0.1%。城镇基本养老保险职工人数80.19万人，增长3.7%。其中：职工55.36万人，增长3.4%；离退休人员24.83万人，增长4.4%。参加工伤保险职工人数58.41万人，增长29.5%。参加失业保险职工人数32.82万人，下降1.4%。领取失业保险金职工人数0.42万人，增长46.7%。参加生育保险职工人数26.17万人，下降1.0%。基本医疗保险参保人数444.22万人，下降2.3%。其中：城乡居民基本医疗保险参保人数401.69万人，下降2.5%；城镇职工基本医疗保险参保人数42.53万人，下降0.7%。其中：职工26.17万人，下降1.0%；退休人员16.36万人，下降0.2%。

全市获得政府最低生活保障的城镇居民2.00万人，发放城镇居民最低生活保障经费1.11亿元；获得政府最低生活保障的农村居民11.07万人，发放农村居民最低生活保障经费3.69亿元。提供住宿民政机构床位数5858张，其中养老机构床位数5758张；提供住宿民政机构收养人数4368人，其中养老机构服务人数4336人。社区养老服务机构和设施3423个。城镇老旧小区完成改造461个。农村“三路”提质改造351公里。全年销售社会福利彩票5.57亿元，筹集福彩公益金1.42亿元。

十二、资源、环境和安全生产

全市耕地面积28.98万公顷。其中：水田25.32万公顷，旱地3.65万公顷。全市园地面积14.53万公顷。全市基本农田25.13万公顷，全年建设占用耕地144.79公顷，补充耕地417.22公顷。全市已发现的矿种有62种，已探明资源储量的矿种有40种。其中：能源矿产2种，金属矿产15种，非金属矿产23种。新发现大中型矿产地4处。

全市森林覆盖率为67.06%，比上年提高0.02个百分点。全市活立木蓄积12720.95万立方米。全年完成造林面积2.43万公顷。全市拥有自然保护区5个，其中国家级自然保护区2个，省级自然保护区3个。省级以上自然保护区面积5.78万公顷。全市拥有国家地质公园1个。

全市13个县市区空气质量达到国家二级标准。全市达到或优于III类标准的水质断面比例为100%。设市城市生活垃圾无害化处理率达100%。设市城市人均公园绿地面积10.53平方米。

全市规模工业综合能源消费量224.64万吨标准煤，下降16.8%。全市规模以上工业发电量147.77亿千瓦时，下降23.4%。其中：水电发电量111.95亿千瓦时，下降30.0%；风力发电量28.34亿千瓦时，增长23.9%；太阳能发电量1.70亿千瓦时，下降69.8%；火电发电量5.78亿千瓦时，增长35.0%。全社会用电量113.32亿千瓦时，下降3.2%。其中：工业用电量43.08亿千瓦时，下降11.3%；居民生活用电量36.09亿千瓦时，下降3.3%。

全市发生各类生产经营性安全事故73起，各类生产经营性安全事故死亡人数75人。全市亿元GDP生产安全事故死亡人数0.04人。全年共发生道路交通事故215起，下降1.4%；道路交通事故万车死亡人数1.69人，下降4.7%。

沅 陵 县

沅陵县位于湖南省西北部，怀化市北端，面积5832平方公里，辖21个乡镇，369个村、35个社区，67万人。县情主要有以下特点：

薪火相传的文化圣地。沅陵历史悠久，文韵醇厚，战国时楚置黔中郡，汉高祖5年置沅陵县，历为郡、州、路、府、道和湘西行署治所，曾是大湘西地区政治、经济、文化、军事中心。相传秦始皇焚书坑儒时，朝廷博士官伏胜冒险藏书简上千卷于沅陵二酉山洞中，保存了中华文化火种。境内有国保单位唐代龙兴讲寺、省保单位黔中郡遗址等历史文化遗存百余处，馆藏国家一级文物41件，“辰州傩戏”“沅陵传统龙舟”被列入国家非物质文化遗产名录。

富有传奇的神秘境地。沅陵为神秘湘西千古迷郡，境内盘瓠传说、夸父逐日、辰州巫傩、二酉传奇、眼前佛国、黔中郡之谜、无射山茶韵、狃花文化、佤乡族群、传统龙舟，被称为“沅陵十大神秘现象”。

美得令人心颤的旅游胜地。沅陵绿韵盎然，水韵悠长。有借母溪国家级自然保护区、五强溪国家湿地公园、沅陵国家森林公园、中国西南地标辰龙关等众多景区景点。境内有沅水、酉水两大水系，有911条溪河，新潇湘八景五溪湖如诗如画，是休闲、垂钓、度假、养生胜地，更是生态宜居的风水宝地。

物产丰富的资源宝地。沅陵是全国十大水电基地、全省林业十强县、中国生态有机茶之乡、中国有色金属之乡。沅陵水能蕴藏量、黄金年产量、活立木蓄积量均居全省首位。碣滩茶、五强溪鱼、大合坪黑猪均为国家地理标志产品。碣滩茶自唐代历为贡茶，茶韵天香，享誉中外；辰州矿业拥有140余年的金矿开采史，已成功获批沃溪国家矿山公园，黄金产量全国第五，锑产量世界第一。

后发赶超的创业福地。沅陵大力实施“一中心三基地”发展战略，致力建设武陵山片区区域中心城市、湖南电子信息产业基地、中国碣滩茶产业基地、全国全域旅游示范基地，后发赶超强劲，是投资创业福地。成功创建了国家卫生县城、全国绿化模范县、全国绿色能源示范县、省级历史文化名城，省级文明城市，获批成为全国农村金融服务体系改革试验区、全国农村土地承包经营权抵押贷款试点县、全国农村产业融合发展示范县、全国新型城镇化试点联系县、创建省重点全域旅游示范基地，省级创新型县。后发赶超势头强劲，成为投资创业福地。

沅陵县2023年国民经济和社会发展统计公报

2023年是全面贯彻落实党的二十大精神的开局之年，是我国疫情防控转段后经济恢复发展的一年。县委县政府在以习近平同志为核心的党中央坚强领导下，坚持以习近平新时代中国特色社会主义思想为指导，按照党中央、国务院决策部署，坚持稳中求进工作总基调，全面贯彻新发展理念，加快构建新发展格局，着力扩大内需、优化结构、提振信心、防范化解风险。高质量发展扎实推进，民生保障有力有效，社会大局保持稳定，全面建设社会主义现代化新沅陵迈出坚实步伐。

一、综合

据初步核算，全县地区生产总值202.49亿元，同比增长6.2%（按可比价格计算，下同）。其中，第一产业增加值32.63亿元，同比增长3.1%；第二产业增加值83.69亿元，同比增长7.6%；第三产业增加值86.16亿元，同比增长6.0%。按常住人口计算，全县人均地区生产总值为40492.97元，同比增长7.4%。三次产业结构为16.1 ∶ 41.3 ∶ 42.6。第一、二、三产业对地区生产总值增长贡献率分别为9.0%、52.1%、38.9%。

全县年末常住总户数为19.19万户，常住人口为49.71万人，其中城镇人口22.01万人，农村人口27.7万人。全县年末城镇化率为44.28%。全年出生人口3236人，出生率为4.78‰，死亡人口4853人，死亡率为7.18‰，人口自然增长率为–2.4‰。

全年新增城镇就业人员4026人，其中失业人员再就业1796人，就业困难援助对象再就业718人。为4944名登记失业人员开展311就业服务约5.85万次，完成职业技能培训3150人。

二、农业

全县完成农林牧渔业总产值58.39亿元，同比增长3.7%。其中，农业产值为31.53亿元，同比增长3.5%；林业产值为5.33亿元，同比增长4.5%；牧业产值为16.49亿元，同比增长4.4%；渔业产值为4.04亿元，同比增长0.1%；农林牧渔专业及辅助性活动产值为1.0亿元，同比增长8.2%。实现农林牧渔业增加值33.26亿元，同比增长3.2%。全年粮食播种面积44.25千公顷，全年粮食产量25.56万吨。全年生猪出栏29.16万头，猪肉产量2.14万吨；牛出栏2.32万头，牛肉产量0.27万吨；羊出栏20.92万只，羊肉产量0.34万吨；家禽出笼274.3万羽，禽肉产量0.48万吨，禽蛋产量0.17万吨。

全县现有市级以上龙头企业38家，其中省级龙头企业7家；农民专业合作社有1212家，其中国家级示范社4家，省级示范社16家，市级示范社22家；家庭农场有130家，其中省级示范场14家，市级示范场24家，星级农庄8家。全县高档优质稻面积7万亩，带动发展中高档优质稻36.5万亩以上，发展特色旱杂粮油18万亩以上，创建5个千亩优质稻示范片，1个千亩高粱示范片。全县现有畜禽规模养殖场205个，年饲养10万羽以上的家禽养殖合作社4家，辉佳渔业水产养殖专业合作社流水养殖基地通过农业农村部验收，被评为国家级水产健康养殖示范场。全县现有“二品一标”产品34个，其中有绿色食品生产企业15家产品19个，有机食品生产企业11家产品12个，地理标志产品3个。我县被评为“百县、百茶、百人”先进县。

全县完成农户改厕6082口，修建公共卫生厕所8座，获批省级美丽乡村示范村（和美乡村）1个，市级和美乡集镇1个，市级和美乡村15个。危旧房屋改造163栋。

三、工业和建筑业

全县完成工业总产值280.19亿元，工业增加值63.53亿元，同比增长4.9%，占全县地区生产总值31.4%。规模以上工业增加值同比增长4.9%。全县完成建筑业总产值56.88亿元，同比增15.0%。

四、服务业

全县完成批发和零售业增加值7.26亿元，同比增长8.5%；交通运输、仓储和邮政业增加值5.5亿元，同比增长6.8%；住宿和餐饮业增加值3.56亿元，同比增长13.3%；金融业增加值9.5亿元，同比增长10.2%；房地产业增加值13.14亿元，同比增长2.3%。

全县年末拥有移动电话用户41.6万户，国际互联网宽带用户15.5万户，有线电视用户1.9万户。邮政业务总量实现8688.6万元，同比增长14.73%。

全县接待游客548.9万人次，同比增长57.19%，实现旅游收入50.7亿元，同比增长55.46%。全县拥有国家旅游等级景区（点）9家，其中4A及以上景区1家、3A景区8家。

五、固定资产投资和房地产

全年固定资产投资（不含农户）总额同比增长8.5%。其中，产业投资同比增长22%，占投资比重为66.4%；工业投资同比增长20.4%，占投资比重为37.26%；制造业投资同比增长26.3%，占投资比重为26.93%；高新技术投资同比下降56.6%，占投资比重为9.43%；民间投资同比增长23.4%，占投资比重为62.09%；全年房地产投资11.76亿元，同比下降7.33%，占投资比重为9.49%。

六、国内贸易和物价

全县完成社会消费品零售总额57.17

亿元，同比增长 9.8%。分地域看，城镇消费品零售额 43.12 亿元，同比增长 8.9%；乡村消费品零售额 14.06 亿元，同比增长 12.52%。分行业看，批发业零售额 3.73 亿元，同比增长 14.97%；零售业零售额 41.32 亿元，同比增长 10.06%；住宿业零售额 5.24 亿元，同比增长 2.23%；餐饮业零售额 6.88 亿元，同比增长 11.57%。

全年居民消费价格指数（CPI）为 99.6%；服务项目价格指数为 100.6%。

七、对外经济

全县共完成外贸进出口 7.58 亿元。全县共新签约招商引资项目 47 个，合同资金 129.61 亿元，其中合同资金 10 亿元以上（含）项目 4 个，合同资金 2 亿元以上 10 亿元以下项目 12 个；新引进“三类 500 强”企业项目 6 个。完成省外境内到位资金 67 亿元；完成湘商回归新注册企业 11 家，湘商回归投资企业到位资金 21.25 亿元；外资实际到位资金 523 万美元。

八、财政和金融

全县实现公共财政收入 18.81 亿元，同比增长 14.78%；实现地方一般公共预算收入 14.12 亿元，同比增长 10.28%，其中，地方税收收入 10.14 亿元，同比增长 5.98%，税占比达到 71.8%。全年累计公共财政预算支出 56.24 亿元，同比增长 10.57%。

年末全县全部金融机构本外币各项存款余额为 279.67 亿元，同比增长 9.3%。全部金融机构本外币各项贷款余额 176.72 亿元，同比增长 21.21%。

全县保费收入 49785.17 万元，同比下降 5.27%。支付各类赔款及给付 23128.41 万元，同比下降 5.55%。

九、教育和科技

全县拥有公、民办中小学校（含幼儿园、特殊学校、职中、进修学校）187 所，其中完中 2 所，独立高中 3 所，职中 4 所，初中 45 所，完小 15 所，幼儿园 131 所，进修学校 1 所，特殊教育学校 1 所。另外有教学点 55 个，已办证民办培训机构 82 家。全县有在职教职工 4870 人，其中专任教师 4813 人。有在校幼儿 1.32 万人，在校小学生 3.53 万人，在校初中生 1.9 万人，在校普通高中生 9918 人，在校中职生 3808 人，在校特殊学校生 80 人。

全县本、专科共录取 3224 人，录取率达 83.5% 以上，其中本科录取 1436 人。全县义务教育整体巩固率 100%，其中脱贫户义务教育阶段适龄儿童少年 12429 人。落实适龄残疾对象 134 人送教服务，参与送教教师共 280 人。发放各类助学资金 3421.73 万元，资助学生约 4.5 万人次。

2023 年认定国家高新技术企业 16 家，同比增长 37.03%，全县有效期内国家高新技术企业总量达 37 家；完成科技型中小企业评价入库 190 家，同比增长 363.41%。全县现有省级工程技术研究中心 2 家，省级认定企业技术中心 6 家，省级农家科技小院 3 家，市级工程技术研究中心 19 家，市级专家工作站 2 个，规上工业企业有研发活动的占比达 67.5%。2023 年，沅陵碣滩茶农业科技园经省科技厅认定为省级农业科技园区，山能环保《氯氨法绿色化回收锌二次资源技术》获湖南省颠覆性技术创新大赛“十强项目奖”。我县新质生产力形成进程不断加快，科技创新对全县高质量发展的支撑引领作用不断增强。

十、文化、卫生和体育

全县共有文化馆 1 个，公共图书馆 1 个，博物馆 1 个，国家级文物保护单位 4 处，省级文物保护单位 14 处，市级文物保护单位 1 处，县级文物保护单位 17 处。有国家级非遗保护项目 2 个，省级 6 个，市级 14 个，县级 17 个；国家级传承人 1 名，省级传承人 5 名，市级传承人 14 人，县级传承人 121 人。

全县经常参加体育锻炼人数 21.53 万人，全年开展全民健身项目 20 项次。全县有体育场地 1478 个，其中运动场（体育场、小运动场、田径场）1153 个，游泳池（游泳跳水场馆）7 个，各种训练房（综合房及专项训练房）6 个。创建村级体育活动场所 12 个。新建农民体育健身工程的行政村 6 个。

全县有医疗卫生机构 550 个，其中县直医疗卫生单位 15 个，卫生院（含分院）45 个，公共卫生管理所 21 个，村卫生室 396 个。全县现有执业医师 1014 人，执业助理医师 624 人，注册护士 2048 人。全县共有病床位 3664 张。完成孕产妇免费产前筛查 2320 人，新生儿先天性心脏病免费筛查 2511 人，“两癌”免费筛查 8006 人。

全年甲类法定报告传染病发病人数 0 例；乙类法定报告传染病发病人数 2416 例，死亡 7 例；丙类法定报告传染病发病人数 4511 例，死亡 0 例。

十一、居民收入消费和社会保障

全县城乡居民人均可支配收入为 21093 元，同比增长 7.3%。其中：城镇居民人均可支配收入 31359 元，同比增长 5.7%；农村居民人均可支配收入 15209 元，同比增长 7.8%。

全县城乡居民人均消费支出为 16297 元，同比增长 6.4%。其中：城镇居民人均消费支出为 21928 元，同比增长 6.6%；农村居民人均消费支出为 13070 元，同比增长 5.5%。

全县城市居民得到政府最低生活保障 3.38 万人次，发放最低城市生活保障资金 1672.68 万元；农村居民得到政府最低生活保障 23.44 万人次，发放最低农村生活保障资金 6639.48 万元（含一次性生活补贴和价格临时补贴）。

全县城乡居民基本养老保险登记参保人数 40.28 万人，其中：机关事业单位养老保险参保 1.27 万人、企业职工养老保险参保 3.49 万人、城乡居民养老保险 35.52 万人。退休人数 13.73 万人，其中：机关事业单位养老保险 0.87 万人、企业职工养老保险 1.6 万人、城乡居民养老保险 11.26 万人。全县基本医疗保险参保缴费总人数为 52.13 万人，其中职工医保参保人数为 3.96 万人，城乡居民医保参保人数为 48.17 万人，参保率位居怀化市前列。全县工伤保险参保人数 4.01 万人。全县失业保险参保人数 1.95 万人，全年领取失业保险金达 1195 人次。

十二、资源、环境和安全生产

全县有国家级自然保护区 1 个，面积 1.3 万公顷；国家级湿地公园 1 个；省级以上森林公园 2 个，其中国家级 1 个。年末林地面积 698 万亩，国家和省级生态公益林面积 216.93 万亩，天然林 254.14 万亩，森林覆盖率 76.19%，活立木总蓄积量 0.25 亿立方米。全县完成义务植树 118 万株，面积 2700 亩。全年完成人工造林面积 3.26 万亩（包含油茶新造 7939.3 亩，黄柏种植 2.0 亩）。

全县环境空气优良天数为 349 天，其中优 209 天，良 140 天，优良率为 95.6%；空气质量指标中 PM2.5 年平均浓度为 31 $\mu g/m^3$，PM10 年平均浓度为 45 $\mu g/m^3$。全县 7 个常规地表水考核断面水质达标率均为 100%，水质均能达到Ⅱ类水质。

城市区域环境噪声：昼间等效声级范围 41.4—69.1dB（A），平均等效声级 52.8dB（A）；夜间等效声级范围 32.3—55.6dB（A），平均等效声级 42.6dB（A），城区声环境质量等级为“二级”，质量评价为“较好”。城市道路交通噪声：昼间等效声级范围 52.2—74.4dB（A），平均等效声级 63.7dB（A）；夜间等效声级范围 43.8—73.1dB（A），平均等效声级 53.3dB（A），质量等级为“一级”，质量评价为“好”。

全县社会用电量 91689 万千瓦时，同比增长 5.75%。其中，工业用电量 34278 万千瓦时，同比增长 6.03%。

全年共发生生产安全事故 5 起，死亡 5 人，受伤 1 人，亿元 GDP 生产安全事故死亡率为 0.02 人。

辰溪县

辰溪县地处湖南省西部、怀化市北边、沅水中游，属革命老区县，总面积1990.3平方公里，辖23个乡镇、272个行政村和22个社区，户籍人口52.42万人。

辰溪历史悠久，底蕴深厚。古名辰阳，最早见于屈原《楚辞·涉江》"朝发枉渚兮，夕宿辰阳"，西汉高祖二年（公元前205年）置县，距今2200多年，是中华龙文化发祥地、德祖善卷归隐地、书通二酉出典处、屈原涉江拜登处，现存高庙文化遗址3处，有中国历史文化名村五宝田村和省级历史文化名村龚家湾村，有国家级非物质文化遗产"辰河高腔""茶山号子"等。

辰溪区位优越，交通便捷。地处怀化北部中心位置，沪昆铁路穿境而过，G354、S250两条公路干线以及娄怀高速公路、即将全线通车的沅辰高速公路、拟将建设的辰凤高速公路交叉连通。沅江、辰水交汇于县城，通航能力可达1000吨，可上贵州、下洞庭、通长江。

辰溪资源丰富，工业发达。已探明储量的有石灰石、石煤、高岭土、磷、钒、铅、锌、锑等32种矿产资源，曾是"湘西煤都"，素有"水泥之乡""电石基地"的美誉，是大湘西地区的老工业基地。

辰溪山雄水秀，宜居宜游。徜徉在辰溪的山水之间，可以领略罗峰山脉的巍峨壮美、仙人界省级森林公园的绿野仙踪、燕子洞的鬼斧神工；站在千年辰阳古城城头眺望，西山耸翠锦塔临江，一条"沅水百里画廊"荟聚了王昌龄、刘禹锡、朱熹、王阳明、沈从文等一众古今贤哲；五保田、龚家湾等一批历史文化名村传承着延续千年的耕读文化；即将建成的天鹅湖半山温泉度假区将为您洗去旅途的一身疲乏；中国稻花鱼之乡的鲜美合方鲫、酸甜爽口的辰溪酸萝卜、独具特色的瑶乡美食让味蕾在辰溪绽放。

辰溪十步之内，必有芳草。红军长征时期，贺龙率领红二军团在此开展艰苦卓绝的军事斗争；抗战时期，是重要的物资补给地、伤兵救护地，湖南大学曾在此西迁办学8年；湘西剿匪时期，是主战场，千年匪患在此终结。历史上，涌现出民国"湘省三杰"之一的辛亥革命烈士杨任，外交部原常务副部长、驻苏联大使刘晓等一大批仁人志士、革命先辈、专家学者。

辰溪县2023年国民经济和社会发展统计公报

2023年，面对需求收缩、供给冲击、预期转弱三重压力，全县上下坚持以习近平新时代中国特色社会主义思想为指导，深入贯彻落实党的二十大精神，牢牢把握高质量发展要求，围绕中央、省委、市委、县委经济工作会议精神，推进"三高四新"战略，建设"五新四城"，打造"三区一高地"，决战决胜"发展六仗"，全力对接怀化国际陆港辰溪临港建设，适应经济发展新常态和社会进步新变化，全力推进各项重点工程落实落地，县域经济实现了平稳向前。

一、综合

GDP保持稳中承压。初步核算，全年实现地区生产总值144.87亿元，比上年增长6.3%，增速排名全市第二，分别高于全国、全省、全市1.1、1.5、0.7个百分点。其中，第一产业增加值24.90亿元，增长3.9%；第二产业增加值40.25亿元，增长7.6%；第三产业增加值79.72亿元，增长6.4%。按常住人口计算人均地区生产总值36404元，比上年增长4.4%。

二、三产业起中流砥柱作用。三次产业占GDP比重由去年的17.73∶28.14∶54.13继续优化为今年的17.19∶27.78∶55.03。第一产业增加值占比较上年下降0.54个百分点，第三产业增加值占比较上年增加0.9个百分点。二、三产业对GDP增长的贡献率分别25.4%和76.6%，分别拉动经济增长1.6个、4.7个百分点，第三产业明显复苏，成为拉动GDP增长的主要动力。

年末全县工商部门登记的各类企业达6143户，其中国有及集体控股公司345户，私营企业5798户，当年新登记各类企业1255户。年末个体户19881户，当年新增2306户。授权专利123件，检验检测机构1家。特种设备生产数量978台，全年开展重点工业产品质量监督抽查110批次，抽查合格率97.3%。全年发放工业产品生产许可证1张。

物价基本保持稳定。全年居民消费指数（参考全市）比上年下降0.4%。分类别看，食品烟酒下降2.9%，衣着下降0.7%，居住下降0.1%，生活用品及服务下降0.5%，交通和通信下降2.6%，教育文化和娱乐上涨1.6%，医疗保健上涨0.9%，其他用品和服务上涨3.3%。其中食品总体上涨2.8%，与全国持平，低于全省0.9个百分点，在食品中，粮食下跌1.1%，鲜菜下跌4.1%，畜肉下跌10.4%，其中猪肉下跌17.0%，水产品下跌1.7%，蛋类上涨2.6%，干鲜瓜果上涨1.7%。

二、农业

农林牧渔业稳中有进。全县完成农林牧渔业及农林牧渔服务业产值45.19亿元，增长4.1%，实现增加值24.90亿元，增长3.9%，农林牧渔服务业产值1.08亿元，增长8.2%，增加值0.63亿元，增长8.2%。其中，农业产值22.38亿元，增长2.3%；林业产值2.74亿元，增长27.2%；牧业产值17.11亿元，增长3.6%；渔业产值1.88亿元；农、林、牧、渔及农林牧渔服务业总产值比例为49.5∶6.1∶37.9∶4.2∶2.4。

粮食生产平稳增长。全年粮食总产20.90万吨，超过省市下达任务0.10万吨，完成率100.5%。稻谷总产量15.95万吨，比上年下降0.07万吨，同比下降0.5%；玉米总产量3.30万吨，比上年增加0.23万吨，增长7.4%，大豆总产量0.33万吨，比上年增长0.03万吨，增长9.1%；薯类总产量0.79万吨，比上年增长0.07万吨，增长9.1%；油菜籽产量3.14万吨，比上年增加0.02万吨，增长2.0%；中药材产量1.74万吨，比上年增加0.10万吨，增长6.0%；蔬菜面积9.8千公顷，茶叶产量2.25吨，水果产量19.99万吨。全年粮食播面48.77万亩，超过省市下达任务面积0.2万亩，完成100.4%；油菜籽面积18.35千公顷。

农业现代化水平进一步提高。全县机耕面积达51.13千公顷，增长0.76千公顷；机播面积9.57千公顷，增长0.05千公顷；机电灌溉面积16.00千公顷；机收面积31.85千公顷，增长0.28千公顷。农机总动力43.63万千瓦。拥有大中型拖拉机290台，小拖及手扶拖拉机403台。拥有水田耕整机10295台；微耕机17742台；机引犁10382台；旋耕机268台；水稻插秧机3台；水泵10730台；干燥机械82台；联合收割机183台。

现代农业稳步发展。全县共培育扶持省级龙头企业4家、市级龙头企业25家、合作社1101家（其中省级示范社4家、市级示范社9家）、家庭农场351家（其中省级示范农场4家、市级示范农场10家）。创建省级现代特色农业产业园5个、市级现代农业特色产业园8个、县级现代农业特色产业园18个。注册农特商标282个，其中湖南省著名商标6个、国家地理标志证明商标3个、"辰农珍品商标"23个，认证"两品一标"40个，其中绿色农产品36个，有机农产品1个，农产品地理标志3个。

三、工业和建筑业

工业经济稳步增长。全县实现工业

增加值增长 6.2%。规模以上工业增加值增长 11.9%。按经济类型分，集体工业增长 22.0%，股份制工业增长 9.9%，外商及港、澳、台商投资企业增长 0.5%，国有控股企业下降 4.4%。大中型工业企业增长 77.9%。产业集中区实现规模以上工业增加值增长 17.7%。非公有制企业增长 10.9%。按门类行业分，采矿业增长 32.8%；制造业增长 11.9%，其中，非金属矿采选业增长 30.2%，农副食品加工业增长 5.3%，皮革、毛皮、羽毛及其制品和制鞋业增长 23.9%，家具制造业增长 27.7%，文教、工美、体育和娱乐用品制造业增长 6.4%，化学原料和化学制品制造业下降 27.2%，医药制造业增长 1.7%，非金属矿物制品业增长 24.2%，计算机、通信和其他电子设备制造业增长 79.0%；电力、热力生产和供应业下降 5.4%，水的生产和供应业增长 4.5%。

建筑业保持平稳。2023 年全年完成建筑业总产值 48.07 亿元，同比增长 13.8%；竣工产值 12.22 亿元，同比下降 37.4%。房屋施工面积 122.73 万平方米，下降 33.9%，其中新开工面积 69.77 万平方米，下降 26.1%。

四、固定资产投资

投资明显放缓。全年完成全社会固定资产投资 78.21 亿元，下降 5.7%。其中民间投资完成 36.90 亿元；产业投资（不含房地产）完成 25.72 亿元；高技术产业投资完成 5.91 亿元；建筑工程投资完成 61.60 亿元，安装工程投资 2.17 亿元；基础建设投资 33.13 亿元；房地产开发投资完成 17.93 亿元。

房地产市场萎缩。2023 年全年商品房销售面积 40.27 万平方米，其中，住宅销售面积 35.9 万平方米。商品房销售额 16.36 亿元，其中，住宅销售额 14.14 亿元。房屋施工面积 93.74 万平方米，其中，住宅 84.2 万平方米。房屋新开工面积 4.29 万平方米，其中，住宅新开工面积 3.64 万平方米。商品房销售均价每平方米 4066.7 元，其中住宅均价每平方米 3938.9 元。

五、国内贸易和对外经济

消费市场明显复苏。全年实现全社会消费品零售总额 43.04 亿元，比上年增长 8.5%。按经营单位所在地分，城镇 36.83 亿元，增长 8.0%；乡村消费品零售总额 6.20 亿元，增长 12.0%。按行业分，批发业 2.78 亿元，下降 18.7%；零售业 33.39 亿元，增长 11.2%；住宿业 1.43 亿元，增长 13.4%；餐饮业 5.44 亿元，增长 9.9%。网上贸易持续发展。全县电商销售农产品零售额达 2.50 亿元。主要电商销售平台有微信、天猫、淘宝、京东、抖音、兴农小店、芒果云超市、快乐购、微信短视频、微店、拼多多等。电商销售县域农产品主要品种有：黄桃、脐橙、蜜桔、冰糖橙、粉糍粑、兰魁茶叶、红薯粉、盐笋、土鸡蛋、腊制品、稻花鱼、稻鱼米、葡萄、苹果桃、蔬菜等。

招商引资稳步推进，进出口贸易稳步发展。积极参与 2023 年湖南 RCEP 经贸博览会、第三届全国茯苓大会、第六届中国国际进口博览会等一系列招商引资活动。全年新签约项目 37 个，签约资金 248 亿元，其中新签约引进“三类 500 强”项目 4 个，2—10 亿元项目 17 个，10 亿元以上项目 7 个，外贸实体企业项目 1 个，现代服务业品牌企业项目 1 个。全年实际到位资金 60.53 亿元；全年引进 3 家外商投资企业，全年实际使用外资完成 999 万美元，较上年增长 99.4%。全年完成外贸进出口总额 5779.47 万美元，折合人民币 3.73 亿元，同比增长 44.5%。全年湘商回湘投资新注册企业 12 家，湘商回湘投资项目实际到位资金 35.6 亿元。

六、交通、邮政电信和旅游业

交通运输平稳发展。完成自然村通水泥路 62.5 公里、提质改造 11 公里、安坪至桥头重要县乡道路硬化工程 3.15 公里、危桥改造 12 座、安防工程 160.9 公里、干线公路中修 25.4 公里，国省干线路面挖补 1850m，处治裂缝 11000 ㎡，整治路肩 50000 ㎡，清除杂草 95km，清理坍方 1268 立方米，消除隐患 86 处，疏通涵洞 5 道、涵洞重建 2 处、桥梁防护设施加固 5 处。全县实现行政村通班车率达 100%，农村公路养护率达 100%。完成绿化总里程 25 公里，实施大修 2.35 公里，路面换板 13800 ㎡，挖补路面 3.5 万㎡，修复挡土墙及中断路面 30 余处。公路检测站共检测货运车辆 34821 台次，卸载货物 955.5 吨。新增和更换波形防护栏 1521m，增设安全标志 245 块、反光镜 17 块、警示灯 30 盏、减速带 160m、减速震荡标线 1947.2 ㎡，修砌挡墙 112 处、修复防撞墙 112m、增设防撞墩 28 个。年末公路总里程 1698.24 公里，其中高速 28.00 公里、国道 40.65 公里、省道 184.44 公里、县道 320.88 公里、乡道 476.65 公里、村道 647.63 公里。全年公路旅客运输量 1610 万人次，公路货物运输量 1476 万吨，公路旅客周转量 89324 万人公里，公路货物周转量 70298 万吨公里。

邮政电信业保持平稳增长。全年邮电业务 2.87 亿元，其中电信业务总量 2.41 亿元，与去年持平。年末拥有固定电话用户 2.51 万户；移动电话用户 35.59 万户，增长 5.0%；互联网宽带用户 12.40 万户，增长 7.4%。邮政业务总量收入 0.46 亿元，全年发送报纸 290 万份，下降 0.6%；发送杂志 9.6 万份，国内函件 1.98 万件，国内包裹 100.1 万件，国内特快 35.8 万件。

旅游业蓬勃发展。成功承办了湖南省和美乡村篮球赛（村 BA）、湖南省雪峰山（怀化）农耕文化旅游节，成功举办辰溪县 5·19 中国旅游日消费活动、2023 年燕尾龙舟文化节活动、稻花鱼生态放养季等活动，举办了第五届中国辰溪稻花鱼文化节暨辰溪县第二届旅游发展大会。全年接待游客达 184.4 万人次，同比增长 43.3%；全年旅游收入 17.02 亿元，同比增长 41.2%。签订辰溪县长田湾锄头坪瑶族文化风情园、辰州国际酒店、水韵修溪、辰溪县两江流域暨大西山开发项目、辰溪县辰州国际酒店国家四星级旅游饭店项目签约等文旅投资项目合作协议。申报了 18 个乡村振兴旅游项目，湘西剿匪胜利纪念园成功创建国家 AAA 级旅游景区；仙人湾渔俗文化村成功申报为省级 5 星级乡村旅游点；酉庄·大酉书院申报国家 AAAA 级旅游景区已通过景评。

七、财政和金融业

财政收入持续递增，收入结构不断优化。2023 年实现一般公共预算收入 10.96 亿元，同比增长 13.2%，完成地方一般公共预算收入 8.81 亿元，同比增长 4.8%，其中，税务部门完成 8.36 亿元，同比增长 7.5%；财政部门完成 0.45 亿元，同比下降 28.5%。上划中央“两税收入”完成 1.05 亿元，同比增长 34.6%。上划中央所得税完成 0.47 亿元，同比增长 38.2%。地方税收完成 6.50 亿元，同比增长 5.1%，地方财政收入税收占比达 73.8 %，收入结构不断优化。

财政支出略有下降，各项支出有序保障。全年财政支出完成 41.14 亿元，比上年下降 8.1 %。民生支出增长较快，达 32.96 亿元，占财政总支出的 80.1%。其中：一般公共服务支出 5.38 亿元，增长 11.7 %；教育支出 8.58 亿元，增长 17.1%；社会保障和就业支出 6.73 亿元，增长 16.5%；卫生健康支出 2.71 亿元，下降 42.7%；城乡社区事务支出 2.70 亿元，下降 45.8%；农林水事务支出 5.74 亿元，下降 21.9%；交通运输支出 3.19 亿元，增长 22.4%。

金融运行稳步增长。年末全县金融机构人民币各项存款余额 191.11 亿元，比同期增加 16.82 亿元，增长 9.7%。其中，住户存款 171.28 亿元，比同期增加 17.10 亿元，增长 13.7%。年末金融机构人民币各项贷款余额 133.64 亿元，比同期增加 19.47 亿元，增长 17.1%。

保险业务稳步增长。年末全县保费收入 4.31 亿元，同比增长 10.0%，赔付支出 1.82 亿元，同比下降 0.4%；其中财产保险公司保费收入 1.79 亿元，同比增长 12.4%，赔付支出 1.08 亿元，同比下降 6.6%；人身保险公司保费收入 2.52 亿元，同比增长 8.3%，赔付支出0.74亿元，同比增长10.3%。

八、科学技术和教育

科技创新驱动发展。全年立项县本级科技项目35个，支持项目经费共80万元，争取省财政对辰溪10家企业研发奖补资金396.05万元，县财政对14家企业事业单位研发奖补资金待定；争取省科技特派员5名，市科技特派员8名，县派80名，省“三区人才”12名；申报国家高新技术企业14家，科技型中小企业入库107家，享受研发费用税前加计扣除政策企业达到40家，全职研发人员达到462人，完成全社会研发投入4.49亿元，实现县域高新技术产业增加值21.3亿元；国家级工程技术中心1家，省级工程技术研究中心6家，省级文化和科技融合示范基地1家，省级“星创天地”3家；市级工程技术研究中心、实验室等14家，共建产学研用校企合作基地42个；签订技术合同33项，技术合同成交金额3.25亿元；辰溪县获得湖南省2022年度真抓实干成效明显地区“打造内陆地区改革开放高地成效明显的市、县市区”表扬激励，成功进入湖南省第二批创新型县（市、区）建设名单，岳麓山水产种业创新中心大湘西区域中心水产科研示范基地落户辰溪。

教育公共服务水平进一步提升。全年共投入教育经费8.58亿元。争取专项资金1.66亿元，县一中县域普通高中“徐特立项目”概算总投资0.66亿元，已于11月初开工建设，并如期完成了年度序时建设任务。实施了龙头庵乡初级中学乡镇标准化寄宿制建设，大水田乡桂潭小学、柿溪乡牛儿岩小学等7所学校的乡村小规模学校优化提质建设项目，大力推进了8所农村学校的薄改与能力提升项目建设。今年共开展随访督导260余次、专项督导30余次、综合督导7次，下发整改意见80余条，约谈校长、教师10余人次。全县共新进教师230人，其中免费师范生201人，公开招聘19人。全县发放各级各教育资助资金0.2亿元，资助学生共计3.37万人次；拨付营改资金0.23亿元。全县本科上线人数873人，特控上线人数412人（被“985工程”录取26人，被“211工程”录取72人）；本科上线人数比去年增长134人，增长率0.5%，特控上线人数比去年增长119人，增长率7.2%。全县中等职业学校2所，在校生2621人，其中全日制学生2621人，非全日制学生0人；特殊学校1所，在校人数116人；普通高中4所，在校学生7279人；初中学校32所，在校学生15637人；普通小学112所，在校学生31352人；幼儿园74所，在园儿童人数10440人。全县各类学校专任教师人数4467人，其中中等专业（职业）学校212人；高中专任教师489人；初中专任教师1169人；小学专任教师2019人，特殊教育学老师21人；全县幼儿园教师557人。

九、文化和体育

公共文化服务能力不断增强。图书馆年接待到馆读者达33.9万人次，借阅总量为14.5万册次。体育馆全年接待健身人数达109万人次以上。博物馆全年免费接待各地游客15万人次，其中青少年8.3万人次。完成了“演绎惠民—送戏下乡”300场次，送图书下乡3000余册次，送挂历、春联下乡2000余幅，送电影下乡3335场次，体育器材篮球架8副、乒乓球桌14副、路径健身器材20套。年末全县拥有县级文化馆1个；县级公共图书馆1个，图书总藏量40.6万册；文管所1个，藏品7143件；文化站30个；艺术团体3个；电视台1个。广播节目综合覆盖率99.2%，电视节目综合覆盖率99.3%。农村有线电视入户率达38.7%；通电视20户以上自然村达475个。

体育事业健康发展。首次成功承办了U21全国青年篮球锦标赛湖南怀化赛区比赛；2023全国和美乡村（村BA）湖南省选拔赛。孝坪镇爱国村获批全国农民体育健身活动示范基地；夺得2023年中国农民丰收节篮球邀请赛冠军、湖南省首届县BA冠军、2023年怀化城际篮球联赛冠军，实现了篮球国家级、省级、市级“三连冠”。全年在市级以上比赛（湖南省青少年锦标赛）获奖人数达2人，总获奖牌数4块，其中获金牌数4块，获银牌数0块，获铜牌数0块。举办群众体育活动40次，参加人数2万人次。全县等级运动员10人，等级裁判员54人。全县销售体育彩票9225.3万元。

十、卫生和社会服务

医疗卫生服务能力进一步提高。全县适龄儿童建卡、建证率达到100%，“五苗”接种覆盖率达95%以上。培养本地化乡村医生人才29人。全面落实十四大项55小项基本公共卫生服务，共建立居民电子健康档案42.02万份，建档率达103.1%。开展重点人群家庭医生签约服务，完成常住人口签约服务22.14万人，签约服务覆盖率达到了100%以上。推动全县实施孕产妇免费产前筛查 2370人。启动了潭湾、锦滨、谭家场等23个中医馆建设。年末共有各类卫生机构447个。其中综合医院7个，卫生院29个，疾病预防控制中心1个，皮防站1个，妇幼保健院1个，卫生计生监督机构1个，诊所、卫生所、医务室407个。各类卫生机构拥有病床2714张。共有卫生技术人员2937人，其中执业医师757人、执业助理医师372人，注册护师、护士1362人。加强出生缺陷防治，实施免费婚前医学检查、孕前优生健康检查、产前筛查、新生儿先天性心脏病筛查等，并向特定人群免费提供服务。为2370对夫妇提供了免费孕前优生检测服务，对2264名免费新生儿进行了先天性心脏病筛查，落实农村适龄妇女“两癌”筛查6356人。

社会服务水平稳步提升。城镇居民最低生活保障3.45万人次，共发放城镇低保资金1346.70万元；农村居民最低生活保障13.02万人次，共发放农村低保资金3556.37万元。全年居民登记结婚1795对，居民登记离婚848对。收养登记9人。年末每千名老人拥有养老床位23张。“三院合一”（光荣院、福利院、敬老院）1个，床位数80张。推动养老机构提质增优，撤并19个乡镇敬老院为2个，完善辰溪县社会福利中心、辰溪县社会福利和社会事业服务中心。全年销售福利彩票2570万元，筹集福彩公益金280余万元。

十一、人口和就业

人口下滑趋势有所放缓。年末登记17.12万户，户籍人口52.42万人，其中男性27.81万人，女性24.58万人，人口自然增长率0.5‰，较上年提升1个千分点。登记出生人口3328人，其中男性1810人，女性1518人，出生率6.4‰，较上年下降0.13个千分点，出生人口性别比为119.2个性别比单位，较上年下降3.2个性别比单位；死亡人口3053人，其中男性1901人，女性1152人，死亡率5.8‰，较上年下降1.2个千分点。年末常住户数15.32万户，常住人口39.53万人，城镇人口17.34万，农村人口22.19万，城镇化率43.87%。

就业创业形势良好。2023年全县实现城镇新增就业4095人；失业人员再就业1837人，其中，就业困难对象再就业724人；新增农村劳动力转移就业4347人，其中农村贫困劳动力转移就业672人；零就业家庭动态援助率100%；发放创业担保贷款1190.7万元；职业技能培训2286人，其中就业技能培训1504人，创业培训782人，完成农村转移就业劳动者培训922人，当地开展企业职工岗位技能提升培训257人次；城镇登记失业率2.04%。

十二、人民生活和社会保障

城镇居民收入稳步增长。根据城乡一体化住户抽样调查，2023年全县居民人均可支配收入21457元，比上年增长7.0%。其中，城镇居民人均可支配收入32355元，增长6.5%，农村居民人均可支配收入15728元，增长7.0%。城乡居民收入稳步增长，收入差距缩小，农村居民人均可支配收入增长速度快于城镇居民人均可支配收入增长速度0.5个百分点，城乡居民人均可支配收入比2.057，比上年缩小0.01。全县居民人均消费支出17481元，比上年增长5.7%，其中城镇居民人均消费支出25346元，比上年增长4.3%，农村居民人均消费支出13346元，同比增长6.6%。

社会保障体系更加完善。全县养老、工伤、失业复合参保总人数达35.76万人次。其中：城乡居民基本养老保险登记参保人数26.99万人；城镇基本养老保险职工人数3.75万人；工伤保险参保人数3.21万人；失业保险参保总人数1.81万人。基本医疗保险参保人数41.39万人，其中城乡居民基本医疗保险参保人数38.68万人，城镇职工医保参保人数2.71万人，其中，在职职工1.46万人，退休人员1.34万人，完成城乡居民医保医疗保险基金征缴1.35亿元。

十三、城乡建设和公用事业

城市绿化建设更上新台阶。完成9个城镇老旧小区全部改造项目，7个省重点项目，16个市县重点民生实事项目全部开工建设。完成了黄溪口、修溪、孝坪、安坪、火马冲、田湾、潭湾等7个乡镇的入户管网建设前期工作，累计完成污水管网埋设8560米，完成安装污水井194套。重点推进沅江北岸市政基础设施建设、城南高速互通连接线、经六路纬三北路、城南片区污水管网及排污口综合治理等工程。全面完成192户农村危房改造房屋验收。年末城市建成区面积超11.00平方公里，城市自来水普及率达100%，年处理污水846.63万吨，城市污水处理率达92%，人均日常生活用水量330升。城市道路总长度47.61公里，道路面积92.83万平方米，建成区绿地率达36.7%，绿化覆盖率38.7%，人均公园绿地面积达14.3 ㎡。

十四、资源、环境和安全生产

坚持保障耕地红线。全年审批建设用地44.59公顷，建设占用耕地面积12.88公顷。全年新增耕地面积257公顷，年末耕地面积29078公顷，基本农田25047公顷。全县已发现矿种32种，已探明资源储量矿种9种。

森林保护持续加强。全力推进环境污染治理，空气质量优良天数比例达99.5%，地表水质达标率100%。林业双重工程及面上造林0.38万亩；油茶新造0.15万亩，油茶低改3.004万亩；全县义务植树103.2万多株；封山育林2.25万亩；森林质量精准提升0.5万亩，森林质量提升0.18万亩；全县林地面积131.41千公顷，其中有林地面积120.58千公顷，活立木蓄积量66.31万立方米，森林覆盖率达到61.8%；自然保护区1个，为辰溪县湿地自然保护区，总面积4.59千公顷。2023年林业乡村振兴项目共完成22个，其中农村人居环境整治项目（绿化及基础设施建设）6个，油茶产业发展项目10个，林业资源道路建设项目（林区道路建设）6个。

生产用水保持平稳。2023年辰溪县总用水量15355.53万立方，其中地表水15022.05万立方，地下水33.47万立方米。农业用水量12519.06万立方，工业用水量400万立方，城镇居民生活用水量855万立方，农村居民生活用水量689.1万立方，建筑业用水量69.37万立方，服务业用水量117万立方，城乡环境280万立方，河湖补水426万立方。

能源效率持续提升。全社会用电量7.27亿千瓦时，同比下降30.1%，其中工业用电量2.70亿千瓦时，同比下降53.1%。

空气、水质量优良。2023年，城市环境空气质量有效考核天数为365天，优良天数为346天，轻度污染天数为14天，中度污染天数为4天，重度污染天数为1天。城市环境空气质量平均优良天数比例为94.8%，城市空气质量综合指数为2.88。各参数年平均浓度分别为：二氧化硫7μg/m3；二氧化氮8μg/m3；PM10平均浓度44μg/m3；一氧化碳113μg/m3；臭氧为115μg/m3；PM2.5浓度为31μg/m3，各参数监测值均达到环境空气质量二级标准。沅水辰溪段、辰水水质达标率100%，全县饮用水水源地水质均达到Ⅱ类水质标准，达标率100%。

环境监管执法成果显著。按照“双随机、一公开”日常执法制度制定《2023年执法检查工作计划》，所有执法人员均配备移动执法终端开展执法工作，共检查企业470家次，出动执法人员540余人次；大力开展“利剑行动”、环境执法大练兵等各类环保专项执法行动，持续打击环境违法行为。全年共办理环境信访事项11件，已全部办结。办理行政处罚案件34起，其中查封、扣押3起，移送公安行政拘留3起，拘留3人，共处罚金72万余元。

全年降水量较去年减少。全年平均气温18.7℃，较2022年下降0.1℃，比历年值高1.1℃，最高气温39.7℃，最低气温-1.7℃；年总降水量992.4mm，比历年值偏少478.9mm，全年雨日144天，单日最大降雨量45.6mm；年平均气压997.2百帕；日照时间1416.31576.9小时，较上年少160.6小时，较历年均值少57.6小时。

群众安全感持续提升。全年各类案件发生1394起，较上年下降10.0%，其中刑事案件559起，行政案件835起，治安案件672起，破获案件803起。全县安全生产形势持续稳定，全年发生各类一般生产经营性安全生产事故8起，死亡7人，直接经济损失158.93万元。其中一般生产经营性道路交通安全事故7起，亡6人，铁路路外无事故。亿元GDP生产安全事故死亡率为0.048人/亿元。

溆浦县

溆浦是怀化市下辖县。位于湖南省西部，怀化市东北面，沅水中游。地理坐标为东经110°15′—111°01′、北纬27°19′—28°17′。辖7乡18镇，412个村。总面积3440平方公里，总人口93.17万人。地处湘西中低山丘陵区东部，雪峰山区。县境四周高中间低，境内凉风界主峰海拔1614米。沅江流经西隅，河流两岸有狭长零星谷地。属亚热带湿润气候。湘黔铁路、沪昆高铁、娄怀高速和224、312、308、225省道公路过境。

溆浦——革命老区县。溆浦是我党唯一女创始人、第一位女中央政治局委员、第一任妇女部长向警予的故乡。1990年，经省人民政府批准为革命老根据地县。2021年9月，经国务院批复，纳入湘鄂渝黔革命老区范围。

溆浦——屈原文化城。2300多年前，爱国诗人屈原求索于溆浦并生活9年之久，写下《离骚》《九歌》《涉江》等楚辞名篇，乃屈原文化发祥地。

溆浦——抗战决胜地。溆浦龙潭是抗日战争最后一战“湘西会战”的主战场。1945年4月，中国军民在龙潭弓形山和青山界浴血奋战，将日寇南犯的铁蹄斩断在雪峰山脚、溆水河畔，龙潭战役成为抗日战争的决胜之战。

溆浦——湘西大粮仓。溆浦物产丰富，是全国粮食主产县、全国油料主产县、全国生猪调出大县。境内有水果品种370多种，被誉为“全国水果之乡”和“南方枣乡”。全县以金银花为主的中药材面积达10多万亩，是全国著名的中药材生产基地。

溆浦——资源宝藏库。溆浦矿藏有37种之多，其中硅砂储量10亿吨，是全国乃至亚洲闻名的优质硅砂基地。溆浦旅游资源丰富，已创建4A级景区2个、3A级景区5个，穿岩山国家森林公园、思蒙国家湿地公园、世界级自然遗产“山背梯田”等景观，风景迷人。

溆浦——理想创业园。溆浦是湖南省首批省直管县经济体制改革试点县。沪昆高铁、湘黔铁路、长芷高速穿越全境，加上拟建的安溆、溆洞高速和桥江军民两用机场，让溆浦连接八方、通江达海。

近年来，我县坚持以习近平新时代中国特色社会主义思想为指导，坚决落实省委、省政府和市委、市政府决策部署，全县干群团结一心、迎难而上、真抓实干，经济社会发展稳中有进、稳中向好。

溆浦县2023年国民经济和社会发展统计公报

2023年是全面贯彻党的二十大精神的开局之年，是三年新冠疫情防控转段后经济恢复发展的一年。在县委、县政府的领导下，全县坚持以习近平新时代中国特色社会主义思想为指导，围绕服务经济社会发展大局，在深学深悟中落实上级要求，在夯实基础中提高统计数据质量，全年经济仍保持着高质量发展扎实推进，经济增长新动能逐渐激发。

一、综合

初步测算，全年完成地区生产总值（GDP）221.23亿元，比上年同期增长5.0%。其中：第一产业实现增加值47.24亿元，增长2.8%；第二产业实现增加值61.77亿元，增长5.2%；第三产业实现增加值112.22亿元，增长5.8%。产业结构不断调整，产业结构构成由上年的22.26%、28.63%和49.11%调整为21.35%、27.92%和50.73%。全县人均GDP为29883.8元，同比增长5.28%。

二、农林牧渔业

2023年全年实现农林牧渔业总产值81.10亿元，同比增长3.9%。其中：农业产值45.36亿元，同比增长5.3%；林业产值5.04亿元，同比增长8.5%；畜牧业产值26.47亿元，同比增长1.2%；渔业产值2.09亿元，同比增长6.6%；农业服务业产值2.15亿元，同比增长8.2%。

全县粮食播种面积81.46万亩，产量36.17万吨，同比增长1.6%；全县油料播种面积34.68万亩，产量3.78万吨，较去年增长10.9%。全年生猪出栏98.78万头，同比增长2.74%；牛出栏2.18万头，同比下降3.53%；羊出栏7.17万只，同比下降5.53%；家禽出笼541.94万羽，同比下降1.67%。全年水产品产量11042吨，产量同比增长4.01%。

全县年末拥有各类农用机械总动力84.62万千瓦，拥有各类拖拉机1187台。

三、工业和建筑业

年末全县共有规模以上工业企业110家，全年总产值与增加值比上年分别增长9.5%和10.5%。实现主营业务收入106.37亿元，同比增长13.78%；实现利润6.38亿元，同比增长117.01%；上缴税金7.63亿元，同比下降173.18%。

年末县内有资质等级建筑业企业14家，实现总产值34.97亿元，同比增长14.6%。

四、固定资产投资

全县固定资产投资完成额增长9.6%，比上年下降了2.7个百分点。按经济类型分，国有投资增长了21.8%，非国有投资增长6.4%，民间投资增长27.1%。按投资方向分，工业投资完成额增长101.7%，基础设施完成额下降了24.9%，高新技术产业投资下降了64.6%。全年在库项目137个，其中，本年新入库项目85个，本年投产项目65个。

全县房地产开发投资完成20.18亿元，下降9.2%；其中，住宅投资完成16.95亿元，下降5.2%。商品房销售面积48.23万平方米，下降33.27%，其中住宅48.23万平方米，下降33.27%；商品房销售额22.17亿元，下降33.96%，其中住宅22.17亿元，下降33.96%。房屋施工面积204.65万平方米，增长19.69%。

五、国内贸易

全年实现社会消费品零售总额84.26亿元，同比增长8.84%。分行业看，批发业零售额18.76亿元，同比增长5.93%；零售业零售额44.76亿元，同比增长10.27%；住宿业零售额6.48亿元，同比增长7.13%；餐饮业零售额14.26亿元，同比增长9.12%。

全年亿元以上集市贸易成交额完成10021万元，同比下降2.35%。年末全县共有规模以上商贸企业51家，同比增长24.39%。

六、财政、金融和保险业

2023年全县财政总收入13.60亿元，同比增长8.40%。其中：上划中央收入2.38亿元，同比下降8.21%；全年各项税收收入10.68亿元，同比增长8.37%；地方一般预算收入10.61亿元，同比增长8.54%。财政总支出71.15亿元，同比下降6.16%，其中公共财政预算支出58.66亿元，同比下降7.84%。一般预算支出中教育支出为14.44亿元，同比增长2.51%，而农林水事务、医疗卫生、社会保障和就业等四大民生支出分别为11.89亿元、3.88亿元和10.68亿元，其中医疗卫生同比下降50.92%，社会保障和就业、农林水事务分别同比增长14.34%、0.14%。

2023年末，金融机构各项存款余额393.38亿元，比年初增加34.72亿元，增长9.68%。年末各项贷款余额226.40亿元，比年初增加25.81亿元，增长12.87%。

全县保险业务总收入5.65亿元，同比增长6.84%；保险业务总支出2.36亿元，同比增长6.90%。

七、交通、邮电

全县境内拥有公路总里程为3288.27公里。其中国道189.55公里、省道275.16公里、县道338.18公里、乡道583.04公里、专用公路67.89公里、村道1834.46公里。

截至2023年底，县内注册拥有各类机动车122476辆，其中：大小型汽车36361辆，大型汽车922辆，摩托车84750辆，小型新能源车434辆。

八、教育

教育事业稳步推进。2023年全县共有基础和中职教育校（园）数217所，在校生142686人，其中：小学30所，在校生64887人；初中52所、在校生34362人；高中10所、在校生15490人；特殊教育学校1所，在校生295人；幼儿园123所，在校生19768人，职业中专1所，在校生7884人。全县专任教师8618人，其中：小学教师3975人，初中教师2356人，高中教师1007人，职中教师296人，特殊教育学校教师27人，幼儿园教师957人。

九、文化、卫生和体育

文化事业稳定发展。公共文化服务体系逐步健全，全县有图书馆1所，艺术表演团体5个，群众艺术馆、文化馆2个，博物馆、纪念馆1个，国家级非物质文化遗产保护目录2个、省级非物质文化遗产保护目录3个，电视转播、发射台1个，电视覆盖率达100%。

2023年末，全县共有各类医疗卫生机构总数为798个，其中：综合医院13个、专科医院5个、中医医院1个、中西结合医院1个，公共卫生机构3个，分别为：疾病预防控制中心1个、妇幼保健和计划生育服务中心1个、卫生计生综合监督执法局1个，乡镇卫生院43个。实有床位5309张，其中：县人民医院1100张、中医医院690张、乡镇卫生院1150张，其他医疗机构2369张。共有卫生技术人员5898名，其中：执业（助理）医师2192人、主任及副主任医师216名、主治医师461名。

十、人口和人民生活

公安人口统计年报显示，2023年末我县总户数为29.49万户，户籍人口为93.17万人，其中：男性人口49.10万人，女性人口44.07万人，分别占总人口的52.7%和47.3 %。2023年度全县出生人口5780人，出生率为6.20‰，死亡人口5458人，死亡率为5.85‰；净增人口322人，自然增长率0.35‰。按人口年龄段分：18 岁以下 20.59 万人、18—60 岁 52.87 万人、60 岁以上 19.71 万人，分别占总人口的 22.1%、56.75% 和 21.15%。

据国调住户抽样调查，城镇居民人均可支配收入 31888 元，同比增加 1662 元，增长 5.5%，农村居民人均可支配收入 17543 元，同比增加 1132 元，增长 6.9%。城镇居民和农村居民人均消费支出分别为 21514 元和 15068 元。

十一、社会保障和救助

截至 2023 年末，城镇新增就业 4212 人；新增农村劳动力转移就业 8012 人；下岗再就业 2164 人；就业困难人员实现再就业 807 人。

年末城乡居民养老保险参保总人数 54.2 万人，缴费收入 8863 万元。年末企业参保总人数 4.44 万人，缴费收入 25065 万元。年末机关社保参保总人数 1.66 万人，缴费收入 3 亿元。年末失业保险参保总人数 2.05 万人，缴费收入 961.67 万元。年末基本医疗保险参保人数 76.06 万人，参保金额 2.72 亿元。

城乡社会救助水平不断提升，2023 年，提供住宿的社会工作机构 16 个，其中养老机构 16 个，提供住宿的社会工作机构床位 1136 个，其中养老机构床位 1136 个，城镇居民最低生活保障人数 1022 人，农村居民最低生活保障人数 17963 人。

十二、资源、环境和安全生产

全年全社会用电量 11.82 亿千瓦时，同比下降 6.8%。

县内生态环境良好，2023 年末优良以上空气质量达标率为 97.2%，地表水达到Ⅲ类或优于Ⅲ类水体比例为 100%。

2023 年，全县累计发生各类生产安全事故 7 起，死亡 7 人，与上年同期相比事故数持平、死亡人数下降 12.5%，无较大及以上生产安全事故。其中，道路运输事故 6 起，死亡 6 人，事故数增加一起，死亡数增加 1 人；铁路运输事故 1 起，死亡 1 人，减少 1 起、1 人。全县亿元 GDP 生产安全事故数为 0.032 起，全县亿元 GDP 生产安全事故死亡人数为 0.032 人。

麻 阳 县

麻阳苗族自治县位于湖南省西部、怀化市北部。县域面积 1568.19 平方千米，东西长 67.7 千米，南北宽 55.2 千米，总人口 38.97 万，是全国 5 个苗族自治县之一，是老一辈无产阶级革命家、新中国第一任铁道部部长、全国政协原副主席滕代远同志的家乡，享有“世界长寿之乡”“中国长寿之乡”“中国冰糖橙之都”“中国最美养生栖居地”“中国康养百强县”“中国民间文化艺术之乡”“全国生态示范县”等美誉。

麻阳区位优越，交通便捷。这里地处雪峰山与武陵山脉之间，位于怀化、吉首、铜仁三个地级市的中心点，联通芷江、凤凰机场，包茂高速、芷铜高速、张吉怀高铁、焦柳铁路、渝怀铁路穿境而过，209、354 国道和 254、332 省道贯穿全境，是大湘西乃至湖南县级区域性综合交通枢纽，进入怀吉铜“30 分钟经济圈”和怀化市“10 分钟经济圈”。

麻阳生态优美，资源丰饶。这里地处北纬 28 度的沅麻盆地，紫色砂壤土国内罕见，富含钾、磷、硒等多种微量元素。典型的亚热带季风湿润气候让这里阳光充足，雨量充沛，无霜期长，昼夜温差大。优越的地理、土壤、气候、水质条件，造就了农产品生长的“黄金产区”。

近年来，麻阳锚定“一县三地”战略为目标，高质量发展“三水五色”产业，做大做强“四大百亿”产业，实施农产品提质升级工程，推进优质农产品品牌建设，全县通过无公害产地认定 12.8 万亩，无公害产品认证 22 个，绿色食品认证 16 个，多家企业获得有机转换认证证书。“麻阳柑橘”“麻阳白鹅”“小籽花生”获“中国地理标志证明商标”，一大批优质农产品多次荣获国家农博会金奖。

麻阳县2023年国民经济和社会发展统计公报

2023 年麻阳在县委、县政府的坚强领导下，坚持以习近平新时代中国特色社会主义思想为指导，坚持稳中求进工作总基调，锚定“三高四新”美好蓝图、深入实施“五新四城”战略、奋力建设“一县三地”，经济和社会发展实现了质的有效提升和量的合理增长，现代化新麻阳建设取得了新进展。

一、综合

初步核算，2023 年全县实现地区生产总值 116.83 亿元，按可比价格计算，比上年增长 5.7%。其中，第一产业增加值 22.30 亿元，增长 3.2%；第二产业增加值 37.24 亿元，增长 5.9%；第三产业增加值 57.29 亿元，增长 6.7%。产业结构由上年的 20.6 ∶ 33.0 ∶ 46.4 调整为 19.1 ∶ 31.9 ∶ 49.0。按年均常住人口计算，全县人均 GDP（现价）达 41159 元。

二、农业农村

2023 年，全县实现农林牧渔业总产值 42.10 亿元，比上年增长 3.6%，其中：农业 26.80 亿元，增长 14.9%；林业 0.38 亿元，增长 2.3%；牧业 12.68 亿元，下降 13.7%；渔业 1.20 亿元，增长 3.3%；农林牧渔服务业 1.04 亿元，增长 8.2%。

2023 年，全县主要农作物中粮食播种面积 29.6 万亩，总产量达 11.49 万吨，比上年增长 1.5%；油料播种面积 12.51 万亩，总产量达 1.4 万吨；蔬菜播种面积 3.90 万亩，产量达 7.30 万吨，比上年增长 3.3%。全年水果中柑橘总产量达 71 万吨，比上年增长 7.5%。全年生猪出栏 25.81 万头，牛出栏 1.46 万头，山羊出栏 7.42 万只，家禽出笼 316.68 万羽。

三、工业和建筑业

2023 年，全县规模以上工业增加值比上年增长 13.9%。2023 年全县规模以上工业企业 44 家，实现主营业务收入 80.86 亿元，产销率达 97.4%。

2023 年末，全县资质建筑企业 10 个，实现总产值 22.39 亿元，比上年增长 11.0%。房屋建筑施工面积 95.77 万平方米，比上年增长 7.4%。全年商品房销售面积 33.57 万平方米，比上年下降 4.5%。

四、固定资产投资

2023 年，固定资产投资额比上年增长 8.4%。按具体成分划分，其中：产业投资（不含房地产）增长 17.2%；制造业投资增长 81.9%；基础设施投资完成 4.35 亿元，增长 281.3%；工业投资增长 58.6%。建筑安装工程投资比上年增长 8.5%。

五、国内贸易

2023 年，全县完成全社会消费品零售总额 34.39 亿元，比上年增长 9.5%。按消费地域分：其中城镇 28.57 亿元，增长 9.3%，乡村 5.82 亿元，增长 10.8%；按消费行业类型分：其中批发业 4.21 亿元，增长 13.5%，零售业 24.37 亿元，增长 8.2%，住宿业 0.97 亿元，增长 8.3%，餐饮业 4.84 亿元，增长 13.5%。

六、对外经济

2023年，全县实现进出口总额4.02亿元，其中出口额3.74亿元。签订技术合同58项，技术合同成交金额2.83亿元。引进2亿元以上境内省外项目16个。

七、交通、邮政和旅游

2023年，全县交通运输、仓储和邮政业增加值3.85亿元，比上年增长10.4%。2023年末民用汽车保有量2.01万辆。国道77.23公里；省道129.557公里；县乡道555.027公里；村级公路623.522公里。农村“三路”提质累计改造74.5公里，其中：2023年新增4公里。

2023年，全县邮政业增加值1.52亿元，比上年增长12.9%。

2023年，全年接待旅游人次共达179.08万人次，比上年增长35.7%，全年实现旅游收入16.73亿元。全县旅游等级区（点）3个。

八、财政、金融

2023年，全县一般公共预算收入9.88亿元，比上年增长32.3%，其中地方一般公共预算收入8.04亿元，比上年增长33.7%。一般公共预算支出34.78亿元，比上年增长3.1%。

2023年，全县金融机构年末各项存款余额158.32亿元，比上年增长13.4%，金融机构人民币各项贷款余额126.72亿元，比上年增长17.2%。2023年全县保费收入2.63亿元，赔付支出0.84亿元。

九、教育和科学技术

2023年末，全县有中等专业（职业）学校1所，在校学生2553人，专任教师112人。普通中学13所，在校学生11109人，九年一贯制学校11所，在校学生5406人，完全中学1所，在校学生4003人，普通高中1所，在校学生3727人，专任教师1764人。普通小学19所，在校学生23453人，专任教师1370人。特教学校1所，在校学生159人，专任教师18人。幼儿园（含民办）77所，入园儿童9853人，幼师518人。适龄儿童入学率为100%，初中升学率为92.01%，高中阶段教育毛入学率为96.5%，九年义务教育巩固率：小学100%，初中98.1%。2023年全县考入高等院校2288人（其中：本科660人，专科1628人），高考录取率达到90.5%。

2023年，全县共授权专利91件，其中发明专利21件。

十、文化、卫生和体育

2023年，全县有文化馆1个，公共图书馆1个，博物馆（纪念馆）1个，艺术表演团体7个，省级非物质文化遗产保护目录6个。

2023年，全县各类医疗卫生机构数291个，其中：县级医院8家，乡镇卫生院25家，妇幼保健院1个，疾控中心1个，卫生计生综合监督执法局1个，个体诊所、门诊、医务室55个，村卫生室200个。卫生技术人员2414人，注册执业医师（助理）897人，注册护士1102人。批复设置病床位数2840张，每千人口拥有执业医师（助理）3.14人，每千人口拥有注册护士3.91人，每千人口拥有床位数10.07张。全县开展孕前免费产前筛查人数1892人，比上年下降2.9%，年度人口出生1957人，较上年度下降21.7%。

2023年，全县有体育场地826个，其中体育馆1个。经常参加体育锻炼人数13.9万人，开展全民健身项目29项次。2023年获得亚洲冠军奖牌2个。

十一、人口、人民生活和社会保障

据公安人口统计年报，2023年全县年末总户数12.77万户，年末户籍总人口38.97万人，其中男性20.47万人，女性18.50万人，总人口中城镇人口7.91万人。2023年末常住人口28.18万人，其中城镇常住人口14.17万人，城镇化率50.28%。

2023年，全县全体居民人均可支配收入19764元，比上年增长7.2%，其中：城镇居民人均可支配收入31398元，增长5.0%；农村居民人均可支配收入13727元，增长7.8%。全体居民人均消费支出15244元，比上年增长6.7%，其中：城镇居民人均消费支出23770元，增长4.3%，农村居民人均消费支出10820元，增长7.5%。

2023年，全县农村低保对象5052户11100人，全县农村低保对象月人均补助标准达到了288.16元，发放救助资金共计3712.48万元；城市低保571户982人，共计发放救助资金464.57万元；农村特困供养人员1843人，其中集中特困供养人员401人，月人均供养标准800元，分散特困供养人员1442人，月人均供养标准542元。城市特困供养人员43人，其中集中特困供养人员2人，月人均供养标准800元，分散特困供养人员41人，月人均供养标准845元。全县临时救助1133人次，发放救助资金110.39万元。

2023年，全县重度残疾人护理补贴累计发放59312人次，累计发放金额474.496万元，困难残疾人生活补贴累计发放39101人次，累计发放金额312.808万元，发放标准为80元/（人·月）。

2023年，实现了全县乡镇养老机构合并提质，居住环境和基础设施不断完善，现有养老机构3个，共有养老机构床位数475张。

2023年，城镇新增就业人员2004人。年末城镇登记失业率3.66%。城镇基本养老保险职工人数2.4万人。参加工伤保险职工人数2.8万人。参加失业保险职工人数1.52万人。2023年，基本医疗保险32.4万人，参加生育保险职工人数1.17万人。

十二、资源、环境和安全生产

2023年，全社会用电量5.92亿千瓦时，比上年下降11.1%。耕地面积1.7331万公顷。基本农田1.4853万公顷。已发现的矿种23种，已探明资源储量的矿种9种。

2023年城市污水处理率达95.4%。城市生活垃圾处理率达100%。总体水质达到或优于Ⅲ类标准的断面比例为100%。空气质量达到国家二级标准。森林覆盖率49.97%。

2023年，全县全年发生各类生产经营性安全事故1起，死亡1人，亿元GDP安全事故死亡率为0.0086人/亿元。

鹤 城 区

鹤城区成立于1998年4月，是怀化市唯一主体城区，省分类指导全面建成小康社会考核一类县（市、区），武陵山片区规划建设6个中心城市中人口最多的城市，系军事禁区、国家生态功能区、革命老区，比照执行省级贫困县政策。全区总面积722.8平方公里，辖7个街道、3个乡镇和1个旅游度假区，64个社区、62个行政村，常住总人口71.41万人，城镇化率83.59%。年末总户数167432户，年末户籍总人口416796人。其中，男性208398人，女性208398人；城镇人口278443人，乡村人口138353人。

鹤城，五省通衢的战略要地。地处湘鄂渝黔桂五省边境中心，自古有“滇黔门户”“全楚咽喉”之称。沪昆高铁，湘黔、焦柳、渝怀、怀邵衡铁路在城区呈“米”字型交汇，沪昆、包茂、娄怀高速和320、209国道穿境而过，城区距芷江机场仅30公里，是我国东中部通向西南地区重要的交通要塞。

鹤城，开放繁华的商贸之城。城区有河西、中央商务圈、迎丰、城东、湖天5个商贸物流规划片区，拥有各类专业、综合批发市场45个，年成交额230亿元以上，经济辐射周边44个县（市、区）9万平方公里近1500万人口，正在建设“国家二级、全省一级物流节点城市”。

鹤城，绿色生态的宜居家园。全区森林覆盖率64.23%、城市绿地率40%、绿化覆盖率43%，人均绿地面积15.2 ㎡，全年空气质量优良率保持在360天以上，境内有中坡国家级森林公园、黄岩省级旅游度假区，是国家重点生态功能区、省级文明城市和省级卫生城市，目前正全力创建全国文明城市、国家卫生城市、国家园林城市。

鹤城区2023年国民经济和社会发展统计公报

2023年，是全面贯彻党的二十大精神的开局之年，面对需求收缩、供给冲击、预期转弱三重压力，我们坚持以习近平新时代中国特色社会主义思想为指导，深入学习贯彻党的二十大精神以及习近平总书记关于湖南工作的重要讲话和指示批示精神，锚定“三高四新”美好蓝图，全力打好“发展六仗”，深入实施“五新四城”战略，拼搏竞进、攻坚克难，全区各项工作实现了质的有效提升和量的合理增长。

一、综合

初步核算，2023年完成地区生产总值441.07亿元（现价），同比增长5.2%。其中第一产业增加值13.12亿元，增长3.5%；第二产业增加值92.49亿元，增长8.2%；第三产业增加值335.46亿元，增长4.6%。三次产业增加值占GDP比重为3.0：21.0：76.1。全区人均GDP为61800元，增长5.2%。

二、农业

初步核算，2023年全区完成农林牧渔业总产值24.6亿元，同比增长3.6%。其中，农业产值16.1亿元，增长4.2%；林业产值1.23亿元，增长14.2%；牧业产值5.41亿元，下降0.8%；渔业产值0.84亿元，下降0.1%；农林牧渔专业及辅助性活动产值1.02亿元，增长8.2%。

全区粮食产量5.2万吨，其中谷物产量为4.89万吨，薯类产量0.12万吨。油料产量0.25万吨。水果产量3.5万吨。

三、工业和建筑业

2023年，全区规模以上工业企业82家（包括电业局），规模以上工业总产值同比增长8.1%；规模以上工业增加值同比增长9.7%；其中，增加值（未含经开区及电业局数据）同比增长18.1%。分经济类型看，国有企业增长1.2%，股份制企业增长16.4%，外商及港、澳、台商投资企业下降0.4%，其他经济类型企业增长200.0%。分行业看，其他制造业增长5354.8%，仪器仪表制造业增长1319.5%，汽车制造业增长138.3%，印刷和记录媒介复制业增长106.9%，橡胶和塑料制品业增长105.2%，家具制造业增长94.7%。

2023年，我区资质建筑生产企业有94家，建筑业总产值增速10.1%。

四、固定资产投资和房地产

2023年，全区全社会固定资产投资额同比增长7.7%；其中全社会固定资产投资（未含经开区）同比增长8.5%。房地产本年新开工房屋施工面积达60.61万平方米。

五、国内贸易和物价

2023年，全区限额以上商贸企业401家（含经开区和年度入库企业），其中批发零售企业338家，住宿餐饮企业63家。限额以上个体91家（批发零售个体15家，住宿餐饮个体76家）。限额以下企业13家(批发零售企业9家，住宿餐饮企业4家)。限额以下个体34家（批发零售个体21家，住宿餐饮个体13家）。全年全社会消费品零售总额321.95亿元，同比增长9.3%。其中，批发业下降13.0%；零售业增长9.7%；住宿业增长8.2%；餐饮业增长8.0%。

年末居民消费价格指数99.6（上年=100，下同），服务项目价格指数100.6。

六、对外经济

2023年，全区实现外贸进出口总额1.16亿元。实际利用外资2012万美元。完成省外境内到位资金54亿元，同比增长9.73%。

七、交通、邮电和旅游

2023年，全区拥有国省道118.814公里，县道91.265公里，乡道94.535公里，村道86.421公里，组级道路209.186公里；全区62个行政村通客运（公交）班线，通达率为100%。

全年邮政行业业务总量同比增长16.8%。

2023年，全区旅游收入达176.94亿元；接待旅游人数达1929.34万人次。

八、财政和金融

2023年，全区完成地方财政收入69764万元，下降13.83%；其中税收收入51176万元，下降11.86%；非税收入18588万元，下降18.32%。完成公共财政预算支出281611万元，增长4.11%。其中：一般公共服务完成37139万元，增长36.48%；教育完成77359万元，增长4.12%；社会保障和就业完成37996万元，增长10.77%；卫生健康支出完成23469万元，下降39.49%；城乡社区事务完成25046万元，增长24.4%；农林水事务完成29872万元，增长9.89%；住房保障支出完成11853万元，增长11.6%。

2023年全区金融机构各项存款余额1000.7亿元，同比增长8.27%；金融机构各项贷款余额842.84亿元，同比增长11.99%。

2023年鹤城区全年保费收入35.25亿元，同比增长6.15%。

九、教育和科学技术

2023年全区（含市直）中小学共招生48101人，其中高中8179人、初中13216人、小学14584人、幼儿园7566人、特校38人、中职4518人；毕业生共48706人，其中高中6324人、初中10457人、小学12231人、幼儿园14663人、特校22人、中职5009人。

全区高中教育阶段学校（含市区两级民办）共17所（其中12年一贯制民办学校4所，公办普通高中5所，民办高中8所），在校生21785人。义务教育学校（含市区两级民办）74所，其中小学50所（含村小及教学点），在校生78667人；初中24所，在校生37581人。特校1所，在校生305人。全区幼儿园（含市区两级民办）168所，在园人数30165人。中职学校10所，在校生11420人。

2023年全区有高新技术企业69家，增长21%；高新技术产品产值165.39亿元，下降19.5%；高新产品增加值84.68亿元，下降14.2%。签订技术合同395项，增长216%；技术合同成交金额14.21亿元，增长56.6%。

十、文化、体育和卫生

2023年全区有图书馆41个（公共图书馆2个、其他图书馆39个），文化馆119个，博物馆1个，演艺中心98个，文化广场208个，公共体育场馆合计745个（其中体育场馆62个），场地总面积177.9525万平方米。

2023年全区拥有各类卫生机构692个，基层医疗单位（包括村卫生室和诊所）637所，妇保院1所，卫生从业人员13411人，基层卫生从业人员3027人，卫生保健员458人，卫生机构编制床位8845张，实有床位数10165张。

十一、人口、人民生活和社会保障

2023年全区年末总户数167432户，年末户籍总人口416796人。其中：男性208398人，女性208398人；城镇人口278443人，乡村人口138353人。年末常住总人口71.41万人，城镇化率83.59%。

2023年全区居民人均可支配收入41581元（现价）。其中，城镇居民人均可支配收入43208元，增长4.4%；农村居民人均可支配收入22486元，增长7.0%。

2023年度鹤城区基本医疗保险征缴537729人，其中含城乡居民征缴376806人，职工征缴155208人，财政代缴5715人。

十二、资源、环境和安全生产

全区全社会用电量259001万千瓦时，同比增长4.2%。

2023年，城区空气质量优良天数比例为95.1%，与上年持平。省控断面池回断面、国控断面中方县水厂断面、国控断面怀化市二水厂断面水质类别均为Ⅱ类，达标率100%。

2023年，全区发生生产安全事故11起，死亡11人。其中道路交通事故5起，死亡5人；建筑领域事故4起，死亡5人；火灾事故2起，死亡1人。

芷 江 县

芷江侗族自治县位于湖南省西部，云贵高原东缘，区域面积2099平方公里，辖9镇9乡，总人口36.8万。芷江历史悠久，文化底蕴深厚。建县于汉高祖五年（公元前202年），至今已有2200多年历史，多次为州府治所，是省级历史文化名城。1945年8月21日中国人民抗日战争胜利受降仪式在此举行，已成功举办五届国际和平文化节和湖南省纪念抗日战争胜利69周年、70周年纪念大会，2021年获准成为继南京之后中国第二座国际和平城市，是全国海峡两岸交流基地、国家级海峡两岸少数民族交流与合作基地、中国华侨国际文化交流基地。芷江交通便捷，区位优势独特。芷江机场10条航线通达北京、上海等全国重要大中城市，沪昆高铁直达全国各地，320国道与沪昆、包茂、长芷、芷铜高速交错连结，形成铁路、公路、航空“三位一体”立体交通网络。芷江生态优美，旅游资源丰富。境内有中国人民抗日战争胜利受降旧址、湖南抗日战争纪念馆、飞虎队纪念馆、沈从文旧居陈列馆、红军长征在芷江陈列馆、天后宫、芷江文庙、三道坑自然保护区、芷江孽龙、沅州石雕等一大批历史人文自然景观，年吸引游客超过500万人次。芷江鸭、芷江甜茶、虫白蜡、芷江高山葡萄、柑橘等特产品质优良、广受欢迎。森林覆盖率达70.28%，是国家生态文明建设示范区、中国天然氧吧。芷江锐意进取，发展态势良好。近年来，芷江坚持以习近平新时代中国特色社会主义思想为指导，深入学习贯彻党的二十大精神，认真落实省委十二届历次全会、市委六届历次全会精神，锚定“三高四新”美好蓝图，深入落实“五新四城”战略，紧紧围绕“三城一中心”（国际旅游名城、中国魅力侗城、湖南临空产业新城，怀化城市副中心）建设目标，持续用力抓好“基础发展”（项目、产业、园区、招商、平台）和“提质发展”（城镇化、乡村振兴、绿色发展、社会治理、共同富裕）两篇文章，奋力推动县域经济社会高质量发展。全年共荣获国家级荣誉13项，省级荣誉80余项，市级荣誉100余项，长江十年禁渔、“一件事一次办”、信访工作获省政府真抓实干督查激励，基层治理、水权改革、文旅产业发展、农村交通安全等工作经验获中央、省级各大媒体和内部工作情况交流多次推介。

芷江县2023年国民经济和社会发展统计公报

2023年，全县上下以习近平新时代中国特色社会主义思想为指导，全面贯彻党的二十大精神，认真落实县委、县政府决策部署，坚持稳中求进工作总基调，全县经济社会保持平稳健康发展。

一、综合

全年地区生产总值实现1260863万元，增长5.6%。其中第一产业增加值257902万元，增长2.9%；第二产业增加值318170万元，增长5.5%；第三产业增加值684791万元，增长6.8%。人均地区生产总值41730元。

全县三次产业结构比为20.5∶25.2∶54.3。第一、二、三次产业对经济增长的贡献率分别为12.0%、25.6%和62.4%。

二、农业

全年实现农林牧渔业总产值增长3.9%。年末粮食播种面积为51.5万亩，下降1.3%；总产量23.5万吨，增长1.2%。蔬菜及食用菌播种面积14.64万亩，增长3.2%；产量16.9万吨，增长3.8%。瓜果类面积3.2万亩，增长7%；产量3.2万吨，增长8.9%。

年末果园面积26.82万亩，增长0.3%；产量28.87万吨，增长8.4%。其中柑橘园面积20万亩，下降0.1%；产量23.14万吨，增长8.6%。葡萄园面积2.01万亩，下降0.5%；产量4.18万吨，增长7.7%。全年茶叶产量37吨，下降6.1%。中草药种植面积1.03万亩，增长39%；产量2795吨，增长10.2%。

年末生猪存栏24.63万头，下降8.5%，出栏42.85万头，增长3.7%；肉牛存栏3.57万头，下降10.9%，出栏1.52万头，下降3.8%；山羊存栏3.59万只，下降3.5%，出栏6.18万只，下降5.6%；家禽存笼223.52万羽，增长1%，出笼611.17万羽，下降1.6%。

全年猪肉产量3.14万吨，增长4%；牛肉产量0.19万吨，与去年持平；羊肉产量0.1万吨，与去年持平；蛋产品1600吨，增长33.3%；水产品养殖产量0.95万吨，增长3%。

年末共有农民专业合作社517家，增长1.2%；家庭农场277家，增长16.4%。

三、工业和建筑业

全年工业增加值增长5.0%。其中，采矿业增加值增长0.4%，制造业增加值增长6.0%，电力、热力、燃气及水生产和供应业增加值增长1.2%。

全年规模工业统计的主要工业产品中，大米26.58万吨，下降4.7%；塑料制品2.13万吨，下降8.9%；水泥6.32万吨，增长75.3%；发电量6.08亿千瓦时，下降48.6%；自来水供水总量702.9万立方米，增长21%。

规模工业企业实现利润71400万元，增长46.9%。其中，股份制企业实现利润65300万元，增长36.6%；其他内资企业实现利润3800万元，增长660%。

全年建筑业增加值25371万元，增长15.9%。

四、固定资产投资

全年固定资产投资增长8.3%。按三次产业划分：第一产业投资增长164.6%；第二产业投资增长26.7%；第三产业投资下降0.3%。全年民间投资增长58.4%；产业投资增长61.7%，占全部投资比重75.7%。

全年房地产投资下降9.1%。商品房销售面积27.65万平方米，增长1%。

五、贸易和对外经济

全年实现社会消费品零售总额385658万元，增长9.4%。按经营地分：城镇零售额269419万元，增长10%；乡村零售额116239万元，增长8.1%。限额以上社会消费品实现零售总额为31541万元。

全年实际利用内资401990万元，增长13.2%。进出口总额40155万元，增长117.8%。其中，出口5028万元、进口35126万元。

六、财政、金融和保险

全年一般公共预算收入72643万元，增长8.5%。地方财政收入50118万元，增长0.1%；非税收入占比28.1%。上划收入22525万元，增长33.2%。全年一般公共预算支出348204万元，增长8.1%。年末金融机构各项存款余额1882077万元，增长11.9%。其中，住户存款余额1599004万元，增长11.6%。贷款余额1316061万元，增长19.9%。

全年保险公司各项保费收入44815万元，增长3.6%。各项赔款和给付支出16617万元，增长29.9%。

七、教育和科学技术

全年在园幼儿数9157人，下降9.1%；小学在校生20884人，下降1.8%，毕业生3666人，下降7%；初中在校学生11635人，下降0.7%，毕业生3742人，下降0.03%。高中在校学生5144人，增长4.1%，毕业生1443人，增长8.7%。小学、初中入学率和巩固率达到100%，初升高比例达到94.2%。中等职业教育在校生6524人，下降6.1%，毕业生2407人，增长15.7%。全县共有中小学（幼儿园）专任教师3022人，职业教育教师353人。

全年各类授权专利59件。全年共签订技术合同42项，技术合同成交金额5.35亿元，增长66%。

八、交通、邮电和旅游

全年交通运输、仓储和邮政业完成增加值90016万元，增长15.4%。年末全县国道里程76.25公里，省道里程174.47公里，高速公路里程108.575公里，县、乡道路及专用公路里程1013.34公里。

全年邮政业务收入7507万元，增长13.6%；电信业务收入20737万元，增长0.8%。报纸累计订销量2万份，杂志累计销量8.64万份，收寄特快专递21万件，发送函件8110件，发送邮件包裹60万件。年末固定电话用户0.2万户，下降34%；移动电话用户33.14万户，增长16.9%；年末互联网宽带用户9.88万户，增长14.2%。

九、文化、卫生和体育

全年共接待国内外游客422.85万人次，增长67.1%，旅游收入38.65亿元，增长63.5%。

全县共有群众艺术表演团体1个，文化馆1个，公共图书馆1个，博物馆、纪念馆1个。全年放映农村公益电影2376场。列为国家级非物质文化遗产保护目录2个。

全县共有卫生机构324个，其中医院、卫生院33个，妇幼保健站1个。医院和卫生院拥有编制床位总数2060张。卫生技术人员2068人，增长2.7%。其中，执业医师和执业助理医师854人，下降0.2%；注册护士905人，增长5.7%。

十、资源、环境和应急管理

全年城区空气质量达标率96%，地表水源水质达标率100%。

全县已发现矿种23种。其中，已探明资源储量的矿种6种。

全年完成造林面积133公顷，年末林地面积13.05万公顷，活立木蓄积量779.82万立方米，森林覆盖率达57.24%。

全年共发生各类安全生产事故6起，亿元GDP生产安全事故死亡人数0.056人。道路交通万辆车事故死亡1.06人。

十一、人口、就业、居民生活和社会保障

全县户籍户数13.48万户，人口36.8万人。常住人口30万人，城镇化率48.83%。人口出生率为5‰，死亡率为8.4‰，人口自然增长率为-3.3‰。

全年城乡居民人均可支配收入20175元，增长6.3%。其中，城镇居民人均可支配收入32466元，增长5%；农村居民人均可支配收入14152元，增长7.8%。城乡居民收入比为2.29 ∶ 1。

年末全县参加基本医疗保险人数30.59万人，下降1.8%；参加城乡居民基本养老保险人数24.16万人，增长0.04%。获得政府最低生活保障的城镇居民、农村居民分别是1110人、8132人。各类收养性社会福利单位床位数675张，收养人员数213人。

中方县

中方县的前身是县级怀化市，其建置变迁较为频繁。据高坎垅出土文物证实，距今4500年前已有人类在此从事农业、渔猎和原始手工业生产。秦属黔中郡地，以后历朝都分别设郡、州、县管辖。

1943年1月20日，怀化被批准建县，其境域由芷江、辰溪、黔阳三县划拨，共1523.75平方公里，县治设庐阳。

1949年10月1日，怀化解放。11月1日成立怀化县人民政府，县治迁榆树湾飞山庙。

1978年12月30日，怀化镇从怀化县析出，直属怀化行署。

1979年4月23日，撤销怀化镇，设置怀化市。1983年3月7日，撤销怀化县，实行县市合并。

1997年11月29日，经国务院批准，撤销怀化地区和县级怀化市，设立地级怀化市，原县级怀化市分设为鹤城区和中方县。

1998年2月，中方正式建县。

是迄今为止全省最年轻的县，辖12个乡镇、130个行政村、15个居委会，国土总面积1461平方公里，总人口290544人。2002年8月启动县城建设，2005年12月县行政中心搬迁，2009年启动旺市融城战略，着力破解"有城无市"的阶段性难题，2014年、2016年两度跻身"湖南省全面建成小康社会推进工作前十位县"行列，2017年入列全面小康推进工作优秀单位，荣获"全国平安建设先进县"三连冠和全国综治工作最高荣誉"长安杯"。

全县土地总面积146654.4公顷，其中：耕地面积21158.4公顷，园地面积3563.5公顷，林地面积101323.9公顷，其他农用地8242公顷，居民点及工矿用地面积4144.2公顷，交通用地面积718.2公顷，未利用土地面积6902.4公顷。

中方县2023年国民经济和社会发展统计公报

2023年是三年新冠疫情防控转段后经济恢复发展的一年。面对整体经济下行压力加大的严峻挑战。在县委县政府的坚强领导下，全县上下坚持以习近平新时代中国特色社会主义思想为指导，深入学习贯彻党的二十大精神，坚决落实党中央国务院、省委省政府和市委市政府各项决策部署，坚持稳中求进工作总基调，锚定"三高四新"美好蓝图，积极融入"五新四城"战略，奋力建设"四城两区"，全力打好"发展六仗"，实现了经济社会稳步发展。

一、综合

初步测算，全县实现地区生产总值（GDP）136.03亿元，同比增长5.1%，其中第一产业实现增加值19.22亿元，同比增长2.9%；第二产业实现增加值59.10亿元，同比增长5.9%；第三产业实现增加值57.71亿元，同比增长5.0%。三次产业结构比为14.1 ∶ 43.5 ∶ 42.4，与同期比较，第一产业减少0.4个百分点，第二产业下降2.1个百分点，第三产业上升2.5个百分点。

民营经济实现增加值91.91亿元，同比增长5.6%，占全县GDP的67.6%。

2023年全县常住人口数为23.51万人，其中城镇人口10.83万人（主城区人口7.4万人），农村人口12.68万人，城镇化率为

46.07%，按常住人口计算，2023年全县人均地区生产总值达到57699元。

二、农业

初步测算，全县实现农林牧渔业总产值33.5亿元，同比增长3.5%。其中：农业产值15.3亿元，同比增长3.3%；林业产值7.7亿元，同比增长19.6%；牧业产值9.1亿元，同比下降6.5%；渔业产值1.0亿元，同比增长5.7%；农林牧渔服务业产值0.5亿元，同比增长8.2%。

全年粮食作物播种面积28.7万亩，粮食产量2.249亿斤，其中夏粮产量0.023亿斤，秋粮产量2.226亿斤。大豆产量0.02亿斤；玉米产量0.319亿斤；红薯产量0.010亿斤；油料产量14560吨，其中油菜籽产量13770吨；蔬菜产量77673吨；水果产量60011吨，其中柑橘类水果产量23686吨，葡萄产量15002吨，西瓜产量14126吨；中草药产量3899吨。全年出栏生猪21.94万头，出栏牛0.56万头，出栏羊2.51万头，家禽饲养259.7万只，禽蛋产量900吨。全年渔业养殖6476吨，其中鱼类6310吨。

全年实施高标准农田建设项目2个，高标准农田建设面积2.5万亩，秸秆还田面积16.0亩，新增农田有效灌溉面积7440亩。全县共有绿色有机地标农产品累计认证30个，其中绿色农产品28个，农产品地理标志2个。现代农业产业园区（省、市级）16个。名优特水产品养殖面积2310亩，名优特水产品产量达1127吨，稻田综合种养面积28050亩。农产品加工企业达310家，农产品加工企业营业收入82.71亿元，实现利润3.9亿元，其中国家级及省级龙头企业12家。农民专业合作社达828个，农民专业合作社成员共计2484户，家庭农场241个，开展网上销售农产品的农户数428户。年末农业机械总动力达到26.6万千瓦。休闲农业经营主体个数171个，休闲农业经营收入2.8亿元，休闲农业和乡村旅游接待212万人次。全年改（新）建农村公共厕所1373户。

三、工业和建筑业

全年工业增加值同比增长5.8%。按门类分，制造业同比增长6.7%；电力、热力、燃气及水生产和供应业同比下降0.6%。县域（包含市高新区，下同）共有规模工业企业180家，其中市高新区76家，县内104家。县域共有高新技术企业105家。

全年规模以上工业总产值同比增长15.7%；其中市高新区规模以上工业总产值同比增长20.1%；县内规模以上工业总产值同比增长11.6%。

全年实现建筑业增加值4.6亿元，同比增长10.0%。完成房屋建筑施工面积44.6万平方米，同比下降24.5%，其中新开工房屋建筑施工面积27.6万平方米，同比下降1.3%。全年房屋建筑竣工面积39.1万平方米，同比增长1.5%。

四、固定资产投资和房地产业

全年县域内固定资产投资同比增长8.2%，其中市高新区同比增长8.2%，县内同比增长8.2%。按经济类型分：国有投资同比下降48.4%，非国有投资同比增长17.8%，民间投资同比增长19.7%。按登记注册类型分：内资企业投资同比增长11.4%，国有企业投资同比下降37.3%；股份有限公司投资同比下降56.5%；私营企业投资同比增长14.2%；港澳台商企业投资同比下降32.9%。按投资方向分：工业投资同比增长21.9%；民生投资同比增长108.6%；基础设施投资同比下降43.7%；高新技术产业投资同比下降9.7%；工业技改投资同比下降24.6%；房地产投资同比下降2.7%。按产业分：第一产业投资同比增长52.9%；第二产业投资同比增长21.9%，其中制造业投资同比增长21.2%；第三产业投资同比下降2.3%。

全年施工项目56个，新开工项目32个，本年度投产项目22个。项目计划总投资226.7亿元，同比下降4.9%，新开工项目计划总投资33.2亿元，同比下降8.5%。

全年商品房销售面积10.8万平方米，同比增长0.9%，商品房销售额5.7亿元，同比增长35.6%，期房销售面积7.5万平方米，同比下降18.9%，期房销售额4.5亿元，同比增长20.4%。

五、国内贸易

全年共实现社会消费品零售总额19.3亿元，同比增长8.7%。按销售单位所在地分：城镇消费品零售总额15.9亿元，同比增长9.1%，其中城区消费品零售总额14.7亿元，同比增长12.4%；乡村消费品零售总额3.4亿元，同比增长6.9%。按行业分：批发业消费品零售总额1.5亿元，同比增长5.6%；零售业消费品零售总额14.8亿元，同比增长10.5%；住宿业消费品零售总额0.5亿元，同比增长4.5%；餐饮业消费品零售总额2.5亿元，同比增长1.7%。规模以上服务业营业收入7.9亿元，同比下降27.2%。

全年批发和零售业实现增加值6.0亿元，同比增长9.9%；住宿和餐饮业实现增加值2.0亿元，同比增长8.3%。

六、对外经济和旅游业

全年实际利用外资金额595万美元。其中第二产业利用外资金额1万美元，第三产业利用外资金额594万美元。进出口贸易完成金额7277万元，同比下降27.64%。

全年实现旅游总收入15.4亿元，同比增长37.7%，共接待国内游客167.9万人次，同比增长40.4%。全县创建3A级景区10个。

七、交通运输和邮电业

全年交通运输、仓储和邮政业实现增加值1.2亿元，同比增长7.0%。

全县共拥有道路运输经营户4175户，其中客运经营户1户，货运经营业户4174户。机动车维修业9家，驾培业2家，客运站点8个。拥有道路运输营业性车辆5578辆。其中班线客运车辆69辆，货物运输车辆5509辆；现有客运班线44条。全县130个行政村已全部开通班车，开通率达100%。

八、财政、金融和保险

全年一般公共预算收入完成7.8亿元，同比增长16.6%。其中税收收入6.9亿元，同比增长22.5%；地方一般公共预算收入5.6亿元，同比增长3.4%，其中税收收入4.7亿元，同比增长7.8%。一般公共预算收入中税收占比为88.5%；地方收入中税收占比为83.9%。

全县一般公共预算支出24.0亿元，同比下降4.7%。其中全年一般公共服务支出2.4亿元，教育支出4.9亿元，科学技术支出0.7亿元，文化旅游体育与传媒支出0.5亿元，社会保障和就业支出3.1亿元，卫生健康支出2.0亿元，节能环保支出0.8亿元，城乡社区支出0.8亿元，农林水支出5.7亿元，住房保障支出0.4亿元。民生支出18.7亿元，占一般公共财政预算支出的77.9%。

全年实现金融业增加值4.5亿元，同比增长9.2%。全县金融机构本外币各项存款余额96.3亿元，同比增长16.9%；本外币各项贷款余额120.0亿元，同比增长11.7%，贷存比为124.6 ：100，贷存比下降5.8%。全年完成政府性基金收入30027万元，同比增长87.7%。

全年实现保险业务保费收入2.5亿元，同比下降3.1%；全年总赔付1.5亿元，同比增长50.6%。

九、科学技术和教育

全年完成授权专利386件，同比下降12.1%，其中发明专利77件，大专院校授权2件，工矿企业授权380件。全县共有检测检验机构7家。法定计量检定机构1家，特种设备生产单位2家，拥有特种设备1535台。全年重点工业产品质量监督抽查111批次，抽查合格率达94%。拥有强制检定计量器具1800台件。全年发放工业产品生产许可证10张；发放食品生产许可证42张。

全县共有各级各类校（园）数82所，幼儿园47所，其中公办幼儿园22所，民办幼儿园25所；义务教育学校30所，其中小学9所，初中21所，其中初级中学5所，九年一贯制学校16所；高中4所，其中完全中学1所，高级中学2所，十二年一贯制学校 1 所；职业中等专业学校 1 所。全年共增加公办幼儿园学位 720 个。共拥有在职教师 2620 人：其中小学教师 1124 人，初中教师 709 人，高中教师 338 人，职中教师 113 人，幼儿园教师 366 人。在籍全日制学生和幼儿共 36561 人：其中幼儿园学生 5798 人；小学学生 15593 人；初中学生 8013 人；高中学生 4704 人；中职学生 2453 人（含怀化师范高等专科学校附设中职班学生数 1230 人）。小学适龄儿童入学率 100%，小学毕业生升学率 100%，高中阶段教育毛入学率达 95.83%。

全年共发放各类教育资助资金 1254.61 万元（其中中央资金 674.69 万元、省级资金 467.25 万元、县级配套资金 112.67 万元），全年共为本县就读学前到高中阶段贫困家庭学生发放资助资金 1202 万元、惠及学生 19541 人次。其中：学前教育阶段按 500 元 / 人标准，为 2446 人次贫困幼儿发放入园补助资金 122.3 万元；义务教育阶段按小学 500 元 / 人、中学 625 元 / 人的标准（非寄宿生按 50% 的标准），为全县 9145 人次本县学籍贫困义务教育学生发放困难生活补助资金 300.0 万元；普通高中按免学费 800 元 / 人、助学金 1500 元 / 人（分 500 元、1000 元、1500 元三个档次）的标准，为普通高中符合条件的 1097 人次免除学费 87.76 万元，为 2248 人次发放助学金 238.7 万元，落实免教科书 19.38 万元（根据新华书店定价据实核算）；中等职业教育按免学费 1200 元 / 人的标准，为 2413 人次免除学费 289.56 万元，按 1000 元 / 人的标准，为 1443 人次发放秋季学期助学金 144.3 万元。

十、文化、体育和卫生

全县共拥有文化馆 1 个，公共图书馆 1 个。拥有省级非物质文化遗产保护目录 2 个，艺术表演团体 21 个。全县共拥有各类体育场地 1037 个，其中体育馆 1 个，体育场、小运动场、田径场 34 个，游泳池 9 个，各种训练房 5 个，全县经常参加体育锻炼人数达 9.7 万人，共开展 22 次全民健身活动。

全县拥有卫生机构 224 家（含乡镇卫生院），其中县直医疗机构 3 家（县人民医院、县中医院、县妇计中心），乡镇卫生院 22 家，村卫生室（站）149 家，民营医院 4 家，个体诊所、门诊部、医务室等共 46 家。全县拥有卫生技术人员 1148 人，执业医生和执业助理医师 522 人，注册护士 516 人，其他卫生技术人员 110 人。全县编制床位数 1407 张，实际开放床位数 1330 张，全年完成孕产妇产前筛查 1352 人，儿童先心病筛查 1393 人，农村适龄妇女两癌筛查 4152 人。

十一、人口、人民生活与社会保障

据县公安局人口与出入境管理大队统计，2023 年末全县户籍总户数 95315 户，总人口 290544 人。按性别分：男性 153238 人，女性 137306 人，人口性别比为 111：100（男比女）；全年出生人口 1778 人，出生率为 6.1‰；死亡人口 2018 人，死亡率为 6.9‰，人口自然增长率为 –0.8‰。

抽样调查显示。全县城乡居民人均可支配收入为 23740 元，同比增长 5.8%，其中，城镇居民人均可支配收入 37016 元，同比增长 4.4%，农村居民人均可支配收入 17381 元，同比增长 6.2%，全县城乡居民人均消费支出为 16528 元，同比增长 6.5%，城镇居民人均消费支出 22272 元，同比增长 6.6%，农村居民人均消费支出 13777 元，同比增长 5.8%。

2023 年全年农村新增就业 2117 人，城镇新增就业人员 1201 人；全年职业培训完成 1265 人。城镇登记失业率控制在 4.5% 以内。

全年城乡居民基本养老保险登记参保人数期末数 170725 人；城镇基本养老保险职工年末参保人数 14592 人，其中在职职工 13523 人，离退休人员 1069 人。参加工伤保险职工人数 27291 人，参加失业保险职工人数 13002 人，失业人员领取失业保险金人数 350 人。基本医疗保险参保人数 225460 人，其中城乡居民基本医疗保险参保人数 211273 人，城镇职工基本医疗保险参保人数 14187 人，职工参保人数 10879 人，退休人员参保人数 3308 人。

2023 年末，全县获得政府最低生活保障的城镇居民人数 3562 人，发放城镇居民最低生活保障经费 14.1 万元，获得政府最低生活保障的农村居民人数 87073 人，发放农村居民最低生活保障经费 2366.9 万元。提供住宿的民政机构床位数 820 张，其中养老机构床位数 440 张，养老机构共收养老人 286 人，养老机构服务人数 55 人。销售社会福利彩票 2731 万元，筹集福彩公益金 150.5 万元。

坚决守住不发生规模性返贫底线，共纳入监测对象 97 户 258 人，风险消除 29 户 92 人。“三保障”和饮水安全成果全面巩固。完成农村危房改造 37 户。投入 1391 万元，完成农村供水改造工程维修养护 138 处。发放教育助学资金和贫困学生补助 1.96 万人次、1201.8 万元。困难群众和脱贫户基本医疗参保率 100%。

十二、资源、环境和安全生产

全县森林覆盖率达 64.99%，同比增长 0.02%；活立木蓄积量达 631.3 万立方米。完成造林绿化任务 817.61 公顷，年末林地面积 108508 公顷。拥有自然保护区 1 个，其中省级自然保护区 1 个，省级以上自然保护区面积 6597.6 公顷。

生态环境持续改善。污染防治攻坚战“夏季攻势”、生态环境治理、环保督察问题整改等工作有力有效。完成矿山生态修复 64.19 公顷，治理受污染耕地 4.23 万亩。断面水质优良率 100%，集中式饮用水源地水质达标率 100%，全县空气质量优良天数比例达 95.6%。县城集中式饮用水源水质达标率为 100%，农村集中式饮用水卫生合格率达 100%。

全年全社会用电量 108285.2 万千瓦时，同比增长 4.5%；其中工业用电量 83023.3 万千瓦时，同比增长 3.92%；居民生活用电量 14499.1 万千瓦时，同比下降 1.9%。

全力以赴保安全，全年发生 5 起各类生产经营安全事故，各类生产经营性安全事故死亡人数 6 人，亿元 GDP 生产安全事故死亡率 0.044%，每万人口生产安全事故死亡率 0.21%。

新晃县

新晃侗族自治县位于湖南省最西部，地处湘黔边界。总面积 1502 平方公里，辖 9 镇 2 乡 137 村，全县户籍总人口 252244 人，有侗、汉、苗、回等 26 个民族，少数民族人口占总人口的 86.7%，是湘黔高铁经济带重要节点，为国家地理标志产品保护示范区。

新晃交通区位独特。是湖南通往大西南的交通要道，素有“湘黔通衢”“滇黔咽喉”之称。湘黔铁路、320 国道、242 国道、沪昆高速公路穿境而过，沪昆高铁过境新晃并设新晃西站，县城距湖南芷江机场和贵州铜仁凤凰机场分别只有 40 分钟、50 分钟车程。

新晃资源特色鲜明。可概括为“九个一”，即一石、一牛、一树、一米、一蜜、一药、一泉、一镇、一峡。“一石”即重晶石，储量达 4.5 亿吨，为全国特大优质矿床。“一牛”即新晃黄牛肉，“一树”即新晃龙脑樟，“一米”即新晃侗藏红米，均为国家地理标志保护产品。“一蜜”即五倍子蜂蜜，获评“中国五倍子蜜之乡”。“一药”即新晃黄精，为品质优良的道地中药材；“一泉”即温泉，水质优良，环境优美。“一镇”即龙溪古镇，入列省级历史文化名城。“一峡”即大峡谷。

新晃人文历史悠久。是湖南省历史文

化名城，也是湖南省成立最早的民族自治县之一。侗族文化、原始稻作文化、傩文化绚丽多彩，独具魅力。傩戏“咚咚推”入列国家首批非物质文化遗产保护名录，侗族大歌被列入世界人类非物质文化遗产代表作名录。被誉为“中国画眉鸟之乡”“中华诗词之乡”。

新晃生态环境优良。森林覆盖率69.83%，为国家重点生态功能保护区。

新晃社会平安和谐。新晃人民纯朴善良、勤劳智慧，人民安居乐业，社会安定和谐，连续13年保持省级平安县。

新晃县2023年国民经济和社会发展统计公报

2023年，是全面贯彻落实党的二十大精神的开局之年。一年来，在县委、县政府的正确领导下，在县人大及其常委会和县政协的监督支持下，我们坚持以习近平新时代中国特色社会主义思想为指导，深入学习贯彻党的二十大精神，锚定“三高四新”美好蓝图，全力打好“发展六仗”，深入实施“五新四城”战略，奋力打造“一堡五高地”，奋起二次创业。面对严峻复杂的发展形势，我们坚持高质量发展不动摇，全力以赴抓实体、兴产业，推动经济实现质的有效提升和量的合理增长。

一、综合

2023年，全县生产总值（GDP）为927428万元，增长6.1%，其中，第一产业增加值129091万元，增长4.1%；第二产业增加值284850万元，增长5.2%；第三产业增加值513487万元，增长7.2%。按常住人口计算，人均国内生产总值为42837元。三次产业结构由上年的14.3 ：30.8 ：54.9调整为13.9 ：30.7 ：55.4。

二、农业

全年完成农林牧渔业总产值259048万元，比上年增长3.4%，实现农林牧渔业增加值134759万元，增长4.2%。其中，农业总产值85701.8万元；林业总产值4322.4万元；牧业总产值158289.5万元；渔业总产值1395.9万元；农林牧渔业服务业产值9338万元，实现增加值5668万元，增长4.2%。

全年粮食作物播种面积24.20万亩，其中稻谷种植面积15.88万亩。粮食总产量82050吨，比上年增长1.28%，其中谷物58800吨，下降5.97%，薯类3100吨，增长7.86%，豆类701吨。油料播种面积8.22万亩，油类总产7515.05吨，增长22.6%，其中油菜籽7172.6吨，增长23.9%。经济作物中，烟叶种植面积0.6101万亩，烟叶总产661吨，其中烤烟661吨。水果总产9863吨，其中柑橘类6040吨，增长4.1%；果用瓜736.5吨，增长3.6%；其他水果1706吨。蔬菜种植面积4.72万亩，蔬菜产量57783.5吨。

全年出栏生猪24.54万头，下降7.22%；出栏牛4.66万头，下降3.1%；出栏羊7.91万只，下降5.5%；出笼家禽82.01万羽；肉类总产量2.69万吨。

全年统筹整合财政涉农资金14572.74万元，其中整合中央资金5144万元、省级资金3297万元、2022年整合资金结余调整到2023年统筹整合使用1086.74万元。全年实施有效衔接项目90个，全县脱贫人口42710人，监测对象3426人，2023年新识别监测对象149户445人。

三、工业

2023年，全县工业增加值同比增长4.1%，其中规模以上工业增加值221669万元，同比增长14.2%。2023年全县规模以上工业企业户数达62户。

在规模工业企业主要产品产量中，全年自来水生产量0.51亿立方米，牛肉休闲食品2605吨，商品混凝土17.85万立方米，铁合金7.25万吨，机制纸及纸板1.89万吨，生产蓄电池14.6万只。

四、固定资产投资和建筑业

2023年，全县固定资产比上年增长8.3%。其中，房地产投资完成99485万元。全年投资开工项目42个，竣工项目35个，施工房屋面积59.12万平方米，竣工房屋面积21.67万平方米。

全年建筑业实现增加值38122万元，比上年同期增长16.2%。11家资质建筑企业实现总产值10.9亿元，房屋建筑施工面积53.2万平方米，房屋建筑竣工面积35.8万平方米。

五、交通、邮电

全县交通运输、仓储和邮政业增加值82421万元，同比增长14.6%。全县公路线路列入管养总里程1387.712公里（不含高速公路）。

全年完成邮电业务收入17954.45万元。其中完成邮政业务收入4110.45万元，完成电信业务收入13844万元。全县固定电话用户9058户，移动电话用户209961户，互联网宽带用户88706户。

六、商务、贸易

全县社会消费品零售额为322295.7万元，增长9.7%。从地域看，城镇完成社会消费品零售额205333.3万元，增长9.9%；乡村完成社会消费品零售额116962.4万元，增长9.28%。按行业分，批发零售贸易业零售额279242.5万元，增长8.7%，住宿和餐饮业零售额43053.2万元，增长16.2%。

全年新引进产业项目32个，总投资99.84亿元，其中，新引进2亿元以上重大产业项目17个（含6个10亿元以上产业项目），总投资89.8亿元。完成省外境内资金到位36.85亿元。

七、财政、金融、保险

2023年，全县完成一般公共预算收入49248万元，其中，地方收入完成37143万元；上划中央收入完成9110万元，增长70.7%；上划省级收入完成2995万元，同比增加3790万元。在地方收入中，税收收入完成27479万元，非税收入完成9664万元。全年财政总支出385114万元，下降2.55%。全县一般公共预算支出272771万元，增长1.64%，其中，一般公共服务支出3705万元，教育支出53134万元，社会保障和就业支出63743万元，卫生健康支出18298万元，节能环保支出4136万元。

全县金融机构年末各项存款余额934594.85万元，比年初增长11.62%。其中企业存款36229.2万元，较年初增长18.55%；城乡居民储蓄存款846046万元，增长11.51%。全县金融机构年末各项贷款余额564249.55万元，比年初增长20.21%。其中短期贷款172545.91万元，较年初增长23.93%，中长期贷款368806.64万元，较年初增长13.93%。

全年保费业务收入20381.13万元。全年保险赔付款支出6965.83万元。

八、科学技术与教育

全年组织申报科技计划项目6项，争取资金140万元。

县职业中专1所，在校学生1437人，教职工125人。有普通高中1所，完全中学1所，普通高中在校学生5504人，完全中学有教职员工259人，其中，专任教师240人。初中在校学生9871人，小学在校学生16373人。独立初级中学10所，有教职员工416人，其中专任教师397人。九年一贯制学校8所，有教职员工643人，其中专任教师616人。完全小学19所，有教职工726人，其中专任教师701人。有幼儿园43所，在园幼儿数5597人，有教职工534人，有专任教师284人。小学适龄儿童入学率100%，小学毕业升学率100%，小学在校学生辍学率为0%，初中入学率100%，初中在校学生辍学率0%，高考录取率85%。

九、文化广播与卫生

积极组织开展丰富多彩的社会文化活动，公共文化服务体系日趋完善。2023 年完成欠发达地区送戏下乡演出 160 场次，完成惠农数字电影公益放映 1644 场次，图书馆新购图书 5186 册，全年共接待读者 12 万余人次，开展 4 次送书活动，赠送图书共计 1000 余册，博物馆累计接待各地观众 29.01 万余人次。城乡公共服务实现一体化，全县有 137 个行政村农家书屋，9 个社区（居委会）农家书屋点，137 个乡村文化广场均投入使用。全县广播综合覆盖人口达 25.1 万人，综合覆盖率达到了 99%。

全县电视转播发射台 1 座，电视发射机 3 部，广播电视综合覆盖率 98%，有线电视用户 4780 户。全年电视节目播出时间为 6570 小时，制作电视节目时间 547.5 小时，全年累计完成内宣电视组稿 1020 余条，各类专题节目 1820 余期。

2023 年末，全县卫生系统医疗机构 194 个（其中医院 3 个、基层医疗机构 188 个、专业公共卫生机构 3 个），在编人员 1643 人，从医人员 2026 人，其中卫生技术人员 1692 人，医生 616 人。卫生机构编制床位 1947 张，实际开放床位 2113 张。全年就诊人数 137.83 万人次，出院人数 7.1 万人次。

十、人民生活和社会保障

2023 年末，常住人口 21.50 万人。全县户籍总人口 252244 人，其中，城镇人口 39946 人，乡村人口 212298 人，年内出生人口 1578 人，人口出生率为 6.24‰，年内死亡人口 2503 人，死亡率 9.90‰。

2023 年，我县城乡居民人均可支配收入 18762 元，其中：城镇居民人均可支配收入 28651 元，人均生活消费支出 21288.3 元，人均食品支出 6880.5 元，人均教育文化娱乐支出 3546.6 元。农村居民人均可支配收入 13755 元，人均生活消费支出 11325 元，人均食品支出 4091.6 元，人均教育文化娱乐支出 1684.4 元。

2023 年，全年共收缴养老保险基金 24058 万元，其中：参加企业基本养老保险 19610 人，征缴基金 9183 万元，机关事业单位养老保险参保人数 10287 人，征缴基金 12804 万元，城乡居民养老保险参保 146411 人，征缴基金 2071 万元。失业保险参保 11005 人，征缴基金 526.67 万元。工伤保险参保 22667 人，征缴基金 769 万元。城乡居民医疗保险参保人数 199498 人，基金总收入为 20716.9 万元；城镇职工医疗保险参保 15012 人，征缴基金 7727.13 万元。全年城市居民最低生活保障人数 1484 人，发放城镇居民低保金 826.48 万元。农村最低生活保障人数 9521 人，发放农村居民低保金 2776.70 万元。

十一、环境保护与安全生产

环境质量继续保持稳定。县城饮用水源监测水质达标率 100%。地表水监测全部达到或优于Ⅲ类水质标准，县城空气质量均达到国家二级标准。全年 COD 排放量 0.144 吨，SO2 排放量 15.601 吨，氮氧化物排放量 46.181 吨，氨氮排放量 0.055 吨。全县森林覆盖率 69.83%，城市建成区绿化覆盖率 37.09%，城镇化率 45.53%。

全年共发生各类事故 3 起，死亡人数 3 人。其中道路交通事故 3 起，死亡 3 人；工矿商贸事故 0 起，无伤亡；消防安全事故 0 起，无伤亡。亿元地区生产总值生产安全事故死亡人数为 0.03 人。

洪江市

洪江市位于湖南省西部，雪峰山脉中段，沅水干流上游。辖 20 个乡镇（其中少数民族乡镇 2 个，分别为深渡苗族乡、龙船塘瑶族乡），194 个行政村，土地总面积 2174 平方公里，总人口 420188 人（其中农业人口 313577 人），生活着侗、苗、瑶、回、土家等 20 个少数民族，少数民族人口占 10.67%。市治黔城距怀化城区 35 公里，距芷江机场 40 公里，枝柳铁路、209 国道、320 国道、沪昆高速、包茂高速和怀邵衡铁路穿境而过，区位独特，交通便捷，是怀化市建设对接国家西部陆海新通道战略门户城市、五省边区生态文明中心城市的重要节点。

洪江市，拥新城亦藏古城。自汉高祖五年（公元前 202 年）置县以来，先后为镡城、龙标、黔阳县治和原怀化地委、行署所在地。1997 年，原洪江市和黔阳县合并，设立新的洪江市。2005 年，市治由安江镇迁至黔城镇，建黔城镇新城，是怀化市唯一拥有"一市两城"的县市。历史文化名城黔阳古城历经两千多年的岁月沧桑依然风姿绰约；古城内有被誉为"楚南上游第一胜迹"的芙蓉楼，被誉为"诗家天子"的唐代大诗人王昌龄在这里留下了"一片冰心在玉壶""明月何曾是两乡"的千古绝唱。境内距今 7800 多年的高庙文化遗址，出土了震惊世界的中国最早的凤鸟纹饰白陶器和沅水流域最早的稻作遗迹，入选"2005 年中国十大考古发现"，是中国古稻作文明的重要发源地。著名的安江农校杂交水稻纪念园，"杂交水稻之父"袁隆平院士在这里工作了 37 年，选育出了世界上第一株杂交水稻，杂交水稻从这里走向世界。

洪江市，是"药谷"也是净土。洪江市地处雪峰山脉核心区域，峰峦起伏，林茂水丰，气候独特，蕴藏着黄精、天麻、石斛、重楼等 1500 多种野生中药材，是名副其实的"大西南一座巨大而天然的中药材宝库""雪峰山药谷"。全市中药材种植面积达 11 万亩，是"湖南省首批中药材种植基地示范县"。洪江市也是一座山水宜居城市，境内森林覆盖率达 68.5%，是国家重点生态功能区、"中国天然氧吧""全国绿化模范市"和"湖南省园林城市"，被联合国教科文组织誉为"没有污染的神奇土地"。境内有中国最具历史原真风貌的隐逸之都——黔阳古城，"一山有四季、十里不同天"的雪峰山国家森林公园，森林湖泊相互掩映、烟波浩渺的清江湖国家湿地公园等一大批风景名胜区，举办过全国户外运动挑战赛和四届黔阳古城国际半程马拉松赛，被评为"中国旅游大众最喜爱的旅游目的地"。

洪江市，产甜橙更有前程。洪江市是闻名全国的"水果之乡""中国冰糖橙之乡"，有黔阳冰糖橙、黔阳大红甜橙、黔阳脐橙、黔阳金秋梨、黔阳天麻、黔阳黄精、托口生姜等 7 个国家地理标志保护产品及黔阳安江香柚、黔阳黄金贡柚、黔阳丑八怪、黔阳雪峰乌骨鸡、蓝莓、雪峰豆腐乳、洗马红薯干、金丝皇菊等 40 多个名优特产品，特色水果种植面积达 45.8 万亩。沙湾香柚获批国家地理标志证明商标，"黔阳"牌为中国驰名商标，品牌评估价值达到 21.56 亿元。全市现已基本形成以农产品加工、建筑材料等为主的传统产业和以电子信息、生物医药、装配式建筑等为主的新兴产业齐头并进的产业发展格局，培育有四维住工、林泉药业、沃世达电子等知名企业。先后获得"湖南省县域经济发展先进县市区""全省发展开放型经济先进单位"等荣誉称号，是"全国发展改革试点城市"。

洪江市2023年国民经济和社会发展统计公报

2023 年，面对错综复杂的经济形势和工业下行压力，在市委、市政府的坚强领导下，全市坚持稳字当头、稳中求进总基调，聚焦高质量发展首要任务，积极应对各类风险挑战和超预期影响，上下齐心抓发展、强预期、稳增长，推动疫情防控转段后经济恢复发展，经济呈现承压前行、逐月改善、回升向好、稳中有进态势，创新动能不断积聚，社会事业统筹推进，高质量发展取得新成效。

一、综合

根据地区生产总值统一核算结果，全市地区生产总值完成1381490万元，按不变价格计算，比上年增长3.0%。其中，第一产业增加值323213万元，增长3.8%；第二产业增加值429355万元，下降5.1%；第三产业增加值628923万元，增长8.5%。按常住人口计算，人均地区生产总值为41165元，增长2.5%。

全市三次产业结构为23.4 ∶ 31.1 ∶ 45.5。第二、三产业增加值占地区生产总值的比重分别比上年下降2个百分点、提升1.6个百分点。第一、二、三产业增加值对经济增长的贡献率分别为31.1%、-55.1%、124.0%，其中工业对经济增长的贡献率为-79.7%。

二、农业

全市农林牧渔业总产值完成529225万元，增长3.8%。其中：农业产值342588万元，增长4.4%；林业产值26459万元，增长3%；牧业产值127912万元，增长2.1%；渔业产值15719万元，增长3.3%。

全市粮食种植面积26331公顷，比上年增加131公顷，增长0.5%。粮食产量17.1万吨，比上年增长1900吨，增长1.1%。全年油料种植面积12436公顷，比上年增长10%；蔬菜种植面积5990公顷，增长4.2%。油料产量1.97万吨，增长11.2%；蔬菜产量11.8万吨，增长5.0%；中药材种植面积6865公顷，增长5.9%，中药材产量2.5万吨，增长5.7%；水果产量55.9万吨，比上年增长4.02万吨，增长7.8%，其中园林水果51.6万吨，比上年增长3.63万吨，增长7.6%。

全市猪、牛、羊肉类总产量28200吨，比上年下降2.4%。其中猪肉产量20400吨，下降2.4%；牛肉产量1500吨，与上年持平；羊肉产量1100吨，下降8.3%。年末生猪存栏161800头，比上年末下降17.1%。全年生猪出栏278000头，下降2.1%；牛出栏11900头，下降4.8%；羊出栏64000头，下降5.9%；家禽出笼3229600羽，下降1.6%。禽蛋产量1600吨，增长33.3%；水产品产量8700吨，增长2.4%。

全市实施高标准农田建设项目60个，高标准农田建设面积5.87万亩。

三、工业和建筑业

全市完成工业增加值同比下降8.8%；占地区生产总值的比重为24.8%，比上年下降0.7个百分点。

全市有规模以上工业企业72家，工业总产值比上年下降40.1%；工业增加值下降25.7%。按经济类型分，国有企业下降42.7%，股份制企业下降25.2%，其他类型企业增长26.7%。从行业来看，全市规模工业22个行业分类中有10个行业增加值实现增长；其中，非金属矿物制品业增长16.1%，拉动规模工业增长2.4个百分点；文教、工美、体育和娱乐用品制造业增长30.2%，拉动规模工业增长1.4个百分点；化学原料和化学制品制造业增长100.1%，拉动规模工业增长1个百分点。

全年规模以上工业统计的主要产品产量中：天然花岗石建筑板材产量244.6万立方米，同比增长82.3%；商品混凝土产量72万立方米，同比增长26.6%，精制食用植物油4255吨，同比增长20.4%，纱产量9855吨，同比增长13.7%。

全年规模以上工业企业实现利润总额-22615万元，比上年下降174.5%。规模以上工业企业每百元主营业务收入中的成本为84.5元，比上年减少0.6元。年末规模以上工业企业资产负债率为56.3%。

全市建筑业实现增加值87613万元，比上年增长13.8%。具有资质等级的总承包和专业承包建筑业企业有9家，完成建筑总产值211836万元，比上年增长20.3%。其中，建筑工程产值190156万元，增长8.5%。房屋建筑施工面积197.64万平方米，增长9.4%，其中新开工面积111.18万平方米，增长43.7%；房屋建筑竣工面积25.34万平方米，增长12.4%。当年建筑企业新签合同价款126843万元，增长18.5%。资质建筑企业期末从业人员0.2万人，下降31.0%。

四、服务业

全年批发和零售业增加值77186万元，比上年增长11.5%；交通运输、仓储和邮政业增加值46785万元，增长9.3%；住宿和餐饮业增加值33309万元，增长13.0%；金融业增加值66252万元，增长15.0%；房地产业增加值77784万元，增长2.5%；信息传输、软件和信息技术服务业增加值8122万元，增长9.1%；租赁和商务服务业增加值38144万元，增长13.9%。规模以上服务业企业营业收入完成35876万元，增长16.4%。

全年旅客周转量25961万人公里，增长6.8%。其中：公路周转量24315万人公里，增长4.5%；水路周转量1646万人公里，增长60.8%。

年末全市公路通车里程3441公里，比上年末增长1.6%。其中，高速公路通车里程达61公里。民用机动车保有量达90737辆，其中汽车34916辆，摩托车55737辆，农用运输车8辆，挂车76辆。全市共有公交线路25条，公交车127台，出租车167台，营运客车192台，营运货车110辆台，营运客船72艘。

全年邮政业务总量7084万元，比上年增长9.7%；快递业务收入911万元，比上年增长22.3%。电信业务总量20866万元，增长1.1%。年末全市固定电话用户7920户，移动电话用户340300户，互联网宽带用户104800户。

五、固定资产投资

全市固定资产投资比上年增长8.3%，其中产业投资完成693643万元，增长40%，占全部投资额的81%；工业投资完成400370万元，增长106.5%；工业技改投资完成11896万元，下降29.4%；高新技术投资完成132572万元，增长171.9%。全年共有投资项目141个，其中亿元以上在库项目60个，占库内项目个数的42.6%；年度新增投资项目61个，新增固定资产投资额83.89亿元。

房地产开发投资完成44957万元，比上年下降41.3%。其中，住宅投资完成39669万元，下降39.0%。商品房销售面积完成236860平方米，增长0.3%，其中住宅销售面积完成22.07万平方米，下降2.9%。实现商品房销售额78691万元，下降0.03%。其中住宅销售额71363万元，下降5.1%，商品房销售均价为3333元/平方米，比上年减少11元。

六、国内贸易和物价

全市社会消费品零售总额完成376228万元，比上年增长8.7%。分城乡看，城镇消费品市场276228万元，增长9.9%，乡村消费品市场99999万元，增长5.6%。分行业看，批发业46099万元，增长4.2%；零售业255355万元，增长8.0%；住宿业23411万元，增长8.7%；餐饮业51361万元，增长17.3%。

全年限额以上法人批发和零售业商品零售额完成52831万元，比上年增长2.4%。其中，粮油、食品类30286万元，增长1.6%；饮料类2957万元，下降2.2%；烟酒类3339万元，增长3.7%；服装、鞋帽、针纺织品类2262万元，增长30.6%；化妆品类922万元，增长28.3%；日用品类1559万元，增长38.8%；五金、电料类478万元，下降35.1%；体育、娱乐用品类169万元，增长9.6%；书报杂志类实现108万元，增长14.5%；家用电器和音像器材类1574万元，下降2.0%；文化办公用品类453万元，下降6.9%；家具类941万元，增长4.8%；石油及制品类7001万元，增长9.2%；汽车类707万元，下降54.8%；电子出版物及音像制品56万元，增长82%。

全市居民消费价格总指数（CPI）为99.6%，比上年下降2.2个百分点。按类别分，食品烟酒类98.4%，衣着类100.7%，居住类99.9%，生活用品及服务类99.5%，交通和通信类97.4%，教育文化和娱乐类101.6%，医疗保健类100.9%，其他用品和服务103.3%。全市服务项目价格指数为100.6%。

七、对外经济

全年进出口总额31200万元，比上年增长235.1%，其中出口31200万元，增长238.3%。全年引进招商项目38个，合同引进资金749900万元，实际到位内资600000万元，增长6.7%。

八、财政、金融和保险

全市一般公共预算收入97191万元，比上年下降5.5%。地方一般公共预算收入79558万元，增长3.7%，其中税收收入57791万元，增长7.2%；非税收入21767万元，下降4.7%，占地方一般公共预算收入的比重为27.4%。一般公共预算支出390287万元，比上年增长15.7%，其中一般公共服务支出25750万元，增长12.3%；公共安全支出8733万元，增长20.6%；教育支出68541万元，增长2.5%；科学技术支出5117万元，增长2.1%；社会保障和就业支出69635万元，增长0.3%；卫生健康支出52801万元，增长0.2%；城乡社区支出31969万元，增长73.6%；节能环保支出5705万元，增长35.9%；农林水支出63662万元，增长26.6%。

年末全市有银行业金融机构10家，其中政策性银行1家（农业发展银行），国有商业银行5家（工商银行、农业银行、中国银行、建设银行、邮储银行），地方商业银行3家（农村商业银行、长沙银行、村镇银行），监管机构1家（人民银行）。全市金融机构年末各项存款余额达2166299万元，比上年增长11.1%，其中居民储蓄存款余额达1899218万元，比上年增长11.8%。各项贷款余额达1382224万元，比上年增长16.5%。存贷比为63.8%。

全年实现保费收入35506万元，比上年增长28.5%，其中人身险保费收入15586万元，增长3.9%；财产险保费收入19920万元，增长57.8%。各项赔款及给付支出12768万元，增长33.6%。

九、教育和科学技术

年末全市共有中小学校45所，其中独立高中3所、完全中学1所、初级中学5所、九年一贯制学校22所、城镇完全小学和乡镇中心小学10所、职业学校3所、特殊教育学校1所。有公办幼儿园30所。有中小学教职工3084人，在校普通高中生5844人、职业高中生2646人、初中生11097人、小学生22071人、幼儿7779人。普高本科上线665人，上线率达46.6%。职高对口升学班本科上线3人。

全年签订技术合同31项，技术合同成交金额27400万元。申报科技计划项目21项，其中，省级科技计划项目16项，怀化市级项目5个。全年共获立项项目11个，立项资金95万元，其中省级项目获立项7项，立项资金85万元；怀化市级项目获立项4个，获奖励资金10万元。全年专利授权136件，发明专利13件。

年末全市有检验检测机构6家，其中法定计量检定机构1家。有特种设备1182台。对重点工业产品质量监督抽查120批次，合格率达94%。

十、文化、卫生和体育

年末全市有艺术表演团体6个，公共图书馆1个，群众艺术馆5个、文化馆1个。有线广播电视用户数为14459户。广播综合人口覆盖率为100%，电视综合人口覆盖率为100%。非物质文化遗产保护点省级3项、怀化市级11项。

年末全市有医疗卫生机构360个，其中医院7个，妇幼保健院1个，社区卫生服务中心（站）2个，诊所、卫生所、医务室46个，村卫生室279个。卫生技术人员2586人，增长19.6%，其中执业（助理）医师989人，增长17.3%；注册护士1213人，增长29.6%。医疗卫生机构拥有床位2205张，下降8.2%，其中医院拥有床位1200张，下降25.3%；乡镇卫生院拥有床位1264张，增加17.3%。

年末全市有体育场地995个，其中体育馆1座，运动场436个（含体育场、小运动场、田径馆），游泳场地10个（含游泳跳水场馆），各种训练房43个（含综合房及专项训练房）。开展全民健身项目25项次。

十一、人口、居民收入消费和社会保障

全市户籍总人口达420188人，其中乡村人口313577人，城镇人口106611人。年内出生人口2232人，出生率5.3‰；死亡人口3207人，死亡率7.61‰；人口自然减少975人，增长率-2.31‰。0—17岁人口为70282人，占比16.7%；18—34岁人口为74789人，占比17.8%；35—59岁人口为170186人，占比40.5%；60岁以上人口为104931人，占比25.0%。年末全市常住人口33.31万人，其中城镇人口14.22万人，城镇化率42.69%，比上年末提高1.16个百分点。

全年全市居民人均可支配收入23027元，比上年增长6.3%。按常住地分，城镇居民人均可支配收入32372元，增长5.7%；农村居民人均可支配收入17037元，增长6.9%。城乡居民收入比值由上年的1.92下降为1.90。居民人均消费支出19352元，增长5.8%。按常住地分，城镇居民人均消费支出26330元，增长5.2%；农村居民人均消费支出14878元，增长6.3%。

全年新增城镇就业人员2209人，失业再就业人员1307人，年末城镇登记失业率3.8%。城乡居民基本养老保险参保人数256172人，城镇职工基本养老保险参保人数37848人，其中在职职工32639人，离退休人员20091人。参加失业保险职工人数14835人，参加工伤保险职工人数45754人，年末领取失业保险金职工人数106人。

全年全市获得政府最低生活保障的城镇居民27979人，发放最低生活保障经费1235万元；获得政府最低生活保障的农村居民90365人，发放最低生活保障经费2517万元。年末有养老机构4家，养老服务设施168个，养老床位达到692张。销售社会福利彩票2088万元，为市本级筹集福彩公益金130万元。接受现金捐赠和物资捐赠金额102万元。

十二、资源、环境和安全生产

全年达到或优于III类标准的水质断面比例为100%，空气质量优良率为97.5%。城镇生活污水处理率96.0%，城市生活垃圾无害化处理率100%，城市人均公园面积12.3平方米。全年完成造林面积1067公顷，年末森林面积153727公顷，森林蓄积量934万立方米，全市森林覆盖率61.97%。

初步核算，全市规模以上工业综合能源消费量7.08万吨标准煤，比上年下降61.4%，其中高耗能行业综合能源消费量2.8万吨标准煤，下降35.2%。万元规模工业增加值能耗下降24.9%。

全年共发生各类事故8起，死亡人数8人，其中工矿商贸事故2起，伤亡人数2人。亿元地区生产总值生产安全事故死亡人数为0.0293人。

会 同 县

会同地处湘西南边陲、怀化市南部，是视同少数民族自治县，是湖南省6个少数民族人口过半县之一，是共和国第一大将粟裕同志的故乡，属革命老区县、全国双拥模范县。全县土地总面积2258平方公里，辖8镇10乡230个村13个居委会，户籍人口36.38万人，全县年末常住人口28.30万人，县政府驻地为林城镇。

会同区位优势独特。会同素为湘黔边界地区政治、经济、文化交往的咽喉要冲，会同资源丰富。会同是国家重点生态功能区。

交通十分便利，境内公路、铁路、水路纵横交织，209国道、S222省道贯穿县境南北，焦柳铁路（枝柳铁路）纵贯全境，总长38.25公里，渠水、巫水两河由南向北腹穿全境。尤其是沪昆高铁和包茂高速怀化段全线通车，标志着会同进入了高铁、高速时代，会同的发展也驶入快车道。

会同资源丰富。会同是全国生态功能区，全县林地面积255万亩，拥有森林蓄积量678万立方米，立竹蓄积量达8000万根，森林覆盖率72.14%，居全省第一，是全国重点林区县。会同水电、矿产及旅游资源丰富，水能理论蕴藏量22.24万千瓦，其中可开发的达17.56万千瓦；探明的各类金属和非金属矿产达24种，其中黄金储量居全省前列，石煤储量达9.4亿吨。会同旅游资源丰富，粟裕故居和纪念馆、高椅古村、鹰嘴界国家级自然保护区、连山炎帝故里和浓郁的侗苗民族风情吸引了众多中外游客。

会同县2023年国民经济和社会发展统计公报

2023年是全面贯彻党的二十大精神的开局之年，是三年新冠疫情防控转段后经济恢复发展的一年。面对艰巨繁重的改革发展稳定任务，在县委、县政府的坚强领导下，全县上下坚持以习近平新时代中国特色社会主义思想为指导，全面贯彻落实党的二十大和二十届二中全会精神，统筹发展和安全，锚定“三高四新”美好蓝图，积极融入“五新四城”战略，大力实施“1354”工程，抢抓历史机遇，奋起二次创业，深入推动“走找想促”，全力打好“发展六仗”，全县实现经济社会高质量跨越式发展。

一、综合

初步核算，全年地区生产总值106.67亿元，按不变价格计算，同比增长5.0%。其中，第一产业增加值18.43亿元，增长3.7%；第二产业增加值19.08亿元，增长5.8%；第三产业增加值69.16亿元，增长5.1%。按常住人口计算，人均地区生产总值37422元，增长 7.5 %。

三次产业结构逐步优化。全县三次产业结构为17.3 ∶ 17.9 ∶ 64.8，与上年比较，第一产业比重下降1.0个百分点，第二产业比重上升 0.2 个百分点，第三产业比重下降 0.8个百分点。

三次产业对GDP增长贡献率分别为13.5%、20.9%、65.6%。

据公安人口统计年报，年末全县总户数为12.44万户，户籍人口36.38万人，其中：男性人口19.23万人，女性人口17.16万人。据卫健部门年报，全年出生人口1879人，出生率为6.6‰，死亡人口2835人，死亡率为10.0‰，人口自然增长率为–3.4‰。

全县年末常住人口28.30万人，比上年下降1.4%。按城乡分，城镇人口11.64万人，乡村人口16.66万人。全县年末城镇化率为41.13%，比上年提升1.11个百分点。

二、农业

初步核算，全年完成农林牧渔业总产值33.59亿元，同比增长3.5%。其中，农业产值11.42亿元，增长3.5%；林业产值6.8亿元，增长8.1%；牧业产值13.66亿元，增长1.12%；渔业产值0.79亿元，增速2.4%；农林牧渔服务业产值0.91亿元，增长8.2%。粮食播种面积19.47千公顷，下降0.8%；全年粮食产量13.25万吨，增长1.0%。油料种植面积8.19千公顷，增长18.5%。蔬菜及食用菌种植4.95千公顷，增长2.2%。

全年猪、牛、羊、禽肉类总产量2.41万吨，增长0.4%。其中：猪肉产量1.77万吨，增长1.1%；牛肉产量0.11万吨，同比持平；羊肉产量0.22万吨，同比持平；禽肉产量0.31万吨，下降3.1%。年末生猪存栏16.23万头，比上年末下降5.1%，其中，能繁母猪存栏1.51万头，增长7.9%；牛存栏2.18万头，下降11.7%；羊存栏9.67万只，下降3.5%；家禽存笼207.37万羽，增长0.3%。全年生猪出栏24.14万头，增长1.3%；牛出栏0.98万头，下降3.9%；羊出栏12.67万只，下降5.4%；家禽出笼253.5万羽，下降1.8%。禽蛋产量0.12万吨，增长33.3%。水产品产量0.39万吨，增长3.9%。

全年建设高标准农田1083.33公顷，设施农业种植占地面积580.85公顷。全县共有涉农产业园区11个，家庭农场553个，农民专业合作社488个。

三、工业和建筑业

全年全部工业增加值14.83亿元，比上年增长4.9%。规模以上工业企业增加值增长12.5%。在规模以上工业中，分门类看，采矿业增长12.7%，制造业增长22.8%，电力、热力、燃气及水生产和供应业下降2.6%。

规模以上工业中，计算机、通信和其他电子设备制造业增长22%，农副食品加工业增长2.9%，酒、饮料和精制茶制造业增长26.8%，非金属矿物制品业增长15.7%，木材加工和木、竹、藤、棕、草制品业增长34.2%，皮革、毛皮、羽毛及其制品和制鞋业增长825.3%，黑色金属冶炼和压延加工业下降1.3%，有色金属冶炼和压延加工业下降12.0%。

全年全社会建筑业增加值4.28亿元，比上年增长9.7%。

四、服务业

全年批发和零售业增加值6.41亿元，比上年增长7.2%；住宿和餐饮业增加值2.58亿元，增长11.3%；交通运输、仓储和邮政业增加值5.72亿元，增长8.5%；金融业增加值4.95亿元，增长9.8%；房地产业增加值8.15亿元，增长2.5%；信息传输、软件和信息技术服务业增加值1.21亿元，增长4.4%；居民服务、修理和其他服务业增加值8.17亿元，增长12.3%。

全县公路总里程2984.599公里，其中：国道48.197公里、省道194.041公里、县道300.176公里、乡道543.44公里、村道488.445公里、自然村及专用道路1410.3公里。邮政业务总量增长5.9%，电信业务总量增长18.6%。固定电话用户总数1.55万户，移动电话用户26.16万户，（固定）互联网宽带接入用户9.39万户。

五、国内贸易

全年社会消费品零售总额25.79亿元，比上年增长9.0%。分城乡看，城镇消费品零售额23.47亿元，增长8.9 %，农村消费品零售额2.32亿元，增长5.9%。从行业分类看，批发业消费品零售额3.07亿元，增长6.2%；零售业消费品零售额15.55亿元，增长10.7%；住宿业消费品零售额2.94亿元，增长3.0%；餐饮业消费品零售额4.22亿元，增长9.4%。

六、固定资产投资

2023年全社会固定资产投资比上年增长8.3%。其中，产业投资增长25.1%，占全部投资额的71.9%；工业投资增长26.3%；工业技改投资下降87.6%；高新技术产业投资占全社会固定资产投资的23.6%，占产业投资的32.8%，增长58.1%。民间投资占全部投资额的72.9%。新基建投资占全部投资额的2.3%。全年共有投资项目87个，比上年减少31个，其中新开工项目35个，比上年减少18个。

七、对外经济

全年外贸出口总额2.53亿元，比上年增长162.0%。实际引进境内省外资金30.8亿元，增长130.8%；引进2亿元以上境内省外项目数15个，增长166.0%。

八、财政和金融

全年财政总收入8.03亿元，比上年增

长 7.6%。其中：上划中央收入 1.26 亿元，同比上升 19.2%。

全年地方一般预算收入 6.55 亿元，比上年增长 11.6%。其中：各项税收收入完成 4.69 亿元，增长 10.0%，税收收入占地方一般预算收入的比重为 71.6%。

全年公共财政总支出 36.91 亿元，比上年增长 23.5%；民生支出 33.46 亿元，占总支出的 90.7%，比上年提升 8 个百分点。其中：教育支出 6.29 亿元，增长 8.2%；社会保障和就业支出 7.02 亿元，增长 49.0%；卫生健康支出 5.48 亿元，增长 40.0%；农林水事务支出 5.83 亿元，增长 6.6%。

年末金融机构各项存款余额 180.36 亿元，增长 10.9%；金融机构各项贷款余额 85.82 亿元，增长 14.9%。

九、居民收入消费和社会保障

据抽样调查：全年全体居民人均可支配收入 20658 元，比上年增长 6.8%。其中：城镇居民人均可支配收入 30197 元，增长 5.4%；农村居民人均可支配收入 15825 元，增长 7.5%。城乡居民收入比为 1.91 ∶ 1。全体居民人均消费支出 16835 元，其中：城镇居民年人均生活消费支出 22800 元，比上年增长 5.8%；农村居民人均生活消费支出 13135 元，比上年增长 7.1%。全体居民恩格尔系数为 28.3%，其中城镇为 27.8%，农村为 28.8%。

全年新增城镇就业人员 1832 人，年末城镇登记失业率 3.4%，失业人员再就业人数 1074 人。城乡居民基本养老保险参保人数 22.20 万人，城镇基本养老保险职工人数 2.26 万人，参加工伤保险职工人数 2.33 万人，参加失业保险职工人数 1.37 万人。基本医疗保险参保人数 32.19 万人，其中：城乡居民基本医疗保险参保人数 30.5 万人，城镇职工基本医疗保险参保人数 1.69 万人。城镇居民最低生活保障人数 539 人，农村居民最低生活保障人数 6842 人。提供住宿的民政机构 4 个，共有床位 500 张。

十、科学技术和教育

年末全县有幼儿园 53 所，小学 16 所，九年一贯制学校 12 所，普通高中 3 所。小学专任教师 1347 人，普通中学专任教师 1271 人。

全年中等职业教育招生 1350 人，在校生 3297 人，毕业生 976 人。普通高中招生 1800 人，在校生 5352 人，毕业生 1755 人。初中招生 4341 人，在校生 13164 人，毕业生 4419 人。普通小学招生 4060 人，在校生 23932 人，毕业生 4385 人。特殊教育招生 135 人，在校生 72 人，毕业生 15 人。学前教育在园幼儿 7368 人。小学适龄儿童入学率 100%，高中阶段教育毛入学率 96.7%。

年末全县发明专利拥有量 125 件。全县有高新技术企业 30 家，增长 30.4%；会同县产业园区省级众创空间、潇湘科技要素大市场会同县工作站获批省级科技创新平台。

十一、文化旅游、卫生健康和体育

全县有公共图书馆 1 个，图书藏量 66366 册。体育场馆 2 个，篮球场地 480 个，影剧院 1 个，公园 3 个。粟裕故里红培基地主体完工，高椅古村通过 4A 级旅游景区景观质量评定，西楼村入选怀化市和美乡村“十大网红打卡点”，全年接待游客 218.57 万人次，同比增长 44.6%，实现旅游收入 19.99 亿元，同比增长 41.6%。不断打造高椅古村、宝田茶旅、连山神农大健康产业园、堡子镇“五村联创”、粟裕故里等“五朵金花”特色文旅品牌。

年末全县有各类注册医疗卫生机构 388 个，其中：医院 7 所，诊所、卫生所、医务室 67 个，村卫生室 286 个。卫生机构编制床位数 1864 张，实有床位数 2260 张。全县医疗卫生机构技术人员达到 2531 人，其中：执业医师（含助理）961 人，执业护士 1129 人。

十二、资源、环境和应急管理

全年全社会用电量 48438 万千瓦时，同比下降 17.8%。

2023 年全年总体气温偏高，年平均气温 18.5℃，较历年偏高 1.3℃；年极端最高气温为 38.8℃，出现在 5 月 30 日，年极端最低气温为 -3.0℃，出现在 12 月 24 日；年总降水量 1197.2mm，较历年偏少 152.2mm；年日照总数为 1328.0 小时，较历年偏多 33.8 小时。年内出现雨日 174 天，雪日 2 天，雨凇日数 2 天，雾 23 天。

县域内 4 个考核断面水质均达到或优于《地表水环境质量标准》Ⅱ类标准，达标率 100%，饮用水源水质达标率 100%。全县无黑臭水体，未出现劣Ⅴ类水体情况。细颗粒物（PM2.5）平均浓度 29 微克 / 立方米，同比持平；O3 平均浓度 101 微克 / 立方米。全县空气质量优良天数 353 天，优良天数比例 96.7%，同比上升 1.4 个百分点；空气质量综合指数（AQI）2.84。农村集中式饮用水源达标率、城市生活垃圾无害化处理率均为 100%。

全年发生各类生产经营性安全事故 3 起，死亡 3 人。亿元 GDP 生产安全事故死亡人数为 0.03 人。

靖 州 县

靖州位于湘西南、湘黔桂三省接边区域，县域总面积 2210 平方公里，辖 11 个乡镇 1 个国有林场，全县常住人口为 22.94 万人，有苗侗汉等 25 个民族，其中苗侗人口占 74.4%，1987 年 2 月经国务院批准，设立全国唯一的苗族侗族自治县。

靖州是一个特色鲜明的美丽地方，被誉为“五福之地”。一是苗侗祖地。早在旧石器时代，就有先民在此繁衍生息。战国后期，形成以苗侗等少数民族为主体的聚居区。唐末宋初，杨再思在飞山建立峒款军政联盟，受朝廷分封，治理十峒，政通人和，成为民族自治典范。千百年来，靖州被苗侗人民公认为祖地，至今仍保存有苗侗民族的祖庙“飞山宫”。“流淌在童话世界的快乐老家”地笋苗寨、“封尘在南方古丝绸之路上的女儿王国”岩脚侗寨等景区是现存原生态的苗侗非物质文化遗产。二是商贸重地。自唐天佑七年（911 年）以来，靖州历为州府所在地。明朝为湘黔桂三省接边商贸重镇，清乾隆后形成“八邦会靖”的繁荣局面。现今，包茂高速、武靖黎高速和焦柳铁路、规划建设中的兴靖永郴赣铁路交汇于此，G209、G356、S222 穿城而过，经济辐射周边 18 个县市 4 万平方公里 500 万人口，是怀化南部、湘黔桂接边区域的商贸物流中心、最佳投资洼地。三是文化圣地。靖州文化源远流长，以飞山文化为核心，集苗侗文化之大成，是湘黔桂鄂渝五省接边地区苗乡侗寨各族人民的精神家园。靖州是“中国苗族歌鼟之乡”“中国民间文化艺术之乡”，靖州苗族歌鼟是国家级非物质文化遗产、苗侗芦笙节是省级非物质文化遗产。南宋大儒魏了翁在靖州创办鹤山书院，时“江浙之士不远千里从学”，成为当时湖湘四大书院之一。文峰塔百年状元坊镌刻才俊之名，延续崇文之风。四是生态绿地。靖州自然资源丰富，绿色植被蓊郁葱茏，负氧离子沁人心脾。全县林业用地面积 269.6 万亩，森林覆盖率达 74.93%，活立木蓄积量 1213.6 万立方米，人均拥有量位居湖南省第一。全县划定国家生态公益林 50.1 万亩，划定生态红线保护面积 187 万亩，占县域面积的 56.2%。县内有靖州国家森林公园、五龙潭国家湿地公园、飞山—苗乡侗寨省级风景名胜区、青靛山县级自然保护区、湿地县级自然保护区等生态重点保护区域。五是特色产地。靖州“三宝”——茯苓、杨梅、山核桃，有“四时神药”“梅中之王”“干果之王”之美誉。靖州是湖南省特色县域经济农副产品加工重点县。近年来，全县大力发展茯苓、杨梅、山核桃等特色产业，建成茯苓基地5.2万亩，每年集散茯苓7.8万吨，占全国的70%以上，是全国最大的茯苓交易中心；建成杨梅基地8.6万亩，居中南五省第一，是国家杨梅标准化示范区；建成山核桃基地6.2万亩，居湖南第一，是“国家山核桃栽培与综合加工示范区”。

靖州县先后获得“全国民族团结进步模范集体”“国家卫生县城”“全国双拥模范县”“全国绿色小康县”“全国计划生育优质服务先进县”“中国茯苓之乡”“中国杨梅之乡”等殊荣。

靖州县2023年国民经济和社会发展统计公报

2023年全县上下坚持以习近平新时代中国特色社会主义思想为指导，深入贯彻党的二十大和二十届二中全会精神，锚定“三高四新”美好蓝图，深入实施“五新四城”战略，努力打造新时代农业产业化“靖州现象”，奋力实现“五区”建设目标，全县经济回升向好，高质量发展扎实推进。

一、综合

初步核算，全年地区生产总值（GDP）108.7亿元，比上年增长6.5%。其中，第一产业增加值19.2亿元，增长4.1%；第二产业增加值27.6亿元，增长7%；第三产业增加值61.9亿元，增长7.1%。第一产业增加值占地区生产总值比重为17.65%，第二产业增加值比重为25.41%，第三产业增加值比重为56.94%。全年人均地区生产总值47116元，增长9.2%。

年末全县总户数8.87万户，总人口27.34万人。全年出生人口1620人，出生率为5.92‰；死亡人口1469人，死亡率为5.37‰；自然增长率为0.55‰。常住人口22.94万人，城镇化率53.4%。

全年城镇新增就业2038人，失业人员再就业人数930人。

二、农业

全年农林牧渔业总产值完成355716万元。全年粮食种植面积20733公顷。其中，中稻种植面积17332公顷；糖料种植面积165公顷；油料种植面积7691公顷；烟叶种植面积150公顷；蔬菜种植面积4858公顷。全年粮食产量136018吨，增长1.4%。其中，油料产量12008吨，增产9.1%；烟叶产量651吨，增产7.2%，蔬菜产量96922吨，增长1.3%。

全年猪牛羊禽肉产量4.02万吨，比上年增长17.9%。其中，猪肉产量3.38万吨，比上年增长9%；禽蛋产量0.28万吨。年末生猪存栏26.65万头；全年生猪出栏46.04万头，比上年增长8.97%。

三、工业和建筑业

全年全部工业增加值22.7亿元，比上年增长5.7%。分门类看，采矿业下降4.4%，制造业增长6.6%，电力、热力、燃气及水生产和供应业增长1.1%。规模以上工业增加值增长16.4%。

全年全社会建筑业增加值5亿元，比上年增长15.3%。全县房屋建筑施工面积26.2万平方米，比上年下降11.3%；房屋建筑竣工面积14.9万平方米，比上年增长21.9%。

四、服务业

全年批发和零售业增加值7.5亿元，比上年增长10.2%；交通运输、仓储和邮政业增加值10.5亿元，比上年增长9.1%；住宿和餐饮业增加值3.6亿元，比上年增长9.5%；金融业增加值4.9亿元，比上年增长10.6%；房地产业增加值5.3亿元，比上年增长2.3%；信息传输、软件和信息技术服务业增加值2.5亿元，比上年增长7.7%；租赁和商务服务业增加值3.8亿元，比上年增长17.1%。

五、国内贸易

全年社会消费品零售总额37.5亿元，比上年增长9.9%。按经营地统计：城镇消费品零售额29.9亿元，比上年增长9.7%；乡村消费品零售额7.6亿元，比上年增长10.6%。

六、固定资产投资

全年全社会固定资产投资比上年增长11.9%。其中，民间投资增长68.2%；高新技术产业投资增长51.8%，工业投资增长72.6%。

全年房地产开发投资增长11.5%。其中年末商品房销售面积8.57万平方米，增长9%。

七、财政金融

全年地方一般公共预算收入5.6亿元，比上年增长4.4%。其中税收收入3.9亿元，比上年增长6.5%。地方一般公共预算支出33.5亿元，比上年增长15.5%。

年末全部金融机构各项存款余额141.1亿元，比上年末增长7.1%。全部金融机构各项贷款余额98.2亿元，比上年末增长18.9%。

八、居民收入消费和社会保障

全年全县居民人均可支配收入22008元，比上年增长6.6%。按常住地分，城镇居民人均可支配收入29874元，比上年增长5.4%。农村居民人均可支配收入15354元，比上年增长8.5%。

全年全县居民人均消费支出16130元，比上年增长6.2%。按常住地分：城镇居民人均消费支出20045元，比上年增长6.8%；农村居民人均消费支出12818元，比上年增长5.5%。

年末全县参加城乡居民基本养老保险人数165946人。参加城乡居民基本医疗保险人数211351人。参加失业保险职工人数14304人。年末全县领取失业保险金职工人数159人。参加工伤保险职工人数23640人。年末全县共有2292人享受城市居民最低生活保障，4704人享受农村居民最低生活保障。发放城镇居民最低生活保障经费1233万元，农村居民最低生活保障经费1579万元。年末提供住宿民政机构床位390张。其中，养老机构床位390张，养老机构服务人数108人。城镇各社区服务机构和设施45个。全年销售社会福利彩票3739万元，筹集福彩公益金719万元。全年增加公办幼儿园学位270个。

九、科学技术和教育

年末全县检验检测机构6家，特种设备数量785台，授权专利33件，发明专利29件。

全年普通高中招生1365人，在校生3981人。初中招生2560人，在校生10256人。普通小学招生2115人，在校生19244人。学前教育在园幼儿6872人。小学适龄儿童入学率为100%，高中阶段毛入学率为96%。

十、文化旅游、卫生健康、体育

年末全县文化系统共有博物、纪念馆1个，公共图书馆18个，文化馆1个。

全年县内游客299.5万人次；县内旅游收入27.6亿元。

年末全县共有医疗卫生机构228个，其中医院8个，乡镇卫生院15个，诊所、卫生所、医务室50个，村卫生室148个；疾病预防控制中心1个，卫生监督所（中心）1个，妇幼保健机构1个。年末卫生技术人员1532人，其中执业医师和执业助理医师566人，注册护士671人。医院床位数901张，乡镇卫生院床位数258张。

全县经常参加体育锻炼人数20万人，开展全民健身项目44项次。体育场地553个。其中，体育馆1座，运动场22个，游泳池2个。

十一、资源、环境和应急管理

根据第三次全国国土调查资料显示：全县土地面积2207.97平方公里。耕地面积18936公顷，基本农田16789公顷。已发现矿种 21 种。

全年森林覆盖率 76.04%，全县活立木蓄积 1572.7 万立方米，完成造林面积 419 公顷。全县自然保护区 2 个，自然保护区面积 12320 公顷。

全年全社会用电量 51464 万千瓦时，比上年增长 6.1%。

全年发生各类生产经营性安全事故 2 起，生产经营性安全事故死亡人数 2 人。亿元地区生产总值事故死亡人数 0 人。

通 道 县

通道侗族自治县位于湖南省西南边陲，怀化市最南端，辖 9 镇 2 乡、152 个行政村 10 个社区居委会，总面积 2239 平方公里，总人口 19.67 万人。1954 年 5 月 7 日，经中央人民政府政务院批准成立通道侗族自治县，是湖南省成立最早的少数民族自治县。

通道是一方红色圣地。红色侗乡，好运通道。1934 年 12 月 12 日，中共中央领导人在县溪恭城书院召开的“通道会议”，采纳毛泽东同志的正确主张，作出“放弃原定计划、转兵西进贵州”的正确抉择。中央红军过境通道期间，留下“一盏马灯”“一担皮箩”等红色故事，诠释着浓浓的军民鱼水之情。“通道转兵”是实现红军长征伟大转折的历史开端，这一历史地位得到党中央肯定。

通道是生态宜居绿地。绿色侗乡，美丽通道。全县森林覆盖率达 79.54%，年平均气温 16.6℃，空气质量平均优良天数比例 100%，是国家生态文明示范县，被联合国教科文组织誉为“未被污染的神奇绿洲”。2019 年被国家气象部门授予“中国天然氧吧”称号，连续四年入列“全国百佳深呼吸小城”，入列全国文明城市提名城市名单。

通道是侗族集聚福地。古色侗乡，神奇通道。全县侗族人口占 77.9%，是侗族群众核心聚居区。侗族建筑、歌舞、服饰、习俗保存完整，被誉为“侗族文化活态博物馆”，有全国唯一侗锦织造技艺国家生产性保护示范基地，是文化和旅游部命名的中国民间文化艺术之乡。通道侗族村寨入列中国世界文化遗产预备名录，芋头古侗寨、恭城书院、马田鼓楼等 6 处 14 个单位被列为国家级重点文物保护单位。

通道是全域旅游胜地。这里红色、绿色、古色资源丰富，“三色”资源交相辉映，集生态旅游、民俗旅游、红色旅游于一地，境内有万佛山、皇都侗文化村、通道转兵纪念地、芋头侗寨等 4 个 4A 级景区，横岭侗寨等 3 个 3A 级景区，是首批国家全域旅游示范区创建县、湖南省旅游强县、湖南省特色县域经济（文化旅游）重点县，2019 年获批湖南省全域旅游示范区。

通道是三省交融要地。通道位于湘、桂、黔三省（区）交界处，自古为楚越分界的走廊地带、中原通往西南的通衢要地，素有“南楚极地，百越襟喉”之称。先后建立湘桂跨省基层党组织—将王屯党支部、湘黔桂三省联合人民调解委员会，实现了组织共建、党员共管、产业共兴、纠纷共调、和谐共创、发展共谋。

通道县2023年国民经济和社会发展统计公报

2023 年是全面贯彻党的二十大精神的开局之年。一年来，我们坚持以习近平新时代中国特色社会主义思想为指导，深入学习贯彻党的二十大精神，锚定省委“三高四新”美好蓝图，深入实施市委“五新四城”战略，在省委省政府、市委市政府和县委县政府的坚强领导下，坚持稳中求进工作总基调，奋力建设“一堡三区”，以“发展六仗”统揽全局，全县经济稳中有进，进中提质，高质量发展扎实推进，较好完成各项既定目标，谱写了勇毅前行、奋楫争先的发展新篇章。

一、综合

初步核算，2023 年全县地区生产总值 68.2 亿元，比上年增长 5.9%。其中：第一产业增加值 10.51 亿元，增长 4.3%；第二产业增加值 20.15 亿元，增长 6.9%，第三产业增加值 37.54 亿元，增长 5.8%。三次产业结构比为 15.4 ∶ 29.5 ∶ 55.0。第一、二、三产业对经济增长的贡献率分别为 11.9%、35.3% 和 52.8%。按常住人口计算，人均地区生产总值 34480 元，比上年增长 7.0%。

全县城镇新增就业 1786 人，失业人员再就业 831 人。

二、农业

全县粮食种植面积 1.36 万公顷，比上年下降 0.1%；蔬菜及食用菌种植面积 0.28 万公顷，比上年增长 0.4%；棉花种植面积为 577 公顷，比上年增长 0.6%；糖料种植面积为 557 公顷，比上年增长 2.5%；油料种植面积为 0.72 万公顷，比上年增长 8.4%。全年粮食、油料、蔬菜及食用菌产量为 9.25 万吨、1.23 万吨、6.59 万吨，分别增长 1.5%、4.4%、2.1%。

农林牧渔业实现总产值 21.4 亿元，比上年增长 3.5%。其中：农业实现产值 9.83 亿元，比上年增长 9.8%；林业实现产值 2.99 亿元，增长 1.9%；牧业实现产值 7.76 亿元，增长 -2.9%；渔业实现产值 0.65 亿元，增长 5.0%。

年末全县生猪存栏 9.68 万头，比上年下降 13.1%；全年生猪出栏 16.71 万头，下降 2.6%。猪牛羊肉产量 1.5 万吨，下降 2.6%，其中猪肉产量 1.23 万吨，下降 2.4%。禽蛋产量 0.05 万吨，增长 25%。

水产品产量 0.29 万吨，增长 8.6%。稻田综合种养 5.43 万亩，建成高标准农田 1.01 万亩，省级现代农业产业园 7 个。

三、工业和建筑业

全年全部工业增加值 15.76 亿元，比上年增长 5.5%，其中规模以上工业增加值增长 13.3%，规模以下工业增加值增长 4.2%。分门类看，采矿业增长 21.0%，制造业增长 8.2%，电力、热力、燃气及水生产和供应业增长 34.8%。全年建筑业增加值 4.42 亿元，增长 13.3%。2023 年房屋建筑施工面积 16.9 万平方米，增长 13.5%，房屋建筑竣工面积 7.03 万平方米，增长 28%。

四、服务业

全年批发和零售业增加值 4.52 亿元，比上年增长 9.4%；交通运输、仓储和邮政业增加值 2.91 亿元，增长 7.0%；住宿和餐饮业增加值 2.16 亿元，增长 8.9%；金融业增加值 3.43 亿元，增长 10%；房地产业增加值 3.45 亿元，增长 2%；信息传输、软件和信息技术服务业增加值 0.75 亿元，增长 9.4%；租赁和商务服务业增加值 0.18 亿元，增长 17.1%。全年规模以上服务业企业营业收入增长 46.8%。

年末全县公路通车里程 1940.31 公里，其中高速公路 77.02 公里。年末民用汽车保有量 1.7 万辆，其中本年新注册汽车 0.08 万辆，私人汽车 1.01 万辆。邮政业务总量同比增长 8.9%，电信业务总量增长 18.6%。

全年全县国内游客 515.7 万人次，较上年增长 57.2%；国内旅游收入 47.57 亿元，较上年增长 56.5%。年末全县有 A 级及以上旅游景点（区）9 家，其中 4A 级及以上有 4 家。

五、固定资产投资

全年固定资产投资（不含农户）比上年增长 8.3%。其中，工业投资增长 –7.1%，制造业投资增长 94.3%，产业投资增长 5.7%，基础设施投资增长 38.6%，高技术产业投资增长 252.6%，民间投资增长 –5.9%。

全年房地产开发投资比上年增长 3.6%。商品房销售面积同比增长 6.1%；商品房销售额增长 17.8%。

六、国内贸易

全年社会消费品零售总额 20.92 亿元，比上年增长 9.3%。按经营地统计，城镇消费品零售额 16.33 亿元，增长 9.1%；乡村消费品零售额 4.59 亿元，增长 10%。按消费类型统计，商品零售额 14.84 亿元，增长 9.3%；住宿餐饮收入 6.08 亿元，增长 9.2%。限额以上法人批发零售企业商品零售额中，粮油、食品类同比增长 16.2%，烟酒类同比增长 409.4%，日用品类同比增长 70.4%，体育、娱乐用品类同比增长 20.6%，石油及制品类同比增长 17.2%，新能源汽车类同比增长 1.5%。

七、财政金融

全年地方一般公共预算收入完成 40416 万元，比上年增长 11.9%，其中税收收入 30040 万元，地方收入中非税占比为 25.7%。一般公共预算支出完成 30.9 亿元，增长 22.1 %，其中教育支出增长 7.3%；科学技术支出增长 –44.9%；社会保障和就业增长 28%；医疗卫生与计划生育增长 10.9%；住房保障增长 83.5%；城乡社区支出增长 81.0%。

全县年末金融机构本外币各项存款余额 91.22 亿元，增长 11.1%。其中，住户存款年末余额 79.83 亿元，增长 11.0% 。各项贷款余额 81.82 亿元，增长 13.3%。

八、教育和科学技术

全县幼儿园在园幼儿人数 5120 人，同比下降 13.6%。普通小学招生数、在校生、毕业生分别为 2295 人、15916 人和 3044 人，增速分别为 –1.7%、–5.0% 和 –6.1%。初中学校招生数、在校生、毕业生分别为 2942 人、9133 人和 2468 人，增速分别为 –7.0%、5.5% 和 –11.9%。普通高中招生数、在校生、毕业生分别为 1517 人、4445 人和 1292 人，增速分别为 –1.2%、2.8% 和 0.9%；职业中专 1 所，招生数、在校生和毕业生分别为 456 人、1495 人和 785 人，增速分别为 –28.2%、–21.3% 和 7.4%。

全县落实义务教育保障资金 5671 万元。资助中职学生国家助学金 1913 人次，发放中职国家助学金 191.3 万元。资助中职学生免学费 2595 人次，落实中职免学费资金 311.4 万元。发放普通高中助学金 293.9 万元。

全年签订技术合同 20 项，技术合同成交金额 1.59 亿元。申请专利 55 件，授权专利 44 件。年末全县有获得资质认定的检验检测机构 7 个，法定计量检定机构 1 个；全年特种设备 467 台，重点工业产品质量监督抽查 102 批次，重点工业产品定期抽查合格率 98.0%。强制检定计量器具 946 台（件）。

九、文化、卫生和体育

年末全县有医疗卫生机构 212 个，其中医院 5 个。乡镇卫生院 19 个，诊所、卫生所、医务室 28 个，村卫生室 158 个；妇幼保健院（所、站）1 个，卫生监督所（中心）1 个。年末卫生技术人员 1980 人，其中执业（助理）医师 559 人，注册护士 720 人；乡镇卫生院卫生技术人员 499 人。疾病预防控制中心 1 个，疾病预防控制中心卫生技术人员 42 人。全县医院床位数 1287 张，乡镇卫生院床位数 276 张。全年孕产妇免费产前筛查 911 人次。

全县艺术表演团体 6 个，文化馆 1 个，公共图书馆 1 个，纪念馆 1 个，国家级非物质文化遗产保护目录 4 个，省级非物质文化遗产保护目录 11 个。

全县体育场地 816 个，其中运动场 33 个，各种训练房 29 个。全县经常参加体育锻炼人数 19.8 万人，全县开展全民健身项目 35 项，获得世界冠军 1 人。

十、人口、居民收入消费和社会保障

年末全县常住人口 19.67 万人。其中，城镇人口 8.8 万人，城镇化率 44.74%，比上年末提高 1.2 个百分点。全年出生人口 1125 人，出生率 4.9‰；死亡人口 1853 人，死亡率 7.5‰；人口自然增长率 –2.96‰。

全年全县常住居民人均可支配收入 18062 元，比上年增长 6.6%，人均消费支出 13548 元，比上年增长 5.4%。

按常住地分，城镇常住居民人均可支配收入 28611 元，增长 4.8%；人均消费支出 19399 元，增长 5.5%。其中，食品烟酒支出增长 6.5%，衣着支出增长 6.9%，居住支出增长 5.7%，生活用品及服务支出增长 8.0%，交通和通信支出增长 11.9%，教育文化娱乐支出增长 7.7%，医疗保健支出增长 –10.1%。年末城镇常住居民人均住房建筑面积 35.6 平方米，比上年末增加 3.1 平方米。

全年农村常住居民人均可支配收入 13255 元，比上年增长 8.3%；人均消费支出 10881 元，增长 5.2%。其中，食品烟酒支出增长 6.8%，衣着支出增长 7.0%，居住支出增长 6.4%，生活用品及服务支出增长 6.5%，交通和通信支出增长 9.8%，教育文化娱乐支出增长 9.1%，医疗保健支出增长 –12.8%。年末农村常住居民人均住房建筑面积 52.8 平方米，比上年末增加 11.2 平方米

基本医疗保险参保人数 20.77 万人，下降 4.0%。城乡居民基本医疗保险参保人数 19.34 万人，下降 4.5%。城镇职工基本医疗保险参保人数 1.42 万人，增长 3.4%。其中，职工 0.95 万人，下降 0.4%；退休人员 0.47 万人，增长 11.9%。参加生育保险职工人数 0.75 万人，下降 0.37%。城乡居民基本养老保险登记参保人数 14.33 万人。城镇基本养老保险职工人数 1.80 万人，其中职工人数 1.13 万人，离退休人员 0.64 万人。参加工伤保险职工人数 2.16 万人，参加失业保险职工人数 1.05 万人，领取失业保险金职工人数 138 人。

年末，1059 人享受城市居民最低生活保障，5580 人享受农村居民最低生活保障。

年末全县有各类提供住宿的民政机构床位 303 张，收养救助人员 104 人；社区服务机构和设施数 162 个。全年销售社会福利彩票 0.29 亿元，筹集社会福利资金 0.06 亿元。

十一、资源、环境和安全生产

全县基本农田 1.41 万公顷。本年度共批准建设用地 12 公顷，其中建设用地占用耕地 1 公顷，另补充耕地 353 公顷。

森林覆盖率 79.53%，全年完成造林面积 0.16 万公顷。自然保护区 2 个，其中省级和县级各 1 个。国家地质公园 1 个，省级以上自然保护区面积 0.8 万公顷。

全县总体水质状况较好，达到或优于Ⅲ类标准的断面比例为 100%。空气质量达到国家二级标准。

全县全社会用电量 5.15 亿千瓦时，同比增长 6.1%，其中工业用电量 2.71 亿千瓦时，增长 6.8%。居民生活用电量 1.37 亿千瓦时，增长 3.2%。

2023 年，全县共发生生产经营性安全事故 0 起。全年共发生道路交通事故 1324 起，道路交通死亡率为 0.77 人 / 万辆。

政治·军事·法治

◎年轻干部要不忘初心不负重托不辱使命 在深入实施“五新四城”战略中担当作为

怀化市委书记许忠建主持召开年轻干部座谈会

2023 年 1 月 3 日下午，怀化市委书记许忠建主持召开年轻干部座谈会。他指出，年轻干部要牢记习近平总书记殷殷嘱托和谆谆教诲，不忘初心、不负重托、不辱使命，以奋斗姿态激扬青春，在深入实施“五新四城”战略、奋力建设现代化新怀化征程中担当作为。市领导李博、李卫林参加。

座谈会上，年轻干部代表杨凯程、杨健桃、李强、张攀、李德星、舒易良、胡筱君、曹埔、朱代雄、邓久德先后发言，谈感想、谈体会。许忠建不时与大家互动交流。他说，大家作为优秀年轻干部，要立足岗位奋发作为，为怀化发展多干事、干实事，在干事创业中实现人生价值。

许忠建强调，要强化理论武装，核心是要掌握科学理论的世界观和方法论。要强化知识和能力储备，重点在学思践悟上下功夫。要强化斗争精神，关键是要担当作为“闯创干”。要强化底线思维，最根本的是要始终做到廉洁自律。

许忠建指出，市委将坚持凭德才和实干实绩选拔贬黜干部，激励年轻干部积极投身“五新四城”战略实践，为年轻干部成长成才提供广阔舞台。

◎会同县“三整顿两提升”专项活动总结暨“闯创干”型干部表彰大会召开

2023 年 1 月 5 日，会同县“三整顿两提升”专项活动总结暨“闯创干”型干部表彰大会召开。会同县委书记伍罕鸣出席会议并讲话。

全县“三整顿两提升”专项活动总结暨“闯创干”型干部表彰大会召开 伍罕鸣讲话

他强调，要全面贯彻习近平新时代中国特色社会主义思想和党的二十大精神，认真落实省委十二届三次全会、市委六届四次全会和县委十三届四次全会精神，抢抓历史机遇、奋起二次创业，永葆“闯”的精神、“创”的劲头、“干”的作风，为大力实施“1354”工程、加快建设现代化新会同作出更大贡献。县委副书记、县长苏振主持会议。易勇、刘拥军、兰利华等县领导出席。

伍罕鸣指出，专项活动开展以来，全县各级各部门聚焦“三整顿两提升”目标，抓住“关键少数”，强化结果导向，严格落实“五个一”工作举措，深入开展“闯创干”型干部评选等活动，着力整顿干部思想、整顿干部作风、整顿干部纪律，切实推动了干部素质提升、工作效能提升。

会议通报表彰了 50 名“闯创干”型干部和“十佳群众满意股（队）长”、20 名“优秀股（队）长”，通报了“三整顿两提升”干部作风建设专项活动情况，先进代表作了典型发言。

◎怀化首支女子乘警分队成立

怀化首支女子乘警分队成立

2023 年 1 月 9 日，怀化铁路首支女子乘警分队正式成立。

据了解，新成立的这支女子乘警分队由 9 名女乘警组成，她们已在 2023 年的春运中首次正式亮相，并主要负责西南方向的高铁列车的值乘工作，在维护秩序、服务旅客、安全检查、反诈宣传等工作中一展怀铁女乘警的巾帼风采。

在女子乘警分队的成立仪式上，怀化铁路公安处党委书记、处长郭纯为女子乘警分队授予“怀化乘警支队女子乘警分队”字样的旗帜，并向女子乘警分队提出了淬火成钢筑牢忠诚警魂、规范执法打造亮点品牌、敢于担当勇夺开局全胜的希望。女子乘警分队队长李冰向处领导表决心，在支队党总支创建全路一流乘警支队的目标下，立誓创建全路一流女子乘警分队。

据介绍，怀化铁路公安处曾在 1976 年、2008 年先后成立过“三八”女子乘警组。女子乘警组曾在列车上参与破获多起大案要案，充分展示了怀铁女乘警“巾帼不让须眉”的优良作风。此次成立的女子乘警分队，是该处的第三代女子乘警队伍，也是人数最多的女子乘警队伍，此前她们都曾在车站派出所的内勤、执勤、办案等多个岗位上工作。

要闻纪事 ★ ★ ★ ★ ★ ★ ★ ★ ★ ★

1月

△3 日，怀化市为期 5 天的市管干部学习贯彻党的二十大精神集中轮训第一期研讨班在市委党校开班。市委书记许忠建作动员讲话。市委副书记、市长黎春秋主持开班式。市委副书记、市委政法委书记王建球，市人大常委会主任李万千出席。陈旌、贺遵庆、李博、唐浩然、李卫林等市级领导出席。

△4 日，怀化市委书记许忠建主持召开鹤中一体化发展领导小组会议。市委副书记、市长黎春秋，市领导陈旌、李博、唐浩然、李卫林、邹兴旺参加。会议听取了国家发改委城市和小城镇改革发展中心关于《怀化市鹤中一体化发展规划（2023—2027 年）》编制起草情况汇报，审议通过了《鹤中一体化 2023 年重点工作及责任分工》《鹤中一体化 2023 年重点建设项目计划》《鹤中一体化 2023 年十大建设项目》等文件。

△5 日，怀化市委书记许忠建主持召开市委常委班子民主生活会征求意见座谈会。市领导贺遵庆、李博、李卫林参加。12 位来自县（市、区）、乡镇（街道）、村（社区）和学校、医院、企业的基层党组织书记和党员代表结合各自工作和实践体会，就发展壮大村集体经济、创新基层社会治理、加快城乡客运一体化、推进基层减负、优化办学条件、建设省级区域医疗卫生中心、全面推进乡村振兴等提出具体意见和建议。

△6 日，怀化市委副书记、市长黎春秋主持召开全市重点建设项目调度会。市领导陈旌、余建勇，市政府秘书长李仕忠参加。会上，市重点建设项目事务中心汇报了全市重点建设项目推进及全市 2023 年第一次重大项目开工活动有关情况；市交通运输局汇报了怀洪旅游干线公路有关情况。

◎怀化市政府召开常务会议

2023年1月10日，市委副书记、市长黎春秋主持召开市政府常务会议，听取六届市委第二轮巡察相关反馈问题的情况汇报、通道侗族自治县成立70周年庆祝活动筹备工作情况汇报、市医保基金和“三医联动”改革情况专项审计调查发现问题整改工作情况汇报、市公共资源交易有关工作情况汇报、关于召开怀化市残联第六次代表大会的情况汇报，审议通过了《怀化市烟叶产业五年发展规划（2023年至2027年）（送审稿）》。

◎怀化市委常委会召开会议

2023年1月9日，市委书记许忠建主持召开市委常委会会议，传达学习习近平总书记二〇二三年新年贺词、在全国政协新年茶话会上的重要讲话精神；传达学习省委常委、省委组织部部长汪一光在怀调研时讲话精神，研究贯彻落实工作。

会议还研究了其他事项。

◎怀化市纪委监委向党外人士通报 党风廉政建设和反腐败工作情况

2023年1月9日，怀化市纪委监委向各民主党派市委、市工商联、无党派人士代表通报2022年党风廉政建设和反腐败工作情况会议召开。市委常委、市纪委书记、市监委主任贺遵庆出席并讲话。

会议指出，2022年，全市纪检监察机关以迎接、宣传、贯彻党的二十大为主线，坚持围绕中心、服务大局、促进发展、保障安全，坚持实事求是、守正创新、敢善斗争、坚定稳妥，以清廉怀化建设为统揽一体推进“三不腐”，党风廉政建设和反腐败工作取得新成效。

会议强调，要在协同推进监督上同向发力。深入贯彻党中央关于完善党和国家监督体系的重大决策部署，充分发挥党外民主监督作用，强化与纪检监察监督贯通协同，不断提高监督实效。要在建设清廉怀化上同向发力。同题共答清廉怀化建设，共建清廉机关、清廉队伍、弘扬廉洁文化，让以清为美、以廉为荣在五溪大地蔚然成风。要在宣传贯彻纪检监察法规上同向发力。共同宣传好正风反腐越往后越严的总基调、受贿行贿一起查的总要求、惩前毖后治病救人的总方针、激励干事创业努力担当作为的总方向，推动“五新四城”战略落地见效。

向建平、巫培云、肖莉杏、向明、王勇、唐启洪、丁金平等党外人士提出意见建议。

◎怀化开展“网盾行动” 保护野生动植物安全

2023年1月12日，为维护国家生物安全、生态安全和公共卫生安全，怀化市林业局联合多家单位开展“网盾行动”，打击整治网络非法野生动植物交易。

检查中，执法人员先后深入城区药房、集贸市场、花鸟市场等地进行重点检查。对经营场所涉野生动植物的经营证件、经销产品、合法来源证明等进行全面查看，检查各经营商户是否存在超范围经营和出售野生动植物及其制品的违法行为。同时向商户讲解、发放《中华人民共和国野生动物保护法》和保护野生动植物倡议书，规范经营业主守法经营行为。检查过程中未发现商家违法行为。

下一步，该局将进一步巩固全面禁止非法野生动物交易行为，切实保障人民群众生命健康安全成果，推动形成全社会共同关注和保护野生动植物资源的良好氛围。

怀化开展『网盾行动』保护野生动植物安全

要闻纪事

△7日，怀化市委书记许忠建专题调度高铁新城开发建设工作。市委副书记、市长黎春秋，市领导唐浩然、李卫林出席。高铁新城项目位于杨村片区，是做大做强中心城区、实现“双百”目标的战略性工程项目，规划面积9.5平方公里，项目估算总投资约350亿元，计划分三期实施。

△9日，怀化市委书记许忠建主持召开产业链链长会议。会上，市发改委就《怀化市“5+N”现代化产业新体系建设三年行动计划》作了说明，各牵头市领导作为产业链链长分别汇报了产业链情况，研究明确了相关具体事项。

△10日，怀化市基层党建工作总结会议召开，总结上年度基层党建工作，谋划部署今年工作要点和重点任务。市委常委、市委组织部部长李博出席会议并讲话。会议通报表扬了2022年49个基层党建特色村（社区）、34个抓党建促乡村振兴特色乡（镇）村、100个集体经济真抓实干村、65名担当作为好支书，会同县堡子镇党委等5个单位作交流发言。

△12日，出席省十四届人大一次会议的怀化代表团在驻地举行第一次全体会议，传达学习贯彻省委书记张庆伟在省两会中共党员大会上的讲话精神。市委书记许忠建主持。市委副书记、市长黎春秋，市人大常委会主任李万千出席。

△17日，怀化代表团举行全体会议。会议继续审议省人大常委会、省“两院”工作报告；酝酿、讨论了省十四届人民代表大会常务委员会主任、副主任、秘书长、委员，省人民政府省长、副省长，省监察委员会主任，省高级人民法院院长，省人民检察院检察长正式候选人和应由我省选举的第十四届全国人大代表正式候选人名单；审议各项决议草案。

◎怀化市公安局举行升警旗仪式庆祝第三个中国人民警察节

怀化市公安局举行升警旗仪式 庆祝第三个中国人民警察节

2023年1月10日，怀化市公安局举行升警旗仪式，热烈庆祝第三个中国人民警察节。副市长、市公安局局长杨志红出席仪式并讲话。

“升警旗、奏警歌！”警旗护卫队迈着整齐的步伐走向升旗台，伴随着铿锵有力的《中国人民警察警歌》，红蓝相间的警旗冉冉升起。全体民警身穿警礼服，精神抖擞，面向警旗致以最崇高的敬礼，嘹亮的警歌声响彻云霄。

“坚决拥护中国共产党的绝对领导，矢志献身崇高的人民公安事业，对党忠诚、服务人民、执法公正、纪律严明，为捍卫政治安全、维护社会安定、保障人民安宁而英勇奋斗！”随后，全体民警高举右手握拳，重温公安机关人民警察誓词。

杨志红在仪式上要求，全市公安机关要坚持以习近平新时代中国特色社会主义思想为指导，深入学习宣传贯彻党的二十大精神，始终坚守绝对忠诚，忠实履行职责使命，着力锻造公安铁军，切实履行好捍卫政治安全、维护社会安定、保障人民安宁的新时代使命任务，努力以新安全格局保障新发展格局、以高水平安全保障高质量发展，为深入实施“五新四城”战略、奋力建设现代化新怀化保驾护航。

◎怀化市工商联召开2023年新春座谈会

2023年1月30日，怀化市工商联召开2023年新春座谈会，集中学习党的二十大精神，传达学习省两会和省、市经济工作会议精神。

2022年，全市工商联系统积极应对疫情、旱情等多重压力，聚焦政治建会、优化营商环境、湘商回归等精准发力，取得了良好成绩。市工商联、芷江工商联获全国工商联“民企调查点工作”先进单位；在全省营商环境主观评价中，各县（市、区）排位较2021年明显上升，沅陵、洪江区位居全省前列。

参加座谈会的领导希望广大民营企业家和商（协）会在构建现代化产业体系中充分发挥自身优势，积极参与其中，把抓党建、重廉洁作为重要任务。全市工商联系统要更好地发挥桥梁纽带和助手作用，有效推动各项政策落地、落细、落实，为民营企业发展营造良好环境。要讲政治、讲责任、讲担当，互助互帮、互进互推，集智聚力共推怀化民营经济高质量发展。

◎怀化市农业综合行政执法支队：禁捕执法巡河行动常态化

2023年1月31日，怀化市农业综合行政执法支队渔政与农机监理执法大队全员出动，开展禁捕执法巡河行动，严厉打击各类非法捕捞和违规垂钓行为，巩固禁捕退捕成果。当天巡河行动，执法队伍沿水河顺流而下进行巡查执法，对水四桥至三角滩电站段全水域排查，出动执法船只1艘、无人机1架、执法人员7人，当场清理收缴违规钓具9副。

为切实做好禁捕执法工作，去年以来，市农业综合行政执法支队已常态化开展巡河行动，智慧渔政系统全天候值守，范围覆盖水河与太平溪城区段，在怀化城区水域定期不定期开展禁捕专项执法巡查110余次，查处非法捕捞案件5起，移送公安机关1起，排查整治一人多杆、一线多钩、违规使用地笼捕鱼等问题120余件。

“下一步，我们将持续加大重点水域执法频次，扩大执法覆盖面，有效预防非法捕捞和违规垂钓行为发生，切实维护水河及太平溪的禁捕秩序。”市农业综合行政执法支队相关负责人表示。

◎怀化市政协召开六届十六次主席会议

2023年1月19日，怀化市政协召开六届市政协第十六次主席会议，传达学习习近平总书记在同党外人士座谈并共迎新春时的重要讲话精神，省两会精神和市委有关文件精神，研究具体贯彻落实意见。

会议强调，要迅速掀起学习宣传贯彻热潮，将学习贯彻省两会精神作为深入贯彻落实中共二十大精神的重要举措和当前的重要政治任务，用好政协网站、政协云平台、委员工作室、微信公众号等多种途径，全方位开展宣传宣讲，推动会议精神进企业、进机关、进社区、进农村、进公共场所。要坚决贯彻落实会议精神特别是省委书记张庆伟、省长毛伟明和省政协主席毛万春讲话精神，围绕市委、市政府中心工作精心选题、精准破题，着力在服务高质量发展和推动实现人民更高品质生活中贡献更多智慧和力量。要全面加强政协系统自身建设，持续深入推进政协系统“三整顿两提升”干部作风建设专项行动，全面落实构建“亲清”履职关系的相关制度规定，以思想求实、作风务实、行动落实，推动更好发挥政协专门协商机构作用。

会议还研究了其他有关事项。

◎怀化市委副书记、市长黎春秋在检查调度春节期间市场稳价保供工作时强调 全力保供应稳价格护安全 让人民群众过一个欢乐祥和的春节

怀化市委副书记、市长黎春秋检查调度春节期间市场稳价保供工作

2023年1月19日，怀化市委副书记、市长黎春秋检查调度春节期间市场稳价保供工作。他强调，要牢固树立以人民为中心的发展思想，以“时时放心不下”的责任感，全力保供应、稳价格、护安全，确保全市社会大局和谐稳定，让人民群众过一个欢乐祥和的春节。市领导韩晓波、向秀亮，市政府秘书长李仕忠参加。

来到佳惠农产品（冷链）物流产业园，黎春秋仔细询问农产品的进货渠道、销售价格、储备数量等情况。在万达商业中心，黎春秋详细了解商场经营及春节市场供应情况。

在迎丰市场，黎春秋要求，要加强市场管理，合理划分区域，采取“疏堵结合”的方式，督促经营者严格遵守规定，依法文明诚信经营。市场监管部门要加大市场监管力度，严厉查处掺假售假、哄抬物价等行为，全力营造安全放心的消费环境。

当天，黎春秋还来到湖医附一医院，看望慰问了坚守在一线的医务工作者，为他们送去党和政府的关怀，致以新春佳节的美好祝福。黎春秋说，在疫情防控的关键时刻，全市广大医务工作者临危不惧、冲锋在前，全力护佑每一个生命，充分诠释了医者仁心和大爱无疆，你们不愧为新时代最可爱的人。希望大家继续保持干劲，更好统筹患者救治和日常医疗服务保障，全力守护人民群众生命安全和身体健康。

要闻纪事

△18日，怀化市委副书记、市长黎春秋带队赴国网湖南省电力有限公司衔接工作，与国网湖南省电力有限公司董事长、党委书记孟庆强座谈，就做好能源电力工作等进行深入交流。国网湖南省电力有限公司副总经理、党委委员李艺波，总工程师、党委委员梁剑，市领导陈旌、邹兴旺，市政府秘书长李仕忠参加。

△19日，怀化市委书记许忠建走访慰问老党员和生活困难党员，为他们送去党组织的关心关爱，并致以诚挚问候和新春祝福。市领导李卫林参加。

△24日，怀化市委副书记、市长黎春秋主持召开全市春节期间安全防范工作调度会。副市长韩晓波参加。会议传达了全省安全防范工作视频调度会议及湖南省低温雨雪冰冻灾害应急指挥部办公室《关于做好当前寒潮大风天气防范应对工作的紧急通知》精神；通报了全市春节期间安全防范工作情况。

△30日，怀化市委理论学习中心组进行集体学习，深入学习习近平总书记在中央政治局民主生活会上的重要讲话精神，深入学习党的二十大精神和党章。市委副书记、市长黎春秋，市委副书记、市委政法委书记王建球作交流发言。市人大常委会主任李万千参加学习。

△31日，怀化市委书记、怀化军分区党委第一书记许忠建出席怀化军分区党委十四届十四次全体（扩大）会议并讲话。许忠建强调，要深入学习贯彻习近平新时代中国特色社会主义思想和党的二十大精神，全面贯彻落实习近平强军思想，认真落实省军区党委十四届十五次全会精神，坚决履行新时代人民军队使命任务，奋力谱写国防动员和后备力量建设新篇章。

◎市政府与中建五局有限公司签署战略合作框架协议 把高铁新城建设成为城市经济新引擎 许忠建田卫国出席并讲话 黎春秋主持

2023年2月8日，怀化市政府与中建五局有限公司签署战略合作框架协议，在怀化高铁新城开发建设等方面开展深度合作。市委书记许忠建，中建五局有限公司党委书记、董事长田卫国出席签约仪式并讲话，市委副书记、市长黎春秋主持。市领导唐浩然、李卫林出席。

许忠建代表市委、市政府向中建五局有限公司长期以来对怀化经济社会发展的关心和支持表示感谢。田卫国感谢怀化市委、市政府的大力支持。

签约仪式前，田卫国一行现场考察调研了怀化高铁新城项目。

2月8日上午，市政府与中建五局有限公司签署战略合作框架协议

◎怀化市部署下步安全防范工作

2023年2月5日，怀化市安全防范工作视频调度会召开，传达学习全省元宵安全防范工作视频调度会精神，听取全市近期安全防范工作汇报，分析研判当前全市安全防范形势，部署下一步全市安全防范工作。市委常委、常务副市长陈旌出席。

陈旌要求，要认清形势抓安全防范，全市各级各部门特别是负有安全监管职责的部门要强化安全生产风险研判，抓实抓细安全防范各项工作，坚决打好安全生产翻身仗，为元宵节、全国两会营造安全稳定环境。要紧盯关键抓安全防范，把确保元宵、全国两会期间全市安全稳定，作为“打好安全生产翻身仗”的第一仗，突出抓好重点领域、重点环节、重点时段安全监管，切实把安全隐患和事故诱因消除在萌芽状态。要强化措施抓安全防范，特殊时期必须要有特别的警醒、特别的戒备、特别的措施，始终做到底数清晰、应对有方。要强化责任抓安全防范，各级各部门要紧紧扭住责任落实这个“牛鼻子”，真正形成严肃、刚性的责任链条，努力实现各项工作责任不失位、零缺位。

◎21名企业家成为怀化『招商大使』

2023年2月4日，怀化市委、市政府召开招商引资暨优化营商环境工作会议。怀化市人民政府决定聘任华大集团执行董事、首席运营官、国内区域规划与发展中心主任路军等21人为第一批招商大使。即日起，他们将为怀化“以商招商”代言打call。

本次聘任的招商大使都是各行各业的知名人士、先进代表。其中有怀化本土成长的企业“当家人”，也有引进企业的负责人，还有部分工作经验丰富的商会代表。他们长期致力于实体经济发展，为怀化经济社会发展作出了重要贡献，在怀化企业界享有较高声誉。

2月4日上午，市委、市政府召开招商引资暨优化营商环境工作会议。市委书记许忠建出席并讲话

获聘后，招商大使们将积极发挥桥梁纽带作用，宣传推介怀化重点产业、招商政策、营商环境，在产业发展、招商引资等方面牵线搭桥，广泛邀请知名企业和投资机构来怀考察、交流，积极引荐符合怀化市产业发展方向的投资项目、高端人才和先进技术，推动项目考察洽谈和签约落地。

◎怀化市委常委会召开2022年度民主生活会 全面贯彻落实党的二十大决策部署 奋力建设社会主义现代化新怀化

怀化市委常委班子召开2022年度民主生活会

2023年2月3日，怀化市委常委班子召开2022年度民主生活会，以中央政治局民主生活会为标杆，紧扣民主生活会主题，对照“六个带头”要求，紧密联系思想和工作实际，深入进行党性分析，严肃开展批评和自我批评。市委书记许忠建主持会议并作总结讲话。省委督导组组长、省纪委常委刘泽友作点评讲话。市人大常委会党组书记、主任李万千列席会议。

市委常委会对开好这次民主生活会高度重视、认真组织。会前，市委常委班子和常委同志坚持个人自学与集中学习相结合，深入学习党的二十大报告和党章，深入学习习近平总书记在党的二十届一中全会、中央政治局民主生活会和二十届中央纪委二次全会上的重要讲话精神，深入学习习近平总书记对湖南重要讲话重要指示批示精神，深入学习十二届省委三次全会、十二届省纪委三次全会精神，扎实开展学习研讨，广泛征求意见建议，深入开展谈心谈话，深刻查摆突出问题，认真撰写对照检查材料。会上，通报了市委常委班子党史学习教育专题民主生活会整改措施落实情况和2022年度民主生活会征求意见等有关情况；许忠建代表市委常委班子作对照检查，并带头作个人对照检查发言，随后常委同志逐一发言进行对照检查，相互开展批评。

要闻纪事

2月

△2日，六届市纪委三次全会召开。怀化市委书记许忠建出席并讲话。市委副书记、市长黎春秋，市委副书记、市委政法委书记王建球，市人大常委会主任李万千出席。市委常委、市纪委书记、市监委主任贺遵庆作工作报告。会上，与会人员集中观看了警示教育片《初心与蜕变—2022年怀化反腐警示录》。

△4日，怀化市委、市政府召开招商引资暨优化营商环境工作会议。市委书记许忠建出席并讲话。市委副书记、市长黎春秋主持，市领导王建球、李万千等出席。会议表彰了2022年度怀化市招商引资工作先进单位和先进个人，并聘任怀化市第一批招商大使。

△6日，怀化市政协召开六届市政协第十七次主席会议，传达学习习近平总书记在2023年春节团拜会上的重要讲话精神，研究部署市政协相关工作。市政协领导李宜堂、肖莉杏、张纯、王海涛，秘书长胡诗军参加会议。会议传达了省委、市委有关会议文件精神，研究审议了《怀化市政协2023年协商与监督工作计划（草案）》《怀化市政协2023年学习培训计划》。

△7日，怀化市GDP基础指标分析暨“四上”企业培育工作推进会召开。市委副书记、市长黎春秋强调，要深入学习贯彻党的二十大精神，按照中央、省委、市委经济工作会议和省、市两会部署，落实省政府“打好‘发展六仗’”及“稳增长20条”要求，开局就冲刺，起步即起势，打好打赢经济发展“主动仗”，奋力夺取2023年经济发展“开门红”“一路红”“全年旺”。市领导陈旌，市政府秘书长李仕忠参加。

◎怀化市政协为获评“湖南省示范性政协委员工作室”授牌

2023年2月10日，怀化市政协为获评第二批“湖南省示范性政协委员工作室”的市政协委员学习联络委员会委员工作室授牌。市政协副主席张纯出席授牌仪式。

位于市委党校内的市政协委员学习联络委员会委员工作室于2022年4月20日成立并挂牌，现入驻中共、特邀界别委员17名，借助委员工作室、履职党支部活动室、界别协商活动室“三位一体”平台，始终把加强思想政治引领、广泛凝聚共识作为中心环节，搭建具有时代特征、政协特点、党校特色的“百姓家门口”协商“大舞台”。去年以来，该委员工作室共接待群众来访20余人次，开展微协商3次，围绕“提升政协委员工作室工作质量水平”“校园饮用水安全”等开展民主监督、调研活动3次，收集社情民意31条，回复“政协云”群众留言36条，17名委员通过政协提案、微建议、社情民意等方式向市委市政府和相关职能部门积极建言献策，为群众协调解决困难问题23件。2022年12月，该委员工作室被省政协评为“湖南省示范性政协委员工作室”。

去年以来，市政协全力推动委员工作室全面提质升级，年度新增省级示范性委员工作室18个，居全省第一。全市省级示范性委员工作室达到20个。委员工作室“建管用”做法在全省作典型推介。

◎怀化市与湖南五江集团举行项目对接座谈会 着眼打造战略合作新样板新典范 把资源优势转化为产业发展优势 许忠建肖安江出席

2023年2月11日，怀化市与湖南五江集团在长沙举行项目对接座谈会，就战略合作事宜深入交流。市委书记许忠建、湖南五江集团董事局主席肖安江出席。五江集团董事局副主席、总裁肖志军，董事、常务副总裁邓建武，副总裁彭灿华，轻化子集团总裁吴杰良；中电国际发展总监程佳博；市领导李卫林、胡和平、韩晓波等参加。

2月11日上午，怀化市与湖南五江集团在长沙举行项目对接座谈会

许忠建代表市委、市政府感谢湖南五江集团对怀化发展的关注和支持。肖安江对怀化市委、市政府关心支持五江集团发展表示感谢。他说，五江集团将聚焦怀化国际陆港建设和发展，着力将集团的产业优势与怀化的资源优势有效结合起来，为怀化深入实施“五新四城”战略、奋力建设现代化新怀化贡献力量。

◎怀化市水果产业链工作部署会提出 掀起水果产业链发展新高潮

2023年2月9日，怀化市水果产业链工作部署会召开。

会议对全市水果产业链2023年工作进行了部署安排，有关市直单位、行业协会和5个水果产业重点县市分别作了发言，15个责任单位递交了2023年度水果产业链招商引资目标责任状。

会议强调，要树立“链式”思维、推进“链式”提升、进行“链式”布局。围绕水果产业链补链延链强链，拟定好三年行动计划，进行科学布局，增强产业适应性，力争到2025年实现水果产业链综合产值达100亿元、水果产业化龙头企业达10家以上的目标。抓好利益联结、品种品改、示范样板、产业项目、主体培育、品牌创建，实现果农、基地、电商、企业利益共建、共赢、共享。加强与高校、农科院合作，不断选育新品种，提高水果品质。创建一批示范县市，打造一批示范基地，培育一批示范企业。在优产、优加、优销、优储、优服上发力，壮大“怀字号”水果品牌，掀起怀化水果产业链发展新高潮。

◎怀化市政府党组召开2022年度民主生活会 紧跟核心 担当作为 以奋发有为精神落实党的二十大决策部署 黎春秋主持并作总结讲话

怀化市政府党组班子召开2022年度民主生活会

2023年2月11日，怀化市政府党组召开2022年度民主生活会，以“全面贯彻习近平新时代中国特色社会主义思想，深刻领悟‘两个确立’的决定性意义，增强‘四个意识’、坚定‘四个自信’、做到‘两个维护’，团结带领党员干部群众以奋发有为的精神贯彻落实好党的二十大作出的重大决策部署”为主题，紧密联系市政府工作实际，全面对照检查，开展党性分析，进行批评和自我批评，提出整改措施，明确努力方向。市政府党组书记、市长黎春秋主持并作总结讲话，市政府党组成员出席会议。

市政府党组对开好这次民主生活会高度重视。会前，市政府党组领导班子采取集体研讨和个人自学相结合方式，精心组织学习，广泛征求意见，深入谈心交心，全面检视问题，认真撰写对照检查材料，为开好民主生活会打下了坚实基础。会上，通报了市政府党组党史学习教育专题民主生活会整改落实情况。黎春秋代表市政府党组作对照检查，并带头作个人对照检查，党组成员逐一进行对照检查，相互开展批评。

要闻纪事

△9日，怀化市县市区人大常委会（工委）主任座谈会召开。市人大常委会党组书记、主任李万千出席会议并讲话，副主任邓小建、黄雪鸿、熊安台、向守清、姜耀文，秘书长李述文出席会议。会上，各县市区人大汇报了2022年工作情况和2023年工作安排。市人大常委会副主任分别就分管联系工作提出了意见建议。会议通报了2022年度县市区人大工作目标管理考核结果，对2023年度目标管理考核工作进行了说明。

△10日，怀化市委副书记、市长黎春秋专题调度城区停车管理工作。他强调，要牢固树立以人民为中心的发展思想，落实打好“发展六仗”要求，科学规划、综合施策，推动停车管理科学化、规范化、精细化，以实干实效满足群众期待、提升城市形象。市领导杨志红，市政府秘书长李仕忠参加。

△12日，怀化市委副书记、市长黎春秋调度怀化国际陆港建设。市领导胡和平、邹兴旺，市政府秘书长李仕忠参加。会议传达了副省长李建中调研怀化国际陆港建设要求。会上，怀化国际陆港经开区汇报了近期工作开展情况，市商务局汇报了2023年货运计划及各县（市、区）班列任务，市发改委汇报了湘鄂赣三省关于东盟货物在怀集的工作推进情况，各县（市、区）政府及怀化高新区汇报了本地招商集货及货运班列等情况。

△13日，怀化市委副书记、市委政法委书记王建球主持召开市委政法委员会2023年第1次全体会议。深入学习贯彻习近平总书记对政法工作的重要指示精神，传达学习贯彻中央、省委政法工作会议精神，总结2022年工作，安排部署2023年工作。市中级人民法院院长左牧、市检察院检察长徐百坚出席会议。

◎怀化市委常委会召开会议，传达学习习近平总书记在学习贯彻党的二十大精神研讨班开班式上的重要讲话精神

2023年2月14日，怀化市委书记许忠建主持召开市委常委会会议，传达学习习近平总书记在新进中央委员会的委员、候补委员和省部级主要领导干部学习贯彻习近平新时代中国特色社会主义思想和党的二十大精神研讨班开班式上的重要讲话精神，传达学习习近平总书记在中共中央政治局第二次集体学习时的重要讲话精神，研究贯彻落实措施。会议还传达学习了中央一号文件及省委农村工作会议精神，全国、全省组织部长会议精神，全国、全省统战部长会议精神，中央、省委政法工作会议精神，研究部署怀化市贯彻落实工作。

会议还研究了其他事项。

◎在推动政法工作高质量发展中彰显担当作为——怀化市委政法委员会召开2022年度全体组成人员述职会 王建球主持并讲话

怀化市委政法委员会召开2022年度全体组成人员述职会

2023年2月17日，怀化市委政法委员会召开2022年度全体组成人员述职会。怀化市委副书记、市委政法委书记王建球主持会议并讲话。副市长、市公安局局长杨志红，市中级人民法院院长左牧，市检察院检察长徐百坚参加。

会上，市公安局、市中级人民法院、市人民检察院、市司法局、市信访局等市委政法委员会委员单位相关负责人作述职报告。

会议强调，2023年是贯彻党的二十大精神的开局之年，也是全面推进依法治市，加快建设更高水平平安怀化的重要之年，市委政法委员会组成部门要切实提高政治站位，坚持党对政法工作的绝对领导，深入贯彻落实《中国共产党政法工作条例》，全力保障全市政法工作沿着正确方向前进。要忠诚履行职责使命，锚定政治方向，聚焦重点工作，坚持以人民为中心，在强化政治引领、推进争先创优、提升群众安全感满意度上狠下功夫，奋力推进新时代新征程政法工作现代化，真正让人民群众的获得感成色更足、幸福感更可持续、安全感更有保障。要全面加强自身建设，坚持在维护核心、精诚团结、担当作为、廉洁自律上带好头、做表率，在推动政法工作高质量发展中彰显担当作为。

会议还对全国两会期间安保维稳工作进行了安排部署。

要闻纪事

△15日，怀化市召开怀化市创建全国文明城市工作专题会，听取文明城市全域创建工作汇报。她强调，要瞄准目标、精准发力、全域推进，全力冲刺全国文明城市提名城市。

△17日，怀化市委政法工作会议召开。市委副书记、市委政法委书记王建球强调，要全面贯彻落实党的二十大精神，牢牢把握政法工作现代化的正确方向，坚决守住政法工作现代化的安全底线，全力谱写怀化政法工作现代化新篇章。副市长、市公安局局长杨志红主持会议。市中级人民法院院长左牧、市检察院检察长徐百坚参加。会上，市公安局、鹤城区、沅陵县、靖州作典型发言。

△21日，怀化市委农村工作会议召开。市委书记许忠建出席并讲话。市委副书记、市长黎春秋主持。市委副书记、市委政法委书记王建球，市人大常委会主任李万千等市领导出席。

△23日，怀化市党务工作会议召开。市委书记许忠建出席并讲话。他强调，要坚持以习近平新时代中国特色社会主义思想为指导，深入学习贯彻党的二十大精神，坚持围绕中心、服务大局，聚焦深入实施“五新四城”战略，进一步强化党务工作的政治引领和政治保障作用。市领导李博、李卫林出席。

△25日，怀化市纪委监委、市委宣传部、市妇联、市广播电视台组织举办怀化市“家庭助廉·团团圆圆”暨清廉文化建设主题活动，观看家风建设警示教育片和清廉主题文艺节目，为2022年度怀化市“清廉家庭”以及清廉家规家训、清廉家书获奖者代表颁奖。市委书记许忠建出席并讲话。

◎洪江市2023年公安工作会议胜利召开

『卯』足干劲，奋发『兔』强，书写新的辉煌历史篇章——洪江市2023年公安工作会议胜利召开

2023年2月19日，洪江市2023年公安工作会议在会议中心隆重召开。该局党委全体班子成员，市纪委监委驻公安局工作组组长，局属各单位除值班、出差人员以外的全体民辅警以及退休老干部代表200余人参加会议。市领导李志斌出席会议。

会议在雄壮的国歌声中拉开帷幕。会议回顾总结2022年全市公安工作取得的成绩，客观分析新时代公安工作面临的新形势新挑战，明确2023年公安工作指导思想、目标任务和工作重点。

会上宣读了《关于对2022年度全市公安机关先进单位及先进个人予以表扬的通报》，对荣获该局2022年度绩效评估先进单位、执法先进单位、优秀法制员和执法工作先进个人、优秀社区（农村）警务室工作先进单位、优秀社区（农村）警务室民警、优秀社区（农村）警务室辅警、优秀辅警集体、优秀辅警等进行表彰，同时为从警三十周年的民警举行授勋仪式。

会议在高亢激昂的《人民公安向前进》中圆满结束。

◎怀化首届『人才日』发布『人才新政20条』

2月22日上午，『智汇潇湘』怀化市首届『人才日』系列活动启动

2023年2月22日，怀化迎来首个“人才日”，以专属节日形式礼敬人才。

22日上午，怀化市党委、政府高规格举办“智汇潇湘”怀化市首届“人才日”系列活动，用实际行动和“真金白银”传递怀化厚爱人才、成就人才的“好声音”。

近年来，怀化着眼建设五省边区人才新高地，把人才工作作为怀化发展的“造林工程”“培根工程”，持续深化人才发展体制机制改革，抓实人才引进培养，优化人才发展环境，搭建创新创业平台。

在今天举行的首届“人才日”活动启动仪式上，怀化市发布了包括人才引进补贴、创新创业激励、落户安居、子女入学、配偶安置等20条“人才新政”。怀化市委常委、市委组织部部长李博介绍，对引进的人才，根据不同层次综合最高给予补贴172万元；对本土成长晋升为更高层次的人才，最高给予30万元奖励；对掌握国际领先技术、生成重大项目并带动新兴产业的创业项目实行“一企一策”，综合最高给予5000万元资助。

为解决人才的后顾之忧，怀化还推行“五溪人才卡”，即：持卡者在购房、买车、旅游、就医等方面享受政策优惠和优质服务。启动仪式上，怀化为张振华、张光贤、王智课等153名专家工作人才发放首批“五溪人才卡”。

◎聚资本之力 为产业赋能 怀化国际陆港产业发展基金签约仪式举行 黎春秋李勇出席

2023年2月22日，怀化国际陆港产业发展基金签约仪式举行。怀化市委副书记、市长黎春秋，湖南湘投控股集团公司党委书记、董事长李勇出席签约仪式并讲话。市领导陈旌、邹兴旺，市政府秘书长李仕忠，湖南湘投控股集团公司党委副书记、总经理李艾东参加。

黎春秋在讲话中说，近年来，怀化市坚决贯彻落实党中央国务院和省委省政府决策部署，在市委的正确领导下，不断探索金融服务实体经济的新举措、新路径，此次与湘投集团签约怀化国际陆港产业发展基金，是想通过专业化、市场化的运作，广泛吸纳资本支持实体经济，带动全市乃至整个周边地区产业发展壮大。湘投集团作为省属大型国有骨干企业，对怀化非常重视、倾情支持，为怀化市高水平开放高质量发展作出了卓越贡献。

黎春秋表示，我们要切实用好怀化国际陆港产业发展基金，充分发挥国有资本引领放大作用，引导更多金融“活水”赋能实体经济，吸引更多优秀企业投资怀化，为陆港建设增添新动能。

2月22日下午，怀化国际陆港产业发展基金签约仪式举行

◎强化政治引领 聚焦服务保障 全面推进退役军人工作高质量发展

2023年2月22日，怀化市委副书记、市委政法委书记王建球在怀化市退役军人工作视频会上强调，要以习近平新时代中国特色社会主义思想为指导，全面学习贯彻习近平总书记关于退役军人事务工作重要论述和党的二十大精神，强化政治引领，聚焦服务保障，有力有效化解矛盾纠纷，压紧压实责任，扎实抓好就业安置和双拥创建等工作，全面推进新时代新征程退役军人工作高质量发展。市委常委、怀化军分区司令员舒可，副市长余建勇参加。

王建球指出，过去一年，全市各级退役军人事务部门服务保障体系提标升级，褒扬纪念彰显尊崇，优抚保障跨越提升，安置就业措施有力，拥军优属广泛深入，权益维护用心用情，推动了退役军人事务工作迈上新台阶。

市委副书记、市委政法委书记王建球主持全市退役军人工作视频会

要闻纪事

△26日，怀化市安全生产委员会2023年第一次全体会议召开。市委副书记、市长黎春秋强调，要深入贯彻习近平总书记关于安全生产的重要论述，认真落实全国、全省安全生产电视电话会议精神，以“时时放心不下”的责任感，坚持从零开始、从严要求、一抓到底，坚决打好安全生产翻身仗。市领导唐浩然、韩晓波、杨志红、向秀亮、邹兴旺、杜登峰，市政府秘书长李仕忠参加。

3月

△2日，怀化市委副书记、市委政法委书记王建球在市委教育工作领导小组暨市委教育工委2023年第一次会议上强调，要深入学习贯彻习近平总书记关于教育的重要论述，牢牢扛起为党育人、为国育才的政治责任，坚决落实教育优先发展战略，推动教育工作高质量发展。副市长向秀亮参加。

△5日至6日，怀化市委书记许忠建在通道重点调研文旅产业发展、乡村振兴等工作，并主持召开座谈会。他强调，要深入学习贯彻党的二十大精神，认真落实市委六届四次全会和市委经济工作会议精神，抢抓历史机遇，坚定信心决心，奋力闯创干，全力以赴打好打赢“发展六仗”，推动县域经济高质量发展。

△11日，怀化市委副书记、市委政法委书记王建球深入洪江市调研产业发展和乡村振兴等工作时强调，要深入学习贯彻党的二十大精神，发挥特色优势，彰显深厚底蕴，有力有序有效推进各项工作，在产业高质量发展和乡村振兴中彰显更大担当作为。

◎为加快高质量发展提供强有力金融支持——人民银行长沙中心支行来怀化调研金融支持稳经济增长工作 黎春秋与张瑞怀座谈

2023年2月23日，怀化市委副书记、市长黎春秋与来怀化调研的人民银行长沙中心支行党委书记、行长张瑞怀一行座谈，围绕金融支持稳经济增长工作深入交流。市委常委、常务副市长陈旌，市政府秘书长李仕忠参加。

黎春秋对人民银行长沙中心支行及各金融机构给予怀化经济社会发展的支持表示感谢。他指出，怀化是湖南唯一纳入西部陆海新通道的重要节点城市，去年底，湘鄂赣三省联合召开高质量发展座谈会，共同签署协议，协同三省在焦柳、沪昆线上的城市货源在怀化集并，标志着怀化跃升为中部地区高水平开放的重要城市。希望人民银行长沙支行一如既往地支持怀化发展，为怀化高质量发展提供有力的金融支撑。

张瑞怀宣讲解读了货币政策内涵和金融支持稳经济增长相关政策。他指出，今年以来，怀化金融机构实现了开门红、开门稳，为推动经济运行稳步回升提供了有力的金融支持。要准确把握经济金融持续向好的形势，进一步增强信心，用好用足货币政策工具，增加金融供给，精准发力支持实体经济发展，进一步解决好民营小微企业融资问题，强化乡村振兴金融服务，全力支持重点基础设施项目建设、制造业和科技创新、恢复和扩大消费，打好打赢经济增长主动仗。

2月23日上午，市委副书记、市长黎春秋与来怀调研的人民银行长沙中心支行党委书记、行长张瑞怀一行座谈

◎沅陵县召开『家庭助廉·团团圆圆』活动暨清廉家庭表彰会

沅陵县召开“家庭助廉·团团圆圆”活动暨清廉家庭表彰会

2023年2月25日，沅陵县召开“家庭助廉·团团圆圆”主题活动暨清廉家庭表彰会，沅陵县委书记刘向阳出席并讲话，县委副书记、县长易中华主持会议。县领导邓仕娟、杨太铁、滕海涛、黄浩远等参加。

会上宣读了清廉家庭表彰文件，并为12名“清廉家庭”代表现场颁奖。参会人员观看了家教家风专题警示教育片《严正家风》。

刘向阳强调，广大党员干部要领悟“三大意义”，牢记家国情怀，做廉洁家庭的支持者；做到“三个认清”，严守法纪规矩，做廉洁家庭的助推者；涵养“四好家风”，勤廉修身齐家，做廉洁家庭的实践者。刘向阳号召大家，要把爱家和爱国统一起来，把实现家庭梦融入民族梦之中，心往一处想，劲往一处使，以风清气正的廉洁之风共同助力沅陵高质量发展。

据了解，全县各级各部门干部职工及家属积极签订清廉家庭承诺书，把好家庭“廉洁门”。特别是清廉家庭“云”承诺上线后，吸引了全县上万名干部职工参与清廉家庭承诺“云上”接力，目前，全县已签订承诺书20000多份。

县直机关正科级单位、乡镇主要负责人的配偶、驻沅单位负责人代表的配偶及40位清廉家庭代表参会，参会人员还观看了家教家风专题警示教育片《严正家风》。

要闻纪事

△15日，怀化市委书记许忠建主持召开市委常委会（扩大）会议，传达学习全省领导干部会议精神，研究怀化市贯彻落实工作。会议还审议通过了《中共怀化市委常委会2023年工作要点》《怀化市“十四五”期间人才发展规划》，研究了其他事项。

△16日，全国人大代表、怀化市委副书记、市长黎春秋在怀化国际陆港经开区宣讲全国两会精神、调度项目建设。副市长韩晓波，市政府秘书长李仕忠参加。黎春秋先后来到东盟国际商贸仓储博览中心、多式联运中心、智慧冷链物流中心、RCEP商贸综合服务大楼、怀化国际陆港南区综合提质、怀化国际陆港南区集装箱拼箱中心、跨境电商监管中心等项目现场，详细了解项目建设进展、存在的困难问题等情况。

△21日，怀化市委副书记、市长黎春秋专题调度税源提升“十大行动”工作。他强调，要深入学习习近平总书记在全国两会期间的重要讲话精神和全国两会精神，全面落实中央、省委和市委经济工作会议要求，全力打好“发展六仗”，强力推进税源提升“十大行动”，为全市高质量发展提供坚实有力的财税支撑。市领导陈旌，市政府秘书长李仕忠参加。

△22日，怀化市委副书记、市委政法委书记王建球主持召开市委政法委员会2023年第三次全体会议。会议传达学习了习近平总书记关于中国式现代化重要讲话精神，中共中央办公厅《关于在全党大兴调查研究的工作方案》精神，审议了《全市政法系统优化法治化营商环境“3+1”专项行动实施方案（送审稿）》《全市政法系统优化法治化营商环境十五条措施（送审稿）》《市本级优化法治化营商环境专项行动工作专班组建方案（送审稿）》。

◎会同县举行“家庭助廉·团团圆圆”暨清廉文化建设主题活动

会同县举行“家庭助廉·团团圆圆”暨清廉文化建设主题活动

2023年2月25日，会同县“家庭助廉·团团圆圆”暨清廉文化建设主题活动在县行政中心举行。县委书记伍罕鸣出席会议并讲话。县委副书记、统战部长易勇主持。县人大常委会主任刘拥军、县政协主席兰利华等县领导出席。乡镇党政正职和县直正科级单位党政主要负责人及其配偶参加。

伍罕鸣指出，家庭是领导干部的避风港、加油站，必须注重家庭、注重家教、注重家风。家庭不只是人们身体的住处，更是人们心灵的归宿。健康的家庭生活，可以滋养身心，鼓励领导干部专心致志工作。

伍罕鸣表示，一人不廉，全家不圆。良好的家庭家教家风，既是对组织信任最好的回馈，更是对个人和家庭最好的保护。希望广大领导干部和家属以规立家、修身齐家、以廉守家，建设好家庭、涵养好家教、培育好家风，以家庭的好风气汇聚起全社会的清风正气，努力建设山清水秀的清廉会同。

活动中，全体人员集中观看了警示教育片《严正家风》选段。活动宣读了2022年度会同县“清廉家庭”表彰决定，并为“清廉家庭”代表颁奖。现场还表演了“爱莲说”“粟裕的家风故事”等清廉红色故事及情景剧，送上了丰富的“清廉文化套餐”。

◎许忠建在调研怀化旅游“金三角”产业项目建设时强调坚持目标导向加快规划和建设 打造全国一流旅游度假目的地

2023年3月1日，怀化市委书记许忠建在洪江市、洪江区调研“安江杂交水稻国家文化公园—洪江古商城—黔阳古城”旅游“金三角”产业项目建设时强调，要深入学习贯彻党的二十大精神，认真落实市委六届四次全会和市委经济工作会议精神，坚持目标导向，科学编制规划，着力破解难题，加快建设进度，打造全国一流旅游度假目的地。市领导李卫林、余建勇分别参加。

在洪江市，许忠建实地了解怀化国家农业科技园、“杂交水稻文化公园”游客集散中心、柑橘基地及民宿项目、原黔阳地委行署旧址、高庙文化遗址公园、安江农校纪念园、黔阳一中等项目建设情况。在洪江区，许忠建详细了解怀洪旅游干线、游客服务中心建设项目、洪江区洪瓷工业遗存项目、中共湘西工委直属洪江支部旧址、洪江古商城扩容等项目建设情况。

3月1日，市委书记许忠建调研怀化旅游“金三角”产业项目建设。图为许忠建在洪江市安江镇实地了解原黔阳地委行署旧址等项目规划建设情况

在听取有关工作汇报、研究确定有关具体事项后，许忠建指出，洪江市、洪江区和市文旅广体局等相关部门积极作为，迅速推动旅游“金三角”规划建设，取得了阶段性成果。要聚焦建设全国一流旅游度假目的地，坚定信心决心，抢抓历史机遇，进一步加大力度、加快进度，确保尽快取得突破性成效。

◎怀化在全省首次开展『监检法』人员同堂培训

2023年3月1日至2日，怀化开展纪检监察、检察、法院系统同堂业务培训。来自怀化市县两级纪委监委的班子成员、执纪执法人员，市县检察院和法院办案干警共700余人参训。据悉，这在湖南省尚属首次。

此次培训是怀化贴近实战提升案件质量的又一举措。邀请了湖南省纪委监委、省人民检察院和省高级人民法院的实务专家，对“监检法”相关人员一同培训，着重解决职务犯罪案件办理过程中，在法法衔接、证据认定、法律适用等方面的重点难点，统一具体办案实践中的标准和认识问题。

“同堂培训让监、检、法互学互鉴，共同提高，有助于统一执法司法理念，消除认识分歧，使执法司法人员各司其职、互相配合、相向而行，有效有力惩治职务犯罪，共同确保案件办理三个效果的有机统一。”湖南省纪委监委案件审理室主任刘有仁表示，怀化市纪委监委组织开展的“监检法同堂培训”可以探索在全省推广，加大监察机关、检察机关、审判机关业务交流力度，助推职务犯罪案件质量进一步提升。

◎大力实施“四大工程” 不断推进新时代法院工作现代化建设

2023年3月1日，怀化市法院工作会议召开。怀化市委副书记、市委政法委书记王建球出席并讲话。他强调，要坚持以习近平新时代中国特色社会主义思想为指导，全面贯彻落实党的二十大精神，认真贯彻落实中央、省委、市委政法工作会议精神，大力实施审判绩效提升、司法品牌塑造、年轻干部培育、清廉法院建设“四大工程”，着力抓重点、补短板、强弱项，不断推进新时代法院工作现代化建设。市人大常委会副主任向守清出席，会议由市中级人民法院党组书记、院长左牧主持。

王建球充分肯定了全市法院2022年取得的工作成绩，并指出今年要聚焦全市中心大局，依法履行好职责使命，为深入实施“五新四城”战略、奋力建设现代化新怀化提供坚强有力的司法保障。

会议对2022年全市优秀法院进行了表彰，各基层法院院长作了述职。

怀化市法院工作会议召开

要闻纪事

△23日，怀化市交通问题顽瘴痼疾集中整治行动三年系统整治行动部署电视电话会议召开。市领导陈湘、杨志红、余建勇参加。会议通报了全市交通问题顽瘴痼疾集中整治三年行动考核情况，表彰了全市交通问题顽瘴痼疾集中整治工作先进集体和先进个人。

△27日，怀化市委召开贯彻落实中央、省委统战工作会议精神大会。市委书记许忠建出席并讲话。市委副书记、市委政法委书记王建球主持。会上，市委统战工作领导小组成员单位和县市区委统战工作领导小组进行现场述职或书面述职，沅陵县委、洪江市委、会同县委、市委网信办、市工商联、溆浦县水东镇党委负责人作交流发言。

△27日，2023年第1期“五溪大讲堂”暨市委理论学习中心组（扩大）集体学习举行，深入学习习近平总书记关于中国式现代化、推动高质量发展的重要论述。怀化市委书记许忠建主持。湖南工商大学副校长易棉阳教授受邀作了题为《中国式现代化与区域经济高质量发展》的辅导报告。市委副书记、市委政法委书记王建球，市人大常委会主任李万千出席。

△31日，怀化市委书记许忠建主持召开市生态环境保护委员会2023年第一次全体会议。集中学习省委、省政府《关于深入打好污染防治攻坚战的实施意见》，传达学习全省大气污染防治攻坚动员部署电视电话会议、全省生态环境保护工作会议精神，听取市住建局、市城管执法局等成员单位工作述职，审议通过相关文件，安排部署全市生态环境保护工作。

◎“民企兴县·跨越同行”走进溆浦县

湖南省工商联来溆浦县开展“民企兴县·跨越同行”助力乡村振兴专项行动

2023年3月10日，湖南省工商联“民企兴县·跨越同行”助力乡村振兴重点帮扶县专项行动走进溆浦县。15家帮扶企业、商会结合各自特点，分农业、工业、交通、教育、文化、旅游6组对溆浦县特色农业、产业发展、文旅景区等进行考察，并与溆浦县人民政府签订帮扶合作战略框架协议。

在溆浦县大江口镇洑水湾村，帮扶企业代表考察了当地特色柑橘产业。湖南一力股份有限公司工会主席侯爱华在品尝溆浦脐橙后赞不绝口：“没想到溆浦脐橙这么好吃！公司今后会考虑选购溆浦特色农产品作为职工福利来发放。”侯爱华还表示，作为劳动密集型企业，一力公司用工需求在逐年增加，今后将选择就业帮扶的形式助力溆浦乡村振兴。

在当天的企业座谈会上，企业、商会代表纷纷表示，将弘扬企业家精神，做爱国敬业、守法经营、创业创新、回报社会的典范。本次活动加深了对溆浦的认识，强化了帮扶溆浦、践行社会责任的使命感和责任感，将在溆浦寻找更多合作商机。企业代表还结合各自企业资源优势，就加强与溆浦相关企业、产业合作等开展了一对一对接。

◎黎春秋在会同新晃宣讲全国两会精神、调研春耕生产等工作时强调 更好统筹发展与安全 以高水平安全护航高质量发展

3月20日，全国人大代表、市委副书记、市长黎春秋在会同、新晃宣讲全国两会精神，并调研春耕生产、防汛备汛、物流集货、安全生产等工作。图为黎春秋在会同产业开发区连山工业园湖南享同实业有限公司生产车间内调研

2023年3月20日，全国人大代表、怀化市委副书记、市长黎春秋在会同、新晃宣讲全国两会精神，调研春耕生产、防汛备汛、物流集货、安全生产等工作。他强调，要深入学习习近平总书记在全国两会期间的重要讲话和全国两会精神，全面落实中央决策部署和省委、市委工作要求，更好统筹发展与安全，以高水平安全护航高质量发展。副市长杜登峰，市政府秘书长李仕忠参加。

会同县堡子镇充分利用黄旗村等5村稻田集中连片的区域优势，建立万亩稻油轮作基地。黎春秋仔细察看油菜花长势，了解种植规模、市场销售等情况。在会同县堡子镇坪见村八一水库了解防汛备汛有关情况。

会同巨润机械化种植专业合作社通过开展农业机械化耕作为主的托管服务，现托管土地20000余亩。黎春秋要求，要进一步发挥供销社服务农业生产优势，坚持把产业发展、农民增收和民生改善紧密结合起来，建立全领域、全环节的土地托管模式，助推农业规模化、集约化、机械化生产。

在长沙货运中心新晃站，黎春秋详细了解怀化国际陆港新晃港建设情况。来到新晃华东硅锰有限责任公司、红星（新晃）精细化学有限责任公司，黎春秋仔细询问企业陆港集货及安全生产等情况。

当天，黎春秋还调研了湖南享同实业有限公司。

要闻纪事

4月

△4日，怀化市信访工作会议暨“三无”乡镇创建三年行动表彰会议召开。会议深入学习贯彻党的二十大精神、习近平总书记关于加强和改进人民信访工作的重要思想，传达贯彻全国信访局长会议精神、全省信访工作会议精神，总结回顾2022年全市信访工作，安排部署今年工作。市委副书记、市委政法委书记王建球出席会议并讲话，副市长、市公安局局长杨志红主持。

△7日，市委书记许忠建在洪江市安江镇主持召开怀化旅游金三角高质量发展现场办公会暨安江农耕文化旅游区规划汇报会。他强调，要深入学习贯彻党的二十大精神和习近平总书记关于文化和旅游工作的重要论述，坚持以文塑旅、以旅彰文，科学规划建设安江农耕文化旅游区，全力打造湖南农耕文化旅游名片，推动怀化旅游金三角高质量发展。

△11日，怀化市政府系统人大代表建议和政协委员提案交办工作会议召开。市委副书记、市长黎春秋，市人大常委会主任李万千出席并讲话。副市长余建勇主持。会议宣读了《怀化市人民政府办公室〈关于表扬2022年度人大代表建议政协委员提案办理工作先进单位和先进个人的通报〉》《怀化市人民政府办公室〈关于认真做好2023年省市人大代表建议和政协委员提案办理工作的通知〉》。

△12日，怀化市委书记许忠建主持召开市委常委会（扩大）会议，进一步深入学习贯彻习近平总书记关于安全生产的重要论述，传达学习省委书记沈晓明有关指示要求，研究贯彻落实措施。

◎怀化海关构建“四关如一关”新模式 西部陆海新通道通关更便利

2023年3月6日，怀化海关与云南西双版纳州勐腊海关签订《关于加强海关合作备忘录》。至此，怀化海关与广西钦州港、凭祥以及云南勐腊海关，分别签订合作协议，标志着“四关如一关”新模式正式启动。

怀化海关关长吴愈柏介绍，“四关如一关”就是怀化海关与钦州港、凭祥和勐腊海关之间，建立跨关区联络员和联席会议机制，保障及时协商解决货物通关过程中出现的问题。开通农产品、矿产品进出口绿色通道，对怀化进口水果、粮食、乳胶、矿石等产品予以优先查验，提升货物查验和转关放行作业效能，实现“通关与沿海同等效率”。

怀化市主动对接融入国家战略，目前已打通3条面向东盟的国际物流大通道。为更好服务西部陆海新通道和怀化国际陆港高水平开放高质量发展，从3月3日开始，怀化市组织商务、海关等部门赴云、桂两省区，考察边境贸易，与3地海关对接，构建“四关如一关”模式，为怀化国际陆港和进出口企业提供更优更快的通关服务保障。

怀化海关与勐腊海关签订合作备忘录

◎黎春秋在怀化市消费促进工作会议上强调 促进消费快速回暖全面复苏 确保全市经济平稳健康发展

3月23日上午，怀化市消费促进工作会议召开

2023年3月23日，怀化市消费促进工作会议召开。怀化市委副书记、市长黎春秋强调，要深入学习贯彻党的二十大精神，认真落实中央、省委、市委经济工作会议和全国两会精神，把扩大内需同深化供给侧结构性改革结合起来，促进消费快速回暖、全面复苏，确保全市经济平稳健康发展。市领导韩晓波、余建勇，市政府秘书长李仕忠参加。

黎春秋指出，消费是构建新发展格局、畅通国内大循环的关键环节和重要引擎。各级各部门要坚决扛起稳住经济大盘的政治责任，把促进消费回暖和潜力释放作为当前的一项重要任务，抢抓宝贵时机，迅速行动起来，推动全市消费市场加快回暖复苏，更好助力全市高质量发展、创造高品质生活。

◎怀化市信访工作联席会议2023年第一次会议要求 坚持目标问题结果导向相统一 奋力推进信访工作高质量发展

2023年3月28日，怀化市信访工作联席会议2023年第一次会议召开。市委副书记、市委政法委书记王建球出席会议并讲话，副市长、市公安局局长杨志红参加。

会议指出，要深入学习贯彻党的二十大精神、习近平总书记关于加强和改进人民信访工作的重要指示精神，贯彻落实全国信访局长会议精神、全省信访工作会议精神，坚持目标导向、问题导向、结果导向相统一，认真落实党中央国务院和省委省政府有关决策部署，按照市委、市政府工作安排，切实把信访工作做好、做实、做细，为群众解愁、替党委政府分忧，以实干实绩忠诚拥护“两个确立”、坚决做到“两个维护”。

会议要求，要以深入开展《信访工作条例》落实年、信访工作示范县创建、大督查大接访大调研三项活动为抓手，坚持领导包案带头访，分类施策彻底访，健全落实“三源”共治机制、群众诉求解决闭环管理机制、初信初访首问首办机制，奋力推进信访工作高质量发展，为深入实施“五新四城”战略营造安全稳定的社会环境。要强化高频调度，密切协同配合，严格督查考核，确保信访工作促稳保先争优。

会议审议了《大力推行信访工作接诉即办强化源头治理的七条措施》。

◎怀化市委常委会召开会议

2023年3月31日，怀化市委书记许忠建主持召开市委常委会会议，学习贯彻3月30日中共中央政治局会议精神、习近平总书记向中国发展高层论坛2023年年会致贺信精神，研究贯彻落实措施；传达学习全国全省有关信访工作会议精神、全省机关党的工作会议精神，研究贯彻落实意见；听取区域教育中心、省级医疗卫生中心建设等情况汇报，研究部署相关工作。

会议审议通过了《2023年怀化市重点建设项目名单》和2022年度全市绩效考核结果。

会议还研究了其他事项。

◎怀化市六届人大常委会举行第21次主任会议

2023年3月30日，怀化市人大常委会党组书记、主任李万千主持召开市六届人大常委会第21次主任会议。会议审议通过了《中华人民共和国中小企业促进法》执法检查方案、暗访工作方案。市人大常委会副主任向建平、黄雪鸿、熊安台、胡和平参加。

会议听取了市人大财经委关于《市人大常委会〈中华人民共和国中小企业促进法〉执法检查方案、暗访工作方案》的情况汇报，原则通过上述方案。

会议指出，开展《中华人民共和国中小企业促进法》执法检查，是市人大常委会年初确定的工作重点。中小企业是国民经济和社会发展的重要力量，促进中小企业发展是保持国民经济平稳健康发展的重要基础，务必在思想上高度重视，在安排上科学精细，在实施上精准有力，切实发挥好执法检查的“法律巡视”利剑作用。

◎怀化市政协召开六届二十次主席会议

2023年4月3日，怀化市政协召开六届市政协第二十次主席会议，传达学习中央政治局会议精神、习近平总书记在中央政治局第四次集体学习时的重要讲话精神、省政协第七期韶山专题培训班精神，研究部署市政协相关工作。市政协副主席李宜堂、向明、巫培云、欧阳明、肖莉杏、张纯、李如清，秘书长胡诗军参加。

会议还研究了其他事项。

要闻纪事

△13日，2023年湖南省政府廉政工作会议后，怀化市政府紧接着召开视频会，安排部署全市政府系统党风廉政建设和反腐败工作。

△14日，怀化市委副书记、市长黎春秋专题调度创建国家卫生城市工作。副市长向秀亮，市政府秘书长李仕忠参加。会上，市创卫办汇报了怀化市创建国家卫生城市工作情况。

△15日，怀化市柑橘产业发展现场推进会在麻阳召开。市委副书记、市委政法委书记王建球强调，各级各有关部门要迅速行动、积极作为，加快推进柑橘品改工作，持之以恒推动怀化柑橘产业高质量发展。副市长杜登峰，中国柑橘学会理事长、湖南农业大学教授邓子牛，怀化职业技术学院院长王聪田参加。

△17日，怀化市委书记许忠建主持召开市委常委会会议，传达学习习近平总书记在广东考察时的重要讲话精神，研究怀化市贯彻落实意见；传达学习省委《贯彻落实〈关于在全党大兴调查研究的工作方案〉的实施方案》等文件精神，审议《中共怀化市委贯彻落实〈关于在全党大兴调查研究的工作方案〉的实施方案》《中共怀化市委常委班子深入开展调查研究的工作方案》，研究部署相关工作。

△18日，怀化市“党建领航乡村智理”工作现场推进会在会同县召开。市委副书记、市委政法委书记王建球出席会议并强调，要深入学习贯彻党中央、省委关于乡村治理的决策部署，以更高标准、更硬举措、更实作风，提升党建引领乡村治理水平。市委常委、市委组织部部长李博主持会议。

◎许忠建主持召开怀化国际陆港建设调度会时强调 全力以赴实现“两年成型”目标任务

4月9日上午，市委书记许忠建主持召开怀化国际陆港建设调度会。图为与会人员现场考察怀化国际陆港南区提质、南区集装箱拼箱中心、跨境电商监管中心等项目建设

2023年4月9日，怀化市委书记许忠建主持召开怀化国际陆港建设调度会。他强调，要深入学习贯彻党的二十大精神、习近平总书记关于湖南工作的重要讲话和指示批示精神，乘势而上加快建设怀化国际陆港，全力以赴实现“两年成型”目标任务，强化战略支点作用，推动怀化高水平开放高质量发展。市委副书记、市长黎春秋，市领导陈旌、李卫林、胡和平、邹兴旺参加。

会前，与会人员现场考察了怀化国际陆港（锦溪）学校和怀化国际陆港南区提质、南区集装箱拼箱中心、跨境电商监管中心等项目建设。会上，听取了怀化国际陆港经开区和新晃、会同等县区有关工作情况汇报，研究确定相关事项。

许忠建指出，市委提出“五新四城”战略，核心是产业，战略支点是国际陆港。去年7月市委六届三次全会作出决定，举全市之力加快建设怀化国际陆港。怀化国际陆港经开区真抓实干、担当作为，全市各级各相关部门全力支持，怀化国际陆港迅速起步起势，发展变化日新月异，开局良好、来势喜人，战略支点作用初步显现。要进一步统一思想、坚定信心、下定决心，乘势而上加快建设怀化国际陆港，强化战略支点作用，推动怀化高水平开放高质量发展。

◎怀化首个县级海关服务站在新晃揭牌

4月14日，新晃县海关服务站揭牌仪式在县行政中心举行

2023年4月14日，怀化市首个县级海关服务站——新晃海关服务站揭牌。

新晃地处湖南最西部，是湘黔高铁经济带重要节点，是湖南西大门、中西部对接的前沿窗口，产业集群多样、矿产资源丰富、集货能力突出。“十四五”以来，新晃以创建区域性商贸物流节点城市为主要目标，把商贸物流产业列入县域发展的六大主导产业之一，坚定不移推进对外开放，积极融入国内国际双循环。通过推广全国通关一体化和国际贸易“单一窗口”应用，实行365天、24小时预约通关服务，落实一次性告知制、限时办结制和首问责任制，为全县进出口企业提供优质高效通关服务。

“新晃海关服务站的成立，将‘零距离’为新晃外贸进出口企业提供更为专业的指导和更便捷的通关服务，提高进出口货物通关便利化水平，扩大出口，今年我们有信心将硝酸钡出口量增加到2000吨，预计比去年增长60%。”新晃鲁湘钡业有限公司销售经理潘启炳介绍，2022年公司出口硝酸钡1200吨，实现自营出口“破零倍增”；今年一季度出口硝酸钡790吨，销量同比增长38.5%，自营出口客户增加到4家。

要闻纪事

△20日，怀化市中等职业学校办学条件达标工程推进会在芷江召开。市委副书记、市委政法委书记、市委教育工作领导小组组长王建球出席并讲话。副市长向秀亮参加。

△21日，怀化市生态环境保护工作现场会在靖州召开。副市长向秀亮出席并讲话。会前，与会人员考察了马园万亩中药材示范基地、茯苓加工贸易中心、茯苓鲜货交易市场和辰铭竹木制品有限公司。

△23日，怀化市委书记、市委党建工作领导小组组长许忠建主持召开市委党建工作领导小组会议，传达学习省委党建工作领导小组2023年工作要点，审议有关文件，研究部署今年市委党建工作重点任务。

△25日，市委书记、怀化军分区党委第一书记许忠建出席怀化军分区党委十五届一次全体会议并讲话。他强调，新一届军分区党委要坚持以党的二十大精神为指引，全面贯彻习近平强军思想和新时代军事战略方针，始终坚持党对人民军队的绝对领导，锚定建军一百年奋斗目标，坚决履行新时代人民军队使命任务。

△26日，市委、市政府召开一季度经济形势分析暨2022年绩效考核总结点评和“贯彻二十大 锚定新目标 奋力闯创干”活动一季度工作讲评会。市委书记许忠建主持会议并讲话。市委副书记、市长黎春秋总结分析一季度经济运行情况，具体部署“双过半”工作。市委副书记、市委政法委书记王建球，市人大常委会主任李万千，市领导贺遵庆、舒可、李卫林出席。

◎坚定理想信念 淬炼党性修养——怀化市公安机关举办学习宣传贯彻党的二十大精神政治轮训班

4月18日下午，市公安局主会场参训学员来到怀化国际陆港，详细了解怀化国际陆港发展历程、建设规模、功能定位、产业布局等情况

2023年4月17日至19日，怀化市公安机关举办学习宣传贯彻党的二十大精神政治轮训班。副市长杨志红出席开班仪式并作动员讲话。

本次政治轮训班课程安排紧凑、内容丰富，充分结合公安工作特点、民警能力短板，共计集中辅导授课6场、现场教学1场。既有理论学习又有现场教学，既有专家讲授又有交流研讨，既有集中学习又有自学提升。通过此次政治轮训，参训民警理论知识得到“再充电”，理想信念得到“再补钙”，党性修养得到“再淬炼”，纪律作风得到“再洗礼”，工作本领得到“再提升”。

全市公安机关将以此次政治轮训为契机，深入学习宣传贯彻党的二十大精神，迅速把思想行动统一到党的二十大精神上来，切实为怀化公安工作高质量发展凝聚思想力量、夯实政治根基，着力锻造“三个绝对”“四个铁一般”高素质过硬怀化公安铁军。

◎黎春秋专题调度首届湖南（怀化）RCEP经贸博览会筹备工作时强调 扎实细致做好各项筹备工作 确保办出水平办出特色办出实效

2023年4月18日，怀化市委副书记、市长黎春秋专题调度首届湖南（怀化）RCEP经贸博览会筹备工作。他强调，要切实提高政治站位，扎实细致做好各项筹备工作，确保大会办出水平、办出特色、办出实效，为奋力实现“三高四新”美好蓝图、打造全省乃至全国对接RCEP经贸合作新平台贡献怀化力量。市领导韩晓波、杨志红、向秀亮、邹兴旺，市政府秘书长李仕忠参加。

会上，怀化市商务局、市工商联、怀化高新区管委会和各工作组分别汇报了工作情况。

听取与会同志发言后，黎春秋对各组前期筹备工作给予肯定。他指出，举办此次经贸博览会，是怀化市深入贯彻习近平总书记关于湖南工作的重要讲话和重要指示批示精神的具体实践，奋力实现“三高四新”美好蓝图的重要抓手，对接RCEP、汇聚各方优质资源的重要窗口和平台。此次经贸博览会是怀化首次举办国际性的经贸盛会，是对怀化市形象的全面展示、办会能力的全面检验。各级各部门要切实提高政治站位，以强烈的责任感、使命感和紧迫感，扎实做好各项筹备工作，确保大会办出水平、办出特色、办出实效。

4月18日上午，市委副书记、市长黎春秋专题调度首届湖南（怀化）RCEP经贸博览会筹备工作调度会

◎大型舞台情景剧《战神粟裕》上演——许忠建黎春秋王建球李万千观看演出

2023年4月23日，大型舞台情景剧《战神粟裕》在驻怀某部队上演。怀化市委书记许忠建，市委副书记、市长黎春秋，市委副书记、市委政法委书记王建球，市人大常委会主任李万千，陈旌、贺遵庆、李博、李卫林等市委、市政府、怀化军分区领导观看演出。

该剧由国家一级编剧盛和煜担任顾问，知名编剧魏鹏远领衔编导，会同县委、县政府联合驻会同某部队创作推出，生动展现了粟裕同志投笔从戎、投身革命的光辉岁月。

观看演出后大家纷纷表示，将认真学习粟裕同志对党忠诚的政治品质、敢打硬仗的斗争精神、光明磊落的崇高品格，赓续红色血脉，传承红色基因，牢记初心使命，担当强军重任。

◎麻阳县高压严管保障道路交通安全畅通

2023年4月24日，麻阳苗族自治县交管中心、交通运输局、城管等部门联合开展道路交通安全重点整治行动，严查严打县域内摩托车、电动车不戴安全头盔、违法载人、行人不走斑马线、闯红灯等交通违法行为。

麻阳交管中心主任谭宗伍介绍，麻阳紧盯城市、国省干道、农村道路“三大战场”开展道路交通安全重点整治“百日攻坚”行动，严管路面交通秩序。针对县城重点路段，该县深入开展重点隐患车辆精准布控查缉行动，提升见警率和管事率以及对重点隐患车辆的预警拦截率、处置率。

在农村重点地区，该县严格落实“七必上”工作措施，加强赶集日、红白喜事、民俗活动等节点管控，积极上路劝导违法行为、疏导交通，严查酒驾醉驾、无牌无证、超员超载、“一盔一带”“黑校车”等重点交通违法行为，确保农村地区道路交通安全。

麻阳交通问题顽瘴痼疾集中整治办公室主任刘绍远介绍，行动开展以来，查纠各类交通违法1000余起，市民交通出行守法意识明显提升。

◎黎春秋专题研究“怀乡怀品”品牌建设时要求：以品牌创建助推生态精品农业发展

2023年4月23日，怀化市委副书记、市长黎春秋专题研究“怀乡怀品”品牌建设时要求，要编制品牌发展规划、建立品牌管理体系、确定品牌运营模式、实现“品牌赋能”，以品牌创建助推生态精品农业发展。副市长杜登峰、市政府秘书长李仕忠参加。

会上，怀化市农业农村局汇报了“怀乡怀品”品牌建设有关情况，与会同志就品牌建设提出意见建议。

在认真听取大家发言后，黎春秋要求，要以“怀乡怀品”品牌创建为抓手，全力打造覆盖全区域、全品类、全产业链的怀化农产品区域公用品牌，以品牌助推生态精品农业发展。

黎春秋要求，要编制品牌发展规划。以规划为引领，明确品牌建设方向和路径，带动“母子品牌”建设。要建立品牌管理体系。制定农产品种植、采购、加工、包装、储存、运输、销售等全链条、全环节的可追溯管理体系，确保产品从生产源头到消费终端的质量全程控制。要确定品牌运营模式。由市生态农业协会申报注册品牌商标，市农林集团负责运营管理，既体现权威性，又具有行业的约束性、市场主体的灵活性。要实现“品牌赋能”。从体制机制、标准、信息、技术、文创、市场、金融等方面发力，整合县域、企业农产品品牌，形成品牌矩阵，实现品牌溢价。

4月23日下午，市委副书记、市长黎春秋专题研究“怀乡怀品”品牌建设

要闻纪事

△27日，怀化市委书记许忠建主持召开现代化产业新体系建设一季度工作讲评会。市委副书记、市长黎春秋，市委副书记、市委政法委书记王建球，市人大常委会主任李万千，市领导贺遵庆、李博、舒可、李卫林出席。

△30日，怀化市委书记许忠建在专题调度首届湖南（怀化）RCEP经贸博览会筹备工作时强调，要深入学习贯彻党的二十大精神和习近平总书记关于对外开放的重要论述，把办好经贸博览会作为大事要事，以追求完美的态度，精益求精做好各项筹备工作，确保高质高效、圆满精彩。市领导李卫林、韩晓波、杨志红、向秀亮参加。

5月

△10日，怀化市委书记、市委全面深化改革委员会主任许忠建主持召开市委全面深化改革委员会第十九次会议，传达学习二十届中央全面深化改革委员会第一次会议精神、省委全面深化改革委员会第十九次会议精神，审议有关文件。

△10日，怀化市委书记、市委网络安全和信息化委员会主任许忠建主持召开市委网络安全和信息化委员会全体会议，深入学习贯彻党的二十大精神和习近平总书记关于网络强国的重要思想，传达学习省委网信委全体会议精神，听取全市网信工作情况汇报，审议有关文件，研究部署下阶段工作。

△12日，怀化市委书记、市委外事工作委员会主任许忠建主持召开2023年市委外事工作委员会全体会议，深入学习贯彻党的二十大精神和习近平外交思想，传达学习省委外事委全体会议精神，听取全市外事工作情况汇报，审议有关文件，研究部署今年外事工作。

◎『怀化铁路运输法院行政争议协调中心驻会同工作站』正式挂牌成立

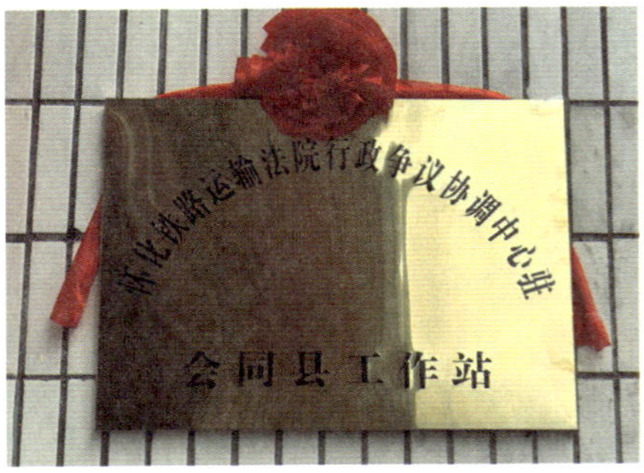

“怀化铁路运输法院行政争议协调中心驻会同工作站”正式挂牌成立

2023年5月10日，“怀化铁路运输法院行政争议协调中心驻会同工作站”在会同县司法局正式挂牌成立。怀化铁路运输法院党组书记、院长刘珂，怀化铁路运输检察院党组书记、检察长杨勇，县委副书记、县长苏振出席揭牌仪式并举行座谈会，会签了《关于协同推进会同县行政争议实质性化解的工作方案》。

据了解，该站是怀化铁路运输法院、怀化铁路运输检察院，率先在县级司法行政部门搭建的实质性化解行政争议平台，共同对会同县行政争议开展诉源治理、实质性化解工作，进一步加强司法、检察与司法行政良性互动，建立、完善行政争议多元化解机制，有效衔接司法调解与行政调解，形成行政调解、非诉挺前、多元化解的分层递进纠纷解决途径，满足人民群众多元化司法需求。

“怀化铁路运输法院行政争议协调中心驻会同工作站”正式挂牌成立

◎怀化市召开大会庆祝“五一”国际劳动节

4月28日，怀化市庆祝“五一”国际劳动节暨先进个人表彰大会召开

2023年4月28日，怀化市庆祝“五一”国际劳动节暨先进个人表彰大会召开。怀化市委副书记、市委政法委书记王建球出席并讲话。姜耀文、邹兴旺、李如清、汪成东等领导参加。

会议表彰了湖南云箭集团有限公司加工中心操作工夏旺等10名“五溪工匠”，授予王晋等100名医护人员及其他工作人员怀化市“五一劳动奖章”。

王建球代表市委、市政府向受到表彰的先进集体和先进个人表示祝贺，向全市工人阶级和广大劳动群众致以节日问候和崇高敬意。他强调，要加强思想政治引领，团结带领广大工人阶级和劳动群众始终听党话跟党走，持续深入学习贯彻习近平新时代中国特色社会主义思想和党的二十大精神，把学习成果转化为奋进新征程、建功新时代的卓越成效，以实干实绩坚定拥护“两个确立”、坚决做到“两个维护”。

王建球要求，各级党委要加强对工会工作的领导，帮助群众解决实际困难。各级工会组织要自觉接受党的领导，切实发挥“职工之家”积极作用，共同为“五新四城”战略实施贡献工会力量、汇聚强大合力。

会上，五溪工匠、五一劳动奖章获得者代表作了发言。

要闻纪事

△16日，怀化市委书记、市委全面依法治市委员会主任许忠建主持召开市委全面依法治市委员会2023年第一次会议，深入学习贯彻党的二十大精神和习近平法治思想，传达学习省委全面依法治省委员会2023年第一次会议精神，审议全面依法治市工作有关文件，研究部署下阶段工作。

△18日，怀化市委书记许忠建以“四不两直”方式，深入辰溪县、沅陵县乡镇，督导检查安全生产、信访维稳、平安建设等工作，并看望慰问基层干部。市领导李卫林参加。

△22日，铜仁市党政代表团来怀化考察。铜仁市委书记李作勋，市委副书记、市长穆嵘坤，市政协主席肖洪，市领导商友江、杨华祥、黄进等参加。怀化市委书记许忠建，市委副书记、市长黎春秋，市领导李卫林、胡和平、邹兴旺等分别参加相关活动。座谈会上，黎春秋、穆嵘坤分别介绍了怀化市、铜仁市经济社会发展情况。

△23日，怀化市委书记、市委统战工作领导小组组长许忠建主持召开市委统战工作领导小组2023年第一次全体会议。市委副书记、市委政法委书记、市委统战工作领导小组副组长王建球，市领导杨志红、余建勇出席会议。

△23日，怀化市委书记、市委退役军人事务工作领导小组组长许忠建主持召开市委退役军人事务工作领导小组2023年第一次全体会议，深入学习贯彻党的二十大精神和习近平总书记关于退役军人工作的重要论述，传达学习中央、省委退役军人事务工作领导小组会议精神，听取有关情况汇报，审议有关文件，研究部署下阶段工作。

◎怀化市政府兼职法律顾问聘任仪式举行——黎春秋颁发证书并讲话

5月9日下午，怀化市政府兼职法律顾问聘任仪式举行

2023年5月9日，怀化市政府兼职法律顾问聘任仪式举行，聘任游飞等9人为市政府兼职法律顾问，湖南人和人（怀化）律师事务所为市政府兼职法律顾问单位。市委副书记、市长黎春秋颁发聘书并讲话。副市长杨志红，市政府秘书长李仕忠参加。

黎春秋代表市政府向新任市政府兼职法律顾问和法律顾问单位表示祝贺。他指出，深入实施政府法律顾问制度，是贯彻落实习近平法治思想的重要实践，是推进怀化市治理体系和治理能力现代化的重要抓手，是提高政府依法决策、依法行政水平的必然要求。新一届法律顾问和法律顾问单位要珍惜荣誉、不负重托，发挥“顾问”优势，维护“法律”权威，当好市政府的法律智囊、法律参谋、法律助手，为深入实施“五新四城”战略、加快建设社会主义现代化新怀化贡献法治智慧和力量。

◎奋力推进政法工作现代化——怀化市委政法委员会第四次全体会议召开

怀化市委副书记、市委政法委书记王建球主持召开市委政法委员会2023年第四次全体会议

2023年5月12日，怀化市委副书记、市委政法委书记王建球主持召开市委政法委员会2023年第四次全体会议。副市长、市公安局局长杨志红、市中级人民法院院长左牧、市人民检察院代理检察长段志凌出席。

会议传达学习了习近平总书记在学习贯彻习近平新时代中国特色社会主义思想主题教育工作会议上的重要讲话精神，中共中央政治局委员、中央政法委书记陈文清在政法领导干部学习贯彻习近平新时代中国特色社会主义思想锻造政法铁军专题研讨班上的讲话精神，通报了巡视交办问题整改情况和全市综治中心建设及“三源共治”工作情况，研究了怀化市常态化扫黑除恶工作有关事项，审议了《关于充分发挥政法机关职能作用为深入实施“五新四城”战略全面建设现代化新怀化提供政法保障的意见（送审稿）》《中共怀化市委政法委员会贯彻党的二十大部署要求开展“绝对忠诚、勤学善谋、执法为民、敢于担当、清正廉洁”作风建设的实施方案（送审稿）》。

会议对今年以来全市政法系统的工作成效表示充分肯定，强调要抓好学习贯彻习近平新时代中国特色社会主义思想主题教育工作的谋划、推进、结合工作，把全市政法系统大兴调查研究工作抓实抓细抓好抓出特色，奋力推进政法工作现代化。

◎熊辉荣膺“全国行政执法先进个人”

2023年5月26日，溆浦县卫生计生综合监督执法局熊辉荣获“全国行政执法先进个人”荣誉称号授牌仪式在市司法局举行。

据了解，经报党中央批准，司法部公布了《关于表彰全国行政执法先进集体和先进个人的决定》，首次对全国各级行政执法机关开展行政执法先进集体和先进个人表彰，溆浦县卫生计生综合监督执法局副局长熊辉榜上有名。

作为一名卫生健康执法人员，工作20多年来，熊辉始终保持对党绝对忠诚、对健康事业绝对负责，维护医疗秩序公正执法，坚决捍卫群众健康权益。他坚持把抓好医疗机构和医务人员依法执业监督作为第一监督责任，严格落实行政执法“三项制度”，突出医疗机构、公共场所、职业健康、供水单位、学校卫生监管重点，以执法办案保障监督成效。近三年来，他承办行政处罚案件200多起，无一起投诉，行政相对人满意度100%。他带头并激励干部职工提升执法素质和办案水平，所承办的执法案卷连续多年被评为省、市优秀。

2015年，熊辉荣获市卫生计生监督技能竞赛“个人二等奖”，被市卫计委、市总工会授予“卫生计生监督技术能手”称号，2020年被溆浦县委、县政府评为“新冠肺炎疫情防控阻击战优秀人员”，2021年被评为湖南省卫生健康综合监督先进个人。

◎王建球在怀化市金融助力乡村振兴工作座谈会上强调：以『金融活水』助力乡村全面振兴

2023年5月11日，怀化市委副书记、市委政法委书记王建球主持召开全市金融助力乡村振兴工作座谈会。他强调，要深入贯彻党的二十大精神，认真落实中央、省委关于金融助力乡村振兴的决策部署，明确任务、强化举措，以“金融活水”助力乡村全面振兴。

王建球指出，去年以来，各相关部门及金融机构认真贯彻国、省金融助力乡村振兴决策部署，落实支持政策，完善服务体系，创新支农助农贷款新模式，社会信用、风险分担等体系日趋健全，全市涉农贷款逐步增加，有力促进了乡村产业发展、农民群众增收。

王建球强调，当前怀化市金融助力乡村振兴工作仍存在各地思想认识和开展力度不平衡、涉农贷款总量不大等问题，各级各部门要正视差距、找准问题、因症施策，为乡村振兴提供强有力的资金支持。

◎2023年第2期“五溪大讲堂”暨怀化市委理论学习中心组集体（扩大）学习举行

2023年5月24日，2023年第2期“五溪大讲堂”暨怀化市委理论学习中心组集体（扩大）学习举行，深入学习贯彻习近平新时代中国特色社会主义思想，深入学习领会习近平总书记关于高质量发展的重要论述。国务院发展研究中心副主任隆国强作题为“学习贯彻习近平新时代中国特色社会主义思想，推动怀化高质量发展”的专题辅导报告。市委书记许忠建主持。市委副书记、市长黎春秋，市委副书记、市委政法委书记王建球，市人大常委会主任李万千，市领导陈旌、贺遵庆、舒可、李卫林参加。

隆国强在报告中深入阐释了习近平总书记关于高质量发展重要论述的深刻内涵，分析了推动高质量发展的国际环境，对推动怀化高质量发展提出建设性意见。

其他现职市领导，鹤城区、中方县、怀化高新区、怀化国际陆港经开区在职县处级领导及其他县市区党委、政府主要负责同志，市直单位主要负责同志，市直有关单位班子成员及部分科长代表参加。

2023年第2期“五溪大讲堂”暨市委理论学习中心组集体（扩大）学习举行

要闻纪事

△25日，怀化市委书记、市田长许忠建主持召开2023年田长制会议暨耕地“非农化”“非粮化”专项整治工作动员部署会，深入学习贯彻党的二十大精神和习近平总书记关于耕地保护的重要论述精神，听取有关情况汇报，研究部署下阶段工作。

△26日，怀化市委书记、市粮食生产工作领导小组组长许忠建主持召开市粮食生产工作领导小组2023年第一次全体会议，深入学习贯彻习近平总书记关于粮食安全的重要论述精神，听取粮食生产工作情况汇报，审议相关文件，研究部署下阶段粮食生产工作。

6月

△2日，怀化市巡察工作会议暨六届市委第五轮巡察动员部署会召开，市委书记、市委巡察工作领导小组组长许忠建出席并讲话。市领导贺遵庆、李博参加。

△2日，怀化市委书记、市总河长许忠建主持召开2023年市总河长会议，深入学习贯彻习近平生态文明思想和党中央关于全面推行河长制的决策部署，传达学习省委书记沈晓明在2023年省总河长会议上的讲话精神，听取2022年全市河长制工作落实情况、县级总河长述职汇报，研究部署下一阶段工作。市委副书记、市委政法委书记、市副总河长王建球出席会议。

△7日，怀化市双拥工作领导小组会议召开。会议深入学习贯彻党的二十大精神和习近平总书记关于拥军优属拥政爱民工作重要论述，听取全市双拥工作情况汇报，审议相关文件，研究部署下阶段工作。受市委书记许忠建委托，市委副书记、市长黎春秋主持。

◎怀化市迎来第9部地方性法规——《怀化市民族民间医药保护和促进条例》获表决批准

2023年5月31日，湖南省十四届人大常委会第三次会议全票表决批准了《怀化市民族民间医药保护和促进条例》（以下简称《条例》），标志着怀化市正式迎来第9部地方性法规。

为促进怀化市民族民间医药事业发展，保护民族民间医药资源，根据市委安排，市人大常委会将《条例》列入2022年立法计划，由市人民政府相关部门组织起草。2022年11月9日，市人民政府2022年第24次常务会议审议通过《条例》草案稿，随后市人民政府按程序向市人大常委会提请审议《条例》（草案）的议案。

《条例》由市六届人大常委会第七次会议于2022年11月15日进行一审，市六届人大常委会第九次会议于2023年2月28日进行二审，市六届人大常委会第十次会议于2023年4月26日进行三审并表决通过，随后按照程序报请省人大常委会会议批准。

《条例》规定，对口口相传的民族民间单方、偏方、验方、秘方要进行收集、整理和规范利用，避免失传。《条例》还明确了帮扶措施，解决民族民间医药从业人员参加考核没有中医医师推荐、应对考核能力不高、通过率低等问题。同时，规定各县（市、区）可以根据地方实际制定民族民间医药事业发展的实施办法。

《条例》自2023年9月1日起施行。

◎强党性提素质——怀化市直机关全面培训预备党员及新转正党员

2023年6月7日至10日，2023年怀化市直机关预备党员、新转正党员培训班在怀化开放大学举办，市直单位170余名预备党员、新转正党员参加了本次培训。

培训班进行了《全面学习把握落实党的二十大精神，坚持以勇于自我革命锻造过硬作风》《勇于自我革命在组织生活大熔炉中锤炼升华》《共产党员的样子》等内容的学习，组织观看了《忠诚与背叛》党员警示教育片，旨在深入引导党员提升党性修养，增强“四个意识”，坚定“四个自信”，做到“两个维护”，增强纪律规矩意识，立足本职岗位，为实施“五新四城”战略作出新的贡献。

培训班还组织了“忠党爱民”无偿献血志愿服务活动，鼓励参训学员踊跃参加，以实际行动践行“全心全意为人民服务”的根本宗旨。

◎怀化市人大常委会召开《怀化国际陆港建设促进条例》立法工作调度会

2023年6月1日，怀化市人大常委会党组书记、主任李万千主持召开《怀化国际陆港建设促进条例》（以下简称《条例》）立法工作调度会。市人大常委会副主任邓小建、胡和平参加。

座谈会上，《条例》立法工作专班负责人汇报了《条例（草案）》进展情况，与会人员围绕《条例（草案）》的框架结构、具体条款认真开展讨论，提出意见建议。

李万千充分肯定了立法工作专班及市直相关部门前期所做的工作。他指出，国际陆港立法在国家和地方立法中没有先例，是一项创制性、先行性、具有怀化辨识度的立法工作，做好《条例》起草工作意义重大、任务艰巨。立法工作专班和市直各相关部门要深化认识、统一思想。要加快工作进度，认真梳理、充分吸纳部门、企业和专家的意见建议。要明确目标定位，牢牢把握“引领性、前瞻性、可操作性”要求，主动“走出去”学习考察，多深入一线调查研究，把外地的先进经验、工作实践中行之有效的做法吸纳进来。要提升工作标杆，认真研究相关法律法规和国省政策，在不违背上位法的前提下，研究制定科学可行、明确具体、务实管用的法规条文。

要闻纪事

△12日，怀化市县（市、区）政协主席座谈会召开。会议通报了2022年度全市政协系统有关工作情况和今年1—5月工作情况，安排部署相关工作。各县（市、区）政协、市政协各委室分别作了发言。

△14日，怀化市委副书记、市长黎春秋主持召开全市“5+N”现代化产业新体系、“14+2”产业链及特色产业建设调度会。会上，市发改委汇报了当前相关工作推进及考核体系制定情况，市工信局、市农业农村局、市商务局、市文旅广体局汇报了五大产业工作推进情况，“14+2”产业链及特色产业工作专班办公室汇报了工作推进情况。

△18日，怀化市委副书记、市长黎春秋主持召开城市生活垃圾分类工作推进会，强调要深入贯彻落实习近平总书记关于垃圾分类工作重要指示批示精神，坚持统筹推进，深化系统治理，全链条推进投放网络、收运体系、处理设施建设，推动生活垃圾分类工作进位争先。副市长邹兴旺、市政府秘书长李仕忠参加。

△19日，怀化市行政执法工作会议召开。市委副书记、市长黎春秋出席。会议听取了全市行政执法工作报告，市生态环境局、市交通运输局、市应急管理局、市市场监管局、市公安局交警支队作了表态发言，市中级人民法院、怀化铁路运输法院就规范行政执法行为发言。

△22日，怀化市委副书记、市长黎春秋在市应急指挥中心调度防汛抗灾和安全生产工作，强调要深入贯彻习近平总书记关于防汛救灾工作的重要指示精神、对宁夏银川市兴庆区富洋烧烤店燃气爆炸事故作出的重要指示精神，以“时时放心不下”的责任感，全面排查整治风险隐患，确保怀化一方安澜。

◎新晃县县域经济高质量发展暨党政正职综合素能提升主题培训班在浙江大学开班

新晃县县域经济高质量发展暨党政正职综合素能提升主题培训班在浙江大学开班

2023年6月12日，新晃县县域经济高质量发展暨党政正职综合素能提升主题培训班在浙江大学开班，全县乡镇党委书记、县直机关正科级单位负责人、部分受市县表彰的“闯创干”型干部等50人参加培训。县委常委、县纪委书记、县监委主任兰序祥，浙江大学管理学院中心主任孙建平出席开班式。

此次培训时间为期5天，旨在借助浙江大学优质培训资源，提升新晃县领导干部解放思想、开阔视野、更新观念，提高谋事干事、创新发展的能力，推动县域经济高质量发展。此次培训内容丰富、形式多样，采取“主题授课+现场教学+研讨交流”相结合的方式，邀请多位理论高、实践深的专家教授授课，围绕《营商环境优化与科学招商引资》《区域经济转型升级与县域竞争力分析》《城乡融合发展与新型城镇化》等理论课程进行专题教学。同时，将深入海康威视、临安白牛村、德清港胡村等地进行现场学习。

开班仪式上，兰序祥要求大家要聚焦“为何学”“怎么学”“怎么才能学好”，要切实强化规矩意识，勤于思考、善于钻研、勇于实践，做到学有所悟、学有所获、学以致用，为全面落实“三高四新”，全力推动“五新四城”，奋力建设“一堡五高地”，全面建设社会主义现代化新新晃奉献新力量，展示新作为。

◎怀化市开展燃气安全专项整治工作

为吸取宁夏6·21燃气爆炸事故教训，怀化市高度重视燃气安全问题，市委书记许忠建、市委副书记、市长黎春秋立即作出批示。2023年6月22日，怀化市委常委、常务副市长陈旌、副市长向秀亮立即召开全市安全防范工作紧急视频会议，部署全市排查整治工作。各级各单位立即行动，采取一系列措施开展燃气安全专项整治工作，全面排查整改，强化执法监管，加强宣传培训，建立长效机制，在全市燃气领域迅速开展“四个行动”。

6月22日20:30，按照全市统一部署安排，怀化市人民政府副市长向秀亮带队，市住建、市应急等相关单位主要领导参加，怀化主城区和各县市对城区夜市［含夜宵店、大排档、烧烤店（摊）等］燃气安全进行了突击检查，市县两级共组织住建、城管、市场监管、公安、应急管理、消防救援等部门工作人员和燃气技术人员2000余人，检查燃气经营用户1000余家，发现安全隐患528处，均现场督促整改或进行了交办，隐患不整改到位的严禁经营；其中怀化主城区共检查燃气经营用户220家，发现安全隐患202处，立行立改91处，现场交办隐患111处，发现一处涉嫌使用“黑气”的经营用户，并立即由住建、公安开展联合调查、固定证据，深挖背后的“黑链条”，做到排查整治与依法查处两手硬。

◎“五溪同心讲堂”暨怀化市统战系统干部学习贯彻党的二十大精神专题培训班开班

开班式

2023年6月27日，“五溪同心讲堂”暨怀化市统战系统干部学习贯彻党的二十大精神专题培训班开班。

举办此次专题培训班，目的就是引导全市统战干部和广大统战成员深学细悟笃行党的二十大精神，准确把握做好新时代统战工作的指导思想、基本任务、工作重点。全体学员要把党的二十大精神贯彻到统战工作全领域各方面，把学习成果转化为推动全市统一战线全面发展的实践成果。要深入开展全市统一战线“五学两助”活动，对照方案、抓好落实、取得实效。要树牢怀化统战系统勤学善思优良学风，力争通过培训，促进思想、业务和工作能力提升。

培训班围绕学习贯彻党的二十大精神、统战理论政策等设置了相关课程，并邀请了省委统战部、湘潭大学、市直相关部门负责人及市社会主义学院的专家教授现场授课。市县乡三级统战系统干部180人参加培训。

◎怀化市法院刑事审判工作业务培训班开班

2023年6月14日至15日，为进一步提升全市法院刑事审判能力和水平，更好地为经济社会高质量发展保驾护航，怀化市中院举办全市法院刑事审判工作业务培训。

培训期间，湖南省高院、怀化市中院及市纪委监委驻市中院纪检监察组相关专家讲师紧紧围绕刑事审判工作的八个有机统一、毒品案件实务问题、刑事审判理论与实务以及刑事审判廉政警示教育等方面，结合具体案例，向参训干警分享了多年工作实践中总结的办案经验，督促大家提升业务能力，做好刑事审判工作。

培训结束后，参会干警纷纷表示，通过此次培训，全面学习了刑事审判工作的方法技巧，进一步夯实了业务理论知识，提高了将法律理论与实践相结合的水平。在今后的工作中，要将案件办理质量摆在第一位，以过硬的业务水平做好刑事审判工作，为推动新时代法院队伍专业化、职业化提供有力保障。

怀化市中院举办全市法院刑事审判工作业务培训

◎以法治力量守护好高庙遗址——怀化市人大常委会党组书记、主任李万千专题调度高庙遗址保护利用人大决定起草工作

2023年6月19日，怀化市人大常委会党组书记、主任李万千主持召开《关于加强高庙文化遗址保护和利用的决定（草案）》（以下简称《决定（草案）》）起草工作专题调度会。他强调，要深入贯彻习近平总书记关于历史文化遗产保护的重要论述，全面落实中央、省委、市委决策部署，充分发挥人大决定的职能作用，以法治力量守护好高庙遗址的保护利用，为打造怀化旅游“金三角”贡献人大力量。市人大常委会副主任向建平参加。

会议通报了《决定（草案）》的起草情况及主要内容，与会人员围绕《决定（草案）》的框架结构、具体内容认真开展讨论，提出意见建议。

李万千充分肯定了《决定（草案）》前期起草工作和草案文本质量，并针对部分内容提出了具体修改意见。

李万千专题调度高庙遗址保护利用人大决定起草工作

李万千要求，相关部门要压紧压实高庙遗址保护利用各方责任，加强沟通协作，形成工作合力。市人大相关委室要按照立得住、行得通、真管用的要求，认真梳理、研究吸纳部门和专家的意见建议，加快修改完善《决定（草案）》，按时提交市人大常委会会议审议通过。

要闻纪事

△26日，怀化市委书记许忠建主持召开市委人才工作领导小组2023年第一次会议。会议听取了全市人才工作情况汇报，审议了《怀化市急需紧缺人才认定目录（2023年修订）》《怀化市重点产业链“首席专家”工作室管理办法》《怀化市重点产业科技创新创业团队支持项目实施办法（试行）》等文件。

△27日，怀化市委副书记、市长黎春秋会见马拉维共和国农业部部长塞缪尔·达利索·卡瓦莱一行。

△28日，怀化市委书记许忠建主持召开鹤中一体化发展领导小组2023年第三次会议暨上半年工作讲评会议。会上，对上半年鹤中一体化25项重点任务和十大建设项目进展情况进行了点评，并听取相关情况汇报、研究确定有关具体事项。

怀化市召开优秀共产党员、优秀党务工作者和先进基层党组织表彰大会

△30日，洪江市优秀共产党员、优秀党务工作者和先进基层党组织表彰大会召开。市委书记郑小胡出席并讲话，市委副书记、市长向青松主持，市领导向胜科、谢景良、左再良等参加。

7月

△3日，怀化市委书记许忠建出席市委政法委员会全体（扩大）会议，听取全市政法工作情况汇报，研究部署下阶段工作。李卫林、杨志红、左牧、段志凌等领导参加。

△5日，怀化市委书记许忠建主持召开2023年市委实施乡村振兴战略领导小组第一次全体会议，深入学习贯彻习近平总书记关于“三农”工作的重要论述精神和习近平总书记在中央政治局常委会会议上听取2022年度巩固拓展脱贫攻坚成果同乡村振兴有效衔接考核评估情况汇报时的重要讲话精神，传达学习全国和省委有关会议精神，审议相关文件，研究部署下阶段工作。

◎铿锵誓言 掷地有声！靖州县首次举行监察官宪法宣誓仪式

集体宣誓

2023年7月20日，靖州县监察委员会举行监察官宪法宣誓仪式，全县首次确定监察官等级的87名监察官进行宣誓。县委常委、纪委书记、监委主任周安达监誓，县纪委副书记、监委副主任石松林领誓。

仪式现场，领誓人石松林左手抚按宪法文本，右手举拳，拳心朝前，逐句领诵誓词。其他宣誓人精神饱满、整装肃立，右手举拳，跟诵誓词，作出郑重承诺。铿锵誓言，掷地有声，表达出弘扬法治精神、履行宪法使命的坚定决心。

宣誓后，周安达强调，全体监察官要铸牢对党绝对忠诚的思想根基，坚决践行人民至上的宗旨观念，忠诚履行宪法和监察法赋予的职责使命，以更严更实的作风举措深入推进自我革命，打造一支政治过硬、作风优良、本领高强、清正廉洁的监察"铁军"。

一朝宣誓，终身坚守。参加宣誓的监察官纷纷表示，将进一步增强监察官的使命感、责任感、荣誉感，以对党和人民高度负责、对事业高度尽责的精神，以忠诚干净担当的实际行动，持续履行好监察官这一光荣而神圣的使命。

◎江涛"八一"前夕走访慰问麻阳县消防指战员和抗美援朝老战士

2023年7月26日，在"八一"建军节即将来临之际，麻阳县委书记江涛带着浓浓深情走访慰问麻阳县消防救援大队指战员和抗美援朝老兵代表，向他们送去夏日清凉和慰问品，并致以节日问候和美好祝愿。县委常委、县委办主任吴志勇参加慰问。

在麻阳县消防救援大队，江涛代表县委、县人大、县政府、县政协向长期坚守在消防救援一线的广大消防救援人员致以崇高的敬意和亲切的问候。随后，江涛一行现场参观了大队车辆装备器材，听取了大队应急救灾各项工作开展情况汇报。

"身体还好吧！""您是哪一年参加革命的？"来到抗美援朝老兵陈启尧的家中，江涛为他送去慰问金，向他致以节日的祝福和诚挚的问候。交谈期间，江涛认真聆听老人讲述当年的战斗故事，共同追忆那段战火纷飞的岁月，同时叮嘱老人要保重身体，继续树立典范、榜样力量，主动为麻阳的发展建良言献良策。

江涛强调，抗美援朝老兵为国家作出过卓越贡献，是党和国家的宝贵财富，相关部门和乡镇要多关心他们的生活，了解他们的日常需求，用心用情用功做好服务保障，切实把党的关怀和组织的温暖送到他们的心坎上，让他们老有所依、老有所乐，在全社会营造拥军优属的浓厚氛围。

县委书记江涛看望慰问抗美援朝老兵陈启尧

县委书记江涛看望慰问麻阳消防救援大队消防救援人员

要闻纪事

△6日，怀化市巩固拓展脱贫攻坚成果同乡村振兴有效衔接工作推进暨突出问题整改部署动员大会召开。会议深入学习贯彻习近平总书记关于"三农"工作的重要论述精神，传达中央、省委有关会议精神，通报怀化市2022年度有效衔接考核情况，部署下阶段工作。市委书记许忠建出席并讲话，市委副书记、市长黎春秋主持，市领导杜登峰参加。

△6日，怀化市禁毒工作电视电话会议召开。市委副书记、市长、市禁毒委主任黎春秋强调，要深入学习贯彻习近平总书记关于禁毒工作的重要论述和重要指示批示精神，认真落实党中央、国务院和省委、省政府决策部署，强化问题导向，切实扛牢责任，全力打好打赢新一轮禁毒人民战争，为实施"五新四城"战略创造和谐稳定社会环境。市领导杨志红参加。

△10日，怀化市委副书记、市长黎春秋专题调度国有"三资"清查处置工作。他强调，要深入贯彻落实党中央、国务院和省委、省政府决策部署，按照"全领域、全口径、全覆盖"要求，全面深入开展国有"三资"清查处置，为稳增长防风险保民生提供有力支撑。市委常委、常务副市长陈旌，市政府秘书长李仕忠参加。

△11日，怀化市委书记、市委国家安全委员会主任许忠建主持召开市委国家安全委员会第五次会议，深入学习贯彻习近平总书记在二十届中央国家安全委员会第一次会议上的重要讲话精神，传达学习中央、省委有关会议精神，研究部署怀化市国家安全工作。市委副书记、市长、市委国家安全委员会副主任黎春秋出席。

◎怀化市政府与湖南省地质院签署战略合作协议 着力把资源优势转化为发展胜势

2023年7月7日上午，怀化市政府与湖南省地质院签署战略合作协议，双方将在自然资源综合调查、地质灾害综合防治、生态环境保护修复、城市地质数字化建设等领域开展深度合作。怀化市委书记许忠建、湖南省地质院党委书记谈文胜出席并讲话。怀化市委副书记、市长黎春秋主持签约仪式。

湖南省地质院党委委员、总工程师曹幼元，湖南省地质院党委委员、副院长刘凤娟，怀化市领导李卫林、向秀亮出席签约仪式。

7月7日上午，市政府与湖南省地质院签署战略合作协议

◎怀化市第二届“最美退役军人”“最美拥军人物”发布

怀化市第二届“最美退役军人”“最美拥军人物”发布仪式

2023 年 7 月 27 日，怀化市举行第二届“最美退役军人”“最美拥军人物”发布仪式，向社会公布 19 名“最美退役军人”、10 名“最美拥军人物”名单。省退役军人事务厅副厅长邓燕飞，市委常委、怀化军分区司令员舒可出席仪式并为“最美退役军人”“最美拥军人物”获得者颁发荣誉证书和奖杯。

舒可向“最美退役军人”“最美拥军人物”表示祝贺，向为保卫祖国、建设怀化作出突出贡献的退役军人、现役军人及军属致以崇高敬意。舒可说，怀化是革命老区，也是驻军大市，历来有拥军优属的光荣传统。近年来，怀化军地坚决贯彻习近平主席关于“双拥工作只能加强、不能削弱”的重要指示精神，把双拥工作作为重要政治任务来抓，不断提升双拥工作的质量效益，为部队战斗力建设提供了坚强保障。怀化市已经八次荣膺“全国双拥模范城”称号。目前，正是新一轮创建的关键时期，希望广大退役军人和拥军人物进一步增强责任感、使命感，始终保持对党忠诚的政治品格、不怕困难的拼搏精神、严守纪律的优良作风，让军人成为全社会尊崇的职业，让拥军成为全社会最广泛共识，让怀化“全国双拥模范城”这张名片更加闪亮。

◎芷江举行抗战胜利 78 周年纪念活动

2023 年 8 月 15 日，是日本宣布无条件投降 78 周年纪念日。芷江中国人民抗日战争胜利受降纪念馆举行群众性纪念活动，铭记抗战历史，赓续抗战精神。

1945 年 8 月 15 日，日本宣布无条件投降。当年 8 月 21 日，日本投降代表今井武夫一行飞抵芷江，交出侵华日军兵力部署图，接受载有命令侵华日军投降详细规定的备忘录，史称“芷江受降”。

15 日 9 时许，公安干警、抗战老兵后代、学生代表及社会各界人士近 500 人齐唱国歌。随后，防空警报划破长空，各界代表向死难同胞和牺牲先烈默哀。默哀结束后，公安干警代表向抗战胜利雕塑敬献花篮，表达哀思，祈愿和平。

现场，1945 年驻守芷江的抗战老兵李福元、赵宜甫拓下手印，抗战老兵后代及志愿者向受降纪念馆捐赠“黄龙玉雕降书”。

芷江受降纪念馆馆长吴建宏介绍，作为爱国主义教育基地，纪念馆开展形式多样的主题活动，全方位、立体式展现中国人民浴血抗战的光辉历史，弘扬伟大的抗战精神，为实现中华民族伟大复兴的中国梦凝心聚力。

芷江举行抗战胜利 78 周年纪念活动

◎溆浦县举行监察官宪法宣誓仪式

溆浦县举行纪委监委监察官宪法宣誓仪式

2023 年 7 月 27 日，溆浦县举行纪委监委监察官宪法宣誓仪式。县委常委、纪委书记、监委主任彭毅监誓并讲话。

仪式前，宣读了县纪委监委相关人员监察官等级确定的通知。

伴随着雄壮嘹亮的国歌声，宣誓仪式正式开始。现场，领誓人左手抚按宪法，右手举拳，在耀眼夺目的国旗前领诵誓词，全体监察官精神饱满、神情专注，共同向宪法和人民庄严承诺。

“我宣誓：忠于《中华人民共和国宪法》，维护宪法权威，履行法定职责……”铮铮誓言响彻全场，字字铿锵回荡耳边。

彭毅指出，宣誓就是承诺，承诺务必践行。监察官是一份荣誉，更是一份责任，希望大家牢记誓言，践行誓言，不负誓言，在推动溆浦经济社会高质量发展中作出更大的贡献。

要闻纪事

△ 13 日，怀化市委副书记、市长黎春秋主持召开“一迎三创”工作座谈会，鹤城区汇报了“一迎三创”工作开展情况，鹤城区参会代表结合岗位实际谈问题、提建议。

△ 17 日，怀化市政府与香港新华集团签署项目合作协议，双方将聚焦城市建设发展、陆港能级提升、特色优势产业等领域持续深化合作，共建怀港合作示范区。全国政协常委、香港中华总商会会长、粤港澳大湾区企业家联盟主席、香港新华集团董事局主席蔡冠深，市委书记许忠建出席签约仪式并讲话。市委副书记、市长黎春秋主持。

△ 21 日，2023 年第 3 期“五溪大讲堂”暨市委理论学习中心组集体（扩大）学习举行，深入学习贯彻党的二十大精神，正确理解和大力推进中国式现代化。湖南省社会科学院（湖南省人民政府发展研究中心）党组书记、院长（主任）钟君作题为“正确理解和大力推进中国式现代化”的专题辅导报告。受怀化市委书记许忠建委托，市委副书记、市长黎春秋主持。

△ 22 日，市政府召开第四次全体会议。市委副书记、市长黎春秋强调，要深入学习贯彻党的二十大精神，认真落实中央、省委、市委经济工作会议和省政府第二次全体会议精神，展示务实作风、强化务实担当、增强务实能力，全力打好打赢“发展六仗”，确保如期高效完成全年目标任务，为奋力实现“三高四新”美好蓝图、深入实施“五新四城”战略作出新的更大贡献。

◎认清形势任务 狠抓工作落实 怀化市优化营商环境评价指标推进会议召开

2023年8月16日，怀化市优化营商环境评价指标推进会议召开，会议通报了全市营商环境评价指标情况，听取了有关市直单位和县（市、区）的工作情况，对下一步工作进行了安排部署。市委常委、常务副市长陈旌出席会议并讲话。

陈旌指出，营商环境评价工作既是“放管服”改革成效的重要体现，也是促进工作提升的重要契机，更是树立怀化形象的平台与窗口，各单位要提高思想认识，坚决果断连续奋战，扎实做好营商环境评价工作，为全市创建营商环境优秀城市作出贡献。

陈旌强调，要认清形势任务，强化工作决心。各部门要有紧迫感、危机感，切实把思想和行动统一到抓好此次营商环境指标工作上来。要突出重点任务，狠抓工作落实。各单位要举一反三抓整改，进一步找准问题，立行立改。下阶段要注重质的提升，紧紧围绕“身在怀化，办事简化”营商名片，持续推进“放管服”改革，提高“怀化经验”美誉度。要加强协同调度，确保工作成效。各单位主要领导要亲自部署，分管领导要牵头抓，按照“半月一调度一总结一通报”工作机制，扎实推进评价工作，确保各项工作任务落实落地。

◎织密织牢未成年人关爱保护网——怀化市召开未成年人保护工作第二次联席会议

2023年8月28日上午，怀化市人民政府副市长杜登峰主持召开2023年全市未成年人保护工作第二次联席会议，通报全市未成年人保护工作情况，安排部署下阶段工作。

杜登峰对全市未成年人保护工作取得的成效给予肯定。他指出，未成年人保护工作量大面广、任务繁重，社会关注度高，全市各级各部门要始终保持高度警惕、强化责任担当，以等不得、推不得、马虎不得的作风，织密织牢未成年人关爱保护网。

杜登峰强调，要坚持人民至上的思想理念，出台相关规范性办法，严格追责问责；坚守保护未成年人的责任底线，切实摸排风险隐患点，建立台账，精准帮扶；树立协同推进的工作意识，深入调查研究、完善制度措施，推动未成年人保护工作走深走实；凝聚社会共治的宣传合力，建立基层宣传阵地，深入开展入户宣传等正面宣传和警示教育活动，全力抓好未成年人保护各项工作。

◎2023年怀化市打击走私综合治理第一次联席会议召开

2023年9月6日，2023年怀化市打击走私综合治理第一次联席会议召开。会议传达全国、全省打击走私综合治理工作系列会议精神，总结2022年全市打击走私综合治理工作，部署安排2023年工作。

2022年，怀化市按照省打私办关于打击走私综合治理工作的统一部署和要求，在全市范围内紧紧围绕“中央关注、社会关切、群众关心”的突出走私问题，全力推进“国门利剑2022”联合专项行动，打私工作取得全省前列的成绩。

会议强调，各级各部门要进一步提高政治站位，进一步突出精准打击，进一步强化部门合力，在打击洋垃圾、枪支弹药、濒危物种、冻品、商品油、烟草、重点涉税商品走私方面强化联合打击工作力度，形成震慑力，同时加大举报奖励、法治教育和宣传力度，推动构筑起“打、防、管、控”治理体系。

要闻纪事 ★★★★★★★★★★

△24日，怀化市上半年经济形势分析暨重点项目建设讲评会召开。市委书记许忠建强调，要深入学习贯彻党的二十大精神，聚焦实现“三高四新”美好蓝图，始终保持永不懈怠的精神状态和一往无前的奋斗姿态，把握大势、保持定力，坚定信心、埋头苦干，比学赶超、争先进位，深入实施“五新四城”战略，全力以赴抓项目、兴产业、拼经济、促发展，以实干实绩交出一份高质量发展年度答卷，充分体现省委巡视反馈意见整改成效。

△26日，溆浦县开展庆“八·一”军事日活动，学习军事知识、体验军营生活，接受国防教育、强化国防观念，以实际行动推动党管武装工作落实落地。县委书记、县人武部党委第一书记郑湘及全体在家县级领导参加。

△27日，怀化市委书记许忠建主持召开党外人士座谈会，就《中共怀化市委关于抢抓战略机遇 发挥比较优势 为湖南打造内陆地区改革开放高地作出新贡献的决定（征求意见稿）》（以下简称《决定》）征求各民主党派、工商联和无党派人士代表的意见建议。

△28日，中国共产党怀化市第六届委员会第五次全体会议召开。全会坚持以习近平新时代中国特色社会主义思想为指导，深入学习贯彻党的二十大精神以及习近平总书记关于湖南工作的重要讲话和指示批示精神，听取和讨论市委常委会工作报告，审议通过了《中共怀化市委关于抢抓战略机遇 发挥比较优势 为湖南打造内陆地区改革开放高地作出新贡献的决定》《中国共产党怀化市第六届委员会第五次全体会议决议》。

◎怀化全力破解难题 加快建设进度

2023年8月24日，怀化市委书记许忠建现场督导鹤中一体化重点建设项目，协调解决具体问题。他强调，要深入学习贯彻党的二十大精神和习近平总书记关于区域协调发展的重要论述，认真贯彻落实省委书记沈晓明在怀化调研讲话精神和市委六届五次全会精神，始终坚持问题导向，全力破解难题，加快重点项目建设进度，确保鹤中一体化取得新的成效。市领导陈旌、胡和平分别参加。

在怀化公铁联运物流园，许忠建详细了解规划设计、功能布局、配套服务等情况。他强调，要牢固树立和践行新发展理念，立足产业发展基础，加强与大型物流企业对接，科学定位、优化设计，确保更好发挥作用。

在G209高堰路至鸭嘴岩三段合一工程项目，许忠建要求，要紧盯时间节点，进一步压实责任、密切协作、形成合力，着力破解瓶颈制约，争取尽快开工建设。在中方县滨江北路项目，许忠建详细了解规划建设、征地拆迁情况。

在陆港大道扫尾工程项目，许忠建仔细查看工程建设进度。在包茂高速怀化国际陆港互通工程，许忠建详细了解项目规划建设进展。在怀化市污水处理厂改扩建项目，许忠建详细了解工程建设进展情况。在怀化植物博物园项目，许忠建详细了解项目规划设计、功能结构布局、配套设施建设等情况。

许忠建在陆港大道扫尾工程项目查看工程建设进度

◎洪江市举行“发扬种子精神 逐梦强军征程”文艺演出暨2023年秋季新兵欢送仪式

2023年9月12日晚，由洪江市人民武装部、市委宣传部、市退役军人事务局主办，以“发扬种子精神 逐梦强军征程”为主题的文艺演出暨2023年秋季新兵欢送仪式在行政中心大会议室举行。57名新兵身披绶带、胸戴红花，即将告别家乡和亲人奔赴火热军营，踏上从军报国、守卫边疆的新征程。洪江市委书记郑小胡出席仪式并讲话，市领导尹云刚、王安军等参加。

仪式上，郑小胡为新兵赠书并代表市委、市人大、市政府、市政协和全市43万人民，向全体新兵和新兵家长表示热烈的祝贺和崇高的敬意，向接兵干部表示衷心的感谢。郑小胡对新兵提出殷切希望。

随后，开场舞《复兴之路》、女声独唱《当兵光荣》、诗朗诵《稻子熟了》等节目精彩上演，赢得了台下观众阵阵掌声，充分体现了军营特色和家乡人民对入伍新兵们的祝福和希冀，更激发了他们保家卫国的责任感和使命感。

新兵代表与新兵家长代表发表了深切而热烈的感言，入伍新兵们纷纷表示，将不负国家、人民对自己的期望，积极投身军营、扎根部队、献身国防，努力成为一名合格的军人，为家乡人民增光添彩，为实现强军目标贡献力量。

沅江市举行“发扬种子精神 逐梦强军征程”文艺演出暨2023年秋季新兵欢送仪式

◎参军入伍 无上光荣 麻阳举行秋季新兵入伍欢送仪式

参军入伍 无上光荣 麻阳举行秋季新兵入伍欢送仪式

2023年9月15日，麻阳人武部举办秋季新兵入伍欢送大会，以苗族最隆重的仪式欢送新兵入伍。麻阳县委常委、常务副县长、县征兵领导小组组长贺巍，县人武部领导黄碧华、胡洪春等军地领导参加。

送兵大会在庄严的国歌声中拉开帷幕，学生代表为新兵佩戴绶带、红花。县征兵领导小组对高原条件兵敢为人先到祖国最需要的地方去的精神表达了高度赞扬，并为他们发放了奖励金。现场，歌舞相送，激励新兵入伍，建功立业，保家卫国，为国争光、为家乡争光。

“军营是报效祖国的阵地，我们愿意成为祖国的一块砖，为祖国的国防事业增添新的麻阳力量！”带编入伍的新兵代表刘茂说道。现场，新兵家长也纷纷表达了对子女参军报国的支持，希望他们踏入军营后，尽快成长为一名合格的中国军人，为国建功。

据了解，此次麻阳秋季征兵工作，坚持“优中选优”的原则，在征兵领导小组的层层筛选和严格把关下，为部队输送了新的麻阳力量，圆满完成了2023年秋季的征兵任务。下一步，麻阳将持续开展好征兵宣传，对兵员质量层层把关，为国家输送优质兵员。

◎怀化市检察机关举办第二届刑事执行检察业务竞赛

怀化市检察机关举办第二届刑事执行检察业务竞赛

2023年9月6日至7日，为全面提升全市执检队伍法律监督能力和执法办案水平，实现“以赛促学 实战练兵”的目的，怀化市人民检察院举办了全市检察机关第二届刑事执行检察业务竞赛。来自市县两级院的34名选手齐聚一堂，同场竞技。

本次业务竞赛严密结合刑事执行检察实务，共设置了刑事执行检察综合业务知识笔试、案件审查与法律文书制作、案件审查与答辩三个考查竞赛环节，充分考察参赛选手的政治素养、理论功底、专业水平和实践应用能力。

经过三轮的激烈角逐，来自新晃县院的周叶进等5名选手获得“业务标兵”，来自沅陵县院的李津等5名选手获得“业务能手”，溆浦县院等5个检察院获得优秀组织奖。

此次竞赛是一次对全市执检业务骨干理论素养、业务素质及应变能力的全方位检阅，参赛选手认真准备、沉着应对，展现了良好的精神面貌。

要闻纪事

8月

△3日，怀化市委副书记、市长黎春秋调度怀化国际陆港建设时要求，以临港工业区建设为引擎，推动商贸物流井喷发展、区域协作强力升级，倒逼陆港功能完善、智能提升。会上，怀化国际陆港经开区和市直相关部门对照任务清单，汇报了7月9日例会以来任务落实情况，就存在的短板和问题提出了改进措施。

△9日，怀化市人大常委会党组书记、主任李万千在全市安全生产“一法一条例一规定”执法检查座谈会上要求，要深入学习贯彻习近平总书记关于安全生产的重要论述，牢固树立“人民至上、生命至上”理念，切实增强贯彻落实“一法一条例一规定”的责任感使命感，以法治思维和法治方式牢牢守住安全生产底线。会议听取了市政府及相关部门贯彻实施安全生产“一法一条例一规定”工作情况。

△10日，怀化市委书记许忠建在怀化高新区主持召开新型显示产业链建设座谈会。市领导陈旌参加。

△16日，怀化市基层法院院长座谈会召开。怀化中院党组书记、院长左牧出席。2023年，全市法院聚焦“公正与效率”工作主题，扎实开展“四大行动”“四大工程”，开创了各项工作新局面。截至8月15日，全市法院新收各类案件37647件，审执结33338件，服判息诉率等审判效果指标进入全省法院第一方阵。

△17日，怀化市委书记、市委审计委员会主任许忠建主持召开市委审计委员会第四次会议，深入学习贯彻习近平总书记关于审计工作的重要论述精神，传达学习二十届中央审计委员会第一次会议和省委审计委员会第四次会议精神，听取今年上半年全市审计工作情况汇报，审议有关报告及事项，研究部署下阶段工作。市委副书记、市长、市委审计委员会副主任黎春秋出席。

◎2023年『聚侨兴湘』怀景怀乡怀味丰收节开幕

开幕式上，16个项目集中签约

2023年9月24日，2023年“聚侨兴湘”怀景怀乡怀味丰收节活动在溆浦县开幕。省政协党组成员、副主席肖百灵宣布开幕。省政协常委、省政协港澳台侨和外事委主任、分党组书记龚凤祥，省委统战部副部长向恩明，省侨联党组书记、副主席孙民生，省侨联党组成员、副主席李祖元出席。市委副书记、市长黎春秋致辞。

中国侨联海外委员、福建可比信息科技有限公司（华人头条）董事长、国际新媒体传播协会会长黄其旺，省侨联海外顾问、澳大利亚ABC传媒集团总裁袁祖文，省侨联海外委员、刚果民主共和国中华总商会会长、中国科学技术大学非洲校友会会长、全非洲留学生联盟主席张琪，省侨联海外委员、阿联酋湖南商会终身荣誉会长陈陵辉，湖南雪峰山文旅公司实控人陈黎明，市领导韩晓波出席。

开幕式上，16个项目集中签约。助力乡村振兴企业、五大洲海外商协会、侨青、海外华文媒体代表先后发言。与会人员一同观看了庆丰收文艺演出，开展了“怀景怀乡怀味”体验活动。

2023年『聚侨兴湘』怀景怀乡怀味丰收节活动在溆浦开幕

◎芷江举行2023年度森林防灭火技能大比武暨应急演练

芷江举行2023年度森林防灭火技能大比武暨应急演练

演练现场

2023年9月22日，芷江举行2023年度森林防灭火技能比武暨应急演练。芷江县委副书记、政法委书记谭茂河宣布比武开始，副县长宋慧群主持。

本次共有19支队伍参加比武演练，设置了串联水泵接力、油锯锯木操作、无人机三个项目。

比武中，所有竞赛队伍、人员齐心协力，奋勇争先，充分展示了芷江县基层干部精神风貌和综合战斗力，体现了各支森林防火队伍平时的训练情况和扑火技能的掌握情况。

经过一天的激烈角逐，晓坪乡获得一等奖，三道坑管理所、芷江镇获得二等奖，罗旧镇、冷水溪乡、碧涌镇获得三等奖。

要闻纪事

△21日，2023年第4期“五溪大讲堂”暨市委理论学习中心组集体（扩大）学习举行，深入学习贯彻党的二十大精神和习近平总书记关于文化和旅游工作的重要论述，推进全市文化和旅游深度融合发展，加快建设全国一流旅游度假目的地。世界旅游城市联合会首席专家魏小安作专题辅导报告。怀化市委书记许忠建主持。

△23日，怀化市组织工作会议召开。市委书记许忠建出席会议并讲话。他强调，要深入学习贯彻习近平总书记关于党的建设的重要思想，切实担负起管党治党的政治责任，认真落实全国、全省组织工作会议部署，把准方向和定位，推动全市组织工作高质量发展，为深入实施“五新四城”战略提供坚强组织保证。

市领导贺遵庆、李卫林出席。市委常委、市委组织部部长李博主持会议。

△31日，怀化市人民政府与上海市杨浦区人民政府在上海签署合作框架协议，召开交流座谈会。杨浦区委书记薛侃、怀化市委书记许忠建出席并讲话。杨浦区委常委、组织部部长姜道荣，区委常委、常务副区长尼冰，副区长于洋，怀化市委常委、常务副市长陈旌，副市长韩晓波出席。

9月

△1日，怀化市乡（镇、街道）人民武装部和退役军人服务站工作紧密协作现场会在会同召开。市委常委、怀化军分区司令员舒可，市人民政府副秘书长翟波，会同县委书记伍军鸣等出席会议。

◎《怀化市文明行为促进条例》10月1日起施行

2023年9月27日，怀化市人大常委会召开《怀化市文明行为促进条例》（后简称《条例》）颁布实施新闻发布会。《条例》将于10月1日起施行。

《条例》共5章25条，主要包括总则、规范与倡导、促进与保障、法律责任和附则。《条例》的出台，标志着怀化市精神文明建设工作进入法治引领新阶段，对提升公民文明素养和社会文明程度，开展群众性精神文明创建将发挥重要作用。在《条例》制定过程中，怀化市始终坚持科学立法、民主立法、开门立法，多次听取市直有关部门、县市区人大常委会（工委）、市人大代表、政协委员、基层组织和群众的意见，并通过座谈、走访、书信、电话、网络等渠道共收到各类意见建议4300余条，确保《条例》既维护国家法制统一和权威，又体现立法针对性和地方特色，切实做到不抵触、有特色、真管用。

新闻发布会上，相关负责同志分别就《条例》的立法背景、制定过程、主要内容、出台意义和必要性，以及颁布实施后如何推动学习宣传贯彻、如何发挥司法行政机关职能、如何依据《条例》促进文明出行和提高城市精细化管理水平等问题答记者问。

怀化市人大常委会召开《怀化市文明行为促进条例》颁布实施新闻发布会

◎铭记英雄烈士 弘扬革命精神 怀化市举行向英雄烈士敬献花篮仪式 许忠建出席

怀化市委书记许忠建在仔细整理花篮缎带

2023年9月30日，怀化市委书记许忠建、怀化市各界干部群众代表，来到怀化烈士陵园烈士纪念碑前，向英雄烈士敬献花篮，缅怀革命英烈，致敬人民英雄。

贺遵庆、舒可、李卫林、邓小建、余建勇等市领导出席。

上午9时，向烈士敬献花篮仪式正式开始。《义勇军进行曲》奏响，全场齐声高唱中华人民共和国国歌。国歌唱毕，全场肃立，向为中国人民解放事业和共和国建设事业英勇献身的英雄烈士默哀。默哀毕，少先队员献唱《我们是共产主义接班人》，向英雄烈士致敬。随后，市政府副市长余建勇为肖建强烈士遗属颁授《烈士光荣证》。

以中共怀化市委、怀化市人大常委会、怀化市人民政府、政协怀化市委、怀化军分区、驻怀部队、怀化市各界人民群众名义敬献的7个大型花篮一字排开。伴随着低沉深情的《献花曲》，礼兵正步向前，托起花篮，缓缓走向纪念碑，将花篮整齐摆放在纪念碑基座上。全体人员肃穆静立，行注目礼。

怀化市举行向英雄烈士敬献花篮仪式

许忠建走向前，仔细整理花篮缎带。接着，许忠建等市领导和各界代表一起缓步绕行瞻仰烈士纪念碑，向为中国人民解放事业和共和国建设事业英勇献身的英雄烈士表达深切的怀念。

◎怀化市公安局深入学习贯彻习近平总书记给英烈子女重要回信精神

2023年10月1日，怀化市公安局召开党委（扩大）会议，传达学习习近平总书记给中国人民公安大学在读英烈子女重要回信精神，研究贯彻落实意见。副市长、市公安局局长杨志红主持。

会议指出，要深入学习贯彻习近平总书记给中国人民公安大学在读英烈子女重要回信精神，进一步增强“四个意识”、坚定“四个自信”、做到“两个维护”，矢志不渝做党和人民的忠诚卫士，为建设更高水平的平安怀化、法治怀化贡献公安力量。

会议要求，要提高政治站位，切实把思想和行动统一到习近平总书记重要回信精神上来，坚决履行好维护国家安全和社会稳定、守护人民的幸福和安宁的神圣职责。要迅速部署推动，高规格组织推动、高标准专题学习、高质量宣传报道、高密度开展系列活动，迅速兴起学习贯彻习近平总书记重要回信精神热潮，确保学习宣传贯彻有力度、有声势、有成效。要强化责任担当，引导全警坚定拥护“两个确立”、坚决做到“两个维护”，全力以赴做好防风险、保安全、护稳定、促发展各项工作，以新的更大业绩回报习近平总书记的关心厚爱。

◎洪江区耕地保护知识进入党校课堂

2023年10月10日，洪江区自然资源局干部应邀到区工委党校，为该区2023年科级干部暨中青年干部培训班学员们讲解耕地保护相关知识。

这是洪江区首次将耕地保护工作作为党校授课内容。这位干部以《加强耕地保护，确保粮食安全》为题，从“耕地保护形势，以长牙齿的硬措施坚决守住耕地保护红线（怎么保护耕地）”两个方面，用法律条规、统计数据、典型案例讲授了一堂生动的耕地保护课。在分析研判洪江区耕地保护现状、形势时，还就怎么保护耕地与学员们展开了交流讨论。课后大家纷纷表示，本次党课思想深刻、内容丰富，让大家对耕地保护工作有了更全面更深刻的认识，对做好今后工作有着重要指导作用。

2023年洪江区科级干部暨中青年干部培训班

要闻纪事

△3日，怀化市委副书记、市长黎春秋主持召开会议，专题调度全市财政收入工作。他强调，要深入学习贯彻习近平总书记关于财政工作的重要论述，坚定信心、全力以赴，确保完成全年目标任务，为推动全市经济社会高质量发展作出更大贡献。市领导陈旌、李卫林、向秀亮，市政府秘书长李仕忠参加。

△4日，怀化市委副书记、市长黎春秋调度怀化国际陆港建设及专业化市场规划改造工作时强调，要深入贯彻省委、省政府决策部署，全力推进临港工业区建设、平台建设和专业化市场规划改造，把怀化国际陆港建设成为西部陆海新通道上的一颗闪亮明珠。市领导陈旌、胡和平，市政府秘书长李仕忠参加。

△8日，怀化市委书记许忠建主持召开市委常委会（扩大）会议，传达学习省委十二届四次全会精神，研究部署怀化市贯彻落实工作，动员全市各级党组织和广大党员干部群众，锚定“三高四新”美好蓝图，坚持以正确政绩观引领高质量发展，奋力建设现代化新怀化。

△13日，怀化市学习贯彻习近平新时代中国特色社会主义思想主题教育工作会议召开。会议深入学习贯彻习近平总书记关于主题教育系列重要讲话和重要指示批示精神，对全市开展主题教育进行动员部署。市委书记许忠建主持会议并讲话，省委第十二巡回督导组组长徐克勤到会指导并讲话。市委副书记、市长黎春秋，市人大常委会主任李万千，省委第十二巡回督导组副组长彭力、王艳和巡回督导组全体成员出席会议。

◎乌兰率队在怀化开展中医药“一法一办法”执法检查 念好“四字诀” 以法治护航中医药传承创新发展

2023 年 10 月 18 日至 19 日，湖南省人大常委会党组书记、副主任乌兰率队在怀化市开展中医药“一法一办法”执法检查，她强调，要用好中医“望”“闻”“问”“切”四字方法论，在法治轨道上推动中医药传承创新发展。省人大常委会秘书长王晓科参加。

在怀化，乌兰走进中医药高等院校、重点实验室等开展实地检查；在执法检查汇报会暨反馈会上，听取有关工作情况汇报，反馈检查情况，交办问题清单。

乌兰指出，要登高“望”远，充分认识中医药医学价值、健康价值、经济价值、文化价值，深刻把握中医药的独特优势、前景潜力、发展规律，坚定中医药传承创新发展的信心和决心。要“闻”令而动，深学笃行习近平总书记关于中医药工作的重要论述，认真贯彻落实党中央决策部署和省委工作要求，以实际行动坚定拥护“两个确立”、坚决做到“两个维护”。要“问”道法治，坚持在法治轨道上推动中医药传承创新发展，做到心中有法、行事依法、严格执法、精准立法，为推进我省中医药事业发展提供有力法治保障。要“切”中要害，坚实破解制约中医药高质量发展的重点难题，在规划引领、质量监管、品牌建设、人才培养上发力，走出一条内涵式、品质化、可持续的中医药传承创新发展路子。

湖南省人大常委会执法检查组在怀化市开展中医药“一法一办法”执法检查

◎鹤城区举行劳动模范和先进工作者表彰大会

2023 年 10 月 18 日，鹤城区举行劳动模范和先进工作者表彰大会。区委书记唐成出席会议并讲话。他强调，要唱响劳动最光荣、劳动最崇高、劳动最伟大、劳动最美丽主旋律，进一步激励全区广大干部群众凝心聚力、苦拼实干，朝着奋力当好“五新四城”主力军排头兵的目标奋勇前进。区委副书记、区长郑明明主持，全体在家区级领导参加。

会上，宣读了表彰决定并颁奖，全区劳动模范代表胡春香、先进工作者代表张烜分别发言。

唐成指出，近年来，全区上下认真落实党中央、省委、市委、区委各项决策部署和工作要求，统筹推进稳增长、促改革、调结构、惠民生、防风险各项工作，全区经济建设和改革发展取得了长足进步。此次受到表彰的劳动模范和先进工作者，为全区人民树立了学习的榜样，为经济社会发展积累了宝贵的精神财富，集中体现了全区广大劳动者勤恳踏实的优秀品质，展示了新时代鹤城人民奋发向上的精神风貌。

鹤城区举行劳动模范和先进工作者表彰大会

要闻纪事

△ 13 日至 15 日，湖南省政协原副主席、省关工委副主任贺安杰带领调研组到怀化市调研关心下一代工作。市关工委主任陈志强等参加调研。

△ 15 日，在怀化职业技术学院田径运动场，伴随着新战士的铿锵誓言，怀化市 2023 年下半年新兵欢送仪式拉开帷幕。入伍新兵带着家乡人民的嘱托与厚望，踏上征程，开启军旅生涯。舒可、胡扬帆等领导出席欢送仪式。

△ 21 日，怀化市委理论学习中心组举行 2023 年第 9 次集体（扩大）学习暨“以学铸魂”专题研讨。市委书记许忠建主持并作总结讲话。市委副书记、市长黎春秋作交流发言。省委第十二巡回督导组副组长彭力、王艳到会指导。

△ 21 日，怀化铁路运输法院行政争议协调中心驻洪江市工作站揭牌成立。洪江市市委副书记、市长向青松与怀化铁路运输法院党组书记、院长刘珂一起为工作站揭牌，怀化铁路运输检察院党组书记、检察长杨勇，市领导李志斌参加。

△ 28 日，怀化市长黎春秋主持召开市政府常务会议，传达学习习近平总书记近期重要讲话重要指示精神以及全国、全省有关会议精神，研究部署全市防范化解地方债务风险和鹤中综合交通、公共交通服务一体化实施以及市本级 14 周岁以下儿童免费乘坐公交车等工作。

10月

△ 2 日，怀化市委书记许忠建主持召开县域经济高质量发展调度会。市领导李卫林、杜登峰参加。会议听取了市委县域经济工作协调小组办公室的情况汇报，对各县市区的主导产业和优势产业逐一进行了比较分析，明确特色优势产业的发展定位和方向。

◎桂湘黔三省（区）六县 基层立法联席会在通道举行

2023 年 10 月 12 日至 13 日，桂湘黔三省（区）六县区域协同机制联席会第三次会议在通道举行。

2020 年 7 月 17 日，广西壮族自治区三江侗族自治县人大常委会被全国人大常委会法工委确定为基层立法联系点。2021 年 6 月 24 日，在广西柳州市三江侗族自治县人大常委会、融水苗族自治县人大常委会，桂林市龙胜各族自治县人大常委会，湖南省怀化市通道侗族自治县人大常委会，贵州省黔东南苗族侗族自治州黎平县人大常委会、从江县人大常委会的大力支持配合下，《桂湘黔三省（区）六县人大常委会基层立法工作联系点工作区域协同框架协议》签订，在全国首创构建三省（区）六县人大常委会基层立法联系点区域协同机制，共同承接全国人大常委会法工委立法征询意见工作，为少数民族群众表达和反映社情民意搭建平台。

桂湘黔三省（区）六县基层立法联系点区域协同机制联席会议在通道召开

今年，依托全国人大常委会法工委三江基层立法联系点，三省（区）六县区域协同机制新增 6 家立法信息采集点。

三省（区）六县区域协同机制共同研究解决交界地区社会治理问题，用好全国基层立法联系点平台，推动桂湘黔环“三省坡”铸牢中华民族共同体意识示范带建设，达成“环境同建、文化同融、产业同兴”发展共识。

◎黎春秋专题研究仙人桥商务区“三馆一院”规划设计时要求 全力以赴将“三馆一院”民生实事工程办实办好

2023年10月31日，怀化市委副书记、市长黎春秋专题研究仙人桥商务区“三馆一院”规划设计时要求，要深入学习贯彻习近平总书记关于城市工作的重要论述，切实把思想和行动统一到市委、市政府决策部署上来，全力以赴将“三馆一院”这一民生实事工程办实办好，不断满足人民群众对美好生活的需要。副市长向秀亮参加。

“三馆一院”总占地94.6亩，其中图书馆、博物馆占地26.2亩，规划馆占地10亩，大剧院占地58.4亩。会上，市城发集团、中建三局汇报了“三馆一院”规划设计方案。

研究确定有关具体事项后，黎春秋指出，“三馆一院”是完善城市功能、提升城市品质、丰富群众文化生活的民生工程，必须坚定不移加快推进。要精准测算场馆建设成本，充分考虑场馆使用率、后期运营维护等因素，坚持尽力而为、量力而行，有多大财力办多大的事，牢牢守住政府债务风险底线。要按照“相对时尚、适度简约”的原则，进一步优化设计方案。市直相关部门加强要素保障，全力为项目建设保驾护航，尽快形成实物工作量。

◎怀化市政府与儋州市政府签署战略合作协议

怀化市人民政府与儋州市人民政府在儋州市签署推进西部陆海新通道建设战略合作协议，召开交流合作座谈会

2023年11月9日，怀化市人民政府与儋州市人民政府在儋州市签署推进西部陆海新通道建设战略合作协议，召开交流合作座谈会。儋州市委书记、洋浦经济开发区工委书记邹广，怀化市委书记许忠建出席并讲话。

儋州市委常委、洋浦经济开发区工委副书记、管委会常务副主任任延新，儋州市委常委、秘书长吴清高，洋浦港航首席运营官、洋浦国际董事长王坚敏，怀化市委常委、常务副市长陈旌，市人大常委会副主任、怀化国际陆港经开区党工委书记胡和平出席。

会前，许忠建一行参观考察了澳斯卡国际粮油有限公司、西部陆海新通道洋浦国际集装箱码头。

◎2023年第7期“五溪大讲堂”举行

11月23日下午，2023年第7期“五溪大讲堂”举行。

11月23日下午，2023年第7期“五溪大讲堂”举行

2023年11月23日下午，2023年第7期“五溪大讲堂”举行，湖南省政府副秘书长、省信访局局长陈雪楚作专题讲座。受怀化市委书记许忠建委托，市委副书记、市长黎春秋主持，市委副书记、市委政法委书记贺遵庆参加。

讲座中，陈雪楚从什么是信访工作法治化、为什么要推进信访工作法治化、怎么推进信访工作法治化等三个方面进行深入解读。讲座主题鲜明、内涵丰富、深刻生动，对加快推进怀化信访法治化建设具有很强的针对性和指导性。

现职市领导，市直正处级以上单位主要同志参加讲座，各县市区设分会场。

◎以“双招双引”为高质量发展蓄势赋能 黎春秋赴湖南省央企合作对接暨重大招商引资驻京工作专班汇报衔接工作

11月28日，市委副书记、市长黎春秋与湖南省央企合作对接暨重大招商引资驻京工作专班主任郑建新座谈交流

11月28日，怀化市委副书记、市长黎春秋带队赴湖南省央企合作对接暨重大招商引资驻京工作专班汇报衔接工作，与省央企合作对接暨重大招商引资驻京工作专班主任郑建新座谈交流。湖南省人民政府驻北京办事处党组书记、主任、省央企合作对接暨重大招商引资驻京工作专班常务副主任陈荣伟，省央企合作对接暨重大招商引资驻京工作专班副主任王强，市政府秘书长李仕忠参加。

郑建新对怀化恳请关心支持的具体事项予以积极回应并指出，近年来，怀化全力以赴拼经济、拼项目、拼环境，工作扎实、富有成效。省驻京工作专班将坚决落实省委、省政府部署要求，全力指导和支持怀化“双招双引”工作，助力怀化加快推动高质量发展，在实现“三高四新”美好蓝图过程中展现新作为。

在京期间，黎春秋还参观了首届中国国际供应链促进博览会，会见了东旭集团董事长李兆廷、人民文创(北京)文化发展有限公司董事长赵洪俊。

要闻纪事

△7日，怀化市招商引资暨县域经济发展推进会议召开。市委书记许忠建主持会议并讲话。市委副书记、市长黎春秋作工作报告。市人大常委会主任李万千出席。

△10日，怀化市委书记许忠建在市委主题教育办主持召开全市学习贯彻习近平新时代中国特色社会主义思想主题教育工作推进会。市领导李卫林参加。

△12日，怀化市创建全国文明城市提名城市工作推进会召开。会上，播放了《怀化市创建全国文明城市督查暗访专题片》，鹤城区、怀化国际陆港经开区、市城管执法局、市公安局交警支队、鹤城区城中街道、鹤城区城南街道狮子岩社区、鹤城区盈口乡榆市村作表态发言。鹤城区、怀化国际陆港经开区、市城管执法局等24个单位递交《怀化市创建全国文明城市点位责任书》。

△12日，由怀化市中级人民法院、市人力资源和社会保障局、市总工会、共青团怀化市委员会、市妇女联合会联合举办的怀化市第三届审判业务（执行）技能竞赛在市中级人民法院开赛。

△23日，怀化市网络安全和信息化工作会议召开。市委书记、市委网络安全和信息化委员会主任许忠建出席会议并讲话。市委副书记、市长、市委网络安全和信息化委员会副主任黎春秋主持会议。

△25日，怀化市委书记许忠建，市委副书记、市长黎春秋会见出席湖南RCEP粮食安全合作交流会暨湖南（怀化）米粉节的老挝外宾。

◎《怀化国际陆港建设促进条例》获表决批准

2023年11月30日，湖南省十四届人大常委会第六次会议表决批准了《怀化国际陆港建设促进条例》(以下简称《条例》)，怀化建设国际陆港有了法治保障。

省委、省政府明确将怀化国际陆港作为全省唯一的国际陆港重点支持建设，省委十二届四次全会进一步明确提出推进怀化国际陆港建设。市委六届三次全会专门作出决议，明确提出怀化国际陆港是非干不可、非干成不可的首要工程。市人大常委会坚持立法决策与市委重大决策相衔接，将条例纳入立法规划。

根据年度立法工作计划安排，市人大常委会于2022年10月启动条例立法工作，成立立法工作领导小组。《条例》由市六届人大常委会第十一次会议于2023年6月26日进行一审，市六届人大常委会第十二次会议于2023年8月30日进行了二审，市六届人大常委会第十三次会议于2023年11月1日进行了三审并表决通过，随后按照程序报请省人大常委会会议批准。

根据“小快灵”立法要求，《条例》优化体例结构，全文不设章共24条。其规定了支持申报建设综合保税区等完善口岸功能，支持绿色智能信息建设、提升平台运营效能，加快推进专业物流园区和地方铁路专用线建设发展现代物流业等内容，还规定以省政府批复陆港经开区管委会更名的时间9月6日确定为怀化国际陆港日。

◎怀化市委常委集体赴向警予同志纪念馆接受革命传统教育 坚定理想信念 筑牢绝对忠诚 为建设现代化新怀化而不懈奋斗

2023年12月1日上午，怀化市委书记许忠建率市委常委赴向警予同志纪念馆接受革命传统教育，缅怀革命先烈，传承红色基因。他强调，要坚定理想信念，筑牢绝对忠诚，团结带领全市上下锚定“三高四新”美好蓝图，深入实施“五新四城”战略，为建设现代化新怀化而不懈奋斗。市人大常委会主任李万千列席活动。

向警予是中国共产党创始人及早期领导人之一，杰出的共产主义战士，忠诚的无产阶级革命家，中国妇女运动的先驱和领袖。许忠建一行来到向警予同志纪念馆，向向警予铜像敬献花篮，深深鞠躬，表达对革命先辈的无限敬意和怀念。来到向警予同志生平事迹陈列馆和向警予故居，许忠建一行通过珍贵的历史文物、翔实的影像资料、生动的史实讲解，详细了解向警予为妇女解放、为劳苦大众、为共产主义事业奋斗的一生，接受了一次深刻的革命教育和精神洗礼。

许忠建指出，要让红色教育基地成为主题教育的重要课堂，充分发挥好革命遗址遗存、纪念场馆等宣传教育功能，引导广大党员干部从党的光辉历史中汲取砥砺奋进的精神力量，坚定理想信念，传承红色基因，赓续红色血脉，在践行初心使命中展现一往无前的奋斗姿态和只争朝夕的精神状态。

12月1日上午，市委书记许忠建率市委常委赴向警予同志纪念馆接受革命传统教育，缅怀革命先烈，传承红色基因

要闻纪事

△27日，怀化市委书记许忠建主持召开市委常委会(扩大)会议暨全市“走基层、找问题、想办法、促发展”活动第二次调研情况交流会，深入学习贯彻习近平总书记关于主题教育重要讲话和指示批示精神，传达学习近期中央、省委主题教育有关会议精神，通报怀化市主题教育进展情况，听取5个县市区和6个市直单位开展“走找想促”活动情况汇报，安排部署下一阶段工作，推动“四下基层”深入开展和主题教育走深走实。

△30日，怀化市巩固拓展脱贫攻坚成果暨全面推进乡村振兴工作会议召开，市委书记许忠建出席并讲话。市委副书记、市委政法委书记贺遵庆主持，市委常委、常务副市长陈旌通报有关问题并部署有效衔接考核工作。会议以电视电话会议形式召开，市直有关单位负责同志在主会场参加，县(市、区)委书记、县(市、区)长及相关负责同志在分会场参加。

△31日，怀化市委常委、常务副市长陈旌主持召开市重点项目调度会，听取1至9月全市重点建设项目进展情况汇报，研究解决影响项目进度的具体问题，对下阶段项目工作进行安排部署。

11月

△3日，在湖南省安全生产电视电话会议暨省安委会第四次全体成员会议后，怀化市委副书记、市长黎春秋立即主持召开会议，部署有关工作。

◎怀化市中院举行宪法宣誓仪式

2023年12月4日，第十个国家宪法日，怀化市中级人民法院组织新入员额法官举行宪法宣誓仪式。市中级人民法院党组书记、院长左牧领誓并讲话。

上午11时，在雄壮的国歌声中，宣誓仪式正式开始。参加宣誓的23名新入员额法官精神饱满，整装肃立，列成整齐方队，面对鲜艳的五星红旗，举起右拳，郑重宣誓。大厅内庄严响亮的铮铮誓言表达了市中院新任职人员对宪法的尊崇敬畏和公正司法、廉洁奉公、恪尽职守、司法为民的坚定决心。

宣誓结束后，左牧勉励全体法官干警，要始终坚定宪法自信，筑牢宪法意识，维护宪法权威；要始终坚持把党的领导作为司法工作的“纲”和“魂”，把稳政治方向，坚定理想信念；要牢固树立正确的政绩观、权力观、事业观，锤炼干事本领，忠诚履职尽责；在审判工作中要主动接受人大及社会各界监督，自觉锤炼良好作风，恪守清正廉洁；坚持严以用权，不越红线、守好底线，以实际行动践行庄严誓言，树立新时代人民法院和人民法官的良好形象，为全面推进依法治国、加快建设社会主义法治国家作出新的更大贡献。

怀化市中院举行宪法宣誓仪式

怀化市中院举行宪法宣誓仪式

◎弘扬宪法精神 共建法治怀化 怀化市举行第十个国家宪法日宣传活动

怀化市中级人民法院工作人员耐心解答群众咨询的法律问题

2023 年 12 月 4 日，由怀化市委全面依法治市委员会、市司法局联合主办的怀化市第十个国家宪法日宣传活动在市委佳惠广场举行。副市长、市公安局局长杨志红到场指导。

活动现场人头攒动，参与市民热情高涨，一排排宣传展台前围满了人。市司法局等 51 家重点普法责任单位，结合自身行业特点，通过悬挂横幅标语、发放法治宣传册和法治文化产品等方式，开展了特色鲜明的法律法规宣传。同时还组织法律专业人士，现场解答群众疑问、咨询，提供便民服务。

伴随着高亢嘹亮的开场歌舞《五星红旗》，文艺会演正式拉开帷幕。阳戏《高价彩礼》、相声《血本无归》、诗朗诵《法润万家 扬帆起航》、法治小品《梦断高利》等形式多样的法治节目轮番上演，给现场观众送上了一顿丰盛的法治文化大餐。

据悉，“宪法宣传周”期间，全市各县（市、区）还将举行宪法宣传进农村、进社区、进校园、进机关、进企业等系列主题活动，在全市上下形成宪法至上、用宪法维护人民权益的良好氛围，为怀化经济社会高质量发展贡献法治力量。

◎祝贺！麻阳首家“军人驿站”揭牌

2023 年 12 月 8 日，麻阳在君茂·天宜酒店举行“军人驿站”揭牌仪式，麻阳县人武部领导黄碧华、胡洪春，副县长滕春霞参加揭牌仪式。

麻阳首家“军人驿站”的设立，是深入推进社会化拥军工作的重要举措，充分体现了麻阳社会各界关爱军人、奉献社会的责任感与使命感。君茂·天宜酒店作为麻阳首家“军人驿站”，为军人军属、退役军人和其他优抚对象提供住宿、餐饮最低优惠，还推出“军人之家”主题客房，给入住军人、退役军人带来宾至如归的感受，让“军人驿站”真正成为军人军属、退役军人和优抚对象温馨的港湾。

近年来，麻阳始终锚定“让军人成为全社会尊崇的职业、让退役军人成为全社会尊重的人”的工作目标，不断探索社会化拥军工作新模式和新路径。下一步，麻阳将以此次揭牌仪式为契机，继续加强与企事业单位、社会团体的合作，组织动员更多社会力量参与到拥军优属活动中来，全力营造尊军拥军的社会氛围，形成军地合力、军民同心、共创双拥模范县的新局面，让退役军人和现役军人及军属享受到实实在在的福利，获得更多社会的尊崇和关爱，让新时代双拥之花在麻阳绽放得更加绚丽。

揭牌仪式现场

现场揭牌

◎怀化市委常委会（扩大）会议暨全市“走找想促”活动第三次调研情况交流会、主题教育整改整治工作推进会召开

2023 年 12 月 7 日，怀化市委常委会（扩大）会议暨全市“走基层、找问题、想办法、促发展”活动第三次调研情况交流会、主题教育整改整治工作推进会召开。会议深入学习贯彻习近平总书记关于主题教育重要讲话和指示批示精神，传达学习党中央、省委有关文件会议精神，通报全市主题教育进展情况，听取县市区和市直有关单位整改整治情况汇报，持续深化“走找想促”活动，研究部署整改整治工作，推动主题教育走深走实。市委书记许忠建主持会议并讲话，省委第十二巡回督导组组长徐克勤到会指导。市委副书记、市长黎春秋，市人大常委会主任李万千作交流发言。省委第十二巡回督导组副组长彭力、王艳，市委副书记、市委政法委书记贺遵庆出席。

12 月 7 日下午，市委常委会（扩大）会议暨全市“走基层、找问题、想办法、促发展”活动第三次调研情况交流会、主题教育整改整治工作推进会召开

会议指出，临近年终，收官在即。全市各级各部门要抓好工作统筹，把开展主题教育同推动中心工作结合起来，守住安全底线，奋力冲刺全年目标任务，精心谋划明年工作，以高水平开放高质量发展成效巩固拓展主题教育实效。

在职市级领导干部出席会议。13 个县市区和 4 个市直单位负责同志作交流发言。

要闻纪事

△ 4 日至 5 日，国家电投新能源总工程师、中国电力党委书记、董事局主席贺徒，山东鲁北企业集团总公司董事长吕天宝来怀化考察。在 4 日的座谈会上，市委副书记、市长黎春秋就推进项目合作与贺徒、吕天宝深入交流。市政府秘书长李仕忠参加。

△ 7 日，怀化市委副书记、市长黎春秋主持召开对接上级重大政策工作专题会，强调要抢抓国家政策机遇，深研政策、及时指导、主动对接、强化保障，全力把政策红利转化为高质量发展实效。市领导陈旌、市政府秘书长李仕忠参加。

会上，市直有关部门汇报了本行业领域上级部门释放的政策红利，并结合怀化市实际争取相关政策支持提出建议。

△ 8 日，怀化市人大常委会与市政府召开联席会议。会上，市政府通报了经济社会发展和法治政府建设情况，市人大常委会通报了人大常委会依法履职情况。对市人大常委会主任会议组成人员提出的意见建议，黎春秋表示市政府将认真研究、吸收采纳，以清单形式划定责任，督促相关部门不折不扣抓好落实。

△ 13 日，怀化市委副书记、市长黎春秋专题调度湖南省国家中医药综合改革示范区先导区建设工作。副市长向秀亮参加。会上，市卫健委汇报了怀化市建设湖南省国家中医药综合改革示范区先导区工作情况。

◎溆浦县委常委集体赴向警予同志纪念馆接受革命传统教育

参观向警予同志生平陈列馆

向向警予铜像敬献花篮

2023年12月13日，溆浦县委书记郑湘率县委常委集体赴向警予同志纪念馆接受革命传统教育，致敬革命先辈，传承红色基因。县委副书记、县长杨廉喜参加活动。县人大常委会主任李波，县政协主席张伟列席活动。

在向警予同志纪念馆，郑湘一行向向警予铜像敬献花篮，深深鞠躬，表达对革命先辈的敬意和怀念。随后，来到向警予同志生平陈列馆、故居，通过文字、照片、实物等馆藏资料，全面了解向警予同志这位中国共产党创始人及早期领导人之一、杰出的共产主义战士、忠诚的无产阶级革命家、中国妇女解放运动的先驱在革命生涯中，为妇女解放、为劳动大众解放、为共产主义事业奋斗作出的卓越贡献。

参观结束后，郑湘说，县委常委同志作为溆浦的“关键少数”，一定要坚定理想信念，对党绝对忠诚，始终胸怀“国之大者”，从革命先辈的光辉事迹中汲取奋进力量，不断增强“四个意识”、坚定“四个自信”、做到“两个维护”，敢于攻坚克难，带头抓好招商引资、产业发展、民生实事等重点难点工作，不断推动溆浦经济社会高质量发展。

◎一粒种子 改变世界 籼型杂交水稻研究成功50周年暨种业高质量发展研讨会湖南省农学会2023年学术年会在怀化举行

12月18日上午，“一粒种子 改变世界”籼型杂交水稻研究成功50周年暨种业高质量发展研讨会湖南省农学会2023年学术年会在怀化举行

2023年12月18日，“一粒种子 改变世界”籼型杂交水稻研究成功50周年暨种业高质量发展研讨会湖南省农学会2023年学术年会在怀化举行。中国工程院院士印遇龙作视频演讲。中国工程院院士、湖南省农业科学院党委书记柏连阳，怀化市委书记许忠建，湖南省农业农村厅党组成员、副厅长欧阳彪，湖南省科学技术协会副主席李为出席并讲话。怀化市委副书记、市委政法委书记贺遵庆主持开幕式。

开幕式后，举行了主旨演讲。印遇龙视频连线作“湖南省生猪产业科技发展与怀化市发展对策建议”主旨演讲。柏连阳，省农业科学院党委副书记、院长余应弘，国家杂交水稻工程技术研究中心主任邓华凤，袁隆平农业高科技股份有限公司副总裁、种业科学研究院院长杨远柱分别作主旨演讲。

开幕式上，市政府分别与省农业农村厅签署打造怀化种业高地战略协议，与农业农村部南京农业机械化研究所、中国农业科学院麻类研究所（南方经济作物研究中心）签署科技合作协议，与湖南省农业科学院签署科研合作协议，与湖南农业大学签署种业助推乡村振兴合作框架协议；市农业科学研究院分别与相关科研机构、企业签订合作协议15个。另外，还签约了种业产业合作项目6个。

要闻纪事

△16日，怀化市委副书记、市长黎春秋主持召开学习贯彻落实中央金融工作会议精神座谈会。会上，各金融机构、金融监管部门及市直相关部门先后发言，围绕学习贯彻落实中央金融工作会议精神，以高质量金融服务助力地方经济社会高质量发展建言献策。

△17日，怀化市委副书记、市长黎春秋带队赴省住建厅、省卫健委，就贯彻落实省委书记沈晓明在怀化调研讲话精神，加快推动怀化高质量发展，开展重点工作对接。副市长向秀亮参加。

△19日，怀化市委副书记、市长黎春秋专题研究冷链物流有关工作，副市长杜登峰，市政府秘书长李仕忠参加。会上，市发改委汇报了国家骨干冷链物流基地整体推进情况；市商务局汇报了冷链配送体系建设情况；市农业农村局汇报了产地预冷体系建设情况。

△20日，怀化市委书记许忠建在洪江市专题调度旅游“金三角”建设和第三届市旅发大会筹备工作。市委副书记、市委政法委书记贺遵庆，市领导李卫林、余建勇、杜登峰参加。调度会上，听取了旅游“金三角”建设和第三届市旅发大会筹备工作情况、高庙遗址博物馆和杂交水稻发源地博物馆规划建设方案等相关情况汇报，研究确定有关具体事项。

△23日，怀化市委副书记、市委政法委书记贺遵庆主持召开耕地保护和粮食安全工作调度会。他强调，要深入学习贯彻习近平总书记关于国家粮食安全的重要论述，认真贯彻落实国、省耕地保护和粮食安全有关部署要求，进一步统一思想，扛牢责任，凝聚合力，确保圆满完成全年耕地保护和粮食安全各项工作目标任务，确保实现创先争优。

◎共叙乡情 共话桑梓 共谋发展 2023年广东省湖南商会年会暨怀化市招商引资推介会在广州成功举办

2023年12月18日，2023年广东省湖南商会年会暨怀化市招商引资推介会在广州举行。湖南省政协副主席、省工商联主席张健出席并讲话，湖南省政府驻深圳办事处主任敖琢，怀化市委副书记、市委政法委书记贺遵庆讲话，怀化市副市长韩晓波，广东省湖南商会会长陈乐田分别致辞。

张健指出，近年来，广东省湖南商会积极响应湖南省委省政府“迎老乡、回故乡、建家乡”的号召，成功举办多场招商活动，为会员企业了解湖南各地招商政策提供了契机，促成了一批投资合作成果。新的一年，希望商会加强会员企业之间的合作交流，成为湖南与广东经贸合作和文化交流的重要桥梁纽带。

敖琢表示，当前，全省上下正全力推进“湘商回归”工程，努力“迎老乡、回故乡、建家乡”。省政府驻深圳办事处作为在粤湖南人的“娘家”，将竭力为大家回湘到怀考察投资当好桥梁纽带、提供优质服务。

2023年广东省湖南商会年会暨怀化市招商引资推介会签约

贺遵庆说，以感恩之心表达感谢之意，衷心感谢省政府驻深圳办事处的“穿针引线”、广东省湖南商会的“铺路搭桥”、各位湘商的“富而思源、富而思进、富而思报”。

推介会上，共有18个项目签约，并为广东省湖南商会新增会员颁牌，市商务局、市文旅广体局、怀化国际陆港经开区、怀化高新区、雨溆工业园作专项招商推介。

◎国开行湖南省分行金融支持怀化市高质量发展座谈会暨战略合作签约仪式举行 开展深度合作 实现共赢发展

12月18日下午，国开行湖南省分行金融支持怀化市高质量发展座谈会暨战略合作签约仪式举行

2023年12月18日，国开行湖南省分行金融支持怀化市高质量发展座谈会暨战略合作签约仪式举行，怀化市政府与国开行湖南省分行签署战略合作协议，双方将在怀化国际陆港建设、鹤中一体化发展等领域开展深度合作。市委书记许忠建，国开行湖南省分行党委书记、行长宋征出席并讲话。市委副书记、市长黎春秋主持。国开行湖南省分行党委委员、副行长张伟，市领导李卫林、邹兴旺参加。

会上，鹤城区、中方县、怀化高新区、怀化国际陆港经开区、市城发集团与国开行湖南省分行签订鹤中一体化区域项目融资协议。

◎加快推进"国际种业之都"建设 在怀杂交水稻制种企业座谈会召开

2023年12月18日下午，在怀杂交水稻制种企业座谈会召开。副市长杜登峰主持，30家省内外水稻制种企业代表参会。

会上，怀化市农业农村局、溆浦、靖州、洪江市、芷江分享了杂交水稻制种经验做法和取得的成效，7位杂交水稻制种企业家总结了制种经验、分享制种成果、探讨发展趋势。

杜登峰对长期以来为怀化市杂交水稻制种产业发展作出贡献的企业表示感谢，希望与会企业把握机遇，与怀化一道，激发创新活力，凝聚科研力量，为推动怀化杂交水稻制种高质量发展、奋力打造"国际种业之都"作出新的更大贡献。

杜登峰要求，各有关部门要充分发挥怀化市自然资源优势和区位优势，加大投入力度，注重强化龙头引领，补齐设施短板，强化科技支撑，加快深化土地制度改革，切实优化营商环境，将杂交水稻制种高质量发展作为确保粮食安全、增加农民收入的主导产业和首要任务，研究具体措施，认真抓好落实，开创怀化杂交水稻制种工作新局面。

◎打造绿色产业体系 做足冷链特色文章

2023年12月20日，怀化市委副书记、市长黎春秋主持召开会议，专题调度绿色食品产业园建设工作。他强调，要深入贯彻习近平总书记对湖南重要讲话重要指示批示精神，认真落实省委书记沈晓明在怀调研要求，打造绿色产业体系，做足冷链特色文章，推动怀化国际陆港高质量建设，在扩大高水平对外开放上展现新作为。市领导邹兴旺、杜登峰，市政府秘书长李仕忠参加。

怀化市委副书记、市长黎春秋主持召开会议，专题调度绿色食品产业园建设工作

绿色食品产业园是怀化国际陆港经开区三大核心产业园之一。拟在青子坪水库以南区域规划约133.3公顷产业用地打造绿色食品产业园并建设配套供应链，力争到2025年，园区预制菜产业规模达到20亿元，年税收达到4500万元以上，解决就业岗位3000人以上。

在听取大家发言后，黎春秋指出，要建设以冷链物流为特色的国际陆港，必须要打造具有一定竞争力和抗风险能力的绿色产业体系。各级各部门要将省委、省政府寄予的期望转化为干事创业的强大动力，全力打造绿色产业体系，做足冷链特色文章，确保绿色食品产业园项目早启动、早建设。

◎怀化颁布我国首部关于陆港建设的地方性法规

2023年12月21日，怀化市召开《怀化国际陆港建设促进条例》颁布实施新闻发布会，经省人大常委会表决批准，怀化市人大常委会审议通过的《怀化国际陆港建设促进条例》（以下简称《条例》）自2024年1月1日起施行，系我国第一部关于陆港建设的地方性法规。

怀化国际陆港是湖南融入共建西部陆海新通道、连接"一带一路"的标志性工程，省委、省政府高度重视，重点支持。，为怀化国际陆港高质量建设提供法治保障。

《条例》共24条，聚焦体制机制、规划编制、用人机制、功能完善、产业发展、要素保障、营商环境等方面，结合怀化国际陆港建设当前实际，着眼未来长远发展，作出一系列制度性规定，破解体制机制不顺、功能配套不全、服务能级不强等方面矛盾问题。

发布会披露，怀化将以《条例》颁布施行为契机，突出临港产业发展，奋力打造外贸产业集群；扩大区域联动合作，确保2024年开行国际班列600列以上；加强基础设施建设，奋力打造国家级产城融合示范区；积极完善平台功能，全力打造湖南内陆地区改革开放高地。

怀化市召开《怀化国际陆港建设促进条例》颁布实施新闻发布会

要闻纪事

△26日，怀化市委副书记、市长黎春秋主持召开对接省驻京招商工作专班暨招商引资工作专题会。市政府秘书长李仕忠参加。

△29日，怀化市委副书记、市长黎春秋主持市政府党组理论学习中心组集体学习暨"以学正风"专题研讨。他强调，要深入学习贯彻习近平总书记关于党风廉政建设和反腐败斗争的重要论述，在主题教育中抓实以学正风，把正党风、强党性、严党纪有机结合起来，让务实之风、清廉之风、俭朴之风成为全市政府系统普遍自觉，为实现"三高四新"美好蓝图、深入实施"五新四城"战略提供坚强的作风保障。

△30日，怀化市委副书记、市长黎春秋以全国人大代表身份，参加十四届全国人大代表怀化小组活动暨怀化市生态产品价值实现机制工作座谈会。他强调，要深入贯彻落实习近平生态文明思想，树牢"绿水青山就是金山银山"理念，积极探索生态产品价值实现机制，真正把生态优势转化为发展胜势。市人大常委会副主任熊安台参加。

12月

△4日，怀化市宣传思想文化工作会议召开。市委书记许忠建出席并讲话，他强调，要深入学习贯彻习近平文化思想，坚定文化自信，坚持守正创新，突出关键重点精准发力，推动全市宣传思想文化工作高质量发展。市委副书记、市长黎春秋主持，市委副书记、市委政法委书记贺遵庆，市领导李卫林、杨志红、余建勇出席。

◎政协怀化市六届三次会议胜利闭幕

2023年12月26日，政协怀化市第六届委员会第三次会议圆满完成大会预定的各项议程后胜利闭幕。

市委书记许忠建出席会议并讲话。

出席闭幕大会并在主席台前排就座的有：市委书记许忠建，市委副书记、市长黎春秋，市政协副主席李宜堂、向明、巫培云、欧阳明、张纯、李如清、李仕忠，市政协秘书长胡诗军。

本次会议应到委员369人，实到345人，符合《政协章程》规定的有效人数。

会议审议通过了《政协怀化市第六届委员会第三次会议关于常务委员会工作报告的决议》《政协怀化市第六届委员会第三次会议政治决议》；听取了政协怀化市委员会提案委员会关于市政协六届三次会议提案情况的报告。

许忠建代表市委对大会的圆满成功、向新当选的同志表示热烈祝贺，向全体委员以及大会工作人员表示衷心感谢。

大会在雄壮的国歌声中胜利闭幕。

12月26日下午，政协怀化市第六届委员会第三次会议胜利闭幕

◎芷江禁渔有力 潕水水清鱼跃

2023年12月22日，在碧波荡漾的蟒塘溪库区，芷江侗族自治县森林公安局联合农业农村局坚持常态化巡查宣传，严厉打击非法捕捞、违规垂钓等违法犯罪行为。

在碧波荡漾的蟒塘溪库区，芷江侗族自治县森林公安局联合农业农村局坚持常态化巡查宣传

为巩固“禁渔禁捕”成果，2023年以来，芷江侗族自治县森林公安局联合农业农村局建立长效工作机制，每月不定期对全县河湖水库开展常态化巡逻巡查，强化执法力度，对非法捕捞、电毒炸鱼、违规垂钓以及使用禁用的捕捞渔具等违法犯罪行为予以严厉打击，确保了河流水库渔业的健康可持续发展，推动了潕水河流域水生态环境的保护，实现了水清、岸绿、鱼跃、景美的共同目标。同时，通过入户走访、张贴通告、发放宣传资料等形式，大力宣传实施长江流域重点水域“十年禁渔”的目的、意义和具体要求，大大提升了该县禁渔禁捕实效。

◎中共怀化市委六届六次全体会议召开 聚焦实现“七个新作为” 全力推动经济社会高质量发展

2023年12月22日，中国共产党怀化市第六届委员会第六次全体会议召开。全会坚持以习近平新时代中国特色社会主义思想为指导，全面贯彻落实党的二十大、二十届二中全会和中央经济工作会议精神，认真落实省委十二届四次全会精神，听取和讨论市委常委会工作报告，研究部署2024年工作。全会由市委常委会主持，市委书记许忠建受市委常委会委托向全会作工作报告并发表讲话。市委副书记、市长黎春秋，市委副书记、市委政法委书记贺遵庆，市领导李万千、舒可、李卫林、杨智华、邹兴旺等出席。

出席这次全会的有：市委委员48人、候补委员5人。

全会号召，全市各级党组织和广大党员、干部要更加紧密地团结在以习近平同志为核心的党中央周围，坚定信心、勠力同心、真抓实干，咬定目标任务，奋起二次创业，以高水平开放高质量发展的实干实绩，为锚定“三高四新”美好蓝图、深入实施“五新四城”战略作出新的更大贡献。

不是市委委员、候补委员的党员市级领导、县（市、区）党政主要负责同志，市直单位及有关方面负责同志，市纪委委员、市监委委员，部分基层党代表列席会议。

中国共产党怀化市第六届委员会第六次全体会议召开

要闻纪事

△6日，怀化市妇女儿童工作会议召开。市委副书记、市长黎春秋强调，要深入贯彻习近平总书记关于妇女儿童工作的重要指示精神，认真落实第七次全国、全省妇女儿童工作会议精神，真心真情付出，用力用功实干，努力让妇女儿童权益更有保障、人生更加出彩、生活更加幸福。市委副书记、市委政法委书记贺遵庆主持。

△7日，怀化市委书记、市委财经委员会主任许忠建主持召开市委财经委员会会议，深入学习贯彻习近平总书记在二十届中央财经委员会第一次、第二次会议上的重要讲话精神和2023年省委财经委员会第一次会议精神，听取市委财经办今年以来工作情况汇报，研究部署全市人口高质量发展、耕地保护和粮食安全等工作。

△7日，怀化市委常委会（扩大）会议暨全市“走基层、找问题、想办法、促发展”活动第三次调研情况交流会、主题教育整改整治工作推进会召开。会议深入学习贯彻习近平总书记关于主题教育重要讲话和指示批示精神，传达学习党中央、省委有关文件会议精神，通报全市主题教育进展情况，听取县（市、区）和市直有关单位整改整治情况汇报，持续深化“走找想促”活动，研究部署整改整治工作，推动主题教育走深走实。

△15日，怀化市委副书记、市长黎春秋带队赴省市场监管局、省科技厅对接工作。市领导邹兴旺、韩晓波，市政府秘书长李仕忠分别参加。

△18日，在湖南省贯彻落实中央经济工作会议精神打好“发展六仗”总结调度会后，怀化市委副书记、市长黎春秋立即主持召开会议，部署怀化市有关工作。市领导杨志红、余建勇参加。

◎怀化市六届人大三次会议开幕

大会主席团常务主席、大会执行主席许忠建主持开幕会

市长黎春秋代表市人民政府作工作报告

2023年12月25日，怀化市第六届人民代表大会第三次会议在市委机关会堂开幕。来自怀化市各行各业、各条战线的人大代表，牢记使命，肩负重托，认真履行宪法和法律赋予的神圣职责，为深入学习贯彻党的二十大精神，锚定“三高四新”美好蓝图，深入实施“五新四城”战略，加快推进中国式现代化新怀化建设献计出力，凝聚共识。

上午9时整，大会主席团常务主席、大会执行主席许忠建宣布大会开幕，全体起立，齐唱国歌。

本次大会应到代表417人，实到代表384人，符合法定人数。

在热烈的掌声中，黎春秋代表市人民政府作工作报告。报告分为两个部分：一是2023年工作回顾；二是2024年工作安排。

大会书面审查了关于怀化市2023年国民经济和社会发展计划执行情况与2024年计划草案的报告、怀化市2023年预算执行情况和2024年预算草案的报告；表决通过了《怀化市第六届人民代表大会第三次会议补选办法》。

出席市政协六届三次会议的政协委员，驻怀中央、省属单位和市直机关及市直有关部门负责人，大中专学校负责人，部分在怀全国人大代表、在怀省人大代表列席大会。

◎向环境资源领域违法犯罪行为“亮剑”

12 月 28 日，怀化市公安局组织召开“生态三湘 2023”专项行动新闻通气会

2023 年 12 月 28 日，怀化市公安局组织召开“生态三湘 2023”专项行动新闻通气会。截至目前，全市共侦办破坏环境资源保护类案件 348 起，移送起诉犯罪嫌疑人 459 名，非法采矿、非法捕捞、非法占用农用地及污染环境等四类重点案件已全部办理完成，办结部督案件 1 起，省督及挂账案件 19 起，实现对环境资源犯罪的“全环节、全要素、全链条”打击。

“生态三湘 2023”专项行动开展以来，怀化市公安机关坚持高位推动、精心部署、持续发力，聚焦污染环境、非法捕捞和野生动物、非法采矿、非法占用农用地等重点领域犯罪，紧盯涉及面广、社会影响大、群众反映强烈的大要案件，综合运用提级侦办、申报督办等措施，坚决打击破坏生态环境犯罪。其中，会同、中方县、辰溪 3 起案件获得公安部贺电表扬，全市夏季治安打击整治行动期间，办理完成 4 起挂账督办破坏生态环境类犯罪案件。

市公安局党委委员、副局长张危安介绍，行动开展以来，市公安机关与相关行政部门开展联合执法 40 余次，开展河道巡逻检查 300 余次，发现整治隐患 120 余处，受理行政部门移送案件 37 起，精准破获刑事案件 41 起，抓获嫌疑人 32 人。

◎宁远县：大力实施以工代赈 充分彰显为民之心

“宁远县安置点 2020 年推广的以工代赈项目工程帮助老百姓实现了在家门口就业，工资结算也及时，既能顾家还能赚钱，所以今年我们开展以工代赈项目摸底务工人员时报名都特别踊跃，有好几位本想到广东打工的乡亲都表示要留下来准备在家门口务工了。”2023 年宁远县清水桥镇易地扶贫搬迁瑞源新村安置点党支部书记阙福元，正是看到周边乡镇实施或推广以工代赈项目有良好的社会效应，才主动对接申请实施，并成立了瑞源新村劳务公司，报名登记在册的易地搬迁群众已有 48 人，“听说我们安置点以工代赈项目已经上报到省里了，只要申请成功，我们随时可以组织群众开工建设，大家都在盼着哩。”

2022 年，宁远县共实施以工代赈项目 34 个（其中在农业农村领域推广以工代赈项目 25 个，在政府投资的重点项目实施以工代赈项目 6 个），总投资超 3 亿元，累计组织 900 余名当地群众参与项目（或项目用工环节）建设，发放劳务报酬 800 多万元，建成的项目基础设施惠及 2.8 万余名群众，极大改善了当地群众的生产生活基础设施条件，充分彰显了以工代赈的“提升”效能。

◎怀化市民政系统积极投身 打好发展“六仗”主战场

2023 年，怀化市民政部门积极投身全市打好发展“六仗”主战场，用心用情办好重点民生实事。

全市民政部门围绕扩大有效投资，全力争取中央、省级资金、项目和政策倾斜，争取更多普惠性养老项目落户怀化，突出抓好全市安联网平台和智慧养老平台等养老领域项目建设。按时有序推进第二福利院、殡仪馆原址新建两个全市十大民生项目，确保第二福利院 2023 年 4 月完成主体建设，市殡仪馆 2023 年 9 月开工建设。全面深化公民婚育、公民身后等“一件事一次办”改革，推广用好“湘易办”超级服务端及政务效能系统。同时，着力抓好养老服务领域突出问题专项整治，全面完成“1+N”公办养老机构安全隐患清零和消防审验。

聚焦重点民生保障，2023 年抓好重点民生实事，提高城乡低保、残疾人“两项补贴”、孤儿和事实无人抚养儿童等基本生活保障标准，完成养老机构新增护理型床位建设和困难老年人居家适老化改造任务。构建分层分类救助体系，做好农村低收入人口精准识别、常态化救助帮扶，加大低保扩围增效力度。全力推动全省养老服务真抓实干工作，建立基本养老服务清单，推进城乡社区养老服务设施建设，加快构建县乡村三级养老服务网络，创新“让孤寡老人不再孤独”一对一结对互助机制。

◎怀化市 2023 年寒假大学生志愿者“送法下乡”活动

溆浦县大学生志愿者在大江口镇发放普法宣传资料，并向群众讲解与生活息息相关的法律知识

2023 年寒假期间，怀化充分发挥高校大学生普法生力军作用，结合本地实际，积极组织怀化籍大学生开展“送法下乡”活动，吸引来自省内外高校的 500 余名大学生参与，开展普法活动 200 余次，惠及群众 5 万余人，取得了良好的社会效益。

怀化市司法局党组高度重视大学生志愿者“送法下乡”工作，召开专题会议进行研究部署，制定了详细可行的实施方案，并通过网站、新闻媒体向全社会发布招募令。

送法入户、送法进企业、法治讲座、法治灯谜有奖竞猜……怀化市县两级司法局通过组织大学生开展内容丰富、形式多样的普法活动，让村（居）民群众感受到新时代大学生对家乡法治建设、法治宣传的积极与热情，大学生们也通过实际行动将丰盛的法治大餐送到了群众家门口，将暖心的惠民服务送到了群众的心坎上，为乡村文明和乡村法治建设贡献了自己的青春力量。

芷江县大学生志愿者向群众发放普法宣传资料

为锻造一支综合素质较高、基层经验丰富、善于服务群众的法治青年人才队伍，怀化市司法局创新推出了招聘本地大学生在乡镇兼职普法专责副所长的举措，并率先在鹤城区、洪江市推行。鹤城区选拔了 19 名大学生兼职乡镇（街道）司法所普法专责副所长，洪江市选拔 14 名大学生为基层司法所普法专责副所长，寒假期间共开展 6 次普法宣传活动。

要闻纪事

△ 19 日，怀化市委书记许忠建主持召开市委常委会会议，传达学习中共中央政治局会议、中央经济工作会议精神，传达学习习近平总书记最新重要讲话、重要指示精神，研究怀化市贯彻落实意见；传达学习全省信访问题源头治理攻坚推进会议精神，听取怀化市信访工作情况汇报，研究怀化市贯彻落实意见；听取市委六届六次全体会议、市六届人大三次会议、市政协六届三次会议筹备工作情况汇报，审议相关报告和文件；听取 2023 年度全市安全生产和消防工作考核情况、《怀化市鹤中一体化发展促进条例》立法工作情况汇报。

△ 23 日，怀化市委书记许忠建在专题调研城市公园建设时强调，要深入学习贯彻党的二十大精神和习近平总书记关于城市工作的重要论述，坚持人民城市人民建、人民城市为人民，下足绣花功夫，提升公园品质，让群众更有获得感、幸福感。市领导李卫林、胡和平参加。

△ 24 日，中国人民政治协商会议怀化市第六届委员会第三次会议在市委机关会堂开幕。

△ 25 日，怀化市第六届人民代表大会第三次会议在市委机关会堂开幕。9 大会主席团常务主席、大会执行主席许忠建宣布大会开幕。黎春秋代表市人民政府作工作报告。

湖南地方年鉴

娄底

娄底市

娄星区

冷水江市

涟源市

双峰县

新化县

娄底地区

娄底市

娄底是湖南省最年轻的地级市，是环长株潭城市群的重要组成部分，被誉为“湘中明珠”。辖娄星区、冷水江市、涟源市、双峰县、新化县和娄底经济开发区，总面积8117平方公里，全市户籍总人口445.88万。据传，天上二十八星宿中的“娄星”和“氐星”在这里交相辉映，故而得名。

娄底文化厚重，人杰地灵。是被后世尊为“战神”的中华民族三大始祖之一蚩尤的故里，是湖湘文化的主要发源地之一，梅山文化、蚩尤文化源远流长，博大精深；耕读文化、龙山药文化脉络清晰，结构完整；新化山歌、梅山武术、剪纸艺术、傩戏等根植民间，独具魅力，是“中华武术之乡”“中华诗词之乡”“中华女杰之乡”。境内山清水秀洞奇，自然人文景观竞相辉映，有梅山龙宫、曾国藩故里、紫鹊界梯田三个国家级4A旅游景区，有大熊山、龙山两个国家级森林公园和湄江、波月洞等精品旅游景点70多处，是湘中独具特色的新兴旅游目的地。独特的风景与文化孕育了被诸葛亮称为“社稷之器”的后蜀丞相蒋琬、清代中兴重臣曾国藩、晚清著名外交家曾纪泽、民主革命斗士陈天华、谭人凤，还有中共早期杰出领导人蔡和森、中国妇女运动领袖蔡畅，以及无产阶级革命家、教育家成仿吾、国际共产主义战士罗盛教和当代著名企业家梁稳根等杰出代表。

娄底区位优越，交通便捷。地处湖南几何中心，是南北通达、东西连贯的要衢，既是环长株潭城市群一小时经济圈的重要节点城市，又是“两型社会”综合配套改革试验区之一。湘黔铁路和正在建设的沪昆高铁横穿东西，洛湛铁路纵贯南北，40条铁路专用线沟通全市主要厂矿，形成了“米”字型铁路网。娄新高速全面贯通，新溆、安邵、娄益、娄衡、娄长高速同时规划建设，国省干道改造完成，娄底即将步入“高速”时代。娄底机场建设进入前期准备阶段，资江水运全面升级。随着水路、高速、高铁、航空等交通基础建设的全面推进，娄底已成为环长株潭城市群中极具发展潜力与活力的重要节点城市。

娄底资源丰富，基础雄厚。是湖南乃至全国的重要新型能源原材料产业基地，已探明可供开采的矿藏48种，已开发25种。其中锑矿储量居世界第一，煤炭、白云石、大理石等非金属储量居湖南之首，享有“世界锑都”“江南煤海”“现代钢城”“火电明珠”等美誉。围绕冶金、能源、建材、化工、机械五大支柱产业，聚集了华菱涟钢、三一重工、博长股份、大唐华银金电、闪星锑业、湖南海螺、湖南宜化、华润电力等665家规模以上工业企业，已形成1000万吨优质钢、1000万吨煤炭、1000万吨水泥的巨大产能，正在着力打造汽车零部件及工程机械零部件产业园、三一产业园、冷水江循环经济产业园及光电产业园、双峰农机机电以及不锈钢产业园等一批百亿产业园区。丰富的物产资源，良好的产业基础，为加强与广大投资者全面开展战略合作提供了重要的基础支撑。

娄底平台优越，潜力巨大。娄底经济开发区已正式获国务院批准成为国家级经济开发区，另外还拥有5个省级开发园区，水府示范片万宝新区是长株潭城市群“两型”社会建设示范区“五区十八片”之一。投资环境进一步优化，制定出台了鼓励投资创业的若干规定和政策，实行刚性收费、全程代理和一站式服务，致力打造各方满意的投资洼地，实现互利共赢、共创共享。招商银行、华融湘江银行、交通银行、上海农商银行等股份制银行相继进驻娄底，项目融资更加便利。

娄底环境优良，宜居宜业。娄底积极抢抓环长株潭城市群“两型社会”建设机遇，以中心城区建设为龙头，以县市城区建设为节点，以小城镇建设为纽带，加快完善城镇基础设施，强化城镇产业支撑，突出宜居宜业主题，坚持大视野谋划、大空间布局、大项目推进、大配套建设、大气魄赶超，着力打造青春娄底崭新名片，走出了一条比较适合娄底实际的新型城镇化之路。先后被评为全国绿化模范城市、中国优秀旅游城市和国家园林城市，国家卫生城市创建已通过了预检，正在全力创建全国文明城市。

娄底市2023年国民经济和社会发展统计公报

2023年，面对复杂严峻的国际环境和艰巨繁重的国内改革发展稳定任务，全市上下坚持以习近平新时代中国特色社会主义思想为指导，真抓实干落实党的二十大精神和中央经济工作会议精神，牢牢把握高质量发展这个首要任务，着力打好“发展六仗”，加快打造中部地区“材料谷”，深入推进“三融三创三增”“九大攻坚行动”，全市经济持续回升、稳中有进、进中提质，高质量发展迈出坚实步伐。

一、综合

初步核算，全年实现地区生产总值1990.5亿元，同比增长5.0%。其中：第一产业增加值224.91亿元，增长3.4%；第二产业增加值762.42亿元，增长5.1%；第三产业增加值1003.18亿元，增长5.2%。

三次产业结构由上年的11.7 ∶ 38.2 ∶ 50.1调整为11.3 ∶ 38.3 ∶ 50.4，三次产业对全市经济增长贡献率分别为8.2%、39.5%和52.3%。按常住人口计算，人均地区生产总值53056元，同比增长5.7%。

全年地方一般公共预算收入91.7亿元，与上年同期持平，其中税收收入57.49亿元，下降10.4%。公共财政预算支出360.45亿元，增长0.7%。民生支出274.27亿元，占全市财政支出的比重达76.1%。其中，教育支出69.43亿元，增长0.6%；文化体育与传媒支出4.31亿元，增长13.9%；社会保障和就业支出55.31亿元，增长1.7%；卫生健康支出41.85亿元，增长3.9%；住房保障支出11.63亿元，增长23.3%。

全年居民消费价格比上年下降0.1%，其中食品烟酒类上涨0.1%，衣着类上涨0.6%，居住类下降0.6%，生活用品及服务类下降0.3%，交通和通信类下降2.0%，教育文化和娱乐类上涨1.4%，医疗保健类上涨0.2%，其他用品和服务类上涨2.1%。全年工业生产者出厂价格下降1.5%，工业生产者购进价格下降2.5%。

全年实现制造业增加值528.21亿元，增长4.9%，制造业增加值占GDP的比重达到26.5%。规模以上工业中，装备制造业增加值同比增长25.0%，占规模以上工业增加值的比重为35.0%；全年“材料谷”已聚集规上企业473家，营业收入达到1778.45亿元；省级以上园区规模工业增加值增长6.8%，占规模以上工业增加值的比重为73%；战略新兴产业总产值占工业总产值比重达到30.8%。创新动能稳步增强。高新技术产业增加值同比增长8.3%，高技术产业投资同比增长5.4%。投资结构不断优化。

民间投资占固定资产投资比重为68.2%，高于上年1.1个百分点；产业投资占固定资产投资的比重为70.6%，高于上年1.6个百分点。全年新登记各类市场主体5.16万户，登记企业2.08万户，市场主体总量达到37.58万户。

二、农业

全年农林牧渔业增加值233.96亿元，同比增长3.5%。农林牧渔业总产值375.73亿元，增长3.6%。其中，农业产值184.09亿元，增长3.5%；林业产值10.42亿元，增长10.6%；牧业产值148.32亿元，增长2.8%；渔业产值17.98亿元，增长4.6%，农林牧渔专业及辅助性活动产值14.93亿元，增长8.2%。

全年粮食种植面积244.77千公顷，与上年同期持平，粮食总产量158.36万吨，增产1.5%；蔬菜及食用菌种植面积45.12千公顷，增长2.3%，蔬菜及食用菌产量176.37万吨，增产3.0%；油料种植面积46.64千公顷，增长14.7%，油料产量8.55万吨，增产11.8%；猪牛羊肉产量33.42万吨，下降0.3%，其中猪肉产量30.02万吨，下降0.2%；禽蛋产量5.03万吨，增长23.0%；生猪出栏408.39万头，下降0.5%，年末生猪存栏256.98万头，下降7.3%；水产品产量9.72万吨，增长4.2%。

全年2954家农产品加工企业实现销售收入583.98亿元，同比增长2.1%，其中国家级及省级龙头企业61家；1919个休闲农业经营主体实现经营收入37.27亿元，增长6.8%；农民专业合作社8496个，增长1.9%，农民专业合作社成员16.59万户，增长2.0%；家庭农场3815个，增长3.3%。绿色有机地标农产品认证243个，其中绿色农产品235个，有机农产品6个，农产品地理标志2个；全年名优特水产品养殖面积1.74万亩，名优特水产品产量0.92万吨；年末农业机械总动力392.5万千瓦，全年化肥施用量（折纯）8.19万吨，实施高标准农田建设项目12个，高标准农田建设面积15.42万亩。

三、工业和建筑业

全年全部工业增加值605.18亿元，同比增长4.5%。规模以上工业增加值增长5.8%。分经济类型看，国有企业增长2.4%；集体企业增长24.1%，股份制企业增长5%，外商及港澳台投资企业增长18.8%。分门类看，采矿业增长7.4%，制造业增长6.5%，电力、热力、燃气及水生产和供应业下降0.6%。分行业看，汽车制造业增长13.6%，专用设备制造业增长6.7%，计算机通信及其他电子设备增长7.9%，电力热力生产和供应业增长4.9%。

全年重点监测的10种主要工业产品中（规模工业企业），原煤产量371.4万吨，同比增长3.0%；生铁1061.4万吨，下降1.4%；粗钢1194.2万吨，下降9.8%；钢材1557.2万吨，下降6.3%；氮肥（折纯）5.4万吨，下降5.2%；发电量147亿千瓦时，增长10.3%；焦炭391.1万吨，增长8.3%；纯碱20.9万吨，增长11.0%；锑品5.4万吨，下降5.8%；水泥897.1万吨，下降3.3%。

全年规模以上工业企业实现营业收入2193.32亿元，同比下降2.8%，利润总额92.26亿元，增长15.8%。规模以上工业企业每百元营业收入中的成本为89.8元。年末规模以上工业企业资产负债率为51.3%，比上年末下降1.1个百分点，工业企业亏损面为10.1%。

全年建筑业增加值157.45亿元，同比增长8.1%；具有建筑资质等级的总承包和专业承包建筑业企业197家，比上年增加22家。完成建筑业总产值606.32亿元，增长8.4%。实现利润总额10.87亿元，比上年增长1.8%。房屋建筑施工面积1409.8万平方米，下降2.3%；房屋建筑竣工面积948.5万平方米，增长9.7%。

四、服务业

全年批发和零售业增加值201.84亿元，同比增长7.4%；交通运输、仓储和邮政业增加值111.21亿元，增长5.4%；住宿和餐饮业增加值39.70亿元，增长10.8%；金融业增加值89.11亿元，增长5.9%；房地产业增加值103.47亿元，增长1.4%；信息传输、软件和信息技术服务业增加值30.34亿元，增长11.2%；租赁和商务服务业增加值41.93亿元，增长10.4%。全年规模以上服务业企业营业收入180.75亿元，增长14.6%，利润总额11.18亿元，下降4.1%。

全年公路货物运输总量0.93亿吨，同比增长1.6%；公路货物运输周转量94.5亿吨公里，增长3.2%。公路旅客运输总量0.31亿人次，下降0.1%；公路旅客运输周转量11.43亿人公里，增长2.9%。

年末公路通车里程（不含高速公路）14764公里，高速公路里程395公里。全市民用汽车保有量56.5万辆，增长4.4%，其中私人汽车保有量53.69万辆，增长4.4%。轿车保有量30.26万辆，增长6.3%。

全年邮政业务总量（2020年不变价）14.88亿标准量，增长14.4%。邮政函件业务25.7万件，包裹业务2.91万件，快递企业业务量10796.22万件，快递业务收入6.73亿元。电信业务总量（2022年不变价）40.6亿元，增长28.8%。年末固定电话用户总数18.4万户，移动电话用户438万户，固定互联网宽带接入用户151.6万户。

全年旅游总人数3971.11万人次，同比增长40.3%。其中国内游客3970.96万人次，入境游客0.15万人次；实现旅游总收入392.07亿元，增长42.1%。其中国内旅游收入392.06亿元，旅游外汇收入21.27万美元。

五、固定资产投资

全年固定资产投资同比增长0.7%。分类型看，国有投资下降17.8%，非国有投资增长6.4%，其中民间投资增长2.3%。分产业看，第一产业投资下降21.7%，第二产业投资增长1.7%，第三产业投资增长1.6%。从投资方向看，工业投资增长2.2%，工业技改投资下降11%，基础设施投资增长8.0%，高技术产业投资增长5.4%，生态环境投资下降12.6%，民生工程投资增长2.3%。

全年房地产开发投资91.66亿元，同比下降16.5%。其中住宅投资75.8亿元，下降17.5%。商品房销售面积231.9万平方米，下降9.6%，其中住宅销售面积201.35万平方米，下降13.1%；商品房销售额111.41亿元，下降13.1%；年末商品房待售面积53万平方米，增长3.6%。

六、贸易外经

全年社会消费品零售总额864.20亿元，同比增长8.2%。按经营地分，城镇消费品零售额726.54亿元，增长8.1%，乡村消费品零售额137.67亿元，增长8.6%。按消费类型分，商品零售额789.26亿元，增长8.1%，餐饮消费额74.95亿元，增长9.5%。

全年限额以上法人批发和零售业商品零售额228.09亿元，同比增长10.3%。分商品类别看，粮油、食品类零售额增长1.0%，饮料类增长16.1%，烟酒类增长16.9%，服装鞋帽针纺织品类增长136.4%，化妆品类增长63.1%，日用品类增长24.0%，书报杂志类增长13.3%，中西药品类增长10.6%，文化办公用品类增长22.0%，家具类增长9.1%，石油及制品类增长18.7%，建筑及装潢材料类增长4.7%，汽车类增长1.6%。绿色智能商品中，新能源汽车增长43.5%。

全市实现进出口总额173.52亿元，下降12.4%，其中出口额77.64亿元，下降24.9%；进口额96.09亿元，增长1.6%。分贸易方式看，一般贸易出口70.78亿元，下降24.2%，加工贸易出口6.86亿元，下降31.6%。从重点商品看，机电产品出口19.86亿元，下降27.8%，高新技术产品出口3.78亿元，增长5.4%。分商品类别看，钢材出口27.51亿元，增长10.7%，鞋类出口6.16亿元，下降49.3%，服装及衣着附件出口5.41亿元，增长13.0%，箱包及类似容器1.72亿元，下降62.6%，陶瓷产品出口1.17亿元，下降45.4%。分产销国别（地区）看，出口美国6.91亿元，下降30.9%，出口中国香港1.86亿元，下降13.5%，出口东盟14.9亿元，下降43.2%，出口欧盟5.04亿元，下降30.0%，出口“一带一路”沿线国家41.67亿元，下降18.3%，出口RCEP23.06

亿元，下降 37.8%。

全年新批外商投资项目 15 个，新增境外投资企业 5 家，实际利用外资 2122 万美元，同比下降 52.7%，实际到位境内省外资金（内联引资）782.7 亿元，增长 17.2%。

七、金融

年末金融机构本外币各项存款余额 3074.85 亿元，比年初增加 315.24 亿元，其中住户存款余额 2370.7 亿元，比年初增加 257.67 亿元，非金融企业存款余额 345.22 亿元，比年初增加 24.35 亿元；年末金融机构本外币各项贷款余额 2049.54 亿元，比年初增加 284.56 亿元，其中住户贷款 807.97 亿元，比年初增加 76.25 亿元，非金融企业及机关团体贷款 1234.06 亿元，比年初增加 200.81 亿元。

年末 12 家证券公司营业部证券交易额 2833.5 亿元，同比增长 3.6%；1 家期货公司成交金额 1023.02 亿元，下降 10.0%。全年保险公司原保险保费收入 70.63 亿元，增长 5.1%，其中寿险收入 35.56 亿元，增长 4.3%，健康险收入 14.76 亿元，下降 1.3%，人身意外伤害险收入 1.56 亿元，下降 8.0%，财产险收入 18.75 亿元，增长 13.9%。原保险赔付支出 26.65 亿元，增长 7.5%，其中寿险赔付 6.89 亿元，增长 16.3%，健康险赔付 6.59 亿元，下降 12.0%，人身意外伤害险赔付 0.47 亿元，增长 9.9%，财产险赔付 12.7 亿元，增长 16.0%。

八、教育和科学技术

年末有普通高校 4 所；普通高等教育招生 1.73 万人，在校生 5.00 万人，毕业生 1.26 万人；各类中等职业教育招生 1.64 万人，在校生 4.82 万人，毕业生 1.93 万人；42 所普通高中招生 3.40 万人，在校生 9.91 万人，毕业生 3.05 万人；263 所初中学校招生 5.96 万人，在校生 17.95 万人，毕业生 5.49 万人；703 所普通小学招生 4.98 万人，在校生 33.80 万人，毕业生 6.06 万人；特殊教育招生 444 人，在校生 3049 人，毕业生 413 人；幼儿园在园幼儿 10.08 万人；各类民办学校 498 所，在校学生 11.28 万人；小学适龄儿童入学率 100%。发放中职国家助学金 4202.7 万元，资助中职学生 4.20 万人次。发放高校国家奖学金、助学金 2803.1 万元，资助高校学生 1.32 万人次。发放普通高中国家助学金 4938.9 万元。

年末有省级工程研究中心 14 个，新增 2 个，国家认定企业技术中心 3 个，省级企业技术中心 24 个，省级重点实验室 1 个。签订技术合同 1765 项，技术合同成交金额 168.79 亿元。专利授权量 2078 件，其中，发明专利授权量 311 件。大专院校、工矿企业专利授权量分别为 95 件和 1281 件。全年高新技术产业增加值 359.2 亿元，增长 8.3%。

年末有检验检测机构 78 个，其中国家产品质量监督检验中心 1 个，法定计量检定机构 5 个，特种设备生产单位 51 家，特种设备 2.25 万台。重点工业产品定期抽查合格率达 95.2%，参与制定国家标准 20 项，组织制定地方标准 19 项。

九、文化、卫生和体育

年末有艺术表演团体 5 个，群众艺术馆、文化馆 6 个，博物馆、纪念馆 3 个，公共图书馆 7 个，国家级非物质文化遗产保护目录 5 个，省级非物质文化遗产保护目录 28 个。

年末有医疗卫生机构 4336 个，其中医院 136 个，乡镇卫生院 77 个，社区卫生服务中心 20 个，村卫生室 3109 个，诊所、卫生室、医务室 930 个，妇幼保健机构 6 个，疾病预防控制中心 6 个；卫生技术人员 2.79 万人，其中执业医师及执业助理医师 1.16 万人，注册护士 1.22 万人；医院床位数 2.33 万张，乡镇卫生院床位数 0.6 万张。

年末有各类体育场地 9846 个，其中体育馆 823 座，运动场 226 个，游泳池 38 个，各种训练房 310 个。开展全民健身项目 129 项次，经常参加体育锻炼人数 178.2 万人，新建农民体育健身工程的行政村 200 个。

十、资源、环境和应急管理

全市已发现矿种 56 种，已探明资源储量矿种 28 种，其中能源矿产 1 种，金属矿产 11 种，非金属矿产 18 种，水气矿产 1 种。实施地质勘查项目（含续作项目）15 个。

全年规模以上工业综合能源消费量比上年增长 3.6%，其中，六大高耗能行业综合能源消费量增长 4.1%。

实际监测的地表水断面中，满足Ⅲ类标准及以上的断面比例 100%；全年中心城区环境空气质量优良天数达到 324 天，优良率为 88.8%；中心城区污水处理率达 99.1%，城市生活垃圾无害化处理率 100%。中心城区建成区面积 54.3 平方公里，中心城区人均公园绿地面积 9.88 平方米。全年完成造林面积 6.4 千公顷，全市活立木蓄积量 2094 万立方米，森林覆盖率为 47.3%。

全年共发生各类生产安全事故 70 起，死亡 70 人，亿元 GDP 生产安全事故死亡人数为 0.0352 人。道路交通事故死亡率 1.89 人 / 万辆。

十一、人口、人民生活和社会保障

年末全市户籍总人口 445.88 万人，常住人口 374.32 万人，其中城镇人口 186.48 万人，乡村人口 187.84 万人，常住人口城镇化率为 49.82%，比上年提高 1.32 个百分点。全年出生人口 2.33 万人，出生率为 6.22‰，死亡人口 2.91 万人，死亡率为 7.76‰，自然增长率为 –1.54‰。

全年全市居民人均可支配收入 27047 元，同比增长 5.7%。城镇居民人均可支配收入 38257 元，增长 4.2%，其中，工资性收入 22002 元，经营净收入 3546 元，转移净收入 10408 元，财产净收入 2301 元。农村居民人均可支配收入 17926 元，增长 7.2%，其中，工资性收入 7890 元，经营净收入 4028 元，转移净收入 5833 元，财产净收入 175 元。城乡居民收入比由上年的 2.20 ：1 缩小为 2.13 ：1。

全年全市居民人均消费支出 20564 元，同比增长 5.9%。城镇居民人均消费支出 25428 元，增长 4.8%；农村居民人均消费支出 16606 元，增长 6.7%。城镇居民恩格尔系数为 29.7%，农村居民恩格尔系数为 31.5%。

全年新增城镇就业人员 3.46 万人，年末城镇调查失业率为 5.2%，比上年下降 0.2 个百分点。帮助失业人员实现再就业 1.27 万人。年末城乡居民基本养老保险参保人数 193.02 万人，城镇职工基本养老保险参保人数 92.60 万人。基本医疗保险参保人数 358.54 万人，其中城乡居民基本医疗保险参保人数 318.50 万人，城镇职工基本医疗保险参保人数 40.04 万人，参加工伤保险职工人数 41.62 万人。参加生育保险职工人数 22.93 万人，参加失业保险职工人数 35.94 万人。年末领取失业保险金职工人数 2.12 万人。获得政府最低生活保障的城镇居民 1.40 万人，发放城镇居民最低生活保障经费 7162 万元。获得政府最低生活保障的农村居民 8.8 万人，发放农村居民最低生活保障经费 2.59 亿元。年末提供养老机构床位 1.3 万张，养老机构服务人数 0.79 万人。社区养老服务机构和设施 2348 个，销售社会福利彩票 2.41 亿元，筹集福彩公益金 7715 万元。

娄星区

娄星历史悠久。春秋战国时期属楚，隋属衡山县，唐起属湘乡县。1951 年 8 月属新置蓝田县（后更名涟源县），1960 年 1 月成立县级娄底市，属邵阳专署。1962 年 10 月撤市复属涟源县。1980 年 7 月恢复娄底市，属娄底地区。1999 年 7 月撤市建区，是地级娄底市唯一的中心城区。娄星区位于湖南中部，属丘陵地区，总面积 628.23 平方公里，人口 75.56 万，辖双江、杉山、石井、万宝、水洞底、蛇形山6个乡镇，长青、乐坪、花山、黄泥塘、大科、涟滨、大埠桥7个街道。

资源丰富，气候宜人。娄星区是湖南能源、原材料基地。矿产资源主要有煤、铁、锰、钒、磷、大理石、白云石、石灰石、硅石、陶瓷黏土、水泥黏土等。境内有“十里钢城”——华菱涟钢。娄星属中亚热带季风湿润气候区，年平均气温17.1摄氏度，年均降水量1303毫米，气候温和，四季分明。

河山秀丽，景色优美。全区水资源较为丰富，共有涟水、孙水等大小溪河52条，河流总长185公里，全区可供开发的地表水、地下水资源达6.9亿立方米。区内自然景观丰富：城南的仙女寨，怪石嶙峋，树木葱郁，寨腰有一天然溶洞，名天籁岩（圣岩洞）；城北有休闲胜地洪家山森林公园，山清水秀，环境优雅；更有乌石峰观音殿和双江圣仙洞，集险、深、幽、趣、美、奇为一体；城东的水府庙水库，有“青山倒影湖中印，天光云影共徘徊”之美景。

文脉传承，名人辈出。宋有理宗皇帝赐联“京阙人家惊地动，湖南童子破天荒”的神童贺德英。明代有为官清廉、屡决疑案、追为奉直大夫的曾子智。清代有名满华夏的陕甘总督杨昌浚、出任过陕西巡抚的桐城派古文学家刘蓉。民国以来有教育家罗钠重、病理学家李振翩；红军时期的杰出代表有虎将贺国中、开国少将姜齐贤；还有著名油画家罗尔纯、丹青大师肖一苇、竹雕大师李佑增等。他们为娄星增光添彩，谱写了一篇篇历史的华章。

区位优越，交通发达。娄星地理位置优越，是湖南省重要的战略腹地和南北通达、东西连贯的要衢。湘黔、洛湛两条铁路在此十字交叉。益娄高速、长韶娄高速、娄怀高速和安邵高速成井字环绕，G354、G234贯穿东西南北的田字形对外开放交通格局基本成形。沪昆高铁、娄邵高铁建成通车，娄星至长沙、株洲、湘潭、邵阳均在半小时车程以内。

产业高地，发展领先。新型工业加快发展，国家级高新技术企业达20家，战略性新兴产业增加值年均增长15%，17家企业获批省级战略性新兴企业。农业现代化稳步发展，拥有国家级龙头企业1家，省、市级龙头企业30家。现代服务业提速发展，万豪广场、鸿星新天地等城市综合体建成运营，商务部“农产品现代流通综合试点”项目成功落户。生态休闲旅游迅速发展，双江旅游发展规划、乌石峰片区整体规划编制完成并有效实施。仙女寨生态公园、洪家山省级森林公园得到进一步保护开发，宜东绿色生态农庄、香泉湾桂花主题公园等生态休闲旅游点游人如织。

青春靓丽，宜居福地。作为全市政治、经济、文化中心，中心城区规划科学合理，建成区面积达到55平方公里，城镇化率达到76.02%。尤其是近年来深入实施“产业兴区、融城强区、生态美区、民生福区”四大战略，实现了经济平稳健康发展和社会和谐稳定。通过全区人民的共同努力，娄星区先后打造了全国十佳宜居城市、全国绿化模范城市、国家森林城市、国家卫生城市、全省文明城市、全省城乡环境整洁十佳县市（区）、全省新农村建设先进县市（区）、全国文明城市等城市名片。

娄星区2023年国民经济和社会发展统计公报

2023年是全面贯彻党的二十大精神的开局之年，是三年新冠疫情防控转段后经济恢复发展的一年。面对复杂严峻的国际环境和艰巨繁重的国内改革发展稳定任务，娄星区坚持以习近平新时代中国特色社会主义思想为指导，深入贯彻落实习近平总书记考察湖南重要讲话精神，坚持稳中求进工作总基调，完整、准确、全面贯彻新发展理念，着力打好“发展六仗”，加快打造中部地区“材料谷”，高质量发展迈出坚实步伐。

一、综合

初步核算，2023年实现地区生产总值达到727.85亿元，同比增长6.3%。其中：第一产业增加值26.95亿元，增长3.5%；第二产业增加值348.61亿元，增长7.1%，其中制造业增加值243.60亿元，制造业占GDP比重33.5%；第三产业增加值352.29亿元，增长5.7%。三次产业结构由上年的3.8∶48.3∶47.9调整为3.7∶47.9∶48.4。按常住人口计算，人均地区生产总值96328元。

2023年，全区居民消费价格指数为99.9%。其中食品烟酒类为97.5%；衣着类为100.2%；居住类为101.7%；生活用品及服务类为100.4%；交通和通信类为98.8%；教育文化和娱乐类为102%；医疗保健类为100.5%；其他用品和服务类为104.4%。

2023年，完成地方一般公共预算收入100947万元，比上年增长5.6%。其中税务部门完成52871万元，同比下降10%；财政部门完成48076万元，同比增长32.1%；上划中央税收92022万元，同比下降8.8%；上划省税收15339万元，同比增长44.6%。全区公共财政预算支出359197万元，同比下降0.5%。民生支出254648万元，占全区财政支出的比重达70.9%。教育支出85667万元，同比增长0.2%；社会保障和就业支出36621万元，同比下降33.5%；医疗卫生和计划生育支出28664万元，同比下降36.2%；农林水支出42848万元，同比下降5.7%；住房保障支出21090万元，同比增长27.1%。

二、农业

2023年，全区实现农林牧渔业增加值27.98亿元，同比增长3.7%。农业总产值43.66亿元，同比增长3.7%，其中，农业产值26.45亿元，增长3.9%；林业产值0.1亿元，增长0.5%；牧业产值13.70亿元，增长2.8%；渔业产值1.74亿元，增长3.5%；农林牧渔业及辅助性活动产值1.67亿元，增长8.3%。

全年粮食种植面积20.53千公顷，同比下降0.2%，粮食总产量13.93万吨，增产1.5%；油料种植面积6.59万亩，同比增长2.1%，油料总产量9187吨，增产2.1%；蔬菜及食用菌种植面积11.6万亩，同比增长1.7%，蔬菜总产量33.75万吨，增产3.4%；猪牛羊肉产量2.91万吨，同比增长2.5%，其中猪肉产量2.65万吨，增长3.1%。全年出栏生猪36.14万头，出栏牛1.13万头，出栏羊6.38万只；水产品产量8993吨，同比增长3.8%。

现有农产品加工企业267家，市级及以上农产品加工企业48家，国家级及省级龙头企业7家。2023年，农产品加工企业营业收入90.53亿元，实现利润5.07亿元。休闲农业经营主体412个，较上年增加19个，休闲农业经营收入7.93亿元，较上年同比增长9.5%。

共建成高标准农田13.2万亩，2023年新增高标准农田建设1.06万亩。共有绿色有机地标农产品认证个数18个，省级现代农业产业园区4个，市级现代农业产业园区6个。年末农业机械总动力52.6万千瓦。

三、工业和建筑业

2023年，全区全部工业实现增加值268.34亿元，同比增长6.6%。区属规模以上工业增加值增长9.0%。按经济类型分，国有企业下降2.2%，股份制企业增长13.7%，外商及港澳台投资企业下降26.2%；按行业分，农副食品加工业下降36.2%，石油、煤炭及其他燃料加工业下降4.5%，化学原料及制品制造业下降35.3%，非金属矿物制品业下降9.2%，有色金属冶炼及压延加工业下降75.7%，黑色金属冶炼及压延加工业增长20.6%，专用设备制造业下降40%，通用设备制造业增长34.4%，计算机、通信和其他电子设备制造业增长39.1%，电力、热力的生产和供应业下降10.2%，水的生产和供应业增长5.1%。

全年规模以上工业企业实现主营业务收入216.92亿元，同比下降6.7%；实现利润总额3.45亿元，同比增长25.45%。

2023年，全区建筑业增加值80.4亿元，比上年增长8.7%；全区建筑业总产值348.45亿元，增长5.5%。具有建筑资质等级的总承包和专业承包建筑业企业97家，比上年增加7家，实现利润总额较上年增长8.2%。房屋建筑施工面积421.1万平方米，下降12.6%；房屋建筑竣工面积56.8万平方米，下降72.9%。

四、固定资产投资

2023年，区属固定资产投资比上年增长8.1%，第一、二、三产业投资占比为1.6 ∶ 23.0 ∶ 75.4。分投资方向看，工业投资增长7.5%，其中工业技改投资下降69.5%，民生投资下降2.5%，基础设施投资增长139.8%，高技术产业投资下降61.4%，房地产开发投资下降17.2%。

区属房地产开发方面，商品房销售面积83.56万平方米，商品房销售额43.97亿元，年末房屋待售面积21万平方米。

五、服务业

2023年，批发和零售业增加值66.36亿元，同比增长8.3%；交通运输、仓储和邮政业增加值35.57亿元，增长8.3%；住宿和餐饮业增加值18.95亿元，增长10.6%；金融业增加值35.04亿元，增长5.6%；房地产业增加值23.41亿元，增长2.7%；信息传输、软件和信息技术服务业增加值14.77亿元，增长7.8%；租赁和商务服务业增加值22.11亿元，增长13.7%。区属规模以上服务业营业收入115.11亿元，同比增长25%，利润总额9.42亿元，与上年基本持平。

六、贸易和招商引资

2023年，全区社会消费品零售总额达258.39亿元，同比增长8%。其中限额以上127.27亿元。全年限额以上法人批发和零售业商品零售额123.6亿元，同比增长10.2%，分商品类别看，粮油、食品类零售额7.56亿元，同比下降21.6%；饮料类零售额0.89亿元，同比增长51.8%；烟酒类零售额3.86亿元，同比增长23.2%；服装鞋帽针纺织品类零售额2.61亿元，同比增长600.2%；日用品类零售额1.89亿元，同比增长66.6%；家用电器和音像器材类零售额1.78亿元，同比下降46.3%；中西药品类零售额1.03亿元，同比增长8.6%；石油及制品类零售额59.87亿元，同比增长22%；汽车类零售额41.59亿元，增长2%。

2023年，全区进出口总额13.5亿元，同比增长19.5%，其中出口额13.49亿元，进口额148.3万元。实际使用外资3万美元。

七、金融

2023年末，全区金融机构本外币各项存款余额1204.54亿元，同比增长13.2%；金融机构本外币各项贷款余额769.07亿元，同比增长9.2。

2023年，保费收入42.84亿元，同比增长2%。保险赔付支出15.59亿元，同比负增长5.4%。有证券公司营业部8家，全年证券交易额2115.88亿元，同比增长3%。

八、教育和科学技术

2023年全区共有基础教育学校101所，其中普通高中5所，初中22所，小学74所（67所小学及7个教学点）；中等职业学校1所。

基础教育在校学生共89737人，其中普通高中生13491人，初中生22878人，小学生53368人。中等职业学校1所，在校学生981人。幼儿园在园幼儿25467人。

拥有各类民办学校7所，其中民办基础教育学校共5所，在校学生7336人；附设中职班1所，在校学生数1053人；中等职业学校1所，在校学生981人。

全区小学适龄儿童入学率100%，小学毕业生升学率100%，高中阶段教育毛入学率97.1%。

2023年，全区高新技术产业增加值229.4亿元，增长8.1%。共授权专利475件，其中发明专利授权68件。截至20223年末，全区高价值发明专利169件。

九、文化、体育和卫生

2023年末，有区级文化馆18个（总馆1个，分馆17个），区级公共图书馆14个（总馆1个，分馆13个），艺术表演团体24个。广播综合人口覆盖率为99.9%，电视综合人口覆盖率为96.8%。全区有体育场地1644个，其中体育馆6座，运动场（体育场、小运动场、田径场）69个，游泳池（游泳跳水场馆）10个，各类训练房（综合房及专项训练房）31个。开展全民健身项目14项次，经常参加体育锻炼人数30.41万人，新建农民体育健身工程的行政村12个。

2023年末，全区辖区内（包含辖区内市管、区管、娄底经开区）医疗机构共700家，其中各类医院40家，基层医疗卫生机构652家（含社区卫生服务中心7家，乡镇卫生院6家，诊所、卫生所、医务室399家，村卫生室240家），专业公共卫生机构8家（含疾病预防控制中心2家，妇幼保健院2家，专科疾病防治院1家，采供血机构1家，卫生计生执法局2家）。卫生技术人员9948人，执业医师（包括执业助理医师）4244人，注册护士6543人。标准病床位8065张。全区疾病预防控制中心（防疫站）2个，有卫生技术人员128人。乡镇卫生院有床位394张，有卫生技术人员241人。

十、资源、环境和应急

截至2022年末，我区耕地面积12737公顷，其中水田9664.7公顷，水浇地56.4公顷，旱地3015.9公顷。划定基本农田10113公顷。2023年批准建设用地142.5公顷，其中建设占用耕地18公顷。全年完成造林面积200公顷，林地总面积27043公顷，森林蓄积量119万立方米，森林覆盖率达30.35%，林木绿化率达43.05%。共有2个自然保护区，其中，国家级自然保护区1个。自然保护区总面积4443公顷。

2023年，实际监测的地表水断面中，达到或优于Ⅲ类标准的断面比例为100%。全年中心城区空气质量优良天数为324天。中心城区生活垃圾无害化处理率为100%，中心城区人均公园绿地面积为9.88平方米，较上年增长13.3%。

2023年，开工各类水利工程75处，水利工程投入资金2992万元，完成土石方5.9万立方米。新增节水灌溉面积1.02万亩。

2023年，全区共发生各类生产经营性生产安全事故13起并死亡13人。

十一、人口、人民生活和社会保障

2023年末，娄星区年末常住人口75.56万人，其中城镇人口57.44万人，农村人口18.12万人。按性别分，男性37.98万人，女性37.58万人；按年龄分，0—15岁16.59万人，16—59岁46.72万人，60岁及以上12.25万人。城镇化率为76.02%。年末户籍人口60.33万人。全年出生人口3766人，死亡人口2729人，人口自然增长率1.71‰。

2023年，全体居民人均可支配收入43140元，同比增长4.7%。其中，城镇居民人均可支配收入45073元，比上年增长4.5%；农村居民人均可支配收入28675元，比上年增长7%。全体居民人均生活消费支出27371元，同比增长5.7%。其中，城镇居民人均生活消费支出28777元，比上年增长5.1%；农村居民人均生活消费支出23641元，比上年增长9.5%。

2023年，年末城镇调查失业率不超过5.5%，城镇新增就业人员0.6万人。年末城镇登记失业率未超过4.5%，失业人员再就业人数为0.29万人。城乡居民基本养老保险登记参保人数15.78万人。城镇职工基本养老保险参保人数8.82万人，城镇企业职工基本养老保险参保人数4.26万人，企业职工基本养老保险退休人数4.61万人。基本医疗保险参保人数41.38万人，其中城乡居民基本医疗保险参保人数38.16万人，城镇职工基本医疗保险参保人数3.22万人。参加工伤保险职工人数4.6万人。参加生育保险职工人数2.37万人。参加失业保险职工人数3.176万人。年末领取失业保险金职工人数0.2526万人。

2023年，城镇居民26767人获得政府最低生活保障，共发放保障经费1226.96万元；农村居民46335人获得政府最低生活保障，共发放保障经费1242.47万元。年末提供住宿的民政机构床位数4352张，收养人数1252人。其中，养老机构床位1744张，养老机构服务人数1252人。社区服务机构和设施204个。销售社会福利彩票4063万元，筹集福彩公益金294万元。

冷水江市

冷水江位于湖南中部，资水中游，雪峰山东麓，面积439平方公里，人口38万，下辖1乡5镇4街道和1个经济开发区。拥有全国小康百强县（市）、全国电子商务百佳县（市）、湖南省全面小康首批达标县市、县域经济十强县市和湖南省文明、卫生、园林城市、教育强市、平安县市等城市名片。

冷水江是一座资源城市。丰富的锑煤储量，为我市赢得了“世界锑都”“湖南鲁尔”的美誉。历史上煤储量占全省六分之一，是全国100个重点产煤县市之一。但随着资源不断开采，锑储量逐步减少，煤炭产量从600万吨减少到140万吨，被列为全国第二批资源枯竭城市，转型发展做法在全国做经验交流。

冷水江是一座工业城市。1969年建市以来，形成了以钢铁为主，电力、有色、医药、化工、光电子通信、新材料等门类较为齐全的工业体系。拥有1个百亿级钢铁产业集群，129家以上规上工业企业。其中博长冷钢是中国五百强企业，天宝紧固件生产规模位居全国前三，大唐金竹山发电厂是中南地区最大的坑口火力发电厂，冷水江市是著名的耐火材料生产基地，有“北有洛耐，南有冷耐”的美称。三A新材料、鼎盛科技、盛通电子、京科科技、鑫达耐火等企业在细分市场有很强的竞争力。

冷水江是一座山水城市。城市沿江而建，市民枕河而居，城在山水间，山水在城中。美丽山水滋养形成了多元的文化，梅山文化、湖湘文化在此交汇；独特的麻辣美食，泉水嗦罗、麻辣豆腐已成为冷水江美食名片；水云峰黄桃（地理标志农产品）、眉山葡萄、铁山杨梅等在全省有影响、有口碑的小水果。

冷水江市2023年国民经济和社会发展统计公报

2023年是全面贯彻党的二十大精神的开局之年，是三年新冠疫情防控转段后经济恢复发展的一年。面对复杂严峻的国际环境和艰巨繁重的国内改革发展稳定任务，在以习近平同志为核心的党中央坚强领导下，全市上下坚持以习近平新时代中国特色社会主义思想为指导，全面贯彻落实党的二十大和二十届二中全会精神，坚持稳中求进工作总基调，对标高质量发展要求，全力以赴打好“发展六仗”，全市经济回升向好，民生保障有力有效，社会大局和谐稳定。

一、综合

初步核算，全年实现地区生产总值267.86亿元，同比增长3.5%。其中，第一产业增加值13.08亿元，增长3.5%；第二产业增加值107.87亿元，增长0.6%，其中制造业增加值74.16亿元，下降0.6%，制造业增加值占GDP的比重为27.7%；第三产业增加值146.91亿元，增长5.9%。三次产业结构为4.9∶40.3∶54.8。按常住人口计算，人均地区生产总值82781元，增长3.8%。

全年一般公共预算收入14.55亿元，同比增长28.3%，其中地方一般公共预算收入8.65亿元，下降6.0%。一般公共预算支出31.48亿元，下降1.5%。其中，教育支出6.13亿元，增长0.1%；文化旅游体育与传媒支出0.35亿元，增长11.8%；社会保障和就业支出6.11亿元，增长9.3%；卫生健康支出1.98亿元，下降45.1%；住房保障支出1.22亿元，增长42.1%。

年末常住人口32.59万人，其中城镇人口24.74万人，乡村人口7.85万人，城镇化率75.91%。

二、农业

全年实现农林牧渔业总产值23.01亿元，同比增长3.6%；农林牧渔业增加值13.59亿元，增长3.6%。

全年粮食生产总播种面积10.49万亩，粮食总产量4.27万吨。其中稻谷播种面积7.29万亩，产量3.27万吨；玉米种植面积1.81万亩，产量0.72万吨；薯类种植面积0.84万亩，产量0.19万吨；蔬菜及食用菌种植面积3.93万亩，产量9.0万吨；瓜果类种植面积0.75万亩，产量1.56万吨。

全年生猪出栏33.45万头，存栏17.55万头；牛出栏1.41万头，存栏2.65万头；羊出栏8.36万头，存栏7.02万头；家禽出栏316.72万羽，出栏158.30万羽。

全年362家农产品加工企业实现营业收入35.54亿元，其中省级龙头企业9家；农民专业合作社652个；家庭农场242个；省级现代农业产业园8个，市级现代农业产业园9个；实施高标准农田建设项目1个，建设面积0.53万亩；绿色有机地标农产品认证个数19个，其中绿色农产品18个，农产品地理标志1个。

三、工业与建筑业

全年全部工业增加值完成90.03亿元，同比增长0.5%；规模以上工业增加值增长0.3%，规模以下工业增加值增长3.7%；国有控股企业增加值下降1.5%，集体企业增加值下降57.6%，股份制企业增加值增长0.9%；年末在库规模企业82家。

全年规模以上主要工业产品中：生铁产量188.7万吨，同比下降14.5%；钢195.3万吨，下降15%；水泥151.3万吨，下降3.8%；锑品4.8万吨，下降4.8%；纯碱20.9万吨，增长11%；氮肥5.4万吨，增长5.2%；紧固件23.8万吨，增长16.1%；耐火材料14.2万吨，下降10.4%。

全年完成建筑业增加值17.83亿元，同比增长0.9%。全市资质以上总承包和专业承包建筑企业20家。房屋施工面积132.88万平方米；房屋竣工面积47.89万平方米。

四、固定资产投资

全年固定资产投资同比下降11.8%。分类型看，国有投资增长13.5%，非国有投资下降14.9%，其中民间投资下降16.7%。分产业看，第一产业投资下降31.7%，第二产业投资下降3.1%，第三产业投资下降16.4%。从投资方向看，工业投资下降3.1%，工业技改投资下降0.3%，基础设施投资下降6.4%，高新技术产业投资增长19.2%，生态环境投资增长44.8%，民生工程投资下降43.1%。

全年房地产开发投资12.61亿元，同比下降25.7%。其中住宅投资10.76亿元。商品房销售面积29.25万平方米，下降

16.6%；商品房待售面积 0.66 万平方米，其中住宅待售面积 0.66 万平方米。

五、贸易外经

全年完成社会消费品零售总额 92.35 亿元，同比增长 8.3%。全年限额以上法人批发和零售业商品零售额 6.07 亿元，同比增长 16.4%。分商品类别看，粮油、食品类 2.25 亿元，增长 11.9%；日用品类 0.13 亿元，下降 9.3%；五金、电料类 0.38 亿元，增长 76.1%；家用电器和音像器材类 0.16 亿元，增长 1.3%；石油及制品类 0.13 亿元，下降 31.3%；机电产品及设备类 1.10 亿元，增长 19.1%；汽车类 0.97 元，下降 13.1%。

全年实现外贸进出口额 21.80 亿元，同比下降 19.2%，其中出口额 5.66 亿元，下降 30.7%，进口额 16.14 亿元，下降 11.2%。新引进世界 500 强企业 1 个，新增境外投资企业 1 个。

六、交通、邮电、旅游

全年铁路货运量 567.4 万吨，铁路客运量 15.68 万人，公路客运量 1.16 万人。完成农村“三路”提质改造 132.83 公里。

全年完成电信业务总量 2.79 亿元；邮政业务总量 0.49 亿元。年末固定电话用户 1.37 万户，下降 15.4%；年末移动电话用户 42.25 万户，增长 9.1%；年末互联网宽带用户 13.82 万户，增长 17.2%。

全市共有 3A 级景区 3 个。全年旅游总收入 29.86 亿元，同比增长 45.38%；接待旅游人次 302.41 万人次，增长 43.49%。

七、金融

年末金融机构本外币各项存款余额 336.53 亿元，比年初增加 32.87 亿元，其中住户存款余额 264.12 亿元，比年初增加 25.05 亿元，非金融企业存款余额 59.82 亿元，比年初增加 8.91 亿元；年末金融机构本外币各项贷款余额 295.58 亿元，比年初增加 63.40 亿元，其中住户贷款 79.76 亿元，比年初增加 7.21 亿元，非金融企业及机关团体贷款 212.81 亿元，比年初增加 53.19 亿元。

年末 2 家证券公司营业部证券交易额 388.67 亿元，同比增长 8.1%。全年保险公司原保险保费收入 4.97 亿元，增长 3.5%；其中寿险收入 2.91 亿元，增长 11.9%，健康险收入 0.93 亿元，下降 3.6%，人身意外伤害险收入 0.09 亿元，下降 3.5%，财产险收入 1.04 亿元，下降 9.2%。原保险赔付支出 1.68 亿元，增长 15.9%，其中寿险赔付 0.71 亿元，增长 18.6%，健康险赔付 0.12 亿元，增长 5.2%，人身意外伤害险赔付 0.03 亿元，增长 85.6%，财产险赔付 0.81 亿元，增长 13.6%。

八、教育

全市共有幼儿园 55 所，小学 40 所，九年一贯制学校 15 所，初级中学 11 所，普通高中 3 所，特殊教育学校 1 所，职业教育学校 6 所。全年中等职业教育招生 1664 人，在校生 6226 人，毕业生 1524 人；普通高中招生 2980 人，在校生 8660 人，毕业生 2921 人；初中学校招生数 5927 人，在校生 17393 人，毕业生 4961 人；普通小学招生 4672 人，在校生 32132 人，毕业生 6018 人；特殊教育招生 9 人，在校生 136 人，毕业生 20 人；幼儿园在园幼儿人数 8027 人。落实义务教育保障资金 7024.88 万元。

九、文化、体育和卫生

全市共有国家级非物质文化遗产保护名录 1 个，省级非物质文化遗产保护名录 3 个；博物馆、纪念馆 2 个，文化馆 1 个，公共图书馆 1 个；广播电视台 1 座，中、短波广播发射台和转播台 1 座，广播综合覆盖率 99.8%，电视综合覆盖率 99.8%；有线电视实际用户 1.3 万户；全市档案馆 1 家，开放各类档案 1.67 万卷。

全市有体育场地 1312 个，篮球场 321 个，足球场 12 个，排球场 27 个。全年开展全民健身项目 44 项次。新建农民体育健身工程的行政村 91 个。

全市有卫生机构 330 个，其中疫病预防控制中心 1 个，卫生监督所 1 个，医院 15 个，妇幼保健院 1 个，乡镇卫生院 6 家，社区卫生服务中心 4 个，诊所、卫生所、医务室 179 个，村卫生室 123 个。卫生技术人员 3036 人，执业医师和执业助理医师 1322 人，注册护士 1317 人。医院床位数 2822 张。

十、资源、环境和应急管理

全市已发现矿种 30 种，探明资源储量的矿种 13 种，其中能源矿产 1 种，金属矿产 5 种，非金属矿产 6 种，水气矿产 1 种。新增蓄水能力 100 万立方米。

全市城区空气质量优良率 93.4%；PM2.5 年均浓度为 36ug/m3；省控地表水晓云渡口断面水质保持Ⅱ类标准，球溪、周头水库饮用水水源地水质达标率 100%，累计新增造林面积 5.29 万亩，森林覆盖率稳定在 32%；工业固体废物综合利用率达到 98%；污染地块安全利用率达到 100%。

全年发生生产安全事故 13 起、死亡 13 人，其中道路交通安全事故 8 起，死亡 8 人；生产安全事故 5 起，死亡 5 人。亿元 GDP 事故死亡人数为 0.0485。

十一、人民生活和社会保障

全年全市居民人均可支配收入 42778 元，比上年增长 4.6%。城镇居民人均可支配收入 46689 元，增长 4.0%。农村居民人均可支配收入 29423 元，增长 7.1%。城乡居民收入比为 1.59 ∶ 1。

全年全市居民人均消费支出 22253 元，比上年增长 5.7%。城镇居民人均消费支出 23194 元，增长 4.8%；农村居民人均消费支出 19030 元，增长 9.4%。

全年新增城镇就业人员 0.59 万人，年末城镇登记失业率为 0.87%，帮助失业人员实现再就业 0.24 万人。年末城乡居民基本养老保险参保人数 9.42 万人，增长 0.02%。城镇职工基本养老保险参保人数 11.78 万人，增长 1.23%。基本医疗保险参保人数 31.34 万人，其中城乡居民基本医疗保险参保人数 23.97 万人，城镇职工基本医疗保险参保人数 6.86 万人。参加工伤保险职工人数 4.98 万人。参加生育保险职工人数 3.10 万人。参加失业保险职工人数 3.81 万人。发放养老金待遇 15.29 亿元，发放失业保险金 444.45 万元。发放工伤保险金 2262.8 万元。年末提供住宿民政机构床位数 900 张，收养人数 314 人。其中，养老机构床位 50 张，养老机构服务人数 48 人。社区服务机构和设施 59 个。

涟 源 市

涟源市，隶属于湖南省娄底市，位于湖南省中部，衡邵盆地北缘，涟水、孙水上游，1951 年置县，1987 年撤县设市。涟源市总面积 1830 平方公里，辖 20 个乡镇办事处和 1 个高新区。2023 年末，全市户籍总人数 112.7 万人，其中，城镇人口 28.4 万人，乡村人口 84.3 万人。年末常住人口 84.01 万人，常住人口城镇化率达到 41.23%。人口出生率为 7.2‰，死亡率为 5.8‰，自然增长率为 1.4‰，人口密度为每平方公里 615 人。

地处湖南省几何中心，是沟通湖南东西经济走廊的咽喉之地。境内有 1 条高铁、4 条高速；湘黔铁路、娄新高速和娄底大道横贯东西，207 国道和安邵高速纵通南北。娄新高速、长韶娄高速、二广高速、龙琅高速、沪昆高铁建成通车，形成了优越的交通条件，迈入了长株潭 1 小时经济圈。桥头河镇境内通用机场已建设投入使用。在交通发达方面表现出色，拥有的高铁、铁路和高速公路网络将其与其他地区紧密相连，为人们提供了方便快捷的出行条件。

2023 年完成涟源市博物馆启动完成展陈设计。市湘剧保护传承中心开展惠民演出 211 场（线上＋线下），组织创排新文艺作品 100 多个，开展非遗传习活动 200 余场次，市湘剧保护传承中心创排的湘剧表演唱《“典”亮生活》获得湖南省非物质文化遗产法治文化作品创作大赛“一等奖”，荣获省文化和旅游厅与省司法厅颁发的湖南省2023“法治进文旅场馆”先进单位称号。荣获省文化和旅游厅颁发的“国家艺术基金申报工作优秀单位”称号。复排大型湘剧并组织演出：大型现代湘剧《千里寻党》，大型经典神话湘剧《三打白骨精》。

娄底市第二届旅发大会确定在涟举办以来，我市以“办会兴城”为目标，以项目建设为支撑，高位推动、上下协同，累计投入12.82亿元资金建设22个重点项目，有效擦亮了“山水相‘涟’，幸福之‘源’”的地域名片。

涟源市2023年国民经济和社会发展统计公报

2023年是全面贯彻党的二十大精神的开局之年，也是三年新冠疫情防控转段后经济恢复发展的一年。全市上下全面贯彻落实党的二十大和二十届二中全会精神，深入贯彻落实习近平新时代中国特色社会主义思想和习近平总书记考察湖南重要讲话和指示精神，坚决贯彻落实国家、省、市一系列决策部署，以务实的作风全面推动涟源经济社会发展。2023年，全市经济社会高质量发展迈上新台阶。

一、综合

经初步核算，2023年，全市实现地区生产总值356.3亿元，按可比价计算，同比增长4.6%。其中：第一产业增加值56.7亿元，增长3.3%；第二产业增加值121.7亿元，增长4.8%；第三产业增加值177.9亿元，增长4.9%。三次产业结构比为15.9∶34.1∶50.0。

财政：2023年，全市完成财政总收入155036万元，同比下降1.42%。地方财政收入完成89871万元，同比下降5.9%，其中：税收收入完成59729万元，同比下降10.58%；非税收入完成30142万元，增长4.99%，全口径税收占财政总收入的比重达到80.56%。

重点民生实事：2023年，全市31项重点民生实事项目全部完成，启动县域普通高中一校一栋建筑项目，“湘易办”超级服务端上线服务事项472项，集成可应用的电子证照种类67类，用户数达到44万人。城镇新增就业0.57万人，开展补贴性职业技能培训0.46万人次（其中创业培训0.07万人次），农村适龄及城镇低保适龄妇女“两癌”免费检查22000人，全市14个实现普通门诊异地结算二级以上定点医疗机构全覆盖，43个门诊慢特病治疗费用省内异地直接结算，20个乡镇（街道）医保参保登记、信息查询及变更、异地就医备案等经办服务事项直办或帮代办全覆盖，506个村（社区）医保参保登记、信息查询及变更、异地就医备案等经办服务事项直办或帮代办全覆盖。310户困难老年人居家适老化改造，康复救助残疾儿童207人，190户困难残疾人家庭无障碍改造，开工改造25个城镇老旧小区，城镇住宅小区居民280户“一户一表”改造接收。农村地区110千伏、35千伏电网供电能力提升，预计投资4807万元，农村电网10千伏及以下电网供电能力提升，预计投资4113.7万元。农村新增4G/5G基站144个，新增千兆光纤端口4226个，新增蓄水能力76万立方米，恢复和改善灌溉面积0.99万亩，114个农村千人以上集中饮用水水源地突出环境问题整治，建设农村公路安防设施99公里，公路提质改造59公里，普通国省道安防精细化提升15公里。城市低保标准从不低于600元/月提高到不低于650元/月，农村低保标准从不低于4600元/年提高到不低于5040元/年，困难残疾人生活补贴标准提高到不低于80元/月·人，重度残疾人护理补贴标准提高到不低于80元/月·人，散居孤儿生活补贴标准提高到1100元/月。

市场主体：2023年，全市新登记企业3695家，同比增长33.97%，新成立农民专业合作社86户，无增长，新登记个体工商户5887户，无增长。截至年底，全市共登记注册个体工商户59152户，企业11910家，农民专业合作社1894户。全市共有专利授权291个。

二、工业、建筑业

主要经济指标：2023年，全市共有规模以上工业企业193家，其中新增规模企业11家，规模工业总产值同比增长0.5%。规模以上工业产销率同比下降0.3%，规模工业增加值增长3.3%。

主要产品产量：2023年，全市规模以上工业企业水泥产量同比下降10.3%；发电量同比下降0.4%；焦炭产量同比下降11.2%。

经济效益：2023年，全市规模以上工业企业实现营业收入同比增长0.78%，实现利润总额同比增长29.6%。

园区经济：2023年，园区共有企业442家，其中规模以上工业企业76家。园区规模工业增加值增长4.6%，占全市规模工业增加值的比重达到70.1%。

建筑业：2023年，全市资质以上总承包和专业承包建筑企业共29家，实现建筑业增加值21.92亿元，同比增加12.7%。

三、农业

农村经济：2023年，全市实现农林牧渔业总产值97.4亿元，增长3.6%。第一产业增加值56.65亿元，增长3.3%。

粮食生产：2023年，全年粮食播种面积94.57万亩。粮食总产量39.88万吨，同比增长1.3%。

畜牧业：2023年，全市出栏猪129.8万头，同比下降1.2%；出栏牛6.8万头，同比下降1.5%；出栏羊27.5万只，同比下降1.3%；出笼家禽945.1万羽，增长19.5%。

农业产业化：2023年，全市实现农产品加工产值172.74亿元，同比增长6.4%。各类农产品加工企业494家，其中：国家级龙头企业2家，省级龙头企业12家，娄底市级龙头企业72家。休闲农业经营主体284个，星级农庄总数15家，其中：国家五星级农庄1家，国家四星级农庄3家，省级四星级农庄5家。绿色食品认证76个，有机食品认证2个，湖南省著名商标18个。国家地理保护标志证明商标4个。

农业机械化：2023年，全市农机总动力达到90万千瓦，完成水稻机耕面积65.09万亩，机耕水平93.86%；机插机播面积42.3万亩，机插机播水平61.02%；机械化收获面积60.4万亩，机收水平87.27%。水稻生产耕、种、收综合机械化水平达到82.03%；油菜生产耕、种、收综合机械化率达78.15%。

四、固定资产投资

投资：2023年，全市固定资产投资总额同比增长1.7%。其中，5000万元以下项目固定资产投资同比下降46.8%，房地产开发投资同比增长15.5%，民间投资完成额同比下降15.3%，占全市投资完成额的比重达到69.3%。

工业技改：全年工业投资同比增长4.5%，其中，工业技改投资同比下降15.6%。

重点项目：2023年，我市本级重点项目123个，其中新建79个，续建44个。总投资419.51亿元，年度计划投资174.72亿元。已开工建设84个，竣工40个，完成投资175.88亿元，为年度计划的100.66%。今年我市列入省重点项目3个，总投资35.69亿元，年度计划投资25.1亿元，累计完成投资35.8亿元，为年度计划的142.63%。目前3个省重点项目已竣工1个，湖南娄底桥头河通用机场项目成功建成试飞。另外2个项目有序推进中。列入娄底市重点项目27个，（含省重点项目2个，前期项目1个），总投资274.91亿元，年度计划投资71.21亿元，已开工25个，竣工8个，还有娄底高新区斗笠山化工园区基础设施建设、汇源煤气钛材配套煤气2个项目正在有序地开展前期工作，预计年后可实质性开工建设。完成投资94.36亿元，为年度计划的132.52%。

五、国内贸易、招商引资和旅游

国内贸易：2023年，全市完成社会消费品零售总额180.5亿元，同比增长8.3%。全市批发业销售额67.74亿元，增长7.5%；零售业销售额153.92亿元，增长9.5%；住宿业营业额39.31亿元，增长11.4%；餐饮业营业额96.43亿元，增长15.8%。

招商引资：2023年，全市进出口总额完成10亿元，同比下降2.0%。其中，出口额7亿元，进口额3亿元。

旅游：2023年，接待游客419.83万人次，实现旅游收入41.45亿元。14家文旅企业参加2023年湖南省文化旅游博览会，两家企业产品获得湖南省文化旅游商品大赛银奖，涟源市荣获2023湖南旅博会参展县（市）区“三十佳”称号。2023年成功举办第二届娄底旅游发展大会。

六、金融和保险

金融：2023年，全市金融机构本外币各项存款余额416.8亿元，同比增长9.56%；金融机构本外币各项贷款余额322.8亿元，增长23.87%。

保险：2023年，全年保费收入7.3亿元，同比增长11.6%。

七、交通运输和邮电

交通：2023年，全市县道总里程551.6公里，省道271.9公里，高速公路里程153.3公里。公路客运周转量87181.7万人公里，公路货运周转量307034.2万吨公里。

邮电：2023年，全市固定电话用户31600户，移动电话期末用户达到79.11万户，互联网宽带用户达到28.92万户。

八、教育、科技、文化、卫生和体育

教育：2023年全市共有各级各类学校347所（个），其中小学198所，小学教学点85个，初中学校53所，普通高中学校7所；特殊教育学校1所，职业高中学校3所，共有独立幼儿园165个。全市中小学生共103649人，其中小学生52225人，初中生27911人，特教学生248人，普通高中生17807人；职业高中学生5458人。在园幼儿共17084人。共有教职工7740人，其中小学教职工3100人，初中教职工3074人，普高教职工1244人，特教学校教职工20人，职业教育教职工302人。

科技：2023年，全市新增高新技术企业11家，到年末，全市共有63家高新技术企业，实现高新技术增加值43.5亿元，同比增长7.4%。

文化：2023年完成涟源市博物馆启动完成展陈设计。市湘剧保护传承中心开展惠民演出211场（线上＋线下），组织创排新文艺作品100多个，开展非遗传习活动200余场次，市湘剧保护传承中心创排的湘剧表演唱《“典”亮生活》获得湖南省非物质文化遗产法治文化作品创作大赛“一等奖”，荣获省文化和旅游厅与省司法厅颁发的湖南省2023年“法治进文旅场馆”先进单位称号。荣获省文化和旅游厅颁发的“国家艺术基金申报工作优秀单位”称号。复排大型湘剧并组织演出：大型现代湘剧《千里寻党》，大型经典神话湘剧《三打白骨精》。文化志愿服务活动达到100余场次。

卫生：2023年，全市共有公立医院3家，私立医院21家，乡镇卫生院21家，执业医师2367人，养老床位5056张，病床数6605张。

体育：2023年下拨村级全民健身器材、农体工程108套，新建多功能运动场项目1个，7人制社会足球场1个。组织开展不同群体、不同项目、不同级别的体育健身活动达30余场（次），直接参与活动的人员达2万余人（次）。举办乒乓球、气排球、羽毛球、跆拳道、篮球等社会体育指导员培训班六期，发展三级社会体育指导员600余名，平均每千人拥有社会体育指导员2.17名。开展国民体质监测3000余人次。8月，涟源业余体校代表队参加在邵阳举办的湖南省青少年田径锦标赛上，取得2金6银5铜总分189分的好成绩。11月，涟源棋友吴骄阳在全国业余围棋公开赛中荣获中老组个人冠军，这是涟源围棋史上获得的第一个全国冠军。

九、人口、人民生活和社会保障

人口：2023年末，全市户籍总人数112.7万人，其中，城镇人口28.4万人，乡村人口84.3万人。年末常住人口84.01万人，常住人口城镇化率达到41.23%。人口出生率为7.2‰，死亡率为5.8‰，自然增长率为1.4‰，人口密度为每平方公里615人。

人民生活：据住户抽样调查资料显示，2023年全市城镇居民人均可支配收入为30714元，同比增长3.9%，农村居民人均可支配收入为15855元，增长7.2%。居民消费价格指数100.4%。

社会保障：2023年，全市城镇新增就业6069人，同比下降3.6%，失业人员再就业2321人，就业困难人员再就业809人，新增农村劳动力转移就业8609人，参加就业见习人数140人，城镇登记失业率控制在4.5%以内，零就业家庭动态管理清零率为100%。职业技能培训总人数3034人次，失业保险参保总人数达到44494人。

十、安全生产、环境保护

安全生产：2023年，全市共发生各类生产安全事故0起，死亡0人，亿元GDP生产安全事故死亡人数0人。

环境保护：2023年，全市省控以上地表水断面水质全部达标，空气环境质量优良率达91.2%；完成114处被列入省定重点民生实事的农村“千人以上”饮用水水源地规范化建设和环境问题整治，完成全市64个入河排污口的规范化建设，152处水源地勘界定标，30处乡镇级及以上饮用水水源地构建物信息调查，16家一级医疗机构废水处理问题排查整治。完成62个行政村环境整治任务、50个农村生活污水治理任务、3条农村黑臭水体治理任务。

双峰县

双峰县，隶属湖南省娄底市，地处湘中腹地，东邻湘潭、衡山，南接衡阳，西毗邵东、涟源，北界娄底、湘乡。东西长61公里，南北宽59.2公里，总面积1596平方公里。下辖11个镇、3个乡、2个街道办事处，合并后有523个行政村（社区）。截至2023年末，全县户籍总人口为87.62万人。

秦王政二十六年（前221），置湘南县，今双峰境域属之，隶长沙郡。西汉高帝五年（前202），置连道，双峰境域分属连道、湘南县，连道、湘南同属长沙国。东汉光武帝建武初，从湘南县析置湘乡县，双峰境域部分地属湘乡，隶荆州零陵郡；部分地属连道，隶荆州长沙郡。三国吴会稽王太平二年（257），置衡阳郡，湘乡、连道皆属之。南朝宋武帝永初年间（420—422），连道并入湘乡，双峰全境属之。隋文帝开皇九年（589），湘乡并入衡山县，隶湘州。唐高祖武德四年（621），从衡山县析出，复置湘乡县，属潭州长沙郡。五代后梁太祖开平元年（907），湘乡县属楚国长沙府。宋太祖乾德元年（963），湘乡复属潭州。元成宗元贞元年（1295），湘乡民至万户升为州，属湖广行省潭州路。文宗天历二年（1329），潭州路改为天临路。明太祖洪武二年（1369），湘乡州复为县，属潭州府，知县招抚流亡，相继垦复荒田8000余亩。3年后，改潭卅府为长沙府。清顺治十一年（1654），永丰设湘邵驿站，康熙十八年（1679）撤。圣祖康熙三十年（1691），境内牌头、测水、青石、铜铃、永丰、茅粟、吴湾、黄田、武障、油榨、界牌设铺司。咸丰四年（1854）撤，两年后复设。乾隆三年（1738），县丞胡澍驻永丰，始建县丞署。宣统三年（1911），九月一日（10月22日），中里团防局曾惠伯响应武昌起义，率团勇戟县丞署，县丞王友义出走芭坪，结束了清廷在永丰的统治。

中华民国时期，双峰隶属湘乡县。1949年10月2日，中国人民解放军第四十一军一二三师的一个团解放永丰。5日，双峰全境解放。同月，湘乡县各区相继成立中共区委会、区人民政府。双峰境内三个区机关所在地是：三区永丰镇、六区金溪大塘、七区青树坪。1951年8月，按湖南省人民政府通知，划出湘乡县的三、六、七区建立双峰县，属益阳专区，县城设永丰镇。1952年11月20日，双峰县改属邵阳专区。1977年9月，邵阳地区析为邵阳、涟源两地区。双峰县属涟源地区。1982年，涟源地区更名为娄底地区，双峰隶属娄底地区。1999年7月，娄底地区撤地设市，双峰隶属娄底市，设置13镇3乡（永丰镇、梓门桥镇、井字镇、荷叶镇、杏子铺镇、蛇形山镇、甘棠镇、洪山殿镇、三塘铺镇、青树坪镇、花门镇、锁石镇、走马街镇、印塘乡、石牛乡、沙塘乡）。2017年洪山殿镇梓木村、古塘村划归蛇形山镇管辖，蛇形山镇整体并入娄星区，全县设置12个镇、3个乡和1个经济开发区。2019年全县设置11个镇、3个乡、2个街道办事处。

双峰县2023年国民经济和社会发展统计公报

2023年，县委、县政府带领全县人民，坚持以习近平新时代中国特色社会主义思想为指导，认真贯彻习近平总书记考察湖南重要讲话重要指示批示精神，全面落实党中央国务院、省委省政府各项决策部署，坚持稳中求进工作总基调，锚定“三高四新”美好蓝图，对标“六个新担当新作为”着力打好“发展六仗”，推动经济运行回升向好、进中提质，社会大局和谐稳定。

一、综合

初步核算，全年实现地区生产总值296.6亿元，比上年增长4.1%。其中，第一产业增加值61.2亿元，增长3.3%；第二产业增加值88.1亿元，增长5.7%；第三产业增加值147.3亿元，增长3.6%。全县三次产业结构为20.6 ∶ 29.7 ∶ 49.7。人均地区生产总值44105元。

年末户籍总人口87.62万人，比上年末下降0.03%；常住人口67.14万人，下降0.33%，其中城镇常住人口28.77万人，城镇化率42.85%，比上年提高1.48个百分点。

全年完成一般公共预算收入114242万元，比上年下降4.41%，上划中央税收34381万元，下降4.14%，上划省级税收9388万元，增长65.25%。完成地方收入70473万元，下降9.61%，其中税收收入49316万元，下降8.34%，非税收入21157万元，下降12.44%，税收收入占地方收入的比重为69.98%，比上年提高0.97个百分点；全年一般公共预算支出520018万元，比上年减少9.76%。

二、农业

全年实现农林牧渔业总产值102.2亿元，比上年增长3.6%。农林牧渔专业及辅助性活动产值4.7亿元，增长8.4%。

全县粮食播种面积78.27千公顷，比上年增长0.04%；蔬菜种植面积13548.7公顷，增长2.8%；油料种植面积14439.3公顷，增长7.7%。粮食总产量51.51万吨，增长1.5%，蔬菜产量50.3万吨，增长3.4%；油料产量2.5万吨，增长2.7%。肉类总产量7.97万吨，下降3.3%，禽蛋产量1.22万吨，增长22.0%；水产品产量2.8854万吨。全年生猪出栏93.2万头，下降5.0%；出栏牛2.72万头，下降1.8%；出栏羊8.88万只，下降2.0%；出栏家禽426.3万羽，增长10.9%。

全县共有农产品加工企业708家，其中省级龙头企业15家，全年农产品加工企业实现销售收入145.6亿元，增长4.8%，实现利润4.5亿元，增长3.4%。农民专业合作社1872家，休闲农业主体596家，休闲农业和乡村旅游接待人数201万人次，同比增长4.0%。

三、工业和建筑业

全县工业增加值70.96亿元，比上年增长5.0%，其中制造业增加值66.06亿元，增长4.7%，制造业增加值占GDP的比重为22.3%。规模以上工业增加值增长5.5%，规模以下工业增加值增长2.9%，产业园区规模以上工业增加值增长8.1%。年末，全县规模以上工业企业208家。

全县建筑业增加值17.12亿元，增长8.5%。全县具有建筑资质等级的总承包和专业承包建筑业企业24家，完成建筑业总产值52.83亿元。房屋建筑施工面积160.67万平方米，房屋建筑竣工面积137.52万平方米。

四、固定资产投资

全县固定资产投资同比增长2.7%。按经济类型分，国有投资下降6.0%，非国有投资增长6.5%，其中民间投资增长2.5%，民间投资占全部投资比重为63.5%，比上年下降0.2个百分点。按产业分，第一产业投资增长0.7%，第二产业投资增长14.4%，第三产业投资下降4.0%，三次产业投资占全县投资的比重分别为3.8%、39.7%、56.5%。本年施工项目113个，其中本年新开工项目50个，本年投产项目55个。

全县房地产开发投资同比下降7.1%，其中住宅投资下降6.3%。商品房销售面积29.30万平方米，同比下降13.0%；商品房销售额139110万元，同比下降17.0%。

五、贸易、招商引资和旅游

全年实现社会消费品零售总额133.1亿元，比上年增长8.3%。按限额类别分，限额以上单位零售额14.02亿元，增长10.0%，限额以下零售额119.07亿元，增长8.1%；按消费类型分，商品零售额124.7亿元，增长10.3%，餐饮消费额10.39亿元，增长5.0%。

全年实现进出口总额7.37亿元，比上年下降38.4%；其中出口额7.09亿元，下降37.5%，进口额0.28亿元，下降54.8%。实际利用外资2万美元。

全县旅游等级区（点）11家，其中4A级及以上2家。接待国内游客510.35万人次，同比增长5.9%，实现国内旅游收入50.4亿元，同比增长3.0%；接待入境游客639人次，同比增长261.02%，实现国际旅游收入9.85万美元，同比增长266.17%。

六、交通和邮电业

全县公路货运量1852.1万吨，比上年增长1.6%，货物周转量188997.4万吨公里，增长3.2%；公路客运量626.5万人，下降0.1%，旅客周转量22869.5万人公里，增长2.9%；高速公路通车里程63公里。

全年电信业务总量6.47亿元，比上年增长6.8%。年末，全县固定电话用户34652户，增长12.0%；移动电话用户71.76万户，增长8.3%；互联网宽带用户24万户，增长8.6%。

七、金融、保险和证券业

年末，全县金融机构各项存款余额472.54亿元，比年初增加47.71亿元，比上年增长 11.2%；其中，住户存款余额 429.34 亿元，增长 12.8%；非金融企业存款余额 14.59 亿元，下降 9.4%。年末金融机构各项贷款余额 240.12 亿元，比年初增加 37.52 亿元，增长 18.5%；其中住户贷款 111.19 亿元，增长 16.1%；非金融企业及机关团体贷款 127.43 亿元，增长 19.3%。贷存比 50.81%，比 2022 年增加 3.14 个百分点。

全县保险机构保费收入 85274 万元，比上年增长 10.1%；保险赔付支出 31448 万元，同比下降 17.8%。

全县证券交易额 859323 万元，同比下降 16.6%。

八、科学技术和教育

全县高新技术产业总产值 66.6 亿元，比上年增长 6.2%；高新技术产业增加值 21.2 亿元，增长 6.3%。专利授权 435 件，其中发明专利授权 28 件，实用新型 150 件，外观设计 257 件，累计有效发明专利 178 件，同比增长 12.7%，万人发明专利拥有量 2.64 件，同比增长 14.8%。高质量发明专利拥有量 77 件，万人高价值发明专利拥有量 1.14 件，同比增长 48.1%。全县共有检验检测机构 7 个，开展重点工业产品质量监督抽查 77 批次，定期抽查合格率达 91%。

全县普通高中 10 所，在校生 20219 人；中职学校 1 所，在校生 3928 人；初中学校 54 所，在校生 29141 人；普通小学 150 所，在校生 49472 人；特殊教育学校 1 所，在校生 521 人。幼儿园在园幼儿 15528 人；各类民办学校 8 所，在校生 12578 人。

全县 6058 人参考，600 分以上考生共计 307 人，比去年增加 78.5% 人；2085 人上特殊类型招生控制线，比上年提高 3.41%。全县共有 6 名学生上清华北大分数线，实际录取 3 人。

九、文化、卫生和体育

全县共有乡镇文化站 16 个，公共图书馆 25 个，自助图书馆 1 个，群众艺术馆和文化馆 16 个，博物馆和纪念馆 1 个；全县共有村级综合文化服务中心 524 个；完成公益电影放映 5676 场次；全县共有广播电台 1 座，广播综合人口覆盖率 100%；电视台 1 座，电视综合人口覆盖率 100%；年末有线电视用户 44458 户，较年初净减少 1548 户。

全县共有医疗卫生机构 890 个，其中医院 18 个，包括综合医院 10 个、中医医院 2 个、专科医院 6 个；专业公共卫生机构 3 个，包括妇幼保健院 1 个、疾病预防控制中心 1 个、卫生计生综合监督执法局 1 个；基层医疗卫生机构 869 个，包括社区卫生服务中心 2 个、乡镇卫生院 14 个、村卫生室 721 个、诊所 83 个、卫生所（室）1 个、医务室 12 个、门诊部 36 个。卫生技术人员 4184 人，其中执业（助理）医师 1936 人，注册护士 1683 人。医院床位数 3388 张，乡镇卫生院床位数 1934 张。妇幼保健方面，全年共有产妇 4370 人，婴儿活产数 4425 人。

十、资源、环境和安全生产

全县基本农田面积 38526.7 公顷，批准建设用地 97.5 公顷，建设占用耕地 21.4 公顷，补充耕地 271.3 公顷。全年完成造林面积 250 公顷，全县活立木蓄积量 331 万立方米，年末林地面积 77341 公顷，森林覆盖率 44.97%。全年开工各类水利工程 1187 处，投入资金 48422.8 万元，比上年增长 28.7%。

全县地表水监测达到或优于 III 类标准的断面比例 100%；全年中心城区环境空气质量优良天数达到 335 天，优良率为 91.8%；中心城区污水处理率 97.5%，生活垃圾无害化处理率 100%，中心城区人均公园绿地面积 9.31 平方米。

全年降水量 1107.8 毫米，比上年下降 7.6%。全年平均气温 18.6℃，最高温度 38.2℃（7 月 13 日），最低气温 −4.2℃（1 月 25 日）。

全县总用电量为 127109 万千瓦时，同比下降 6.17%；产业用电 67480 万千瓦时，同比下降 2.26%，其中第一产业用电 1953 万千瓦时，第二产业用电 44770 万千瓦时，第三产业用电 20757 万千瓦时。城乡居民生活用电 59629 万千瓦时，同比下降 10.23%，其中城镇居民用电 17568 万千瓦时，农村居民用电 42061 万千瓦时。

十一、人民生活、社会保障和应急管理

全县居民人均可支配收入为 21981 元，比上年增长 6.2%；其中城镇居民人均可支配收入 29088 元，增长 4.2%；农村居民人均可支配收入 18646 元，增长 7.3%。全县居民人均消费支出 16661 元，增长 7.8%；其中城镇居民人均消费支出 20355 元，增长 5.2%，农村居民人均消费支出 14927 元，增长 9.3%。

全县新增城镇就业人员 6529 人，失业人员再就业人数 2483 人，年末城镇登记失业率 2.61%，比上年同期减少 0.02 个百分点。年末参加城乡居民养老保险人数为 45.27 万人，城镇基本养老保险职工参保 12.03 万人，工伤保险参保人数 5.7 万人，失业保险参保人数 3.4 万人，领取失业保险金人数 0.223 万人。参加基本医疗保险人数 65.22 万人，其中城乡居民基本医疗保险人数 60.74 万人，城镇职工基本医疗保险人数 4.48 万人；参加生育保险职工人数 2.47 万人。

年末，全县共有 3431 人享受城镇居民最低生活保障，发放城镇居民最低生活保障经费 1711.9 万元；20536 人享受农村居民最低生活保障，发放农村居民最低生活保障经费 6184.9 万元；全县养老机构 23 个，村（社区）养老服务机构 265 个，提供养老机构床位数 5453 张。全年销售社会福利彩票 3293.5 万元，筹集福彩公益金 1045 万元。

全年发生各类生产经营性安全事故 13 起，死亡 13 人。

新 化 县

新化县，隶属湖南省娄底市，位于湖南中部，资江中游，雪峰山北段的东南麓（古称梅山），面积 3642 平方公里。

截至 2023 年 5 月，新化县辖 3 个街道，18 个镇，7 个乡，2 个国有林场，1 个经济开发区：上梅街道、上渡街道、枫林街道、石冲口镇、洋溪镇、槎溪镇、水车镇、文田镇、奉家镇、游家镇、炉观镇、西河镇、孟公镇、琅塘镇、桑梓镇、曹家镇、吉庆镇、温塘镇、田坪镇、白溪镇、圳上镇、油溪乡、坐石乡、金凤乡、荣华乡、天门乡、科头乡、维山乡、大熊山林场、古台山林场、新化经济开发区。新化县人民政府驻上梅镇。

截至 2023 年末，新化县户籍总人口为 150.30 万人。常住人口 115.02 万人，其中城镇人口 40.89 万人，乡村人口 74.13 万人，常住人口城镇化率为 35.55%，比上年提高 1.53 个百分点。

新化，古称梅山，是梅山文化的核心区域，是中国梅山文化艺术之乡、中国蚩尤故里文化之乡、全国武术之乡、中国山歌艺术之乡、中华诗词之乡。自然与人文景点有世界灌溉工程遗产紫鹊界梯田、梅山龙宫、大熊山森林公园、油溪河漂流、北塔、文昌阁等。人才辈出，辛亥革命风云人物陈天华、谭人凤，爱国将领方鼎英，教育家、社会学家成仿吾，华夏名将陈正湘，国际主义战士罗盛教等，他们或有史传巨著、或有故居、遗物留在县境。新化县是国家重点生态功能区、革命老区县、国家扶贫开发工作重点县、武陵山片区区域发展和扶贫攻坚县、全国休闲农业与乡村旅游示范县、全国农村一二三产业融合发展先导区创建单位和国家全域旅游示范区创建单位。

新化县2023年国民经济和社会发展统计公报

2023年，面对复杂严峻的外部环境和艰巨繁重的改革发展稳定任务，全县上下坚持以习近平新时代中国特色社会主义思想为指导，全面贯彻落实党的二十大和二十届二中全会精神，按照党中央国务院、省委省政府、市委市政府决策部署，坚持稳中求进工作总基调，锚定“三高四新”美好蓝图，聚力打赢“发展六仗”，全力以赴稳增长，千方百计提质效，全县综合实力不断攀升，经济根基持续夯实，发展潜能日益彰显，经济高质量发展迈出坚实步伐。

一、综合

初步核算，全年实现地区生产总值341.93亿元，同比增长4.6%。其中：第一产业增加值67.01亿元，增长3.6%；第二产业增加值96.14亿元，增长4.4%，其中制造业增加值60.11亿元，增长0.6%，制造业增加值占GDP的比重为17.6%；第三产业增加值178.78亿元，增长5.1%。三次产业结构由上年的19.6 ：28.0 ：52.4调整为19.6 ：28.1 ：52.3，三次产业对全县经济增长贡献率分别为15.5%、26.8%和57.7%。按常住人口计算，人均地区生产总值29579元，同比增长6.0%。

全年公共财政收入19.84亿元，同比增长1.8%，其中地方财政预算收入13.01亿元，下降7.1%。公共财政预算支出83.33亿元，下降5.5%。其中，教育支出19.93亿元，增长0.1%；科学技术支出1.02亿元，增长0.3%；社会保障和就业支出15.56亿元，增长10.2%；卫生健康支出5.32亿元，下降54.2%；住房保障支出3.23亿元，增长27.6%。

全年居民消费价格与上年持平，其中食品烟酒类下降0.5%，衣着类上涨0.2%，居住类上涨0.4%，生活用品及服务类下降0.1%，交通和通信类下降0.9%，教育文化和娱乐类上涨0.5%，医疗保健类上涨0.6%，其他用品和服务类上涨3.9%。

二、农业

全年农林牧渔业增加值69.40亿元，同比增长3.7%。农林牧渔业总产值111.50亿元，增长3.8%。其中，农业产值52.80亿元，增长3.7%；林业产值5.10亿元，增长14.7%；牧业产值43.66亿元，增长3.0%；渔业产值6.01亿元，增长3.4%，农林牧渔专业及辅助性活动产值3.92亿元，增长8.0%。

全年粮食种植面积75.93千公顷，同比增长0.2%，粮食总产量48.77万吨，增产1.7%；蔬菜及食用菌种植面积11.19千公顷，增长1.6%，蔬菜及食用菌产量36.57万吨，增产3.5%；油料种植面积13.90千公顷，增长21.8%，油料产量2.44万吨，增产19.7%；猪牛羊肉产量9.64万吨，增长3.3%，其中猪肉产量8.51万吨，增长3.9%；禽蛋产量1.39万吨，增长23.6%；生猪出栏115.83万头，增长3.7%，年末生猪存栏78.72万头，下降2.0%；牛出栏6.88万头，下降1.4%；羊出栏19.17万头，下降2.6%；水产品产量3.25万吨，增长5.0%。

全年1110家农产品加工企业实现营业收入139.15亿元，同比增长6.0%，其中国家级及省级龙头企业12家；445个休闲农业经营主体实现经营收入12.23亿元，增长4.7%。绿色有机地标农产品认证46个，其中绿色农产品39个，有机农产品6个，农产品地理标志1个。年末农业机械17.82万台套，总动力87万千瓦。

三、工业和建筑业

全年全部工业增加值76.02亿元，同比增长4.2%。规模以上工业增加值增长6.1%，分经济类型看，国有企业增长30.7%，集体企业增长37.4%，股份制企业增长5.7%，外商及港澳台投资企业增长24.2%，其他经济类型企业下降5.5%；分门类看，规模以上采矿业增长24.7%，规模以上制造业增长0.4%，规模以上电力、热力、燃气及水生产和供应业增长20.6%；规模以上工业产销率为98.78%。

全县规模以上工业企业主要工业产品中：原煤产量254.39万吨，同比增长16.6%；发电量5.84亿千瓦小时，增长33.5%；饲料4.82万吨，增长43.6%；铁合金6.50万吨，下降6.4%；硅酸盐水泥熟料213.75万吨，下降9.4%；水泥276.82万吨，下降5.5%；锑品0.65万吨，下降12.1%。

全年建筑业增加值20.21亿元，同比增长5.7%；具有建筑资质等级的总承包和专业承包建筑业企业27家，完成建筑业总产值65.63亿元，增长8.0%。房屋建筑施工面积225.06万平方米，下降2.4%；房屋建筑竣工面积139.30万平方米，下降6.7%。

四、服务业

全年批发和零售业增加值32.79亿元，同比增长8.6%；交通运输、仓储和邮政业增加值19.39亿元，增长6.3%；住宿和餐饮业增加值5.14亿元，增长6.6%；金融业增加值13.20亿元，增长7.5%；房地产业增加值25.58亿元，增长2.1%；营利性服务业增加值30.74亿元，增长6.1%；非营利性服务业增加值49.46亿元，增长2.6%。

全年公路货物运输总量0.16亿吨，同比增长3.4%；公路货物运输周转量11.89亿吨公里，同比增长5.6%。

年末全县汽车保有量11.27万辆，增长4.5%；本年新注册汽车0.49万辆，减少14.0%。

全县有国家4A级旅游景区4个，国家3A级旅游景区5个。2023年旅游总人数1121.20万人次，实现旅游总收入110.70亿元。

全年邮政业务总量（2020年不变价）1.4亿元，增长9.4%。包裹出口业务0.48万件，包裹进口业务1.12万件；快递出口业务402.86万件，快递进口业务666.60万件。

电信业务总量（2021年不变价）7.43亿元，增长2.2%。年末固定电话用户总数0.23万户，移动电话用户95.5万户，固定互联网宽带接入用户22.8万户。

五、固定资产投资

全年固定资产投资同比下降3.8%。分类型看，国有投资下降25.0%，非国有投资增长4.7%，其中民间投资增长0.3%。分产业看，第一产业投资下降43.5%，第二产业投资增长5.3%，第三产业投资下降7.4%。从投资方向看，工业投资增长5.3%，工业技改投资增长6.3%，基础设施投资下降17.4%，高新技术产业投资增长27.5%，生态环境投资下降16.3%，民生工程投资增长7.8%。

全年房地产开发投资同比下降27.1%。商品房销售面积56.73万平方米，下降15.7%，其中住宅销售面积51.66万平方米；年末商品房待售面积24.16万平方米，其中住宅待售面积16.22万平方米。

六、国内贸易和对外经济

全年社会消费品零售总额199.87亿元，同比增长8.2%。全年限额以上法人商品零售额30.58亿元，同比增长11.6%。分商品类别看，粮油、食品类零售额下降5.4%，饮料类下降3.6%，烟酒类下降17.9%，服装、鞋帽、针纺织品类增长1.5%，日用品类下降29.2%，家用电器和音像器材类增长6.2%，体育、娱乐用品类下降7.6%，书报杂志类增长9.1%，文化办公用品类增长4.3%，家具类增长10.2%，中西药品类增长10.8%，石油及制品类增长21.2%，汽车类增长3.9%。

全年进出口总额2.52亿元，同比增长26.6%，其中，出口额2.45亿元，进口额0.07

亿元。内联引资到位资金 117.5 亿元。

七、金融

年末金融机构本外币各项存款余额 644.20 亿元，比年初增加 57.49 亿元，其中住户存款余额 568.89 亿元，比年初增加 61.14 亿元，非金融企业存款余额 26.96 亿元，比年初减少 3.82 亿元；年末金融机构本外币各项贷款余额 421.99 亿元，比年初增加 56.70 亿元，其中住户贷款 208.77 亿元，比年初增加 19.97 亿元，非金融企业及机关团体贷款 212.22 亿元，比年初增加 35.73 亿元。

八、教育和科学技术

年末有 13 所普通高中招生 1.11 万人，在校生 3.09 万人，毕业生 0.80 万人；101 所初中学校招生 2.20 万人，在校生 6.51 万人，毕业生 1.95 万人；383 所普通小学招生 1.62 万人，在校生 11.79 万人，毕业生 2.34 万人；2 所特殊教育学校招生 16 人，在校生 121 人，毕业生 10 人；232 所幼儿园在园幼儿 3.01 万人；各类民办学校 7 所，在校学生 1.25 万人。

2023 年，授权专利量 349 件，比去年下降 28.0%，其中，发明专利 71 件。年末法定计量检定机构 1 家，特种设备生产单位 2 家，特种设备 0.32 万台；参与制定国家标准 2 项，组织制定地方标准 3 项；发放工业产品生产许可证 9 张，重点工业产品质量监督抽查 19 批次，重点工业产品定期抽查合格率 100%。

九、文化、卫生和体育

年末有文化馆 1 个，旧址陈列馆 1 个，纪念馆 1 个，公共图书馆 1 个，电视台 1 个，村村响机房 911 个，广播综合人口覆盖率 98%，电视综合人口覆盖率 99.5%。

年末有医疗卫生机构 1413 个，其中医院 44 个，乡镇卫生院 27 个，社区卫生服务中心 3 个，村卫生室 1122 个，诊所、卫生室、医务室 207 个，妇幼保健机构 1 个，疾病预防控制中心 1 个；卫生技术人员 0.78 万人，其中执业医师及执业助理医师 0.33 万人，注册护士 0.34 万人；医院床位数 0.53 万张，乡镇卫生院床位数 0.26 万张。

年末有各类体育场地 2321 个，其中体育馆 1 座，运动场 96 个，游泳池 20 个。组织开展全民健身项目 75 项次，参加人数 4 万余人。开展武术进校园活动，参加学校 262 所，参加学生 10 万余人次。

十、资源和环境

2023 年全年平均气温 18.7℃，年降水量 1109.1mm，年日照时间为 1360.4 小时，年蒸发量为 911.9mm，平均风速为 1.4 米/秒，年内最高气温 38.2℃，年内最低气温 -3.2℃。

全年完成造林面积 1.9 千公顷，年末林地面积 227.64 千公顷。活立木蓄积总量 1188.48 万立方米，森林覆盖率为 54.0%。

十一、人口、人民生活和社会保障

年末全县户籍总人口 150.30 万人。常住人口 115.02 万人，其中城镇人口 40.89 万人，乡村人口 74.13 万人，常住人口城镇化率为 35.55%，比上年提高 1.53 个百分点。

全年全县居民人均可支配收入 18606 元，比上年增长 6.4%。城镇居民人均可支配收入 28920 元，增长 4.3%，其中，工资性收入 15460 元，经营净收入 3848 元，转移净收入 7288 元，财产净收入 2324 元。农村居民人均可支配收入 13704 元，增长 7.4%，其中，工资性收入 6624 元，经营净收入 2245 元，转移净收入 4392 元，财产净收入 443 元。城乡居民收入比由上年的 2.17 ：1 缩小为 2.11 ：1。

全年全县居民人均消费支出 17684 元，比上年增长 3.3%。城镇居民人均消费支出 22168 元，增长 4.9%；农村居民人均消费支出 15553 元，增长 1.9%。全县居民家庭恩格尔系数为 32.7%。

全年新增城镇就业人员 0.69 万人，年末城镇登记失业率为 3.2%，帮助失业人员实现再就业 0.28 万人。年末企业职工基本养老保险职工参保人数 9.48 万人，机关事业单位基本养老保险参保人数 3.71 万人，城乡居民养老保险参保人数 64.54 万人，参加工伤保险职工人数 8.85 万人，参加失业保险职工人数 3.58 万人，领取失业保险金职工 0.08 万人。

获得政府最低生活保障的城镇居民 0.25 万人，发放城镇居民最低生活保障经费 0.12 亿元。获得政府最低生活保障的农村居民 3.32 万人，发放农村居民最低生活保障经费 0.98 亿元。年末敬老院 9 所，床位数 731 张，未成年人救助保护中心 1 所，床位数 130 张，销售社会福利彩票 0.52 亿元。

政治·军事·法治

◎娄底市冷水江市再次被评为“湖南省安全生产先进县市”

2023年全市第一次安委全会

2023年1月5日，娄底市冷水江市委副书记、市长陈创业主持召开2023年全市第一次安委全会，要求全市上下坚持“人民至上、生命至上”发展理念，抓实岁末年初安全生产工作，确保重大节庆期间全市安全稳定。

会议通报了资江煤矿“12·5”运输事故情况，安排部署了疫情防控新形势下岁末年初、春节和两会期间安全生产工作。随后，各专委会主任依次就分管行业领域安全生产工作进行了安排部署。1月3日，湖南省政府常务会议原则通过了《2022年度全省安全生产和消防工作考核结果（送审稿）》，娄底市冷水江市再次被评为“全省安全生产先进县市”。

◎娄底『材料谷』硅钢产业专题招商推介会举行

2023年1月5日，娄底“材料谷”硅钢产业专题招商推介会在湖南宏旺新材料科技有限公司举行，来自全国各地的40余名企业家欢聚一堂，畅谈娄底“材料谷”美好未来，共绘美丽星城宏伟蓝图。娄底市委书记邹文辉讲话。娄底市委副书记、市长曾超群，宏旺控股集团董事长戴促辉致辞。中国电器工业协会副会长郭振岩，中国钢铁工业协会冶金科技发展中心专家顾问陈卓，华菱涟钢党委书记、执行董事、总经理严立新及相关企业负责人等应邀出席。

近年来，娄底市委、市政府把建设“材料谷”作为“一号工程”，以硅钢产业为主攻方向，加快产业集聚，做大产业集群，构建产业生态。目前，娄底市钢铁新材产值迈过1000亿元大关，已成为亚洲最大的高强钢生产基地，正在加快建设全国有影响的硅钢生产基地，预计“十四五”期间，形成硅钢产能400万吨，硅钢上下游产业链规模2000亿元。

娄底“材料谷”硅钢产业专题招商推介会举行

邹文辉代表娄底市委、市政府，向远道而来投资考察的企业家表示热烈欢迎！他说，2022年，娄底“材料谷”落地亿元以上项目48个，完成投资324.72亿元，为娄底经济稳中求进、进中出彩提供了有力支撑。

要闻纪事

1月

△3日，娄底市委副书记、市长曾超群主持召开市政府党组理论学习中心组集中学习会议，学习党的二十大精神、党的二十大报告和党章、习近平总书记在党的二十届一中全会上的重要讲话精神、习近平总书记对湖南重要讲话重要指示批示精神、省委十二届三次全会精神等内容。他充分肯定了大家的学习成效，并就高质量开好市政府党组2022年度民主生活会提出了具体要求。蒋天海、伍鹄、禹敏等市政府党组成员参加。市政府二级巡视员聂斌全列席。

△4日，娄底市委书记邹文辉到娄底军分区走访慰问，向全市广大部队官兵送去新年祝福、致以崇高敬意，代表市委、市政府和全市人民感谢他们为推动娄底经济发展、促进社会和谐稳定作出的贡献。市委常委、娄底军分区司令员麻新法，娄底军分区政委罗玉生及官兵代表等参加。

△4日，娄底市委书记邹文辉主持召开市委常委会会议，传达学习习近平总书记近期重要讲话重要指示精神，研究落实省委近期部署安排，审议有关文件。

◎娄底市举行省十四届人大代表培训班

2023年1月10日—11日上午，娄底市举行省十四届人大代表培训班，对新一届驻娄省人大代表集中进行初任履职培训和会前培训。娄底市委书记邹文辉强调，要提高站位，把握正确履职方向，充分发挥代表作用，树立代表良好形象，为推动全省高质量发展、全面建设现代化新湖南作出新的更大贡献。

会议组织学习了中央、湖南省委关于换届选举有关纪律要求，并就代表履职进行专题辅导。

邹文辉指出，人大代表不仅是一种政治荣誉，更是一种使命和责任。大家要把为民履职当成一项事业、一种追求，充分利用学到的知识，开拓进取，扎实工作，以更加饱满的热情、更加勤奋的努力，为推动全省高质量发展、全面建设现代化新湖南作出新的更大贡献。

邹文辉强调，人大代表要旗帜鲜明讲政治，把握正确履职方向，始终在思想上政治上行动上同以习近平同志为核心的党中央保持高度一致，坚定拥护“两个确立”、坚决做到“两个维护”；增强群众观念，始终把人民放在心中最高位置，主动了解反映群众关心的热点难点问题，不断推动解决人民群众“急难愁盼”问题和“牵肠挂肚”的事；遵守宪法法律，更加自觉地树立法治观念，弘扬法治精神，不断提升运用法治思维和法治方式开展工作、解决问题的能力。

1月10日—11日上午，娄底市举行省十四届人大代表培训班，对新一届驻娄省人大代表集中进行初任履职培训和会前培训

◎湖南省十四届人大一次会议娄底代表团召开第一次全体会议

2023 年 1 月 12 日下午，湖南省十四届人大一次会议娄底代表团在驻地召开第一次全体会议，推选代表团团长、副团长，审议有关文件（草案）。娄底市委书记邹文辉主持，娄底市委副书记、市长曾超群传达有关会议精神。

戴德清、田福德、曹健华、李大剑、钟斌、蒋天海、朱鸿宾、严立新等代表团全体代表参加会议。

会议传达学习了湖南省委书记、省人大常委会主任张庆伟在省十四届人大一次会议党员会议上的讲话精神；推选邹文辉同志担任娄底代表团团长，曾超群、戴德清同志担任副团长；一致同意大会议程（草案），大会主席团和秘书长名单（草案），关于设立议案审查委员会和计划、预算审查委员会的决定（草案），议案审查委员会组成人员名单（草案），计划、预算审查委员会组成人员名单（草案）。会议还表决通过了以全团名义提出《关于重点支持娄底市采煤沉陷区综合治理的建议》。

会后，邹文辉接着主持召开娄底代表团中共党员会议，成立临时党支部，通过了临时党支部组成人员名单。会议推选邹文辉同志为临时党支部书记，曾超群同志为临时党支部副书记，戴德清、蒋天海、严立新同志为临时党支部委员。

1月12日下午，省十四届人大一次会议娄底代表团在驻地召开第一次全体会议，推选代表团团长、副团长，审议有关文件（草案）

◎娄底市委常委会召开（扩大）会议 传达学习湖南省两会精神 安排部署贯彻落实工作

2023 年 1 月 19 日，娄底市委书记邹文辉主持召开市委常委会（扩大）会议，传达学习省十四届人大一次会议、湖南省政协十三届一次会议精神，安排部署娄底贯彻落实工作。

会议强调，全市各级各部门要把学习宣传贯彻湖南省两会精神作为当前和今后一个时期的一项重要政治任务，做到全面把握、准确理解、深刻领会，创造性抓好落实。

会议强调，要抢抓发展机遇，唱好“突围、攻坚、跨越”三部曲。突围，重点在于找准方向。攻坚，重点在于改革创新。跨越，重点在于狠抓项目、做强产业。

会议强调，要增进民生福祉，不断实现人民对美好生活的向往。把促进共同富裕作为为人民谋幸福的着力点，大力开展以人为核心的新型城镇化攻坚行动，全面推进乡村振兴，加快城乡基础设施建设和公共服务一体化发展。

会议强调，要站好岗、尽好责，抓好当前工作，确保全市人民过一个温暖祥和、安全健康的春节。要守牢安全底线；要抓好统筹调度；要加强值班值守，全市广大党员干部要带头落实疫情防控要求，减少聚集性活动，守好廉洁过节纪律底线，保持共产党员良好形象。

◎娄底市涟源市开展义务植树活动为涟源添新绿

2023 年 1 月 29 日，为切实开展好 2023 年度全民义务植树活动，积极践行“绿水青山就是金山银山”发展理念，娄底市委书记刘杰，娄底市委副书记、市长邓伟谋，娄底市委副书记、统战部长肖元意，娄底市人大常委会主任梁育清，娄底市政协主席周惠军等市领导与娄底市绿化委员会成员单位干部职工，来到六亩塘街道六亩塘社区六亩塘路参加义务植树，改善人居环境，建设美丽涟源。

涟源市开展义务植树活动为涟源添新绿

活动现场，大家人头攒动，热火朝天，干劲十足，大家分工明确，有的铲土、有的放树木、有的扶正树木、有的填土、有的浇水……每一个流程都做得认真仔细，气氛十分热烈，一棵棵树木接连被栽种在充满生机的大地上。

经过大家共同努力，树木在春风中昂首挺立，形成了一道靓丽的风景。

◎娄底市委编办铁腕整肃机构编制问题见实效

2023 年 1 月 12 日至 13 日，娄底市委编办第一时间抓好《关于加强机构编制违规违纪违法行为预防教育的指导意见》《机构编制违规违纪违法行为调查核实办法》的贯彻落实。

2022 年以来，娄底市委编办牢牢把握党管机构编制原则，严格机构编制管理，严守机构编制纪律，铁腕整肃机构编制问题，持续推动机构工作高质量发展。

◎娄底法院集中开展“寒冬亮剑暖民心”专项执行行动见实效

2023 年 1 月 14 日至 20 日，为深入贯彻落实党的二十大精神和中央政法工作会议精神，扎实践行司法为民宗旨，切实维护胜诉当事人合法权益，娄底市法院集中开展“寒冬亮剑暖民心”专项执行行动。截至 1 月 20 日上午，两级法院此次专项执行行动共拘传 229 人次，拘留 61 人次，移送拒执 1 人，执行完毕 180 件，执行和解 207 件，执行到位 3189 万元，扣押车辆 3 台，执行搜查 1 次，对 15 名特困申请人暖心救助 68600 元。

为了高效安全开展好这次专项执行行动，娄底市法院成立了以市中级人民法院党组书记、院长李征明任组长的专项执行行动领导小组。1 月 11 日至 13 日，两级法院对目标任务中所列重点案件进行拉网式排查，全面摸清本次专项执行行动中重点类型案件底数，并建立台账、确定承办人，做到底数清、责任明、落实严；1 月 14 日至 20 日，集中开展攻坚行动，确保有财产可供执行的案件一律得到有效执行。一是启动网络查控。二是突出执行强制性。三是集中开展“午夜执行”“清晨执行”等突击行动，让失信被执行人无处可逃。

要闻纪事

△9日，娄底市委常委班子利用一天时间召开2022年度民主生活会。会议深入贯彻习近平总书记在中共中央政治局民主生活会上的重要讲话精神，紧扣本次民主生活会主题，联系市委常委班子和个人思想及工作实际，坚持问题导向，深入进行党性分析，严肃开展批评和自我批评。市委书记邹文辉主持并作总结讲话，全体市委常委参加，省委督导组有关同志到会指导。市人大常委会主任戴德清，市政协主席梁立坚列席会议。

△12日，娄底市委统一战线工作领导小组全体会议在涟商总部召开。市委书记刘杰出席会议并讲话，市委副书记、统战部长肖元意主持会议。市政协副主席李海日，市公安局党委副书记、政委汪雪雁参加。

△16日，湖南省十四届人大一次会议娄底代表团在驻地召开全体会议，审议省人大常委会工作报告、省高级人民法院工作报告、省人民检察院工作报告。市委书记邹文辉作审议发言。市委副书记、市长曾超群，市人大常委会主任戴德清分别主持。田福德、曹健华、李大剑、钟斌、蒋天海、朱鸿宾、严立新等娄底代表团全体代表参加，省直单位相关负责人到会听取意见建议。

1月29日，娄底市委书记邹文辉带领市委、市人大常委会、市政府、市政协、娄底军分区在家市级领导到娄星区万宝镇仙女寨生态公园，参加全民义务植树活动

◎2023年娄底市义务植树活动举行

2023年1月29日，娄底市委书记邹文辉带领娄底市委、市人大常委会、市政府、市政协、娄底军分区在家市级领导到娄星区万宝镇仙女寨生态公园，参加全民义务植树活动，为生态娄底建设增绿添彩。娄底市委副书记、市长曾超群参加。

现场，参加植树活动的干部群众热情高涨、干劲十足，大家挥锹铲土，扶苗培土，踩实浇水，密切配合、互相协作，共同种下红枫、红翅槭、枫香、红梅、香樟等树种800多株，用实际行动为湘中大地增添新绿。

近年来，娄底市高度重视生态文明建设工作，采取全民义务植树日活动和联村建绿等方式积极推进生态文明建设步伐。5年来，全民义务植树尽责率年年都在90%以上，共植树5080.6万株，娄底市生态修复治理工作成效显著，人民群众的生态环境获得感、幸福感持续提升。

◎娄底市开展为期一年的“镜鉴”以案明纪、以案促改专项活动 坚决肃清流毒 修复净化政治生态

2023年2月2日，娄底市第六届纪委第三次全体会议后，接着召开全市“镜鉴”以案明纪、以案促改专项活动动员会，以龚武生、李荐国、杨懿文、刘和生等人严重违纪违法案为镜鉴，决定2023年在全市扎实开展以案促教、促治、促查、促廉、促建。

“湖南省纪委监委针对一个地方发生的系列严重违纪违法案件，部署开展为期一年的‘镜鉴’以案明纪、以案促改专项活动，这是湖南省纪委监委推进全面从严治党向纵深发展的一项重要举措。”湖南省纪委监委有关负责人到会指导，并指出，通过此次专项活动，深入查找问题根源、梳理风险漏洞，全面肃清政治流毒影响，不断修复和净化娄底政治生态。

娄底市委书记邹文辉表示，将自觉扛牢管党治党政治责任，不折不扣落实好专项活动各项既定任务，全力以赴抓整改、促提升，坚决把被践踏的纪律规矩立起来、把被误导的思想认识和价值理念扭转过来、把被带坏的党风政风修复过来，着力建设风清气正的政治生态。

◎娄底连续10届获评“全国无偿献血先进市”

2023年2月7日，国家卫生健康委、中国红十字会总会、中央军委后勤保障部卫生局联合下发《关于表彰2020—2021年度全国无偿献血表彰奖励获奖者的决定》，娄底市再次荣获“全国无偿献血先进市”称号，这是娄底连续10届获此殊荣。

此次表彰中，娄底有965人荣获“全国无偿献血奉献奖”（终身荣誉奖55人、金奖183人、银奖172人、铜奖555人），14人荣获“全国无偿献血志愿服务奖”，5人荣获“全国无偿献血促进奖（个人奖）”，娄底市中心血站荣获“全国无偿献血促进奖（单位奖）”。获得这些荣誉，得益于娄底市委、市政府的高度重视，得益于有关部门的协力支持，得益于广大无偿献血者、志愿服务者、社会各界爱心人士的积极参与。

近年来，娄底无偿献血工作稳步推进，临床用血需求和安全得到有力保障。娄底市2020年无偿献血30776人次，献血量1137.7万毫升，供应临床合格血液1102.5万毫升；2021年无偿献血31744人次，献血量1200.07万毫升，供应临床合格血液1180.09万毫升。娄底市无一起因血液检测结果不合格引发的临床用血纠纷，无一例经采供血途径传播疾病发生，得到了上级领导充分肯定和社会各界广泛好评。

要闻纪事

△17日，湖南省十四届人大一次会议娄底代表团在驻地召开第八次、九次全体会议，继续审议省政府工作报告、省人大常委会工作报告、省高级人民法院工作报告、省人民检察院工作报告，审查计划草案及报告、预算草案及报告等。市委书记邹文辉，市委副书记、市长曾超群分别主持。戴德清、曹健华、蒋天海、朱鸿宾、严立新等娄底代表团全体代表参加，省直单位相关负责人到会听取意见建议。

△19日，娄底市政府党组班子召开2022年度民主生活会。市委副书记、市长曾超群主持会议并讲话。娄底市政府党组成员蒋天海、谢学龙、伍鹄、禹敏、向乾勇、杨维参加。刘继清列席。市纪委、市委组织部有关同志到会指导。

△28日，娄底市委书记邹文辉主持召开2023年新春团拜会，重温奋斗历程、共谋发展新局、畅叙美好未来。市委副书记、市长曾超群出席并讲话。尹华凯、戴德清、梁立坚、蒋天海、麻新法、谢君毅、谢学龙、胡忠威、谢忠阳、康艳华等全体在职在家市级领导参加。

◎娄底市召开“镜鉴”以案明纪、以案促改专项活动动员会议

2023年2月2日下午，娄底市召开“镜鉴”以案明纪、以案促改专项活动动员会议。

湖南省纪委监委有关负责人指出，在娄底开展为期一年的“镜鉴”以案明纪、以案促改专项活动，是落实全面从严治党向纵深推进的内在要求，是持续修复和净化娄底政治生态的现实需要，是加快推进娄底高质量发展的重要举措。

邹文辉表示，在娄底开展“镜鉴”以案明纪、以案促改专项活动，充分体现了湖南省委和湖南省纪委监委对娄底政治生态建设的高度重视、对娄底党员干部的关心关怀、对娄底高质量发展的鼎力支持。

邹文辉强调，要深刻吸取系列腐败案件的沉痛教训，揽镜自照、深刻反思、自我警醒、引以为戒，时刻守住底线红线。要以此次专项活动为契机，突出以案明纪的警醒作用、强化以案促改的治本效果，把全面从严治党的要求贯到底、落到位，综合施策、标本兼治、正本清源，加快重塑风清气正的政治生态。要加强组织领导，切实把思想和行动统一到湖南省委、湖南省纪委监委、娄底市委的决策部署上来，发扬历史主动，拿出直面问题、揭短亮丑的勇气和决心，建立健全督查机制，确保专项活动深入开展、取得实效。

2月2日下午，娄底市召开“镜鉴”以案明纪、以案促改专项活动动员会议

◎开局就开战 起步就起势 娄底市涟源市以『四个双倍增』『十大攻坚行动』拼经济抓发展

涟源市『四个双倍增』『十大攻坚行动』暨『转作风、优环境、助攻坚』工作动员大会

2023年2月15日，娄底市涟源市召开“四个双倍增”“十大攻坚行动”暨“转作风、优环境、助攻坚”工作动员大会，举全市之力抓好抓实今年拼经济、抓发展各项工作，以实绩实效推动全市经济社会高质量发展。

刘杰强调，“四个双倍增”和“十大攻坚行动”是涟源2023年经济工作的主要措施和具体思路，其中“四个双倍增”是目标任务也是努力方向，“十大攻坚行动”是重要抓手也是具体举措，全市各级各部门要闻令而动、尽锐出战，以坚如磐石的信心、只争朝夕的劲头、坚韧不拔的毅力，一步一个脚印把工作做实做好，确保干一件、成一件，立言立行、立行立果。

刘杰指出，优良的工作作风是凝聚人心、推动发展的巨大力量，各级党员干部要始终保持争先创优的闯劲，锚定争一流的奋斗目标，涵养直面挑战的强大决心，厚植不畏强手的胆识胆略，永远保持昂扬向上、奋勇争先的奋斗姿态。

邓伟谋指出，“四个双倍增”和“十大攻坚行动”是今年推进高质量发展的主题主线，各项工作“你中有我、我中有你”，点多面广线长，各部门要统一行动、互为支撑、协同发力、共同攻坚，对照目标要求和自身职责，迅速厘清盘子、理顺机制、压实责任，真正把每一项行动、每一项任务都作为一场必须拿下的阵地战、攻坚战来打。

◎娄底市深入推进“镜鉴”以案明纪、以案促改专项活动

2023年2月8日，娄底市委“镜鉴”以案明纪、以案促改专项活动办公室透露，为深入贯彻落实党的二十大精神，坚定不移推进全面从严治党，进一步修复净化娄底政治生态，娄底市开展为期一年的“镜鉴”以案明纪、以案促改专项活动，目前各项工作正在有序深入推进。

修复净化政治生态是一项基础性、系统性工程。根据湖南省委、省纪委部署要求，娄底市委将专项活动作为一项重要的政治任务，系统谋划、扎实推进，围绕以案促教、促治、促查、促廉、促建等5个方面，列出18项重点清单。

目前，娄底市已制定印发专项活动方案，成立专项活动领导小组，进一步细化具体措施，明确完成时限和责任单位，召开高规格的“镜鉴”以案明纪、以案促改专项活动动员大会，湖南省纪委领导到会指导并提出具体要求。会上播放了中央纪委国家监委拍摄的专题片《永远吹冲锋号》中关于龚武生、李荐国破坏政治生态案件的片段，用身边的“活教材”形成强大震慑。领导干部带头撰写观看警示教育片心得体会，并承诺带头拒腐防变，清正廉洁，切实推动专项活动走实走深。

◎娄底市人大常委会举行“娄底人大讲堂”第五讲

2023年2月17日，娄底市人大常委会举行“娄底人大讲堂”第五讲。娄底市人大常委会主任戴德清主讲，强调要全面落实中央、湖南省委、娄底市委人大工作会议精神，在读原文、悟原理中增强做好人大监督工作的使命感、责任感和紧迫感，找到做好人大监督工作的思路、方法和路径，聚焦党中央重大决策部署，聚焦人民群众所思所盼所愿，推动解决制约经济社会发展的突出矛盾和问题。

娄底市人大常委会副主任李有才主持，副主任朱鸿宾、欧文安、罗孝贵、李文洪、朱桂良、吴德华，秘书长罗琳参加。讲堂以视频形式进行，各县市区人大常委会设分会场。

戴德清以《坚持正确监督、有效监督、依法监督为建设社会主义现代化新娄底贡献人大力量》为题，围绕“深刻把握习近平总书记关于人大监督重要论述的核心要义、丰富内涵和实践要求”“着力增强监督‘三性’，实行正确监督、有效监督、依法监督”“坚持守正创新、履职尽责，不断提升监督能力和水平”等三个方面作了系统解读、全面阐释。

◎在娄全国人大代表开展集中视察活动

2月20日，在娄全国人大代表围绕“双峰县打造中国丘陵山区智慧农机产业链高地”主题，开展集中视察活动

2023年2月20日，在娄全国人大代表围绕“双峰县打造中国丘陵山区智慧农机产业链高地”主题，开展集中视察活动。

代表们先后来到湖南省劲松机械有限公司、湖南省金峰机械科技有限公司、湖南省农友机械集团有限公司，与企业负责人深入交流探讨，并走进生产车间，认真察看新型农机装备和特色农机产品，详细了解产品的功能用途、转型升级等情况。随后，召开了汇报会，听取娄底市双峰县农机产业发展情况汇报以及企业发展目前面临的困难和需求。在娄全国人大代表欧云飞、李兴魁、陈梦林、黄水波结合自身工作实际，与大家深入探讨，提出了很多有见地、有价值的意见建议。

就如何推动娄底农机高质量发展，曾超群强调，娄底市双峰县要深入学习贯彻党的二十大精神，认真落实习近平总书记关于“三农”工作的重要论述，抢抓后疫情时代资源重新配置的重大机遇，进一步解放思想，创新技术，开拓市场，努力推动双峰农机产业实现“三个转型”，即产品向特色化转型、产线向现代化转型、市场向国际化转型，为农业现代化插上科技的翅膀贡献娄底力量。

2月20日下午，还召开了在娄全国人大代表建议征集座谈会。

要闻纪事

△30日，娄底市委书记邹文辉主持召开大督查机制调度会议。他强调，要深入学习领会习近平总书记关于狠抓落实做好督查工作的重要论述和有关重要指示批示精神，坚决克服形式主义、官僚主义，创新督查机制，切实减轻基层负担，推动党的二十大精神和中央、省、市决策部署落地见效。市领导谢君毅、谢忠阳、吴德华出席。

△31日，娄底市委副书记、市长曾超群在2023年市政府第一次全体会议上强调，要以“开局就加速、起步即起势”的奋斗姿态，走出去、争项目、拼经济，奋力开创娄底高质量发展新局面。市领导蒋天海、谢学龙、欧文安、刘继清、黄江民、向乾勇、傅小松，市政府党组成员、秘书长杨维参加。

2月

△10日，湖南娄底民用机场预可行性研究报告评估会议召开。市委副书记、市长曾超群出席并讲话。市领导方建荣、苏旻，市政府党组成员、秘书长杨维参加。

△10日，省国资委党委副书记、主任肖文伟一行来娄底调研，他强调，国企要当好高质量发展的主力军和排头兵。市委副书记、市长曾超群出席座谈会。省国资委党委委员、副主任毛育新陪同，市委常委、副市长谢学龙主持会议。

◎娄底在全省率先启动新生儿出生『一件事一次办』

娄底市行政审批服务局党组书记、局长贺若红为新生儿出生“一件事一次办”窗口授“政务管家”工作牌

2023年3月2日娄底在湖南省率先启动新生儿出生“一件事一次办”以来，试点单位市妇幼保健院已完成100余件新生儿出生“一件事一次办”。

娄底市卫健委行政审批科科长颜明介绍，2023年初，娄底全力推动“最多跑一次”改革向公共服务领域延伸，从创新机制、再造流程、精简材料等方面发力，推进新生儿出生“一件事一次办”落地见效，切实增强人民群众获得感、幸福感、安全感。

娄底市卫健委作为牵头部门，积极与行政审批、公安、医保、税务等部门加强工作协同，建立省市上下联动、部门横向配合、平台系统公司主攻的联合工作专班，整合优化新生儿出生事项办理，构建跨部门“一体化联办”机制；在此基础上，认真梳理业务流程，打破数据归集共享、互认流转壁垒，推动跨部门业务流程交互，实现电子化数据自动流转，统筹再造“一站式服务”，解决业务系统分立、网络平台相互隔离等问题；将5个基础事项申请材料填报信息逐个梳理、归并，确立出生基本信息、预防接种信息、户口申报信息、医保参保信息等板块，将5张申请表整合为1张申请表，实现申请材料标准化、格式化、简便化。

娄底市卫健委党组书记、主任易军波向办事群众签发《出生医学证明》

◎衡邵娄干旱走廊北部地区水资源配置工程总体方案技术讨论会在娄召开

2023年2月25日—27日，衡邵娄干旱走廊北部地区水资源配置工程总体方案技术讨论会在娄底召开。

衡邵娄干旱走廊北部地区水资源配置工程匡算投资142.2亿元，以天子山水库、半山水库、筱溪水库为水源，连通白马、双江、温塘、水府庙等水库，形成“三源四库、两干八支”的长藤结瓜供水水网。建成后，可向五个县市区供水，解决306万名城乡居民饮用供水和80万亩农业灌溉问题，有效改善河道生态环境，从根本上补齐衡邵娄区域水资源配置体系短板，推动水安全保障能力全面提升。目前，该工程已纳入全国“十四五”150项重大水利工程建设项目库，成为构建“四纵三横、一圈两带”的湖南现代水网格局的重要环节，也是娄底建市以来规模最大的水利基础设施项目。

曾超群指出，实施衡邵娄干旱走廊北部地区水资源配置工程，是贯彻落实习近平总书记“节水优先、空间均衡、系统治理、两手发力”新时代治水思路的生动实践。

曾超群表示，专家组来娄进行现场查勘，并组织技术讨论，标志着项目建设又迈出了关键一步。

2月25日—27日，衡邵娄干旱走廊北部地区水资源配置工程总体方案技术讨论会在娄底召开

会议期间，专家组一行深入娄底各县市区、涟钢集团，对工程所涉及的地方进行实地查勘，并分11个组进行为期两天的技术讨论，对工程总体方案进行了一次全方位系统的“把脉问诊”。

要闻纪事

△16日，涟源市龙塘镇召开党政联席会议，组织300余名镇、村两级干部集中学习党员干部和公职人员最容易触犯的32条警示清单，强化警示教育，确保“入脑入心”。

△20日，娄底市慈善总会第二届理事会第一次会员代表大会召开。市委副书记、市长曾超群讲话，市委副书记、政法委书记尹华凯主持。新当选的市慈善总会会长谢志雄讲话。陆家康、刘继清、李德仁等有关领导参加。

△21日，娄底市委农村工作会议召开。市委书记邹文辉出席并讲话。他强调，要深入学习贯彻党的二十大精神和中央农村工作会议、省委农村工作会议精神，全面落实中央一号文件各项部署，深入实施乡村振兴战略，加快推进农业农村现代化，为建设农业强省作出娄底贡献。市委副书记、市长曾超群主持会议。市委副书记、政法委书记尹华凯作工作报告并宣读表彰决定。市领导戴德清、梁立坚、蒋天海、麻新法、谢学龙、谢忠阳、伍鹤等出席。

◎娄底市社保中心获评“全国人力资源社会保障系统先进集体”

2023年3月3日，湖南省人力资源和社会保障工作会议在长沙召开，宣读了全国人力资源社会保障系统先进集体表彰通报，娄底市社会保险服务中心被授予“全国人力资源社会保障系统先进集体”称号。

娄底市社保中心获评“全国人力资源社会保障系统先进集体”

该中心以打造群众“满意社保”为目标，围绕参保群众服务需求，不断创新服务模式，优化服务质量水平，群众满意度和获得感进一步提升。

织密“保障网”，夯实民生基础。该中心着力开展全民参保行动，率先推进灵活就业人员不限户籍无障碍参加企业社保，参保覆盖范围不断扩大；全力为企业落实“减免缓”政策。

筑牢“安全堤”，维护基金安全。该中心严把社保基金“入口关”和“出口关”，多措并举守护好群众“养老钱”；狠抓内控管理，严格执行“七个严禁”规定，做到“四防协同”，常态化开展思想教育和警示教育；狠抓问题整治，持续开展养老保险基金专项行动；狠抓关口前移，定期开展风控检查。

念好“优字诀”，做优服务文章。该中心紧盯群众社保方面的烦心事、操心事、揪心事，开办“青年读书班”，为干部队伍提质赋能；实行退休信息“集中预审制”减时间，推行“帮代办”服务减流程，开展“暖心社保”党员志愿服务活动。

◎湖南省委第二巡视组巡视娄底市工作动员会召开

2023年3月10日上午，省委第二巡视组巡视娄底市工作动员会召开

2023年3月10日上午，根据湖南省委关于巡视工作的统一部署，湖南省委第二巡视组巡视娄底市工作动员会召开。

刘泽友强调，党的二十大以来，以习近平同志为核心的党中央对新时代巡视工作提出一系列新部署新要求，持续推进政治监督具体化、精准化、常态化，巡视的力度、广度、深度和效果全面提升，巡视利剑在实践中淬炼磨砺得更光更亮。

胡安平指出，巡视是党章赋予的重要职责，是加强党的建设的重要举措。湖南省委巡视组将坚守政治巡视职能定位，落实巡视工作方针，把“两个维护”作为根本任务，把握共性、突出个性，紧盯“四个落实”，着力发现和纠正政治偏差。

邹文辉表示，全市各级各部门和广大党员干部一定站在坚定拥护“两个确立”、坚决做到“两个维护”的政治高度，深刻认识巡视工作的重要性，坚决服从湖南省委巡视工作安排，自觉接受监督，畅通巡视渠道，一体统筹安排，强化服务保障，全方位支持配合巡视工作。

湖南省委巡视组将在娄底市工作3个月左右，并提级巡视娄底市纪委监委机关、组织部门、巡察机构，延伸巡视娄底经济技术开发区，同时加强上下联动，指导娄底市县开展园区专项巡察。

◎白溪镇（豆腐）入选全国“一村一品”示范村镇

白溪镇（豆腐）入选全国“一村一品”示范村镇

2023年3月6日，农业农村部公布第十二批全国“一村一品”示范村镇及2022年全国乡村特色产业产值超十亿元镇和超亿元村名单，娄底市新化县白溪镇（豆腐）榜上有名。

为贯彻落实中央一号文件和《国务院关于促进乡村产业振兴的指导意见》精神，培育壮大乡村特色产业，经各省（自治区、直辖市）农业农村部门遴选推荐、专家审核和网上公示，农业农村部认定北京市平谷区东高村镇崔家庄村等395个村镇为第十二批全国“一村一品”示范村镇。

白溪镇依托白溪河，生产加工白溪豆腐，主推产品有霉豆腐和香干。那里出产的霉豆腐香辣爽口，有“东方奶酪”之美称；香干采用纯柴火烟熏，外黄内白，柔软清香。白溪豆腐产业已初具规模，注册了国家地理商标，通过了“湖南老字号”认证，拥有“曾妞”“富溪”“刘克明”“苗妞”等规模企业8家，另有小作坊近200家，年产值达4亿元，其中市级龙头企业2家。特别是2021年以来，白溪豆腐产业发展乡村振兴农户入股分红规模企业8家，入股农民5000人，每人年均分红800元。

◎2023湖南油菜花节暨娄底·双峰第十二届油菜花文化旅游节启动

启动仪式现场

2023年3月9日上午，“油菜花儿开三湘等您来”2023湖南油菜花节暨娄底·双峰第十二届油菜花文化旅游节在锁石镇盛大启动。娄底市委副书记、政法委书记尹华凯出席开幕式并宣布开幕。湖南省农业农村厅副厅长马艳青、副市长伍鹄出席。

此次活动由湖南省农业农村厅、娄底市人民政府主办，娄底市委宣传部等单位承办。本届油菜花节将持续至4月上旬。作为湖南省油菜花节的分会场，油菜花节将娄底市双峰县的历史文化、风土人情与油菜花海紧密结合，在节会期间陆续推出集体婚礼、送戏下乡、春耕体验、灯光秀等一系列精彩纷呈的活动，让广大游客切身感受双峰优美的自然风光、深厚的文化底蕴、独具魅力的民俗风情。

◎“乐享消费 惠购三湘”2023年湖南消费促进季（春季）暨娄底市第五届“乐享娄底 幸福生活”促消费活动启动

娄底市委书记邹文辉宣布活动启动

2023年3月10日，“乐享消费 惠购三湘”2023年湖南消费促进季（春季）暨娄底市第五届“乐享娄底 幸福生活”促消费活动启动仪式在娄底市孙水公园举行。娄底市委书记邹文辉宣布活动启动，湖南省商务厅正厅长级干部谭平出席并讲话。

娄底市领导蒋天海、谢学龙、李德仁、彭石清出席。

此次活动由湖南省商务厅、娄底市人民政府主办，市商务局承办，湖南省13个市州和娄底各县市区近120家企业参展，分第34届汽车展、名优特新展、综合主体展和商家促销展，展销产品包括汽车、家电、服饰等，采取现场发放优惠券和免费品尝体验等多种促销手段，释放消费活力。娄底市商务局出资100万元，利用云闪付平台投放汽车消费券，消费者“先购车”后补贴，消费券可在住宿、餐饮、零售、家电等企业使用。

“乐享消费 惠购三湘”2023年湖南消费促进季（春季）暨娄底市第五届“乐享娄底 幸福生活”促消费活动启动仪式在市孙水公园举行

谭平对此次活动成功举办表示祝贺！他指出，此次活动是积极落实湖南省扩大内需战略的重要举措，是激发市场活力，挖掘消费潜力，刺激消费增长的实际行动，必将激发娄底消费市场，增强居民消费信心，促进娄底形成新一轮消费热潮。

要闻纪事

△22日，娄底市委副书记、市长曾超群主持召开市国土空间规划委员会2023年第一次会议，审议中心城区土地出让方案、有关控制性详细规划地块修改方案、娄底市第一人民医院创建国家三级甲等综合医院容积率调整事项、《娄底市国土空间生态修复专项规划（2021—2035年）》。

市领导蒋天海、向乾勇、禹云华及市政府党组成员、秘书长杨维参加。

△25日，娄底市农村人居环境整治提升工作推进会召开。市委书记邹文辉强调，要深入贯彻党的二十大精神，认真落实党中央关于农村人居环境整治提升决策部署和省委、省政府有关工作安排，围绕建设宜居宜业和美乡村目标，持续推进农村人居环境提质增效，不断扮靓农村环境“新颜值”，绘就乡村振兴新画卷。市委副书记、市长曾超群主持会议。市委副书记、政法委书记尹华凯作工作报告，市领导戴德清、梁立坚、谢君毅、胡忠威等出席。

△28日，娄星区涉电审判法官工作室在娄星区人民法院揭牌成立。区法院院长曾文彬出席。

◎娄底市58个重大项目参与湖南省重大项目集中开工

2023年3月30日上午，2023年湖南省重大项目集中开工仪式举行。娄底市设立分会场，共有58个重大项目参与湖南省集中开工，总投资206.63亿元，涉及产业发展、基础设施、社会民生等领域，其中10亿元以上项目6个、总投资83亿元，产业项目40个、总投资155.22亿元，2023年计划投资108.95亿元。娄底市委书记邹文辉对此提出要求。

为贯彻落实湖南省重大项目集中开工仪式精神，邹文辉要求，娄底市上下要以开局即加速、起跑就冲刺的精神状态和奋斗姿态，抓好重大项目建设，打好发展“六仗”。要抢时间、赶进度，倒排工期、卡紧节点、挂图作战，掀起新一轮重大项目建设高潮，真正以项目建设的“进”托举产业建设的“优”，汇聚成娄底高质量发展的“好”。要抢机遇、拼投资，做实做细项目建设“两个前期”“两个准备”，确保更多项目进“笼子”、计划进“盘子”，把招商引资摆在更加突出的位置，让更多娄商青睐娄底、更多企业投资娄底、更多项目布局娄底，为娄底高质量发展积蓄更多动能、更强优势。要优服务、强保障，把项目建设作为“一把手”工程来抓，建立健全正向激励机制，齐心协力，确保项目建设抓出成效，奋力推动现代化新娄底建设迈上新的更高台阶。

◎娄底举行单杨院士创新团队工作室、湘中人才集团揭牌暨人才新政奖励兑现大会

与会领导共同为湘中人才集团揭牌

2023年3月27日下午，娄底举行“智汇潇湘·才聚娄底梦飞扬”——单杨院士创新团队工作室、湘中人才集团揭牌暨人才新政奖励兑现大会。中国工程院院士、湖南省农业科学院党委副书记、院长单杨出席，娄底市委书记邹文辉致辞，娄底市委副书记、市长曾超群出席并为有关获奖团队颁奖。

湖南省农业科学院党委委员、副院长张德咏，湖南省委组织部省人才发展中心副主任刘锦德，娄底市领导谢君毅、胡忠威、谢忠阳、禹敏等出席。

会上，相关领导先后为新引进人才代表发放人才奖励补贴、人才公寓钥匙，为2022年度“小荷”人才颁授证书及支持资金，为高层次人才代表颁授证书及湘中英才卡，为2021年度湖南省科学技术进步奖、技术发明奖获奖团队发放配套奖励。

与会领导共同为湘中人才集团揭牌。湘中人才集团由娄底市委、市政府组建，将围绕“一体两翼三中心”的发展格局，建立线上线下相结合的服务体系，以“科技+资本”为两翼，为娄底人才市场提供全链条、高品质服务。

在与会领导的见证下，单杨院士创新团队涟源农产品——食品加工工作室正式签约，单杨和邹文辉共同为工作室揭牌，邹文辉为工作室颁发支持资金。该工作室的成立，将为娄底农业产业发展提供强有力的科技支撑，为乡村振兴注入新的动能。

3月27日下午，娄底举行“智汇潇湘·才聚娄底梦飞扬”——单杨院士创新团队工作室、湘中人才集团揭牌暨人才新政奖励兑现大会

◎确保湖南省政协“7+4+5”履职重点在娄底落地落实

2023年3月16日，娄底市政协主席梁立坚主持召开娄底市政协贯彻落实湖南省政协十三届二次常委会会议精神工作专题部署会，强调要躬身入局、实干为先，充分发挥委员的主体作用，确保湖南省政协“7+4+5”履职重点在娄底落地落实。

娄底市政协副主席傅小松、陈惠明，秘书长魏志军，各委室负责同志结合工作实际，围绕学习宣传贯彻湖南省政协十三届二次常委会会议精神纷纷发言。梁立坚不时搭话，与大家热烈探讨如何更好抓好落实。

梁立坚指出，湖南省政协十三届二次常委会会议，为湖南省政协工作指明了方向、明确了目标、突出了履职重点。我们要学习好、领会好会议精神实质，学深学透、狠抓落实，以实际行动推动娄底政协工作走在前列。

梁立坚强调，要学习宣传贯彻全国两会精神、湖南省政协主席毛万春在湖南省政协十三届二次常委会会议上提出的湖南省政协“7+4+5”履职重点，在娄底市政协系统多形式、多角度开展专题学习、讨论、宣传活动。要紧紧围绕湖南省政协“7+4+5”履职重点，提升党组织“两力两率”，确保湖南省政协“7+4+5”履职重点在娄底落地落实。要以奋发有为的精神状态争先创优，对标对表湖南省政协工作部署，建立履职尽责争先进的长效机制，确保娄底政协事业出新出彩。

3月16日，娄底市政协主席梁立坚主持召开市政协贯彻落实省政协十三届二次常委会会议精神工作专题部署会

要闻纪事

3月

△3日，娄底市委书记、二级巡视员曾伯怡主持召开市委常委会2023年第八次会议，传达学习习近平总书记近期重要讲话、重要指示、重要文章及中央、省、娄底市有关会议精神，研究部署我市相关工作。市委副书记、市长陈创业，市委副书记、统战部部长陈群，市人大常委会主任孙纬辉，市政协主席阳卫龙出席。

△16日，娄底市委副书记、市长曾超群主持召开市政府常务会议，传达学习习近平总书记重要批示精神和全国、全省有关会议精神，研究统计、生态环境损害赔偿管理、水利等工作。

△19日，娄底市委副书记、市长曾超群冒雨深入娄底经开区宣讲党的二十大精神、全国两会精神，调研重点项目建设工作。他强调，要牢牢把握高质量发展这个首要任务，积极“走出去、争项目、拼经济”，塑造娄底发展新动能新优势。

△20日至22日，湖南省政协主席毛万春深入娄底市各县市区，走进政协机关、委员工作室、企业园区等地开展调研。省政协社会和法制委员会主任范运田参加，市委书记邹文辉、市政协主席梁立坚陪同。省政协港澳台侨和外事委员会副主任李戈敏，市政协副主席彭石清、袁华荣及秘书长魏志军等参加。

◎娄底市第六届全球娄商大会举行

2023 年 4 月 3 日上午，由娄底市委、市政府主办的第六届全球娄商大会举行，来自五湖四海的 500 余名娄商回到家乡、汇聚一堂，共商发展大计，共叙桑梓情谊。

本次娄商大会以“因娄而兴，与娄共赢”为主题，分序幕、开幕式、项目签约、娄商文化传承、新娄商论道五个环节举行。

开幕式上，邹文辉代表娄底市委、市人大、市政府、市政协和 450 万家乡人民，向海内外广大娄商致以诚挚问候和美好祝愿！

在项目签约环节，三一传动事业部建设及表面处理中心（电镀加工）项目、湖南鼎源科技发展有限公司金属加工军民融合项目等 32 个优质娄商项目现场签约，总投资 545.5 亿元。

在娄商文化传承环节，举行了娄商之歌——《天地这方》首发式和《传奇娄商》报告文学集新书发布式。

4 月 3 日上午，由娄底市委、市政府主办的第六届全球娄商大会举行

新娄商论道环节由中国传媒大学教授王志主持，邀请知名经济学家、中国民营经济研究会副会长管清友发表了《2023：中国的经济运行、政策选择和市场策略》主旨演讲，并采用圆桌座谈形式，与曾超群、唐修国，爱派尔科技集团首席执行官邹简华、五江高科董事长肖志义、VAMA 副首席运营官乔治开展论道，畅谈对民营经济高质量发展的所思、所想、所愿，同时联系娄商现象、娄商精神以及娄底高质量发展和“材料谷”建设等方面进行深入交流。

◎娄底市政府与国能中电能源集团有限责任公司举行会见座谈会

娄底市委副书记、市长曾超群，国能中电能源集团董事长白云峰出席，双方就有关项目进行会商

2023 年 4 月 6 日，娄底市政府与国能中电能源集团有限责任公司举行会见座谈会。娄底市委副书记、市长曾超群，国能中电能源集团董事长白云峰出席，双方就有关项目进行会商。

国能中电能源集团副董事长裴少华，娄底市委常委、常务副市长蒋天海及娄底市政府党组成员、秘书长杨维参加。

白云峰介绍了国能中电娄底风光生物质制储氢碳中和循环利用项目前期工作开展情况。他说，该项目主要分为生物质天然气、电解水制氢和合成绿色甲醇等两大模块，项目能实现娄底农村秸秆、养殖业粪污资源化利用，可以帮助娄底解决养殖业污染难题，还能有效缓解娄底氢能短缺问题，希望娄底市县两级支持项目落地。

曾超群指出，该项目符合碳达峰碳中和战略规划，符合娄底能源体系完善要求，符合高质量发展要求。国能中电和有关方面做了大量前期工作，为项目实施奠定了基础。他希望对项目加强论证，依法推进，模块化操作，形成可复制、可推广的模式。娄底相关部门和县市要大力支持项目建设，帮助解决建设难题，确保项目早建成、早投产、早见效。

◎湖南省人大选举任免联络工作座谈会在娄底市召开

4 月 11 日—12 日，全省人大选举任免联络工作座谈会在娄底召开

2023 年 4 月 11 日—12 日，湖南省人大选举任免联络工作座谈会在娄底市召开。湖南省人大常委会党组副书记、副主任张剑飞出席，强调要全面学习贯彻习近平新时代中国特色社会主义思想、党的二十大精神和十四届全国人大一次会议精神，以昂扬向上的精神状态和一以贯之的奋斗姿态，高质量做好湖南省人大选举任免联络工作。湖南省人大常委会委员、联工委主任程水泉主持会议，娄底市委副书记、市长曾超群陪同考察，市人大常委会主任戴德清参加。

湖南省人大常委会联工委副主任范文彬及有关同志，各市州人大常委会分管副主任、联工委主任等参加会议。娄底市委常委、副市长谢学龙陪同考察。

会议传达学习了十四届全国人大一次会议精神、湖南省委书记沈晓明在省人大常委会机关走访时的讲话精神和湖南省人大常委会党组书记、副主任乌兰有关讲话精神，通报了湖南省人大常委会联工委 2023 年主要工作安排。14 个市州人大常委会有关负责同志分别作了交流发言。

会议期间，与会人员实地考察了在娄全国人大代表欧云飞和湖南省人大代表李学元、杨柳等所在生产生活单位以及杉山镇民生实事项目高灯河流域整治等。会后，张剑飞一行还到浙湘新材、宏旺新材料等地考察，了解娄底新投产企业发展情况。

要闻纪事

△ 21 日，娄底市科学技术协会第四次全市代表大会召开，审议市科协第三届委员会工作报告，选举市科协第四届委员会。市委书记邹文辉，省科协党组书记、常务副主席王瑰曙出席开幕式并讲话，市委副书记、市长曾超群出席。

△ 28 日，娄底市残疾人联合会第五次代表大会召开。市委书记邹文辉出席开幕式并讲话。他强调，要深入贯彻习近平总书记关于残疾人事业的重要论述和党的二十大精神，全心全意、真心实意为残疾人服务，引导和带领广大残疾人坚定不移听党话、感党恩、跟党走，共同开创娄底残疾人事业发展新篇章。省残联党组书记、理事长肖红林到会指导并讲话。市委副书记、政法委书记尹华凯主持，市领导戴德清、麻新法、谢君毅、唐浩然等出席。

△ 29 日，娄底市社会科学界联合会第四次代表大会召开。市委书记邹文辉出席开幕式并讲话。省社科联党组书记、副主席胡代松到会指导并讲话，市委副书记、市长曾超群出席。市委副书记、政法委书记尹华凯主持，市领导戴德清、蒋天海、麻新法、谢君毅、唐浩然、谢学龙、谢忠阳、康艳华、禹敏出席，市委常委、市委宣传部部长、市社会科学界联合会主席候选人胡忠威致开幕词。

◎娄底市娄星区芭蕉消防救援站举行驻勤揭牌仪式

揭牌现场

4月26日，娄底市娄星区芭蕉消防救援站举行驻勤揭牌仪式

2023年4月26日，娄底市娄星区芭蕉消防救援站举行驻勤揭牌仪式，娄底市委副书记、市长曾超群揭牌并讲话。他强调，要牢记职责使命，打造硬核业绩，打造硬核保障，打造硬核队伍，更好地保障消防安全。

副市长、市政府秘书长杨维主持仪式。

消防工作事关安全头等大事，一头连着民生、一头连着发展，消防基础设施建设更是保障群众安居乐业的幸福工程。

曾超群代表娄底市委、市政府向芭蕉消防救援站正式驻勤表示热烈祝贺！他指出，芭蕉消防救援站的投入使用，将有力提升城区灭火救援速率与效率，更好地保障消防安全。

曾超群要求，娄底市消防救援部门要全面贯彻落实党的二十大精神和习近平总书记关于消防安全重要论述，更好地统筹发展和安全，坚持安全第一、预防为主，建立大安全大应急框架，完善公共安全体系，着力提升公共安全水平。要以驻勤为新起点，要着眼长远发展，要发扬优良作风。

曾超群强调，娄底市委、市政府将始终把公共安全作为重要民生工作抓紧抓好，加大支持力度，加快基础设施建设，全力保障各项工作有序开展。娄底市相关部门要积极协作、主动配合，为深入贯彻党的二十大精神，推动消防安全再上新台阶，实现娄底经济社会高质量发展作出新的更大贡献。

◎娄底市新化县举行统一战线知识比赛城区组复赛

复赛现场

4月22日，娄底市新化县委统战部、娄底市新化县总工会联合举行统一战线知识比赛城区组复赛。娄底市新化县委常委、县委统战部长陈国聪，娄底市新化县政协副主席、县工商联主席陈永松，娄底市新化县四级调研员、县总工会党组书记伍玉章到场指导。

陈国聪指出，全体参赛队员要以这次比赛为契机，深入学习贯彻习近平总书记关于加强和改进统一战线工作的重要论述，砥砺初心使命、汲取前行力量，增强团队凝聚力、向心力，以更好的精神风貌确保党的二十大精神落实落地，助推全县经济社会高质量发展。

据了解，这次统一战线知识比赛城区组复赛，知识内容涵盖《中国共产党的二十大报告》《中国共产党统一战线工作条例》《中华人民共和国工会法》《湖南省宗教事务条例》等报告条例法规，共有27支代表队参赛，选出前6支代表队进入决赛。

要闻纪事

△30日，花山街道铁西社区中心警务室举行揭牌仪式。娄星区委副书记、政法委书记曾祥文，副区长、娄星公安分局局长罗文卫为警务室揭牌。

△30日，娄底市委副书记、市长曾超群主持召开市政府常务会议，研究大兴调查研究、信访工作、碳达峰、地下空间开发利用、国土空间规划等，审议并通过了有关方案和规划。

4月

△3日，长青街道洞新中心警务室举行揭牌仪式，标志着长青街道深化警务机制改革迈出了实质性步伐。副区长、娄星公安分局局长罗文卫为警务室揭牌。

△11日—12日，湖南省人大选举任免联络工作座谈会在娄底市召开。省人大常委会党组副书记、副主任张剑飞出席。省人大常委会委员、联工委主任程水泉主持会议，市委副书记、市长曾超群陪同考察，市人大常委会主任戴德清参加。省人大常委会联工委副主任范文彬及有关同志，各市州人大常委会分管副主任、联工委主任等参加会议。市委常委、副市长谢学龙陪同考察。

◎聚侨兴湘·侨系娄底“材料谷”产业发展推介会召开

2023年4月24日，聚侨兴湘·侨系娄底“材料谷”产业发展推介会召开，来自海内外的侨商侨企代表和侨界人士欢聚一堂，共述桑梓情谊、共商合作发展。湖南省侨联党组书记、副主席孙民生讲话，娄底市委副书记、市长曾超群致辞，娄底市委副书记、政法委书记尹华凯主持。

孙民生说，长期以来，广大归侨侨眷和海外侨胞心怀故土、情系桑梓，积极参与、热情支持湖南改革开放和现代化建设，为促进湖南经济社会发展和各项事业进步作出了独特的重要贡献。

曾超群在致辞中说，广大侨商侨胞是娄底乃至湖南联通世界的重要纽带，是推动三湘大地改革发展的重要力量。

会上，共签约项目16个，总投资80.96亿元。

4月24日，聚侨兴湘·侨系娄底『材料谷』产业发展推介会召开，来自海内外的侨商侨企代表和侨界人士欢聚一堂，共述桑梓情谊、共商合作发展

◎娄底市市场监管局多管齐下守护市场安全秩序

“五一”假期，娄底市市场监管局坚持巡查不停歇、监管不缺位、服务不断档，多管齐下守护市场安全秩序。

开展巡查，绷紧安全生产弦。娄底市市场监管局聚焦公园游乐场所等场所，通过现场检查等方式开展督导，持续排查整治交通问题顽瘴痼疾和特种设备安全隐患，共张贴交通安全海报400余张，发现交办各类问题隐患12起，摸排并监测涉摩托车、电动车、头盔娄底网店网站小程序6459家。

加强值守，消费维权“有回音”。娄底市市场监管局严格落实节假日三级值班带班制度，安排工作人员24小时在岗值守，畅通投诉举报渠道，密切关注消费侵权案件。4月29日至5月3日，市12315共接到消费者投诉举报咨询780件，投诉举报件均分流到承办单位，确保消费诉求事事有回音、件件有落实。

聚焦热点，假期监管“不打烊”。娄底市市场监管局发布《规范经营者价格行为提醒告诫书》，组织美团等企业，召开餐饮外卖平台防范外卖食品浪费暨规范价格行为行政指导会，不间断巡查农贸市场、商场超市，引导经营者压实主体责任、诚实守信经营。娄底市市场监管部门围绕重点区域和领域开展消费者权益保护、价格检查等专项检查，累计出动执法人员445人次，检查各类经营户1151户（次）。

◎娄底市政协党组理论学习中心组举行2023年第三次（扩大）集中学习

2023年5月10日，娄底市政协党组理论学习中心组举行2023年第三次（扩大）集中学习，重温习近平总书记关于湖南工作的重要讲话和指示批示精神，学习习近平总书记关于中国式现代化的重要论述，全面贯彻落实党的二十大精神。娄底市政协党组书记、主席梁立坚主持并作总结讲话。

娄底市政协副主席李德仁、郭细军、禹云华、袁华荣、陈伟志，秘书长魏志军参加学习或作交流发言。

梁立坚强调，要坚持在深学深悟中把准政治方向，要坚持在用心用情中精准定位发力，要坚持在真抓真干中展现政协之为，要坚持在争先争位中树好工作新风。

◎娄底市娄星区消防救援大队荣获“湖南省五一劳动奖状”

2023年4月28日，湖南省庆祝“五一”国际劳动节暨先进集体先进个人表彰大会在长沙召开，娄星区消防救援大队荣获“湖南省五一劳动奖状”。

娄星区消防救援大队作为娄底中心城区灭火救援的中坚力量，是一支同老百姓贴得最近、联系最紧，救民于水火、助民于危难的队伍。近年来，该大队认真学习贯彻习近平新时代中国特色社会主义思想，忠实践行“对党忠诚、纪律严明、赴汤蹈火、竭诚为民”的训词精神，砥砺前行、踔厉奋发。2022年，该大队共接警1012起，出动车辆1804台次、警力12578人次，抢救、疏散被困人员293人，用实际行动为群众办实事、解难题，让广大群众有更多更实在的获得感、幸福感、安全感，为加快建设现代化新娄底贡献了“火焰蓝”力量。

娄星区消防救援大队荣获“湖南省五一劳动奖状”

◎娄底市举行精品钢材及薄板深加工产业链人才链专家团队聘任仪式

2023年4月27日，娄底市举行精品钢材及薄板深加工产业链人才链专家团队聘任仪式，聘请中国工程院院士、北京科技大学教授毛新平等7位专家为娄底市精品钢材及薄板深加工产业链人才链专家团队成员。娄底市委书记邹文辉出席见面会。

娄底市委副书记、政法委书记尹华凯为受聘的7位专家颁发聘书，市领导谢君毅、谢忠阳、郭细军出席。

见面会上，邹文辉代表市委、市政府向各位专家表示热烈欢迎和衷心感谢。他说，娄底的发展离不开钢铁产业，钢铁产业的发展离不开专家人才。

聘任仪式上，市委组织部、市委人才办与雍岐龙教授签署人才合作战略协议；涟钢分别与北京科技大学及钢铁研究总院就中高碳钢热轧—冷轧全流程边降控制技术研究项目、高牌号硅钢技术开发项目签约；锑都环保、振宏冶金环保、涟钢、钢铁研究总院、先进钢铁材料技术国家工程研究中心华中分中心就锑铁合金的技术开发及应用项目签约。

在随后举行的产业发展讲座上，毛新平院士以“钢铁工业碳中和的思考”为题，围绕碳中和形势与国家战略、钢铁工业面临的挑战与机遇等四个方面，就当前国际国内钢铁产业发展形势及娄底钢铁产业如何实现绿色低碳发展提出意见建议，让与会的钢铁、工程机械、农业机械领域企业家代表受益匪浅。

4月27日，娄底市举行精品钢材及薄板深加工产业链人才链专家团队聘任仪式

要闻纪事

△13日，娄底市委副书记、市长曾超群主持召开市政府党组理论学习中心组（扩大）集中学习会议，重温习近平总书记关于湖南工作的重要讲话和指示批示精神，学习习近平总书记关于中国式现代化的重要论述，全面贯彻落实党的二十大精神。会前大家进行了个人自学，会上开展了集体学习研讨。蒋天海、谢学龙、黄江民、伍鹄、禹敏、向乾勇、杨维等市政府党组成员作交流发言或参加学习。市政府二级巡视员聂斌全列席。

△14日，娄底市委书记邹文辉，市委副书记、市长曾超群带队赴省委宣传部、省文化和旅游厅、省审计厅、省财政厅、省地方金融监管局、人民银行长沙中心支行汇报对接工作，积极争取政策、产业、项目、资金等方面的指导和支持。市领导蒋天海、谢君毅、胡忠威分别参加有关活动。

△19日，娄底市人民政府与湖南湘江鲲鹏信息科技有限责任公司签订战略合作框架协议。市委副书记、市长曾超群，拓维信息系统股份有限公司董事长、湖南湘江鲲鹏信息科技有限责任公司董事长李新宇见证签约并讲话。

◎娄底市新化县举行“学习贯彻党的二十大精神 四讲四增建新功”演讲比赛（决赛）

李铁雄为一等奖选手颁奖

“学习贯彻党的二十大精神 四讲四增建新功”演讲比赛

2023年5月11日，娄底市新化县举行“学习贯彻党的二十大精神 四讲四增建新功”演讲比赛（决赛），娄底市新化县委书记李铁雄寄语广大青年党员干部争当“不畏浮云遮望眼”的正直青年、“敢教日月换新天”的热血青年、“只留清气满乾坤”的廉洁青年、“不待扬鞭自奋蹄”的有为青年。

演讲比赛上，来自娄底市新化县委办、政府办、宣传、新闻、教育、财政、文旅、乡镇等全县各条战线的10名青年党员干部，紧密结合“学习贯彻党的二十大精神、四讲四增建新功”主题和自身工作实际，声情并茂地讲述了自己及身边的动人故事，宣示了听党话、感党恩、跟党走，以实际行动践行四讲四增绩效提升行动，为娄底新化的发展挥洒青春汗水的信心决心。

比赛结束后，李铁雄等领导为获奖选手颁奖，并与大家合影留念。

◎娄底市政府和中国有研科技集团合作事项会商座谈会召开

5月17日，娄底市政府和中国有研科技集团合作事项会商座谈会召开

2023年5月17日，娄底市政府和中国有研科技集团合作事项会商座谈会召开。娄底市委副书记、市长曾超群，中国有研科技集团副总经理、首席合规官黄倬出席。双方就重大合作事项及协调推进湖南文昌科技有限公司上市有关事宜进行了友好交流。

副市长、娄底市政府秘书长杨维，中国有研科技集团规划发展部总经理霍承松参加。

中国有研科技集团有限公司是中国有色金属行业综合实力雄厚的研究开发和高新技术产业培育机构，是国务院国资委直管的中央企业。黄倬介绍了集团产业发展方向，高技术新材料研究、与在娄企业湖南文昌科技有限公司项目合作情况，并表示将继续加大支持力度，为娄底“材料谷”建设提供强有力的科技服务和技术支撑。

曾超群感谢中国有研科技集团长期以来对娄底的支持。他希望中国有研科技集团在原有合作框架的基础上，以此次商谈为新起点，进一步加大合作力度，推进新技术、新项目、新平台落地娄底。曾超群指出，湖南文昌科技有限公司是娄底一家拟上市企业、高科技企业、行业龙头企业。市政府将成立工作专班，健全工作机制，依法依规协调解决文昌科技上市过程中需要解决的问题。希望文昌科技以企业上市为契机，促进企业品牌和影响力提升。

◎娄底市安全警示教育馆开馆

5月12日下午，娄底市应急管理局组织班子成员和各科室负责人到娄底市安全警示教育馆开展安全警示教育。工作人员介绍，这是该馆首次开馆后接待的首批客人。

该馆位于娄底中心城区丽春路，总面积3000平方米，由娄底市安委会主办，市应急管理局、国网娄底供电公司和娄底烈火行者科技有限公司共同建设。展馆设有参观区和体验区，汇集展项约30个，集警示教育、科普展示、模拟体验、实训演练于一体，是湖南省目前占地面积最大的大型综合安全培训基地。参观区设置“生命重于泰山”“风险无处不在”“事故可防可控”“加强责任落实”四个板块，体验区开设模拟灭火体验、安全隐患排查、交通安全体验、模拟触电体验、模拟火灾逃生、综合体验训练、应急安全大讲堂等板块。

要闻纪事 ★ ★ ★ ★ ★ ★ ★ ★ ★ ★

△21日，娄底市委副书记、市长曾超群主持召开市国土空间规划委员会2023年第三次会议，审议《湘中医院（城南医院）建筑方案》《娄底市中心城区停车场地与设施国土空间专项规划（2021—2035年）》《〈国家级娄底经济技术开发区第二工业园区控制性详细规划〉B—20地块修改方案》《中心城区土地出让方案》。市领导李有才、向乾勇、禹云华、陈惠明及市政府党组成员、秘书长杨维参加。

△24日，娄底市政协副主席、县委书记彭石清到永丰农机特色小镇调度项目建设工作，现场研究解决项目推进中存在的困难和问题，推动永丰农机特色小镇加快建设步伐。陈卫红、赵准剑、刘群群、黄为等参加调研。

△25日，娄底市委书记、市委统战工作领导小组组长邹文辉主持召开市委统一战线工作领导小组2023年第一次全体会议。他强调，要深入学习贯彻习近平总书记关于做好新时代党的统一战线工作的重要思想，发挥统一战线凝聚人心、汇聚力量的重要作用，形成推动高质量发展的强大合力和“人人都为娄底好”的“大娄底”共识。市委统战工作领导小组副组长尹华凯、蒋天海、康艳华等出席。

◎邹文辉率队赴广东招商引资：共同谋划共同促进共同发展

2023年5月19日，娄底市委书记邹文辉率队赴广州、东莞开展招商考察活动，并与在粤商协会代表围绕“湘商回归”主题，共叙乡情，共谋发展。

娄底市领导彭石清等参加。

邹文辉先后考察了东莞兴昂鞋业大陆区域总部、广州凌玮科技有限公司，详细了解企业运营情况、生产规模、发展前景和投资意向，并向企业负责人介绍娄底的产业特点、招商引资政策、投资环境等。邹文辉对各企业为娄底经济社会发展作出的贡献表示感谢，希望企业把更多优质项目放在娄底，在深耕娄底中实现自身大发展、新跨越。

在与在粤商协会代表、产业链招商分队座谈会上，邹文辉认真听取了各县市区和娄底经开区产业链招商分队在粤港澳大湾区招商引资工作情况汇报，向奋斗在招商引资一线的工作队员表示慰问，并与在粤商协会代表围绕“湘商回归”主题亲切座谈。邹文辉指出，娄底是我们共同的家园，促进娄底发展是我们共同的心愿和责任。

邹文辉与在粤商协会代表围绕“湘商回归”主题，共叙乡情，共谋发展

邹文辉强调，要集思广益，共同谋划娄底未来发展。要着力共同促进，牢固树立娄底市“一盘棋”思想。要立足共同发展，诚挚欢迎在外娄商回娄投资。同时希望在外企业家多宣传娄底，讲好娄底故事，树立娄底良好形象，形成“人人都为娄底好、人人都说娄底好”的共识。

◎娄底市委常委班子召开“‘镜鉴’以案明纪、以案促改”专题民主生活会

娄底市委书记邹文辉主持并作总结讲话

2023 年 5 月 24 日，娄底市委常委班子召开“‘镜鉴’以案明纪、以案促改”专题民主生活会。娄底市委书记邹文辉主持并作总结讲话，湖南省纪委监委有关负责同志到会指导。

娄底市委常委会把开好这次专题民主生活会作为一项重要政治任务，作为进一步修复和净化娄底政治生态的重要举措，精心组织实施，扎实做好各项准备工作。会前，认真起草会议方案，聚焦主题学习研讨，广泛征求意见建议，深入开展谈心谈话，从严从实查摆问题，认真撰写对照检查材料，为开好民主生活会打下了坚实基础。

5 月 24 日，娄底市委常委班子召开“‘镜鉴’以案明纪、以案促改”专题民主生活会

会上，湖南省纪委监委有关同志剖析了龚武生、李荐国等人违纪违法的原因，提出纪检监察建议。湖南省纪委监委有关负责同志对开好会议提出要求。

邹文辉通报会前准备工作情况，代表市委常委班子作对照检查发言，并带头作自我批评。其他班子成员逐一作对照检查发言，开展批评和自我批评。大家认真汲取龚武生、李荐国等人违纪违法案的深刻教训，揽镜自照、扪心自问、反躬自省，共同经历了一次深刻的思想洗礼和党性锻炼。

湖南省纪委监委有关负责同志充分肯定了本次专题民主生活会准备充分基础打得牢、剖析深刻问题找得准、追根溯源原因挖得深、真心交流相互批评辣、务实求真整改措施实。

◎娄底市新时代领导干部专业素质能力提升实训计划第四期专题班举行

5 月 26 日，娄底市新时代领导干部专业素质能力提升实训计划第四期专题班举行

2023 年 5 月 26 日，娄底市新时代领导干部专业素质能力提升实训计划第四期专题班举行。

本次专题班邀请中国旅游景区协会专家委员会专家、新经济学家智库县域经济委员会委员毛加庆，湖南省国资委二级巡视员王强，湖南省发改委二级巡视员李学斌，湖南省人大环境与资源保护委员会办公室主任梁斌勋，围绕文旅融合、国资监管、“五好”园区建设、《湖南省居民自建房安全管理若干规定》解读等四个方面进行专题辅导。

毛加庆以《用经济思维和产业逻辑创新推动文旅高质量发展》为题，运用大量的事例分析，为娄底深入推进文旅融合发展开拓了视野、启发了思维；王强围绕构建国资监管大格局，紧密结合娄底国资国企实际，为大家讲述了国资监管的演变历程、国资监管的底层逻辑、湖南国资监管现状以及更好构建国资监管大格局等内容；李学斌围绕“五好”园区创建，从注重速度规模转向注重质量效益、追求粗放扩张转向追求集约增长等六个方面进行了深入浅出的阐述；梁斌勋通篇解读了《湖南省居民自建房安全管理若干规定》，深入分析了长沙“4·29”特别重大居民自建房倒塌事故发生的原因等，并对如何汲取事故教训、加强自建房安全整治提出意见和建议。

◎娄底市政府党组班子召开“‘镜鉴’以案明纪、以案促改”专题民主生活会

娄底市委副书记、市长曾超群主持并作总结讲话

2023 年 5 月 25 日，娄底市政府党组班子召开“‘镜鉴’以案明纪、以案促改”专题民主生活会。娄底市委副书记、市长曾超群主持并作总结讲话。他强调，要深刻剖析找短板，扎实整改促提高，坚定不移做政治上的明白人，坚定不移做推动发展的实干家，坚定不移做站稳人民立场的勤务员，坚定不移做全面从严治党的行动派，推动娄底高质量发展。

娄底市政府党组班子成员蒋天海、谢学龙、黄江民、伍鹄、杨维参加。刘继清列席。

曾超群通报了会前准备工作情况，代表娄底市政府党组班子作对照检查发言，并带头作自我批评。其他班子成员逐一作对照检查发言，自我批评直面问题，相互批评直击痛处，找出了理论短板、工作弱项、作风不足，明确了改进方向，开出了高质量、开出了好效果。

5 月 25 日，娄底市政府党组班子召开“‘镜鉴’以案明纪、以案促改”专题民主生活会

娄底市纪委、市委组织部相关同志到会指导，传达了湖南省纪委监委纪检监察建议，对如何开好民主生活会提出要求，并作了点评讲话。

要闻纪事

5月

△6 日，娄底市委书记邹文辉，市委副书记、市长曾超群会见来娄投资考察的北京东方雨虹防水技术股份有限公司董事长、北京高能时代环境技术股份有限公司董事长李卫国一行，双方就深化合作，推动项目建设进行交流。北京东方雨虹防水技术股份有限公司总经理陈福，市领导谢君毅、谢学龙、向乾勇、彭石清等参加。

△10 日，娄星区禁毒协会成立暨第一次会员代表大会召开，选举产生娄星区禁毒协会第一届理事会会长。区委副书记、政法委书记曾祥文出席会议并讲话。市禁毒支队、市禁毒协会有关领导到会指导。曾海军、聂永红、罗文卫、李志鸿、黄文辉、杨劲松等领导参加。

△10 日—18 日，娄底市委书记邹文辉率娄底经贸代表团出访肯尼亚、卢旺达、坦桑尼亚开展经贸交流对接。冷水江市、双峰县、市委办、市委外事办、市商务局等负责人以及娄底农机、文印、体育用品、新材料等 8 家外经贸企业参加。

◎ 2023 年娄底市“材料谷”产业招商推介会在深圳举行

娄底市委副书记、市长曾超群致辞

2023 年 5 月 28 日，借助 2023 年湖南—粤港澳大湾区投资贸易洽谈周契机，娄底市在深圳举行“材料谷”产业招商推介会，现场签约项目 24 个，总投资 135.2 亿元。娄底市委副书记、市长曾超群致辞。

曾超群代表娄底市委、市政府向各位领导和嘉宾的到来表示热烈欢迎，向长期以来关心和支持娄底发展的各界人士表示衷心感谢。曾超群说，2022 年，湖南省政府出台《支持娄底市先进材料产业高质量发展若干政策措施》，娄底先进材料产业迎来重大政策利好，发展机遇前所未有。

曾超群指出，党的二十大报告提出，要推动战略性新兴产业融合集群发展，构建新材料等一批新的增长引擎。可以说，娄底打造中部地区“材料谷”，其时已至，其势已成，其兴可待。真诚期望各位企业家朋友走进娄底、投资娄底、赋能娄底，实现双方更多领域、更高层次互利双赢。

5 月 28 日，娄底市在深圳举行“材料谷”产业招商推介会

推介会上，大家还观看了“材料谷”招商宣传片，娄底经开区、娄底高新区、娄底娄星产业开发区分别作了推介，客商代表作了发言。

◎娄底市强力推进“湘易办”建设升级和应用推广

2023 年 5 月 30 日，娄底市就“湘易办”超级服务端建设升级和应用推广工作对县市区进行调度。

2023 年来，娄底市紧扣办事群众所需，组建工作专班，全面加强统筹，及时分解任务，多维宣传推广，全力抓好服务事项上线和电子证照集成应用，组织专家对建设运维进行培训，组织服务小分队进社区和乡村指导群众注册使用，推动“湘易办”组织架构搭建、人员信息录入、群众注册使用等工作走在湖南省前列；通过周协调、旬调度、月通报方式加强工作对接，推动各级各部门压实责任，形成一级抓一级、层层抓落实的良好格局。截至 5 月 30 日，娄底市已梳理上线各类服务事项 825 项，完成率 117.86%，在湖南省排第三名；完成集成可应用电子证照 89 类，完成率 111.25%，在湖南省排第一名；完成注册用户数 872844 人，完成率 51.34%，在湖南省排第七名。

◎娄底加快建设『无证明城市』

2023 年 6 月 13 日，娄底市行政审批服务局工作人员李亮亮介绍，目前，娄底市已全面梳理 683 个进驻政务服务中心的审批事项，对需要用到的 41 类证明材料进行免证开发，以在线核验、开具等形式实现免提交。

“无证明城市”是指运用法治思维和方式，依托数据归集和共享，通过采取直接取消、数据共享等多种形式，实现办事材料“法无规定一律取消”和“法有规定无需提交”的城市建设目标。2023 年以来，娄底以“湘易办”为总入口，以方便企业和群众办事创业为导向，搭建“一码通办”“扫码亮证”“免证办理”平台，切实解决证明材料过多过滥和“‘奇葩’证明”“重复证明”“循环证明”等突出问题。

同时，用“无证明城市”建设助力“一件事一次办”改革实施。娄底以个人、企业、项目三个全生命周期“一件事一次办”事项为重点，以办证、就业、婚姻、“身后”、企业用工、员工保障、政策兑现、融资服务、招投标、用地审批 10 个主题式、套餐式场景为切入点，按照试点先行、典型引路、以点带面、全面普及的工作思路，通过证明在线开具与核查体系，推动“放管服”改革“揭榜竞优”工作从“减证便民”向“无证利民”转变，最终实现事项办理免证申报、扫码亮证、无感办理。

要闻纪事

△ 17 日，娄底市委副书记、市长曾超群会见安赛乐米塔尔集团执行副总裁、人力资源负责人丝戴芬妮·沃纳·迪茨一行，双方就进一步深化合作进行交流。安赛乐米塔尔集团副总裁、中国区首席执行官桑杰·沙玛，市领导蒋天海、谢君毅、禹敏、杨维，VAMA 相关负责人成沛祥、周鉴、欧云飞参加。

△ 20 日，娄底市委副书记、市长曾超群以“四不两直”的方式赴娄星区、双峰县督导检查耕地抛荒治理工作。他强调，要以“不怕跑断腿”的精神抓好耕地抛荒治理，突出抓好水边、路边、屋边等耕种条件比较好的耕地检查，坚决遏制耕地“非农化”、防止耕地“非粮化”，确保“中国人的饭碗牢牢端在自己手中”。

△ 22 日，娄底市委书记邹文辉会见中国铁建华中区域总部执行总经理、党委副书记张国峰一行。中国铁建华中区域总部党委委员、副总经理、中国铁建湖南总部指挥长黄锋昌，市领导谢学龙、彭石清等出席。

◎湖南省 2023 年“文化和自然遗产日”主场活动暨第四届湖南非遗购物节活动在娄底启动

“‘湘’遇非遗，法治同行”全省非物质文化遗产法治文化作品展区

2023 年 6 月 10 日，湖南省 2023 年“文化和自然遗产日”主场活动暨第四届湖南非遗购物节活动在娄底启动。湖南省委宣传部副部长，省文化和旅游厅党组书记、厅长李爱武颁发证书并宣布活动启动，娄底市委书记邹文辉致辞，市委副书记、市长曾超群主持。

李爱武为湖南省的千两茶制作技艺、茯砖茶制作技艺、君山银针茶制作技艺 3 项国家级非遗代表性项目颁发联合国教科文组织人类非遗代表作名录证书。

邹文辉指出，近年来，娄底市深入贯彻落实习近平总书记关于非物质文化遗产保护的重要指示批示精神，坚持守正创新，在非遗保护等方面迈出了新的步伐。邹文辉表示，将用心用情办好此次活动，尽心尽力为大家服好务，进一步创新非物质文化遗产保护传承，推动非遗更好地融入生活、服务社会，以时代精神、当代审美激活非物质文化遗产的生命力。邹文辉诚挚邀请各地游客多来娄底，体验“蚩尤故里·湘中明珠”的独特魅力，并为娄底非遗和文旅融合发展出谋划策。

2023 年“文化和自然遗产日”期间，湖南省共有 300 多场非遗宣传展示活动，在主场活动中有来自湖南省各市州的 158 项非遗项目参展参演，并开展了以“‘湘’遇非遗，法治同行”为主题的湖南省非遗法治文化作品征集活动，为娄底人民群众带来了一场非遗盛宴。

◎娄底市举办庆祝建党 102 周年“领航的旋律”音乐主题党课

党课上，还举行了新党员入党宣誓、党员重温入党誓词仪式

2023 年 6 月 20 日晚，为深入学习贯彻习近平新时代中国特色社会主义思想和党的二十大精神，娄底市举办庆祝建党 102 周年“领航的旋律”音乐主题党课，通过“以歌叙史、以乐化人”的形式，传承红色基因，昂扬精神斗志，凝聚强大发展动力，奋力谱写娄底高质量发展新篇章。

“领航的旋律”音乐主题党课分“旗的指引”“梦的感召”“路的拓展”“力的源泉”“美的交响”等多个篇章，以“音乐＋党史”的形式，用一个个红色故事、一首首耳熟能详的歌曲，回顾中国共产党成立 102 年来缔造新中国、建设新中国、推动改革开放的光辉历程，展示新时代山乡巨变、锦绣山河、伟大工程、大国形象的壮美画卷，激励大家学习革命先辈、当代模范的先进事迹，汲取精神营养、坚定理想信念，传承红色基因、汇聚奋进力量。

邹文辉在致辞中指出，“领航的旋律”音乐主题党课以别开生面的形式，让大家在对艺术的享受中重温党的历史，铭记党的初心使命，这是一种很好的探索与创新，很有教育意义、纪念意义。

党课上，还举行了新党员入党宣誓、党员重温入党誓词仪式。

◎中国（湖南娄底）—非洲农业机械、文印、电子产品推介洽谈会举行

2023 年 7 月 1 日，第三届中非经贸博览会中国（湖南娄底）—非洲农业机械、文印、电子产品推介洽谈会在长沙举行。湖南省政协党组成员、副主席胡伟林宣布推介洽谈会启动，坦桑尼亚投资、工业和贸易部长基贾济，卢旺达驻华大使馆参赞卢文杰，娄底市委书记邹文辉，湖南省商务服务中心党委书记、主任张军平分别致辞，冈比亚和普林西比等十多个非洲国家的官员、驻华使节、客商等出席，娄底市政府副市长、秘书长杨维主持推介洽谈会。

项目签约现场

邹文辉简要介绍了娄底市情和对非经贸文化合作交流情况，并诚挚邀请非洲各国朋友来娄底参观考察。他希望大家以第三届中非经贸博览会举办为契机，立足现有合作基础、特色优势产业，共享合作机遇、拓展合作领域、深化合作实效。希望大家多多沟通交流，增进彼此了解、增加彼此信任。希望大家时时携手共进，推动贸易互促、产业互动、文化互通、服务互助，实现互惠互利、共赢发展、共创未来。

7 月 1 日，第三届中非经贸博览会中国（湖南娄底）—非洲农业机械、文印、电子产品推介洽谈会在长沙举行

会上，娄底市双峰县、新化县主要负责同志分别作了农业产业、文印产业推介，中坦克巴哈工业园有限公司、湖南诺仕达科技负责人分别作了相关项目推介。娄底市人民政府和娄底相关企业与非洲国家的园区、企业签订了相关合作协议。

◎湖南省第五生态环境保护督察组督察娄底市工作动员会召开

6 月 26 日，省第五生态环境保护督察组督察娄底市工作动员会在娄底召开

2023 年 6 月 26 日，根据湖南省委、省政府安排，湖南省第五生态环境保护督察组近日进驻娄底市开展生态环境保护督察，湖南省第五生态环境保护督察组督察娄底市工作动员会在娄底召开。督察组组长童旭东、副组长唐跃成就做好督察工作分别作了讲话，娄底市委书记邹文辉进行动员部署。

邹文辉表示，湖南省第五生态环境保护督察组来娄底开展督察，是对娄底贯彻习近平生态文明思想、践行新发展理念的“政治体检”，是对娄底树立和践行正确政绩观、推动高质量发展的现实检验，是对娄底生态环境保护工作的“把脉问诊”。

会上，唐跃成就做好督察配合、边督边改、信息公开等工作提出了要求，并就督察组全体成员严格执行《湖南省生态环境保护督察纪律规定》，接受被督察对象和社会监督作了表态。湖南省第五生态环境保护督察组全体成员、省生态环境保护督察和整改工作领导小组办公室有关人员，娄底市党政主要领导及班子相关领导成员参加会议，与生态环境保护工作相关的党委和政府有关部门主要负责人，地方中级人民法院、市级人民检察院主要负责人，县市区党政主要领导列席会议，县市区党政班子相关领导成员，以及相关部门主要负责人在当地通过视频会议的形式列席会议。

要闻纪事

6月

△14 日，娄底市委副书记、市长陈创业主持召开市政府今年第十次常务会议，传达学习习近平总书记近期重要讲话、重要指示批示精神，研究部署娄底市禁毒、“十四五”数字政府建设等工作。

△19 日，2023 年全省污染防治攻坚战“夏季攻势”推进电视电话会召开，娄底市委副书记、市长曾超群在娄底分会场参加并作表态发言。副市长向乾勇参加。

△21 日，娄底市公安局党委副书记、副局长卢韶华率队来双峰督导交通问题顽瘴痼疾系统整治工作，县委副书记、县长李基联陪同。

△21 日，娄底市委副书记、市长曾超群主持召开市国土空间规划委员会 2023 年第四次会议。他强调，各县市区国土空间总体规划定位要清晰、指标要科学、民生要重视、重点要突出、程序要合规、执行要严格、底线要守牢，促进全市高质量发展。市领导李有才、向乾勇、杨维、禹云华参加。

◎娄底市正威娄底电力铜基新材料产业园项目签约暨开工仪式举行

7月10日，娄底市正威娄底电力铜基新材料产业园项目签约暨开工仪式举行。副省长秦国文宣布项目开工，正威国际集团董事局主席王文银、娄底市委书记邹文辉分别致辞，湖南省政府副秘书长季心诠出席，娄底市委副书记、市长曾超群主持。

邹文辉代表娄底市委、市政府对项目签约暨开工表示热烈祝贺！他指出，将旗帜鲜明地把正威娄底电力铜基新材料产业园项目作为“材料谷”建设的关键性工程来抓，进一步强化服务意识，以“优而更优”的作风，当好项目建设的“店小二”“服务员”，推动项目早日竣工投产；以“细而更细”的责任，做到牵头领导、推进主体、配合单位、时序进度时刻“在线”、始终到位；以“实而更实”的保障，把周到服务贯穿项目建设、运营、管理全过程。

王文银表示，湖南娄底拥有天时地利人和的“底蕴”，拥有经济高质量发展的“底盘”，我们对投资湖南、投资娄底充满“底气”。正威娄底电力铜基新材料产业园项目是正威集团在湖南的又一次重要产业布局，希望通过项目建设助力娄底打造华中地区电力产业聚集高地，打造电力产业先进制造业集群，为湖南省和娄底市高质量发展贡献更多“正威力量”。

娄底市正威娄底电力铜基新材料产业园项目签约仪式现场

7月10日，正威娄底电力铜基新材料产业园项目签约暨开工仪式举行

◎娄底市启动『水利干部到田间』行动

2023年7月19日早上7点，娄底市新化县吉庆镇水利站站长吴贵元来到朝晖水库堤上，与水库专管员康广一起脱衣潜入3米深水中，合力解开绑住石头的钢丝绳，搬开石头开闸放水。白哗哗的水直接流向户长山村、漆树坪村、火侍湾村的1000亩农田，为中稻解“渴”，为晚稻保插秧。这是娄底市启动“水利干部到田间”行动带来的结果。

7月17日，娄底市水利局积极落实娄底市委、市政府主要领导指示精神，决定7月至9月开展“水利干部到田间”行动，成立5个督导组联点分片督查指导，统筹抓好娄底市抗旱保水工作。其主要任务：一是保蓄水，坚持“一库一策”，精准调度741座水库，在有条件的区域采取提水济塘（库）方式补充水量。二是保饮水，坚持“一厂一策”，精准调度农村供水工程，强化水源保护和水质检测，完善农村供水工程管护体系，继续抓好找水打井工作，积极准备水池、水窖等形式备用水源。三是保灌溉，坚持“一灌区一策”，精准调度各类灌区，积极筑坝引水提水，统筹灌区骨干工程和田间工程建设，加强水源工程管理维护，做好渠系工程和田间沟渠清淤疏浚，打通“中梗阻”和“毛细血管”，保障灌区有效灌溉面积内的农业灌溉用水需求，确保粮食生产安全。

◎『在村里看病能刷卡报销了』

2023年7月14日，娄底市双峰县全力推进乡村卫生室门诊统筹医保定点全覆盖，给群众办的实事好事。在一个结算年度内，村卫生室门诊统筹医保定点政策范围里，门诊医药费用报销不设起付线，医保支付比例为70%，统筹基金最高支付420元。

栖凤村是湖南省卫健委乡村振兴的驻村点，在娄底市第一批开通医保门诊统筹结算服务。

村卫生室门诊统筹医保定点工作是打通基层医疗卫生服务群众“最后一公里”的重要举措。7月初，娄底市双峰县在全市率先开通村卫生室医保门诊统筹结算服务。目前，全县689个村卫生室都已配齐电脑、打印机及读卡器，医保定点审批开通率100%，真正实现“小病不出村、报销少跑路”。

要闻纪事

△25日，娄底市委书记、二级巡视员、市委全面依法治市委员会主任曾伯怡主持召开市委全面依法治市委员会2023年第一次会议，要求全市上下坚持党的领导，坚持依法行政、公正司法、全民守法，不断巩固提升法治冷水江建设水平。市委副书记、市长、市委全面依法治市委员会副主任陈创业，市委副书记、统战部部长、市委全面依法治市委员会副主任陈群出席。

△27日，“吉星荟·同心e家”娄星区网络人士统战工作实践创新基地揭牌成立。市委常委、统战部部长康艳华，区委常委、统战部部长高英，娄星产业开发区党工委书记曾德智出席并为基地揭牌。康艳华一行首先参观了基地的众乐社、创乐社、达乐社、帮乐社四个阵地，详细了解基地情况，并为基地授牌。

7月

△3日，娄底市委书记邹文辉到娄底经开区调研生态环境治理、安全生产、项目建设等工作。他强调，要坚定贯彻新发展理念，统筹好发展和安全两件大事，牢牢守住安全环保底线红线，加快推动项目建设，为娄底高质量发展注入强劲动能。市领导谢君毅、谢学龙参加。

◎娄底市推广“浦江经验”推进“走找想促”现场交流会召开

2023年7月20日，娄底市推广“浦江经验”推进“走找想促”现场交流会在娄底涟源召开。娄底市委书记邹文辉强调，要深入贯彻习近平总书记关于“浦江经验”的重要批示精神，按照湖南省委书记沈晓明来娄接访时的指示要求，着眼发现问题、解决问题，立足服务发展、服务群众，确保推广“浦江经验”、推进“走找想促”走深走实、见行见效。

7月20日，娄底市推广“浦江经验”推进“走找想促”现场交流会在涟源召开

邹文辉强调，学习推广“浦江经验”、深入推进“走找想促”，发现问题是前提，解决问题是关键，保稳定、促发展、惠民生是目标。要着眼平安稳定，坚持“事要解决”，精准把握着力重点。干部要走下去，深入基层、深入群众，奔着问题去、盯着问题走，把屁股端端地坐在老百姓这一面。隐患要找出来，坚持公正廉洁为民，不断加强学习，切实提高发现问题的能力水平，坚决摒弃不会出事的侥幸心理，全面排查可能存在的风险隐患。问题要解决好，坚持“经过就不放过”“事不过夜马上办”，立行立改解难题，依法依规促公平，明确 标准求实效。风险要管控住，始终保持如临深渊、如履薄冰的责任感和紧迫感，增强预见性，发挥能动性，提高针对性。

会上，娄底市涟源市就践行“浦江经验”工作作汇报发言，涟源市公安局、涟源市信访局、涟源市住建局作交流发言。

◎娄底市政府和湖南省地质院举行战略合作协议签约仪式

娄底市人民政府和湖南省地质院暨娄底市各县市区人民政府、经开区管委会、市级投融资公司和湖南省自然资源调查所举行战略合作协议签约仪式

2023年7月21日，娄底市人民政府和湖南省地质院暨娄底市各县市区人民政府、经开区管委会、娄底市级投融资公司和湖南省自然资源调查所举行战略合作协议签约仪式。湖南省地质院党委书记谈文胜，娄底市委副书记、市长曾超群讲话并见证签约。

曾超群说，2022年10月，习近平总书记在给山东省地矿局第六地质大队全体地质工作者回信中强调，“矿产资源是经济社会发展的重要物质基础，矿产资源勘查开发事关国计民生和国家安全”。这深刻指出了资源勘查的重要意义。娄底是一座因矿而立、因钢而兴的老矿山城市、老工业城市，资源勘查尤为重要。此次签约，是认真落实习近平总书记重要指示精神的具体行动，也是对娄底全域矿产资源的总摸底。

谈文胜表示，将充分发挥合作优势，最大限度提升资源有效科学利用效率，拓展深化双方在资源能源保障、生态文明建设、地质灾害防治、乡村振兴、城市地质、国土规划等领域的合作，为娄底守住发展和生态两条底线做好地质保障。

仪式上，娄底市人民政府与湖南省地质院签订战略合作协议，娄底市各县市区人民政府、经开区管委会、娄底市级投融资公司分别与湖南省自然资源调查所签订战略合作协议。

娄底市人民政府和湖南省地质院战略合作协议签约现场

◎娄底市2023年“节水节电季”活动启动仪式举行

7月21日，“节水节电 有你有我”娄底市2023年“节水节电季”活动启动仪式在孙水公园举行

2023年7月21日，“节水节电 有你有我”娄底市2023年“节水节电季”活动启动仪式在娄底市城南新区孙水公园举行。娄底市委副书记、市长曾超群宣布活动启动。

娄底市委常委、常务副市长蒋天海主持，娄底市领导谢学龙、伍鹄、向乾勇、杨维参加。

仪式上，娄底市电力保供领导小组办公室、市节约用水办公室向全市发出节约用水倡议书和节约用电、错峰用电倡议书，娄底市娄星区政府负责人及市民代表作发言。

曾超群强调，各级各部门要高度重视，充分认识当前严峻形势，认真贯彻落实党的二十大精神和习近平生态文明思想，全面响应号召，认真履职尽责，切实做到设身处地为百姓着想、千方百计为群众解难，坚决打赢打好抗旱节水和“迎峰度夏”电力保供攻坚战。要加大宣传力度，把“节水节电季”活动宣讲贯彻落实到城区、到街道、到小区、到楼栋、到居民，贯彻落实到车间、到班组、到工位，共同营造人人节约用水用电的良好氛围。也呼吁广大市民携手同心，从你我做起，从身边做起，从现在做起，节约用好每一滴水、每一度电。

活动启动后，节水宣传骑行小分队从现场出发，向市民开展节水宣传。

娄底市委副书记、市长曾超群宣布活动启动

◎娄底市2023年“最美退役军人 最美拥军人物”发布仪式举行

2023年7月27日，为深入贯彻习近平总书记关于退役军人工作和双拥工作重要论述，充分发挥先进典型正向引领作用，奋进新征程、荣光闪耀·娄底市2023年“最美退役军人 最美拥军人物”发布仪式举行。娄底市委书记邹文辉致辞，娄底市委副书记、市长曾超群宣读表彰通报。

娄底市领导麻新法、谢君毅、禹敏出席并为获奖者颁奖。

邹文辉在致辞中指出，娄底是兵员大市，拥有20多万退役军人。一直以来，广大退役军人退伍不褪色、转岗不转志，为推动娄底经济社会高质量发展作出了重要贡献。举办全市“最美退役军人 最美拥军人物”发布仪式，既是为了激励全市广大退役军人不忘初心、牢记使命、再立新功，也是对新一轮“全国双拥模范城”创建工作再动员。

7月27日，奋进新征程、荣光闪耀·娄底市2023年“最美退役军人 最美拥军人物”发布仪式举行

仪式现场，分别为11名部门拥军、社会拥军代表人物和5名军嫂颁发了“最美拥军人物”证书和奖杯，为8名就业创业退役军人代表和10名各行各业的退役军人先进典型颁发了“最美退役军人”奖章。仪式还通过播放VCR的形式，展现了最美拥军人物、最美退役军人的动人事迹，讲述了娄底籍现役军人远离家乡、保家卫国、竭诚为民的感人故事，转达了驻娄部队官兵对驻地娄底的祝福和感谢。

颁奖现场

要闻纪事

△13日，娄底市委副书记、市长曾超群主持召开市政府立行立改问题整改工作调度会。他强调，要以巡视整改为动力，加快销号速度，确保巡视交办问题按时按质整改到位。市领导谢学龙、禹敏、向乾勇、杨维参加。

△19日，娄底市委副书记、市长曾超群主持召开娄底市湘中医院（城南医院）项目建设领导小组组长调度会。他强调，要坚持尽力而为、量力而行办民生实事，守牢“四不”底线，不漏项、不烂尾、不超概、不新增隐性债务，将湘中医院（城南医院）建设成为廉洁工程、安全工程、标志工程。市人大常委会主任戴德清出席。市领导蒋天海、吴建平、禹敏、向乾勇、杨维参加。

△26日，政协娄底市第六届委员会常务委员会第八次会议召开。市委副书记、市长曾超群通报全市上半年经济社会发展情况。市政协主席梁立坚主持会议。副市长、市政府秘书长杨维应邀出席，市政协副主席李德仁、李利文、郭细军、彭石清、禹云华、袁华荣、傅小松、陈伟志、陈惠明出席，市政协秘书长魏志军参加。

◎娄底市新时代领导干部专业素质能力提升实训计划第五期专题班举行

7月28日，娄底市新时代领导干部专业素质能力提升实训计划第五期专题班举行

2023年7月28日，娄底市新时代领导干部专业素质能力提升实训计划第五期专题班举行。娄底市委书记邹文辉，娄底市委副书记、市长曾超群出席。

娄底市领导梁立坚、蒋天海、麻新法、谢君毅、胡忠威、谢忠阳、康艳华等出席。

本次专题班邀请湖南省乡村振兴局党组成员、副局长周立志，湖南省商务厅党组成员、副厅长郭宁，湖南省生态环境厅综合协调处处长熊俊，围绕脱贫攻坚同乡村振兴有效衔接、招商引资和中非合作、生态环境保护等方面进行专题辅导。

周立志以《深入学习领会习近平总书记重要讲话精神 扎实做好有效衔接考核评估工作》为题，系统领学了习近平总书记关于巩固拓展脱贫攻坚成果同乡村振兴有效衔接的重要讲话精神，解读了有效衔接考核评估的指标体系和具体要求。郭宁分“中非经贸”“招商引资”两个板块，分别介绍了非洲发展现状、近年来湖南对非经贸合作交流情况，详尽分析了当前湖南招商引资现状和相关规划、政策。熊俊就新时代生态环境保护面临的新形势、肩负的新任务、需要的新思维进行了全面阐释。

◎全国人大常委会法工委、生态环境部来娄底市调研生态环境立法工作

2023年8月4日，全国人大常委会法工委行政法室主任梁鹰、生态环境部法规与标准司司长赵柯率调研组来娄底市开展生态环境立法工作调研，了解生态环境保护工作情况，听取生态环境法治建设工作意见和建议。娄底市人大常委会主任戴德清陪同调研。

调研组一行先后察看涟钢4.3米级焦炉升级改造工程和280 m²烧结机机头全烟气脱硫脱硝项目实施后的超低排放改造效果，察看娄底市第一污水处理厂建设运行、环保宣传教育等方面情况，详细了解娄底市生态环境保护开展情况、存在问题、工作打算及生态环境立法工作有关情况。

调研组一行先后察看涟钢4.3米级焦炉升级改造工程和280m² 烧结机机头全烟气脱硫脱硝项目实施后的超低排放改造效果

近年来，娄底生态环境保护立法工作紧扣“为谁立法”“立什么法”“怎么立良法”的“立法三问”，弘扬工匠精神、下足绣花功夫，共审议通过地方性法规10件，其中生态文明建设领域法规7件；由娄底牵头开展的资江保护三市（娄底、邵阳、益阳）协同立法工作经验被湖南省人大常委会和湖南省委办公厅推介，外省多个地市人大常委会来娄学习交流。

调研组对娄底生态环境保护及立法工作给予充分肯定，希望娄底持续深入学习贯彻习近平生态文明思想，以良法促善治，不断提升生态治理保护能力和水平，推动生态文明建设和生态环境保护取得新成效。

要闻纪事

△26日，娄底市委副书记、市长曾超群走访慰问武警娄底支队官兵，向他们致以诚挚的节日问候。娄底军分区政委许光，副市长、市政府秘书长杨维参加。

△27日，娄底市委书记邹文辉来到娄底军分区走访慰问，代表市委、市政府和全市人民，向广大驻娄部队官兵、现役军人、退役军人以及各类军属致以节日祝福和诚挚问候。市委常委、娄底军分区司令员麻新法，市委常委、市委秘书长谢君毅，娄底军分区政委许光参加。

△27日，娄底市第六届人民代表大会常务委员会第十一次会议召开。市委副书记、市长曾超群通报市政府上半年工作情况，市人大常委会主任戴德清主持。市人大常委会副主任朱鸿宾、欧文安、罗孝贵、李文洪、朱桂良、吴德华出席，副市长、市政府秘书长杨维，市政协副主席陈惠明，市检察院检察长李太平应邀参加，市人大常委会秘书长罗琳参加。

◎首个全国生态日娄底主场活动在孙水公园举行

首个全国生态日娄底主场活动在孙水公园举行

2023年8月15日，在首个全国生态日到来之际，娄底市在孙水公园举行2023年全国生态日娄底主场活动。娄底市人大常委会主任戴德清宣布启动。娄底市人大常委会副主任、市总工会主席李有才讲话。副市长向乾勇主持。娄底市人大常委会秘书长罗琳出席。

本次活动以“绿水青山就是金山银山”为主题，由娄底市人大常委会、市政府主办，旨在深入贯彻习近平生态文明思想，践行“绿水青山就是金山银山”理念，倡导娄底市人民积极参与生态文明建设，增强生态环境保护的思想自觉和行动自觉。活动现场，娄底市发改委、华菱涟钢等20多家市直单位和重点企业通过设置宣传展台、摆放宣传展板、发放宣传资料等形式，向市民全面展示娄底市高质量推进碳达峰碳中和的重要成效和践行“两山”理念的生动实践。

近年来，娄底市委、市政府始终坚持“绿水青山就是金山银山”理念，坚持山水林田湖草沙一体化保护和系统治理，污染防治攻坚向纵深推进，绿色、循环、低碳发展迈出坚实步伐，生态环境保护发生历史性、转折性、全局性变化，娄底的天更蓝了、山更绿了、水更清了。

启动仪式后，戴德清一行来到各展台和展板处巡展，认真听取相关情况介绍，并结合各单位、企业的实际和特点，逐一提出具体工作要求。

◎娄底市政府党组理论学习中心组（扩大）集体学习会议召开

8月16日，娄底市政府党组理论学习中心组（扩大）集体学习会议召开

2023年8月16日，娄底市政府党组理论学习中心组（扩大）集体学习会议召开。娄底市委副书记、市长曾超群主持，湖南省应急管理厅党委委员、副厅长喻树长作专题辅导。

娄底市领导黄江民、向乾勇参加。

会上，喻树长以《认真学习贯彻总书记重要指示 以案为鉴推动娄底高质量安全发展》为题，从习近平总书记重要论述要点及其丰富内涵、“4·29”事故暴露的突出问题和深刻教训、攻坚克难坚决打好安全生产翻身仗三个方面上了一堂生动的专题辅导课。

曾超群强调，要提高站位，统一思想认识。进一步深入学习领会习近平总书记关于长沙“4·29”特别重大居民自建房倒塌事故重要指示精神，切实把思想和行动统一到总书记重要指示精神上来，统一到事故调查报告有关工作要求上来，统一到湖南省委、省政府安排部署上来。

曾超群指出，要举一反三，深刻查摆问题；要压实责任，紧盯问题整改；要突出重点，强化安全防范。

曾超群强调，要依法依规，严格监管执法。以案促改，强化打非治违，严格执法、精准执法、规范执法，切实解决安全领域执法该严的不严、该重的不重、该硬的不硬等深层次问题，真正使法律长出牙齿，成为带电的高压线。

◎娄底钢铁获得走向世界的『通行证』

2023年8月18日，总投资90亿元的涟钢冷轧硅钢项目第一期在娄底经开区投产。这是湖南省2023年十大重点产业项目之一，分两期建设，计划2025年5月全部建成，达产后将新增年产值170亿元以上、税收7亿元以上，主要生产高牌号无取向硅钢、新能源汽车驱动用无取向硅钢和高磁感取向硅钢等高端钢铁产品。这对促进湖南钢铁产业转型升级和中部地区“材料谷”建设具有重大战略意义。

2023年以来，娄底钢铁产业大事好事接连不断。年初，“华菱涟钢起重机吊臂钢替代进口开发及系列化”项目获得被誉为工业领域“奥斯卡”的中国工业大奖表彰奖。3月，涟钢1580热轧线、湖南宏旺年产96万吨高牌号硅钢项目相继投产。4月，华菱安赛乐米塔尔汽车板有限公司二期年产45万吨高端汽车板项目投产，实现了覆盖先进高强钢、汽车外板的全系列汽车用钢产品的开发和生产，填补了国内高中端汽车用钢市场空白，其中热成形高强钢Usibor 諪和镀铝Alusi 諪国内市场份额稳居第一。6月底，涟钢冷轧硅钢项目成功试产。7月，涟钢上榜2023年湖南省原材料工业“三品”标杆企业名单。娄底钢铁获得了走向世界的“通行证”。

到“十四五”末，娄底将形成以硅钢为中心的2000亿元新钢铁产业集群，正朝新目标阔步前进。

投产仪式现场

涟钢冷轧硅钢项目厂区

◎娄底市组织农特企业赴港参展

2023年8月17日—19日，娄底市贸促会组织10余家农特企业参加“2023年香港美食商贸博览暨国际茶展”，桃林园酒业、紫金茶叶、绿源农林等企业与多家贸易公司签订意向合作协议3个。

香港美食商贸博览暨国际茶展是亚太地区食品、农林牧渔、土特产展会，也是香港知名度最高的大型国际展会之一，为世界食品产业相互交流、合作共赢搭建重要平台，吸引大量境内外买家参与。期间，娄底市参展企业参加了2023年湖南（香港）美食及茶叶推介会，娄底市贸促会与香港娄底联谊会就如何服务娄底企业、拓展香港及海外市场开展深入交流。

娄底市组团参加2023美食商贸博览和香港国际茶展

要闻纪事

8月

△2日，九三学社中央副主席、生态环境部部长黄润秋带领九三学社中央组织部二级巡视员陈晓英及九三学社中央组织部相关负责同志，来娄底开展联系市级组织工作活动。九三学社中央常委、九三学社湖南省委会主委陈赤平主持座谈会。市委副书记、市长曾超群，市政协主席梁立坚参加相关活动。

△4日，娄底市政府与长沙银行座谈签约会举行。市委副书记、市长曾超群，长沙银行党委书记、董事长赵小中讲话并见证签约。副市长刘继清与长沙银行副行长李建英签订战略合作协议。

△16日，娄底市委副书记、市长曾超群赴涟源调研娄底桥头河机场高质量发展工作时强调，要明晰发展定位，打造湖南最好、中部领先的“五合一”通用机场。市领导谢学龙、禹云华参加。

△17日，娄底市委副书记、市长曾超群主持召开市政府常务会议，传达学习贯彻习近平总书记近期重要讲话指示精神，研究有关工作，审议有关文件。

◎娄底市政府与湖北蔚蓝航空举行会见座谈

8 月 22 日，娄底市政府与湖北蔚蓝通用航空科技股份有限公司举行会见座谈

2023 年 8 月 22 日，娄底市政府与湖北蔚蓝通用航空科技股份有限公司（以下简称湖北蔚蓝航空）举行会见座谈。娄底市委副书记、市长曾超群，湖北蔚蓝航空董事长宋谨出席。娄底市领导杨维、禹云华参加。

湖北蔚蓝航空是一家集航空人才培训、航空器销售、航空技术研发、航空器维修、通用机场运营与管理的高科技企业，也是国内第一家在新三板挂牌的 141 部航校。宋谨介绍了有关情况，衷心希望与娄底在娄底桥头河机场项目达成合作，以娄底桥头河机场为基础做好飞行培训，并依托博盛生态体验园建设青少年航空科普研学基地，助力娄底打造湖南省低空改革示范区。

◎娄底市政协『加快建设「五好」园区 打造「材料谷」高质量发展平台』专题议政性常委会会议召开

娄底市政协“加快建设‘五好’园区 打造‘材料谷’高质量发展平台”专题议政性常委会会议召开

2023 年 8 月 24 日，娄底市政协“加快建设‘五好’园区 打造‘材料谷’高质量发展平台”专题议政性常委会会议召开。娄底市委书记邹文辉，市委副书记、市长曾超群出席并讲话，娄底市政协主席梁立坚主持。娄底市领导蒋天海、谢君毅、谢学龙、康艳华、杨维和市政协主席会议全体成员出席。

2023 年 5 月至 7 月，娄底市政协成立调研组，就“加快建设‘五好’园区 打造‘材料谷’高质量发展平台”这一课题，围绕发展优势产业、强化要素保障、提高科创能力、理顺体制机制、优化营商环境等方面广泛开展走访调研，形成 1 个总调研报告、6 个子调研报告和 7 个专题材料。

在认真听取调研整体情况介绍和专题发言后，邹文辉充分肯定了 2023 年以来娄底市政协各项工作成效。他要求，对这次调研成果，相关部门要认真研究、消化吸收，推动协商建言成果转化为改进工作、推动落实的具体思路和务实举措。

◎娄底市政协举行『地方政府投融资体制创新研究』知情明政大讲堂

市政协举行“地方政府投融资体制创新研究”知情明政大讲堂

2023 年 9 月 4 日，娄底市政协举行“地方政府投融资体制创新研究”知情明政大讲堂。娄底市政协主席梁立坚，副主席禹云华、袁华荣、傅小松，秘书长魏志军出席。市政协副主席李德仁主持。

湖南大学工商管理学院教授、博士生导师杨胜刚和省委党校研究中心（决策咨询部）主任、教授沈素素分别以《防范化解政府性债务风险提高地方政府投融资效率》和《政府投融资模式创新的实践和探索》为题授课，着重阐述地方政府投融资与政府性债务风险的关系以及地方政府投融资面临的 5 大主要问题，结合政府投融资模式创新的三大背景，联系娄底实际，提出了构建“三位一体”地方政府投融资新机制的思路与建议。授课理论功底深厚、内容翔实、见解深刻，具有很强的指导性、针对性和实践性。大家听后深受启发，收获颇多。

本次知情明政大讲堂由娄底市政协经科外事委和市财政局共同承办。参学人员有市政协主席会议成员，娄底市财政局机关干部职工等。

要闻纪事

△ 18 日上午，湖南涟钢冷轧硅钢项目投产仪式举行，该项目正式投产标志着娄底构建现代化产业体系、推进“材料谷”建设又迈出了新的步伐。市委书记邹文辉宣布项目投产，市委副书记、市长曾超群，湖南钢铁集团党委副书记、副董事长、总经理李建宇，中冶南方工程技术有限公司党委书记、董事长郑剑辉，涟钢集团党委书记、执行董事、总经理严立新分别致辞。湖南钢铁集团党委委员阳向宏，湖南钢铁集团副总经理谢究圆，市领导蒋天海、谢君毅、杨维，涟钢集团党委副书记成沛祥等出席，市委常委、副市长谢学龙主持仪式。

△ 22 日，娄底市人大常委会副主任罗孝贵带队来新化县调研全市法院执行工作。市中级人民法院院长李征明，市人大监察和司法委员会主任委员、一级调研员刘熙明，市人大常委会专职委员胡志泽、市人大监察和司法委员会副主任委员刘浩等市人大、市人民法院相关领导参加调研。县委副书记、县委政法委书记李峰，县人大常委会副主任朱吉良、县人民法院院长谭志强，以及冷水江市、涟源市、新化县人大常委会、政法委、法院等单位相关负责同志参加。

◎娄底市新化县获授“中国茶寿之乡”首创县

新化“中国茶寿之乡”首创县创建启动仪式现场

“舞茶龙”表演

2023年9月9日下午，第十五届湖南茶业博览会暨新化“中国茶寿之乡”首创县创建启动仪式在长沙举行。娄底市新化县被中国老年保健协会授予“中国茶寿之乡”首创县称号，并被列入中国老年保健协会理会单位。这是目前中国第一个被授予以茶寿生活为主题的“中国茶寿之乡”称号。

与此同时，大熊山、奉家山、天门山和紫鹊界康养小镇等高品质红茶核心产茶地，被湖南省运动养生协会授予“湖南省运动养生康养示范基地”。

启动仪式上，中国工程院院士、湖南农业大学教授刘仲华在致辞中希望，娄底市新化县要借此次“中国茶寿之乡”成功创建机会，把这个金字招牌打造好，走出湖南、走出国门、影响世界。中国社科院老年科学研究会研究员、中国老年保健协会养老健康科技创新分会会长唐振兴从自然出好茶、茶产业与康养生活融合发展、新化地理气候和饮茶风俗等方面，对新化红茶的产地优势、品质优势和品牌优势作了深入解读。

娄底市新化县是历史上的贡茶产地，是湖南红茶的源产地和发祥地，也是全球重要农业文化遗产和世界灌溉工程遗产“双遗之地”。新化红茶始于晋，兴于唐宋，至今已有 1500 多年历史。目前，奉家镇渠江源景区 90 岁以上老人有 126 位，100 岁老人有 15 位，是名副其实的茶寿之乡。

◎ 2023 年度全国公路交通军地联合应急演练在娄底举行

2023 年 9 月 13 日，2023 年度全国公路交通军地联合应急演练在娄底举行。

本次演练以“公路防汛应急处置”为主题，针对中国南方地区汛期公路水毁灾情特点，设置 7 个科目，完整呈现汛期公路突发事件应急处置全过程。

9 时 10 分许，演练正式开始。本着“统一指挥，各司其职，协同作战”的原则，在 1 个多小时现场演练过程中，国家区域性公路交通应急装备物资（湖南娄底）储备中心、湖南省市县级公路企业应急抢险队伍、武警部队、地方医疗救援队深度参与，高质量完成各项演练科目，呈现出一场科技赋能交通应急、高效联动配合的大型公路交通现代化应急抢险实战化场景，充分展示了中国公路交通应急体制机制优势，检验了应急预案，完善了部省、军地公路交通应急联动体系，达到了优化会商决策、调度指挥、预警预防、应急响应等工作机制的预期效果，为各地做好公路交通重大突发事件应急处置提供示范借鉴。

演练结束后，王刚、秦国文共同为国家区域性公路交通应急装备物资（湖南娄底）储备中心揭牌，并现场观摩了湖南交通非凡十年成就展、先进应急技术和装备展，详细了解了党的十八大以来湖南应急救援体系完善和应急处置能力提升方面取得的成果。

演练现场，抢险队伍指挥架桥

国家区域性公路交通应急装备物资（湖南娄底）储备中心揭牌

◎ 2023 年湖南省“质量月”活动启动式暨局市共建“材料谷”建设签约仪式举行

2023 年 9 月 11 日，2023 年湖南省“质量月”活动启动式暨局市共建“材料谷”建设签约仪式在娄底市娄星产业园举行。湖南省质量强省领导小组副组长、办公室主任，湖南省市场监管局党组书记、局长钱俊君宣布活动启动并见证签约，娄底市委副书记、市长曾超群致辞并见证签约。湖南省市场监管局党组成员、副局长欧阳志刚与副市长禹敏代表双方签约，省市场监管局二级巡视员肖贝参加。

曾超群在致辞中指出，当前，娄底“材料谷”产业蓬勃发展，来势看好，已集聚规上企业 465 家，年营收突破 2000 亿元，建成亚洲规模最大的高强钢生产基地，全国规模最大的汽车板、液压油缸、紧固件、压路机生产基地，正加速形成产业集聚、产业集群、产业生态。“材料谷”日益成为娄底的“希望谷”“支撑谷”“动力谷”。

2023 年湖南省“质量月”活动启动式现场

局市共建“材料谷”建设签约仪式现场

曾超群强调，此次湖南省“质量月”启动暨局市共建“材料谷”建设签约活动，从 8 个方面加强合作，必将促进娄底先进结构材料产业集群高质量发展，对于娄底建设中部地区“材料谷”，助力湖南省打造国家重要先进制造业高地具有重要意义。

活动还发布了 2023 年“质量月”主要活动内容，企业代表湖南宏旺新材料科技有限公司宣读质量提升倡议书，娄底市娄星区政府负责人就推进质量强省建设作发言。

◎娄底市新兵入伍欢送大会举行

2023 年 9 月 14 日，娄底市新兵欢送大会在娄底军分区广场举行，为 600 余名应征青年开启参军报国荣光征程。娄底市委副书记、市长曾超群出席并讲话。

欢送大会在雄壮的国歌声中拉开序幕，娄底籍优秀现役军人、新兵家长代表送上了祝福寄语，娄底市新化籍参战老兵和双峰籍优秀军士分别分享了参战经历和参军经历，与会领导为 50 名进疆进藏新兵佩戴了绶带。

曾超群代表娄底市委、市政府向全体新战士表示热烈祝贺，向送子参军、支持国防的家长们致以崇高敬意，向娄底市征兵工作人员表示衷心感谢。希望新兵同志要深入学习贯彻习近平强军思想，深刻感悟其中蕴含的真理力量和实践伟力，夯实铁心向党的思想根基。要一切行动听指挥，听党话、感党恩、跟党走；要认真落实新时代军事战略方针；要胸怀“国之大者”；要牢记“人民子弟兵”的身份！

会上，全体新兵还进行了出征宣誓。

9月14日，娄底市新兵欢送大会在娄底军分区广场举行，为600余名应征青年开启参军报国荣光征程

要闻纪事

△ 22 日，娄底市政府与湖北蔚蓝通用航空科技股份有限公司举行会见座谈。市委副书记、市长曾超群，湖北蔚蓝通用航空科技股份有限公司董事长宋谨出席。市领导杨维、禹云华参加。

△ 25 日，娄底市委书记邹文辉主持召开市委实施乡村振兴战略领导小组会议。他强调，要明确底线要求，坚持动态清零，提升工作能力，强化督导问责，以有效衔接大提升推动乡村振兴大提质。市委副书记、市长曾超群出席并讲话。市领导蒋天海、谢君毅、胡忠威、谢忠阳、王雄、伍鹤、彭石清、禹云华等出席。

9月

△ 4 日，娄底市委书记邹文辉会见中国建筑一局（集团）有限公司（以下简称中建一局）党委书记、董事长吴爱国一行，双方就开展战略合作、推进共同发展等进行深入交流。袁立刚、姜瑞枫、李海鹏等中建一局相关负责人，蒋天海、谢学龙、伍鹤、杨维等市领导参加。市直相关部门负责人分别介绍了有关项目情况。

◎“紫鹊界梯田对话世界”——农耕文化交流互鉴大会在娄底市新化县开幕

9月20日，『紫鹊界梯田对话世界』——农耕文化交流互鉴大会在新化开幕

2023年9月20日，“紫鹊界梯田对话世界”——农耕文化交流互鉴大会在娄底市新化县开幕。本次大会旨在深入学习贯彻习近平总书记关于文化遗产保护传承的重要论述精神，进一步推动遗产地之间信息共享、文化交流，共同提升全球重要农业文化遗产保护能力和传承水平，助力落实联合国2030年可持续发展议程。湖南省政协原副主席张大方宣布大会开幕，娄底市委书记邹文辉致辞，娄底市委副书记、市长曾超群主持开幕式。

本次大会由湖南省文化和旅游厅、省水利厅、省农业农村厅、娄底市委、娄底市人民政府主办。巴基斯坦、柬埔寨、老挝、乌兹别克斯坦、马拉维等国驻华使节，联合国粮农组织、亚太空间合作组织、联合国可持续发展2030高级专家办公室、世界自然保护联盟等相关国际组织，湖南省文化和旅游厅、省水利厅、省农业农村厅相关负责人，中外专家学者，国内外梯田所在地代表等共400余人参加。

“合作交流·共享未来”主旨论坛现场

◎娄底市首批法治督察员受聘上岗

2023年9月22日，娄底市委依法治市办举行娄底市首批法治督察员聘任仪式，湖南省司法厅、娄底市司法局有关负责人为48名法治督察员现场颁发聘书，并组织开展集中培训。

娄底市是湖南省首个建立法治督察员聘任、管理制度的市州。

为充分发挥法治督察工作对法治建设的推动作用，娄底市积极创新法治督察路径，印发《法治督察员选聘工作方案》《法治督察员管理办法》，通过单位推荐、资格审查、集体研究、集中公示等流程，组建“娄底市法治督察员人才库”。首批法治督察员涵盖人大、政协、纪检监察、立法、执法、司法等机关工作人员和法学专家、媒体记者、律师等。

◎娄底市学习贯彻习近平新时代中国特色社会主义思想主题教育读书班举行专题辅导

2023年9月21日，娄底市学习贯彻习近平新时代中国特色社会主义思想主题教育读书班举行专题辅导，邀请湖南省社会科学院（湖南省人民政府发展研究中心）党组书记、院长（主任）钟君作专题辅导，娄底市委书记邹文辉主持。

娄底市领导戴德清、梁立坚、蒋天海、麻新法、谢君毅、唐浩然、谢忠阳等出席。各县市区、娄底经开区设分会场。

9月21日，娄底市学习贯彻习近平新时代中国特色社会主义思想主题教育读书班举行专题辅导

要闻纪事

△5日，娄底市委书记邹文辉与国网湖南省电力有限公司党委书记、董事长明煦一行举行座谈，就进一步加快国网规划建设、加强供电保障、加大电力基础设施建设等方面进行深入交流，推动合作共赢。国网湖南省电力有限公司有关负责人李荣、梁剑，市领导蒋天海、谢学龙参加。

△11日，娄底法院集中兑现涉企案件执行案款，50位涉企案件申请执行人领到执行案款9000余万元。

△11日，娄底市第五次全国经济普查单位清查工作推进暨领导小组成员单位第一次全体会议召开。市委副书记、市长曾超群强调，要深入学习贯彻党的二十大精神，认真落实国、省五经普相关会议精神，进一步统一思想、明确任务、细化举措，全面做好娄底第五次全国经济普查工作。副市长、市政府秘书长杨维主持会议。

◎娄底市举行“中国统计开放日”宣传活动

9月20日，娄底市第十四届“中国统计开放日”暨“政务公开主题日”活动在双峰县举行

活动现场

2023年9月20日，娄底市第十四届“中国统计开放日”暨“政务公开主题日”宣传活动在双峰县曾国藩广场举行，娄底市统计系统工作人员采用设立宣传展位、摆设宣传板报、悬挂宣传横幅、现场发放宣传资料等形式，对第五次全国经济普查工作（以下简称五经普）进行全方位展示和宣传。

中国统计开放日由国家统计局创办，旨在庆祝“世界统计日”成立，同时推动中国统计公开透明，更好地服务于社会。从2010年起，定于每年9月中旬举办“中国统计开放日”活动。本届“中国统计开放日”暨“政务公开主题日”宣传活动以“经济大普查数说新时代”为主题，深入宣传五经普相关知识，推介普查人物、讲述普查故事、传播普查声音，提高社会各界及人民群众对五经普的知晓度、支持度和配合度。活动现场，娄底市统计系统工作人员发放和赠送《致第五次全国经济普查对象的一封信》、《第五次全国经济普查单位清查告知书》、统计年鉴、统计手册、统计月报、统计法律法规知识读本等资料1.3万多套（册），2000余人添加微信公众号。双峰县梓门桥镇土桥村村民宁有秧认为，五经普是一项利国利民的大好事，社会各界都应关心和支持这项工作。

◎娄底入选 2023 年中央财政支持普惠金融发展示范区

2023 年 9 月 26 日，财政部公布的 2023 年中央财政支持普惠金融发展示范区名单中，娄底入选，获中央财政奖补资金 5000 万元支持。

娄底市组建由市长任组长，市财政局为主导，市政府金融办、人民银行娄底市中心支行、国家金融监督管理局娄底监管分局为核心，市乡村振兴局等多部门参与的工作领导小组，为普惠金融发展示范区成功申报提供坚强组织保障；建立工作联络机制，分阶段多次组织相关部门召开专题调度会议；推动政担合作分险机制落地，设立普惠金融发展风险补偿资金，出台《普惠金融发展风险补偿资金管理办法》及相关配套产品实施细则。截至 9 月底，娄底市普惠金融发展示范区创建工作稳步推进，创建指标绝对值完成率均超 84%。

同时，娄底市扩大普惠金融供给，挖掘需求深度，创新推出“材料贷”“黑牛贷”等特色小贷，积极推进“惠农通工程”等农村金融惠民工程，普惠金融可得性稳步提高；完善线上“金融超市”平台，加强信用数据归集，促进政策、银行、企业精准匹配，实现由“企业找政策、找银行”向“政策、银行找企业”转变。1—9 月，政府性融资担保机构累计为 800 余户中小微、“三农”等企业主体提供 26.73 亿元融资担保贷款支持，同比分别增长 26.8%、55%。

◎第二届娄底旅游发展大会文旅产业推进会暨重点招商项目签约仪式举行

9 月 27 日，第二届娄底旅游发展大会文旅产业推进会暨重点招商项目签约仪式举行

2023 年 9 月 27 日，第二届娄底旅游发展大会主体活动之一的文旅产业推进会暨重点招商项目签约仪式举行。娄底市委副书记、市长曾超群讲话。

娄底市领导戴德清、梁立坚、谢君毅、唐浩然、胡忠威、谢忠阳、朱桂良、杨维、李德仁出席。

2023 年娄底市重点文旅招商签约项目共 20 个，总投资 200.58 亿元，其中正式合同 16 个、签约金额 45.78 亿元，框架协议 4 个、签约金额 154.8 亿元，涵盖能源开发、星级酒店、乡村旅游等多种业态。

曾超群向出席会议的领导嘉宾表示欢迎，对大家长期以来给予娄底发展的关心支持表示感谢。他说，近年来，娄底市委、市政府坚持以习近平新时代中国特色社会主义思想为指导，深入贯彻党中央、国务院“文化强国”和湖南省委、省政府“旅游强省”战略部署，立足本地文旅资源优势，倾力打造“蚩尤故里·湘中明珠”旅游品牌，大力建设旅游强市，文旅产业发展态势强劲。

会议还进行了娄底市重点文旅项目招商推介和交流发言。

◎娄底入选全国第一批市级水网先导区

2023 年 9 月 27 日，水利部“推进水网先导区建设”新闻发布会公布第二批省级水网先导区、第一批市级和县级水网先导区示范建设名单，娄底市等 7 个城市入选全国第一批市级水网先导区。娄底是湖南省这次唯一入选的市州。

2022 年以来，娄底市抢抓国省市水网建设机遇，按照水利部《关于实施国家水网重大工程的指导意见》，对接国省水网，形成《娄底市现代水网建设规划（2021—2035 年）》。规划以湖南水网为总揽，构建“一心两片、三横四纵、十库九廊”娄底水网，以娄星、涟源高质量融合发展核心区，“冷新”“双峰”片区为水网主骨架，构建自西向东的娄北、娄中、娄南 3 条横向水资源配置通道和资涟孙侧等 4 条重要自然河系干流交织的水网大动脉，建设天子山水库、土坪水库等 10 座水库枢纽，打造大洋江、涓江等 9 条各具特色的娄底水网生态廊道。水网规划总投资约 400 亿元，其中“十四五”期间计划投资超 100 亿元。水网项目的实施，将有效解决娄底市 340 万人城乡供水问题，新增和改善灌溉面积 145 万亩，提高娄底市防洪、供水、生态等综合调度管理水平。

◎娄底召开中秋国庆“娄商回归”恳谈会

2023 年 9 月 29 日，娄底召开“庆双节 话桑梓 谋发展”娄商回归恳谈会，邀请回乡过节的娄商代表欢聚一堂，共度佳节，共话桑梓，共谋发展。

会上，宏旺控股集团董事长戴俊辉，海南省工商联副主席、海南省湖南商会会长、海南山润集团董事长李建炜，深圳亚辉龙生物科技股份有限公司创始人胡德明，湖南五江控股集团有限公司董事长肖安江等 14 位娄商代表先后发言，介绍企业发展情况，表达心系桑梓的家乡情怀，并围绕推动娄底高质量发展提出真知灼见。

邹文辉代表娄底市委、市政府向回乡过节的娄商致以节日问候，对大家提出的宝贵意见以及长期以来关注娄底、投资娄底，为家乡经济社会发展作出的贡献表示感谢，并对企业提出的建议逐一予以答复。

邹文辉说，当前娄底正处在快速发展的“高光时刻”，娄商是娄底推动高质量发展、实现“三高四新”美好蓝图的重要力量、宝贵财富。我们将持续优化政治生态，营造良好营商环境，与企业共同成长、共同发展，不断开创“美美与共”良好局面。

9 月 29 日，娄底召开『庆双节 话桑梓 谋发展』娄商回归恳谈会

娄闻纪事

△ 12 日，中国共产党娄底市第六届委员会第四次全体会议召开。全会坚持以习近平新时代中国特色社会主义思想为指导，全面贯彻党的二十大精神和省委十二届四次全会精神，锚定“三高四新”美好蓝图，以高质量发展为首要任务，以正确政绩观为履职导向，全面推进“三融三创三增”，加快打造中部地区“材料谷”，深入开展“九大攻坚行动”，奋力开创建设现代化新娄底的崭新局面。

△ 13 日，娄底市学习贯彻习近平新时代中国特色社会主义思想主题教育工作会议召开，深入学习贯彻习近平总书记关于主题教育的系列重要讲话和重要指示批示精神，认真落实中央、省委主题教育第一批总结暨第二批部署会议精神，动员部署娄底主题教育工作。市委书记邹文辉主持会议并作动员讲话，省委第十三巡回督导组组长王玉立到会指导并讲话，市委副书记、市长曾超群，省委第十三巡回督导组副组长孟浩和督导组全体成员出席会议。

◎娄底社会各界向革命烈士敬献花篮仪式举行

9月30日上午，娄底社会各界向革命烈士敬献花篮仪式举行

参加仪式的领导同志与现场各界代表满怀崇敬，依次绕行烈士纪念碑一周，瞻仰纪念碑，共同祭奠烈士英灵，缅怀英雄伟绩

2023年9月30日上午，娄底社会各界向革命烈士敬献花篮仪式举行，娄底市委书记邹文辉和全市各界干部群众代表一起来到市烈士纪念陵园，深切缅怀革命先烈的丰功伟绩，弘扬革命先烈的崇高精神。娄底市委副书记、市长曾超群主持仪式。

娄底市领导戴德清、梁立坚、蒋天海、谢君毅、胡忠威、谢忠阳、康艳华等参加。

娄底市烈士纪念陵园内，青松挺立、翠柏环抱，苍松翠柏掩映之下，娄底烈士纪念碑巍峨高耸，娄底市各界代表在烈士纪念碑广场整齐列队、静静肃立。

上午9时许，敬献花篮仪式正式开始。

伴随着深情的《献花曲》，身姿矫健的礼兵托起由党政军群各界代表敬献的花篮，正步缓缓走向烈士纪念碑，将花篮一一敬献于纪念碑前，全体人员行注目礼。邹文辉缓步上前，仔细整理花篮缎带。参加仪式的领导同志与现场各界代表满怀崇敬，依次绕行烈士纪念碑一周，瞻仰纪念碑，共同祭奠烈士英灵，缅怀英雄伟绩。

大家纷纷表示，将全面贯彻落实党的二十大精神，大力弘扬伟大建党精神，赓续红色血脉，传承红色基因，牢记初心使命，敢为善为、务实落实，凝聚奋进新征程、建功新时代的强大力量。

◎娄底市双峰县举行“烈士纪念日”公祭活动

2023年9月30日上午，娄底市政协副主席，娄底市双峰县委书记彭石清，娄底市双峰县委常委、常务副县长陈卫红，娄底市双峰县人大常委会副主任王业兵，娄底市双峰县政协副主席王贵祥等县领导来到娄底市双峰县烈士陵园与全县各界干部群众代表一起开展“烈士纪念日”公祭活动，深切缅怀革命先烈的丰功伟绩，弘扬烈士精神，赓续红色基因。

烈士陵园内松柏苍翠，庄严的烈士纪念碑巍峨耸立。9时许，仪式正式开始。全体人员合唱中华人民共和国国歌。国歌唱毕，大家脱帽向为中国人民解放事业和共和国建设事业英勇献身的烈士默哀。彭石清等缓步上前，满怀敬意到纪念碑前整理花篮缎带，并向烈士纪念碑三鞠躬，表达对先烈的深切哀思。少先队员献唱了《我们是共产主义接班人》。

双峰县举行“烈士纪念日”公祭活动

随后，在场人员缓步绕行，瞻仰革命烈士纪念碑和衡宝战役青树坪战斗烈士纪念碑，缅怀革命先烈的丰功伟绩。

双峰县举行“烈士纪念日”公祭活动

大家纷纷表示，将全面贯彻落实党的二十大精神，传承先烈遗志，牢记初心使命，推动“四个双峰”建设一步步取得实效。

要闻纪事

△14日，娄底市新兵欢送大会在娄底军分区广场举行，为600余名应征青年开启参军报国荣光征程。市委副书记、市长曾超群出席并讲话。市领导蒋天海、麻新法、许光参加。

△15日，娄底市委副书记、市长曾超群主持召开2023年第13次市政府常务会议，传达学习贯彻习近平总书记近期重要讲话指示批示精神，学习重温习近平总书记关于审计整改和市场监管工作的重要论述，研究有关工作，审议有关文件。

△27日，娄底市委副书记、市长曾超群主持召开市高质量发展指挥部2023年第8次会议。他强调，要坚持稳中求进工作总基调，激发发展正能量，提振工作精气神，收官三季度，奋进四季度，为实现全年高质量发展目标而努力；进一步强化系统思维，突出问题导向，坚定争先意识，以发展实效体现主题教育成果。市领导蒋天海、禹敏、杨维参加。

10月

△10日，娄底市政府与中国电建集团华中区域总部举行会见座谈会。市委副书记、市长曾超群，中国电建集团华中区域总部党委书记、总经理蹇尚友出席，双方就项目合作进行了友好交流。副市长伍鹤、杨维参加。

◎娄底市第三个“娄商日”活动暨《传奇娄商》赏读会举行

省政协副主席、省工商联主席张健，市委书记邹文辉为上榜企业授牌

2023年10月9日晚上，娄底举行以“弘扬娄商精神 推动娄底发展”为主题的2023年“娄商日”活动，发布“2023娄底民营企业20强榜”“2023娄底民营企业新星榜”，举办《传奇娄商》赏读会，致敬娄商的奋斗和精神，礼赞娄商的贡献与情怀。湖南省政协副主席、省工商联主席张健，娄底市委书记邹文辉分别讲话并为上榜企业授牌。娄底市委副书记、市长曾超群主持。中国作协原副主席、湖南省文联原主席谭谈出席。

娄底市领导戴德清、梁立坚、谢学龙、李文洪、杨维、李德仁、傅小松等出席。娄底市委常委、常务副市长蒋天海发布“2023娄底民营企业20强榜”“2023娄底民营企业新星榜”。

在《传奇娄商》赏读会环节，分底蕴与传承、奋斗与绽放、情怀与展望三个篇章，解读报告文学集《传奇娄商》，通过诵读、讲述、演讲的形式，配合歌舞、视频等手段，呈现了娄商发展脉络和娄商创新创业的传奇故事。

10月9日晚，娄底市第三个“娄商日”活动暨《传奇娄商》赏读会举行

◎娄底：踩足“油门”全力以赴推进梅山灌区工程建设

2023年10月13日，梅山灌区工程有关工作调度会召开。湖南省水利厅党组书记、厅长罗毅君，娄底市委副书记、市长曾超群讲话。

会上，娄底市水利局汇报了娄底水利工程工作情况，与会人员作发言。

10月13日，梅山灌区工程有关工作调度会召开

罗毅君指出，梅山灌区工程已列入国家发改委初审通过拟新增2024年中央投资的重大项目、水利部千亿斤粮食产能提升行动项目清单。湖南省水利厅将进一步强化力量调配，靠前、主动做好各项服务工作，为娄底梅山灌区工程建设“踩油门”。娄底要全面把握当前重要机遇，依法依规、精心精细谋划，紧盯时间节点，加快推动梅山灌区项目建设，形成实物工作量，为实现“三高四新”美好蓝图贡献力量。要调配好人员力量，组建专业队伍推进，强化资金等要素保障；要坚持问题导向、结果导向；要坚持“节水优先、空间均衡、系统治理、两手发力”的治水思路；施工单位要加强研究。罗毅君还对完成2023年度投资计划、2024年新增国债项目提出了明确要求。

曾超群向湖南省水利厅和省直相关单位长期以来对娄底的关心和支持表示感谢，希望湖南省水利厅一如既往关心、支持娄底。娄底将牢牢抓住这个难得机遇，全力以赴推进梅山灌区工程建设，以实际行动贯彻落实党的二十大精神。

◎娄底市政府与中国电建集团华中区域总部举行会见座谈会

10月10日，娄底市政府与中国电建集团华中区域总部举行会见座谈会

2023年10月10日，娄底市政府与中国电建集团华中区域总部举行会见座谈会。娄底市委副书记、市长曾超群，中国电建集团华中区域总部党委书记、总经理蹇尚友出席，双方就项目合作进行了友好交流。

副市长伍鹄、杨维参加。

会上，中国电建集团华中区域总部介绍了企业基本情况、来娄投资意向、合作思路。娄底市介绍了梅山灌区工程、衡邵娄干旱走廊北部地区水资源配置工程、能源及大型基础建设投资相关情况。

◎“青年毛泽东游学与调查研究”学术研讨会在娄底市举行

2023年10月18日，“青年毛泽东游学与调查研究”学术研讨会在娄底市娄星区举行，研究探讨青年毛泽东游学与调查研究的时代价值和现实意义。

“青年毛泽东游学与调查研究”学术研讨会在娄底市娄星区举行

来自中国毛泽东思想生平研究会、中南大学马克思主义学院、湖南省委党校等8家单位的专家学者，围绕青年毛泽东游学娄底、青年毛泽东认知中国国情的关键路径、毛泽东调查研究思想等专题展开研讨交流。

本次研讨会由湖南省中共党史学会、湖南省毛泽东思想研究会、湖南省中共党史人物研究会联合主办，娄星区委、区人民政府和娄底市委党史研究室承办。

◎ 2023年娄底市地市级老干部重阳节座谈会召开

10月23日，2023年娄底市地市级老干部重阳节座谈会召开

2023年10月23日，2023年娄底市地市级老干部重阳节座谈会召开，向全市老干部致以节日祝福，面对面听取老干部代表对全市经济社会发展的意见和建议。娄底市委书记邹文辉出席并讲话，市委副书记、市长曾超群通报全市经济社会发展情况。

会上，丛树英、王雄等9位老干部先后发言，对市委、市政府在经济发展、项目建设等方面取得的成绩给予高度评价，并提出意见和建议。

邹文辉说，各位老领导退休不退志，站位高、格局大、感情深，一直对市委、市政府工作高度关注、对娄底发展非常牵挂，我代表市委、市政府表示衷心感谢和崇高敬意。

邹文辉强调，我们要把习近平总书记关于老干部工作的重要论述精神学习好、贯彻好、落实好，把敬老、尊老、爱老作为各级党委政府以及全社会的职责和本分，千方百计维护好老干部利益，发展好老干部工作事业。衷心希望各位老领导继续发光发热，发挥政治优势，当好“播种机”；发挥经验优势，当好“助力者”；发挥威望优势，当好“稳压器”。全市各级老干部工作部门和老干部工作者要努力让每一位老干部都能老有所乐、老有所为、安享幸福晚年。各级党委政府要调动各方面力量做好老干部工作，同时也要真情关怀、真心爱护老干部工作队伍，为大家创造好的工作环境。

要闻纪事

△17日，娄底市委书记邹文辉主持召开“营商环境直通车”现场办公会，与企业家面对面交流，了解企业发展情况和存在的困难问题，听取企业家的意见建议。市领导蒋天海、谢君毅、谢学龙、方建荣、李德仁等参加。

△23日，2023年娄底市地市级老干部重阳节座谈会召开，向全市老干部致以节日祝福，面对面听取老干部代表对全市经济社会发展的意见和建议。市委书记邹文辉出席并讲话，市委副书记、市长曾超群通报全市经济社会发展情况。市领导梁立坚、蒋天海、谢君毅、唐浩然、谢学龙、胡忠威、杨维等出席，市委常委、市委组织部部长谢忠阳主持会议。

△25日，娄底市政府与中国二十冶集团有限公司举行会见座谈会。市委副书记、市长曾超群，中国二十冶集团有限公司党委副书记、总经理徐立出席。双方就项目投资进行了友好交流。中国二十冶集团有限公司总经理助理，上海二十冶建设有限公司党委书记、总经理段荣宗，副市长杨维参加。

◎娄底市委常委会（扩大）会议暨全市『走找想促』活动第三次调研情况交流会召开

2023年10月30日，娄底市委书记邹文辉主持召开市委常委会（扩大）会议暨全市“走找想促”活动第三次调研情况交流会，深入贯彻习近平总书记关于主题教育重要讲话和指示批示精神，传达学习中央、省委有关文件和会议精神，听取“走找想促”活动开展情况汇报，安排部署下阶段工作。湖南省委第十三巡回督导组组长王玉立和督导组部分成员到会指导。

邹文辉指出，第二批主题教育全面启动以来，全市各级各部门将推进“走找想促”活动与开展问题矛盾“大调研、大走访、大排查、大化解”一体推进，有效化解了一大批矛盾问题，有力促进了经济社会发展。但也要高度重视存在的差距和问题，认真查摆，举一反三，及时整改。

邹文辉强调，要把学习推广“四下基层”作为第二批主题教育的重要抓手。坚持下沉一线走基层；坚持上下联动抓整改；坚持实干实为促发展。要进一步抓实主题教育各项重点工作，抓实理论学习；抓实分类指导；抓实开门搞教育；抓实组织领导。

王玉立充分肯定娄底前段主题教育取得的成效。他强调，要紧紧围绕高质量发展这个首要任务，以强化理论学习指导发展实践，以推动高质量发展的实际成效检验主题教育成果。

会上，各县市区和有关单位围绕“走找想促”活动开展情况作了交流发言。

◎娄底市政府与中国二十冶集团有限公司举行会见座谈会

10月25日，娄底市政府与中国二十冶集团有限公司举行会见座谈会

2023年10月25日，娄底市政府与中国二十冶集团有限公司举行会见座谈会。娄底市委副书记、市长曾超群，中国二十冶集团有限公司党委副书记、总经理徐立出席。双方就项目投资进行了友好交流。

中国二十冶集团有限公司总经理助理，上海二十冶建设有限公司党委书记、总经理段荣宗，副市长杨维参加。

徐立说，中国二十冶集团是中国五矿集团有限公司旗下的施工类企业，近年来，公司致力于打造“冶金建设国家队、基本建设主力军、新兴产业领跑者”，实现运营模式的根本性转变。徐立还介绍了湖南省内在建项目、娄底在建项目、园区代建项目建设情况，了解了娄底“材料谷”建设、园区建设等相关情况，期待与娄底加强合作，助力娄底经济社会高质量发展。

曾超群说，娄底因矿而建，因工而立，因钢而兴，薄板、汽车板、硅钢等钢铁全产业链发展势头良好。中国二十冶集团是国内为数不多的具备冶金全流程施工能力的企业，在钢铁产业、园区代建等方面积累了宝贵经验。希望双方把着力点放在实体经济上，共同寻找新的发展空间、新的市场机遇、新的合作模式，实现互利共赢。

◎娄底市与湖南中医药大学签署战略合作协议

湖南中医药大学与新化县人民政府战略合作签约仪式现场

2023年10月27日，湖南中医药大学与娄底市人民政府、娄底市新化县人民政府战略合作签约仪式举行。双方将携手建立校地合作共赢模式，充分发挥各自优势资源，推动中医药事业和产业高质量发展。娄底市委书记邹文辉，湖南中医药大学党委书记戴爱国分别讲话并见证签约，娄底市委副书记、市长曾超群主持签约仪式。

10月27日，湖南中医药大学与娄底市人民政府、新化县人民政府战略合作签约仪式举行。图为湖南中医药大学与娄底市人民政府签约现场

湖南中医药大学党委委员、副校长廖菁，副市长禹敏出席。湖南中医药大学分别与娄底市人民政府、娄底市新化县人民政府签署战略合作框架协议。

签约仪式前，戴爱国一行还前往娄底市中医医院进行实地调研。

要闻纪事

11月

△8日，娄底市召开易鹏飞案以案促改警示教育暨“一把手”监督谈话会议。市委书记邹文辉讲话。省委主题教育第十三巡回督导组组长王玉立、副组长孟浩和督导组有关同志到会指导。市委副书记、市长曾超群出席。市委副书记、常务副市长、市委政法委书记蒋天海主持会议，市领导戴德清、梁立坚、麻新法、谢君毅等出席。市委常委、市纪委书记、市监委代理主任唐浩然宣读了省委有关文件和开展领导干部子女互相请托办事问题整治有关要求。

△21日，娄底市工会第五次代表大会召开。市委书记邹文辉出席开幕式并讲话。他强调，要深入贯彻习近平总书记关于工人阶级和工会工作的重要论述精神，团结带领广大职工群众，牢牢把握工运时代主题，坚决扛起工会时代使命，聚焦加快实现“三高四新”美好蓝图，在建设现代化新娄底征程上作出更大贡献，赢得更大荣光。省总工会副主席刘再衡到会指导并讲话，市委副书记、市长曾超群出席。

△21日，娄底市中级人民法院发布《娄底市家事审判白皮书》，总结家事审判成效经验。

◎桥头河机场试飞仪式举行 娄底正式进入“航空时代”

娄底市委副书记、市长曾超群，省应急管理厅副厅长龚伟兵为湖南省航空应急救援桥头河基地揭牌

2023年10月28日，娄底桥头河机场试飞仪式举行，标志着娄底正式进入“航空时代”，让飞向云端、走向世界的愿景变成了实景。娄底市委书记邹文辉宣布试飞成功，并同湖南省低空协同委办公室主任罗建军，娄底市委副书记、市长曾超群，湖南省应急管理厅副厅长龚伟兵分别为娄底桥头河机场、湖南省航空应急救援桥头河基地揭牌。

娄底桥头河机场定位为湖南省次中心机场和娄底市中心机场，总投资2.94亿元，跑道长800米，占地320亩，主要开展应急救援、运输中转、农林植保、飞行培训、青少年航空科普等通航业务。

罗建军表示，娄底桥头河机场是湖南省实施全域低空空域管理改革试点以来，新建成的第一个A类跑道型通用机场，是湖南省通用机场布局规划明确的全省次中心通用机场，在湖南省通航应急救援、短途运输中转等方面意义重大。

曾超群表示，桥头河机场的试飞，开启了娄底走向世界的“蓝天模式”。

活动现场还举行了项目签约仪式，娄底市通用航空发展有限公司分别与相关合作单位签订战略合作协议。

在试飞环节，一架塞斯纳208飞机从机场跑道加速起飞升空，并绕场飞行两周后平稳降落，标志着娄底桥头河机场试飞成功。

10月28日，娄底桥头河机场试飞仪式举行

◎习近平总书记授旗致训词五周年主题宣传暨2023年娄底市“119”消防宣传月活动启动

启动仪式后，娄底市委副书记、市长曾超群参观了车辆装备器材展示区、“授旗致训词五周年”文艺作品展区、消防安全宣传资料发放区、全民消防学习平台积分兑奖区、消防安全知识有奖问答等活动区

2023年11月7日，习近平总书记授旗致训词五周年主题宣传暨2023年娄底市“119”消防宣传月活动启动仪式在娄底市娄星区孙水公园举行。

为全力做好习近平总书记授旗致训词五周年主题宣传，认真贯彻国务院安委会办公室、国家消防救援局关于开展2023年消防宣传月活动的有关要求，全面落实湖南省的统一部署，娄底市消防安全委员会决定于11月1日—30日在全市范围内组织开展“119”消防宣传月活动，将组织实施“践行训词精神”成果大展示、消防安全大参与、消防安全大培训、消防安全大体验等四大特色活动，充分展示队伍改革转制以来的丰硕成果，广泛普及消防安全知识和逃生自救技能，提升公众消防安全素质，增强全社会防范火灾能力。

11月7日，习近平总书记授旗致训词五周年主题宣传暨2023年娄底市“119”消防宣传月活动启动仪式在孙水公园举行

启动仪式上，宣读了“119”消防宣传月活动方案，发布了“授旗致训词五周年”活动倡议，宣读了“2023年娄底消防宣传大使”聘请决定，娄底消防宣传大使代表作了发言，出席领导为宣传大使颁发了聘书。

启动仪式后，曾超群还参观了车辆装备器材展示区、“授旗致训词五周年”文艺作品展区、消防安全宣传资料发放区、全民消防学习平台积分兑奖区、消防安全知识有奖问答等活动区。

◎政府当“红娘” 企业喜“联姻”娄底市政企交流座谈会召开 曾超群出席

11月8日，娄底市政企交流座谈会召开

2023年11月8日，娄底市政企交流座谈会召开。娄底市委副书记、市长曾超群与三一重卡事业部董事长梁林河、法雷奥压缩机（长春）有限公司总经理杨海南座谈，就法雷奥EDC电动压缩机南方生产基地项目建设进行交流。

法雷奥集团有意向在娄底经开区投资1.25亿元建设法雷奥EDC电动压缩机南方生产基地。为强力推动这一项目落户娄底，前不久，曾超群带队到法雷奥压缩机（长春）有限公司考察，就有关事项进行沟通。

会上，杨海南感谢娄底市政府牵线搭桥，促进企业互联互通、强强联合，并介绍了法雷奥集团及法雷奥EDC电动压缩机南方生产基地项目情况。他说，近年来压缩机电动化发展迅猛，未来几年电动压缩机必然全面取代机械压缩机，真诚希望与三一重卡合作。

梁林河表示，三一重卡将全力支持电动压缩机项目建设，项目试产后，首批电动压缩机优先考虑在三一重卡试用。三一重卡不仅可以全部采用法雷奥电动压缩机，而且还可以在更广领域开展深层次合作。

曾超群说，湖南省委、省政府高度重视汽车产业发展，拟在全省范围内建设汽车零部件产业配套园，娄底正在举全市之力推进这一工作。娄底市政府将搭建平台，力促企业“联姻”，实现产销对接、市场开拓、共同发展、互利共赢。

◎娄底市政府与湖南移动公司数字产业战略合作协议签约仪式举行

11月14日，娄底市政府与湖南移动公司数字产业战略合作协议签约仪式举行

2023年11月14日，娄底市政府与湖南移动公司数字产业战略合作协议签约仪式举行。娄底市委副书记、市长曾超群，湖南移动公司董事长、党委书记、总经理程伟等出席仪式。

娄底市委常委、副市长谢学龙和湖南移动公司党委委员、副总经理尹启禄代表双方签约。

曾超群指出，战略合作签约是我们加快实现“三高四新”美好蓝图，打好“发展六仗”，推进“三大支撑八项重点”，加强算力支撑，赋能产业发展、壮大产业集群、构建产业生态的关键一步。娄底市委、市政府将以此次签约为新的起点，按照湖南省委对娄底提出的“六个新担当新作为”要求，持续优化营商环境，全力做好服务保障，为数字经济产业发展提供更优的扶持政策、更多的要素支撑。

程伟表示，湖南移动将以此次签约为契机，积极协同产业链各方，在网络建设、数字产业、数字治理、安全防护等方面与政府深度合作，加速建设高效算力网、高质5G网、高速全光网，夯实数智能力基座；打造新型信息服务体系，加大数智化生产、数智化生活、数智化治理、数字化政府等方面投入，赋能产业数字化升级和数字经济融合创新，构建基于5G等新技术的应用场景和产业生态；高起点、高标准推动城市治理数字化、智能化，助力娄底网络安全示范城市建设。

签约现场

要闻纪事

△24日，娄底市中级人民法院联合市工商联举办法院开放日活动暨联席会议制度会签仪式，推动全市法治化营商环境持续优化。

12月

△13日，娄底市委书记邹文辉，市委副书记、市长曾超群会见工商银行湖南省分行党委书记、行长邱亚光一行，双方就进一步深化政银合作进行交流。市委常委、常务副市长谢学龙，工商银行湖南省分行党委委员、副行长张虹参加。

△14日，娄底市委副书记、市长曾超群主持召开市高质量发展指挥部2023年第10次会议。他强调，市高质量发展指挥部要对标对表全省高质量发展各项指标，盘好底、清好账、收好官；结合明年工作重心，谋好篇、开好局、起好步。市委常委、常务副市长谢学龙，副市长杨维，市政府秘书长曾志彦参加。

△16日，娄底市委常委班子赴湖南反腐倡廉警示教育馆、韶山毛泽东同志纪念馆生平展区，开展党风廉政教育，深入学习贯彻党中央全面从严治党战略部署和习近平总书记关于党的自我革命战略思想，坚定不移推动全面从严治党向纵深发展。市委书记邹文辉，市委副书记、市长曾超群参加活动。蒋天海、戴德清、梁立坚、麻新法、谢君毅、唐浩然、谢学龙、胡忠威、谢忠阳等参加。

◎娄底市“土地超市”正式启用

2023年11月17日，娄底市“土地超市”启用仪式在娄底市自然资源和规划局举行。娄底市委书记邹文辉宣布娄底市“土地超市”正式启用，娄底市委副书记、市长曾超群，湖南省自然资源厅党组成员、总工程师欧阳志军讲话。

土地超市系统主要包括政务版、公众版、大数据应用三个部分，创新性实现了土地、矿产、标准厂房、房屋等资源信息的全域归集，可向企业提供“一站式”服务。“土地超市”正式启用，将实现全方位看地、智能化选地、淘宝式买地，实现土地供应与市场需求精准对接，不断提高娄底土地要素保障和用地监管水平。

曾超群指出，土地资源是经济社会发展的重要基础，是建设项目落地的关键要素。建设“土地超市”，是娄底继“政策超市”“金融超市”“人才超市”的又一探索实践。

欧阳志军表示，“土地超市”的启用，充分体现了娄底积极推动自然资源工作创新发展的胆识和魄力。自然资源部门要充分发挥“土地超市”作用，不断扩大入市土地货架货源，更加精准、高效、快捷服务市场主体，发挥平台综合服务优势，破解土地等项目、项目等土地等问题，努力为全省自然资源高效利用创造娄底经验。

11月17日，娄底市“土地超市”启用仪式在市自然资源和规划局举行

◎第十四届“湘博会”暨首届先进制造新材料博览会开幕

2023年11月24日上午，湖南省第十四届农业机械、矿山机械、电子陶瓷产品博览会暨首届先进制造新材料博览会（以下简称湘博会）在娄底经开区电力科技谷隆重开幕。本届博览会以“建设材料谷 构筑新高地”为主题，为期三天，将开展学术研讨、产业对接、项目洽谈、展览展示等系列活动。湖南省人大常委会党组副书记、副主任张剑飞宣布开幕。中国工程院院士陈学东、吴丰昌等专家学者和客商代表应邀出席，娄底市委书记邹文辉致辞，市委副书记、市长曾超群主持开幕式。

11月24日上午，湖南省第十四届农业机械、矿山机械、电子陶瓷产品博览会暨首届先进制造新材料博览会在娄底经开区电力科技谷隆重开幕

开幕式前，与会相关领导和嘉宾到各展馆展区巡展

本届“湘博会”采用以展为主、“会+展”结合的形式，按主要材料产业分为九大展区，除了展出工程机械、农业机械等“名”“优”“特”“新”品牌产品外，更集聚了高新建材和环保设备以及钢铁新材、先进耐火材料等先进制造新材料产业产品。

开幕式上，还举行了项目签约仪式，共签约项目25个，其中合同项目24个，总投资235亿元，框架协议1个。开幕式前，与会相关领导和嘉宾到各展馆展区巡展。

在随后举行的2023中部地区材料谷高峰论坛上，娄底市委常委、常务副市长谢学龙作娄底“材料谷”产业发展推介。陈学东、孙小卫、陈卓、王龙、黄维、欧阳慧等6位院士、专家分别发表主旨演讲，围绕新材料产业发展现场进行交流和探讨。

要闻纪事

△19日，娄底市委书记邹文辉来到他所在的市委办机关第一党支部，给党支部全体党员上专题党课。他强调，要深入学习贯彻习近平总书记关于新时代办公厅工作的重要指示精神，不断加强党办政治建设，更好服务保障全市发展大局，努力建设让党放心、让人民满意的模范机关。市委常委、市委秘书长谢君毅参加。

△20日，娄底市委书记邹文辉主持召开市委经济工作务虚会，深入贯彻中央经济工作会议精神和省委有关会议精神，分析当前经济形势，集思广益，科学谋划娄底2023年经济工作。市委副书记、市长曾超群参加。蒋天海、戴德清、梁立坚、麻新法、谢君毅、唐浩然、谢学龙、谢忠阳、康艳华等市领导参加。

△21日，中国共产党娄底市第六届委员会第五次全体会议召开，听取市委常委会工作报告。市委书记邹文辉受市委常委会委托向全会作工作报告。市委副书记、市长曾超群出席。全会由市委常委会主持。蒋天海、戴德清、梁立坚、麻新法、谢君毅、唐浩然、谢学龙、胡忠威、谢忠阳、康艳华等出席。

◎娄底市政协“打好蓝天保卫战，让娄底天更蓝、空气更清新”专题议政性常委会会议召开

12月19日，娄底市政协“打好蓝天保卫战，让娄底天更蓝、空气更清新”专题议政性常委会会议召开

2023年12月19日，娄底市政协“打好蓝天保卫战，让娄底天更蓝、空气更清新”专题议政性常委会会议召开。

会议介绍了调研整体情况和《建议案》主要内容，各调研组相关人员作专题发言；娄底市政协常委现场提问，相关单位主要负责人回答；与会人员作发言。

曾超群强调，各级各部门要提高站位，认真贯彻落实习近平生态文明思想，深刻领悟“两个确立”的决定性意义，坚决做到“两个维护”，全力打赢蓝天保卫战，让蓝天白云成为常态。要全面梳理本次会议的各类意见建议，结合生态环境部调研反馈和巡视反馈问题一体考虑、一体推进，抓实问题整改。在第三轮中央环保督察进驻湖南前，要未雨绸缪、提前介入，未督先改、以督促改，把工作做在前头，争取主动权。

曾超群要求，要牢固树立和践行“绿水青山就是金山银山”的理念，全面落实全国、湖南省生态环境保护大会精神，聚焦打好污染防治攻坚战，积极稳妥推进“双碳”行动，不断发展壮大新能源和储能产业，大力开展绿色低碳全民行动，充分彰显绿色产业之美、绿色文化之美、绿色制度之美。

曾超群表示，娄底市政府将一如既往自觉接受政协民主监督，为广大政协委员履职创造良好条件，逐一把政府系统承办的提案落实好、办理好。

◎娄底—怀化—中老班列首发仪式暨共建共享陆海新通道战略合作签约仪式举行

2023年12月26日，娄底—怀化—中（中国）老（老挝）班列首发仪式暨娄底市政府与怀化市政府共建共享西部陆海新通道战略合作协议签约仪式举行。这是继去年娄底开通湘粤非铁海联运班列后，打通的又一条国际贸易新通道，将助推娄底外贸企业降低物流成本，推动开放型经济高质量发展。娄底市委书记邹文辉出席仪式并宣布发车，娄底市委副书记、市长曾超群，湖南省政府口岸办主任邓卫平，长沙海关副关长韦泳亮，怀化市副市长韩晓波分别致辞。

12月26日，娄底—怀化—中（中国）老（老挝）班列首发仪式暨娄底市政府与怀化市政府共建共享西部陆海新通道战略合作协议签约仪式举行

娄底市领导蒋天海、杨维出席，娄底市委常委、常务副市长谢学龙主持仪式。

娄底—怀化—中老班列首发现场

建设西部陆海新通道，是党的二十大提出的重大战略部署，该通道是全省五大国际贸易通道之一，是中部地区通往东盟国家最便捷、最稳定的国际物流新通道。娄底市积极响应湖南省委、省政府号召，主动融入全省五大国际贸易通道建设，与怀化携手共建共享西部陆海新通道，将进一步完善娄底“公铁水空”多式联运体系，有利于加快构建人畅其行、货畅其流的大流通、大开放格局。娄底—怀化—中老班列顺利开通，将有利于娄底企业更好享受“端到端、门到门”的国际物流服务，进一步降低物流成本。

活动现场，娄底市政府和怀化市政府签署陆海新通道共建共享战略合作协议。

◎娄底市行政审批服务局创新方式强化监管

2023年以来，娄底市行政审批服务局以“互联网+监管”助力构建一流营商政务环境，积极推进精准归集、共享各类监管数据，为“双随机、一公开”监管、联合监管、信用监管等提供支撑，监管事项清单梳理、监管数据汇聚覆盖及系统应用推进等多项工作获湖南省政务管理服务局通报表扬。

强化清单管理，推动监管规范化。截至8月底，娄底市138个部门共认领监管事项清单3298条，监管事项认领完成率、实施清单填报完成率、实施清单填报翔实度均为100%。

强化数据归集，做到监管动态化。截至8月底，娄底市累计归集监管行为数据49452条，监管行为覆盖率54.48%，数据准确率100%。

强化部门对接，实现监管高效化。截至8月底，娄底市风险线索反馈率为100%，非现场监管开展良好。

◎娄底市全力推进公安基层基础工作

2023年以来，娄底市以“派出所主防”警务机制改革为牵引，聚焦基层提振、基础提质、基本能力提升，扎实推进公安基层基础各项工作，成效明显。

目前，娄底市社区中心警务室已新建29个，在建9个；持续加快驻所矛盾纠纷调解中心建设，以“两办”或市平安建设领导小组名义出台驻所矛盾纠纷调解中心建设方案，由街道（乡镇）党工委负责，新建驻所矛盾纠纷调解中心37个，实行24小时值班制和双向对接分流工作机制，形成集人民调解、行政调解、司法调解于一体的多元化“三调”工作格局；明确在娄星公安分局建立基础管控中心，依托湖南省派出所警务工作平台，研发相关系统，服务“派出所主防”实战需要和社区警务工作，该中心已初步完成基础设施建设，相关配套设施及系统平台正在加快完成；明确将12个15人以上派出所实行“两队一室”建设，将乐坪派出所作为“两队一室”样板。

◎娄底市城乡客货邮一体化运营启动仪式举行

2023年12月26日，娄底市城乡客货邮一体化运营启动仪式举行。市委副书记、市长曾超群宣布启动。

12月26日，娄底市城乡客货邮一体化运营启动仪式举行

娄底市委常委、常务副市长谢学龙致辞。

城乡客货邮一体化的正式运营，是打造农村客货运、快递、物流、电商、邮政等“一网多用、一站多能、多点合一、深度融合”的新尝试。娄底市委、市政府高度重视，将其列入深化改革重点任务全力推进。目前，娄底市娄星区率先实现城乡公交一体化全覆盖。市公交公司完成场地、厂棚、设施建设与改造，日分拣快递货物8万余件。从7月22日开始，在28个村级服务网点试点运营，覆盖了69个行政村，占全区144个行政村的48%。

谢学龙在致辞中指出，城乡客货邮一体化是一项贴近百姓生活的民生工程，也是一项系统工程。娄底市各级各相关部门要提高政治站位，优化具体措施，建立协同机制，确保客货邮一体化可持续发展。市交通运输局要牵头抓总，做好协调服务和统筹指导工作。市邮管局要履行行业监督责任，发挥多方运力优势，全面提升农村公共服务均等化水平。市公交公司要履行运营主体责任，做好市场开发、资源整合、管理运营等工作，把现有服务网络做大做强。娄底市娄星区要履行创建主体责任，全面加强物流网络等基础建设，力促客货邮一体化在乡村振兴中发挥更大作用。

要闻纪事

△26日，娄底市委副书记、市长曾超群在市政府办机关一支部党员大会暨主题教育专题党课上强调，市政府办公室要深刻领悟“两个确立”的决定性意义、坚决做到“两个维护”，不断提升“三服务”水平，切实打造政府的“坚强前哨”和“巩固后院”。

△31日下午，娄底市委书记邹文辉来到市政协六届三次会议委员小组会议会场，参加娄商委员娄商会长小组讨论，与娄商委员和异地娄底商会会长畅叙桑梓情怀，共话娄底发展。市政协党组书记、主席梁立坚主持会议。市领导谢君毅、杨维、李德仁，市政协秘书长魏志军参加。

△31日，娄底市委副书记、市长曾超群在参加市六届人大三次会议涟源市代表团审议时指出，代表们要履行好职能职责，在会议期间认真审议好、完善好报告，在闭会期间依法开展监督，开拓创新做好工作，推进政府工作报告各项工作落实落地，让娄底发展得更好，让全市人民群众享有更多的获得感、幸福感、安全感。市领导谢学龙、李有才、李文洪、黄江民参加。

湖南地方年鉴

湘西州

湘西州
吉首市
泸溪县
凤凰县
古丈县
花垣县
保靖县
永顺县
龙山县

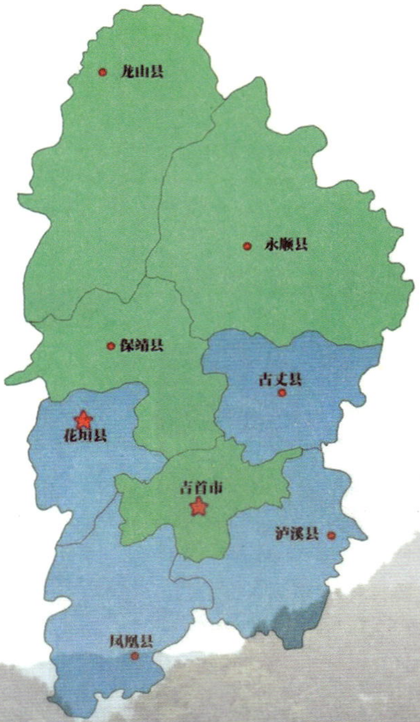

湘 西 州 地 区

湘 西 州

湘西土家族苗族自治州位于湘鄂渝黔四省市交界处，辖7县1市115个乡镇（街道），国土面积1.55万平方公里。截至2023年，湘西土家族苗族自治州总人口290万人，其中以土家族、苗族为主的少数民族占80.5%。截至2023年，湘西土家族苗族自治州地区生产总值达825.85亿元。

湘西是精准扶贫先行之州。2013年11月3日，习近平总书记亲临湘西州视察，首次提出了精准扶贫重要论述。我州始终牢记习近平总书记殷切嘱托，以脱贫攻坚统揽经济社会发展全局，尽锐出战、决战决胜，打赢了一场史无前例、感天动地的脱贫攻坚战，实现8县市全部脱贫摘帽，1110个贫困村全部出列，65.6万贫困人口全部脱贫。以十八洞村为样板探索走出一条可复制可推广的精准扶贫好路子，创造了精准脱贫的“湘西样本”。

湘西是绿色生态之州。全州森林覆盖率稳定在60.4%以上，是国家重点生态功能区、国家森林城市、长江经济带重要生态屏障，已经成为全国最绿的地区之一，被誉为全国绿色发展的典范城市。建成全球最大富硒猕猴桃基地、中国最大的椪柑和百合基地，是中国黄金茶之乡和全国优质烟叶基地，湘西香伴系列绿色生态有机富硒农产品享誉海内外。湘西州空气质量、水源质量全省第一，是发展绿色食品、旅游康养的首选之地。

湘西是文化旅游之州。拥有1处世界文化遗产、1个世界地质公园、1个历史文化名城、4个历史文化名镇等、1517处历史文化古迹、172个传统村落、28个国家级非物质文化遗产保护名录和321个国字号生态文化旅游品牌，凤凰古城、老司城、里耶古城等在国内外享有较高声誉。湘西是全国文化与旅游融合发展的典范之城，成为全国旅游高增长和十大旅游热点地区。神秘湘西品牌作为湖南锦绣潇湘主题品牌的重要元素，与湖南一道入围世界十佳旅游目的地。

湘西是特色产业之州。基本形成了以特色现代农业为基础、生态文化旅游业为主导、现代制造业和劳动密集型加工业为支撑、电子信息和新材料等新兴产业为先导的新型产业体系。黄金茶沁人心脾，酒鬼酒香飘万里，新材料远销全球，新产业蓬勃兴起，文创产品走向世界。建成2个国家级现代农业产业园、9个省级产业园区。

湘西是开放创新之州。基本建成综合立体交通网络体系，张吉怀高铁、湘西机场今年将通车通航。成为全国30个少数民族自治州中唯一同时拥有世界文化遗产和世界地质公园的州、唯一的国家级承接产业转移示范区和国家森林城市，是全国7个国家级文化生态保护区、10个传统村落集中连片保护利用示范市州之一，是革命老区、新时代国家西部大开发地区和全国民族团结进步示范州。省外境内资金增速、项目落地率均居全省前列，较好地发挥了承接产业转移领头雁作用，湘西州已成为武陵山片区创新创业高地。

湘西州2023年国民经济和社会发展统计公报

2023年是全面贯彻党的二十大精神的开局之年，全州上下坚持以习近平新时代中国特色社会主义思想为指导，全面贯彻党的二十大和二十届二中全会精神，深入学习贯彻落实习近平总书记对湖南、湘西工作的指示批示精神，在省委、省 政府正确领导下，锚定“三高四新”美好蓝图，全力打造“三区两地”、建设“五个湘西”，突出打好“发展六仗”，扎实开展“实体经济突破年、乡村振兴推进年、干部能力提升年”工作，着力稳增长、兴产业、抓改革、惠民生、防风险，全州经济呈现稳定复苏、稳中向好的发展局面，高质量发展呈现新气象。

一、综合

初步核算，全州实现生产总值（GDP）825.85亿元，增长2.6%。其中，第一产业增加值121.71亿元，增长3.6%；第二产业增加值225.48亿元，下降4.7%；第三产业增加值478.66亿元，增长6%，第一产业、第二产业、第三产业增加值占生产总值的比重分别为14.7%、27.3%、58%，工业增加值占生产总值比重为22.2%。第一产业、第三产业分别拉动GDP增速0.5个、3.4个百分点，其中营利性服务业对经济增长贡献率达55.8%。全州人均地区生产总值33758元，增长3.6%. 全州高新技术产业增加值71.7亿元，占GDP 8.7%. 民营经济增加值增长2.8%，占GDP66.1%。

二、农业

全州实现农林牧渔业总产值213.3亿元，增长3.7%。其中农业产值145.3亿元，增长4.2%；林业产值6.2亿元，增长11.7%；牧业产值56.2亿元，增长1.6%；渔业产值2.6亿元，增长5.1%；农林牧渔专业及辅助性活动产值3.1亿元， 增长8.2%。

全年粮食作物播种面积168.6千公顷，下降0.04%。其中稻谷播种面积97.75千公顷，下降1.8%；玉米播种面积31.87千公顷，增长3.4%；豆类播种面积13.30千公顷，增长5.5%；薯类播种面积23.86千公顷，下降3.4%。油料播种面积65.2千公顷，增长11.3%。蔬菜种植面积56.3千公顷，增长0.8%。茶叶种植面积51.8千公顷，增长0.6%。烟叶种植面积14.4千公顷，增长2.5%。猕猴桃果园面积13.32千公顷，增长3.8%，柑橘果园面积47.03千公顷，下降2.5%。

全州粮食总产量91.8万吨，增长1.3%。其中稻谷产量61.02万吨，下降0.7%；玉米产量15.99万吨，增长6.3%； 谷类产量2.72万吨，增长13.9%；薯类产量11.63万吨，增长1.0%。油料产量10.7万吨，增长10.9%。蔬菜产量85.1万吨，增长2.3%。茶叶产量1.5万吨，增长6.8%。烟叶产量2.4万吨，增长4.2%。猕猴桃产量12.3万吨，增长1.6%；柑 橘类水果产量67.64万吨，增长3.6%。中草药材产量12.76万吨，增长7.6%。

全州猪肉产量10.18万吨，增长0.9%；牛肉产量0.76万吨，下降2.6%；羊肉产量0.83万吨，下降5.7%。禽蛋产 量1.3万吨，增长28.2%。年末猪出栏138.58万头，增长0.7%；牛出栏6.6万头，下降1.5%；羊出栏52.2万头，下降1.6%。年末生猪存栏89.5万头，下降9.2%；牛存栏21.15万头，下降3.8%；羊存栏46.57万只，下降0.5%；活家禽存笼513.74万羽，增长4.5%。

全州水产品总产量1.60万吨，增长4.4%。其中淡水养殖鱼类1.50万吨，增长3.8%。

全年共有农民专业合作社8714个，增长1.9%。农产品 加工企业3436家，其中州级以上龙头企业227家，家庭农 场2546户。全州共建成万亩特色产业标准园区24个，建成 高标准基本农田13.2万亩，实施猕猴桃品改和培管面积23万亩。全年农业机械总动力200.9万千瓦；化肥施用量（折纯）6.98万吨，实现农村土地流转97.95万亩。

全年新增农田有效灌溉面积1896.6公顷，新增节水灌溉面积666.7公顷，农村自来水普及率达到90.6%。开工各类水利工程1563处，投入资金26.97亿元。完成水利工程土石方608.4万立方米，完成病险水库除险加固62座，治理水土流失面积227.97平方公里，综合治理河道40.9千米。

三、工业和建筑业

全州工业增加值183.6亿元，下降2.6%。规模以上工业增加值下降5.0%，其中国有及控股企业增加值下降23.6%，大中型工业企业增加值下降27.4%。规模工业三大门类中，采矿业下降64.9%、制造业下降8.5%、电力热力燃气及水生产和供应业增长16.6%。规模工业主要行业中，黑色金属冶炼和压延加工业下降28.1%，有色金属冶炼和压延加工业增长4.8%，医药制造业增长14.0%，酒、饮料和精制茶制造业下降36.8%，食品制造业增长25.1%，计算机通信和其他电子设备制造业下降19.7%。园区规模以上工业增加值下降9.6%，占全州规模工业增加值比重为67.7%。

全州规模以上工业企业362家，其中亏损企业84家，亏损企业亏损总额4.1亿元，增长45.6%。规模以上工业企业营业务收入229.6亿元，下降14.0%；企业利润总额10.2亿元，下降41.3%。全州规模工业企业资产负债率56.1%，企业产品销售率96.1%。

全州建筑业增加值42.5亿元，下降10.9%。具有建筑业资质等级的总承包和专业承包建筑业企业总产值下降14.7%，全州房屋建筑施工面积137.9万平方米，下降33.5%，其中新开工面积27万平方米，下降61.9%；房屋建筑竣工面积30.1万平方米，下降46.3%。

四、固定资产投资

全州固定资产投资下降13%。按经济类型分，国有投资下降6.6%，非国有投资下降17.5%，民间投资下降18%。按投资方向分，工业投资下降11.2%，其中制造业投资下降20.1%，工业技改投资下降24.4%；民生投资下降7.9%；生 态投资增长23.4%；基础设施投资下降20.6%；高新技术产业投资下降3.6%。按产业分，第一产业投资下降14.4%，第二产业投资下降11.2%，第三产业投资下降13.5%。

全州施工项目个数比上年下降11.2%。其中本年新开工项目个数下降11.4%，本年投产项目个数下降20.5%，实施亿元及以上项目个数下降19.1%，亿元以上项目投资完成额下降19.1%。

全年房地产开发投资88亿元，下降15.7%。房地产开发施工面积1031.3万平方米，下降25.5%；其中本年新开工110.4万平方米，下降42.5%。房地产商品房销售面积120万平方米，下降18.3%；其中期房销售面积93万平方米，下降33%，现房销售面积26万平方米，增长263%。房地产待售面积113.5万平方米，增长128.4%，商品房销售额50.8亿元，下降20%；其中期房销售额39.6亿元，下降34.3%；现房销售额11.2亿元，增长243.2%。

五、国内外贸易和物价

全州社会消费品零售总额288.3亿元，增长1.4%。按销售单位所在地分，限上城镇消费品零售额84.1亿元，下降4.8%；乡村消费品零售额0.8亿元，下降3.2%。按行业分，限上批发业销售额140.7亿元，下降15.5%；限上零售业销售额95.8亿元，下降0.3%；限上住宿业销售额4.9亿元，增长39.6%；限上餐饮业销售额1.1亿元，增长24.5%。

限额以上法人批发和零售业商品零售额82.6亿元，下降5.4%。其中粮油、食品类零售额增长5.8%，日用品类增长10.6%，五金、电料类下降21.8%，家用电器和音像器材类下降23.5%，文化办公用品类下降0.4%，石油及制品类下降3.3%，汽车类下降14.2%，烟酒类下降18.2%，服装、鞋帽、针纺织品类零售总额下降25.9%，化妆品类增长9%，体育、娱乐用品类下降33.9%。批发和零售业法人企业通过公共网络实现商品销售额1.1亿元，增长4.7%。

全州居民消费价格下降0.3%，其中食品价格上涨0.2%，烟酒及日用品价格上涨0.5%，服装价格下降0.4%，居住价格下降1.2%。

六、对外经济和旅游

全州进出口总额14.7亿元，下降32%中，其中出口额14.5亿元，下降32.2%；全年招商引资实际到位资金240.4亿元，增长15.2%；实际利用外资526.1万美元，下降13.6%。州级新引进项目49个，其中投资过亿项目49个，新引进外资企业12家。

全州共有旅游等级景区（点）41个，其中4A级以上景 区（点）16个。全年接待国内旅游人数5785万人次，增长38.5%；实现国内旅游收入645亿元，增长41.1%。接待入境游客0.9万人次，旅游创汇收入147.4万美元。

七、交通、邮电

2023年，全州客货运输换算周转总量16.1亿吨公里，其中客运量2389.5万人，增长12.4%，旅客周转量12.1亿人公里，增长27.1%；货运量1856.7万吨，货物运输周转量14.9亿吨公里。

全州年末通车里程13726公里。其中铁路里程370公里，公路通车里程13356公里，其中高速公路通车里程482公里（不含连接线）。全年完成农村公路提质改造282.7公里。

全州拥有客船165艘、货船49艘。年末全州民用车辆拥有量56.55万辆，其中汽车保有量27.33万辆，包含载货汽车3.66万辆，载客汽车23.66万辆，专项作业车755辆；摩托车29.13万辆，挂车907辆，拖拉机4597辆。

全年完成邮电业务总量32.9亿元，增长19.2%，其中电信业务总量27.00亿元，增长18.9%；邮政业务总量5.91亿元，增长20.4%，快递业务量2245.41万件，快递业务收入2.5亿元。

八、财政、金融和保险

地方财政收入79.9亿元，增长7.1%。其中税收收入40.6亿元，增长0.8%；非税收入39.3亿元，增长14.6%.全州财政总支出369.8亿元，增长4.6%。其中民生支出261.3亿元，增长4.2%，民生支出占财政支出比重为70.7%， 一般公共服务支出39.5亿元，增长5.3%；教育支出62.5亿元，下降1.1%； 文化体育与传媒支出6.3亿元，下降2.4%；社会保障和就业支出46.2亿元，下降1.8%；医疗卫生与计划生育支出40.8亿元，下降0.6%；节能环保支出8.7亿元，增长28.6%；城乡社区事务支出22.1亿元，增长12.7%；住房保障支出12亿元，增长16.4%。

年末全州金融机构本外币各项存款余额1680.1亿元，增长9.6%.其中住户存款余额1267.2亿元，增长11.5%；非金融企业存款128.1亿元，下降11.8%。本外币各项贷款余额1554.6亿元，增长9.7%。其中住户贷款699.1亿元，增长7.9%； 非金融企业及机关团体贷款余额855.4亿元，增长11.3%。

2023年保险公司保费收入34.6亿元，增长5%,其中财产保险保费收入15.6亿元，增长5.3%。人身保险保费收入19亿元，增长4.8%。各项赔款和给付支出16亿元，增长17%。其中财产保险赔款给付10.4亿元，增长15.9%；人身保险赔款给付5.7亿元，增长19.2%。全州保险密度为1422元/人，保险深度为4.2%。

九、教育和科学技术

全州各级各类学校 1308 所，其中普通高等教育学校 3 所，中等职业学校 27 所，普通中学 180 所，普通小学 205 所、幼儿园 652 所。全州普通高等教育学校有教职工 2131 人，中等职业学校有教职工 1513 人，普通中学有教职工 16681 人，普通小学有教职工 11304 人，特殊学校有教职工 181 人，幼儿园有教职工 9317 人。全州普通高等教育学校有在校学生 73085 人，中等职业学校有在校学生 24325 人，普通中学有在校学生 173760 人，普通小学有在校学生 219516 人，特殊学校有在校学生 885 人，幼儿园有在校幼儿 81711 人。全州普通高等教育学校毕业生 20040 人，中等职业学校毕业生 7779 人，普通中学毕业生 51487 人，普通小学毕业生 38824 人，特殊学校毕业生 116 人。小学适龄儿童入学率 100%，小学升学率 0.3%，小学年巩固率 102.8%；初中升学率 81.3%，初中年巩固率 99.8%. 全州各类民办学校 433 所，民办学校在校生 61147 人。

全州共有省级重点实验室 6 家，省级工程技术研究中心 15 家，众创空间 11 家，科技孵化器 4 个。全年实施科研项目 68 个，其中国家级 13 个、省级 28 个、州级 27 个。财政 科技经费支出总额 2.5 亿元，比上年下降 15.3%。全年签订技术合同 442 份，增长 5.7%，合同金额 35.1 亿元。

全州共有法定计量检定机构 8 个，特种设备检验机构 3 个。全州获标企业 268 家。商标申请量 3464 件，商标注册量 2146 件，有效商标量 20263 件。

十、文化、卫生和体育

年末全州共有艺术表演团体 8 个，群众艺术馆、文化馆 10 个，公共图书馆 9 个，博物馆、纪念馆 10 个。全州拥有广播电视台 9 个，有线电视实际使用户数 9.7 万户。全州拥有国家级非物质文化遗产保护名录 28 个，省级非物质文化遗产保护名录 111 个。全州建有综合档案馆 9 个，开放各类档案 90.5 万卷。报纸出版总印数 1324.2 万册，新闻出版业 销售收入 1937.3 万元。

年末全州共有卫生机构 2744 个。其中医院 69 个，妇幼保健院（站、所）9 个，专科疾病防治院（站、所）5 个，社区卫生服务中心（站）18 个，诊所、卫生所、医务室 497 个，乡镇卫生院 197 个，村卫生室 1878 个。全州共有卫生 技术人员 22279 人，增长 4.3%。其中执业医师和执业助理医师 8165 人，增长 7.2%；注册护士 10371 人，增长 4.6%。医院拥有床位 23060 张，乡镇卫生院拥有床位 5860 张。

全州各类体育运动场地 4248 个，已建成体育馆 30 个， 游泳池 16 个。开展全民健身活动 150 次，获得州冠军 2 个，全国冠军 15 个。

十一、资源、环境和安全生产

批准建设用地 553.9 公顷，建设占用耕地 162.98 公顷，全州已发现矿种 48 种。已探明资源储量的矿种 28 种。其中金属矿 14 种、非金属矿 12 种，水气矿 2 种，实施地质勘查项目 23 个。全州有国家地质公园 3 个，地质遗迹点 91 个。

全州有各级各类自然保护区 33 个，其中国家级 3 个，省级 5 个，自然保护区面积 4.6 万公顷。全州森林覆盖率 60.4%，年末实有林地面积 1740.9 万亩，活立木蓄积 5017.3 万立方米。全年完成造林面积 40 万亩，森林质量精准提升 6.4 万亩，年末实有封山育林面积 31.1 万亩。

全州城市生活垃圾无害化处理率达 100%，城市污水处理率 96.3%，比上年提高 0.3 个百分点。城市人均公园绿地面积 10.7 平方米，完成城市棚户区改造 490 套，老旧小区改造 13988 套。

初步核算，2023 年全州规模工业综合能源消费量 46.8 万吨标准煤，下降 14.7%。其中，五大高耗能行业综合能源消费量 42.7 万吨标准煤，下降 15.4%。万元规模工业增加值能耗 0.56 吨标准煤 / 万元，下降 10.2%，全社会用电量 61.46 亿千瓦时，下降 1.2%。其中工业用电量 23.92 亿千瓦时，下降 10.6%；居民生活用电量 19.19 亿千瓦时，增长 2.4%。

2023 年，州府所在地吉首市环境空气平均优良天数比例为 97.8%，同比下降 0.3 个百分点；PM2.5 浓度为 25 微克 / 立方米，同比上升 4.2%；PM10 浓度为 36 微克 / 立方米，同比上 升 2.9%；环境空气质量综合指数 2.55，同比下降 2.7%，在全省 14 个市州中排名第 1。全州 39 个国、省控地表水考核断面达到或优于 III 类水质达标率 100%，无 IV—劣 V 类水质断面，14 个县级及以上集中式饮用水水源地水质达标率 100%。

2023 年全州全年发生各类安全事故 699 起，死亡人数 140 人。其中生产经营性安全事故 47 起，生产经营性安全事故死亡人数 45 人。工矿商贸事故 6 起，死亡 5 人；消防火灾事故 10 起，死亡 12 人；道路交通事故 668 起，死亡 112 人；高速公路 11 起，死亡 7 人；铁路路外事故 1 起，死亡 1 人；其他事故 3 起，死亡 3 人。全州亿元 GDP 事故死亡人数 0.05 人。

十二、人口、人民生活和社会保障

年末全州总人口 290 万人，常住人口 243.2 万人。其中城镇人口 131.1 万人，农村人口 112.1 万人。城镇化率 53.93%，较去年提高 1.72 个百分点。全州全年出生人口 1.83 万人，出生率 6.05%。全年死亡人口 1.47 万人。全年人口自然增长率 1.2%。

全州居民人均可支配收入 22105 元，增长 6.3%。其中城镇居民人均可支配收入 32953 元，增长 4.9%；农村居民人均可支配收入 14052 元，增长 7.3%。全州居民人均生活消费支出 16647 元，增长 5.6%。其中城镇居民人均生活消费支出 20504 元，增长 4.9%；农村居民人均生活消费支出 13785 元，增长 5.8%。全州居民食品消费支出占消费总支出的比重（恩格尔系数）为 31%。

全州新增城镇就业人员 2.3 万人，失业人员再就业人数 1 万人。参加城乡居民基本医疗保险人数 233.9 万人，其中城镇职工基本医疗保险参保人数 20.9 万人。参加城乡居民基本养老保险人数 142.2 万人。其中：城镇基本养老保险参保人数 3.2 万人，职工养老保险参保人数 32.1 万人，其中离退休人员参保 13.3 万人。参加工伤保险职工人数 28.6 万人，参加失业保险职工人数 28.6 万人，参加失业保险职工人数 18.2 万人。领取失业保险金职工人数 1.4 万人。

全年共发放城镇居民最低生活保障 2.6 万人，发放资金总额 1.4 亿元；发放农村居民最低生活保障 14.9 万人，发放资金总额 4.4 亿元。年末各类收养性社会福利单位床位 5765 张，各类收养性社会福利单位收养 3105 人，新改建公办养老机构 1 所，公办养老机构新增床位 200 张。拥有综合性社区服务中心 256 个。新建城乡养老服务示范点 18 所，养老服务示范点新增床位 91 张 . 全年销售社会福利彩票 2.5 亿元，筹集福彩公益金 7571.9 万元；直接接收社会捐赠 431.98 万元。

吉 首 市

吉首，是湖南省湘西土家族苗族自治州的地级行政区首府。吉首市下辖 1 乡 5 镇 6 街道，截至 2023 年吉首市常住人口数：432400 人，截至 2023 年吉首市实现地区生产总值 2245947 万元。市境东南部与泸溪县、西北部与花垣县、西南部与凤凰县、北部与保靖县和古丈县毗邻。位于北纬 28° 08′ —28° 29′ 、东经 109° 30′ —110° 04′ 之间。总面积 1078.33 平方千米。地处武陵山区腹地，背靠武陵山，吉首的气候为典型的亚热带季风性湿润气候。溪河纵横，有大小溪河81条，总长550千米，较大的河流有6条，其中4条流入峒河（武水上游），2条流入武水。主要河流有峒河、沱江、万溶江、司马河、丹青河、洽比河，其中峒河是境内最大的河流，发源于花垣县南部，长69千米，市境段长60千米。

全年实施科技项目37项。其中，省级7项、州级6项、市级24项。投入科技项目经费1490万元，财政科技支出6231万元（快报数），项目实施完成率100%。全年高新技术产业实现产值129.6亿元。新认定高新技术企业5家，通过高企认证复审5家。企业与高等院校、科研院所签订产学研合作协议5项。引进推广农业新技术15项次，新品种8个。

吉首市2023年国民经济和社会发展统计公报

2023年是迎接后疫情时代挑战的一年，也是吉首历史上极不平静的一年。面对巨大的经济下行压力，在市委、市政府的坚强领导下，全市上下坚持以习近平新时代中国特色社会主义思想为指导，深入贯彻党的二十大和二十届二中全会精神，认真贯彻落实上级各项决策部署，坚持稳中求进工作总基调，锚定“三高四新”美好蓝图，围绕“三区两地”“五个湘西”发展思路，聚焦打造“州域经济核心增长极”目标，大力推进“强州府”战略，全年经济在逆势中平稳回升，谱写建设社会主义现代化新吉首篇章迈出坚实步伐。

一、综合

初步核算，全市实现地区生产总值2245947万元，比上年增长0.4%。其中，第一产业增加值110888万元，增长3.9%；第二产业增加值745302万元，下降10.5%；第三产业增加值1389758万元，增长6.8%。三次产业结构为4.9 ∶ 33.2 ∶ 61.9。人均地区生产总值52171元，增长0.2%。

规模以上服务业实现营业收入488430万元，同比增长2.6%。工业增加值668197万元，占地区生产总值的比重为29.8%。高新技术产业增加值286719万元，占地区生产总值的比重为12.8%。

规模工业综合能源消费量12.9万吨标准煤，比上年下降26.2%。其中，六大高耗能行业综合能源消费量10.4万吨标准煤，下降28.2%。

二、农业

全年农林牧渔业总产值190794万元，同比增长4.0%。其中，农业产值136466万元，增长3.9%；林业产值3224万元，增长11.2%；牧业产值43456万元，增长3.2%；渔业产值3879万元，增长6.5%；农林牧渔专业及辅助性活动产值3769万元，增长8.8%。

全年粮食作物播种面积9244公顷，增长0.6%。其中，稻谷播种面积5916公顷，下降0.3%；玉米播种面积1616公顷，增长3.1%；豆类播种面积613公顷，增长2.0%；薯类播种面积1031公顷，下降1.2%。全年经济作物播种面积16969公顷。其中，油料播种面积5959公顷，增长14.5%；蔬菜种植面积5938公顷，增长0.3%；茶叶种植面积10262公顷，增长26.7%；烟叶种植面积302公顷，增长0.3%。全年猕猴桃果园面积446公顷，下降0.3%，柑橘果园面积3976公顷，下降0.3%。

全年粮食总产量53550吨，同比增长2.0%。其中，稻谷产量38495吨，增长1.1%；玉米产量8689吨，增长3.5%；豆类产量1419吨，增长14.6%；薯类产量4829吨，增长2.6%。油料产量9126吨，增长13.4%。蔬菜产量110915吨，增长2.3%。茶叶产量1854吨，增长10.3%。烟叶产量533吨，增长13.0%。猕猴桃产量3830吨，增长0.4%；柑橘类水果产量73543吨，同期持平。

全年肉类总产量8400吨，同比增长5.8%。其中，猪肉产量6400吨，增长6.7%；牛肉产量400吨，下降7.8%；羊肉产量400吨，下降9.1%；禽肉产量1200吨，增长6.2%。禽蛋产量1705吨，增长12.9%。年末猪出栏8.79万头，增长6.3%；牛出栏0.35万头，同期持平。年末生猪存栏5.92万头，下降26.2%；牛存栏0.89万头，增长1.1%；山羊存栏2.13万只，增长3.4%；家禽存笼48.39万羽，下降3.2%。全市水产品总产量2098吨。

全市共有农业龙头企业30家，家庭农场152家，农民专业合作社676家，注册登记的家庭农场有152家，农产品加工企业225家，万亩特色产业标准园区6个。全年农业机械总动力23.0万千瓦，农用柴油使用量843吨，化肥施用量（折纯）5478吨。

三、工业和建筑业

全年工业增加值668197万元，下降8.6%。其中，规模以上工业增加值下降14.6%。规模以上工业分经济类型看，国有企业增加值增长0.8%；股份制企业增加值下降34.8%；外商及港、澳、台商投资企业增加值增长124.8%。规模以上工业分三大门类看，采矿业增加值下降33.2%；制造业增加值下降33.2%；电力、热力、燃气及水生产和供应业增加值增长3.3%。

全市规模以上工业统计的主要工业产品产量中，增幅较大的有：组合音响、鲜冷藏肉、电子元件、钢结构，分别增长21049.8%、126.6%、79.6%、49.9%；降幅较大的有：手机、医疗仪器设备及器械、变压器、水泥，分别下降100%、100%、97.9%、96.9%。

支柱产业对工业经济的贡献作用明显。以酒、饮料和精制茶制造业，电力、热力生产和供应业，黑色金属冶炼和压延加工业，烟草制品业，非金属矿物制品业，计算机、通信和其他电子设备制造业为主的六大产业集群，其增加值占全部规模工业增加值的比重达86.0%。规模以上工业大类行业中，增加值居前五位的是：酒、饮料和精制茶制造业，电力、热力生产和供应业，黑色金属冶炼和压延加工业，烟草制品业，非金属矿物制品业。

全年规模工业在库企业110家。其中，亏损企业33家。规模以上工业企业实现营业收入68.6亿元，比上年下降26.2%，利润总额8.0亿元，下降48.5%。规模以上工业大类行业中，利润总额居前五位的是：酒、饮料和精制茶制造业，烟草制品业，黑色金属冶炼和压延加工业，水的生产和供应业，燃气生产和供应业，计算机、通信和其他电子设备制造业，利润总额分别为7.27亿元、0.20亿元、0.15亿元、0.12亿元和0.10亿元。

全年建筑业增加值79855万元，同比下降19.2%，占全市生产总值的比重为3.6%。具有资质等级的总承包和专业承包建筑企业建筑业总产值14.5亿元，同比下降16.4%。房屋建筑施工面积53.62万平方米，下降29.5%，房屋建筑竣工面积4.22万平方米，下降63.5%。签订合同额23.15亿元，同比下降21.2%。

四、固定资产投资

全年固定资产投资下降23.1%。其中，项目投资下降34.6%。按经济类型分，国有投资下降34%；非国有投资下降13.8%，民间投资下降40.2%。按产业分，第一产业投资下降71.3%；第二产业投资下降51.8%；第三产业投资下降13.7%。按投资方向分，工业投资下降51.8%。其中，工业技改投资下降 41.0%；民生工程投资下降 13.8%；生态环境投资增长 21.5%；基础设施投资下降 35.0%；高新技术产业投资下降 33.6%。

全年房地产开发投资同比增长 6.2%。房屋施工面积 470.4 万平方米，下降 36.2%，本年商品房销售面积 30.2 万平方米，下降 31.2%，本年商品房销售额 138444 万元，下降 32.9%。商品住宅平均销售价格为 4469 元 / 平方米，下降 2.1%。商业营业用房平均销售价格为 7537 元 / 平方米，增长 4.8%。

全年在建房地产开发项目 131 个，投资项目 123 个。其中，亿元以上已完工项目有补戈 10 万头现代化肉猪养殖场、吉首市保障性安居工程项目、吉首市生活垃圾焚烧发电项目、武陵山智慧冷链仓储物流园、吉首市 2019 至 2020 年老旧小区改造项目、吉首经济开发区标准厂房三期建设项目、吉首经开区污水处理厂及配套管网工程、乾东芙蓉小学建设项目、武水吉首市矮寨镇段治理工程等 23 个项目。

五、国内外贸易

全年社会消费品零售总额 1240021 万元，比上年增长 1.4%。按行业分，批发业实现零售额 112826 万元，增长 5.7%；零售业实现零售额 1001301 万元，增长 0.3%；住宿业实现零售额 20747 万元，增长 6.3%；餐饮业实现零售额 105148 万元，增长 7.8%。

按销售单位所在地分，城镇消费品零售额 945483 万元，增长 1.6%；乡村消费品零售额 294538 万元，增长 1.0%。在限额以上法人批发和零售业商品零售额中，石油及其制品类下降 3.5%，汽车类下降 10.9%，家用电器和音响器材类下降 30.2%，其他类增长 0.8%。

全年外贸进出口总额 87724 万元，同比下降 41.6%。州高新区进出口总额 72952 万元，同比下降 47.1%；市属外贸进出口总额 14772 万元，同比增长 18.8%。

全年实际利用外资 301 万美元，同比增长 0.3%。实际到位境内省外资金 89.2 亿元，同比增长 24.6%。

六、交通运输和邮电

年末公路通车里程 1010.25 公里。其中，高速公路 73.5 公里，国道 109.0 公里，省道 13.5 公里，县乡道 522.7 公里，村道 252.4 公里，专用公路 39.1 公里。全年社会旅客周转量 30933.8 万人公里，增长 20.9% ；客运量 459.9 万人，下降 15.3%。2023 年，吉首东站旅客发送量 1488583 人，旅客到达量 1478597 人。

全年完成邮政业务总量 19702.6 万元，增长 22.9%；电信业务总量 85678.9 万元，增长 4.6%。

七、财政、金融与保险

全年一般公共预算收入 184612 万元，比上年增长 39.0%，地方一般公共预算收入 143696 万元，比上年增长 7.1%。其中，税收收入 58080 万元（不含上划），下降 10.7%；非税收入 85616 万元，增长 24.0%。税收收入中，增值税 18600 万元，下降 8.2%；企业所得税 3557 万元，下降 39.1%。一般公共预算支出 436625 万元，增长 10.4%。其中，教育支出 102092 万元，增长 3.2%；社会保障和就业支出 53761 万元，增长 25.4%；卫生健康支出 44265 万元，增长 17.0%；科学技术支出 7147 万元，增长 14.7%；住房保障支出 20394 万元，增长 22.0%。

年末，全市金融机构本外币存款余额 5809522 万元，比上年末增长 14.4%；金融系统本外币贷款余额 5412801 万元，增长 8.6%。

全年保险机构实现保费总收入 180830 万元，比上年增长 0.9%。其中，产险保费收入 72583 万元，增长 0.6%；寿险保费收入 108247 万元，增长 1.1%。保费收入中，健康险保费收入 42321 万元，大病保费收入 10001 万元，意外伤害险保费收入 3593 万元。全年赔付额 89998 万元，增长 8.1%。

八、教育和科学技术

吉首地区拥有学校 158 所，其中大学 3 所，中等职业学校 9 所，高级中学 3 所，完全中学 2 所，初级中学 11 所，九、十二年制学校 3 所，小学 29 所，片完小、教学点 6 所（不计入学校总数），特殊学校 1 所，幼儿园 97 所。在校学生 163556 人，其中，小学生 42913 人、初中生 19629 人、高中生 11134 人、职业中专生 7876 人、大学生 70450 人（含研究生、成人、网络等学生）、幼儿园 17060 人、特殊学生 212 人。学前三年毛入学率 96.50%，义务教育巩固率 98.35%。

全力保障与落实教育民生工作，落实对学前至中职阶段脱贫户、边缘易致贫户、突发严重困难户、城乡低保户、低保边缘户、残疾学生、特困救助供养户、孤儿、事实无人抚养孤儿、烈士子女、贫困残疾人子女、建档立卡困难职工子女以及大灾大病等其他家庭经济困难学生。进行全覆盖资助：发放各类贫困学生生活费补助 2874.6048 万元，惠及 39609 人次；高中和中职免学费 1097.5 万元，惠及 10215 人次；高中阶段免书费 30.31 万元，惠及 1497 人次；贫困大学生救助 96.7 万元，惠及 222 人次；贫困大学生助学贷款 1428.47 万元，惠及 1299 人次；关怀特殊困难群体，对大病大灾等特殊困难家庭学生和教师进行资助 62 万元，惠及 400 人次；社会捐资助学资金和物质总价值共计 100 万余元，惠及贫困学生 8000 余人次。

全年全市共有 2440 人参加高考，高考本科上线率 45.2%。本科录取 1023 人，专科录取 1371 人。

科技事业继续发展，创新能力得到提升。全市年内实施科技项目 25 项，其中省级 5 项、州级 7 项、市级 13 项。财政科技支出 7147 万元，项目实施完成率 100%。全年高新技术产业实现产值 91.9 亿元。新认定高新技术企业 7 家，通过高企认证复审 5 家。企业与高等院校、科研院所签订产学研合作协议 3 项。引进推广农业新技术 16 项次，新品种 7 个。

九、文化、卫生和体育

全年全市有表演团体 120 个，公共图书馆 1 个，文化馆 1 个，文化站 11 个。文化经营单位（户）79 家，其中，娱乐场所 25 家、营业性演出场所 2 家、文艺表演团体 4 家、网吧 48 家。

全市共有非物质文化遗产项目 67 项，其中，国家级 3 项、省级项目 12 项、州级项目 20 项、（县）市级项目 32 项、非遗代表性传承人 105 人。馆藏文物共计 850 件（套），其中二级珍贵文物 7 件（套）、三级珍贵文物 96 件（套）。文物保护单位 48 处，其中国家级文物保护单位 1 处、省级文物保护单位 7 处、州级文物保护单位 7 处、市级文物保护单位 33 处。

全市有广播电台 1 座，公共广播节目 1 套，全年制作广播节目 5110 小时，广播综合人口覆盖率为 98.4%，有电视台 1 座，公共电视节目 1 套，全年播放电视节目 6205 小时，电视人口综合覆盖率为 98.5%。无线广播电视转播发射台 1 座，农村无线、有线数字电视及卫星电视“户户通”用户共 6400 户，全市有线广播电视光纤网 438 公里。全市有线电视网络光纤干线 230 杆公里，同轴电缆支干线 520 杆公里。

全市拥有各级各类医疗卫生机构 425 家（包含州直医疗机构 10 家，不包含 2023 年底已注销的医疗机构数）。其中县级以上综合医院 2 家，中医综合医院 1 家，专科医院 10 家，乡镇卫生院 14 家，社区服务中心 5 个，市级民营一级（含未定级）医院 10 家，门诊部及诊所 194 家，城区卫生服务站 8 家，急救站 2 家，医务室 17 家，民族医诊所 26 家，村卫生室及村医疗点合计 136 家。卫生机构在岗职工数 8039 人（含州直管医疗机构人数 4854 人），其中卫生技术人员医生数 2931 人（含州直管医疗机构人数 1409 人、乡村医生 91 人），护士数 3098 人（含州直管医疗机构人数 2314

人）。卫生机构编制床位数 4975 张（含州直管医疗机构床位数 3548 张），实有床位数 6499 张（含州直管医疗机构床位数 5102 张），疾病预防控制中心 2 家。

全市拥有室外场地 1168 个；室内场地 106 个，体育场地总数量 1274 个；其中田径场 48 个、游泳场（馆）11 个、足球场 27 个、篮球场 525 个、乒乓球场 298 个、健身路径 216 个、其他体育场 149 个。参加湖南省锦标赛攀岩和游泳中吉首籍运动员取得 7 金 2 银 7 铜的优异成绩。其中，11 人为国家二级运动员。

十、资源、环境和安全生产

全市已发现矿种 26 种，其中，金属矿产 11 种，非金属矿产 12 种，水气矿产 1 种。已探明资源储量的矿产有 7 种。

全市拥有环境监测站 1 个，垃圾无害化处理率达 100%，污水处理率 96.1%。全市饮用水源地水质达标率 100%，空气质量优良率 97.8%。

全年完成造林面积 159 公顷，封山育林面积 151 公顷。全市森林覆盖率为 57.01%。全市城区绿地面积 1526 公顷。

全年发生各类事故 216 起，同比上升 10%；死亡 27 人，同比下降 10%；受伤 265 人；经济损失 1290.43 万元。其中，生产经营性安全事故发生 6 起，同比下降 50%；死亡 5 人，同比下降 58%。

十一、人口、人民生活和社会保障

年末全市总人口 324623 人，常住人口 43.24 万人。其中，城镇人口 32.54 万人，农村人口 10.70 万人。城镇化率 75.25%，较去年增长 0.29 个百分点。全年出生人口 2177 人，出生率 6.85‰。全年死亡人口 2002 人，死亡率 6.30‰。全年人口自然增长率 0.55‰。

全市全体居民人均可支配收入 34184 元，同比增长 4.8%。城镇居民人均可支配收入 40270 元，比上年增加 1660 元，增长 4.3%。其中，工资性收入 26623 元，增加 926 元，增长 3.6%；经营净收入 3143 元，增加 240 元，增长 8.3%；财产净收入 2691 元，增加 94 元，增长 3.6%，转移性收入 7813 元，增加 401 元，增长 5.4%。农村居民人均可支配收入 16303 元，增加 1080 元，增长 7.1%。其中，工资性收入 7958 元，增加 643 元，增长 8.8%；家庭经营净收入 3544 元，增加 84 元，增长 2.4%；财产性净收入 152 元，增加 2 元，增长 1.5%；转移性净收入 4649 元，增加 350 元，增长 8.1%。

全市全体居民人均消费支出 22766 元，同比增长 5.0%。城镇居民人均消费支出 25444 元，增长 4.6%，其中食品类、衣着、居住类、生活用品及服务、交通通信、教育文化娱乐服务、医疗保健、其他用品和服务分别为 7778 元、1829 元、4397 元、1565 元、3421 元、3470 元、2355 元和 629 元；农村居民人均消费支出 14899 元，增长 6.6%，其中食品类、服装、居住类、生活用品及服务、交通通信、教育文化娱乐服务、医疗保健、其他用品和服务分别为 4795 元、680 元、3778 元、851 元、1399 元、1970 元、1270 元、156 元。农村居民恩格尔系数为 32.2%。

年末，全市城镇道路总长 520.28 公里，道路面积 1238.84 万平方米，人均道路面积 29.56 平方米，排水管道总长 342.74 公里。城区自来水普及率达 99.1%，燃气普及率达 89.5%。

全年新增城镇就业 2830 人。全年城镇登记失业率 1.78%。

全市共有敬老院 5 所，集中供养特困人员 196 人。全市年末共有城乡低保对象 11978 人，全年累计发放资金 4585.39 万元。其中，城市低保对象 2661 人，累计发放低保金 1554.07 万元；农村低保对象 9317 人，累计发放低保金 3031.32 万元。

年末，全市参加企业基本养老保险人数 42227 人；企业参加基本养老保险离退休人数 17540 人；全年发放企业离退休人员基本养老金 46567 万元；参加机关事业养老保险 7923 人；离退休人员 3835 人；参加城乡居民养老保险参保缴费人数 93494 人；参加城镇职工基本医疗保险人数 85635 人；城乡居民医疗保险参保人数 256806 人，参保率 79.41%；参加工伤保险 42668 人，其中新增参保 7665 人；参加失业保险 29003 人；参加生育保险 19224 人，其中新增参保 338 人。

泸 溪 县

泸溪县位于湖南省西部，湘西州东南端，沅水中游，是武陵山片区区域发展与扶贫攻坚重点县、国家重点水利工程五强溪水电站移民库区县、国家级贫困县和革命老区县。全县 11 个乡镇 147 个村（社区），总面积 1565 平方公里，总人口 32 万人，其中少数民族人口比重达 60%。泸溪交通便捷，319 国道、常吉高速公路穿境而过，武溪千吨级深水码头已建成，沿沅江而下经洞庭湖可通江达海，距州府吉首半小时车程，融入了省会长沙“3 小时经济圈”，形成水陆配套、相互贯通的交通网络。境内发现的矿产有 45 种，铝土矿、磷、石煤探明储量居全省首位，并盛产椪柑、茶油、生姜、油菜等农产品，椪柑面积达到 30 万亩，总产量 18 万吨，泸溪被誉为“中国椪柑之乡”。

泸溪县先后荣获全国文明卫生县城、全国生态建设示范县、全国平安建设先进县、全国法治宣传教育先进县、国家义务教育基本均衡发展县、全国民族团结进步示范县、中国椪柑之乡、全省加速推进新型化工业先进县、全省新农村建设先进县、湖南省园林县城等荣誉称号。

2023 年，全县生产总值为 80.86 亿元。

泸溪县2023年国民经济和社会发展统计公报

2023 年是全面贯彻党的二十大精神的开局之年，回望这一年，面对国际环境变乱交织和多重不利因素叠加，在县委、县政府的坚强领导下，坚持以习近平新时代中国特色社会主义思想为指导，紧紧围绕服务县域经济社会高质量发展大局，加强统筹谋划，主动担当作为，用监测描绘轨迹、用分析服务决策，泸溪县经济发展稳步增长。展现了泸溪经济承压前行的奋进轨迹，描绘了泸溪现代化夯基蓄能、稳中有进的生动图景。

一、综合

初步核算，2023 年全县生产总值为 80.86 亿元，增长 0.2%。其中，第一产业增加值 12.48 亿元，增长 3.1%；第二产业增加值 27.00 亿元，下降 8.6%；第三产业增加值 41.39 亿元，增长 5.3%。第一产业、第二产业、第三产业增加值占生产总值的比重分别为 15.43%、33.39%、51.18%，其中工业增加值占生产总值比重为 27.3%，同比减少 1.77 个百分点，第三产业比重较上年增加 2.28 个百分点。全县高新技术产业增加值 9.07 亿元，下降 3%。规模以上服务业企业实现营业收入 1.58 亿元，增长 10.4%。按常住人口计算，人均生产总值为 34840 元，增长 1.2%。

二、农业

2023 年，全县农林牧渔业总产值 22.05

亿元，增长 3.2%。全年粮食作物播种面积 15.08 千公顷，增加 0.05 千公顷，增长 0.35%。其中，稻谷播种面积 11.06 千公顷，下降 0.63%；玉米播种面积 1.65 千公顷，增长 4.57%；豆类播种面积 1.27 千公顷，增长 4.62%。油料播种面积 10.7 千公顷，增长 13.4%。蔬菜播种面积 7.53 千公顷，增长 1.8%。烟叶种植面积 0.81 千公顷，增长 8.4%。

全年粮食总产量 8.46 万吨，增长 1.75%。其中，稻谷产量 6.82 万吨，增长 0.9%；玉米产量 0.94 万吨，增长 4.87%；豆类产量 0.22 万吨，增长 11.97%；薯类产量 2.15 万吨，增长 3.09%。油料产量 1.82 万吨，增长 13%；蔬菜产量 8.41 万吨，增长 2.1%；烟叶产量 0.25 万吨，增长 108.5%。

全年肉类总产量 1.21 万吨，增长 18.5%。其中猪肉产量 0.89 万吨，与去年持平；牛肉产量 0.07 万吨，与去年持平；禽蛋产量 0.14 万吨，增长 7.69%。年末生猪存栏 8.56 万头，下降 6.35%；生猪出栏 12.24 万头，下降 0.16%。全年牛出栏 0.51 万头，同比下降 7.27%；全年出栏羊 4.35 万头，下降 2.68%。

全年共有农民专业合作社 738 个，同比增长 0.55%；农产品加工企业 336 家，增长 7.69%；州级以上龙头企业 30 家，增长 11.1%；家庭农场户数 346 户，增长 10.19%。实施柑橘品改（新开、重植）1 万亩，建成高标准基本农田 2.49 万亩，万亩特色产业标准园 2 个。

截至 2023 年底，我县农业机械总动力已达 47356 台套 50 万千瓦时，同比增长 2%。全年化肥施用量 6853.21 万吨，农村土地（耕地）流转 2.41 万亩。

全年解决农村安全饮水 1.36 万人；开工各类水利工程 234 处，完成水利工程土石方 44.75 万立方米，投入资金 5505 万元；完成病险水库除险加固 11 座，综合治理河道 1.69 千米，治理水土流失面积 11.6 平方公里。

三、工业和建筑业

2023 年，全县工业增加值下降 7.7%。其中，规模以上工业增加值下降 1.4%，国有及控股企业增加值下降 3%，大中型工业企业增加值下降 1.6%。

规模工业主要行业中，有色金属冶炼和压延加工业增加值下降 5.2%，化学原料和化学制品制造业增加值增长 6.93%，电力、食品制造业增加值增长 84.35%。园区规模以上工业增加值为 10.9 亿元，占全县规模工业增加值比重 93.36%。2023 年，规模以上工业企业用电量为 6 亿千瓦时，同比下降 2%。

全县共有规模以上工业企业 36 家，其中亏损企业 13 家，亏损企业亏损总额 10.1 亿元。规模以上工业企业实现营业收入 56.4 亿元，下降 15.2%。实现利润总额 0.6 亿元，下降 35.5%。实现利税总额 1.6 亿元，下降 23.7%。企业产品产销率 96.27%。

全县建筑业增加值 4.99 亿元，下降 10.1%。具有建筑业资质等级的总承包和专业承包建筑业企业实现总产值 1.69 亿元，下降 26.12%。房屋建筑施工面积 10.83 万平方米，增长 40.45%。其中新开工面积 9.5 万平方米，增长 1250.07%；房屋建筑竣工面积 4.66 万平方米，增长 14.58%。

四、固定资产投资

全县实现固定资产投资增长 8.97%。按经济类型分：国有投资增长 14.1%；非国有投资增长 8.6%。按投资方向分：工业投资下降 15.97%；民生投资增长 56.8%；生态投资下降 19.5%；基础设施投资下降 22%；高新技术产业投资下降 38.2%。按产业分：第一、二、三产业分别实现投资增长 122%、下降 15.2%、增长 27.2%。

全县施工项目共有 71 个，比去年增加 37 个。其中新开工项目 53 个，较上年增加 14 个。本年完成投产项目 53 个，比去年增加 10 个。亿元以上投资项目 10 个，较上年持平；亿元以上项目投资下降 6.3%。

全县房地产开发投资下降 9.9%。商品房销售面积 1.9 万平方米，下降 28%，其中期房、现房销售面积分别为 1.46 万平方米、0.43 万平方米。商品房销售额 0.93 亿元，下降 21%，其中期房、现房销售额分别为 0.64 亿元、0.29 亿元。房屋待售面积为 5.93 万平方米。

五、国内外贸易和物价

2023 年，全县实现社会消费品零售总额 20.05 亿元，增长 0.7%。按销售单位经营地统计：城镇实现社会消费品零售额 15.92 亿元，增长 1%；乡村实现社会消费品零售额 4.13 亿元，下降 0.4%。按行业统计：批发业实现社会消费品零售额 5.1 亿元，下降 0.2%；零售业实现社会消费品零售额 13.02 亿元，增长 1%；住宿业实现社会消费品零售额 0.55 亿元，下降 2.4%；餐饮业实现社会消费品零售额 1.38 亿元，与去年持平。限额以上法人消费品零售总额 0.37 亿元，下降 15.96%。

六、对外经济和旅游

2023 年，全县实现进出口总额 2.75 亿元，同比下降 31.65%。其中出口额 27347 万元，下降 30.88%；进口额 140 万元，下降 78.53%。全年实际利用外资 121 万美元，增长 16.3%；实际引进境内县外资金 11.7 亿元，增长 37.6%。

全县共有旅游等级景区（点）6 个，其中 4A 级以上景区（点）1 个，3A 级景区 5 个。2023 年，全县共接待游客 422.62 万人次，同比增长 10.05%；实现旅游收入达 41.74 亿元，同比增长 10.01%。

七、交通、邮电

2023 年，全县实现交通运输、仓储和邮政业增加值 2.17 亿元，增长 12.7%。

2023 年末，全县货船拥有量为 45 艘。载货汽车 535 辆，其中营运 535 辆。载客汽车 190 辆，其中营运 190 辆。旅客运输量为 285.05 万人次，货物运输量为 269.75 万吨。年末全县公路通车里程 2176 公里。其中高速公路通车里程 58 公里。通公路乡镇 11 个，通客运班车乡镇 11 个。

2023 年，全年完成邮电业务总量 0.75 亿元。其中：电信业务总量为 0.65 亿元；邮政业务总量为 0.1 亿元。

八、财政、金融和保险

2023 年，全县财政总收入 6.24 亿元，增长 13.58%。其中，税收收入 3.85 亿元，同比增加 0.71 亿元，增长 22.49%，占财政总收入比重为 61.74%。完成地方财政收入 4.98 亿元，增长 9.17%。其中，税收收入 2.59 亿元，增长 17.16%；非税收入 2.39 亿元，增长 1.65%。上划省级收入 1643 万元，增长 925.63%。上划中央收入 1.1 亿元，增长 15.11%。全县财政总支出 32.4 亿元，增长 1.5%。其中，民生支出 21.69 亿元，占总支出的比重为 66.9%。教育支出 6.71 亿元，增长 1.02%；社会保障和就业支出 4.18 亿元，增长 4.04%；卫生健康支出 3.56 亿元，增长 7.98%；农林水支出 6.49 亿元，增长 4.02%；其中巩固脱贫衔接乡村振兴支出 3.03 亿元，下降 1.54%。

年末，全县金融机构本外币各项存款余额 137.47 亿元，比年初增加 8.63 亿元，增长 6.7%。其中，住户存款余额 125.75 亿元，增长 11.1%；本外币各项贷款余额 94.16 亿元，比年初增加 11.8 亿元，增长 14.32%。其中，短期贷款余额 45.47 亿元，增长 10.2%；中长期贷款余额 44.82 亿元，增长 11.8%。

2023 年，全年保险公司保费收入 1.36 亿元，同比增长 7.09%。其中寿险 0.9 亿元，增长 14.5%；财产险 0.46 亿元，下降 5.7%。全年赔付总额 0.34 亿元，下降 41.38%，其中寿险赔付 0.19 亿元，下降 6.38%；财产险赔付 0.15 亿元，下降 6.18%。

九、教育和科学技术

年末全县有中等职业教育学校 2 所，招生数 892 人，在校生 2493 人，毕业生 642 人。普通高中学校 3 所，招生数 1770 人，在校生 5278 人，毕业生 1671 人。初中学校 15 所，招生数3524人，在校生10766人，毕业生3266人。普通小学77所，招生数3091人，在校生20441人，毕业生3520人。幼儿园在校生达8049人。小学适龄儿童入学率达100%，小学毕业生升学率100%。高中阶段教育毛入学率96.4%。全年落实义务教育保障资金4.78亿元，2023年发放普通高中国家助学金375.9万元，发放中职国家助学金321.1万元，资助中职学生1638人次。落实中职免学费资金564.48万元，资助中职学生2352人次。

全县留守儿童14067人。其中，初中留守儿童4291人，留守女生2128人；小学留守儿童9776人，留守女生4904人。

2023年，我县有省级工程技术研究中心5家，高新技术创业服务中心4家。全年实施科学研究项目6个，科技经费支出总额2523万元，签订技术合同29份。

截至年底授权专利63件，同比下降44.38%，其中新发明专利33件，下降13.16%。法定计量检定机构1个，重点工业产品质量监督抽查45批次，同比增长7.14%。

十、文化、卫生

年末全县共有艺术表演团体275个，群众美术馆1个、文化馆1个，公共图书馆1个。广播电视台1个，广播综合人口覆盖率96.9%，电视综合人口覆盖率98.8%，有线电视用户1.2万户。全县拥有国家级非物质文化遗产保护名录4个，省级非物质文化遗产保护名录8个。全县建有档案馆1个。

2023年末全县共有卫生机构26个。其中医院2个，妇幼保健院（站、所）1个，专科疾病防治院（疾控中心1个），卫监执法站1个，科技药具站1所，流动人口管理站1所，乡镇卫生院18个。全县有村卫生室156个，诊所24家。全县共有卫生技术人员1821人。其中执业医师和执业助理医师464人；注册护士663人。县级医院拥有床位550张，乡镇卫生院拥有床位570张。

全县共有体育场地266个。其中体育馆1座，运动场（含体育场、小运动场、田径场）35个，各种训练房2个。全年共开展全民健身项目12项次。

十一、资源、环境和安全生产

全县实有耕地面积1.88万公顷，基本农田1.65万公顷。

全县已发现矿种25种，已探明资源储量的矿种6种。其中金属矿4种、非金属矿2种。

全县有省级以上自然保护区3个，其中省级2个，分别为：泸溪县沅水风景名胜区，面积6321公顷；天桥山自然保护区，面积13878公顷。国家级1个，泸溪武水国家湿地公园，面积2429公顷。全县森林面积7.2万公顷，森林覆盖率58.27%。全县林地面积11.6万公顷，全县活立木蓄积476.3万立方米，2023年人工造林133.4公顷，封山育林713.4公顷。

全县城市污水处理率96.4%，县城空气环境质量优良以上341天，优良率达93.4%，全年空气环境质量综合指数3.06，全年县城集中式饮用水源水质达标率为100%，沅江、武水主要河流水质均达到国家Ⅱ类标准。土壤环境质量：根据2023年我县土壤初查情况和工业企业用地调查情况评估，总体质量良好。城市人均公园绿地面积为9.23平方米。县城生活垃圾无害化处理率达到100%。

初步核算，2023年全县规模工业综合能源消费量为12.2万吨标准煤，下降6%。全社会用电量9.22亿千瓦时，下降1.7%。其中工业用电量6.51亿千瓦时，下降3%；居民生活用电量1.8亿千瓦时，下降0.9%。

2023年，全县未发生较大及以上安全事故，全县安全生产局面总体稳定向好。

十二、人口、人民生活和社会保障

2023年末，全县户籍人口为31.03万人。常住人口23.17万人，其中：城镇人口为10.75万人，乡村人口为12.42万人，城镇化率达到46.38%。

全县居民人均可支配收入20964元，增长5.9%。其中，城镇居民人均可支配收入31699元，增长4.2%；农村居民人均可支配收入13250元，增长7.1%。全县居民人均生活消费支出14388元，增长5.8%。其中，城镇居民人均生活消费支出17802元，增长4.3%；农村居民人均生活消费支出11935元，增长6.8%。全县居民食品消费支出占消费总支出的比重（恩格尔系数）为26.6%。全县城镇居民人均住房面积32.4平方米，同比增长4.05%；农村居民人均住房面积30.9平方米，同比下降8.5%。

全县城镇登记失业率1.12%。新增城镇就业人员2504人，同比下降6.57%。其中，失业人员再就业人数998人。参加城乡基本医疗保险人数26.37万人，其中居民基本医疗保险参保人数24.5万人，城镇职工基本医疗保险参保人数1.87万人（在岗职工1.19万人，退休人员0.68万人）。全县参加工伤保险职工人数2.18万人，参加失业保险职工人数1.03万人，领取失业保险金职工人数955人。全县新型农村养老保险登记参保人数14.33万人，增长0.02%。

2023年，共发放城镇居民最低生活保障0.51万人，发放资金总额2779.1万元；发放农村居民最低生活保障1.68万人，发放资金总额5008.55万元。年末各类收养性社会福利单位床位793张，各类收养性社会福利单位收养人员568人。拥有综合性社区服务中心16个，新建城乡6个，新增床位数30张。全年销售社会福利彩票1751万元。

凤凰县

凤凰，国家历史文化名城，首批中国旅游强县，国家AAAAA级景区，湖南省湘西土家族苗族自治州所辖八县市之一。东与泸溪县交界，南与麻阳县相连，西同贵州省铜仁市、松桃苗族自治县接壤，北和吉首市、花垣县毗邻，史称“西托云贵，东控辰沅，北制川鄂，南扼桂边”。吉凤高速、凤大高速建成通车，距湘西自治州州府吉首市52公里，怀化市92公里；距铜仁凤凰机场27公里，张家界荷花机场280公里；G209国道、S308省道贯穿全境，枝柳铁路穿境而过，交通便利快捷。全境南北长66公里，东西宽50公里，土地总面积1745平方公里。全县辖17个乡镇、256个行政村、26个社区。2023年末，全县总人口41.9039万人，常住人口34.1万人（城镇人口15.57万人、乡村人口18.53万人，全县城镇化率为45.66%）；在总人口中，少数民族人口33.63万人，占总人口的80.26%；在少数民族人口中苗族25.06万人，占总人口的59.8%。凤凰古城2001年成为“国家历史文化名城”，2006年被列入“中国世界文化遗产预备名录”，2007年被评为“中国旅游强县”，2012年晋升为国家级风景名胜区，“凤凰区域军事防御体系”入选新一轮“中国世界文化遗产预备名录”，2013年被正式授予“全国生态文明先进县”，被誉为“中国最美丽的小城”，入选2020中国旅游百强县、荣获国家全域旅游示范区称号。

凤凰县历史悠久，文化底蕴浓厚。唐垂拱二年（公元686年），始设渭阳县，县址设黄丝桥，即今黄丝桥古城。宋、元、明置五寨长官司。清康熙三十九年（公元1700年）设镇，即为当时全国六十二镇之一。民国二年九月，废凤凰厅，改建为凤凰县，仍为湘西军政统治中心。1949年凤凰县解放，初属沅陵专区，1955年划归湘西苗族自治州，1957年改属湘西土家族苗族自治州至今。古城内明清建筑保留完好，有县级以上文物保护单位85处，其中国家级2处、省级8处；全县共有古遗址116处，特色民居120多栋，珍贵馆藏文物和各类珍稀化石1万多件，是西南地区现存文物古迹最多的县市之一。楚文化与凤凰土著文化的结合，苗文化与汉文化的交融，形成了独具一格的地域文化。佩戴项圈、手镯、凤冠、花带、戒指等饰物古风浓郁，傩堂戏、阳戏、“文茶灯”等古戏曲广为传唱，蜡染、纸扎、苗族银饰等民间工艺世代传承。

凤凰钟灵毓秀，自然资源丰富。县境内水能蕴藏量3.64万千瓦，有大小溪河156条，总长709公里，最大的河流沱江长96.9公里，流域面积为732.42平方公里，多年平均流量11.89立方米/秒，自然落差533米。县内有长潭岗中型水电站1座，装机容量1.2万千瓦，有中小型水库92座。矿藏资源丰富。目前，已探明可供开采的有天然金刚石、汞、铅锌、水泥灰岩、无烟煤、石煤、大理石、硅石、锑等35种矿藏，其中汞的储量居全国第四位，铅锌储量居全省第二位。县城内盛产江竹豆、玉米、茶叶、油桐茶、生漆、柑橘、板栗、猕猴桃、黄柏、杜仲、红晒烟等。境内名胜古迹星罗棋布，有国家级地质公园，以岩溶峡谷、峰林、溶洞、瀑布构造形成的综合地质遗迹景观。有“湘西边墙”——中国南方长城。有省级风景名胜区四处，即建于唐代垂拱年间的黄丝桥古城、华夏第二洞奇梁洞、飞檐斗拱的古建筑朝阳宫、沈从文故居。自然保护区2处，即国家级的南华山森林公园、省级的两头羊自然保护区。县城建设古朴典雅，北门、东门古城楼，沱江河畔的吊脚楼别具一格，还有那飞檐斗角的万寿宫、大成殿、天王庙、遐昌阁、万名塔，构成了一幅美丽的画卷，素有“中国最美的小城”之誉和“画乡”之称。

凤凰山川秀美，更是人杰地灵。青山、绿水、古城融为一体的“天人合一”画卷，世上不可多得。境内凤凰古城、十里沱江风光带、国家地质公园、南华山国家森林公园等风景名胜，引人入胜；南方长城、奇梁洞等精品景点，雄伟大气。据不完全统计，从清道光二十年（1840年）至清光绪元年（1875年）短短的36年间，这里就涌现出提督20人，总兵21人，副将43人，参将31人，游击73人共188名三品以上军官。民国时，凤凰出中将7人、少将27人。当代以来，凤凰更是人才辈出，涌现出一批将军、高级领导干部、作家、书画家、工艺美术家。特别是随着民国第一任民选内阁总理、政治家、慈善家、教育家熊希龄，著名作家、历史学家沈从文，著名画家黄永玉，以郑国鸿、田兴恕为代表的“筸军”人物的出现，凤凰不仅闻名全国，而且蜚声世界。

凤凰县2023年国民经济和社会发展统计公报

2023年是全面贯彻党的二十大精神的开局之年，是新冠疫情防控转段后经济恢复发展的一年。全县上下在县委的坚强领导下，以党的二十大精神为引领，坚持稳中求进工作总基调，聚焦高质量发展首要任务，锚定省委“三高四新”美好蓝图、州委“三区两地”“五个湘西”发展要求，大力实施“文旅强县、工业兴县、产业富民”县域经济发展战略，全年国民经济回升向好，高质量发展稳步推进，为建设社会主义现代化新凤凰奠定了坚实的基础。

一、综合

初步核算，全县实现地区生产总值1039489万元，增长5.7%。其中，第一产业增加值136192万元，增长3.2%；第二产业增加值220265万元，增长4.7%；第三产业增加值683032万元，增长6.6%。在全县地区生产总值中，三次产业结构由上年的13.6∶20.5∶65.9调整为13.1∶21.2∶65.7。其中，工业增加值占生产总值的比重为16.45%，较上年提升1.28个百分点。第一、二、三次产业对经济增长的贡献率分别为8.1%、16.3%、75.6%（不变价计算）。

二、农业

全年实现农林牧渔业总产值240632.57万元，增长3.4%，其中农、林、牧、渔业、农林牧渔服务业总产值分别为162058.42万元、6272.7万元、66530.41万元、1842.74万元、3928.3万元，分别增长3.5%、11%、2.2%、3.4%、9.6%。粮食作物播种面积41.23万亩，粮食总产量13.25万吨，同比增长1.04%。油料作物播种面积13.39万亩，同比增长17.3%。特色支柱产业稳步发展，蔬菜及食用菌、茶叶、柑橘、猕猴桃产量分别达到124867.7吨、179.8吨、78818吨和30159吨。养殖业平稳发展，全年猪、牛、羊、家禽出栏分别达18.04万头、0.60万头、2.87万只和70.64万羽。

全年完成13个乡镇30个村2.56万亩高标准农田建设任务，其中新增建设1.81万亩，改造提升0.75万亩；全年共抽检农产品样品1258批次，合格率达99.6%；完成农产品品牌有机认证1个，绿色食品认证5个。

三、工业、建筑业和房地产业

全县工业总产值104271万元，增长16%。规模以上工业企业增加值2.76亿元，增长15.7%。在规模工业增加值总计中股份制企业2.67亿元，增长16.7%；在规模工业增加值总计中省级及以上产业园区（含集中区）增加值0.75亿元，增长17.8%；在规模工业增加值总计中非公有制企业增加值1.92亿元，增长11.7%。

全社会建筑业增加值4.98亿元，下降5.6%。全县资质建筑企业总产值2.52亿元，增长0.8%，房屋建筑施工面积0.16万平方米，下降98.9%。

年末全县房地产开发企业共有13家（全口径），已发放商品房预售证52本（栋），预售面积为14.01万平方米，总套数1258套（包含商业、仓库等非住宅），其中住宅712套；新建商品房成交面积为16.31万平方米，其中住宅面积为13.4万平方米；新建商品房成交金额为6.61亿元，其中住宅为4.92亿元；新建商品房成交均价为4051.77元/平方米，其中住宅为3669.07元/平方米；新建商品房成交套数1740套。

全年为200余户公租房户按季发放公租房租赁补贴52.14万元。白蚁防治涉及总建筑面积12万平方米，白蚁防治施工面积约6万平方米。

年末全县共有商住物业服务小区52个（其中商住小区42个，机关事业单位小区10个），商住小区共成立业主委员会22个。

四、固定资产投资

全年在建项目81个，其中：投资项目67个，房地产项目14个（注册地统计口径）。2023年固定资产投资达532828万元，增长2.3%，其中：城镇固定资产投资313584万元，下降2.3%；房地产投资205965万元，增长13.3%。在投资总额中：工业投资增长40.1%；产业投资下降8.4%；高新技术产业投资下降25.2%。

五、国内贸易

全年实现社会消费品零售总额476746.5万元，同比增长2.1%，其中批发业零售额61719万元，增长0.1%；零售业零售额258243万元，增长0.3%；住宿业零售额18459万元，增长10.5%；餐饮业零售额138325.5元，增长5.3%。在社会消费品零售总额中，城镇零售额为360902.5万元，增长2.5%；乡村零售额115844万元，增长

0.7%。

六、交通运输和邮电

全年旅客客运量254.28万人，旅客周转量15751.6万人公里；货物运输量177.18万吨，货运周转量12295.27万吨公里。全县公路通车里程1622.253公里。

全年邮政业务总量6016.01万元（2020年不变价），电信业务总量28653万元（2020年不变价）。

七、财政、金融和保险

全县一般公共预算收入完成103088万元，同比增长8.97%，其中，地方一般公共预算收入87651万元，同比增长1.29%；上划中央收入完成13760万元，同比上年增加3064万元，增长28.65%；上划省级收入完成1671万元，同比上年增加4308万元。税收收入累计完成45729万元，同比上年增加10147万元，增长28.52%；非税收入累计完成57359万元，同比上年下降2.81%。非税收入占地方收入比重为65.44%，收入占比较上年同期增长1.91个百分点。

全县一般公共财政预算总支出405508万元，同比下降0.48%。其中：民生支出累计完成261110万元，同比增加6816万元，增长2.68%，民生支出占一般公共预算支出比重为64.39%，较去年同期增长2.68个百分点。

年末金融机构各项存款余额179.87亿元，增长10.2%。金融机构各项贷款余额210.21亿元，增长10.9%。

全年保险保费收入27526.47万元，增长10.03%。在保费收入中，财产保险保费收入13790.8万元，增长9.96%；人寿保险保费收入13735.67万元，增长10.1%。

八、教育和科技

全县现有各级各类学校175所，其中幼儿园76所（民办48所），小学73所（中心完小19所，片完小11所，教学点43所），初级中学10所，九年一贯制学校9所（民办2所），普通高中3所（民办2所），中等职业学校3所（民办1所），特殊教育学校1所。共有在校学生68621人，其中学前11387人，小学30678人，初中16998人，高中7182人，中等职业学校2188人，特殊教育188人。实有中小学教师3557人，其中编制内教师3168人、编外教师389人。在园幼儿数11387人，其中公办园28所，在园幼儿数6539人，公办园占比57.43%，普惠性民办园32所，普惠率占比90.04%，三年毛入园率达到90%；高考本科上线973人，上线率45%，特控线（原一本线）上线454人。

全年实现高新技术产业增加值11699万元，增长28.6%，占地区生产总值比重为1.13%。

成功申报国家高新技术企业4家、科技型中小企业备案63家；完成技术合同登记22项，成交额26623.66万元；申报省级工程技术研究中心1家；累计完成科技型企业知识价值信用贷款企业名单核查推荐101家/次；新增省专精特新中小企业2家；引进外国专家1人；选派新一轮“三区”科技人才18人；完成省级科技成果登记7项。

九、旅游、文化、卫生和体育

全年共接待游客1831.01万人次，同比增长73.41%；实现旅游收入172.61亿元，同比增长70.54%。

完成腊尔山镇夯卡村、新场镇大坡村、阿拉营镇安井村、禾库镇补丁村4个村史馆建设；编创《菖蒲塘的春天》《荞麦花开》《借你一副肩膀》《苗岭欢歌》等文化艺术精品；举办“六月六”“四月八”等传统文化活动5次，开展各类文化艺术培训10余次，培训人次1700余人次；全年开展送戏下乡144场。

全年检查文化旅游经营单位2213家次，检查旅游团队1.77万支，检查团队人数16.34万人，责令整改旅行社11家，立案调查旅行社2家，给予警告20家（次）；累计受理游客投诉738起，挽回游客损失26.59万元，投诉受理率100%，投诉办结率100%，游客满意率100%。

成功举办第二届湘西州旅游发展大会、中国·凤凰第六届民俗摄影双年展暨第九届苗族银饰服饰文化节和“端午节赛龙舟·抢鸭子”等节庆活动。

凤凰古城景区成功创成国家AAAAA级旅游景区，《湘见·沱江》入选首批湖南文旅沉浸式体验新空间名单，竹山乡居民宿、凤凰样子文化村入选首批湖南文旅消费“新生代·新场景”，凤凰县入选首批全国文化产业赋能乡村振兴试点名单。

全县累计执业医师注册644人，累计执业助理医师注册236人，累计护士注册1041人，年末全县有医疗卫生机构405个（含诊所、村卫生室），其中：综合医院1所、中医院1所、妇幼保健院1所、民营医院4所、疾病预防控制中心1个、乡镇卫生院26个。

全年县域内门诊诊疗1019147人次，同比增长3.5%，其中乡镇门诊诊疗51030人次，同比年增长4.6%；县域内住院60363人次，同比增长7.8%，乡镇住院25884人次，同比增长7.1%；县域内就诊率95.8%。县域内住院次均费用为2865元，较2022年下降4.4%；其中县级公立医院住院次均费用为4115.6元，较2022年下降5.7%。全县医疗服务性收入为9672.46万元，同比增长9.4%；医疗服务性收入占比为34.96%，同比增长7.2%。

农村适龄妇女免费“两癌”检查完成率100.18%，产妇免费产前筛查率120.94%，产妇免费先天性心脏病筛查完成率138.12%，免费孕前优生健康检查率104.1%，新生儿疾病筛查率99.5%。

年内组织举办群众体育活动15项；全年完成三级社会体育指导员、三级裁判员培训200人。完成17个乡镇全民健身站的挂牌工作；全年体彩总销量为3082.14万元，比上年增长41.1%。

十、资源、环境和安全生产

全县林业用地116073.16公顷，有林地76181.03公顷，活立木蓄积5094753立方米，森林覆盖率45.03%。全县有省级自然保护区2个，保护区面积17338公顷。高标准完成磁悬浮沿线、南长城高速下线、廖家桥镇菖蒲塘村等绿化项目，完成绿化面积647.6亩、绿化里程20.25公里。全年义务种植树苗20000余株，为城乡添绿600余亩。完成崇寨村、大桥村、安井村等13个森林乡村创建。

年内补充耕地整改939亩，耕地恢复599亩，灾毁复垦768亩，实现全县耕地进出平衡，完成州定耕地保有量49.90万亩、永久基本农田保护任务面积42.66万亩的目标任务；完成地灾隐患治理7处，整合矿山2家，销号历史遗留矿山3家，关闭矿山20家，矿山转型3家；办理不动产登记业务10073笔；农房一体登记72111宗，打证3149本。

全年环境空气优良天数比例达98.4%，PM2.5和PM10平均浓度分别达21微克/立方米、43微克/立方米。全县3个国控考核断面、2个省控考核断面水质达到Ⅲ类标准，集中式饮用水水源地水质达到Ⅱ类标准，水质达标率均为100%。当年凤凰县成功创建国家生态文明示范区。

全县共发生各类安全事故76起，死亡23人，同比事故起数、死亡人数分别下降64%、15%，未发生较大以上亡人事故；未发生较大以上亡人森林火灾及重大森林火灾事故和因自然灾害亡人事故。

十一、人口、人民生活和社会保障

年末全县总人口41.9039万人，常住人口34.1万人（城镇人口15.57万人、乡村人口18.53万人，全县城镇化率为45.66%）；在总人口中，少数民族人口33.63万人，占总人口的80.26%；在少数民族人口中苗族25.06万人，占总人口的59.8%。全县出生人口3303人，人口出生率为7.88‰，死亡人口2865人、死亡率为6.84‰，人口自然增长率1.04‰。在常住人口中，0—15岁人口占23.61%，16—59岁人口占57.12%，60岁以上人口占19.27%。

全县居民人均可支配收入21428元，增长6.7%，其中：城镇居民人均可支配收入33036元，增长5.2%；农村居民人均可支配收入15558元，增长7.4%。城乡居民家庭消费总支出15612元，其中文教娱乐服务支出2071元，占消费总支出的13.27%。

全县脱贫人口转移就业36672人，其中省外就业20145人，省内县外就业4933人，县内就业11594人。全县城镇新增就业2524人，其中失业人员再就业1045人，就业困难人员再就业人数530人，实现零就业家庭援助动态100%清零。城镇登记失业率为0.88%。

全年办理拖欠农民工工资案件14起，其中协调处理案件8起，立案办理6起；处理劳动争议案件128件，涉案金额523.15万元，涉及劳动者128人，仲裁结案率达100%，调解成功率达73%。

全县社会保险参保32.03万人次，其中企业职工养老保险参保2.77万人，完成征缴13802.87万元，发放待遇27895.79万元；机关事业单位养老保险参保1.42万人，完成征缴20765.07万元，发放待遇25464.12万元；城乡居民养老保险参保23.33万人，完成征缴4873.13万元，发放待遇9244.77万元；工伤保险2.61万人，完成征缴878.84万元，发放待遇768.41万元；失业保险1.89万人，完成征缴558.90万元，发放待遇89.98万元。

全县参加居民医保328797人，职工医保20409人，常住人口医保参保率99.3%；困难群众100%参保资助到位，共资助27960人次27410人，资助金额585.6725万元，特困户、孤儿、事实无人抚养儿童、重度残疾人，参加城乡居民医保的全额资助350元；防返贫监测对象、低保对象、最低生活保障边缘家庭成员，参加城乡居民医保的资助175元。

全县共住院72764人次（46253人），医疗总费用38126.62万元，统筹基金支出19116.52万元，大病保险支付1456.94万元，医院一站式结算医疗救助1121.42万元。基金总支付21694.88万元，基金支付占总费用56.9%，政策内费用报销比例为69.4%。困难人口总费用报销比例为77.64%，政策内费用报销比例为90.7%。审查群众申请医疗救助或再救助763人，审定308人，救助金额427.45万元。

年内规划区内共死亡339例，集中治丧339例，集中治丧率100%，火化430例，火化率126%，节地生态安葬430例，节地生态安葬率126%。

全县城乡低保分别调整为650元/月、5040元/年，城市低保873户1732人，发放救助金989.4571万元；农村低保7902户20323人，发放救助金6116.832万元。

年内共救助流浪乞讨人员383人，救助资金2.78万元。全县共有9548名残疾人享受残疾人两项补贴，标准达到120元/（人·月）。

全县办理婚姻登记3067对，其中结婚登记1882对，离婚登记645对，补结登记387对，补离登记153对。

全县共有孤儿89人，事实无人抚养儿童245人，其中州慈爱园集中供养53人，县慈爱园集中供养39人。

全县共有特困供养老人1122人，其中敬老院集中供养236人，散居供养886人，集中供养基本生活补助标准均为800元/月，城乡散居人员分别提高至845、546元/月。累计为23名百岁老人发放津贴11.35万元，为1012名高龄老人发放津贴113.43万元，为334名困难老人发放养老服务补贴3.856万元。

年内维修更换大街小巷的节能灯泡1200盏、维修沿河的路灯和景观灯152套、线路维修和更换线路4800米。年内城区污水处理水量959.53万立方米，污水处理出水水质达标率100%。全年内完成售水量904.8万吨，新增报装户数4332户，全县城镇自来水管网延伸至漾水坨村、铁桥村、菖蒲塘村、廖家桥社区、土桥坳村等周边村落，城镇总用水户已达44412户。自来水水质综合合格率100%，供水正常率96%。

完成农村户厕改造3050座，投入2300万元对14个城镇老旧小区实施改造。

年内总销售福利彩票2505万元，其中电脑票销售1521万元。刮刮乐共销售984万元。

古 丈 县

古丈县，隶属于湘西土家族苗族自治州，位于湖南省西部、湘西自治州中部。古阳镇为县城所在地，其西抵保靖、东接沅陵，南与吉首、泸溪相接，北和永顺交界。总面积1297平方公里，下辖7镇。截至2023年末，古丈县常住人口10.76万人。其中，城镇人口5.21万人，城镇化率48.42%，比上年末提高1.85个百分点。全年出生人口0.0713万人，出生率4.70‰；死亡人口0.0912万人，死亡率6.01‰；人口自然增长率-1.31‰。0—15岁（含不满16周岁）人口占常住人口的比重为15.76%，下降0.05个百分点；16—59岁（含不满60周岁）人口比重为62.10%，下降5.23个百分点；60岁及以上人口比重为22.14%，提高5.19个百分点。

古丈县生态环境优良，林木绿化率高达80.46%，素有“林业之乡、名茶之乡、举重之乡、歌舞之乡”的美称。是歌唱家宋祖英、何纪光的家乡，其土家族茅古斯、摆手舞、苗族鼓舞等独具特色。有世界地质遗址——古丈金钉子、国家地质公园——红石林、国家级自然保护区——高望界、国家级森林公园——坐龙峡、省级风景名胜区、湘西北第一大内湖——栖凤湖。先后获得“国家茶叶产业技术体系建设示范县”“全国重点产茶县”等荣誉。2019年7月，荣获2019年“中国天然氧吧”创建地区称号。

2012年，古丈县辖5镇7乡140个村。

2015年，根据古丈县乡镇区划调整方案，古丈县共减少5个乡镇建制，现辖古阳、高峰、岩头寨、坪坝、断龙山、红石林、默戎7个镇，总面积1286.47平方千米，总人口14.48万人，县人民政府驻古阳镇名称不变。

截至2023年6月，古丈县辖古阳、高峰、岩头寨、坪坝、断龙山、红石林、默戎7个镇。

古丈县2023年国民经济和社会发展统计公报

2023年是全面贯彻党的二十大精神的开局之年，是实施“十四五”规划承前启后的关键一年。全县上下坚持以习近平新时代中国特色社会主义思想为指导，深入贯彻落实党的二十大精神和习近平总书记在湖南考察时重要讲话精神，我县坚持稳中求进工作总基调，完整、准确、全面贯彻新发展理念，加快构建新发展格局，着力推动高质量发展，国民经济回升向好，实现经济质的有效提升和量的合理增长，新时代社会主义现代化强县建设迈出坚实步伐。

一、综合

初步核算，全年地区生产总值35.2521亿元，比上年增长1.8%。其中，第一产业增加值8.7585亿元，比上年增长3.4%；第二产业增加值7.5032亿元，增长–6.2%；第三产业增加值18.9904亿元，增长4.4%。三次产业结构为24.8 ：21.3 ：53.4。第一、二、三产业增加值对经济增长的贡献率分别是7.3%、–54.1%、146.8%。第一产业增加值占国内生产总值比重为24.85%，第二产业增加值比重为21.28%，第三产业增加值比重为53.87%。分季度看，一季度地区生产总值同比增长2.2%，二季度增长0.8%，三季度增长0.8%，四季度增长1.8%。全年人均地区生产总值32884元，比上年增长1.6%。

二、农业

全年农林牧渔业总产值152694.8059万元，增长3.52%，其中，农业产值107912.06万元，增长2.2%；林业产值6939.91万元，增长10.3%；牧业产值32561.99万元，增长5.9%；渔业产值2179.66万元，增长5.3%；农林牧渔专业及辅助性活动产值3101.18万元，增长7.5%。

2023年粮食种植面积12.495万亩。其中，谷物种植面积10.296万亩，豆类种植面积1.263万亩，薯类种植面积0.9315万亩。

全年猪、牛、羊、禽肉类总产量0.78万吨，比上年增长4%。其中，猪肉产量0.54万吨，增长8%；牛肉产量0.07万吨，增长0%；羊肉产量0.08万吨，比上年下降11.1%；禽肉产量0.09万吨，增长0%。年末生猪存栏5.37万头，比上年末下降5.4%，其中，能繁母猪存栏0.93万头，增长17.7%；牛存栏2.54万头，比上年下降9.9%；羊存栏3.55万只，比上年下降2.2%；家禽存笼43.91万羽，增长44%。全年生猪出栏7.36万头，比上年增长8%；牛出栏0.62万头，增长1.6%；羊出栏5.26万只，比上年下降3.6%；家禽出笼53.99万羽，增长5.8%。禽蛋产量0.16万吨，增长166%。

全年完成高标准农田建设1.39万亩，其中，新建和改造提升高标准农田0.59万亩，涉及5个镇16个村。

三、工业和建筑业

全年规模以上工业增加值增长–4.3%。在规模以上工业中，分经济类型看，股份制企业增加值下降12.6%，其他经济类型企业增加值增长12.9%，国有控股企业增加值增长2.9%，非公有企业增加值下降17.1%，大中型企业增加值增长29.9%。分门类看，采矿业增加值下降30.2%，制造业增加值下降11.1%。

规模以上工业企业实现利润总额3250.9万元，比上年下降4.67%；全县规模以上工业企业产销率0.62%，规模以上工业企业实现主营业务收入10.98亿元，同比下降11.19%。

初步核算，全年规模工业企业能源工业生产消费量6.9712万吨标准煤，比上年下降3.48%。

全县有资质等级的建筑业企业2个，全年增加值8929万元，比上年下降15.7%；营业收入0.29亿元，同比增长3.6%。

四、服务业

全年批发和零售业增加值5539万元，同比下降4.5%；交通运输、仓储和邮政业增加值8331万元，增长12.6%；住宿和餐饮业增加值7857万元，增长8.8%；金融业增加值2.6129亿元，增长4.8%；房地产业增加值2.6668亿元，增长4.2%；信息传输、软件和信息技术服务业增加值5039万元，增长11.6%；租赁和商务服务业增加值1.0086亿元，增长8.7%。规模以上服务业企业营业收入比上年增长34.8%，营业利润下降167.77%。

五、固定资产投资

全年固定资产投资（不含农户）增速12.2%，连续四年保持两位数增长，增速位居全州第一。按经济类型分，国有投资6.7169亿元，增幅0.3%；非国有投资12.2154亿元，增幅21.7%；民间投资9.7137亿元，增幅18.9%。按产业分，第一产业投资0.2609亿元，增幅6.6%；第二产业投资6.7904亿元，增幅161.5%；第三产业投资11.8810亿元，增幅–14.5%。按投资方向分，涉农项目投资1.0668亿元，增幅–19%。工业投资6.7904亿元，增幅161.5%；民生工程投资2.2994亿元，增幅–27.5%；生态环境投资1.6030亿元，增幅472.7%；基础设施投资6.8178亿元，增幅18.1%；高技术产业投资0.9311亿元；房地产开发投资1.4869亿元，比上年下降44.4%。

房地产开发企业全年商品房销售面积42008平方米，增速78.7%；全年商品房销售额17053万元，增速88.49%；待售面积0.42万平方米；房屋新开工面积6.04万平方米，增速7.66%。

六、贸易

全年社会消费品零售总额7.4027亿元，比上年增长0.4%。按销售所在地分，城镇商品销售额7.82229亿元，增速3%；乡村商品销售额3.35241亿元，增速3%。城镇消费品零售额5.23722亿元，增速8%；乡村消费品零售额2.3616亿元，下降6.5%。按消费类型分，商品销售额11.1747亿元，增速3%；零售额7.59882亿元，增速3%。按行业分，批发业商品销售额和零售额分别是4.4782亿元、3.2260亿元，增速分别为3%、10.9%；零售业商品销售额和零售额分别是5.2383亿元、3.66242亿元，增速分别为3%、–0.5%；住宿业商品销售额和零售额分别是0.5594亿元、0.2450亿元，增速分别为3%、–45.6%；餐饮业商品销售额和零售额分别是0.8988亿元、0.4654亿元，增速分别为3%、37.6%。

七、文化和旅游业

全年全县共接待游客514.66万人次，实现旅游收入42.27亿元，同比分别增长28.50%、35.60%。完成“湖南公共文化进村入户·戏曲进乡村”活动118场次；清查可移动文物824件，巡查文物12处；开展“文化筑梦——关爱未成年人”志愿服务活动、“文化悦老——老年人健康知识”讲座，2023年“图书服务进校园——关爱少年儿童健康成长”志愿服务进校园活动走进古丈县古阳镇双溪片区中心完小，送去少儿读物共268册，书籍内容涉及颇广，涵盖文化、艺术、科普等多个种类，并附赠一批文具、篮球等学习、体育用品。

八、交通运输和邮电

2023年末公路通车里程1015.27公里，其中，国公路44.2公里，省公路105.999公里，县公路184.406公里，乡公路323.114公里，其中专用公路9.161公里，村公路348.39公里。年末全县营运载客汽车70辆，营运载货汽车160辆，客船拥有35艘。客运量152.6132万人，周转量781.5041万人/公里。

全年完成邮政业务总量671.93万元，邮路总长度1109公里，年末函件0.876万件，年末快递业务量52.9535万件。订销报刊期发数15.67万份，订销报刊累计数182.941万份。

九、财政、金融

全年全县财政总收入完成31936万元，下降11.8%，其中，地方财政收入完成23594万元，下降18.3%；上划省级税收完成1680万元，增长90.7%；上划中央税收完成6656万元，增长3.1%；上划州级税收7万元，下降12.5%。财政总支出增长10.36%。

全年全县完成一般公共预算支出232260万元，同比增长10.4%；政府性基金支出42426万元，同比增长2%。全年全县金融机构各项存款余额76.4328亿元，同比增长16.9%，金融机构各项贷款余额65.3150亿元，增长10.1%。

十、教育

全县现有各级各类学校103所，其中

高中学校1所，中职学校1所，初级中学2所，九年制学校5所，中心完小12所，体校1所，教学点23个，学前教育机构58所（其中公办幼儿园14所，山村幼儿园32所，民办幼儿园12所），全县共有学生16205人，其中高中生1899人，中职生466人，初中生4036人，小学生6976人，在园幼儿2828人（其中公办幼儿园1285人，山村幼儿园247人，民办幼儿园1296人）。全县教体系统共有教职员工1355人。

2023年末有普通高校0所。研究生教育毕业生0万人，普通高等教育毕业生0万人，中等职业教育毕业生116（全日制61，非全日制55）人，普通高中毕业生626人，初中毕业生1450人，普通小学毕业生1327人。在园幼儿2828人，比上年下降13.17%。小学适龄儿童入学率100%，高中阶段教育毛入学率93.51%。发放高校国家奖学金、助学金（本专科生）0万元，资助高校学生（本专科生）0人次。发放中职国家助学金62万元，资助中职学生620人次。落实义务教育保障资金363.755万元，发放普通高中国家助学金203.55万元，幼儿园、托儿所有26家，小学校有13家，小学专任教师649人，小学在校学生6976人，体育场馆有1个。

十一、卫生和体育

年末有卫生机构64个。其中，医院4个，妇幼保健院（所、站）1个，专科疾病防治院（所、站）1个，乡镇卫生院15个，社区卫生服务中心（站）0个，诊所、卫生所、医务室19个，村卫生室123个。卫生技术人员841人。其中，执业医师和执业助理医师338人，注册护士466人。医院拥有床位514张；乡镇卫生院拥有床位177张。

在湖南省2023年青少年举重锦标赛上，9名运动员参赛，共获15枚金牌、6枚银牌，位居县、区后备人才基地团体总分榜第二。县民运会代表团在第十届全省少数民族体育运动会陀螺、蹴球、押加、民族健身操表演项目比赛上获得2金2银1铜。县“山村幼儿园计划”项目在全省推广，被评为全国“阳光起点儿童发展”示范县。

十二、人口和居民收入消费及社会保障

年末全县常住人口10.76万人。其中，城镇人口5.21万人，城镇化率48.42%，比上年末提高1.85个百分点。全年出生人口0.0713万人，出生率4.70‰；死亡人口0.0912万人，死亡率6.01‰；人口自然增长率-1.31‰。0—15岁（含不满16周岁）人口占常住人口的比重为15.76%，下降0.05个百分点；16—59岁（含不满60周岁）人口比重为62.10%，下降5.23个百分点；60岁及以上人口比重为22.14%，提高5.19个百分点。

全年全县居民人均可支配收入18318元，比上年增长6.4%。按常住地分，城镇居民人均可支配收入28106元，增长4.7%；农村居民人均可支配收入12444元，增长7.2%；全年全县居民人均消费支出12876元，比上年增长5.9%。按常住地分，城镇居民人均消费支出16616元，增长4%；农村居民人均消费支出10632元，增长7%。

全年城镇新增就业人员1422人，失业人员再就业739人。2023年城乡居保全县参保缴费2.5844万人，累计参保总人数达到6.5944万人。城镇职工基本养老保险参保人数0.969万人，增长6%。其中，在职职工0.426万人，离退休人员0.549万人。全年基本医疗保险参保人数11.73万人，其中，城乡居民基本医疗保险参保人数10.84万人，城镇职工基本医疗保险参保人数0.89万人。参加生育保险职工人数0.64万人。参加失业保险职工人数0.66万人。全县登记参加工伤保险人数0.98万人。2023年度为30名失业人员发放失业保险194人次。获得政府最低生活保障的城镇居民2234人，发放最低生活保障经费1084.0356万元；获得政府最低生活保障的农村居民8022人，发放最低生活保障经费2319.3565万元。全年销售社会福利彩票441万元，筹集福彩公益金173.31万元。圆满完成2件省定民生实事。政府补贴性职业技能培训0.18万人次。

十三、资源和环境及安全生产

全县总面积1297平方公里，下辖7个镇，103个行政村，6个社区3个居委会。古丈是湖南省林业大县，森林覆盖率高达80.1%，有高望界国家自然保护区和坐龙峡国家森林公园，有清澈的酉水河与栖凤湖，空气中负氧离子高，先后被评为“中国生态魅力县”“中国天然氧吧”“中国健康养生休闲度假旅游最佳目的地”“全国休闲农业和乡村旅游示范县”；旅游资源丰富，有世界地质遗址“古丈金钉子”，国家地质公园红石林4A景区，国家自然保护区高望界，国家森林公园坐龙峡，省级风景名胜区、湘西北第一大内湖栖凤湖。矿藏资源丰富，境内储量大、品位高、易开采的矿藏有锰、钒、大理石等34种，其中钒矿资源尤为丰富，储量居亚洲第一。文化资源丰富，民族文化底蕴深厚，列入国家级非物质文化遗产保护名录的有6项、省级8项，有25个村被列入中国传统村落，孕育了著名歌唱家何纪光、宋祖英和著名文学家彭学明等一批名人。

全县年降水总量1522.2毫米，年平均气温17.2℃，年日照时数1259.1小时。最高海拔1146米，最低海拔147米，有大小河流63条，水能蕴藏量6.7万千瓦。新扩补植茶叶8217亩，有机茶园达5.2万亩，获评“三茶统筹先行县”。

全县城市环境空气质量优良率达95.1%，城镇生活垃圾无害化处理率100%，县域环境质量整体优良。“河长制”工作取得阶段性成效，全县集中式饮用水水源地水质达标率100%，地表水达标率达100%。

全县累计发生各类安全事故36起（全部集中于非生产经营性道路交通领域），死亡11人，受伤81人。道路交通领域非生产经营性安全事故频发多发（7月以来采取强力管控措施后实现形势扭转）。全县未发生生产经营性安全生产责任事故，生产经营性安全生产责任事故“四项”指标为0，形势持续稳定可控。

花垣县

花垣位于湖南省西部，湘渝黔交界处，总面积1092平方公里。西与贵州省松桃县交界，西北与重庆市秀山县接壤，自古有“一脚踏三省”和“湘楚西南门户”之称，209、319国道和吉茶、张花高速公路贯穿全境，湘西境内唯一的民用机场湘西边城机场坐落花垣。

先后获评“全国最具投资潜力中小城市百强”“全国最具区域带动力中小城市百强”“全国蚩尤文化研究基地”“国家首批农业现代化示范创建县”“全国脱贫攻坚交流基地”“全国城乡交通运输一体化示范县”、“四好农村路”全国示范县、全国“科创小院”试点县、“湖南省县域经济强县”、全省实施乡村振兴战略先进县、全省乡村振兴示范创建先进县、全省人居环境提升先进县、全省民族团结进步示范县、省级文明城市、省级卫生县等荣誉称号。

花垣民族文化浓郁。花垣是古朴神秘的“百里苗乡”，苗语、苗画、苗族生成哲学等苗族文化古朴神秘，“苗族赶秋”被列为联合国非遗名录，拥有苗族服饰、苗族鼓舞、苗族古歌、苗医药、苗绣等6项国家级和蚩尤传说、苗年、苗族歌谣、苗戏、苗族椎牛祭、苗族武术、苗族绺巾舞、苗族接龙舞、苗族花带技艺等13项省级非物质文化遗产保护项目，是苗族巴岱艺术之乡、唢呐艺术之乡、苗族山歌之乡、中国苗绣织锦艺术之乡、中国民间文化艺术之乡、全国蚩尤文化研究基地。

花垣自然风光秀美。有10万年前古人类活动遗址、乾嘉苗民起义古战场遗址、沈从文笔下的边城茶峒等人文景观，拥有1个国家AAAAA级景区（十八洞）、2个国家AAAA级景区（边城茶峒、古苗河大峡谷）、1个国家历史文化名镇（边城镇）、1个国家湿地公园（古苗河），有紫霞湖、崇山老卫城、雅西红石海、寒武纪金钉子、大小龙洞瀑布、尖朵朵瀑布等旅游资源248处，是湘西世界地质公园的重要组成部分。

花垣矿产资源丰富，已探明锰、锌、页岩气等矿产23种，其中锰矿、铅锌矿储量居全国前列，是知名的“东方锰都”“有色金属之乡”，是全省矿业转型绿色发展改革试点县和全国矿业绿色发展示范区。花垣县坚决扛牢“锰三角”矿业污染治理政治责任，全力推进矿业综合整治，县域生态环境质量持续改善。2021年，花垣县国、省控断面水质居全省各县市区第4位，其中改善指数居第1位。2022年，花垣县环境空气质量综合指数及改善幅度排名全省各县市区第1位。2023年，花垣县水环境质量达标率100%，饮用水源水质达标率100%，国控、省控断面均达到或优于III类水质。2023年2月，花垣县获评全省“利剑”行动优秀县；4月，花垣矿业生态修复案例入选国土空间生态修复十大范例；6月，成功摘掉全国非煤矿山安全生产重点县“帽子”；10月，十八洞村获评全国“绿水青山就是金山银山”实践创新基地。第三方大样本调查显示，人民群众对花垣矿业环境治理总体满意率达97.6%；12月，省委全会对花垣矿业污染治理成效给予肯定。2024年4月11日，成功承办“锰三角”污染整治工作交流会；4月28日，生态环境部召开新闻发布会，对“锰三角”污染治理进展和成效给予充分肯定。

花垣县2023年国民经济和社会发展统计公报

2023年，全县坚持以习近平新时代中国特色社会主义思想为指导，全面贯彻落实党的二十大和二十届二中全会精神，坚决扛牢首倡之地政治责任，着力稳增长、抓改革、促发展、惠民生、保安全，扎实推进县域高质量发展，各项事业取得新进展。

一、综合

初步核算，全年实现地区生产总值823783万元，增长1.8%。其中，第一产业增加值103891万元，增长3.6%；第二产业增加值255410万元，下降2.2%；第三产业增加值464483万元，增长3.6%。第一产业、第二产业、第三产业增加值占地区生产总值的比重分别为12.6%、31%、56.4%，其中工业增加值占地区生产总值比重为24.2%。人均地区生产总值为34097元，增长1.8%。

二、农业

全年实现农林牧渔业总产值189604.0万元，增长3.7%，其中农业实现产值105826.6万元，增长4.3%；林业实现产值5980.1万元，增长11.8%；牧业实现产值71146.7万元，增长2.2%；渔业实现产值3428.2万元，增长4.4%；农林牧渔专业及辅助性活动实现产值3222.4万元，增长8.9%。

全年粮食播种面积18.44千公顷，下降0.14%；产量95623吨，增长1.08%。生猪出栏16.53万头，增长2.54%；产量1.22万吨，增长3.39%；存栏10.91万头，下降4.8%。牛出栏1.05万头，持平；产量0.14万吨；存栏2.5万头，下降0.79%。羊出栏6.22万头，下降1.89%；产量0.09万吨，下降10%；存栏3.38万头，下降1.74%。家禽出栏83.87万羽，增长6.95%；产量0.11万吨，增长10%；存栏48.87万羽。

农业科技园区入园企业增至78家，建成标准厂房6.7万平方米，全年实现总产值17.5亿元，完成投资1.8亿元。年末农民专业合作社809个，农产品加工龙头企业36家，州级以上龙头企业36家，家庭农场489户，规模养殖户323户。万亩特色产业标准园区3个，猕猴桃品改和培管面积3000亩；农业机械总动力25.4万千瓦，较上年增长4.3%；农村土地流转11.7万亩，全年化肥施用量8151.5吨。

截至年末，解决农村饮水安全人口22.57万人，全年共开工各类水利工程23处，投入资金9350万元。完成水利工程土石方579300立方米，完成病险水库除险加固9座，治理水土流失面积14平方公里，耕地灌溉面积1.41万公顷，水土流失综合治理面积4.92万公顷。

三、工业和建筑业

全年实现工业增加值199703万元，下降2.5%。规模以上工业增加值下降4.4%，其中国有控股企业增加值增长2.0%；非公有制企业增加值下降9.0%；规模以上工业销售产值增长3.8%。规模以上工业统计的主要产品产量中，硫酸产量156643.2吨，增长53.5%；电解锌产量84087.6吨，增长59.0%；电解锰产量31664吨，下降34.5%。

产业开发区入园企业共73家，全年实现生产总值9.8亿元，技工贸总收入30.3亿元；完成投资7.6亿元，下降35.2%。

全年建筑业增加值为56859万元，增长3.6%。房屋施工面积69.6万平方米，下降11.6%，其中新开工面积75729平方米，下降31.5%。

四、固定资产投资

全年固定资产投资总额下降27.7%，按经济类型分，国有投资下降18.8%，非国有投资下降41.4%，民间投资下降45.7%。按投资方向分，工业投资下降28.2%，其中工业技改投资下降95.8%；高新技术产业投资下降14.0%；民生投资下降28.8%；生态投资下降0.7%；基础设施投资下降33.4%。按产业分，第一产业投资增长36.1%，第二产业投资下降28.2%，第三产业投资下降34.6%。

全年房地产开发投资下降37.6%，商品房销售面积85953平方米，下降17.9%；商品房销售额32626万元，下降21.4%。

五、消费

全年社会消费品零售总额151309.6万元，增长1.9%。按销售单位所在地分，城镇消费品零售额111044万元，增长1.7%；乡村消费品零售额40265.6万元，增长2.5%。按行业统计，批发业零售额11486.6万元，增长12.1%；零售业零售额91507.6万元，下降5.2%；住宿业零售额5663.8万元，增长17.6%；餐饮业零售额42651.6万元，增长15.7%。

六、招商引资和旅游

全年引进省外境内资金22.5亿元，实现进出口总额57万元，下降96.1%，实际利用外资7.8万美元。新引进项目25个，其中投资过亿项目11个，新引进外资企业2家。

全年共接待游客442.9万人次，增长7.2%；旅游总收入43.3亿元。全县共有A级以上景区（点）3个，古苗河大峡谷景区成功创建国家4A级旅游景区。十八洞培训中心正式投用，边城文旅小镇项目进展顺利。成功承办全国文旅赋能乡村振兴现场会，成功举办第二届全县旅游发展大会、苗族赶秋节等系列活动。

七、交通、邮电

全年旅客运输量216.3万人，旅客周转量11148.1万人公里；货物运输量218.9万吨，货物周转量14044.65万吨公里。年末通车里程 1383.1 公里，其中国公路 65.7 公里；省公路 112.9 公里；县公路 188.6 公里；乡公路 374.4 公里；专用公路 97.2 公里；村公路 493.7 公里。全县拥有载货汽车 209 辆，载客汽车 191 辆。全年完成农村公路硬化 53.2 公里，农村公路硬化率达 100%，全县公路列养率和覆盖率达均为 100%。

全年邮政业务总量 6309.3 万元（2020 年不变价格），电信业务总量 26591 万元（上年不变价格）。

八、财政、金融和保险

全年实现一般公共预算收入 85188 万元，增长 8.4%，其中税收收入 47611 万元，增长 13.2%，占财政总收入的比重为 55.9%。地方财政收入 70397 万元，增长 13.4%，其中地方税收收入 32820 万元，增长 28.5%；非税收入 37577 万元，增长 2.9%。一般公共预算支出 346460 万元，增长 4.6%，其中民生支出 247732 万元，增长 3.8%，民生支出占财政支出比重为 71.5%。一般公共服务支出 36189 万元，增长 4.5%；教育支出 62146 万元，增长 0.3%；科学文化支出 1251 万元，下降 66.1%；文化体育与传媒支出 5644 万元，增长 47.1%；社会保障和就业支出 48160 万元，下降 6.8%；卫生健康支出 38287 万元，增长 8.6%；节能环保支出 20827 万元，增长 73.4%。

年末金融机构本外币各项存款余额为 132.5 亿元，增长 1.5%，金融机构本外币各项贷款余额为 135.6 亿元，下降 0.1%。全年保险公司保费收入 20529.4 万元，下降 2.7%，其中财产保险保费收入 10166.2 万元，下降 8.8%；人身保险保费收入 10363.2 万元，增长 4.1%；健康险保费收入 4556.4 万元；意外伤害险保费收入 493.1 万元。全年保险总赔付 8090 万元，增长 19.1%。

九、教育和科学技术

全县中等职业教育学校 2 所，在校生 2163 人；普通高中学校 3 所，在校生 6037 人；初中学校 21 所，在校生 13911 人；普通小学 22 所，在校生 22721 人。小学适龄儿童入学率 100%；小学毕业生升学率 100%；特殊教育在校生 125 人。高中阶段教育毛入学率 94.8%。民办学校 3 所，在校生 4731 人。全年发放普通高中国家助学金 432.8 万元；发放中职国家助学金 268.8 万元，资助中职学生 2297 人次；落实中职免学费资金 423.1 万元，资助中职学生 3437 人。花垣县第一高级中学挂牌成立，组建第一高级中学教育集团，实施“龙头校”和“名师”引领工程。

全年科技经费支出总额 1251 万元，签订技术合同 5 份，拥有科技孵化器 1 个，科技特派员 101 人。全县授权专利 103 件，其中发明专利 33 件；法定计量检定机构 1 个。

十、文化、卫生和体育

年末全县共有专业艺术表演团体 1 个，群众艺术馆、文化馆 1 个，公共图书馆 2 个，博物馆、纪念馆 4 个。广播电视台 1 个，广播综合人口覆盖率 98.1%，电视综合人口覆盖率 98.1%，有线电视用户 5000 户（不含电信、移动、联通用户）。拥有国家级非物质文化遗产保护名录 6 个，省级非物质文化遗产保护名录 18 个。

年末全县共有卫生机构 295 个，其中医院 3 个，妇幼保健院（站、所）1 个，诊所、卫生所、医务室 31 个，乡镇卫生院 21 个，村卫生室 235 个。全县共有卫生技术人员 2100 人，其中执业医师和执业助理医师 776 人；注册护士 917 人。医院拥有床位 723 张，乡镇卫生院拥有床位 628 张。深化医疗服务体系改革，组建县人民医院总医院，全县 20 所乡镇卫生院优化整合为 12 所，推行“八个统一”工作机制，实施乡村医生管理改革“四大工程”，积极构建医疗卫生服务新体系。城乡居民医保参保人数 266658 人，其中城镇职工基本医疗保险参保人数 16911 人。

全县共有体育馆 1 座，运动场 56 个、各种训练房（综合房及专项训练房）6 个、游泳池 1 个，全年共开展全民健身项目 23 项次。

十一、资源、环境和安全生产

年末实有耕地面积 23.28 千公顷，基本农田 18.85 千公顷，批准建设用地 81.89 公顷，建设占用耕地 27.82 公顷。全县已发现矿种 23 种，其中金属矿 4 种，非金属矿 19 种，实施地质勘查项目 2 个，已探明资源储量矿种 2 种。

年末活立木蓄积达 270.0 万立方米，森林覆盖率 49.26%。实有封山育林面积 980 公顷；拥有自然保护区 4 个，面积 49.5 万公顷。

坚决扛牢“锰三角”矿业污染治理政治责任，全力推进矿业综合整治。12 项年度治理任务全面完成，成功办结 66 件生态损害赔偿案件，完成 27 项“夏季攻势”任务，6 座尾矿库闭库治理工程、30 个矿业污染治理项目、吾道环保综合利用项目、总投资 16.8 亿元的（EOD）一期项目开工建设，大脑坡铅锌矿采矿工程安全设施设计通过评审，福阳锰矿推进安全隐患治理。启动“揭榜挂帅”锰渣与矿涌水低成本治理关键技术攻关示范项目。花垣县矿业生态修复案例入选湖南省第二届国土空间生态修复十大范例，成功摘掉全国非煤矿山安全生产重点县“帽子”，十八洞村获评全国“绿水青山就是金山银山”实践创新基地，矿业整治相关工作被生态环境部部长黄润秋给予充分肯定，《历史遗留矿山生态修复展新篇》获评“夏季攻势”省级典型案例，“锰三角”矿业污染治理被省委全会给予充分肯定。

年末全县地表水优于Ⅲ类水质标准，环境空气质量优良天数比率达 95.1%，全县城市污水处理率达 97.5%，农村生活污水治理管控率达 25.6%，城市生活垃圾无害化处理率达 100%，城市人均公园绿地面积达 10.5 平方米。

全年发生各类安全事故 156 起，其中生产经营性安全事故 5 起。各类安全事故死亡 12 人，其中生产经营性安全事故死亡 5 人。

十二、人口、人民生活和社会保障

年末户籍人口 304178 人，其中男性 156783 人，女性 147395 人。常住人口 242105 人，城镇化率 45.56%，较上年提升 1.92 个百分点。全年出生人口 2133 人，出生率 6.7‰；全年死亡人口 1915 人，死亡率 6.0‰；全年人口自然增长率 0.7‰。

全年居民人均可支配收入 21324 元，增长 6.5%，其中城镇居民人均可支配收入 32907 元，增长 5.1%；农村居民人均可支配收入 13767 元，增长 7.3%。居民人均生活消费支出 13768 元，增长 5.6%，其中城镇居民人均生活消费支 15276 元，增长 5.1%；农村居民人均生活消费支出 12784 元，增长 5.8%。

全年新增城镇就业人员 3012 人，年末城镇登记失业率为 0.86%，失业人员再就业 877 人。城镇基本养老保险职工人数 21768 人；城乡居民基本养老保险登记参保 168661 人；参加工伤保险职工 22674 人；参加失业保险职工 14506 人；领取失业保险金职工 168 人。

全年获得政府最低生活保障的城镇居民 15203 人次，发放城镇居民最低生活保障经费 674.3 万元；获得政府最低生活保障的农村居民 179045 人次，发放农村居民最低生活保障经费 4616.6 万元。年末各类收养性社会福利单位床位 240 张，各类收养性社会福利单位收养人员 124 人。新改建公办养老机构 3 所，新增床位 300 张；拥有综合性社区服务中心 23 个；新建城乡养老服务示范点 2 所，新增床位 26 张。提供住宿的民政服务机构 18 个，提供床位 989 张。全年销售社会福利彩票 2928 万元，筹集福彩公益金 869 万元；直接接收社会捐赠 90.7 万元。

保 靖 县

保靖县位于湖南省西部，湘西土家族苗族自治州中部。地处云贵高原余脉，武陵山脉中段。县境北与龙山县接壤，东邻永顺、古丈县，南界吉首市、花垣县，西与重庆市秀山土家族苗族自治县毗连。东西相距62.7公里，南北相距57.4公里，县域面积1760.65平方公里。辖10镇2乡，共173个行政村（社区）。

春秋战国时期，保靖地属楚地。汉高祖五年（公元前202年）始建迁陵县（县治设今县城东“四方城”），属武陵郡。西汉王莽改迁陵为迁陆，东汉复迁陵。三国、两晋时期因之。南北朝时期改迁陵县为零陵县，仍属武陵郡。梁置沅陵郡，设大乡县，零陵并入大乡，隶属沅陵郡。隋代因之。唐贞观九年（635年），析大乡部分地域置三亭县，其治所在堡子街（今县城后街坡），隶属辰州。天授二年（691年），析大乡置洛浦县，其治所“西洛”在今县城西南大妥乡甘溪村。先天二年（713年），复三亭县，隶属溪州。后梁开平元年（907年），改三亭县为保静州。宋建隆元年（960年），改为羁縻保静州。元初改称保靖州，属新添葛蛮安抚司。元至正二十六年（1366年），改为保靖州军民安抚司。明洪武二年（1369年），改安抚司为宣抚司，洪武六年（1373年），升为保靖州军民宣慰使司。清雍正七年（1729年），设置保靖县，县治今迁陵镇，相沿至今。

县境人口以土家族和苗族为主。土家族自称“毕兹卡”，主要分布县境的碗米坡镇、长潭河乡、阳朝乡、迁陵镇、清水坪镇、普戎镇、比耳镇、复兴镇、毛沟镇等。苗族自称“果雄”，主要分布在县境的吕洞山镇、葫芦镇、水田河镇。文化积淀深厚，旅游资源丰富，历史文化遗迹有三万年前的东洛旧石器时代遗址，战国粮窖和湘西的汉代青铜冶炼场，唐代的酉水岩墓葬，明代土司彭荩臣营造抗倭战舰艨艟遗址。民族风情有土家族调年节、摆手舞等传统民俗、文化活动。境内酉水河是湘西最神秘、最具特色、最具旅游开发前景的母亲河，县城迁陵至里耶河段的汉代四方城遗址、摩天石刻、天开文运、江口红石林、陡滩民族风情、碗米坡生态平湖游、首八峒八部王庙、魏家寨西汉古城等60余处景点引人入胜，吕洞山、白云山、捧车河等其他景点也各有特色。

保靖黄金茶是保靖县的主要绿色生态产业、特色优势产业，是实践“绿水青山就是金山银山”的样板产业，目前全县茶园面积已达14.3万亩，年产名优茶1000余吨，年产值近11亿元以上，全县近8万人口因茶受益，茶农人均年增收4000余元以上。2010年，“保靖黄金茶”古茶园被湖南人民政府列为文物挂牌保护，2020年，保靖黄金寨古茶园与茶文化系统被列为第五批中国重要农业文化遗产，入选中欧地理标志协定，2021年获得了马德里国际注册证明商标授权保护，保护范围涵盖27个国家。

保靖县2023年国民经济和社会发展统计公报

2023年全县上下坚持以习近平新时代中国特色社会主义思想为指导，全面贯彻党的二十大和二十届二中全会精神，认真落实中央和省、州决策部署，深入开展主题教育，扎实打好“发展六仗”，有力推进“三年”活动，高质量建设“酉水明珠·黄金茶城·幸福保靖”。

一、综合

初步核算，2023年全县生产总值84.12亿元，同比增长6.1%。其中，第一产业增加值12.46亿元，增长3.2%；第二产业增加值30.27亿元，增长8.5%；第三产业增加值41.4亿元，增长5.4%，三次产业结构比14.8 ：35.98 ：49.22。第一、二、三产业对经济增长的贡献率分别为1.93%、64.18%和33.89%。

九大行业占生产总值比重排前三位的分别是：其他服务业31.03%、工业25.89%、农林牧渔业15.07%；后三位的行业是住宿和餐饮业1.5%、批发和零售业1.9%、交通运输仓储和邮政业3.2%。全社会用电量63789万千瓦时，增长8.2%。全年新增“四上”企业15家，其中规模以上工业企业4家、建筑业企业1家、规模以上服务业企业1家、限额以上批零住餐企业9家。全县“四上”企业累计达100家。

二、农业

2023年全县农林牧渔业总产值21.85亿元，同比增长3.3%，较去年同期提升0.2个百分点。其中，农业产值14.9亿元，增长4.5%；林业产值0.34亿元，增长12.2%；牧业产值5.99亿元，下降10.1%；渔业产值0.3亿元，增长8.8%；农林牧渔服务业产值0.32亿元，增长7.5%。

全县粮食作物种植面积17.6千公顷，同比下降0.2%。其中水稻、玉米、豆类、薯类面积分别为8.16千公顷、4.89千公顷、2.14千公顷、2.31千公顷。油料种植面积6.33千公顷，同比增长11.3%；蔬菜种植面积5.2千公顷，同比增长3.0%。特色经济作物稳定快速发展。全年实有茶园面积10.53千公顷，当年可采摘面积6.69千公顷，增长0.5%；柑橘面积10.4千公顷，增长0.2%。

全县粮食总产量9.53万吨，增长1.2%，其中稻谷5.39万吨，玉米2.56万吨，豆类0.36万吨。茶叶产量0.14万吨，柑橘产量15.68万吨，烟叶产量0.14万吨。年末生猪存栏15.42万头，下降9.9%；年末生猪出栏29.59万头，下降2.1%。出栏牛羊0.57万头、8.98万头，分别下降5.0%、1.8%；出笼家禽87.58万羽，增长6.2%。肉类产量2.55万吨，下降2.2%。水产品产量0.29万吨，增长9.4%。

2023年开工各类水利工程14处，投入资金3.4亿元，完成水利工程土石方50.3万立方米，加固病险水库6座。治理水土流失面积29.2平方公里，综合治理河道16千米，解决农村安全饮水人数4.2万人。

全县农产品加工企业617家，其中国家级农产品加工龙头企业1家、省级农产品加工龙头企业5家，州级农产品加工龙头企业22家。农业专业合作社1234个，其中国家级示范社7个、省级“100家”合作社2个。家庭农场户数372户。建成高标准基本农田1.38万亩。万亩特色标准园2个，柑橘产业品改面积0.55万亩，茶叶品改和培管面积15.5万亩。全年农业机械总动力18.8万千瓦，增长2.6%；实现农村土地流转13.66万亩。

三、工业和建筑业

2023年实现工业增加值21.78亿元，同比增长10.2%，其中规模工业增加值增长16.0%，规模工业企业达40家。工业用电量39551万千瓦时，增长13.3%。规模工业企业综合能耗3.84万吨标煤，同比增长2.4%；万元规模工业增加值能耗0.43吨标煤，下降8.14%。

规模工业增加值，按经济类型分：国有企业增长4.2%；股份制企业增长14.6%；外商及港澳台企业增长33.2%；其他经济类型企业下降14.2%。在总计中：大中型工业企业增长19.6%；国有控股企业增长25.8%；非公有制企业增长14.0%；省级及以上产业园区增长17.8%。

规模以上工业企业营业收入25.39亿元，同比下降8.7%；利润总额0.29亿元，与去年同期持平；用工人数0.28万人，同比下降9.7%；亏损企业8家，亏损总额0.19亿元，增长44%。

全县建筑业增加值8.55亿元，增长4.5%，占全县生产总值比10.2%；具有建筑业资质等级的总承包和专业承包建筑企业总产值3.26亿元，增长1.2%。房屋施工面积下降38%；房屋竣工面积下降66%。

四、固定资产投资

2023年全县固定资产投资同比增长8.4%。按经济类型分：国有投资增长39.6%，非国有投资、民间投资下降36.6%、31.5%。按投资方向分：工业投资增长83.5%，其中工业技改投资下降50%；民生投资、基础设施投资、房地产投资下降21.3%、20.2%、13.1%；生态投资、高新技术产业投资增长55.4%、360%，产业投资占全部投资比为39.4%，高于去年同期9.2个百分点。

2023年全年房地产开发投资3.15亿元，下降13.1%。房地产商品房销售面积7.34万平方米，下降34.5%；其中期房销售面积2.26万平方米，下降77.3%，现房销售面积5.09万平方米，增长305.8%。房地产待售面积17.58万平方米，增长106.5%。商品房销售额2.46亿元，下降42.2%；其中期房销售额0.74亿元，下降79.2%；现房销售额1.72亿元，增长154.7%。

五、国内贸易

2023年全县社会消费品零售总额11.26亿元，同比增长1.0%。按销售单位所在地分，城镇消费品零售额8.03亿元，增长0.8%；农村消费品零售额3.23亿元，增长1.4%。按行业分，批发业、零售业、住宿业分别下降4.7%、3.2%、6.9%；餐饮业增长25.3%。通过公共网络实现的商品销售额0.07亿元，增长4.1%。限额以上住宿餐饮业营业额0.46亿元，增长14.6%，其中客房收入增长11.2%，通过公共网络实现的客房收入增长30.3%；餐费收入0.26亿元，增长14.4%。

六、招商引资和旅游

2023年，全县招商引资签约项目12个，落地项目7个，到位省外境内资金23.54亿元，同比增长24.6%；湘商回归新注册企业4家，到位资金9.47亿元；新注册外商投资企业1家，实际利用外资实现破零；电商交易额31.6亿元，电商销售农产品零售额4.47亿元；完成培育新增农村网络经营人才60人，培育新增自媒体带货“网红”150人。实现外贸进出口0.31亿元，较去年同期增长12倍。全年接待游客427.14万人次，增长44.1%，实现旅游总收入41.74亿元，增长58%，全县旅游等级景区（点）3个。

七、交通运输和邮政

2023年全县旅客运输量227.03万人，旅客周转量1.01亿人公里；货物运输量198.25万吨，货物周转量1.27亿吨公里。年末全县公路通车里程1779.5公里。全年完成农村公路硬化30.8公里。建设农村村组停车场75个、150个公共停车位及30个城乡公交候车亭。

全县电信邮政业务总量及收入2.38亿元，其中电信业务总量1.96亿元，邮政业务总量0.42亿元。

八、财政、金融和保险

2023年地方一般公共预算收入3.89亿元，同比增长8.6%。其中税收2.12亿元，税收收入比重54.35%。非税收入1.78亿元，增长7.3%。财政支出31.33亿元，下降4.2%，其中民生支出23.27亿元，增长9.4%；民生支出占财政支出比重为74.3%。一般公共服务支出3.28亿元，下降9.4%；社会保障与就业支出4.69亿元，下降0.6%；教育支出4.99亿元，增长0.3%；医疗卫生和计划生育支出3.91亿元，增长3.1%。

年末金融机构各项存款余额112.24亿元，比上年增长3.6%，其中住户存款97.1亿元，非金融企业存款6.44亿元。年末金融机构各项贷款余额89.16亿元，比上年增长16.9%，其中住户贷款47.97亿元。

实现保费收入1.76亿元，同比增长11.4%。其中财产保险1.02亿元，下降8.8%；寿险1.04亿元，增长4.1%。总赔付0.97亿元，增长14.2%，其中财产保险0.62亿元，增长18.6%；人身保险0.19亿元，增长20.6%。

九、教育和科学技术

全县有各类学校128所。其中，中等职业教育学校1所，普通高中学校3所，初中学校12所，普通小学48所，特殊学校1所，幼儿园63所。全县各类学校教职工3196人。其中，中等职业教育学校128人，普通高中307人，初中871人，普通小学1164人，特殊学校12人，幼儿园714人。各类学校在校生36538人。其中，中等职业教育学校1734人，普通高中4455人，普通初中9470人，普通小学15245人，特殊学校153人，幼儿园5481人。小学升学率100%，小学年巩固率100%；初中升学率97.26%，初中年巩固率99.92%。各类民办学校33所，民办学校在校学生2451人。

全年授权专利56件，较上年增长36.6%，其中发明专利3件。拥有检验检查机构1个，重点工业产品质量监督抽查51批次，增长2%。获标企业91家，商标申请量431件，商标注册量266件。

十、文化、卫生和体育

全县拥有文化馆1个、博物馆1个、公共图书馆1个，国家级文物保护单位2个。有线电视用户1.2万户，年末电视综合人口覆盖率95%。列为国家级非物质文化遗产保护目录8个，省级保护目录18个。加强文物保护与利用，四方城遗址入选湖南省第一批大遗址名单。加强非遗保护与传承，新增省级非遗项目5项传承人8人、县级非遗项目6项传承人51人，比耳本顺竹艺非遗工坊获评2023年湖南省非遗工坊示范点，吕洞山、陇木洞景区，苗画、湘西竹编等6个非遗项目入选“全国非遗特色旅游线路”。大力推进公共文化服务体系高质量发展五年行动，全县乡镇、村文化服务阵地实现年免费开放300天以上，国茶村综合服务中心获评全省“最美潇湘文化阵地”。开展“演艺惠民·送戏下乡”“湘西过大年”“文化进万家——视频直播家乡年”、首八峒土家山歌会、吕洞山祭祀暨苗族原生态文化艺术节等各类文艺活动400多场，惠及群众150万余人次。

全县共有医疗卫生机构264个。其中，医院3家，基层医疗卫生机构224个（乡镇卫生院及分院25所，村卫生室159个及诊所、卫生所、医务室40个），妇幼保健院（所、站）1个，专科疾病防治院（所、站）2个，卫生监督执法局1个。医院和卫生院实有床位1264张，其中乡镇卫生院678张。卫生技术人员1955人，其中执业医师和执业助理医师753人；注册护士1127人。总诊疗人次88.6万人次，住院5.27万人次。年末有私营医院2个，个体诊所40个，私营医院及个体诊所从业人员118人。

全县开展规模化的全民健身项目15次，拥有各类体育场地896个。其中，体育馆1个；标准运动场5个，篮球场249个，游泳池4个，各种训练房1个。

十一、资源、环境和安全生产

全县已发现矿种30种，探明资源储量的矿种13种。其中金属矿4种，非金属矿13种。年末实有基本农田16.97千公顷。活立木蓄积量673.7万立方米，森林覆盖率59.65%。实有封山（沙）育林面积3009.67公顷。现有自然保护区3个，其中国家级1个，自然保护区面积2.72万公顷。

全县生产经营性安全事故1起，死亡人数1人，万元GDP事故死亡人数1人。

十二、人口、人民生活和社会保障

2023年全县户籍总人口29.03万人，常住人口22.74万人，其中城镇人口10.98万人，乡村人口11.76万人。城镇化率48.29%，较去年提高1.98个百分点。全年出生人口1802人，人口出生率7.82‰。全年死亡人口1887人，死亡率8.19‰，人口自然增长率–0.37‰。

居民人均可支配收入20982元，比上年增长6.6%；城镇居民人均可支配收入30179元，比上年增长5.3%；农村居民人均可支配收入15021元，比上年增长7.3%。

城乡居民人均消费支出16117元，同比增长5.4%，城镇居民人均生活消费性支出19440元，增长5.5%。农村居民人均生活消费支出13963元，增长5%。

全县新增城镇就业人员0.29万人，年末城镇登记失业率0.5%，失业人员再就业人数0.11万人，实现农村劳动力转移就业7.77万人。城乡居民基本养老保险参保人数16.16万人；城镇职工基本养老保险参保人数1.61万人。企业职工退休人员0.81万人，机关事业单位退休人员0.34万人。城乡居民基本医疗保险参保人数24.53万人，城镇职工基本医疗保险参保人数12.45万人。参加工伤保险职工人数1.91万人；参加失业保险职工人数1.05万人；年末领取失业保险金职工人数686人。

全年获得政府最低生活保障人数2.65万人，其中城镇居民0.48万人，农村居民2.17万人。发放资金总额8663万元，其中农村居民最低生活保障资金6214万元。各类收养性社会福利单位床位数952张，各类收养性社会福利单位收养人员412人。新改建公办养老机构1所，公办养老机构新增床位50张。新建城乡养老服务示范点65所，养老服务示范点新增床位数130张。全年销售社会福利彩票1648万元，筹集福彩公益金287.91万元，直接接收社会捐赠157.05万元。

永 顺 县

永顺县位于湖南省的西部，湘西土家族苗族自治州北部，地处武陵山脉中段，云贵高原东缘，东邻张家界市境，西接龙山县、保靖县境，北枕桑植县境，南临古丈县境，东南同怀化地区沅陵县境毗连。地理坐标介于东经109° 35′—110° 23′、北纬28° 42′—29° 27′之间，是我国东部丘陵山地常绿阔叶林向西部高山高原暗针叶林转变的过渡带，为云贵高原、鄂西山地黄壤岩溶山原的东缘。从东沿的锅锅姥蜂至西沿的万云山顶，宽78公里；南面自枝柳铁路罗依溪西水大桥头至北面喇叭界，长81公里，国土面积3811.7平方公里，辖23个乡镇303个村（社区），总人口54万人，其中以土家族为主的少数民族人口占93.53%，是湖南省15个乡村振兴重点帮扶县之一，2023年，永顺县实现地区生产总值102.36亿元，增长3.5%。

永顺县2023年国民经济和社会发展统计公报

2023年，在县委、县政府的坚强领导下，坚持以习近平新时代中国特色社会主义思想为指导，深入学习宣传贯彻党的二十大精神，全面落实“三高四新”美好蓝图，着力打造“三区两地”、建设“五个湘西”，深入实施县委“5573”发展思路，全力打好“发展六仗”，全力以赴稳增长、兴产业、保民生、防风险，全县经济运行呈现“前低、中稳、后升”的向好态势，高质量发展取得新进展。

一、综合

据初步测算，全县实现地区生产总值102.36亿元，增长3.5%。其中，第一产业增加值24.59亿元，增长4.0%；第二产业增加值17.86亿元，减少7.4%；第三产业增加值59.91亿元，增长6.5%。按常住人口计算，人均生产总值25577元。全县三次产业结构比为24 ：17.4 ：58.6。第一、二、三产业增加值占地区生产总值的比重分别比上年下降0.2、下降1.3、上升1.5个百分点。

经济和社会发展中存在的主要问题是：主要经济指标不及预期，固定资产投资下行压力增大，实体经济质效不高；传统工业缺乏优质企业支撑，新兴产业规模小；投资消费仍需加力，招商引资质效不理想；消费恢复增长缓慢，与预期目标差距较大；居民消费意愿不强，消费需求下降；大宗商品消费提质升级难度较大，旅游二次消费增长乏力。

二、农业

农林牧渔业总产值43.17亿元，增长4.1%。其中农业产值29.18亿元，增长5.0%；林业产值1.55亿元，增长12.4%；牧业产值11.49亿元，增长1.1%；渔业产值0.45亿元，增长3.7%。农林牧渔专业及辅助性活动产值0.50亿元，增长7.8%。农、林、牧、渔、服务业比例为67.6 ：3.6 ：26.6 ：1.0 ：1.2。

全县农作物播种面积104.85万亩，增长2%，粮食总产量230282吨，增长1.23%；稻谷总产量157825.35吨，增长0.03%；玉米总产量33891.25吨，增长4.76%；红薯产量7523吨，增长1.50 %；马铃薯产量24785.4吨，增长1.73%；大豆产量5389吨，增长14.2 %。油料总产量22969吨，增长7.3%；花生总产量4130吨，下降8.2%；油菜籽总产量18830吨，增长11.4%；蔬菜总产量157607吨，增长3.5%。猕猴桃产量83778吨，增长0.9%；柑橘类水果产量86539吨，增长0.3%；茶叶种植面积7.55万亩，总产量1205吨，增长51%；果园面积16.84万亩，园林水果产量188543吨，增长0.7 %。生猪出栏22.93万头，增长0.48%；牛出栏1.58万头，增长0.64%；羊出栏9.54万头，下降0.83%；家禽出笼153.77万羽，增长5.54%；猪肉产量1.69万吨，增长0.6%；牛肉产量0.15万吨，下降6.25%；禽肉产量0.22万吨，禽蛋产量0.27万吨，增长8 %。水产品总量2935吨，增长1.66%。

三、工业和建筑业

全县工业实现增加值13.6亿元，下降0.6%。规模以上工业主要产品产量有：精制食用植物油4721.1吨，水泥3.45万吨，合成复合肥料5.37万吨，饮料5923吨，鞋47万双，钢化玻璃26.9万平方米，大米12044吨，商品混凝土27.9万立方米，砖2382.3万块，中成药121.2吨，熟肉制品556.9吨，豆制品6867吨，精制茶258.3吨。

规模以上工业企业31家，其中亏损企业5家，亏损总额0.13亿元，增长25.28 %。规模以上工业企业营业收入11.53亿元，增长3.59%；企业利润总额0.75亿元，增长15.38%。规模工业企业资产负债率45.12 %，产品销售率93.67%。

持续推进“五好园区”建设，新建标准化厂房10万平方米，园区生产总值18.09亿元，增长10.1%。

全县建筑业实现增加值43083万元，下降21.9%。具有建筑业资质等级的总承包和专业承包建筑企业总产值36169万元，下降40.1 %，房屋建筑施工面积41.33万平方米，下降44.5 %。其中新开工面积3.27万平方米，下降79.4%。

四、固定资产投资

全县固定资产投资（不含农户）下降3.1%。其中，民间投资下降13.3%。按经济类型分，国有投资增长12.5%，非国有投资下降10.1%。按投资方向分，民生工程投资下降11.6 %，生态环境投资增长15.3%，基础设施投资下降13.7%，高新技术产业投资增长13.5%，工业技改投资下降78.9%。

全年房地产开发投资119808万元，比上年下降2.4%。其中，住宅投资89243万元，下降15.25%。商品房销售面积313033平方米，下降7.0%。其中，住宅销售面积268774平方米，增长4.5%。商品房销售额122674万元，下降12.35%。其中，住宅销售额100328万元，增长4.54%。

五、国内贸易和物价

全县社会消费品零售总额27.89亿元，增长1.7%；其中批发零售贸易业23.93亿元，增长0.2%；在批发零售贸易业中，限额以上完成1.80亿元，增长9.4%；限额以下完成22.14亿元，下降0.5%；餐饮业1.98亿元，下降1.6%；住宿业1.97亿元，增长30.3%，其中城镇零售额20.07亿元，增长1.0%，农村零售额7.82亿元，增长3.6%。

居民消费价格下降0.3%，其中食品价格上涨0.2%，烟酒及用品价格上涨0.5%，服装价格下降0.4%，居住价格下降1.2%。

六、对外经济和旅游

全县招商引资签约项目19个，合同引资73.2亿元，省外境内到位资金30.78亿元。实际利用内资30.78亿元，增长32.6%，省外境内到位资金30.78亿元，同比增长32.6%。利用外资50.3万美元，实现直接利用外资零的突破。累计登记各类市场主体29198户，其中本年新增7571户。

文旅产业取得新突破。全年共接待游客943.91万人次，同比增长17.06%，实现旅游行业总收入92.97亿元，同比增长17.66%。申报中央预算内文旅项目4个，预算总投资5.85亿元，新增专项债项目3个，申请资金4.5亿元，申报省厅专项资金项目7个。签订双凤村文化旅游开发等项目正式协议3个，计划投资2.7亿元，签订老司城景区合作开发框架协议1个，协议引资6.2亿元。加快推进湘西北旅游集散中心等州县重点项目5个，计划投资5.02亿元，湘西北旅游集散中心项目主体正在装修，长征国家文化公园（永顺段）完成基础工程，万马归朝游乐设施项目完成水滑道主体工程和设备采购。

七、交通和邮电

全县实现旅客运输量427.6万人次，旅客周转量21567.9万人公里，公路通车里程2698.3公里，其中国公路122.3公里，省公路338.6公里，县公路375.7公里，乡公路808.8公里，村公路912.5公里，专用公路13.2公里。载客汽车427辆，其中私人6辆；载货汽车212辆，其中私人汽车179辆；客船拥有量36艘。

完成邮电业务总量4.39亿元，其中电信业务总量3.64亿元（上年不变价格），邮政业务总量0.75亿元(2020年不变价格)。营业网点35个，邮路总长度855公里，快递业务量88.9万件，订销报刊期发数30.2万份，订销报刊累计数412万份，营业网点实现全覆盖，平均每百人每年订报刊数61份。

八、财政、金融和保险

全县实现财政总收入91305万元，增长11.0%。税收收入68450万元，增长11.5%。地方一般公共预算收入61543万元，增长8.6%，其中税收收入38688万元，增长8.1%；增值税收入11725万元，增长32.1%；企业所得税收入2826万元，下降0.1%；非税收入22855万元，增长9.5%。财政支出完成516550万元，增长2.5%。

全年保费收入35591.31万元，增长29.68%，其中人寿险保费收入19179.72万元，增长33.39%，财产险保费收入16411.59万元，增长25.6%。全年总赔付17180.65万元，同比增长13.18%，其中财产险赔付10117.30万元，同比增长23.92%，人寿险赔付7063.35万元，同比增长0.68%。

年末金融机构各项存款余额212.4亿元，增长6.84%，其中居民储蓄存款余额182.9亿元，增长10.62%；各项贷款余额180.9亿元，增长13.88%。

九、教育和科学技术

年末全县共有各类学校163所，其中小学25所，独立初级中学11所，九年制学校22所，完全中学3所，高级中学2所，十二年一贯制学校1所，幼儿园94所，特殊教育学校1所，职业学校2所。基础教育教学总班级2002个，其中学前教育512个，小学895个，初中413个，高中193个，特殊教育9个；在校学生78998人，学前教育13471人，其中小学36577人，初中19035人，高中9849人，特殊教育66人。全县学校有教职工5676人，其中幼儿园1074人，小学1646人，初级中学748人，完全中学515人，高级中学442人，九年一贯制学校1087人，十二年一贯制学校145人，特殊学校19人。小学招生5472人，毕业6212人，初中招生6139人，毕业5946人，普通高中招生3441人，毕业3157人。

全县全国各级各类普通高校录取新生3624人，其中本科院校录取1241人，清华、北大录取1人，高职专科录取2405人；普通高中学业水平合格性考试6448人，其中高二全科合格人数3054人，合格率为98.26%；1844名考生参加2023下半年全国英语等级考试，合格率达87%以上。

全县共向上级申报科技项目14项，其中7个立项项目获得资金支持：申报中央引导地方项目2项，州级项目2项，省科技特派员项目3项，共获得项目资金160万元。新增5G基站157座，累计建成5G基站600座，投资约6000万元。已实现城区、工业园区、重点乡镇、重点景区5G信号连续覆盖，城市家庭光纤网络覆盖率100%。新增农村千兆光纤端口3971个，完成通信管线整治25公里。

十、文化、卫生和体育

文化惠民提升群众获得感，全县举办新春歌手大赛及百姓大舞台等系列群文活动20余场次，组织“送戏曲进万村、送书画进万家”惠民演出272场次，新创作文艺作品5个。完善场馆提优服务质量，完成桃子溪等5个村“村史馆”建设任务，改造升级“两馆”免开场所，全县公共文化场馆面积增至88.69万平方米，人均2.14平方米，年人均接受文化场馆服务次数达6.7次；“村村响”应急广播设施正常运行率达到98%以上。保护传承提高利用成效，实施双凤村传统村落文化空间修缮、非遗馆展陈项目，新增第六批省级非遗代表性项目3个、第五批省级非遗代表性传承人12名、省级非遗工坊示范点1个。组织土家医·桐油接骨黑膏药制作技法、蛇伤疗法参加“衡山论健”之传统中医药非物质文化遗产传承项目展示；土家族婚俗、土家族毛古斯舞参加全国文化和旅游赋能乡村振兴工作现场经验交流会非遗展示展演。文物保护编制了塔卧兵工厂旧址等5处国省保单位安防工程项目计划书，《不二门遗址安防工程项目》获省文物局批复立项，完成不二门观音殿修缮保护。

年末全县共有医疗卫生机构481个，其中综合医院6个，中医院1个，专科医院2个，疾病预防控制中心1个，皮肤病与性病防治所1个，妇幼保健站1个，卫生监督所1个，乡镇卫生院（分院）45个，村卫生室368个，诊所50个，卫生所、医务室5个。年末实有床位数3814张；共有在岗职工3469人，其中卫生技术人员2832人。在卫生技术人员中，有执业（助理）医师1081人，注册护士1319人，药师（士）116人，技师（士）136人。

全县城乡居民医疗保险参保421946人，参保率97.53%。2023年度城乡居民基本医疗保险基金总收入44126.13万元、支出37457.16万元、结余6668.97万元。2023年度城镇职工医保基金收入12451.63万元、支出10927.73万元，基金历年累计结余39235.06万元（含个人账户基金），城镇职工基本医疗保险基金运行平稳、存量较大、可持续性强。

坚持体教融合，体育事业蓬勃发展。

2023年，永顺县业余体育学校被评为“国家体育后备人才基地”，同时申报湖南省参加综合性运动会先进集体。竞技体育成绩凸显，2023年永顺籍攀岩运动员张亮在杭州亚运会获得金牌1枚。输送运动员胡玉婷获得中华人民共和国第一届学生（青年）运动会女子49公斤级金牌，瞿宏城获得1枚铜牌。李彭婷夺得2023年湖南省青少年拳击锦标赛女子U16岁组—48公斤级第一名；黄治夺得2023年湖南省青少年拳击锦标赛男子U18岁组—69公斤级第二名。2023年湖南省青少年体操锦标赛获3金6银9铜，蹦床锦标赛获1金4银1铜，艺术体操锦标赛获1金。

十一、资源、环境和安全生产

全县共有耕地面积38.05千公顷，水力资源蕴藏量32.6万千瓦；林木积蓄量为1736.7万立方米；煤理论蕴藏量为346.35万吨，磷矿为7683.6万吨，铁矿为1159.05万吨，钒矿（V_2O_5）为98.46万吨。

统筹推进城乡建设，在改善人居环境上取得新突破。全县国土空间总体规划全面完成，乡镇国土空间总体规划、村庄规划稳步推进，自然资源节约高效利用获2023年度省政府真抓实干督查激励。扎实推进城市更新，实施老旧小区改造15个，完成溪州新城供水主管道3.25公里、县城区污水主管网2.3公里，改造老旧小区污水管网2.45公里，溪州新城污水处理厂、芙蓉镇生活污水处理厂等项目有序推进，城市公共供水管网普及率达98%。溪州二级客运站全面完工，新城东路、县人民检察院搬迁、经投馨园、新城翠园等项目顺利推进。住建领域“实施城乡环境基础设施建设、城镇老旧小区改造、城乡建设绿色发展等工作”获2023年度省政府真抓实干督查激励。省级文明城市、省级卫生城市创建成果有效巩固，全州美丽乡村建设现场会在塔卧召开，高坪乡场坪村荣获“中国美丽休闲乡村”。

全域推进生态治理，在提升环境质量上取得了新突破。深入打好“三大保卫战”，严格落实河长制、林长制和长江十年禁渔，实施生态修复工程12万亩，完成植树造林2.9万亩，森林覆盖率稳定在67.46%以上。全年空气优良天数达354天、优良比例97%，全省综合排名第19位；县城集中饮用水源地水质、6个地表水国省控断面水质达标率均为100%，全州排名第二，成功创建“第五批省级生态文明建设示范区”。大力推进生态保护修复和环境综合整治，持续抓好中央和省生态环保督察等反馈交办问题整改，“夏季攻势”4类9项整改任务全部完成销号。生活垃圾焚烧发电工程并网发电，建成垃圾中转站21座，城乡一体化生活垃圾收运处置体系基本实现乡镇全覆盖。

全县全年降水量1272.9毫米，24小时最大降水量108.1毫米，出现在8月27日。年平均气温17.7摄氏度，最高气温38.4摄氏度，最低气温零下3.2摄氏度。

全年全县发生各类安全事故30起，死亡20人，事故起数同比下降72.48%，死亡人数上升5.26%。以上均为交通安全事故，建筑施工事故0起；铁路路外事故0起；工矿商贸（冶金）等八大行业连续5年保持零事故；烟花爆竹、危险化学品、非煤矿山行业领域连续保持8年零事故。面对15年一遇的雨雪冰冻灾害，做到了生产生活用水保供有力，最大限度减少了灾害损失，实现了灾害之年无大灾。

十二、人口、人民生活和社会保障

年末全县户籍人口52.15万人；常住总户数16.56万户，常住人口40.02万人，其中城镇20.9万人，农村19.12万人；城镇化率52.22%。

全县全体居民人均可支配收入18753.2元，增长6.3%；城镇居民人均可支配收入28669.4元，增长4.9%，其中工资性收入17409.9元，增长1.7%；经营净收入2603.6元，增长17.7%；财产净收入2371.7元，增长4.4%；转移净收入6284.2元，增长9.8%。农村居民人均可支配收入12838.1元，增长7.2%，其中工资性收入6477.8元，增长9%；经营净收入3025.1元，增长2.9%；财产净收入303.6元，增长3.6%；转移净收入3031.5元，增长8.3%。全体居民人均消费支出15374.4元，增长4.9%；城镇居民家庭人均消费支出20974.1元，增长5%；农村居民家庭人均消费支出12034.1元，增长4. 2%；全体居民恩格尔系数为32.7%，城镇居民恩格尔系数为31.6%，农村居民恩格尔系数为33.8%。

民生实事稳步推进，民生支出7.16亿元，省定10件、州定15件民生实事圆满完成。

新增城镇就业3663人，累计转移农村劳动力15万人，城镇失业人员再就业1889人，城镇登记失业率5.7%。

强化动态监测，创新推行“三三三”防返贫监测帮扶模式，纳入监测对象361户1152人，推动乡村振兴各项任务落地落实。深入实施“六大行动”，统筹整合衔接资金3.42亿元，实施项目576个。村集体经济收入5万元以上村（社区）实现全覆盖，毛坝乡成功入选国家民委首批民族乡村振兴试点单位。稳步提升乡风文明，完成改厕3931座。

民生福祉显著改善。社会保障、社会救助、社会福利等标准持续提高，养老托幼服务体系更加完善，发放各类社会救助资金1.08亿元，城乡居民养老保险参保27.54万人，医疗保险参保42.19万人，农村留守儿童委托照护签约率达100%，殡葬改革稳步推进，鲁嘉山殡仪馆特许经营权完成回收，治丧费用总体降幅60%以上，福佑公墓山加快建设。

龙 山 县

全县5个乡、12个镇、4个街道、320个村委会、77个社区（居委会）。总面积3131平方公里，耕地面积32.36千公顷，森林覆盖率70.15%。户籍人口59.74万人，常住人口46.36万人，其中城镇人口23.92万人。少数民族43.6万人，其中土家族34.22万人，苗族8.69万人。人口自然增长率1.74‰。

地区生产总值109.37亿元，增长4%。其中，第一产业增加值28.02亿元；第二产业增加值21.24亿元；第三产业增加值60.12亿元。三次产业比例25.6 ∶ 19.4 ∶ 55。农林牧渔业总产值48.6亿元，增长3.1%；粮食总产量18.87万吨。实现工业增加值14.6亿元，规模工业增加值比上年下降0.7%。

财政总收入9.92亿元，同比下降12.4%；财政总支出55.6亿元，增长4.5%。全年固定资产投资增长9.4%。社会消费品零售总额34.62亿元，增长1.9%。年末各项存款余额229.51亿元，同比增长9.2%；贷款余额216.53亿元，增长9.3%。

接待国内外游客504.42万人次，旅游收入48.15亿元。全县有自然保护区4个，其中省级自然保护区1个、国家级风景名胜区1个、国家地质公园1个、省级森林公园1个。红色旅游经典景区1个，AAAA级以上景区2家。全国、省级重点文物保护单位分别有8处、13处，国家级、省级非物质文化遗产保护项目分别有6个、15个。

年末各类收养性社会福利单位及养老服务机构床位1736张，收养各类人员1004人。新增城镇就业人员3884人，城镇登记失业率为3.73%。城镇居民人均可支配收入28107元，农村居民人均可支配收入13524元。

龙山县2023年国民经济和社会发展统计公报

2023年是贯彻党的二十大精神的开局之年，是三年新冠疫情防控转段后经济恢复发展的一年。全县上下坚持以习近平新时代中国特色社会主义思想为指导，认真落实党中央国务院和省委省政府、州委州政府决策部署，扎实开展主题教育，全力打好“发展六仗”，大力实施“五个强县”战略，全年经济回升向好，社会事业取得新成效，高质量发展扎实推进，全面建设社会主义现代化新龙山迈出坚实步伐。

一、综合

根据地区生产总值统一核算结果，全年地区生产总值112.34亿元，比上年增长4.5%。其中，第一产业增加值28.33亿元，增长3.7%；第二产业增加值20.75亿元，增长0.5%；第三产业增加值63.25亿元，增长6.3%。按常住人口计算，人均地区生产总值24576元，增长6.5%。全县三次产业结构为25.2 ：18.5 ：56.3，第一产业、第二产业增加值占地区生产总值的比重比上年下降0.9和1个百分点，第三产业比重比上年分别提高1.9个百分点。工业增加值占地区生产总值的比重为13.9%，比上年下降1个百分点。第一、二、三产业对经济增长的贡献率分别为21.6%、2.1%和76.3%，分别拉动GDP增长1个、0.1个和3.4个百分点。

二、农业

全年农林牧渔业总产值48.94亿元，按可比价计算比上年增长3.8%。其中，农业产值35.61亿元，增长4.5%；林业产值1.36亿元，增长12.1%；牧业产值11亿元，增长0.7%；渔业产值0.43亿元，下降4.6%；农林牧渔服务业产值0.54亿元，增长7.8%。实现农林牧渔业增加值28.71亿元，增长3.8%。

全县农作物总播种面积98.16万亩，比上年增长1.0%。全县粮食作物播种面积50.69万亩，下降0.1%，总产量达19.12万吨，增长1.4%。稻谷作物播种面积25.39万亩，下降1.0%；总产量达11.39万吨，下降0.7%；玉米作物播种面积9.83万亩，增长4.8%；总产量达3.12万吨，增长8.8%；豆类作物播种面积2.61万亩，增长5.4%；总产量达0.43万吨，增长15.0%；薯类作物播种面积12.83万亩，下降2.9%；柑橘园面积10.2万亩，与上年基本持平。

全年生猪出栏23.1万头，比上年下降2.5%；牛出栏1.26万头，下降3.8%；羊出栏12.11万只，增长0.3%；家禽出笼66.53万羽，增长27.3%。年末生猪存栏16.19万头，下降4.9%；牛存栏2.92万头，下降3.0%；羊存栏14.04万只，下降0.4%；家禽存笼38.26万羽，增长24.0%。全县水产品总产量0.22万吨，增长4.1%。

龙山百合获首届“湖南名品”，龙山百合、乌龙山红茶被纳入2023年第三批全国名特优新农产品名录，龙山县被命名为“湖南省农产品质量安全县”。

三、工业和建筑业

全年实现工业增加值15.66亿元。规模工业实现增加值6.92亿元，比上年增长15.3%。按企业类型分：国有企业增加值0.24亿元，下降54.3%；股份制企业增加值6.49亿元，增长21.4%；其他经济类型企业增加值0.18亿元，增长55.6%。园区规模以上工业增加值3.9亿元，增长22.6%，占全县规模工业增加值比重为56.4%。

全县52家规模以上工业企业，实现总产值24.18亿元，比上年增长14.6%。全年规模工业销售产值23.56亿元，增长11.73%，产销率为97.8%。

全县建筑业增加值5.15亿元，比上年下降20.6%。年末全县拥有资质建筑企业13家，比上年减少1家；具有建筑业资质等级的总承包和专业承包建筑业企业完成总产值5.15亿元，下降3.9%。房屋建筑施工面积15.53万平方米，下降12.0%；房屋建筑竣工面积4.34万平方米，下降5.0%。

四、服务业

全年批发和零售业增加值2.49亿元，比上年增长2.0%；交通运输、仓储和邮政业增加值4.77亿元，增长13.2%；住宿和餐饮业增加值2.69亿元，增长15.2%；金融业增加值9.24亿元，增长2.2%；房地产业增加值9.66亿元，增长0.3%；信息传输、软件和信息技术服务业增加值1.77亿元，增长11.2%；租赁和商务服务业增加值4.52亿元，增长19.2%。全年规模以上服务业企业营业收入增长11.3%。

全年货物运输总量212万吨，货物运输周转量13644万吨公里；旅客运输总量276万人，旅客运输周转量16759万人公里。年末公路通车里程2667.9公里。其中，国道141.1公里，省道316.6公里，县道445.7公里，乡道988.8公里，村级公路719.2公里。

全年完成邮电业务总量48962万元，比上年增长1.9%。其中邮政业务总量（2020年不变价格）7251万元，增长16.2%；电信业务总量（2020年不变价格）41711万元，下降0.2%。

五、固定资产投资

全年固定资产投资比上年下降27%。其中，非房地产项目投资增长12.5%；房地产项目投资下降68.5%。民间投资12.28亿元，下降56.2%。按经济类型分，国有投资13.97亿元，下降4.8%；非国有投资19.15亿元，下降40%。按投资方向分，涉农项目投资增长21.8%；工业投资增长27.5%；民生投资增长22.7%；生态投资增长17.3%；基础设施投资下降30.2%；高新技术产业投资增长92.6%。

全县施工项目共有84个，比上年减少30个。其中新开工项目31个。5000万元及以上投资项目个数20个，比上年减少13个。

全年房地产开发投资7.43亿元，比上年下降68.5%。其中，住宅投资6.93亿元，下降66.5%。商品房屋销售面积21.22万平方米，下降23.3%；商品房屋销售额10.37亿元，下降18.6%。

六、国内贸易

全县社会消费品零售总额34.91亿元，比上年增长0.8%。按经营地分，城镇消费品零售额26.37亿元，下降0.6%，占消费品零售总额的75.5%；乡村消费品零售额8.54亿元，增长5.7%，占消费品零售总额的24.5%。按行业分，批发业完成销售额3.26亿元，增长16.2%；零售业完成零售额24.32亿元，下降2%；住宿业完成零售额1.46亿元，增长11.2%；餐饮业完成零售额5.86亿元，增长3.1%。

七、招商引资和旅游

全年实际利用内资（省外境内招商引资）32.48亿元，比上年增长41.6%。引进三类“500强”企业1家、外商投资企业2家，引进湘商回湘投资新注册企业4家，湘商回湘投资到位资金17.77亿元。重点储备包装招商引资项目35个。

全年共接待国内外游客608.84万人次，实现旅游收入62.01亿元，分别比上年增长45.2%和46.1%。乌龙山大峡谷景区成功创建国家4A级旅游景区。成功举办首届旅游发展大会暨第八届中国·龙山舍巴日活动，第四届八面山帐篷音乐节、“云端上的骑行”自行车登山赛等活动火爆登场。我县入围“2023年中国旅游发展潜力百强县市”。

八、财政、金融和保险

全县财政总收入12.05亿元，比上年增长21.5%。其中税收收入9.15亿元，增长23.8%，税收收入占财政总收入的76.0%。公共财政预算收入9.19亿元，增长9.4%；其中税收收入6.29亿元，增长7.1%。上划省级收入0.53亿元，下降252.6%；上划中央收入2.33亿元，增长25.2%。全县公共财政预算支出62.47亿元，比上年增长12.2%。其中用于民生支出41.9亿元，下降0.5%，占公共财政预算支出的67.1%。

年末全县金融机构人民币各项存款余额248.22亿元，比年初增加18.71亿元，增长8.2%。其中住户存款218.27亿元，增长12.0%。年末金融机构人民币各项贷款余额237.93亿元，比年初增加21.4亿元，增长9.9%。

全年保险公司保费收入3.68亿元，比上年增长4.5%。其中寿险保费收入1.88亿元，下降0.02%；财产险保费收入1.8亿元，增长9.8%。各项赔款和给付支出1.42亿元，增长27.8%。其中寿险总赔付0.4亿元，增长47.4%；财产险总赔付1.03亿元，增长20.8%。

九、教育和科学技术

年末全县共有学校204所，有中等职业学校4所，普通高中3所，完全中学1所，初中8所，九年一贯制学校14所，小学22所，村片小及教学点33所，幼儿园118所，特殊教育学校1所。全县共有在校学生（含幼儿）99095人。其中，中等职校5305人，高中10013人，初中24067人，小学43812人，在园幼儿15820人，特殊学校78人。小学适龄儿童入学率100%，小学巩固率100%，九年义务教育巩固率98.15%。高中阶段毛入学率94.27%，三类残疾儿童入学率99.82%。新增学位2268个。

全年实施科学研究项目7个（其中省级5个、州级2个），科技经费支出总额1704万元，比上年增长0.2%。全县高新技术产业增加值4.43亿元，增长27.0%。全县专利申请量58件（发明专利6件，实用新型专利33件，外观设计专利19件），实施专利和成果转化10项。

十、文化、卫生和体育

年末全县有文化馆1个，公共图书馆1个，博物馆1个，纪念馆1个，乡镇文化广场24个、村级文化活动广场398个。年末城区有线电视用户1.3万户，农村有线电视用户0.33万户。广播综合人口覆盖率98.0%，电视综合人口覆盖率95.0%。全县共有212项四级非物质文化遗产代表性项目，其中国家级非物质文化遗产保护目录6个（土家族梯玛歌、打溜子、咚咚喹、摆手舞、茅古斯舞、织锦技艺），省级18个，州级64项，县级124项；有国家级非物质文化遗产代表性传承人7人，省级22人，州级71人，县级106人。“叶氏”土家织锦成为湘西州首个“中华老字号”品牌，在全州率先实现零的突破。《里耶秦简》在中央一台《简牍探中华》栏目热播。

年末全县共有卫生机构534个。其中，医院20个（综合医院9家、中医院1家、中西医结合医院4家、专科医院6家），基层医疗卫生机构510个（社区卫生服务中心4个、乡镇卫生院38个、村卫生室394个和诊所69个、门诊部5家），专业公共卫生机构4个（县疾控中心、县妇幼保健院、县卫生监督所、县禁毒中心）。卫生技术人员3501人，其中执业（助理）医师1300人，注册护士1620人。医疗卫生机构编制床位4393张，其中，医院2816张，乡镇卫生院1117张，专业公共卫生机构60张。乡村医疗卫生医技人员、乡镇全科医师实现全覆盖，顺利通过了省级健康促进县技术评估。

全县各类体育运动场地（含体育场、小运动场、田径场）48个，已建成体育馆7座，游泳池4个，各种训练房3个。全年共开展全民健身项目14项次。成功组织湘鄂龙凤双城马拉松、“桂BA”篮球赛等体育赛事。

十一、资源、环境和安全生产

批准建设用地211.12公顷，建设占用耕地81.09公顷。全县已发现矿种23种，探明资源储量矿种6种。全县有国家级地质公园1个。

全县有各类自然保护地4处（湖南洛塔国家地质公园、里耶—乌龙山国家风景名胜区、湖南龙山太平山省级森林公园、湖南龙山印家界省级自然保护区），其中省级自然保护区1个，自然保护区面积12149.77公顷；国家级风景名胜区1个（里耶—乌龙山风景名胜区），面积8271.78公顷；国家地质公园1个（湖南洛塔国家地质公园），面积11171.75公顷；省级森林公园1个，面积1860.93公顷。全县森林覆盖率62.64%，年末实有林地面积248147.5公顷，活立木蓄积1201.4万立方米。全年完成造林面积7231.5亩，其中欧洲投资银行贷款人工造林1054.5亩、重点区域生态保护和修复项目人工造林6177亩。

初步核算，2023年全县规模工业综合能源消费量30351吨标准煤，比上年下降45.3%。单位规模工业增加值能耗0.44吨标准煤/万元，下降51.0%。全社会用电量72680万千瓦时，下降1.8%。其中工业用电量14162万千瓦时，下降19.4%；居民生活用电量30745万千瓦时，下降1.2%。

全县有生态环境监测站1个，全年共开展4个地表水断面（卧龙水库、跳鱼洞电站、洗车河入西水口、民安街道三湾塘村）、3个县级集中式饮用水源地水质监测（卧龙水库、英雄电站、梨园）和6家重点污染源监督性监测（龙山县首创民安污水处理厂、龙山首创里耶新区污水处理厂、龙山县工业集中区污水处理厂、龙山垃圾填埋场、龙山县人民医院、龙山中医院）。开展大气常规监测，全年空气质量优良天数339天，空气质量优良率92.9%，同比下降三个百分点；PM2.5达标天数339天，达标率92.9%；开展地表水监测48次、饮用水源监测12次，监测断面水质达标率均为100%。全县地表水考核断面达到或优于Ⅲ类水质达标率100%。

全年发生各类安全事故262起，死亡人数28人。其中生产经营性安全事故10起，生产经营性安全事故死亡人数10人。全年发生道路交通事故死亡23人，火灾事故死亡2人。全县亿元GDP生产安全事故死亡人数为0.089人。

十二、人口、人民生活和社会保障

年末全县户籍总人口59.62万人，其中女性28.58万人。全年出生人口4186人，死亡人口4235人。年末常住人口45.06万人。其中，城镇人口24.13万人，城镇化率53.55%。

全县居民人均可支配收入19901元，比上年增长6.5%。其中，城镇居民人均可支配收入29541元，增长5.1%；农村居民人均可支配收入14498元，增长7.2%。城乡居民收入比为2.04 ∶ 1。全县居民人均生活消费支出16180元，增长4.9%。城镇居民人均生活消费支出21256元、增长4.3%，其中食品支出5992元、衣着支出1253元、居住支出5529元；农村居民人均生活消费支出13335元，增长5.0%，其中食品、衣着、居住支出分别为4215元、477元、3008元。全县城镇居民人均住房面积66平方米，农村居民人均住房面积58平方米。

全县新增城镇就业人员3299人。年末城镇登记失业率为1.81%，失业人员再就业人数1561人。企业职工基本养老保险参保人数3.92万人，征缴养老保险基金25723万元；机关事业单位基本养老保险参保人数1.36万人，征缴养老保险基金23306万元；年末城乡居民基本养老保险参保人数28.08万人，征缴养老保险基金3662万元。全县参加失业保险职工人数2.83万人，参加工伤保险职工人数4.51万人，参加生育保险职工人数 2.52 万人。参加基本医疗保险人数 50.78 万人，其中城镇职工基本医疗保险人数 2.76 万人、城乡居民基本医疗保险人数 48.01 万人。城镇职工住院补偿金额 4504 万元，城乡居民住院（含大病）补偿金额 33273 万元。

年末全县认定城镇居民最低生活保障对象 1749 户、3105 人，全年共保障 38586 人次，发放低保资金 1876 万元；认定农村居民最低生活保障对象 10817 户、19830 人，全年共保障 204217 人次，发放低保资金 6113 万元；城镇、农村低保人均月补助标准分别达 650 元和 416.7 元。全县共有城市特困供养对象 44 人，农村特困供养对象 2186 人，全年共保障 26652 人次，发放特困供养资金 2146 万元。年末各类收养性社会福利单位及养老服务机构床位 1748 张，收养各类人员 933 人。全年销售社会福利彩票 3712 万元，筹集福彩公益资金 1171 万元。

政治·军事·法治

◎群众办事不出村政务服务『零距离』——泸溪着力推动便民服务延伸到村

近年来，泸溪县把“群众办事不出村”摆在突出位置，全县11个乡镇依托村（社区）综合服务平台将“帮代办”全方位融入政务服务体系建设，通过靠前发力让“政策直通”、提速加力让“服务直达”、开足马力让“便利直享”、协同聚力让“成效直显”等举措，推动便民服务触角延伸至村级，更优更好更快服务基层群众“最后一米”。自2021年启动“帮代办”以来，累计完成办理1.53万余件，群众满意率达99%以上。

泸溪县按时完成并公布了全县39个单位依申请类政务服务事项1054项，梳理乡镇政务服务事项117项，村（社区）政务服务事项43项，统一编制实施清单和办事指南。建立“周调度、月总结”工作机制，全面实行挂图作战、清单管理，确保工作落地落实。

同时，党组织示范带头，建立以村党组织为核心、2名“AB轮岗式”帮代办员为工作人员、党员志愿者为联络员的“立体式”服务机制，实现“群众动嘴、党员跑腿”角色转变，确保群众办事“帮到位”“管到位”。

◎湘西州土家药苗药饮片有了法定标准

2023年1月1日，《湖南省中药饮片炮制规范》（2021年版）正式实施，标志湘西州土家药苗药饮片从此有了法定标准，迈入了具有法定地位的发展新时期。

2019年9月，湖南省药品监督管理局启动《湖南省中药饮片炮制规范》（2010年版）修订工作，湘西州食品药品检验所承担其科研项目子项目，即《关于饮片蒸狗脊等20个品规的标准起草》。

该所科研团队对承担的20个中药饮片标准进行了性状、鉴别、检查、含量测定等全方位的项目分析研究。同时，在研究过程中，该所科研团队抢抓十年一次修订的机遇，充分注重土家药苗药饮片标准的研究制订，对土家药苗药饮片进行了科学严谨的研究研讨，为《湖南省中药饮片炮制规范》修订提供了土家药苗药饮片的医学理论依据。最终，在民族医药同人的大力支持下，确定将53个土家药苗药饮片标准推荐进入《湖南省中药饮片炮制规范》（2021年版）。此项工作历时3年多，于2022年底圆满结束。

◎湘西州国土空间总体规划专家审查会在长沙召开

2023年1月5日，湘西州国土空间总体规划专家审查会在长沙召开。会议邀请了湖南省自然资源厅空间规划局副局长朱辉，及多位省内知名专家学者进行审查。副州长周亮出席，州自然资源和规划局相关负责人及规划编制相关单位参加会议。

会上，湘西州自然资源和规划局汇报了湘西州国土空间总体规划编制工作开展情况，规划编制单位介绍了《湘西州国土空间总体规划（2021—2035年）》方案成果。专家一致认为，该《规划》基础研究扎实、技术路线合理、成果内容完整，符合部、省对该项工作的有关要求，同意通过审查，并就空间结构优化、区域协同发展、耕地保护与生态修复、规划传导等方面提出了意见建议。

审查会邀请诸多位省内知名专家学者进行审查

要闻纪事

1月

△4日，湘西州委书记虢正贵到吉首市走访慰问劳动模范和专家代表，向他们致以新年的问候，为他们送去党组织的温暖和关怀。

△4日，全州党外代表人士迎春座谈会在吉首召开。州委书记虢正贵出席并讲话，他希望各民主党派、工商联和无党派人士，弘扬亲密无间、风雨同舟的优良传统，坚定地同州委想在一起、干在一起，围绕中心大局，发挥各自所长，为全面建设现代化新湘西开好局起好步拼搏奋斗、贡献力量。

△5日，湘西州委副书记、代州长陈华主持召开州政府第26次常务会议。研究招投标管理、优化营商环境、公立医院薪酬制度改革和矿业污染整治等工作。

△5日，湘西州委书记、州委编委主任虢正贵主持召开州委机构编制委员会2023年第一次会议，深入学习贯彻党的二十大精神和习近平总书记关于机构编制工作的重要论述，听取机构编制工作汇报，审议机构编制有关事项。

△9日，湘西州委副书记、州长陈华主持召开州政府第27次常务会议，研究烟叶生产、保障农民工工资、债券管理和农村人居环境治理工作。

△9日，在湘西土家族苗族自治州第十五届人民代表大会第二次会议上，湘西州中级人民法院党组书记、院长彭建民代表湘西中院作法院工作报告，获全体代表一致表决通过。

△10日，湘西州召开安全生产和消防工作暨州安委会2023年第一次全体（扩大）视频会议，总结2022年安全生产和消防工作，安排部署2023年安全生产和消防工作。

△10日，湘西州举行出席湖南省第十四届人民代表大会代表初任培训。州人大常委会主任龚明汉出席开班式并讲话。

◎湘西州中直、省直机关派驻村第一书记座谈会召开

2023年1月3日，湘西州中直、省直机关派驻村第一书记座谈会在吉首召开。州委书记虢正贵出席并讲话，他强调，习近平总书记在中央农村工作会议上的重要讲话是建设农业强国、加快推进农业农村现代化、全面推进乡村振兴的科学指南和行动纲领，要认真学习、全面落实，起好开局之年的开局之势，展现首倡之地的首倡之为。州委副书记廖良辉主持座谈会。

会上，刘章宇宣读了《致中直、省直机关派驻村工作队的慰问信》。10名中直、省直机关派驻村第一书记畅谈所思所想，分享工作经验，并就更好推动驻村帮扶工作建言献策。

座谈会现场

虢正贵要求州、县组织部门及驻村办为中直、省直机关工作队创造良好的工作和生活条件，定期与驻村干部开展谈心谈话，积极帮助解决他们工作、生活中的困难和后顾之忧，让他们沉得下、待得住、干得好。

◎永顺县启动2023年春节期间『千人大巡逻』活动

2023年1月11日，永顺县启动2023年春节期间“千人大巡逻”活动。县委副书记符家波宣布“千人大巡逻”活动启动，县委常委、政法委书记宋维荣主持启动仪式，县人武部部长孙海青，副县长、县公安局局长田君，县政协副主席龚长双等出席。

符家波强调，要紧盯重点发力，既要注重大范围、全覆盖的巡逻，更要紧盯重点场所、重点人员、重点领域发力。要完善车站、学校、医院、商业场所、农村集市等重点场所的安全防范机制；落实吸毒人员、社区矫正人员、刑满释放人员和越级非访人员、肇事肇祸精神病患者等重点人员动态管控，做好涉军、涉校等重点群体的关注化解稳控；全力抓好危爆、食药等重点领域的安全监管，切实将一切不稳定因素都消除在前端；要统筹做好推进治安巡逻、推进风险防控、推进宣传走访三个推进。

图为启动仪式现场

◎湘西州出席湖南省两会的代表委员抵达长沙

2023年1月11日，肩负着湘西州人民的重托，湘西自治州出席湖南省十四届人大一次会议和湖南省政协十三届一次会议的代表委员们抵达长沙驻地，向大会报到。

赴长沙之前，代表委员们结合实际，倾听社情民意，关注百姓民生，参加学习培训，准备了不少反映民生民情且接地气的建议或提案，关注点覆盖各个领域。报到现场，代表委员们严格按照大会防疫要求，在工作人员的引导下有条不紊办理报到手续，领取并熟悉有关会议要求和文件资料，修改完善建议或提案，为开好省两会做足准备。

代表委员们纷纷表示，会议期间将以饱满的政治热情和良好的精神状态，认真履行好省人大代表和省政协委员的职责，围绕全面落实“三高四新”战略定位和使命任务，紧扣事关全省经济社会发展和关系群众切身利益的重点、热点问题依法履职，积极建言献策、协商讨论；将立足湘西全过程人民民主实践，真实反映湘西州各族人民对美好生活的向往，在省两会上充分反映湘西人民的心声，多建睿智之言，多献务实之策，做好湘西人民的“代言人”。

◎湘西州十五届人大常委会第15次主任会议召开

2023年1月30日，湘西州十五届人大常委会第15次主任会议在吉首召开，州人大常委会主任龚明汉主持会议。州人大常委会副主任麻超、向宏国、胡恩平、梁君、田科虎、杨永芳，常委会秘书长周斌出席会议。

会议听取了州人大常委会2023年工作要点（草案）、州人大各委室2023年工作要点（草案）汇报，听取了州人大常委会党组民主生活会准备工作情况汇报。

龚明汉指出，要切实提高政治站位，增强民主生活会政治自觉。从深刻领悟“两个确立”的决定性意义，增强“四个意识”、坚定“四个自信”、做到“两个维护”的政治高度，不断提高政治判断力、政治领悟力、政治执行力。要对标对表目标要求，坚持标准确保会议质量。紧紧围绕民主生活会的主题，认真进行自我检视剖析，明确人大常委会今后的工作重点和努力方向，提出整改意见和措施。要边学边改、边查边改，确保会议取得效果。

◎湘西州4个村（社区）荣膺第九批“全国民主法治示范村（社区）”

湘西州4个村（社区）荣膺第九批“全国民主法治示范村（社区）”，竹山村是其中之一，图为竹山村法治文化广场

2023年1月16日，司法部、民政部联合印发《关于命名第九批“全国民主法治示范村（社区）”的决定》，湘西州吉首市乾州街道古城社区、凤凰县麻冲乡竹山村、保靖县普戎镇落梯村、泸溪县浦市镇浦溪村4个村（社区）榜上有名。

近年来，湘西州认真贯彻落实中共中央、国务院转发的全国“八五”普法规划和中央全面依法治国委员会印发的《关于加强法治乡村建设的意见》，把民主法治示范村（社区）创建与基层党建、州域社会治理现代化、乡村振兴等工作结合起来，大力推进法治乡村建设，着力构建自治、法治、德治“三治”融合的乡村治理体系，涌现出一批基层民主法治建设工作先进典型。

此前，保靖县迁陵镇陇木峒村、吕洞山镇夯吉村和龙山县茨岩塘镇甘露村、泸溪县浦市镇马王溪村获评第八批“全国民主法治示范村（社区）”。

要闻纪事

△10日，湘西州委书记虢正贵主持召开州委常委会会议，传达学习习近平总书记在二十届中央纪委二次全会上的重要讲话精神、二〇二三年新年贺词、对政法工作作出的重要指示精神，学习贯彻《新型冠状病毒感染防控方案（第十版）》，听取疫情防控工作情况汇报，安排部署春节前后相关工作。

△10日，湘西州十五届人大常委会第14次主任会议在吉首召开，州人大常委会主任龚明汉主持会议。州人大常委会副主任麻超、向宏国、胡恩平、梁君、田科虎、杨永芳，州人大常委会秘书长周斌出席会议。

△12日，湖南省十四届人大一次会议湘西州代表团举行第一次全体会议。会议传达学习省委书记张庆伟召开的省两会中共党员大会上的讲话精神和省委组织部驻片领导指示要求；推选州委书记虢正贵为省十四届人大一次会议湘西州代表团团长，州委副书记、州长陈华和州人大常委会主任龚明汉为副团长。

△13日，湘西州召开岁末年初安全防范工作视频会议。

△16日，湘西土家族苗族自治州人大常委会副主任、古丈县委书记邓晓东，古丈县委副书记、县长陈瑞等五大家领导带着全县人民的深切关怀，亲切看望慰问政法单位和驻军官兵，向他们致以节日的问候。

△17日，湘西州委常委、州委宣传部部长杨彦芳一行到古丈县慰问全国道德模范提名奖获得者、湖南省“孝老爱亲”道德模范鲁德权。

△31日，湘西州委书记、州委文化旅游工作委员会主任虢正贵主持召开州委文化旅游工作委员会2023年第一次会议，听取全州文化旅游工作情况汇报，分析全州旅游业发展形势，研究部署下一步工作。

◎ 2023 年第一期“湘江大讲堂·湘西分讲堂”开讲

“湘江大讲堂·湘西分讲堂”现场

2023 年 2 月 8 日，2023 年第一期“湘江大讲堂·湘西分讲堂”开讲。州委书记虢正贵出席，州委副书记、州长陈华主持，州人大常委会主任龚明汉、州政协主席李平出席。张青勇、袁新天、何锋等州领导参加学习。

讲堂现场，省湘西办主任夏文斌以“抢抓机遇落实政策推动湘西州高质量发展”为主题作专题辅导。他从如何认识和应对挑战、如何把握利用好机遇、关于湘西州高质量发展的思考和建议等方面，深入分析国际国内经济形势，对国省有关政策特别是省“稳增长 20 条”措施，作了深度解读，并提出了指导意见。

陈华要求，各级各部门要建立常态化学习研究机制，特别是“一把手”要带头学习、带头研究，及时跟进学习、研究领会，把握政策的实质内涵，推动政策有效落地，转化为经济优势、发展优势。要成立高规格工作班子，认真研究贯彻落实各项政策的细则和方案，做到目标量化、责任压实、经常调度。要解放思想，开拓创新，精准制定湘西州的相关配套政策，坚持“请进来”与“走出去”相结合，经常邀请国内专家学者、行家里手来湘西州调研指导，积极向外地学习借鉴先进经验和政策举措。

虢正贵、陈华、龚明汉、李平等州领导参加学习

◎ 湘西州政协召开十三届十三次主席会议

2023 年 1 月 31 日，湘西州政协召开十三届十三次主席会议。州政协主席李平主持会议并讲话。州政协副主席宋清宏、印钊、宋维金、邓建英、傅伟昌、祝朝祥、宋宗江、李志平、陈文君，秘书长何湘永出席会议，州政协原副主席向顶天列席会议。

会议传达学习了习近平总书记在二〇二三年春节团拜会、春节前夕视频连线看望慰问基层干部群众以及在中央农村工作会议上的重要讲话精神；审议了州政协 2022 年度绩效考核方案，州政协 2023 年工作要点、协商监督工作计划、重要会议计划和研究室、各专委会 2023 年工作安排；通报了 1 月重点工作完成情况和 2 月重点工作提示。

李平强调，要认真贯彻落实习近平总书记在二〇二三年春节团拜会和春节前夕视频连线看望慰问基层干部群众时的重要讲话精神，按照新阶段疫情防控工作要求，做好机关疫情防控，落实好“保健康、防重症”各项措施；持续做好平安机关创建，在安全用车、消防安全、食品安全等方面常抓不懈。

要闻纪事

2月

△ 2 日，十二届州委理论学习中心组举行第十七次集体学习，深入学习贯彻党的二十大精神，深刻领会和把握习近平新时代中国特色社会主义思想的世界观和方法论，进一步打牢开好民主生活会的思想根基，更好地团结带领全州党员干部把思想和行动统一到党的二十大精神上来，奋力谱写中国式现代化的湘西篇章。

△ 3 日，湘西州人大常委会党组召开 2022 年度民主生活会。州人大常委会党组书记、主任龚明汉主持会议。州人大常委会党组副书记、副主任麻超，党组成员、副主任向宏国、胡恩平、邓晓东、梁君、田科虎，州人大常委会党组成员、秘书长周斌参加会议。

△ 3 日，湘西州委书记虢正贵在吉首与湖南中道环保股份公司董事长黄量平等省内青年企业家代表座谈，就合作事宜进行洽谈。

△ 6 日，吉首军分区党委十二届十一次全体（扩大）会议召开，传达学习南部战区、军委国防动员部和省军区党委全会精神，总结 2022 年工作，部署 2023 年任务。

△ 7 日，全州人社工作暨启动公立医院薪酬制度改革工作会议在吉首召开。

△ 8 日，湘西州政府召开第三次全体会议，通报 2022 年重点工作完成情况，安排部署 2023 年政府重点工作。州委副书记、州长陈华强调，要旗帜鲜明讲政治，聚精会神抓发展，矢志不渝惠民生，全力打赢打好发展“六仗”，奋力实现开局精彩、全年出彩。

△ 9 日，民盟湘西州委召开全州盟务工作会议。全国政协委员、民盟湖南省委副主委向华，副州长、民盟州委主委高湘文出席会议。

△ 10 日，湘西州召开 2023 年全州财税国资工作视频会议，全面总结 2022 年工作，安排部署 2023 年工作。

◎ 湘西宝庆商会举行湘商回归新春恳谈会暨银企对接活动

2023 年 2 月 12 日，2023 年湘西宝庆商会湘商回归新春恳谈会暨银企对接活动在吉首举行，副州长马碧出席并讲话。

活动以“建设新湘西携手创未来”为主题，湘西宝庆商会负责人对商会过去一年的工作进行了总结，代表商会为湘西学子捐赠助学金 7.5 万元，并表示商会将继续为湘西州经济社会发展贡献力量；中国工商银行湘西分行相关负责人对该行相关惠企金融产品进行了介绍；湘西高新技术产业开发区相关负责人作湘商回归招商引资推介，并邀请各位企业家前往湘西高新区考察投资、洽谈发展。

马碧指出，2023 年是湘西州的“实体经济突破年”，各位企业家要进一步发扬敢闯、敢拼、敢为人先、胸怀天下的“宝古佬”精神；各级各相关部门要进一步增强服务意识，持续优化营商环境；大家在州委、州政府的坚强领导下团结奋斗，以团结的力量创造新的奇迹。

湘西宝庆商会举行湘商回归新春恳谈会暨银企对接活动

湘西宝庆商会负责人对商会过去一年的工作进行了总结，代表商会为湘西学子捐赠助学金 7.5 万元

◎湖南省工商联“民企兴县跨越同行”助力乡村振兴专项行动现场推进会在龙山召开

湖南省工商联“民企兴县 跨越同行”助力乡村振兴专项行动现场推进会在龙山召开

2023 年 2 月 16 日至 17 日，湖南省工商联“民企兴县跨越同行”助力乡村振兴专项行动现场推进会在龙山县召开，省内 20 余家民营企业、商协会与龙山县签订了帮扶框架协议。省政协副主席、省工商联主席张健，省工商联副主席石红，州委常委、州委统战部部长吴凌频，州政协副主席宋维金等参加会议。

会议听取了长沙市对口帮扶龙山县工作情况汇报。会上，龙山县与湖南高诺集团、龙牌食品股份有限公司、开源集团、湘窖酒业、圣湘生物和湖南省福建总商会等 20 余家企业、商协会签订了结对帮扶框架协议，在产业帮扶、就业帮扶、教育帮扶和公益帮扶等方面达成合作意向。

圣湘生物和湖南安邦制药分别向龙山县捐赠抗疫物资 100 万元和 10 万元，湘窖酒业捐资助学 50 万元，湖南省福建总商会助力乡村振兴捐赠 15 万元，湖南金六谷医药集团捐赠产业引导资金 15 万元，用于疫情防控、乡村振兴、教育卫生和产业发展等方面工作。

◎湘西州 4 个场所场馆入选首批湖南统一战线教育基地

2 月 16 日，湖南统一战线教育基地揭牌仪式在长沙李维汉故居举行，同时公布了首批 62 个湖南统一战线教育基地名单。其中，湘西州 4 个场所场馆入选。

此次湘西州入选的场所场馆有 3 个是在湘全国爱国主义教育示范基地，分别是湘鄂川黔革命根据地旧址（含永顺塔卧、龙山茨岩塘，与永定区“湘鄂川黔革命根据地旧址”一同命名）、花垣县十八洞村、吉首市矮寨大桥，有 1 个是统战历史纪念类场所——李烛尘故居。其中，李烛尘故居位于永顺县毛坝乡，里面展出了李烛尘的生平事迹图片和部分书信手稿，复原了他在永顺的生活场景。

自湖南统一战线教育基地命名授牌工作启动后，经相关单位自愿申报，各民主党派湖南省委会、省直统战系统单位、市州委统战部审核推荐，湖南省委统战部评估审议，决定将十八洞村等 38 处在湘全国爱国主义教育示范基地明确为湖南统一战线教育基地；李烛尘故居等 24 处场所场馆被明确为湖南统一战线教育基地并授牌。此举旨在把红色资源作为坚定理想信念、加强自身建设的生动教材，教育引导全省统一战线深刻领悟“两个确立”的决定性意义，增强“四个意识”、坚定“四个自信”、做到“两个维护”，始终与中国共产党想在一起、站在一起、干在一起。

湘西州 4 个场所场馆入选首批湖南统一战线教育基地

◎ 2023 年湘西州市场监管工作会议召开

2023 年湘西州市场监管工作会议召开现场

2023 年 2 月 13 日，2023 年湘西州市场监管工作会议召开，会议全面总结 2022 年市场监管工作，研究分析当前形势，安排部署 2023 年市场监管工作任务。副州长马碧出席会议并讲话。

马碧强调，2023 年湘西州市场监管工作要坚持以习近平新时代中国特色社会主义思想为指导，坚持以人民为中心的发展思想，按照国、省市场监管工作会议部署，全面落实“三高四新”战略定位和使命任务，全面打好发展“六仗”，打造“三区两地”、建设“五个湘西”，以“三年”活动为牵引，在“六方面”进一步发力，稳步推进“1234”工作重点，抓牢抓实市场主体倍增工程、质量强州、“三品一特”等主责主业，不断优化营商环境，奋力开创湘西州市场监管工作新局面。

要闻纪事

△ 16 日，湘西州政协召开十三届二次会议提案审查会议。州政协提案委负责人就州政协十三届二次会议提案的征集和初审情况进行了详细说明。

△ 17 日，湘西州十五届人大常委会召开第 16 次主任会议暨党组会议，州人大常委会党组书记、主任龚明汉主持会议。

△ 21 日，十二届州委理论学习中心组举行第十八次集体学习，深入学习贯彻习近平总书记在党的二十大精神研讨班开班式上的重要讲话精神，学习贯彻习近平总书记关于巡视工作的重要论述和《中国共产党巡视工作条例》。

△ 23 日，湘西州政协主席李平主持召开州政协十三届十四次主席会议。州政协副主席宋清宏、印钊、宋维金、邓建英、傅伟昌、宋宗江、李志平、陈文君，秘书长何湘永出席会议。

△ 24 日，全州科技创新工作会议暨打好科技创新攻坚仗动员会在吉首召开，总结 2022 年全州科技创新工作，部署今年重点任务。

△ 27 日，湘西州委农村工作会议在吉首召开。会议深入学习贯彻党的二十大精神和习近平总书记关于“三农”工作的重要论述，全面落实中央和省委农村工作会议精神，总结去年“三农”工作，安排部署今年任务。

3月

△ 1 日，全州工业和信息化工作会议在吉首召开。会议以习近平新时代中国特色社会主义思想为指导，深入学习贯彻党的二十大精神以及中央经济工作会议精神、全国全省工业和信息化工作会议精神、州委经济工作会议精神，总结回顾 2022 年工作情况，安排部署 2023 年重点任务。

△ 1 日，“大道向前·同心同行·感恩奋进”湘西州统一战线学习贯彻党的二十大精神征文、书法、绘画、摄影、音乐作品征集评比展览在州博物馆举行开展式。

◎吉首市首届旅游发展大会高峰论坛暨项目推介会举行

吉首市首届旅游发展大会高峰论坛暨项目推介会举行

2023 年 2 月 22 日，吉首市首届旅游发展大会高峰论坛暨项目推介会在吉首举行。湖南省人大常委会原副主任叶红专，省政协原副主席武吉海，省文化和旅游厅二级巡视员黄国斌，州委常委、州委宣传部部长杨彦芳出席推介会。

杨彦芳说，湘西州是精准扶贫首倡地，是湖南省同时拥有世界文化遗产、世界地质公园的唯一市州。作为州府所在地，吉首市一直以来享有“吉祥首府”的美誉，如今正发挥着其独特的资源禀赋和区位优势，奋力推进“强州府”战略，着力打造“州域经济核心增长极”，不断提高州府城市首位度和辐射带动力。文旅产业是湘西经济社会发展的最大门路，州委、州政府高度重视，加快推进文旅深度融合发展，全力打造国内外享有盛名的旅游目的地。

推介会上，对 3 条吉首旅游线路、6 个吉首特色节庆活动和 6 个文旅重点招商项目进行了推荐，并现场签约了 5 个重点文旅招商项目、6 个旅游营销合作项目。

◎酒鬼酒馥郁大会在深圳举行虢正贵出席并致辞

2023 年 2 月 23 日，“务实启新，敢为共赢——2022 年度酒鬼酒馥郁大会”在深圳燕子湖国际会展中心召开。湘西州委书记虢正贵出席并致辞。中粮集团有限公司党组成员、副总裁朱泽致辞。中国酒业协会理事长宋书玉、中国食品工业协会副会长兼秘书长马勇、中央广播电视总台总经理室常务副召集人任学安，中粮集团对外合作部总监、酒业董事陈刚出席。

2023 年 2 月 23 日上午，酒鬼酒馥郁大会召开

虢正贵说 60 多年来，酒鬼酒与湘西同发展、齐进步，如今的酒鬼酒，已成为中国地理标志产品、中国十大文化名酒之一，是湖南省唯一的央企白酒上市公司，湘西州最大的工业企业、文化名片。虢正贵说，希望社会各界一如既往地信任和支持酒鬼酒，诚挚邀请各方宾朋到湘西州这片发展热土来投资兴业。

大会回顾了酒鬼酒公司的发展历程，讲述了不同年代的创业故事，并对首批酒鬼酒战略发展研究院特聘专家颁发了聘书。会上还发布了 2023 年酒鬼酒和内参酒的系列新品。

◎湘西州全力推进『全民医保』

截至 2023 年 2 月 19 日，湘西州城乡居民参保缴费 2287033 人，全面完成目标任务，在全省排名前列。一直以来，湘西州始终把实现“全民医保”作为湘西州医疗保障的中心工作来抓，以参保缴费任务为基准，创新举措、持续用力，取得一定成效。

湖南省里下发城乡居民参保缴费任务后，湘西州将城乡居民基本医疗保险征收相关工作的完成情况纳入各县市“真抓实干”考核内容。制定了《湘西自治州 2023 年度城乡居民基本医疗保险参保缴费工作实施方案》，明确了缴费时间、筹资标准、参保资助政策、缴费方式、部门职责。州政府先后 4 次组织医保、税务、乡村振兴等部门召开推进会议，进一步压实县市政府和相关部门责任。

各级医保经办机构先后 200 余次组织工作人员围绕新政策、参保条件、时限要求、缴费标准等进行专题培训。并通过苗语土家山歌视频以及电视台、村村响、车载电台、小卡片等各种方式，用老百姓听得懂的语言讲述参保缴费的必要性以及参保缴费方式，切实打通政策宣传的“最后一公里”。

要闻纪事

△ 4 日，湖南省侨商联合会第三届六次会长会议暨三届三次常务理事（扩大）会议在吉首召开。

△ 6 日，全州乡村振兴领域不正之风和腐败问题专项整治、领导干部利用职权或影响力为亲友牟利专项整治工作（以下简称“两项专项整治”）动员部署会议在吉首召开。

△ 8 日，湘西州纪检监察干部队伍教育整顿动员部署会议在吉首召开。州委常委、州纪委书记、州监委主任、州纪检监察干部队伍教育整顿领导小组组长何锋出席会议并讲话。

△ 9 日，凤凰县成立了县人民法院女子执行团队及龙敏工作室。作为执法办案一线团队，组建了以 1 名员额法官、1 名法官助理和 1 名书记员为核心的“1+1+1+n”巾帼队伍，她们聚焦抚养费、赡养费等婚姻家庭类案件、集中办理好一批涉及女性、未成年人等更需要关爱群体的案件。

△ 10 日，湘西州人民医院召开第十二届五次职工代表大会，州人大常委会副主任向宏国、副州长彭延敏、州政协副主席邓建英、吉首大学副校长周华忠出席会议。

△ 10 日，湘西州委书记虢正贵主持召开州委常委会会议，传达学习习近平总书记在参加十四届全国人大一次会议江苏代表团审议时、看望参加全国政协十四届一次会议的民建工商联界委员时的重要讲话精神，传达学习中央和省有关文件精神，听取国土空间总体规划成果、关心下一代工作等情况汇报，审议相关文件。

△ 10 日，州委书记虢正贵在酒鬼酒公司与中粮集团党组成员、纪检监察组组长曲林一行座谈，就共同支持、推进酒鬼酒公司高质量发展有关事宜进行深入交流。

△ 13 日，全州人大财经工作会议在吉首召开，总结 2022 年工作情况，安排部署 2023 年工作任务，并就如何做好新一年的人大财经工作，助力全州经济社会实现高质量发展进行了交流讨论。

◎湘西州召开教育和体育工作会议

会议对先进集体和个人进行表彰

2023 年 2 月 28 日，湘西州教育和体育工作会议在吉首市召开，贯彻落实全国、全省教育体育工作会议精神，总结 2022 年工作，部署 2023 年工作。州委常委、州委统战部部长吴凌频，副州长高湘文，州政协副主席邓建英，吉首大学副校长姜又春出席会议。

会议对 2021—2022 学年度在湘西州推进教育质量提升攻坚行动中作出突出贡献的 16 个先进集体和 172 名先进个人进行了表彰。

会议强调，落实立德树人根本任务，发展素质教育，离不开体育事业的支撑和保障。要进一步增强推进体育强州建设的紧迫感、使命感，加快普及群众体育，不断壮大竞技体育，持续做强体育产业。要以举办第十三届全国少数民族传统体育运动会为契机，强规划引领、强机制建设、强办会水平、强活动举办，不断提升群众体育和竞技体育水平，加快推进体育强州，为全面建设社会主义现代化新湘西作出更大贡献。

◎湘西州“家庭助廉团团圆圆”主题活动在湘西州委党校举行

湘西州“家庭助廉 团团圆圆”主题活动在州委党校举行

2023年3月4日，全州“家庭助廉团团圆圆”主题活动在州委党校举行，各县市、湘西高新区、州直副处级以上机关事业单位、州属国有企业和高校150余名“一把手”配偶参加。州委书记虢正贵出席并讲话。州委常委、州委组织部部长刘章宇出席。州委常委、州纪委书记、州监委主任何锋主持。活动现场进行了家庭助廉承诺签名，宣读了《家属助廉倡议书》，2名配偶代表上台分享廉洁治家心得，与会人员受赠家教家风书籍，观看了家教家风专题警示教育片。

虢正贵强调，习近平总书记关于注重家庭家教家风建设的重要论述，是中华文化和中国精神的时代精华，是科学的世界观和方法论，大家要深学践悟、细思笃行。家庭是拒腐防变的重要阵地，要充分发挥家庭助廉作用，大力弘扬优良家风，通过加强自我约束、做好正面引导、发挥监督作用，使家庭成为温馨的港湾、清廉的净土。

◎湖南省民政厅调研湘西州福利院孤弃儿童『养治教康社』工作

2023年3月1日，湖南省民政厅儿童福利处、儿童福利与收养中心调研组一行来到州社会福利院，调研孤弃儿童“养治教康社”工作。

调研组一行先后来到湘西州社会福利院儿童部、康复保健部，详细了解孤弃儿童的生活、医疗、康复、教育、社工等情况，随后召开调研座谈会。

调研组对湘西州社会福利院过来开展的各项孤弃儿童保障工作给予了充分肯定，并提出，要着力抓好孤弃儿童“养治教康社”工作，精准定位工作发展目标，转换工作思路，进一步创新工作方法，力推机构优化提质与创新转型。要构建“党委领导、政府负责、部门联动、社会参与”的工作格局，更好地为广大孤弃儿童谋福祉，凝心聚力推动儿童福利事业再上新台阶。

◎湘西州10项工程获评“省优”

2023年3月2日，湖南省建筑业协会公布了2021—2022年度第二批湖南省优质工程名单，湘西州6项工程入选。加上此前入选首批“省优”的工程，湘西州共有10项工程获此殊荣。

湘西州获评2021—2022年度第二批湖南省优质工程的是吉首大学师范学院教学生活设施建设项目、湘西高新区滨江路和丰达东路及桥梁（BT）建设项目、永顺县未来城1#地块二期一标、龙山智慧城市（一期）建设PPP项目（市民之家含综合档案馆）、龙山县公安局“三所合一”建设项目施工、张吉怀铁路吉首东站（综合客运枢纽）配套基础设施建设项目。湘西州入选2021—2022年度首批“省优”的工程的是龙山县龙城中央（二期）建设项目、花垣县城南保障性安居工程配套基础设施建设项目、张吉怀铁路凤凰站配套基础设施建设项目和张吉怀铁路站房、生产生活房屋及相关配套工程施工ZJHFJ—1标段（吉首东站）。

湖南省优质工程评选是在省住房和城乡建设厅指导下，由省建筑业协会组织实施，经符合性审查、现场复查、集中评审和网上公示最终确定的奖项，是湖南省建设工程质量荣誉奖。

◎湘西州优化营商环境助推实体经济高质量发展会议召开

2023年3月6日，湘西州优化营商环境助推实体经济高质量发展会议在吉首召开。州委书记虢正贵出席会议并讲话。他强调，要把“优化营商环境助推实体经济高质量发展”这一关键举措抓在手上不放松，不断提升工作实效，以营商环境的不断优化和实体经济的不断发展，加快推进湘西州经济实现质的有效提升和量的合理增长。州委副书记廖良辉主持会议。州人大常委会主任龚明汉，州政协主席李平出席。

虢正贵强调，要强化问题导向、目标导向，进一步传递压力、落实责任，做好湘西州优化营商环境助推实体经济高质量发展有关工作。要打好优化发展环境持久仗，坚持市场化、法治化、国际化原则，落实好中央、省和湘西州一系列纾困帮企政策，坚决保持亲清政商关系，在推动营商环境优化提升上实现新突破。

湘西州优化营商环境助推实体经济高质量发展会议召开

要闻纪事

△16日，湘西州森林防灭火紧急视频会议在吉首召开。通报了近期发生的森林火灾情况，并学习了相关文件。

△17日，省政协副主席、州委书记虢正贵在吉首会见来湘西州访问的瑞士驻华大使白瑞谊一行。

△20日，副州长彭延敏到州退役军人事务系统开展走访调研，先后实地察看州军供站选址、州军干所、州退役军人服务中心，并在州退役军人事务局召开调研座谈会。

△21日，古丈县人民政府与湘西长行村镇银行举行政银合作战略协议签约仪式。仪式观看了县人民政府招商引资宣传片及湘西长行村镇银行宣传片，增进了双方的了解和共识。

△22日，湘西州委书记虢正贵主持召开州委文化旅游工作委员会2023年第二次（扩大）会议，研究筹备全国文化和旅游赋能乡村振兴工作现场经验交流会、2023年湖南省（夏季）乡村文化旅游节、第二届湘西州旅游发展大会等工作。

△23日，湘西州政协主席李平主持召开州政协十三届十五次主席会议。州政协副主席印钊、宋维金、傅伟昌、祝期祥、宋宗江、李志平，秘书长何湘永出席会议，州政协原副主席向顶天列席会议。

△23日，湘西州残疾人联合会第五次代表大会圆满完成各项议程胜利闭幕。州委常委、州委组织部部长刘章宇出席会议并讲话，副州长彭延敏当选州残联第五届主席团主席。

△24日，湘西州召开全州殡葬改革暨文明祭扫工作视频会议，副州长彭延敏出席会议并讲话。

△24日，2023年度全州落实粮食安全责任制考核领导小组第一次会议在吉首召开。

△25日，湖南省政协副主席、州委书记虢正贵在吉首会见由西班牙共产党主席森特利亚率领的西班牙左翼政党、智库、媒体考察团。

◎湘西州住建工作座谈会在吉首召开

湘西州住建工作座谈会在吉首召开

2023年3月7日，湘西州住建工作座谈会在吉首召开。副州长高湘文出席会议并讲话。

高湘文指出，要坚定信心，坚持目标导向抓发展，围绕住建领域2023年各项重点任务、工作方案，制定责任书，列出时间表，做好每一项工作，抓细每一个环节，抓实每一件任务，确保2023年的各项任务目标顺利完成。要攻坚克难，坚持问题导向抓安全，压实安全工作责任，加强自建房、房地产、建筑工地等重点领域安全监管，杜绝安全生产事故发生。要突出重点，坚持考核导向抓工作，围绕省政府督查激励“实干”、围绕州政府目标管理“巧干”、围绕“发展六仗”“苦干”，打好住建工作的翻身仗，圆满完成住建领域的各项目标任务，推动住建工作迈上新台阶。

◎湘西军地携手搭“鹊桥”18对优秀青年邂逅军营

2023年3月8日，湘西州妇联与武警湘西支队联合开展的“爱在湘西·情满军营”——2023年湘西州首届军地“鹊桥”联谊活动在武警湘西支队举行。州人大常委会副主任胡恩平宣布活动开始。

由于使命任务和日常管理的特殊性，部队青年官兵遇到合适婚恋对象的机会较少，导致部分大龄青年官兵婚恋问题没有及时解决。为此，州妇联携手州卫健委、州教体局走进军营与驻湘西部队联合举办此次联谊活动，旨在搭建军地优秀未婚青年交流平台，为青年官兵走进社会、展示风采提供机遇，帮助地方女青年走进部队、了解军人。

来自驻湘西部队和消防单位的50余名官兵与来自州教体、州卫健等系统的60余名优秀未婚女青年以活动为桥梁，大胆展示自我，积极交流，碰撞出爱情的火花。活动现场共有18对军地未婚青年牵手成功。

湘西军地携手搭“鹊桥”18对优秀青年浪漫邂逅军营

◎湘西州直新一轮驻村工作培训动员会在湘西州委党校召开

2023年3月6日，湘西州委组织部在湘西州委党校组织召开新一轮湘西州派驻村第一书记和工作队员培训动员会。州委常委、州委组织部部长刘章宇出席会议并讲话。

刘章宇要求，要提高政治站位，心怀“国之大者”，深刻认识做好新阶段驻村帮扶工作的重要意义，切实担当首倡之地的首倡之责。要把握重点任务，紧扣中心、聚焦重点，围绕建强村党组织、推进强村富民、提升治理水平、为民办事服务，用心用情用力做好驻村工作，巩固拓展脱贫攻坚成果，提升驻村帮扶实效，在乡村振兴一线彰显担当作为。

刘章宇要求，要积极转换角色，找准角色定位，做好工作交接，持续提升履职能力，树立严实形象，争做农村工作的行家里手。要加强组织领导，强化组织保障，统筹抓好人员选派、日常管理、考核激励、服务保障等工作，定期召开专题会议，积极开展到村走访工作，加强对帮扶干部的管理、教育和关心。

要闻纪事

△25日至26日，西班牙共产党主席森特利亚率领的西班牙左翼政党、智库、媒体考察团来湘西州参观访问。中联部八局副局长张光平，省委外事办副主任邱爱华，州委副书记廖良辉，州委常委、州委秘书长向邦伟分别陪同参访。森特利亚一行还参访了乾州古城和凤凰古城，了解湘西州的历史文化和民俗风情。

△27日，湘西州委副书记、州长陈华主持召开州政府党组理论学习中心组集体学习会议。州委巡察办主任龙儒文就习近平总书记关于巡视工作的重要论述和《中国共产党巡视工作条例》作专题辅导，刘冬生就推进中国式现代化的湘西新篇章作专题辅导，周燕飞、周亮作中心书面发言，州政府研究室负责人作研讨发言。

△27日，全省基层党员学习贯彻党的二十大精神专题培训示范班（第二期）在花垣县开班，来自全省的普通高等学校、公立医院、中小学校党组织书记和各市州及省委教育工委，省卫生健康委观摩人员共96人参加为期5天的培训。

△31日，湘西州委书记虢正贵主持召开2023年州委人才工作领导小组第一次会议。会议听取了全州人才工作情况和人才资源、科技、教育、卫生健康、农业农村等人才队伍建设情况汇报，审议人才工作有关文件和招才引智有关方案。

4月

△3日，湖南省政协副主席、州委书记虢正贵到长沙拜访人民日报社湖南分社、光明日报社湖南记者站、经济日报社湖南记者站、中国日报社湖南记者站、中国新闻社湖南分社等中央驻湘媒体并宣讲党的二十大精神。

◎凤凰县千工坪镇开展喜送入伍通知书、悬挂“光荣之家”牌匾活动

千工坪镇开展喜送入伍通知书、悬挂“光荣之家”牌匾活动

2023年3月13日，千工坪镇党委委员、人民武装部部长隆金柱一行先后到3名入伍青年的家中，送上入伍通知书和悬挂“光荣之家”牌匾，向新入伍的新兵家属表示感谢和祝贺。

每到一名入伍新兵家中，隆金柱部长都亲手送上入伍通知书和现场悬挂“光荣之家”牌匾，并与新兵家属亲切交谈，向支持征兵工作的家属们表示衷心的感谢和祝贺。并叮嘱新兵们在部队服从命令、听从指挥、严守纪律、开拓进取、奋发向上，要努力成长为有灵魂、有本事、有血性、有品德的新时代革命军人，为家乡增光添彩。

千工坪镇在2023年的征兵工作中，早部署、强宣传、细摸排、重落实、严监督，经过层层筛选，吴建家、丁人富、吴财玉3名优秀青年从20名应征适龄青年中脱颖而出，光荣地成为入伍的新兵战士。下一步，千工坪镇将常态化落实好征兵工作，以实际举措提升征兵工作的通透性、穿透性，推进千工坪镇征兵工作再上新台阶，为新时代国防建设持续输送优质兵员。

◎湘西州新增6个中国传统村落

2023年3月19日，住房和城乡建设部、文化和旅游部等六部门联合公布了第六批列入中国传统村落名录村落名单，湘西州吉首市马颈坳镇杨柳村，保靖县葫芦镇国茶村、水田河镇白合村和孔坪村，古丈县岩头寨镇老寨村、坪坝镇对冲村等6个村榜上有名。全州获批列入中国传统村落名录的村寨达178个。

《住房和城乡建设部办公厅关于实施中国传统村落挂牌保护工作的通知》要求，各地要按照“一村一档”建立完善中国传统村落档案，于2023年9月底前完成挂牌工作。要指导列入名录的传统村落编制保护利用规划或方案，明确保护范围、重点和要求，提出保护利用传承工作措施。传统村落保护利用规划或方案内容要简洁、易懂、实用，效果要可感知、可量化、可评价。

湘西州以土家族、苗族为主的传统村落资源丰富，特色村寨保存较为完好，具有高度的要素完整性。近年来，全州持续推进传统村落集中连片保护利用工作，突出规划引领，加大政策支持，建立保障机制，加强生态保护、文化传承力度，因地制宜发展特色产业，推动传统村落环境美起来、人气旺起来、产业兴起来、农民富起来。目前，湘西州一大批传统村落已成为“土家探源”“神秘苗乡”乡村旅游精品线路上的“网红打卡点”，正在乡村振兴中焕发新活力。

◎湘西州传达学习全国两会精神会议在吉首召开

2023年3月15日，湘西州传达学习全国两会精神会议在吉首召开。州委书记虢正贵主持会议并讲话，他强调，要深入学习贯彻全国两会精神特别是习近平总书记在全国两会期间发表的系列重要讲话精神，学出坚定信仰、学出绝对忠诚、学出使命担当，做到紧跟总书记、奋进新征程、建功新时代。州委副书记、州长陈华出席并传达十四届全国人大一次会议、全国政协十四届一次会议精神，州委副书记、花垣县委书记廖良辉在花垣分会场参会，州人大常委会主任龚明汉参会。

虢正贵指出，这次全国两会是在全面贯彻落实党的二十大精神的开局之年、向着第二个百年奋斗目标砥砺前行之时召开的十分重要的会议。大会取得的最重要政治成果，就是选举产生了新一届国家机构和全国政协领导人员，特别是习近平总书记继续全票当选为国家主席、中央军委主席，充分反映了全党全军全国各族人民对习近平总书记的衷心拥护和爱戴，充分彰显了“两个确立”的政治共识、政治成果深入人心，必将极大鼓舞和激励亿万人民更加紧密地团结在以习近平同志为核心的党中央周围，踔厉奋发、勇毅前行，在强国建设、民族复兴征程上不断创造新的辉煌。

会议现场

◎湘西州委党校（州行政学院、州社会主义学院）举行2023年春季学期开学典礼

2023年3月21日，州委党校（州行政学院、州社会主义学院）举行2023年春季学期开学典礼。州委书记虢正贵紧扣“正确理解和大力推进中国式现代化”主题，围绕准确把握中国式现代化的理论体系、正确处理推进中国式现代化的重大关系、提高推进中国式现代化的能力本领等方面，为学员上了生动精彩的一课。州委副书记、州委党校（州行政学院、州社会主义学院）校（院）长廖良辉主持。

虢正贵指出，促进全党全国正确理解和大力推进中国式现代化，是深学笃行习近平新时代中国特色社会主义思想的应有之义，是全面贯彻落实党的二十大精神的重中之重。要准确把握中国式现代化的理论体系，不断学习、不断深化，真正做到内化于心、外化于行。

州委党校（州行政学院、州社会主义学院）举行2023年春季学期开学典礼

虢正贵强调，要正确处理推进中国式现代化的重大关系。要处理好顶层设计与实践探索的关系，科学确定各个阶段各个领域的目标任务，在实践中去大胆探索，为中国式现代化伟大实践贡献湘西力量。

要闻纪事

△3日，湘西州总工会第十二届委员会第七次全体（扩大）会议在湘西高新区召开。总结了2022年全州工会工作，部署了2023年工作；审议通过了《湘西自治州总工会关于全面贯彻落实党的二十大精神；组织动员全州广大职工为全面建设现代化新湘西团结奋斗的决议》（草案）。

△3日，全州清明节期间安全生产、森林防灭火、防汛暨州安委会2023年第三次全体（扩大）会议在吉首召开。会议组织观看了《生命的代价》事故警示片，听取一季度全州安全生产等工作情况汇报。

△4日，高峰镇党委、政府联合镇卫生院、镇派出所、邮政银行、农村信用社及李家洞村村支两委干部代表40余人前往高峰镇革命烈士纪念亭开展“缅怀革命先烈传承红色基因”清明祭扫烈士墓活动暨“一月一课一片一实践”主题党日。

△7日，古丈县人民政府组织部分企业党代表、人大代表、政协委员、市场主体代表等共计100人在县人民政府开展2023年第一季度“百家企业评百股”活动。对县城管执法局、县市场监督管理局、县财政局等28个县直部门102名业务股室长进行打分测评。

△11日，副州长刘冬生与湖南省自然资源厅党组成员、省自然资源厅副总督察林目轩，会商自然资源督察执法工作。

△12日，2023年全州交通运输（公路）工作会议召开。会议宣讲党的二十大精神，传达学习全国、全省交通运输工作会议精神，总结2022年工作成绩，安排部署2023年重点工作。

△13日，湘西州质量强州领导小组2023年第一次全体会议在吉首召开。

会议学习了《质量强州建设纲要》《湖南省质量建设纲要》。

△18日，湘西州信访工作联席会议2023年第一次会议暨全州信访工作会议召开。

△19日，全州集中打击整治危害药品安全违法犯罪暨药械化监管工作会议在吉首市召开。

◎湘西州首个国家级非遗湘西苗绣产业的离岸孵化中心在北京成立

湘西州首个国家级非遗湘西苗绣产业的离岸孵化中心在北京成立

2023年3月29日，湘西州首个国家级非遗湘西苗绣产业的离岸孵化中心在北京成立。在此之前，该离岸孵化中心已试运行7个月，其工作成果于3月30日在中国国际时装周舞台展示。该模式是乡村产业探索如何高质量发展的一次生动实践。

该离岸孵化中心由花垣县湘西七绣坊苗服饰文化有限责任公司与北京尚仄国际集团正式签约共同打造。北京尚仄国际集团负责产业布局规划、产品设计、营销等，湘西七绣坊苗服饰文化有限公司提供文化输出、刺绣制作。此次以中国国际时装周为契机，两家公司共同开发的75件中式婚礼服大秀展示，将苗绣工艺、东方美学、非遗文化与时尚结合，实现非遗和消费联动。此次展示也直接促成时装订单1700余万元。

◎全国第二届生物演化与环境科学传播研讨会在湘西州召开

李平与张元动共同为湘西世界地质公园“中国古生物学会科普教育基地”揭牌

2023年3月31日，全国第二届生物演化与环境科学传播研讨会在湘西世界地质公园博物馆召开，会议分开幕式和学术交流活动两个阶段，共同探讨生物演化历史，交流最新研究成果，推动湘西世界地质公园地质遗址和科普科研工作开展。州政协主席、湘西世界地质公园管理委员会主任李平出席会议开幕式，州人大常委会原副主任高文化主持开幕式，副州长刘冬生致辞。

会议观看了湘西世界地质公园宣传片。开幕式上，李平与张元动共同为湘西世界地质公园“中国古生物学会科普教育基地”揭牌，刘冬生与杨涛签署战略合作协议，开幕式结束后，与会专家就生物演化与环境科学广泛开展学术交流活动。

据了解，湘西世界地质公园拥有5亿多年前的古丈阶“金钉子”、排碧阶“金钉子”、世界上规模最大的奥陶纪红色碳酸盐岩石林等地质遗址，1517处历史文化古迹、28个国家级非物质文化遗产保护名录。通过与中国科学院南京地质古生物研究所签署战略合作协议，双方在科普研究、地质遗址保护、人才培养等方面进行文化交流，通过挖掘湘西地质公园的科研价值、经济价值，将发展成果惠及更多百姓，为湘西州高质量发展增色添彩。

要闻纪事

△20日，湘西州十五届人大常委会召开第18次主任会议，会议听取了州人大常委会《关于全州社区矫正工作调研报告的审议意见》落实情况的报告；关于《湘西土家族苗族自治州农村人居环境治理若干规定》（草案·二次审议稿）；州人大常委会《关于提升基层公共卫生服务能力情况报告的审议意见》办理落实情况的报告；关于提请审议《湘西土家族苗族自治州国土空间总体规划（2021—2035年）（草案）》的议案。

△21日，湘西州委副书记、州长、州政府党组书记陈华主持召开州政府党组会议，部署州政府党组主题教育工作。

△23日，湘西州文明委全体（扩大）会议暨全域文明创建工作电视电话会议在吉首召开。会议深入学习贯彻习近平总书记关于社会主义精神文明建设的重要论述，动员全州上下进一步把思想和行动统一到党的二十大决策部署上来。

△25日，湘西州召开打好优化发展环境持久仗第一季度讲评会议，全面贯彻落实省关于打好优化发展环境持久仗有关指示精神，总结第一季度优化发展环境工作，安排部署下一阶段工作任务。

△26日，十二届州委理论学习中心组举行第二十次集体学习，深入学习领会习近平总书记关于意识形态工作的重要论述和习近平法治思想，传达学习全省学习贯彻习近平新时代中国特色社会主义思想主题教育工作会议精神和省委书记沈晓明在学习贯彻习近平新时代中国特色社会主义思想主题教育读书开班式上的讲话精神。

△26日，龙山县新的社会阶层人士联合会（以下称“县新阶联”）2022年度总结表彰会在龙山产业开发区新的社会阶层人士统战工作实践创新基地召开。举行了桑植县新阶联与龙山县新阶联结交友好新阶联仪式，桑植县新阶联主席尚花群与龙山县新阶联主席谭艳林签订了结交友好新阶联协议。

◎古丈县古阳镇人民政府荣获国家级“节约型机关”荣誉称号

古阳镇人民政府荣获国家级“节约型机关”荣誉称号

2023年3月29日，古丈县古阳镇人民政府被国家机关事务管理局、中共中央直属机关事务管理局、国家发展和改革委员会和财政部联合授予国家级“节约型机关”荣誉称号。

古阳镇人民政府为发挥公共机构在节能和建设节约型社会中的表率作用，完善制度体系，推行绿色办公，强化指导宣传，多措并举，以实际行动节约能源资源，减少公用经费支出，建设节约型机关。

下一步，古阳镇人民政府将以此次荣获国家级“节约型机关”称号为契机，进一步强化节能宣传，完善节能制度，加强节能管理，不断增强干部职工节约意识、环保意识和生态意识，巩固创建成果，推动节能创建工作向常态化转变，争取让该镇节能创建工作再上新台阶。

◎ 2023年湘西州“4·15”全民国家安全教育日系列活动启动

启动仪式现场

2023年4月15日，2023年湘西州“4·15”全民国家安全教育日系列活动启动仪式在吉首市举行。州委副书记、州长陈华出席并宣布活动正式启动。州领导杨彦芳、张青勇、袁新天、吴凌频、向邦伟、彭延敏、周亮、马碧参加活动。

杨彦芳向花垣县双龙镇十八洞村授予“湘西自治州国家安全教育基地”牌匾

2023年4月15日是中国第八个全民国家安全教育日，此次活动以“贯彻总体国家安全观，增强全民国家安全意识和素养，夯实以新安全格局保障新发展格局的社会基础”为主题。启动仪式由州委常委、州委秘书长向邦伟主持，州委常委、州委宣传部部长杨彦芳向花垣县双龙镇十八洞村授予“湘西自治州国家安全教育基地”牌匾，党政机关工作人员、学生代表作表态发言。仪式后，参加启动仪式的全体人员及社会各界群众共同参观国家安全专题教育展览。

活动现场，工作人员通过设置宣传展板、发放宣传册等方式，热心地向往来人群讲解校园安全、交通安全、科技安全、网络安全等涉及国家安全的知识，提升人民群众防范和抵御安全风险的能力，努力营造国家安全人人有责、人人尽责、人人享有的良好氛围。

◎湘西州机关党的工作会议召开

2023年4月10日，湘西州机关党的工作会议在吉首召开。会议深入学习贯彻习近平新时代中国特色社会主义思想和党的二十大精神，贯彻落实全省机关党的工作会议精神和州委工作要求，总结2022年州直机关党建工作，安排2023年工作任务，对州直党建示范点进行了授牌。州委常委、州委秘书长、州直工委书记向邦伟出席会议并讲话。

向邦伟指出，州直各级党组织，要始终以党的政治建设为统领，用党的创新理论武装头脑，深入推进模范机关建设，持续加强清廉机关建设，打造有效实现党的领导的坚强战斗堡垒，以推动机关党建高质量发展；要始终胸怀全局、服务大局，在服务高质量发展中创先争优，在推动乡村振兴中走在前列，在党建引领基层治理中担当作为，让党旗在全面建设现代化新湘西的火热实践中高高飘扬；要始终扛牢政治责任，压紧压实党建工作，建好建强党务干部队伍，严肃严格党建述职评议考核，努力交出新时代机关党建工作的优异答卷。

湘西州机关党的工作会议召开

◎湘西州民兵应急营点验思想政治教育活动在十八洞村举行

活动现场

2023年4月19日，以“脱贫不忘党恩、家富不忘报国”为主题的湘西州民兵应急营点验思想政治教育活动在花垣县双龙镇十八洞村举行。州本级和花垣县新入队民兵共100余人参加活动。

活动中，湘西州10名“最美民兵”为新入队民兵佩戴了肩章，其中3名“最美民兵”代表分别从军事训练、抢险救灾、乡村振兴方面现场分享了个人事迹，新入队民兵代表作表态发言，全体民兵进行庄严宣誓。随后，全体民兵还一起参观了“十八洞村精准扶贫之路”展厅。

近年来，湘西州民兵队伍充分发挥民兵群体亦兵亦民、涉及行业多、覆盖领域广、组织纪律性好、示范表率作用强的独特优势，带头把感党恩转化为尽责报国之志，在防汛抢险、疫情防控、森林防火、参加地方经济发展等方面发挥积极作用，为辖区社会稳定发展作出了积极贡献。

为新入队民兵佩戴领章

要闻纪事

△27日，在集中收看全省安全生产电视电话会议暨省安委会第二次全体成员会议后，州政府立即召开电视电话会议，贯彻落实上级会议精神，部署安排“五一”期间安全防范和重大事故隐患专项排查整治行动，坚决打好打赢安全生产翻身仗。

△28日，全州纪念五四运动104周年暨青年人才座谈会在吉首召开。州委书记虢正贵出席并讲话。州委常委、州委组织部部长刘章宇主持会议。副州长彭延敏宣读《关于聘任第一批湘西州青年成长导师的通知》。

5月

△4日，古丈县政府办系统机关党委在县委党校举办学习贯彻党的二十大精神暨干部能力提升培训班开班仪式。开设有《谱写新时代中国特色社会主义更加绚丽的华章——学习贯彻党的二十大精神》《凝心铸魂创伟业踔厉奋发向复兴——开展学习贯彻习近平新时代中国特色社会主义思想主题教育》《学习贯彻全国两会精神》等专题，机关党委下辖9个单位的党员干部109人参加培训。

△4日，古丈县发改局召开纪念五四运动104周年暨优秀青年表彰座谈会，发改局全体干部职工参加座谈会。由12名青年干部逐一作了交流发言，大家结合自身工作谈体会、讲经历、话成长，充分彰显了新时代下青年发改干部朝气蓬勃、奋发进取的精神风貌。

△6日，湘西州委书记虢正贵主持召开民主党派、工商联和无党派人士参政议政专题调研协商座谈会，深入学习贯彻中共二十大精神，深学笃行习近平总书记关于做好新时代党的统一战线工作的重要思想，听取民主党派、工商联和无党派人士代表调研成果汇报和对州委的意见建议。

△6日，湘西州委书记虢正贵主持召开州委统一战线工作领导小组2023年第一次全体会议，贯彻落实省委统一战线工作领导小组2023年第一次全体会议精神，安排部署下阶段全州统一战线工作。

◎湘西州7个集体5名个人荣获全省五一劳动表彰

2023年4月27日，2023年全国、湖南省五一劳动奖状（章），全国、湖南省工人先锋号以及“喜迎二十大、奋进新征程”湖南省百万职工重点建设项目劳动竞赛先进单位（班组）和优秀个人荣誉名单揭晓，湘西州7个集体、5名个人荣获表彰。

吉首市农业农村局土壤肥料工作站站长、农业技术推广研究员陈道云荣获全国五一劳动奖章，并获评湖南省先进工作者；龙山县土家巧手民族工艺公司绣花车间荣获全国工人先锋号。中国邮政储蓄银行湘西州分行荣获湖南省五一劳动奖状；州人民医院大内科主任宋奎、中国邮政集团永顺县分公司砂坝邮政支局支局长张朝如、泸溪县自来水公司维修队队长彭浩、凤凰县公安局副局长龙建兵荣获湖南省五一劳动奖章。中铁三局湖南桑龙高速公路TJ5标项目部、花垣十八洞文化旅游开发公司讲解员小组、深圳雪花啤酒公司湘西分公司制造部酿造班组、凤凰县人民医院院前急救中心荣获湖南省工人先锋号。泸溪县汇金资源综合利用公司武陵山区湘西港航运枢纽（二期）工程项目部获评湖南省百万职工重点建设项目劳动竞赛先进班组。

◎古丈县举行“6+3”擂台比武活动

“6+3”擂台比武活动现场

2023年5月5日，古丈县举行“6+3”擂台比武活动。州人大常委会副主任、古丈县委书记邓晓东，县委副书记、古丈县长陈瑞，县委副书记麻学清，县领导曾传文、宋祖林、郑良武、彭波、粟丽波、刘学书、粟继红、李剑、鲁明炎、魏民出席活动，各部门相关负责人参加活动。

“6+3”擂台比武主要是围绕打好“发展六仗”、扎实推进“三年活动”，通过“双月双擂台比武”，以分类考核的方式进行，逢双月按类别开展一次“擂台比武”活动。围绕每次“擂台比武”主题，由参赛单位主要负责人以上台述职的方式进行，主要汇报本单位涉及的重点工作、重点项目、重点任务进展情况，上级考核指标进展排名、创新做法及存在问题、改进措施等。

此次比武活动主题为经济增长主动仗组和安全生产翻身仗组，由参会县领导、县人大代表、县政协委员、企业代表、基层代表等人员担任评委分级打分。经济增长主动仗组擂主为县发改局和县财政局，具体得分如下：县发改局94.34分，县财政局94.06分，县科工信局得分91.59分，县农业农村局90.6分，县交通运输局90.4分。安全生产翻身仗组擂主为县应急管理局和县教体局，具体得分如下：县应急管理局92.97分，县教体局92.24分，县住建局91.79分，县公安局（交警大队）91.76分，县市场监管局91.24分。

要闻纪事

△11日，湘西州委副书记、州长、州政府党组书记陈华主持召开州政府党组理论学习中心组第4次集体学习会议。邀请州委党校管理教研部主任谭和平就习近平总书记关于生态文明建设的重要论述作授课辅导。

△12日，湘西州政府召开2023年廉政工作电视电话会议，与会人员共同学习重温习近平同志在浙江工作期间给领导干部算的“三笔账”。

△17日，湘西州政协在州公安局交警支队召开“提升湘西州交警执法规范化和服务水平落实情况”民主监督座谈会。会议听取了州公安局交警支队提升湘西州交警执法规范化和服务水平落实情况汇报。

△19日，2023年州招委会成员单位第一次联席会议在吉首召开。副州长高湘文要求，要从严落实好组织领导责任、安全防范责任、部门履职责任，形成层层负责、环环相扣的主体责任链，坚持人防、物防与技防相结合，抓小抓细抓实，筑牢考试安全各道防线，确保考试安全管控无缝隙、无死角、无漏洞。

△19日，2023年全州普通高校招生考试安全视频会在吉首召开。会议贯彻落实国、省会议精神，对湘西州“两考”工作再强调、再部署。

△24日，湘西州政协召开十三届十七次主席会议，会议传达学习了习近平总书记在听取陕西省委和省政府工作汇报时的重要讲话精神及省政协相关会议精神，审议了打造“协商在一线”委员履职品牌、部分年度重点课题、委员读书活动等工作方案和相关制度办法。

△24日，湘西州政协机关专委会党支部赴吉首市矮寨镇峒河饮用水水源地保护区开展“保护饮用水源，共建绿色家园”主题党日暨“改善生态环境”民主监督活动。

◎全省治安重点工作暨“砺剑”专项行动推进会在吉首召开

2023年4月26日，全省治安重点工作暨打击整治黄赌违法犯罪“砺剑”专项行动推进会在吉首召开。省公安厅党委委员、副厅长谭学军，湘西州委常委、州委政法委书记袁新天，副州长、湘西州公安局局长周燕飞出席会议。

会议传达了全国治安管理工作座谈会议和全国治安打击工作现场会议有关精神，通报了“砺剑”行动开展情况，省公安厅向益阳市局、永州市局、湘西州局、湘乡市局、武陵区局、北湖区局、涟源市局等7个打击跨境跨区域黄赌犯罪省级战略支撑点进行授牌，长沙、娄底、郴州、益阳、岳阳等地就打击整治黄赌违法犯罪工作经验进行了发言。会议还对食药侦查工作和未成年人“五必须”规定落实工作进行了强调部署。

全省治安重点工作暨“砺剑”专项行动推进会在吉首召开

◎中国（湘西州）——纳米比亚经贸对接会成功举办

马碧副州长给与会嘉宾和企业家赠送象征中非友谊的苗族绣花腰带

2023年5月23日，中国（湘西州）——纳米比亚经贸交流对接会暨湖南省情推介会在纳米比亚温得和克成功举办。受湖南省政府委托，湘西州副州长马碧作第三届中非经贸博览会、湖南省情和湘西州情推介。

马碧表示，湖南是一代伟人毛泽东的家乡，是“杂交水稻之父”袁隆平的家乡，是“一带一路”重要内陆省份，正着力打造国家重要先进制造业、具有核心竞争力的科技创新、内陆地区改革开放高地。纳米比亚与湖南省产业互补优势明显，具有良好的合作基础，双方在农业、矿业、旅游和教育等领域可以寻求更深层次的合作。湘西州是习近平总书记“精准扶贫”重要论述的首倡地，湘西人民以首倡之地的首倡之为为世界减贫事业提供了湘西样本。

此次经贸交流对接活动由湖南省商务厅、湘西州人民政府主办，湘西州商务局承办。是构建两国经贸联系的桥梁和纽带，为加强和推动两国经贸合作提供了机会，以此建立起两国经贸合作的长效机制，对促进两国间的经贸合作、助推两国经贸往来将产生深远影响。

与会嘉宾合影留念

◎湘鄂两省四县人大监督联席会第一次会议召开贯彻落实《酉水河保护条例》

2023年5月16日，湘鄂两省四县贯彻落实《酉水河保护条例》人大监督联席会第一次会议在湖北省来凤县召开，恩施州人大常委会党组成员、秘书长杨天龙，来凤县委书记李伟，恩施州人大常委会办公室二级调研员郑峰出席会议。宣恩、龙山、来凤、保靖四县签订了湘鄂两省四县贯彻落实《酉水河保护条例》人大监督联席会议制度协议。

为加强酉水河保护，践行绿色发展理念，共筑长江上游生态屏障，2017年，湘西州、恩施州出台了《酉水河保护条例》，联合开展酉水流域“十年禁渔”行动，酉水河保护进入有法可依的时代。2023年，经宣恩、龙山、来凤、保靖四县人大常委会友好协商，按照“成果共享、责任同担，流域共管、监督同向”的原则，一致达成贯彻落实《酉水河保护条例》人大监督联席会议制度。联席会议每年召开一次，由四县轮流举办，湘鄂两省四县人大协同监督《酉水河保护条例》贯彻落实情况进入常态化、长效化的新阶段。

◎湘西州政协吉首委员组委员工作室挂牌运行

湘西州政协吉首委员组委员工作室揭牌仪式

2023年5月9日，湘西州政协吉首委员组委员工作室在吉首市财信商业街挂牌运行。湘西州政协主席李平、副主席陈文君出席揭牌仪式。

李平一行视察了湘西财信商业街项目运营情况并召开座谈会。会议传达了省政协主席毛万春在湘西州调研和在相关会议上的讲话精神，听取了州政协吉首委员组委员工作室工作开展情况汇报。

李平指出，省政协“7+4+5+3”和三级联动工作总要求是全省政协贯彻落实党的二十大精神，推动政协事业高质量发展的路线图、任务书，是各级政协政治协商的主攻点、民主监督的着力点、参政议政的切入点、凝聚共识的发力点。2023年州政协把“7+4”工作目标与湘西实际相结合，融入16个年度协商与监督课题，围绕营商环境优化、经营主体培育、生态环境改善建立了一系列新机制、谋划了一系列履职活动。

要闻纪事

△24日，湘西土家族苗族自治州中级人民法院召开新闻发布会，向社会通报2018年以来全州打击拒执犯罪取得的丰硕成果。拒不执行判决、裁定犯罪，既损害胜诉当事人的合法权益，又严重损害司法权威和司法公信力，侵蚀国家信用体系建设。

△29日，湘西州招委会成员单位第二次联席会议在吉首召开，州招委会有关成员单位汇报了“两考”准备情况及“净化涉考网络环境”“净化考点周边环境”“打击销售作弊器材”“打击替考作弊”清理整顿、涉考培训机构和“助考”中介、“诚信考试教育”等护考专项行动开展情况，并就“两考”工作作了交流发言。

△29日，湘西州政协主席李平带队到吉首市检察院，走访慰问抗美援朝老战士刘贵英，并采访征集老人抗美援朝口述史资料。

△30日至31日，中国人民解放军联勤保障部队第921医院专家医疗队来到革命老区永顺县，与永顺县人武部一起开展巡诊、义诊、医疗传帮带活动。

△31日，2023年湘西州十年禁渔工作推进会暨“湘剑”护农“渔政亮剑”专项执法行动启动仪式在古丈县古阳镇启动。参会人员观看了渔政执法成效展板和罚没物品销毁现场情况，州农业农村局相关负责人通报了全州十年禁渔工作情况。

6月

△1日，2023年全州常态化扫黑除恶斗争工作部署会在吉首召开。会议强调，要把常态化扫黑除恶斗争作为坚定捍卫“两个确立”、坚决做到“两个维护”的实际检验，作为深入开展主题教育、大兴调查研究的具体行动，驰而不息推动纵深发展。

△5日，全州安全生产和防汛视频调度会在吉首召开，州气象局汇报了近期及高考期间天气情况，各县市区安委办就当前安全生产和防汛工作进行汇报，州应急管理局对近期强降雨防范应对和高考期间安全防范工作进行了部署。

◎全省老科协助力乡村振兴工作经验交流会在湘西州召开

2023 年 5 月 24 日，全省老科协助力乡村振兴工作经验交流会在吉首召开。中国老科协副会长孙建国，省老科协会长欧阳斌出席会议并讲话，省老科协副会长兼秘书长史小溪主持会议，省老科协副会长张伟达作工作报告，州委书记虢正贵致辞，14 个市州老科协负责人交流乡村振兴工作情况和经验。州委常委、州委组织部部长刘章宇，副州长高湘文应邀参加会议。

孙建国强调，湖南省老科协是全国老科协的一面旗帜。希望湖南省各级老科协，把贯彻落实党的二十大精神与落实习近平总书记对老科协重要指示要求结合起来，围绕服务推进中国式现代化，立足实施科教兴国和人才强国战略，聚焦促进“五位一体”协调发展，继续把助力乡村振兴作为重中之重的工作，加强探索创新。

虢正贵代表州委、州政府向关心和支持湘西州发展的中国老科协、省老科协及社会各界表示感谢。他表示，湘西州将以这次交流会为契机，更加重视老科协工作，充分发挥老科技工作者的聪明才智，加快建设脱贫地区乡村振兴示范区，以“湘西之窗”展示“科技之光”。

◎湘西州“港洽周”签约引资 105 亿元

2023 年 6 月 8 日，湘西土家族苗族自治州召开 2023 年“港洽周”总结会，通报 2023 年“港洽周”成果，做好“后半篇文章”。2023 年“港洽周”湘西州现场集中签约合同项目 24 个，签约金额 105.25 亿元，涉及新能源、新材料、生物医药、电子信息、文化旅游等十大产业。

5 月 28 日至 6 月 1 日，湘西州代表团赴粤港澳大湾区，开展以“对接大湾区共建新湘西”为主题的湘西州—粤港澳大湾区优势产业链招商洽谈周活动，并在深圳举办优势产业链招商推介会暨重大项目签约仪式。推介会吸引 150 多名粤港澳大湾区客商参会，其中包括正威集团、明发集团等“三类 500 强”企业。

湘西州精准开发招商项目，精心开发储备总投资 1112 亿元的 122 个投资规模较大、科技含量较高、前期工作扎实、商业论证科学、带动能力较强、质量效益较好、比较优势明显的州级重点招商引资项目，赴大湾区寻找战略投资者。

湘西州“港洽周”签约引资 105 亿元

◎全省人大民侨外委系统干部培训班在吉首开班举行

2023 年 6 月 14 日，全省人大民侨外委系统干部培训班在吉首开班。湖南省人大常委会副主任胡旭晟出席开班仪式并强调，要凝心聚力、团结奋斗，为推进中国式现代化新湖南建设而共同奋斗。

胡旭晟强调，要把握好民侨外委工作的共性和特性开展工作，在工作中必须提高政治责任感和政治敏锐性，必须增强政治判断力、政治领悟力、政治执行力，始终把牢民宗侨外工作正确政治方向，坚决把党的大政方针贯彻落实到实处；要紧扣“凝心聚力、团结奋斗”工作主题，把“找人”和“凝心”结合起来，着眼于争取人心、凝心聚力，依法维护工作对象合法权益，帮助解决他们的急难愁盼问题，团结带领他们为推进中国式现代化新湖南建设而共同奋斗；要明确工作策略，以“凝心聚力”为目标，坚持“找人”与“找法”“找政策”相结合。

全省人大民侨外委系统干部培训班在吉首开班

◎湘西州—香港湘西联谊座谈会在香港举行

2023 年 5 月 29 日，“畅叙乡情共襄发展”湘西州——香港湘西联谊座谈会在香港举行。来自香港、湖南两地十余名企业家参加。湖南省政协副主席、湘西州委书记虢正贵热情推介全面建设社会主义现代化新湘西的发展理念和机会，诚邀香港客商来州投资兴业，开启香港、湘西州新的合作之旅，并为湘西自治州湘商回归（香港）联络服务站授牌。

虢正贵表示，香港作为粤港澳大湾区的重要组成部分，拥有更为前沿的市场信息、更加完备的产业体系和更多丰富的发展资源，是世界咨询对接内陆产业、内陆发展成果走向世界的重要桥梁，更是湘西利用外资的主要来源地。希望联谊会的各位企业家继续发扬爱国爱港精神，把家乡情、山海情融入到湘西州各项事业发展过程中，发挥联系广泛、资源富集等优势，在生动讲好湘西故事、引荐湘商来州投资兴业、加强两地人文交流等方面搭建桥梁，推动更多人才、资金和项目来到湘西，为家乡发展提供更加充沛强劲的动力和智力支撑，让家乡人民过上更加幸福美好的生活，最终能与全国人民同步迈入现代化。

湘西州——香港湘西联谊座谈会在香港举行

要闻纪事

△6 日，全州自然资源重点工作推进视频会议在吉首召开，州自然资源和规划局从耕地保护、自然资源督察、土地矿产执法、月清三地两矿、优化营商环境财产登记、国土空间总体规划、地灾防治和安全生产等 7 个方面通报了全州自然资源重点工作开展情况，并对下步工作进行了安排部署。

△ 14 日，湘西州召开河长林长田长工作会议，深入学习贯彻党的二十大精神和习近平生态文明思想，听取全州河长制、林长制及田长制工作情况汇报，安排部署下阶段重点工作，以更高站位、更大力度、更实举措推动三项工作走深走实。

△ 15 日，湘西州第十四次妇女代表大会在吉首开幕。黄芳代表省妇联高度评价了湘西州妇联工作。她指出，湘西州各级妇联组织要坚持高举旗帜、凝心铸魂，引领妇女坚定不移听党话跟党走；坚持围绕中心、服务大局，动员妇女为建设现代化新湘西贡献“半边天”力量。

△ 16 日，湘西州委副书记、州长、州政府党组书记陈华主持召开州政府党组会议。会议给上海市虹口区嘉兴路街道垃圾分类志愿者回信、给中国美术馆的老专家老艺术家回信、向“2023·中国西藏发展论坛”致贺信、给澳门科技大学师生回信、向2023中关村论坛致贺信、向首届文化强国建设高峰论坛致贺信重要精神，以及国务院、省委有关会议和文件精神。

△ 19 日，全州经营主体培育暨信用监管工作会在吉首召开，会议总结前段工作情况，安排部署下阶段工作。

△ 19 日，湘西州副州长马碧主持召开分管领域安全生产和廉政工作集体谈话会议。会议要求，要深入学习贯彻习近平总书记关于党风廉政建设和安全生产重要论述，坚决摒弃松懈心态和侥幸心理，坚决守住“底线”，绝对不踩“红线”。

◎湘西州直政法系统召开“两优一先”表彰大会

2023 年 6 月 25 日，州直政法系统“两优一先”表彰大会在吉首召开。州委常委、州委政法委书记袁新天，州政协副主席李志平出席会议。

会议表彰了州直政法系统优秀共产党员、优秀党务工作者和先进基层党组织，为老党员颁发了“光荣在党 50 年”纪念章，为新党员赠送了党员徽章，对 2022 年度州直政法党建示范点进行了授牌。

会议强调，要始终坚持“石可破不可夺坚”的定力，坚定理想信念，强化理论武装，牢记“国之大者”，做对党忠诚的“领头雁”。始终秉承“一勤天下无难事”的态度，带头遵法学法、严格执法、公正司法、普法用法，做法治湘西建设的“生力军”。要始终扛牢“时时放心不下”的责任，在捍卫政治安全上当先锋，在维护社会稳定上作表率，在创新社会治理上善作为，做维护安全稳定的“践行者”。

◎湘西州创建国家卫生城市动员大会暨交通路域环境整治工作会议在吉首召开

会议现场

2023 年 6 月 16 日，湘西州创建国家卫生城市动员大会暨交通路域环境整治工作会议在吉首召开。州委副书记、州长陈华出席会议并讲话。她强调，要攻坚克难、奋力冲刺，高质量高标准高水平推进创卫和交通路域环境整治工作落实，努力为现代化新湘西建设作出新的更大贡献。

陈华强调，要以创则必成、整则必胜的信心决心打好打赢创建国家卫生城市和开展交通路域环境整治这场硬仗，力争湘西州成功创建国家卫生城市，凤凰县、花垣县分别成功创建国家卫生县城和一个以上国家卫生乡镇。要聚焦基础设施建设、环境专项整治、市容市貌改善、创卫指标等重点抓落实，扎实抓好高速公路“三保三大”专项行动、公路路域环境集中整治专项行动和铁路沿线环境综合整治三年行动。

◎湘西州“铸牢中华民族共同体意识大讲堂”在龙山县举办

2023 年 6 月 21 日，湘西州“铸牢中华民族共同体意识大讲堂”在龙山县举办。州委常委、州委统战部部长吴凌频出席并主持讲座。

湘西州“铸牢中华民族共同体意识大讲堂”在龙山县举办

讲座中，全国知名学者、湖南省干部教育领导小组评定的首批名师周述杰教授围绕“以习近平总书记关于做好新时代党的统一战线工作重要思想为指导，以铸牢中华民族共同体意识为主线，做好新时代党的民族工作”这一主题，全面地阐述了习近平总书记关于做好新时代党的统一战线工作的重要思想和习近平总书记关于加强和改进民族工作的重要思想。

吴凌频指出，要将铸牢中华民族共同体意识与传承红色基因结合起来，将红色文化融入宣传教育内容，深化民族团结进步教育。要将铸牢中华民族共同体意识与推进中国式现代化结合起来，深挖各地对口帮扶湘西铸牢中华民族共同体意识的先进事迹，讲好湘西发展故事。

◎湘西州委开展“沿着习近平总书记考察路线足迹·感悟新时代职责使命”活动

在十八洞村精准坪广场重温入党誓词

2023 年 6 月 28 日，在中国共产党即将迎来 102 周年华诞之际，湘西州委在凤凰县、花垣县开展“沿着习近平总书记考察路线足迹·感悟新时代职责使命”活动，重温习近平总书记考察湘西州重要讲话和重要指示精神，现场感受习近平总书记“精准扶贫”重要理念的真理光芒和实践伟力。州委书记虢正贵参加活动并讲授专题党课。州委副书记、州长陈华，州委副书记、花垣县委书记廖良辉，州人大常委会主任龚明汉、州政协主席李平参加活动。

在花垣县双龙镇十八洞村参观精准扶贫主题陈列

大家沿着习近平总书记在湘西考察路线足迹，走进凤凰县廖家桥镇菖蒲塘村，察看产业发展、乡村振兴等工作情况；走进花垣县双龙镇十八洞村，参观精准扶贫主题陈列馆，看望“大姐”石拔三，了解巩固拓展脱贫攻坚成果同乡村振兴有效衔接工作情况，并在精准坪广场重温入党誓词。

要闻纪事

△ 21 日，湘西州委副书记、州长陈华主持召开全州上半年经济形势分析及问题交办会议。她强调，要围绕重点指标、重点工作、重点项目，切实抓好当前经济工作，延续恢复发展向好态势，努力实现“双过半”目标任务。

△ 26 日，湘西州“扫黄打非”工作推进会在吉首召开，通报上半年工作情况，交流经验做法，表彰先进典型，部署下一步重点工作。

△ 27 日，十二届州委理论学习中心组举行第二十二次集体学习，深入学习领会习近平总书记关于社会主义文化建设和社会主义精神文明建设的重要论述，学习贯彻习近平总书记在文化传承发展座谈会上的重要讲话精神。

△ 28 日，在全国安全生产月活动组委会办公室联合中央党校举办的“应急安全云课堂”公开课上，廖良辉以《县域安全的实践与感悟》为题，围绕花垣县矿业安全相关工作，从抓好顶层设计、压实工作责任、坚持重典治乱、推动矿业转型、坚持依法治理等五个方面详细介绍花垣县的做法与成效，并围绕如何抓好安全生产工作交流了经验和体会。

△ 29 日，湘西州委宣传部系统机关党委组织党员到花垣县双龙镇十八洞村，开展“沿着总书记的足迹前行筑牢忠诚践誓言”主题党日活动，党员们参观了十八洞村精准扶贫主题陈列，详细了解十八洞村脱贫攻坚的艰苦历程。

△ 29 日，湘西州政协主席李平主持召开州政协十三届十八次主席会议。听取了湘西州参加“天下湘菜——2023 湖南文旅美食宴”评选推广活动相关情况汇报、关于省政协“改善生态环境”专项民主监督测评实施细则变动情况的报告，审议了部分年度重点课题相关报告、建议案和方案，以及《州政协远程协商视频连线保障建设方案（送审稿）》《州政协十三届六次常委会会议议程（草案）》。

◎湘西州宣传干部暨意识形态工作队伍培训开班

2023年7月10日，湘西州宣传干部暨意识形态工作队伍培训在州委党校开班。州委常委、州委宣传部部长杨彦芳出席并讲话。

杨彦芳指出，湘西州宣传干部暨意识形态工作队伍培训对促进宣传干部交流学习、提升干部能力、履职担当具有十分重要的意义。全体学员要提高站位，把准方向，准确把握党的二十大对宣传思想工作提出的新任务新要求、文化传承发展座谈会作出的新安排新部署、现代化新湘西建设赋予的新目标新任务，切实增强做好宣传思想工作的责任感和使命感。

杨彦芳要求，要在恪尽职守中求真务实、勇于担当、争创佳绩，扎实推动湘西州宣传思想工作高质量发展。一是持续掀起学习宣传贯彻党的二十大精神热潮，坚持用习近平新时代中国特色社会主义思想凝心铸魂。二是巩固壮大主流思想舆论，建设具有强大凝聚力和引领力的社会主义意识形态。三是广泛践行社会主义核心价值观，凝聚湘西州各族群众团结奋进的精神力量。四是加快推进城乡精神文明建设融合发展，不断提高社会文明程度。五是繁荣发展文化事业和文化产业，充分释放文化和旅游赋能经济社会发展的动能活力。

◎龙山县举行招商引资项目签约仪式

龙山县举行招商引资项目签约仪式

2023年7月5日，龙山县举行招商引资项目签约仪式。县领导时荣芬、周胜益、田光治、刘引出席，县领导尚晓琴主持签约仪式。

仪式上，副县长田光治介绍签约项目，投资方代表作了发言。随后，龙山县分别与浙江海得智慧能源有限公司、贵州利盈环保科技有限公司签约，合作项目涵盖新能源、医疗废物处理等产业领域。

此次签约的项目有海得（龙山）新能源产业系统装备项目，包括风电、储能变流器生产线、储能系统生产基地等，将充分发挥浙江海得智慧能源有限公司的资金、人才、管理优势，和龙山县人民政府优良的政务服务水平，打造龙山县首个新能源产业基地。签约的还有龙山县医疗废物处置中心项目，包括医疗废物处理设备、厂房、车辆、污水处理及相关环保配套设施，将充分发挥贵州利盈环保科技有限公司在医废处理方面的专业优势，为建设美丽龙山注入强大力量。

◎湘西州党办系统举行庆祝中国共产党成立102周年文艺晚会

2023年7月1日，湘西州党委办公室系统"奋进新征程建功新湘西"庆祝中国共产党成立102周年文艺晚会在吉首举行。州委书记虢正贵，州委常委、州委秘书长向邦伟和党员干部群众一同观看晚会。

晚会在欢快的歌舞《领航》中拉开序幕，围绕"历史的记忆""幸福的交响""时代的征程"三个篇章展开。情景表演《酉水河上的那一抹红》《我们的年代》、红色歌曲联唱《我和我的祖国》《歌唱祖国》《走进新时代》、苗歌苗鼓《幸福鼓》《欢歌六月六》《苗家幸福来》、辰河高腔《沅水袖韵》、音乐小品《山村夜话——笑了》、情景剧《加班风波》、快板说唱《院坝话振兴》、歌伴舞《我们都是追梦人》等形式多样的节目接连上演，为现场的观众呈现了一场精彩的视听盛宴。最后全场齐声高唱《没有共产党就没有新中国》，把晚会推向高潮。大家纷纷表示，要奋进新征程、建功新湘西，在全面建设现代化新湘西中展现新担当、实现新作为。

要闻纪事

△29日，湘西州公安局举行庆祝中国共产党成立102周年暨"七一"表彰大会系列活动。会上对30名优秀共产党员，9名优秀党务工作者和9个先进党支部进行表彰授奖。

△30日，湘西州委书记虢正贵主持召开州委文化旅游工作委员会2023年第四次（扩大）会议，听取第二届湘西州旅游发展大会筹备情况汇报，审议有关文件，研究部署下一步工作。虢正贵强调，要上下一条心、拧成一股绳，齐心协力、全力以赴做好各项筹备工作，确保大会办出水平、办出特色。

△30日，花垣县在精准扶贫首倡地十八洞村召开"七一"表彰大会。40名优秀共产党员、40名优秀党务工作者和20个先进基层党组织受到了表彰，3名"两优一先"代表作了发言。

△30日，全州污染防治攻坚战"2023年夏季攻势"电视电话会召开，拉开了今年打好打赢污染防治攻坚战的序幕。

7月

△1日，龙山县举行庆祝建党102周年座谈会暨"光荣在党50年"纪念章集中颁发仪式，庆祝中国共产党成立102周年，县委书记时荣芬出席并为老党员代表颁发纪念奖章。

△2日，湘西州委书记虢正贵在吉首会见纳米比亚驻华大使伊利亚·乔治·凯亚莫一行。

△3日，全州党委办公室系统"奋进新征程建功新湘西"主题活动圆满结束，颁奖仪式在吉首举行。会议通报了主题活动获奖情况，并为获奖集体和个人颁奖。

△3日，全州党校校长会议在州委党校召开，会议深入学习贯彻习近平总书记在中央党校建校90周年庆祝大会上的重要讲话和全国、全省党校（行政学院）校（院）长会议精神，传达了全省党校校长会议精神和州委常委会有关会议精神，总结交流经验，部署安排下步工作。

△6日，湘西州政协召开十三届六次常委会会议，会议开展了"着力助农增收，推进乡村振兴"课题专题议政性协商，州政协农业和农村委员会负责人作调研报告、建议案起草情况说明，州政协常委会组成人员和列席会议人员作专题协商发言。

◎开展"边城人才"评选，每三年评选一届

2023年6月30日，花垣县举行首届"边城人才"授牌仪式。2023年来，花垣县组织开展首届"边城人才"评选工作，从农业农村、产业发展、教育体育、医疗卫生等各行业领域，选拔培育一批业绩突出、社会认可的"头雁"，示范带动各类人才助力乡村振兴。"边城人才"每三年评选一届，实施"能进能出、优胜劣汰"动态管理机制。

花垣县将全县企事业单位、非公有制经济组织和社会组织的科研、专技、管理和服务型人才纳入评选范围。按行业分类选评，分为"边城英才""边城名师""边城名医""边城工匠"四大类型，涵盖30余个行业领域，最终30人过关斩将，入选首届"边城人才"。

花垣县首届"边城人才"授牌仪式现场

◎湘西州首个『不动产登记+公证』联办窗口签约设立

湘西州首个『不动产登记+公证』联办窗口签约设立

2023年7月10日，吉首市不动产登记中心与湘西州乾城公证处正式进行“不动产登记+公证”业务联办签约，设立公证便民服务点。公证便民服务点通过“一站式”集成服务，将“涉公证”不动产登记，由原来的往返公证、税务、不动产登记等3个部门提交2套申请材料，简化为在不动产登记机构综合窗口提交1套申请材料即可完成相关业务申请。

“不动产登记+公证”业务联办是该中心与湘西州乾城公证处深入协作、勇于创新的新模式、新机制，是进一步优化营商环境、强化政务服务效能的有力举措。合作双方通过转变理念，重构流程，互设窗口，实现数据共享、业务共联，全力推进不动产登记“一件事”改革，率先在吉首市推行“线上互联互通”“线下窗口互设”的“不动产登记+公证”共享协作模式。湘西州乾城公证处指派2名法务工作者入驻该中心，并增设了公证便民服务窗口，实现进“一家门”，办“两家事”。签约现场双方还签订了《不动产登记数据资料使用安全保密协议》，有效地保障“不动产+公证”服务信息安全。

◎湘西州湘商回归企业家座谈会在凤凰召开

2023年7月13日，在“神秘湘西·天下凤凰”第二届湘西州旅游发展大会即将开幕之际，州委、州政府举办湘商回归企业家代表座谈会，喜迎天下湘商聚凤凰古城，共享文旅盛宴、共商发展大计。湘西州委副书记、州长陈华出席会议并讲话。州人大常委会副主任向宏国、副州长马碧、州政协副主席邓建英出席。马碧主持会议。40多家湘商回归企业代表参加座谈会。

会议通报了2022年以来湘西州湘商回归工作情况。“湘商回归”启动实施以来，湘西州累计新设湘商回归企业88家，湘商投资到位资金111.7亿元，主营制造业项目占比达57.8%。会上，10位企业家代表作了交流发言。

湘西州湘商回归企业家座谈会在凤凰召开

陈华说，广大湘商是商界的精英、家乡的骄傲、湘西的名片，是推动家乡发展不可或缺的重要力量。长期以来，湘商们情牵故土、心系家乡、回报桑梓，投资家乡有实绩、宣传家乡有影响、服务家乡有力量、奉献家乡有口碑，成就了湘商与乡情的“双向奔赴”。当前，湘西州发展优势叠加升级，条件持续改善，成效逐步显现，前景纷纷看好。

州长陈华为招商大使颁发聘书

◎湘西州“湘才乡连”千名专家服务乡村振兴行动仪式正式启动

湘西州『湘才乡连』千名专家服务乡村振兴行动仪式正式启动

2023年7月17日，湘西州“湘才乡连”千名专家服务乡村振兴行动启动仪式在吉首市举行。湖南开放大学校长杨斌带领湖南开放大学特聘专家湘西服务团一行13人来湘西州对口支持并作讲话。副州长彭延敏出席仪式并宣布2023年湘西州“湘才乡连”千名专家服务乡村振兴行动正式启动。

杨斌介绍了湖南开放大学办学理念和服务湖南省经济社会高质量发展方面所做的工作，对湖南开放大学特聘专家湘西服务团服务湘西州乡村振兴、基层发展充满信心，表示将不遗余力地支持湘西服务团的工作，以服务的实绩实效回报省人社厅的厚爱和湘西州人民的期盼。

彭延敏强调，各级各有关部门要主动抢抓机遇，加强双向互动，深化校地合作，为专家施展才华、干事创业创造条件、搭建平台，为湘西打造脱贫地区乡村振兴示范区和民族地区团结奋斗共同富裕标杆区作出新的更大贡献。

要闻纪事

△7日，湘西州国土空间规划委员会召开2023年第一次全体委员会议，深入学习贯彻习近平总书记关于国土空间规划的重要论述和全国国土空间规划纲要精神，传达贯彻全省国土空间规划工作会议精神，审议8县市、湘西高新区国土空间总体规划。

△10日，湘西州安委会2023年第四次全体（扩大）会议暨州消安委联席会议召开，传达学习习近平总书记关于宁夏银川“6·21”烧烤店爆炸事故的重要指示等有关精神，听取上半年全州安全生产和消防工作报告，分析研判全州安全生产形势，研究部署下一步重点工作。

△11日，古丈县城管执法局召开学习贯彻党的二十大精神政治培训班暨庆“七一”表彰大会。副局长彭书黎宣读了“七一”表彰文件，表彰了8名优秀共产党员、2名孝廉标兵、3个清廉示范股室，会上3名优秀共产党员代表进行了典型发言。

△12日，湘西州委书记虢正贵主持召开湘西州碳达峰碳中和工作领导小组全体会议，传达学习习近平总书记关于碳达峰碳中和重要指示精神及中央、省有关会议精神，听取全州碳达峰碳中和工作情况汇报，审议有关文件，研究部署下一步工作。

△13日，泸溪县检察院开展第一期以“以学正风 廉洁奉公显本色”为主题的道德讲堂活动。围绕主题，本次道德讲堂共分为“唱一首廉政歌曲、看一部短片、诵一段经典、听一段故事、做一番点评、送一份吉祥”六个环节。

△14日，泸溪县政府办直属机关党委召开庆祝中国共产党成立102周年党员大会暨“七一”专题党课。会议由县政府办直属机关党委书记印有方主持，县政府办直属机关党委全体委员、党委下辖各党支部书记、党建专干、政府办党支部、政务中心党支部、红十字会党支部全体党员等80余人参加会议。会议宣读了表彰通报，对2022—2023年度先进基层党组织、优秀党务工作者和优秀共产党员进行了表彰通报。

◎长沙市古丈商会成立大会暨『湘商回归』古丈县招商引资推介会在长沙举行

长沙市古丈商会成立大会暨“湘商回归”古丈县招商引资推介会在长沙举行

2023 年 7 月 29 日，长沙市古丈商会成立大会暨“湘商回归”古丈县招商引资推介会在长沙召开。大会分为两个环节，第一环节是长沙市古丈商会成立大会，第二环节是“湘商回归”古丈县招商引资推介会。成立大会上，长沙市民政局社会组织管理局副局长兰旋宣读了长沙市古丈商会成立批文，长沙市工商联会员处处长陈鹏科宣读了《关于长沙市古丈商会第一届会员大会选举结果的通报》，并举行长沙市古丈商会授牌仪式，古丈商会成立启动仪式、颁发赈灾捐赠证书仪式。

会上，全体人员观看了古丈县 2023 年招商引资宣传片，听取了返乡创业的相关政策解读，让大家对家乡古丈生态环境优美、生产要素富集、区位优势明显、交通条件便利有了更进一步的了解，激励了各类人才返乡入乡，在家乡播种和耕耘，为乡村振兴提供坚实的人才支撑与智力支持。

◎全国第八届“万步有约”健走激励大赛湘西赛区启动

2023 年 7 月 29 日，全国第八届“万步有约”健走激励大赛湘西赛区启动仪式在吉首谷韵绿道广场举行。副州长高湘文致辞并宣布活动启动。

高湘文指出，“万步有约”健走激励大赛活动是湘西州全民健康活动的重要组成部分，将进一步营造全民健身的良好氛围，扩大健走人群规模，提升全民健康水平，实现社会效益、健康效益的双丰收。各县市和相关部门要高度重视，以此次活动为契机，不断推广普及健康生活新方式，将健康运动与改善生活质量相结合，树立全民参与健康生活新风尚。

湘西州卫健委负责人宣读了湘西州创建全国卫生城市倡议书，州教体局负责人为健走队总旗手授旗，参赛队员代表作表态发言。启动仪式后，州、市相关单位和县市联队组成的 15 支参赛队伍 400 多人进行了健走比赛，并对前 200 名队员进行奖励。此次活动由州政府主办，州卫健委、吉首市政府承办，为期 21 天，共有 95 支队伍 1199 人报名参赛。

全国第八届『万步有约』健走激励大赛湘西赛区启动

要闻纪事

△ 16 日，“智荟湘心 博创未来”庆回归·海外博士湖南行考察团来到湘西州。

△ 18 日，湖南省委第十三巡视组向湘西自治州委反馈巡视情况。省委组织部副部长、省公务员局局长张值恒传达了省委书记沈晓明关于巡视工作的讲话精神并对抓好巡视整改工作提出要求。省委第十三巡视组组长戴清分别向省政协副主席、湘西自治州委书记虢正贵和州委领导班子反馈了巡视情况。

△ 19 日，湘西州委实施乡村振兴战略领导小组（扩大）会议召开。会议深入学习贯彻习近平总书记关于“三农”工作的重要论述，贯彻省委有关会议精神，通报全州有关工作情况，部署下阶段工作。

△ 23 日，泸溪县以梁家潭“六月六”民族传统节日为契机开展“法治文化基层行”活动。县委政法委、县法院、县检察院、县公安局、县司法局、县民政局、县教体局、县人社局、县市场监督管理局、县信访局、县农业农村局等 20 家单位 80 余名法治宣传志愿者们聚首泸溪县洗溪镇梁家潭村，为十里八乡参加民族节日活动的土苗群众送上法律知识大餐。

△ 25 日，十二届州委理论学习中心组举行第二十三次集体学习，深入学习领会习近平总书记关于树立和践行正确政绩观、统计工作、碳达峰碳中和的重要讲话重要指示批示精神。

△ 27 日，湘西州组织召开创建国家卫生城市领导小组成员单位第一次工作会议，深入推进国家卫生城市创建，着力提升人民群众的获得感和幸福感。

△ 28 日，泸溪县检察院开展以“树廉洁家风建文明家庭”为主题的清廉家风故事分享会，以红色家风系列专题片开篇，干警们集中观看《廉洁自律艰苦朴素（黄明一家）》，深刻了解海淀区八里庄军休所退休干部黄明一家三代人的革命家庭和清廉家风。

◎花垣县召开首届“边城人才”座谈会

2023 年 7 月 24 日，花垣县召开首届“边城人才”座谈会。县委书记廖良辉出席并讲话，县领导滕召帆、孙中元、于亮及县直相关部门主要负责同志参加会议。

廖良辉强调，全县各级各部门要提高政治站位，树牢“人才是第一资源”理念，切实增强做好新时代人才工作的紧迫感、责任感，主动谋划、统筹推进人才工作。要深入实施新时代人才强县战略，健全人才工作机制，提供一流人才成长环境。要完善人才激励机制，落实好各类专家人才的待遇保障，主动为专家人才排忧解难。广大专家人才要立足岗位实际，敢于担当、大胆作为，走在前列、做好示范，争做行业领域的“领头雁”“排头兵”，争创一流业绩。

会议现场

◎湘西州举行全域文明创建州市共建活动

湘西州举行全域文明创建州市共建活动

2023年8月2日，湘西州委宣传部、州文明办、州创卫办指导，湘西州市场监督管理局主办的2023年湘西州全域文明创建州市共建活动在吉首市人民广场举行。州委常委、州委宣传部部长杨彦芳，副州长马碧出席活动。

歌伴舞《灯火里的中国》拉开了活动的帷幕，音诗画《梦想的方向》、舞蹈《文明新风畅苗乡》、有奖竞答等节目轮番上演。活动对吉首市竹园社区的文明志愿者和文明家庭进行了颁奖。

杨彦芳指出，推进全域文明创建，是全面建设现代化新湘西的重要抓手，有利于提升干事创业热情、加快全域旅游发展、提高城市生活品质、推动湘西州高质量发展、促进社会和谐稳定。在州委州政府的坚强领导下，全州上下深入实施全域文明创建“双百工程”，以文明城市全域创建统筹文明创建、文明实践、文明培育，出台了《湘西土家族苗族自治州文明行为促进条例》，累计改造老旧小区358个，改造农贸市场43个，组织29.9万名志愿者开展各项服务，服务群众100余万人。

◎来凤、龙山人才区域协作项目启动仪式暨首届龙凤人才论坛成功举办

参加活动的领导共同启动人才区域协作项目暨首届龙凤人才论坛

2023年8月14日，湖南龙山县、湖北来凤县携手举行来凤—龙山人才区域协作项目启动仪式暨首届龙凤人才论坛，两县签订了龙凤人才区域协作框架协议（2023—2025年）和2023年人才协作项目协议。

湘西州委组织部副部长、州委人才办主任杜修林，恩施州委组织部副部长贾继璠，龙山县委书记时荣芬、来凤县委书记李伟出席并致辞。龙山县领导龙志勇、赵雪峰、田光治，来凤县领导何小岚、汪玉明、刘沛出席，来自两县的专家人才代表和相关单位参加活动。

龙山、来凤两县签订人才区域协作框架协议和2023年人才协作项目协议

启动龙山、来凤人才区域协作发展项目，为两地人才搭建了交流平台。两县将以此活动为契机，借助长沙市、武汉市对口帮扶东凤，在湘西州、恩施州人才办的精心指导下，充分发挥龙山、来凤两县独特的区位优势，积极探索“以市州帮扶指导为引领，两县跨省融合为主体的人才区域协作”新模式，携手共创更加广阔、更加开放、更加有效的人才协作平台，为共同推动两县经济社会高质量发展提供坚强的人才保障和智力支撑。

◎湘西边城机场正式通航“精准扶贫”首倡地迈入航空时代

十八洞村村民准备登机

湖南湘西边城机场正式通航仪式现场

2023年8月18日，湖南湘西边城机场正式通航仪式举行，副省长蒋涤非宣布湖南湘西边城机场正式通航。中国民用航空局副局长韩钧出席仪式。省政协副主席、湘西州委书记虢正贵出席并致辞。湘西州委副书记、州长陈华主持仪式。州委副书记、花垣县委书记廖良辉等州领导和社会各界万名群众共同见证机场正式通航。

虢正贵在致辞中说，湘西州将加强与民航合作，共同把湘西边城机场打造成为全省海拔最高、风景最美、特色最鲜明、功能最实用、服务最温馨的“五最”机场，让湘西边城机场成为湘西看世界、世界看湘西的重要窗口，成为湘西人民逐梦时代、创造幸福的康庄大道。

要闻纪事

△28日，湘西州委书记虢正贵主持召开州委常委会（扩大）会议，学习贯彻7月24日中共中央政治局会议和7月21日省委常委会（扩大）会议精神，总结分析上半年经济形势，安排部署下半年经济工作。

△28日，湘西州政协主席李平主持召开州政协十三届十九次主席会议。研究了“改善生态环境”专项民主监督工作第二季度测评情况和第三季度工作建议，听取了关于拟成立州政协“助推科技创新委员工作室”和“助推湘商回归委员工作室”情况汇报。

△28日，湘西州政府召开第四次全体会议，总结上半年经济工作，部署下半年经济重点工作。会议全面点评了上半年“发展六仗”工作，相关部门作表态发言。

△31日，永顺县委副书记、县长向加茂在“八一”前夕深入西歧乡、万坪镇走访慰问光荣院优抚对象和抗美援朝老兵，向他们致以节日的问候和美好祝福。

8月

△7日，“红十八师的光辉业绩与龙山人民的牺牲奉献”学术研讨会在湘鄂川黔革命老区龙山县举行。此次学术交流征文采取特约撰稿和公开征集相结合的方式，共收到来自省内外党史、史志、党校、高校、场馆等论文61篇，文章彰显了红十八师和龙山人民的卓越贡献，拓展了红二、六军团长征和湘鄂川黔革命根据地研究的广度和深度。

△15日，龙山县佛教协会成立大会暨第一届第一次代表大会召开。会议宣读了县民宗局批复文件；听取了县佛教协会筹备工作报告；审议通过了《龙山县佛教协会章程（草案）》《龙山县佛教协会第一届第一次代表会议选举办法（草案）》；选举产生了以释明一法师为会长的第一届领导班子。

◎第十七届渝鄂湘黔四省市边区统计协作会在吉首召开

副州长高湘文出席并致辞

2023年8月29日，第十七届渝鄂湘黔四省市边区统计协作会在吉首召开，来自渝鄂湘黔四省市边区统计战线200余名工作人员参加会议。副州长高湘文出席并致辞。

高湘文指出，渝鄂湘黔边区统计协作会是武陵山片区加强统计交流与协作、实现统计信息共享的重要平台。武陵山片区山同脉、水同源、人同根、民同俗，希望大家秉承“加强边区统计合作与交流、共同促进边区统计改革与发展”的宗旨，不断深化统计工作领域沟通协作，积极推动统计资料开发与交换、数据资源共建与共享、统计科研成果和工作经验推广与应用，推动武陵山片区统计事业高质量发展，促进四省市边区共赢、共进、共荣。

会上，重庆市黔江区、湖北省恩施州、贵州省铜仁市、湖南省湘西州等12个州市县级统计局作了交流发言。第十八届渝鄂湘黔四省市边区统计协作会议将于明年在贵州省铜仁市举办，会上还举行了会旗交接仪式。

会议现场

◎湘西州举行农村学法用法示范户授牌启动仪式

湘西州农村学法用法示范户授牌启动仪式在古丈县坪坝镇举行

2023年8月29日，湘西州农村学法用法示范户授牌启动仪式在古丈县坪坝镇举行。古丈县现有农村学法用法示范户111户，实现全县111个村（社区）全覆盖，是全省率先实现农村学法用法示范户全覆盖的县。

启动仪式由州农业农村局、州司法局和古丈县政府主办，省农业农村厅及州、县相关部门负责人参加。启动仪式上，古丈县相关负责人介绍了该县农村学法用法工作开展情况，现场为坪坝镇9户农村学法用法示范户授牌，并赠送法律读本以示嘉奖。州、县农业综合行政执法机构与农村学法用法示范户开展了“结对子”活动。

2021年，农业农村部、司法部联合印发通知部署培育农村学法用法示范户工作，力争到2025年，农村学法用法示范户覆盖到全国每个行政村。农村学法用法示范户由村民自荐，村委会、镇（乡）政府或者县级农业农村部门推荐，县市农业农村部门会同县市司法行政部门对农村学法用法示范户进行认定、登记、造册，并颁发农业农村部和司法部规定的标志牌。

要闻纪事

△22日，湘西州打击走私综合治理工作会议在吉首市召开。会议学习传达国、省相关会议精神，总结过去工作成效，分析当前形势，安排部署下一步工作。

△25日，泸溪县检察院副检察长王凤英以法治副校长的身份走进泸溪县职业中学，为现场1000余名学生带来一堂生动的法治宣讲课，送上新学期的“依法治校”开学大礼包。不仅增强了青少年的法治观念，还进一步提高了青少年尊法、学法、守法、用法意识。

△27日，酒鬼酒股份有限公司生态制曲产业园在湘西高新区开工。虢正贵来到酒鬼酒公司，察看企业生产三区建设项目、安全教育体验区和包装车间，了解项目建设进度，督导生产安全和食品安全工作。

△29日，湘西州召开行政应诉工作调度会。会议强调，要提高思想认识，按照“一案一分析一整改”总体要求，做好以案促改工作。

△29日，湘西州政协主席李平主持召开州政协十三届二十次主席会议。会议研究了州政协保密、财政预算编制等工作，审议了《全州政协系统“画好同心圆·建功新湘西”活动方案》、部分年度重点课题调研报告和工作方案，通报了州政协8月重点工作完成情况和9月重点工作提示。

△30日，湘西州十五届人大常委会第十三次会议召开。州人大常委会党组书记、主任龚明汉主持会议，副主任麻超、向宏国、胡恩平、梁君、田科虎、杨永芳，秘书长周斌出席会议。

9月

△1日，全州精准招商（湘商回归）工作推进暨商务和开放型经济形势分析会在吉首召开。会议传达了全省精准招商和返乡创业工作推进暨商务和开放型经济形势分析电视电话会议精神，通报了1至7月全州精准招商（湘商回归）工作和商务和开放型经济主要指标开展及完成情况。

◎湘西州举行2023年下半年新兵出征仪式

2023年9月14日，以“脱贫不忘党恩、家富不忘报国”为主题的湘西州2023年下半年新兵出征仪式在吉首市矮寨镇举行。省军区动员局局长李道银，州委常委、州委宣传部部长杨彦芳，州委常委、吉首军分区司令员张青勇，吉首军分区政委易长运，州政协副主席宋维金，吉首军分区副司令员郑茂斌，州政府秘书长张奇华以及湘西州8名抗美援朝老兵出席活动，各县市征兵办、退役军人事务局、人武部相关负责人参加。

出征仪式在全体人员齐唱中华人民共和国国歌中开始，分为“湘西巨变”“致敬先烈”“血脉传承”“报国誓言”四个篇章，展示了湘西州近年来发生的翻天覆地变化及过去无数革命先烈的牺牲与奉献，教导大家勿忘历史，传承红色基因。活动中，抗美援朝老兵彭官荣为新兵讲述了当年的战斗经历，部分没有到场的抗美援朝老兵及部分湘西籍现役军人通过短片和现场连线的形式寄语新兵，激励他们在军营挥洒青春、建功立业、报效祖国。活动上还为立功受奖现役军人及军属颁发“功臣之家”牌匾，群众代表为新兵赠送“脱贫不忘党恩、家富不忘报国”苗族刺绣手帕。

湘西州2023年下半年新兵出征仪式在吉首市矮寨镇举行

◎湘西州 3 人入选全国见义勇为勇士榜

2023 年 10 月 9 日，中央政法委在京发布 2023 年第三季度见义勇为勇士榜，49 位勇士光荣上榜。其中，湘西土家族苗族自治州 3 人勇救被困群众事迹入选，为湖南唯一上榜团体。见义勇为勇士季度选树活动由中央政法委主办、中华见义勇为基金会承办。

2023 年 6 月 30 日 9 时许，湘西州保靖县遭受特大暴雨袭击。保靖县迁陵镇米其林轮胎店销售员黄剑、保靖县酉水钢构板材加工厂销售员宋欢，在回踏梯村路过黄土坡路段时，看见前边一辆公交车被困，洪水已漫过车顶，来不及逃脱的乘客随时都有生命危险。情急之下，黄剑、宋欢迅速跳入水中参与救援，先后救起一名被水冲走的妇女和一名货车司机。

黄剑见状立即爬上路边一家修理厂屋顶，利用竹竿将被困的 4 名群众一个个往岸边拖；宋欢等人则沿岸协助被困群众转移至安全区域。将 4 人救援完毕后，黄剑又发现在路对面的钢管堆上还有 5 人被困，随时可能被冲散。正准备出门的保靖县迁陵镇土家部落经营者周秀坤，见此情形，返回家中拿上游泳圈、救生衣和绳子，游至黄剑身边协助救人，他们系好绳子游至被困群众身边，送去游泳圈、救生衣，其他人在水中沿着绳索构成防护线，搭起救生通道，最终把 5 名受困群众安全转移。

◎湘西州第二届职业技能大赛在龙山开幕

2023 年 10 月 10 日，湘西州第二届职业技能大赛在龙山开幕，湖南省人社厅副厅长廖跃贵出席并讲话，副州长彭延敏宣布大赛开幕，湘西民族职业技术学院党委书记谢绍猛出席。来自全州各县市、湘西高新区和州直部门的 10 支代表队 549 人将在 10 日至 13 日进行赛项角逐，展示技能水平。

廖跃贵表示，此次大赛的举办是推进湘西州技能人才队伍建设高质量发展的实际行动，希望大赛组委会切实加强组织领导，勠力同心，各评委恪尽职守、严守纪律、严格标准、公正执裁，确保大赛公平有序进行，努力把此次技能大赛办成一次有特色、有成效、有影响的赛事，激励更多劳动者特别是青年人走技能成才、技能报国之路。

大赛设 30 个竞赛项目，奖项设有团体一等奖、二等奖，个人金、银、铜牌奖，对获奖的选手给予奖励，并对各项目第一名选手，分别颁发“湘西州技术能手称号”“湘西州五一劳动奖章”“湘西州青年岗位能手”“巾帼英雄”称号。大赛邀请了 150 名来自省直部门、14 个市州的国家级裁判开展评定工作。

湘西州第二届职业技能大赛在龙山开幕

◎湘西州政府举行法律顾问聘任仪式

2023 年 9 月 28 日，湘西州政府举行法律顾问聘任仪式，聘任 2 家律师事务所，1 名法律专家、5 名执业律师为州政府法律顾问。州委副书记、州长陈华出席仪式并为受聘人员颁发聘书。

陈华要求，州政府法律顾问要做法治政府建设的优质服务者，当好依法决策的“把关人”，建设现代化新湘西、推动经济高质量发展的“智囊团”，联系服务群众的“连心桥”，尊法学法守法用法的“引领者”。

陈华强调，全州政府系统要把征求法律顾问意见作为工作习惯、工作程序，主动向法律顾问咨询，出题目、交任务，听取意见建议，把意见建议吸纳好、落实好。州司法局要健全完善工作机制和制度，加强业务培训指导，强化日常管理，不断提高工作质效。州政府办、州司法局、州财政局等有关部门要密切配合，努力为州政府法律顾问工作创造良好条件，汇聚起法治湘西建设、法治政府的强大合力，努力以高水平法治服务高质量发展。

◎湘西州 2 项传统技艺进入全国技能大赛展示交流

2023 年 9 月 16 日，在天津市第二届全国技能大赛展示交流馆内，湘西州两家专项职业能力考核建设单位展演的湘西银饰锻造、湘西苗绣技能吸引了众多参加国赛的选手、观众驻足观看。作为此次湖南代表团参加国赛的展示交流项目，具有浓厚民族特色的技艺在针织勾勒及巧手锻造中，为国赛增添了一缕湘西少数民族地区的技能元素。

专项职业能力考核建设单位是湘西州人社部门围绕乡村振兴和产业发展布局，依托全州具有代表性的地方产业要求进行评定的，全州共有五家。其中参加此次国赛展演的湘西巧手翠翠贸易有限公司、凤凰于飞工艺制品有限公司分别在湘西苗绣、湘西银饰锻造上具有传承周期长、古法技艺传承完整、实现产业市场化，带动群众就近就业等特点。

◎湘西州警力下沉提升基层战斗力

2023 年 10 月 8 日，从湘西土家族苗族自治州公安局机关下沉至吉首市公安局乾州派出所工作近 3 个月的民警彭世桐，与同事一起在乾州古城开展常规夜巡，排查安全隐患，守护景区安宁。

湘西州 2023 年共有 113 名机关民警下沉基层派出所。这些民警中，有从基层成长并担任过领导职务、工作经历丰富的老民警，有需要进一步丰富基层工作经验的优秀青年后备干部，有缺乏基层工作经历的新招录民警，可谓“老中青”结合。老民警下基层“传经送宝”，青年民警到基层历练成长，新警到基层上好职业生涯“第一课”。

湘西州公安机关警力下沉之初，正值全省公安机关开展夏季治安打击整治行动深入开展之时。湘西州公安局坚持警力跟着警情走，准确研判夏季治安特点，做实“见警察、见警车、见警灯”措施，日均投入巡防警力 1200 余人，发动群防群治力量 2.19 万余人，迅速掀起“打防管治”凌厉攻势。

要闻纪事

△1 日，湘西州政府办机关第三、四党支部来到凤凰县吉信镇火炉坪村郑培民廉政教育基地开展“砥砺理想信念牢记初心使命”主题党日活动。

△25 日至 26 日，湖南省高级人民法院党组书记、院长朱玉，湘西州委副书记、州长陈华，以省人大代表身份到保靖县参加“深入基层听民声、汇聚民智促发展”主题活动。朱玉一行深入保靖县历控现代农业有限公司、202 民宿、复兴镇甘溪村，实地调研企业生产、乡村旅游和乡村振兴等情况。

△27 日，湘西州委副书记、州长陈华深入保靖县，以州人大代表身份参加所在的州人大代表团第一小组“深入基层听民声，汇聚民智促发展”主题活动，督导领办《关于构建湘西州困难群体帮扶机制》的代表建议，实地调研特殊困难群体帮扶工作情况。

10月

△17 日至 19 日，湖南省十四届人大代表湘西州第一小组到龙山县、永顺县、花垣县开展“深入基层听民声，汇聚民智促发展”主题活动。座谈会上，州农业农村局和州乡村振兴局汇报了湘西州县域经济高质量发展和全州巩固拓展脱贫攻坚成果同乡村振兴有效衔接的工作情况。

△22 日至 23 日，湖南省政协副主席肖百灵在湘西州宣讲省委十二届四次全会精神，并围绕州、市县政协贯彻“1453”履职总要求情况开展调研，听取对省政协工作的意见建议。肖百灵一行深入花垣县双龙镇十八洞村、吉首市矮寨镇等地调研，了解当地乡村振兴、文旅融合发展等工作情况，看望慰问了住州全国政协委员、省政协委员及州、市县政协委员代表。

△24 日，湘西州委副书记、州长陈华主持召开州政府第 10 次党组会议，进一步深入学习贯彻习近平总书记在党的二十大报告中关于全面从严治党的重要讲话精神，坚定不移推进党风廉政建设和反腐败斗争。

◎湘西州检察机关演讲比赛在吉首举行

2023年10月19日，湘西州人民检察院举行全州检察机关“学先进、争先进、当先进”演讲比赛，州人民检察院党组书记、代理检察长李丽出席活动并讲话。

全州检察机关共21名选手参赛。选手们结合自身岗位职责和工作经历，用铿锵有力的语言和真挚饱满的情感，畅谈学习全国检察机关公益诉讼检察业务标兵——花垣县人民检察院杨敏同志先进事迹的心得体会，充分展现了新时代湘西检察干警锐意进取、朝气蓬勃的精神面貌。

李丽指出，要以此次演讲比赛为契机，在全州检察机关掀起新一轮学习先进、争当先进的热潮，通过以先进典型为镜，查不足、促提升、优作风、创佳绩，扎实做好学习成果转化的“后半篇文章”，努力在政治素质、思想认识、业务本领、工作作风、实绩实效等方面取得实实在在的成效。

全州检察机关演讲比赛在吉首举行

◎湘西州县域经济高质量发展座谈会暨前三季度经济形势分析会在吉首召开

2023年10月23日，湘西州县域经济高质量发展座谈会暨前三季度经济形势分析会在吉首召开。州委书记虢正贵出席会议并讲话。州委副书记、州长陈华，州委副书记、花垣县委书记廖良辉，州人大常委会主任龚明汉出席。

虢正贵强调，要补短板锻长板扬优势，因地制宜走具有湘西特色的县域经济高质量发展路子。要优化发展目标定位，完善总体发展规划，加快构建特色鲜明、优势互补、繁荣兴旺的县域经济发展新格局。要做大做强特色产业，各县市、湘西高新区要围绕州委州政府明确的产业主攻方向，因地制宜打造主导产业和特色产业。要纵深推进改革开放，突出抓好招商引资，善于用改革的思路和办法破解高质量发展前进道路上的体制机制障碍。

◎湖南省政协启动“同心共筑中国梦 助力民族地区发展”行动

2023年10月22日至24日，湖南省政协在湘西州启动“同心共筑中国梦 助力民族地区发展”行动，聚焦“促进湖南省民族地区省级边界县经济发展”重点课题积极建言献策，更好助推民族地区高质量发展。省政协副主席肖百灵，省政协副主席、州委书记虢正贵出席。在省政协民族地区发展调研成果交流会议上，与会专家学者、县市区政协相关负责人和政协委员分别发言，深入交流。

与会人员还赴十八洞村等地开展了“委员看变化·聚共识·促发展”活动，在吉首大学开展了“中华民族一家亲·同心共筑中国梦”委员与学生共话民族团结情活动。本届省政协将每年开展这一助力行动。

湖南省政协启动“同心共筑中国梦 助力民族地区发展”行动

要闻纪事

△26日，湖南省政协副主席、州委书记虢正贵在吉首会见由老挝万象市委常委、市委宣传部部长宋龙·永努率领的第三期老挝地方政府中高级干部湖南研修班一行。

△28日，凤凰县茶叶协会第二届会员代表大会在县老干部活动中心召开，会议选举产生凤凰县茶叶协会新一届理事会及理事会成员，并一起共商凤凰茶产业发展大计。会议根据《湖南省社会团体换届选举工作指引》和凤凰县茶叶协会章程，制定选举办法，采取等额选举的办法和举手表决的方式进行，从68名代表中选举产生第二届理事会及理事会成员。

11月

△9日，吉首市召开清廉政府工作会议暨警示教育大会，安排部署政府自身建设工作，进一步明确方向、压实责任，动员政府系统广大干部统一思想、振奋精神、转变作风、狠抓落实，为圆满完成全年各项目标任务夯实基础。

△14日，湘西州政府与省地质院战略合作框架协议签约仪式在吉首举行。双方签约，虢正贵、谈文胜、陈华等省州领导见证。副州长刘冬生作协议内容介绍。此次签署战略合作协议，不仅是积蓄进一步深化战略协议的合作势能，也是展开一场同题共答的双向奔赴，更是聚焦高质量发展的应有之义。

△15日，国家民委铸牢中华民族共同体意识宣讲团在湘西州举办报告会，李学保围绕深入学习领会习近平总书记关于加强和改进民族工作的重要思想，特别是关于铸牢中华民族共同体意识的重要论述，对中华民族共同体的深刻内涵、重大意义、理论渊源、基本任务、实践路径以及坚持加强和完善党的全面领导等方面作了系统深入的宣讲解读。

◎湖南省十八洞教育培训中心正式运营

2023年10月31日，湘西州自然资源督察执法专题培训会在湖南省十八洞教育培训中心举行，省自然资源厅党组成员、副总督察林目轩同志就自然资源工作作专题辅导。湘西州委副书记、花垣县委书记廖良辉主持学习并讲话。这次活动也标志着湖南省十八洞教育培训中心正式运营。

会议强调，要深入学习贯彻习近平总书记关于耕地保护和自然资源工作的重要指示精神，深入实施违法用地整治“双零”行动，坚决遏制耕地“非农化”、防止“非粮化”，牢牢守住粮食安全底线。要统筹推进法治建设，增强责任意识和执法意识，提升干部执法能力和水平，严厉打击查处各类违法行为，全面纠正执法不严问题。

湖南省十八洞教育培训中心位于“精准扶贫”首倡地十八洞村，设有报告厅1个、会议室3个、培训室8个、客房162间、宴会厅1个，配有全彩电子显示屏、交互式教学一体机、立体环绕音频会议系统等现代化设备，可承办各类会议、学术交流、论坛等活动，年均可接待干部培训5万人次，青少年研学20万人次。

湘西州自然资源督察执法专题培训会在湖南省十八洞教育培训中心举行

◎湘西州召开州市共创国家卫生城市推进会

2023 年 11 月 6 日，湘西州市共创国家卫生城市推进会在吉首召开。州委常委、吉首市委书记周立志出席会议并讲话，副州长、州创卫办主任彭延敏安排部署创卫工作。

周立志指出，全国文明城市、国家卫生城市“双城同创”责任和意义十分重大，各级各部门要明确目标、坚定信心，汇聚州市之力务必确保首战必胜、首创必成。要坚持“官方标准”和“民间标准”相统一，切实关注到老百姓的利益与感受，让群众点赞支持。

彭延敏强调，各级各部门要切实增强责任感和紧迫感，坚持重点问题重点突破，聚焦群众急难愁盼，全面补齐短板弱项，向组织和群众交上一份优异的创卫答卷；坚持系统工程系统发力，全面压实属地、行业、单位各方责任，积极以一域之光为创卫全局增色添彩；坚持民生项目全民共创，以宣传浓氛围、以实效赢民心、以共创聚合力，带动全社会共同参与到建设美好家园、共享健康生活的创卫事业中来。

湘西州召开州市共创国家卫生城市推进会

◎“十八洞”减贫与发展论坛举行特别发布仪式

2023 年 11 月 3 日，“十八洞”减贫与发展论坛 200 余名嘉宾来到花垣县十八洞村参访，并举行“十八洞”特别发布仪式。

在十八洞村梨子寨，大家沿着习近平总书记在十八洞村考察时的路线足迹，先后参观了“大姐”石拔三家、十八洞苗绣基地、梨子寨古水井、精准坪广场，通过听取介绍、走访交流，深切感受十年来十八洞村的历史性蝶变。

“十八洞”减贫与发展论坛 200 余名嘉宾来到花垣县十八洞村参访

随后，在湖南省十八洞教育培训中心隆重举行“十八洞”特别发布仪式。“十八洞”多语种图书发布仪式上，外文出版社首席编辑蔡莉莉分别介绍外文出版社出版的《十八洞村的十年瞬间：中国“精准扶贫”为什么成功》多语种画册，以及外文出版社与湖南人民出版社出版的《见证：十八洞村的脱贫故事与现代化启示》多语种版；湖南人民出版社执行董事贺正举介绍湖南人民出版社出版的《大国小村》哈萨克语版；向邦伟和人民东方出版传媒有限公司（东方出版社）运营总监姚恋共同介绍东方出版社与湖南人民出版社出版的《人民的见证：十八洞村十年巨变口述史》；湖南教育出版社市场教辅事业部副主任杨宁，介绍湖南教育出版社出版的《十村记：精准扶贫路·十八洞启航》老挝文版。中外嘉宾代表共同为新书揭幕，正式发布“十八洞”多语种图书。

有关嘉宾共同为十八洞村“复兴书屋”揭牌见证揭牌仪式

◎湘西州获批全国农村产权交易规范化整市（州）试点

2023 年 11 月 14 日，农业农村部发布关于农村产权流转交易规范化试点的批复，批复同意湘西自治州等 33 个市（州）开展农村产权流转交易规范化整市（州）试点。

农村产权流转规范化交易，关乎农村集体经济组织和农民的合法权益。近年来，湘西州把加强农村产权流转交易市场体系建设作为畅通城乡资源要素流动的重要抓手，出台了《湘西自治州农村产权流转交易管理暂行办法》，不断规范农村产权流转交易行为；由湘西州公共资源交易中心负责建立了全州统一的农村产权流转交易平台，为农村产权流转交易提供信息化服务，指导全州农村产权流转交易业务工作。

◎《湖南省茶产业发展促进条例》全省巡回宣讲走进湘西州

《湖南省茶产业发展促进条例》全省巡回宣讲走进湘西州

2023 年 11 月 10 日，《湖南省茶产业发展促进条例》（简称《条例》）巡回宣讲团走进湘西州。来自湖南法学界、茶学研究的专家教授结合湘西州茶产业发展情况，对《条例》出台背景、重要意义等进行了系统解读、宣讲。州农业农村局等州直相关部门分管负责人，各县市茶办负责人，茶叶经营主体负责人及茶企代表参会。

宣讲会现场，湘西神秘谷茶业有限公司被授予“湖南省茶业法治基地”；宣讲团成员依次解读了《湖南省茶产业发展促进条例》《“五彩湘茶”产业高质量发展战略》《科技支撑湖南茶产业》《升级打造湘茶品牌》《龙头带动湘茶产业融合》《文化引领湖南茶产业》；发放《湖南茶产业法治调研问卷》，收集湘西州涉茶各级各部门关心的产业发展问题。

《湖南省茶产业发展促进条例》已正式施行近一年，这是以法治护航，统筹推进茶文化、茶产业、茶科技融合发展的良好实践，是实现“五彩湘茶”产业高质量发展的一项重要工作和长期任务。

要闻纪事

△21 日，花垣县深化医疗服务体系建设改革动员会暨卫健系统业务培训开班仪式在十八洞教育培训中心举行。副县长梁春波宣读《花垣县深化医疗服务体系建设改革实施方案》，县总医院、拟撤并的民乐镇两河卫生院主要负责人作表态发言。

△22 日，全州网络安全和信息化工作会议在吉首召开。虢正贵强调要深学笃行习近平总书记关于网络强国的重要思想，认真落实党中央决策部署和省委工作要求，坚决扛起网信工作使命任务，推动全州网信事业高质量发展，为全面落实“三高四新”美好蓝图、全面建设现代化新湘西贡献更强数字支撑和网络力量。

△28 日，湘西州十五届人大常委会第十五次会议在吉首召开。州人大常委会党组书记、主任龚明汉主持会议，州人大常委会副主任麻超、胡恩平、梁君、田科虎、杨永芳，秘书长周斌出席会议。

△30 日，第一次湖南省湘西开发座谈会暨湘西地区开发领导小组办公室工作会议在花垣县十八洞村召开。湘西州、张家界市、怀化市、邵阳市、娄底市、永州市 6 个市州发改委负责人上台签署大湘西地区承接产业转移区域协同发展合作协议和大湘西地区全域文化旅游协同发展合作协议。

△30 日，湖南省第一次湘西地区开发座谈会暨全省湘西地区开发领导小组办公室工作会在花垣县十八洞教育培训中心召开。娄底市、邵阳市、怀化市、永州市、湘西州、张家界市共同签订大湘西地区承接产业转移区域协同发展、全域文化旅游协同发展合作协议。

◎湘西州人大创新工作现场交流会召开

湘西州人大创新工作现场交流会召开

2023年11月22日至23日，湘西州人大创新工作现场交流会召开。州人大常委会主任龚明汉出席活动并讲话，州人大常委会副主任何宏国、胡恩平、田科虎，秘书长周斌参加活动。

参会人员先后来到龙山县、花垣县、保靖县，集体参观龙山洗车河镇三个堡民主议事会、里耶镇代表联络站、花垣边城镇代表联络站、水田村综合照料中心、保靖甘溪村院坝议事会、和平村照料中心等人大代表履职点、社会建设“一老一幼”示范点和全过程人民民主基层实践点、创新点，现场观摩人大创新工作，交流实践经验。

◎十八洞村获评首批湖南省少先队校外实践教育营地

十八洞村获评首批湖南省少先队校外实践教育营地

2023年12月，团省委、省少工委决定命名毛泽东同志纪念馆等100家单位为首批湖南省少先队校外实践教育营地（基地）。其中，花垣县十八洞村入选。

近年来，十八洞村深入贯彻落实习近平总书记关于少年儿童和少先队工作的重要论述，着力打造一批具有影响力的少先队实践活动和品牌，切实为少先队员开展校外实践教育提供优质服务，通过现场教学、拓展教学、听微党课、观看视频等多种形式，增强少先队员的责任感和使命感，营造全社会关心支持少先队社会化发展的良好氛围。

◎花垣县召开知识产权大会

2023年11月30日，花垣县召开知识产权大会，州委副书记、花垣县委书记廖良辉出席会议并讲话。州市场监督管理局党组书记、局长张立新参加会议，并就抓好知识产权工作提出工作要求。

会议现场

廖良辉强调，要提高政治站位，深入学习贯彻习近平总书记关于知识产权工作的重要论述和重要指示精神，牢固树立知识产权意识，全力做好新时代知识产权工作，推进花垣县知识产权建设实现新突破，为县域经济高质量发展提供有力支撑。要严格落实党中央决策部署和省、州工作要求，充分运用知识产权服务创新创造、创新赋能，以知识产权强县建设为契机，全面打通知识产权保护、创造、运用、管理、服务全链条。要突出工作重点，立足优势产业，充分发挥知识产权运用效益，着力打造企业知名品牌。

会议听取了2023年度全县知识产权工作情况汇报，并对2023年度新创品牌获奖单位进行表彰。

要闻纪事

12月

△1日，湘西自治州工会第十三次代表大会开幕。州委书记虢正贵出席并强调，牢牢把握工运时代主题，坚决扛起工会时代使命，真抓实干、奋发有为、开拓进取，不断开创湘西工会工作新局面，为实现“三高四新”美好蓝图、加快建设现代化新湘西再立新功。

△11日，国家商标局原副局长、国家知识产权局一级巡视员姚坤带领调研组一行，到吉首市调研地理标志运用与保护工作。调研组在州市场监督管理局组织召开地理标志运用和保护专题讲座，强调地理标志重注册，轻运用、管理、保护等问题，提出了“内保”+“外保”的应对政策。

△18日，全州“四类干部”座谈会召开，州委书记虢正贵出席并讲话。他强调，要学深悟透习近平总书记关于干部队伍建设的重要论述，突出抓好年轻干部、女干部、少数民族干部、党外干部队伍建设，培养造就一支堪当重任的高素质干部队伍。

△18日，湘西州委书记虢正贵主持召开州委文化旅游工作委员会2023年第五次（扩大）会议，研究部署全州文化旅游发展和湘西州第三届旅游发展大会筹备等工作。

△22日，湘西州委书记、吉首军分区党委第一书记虢正贵主持召开2023年州委议军会暨县市人武部党委第一书记党管武装工作述职会议，深入学习贯彻习近平总书记关于国防和军队建设的重要论述，总结部署全州党管武装工作，听取各县市人武部党委第一书记述职。

△25日，湘西州科学技术协会第八次代表大会开幕，听取了州科协第七届委员会工作报告，宣读了第十四届湘西自治州青年科技奖名单，并现场颁奖。

△25日，十二届州委理论学习中心组（扩大）举行第二十八次集体学习，围绕“以学促干”进行专题研讨。

◎湘西州“精准扶贫乡村振兴”线路入选首批10条湖南红色旅游研学精品线路

湘西州『精准扶贫乡村振兴』线路入选首批10条湖南红色旅游研学精品线路

2023年12月8日，湖南省文化和旅游厅发布首批10条湖南红色旅游研学精品线路，湘西州“精准扶贫乡村振兴”红色研学线路入选其中。

“精准扶贫乡村振兴”红色研学线路从精准扶贫首倡地十八洞村开始，经矮寨大桥、德夯秘境、菖蒲塘村、凤凰古城，最后到达竹山苗寨。红色研学线路串联起了花垣县、吉首市、凤凰县的6个旅游景区（点），全程约160公里。游览途中，可以漫步十八洞村，感受新时代山乡巨变；在新时代红色地标矮寨大桥，领略大自然的鬼斧神工、震撼于世界级工程的雄奇伟岸；在德夯秘境看流沙瀑布，观苗族鼓舞，感受神秘湘西的苗族风情；在菖蒲塘村，看猕猴桃、柚子等特色产业发展，听村民讲述从卖水果到卖品牌，从单一的种植业到一二三产业融合发展的致富故事；在凤凰古城看沱江烟雨，赏古城风致，看《边城》《凤凰样子》；最后在竹山苗寨，喝拦门酒、唱苗歌、赏婚俗、品非遗。

◎湘西州『四类干部』座谈会召开

2023年12月18日，湘西州“四类干部”座谈会召开，州委书记虢正贵出席并讲话。州委常委、州委组织部部长贾珍文主持会议，州委常委、州委统战部部长吴凌频，州委常委、州委秘书长向邦伟出席。会上，湘西州年轻干部、女干部、少数民族干部和党外干部代表分别结合自身经历，谈了工作心得、成长感悟和未来打算，部分县市组织部门和州直单位就培养使用“四类干部”情况作了交流发言。

虢正贵强调，要绝对忠诚，一心向党讲政治，深入学习领会习近平新时代中国特色社会主义思想，深刻领悟“两个确立”的决定性意义，做到“两个维护”，不断提高政治判断力、政治领悟力、政治执行力。要勤学善思，一以贯之强本领，提高“八种本领”“七种能力”“七种思维”，加强思想淬炼、政治历练、实践锻炼、专业训练，练就与岗位职责相匹配的“金刚钻”。要永葆初心，一心为民办实事，用心用情解决好群众“急难愁盼”问题，用自己的“辛苦指数”换来群众的“幸福指数”。

全州“四类干部”座谈会召开

◎湘西州宣传思想文化工作会议在吉首召开

湘西州宣传思想文化工作会议在吉首召开

2023年12月22日，湘西州宣传思想文化工作会议在吉首召开。州委书记虢正贵出席会议并讲话，强调要深学笃行习近平文化思想，贯彻落实全国、全省宣传思想文化工作会议精神，坚决扛起“举旗帜、聚民心、育新人、兴文化、展形象”的使命任务，守正创新、担当作为，推动湘西州宣传思想文化事业高质量发展。州委副书记、州长陈华主持。

虢正贵强调，要围绕新的文化使命担当尽责，聚焦“七个着力”的重要要求找准工作的切入点和着力点，正确处理好“致广大”和“尽精微”、守正和创新、重点攻坚和整体推进、发展和安全的关系，在真学真懂真信真用、深化内化转化上下功夫，确保湘西州宣传思想文化工作始终沿着正确方向前进。

◎ 2023年湘西·龙山招商引资暨柑橘产业推介会在长沙举行

2023年12月22日，“商潮湘西·橘颂星城”2023年湘西·龙山招商引资暨柑橘产业推介会在长沙举行。湖南省商务服务中心党委书记、主任张军平出席推介会。副州长马碧宣布“湘西州消费帮扶平台”正式上线。此次推介会由州人民政府主办，龙山县人民政府、州商务局、州人民政府驻长沙办事处承办。推介会上，龙山县商务局、县文旅局主要负责人分别作招商引资项目和文化旅游推介。

在签约环节，现场集中签约招商引资项目4个，签约金额11.31亿元，涵盖新能源、新材料等领域；农特产品购销协议3个，涉及金额1.18亿元。龙山县文旅局与湖南新麦乐国际旅行社、湖南龙骧国际旅行社、上海远风国际旅行社等5家公司签订旅游合作协议。

2023年湘西·龙山招商引资暨柑橘产业推介会在长沙举行

◎建设美丽湘西十周年座谈会在吉首召开

2023年12月28日，建设美丽湘西十周年座谈会在吉首召开。州委常委、州委秘书长向邦伟主持会议并讲话。会上播放了《巨变十年路，向美再出发》专题片，宣读了《“美丽湘西这十年”短视频大赛活动情况的通报》，总结了湘西州建设美丽湘西工作成效经验，展望谋划下步工作。

向邦伟要求，各级各相关部门要把准建设美丽湘西的丰富内涵，让湘西生态秀美、环境优美、产业富美、民风淳美、城乡和美。要把握工作方法，将建设美丽湘西与推进高质量发展、全面推进乡村振兴、增进民生福祉、加强精神文明建设、提升基层治理效能相结合起来。要突出重点任务，实施生态文明建设、人居环境提质、美丽产业升级、淳美民风涵养、和美城乡共建等五大工程，保持定力、久久为功，持续擦亮美丽湘西名片、放大生态湘西优势，着力绘就人与自然和谐共生的美丽幸福新湘西。

建设美丽湘西十周年座谈会在吉首召开

要闻纪事

△25日，湘西州科协第八次代表大会圆满完成各项议程胜利闭幕。会议审议通过了州科协第七届委员会工作报告的决议，选举产生了州科协第八届委员会主席、副主席、常委，彭图韬当选为州科协第八届委员会主席，王小军、左小义、刘修洪、汤自军、邹斐、周贤钊、周峻、熊明谋当选为副主席。

△26日，中国共产党湘西土家族苗族自治州第十二届委员会第六次全体会议召开。全会听取和讨论了虢正贵同志代表州委常委会所作的工作报告，审议通过了《中共湘西自治州委关于锚定“三高四新”美好蓝图打造“三区两地”建设“五个湘西”推进高质量发展的实施意见》。

△27日，湘西州政府、保靖县政府与湖南中医药大学战略合作签约仪式在吉首市举行。湖南中医药大学分别与州政府、保靖县政府签署战略合作框架协议。湖南中医药大学第一附属医院党委书记程博为州民族中医院名医工作室授牌。

△27日，湘西州政协主席李平主持召开州政协十三届二十四次主席会议。

会议传达学习了中央经济工作会议精神、中央农村工作会议精神、习近平总书记在广西考察时的重要讲话精神，传达学习了全省政协推动政协云与履职深度融合工作会议精神和州纪委有关通报精神。

△28日，凤凰县女企业家协会正式成立并召开第一次会员大会。县妇联相关负责人宣读了关于同意成立“凤凰县女企业家协会”的批复，大会筹备组作了筹备工作报告。会议通过了《凤凰县女企业家协会章程（草案）》和《凤凰县女企业家协会成立及第一次会员大会选举办法（草案）》，并投票选举了第一届协会管理人员，并现场为协会授牌。

湖南地方年鉴
2024

行　业

综合监督管理

中欧班列郴州监管中心
郴州跨境电商监管中心
郴州国际快件监管中心

保障粮食安全
年世界粮食日和全国粮食安全宣传周活动

湖南省药品监督管理局
2023年湖南省“安全用药月”
投诉举报

要闻纪事
2023年

1月

△11日至12日，湖南省市场监督管理局党组成员、副局长丁珍良率队来怀化开展“年关守护(2023)”行动专项督导检查。督查组听取了怀化市局“年关守护（2023）”行动开展情况汇报，并前往溆浦县实地督查，并就发现的问题当场沟通反馈、当场指导整改。

△17日，湖南省市场监督管理局党组成员、省药品监督管理局党组书记秦继红率队到常德市开展“年关守护（2023）”行动专项督查。在情况反馈会上，省督查组听取了常德市、汉寿县两级“年关守护（2023）”行动和全市药品监管、生物医药产业工作的情况汇报。随后，省督查组反馈了督导检查的有关情况，就发现的问题进行沟通并指导整改。

△17日，武陵源区市场监管局开展涉旅团餐检查专项行动。此次专项检查，以大中型餐饮服务单位为重点对象，重点检查各餐饮单位年夜饭的预订情况、经营范围、接待能力、反食品浪费落实情况。

拧紧“安全阀”织密“安全网”筑牢“安全线”湘潭合力守护群众舌尖安全

2023年，湘潭市市场监督管理局、市教育局深入集中用餐配送单位和中小学、幼儿园，开展春季校园食品安全专项督导检查，消除安全风险隐患，守护群众舌尖安全。

通过全覆盖拧紧“安全阀”、全方位织密“安全网”、全过程筑牢“安全线”等举措，湘潭市食品安全治理能力和保障水平不断提升，食品安全形势稳定向好，获2022年全省真抓实干督查激励表彰。

湘潭市将落实食品安全属地管理责任、企业主体责任作为一把手工程来抓，成立食品安全“两个责任”机制领导小组和工作专班，制定工作计划，明确工作目标、任务和阶段划分，细化时间节点、标准要求。建立包保责任清单，将全市所有食品生产经营主体按规模大小、业态类型分为A、B、C、D四级，一一对应市、县、乡、村四级包保干部，逐一签订食品安全责任与任务承诺书，拧紧“安全阀”。

为织密“安全网”、打通食品安全“最后一公里”，湘潭市加强基层食品安全治理体系建设，在全国率先编制省级地方标准《乡镇（街道）食安办工作规范》，开展乡镇（街道）食安办规范化建设试点，将为全省乡镇（街道）贯彻落实地方党政领导干部食品安全责任制、基层食安办规范化建设提供参考。

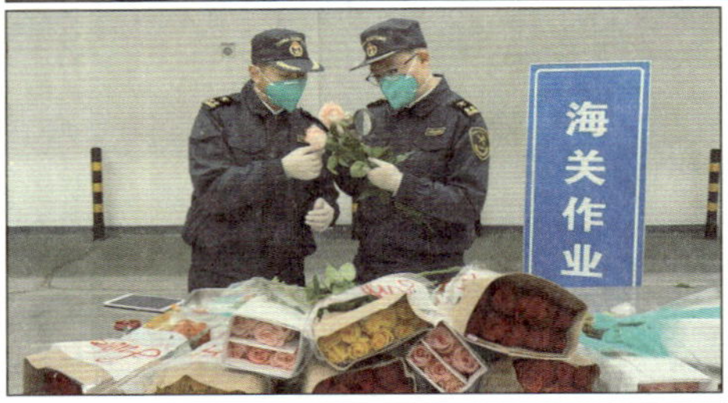

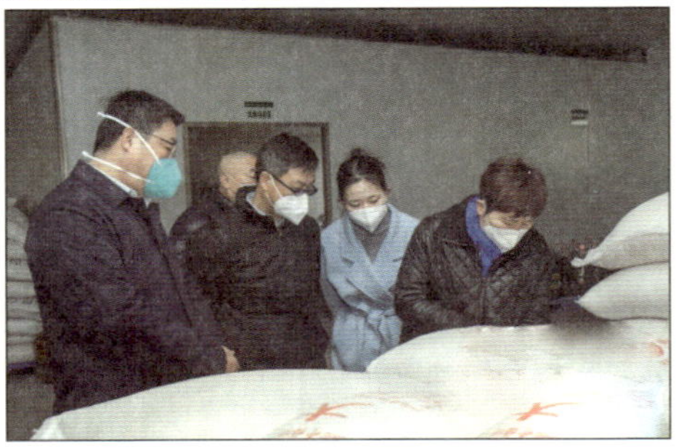

1
2
3

1.1月5日下午，省市场监管局党组书记、局长钱俊君率队开展全省两会接待酒店安全工作督查，确保全省两会食品安全、特种设备运行平稳、安全监管措施有效。省局党组成员、副局长廖健，省局二级巡视员欧阳黎明参与督查

2.1月12日，机场海关验放今年首批进口鲜切花

3.1月3日，省市场监管局一级巡视员段志雄率队来株开展市场监管“年关守护（2023）”行动专项督导检查

长沙全力以赴防风险保安全护稳定惠民生

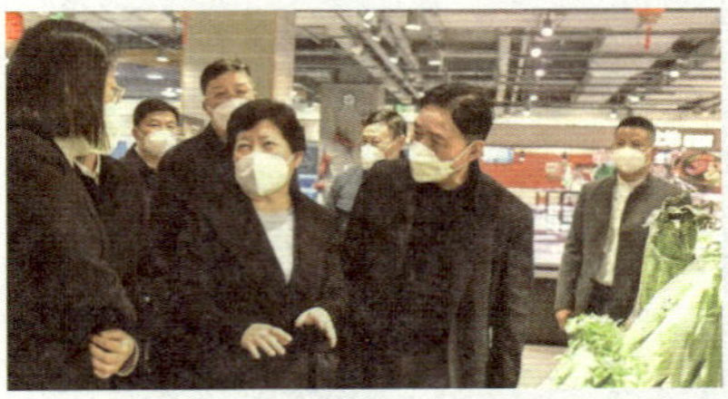

省委常委、长沙市委书记吴桂英深入重点场所、重点部位，检查督导安全生产、市场供应、医疗保障和交通秩序等工作

2023年1月4日，省委常委、长沙市委书记吴桂英深入重点场所、重点部位检查督导安全生产、市场供应、医疗保障和交通秩序等工作。她强调，要深入学习贯彻落实习近平总书记重要讲话重要指示批示精神和2023年新年贺词精神，认真落实党中央、国务院和省委、省政府决策部署，践行以人民为中心的发展思想，更好统筹发展和安全，以“时时放心不下”的责任感，全力以赴做好防风险、保安全、护稳定、惠民生等各项工作，筑牢基层医疗防线，确保社会大局和谐稳定。

吴桂英来到步步高星城天地店，她鼓励企业坚定信心决心，用好用足惠企政策，把握住春节旺销时机，加强货源组织，丰富商品种类，确保节日期间供应充足、品种齐全、价格稳定。

当前防控工作重心已经从“防感染”全面转到“保健康、防重症”。吴桂英先后前往天心区青园街道社区卫生服务中心、益丰大药房，详细了解医务人员配置、医药资源储备、接诊转诊等，并慰问基层工作人员，希望大家持续做好群众日常就医和诊疗服务，筑牢群众健康坚强屏障。

春运将于1月7日正式启动。吴桂英要求“三站一场”科学规划治安控制和客流疏导措施，做好客流接驳保障，用心用情为广大旅客提供便利。

耒阳建立审计风险约谈提醒机制

2023年1月10日，耒阳市纪委监委、市委组织部等市委审计委员会成员单位，对该市2022年审计中发现的具有苗头性、倾向性问题，经综合分析研判存在潜在风险隐患的8个单位的主要负责人，进行集体提醒谈话。8名主要负责人围绕本单位问题风险，逐条说明情况、分析原因、制定措施，并表示认真整改。

建立审计风险约谈提醒机制，是耒阳市强化审计监督职责的创新探索。以往，在审计整改执行阶段，根据审计工作程序，相关单位通过"问题清单"和"整改清单"对接机制，对审计出的问题进行整改即可。

为落实审计发现问题"标本兼治、惩防并举"的方针，耒阳市委审计办、市审计局建立审计风险约谈提醒机制，即在审计实施阶段结束后，及时将审计发现的问题梳理、总结、分类，通过风险评估对具有普遍性、突出性、典型性问题的被审计单位发出风险预警，注重提前防范和化解各类风险隐患。在风险预警发出后，对仍不重视问题整改的，将组织开展约谈提醒，及时消除风险隐患。

"我们将对被提醒约谈单位的问题整改情况建立台账，实行'销号制'管理。"耒阳市审计局局长邓雅介绍，约谈提醒机制已成为该市防止风险隐患再扩大的"排雷"利器。

1月10日上午，耒阳市首次召开"防微杜渐"审计风险提醒会

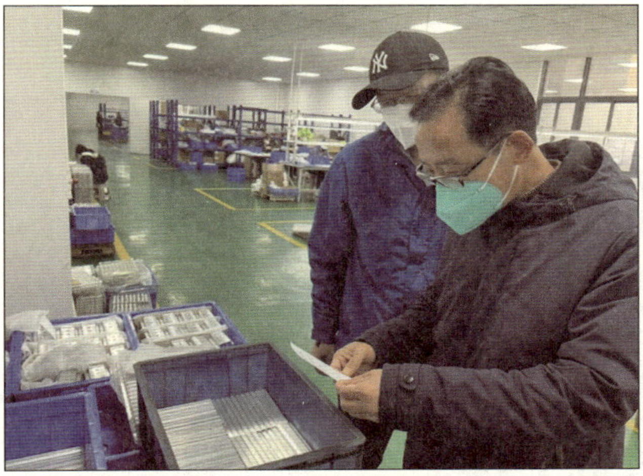

1.1月20日，怀化海关关员在国际陆港对搭载中老班列出口至东盟的货物进行查验

2.2月9日，衡阳海关赴辖区重点税源企业开展2023年税收工作调研

3.1月12日，永州市市场监督管理局督查一组由局党组书记刘军君带队，对冷水滩区市场监管领域"年关守护（2023）"行动进行督查

邵阳市市场监管局召开2023年廉政警示教育暨集体廉政谈话会议

邵阳市市场监督管理局召开2023年廉政警示教育暨集体廉政谈话会议

2023年1月10日，邵阳市市场监督管理局召开2023年廉政警示教育暨集体廉政谈话会议，党组书记何育新主持会议并讲话。邵阳市局领导班子成员、市管干部参加，机关各科室及局属二级机构主要负责人列席。

会议组织学习了中办、国办和省委办公厅、省政府办公厅关于做好2023年元旦春节期间有关工作的通知、中央纪委国家监委关于"两节"期间正风肃纪工作要求、中央纪委《关于贯彻党的二十大部署要求锲而不舍落实中央八项规定精神深化纠治"四风"工作的意见》、省纪委《关于锲而不舍落实中央八项规定精神深化纠治"四风"的若干措施》、程纪龙同志在全省锲而不舍落实中央八项规定精神深化纠治"四风"工作视频会议上的讲话摘要、中央纪委国家监委关于违反中央八项规定精神典型案例通报精神、省市纪委有关通报精神。

△31日，湖南省应急管理厅党委委员、副厅长龚伟兵率队来到松木经开区检查安全生产工作，并开讲"安全生产第一课"。市委常委、常务副市长于新凡参加检查。

2月

△9日，邵阳市市场监督管理局召开市区知识产权重点保护企业知识产权培育、宣传培训会议，作为邵阳知识产权"新春第一会"，各大企业的焦点集中在知识产权再发展再提升上。

△15日，益阳市举办国民经济核算知识专题培训，省统计局党组成员、总统计师李跃辉受邀来益开展现场授课。市委常委、常务副市长刘勇会主持培训并讲话。

△16日，炎陵县举行省级食品安全示范县现场评审明查见面会，省市场监管局食品协调处副处长、省级现场评价工作组组长张春洪主持会议，县委副书记、县长、县食安委主任夏胜利参加会议并作表态发言。

△17日，湖南省商业秘密保护示范基地、示范企业、示范站（点）授牌仪式举行，长沙经开区（制造业产业集群）、湘潭高新区（新型能源产业集群）被设立为全省商业秘密保护示范基地，64家企业、16个站（点）被设立为示范企业、示范站（点）。商业秘密保护是知识产权保护的重要一环。

△20日，在岳阳海关监管下，由岳阳湘盛实业发展有限公司进口的1593立方米波兰云杉原木，经货轮运抵岳阳城陵矶港，这是湖南首次直接进口原木。

△21日，2023年衡阳市市场监管工作会议召开。会议回顾了2022年全市市场监管系统和工作成绩，分析了当前形势，对2023年重点任务进行安排部署。

△23日，经长沙海关所属星沙海关检验检疫合格，由袁隆平农业高科技股份有限公司生产的396吨杂交稻种启运，出口东南亚。这是今年湖南出口的首批杂交稻种。

△24日，全国网络市场监管与服务示范区评估认定实地核查组，对长沙创建工作开展评估，举行示范区创建工作汇报会。

△27日举行的省市场监督管理局、株洲市共建“制造名城”国家知识产权强市推进大会上，双方联合发布了十条措施，省市场监督管理局将支持株洲市创建国家知识产权强市建设示范城市，在条件保障、专利授权、搭建平台、专利导航、专利保护、培育品牌等方面给予株洲支持。

长沙全力以赴防风险保安全护稳定惠民生

2023年1月14日，湖南省药品监管局相关负责人透露，该局已下发文件，将通过对疫情防控药品医疗器械生产企业的专项监督检查、飞行检查、驻厂监督等，筑牢春节期间疫情防控医疗器械质量安全防线，推动“年关守护”行动落地见效。

该局相关负责人透露，将选取15家新冠病毒检测试剂、医用防护口罩、呼吸机、血氧仪、制氧机等产品生产企业，实行驻厂重点监督和一对一服务；同时对72家新冠病毒检测试剂、医用防护口罩生产企业开展专项监督检查，对产品抽检不合格多、涉举报投诉以及监督检查问题多的5家医疗器械生产企业开展飞行检查。目前，全省已组织18个检查组，派出检查员135人次，完成对65家企业的检查，排查风险隐患120余个，责令停产整改5家。

同时，省药品监管局还将通过查打结合一体推进，重点对企业是否无证生产、是否在未经许可的场地生产、质量管理体系是否正常运行、产品质量是否合格、生产场地是否挪作他用等情况进行检查。

下阶段，该局将聚焦防控政策调整后的消费热点产品和供需矛盾，做好疫情防控药品医疗器械质量安全和促产保供工作，对防疫药械行政许可申请开辟绿色通道，在标准不降低的前提下随到随审、快审快批。

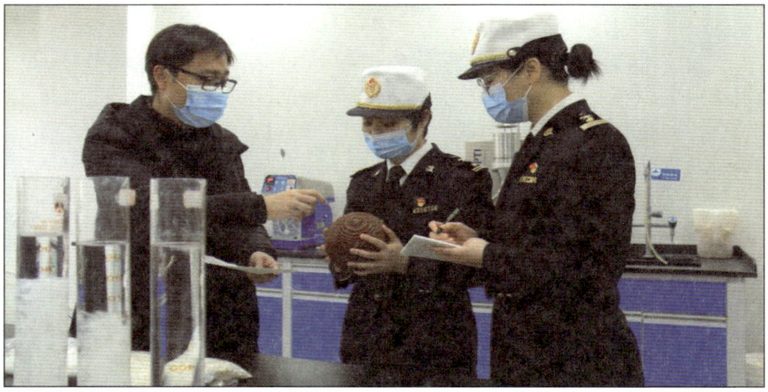

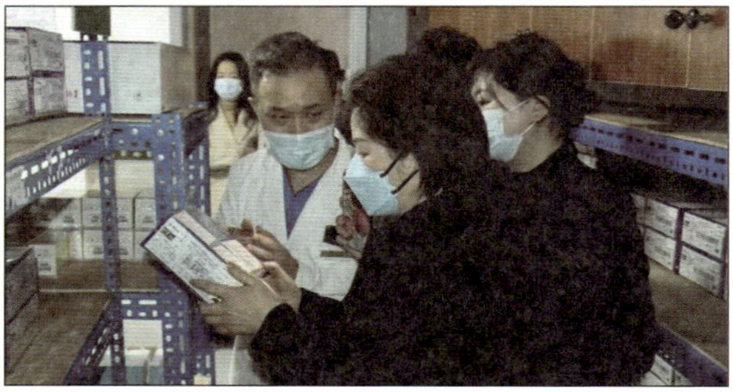

1.2月9日，株洲海关赴株洲时代华先材料科技有限公司开展税源摸底工作

2.2月17日，省药品监管局局长黄东红带队对长沙医疗美容机构进行督查

3.2月17日，株洲海关响应企业出口诉求，派员为湖南纽恩驰新能源车辆有限公司开展通关业务指导

湖南省将开展涉疫药品和医疗用品稳价保质专项行动

1月11日，湖南省市场监管局召开全省涉疫药品和医疗用品稳价保质专项行动电视电话会议

2023年1月11日，湖南省市场监管局召开的全省涉疫药品和医疗用品稳价保质专项行动电视电话会透露，1月至6月，湖南省将开展稳价保质专项行动。

疫情防控优化调整后，我们经历了抗疫用药用品一时紧张的局面。会议指出，在各级政府、职能部门通力合作下，涉疫物资保产保供工作基本完成，群众用药紧张情况基本缓解，涉疫物资市场监管的重心转向稳价保质方面。

会议强调，此次专项行动，全省市场监管系统将做好七个方面工作：全面加强价格监管执法，坚决打击哄抬价格等违法行为；全面加强反不正当竞争监管，整治虚假宣传等违法行为；全面加强广告监管执法，依法打击广告违法行为；全面加强网络交易监管执法，切实维护网络市场秩序；全面加强产品质量监管，加大知识产权违法行为查处力度；全面加强药械生产流通监管，坚守质量安全底线；全面畅通投诉举报渠道，切实维护消费者合法权益。

推进高质量监管 服务高质量发展——岳阳市市场监管系统踔厉奋发勇毅前行

2023年3月15日，岳阳市市场监管局举办第41个3·15国际消费者权益日宣传纪念活动，对8000余公斤、价值300多万元的假冒伪劣商品集中无害化销毁，有力维护市场经营秩序。

3月15日上午，岳阳市第41个3·15国际消费者权益日宣传纪念活动在南湖广场举行

2023年央视3·15晚会上，其他地区的“勾兑香精泰国大米”“不可注射的美容针”“不达标的头盔”等问题被曝光。岳阳市市场监管综合行政执法支队迅速召开专项行动部署会，以其他地方曝光问题线索为导向，集中力量有针对性地开展大米、医疗美容、水泥预制管件、翻新绝缘子等领域专项执法检查，加大排查力度，整顿净化市场。

为提升标准、严格监管，岳阳市场监管部门严格执行《食品生产许可审查通则》《酱腌菜审查细则》要求许可发证，试点食品生产企业智慧监管平台建设，实现食品生产行业非现场、可视化、可预警、可追溯、可考核的智慧监管目标。

岳阳在全省率先出台贯彻落实食品安全责任纲领性文件《关于进一步加强岳阳市食品安全责任落实的工作方案》，明确构建起党政同责、企业主责、部门监管、行业主管、社会共治“五位一体”的食品安全责任体系。

1
2

1.3月1日，株洲海关赴醴陵陶润实业发展有限公司开展AEO认证培育工作

2.3月2日，机场海关全力推进“跨境快速通关”业务在长沙空港正式运行

电子口岸业务实现湘鄂赣三省通办

湘鄂赣三地海关签署“跨省一KEY通”项目合作备忘录，今起电子口岸业务可湘鄂赣三省通办

2023年2月15日，长沙海关、武汉海关、南昌海关及建设银行湖南省分行、湖北省分行、江西省分行关银六方，线上共同签署“湘鄂赣跨省一KEY通”项目合作备忘录，推进“系统互通、数据互享、业务互认”。自此，电子口岸业务实现湘鄂赣三省通办。

长沙海关数据分中心负责人介绍，以往受信息系统限制，湘鄂赣三省外贸企业要办理电子口岸企业的注册、变更、解锁等业务，只能在本地海关服务窗口或银行的合作制卡代理点办理，跨省外贸企业办理相关业务较为不便。

“湘鄂赣跨省一KEY通”项目是以电子口岸安全介质“共享盾”为基础，由三省关银六方合力打造的便民惠企服务平台。项目落地后，电子口岸及跨省外贸业务可实现跨省通办，三省外贸企业无须在外贸企业注册地省份和业务办理省份之间来回奔波，可压缩业务办理时间二分之一以上，节约企业成本超40%。湖南2.6万余家外贸企业将从中获益。

这次合作备忘录签署，是长江中游地区海关助力外贸企业跨省通关的首创性举措，也是三地海关落实《推进长江中游地区高水平开放高质量发展 鄂、赣、湘三地海关协同工作机制框架协议》的一项具体举措。签署当天，江西省上栗县三信进出口有限公司便在长沙海关数据分中心窗口办理了首单跨省电子口岸业务。

△2月28日至3月2日，怀化市市场监管局对照2023年深化纪律作风整顿、营造一流营商环境“清风行动”工作要求，采取明察暗访、现场问政等方式，对该局5个市场监管窗口纪律作风开展专项监督检查。

3月

△1日，“衡阳市消防救援支队高新区办公室”暨“衡阳高新区消防安全委员会办公室”揭牌运行。

△2日，衡阳市首批8家获评省级商业秘密保护示范企业和1家示范站（点）正式授牌。

△2日，湖南省国土空间规划工作会议在长沙召开，部署推进各级各类国土空间规划编制、报批和实施监督工作。省委常委、副省长张迎春出席并讲话。她强调，要充分领会党中央关于国土空间规划的重大决策部署精神，确保以高品质国土空间保障全省高质量发展。

△3日，怀化市政府组织商务、海关等部门以及湖南红星集团、湖南冷链协会、湖南佳惠集团等企业到广西钦州港自贸区考察，学习当地发展口岸经济。怀化海关与钦州港海关在钦州港签订《加强西部陆海新通道通关协作备忘录》。

△9日，永州市市场监管（知识产权）工作会议召开。副市长肖扬出席并讲话。肖扬强调，2023年全市市场监管系统要按照“守安全、防风险、保民生、促发展”，持续推动各项工作干在实处、走在前列。

△10日，2023年湘西土家族苗族自治州统计调查工作会议在吉首召开，总结2022年全州统计工作，安排部署2023年重点任务。

△10日，在长沙县路口镇花桥湾村，湖南首本土地承包经营权不动产权证颁发。这是自然资源部、农业农村部联合推进土地承包经营权纳入不动产统一登记后，湖南省颁发的首本土地承包经营权不动产权证书。

△15日，长沙市国土资源网上交易系统发布《长沙市国有建设用地使用权网上挂牌出让公告》，正式开启长沙市2023年住宅用地供应。

△15日，常德市市场监管局联合市消保委，主办以“提振消费信心、释放消费潜力”为主题的“3·15”国际消费者权益大会暨宣传咨询活动。副市长杨成英出席活动并讲话。

维护农户合法权益　助力春耕春播春种
——湖南省规范农资市场价格

2023年2月17日，湖南省市场监督管理局发布《关于规范农资市场价格和竞争秩序的公告》（以下简称《公告》），防止各类价格违法和不正当竞争行为发生，切实维护农户合法权益，助力春耕春播春种有序开展和保障粮食稳产增收。

《公告》明确八项禁止性行为：不按规定明码标价，以及在标价之外加价出售农资产品或收取未标明的费用等违反明码标价规定；相互串通，操纵农资产品价格，损害其他经营者或者广大农户合法权益；捏造、散布农资产品涨价信息，推动价格过高过快上涨；超出正常的存储数量或者存储周期，大量囤积市场供应紧张、价格发生异常波动的农资产品，推动农资产品价格过快过高上涨；利用虚假的或者使人误解的价格手段，诱骗消费者与其进行交易；擅自使用对他人有一定影响的农资产品名称、包装、装潢等相同或者近似的标识及对他人有一定影响的企业名称等；对农资产品质量、功效和适用范围作引人误解的虚假宣传，欺骗、误导消费者；法律、法规禁止的其他不正当价格和竞争行为。

1.3月10日，机场海关查获一批电子元器件固废
2.4月3日，张家界海关派员对出境柑橘果园开展现场评审
3.3月28日，湘西海关赴古丈县古阳河茶叶有限责任公司开展出口茶叶种植场备案现场审核

3月2日下午，全省食品安全抽检监测工作会议在长沙召开

湖南省2023年将安排食品安全抽检25.35万批次

2023年3月2日，湖南省食品安全抽检监测工作会议召开，会议明确，2023年，全省共安排食品安全抽检计划25.35万批次。

2022年，全省市场监管系统共安排食品抽检计划252647批次，完成272916批次，实际完成超出计划数的8.02%，今年抽检数将继续增加。去年，全省抽样检验不合格食品11585件，立案8688件，作出行政处罚7087件，移送公安机关113件，下架、封存、找回不合格食品257.7吨，罚没金额9639.8万元。

2023年，湖南省食品安全抽检监测工作将紧盯农兽药残留、微生物污染、重金属残留、抗生素、有机污染物、生物毒素、非法添加物等重点问题。采用食品补充检验方法，严厉打击食品非法添加行为。对于不合格率高的食品、反复出现的问题，将及时通报相关部门，结合地方特色食品排查行动、攻坚行动等，着力排查行业风险隐患和潜规则。充分发挥食品安全抽检风险防控和技术支撑作用，全力守护好人民群众“舌尖上的安全”。

『舌尖上的安全』期待更用心的守护

2023年3月8日，湖南省市场监管局组织开展3·15食品安全“你点我检”现场抽检活动，助推生产经营企业落实食品安全“两个责任”，营造放心食品消费环境，切实维护广大消费者合法权益。

3月8日，湖南省市场监管局工作人员陪同消费者肖先生和何女士先后来到长沙凯德广场“海底捞”门店和德思勤广场“蛙来哒”门店进行食品抽检。

工作人员根据消费者点单的产品，核查门店证照信息，告知相关权利义务，拍照录像取证，购买样品，再填写相关文书、录入样品信息、打包封存样品。在消费者的见证下，样品被送至省产商品质量检验研究院，由研究院对这些样品开展重金属污染物、农药兽药残留、黄曲霉毒素、防腐剂等一系列项目检验检测。

3月14日，省市场监管局公布了首批“你点我检”样品抽检结果：200批次抽检产品全部合格。近年来，市场监管部门对餐饮机构食品安全持续保持高压状态，从源头抓治理，食品安全状况正持续向好。“你点我检”是市民参与监督食品安全的好方式，他们将会把这类抽检作为一项常态化工作，请消费者在线上点选出最关心关注的食品种类，并纳入食品安全监督抽检计划中。

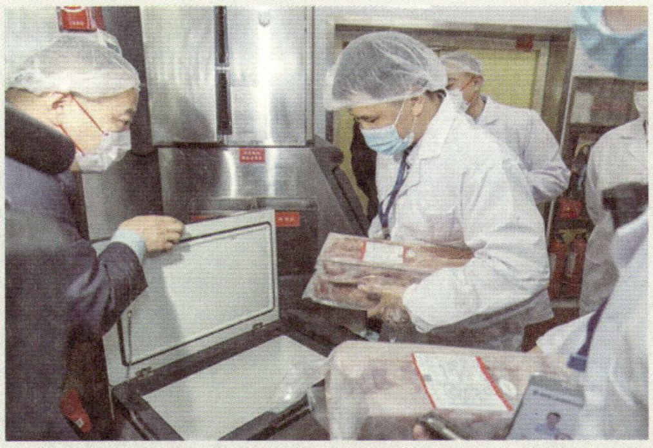

3月8日，省市场监管局“你点我检”活动现场，执法人员抽检产品

1.4月4日，湖南省审计厅举行第七届特约审计员聘任仪式

2.4月12日，岳阳海关对新注册出口食品企业原料种植场实施核查

3.4月14日，长沙市化妆品诚信经营示范街（商场）（第一批）揭牌仪式在长沙星沙万象汇举行

4.4月12日，湖南省农产品首次通过郴州“跨境快速通关”模式出口

郴州市北湖区市场监督管理局举行郴州仰天湖大草原“消费维权服务站”揭牌仪式

2023年3月8日，为进一步提高消费纠纷解决效率，维护消费者合法权益，郴州市北湖区市场监督管理局、北湖区消委在郴州仰天湖大草原用成立消费维权服务站的方式为北湖区的3·15国际消费者权益日拉开序幕，为旅发大会助力。

据了解，郴州仰天湖大草原设立“消费维权服务站”，其目的在于消费者在旅游过程中出现纠纷或投诉情况时，可直接通过景区消费维权服务站在第一现场、第一时间给予解决。方便消费者就近咨询、申诉，实现将“旅游消费纠纷化解在景区”的目标，不断提高仰天湖大草原景区的服务质量，确保消费纠纷及时解决，创建安全放心的旅游消费环境。

△21日，茶陵县召开市场监管工作暨创建省级食品安全示范县动员大会，总结2022年工作情况，部署2023年工作任务。县委副书记、县长杨红兵，以及刘新明、尹志峰等领导参加会议。

△22日，湖南省不动产统一登记平台“一库一平台”正式上线，接入数据的地区可提供不动产登记预约、申请、查询全天候、零距离、一站式服务，登记办证速度将提升20%以上。不动产统一登记平台“一库一平台”上线，意味着湖南省构建不动产登记“规范登记、协同共享、系统融合、安全高效”体系，又迈出坚实一步。

△23日，衡阳市知识产权工作会议在市市场监管局召开，传达了全省知识产权工作会议精神，总结回顾了2022年全市知识产权工作成绩，明确2023年重点工作任务。

△24日，永州蔬菜直供香港试点复通后的首批蔬菜抵达香港市场。今后，永州蔬菜由海关在产地检验检疫后，可直接在深圳口岸通关出口到香港，有效降低企业的生产成本。

△24日，衡阳市召开制止餐饮浪费专项行动暨文明餐饮示范店创建活动动员部署会，将着力解决一批突出问题，曝光一批违法案件，制定一批地方标准，宣传一批典型经验，坚决遏制餐饮浪费势头。

4月

△4日，永州市食品安全委员会全体（扩大）视频会议暨创建国家食品安全示范城市推进会召开。

△4日，湖南省审计厅召开2023年全省审计工作会议。数据显示，去年，全省审计系统共审计和调查4004家单位，促进增收节支和挽回损失239亿元，推动建立健全制度457项，在服务经济社会发展大局中充分发挥审计监督职能。

△7日，永州红星盛业农牧科技有限公司工作人员通过海关行政审批网上办理平台查询，公司申请办理的供港澳活猪饲养场注册登记已获得许可，随即下载打印了电子证书，用时仅1分钟。这是长沙海关推行行政许可动植检类企业电子证照以来，湖南首家获得供港澳活猪饲养场注册登记电子证照的企业。

进一步规范餐饮具集中消毒服务单位生产经营活动——湖南省推行卫生监督量化分级管理

2023年3月14日，从湖南省卫生计生综合监督局获悉，为进一步规范餐饮具集中消毒服务单位生产经营活动，保障消毒餐具卫生，将在湖南省推行餐饮具集中消毒服务单位卫生监督量化分级管理制度，实施风险监管、信用监管和社会监督相结合的卫生监管新模式。

目前湖南省有200余家餐饮具集中消毒服务单位，将全部纳入新模式监管对象，根据日常监督结果，对其卫生信誉度等级实施动态管理。对餐饮具集中消毒服务单位的卫生管理、厂房与车间选址和设计、设施与设备、物料管理、消毒、检验、储存、运输等情况进行量化评价，按照卫生安全风险度和信誉度的高低确定为优秀（A级）、良好（B级）、一般（C级）、差（D级）4个卫生信誉等级。

卫生健康监督机构将按照卫生信誉度等级，实施分类监管，对风险度高、卫生信誉度低的单位，增加监督频次，实行强化监督，确保消毒餐饮具卫生质量；对风险度低、卫生信誉度高的单位，减少监督频次，优化营商环境，合理配置卫生监督资源。量化评价的结果将向社会公开，接受社会监督。餐饮业单位可以优先选择采购A级单位提供的消毒餐具，消费者可以选择提供A级单位消毒餐具的餐饮单位消费。

邵阳市市场监管局多措并举维护消费者权益

邵阳市市场监管局：打好主动仗 下好“先手棋”

2023年3月14日，驻邵阳市市场监管局纪检监察组分别前往消费重点场所、消保中心及投诉举报中心等处，检查督导“3·15”期间市场价格监督、群众来信来访、网民留言办理等工作，发挥监督执纪职能，护航消费者权益保护。

2023年来，为深入贯彻落实党的二十大精神、加强清廉市监建设，驻市市场监管局纪检监察组聚焦人民群众“急难愁盼”，以维护消费者权益为切入点，结合“3·15”消费者权益保护日等重要活动，开展一系列专项督查，以小见大、常态化监督，提升人民群众的获得感、幸福感。

提升消费者维权工作质效需要久久为功、持续用力，驻市市场监管局纪检监察组将持续发挥监督执纪作用，坚持问题导向和结果导向，凝聚共识、达成合力，切实督促市场监管部门落实监管职责，推动问题解决在基层、化解在源头，切实提升消费者信任感、安全感，促进市场秩序平稳运行。

邵阳市市场监管局纪检监察组分别往消费场所等处检查督导，护航消费者权益保护

1.4月23日上午，2023年湖南省知识产权宣传周启动仪式上，为2022年湖南专利奖颁奖

2.4月17日，怀化海关助力首列出口箱包铁海联运专列顺利发往南沙港

1

2

1.4 月 25 日，海关总署办公厅在长沙海关举办“‘湘’拥‘一带一路’服务‘三高四新’”主题在线访谈
2.4 月 27 日，韶山海关到辖区果园基地开展出境水果果园注册指导
3.5 月 17 日，益阳海关助力“春茶”出口

娄底『靶向』监督整治教育领域乱收费

2023 年 3 月 27 日，娄底市教育局暗访人员走进城区学校，对各项收费情况展开随机抽查。娄底通过常态化暗访、信息举报、数据比对、案件查处等方式，着力整治教育领域乱收费问题。

近年来，娄底相继开展教辅材料专项整治、学生食堂违规问题专项整治以及违规招生、违规补课等专项行动，持续扭转行业不正行风。针对教育乱收费问题逐渐转向“隐形变异”“披上外纱”等情况，娄底实施“靶向”监督，及时堵塞制度和管理漏洞，推动整治工作走深走实。

出台专项整治系列措施，紧盯有偿补课和教辅、校服、学生营养餐采购管理等重点环节，瞄准中小学违规补课乱收费、以教育信息化为名乱收费、民办学校乱收费等群众反映强烈问题，实施源头治理。重点查处以“公益项目”为名，进入校园推销产品或数字教育资源；民办学校收取或变相收取与招生入学挂钩的“指标费”“择校费”“转学费”“信息费”；在职教师诱导学生参加校内外有偿补课，以家委会名义组织教师收费补课；强制中小学生开展研学，购买教辅资料、商业保险、电子学生证、校园卡，等等。

2023 年国家食品安全示范城市创建工作会议召开

2023 年 3 月 15 日，常德市 2023 年国家食品安全示范城市创建、市场主体培育暨全市市场监管工作会议召开。市委副书记、市长周振宇出席会议并强调，各级各部门要深入学习贯彻党的二十大精神，统筹做好市场主体培育、食品药品安全和市场监管工作，以务实担当和实绩实效服务常德经济社会高质量发展。

2023 年国家食品安全示范城市创建工作会议召开

2022 年，全市各级各部门坚持以习近平新时代中国特色社会主义思想为指导，在市委、市政府的坚强领导下，担当作为、攻坚克难，市场经营主体培育、国家食品安全示范城市创建和市场监管等工作取得积极成效，有力服务了全市经济社会发展大局。

武陵区人民政府、市农业农村局、汉寿县人民政府、市工信局、市市场监管局相关负责人进行交流发言。

常德经开区党工委副书记、管委会主任方志炜参加会议，市政府秘书长陈爱喜主持会议。

△ 14 日，国门生物安全宣传活动在长沙举行，从活动中获悉，2022 年，长沙海关共在进出境环节查获外来有害生物 43 种类、178 种次。活动现场展示了海关等部门近年截获、监测发现的外来入侵物种、“异宠”、美容针剂类生物制品等各类实物标本约 100 件。

△ 18 日，衡阳市审计工作会议召开，明确今年主要审计工作任务，表彰通报了 2022 年国、省、市优秀审计项目和 2021 年度全市预算执行和其他财政收支审计项目比武优秀项目。

△ 19 日，怀化海关相关负责人将海关高级认证企业（AEO）证书颁发给湖南奇力新电子科技有限公司，这也是怀化市首家企业成功通过 AEO 认证，标志着怀化市高水平开放迈出新步伐。

△ 20 日，长沙海关发布 2022 年知识产权保护专项行动成果。2022 年，湖南有效打击进出口侵权违法行为，全年共启动保护措施 1413 批次，实际扣留侵权嫌疑商品 1407 批次。同时，长沙海关加强宣传引导，服务自主创新，引导企业申请知识产权海关备案。2022 年，湖南企业和个人在海关备案知识产权 603 项，较上年增加 53%。

△23日，“守护生命”2023年益阳市地质灾害避险演练在安化县举行。省自然资源厅总规划师申志军出席活动并讲话，市委常委、常务副市长刘勇会致辞，副市长何军田出席活动。

△23日，益阳市人民政府副市长邓曙光带队到南县督导市场监管领域安全生产及食品安全“两个责任”包保工作。市市场监管局党组书记、局长朱崇文等陪同检查。

△24日，益阳市食品安全委员会全体会议暨益阳市国家知识产权强市试点城市建设工作推进会召开。市委副书记、代市长、市食安委主任、市国家知识产权强市试点城市建设工作领导小组组长熊炜讲话。他强调，要深入学习贯彻党的二十大精神，以创新的思维、改革的办法、务实的作风，主动担当、履职尽责，不断提升全市食品安全水平，奋力开创全市知识产权工作新局面，为全市高质量发展作出新的更大贡献。

△25日，湖南省知识产权协调工作联席会议（办公室）召开新闻发布会，发布2022年度湖南省知识产权保护状况。去年，湖南省新增授权专利92916件、注册商标16.2万件，全省知识产权创造量质稳步提升。

湘西州全面整治中介市场

2023年4月1日，湘西土家族苗族自治州人民政府印发了《关于推进全州中介服务市场健康发展助力优化营商环境的实施意见》，整治规范中介服务，并将其作为2023年州定15件民生实事之一，纳入打好重点民生保障仗范围，要求由州优化营商环境专班牵头办理，每月向州政府上报工作推进情况。

据测算，中介服务市场整治到位后，每年预计可为全州企业和群众减轻中介服务负担5000万元以上，为机关企事业单位节约行政成本2000万元。

随着市场经济的发展和政府职能的转变，交由市场自主决定的事项越来越多，使得中介服务如雨后春笋般纷纷涌现，造成中介机构良莠不一，也使得中介服务收费过多过乱。

湘西州人民政府安排州优化营商环境专班和州行政审批服务局开展联合调研，要求出台制度性文件，对中介服务予以全面规范。湘西州优化营商环境专班人员先后赴常德和江西萍乡、赣州等地考察，借鉴外地先进经验，最终出台了这一文件。文件要求，按照“扶持发展、强化引导、规范有序、提升质效”的总体要求，构建适应高质量发展需要、管理有序、自律规范、质价相符的现代中介服务体系，力争到2025年，全州培育引进知名度高、信誉度高、竞争力强的中介服务品牌机构15个左右。

1.6月1日，永州海关开展“奋进新征程 号声更嘹亮”青年文明号开放周活动

2.5月18日，机场海关对我省首批空运出口东盟的淡水小龙虾开展查检

3.5月23日，2023年全国化妆品安全科普宣传周（湖南）启动仪式在邵阳举行

4.5月24日上午，2023年湖南省“开展信用提升行动 助力经营主体纾困解难”活动启动仪式，在湘西土家族苗族自治州花垣县双龙镇十八洞村举行

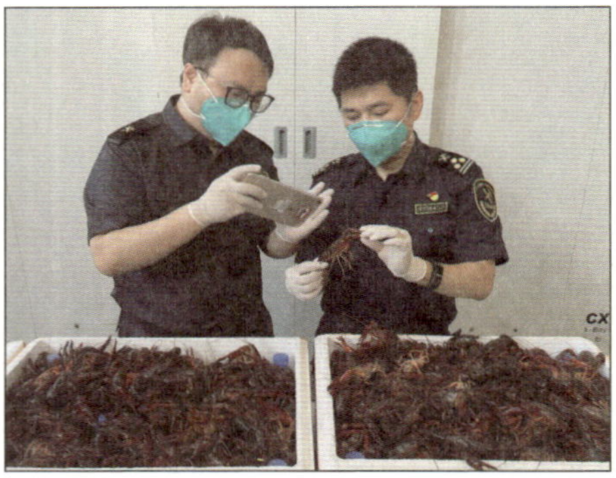

湖南电力紧盯4500余个山火易发区段——8000余电力员工、2万多套可视化装置在线

2023年4月4日，国网湖南电力发布消息，目前已安排护线员8000余人、车辆1000余台、灭火直升机4架，在重点区段安装通道可视化装置2万多套，对全省4500余个山火易发区段和重要电网设备开展特巡和值守。

“通过线路视频全景监控，AI会进行自动识别，如果线下有施工，系统会自动报警，我们再进行二次人工识别，做出相应处理。”4日上午，输电线路智慧物联监控长沙站，监控员正对110千伏榔农合游黎线27号杆线下一处施工进行安全识别。

国网长沙供电公司介绍，目前长沙已在山火、外破等各类隐患点安装可视化装置1269台。输电线路智慧物联监控长沙站24小时全天候监控值班，每天实时采集照片2万余张，重点对线路内311处山火、外破等隐患点监拍，切实保障输电线路安全。

在国网湖南超高压输电公司500千伏潇星Ⅰ线008号塔位附近，公司输电运检二分部班长叶星宇带领班员向周边群众宣讲清明防山火知识。该公司部署600多名巡检员值守防山火一线，巡检超（特）高压线路超1万公里。

常德全面推广『牧运通』系统——在全省率先实现生猪全产业链信息化监管，生猪及其产品全程可追溯

2023年4月5日，澧县宏焱生态农业有限公司负责人将准备出栏的834头生猪信息录入“牧运通”电子信息系统，申报检疫，这批生猪从养殖场“销号”进入下一个生产环节。

常德推广运用“牧运通”系统，整合从养殖到屠宰各个环节相关数据，在全省率先实现生猪全产业链信息化监管。

“过去，生猪产业建立多个业务管理信息化系统，但各自填报，数据前后脱节。”常德市畜牧水产事务中心相关负责人说，市畜牧管理部门与系统开发人员反复沟通，设计数据互联互通、相互共享、异常数据预警等个性化方案，进行硬件设备更新升级和数据迁移。

去年8月，常德全面启用“牧运通”系统，已完成从养殖、免疫、检疫、运输、屠宰到无害化处理全链条推广，覆盖各县（市、区）6234个养殖场（户）、47家屠宰场（点）、152个检疫申报点、2家病死畜禽无害化处理场、9个病死畜禽无害化收集中心、2个指定通道检查站以及全部官方兽医、协检员、备案动物贩运人、运输车辆等。每天通过系统的监管数据达2000多条，每一单检疫都有翔实的电子记录，动物及其产品检疫走向规范化、法治化、数字化、便民化。

1.6月6日，湖南湘江新区2023年建筑施工“安全生产月”启动仪式暨安全生产和质量管理标准化示范观摩会举行

2.6月9日，张家界海关邀请特约监督员参观国际客运航班监管全流程

以“时时放心不下”的责任感守护好每一道防线确保人民群众“舌尖上的安全”

永州市食品安全委员会全体（扩大）视频会议暨创建国家食品安全示范城市推进会

2023年4月4日，永州市食品安全委员会全体（扩大）视频会议暨创建国家食品安全示范城市推进会召开。市委副书记、市长、市食安委主任陈爱林在会上强调，要认真学习贯彻习近平总书记关于食品安全的重要论述，以“时时放心不下”的责任感守护好每一道防线，确保人民群众“舌尖上的安全”。省市场监督管理局二级巡视员邓建军出席并讲话。市委常委、常务副市长、市食安委副主任侯文主持会议。市领导肖扬、吴恢才、方智毅，市政府秘书长齐爱社参加。

邓建军对永州食品安全工作给予充分肯定。他强调，要切实担负起“促一方发展 保一方平安”的政治责任，守牢安全底线，强化示范引领，持续提升食品安全综合保障水平。希望永州进一步强化统筹领导，提升监管水平，善于攻克难点，推动大众参与，高效推进并如期完成示范创建各项任务。省市场监督管理局将全力支持永州示范创建工作，帮助破解发展难题、疏通瓶颈堵点、拓展创建成果。

会上，侯文传达学习了习近平总书记关于食品安全的重要论述、国务院食品安全委员会第五次全体会议精神和有关文件精神，肖扬作了全市食品安全工作报告，吴恢才通报了2022年全市食品安全工作评议考核情况。相关县区和市直单位作了交流发言。

△26日，沅水洪辰航道建设工程组织开展防洪度汛应急演练。此次演练场景模拟项目施工区域水位已快速上涨至警戒水位线，对施工区造成严重威胁，共分为船舶撤离、基坑内设备撤离、围堰开口充水三个演练换届。根据交通运输部门、地方防汛指挥部及建设指挥部要求，随着“险情”出现，现场立即启动洪辰航道建设工程防洪度汛应急预案响应程序，各应急救援小组迅速集结、各负其责、有条不紊开展救援抢险工作，防汛应急演练正式开始。

5月

△9日，嘉禾县市场监督管理局“仅销售预包装食品经营者备案系统”上线运行，经营者在家即可进行备案申请操作和备案信息查询，更便捷、更高效，进一步优化了营商环境。备案方式有线上、线下两种，充分考虑了不同群体的实际需求。已备案的信息将在湖南省市场监督管理局官网“服务”栏目下的“高频应用”中公示，用户可在此查询到备案信息。

△15日，湖南省市场监管局今天组织召开的制止餐饮浪费专项行动工作推进会议透露，专项行动开展以来，湖南已经查办违法案件242件。制止餐饮浪费专项行动是今年市场监管总局部署的一项重点工作。

△15日，湖南省教育厅主要领导干部经济责任审计暨教育行业审计进点会在省教育厅召开。省审计厅党组副书记、副厅长黎雁南出席会议并讲话，省教育厅党组书记、厅长夏智伦，以及相关厅领导、机关各处室和部分直属单位主要负责人参加会议。

△19日，湖南省市场监督管理局党组成员、副局长丁珍良一行来到怀化，为国家知识产权局商标局怀化商标受理窗口、湖南锦程新侗新能源汽车有限公司、湖南湘鹤集团电缆科技股份有限公司获评省级商业秘密保护示范站点及示范企业进行授牌。

△26日，苗族刺绣湖南省地方标准，在湘西土家族苗族自治州花垣县双龙镇十八洞村发布。该标准主要对苗族刺绣的材料、制作工艺、技术要求、产品分类、包装、运输和贮存等内容进行明确规范，使苗绣传承人、从业者在设计、制作、培训、生产、销售等方面都有标准可依。

△31日，2023年进口食品企业安全责任年活动在长沙橘子洲海关公廨启动。长沙海关现场发布的湖南省进口食品安全状况报告显示，湖南进口食品来自全球73个国家和地区。

湖南省市场监管局、省消保委联合发布《倡议书》——防止“舌尖上的浪费”

2023年4月7日，湖南省市场监管局、省消保委向全省餐饮服务经营者和消费者发出《制止餐饮浪费提示倡议书》（下称《倡议书》），推进在全社会形成文明、健康、理性、绿色的餐饮消费理念。

《倡议书》倡议消费者树立科学饮食理念，不断增强节约意识，注重膳食平衡，合理搭配菜品，按照就餐人数和实际需要采购、储存、制作食品，既保证食材新鲜又避免浪费。确有剩余的，可放入冰箱冷藏或冷冻贮存保鲜，再次食用前要确保食品安全，不吃腐败变质或超过保质期的食品。不非法采购食用野生动物及其制品、长江流域非法捕捞渔获物及其制品。

网络订餐，按需点餐。消费者要选择资质齐全且提供食品分量、规格或者建议消费人数等信息的餐饮单位订餐，按需点餐，适度适量，不盲目贪多，防止“舌尖上的浪费”。收到食物时，要检查订餐食品是否完好，及时食用或加工，避免长时间存放造成变质浪费。

消费者外出用餐，应树立文明、健康、理性、绿色的消费观念，外出就餐时根据个人健康状况、饮食习惯和用餐需求合理点餐取餐、理性消费，反对摆阔气、要面子，倡导不求奢华、不讲排场、不攀比炫耀、不铺张浪费，吃多少点多少，做到不剩饭、不剩菜，自觉践行“光盘行动”，以“光盘”为荣。

1.6月15日，长沙海关所属邵阳海关派员到湖南富兰地工具股份有限公司开展“送政策、解难题、促外贸”服务

2.6月19日，湖南省“护松2023”检疫联合执法专项行动启动仪式在道县举行

3.6月16日，湖南省2023年“6·16”安全宣传咨询日活动在湖南湘江新区管理委员会第三集中办公区前坪举行

4.6月19日下午，岳阳市安委会在南湖广场举办安全生产咨询日活动，市委副书记、市长李挚，市委常委、常务副市长李建华出席了活动仪式，并观看了现场表演、参加了现场咨询活动

长沙首次查处机动车环保检测弄虚作假案

2023年4月10日，湖南省生态环境厅发布消息，长沙某机动车检测企业因车辆环保检测弄虚作假，被依法处罚。这是长沙地区首次处罚此类环保案件。

据介绍，日前，一位长沙市民在市内某机动车检测企业进行车辆年检，尾气检测结果为合格，仅两个多小时后，在交警例行路检进行机动车尾气抽测时，却被判定为不合格。该市民向长沙市生态环境保护综合行政执法局进行投诉。

接到投诉后，长沙市生态环境局立即安排执法大队进行调查处理。为不“打草惊蛇”，执法人员采用数据倒查和分析计算，同时邀请汽车工程、大气环境、环境法学相关专家助力论证。经比对、计算核对和专家论证，发现被调查机动车检测企业利用经验、专业知识以及规避系统监管等技术手段作弊，为车辆出具虚假排放检测报告。

长沙市生态环境局依法对该企业处罚款15万元，并没收违法所得280元。

据了解，湖南省生态环境部门将以该案查处为契机，积极查找类似违法线索，加大对机动车尾气检测弄虚作假等违法行为的执法力度。

湖南整治经营性居民自建房消防安全隐患

2023年4月12日，从湖南省消防救援总队获悉，日前，省消防救援总队、省公安厅、省自然资源厅、省住房和城乡建设厅、省应急管理厅、省市场监督管理局联合发文，加强对经营性居民自建房消防安全整治。

此次整治坚持问题导向，突出重点，通过部门联动、综合施策，实现标本兼治，建立长效机制。整治分一般性消防安全隐患问题整改、突出消防安全隐患问题整改、重大火灾隐患问题整改、主动消除隐患问题整改4个方面。

根据相关规定，居民自建房所有权人为整改第一责任人，负责落实隐患整改措施；一般性消防安全隐患由辖区乡镇（街道）牵头督促整改；突出消防安全隐患由辖区乡镇（街道）牵头督促整改，辖区负责日常消防监督检查部门按照职责分工分级分类开展技术指导。存在重大火灾隐患且住宿人员30人以下的，由县级消防救援机构（消安委办公室）牵头督促整改；存在重大火灾隐患且住宿人员30人及以上的，由市级消防救援机构（消安委办公室）牵头督促整改。通过整治，全面消除消防安全隐患，打好安全生产翻身仗。

1.6月19日，湖南省“护松2023”检疫联合执法专项行动启动仪式在道县举行

2.6月28日，湖南省知识产权（天心经开）综合服务分中心揭牌

3.6月25日，长沙黄花机场海关对中非经贸博览会参展鲜花进行监管

4.6月24日上午，衡山县城市管理和综合执法局在先农花园群英广场开展安全生产月宣传咨询日活动

6月

△10日，永州市首个县区级海关服务站——祁阳市海关服务站揭牌仪式，在祁阳高新区中小企业服务中心举行。永州海关祁阳服务站的设立，将促进永州市“向南向海向外”开放发展，促进构建更大范围、更宽领域、更深层次的对外开放发展新格局。

△12日，常德市委书记、市委审计委员会主任曹志强主持召开八届市委审计委员会第二次会议，学习贯彻习近平总书记在二十届中央审计委员会第一次会议上的重要讲话精神和省委审计委员会第三次会议精神等，听取审计工作情况汇报，审议相关计划、报告和办法，研究部署下阶段审计工作。市委副书记、市长、市委审计委员会副主任周振宇出席会议并讲话。

△13日，一辆出口邮件车辆经长沙海关监管放行启运香港，该批邮件在深圳湾口岸快速验核后，将同车直接运抵香港国际机场，发往世界各地。这标志着湘粤港海关“跨境一锁”快速通关启动，湖南特色产品可经陆路运输直抵香港，走向世界，目前该模式已适用湖南全省。

湖南安全隐患整改挂牌督办

2023年4月12日，湖南省“打好安全生产翻身仗”工作情况调度会召开，2023年，湖南省对整改进展缓慢的问题隐患进行挂牌督办，全面消除潜在安全风险隐患。

2023年来，省安委会分3批次对国务院安委办检查交办的5个重大事故隐患、省安委办交办后市县整改进展缓慢的重大事故隐患予以挂牌督办，全力推动重大事故风险管控，坚决扭转安全生产不利局面。

省安委办要求，各级各部门要认真履行职责，锚定“三坚决两确保”工作目标，强化制度创新和技术创新“双轮驱动”，确保全省安全生产形势总体平稳。要未雨绸缪、科学谋划部署，结合重点行业领域实际，进一步加强督导检查，严格监管执法，把风险隐患排查出来、整治到位，严厉打击安全生产非法违法、违规违章行为，打好安全生产翻身仗。

△14日，怀化市农村产权交易中心正式挂牌运营，副市长杜登峰为该中心揭牌。

△16日，湖南省市场监督管理局今天召开的“湖南名品”评价新闻通气会透露，今起启动2023年度“湖南名品”评价工作，全年评价出不超过100个“湖南名品”。湖南名品评价环节分为专业评价、社会评价、综合评价三个阶段。评价结束后，将由省市场监督管理局公告获评名单，向获评企业颁发证书，并授权获评企业使用“湖南名品”LOGO。

△21日，岳阳市元锦贸易有限公司法定代表人，从岳阳市市监局登记注册科领取营业执照和食品经营许可证。这是全省首张通过“企业开办‘一网通办’‘证照联办’平台”办理的联办证照。

△27日，长沙海关、广州海关及建设银行湖南省分行、建设银行广东省分行四方通过线上签约方式，共同签署《“湘粤跨省关银一KEY通”合作备忘录》。此项合作启动后，湘粤两省进出口企业可在两地制卡一体化合作代理点办理电子口岸业务，将为湖南、广东跨省经营进出口业务的企业提供更加便利的服务。

湖南省医保基金监管集中宣传月启动

2023年全省医保基金监管集中宣传月活动在湖南湘江新区正式启动

2023年4月13日，2023年湖南省医保基金监管集中宣传月活动在湖南湘江新区正式启动。未来1个月，全省各地将组织开展医保基金监管集中宣传，依法打击欺诈骗保违法行为，确保医保基金安全。

每年4月是全国医保基金监管集中宣传月。2023年以“安全规范用基金、守好人民看病钱”为主题，推动形成立体多样的基 金监管宣传矩阵，营造全社会关注、自觉维护医保基金安全的良好氛围。启动仪式上，定点医疗机构、门诊药店代表发言，呼吁全社会共同关注与支持，见证医保基金合理合规使用。现场还对欺诈骗保举报等行为兑现了奖励。

湖南省医疗保障部门成立以来，守好人民群众“看病钱”，持续深入开展打击欺诈骗保系列行动，2019年以来共追回基金损失（含处罚）35.5亿元，基金监管长效机制不断建立健全。

1
2
3

1.7月18日，娄底海关赴企业开展送政策上门活动

2.6月30日，衡阳海关开展出口黄花菜产品调研

3.7月4日，株洲海关赴中车时代电动汽车股份有限公司开展政策宣讲

怀化海关相关负责人将海关高级认证企业（AEO）证书颁发给湖南奇力新电子科技有限公司

怀化有了首家通过海关AEO认证企业

2023年4月19日，湖南奇力新电子科技有限公司获得海关颁发的“AEO高级认证企业证书”。这是怀化首家通过AEO认证的企业，该企业在后续的国际贸易中将享受一系列优惠政策。

“AEO”是Authorized Economic Operator的简称，指经认证的经营者，是海关按照《海关高级认证企业标准》经过信用培育和严格程序认证的信用等级最高的企业。怀化海关关长吴愈柏介绍，获得海关高级认证的企业不仅可以享受国内通关监管便利措施，还可享受AEO互认国家或地区海关通关便利措施，以及国家有关部门实施的守信联合激励措施，大大提高产品在国外的通关速度，提高市场竞争力。目前，中国海关已经与26个经济体52个国家（地区）签署了AEO互认协议，互认国家和地区数量居世界首位。

2017年4月，湖南奇力新电子科技有限公司落户沅陵，主要生产片式电感器、线圈电感等新型电子元器件，是全球主要的电子被动组件制造厂商之一。产品主要用于汽车、太阳能、电脑及手机等，大部分产品出口海外。2022年，该公司进出口总额2.6亿元，其中出口1.8亿元。

益阳市举行食品安全Ⅳ级示范性应急演练

2023年4月21日，益阳市示范性Ⅳ级食品安全事故应急演练在桃江县教师发展中心举行。市食安委副主任、副市长邓曙光出席活动并讲话，省、市市场监管局及市食安委成员单位负责人，各县（区、市）食安委、食安办、企业食品安全负责人共400余人现场观摩此次演练。

邓曙光指出，近年来，市委、市政府高度重视食品安全工作，认真落实“四个最严”要求，切实强化“党政同责”，积极开展示范创建，全力推进食品安全“两个责任”落实，全市食品安全工作基础不断夯实。各级食品监管部门认真履行职责，守住了不发生源发性、系统性、区域性重大食品安全事故的底线，食品安全形势持续稳中向好，人民群众的安全感和满意度不断提升。开展食品安全事故应急演练，是健全食品安全预警、响应、处置体系，提升食品安全突发事件处置能力的必然要求。通过演练，可以检验应急预案的科学性和可操作性，锻炼队伍，提高协同作战能力。

应急演练现场，各有关部门按照事故报告、应急响应、舆情处置、应急处置、响应终止、善后工作等应急处置流程，紧张有序处置，整个演练历时3个多小时，贴近实战、环环相扣，达到了预期效果。

益阳市食品安全Ⅳ级示范性应急演练举行

1.7月19日，岳阳市市场监管局在驻市政务服务中心窗口举办“市场监管体验日”活动

2.7月31日，保健中心举行“南华大学公共卫生实践教学基地”揭牌仪式

3.7月24日，株洲海关派员对首批出口白关丝瓜进行监管

1
2 3

湖南省开展清理整顿人力资源市场秩序专项行动

2023年5月4日，湖南省人社厅与省市场监督管理局联合发布《湖南省2023年清理整顿人力资源市场秩序专项行动工作方案》（简称《方案》），将在全省范围内开展清理整顿人力资源市场秩序专项行动。

此次专项行动将以零容忍态度打击骗取和截滞留稳岗返还资金、骗领失业保险有关待遇等违法违规问题。包括虚构劳动关系短期参保骗领失业补助金行为；劳务派遣单位、具有劳务派遣资质的人力资源服务机构通过伪造证明材料等方式骗取稳岗返还资金等行为。

将对未经行政许可从事职业中介活动、劳务派遣业务，开展其他人力资源服务活动未依法备案，以人力资源供求信息收集与发布的名义开展职业中介活动，未履行信息审查义务，发布不真实、不合法招聘信息，扣押求职者身份证或其他证件等行为进行规范。

将对发布含有歧视性内容的招聘信息，违规设置限制人力资源流动的条件，在录取、晋职、晋级、评聘专业技术职称和职务、培训、辞退等过程中实施性别歧视，实施法律法规禁止的其他就业歧视，招用不满16周岁未成年人等情况进行严肃查处。

7月

△7日，常德市举办生物医药专题的专利转化暨知识产权质押融资宣讲对接会，为高校、金融机构、知识产权服务机构和生物医药企业“牵线搭桥”。对接会上，市市场监管局为湖南文理学院及武陵区、汉寿县、津市市、常德经开区市场监管局分别发放“高校知识产权运营能力提升项目”及“县市区知识产权运营促进项目”建设资金各10万元。

△12日，湖南省保障农民工工资支付综合服务平台暨“安薪务工”平台全省上线。该平台借助已建成的全省农民工工资支付监控预警平台，在全国率先推出省级农民工工资保证金线上监管服务。

△12日，常德市委副书记、市长周振宇主持召开全市国有“三资”清查处置与管理改革工作调度会。他强调，要以统一的思想、创新的举措、务实的作风，全面提升国有“三资”效益，为稳增长、防风险、保民生提供有力支撑。

△12日以来，怀化市市场监督管理局、市民政局联合开展了行业协会商会开展涉企收费行为专项监督检查，旨在进一步优化营商环境，切实减轻企业负担。

△ 13日，经相关权利人确认，星沙海关在出口渠道查获9000件塑料玩具。这批玩具涉嫌侵犯迪士尼、孩之宝等多家公司的著作权，这也是长沙海关今年查获侵权嫌疑货物数量最多的一起案件。

△ 13日，长沙海关与上海海关在湘签署加强进出口危险品检验监管合作协议。根据协议，双方将持续升级完善“出口烟花爆竹海关辅助监管系统”功能，加强“属地—口岸”监管协作，拓展进出口物流通道，落实便捷通关措施，确保湖南烟花爆竹出口安全、顺畅。据海关统计，目前湖南出口烟花约90%经由上海口岸出口。

△ 18日，长沙海关结合湖南开放发展实际，从跨境贸易、支持产业发展、培育外贸新动能等方面发布30条举措，助推湖南开放型经济高质量发展。

△ 21日，湖南省首个缺陷产品召回工作联络站挂牌仪式在浏阳经开区举行。省市场监管局党组成员、副局长欧阳志刚，浏阳市副市长黄刚为联络站揭牌。

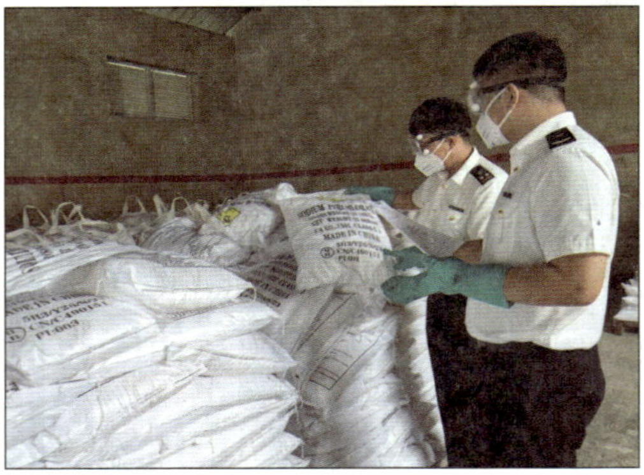

1.8月28日上午，芙蓉区市场监管局对辖区内5家大型商超销售的食盐进行价格检查，发放食盐价格提醒告诫书，要求商场负责人严格履行主体责任，依法合规经营

2.8月28日，永州海关派员对辖区内出口危险化学品及其包装开展查验

3.8月7日，长沙海关举办海关法治宣传教育基地公众开放日活动

湖南省将实施《食品安全地方标准中央厨房卫生规范》——助推中央厨房餐饮新业态发展

2023年5月11日，省市场监督管理局与省卫健委在常德举行培训班，宣传贯彻《食品安全地方标准中央厨房卫生规范》，提升食品经营检查员能力，助推中央厨房餐饮新业态健康发展，筑牢食品安全防线。省内160多名食品监管部门相关负责人及行业代表参加。

近年来，中央厨房作为餐饮环节的新业态，上衔农林牧渔、食品加工、罐头工业等重要产业，下链餐饮门店、学校、社区等终端环节，处于产业链的重要位置。

湖南省中央厨房从最初的3家发展到目前的96家，规模偏小，管理水平有待提高。湖南省《食品安全地方标准中央厨房卫生规范》将于6月9日实施，通过标准引领，促进全省中央厨房产业朝着标准化、规范化的方向健康发展，推动建立专业化食品安全检查员队伍，全面提升中央厨房食品安全管理水平和监管水平，助推中央厨房餐饮新业态，保障广大消费者的饮食安全，守护百姓“盘中餐”。

参会人员实地参观常德经开区去年8月引进的标准化“中央厨房”。该厨房专为学校和企业做配送餐饮服务，拥有近10项知识产权专利。

湖南省市场监管局与湖南省卫健委在常德举行培训班

湖南省级“生态环境+电力大数据”智慧监管平台初步建成——“火眼金睛”紧盯7000多家排污企业

2023年5月8日，从湖南省生态环境厅获悉，经过3年建设，截至目前，电力智慧监管平台已接入省内7056家排污企业、拥有60414个监测点，初步形成了省级“生态环境+电力大数据”智慧监管平台。

湖南省搭建的“生态环境+电力大数据”智慧监管平台，通过对全省发放排污许可证企业的生产设备、治污设施安装介入式用电监控终端，实现对企业排污情况在线监控及精准监管。

“对企业来说，这个平台相当于一名优秀监督员。”长沙华泰涂料有限责任公司负责人表示，一些环保设施发生异常时，人工很难发觉，却逃不过智慧监管平台的“火眼金睛”。每隔15分钟，安装在企业的监控终端会向平台发送一次实时运行功率，可以清晰看出企业生产及治污设备用电情况，反映在图表上，就有了变化规律。

“对于执法人员而言是多了一双‘千里眼’。”宁乡市生态环境保护综合行政执法大队队员说，“生态环境+电力大数据”智慧监管平台已经成为非现场监管执法的重要手段，有效缓解了基层执法人员疲于奔波的状况。宁乡市生态环境保护综合行政执法大队平均每位队员要负责监督148家企业，单纯靠人力，难免有所疏漏，依靠智慧监管平台实现了对生态环境及时监管，也做到了对守法企业“无事不扰”。

邵阳市市场监管局开展发制品产业产品质量状况调研活动

2023 年 5 月 17 日至 18 日，为全面、准确反映邵阳市发制品产品质量状况，客观反映行业产品质量水平，为开展产品质量提升、市场风险监测，加快产业提质升级和产业链延伸融合等提供参考依据，邵阳市市场监督管理局联合湖南卓越国际质量科学研究院对邵阳市发制品产品质量状况开展了走访调研及座谈。邵阳市局党组副书记、副局长陈其谋参加调研。

调研组一行走访了园区四家发制品企业、省发制品及皮制品质量监督检验中心、发制品研究发展促进中心、发制品行业协会，详细了解了发制品生产工艺流程、质量要求、产品标准、存在的痛点难点等相关问题。

座谈会上邀请了八家发制品企业代表畅谈了发制品产业链整体情况、质量管理基础状况、品牌创建、技术创新、专利发明、知识产权、产品质量监督抽查等问题。

陈其谋强调，要牢固树立质量第一的意识，质量是企业的生命线，没有质量企业的发展就无从谈起；要牢固树立科技是第一生产力的意识，要加强科技创新，做好转型升级才是企业发展的出路；要牢固树立产业的意识，发制品产业要做大做强，必须抱团取暖，形成规模，产生影响，邵阳发制品产业才能更上一个台阶。

1.8 月 29 日，韶山海关赴湘钢码头监管出口钢板装卸和开展安全生产宣讲

2.9 月 7 日，2023 年益阳市“质量月”活动启动仪式在安化县举行，标志着全市“质量月”活动正式拉开帷幕

3.8 月 31 日，怀化海关党总支与岩添村党总支开展“深化联学共建，助力乡村振兴”联合主题党日活动

湖南省市场监管局举行儿童用品安全主题宣传活动
——让儿童远离产品伤害

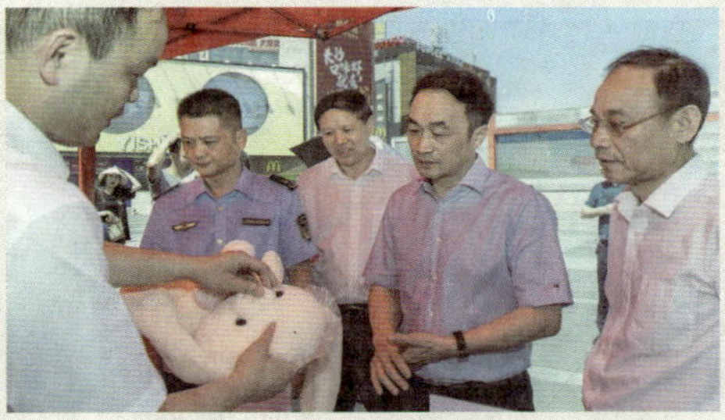

儿童用品安全行主题宣传活动

儿童节即将来临，2023 年 5 月 29 日，湖南省市场监督管理局在长沙市黄兴广场举行儿童用品安全主题宣传活动，现场为消费者安全购买儿童用品支招，让儿童远离产品伤害。

“购买儿童服装要注意拉带、小配件、尖锐五金等。”活动现场，市场监管人员详细为消费者解答儿童产品安全知识。现场还通过播放科普宣传动画视频、发放宣传手册，向群众宣传儿童用品常见缺陷、选购常识及缺陷信息报送渠道，提高消费者风险防范和质量安全意识，教育引导全社会共同守护儿童健康成长。活动现场还设立了宣传咨询窗口和投诉受理窗口，接受消费者现场咨询和缺陷信息反映，及时为消费者答疑解惑，解决实际问题。

现场消费者纷纷表示，平时选购儿童产品时忽略了很多细节，此次活动贴近生活实际，增长了见识，很有收获。

儿童用品安全行主题宣传活动

△ 27 日，湖南省审计厅今天发布《关于 2022 年度省级预算执行和其他财政收支的审计工作报告》。报告显示，过去一年，积极财政政策措施持续加力，重点民生保障水平持续提高，支持“三个高地”建设力度持续加大，财政管理体制改革持续深化，审计整改成效持续巩固，省级预算执行情况总体较好，财政运行总体平稳。

8月

△ 2 日，湖南省市场监督管理局发布了最新《湖南省经营者集中反垄断合规指引》（以下简称《指引》）。《指引》旨在引导经营者落实经营者集中反垄断合规主体责任，提高经营者集中反垄断合规意识和管理水平，进一步提升经营者集中反垄断审查效能，便利经营者集中申报，推动公平竞争政策实施。

△ 14 日，怀化市国有“三资”清查处置与管理改革工作现场推进会在洪江市召开。市委常委、常务副市长陈旌出席并讲话。

△18日，湘潭市召开审计工作大会，全面总结上半年审计工作情况，客观分析存在的问题短板，研究部署下半年工作。大会对2022年度预算执行和其他财政收支审计情况、审计署和省审计厅审计业务质量检查情况、2022年度绩效考核指标完成落实情况和省审计厅组织的异地交叉审计情况等上半年重点工作进行了点评，总结成绩亮点，反思差距不足，明确努力方向。

△21日，长沙市全面启动第五次全国经济普查单位清查入户登记工作。全市1.4万名普查员和普查指导员一起深入8418个普查小区，对长沙市辖区内全部的法人单位、产业活动单位以及从事第二产业和第三产业的个体经营户开展地毯式清查。

△25日，第五届中部六省标准化战略合作联盟会在郴州市召开，为郴州市承办第二届湖南旅游发展大会练兵暖场。会议认为，湖南自驾游与露营房车标准排在全国前列，郴州自驾旅游理论研究与标准化建设工作成效突出。本届联盟会由湖南省市场监管局主办，主题为“以标准化手段支撑文旅行业的科学管理、旅游市场的全面复苏、新型旅游业态的提质增效、科技成果的转化运用，助推文旅行业高质量发展”。

湖南省市场监管局、省消保委联合发布“6·18”消费提示小心这些“网购陷阱”

2023年6月15日，湖南省市场监督管理局、省消费者权益保护委员会联合发布消费提示，从平台选择、消费环节、快递环节支招，帮助消费者“避坑”。

在选择电商平台时，尽量选择证照资质齐全、信用良好的诚信电商平台。不随意点击网页、软件中的不明链接和弹窗进行交易。高度警惕非自营平台的高额返利、红包、中奖付费等链接、二维码，谨防因信息泄露导致资金安全风险，勿对个人账户直接转账付款消费。不要轻信所谓“客服”“公安”“海关”等退费退款、账户转移、补交税费等涉嫌诈骗的电话或信息。

消费者在收到商品时，建议当场查验货物，确保内外包装无损、数量品类无缺漏，商品型号及细节与网络页面展示一致，特别是价值高的贵重商品，建议录制开箱视频，确认商品无问题后再签收快递。如果商品损坏或与约定产品不一致请拒收，并立即联系商家退换货。

省市场监督管理局、省消费者权益保护委员会提醒消费者，在网购时，注意保留商品尤其是大宗商品介绍页面截图、聊天记录、支付记录、合同等。一旦发生了价格欺诈、假冒伪劣、虚假宣传、“三包”服务缩水、强制销售等消费争议，及时拨打12315依法维权。

1.9月11日，由衡阳市市场监督管理局举办的2023年衡阳市“质量月”活动启动仪式在衡成广场举行

2.9月8日，株洲市举办2023年“质量月”活动启动仪式暨赴长沙考察学习活动

3.9月12日，举行了湘潭县质量基础设施“一站式”服务站揭牌仪式和《质量强国建设纲要》《质量强省建设纲要》宣讲会

4.9月8日，株洲海关关员对出口墨西哥STE轻轨列车开展原产地调查

1	2
3	
4	

怀化市场监管局加强培训 推进『互联网＋监管』工作

2023年6月20日，怀化市市场监督管理局召开“互联网＋监管”工作推进暨培训会，进一步加强和规范事中事后监管工作，提升监管效能，营造良好营商环境。

会议分析了“互联网＋监管”工作开展的指标情况，梳理了相关监管事项清单，提出相关问题具体解决办法，就平台系统操作进行了现场培训。要求各相关科室单位充分认识“互联网＋监管”工作的重要性，切实加强监管事项清单数字化管理，加强数据的归集治理、共享分析和有效应用，根据目前的指标数据情况，掌握平台的具体操作流程、步骤，查漏补缺，对标对表，确保本科室本单位各项数据指标达到100%，高标准做好“互联网＋监管”工作，在全省营商环境评价中打好“翻身仗”。

2023年以来，怀化市市场监督管理局高度重视优化营商环境工作，坚持把优化营商环境作为基础性、战略性、牵引性工作来推进落实。在湖南省“互联网＋监管”平台系统中，怀化市事项认领完成率、实施清单填报完成率、实施清单填报翔实度大幅提升，数据准确率、监管事项率、执法人员覆盖率均有明显提高，为新型市场监管体制提供有力支撑。截至5月底，全市网办率95.98%；全市实有经营主体358319户，同比增长10.84%；实有企业68558户，同比增长24.48%。

湖南省累计创建放心消费单位 7542 个
——稳步推进线下无理由退货

2023 年 7 月 10 日召开的省消费者权益保护工作联席会议 2023 年全体会议透露，截至 2022 年底，全省累计创建放心消费单位 7542 个，线下无理由退货商家 1870 家，退货数量 14.83 万件，退货金额 3974.33 万元。

2022 年，全省市场监管部门和消费者权益保护组织以保障广大人民群众放心消费、安心消费为重点，大力加强消费环境建设。

加强放心消费创建。从制度建设、基础建设、法治监管、信用监管、社会共治等五方面对全省放心消费示范创建工作进行规范。截至 2022 年底，全省累计创建放心消费单位 7542 个、示范商圈（街区）83 个、集贸市场 178 个。

稳步推进线下无理由退货工作，从源头减少消费纠纷，快速和解消费争议。印发《湖南省线下实体店无理由退货承诺指引（试行）》，全省系统开展线下无理由退货商家 1870 家，退货数量 14.83 万件，退货金额 3974.33 万元。

规范预付卡消费。配合主管部门结合预付卡侵权典型案例，加强消费警示提示和信用监管，加强对预付式消费“跑路”经营主体的惩戒，推进预付式消费“小快灵”立法，加强诉调对接工作机制，多渠道解决消费纠纷。

湖南省消费者权益保护工作联席会议 2023 年全体会议召开

1.9 月 13 日，2023 年常德“质量月”活动启动仪式暨常德品牌建设大会举行

2.9 月 13 日下午，岳阳市第十四届“中国统计开放日”现场活动在岳阳楼区举行，此次统计开放日以“经济大普查 数说新时代”为主题

3.9 月 14 日，怀化海关对茶叶基地备案企业开展现场审核

湖南省药品安全巩固提升行动启动

2023 年 6 月 30 日，湖南省药品安全巩固提升行动动员部署会议召开。7 月 1 日起，湖南省将开展为期一年半的药品安全巩固提升行动。

会议指出，近年来，全省各级药品监管部门扎实开展农村药品安全专项整治、药品安全专项整治，着力防控化解风险隐患，取得阶段性重大成果，有效维护了药品安全形势稳中向好，有力促进了生物医药产业发展。开展药品安全巩固提升行动，严防严管严控药品安全风险，切实筑牢药品安全根基，是保障人民群众生命健康安全的必然要求。

会议强调，此次行动要坚持问题导向、突出行动重点、强化协同联动。坚持严查重处、加强案件督办、深化行纪刑衔接，加大对药品领域违法犯罪行为打击力度。加强药品监督部门与卫健、医保、海关、工信、邮政、网信、商务等有关部门协同联动，建立完善跨部门药品安全风险会商制度，加强跨部门、跨区域信息数据共享、情况通报、联合行动。针对普遍性、规律性问题，及时出台接地气、有特色、真正解决问题的监管举措，全面提升药品监管制度化、科学化、规范化水平，形成长效机制。

△ 29 日，津市市海关服务站正式揭牌成立。长沙海关一级总监熊裕庆、常德市人民政府副市长谭丁共同为津市市海关服务站揭牌，津市市委副书记、市长彭子晟致辞。揭牌仪式由津市市委常委、市人民政府常务副市长邱献兵主持。常德海关党委书记、关长叶国忠与津市市人民政府副市长杨剑波共同签署了《中华人民共和国常德海关——津市市人民政府共同推进津市市开放型经济发展合作备忘录》。

9月

△ 7 日，常德市首个保护知识产权驻企业工作站——保护知识产权驻飞沃科技工作站正式成立。常德市公安局、常德市市场监督管理局有关负责人为企业授牌。

△ 8 日，常德海关办理常德市首票“内河运费扣减”享惠进口货物通关业务，标志着海关总署“内河运费扣减”新举措在湖南全面推广落地。“内河运费扣减”举措实施后，海关在对进口货物征税时，可根据企业申报情况，剔除内河运费再行计税。“内河运费扣减”举措最早在岳阳落地。以岳阳海关试点为例，今年前 8 月，海关共为企业扣减内河运费 3475 万元，减征税款 379 万元。

△10日，茶博会举办活动，发布《限制过度茶叶包装，弘扬绿色节俭风尚》倡议，同步启动《湖南省茶产业发展促进条例》宣讲。茶博会上，省市场监督管理局、省供销合作总社、省消费者权益保护委员会、省茶业协会联合发出倡议，省茶业集团、湖南中茶茶业、金井茶厂等企业共同宣读，向广大经营者与消费者发出“限制茶叶过度包装，弘扬绿色节俭风尚”的倡议。

△11日至12日，进驻湖南钢铁集团有限公司的省第三生态环保督察组，来到企业子公司湘潭钢铁集团有限公司检查生态环境保护工作，率先开启第二轮第二批省生态环保督察下沉督察。

△13日，长沙市召开数字孪生浏阳河先行先试建设项目启动会，将构建浏阳河流域数字孪生平台，为流域防洪、水资源、河湖长制管理等提供智能化决策支撑。据介绍，将在长沙市“智慧水利”综合监管平台基础上，构建浏阳河数据底板，升级扩展三维展示、数据融合、分析计算、动态场景等功能，建设完善浏阳河流域数字孪生平台，实现与物理流域同步仿真运行、虚实交互，支撑预报、预警、预演、预案功能，并实现“流域防洪、水资源管理与调配+N项业务”的智能应用运行。

蓝山县市场监督管理局组织开展2023年“全国医疗器械安全宣传周”活动

蓝山县市场监督管理局组织开展2023年“全国医疗器械安全宣传周”活动

2023年7月12日，蓝山县市场监督管理局组织开展2023年“全国医疗器械安全宣传周”活动。

执法人员在活动现场悬挂条幅、设立咨询台，宣传医疗器械监管政策，向群众普及医疗器械法律法规和安全用械知识、科学防范医疗器械使用风险知识等，指导群众安全用械。执法人员还对群众咨询的有关医疗器械安全、医疗器械不良反应等问题现场进行耐心解答，并为过往群众提供免费量血压、清洗眼镜等便民服务。同时，组织全县医疗器械经营者参加“安全用械共享健康”线上医疗器械网络销售监管法规主题宣贯会，有序推进网络监管常态化。此次活动共发放了医疗器械安全科普彩页、医疗器械监督管理条例等资料462份，接受群众咨询80余人次，进一步提升了全县人民安全用械和合理用械的意识，营造安全用械的良好氛围，切实守护群众用械安全。

下一步，蓝山县市场监督管理局执法人员将进入各社区、乡镇、部分企业和医疗机构发放医疗器械科普宣传资料，深入开展医疗器械安全科普宣传，普及安全购买医疗器械、合理使用医疗器械的基本知识，增强公众对假冒伪劣医疗器械、医疗器械虚假广告等方面的辨别能力，充分调动社会公众对医疗器械违法违规行为的监督力量，努力构建医疗器械监管社会共治、齐抓共管的良好局面。

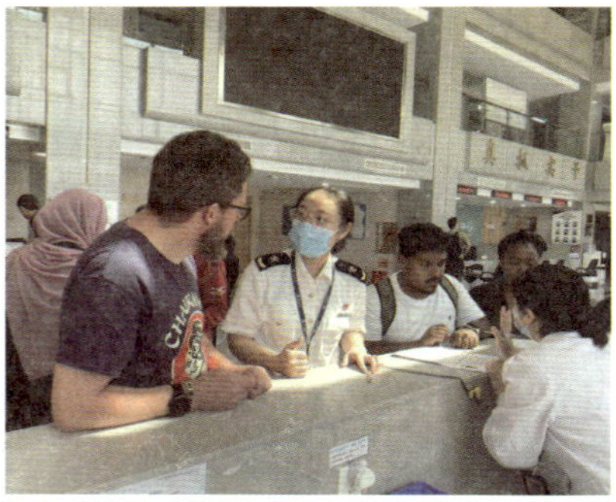

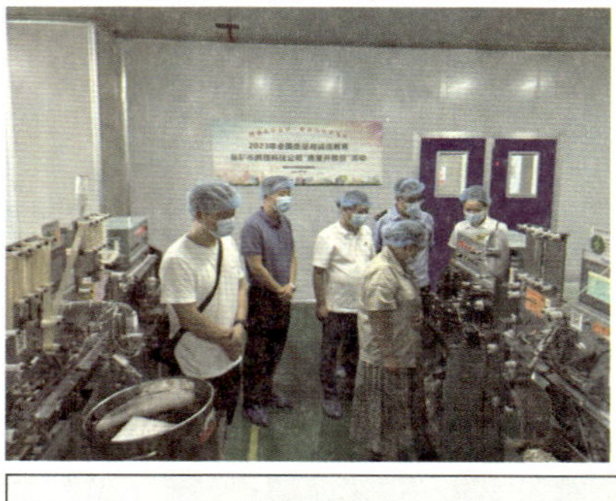

1.9月19日，保健中心开展入境留学生传染病监测

2.9月19日，益阳市市场监管局在益阳市鹏程科技发展有限公司等企业开展全国质量月“质量开放日”诚信教育系列活动

1/2

吉首市场监督管理局『一对一』开展『湘食安』系统教学培训

吉首市场监督管理局“一对一”开展“湘食安”系统教学培训

2023年7月12日，吉首市市场监督管理局“一对一”开展“湘食安”系统教学培训，指导辖区食品经营主体进行食品安全上报，学校、幼儿园、餐饮、商超等30余家C级市场主体参加培训。

培训会上，工作人员根据“湖南省食品安全综合服务平台”操作要求，细化操作流程，对每一个上报环节进行逐一讲解，对到会经营主体进行一对一教学。通过细致讲解，现场完成市场主体注册6家。同时，会上还建立了问题反馈的微信群，及时解决经营主体在食品安全上报遇到的问题，督促市场主体落实好食品安全主体责任，按照“日管控、周排查、月调度”工作制度，做好食品安全管理工作。

此次培训，促进了市场主体充分使用“湘食安”小程序，进一步推进食品安全智慧监管工作，提高了食品安全监管能力。

吉首市场监督管理局“一对一”开展“湘食安”系统教学培训

邵阳市表彰第二届诚信企业

第二届邵阳市诚信企业（市区）表扬通报工作会议

2023年8月31日，邵阳市召开第二届诚信企业（市区）表彰大会。

湖南省泽天建设有限公司、湖南省爱意缘家居有限公司等24家企业（市区）获评“诚信企业”称号。此次开展的邵阳市诚信企业评选，旨在树立诚信企业典型，提高市场经营主体的诚信经营意识，优化营商环境，进一步促进和激发企业单位和个体经营者投身到诚信建设中来，发挥诚信典型的引领示范作用，推进邵阳市创建国家社会信用体系建设示范城市。

该活动已连续开展了两届，经过前期宣传发动、企业申报、考核评分、复核公示，今年全市共评选出59家诚信企业，其中市区有24家。

1
2
3

1.9月22日上午，湖南省第十四届“中国统计开放日”暨“政务公开主题日”活动在长沙市黄兴路步行街中心广场举行

2.9月26日—27日，湖南省药品审评与不良反应监测中心举办了2023年湖南省药械化安全监测业务培训班

3.9月25日，2023年怀化市“质量月”活动暨“品牌创建、质量提升”助企纾困专场活动正式启动

长沙出台15条措施保障农民工工资支付

2023年8月8日，长沙市出台《强化工程建设领域农民工工资支付保障若干措施》（以下简称《若干措施》），围绕规范发包承包行为、惩戒欠薪失信行为、严格项目资金监管、提供欠薪纠纷司法保障、打击欠薪违法犯罪行为、健全根治欠薪考核机制等6个方面推出15条措施，督促各相关单位保障农民工工资支付。《若干措施》于9月1日开始实施。

长沙市劳动保障监察支队有关负责人介绍，长沙将依据《若干措施》的规定，进一步强化法院、公安、司法、人社、住建、财政等各部门，在保障农民工工资支付上的沟通衔接，通过“流动法庭”、法律援助等司法途径及时高效帮助农民工解决工资拖欠问题；依法查处违法分包转包企业，限制拖欠工资造成不良社会影响的企业建筑市场准入，全面规范、严肃监管建筑业市场；建立政府投资、国企工程建设项目招标无欠薪审核机制，限制在长沙市存在欠薪且拒不支付的招标单位参与投标，严肃惩戒欠薪失信行为。

长沙市还将健全根治欠薪考核机制，建立责任清单，将保障农民工工资支付工作履职情况，作为考核指标纳入市政府对相关部门和区县（市）政府年度绩效考核评价指标体系；将保障农民工工资支付工作，纳入真抓实干督查激励范畴和平安建设考核内容。

△15日，衡阳华菱钢管有限公司生产的117吨石油管道用无缝钢管，从衡阳红光铁路监管场所搭乘货运班列发往广州南沙港。该批货物在衡阳海关完成理货、报关、放行等手续，运抵南沙港后，可根据衡阳海关放行指令，直接装上轮船出口。这标志着湘粤非铁海联运衡阳集结中心至广州南沙港的“一港通”快速通关新模式顺利开行。

△21日，临湘市召开2023年知识产权质押融资工作推进会。市委常委、常务副市长吴国良，副市长李伟出席，市政府办、市金融办、市市场监管局、全市各金融机构相关负责人参加会议。

△25日，湖南省缺陷产品召回工作联络站挂牌暨邵阳市质量基础设施“一站式”服务平台上线仪式在邵阳经开区举行。省市场监督管理局二级巡视员肖贝、副市长晏丽君共同为联络站揭牌。

△25日，宁乡市市场监督管理局组织2023年度首席质量官暨质量管理工程师培训班开班，湖南省工业和信息化厅人事教育处副处长王乐、宁乡市副市长杨灿出席开班仪式。

△26日，长沙海关发布消息，根据海关总署部署，已于近期在长沙、张家界机场口岸启用新版健康申明卡，打造智能化“无感”通关环境，为出入境旅客提供通关便利。出入境人员可在手机等移动智能终端上，通过微信小程序、支付宝小程序、互联网网页、掌上海关App等多种渠道进行申报。无法通过手机等移动智能终端进行申报的人员，可在口岸现场使用自助申报验核一体机、纸质健康申明卡等方式进行申报。

10月

△9日，常德市召开成品油市场突出环保问题整改及“打非治违”工作调度会。副市长谭丁出席会议并讲话。会上，市商务局汇报了成品油市场突出环保问题整改及“打非治违”工作情况。鼎城区、石门县、安乡县人民政府分管负责人和市商务局、市市场监管局、市交通运输局、市应急管理局主要负责人作表态发言。

△10日，怀化市市场监管局召开2023年第三季度特种设备领域安全生产形势分析会，听取第三季度特种设备领域常规监督检查和执法办案情况、打好安全生产翻身仗工作落实情况及定检率提升、超期未检等工作情况汇报，通报全市气瓶安全质量公共服务数据平台工作推进情况，部署四季度重点工作。

邵阳市开展“全国质量月”诚信兴商宣传教育活动

2023年9月1日，邵阳市商务局组织开展“全国质量月”诚信兴商宣传教育活动，市商贸流通领域各相关行业协会、农批（贸）市场和大型商超负责人参加。

为积极推广诚信理念，大力弘扬商务诚信文化，持续推动各行业领域形成诚信公约，营造良好的营商环境和消费环境。9月，邵阳市商务局将在全市范围内组织开展“诚信兴商宣传月”活动。

2023年是“诚信兴商宣传月”活动连续开展的第19年，本次活动主题为“铸诚信、提信心、促消费”。活动期间，邵阳市将在各类“乐享消费 惠购邵阳”主题促消费活动中开展“诚信兴商宣传月”活动，进一步普及信用知识，弘扬诚信文化；聚集汽车流通、二手车交易、成品油流通等领域建立健全监管核查制度，加快推广“家政服务信用信息平台”，推动汽车、二手车、成品油、家政服务等行业规范健康发展；围绕大型商业综合体、商场、超市、加油站及标准化菜市场、大型批发市场，开展诚信经营宣传活动，评选“诚信经营示范户”“放心消费户”，引导商户诚信经营；多渠道多形式宣传普及信用知识，推介诚信兴商典型案例，进一步营造诚信兴商的浓厚氛围。

1.10月9日，中央广播电视总台湖南总站到省市场监管局调研并参加舆情应急指挥智慧服务平台试运行上线启动仪式

2.10月17日，张家界海关赴张家界航空职业技术学院宣传海关政策法规

3.10月17日至18日，国家统计局2023年（第九届）全国统计建模大赛答辩赛在厦门举办，经过激烈角逐，代表省局参赛的2支队伍均荣获二等奖

第二轮第二批湖南省级生态环保督察启动 首次进驻省属国有企业

“9月6日至9月26日期间，受理省煤业集团有限公司生态环境保护方面的来信来电举报。”6日，湖南省第四生态环保督察组在省煤业集团有限公司召开动员会，正式拉开第二轮第二批省生态环保例行督察序幕。

根据省委、省政府安排，省生态环境保护督察和整改工作领导小组组建5个督察组，分别于6日、7日进驻衡阳市、常德市和省煤业集团有限公司、湖南钢铁集团有限公司、省有色产业投资集团有限责任公司。这是湖南省首次进驻省属国有企业进行生态环保督察。

湖南省已于今年6月至7月依法依规完成了第二轮第一批省生态环境保护例行督察。其间，聚焦贯彻落实习近平生态文明思想、大气污染防治等重点任务落实情况、生态环境保护职责履行情况、各类突出生态环境问题整改、生态环境保护长效机制建设等，省生态环保督察组通报了10件突出生态环境问题典型案例，及时转办督办群众举报信访件，解决了群众身边的一批突出生态环境问题。

第二批省生态环保例行督察重点关注“碳达峰、碳中和”行动推进、“十四五”生态环境保护规划落实、落后产能淘汰等问题排查整治、生态环境保护决策部署落实、企业污染防治主体责任落实及生态环境保护长效机制建设运行等方面情况。

湖南省2023年『质量月』活动开启 携手共建中部『材料谷』

2023年9月11日，湖南省市场监督管理局与娄底市人民政府签订《共建“材料谷”建设合作框架协议》，携手推动娄底建设中部地区“材料谷”，打造国家重要先进制造业高地。

此次签约是湖南省2023年“质量月”活动的重要内容，根据协议，双方将从知识产权保护与运用、深化质量品牌建设、推进标准化战略、强化质量监管和质量提升、增强检验检测能力、支持医药产业、食品产业高质量发展、商事登记制度改革等8个方面加强合作。

“‘材料谷’已集聚规模以上企业465家，年营收突破2000亿元，日益成为娄底的‘希望谷’‘支撑谷’‘动力谷’。”娄底市委副书记、市长曾超群表示，娄底将以全省“质量月”启动暨局市共建“材料谷”建设签约为契机，强化质量第一、效益优先理念，坚持优质发展、优质优先，为建设质量强国、质量强省贡献娄底力量。

与会领导嘉宾参观“材料谷”企业

2023年湖南省“质量月”活动启动暨局市共建“材料谷”签约仪式

1.10月20日，“岳阳商标品牌建设大家谈”主题沙龙活动成功举办。此次沙龙活动是岳阳市市场监督管理局主办

2.10月20日，技术中心开展守国门促发展系列活动之“珍稀·珍稀世界动物日活动”

1

2

湖南省加强燃气安全管理

2023年9月7日，湖南省住建厅印发《全省城镇燃气安全专项整治燃气管理部门专项方案》，着力加强城镇燃气安全风险管控和隐患排查治理。该方案明确，到2025年底前，湖南要建立起严进、严管、重罚的燃气安全管理机制，基本完成老化管道和设施更新改造任务，基本建立燃气安全管理长效机制。

聚焦设施设备环境“硬伤”，对燃气管道老化或带病运行、燃气管道被违规占压及穿越密闭空间等“问题管网”要立行立改，加快更新改造老化和有隐患的城市燃气市政管道、庭院管道、立管、厂站设施及用户设施。

强化制度管理和从业人员素质提高，对未按规定对其供气范围内的管道进行巡查维护，未将工商用户安全隐患录入燃气安全明白卡，未告知用户安全用气相关要求的企业，要依法责令限期改正，情节严重的，依法从严从重处罚。

加强各部门协调沟通，共同做好排查整治工作。各地燃气管理部门要加强与发展改革、财政、市场监管等部门沟通协作，做好燃气管道、设施老化更新改造资金筹集，建立健全天然气上下游价格联动机制，推进使用液化石油气的餐饮企业“瓶改管”“气改电”，加强液化石油气气瓶充装智能化监管等工作。

△12日，知识产权强国建设第二批共30个典型案例公布，湖南省湘西土家族苗族自治州强化“十八洞村”区域公用品牌保护、湖南大学探索职务科技成果披露与专利申请前评估制度成功入选。

△23日至24日，全省政府债务国有资产管理监督培训暨预算联网监督工作推进会在岳阳市召开，总结工作特色亮点，部署下一步工作。省人大常委会副主任张剑飞出席。会议传达学习了全国人大有关会议精神，通报了全省预算审查监督工作基层联系点建设情况。7个市县两级人大常委会负责同志作了交流发言。

△24日，益阳市2023年食品安全宣传周暨诚信教育活动启动仪式在益阳奥林匹克公园北广场举行，副市长、市食品安全委员会副主任邓曙光出席并宣布活动启动。启动仪式由市食品安全委员会主办，市食品安全委员会办公室、市教育局、市公安局、市农业农村局、市卫生健康委员会、市市场监督管理局承办。

11月

△4日，湘、鄂、赣三省市场监管局共同签署《长江中游三省市场监管协同发展合作备忘录》和多个专项协议。这是三省市场监管区域协作的开篇之作。围绕推进《备忘录》各项任务落实，三省市场监管部门先期启动执法协作、投诉举报处置、消费维权、认证监管、餐饮服务、计量、标准、毗邻地区“双随机、一公开”等8个方面的协同发展先行先试，加快专项领域和城市区域的有效突破，逐渐完善“1+N+X”高质量协同发展合作体系。

△16日，湖南省知识产权建设强县授牌、衡阳市专利转化、质押融资签约暨地理标志授标活动在耒阳市举行。校企、银企现场签约，促成专利转化14项，专利质押融资1.55亿元。

△17日，长沙海关集中销毁21.9万件侵犯知识产权商品。这些商品系长沙海关近一年来在进出口环节陆续查获，主要包括游戏卡片、玩具、衣服、鞋帽、箱包、皮带、眼镜、净水器滤芯等物品，分别侵犯了国际足联、孩之宝、迪士尼等多家公司和组织的商标专用权、著作权和标志专用权共276项。

浏阳市开展第十四届“中国统计开放日”活动

2023年9月20日，浏阳市第十四届“中国统计开放日”活动在天虹商场前广场举行。此次活动由浏阳市第五次全国经济普查领导小组办公室、市统计局、国家统计局浏阳调查队、集里街道办事处联合举办，活动主题为“经济大普查数说新时代”。为吸引更多人参与，本次活动在线上、线下同步进行。

据了解，第五次全国经济普查是在我国迈上全面建设社会主义现代化国家新征程、向第二个百年奋斗目标进军的关键时刻开展的一次重大国情国力调查。普查对象包括我国境内从事经济社会活动的全部法人单位、产业活动单位，以及从事第二产业和第三产业活动的个体经营户。为确保普查单位不重不漏，在2024年1月1日正式普查登记前，需要对各类单位进行全面清查。普查对象应当配合普查工作，提供真实准确的普查数据和资料。

当天的活动设置了线上线下有奖答题环节。线下，主持人与观众答题互动，向公众展示了统计工作的魅力和重要性；线上，“微浏阳”微信公众号推出了有奖答题链接，吸引了众多市民参与。

2023年12月8日是《中华人民共和国统计法》颁布40周年纪念日。在这40年间，统计工作不断改革创新、规范化，充分发挥了统计在了解国情国力、服务经济社会发展中的重要作用。

1.10月24日，株洲海关开展粮食安全周宣传活动

2.11月8日，怀化海关助力本地特色水果出口，赴种植基地为企业作现场指导

3.11月4日上午，株洲市副市长杨胜跃宣布，株洲市2023年食品安全宣传周启动

第八届湖南省省长质量奖申报启动

2023年9月28日，湖南省市场监管局发布通知，第八届湖南省省长质量奖评选表彰工作启动。

作为经中央批准，由省人民政府在质量管理领域授予相关组织和个人的最高荣誉，湖南省省长质量奖授予为建设质量强省作出突出贡献，在推进质量变革创新、提升质量水平方面具有示范带动作用的组织，为湖南质量发展事业作出突出贡献的个人。

本次评选设省长质量奖8个（含组织及个人），提名奖8个（含组织），湖南省地域内的制造业、服务业、工程建设行业生产经营组织，一线工作人员、质量领域专家学者和质量管理人员等均可参加评选。母公司或集团公司与其下属子公司或分公司不能同时申报，近6年内已经获得省长质量奖（不含提名奖）的组织和个人，不参加本届评选表彰。

相关政策文件、申报表格可登录湖南省市场监督管理局官方网站获取，申报组织及个人需将申报材料报送至所在地市州市场监管局，各市州市场监管局需于2023年11月15日前汇总报送至省市场监管局，逾期将不予受理。

邵阳市强力推进农村食品经营店规范化建设

2023年10月19日，邵阳市开展农村食品风险隐患排查治理和农村食品经营店规范化建设工作推进会召开，以进一步规范农村食品经营行为，确保农村市场食品质量安全，不断提升农村居民食品安全获得感、幸福感。

推进农村食品经营店规范化建设是落实人民至上理念的生动实践，也是市场监管部门破解食品监管难题的积极探索。9月以来，邵阳市全面开展农村食品风险隐患排查治理，并按照“六项规范”（主体资质规范、落实“两个责任”规范、经营条件规范、信息公示规范、购销过程管理规范、经营制作过程规范）的标准积极推进农村食品经营店规范化建设。目前，邵阳市共有137家农村食品经营店被纳入首批规范化建设名单。

在随后的培训环节，2名业务骨干分别围绕农产品质量监管、食品执法办案主题，进行专题授课。

下一步，邵阳市将按照经营者申请、市场监督管理所审核、县市区局考核、市局认定的程序，评选出农村食品经营示范店，充分发挥示范店引领作用，督促农村食品经营者全面落实食品安全主体责任，全面提升农村食品经营质量安全。

邵阳市强力推进农村食品经营店规范化建设

1
2
3
4

1.11月9日，邵阳市市场监督管理局举行2023年“市场监管体验日”活动，邀请人大代表、政协委员、企业代表沉浸式体验市场监管工作，以促进全市市场监管系统行风转变提升，增进市场监管部门与社会公众的沟通、了解和互信

2.11月14日，邵阳海关参加2023年全国食品安全宣传周暨诚信教育活动（邵阳）启动仪式

3.11月9日上午，2023年食品安全宣传周（湖南）启动仪式在长沙市开福区举行

4.11月16日，2023年“全国安全用药月”湖南启动仪式在常德举行

△22日，2023年度湖南省国土空间规划年会公布了2023年优秀国土空间规划设计和案例。经综合评定，共评选出2023年优秀规划设计和案例133个。醴陵市国土空间总体规划、岳阳市东风湖新区控制性详细规划及城市设计、长沙市水安全国土空间专项规划等33个项目获一等奖。

12月

△5日，2020—2022全国内部审计先进集体和先进工作者表彰大会在北京召开。湖南14个内部审计集体和12名内部审计工作者被授予“全国内部审计先进集体”和“全国内部审计先进工作者”称号，表彰数量为湖南历年最多。全国内部审计先进集体和先进工作者表彰由中国内部审计协会主办，是中国内部审计领域的最高荣誉。

△8日，湖南省第五次全国经济普查（以下简称“五经普”）暨《中华人民共和国统计法》颁布40周年宣传月启动仪式在湘江新区举行。活动透露，五经普清查工作已结束，2024年1月1日将全面展开入户登记。

△13日至14日，中欧电梯标准联合工作组会议在张家界举行。国家市场监督管理总局总工程师黄国梁出席会议并致辞，国家市场监督管理总局特种设备安全监察局副局长张宏伟、湖南省市场监督管理局二级巡视员刘功元、欧洲电梯标准化技术委员会主席Esfandiar Gharibaan出席，张家界市委副书记、市长王洪斌，副市长汪涛参加会见或调研。

△15日，湖南发布首个省级《无人机应用服务通用规范》，从设施设备、服务要求、信息管理、质量控制等12个方面，构建无人机应用服务规范标准。这也是在全国率先出台的无人机标准化建设地方标准。

△26日，中南国际陆港海关监管作业场所通过验收，湖南“跨境一锁”清关点增加至4个。此前，湖南已有长沙国际邮件监管中心、长沙机场口岸、郴州国际快件监管中心3个“跨境一锁”清关点。

1.2023年11月16日，天心区市场监管局在桂花坪街道青园梓枫小学体育馆开展食品安全宣传周启动仪式、食品安全事故应急演练活动暨2023年政务公开主题日活动

2.11月17日上午，2023年食品安全宣传周活动（怀化）启动仪式在鹤城区万达广场举行。怀化市副市长余建勇出席并宣布食品安全宣传周活动正式启动

3.11月24日，长沙黄花机场海关在旅检渠道查获问题地图册一本

4.11月30日，省药监局在长沙市无害化处理中心开展湖南省2023年“安全用药月”不合格药品无害化集中销毁行动，集中无害化销毁20余吨40余立方米的不合格药品（含医疗器械、化妆品），共计4000余个品规，货值4000余万元这些不合格药品主要为今年以来全省各级药品监管部门在日常监管、抽检抽查和稽查办案中发现并查获的不合格药械化产品

5.12月23日，“美好向前·冠军之‘郴’”2023年湖南省第十四届全民健身节启动仪式在湖南郴州体育训练基地隆重举行

湖南省11项食品安全举措获评全国创新性示范经验

2023年11月2日，从湖南省市场监管局获悉，湖南省食品安全11项举措被国务院食品安全办评为创新性示范经验做法。

这11项食品安全创新举措分别是：将食品安全工作成效突出的地方纳入省政府督查激励范围；开展食品安全监管缺位等不正之风和腐败问题专项整治；发布省级地方标准《乡镇（街道）食安办工作规范》；建立特色食品全产业链“五个一”工作机制；探索“贯彻食品司法解释精神、严打突出领域食品犯罪”新思路；多部门联合印发《全省粮食质量安全全程闭合式监管职责分工》，压实各方监管责任；推动建设洞庭实验室（食品工程与安全）；创新机制助推野生蘑菇中毒防控；连续开展“百优食堂、幸福职工”为民办实事竞赛创优活动；建立双向发力的科普预警和谣言治理机制新模式；以示范创建为抓手，推进重大活动餐饮接待单位“提级提优”，圆满完成食品安全保障任务等，内容涵盖“从农田到餐桌”各重点环节和领域。

据了解，相关创新工作在国家食品安全工作评议考核中获得加分，部分创新举措被国务院食安办汇编成册，在全国交流推广。

1
2 3
4 5

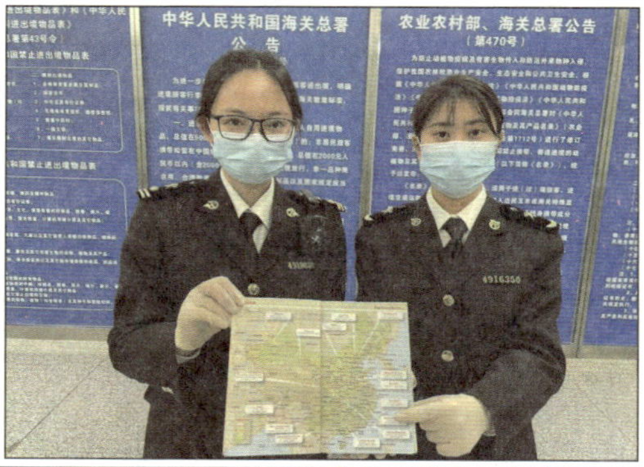

2024

湖南地方年鉴

区域开发与园区经济

要闻纪事
2023年

1月

△5日，衡阳综保区举行“区港联动”启动暨项目集中签约仪式，副市长黄艳娥宣布开通并见证签约。衡阳综保区组织2023年第一批项目集中签约，分别是尼诺医疗器械生产、科灏显示器支架生产基地、保税展示、区港联动、保税维修5个项目。

△10日，衡阳国家高新区与中国联通签订战略合作协议，携手推动国家级创新型科技园区信息化应用事宜，助力高新区打造数字园区智慧园区。

△10日，湖南省大数据灾备中心在郴州市举行揭牌仪式，省政府批准东江湖大数据产业园挂牌“湖南省大数据灾备中心”，并出台了“新湘十条”，每年安排2000万元资金用于支持东江湖大数据产业发展。

△11日，马栏山视频文创产业园召开2022年总结表彰暨2023年度经济工作会议。长沙市委常委、市委宣传部部长陈澎出席。马栏山视频文创产业园成立5年来，累计实现企业营收超2200亿元、税收120亿元、固定资产投资超470亿元。

长沙市雨花经开区技工贸总收入破千亿

位列长沙市省级园区第一

2023年1月7日，长沙雨花经开区披露，2022年园区实现技工贸总收入1052亿元，同比增长18%。这是长沙市首个也是唯一一个技工贸总收入迈上千亿元台阶的省级园区。

雨花经开区技工贸总收入破千亿

技术创新能力是影响技工贸总收入的重要因素。雨花经开区涌现出一批科技含量高、科研能力强、科技转化程度高的代表性企业。申亿精密突破了紧固件行业“卡脖子”关键核心技术，采用“冷镦”工艺实现了紧固件等精密零部件的国产化替代；先惠智能装备主打的锂电池组装，在细分领域中排名前五，其生产线最快只需15秒便能生产出一个产品；晓光模具攻克超高强度钢梯级热成型技术，打破德国垄断，是世界第二家、国内唯一掌握该技术的企业。

雨花经开区搭建产学研合作桥梁，促进区内企业科研成果就地转化。2022年发起成立1亿元规模的长株潭科创基金。目前，园区拥有国家级专精特新“小巨人”企业9家、省级以上科创平台39个。

长沙两家软件园荣获2022年度全国优秀

长沙两家软件园荣获2022年度全国优秀

2023年1月11日，在“创建高质量中国软件名园研讨会”上，长沙软件园通过发挥在人才、技术、金融、科技等领域的资源聚集优势，招大引强、培新育小、扶优扶强，软件信息及移动互联网产业发展取得了较好的成绩，荣获“2022年度高质量发展园区”称号；长沙中电软件园凭借多年来在创新平台搭建、创新人才培养、创新环境优化、创新生态营造等方面的突出表现，荣获“2022年度创新活力园区”称号。

长沙中电软件园聚焦自主安全计算、北斗导航、工业互联网、移动互联网四大特色产业领域，不断强链、延链、补链，完善园区创新生态体系。目前园区实现年产值约300亿元，注册企业5000余家，入驻企业300余家，成为区域内创新创业的核心力量和重要支撑。长沙中电软件园将进一步优化创新环境，整合优质资源，提升产业服务品质，推动更多软件企业集聚，引导更多软件人才集中，促进软件技术创新，加快创建中国软件名园。

1
2
3

1.1月3日，长沙市委副书记、市长郑建新深入长沙经开区调研先进制造业产业集群发展情况

2.1月8日，浏阳经开区26个重大项目集中开工，总投资超百亿元

3.1月29日，长沙金霞经开区的恩瑞北创新城项目正式开工，长沙举行“全面贯彻党的二十大精神 奋力实施‘强省会’战略”加快推进长沙高质量发展重大项目集中开工活动

新春开门红——总投资15亿元 攸县农村产业融合发展示范园项目今日正式开工

2023年1月30日，总投资15亿元的攸县农村产业融合发展示范园项目在皇图岭镇正式开工，这也是攸县参加全市2023年第一次项目集中开工活动。副市长、市工商联（总商会）主席、会长杨胜跃，市委农办主任、市农业农村局党组书记蒋峰，市乡村振兴局党组书记、局长刘湘元，市发改委相关负责人及县委书记李鹏程出席开工仪式，县委副书记、县长武挪强主持。

此次开工的攸县农村产业融合发展示范园项目是攸县县委、县政府为培育和打造“攸县豆腐”国家地理标志产品品牌，以皇图岭香干产业园为主，依托皇图岭、宁家坪、网岭三个农产品主产区和酒埠江乡村旅游休闲区，打造集农业种植、农产品加工和农耕文化体验为一体的一二三产业融合发展项目。其中香干产业园规划用地面积530亩，布局生产加工区、公共服务区、文旅融合发展区；在皇图岭、宁家坪、网岭三个农产品主产区和酒埠江乡村旅游休闲区，建设10万亩绿色农产品基地，种植“八月黄”黄豆、“皇椒一号”辣椒、皇姜、特色水果、有机蔬菜等，配套建设高标准农田3万亩，沙河流域生态修复治理15.2千米，修缮机耕路、观光通道5千米。

新春开门红：总投资15亿元 攸县农村产业融合发展示范园项目今日正式开工

1.2月8日，湖南省洞口县在经济开发区举行先进装备制造产业园开园仪式

2.2月17日，岳阳经开区举行2023年一季度产业项目集中签约暨重大项目集中开工仪式

永州市国际农副产品智慧冷链商贸产业园及配套基础设施项目道路工程正式开工

永州市国际农副产品智慧冷链商贸产业园及配套基础设施项目道路工程正式开工

2023年2月1日，永州市国际农副产品智慧冷链商贸产业园及配套基础设施项目道路工程开工仪式在冷水滩举行。

永州市国际农副产品智慧冷链商贸产业园及配套基础设施项目道路工程项目是永州市2023年度重点建设项目，也是强“一核”重点建设项目，项目的开工，将极大改善永州市国际农副产品智慧冷链商贸产业园相关配套基础设施，将对产业园的开业产生重大影响。该项目建设地点位于冷水滩区上岭桥镇，项目包括：中兴路（马路街路—莲湖路段）（长1850m、宽36m）、莲湖路（翠竹大道—中兴路段）（长475m、宽36m）、阳明大道（翠竹大道—梨子园路段）（长1080m、宽54m）等3条市政道路建设。

项目的建设是将永州市打造成为区域物流仓储中心的需要，是提高片区土地价值和拉动经济发展的需要，是贯彻落实国家和各级政府发展战略的需要，是完善城市基础设施、促进城市发展的需要。

△29日，衡东泵业智造产业园正式开工。衡东泵业智造产业园规划用地面积495亩，计划总投资33亿元，主要建设内容包括标准厂房、泵业研发基地、新能源汽车零部件生产线、齿轮及变速器油泵制造生产线和员工宿舍等配套基础设施，项目建设周期为36个月。

△30日，高性能Zn基合金材料关键技术的研发及产业化项目开工仪式在湾塘工业园举行。区委书记、渌口经开区党工委第一书记李晓彤宣布开工，区委副书记、区长赖晓智出席并讲话。高性能Zn基合金材料关键技术的研发及产业化项目位于渌口区湾塘工业园，项目总投资1亿元。

2月

△2日，衡阳国家高新区召开2023年经济工作会议，副市长朱春光出席并讲话。会议邀请13位企业家在主席台“C位”就坐，拿出2000万元真金白银奖励经济发展功臣，其中金则利公司荣膺上市（挂牌）先进企业，获奖200万元。114家科技型中小企业分享近1300万元奖金，另有27家优秀企业和104名优秀个人受到表彰。

△4日，益阳市2023年一季度重点项目集中开工仪式，在益阳高新区碳谷产业园举行。益阳市一季度计划开工重点项目共91个，总投资348.31亿元，年计划投资187.30亿元。91个项目中，产业发展项目55个、基础设施项目24个、民生环保项目12个。

△7日，2023年岳阳绿色化工高新区重大产业项目（第一批）集中签约开工仪式举行。12个项目现场签约，11个项目集中开工，总投资300.6亿元。此次签约，开工项目主要围绕己内酰胺、炼化一体化项目下游产业链延链补链，既有央企“巨头”项目，也有本土企业“龙头”项目、新招引企业“拳头”项目。

△15日，平江高新区余梅工业区开工。该工业区计划总投资14亿元，主要围绕华电平江电厂投产后产生的粉煤灰、脱硫石膏、炉渣、热能等进行综合利用，重点发展建材、云母制品、食品加工产业，打造湘东北清洁能源高地和煤电综合循环利用示范区。

△15日，怀化市2023年清廉园区建设推进暨清廉园区创建系列文化活动表彰会在麻阳县举行。市人民政府副市长邹兴旺出席会议并讲话。会议通报了全市清廉园区建设情况，宣读了《怀化市清廉园区创建系列文化活动优秀作品的通报》，并现场为获得最佳组织奖的怀化国际陆港经济开发区、麻阳产业开发区、新晃产业开发区等单位颁奖。

湘潭天易经开区迎湘商回归“首单”

2023年2月4日，湘潭天易经开区迎来2023年“湘商回归”第一单。中佳闽源（福建）实业集团天易康养食品产业园项目签约仪式暨中佳闽源集团与工商银行、长沙银行金融合作签约仪式举行，签约总金额达30亿元。项目落地后，将有力推动园区食品医药主导产业发展壮大。

中佳闽源（福建）实业集团天易康养食品产业园项目签约仪式暨中佳闽源集团与工商银行、长沙银行金融合作签约仪式举行

天易经开区坚持管委会招商与企业“以商招商”，2022年共引进各类项目91个，其中亿元以上产业项目17个、三类“500强”投资项目2个、湘商回归项目15个。园区综合实力连续9年在湖南省级以上产业园区综合评价中稳居第一方阵，连续两次获评湖南省“五好”园区创建工作先进园区。

2023年来，湘潭县、天易经开区以更大力度推动湘商回归和返乡创业，制定出台专项行动方案，成立工作专班，设立湘商回归服务指导站。通过全面梳理、摸清底子，建立“湘商回归、返乡创业”人员数据库、目标企业库、在谈项目库。积极走访慰问县籍知名人士，召开湘商回归和返乡创业迎春恳谈会、经济发展讨论会、项目引进洽谈会，搭建合作平台共叙乡情、共谋发展。

雨花经开区在深圳签约6个项目

长沙市雨花经开区在深圳签约6个项目 涵盖绿色再生资源、新能源出行等领域

2023年2月12日，长沙雨花经开区在深圳举办招商推介会，6个项目签约落地，涵盖绿色再生资源、新能源出行、智慧医疗等领域，预计全部投产后年产值可超165亿元。

其中，有4个项目落地雨花经开区，主要集中在新能源汽车及零配件产业链领域。如深圳市新岚再生资源有限公司，计划在雨花经开区建设20万平方米的汽车零部件产业园和绿色循环经济产业园区，预计年产值逾50亿元。公司董事长刘本新介绍，公司一直与长沙比亚迪公司有业务往来。新能源汽车及零配件是雨花经开区主导产业，其产业集群优势对公司颇具吸引力。

另有2个项目入驻雨花经开区与溆浦的共建园区——雨溆工业园，分别是可孚—舒小福新材料项目及园链产业云平台项目。将在溆浦打造医疗检测设备、生物实验装备基地，以及大数据招商云平台。

1
2
3

1.2月23日至25日，岳阳经开区劳动和社会保障联合农村工作部在保靖县迁陵镇政府举办2023年“促进稳岗就业—助力乡村振兴”现场招聘会和电子商务师职业技能培训班

2.2月28日，长沙市雨花区“湘约北京”湘商回归和来湘创业系列活动在北京举行

3.2月23日，“金融机构走进湖南自贸试验区”活动在长沙举行

望城经开区 5944 余万元奖励功臣

长沙市望城经开区 5944 余万元奖励功臣

2023 年 2 月 16 日，在望城经开区举行的 2023 年经济工作会议上，2022 年度园区“经济功臣”获得表彰。共颁出发展贡献、亩均效益、上市培育、科技创新、人才孵化等 17 类奖项，兑现奖励资金超过 5944 万元。

作为“建设进度奖”获得者，德赛电池储能电芯项目相关负责人林军，对望城服务大大称赞，项目从签约到开工仅用 19 天，20 天完成桩基建设，2 个月首栋厂房封顶，力争 3 月份试生产。

2022 年，望城经开区实现技工贸总收入 1498 亿元，同比增长 16.5%。园区获批科技部“国家火炬有色金属精深加工特色产业基地”，获评“2022 年度投资环境示范园区”“特色产业集聚典范发展园区”，连续 7 年获全省集约节约用地榜首。

1
2

1.3 月 29 日，长沙经开区举行产业链供需集市之企业数字化转型专题活动

2.3 月 7 日，天心区经开区企业综合服务平台升级版宣布上线

株洲高新区“招商战队”揭榜招引 43 个项目

2023 年 2 月 24 日，株洲动力谷国际学术交流中心，正在台上进行“抗疲劳制造及科学技术研究院项目”招引路演的谢璇，突然向株洲高新区党工委委员、天元区委副书记刘亮发出“挂帅”邀请。

谢璇是株洲高新区经济合作局主任科员。为加强招商引资力度，推动湘商回归，株洲高新区成立 12 支“招商战队”，招商经验丰富的谢璇被选派担任第 11“战队”队长。在“揭榜挂帅”春雷行动誓师大会上，谢璇等 6 名“战队”队长上台路演，揭榜招引 43 个项目。株洲高新区（天元区）13 名县处级以上领导当场举旗“挂帅”，牵头项目招商工作。

2022 年，株洲高新区创新开展招商引资“季度攻势”行动，南下珠三角、东赴长三角，共招引项目 68 个，引资 217.75 亿元，储备意向项目 100 余个。株洲高新区党工委书记、天元区委书记邬凌云说，“揭榜挂帅”春雷行动是“季度攻势”的延续，希望着力引进一批大项目、好项目，全方位磨炼干部，为区域高质量发展注入新能量。

株洲高新区“招商战队”揭榜招引 43 个项目

株洲市高新区（天元区）项目招商引暨湘商回归“揭榜挂帅”春雷行动誓师大会

△ 17 日，岳阳经开区 2023 年一季度产业项目集中签约，湖南洞庭高性能碳基复合材料产业链项目一期成功签约。该项目将借力中南大学碳基复合材料技术优势，研发生产最新碳基复合材料，助力岳阳经开区打造“中国碳谷”。

△ 17 日，永州经开区举行 2023 年第一次重大项目集中开工签约活动。此次集中签约开工项目共 21 个，总投资 116 亿元，涵盖智能装备制造、电子信息、新能源新材料等多个领域、多个行业。

△ 19 日，中车双碳产业园签约落户株洲清水塘产业新城。该项目由中车株洲所牵头建设，规划用地约 1000 亩，布局新能源汽车电驱、机电、储能等产业，致力于打造全球一流的新能源汽车电驱动制造与研发基地、“双碳”产业大本营和全国试点示范园区，带动清水塘产业新城发展，助力清水塘片区产业转型。

△ 23 日，衡阳西渡高新区举行集中签约仪式，“世博电器”“翼伟五金机电”“酷釜电器”正式成为该高新区创新创业服务平台“小机电产业园”首批入驻企业。

3月

△ 10 日，中国（湖南）自由贸易试验区长沙片区工程机械二手设备出口集中发车出海仪式在山河智能工业城举行。216 台“湖南造”二手工程机械设备，将陆续从上海、太仓、天津等港口发出，销往东南亚、非洲、中亚、中东、拉丁美洲、欧美等地区。

△14日，广州工控衡南产业园（一期）暨绿色智慧矿山示范基地项目签约仪式在衡阳举行，签约双方以扎实的工作开启合作的新篇章，用招商引资的实际成效全面贯彻落实全国两会精神。市委书记刘越高，广州工控集团党委书记、董事长周千定分别致辞并共同见证签约。

△23日，湖南省商务厅与澳大利亚FMG集团共同签署《关于先进绿色能源技术供应链体系合作项目谅解备忘录》。根据协议，双方将共同推动株洲市、常德市设立中澳清洁能源产业链示范供应基地，澳大利亚西澳州设立西澳—湖南先进清洁能源装备供应集群产业园。

△24日，2023中国医院供应链管理（湘江）峰会暨长沙金霞经开区医疗器械专场招商推介会在长沙举行，大会以“新生态 医链无界”为主题，向全国医药物流、医疗器械领域的龙头企业抛出“橄榄枝”，重点引进IVD检验试剂、医美设备耗材、人工智能医疗器械、大型医疗智能装备等，剑指千亿级医药物流产业集群。

△29日，湘潭综保区举行2023年第一批重点项目集中签约、开工、投产活动。此次集中签约、开工、投产的项目共18个，合同总投资25.2亿元，涉及电子信息、医疗器械、动漫潮玩、跨境电商、仓储物流、加工贸易、外贸服务等多个行业领域。

京东衡阳数字经济产业园开园暨高新区“湘商回归”签约仪式举行

签约现场—京东衡阳数字经济产业园开园暨高新区“湘商回归”签约仪式举行

2023年3月29日，京东衡阳数字经济产业园开园暨高新区“湘商回归”签约仪式在湘南湘西高新软件园举行。京东集团副总裁范磊、高新区党工委书记秦振衡致辞，高新区管委会主任胡小刚主持。

范磊表示，京东集团将充分发挥自身优势，与衡阳在数字经济、物流供应链、乡村振兴等领域展开全面合作，全面助力衡阳完善产业链、优化生态圈、赋能高质量发展。

秦振衡表示，京东衡阳数字经济产业园将与高新区共同实施“1+N”数字经济发展项目行动计划，即共建1个数字经济产业园和实施N个创新示范项目，重点提升地方数字经济、商贸流通、新零售、产教融合、信息技术等领域的核心竞争力。高新区将以最大的诚意、最优惠的政策、最有力的举措，为湘商回归提供更高效、更便捷、更优质的发展环境。

1.3月31日，株洲经开区2023年一季度招商引资重大项目集中签约活动举行

2.4月6日，湖南湘江新区举行2023年产业链招商专题培训

3.3月30日，常德市举行湖南品六生物科技产业园暨常德市2023年一季度（第二批）重点建设项目集中开工仪式

1

2

3

湘潭经开区人力资源服务产业园开园

湘潭经开区人力资源服务产业园开园

2023年3月29日，湘潭经开区人力资源服务产业园开园，标志着湘潭市人力资源服务迈上市场化、专业化、产业化的新赛道。该产业园是湘潭首个人力资源服务产业园，项目一期位于湘潭经开区创新创业服务大楼，面积近1万平方米，围绕聚集产业、拓展服务、孵化企业、培育市场等4大基础功能，重点打造以服务园区人力资源需求为主，职业技能培训、职业资格认证、创新孵化平台和见习基地、新就业形态等延伸服务为辅的人力资源产业全链条服务。

产业园创新搭建集公共技术服务、培训服务、运营服务、代理服务、市场服务、商务服务为一体的综合性6S服务体系，全力构建数字化、智能化、可视化动态呈现的数字化人力资源产业园区。

湘潭经开区出台促进产业园发展的实施意见，从租金补贴、经营贡献、中介奖励、引才奖励、输送技能人才奖、用工输送奖六类入园政策推进人力资源产业发展，力争3年时间，将产业园打造成为省级园区；5年时间实现年营收额20亿元，成为国家级园区。

长沙经开区加力建设全球高端装备制造业基地

2023年4月6日，长沙经开区召开打造全球高端装备制造业基地暨五好园区建设推进会，对大陆汽车、湘电试研、韶光半导体、行深智能等18家企业，集中兑现2022年惠企资金8.3亿元，助力企业高质量发展。

长沙经开区惠企政策共14项，分为产业发展、人才支持、金融帮扶、招商引资、效益提升、审批服务和绿色发展7大类。在政策兑现过程中，园区严格遵循公开透明、流程规范、及时兑现的原则，推出免申即享、网上申报等多种申报方式，全面提升企业获得感。2022年，长沙经开区共兑付上级和本级惠企资金26.6亿元。

会上还发布了该区2023年惠企政策。此外，中国—丹麦ECO产业园项目、高精密光掩模基板项目、恒立液压长沙研发制造基地项目等6大项目集中签约，总投资达114.5亿元。

长沙经开区加力建设全球高端装备制造业基地暨五好园区建设推进会

1
2
3

1.5月11日，筑企通（长沙）建筑数字技术产业园落地长沙自贸临空区

2.5月19日，永州经开区2023年欢庆“五一”职工趣味活动赛在潇湘科技创新中心广场举行

3.4月20日，中联重科R20000—720塔式起重机在常德高新区中联建起下线并交付

中非经贸合作示范园入驻企业超千家 从展示产品到扎根做生意

2023年6月14日，位于长沙雨花区高桥大市场的中非经贸合作示范园在“收货”，迎接第三届中非经贸博览会。中非经贸合作示范园2022年实现对非贸易额32.7亿元，比上年增长325%。中非经贸合作示范园是中非经贸企业总部中心、孵化中心，目前已引进各类中非经贸企业1000多家。

在中非经贸合作示范园三楼的常设展馆，2023年参展的8个主宾国国家馆位于显眼位置，出口产品展区设立了动漫、电子产品、新能源、服装等特色商品展厅及湖南各市州商品馆。以往常设展馆由高桥大市场运营，主要负责展示商品和业务对接，2023年转为由非洲各国商协会以及商务联络处负责运营，非洲国家由展示产品到过来做生意，实现突破性转变。

中非经贸合作示范园入驻企业超千家

4月

△11日，永杉锂业年产4.5万吨锂盐项目二期，在长沙市望城经开区铜官工业园开工，预计项目达产后营收可突破100亿元，助推长沙先进储能材料产业链跨入千亿级、跻身国家队。

△12日，“金洲新城 未来之城”2023年湘江新区金洲新城重大项目“集中开工、集中发布、集中签约”活动在宁乡举行。长沙市委常委、市委组织部部长罗缵吉出席。

△13日，湖南省发改委印发由省直七部门联合签发的《关于认定松木经济开发区（松木化工片区）为化工园区的通知》，正式确定松木经开区通过化工园区认定。

5月

△10日，全省地理标志产品保护示范区建设现场会在益阳市安化县举行，会上对18个省级地理标志产品保护示范区进行授牌。湘西州古丈县“古丈毛尖”、吉首市“湘西黄金茶”现场获得授牌。

△16日，株洲高新区（天元区）优化营商环境大会召开，总结全区优化营商环境工作成效，查摆存在问题，安排部署今年重点工作任务。高新区党工委副书记、管委会主任刘智勇参加会议并讲话。

△18日，全省推进“五好”园区创建工作会在长沙召开，会议宣读了2022年“五好”园区创建综合评价先进园区（含营商环境先进园区）名单。株洲高新区等10家园区被授予“2022年度湖南省产业园区营商环境评价先进园区”称号。

△18日，湘潭经济技术开发区荣获“2022年度湖南省‘五好’园区创建综合评价先进园区”称号，湘潭高新技术产业开发区荣获“2022年度湖南省产业园区营商环境评价先进园区”称号。

△23日，株洲市“市直部门园区行”活动暨“送政策解难题优服务”宣讲会在株洲高新区、天元区人力资源服务产业园举行，近50家专精特新企业、中小微企业参加。

△27日，市委组织部指导、市人社局主办的长沙市“才约星城 企望有你”首场企业开放日活动在长沙经开区启动。来自国防科技大学、中南大学、湖南大学3所省内高校的98名师生，将在两天时间里走进6家园区龙头企业，深度体验企业生产生活环境，了解长沙产业发展情况。

△31日，总投资102亿元的30GWh钠离子及锂离子电池与系统生产基地落户浏阳经开区，该项目建成达产后年产值可达300亿元，年缴税12亿元，将成为全省规划产能最大的储能电池生产基地。

湖南省5园区入选先进制造业百强园区

2023年7月6日，赛迪顾问股份有限公司发布2023年先进制造业百强园区榜单，湖南省长沙高新区、长沙经开区、宁乡经开区、株洲高新区、衡阳高新区5家园区，分别位列榜单第17位、第30位、第65位、第81位、第97位。

先进制造业百强园区发展评价以国家统计局先进制造业分类标准为编制基础，对全国230个国家级经开区和168个国家级高新区进行追踪研究，从经济实力、创新潜力、融合能力、产业聚力、绿色动力五个方面，科学全面地考量国家级产业园区先进制造业的综合水平，是各地先进制造业园区的重要参考。

长沙高新区是首批27个国家级高新技术产业开发区之一，构建以新一代信息技术为首位，工程机械为优势，生物医药、先进储能及新能源汽车、北斗（航空航天）为特色的产业布局。已形成工程机械、新材料和电子信息3个千亿产业集群，智能制造装备和工程机械产业规模连续10年蝉联全国第一。

1
2
3

1.5月22日，2023年湖南湘江新区网络安全应急演练正式启动

2.5月25日，邵阳经济技术开发区举行2023年服务园区企业暨“企业进校园、师生入园区”活动

3.5月24日，马栏山视频文创园举行华为湖南区域总部开工暨影视企业合作签约仪式

长株潭园区发展联盟成立发起设立长株潭园区合作基金

长株潭园区发展联盟成立

2023年7月12日，长株潭园区发展联盟成立。长沙高新区、长沙经开区、株洲高新区、湘潭经开区等来自长沙、株洲、湘潭、湘阴和江西萍乡的35家园区入盟。联盟旨在搭建园区与园区、园区与政府、园区与企业之间的交流与合作平台，围绕“信息共享、统一招商、技术攻关、产业协同”，畅通政府部门、园区、企业间的信息沟通渠道，组织园区整体对外宣传推介和招商，加速关键技术联合攻关和共享应用，推动产业链供应链全方位、多层次、宽领域协作。

同时，长株潭园区合作基金发起设立签约。岳麓山大学科技城作为基金发起人，联合浏阳经开区、天心经开区以及基金管理人，共同出资成立“园区合作基金”，并充分吸引其他国有园区平台公司共同参与本基金。基金首期认缴规模1.5亿元。目前，园区合作基金已完成工商注册，拟投资8个项目。

长株潭省级及以上园区数量达到28家，成为长株潭经济发展的核心载体和强劲支撑。28家园区生产总值占长株潭地区生产总值比重达36.8%，工业增加值占比69.3%，高新技术产业增加值占比51%，进出口总额占比71.5%。在全省24家国家级园区和19家千亿园区中，长株潭均占有11席。

株洲启动『园网共建 绿色赋能』工程

力争2025年电力营商环境和服务品牌跻身全国一流

2023年7月25日，株洲启动“园网共建绿色赋能”工程，开展规划协同、电网提速、服务提质、降本增效、绿色赋能五大行动，力争到2025年打造出全国一流电力营商环境和服务品牌。

实施“园网共建绿色赋能”工程，为园区企业提供全要素、全功能、全生命周期的用电服务，助推园区高质量可持续发展。国网株洲供电公司总经理刘正谊表示，将重点强化电网规划与园区产业发展规划协同，升级改造园区电网。创新探索园区变电站“先建设、后收购、再电气”模式，提速重点电网项目建设。

株洲已在省级及以上园区建成园区供电服务中心7家，标准化配置园电服务专员和柔性支撑团队，提供一园一规划、一企一专员、一站式办电等“六类专属服务”，共解决企业用电需求589项，提升企业办电效率30%以上，帮助企业降低用能成本2800余万元。

株洲启动“园网共建 绿色赋能”工程

1.5月26日，“点亮精神火炬 科创服务新区”为主题的湖南湘江新区2023年“科技活动周”正式启动　1

2.5月26日，江永县委党校2023年上半年主体班100多名学员走进县产业开发区　2

湖南首批自贸区协同联动区出炉——怀化两地入选

湖南首批自贸区协同联动区出炉——怀化两地入选

2023年7月26日，湖南自由贸易试验区协同联动区工作推进会暨授牌仪式在湖南自贸区招商服务中心举行，来自12个市州的24个经济功能区被授牌成为湖南自贸区首批设立的协同联动区，其中怀化国际陆港经济开发区和溆浦产业开发区在列，标志着这两个区在协同联动区建设方面进入全面实施新阶段。

怀化国际陆港经济开发区由怀化经济开发区更名而来，商品辐射湘、鄂、渝、黔、桂五省（市、区）周边和东盟十国的广大区域，年商品交易总额达350亿元，日物流吞吐量达10万吨，基本形成以商贸物流业、流通加工业为主，多业并举的发展态势，已成为怀化市新的经济增长点和全市经济发展最具活力的区域之一。

溆浦产业开发区紧紧围绕“兴工强县”目标，大力实施“三高四新”战略，加快推进溆浦县“五好”园区建设，园区经济呈现持续、稳定、快速发展的良好态势。围绕主导产业，着力抓好园区产业“补链、强链、延链”工作，雨溆共建园区相互合作共同推进打造全省产业园区对口帮扶样板。

6月

△7日，永州经开区举行招商引资集中签约活动，此次集中签约的4个项目，总投资6.8亿元，涉及磁性电子元器件、装备制造、生物医药、对外贸易等多个行业领域，既有投资额度大、科技含量高、示范作用强的特点，又与永州经开区的产业规划十分契合，将为园区的发展增添新动能。

△15日至16日，湖南省开发区协会二届六次理事大会在衡阳国家高新区举行。省开发区协会秘书长详细报告协会2022年工作、2023年工作要点及换届工作方案，相关人员宣读拟提请大会审议的事项；省开发区协会与清华大学环境学院、长沙智能制造研究总院进行战略签约；省发改委、省科技厅、省工信厅相关负责人分别就协会如何助力园区高质量发展畅谈真知灼见。

△27日，稳健平安医疗器械产业园暨常德市2023年二季度重点建设项目集中开工仪式在澧县高新区举行，73个项目集中开工，总投资149亿元。集中开工项目中，稳健平安医疗器械产业园业务涵盖医疗仪器设备及器械制造与销售等，总投资13.5亿元，建成投产后预计年产值20亿元。

△29日，“产投融合 共筑生态”马栏山视频文创产业园引导基金生态合作启动仪式暨首轮项目路演在园区举行。市委常委、市委宣传部部长陈澎出席。

7月

△4日，祁阳市现代农业产业园警务站举办揭牌仪式，正式投入使用。祁阳市委常委、政法委书记章乐主持仪式。警务站占地面积600平方米、建筑面积459.18平方米。配优配齐“水陆空”全覆盖的治安防控装备，入园必经卡口、重点场所、重要路段实现了视频监控全覆盖。

△12日，长株潭园区发展联盟成立大会在长沙举行。来自湖南省长沙市、株洲市、湘潭市、岳阳市湘阴县的29家园区和江西省萍乡市6家园区，共35家园区组成长株潭园区发展联盟，共谋产业协同发展大计。

△19日，岳阳楼区网络人士统战工作实践创新基地和“数字文创”新的社会阶层人士统战工作实践创新基地揭牌仪式在垄上岳阳之洞庭在线数字产业园举行。区委常委、统战部长方正春，区政协副主席刘娟和相关单位负责同志参加。

△26日，湖南自由贸易试验区协同联动区工作推进会暨授牌仪式在湖南自贸区招商服务中心（临空区块）举行。来自长沙、衡阳、株洲、湘潭、湘西州等12个市州的24个经济功能区被授牌，成为湖南自贸区首批设立的协同联动区。

邵阳液压智慧工厂产业园开园

2023年8月1日，邵阳液压智慧工厂产业园开园。该产业园总投资10亿元，分两期建设，是一座集智能制造、数字化管理、绿色环保于一体的现代化工厂，建成投产后将有效提升邵阳液压的产品创新能力、工艺水平和制造能力。

邵阳液压前身是建于1968年的邵阳液压件厂，是中国高压油泵研发生产的鼻祖、国内三大液压产品配套基地之一。目前，该公司已成为中国少数液压产品种类覆盖范围广、生产工艺质量领先、掌握自主知识产权的综合型液压企业之一。2021年10月，邵阳液压登陆深市创业板，成为邵阳市第一家上市公司。

邵阳液压智能增材与数字控制研究院同日挂牌，将着眼新材料、新工艺及数字化的基础研究、成果转化及产业落地，发力突破行业瓶颈及壁垒。

邵阳液压智慧工厂产业园开园

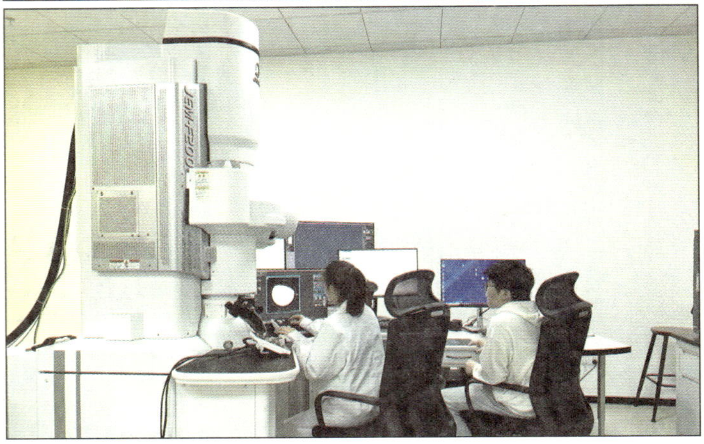

1.6月19日，岳阳市气象局联合绿色化工高新区开展安全培训

2.7月5日，湘江科创园构建实验室集群 共享实验室9月正式对外开放，实验员使用场发射投射电镜进行检测

3.6月8日，永州经开区举行2023年入党积极分子和党员发展对象培训班开班仪式。区直机关、两新组织、街道的200余名入党积极分子和党员发展对象参加培训

4.7月25日，博世长沙近年来实现15个5G应用场景落地

岳阳自贸片区颁发全省首张工程审批“两证合一”证书

2023年8月28日，城陵矶新港区向湖南中创空天新材料股份有限公司颁发了湖南省首张“两证合一”证书，即建设工程（规划、施工）许可证，标志着岳阳自贸片区在建设项目工程审批改革领域迈出了重要步伐。

推进工程建设项目审批制度改革是优化营商环境的重要事项。此前，《建设工程规划许可证》和《建筑工程施工许可证》办理由两个不同部门发证，跨部门联动调度较为繁琐，也很耽误企业时间。近年来，市自贸办、市工改办、市资规局、市住建局针对新港区实施“大部制”管理模式的实际，要求岳阳自贸片区积极探索工程报建审批的制度创新。岳阳自贸片区自备改革基因，新港区开发建设部具备自然资源与住建职能的先天优势，通过流程创新、方式创新，实现了建设项目工程审批过程中“上下游环节的无缝衔接、跨部门之间的高效对接”。

岳阳自贸片区颁发全省首张工程审批“两证合一”证书

永州市青少年综合实践研学教育基地暨现代肉鸽产业园项目开工

永州市青少年综合实践研学教育基地暨现代肉鸽产业园项目开工

2023年9月3日，永州市青少年综合实践研学教育基地暨现代肉鸽产业园项目开工仪式在零陵区邮亭圩镇举行，市政协副主席、市工商联主席韩顺华出席仪式并宣布项目开工，区委副书记、统战部长龙军致辞，副区长陈丽萍主持，区政协副主席周可云出席。

永州市青少年综合实践研学教育基地是按照国家级示范性研学基地的标准打造，占地3000亩，计划总投资6亿元，以新时代爱国主义教育、国防军事教育和科技实践教育为主要特色，实施国家规定的中小学综合实践教育，项目建成运行后，预计每年接待人数超过100万人次，解决几百人的就业问题，每年可创造税收过千万。现代肉鸽产业园项目是该基地联合省级农业龙头企业天凤鸽业共同打造，产业园包含养殖区、预制菜加工区、鸽文化展览区、鸽文化生态餐厅、有机肥处理厂、冷链物流仓储等一二三产业融合的综合性产业园区。

1.8月9日，正威集团娄底电力铜基新材料产业园签约暨开工仪式现场

2.7月25日，亘晟门窗“5G+人工智能＋工业互联网”赋能试点项目

1

2

长沙汽车零部件产业园开园

签约现场

2023年9月17日，长沙汽车零部件产业园正式开园。来自全国的整车企业、配套企业及园区等相关单位共签约20个项目，带来124亿元投资。长沙汽车零部件产业园包含1个主承载园区和雨花经开区、浏阳经开区、望城经开区等辅助承载园区，将打造“1+N”汽车零部件产业布局。

浏阳经开区侧重推动传统燃油车零部件生产企业转型升级；望城经开区重点引进培育智能座舱、车载信息娱乐系统等汽车电子相关产业；雨花经开区围绕比亚迪不断扩大产业布局，形成以比亚迪为龙头的新能源汽车整车与零部件产业体系；宁乡高新区发挥先进储能材料产业优势，不断完善动力电池产业链，形成先进的汽车动力电池配套产业体系。

全市拥有汽车车身先进设计制造国家重点实验室、国家高效磨削工程技术研究中心、汽车电子控制工程技术研究中心等13个国家、省部级科研平台；智能网联测试场景体系居全国前列，是全国首个拥有4块“国家级”牌照的城市。

长沙汽车零部件产业园开园仪式与汽车产业链招商推介会在长沙县举行

△31日，2023年长沙城市青年节暨马栏山园区开放周启动，以“青春有为 梦想无畏”为主题，开展青年力创造发展主题论坛＋圆桌论坛、“青春不一young”创意市集等活动，邀约全国青年参与和感受长沙青春魅力。

8月

△1日，美ONE团队助力岳阳数字产业暨岳阳楼区招商引资集中签约启动仪式在洞庭在线数字产业园圆满举行。市委常委、宣传部部长刘启峰出席仪式并宣布活动启动。

△4日，湖南中医药大学科技园签约仪式在湘江新区举行。该园区聚焦中医药产业“研发＋转化＋孵化＋产业化”核心功能，将依托湖南中医药大学的高校资源，引进科技创新团队、行业内示范机构及国内外权威专家团队，搭建中医药产业专业化公共服务平台。

△8日，茶陵100MW/200MWh共享储能项目投运暨风光储一体化示范（绿色园区）基地项目签约仪式举行。根据协议，中能建中南分公司和中车株洲所将在茶陵县投资风光储充一体化示范（绿色园区）基地项目，包括但不限于分散式风电、分布式光伏、储能、充电桩等项目，总投资约12亿元。

△18日，湖南双阳高科电子级双氧水项目指挥部揭牌成立，标志着该项目正式进入全面推进阶段。湖南双阳高科电子级双氧水项目落户于岳阳市高新区绿色化工产业园内，项目采用国际领先的流化床制双氧水工艺，与国外比利时索尔维、德国赢创、法国阿克玛同处国际领跑者地位。

△27日，酒鬼酒股份有限公司生态制曲产业园在湘西高新区西区产业园奠基开工。酒鬼酒生态制曲产业园计划总投资5亿元，占地面积约71亩，总建筑面积约57938.4平方米，新建1栋制曲车间、2栋培曲房、1栋曲库、1栋粉曲车间及其附属配套设施，预计2024年底竣工投产，投产后可年产2万吨大曲。

9月

△8日，永州经开区开展“智赋百企”授牌活动，为鑫科集团、信征科技、统仕科技、绿零科技四家企业分别授予智能企业、智能生产线、智能工位称号。上百名园区企业“保姆”积极进企业、下车间，重点围绕企业提升产能和行业竞争力的目标，为企业智能化发展进行政策解读，对存在的困难和问题提出具体解决方案。

△12日，衡阳高新区举行全市“金秋九月·相聚雁城”招商主题月首场集中签约活动，丰宜科技、凯程医药、富沅科技等12个项目签约落户，涵盖生物医药、新能源、数字经济、跨境电商等多个领域，总投资52亿元。

新邵县举行重点项目集中开工仪式

邵阳市2023年第三次重大项目集中开工新邵分会场开工仪式举行

2023年10月7日，邵阳市2023年第三次重大项目集中开工新邵分会场开工仪式在新邵经济开发区雀塘循环经济产业园举行。县委副书记、县政府党组书记谢小军出席开工仪式并宣布项目开工；县委副书记、统战部长王振波出席并讲话；县委常委、常务副县长王智刚主持开工仪式。

此次共有2个项目集中开工，总投资2.33亿元，项目均位于新邵经济开发区雀塘循环经济产业园，计划2024年建成投入使用。其中，新邵县农村再生资源循环利用服务中心项目总投资1.83亿元，总建筑面积5.7万平方米，主要包含再生资源展销中心、电子商务交易中心、配套基础设施建设等工程，该项目投入使用后，可进一步完善新邵县循环经济回收利用体系建设，发挥资源配置优势，拓宽购销渠道，促进园区企业健康有序发展；湖南众科新材料省级企业研发中心项目总投资0.5亿元，总建筑面积0.3万平方米，投入使用后将进一步加大与科研院所、高校的人才交流，为湖南众科新材料的科研创新、产品研发提供优越环境，为企业早日上市奠定扎实基础。

此次集中开工仪式是新邵县全力以赴拼经济促发展，全面冲刺全年目标任务的重要举措，充分体现了县委、县政府持之以恒做强园区、推动项目、服务企业的坚定决心，将为全县经济社会高质量发展奠定坚实基础。

开工仪式现场

厂房“量身定做” 企业“拎包入住”
湘潭高新区首个“定制代建”项目开工

2023年10月24日，湘潭高新区智慧物流产业园铭昊汽车项目开工，这是该园区采用“定制代建”模式招商的首个工业项目。“定制代建”指由企业“点单”，提出个性化需求，承建方为企业“量身定制”厂房。新厂房交付投产后，企业再以租金形式返还建设费用。

此前，湘潭高新区、铭昊汽车金属零部件（广州）有限公司就项目签订入园协议。同时，铭昊汽车金属零部件（广州）有限公司又与湘潭高新区平台公司——湘潭高新集团签订合同，由该集团作为铭昊汽车项目厂房代建主体。

铭昊汽车金属零部件（广州）有限公司是一家专业制造汽车用高精密管件和高附加值异型件的企业，在国内处于该领域细分行业第一的位置，拥有133项专利。湘潭高新区智慧物流产业园铭昊汽车项目总投资10亿元，总占地面积约60亩，将开展高端汽车金属零部件研发及智能制造。

1
2
3

1.8月10日，长沙经开区获评2022年国家新型工业化产业五星示范基地

2.9月1日，岳阳经开区湖南锐键科技有限公司生产车间

3.8月20日，湘琼合作共建产业园（首开区）开工仪式在海南省东方市举行

湘乡化工园区获批，成为长株潭重要的化工产业发展平台

2023年11月7日，湘乡绿色化工园新闻发布会暨招商推介会在长沙举行。现场签约4个项目，总投资78.2亿元。湘潭市委副书记、市长胡贺波在推介会上表示，湘乡绿色化工园的批建，为湘潭市深入推动绿色产业—绿色科技—绿色金融的高水平循环，开辟新赛道、抢占制高点，动力无限、前景无限。

推介会现场签订4个合作项目。其中，由湖南省轻工盐业集团有限公司与湘乡市政府签订的合作项目，总投资50亿元，主要生产合成氨、无水氟化氢、无水氟化铝、氨基化工，投产后年产值可达30亿元。

由中国化学工程股份有限公司、南投公司和湖南建投集团与湘乡市绿色化工集团签订的合作项目，总投资21.7亿元，主要建设园区智慧化管理平台、污水处理厂、危化停车场、消防站等。由兴湘氟与湘乡经开区管委会签订的投资扩产协议，总投资5亿元，主要生产氟化铝、碳酸锂等。

湘乡化工园区获批，成为长株潭重要的化工产业发展平台

湘乡绿色化工园新闻发布会暨招商推介会在长沙举行

1.9月5日，桂阳县劳动人事争议仲裁院2023年首场“巡回仲裁进园区 以案释法在高新”活动顺利举行

2.9月5日，雨溆工业园一角。长沙市雨花区和怀化市溆浦县共建产业园区，实现优势互补、合作共赢、协同发展，探索产业、项目、资源、人才、资金融合新模式

湘潭市“三城一园一中心”规划建设发布

2023年11月21日，湘潭市举行“三城一园一中心”规划建设发布会，湘潭市将规划建设“湘江科学城”“湘潭大学城”“长株潭新能源汽车城”“湖南省医疗器械产业园”和“仰天湖国际峰会中心”。前4个项目主要落户在与长沙毗邻的湘潭经开区。

“湘江科学城”规划总面积145.5平方公里，其中包括湘潭市50平方公里，定位为打造“具有核心竞争力的科技创新高地核心示范区”。湘潭将在湘潭经开区建设产研融合创新区，打造300万平方米的科技创新基地。

湘潭市“三城一园一中心”规划建设发布

“湘潭大学城”规划面积31.5平方公里，发挥全省第二科教中心资源优势，以湘潭大学、湖南科技大学为核心院校，结合周边高校资源，新增8至10所高等（职）院校，实现大学城在校生规模从目前的10万人增至20万人，打造湖南省科教新城、长株潭应用型人才聚集地。

10月

△10日，第三届“衡阳数字经济日”暨数字经济高层次人才团队签约仪式在高新区电商产业园举行。中国科学院深圳先进技术研究院教授姜青山及其团队以“UP”模式落户衡阳市，市委副书记、市长朱健出席并讲话，南华大学党委书记高山为姜青山佩戴校徽并授予聘书。

△12日，“创新中国行（第一期）中关村科技企业走进长沙雨花精准招商对接会”活动在自贸区长沙片区举办，此次长沙片区邀请22家中关村科技企业来长沙考察，为了进一步推介长沙，创造和中关村科技企业合作的机会。

△30日，永州经开区第七十一次“政企交流主题日”活动在智能装备产业园商务中心举行，市委常委、副市长、永州经开区党工委第一书记何恩广出席并讲话。园区企业和在建项目负责人分别汇报了企业用电需求、生产经营状况和项目建设进度，并就如何拓宽产品销售渠道与相关职能部门负责人进行了深入探讨。

△31日，益阳信维电子科技产业园开园暨MLCC投产，助力益阳建设“中国电容器之都”和湖南电子信息产业高地。产业园致力MLCC（片式多层陶瓷电容器）产品研发、制造、销售等一站式服务，月产1200亿只片式多层陶瓷电容器，全力打造世界前三的MLCC产业基地。

11月

△1日，湖南理工职业技术学院2024届校企双选会在株洲高新区人力资源服务产业园举行。17家株洲企业提供39个岗位，招聘人数279人。

△8日，中国油茶科创谷邵阳县油茶加工示范园开园。这既是中国油茶科创谷在全国布局的首个示范项目，也是邵阳县倾力打造百亿油茶产业集群的标志性工程。此次建成的油茶加工示范园项目，总投资5.7亿元，将有效解决油茶果储运、加工、销售等方面存在的痛点难点问题，带动邵阳县油茶产业裂变升级。

△19日，岳阳绿色化工高新区与中国化学工程第四建设有限公司扩园公用工程配套设施建设项目战略投资合作协议签约仪式在岳阳总部举行。双方就创新平台建设、高新新材料产业导入、人才智力支撑、产业工人培养等方面的合作进行了深入交流，为云溪区打造湖南万亿现代石化产业核心基地注入新动能。

△22日，湖南首个预制菜职业学校——宏达聪厨职业学校，在浏阳市省级农业科技园开办运营，将建设成为服务浏阳乃至全球预制湘菜产品应用推广的人才培养基地，加速打造预制湘菜产业新高地。

湖南省（湘西）中医药和生物医药创新服务站在湘西高新区挂牌

2023年11月23日，湖南省（湘西）中医药和生物医药创新服务站在湘西高新区双创大厦挂牌成立，标志着湘西州医药、医疗器械、化妆品等企业将享受到全方位、高质量的通道服务，助力湘西中医药和生物医药产业实现高质量发展。省药监局党组成员、副局长覃永忠，副州长彭延敏共同为服务站揭牌。

该服务站揭牌成立后将围绕全州医药企业，做好产品注册初审、检验、生产质量管理等前置服务，指导企业报送二类医疗器械产品注册、生产许可审查及其他技术审查工作，协调处理企业在申报注册中遇到的堵点和难点问题，更好地赋能生物医药企业创新发展，助推湘西州生物医药产业迈入高质量发展的“快车道”。

近年来，湘西高新区把大健康产业作为第一产业列入发展规划，围绕中医药、生物医药和健康食品化妆品等，全力打造40万平方米的西区医疗器械产业园、规划用地2000亩的东区大健康产业园、10万平方米的大坡健康食品化妆品产业园三个承接平台。同时，围绕研发、生产、流通、医养四个环节，打造生物医药全产业链，力争到2025年，高新区大健康产业企业数量达到100家以上，营业收入过100亿元，税收超2亿元，带动就业5万人，形成具有一定规模一定影响力的民族医药、医疗器械省级特色产业集群。

湖南省（湘西）中医药和生物医药创新服务站在湘西高新区挂牌

1.10月13日，雨花经开区举办园区大讲堂“平台公司高质量发展”主题培训，此次培训，刘双果从什么是平台公司、平台公司的发展历程、现行政策变化及平台公司发展痛点等方面，深入探析了园区平台公司的转型发展路径

2.10月29日，由厦门大学专家及50家厦门企业组成的考察团来到雨花经开区，进一步了解雨花经开区产业情况，加强两地人才交流，促进深度合作

3.10月7日，衡阳高新区2023年四季度集中开（竣）工活动

1
2
3

长沙高新区入选首批国家安全应急产业示范基地

2023年11月30日，2023年中国安全应急产业大会在广东佛山举行，大会为首批8个国家安全应急产业示范基地授牌。其中，长沙高新区入选，是湖南省唯一一个。

近年来，安全应急产业作为战略新兴产业快速崛起，目前中国安全应急装备重点领域产业规模超过7000亿元。长沙高新区是湖南省发展安全应急产业的“领跑者”，聚集中联重科、景嘉微电子、威胜信息、力合科技等应急领域上市龙头企业，培育了继善高科、华诺星空等应急领域成长性企业，产品覆盖全球180个国家和地区。2022年，园区安全应急产业企业突破290家，规上企业86家；企业年销售收入296.62亿元，同比增长12%。

长沙高新区入选首批国家安全应急产业示范基地

湖南自贸试验区改革创新成果获国家推介

2023年12月1日，“湖南自贸试验区打造湘粤港‘跨境一锁’快速通关模式”创新案例，获得国务院自由贸易试验区工作部际联席会议简报（2023年第14期）专版刊发。中国（湖南）自由贸易试验区的改革创新成果在全国层面推介。

“跨境一锁”快速通关改革，实现了香港、深圳和长沙三地通关“无缝对接”。通过建立“快速直达+不换车+中途不查验”的通关新模式，省内监管场所查验过的进、出湘货物，无需在广东口岸报关和查验可直达香港，大大缩短了通关时间。

目前，长沙自贸临空区内的麦蒂卡尔、八百里及邮政相关企业，已通过“跨境一锁”通道开展保健品、贵金属等货物及进出境快件运输。截至11月，长沙黄花机场口岸通过“跨境一锁”模式进出口货物40余车次，货量110余吨、货值超6亿元。

1.10月31日，邦盛北斗（韶山）科创园项目奠基暨幸福车享平台入园仪式在韶山高新区举行

2.11月2日，2023年湘潭市第四批重大项目集中开竣工仪式在位于湘潭经开区的湘潭·上元产业港项目现场举行

3.11月28日，湖南稀土新材料产业园奠基暨伴生矿物料综合处置等项目开工仪式在永州市零陵区黄田铺镇举行

4.11月15日，坐落于湘潭经开区的吉利汽车湘潭九华生产基地

长沙经开区知识产权服务跻身『国家队』

2023年12月5日，国家知识产权局日前公布国家知识产权服务业高质量集聚发展试验区名单，长沙经开区入选，系湖南唯一。

长沙经开区现有有效专利量20051件，累计获得中国专利奖57项，其中金奖7项。《知识产权“前置保护”新模式》《打造知识产权全景服务新模式》2个案例入选湖南自贸区制度创新成果，《海外知识产权保护新模式助力企业“走出去”》获2021—2022年度中国自由贸易试验区制度创新十佳案例,《信息服务赋能企业创新发展》被评为国家知识产权局2023年度优秀服务案例。

近年来，长沙经开区立足产业需求，加大知识产权服务资源供给，建立中国（湖南）自贸区知识产权服务中心，确立37项业务清单“一窗通办”，2023年以来共办理商标业务1403件、专利业务142次，完成知识产权质押融资6.1亿元，发放知识产权专项补助586万元。与国家知识产权局专利审查协作湖北中心、长沙市知识产权局三方共建专利审查协作长沙工作站，积极开展专利预审、专利导航、维权援助等高端知识产权服务，并打造基于“区块链+隐私计算”技术的数字知识产权保护新模式，数据实时上链，全流程可溯源、全数据可核验、全链路可信举证，目前注册企业336家，存证数据超260万件。

△24日，新晃县与甘肃兰州新区秦川园区跨省友好合作示范园区签约暨揭牌仪式在秦川园区举行。双方将发挥各自园区优势，推动两地园区建立信息互通共享和合作协调工作机制。秦川园区党委书记赵宇宁，县委书记周重颜出席签约仪式。

△28日，“中南地区肉类加工示范区”项目签约与揭牌仪式在湘潭举行。根据协议，湘潭市与中国肉类协会将从引入生产企业、科研合作、产销对接、项目建设指导等多方面展开合作，推动湘潭肉类产业从种源、养殖、屠宰、深加工到科研、冷链物流、品牌营销全产业链发展。

△28日，湖南稀土新材料产业园奠基暨伴生矿物料综合处置等项目开工仪式在零陵区举行。省政协副主席、民盟省委会主委何寄华致辞并宣布开工。湖南稀土新材料产业园规划总用地面积约2400亩，目前已签约项目8个，一期总投资约30亿元，投产后可实现年产值100亿元以上，年税收9亿元以上。

12月

△8日，湖南省科技厅发布《关于2023年度湖南省工程技术研究中心立项的公示》，拟批准289个湖南省工程技术研究中心立项，湘潭高新区6家企业工程技术研究中心“榜上有名”，园区打造科技创新高地增添新动力。

△16日，万兴科技在湖南湘江新区举办万兴科技（长沙）创意科学园开工仪式，该园区为全国首个数字创意科学园，将为长沙全力建设全球研发中心城市提供助力。

△18日，炎陵高新区企业服务中心正式挂牌启用。企业服务中心位于高新区管委会一楼大厅，划分了商务区、会客区、咨询导办区、后台办公区、大数据展示区5大功能区域。

△22日，21世纪经济研究院对外发布《全国经开区高质量发展报告2023》。报告显示，2022年国家级经开区营商环境便利度最高的10个经开区，分别是广州经开区、昆山经开区、苏州工业园区、广州南沙经开区、南京经开区、武汉经开区、长沙经开区、成都经开区、西安经开区和北京经开区。

△24日，中国供销·怀化三农产业园项目在怀化国际陆港经开区开工建设。中国供销·怀化三农产业园项目计划总投资20亿元，占地约800亩，总建筑面积54万平方米。项目拟建设集农产品交易中心、农资交易中心、农机农具交易中心、电商中心、仓储物流中心、农资云仓中心、冷链中心、中央厨房“八中心”为一体的综合性商贸物流产业园，涵盖冷链、绿色食品加工、物流配送等。

衡南高新技术产业开发区揭牌

衡南高新技术产业开发区举行揭牌仪式

2023年12月12日，衡南高新技术产业开发区举行揭牌仪式，县委书记胡果雄，县委副书记、县长许达共同为中共衡南高新技术产业开发区工作委员会、衡南高新技术产业开发区管理委员会揭牌，县委副书记雷俊主持，县人大常委会主任黄日荣，县政协主席秦正云参加。

衡南高新技术产业开发区（原衡南县工业园、衡南产业开发区）成立于2005年，核定面积6.03平方公里。园区获批湖南省新型工业化产业示范基地，荣获2019年度湖南省“园区产业高质量发展奖”等荣誉。

近年来，衡南县大力推行“‘清’易通·‘码’上办”服务，全力打造“只要来衡南，一切都不难”政务服务品牌，相继出台《衡南县关于进一步促进招商引资工作加速发展实体经济的若干意见》《衡南县支持输变电产业发展的若干政策措施》等优惠政策。园区形成了以电子信息与电力装备制造产业为主导、农特产品精深加工产业为特色、建筑业和物流业双总部经济齐头并进的“一主一特双总部”现代化产业体系，现有投产企业201家，高新技术企业37家，国、省、市“小巨人”企业20家，规模以上工业企业104家，2022年完成技工贸总收入184亿元。

湖南（常德）台湾工业园揭牌成立

揭牌仪式现场

2023年12月23日，湖南（常德）台湾工业园在常德高新区揭牌成立。省委台湾工作办公室主任曾智夫，市委副书记、市长周振宇出席揭牌仪式并致辞。

湖南（常德）台湾工业园于2023年6月获批。该工业园以常德高新区为主体，辐射带动汉寿高新技术产业园区、西洞庭产业开发区、武陵区移动互联网产业园，拟规划总面积1115亩，重点建设以电子信息、鞋帽制造、农业及农产品深加工为主体的产业集群。

周振宇表示，常德将以此次揭牌为契机，坚持把服务对台工作大局与推动地方经济发展相统一，不断深化双方经贸交流合作，为台商台企提供最优惠的投资政策、最优良的发展环境、最优质的服务保障，把园区建设成为台资企业集聚发展的平台，打造成为湖南涉台经济工业园区的样板，为湘台互利共赢携手发展作出更大贡献；希望在常台商台企，当好常台两地经贸交流合作的宣传者、推动者，讲好常德故事、传播常德声音，招引更多台商台企来常投资兴业、安居乐业。

1.12月28日，长沙经开区明和特色产业园首批企业交付仪式举行 1

2.12月22日，湘江科学城7个项目在长沙举行集中开工仪式 2

台湾青年企业家代表团参观考察在常台资企业

2024

湖南地方年鉴

农业·林业·水利

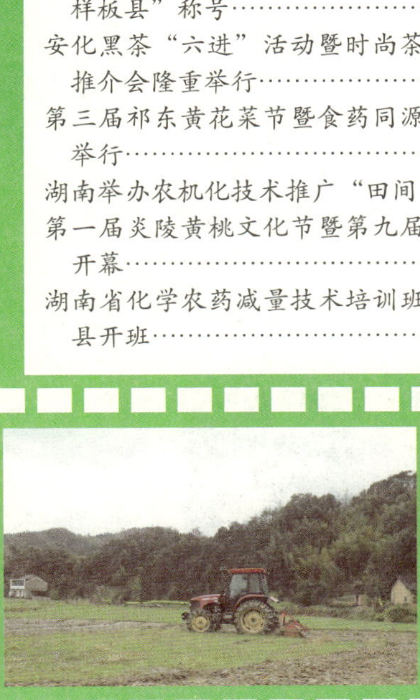
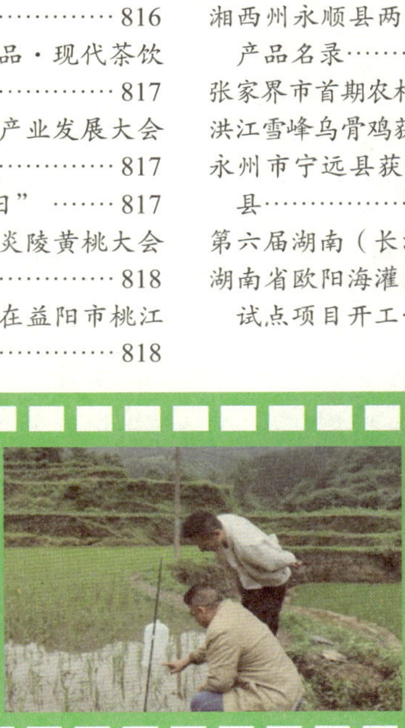
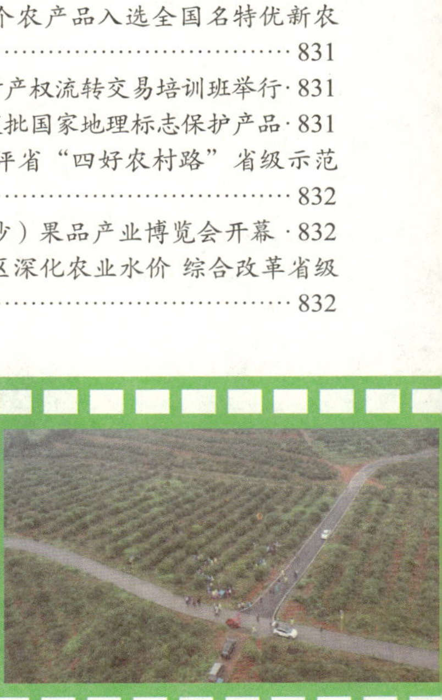

要闻纪事
2023 年

1月

△1日，郴州市郴江河综合治理工程开工。

△3日，湘西州创新探索“央地合作”新模式，与三峡集团开展多领域合作，由三峡集团注资5亿元用于大兴寨水库工程建设，走出一条“资源整合、政企合作、专业经营、共管互利”的建设管理新路子。

△8日湖南岳麓山水稻有限公司正式成立，并对外首发水稻品种“麓山超早1号”。

△10日，深圳标准促进会发布公告，产自永州市江华瑶族自治县的瑶珍大米通过“圳品”认证，标志着湘米高端品牌进军粤港澳大湾区取得突破。

△10日，中国柑桔学会第七次会员代表大会在郴州举行。

△10日，绥宁县秀水水库举行大坝封顶仪式，副县长禹春辉参加。

△28日，平江抽水蓄能电站项目建设全面铺开；安化、炎陵、桃源、攸县抽水蓄能项目纷纷复工，汨罗抽水蓄能电站项目抓紧做好开工准备。

△29日，麻阳县柑橘社会化服务暨农资集采工作院落会在谭家寨乡召开，共商柑橘产业发展大计，共谋乡村振兴之路。

张家界市一林场获评“全国十佳”

2023 年 1 月 14 日，湖南省林业局发布消息，湖南共 3 家林场获评 2022 年度全国“十佳林场”，其中，张家界市永定区石长溪国有林场入选。

全国“十佳林场”评选活动由中国林场协会举办，每年举办一次，旨在表彰全国各地在森林经营、护林防火、产业发展、设施建设、科技兴林、改革管理等方面有突出业绩的林场，助力推进生态文明建设，促进绿色发展。2022 年，全国共有 4855 家国有林场参加评选。经中国林场协会实地考察和相关专家评审，44 家国有林场被评为全国“十佳林场”。

张家界市永定区石长溪国有林场地处永定区西南部，是湖南省杉木速生丰产林基地之一，森林覆盖率达 93%。近年来，林场坚持“营林为本、生态优先、合理利用、持续发展”，森林后备资源充足，形成生机盎然的景象。

1.1 月 9 日—14 日，湖南省兽药饲料监察所开展春节前畜禽产品监测抽样和兽用抗菌药减量化宣传

1

“山货出山 红背篓在行动”农产品全域销售活动现场

“湖南茶油”品牌影响力进入全国“TOP100”

2023 年 1 月 17 日，湖南省林业局发布消息，“湖南茶油”公用品牌入选“2022 中国区域农业产业品牌影响力指数 TOP100”，是全国油茶行业唯一入选品牌。

“中国区域农业产业品牌影响力指数 TOP100”评选由《中国品牌》杂志社、中国品牌网主办，该指数已成为中国区域农业品牌培育、打造的重要参数。从前期公示看，评选“2022 中国区域农业产业品牌影响力指数 TOP100”，全国有 765 个品牌入围。

湖南是油茶主产地，近年来，全国油茶产量近一半来自湖南省，湖南油茶的产值、产量、种植面积均居全国首位。推动油茶产业发展壮大，湖南省自 2018 年起，重点打造“湖南茶油”公用品牌，对申请使用“湖南茶油”公用品牌的产品进行严格的质量检测与筛选，对授权产品实施动态跟踪抽检，以确保餐桌上每一滴“湖南茶油”的上乘品质。

目前，湖南省已初步形成以“湖南茶油”公用品牌为引领，地方区域特色品牌、企业知名品牌为支撑的湖南省茶油品牌体系，“湖南茶油”在全国的美誉度和知名度不断提升，影响力迅速增大。

“湖南茶油”公用品牌登上央视广告

怀化农产品走向全国

2023 年 1 月 16 日，怀化举行“山货出山 红背篓在行动”农产品全域销售活动，怀化供销“红背篓”销售平台上线仪式同步举行。400 多种特色农产品，将借助“红背篓”销售平台走向全国。

怀化供销“红背篓”销售平台，是怀化市供销合作联合社官方线上商城，设有直采专区、直播专区和沅陵、辰溪等 13 个县市区专馆，非物质文化遗产与农产品同步亮相。该平台上线展品 400 多种，参展企业 100 多家。怀化市供销合作联合社通过建设线上销售平台，开通抖音号、微信公众号，聘任供销推荐官，授牌供销“红背篓”农场，开展直播带货等，打造永不落幕的怀化农产品“博览会”。

1 月 16 日，在“红背篓”销售直播间，来自各县市区的特约推荐官通过线上直播，为家乡农产品代言。

怀化拥有中药材、水果、茶叶、蔬菜、畜禽水产、粮油、竹木七大支柱产业，现有中国驰名商标 6 件、“两品一标”农产品 292 个。怀化农产品不仅畅销国内市场，还远销俄罗斯、加拿大、东南亚等国际市场。接下来，将依托全国供销总社、中国供销集团等销售网络，加快对接连线国家 832 平台、湖南省政府电子卖场、湖南乡村振兴馆，全力推介销售怀化农产品。

岳阳市鹤龙湖投放首批 200 万尾蟹苗

2023 年 2 月 12 日，岳阳市湘阴县鹤龙湖镇首批约 200 万尾蟹苗投放“湘水红”养殖基地。

鹤龙湖水质清冽，水中微量元素和微生物环境独特，适宜螃蟹生长。鹤龙湖大闸蟹品种来源于中华绒螯蟹，经驯化后，不仅有着教科书式的“青背、白肚、黄毛、金爪”，而且口感独特，鲜甜膏肥。2010 年，鹤龙湖蟹获中国中部国际农博会金奖，当地开发的湖湘口味蟹被评为中华特色名菜。目前，“蟹虾小镇”鹤龙湖镇共发展蟹虾等特色水产 3.57 万亩，形成以蟹虾产业为主导的特色产业集群，全产业链年产值达 16.89 亿元。

2 月 12 日，“科技部教育部湖南农业大学新农村发展研究院湖南河蟹（湘水红）特色产业基地”揭牌。湖南农业大学将为鹤龙湖镇提供养殖规划与设计和“湘水红”品牌苗种生产、养殖技术、新品种研究与开发等方面技术指导。双方还将开展产学研深度合作，建立以鹤龙湖“湘水红”膏蟹战略研究、技术研发、示范与推广为核心的专家服务团队，建立人才、技术、设备、产品等校企合作信息库，搭建合作平台、推进成果转化。

鹤龙湖镇党委书记陈丽表示，该镇将坚持以产业强镇和特色小镇建设为抓手，进一步提高鹤龙湖螃蟹品质和产量。

鹤龙湖投放首批 200 万尾蟹苗

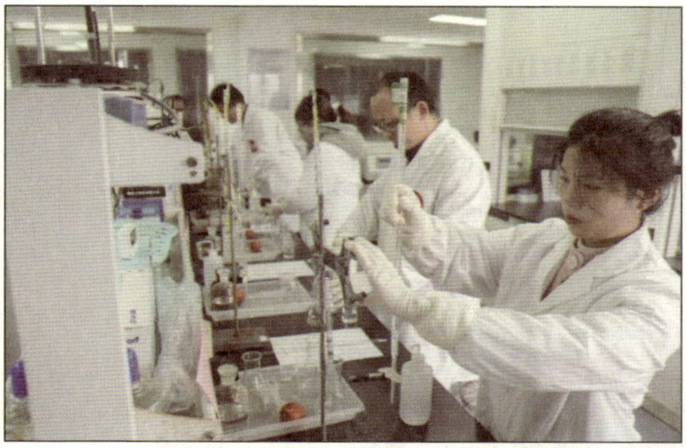

1
2
3

1.2 月 2 日，湖南省水产科学研究所举办了湖南省水产科学研究所第一届实验技能竞赛

2.2 月 1 日，湖南省生猪产业技术体系首席专家、湖南省畜牧兽医研究所总畜牧师彭英林研究员带领专家团队，赴湖南龙茂牧业有限公司和浏阳市泽众生态养殖有限公司开展产业调研与技术交流活动

3.1 月 16 日，道县工作人员检查树苗状况

计划打造“无人农场”

2023 年 2 月 16 日，湖南君山生态渔业集团与中国农业大学国家数字渔业创新中心、北京国渔科技有限公司签订协议，国家数字渔业创新中心湘北分中心在岳阳市君山区揭牌落户。

国家数字渔业创新中心湘北分中心成立签约暨授牌仪式

中国农业大学国际学院院长、国家数字渔业创新中心主任李道亮介绍，湘北分中心是湖南首个国家数字渔业创新中心，双方将以打造数字化、高效化、绿色化“无人农场”为共同目标，把君山区水面资源优势转化为数据信息资源优势，反哺君山渔业现代化发展。

国家数字渔业创新中心湘北分中心将实现环境数字化、装备数字化、鱼种数字化、能源数字化、微生物数字化，通过“区块链”推动农业从机械化向数字化转变，培育推广新品种，节约农业生产成本，提升资源利用效率。

君山区区长陈淼介绍，该中心的成立，也是君山区推进资金、资产、资源“三资”改革的重大成果。君山区将盘活 6.2 万亩水面资源，推动 60.94 万亩国有农垦土地使用权确权，促进水产养殖场转型升级，加快建设渔业高质量健康绿色发展示范区。

2月

△2 日，犬木塘水库库区抬填工程在邵阳县长阳铺镇龙湾岭村段开工。

△9 日，大湾集配公司与邵阳县五峰铺镇 27 户种粮大户，签署 5000 余亩“隆平五丰”稻种购销协议，落实湖南省第一个低镉优质大米种植基地。

△9 日，阿联酋中国农产品协会来永考察座谈会召开。

△13 日，湖南省林业局发布消息，2022 年湖南省“林长制实施运行”在国家考核中排名第一；岳阳县全面推行林长制工作获得国务院真抓实干督查激励，成为湖南省第二个获此荣誉的地区。

△15 日，2023 年湖南省骨干科技特派员服务乡村振兴（娄底专场）暨科技创新能力提升专题培训班在娄星区开班。

△17 日，湖南省供销合作总社第四届理事会第五次全体会议召开。

△21 日，《地理标志产品桑植萝卜》省级地方标准顺利通过专家评审。

△24 日，湖南省农业农村厅与湖南航空携手打造的“五彩湘茶”号彩绘飞机从长沙启航。此次“农业”与“民航”跨界携手，是湖南全面推进乡村振兴、加快建设农业强省的具体举措，进一步扩大了“湘字号”农产品影响力。

△25日至26日，湖南省内农业、环保领域专家齐聚长沙，开展绿色种养循环农业技术培训，全省100余名绿色种养循环农业技术骨干参加。

△27日，湖南湘黔生态养殖有限公司林冲镇高坪村生猪养殖基地举行开工启动仪式。

3月

△1日，2023年永州市林业工作会议在冷水滩召开。

△2日，沅陵县召开2023年林业工作会议。会议学习贯彻中央、省市县相关会议精神，回顾总结2022年林业工作，安排部署2023年林业工作。

△3日，烟竹垅水库除险加固工程正式开工。

△4日，毛万春等全体住湘全国政协委员联名向全国政协十四届一次会议提交提案，建议国家相关部门加强统筹协调，支持加快建设湘桂运河。

△4日，北湖区鲁塘镇集中供水工程——太山里水库工程开工仪式举行。

△7日，全国冬油菜病虫害防控现场会在常德市鼎城区召开。会上介绍，湖南推广油菜病虫害绿色防控，为油菜产业“加油”。

2023 中国·华容芥菜文化节开幕

省农科院党委副书记、副院长余应弘颁授“洞庭实验室 华容芥菜研发中心”牌匾

2023年2月24日，2023中国·华容芥菜文化节在华容县启幕。开幕式上，32个项目集中签约，总投资112.81亿元。华容被中国食品工业协会授予“中国芥菜之乡”，被湖南省农科院授予“洞庭实验室华容芥菜研发中心”称号。

此次文化节以“华容芥菜，香飘世界”为主题，由“芥菜之味”品鉴晚宴、“芥菜之春”芥菜产业高质量发展大会、“芥菜之源”现场巡展观摩活动、“芥菜之道”芥菜产业高质量发展研讨峰会、“芥菜之恋”名优产品展示展览等5大环节组成。

主办方组织华隆酸菜、洞庭明珠等135家名优品牌企业、10类近110个特色乡村振兴产品参展，吸引约5万人参与。邀请中国食品工业协会等10位专家、学者，围绕芥菜产业发展前景展望与瓶颈分析等，深入探讨华容芥菜产业发展的新思路、新场景和新机遇。

华容县委书记陶伟军介绍，2018年3月，华容县首次举办“华容芥菜大会”。时隔5年，再次举办中国·华容芥菜文化节，旨在集中展示宣传华容芥菜品牌形象，将节会办成展示华容特色产业的窗口、促进产销对接的平台、发挥品牌效能的纽带、推动产学研融合的载体，助推华容芥菜产业高质量、高标准、高效能发展。

常德市石门县喜获『全国茶业百强县』『十大茶业科技助农县域』荣誉

石门喜获“全国茶业百强县”“十大茶业科技助农县域”荣誉

2023年2月28日，第十八届中国茶业经济年会在咸阳开幕，常德市石门县获得“全国茶业百强县”“十大茶业科技助农县域”荣誉称号。同时，常德市石门县茶祖印象茶业有限公司制茶师徐洋洋获得“国茶人物·制茶能手”称号。

2022年以来，石门茶产业发展获得一系列荣誉。第十一届“中绿杯”名优绿茶质量评选中，石门荣获一个特别金奖，一个金奖和两个银奖；“石门银峰”在“2022潇湘杯湖南名优茶评比”绿茶组荣获第一、二名，总共21个席位占据4个席位；湖南石门渫峰名茶有限公司、湖南壶瓶山茶业有限公司入选“潇湘茶品牌十大标杆企业”；石门县天画罗坪茶业有限责任公司被评为2022湖南红茶“十大产品品牌”。邹应琼、覃小洪、马杰、徐辉、冷建国等茶人分别入选“潇湘茶品牌优秀专业茶叶合作社带头人”“潇湘茶品牌优秀基层茶叶技术带头人”“潇湘茶品牌优秀茶叶标准化带头人”“湖南省杰出茶人”和湖南红茶“十大制茶工匠”等。

1.2月2日，娄底市林业局在水府庙国家湿地公园举行“世界湿地日”宣传活动

1

“农机3·15”消费者权益日活动举办

2023年3月15日，湖南省农业农村厅在郴州市苏仙区举办2023年湖南省“农机3·15”消费者权益日活动，帮助购机户提高辨假识假能力，维护农机消费者权益。

湖南省农业农村厅相关负责人表示，春耕时节，正值农机销售旺季，各级农机部门要认真履行农机质量监管职责，扎实做好农机质量调查、试验鉴定、安全监理、维修管理、技术推广等各项工作，护农保春耕。农民购买农机时，要主动了解农机质量监管政策，掌握辨别假冒伪劣农机产品的知识，提高依法维权的意识和能力。

活动现场，10家农机生产企业和经销商承诺，将增强质量主体意识，确保合格农机具供应。当地农机部门开设新机具观摩展示区，摆开农机质量投诉、购机补贴政策等8个业务咨询服务台，发放《农机质量投诉服务指南》《农机用户购机指南》《水稻机械化育秧技术要点》等资料1000余份，接受现场咨询200多人次。

『保靖黄金茶』获国家地理标志产品保护示范区创建授牌

“保靖黄金茶”获国家地理标志产品保护示范区创建授牌

2023年3月21日，在湘西州保靖县首届旅游发展大会活动黄金村现场点，湖南省市场监管局一级巡视员段志雄受国家知识产权局委托，为“保靖黄金茶”国家地理标志产品保护示范区创建授牌。

“保靖黄金茶”是古老、特异、珍稀的地方茶树品种资源，素有“一两黄金一两茶”之美誉。先后获国家市场监管总局商标局批准的地理标志证明商标、湖南省著名商标，入选中欧地理标志协定第二批保护名录。2021年经保靖县市场监管局申报，湖南省知识产权局、湘西州市场监管局推荐指导，国家知识产权局批准，“保靖黄金茶”国家地理标志产品保护示范区项目正式获批筹建，属于湘西州首个、湖南省自2015年来获批筹建的3个“国”字号示范区之一。加强国家地理标志产品保护工作将进一步规范“保靖黄金茶”体系建设，提高“保靖黄金茶”产品质量和市场竞争力，带动全链条上下游产业发展，为促进保靖县茶旅融合发展，加速构建“酉水明珠·黄金茶城·幸福保靖”作出更大贡献。

1.2月8—9日，湖南省畜牧水产事务中心在衡山县举办兽医社会化服务体系建设现场观摩活动

1

第十一届李曼中国养猪大会在长开幕

2023年3月24日上午，第十一届李曼中国养猪大会在长沙开幕。本届大会邀请了中国、美国及欧洲等20多个国家的100多位权威专家，围绕生物安全、疫病防控、诊断及检测等主题，分享国际最新资讯和研究成果。中国工程院院士、中国科学院亚热带农业生态研究所首席研究员印遇龙，副市长康镇麟参加开幕式并致辞。

美国明尼苏达大学兽医学院动物医学继续教育计划主任Allen D.Leman为了讨论养猪业的重要问题，搭建出的一个不带偏见的共享知识与经验的平台——李曼养猪大会。2012年，李曼养猪大会首次进入中国，并命名为李曼中国养猪大会。大会秉承“为世界养猪业提供科学为本的解决方案——聚焦中国”主旨，持续为中国养猪从业者分享来自全球权威专家的研究结果，被行业内评为养猪业最有价值的会议之一。

会议现场

『水电湘军』建功『一带一路』

“水电湘军”建功“一带一路”

2023年3月22日，中国水电八局承建的乌干达卡鲁玛水电站首台机组成功并网发电，标志着中乌两国“一带一路”合作典范工程取得重要成果。

乌干达共和国位于非洲东部，水力资源充沛，被称为“东非水乡”，著名的白尼罗河横贯其国土南北，拥有世界第二大淡水湖维多利亚湖的大部分水域，但当地水电基础设施薄弱。卡鲁玛水电站是乌干达目前最大水电站，6台机组总装机600兆瓦，承载着乌干达富民强国的梦想，备受中乌两国元首关注。

随着“一带一路”建设向纵深推进，中国水电八局瞄准亚太、欧亚、美洲、东南非、中西非和中东6大区域市场，承建工程110多个，涉及水利、能源、市政、交通等多个领域。目前，中国水电八局在建项目30多个，包括印尼雅万高铁、尼日利亚宗格鲁水电站、老挝南俄水电站、马来西亚凯德隆火电站等。已建成的柬埔寨甘再水电站、马来西亚沐若水电站、加纳布维水电站，获得全国建筑行业工程质量最高荣誉“鲁班奖”。

△8日，湖南省备春耕暨高标准农田建设现场会和第三次全国土壤普查工作推进会在汨罗市召开。省委常委、副省长张迎春出席会议。

△8日，坪坝镇杂粮种植管理技术培训会议展开，现场讲授杂粮产业现状和发展机遇、种植管理技术等内容。坪坝镇种植大户、各村书记、部分群众共计40余人参加了培训会议。

△9日，“南岳云雾”衡阳茶品牌推广中心揭牌，标志着作为区域公共品牌的“南岳云雾”有了一个品牌推广、产品统销的一体化平台。

△10日，湖南省供销合作社农业社会化服务大联盟成立启动仪式在湘乡市龙洞镇泉湖村举行。省委常委、副省长张迎春出席启动仪式并宣布“大联盟”成立。

△14日，湖南省水利厅派出14个检查组，赴14个市州分片包干督查备汛工作。

△14日，永州市冷水滩区现代农业综合服务中心育秧工厂的第一批早稻秧苗成功出苗。

△16日，永州市委副书记、市长陈爱林深入零陵调研春耕备耕、粮食生产工作。

△17日，石门县易家渡镇，补充耕地旱改水项目和土地开发项目现场选址复核工作正在开展。

△17日，2023年度常德市人大农业委系统工作联系会暨农产品质量安全行活动座谈会在澧县召开。

△17日，祁阳市文明铺镇组织综合应急救援队开展主题为“冬春草木干，防火要当先”的扑火实战演练，全面提高森林扑救的战斗力。

△22日，衡阳市水文局在祁东归阳河段举行2023年度水文应急监测演练。

△22日，由衡阳市供销合作社发起，多家涉农组织和金融机构共同签订了四方战略合作协议，这标志着衡阳市推进农业现代化迎来新的里程碑。

△22日，岳阳林纸提质升级综合技改项目一期45万吨文化纸项目奠基仪式，在岳阳城陵矶新港区举行。

△22日，以“实施国家节水行动 建设美丽幸福湖南”为主题的“三湘节水总动员”主题宣传活动启动仪式，在长沙洋湖湿地公园举行。

△23日，衡南县委农村工作会议暨“三湘护农”专项行动工作部署会召开。

△24日，湖南省抽水蓄能装备供需对接会在株洲召开，40余家企业深入交流，共迎产业春天。

郴州市资兴市25吨稻种免费发给农户

2024年3月24日，郴州市资兴市蓼江镇蓼江村村民刘贱仁领到700公斤种子。资兴市先后向双季稻轮作核心示范区220多户农户，免费发放优质早稻种子25吨。

为发展粮食生产，资兴市在蓼江镇、回龙山瑶族乡等乡镇创建双季稻轮作模式核心示范区1万多亩，政府免费给农户提供种子、技术指导，并给予每亩机械化补助80元。为确保春耕生产物资安全、高效调配，资兴市开展专项监督，全力护航春耕。2023年2月由资兴市纪委监委成立春耕生产专项监督检查组，采用明查暗访、实地查看、查阅资料、电话回访等方式开展监督检查。督查人员下沉一线，深入田间地头、农户家中、农资销售点，聚焦种子、肥料、农机具等物资供应、价格质量等情况，摸清找准并监督解决春耕生产中群众“急难愁盼”问题，共督促相关职能部门解决问题28个。

目前，资兴市已储备种子180吨、农药11吨、化肥3160吨、秧盘8.2万片、农膜100吨、农机5240台，为全年粮食生产和农业丰收打下基础。

1
2

1.2月13日，春训第一期培训班——湖南省农民田间学校辅导员培训班开班

2.2月9日，澧县幸福水库朝天口回填已至箱涵顶

湖南省成立畜禽遗传资源委员会

2023年4月12日，湖南省组建第一届畜禽遗传资源委员会并召开成立大会，中国工程院院士印遇龙当选荣誉主任。委员会聚集一批动物遗传育种领域领军人才及畜禽品种权威专家，旨在落实国家种业振兴行动部署，构建畜禽遗传资源管护与创新技术支撑体系，标志着湖南省畜禽种业发展工作步入新阶段，助力湖南省畜禽种业实现“弯道超车”。

湖南省畜禽遗传资源委员会下设猪、禽、牛羊、疫病控制和其他畜禽等5个专业委员会，由省内高等院校、科研院所、种业阵型企业、技术推广等行业的81位专家组成，其主要职责是依法开展畜禽遗传资源管理保护与创新，强化种业科技研发和技术服务，大力创制一批优质、高效、绿色、节粮畜禽新品种和配套系，加快湖南省畜禽种业科技自立自强、种源自主可控，推进现代畜牧业高质量发展，建设畜牧业强省。

湖南成立畜禽遗传资源委员会

衡阳市衡阳县积极推广工厂化育秧

工人们在秧田里摆放秧盘

2023年3月26日，连日来，衡阳县田间地头掀起春耕生产热潮，农户们抢抓农时，翻耕农田、整理秧盘、培育秧苗。

在衡阳县群星优质稻种植专业合作社的“育秧工厂”里，几名工人正在生产线上忙碌着。铺上营养土、洒水、播种、覆土……秧盘源源不断，摆满了自动传输带。

为帮助种粮农民节本省力增效，衡阳市衡阳县近年来积极推广工厂化、商品化集中育秧。争取上级财政奖补资金1824.5万元，支持水稻种植专业合作社、种粮大户开展集中育秧，同时，该县还按每亩60元的标准，补助育秧规模在30亩以上的机插（抛）秧田。衡阳市衡阳县农业农村局局长王辉宇介绍，与群星优质稻种植专业合作社同等规模的“育秧工厂”，衡阳县共有37个，可满足12万亩早稻用秧。

在岘山镇岘市社区一处水稻秧田里，衡阳县金田种养专业合作社理事长刘春桃带领工人，忙着整理秧盘等。不远处，刘春桃请来的农机手刘中华驾驶旋耕机来回作业。不到20分钟，一丘2亩见方的稻田便被翻耕成了无盘旱秧田。刘春桃说，2023年他将种植早稻1200亩，比去年增加200亩。

15县（市）获评湖南省柑橘品改示范县

2023年4月13日—14日，湖南省柑橘品改与良种繁育经验交流及技术培训班在郴州市永兴县举办。现场，常德市石门县、怀化市洪江市等15个县（市）获得湖南省柑橘品改示范县（市）授牌。

湖南是柑橘生产大省，2021年湖南省柑橘种植面积637万亩，产量643万吨，柑橘生产规模位居全国第二。近年来，湖南省加快推进柑橘品改，重点支持柑橘无病毒良种繁育基地和柑橘绿色精细高效示范基地建设，实施早中熟柑橘优势特色产业集群项目，有序推进“湘南脐橙”品牌创建，湖南省柑橘产业迈向高质量发展。

为继续夯实产业发展基础，农业部门将不断完善果园基础设施、推广新技术新模式，提高土地利用率、劳动生产率和经济效益。继续抓好柑橘品种改良、品质提升、品牌打造，构建政府主导、企业主体、农民参与、社会支持的柑橘产业发展新格局，整合县域涉农资金向柑橘品改倾斜，抓好技术培训与推广，抓好示范引领，指导、支持示范园建设。

15县（市）获评全省柑橘品改示范县

1.2月19日—23日，湖南省农机事务中心在湖北襄阳东风井关培训基地组织开展2023年首期农机维修职业技能培训

2.2月14日，永州市道县祥霖铺镇上渡村，农民在给刚移栽的农作物覆膜

3.2月13日—16日，国家蚕桑产业技术体系岗位科学家、亚太地区蚕桑培训中心主任、华南农业大学刘吉平教授，在湖南省蚕桑科学研究所负责人陪同下，考察调研湖南蚕桑产业并在基地县开展技术培训

4.2月14日，湖南江永水利局开展汛前安全检查现场

湖南7个茶叶品牌入选全国100强

2023年4月12日，中国茶叶大会发布2022中国地理标志农产品（茶叶）品牌声誉评价核心成果及百强榜，湖南7个茶叶品牌上榜。

此次上榜的湘茶品牌是安化黑茶、碣滩茶、古丈毛尖、保靖黄金茶、岳阳黄茶、长沙绿茶、安化红茶，分别位列第18、29、43、51、53、69、86位。

湖南是茶叶大省。连续多年，湖南省坚持“三茶统筹”，积极打造茶叶品牌，释放茶叶科技研发新动能，探索茶叶产业富民新模式，推动湖南省茶产业实现高质量发展。截至2022年底，湖南省茶园面积达345万亩，湖南省年产茶32万吨、综合产值1051亿元。

2022中国地理标志农产品品牌声誉评价共选取1568个品牌，其中茶叶类品牌149个，覆盖中国四大茶区18个省（区、市）。

△25日，衡阳市举办2023年水旱灾害防御工作培训班，全市水旱灾害防御工作负责人与业务骨干等600余人参加培训。

△26日，滇黔川渝藏湘桂林草主管部门2023年度森林草原防火联席会议上，湖南省林业部门与贵州省、广西壮族自治区林业部门签订防火联防联控合作协议，提升三地交界区域森林草原防火工作水平和火情早期处理能力。

△30日，南岭柑橘研究院正式揭牌，并分别与市农科所、中化现代农业（湖南）有限公司、郴州职业技术学院、郴州市万亩鲜生态农业发展有限公司签订战略合作协议。

△30日，麻阳为2022年新增的两家省级农业产业化龙头企业——湖南佳惠果果绿农业科技有限公司和麻阳霞飞云果园进行授牌。

△31日，益阳市举行“银城绿盾—2023”重大森林火灾扑救演习。

4月

△6日，湖南省土壤肥料工作站在长沙召开2023年“洞庭清波”问题整改工作推进会，就“农作物化肥施用强度偏高”和“绿色种养循环农业试点项目资金支出率低”问题整改进行部署安排。

△7日，湖南省水利厅透露，2023年，湖南省计划对1171座小型病险水库进行除险加固，目前已完成初步设计编制工作。

△9日，常宁市天堂山办事处黄洞、白竹等村的黄金茶种植基地里，数千亩黄金茶进入采摘期。

△10日，湖南省水运工作会议召开并传达，2023年湖南省计划完成水运建设投资70亿元，强力推动湖南加快形成“一江一湖四水”高等级航道网及“一枢纽多重点广延伸”港口体系，夯实水运基础，助力水路旅游发展。

△10日至11日，2023年湖南省农作物重大病虫发生趋势会商会在长沙召开。会议研判认为，2023年湖南省主要农作物病虫害预计总体偏重发生。

△11日，湖南农业大学、中国种子集团有限公司和湖南粮安科技股份有限公司在长沙签订生产经营权转让协议，中国种子集团有限公司正式获得“檀湘A”的全球范围内生产经营权，转让费用为500万元。

△12日，湖南省全面铺开基层森林防火督查指导。省林业局发布消息，已派出7支督导组，深入14个市州筑牢森林防火墙。

2023第六届中国（国际）小龙虾产业大会暨首届湖南南县小龙虾节开幕

2023年4月16日，2023第六届中国（国际）小龙虾产业大会暨首届湖南南县小龙虾节在益阳市南县开幕。大会以“生态、创新、融合”为主题，旨在充分展示全国小龙虾产业发展成果，稳步推进中国小龙虾全产业链高质量发展。

本次大会上，南县被授予“中国小龙虾全产业链发展示范县”称号。武汉大学质量发展研究院发布2022年—2023年度“南县稻虾米”“南县小龙虾”区域公用品牌价值评价报告。两者合计355.6亿元。其中，“南县小龙虾”区域公用品牌价值位居全国第三。

近年来，南县大力发展稻虾产业，取得显著成效，获得“全国生态农业示范县”“中国虾稻米之乡”“中国生态小龙虾之乡”等美誉，持续擦亮了“洞庭明珠”“鱼米之乡”等名片。全县稻虾种养面积达62万亩，综合产值达155亿元，辐射带动周边县（区、市）发展稻虾上百万亩，初步打造了环洞庭湖稻虾优势特色产业集聚发展区，成为益阳市实施乡村振兴战略的重要支柱产业，被纳入益阳市现代农业“131千亿级产业”工程总体部署。“南县小龙虾”被列入中国农产品区域公用品牌，南县还被农业农村部评为全国稻虾全产业链典型县。

本次大会还安排了中国小龙虾养殖创新发展论坛、稻虾产业推介会、项目签约仪式、抖音直播带货等多项活动。

小龙虾产业发展高峰论坛现场

1.2月21日，“银发人才”深入田间地头进行指导

2.2月19日，耒阳市农业调研组查看沟渠疏浚情况

3.2月23日—24日，永州市举行湖南早中熟柑橘优势特色产业集群专家技术培训暨示范观摩活动

湖南水利建设『一号工程』获行业最高奖

2023年5月5日，2021—2022年度中国水利工程优质（大禹）奖名单公布，涔天河水库扩建工程榜上有名。该奖项是中国水利工程行业优质工程的最高奖项，本次入围项目共36个，涔天河水库扩建工程为湖南省唯一入围项目。

涔天河水库位于江华瑶族自治县境内，是一座以灌溉、防洪为主，兼顾下游补水和发电综合利用的大(1)型水库。2014年5月，涔天河水库枢纽工程、涔天河灌区工程两项工程，均被列入国务院172项国家重大水利工程，概算总投资100亿元，成为湖南水利建设“一号工程”。

涔天河水库枢纽工程大坝高114米，正常蓄水位313米，总库容15.1亿立方米，电站装机容量20万千瓦。涔天河灌区工程分左右两条干渠，14条支渠，干渠总长240公里、支渠169公里，建成后将成为湖南省最大的灌区。

涔天河水库水质稳定保持在国家地表水Ⅰ类标准，航拍镜头里，宛如碧玉翡翠。涔天河水库扩建以来，已在枯水季节为湘江下游累计补水52.43亿立方米，极大地改善了湘江流域水生态环境，更好地满足了长株潭地区的用水需求。特别是2022年湖南发生了1961年以来最严重的气象水文干旱，涔天河水库为下游补水9.06亿立方米，确保了“湘江北去，漫江碧透”。

涔天河水库

县农业农村特色产业开发服务中心农艺师、驻站专家谭善凯现场讲解脐橙保果技术

邵阳市新宁县建起首个乡村振兴人才服务站

2023年5月19日，邵阳市新宁县首个乡村振兴人才服务站——新宁县脐橙产业人才服务站在该县高桥镇建立。

乡村振兴人才服务站，将聚焦乡村振兴和产业发展需求，充分发挥本土专家人才引领作用，积极宣传推介人才政策；定期组织开展专题研讨会，解决制约产业发展的重点难点问题；开展技术指导服务，大力培养农村实用技术人才，协助引进人才项目，积极推动技术创新，为邵阳市新宁县特色产业发展提供智力支持。

新宁县县委组织部相关负责人介绍，为全面实施“旅游立县、生态引领、产业富民、文化兴盛”发展战略，全县将围绕服务文旅、脐橙、烤烟等特色产业，整合本土人才资源，陆续在崀山镇、黄龙镇等乡镇建立5个人才服务站，着力解决乡村振兴人才总量不大、质量不优的问题，持续做优做强农业特色产业，助推乡村振兴。

1
2
3

1.3月8—9日，与会代表实地观摩了鼎城区油菜病虫害绿色防控、统防统治现场

2.2月28日，湖南省绿色食品协会与湖南省农产品产销协会签订战略协议

3.3月1日，桂阳县村民们在寄栽烟苗

“邵阳茶油”获湖南省地理标志产品保护示范区授牌

“邵阳茶油”获湖南省地理标志产品保护示范区授牌

2023年5月10日，湖南省地理标志产品保护示范区建设现场会在益阳市安化县举行，“邵阳茶油”获得湖南省地理标志产品保护示范区授牌。

邵阳市邵阳县生产茶油历史悠久，素有“天然油库”的美誉，邵阳县先后争创了全国油茶基地示范县、“中国茶油之都”“中国油茶之乡”、“邵阳茶油”国家地理标志证明商标、国家油茶产业示范园、“国家油茶标准化示范县”“全国木本油料特色区域示范县”“国家油茶示范交易中心”“邵阳油茶中国特色农产品优势区”等品牌。2013至2014年先后被国家工商管理总局、国家质量监督检疫检验总局批准授予“邵阳茶油”地理标志证明商标和国家地理标志保护产品。

邵阳县委、县政府一贯重视“邵阳茶油”的品牌建设和发展，积极推进湖南省地理标志产品保护示范区建设，强化地理标志产品保护集聚效应，把“邵阳茶油”地理标志保护产品打造成为我县优势特色产业。

会上，县人民政府副县长姜佳良接受授牌并作经验交流发言，邵阳县将以本次交流会为契机，从健全工作体系、强化保护运用、提升品牌效应三个方面着手，进一步营造良好营商环境，讲好品牌故事，高标准打造“邵阳茶油”省级地理标志产品保护示范区，助力推动“三兴三区”建设。

△12日，在浙江开幕的2023中国茶叶大会公布了2022中国地理标志农产品（茶叶）品牌声誉评价核心成果及百强榜，湘西州古丈毛尖、保靖黄金茶两大茶叶品牌入选该榜单。

△12日，湖南省林业局发布消息，《全省林火阻隔系统与森林消防蓄水池建设两年行动方案》已正式印发，湖南省将用2年时间，基本建成封闭成网的林火阻隔系统，切实提升综合防控能力，有效应对森林防火严峻形势。

△13日，湖南省林业局发布消息，《全省国有林场和自然保护地森林消防队伍建设两年行动方案》印发。

△15日，湖南省骨干科技特派员服务湘黔边界地区乡村振兴暨科技创新能力提升专题培训班，在新晃结业。

△16日，岳阳市屈原管理区湖南惠众生态农业科技有限责任公司生产基地，科技特派员关健与村民商讨如何进一步完善早稻种植与青蛙养殖，提升农业综合效益。

△16日，湖南省粮食和物资储备工作会议在长沙召开。会议提出，大力推动粮油产业高质量发展，力争2023年全省粮油加工业总产值突破1820亿元、增长5%以上。

△17日，湖南共青团2023年志愿服务助力农业生产项目在湘潭启动。现场举行了“送肥下乡”爱心捐赠仪式，11家企业和爱心单位为湘潭20个乡村振兴重点村捐赠农资化肥102吨。

△18日至19日，湖南在中国国际肉类产业周上连续举办两场肉类产业招商推介会。

△19日，欧阳海灌区2023年农业灌溉工作正式启动。

△20日，2023中华茶祖节暨首届黄茶（岳阳·平江）产业发展大会开幕。

△20日，全国第五届双品网购节暨江永县“数商兴农”夏橙季产销对接活动举行。

△23日，攸县攸州公园文化广场，廖冬娥、朱三乃、曾先进等19名农民登上舞台，领走“豆腐制作能手”奖牌，攸县首届“豆腐工匠”评选活动落幕；同时还评选出3名大豆种植能手、10名豆腐烹饪能手、5名豆腐推荐达人。

△26日，永州市供销合作社农业社会化服务大联盟启动仪式暨冷水滩区供销合作社农业社会化服务大联盟启动仪式举行。

2023第三届中国·张家界莓茶文化节开幕

开幕式现场

2023年5月20日，以“莓茶有爱 莓好湘约”为主题的2023第三届中国·张家界莓茶文化节暨“茶力量”张家界莓茶公益行动启动仪式在市城区市民广场开幕。

中国工程院院士、湖南农业大学畜牧学学科带头人印遇龙，湖南省残联党组成员、副理事长钟娜，湖南省农业农村厅二级巡视员王元宝以及张家界市委常委、市委宣传部部长吴文海，副市长万东等参加。

本次张家界莓茶文化节活动将持续至7月份，后续还将举办张家界莓茶制作技能大赛、张家界莓茶摄影大赛等系列活动，进一步增强张家界莓茶区域公用品牌知名度及影响力，有效助力乡村振兴，为张家界高质量发展增添新动力。

莓茶是绿色的产业，莓茶已成为张家界的名片。繁荣兴旺的莓茶产业助推了张家界经济社会又好又快发展。2022年，张家界莓茶全市种植面积已经达到17万多亩，年综合产值达30亿元以上，产量占据了全国90%以上；直接带动就业人数达8.5万人以上。永定区是张家界莓茶主产区，是“中国莓茶之乡”，莓茶产业已经成为巩固脱贫攻坚成果和助力乡村振兴发展的主导产业，张家界莓茶已成为张家界继奇秀山水之后又一“莓”丽名片。

1
2
3

1.3月10日，邵阳市直水利系统志愿者开展义务植树活动
2.3月13日，植树活动现场合影
3.3月10日，新邵县村民使用旋耕机翻耕稻田

新疆农产品交易会5月26日至30日在长沙国际会展中心举办

新疆农产品交易会新闻发布会

2023年5月23日，新疆维吾尔自治区农业农村厅在长沙举行新闻发布会宣布，5月26日至30日，将在长沙国际会展中心举办新疆农产品交易会，届时300多种新疆特色农产品将集中亮相。

本届交易会有来自新疆维吾尔自治区和新疆生产建设兵团的155家企业、多家国内外采购商参展，集中展示新疆精品林果产品、农畜产品、葡萄酒及其他特色农产品，其中重点龙头企业和“两品一标”获证产品超9成。为充分展现新疆地域特色，交易会特设精品展示区，集中展示一批特色精品农产品、干鲜果品、畜产品、水产品及精深加工产品。

多年来，湖南省对口支援吐鲁番市，推动吐鲁番市经济社会发展各项事业取得了显著成效。为展示湖南援疆成果，助力乡村振兴，本次交易会还专门搭建吐鲁番市特装展销区。

株洲市攸县茶油品牌闪耀北京展会

2023年5月28日至30日，在北京举行的2023第30届中国国际健康产业博览会暨2023第25届国际高端健康食用油产业展览会上，攸县茶油品牌“湘天华”获大会推荐品牌和“中国优质农业品牌奖”两项殊荣。

株洲市攸县油茶栽培已有800余年历史，素有“湘东油库”之称，是“中国油茶之乡”、湖南省油茶生产重点县。攸县将油茶特色产业作为“招大引强”行动重要内容，每年安排1000万元专项资金扶持油茶产业发展。与湖南省农担公司签订“惠农担—油茶贷”专项合作协议，2019年以来共发放“油茶贷”15笔2674万元。油茶企业和农户的积极性空前高涨，攸县每年新造油茶林1万亩以上，低改抚育超10万亩。

攸县与中国农科院、中南林业科技大学、长沙理工大学合作，建立国家油茶工程研究中心，现拥有21项专利，构建茶油系列产品技术“研发一代、储备一代、生产一代”三级研发体系。湖南亚美茶油股份有限公司建成国内首家工业5.0智慧无人化茶油工厂。攸县现有油茶林52万亩，100亩以上油茶种植大户130户，油茶省级龙头企业7家，“湘天华”“大康时代”“攸爱”等油茶品牌相继涌现，初步形成油茶育苗、种植、加工、研发等全产业链格局，茶油年产量1.1万吨以上，油茶产业综合年产值19亿元。

1.3月31日—4月2日，湖南绿色有机农产品亮相第二十二届中国绿色食品博览会暨第十五届中国国际有机食品博览会

2.3月18—20日，水产专家在怀化市辰溪县调研指导丘陵山区稻鱼综合种养产业发展现场

3.3月17日，冷水滩区新兵对排灌水渠进行全面清淤作业

4.3月15日，湘潭水文中心在涟水湘乡河段开展2023年度超标洪水应急演练

△27日，衡东县田长制、林长制、河长制工作推进会召开。

△28日，怀化市水利工作会议召开。会议总结2022年全市水利工作，分析当前水利发展形势与任务，部署2023年全市水利重点工作。副市长杜登峰出席。

△29日，会同县存栏998头国家级核心公猪站项目开工仪式在广坪镇龙孔村举行，拉开了会同县县首个国家级核心公猪站项目建设的帷幕。

5月

△4日，南县举行城乡供水一体化“西线引水”工程通水仪式，标志该县县城及周边16.2万居民开始告别地下水，喝上长江水。

△6日，永州涔天河水库扩建灌区工程通水仪式在江华县涔天河灌区左岸渠首电站举行，标志着灌区工程可投入正式运行。

△6日，衡山县召开全面禁伐林木专项行动动员会。

△6日，湖南省科技厅透露，科技部发布农业领域国家重点研发计划2023年度项目申报指南，共发布15个重点专项，涉及39个部省联动项目，联动23个省份，其中湖南联动项目共4个，数量排名全国第一。

永州市蓝山县举行第二届百叠岭采茶节

2023年6月1日，永州市蓝山县百叠岭茶园，一杯带着板栗清香的高山有机茶下喉后，湖南半岛国际旅行社负责人何承寿竖起大拇指，当即签下10万元茶叶采购订单。

6月1日，为期5天的蓝山县第二届百叠岭采茶节开幕，吸引湖南省内外近万名游客前来体验采茶、品茶。活动现场，茶歌悠扬，茶香扑鼻。百叠岭高山有机茶成为游客争相下单的网红茶，首日现场销售额近30万元。

百叠岭茶园位于百叠岭之巅，海拔在600米至950米，常年云遮雾绕，昼夜温差大，赋予了茶叶独特的生长环境。目前茶园种茶面积1.5万亩，被湖南省茶叶研究所认定为“湖南最大的100%自有高山有机茶基地”。

蓝山县三峰茶业有限责任公司负责人雷沅传介绍，公司积极探索“茶叶+旅游+生态康养”模式，总投资8.6亿元建设百叠岭茶文化生态旅游区，推出舜茶文化艺术中心、古茶树保护群、悬崖民宿、拓展露营基地、研学教育基地等，建设能玩、能品、能学的多功能茶园。

永州市蓝山县是全国重点产茶县，有百叠岭、沙子岭、黄茅岭三大产茶区。全县四成以上的茶园通过了绿色认证，半数以上茶园通过了有机食品认证。

△6日，涔天河水库扩建工程灌区通水仪式在江华瑶族自治县涔天河灌区左岸渠首电站现场举行，标志着涔天河水库扩建工程灌区全面建成投入运用。

△8日，湖南省辣椒产业高质量发展峰会在湘阴举行。

△8日，湖南省作物学会组织湖南农业大学和湘西土家族苗族自治州农业农村局、州农业特色产业服务中心、州农业技术推广站，以及国家统计局龙山调查队等单位的专家，对湖南杂交水稻研究中心主持的“三一工程”、龙山县“一季超级杂交稻＋马铃薯模式”核心示范区石羔街道干比村“兴佳2号”马铃薯进行现场随机取样测产验收。经测定，实收平均亩产3474.7公斤，折合主粮亩产达694.9公斤，商品薯率92.7%，超额完成“三一工程”预期目标。

△10日，在湖南省地理标志产品保护示范区建设现场会上，靖州获“靖州杨梅”省级地理标志保护示范区授牌，并作经验发言。

△10日，湖南岳阳铁水集运煤炭码头开港暨己内酰胺项目供煤通道贯通，此举标志湖南岳阳铁水集运煤炭储备项目进入实际运营阶段。

首届万佛山兰花节举行

兰花为媒搭平台 首届万佛山兰花节举行

2023年6月9日，首届万佛山兰花节研讨会在湖南红艳兰花园艺有限公司万佛山镇杏花村种植基地举行，来自广西、贵州、湖北等周边省、区的兰花种植户和爱好者进行经验交流。通道县委副书记、县长田刚，县委常委、常务副县长胡三毛，县政协副主席潘志珍参加。

研讨会上，湖南红艳兰花园艺有限公司被授予文旅产业发展基地、玉带河兰花文创产品研发基地，宣布了精品兰花获奖名单和兰花仙子评选结果；来自广西、贵州、湖北的100余名兰花种植户和爱好者踊跃发言，互相交流兰花产业发展的新思路、新发展方向。

2023年，通道县首次举办兰花节，旨在突出通道兰花产业特点，同时力争使其成为通道面向周边市县乃至周边省市互利共赢、交流合作、行业发展的长期合作平台，让兰花种植户通过兰花节寻得商机，带动通道旅游业及生态农业的发展，实现共同繁荣。

近年来，通道县坚持以习近平生态文明思想为指引，深入践行“两山”理念，依托独特资源优势，把兰花产业作为生态富民的美丽产业、扩大开放的特色产业、乡村振兴的主导产业来抓，兰花产业规模、质量和效益不断提升，逐步走出了一条农村生产、生活、生态“三生同步”，产业、文化、旅游“三位一体”的乡村振兴之路。

1.4月15—16日，岳阳市人民政府樊卫副秘书长、岳阳市农业农村局黎朝晖局长等领导考察调研岳阳黄茶加工车间

2.4月6日，东安县林业局组织工作队一行4人深入林区开展“禁种铲毒”踏查工作

1
2

湘南学院：百名专家赴田野 乡村振兴谱新篇

2023年6月5日—6日，湘南学院党委书记邹宏如率学校领导及专家团队深入郴州市桂东县开展“学思想，建新功——专题学习研讨浙江‘千万工程’经验暨百名专家服务乡村振兴行动”工作。

6月5日下午，一行人抵达郴州市桂东县沤江镇侃大村，开展浙江“千万工程”经验案例专题研讨暨党委理论学习中心组2023年第6次集体学习。交流发言环节，与会人员紧密结合自身岗位工作，围绕如何更好发挥学校优势赋能乡村振兴各抒己见。现场学习气氛浓厚，研讨会超过原定时间2个多小时，讨论依然热烈。

6月6日上午，专家团队先后前往寨前镇新桥村和新坑村，实地考察中医药材示范基地和食用菌技术推广与创新研发基地。

2022年3月，湘南学院与郴州市桂东县开展校地合作。双方在战略决策咨询、科技创新与成果转化、医疗卫生和文化、人才交流与培训等领域进行深度合作，积极探索创建技术推广与创新研发基地、文化示范基地。目前，双方首批36个合作项目进展顺利，形成科技创新成果与地方产业紧密对接、科教资源向现实生产力全面转化的良好局面。

湘南学院赴桂东县开展“学思想，建新功——专题学习研讨浙江‘千万工程’经验暨百名专家服务乡村振兴行动”工作

益阳市安化黑茶香飘京城 『高马天尖』拓展北方市场

2023年6月12日，落幕的2023北京国际茶业展，安化黑茶主推“高马天尖”大放异彩，站稳京城茶市，还与多个省市的经销商签订协议，拓展“万里茶道”沿线市场。

2023年，国内茶叶市场竞争激烈。北京国际茶业展上，云南、安徽、福建、浙江、湖南、贵州等主产茶省突出各自特色，发布创新产品，推介主力品牌，举办茶艺表演，着力拓展北方主销区市场。益阳市政府高度重视，组织企业参展，展品经专家评选，高马山农业公司匠心打造的“高马天尖”得分最高，获得北京国际茶业展专场推介。中国工程院院士刘仲华称，安化黑茶主推“高马天尖”，堪称国内黑茶中的“经典之作”。

现场展示“高马天尖”

1.4月18日，在2023中国国际肉类产业周上，湖南省肉类协会与广东省团餐配送行业协会举行肉类产销对接省际间战略签约仪式

2.4月15日，湖南农业大学副教授刘劲军在给新晃县蜜蜂养殖户现场教学

3.4月17日，“团团助农”志愿服务现场

忍冬产业国家创新联盟第一届一次会议暨山银花技术培训会议在凤凰县召开

2023年6月26日，忍冬产业国家创新联盟第一届一次会议暨山银花技术培训会在湘西州凤凰县召开。

会议由凤凰县副县长欧万海主持。凤凰县委副书记、县长樊忠清在致欢迎词中表示，凤凰将积极把握这次机会，充分用好这个平台，就山银花种植开展技术交流、缔结友谊、共谋发展，不断推进山银花种植创新发展和新技术的应用进行推广，努力提升产业发展质量和效益。

凤凰县完成山银花栽种面积2.4万亩，专家代表查看山银花生长情况

联盟理事长王晓明代表联盟做了工作报告。会上还为加盟理事长成员湘西红苗药业有限公司等6家副理事长单位授牌，湖南省林科院与凤凰县签订战略合作协议。

忍冬为金银花和山银花的统称，是中国重点发展的39种中药材之一。2021年6月13日，忍冬产业国家创新联盟正式花落长沙。联盟的重点任务在于开展药用忍冬优良种质创新、研究优良新品种高效繁育及栽培技术、研究药用忍冬高值化利用技术等。

近年来，凤凰县完成金银花栽种面积2.4万亩，涌现出一批以湘西红苗药业有限公司为代表的忍冬产业龙头企业，成立专业的合作社，建有金银花特色产业园，形成了从良种选育、高效栽培、加工生产、市场销售到文化旅游融为一体的产业链，打造了产地初加工的产业集群，忍冬产业全面向好，发展后劲增强，呈现出欣欣向荣的良好态势。

△10日，湖南省地理标志产品保护示范区现场会在安化县召开，对沙坪湘绣、炎陵黄桃等18个省级地理标志产品保护示范区授牌，对新核准使用安化黑茶地理标志保护产品专用标志的雷架山茶业公司等19家企业授标。

△16日，湖南省印发《关于全面加强新形势下森林防灭火工作的实施方案》，全面推进森林防灭火治理体系和治理能力现代化，助力打赢安全生产翻身仗，力争到2025年底，全省森林航空消防覆盖率达到90%以上。

△17日，“智汇潇湘 青聚有为”湖南省乡村振兴青年人才沙龙在郴州市濂溪书院举办，湖南省各主办单位领导、各市州团委负责人、湖湘青年英才及省青科协会员代表70余人参加活动。

△18日，益阳医学高等专科学校安化黄精产业学院在安化中源农业发展有限公司揭牌。这是继安化多花黄精加工技术及其产品开发重点实验室后，益阳医专为安化黄精产业“量身定做”的又一产教融合发展平台，这也是湘中药库中药界的首个产业学院。

△20日，隆平种业携手邵阳县农业农村局，在五峰铺镇宣讲，开启邵阳县晚稻种植万亩“隆平五丰稻”的序幕。

△22日，湖南“农广助农”工程常德市柑橘产业领军人才培训班开班。

△25日，湖南省农业农村厅22日发布文件，要求进一步扶持乡村产业振兴带头人“头雁”培育对象。

△25日，湖南省2023年“春风万里·绿食有你”绿色食品宣传月在平江启动，平江山润油茶、岳阳王鸽、九狮寨高山茶等具有绿色产品标识的产品受到消费者青睐。目前，湖南省绿色有机地标农产品总数达3986个，数量稳居全国前列。

△26日，零陵区举行供销合作社农业社会化服务大联盟成立启动仪式。

△31日，涟源市供销合作社农业社会化服务大联盟成立启动仪式、签约仪式在涟商总部举行。

6月

△3日，“相约茶亭　果然有味”望城区茶亭镇首届果蔬采摘季开幕。

△6日，资阳区科协邀请省农学会专家来到资阳区沙头镇，组织开展农业种植、水产养殖技术培训。

2023年绥宁花猪推介会在长沙隆平科技园举行

2023年绥宁花猪推介会在长沙隆平科技园举行

2023年6月30日，2023年绥宁花猪推介会在长沙隆平科技园隆华国际酒店举行。

绥宁花猪（黔邵花猪）是湖南省五大地方良种猪之一，在邵阳、怀化一带养殖历史悠久，入选中国地方名猪。近几年，邵阳市绥宁县里抓好绥宁花猪保种与开发，招商引资成立叁陆伍花猪养殖有限公司，在绥宁花猪的发源地鹅公乡建设原种资源场，全县绥宁花猪扩大到5.6万头。2022年12月，绥宁花猪原种场获评“省级生猪核心育种场”。

推介会上，湖南省生猪产业技术体系首席专家彭英林、湖南农业大学陈斌教授等专家，聚焦绥宁花猪保种与开发，展开交流、献计献策。专家们表示，绥宁花猪开发前景广阔，在开发中保种、在保种中开发，可望进入良性循环。湖南省农业农村厅等领导在讲话中对绥宁花猪资源保护工作所取得的成效表示赞赏，对下一步绥宁花猪资源开发利用工作提出了建议。

中国工程院院士印遇龙表示，绥宁花猪是湖南省活体保种最成功的一个地方猪良种，遗传性能稳定。经湖南农业大学屠宰和肉质测定，肉质细嫩，肉味鲜美，营养价值高，有巨大的利用价值和开发前景。为了振兴湖南省地方猪保种育种和高端猪肉开发事业，他带领自己的团队支持绥宁花猪的保种和开发利用，助力绥宁花猪产业可持续高质量健康发展！

通道县被授予『中国钩藤之乡』

通道县被授予“中国钩藤之乡”

2023年7月1日，中国钩藤之乡授牌仪式在通道县人武部会议室举行。中国林学会副理事长兼秘书长陈幸良，怀化市人大常委会副主任黄雪鸿，通道县委副书记、县长田刚，县人大常委会副主任李顺炼出席授牌仪式。

仪式上，陈幸良代表中国林学会将“中国钩藤之乡”牌授予通道县，田刚代表县委、县政府接受此项荣誉。

自2009年通道县开始钩藤人工仿野生种植以来，目前通道县11个乡镇均种有钩藤，种植面积近5万亩，年产量达3000吨，年产值约2亿元。2021年9月，通道钩藤获得有机产品认证证书，2022年通道钩藤入选湖南省道地中药材（第一批），进一步确立了通道钩藤的品质和品牌地位。

此次中国林学会授予通道县“中国钩藤之乡”，将有助于通道县持续推进钩藤生态种植，夯实产地加工能力，加强龙头企业培育，加大钩藤精深加工力度，推动钩藤产地初加工和交易集散市场建设，擦亮“通道钩藤”品牌。

衡阳县荣获省级“深化小型水库管理体制改革样板县”称号

2023年7月4日，湖南省水利工程运行管理工作会议在长沙市浏阳市召开，湖南省水利厅党组书记、厅长罗毅君出席会议，厅党组成员、副厅长范金星主持会议。

会议强调，近年来，湖南省水利系统深入学习贯彻习近平总书记“十六字”治水思路和关于水库安全的重要指示批示精神，全面落实中央决策部署和湖南省委、省政府部署要求，攻坚克难、担当作为，水利工程安全状况持续改善，运行管理水平稳步提升。罗毅君就灌区建设和管理、农村供水工程、防汛抗旱、投资计划执行等当前水利重点工作作了部署，并对衡阳市衡阳县渠系清淤扫障工作给予了高度肯定。

随后，会议宣读表彰了近年来水利部和省级标准化管理工程和深化小型水库管理体制改革样板县，衡阳市衡阳县2022年入选湖南省第二批“深化小型水库管理体制改革样板县”，并被推荐至水利部参与国家级示范县评比。

1.4月26日，沅水洪辰航道建设工程开展2023年防洪度汛应急演练　1

第三届祁东黄花菜节暨食药同源产业发展大会举行

2023年7月5日，第三届祁东黄花菜节暨食药同源产业发展大会在衡阳市祁东县举行。来自全国黄花菜学术界、产业界的专家学者、企业家代表齐聚一堂，共话发展、共谋良策，深度挖掘祁东黄花菜文化内涵，促进祁东黄花菜等特色产业提档升级，助力乡村振兴，赋能县域经济高质量发展。国际宇航科学院院士、中国载人航天工程原副总设计师陈善广出席大会，衡阳市委书记刘越高出席并讲话，湖南省市场监管局党组书记、局长钱俊君出席大会，并共同为大会启幕。

现场还举行了衡阳市祁东县黄花菜产业链上招商项目签约仪式，颁发了黄花菜诚信经营和品牌推广突出贡献奖、黄花菜规模化种植突出贡献奖、黄花菜产品研发和加工突出贡献奖、黄花菜品种选育和推广突出贡献奖，部分与会代表宣读了国家食药同源产业科技创新联盟黄花菜专委会关于加快促进黄花菜产业高质量发展的倡议书。

第三届祁东黄花菜节暨食药同源产业发展大会举行

湖南举办农机化技术推广“田间日”

湖南省2023年农机化技术推广“田间日”

2023年7月20日至22日，湖南省2023年农机化技术推广“田间日”在湘潭市韶山市举办。湖南省内外20余家企业带来57台套各式先进机具，现场“比武”，展示农业全程机械化生产技术。

“田间日”举行了农机现场演示、观众体验试乘、有奖问答等多样化活动。活动现场热火朝天，机器轰鸣。这边田块里，轮式拖拉机、履带式拖拉机、履带旋耕机耕整土地，高速插秧机、有序抛秧机现场种植晚稻。另一边金黄色的早稻田里，全喂入收割机、半喂入收割机、机收减损改进型收割机、再生稻专用收割机等，忙着比拼收割水稻。还有一批精量施肥机、深施肥机械、植保无人机、秸秆粉碎还田机、秸秆捡拾打捆机等，在现场各展所长。

活动现场展示了一台博创牌的智能插秧机，能够代替驾驶员实现对速度、方向、秧台的控制，相较于传统插秧机，可减少一个作业人员。该机器插出来的秧苗，行距恰当有序，确保田间通风、透光性好。

近年来，湖南聚焦水稻、油菜生产全程机械化和果菜茶、丘陵山区农业生产关键机械化技术，切实加大研发制造、教育培训、示范推广力度，湖南省农作物综合机械化率达到56.2%，其中水稻和油菜综合机械化水平分别达到81.78%和66.55%，较2022年提升1.73%和1.78%。

1.5月12日，专家对湖南省2022年冬季农作物种子企业监督检查抽取的294个水稻种子样品开展品种纯度种植现场鉴定

1

安化黑茶“六进”活动暨时尚茶品·现代茶饮推介会隆重举行

2023年7月6日上午，安化黑茶“六进”活动暨时尚茶品·现代茶饮推介会在益阳茶业市场隆重举行。益阳市委副书记、市长熊炜宣布活动开幕，并与市人大常委会主任彭建忠一同为万两茶开切揭幕。

安化黑茶“六进”活动暨时尚茶品·现代茶饮推介会为期两天，将围绕安化黑茶文化和品饮消费开展一系列活动，以时尚茶品、现代茶饮推介为主，充分展示安化黑茶“便捷化、功能化、时尚化、高档化”取得的成果。

安化黑茶“六进”活动暨时尚茶品·现代茶饮推介会隆重举行

何军田在致辞中指出，益阳将主动扛起中国黑茶产业振兴大旗，以更加精准的定位、更加务实的举措、更加坚定的步伐，发展安化黑茶产业、弘扬安化黑茶文化、创新安化黑茶科技、打响安化黑茶品牌、繁荣安化黑茶经济，笃定推进乡村振兴的新征程，奋力书写新时代高标准的“山乡巨变”。

△8日，湖南省林业局发布消息，根据国家林草局发布通知，湖南省祁东酥脆枣科研专家、种植大户曾建新等7人被聘任为第四批国家林草乡土专家。至此，湖南省国家林草乡土专家累计达36人。

△11日，“大美萱洲 为你‘桃’醉”——衡山县第二届红脆桃采摘季活动启动。现场，衡山县科技专家服务团，通过网络直播平台与网友分享衡山红脆桃的美味，帮助农户拓宽销售渠道。

△11日，在长沙市洋湖水街举行的湖南省首款农产品碳足迹认证成果发布会上，靖州杨梅“低碳”亮相。

△12日，“炎陵黄桃”2023年商标授权工作启动，凡在淘宝、天猫、京东、惠农网、邮乐网、抖音直播等网络平台销售炎陵黄桃的商户，需在“炎陵农业农村”“炎陵县炎陵黄桃产业协会”等微信公众号进行登记与授权。未获得授权的，将依法追究法律责任。

△12日，农业农村部发布推介2023年农业主导品种主推技术的通知。其中，保靖黄金茶1号入选2023年农业主导品种（水果园艺类），为湖南唯一入选的茶叶类品种。

△ 13 日，国家麻类产业技术体系 2023 年张家界苎麻机械化收剥技术现场观摩与交流会在张家界市举行。

△ 13 日，以“山海相连 共谋振兴”为主题的海峡两岸农业文化交流活动在怀化启幕。

△ 13 日，以“山海相连 共谋振兴”为主题的海峡两岸农业文化交流活动在怀化市开幕。160 余名两岸农业领域的专家、学者、企业家齐聚一堂，围绕两岸农业合作、农业发展和乡村振兴等展开探讨交流。

△ 13 日，湖南省灌溉能力提升示范培训班透露，2023 年湖南省将通过畅通“中梗阻”，加快大中型灌区建设和现代化改造、加强田间渠系与灌区骨干工程连接，提升灌区灌溉能力。

△ 14 日，耒阳市关王塘灌区续建配套与节水改造项目正式启动，标志着关王塘水库的蓄水能力和灌溉面积将进一步提升。

△ 16 日，衡阳市 2023 年森林火灾扑救和防汛应急演练在衡山县店门镇九观桥水库举行。

△ 16 日，2023 年中日韩农业深加工技术交流会在涟源市渡头塘镇茶美家农场举行。

第一届炎陵黄桃文化节暨第九届炎陵黄桃大会开幕

“寻中华始祖 品炎陵黄桃”——第一届炎陵黄桃文化节暨第九届炎陵黄桃大会开幕

2023 年 7 月 26 日上午，第一届炎陵黄桃文化节暨第九届炎陵黄桃大会在中村瑶族乡平乐村隆重举行。副市长蒋湘晖，株洲市政府副秘书长谭伟生，上海市农业科学院林木果树研究所研究员叶正文，株洲市农业农村局党组书记、市委农办主任蒋峰，炎陵县委书记尹朝晖，县委副书记、县长夏胜利，湖南省炎帝陵基金会办公室主任沈红星出席活动。

上午 9 时 50 分，活动在开场舞中拉开序幕。随后，尹朝晖上台致辞。

活动现场播放了全国各地消费者为炎陵黄桃点赞打 call 的视频，向 20 家炎陵黄桃经销商颁发“炎陵黄桃授权书”，并对炎陵文旅作推介，发布炎陵黄桃第三方检测结果。

活动最后，蒋湘晖、谭伟生、叶正文、蒋峰、尹朝晖、夏胜利、沈红星等共同触摸大屏幕，开启第一届炎陵黄桃文化节。

炎陵黄桃是炎陵人民的“脱贫果”“致富果”“振兴果”。2023 年炎陵黄桃种植面积 9.6 万亩，预计产量 8.5 万吨。本次炎陵黄桃文化节由湖南炎陵农村商业银行特约赞助，通过举办节会活动，提升炎陵黄桃影响力，帮助广大桃农进一步拓宽市场渠道，让老百姓的“钱袋子”更鼓。

饶祥明、陈黎明、段君平、刘牲、刘晓斌、许太相、李丽娜等炎陵县领导及井冈山市政协副主席谢来波参加活动。

1.5 月 18 日，岳阳市林草灾害防控宣传周暨“护松 2023”检疫执法启动仪式现场

1

湖南省化学农药减量技术培训班在益阳市桃江县开班

2023 年 8 月 16 日，湖南省化学农药减量技术培训班在益阳市桃江县开班。

培训会现场

开班会后，参培人员前往灰山港镇河溪水村水稻化学农药减量新产品、新技术减量示范区进行了现场观摩。培训中，7 家相关企业作了产品应用技术交流分享，分享了农药科学合理应用技术；药械科开展了化学农药减量工作和药械系统应用培训，将理论与实践深度结合。

2023 年湖南省化学农药减量目标任务是主要粮食作物病虫害统防统治覆盖率比 2022 年提高 1 个百分点；主要农作物病虫害绿色防控覆盖率比 2022 年提高 2 个百分点；力争水稻、玉米等主要粮食作物化学农药使用强度比 2022 年减少 2%；果菜茶等经济作物化学农药使用强度比 2022 年减少 4%。

全球首台可变径斜井掘进机始发

全球首台可变径斜井掘进机始发

2023 年 8 月 15 日，湖南平江抽水蓄能电站引水隧道开工，由中国自主研制的全球首台可变径斜井岩石隧道掘进机“天岳号”始发。“天岳号”可实现 6.53 米和 8 米可变径开挖、50 度超大倾角连续爬坡，其应用填补了世界超大坡度两级斜井引水隧道全断面机械化施工空白，对推动中国抽水蓄能电站高质量发展、实现技术自主可控具有示范效应。

湖南平江抽水蓄能电站位于平江县福寿山镇，为国家“十四五”重大能源工程，总装机 140 万千瓦，设计年发电量 10.09 亿千瓦时，是华中地区首个 700 米级水头电站。该电站引水斜井隧道倾角达 50 千瓦·时，高低落差 648 米，比 452 米的湖南最高建筑国金中心高出 196 米。两级斜井开挖直径分别为 6.53 米和 8 米。

“天岳号”总长 87 米、总重约 900 吨。施工作业时，“天岳号”沿 50 度大倾角由下斜井往上爬行掘进，在中平洞实现 6.53 米和 8 米变径，最终从上斜井驶出，可实现两级引水斜井全断面连续开挖、初支一次成型。

常德创全国再生稻头季高产新纪录

2023年8月16日，湖南省作物学会组织安徽省农科院、广东省农科院等单位专家，对常德市汉寿县聂家桥乡十甲山社区再生稻千亩示范片头季现场测产。经专家组现场测量，该示范片再生稻头季平均亩产干谷877.7公斤，创全国再生稻头季高产新纪录。

在十甲山社区再生稻千亩示范片，金黄的稻谷颗粒饱满，压弯了稻穗。专家组随机选取3丘再生稻稻田，采用联合收割机进行实割测产，按照农业农村部超级稻测产计算方法，稻谷经去杂、测定水分，折算成标准含水量13.5%后，计算实际亩均产量。

湖南省再生稻首席专家、湖南农业大学唐启源教授介绍，十甲山社区再生稻千亩示范片选用高产优质水稻品种“玮两优8612”，3月15日播种，4月15日至18日机插，约120天成熟，具有质优、高产、抗倒伏能力强等特点。

2023年，常德推广再生稻面积超59.4万亩，推广农业新品种和新技术，促进再生稻增产增效，进一步保障粮食安全。

聂家桥乡再生稻“吨粮田”创建示范片测产验收现场

1 2 3

1.5月24日，城步县农技员向种植户讲解防控技术

2.5月24日，常德经开区农业农村中心防汛抗旱风险隐患排查现场

3.5月24日，洪江区农综保人员向种植户指导病虫害防治新技术

湖南省农机化技术培训“送训下基层”第三期培训活动在邵阳市城步县举办

大豆玉米带状复合种植适用机具现场演示

2023年8月17日至18日，湖南省农机化技术培训“送训下基层”第三期培训活动大豆玉米带状复合种植机械化技术培训班在邵阳市城步县举办。

开班动员会上，熊德红指出，此次培训是湖南省农机化技术培训“送训下基层”活动的第三期，“送训下基层”活动是湖南省农机事务中心开展主题教育活动，落实农机化技术推广工作的经实践证明的有力举措。参会人员要进一步提高认识，领会培训意义，通过组织技术培训，提升各项目参与人员的技术能力、技术水平，能够更加高效解决项目实施中遇到的各种技术难题。要学以致用，确保培训实效，紧密结合实际，积极探索做好农机化工作的新思路、新方法，坚持学用结合，把培训课上老师讲解的理论知识和实操技能运用到实践上，带到工作中去。

本期培训采取专家授课、大豆玉米带状复合种植适用机具现场演示及教学相结合的方式进行，通过讲解玉米大豆复合种植的品种选择、田间种植配置与密度、播种方法、田间管理、科学施肥、病虫害绿色防控、收获等关键技术措施，结合现场大豆、玉米收割作业演示，进一步提高与会学员对玉米大豆带状复合种植技术规范化、标准化的认识和理解。

△18日，第十九届粮食产销协作福建洽谈会在福州开幕，湖南83家粮油企业近百种优质粮油产品亮相“八闽大地”。目前，“湘”字号粮油品牌矩阵逐步形成。湖南省粮油优质品率达66%，湖南省26款产品获评“中国好粮油”称号，获评数量位居全国第四。

△25日，湘西黄牛产业研究院在花垣县湖南湘西国家农业科技园区揭牌，中国农业大学教授、国家肉牛牦牛产业技术体系首席科学家曹兵海任院长。这标志着花垣正式开启湘西黄牛产业“狂犇”模式。

△25日，湘西黄牛产业高质量发展高峰论坛暨湘西黄牛产业研究院揭牌仪式在湖南湘西国家农业科技园区举行。

△27日，广药集团中药材（通道）种植基地挂牌仪式在通道县溪口镇坪头村举行。

7月

△1日，在第三届中非经贸博览会期间，怀化市政府与马拉维共和国农业部在长沙签订合作备忘录，发挥双方农业资源优势，强化农业交流合作，促进农业产业发展。

△ 4 日，湖南省已建成并投入运行水库 13300 座，今年计划对 1171 座水库进行除险加固。

△ 12 日，全国农产品产地冷藏保鲜设施建设暨都市现代农业现场会在广州召开。作为湖南省推介整县推进冷藏保鲜设施建设经验做法的唯一代表，长沙县委副书记、县长陈永高作典型发言。

△ 12 日，麻阳苗族自治县中蜂行业协会成立暨中蜂养殖技术培训会召开，县领导张军、龚凌参加。

△ 12 日，湖南农业大学园艺学院 2023 年“红色+”博士团暑期专业实践活动启动仪式在零陵区顺利举行。

△ 13 日，湖南油桐科技小院暨木本油料联合培养基地落户晏田乡扶塘村乐生种养农民专业合作社。

△ 13 日，湖南金健种业公司、中国水稻所联合选育出“中安早 7 号”“中安 2 号”两个低镉早稻新品种。

△ 13 日，长沙市粮食生产“四高”试验示范区暨粮食生产万亩综合示范片早稻测产活动在浏阳市沙市镇河背村举行。经实测实收，该示范片早稻亩产 654.8 公斤，同比增长 10.14%。

湖南省推广大豆玉米复合种植 110 余万亩

张家界市慈利县通津铺镇长峪铺村种植大户朱芳种植的大豆玉米丰收

2023 年 8 月 28 日，从湖南省农业农村厅了解到，2023 年湖南省推广大豆玉米带状复合种植 110.4 万亩。目前，春播大豆、玉米收获已接近尾声，夏播大豆处于鼓粒期，夏播玉米处于灌浆期，长势良好。

大豆玉米带状复合种植是对传统间套作的改良升级，通过科学配置大豆、玉米行比，利用两种作物的不同特性，实现一地双收。

“在保持玉米不减产的基础上，每亩还增收了 100 多公斤大豆，比单纯种玉米划算。”2022 年首次尝试大豆玉米带状复合种植增产后，常德市安乡县大鲸港镇五合剅村种粮大户叶虬 2023 年又扩种了 200 亩，大豆玉米复合种植面积达 1700 亩。

叶虬介绍，大豆玉米带状复合种植有一定的技术要求。湖南省农科院派来专家指导，少走了弯路。2023 年每亩地仅大豆一项就增加了 500 多元的收入。

2023 年，湖南省里派出专家团队“揭榜挂帅”，每位专家领办 1 个 500 亩省级高产攻关示范片，示范面积 17 万亩以上。有专家指导，集成关键技术，预计示范片亩产较非示范片高 8% 以上。

1
2
3

1.5 月 24 日，凤凰古城防洪系统治理工作现场

2.5 月 28 日，湖南省供销合作总社、湖南省农业农村厅等部门联合主办，湖南省茶业协会、湖南省茶叶学会等承办的“挑担茶叶上北京——湘茶大会”在长沙橘子洲公园举行

3.5 月 28 日，江华县工人基地采摘蔬菜

进入 9 月，丰收气息渐浓

湖南将举办『中国农民丰收节』系列活动

2023 年 9 月 8 日，湖南省农业农村厅决定 9 月 23 日将迎来第六个“中国农民丰收节”，湖南主会场活动将在郴州市桂阳县举办。

2023 年“中国农民丰收节”湖南活动主题为“庆丰收 促和美”，按照农民主角、农业主线、农村主场的原则，将开展 4 个主场活动、3 个分会场活动、6 个省级层面庆祝活动。在郴州主会场，将举行启动仪式暨文艺展演、郴州名优农产品展示展销、农旅观摩巡游、郴州一桌饭体验等活动。

邵阳市武冈市、怀化市洪江市、衡阳市蒸湘区等分会场，将充分挖掘地域特色，举办庆丰收节目表演、庆丰收农民趣味运动会、丰收摄像作品展、农特产品展暨现场签约、直播带货优质农产品、农耕文化互动体验、乡村文旅推荐等一系列特色活动。

省级层面开展 2023 年“湖南省十佳农民”评选及表彰、“和美乡村”健康跑、县乡长说唱移风易俗、湖南省第五届农耕大赛、2023 年省供销合作社“中国农民丰收节”主题日活动、中国农民丰收节第二届创新湖南走基层（院士专家三湘行）等 6 大活动，展现新时代农民风采，助力乡村振兴。

第18届世界水资源大会开幕 郴州向世界讲述『水故事』

2023年9月11日，第18届世界水资源大会在北京开幕，郴州市委书记吴巨培出席大会并在第一次全体会议上作嘉宾研讨发言。

世界水资源大会是国际水资源领域参加人员范围最广、影响范围最大、专业水平最高的学术会议之一，是世界水议程、水政策和水科学知识分享的重要国际交流平台，郴州是全国唯一受邀出席大会的地级城市。

这是世界水资源大会第一次在中国举办，主题为“水与万物：人与自然和谐共生”，会期为9月11日至15日。来自国内外相关政府部门、科研学术机构、高校、企业及涉水国际组织的近1300位代表，将通过高级别全体会议、数十场专场会议和专题会议及中国水利成就展等涉水领域成果展览，发布《北京宣言》，与世界各国分享中国的治水理念、成就与经验。

吴巨培在第一次全体会议上以“郴州好水 生活更美”为题，现场作嘉宾研讨发言。他说，近年来，郴州深入贯彻习近平生态文明思想，积极探索水资源综合利用、可持续利用的郴州“水立方”模式，呈现“郴州好水 生活更美”的人与自然和谐共生的生动图景。郴州坚持系统治理；价值转化；城乡一体。

研讨发言中，吴巨培向国内外专家学者发出诚挚邀请，期待与大家相聚郴州，共商水事，助力郴州加快建设国家可持续发展议程创新示范区。

第18届世界水资源大会开幕 郴州向世界讲述“水故事”

1.6月1—3日，培训人员开展野外实操培训现场

2.6月，民间河长在源口水库打捞漂浮垃圾

2023年第一期湖南省油茶实用技术培训在永州市祁阳县开班

2023年第一期全省油茶实用技术培训在祁阳开班

2023年9月12日，2023年第一期湖南省油茶实用技术培训班在永州市祁阳县正式开班。

本次培训将持续至9月14日，开展油茶良种选择及配置技术、油茶丰产栽培关键技术等多种课程，来自衡阳、邵阳、郴州、永州四地市、祁阳县林业局油茶部门的负责人，以及油茶企业、合作社和种植大户技术骨干参加培训。

蒋良铁在致辞中指出，近年来，永州市祁阳县在各级党委、政府的坚强领导下，在湖南省、永州市林业部门的精心指导下，充分发挥自身资源优势，把高质量发展油茶产业作为生态文明的绿色工程、乡村振兴的致富工程来打造。

李志勇强调，本次油茶培训能进一步提升油茶经营管理水平，加快推进油茶产业发展三年行动，更好助推湖南省油茶产业高质量发展。

正确理解科学经营管理油茶产业是落实党中央国务院粮油安全决策部署的必然要求，是做好油茶产业发展要素保障的具体举措，更是推动湖南省油茶产业高质量发展的现实需要。希望参训人员能将此次培训学到的先进技术和经营模式运用到生产实际，争取成为油茶生产管理上的行家里手，成为当地油茶产业高质量发展的带头人。

△14日，常德市农产品精深加工产业工作推进会在市人大常委会机关召开。

△14日，湖南省农业农村厅与湖南铁塔签署战略合作协议。双方将充分发挥各自优势，共享通信基础设施，在数字乡村建设、农田作物监测、长江十年禁渔等多个方面开展全面、深入、务实合作。

△17日，“十四五”国家重点研发计划重点专项“重金属污染农田低成本长效治理技术及装备研发与产业化”项目近日在长沙启动。中国工程院院士柏连阳参加启动式。

△19日，张家界特色名优农产品（南京）推介会暨江苏省农副产品展示展销中心张家界馆开馆仪式在南京市雨花台区举行，这是南京市与张家界市建立对口合作关系以来的又一新成果。

△19日，全国黄精行业首家科技小院落户新化。该科技小院围绕新化黄精产业展开研究和服务，把农业专家、科技人才和农户紧密联系，推动产业做大做强。

△20日，湖南省将以省湘水集团有限公司为基础，组建湖南省港航水利集团，作为全省港航资源整合的统一平台。

△20日，2023年邵阳市“湘才乡连”专家服务乡村振兴活动在邵阳县启动。

△23日，“聚话农博·筑梦苗乡”湖南（城步）高山农业发展论坛在城步儒林大酒店成功举办。

△24日，农业农村部农垦局公示了全国15个农垦社会化服务典型案例，永州市回龙圩管理区“创新‘平台+N’服务模式 推动柑橘产业现代化”经验是湖南省唯一入选案例。

△25日，湖南全面推行“两证+追溯”监管，完善农产品质量控制体系，“湘字号”农产品吃得更放心。

△25日，岳麓山种业创新中心大湘西区域中心畜牧科研示范基地、生猪种质创新专家工作室、产学研合作基地授牌仪式在会同县行政中心举行。

△31日，中林集团助推乡村振兴暨湖南省国家储备林建设（怀化·通道）高标准示范项目启动仪式在牙屯堡镇举行。

8月

△2日，2023年洪江市黔阳黄桃节，在黔城镇桃源村生态桃园开幕。

湖南四地新晋国家乡村振兴示范县

2023年9月13日，湖南省乡村振兴局揭示，9月11日，农业农村部公布了2023年国家乡村振兴示范县名单。湖南有4市、区入选，分别是邵阳市邵东市、常德市鼎城区、郴州市苏仙区、湘潭市雨湖区。

2023年，农业农村部开展第二批国家乡村振兴示范县创建评审。经县级申请、市级遴选、省级审核推荐，并经专家评审和社会公示，北京市平谷区等100个县（市、区、旗）获评2023年国家乡村振兴示范县。

此前，湖南省已有岳阳市汨罗市、娄底市娄星区、长沙市浏阳市、益阳市赫山区获评全国首批乡村振兴示范县。

1.6月6日，通道县农业农村局技术人员讲解大豆玉米带状符合种植技术要领现场

2.6月7日，浏阳市2023年森林消防灭火集训演练现场

『南县稻虾米』喜获2023（第八届）中国国际食品餐饮博览会『最受消费者喜爱品牌奖』

2023年9月17日，“南县稻虾米”在2023（第八届）中国国际食品餐饮博览会上，获得“最受消费者喜爱品牌奖”。

此次2023（第八届）中国国际食品餐饮博览会（以下简称“食餐会”），有来自益阳市南县的金之香米业、助农米业、克明食品等12家农企拳头产品精彩亮相。“南县稻虾米”依靠独特的生长环境、生态的种养模式、晶莹剔透的米质、香糯可口的口感，赢得了市场和消费者的高度肯定。

食餐会期间，还举办了“南县稻虾米”产品推介，助农米业成功发布“南县稻虾米”升级产品“米珍营养米”社区连锁门店招商计划，现场收集加盟意向50余人，设置直播专区，全天在线直播，在线人数突破万人。

“原来一斤米，只能卖2块多钱，农民不挣钱。现在稻虾米‘身价’不断上涨，最少卖8块8，农民也富了。”金之香米业销售总监王敏在接受湖南卫视记者采访中说道。

一直以来，益阳市南县致力于“稻虾米”的品牌建设。“南县稻虾米”2020年荣获“国家地理标志证明商标”，是湖南省首个进军香港市场的湘米品牌。2022年喜获第107届美国巴拿马太平洋万国博览会“特等金奖”，在2023第六届中国（国际）小龙虾产业大会上发布“南县稻虾米”区域公用品牌价值为231.1亿元，在南方大米中居首位。

农耕文化交流互鉴大会在娄底市新化县举办

2023年9月20日，紫鹊界梯田对话世界——农耕文化交流互鉴大会在娄底市新化县举办。国内外嘉宾齐聚新化，共话梯田及农耕文化发展，推动世界遗产地之间信息共享、文化交流，提升全球重要农业文化遗产的保护能力和传承水平。

巴基斯坦、柬埔寨等国驻华使节，联合国粮农组织、亚太空间合作组织等相关国际组织，国内外梯田所在地代表等出席。本次活动有开幕式、主旨论坛、学术考察，“紫鹊界对话世界”外交官梯田沙龙、梯田保护与发展学术论坛和5A创建专家论坛，揭幕“国际友谊心田”标牌等多个环节。现场发布《梯田保护与发展共识》（紫鹊界共识），分享紫鹊界绿色发展经验，并呼吁梯田所在地集智聚力，为世界梯田的“原态保护、活态利用、业态融合”携手努力。

9月20日晚，在紫鹊界“稻梦空间”农耕体验园，借助5D光雕数字技术，一场以《一念梅山梦》为主题的沉浸式数字媒体艺术演出精彩上演，为现场嘉宾带来了一场视听盛宴。

紫鹊界梯田对话世界——农耕文化交流互鉴大会在新化召开

第六届中国农民丰收节永州主题活动暨江永香芋推广活动举行

2023年9月23日上午，第六届中国农民丰收节永州主题活动暨江永香芋推广活动在永州市江永县举行，民进湖南省委会一级巡视员、原专职副主委马石城，中国农业科学院麻类研究所所长、南方经济作物研究中心主任杨永坤出席，副市长吴恢才致辞并宣布活动开幕。

本次活动以“庆丰收、促和美、芋千年、香万里”为主题，旨在积极引导带动城乡共庆丰收、共享喜悦、传递幸福，展现乡村建设新面貌，弘扬传承优秀农耕文化，彰显中国农民新风采。

吴恢才介绍，2023年上半年永州市实现农林牧渔总产值362.24亿元，增幅4.4%，增幅居湖南省第一，生猪出栏、存栏数量位居湖南省第一，蔬菜出口量占湖南省蔬菜出口总量的96%，连续三年居湖南省第一，为实现全年农业丰收打下了坚实基础。他期盼社会各界关心、关注永州，让更多的优质资源、生态产业、创新理念落户永州，奋力绘就乡村全面振兴的和美画卷。

活动还进行了江永香芋专题推介，举行了招商合作签约仪式，为获得“十佳农民”“优秀农产品加工企业”“农产品销售能手”“农产品销售诚信电商”“香芋种植能手”“水稻种植能手”的个人和单位进行颁奖。

第六届中国农民丰收节永州主题活动暨江永香芋推广活动举行

1
2
3

1.6月9日，湖南省水科所、湖南省水产原种场在长沙橘子洲公园战备码头举行主题为“放鱼三湘四水助力和美自然”的湖南“全国放鱼日”增殖放流活动启动仪式

2.6月21日，湖南省专家组一行到邵阳市大祥区檀江街道青风亭村4013号样地开展2023年湖南省林草湿样地调查指导

3.6月16日，衡阳市森林火灾扑救应急演练现场

“绿色中国行”走进张家界

2023年9月21日，绿色中国行——走进美丽张家界暨第20届湖南张家界森林保护节启动仪式在张家界市武陵源区举行。9月21日，全国三亿青少年进森林研学教育活动（湖南站）启动仪式同期举行。

这是“绿色中国行”活动首次走进湖南，来到美丽的张家界。活动紧扣“地球呼唤绿色、人类渴望森林”主题，分为“绿色中国行——走进美丽张家界”系列主题公益活动暨第20届湖南张家界森林保护节暨全国三亿青少年进森林研学教育（湖南站）启动仪式、电视访谈节目《绿色中国十人谈》、“两山”路上看变迁（张家界篇）等主题活动。

启动仪式现场

启动仪式上，绿色中国行动组委会为张家界市授予“绿色中国行”旗帜，张家界市发布了《张家界市生物多样性保护白皮书》。全国关注森林形象大使、绿色中国形象大使、著名表演艺术家刘劲携青少年宣读《小手牵大手，共护美丽森林倡议书》。

张家界森林面积达58.4万公顷，森林覆盖率71%，居湖南省首位，拥有亚热带地区保存最完整、面积最大的常绿落叶阔叶混交林，是具有全球意义的17个生物多样性关键地区之一、全球200个重要生态地区之一，是广大青少年走进自然、认识自然，开展研学的好地方。

△3日，县委书记刘杨主持召开田长制、林长制、河长制工作领导小组2023年第一次全体（扩大）会议暨耕地保护工作推进会议。

△3日，岳阳市铁山水库在保证城市供水的同时，南北灌区分别向岳阳县、临湘市、汨罗市、岳阳经开区开闸进行农业灌溉补水。截至3日18时，铁山水库当天供水保灌总水量超120万立方米。

△3日，岳阳市君山区通过中国水产流通与加工协会专家评审，被授予“中国风干鱼之乡”称号。

△4日，位于邵阳市大祥区的犬木塘水库枢纽工程现场，枢纽工程船闸最后一道墙体完成混凝土浇筑，这也意味着犬木塘水库枢纽主体建筑物混凝土浇筑全部完成。

△8日，湖南省2023年最严格水资源管理制度冷水江考核反馈会召开。

△15日，湖南省林业局在首个全国生态日（湖南）活动现场发布林草生态文明建设成果：截至目前，湖南省共有林地1.91亿亩、草地211.6万亩、湿地2089万亩，覆盖了全省67.36%的国土面积，多项林草生态文明建设指标位居全国前列。

△15日，桃江县林业技术专家库首批专家聘任仪式在县林业局五楼会议室举行。

△18日，在长沙召开的全国农学会棉花分会年会透露，近10年，湖南省棉花年均种植面积136万余亩，年均总产11万吨，稳居全国第五位。

△21日，韶山市发布2023年第1号林长令——《关于加强森林资源保护工作的令》。

△25日，长株潭三地水务综合执法支队签订了《长株潭湘江流域跨区域联动执法合作协议》，标志着湖南省以流域为单元跨区域联动执法机制正逐步建立和完善。

△28日，俯瞰澧县小渡口镇小渡口泵站（横跨河道的建筑高层部分）与自排闸。该泵站是湖南省目前最大泵站。

△29日，农业农村部公示了2023年国家乡村振兴示范县创建名单，湖南省邵阳邵东市、常德鼎城区、郴州苏仙区、湘潭雨湖区上榜。

9月

△1日，衡阳市2023年度水利工程建设真抓实干推进会召开。

△1日，武冈国有林场森林消防队举行揭牌仪式。

湖南启动中国农民丰收节庆祝活动

湖南启动中国农民丰收节庆祝活动

9月23日晚，“庆丰收 促和美”2023年中国农民丰收节湖南主会场晚会在郴州市桂阳县举行，启动中国农民丰收节湖南庆祝活动。湖南省委常委、副省长张迎春出席活动。

2023年湖南省粮食生产形势较好。早稻喜获丰收，面积1807.2万亩，总产743.2万吨，均居全国第一位；亩产411.2公斤，同比增长0.9%，创历史新高。中稻收获已近尾声，晚稻丰收在望。

为庆祝丰收，湖南以“庆丰收 促和美”为主题，按照农民主角、农业主线、农村主场原则，推荐一批主题鲜明突出、群众喜闻乐见的特色丰收节庆活动，设置“1主会场+3分会场”，共设计4个主会场重点活动、3个分会场活动、6个湖南省级层面庆祝活动，让丰收节成为促进“三农”事业高质量发展的重要载体。

在主会场郴州市桂阳县，当地农民用捕丰收鱼、唱丰收大戏、晒秋、丰收一桌饭等传统民俗活动庆祝自己的节日。晚会现场，湖南省农业农村厅表彰了2023年“湖南省十佳农民”。衡阳市蒸湘区、邵阳市武冈市、怀化市洪江市3个分会场围绕丰收主题，突出地域特色，举办庆丰收节目表演、农民趣味运动会、“展”丰收摄像作品展、农特产品展暨现场签约、直播带货优质农产品、农耕文化互动体验、乡村文旅推荐等一系列丰富多彩的特色活动。

1.7月10日，衡阳海关查检黄花菜现场

2.6月28日，工作人员操作挖掘机清理疏通沟渠

3.6月26日，湖南省郴州市桂阳县欧阳海水库开闸泄洪

湖南省表彰2023年『十佳农民』

2023年9月23日，湖南省农业农村厅公布2023年“湖南省十佳农民”名单，胡呈武等10名懂技术、会经营、示范带动效果明显的新农人获表彰。

这次评出的“十佳农民”，各有所长。有的钻研技术、创新模式，带动增产增收。胡呈武擅长农技，是长沙市“百优工匠”。彭水平是全国百名杰出新型职业农民，为湖南省粮食生产增效提供了先进经验。朱运伍，自学农技成为“土专家”，双季稻两季亩产在1000公斤以上。贺顺创新绿色循环种养模式，回收畜禽粪污生产肥料，为8000户农户实现经济效益约2000万元。

有的擅长经营，示范带动村民一起致富。朱霞带领村民种粮，年产优质原粮7000余吨，带动本村农户人均年增收2万元以上。姚术东培养28个种植大户、6家专业合作社。明春香带动5000户农户种植钩藤，年产值达2亿元。安寿高带动600余农户就业。陈晓伟带动帮扶脱贫户213户。朱鹏2020年为武汉捐献生活物资及现金7.4万元，被农业农村部评为抗击新冠肺炎疫情突出贡献农民。

益阳市安化县成功举办 2023 年首届安化黄精丰收节活动

9 月 24 日，益阳市安化县 2023 年首届安化黄精丰收节活动成功举办。

本次活动以“林下黄精迎丰收，乡村振兴展新颜”为主题。

现场举行了丰收仪式、黄精采挖等 13 个议程。三株新鲜采挖的安化黄精皇被现场拍卖，其中一株重达 56.5 斤的黄精皇被拍出全场最高价 12000 元。现场签约 5 个安化黄精相关产业项目，总投资达 10 亿元。

湖南省中医药研究院中药资源研究所党委书记、所长张水寒授牌，安化县委副书记、县长潘文剑接牌

活动中，益阳市安化县人民政府被授牌“岳麓山中药材种业创新中心安化分中心”，未来将通过开展品种选育、育种基地建设等项目，为安化黄精的产业发展奠定坚实基础。

现场还对采挖的黄精进行全面检测。经检测，三株检测样品浸出物含量分别是 85.28%、84.87%、86.50%，平均值 85.55%；多糖含量分别是 19.56%、21.60%、20.92%，均优于国家药典标准。

近年来，益阳市安化县立足资源禀赋，坚持生态优先、绿色发展，聚焦“写好一张名片、培育一批龙头企业、助推一地经济发展”的发展模式，把黄精产业作为“安五味”道地药材的拳头产品来培育，累计拉动社会资本近 20 亿元，辐射带动 12.8 万农户从事黄精关联产业致富。安化黄精先后荣获国家农产品地理标志、国家地理标志证明商标等“国字号”招牌，2023 年实现种植面积 9.8 万亩，综合产值 8.7 亿元，位列“湘黄精”道地产区第一位，进入了中国黄精产业第一方阵。

1.7 月 11 日，省水利厅水土保持处处长彭鹏飞一行在衡阳县开展 2023 年水利建设投资计划执行检查

2.7 月 12 日，蒋涤非赴长株潭绿心地区开展巡林工作

3.7 月 13 日，汉寿县岩汪湖镇武竺山村万亩旱稻示范基地，30 余台收割机正在作业

第三届全国茯苓大会将于 10 月 19 日在靖州举行

2023 年 10 月 9 日，在北京举行的第三届全国茯苓大会暨第六届武陵山（怀化）国际健博会新闻发布会透露，第三届全国茯苓大会 2023 年 10 月 19 日至 22 日在怀化市靖州苗族侗族自治县举行。

2023 第三届全国茯苓大会暨第六届武陵山（怀化）国际健博会新闻发布会现场

怀化市靖州苗族侗族自治县县委副书记、县长黄忆钢介绍，近年来，靖州大力推动茯苓产业一二三产业融合发展，成功创建茯苓生态原产地保护产品及其示范区、国家级出口茯苓质量安全示范区。“靖州茯苓产业发展”入选国家发改委生态产品价值实现典型案例。靖州茯苓产业集群获评“湖南省中小工业企业特色产业集群”。

目前，靖州已成为全国最大的茯苓集散地、茯苓加工及出口基地、茯苓菌种供应和技术推广中心，有全国最完整的茯苓产业链条、最大的茯苓加工交易中心、唯一的“茯苓价格指数”信息发布平台。

中国菌物学会理事长、中国科学院微生物研究所研究员郭良栋介绍，第三届全国茯苓大会以“‘茯’地怀化·健行天下”为主题，将开展茯苓产业发展高峰论坛等主要活动，推动怀化大健康产业和靖州茯苓产业高质量发展。活动期间，还将设置综合形象展区、重点企业展区、品牌企业展区、特色产品展区等 6 大展区。

新闻发布会上，还发布了靖州茯苓品牌 Logo、Ip 形象、品牌广告语。

△ 3 日，全国节水抗旱稻全产业链创新联盟种业发展研讨会暨现场观摩会在邵阳召开。

△ 7 日在南山国家公园黄桑片区，发现一株高达 54.075 米的枫香树。该发现刷新了此前新化县天门乡发现的 48.04 米枫香树的最高纪录，成为湖南迄今为止发现的最高树。

△ 9 日，第三届中国林下生态黄精产业发展研讨会暨第四届九九黄精节在新化县举行，现场发布由省市场监督管理局批复的《新化黄精栽培技术规程》和《新化黄精产地初加工技术规程》。至此，新化黄精拥有了统一的栽培和产地初加工标准。

△ 11 日，湖南省土壤肥料工作站在宁乡市举办 2023 年全省土肥水技术培训班。

△ 13 日，全国耐盐碱地稻米全产业链成果发布会在长沙岳麓山实验室国家水稻分子育种中心举行，全球首款盐碱地安全营养婴幼儿米粉亮相。

△ 13 日，由 E20 环境平台·供水服务促进联盟、长沙水业集团共同主办的“2023（第八届）供水高质量发展论坛”在长沙开幕，吸引了全国 100 多家供水企业和解决方案提供商参加。

△12至14日，全国林草系统推进森林草原防火高质量发展工作会议在长沙召开，各地充分交流森林草原防火好经验、好做法，共同开创森林防火新局面。

△16日，常德国际农产品交易中心水果区举行开业启动仪式。

△21日至22日，湖南省绿色种养循环农业试点现场培训暨技能竞赛活动在衡阳县举行。会议透露，试点县绿色种养循环农业综合效益明显，畜禽粪污资源综合利用率均达到90%以上，农作物平均增产4.43%。

△26日，种业科技创新与发展论坛在长沙举行，国内水稻产业相关专家献计“粮安天下”，并发布重大科研成果，助力水稻产业高质量发展。

△26日，“科企联姻、强芯赋能、粮安天下——种业科技创新与发展论坛”在长沙县举行。

10月

△7日，岳麓山种业创新中心洞庭湖区域中心（岳阳分中心）科研示范基地，首届“看禾选种”现场观摩会暨“湖南岳阳 禾田议事”主题学术沙龙举行。

△9日，现代农业科技南南合作暨湘非农业合作论坛召开。

首届湖南油茶节在永州市祁阳市举行

发布会现场

2023年10月12日，首届湖南油茶节新闻发布会宣布，为推动油茶产业高质量发展，经湖南省人民政府批准，由湖南省林业局和各市州人民政府共同举办湖南油茶节，每2年举办一次。首届湖南油茶节将于11月15日至16日在永州市祁阳市举行。

首届油茶节的主题是“发展油茶产业，助力乡村振兴”，将举办开幕式、唐家山油茶文化园巡园、油茶产品机械及科技成果展示展销、油茶产业发展高峰论坛、“走，去永州”茶油美食节等主题活动。

祁阳油茶种植历史悠久，油茶资源丰富，素有“天然油库”之称，是中国油茶之乡、全国第一批油茶产业示范基地、湖南省茶油大县（市）。此外，永州市祁阳县还拥有全球单片面积最大的10万亩油茶示范林。目前，永州市祁阳市油茶林面积达62.56万亩，年产茶油1.5万吨，年产值约20亿元。

1.7月18日，犬木塘水库工程在邵阳市邵阳县郦家坪镇举行开工仪式

2.7月18日—20日，专家服务团在慈利县参观指导无土栽培现场

3.7月14日，永州市畜牧水产事务中心负责人尹秋元在江华瑶族自治县指导防汛抗灾工作

湖南省第六届农耕大赛在郴州市桂阳县开赛

2023年10月22日，2023年湖南省第六届农耕大赛在郴州市桂阳县开赛。来自湖南省14个市州的200余名运动员现场角逐，农民“变”运动健儿，农活“变”竞技项目。参赛者在挥洒汗水的同时，也感受着农耕文化和全民健身带来的快乐。

在郴州市桂阳县和谐广场的比赛现场，掌声、欢呼声、呐喊声此起彼伏。吉庆有“鱼”、向前冲“鸭”项目中，选手卷起裤腿，与稻田里的鱼儿、鸭子展开激烈地追逐。大家或在稻田里奔走抓鸭子，或弯下身子，到处寻找鱼儿的踪影。选手举着一条条大鱼、一只只鸭子，满脸都是笑意。稻田里、田埂上，一片欢声笑语。

同心锯木、拔河比赛、抗旱取水等项目的比赛既有耐力、速度的比拼，也有技巧、敏捷的考验。默契的团队协作与熟练的农耕技艺是比赛获胜的“秘籍”。通过激烈角逐，最终，郴州市和谐代表队获得本次比赛冠军。

本届农耕大赛的围绕农耕、农趣、农味，充分展现了新时代农村新风尚、农民新风采，将农耕文化与体育赛事有机融合，展示了农民丰收、农业发展成果、农村改革新风貌。

湖南省第六届农耕大赛在桂阳县开赛，图为参赛场景

中国农大在湘首家『科技小院』落户永州市宁远县

2023年10月22日，由中国农业大学张福锁院士团队领衔的“湖南宁远稻烟科技小院”，在永州市宁远县湾井镇周家坝村揭牌成立。这是中国农业大学在湖南建立的首家科技小院。

中国工程院院士、中国农业大学教授张福锁是科技小院的创始人，成立科技小院的初衷就是想把农业专业学位研究生派驻到农业生产一线，在完成知识、理论学习的基础上，研究解决农业农村发展中的实际问题。

宁远稻烟科技小院旨在以市场需求和农民增收为导向，调整产业结构，为稻烟种植提供技术优化和政策引导；以控肥增效、控药减害、增产增收和绿色环保等问题为抓手，坚持零距离、零门槛、零时差和零费用“四零服务”，推动产学研融合创新，促进科技兴农。此外，科技小院还提供农文旅综合发展等服务。

目前，已有6名研究生入驻科技小院开展工作，每年工作时间将不少于120天。

近年来，永州市宁远县深入实施“六大强农”行动，积极推广农业新技术、新品种、新模式。建设粤港澳大湾区“菜篮子”生产基地16个；发展高档优质稻30万亩；大力打造“九嶷金叶”品牌，年种烟8万亩、收购烟叶20万担以上。科技小院入驻，将进一步为全县农村产业发展和乡村振兴提供有力的科技、人才支撑。

揭牌仪式现场

1.7月18日，在湖南省衡阳市衡阳县西渡镇三联社区，农民在育秧苗大棚中搬运晚稻秧盘

2.8月11日，沈晓明来到牛角山有机茶种植基地，现场察看万亩茶园，了解茶叶种摘制销、村级集体经济发展等情况

3.8月3日，保靖县联合执法工作组将第一批收缴的81只“三无”船只、210台套地笼、抬网及11套电鱼设施集中销毁现场

首届长沙市烟农丰收节暨粮烟双优品牌推介活动举办

活动现场

2023年10月24日，首届长沙市烟农丰收节暨粮烟双优品牌推介活动在长沙市浏阳市耕读文化馆举行。宁乡市政府二级调研员胡长参加活动。

活动以“金叶田里藏希望”为主题，展现烟叶产业在助推长沙乡村振兴方面的发展成就，深入推进粮烟协同发展，营造全社会关心烟叶产业、关爱烟农的浓厚氛围，助力长沙乡村振兴和农业农村现代化。

丰收节在《新的天地》开场歌舞中拉开序幕，故事分享、情景剧、连线VCR等节目展现了长沙烟叶产业助力乡村振兴的丰收图景。现场为7名贡献星、8名示范星及8名工匠星颁奖。其中，长沙市宁乡市喻家坳乡喻家坳村村支部书记银余良分享该村搭上烟叶种植的“快车”、走上致富路的故事；宁乡市横市镇铁冲村以VCR视频的形式展现宁乡烟后优质稻基地、烟叶收购现场。

2023年长沙市浏阳市种植烟叶62441亩，较2022年增长22%，其中烤烟916户烟农，种植面积55356亩；晒烟688户烟农，种植面积7085亩，全面完成了6.2万亩种植任务，全年烟叶收购16.26万担，其中晒烟2.68万担，总产值31500万元，财政税收6051万元，较2022年增长45%。

△11日，籼型杂交水稻研究成功50周年学术研讨会在长沙举行。

△15日，湖南省山东商会与保靖县甘溪村举行了种植鸡枞菌基地项目框架协议签约仪式，进一步推动产业发展、助力乡村振兴。

△17日，湖南省林业局发布消息称，湖南省总林长签署第二号总林长令。

△20日，“渔在江湖”湖南水产产业文化推介启动仪式在长沙举行。

△23日，中国农业大学湖南中方高山葡萄科技小院在中方县桐木镇大松坡村正式授牌，系该校在湖南设立的首批科技小院。

△23日，由中国农业大学、湖南农业大学、怀化职业技术学院等高校和科研机构与中方县委、县政府联合共建的“中国农业大学湖南中方高山葡萄科技小院”在中方县桐木镇大松坡村正式成立。

△23日至24日，在湘赣边区域林业生态圈一体化工作联席会上，浏阳市、上栗县、醴陵市、平江县、湘东区、铜鼓县、袁州区、万载县等八县市（区）签署《湘赣边区域林业生态圈一体化合作框架协议》。

△26日，花垣县特色农业融合发展示范区项目开工仪式在花垣镇者仁村举行。

△28日，涟源市涟红蜜橘地理标志品牌发布会在长沙国际会展中心举行。

△31日，第二十四届中国中部（湖南）农业博览会传来喜讯，芦淞区组织参展的白关丝瓜、苗妹子豆豆羹脱颖而出，双双斩获博览会金奖。

△31日，第二十四届中国中部农博会在长沙国际会展中心顺利闭幕，岳阳市农业农村局获得第二十四届中国中部（湖南）农业博览会优秀组织奖，17个岳阳优质农产品获金奖。

11月

△1日，沅陵县林业局和汉陵农林科技发展有限公司举行666.67公顷油茶基地建设项目签约仪式。

△2日，第二十届中国作物学会学术年会暨中国作物学会建会60周年庆祝大会在长沙召开。

△2日至3日，第四届中国农业品牌百县大会暨2023畜牧品牌嘉年华在浙江大学举行。会上，安化黑茶区域公共品牌荣获2023中国地理标志农产品区域公共品牌声誉百强称号。

中部农博会在长沙开幕

2023年10月27日，来自郴州11个县（市、区）的拳头产品在第二十四届中国中部（湖南）农业博览会（以下简称“中部农博会”）组团“出道”。

走进郴州馆，一幅郴州美食地图引人注目，用蔬菜拼成的“蔬画郴州”也吸引了不少观众打卡。馆内，11个县（市、区）的名优土特产整齐陈列，圆形展示台上还摆满了永兴满口牛肉、嘉禾酒糟河鱼、瑶家九大碗、桂阳头碗、资兴米粉鹅等特色菜，让观众感受到“郴品郴味”的魅力。

中部农博会开幕 郴州馆人气火爆

2023年的中部农博会上，郴州市落实展览面积1200㎡，其中，市州美食馆552㎡、预制菜产业馆144㎡、农产品加工企业馆288㎡、县域特色馆216㎡。同时，郴州市重点突出美食元素，组织70余家农业企业、300余种特色农产品参展，涵盖粮油、果蔬、畜禽、茶叶、饮品等多个品类，全面展示“郴品郴味”品牌形象。

当前，郴州市瞄准粤港澳大湾区市场，重点打造以蔬菜、柑橘、茶叶、生猪“四大百亿”产业为主的优势特色产业，“四大百亿”全产业链产值超过1700亿元。郴州市“二品一标”农产品认证数达321个，创建粤港澳大湾区“菜篮子”认证基地219家，数量稳居全国地级市第二。

1.8月15日，与会人员实地参观澧南镇高标准农田建设万亩示范片现场 1

2.8月15日，湖南省水利厅组织的志愿者正在开展巡河净滩行动 2

第二十四届中国中部（湖南）农业博览会在长沙举行 洞口特色农产品走红『邵阳红』展厅

2023年10月27日至10月31日，第二十四届中国中部（湖南）农业博览会将在长沙举行。

邵阳市优质农产品公共品牌“邵阳红”再次亮相农博会，邵阳市洞口县特色农产品走红“邵阳红”展厅。

10月29日，副市长杨卫平巡视邵阳红特色展馆。在洞口雪峰蜜桔、茶叶展区，杨卫平品尝雪峰蜜桔新产品“感恩1973”、喝熬茶，对邵阳市洞口县特色农产品赞不绝口。

在第二十四届中国中部（湖南）农业博览会上，邵阳市共设立12个展馆，展位面积达1116平方米，邵阳市参展企业达110家，其中，国家级龙头企业3家，湖南省级龙头企业13家，设立洞口雪峰蜜桔馆、武冈卤菜馆、邵东中药材馆、邵阳茶油馆等特色展馆，涵盖了邵阳市各类特色农产品，品类齐全，品种丰富。

邵阳市优质农产品公共品牌“邵阳红”再次亮相农博会，其中，洞口雪峰蜜桔新产品“感恩1973”、茶叶展区，吸引了不少市民前来购买品尝。邵阳红是邵阳市倾力打造的市级优质农产品区域公用品牌，是经国家知识产权局批准的优质农产品公共品牌集体商标，涵盖了茶饮、粮油、果蔬、食品、中药材等5大类优质农产品，现有目录企业97家、目录产品198个。近年来为邵阳市乡村振兴和农业农村现代化建设作出了积极贡献。

第二十四届中国中部（湖南）农业博览会在长沙举行 洞口特色农产品走红“邵阳红”展厅

怀化首个抽水蓄能电站开建

2023 年 10 月 29 日，怀化首个抽水蓄能电站项目在辰溪县举行开工仪式。

该电站是国家《抽水蓄能中长期发展规划（2021—2035 年）》“十四五”重点实施项目，项目位于辰溪县田湾镇选场村湖池、修溪镇八家塘村锁石坡。总投资 78.65 亿元。装机容量 120 万千瓦，主要由 4 台单机容量为 30 万千瓦可逆式水轮发电机组、上水库、下水库等组成。

项目建成后，将提高电力系统的调峰能力，增加电网紧急事故备用能力，对更好发挥怀化作为全省清洁能源重要基地的生态绿色优势、破解制约大湘西地区承接产业转移和发展先进制造业的能源保障瓶颈、加快推动高水平开放高质量发展，具有十分重要的意义。

中电建（辰溪）能源开发有限公司负责人唐平康介绍，该项目是大湘西地区唯一一个规划建设的抽水蓄能项目。年抽水电量 17.03 亿千瓦时，设计年发电量 12.77 亿千瓦时。工程建设总工期 56 个月，首台机组发电工期 47 个月，计划 2028 年 9 月首台机组发电，2029 年 6 月全面投产。

怀化首个抽水蓄能电站开建

1.8 月 17 日，宜章县水管员在巡查管护渠道，保障农田灌溉

2.8 月 24 日，株洲市林业局开展林业科技特派员科技服务走基层活动

岳阳市平江 3 个农特产品获农博会金奖！

2023 年 10 月 31 日，第二十四届中国中部农博会在长沙国际会展中心顺利闭幕，3 个平江农特产品获农博会金奖，分别是平江酱干、幽良山牌“凤羽”黄茶、汨江源山茶油。

湖南省原本记忆食品有限公司和湖南省幽吉茶业有限公司代表领奖现场

“平江酱干”在平江好山好水的浸润下，经 18 道工序、三卤三烘制成一块酱干，味道醇美，耐嚼爽口，老少皆宜，芳香四溢。2012 年“平江酱干”被认定为中国地理标志证明商标，2016 年被评为湖南省著名商标。

“汨江源山茶油”是汨江源山茶油股份有限公司出品的茶油产品，先后获得“湖南茶油”、“湘赣红”公用品牌授权，并获评“湖南省知名品牌”“第 16 届中国品牌节金谱奖”“第 16 届中国品牌节山茶油行业领军品牌”“第 23 届中国中部农博会金奖”“2023 年中国森林食品交易博览会金奖”等多个奖项，一直深受消费者好评。

『水稻旱作』在永州试验成功

2023 年 11 月 2 日，永州市零陵区试验示范水稻旱作技术获得成功，为缺水地区点亮丰收的希望。专家日前理论测产，20 亩旱作水稻示范田平均亩产可望超 400 公斤。

永州市零陵区是产粮大区，划定水稻生产功能区 41.4 万亩。2022 年由于罕见干旱，一些尾水区的稻田因缺水抛荒。2023 年，零陵区农业部门引进国内水稻旱作专家高坤领衔的科研团队，在石岩头镇八斗尾村开展水稻旱作试验示范。

八斗尾村的 20 亩示范田此前因缺水抛荒 3 年。2023 年 7 月 15 日播种专用水稻旱作品种，晚于普通水稻；采用直播方式，省去了一系列栽培流程，每亩省工 1.5 个。科研团队从种子、肥料、除草、田间管理等环节，组装水稻旱作新技术，用水量仅为普通水稻的四分之一。

水稻旱作技术 2022 年在韶山市杨林乡新溪村试验，取得初步成功。湖南省内水稻专家称，示范水稻旱作技术，推广节水型农业，为缺水地区粮食丰产系牢“保险带”。

测产现场

△ 3 日，长沙市举办“2019—2021 年度全国森林草原防火工作先进单位”授牌仪式暨长沙市 2023 年秋冬季森林防灭火工作会议。

△ 5 日，南方冬闲田菜薹轻简化栽培技术现场观摩与交流研讨会在安乡举行。

△ 6 日，2023 年湖南省高素质农民培育衡阳市新型农业经营和服务主体带头人培训班在衡阳市农业农村局开班。

△ 8 日，2023 中国蔬菜产业大会在汉寿开幕。

△ 9 日，湖南省林业局森林防火处处长杨克拉来岳，为南岳区林业局授予“2019 至 2021 年度全国森林草原防火工作先进单位”荣誉。

△ 18 日，中国农业科学院南方乡村产业研究中心甘薯生产示范观摩会暨挂牌仪式活动在沅江市南嘴镇百家沟村举行。

△ 18 日，万联职业培训学校承办的 2023 年祁阳市新农商带头人培训班正式开班。

△ 19—23 日，2023 年湖南省高素质农民培育暨益阳市赫山区新农商带头人培训班顺利举办。

△ 21 日，洞庭湖区钱粮湖垸、共双茶垸、大通湖东垸分洪闸工程近日通过竣工验收，标志着三大垸分洪闸工程已具备适时启用、有计划分蓄洪能力。

△ 21 日，湖南省现代设施农业高质量发展暨高标准农田建设工作推进会在衡阳召开。

△ 22 日，湖南省 2023 年柑橘“三减一增”技术学术研讨会暨果品品评会在保靖县召开。

△ 24 日，2023 湖南（郴州）蔬果产业博览会在郴州国际会展中心盛大开幕。

△ 27 日，怀化冰糖橙品鉴暨产销对接会在长沙举行。

△ 28 日，位于永州市蓝山县境内的毛俊水库主体工程完工仪式在蓝山县毛俊水库灌区六标均田渡槽举行，标志着毛俊水库工程建设取得了新进展，离灌区全线通水又近了一步。

△ 28 日，农业农村部企业重点实验室建设暨南方智能育秧（苗）成套装备技术研讨会在资阳区举行，现场为益阳富佳科技有限公司授予农业农村部南方智能育秧（苗）重点实验室牌匾。

△ 30 日，宜章县举行莽山水库灌区主体工程完工仪式，标志着莽山水库工程建设取得了重大胜利。

常德市安乡县水稻菜薹轮作模式获全国推广

2023 年 11 月 5 日，中国·南方冬闲田菜薹栽培技术观摩与交流研讨会在常德市安乡县举行。活动现场，中国农科院蔬菜花卉研究所与安乡县政府签订产学研战略合作框架协议，授予常德市安乡县“国家大宗蔬菜产业技术体系成果转化示范基地”。

中国工程院院士、湖南农业大学校长邹学校，农业农村部科技发展中心主任杨礼胜，全国农业技术推广服务中心总农艺师王积军，中国农科院蔬菜花卉研究所所长、国家大宗蔬菜产业技术体系首席科学家张友军，以及来自国内高校、蔬菜研究所的专家，现场观摩、推介安乡县水稻菜薹轮作模式。

中国·南方冬闲田菜薹轻简化栽培技术观摩与交流研讨会开幕式现场

1.9 月 6 日，湖南省张家界市武陵源区协合乡，农民在晾晒稻谷

2.8 月 25 日，杨诗君视察湖南省 2023 年水利行业职业技能大赛水文勘测技能竞赛开展情况

2023 年全国油菜高产竞赛结果揭晓

2023 年 12 月 4 日，全国农业技术推广服务中心公布 2023 年全国油菜高产竞赛结果。全国共有 56 个示范点达到高产竞赛目标，经部、省级专家测产，湖南省永州市道县、益阳市沅江市和益阳市桃江县以超出竞赛目标产量的优异成绩胜出。

专家在桃江县石牛江镇油菜万亩示范片查看油菜长势

农业农村部 2023 年组织开展全国油菜高产竞赛。根据不同的种植模式，分为稻油轮作区、旱地轮作区、稻稻油轮作区和春油菜区 4 个油菜高产竞赛区。按照竞赛规则，稻油轮作区高产竞赛的目标产量必须达到每亩 200 公斤，稻稻油轮作区的目标产量必须达到每亩 140 公斤。益阳市沅江市、桃江县分别以每亩 204.18 公斤、203.56 公斤的成绩，排名稻油轮作区高产竞赛全国第 23 位、第 24 位。永州市道县以每亩 156.49 公斤的成绩，排名稻稻油轮作区高产竞赛全国第三位。

湖南省是长江下游油菜主产区，油菜种植面积多年稳居全国第一。湖南省将油菜种植面积、产量纳入党委、政府粮食安全责任制考核，各油菜主产区成立领导小组和工作专班，全力以赴完成油菜种植任务。

首届全国油茶气象服务专家联盟会议在永州市祁阳市召开

2023 年 11 月 17 日上午，首届全国油茶气象服务专家联盟会议在永州市祁阳市召开，国家林业和草原局改革发展司司长王俊中；中国气象局高质量发展办副主任、二级巡视员余万明；中国气象局减灾司农业气象处处长喻迎春；湖南省林业局二级巡视员李志勇；湖南省林业局经济发展中心主任邓绍宏；湖南省气象局党组成员、副局长陈媛，以及全国油茶气象服务专家联盟成员等出席会议。湖南省气象局党组书记、局长郑宏翔致欢迎辞。

会议宣读了《中国气象局办公室国家林业和草原局办公室关于组建油茶气象服务专家联盟的通知》；宣读了首届全国油茶气象服务专家联盟委员会主任委员、副主任委员人选提名草案；会议选举表决全国油茶气象服务专家联盟委员会主任委员、副主任委员。举行了油茶气象服务专家联盟揭牌仪式。会议颁发了一批油茶气象服务专家聘书。汇报全国油茶气象服务专家联盟组建情况。宣读了《全国油茶气象服务专家联盟章程》；会上气象油茶专家代表进行了发言。

首届全国油茶气象服务专家联盟会议在祁阳召开

张家界市首期农村产权流转交易培训班举行

2023 年 12 月 11 日，张家界市农村产权交易中心进场交易工作首期培训班举行，解读相关文件，就当前农村产权交易市场运营工作进行调度安排和部署。

张家界市农村产权交易中心于 2023 年 11 月 29 日揭牌成立，该中心由土流集团有限公司、湖南省农村产权交易有限公司共同合资成立，采取“1+2”模式建设农村产权交易市场，张家界市设 1 个市级中心、2 个县级中心，永定区、武陵源区统一在市级中心进行交易，慈利县、桑植县分别自主建设县级中心。这是张家界市委、市政府落实湖南省委、省政府决策部署，着力打好“民生保障仗”的重要举措，是深化农村产权制度改革创新的积极探索，也是服务“三农”为民办实事的具体体现。

培训现场

此次培训班由张家界市农业农村局主办、市农村产权交易中心承办，市农业农村局、市农经站及市级中心业务覆盖范围内的永定区、武陵源区农业农村局等部门主要负责人参加培训，旨在进一步推进张家界市农村产权流转交易工作，促进服务质量与效率持续提升，推动农村产权流转交易依法、公开、规范运行，提高农村资源资产和利用效率，助力乡村振兴。

湘西州永顺县两个农产品入选全国名特优新农产品名录

2023 年 12 月 11 日，农业农村部农产品质量安全中心发布 2023 年第三批全国名特优新农产品名录，湘西州永顺县选送的“永顺大米”及“永顺莓茶”两个特色农产品成功入选。

全国名特优新农产品目录是农业农村部为深入挖掘、保护、培育和开发各地名特优新农产品资源，推进农产品品种改良、品质改造和品牌创建而建立的。入选的农产品可在国家相关平台上推广，也可在产品包装上张贴“全国名特优新农产品”统一标识。

近年来，湘西州永顺县坚持把培育特色产业作为推动乡村振兴的根本出路来抓，深入实施农业特色产业“南提质、北扩面”行动，已建成猕猴桃、柑橘、优质稻等农业特色产业基地 143 万亩，人均特色产业面积达 2.5 亩以上，拥有绿色食品认证产品 62 个、有机农产品认证 4 个、农产品地理标志登记 4 个，“二品一标”认证面积达到 32 万亩，实现了特色产业规模化、标准化、优质化、品牌化发展。此次“永顺大米”及“永顺莓茶”2 个农产品成功入选全国名特优新农产品名录，将进一步提升永顺特色农产品品牌价值和市场竞争力，推动农业优势特色产业高质量发展，带动农民增收致富。

1.9 月 12 日，省政协副主席何寄华一行在水稻科研基地了解再生稻无人农场生产全过程现场

2.9 月 12 日，祁阳市唐家山油茶基地举办油茶实用技术现场教学

洪江雪峰乌骨鸡获批国家地理标志保护产品

2023 年 12 月 12 日，国家知识产权局发布公告，批准洪江雪峰乌骨鸡为地理标志保护产品，并明确了地理标志产品名称、申请机构、产地范围、质量要求、专用标志使用等产品保护要求，这也是怀化市洪江区获批的第一个地理标志保护产品。

近年来，怀化市洪江区全力推动雪峰乌骨鸡的保护开发，引进湖南农业大学技术团队在洪江区建立乌骨鸡保育研究基地，每年投入保种经费 200 万元以上，进行保种选育、产品研发和疾病净化等工作。目前已培育出云飞凤隐性白羽系等多个优质品系，乌骨鸡养殖规范已成为湖南省地方标准，核心及配套技术水平国内领先。

目前，怀化市洪江区已形成“制种 + 基地建设 + 屠宰加工 + 销售”的雪峰乌骨鸡全产业链，建成 5 万套种鸡的保种选育场 1 个、10 万羽和 20 万羽的扩繁场各 1 个、年屠宰能力 3000 万羽的加工厂 1 家及配套的冷链物流中心 1 个。

12月

△ 1 日，2023 年“湘品出湘”大湾区产销对接活动在深圳举行，220 多家湖南农业企业参加。

△ 3 日，怀化市油茶产业高质量发展技术培训班在中方县铜锣湾酒店会议室开班。

△ 7 日，梅山灌区工程正式获批立项，这是湖南省重大水利工程建设取得的又一进展。

△ 8 日，中国现代种业行业产教融合共同体在长沙成立。

△ 8 日，岳阳县农村专业技术协会联合会成立大会在中洲乡召开，这是湖南省首家县级农技协联合会，标志着岳阳县农村专业技术科普专业工作走上整合资源、规范运营、规模发展的快车道。

△ 13 日，永州市落实落细田长制，守牢守好“饭碗田”新闻发布会透露，2022 年底耕地面积 504.65 万亩，较耕地保护底线目标净增 2.58 万亩，2023 年耕地净增加 1.1 万亩，守稳守牢耕地红线。全市耕地“非农化”“非粮化”专项整治任务整改销号率 100%，位列湖南省第一。

△14日，全国首次油茶籽期货模拟交割在湖南农业集团旗下湖南省食用油集团举行。

△16日，湖南省首个地下水应急备用水源项目在湘潭建设完成。

△20日，2023年湖南省高素质农民培育新型农业经营和服务主体带头人培训班圆满结业。

第六届湖南（长沙）果品产业博览会开幕

2023年12月15日，第六届湖南（长沙）果品产业博览会在长沙红星国际会展中心开幕。展会吸引新疆、山西、陕西等10余个省区市百余家企业前来参展，集中展示展销柑橘、菠萝蜜、苹果等各类优质水果。

柑橘占湖南果业的80%，是湖南第一大水果。开幕式上，国家柑橘改良中心长沙分中心、红星实业集团有限公司、软通动力信息技术（集团）股份有限公司、长沙三昇农业科技有限公司、湖南农科集团有限公司联合宣布成立湖南柑橘产业链数据服务中心。柑橘专家李大志教授称，湖南柑橘产业链数据服务中心将聚集优势资源要素，延伸产业链条，推动柑橘品种保护、品质优化、品牌升级，促进柑橘产业链融合发展。

12月15日，第六届湖南（长沙）果品产业博览会在长沙红星国际会展中心开幕，吸引了不少市民前来选购

1.10月13日，苗圃地实地现场培训

2.10月20日，洞庭渔火季"秋之韵"暨2023云溪白泥湖螃蟹节启动仪式

3.10月29日，沈晓明来到长沙国际会展中心巡馆，参观第二十四届中国中部（湖南）农业博览会

1 2/3

永州市宁远县获评省『四好农村路』省级示范县

2023年12月18日，在湖南省人民政府通报中，永州市宁远县获评湖南省"四好农村路"省级示范县称号。

湖南省级"四好农村路"示范县创建重点围绕"建好、管好、养好、运营好"农村公路高质量发展目标，加快构建现代化农村交通运输体系，全面推进乡村振兴。近年来，永州市宁远县围绕"交通+旅游+产业+乡村振兴"等主题，打造"畅、安、舒、美"的农村交通路网，取得了"修建一条公路，串联一路风景，融合一片产业、造福一方百姓"的明显成效。

截至目前，永州市宁远县建设和提质改造农村公路2805公里。沿线已建成水稻、水果基地13个，新开发旅游景点6个，发展民宿、农家乐48家。农村"三路"建设有效地促进和带动近20万群众增收致富，"四好农村路"成为宁远乡村振兴的特色品牌。

湖南省欧阳海灌区深化农业水价综合改革省级试点项目开工

2023年12月28日上午，首批省级试点——欧阳海灌区深化农业水价综合改革推进现代化灌区建设省级试点项目（衡南片）在衡阳市衡南县宝盖镇开工。湖南省水利厅党组成员、副厅长袁侃夫出席并宣布项目开工。

衡南片试点项目面积达5万余亩，涵盖宝盖、冠市、花桥3个乡镇，受益人口4万余人。目前，欧阳海灌区管理局已投入2000多万元，基本完成盐桥、清相、四洲3条灌溉支渠的防渗衬砌和提质改造工作。其中，高效节水示范区是试点建设的先行区，项目总投资310.42万元，建设面积1060亩，采用全管道输水、刷卡用水、智能调水，将同步建设监测控制系统、管网监测系统、田间灌溉自动控制及数据收集系统、设备操控系统以及一张图信息展示。

欧阳海灌区深化农业水价综合改革省级试点项目开工

2024
湖南
地方年鉴

工业

要闻纪事
2023年

1月

△4日，娄底市召开10GWH锂电子动力&储能电池产业园项目洽谈会。市委书记、二级巡视员曾伯怡强调，相关部门要深刻认识抢占新能源发展先机的紧迫感，以“功成不必在我，建功一定有我”的精神，积极推动项目落实落地。市委副书记、市长陈创业主持会议，市委副书记、统战部部长陈群出席。

△4日，由铁建重工和中铁十四局共同打造的超大直径泥水平衡盾构机“开路先锋号”在长沙顺利下线。“开路先锋号”开挖直径15.07米，将用于广州海珠湾隧道工程，该工程是目前广州地区在建的最大直径盾构隧道。

△5日，娄底“材料谷”硅钢产业专题招商推介会在湖南宏旺新材料科技有限公司举行，来自全国各地40余名企业家欢聚一堂，畅谈娄底“材料谷”美好未来，共绘美丽星城宏伟蓝图。市委书记邹文辉讲话。市委副书记、市长曾超群，宏旺控股集团董事长戴促辉致辞。

年产1万吨铸锭 工业生产线点火复产

1月3日上午，湖南稀土新材料有限责任公司举行年产1万吨铸锭工业生产线点火仪式。副市长朱春光宣布点火，衡阳弘湘国有投资（控股）集团有限公司党委书记、董事长张雨民主持仪式

2023年1月3日，湖南稀土新材料有限责任公司举行年产1万吨铸锭工业生产线点火仪式。衡阳市副市长朱春光宣布点火。

稀土新材料公司总经理唐文凯介绍，该公司主要从事稀土金属及产品的研发、生产、销售，着力解决国内高端铝材依赖进口问题，填补了目前国内应用领域的空白。2022年10月9日，经省、市国资委同意，湖南黄金集团将所持有的稀土新材料公司80%股权划转给弘湘国投，公司正式成为弘湘国投控股子公司。此次点火恢复生产，可望实现工业总产值4.3亿元。高性能稀土铝合金项目作为公司自主知识产权的专利技术开展的主业项目，已列入省“100个重大产品创新项目”。项目分三期建设，全部建成投产后，预计实现产值300亿元。为实现“世界一流高端铝材服务商”的愿景，公司提出了“321”的战略构想，即搭建“三个发展平台”（科研创新、生产加工和市场销售平台），聚焦“两个发展方向”（稀土铝合金研发和高附加值尖端产品），打造“一个千亿级稀土产业集群”。

1.1月4日，巴陵石化公司橡胶部年产3万吨溶聚丁苯橡胶装置生产线顺利产出铁系（催化剂）枝化丁戊橡胶

2.1月31日，张家界市举行2023年第一季度重点项目集中开工仪式

3.1月4日，由铁建重工和中铁十四局共同打造的超大直径泥水平衡盾构机“开路先锋号”在长沙顺利下线

娄底建设全国有影响的硅钢生产基地

娄底“材料谷”硅钢产业专题招商推介会举行

2023年1月5日，娄底举行的“材料谷”硅钢产业专题招商会透露，“十四五”期间，娄底将加快建设全国有影响的硅钢生产基地，达到400万吨产能，上下游产业链规模2000亿元。

硅钢，被誉为钢铁工业“皇冠上的明珠”，是促进电气产品升级换代的关键战略材料。娄底将硅钢产业作为“材料谷”建设的主攻方向，按照“延链、成网、优环境”总体思路，编制硅钢产业发展规划，构建“一核一龙头四园区多基地”硅钢产业发展格局，已吸引20余家龙头民营企业前来布局硅钢产业。

目前，宏旺新材一期、VAMA二期已建成投产，涟钢冷轧硅钢产品一期、涟钢1580线等项目已启动建设。其中，浙湘高牌号硅钢项目，结束了湖南无“高端无取向硅钢”的历史；宏旺新材年产96万吨高牌号硅钢项目，总投资21.28亿元，自动化生产线高达90%，年产值有望达到100亿元以上。

2022年底，湖南省政府出台支持娄底市先进材料产业高质量发展若干政策措施，致力于将娄底打造成为中部地区一流的先进材料产业高地和全国有重要影响力的材料名城。娄底构建先进基础材料、关键战略材料、前沿新材料、重要原材料“四轮驱动”产业发展模式。目前，钢铁新材产值迈过千亿大关，已成为亚洲最大的高强钢生产基地。

1.1月31日。走进位于会同产业开发区的鸿旺玻璃有限公司，厂房内却是一片加足马力赶生产的火热场景。切割、清洗、磨边、钢化……各项工序紧密衔接，所有设备全线运作，工人们正有序忙碌着

2.2月22日，省工信厅党组副书记、副厅长杨亲鹏率队来涟开展工业经济大走访大调研活动，持续推进“送政策、解难题、优服务”

3.2月23日，第三十四届全国风能装备行业年会暨产业发展高峰论坛在湖南株洲举行

湘江新区迎来2023年首个世界500强企业项目

2023年1月20日，湖南湘江新区透露，紫金矿业集团股份有限公司全资子公司紫金矿业新能源新材料科技（长沙）有限公司近日完成工商注册，计划在岳麓高新区设立新能源新材料研究院。这是2023年首个落户湖南湘江新区的世界500强企业项目。

“在岳麓高新区设立新能源新材料研究院，主要是看中了湘江新区在新能源、新材料等方面的产业基础和人才优势。”紫金矿业新能源新材料科技（长沙）有限公司相关负责人介绍，新能源新材料研究院定位为以产业化为目的的应用型科技研发机构，主要研究领域涵盖锂离子电池、钠离子电池、全固态电池、质子膜电解制氢和高温固体氧化物电解制氢等。

该项目计划首期投资5亿元，主要建设材料研发实验室、材料测试中心和技术成果孵化转化中心。项目预计2024年建成投产，5年内预计产生300余项专利，建成3至5个电化学储能、氢能材料研发生产及产品测试的国家级实验室，吸纳500名国内外高端人才，孵化科技项目15个、商业化项目5个。

△16日，中国五矿有色金属产业创新中心在长沙市望城区启动建设，项目计划总投资100亿元，打造“一院＋两基地＋多维服务体系+N分中心”，为长沙有色金属产业高质量发展提供新动能。

△18日，中华全国总工会发布《关于发布第二批提升职工生活品质试点单位名单的通知》，在全国范围确定100家企业（工业园区）为第二批提升职工生活品质试点单位，湖南省有3家企业入围。

△29日，金凯循环动力电池高端原材料产业园在长沙市望城区启动建设。该区先进储能产业链再添新军，加速迈向500亿级产业集群。

△31日，张家界市举行2023年第一季度重点项目集中开工仪式，38个项目集中开工，总投资103.98亿元，年计划投资41.03亿元。市委书记刘革安出席并宣布开工，市委副书记、市长王洪斌出席并讲话。市领导田华玉、欧阳斌、尚生龙、刘卫兵、杨洪峰参加。

湖南建投与三一重工“强强联合”在多领域展开全流程合作

2023年2月9日，湖南建设投资集团与三一重工股份有限公司签署战略合作协议，将在设备采购租赁、工业厂房、房地产开发、清洁能源综合利用、新能源投建营一体化、建筑装配式预制结构构件及金融等领域展开全流程合作，助力高质量发展。

据悉，30年前，三一重工在湖南销售的首台混凝土拖泵正是用在原湖南建工集团的项目上。双方表示，两家企业同为“湖湘子弟”，在企业性质、行业、业务板块上互补性强，此次签约标志着大规模合作的开始。未来，双方将发挥彼此资金、管理、技术、市场优势，探索多形式的合作模式。

蔡典维一行参观三一重工的企业展厅和18号总装车间，了解三一重工的发展情况和企业文化

湖南建投集团于2022年7月由原湖南建工集团和原湖南交水建集团重组整合而成，是全产业链、全领域、全要素一体化的大型建筑企业，目标为建设世界一流的建设投资企业。三一重工是我国首家股权分置改革成功并实现全流通的企业，2021年跻身全球企业500强，主导产品为混凝土机械、挖掘机械、起重机械等全系列产品，被广泛运用到全球重点工程建设中。

2月

△15日，湘潭市举行2023年全市第一批重大项目开工仪式，86个项目总投资227亿元，年计划投资103.7亿元。

△17日，2023年永州市第一次重大项目集中开工签约活动暨湖南紫金锂业锂矿采选和精深加工项目开工仪式举行。市委书记朱洪武宣布开工。市委副书记、市长陈爱林，紫金矿业集团股份有限公司执行董事、常务副总裁林泓富讲话。山东瑞福锂业董事长王明悦出席。市委常委、常务副市长侯文主持。市政协副主席、市工信局局长方智毅出席。

△21日，大直径泥水平衡盾构机“鲐岛号”在铁建重工长沙第一产业园区下线。硕大刀盘上，蓝色虎鲨图案栩栩如生，寓意盾构机如生猛“虎鲨”穿海而过。

△22日，湖南省稀土产业发展座谈会在永州市召开。省工信厅副厅长张治平出席并讲话，省工信厅二级巡视员吴毅龙主持，中国稀土集团法律合规部、再生资源事业部总经理谢卫军，湖南省稀土集团执行董事、总经理黄革参加。市政协副主席、市工信局局长方智毅参加。

周源山煤矿成湖南省首个一级煤矿

2023年2月10日，国家矿山安监局公布了第七批安全生产标准化管理体系一级达标煤矿名单，湖南煤业股份有限公司周源山矿业分公司名列其中，成为湖南省首个一级煤矿。

周源山煤矿隶属于湘煤集团，位于郴州资兴市境内，核定生产能力每年75万吨，是目前湖南省规模最大、产量最高的煤矿，也是湖南省及南方地区煤矿行业首个5G智慧矿山，为全省标杆矿山。在全省调煤保电等保供中，周源山煤矿发挥了重要作用。

在周源山煤矿调度指挥中心，几十台电脑依次排开，井下采煤量、掘进量等数据在大屏幕上一目了然。周源山煤矿利用大数据平台，人不用下井，只要在机房里操作，就能让机器自动挖煤。实现智能化开采后，周源山煤矿值守人员减少了70%，采煤工效提高了20%，防御灾害能力也得到显著提升。

据了解，安全生产标准化是煤矿企业提高安全生产水平的重要抓手。国家对煤矿安全生产标准化实行分级考核，由高到低分为一级、二级、三级3个等级。申报一级的煤矿由国家矿山安全监察局组织考核定级，申报二级、三级的煤矿由省级煤矿安全生产标准化工作主管部门确定。国家矿山安监局公布的第七批安全生产标准化管理体系一级达标煤矿，包括周源山煤矿在内，全国共有30家。

中车株洲电机公司永磁动力产业项目建设工程正式启动

中车株机永磁动力项目启动

2023年2月18日，中车株洲电机公司永磁动力产业项目建设工程正式启动。预计2023年底投产，可实现新增产能9270台套电驱系统，年产值达20亿元。

永磁动力产业项目隶属于中车株洲电机公司旗下核心子公司湖南中车尚驱电气公司。计划总投资4.5亿元，拟建设6条具有世界先进水平的生产线和永磁动力研发中心、永磁动力联合厂房等。

永磁动力及传动技术，被誉为动力传动技术的第三次革命，具备柔性连接、安全可靠、节能高效、绿色环保等特点，广泛应用于轨道交通、新能源汽车、航空航天、工业驱动等领域，含金量、含绿量、含新量都很高。中车株洲电机公司长期深耕永磁驱动技术领域，构建了完整的系列化、型谱化、模块化的永磁技术平台，形成以风力发电、新能源汽车驱动、工业驱动等为代表的绿色低碳产业体系，正在加速成为驱动低碳发展、行业领先的高端动力系统提供商。

永磁动力生产基地建设项目，是湖南中车尚驱电气公司实施技术领先战略、完善自主创新体系、突破关键核心技术、实现“十四五”战略规划的重要举措。

1

2

1.3月27日上午，中南大学粉末冶金国家工程研究中心产学研示范基地在邵阳县新经济产业园正式揭牌，这是粉末冶金国家工程研究中心产学研基地首次在县级层面落户

2.3月7日下午，国家发展改革委基础设施发展司副司长卓毓森一行深入我县高湖镇、甘溪镇等化工企业，对生产的“废水、废气、废渣”处理工作进行调研

1
2
3

1.4 月 14 日，湘电集团和湘电股份共同承办的 2023 年湖南省重点企业能效提升对接会在湘潭举行，湘电股份员工为客户介绍余热发电系统的原理

2.3 月 29 日上午，在湖南湘江新区十公里工业走廊许龙路上，全面建成的麓谷智造示范园正式开园

3.3 月 30 日一大早，平江余梅工业区一期土石方平整工地现场机声隆隆，满眼的挖土机、推土机、压路机、工程运输车辆在现场管理人员的指挥下穿插有序、一派繁忙……这个总规划建设面积 4600 亩、计划总投资 14 亿元的工业“新区”在万众瞩目下摁下了项目建设的“快进键”

湖南获 4 项中国工业大奖

第七届中国工业大奖在北京揭晓

2023 年 3 月 19 日，第七届中国工业大奖在北京揭晓，湖南 4 个企业（项目）获奖，数量为历年之最。其中，铁建重工获中国工业大奖，山河智能、湖南涟钢起重机吊臂钢替代进口开发及系列化项目获表彰奖，蓝思科技获提名奖。

中国工业大奖是经国务院批准设立的我国工业领域最高奖项，每两年评选一次，表彰代表我国工业发展最高水平的企业和项目，设立中国工业大奖、中国工业大奖表彰奖、中国工业大奖提名奖 3 个层次奖项。这次共有 19 家企业、19 个项目获中国工业大奖，26 家企业、22 个项目获表彰奖，17 家企业、20 个项目获提名奖。

铁建重工一举拿下分量最重的中国工业大奖。其自主研制的国产首台敞开式岩石隧道掘进机（TBM）、国产首台 16 米级超大直径盾构机、最深海底隧道盾构机等系列国之重器，引领我国地下工程装备实现从跟跑到领跑的跨越。

吊臂是起重机关键作业部件和主承载部件，而国内制造吊臂的关键材料吊臂钢高度依赖进口。湖南涟钢 10 余年持续开展技术攻关，其研发的吊臂钢达到国际先进水平。目前，涟钢吊臂钢已全面替代进口，并实现系列化，获得中国工业大奖表彰奖。

首届湖南省先进制造业科技创新大赛颁奖

2023 年 3 月 30 日，首届湖南省先进制造业科技创新大赛颁奖典礼在长沙举行。中国工程院院士桂卫华、王耀南和吴义强等出席并为湖南十名科技创新人物、十大科技创新企业、十大科技创新技术颁奖。长沙成为当之无愧的科创主力军，获奖数超过“半壁江山”。

本次大赛由省科协、省科技厅、省工信厅、省市场监管局、湖南湘江新区管委会主办，主题为“新技术 新湖南”。大赛设立先进制造业科技创新技术、科技创新人物、科技创新企业三个赛道，由院士专家组成评审委员会。大赛共征集作品 271 项，其中技术赛道 126 项、人物赛道 77 项、企业赛道 68 项，作品涵盖了轨道交通、工程机械、电子信息、生物医药、中小航空发动机、有色冶金、先进材料等省内主要特色产业。经过初赛、复赛路演答辩、决赛评审和公示阶段，最终评选产生十大科技创新技术、十大科技创新企业和十名科技创新人物。

首届湖南省先进制造业科技创新大赛颁奖典礼现场

现场，湘江国投、国信证券共同签署支持湖南省先进制造企业科技创新发展战略合作协议，柳枝行动与大赛部分技术成果转化进行签约，省科协与湘江新区管委会共同签署《促进先进制造业科技创新战略合作框架协议》。

△ 23 日，第 34 届全国风能装备行业年会暨产业发展高峰论坛在株洲举行。国内风电领域 500 余名业内人士齐聚一堂，普遍认为风电发展迎来重要战略机遇期，要持续创新推动产业升级。

△ 24 日，汨罗市 34 个重大产业项目集中开工、签约，涵盖新能源、新材料、新制造等，总投资 183.82 亿元。项目全面达产后，预计可实现年产值 235.7 亿元，年税收 6.5 亿元。

3月

△ 8 日，第十届新能源应用暨智慧能源创新发展高峰论坛在长沙举行。论坛聚焦“双碳”目标，深入分析行业发展现状，积极探讨产业发展路径，破解发展难题。

△ 26 日，在娄底市娄星产业开发区，湖南宏旺新材料科技有限公司年产 96 万吨高磁感、高牌号硅钢项目正式投产。项目达产后，将为娄底打造中部地区“材料谷”贡献一个百亿级产业。

△ 27 日，国内首条国产化宽幅板带产线示范性项目——以先进钢铁材料为导向的产品结构调整升级项目（1580 热轧线），在湖南涟钢正式投产。

△27日，中南大学粉末冶金国家工程研究中心产学研示范基地落户邵阳县。

△29日，长沙市制造业发展促进中心在湖南湘江新区金鑫大厦挂牌运行。该中心由长沙市工信局所属的市电子研究所、市化工研究所、市轻工研究所和市建材研究设计所合并重组而成，将作为长沙先进制造业实现新突破的“助推剂”“润滑剂”，助力长沙制造业由传统制造向智能制造、制造大市向制造强市转变。

4月

△6日，2023年邵东第七届五金机电博览会开幕，国内外的1000余家企业携3500余种产品参展。开幕当天现场成交金额达86亿元，签约订单203亿元。此次博览会为期3天，展览面积5万平方米，设置了邵东馆、国际馆等7个展区，规划国家标准展位1336个。

△14日，2023年湖南省重点企业能效提升对接会在湘潭湘电集团举行。去年全省规模工业增加值能耗下降7.8%，超额完成下降3%的目标。

衡阳市5个工业互联网平台列入省级平台建设计划

2023年3月31日，湖南省工信厅公布了2023年湖南省省级工业互联网平台建设计划，我市5家企业的工业互联网平台列入其中，创建数量占全省六分之一，位居全省第二位。

这5个工业互联网平台分别是：古汉中药有限公司的古汉中药工业互联网平台、湖南机油泵股份有限公司的泵业智造工业互联网平台、湖南角山米业有限责任公司的数字智慧粮食平台、湖南省国创电力有限公司的国创电力智能制造互联网平台、湖南领湃新能源科技有限公司的领湃新能源锂电池工业互联网平台。

近年来，衡阳市按照“建平台”和“用平台”并重、系统布局和重点培育兼顾的思路，着力推进工业互联网平台高质量建设和产业化应用。建平台方面，持续加大企业级、行业级、区域级工业互联网平台培育，提高工业互联网平台在重点行业领域的融合率，推动行业知识经验在平台沉淀集聚，推动平台在“块状经济”产业集聚区落地；用平台方面，加快工业设备和业务系统上云上平台，推动行业龙头企业核心业务系统云化改造，带动产业链上下游企业业务系统云端迁移，引导中小企业在研发设计、生产制造、运营管理等环节广泛应用新一代信息技术，加快生产方式和企业形态根本性变革。

1.4月19日，鼎城区人民政府副区长陈志刚走访调研桥南园区相关企业提质改造和园区基础设施建设工作，区政府办、区工信局、桥南园区办相关负责人陪同

2.5月11日，阿联酋、印度尼西亚、新加坡、土耳其、巴西、美国、荷兰等40多个国家和地区近500名海外客户云集中联智慧产业城，参加中联重科“科技献礼新时代”成果展

3.5月3日，在中建五局长沙机场改扩建工程机场工程（T3航站楼工程）项目现场，800多名建设者坚守施工一线，全力抢抓工期，冲刺年末航站楼主楼主体结构封顶目标，确保航站楼建设高质量推进

1 2 3

湖南加快培育更多『灯塔工厂』

2023年4月12日，“智赋万企·灯塔工厂培育”研讨会在长沙举行，省内外100多家企业的代表聚集一堂，交流“灯塔工厂”建设与申报经验。

“灯塔工厂”有智能制造“奥斯卡”之称，代表着全球制造业领域智能制造和数字化最高水平。会上，倍润富联、美的集团、富士康等国内知名企业的代表现身说法，分享建设“灯塔工厂”的成效和路径；湖南曼顿信息技术有限公司等省内企业推介“灯塔工厂”建设等相关服务，为企业智能制造升级提供本地解决方案。

目前，湖南省拥有博世长沙工厂、三一重工长沙18号工厂两家“灯塔工厂”，数量居全国前列，中联重科等龙头企业已启动“灯塔工厂”的建设与申报工作，以中兴智能为代表的骨干企业正加速提升智能化水平，计划建设一批“灯塔工厂”。

省工信厅介绍，“智赋万企”行动将以更大力度推进5G、人工智能等新型基础设施建设，构建“灯塔工厂”发展的基础网络；推动智能制造关键核心和系统集成技术攻坚，补齐“灯塔工厂”技术短板；深化制造业全产业链体系数字化改造、场景创新和应用推广，推动一批龙头企业打造更多“灯塔工厂”。

研讨会现场

2023年新田县工业企业表彰大会暨启动科技特派员『春耕行动』会议召开

2023年4月14日，2023年新田县工业企业表彰大会暨科技特派员“春耕行动”启动仪式会议召开。县委副书记、县长黄永英出席会议并讲话，县委常委、常务副县长唐荣立主持会议，县委常委、组织部部长周玉生，副县长谭能为、周宏武、郭贤锋出席。

会议宣读了《关于兑现2022年度新田县新增规模以上企业资金奖励的通报》《关于兑现2022年度新认定“小巨人”企业奖补资金的通报》《关于兑现2021年度新田县科技创新引导资金奖励的通报》，现场为31家企业颁奖。同时安排部署了新田县科技特派员“春耕行动”工作。

黄永英要求，各级各有关部门要牢牢把握高质量发展这个首要任务，围绕建设现代化产业体系，大力发展专精特新企业，加大科技创新力度，加快科技成果转化，把“企业树木”培育成“产业森林”，在打造具有核心竞争力的科技创新高地上展现新田作为。

2023年新田县工业企业表彰大会暨启动科技特派员“春耕行动”会议召开

1.5月15日，在长沙国际会展中心，观众在参观展出的工程机械设备

2.5月12日，中联重科新材料（湘阴）标杆工业园开园仪式隆重举行，让人备受期待、万众瞩目的中联新材全球顶级干混砂浆工业园正式拉开了神秘的面纱

中联重科全球最大塔式起重机在常德下线

曹志强、由瑞凯、詹纯新共同启动产品下线

中联重科全球最大塔式起重机在常德下线活动现场

2023年4月20日，“科技新高度 献礼新时代”中联重科全球最大塔式起重机R20000—720下线仪式在常德高新区中联重科常德塔机智能工厂举行，这是常德实施创新突破产业突围、培育先进装备制造千亿产业集群取得的又一标志性成果。市委书记曹志强，中交第二航务工程局有限公司党委书记、董事长由瑞凯，中联重科股份有限公司（以下简称“中联重科”）党委书记、董事长詹纯新共同启动产品下线。市委副书记、市长周振宇主持产品下线仪式。

全球最大塔式起重机R20000—720是中联重科与中交第二航务工程局有限公司联合研发，额定起重力矩20000吨米，最大起重量720吨，最大起升高度400米，相当于一次将500辆小轿车起吊至130层楼的高度。该产品融合了158项创新科研成果、305项发明专利，其中包括60余项核心关键技术和12项世界首创技术，是名副其实的“大国重器”。

R20000—720下线交付后，将被用于世界最大跨度三塔斜拉桥——马鞍山公铁两用长江大桥的项目建设中，满足桥塔钢结构的吊装，加快项目建设、缩短项目工期，为项目建设提供坚实的设备保障。

中联重科副总裁熊焰明、孙昌军、郭学红、付玲、唐少芳，市领导彭晛丹、傅勇、谭丁、朱金平等参加活动。

5月

△1日，三一集团携最新“威5”H系列255吨米级塔式起重机进驻长沙国际会展中心，第三届长沙国际工程机械展迎来首台参展设备，标志着布展工作全面启动。

△6日，由长交集团湘船重工公司建造的长江航道首艘30米级纯电动测量船，在长沙望城区靖港古镇湘江水域下水。船舶下水后，将在船厂码头进行后续舾装、设备调试及试验。

△11日，2023长沙国际工程机械展览会国家先进制造业集群融合分论坛在长沙国际会议中心举行。现场，长沙的新一代自主安全计算系统、工程机械两大国家级产业集群成功“牵手”，两大产业集群的企业代表进行“芯算万物 智赋机械—共建合作大生态”签约。

△12日，第三届长沙国际工程机械展开幕，财信金控重点支持企业众能联合数字技术有限公司在长沙国际会展中心发布“一站式产业数字化平台”。该平台是目前国内最大的、基于工程机械租赁产业的互联网平台，将为工程机械租赁提供“一站式”交易服务。

△14日，长沙工程机械新产品新技术发布暨配套采购签约大会在长沙国际会议中心举行。三一重工、中联重科、铁建重工、山河智能、星邦智能5家全球工程机械50强企业展现强大向心力，现场签约167亿元。

△16日，总投资8.5亿元的华锐精密新基地落成典礼举行。株洲市委书记曹慧泉出席并宣布新基地落成。

△31日，“技行沅澧·能创未来”常德市第一届职业技能大赛顺利闭幕，来自全市24支代表队的269名选手经过理论与实操两轮激烈角逐，最终覃功昊、邓理、燕力等11名选手分别斩获11个集中办赛项目的金牌。

6月

△6日，中石化湖南石油化工有限公司（简称“湖南石化”）正式注册。公司注册资本30亿元，位于岳阳市云溪区湖南岳阳绿色化工产业园，经营范围包括石油化工、化纤、化肥、精细化工产品的生产、销售等。

△15日，湖南省工信厅举办制造业提质增效专题研讨会，来自政府、企业、科研机构的共计80余人齐聚一堂，直面我省制造业发展的短板弱项，共探提质增效路径方法。

全球首台大直径双护盾土压组合式掘进机长沙下线

4月26日，一台刀盘涂装“龙鲤”图案的隧道掘进机在铁建重工长沙第二产业园下线

2023年4月26日，一台刀盘涂装“龙鲤”图案的隧道掘进机在铁建重工长沙第二产业园下线，标志着全球首台大直径双护盾土压组合式掘进机研制成功。这台设备解决了以往双护盾掘进机只具备敞开式掘进、仅适用单一稳定地质条件掘进问题，实现双护盾和土压掘进模式的有效组合，填补了大直径隧道掘进机在软土和极硬岩交互地质下的全球设计空白。

这台设备直径8.9米，总长131米，总重约1500吨，取名“铁兵广花6号”，由铁建重工、中铁十五局集团联合打造，将参与广州东至花都天贵城际项目京溪路站至白云东平站区间工程建设。

“铁兵广花6号”在施工中，可在双护盾模式下进行推进和拼装管片作业，提升施工效率；同时开创性实现了双护盾掘进机主机结构密封承压，确保土压模式在软弱和富水地层下施工安全。

近年来，随着粤港澳大湾区轨道交通的快速发展，隧道掘进机迎来了广阔的应用前景。大直径双护盾土压组合式掘进机的研制成功，有力破解了在我国华南区域应用单一模式盾构机难以满足长距离硬岩、极硬岩以及软硬交替的复杂地质隧道施工难题，加速了双模式掘进机在重点工程中的应用步伐，助推粤港澳大湾区轨道交通高质量发展。

1 2
3
4

1.5月31日下午，“技行沅澧·能创未来”常德市第一届职业技能大赛完美收官

2.5月16日，株洲华锐精密工具股份有限公司新基地落成典礼隆重举行

3.6月20日，长沙高新区中联重科智慧产业城，工人在中大挖车间生产作业

4.6月6日，永州陆港项目建设者们坚守岗位，抢进度、抓工期，用激情和奉献加速推进项目建设

首届全国冶金行业计量校准人员技能比武湘潭举行

首届冶金行业计量校准人员技能比武在湘潭举行

2023年5月8日，由中国计量协会冶金计控分会、中国计量协会校准委员会、湘钢集团、国家中厚钢板产业计量测试中心（筹）联合主办的首届全国冶金行业计量校准人员技能比武（湘潭赛区）在湘钢高级技工学校举行。

来自安徽长江钢铁股份有限公司、首钢集团有限公司矿业公司、芜湖新兴铸管有限责任公司等19个冶金行业企业的49名选手，展开了一场以“精准”论英雄的对决。比赛设立电子秤、电导率仪计量校准两个项目，采用实践操作考核的方式，重点考核参赛选手操作的规范性、熟练程度和数据处理能力。

中国有色金属矿业与设备论坛举行

2023 年中国有色金属矿业与设备论坛在长沙举行

2023 年 5 月 11 日，2023 年中国有色金属矿业与设备论坛在长沙国际会议中心举行。论坛旨在推动先进技术设备在有色金属矿业领域的应用，促进我国有色金属矿业高质量发展。

本次论坛持续 2 天，以“科技赋能 创新发展”为主题，设院士论坛、专题报告两大板块，还将组织与会专业代表参观 2023 长沙国际工程机械展览会。

中国有色金属工业协会副会长王健在论坛上表示，“近几年，大数据、物联网、遥感探测等新技术不断涌现，通过‘新技术＋矿业设备’，让数字矿山、智能采矿成为趋势，重塑了矿山企业的竞争格局。”

中国工程院院士、中南大学信息科学与工程学院教授桂卫华在《工业智能助力“双碳”战略》主题报告中提到，工业智能技术集成融合了多种前沿技术，离不开多学科知识的协同创新。当前国际形势复杂，需要自主掌握工业智能关键技术，赋能传统矿业设备，更好落实“双碳”战略。

1.6 月 20 日下午，由中车株洲电力机车有限公司、湖南铁道职业技术学院和株洲职教园管理办公室联合主办，株洲市企业联合会、株洲企业家协会、株洲市职业教育协会（产教融合联盟）协办的株洲市技术技能型人才职业素养提升行动启动仪式在湖南铁道职院云龙校区举行

2.6 月 27 日上午，氢气储运关键技术与产业化暨鼎城区（常德高新区）2023 年二季度重点建设项目集中开工仪式举行

3.7 月 1 日 17 时，长沙首座整体装配式变电站星朝 110 千伏变电站顺利建成投运

第十一届矿博会拉开序幕

2023 年 5 月 19 日，第十一届中国（湖南）国际矿物宝石博览会（以下简称“矿博会”）在郴州国际会展中心开幕，来自全球 50 多个国家和地区的 1000 多家企业将展出 5 天。

矿博会采取“线上＋线下”双向并行、融合互动的形式举行，集中展示来自各地的矿物宝石、珠宝玉石、化石陨石、观赏石、工艺品等精品。线下展览面积约 6 万平方米，分为四大展示展销主题区；线上矿博会通过矿博云展示，设 VR 全景特装展位 30 个，标准展位 500 个。展会同期将举行 2023 年中国（郴州）稀贵金属新材料高峰论坛、“晶彩五月天·欢乐全球郴”科普研学、“郴世界·云矿博”直播带货、“爱在五月，情定矿博”520 主题、精品拍卖等十大活动，吸引了国内外政要、院士专家、博物馆科学界及行业大咖、企业家、顶级藏家等参与。

5 月 19 日，第十一届中国（湖南）国际矿物宝石博览会（以下简称“矿博会”）在郴州国际会展中心拉开帷幕

矿博会主办方介绍，由于疫情原因，国际展商 3 年时间无入境参展的机会，2023 年放开后，组委会招商组经多次与国际参展商沟通，联系到近 80 家境外展商参展，是矿博会在郴州举办以来最多的一次。

本届矿博会以“神奇的矿晶，与‘锂’相约”为主题。郴州市作为第二届湖南旅发大会举办地，也将邀请矿博会客商打卡“全球郴”，为参加矿博会的客商量身定制专属旅游套餐，持续唱响“走遍五大洲，最美有郴州”品牌。

△ 12 日，“电动湘江”208TEU 集散（集装箱、散货）两用纯电动船示范项目在湘潭开工建造。建成后，该船舶将是国内集装箱装载量最大的 88 米标准过闸纯电动集散两用船型，也是湖南首艘新能源纯电动集散两用船。

△ 17 日，中国机械工业联合会在南京召开特变电工衡阳变压器有限公司“SWBSP—FH—14400/69 海上风力发电用植物油变压器”等 18 项新产品（技术）鉴定会，国内数十家科研院所的顶尖专家 400 余人参加。

7月

△ 7 日，株洲第三座 500 千伏变电站株洲西输变电工程开工建设。株洲西 500 千伏输变电工程，位于天元区雷打石镇新龙村。动态总投资约 12.3 亿元，将新增两台 1000 兆伏安主变压器，新建 500 千伏出线 4 回、220 千伏出线 10 回，计划 2024 年底建成投产。

△ 10 日，正威娄底电力铜基新材料产业园项目签约暨开工仪式在娄星产业开发区举行。副省长秦国文宣布项目开工，正威国际集团董事局主席王文银、市委书记邹文辉分别致辞，省政府副秘书长季心诠，市委副书记、市长曾超群主持。

△14日，由湖南省建筑科学研究院有限责任公司（以下简称“省建科院”）牵头申报的“建筑工业化技术及安全控制湖南省重点实验室”正式挂牌成立。

△25日，“党建＋精品工程”娄底冷水江集中110千伏输变电工程开工暨攻坚创优授旗仪式在城东新区资江大道与人民路岔路口举行。市委书记、二级巡视员曾伯怡宣布工程开工，国网娄底市供电公司、娄底市发改委等相关单位负责人出席。

△28日，湖南省绿色制造体系建设推进会在长沙举行，现场开展节能节水“新产品、新技术、新装备”推介活动。

8月

△4日，宁夏回族自治区中卫市海兴开发区，海原储能基地首个产品——储能电池舱下线。该基地是中车株洲电力机车研究所有限公司布局西北地区首个储能基地，将促进新能源产业链在当地加速聚集，助推“宁电入湘”工程建设与发展。

△8日，下东储能电站在株洲市茶陵县成功并网投运。该项目投资4.5亿元，占地1.85万平方米，储能规模100兆瓦/200兆瓦时，是湘赣边最大储能电站。

国内首条微晶盖板玻璃生产线投产

2023年6月27日，湖南旗滨新材料有限公司透明微晶玻璃生产线项目，在醴陵经开区点火投产，将打破国外企业在微晶盖板玻璃产品及高效成套制造技术方面的垄断，实现高性能微晶盖板玻璃材料的批量国产化。

该项目总投资5亿元，年产能约30万平方米，达产后年均营业收入约3亿元，年均税后净利润约5000万元，年纳税2000万元。

透明微晶玻璃生产线在醴陵市正式投产

旗滨集团总裁张柏忠介绍，该项目主要生产高性能透明微晶玻璃产品，主要用在智能手机等电子显示产品上，是工信部发布的《重点新材料首批次应用示范指导目录》中的先进无机非金属材料，属于新材料产业国家重点支持发展的领域。项目涉及高强、高透、超薄、耐划伤、抗跌性能优异的特种微晶屏幕保护玻璃规模化生产，以及成套制造技术的集成研发。该项目的最大优势是采用连续式“特种压延成型”技术，将突破厚度0.9毫米以内超薄电子微晶玻璃成型的技术壁垒，打造全球第二家、国内第一条连续式微晶盖板玻璃生产线。

揭牌仪式现场

湖南首家工业软件园开园

2023年7月18日，湖南首家工业软件园——株洲天元工业软件园开园。该园定位为国家工业软件企业聚集区，打造工业软件创新高地，吸引中国移动工业互联网研究院、中国联通中南研究院工业互联网分院等17家企业抢先签约入驻。

作为株洲打造先进制造业高地的“排头兵”，株洲高新区主动作为，创建天元工业软件园，助推新一代信息技术与本地先进制造业深度融合，推动株洲工业产业向高端迈进，实现“整体优势”跃升。

天元工业软件园主要面向工业软件企业、工业软件生态合作伙伴、本地裂变软件企业开放，目前园区初步构建覆盖研发设计、生产制造、经营管理、运维服务等制造业全生命周期的工业软件体系，形成以华为、天元云、精益传动为技术代表的企业生态，力促本地制造业企业数字化转型。同时努力推动工业软件自主研发应用，夯实工业发展根基。

株洲高新区党工委书记、天元区委书记邬凌云表示，通过从外引进优质企业和专家人才团队、向内鼓励本地制造企业软件业务“裂变”发展等方式，实现工业软件产业的聚集突破，培育“对标世界先进、服务国家产业”的工业软件生态，打造中国软件名园。

1.7月10日，正威娄底电力铜基新材料产业园项目签约暨开工仪式在娄星产业开发区举行 1

2.7月25日，“党建＋精品工程”娄底冷水江集中110千伏输变电工程开工暨攻坚创优授旗仪式在城东新区资江大道与人民路岔路口举行 2

首批入驻企业签约现场

1.7 月 7 日，株洲西 500 千伏输变电工程在雷打石镇新龙村举行开工仪式

2.8 月 10 日，安乡县委书记王先波来到工业项目建设现场，走工地、看厂房、问进度、解难题，协调推进重点工业项目建设

3.8 月 12 日，在娄底经开区工业园内，国网娄底供电公司组织 80 余名施工人员，顶着炎炎烈日对 220 千伏冠军变配套送出 10 千伏冠孵Ⅰ线新建工程进行施工作业，进一步提升园区企业供电可靠性

湖南累计培育国家级绿色工厂 136 家

2023 年 8 月 15 日，湖南省工信厅发布全省工业绿色低碳发展成果。数据显示，湖南工业绿色化、低碳化发展取得阶段性成效。

工业用能结构明显改善。湖南省先后出台工业领域以及有色金属、建材行业碳达峰实施方案，推进工业能源消费低碳化。2021 年、2022 年，全省单位规模工业增加值能耗分别下降 4.6%、7.8%，两年完成“十四五”下降 14% 目标的 79.28%。

绿色制造服务体系进一步健全。全面推行绿色生产方式，累计培育国家级绿色工厂 136 家、国家绿色园区 13 家，绿色供应链管理示范企业 16 家，培育创建数量在全国排名靠前。累计培育省级绿色工厂 358 家、省级绿色园区 43 家、绿色供应链管理示范企业 19 家。

绿色低碳产品供给优势逐步形成。湖南省在全国率先开展省级绿色设计产品评价工作，累计培育国家级绿色设计产品 122 个，省级绿色设计产品 108 个。2022 年，湖南省中高端绿色产品走俏，其中风力发电机组增长 61.2%，太阳能电池增长 17.7%，工业机器人增长 17.1%，锂离子电池增长 14.5%。

省工信厅相关负责人介绍，2023 年湖南省将加大重大低碳技术创新力度，引导支持更多企业建立数字化碳管理体系，加快工业绿色化转型升级。

酒鬼酒“馥郁香白酒传统酿造区”入选湖南首批工业遗产

2023 年 9 月 4 日，湖南省工信厅发布《关于公布第一批湖南省工业遗产名单的通告》，确定了第一批共 7 处湖南省工业遗产名单，其中，酒鬼酒“馥郁香白酒传统酿造区”入选。

湖南省工业遗产以遗产价值、保护状况和管理水平 3 个方面确定认定条件和评价指标。在酒鬼酒生态产业园的老厂区域，依然保留着建于上世纪 70 年代的酿酒一车间、二车间、76 口老窖池、老酒库、制曲车间、储煤仓库、中国第一代工业锅炉及其配套的老烟囱、硫化塔、沉灰池等工业遗迹，其中，三眼泉水依旧作为酒鬼酒酿酒用水使用。

传统酿造区内的锅炉房

值得一提的是，坐落于园区内的听酒园、听酒厅、思源亭则由艺术大师、酒鬼酒品牌总设计师黄永玉规划设计，其檐枋彩画的花鸟、人物，反映了湘西民间传统习俗与原始崇拜的巫傩文化，具有高度文化艺术价值。

酒鬼酒“馥郁香白酒传统酿造区”完整保存了中国白酒产业较早的生产雏形，展示了原汁原味的工业美学，是酒鬼酒创业腾飞之地、馥郁香型工艺研发确立之地，这些工业遗产建筑的妥善保存，也作为核心物项，促成了本次湖南省工业遗产的认定。

△ 12 日，由湘潭高新区企业湖南双环纤维成型设备有限公司研发的碳纤维硬毡湿法成型装备交付用户。该装备生产工艺打破国外封锁，填补国内空白，标志着我国碳纤维硬毡进入自动化生产时代。

△ 15 日，以“产研融合，科创未来”为主题的科技成果转化株洲高峰论坛暨湖南工业大学科技园开园活动在天元区学术交流中心举行。中国工程院院士、东北大学流程工业综合自动化国家重点实验室主任、国家冶金自动化工程技术研究中心主任柴天佑，市委书记曹慧泉，市委副书记、市长陈恢清出席相关活动。

△ 18 日，“省十大产业项目”之一、娄底打造“材料谷”的“一号工程”——湖南涟钢冷轧硅钢项目（第一期）正式投产。项目预计 2025 年 5 月全部建成，总产能规模 120 万吨，将助力涟钢建成中部地区最大的硅钢生产基地。

9月

△ 2 日，中车山南清洁能源装备产业园项目在西藏山南市扎囊县开工建设。该项目是西藏首个清洁能源装备产业园项目，也是株洲创新援藏模式、深化援藏内涵的又一标志产业援藏项目。

△11日，湖南省新型电力系统建设推进会暨新型电力系统发展联合研究中心成立大会在长沙举行。副省长秦国文出席并授牌。

△13日，由株洲时代华鑫新材料技术有限公司参与主办的2023势银国际先进聚酰亚胺材料产业大会顺利召开，500余名来自全国各地的聚酰亚胺材料领域学术权威、行业泰斗汇聚一堂，围绕“深度解析PI产业技术创新路径”主题，共话产业发展，共谋聚酰亚胺薄膜的技术突破和产业升级。

△30日，由湖南涟钢电磁材料有限公司研发的新能源汽车用无取向电工钢成品——L35WV1900、L35WV1700、L30WV1500、L27WV1400成功下线。这4款产品，不仅填补了湖南省新能源无取向硅钢产品空白，也吹响了涟钢进军新能源领域的号角。

10月

△13日，“智能建造·筑梦长沙”高质量发展论坛在长沙召开。作为2023长沙国际绿色智能建造与建筑工业化博览会暨世界建造业大会的重要内容，本次论坛以高峰论坛+现场项目观摩的形式呈现，让参会嘉宾深入实地项目观摩，切身感受长沙智能建造业魅力。

“湖南造”盾构机首次出口意大利

“湖南造”盾构机首次出口意大利

2023年9月15日，一台直径9.36米的盾构机在铁建重工长沙第二产业园下线，将出口至意大利，参与该国西西里岛莫西拿市和卡塔尼亚市之间的铁路隧道工程施工建设。这是湖南制造的高端地下工程装备首次出口意大利和欧盟市场。

这台盾构机刀盘被涂装上“三腿美杜莎”图案，“三腿美杜莎”是西西里的别称。三条腿分别指向岛的三个角，代表着此岛的守护神。

该设备总掘进长度约12.54公里，将穿越页岩、千枚岩、砾岩、玄武岩等复杂地层，岩石单轴抗压强度为4至45兆帕。针对工程地质和水文条件要求，铁建重工研制团队采用目前国际最前沿的绿色岩石隧道掘进机设计理念，开发并应用了永磁驱动、推拼同步、自动设备管理、超高压脱困及台车自动转向等多项新技术，让设备更加自动化与节能环保，节省操作人力，提高施工效率。

为满足欧盟市场需求，研制团队还给设备配置了符合欧盟防爆指令（ATEX）要求的气体检测系统、通风、应急照明、通信、供电等应急系统，使整机满足欧盟CE认证（安全合格标准）要求。

1.9月13日上午，宁远县商务局代表政府与远景能源有限公司就远景风电场项目举行签约仪式

2.9月14日，湖南湘江新区兴工科技园业主委员会正式挂牌成立

3.8月19日，市委副书记、市长朱健来到我县，调研走访制造业发展和文旅项目建设工作

4.9月19日上午，信征科技（永州）有限公司新工厂搬迁揭牌暨周年庆典仪式在企业新厂址举办，永州经开区党工委副书记黄安平出席并致辞

衡阳出台『硬核』13条促工业企业扩能升级

2023年9月15日，衡阳正式出台《关于加快区域中心化进程 鼓励和支持工业企业扩能升级的若干政策措施》（以下简称《政策措施》），传递出振奋人心的好消息。

湖南省委十二届四次全会提出，要大力推进国家重要先进制造业高地建设，明确现代化产业体系建设的主攻方向，提升园区承载能力，推动存量企业扩能升级和精准招商，加快构建富有湖南特色和优势的现代化产业体系。为实现“三高四新”美好蓝图，加快实施“制造立市、文旅兴城”发展战略，坚持目标导向和问题导向，着力解决企业实际问题，着力促进企业生产规模和效益倍增，培育一批产值过10亿元、50亿元、100亿元的企业，衡阳在全省率先出台“硬核”13条，鼓励和支持工业企业扩能升级。

湖南永泽冶金、永晟福科技新厂正式竣工投产

2023年9月20日，湖南永泽冶金炉料有限公司、湖南永晟福新材料科技有限公司硅钢表面涂层液项目正式竣工投产，区委书记李彦文宣布项目投产并参观生产线。曾海军、曾德智、颜志辉等领导出席。

湖南永泽冶金炉料有限公司是大型钢铁企业生产耐火材料、冶金炉料的专业厂家。湖南永晟福新材料科技有限公司是一家专业从事钢铁表面涂层材料研发、生产、销售和技术服务的高科技企业，拥有7项实用新型专利及2项发明专利，项目总投资3亿元，全面投产以后，可实现年产涂层液10000吨，产值1亿元，税收可达1千万元，提供就业岗位100余个，填补了娄底市在该领域的空白。该项目的竣工投产是娄星产业开发区锚定“三高四新”美好蓝图，着力打造中部地区“材料谷”，聚焦硅钢产业链、补齐产业短板、形成产业集聚迈出新的重要一步。

据了解，2023年，娄星产业开发区以“硅钢产业”为主攻方向，突出产业链招商和以商招商，先后引进了正威电力铜基新材料产业园、爱派尔工业互联网 数字化智能制造产业园项目等一批发展前景好、投资规模大、产业结构优、经济效益显著的项目。下阶段，娄星产业开发区将继续围绕“五好”园区创建目标，持续优化营商环境，提供优质服务，吸引更多优质企业入驻。

湖南永泽冶金、永晟福科技新厂正式竣工投产

1.10月1日上午10时许，长沙机场改扩建工程项目施工现场，只见塔吊吊着百来根钢筋缓慢移动，经过现场人员指挥，稳稳落在T3航站楼项目施工现场

2.10月3日，在桂阳方元风电项目现场，100余名建设者忙于赶工期，各作业面施工热火朝天。方元风电项目#25机位基础混凝土浇筑中

3.10月10日，眼下正值项目建设的黄金期，在永州经开区植物萃取产业园新材料标准厂房项目建设现场，塔吊不停挥舞巨臂，运输车辆来回穿梭，施工人员有条不紊地忙碌着，一副大干快上、争分夺秒的火热场面跃然眼前

1 2 3

湖南省最大生物天然气项目在耒阳投产发电并网

全省最大生物天然气项目在耒正式投产发电并网

2023年10月8日，由三峡电能有限公司投资建设的全省最大的生物天然气项目——耒阳生物天然气项目投产发电并网。

该项目坐落于耒阳市大市镇紫峰村，占地面积106亩，总投资1.5亿元。项目集中处理耒阳市畜禽粪污、农林秸秆等城乡有机废弃物，厌氧发酵产生沼气进行能源综合利用，同时生产有机肥等。每年可处理各类城乡有机废弃物超36万吨，生产沼气约1460万立方米，可再生清洁能源发电量约2880万千瓦时；生产固态有机肥2万吨、液态有机肥1万吨、沼液肥30.5万吨。

耒阳是农业大县，年出栏生猪量超100万头，粮食生产面积超100万亩，畜禽粪污和秸秆量大面广。2021年7月，三峡电能有限公司与耒阳市政府签订协议，在耒阳投资建设生物天然气项目，项目立足于生态环保，着眼于清洁能源，服务乡村振兴，是经济效益和社会效益都显著的民生工程。

△17号，三一硅能5GW株洲基地生产的首片N型TOPCon太阳能电池顺利下线，这标志着三一硅能株洲基地的生产能力达到了量产化标准，N型一体化产业布局正式形成。作为我省首个5GW TOPCon高效太阳能电池量产基地，其电池量产转换效率和组件功率均处于行业领先水平。

△18日，第十届国际铅锌大会在长沙开幕。这是国际铅锌大会自1970年发起以来首次在中国召开，来自20多个国家的110余位外籍专家学者以及国内专家学者、企业代表等千余人参会。开幕式上，省政协副主席张大方，中国工程院院士、中南大学校长李建成等致辞。中国工程院院士桂卫华、柴立元、沈政昌等出席。

△18日，蓝思科技核心研发机构工业研究院在浏阳园区公司总部揭牌成立。

△20日，2023中国先进硬质材料及工具国际博览会在株洲开幕。这场中国硬质合金及工具行业最高规格、最大规模的国际性采销盛会，汇聚全球500余家知名厂商与品牌。

△21日，湘西土家族苗族自治州凤凰县两林禾库风电项目开工建设。

△29日，总投资78.65亿元的湖南省辰溪抽水蓄能电站项目开工建设。

11月

△1日，湖南省邵阳县莲花山建筑石料用灰岩矿项目举行开工仪式。县政协党组书记、主席唐军良，县委常委、县委办主任李卫军，中国电建集团贵阳勘测设计研究院有限公司党委副书记、总经理吕军等出席开工仪式。

△15日，陕煤汨罗2×100万千瓦燃煤发电工程获省发改委核准批复，项目总投资85.36亿元。这是继投资81.04亿元的玉池抽水蓄能项目开工建设后，又一个投资超80亿元的重大能源项目落户汨罗市。

△17日至20日，湖南省国防科技工业第二届职业技能大赛在张家界航空工业职业技术学院举行。大赛设数控车工、数控铣工两个赛项，全省28家单位的52名选手同台竞技，涌现出一批高素质湖湘军工工匠。

△20日，衡阳西至勾南220千伏线路工程顺利完工并投产运行，将有效提升衡阳区域电网的供电能力，满足当地日益增长的电力需求。

全球最大直径盾构机主轴承在长沙下线

2023年10月12日，由中国铁建重工自主研制的直径8.61米盾构机主轴承在长沙下线，这是迄今全球直径最大、单体最重、承载最高的整体式盾构机主轴承。它的成功研制，标志着国产超大直径主轴承研制及产业化能力跻身世界领先水平，实现了国产盾构机主轴承从中小直径到超大直径的全面国产化，使国产盾构机有了全系列的“中国心”。

这套主轴承由中国铁建重工集团自主研制，可用于驱动18米超大直径盾构机。产品呈圆环状，重达62吨，立起来有3层楼高，能够承受超万吨级载荷；其直径8米多的滚道平面内，平面度小于20微米。科研人员介绍，制造难度不亚于在米粒上雕花。

10月12日，铁建重工长沙第二产业园，由铁建重工自主研制的直径8.61米盾构机主轴承下线

主轴承需要直面盾构机超重载、大偏载、频变载等极端恶劣工况考验，一体成型的构造一旦损坏，盾构机就面临报废的危险。

此前，超大直径盾构机主轴承关键技术被国外企业长期垄断。盾构机主轴承曾被列入制约我国工业发展的35项“卡脖子”关键技术，是盾构机全产业链自主化的“最后一环”。在国家部委、地方政府和中国铁建重点科技专项支持下，铁建重工联合上下游企业、高等院校展开协同攻关，建成国际领先的盾构机主轴承生产线，打造全球最大的主轴承工况模拟试验台，解决了大型低速重载主轴承难以试验验证的世界性难题。

衡南县23个重大项目集中签约开（竣）工

2023年10月18日，衡南县举办2023年四季度重大项目“三集中”活动，共有23个重大项目集中签约、开（竣）工。其中，衡南县栗江镇储能等8个项目集中签约，计划总投资53亿元；广州工控衡南产业园（一期）等6个项目集中开工，计划总投资23.03亿元；特变新型高端配电数字化工厂等9个项目集中竣工，累计完成投资32.87亿元。

本次“三集中”活动的集中开（竣）工主会场设在广州工控衡南产业园（一期）。该项目位于衡南高新技术产业开发区，由广州工控资本管理有限公司联合山河智能装备股份有限公司、衡南县发展集团共同出资建设，预计总投资10亿元，建设工程机械生产基地，主要生产矿山选矿成套设备、水泥机械、非标机械设备等。项目建成达产后，预计年产值将达6亿元，年创造税收4000万元，提供就业岗位400个。

2023年1至9月，由衡南县主导的35个省、市重点项目，初步统计已完成投资71.27亿元，占年度计划的94.95%。

1.10月17日，江南工业集团自动化总装生产线出产的首批产品，成功完成交付试验

2.10月17号，三一硅能5GW株洲基地生产的首片N型TOPCon太阳能电池顺利下线，这标志着三一硅能株洲基地的生产能力达到了量产化标准，N型一体化产业布局正式形成

衡南县2023年四季度重大项目“三集中”活动暨集中签约仪式

工业设计进园区——2023年湖南省第六场对接活动在衡阳高新区举行

2023年湖南省“工业设计进园区”第六场对接活动在衡阳高新区举行

2023年10月25日，2023年湖南省“工业设计进园区”第六场对接活动在衡阳高新区举行，旨在充分发挥工业设计对质量提升的牵引作用，搭建工业设计企业与制造企业交流合作桥梁，推动产业链与创新链、价值链精准对接、深度融合。

此次活动由省工信厅主办，市工信局、衡阳高新区承办，省工业设计协会协办，组织工业设计专家和设计师深入长高森源、率为科技、泰豪通信、镭目科技等4家企业调研，了解制造企业工业设计中心建设、设计人才培养、设计需求等情况，针对企业工业设计方面存在的困难和问题进行专业指导，鼓励企业积极组织工业设计从业人员申报工业设计职称，推动“三送三解三优”行动和“走基层、找问题、想办法、促发展”活动走深走实，还以《工业设计的价值和意义》《设计创新文化与可持续设计》为题，给衡阳相关部门和企业代表授课。

目前，全市共有省级工业设计中心15家、市级工业设计中心5家。衡阳拥有1400多家规模工业企业，优秀的工业设计将全面提升企业和产品的竞争力，给企业带来实实在在的效益。市工信局负责人表示，希望以此次活动为契机，加强我市工业企业与全省专业机构团队全面对接、深度合作，不断提升我市工业设计水平。

1

2

1.10月24日，高诺集团携手中国五矿长沙矿冶院打造的衡阳首个共享公共检测中心——湖南（衡阳）有色金属科创园公共检测中心揭牌运行

2.11月1日，湖南省邵阳县莲花山建筑石料用灰岩矿项目举行开工仪式

湖南省新型工业化推进大会在长沙召开

2023年11月23日，湖南省新型工业化推进大会在长沙召开。省委书记沈晓明，省委副书记、省长毛伟明出席并讲话；省委副书记李殿勋出席。

11月23日，全省新型工业化推进大会在长沙召开

沈晓明指出，党的十八大以来，习近平总书记就推进新型工业化提出一系列新思想新观点新论断，为推进新型工业化提供了根本遵循。2023年9月，党中央首次以新型工业化为主题召开全国新型工业化推进大会。全省各地各部门要认真抓好学习领会，并同学习贯彻习近平总书记关于湖南工作的重要讲话和指示批示精神结合起来，融会贯通、一体落实，推动新型工业化在湖南更好落地见效。要深刻把握新型工业化在湖南发展全局中的地位作用和当前全省新型工业化所处的发展方位，扭住新型工业化这个“牛鼻子”，集中攻坚、向“新”而行，持续提升湖南省工业现代化水平，为经济发展注入蓬勃动力。

会议以视频形式召开，各市州设分会场。省领导吴桂英、谢卫江、乌兰、秦国文、周海兵、黄兰香、虢正贵出席。有关市州、园区、企业和省直单位代表作交流发言。

△24日，赛迪顾问发布“先进制造业百强市（2023）榜单”，长沙、株洲、湘潭、衡阳、常德、岳阳6地入选。长沙位列第6，居中西部城市首位。

12月

△8日，2023先进制造业集群发展大会在长沙举办。工信部总工程师赵志国、湖南省人民政府副省长秦国文出席会议并致辞。

△14日，工业和信息化部公示2023年新一代信息技术与制造业融合发展示范名单。湖南省5个项目入选，涉及数字化供应链、生产制造数字孪生、特色型工业互联网平台和专业型工业互联网平台多个领域。

△15日，巴陵石化公司年产60万吨己内酰胺产业链搬迁与升级转型发展项目全线贯通，一次开车成功。这标志着全球单套产能最大、技术领先的己内酰胺生产研发基地建成投产，中国石化具有自主知识产权、行业领先的新一代己内酰胺绿色成套新技术首次实现工业化应用。

△15日，“金杯电工2023年度新产品验收会”在金杯电工衡阳电缆有限公司圆满举行，4项新产品通过验收。

△15日，经过152天的建设，三一硅能株洲5GW光伏制造基地投产仪式在三一硅能株洲园区厂房盛大举行。副省长秦国文宣布项目投产，三一集团轮值董事长、总裁唐修国，市委书记曹慧泉分别致辞，市委副书记、市长陈恢清主持仪式。

△29日，常德110千伏朝阳变电站1号主变5次冲击试验成功，标志着该变电站具备全面供电条件，正式投入运行。该站的建设和投运，增强了附近片区电网的可靠性和稳定性，优化了电网结构，有效提高周围用户生产生活用电质量和用电环境，同时也为迎峰度冬的电力供应提供有力支撑。

长沙工程机械展迈出“赶海”第一步

2023长沙国际工程机械展览会东南亚分展在吉隆坡举行

2023年11月29日，以“高端化、智能化、绿色化——新一代工程机械”为主题的2023长沙国际工程机械展览会东南亚分展（以下简称“马展”）在马来西亚吉隆坡国际贸易展览中心开幕。

作为长沙国际工程机械展览会首个海外分展，马展旨在借助RCEP国际合作优势，通过展会、论坛、产业推介会的方式，组织中国工程机械企业抱团出海，拓展东南亚及“一带一路”市场，在东南亚主要国家建筑、工程承包商、协会和大客户建立紧密协作渠道。

本届马展设置了混凝土机械、起重机械、隧道掘进机械、土方机械、建筑机械、工程机械配套件6大专业展区，展览面积达12000平方米，三一集团、中联重科、山河智能、铁建重工、山东七运集团、五新隧装等120余家企业，携带数千款产品亮相吉隆坡。

展会不仅向全球客商展示工程机械行业的新产品、新技术、新理念，更满足了买家对于全产业链一站式购买的采购需求。据悉，开幕式现场共签约7个合作项目和采购项目，涉及展览合作、供应链配套、工程机械品牌推广、物流运输等领域，三一重工、中联重科、星邦智能3家企业采购签约总金额1.33亿元。

1 2
3
4

1.11月28日衡山工业集中区雁峰大数据产业一期（三创基地A地块）项目封顶仪式隆重举行

2.11月18日上午，湖南省国防科技工业第二届职工技能大赛在张家界航空工业职业技术学院拉开帷幕

3.11月26日，湖南国梦科技有限公司举行开业暨集团十周年庆典

4.11月16日，我国首台大功率纯电新能源调车机车在中车株机成功下线

全球首条电车铝陶制动盘中试生产线在湘试产

2023年，湖南湘投轻材科技股份有限公司（以下简称“湘投轻材”）中试生产线在长沙顺利下线首批电动乘用车铝陶制动盘试制产品，各项指标达标，标志着该线已具备批量生产能力。湘投轻材相关负责人介绍，该线预计9月份全面达产，可年产10万片铝陶制动盘。

作为全球首条电动乘用车铝陶制动盘中试生产线，该线创新性采用粉末冶金生产工艺，配备有高精度高效率四柱式液压机和智能化连续烧结炉，可实现生产过程精准控制、高效率产出。此外，湘投轻材通过自主设计模具模架，实现产品近净成形，大幅降低了生产成本。后续，湘投轻材将陆续完善产线自动化生产、检测装备和信息化系统，通过数字化管理实现实时掌握生产动态，生产数据全程可追溯。

相较于传统铸铁制动盘，铝陶复合材料制动盘具有减重、耐磨、耐热的优势，能满足电动乘用车轻量化发展需求，助力节能减排。湘投轻材相关负责人介绍，铝陶制动盘的研发基于国家“双碳”战略，应用前景广阔，目前湘投轻材已同广汽、吉利、蔚来等新能源车企展开对接和合作。

城乡建设与房地产

花山社区
HUASHAN COMMUNITY

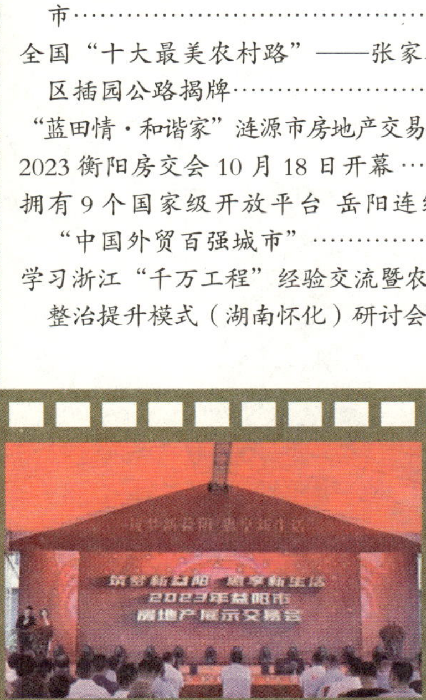
筑梦新益阳·康宇新生活
2023年益阳市
房地产展示交易会

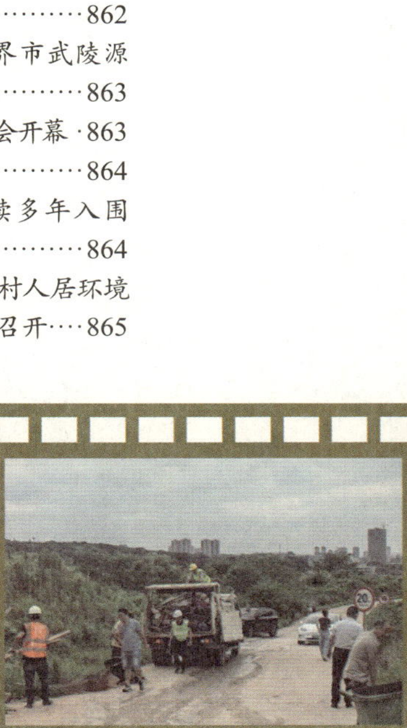

2023“康宇杯”
湖南省第三届白蚁防治工职业技能竞赛
闭幕式

要闻纪事
2023年

1月

△1日，2023年常德新春房地产展示交易会在常德高铁站南广场举行开幕式。市委副书记、市长周振宇出席开幕式并宣布开幕。此次新春房地产展示交易会由常德市人民政府主办，常德市住房和城乡建设局承办，常德日报社、常德市房地产业协会策划执行，集中展示时间为2023年1月1日至7日，全市33家房地产企业携55个项目参加。

△3日，娄底市住建局组织专业技术人员，对城区及周边自建房安全整治情况展开常态化回访和暗访，保障群众居住安全。2022年，娄底经营性自建房排查完成率，县级资料复查完成率、整治完成率均居全省第一位。

△3日，工信部中国电子信息产业发展研究院旗下的赛迪顾问发布了“2022新型储能十大城市/园区研究报告”，评选出2022年新型储能十大城市及十大园区。长沙位列十大城市首位，宁乡高新区成为十大园区之一。

岳阳市成功入选“十四五”期国家公交都市建设示范工程创建城市

2023年1月6日，交通运输部公示《“十四五”期国家公交都市建设示范工程创建城市名单》，30个城市入选“十四五”期国家公交都市建设示范工程创建城市。其中，岳阳市榜上有名。

2021年12月9日，国务院印发了由国家发改委、交通运输部等有关部门编制的《“十四五”现代综合交通运输体系发展规划》，要求持续深化国家公交都市建设，提高公共交通吸引力。该《规划》的公布为深入实施城市公共交通优先发展战略、推动城市公共交通高质量发展、有力支撑加快建设交通强国和实现碳达峰碳中和目标具有现实的指导意义。

据介绍，创建“公交都市”是实现交通可持续发展的重要途径，对于缓解城市交通拥堵、降低能源消耗、改善生态环境具有重要意义。2012年，交通运输部正式启动国家公交都市创建，创建期原则上为3年，将加强对创建城市的支持，督促各创建城市在资金、用地、项目等方面加大投入力度，优化发展环境，统筹推进城市公共交通发展。

1 2
3

1.1月1日，由湖南省常德市人民政府主办，常德市住房和城乡建设局承办的“乘高铁东风享宜居生活”——2023年常德新春房地产展示交易会在常德高铁站南广场举行

2.2月6日，岳阳市屈原管理区林长、区党委书记向科军，区林长、区党委副书记、管委会主任杨林彬带领相关区领导和部门负责同志，深入该区各乡镇、村，实地调研渠边、路边、屋边、田边、水边，环境美化绿化、林木栽植、微公园、庭院绿化等森林乡村建设现场，开展森林乡村城镇建设三年行动工作调研，通过林长制绿化美化行动 彩绘屈原画里美丽乡村

3.2月18日—19日，怀化市自建房专治办副主任、市住建局党组书记、局长赵旭东同志带队深入溆浦县、辰溪县、鹤城区调研自建房安全专项整治工作，溆浦县、辰溪县、鹤城区政府分管领导、住建局及自建房专治办负责人参加

大专及以上学历可申报落户长沙购买首套住房

2023年1月18日，长沙市住建局、市委人才办印发的《关于强省会人才购房实施细则》（以下称《实施细则》）明确：45岁周岁（含）以下，具有大专及以上学历或中级及以上专业技术资格的人才，落户长沙并缴纳社保或个税后，可在限购区域内购买首套商品住房。同时，对省内市州高层次人才，按程序认定后，享受长沙户籍同等购房待遇。

去年，湖南出台《关于实施强省会战略支持长沙市高质量发展的若干意见》，其中明确“放宽人才落户限制，具有大专及以上学历在长沙就业人员可即时申报落户。”长沙市出台的《关于贯彻和落实强省会战略的行动方案（2022—2026年）》明确，经认定45周岁（含）以下、具有专科及以上学历（博士、硕士不限年龄）或中级及以上专业技术资格的人才，可凭毕业证或专业技术资格证书直接落户。

在认定标准上，45周岁（含）以下的具有专科及以上学历（博士、硕士学历不限年龄）或中级及以上专业技术资格（高级专业技术资格不限年龄）的人才，可通过“人才引进”通道，即可在“我的长沙”App网上办理人才落户，落户后缴纳社保或个税，可在长沙限购区域内购买首套住房。

衡阳入选 2022 国家创新型城市 创新能力百强榜

2023 年 2 月 15 日，科技部和中国科学技术信息研究所分别发布《国家创新型城市创新能力监测报告 2022》和《国家创新型城市创新能力评价报告 2022》。我省长沙、株洲、湘潭、衡阳四市上榜。其中，衡阳位居全国第 81 位。

衡阳市规模以上工业企业研发经费支出连续两年实现高位增长，占营业收入比重连续两年居全省第一；2022 年全年专利授权 5183 件，居全省第三；高新技术产业增加值 710.4 亿元，增长 13.5%……2022 年，衡阳市规模工业增加值累计同比增长 7.8%，分别高于全国、全省 4.2 个百分点、0.6 个百分点。工业投资增长 37.7%、工业技改投资增长 29.7%、工业用电增长 4.6%、工业实缴税金增长 28.9%，增速均居全省第一。衡阳成功入选全国先进制造业百强城市，排名较去年上升 14 位，并成功跻身全国数字经济百强市、国家创新型城市。

截至 2022 年底，科技部共支持 103 个城市（区）建设国家创新型城市，在创新型国家建设中发挥重要作用。103 个创新型城市以占全国 51% 的人口，汇聚全国 85% 的 R&D 经费投入和 72% 的地方财政科技投入，培育全国 85% 的高新技术企业，产出全国 81% 的高新技术企业营收，覆盖全国 67% 的 GDP。

1.3 月 8 日，湖南省财政厅经建处李湘宁副处长、住建厅城建处蒋琳副处长带队莅临岳阳，调研岳阳市海绵城市示范建设情况，市住建局党组成员、副局长伍丽陪同调研

2.3 月 22 日，国家税务总局湖南省税务局党委书记、局长曾光辉专程来到湘西州花垣县紫霞村，调研指导乡村振兴驻村帮扶工作

3.3 月 10 日，罗旧镇组织干部职工大力开展植树添新绿活动

4.3 月 17 日上午，衡阳市住建局会同市人社局组织召开全市建筑工地实名制管理和保障农民工工资支付工作调度培训

郴州市北湖区启动乡村振兴“唤醒老屋”行动

2023 年 2 月 19 日，郴州市北湖区启动乡村振兴“唤醒老屋”行动。计划由政府平台公司统一流转 700 多栋闲置老屋，通过完善基础配套设施后，按照市场化方式租赁给各类主体，借此吸引人才返乡、改善人居环境、满足市场需求、激活乡村发展。

2022 年中央一号文件提出“实施拯救老屋行动”。北湖区随即对全区闲置老旧房屋资源进行摸排，并以华塘镇为试点，计划对辖区内西河沿线的 700 多栋老旧房屋实行乡村振兴“唤醒老屋”行动。

行动以“老屋情怀”为重点，通过招募承租人回归乡村开展风貌保护、新业态植入和传统文化的保护传承。实施过程中，当地政府部门将为承租人提供租金优惠、政治礼遇等 6 个方面支持。承租人可以对房屋自主决策、自主投资、自主经营、自我管理、自负盈亏。首轮承租人还可以享受最多 3 年免租金待遇，并优先安排参加各类政府组织举办的会议、考察、座谈、培训、观摩活动。

同时，承租人投资改造项目可优先申报纳入专项支持范围，优先争取各类奖补资金。政府部门还将帮助承租人、项目开展宣传引流，扩大影响力、提升曝光率。

△ 17 日，郴汽集团与郴州市供销合作联社就如何更好服务“三农”建设、助力乡村振兴开展战略合作并举行签约仪式。

△ 30 日，长沙市住房公积金管理委员会发布《关于延长住房公积金阶段性支持政策相关事项的通知》（以下简称《通知》），延长疫情缓缴和“可提可贷”阶段性支持政策期限。省直公积金中心亦执行此规定。进一步加大助企纾困力度，减轻缴存职工购房资金压力，支持职工家庭合理购房需求，切实发挥住房公积金的住房保障作用，公积金阶段性支持政策延长至 2023 年 6 月 30 日。

△ 31 日，湖南省直单位住房公积金管理中心发布公告，根据长沙市住房公积金管理委员会《关于明确 2023 年个贷倍数的通知》和《关于统一长沙住房公积金管理中心和省直分中心业务政策的通知》，2 月 1 日起，省直住房公积金中心个贷倍数由 15 调整至 16，即省直中心缴存职工可贷额度按借款人夫妻双方住房公积金账户余额之和的 16 倍计算。

2月

△8日，张家界市规划设计研究院主办以“爱的容积率”为主题的2022年度优秀项目设计案例评选结果揭晓，经过激烈角逐，6个优秀案例脱颖而出，并分别评选出一、二、三等奖。

△11日，长沙市总体城市规划设计全国专家审查会暨湘江滨水区城市设计研讨会举行。《长沙市总体城市设计》通过全国专家组评审，这份设计方案提出了构建“百里江廊东西辉映”的整体风貌格局。专家组同时对“走向世界的湘江”如何实现战略价值、生活价值、美学价值的提升进行了深入探讨。

△16日，岳阳市“企业家沙龙”房地产行业专场活动举行，40余家房地产企业代表与该市政府部门负责人齐聚一堂，共谋发展良策。

△21日，湖南省工程建设项目审批制度改革新闻发布会上发布，湖南省2022年打造的“工改2.0版”成效显著，2023年湖南省将持续聚焦解决企业、群众在项目报建过程中的急难愁盼问题，将“工改”迭代升级至3.0版。

湖南省住房城乡建设工作会议推介“常德经验”

2023年2月27日召开湖南省住房城乡建设暨自建房专项整治工作电视电话会议，常德副市长郭碧勋以“‘四高四心’保交楼稳民生”为题，代表常德市人民政府作了典型经验发言。

2022年，常德市以“四高四心”为内容，全力推进落实“保交楼”工作。常德市成立工作专班，先后5次召开专题会议，对“保交楼”工作全程跟踪指导；出台促进房地产市场平稳健康发展“双15条”措施，阶段性下调首套住房商贷利率，推行购房补贴和契税补贴等优惠政策；市本级先后举办房交会，成交商品房7720套；“保交楼”项目资金由政府平台公司代管，在全省率先按市场评估价收购和优先处置土地；对“保交楼”楼盘实行“一项目一部门”牵头负责制度，建立了“周通报、月检查、季调度”工作机制；审计等部门参与“保交楼”工作，对项目财务和工程建设跟踪审计；组织财政、税务等部门制定“保交楼”项目税收优惠政策；组织财政、银行等部门积极开展银企对接，进行配套融资，目前已向第一批4个项目争取配套资金3.1亿元；协调法院、银行等部门对项目资金资产依法保全、封闭运行；组织公安、信访、司法等部门严厉打击违法阻工行为，妥善处置了一批“新老划断”债务，确保工作顺利推进。

湖南省住房城乡建设工作会议推介“常德经验”

城步苗族自治县帮扶易地搬迁群众家门口就业

“搬到这里后，在帮扶车间上班每月有3000多元收入。”2023年3月初，城步苗族自治县西岩镇易地扶贫搬迁集中安置点竹制品加工车间，正在忙碌的黄群红说。

黄群红原来住在西岩镇永丰村大山脚下。搬进新房后，孩子上学近了10多公里，她白天在家门口上班，晚上常与安置点的妇女一起跳广场舞，幸福指数大大提升。

在城步苗乡，像黄群红一样的易地搬迁群众共有1306户5772人。近年来，为保障搬迁群众“稳得住、能致富”，该县在安置点及附近积极发展帮扶产业，同时设立帮扶车间扩大就业。

该县先后投资2000余万元，在安置点设立七七科技、泽林鞋业、竹木加工、苗绣等帮扶车间8个。2022年下半年，该县又对丹口镇边溪安置点、西岩镇安置点帮扶车间进行提质扩容，在儒林镇冷水坪安置点新建帮扶车间，吸纳群众在家门口就业。

该县还将就业服务站延伸至安置点，每个安置点配置1名专职就业信息员，实施“311”就业服务行动，即每年至少为有就业意愿且未就业的登记失业人员和脱贫劳动力提供3次岗位信息、1次职业指导、1次免费技能培训信息。

至2022年底，该县5772人易地搬迁群众中，外出就业1590人、就地就业956人、自主发展产业462人、自主创业37人，实现搬迁家庭至少一人就业，近5年人均可支配收入年均增长12%。

1
2
3

1.3月22日，省消防救援总队防火监督处处长林志带领省居民自建房安全专项整治工作第四督导组，赴娄底开展2023年居民自建房安全专项整治第一次省级专项督导

2.4月2号上午，以“汇精品楼市、创宜居邵东”为主题的邵东市首届房地产交易展示会正式开幕

3.4月7日上午，安乡县2023年全面促进消费暨房地产展销活动在步行街商业广场隆重启动

央企广垦引进『CCB建融家园』落户浏阳经开区

豫景置业和建信住房保障性租赁住房合作签约仪式现场

2023年3月1日，央企广垦集团控股企业湖南豫景置业有限公司与建信住房服务有限责任公司湖南分公司就广垦华府项目保障性租赁住房，在浏阳经开区圆满完成签约仪式。豫景置业有限公司投资建设的广垦华府项目11#栋高层公寓，将于2023年5月正式交由建信住房作为"CCB建融家园"保障性租赁住房运营管理。浏阳经开区管委会副主任罗其胜，广东农垦总局副局长莫仕文，浏阳经开区开发建设局局长赵志武，浏阳市住保中心副主任陈崎辉，建信住房湖南公司总裁周秋文，广垦置业总经理陈华茂，豫景置业董事长方晖出席签约仪式。

浏阳经开区广垦华府项目保障性租赁住房面积约2.07万平方米，投资总额约2亿元，576套保障性租赁住房供企业及职工选择，成为浏阳经开区"广覆盖、多层次的住房租赁房源供应体系"的有力支撑。"576套保障性租赁住房均为精装交付新房，配备家具家电，实现'拎包入住'。"豫景置业常务副总经理邓振艳介绍，公寓分别提供29平方米、37平方米、47平方米三种不同面积户型满足各类群体的需求。

浏阳经开区管委会副主任罗其胜表示，广垦华府保障性租赁住房项目展现了央企广垦的担当与作为，为浏阳经开区"产城融合"、基础配套服务设施建设作了积极贡献。

1
2

1.4月20日，株洲市住建局局长何安国一行督察株洲市雨污分流改造重点项目株洲市中心城区污水系统综合治理一期工程陈埠港流域施工现场，了解项目推进情况，并对项目实施目标节点提出要求

2.4月26日，湖南建设工程消防验收操作实务培训（娄底站）开班授课

武冈市首届房地产交易会特别推出五大优惠政策

2023年3月10日，武冈市首届房地产交易会在百姓广场开幕。本届房交会期间，武冈市特别推出更加优惠的五大购房政策。市委副书记、市长龚畅出席并参观各展示楼盘。

本届房交会以"宜居新武冈置业正当时"为主题，为期1个月。其中，3月10日至11日为集中展示期，将在我市百姓广场、国防教育基地进行现场集中展示，3月12日至4月9日为各楼盘自行展示期，全市共有乾道大院、都梁王城、中翔博苑等18个楼盘携1000余套优质房源在本次房交会集中亮相，8家提供住房贷款的金融机构和10多家品牌建材商、家装企业参展。

武冈市首届房地产交易会

房交会现场，各楼盘展台前人头攒动，在置业顾问热情推介下，有购房需求的群众忙着选购自己心仪的户型。

近年来，武冈市出台了《关于促进全市房地产业健康有序平稳发展的若干措施》等系列政策，促进本地房地产业平稳健康发展。在本届房地产交易会期间，我市特别推出更加优惠的"五大政策"，优惠政策持续至2023年4月9日24时。

开幕会还举行了土地交易签约仪式。在与会市领导见证下，市自然资源局局长黄剑波分别与武冈辰信房地产开发有限责任公司、武冈市湘江居正置业有限公司、武冈市博达鸿智科技有限公司负责人签约。

市领导王琪、杨建平、谢一之、周永红出席。

△21日，武汉、长沙、合肥、南昌四市签订《长江中游省会城市"一码通域"合作框架协议》，为长沙协同武汉、合肥、南昌加快打造长江中游智慧城市群提供了契机。

△24日至25日，由湖南省住房和城乡建设厅、湖南省人力资源和社会保障厅、湖南省总工会联合举办的"2022年湖南省行业职业技能竞赛·全省住建行业（保洁员）职业技能竞赛"在长沙举行。来自全省14个市州的15支代表队和2支企业代表队共51名选手参加了竞赛。

△27日，湖南省住房城乡建设暨居民自建房专项整治工作会议在长沙召开，副省长蒋涤非出席并讲话。他要求，全面贯彻落实党的二十大精神和省委、省政府工作要求，坚持人民至上，全力以赴防风险、稳增长、惠民生、促改革。

3月

△7日，2023年湘西土家族苗族自治州住房和城乡建设暨自建房安全专项整治工作会议在吉首召开，会议贯彻落实党的二十大精神、全国全省住建工作会议精神，总结2022年及过去5年工作，安排部署2023年工作。副州长高湘文出席会议并讲话。

△10日，湖南省首本土地承包经营权不动产权证书在长沙县路口镇颁发。据悉，这是自然资源部、农业农村部联合推进土地承包经营权纳入不动产统一登记工作后，全省颁发的首本土地承包经营权不动产权证书，标志着湖南省不动产统一登记改革又迈出了关键一步。

△10日，安化县茶产业发展大会暨县茶业协会会员大会召开，在中国茶叶流通协会发布的2022年度中国茶业百强县域榜单中，安化县排名第三，连续14年进入百强县前10强。作为湖南省唯一茶业综合产值破百亿的县（区），安化县去年实现茶叶加工量8.6万吨，综合产值238亿元，税收1.5亿元。

安乡县“3个100%”推进农村垃圾处理

2023年3月12日，安乡县黄山头镇沙堤村村民何培刚打扫庭院后，将垃圾分类放进垃圾桶。“剩菜剩饭和果蔬垃圾放绿色垃圾桶，废灯泡等垃圾放红色垃圾桶，废纸和饮料瓶等垃圾放蓝色垃圾桶。”何培刚说，自从配置分类垃圾桶，大家都知道垃圾要分类，每天有专人上门清运，方便又省心。

为深入推进农村人居环境整治，安乡县强化宣传引导，完善农村生活垃圾治理体系，优化农村生活垃圾收集、转运和处置方式，加快实现农村生活垃圾减量化、资源化、无害化处理，农村环境质量明显提升。

“‘3个100’推进农村垃圾处理。”安乡县农业农村局局长王黛介绍，去年，安乡投入6400万元推进农村垃圾处理，做到农村生活垃圾分类处理率、资源化利用率、无害化处理率均达100%。全县每个乡镇建立1个垃圾中转站，每个村（社区）配备2名保洁员，形成“村收集、乡转运、县处理”垃圾清理模式。全县为7.43万户群众配备分类垃圾桶，将垃圾分类宣传知识宣传到每家每户。统一可回收垃圾1221吨，其中低廉废品1011吨、有毒有害垃圾210吨。

近年来，安乡县在农村污水处理、厕所革命等方面加大治理力度，健全完善长效保洁机制，村容村貌焕然一新。目前，安乡县打造县级以上美丽乡村52个，建设幸福屋场170个。

1 | 2
3

1.4月28日，2023年麻阳房地产展销会暨宜居宜游消费文化节在锦江广场举行。县人大常委会主任阳承凡宣布麻阳房地产展销会暨宜居宜游消费文化节开幕

2.4月27日上午，以“惠民置业 安居花垣”为主题的2023年花垣房交会在花垣县边城广场盛大开幕

3.4月26日，全省土建工程类初中级职称考试株洲考区正式启动，湖南汽车工程职业学院西校区作为株洲考区唯一考点承担了本次株洲地区的职称机考工作

祁阳市举办乡村建设工匠培训班

2023年3月21日，祁阳市2023年乡村建设工匠培训班正式开班，来自22个镇（街道）的137名农村建筑工匠参加培训。

培训班为期三天，以课堂讲解和实践操作相结合的方式，针对农村建房政策法规、农房结构与安全、农房设计、地基处理与基础、砌体结构施工、框架结构施工、装饰装修施工、水电暖安装、屋面施工、建筑材料、建筑识图等方面进行系统培训。经过培训并考核合格的，颁发《湖南省乡村建设工匠培训合格证书》。

近年来，祁阳市总工会以提高产业工人队伍整体素质、增强产业竞争力为目标，以“一户一产业工人”培养工程为抓手，组织举办了建筑领域、机械加工制造、农业种植等技能培训班，惠及全市58717名行业产业人。

祁阳市2023年乡村建设工匠培训班开班

1.4 月 28 日上午，洞口县 2023 年首届房地产交易会暨农产品展销会开幕

2.4 月 28 日，岳阳市委常委、副市长李美云带队赴云溪区、临湘市等地暗访调研自建房安全专项整治工作

1

2

涟源积极创建省级『四好农村公路』示范县

2023 年 3 月 22 日，涟源市祖枫线、珠古线、伏漆线等地的 10 余公里的农村公路上，涟源市农村公路建设养护中心 30 多名工作人员正在开展路面保洁、路肩整理、水沟清挖作业。这是该市确保农村公路实现“畅、安、洁、美”目标，举全力积极创建省级“四好农村公路”示范县的一个缩影。

涟源市农村公路管养里程共计 3224.412 公里，基本形成以省、县道为主干，乡、村道为支线，纵横交错、贯穿东西南北的交通网络。为积极推动创建工作，涟源成立创建工作领导小组，组建工作专班，出台创建省级“四好农村路”示范县实施方案和推动农村公路高质量发展等文件，每周调度。全市投入建设资金 6000 余万元，建成示范路 64 公里，开通城乡公交线路 3 条。22 个乡镇街道、娄底高新区及龙山国家森林公园管理处成立相应的农村公路管理机构，配备专职管理人员，按照“县道县管、乡村道乡村管”的三级路长制工作原则，全面落实养护体制改革。

2022 年，涟源全面推进主要县道集中养护工作，压实乡镇、村落实对乡道、村道的养护责任，大力推进“群众性养护”体系建设，派专业技术人员入村进行技术指导，确保日常养护到位。全市农村公路日常养护省、县道常养率达到 100%，乡道常养率达到 83%，村道常养率达到 72% 以上。

衡阳市蒸湘区推出“乡村合伙人”模式，引导项目、资金、市民下乡进村

2023 年 3 月 28 日，衡阳市蒸湘区雨母山镇的雨母山艺术家部落，正在展出“乡村记忆”主题画展。

夜幕下的雨母山庄

在蒸湘区“乡村合伙人”模式带动下，越来越多的艺术家加入到部落。何润成介绍，目前部落已聚集了 20 余位书画艺术家，在雨母山创作、展出。他们均具备省级以上会员资格，其中国家级会员 7 名，大多是在衡阳市乃至湖南省、全国具有较为广泛影响的艺术家。

临江村党总支副书记谢意军介绍，以前村里土地零碎、资源分离，难以整齐规划建设。2022 年 9 月，他们化零为整，与引进的农业产业龙头企业荣联农业科技发展有限公司联合推出“一米菜园”，采用认领方式，吸引城里人“入伙”农村，体验农耕活动。

“菜地由自耕变成出租，村民减少了大量的劳动投入，还大幅提高了收入。”谢意军介绍，“一米菜园”共规划 80 余亩，目前已认购近 20 亩，预计亩均收益达 1.3 万元。

蒸湘区发挥近郊优势，盘活农村土地、房屋、山水等资源，吸引雨湖营地、雨母云舍、万熙山房、乐谷庄园等网红民宿、露营打卡地纷纷“入伙”乡村。

2023 年，国内专业的乡村民宿产业综合运营商——米墅民宿也将“入伙”蒸湘乡村，打造集田园度假、生态休闲、原乡体验、亲子研学、特色农业、人才培育等功能于一体的精品乡村民宿样板示范项目。

△ 17 日，中国精准扶贫首倡地十八洞村与湖南大球泥瓷艺集团有限公司合作签约，共推乡村振兴。

△ 22 日，作为长株潭都市圈建设的前沿阵地，长沙南部融城片区建设备受关注。长沙南部融城片区开发建设指挥部日前印发《长沙南部融城片区 2023 年重点工作实施方案》，全面拉开南部融城片区高标准建设、高质量发展框架，全年铺排 82 个重点项目，年度预估投资约 174 亿元。

△ 24 日，株洲市召开第五届住房公积金管理委员会第一次全体会议。会议审议并通过了《株洲市住房公积金 2022 年年度报告》《2022 年度住房公积金财务情况公告》《2022 年度株洲市住房公积金增值收益分配方案》《关于优化住房公积金业务政策和流程的议案》等报告。

4月

△3日至4日，湖南省政协调研组在株洲围绕“推进以县城为重要载体的城镇化建设”重点课题开展调研，详细了解助推湘商回归、壮大经营主体、引导支持各类经营主体参与城镇化建设等方面存在的困难和问题，听取意见和建议。省政协副主席张健参加调研。

△11日，隆回县出台了《关于出台首届房地产交易展示会有关优惠政策的通知》等政策，将于2023年4月29日至5月3日举办隆回县首届房地产交易展示会。在本届房地产交易会期间，特别推出更加优惠的“三大政策”。

△13日，常德市住房和城乡建设局举行建筑行业(消防工程)企业座谈会，与来自全市建设、设计、施工、监理、检测公司的企业负责人和技术负责人进行面对面交流，听取各企业在消防工程从业方面的意见和建议，聚力抓好建筑行业消防工程。

颗砂乡入选2023年国家级农业产业强镇创建名单

2023年4月，农业农村部、财政部公布了2023年农业产业融合发展项目创建名单，湖南省13个项目入选。其中，湘西州永顺县颗砂乡入选国家级农业产业强镇创建名单。

颗砂乡（水稻）是全国“一村一品”示范村镇。近年来，该乡依托土地肥沃、气候适宜等自然资源优势，依靠科技力量，持续推进水稻生产机械化、规模化，不断培育水稻生产企业、农业合作社、种粮大户等新型种粮主体，采取“基地+企业或合作社+农户”的模式，发展壮大优质水稻产业。同时，推行“稻鸭鱼共生”种养和稻油轮作方式，大力打造颗砂贡米、颗砂贡鸭、颗砂贡油等特色农业品牌，不断壮大村级集体经济，带动农户增收致富，助力乡村产业振兴。

据了解，为统筹推进农业产业融合发展，农业农村部、财政部今年支持新创建50个国家现代农业产业园、40个优势特色产业集群、200个农业产业强镇。按照要求，各建设主体在进一步明确创建目标、重点任务和政策措施的基础上，着力做好“土特产”文章，开发乡土资源，突出地域特点，聚焦主导产业，补足短板弱项，推动乡村产业全链条升级，完善联农带农利益联结机制，提升建设水平和质量。

1
2
3

1.5月9日，湖南省住建厅开展“送教下基层”活动，委派专家团队来常举行建设工程消防验收操作实务培训，常德市各区县住建部门及质量安全监督机构相关工作人员和建设、施工、监理、检测等责任主体单位技术人员共600余人参加培训

2.5月24日，麻阳城西片区土产公司家属区老旧小区改造施工现场，工人们正在加紧施工，屋顶换瓦、电路改造、粉刷墙面等各项工程正在紧张有序进行，该项目预计工期为80天

3.5月12日，常德市农业农村局开展农村人居环境整治现场会，观摩团队第一站走进柳叶湖旅游度假区花山社区

邵阳县举办首届房地产交易展示会

邵阳县举办首届房地产交易展示会

2023年4月3日，邵阳县首届房地产交易展示会在振羽广场开幕。县委书记袁胜良出席房交会并宣布开幕，县委副书记、县长周玉祥致辞，副县长李红辉介绍房交会情况。

县领导曾建新、唐军良、彭茂华、曾林、罗杰、刘晨旭、李卫军等出席。

本次房交会主题是“天子湖畔生态宜居”，活动由中共邵阳县委、邵阳县人民政府指导，县住房和城乡建设局、县住房保障服务中心主办，县房地产开发企业协会协办。本届房交会汇聚了全县13家优质房地产企业，2000多套品质高端、户型新颖、优质舒适的房源参展，还有装饰装修、家居建材、金融服务等住宅产业相关品牌联袂参展，让广大消费者切实体会到房交会的便利与实惠。同时，消费者在2023年4月3日至5月10日期间购房还可以享受政府出台的购房契税100%补贴、保障子女就近入学、特殊群体购房补贴等一系列惠民政策。

仪式结束后，袁胜良、周玉祥一行还来到各展馆详细查看了解了房地产行业相关情况。

湖南省全面推进绿色完整居住社区创建

湖南省住建厅等18个部门于2023年4月28日联合印发《湖南省绿色完整居住社区创建行动方案》（以下简称《方案》），全面开展绿色完整居住社区创建试点、示范工作。

绿色完整居住社区，是将绿色发展、绿色生活理念贯穿居住社区设计、建设、管理和服务等活动的全过程，实现在居民适宜步行范围内，基本公共服务设施、便民商业服务设施和市政配套基础设施完善，活动空间、公共安全保障、绿色建造、特色风貌、社区管理水平和共建共治共享管理机制不断提升，绿色消费、绿色出行、绿色居住等绿色生活方式成为人们自觉行动的居住社区。

根据《方案》要求，绿色完整居住社区以居民步行5至10分钟到达幼儿园、老年服务站等社区基本公共服务设施为原则，单个绿色完整居住社区以0.5万至1.2万人口规模为宜；通过补建、购置、置换、租赁、改造等方式，因地制宜建设便利店、菜店、快递取寄点、家政服务网点、社区食堂等便民商业服务设施；规范既有居住社区建筑节能改造，重点对维护结构、用能设备和系统采取节能技术，降低建筑运行能耗。

1.5月31日，城步苗族自治县茅坪镇领导带领该镇金兴村村支两委的班子成员及村民代表，风尘仆仆地赶到市住房和城乡建设局，将热情洋溢的感谢信和沉甸甸的锦旗亲自送到该局党组书记、局长曹红旗手中

2.6月14日，岳阳市委书记曹普华，市委副书记、市长李挚率岳阳市2023年上半年产业项目建设流动现场会与会人员到岳阳楼区考察观摩洞庭在线数字产业园

长沙下发首本“带押过户”不动产权证书

长沙市实现“带押过户”不动产登记组合业务首次发证

2023年5月15日，北京银行股份有限公司长沙分行成功办理长沙首笔不动产“转移登记＋抵押权变更登记＋抵押权设立登记”组合业务，并下发首本证书，标志着长沙市本级二手房“带押过户”“带押变更”不动产登记组合业务新模式正式实行。

“我觉得这对二手房买卖双方来说都是利好，交易简单了，可能有很多之前在犹豫的人决定交易，市场也可能跟着活跃起来。”当日，办结了全市首笔不动产“转移登记＋抵押权变更登记＋抵押权设立登记”组合业务，领取了全市首本“带押过户”不动产权证书的杨女士笑着说。

据悉，北京银行积极响应长沙市关于“互联网＋不动产登记”的整体战略部署，成为全市首家全线上办理抵押注销登记业务的金融机构。

根据2023年4月26日长沙市自然资源和规划局与市司法局、市人民政府金融工作办公室联合发布的《关于印发〈长沙市推广二手房“带押过户”“带押变更”模式工作方案〉的通知》要求，长沙市不动产登记中心与北京银行深度合作，共同推进长沙“带押过户”不动产登记组合业务成功落地。

“带押过户”是指对于存在抵押的房产要上市交易的，无须提前还贷或垫付资金，可以直接完成过户、重新抵押并发放新的住房贷款。

△14日，长沙市2023年度住宅用地首次出让实现“开门红”，8宗地块全部成交，成交总面积688亩，总成交金额72.27亿元，其中底价成交4宗，溢价成交4宗，溢价4.32亿元。

△19日，娄底市住建局与娄星区乐坪街道联合开展居民自建房安全宣传活动，采取定点宣传、入户走访、问题咨询等方式，提高居民安全意识。娄底聚焦居民自建房安全整治“百日攻坚”行动，已完成居民自建房普查85万余栋，拆除空心房40967栋。

△28日，长沙住房公积金管理中心发布“商转公”新政，为“商转公”解决筹钱大难题。市民通过商业贷款买的住房，想要转为公积金贷款，不用提前结清商业贷款，就可申请转为公积金贷款。

△28日，长沙市雨花国资集团与中建五局签约，总投资约150亿元，启动雨花区红星片区红星大市场单元项目更新改造。该项目以“一河两岸”思路整体推进，含圭塘河植物园段二期及其两岸的原红星大市场、天华更新单元相应地块。

5月

△12日至13日，株洲市“兴产业、扩就业、促增收”乡村振兴现场推进会召开。会议宣读了市委副书记、市长陈恢清对现场推进会的批示，通报了全市乡村振兴推进情况，并就下一步乡村振兴工作进行了安排部署。

△14日，株洲田心轨道科技城片区规划专家座谈会举行，就《株洲田心轨道科技城空间规划方案》听取同济大学建筑与城市规划学院原院长陈秉钊教授等11位专家学者意见。市委书记曹慧泉，市委副书记、市长陈恢清出席。市领导胡长春、聂方红、王卫安、刘剑飞、罗绍昀，中车株机董事长傅成骏，中车株洲所董事长李东林出席。

6月

△2日，湖南省2023年建筑施工“安全生产月”活动在长沙启动。据了解，6月份，全省将持续深入开展有力度、有亮点、有特色、有成效的线上线下活动，切实提升从业人员发现问题和解决问题的能力水平。开展安全主题学习活动。强化安全宣传培训教育。开展安全隐患排查整治。

张家界第十一届房地产交易会启动

2023年5月20日，张家界第十一届房地产交易会正式启动。张家界市委副书记、市长王洪斌宣布开幕，市委常委、常务副市长尚生龙出席开幕式。

张家界第十一届房地产交易会以“安居张家界 筑梦山水间”为主题，从5月8日至6月30日采用现场和线上相结合的方式举行（住宅小区地下车位（库）展示交易时间5月8日至12月31日）。其中5月20日至5月23日在大庸古城现场展示。展会集中开展普通商品房、限价商品房、公共租赁住房、保障性租赁住房、住宅小区地下车位（库）、室内装饰装修设计展等展示交易活动，助力经济复苏、支持住房消费、塑造房企、装饰企业品牌，促进张家界市房地产市场高质量发展。

展会期间，还开办了张家界首档水上夜话新媒体直播节目《我家住在澧水边之老总“房”谈》、主播沉浸式探房直播，以及张家界第十一届房地产交易会现场大型展会、“旭生·国韵一号 我家住在澧水边”5·20主题音乐会、张家界第十一届房地产交易会线上展、“设计让生活更美好”高峰论坛、设计师对话张家界、买房送室内装饰装修现金券，逛展会，抽奖品以及购房送景区门票等主题活动，为广大参观市民提供方便、称心、惬意的配套服务。

张家界第十一届房地产交易会正式启动

1.6月15日，冷水江市第二届建筑业协会举行揭牌仪式，标志着该市第二届建筑业协会正式成立

2.6月18日，张家界市住建系统2024年“安全生产月”活动正式启动

3.6月19日上午，洪江市2023年乡村建设工匠培训开班典礼在洪江市委党校阶梯教室隆重举行

长沙获评『全国版权示范城市』

2023年6月8日，在第十九届中国（深圳）国际文化产业博览交易会“2023文化强国建设高峰论坛——共建互联网版权新生态分论坛”上，“全国版权示范城市”授牌仪式隆重举行，长沙、南通等4个城市被正式授牌为“全国版权示范城市”。中央宣传部版权管理局局长王志成出席，市委常委、市委宣传部部长陈澎代表长沙接牌。

全国版权示范城市，是对一个城市版权发展水平的综合评价，体现着一个城市的科学发展理念、自主创新能力、产业发展水平和核心竞争力。

2021年1月，国家版权局批准长沙成为全国版权示范城市创建市。长沙市委、市政府高度重视版权工作，印发《长沙市创建全国版权示范城市工作实施方案》，将争创全国版权示范城市作为重点任务写入党代会报告，纳入重要议事日程；全市聚焦实施版权管理能力提升、版权严格保护、版权兴业、版权服务提质、软件正版化、宣传培训六大系统工程，聚焦27项主要工作任务，全方位地推动全国版权示范城市创建工作落实做优。随着创建工作的纵深推进，版权工作与长沙经济建设、社会发展全局融为一体、相辅相成，成为推动长沙高质量发展的创新举措和重要抓手。

湘西州『湘才乡连』千名专家服务乡村振兴行动仪式正式启动

湘西州“湘才乡连”千名专家服务乡村振兴行动仪式正式启动

2023年7月17日，湘西州“湘才乡连”千名专家服务乡村振兴行动启动仪式在吉首市举行。湖南开放大学校长杨斌带领湖南开放大学特聘专家湘西服务团一行13人来湘西州对口支持并作讲话。副州长彭延敏出席仪式并宣布2023年湘西州“湘才乡连”千名专家服务乡村振兴行动正式启动。

杨斌介绍了湖南开放大学办学理念和服务湖南省经济社会高质量发展方面所做的工作，对湖南开放大学特聘专家湘西服务团服务湘西州乡村振兴、基层发展充满信心，表示将不遗余力地支持湘西服务团的工作，以服务的实绩实效回报省人社厅的厚爱和湘西州人民的期盼。

彭延敏对省人社厅近年来支持助力湘西州乡村振兴和基层发展表示衷心感谢，对湖南开放大学组建特聘专家团来州开展“湘才乡连”千名专家服务乡村振兴行动充满信心、满怀期待。他希望，服务团的各位专家积极发挥专业优势、展示专家风采，为湘西特色产业发展和乡村振兴人才培养提供帮助指导。他强调，各级各有关部门要主动抢抓机遇，加强双向互动，深化校地合作，为专家施展才华、干事创业创造条件、搭建平台，为湘西打造脱贫地区乡村振兴示范区和民族地区团结奋斗共同富裕标杆区作出新的更大贡献。

1.6月20日，2023年沅陵县建设工程“安全生产月”启动仪式暨建筑施工安全事故应急救援演练活动顺利举行　1

2.6月21日上午，“筑梦新益阳 惠享新生活”2023年益阳市房地产展示交易会在宏盛新华府营销中心前坪开幕　2

湖南数字乡村试点在邵阳启动

2023年7月28日，湖南省数字乡村建设现场推进会暨数字乡村试点启动仪式在邵阳举行。

启动仪式上，邵阳市大祥区作为国家首批数字乡村试点地区代表，推介了相关经验；视频发布我省首批数字乡村试点名单，省直相关领导为试点地区授牌。经自主申报、市州推荐、审计评审等环节，我省首批确定9个县（市、区）、17个乡镇（街道）、14个村（社区）作为数字乡村试点。

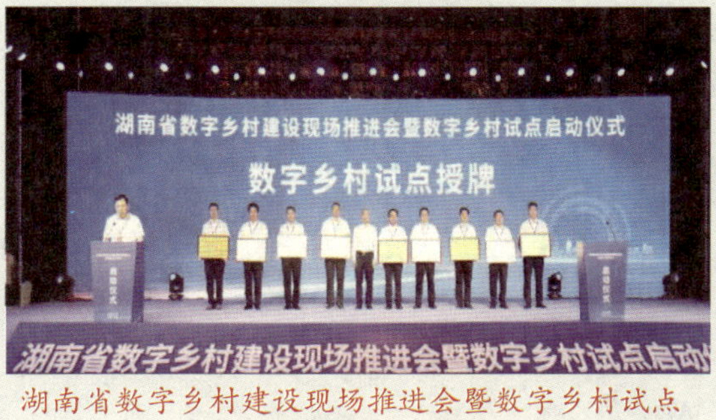

湖南省数字乡村建设现场推进会暨数字乡村试点启动仪式在邵阳举行

现场，永州市江永县、邵阳市洞口县、湘西州吉首市、怀化市会同县、怀化市洪江市安江镇下坪村、长沙市望城区靖港镇柏叶村6个试点地区，分别与6家企业进行集中签约。

近年来，我省将数字乡村建设作为赋能乡村全面振兴，建设网络强省、数字湖南的重要内容，稳步推进数字乡村发展，全省信息设施水平大幅提升，数字农业、数字治理、电商销售、数字惠民等成效明显。《中国数字乡村发展报告（2022年）》显示，我省数字乡村发展水平达到45.2%，农业生产信息化率、农产品网络销售额等指标均高于全国平均水平，排名全国第七位。

△6日，衡阳市不动产登记中心邀请市住房公积金管理中心、市农村商业银行、市交通银行及相关技术单位和科技公司代表召开了“智慧登记”及存量房“带押过户”工作座谈会。

△16日，张家界市自建房专项整治推进会召开。各区县政府和各专班成员单位相关负责人参加会议。会议传达学习了全国自建房专项整治部际联席会议和全省自建房专项整治推进会精神，传达了市政府第27次常务会议关于自建房专项整治工作安排。会议通报了目前自建房专项整治实际进度，并明确下一步工作目标任务。

△20日，“垄上岳阳”综合体暨农村产权交易中心正式开业，市委副书记、市长李挚宣布开业，省农业农村厅副厅长、党组成员龚昕为农村产权交易中心授牌，市领导汪涛、张中于、陈阁辉、刘铁健，市政府秘书长孙志诚等出席开业仪式。

7月

△6日，湘潭县农村产权交易中心揭牌成立，这是推进农村产权制度改革、推动金融服务乡村振兴的一项积极探索，标志着湘潭县农村产权流转交易已步入平台化、规范化、制度化轨道，对盘活农村资源资产、服务农业农村高质量发展、助力乡村振兴战略具有重要意义。湘潭市副市长陈爱民等出席。湘潭县农村产权交易中心是经营农村生产要素的专业化平台和服务型机构。

△7日，在长沙举行的湖南省2023年“湘才乡连”万名专家服务乡村振兴行动启动式上，湖南省妇幼保健院博士后下乡团团长刘景诗代表该团表态。“湘才乡连”计划包括国家级专家服务示范团、湘西特聘专家支持计划和博士后下乡服务行动等子项目。重点围绕助力乡村振兴、破解发展难题、推广应用新技术、培养培训人才、改善人居环境、提升民生服务等内容，采取项目对接、现场技术服务、科研成果转让等方式，为农业农村发展、乡镇乡村建设提供技术指导、项目咨询、人才培养等服务。

1.6月26日下午，湖南省住房和城乡建设厅在长沙举办以“人人讲安全、个个会应急”为主题的“安全生产月”建筑施工“安康杯”安全生产知识竞赛

2.6月27日，2023年湖南省文化科技卫生“三下乡”集中示范活动暨“数芷乡村”平台上线运行启动仪式在芷江县海峡路社区广场举行

3.6月29日，桃花村，村道干净整洁，通村公路蜿蜒平整，空气清新宜人。经过绿化、美化、亮化后的桃花村，村容村貌焕然一新

会同县入选湖南省数字乡村综合试点县

2023年7月28日，湖南省数字乡村建设现场推进会暨数字乡村试点启动仪式在湖南省邵阳市隆重举行。会同县县长苏振参与会议并作为湖南省数字乡村试点地区代表上台发言。

此次会议，全省数字乡村试点地区负责人、各大网络运营商、网络公司代表齐聚一堂，收看了数字乡村优秀案例展览，相互介绍和交流了数字乡村建设经验做法。

会同县入选湖南省数字乡村综合试点县

签约仪式结束后，苏振作为综合试点地区代表上台进行了发言。苏振表示，会同在数字乡村建设工作中决心坚定，先后开展了电子商务进农村、互联网+政务服务、智慧扶贫平台、乡村智理平台等一系列创新实践，获评全国电子商务进农村示范县，湖南省数字乡村试点县。其中乡村智理平台与“积分超市”项目，作为湖南省乡村治理数字化代表，在第六届数字中国建设峰会成果展登场亮相。此次入选全省数字乡村综合试点县，既是荣誉，也是责任，更是机遇。

会议结束后，试点地区代表前往邵阳市大祥区进行了实地考察。

湖南省数字乡村建设现场推进会暨数字乡村试点启动仪式在湖南省邵阳市隆重举行

张家界市25个小区获评“城市住宅示范小区”

8月2日上午，张家界市创建城市住宅示范小区总结表彰会召开。

现场颁奖环节

2023年8月2日，张家界市创建城市住宅示范小区总结表彰会召开，对“山水印象小区”“丽景天下二期小区”“新外滩小区”等25个小区给予了表彰，授予“2022年度城市住宅示范小区”称号。

创建城市住宅示范小区是提升人民群众居住品质、增进人民群众住房领域幸福感的民生大事、关键小事。2022年以来，市住建局始终坚持以人民为中心的发展思想，将规范物业管理、提升物业服务水平、改善小区居住环境等工作与市人大代表的建议办理完全契合，紧紧围绕打造宜居、方便、舒心、美好的居住小区目标谋篇开局。截至目前，全市投入12.55亿元，完成2005年以前建成的老旧小区改造353个，涉及住户48247户14.5万人；完成15个住宅小区物业承接查验，避免了长期困扰购房业主的新建楼盘质量、设计等交房纠纷，解决了水、电、气、公共设施产权不清晰的问题；成立住宅小区党支部213个，党组织覆盖率达到83.2%，“党建+物业”工作走在全省前列。

会议部署了2023年重点工作任务，提出要继续开展好“美丽家园”创建活动，从党建引领、基础建设、内部管理、治安维护、宣传发动等五个方面持续发力，通过示范带动，全面提升物业小区综合治理能力，推动全市城市住宅示范小区创建工作再上新台阶。

郴州在全省率先启动不动产登记“市县通办”

2023年8月11日，郴州市不动产登记中心与9家县（市）不动产登记机构联合签署“市县通办”框架合作协议，打破不动产证属地办理传统模式，实现全市“标准统一、异地受理、属地审核、协同联动、全程网办”。

郴州市不动产登记中心主任曹劲松介绍，申请人在办理不动产登记过程中，只需在当地不动产登记实体窗口或县（市）政务服务网上提交申请，当地登记机构核验身份真实性和材料完整性后，通过属地提供的系统采集并提交。房产属地的登记机构通过系统受理、审核，随即缮证、颁发不动产电子证照，并将不动产权证或登记证明邮寄到申请人家中。

郴州市不动产登记中心与9家县(市)不动产登记机构联合签署“市县通办”框架合作协议

近年来，郴州市不动产登记中心创新推行“商转公”“带押过户”“以图查房”“跨省通办”等多项改革举措，积极拓展“不动产登记+公证”“不动产登记+仲裁”等集成服务领域，颁发首批农村集体土地所有权不动产权证书，常态化长效化推进“交房即交证”改革，化解一大批历史遗留项目办证问题。

1.6月30日怀化市住建局举行了2022年度A级信用企业授牌仪式，5家A级信用企业获授牌匾，市住建局、各县市区住建部门、信用企业代表参加了授牌仪式

2.7月，湖南文理学院土木建筑工程学院满天星青年志愿服务队暑期“三下乡”社会实践团，在安乡县陈家嘴镇杨树村以墙绘艺术进乡村的方式，开展“笔下生‘乡’，执笔绘江南”暑期社会实践活动

3.7月1日，“不必去远方 永顺好地方”2023年永顺县夏季房产交易会开幕

湖南省建筑业绿色转型加速推进 是全国唯一绿色建造试点省份

2023年8月15日，湖南省住建厅发布全省城乡建设领域生态文明建设重要成果。湖南省建筑业绿色转型正加速推进，城镇新建建筑执行绿色建筑标准比例为100%，新开工装配式建筑面积占新建建筑面积比例超33%。

绿色建造规划引领。省委办公厅、省人民政府办公厅印发《关于推动城乡建设绿色发展的实施意见》，全面推进城乡建设绿色发展。《湖南省绿色建筑发展条例》《湖南省建筑工程绿色施工管理办法》深入实施，将绿色建造纳入法治化轨道。

装配式建筑全国领跑。全省已建成国家级装配式建筑示范城市2个、产业基地20家，14个市州装配式建筑生产基地和项目建设全覆盖，装配式建筑构配件年生产能力达到3500万平方米，产业总产值逾1000亿元。湖南成为全国唯一绿色建造试点省份，装配式建筑发展速度、产能规模、综合实力实现全国领跑。

建筑垃圾高效利用。全省66家企业单位组建成立湖南省建筑垃圾资源化利用产业战略联盟，搭建建筑垃圾管理和资源化利用产学研用协同平台，建筑垃圾资源化综合利用率提升至40%。

△11日，由共青团湘潭市委、市农业农村局、湘潭日报社和市广播电视台联合开展的湘潭市首届“乡村振兴青年先锋”寻访选树活动正式启动。活动将围绕涉农创业、乡村治理、科技兴农、乡村社会实践等服务乡村振兴方面，重点面向基层和工作一线，采取组织推荐、社会推荐与青年自荐相结合的方式，寻访选树一批湘潭市“乡村振兴青年先锋集体”“乡村振兴青年先锋”。

8月

△4日，长沙市住建局、市科技局联合印发《关于全力建设全球研发中心城市满足科研人员住房需求实施细则》，允许符合条件的创新平台以企业自持长租房的方式，购置商品住宅用于引进科研人员居住生活；在政府认定的创新平台工作满6个月及以上的科研人员，可在限购区购买首套商品住宅。

△19日，中国城市规划设计研究院原总规划师朱子瑜等6位专家，集中审查《湘江滨水区总体城市设计暨湘江“百里画廊”总体规划》，对长沙打造世界级“湘江画廊”愿景表示肯定。规划提出“聚焦高质量未来发展，共绘世界级湘江画廊”，以74公里湘江为脉，涵盖6河13洲及麻潭山、谷山、岳麓山、大王山等山脉，融汇山水洲城垸景观于一体。

△25日，湖南汨罗抽水蓄能电站建设征地和移民安置协议签约仪式在汨罗举行。湖南汨罗抽水蓄能有限公司负责人俞宏群，汨罗市委常委、常务副市长杨盛，岳阳市水利局副局长陈卫成代表甲乙丙三方签署协议。

9月

△19日，《湖南省限额以下居民自建房工程竣工验收管理办法（试行）》发布。该办法适用于在湖南省建设的限额以下居民自建房，包括异地新建、改（扩）建、原址重建工程的验收活动。三层及以上的居民自建房，且工程投资额在30万元以上或建筑面积在300平方米以上的简称为限额以上居民自建房；其他居民自建房则为限额以下居民自建房。

实施“三大补贴”，提振住房消费 浏阳出台楼市“12条”

2023年8月29日，浏阳市发布促进房地产市场平稳健康发展12条措施，支持刚性和改善性住房需求，全面实行“交房即交证”，加快去化非住宅库存，提振住房消费。

措施明确，实施“三大补贴”：一是实行阶段性购房补贴。2023年9月1日至2023年10月31日期间，对在浏购买新建商品住房，并完成商品房合同网签、缴纳契税和物业专项维修资金并登记备案的，按实际缴纳契税金额100%发放购房补贴；二是发放人才购房补贴。对经认定的企业专业英才，按A类100万元、B类40万元、C类20万元、D类8万元、E类6万元、F类3万元的标准发放购房补贴。对党政机关单位引进的在编博士（正高级职称）在浏购买新建商品住房或二手住房的，给予10万元购房补贴；对教育、卫健系统引进经认定的高层次人才和紧缺急需人才，在浏购买新建商品住房或二手住房的，按人才类别给予2万至10万元购房补贴；三是阶段性发放商铺创业补贴。2023年9月1日至2024年1月31日期间，对在浏购买新建商品非住宅房屋，完成商品房合同网签、缴纳契税和物业专项维修资金并登记备案的，按实际缴纳契税金额60%发放商铺创业补贴。

1.7月7日，由长沙天心城市发展集团有限公司与中建国际投资（湖南）有限公司（简称：湖南公司）共同投资、建设、运营的长沙黑石铺城市更新片区项目举行开工仪式

2.7月7日，长沙市开福区秀峰街道湘荷村党委、湘荷村纪检小组，依托靠前监督机制，积极响应村民提出的居住生活环境提升建议意见，通过与长沙市开福区荷叶美苑安置房项目党支部结对共建，深入开展“结对整治环境 助力‘荷’美家园”暨“清爽开福 开门纳福”乡村环境卫生整治，湘荷村党员、志愿者50余人参加

3.7月21日，株洲市人民政府副市长罗绍昀率队深入一线施工现场开展督导建设领域工程安全生产、扬尘防治暨“送清凉”活动

4.7月19日，溆浦县低庄镇小龙潭村玉溪江治理施工现场

长沙入选全国首批中小企业数字化转型试点城市

2023年8月30日，工业和信息化部公示“第一批中小企业数字化转型试点城市”名单，全国30个市（区）入选，湖南省仅有长沙市位列其中。

今年6月，财政部、工业和信息化部联合印发《关于开展中小企业数字化转型城市试点工作的通知》，分3批组织开展中小企业数字化转型城市试点工作，提升中小企业核心竞争力，激发涌现更多专精特新中小企业，促进实体经济高质量发展。

长沙是全国较早开展企业智能化改造的城市，2018年以来，智能化底座、智能化供给、智能化应用基础不断夯实。今年上半年，长沙新增2646个5G基站，累计建成2.7万个5G基站，算力支撑持续加强，目前拥有国家级工业互联网“双跨”平台1家、省级工业互联网平台37家、各类工业互联网平台连接工业设备近百万台；包括“长沙惠科5G+工业互联网智能工厂”项目、“基于5G+工业互联网的重型商用车智造工厂”项目在内，累计打造14个省级“5G+工业互联网”示范工厂。

长沙此次选定2个国家级先进制造业集群（工程机械、先进计算）、1个国家生命健康产业（生物医药）和1个国家级非遗文化传承行业（烟花鞭炮）作为试点行业，进一步推动中小企业加快数字化转型，提升行业数字化智能化水平。

1.8 月 9 日，长沙市市政重点建设项目事务中心在长沙市城市建设科学研究院正式挂牌成立，主要负责全市市政基础设施项目工程方案研究、计划编制、设计审查等，承担全市市政重点建设项目动态调度、运行分析、重大问题协调等事务性工作

2.8 月 12 日，在望城区高塘岭街道望城大道 78 号，一栋 5 层经营性居民自建房前，工作人员将一张蓝色的长沙市经营性居民自建房房屋安全明白卡安装在屋前墙上。这是长沙市首块挂牌的经营性居民自建房房屋安全明白卡

3.8 月 28 日，衡阳市委常委、副市长黄立赴耒阳市调研指导保交楼工作

『蓝田情·和谐家』涟源市房地产交易会开幕

2023 年 8 月 31 日，涟源市 2023 年“蓝田情·和谐家”房地产交易会开幕。

娄底市住房和城乡建设局党组书记王文红宣布涟源市 2023 年“蓝田情·和谐家”房地产交易会开幕，涟源市委副书记、市长邓伟谋致开幕辞，副市长黄和平主持开幕式，企业代表和消费者代表先后进行发言。

邓伟谋在致辞中说，涟源市将用心用情用力做好服务，切实提供精准精细的便利和保障，让大家在销售中收获喜悦、在购房中得到实惠。希望各企业以本届房交会为契机，树牢市场意识、质量意识、品牌意识，诚信经营、守法经营，为广大市民打造称心的精品工程、舒心的居住环境，让城市颜值与内涵比翼齐飞，让民生质感与温度相得益彰。希望广大消费者果断出击、大胆出手、精心挑选，把既得的实惠抓在手上，把温馨的家安在涟源，让人生的梦从涟源放飞。

娄底市住房保障服务中心主任肖志超，涟源市领导肖元意、梁育清、周惠军、李付明、梁毅、肖赞东出席开幕式。

“蓝田情·和谐家”涟源市房地产交易会开幕

全国“十大最美农村路”——张家界市武陵源区插园公路揭牌

2023 年 9 月 19 日，在首届中国（张家界）文旅融合发展大会暨首届张家界旅游发展大会召开前夕，全国“十大最美农村路”——张家界市武陵源区插园公路揭牌活动举行，区人民政府副区长刘宏、唐利民现场揭牌。

插园公路全长 13.9 公里，位于湖南省张家界市武陵源区，连接着插旗峪、龙尾巴和张家界三个居委会，属于武陵源景区梓木岗与森林公园门票站连接线。经过交通运输部初评、终评，插园公路在全国 327 条申报线路中脱颖而出，评获 2022 年度全国“十大最美农村路”。

近年来，插园公路先后完成了“七彩”缆索、人行绿道、骑行驿站、充电设施和观景台建设，融入音乐、绘画、动漫等人文元素，建设五彩公路，美化路域环境，成为网红打卡新地标，带动沿线特色高端民宿产业蓬勃发展，年接待游客逾 20 万人次，实现年产值近 1.6 亿元。同时，插园公路围绕“慢旅游、准休闲”布局新兴业态，培育集研学、休闲、体验、生产销售为一体的新型市场主体，带动了村民人均年增收 2 万多元，成为了“生态增值、产业增效、农民增收”的幸福路。

△ 22 日，长沙市住房和城乡建设局印发《关于优化房地产调控政策的通知》，居民家庭（含非本市户籍家庭）在长沙购买首套商品住房，不再需要提供购房证明；本市商品住房经住建部门网签备案满 4 年，可转让。通知自 9 月 22 日起施行，有效期 5 年。

△ 26 日，2023 年湖南省农村人居环境整治提升暨和美乡村建设湘北片区现场推进会在汨罗召开，全面贯彻习近平总书记关于改善农村人居环境、建设宜居宜业和美乡村的重要指示批示精神，认真落实省委、省政府关于实施“五千工程”、建设“和美湘村”的决策部署，总结各地工作、交流经验典型，对下阶段农村人居环境整治提升及和美乡村建设进行再部署、再压实、再推动。

△ 27 日，恒大在株保交楼项目举行交房仪式，恒大誉景花园 876 户业主、恒大华府 163 户业主，拿到了期待已久的房子。市委副书记、市长陈恢清出席活动并为业主代表发放钥匙。

10月

△ 12 日，永州市金融支持乡村振兴座谈会召开。市委副书记、市长陈爱林，人民银行湖南省分行党委书记、行长张瑞怀出席会议并讲话。市委常委、常务副市长侯文主持。

△ 12 日，2023 年湖南省农村环境整治成效评估工作推进会在汨罗市召开。省生态环境厅相关负责人及 14 个市（州）生态环境局分管负责人参加。会上，省生态环境厅相关负责人听取了各市（州）农村环境整治重点工作进展情况和农村环境整治成效评估迎检准备情况，对 2023 年农村环境整治成效评估政策进行了解读，并对下一步工作进行安排部署。

△ 14 日，怀化市政府办公室出台了“关于进一步促进房地产市场平稳健康发展的通知”（以下简称《通知》），对购房有刚需的市民来说是释放了一波红利。该《通知》明确在怀化购房的凭毕业证就可以登记落户。对在该市落户或新就业的大中专及以上毕业生 5 年内购买商品住房的，房地产开发企业在楼盘备案价的基础上可给予下浮 20% 以内的优惠。并从商业贷款、公积金贷款两个政策口径加大贷款力度。

拥有 9 个国家级开放平台 岳阳连续多年入围“中国外贸百强城市”

发布会现场

2023 年 9 月 19 日，湖南省人民政府新闻办公室举行内陆地区改革开放高地建设专场新闻发布会。近年来，岳阳打造形成了 9 个国家级开放平台，2022 年城陵矶港集装箱吞吐量突破百万标箱，并连续多年入围“中国外贸百强城市”榜单。

前不久，岳阳被纳入国家复合型流通支点城市建设名单，成为现代流通战略支点城市。据介绍，岳阳将加快多式联运物流体系建设，接入中欧班列，向北对接“一带一路”合作伙伴货物回流，向南深入中部“双循环”发展；进一步延伸“黄金水道”体系，向东完善海参崴国际直航、港澳直航，向西新增至川渝、宜昌航线；加速三荷机场改扩建，进一步拓展“空中航道”功能，全力融入“一带一路”和长江经济带，深度对接长三角、粤港澳大湾区、成渝经济圈和武汉城市群，彰显“开放发展大通道”的优势。

2023 衡阳房交会 10 月 18 日开幕

2023 年 10 月 18 日，2023 衡阳市房地产交易展示会在高新区杉杉奥特莱斯拉开帷幕。

本届房交会由市房地产业协会主办，以“大美衡阳、宜居雁城”为主题。我市城区 20 多家主流房产企业携 30 余个品牌楼盘参展，为广大市民提供了良好的选房、购房平台。展会上，各个楼盘展出的房屋产品丰富多样，更是带来了“一口价”“折扣促销”“送购房大礼包”等多种形式限时专属优惠。

据悉，本次房交会到 10 月 23 日结束。市民在此期间购买参展楼盘的新建商品住宅和地下停车位，可分别享受 50% 和 80% 的财政契税补贴。

2023 衡阳市房地产交易展示会

1.9 月 12 日，邵阳市人大常委会党组书记、主任周迎春率队前往武冈市双牌镇浪石村，开展《邵阳市传统村落保护规定（草案）》（以下简称《规定（草案）》）立法调研。市人大常委会副主任毛学雄，秘书长吴卫红参加

2.9 月 14 日，省住建厅人教处二级调研员张建明带领检查三组来岳开展建筑施工特种作业专项检查，市城乡建设事务中心党委书记、主任韩上伦，市住建局质量安全管理科科长彭韬，市城乡建设事务中心党委委员、副主任任勇及有关培训机构负责人陪同

3.9 月 8 日，株洲市荷塘区委常委、统战部长单丹，常务副部长肖勇带队到仙庾镇徐家塘村为 2023 年市级“同心美丽乡村”徐家塘村授牌，仙庾镇党委委员、宣统委员秦蓁，徐家塘村党总支书记周占民等相关负责人参加此次仪式

1 | 2
3

郴州市开展『五百行动』建设『四类乡村』

郴州市县域经济发展暨“五百行动”现场推进会在永兴县召开

2023年10月20日，郴州市县域经济发展暨“五百行动”现场推进会召开，就在全市开展百村和美示范创建、百万亩农田产能提升、百亿优势特色产业升级、百万农户共富增收、百镇乡村治理效能提档行动（简称“五百行动”），建设清洁乡村、宜居乡村、和美乡村、共富乡村（简称“四类乡村”）进行部署。

郴州市出台的《关于学习借鉴浙江“千万工程”经验开展“五百行动”建设“四类乡村”的实施方案》中明确，到2025年，全市农村所有行政村（社区）基本达到市级清洁乡村标准，建设市级宜居乡村600个，建设市级和美乡村200个，建设市级共富乡村30个；到2032年，农村所有行政村（社区）基本达到市级宜居乡村标准，市级和美乡村示范村总数达到600个，市级共富乡村总数超过100个，创建一批中国美丽休闲乡村、国家美丽宜居村庄。

1.9月21日，长沙市住建局、长沙市城建档案馆举办了为期1天的城建档案业务管理工作培训班

2.9月20日上午，2023年株洲市建设工程“质量月”活动暨质量安全实训基地启动仪式举行

学习浙江“千万工程”经验交流暨农村人居环境整治提升模式（湖南怀化）研讨会召开

学习浙江“千万工程”经验交流暨农村人居环境整治提升模式（湖南怀化）研讨会召开

2023年10月28日，学习浙江“千万工程”经验交流暨农村人居环境整治提升模式（湖南怀化）研讨会在洪江市召开。农业农村部原党组副书记、副部长、中国农业绿色发展研究会理事长余欣荣，农业农村部农村社会事业促进司司长李伟国出席。中国农村杂志社党委书记、社长雷刘功主持。市委副书记、市长黎春秋致辞。湖南省农业农村厅党组成员、副厅长刘益平出席。

会上，与会领导和专家围绕“千万工程”及农村人居环境整治提升工作开展研讨交流。怀化市介绍了农村人居环境整治提升“五共五美”模式，洪江市、沅陵县、辰溪县、市妇联作了经验交流发言。

会前，与会人员考察了洪江市农村人居环境整治提升工作。

△19日，湖南省住建厅出台《湖南省住宅工程质量分户验收管理办法》，要求住宅工程竣工验收前，须向建设单位申请分户验收。省住建厅相关负责人介绍，每套住宅均为分户验收的一个单位，每栋建筑的外墙、走廊、楼梯间、电梯间、地下室等公共部位也可分别作为一个单位，对其观感质量和使用功能进行检查验收。

△23日，长沙市工人文化宫原址新建项目全面封顶，预计2025年竣工交付。长沙市工人文化宫原址新建项目总投资4.75亿元，总建筑面积6.25万平方米，在原址新建一座集职工教育中心、职工体育中心、职工文化中心和职工服务中心为一体的单体高层建筑。其中职工文化中心、架空层花园平台连廊为裙房部分。

△26日，湖南省农村住房建设管理工作现场会暨培训会在浏阳市召开，会议深入学习贯彻习近平总书记关于乡村建设工作的重要论述精神，交流各地在农房建设管理、农村人居环境整治、美丽宜居村庄建设、小城镇建设等方面的经验做法，做好住建系统全省第一、二批主题教育上下联动整改整治，部署推进农房建设管理工作，不断提高村镇建设工作水平，建设宜居宜业和美乡村。

△29日，由衡阳市城市建设投资发展集团有限公司（简称城发集团）负责建设的武广新城配套综合管廊工程建设项目举行开工仪式。市政府副秘书长郭建中宣布项目开工，珠晖区委书记魏中发在开工仪式上致辞。

11月

△1日，“2023世界智慧城市大奖·中国”颁奖典礼在长沙举行。长沙城市发展集团有限公司在企业类别大奖中，获得“杰出中小企业”奖。长沙市天心区在城市类别大奖中，获得“产业与经济大奖”。

郴州秋季房交会圆满落幕

2023年10月29日，为期三天的2023年郴州市秋季房交会暨中博家博会圆满落幕。

此次房交会集中展示了郴州市城区的36家房产项目，涵盖了商品住房、商业用房、写字楼、公寓等多种房产类型，同时还有80多个家居品牌集中参展，一系列大力度的购房优惠政策和活动加持，激发了购房者积蓄已久的购房需求，现场人气火爆，热闹非凡。

据统计，本次房交会期间观展人数近7万人次，三天累计网签房屋1380套（其中住宅1169套），成交金额9.58亿元，共认购房屋355套。展会各项活动开展顺利，卓有成效，达到了稳经济促消费的效果。

火爆的人气和漂亮的销售数据提振了郴州房地产市场的信心，展现了郴州房地产市场的巨大潜力。市委、市政府还将继续探索尝试更多创新举措，搭建更多房地产交流平台，始终把方便百姓购房放在重要位置，继续推动房地产市场平稳健康持续发展。

郴州秋季房交会现场

1.9月26日，长沙市2023年“星城杯”装饰装修行业职工职业技能竞赛举行

2.9月26日，长沙市建设工程质量安全监督站在长沙五矿广场项目举办长沙市2023年建设行业质量月“砌筑技能比武大赛”

2023凤凰县秋季房产交易会启动仪式成功举行

2023年10月31日，2023凤凰县秋季房产交易会启动仪式在凤凰县住房保障服务中心三楼会议室举行。此次房产交易会由凤凰县人民政府主办，凤凰县住房保障服务中心协办、湖南鼎裕传媒有限公司承办。

会议由凤凰县住房保障服务中心副主任吴志勇主持。会上，凤凰县住房保障服务中心主任周红辉对2023凤凰县秋季房产交易会的各项政府优惠政策进行抽绎；凤凰县住房保障服务中心市场股股长吴明学宣读了《2023年凤凰县秋季房产交易会购房补贴实施细则》；湖南鼎裕传媒有限公司负责人姚涛从“政府有要求，企业有需求”出发，就本次房交会的细节再次进行解读，并与周红辉主任一起向11家参展楼盘授牌。授牌是本次参与房交会的重要标识，而上述的契税补贴、6家银行的信贷等政策，只有在参展楼盘购房才可享受。

授牌仪式结束后，各企业楼盘、银行代表踊跃发言，并预祝2023凤凰县秋季房产交易会取得圆满成功。

最后，凤凰县住房保障服务中心主任周红辉作总结发言，他表示国家各项房产政策的出台，为推动房地产行业平稳健康发展提供了有力保障；目前房交会相关宣传工作都已衔接完成，各项工作都在有序推进中。

2023凤凰县秋季房产交易会启动仪式

长沙连续3年获评『中国领军智慧城市』

2023年11月15日，国家信息中心、亚洲数据集团主办的“2023中国智慧城市评选颁奖典礼”公布本年度评选结果。长沙凭借智慧城市建设的先进经验和成果，连续3年获评“中国领军智慧城市”。

长沙加快建设新型智慧城市示范城市，推动“数字”为高效能治理、高品质生活、高质量发展赋能。今年7月以来，长沙以五一商圈、橘子洲、岳麓山景区为重点，以人员密集场所人流监测、消防通道占用智能监测场景为主，利用AI赋能智能视觉升级，已实现重点街巷、区域的人流数量、密度智能测算和预警，以及试点街道的消防通道占用行为智能识别和短信提醒，推进城市运行安全智能管理。

城市“慧”治理的背后，是“云、脑、网、安”等共性能力和基础设施的全面建成。长沙统筹建设5G、超算中心、人工智能中心以及政务云、城市超级大脑、网络安全运营中心等智慧城市数字底座，累计建成5G基站2.7万个，率先全国省会城市建成链政务网络，首创城市级网络安全整体运营。长沙超算中心获批建设国家新一代人工智能公共算力开放创新平台。

1.10月19日—22日，2023年岳阳惠民房地产暨绿色家装展示交易会

2.10月1日，以“宜居宜业 富美华容”为主题的华容县第三届房交会在华容县城区人民广场盛大开幕，此次房交会活动时间为10月1日至10月10日，22家房企同台竞秀，上万名消费者先后进入会场

3.9月28日，全长10.19公里的永州湘江西路（亲水桥至造纸厂段）正式建成通车。永州中心城区再添一条交通动脉和亮丽的风景线

1
2
3

△3日，“十八洞”减贫与发展论坛“科技赋能乡村发展”平行分论坛，在湘西土家族苗族自治州吉首市举行。10多位国内外各行业领域专家聚焦主题，以本次论坛为契机，为科技赋能乡村发展注入强劲动力。论坛上，举行了京东生鲜农场·十八洞猕猴桃直采基地授牌。中国工程院院士、湖南省农业科学院党委书记柏连阳等致辞。

△11日，刘仲华、黄路生、邹学校、柏连阳、宋宝安5位院士齐聚“精准扶贫”首倡地湘西土家族苗族自治州花垣县十八洞村，共同出席“湘土”有才助乡村振兴“湘领军+”大讲堂活动，充分发挥院士引领带动作用，为乡村振兴赋能添智。

△11日，“中国乡村治理论坛——中国农村发展学会乡村治理专委会首届年会”暨《乡村振兴蓝皮书：湖南乡村振兴报告（2023）》发布会在长沙举行。同时举行“中国农村发展学会乡村治理专委会”授牌仪式。

湖南省7县（市）进入全国县域综合百强

2023年11月28日，全国县域经济研究咨询专业智库和社会组织——中郡研究所发布《第二十三届县域经济与县域发展监测评价报告》，湖南7县（市）进入全国县域经济和社会综合发展百强县，其中，长沙县、浏阳市、宁乡市跻身前15强。

全国县域经济和社会综合发展百强县，湖南上榜的7个县（市）分别是：长沙县第4位、浏阳市第5位、宁乡市第15位、醴陵市第34位、湘乡市第63位、湘潭县第65位、邵东市87位。当天揭晓的全国县域经济基本竞争力百强县，湖南4个县（市区）上榜，分别是：长沙县第5位、浏阳市第10位、宁乡市第16位、醴陵市第55位。榜单还公布了29个全国县域现代化高质量发展A+优等级县市，湖南占3席，分别是长沙县、浏阳市、宁乡市。

长沙县被称为“中西部第一县”，近年来县域经济与县域综合发展实现高位进位、弯道超车，奏响了跨越式发展的最强音。浏阳市既是“花炮之乡”，也是新兴产业发展的沃土，2022年地区生产总值突破1722.5亿元，同比增长5%；城乡居民人均可支配收入增长5.9%，城乡居民收入比为1.37，远优于全国平均水平。宁乡市坚持“工业强市”，形成了工程机械、储能材料、智能家电等先进制造业产业集群。

△16日，长沙市召开农村住房建设管理暨村庄规划工作现场会，全面推广浏阳农房监管“五个一”模式，建立农房监管长效机制，推动农房高品质建设和农房信息化管理，建成美丽乡村生活宜居地。

△16日，全国节约用水办公室在第二届全国节水产业创新发展成果展上公布了“全国典型地区再生水利用配置试点中期评估优秀试点城市”，韶山市名列其中。

△17日，湘潭市住房保障管理信息系统上线。该系统可办理公租房申请、配租、缴费、物业服务、网上投诉、退出等业务，是湖南省首个实现公租房业务全程网上办理的信息系统。

△22日，在第七届中国楼宇经济峰会上，开福区一举捧回三项大奖：作为长沙市唯一上榜城区，获评“2023最具活力中央商务区”，开福区委书记罗玉环获评“2023中国楼宇经济十大魅力女性”，辖区华创国际广场获评“2023中国楼宇经济最具活力十大商务楼宇”。

吉首入选“四好农村路”全国示范县

吉首市X077洽比河旅游公路将自然生态、风土人情等融入农村公路规划、设计之中，按照“公路带产业、产业促发展”的思路，带动沿线村寨发展

2023年11月28日，交通运输部网站发布关于2022年度“四好农村路”全国示范县创建结果的公示，拟将197个县级单位命名为“四好农村路”全国示范县，吉首市成功上榜！

“四好农村路”是指把农村公路建设好、管好、护好、运营好。

近年来，吉首市着力推动“以创促建、以创促管、以创促养、以创促运”，全面提升农村公路服务能力和品质。“十三五”以来，吉首市共投入交通建设资金32.07亿元，先后完成国省道、县乡道改造项目投入14.67亿元，旅游公路建设项目投入3.68亿元，建制村、通组路硬化项目投入9.37亿元，以及危桥改造、安保工程和其他农村公路项目投入4.35亿元。

目前，全市公路总里程2388公里，其中，国省道114公里、农村公路761公里，路网密度达49.81%。2016年入选国家首批全域旅游示范区创建单位、2019年入选中国旅游百强县市、2021年成功创建了国家5A级旅游景区。

吉首市将继续围绕“建好、管好、护好、运营好”的目标，搞好统筹谋划，持续锻造优势，积极科学发力，久久为功，打造湘西州“四好农村路”建设的样板经验。

岳阳市首宗集体经营性建设用地入市地块挂牌成交

岳阳市首宗集体经营性建设用地入市地块挂牌成交

2023年12月7日，首宗岳阳市集体经营性建设用地入市地块通过岳阳市公共资源交易平台正式挂牌成交，标志着岳阳市深化农村集体经营性建设用地入市试点工作取得阶段性成果，为探索建立“同权同价、流转顺畅、收益共享”的农村集体经营性建设用地入市制度，建立城乡统一的建设用地市场和服务监管制度提供了岳阳经验，形成了可复制、可推广的改革成果。

2023年初，岳阳楼区被选定为岳阳市唯一一个国家深化农村集体经营性建设用地入市试点地区。该区自然资源局在省自然资源厅、市区两级党委政府及相关部门的大力支持下，历经一年的努力，创新市辖区的集体土地入市流程，探索制定相关入市文件，认真开展了所有权登记发证、规划选址、规划方案落地、土地评估、宗地成本认定、出让方案核对、交易平台设定，收益分配等入市工作，在集体经营性建设用地入市试点工作取得重大进展，得到了省市相关部门充分肯定。

1
2
3

1.10月20日，2023年岳阳惠民房地产暨绿色家装展示交易会正式开幕

2.10月25日至27日，省房地产平稳健康和安全运行协调小组办公室调研督导组由省住建厅党组成员、总工程师易继红带队，赴永州市开展保交楼及信访突出问题化解工作调研督导

3.10月28日，2023年郴州市秋季房交会暨家博会迎来第二天，恰逢周末，郴州国际会展中心格外热闹

盘活闲置房 盖起『共富屋』

2023年12月26日，全国农村宅基地管理培训会现场观摩走进汨罗。汨罗坚持“有力整治、有偿使用、有序退出、有效盘活”，盘活农村闲置宅基地和闲置农房，提高利用效率，增加农民收入，创建国家乡村振兴示范县。

汨罗改造闲置农房，做优特色产业。创建“我在汨罗有间房”民宿品牌，屈子祠镇新义村“端午人家”依托世界非遗汨罗江畔端午习俗，持续擦亮“端午、龙舟、诗歌”3张文化名片，盘活闲置农房22栋，建设特色民宿、端午习俗农事体验园2处，成为全国乡村旅游重点村。长乐镇长乐街社区将特色旧房改造成甜酒文化馆、非遗文创展示体验基地。

推动土地流转，将改革红利装进农民腰包。汨罗镇瞭家山社区通过流转宅基地使用权，引进社会资本，打造“罗城故事”网红农家乐，为周边居民提供30多个就业岗位。三江镇流转闲置民房发展“八景洞天”系列民宿，流转宅基地建成吴咏湘将军陈列馆，盘活闲置教学楼建设韩少功文学馆，打造集写作采风、休闲养生、红色旅游于一体的文旅综合体。

汨罗开展“迎乡友回乡，促家门口就业”专项行动，大力建设共富基地，积极探索共同富裕新路径。今年，该市盘活闲置宅基地、农房等405处，投产“家门口就业”项目78个，带动2553人就近就业。

全国农村宅基地管理培训会现场观摩走进汨罗

1.10月30日，娄底市第九届房交会开幕式在孙水公园举行

2.11月2日，2023年湖南省骨干科技特派员服务乡村振兴暨科技创新能力提升专题培训班（永州专场）在新田县开班

3.11月5日，2023年度长沙市物业行业“星城杯”职业技能竞赛举行，来自全市物业行业的37支参赛队伍、555名选手同台竞技，展现长沙物业人风采

1
2
3

岳阳汴河街入选第二批“湖南省示范步行街”

2023年，湖南省商务厅公布第二批“湖南省示范步行街”名单，岳阳汴河街等11条街入选。

为推动流通领域创新发展，进一步激发居民消费潜力，加快推进“湖南省示范步行街”创建工作，湖南省商务厅2022年开展了第二批步行街改造提升试点。通过一年的改造，经第三方评审专家验收评估，决定将完成改造提升任务的11条步行街确认为第二批“湖南省示范步行街”。

总建筑面积18000平方米的汴河街是国内仿古建筑逼真，设计功能较全，文化底蕴厚，沿湖风景美的一条传统风貌商业街，是以岳阳楼文化、洞庭文化、巴陵文化为基础精心打造的一条特色仿古商业街。汴河街2007年9月1日试开街，街道全长近1华里，汴河街与全国重点保护单位岳州文庙隔街相望，占地面积30亩。它北抵岳阳楼，西临洞庭湖，街内共分4个商业小区，150多个店铺，正中为内街，东西两侧为外街，清一色敞轩结构。沿青石板路而行，两侧是客栈酒家茶社、戏台楼阁曲栏，建筑皆为青砖青瓦白墙，雕窗画栋飞檐，街中有景、景中有楼，古朴典雅。

△23日，湖南省公租房业务系统、大数据监管系统培训班在长沙举行。据悉，自2008年开始建设公租房至今，湖南已累计开工建设公租房116.66万套，公租房在保家庭达110.8万户，其中，实物保障101.2万户，发放租赁补贴9.6万户，基本实现了“应保尽保”。

△24日，2023年通道侗族自治县房地产促销会在通道县萨岁广场举办。本次房地产促销会为期三天。其间，主办方联合各大参展商，推出一系列购房优惠福利，最大程度让利于民。

△25日至26日，自然资源部深地科学与探测技术实验室、中国地质科学院地质力学研究所、南京大学、中国科学院廊坊物化探所、中国科学院贵阳地化所等院所20余名国际地质学院士、专家齐聚麻阳苗族自治县，围绕科技赋能乡村振兴召开研讨会。院士专家现场考察麻阳温泉水、矿泉水、富硒农产品，就如何将资源优势转化成产业优势建言献策，为县域经济高质量发展“聚势赋能”。

12月

△1日，中国交通报社与岳阳市政府主办的“客货邮融合赋能乡村振兴”现场交流会暨第一届绿色物流示范案例推介会在汨罗市举行。近年来，汨罗深入推进农村客货邮融合发展协同产业振兴三年行动，打通农产品进城“最初一公里”和工业品下乡“最后一公里”，“客货邮融合＋电商物流＋一村一品”成功入选全国第四批农村物流服务品牌。

△5日，株洲市湘江流域东岸综合治理及新型城镇化开发项目开工仪式在渌口镇王家洲村沿江路项目施工现场举行。区委书记、渌口经开区党工委第一书记李晓彤出席开工仪式并致辞，区委副书记、区长赖晓智主持仪式，新疆交通建设集团股份有限公司党委副书记、董事、总经理王永学讲话。

△6日，衡南县召开2023年重点村村庄规划质量提升联合审查会。按照《湖南省村庄规划质量提升工作方案》《湖南省村庄规划质量评估技术指南》要求，衡南县建立了村庄规划质量提升联合审查机制，并对2023年需提升的13个重点村和1个一般村开展了规划质量提升。

湘潭市农村危房改造让“忧居”变“优居”

“感谢党，感谢政府，让我80岁了还能住上这么好的房子。”2023年，韶山市清溪镇永义村村民谢桂华老人紧紧地握住湘潭市住建局前来督导危房改造工作人员的手激动地说。

谢桂华老人是五保户，以前住在土坯房，一到刮风下雨就借住在亲朋好友家，村干部多次动员其建新房，但始终因为资金不足而没有实施。湘潭市住建局工作人员和村干部看在眼里，急在心里，一方面不断做动员工作，一方面想方设法多渠道筹措资金。通过政府补助一部分、企业捐助一部分、乡贤赞助一部分，今年彻底解决了老人的建房顾虑，帮助其实施了改造。

2023年以来，湘潭市紧紧围绕巩固脱贫攻坚成果，接续乡村振兴发展，全力推动低收入群众住上安全房、放心房、满意房。开展常态化住房安全动态监测，实施村排查，乡镇处置，县市跟踪管理，坚持应纳尽纳，实现低收入群众住上安全房。强化施工图纸和农村工匠的普及，严格施工现场管理，牢牢守好质量安全关，让低收入群众住上放心房。紧密与危房改造各环节衔接，科学缩短工作时限，尽快解决低收入群众急难愁盼问题，推动早改造早享受，开开心心住上满意房。2023年上半年，湘潭市全年改造计划317户已全部开工，开工率100%，竣工217户，竣工率68.45%，改造进度走在全省前列。

1.11月15日上午，为备战2023年全省建设工程质量安全监督职业技能竞赛，永州市质量安全监督站组织开展职业技能竞赛选拔赛，各县（市、区）质量安全监督机构及市站各科室成员参加

2.11月16日—17日，在湖南省住房和城乡建设厅举办的“康宇杯”湖南省第三届白蚁防治工职业技能竞赛中，由长沙市白蚁防治站三名选手组成的长沙地区代表队在14个地州市代表队中脱颖而出，包揽大赛个人和团体奖项双冠军；长沙市三名选手技压群芳，其中贺红艳荣获个人一等奖，段琳、曹杨荣获个人二等奖

3.11月8日，常德市住建局开展“送政策、送服务”进企业活动，深入重点项目消防工程各个环节，助力企业高效完成项目消防验收，全面提高建设工程消防安全水平

4.11月17日，鹤城区与怀化市产业投资集团有限公司举行怀化市城东新区开发建设项目合作框架协议签订仪式

冷水江『美丽公路』提升乡村『颜值』

2023年，冷水江市公路建设养护中心施工人员顺利完成了铎山镇花桥村最后一段路面摊铺工作，给乡村公路披上了美丽“外衣”，进一步助推乡村振兴工作。

在摊铺现场，施工人员严控沥青混合料的拌合、运输、摊铺、碾压等程序，对施工各环节全程监控，保障了现场施工安全和沥青摊铺质量，达到精细化、标准化的施工要求。村民代表在施工现场，对摊铺工作进行“现场监工”，畅聊着今后更加便捷的生活和出行环境，憧憬着更加幸福的生活。

据了解，该路段路面修建摊铺完成，不仅能解决交通顽瘴痼疾问题，为村民提供更加安全舒畅的出行环境；还能进一步提升花桥村的整体形象，为当地经济发展提供强大助力，加快“美丽乡村”建设。

冷水江市公路建设养护中心党总支书记、主任王建林表示，将坚持办人民满意公路，努力发扬“甘为路石、敢承大重”的湘路精神，把“美丽公路”与“美丽乡村”结合起来，着力解决顽瘴痼疾问题，在乡村振兴道路建设上有力发挥冷水江公路部门的最大作用，为冷水江市高质量发展和人民群众安居乐业作贡献。

永州市成功创建全国市域社会治理现代化试点合格城市

2023年，中央政法委下文明确，永州为“全国市域社会治理现代化试点合格城市”，实现了市委提出的“首试必成、走在前列”工作目标。

自2020年永州被确定为第一期创建全国市域社会治理现代化试点地区以来，全市上下坚持以习近平新时代中国特色社会主义思想为指导，按照党中央决策部署和省委工作要求，以“首试必成，走在前列”的决心，大力发扬“三盯”精神，始终保持“三干”作风，用心用情书写了市域社会治理现代化永州答卷。书写了平安稳定答卷。贯彻总体国家安全观，防范化解“五类风险”，实现了“五个不发生”，全市安全生产事故、影响社会稳定的案事件均大幅下降，社会大局持续稳定。书写了治理创新答卷。坚持守正创新，着力打造“永州特色品牌”。政法“五老+好邻居”调解工作获评第二批“湖南省法治政府建设示范项目”，入围全国“枫桥式工作法”；永州“快反135”入选2023全国智慧警务创新案例，“农村15分钟”快反圈参评全国试点创新经验；村级月例会获评“2020年新时代清廉乡村建设与乡村治理现代化十佳案例”。书写了护航发展答卷。以新安全格局保障新发展格局，以高效能治理助推高质量发展，2022年，永州市主要经济指标增幅在全省排位甩掉了“八九十”，跃进到“四五六”。

1.11月18日，新化县2023年房地产交易会启动仪式在大汉滨江国际举行

2.11月23日上午，紫宸澜山项目二十三冶郴州分公司被拆迁户罗女士向市房屋征收管理事务处赠送了“尽职尽责暖人心，严谨高效办实事”的锦旗。罗女士为原二十三冶的退休职工，因流星岭抢险项目拆迁协议争议等原因，其安置房一直未解决

3.11月24日，郴州市政务云（城市大脑）建设项目协调指挥部执行副指挥长、二级巡视员郭炜东率调研组来临武县调研

蒸湘区：清廉村居建设助推乡村振兴

2023年，衡阳市蒸湘区雨母山镇，以建设“一干二净三清”整洁庭院为目标的“清风庭院”创建工作如火如荼开展。

建设清廉村居是走好乡村振兴之路的关键一招。2022年以来，蒸湘区纪委监委坚持将乡村振兴与清廉村居建设有机结合，利用亭廊、院落、景墙等，融入廉言警句、乡规民约、家风家训等清廉元素，建成“清风走廊”“清廉书屋”“清风议事亭”等公共休闲场所，提质改善乡村乡貌。

在持续推进清廉村居建设中，蒸湘区始终坚持在体制机制、工作方法、监督手段等方面下狠功夫，全面梳理涉及群众切身利益的“小微权力”，创新建立镇（街道）“小微权力”监督主体责任清单、村（社区）“小微权力”清单和镇（街道）纪（工）委“小微权力”专责监督清单，让农村党员干部“看图做事、照单操作”。还围绕惠农补贴资金、农村集体“三资”管理、耕地“非农化”基本农田“非粮化”、涉农财政项目资金审批分配使用等4方面突出问题，开展“驻场解剖麻雀式”专项监督检查，累计发现问题41个。

在清廉村居建设的推动下，蒸湘区基层政治生态持续优化，产业特色愈发明显。2022年，该区乡村旅游接待游客近50万人次，同比增长4.7%。

△14日，湖南省政府新闻办召开新闻发布会，12月10日经国务院批复的《湖南省国土空间规划（2021—2035年）》（以下简称《规划》），是湖南省首部“多规合一”的省级国土空间规划，是湖南省空间发展的指南、可持续发展的空间蓝图，是各类开发保护建设活动的基本依据。根据《规划》，到2035年，湖南省耕地保有量不低于5372.66万亩，其中永久基本农田保护面积不低于4804.12万亩；生态保护红线面积不低于4.18万平方千米；城镇开发边界扩展倍数控制在基于2020年城镇建设用地规模的1.3倍以内。

△14日，双清区在荷龙路举行农村人居环境基础设施集中交付仪式，区人大常委会副主任王志军同志主持交付仪式，副区长汤宝莲，区直相关部门、乡镇（街道）相关负责人参加。

△15日，2023年常德房地产展示交易会在常德万达广场开幕。市委副书记、市长周振宇出席并宣布活动开幕。此次房交会以“桃花源里、宜居常德”为主题，秉承政府搭台、房企让利、百姓受益的原则，致力于为广大消费者与参展企业搭建一个互惠互利的交流互动平台，促进消费、活跃市场、提振信心。

△27日，全国城镇人口密集区危化品企业搬迁改造及长江经济带化工企业搬改关工作交流推进会在岳阳召开。工信部副部长王江平、湖南省副省长秦国文出席并讲话。王江平通报了全国化工企业搬迁改造取得的成果，对湖南通过化工企业搬迁促进产业转型升级的做法给予充分肯定。

△27日，全国工商联在云南省昆明市召开会议并发布2023年度“万家民营企业评营商环境”主要调查结果，长沙市获“前10省会及副省级城市”和“前10最佳口碑省会及副省级城市”荣誉。

1.12月7日上午，长沙市住建局和湖南日报社长沙分社联合主办的2023年“品质长沙幸福之城”图片展暨小区品质提升主题论坛活动上，建筑领域专家学者们聚集一堂，畅谈高质量发展的思路和见解，共同推动城乡高质量发展

2.12月8日上午，2023吉首地区房地产交易展示会在吉首世纪广场盛大开幕

3.12月15日上午，2023年常德房地产展示交易会在市城区万达广场开幕

4.11月28日，云溪区委书记刘正仁带队督导深化全国文明城市建设工作

5.11月24日至26日通道侗族自治县举办的“2023年通道房地产促销会”

1
2
3
4 | 5

君山区『四好农村路』成为乡村振兴大道

近年来，岳阳市君山区积极创建省级“四好农村路”，以“建好、管好、护好、运营好”为目标，着力打通断头路，建设联网路，发展致富路，将农村公路向自然村组推进、向产业园区推进、向旅游景区推进，建养并重、管养结合，为农民增收、产业增效、农村增美奠定扎实物质基础。

打通群众出行的“最后一公里”，君山区投入资金2200万元回购了广兴洲、许市30台客运班车，购置了100多台新能源车，基本完成城乡客运一体化创建，全面优化全区公交线路合理调整运力，新增4条公交线路，实现全域公交全覆盖。

打通特色农产品出海的“最初一公里”，君山区建设14条“产业路”34.6公里，直通各大农产品种植养殖基地，君山小龙虾、良心堡康庭源吊瓜子、广兴洲大白菜、钱粮湖六门闸风干鱼等优质农产品销路畅通。

同时，君山区积极推进“交通+全域旅游”，大力实施交通提质改造，5A级风景区君山岛、4A级风景区团湖景区公路、洞庭湖博物馆、天井山景区公路、采桑湖观鸟湿地等旅游公路58.2公里。

织密城乡路网，便利群众出行，助力产业兴旺，君山区交通运输局始终扛牢“守护好一江碧水”政治责任，秉持“坚持人民至上，建设人民满意交通”的工作理念，打造畅通交通运输环境，铺就地方发展康庄大道。

2024

湖南地方年鉴

生态环境

要闻纪事
2023年

1月

△6日，郴州市东江湖环境保护和治理委员会办公室主任会议暨2022年11月份地表水环境质量问题和特护期大气污染防治工作约谈会召开，副市长彭生智参加会议并讲话。会议盘点总结了2022年东江湖流域环保治理工作情况和典型经验，重点谋划部署了2023年东江湖流域环境保护和治理工作要点。

△7日，湖南省生态环境厅2023年“百名专家下基层、纾困解难促发展”活动的第一站。多名省内生态环境领域专家组队深入临澧县工业园区和重点企业，“一对一”解决污染防治难题。

△10日，长沙市生态环境保护行业协会举行年会暨总结表彰大会，一批生态环境“技术进步奖”“技术创新奖”项目和“强省会生态环保示范项目”受到表彰。省人大环资委副主任委员谷本华，市政协副主席陈剑文、黄梁出席。

2月

△1日，湘潭市林业局联合市检察院在碧洲公园开展“世界湿地日”宣传活动。志愿者通过悬挂横幅、摆放展板、发放宣传资料等形式，向群众普及《中华人民共和国湿地保护法》，介绍湿地的效益和功能，提高公众对湿地为人类和地球所作贡献的认识，号召广大市民携起手来共同修复湿地，保护“地球之肾”。此次活动共发放宣传海报100余份、《湿地保护倡议书》2000余份、悬挂横幅15幅，解答群众咨询10余个。

桃源县获评全国“生态环境保护管理较好的县域”

2023年1月4日，生态环境部、财政部发布2021年度国家重点生态功能区县域生态环境质量监测与评价结果的通报，桃源县获评“生态环境保护管理较好的县域”，为湖南省这次唯一上榜县。

全国共有810个县域纳入此次国家考核评价，仅26个县获得“生态环境保护管理较好的县域”评价。湖南省参加考核评价的55个县中，桃源县、石门县、安化县被评定为生态环境质量“变好”，其中，桃源县综合评分最高，跻身“较好县域”。

截至2022年底，该县森林覆盖率达到65.5%，生活垃圾“户分类、组收集、乡镇转移、县集中处理”覆盖率100%，卫生厕所普及率96%，并实现了乡镇污水处理厂全覆盖。全县自发成立生态环境保护公益组织4个，直接参与人员达3300多名。桃源县相继获得“国家生态文明建设示范县”“湖南省生态文明建设示范县”“湖南省文明城市”“湖南省森林城市”等荣誉称号。

1.1月6日，“绿动道水‘碳’寻未来‘美丽中国，我是行动者’——绿色卫士下三湘”活动以融媒体大直播的形式走进湖南临澧，活动由省文明办、省生态环境厅指导，省生态环境事务中心主办，临澧县委、县政府协办

2.1月18日，为营造崇廉尚廉、风清气正的节日氛围，丰富干部职工文化生活，省生态环境事务中心工会组织开展了“迎新春送祝福送清风”活动

3.1月12日，共青团安仁县委员会依托安仁县“河小青”行动中心，广泛动员“河小青”开展生态环保志愿服务行动

俯瞰长株潭生态绿心——昭山

四市获评全省林长制考核优秀

2023年1月11日，2022年度林长制工作考核结果出炉，岳阳市、怀化市、湘潭市、长沙市被评为优秀。

2021年7月，湖南省全面推行林长制，逐步构建起五级林长组织体系和“一长四员”网格化管护体系。目前，全省林草资源被划定为50318个管护网格，每个管护网格明确设置责任林长和林业科技员、护林员、监管员、执法人员。截至2022年底，全省共配置网格责任护林员50318名、林业科技员5023名、监管员11583名、执法人员6615名，林草资源生态保护和基层基础建设有效加强。

根据《湖南省林长制激励评分标准》，湖南省对14个市州国土绿化、资源保护管理、保护地体系建设、野生动植物保护、湿地保护修复、森林草原灾害防控、林长制运行等情况进行考核打分，岳阳、怀化、湘潭、长沙等4市获评优秀。湖南省级财政将运用相关林业专项资金，对林长制考核优秀的市州给予200万元奖励。

湖南省 2022 年人工造林面积居全国前七

2023 年 1 月 16 日，湖南省林业局发布消息，2022 年，中国实现 1 亿亩国土绿化既定目标。同年，全国有 7 个省份人工造林超过 100 万亩，湖南是其中之一。

过去一年，湖南省重点实施“山水一体化”工程、国土绿化试点示范和生态廊道建设等，扩大人工造林覆盖面；通过实施中央财政造林和森林抚育补助，推进乡村绿化；以国家公园和国家草原自然公园等区域为重点，开展草原修复。

全年湖南省完成营造林 574.57 万亩，全面完成人工造林、封山育林、退化林修复、森林抚育、种草改良等任务，打造出一批带动作用强、示范效果好、让群众有获得感的科学绿化示范场、示范片、示范点。其中，人工造林达 128.98 万亩，居全国前七。

1.2 月 23 日，省生态环境事务中心青年理论学习小组开展分享学习活动，中心全体青年干部职工参加

2.2 月 8 日，湖南保靖酉水国家湿地公园管理处第 27 个“世界湿地日”宣传活动

3.2 月 15 日—2 月 21 日，省生态环境事务中心、省生态环境保护专家委员会联合省环境科学学会产业园区绿色发展专业委员会在全省范围内举办了 4 期湖南省产业园区固体废物规范化管理和环保信用评价暨产业园区绿色发展专题培训

4.3 月 4 日，2023 年湖南省“世界野生动植物日”活动在长沙启动

湖南省首个园区环保服务中心揭牌

株洲市园区环保服务中心攸县分中心在攸县高新区挂牌

2023 年 1 月 13 日，株洲市园区环保服务中心攸县分中心在攸县高新区挂牌，这是湖南省首个园区环保服务中心。

设立园区环保服务中心，是湖南省深化生态环境领域“放管服”改革的重要举措。通过服务中心，地方生态环境部门可以畅通环保“绿色通道”，提高服务效率，为园区企业提供“保姆式”全过程服务，助力实现“园区事园内办，企业办事不出园”。

作为全省首个园区环保服务中心，株洲市园区环保服务中心攸县分中心将积极探索可复制、易推广的园区生态环境管理经验。今后，该服务中心将负责精准引导攸县高新区招商引资项目前期产业政策、选址选线、功能定位；指导园区开展信用评价、应急演练、自行监测、环境应急等各项环保工作；建立“帮代办”机制，在职责范围内办理园区建设环评审批等各类环保手续；指导和督促园区各级环保督察、专项检查发现问题的整改，防范化解各类环境风险；排查园区各类环保问题，并对发现的问题进行交办督办等。

△ 8 日，湖南省生态环境厅在邵阳市开展“春风行动”，对出现环保难点的基层和企业进行全面帮扶，标志着湖南省生态环境部门以提高基层污染防治水平为目标的“春风行动”正式启动。此外，省生态环境厅计划开设生态文明大讲堂，每月举行一次；设立“对企开放接待日”，每个季度一次；全年开展领导干部“四联”活动，帮助基层解决具体困难和问题。

△ 15 日，湖南省生态环境厅发布《2022 年度危险废物规范化环境管理评估情况的通报》，经综合评估，全省 14 个市州均为 A 级，长沙市、湘西土家族苗族自治州和衡阳市排名前三位。

△ 20 日，第十二届洞庭湖国际观鸟节落幕，组委会宣布在观鸟节主体活动观鸟赛中，30 支参赛队伍共观测到 171 种鸟类。本次观鸟大赛为期 24 小时，吸引来自全国各地的 90 名观鸟爱好者参赛。

△ 22 日，湖南省人工影响天气领导小组办公室组织的长株潭及传输通道城市人工增雨服务蓝天保卫战工作研讨会在常德市气象局召开，长沙市、株洲市、湘潭市、岳阳市、常德市、益阳市气象局及人影办的负责人参加。会议审议了《长株潭及传输通道城市大气污染防治人工影响天气协同作业制度》，明确人工影响天气协同作业实施的范围包括长沙市、株洲市、湘潭市、岳阳市、常德市、益阳市，覆盖 47 个县市区，面积约 7.35 万平方公里。

3月

△3日，全省生态环境保护工作会议在长沙召开，总结2022年生态环境保护工作，部署2023年重点任务。副省长李建中出席会议并讲话。

△17日，湖南省2023年“‘美丽中国 我是行动者’——绿色卫士下三湘”活动在怀化市麻阳苗族自治县兰里镇苍冲村启动。省、市、县生态环境部门均派出专业人员现场指导农村人居环境综合整治、小溪流域治理，大力宣传绿色生活、绿色出行，动员和鼓励更多的社会力量自觉参与农村人居环境整治，为乡村振兴助力。

△20日，湖南省生态环境厅发布《湖南省生态环境问题线索举报奖励办法（试行）》（以下简称《办法》），鼓励公众积极参与生态环境监督管理，对举报破坏和污染生态环境问题线索的举报人实施奖励。《办法》列明了12种环境问题，鼓励群众举报并纳入奖励范围。

△21日，渌口区河长办联合区水利局在渌口镇伏波广场开展第31届“世界水日”暨第36届“中国水周”主题宣传活动，引导广大群众提高节水爱水的意识、养成节约用水习惯。

洞庭湖国际观鸟节何以万众瞩目

第十二届洞庭湖国际观鸟节在岳阳开幕

2023年2月18日，第十二届洞庭湖国际观鸟节在岳阳开幕。全国30支队伍齐聚洞庭湖畔比赛观鸟，并通过“互联网+观鸟”板块，影响更多人参与观鸟、识鸟、爱鸟、护鸟行动。

此次观鸟节由中国野生动物保护协会、湖南省文旅厅、湖南省林业局及岳阳、常德、益阳三地政府共同举办，节会规模、比赛人数等方面均创下历史之最。作为观鸟节主场地的岳阳，成立高规格的筹备工作领导小组，协调36个市直机关共同参与此次观鸟节筹备和举办工作，确保此次观鸟节成为展示湖南生态治理新成就的平台。

活动期间，将举行洞庭湖观鸟赛、洞庭湖候鸟保护国际论坛等系列活动，来自全球各地的专家学者、志愿者，共同探讨洞庭湖生物多样性和候鸟多样性资源保护，促进生态旅游经济发展。此次30支参赛队伍比赛时间，由原来的12小时延长至24小时，增加夜间观鸟环节。设置“互联网+观鸟”板块，民众可以通过网络直播进行观鸟，进一步拉近人与自然的距离。

1
2
3

1.3月17日，“美丽中国，我是行动者”——绿色卫士下三湘主题实践活动在湖南省怀化市麻阳苗族自治县兰里镇苍冲村隆重举行

2.3月8日，省生态环境事务中心妇委组织中心全体妇女职工开展了一场“巾帼心向党奋斗新征程”主题活动

3.3月9日，省生态环境厅宣传教育与对外合作处党支部联合省生态环境事务中心社会宣传部党支部以及长沙市雨花家园社区党总支组织党员、志愿者，在圭塘河畔共同开展“续写植树故事，共建美好家园”主题植树活动

洞庭湖候鸟保护国际论坛在岳阳市举行

闭幕式现场

2023年2月18日至19日，洞庭湖候鸟保护国际论坛暨国家林草局候鸟动态监测保护国家创新联盟年会在岳阳市举行。来自世界自然基金会、国内自然保护机构、科研机构和非政府组织的100余位专家学者，围绕洞庭湖保护、丰富生物多样性、迁飞候鸟监测与保护等进行交流和探讨。

中国动物学会副理事长张正旺在论坛发言中表示，候鸟迁徙研究是近年来鸟类学热点领域，湖南是全国候鸟迁飞的主要通道省份之一，洞庭湖已被世界自然保护基金会列为全球200个重要生态区之一，其独特的生态价值、丰富的湿地资源，在长江经济带乃至全球生物多样性保护中都发挥着不可替代的作用。

论坛上，展示了获取候鸟精准迁徙路径的最前沿的人工智能监测技术，介绍了由中国科学院动物研究所联合该院计算机网络信息中心和武汉病毒研究所、中国检验检疫科学研究院等单位联合开发的野生动物疫病预警系统等。

湖南省三地获授『中国天然氧吧』称号

2023年3月16日，在浙江省丽水市召开的第四届氧吧产业发展大会暨2022年“中国天然氧吧”媒体推介会上，湖南省湘西土家族苗族自治州泸溪县、张家界武陵源风景区、怀化市芷江侗族自治县获授“中国天然氧吧”称号。

泸溪县年均气温17.2摄氏度，空气质量优良天数96.4%以上，森林覆盖率60.9%，负氧离子浓度平均最大值6421.6个/立方厘米，有国家4A级景区浦市古镇，国家3A级景区白沙景区、天桥山和岩门古堡寨，是国家卫生县城、全国生态建设示范县。近年来，泸溪县非常重视生态保护与绿色经济发展关系，以青山绿水为基底，循着绿色生态的发展之路，夯实高质量发展的生态根基。

湖南省三地获授“中国天然氧吧”称号

1.3月22日，民革湖南省委会对口长沙市开展湘江（长沙段）生态环境民主监督工作

2.3月22日，南岳区举办2023年“世界水日·中国水周”宣传活动

3.3月17日，湘桂边界一家亲 同心共植一片林——新宁·资源携手开展共建“民族团结林”活动

4.5月19日，“保护生物多样性 浏阳市生态环境保护宣传月”活动启动

湖南省生态环境厅举办首场“对企开放接待日”

2023年3月17日，湖南省生态环境厅在怀化市举办首场“对企开放接待日”，为当地企业现场解决生态环境领域难题，推动“春风行动”深入开展。洪江市无法解决市内校车在怠速状态下排气管冒白烟问题，湖南大学教授现场找出症结并提出维修建议；中方县星蓝肥业有限公司因安装在线监测阻碍了生产，省生态环境厅明确“符合在线暂缓安装条件，可依法办理排污许可延证手续”。

湖南省生态环境厅举办首场“对企开放接待日”

根据“春风行动”部署，湖南省推出8项重点活动。其中，“对企开放接待日”每个季度举办1次，由省生态环境厅组织相关处室及生态环境保护和治理领域专家现场办公，面对面为园区、企业答疑解惑、解决困难。

在帮扶活动现场，省生态环境厅相关处室负责人和专家，对企业提出的问题和诉求一一详细解答，对能立即帮助解决的困难和问题、能立即办理的建议和诉求，立即解决；对需要持续推进解决的困难和问题、诉求，承诺建立健全相关体制机制，加大力度、加快推进，提高服务能力和水平。

△22日，郴州市组织召开郴州市环境污染强制责任保险试点工作推进会议，深刻认识做好试点工作的重大意义，运用市场化手段降低企业环境风险，压实企业污染防治主体责任，进一步提高全市环境风险管控能力。

△26日，珠晖区委书记魏中发带队深入珠晖区部分水系水体调研生态环境保护工作。魏中发一行先后深入衡花路垃圾压缩站排污口、湖东寺机埠排污站、蜈蚣桥电排站实地查看了污水处理、水质改善等方面的情况，听取了相关部门负责人关于生态环保工作的情况汇报，详细了解目前工作中遇到的困难与问题，并现场进行协调解决。

4月

△4日，“好评中国·走进湖南”岳阳行暨“五年蝶变·守护碧水展新姿”网络主题宣传活动，在岳阳市君山区“守护好一江碧水”展陈馆启幕。此次活动设置“焕新颜”“焕新机”“焕新生”3个主题，从生态修复、绿色发展、民生改善等角度，以“小切口”讲述“大主题”，通过人物视角讲述平凡人的生活印记及思想转变。

△14日，湖南省启动土壤样品入库工作。首批50万份土壤样品顺利存入省土壤样品保存库，为全省深入打好“净土保卫战”提供支撑。

△15日，芙蓉区召开区生态环境保护委员会2023年第一次全体会议暨蓝天保卫战工作推进会。区委副书记、区长崔晓出席会议并讲话。会议传达了2023年全市蓝天保卫战工作一季度讲评会精神，听取了上年度污染防治攻坚战工作总结，深入分析当前生态环境保护工作面临形势，对下阶段重点工作进行了全面部署。

△16日，湖南省第二届国土空间生态修复十大范例网络评选活动收官，7天的投票，借助新湖南客户端、“湖南日报”“侃财邦”微信公众号等平台和入口，16个参与评选的案例共获票数超623万，页面总浏览量逾1236万次。

△25日，长江流域“守护好一江碧水”青少年生态环保联合行动在岳阳启动，2023年湖南省“美丽中国·青春行动”同时举行。此次活动由团中央指导，团湖南省委、省河长办和岳阳市委、市政府主办，发布《2023年湖南省“美丽中国·青春行动”实施方案》，向湖南省生态保护志愿服务联合会、宁乡市环保志愿者协会等10支“生态环保志愿服务队”授旗。

第二届“最美家乡河”揭晓仪式在重庆举办 湖南凤凰沱江“领奖”

第二届“最美家乡河”揭晓仪式在渝举办 湖南凤凰沱江“领奖”仪式

2023年3月22日，由水利部和重庆市人民政府联合主办的第二届寻找“最美家乡河”活动揭晓仪式在重庆举办。湖南凤凰沱江、内蒙古二黄河等11条河流入选第二届“最美家乡河”。湖南省水利厅党组成员、副厅长袁侃夫出席活动。

此次活动为11条入选的“最美家乡河”颁发了证书。活动每两年举办一届，在全国范围内寻找成效突出、特色鲜明的10—12条河流认定为“最美家乡河”，以宣传河湖长制实施以来河湖治理管护成效，营造全社会关爱河湖、保护河湖的浓厚氛围，增强公众的河湖保护意识和参与热情，也为其他河湖的治理保护提供有益借鉴，共同建设造福人民的幸福河湖，推进美丽中国建设。

此次获得“最美家乡河”称号的沱江为湖南省凤凰县境内最大的河流，是古城凤凰的母亲河。近年来，为保护沱江生态环境，凤凰县深入推进河长制，在产业布局、水环境保护、水环境执法等方面多措并举，有效解决了一系列河湖生态问题；同时，还以沱江为舞台，打造了水上沉浸艺术游船项目“湘见·沱江”，实现生态、水质、产业、收入全面提升。

衡阳市南岳区获『国家级全域森林康养试点建设区』授牌

南岳区获“国家级全域森林康养试点建设区”授牌

2023年3月28日—29日，第六届中国森林康养产业发展大会在江西抚州资溪举行。大会为2021年、2022年国家级全域森林康养试点建设县（市、区）举行了授牌仪式，南岳区获评“国家级全域森林康养试点建设区”。

此次大会主题为“发展森林康养，增进民生福祉”，围绕森林康养与健康中国、乡村振兴、民生福祉、两山转化、双碳目标、林业改革等核心主题展开交流。

南岳区发展森林康养具有得天独厚的优势，不仅拥有优良丰富的森林康养自然资源，而且还是五岳之一的“寿岳”，森林康养相关文化源远流长。2022年，根据中国林业产业联合会《关于开展2022年国家级全域森林康养试点建设定位认定工作的通知》文件，南岳区进行了积极的申报工作。2022年11月18日，南岳区申报国家级全域森林康养试点建设区成功。

1.5月27日，湘鄂四地检察院联合巡江 以公益诉讼守护万顷碧波

2.5月22日，湘西州2023年国际生物多样性日主题宣传活动。

3.5月20日，湖南省“5·22”国际生物多样性日宣传活动走进桑植

全省第二届国土空间生态修复十大范例出炉

全省第二届国土空间生态修复十大范例颁奖现场

2023年4月22日，举行的湖南省第十一届“爱地球·看我的”公益活动上，发布了湖南省第二届国土空间生态修复十大范例。

此次国土空间生态修复范例征集评选，自2023年2月开启，经相关部门和市州自然资源主管部门推荐、新湖南客户端网络投票和专家评审，最终评选出具有示范引领效应的十大范例。它们是岳阳市君山区华龙码头生态修复案例、常德市鼎城区石板滩石煤矿区生态修复案例、长沙市雨花区圭塘河流域水环境水污染综合治理案例、湘西州花垣县矿业生态修复案例、湖南南山国家公园山水林田湖草一体化保护修复案例、湘江新区湘江欢乐城矿坑生态修复利用案例、岳阳市屈原管理区东古湖鸟类友好型农田建设案例、常德市津市市水系连通及水美乡村建设试点案例、益阳市大通湖生态修复案例、郴州市桂阳县荷叶—太清矿区历史遗留矿山市场化生态修复案例。

“十大范例”兼顾生态系统类型的多样性、生态问题的典型性、修复方案的科学性、修复措施的综合性以及修复成效的显著性，充分展示了近年来全省生态修复的实践成果、经验做法和突出成效。

1.6月2日，邵阳市举行2023年“六五环境日”邵阳主场活动

2.6月3日，湖南绿色卫士湘潭大队参加完雨湖区在万楼青年码头举行“六五”环境日主题宣传活动后，联合湖南工程学院、湖南电气职院的大学生和志愿者们一起在万楼湘江边捡拾垃圾

3.6月3日，湖南省2022年度生态环境教育基地授牌及2023年“四个十佳”（“十佳公众参与案例”“十佳生态环境教育基地”“十佳生态环境讲解员”“十佳最美‘绿色卫士’志愿者”）表彰活动

1
2 3

常德市一生态修复项目被评为中国山水工程典型案例

小天鹅洞庭嬉戏

2023年4月22日，在福州举办的全国“第54个世界地球日”主场活动中，常德市西洞庭湖国家级自然保护区生态保护修复项目被自然资源部评为中国山水工程典型案例。

西洞庭湖国家级自然保护区位于汉寿县境内，总面积3.568万公顷，属湿地生态系统类型自然保护区。西洞庭湖国家级自然保护区生物多样性保护修复工程于2018年成为中国山水工程试点，通过重点实施生态修复工程、整治岸线工程及整治洲滩工程，打造水鸟栖息地2万亩，整治洲滩92处，岸线修复2千米，水环境整治2624亩，恢复湿地植被2万亩。随着区内湿地生态系统日臻健康，鸟类种类从205种增长到226种，每年来西洞庭湖越冬水鸟达4万只，每年吸引5万余人次来西洞庭湖科普参观、休闲游览、生态观鸟。

相关各地各部门单位通过实施生态补水保水、洲滩整治、生态岸线修复、水环境整治等各项工作，清理河湖垃圾6.5万吨，关闭退出24个精养鱼塘，水环境质量持续改善。实施湿地植被恢复、动物栖息地修复、重大工程修复，修复退化湿地12万亩。颁布《常德市西洞庭湖国际重要湿地保护条例》首个地方性法规，以法为督，强化湿地执法；组建综合行政执法大队和湿地巡护员队伍，开展岸线、湖内全天候巡护，每年累计巡护10余万公里。

5月

△12日，湖南省关注森林活动组委会第三次工作会在湖南青羊湖国有林场召开。会议学习传达了全国第四届关注森林活动组委会第五次会议精神，听取了湖南省关注森林活动工作报告；宣读了《关于公布2022年国家青少年自然教育绿色营地名录的通知》《关于公布2022年湖南省青少年自然教育绿色营地名录的通知》。

△15日，怀化市生态环境局与鹤城区人民政府举行改善环境空气质量会商会。市生态环境局局长、市空气质量创建领导小组副组长易勇，区委副书记、区长郑明明出席并讲话。会议听取了全区生态环境工作和1—4月大气污染防治形势工作情况汇报，就当前工作中存在的问题进行研究部署，明确具体解决意见。

△28日，湖南省生态环境厅发布消息，生态环境部通报2022年全国生态环境领域真抓实干成效明显的地方典型经验做法，永州市水环境治理名列其中，为湖南省唯一上榜地区。

6月

△2日，芙蓉区举办六五环境日主题宣传活动暨“清清芙蓉”廉洁文化主题公园开园仪式。活动以“建设人与自然和谐共生的现代化”为主题，旨在进一步提升全社会践行生态文明意识，促进全社会形成自觉行动。

△2日，湖南湘江新区举行2023年六五环境日主题宣传活动。湘江新区为中国工程院院士、湖南师范大学生命科学学院教授刘少军，中南林业科技大学校长、中国工程院院士吴义强颁发“湖南湘江新区生态环境保护顾问”聘书，旨在充分发挥院士专家对生态环境工作的指导作用。

△5日，全国外来入侵物种防控现场会暨农业生态环境保护乡村行科普宣传活动在岳阳县举办。活动以福寿螺、草地贪夜蛾、红火蚁等外来入侵物种防控为主题，开展现场灭除、科普宣传、专题培训与技术服务，加强农业外来入侵物种防控与农业生态环境保护科普宣传，推动形成全社会共同参与防控的良好氛围。

△5日，六·五世界环境日暨浏阳市第九届环保文化节启动仪式在高坪镇的浏阳河国家湿地公园举行。此次活动以“共饮一河水、同享一片天”为主题，设置了启动仪式、“共植一朵花同享一片绿”、亲子生态游园会、萌娃绿色骑行打卡赛、2022年度“浏阳一线最美环保人”评选、浏阳生态高质量发展直播、绿色低碳校园在行动等七项子活动。

六园区获评2022年度环保诚信园区

2023年6月4日，举行的2023年“六五环境日”湖南主场活动中，湖南省生态环境厅公布，长沙金霞经济开发区等6家园区被评定为“2022年度全省环保信用评价诚信园区”。

2023年初，湖南省生态环境厅组织开展全省2022年度省级及以上产业园区和企事业单位环保信用评价工作。全省139家省级及以上产业园区和4416家省级企事业单位纳入此次环保信用评价范围。经专业评定，长沙金霞经济开发区、湖南醴陵经济开发区、益阳高新技术产业开发区、汨罗高新技术产业开发区、郴州综合保税区、芷江产业开发区共6家园区成为“湖南省2022年度环保信用评价诚信园区”，211家企事业单位被评定为“湖南省2022年度环保信用评价诚信单位”。

获评“环保信用评价诚信园区”“环保诚信单位”，在开展相关项目时，可在同等条件下成为环保专项资金或其他补助资金优先选择对象。

2023年“六五环境日”湖南主场活动

1

2

1.6月3日，怀化市生态环境局鹤城分局、怀化市志愿者协会、湖南省绿色卫士怀化大队组织怀化500余名公益小天使家庭在火车站广场、新天地广场、市委广场、香洲广场为市民发放宣传资料、宣传物品，讲解垃圾分类和环保知识、垃圾分类的标准和低碳生活的好处

2.6月3日，娄底市环保志愿者协会承办了一场以“建设人与自然和谐共生的现代化”为主题的环保知识科普宣传文艺演出，通过创作群众喜闻乐见的歌曲、相声、小品等文艺作品传递绿色生活理念

湖南首个低碳科普公园落户岳阳市君山区

2023年6月5日，是“世界环境日”，岳阳市君山区景明低碳科普公园对外开放，不少市民、游客前来打卡。该公园是湖南首个集科学普及、公众教育、沙龙活动、社会实践于一体的低碳科普公园。

景明低碳科普公园位于君山区柳林洲街道景明路社区，主体是低碳生活科普馆。该馆采用环保钢构材料建成。一楼分为序厅、低碳知识、低碳生活、低碳实践4个部分；二楼是共享空间，可举办沙龙或文化活动。该公园还设有氧气田园、科普湿地、光伏建筑、低碳农场、垃圾绿色回收驿站和智能兑换商店等主体功能区。

君山区着力打造新时代“守护好一江碧水”生态文明实践基地，以碳中和为切入点，围绕“科普宣传、低碳生活、绿色环保”主题，从科普志愿服务、民宿产业、新能源应用、垃圾分类等方面发力，将景明路社区打造成绿色低碳示范社区。

景明低碳社区引入屋顶建筑光伏、光伏路灯、光伏座椅、光伏垃圾桶等设施，每年发电量约27万千瓦时。科普湿地项目通过湿地保护修复等手段，实现生态性、功能性、观赏性、文化性融合发展。氧气田园项目以氧气花海、蔬菜田园、生态绿道为载体，构建绿色生态网络。通过人工挖掘浅凹绿地汇集净化雨水，用于补给科普公园绿化用水。

湖南首个低碳科普公园落户岳阳市君山区

1.6月5日，湖南省永州生态环境监测中心组织湖南科技学院生物系和化学系师生走进生态环境监测实验室，开展“保护生物多样性，体验水生生物监测”公众开放活动

2.6月5日，娄底中院联合娄星区人民法院深入企业开展环境普法宣传活动

3.6月5日，湖南省绿色卫士渌江二大队及九八公益通过发放宣传册页，联合巡河净滩等形式，向群众普及绿色生活理念

1

2

3

2023年六五环境日湘潭主场活动在韶山举行

2023年6月5日，以“建设人与自然和谐共生的现代化共绘伟人故里红绿融合的金色画卷”为主题的2023年六五环境日湘潭主场活动在韶山火车站广场举行。湘潭市副市长易继辉参加。

活动通过歌曲、宣传片、原创生态环境主题节目、生态环境宣誓、生态环境调查研究实践活动连线等形式，重点展示湘潭市、韶山市持续推进生态文明建设，坚决打好污染防治攻坚战，建设人与自然和谐共生的现代化的新成就、新成果，并充分展现环境治理与生态修复的新愿景、新蓝图，号召全社会关爱生态环境。活动现场，还揭晓了十家“绿色企业”名单，并授牌。

近年来，湘潭市、韶山市深入贯彻习近平生态文明思想，坚定践行“绿水青山就是金山银山”理念，坚持生态优先、绿色发展，坚持生态惠民、利民、为民，坚定不移打好污染防治这场硬仗，环境质量得到持续改善，蓝天碧水净土成为新常态。

2023年六五环境日湘潭主场活动在韶山举行

△9日，湖南省同步放鱼活动启动仪式在长沙橘子洲公园举行。经水生生物检验检疫部门严格检疫和公证机关公证，现场放流“四大家鱼”、珍稀鱼类2825.2万尾。全省80个县（市区）在不同水域开展同步放鱼活动，共向天然水域投放鱼苗鱼种3.52亿尾。

△13日，张家界市生态环境局与南京市生态环境局签订《对口合作框架协议》，两市将深化生态环境领域交流合作，推动生态环境保护高质量发展，全力打造跨区域生态文明建设和生态环境保护合作典范。

△28日，洞庭湖生态修复试点工程在沅江市南洞庭湖黑泥洲开工，标志着洞庭湖生态修复进入实践验证新阶段。试点工程概算总投资36.78亿元，总工期33个月，通过省内10余家科研设计单位联合攻关，科学确定实施方案，已全面完成13项前期审批手续。

△30日，炎陵县桃源洞国家级自然保护区联合保护委员会成立大会暨第一次会议召开。县委常委、政法委书记、副县长刘晓斌宣布炎陵桃源洞国家级自然保护区联合保护委员会正式成立。会议宣读并通过了《炎陵桃源洞国家级自然保护区联合保护委员会章程》等文件，介绍了保护区相关工作情况。

衡阳市一人上榜全国“最美生态环境志愿者”

2023年6月5日，生态环境部、中央文明办共同发布2023年“‘美丽中国，我是行动者’提升公民生态文明意识行动计划”先进典型名单。其中，湖南省绿色卫士衡阳水美大队队长、衡阳市环境保护志愿者协会副会长何慧晖入选“百名最美生态环境志愿者”。

2015年，受湖南省绿色卫士行动计划招募，何慧晖进入绿色卫士志愿服务队，成为湘江河的“卫士”之一。2018年，市环境保护志愿者协会成立“民间河长”分会，何慧晖又有了一个新身份——“民间河长”。

在早期的巡河工作中，何慧晖发现，河道两岸存在非法排污等现象。面对“母亲河”被污染破坏，何慧晖将这些问题反映到相关部门，先后向有关部门写了上百份简报、调研报告，策划组织了“雁水清”民间河长领读湘江、解读洣水、赏读耒水、阅读蒸水、朗读春陵水“一江四水”系列保护母亲河宣传活动，开展净滩、“六进”宣传等各类保护母亲河公益活动近300场，以实际行动推动生态环境保护。

自参加环境保护志愿活动以来，何慧晖获评了湖南省“优秀绿色卫士”、湖南省“最美志愿服务工作者”、湖南省“最美志愿者”等称号。2022年，他以衡阳环保志愿者的身份接受《人民日报》采访，以自己的亲身经历向全国人民讲述衡阳生态环保事业的“伟大变革”。

7月

△7日，“绿水青山就是金山银山”实践创新基地委员工作室揭牌仪式在金洞管理区举行，永州市政协主席谢景林为工作室揭牌，副主席桂砺锋出席。揭牌仪式后，谢景林一行实地参观了委员工作室、金洞林业科技示范基地和金洞珍稀濒危植物保育基地，并召开座谈会。

△10日，江永县发改局在县政务服务大厅门口空地开展“节能降碳 你我同行”主题宣传活动。在活动现场工作人员通过发放《全国节能宣传周知识手册》宣传资料，开展节能知识问答、废旧物品绿色兑换现场咨询等方式，向居民宣传环保知识、宣扬低碳生活。同时充分利用网络媒体、宣传展板等途径传播节能减排环保理念和居家生活中的节能小妙招等知识。

△11日，岳阳市机关事务局、市发改委主办的2023年岳阳市公共机构节能宣传周暨低碳日活动启动仪式，在君山区“守护好一江碧水”展陈馆举行，市委常委、常务副市长李建华出席并宣布活动启动。宣读了岳阳市全国机关事务工作先进集体获评单位、节约型机关及2022年湖南省公共机构节约型示范单位获评名单，与会领导对获奖单位进行授牌。

八大公山国家级自然保护区现野生动物“联欢会”

2023年6月28日，湖南八大公山国家级自然保护区工作人员在对保护区安装的红外相机进行整理时，发现架设在天平山林区四样区的一台红外相机，抓拍到野猪、红嘴蓝鹊、红腹锦鸡、毛冠鹿“同框”的有趣画面，堪比一场小型的湖湘野生动物“联欢会”。

画面中，小溪里，两头野猪正拱寻找吃喝，五六只红嘴蓝鹊饶有兴致地围观，一只鸟儿许是觉得不够过瘾，直接跳到一头野猪背上，但野猪不为所动，埋头“干饭”。在这段视频里，还有一只中国特有鸟种，国家二级保护动物——红腹锦鸡，它是“有意无意”闯入镜头，显得也十分慵懒。在另一段视频中，国家二级保护动物毛冠鹿的身影也出现了，只见它不慌不忙，一边喝水一边在小溪中踱步，很是悠闲，逐水而上后，身影渐行渐远。

架设在天平山林区四样区的一台红外相机，抓拍到野猪

近年来，随着保护力度不断加大，保护区各种野生动植物资源和动物栖息地得到有效保护，区内生物多样性保护成效显著，红外相机拍摄到国家珍稀野生动物的活动影像和图片资料是常有之事。

1.6月5日，绿色卫士冷水滩大队在冷水滩区体育中心广场倡导市民爱护环境从自己做起、从身边小事做起，推动绿色发展生活方式

2.6月5日，长沙市生态环境局宁乡市分局主办，宁乡市环保志愿者协会组织承办主题为“建设人与自然和谐共生的现代化”世界环境日暨宁乡第六届“美丽宁乡我是参与者”环保文化节宣传活动开幕

3.6月5日，绿色卫士衡阳绿雁大队联合南华大学环保协会、南华大学保护母亲河志愿者走进南华大学资环安学院，组织举行了生态环境保护主题宣讲活动

1
2
3

湖南两地入选『世界最佳自然保护地』

2023年7月8日，在举行的2023年生态文明贵阳国际论坛上，世界自然保护联盟授予中国入选世界自然保护联盟绿色名录的13个自然保护地“世界最佳自然保护地”称号。湖南八大公山国家级自然保护区、湖南壶瓶山国家级自然保护区名列其中。

湖南八大公山国家级自然保护区位于张家界市桑植县的北部边陲，辖天平山、杉木界、斗篷山三大林区，是湖南澧水和湖北清江水系发源地。保护区自然环境独特，地貌类型多样，野生动植物资源种类丰富，被誉为“天然博物馆”“物种基因库”和“天然氧吧”。

湖南壶瓶山国家级自然保护区位于武陵山脉东北端、常德市石门县境内，是湖南省最大的森林生态系统自然保护区。保护区内森林覆盖率达90.2%，植被盖度达98.7%，目前共记录生物物种9120余种。保护区具有生物区系古老性、生物资源丰富性、动植物物种珍稀性和生态系统典型性等特征，被誉为华中地区弥足珍贵的物种基因库、欧亚大陆同纬度带中物种谱系最完整的一块宝地，具有极高的科学研究价值和全球性重要意义。保护区1998年被列为中国具有全球意义的17个生物多样性关键地区之一，2001年被列为全球200个重点生态区之一。

2023年生态文明贵阳国际论坛上，湖南两地入选“世界最佳自然保护地”

1.6月7日，湖南生态文明公益宣讲团开展基层宣讲活动

2.6月30日，衡阳市生态环境局衡阳县分局组织全系统全体党员开展“传承红色基因，赓续红色血脉”和“深化廉政教育，筑牢思想防线”系列主题党日活动，重温入党誓词，接受精神洗礼，庆祝中国共产党102周岁生日

3.6月7日，湖南双清举办2023年“六五世界环境日”主题宣传活动

4.6月6日，长沙市望城区生态环境分局举行以“建设人与自然和谐共生的现代化”为主题的政务公开主题日活动

岳阳市开展『全国生态日』暨野生动物保护法执法宣传活动

2023年8月10日，岳阳市林业局、市场监管局联合开展以“绿水青山就是金山银山”为主题的“全国生态日”暨野生动物保护法执法宣传活动，加强野生动物保护管理，提升全民生态环境保护的思想自觉和行动自觉。

此次“全国生态日”暨野生动物保护法执法宣传活动将持续一周。活动中，执法人员将深入农贸市场、餐饮门店等重点场所开展野生动物保护法执法宣传，仔细排查经营主体是否有非法销售野生动物及其制品、违规出售加工野生保护动物等违法行为，同时向经营主体宣传《中华人民共和国野生动物保护法》，引导他们提高野生动物保护意识，自觉抵制非法经营野生动物及其制品的违法行为。

岳阳市开展“全国生态日”暨野生动物保护法执法宣传活动

衡阳市举行首个全国生态日主题宣传活动

2023年8月15日，衡阳市首个全国生态日主场宣传活动在蒸湘区弘阳广场举行，衡阳市人大常委会副主任欧杏宣布活动启动，副市长朱春光出席并讲话。

活动现场，工作人员和志愿者们以设立咨询台、发放资料等形式，向群众宣传习近平生态文明思想，普及环境保护相关法律法规，讲解垃圾分类、节能减排等环保知识，呼吁大家从身边的点滴小事做起，自觉做生态环境保护的倡导者、行动者。2023年以来，衡阳市生态环境保护工作取得了较好成效，44个地表水监测断面水质优良率100%，13个县级及以上饮用水水源地水质达标率100%；在污染防治攻坚战“夏季攻势”工作方面，全市9大类489项任务已完成412项，完成率84.25%，排名全省前列。

衡阳市举行首个全国生态日主题宣传活动

△12日至13日，农工党省委会在衡阳市开展湘江生态环境保护民主监督专题调研。省政协副主席、农工党省委会主委、南华大学校长张灼华参加调研活动。调研组先后前往衡阳县东湖寺村农村污水集中处理站、衡阳康衡环保能源有限公司、常宁市水口山镇等地，实地查看农村生活污水、生活垃圾处置落实情况等。

△13日，岳阳县纪委监委在该县渔政局、荣家湾镇、麻塘办事处渔民新村、中洲乡开设“禁捕退捕”挂牌监督点，助推“洞庭清波”专项行动提质增效。

△19日，益阳市赫山区兰溪镇推行“一牌一墓主、一树一坟茔”树葬做法、资阳区长春镇幸福村建起全市首个村级生态安葬点全省殡葬业务培训班在益阳开班，益阳市民政局局长张晓在开班式上介绍益阳殡葬改革工作经验。益阳市通过建设生态公墓、实施节地生态安葬奖补政策、强化智慧殡葬等措施，大力倡导骨灰入公墓安葬，推广树葬、花葬、草坪葬、水葬等节地生态安葬方式。

8月

△15日，衡阳市人大常委会在弘阳广场举办首个“全国生态日”宣传活动。活动现场设立了专题宣传板报及10个现场咨询宣传点。市环保志愿者协会、绿色卫士环保志愿者以生态文明建设、环保法律法规、环境保护知识等为主要内容开展宣传活动，向市民分发生态环境宣传资料和手册，普及生态环境保护政策法规和科学知识，倡导绿色、低碳生活。

△24日，靖州苗族侗族自治县政协、河长办、水利局、总工会、机关事务中心等单位联合主办的公共机构节能暨节约用水知识抢答赛在该县芙蓉学校开赛，来自全县各单位的21支代表队参赛。此次比赛有必答题、抢答题、风险题和附加赛四个环节，内容以中国基本水情、节约用水知识、节水用水方针政策和法律法规等为主，还包含了非常规水源利用、节水行为规范等内容。

9月

△6日，郴州市政协副主席李罗丝带队来桂阳县开展“改善生态环境”专项民主监督工作。李罗丝一行先后来到正和镇和谐村、星空露营等地，实地调研西河风光带生态环境治理情况，河长制工作落实情况及效果；饮用水源地保护、入河排污口整治、河流周边垃圾清理等情况。

△7日，常宁市市委书记吴乐胜主持召开19次市委常委会，安排部署全市各级各部门配合做好省第二轮生态环境保护督察动员部署会。会议解读了《常宁市配合湖南省生态环境保护督察工作方案》，指出开展生态环境保护督察是贯彻落实习近平生态文明思想，推动生态文明建设和加强生态环境保护的一项重大改革举措和重大制度安排，各级各部门要高度重视，提高政治站位，扛牢政治责任，坚决配合做好督察有关工作。

首个全国生态日（湖南）活动在郴州举行

2023年8月15日，以“绿水青山就是金山银山”为主题的首个全国生态日（湖南）活动在郴州举行。湖南省人大常委会副主任陈飞出席。

此次活动由省人大常委会、省人民政府主办，省发展和改革委员会、郴州市人民政府共同承办，旨在全方位、多角度、深层次宣传湖南省践行习近平生态文明思想取得的成果，展示湖南风采和郴州特色，营造人人参与生态环境保护事业良好氛围。

首个全国生态日（湖南）活动在郴举行

活动现场发布了全省推进碳达峰碳中和及长江经济带绿色发展、全省科技创新、全省工业绿色低碳发展、全省自然资源领域生态文明建设、全省城乡建设领域生态文明建设、全省生态环境领域、全省农业农村领域生态文明建设、全省水资源节约集约高效利用、全省林草生态文明建设等多领域的重要成果；郴州市、岳阳市介绍生态文明建设经验做法；与会人员还走进仰天湖生态修复项目、资兴市水文化建设项目、东江湖大数据产业园冷水资源利用项目、东江湖水源地保护现场进行调研。

岳阳市岳阳楼区金鹗山垃圾分类主题公园开园仪式举行

岳阳市首家垃圾分类主题公园开园

2023年9月15日，岳阳市岳阳楼区金鹗山垃圾分类主题公园开园仪式举行。该公园是全市首家垃圾分类主题公园，总占地面积约3700平方米。

公园以绿色环保和科普教育为主题，根据“主题文化突出、生态景观优美、休闲知识科普区空间共享、配套设施完善”的设计理念，分为入口引导区、政策宣讲区、知识科普区、寓教互动区、景观创意区等五大区域，将青山绿水与低碳生活有机融合，是一座集休闲、娱乐、科普、宣教于一体的现代化垃圾分类主题公园。

近年来，岳阳楼区重新规划垃圾投放点位5821处，垃圾分类基础设施不断完善，居民群众的环保意识和垃圾分类主动性、自觉性不断提高，生活垃圾分类投放、分类收集、分类运输和分类处理体系不断夯实，真正实现了“引导在小区，管理在桶边”，成功建设了三眼桥街道、岳阳楼街道、站前路街道、吕仙亭街道、东茅岭街道等5个生活垃圾分类示范街道。

1
2
3

1.7月31日，2023年望城区河湖长制“雷锋故里 碧靓望城”系列宣传活动之“保护水环境，节约水资源”主题宣讲活动在望城区团山湖村举行

2.8月15日，首个全国生态日湖南公安主题宣传活动启动式暨打击生态环境领域违法犯罪成果展在长沙举行

3.8月15日，湖南省永州市江永县潇水河城区段，河道保洁人员在河面上巡查、清理水面垃圾，净化水环境

1.9月4日，株洲市政协文教卫体和文史工作室深入荷塘区对大气污染治理情况进行视察监督，株洲市部分政协委员、生态环境荷塘分局和部分企业相关人员参加

2.9月8日，株洲市生态环境局党组书记、局长周其伟赴市气象局调研学习，株洲市气象局党组书记、局长张克非参加调研

3.9月21日，湖南省生态环境厅积极组织参与科普日活动

4.9月15日，湖南省生态环境厅2023年生态环境执法稽查三组临时党支部全体党员及市生态环境局蓝山分局部分党员到蓝山县浆洞瑶族乡“五号哨所”，开展“擎斩污利剑 守碧水蓝天”主题党日活动

白颈长尾雉首现衡阳南岳

2023年10月，南岳衡山国家级自然保护区的工作人员，在整理新近收集回来的红外相机素材时，发现多段国家一级重点保护野生动物白颈长尾雉在野外活动的画面，这是该保护区首次捕捉到白颈长尾雉画面。更难得的是，其中有一段还拍摄到白颈长尾雉与国家二级重点保护野生动物白鹇同框活动。

“画面中，一只雌性的白颈长尾雉，正在溪水边觅食；与此同时，另一只雌性白鹇也出现在画面中。”南岳衡山国家级自然保护区管理局总工程师旷建军介绍。

白颈长尾雉俗名地花鸡、地鸡、花山鸡，其雄鸟头灰褐色，颈白色，是中国特有的珍稀鸟类，性机警，喜欢集群活动，栖于混交林中的浓密灌丛及竹林，觅食地点较为固定，属国家一级重点保护野生动物，被《世界自然保护联盟濒危物种红色名录》列为近危物种。

图为白颈长尾雉在觅食

△12日，第18届世界水资源大会“湖南水资源可持续利用与绿色发展”专场会议在北京举行。湖南省水利厅负责人向与会专家、代表介绍了“丰水湖南”走出节水好路子的经验。

湖南河湖长制工作连续4年获得国务院真抓实干督查激励。

△16日，第二届湖南旅游发展大会开幕式举行。水资源可持续利用和绿色发展《东江湖宣言》也正式发布。在东江湖畔，与会的国际组织、外籍学者、院士专家等200多名各界代表共赏山水画卷、共叙深厚情谊、共商生态大计，绿水青山间流淌着浓厚的“氛围感”。

△22日，云溪区污染防治攻坚战暨防范化解重大环境风险隐患“利剑”行动推进会召开。副区长何旭出席并讲话，相关单位负责人参加。会上传达省、市相关会议精神，安排部署后段工作，各参会部门单位进行发言。

10月

△13日，常德市召开2023年特护期大气污染防治工作调度会。副市长余良勇出席会议并讲话。会议通报了今年以来环境空气质量情况，部署了2023年特护期大气污染防治和重污染天气防范应对工作。武陵区、澧县、石门县政府分管负责人和临澧冀东水泥有限公司、湖南武陵机械制造有限公司相关负责人现场表态发言。

长沙市“百日攻坚”防治大气污染

2023年10月18日，召开长沙市大气污染防治特护期“百日攻坚”行动新闻发布会，宣布从10月16日至2024年3月15日，长沙聚焦涉气重点企业、渣土扬尘、道路扬尘、建筑工地扬尘、裸露黄土、高排放车辆、非道路移动机械、餐饮油烟（户外烧烤）、秸秆禁烧、烟叶烘烤废气十类问题，开展“百日攻坚”行动，力争完成2023年度空气质量改善目标，全年空气质量优良率达82.5%，PM2.5浓度降至37微克/立方米，重污染天数不超过4天。

召开长沙市大气污染防治特护期“百日攻坚”行动新闻发布会

行动期间，将对1700家左右涉气重点单位开展监督帮扶和执法检查专项行动；严厉打击无证施工行为、非专用渣土运输车辆运输渣土违规行为；加强整治渣土运输线路、物流园区周边道路、混凝土搅拌站集中区周边道路、城乡接合部道路、积尘负荷走航超标道路和各类施工工地周边道路“六类重点区域”；重点排查整治建筑工地扬尘污染防治“8个100%”措施落实情况和预拌混凝土搅拌站扬尘污染防治情况；对林地、建筑工地、渣土消纳场、拆迁工地、园林绿化裸土分类治理；依法查处渣土车、混凝土搅拌车、砂石运输车、国三柴油货车等高排放车辆闯禁、超标排放等行为。同时，开展违规夜市露天烧烤综合整治、农村地区秸秆禁烧和烟叶烘烤大气污染整治专项行动。

△20日，市委书记、市林长曹普华，市委副书记、市长、市林长李挚共同签发《关于全面加强新形势下候鸟保护工作的令》，要求全市各地务必高度重视，采取广泛深入宣传、强化常态监管、严格行政许可、加强巡护值守、加大打击力度等具体举措，严格督查问效，候鸟保护巡护工作、非法猎捕候鸟等野生动物案件和舆情将纳入县市区在污染防治攻坚战、林长制、平安建设等考核内容。

△20日，2023亚太绿色低碳发展高峰论坛在长沙开幕，主题为“转型与创新：共享新机遇，共促新发展”。本届论坛为期2天，邀请国内外政府部门、学术界和企业界代表人物，以及42个国家和地区的100余名外宾参会。与会各界将围绕应对气候变化政策、碳定价与碳市场、创新融资机制、技术创新、数字化赋能等主题，探讨综合解决方案、分享智慧成果、加强国际交流、开展务实合作，达成低碳技术、项目与资本的有效对接。

△21日，湘潭市委副书记、市长胡贺波出席2023年亚太绿色低碳发展高峰论坛，并与马来西亚新山市长拿督诺拉占开展“国际低碳城市对话”。两位市长探讨了在各自城市内协同实现绿色和可持续转型的成功经验，围绕绿色基础设施、可持续城市规划以及优先考虑公平社会进步的公正转型等重要主题，阐述了各自的本地化战略。

全国第二批美丽河湖优秀案例出炉

2023年10月27日，生态环境部公布第二批美丽河湖优秀案例，全国共挑选出38个案例。其中，湖南郴州东江湖、长沙圭塘河入选。

为保护东江湖，湖南省人大常委会颁布《湖南省东江湖水环境保护条例》，郴州市及流域县市均成立高规格东江湖环境保护和治理委员会。多年来，当地政府否决项目投资超600亿元，累计关闭流域内10多个采矿区和所有高污染企业，完成沿岸所有畜禽规模养殖场共594家全部退出，此外，流域林地全面禁伐、渔业资源十年禁捕。这些努力确保东江湖水质稳定保持Ⅰ类，水体营养指数为贫营养，下游湘江生态用水保障率100%，并为当地带来旅游年收入超110亿元。

圭塘河是长沙市最长的城市内河，全长28.3公里，周边居住人口约200万。2017年被生态环境部、住建部联合挂牌督办整治时，圭塘河多河段水质指标处于劣Ⅴ类。近年来，湖南省累计投资超过85亿元全面整治圭塘河，通过源头截污、流域统筹治理、智慧监管和生态补水，实现水环境质量根本性好转。目前，河流入浏阳河口断面连续3年年均水质稳定达到Ⅲ类，水生态环境功能得到全面恢复。

长沙圭塘河景色

第十一届母亲河奖揭晓

2023年10月27日，全国保护母亲河行动领导小组公布第十一届母亲河奖获奖名单。这是中国生态环保领域的权威奖项，也是青少年生态环保工作领域的唯一奖项，湖南斩获4项“绿色”大奖。

湖南省湘潭市湘潭生态环境保护协会民间河长办公室主任张一彬荣获“绿色卫士奖”，湖南张家界大鲵国家级自然保护区事务中心荣获“绿色团队奖”，湖南省宁乡市环保志愿者协会荣获“绿色贡献奖”，共青团湖南省委员会荣获“优秀组织奖”。

湖南省宁乡市环保志愿者协会以“党建红”引领“生态绿”，构建“市级—乡镇（街道）—村（社区）”三级网格化队伍体系，实现了全市278个村（社区）志愿服务活动全覆盖、志愿服务无盲区的目标，助力宁乡河湖水质持续保持在3类或以上水准。

共青团湖南省委联合十余家省直单位，共同探索“互联网+河湖保护”工作新模式，深耕“保护母亲河”“美丽中国·青春行动”“湖南河小青”等青少年能为可为的品牌项目，组织全省青少年参与生态文明实践，建立环境保护公益诉讼体系。

1
2
3

1.10月18日，长沙市生态环境局举办2023年“每周一讲”（第1讲）活动

2.9月28日，“我爱母亲河 共护一江碧水”蓝山·湘阴政协联合开展改善生态环境专项民主监督活动

3.9月21日，湖南省政协系统深入开展“委员活动日”活动

花垣县获生态环境『国字号』奖励并作典型发言

第七批“国家生态文明建设示范区”“绿水青山就是金山银山”实践创新基地命名现场

2023年10月28日，生态环境部对第七批“国家生态文明建设示范区”“绿水青山就是金山银山”实践创新基地等进行授牌表彰。生态环境部部长黄润秋亲自授予花垣县十八洞村全国“绿水青山就是金山银山”实践创新基地奖牌。会上，湘西州委副书记、花垣县委书记廖良辉以《扛牢“首倡地”政治责任 推动“锰三角”绿色发展》为题作了典型发言。

花垣县既是“精准扶贫”首倡地，也是“锰三角”核心区，境内锰、铅锌等矿产资源丰富，是知名的“东方锰都”“有色金属之乡”。自20世纪70年代起，花垣县全面开发锰、铅锌等矿产资源，带来许多突出生态环境问题。

近年来，十八洞村围绕打造绿色生态宜居和美乡村，因地制宜发展乡村旅游和特色产业，聚焦打造世界地质公园“十八洞溶洞”和全球界线层型剖面“金钉子”，拓展生态产品价值实现路径，让村庄既有“绿色颜值”又有“金色价值”，走出了一条生态美、产业兴、百姓富的可持续发展之路。十八洞村发展猕猴桃1000亩、油茶300亩，开办十八洞山泉水厂，打造了一批“十八洞”“十八洞村”区域公共品牌，获评国家5A级旅游景区。2023年1—9月，十八洞景区接待游客68万人次，旅游收入达1453万元，2023年村集体经济收入有望突破500万元。

1.10月20日，2023年亚太绿色低碳发展高峰论坛在长沙开幕，论坛主题是“转型与创新：共享新机遇，共促新发展”

2.11月2日，永州市生态环境局举办2023年基层党组织党员和党务干部培训班

3.10月25日，永州市生态环境局组织全体干部职工观看了禁毒教育警示片《一次吸毒，毁灭终身》《吸毒的代价》

湖南省举行渌水—萍水流域跨界突发环境事件应急演练

2023年11月14日，湘江一级支流渌水从赣入湘，上称萍水，下叫渌水。湘赣携手举行2023年湘赣渌水—萍水流域跨界突发环境事件应急演练，探索协同守护好一江碧水新路径。

此次应急演练设定萍乡市某企业泄漏硫酸锌溶液进入渌水，造成跨省污染的突发环境事件。事故发生后，湘赣两省各级政府迅速启动突发环境事件应急预案，协同采取拦截断源、水利调度、加药捕集等应急手段，最终成功将污染物控制在局部河段，保障了渌水下游河段水质和饮水安全。

湖南省举行渌—萍水流域跨界突发环境事件应急演练

省生态环境厅介绍，开展此次应急演练，目的在于推动湘赣省界区域生态环境联防联控机制进一步完善。共推渌水保护与治理，湘赣两省签署了渌水跨省界流域联防联控联治河长制工作合作协议，并对渌水流域环境风险源、环境应急空间与设施、环境风险受体进行了详细调查，编制环境应急响应方案、构建事件应对指挥示意图，以实现应急指挥“挂图作战”。

△28日至29日，第十一届中国生态文明论坛年会在山东济南召开，会议对第七批国家生态文明建设示范区和“绿水青山就是金山银山”实践创新基地进行命名授牌。怀化市沅陵县、芷江侗族自治县获评第七批国家生态文明建设示范区。

11月

△8日，2023年湖南张家界大鲵国家级自然保护区水电站整改暨全市天然水域水生生物增殖放流活动在桑植县陈家河镇举行。3.2万尾大鲵苗、400万尾家鱼苗种被分别投放到桑植县澧水三源水域、各个增殖放流点，以确保水生生物资源的均匀分布和水域生态系统的平衡。市渔业主管部门还对放流的20尾大鲵亲本植入了电子芯片标识，进行生态跟踪监测。

△15日，湖南省林业局发布消息，全国绿化委员会、人力资源和社会保障部、国家林业和草原局联合表彰全国防沙治沙英雄群体、先进集体、标兵及先进个人，湘西土家族苗族自治州林业局获评“全国防沙治沙先进集体”，邵阳市隆回县林业事务中心高级工程师王丁伟荣获“全国防沙治沙先进个人”称号。

△21日，长沙市启动候鸟护飞行动，号召全市民众共同参与保护候鸟和野生动物。长沙市已在候鸟迁飞重点区域进出口悬挂横幅、设立保护候鸟等野生动物宣传牌、发放《保护候鸟等野生动物倡议书》，营造全社会共同参与保护野生动物的良好氛围。

△21日至29日，五强溪国家湿地公园管理处组织开展中华秋沙鸭监测调查暨野生动物保护宣传工作，在各监测点内共发现中华秋沙鸭105只，成规模群落共8处，刷新了自2013年中华秋沙鸭首现沅陵以来的纪录。

△28日，湖南省水利厅、省发展改革委、省财政厅等8部门联合印发《湖南省节约用水激励政策若干措施》，制定9项激励措施，激发全社会节约用水内生动力。

12月

△4日，湖南省生态环境厅发布消息，《湖南省生态环境监测机构弄虚作假整治方案》正式实施，湖南省开展整治行动，严厉打击生态环境监测机构弄虚作假行为。

△8日，2023年湖南省生态环境健康管理工作会议暨湘西土家族苗族自治州花垣县环境健康风险评估工作现场会在湘西州召开。全省14个市州生态环境局分管领导及法规科负责人，湘西州、花垣县相关单位负责人参加。

湖南新增两个中国生物圈保护区网络成员

2023年11月27日至30日，“中国生物圈保护区网络成员第24届大会暨中国加入人与生物圈计划50周年、中国生物圈保护区网络成立30周年大会”在安徽黄山举行，会上，9家单位正式加入中国生物圈保护区网络，其中包括湖南南山国家公园管理局和湖南张家界大鲵国家级自然保护区事务中心。

南山国家公园位于南岭西段越城岭与雪峰山脉南段的交汇处，是中国华中华南动植物区系的交汇地带，具有“中亚热带森林生态系统的典型代表、中国丹霞壮年期的模式地、南方丘陵山地带生态屏障的重要区域、中华优秀传统文化和长征红色文化的传承地”四大核心价值。南山国家公园管理局负责人表示，将以此次加入中国生物圈保护区网络为契机，加强与成员单位的交流学习，不断提升管理能力，有序推进国家公园高质量建设和可持续发展。

张家界大鲵国家级自然保护区是全国第一个及最大的以大鲵及其栖息地环境为主要保护对象的国家级自然保护区，位于全国内陆生物多样性保护优先区内，是长江中游的重要水源地。该自然保护区事务中心负责人表示，保护区将积极参加中国生物圈保护区网络各项活动，加强自然保护项目合作与交流，大力开展自然保护和可持续发展实践，进一步推广“人与生物圈计划”的核心理念和实践。

1.11月20日，2023年湖南省长沙市“保护野生动物宣传月”活动暨候鸟护飞行动启动仪式在望城区千龙湖国家湿地公园启动，主题为“守护万千精灵，共建绿色长沙”，旨在进一步加大野生动物保护科普宣传力度

2.11月6日，衡阳市珠晖区举行原中盐天友历史遗留废渣处置项目开工仪式

3.11月3日，长沙市生态环境局芙蓉分局组织芙蓉分局、芙蓉执法大队和芙蓉监测站干部职工走进远大城，开展“周五大课堂”专题培训活动

4.11月22日，2023年长沙市“保护野生动物宣传月”活动暨候鸟护飞行动启动仪式

长沙湘潭入选全国首批碳达峰试点城市

2023年12月6日，国家发改委公布全国首批25个碳达峰试点城市和10个碳达峰试点园区名单。湖南长沙和湘潭两个城市入选。

长沙作为湖南省会，地区生产总值、能源消费总量均居全省首位，能耗强度全省最优，先后获批全国水生态文明城市、国家循环经济示范城市、国家低碳城市、国家首批装配式建筑示范城市和国家废旧物资循环利用体系建设重点城市。2021至2022年能耗强度累计下降9.1%。选取长沙市开展试点具有探索中部地区省会城市积极稳妥推进碳达峰碳中和的示范意义。

湘潭是典型老工业城市和国家老工业转型升级示范市。湘潭市坚持绿色低碳发展，先后创建国家低碳城市、国家气候投融资试点城市、亚行贷款支持低碳项目建设城市和国家废旧物资循环利用体系建设重点城市。2021至2022年能耗强度累计下降10.07%，以年均2.4%的能源消费增长支撑了年均6.2%的地区生产总值增长。选取湘潭市试点具有探索传统老工业城市绿色转型升级推进碳达峰碳中和的示范意义。

2024
湖南地方年鉴

交通·邮政·通信

湖南开出首趟复兴号智能型动车组

CR400AF-Z 复兴号智能型动车组

2023 年 1 月 3 日，由 CR400AF-Z 复兴号智能型动车组担当的 G84 列车准点从长沙火车南站发出，开往北京西站，标志着复兴号智能型动车组正式在广铁集团上线运行。

此次首发的 CR400AF-Z 复兴号智能型动车组采用新外观造型和低阻力流线头型设计，车身采用三色彩带涂装，呈波浪状环绕，形似“祥龙飞舞”。

该智能动车组属于复兴号家族中运营时速 350 公里的车型。与复兴号不同的是，CR400AF-Z 复兴号智能动车组改进了旅客服务功能。全车实现 WiFi 覆盖、无线充电、影视投屏等服务功能，增加座椅插座及 USB 接口，满足旅客的各种用电需求。无障碍车厢的相关服务设施处增设盲文标识，为盲人自助服务提供便利条件。车上采用变频空调，噪声更低，温度控制精度更高，车厢更加安静。卫生间设置智能照明，可根据卫生间是否有人，自动调整灯光亮度。

据悉，后续广铁集团将分别在广州南站、深圳北站、邵阳站、株洲西站等车站开出始发智能动车组。

1
2
3

1.1 月 1 日上午，邵东市团山镇如圭大道举行通车仪式，该条道路的建成通车，对于团山镇缓解交通压力、助推产业发展、助力乡村振兴有着重要的意义

2.1 月 9 日，洞口县城六皇桥恢复通车，有效缓解了县城南北交通压力，为居民出行带来了便利

3.1 月 11 日，S347 茶陵夏乐至浣溪公路项目开工仪式举行。茶陵县委副书记、县长杨红兵，以及肖立志、方浩轩等领导参加开工仪式

衡阳综保区“区港联动”首单货物发车

湖南衡阳综保区与衡阳铁路国际港“区港联动”正式开通运行

2023 年 1 月 5 日，衡阳综保区与衡阳铁路国际港“区港联动”开通运行，“区港联动”首单货物发车。这不仅为衡阳市及周边地区外贸型企业搭建了新的对外开放平台，也为该市开放型经济打造了新的增长极。

衡阳综保区和衡阳铁路国际港系衡阳市开放型经济发展的主阵地，是中欧班列、中亚班列及湘粤非铁海联运的重要枢纽，是政策最优惠、功能最齐全的对外开放平台。此次“区港联动”业务开通，将充分发挥衡阳综保区的保税存储、物流功能，出口货物货源的集拼、分拨、理货等均可在衡阳综保区内进行，实现入区即可退税，缩短出口货物的退税时长，让企业兼顾享受“区”与“港”的功能优势及政策红利。

当天，衡阳综保区还举行 2023 年第一批尼诺医疗器械生产、科灏显示器支架生产基地、保税展示、区港联动、保税维修等 5 个项目集中签约。项目投产运营后，衡阳市每年可增加外贸进出口总额 2.8 亿美元以上。

要闻纪事
2023 年

1月

△1 日，邵东市团山镇如圭大道举行通车仪式，该条道路的建成通车，对于团山镇缓解交通压力、助推产业发展、助力乡村振兴有着重要的意义。邵东市领导陈业华、刘山鸣、贺铁民、刘书地、朱石乔，邵东经开区领导欧阳浪、杨振明等出席通车仪式。

△3 日，由 CR400AF-Z 复兴号智能型动车组担当的 G84 次列车从长沙南站发出，开往北京西站，标志着复兴号智能型动车组正式在广铁集团上线运行。

△9 日，洞口县城六皇桥恢复通车，有效缓解了县城南北交通压力，为居民出行带来了便利。县委副书记、县长贺永亮，副县长伍卫彬参加恢复通车仪式。

△9 日，常宁市政府副市长、公安局局长罗鹏率队深入常白公路白沙集镇段开展道路交通运输安全专项检查整治行动。

1.1 月 11 日上午，张家界市口岸办联合出入境检查站及海关通过对张家界机场国际保障区域现场评估确认具备保障国际客运航班及国际货运航班保障能力

2.1 月 16 日上午，炎陵县委书记尹朝晖出席 S205 鹿原至船形路面改善工程通车仪式，宣布通车，并督导春运工作

3.1 月 11 日，湘府东路（浏阳河—黄兴大道）建设工程首联现浇箱梁正在进行浇筑

长沙在中部地区率先建三跑道民用国际机场

2023 年 1 月 11 日，长沙机场改扩建工程项目三跑道道槽顺利贯通，为下阶段道面工程、助航灯光、通信导航等施工提供基本工作面。长沙黄花国际机场成为中部地区率先建设第三跑道的民用国际机场。

长沙机场改扩建工程飞行区工程主要包括飞行区场道工程、助航灯光及站坪照明工程、道桥工程、配套附属设施工程等，投资约 78 亿元。其中，三跑道位于机场二跑道中心线东侧 2000 米处，长 3600 米，宽 45 米，近远机位总计 154 个，跑道等级 4E，可起降波音 747、空客 A340 等宽体客机。

新增一条 4E 等级跑道，意味着今后在繁忙航线、繁忙时段，可以不更改飞机航段和时间，通过更换大型宽体客机，保障更多旅客出行需求。

长沙机场第一、第二跑道为近距离跑道，两条跑道可满足年旅客吞吐量 3500 万人次；第三跑道为远距离跑道，可满足年旅客吞吐量 2500 万至 3000 万人次。湖南机场建设指挥部飞行区工程部副部长赵峰介绍，三条跑道可共同实现 6000 万人次年旅客吞吐量需求，对长沙机场航空业务量增长起到关键作用。

长沙机场改扩建工程是全国重要的民航机场综合交通枢纽项目，也是湖南重点建设的十大基础设施项目。2023 年，长沙机场改扩建工程计划完成投资 45 亿元。项目由中铁十二局集团有限公司承建。

长沙机场改扩建工程项目三跑道道槽顺利贯通

长株潭都市圈将建十大轨道交通项目

“轨道上的长株潭”正加速从“线”到“网”。2023 年 1 月 28 日从湖南省发改委获悉，长株潭都市圈多个轨道交通建设项目已获国家相关部委审核同意实施。根据布局，长株潭都市圈近期计划推进建设 10 个轨道交通项目，预计新建里程 376 公里，总投资约 963 亿元。

长株潭都市圈将加快构建形成干线铁路、城际铁路、市域（郊）铁路、城市轨道交通“四网融合”的多层次轨道交通大外环格局。

干线铁路包括加快建设长沙至赣州铁路；建设云贵厦联络线、西南联络线并预留与京广铁路联络线接轨条件，与京广、沪昆高铁主干线衔接串联；研究布局长沙至九江铁路。

城际铁路包括建设长沙至株洲城际铁路，研究布局长株潭城际铁路与武广高铁联络线、暮云站至湘潭北站联络线建设。

市域（郊）铁路包括建设长沙至宁乡市域郊铁路，建设长沙至浏阳市域郊铁路黄花机场至浏阳市段、与既有长沙磁浮快线贯通，两条铁路均有望年内开建。

此外，远期布局长沙至湘潭、岳阳、衡阳等城际铁路，预留长株潭城际铁路向周边市县延伸条件。

按照长株潭都市圈发展规划关于构建多层次轨道交通的总体设计，到 2027 年，长株潭都市圈轨道交通总规模将达到 1460 公里左右，覆盖所有 10 万人以上重点片区。

△ 11 日，S347 茶陵夏乐至浣溪公路项目开工仪式举行。县委副书记、县长杨红兵，以及肖立志、方浩轩等领导参加开工仪式。

△ 12 日，湘府东路建设工程首联现浇箱梁赶在寒潮来临前顺利完成浇筑。这标志着该项目取得阶段性成果，正式进入上部结构施工阶段。

△ 16 日，炎陵县委书记尹朝晖出席 S205 鹿原至船形路面改善工程通车仪式，宣布通车，并督导春运工作。

△ 17 日，由怀化南开往永州的 C9945 次列车平稳停靠在高铁衡阳东站站台，这标志着衡阳城际列车正式运行，将满足更多旅客省内出行的需求。

△ 31 日，副省长李建中率省交通运输厅负责人走访省邮政管理局、省邮政公司，调研全省邮政快递业发展情况。

△ 31 日，湖南省交通运输厅印发《湖南省美丽农村路建设三年行动计划（2023—2025 年）》，提出到 2023 年底实现县县一条美丽农村路（县级样板路），2025 年底全省实现乡乡一条美丽农村路。

2月

△2日，副省长李建中走访民航湖南监管局及湖南航空公司、厦航湖南分公司、奥凯湖南分公司、南航湖南分公司等，调研湖南民航行业管理及阵地建设。

△14日，中国公路建设行业协会公布了2022至2023年度（第一批）公路交通优质工程奖获奖名单。衡阳公路桥梁建设有限公司参建的马迹塘至安化高速公路项目，获评国家级公路交通优质工程奖“李春奖”。这是衡阳地区唯一获奖的施工企业，也是2010年该公司参建项目首获此奖后再获殊荣。

△19日起，邵阳市公安局交警支队大祥、双清、北塔交警大队，共查处各类交通违法行为75000多起，其中酒驾醉驾53起，工程运输车违法1583起，有效稳控了道路交通安全形势。

△20日，张家界至官庄高速公路洞庭溪沅水特大桥南岸索塔首根桩基浇筑完成。大桥下构施工首战告捷，标志着工程建设关键节点获得新突破，为年内实现主塔封顶奠定了基础。

湖南有了首家『141部航校』

湖南蔚蓝航校CCAR-141部颁证暨湖南省通航产业投资基金入股蔚蓝航空、湖南航空与湖南蔚蓝航校战略协议签约仪式

2023年1月31日，湖南蔚蓝航校CCAR-141部颁证仪式在长沙自贸临空区举行。这意味着，湖南蔚蓝航校成为湖南首家民航141部航校，未来将成为湖南本土飞行员的“摇篮”。

湖南蔚蓝航校主运行基地设在常德桃花源机场，该航校的投运有效填补了湖南省航校运营方面的空白，为加快培养通航飞行员、促进通航产业和低空经济加速发展注入新的活力。

预计湖南蔚蓝航校正式运营3年内，年飞行量将达5万小时、飞机数量将达50架。未来，在低空空域管理改革的加持下，还将形成以航空职业教育、航空研学、飞行俱乐部、飞行器销售、维修与托管等通航产业的产业链。

“141部航校”，是指可以提供整体训练课程的飞行学校。取得141部合格证的学校，可以按照《民用航空器驾驶员学校合格审定规则》（CCAR-141部）提供飞行训练，包括私照、商照、仪表等级课程和面向CCAR-121部大型运输航空公司副驾驶培训的整体训练课程等。

继2020年，湖南成为全国首个全域低空管理改革试点省份后，2022年8月，省政府出台《湖南省通用航空条例》，通航产业进入发展快车道。

湖南首家本土飞行员培训学校正式落户长沙

1

2

1.1月21日，是农历除夕。湖南省交通运输厅党组书记、厅长马捷一行深入韶山收费站看望慰问春节期间坚守岗位的高速公路工作人员

2.2月7日，长沙县龙塘路与潇湘西路道路工程竣工验收，正式开放通行

“莽山太空隧道”正式开工

“莽山太空隧道”开工

2023年2月8日，S215宜章林家牌至斋公窝公路（一期）项目的“莽山太空隧道”正式进洞开挖，吹响莽山创国家5A级景区建设项目进攻号。

S215宜章林家牌至斋公窝公路是湖南省“十四五”省道建设规划项目，也是第二届湖南旅游发展大会重点观摩项目之一。“莽山太空隧道”是其中一段，起于宜章县圣公坛庙门口隧道进口处，止于溶家洞，与莽山国家森林公园东大门进场道路相接。路线全长2.42公里，采用二级公路标准建设，总投资19980万元。电影《流浪地球2》热映后，该隧道被命名为“莽山太空隧道”，与“莽山太空电梯”遥相呼应，旨在提升“天下莽山”旅游的体验感和获得感。

建设者在场地平整过程中，经过地质雷达扫描，发现坡体强风化层厚度大，岩体破碎，坡度极陡，地质环境特别复杂，施工难度极大。为确保施工安全，建设者对洞门坡顶破碎带处进行了坡面锚杆防护，沿线路方向植入42根大管棚；同时，边仰坡采用“零开挖、少扰动”施工工艺，在确保质量安全前提下，尽可能保护现有植被。

该项目建成通车后，串联起莽山国家森林公园、莽山五指峰景区、腊元古村等景区景点，助推沿线旅游资源开发，改善沿线10多万人的交通出行条件，为旅发大会提供坚实的交通保障。

浏阳至江背高速公路开建

2023年3月10日，总投资超50亿元的浏阳至江背高速公路（下称“浏江高速”）项目建设正式启动。这意味着浏阳主城区将新增一条出城大道，并进一步畅通浏阳与长株潭绿心区的融入对接。长沙市委常委、浏阳市委书记朱东铁出席活动并宣布项目开工。

浏江高速项目起于集里街道西湖村茶园湾，顺接浏洪高速，途经淮川、集里、葛家、镇头等乡镇（街道），止于镇头镇跃龙村，与去年通车的江杉高速相接。项目全长26.78公里，总投资约53亿元，采用BOT（build-operate-transfer，建设—经营—转让）模式建设，全线设置茶园湾（枢纽）、太平桥、葛家、江背（枢纽）4处互通式立交。项目全线采用双向四车道高速公路标准建设，路基宽26米，设计速度为100公里/小时，项目建设周期为3年。

3月10日，伴随着腾空的日景烟花和轰鸣的机械声，总投资约53亿元的浏阳至江背高速公路项目建设正式启动

据介绍，浏江高速是湖南省高速公路网“七纵九横”中第四横长永段的扩容线，项目建成后，将畅通浏阳主城区与长株潭绿心区连接，推动浏阳加快“西融长株潭”。如今，浏阳境内高速公路总里程达230.71公里，是目前湖南省高速公路通车里程最长的县市。据了解，除浏江高速项目外，浏阳今年还将力争京港澳东移线早日开工，力促浏宁高速、株韶高速、湘赣边旅游高速纳入国家规划。

长沙湘雅路过江通道双洞贯通

2023年3月12日，在长沙市开福区湘雅路与湘江中路交叉口，湘雅路过江通道右线盾构接收井内，随着“星盛号”盾构机巨大刀盘破墙而出，湘雅路过江通道工程右线盾构隧道顺利贯通，标志着湖南省在建最大直径盾构隧道实现双洞贯通，为明年顺利通车创造了条件。该工程由长沙城发集团投资建设，中铁十四局集团有限公司与中铁第四勘察设计院集团有限公司总承包实施。

湘雅路过江通道工程是长沙市区“十八横十六纵”34条主干路之一，位于三一大道与营盘路之间，总投资53.278亿元，2019年8月开工建设。工程西起岳麓区岳华路，东至开福区芙蓉路，隧道全长4180米，采用一台开挖直径15.01米的泥水平衡盾构机掘进。隧道设计为双管双向6车道，行车时速50公里，是长沙市首条双向6车道过江隧道。

中铁十四局项目负责人张亚洲介绍，湘雅路过江通道工程右线盾构隧道于去年6月20日正式始发掘进，先后穿越古建筑、4次穿越湘江大堤、2次穿越两条总长450多米的江底破碎带，以及浅覆土等高风险源，攻克了大坡度小曲线始发、大直径长距离高强岩层掘进、江中浅覆土破碎带加固、高透水地层盾构接收等施工难题，为同类型水下岩层大直径盾构隧道施工积累了宝贵经验。

1

2

1.2月20日上午，冷水江市举行毛易至渣渡公路项目开工仪式，市委书记、二级巡视员曾伯怡宣布开工，市委副书记、市长陈创业致辞，市人大常委会主任孙纬辉，市政协主席阳卫龙出席

2.3月6日至9日，湖南副省长李建中带队赴浙江省、江苏省、安徽省考察学习推进港航事业高质量发展先进经验

湖南省在建最大直径盾构隧道实现双洞贯通

△20日，冷水江市举行毛易至渣渡公路项目开工仪式，市委书记、二级巡视员曾伯怡宣布开工，市委副书记、市长陈创业致辞，市人大常委会主任孙纬辉，市政协主席阳卫龙出席。

△22日，国家邮政局党组成员、副局长陈凯一行来郴调研，并召开农村寄递物流体系建设、客货邮融合发展座谈会。省邮政管理局党组书记、局长韦慧主持会议，市委副书记、市长阚保勇出席会议并讲话。

△26日，常德市委副书记、市长周振宇主持召开铁路建设工作会议，系统总结2022年度铁路建设工作，全面安排部署2023年铁路建设各项工作任务。

3月

△3日，零陵至道县高速公路开工仪式在零陵区举行，市委常委、副市长、永州经开区党委第一书记何恩广宣布路段正式开工，湖南高速公路集团有限公司总工程师周栋梁，江苏交通工程集团有限公司副总裁傅玉罗以及建设业主单位、施工单位代表等相关单位和部门负责人和代表出席开工仪式。

△11日起，长沙地铁再次扩能提速，这已是长沙地铁第19次扩能提速。

△13日，中车株洲电力机车研究所有限公司发布消息称，首条电气化公路示范线建成，填补了中国在电气化公路领域的空白，开辟重载公路货运新路径。

△14日，长沙经开区党工委书记、长沙县委书记付旭明主持召开长沙县交通委员会2023年第一次会议。

△20日，安慈高速石门连接线正式通车。通车仪式由副县长杨红伟主持。县委常委、常务副县长廖江华宣布正式通车。安慈高速石门连接线建成通车后，快速连接起石门县城至安慈高速石门互通，拓宽了南向出城主通道，进一步提升了进出石门县城的通行能力和整体形象。

△22日，湖南航空智慧运行指挥平台（简称IAOC系统）获民航湖南安全监督管理局运行批准，标志着湖南航空运行安全、运营效率跃上新台阶，达到行业领先水平。

怀化国际陆港首次跨境运输大型设备

2023年3月16日，湖南恒光科技股份有限公司第一批8标箱、重79吨的生产厂房钢构件，从怀化国际陆港启程，通过中老班列发往老挝万象。

这是怀化国际陆港第一次跨境运输大型钢构件等设备，为后续大型设备通过集装箱出口探索新路。

2022年，恒光科技在老挝投资建设年产6万吨离子膜氯碱（一期）项目。该项目需要从洪江区化工园将大型生产设备搬迁转运出口至老挝基地。为解决这批大型钢构件跨境国际铁路运输需求，洪江区管委会、区商务局多次与怀化国际陆港经开区、怀化海关、怀化国际陆港公司联手，协调解决大型设备运输问题，并邀请怀化海关、怀化国际陆港、铁路湘通公司、厚德物流公司组成专门工作班子，上门对企业进行装载指导，针对超重超长的不规则钢构件分门别类制定安全加固装载方案，确保国际铁路运输安全。

1.3月16日，郴州市交通安全宣传教育实践基地揭牌

2.3月12日，中铁十四局的工人庆祝长沙市湘雅路过江通道右线隧道贯通

3.3月27日，正在建设中的暮坪湘江特大桥

4.3月20日上午，安慈高速石门连接线正式通车

郴州市首条双向绿波带开启

2023年3月16日，从郴州市交警支队获悉，郴州市城区首条双向绿波带于近日启用。

绿波带是智能交通管理中的专业名词。在指定的交通线路上，当设定好路段的车速后，各路口信号控制器根据路口间距，把车辆所经过的各路口绿灯起始时间作相应调整，以确保车辆行驶到达每个路口时，正好遇到绿灯。也就是说，如果司机按照一定的参考时速开车前进，在一个路口遇到的是绿灯，将这个时速保持下去，那么原则上这一路开下去都是绿灯，畅行无阻。市城区首条双向绿波带位于香雪路。香雪路是市城区“六纵十横”主干路骨架中十横之一，早晚高峰时段有大量车流汇入，路段通行压力和路口区域较大，车辆通过时间较长。又因该路段缺少协调控制，导致车辆停车次数多，等待时间长，车流汇聚也较快。

经市交警支队路面交警和交通工程师多次调研发现，燕泉路至国庆路东西进出城方向沿线6条路（燕泉路、民生路、南湖路、龙泉路、香花路、国庆路），在平峰时段（9:00—17:00）满足设置绿波带的条件。因此，相关部门精细设计了优化方案，为出行市民设置了市城区首条双向绿波带。随着双向绿波带的启用，该路段的通行时间从10分30秒减少至3分42秒，路段全程可不停车通过，将大幅度提升通行效率。

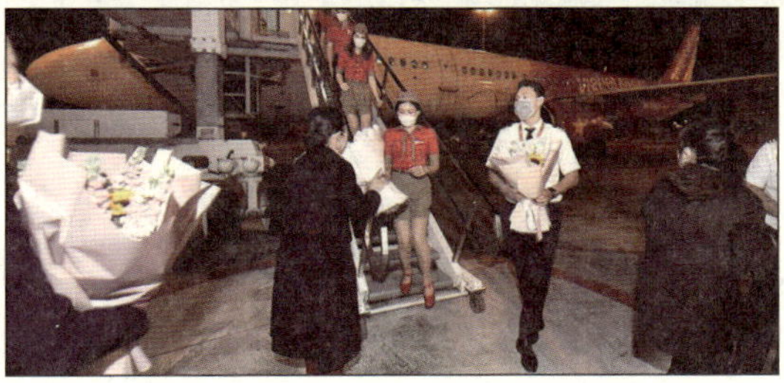

1
2
3

1.3 月 28 日下午，湖南省通信管理局组织干部职工通过线上形式，参加了工业和信息化部举办的《电信领域违法行为举报处理规定》宣贯培训

2.4 月 7 日 21 时 25 分，随着越南越捷航空公司 VJ7866 航班平稳降落张家界荷花国际机场，张家界——河内航线正式恢复。这也是 3 年疫情之后，张家界恢复的首条国际航线

3.3 月 31 日，作为湖南省常德市沅（沅水）澧（澧水）快线 1 号大道控制性工程之一的张公庙特大桥正式通车

永州交警：摆阵国省道沿线，开展『春季守护行动』

2023 年 3 月 19 日，江永公安交警组织民警深入辖区 S518 省道沿线蒋庄村“进村入户”开展交通安全宣传活动。通过发放交通安全资料、讲解典型事故案例等方式，教育引导广大村民要自觉遵守道路交通安全法律法规。此次活动共出动警力 5 人，发放宣传资料 350 余份，宣传教育 210 余人。

3 月 21 日，新田县公安局交通管理大队组织民警深入 G234 国道沿线的新隆镇神桥、龙会潭等村开展“美丽乡村行”交通安全宣传活动。在宣传活动中，民警运用农村“大喇叭”进行广播宣传，教育和引导群众增强安全文明出行意识，拒绝乘坐有安全隐患的车辆。

3 月 20 日，冷水滩交警大队深入 G322 国道沿线伊塘镇庙山村、茶花村、长木塘、紫竹街社区，结合“送电影下乡”活动开展交通安全宣讲。活动中，通过流动宣传车播放宣传教育片等方式讲述无牌无证驾驶、农用车违法载人、超速超载等交通违法行为的危害及“一盔一带”的重要性。

3 月 22 日，双牌公安交警组织民警深入辖区 G207 国道沿线泷泊镇泷泊小学开展交通安全宣传活动。活动中，通过知识讲座、有奖互动等方式教育引导全校师生自觉遵守道路交通安全法律法规，提升“知危险、会避险”的意识和能力。

△ 23 日，郴州市人民政府与中国联通湖南省分公司签署深化数字经济战略合作协议。市委书记吴巨培，中国联通湖南省分公司党委书记、总经理、联通（湖南）产业互联网有限公司董事长欧阳恩山见证签约并讲话。市委副书记、市长阙保勇主持活动。

△ 26 日，由西部航空独家运营的黔江机场首条高原航线合肥—黔江—拉萨成功首航，首航航班共计承运 119 名旅客分别从合肥和黔江前往拉萨。

△ 27 日，《湖南省低空空域协同运行空管保障协议》签约仪式在长沙举行，将为湖南全域通航用户提供协同运行服务，进一步优化空域使用机制、简化飞行审批程序，这也标志着湖南全域协同运行真正实现，湖南省全域低空空域管理改革取得圆满成功。

△ 27 日，湖南省高速公路保安全保畅通保服务大排查大整治大提升专项行动电视电话会议在长沙召开。副省长李建中出席会议并讲话。

取得 12 项“全国第一”　湖南全域低空空域管理改革试点收官

2023 年 3 月 27 日，湖南省低空空域协同运行空管保障协议签订仪式在长沙举行。湖南全省实行低空空域协同运行管理，标志着湖南全域低空空域管理改革试点圆满收官，在中国低空空域管理改革和通航产业发展史上具有里程碑意义。

《湖南省低空空域协同运行空管保障协议》签约仪式在长沙举行

2020 年 9 月，湖南成为全国第一个全域低空空域管理改革试点省份。近 3 年来，湖南构建了全域低空空域协同运行管理的技术和制度保障体系，催生出 12 项全国第一的改革成果。

编制实施全国第一个低空空域划设方案，明确通航飞机“怎么飞”。全省 3000 米以下划设管制、监视、报告及灵活转换空域共 171 个，规划低空目视飞行航线 97 条，实现了省域低空空域分类划设、全域覆盖、动态释放、灵活使用。湖南还发布了全国第一个覆盖全省的专项低空航图，编制全国第一部低空空域目视飞行方法，确保通航飞机“飞得顺畅、飞得精准”。

2022 年，湖南一次性获批 55 个通用机场场址，为全国第一次通用机场场址集中获批。目前，湖南 61 个通用机场场址获得核准，已建成株洲芦淞、长沙开慧等 14 个通用机场，9 个运输机场具备通航功能，规划近 5000 个直升机起降点，力争到 2025 年基本建成“1+13+N”通用机场网。

△30日，怀化国际陆港项目施工现场塔吊林立、机声轰鸣，仓库、综合服务大楼等工程建设多点开花。

4月

△6日，长赣铁路勘察工作完成，长赣铁路进入施工图设计阶段。

△7日，湖南省交通运输工作会议召开，2023年湖南省计划完成交通投资1000亿元，加快重大项目建设，为稳增长提供强力支撑。

△7日，随着越南越捷航空公司VJ7866航班平稳降落张家界荷花国际机场，张家界——河内航线正式恢复。这也是3年疫情之后，张家界恢复的首条国际航线。

△10日，柬埔寨澜湄航空LQ967长沙至金边航班在长沙机场平稳起飞，这是疫情政策调整后湖南省第一条直飞柬埔寨的国际客运航线。

△11日，湖南省道路运输工作会议召开，2023年湖南省加快站场管理与建设，计划完成投资50亿元，新开工项目327个，建成投产303个，全面提升道路运输服务保障能力和服务水平。

长沙地铁1号线北延一期工程全线洞通

长沙地铁1号线北延一期工程全线“洞通”

2023年3月29日，鹅羊山站—秀峰山站左线盾构机顺利破洞而出，标志着长沙地铁1号线北延一期工程盾构区间全线贯通，为后续的“轨通”及“试运行”奠定了坚实基础。

长沙地铁1号线北延一期工程项目地质环境复杂多变，且均为长距离大坡度隧道，盾构掘进先后下穿捞刀河、侧穿京广线铁路桥、通过长距离高强度硬岩、下穿富水圆砾地层等多处特殊地段。线路还涉及上跨高速公路、客运铁路及110千伏高压电塔、石油管道的迁改，施工难度大，安全风险高。在长沙市轨道交通集团精心谋划下，中建五局土木公司盾构分公司等参建单位优化方案，确保项目建设安全高效实施。

长沙地铁1号线北延一期工程位于金霞组团段，线路起于金盆丘站，止于开福区政府站（既有运营站），线路全长约9.88公里，共设5座车站，其中2座高架站、3座地下站，线路北端设1个沙河停车场。自2020年10月动工，目前全线5座车站主体封顶。

1.4月17日，洞口县县委常委、宣传部部长唐煜来到草罗公路施工现场调度该项目建设进展

2.4月25日，G56杭瑞高速南长城收费站迎来了第一台通行车辆

3.5月5日，由中铁交通投资建设运营、中铁北京局承建的炉慈高速维新镇1#隧道右洞提前51天顺利贯通

湘粤非铁海联运班列首发仪式

湘粤非铁海联运『株洲—欧洲』汽配专列首发

2023年3月29日，一列满载汽车配件的火车从株洲中车物流驶出，将通过铁路抵达广州南沙港，再海运至欧洲，首趟湘粤非铁海联运“株洲—欧洲”汽配专列正式开行。

近年来，湖南汽车产业迅猛发展，成为继工程机械、电子信息、新材料后又一支柱产业，长株潭地区成为汽车产业的核心区域。北京汽车株洲基地2009年落户株洲高新区，具备年生产20万台整车及20万台发动机的能力；吉利湘潭基地2018年改扩建后，产能超30万辆；比亚迪长沙基地一期产能30万辆，2022年新增产能30万辆。

2022年，湘粤非积极关注汽车产业，开拓汽车配件集装箱多式联运方式，依托南沙港区航线优势，实现“湖南—南沙港—巴生港”国际联运班列常态化开行，共发运重箱约3000标箱，计36列。

2023年，通过加强与湖南本土汽车制造企业的交流走访，对接湖南重点汽车龙头企业，开辟“株洲—欧洲”铁海联运专线，北汽、吉利率先尝鲜，预计“株洲—欧洲”专线全年新增运量超100列。

2023年一季度，湘粤非通道共发运重箱量8670个标箱，合计106列，预估全年重箱量达400列。

第六届 CAPSE 民航创新大赛落幕

第六届 CAPSE 民航创新大赛落下帷幕

2023 年 3 月 31 日，第六届 CAPSE 民航创新大赛落下帷幕。湖南机场集团“匠心换舒心，提升长沙机场行李运输服务品质”“航显屏 IRC 智能运控设备”“‘衡阳那碗粉’服务品牌”“打造‘无 V 不至’服务品牌助力贵宾服务全面升级”等 4 个项目获创新奖。

长沙黄花国际机场“提升行李运输服务品质”项目，是一款自主研发的“带式输送机缓冲装置”，它将国内出港行李破损率由原来的 1.99‰下降至 0.4‰，进一步提升旅客托运行李的运输服务品质。评委现场点评：“这个项目是我们民航创新的一个缩影，实实在在为旅客着想。”

在打造民航服务品牌方面，衡阳南岳机场推出“衡阳那碗粉”服务，为始发旅客免费提供、为过站旅客按成本价提供筒子骨粉、牛肉卤粉、碎肉粉等 3 款特色产品，获得民航业内和社会各界广泛认可和好评。围绕民航智慧建设，长沙机场研发的航显屏 IRC 智能运控设备展现了民航业用智慧赋能“加速度”。

CAPSE（民航旅客服务测评）作为独立的第三方民航服务测评机构，现已发展成为企业提供咨询、培训等全链条解决方案的行业平台。截至今年 3 月，近 85% 的民航实体采用 CAPSE 数据指标。

1

2

1.5 月 9 日，郴州汽车总站（西站）正式启用

2.5 月 18 日，“平安有我 绿色出行”新能源巡游出租汽车更新上线启动仪式在益阳高铁南站隆重举行，首批更新上线了 208 台比亚迪秦纯电动出租汽车

湖南首条定期中东全货运航线开通

顺丰航空 O37591 航班正在装载货物

2023 年 4 月 12 日，顺丰航空 O37591 航班满载 50 吨跨境电商产品、机械设备、电子产品、服装纺织货物，从长沙黄花国际机场腾空而起，这标志着长沙至特拉维夫全货运航线正式开通，该航线也是湖南首条定期中东全货运航线。

长沙至特拉维夫定期货运航线由顺丰航空承运，机型为波音 767 全货机，最大载量约 58 吨，初期按每周 2 班运行，后期结合市场需求将增至每周 4 班，预计全年为长沙机场新增约 0.7 万吨货邮吞吐量。运输出口货物主要为跨境电商产品、机械设备、电子产品、精密仪器、医药制品等；运输进口货物主要为电子产品、光学产品、农业技术产品等。

特拉维夫是以色列第二大城市，地处亚、非、欧三大洲结合处，是中东地区重要的物流中转站和贸易枢纽。

目前，长沙机场稳定执飞长沙至纽约、莫斯科、达卡、马尼拉、亚的斯亚贝巴、曼谷、特拉维夫 7 条国际货运航线。今年一季度，长沙机场在飞国际货运航线数量比 2022 年同期增长 1 倍，共执飞 134 个往返航班，运输货重约 1.05 万吨，进出口货值约 3.04 亿美元。

据悉，湖南机场集团将以国际航空货运航线为载体，不断拓宽国际航空货运市场，依托长沙至特拉维夫国际货运航线，进一步打通长沙联结西亚、非洲、欧洲等地的航空物流通道，助推湘品出海、优品入湘。

△ 12 日，湖南省城市公交高质量发展会议召开，2023 年湖南省将全面推行公交行业成本规制，确保全省公交行业健康稳定可持续发展。

△ 12 日，永州市政府与中国移动湖南分公司举行“智赋万企”座谈。市委常委、副市长何恩广，湖南移动党委书记、总经理程伟参加。

△ 13 日，来自湘西土家族苗族自治州各产业园区、优势产业链重点企业负责人齐聚一堂，系统学习“智赋万企”行动相关文件和企业数字化转型业务知识。

△ 17 日，洞口县委常委、宣传部部长唐煜来到草罗公路施工现场调度该项目建设进展。县草罗公路项目建设指挥部、罗溪瑶族乡、中交二航务局等部门和单位相关负责人参加调研。

△ 20 日，常德市“智赋万企”行动暨通信战略合作启动仪式举行。市委副书记、市长周振宇主持启动仪式，并宣布常德市“智赋万企”行动正式启动。

△25日，位于凤凰县境内的G56杭瑞高速公路南长城互通项目正式通车试运营。

5月

△5日，湖南省数字乡村发展统筹协调机制会议召开，审议通过了《湖南省数字乡村发展行动方案（2023—2025）》，湖南省将通过开展五大行动，加快推进全省数字乡村发展。力争到2025年，全省农村互联网普及率达到70%，20户以上自然村组4G和光纤网络实现全覆盖，行政村5G覆盖率和千兆光纤通达率均达到80%。

△5日，炉慈高速维新镇1#隧道右洞提前51天贯通。截至目前，维新镇1#隧道双线全部贯通，是炉慈高速全线首座双线贯通的隧道。

△8日，湘粤非铁海联运（永州陆港—深圳盐田港）果秀专列开行。

△17日，国铁集团与湖南省政府联合批复了新建邵阳至永州铁路可行性研究报告，标志该项目建设前期工作取得实质进展，项目力争2023年实现开工。

株洲跨湘江清水塘大桥主梁合龙

2023年4月15日，随着最后一榀主梁块体精准到位，由中交三航局投资、承建的株洲清水塘大桥主梁顺利合龙，标志着大桥建设取得突破性进展。

大桥北起清水塘大道，上跨清霞路，往南越过湘江，对接珠江北路。全长2.85公里，其中桥梁段长度2.175公里。主桥采用中承式钢桁架拱桥结构，桥梁上层为机动车道，下层为人非景观通道。

大桥主跨为408米的双层钢桁架拱桥，位列同类型桥梁世界第六位、中国第三位。项目建设团队创新施工方法手段，采用信息化技术，在距离水面34米的高空上顺利完成大桥主拱毫米级的合龙。

4月15日，连接石峰区与天元区的株洲清水塘大桥主梁顺利合龙

大桥建成后，将成为连接株洲市石峰区及天元区的新动脉，加强轨道科技城、清水塘生态科技产业新城、株洲国家高新区以及武广新城等四大板块的紧密联系。

炉慈高速全线首座隧道左洞贯通

炉慈高速全线首座隧道左洞贯通

2023年4月16日，由中铁交通投资、中铁北京局承建的炉慈高速TJ3标项目施工现场热闹非凡，该线路维新镇1#隧道左洞提前20天顺利贯通，标志着项目施工取得突破性进展。

炉慈高速全线首座隧道左洞贯通炉慈高速维新镇1#隧道左洞是全线贯通的第一条隧道，全长2517米，最大埋深180米，设计时速100千米。面对施工难度大、工期紧张等制约因素，项目部主动出击、提前策划，确保了隧道顺利贯通。

“自从开工以来，项目部坚持领导带班作业制度，多次组织党员先锋队，带领项目技术人员、管理人员深入施工一线克服困难，组织生产。维新镇1#隧道左洞比计划节点工期提前20天贯通，这为后续梁板架设等奠定坚实基础。”中铁北京局炉慈高速TJ3标项目生产副经理蔡玉志说道。

炉慈高速TJ3标路线起点由北向南依次途经太平镇、大同山林场、维新镇，全长14.6公里，路基宽度26米。在项目施工一线，工人们正在进行梁板架设作业，现场一派繁忙景象。

“下一步，项目部将乘势而上，紧抓安全生产和工期进度目标不放松，科学组织，攻坚克难，确保安全高效完成项目部各项目标任务。”中铁北京局炉慈高速TJ3标项目生产副经理蔡玉志表示。

1.5月23日，湖南局联合省邮政公司、省邮政业安全中心组织全省市州县邮政企业安全管理员150人开展平安寄递专题安全培训

2.6月7日，临武县与中国联通郴州市分公司签订《深化数字经济战略合作框架协议》 1

3.6月9日，湘阴县人民政府与市城运集团战略合作暨虞公港集疏运体系芙蓉北路物流通道一期工程委托管理协议签约仪式举行，岳阳市城市运营投资集团有限公司党委副书记、总经理谌曦、县长刘世奇出席并致辞，县委常委、组织部部长徐春光、县委常委、副县长罗奇参加 2 3

长沙首条『铁水公』联运专线5月开通

与京广线长沙北站接轨，专用铁路的开通将使得长沙新港的经济腹地进一步向华北、华南和西南地区延伸

2023年4月19日，从长沙市交通运输局获悉，广州铁路局专家验收组一行对长沙新港公司专用铁路（以下简称新港专用铁路）进行了全面验收。

专家验收组听取了项目建设单位、设计单位、监理单位和施工单位的工作汇报，现场检查了新港专用铁路的线路、路基、轨道、桥涵、站场、信号等工程建设情况，对新港专用铁路的工程质量和建设水平给予了高度肯定。专家验收组一致认为，新港专用铁路工程满足相关设计标准，工程质量合格，具备开通使用条件，同意通过竣工验收。

据悉，新港专用铁路位于长沙市开福区金霞经开区境内，项目采用EPC总承包方式，由中铁第四勘察设计院和中铁二十五局集团有限公司设计、承建。该项目为Ⅳ级单线铁路，设计运行速度40公里/小时，最小曲线半径300米，限制坡度6‰。信号系统计算机联锁系统，区间采用半自动闭塞，自备DF10DD内燃机牵引，牵引质量为4000吨，与京广线长沙北站接轨，线路全长4.48公里，铺轨里程7.7公里，实现了港口铁路与京广线等国铁干线的无缝衔接。

1 2
3 4

1.6月19日，投资11亿元的跃林路、碧塘路、幸福河街3条道路动工，开启衡阳市重点项目植物园片区建设的序幕

2.6月13日，省交通运输厅党组成员、总工程师任成志一行调研永州市东安县交通运输科技创新和信息化建设情况

3.6月28日上午，由省交通运输厅、交通运输工会主办，省公路事务中心承办，省公路学会、湖南润安危物联科技发展公司协办的2023年公路养护作业知识竞赛总决赛在湖南长沙开赛

4.6月13日，一车出口邮件经长沙海关监管放行启运香港，这标志着湘粤港海关“跨境一锁”快速通关启动

△28日，岳阳铁水集运煤炭码头船只往来不绝，一派繁忙景象。岳阳铁水集运煤炭码头5月10日开港，己内酰胺项目供煤通道同时贯通，岳阳铁水集运煤炭储备项目进入实际运营阶段。

△28日，岳望高速金龙互通、湘江北路湘望连接线开工暨湘江新区金龙先导区基础设施配套工程启动仪式在湘江新区湘阴片区举行。建成后，湘阴片区与许广高速、茶长高速、平益高速3条高速无缝对接，将实现与长沙东北部主城区29公里高速直达、15分钟通勤。

6月

△1日，明星村大桥顺利实现全幅贯通，这也是茶常高速八标第二座全幅贯通的桥梁。

△6日，庄至新化高速公路黄沙界隧道近日双幅贯通。至此，官新高速全线22座隧道全部贯通，为年底通车奠定了坚实基础。

△7日，“韶山1号”“韶山2号”两台盾构机分别在云塘站、环保大道站顺利始发，标志着长沙地铁7号线一期工程正式进入盾构掘进阶段。这项工程将进一步完善长沙轨道交通网络，拉动沿线经济发展。

衡阳市两部参展邮集均获奖

2023年5月1日，昆明2023第19届中华全国集邮展览圆满落幕。经过4天的评审，各大奖项全部评出。这些获奖展品既有集邮家创作的经典作品，也有近年涌现的中青年和青少年集邮爱好者的作品，荟萃了我国集邮文化建设的丰硕成果。

邮展评审委员会依据《中华全国集邮联合会集邮展览规则》，参照国际集邮联合会（FIP）集邮展览评审总规则及各类别评审专用规则和指导要点，根据本届邮展的特别规则，评出大金奖、金奖、大镀金奖、镀金奖、大银奖、银奖、镀银奖、铜奖等各种奖项共346个。其中，衡阳市集邮协会选送的两部邮集均获奖。侯小波的《民国第一、二版快信邮票》喜获镀金奖，成为湖南省参展获得的最高奖项；王东初的《中国军邮圆形日戳（1951—1958）》获得银奖。

据悉，本届邮展是展销规模最大、主题活动最强、上下联动最广、参与人数最多、学术讲座水平最高、社会影响最深的全国集邮展览。本届邮展实现了办展目标，达到了举办目的，展现了新时代党和国家事业的欣欣向荣，宣传贯彻了党和国家的文化建设和发展战略，促进了文化交流和社会交流，对推动我国从集邮大国走向集邮强国具有重要作用和积极意义。

△12日，衡东县政府与中国联通衡阳市分公司在县政府常务会议室签署深化数字经济战略合作协议。县委副书记、县长蒋崇华，中国联通衡阳市分公司党委书记、总经理李亚明见证签约并举行会谈。

△13日，安仁县X149线周古坪至洋际公路提质改造工程项目正式开工建设。安仁县X149线周古坪至洋际公路提质改造工程是“十四五”期间省农村公路重点保障性项目，也是安仁县近年来实施的第二条乡镇通三级公路。

△15日，湖南省交通运输厅在2023世界交通运输大会期间举办发布会，正式发布《新时代湖南高质量推进“四好农村路”建设白皮书》。

△19日，以“智联湘江，乘数而上”为主题的2023互联网岳麓峰会在长沙拉开帷幕。这是深入贯彻党的二十大关于建设“网络强国”“数字中国”战略部署的实际行动，是全面实现“三高四新”美好蓝图的重要举措，是积极构建现代化产业体系、加快高质量发展的生动实践。

长沙磁浮东延线盾构隧道双线贯通

磁浮T3站区间隧道土建工程顺利完成

2023年5月6日，在长沙机场改扩建工程T3航站楼地下27米处，随着“磁浮二号”国产盾构机顺利拆解完成并吊出，标志着由长沙市轨道交通集团有限公司负责建设、中铁十四局承建的世界首条采用盾构法施工的中低速磁浮隧道双线土建工程顺利完成。该项目投入运营后，T2航站楼到T3航站楼的换乘时间仅需2分钟。

长沙磁浮东延线接入T3航站楼项目位于长沙县黄花镇境内，从长沙大道与临空大道西北侧长沙磁浮快线接入，以300米—350米曲线半径向T3航站楼敷设，线路全长4.454公里。磁浮T2站至磁浮T3站区间隧道右线已于2022年底贯通。本次贯通的左线隧道全长2.849公里，2021年12月26日从磁浮T2站东端始发掘进。

长沙磁浮东延线是打造长株潭城市群内部市域快速轨道交通网的重要组成部分，对打造以机场为中心的综合交通枢纽具有重要意义。项目投入运营后，旅客在长沙高铁南站乘磁浮可直达黄花机场T3航站楼，实现点对点快速接驳。

1.6月30日上午10点，靖州—黎平高速公路（简称“靖黎高速”）正式通车，湖南新增一条出省通道，靖州县至黎平县的通行时间由以前的90分钟缩短为45分钟

2.7月4日至7月7日，湖南省交通运输厅在韶山干部学院举行党务干部学习贯彻习近平新时代中国特色社会主义思想培训班，厅直系统、行业协会党务工作者共100人参加此次培训，厅党组成员、驻厅纪检监察组组长张朝出席开班仪式并讲话

3.7月5日上午，省交通运输厅党组成员、总规划师苏清贵会同省委改革办分管日常工作的副主任梁仲等组成调研组，开展长株潭一体化交通发展调研

湖南首趟『助力乡村振兴』货运专列从吉首开出

湖南铁路首开“助力乡村振兴”货运专列

2023年5月15日，伴着长鸣的汽笛，满载着精细砂的86999次货运专列缓缓驶出吉首火车站，开往目的地长沙。这是广铁集团货运部门为花垣县开行的首趟货运专列，也是湖南铁路首次开行“助力乡村振兴”货运专列。

该趟专列共42节，装载的2688吨石料均为花垣县铅锌矿尾砂“转化”而来。据了解，湖南华垣环能科技有限公司用尾砂作原料，每月能够生产精品细砂24万余吨，并运用到建筑、化工、造纸等领域，具有较高的经济价值和生态价值。但受限于物流成本高等原因，以往仅在湘西及周边销售。此次，广铁集团主动对接企业，为其量身订制运输产品。相较公路运输而言，铁路货运专列具有快速、稳定、准点、不间断运输等特点，并且此次开行的“助力乡村振兴”货运专列同公路运输相比，可压缩运输时间19%左右，节省运输成本37%左右。

湖南华垣环能科技有限公司负责人表示，货运专列开行后，将助力公司产品进一步打开市场。未来3年，公司可望年消耗铅锌尾矿700万吨以上，实现年产值约5亿元，新增就业岗位300余个。

1.7月10日至12日，省交通运输厅在长沙市举办全省交通运输系统办公室业务综合培训班

2.7月10日，万家丽路快速化改造北延线高架桥最后一节预制盖梁吊装到位

3.7月10日下午，湘阴县公路建设和养护中心组织施工单位，对S206线季兰坡公跨铁桥上部结构进行拆除施工。经过绳锯切割梁体横向连接后，使用450吨汽车吊将梁体进行了吊除

湖南发布国内首部中速磁浮交通系统设计标准

2023年，由湖南轨道集团下属湖南轨道技术应用研究中心有限公司牵头编制、湖南省市场监督管理局批准的《160km/h短定子磁浮交通设计技术要求》（DB43/T 2557—2023）正式发布。该标准是国内首部针对时速160公里的短定子磁浮交通系统的设计规范。

该标准依托湖南省战略性新兴产业与新型工业化专项《中速磁浮交通技术攻关》课题及最高时速160公里的中速磁浮列车试验测试成果，充分融合国内外在短定子磁浮交通规划、设计、施工和关键设备研发实践中的技术积累，对时速160公里短定子磁浮交通设计技术要求的术语和定义、适用范围、总体原则及车辆、轨道等26个专业的技术要求进行了规定，于2023年5月17日起实施。

湖南轨道技术应用研究中心相关负责人介绍，湖南拥有完整的商用磁浮产业体系，省内就可完成磁浮交通系统90%以上零部件的研发、生产和采购。该标准的发布，体现了湖南省在中速磁浮交通技术上的领先，以及商用磁浮产业体系的进一步完善。

湖南省移动电话用户超7400万户

2023年5月17日是世界电信日，湖南省通信管理局指导、湖南省通信学会主办、湖南电信、移动、联通、网络保障中心协办的“湖南省2023世界电信和信息社会日主题报告会”在长沙岳麓科创港成功举办。

湖南举办“时代新征程，历史新起点，行业新使命”2023世界电信和信息社会日主题报告会

近年来，全省通信行业持续推进双千兆网络、新型数据中心、国家级互联网骨干直联点等新型信息基础设施建设，信息基础设施支撑作用和赋能效果不断提升。至2023年4月底，全省移动基站总数43.8万个，5G基站达到10.7万个，移动电话用户7415万户，普及率达到每百人112户，固定宽带用户2569万户，互联网省际出口带宽6000万兆，排全国第11位。

报告会上，省通信管理局表示，将全力打造高质量网络为基础，推动进一步提升湖南省信息通信网络能力和综合服务水平，争取建成3个以上千兆城市；新建5G基站2.5万个以上，全面提升高铁沿线网络覆盖质量；督促电信企业和互联网企业切实规范经营行为，不断提升服务意识；积极推动“5G+工业互联网”融合发展；进一步强化网络安全综合保障水平。

△19日，投资11亿元的跃林路、碧塘路、幸福河街3条道路动工，开启了衡阳市重点项目植物园片区建设的序幕。

△27日，四川宜宾智能轨道快运系统T4线运行平稳，成为当地居民往返宜宾主城区与南溪区的快速客运通道，宜宾城区交通秩序有效改善。T4线全长46.69公里，是目前中国最长的智轨线路。

△28日，长株潭城际轨道交通西环线一期工程正式开通运行。总包设计单位中铁第四勘察设计院透露，该工程实现了轨道交通设计施工方面的多个“首次”。

△30日，长沙至保山航班上，随着机长广播响起，湖南航空“云端党建馆”七一主题航班顺利启航。

△30日，湖南靖州至贵州黎平的高速公路正式通车。这标志湘西南又新增一条通往贵州的高速大通道，靖州至黎平的车程时间将由原来的90分钟缩短至45分钟。

7月

△7日，官（庄）新（化）高速控制性工程——雪峰湖大桥成功合龙，标志着官新高速主线全线贯通，为12月项目建成通车创造了有利条件。

△10日，宜章新汽车总站正式启用。县委书记张润槐宣布宜章新汽车总站正式启用，县委副书记、县长邓生华主持启用仪式。

△11日，蒸湘区人民政府与中国移动衡阳分公司举行深化“5G+”应用战略合作会谈及签约仪式。区委副书记、区长李健，中国移动衡阳分公司党委书记、总经理周友庚出席签约仪式并致辞，副区长郑刚主持。

△13日至14日，邵阳市交通运输局举办了全市交通运输安全监管人员和应急管理人员集中培训。本次培训各县市区交通运输局、各行业机构分管安全负责人和安全科股长以及市局机关各科室负责人等共计110余人参训。

张家界国际航班加快恢复

2023年6月7日，由韩国清州飞来的航班降落在张家界荷花国际机场，标志着张家界至韩国清州国际航班复航，这是继韩国釜山、大邱两条航线复航之后，张家界恢复的第三条韩国航线。

张家界至韩国清州的航班，由四川航空公司空客A321执飞，该公司于2023年6月7日至10月28日执行张家界往返清州定期航班。每周三、周六各往返1班，单程为3个半小时。具体执飞时刻为：张家界——清州航班号为3U3703/3U3704，11:20从张家界起飞，14:55到达清州；16:05从清州起飞，19:50抵达张家界（以上均为北京时间）。

随着全国入境旅游市场快速恢复，张家界旅游发展更为突出。4月7日，张家界至越南河内国际客运航班正式恢复。这是3年疫情之后张家界恢复的首条国际客运航线。此后不到2个月的时间，先后恢复张家界至越南胡志明、泰国曼谷和韩国釜山、大邱、清州5条国际客运航线，6月份还将陆续恢复张家界至韩国务安、仁川、济州等3条国际客运航线，后期还会开通张家界至日本大阪等国际客运航线，国际航线数量有望恢复到疫情前最高峰时2019年的水平。

目前，张家界口岸平均每周20个国际航班，后期每周将超过40个国际航班。截至5月31日，张家界口岸共执飞国际航班168架次，口岸出入境旅客2.41万人次，平均客座率70.9%。

1
2
3

1.7月21日上午，零道高速公路（道县段）开工仪式在寿雁镇鲤鱼坝村举行

2.7月20日上午，湘潭首条快速公交K1线开通运营

3.7月27日，湖南省通信管理局与中国信息通信研究院举行中国信息通信研究院湖南行业管理技术支撑中心揭牌仪式，并开展座谈交流

沅辰高速公路辰溪沅水特大桥成功合龙

沅辰高速公路辰溪沅水特大桥成功合龙

2023年6月12日，沅辰高速公路辰溪沅水特大桥合龙仪式在项目施工现场举行。怀化市人民政府副秘书长翟波出席仪式并宣布合龙，县委副书记、县长丁热平，沅辰公司支部书记、总经理彭超志分别致辞。

仪式上，施工单位负责人介绍了项目整体施工情况。彭超志对莅临仪式的领导和嘉宾表示热烈欢迎。他说，自沅辰高速公路开工以来，中交路建沅辰四标项目团队坚持“高品质、高起点、高标准、高效率”的建设理念，科学组织、优质施工，安全、高效地完成了施工任务，以实际行动践行了“做忠诚干净担当人，修优质安全节约路”的沅辰理念。希望全体参建者继续发扬攻坚克难、迎难而上的干劲，守正创新，坚守质量安全标准不放松，坚持文明施工、精细化管理不放松，将沅辰高速公路打造成为“平安百年品质工程”。

据悉，沅辰高速辰溪沅水特大桥全长732米，按双向四车道设计，设计时速100公里，跨江主桥采用（100+2×180+100）米预应力钢构，是沅辰高速公路关键控制性工程，是连接沅陵、辰溪等地主要跨沅江通道。该桥的全幅合龙为后续桥面、路面等施工创造了有利条件，也为沅辰高速项目全线通车打下坚实基础。

1.7 月 31 日上午 10 时 18 分，邵阳县白仓至新宁县高速公路建成通车，白新高速实现全线贯通

2.7 月 31 日，凤凰县凤凰磁浮配套文旅项目竣工暨观光快线安全运行一周年活动正式启动

3.8 月 3 日 9 点 58 分，由中铁广州局承建的炉慈高速公路项目尖峰岭隧道右幅顺利贯通，标志着项目建设取得突破性进展

1
2
3

让老铁路焕发新活力

"老铁路"焕发"新活力" 湘桂线完成首次全机械化整治

2023 年 6 月 13 日，永州祁阳市大村甸站内，随着最后一根轨枕精准放置在预定位置，为期 40 天的湘桂线首次全机械化设备集中整治完成。

湘桂线建成已有 80 多年，是湖南通往广西方向的重要通道。因年代久远，使用周期过长，该线路重新修建并进行过多次扩能改造、更新换代。

为助力"湘货出海"，让湖南地区产品更好地通过湘桂线连接广西西部陆海新通道，广铁集团工务部门针对湘桂线实际使用情况，制定全面集中整治方案，利用连续 40 个"天窗"，对管内湘桂线 147 公里线路进行机械换枕、大机清筛、大机打磨等 7 项施工作业，优化线路道床质量、加固强化薄弱设备。

自 5 月 4 日湘桂线设备集中整治开始后，该段累计完成机械换枕 4.38 公里，机械换砟 1.38 公里，湘桂线设备整体质量得到大幅提升。

湘府东路跨浏阳河大桥完成建设

2023 年 6 月 15 日，由长沙城发集团投资建设的湘府东路跨浏阳河大桥如期建成。长沙城南再添一座上跨浏阳河的桥梁。

湘府东路跨浏阳河大桥完成建设

该项目是长沙"五个十大"中十大基础设施项目之一，于 2020 年 9 月启动建设，项目总投资约 4.03 亿元。大桥西接湘府路高架桥，东至浏阳河东岸，全长 667 米，其中西引桥 325 米，跨河桥梁 342 米，是整个湘府东路项目的控制性工程。包含两座主线桥和南、北两座辅道桥，设计速度 80 公里 / 小时；地面辅道为城市主干路，设计速度 50 公里 / 小时；均为双向 6 车道。

"湘府东路跨浏阳河大桥，是长沙首座引入桥梁结构健康监测系统的城市桥梁。"长沙城发集团项目经理孙怡然介绍，项目在桥梁主体结构内部关键部位，安装了各种类型传感器，用于监测桥梁应力变化，对桥梁使用寿命期间的结构健康状况和性能进行实时监测，及时预警。

据悉，未来该项目还将顺接湘府东路（浏阳河—黄兴大道）项目，双向合计 12 车道。全线拉通后，开车从洋湖到会展片区、机场片区将一路高架，全程无红绿灯，成为市民出行又一重要通勤通道。

△ 18 日，绥宁县整治办联合县交通运输局、县交警大队等单位深入乡镇针对马路市场、三轮车载客等行为进行专项整治，切实筑牢交通事故安全防线，维护辖区交通安全，助力文明城市创建。

△ 19 日，邵阳市交通运输局党组书记、局长李叶松主持召开全市交通运输系统半年工作调度会，局领导班子成员、局直各单位主要负责同志、局机关全体干部参加会议。

△ 20 日，深圳盐田国际第 12 个内陆港——永州内陆港挂牌，这是继醴陵、岳阳、郴州之后，盐田国际在湖南省挂牌的第四个内陆港。这是永州陆港与深圳盐田港合作海铁联运，为永州拓展外向型优势产业打通的又一条"通江达海"通道。

△ 20 日，湘潭市首条快速公交 K1 线正式投入运营，崭新的新能源公交车缓缓从湘潭大学教师公寓公交站出发，经 30 多分钟的行驶后抵达湘潭北站公交站。该线路全长 17 公里，单程行驶时间为 30 多分钟，行驶效率较普通公交车快 1 倍以上。

△24日，邵阳市交通问题顽瘴痼疾集中整治办主办了道路交通安全知识抢答赛，双清区、北塔区的“两站两员”“路长制”相关负责人赛后纷纷表示收获颇多。

△26日，蓝山县公路建设养护中心透露，截至目前，该中心共完成道路安全隐患整治81处，广大群众平安出行需求得到充分保障。

△27日，中国信息通信研究院中南研究院在长沙经开区揭牌。中国信息通信研究院院长余晓晖出席活动并揭牌。长沙经开区党工委书记、长沙县委书记付旭明主持。长沙经开区党工委副书记、管委会主任张庆红，区领导赖坤明出席。

△31日，邵阳县白仓至新宁县高速公路建成通车，白新高速实现全线贯通。通车仪式现场，市委常委、副市长仇珂静宣布正式通车，县委副书记、县长周玉祥参加通车仪式。

长株潭城轨西环线一期工程正式开通运行

2023年6月28日，长株潭城际轨道交通西环线（简称“长株潭西环线”）一期工程正式开通运行，并与长沙地铁3号线实现无缝换乘，长沙、湘潭首次实现地铁系统跨城市互联互通。至此，长沙与湘潭开启地铁同城时代，两地市民快捷跨市出行，也为推进长株潭一体化发展起到重要作用。

伴随着长株潭西环线一期顺利载客，长沙轨道交通运营里程达226公里，车站增至156座。地铁1至6号线、长株潭西环线一期、磁浮快线组成的长沙轨道线网连接东西、贯通南北，8线联动，将“轨道上的长株潭”由美好梦想照进现实。至此，长株潭三市间初步形成地铁、城铁、高铁、高速公路、城际快速路等协调发展的综合立体交通网络。

按总体设计，到2027年，长株潭都市圈轨道交通总规模将达1460公里左右，覆盖10万人以上的重点片区。长株潭主城区间及周边重要城镇间基本形成“一小时通勤圈”，并与周边主要城市、长三角和粤港澳大湾区等城市群实现1.5至3小时通达。

6月28日，地铁列车行驶在长株潭城轨西环线上

1.8月8日凌晨，由中交路建承建的益常扩容重点控制性工程——沅水特大桥最后一个0号块顺利浇筑完成，此次浇筑完成后，沅水特大桥主墩全面进入挂篮悬臂施工阶段，为益常高速扩容工程早日通车迈出坚实的一步

2.8月9日，湘雅路过江通道工程的围挡后面，在湘江流域地下40米处的隧道内，看到作业人员正操作滚轮机进行道路铺装层的施工

1
2

靖黎高速正式通车 湖南新增一条出省通道

2023年6月30日，伴随着第一辆车缓缓通过靖州南收费站入口，靖州—黎平高速公路（简称“靖黎高速”）正式通车，湖南新增一条出省通道，靖州至贵州黎平县的通行时间由以前的90分钟缩短为45分钟。

据了解，靖黎高速于2020年7月10日开工建设，主线全长56.98公里，采用双向四车道高速公路标准建设，行车速度100公里/小时，总投资56.49亿元。靖黎高速位于湖南省怀化市靖州苗族侗族自治县境内，起于信冲枢纽，与G65包茂高速怀化段相接，止于湘黔界的界牌，通过界牌隧道与已建成通车的贵州省黎靖高速公路相连。

靖黎高速是交通运输部首批“平安百年品质工程”创建示范项目，是湖南省“十四五”规划重点建设项目，是湖南省“七纵七横”高速公路网地方加密线路之一，也是湖南今年计划建成通车的四条高速（靖黎、官新、芷铜、白新）中的首条。靖黎高速公路建成通车后，将湘黔桂三省的靖州、通道、黎平、从江、三江的高速公路串联在一起，补充和完善区域公路网骨架，形成了区域性的湘黔桂三省高速公路走廊，极大地改善了沿线地区的群众出行条件和物流运输条件，助推苗、侗少数民族聚居地区乡村振兴，助力区域经济发展迈入快车道。

靖州—黎平高速公路

『株洲动力』助复兴号驶上青藏铁路

2023年7月1日，新型CR200J复兴号动车组，从青海西宁站首发开往格尔木。这是复兴号动车组首次驶上青藏铁路，标志着青藏铁路迈入动车时代。该动车组由中国中车旗下企业中车株机公司、中车浦镇公司联合研制。

此次开行的复兴号动车组，是一款能满足高原高寒环境运行的动力集中型电动车组，共9节编组，最高时速160公里，定员676人。中车株机公司相关负责人介绍，为确保动车组高原行驶动力十足，列车采用6轴电力动力车，总牵引功率7200千瓦，较常见的4轴复兴号动力车提高近30%，使其能够在30‰的上坡道平稳起步。同时采用动力车、拖车网络控制系统一体化设计，实现网络智能化监控，提高列车在高海拔、大坡道、长隧道环境中运行的安全性。在防紫外线性能、电气绝缘性能、低气压散热能力、耐低温性能、防风沙性能等方面，也进行了整体提升。

青藏铁路西格段东起西宁站，向西途经湟源、海晏、乌兰、德令哈至格尔木站，全线运营里程829公里。复兴号动车组将运行时间缩短至5个半小时，将西宁、格尔木、德令哈3座城市融入5小时城市生活圈，为青藏高原经济发展注入新动力。

新型CR200J复兴号动车组

1

2

1.8月23日上午，省委副书记、省长毛伟明为湖南省港航水利集团有限公司揭牌

2.8月22日，溆浦县举行警予大桥建设工程主桥合龙仪式，标志着历时541天建设的警予大桥建设项目联通最后一处“断点”

湖南开通至俄罗斯水运直航航线

湖南开通首条直航俄罗斯水运航线

2023年7月3日，湖南开通首条直航俄罗斯水运航线。3日，经岳阳海关监管放行，国际航行船舶“新奥远鉴”号货轮，运载330个标准集装箱、货值6400余万元的汽车成套散件，缓缓驶离岳阳城陵矶新港集装箱码头，驶向俄罗斯海参崴（符拉迪沃斯托克）港。这是湖南第二条进出境水运直航航线。该航线将加强湖南与“一带一路”周边国家经贸联系，为湖南及中部内陆地区进出口提供新通道，助力湖南打造内陆开放经济新高地。

航运企业介绍，该条航线去程10天，回程12天。相比以往经上海港中转航线，水运直航可减少周转环节及损耗，平均每班可节省时间约5天，节约运费40%。该条航线进出口货源充足，预计年货物吞吐量可达5万吨。

为保障该航线顺利运营，长沙海关提前掌握船舶靠泊及货物通关计划，指导企业采取“提前申报”“直装直提”等模式办理出口货物通关、验放手续。下一步，长沙海关将依托湖南自贸试验区岳阳片区，加强国际多式联运物流等方面的制度创新和探索。

△31日，隆回县城区立新路竣工通车。2023年，该县已拉通九龙山片区路、白里路、霞源路、立新路4条断头路。

8月

△1日，长沙市2023年重点公路项目建设集中推进会暨全市普通公路沿线充电基础设施集中开工建设仪式在宁乡市举行。本次集中推进、开工的重点项目，包含3个高速公路项目、1个国道项目、5个省道项目、1个农村公路项目、1个充电桩建设项目，总投资将超过500亿元。

△3日，由中铁广州局承建的炉慈高速公路项目尖峰岭隧道右幅顺利贯通，标志着项目建设取得突破性进展。

△9日，连通湖南省永州市东安县与广西壮族自治区全州县的省际班车正式开通，惠及两省区7村沿线近7万群众。

△12日，长沙暮坪湘江特大桥主桥最后一个浮吊钢梁日前吊装完工。至此，该大桥东、西岸21个节段钢梁吊装全部完工，进入主体冲刺施工阶段，预计2023年底完成主拱合龙。

△13日，苏仙区东湖至大奎上公路控制性工程——龙形寨大桥顺利合龙，也标志着该项目全线贯通。

△14日，长沙市望城经开区雷高路北段项目杨家湾路以南段已完工，具备通车条件。该项目是望城经开区一条重要的南北向通行道路，北起郭亮南路，南至普瑞大道，道路由原来9米宽的双向2车道重建拓展为30米宽的双向4车道。

△14日，湘桂铁路东安县白牙市镇新和家园段封闭施工完成，标志着县城城域段4.6公里铁路危险地段已全面封闭。

△18日，湘西边城机场正式通航。武陵山腹地"高飞"的历史性跨越，填补了当地民航交通的空白，标志着湘西阔步迈入大立体交通时代。

△22日，溆浦县举行警予大桥建设工程主桥合龙仪式，标志着历时541天建设的警予大桥建设项目联通最后一处"断点"。县委书记郑湘宣布警予大桥合龙。县委副书记、县长杨廉喜致辞。县领导张长江、肖明、刘生礼、舒畅参加。

保靖县织密农村道路交通"安全网"

2023年7月24日，湘西州保靖县复兴镇集市上，几名派出所民警正带领乡镇交通安全员指挥疏导交通。虽是赶集日，但整个市场井然有序。

保靖全县公路里程4000余公里，80%以上是县乡村组路和临水临崖路段，山高路窄坡陡弯急，易发生交通事故。今年来，保靖县通过实施"所队合一""两站两员""管防并举"等举措，织密农村道路交通"安全网"。

保靖在12个乡镇设立交警中队，派出所加挂"交警中队"牌子，实行联勤联动执法，一村一辅警实现全覆盖。将车驾管、一般交通事故处理权限下放，实现交管业务、驾考办证"最快办"，交通事故"最快处"。

该县在各乡镇设立交通管理站，重要路段、关口设立交通安全劝导站；乡镇设立专职交通安全员，行政村聘用交通安全协管员，疏通基层交通管理"毛细血管"。

保靖依托智慧监管平台，聚焦"三超一疲劳"、农村"两违"等重点领域开展专项整治，强化"人、车、企"管控，2022年以来累计吊销驾驶证388本，强制性报废车辆310台，交通顽瘴痼疾问题整改率100%，连续两年获评"全省交通问题顽瘴痼疾集中整治工作先进集体"。

该县农村道路交通事故起数、死亡人数连续3年"双下降"，亡人事故下降50%以上。

1.8月25日，中共祁东县交通运输行业委员会揭牌仪式在县交通运输局举行

2.8月26日10时50分，S555中方至芷江公路南山寨隧道左线顺利贯通

3.9月5日，劳动东路施工现场

岳阳市全域实施农村客货邮融合发展工作现场推进会在汨罗市召开

岳阳市全域实施农村客货邮融合发展工作现场推进会

2023年7月26日，岳阳市全域实施农村客货邮融合发展工作现场推进会在汨罗市召开，贯彻落实党中央、国务院关于农村客货邮融合发展的决策部署，借鉴推广汨罗模式和经验，推动城乡客运与快递物流有机融合，更好地服务农产品进城、消费品下乡，畅通城乡要素流动，助力乡村振兴。岳阳市委副书记、市长李挚，市委常委、副市长李美云，市政府秘书长孙志诚、副秘书长黄岳四及相关部门负责人，汨罗市委书记朱平波，市委副书记、市长林恒求，及其他各县市区政府和岳阳经开区、屈原管理区管委会主要负责人等参加。

会上，与会人员观看了汨罗市农村客货邮融合发展工作专题片；岳阳市交通运输局党组书记、局长卢志平解读了《岳阳市全域实施农村客货邮融合发展工作方案》；汨罗市委副书记、市长林恒求介绍了农村客货邮融合发展示范创建经验；湖南绿通诚达物流公司、岳阳市发改委、市乡村振兴局、市邮政局负责人先后发言。与会人员还来到汨罗市农村客货邮运营中心、电商物流园、白水镇三星村黄石潭站点考察，了解汨罗农村客货邮融合发展工作的经验做法及成效。

1.9月11日上午，衡阳市2023年国家网络安全宣传周活动启动仪式在衡山县举行

2.9月11日上午，衡阳市2023年国家网络安全宣传周活动启动仪式开始

3.9月14日，2023年湖南省首届公路工程监理技能比武大赛在益常扩容高速公路项目举办

4.9月16日上午，中方县杨柳路道路工程建设项目开工仪式举行，县城发集团、施工单位代表参加仪式

1 2
3 4

长沙首条疏港专用铁路正式通车

2023年7月31日，一列满载成品钢材的“新港1号”内燃机车徐徐驶入长交集团长沙新港。当天，长沙首条疏港专用铁路正式通车运营，实现港口与京广线无缝衔接，长沙新港正式迈入“水铁公”立体联运新时代。该线路始于长沙北站既有粮食专用线，向西下穿芙蓉北路，沿湘江北路进入长沙新港，全长4.48公里，铺轨里程7.7公里，总投资5.45亿元，于6月26日试运营，主要用于承运钢材、集装箱、商品汽车等大宗货物。

长沙首条疏港专用铁路正式通车

白新高速建成通车

2023年7月31日，第一辆汽车缓缓通过回龙寺收费站入口，白新高速公路建成通车。

白新高速公路是“十三五”期间湖南省建设的“六纵七横”高速公路网之一。项目全线位于邵阳市境内，起于邵阳县塘渡口镇蛇湾村，接G55二广高速（邵永段），终于新宁县回龙寺镇峦山村，接G59呼北高速（在建的新新段）。

白新高速通车一年铸就“黄金通道”

项目主线全长31.514公里，采用双向4车道高速公路标准建设。设计行车时速100公里，全线共有桥梁12座，隧道1组，互通立交3处，设置回龙寺、塘田市2处收费站，白仓停车区1个，收费站、路产养护管理所、高速交警共用生活区1处。

白新高速全线贯通后，邵阳县到新宁县的车程由2.5小时缩短至1.5小时，对推动武陵山集中连片地区乡村振兴，促进湘西南地区旅游资源开发，带动大湘西旅游圈发展具有重要意义。

△23日，常德市委副书记、市长周振宇主持召开全市交通运输项目建设暨公路治超工作推进会。周振宇强调，要以更坚定的信心、更务实的作风、更有力的举措，大力破解交通发展瓶颈，加快建设“两个枢纽”，全力推动常德市交通运输各项工作再上新台阶。

△25日，中共祁东县交通运输行业委员会揭牌仪式在县交通运输局顺利举行，县委组织部相关人员、交通运输局全体班子成员及相关工作人员和部分党员货车司机参加了揭牌仪式。

△26日，国家先进轨道交通综合试验基地（筹）项目方案专家研讨会在株洲召开。方案拟在株洲市渌口区、醴陵市、攸县三地交界处，建成国际领先的轨道交通综合试验基地。

△26日，怀芷快速干道（S555中方至芷江公路）南山寨隧道左线顺利贯通，标志着怀芷快速干道建设项目取得阶段性胜利，向干道快速实现全线通车迈出了坚实的一大步。

9月

△1日，怀化芷江机场新航站楼启用，并新增怀化直飞广州往返航班。至此，芷江机场可通达北京、西安、三亚、杭州、丽江、南宁、济南、上海、海口、广州10个国内城市。

△6日，由中车株洲电力机车研究所有限公司自主研制的全球首列氢能源智轨电车亮相马来西亚，在砂拉越州古晋市试跑。

△13日，2023年度全国公路交通军地联合应急演练在娄底举行。本次演练以“公路防汛应急处置”为主题，充分展示我国公路交通应急处置一流的应急管理理念、应急救援装备、应急救援技术以及快速处置能力。

△15日，衡阳—广州南沙港“一港通”快速通关模式顺利开行，标志着“衡品出海”的湘粤非铁海联运通道将更为顺畅。

“厢遇耒阳·码头烟火” 免费公交专线举行开通仪式

2023年8月3日，“厢遇耒阳·码头烟火”免费公交专线开通仪式举行。衡阳市委副书记、耒阳市委书记赖馨正宣布免费公交专线开通、发车。

此次开通的两条免费公交专线，共投放14台公交车，营运时间为每天20:00—24:00，每15分钟一班，双向循环发车，让广大市民游客以绿色低碳的生活方式，逛繁华夜市，品特色美食，享休闲娱乐。

“厢遇耒阳·码头烟火”免费公交专线开通

赖馨正指出，要充分利用免费公交这一载体，融入更多耒阳本土文化特色和“厢遇耒阳·码头烟火”个性元素，进一步做好公交线路的亮化美化绿化，打造一条靓丽的夜市之旅“风景线”，让逛“厢遇耒阳·码头烟火”成为广大市民的生活方式和日常“标配”。

“厢遇耒阳·码头烟火”项目占地约1.9万平方米，自7月初试运营以来，入驻商家500多户，解决就业1000余人，日均人流量超2万人次，已成为湖南地区夜经济的“顶流地标”。

炉慈高速慈利隧道贯通

炉慈高速慈利特长隧道贯通

2023年8月11日，伴随着沉闷的爆破声响，炉慈高速公路全线最长隧道——慈利隧道贯通，为炉慈高速全线贯通奠定了坚实基础。

慈利隧道位于慈利县境内，由中铁广州工程局集团和中铁隧道局集团联合承建，是炉慈高速公路的一大控制性工程。隧道进口位于通津镇水淌村，出口位于零阳镇长潭河村，全长5060米，属全线最长双线双洞隧道，最大埋深733米，所在区域跨2镇9村。

受喀斯特地貌影响，慈利隧道建设需要通过不良地质地段，具有危岩落石、堆积体、岩层破碎、节理裂隙发育等多种特殊地质风险，对项目建设的技术水平和管理能力提出了极高要求。为此，慈利隧道施工采用隧道全工序机械化配套作业，搭建信息化管理平台，提高工效品质、工艺标准和安全管理水平，有效破解施工难题。

炉慈高速公路是湖南省规划的“七纵七横”高速公路网的重要组成部分，起于湘鄂两省交界的炉红山，止于常张高速慈利西张家山附近。全线共设置太平、维新、龙王洞、东岳观、慈利西（枢纽）5处互通式立体交叉。初步设计主线长79.05公里，均采用设计速度100公里/小时，路基宽度为26米的4车高速公路标准，计划2025年6月开通。

1.9月20日，汉寿县举行“相约汉寿 揭秘长寿”全省旅行商大会暨常德野生动物世界旅游直通车开通启动仪式

2.9月18日至21日，2023年度湖南省无线电管理机构岗位练兵技能竞赛专题培训在怀化举行

3.9月19日上午9时许，随着掌子面最后一声炮响，由中铁交通投资集团有限公司投资建设、中铁十局集团有限公司参建的炉慈高速公路东岳观隧道左洞提前60天贯通

1
2
3

常德桃花源机场空港快线开通试运营

2023年8月16日，常德桃花源机场开通空港快线业务。当日，机场往返桃源县、汉寿县、安乡县、临澧县、澧县、津市市等县（市）的空港快线车辆开始试运营。

为进一步拓展市场，更好地方便旅客出行，今年上半年，桃花源机场与常德易达汽车运输服务有限公司签订合作协议，携手开发航空市场，发展桃花源机场空港快线业务。记者了解到，空港快线运营车辆车型为七座豪华商务车，出港旅客可乘车直达机场出发层，快速便捷换取登机牌、托运行李。进港旅客机场到达厅内设有休息区，出门即可乘车，十分便捷。有需求的旅客可通过“同程艺龙”等平台网上预约或致电机场预约乘车。

空港快线试运行

1.9月28日上午，张家界市城区新增的18路公交线和调整的12B公交线开通运营

2.9月27日，麻阳2023年“绿色出行、优选公交”宣传活动启动。县委常委、副县长刘绍有参加

3.9月25日，长沙市天心区新韶山南路项目的施工现场，工人们正在进行电力管道的施工

湘西边城机场正式通航

2023年8月18日，湖南湘西边城机场正式通航仪式举行，副省长蒋涤非宣布湖南湘西边城机场正式通航。中国民用航空局副局长韩钧出席仪式。省政协副主席、湘西州委书记虢正贵出席并致辞。

中国民用航空中南地区管理局党委书记梁世杰，中国民用航空局机场司司长张锐，湖南省机场管理集团有限公司党委书记、董事长、省机场管理局局长姚英杰，北京首都航空有限公司党委书记段忠旭，民航湖南空中交通管理分局副局长王启友，中国航空油料集团有限公司副总裁吴平，中国南方航空集团总部运力网络部党委书记陈沛镒等出席仪式或致辞。中国民用航空湖南安全监督管理局党委书记、局长李淑亮为湖南湘西边城机场颁发了《运输机场使用许可证》。

当日9时52分，从北京大兴机场起飞的JD5323次航班，平稳降落在湘西边城机场。飞机缓缓穿过象征着“接风洗尘”的水门，标志着北京到湘西的直飞航线正式运行，期盼已久的我州各族群众身着盛装打起苗鼓、唱起山歌，热情欢迎远道而来的首批“空中来客”。12时28分，这架搭乘着65名十八洞村村民和其他乘客的飞机又从湘西边城机场起飞，首趟JD5324次航班直飞首都北京。湘西州各族群众在“家门口”坐飞机的夙愿终于实现，神秘湘西从此“振翅高飞”。

8月18日12时28分，搭乘着65名十八洞村村民和其他乘客的JD5324次航班从湘西边城机场起飞直飞首都北京

当日9时52分，JD5323次航班飞机缓缓穿过象征着“接风洗尘”的水门

△19日，由中铁交通投资集团建设，中铁隧道局集团有限公司承建的国家重点工程G59呼北高速炉红山至慈利段唯一低瓦斯隧道——东岳观隧道左线顺利贯通，这是继8月11日全线重难点控制性工程——慈利隧道贯通后取得的又一重大节点突破，为炉慈高速的顺利通车奠定更加坚实的基础。

△20日，中国邮政集团公司工会先进集体、先进工作者表彰大会在京召开，衡阳市邮政分公司工会荣膺先进集体，工会副主席王文喜获先进工作者称号。

10月

△7日，湖南省生态环境厅官网发布《关于新建邵阳至永州铁路环境影响报告书审批决定的公告》，这标志着邵永高铁距离实质性开工迈出了关键一步。

△7日，湖南省道路交通安全委员会办公室下发文件，《新田县关于农村派出所管理道路交通安全调研报告》等8篇文章，被评为全省道路交通安全领域优秀调研报告。

△11日，铁路部门将启用新的列车运行图，新增动车组列车93列，调整运行区段114列。本次调图将大幅提升粤港澳大湾区与粤东地区之间的高铁运能，进一步优化贵广、张吉怀等高铁线路的列车开行方案。

△10日，长沙市轨道交通7号线一期工程云塘站至环保大道站区间盾构左线顺利贯通，这是长沙地铁7号线第一个贯通的正线区间。7号线一期工程起于云塘站，止于五里牌站，全长16.84公里，是长沙首条采用全自动运行系统的地铁线路。

△13日，邵东市举行“智赋万企”行动暨邵阳首家促企上市博士服务站启动仪式，加快推动企业智能化改造、数字化转型，持续优化企业上市服务、加快企业上市步伐。邵阳市金融办党组书记、主任谢卫东和邵东市领导周玉凡、李国军、陈业华、杨振明、欧阳震、宁海平等出席启动仪式。

涟源市湄江镇开通全国首个5G 800M连片建设示范站

湄江镇开通全国首个5G 800M连片建设示范站

2023年8月22日，中国电信5G 800M连片建设全国首个示范站率先在三湘一秀、潇湘灵气的湄江风景区所在地——湖南省娄底市湄江镇开通，从此以后，湄江的老百姓就能体验800M NR上网速率。

800MHz频段具有传播损耗低、覆盖范围广、穿透能力强、网络部署成本低等优点，非常适用于城区深度覆盖、乡镇、农村及边远地区广覆盖。而随着5G等通信基础设施覆盖范围的不断扩大，为乡村插上了智慧转型的“翅膀”，智慧旅游便是典型应用场景之一。

不久前，工业和信息化部发布通知，许可中国电信将现网用于2G/3G/4G系统的800MHz频段频率重耕用于5G公众移动通信系统，作为中国电信集团公司800M NR百站成片示范区，中国电信娄底分公司积极部署，3月初即联合中兴通讯、湖南设计院、中通服，组建5G 800M项目规建团队，启动站点查勘，定期组织站点会审，逐站制定实施方案。通过前后端紧密协同，在示范区完成了2G基站的连片退频和NB翻频。并于5月已启动800M NR配套建设，为800M NR百站成片示范区建设提供了保障。

1
2

1.2023年湖南省交通运输行业职业技能竞赛

2.10月11日，桑植县洪湖路建设项目现场，项目建设正在加紧施工，目前基本完成了路面平整等基础工作

清水塘大桥正式通车！

2023年8月28日，清水塘大桥正式建成通车。株洲市委副书记、政法委书记胡长春出席仪式并宣布大桥通车，中交三航局党委副书记、总经理龚海致辞，市委常委、常务副市长王卫安讲话，副市长罗绍昀主持通车仪式。

清水塘大桥北起清水塘大道，上跨清霞路，往南越过湘江，上跨滨江北路、新东路后对接珠江北路落地。大桥全线长2.85千米，其中桥梁长度2.175千米。主跨采用双层钢桁架拱桥结构，跨径408米，位列同类型桥梁中世界第六位、中国第三位。桥梁上层为机动车道，桥面宽32米，双向六车道；下层布置慢行人非道，吊杆区净宽10米，休闲区净宽12米，远观像一道赤色的跨江长虹。

作为株洲市第八座跨江大桥，清水塘大桥将成为连接石峰区和天元区两个区域的新动脉，有助于改善片区、市区的交通状况，有效加强轨道科技城、清水塘产业新城、株洲国家高新区以及武广新城等四大板块的紧密联系，促进园区交流，提升产业承载力进而提升经济活力，对促进株洲市经济社会发展和提升城市品质具有重要意义。

市领导刘光跃、聂方红等，中交三航局党委常委、总会计师邹强，株洲高新区党工委书记邬凌云，石峰区领导邹志超、石慧彬，相关市直部门、天元区主要负责人，清水塘大桥相关参建单位代表等参加通车仪式。

清水塘大桥通车仪式现场

湖南航空长沙往返北京大兴航线开通

湖南航空"长沙往返北京大兴"航线正式开通

2023年8月29日，湖南航空A67777航班从长沙黄花国际机场起飞，前往北京大兴国际机场。湖南航空长沙往返北京大兴航线正式开通。

长沙至北京大兴首航航班由"财信号"执飞，之后班期计划为每日一班，由空客A320执飞，航班号为A67777/8。自9月1日起，去程航班A67777计划9时从长沙黄花国际机场起飞，11时15分抵达北京大兴国际机场；返程航班A67778计划12时25分从北京大兴国际机场起飞，15时抵达长沙黄花国际机场。

首航仪式上，湖南航空宣布了全新升级的长沙往返北京大兴机场的差异化精品航线计划。一是立足于服务和品牌创新，以湖湘文化赋能航空产品，升级"湘式服务"，打造湘味十足的湖湘名片；二是充分挖掘湖南红色旅游资源，发挥"航空+旅游+互联网"协同优势，打造红色文旅精品航线，开发空空红旅联运、空地红旅联运特色旅游项目，为游客提供吃、住、行、游全面升级的"一站式"红色旅游服务。

湖南航空将不断延伸对外开放的"触角"，以全新面貌助力构建长沙"四小时航空经济圈"。

1

2

1.10月13日至16日，2023年湖南省交通运输行业职业技能竞赛在长沙举行

2.10月22日，湖南路桥香炉洲大桥项目河东主桥中跨顺利合龙

怀化芷江机场新航站楼正式启用

2023年9月1日，怀化芷江机场新航站楼启用仪式举行。怀化市委副书记、市长黎春秋宣布启用。湖南省机场管理集团党委委员、副总经理洪鑫，市领导李卫林、邓小建、余建勇出席。

怀化芷江机场作为湖南目前十大建成民航运输机场之一，于2005年12月19日通航。2017年2月，为适应怀化经济社会快速发展和不断增长的航空出行需求，市委、市政府决定启动怀化芷江机场航站楼改扩建配套工程建设，项目总投资约1.73亿元。目前，机场所有改扩建项目均已完成。

怀化芷江机场新航站楼启用仪式举行

新航站楼正面中心为胜利的"V"字钢结构造型，寓意抗战胜利及芷江抗战名城的历史渊源。新航站楼共分两层，一层为旅客出发层，分行李安检区、登机安检区、行李捡取区、换乘服务区等功能区域，设有6个自助值机柜台、自助打包机、1个贵宾室、3个母婴室、2个远机位登机口；二层为旅客到达、出发层，分旅客候机区、餐饮及商业服务区，设有2个头等舱休息室、医疗服务室、2个母婴室、2个廊桥登机口。投入使用后可满足旅客年吞吐量100万人次，高峰小时吞吐量526人次的使用要求。

△16日，由中铁交通投资建设运营、中铁广州工程局承建的湖南炉慈高速公路TJ7标慈利西互通A匝道预制梁顺利架设完成。

△18日，湖南省交通运输厅农村处处长邹旋率省复核验收组来君山区开展"四好农村路"省级示范县实地复核工作，区委副书记、区长陈森出席，副区长虢汉平，区政府办主任许四海参加。

△23日，湖南省港航水利集团所属湖南省城陵矶港口集团分别与益阳市交通投资运营集团、桃江县交通运输局、南县城乡发展投资有限公司签订《增资协议书》，意味着益阳市所属3个公用码头成功注入省城陵矶港口集团。这是省港航水利集团成立以来，首批完成整合的码头。

△24日，郴州市道路交通事故预防"冬季攻势"推进暨交通安全突出问题通报部署视频会议召开。

△24日，龙山县召开道路交通事故预防“冬季攻势”部署会，针对冬季交通安全特点，统筹推进农村保平安、高速控风险、城市保畅通“三大攻坚”，坚决打好“五场硬仗”，全力稳定道路交通安全形势。

△27日，监利至华容公铁两用大桥项目全过程工程咨询服务座谈交流会召开。华容县委副书记、县长周鹏，县领导李学松、潘典宏、张华及各县直相关部门单位负责人、中国铁路经济规划研究院和中铁第四勘察设计院集团有限公司负责人参加。

△27日，长沙地铁1号线北延一期工程金霞站至鹅羊山站涉铁段B18—B19跨已顺利完成合龙，标志着1号线北延一期工程全线正线贯通。

△28日，长沙香炉洲大桥项目主塔顺利封顶。该桥是湘江首座按照Ⅰ级航道标准建设的桥梁，主塔由中交二航局承建，高202米，采用“湘江之钻”造型设计，主跨300米，是湘江上跨度最大、主塔最高的独塔斜拉桥。

国内4大港口内陆港在永州陆港启动

国内4大港口内陆港在永州陆港启动

2023年9月8日，招商蛇口、妈湾、赤湾、湛江港口—永州陆港内陆港揭牌和海铁联运专列发行仪式在永州举行，永州至深圳蛇口港、湛江港海铁联运专列发行，标志着永州陆港在打造新通道，扩大通道区域辐射能力上，继今年7月开通深圳盐田港海铁联运之后又迈出了新步伐。

在4大港口内陆港揭牌仪式暨海铁联运业务推广交流会上，招商局港口（华南）营运中心、湛江港集团、永州市政府、永州陆港有关负责人分别致辞，对本次达成合作的海铁联运业务助力永州市加快推进全国区域性综合交通枢纽城市建设寄予厚望，表示将共同为加快实现永州陆港“组合港”功能、保障永州市国际产业链、供应链畅通，促进开放型经济高质量发展作出贡献。永州陆港与招商蛇口、妈湾、赤湾、湛江港口的深度合作，必将进一步带动永州及周边地区乃至中部地区加快构建联动全国、沟通世界的立体式、全景式大物流格局。

1 2
3 4

1.11月13日上午，第四届全省信息通信行业“信息通信工匠”职业技能竞赛在长沙开赛

2.11月8日，在衡阳市重大交通节点改造工程——衡南县泉溪大桥拆除重建施工现场，随着最后一片预制箱梁的成功架设，大桥顺利实现合龙贯通

3.11月11日，2023年世界结构大奖获奖项目在英国伦敦公布，张吉怀高铁芙蓉镇酉水大桥荣获世界结构大奖

4.10月24日，官新高速赤水溪隧道左幅出口最后一段沥青上面层摊铺完成，标志着官新高速主线沥青路面施工圆满完成，官新高速建成通车进入最后倒计时

湖南省5G用户规模突破3000万户

2023年9月11日，从湖南省工信厅获悉，湖南深入实施5G应用“扬帆”行动，目前全省5G用户规模突破3000万户，达3026万户，5G个人用户普及率达到44.6%，物联网终端用户超4951万户，5G网络使用效率明显提高。

数字基础设施不断夯实。截至7月，全省累计建成5G基站11.9万个，排名全国第八，每万人拥有5G基站数18个。其中，中心城区和城市轨道等重点区域5G基站覆盖率分别为96.2%和97.5%，乡镇和行政村5G网络通达率分别为100%和80%；全省规模以上数据中心共计51个，建成和在建规模以上数据中心标准机架17.2万架，打造了全国领先的区域性互联网枢纽。

重点领域5G应用成效凸显。湖南省连续4年共发布5G典型应用场景133个，涉及16个经济社会领域，探索出具有示范意义的5G应用模式和经验。如湘钢5G智慧工厂成为全国钢铁行业“5G+工业互联网”应用典范。

5G应用基础产业颇具规模。目前，全省5G核心产业（通信服务和设备制造）规模超过1000亿元，在5G产品制造领域集聚近30家亿元以上骨干企业，基本形成以基础器件材料、设备网络建设、网络规划设计、终端应用为一体的5G产业发展格局。

1.11月24日上午9时58分，随着首台计费车缓缓驶入西晃山收费站，芷江至铜仁（湘黔界）高速公路（以下简称芷铜高速）正式通车运行

2.11月24日，醴娄高速株洲湘江特大桥索塔封顶

3.11月23日，中方县杨柳路道路工程建设项目现场，往返穿梭的工程运输车辆，大型挖掘机挥舞“大手”挖土装车，压路机一遍又一遍地碾压路面，整个施工现场忙碌而有序

1
2 3

2023湖南（国际）通用航空产业博览会举行颁奖典礼

2023湖南（国际）通用航空产业博览会颁奖典礼

在2023年9月23日举行的2023湖南（国际）通用航空产业博览会颁奖典礼上，博览会组委会面向全体参展商、通航企业和协会组织等，颁发了“通航创新奖”“优秀企业奖”“最佳组织奖”“最佳人气奖”等奖项。

湖南智航飞购科技有限公司等6家企业荣获通航创新奖，中国航天科技集团有限公司等15家企业荣获优秀企业奖，湖南省工信厅等18家单位荣获最佳组织奖，湖南省自然资源厅等8家单位荣获最佳人气奖。

获得通航创新奖的南昌瑶湖飞行基地管理有限公司运营总监胡彬表示，初教6飞机（一种螺旋桨初级教练机）进入民用航空领域，是“军转民”的一小步，却是通航发展的一大步，通航产业发展未来可期。

炉慈高速公路东岳观隧道左洞顺利贯通

2023年9月19日，随着掌子面最后一声炮响，由中铁交通投资集团有限公司投资建设、中铁十局集团有限公司参建的炉慈高速公路东岳观隧道左洞提前60天贯通。

路地共庆隧道贯通

东岳观隧道位于石门县和张家界市慈利县交界处，全长约3690米，最大埋深约596米。该隧道为低瓦斯隧道，进口段以薄层状分布的页岩、砂质页岩为主，在地下水的作用下，易吸水软化，失水崩解、开裂，形成“泥化软弱夹层”，同时进口段为反坡施工，地下水丰富，施工难度大、安全风险高，是炉慈高速公路重点、难点工程之一。为确保工程安全推进，施工方在破碎带施工期间严格遵循“先支护、后开挖、短进尺、弱爆破、快封闭、勤量测”原则，通过开展超前地质预报，采用大功率通风机，配备瓦斯气体监测系统、隧道视频监控系统、防坍塌预警系统及人车分离门禁等安全管理系统，全方面加强安全管控。隧道开挖期间，施工方采用多种方法，应对不同围岩情况及隧道功能变化。

东岳观隧道是炉慈高速公路唯一一条低瓦斯隧道，它的贯通对加强常德与张家界两市的沟通交流、促进湘西北地区经济社会发展具有重大意义。

△29日，长龙航空GJ8131次航班平稳降落在湘西边城机场，标志着湘西边城往返浙江省宁波栎社航班正式开通。

△31日，湘江科学城白庭路、白云城际干道动工建设。作为湘江科学城和湖南湘江新区大王山片区重要骨干路网，计划于2025年6月完成，建成后将极大提升湘江科学城交通承载能力，加强湘江科学城内长沙和湘潭之间联系，助推长株潭融城发展。

11月

△1日，湖南省交通建设智慧监理平台在桂新高速上线试运行。该平台为目前全国唯一的省级监理信息化云平台，将于2024年元旦在湖南省5个新开工高速公路项目逐步推行，2025年底在全省在建公路水运项目全面推广应用。

△1日，邵阳市交通运输局召开2023年度真抓实干督查激励考核工作推进会，全面梳理全市交通运输系统真抓实干工作进展情况，查找薄弱环节和短板，制定工作措施，推动工作任务圆满完成。局领导、局直各单位主要负责人、局机关各科室负责人参加会议。

△3日，邵阳至永州高铁初步设计已获得省政府和国铁集团联合批复，标志着该项目向全面开工建设迈出重要一步。

△6日，大汉西路关键性节点工程——花山湖大桥正式建成，新化县政协主席李笃成到场调研指导项目建设工作，县政协副主席、县工商联主席陈永松参加。

△8日，湖南常德澧水石门至澧县航道建设工程主要控制性工程——青山枢纽船闸首节人字门完成吊装，标志着船闸主体金属结构安装正式拉开帷幕。石澧项目是交通运输部和湖南省“十四五”重点水运建设项目，也是湖南省目前在建投资规模最大的水运建设项目。

△13日，永州至新宁清江桥高速公路全线最长桥梁——水井塘特大桥全幅贯通。

△15日，邵阳市交通运输局举行了邵阳市交通运输系统加强信用体系建设业务培训会，局直各单位信用体系建设工作分管领导和具体负责人员、局机关相关业务科室负责人参加。

长沙地铁7号线首个正线区间贯通

2023年10月10日，在长沙地铁7号线环保大道站地下，“韶山1号”盾构机破土而出，7号线云塘站—环保大道站区间盾构左线顺利贯通，这是长沙地铁7号线第一个贯通的正线区间。

云塘站—环保大道站区间沿汇金路敷设，区间左线全长895.076米，“韶山1号”盾构机出云塘站后，向北掘进下穿长沙理工大学地下人行通道，侧穿创世纪三期公寓、长沙理工大学教职工宿舍等多个小区、中国海油加油站后到达环保大道站。

为确保“韶山1号”盾构顺利到达，掘进期间，项目部主动出击，多方沟通协调，解决出土问题以及管片供应问题，使得现场进度得以推进；盾构机施工期间要穿越多个既有建筑物和市政管线，沉降的控制极为重要，测量人员坚持勤测量、实数据，严格把控地表沉降数据，为盾构机安全的下穿通过提供有力保障；项目加大人员和设备投入力度、优化工序衔接、实施24小时无盲点施工，确保按序时进度完成目标任务，项目部各岗人员竭尽全力解决问题，将困难逐一击破，实现了7号线云塘站—环保大道站区间盾构左线顺利贯通。

长沙首条采用全自动运行系统的地铁线路

1.11月24日，随着湘营线三塘镇拦河坝社区最后一米路面标线划线完成，湘营线三塘路段提质改造工程全面竣工，平整黝黑的柏油路取代了风沙扬尘的水泥路，群众家门口的“幸福路”越走越舒心、越走越宽广

2.11月27日，由中国一冶集团有限公司承建的长沙经区开黄花及大众片区PPP项目黄龙北路（盼盼路—蓝田大道）道路工程顺利通过竣工验收，道路全线进入通车状态

3.11月27日，暮坪湘江特大桥东岸涉水引桥钢槽梁顶推施工圆满完成，标志着项目东西两岸涉水引桥全部顶推完成

1
2
3

全省农村公路总里程达20.3万公里，在全国率先实现『组组通』

2023年9月20日，湖南省人民政府办公厅印发《农村公路建设管理办法》（以下简称《办法》），旨在贯彻落实习近平总书记关于“四好农村路”重要指示精神，进一步规范农村公路建设管理，为更好地服务乡村振兴战略、推进农业农村现代化、助力农民农村共同富裕提供制度保障。

《办法》共9章、56条，涵盖农村公路建设的主体责任、规划、资金、标准、监管、质量安全和验收等各方面内容。比如，进一步明确县级人民政府承担农村公路建设的主体责任；结合中央和省农村公路建设管理新要求，细化了农村公路建设标准和设计、施工、质量安全、工程验收等方面内容，明确项目业主对农村公路工程质量管理负总责；为确保规划与计划有效衔接，提出农村公路建设规划项目库管理制度、年度计划管理制度，切实加强规划和计划管理。

《办法》明确，要建立以公共财政分级投入为主、多渠道筹措为辅的农村公路建设资金筹措机制；农村公路实行“以奖代补、先建后补”建设模式，加快项目建设进度，让农民群众提前受益。

1.11 月 28 日，在衡永高速公路永州市冷水滩区段施工现场，施工人员正在进行护栏安装和树木移栽等工作

2.11 月 27 日，在湘江南路西侧，桥墩和盖梁已施工完毕，16 台千斤顶同步发力，将巨型钢槽梁稳稳托起，然后在液压自动控制系统的推动下缓缓向前移动

张家界开通吉隆坡往返航班

2023 年 10 月 15 日，随着马来西亚峇迪航空 OD622 航班降落张家界荷花国际机场，标志着张家界至马来西亚国际航班正式开通。这是张家界荷花国际机场今年恢复的第九条国际航线，也是首条张家界至马来西亚的直飞定期航线。

张家界至吉隆坡往返航班由峇迪航空（原马印航空）承运，执飞机型为 B737，每周一、三、日执飞，单趟飞行时间约为 4 小时 50 分。具体执飞时刻为：吉隆坡—张家界航班号为 OD622/OD623，9:30 从吉隆坡起飞，14:25 到达张家界；15:25 从张家界起飞，20:05 抵达吉隆坡。马来西亚是张家界主要入境旅游市场之一。新航线的开通，将搭建起两地友好交流的桥梁，更好地推动两地商贸、旅游往来以及民间文化交流。

2023 年以来，张家界全力支持国际客运航线恢复，口岸、海关等部门在航班备案审批、旅客健康申报、现场通关流程等方面逐一辅导，已开通至泰国曼谷，越南河内、胡志明，韩国仁川、釜山，马来西亚吉隆坡等 9 条国际客运航线，截至 10 月 14 日，共监管出入境航班 1044 架次，出入境人员 14.1 万人次。

株洲启用首条智能盲道

10 月 15 日是国际盲人节，2023 年 10 月 15 日，株洲市首条内嵌电子设备的特殊盲道启用。该盲道位于天元区长江北路和明珠路交会处横贯主干道的地下通道。株洲市残联在该路段原有盲道中增设电子设备，智能引导盲人行走。

株洲启用首条智能盲道

这条盲道中间每隔一段距离就内嵌电子感应器，在每个拐角处都安装电子喇叭。盲人使用手机下载“小雷出行”App，就可以无缝链接到电子盲道引导系统，手机端和电子喇叭会语音提示，同时还伴有障碍物和楼梯提示功能，指引盲人相对安全地通过该路段。

“有了语音提示，能规避很多风险。”盲人马祝军家住附近小区，体验了电子盲道后说，“过马路更有方向了，也更有安全感。”当天，10 余名盲人使用电子盲道通过地下通道后纷纷表示，希望电子盲道能在全市推广，让出行安全更有保障。

2023 年以来，株洲市积极建设方便盲人出行设施，拓宽盲人交流渠道，开通首条装有盲人导乘系统的公交线路。株洲市残联陆续引进无障碍导盲影片，举办适合盲人锻炼的板铃球比赛。株洲市残联相关负责人表示，今后将依托智能设施设备，帮助盲人群体安全独立出行、应对外部复杂环境，更好地融入社会、提升生活质量。

△ 20 日，G356 线常宁大桥竣工通车。

△ 24 日，以“大通道 新枢纽 数字赋能 畅通双循环”为主题的 2023 长沙国际物流与交通博览会在长沙国际会展中心举办。新建长沙西站是国内首个“十字型”站厅布局的高铁站房，建设成果将填补国内相关建设空白。

△ 24 日，芷江至铜仁（湘黔界）高速公路正式通车运行。至此，芷铜高速成为麻阳通往贵州方向的又一个出省通道，极大地缩短了麻阳、铜仁两地间的距离，对于加强经济文化交流，推动两地发展，造福两地群众具有重大意义。

△ 24 日，衡阳市道路交通安全风险防控工作会议在衡山县举行。省道安办副主任、全省道路交通安全管理资深专家王明华受邀来衡山授课。

△ 26 日，滇藏铁路重要组成部分云南丽江至香格里拉铁路开通。由中车株洲电力机车有限公司参与研制的新型 CR200J 复兴号动车组投入运营，将丽江至香格里拉的交通时间缩短至最快 1 小时 18 分。

12月

△2日，麻阳苗族自治县交通问题顽瘴痼疾集中整治行动领导小组办公室、公安局交通管理中心等单位联合开展以“文明交通 你我同行”为主题的122“全国交通安全日”宣传活动，精彩纷呈的活动内容让现场群众参与热情高涨，线上直播观看量逾1万人次。

△6日，江华瑶族自治县界牌乡道安办和派出所组成联合宣传小组利用赶集日开展冬季道路交通安全宣传活动。

△7日，2023中国国际轨道交通和装备制造产业博览会开幕前夕，由中车株洲电力机车有限公司研发的超级虚拟轨道列车（SRT）首次亮相。

△7日，第十二届中国创新创业大赛轨道交通产业技术创新专业赛在小天鹅戴斯酒店正式启动。湖南省科学技术厅副厅长鲁先华，株洲市人大常委会副主任刘剑飞出席仪式并致辞。

娄底桥头河机场试飞成功

“开始试飞！”2023年10月28日，随着一架塞斯纳208飞机平稳降落在娄底桥头河机场跑道，标志着该机场实地验证试飞取得成功，娄底正式进入“航空时代”。该机场的运营，将推动娄底进一步扩大开放，加快构建多式联运体系，建设综合交通枢纽城市。

桥头河机场是湖南省实施全域低空空域管理改革试点以来，新建成的第一个A类跑道型通用机场，被列入全省“1+13”通用机场骨架网重点项目。根据省机场布局体系规划，桥头河机场定位为全省次中心通用机场，依托娄底的湖南地理几何中心区位优势，承担全省通航应急救援、运输中转服务。机场位于涟源市桥头河镇，项目总投资2.94亿元，占地面积为320亩。本期建设为A2类通用机场，跑道长800米；二期规划为长1800米跑道的A1类通用机场。

试飞现场，娄底还举行了娄底桥头河机场、湖南省航空应急救援桥头河基地揭牌仪式；娄底城发集团、娄底通航公司分别与8家通航企业及单位现场签约，签约项目涵盖航空产业、供油保障、驻场服务等方面。

娄底桥头河机场举行试飞仪式，多家企业签订项目合作协议

1.11月29日，双清区第十二个“全国交通安全日”暨“文明交通，你我同行”交通宣传活动在友阿国际广场前坪开展

2.12月2日，由中铁交通投资运营、中铁广州工程局承建的长潭河溇水特大桥9号墩，两台重达360吨的牵索挂篮稳稳提升就位，是继8号墩牵索挂篮顺利提升后的又一重大突破，标志着溇水特大桥主梁悬浇段挂篮提升全部完成，为后续主梁按期合龙施工打下坚实的基础

1
2

湘西州到宁波正式通航

2023年10月29日，从宁波栎社国际机场起飞的长龙航空GJ8131次航班，平稳降落在湘西边城机场。至此，湘西土家族苗族自治州已通航北京、广州、宁波3座城市。

当天，湘西边城机场给予GJ8131次航班民航业内最高礼仪仪式——过水门。据介绍，目前湘西州正积极筹备开通成都、西安等主要枢纽机场的航线以及省内部分支线机场间的航线，构成连接南北、沟通东西核心城市通道，初步形成航空运输网络。

湘西边城机场被誉为“湖南海拔最高、自然风景最美、民族特色最浓、设施最实用”的国内旅游支线机场。机场位于花垣县花垣镇老天坪村，2018年8月全面开工，2023年8月18日正式通航。

湘西到宁波正式通航

1
2
3

1.12 月 9 日，随着永零高速 k40+010–K41+600 右幅最后一段沥青上面层的成功摊铺，也标志着永零高速零陵段主线沥青摊铺工程全部完成

2.12 月 12 日在长沙兴联路大通道项目拍摄的双塔斜拉桥首段主梁架设施工现场

3.12 月 8 日，益常高速公路扩容工程沅水特大桥 10 号墩成功封底

益常高速扩容工程沅水特大桥北跨堤桥合龙

益常扩容工程八标沅水特大桥北垮堤桥顺利合龙

2023 年 11 月 23 日，G5513 益阳至常德高速公路扩容工程第八合同段再传捷报，沅水特大桥北跨堤桥 125 米悬浇连续梁左幅中跨合龙段顺利合龙，标志着跨堤桥主体工程施工完成。

该项目第八合同段由中交路桥建设有限公司承建，北跨堤桥设计为连续梁结构，左右幅共 32 个标准节段加 2 个中跨、4 个边跨、6 个合龙段，共浇筑混凝土上万立方米，计划工期 270 天。北跨堤桥紧邻已运行的常益长高铁，横跨防洪大堤，承台基坑位于防洪大堤坡脚，地形地质复杂，给施工带来极大挑战。施工团队积极应对各类风险挑战，保质保量推进施工进度。在挂篮拼装、预压调试、钢筋制作绑扎、模板安装、预应力施工、混凝土浇筑等各工序施工过程中，项目团队通过不断优化组织管理，加强作业人员安全教育、方案交底、领导跟班作业等手段，保障了各道工序紧密衔接。

历经 8 个月的奋力拼搏，北跨堤桥比原定计划提前 1 个月完成主体工程，为后续沅水特大桥北引桥箱梁架设提供了通道，为项目全线如期贯通奠定了基础。

芷铜高速建成通车

2023 年 11 月 24 日，芷江至铜仁（湘黔界）高速公路（简称“芷铜高速”）建成通车，湖南怀化至贵州铜仁行程可缩短至 1 小时以内。这也是湖南第 29 个高速公路出省通道。

芷铜高速通车仪式现场

芷铜高速位于湖南省西部，湘黔两省交界处，是“重庆经铜仁至怀化通道”中铜仁至怀化公路的湖南段。该段东起芷江侗族自治县芷江镇艾头坪，与怀化至芷江高速公路相接，路线往西延伸经三道坑镇、尧市镇；终于怀化市与铜仁市交界处罗水田，与怀化至铜仁高速公路贵州段对接，此段已于 2019 年 5 月 28 日建成通车。

芷铜高速主线全长 33.48 公里，为典型的山区高速公路，采用四车道高速公路标准建设，设计速度 100 公里 / 小时。全线共设置桥梁 28 座、隧道 8.5 座（省界隧道按 0.5 座计）、互通立交 3 处、服务区 1 对。

芷铜高速通车，标志着怀化至铜仁高速公路全线通车运营，为加快怀化国际陆港高质量建设、怀化地区经济腾飞添加了新动力，对进一步改善大湘西区域运输条件、巩固拓展脱贫攻坚成果、推进乡村振兴战略、加强湘黔两省交流和民族团结具有重要意义。

△ 8 日至 10 日，2023 中国国际轨道交通和装备制造产业博览会在株洲举行。轨博会是我国轨道交通装备制造领域唯一的国家级国际性专业展会。本届轨博会以“智慧轨道、联通未来”为主题，447 家企业参展。

△ 8 日，以交流促合作，共谋绿色发展，2023 中美轨道交通国际合作圆桌论坛在株洲举行。西屋、3M 等美国企业代表，与湖南优秀企业代表汇聚一堂，围绕轨道交通产业深入展开讨论和洽谈合作。

△ 13 日，湖南省发改委正式批复资水益阳至芦林潭二级航道建设工程、澧资航道白沙至甘溪港三级航道建设工程可行性研究报告，标志着湖南省洞庭湖区高等级航道成环成网取得重大实质性进展。

△ 15 日，郴州市交通运输局在安仁县公路建设养护中心主持召开了 2022 年度国道路面大中修工程竣（交）工验收会议。市交通运输局、市交通建设服务中心、县交通运输局、县交警大队、县应急管理局等相关单位及项目各参建单位代表参加会议。

△18日，G60醴陵至娄底高速公路扩容工程渌口区连接线正式通车。渌口区委书记、渌口经开区党工委第一书记李晓彤出席通车仪式并宣布通车，区委副书记、区长赖晓智致辞。

△19日，慰问高速公路建设者暨官新高速公路通车仪式在G59官新高速安化西收费站举行。益阳市委副书记、市长熊炜宣布通车。副市长乐运成致辞。湖南省高速集团纪委书记秦朝阳致辞。市政府秘书长梁成立参加。官新高速建成通车，彻底结束益阳市安化县柘溪库区不通高速公路的历史。至此，2023年湖南省计划建成通车的靖黎、白新、芷铜、官新等4条高速公路全部通车，共计199公里。截至目前，全省高速公路通车里程达7529公里。

△22日，湖南省城陵矶港口集团有限公司在岳阳正式揭牌成立，副省长李建中为公司揭牌。组建城陵矶港口集团是落实习近平总书记关于交通水利工作重要论述的具体举措，是构建湖南现代综合交通运输体系的有力抓手，也是推动降低社会物流成本的重要支撑。

湖南省2023年“全国交通安全日”现场主题活动举行 “警医联动紧急医学救援通道”正式启动

湖南省交警总队主题活动现场，孩子们在儿童交通安全体验营内参与了形式多样的互动游戏，在沉浸式体验中学习交通安全知识

2023年12月2日是第十二个“全国交通安全日”。在湖南省2023年“全国交通安全日”主题活动上，“湖南省警医联动紧急医学救援通道”正式启动。

“湖南省警医联动紧急医学救援通道”由省公安厅和省卫健委共同创建。随着这一通道的运行，在全省道路事故救援过程中，将更快捷高效调动医用资源，尽最大努力抢救事故伤者。

在主题活动现场，孩子们在儿童交通安全体验营内参与了形式多样的互动游戏，在沉浸式体验中学习交通安全知识。

活动中，儿童歌舞剧《你笑起来真好看》、歌曲《我是交通警察》、花鼓戏《幸“盔”有你》、舞蹈《我们都是追梦人》等节目精彩纷呈，将安全头盔即生命头盔、安全带即生命带、礼让斑马线、拒绝酒驾醉驾等文明交通理念融入节目演绎。

活动由湖南省公安厅、省委网信办、省文明办、省教育厅、省司法厅、省交通运输厅、省应急管理厅、共青团湖南省委、省卫健委、湖南广播电视台联合主办。

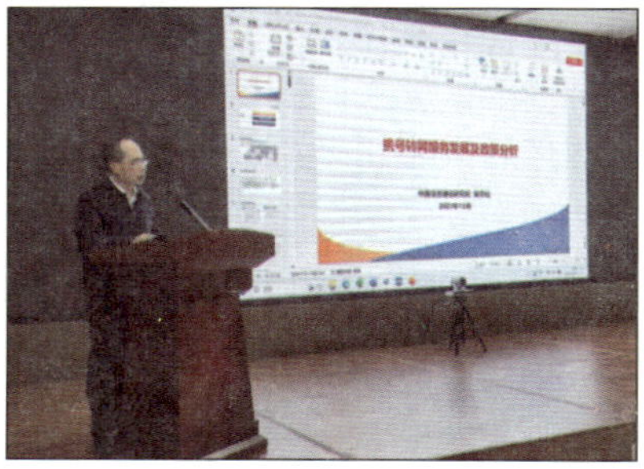

1
2
3

1.12月18日上午，在渌口区撤县设区正式挂牌第五周年之际，G60醴陵至娄底高速公路扩容工程渌口区连接线正式通车

2.12月15日，湖南省通信管理局举办2023年度电信市场服务规范政策培训，各电信企业省、市公司的市场、客服部门代表参加培训

3.12月19日，官新高速建成通车，车辆行驶在官新高速上

道县开展第12个『全国交通安全日』主题宣传活动

道县开展第12个“全国交通安全日”主题宣传活动

2023年12月2日，是第12个“全国交通安全日”。当日上午，道县公安局交警大队在道县敦颐广场开展了“文明交通，你我同行”12个全国交通安全日主题宣传活动。

活动现场，民警向市民、快递骑手宣讲了“一盔一带”知识和三轮车载人、车辆超员、超速等交通违法行为的危害性，提醒大家自觉遵守交通安全法律法规，抵制交通违法行为，做到安全文明出行。民警还向市民发放了交通安全宣传手册和安全头盔，向快递骑手发放了印有“一盔一带、安全常在”的反光背心。最后，市民和快递骑手还在“文明交通、你我同行”签名板上签名。

当日，该大队各中队纷纷走进辖区学校课堂，面对面向孩子们讲解交通安全知识，提醒他们要时刻注意交通安全。民警还向孩子们演示了交通指挥手势，并与孩子们互动。民警勉励孩子们不断学习交通安全知识，提高自我保护能力，争做文明交通小使者。

中国创新创业大赛轨道交通专业赛在株颁奖

颁奖现场

2023年12月8日，第十二届中国创新创业大赛轨道交通产业技术创新专业赛颁奖仪式暨创新高峰论坛在株洲国际会展中心举行。湖南省科技厅党组书记李志坚，株洲市委副书记、市长陈恢清致辞。

中国中车股份有限公司总工程师、总质量师、首席科学家张新宁，中国工程院院士、中车株洲电力机车有限公司专家委员会主任刘友梅，市领导王卫安、刘亚亮出席活动。

中国创新创业大赛轨道交通产业技术创新专业赛是湖南省首个国家级科技类赛事，由中国创新创业大赛组委会办公室和中国中车集团有限公司指导，湖南省科技厅和株洲市政府主办，株洲市科技局牵头承办。

现场，与会领导向专业赛获奖项目颁发奖牌。株洲中车时代软件技术有限公司的《重载列车自动驾驶系统项目》、株洲国创轨道科技有限公司的《面向轨道交通应用的氢能制储一体化移动供氢系统研发项目》获一等奖，湖南中车时代通信信号有限公司等4支队伍的参赛项目获二等奖，株洲联诚集团减振器有限责任公司等6支队伍的参赛项目获三等奖，另外还有6家单位获优秀组织奖。

此前的半决赛，企业组与团队组共有161支参赛队伍采取“现场路演+答辩”方式进行比拼，25支队伍挺进总决赛上演“巅峰对决”。

颁奖仪式后，12个项目现场签约。

1.12月20日，随着左洞最后一环上台阶开挖完成，标志着醴娄高速关键控制性工程之一的排山冲隧道双洞顺利贯通。这也是醴娄高速全线首座率先双洞贯通的隧道　1

2.12月22日上午，阳光明媚、暖意融融。邵东市举行中伟大道通车暨中伟梅岭实验小学、实验中学建设开工仪式　2

张官高速二标段全线首座大桥顺利贯通

2023年12月8日，G59张官段湖南高速组团方二标项目部高坪互通主线2号桥梁板架设任务圆满完成，顺利实现全幅贯通。这是该项目部首座贯通的桥梁，为后续施工开拓了新的良好局面。

为确保架梁施工顺利推进，该项目部统筹部署，精心组织，优化施工方案，成立安全领导小组，将职责内容、施工程序、应急预案等细化到人。施工过程中，项目部以安全生产为底线，加强项目安全质量管控，严格落实技术交底，项目负责人带班作业，及时解决施工进程中遇到的难点、堵点问题。在关键工序安排专人盯控，全方位跟踪运架梁过程，确保高坪互通主线2号桥施工顺利完成。

张官高速二标段全线首座大桥顺利贯通

截至目前，该项目共完成桩基794根，桩基完成率93.3%；预制梁板321榀，架设248榀，完成梁板架设14.8%。项目部将继续贯彻落实上级单位施工要求，不断加强现场管理，严把安全质量关，高质高效完成重点施工生产任务。

△23日，由中铁交通投资集团有限公司投资建设、中铁六局集团有限公司承建的炉慈高速公路重点控制性工程——炉红山隧道双线顺利贯通。至此，炉慈高速公路常德段7座隧道全部贯通。

△26日，湘江东路（九嶷大桥至日升路段）正式通车。江东路项目是永州市委、市政府确定今年列入续建的省重点项目，也是加快推进“强一核”建设、推动联城融城的重要举措。

△26日，邵阳至永州高速铁路在邵阳、永州两地同时举行开工仪式。邵永高铁是中国“八纵八横”高铁网呼和浩特至南宁通道的重要组成部分，北连娄底至邵阳铁路，南接衡阳至柳州高铁，路网地位重要。邵永高铁建成后，对完善区域铁路网布局，促进中部地区高质量发展，具有十分重要的意义。

△28日，由中交二航局承建的长沙市望城区香炉洲大桥顺利合龙。该桥是长沙市第14个过江通道，主线全长3.24千米，匝道长3.85千米，为双向六车道城市主干路，设计时速60千米，是目前湘江上跨度最大、主塔最高的独塔斜拉桥。

△31日，沅陵县太常至盘古、楠木铺至杜家坪、麻溪铺至荔溪、牛栏坪至肖家桥4条乡镇通三级公路通车。31日，经过3个月维修改造升级的沅水一桥，解除交通管制恢复通行。至此，沅陵“四路一桥”建成通车。

“湘滇·澜湄线”怀化—昆明—万象接续班列首发

2023年12月12日，“湘滇·澜湄线”怀化—昆明—万象接续班列首发仪式在怀化举行。班列的开行，将进一步扩大“澜湄快线”国际货运品牌影响力，让湖南企业更好享受中老铁路带来的机遇和利好，也将强化怀化“湖南省东盟货运集结中心”的功能定位，助力怀化开放型经济发展。

湘鄂赣“三省合作协议”深入实施后，加速推动3省焦柳线、沪昆线上的城市货源向怀化集并，怀化一举跃升为全省乃至中部地区的东盟货运集结中心，怀化国际陆港成为湖南内陆地区改革开放高地建设的标志性工程。截至11月底，怀化国际陆港共计开行班列428列（含公路卡班26列），超额完成省定全年目标任务，中老班列开行数量居中部地区第一、全国前列。“湘滇·澜湄线”接续班列开行，是湖南和云南共建中老铁路经济走廊的具体行动，也是共建面向印度洋国际陆海大通道倡议的生动实践。

怀化—昆明—万象接续班列在怀化首发

1.12月26日7时许，连接永州市中心城区冷水滩城区、零陵城区的又一主干道湘江东路（九嶷大桥至日升路段）正式全线通车

2.12月31日，沅陵县太常至盘古、楠木铺至杜家坪、麻溪铺至荔溪、牛栏坪至肖家桥4条乡镇通三级公路通车

3.12月29日，靖州苗族侗族自治县至怀化的定制班线通车仪式在靖天广场举行

1 | 2 3

耒阳市铜锣洲华毅大桥成功合龙

2023年12月16日，耒阳市铜锣洲华毅大桥合龙仪式在大桥施工现场举行，历时1年11个月的铜锣洲华毅大桥顺利合龙。

耒阳市水十路铜锣洲华毅大桥（杨武咀渡改桥）是纳入省交通厅“十三五”渡改桥项目库项目之一，总投资1.66亿元。大桥起点接德泰隆路，跨耒水，终点接振兴北路，主线全长969米，辅道长1306米，其中桥梁长度645米，桥面宽度24米。

耒阳市铜锣洲华毅大桥成功合龙

铜锣洲华毅大桥的顺利合龙，是该市打造以桥闻名的城市又一生动体现。该项目的建设对于完善城区路网框架，带动沿线地块发展，缓解城区交通压力，提升交通现代化形象等具有重大意义。下一步，各相关单位将抢抓进度，对桥面、人行道、路灯、接线道路等工程进行施工，确保早日正式通车。

溆浦大桥通车仪式现场

溆浦大桥通车！

2023年12月26日，溆浦大桥举行通车仪式，现场工农学商兵各界人士共320余人齐聚溆水河畔，共同见证溆浦大桥竣工通车的历史性时刻。原溆浦县人大常委会主任戴英党宣布大桥通车。原县政协主席、二级巡视员谌贻平致辞。原县人大常委会主任、大桥建设协调小组组长刘生礼主持。黄永忠、张长江、杨日培、滕绿凤、彭毅、田周、刘小兵等全体在家县领导参加仪式。县人民政府副县长舒畅介绍大桥项目建设情况。

据悉，新溆浦大桥全长311米、宽18.6米，设计通行能力为双向四车道。建设正式启动后，各参建单位科学施工，挂图作战，保质保量抢抓施工进度，于2022年10月3日完成桩基础建设，2022年12月12日完成承台建设，2023年1月10日盖梁建设完成，2023年8月22日顺利实现主桥合龙，正式进入桥面工程及附属设施建设阶段。直至今日，大桥全面竣工通车，比工程预期提前3个月。

通车仪式结束后，两岸居民涌上大桥，纷纷通过拍照、打卡、歌唱等方式表达心中喜悦。

2024

湖南地方年鉴

经济贸易

要闻纪事
2023年

1月

△1日，“种好中国粮 做好常德饭”常德市2023年优质农产品产销对接活动在常德河街开幕。市委书记曹志强出席并宣布活动开幕。活动集展览展示、电商推介、洽谈采购、产品消费于一体，旨在搭建一个企业“面对面”交流、产品“零距离”展示、群众“放宽心”消费的平台，让产销渠道更畅通、参展企业真受益、人民群众得实惠。

△8日，邵阳县举行2023年第一季度重大招商引资项目集中签约暨高新材料产业园开工仪式，12个项目集中签约，总投资达40.72亿元。县委书记袁胜良，县委副书记、县长周玉祥，县领导曾建新、欧阳学、唐军良、彭茂华、唐玉华、贺婷婷、曾林、罗杰、刘晨旭、张哲、李卫军、向军华等出席签约仪式。

湖南外贸获新机遇

2023年1月2日起，区域全面经济伙伴关系协定（RCEP）对印度尼西亚生效，湖南外贸获得新机遇。自2022年1月1日以来，RCEP已在14个国家生效实施。据长沙海关统计，2022年，湖南8.99亿元进出口货物在RCEP中享惠，税款减让约1250万元，RCEP对湖南外贸促进效应明显。

即日起，湖南外贸企业可以通过“中国国际贸易单一窗口”申请输印尼RCEP原产地证书，经核准出口商也可自主出具对印尼RCEP原产地声明。湖南与印尼经贸合作密切，2022年前11个月，湖南对印尼进出口191.7亿元，同比增长69.3%，占湖南省对东盟贸易总量的14.4%。

湖南外贸企业可以通过“中国国际贸易单一窗口”申请输印尼RCEP原产地证书

株洲、岳阳等地企业也陆续拿到了对印尼的RCEP原产地证书。湖南华联瓷业股份有限公司出口印尼的1600箱日用陶瓷餐具、湖南中创化工股份有限公司出口印尼的14.4吨乙酸异丙酯等商品，因此可享受优惠关税税率。

1.1月11日，临湘市在富食村白云湖旗舰店广场举行2023年“湘当韵味、乐享消费”农特产品电商年货节启动仪式

2.1月18日，湖南省贸促会组织开展了“清廉贸促 建设有我”主题朗诵会

3.1月27日，长沙县举办2023年“迎老乡、回故乡、建家乡”湘商回归新春交流会暨重大项目签约仪式，集中签约了19个重点项目

1
2
3

邵东 拓展外贸发展新空间

邵东拓展外贸发展新空间

2023年1月3日，位于邵东市的湖南省阳光箱包有限公司生产车间，工人正在赶制一批销往俄罗斯的订单。2022年，阳光箱包在俄罗斯等多个国家设立研发中心，产品远销欧美等60多个国家和地区。

邵东市提高进出口奖励标准，对2022年的进出口额根据存量、增量等情况，在上年的基础上提高奖励标准；鼓励企业购买出口信用保险，对企业自负部分给予50%的补助；建立“白名单”制度，对纳入诚信经营、依法纳税的136家外贸企业，打通商务、税务、金融等职能部门的“绿色通道”；开展“稳外贸百日行动”，帮助35家企业实现融资、续贷4.37亿元。

邵东市开展RCEP政策宣讲进园区活动，提升企业应对RCEP规则的能力；建立对非贸易企业台账，上门走访77家对非企业，鼓励扩大对非出口；指导“东亿电气”“环兴打火机”争创海关AEO高级认证，支持“醇龙箱包”“益豪手袋”等企业转型升级，进军欧美高端市场。

1.2月22日，怀化国际陆港产业发展基金签约仪式举行
2.3月1日，金融机构走进湖南自贸试验区活动在自贸区郴州片区举行
3.2月4日，湖南桃江首届消费购物节发放消费券1000万元 享“竹美”全景体验

湖南获批为全国内外贸一体化试点地区

2023年1月11日，《商务部等14部门办公厅（室）关于公布内外贸一体化试点地区名单的通知》发布，9地获批为内外贸一体化试点地区，即北京市、上海市、江苏省、浙江省（含宁波市）、福建省（含厦门市）、湖南省、广东省（含深圳市）、重庆市、新疆维吾尔自治区。

通知要求，试点地区商务主管部门牵头会同有关单位建立试点工作联系机制，加强组织协调，进一步完善试点工作方案，紧密围绕完善内外贸一体化体制机制、提高内外贸一体化发展能力、优化内外贸一体化发展环境，确定试点目标、试点任务和职责分工，细化配套政策和工作措施，制定时间表、路线图，确保试点工作落到实处、取得实效。

湖南省商务厅自贸办表示，湖南将重点依托中国（湖南）自由贸易试验区等重大开放平台，发挥制度创新优势，探索建立内外贸一体化新型应用场景，构建新型贸易、消费、物流等业态体系，培育一批内外贸一体化试点企业、示范基地和内外贸融合发展平台，研究举办内外贸一体化特色展会，加快形成具有湖南特色的可复制可推广经验。

亚欧非企业商会推进中非经贸合作

2023年2月6日，亚欧非三方企业商会共同推进中非经贸合作恳谈会在长沙举行。来自亚洲、欧洲、非洲的企业商会代表齐聚一堂，共同为中非经贸合作赋能。

第三届中非经贸博览会签约103亿美元

亚欧非三方企业商会代表共同表示，要重点协助湖南“走出去”企业，解决企业在生产经营及收购并购中遇到的法律、融资等问题；要广泛收集合作项目信息，整合可利用的信息和资源，搭建合作双赢的服务平台；要组建中非经贸合作智库链，为中非深度合作提供顶层设计、路径选择及跨界资源整合；要充分利用好湖南跨境电商体验中心平台，重点对接与欧洲、非洲、东南亚等地的商贸通道，以“侨”搭桥，在湖南打造跨境电商领域的高端会展品牌。

会上，湖南中非经贸数字化服务基地揭牌。该基地由湖南省中非经贸合作促进研究会和湖南联通共同组建，将进行数科产业金融、贸易新业态（易货贸易、跨境电商）、中非经贸数据统计分析等相关数字产品的应用创新，围绕中非经贸业务全链条提供信息化赋能，通过数据统计、分析和研究为中非经贸发展建言献策。

△10日，中国国际商会衡阳商会第三届理事会第五次全体会议暨会员企业研学活动启动仪式在雁峰酒业衡州酒文化博览园举行。会议通报了2022年衡阳国际商会工作开展情况及财务收支情况，表决通过《衡阳国际商会会长、副会长补选名单》和《衡阳国际商会第三届理事会增补和退出成员名单》，审议通过《衡阳国际商会评比表彰暂行管理办法》，并为新当选的副会长单位、理事单位授牌。

△16日，怀化市举办“山货出山，红背篓在行动”供销合作社农产品全域销售活动开幕式暨怀化供销红背篓销售平台上线仪式。省供销合作社党组成员、理事会副主任杨利凯，副市长杜登峰出席。

2月

△8日，湘潭市在深圳举行专业示范园区大湾区招商推介暨“湘商回归”新春交流会，现场签约“湘商回归”“三类500强”等优质项目30个，总投资155.02亿元。项目涵盖工业制造业、能源与城市基础设施、第三产业、农业产业化等领域。

△9日，2023年江永县重点产业招商（深圳）推介会在广东省深圳市举行，现场成功签约电子元器件、精密模具、精密五金、光电显示设备等产业项目6个，总投资额达18.6亿元，为该县重点产业招商赢得“开门红”。

△13日，深圳证券交易所上市审核委员会召开2023年第1次审议会议，湖南耐普泵业股份有限公司（首发）符合发行条件、上市条件和信息披露要求，成功过会。耐普股份聚焦水泵及其控制系统研发，主要从事工业泵、移动应急供排水装备的设计、研发、生产、销售和服务。

△22日，新疆吐鲁番市2023年春季招商引资专场推介会暨长沙地铁2号线“吐鲁番号”开通仪式在长沙举行，共签订招商引资项目20个，投资总额542.73亿元。20个项目涉及硅基新材料、新能源、化工、商业开发、商贸物流、文化旅游等领域。

推动外资稳存量扩增量促进外贸稳规模优结构

2023年2月17日，2023年全省贸促工作会议在长沙召开。会议提出，省贸促系统将全面推动全省外资稳存量扩增量、全力促进外贸稳规模优结构，为中外工商界交流架桥，为企业“走出去”“引进来”铺路，为全省优势产业发展搭台，为推动更高水平的对外开放贡献贸促力量。

会议现场

会议部署，2023年全省贸促系统将全力拓展全球合作伙伴，举办湖南—拉美经贸合作、“走进东盟”等系列经贸活动，深度参与中非经贸博览会筹办工作。全力推动外资稳存量扩增量，高质量办好“三个展会”（中国国际轨道交通和装备制造产业博览会、湖南国际通航产业博览会、湖南国际绿色发展博览会），组织好“四个活动”（湖南企业走进澳门、湖南农机走进东盟、非洲经贸活动周、欧洲经贸活动周），帮助企业组团出海。

1.3月4日，2023第二届中泰（长沙）经贸合作论坛开幕式举办

2.3月24日，株洲市城发集团全资子公司湖南保税口岸经贸发展有限公司揭牌成立

3.3月22日，阿联酋湖南商会助力张家界经贸代表团在阿联酋开展文化旅游交流活动

蒋良铁、陈小平与出席活动的领导共同开启活动序幕

祁阳市首届油菜花节暨农副产品交易会开幕

2023年3月17日，祁阳市首届油菜花节暨农副产品交易会在茅竹镇三家村举行。永州市政协副主席、祁阳市委书记蒋良铁出席并宣布活动开幕，祁阳市委副书记、市长陈小平，永州市委宣传部、永州市文旅广体局、永州市农业农村局等部门领导，祁阳市领导彭国锋、唐旭、陈爱民、柏雄文、蒋明明、吴东涛、刘诚等出席。

开幕式上，陈小平化身旅游“推荐官”，推介祁阳红色传承、绿色生态、古色探秘、研学体验四条精品旅游线路。近年来，祁阳按照“闻道浯溪、祁阳有戏”的形象定位和“一龙头四片区多亮点”的发展格局，打造“唱不过祁阳”文旅品牌，全市文旅产业蓬勃发展。

此次“一节一会”是祁阳全力拼经济、促消费、抓发展的重大举措，也是贯彻省、市旅发大会精神，在发展文旅产业上走在前列、干在实处的重要体现。现场汇集了祁阳100余家农产品企业，腊肉、曲米鱼、麻糖、槟榔芋、生态大米等200多种土特农产品齐亮相，全面展示祁阳农业产业发展的丰硕成果。同时，现场还开展农产品直播带货技能竞赛，叫响农产品品牌，扩大销售量。

1.4 月 10 日，湖南代表团参加第三届中国国际消费品博览会

2.4 月 15 日，蓝山县举行项目集中签约仪式，此次集中签约涉及竹木加工，瑶药、瑶浴等产业，项目包括蓝山县瑶浴产业项目、蓝山县竹木加工产业园托盘小镇项目以及楠市托盘小镇项目合同，3 个项目集中签约总投资达 2 亿元

3.4 月 12 日，楼良金出席湖南外贸职业学院与湖南科技大学共建中国援外培训实训基地签约（授牌）仪式

4.4 月 14 日，长沙市政协主席会议成员专题调研自贸区长沙片区

湖南输变电产业链招商大会雁峰专场举行

2023 年 3 月 28 日，湖南输变电产业链招商大会雁峰专场举行，吸引了近 80 家知名企业和机构踊跃参会，雁峰区政府现场与 8 家优质企业、机构签订战略合作协议，为雁峰区打造“中国电工城”核心区注入强劲动能。市领导于新凡、朱春光、晏华衡出席并见证签约。

近年来，雁峰区围绕输变电产业，筹资 1.52 亿元聚力原地倍增；“十年磨一剑”推动金杯扩能和恒飞智能产业园等项目顺利开工建设；投入 8900 万元建设的“输变电工业小镇”已具雏形。

湖南输变电产业链 招商大会雁峰专场举行

衡阳市首期跨境电商培训开班

2023 年 3 月 30 日，2023 年衡阳市第一期跨境电商培训在祝融学院开班。来自各县市区相关部门负责人、业务骨干、外贸企业和跨境电商企业代表等 40 余人参加培训。

此次主题培训由市商务局主办，衡阳综合保税区管理局协办，祝融学院承办。培训为期三天，将结合衡阳市跨境电商发展现状，以政策解读、理论提升、交流研讨、实地考察等形式开展，课程内容涉及跨境电商运营技巧、通道接入、外汇结汇、税收结算等，旨在为全市跨境电商高质量发展和加快推进中国（衡阳）跨境电子商务综合试验区建设培育人才、赋能升级，进一步激活外贸新业态，助力企业出海、衡品出境。

衡阳市首期跨境电商培训班结业仪式

近年来，衡阳跨境电商发展迅速，2022 年全市跨境电商进出口额 17.87 亿元，涌现出了衡阳远通物流等一批跨境电商龙头企业，并成功获批“中国（衡阳）跨境电子商务综合试验区”。相关主题培训 2023 年还将举办 9 期，免费培训学员 400 余人。

△ 28 日，中国银行湖南分行与湖南银行签署战略合作协议，双方管理层及相关部门负责人出席会议。此次合作协议的签署，是双方支持湖南省经济发展、高效服务本省实体经济业务合作的重要举措，也是双方全方位合作的崭新开始。

△ 28 日，2023 湖南服饰博览会暨芦淞服饰节在株洲市芦淞区开幕。这是一场集品牌推广、文化传播、展示交流、高端论坛、趋势发布于一体的国际化服饰产业盛会。本届湖南服饰博览会以“聚焦原创，赋能品牌”为主题，将举办欧微时尚之夜、原创服饰精品展、2023 中国裤业大会暨芦淞服饰产业发展高峰论坛、意法时尚春装节、原创品牌评选、产业供需对接会、“衣选之夜”颁奖典礼等多场活动。

3月

△9日，湖南省贸促会、湖南省国资委与白俄罗斯莫吉廖夫州政府、白俄罗斯驻广州总领事馆共同举办招商项目线上对接会，推动湖南国资国企与莫吉廖夫州的经贸交流、投资合作。

湖南省与莫吉廖夫州于2017年缔结友好省州关系，双方均为两国主要的工业地区之一，资源禀赋各有优势，市场互有需求、合作前景广泛。

△20日，2023年中非咖啡产业合作论坛暨非洲咖啡推介会在湖南自贸试验区长沙片区雨花区块举行。

△23日，第五届国际商事法律合作论坛在长沙开幕。本届论坛以“法治保障高水平开放，合作促进高质量发展”为主题，设置了“经济全球化发展与法治保障”主论坛和“投资新动能促进全球经贸合作”“区域新规则推动国际贸易发展”“合规新制度助力营商环境建设”等3个平行专题论坛。

2023长沙国际名品博览会开幕

2023长沙国际名品博览会于2023年3月29日至31日在湖南国际会展中心举行。本届博览会以“世界品牌汇聚长沙·湖南品牌走向世界”为主题，展览规模2.2万平方米，来自省内14个市州以及20个省、市、自治区约300家企业参加。

本届品博会设置国际奢侈品展区、国货精品展区地标产品及精品潮牌、国货精品展区（老字号）、国际名品及电子商务展区、整车技术展区等五大展区，汇聚来自境内外逾1000家品质商家，展品覆盖衣、食、住、用超20个消费品类数千件好物，多种类满足全年龄段消费需求。

本届品博会充分体现了线上线下融合，通过微信和官网实现在线申请展位及参观证。同时，在传统会展、论坛、会议、商业活动基础上，着力强化线上平台功能，创新并丰富参展商产品与服务展示形式。展会期间，50余位抖音主播、网络大V、网红达人将进行现场直播，带领大家“云逛展”，促进线上与线下、买卖双方多种交流互动。

为期三天的2023长沙国际名品博览会在湖南国际会展中心（芒果馆）盛大开幕

1

2

1.4月18日—20日，全国外资统计、信息报告和大数据监测预警业务培训在湖南长沙举办

2.4月19日，东亚首个尼日利亚海外仓落户长沙片区雨花区块

湖南东木国际贸易有限公司完成跨境电商出口海外仓（“9810”模式）备案。图为该企业海外仓位

衡阳有了首家跨境电商出口海外仓备案企业

2023年4月7日，经衡阳海关审核办理，湖南东木国际贸易有限公司完成跨境电商出口海外仓（“9810”模式）备案。这是衡阳2022年11月获批跨境电商综合试验区后首家跨境电商出口海外仓备案企业。

该企业海外仓位于德国多特蒙德市，为亚马逊平台FBA仓，主要商品有手工折纸等文具和餐厅服务铃铛、集线卡等日用品。此后，该企业可以在全国海关范围内开展跨境电商出口海外仓业务。跨境电商出口海外仓是指境内企业通过跨境物流将货物出口至海外仓，通过跨境电商平台实现交易后从海外仓送达购买者，并向海关传输相关电子数据的模式。“‘9810’海外仓采取‘头程运输＋仓储管理＋本地派送’运营”模式，和原来一般贸易模式相比，申报手续更简化，物流和查验更为快捷，成本也更低。

作为拓展国际市场的新型外贸基础设施，海外仓建设近年逐渐成为跨境电商竞争的焦点。为促进跨境电商等新业态快速发展，衡阳海关紧盯重点企业需求，提供“定制”指导服务，进一步畅通电话、网络等“不跑腿”沟通渠道，指导企业通过海关跨境电子商务出口统一版信息化系统无纸化提交备案申请，并成功通过跨境电商海外仓备案。

全省首个『跨境电商保税新零售』项目落户韶山

全省首个“跨境电商保税新零售”项目落户韶山

2023 年 4 月 27 日，韶山市委书记曹伟宏带队赴北京与深圳华岳时代科技有限公司签约，深圳免税全球购“跨境电商 + 全域旅游”进口商品新零售项目正式落户韶山，韶山成为全省“跨境电商保税新零售”新业态首个落地城市。

深圳华岳时代科技有限公司是一家专注于跨境电商的科技新零售公司。业务涵盖跨境电商、数字化供应链、保税仓储等板块。公司独家与深圳市国有免税商品（集团）有限公司达成深度合作，依托前海综保区为其打造跨境电商零售进口业务，搭建跨境电商线上商城、线下门店，实现展示、交易、提货、售后一体化服务，同时与珠海免税等展开合作，搭建独立供应链体系，运营进口高端美妆个护、畅销洋酒、3C 电子，在快手等渠道开设跨境店铺，实现采购、销售、仓储、运输等全链条服务。

该项目选址韶山游客换乘中心，将以深圳市国有免税商品（集团）有限公司为基础，依托韶山红色文化旅游资源和湘潭综保区开放平台功能，创新打造“韶山跨境进口商品展示交易中心 + 湘潭综保区保税仓”区域合作模式，通过线下体验店及线上商城，为来韶游客和韶山市民提供物美价廉的免税进口商品购买服务。

1.4 月 24 日至 4 月 30 日，永州市人民政府市长陈爱林率永州市经贸代表团出访非洲埃塞俄比亚和吉布提两国，27 日会见吉布提港口和自贸区管理局主席

2.5 月 4 日，岳阳经贸代表团成功出访非洲

首届进口商品消费节在长沙举办

2023 年 5 月 1 日，2023 年首届进口商品消费节在长沙自贸临空区举办。临空商圈超 400 家商家让利，激活市场活力。

长沙自贸临空区作为“中部地区内陆口岸”，是原产地捕捞海鲜抵达湖南的第一站。这里探索开展“保税生鲜 + 现场加工”模式，消费者现场购买生鲜产品后，可直接到店内加工食用。

2023 年首届进口商品消费节今天在长沙自贸临空区举办

活动现场，市民还可以折扣价格买到 ARUARU 的日本药妆、零食，卓伯根的德国啤酒、友阿海外购的大牌美妆等诸多进口商品。不少跨境电商品牌走入线下，变身“跨境门店”，为消费者提供进口商品直观展示窗口。

目前，长沙临空商圈逐渐成为市民购买进口商品的新去处。2023 年一季度，长沙百联奥特莱斯购物广场客流达 50 万人次。友阿跨境荟作为湖南首家跨境新零售综合体，包含航空体验、进口超市、商贸会展、轻奢百货等业态，友阿海外购快闪店、德国卓伯根家居、世界搜钻等已在友阿跨境荟开店。

△ 24 日，第三届永州·蓝山国际皮具箱包博览会，在蓝山县皮具箱包科技产业园创品国际智慧物流园开幕。省政协副主席何寄华宣布博览会开幕。本届博览会以“‘箱’约永州、‘包’容天下”为主题，为期 4 天。设有 9 个主题展区和 1 个网上展区，展厅面积达 2.4 万余平方米，有 300 多家企业参展。

△ 25 日，第三届永州·蓝山国际皮具箱包博览会，在蓝山县皮具箱包科技产业园创品国际智慧物流园开幕。省政协副主席何寄华宣布博览会开幕。本届博览会以“‘箱’约永州、‘包’容天下”为主题，为期 4 天。设有 9 个主题展区和 1 个网上展区，展厅面积达 2.4 万余平方米，有 300 多家企业参展。

4月

△ 3 日，2023 衡商大会举行，来自全国各地的 400 余名衡阳籍企业家和相关商会代表齐聚雁城，为衡阳发展献策助力。大会期间，湖南移动衡阳数字信息化服务和基础设施建设、零零玖生物科技、云集港及水运物流园、湖南有色矿业总部基地等 32 个项目签约，总投资额 328 亿元。

△25日，常德市政府与中林（湖南）林业投资开发集团有限公司在长沙市举行战略合作框架协议签约仪式。常德市委副书记、市长周振宇，湖南省林业局党组成员、副局长吴剑波等出席签约仪式。根据协议，常德市政府与中林湘投集团将根据上级相关文件要求，在依法依规的前提下，按照“政企互动、市场运作、优势互补、合作共赢”原则，围绕国家储备林、高标准油茶基地及油茶产业园区建设、碳汇开发及交易等领域，在投资开发及运营、配套产业建设等方面进行深度合作。

5月

△7日，首届湖南（怀化）RCEP经贸博览会圆满闭幕。本届博览会以“新合作、新机遇、新未来”为主题，邀请海内外600多家知名企业、1000多名采购商参展参会，设置了综合形象展区、市州形象展区、重点品牌企业展区、跨境电商展区、“5+N”现代化产业展区和特色商品展销区等六大展区，全面展现了RCEP成员国、西部陆海新通道沿线省区市和湖南省内各市州发展新成果、新趋势。

首届湖南（怀化）RCEP经贸博览会举行

首届湖南（怀化）RCEP经贸博览会开幕

湖南怀化侗族人吹芦笙表演

2023年5月5日，首届湖南（怀化）RCEP经贸博览会开幕式暨西部陆海新通道助推RCEP经贸合作论坛在怀化举行。全国政协副主席、九三学社中央常务副主席邵鸿宣布开幕。

此次博览会以“新合作、新机遇、新未来”为主题，共有1200余名中外来宾、613家中外企业参会参展。博览会展馆设置了综合形象展区、“5+N”现代化产业展区、市州形象展区、重点品牌企业展区、跨境电商展区、特色商品展区等六大展区，共有特装展位42个、标准展位89个。据统计，除中国企业外，澳大利亚、新西兰、泰国、老挝等RCEP成员国112家企业参展。开幕式后举行了签约仪式，共签约18个项目、3个战略合作协议，总投资212亿元，项目涵盖新能源、医药健康、精细化工新材料、现代物流、文化旅游等领域。

博览会由怀化市政府联合湖南省商务厅、重庆市政府口岸和物流办公室、湖南省贸促会、湖南省工商业联合会、湖南省工信厅、湖南省归国华侨联合会共同主办。

1.5月12日至20日，邵阳市人民政府副市长晏丽君率团对加纳和贝宁进行出访，与两国政要就第三届中非经贸博览会及经贸交流合作等事宜进行了交流

2.5月13日至21日，张家界市人民政府副市长高靖生率张家界经贸代表团赴毛里求斯、塞舌尔开展经贸交流对接活动，助力打好经济增长主动仗

3.5月12日，中国（长沙）国际工程机械再制造设备出口创新发展大会暨交易（拍卖）大会在长沙国际会议中心开幕

武陵山片区首届农业机械展销会开幕

活动现场

2023年5月7日，2023年武陵山片区首届农业机械展销会在吉首市友阿武陵国际商业新城开幕，副州长刘冬生宣布展销会开幕。此次展销会活动为期2天，以“农机赋能乡村振兴”为主题，来自湘鄂渝黔四省市7个地区的嘉宾及省内外18家农机企业和经销商参加。

活动现场，350余台现代化农机设备琳琅满目，展示了耕、种、收、防、加工新型农业机械和智慧农机，聚集了本地农业产业化龙头企业、示范专业合作社、示范家庭农场，展示展销各类特色农产品。

此外，还举办了武陵山片区农业机械高质量发展高峰座谈会议，邀请了部分嘉宾、企业代表和经销商围绕主题各抒己见、深化交流，在集思广益中找到武陵山片区农业机械高质量发展的“好路子”“金点子”。

1.5 月 14 日至 23 日，中国（湖南）自由贸易试验区经贸代表团远赴肯尼亚、马拉维、南非，面对面推介湖南自贸试验区、洽谈合作、拓展商机，长沙国贸集团与南非 TKL 集团签订年度采购合作协议

2.5 月 24 日，马栏山视频文创园举行华为湖南区域总部开工仪式暨影视企业合作签约活动

3.5 月 17 日，跨境电商网购保税进口香水业务成功落地长沙黄花综保区

4.5 月 25 日，“融合聚力，发展共赢”郴州自贸区企业协会成立一周年庆典活动举行

1
2 | 3 | 4

湖南—拉美经贸合作洽谈会在长沙举行

2023 年 5 月 19 日，湖—拉美经贸合作洽谈会举办。巴哈马、墨西哥、巴西、乌拉圭等拉美国家驻华外交官率拉美国家商协会及企业齐聚长沙，探索湖南和拉美经贸合作新空间。

湖南钢铁集团、中国中车、中联重科等 100 余家省内企业，与拉美企业及有关机构洽谈交流，对接洽谈 100 余场次。湖南省贸促会与中国墨西哥商会、哥伦比亚中国商会签署合作协议。

会上，墨西哥、乌拉圭、智利、哥伦比亚等驻华使领馆官员推介各自国家（地区）招商政策、营商环境。中联重科、隆平高科、永州（中国古巴）生物技术联合创新中心分享了与拉美合作的经验。近年来，湖南省与拉美国家经贸合作不断深入。2022 年湖南对拉美进出口总额 577.8 亿元，同比增长 31.8%。

湖南—拉美经贸合作洽谈会在长沙举行

中国（湘西州）—马达加斯加经贸对接会成功举办

2023 年 5 月 19 日，中国（湘西州）—马达加斯加经贸交流对接会暨湖南省情推介会在非洲马达加斯加塔那那利佛成功举办。中国驻马达加斯加大使馆和中资机构，马达加斯加总理府等部门和企业代表共 60 多人参会。

受湖南省政府委托，副州长马碧作第三届中非经贸博览会、湖南省情和湘西州情推介。马碧表示，湖南是一代伟人毛泽东的家乡，是“杂交水稻之父”袁隆平的家乡，是“一带一路”重要内陆省份。我们正着力打造国家重要先进制造业、具有核心竞争力的科技创新、内陆地区改革开放高地。马达加斯加与湖南省产业互补优势明显，具有良好的合作基础，双方可在杂交水稻、数字经济、新能源、工程机械等领域寻求更深层次合作。

中国（湘西州）—马达加斯加经贸对接会成功举办

推介会上，安德罗伊大区和湘西州就农业、旅游、教育、科技、经贸等方面签署了合作关系备忘录。

△ 8 日，上海市长沙商会成立大会暨长沙高端智造高质量发展浦江论坛在上海举行。上海远力实业集团董事局主席李青当选上海市长沙商会首届会长。德国驻华经济组织代表处等与长沙签约 6 大项目，助力长沙实现先进制造“全球视野、中国方案、长沙实践”，提高“长沙制造”产品口碑、扩大“中国制造”全球影响力。

△ 12 日，中国（长沙）国际工程机械再制造设备出口创新发展大会暨交易（拍卖）大会在长沙开幕。现场进行了制造设备出口订单签约，三一重工、中联重科、山河智能、星邦智能等 15 家国内企业及贸易商与海外采购团签约，采购金额超过 10.6 亿元。大会活动以“新动能、新蓝海、新机遇”为主题，发布了《工程机械再制造设备出口创新成果及政策》《工程机械再制造设备评估标准》。

△12日，“国窖1573炎陵黄桃助农基地”揭牌仪式在炎陵县水口镇协成村举行。副市长、市工商联主席杨胜跃出席。本次揭牌仪式上，泸州老窖国窖1573销售股份有限公司与基地签订了黄桃认购协议，现场签约认购10万斤炎陵黄桃，以实际行动助力炎陵乡村振兴。

△17日至18日，怀化市委副书记、市长黎春秋率团赴重庆市出席第五届中国西部国际投资贸易洽谈会。本届西洽会以“数字化引领内陆开放创新发展”为年度主题，由马来西亚担任主宾国，四川省、甘肃省担任主宾省，突出展示开放创新中的数字化转型成果。

△31日，商务部发布2022年跨境电子商务综合试验区考核评估结果。中国（长沙）跨境电子商务综合试验区，被评为全国10个第一档“成效明显”综试区之一。全国跨境综试区共165个，获准参评的为其中前5批跨境综试区共计105个。

第三届中非经贸博览会6月29日开幕

2023年6月6日，湖南省政府新闻办在长沙召开第三届中国—非洲经贸博览会（简称“博览会”）新闻发布会。会上发布，经党中央、国务院批准，第三届中非经贸博览会将于6月29日至7月2日在长沙举办。

博览会将安排各类活动超40场，会期内将首次权威发布中非贸易指数，以数字化、科学的评价体系，为经营主体开展对非经贸合作提供“晴雨表”；继续发布中非经贸关系报告，系统梳理近年来中非经贸合作取得的新进展，展望未来合作的新趋势。

第三届中非经贸博览会6月29日开幕

本届博览会主会场、主展馆、分展馆分别设在长沙国际会议中心、长沙国际会展中心和中非经贸合作促进创新示范园（湖南高桥大市场）。主展馆设综合展示馆、非洲企业和商品馆、中国企业和商品馆、地方省区市馆、内外贸融合馆和1个室外展区，总展览面积达10万平方米。分展馆将举办非洲好物网购节、直播带货、非洲咖啡师冠军挑战赛、非洲好物推介会等形式多样、内容精彩的活动。

截至6月5日，境外方面，已有50个非洲国家和8个国际组织报名参会；国内方面，商务部、外交部等22个国家部委机构，山东、湖北等26个兄弟省区市，764家中央企业、国家级商协会、金融机构和地方企业报名。预计参会人数总规模将突破1万人，外宾约800人。

1.5月26日，“出海吧，自贸！”——湖南自贸试验区第二场企业出海法律保障活动在长沙自贸临空区举办

2.5月29日至6月5日，2023年湖南—粤港澳大湾区投资贸易洽谈周

3.5月30日，自贸区长沙片区管委会调研来华留学生创业港及和立东升集团

1
2
3

2023湖南首届数字商务湘江论坛召开

活动现场

2023年6月9日，2023湖南首届数字商务湘江论坛近日在长沙召开。论坛以“数创未来，共享共赢”为主题，来自华为云、腾讯、阿里巴巴、抖音、兴盛优选等企业代表和数商专家学者约500人参加，共绘湖南数字商务发展蓝图。

论坛现场，腾讯智慧零售分享了数字化转型升级方案，兴盛优选分享了其运用数字化手段为企业降本增效的实践经验，华为云和与会者共享释放企业数字生产力方案。各企业代表和专家学者在“数字商贸”模块，深入研讨数字零售、数字营销、数字消费的新业态、新模式；在“数字产业”模块，探索“数字化＋产业园区”“数字化＋县域产业”“数字化＋乡村振兴”的新路径、新实践；在“数字服务”模块，交流数商赋能企业转型的新思路、新场景。

论坛上，全国首个数字商务智库——湖南数字商务（湘江）研究院成立，并发布《2022中国（湖南）数字商务发展报告》，全面解读电子商务研究新成果、发展新趋势。

2023中国（湖南）—美国经贸推介会在汨罗召开

2023中国（湖南）—美国经贸推介会在汨罗召开

2023年6月21日，2023中国（湖南）—美国经贸推介会在“端午源头、龙舟故里”汨罗市举行。美国驻武汉总领事蓝如瑾，美国各州驻华协会会长、阿肯色州亚洲商会中国代表刘秀萍，省人民政府外事办公室副主任杨琦，省贸促会党组副书记、副会长吴曙光，岳阳市副市长魏淑萍出席。美国各州驻华协会7家代表参会，中方35家湖南省内企业代表，及省、岳阳市、汨罗市相关负责人参会。

会上，省贸促会与美国各州驻华协会签订合作备忘录，汨罗市贸促会与美国协会签订合作备忘录，将积极推进双方企业之间的交流，加强商务领域的对话与互动，推动双方经贸合作和商务联系。

魏淑萍表示，岳阳将以此次推介会为契机，坚持开放包容、平等互利、合作共赢理念，加强经贸合作，促进贸易往来，拓展相互交流，共同开启双方各领域深度合作的新篇章。

2023中国（湖南）—美国经贸推介会举行签订仪式

1
2
3

1.6月10日，湖南省2023年“文化和自然遗产日”主场活动暨第四届湖南非遗购物节活动在娄底启动

2.6月7日，湖南非遗购物节网红直播带货大赛决赛在长沙举行

3.6月13日，湘粤港海关“跨境一锁”快速通关在长沙自贸临空区国际邮件监管中心正式启动

△31日，湖南综保区暨国际贸易通道招商推介会在深圳举办。会上，湖南湘粤非铁海联运运营公司和物流企业，与广州港、盐田港签署“湘粤一港通”合作，进一步提高通关效率，降低企业物流成本。“湘粤一港通”业务是沿海港口和内陆国际陆港，通过共享沿海港口代码，形成海铁一体的格局，是湘粤非铁海联运通道建设的重要通关模式。

△31日，2023年“港洽周”衡阳市代表团在深圳举办衡阳市钟表产业链专题推介暨重大项目签约活动。衡阳县政府向广大投资者推介船山时间谷钟表产业园项目，市商务局负责人为深圳市衡阳商会“衡阳市人民政府驻深圳招商联络处”授牌，鸿伟骏业、时分秒钟表、年产30万吨甲烷氯化物项目、衡钛科技、科大讯飞湘南运营中心等25个项目现场签约。

24家企业成为第三届中非经贸博览会合作伙伴

2023年6月15日，第三届中非经贸博览会市场化合作和绿色电力合作签约仪式在长沙举办，24家企业签约成为第三届中非经贸博览会的市场化办会合作伙伴。

24家企业合作伙伴为本届博览会的筹办提供了资金、服务及产品等方面的重要支持和保障。交通银行股份有限公司为全球合作伙伴，中国工商银行股份有限公司、中国建设银行股份有限公司、湖南农业发展投资集团有限责任公司为战略合作伙伴，中国银行股份有限公司、威胜控股有限公司、国药控股湖南有限公司、湘潭综合保税区等20家企业为合作伙伴。

活动现场，湖南省商务厅与中国广核新能源控股有限公司湖南分公司签署绿色电力合作协议，依托绿色电力交易机制深入合作，实现第三届中非经贸博览会绿色电力全覆盖、用电零碳排，中非经贸博览会成为湖南首个“绿色展会”“零碳展会”。

第三届中非经贸博览会市场化合作和绿色电力合作签约仪式在长沙举办

6月

△13日，“资汇沅澧 共创共赢——国资国企进常德”湖南省国资委与常德市人民政府战略合作暨项目签约仪式举行，16个项目现场签约，总投资174.8亿元。市委书记曹志强，省国资委党委书记、主任肖文伟见证签约并讲话。

△20日，“产融赋能 创享未来”2023柳叶湖创投大会举行，来自全国各地的行业大咖、投资人、创投机构负责人与企业家代表等共聚常德，共话创新创业、共商产融赋能、共促合作发展。市委书记曹志强出席大会并致辞。市委副书记、市长周振宇作“常德未来发展新蓝图”主题推介。与会行业大咖围绕科技创新投资、价值创造、全面注册制等创投话题展开探讨，并精选多家优质高成长企业现场推介。

首趟湘鄂赣中老国际货运班列在怀化发车

首趟湘鄂赣中老国际货运班列在怀化发车

2023年6月22日，首趟湘鄂赣中老国际货运班列从怀化发车。在三省合力推动下，怀化国际陆港将成为湖北、江西等地货物运往东盟国家的重要选择。

2022年12月，湘鄂赣三省人民政府签署《发挥西部陆海新通道及中老铁路作用融入共建“一带一路”新格局的协议》，利用怀化国际陆港对外通道和对接东盟品牌优势，协同三省焦柳线、沪昆线沿线城市货源在怀化集并。怀化国际陆港经开区、怀化市发改委、怀化海关前往湖北、江西等地开展实地货源调研，分析当地货物集结、运输线路等情况，并对自身进行优化改进，加强通关便利化协作。

目前，怀化面向东盟的北部湾港/湛江港/广州港铁海联运、中老、中越三条国际物流大通道已经形成常态化开行。在广铁集团大力支持下，截至目前，怀化国际陆港2023年累计发运班列194列，其中中老班列21列。怀化国际陆港从老挝进口的木薯淀粉，已辐射分拨到江西萍乡等地。

1.6月16日，省商务厅联合怀化市人民政府共同举办“乐享消费 惠购三湘”2023湖南消费促进季（夏季）暨“相约国际陆港·嗨购幸福怀化”消费节启动仪式

2.6月16日，湖南省贸促会举办第31期《贸促讲坛》

3.6月27日，湖南省工商联代表团走访缅甸中华总商会、缅甸湖南商会，考察在缅湘企

1
2
3

鄂非农业领域经贸合作活跃

让更多湖北小龙虾走进非洲

2023年6月30日，中国湖北—非洲农业领域经贸合作论坛在长沙举行。近年来，鄂非农业领域经贸合作十分活跃，农产品贸易规模逐年递增，截至目前，境外协议投资已达5.4亿美元，农业生产加工、农副产品销售、农作物种子研发生产、农业机械销售等领域业绩突出。

会上，湖北多家企业介绍了目前在非的农业投资情况及成果。坦桑尼亚、刚果（金）、肯尼亚等国代表介绍了所在国的农业生产现状，并向湖北企业抛出投资“橄榄枝”。现场，坦桑工农商产业投资（广州）有限公司和湖北省联丰海外农业开发集团有限责任公司签订战略合作协议，双方将在坦桑尼亚和中国之间开展农产品贸易合作。

湖北企业在非洲农业领域开创多个“第一”。湖北企业建设的中国莫桑比克农业技术示范中心，是中国在非洲建立的第一个农业技术示范中心，为非洲国家农业发展和提升粮食安全水平作出积极贡献。

让更多湖北小龙虾走进非洲

常德组团参加第三届中国—非洲经贸博览会

常德产品推荐（形象）馆

2023年6月29日至7月2日，第三届中国—非洲经贸博览会在长沙举行，常德市组团参加此次博览会，积极发动对非重点企业参与相关合作论坛、经贸对接等活动。市委书记曹志强出席第三届中国—非洲经贸博览会开幕式暨中非经贸合作论坛，并到常德产品推荐（形象）馆巡馆。

此次博览会以“共谋发展、共享未来”为主题，贝宁、刚果（金）、马达加斯加、马拉维、摩洛哥、莫桑比克、尼日利亚、赞比亚等8个非洲国家担任主宾国，山东省、湖北省担任主题省。会期内将举办各类活动近40场，包括开幕式暨中非经贸合作论坛，9场由国家部委和机构主办的高端活动、7场经贸对接、3场专题研讨和13场地方专场活动等，涵盖绿色基建、海关检疫、医药卫生、农食产品、轻工纺织、产业园区、妇女青年、职业教育等领域。

活动期间，常德市在主展馆（长沙国际会展中心）搭设常德产品推荐（形象）馆，组织常德城发贸易有限公司、湖南宝田重工股份有限公司、湖南常德牌水表制造有限公司、湖南安福环保科技股份有限公司等20家企业参展，并通过视频、图片等多种形式展示常德对非合作交流成果和常德经济社会发展最新成就。

1

2

1.6月28日，自贸区长沙片区举办外贸便利化政策宣讲活动

2.6月30日，湘西土家族苗族自治州吉首市召开2023年上半年产业重点招商项目推介会暨签约仪式，签约重点产业招商项目14个、总投资约96亿元

岳阳全力推进对非经贸深度合作

2023年6月30日，湖南岳阳对非经贸深度合作推介会在长沙举行，现场签约了肯尼亚野生水产品生产贸易合作项目、马达加斯加云母矿进口贸易合作、冶金设备出口埃塞俄比亚等5个重点项目，签约总额达30亿元。

作为国家首批沿江对外开放城市，岳阳已连续多年获评“中国外贸百强城市”，2022年实现外贸进出口总额736.5亿元，同比增长20.3%。

岳阳高度重视拓展对非关系，初步形成了以海外加工仓储、国内加工集散为主，辅以供应链金融、物流报关等配套服务的对非经贸合作新模式。岳阳城陵矶港口及城陵矶综合保税区、岳阳中非工贸产业园，是正在建设中的中非经贸深度合作先行区的重要组成部分，2022年实现对非贸易26.6亿元，增长117.2%，展现出强劲发展势头。

推介会现场

△24日，2023年湖南省大学生电子商务大赛决赛在湖南文理学院举办。来自42所高校的198支团队共700余名选手集结决赛现场。本届大赛整个赛程历时3个多月，参赛队伍达3686支，参与学生19000余名，得到小迷糊、一沸、三顿半等电商品牌支持。

△30日，中非特色轻工产品（邵阳时尚用品）贸易对接洽谈会在长沙国际会议中心举行。中国轻工工艺品进出口商会与邵阳市人民政府，湖南（邵阳）中非经贸产业园与科特迪瓦出口署在会上签署了战略合作协议。根据战略合作协议，中国轻工工艺品进出口商会将进一步加大邵阳特色轻工产品的推介力度，让更多邵阳生产的发制品、箱包、打火机、小五金等产品进入非洲市场。

7月

△10日，“湖南好物走世界”线上对接会·邵东—俄罗斯专场活动在邵东举行。该活动利用湖南企业国际化经营服务平台（EHN），打造“网上丝路”活动品牌，将湖南的好物共享给世界，把世界的精品呈献给湖南。

8月

△16日至20日，湖南经贸代表团出席2023香港国际茶叶及美食博览会并走访在港商界组织。省政协副主席、省工商联主席张健出席。浏阳河集团、馨品吉文化、天门郡莓茶等72家湖南美食及茶叶企业参会。博览会期间，省工商联、省贸促会、省供销社共同主办了2023湖南美食及茶叶（香港）推介会，推介湖南营商环境、招商政策及投资项目。

9月

△5日，中国（湖南）自由贸易试验区创新发展研究院，揭牌仪式在湖南大学举行。湖南自贸试验区研究院将集聚省内外高校、研究机构、商协会、企业等研究力量，创新研究机制，同时为自贸试验区工作人员打造理论学习基地，提供与专家、学者交流的实践平台。

1.7月10日，“湖南好物走世界”线上对接会·邵东—俄罗斯专场活动在邵东市举行

2.7月10日，湖南自贸试验区首批行政办事员“持证上岗”

3.7月1日，适逢第三届中非经贸博览会在长沙举行，7名非洲国家经贸代表团成员受邀首次走进“中国农业机械之乡”——湖南省双峰县参观考察，助推双峰农机进一步拓宽非洲市场

中国（湖南娄底）—非洲农业机械、文印、电子产品推介洽谈会举行

会议现场

2023年7月1日，第三届中非经贸博览会中国（湖南娄底）—非洲农业机械、文印、电子产品推介洽谈会在长沙举行。省政协党组成员、副主席胡伟林宣布推介洽谈会启动，坦桑尼亚投资、工业和贸易部长基贾济，卢旺达驻华大使馆参赞卢文杰，娄底市委书记邹文辉，省商务服务中心党委书记、主任张军平分别致辞，冈比亚、圣多美和普林西比、南苏丹、几内亚比绍、塞拉利昂、苏丹、南非、尼日利亚、马拉维、尼日尔等十多个非洲国家的官员、驻华使节、客商等出席，市政府副市长、秘书长杨维主持推介洽谈会。

邹文辉简要介绍了娄底市情和对非经贸文化合作交流情况，并诚挚邀请非洲各国朋友来娄底参观考察。他希望大家以第三届中非经贸博览会举办为契机，立足现有合作基础、特色优势产业，共享合作机遇、拓展合作领域、深化合作实效。希望大家多多沟通交流，增进彼此了解、增加彼此信任。

会上，双峰县、新化县主要负责同志分别作了农业产业、文印产业推介，中坦克巴哈工业园有限公司、湖南诺仕达科技负责人分别作了相关项目推介。娄底市人民政府和娄底相关企业与非洲国家的园区、企业签订了相关合作协议。会议还专门设立单独洽谈区域，为中非双方企业开展深入对接洽谈提供便捷。

“茶院士”现场推介助力古丈茶叶产销对接

2023年7月6日，第二十七届深圳春季茶博会暨第三届世界绿茶大会拉开序幕。古丈县在茶博会展区推出多场古丈茶叶品鉴沙龙，中国工程院院士刘仲华现场向全国各地茶商和消费者推介古丈茶。

刘仲华分别从健康、生态、口感、文化等角度，向嘉宾推介古丈茶，并从地理环境、制茶工艺等多个角度，解析古丈茶的独特之处。刘仲华与古丈有着深厚的情谊，为古丈茶叶产业在绿色防控、科技创新、生态有机方面作出了巨大贡献。作为古丈茶叶的“首席品鉴官”，刘仲华称赞“古丈毛尖的制茶水平一直保持在优异状态，处于潇湘绿茶的第一方阵。”

近年来，古丈积极打造绿色有机绿茶，境内茶园面积20.5万亩，绿色有机茶园达4.8万亩，16家茶企通过欧盟和有机茶认证，38家茶企实施有机茶认证转换认证，产值保持高速增长，成为名副其实的富民产业。

第二十七届深圳春季茶博会暨第三届世界绿茶大会现场

全国首家硬质合金国际交易中心全球招商

启动仪式现场

2023 年 7 月 20 日，中国（株洲）先进硬质材料及工具国际交易中心启动招商。这是国内首个以先进硬质材料及制品贸易为主的国际交易中心，吸引业内 400 余家企业和行业商协会参加启动式，株洲硬质合金集团有限公司、湖南富兰地切削工具有限公司等 17 家知名企业抢先签约进驻。

株洲先进硬质材料产业集群 2022 年规模达 480 亿元，产业总产值增速 9.4%，正全力冲击国家级产业集群。为加快产业集群集聚发展，株洲市规划投资近 300 亿元，在荷塘区建设湖南先进硬质材料产业园。中国（株洲）先进硬质材料及工具国际交易中心作为园区首个重点项目，致力打造一个集产品展示、销售、电子商务、技能型人才培训、会展等功能于一体，服务长株潭先进制造业，面向全行业的大型硬质合金交易集散地。

1
2
3

1.7 月 18 日，2023 年岳阳自贸片区外贸便利化政策宣讲活动在城陵矶新港区展开

2.7 月 20 日，湖南省商务厅湘江（开放）大讲堂第 3 期专题讲座开讲，主讲人省商务厅自贸协调处处长罗专从自由贸易试验区建设意义及发展背景、全国自贸试验区建设的基本情况、湖南自贸试验区 3 年建设探索、科学谋划实施自贸试验区提升战略等几个方面展开详细讲解

3.7 月 24 日，湖南（南山）六月六山歌节暨湖南（城步）高山农业博览会开幕

醴陵陶瓷精彩亮相 2023 中国（北京）国际精品陶瓷展

醴瓷精彩亮相 2023 中国（北京）国际精品陶瓷展

2023 年 7 月 21 日，2023 中国（北京）国际精品陶瓷展览会盛大开幕。醴陵市委书记、经开区党工委第一书记王利波，市人大常委会主任贺小玲出席，并且前往现场，看望醴陵参展代表。

中国国际精品陶瓷展由中国陶瓷工业协会主办，现已成功举办 3 届，汇聚来自全国各大陶瓷产区的陶瓷精品。本届展会以“奋进新征程，建功新时代；精美陶瓷装点美好生活，讲好中国陶瓷故事，彰显中华文明，开启中国陶瓷文化传播之旅新征程”为主题。

王利波、贺小玲前往“千年瓷都·天下醴陵”区域品牌展厅，看望醴陵参展企业代表。此次，醴陵市共有 12 家陶瓷企业、54 名陶瓷艺人组团参展，展位面积 360 平方米。在红官窑、陶润会、醴泉窑、振美艺术陶瓷、德兴瓷业等企业展厅，以及唐山、潮州、淄博等地展区，醴陵市领导深入现场走访调研，并与参展代表互动交流。

2023 中国（北京）国际精品陶瓷展览会盛大开幕

△ 15 日至 17 日，2023 中国国际食品餐饮博览会，在长沙国际会展中心举行，此次食餐会由商务部及湖南省人民政府联合主办。香港特区政府驻湖南联络处在长沙国际会展中心 W3 馆设立香港馆，以图片、相关文字及互动专区，展示香港作为美食天堂及亚洲葡萄酒枢纽的形象，以及宣传香港在食品餐饮和葡萄酒行业的优势。

△ 15 日，为期三天的第八届中国国际食品餐饮博览会在长沙国际会展中心“喷香”开幕。30 余个国家和地区、20 余个省市区、11 个省内市州踊跃参与，参展企业达 1800 家，一场全球美食盛宴与你有约。本届食餐会展览规模近 10 万平方米，共有 7 个展馆及 1 个连接厅，展出各类产品超 4 万件。展览设置 15 个专业展区，涵盖餐饮、食材、连锁加盟、咖啡饮品、粮油、包装机械、智慧餐饮、酒店用品等。

△16日，常德国际农产品交易中心水果区举行启动运营仪式。副市长杨成英出席仪式并宣布常德国际农产品交易中心水果区正式运营。会上，全国龙头商家代表与常德国际农产品交易中心进行了集中签约。

△22日，2023湖南（国际）通用航空产业博览会在长沙国际会展中心开幕。省委书记沈晓明宣布开幕。本届博览会主题为“通航引领美好生活”，以“线上+线下”的形式，举办高端论坛、经贸洽谈、互动体验等18项活动。

△24日，首届“安化黄精”丰收节在安化县东坪镇举行。省库区移民事务中心党委书记、主任唐要善，副市长罗晓皓讲话。本次丰收节以“林下黄精迎丰收，乡村振兴展新颜”为主题，策划设计13个议程。活动现场，签约5个安化黄精相关产业项目，并对采挖的3个黄精样品进行全面检测，检测浸出物含量平均值为85.55%；多糖含量分别是19.56%、21.60%、20.92%，均优于国家药典标准，再一次证明安化黄精品质优良。

第四届湖南（国际）绿色发展博览会线上展启动

2023年7月24日，第四届湖南（国际）绿色发展博览会（简称“绿博会”）线上展启动。7月24日至31日期间，参展商、采购商及专业观众可通过湖南企业国际化经营服务平台（Enterprise Hunan Network，EHN）线上参与此次绿博会。

绿博会线上展将配合绿博会线下展，集合云会议、云展览、云对接等功能。其中云展览主要分为绿色节能、生态环境、循环经济和新能源板块四大板块，展示与新能源交通、绿色建筑、风力发电、抽水蓄水等相关的16大类、近1000种参展产品。同时将对绿博会线下近10场论坛和经贸洽谈会进行直播，并举办企业B2B配对在线洽谈会等线上系列配套经贸活动。

截至7月24日17时30分，通过EHN平台注册在线展示企业达233家，产品数920个，上线采购商访问量6900次，EHN直播抖音号浏览量5.3万人次，已举行3场视频采购会议。除在线展示企业外，另有约6000家外国企业注册为EHN平台观众或采购商。绿博会线上参展企业将长期在EHN平台上展示，跨越时间和地域限制，向国内外观众、采购商推广展商产品。

1.7月26日，中国（湖南）自由贸易试验区协同联动区工作推进会暨授牌仪式在中国（湖南）自由贸易试验区招商服务中心成功举办

2.7月26日，湖南自贸区设立首批协同联动区，涵盖12个市州24个经济功能区

3.8月16日—20日，湖南省政协副主席、省工商联主席张健率湖南经贸代表团出席2023香港国际茶叶及美食博览会并走访在港商界组织

1
2
3

邵阳首个亚欧非海外仓启航

邵阳首个亚欧非海外仓启航

2023年8月18日，邵阳县举办第三季度重大项目签约仪式，共签约15个重大项目，总投资16.8亿元。其中亚欧非海外仓项目签约即落地，邵阳地区首个亚欧非海外仓正式启航。

亚欧非贸易投资联合促进会与邵阳县人民政府，签订跨境合作战略和联合运营框架协议后，聚力打造“买全球、卖全球”的跨境平台，该平台对会员企业产品走出国门，进入国际市场提供“一站式”服务。

该亚欧非海外仓将借助互联网优势，利用“线上线下+海外仓+易货贸易”多渠道多模式，实现“邵阳制造”以及特色产品“走出去”、国外技术和产品“引进来”的良性循环，在擦亮邵阳品牌的同时，为当地实体经济提供更广阔的消费市场。

亚欧非邵阳海外仓启航仪式

祁东县的湖南榫卯木门首次出口

祁东县的湖南榫卯木门首次出口

2023年9月7日，经衡阳海关检验合格，800扇产自衡阳祁东县的榫卯结构实木门启运出口北美，这是湖南该类产品首次出口。

榫卯结构木门是中国特有的传统工艺产品，祁东县具有悠久的传统木制品制作历史。出口商湖南孜原门业有限公司负责人刘素孜介绍，该批出口产品采用榫卯结构和现代拼积木工艺，以组装件发货、便于运输，购买后可以自己动手轻松组装，较为符合海外消费者DIY（自己动手制作）的需求。

榫卯结构木门首次出海，“老行当”焕发了新生机。出口木门对于木材病虫害处理、尺寸规格、环保等方面要求较高。企业接到订单后，在衡阳海关指导下做好选材加工、防虫蛀处理、成品防护等细节，确保产品顺利出口。

1.8月18日，湖南省经贸代表团一行走访香港中华总商会

2.8月27日—31日，湖南省经贸代表团赴澳大利亚经贸对接硕果累累，明确与西澳大利亚洲在招商、经贸、人才和文化旅游等方面全面加强合作

3.8月25日—26日，湖南省经贸代表团奔赴韩国开展经贸对接和招商引资活动

△24日，怀化市商务局与中国机电产品进出口商会签订战略合作协议，充分发挥各方优势，推动怀化打造内陆地区改革开放高地，促进怀化外贸转型升级和高质量发展。根据协议约定，机电商会将充分发挥国家级行业组织优势及资源，积极帮助怀化推进产业转型升级和国际化发展，定期开展行业国际交流，提升怀化重点产业和产品的国际影响力。

10月

△15日，副省长、市长周海兵出席2023长沙国际绿色智能建造与建筑工业化博览会暨世界建造业大会并巡馆。本次筑博会以“绿色引领发展·智造筑梦未来”为主题，展览面积达5万平方米，参展单位近400家，展会设置了“住房城乡建设成果综合展示”“绿色智能建造与建筑工业化”“装配式绿色农房建设与乡村振兴”和“建筑节能、绿色建筑与绿色建材”四大板块，吸引了一批省内外绿色建造、智能建造和建筑工业化头部企业参展。

湘西州20个名优茶产品在省茶博会上“摘金”

2023年9月8日，2023第十五届湖南茶业博览会“茶祖神农杯”名优茶颁奖典礼在长沙举行，湘西州20个名优茶产品“摘金”。

湘西州20个名优茶产品在省茶博会上“摘金”

“茶祖神农杯”名优茶评审是历届湖南茶博会的重要主体活动之一，至今已成功举办13次。本届湖南茶业博览会“茶祖神农杯”名优茶评选共收到绿、红、黑、白、黄、特种茶六大类参评样品123个，经组委会按资质要求、团体标准严格评审，共有89个产品荣获金奖。

其中，湘西州古丈县三道和茶厂生产的“古丈毛尖”、古丈县岩头寨镇茶歌茶叶专业合作社生产的“张远忠·大师茶”、保靖县奇韵家庭农场生产的“保靖精品黄金8号茶”和吉首市新田农业科技公司、丹望阿婆峰茶业公司、湘雅秋黄金茶公司、丹望黄金茶专业合作社、湘西高崎山黄金茶种植专业合作社、湘西神秘谷茶业公司及凤凰从文茶叶专业合作社生产的“湘西黄金茶绿茶”等11个茶品均获绿茶金奖。泸溪县喆友轩茶业公司生产的“沅水巴斗云顶”红茶、凤凰从文茶叶专业合作社等4家茶企生产的“湘西黄金茶红茶”共摘得5个红茶金奖。永顺县大丰生态农业开发公司、永顺供销勤方科技公司生产的“永顺莓茶”，永顺紫芽莓茶业公司生产的“紫芽莓茶”、永顺县红颐农业科技发展公司生产的“芽头莓茶”共获得4个特种茶金奖。

△18日，永州市柑橘采摘文化季暨“迴峰蜜柑九分甜”品牌发布会举行。本次活动设有品牌推介会与签约仪式、柑橘采摘活动、柑橘产业高质量发展论坛、橘农趣味运动会等，吸引湘粤桂的客商、农技专家和游客前来体验采摘乐、品尝“九分甜”。

△20日，2023年岳阳惠民房地产暨绿色家装展示交易会在南湖广场开幕。市委书记曹普华出席并与参会市领导共同按键启动房交会，市委副书记汪涛宣布开幕。开幕式还邀请了岳阳房地产行业精英进行现场直播，为广大购房者了解岳阳各区域优势及发展情况作详细分析，就绿色家装与听众进行互动交流，通过线上线下结合，全面提升此次房交会的互动性、参与性和美誉度。

2023安化黑茶高端品鉴会取得圆满成功

时光的味道——2023安化黑茶高端品鉴会取得圆满成功

2023年9月9日，2023第15届湖南茶博会暨安化黑茶高端品鉴会在湖南长沙国际会展中心（芒果馆）开幕。此次推介会以“时光的味道——安化黑茶高端品鉴会”为主题，精选了2007年份、2000年份千两茶，2004年份、1992年份黑砖茶，2003年份、1983年份天尖茶等6款老茶进行品鉴。

近年来，安化坚持以“三茶”统筹发展为引领，锚定“方便化、高档化、功能化、时尚化”创新方向，推动建立安化黑茶产业三大体系制度，全面推进茶产业转型升级、高质量发展。

目前，安化有茶叶生产企业210家，其中规模以上茶企75家，高新技术茶企22家，省级龙头企业7家，国家级龙头企业1家，安化茶产业成长为安化最具地域特色及乡村振兴的支柱产业，安化黑茶已成为“千亿湘茶”领头羊。

1.8月28日，湖南省商务厅湘江（开放）大讲堂第4期专题讲座开讲

2.9月5日，中国（湖南）自由贸易试验区创新发展研究院揭牌仪式在湖南大学举行

3.9月6日，湖南新华书店集团“教育数字化创新成果”亮相2023年中国国际服务贸易交易会

第八届中国国际食品餐饮博览会在长沙开幕

第八届中国国际食品餐饮博览会现场

2023年9月15日，第八届中国国际食品餐饮博览会（以下简称“食餐会”）在长沙开幕。开幕式上，商务部副部长盛秋平视频致辞，省领导谢建辉出席并致辞。

本届食餐会以“促进消费，创新发展”为主题，会期3天。展览规模10万平方米，参展企业达1800家，展出各类产品超4万件，预计现场逛展观众达15万人次。食餐会设置15大专业展区，展现食品餐饮行业的新技术、新趋势、新业态。“味道湖南”美食品牌展区集中展示湘茶、湘菜、湘酒、湘米等地方特色产品。来自港澳及韩国、泰国、澳大利亚等30余个国家和地区的近千种美食汇聚长沙，山西、云南、福建等20余个省市区以及湖南省内11个市州组团参展。

20余场高规格、高质量、高水平的活动将在展会期间亮相。第八届食餐会开幕式暨创新发展大会、第四届中国餐饮数字化发展大会等论坛，汇集行业专家，共议食品餐饮产业的挑战和机遇；第六届中国咖啡师团体锦标赛等赛事轮番上演；2023“味道湖南”美食季名优食材产销对接会等活动为企业发展注入新动能。

湖南省欧洲投资贸易洽谈周开幕

湖南省欧洲投资贸易洽谈周开幕

2023 年 9 月 21 日，由湖南省政府主办的湖南省欧洲投资贸易洽谈周拉开帷幕。在德国杜塞尔多夫举行的湖南—德国投资贸易合作洽谈会上，长沙经贸代表团签署了“中欧国际合作示范区暨中欧企业联合创新中心”项目。市委常委、自贸区长沙片区党工委书记邱继兴向德国政府、商协会及企业嘉宾推介长沙市情和招商政策。

洽谈会上，湖南省商务厅、市商务局和德国卓伯根集团共同签署关于建设“中欧国际合作示范区暨中欧企业联合创新中心”的谅解备忘录。双方将共同打造“中欧国际合作示范区”，该示范区将响应省委省政府关于把长沙建设成为全球研发中心城市的号召，以“中欧企业联合创新中心”为抓手，打造中欧企业研发、创新与合作的国际平台。

湘台经贸交流合作产业对接会在张家界市举办

湘台经贸交流合作产业对接会在张家界市举办

2023 年 9 月 23 日，2023 湘台经贸交流合作会“旅游康养、现代农业与生物医药产业对接会”在张家界市举办。湖南省人大常委会副主任胡旭晟出席会议并致辞。

胡旭晟在致辞中说，台商在湘投资覆盖全省 14 个市州，台资正成为湖南吸引境外投资的重要来源，湖南也正成为台商投资的新热点和台胞重要的旅游目的地。近年来，湖南省委、省政府立足张家界旅游城市实际，特别是康养旅游这个旅游产业的主流方向之一，正在为张家界旅游转型升级和高质量发展探索新模式、新路径。希望张家界立足资源禀赋、发挥独特优势，着力打造国际康养旅游胜地。

张家界、常德、益阳、怀化、湘西州五市州在此次大会上共签约台资项目 10 个，总签约金额 32.54 亿元。签约项目涵盖文化旅游、工业观光、装备制造、科技园区、基础设施等多个领域，是 3 年疫情过后集中签约的第一批台资项目。

会上，张家界市、常德市、益阳市、怀化市、湘西州、高雄市、台东县以及参会台商代表先后作产业推介和经验交流。

1.9 月 12 日，株洲市商务局联合株洲农行举办政银企对接活动

2.9 月 7 日至 9 日，邵阳市委副书记、市长华学健随省政府代表团访问老挝，并赴泰国对接涉邵经贸合作

3.9 月 12 日，以“新消费 新责任”为主题的湖南省 2023 年消费维权年主题研讨活动在长沙举行

1 2 3

△ 20 日，怀化市商务局与铜仁市商务局签订战略合作框架协议。根据协议约定，怀化、铜仁两地将整合区域内优势，联合开展投资招商推介活动。共同打造具有武陵山片区特色的会展经济，积极引导和组织企业参加武陵山片区的重要展会，共同为区域内企业的合作搭建平台，提供相关服务；支持区域内老字号、知名品牌、名优特产在本区域开展品牌推广、促销、巡展活动，支持企业在本区域内设立直销店、展示中心。

△ 20 日—22 日，2023 年湖南（长沙）跨境电商交易会在湖南国际会展中心举行。本届跨交会以“聚优跨境生态链，跨境优品齐出海”为主题，集展览展示、专题论坛、招商推介、贸易洽谈于一体，规划展览面积 2.2 万平方米，设置跨境电商平台展区、特色产业带及“选品”展区、跨境电商服务商展区、跨境电商综试区展区、跨境优品现场直播区五大展区，吸引了近 20 家全球跨境电商头部平台、6 个跨境电商综试区、600 余家知名品牌企业参展。

△20日，2023中国先进硬质材料及工具国际博览会在株洲莞深智造技术装备商贸城开幕，荟聚国内外先进硬质材料及工具行业优质力量，形成与以湖南先进制造业产业集群间紧密协作为基础的全球先进制造业产业集群体系化对接格局。刘光跃宣布2023中国先进硬质材料及工具国际博览会开幕。

△23日，新邵县召开全县招商引资推进大会。会议深入学习贯彻习近平总书记关于湖南工作的重要讲话和指示批示精神，全面落实省委十二届四次全会和省委书记沈晓明来邵阳调研讲话精神，进一步解放思想、坚定信心、凝聚力量，以招商引资大突破助推发展动能大提升。县委书记黄海蓉出席并讲话，县委副书记、代理县长谢小军主持。

2023“味道湖南沅江味道”农特产品展销暨美食周活动正式启动

2023年9月27日，2023“味道湖南沅江味道”农特产品展销暨美食周活动在沅江市蓼叶湖公园拉开帷幕。湖南省商务厅商务服务中心党委副书记谢海珍出席活动并宣布开幕，沅江市委常委、副市长夏鑫出席活动并致辞。

此次活动既是弘扬美食文化、擦亮美食品牌的创新之举，又是扩大和恢复消费、打好“发展六仗”的务实之策。沅江市也将以此次活动为契机，以建设洞庭湖区核心城市为目标，主动顺应消费新趋势，构建消费新格局，以美食扩内需、促消费，以餐饮业发展促进产业联动，在服务和融入新发展格局中展现新作为，助力县域经济高质量发展。

此次活动共设有80个展位，邀请了辣妹子食品股份有限公司、湖南湘龙绿色食品有限公司、湖南芦菇生物科技有限公司等70家企业、商户参展，为市民及游客朋友们呈现了芦笋、芦菇、大头鱼、腐乳、麻香糕等数十种沅江特色美食。

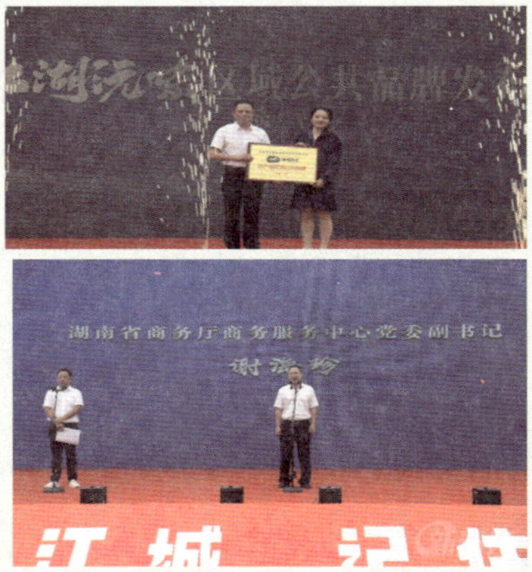

2023“味道湖南沅江味道”农特产品展销暨美食周活动在沅江市蓼叶湖公园拉开帷幕

永州市首届花卉苗木博览会暨宋家洲欢乐游园活动开幕式举行

永州市首届花卉苗木博览会暨宋家洲欢乐游园活动开幕式举行

2023年9月28日，永州市首届花卉苗木博览会暨宋家洲欢乐游园活动开幕式举行。市委副书记、市长陈爱林宣布开幕，省林业局二级巡视员欧阳叙回致辞，市领导胡先荣、肖扬、魏秋云，市政府秘书长齐爱社参加。

永州地处湘江源头和南岭山脉腹地，是全省四大重点林区之一。近年来，永州市深入贯彻习近平生态文明思想，积极践行绿水青山就是金山银山的理念，坚持把花木产业作为绿色产业、富民产业来抓，推动形成鲜切花、盆花、盆景、绿化苗木、根艺等品类齐全、独具特色的花木产业体系，永州植物园、双牌阳明山等地已形成国内知名的花木文化旅游品牌。

欧阳叙回在致辞中说，花木产业既是美丽的公益事业，又是集经济、社会、生态效益于一体的绿色富民产业，被誉为21世纪的“朝阳产业”和“黄金产业”，也是湖南省颇有分量、极具前景的特色产业。希望永州以此次花博会为契机，把握机遇、主动作为，加快全市花卉产业高质量发展，为美丽湖南建设贡献更多永州力量。

1 2 3

1.9月15日，2023湖南文化旅游产业博览会在郴州市国际会展中心开幕

2.9月19日，第六届中国国际进口博览会招商路演（湖南）在长沙市顺利举办

3.9月23日，湖南省2023年消费帮扶活动线下展销会（岳阳分会场）在平江开幕

1.10月13日，2023郴州秋季车展中国人民保险第九届购车节暨第十四届湘南汽车文化节在郴州国际会展中心开幕

2.10月27日，长沙自贸会展区2023长沙国际大健康暨康养产业博览会圆满闭幕

3.10月27日，第二十四届中国中部（湖南）农业博览会在长沙国际会展中心举行

4.10月24日，天创信用与湖南大学经济与贸易学院“产学研”战略活动圆满成功

首届中国（新晃）黄精产业发展大会

首届中国（新晃）黄精产业发展大会暨第二届新晃旅游产业发展大会开幕

2023年10月16日，首届中国（新晃）黄精产业发展大会暨第二届新晃旅游产业发展大会在新晃鼓楼广场开幕。数万名观众齐聚新晃，观盛会、品美食，沉浸式体验了一场精彩纷呈的文化视听盛宴。

开幕式上，500架无人机徐徐升空，在夜空勾勒出不同的造型，引得现场观众纷纷举起手机拍照记录。《一“晃”万年》《唱出晃州风情》《黄精飘香等君来》等节目，让观众领略新晃多维度之美，感受侗乡的传统民俗。晚会还发布了新晃旅游精品线路、“新新”“晃晃”IP形象，并对“最佳湘菜食材”和“最佳湘菜养生食材”进行授牌。

此次产业发展大会以“康养新晃，自在由您”为主题，共包括首届中国（新晃）黄精文化产业发展大会论坛、第二届新晃旅游产业发展大会开幕式晚会、“侗苗工匠艺术交流”“怀味——寻找新晃美味”“探秘新晃”露营活动、侗族婚俗实景展示和全国黄精商品展销会等主题活动。

2023第三届全国茯苓大会暨第六届武陵山（怀化）国际健康产业博览会在靖州开幕

2023年10月20日，在2023第三届全国茯苓大会暨第六届武陵山（怀化）国际健康产业博览会开幕式上，现场签约19个项目，总投资额37.45亿元。

签约现场，靖州苗族侗族自治县和中央民族大学药学院签约县院多层次合作项目、湖北恩福制药公司签约吉福制药建设项目、国药控股湖南有限公司签约国药靖州医疗健康智慧供应链平台项目。项目的签约，将助推全县经济社会高质量发展。

签约仪式现场

△27日，在湖南国际会展中心·芒果馆，由湖南省体育局和长沙市人民政府主办的2023长沙数字体育文创博览会暨长沙体育消费展开幕，展会为期3天。本届展会展区面积22000平方米，共有百余家企业参展。展出内容包括以人工智能、5G、虚拟现实、增强现实等前沿科技穿戴设备为主的设备板块，以创新数字科技应用于传统体育竞技领域、大众体育领域为主的技术板块，以赛事项目、文创周边、分发平台等为主的内容板块。

11月

△6日，湖南与境外商协会招商采购对接会在上海举办。对接会上举行多轮签约仪式。会上同步发布《湖南省2023年特色优势产业链招商信息册》，涵盖工程机械、轨道交通装备、中小航空发动机及航空航天装备等9条产业链。

△23日，第二届全球数字贸易博览会在浙江杭州开幕，展示全球数字贸易领域发展趋势、行业发展成果和我国数字贸易发展成就。湖南馆同步亮相，共12家湘企参展。本次参加数贸会的12家湘企，涵盖软件研发、信息技术解决方案、电子商务平台、人工智能技术开发及应用等服务领域。

△24日，湖南省第十四届农业机械、矿山机械、电子陶瓷产品博览会暨首届先进制造新材料博览会在娄底开幕，300余家企业携各自的名优特新产品参展，2万余平方米的展区成为机械、陶瓷、材料产业一显身手的大舞台。本届“湘博会”主题为“建设材料谷 构筑新高地”，将首届先进制造新材料博览会融入“湘博会”，含“新”量十足。

△24日，湖南省农业农村厅、郴州市人民政府联合主办的2023湖南（郴州）蔬果产业博览会在郴州开幕。本届展会以“绿色蔬果 健康生活”为主题，主要设全国名优蔬果、湖南农业品牌、郴品郴味美食、郴州柑橘等11大展区。总展览面积约5万平方米，共吸引来自湖南、江西、广东等9个省份的1100余家企业参展，展出特色农产品2万余种。

2023湖南（长沙）跨境电商交易会开幕

2023年10月20日，2023湖南（长沙）跨境电商交易会在长沙开幕。湖南省政协副主席何寄华出席并宣布开幕，卢旺达驻华大使詹姆斯·基莫尼奥致辞。

开幕式上，中非跨境电商服务中心揭牌。国际贸易中心、阿里巴巴国际站、湖南驻外之家信息科技有限公司、湖南小橙子跨境科技有限公司将在PEECAC（非洲出口增长伙伴项目）项目框架下，携手共建“中非跨境电商服务中心”，加强同非洲国家合作拓展“丝路电商”，推动非洲“百店千品上平台”。

本届跨交会以“聚优跨境生态链，跨境优品齐出海”为主题，设置五大展区，展会展览面积2.2万平方米，近20家全球跨境电商头部平台、6个跨境电商综试区、600余家知名品牌企业参展，将举办肯尼亚国家推介会、“高质量与全球化”湘品出海跨境峰会、阿里巴巴国际站专场论坛、亚马逊专场论坛等论坛活动。

10月20日，2023湖南（长沙）跨境电商交易会在长沙开幕

新邵县召开招商引资推进大会

新邵县召开招商引资推进大会

2023年10月23日，新邵县召开全县招商引资推进大会。县委书记黄海蓉出席并讲话，县委副书记、代理县长谢小军主持。

2023年来，县委、县政府持之以恒兴产业、一心一意谋项目，坚持以优惠的政策、优质的服务、优良的环境引进企业、服务企业、留住企业，至目前共新引进招商项目44个，其中过亿元产业项目25个，先后3次集中开工重大项目12个，总投资25.21亿元，一批大项目、好项目相继落户新邵，为“一主一特”产业发展打下了良好的基础。

会议强调，要坚持招商为要、项目为王，以坐不住的紧迫感迅速掀起招商引资新高潮；要坚持求真务实、真抓实干，以钉钉子的精神奋力开创招商引资新局面；要坚持激励担当、激发合力，以全县“一盘棋”的思想推动招商引资取得新成效。

大会现场还举行了签约仪式，共有19个重大项目签约，总投资66.31亿元。湖南中景五信资源利用有限公司总经理蔡振华、湖南凯通电子有限公司董事长王共海、深莞新邵商会会长马翎翔在会上作交流发言。

1.10月31日，“乐享消费·惠购湘西”湘西土家族苗族自治州2023年冬季政府消费券发放暨湖南省消费帮扶活动启动仪式在吉首市举行

2.11月22日，桃源县金融服务企业“双推双培”行动2023年第二期银企签约仪式举行

3.11月22日，2023年中国（湖南）国际贸易“单一窗口”功能应用推广会首场活动在长沙举办

1 | 2 | 3

邵东中药材产销量和出口量居全国前列

首届湖南（廉桥）中医药产业博览会在邵东市廉桥中药材交易中心开幕

2023年11月10日，首届湖南（廉桥）中医药产业博览会在邵东市廉桥中药材交易中心开幕。省人大常委会党组副书记、副主任张剑飞宣布开幕，省政协党组成员、副主席李民出席。

本届中医药产业博览会以“振兴中医药产业、弘扬中医药文化”为主题，由邵阳市人民政府、湖南省中医药管理局主办，邵东市委、市政府承办。期间将举办全国中医药发展（廉桥）论坛、中药材供销见面会、国医名医坐堂问诊、药膳文化节等活动。

博览会采用“线上+线下”与“主场馆+市场区”相结合的会展模式，将整个廉桥药材市场作为展示区，并设置2万平方米的主场馆，共有400余家医药企业、200家专业采购商、1200家门店参展，将打造一场集展览展示、学术交流、招商推介、供需对接、产业协作于一体的盛会。

开幕式上，邵阳市人民政府与湖南中医药大学签订战略合作框架协议，各县市区（园区）、企业、院校签订产业合作、校企合作项目28个。

1.11月23日，2023年首届湘欧经贸促进洽谈周开幕

2.11月22日，长沙自贸会展区创新推动会展活动管理机制（安保服务）标准化建设

1

2

湖南省第十四届“湘博会”在娄底举行

2023年11月24日，湖南省第十四届农业机械、矿山机械、电子陶瓷产品博览会暨首届先进制造新材料博览会（简称“湘博会”）在此开幕。

本届“湘博会”举办地——娄底经济技术开发区电力科技谷已盛装开园，2万余平方米的展区将有300余家参展企业“联袂而至”。娄底有举办“材料谷”展会的需求，“湘博会”亟待加入新鲜血液，娄底市委、市政府因势利导，将“材料谷博览会”内容融入“湘博会”，为推进中部地区“材料谷”建设搭建一个产业招商推介、成果展示、产业信息技术交流和推广的综合性平台。

本届“湘博会”举办地——中阳生态电力科技谷

汽车板卷从VAMA车间直接通过铁路专用线发出

拥有全球领先的汽车板材生产基地、亚洲最大的高端热处理薄板生产基地、国内最大的硅钢热轧基板生产基地，建有薄板深加工产业园、硅钢产业园、液压油缸智能生态工业城、汽车零部件产业园、电机产业园、科创产业园等6大特色专业园区，聚焦“材料谷”建设，娄底经开区已贯通“从原材料、到半成品、到终端产品制造”全生产链条，形成钢铁新材、工程机械、汽车零部件、先进材料、电机设备等全制造业链条。

本届博览会聚焦“材料谷”产业链进行招商，将举办项目签约仪式，现场签约项目24个，签约项目总投资额235亿元。

12月

△1日，第六届东盟·湖南（永州）名优产品交易会在永州经开区科创中心隆重举行，道县在此次交易会上举办“道州脐橙”品牌专场推介会，并与俄罗斯企业现场签约。道县县委副书记、县长唐超学出席，与会人员认真观看了道县县情宣传片、道州脐橙产业宣传片，唐超学为客商朋友们详细讲解了“道州脐橙”的优异品质和独特品味，道县道滋味农副产品贸易有限公司董事长张智玲现场做“道州脐橙”产品推介。

△6日，长沙市“云上看房”博览会开幕式举行，长沙房地产云展馆平台——“云上看房”数字展馆正式上线。展会期间将推出发现好房直播节、双节好房年货节等九大活动。此次房博会按照“政府搭台、媒体助力、企业唱戏、群众受益”的方式，采取“线上看房、线下购房”的模式，为促进长沙房地产市场平稳健康发展注入正能量。

△7日，娄底市举行关闭/废弃矿山多能源综合利用和分布式光伏项目战略合作框架协议签约仪式，标志着娄底市产业转型发展迈出新步伐、再添新动能。市委书记、二级巡视员曾伯怡致辞，市委副书记、市长陈创业主持，市委副书记、统战部部长陈群出席。

△ 19 日，双峰县人民政府与双峰海螺公司举行项目签约仪式，进一步深化双方在绿色建材、节能环保和新能源等领域建设合作，推动双峰县产业转型升级和经济社会高质量发展。根据协议内容，此次合作规划建设双峰海螺“全产业链绿色园区项目”，总投资 17.6 亿元，包括年产 600 万吨骨料机制砂、节能降碳智能工厂、光储一体化发电、固危废和城市污泥环保处置等项目，投产后预计提供就业岗位 1000 个以上。

△ 22 日，湘南地区规模最大的农产品交易中心——永州首衡国际农产品交易中心、启动运营。该中心是立足永州、辐射湘南、联通两广、服务粤港澳、对接东盟的一级食品商贸冷链物流集散中心。该项目总规划占地 740 亩，投资约 26 亿元；其中首开期 445 亩，规划展示交易、冷链物流、加工配送、信息溯源四大功能，建设蔬菜、水果、淡水鱼、海鲜、冻品等交易板块，打造农产品展销中心、智慧冷链中心、电商直播中心、安全检测中心等亮点工程。

2023 年首届湘欧经贸促进洽谈周在长沙开幕

2023 年首届湘欧经贸促进洽谈周在长沙开幕

2023 年 11 月 23 日至 27 日，2023 年首届湘欧经贸促进洽谈周暨湘欧经贸合作磋商会（简称“洽谈周”）在长沙开幕，这是湖南首次举办对欧洲的经贸促进洽谈周。英国驻广州总领事馆经济领事等驻华使节，欧洲经贸商协会和企业代表，以及湖南采购商代表等前来洽谈对接。

2023 年前 10 月，湖南对欧洲实现进出口额 731.8 亿元。2022 年，湖南省来源地为欧洲的实际利用外资为 8.8 亿美元，同比增长 640%，占全年全省实际利用外资的 25%。

首届湘欧经贸促进洽谈周进出口商品展、中国（湖南）欧洲美食文化周在湖南湘江新区进出口商品展示交易中心、麓谷国际美食街、华润欢乐颂 Outlets 一楼中厅同步开展。

1
2
3

1.11 月 28 日，湖南省商务厅开展 2023 年“政务公开主题日”活动

2.11 月 29 日，第二届湖南装备与制造走进东盟投资博览会暨 2023 长沙国际工程机械展览会

3.12 月 9 日，2023 红博会开幕，湖南馆“红”出圈

永州首衡国际农产品交易中心启动运营暨首届年货节开幕

永州首衡国际农产品交易中心启动运营暨首届年货节开幕

2023 年 12 月 22 日，永州首衡国际农产品交易中心启动运营暨首届年货节开幕。市委书记朱洪武出席并宣布启动运营和开幕。

开幕式上，首衡集团分别与商户代表、永州各县市区重点企业、战略合作伙伴进行了签约，并举行了全国重点扶持市场授牌仪式。开幕式后，出席活动的领导和嘉宾到年货节现场和永州绿色农产品展销中心巡馆。

此次年货节以“年货有惠”“年货有味”“年货有效”“年货有俏”等四个主题打造不同以往的新奇年货节，全场联动，500 多户商家、上万种吃住行娱各类商品参与优惠活动，市民在现场可以挑选心仪的年货，感受浓浓的年味。

第六届东盟·湖南（永州）名优产品交易会举行

第六届东盟·湖南（永州）名优产品交易会开幕

2023 年 12 月 1 日，由湖南省商务厅、永州市人民政府主办的第六届东盟·湖南（永州）名优产品交易会开幕。来自东盟各国和中国各地的 600 余家企业携 2000 余种名优特色产品参展，涉及农业、制造业、服务业等多个领域。其中，重点龙头企业和绿色、有机、地标获证产品超过 30%。

本届交易会以“共建西部陆海新通道，共享湖南东盟新未来”为主题，参展单位众多，地域特色明显，为期 3 天。展览面积达 2 万平方米，主要设立永州形象展区、东盟国家商品展区、湖南农业展区、湖南各市州形象展区、永州各县市区展区、特色产品展销区、休闲文化美食展区，集中展示老挝、马来西亚、印度尼西亚、泰国、缅甸、越南等东盟国家和湖南、海南、广东、广西的特色装备、农副产品、人文风情、地方美食等。交易会期间还将召开永州优质农产品专场推介会、永州制造业品牌推介暨产业链供应链对接会。

东盟·湖南名优产品交易会是中国中部省份唯一以东盟投资贸易为主的商贸平台。2016 年以来，湖南已连续举办 5 届，累计吸引了东盟 10 国和国内约 1500 家企业参展参会，境内外专业观众约 8.5 万人，累计交易额达 13.5 亿元。

财政·税务

要闻纪事
2023年

1月

△16日，2022年湖南省外贸进出口情况新闻发布会如期举行，国务院关税税则委员会发布的2023年关税调整方案将给湖南省外贸带来多方利好影响。根据方案，我国对1020项商品实施低于最惠国税率的进口暂定税率，预计可为湖南省进口企业带来近2亿元税收优惠。

△17日，湖南省在中央国债登记结算公司成功发行2023年首批政府债券100.512亿元，均为新增一般债券。其中，发行3年期51.512亿元，利率2.62%，30年期49亿元，利率3.34%。下阶段，省财政厅将坚决落实中央“积极的财政政策要加力提效”的要求，加快政府债券发行使用进度，提高资金使用效益，在有效支持高质量发展中保障财政可持续和地方政府债务风险可控。

△20日，岳阳市税务局透露，岳阳市2022年落实退减免缓税费超82亿元，其中留抵退税59.3亿元，完成全年税费收入目标，纾困解难效果良好，政策红利惠及12万余户次纳税人。

2023年湖南省税务工作会议召开

2023年1月10日，湖南省税务工作会议正式召开，会上提出，2022年湖南省税务系统坚持服务发展大局彰显作为，年度收入规模突破9000亿元，退减缓税费1000余亿元，落实研发费用加计扣除590亿元，圆满实现2022年税费收入目标，纾困解难效果良好。

2022年，湖南省税务系统坚持深化税收征管改革，在全国率先建立涉税风险提醒制度，建立公职律师涉税争议咨询调解中心，精确执法更优化；连续第9年开展“便民办税春风行动”，政务服务好评率在99%以上，81.7万户次纳税人通过“银税互动”办理税收信用贷款1066亿元，精细服务更便民。

2023年全省税务工作会议召开

2022年，湖南省开展税费征管风险排查“百日行动”，查处涉嫌虚开骗退税企业2200余户，精准监管更有力；以湖南省政府印发税费精诚共治办法为契机，涉税涉费数据共建共享共用融入湖南数字政府建设，精诚共治更深入；坚持加强税费管理实效，推动全税费种、全流程齐抓共管、提质增效。

湖南省税务局党委书记、局长曾光辉表示，2023年，湖南省税务系统将以“税费皆重提质效”为重要抓手，强基固本，奋勇争先，坚持依法治理税费，强化税种协同管理，深化税费联动管理，同时完善基本制度、优化基本流程、持续提升工作执行力，以高质量税收工作服务湖南省经济社会高质量发展。

株洲制造业税收首次超房地产业

2023年1月13日，株洲市2022年地方税收收入完成136亿元，增长6.3%，其中制造业入库地方税收33.99亿元，增长22.5%，占地方税收比重24.95%，首次超过房地产业，成为单个行业大类中拉动地方税收增长的“第一动力”。

2021年以来，株洲全力培育制造名城，做好“聚焦、裂变、创新、升级、品牌”文章，构建“3+3+2”（轨道交通、航空动力、先进硬质材料，电子信息、新能源装备、汽车与零部件，一批传统产业、一批未来产业）现代产业体系。制造业在株洲的发展底色愈加鲜亮，目前“3+3+2”现代产业体系有上中下游企业4351家，从业人员56.12万人。

制造业重点税源中，中车系、中航发、北汽、宏达电子等企业支撑力度大。中小企业活力迸发，21家“小巨人”企业地方税收增幅达到两位数，力行动力科技、欧科亿、宏大高分子、天桥嘉成等企业实现连年递增。

株洲市主要领导牵头深入企业访需解难，“制造名城早餐会”开怀纳谏，“企业办事不求人”机制高效运行。营商环境持续优化，企业做大做强，株洲产业经济持续高质量发展。

1
2
3

1.1月12日，湖南省财政事务中心召开2023—2025年湖南省财政票据承印企业授牌仪式

2.1月13日，国家税务总局怀化市局举行税收经济分析业务培训

3.1月29日至1月31日，平江县税务局组织全局干部职工开展2023年第一次综合业务培训

郴州市宜章县税务局『以师带徒』项目结硕果

2023年1月22日，大年初一，郴州市宜章县税务局的年轻干部李思发了一条微信，感谢师傅白明旺对自己成长的帮助。她与白明旺的师徒情谊，结缘于宜章县税务局9年来持续开展的“以师带徒”项目。

郴州市宜章县税务局创新指导培养方式，签订责任书固化师徒角色，明确师徒责任，在实践中摸索确定了“周日志、月小结、季心得、年鉴定、期满总结”的纲领，打造了“政治+业务+文化+实践”的学习模式。师傅对徒弟在思想政治教育、业务学习技能、实战工作经验等方面“传帮带”，培养了一大批志存高远、立德立身、勤学笃行的青年人才。同时通过参观廉政教育基地、观看警示电教片等廉政教育活动，增强干部廉洁从政意识，形成了廉荣贪耻、风清气正、和谐向上的税务廉政文化氛围。

该局定期召开“以师带徒”点评会、交流会。会上，师徒双方相互交流心得、分析不足、改进做法。“师傅+新知识”“徒弟+好经验”的双向促进作用，调动了师傅的责任心和徒弟的进取心。

1
2
3

1.2月12日，娄底经开区扎实开展2023年“便民办税春风行动”

2.2月13日，益阳市税务局精心举办2期全市系统副科级以上领导干部学习贯彻党的二十大精神暨政治能力提升培训班

3.2月17日，税务干部走进“益阳市惠企政策大讲堂”，为重点企业送去税费政策，为企业发展提质增效

国家税务总局湖南湘江新区税务局挂牌成立

2023年2月1日上午，国家税务总局湖南湘江新区税务局正式挂牌成立，标志着新区税收工作开启全新征程。国家税务总局湖南省税务局党委书记、局长曾光辉，市委副书记、湖南湘江新区（长沙高新区）党工委书记、长沙市岳麓区委书记谭勇为国家税务总局湖南湘江新区税务局揭牌，湖南湘江新区（长沙高新区）管委会主任、长沙市岳麓区区长何朝晖，湖南省税务局党委委员、副局长皮本固出席。

国家税务总局湖南湘江新区税务局挂牌成立

成立湖南湘江新区税务局是税务部门心系“国之大者”、聚焦“省之大计”、谋划“税之要事”的具体体现，是发挥税收职能作用服务国家发展战略、落实湖南省委省政府“强省会”战略、支持优化湘江新区管理体制改革的重要举措。作为新区范围内率先成立的省级垂直管理单位分支机构，国家税务总局湖南湘江新区税务局将有效理顺新区的税收征管体制，打破原有的区划隔阂，实现税收统一征收、统一调度、统一管理，对新区承接和强化经济管理职能，推进区域经济发展具有里程碑意义。

△24日，长沙海关所属星沙海关为山河智能装备股份有限公司的一批进口货物办理了《区域全面经济伙伴关系协定》（RCEP）进口货物通关手续。这是湖南省首票RCEP进口享惠货物。

△31日，湖南省首家航校——湖南蔚蓝航校CCAR—141部颁证暨湖南省通航产业投资基金入股蔚蓝航空、湖南航空与湖南蔚蓝航校战略协议签约仪式在中国（湖南）自贸试验区长沙自贸临空区隆重举行。湖南省低空办、发改委、财政厅、民航湖南监管局、机场集团、财信金控、财信产业基金、长沙自贸临空区管委会、湖南航空等相关领导出席此次活动。

2月

△1日，湖南湘江新区税务局挂牌成立。

△1日，湘阴县长刘世奇主持召开县政府第18次常务会议专题议财税金融会。全体在家的副县长出席，县人大常委会副主任甘政、县政协副主席黄新凯应邀参加。

△9日，中共湖南省注册会计师资产评估行业第三届委员会第十一次全体（扩大）会议在长沙召开，省财政厅党组成员、总会计师、行业党委书记刘平主持会议并讲话。会议审议通过了有关行业党建制度文件、《2022年行业新发展党员、预备党员转正名单》，通报了《湖南省注册会计师协会第四届理事会第五次会议有关情况》，对行业党委有关工作进行了研究及表决。

△14日，炎陵县召开2023年税务工作会议，贯彻落实省、市相关会议精神，总结2022年税收工作，安排部署2023年工作任务。

△15日，新田县税务局党委召开2022年度党员领导干部民主生活会，认真查摆突出问题，深入剖析问题根源，明确整改方向和改进措施，严肃认真地开展了批评和自我批评。永州市税务系统党员领导干部民主生活会督导组全程指导。

△22日，2023年永州市财政工作会议在冷水滩召开。

湖南省财政厅应邀参加亚投行东道国交流研讨会

省财政厅应邀参加亚投行东道国交流研讨会

2023年2月9日，亚洲基础设施投资银行在北京总部举办第二届亚投行东道国交流研讨会。应财政部国际财金合作司邀请，湖南省财政厅党组成员、副厅长祝孟辉带领外经处（外贷办）和有关项目办负责同志参加相关活动。

祝孟辉一行先后参加亚投行行长座谈会；出席亚投行东道国交流研讨会，在“与地方政府项目合作”分会场作经验交流，就亚投行项目准备及未来合作意向等进行探讨；会见亚投行湖南项目经理团队，商讨项目工作进度、环境政策合规性等问题。

2022年9月，财政部、国家发改委批准湖南省湖南现代化港口群建设项目列入亚投行贷款2022年—2024年备选规划。在短短的4个多月里，亚投行方面完成现场鉴别，湖南方面建立联席会议制度、选聘招标代理、开展气候风险和社会环境影响评估，各子项目工作有序推进。

祝孟辉表示，下一步省财政厅将会同相关部门加大工作力度、加强协同配合，力争将湖南现代化港口群建设项目打造为全国港口建设和国外贷款的“示范工程”，并以该项目为起点，在贷款项目、财经关系、交流互访等方面进一步深化与亚投行的合作。

常德税务推出34条便民举措

2023年2月10日，国家税务总局常德市税务局公布34条便民办税缴费措施。这是2023年常德税务“便民办税春风行动”推出的首批新举措。

2023年是常德市税务部门连续10年开展“便民办税春风行动”。此次发布的第一批便民办税缴费措施，包括诉求响应提质、政策落实提效、精细服务提档等。

新措施聚焦“办好惠民事·服务现代化”主题，深入开展“税直达”试点，根据纳税人缴费人行为习惯不断优化服务策略，探索推出相关服务产品，有效改善纳税人缴费人业务体验。做实做优“办不成事”反映窗口、潮汐窗口、绿色通道快办专窗“三个专窗”，畅通纳税人缴费人诉求表达、权益保障、业务快办通道，做好服务兜底。落实各项税费支持政策，推广惠企政策“免申即享”服务，进一步深化大数据应用，实现税收政策一键查和政策找企业。开展“湘女智税百名专家助千企”送政策活动，为科技创新企业、中小微企业、外贸企业等提供“面对面”政策宣讲、咨询、答疑服务，为企业纾困解难。拓展电子税务局功能，增加逾期申报、跨区经营全流程网上办、往期申报错误更正、自然人税费申报等功能，实现申报、发票、退税等企业税费事项“网上办理”，个人税费事项“掌上办理”等。

1.2月23日，国家税务总局湖南省税务局机关第六期“湘税青年大讲堂”精彩开讲

2.3月6日，省直机关工委分管日常工作的副书记汤立斌一行到湖南省税务局调研机关党建工作

3.3月，湘乡市税务局开展个税汇算清缴服务宣传活动

1.3 月 16 日，税务干部现场解答纳税人缴费人疑问
2.3 月 6 日，武冈市税务局组织“湘女智税”团队在“三八”国际妇女节前走访辖区女企业家，为她们送去节日的祝福和最新的税收优惠政策，让“便民春风”吹暖女性同胞的心
3.3 月 21 日，2023 年首场湖南税协公益讲坛在株洲火热开讲
4.3 月 16 日，郴州市税务局开展“春风暖林邑 医保进万家”宣传活动

郴州市汝城县举办电子非税一般缴款书业务培训

2023 年 2 月 23 日，汝城县财政局组织召开郴州市汝城县推进电子非税一般缴款书业务培训会。郴州市汝城县涉及非税收入执收单位、乡镇、代理银行等系统管理员、操作员共 90 余人参加培训。

这是该县列入财政票据电子化改革郴州市试点区域，按照上级要求有序推进电子化改革步伐的一次重要业务培训。该县财政事务中心负责人对 2022 年 10 月以来汝城县推进电子非税一般缴款书试运行工作进行了点评；邀请湖南省比特威科技有限责任公司工程师就电子非税一般缴款书系统操作演练开展业务技术培训，并与会人员交流发言，现场解答开具票据、公对公转账、集中汇缴等操作问题。

截至目前，该县全力推进电子非税一般缴款书，应上线单位 87 个，初始化单位 87 个，已申领电子票据单位 36 个，缴款通知书 383 份，缴款通知单金额 98 万余元，已上线代理银行 4 家。郴州市汝城县非税征管系统推行电子非税一般缴款书改革正有条不紊地进行中，力争 3 月底前全面应用电子缴款书收缴。

岳阳税务“云服务”直达田间地头

2023 年 3 月 1 日，岳阳金福农业科技发展有限公司财务人员填写研发费用加计扣除申报表遇到困难，视频连线税务服务“云团队”。在远程辅导下，该公司顺利享受到 430 多万元的研发费用加计扣除优惠，为吸粮机研发项目注入急需的资金。

春耕备产时期，岳阳税务部门依托“便民办税春风行动”，组建“春耕服务团队”，深入农业企业、专业合作社，了解春耕备产情况，整理编制涉农企业税收优惠政策汇编，提供针对性、个性化的“一对一”服务；拓展电子税务局、税企联络群、湘税通等线上咨询平台，为农户提供“云服务”。通过线上远程辅导、线下上门走访相结合的方式，集中力量为企业提供播种育苗、农资采购、病虫防治、产品研发、产品销售等“一条龙”税收优惠政策辅导，确保政策红利直达田间地头。

岳阳税务部门依托大数据为企业在需求链、供销链上牵线搭桥，助力供需对接，帮助涉农企业抢农时、备春耕。与金融机构联合推出“银税互动”项目，向纳税信用等级高、发展潜力大的涉农企业提供贷款帮助。2 月，为 17 家种业、肥业和农机企业提供贷款授信额度 1900 余万元，让涉农企业春耕备耕无资金后顾之忧。

△ 24 日，湖南省首次在北京证券交易所成功发行 3 年期政府一般债券 78 亿元，利率 2.65%。下阶段，省财政厅将认真贯彻落实党的二十大精神和中央经济工作会议部署，按照积极的财政政策要加力提效要求，加快政府债券发行使用进度，提高资金使用效益，为打好打赢“发展六仗”、推动全省经济高质量发展提供有力支撑。

△ 27 日，长沙海关 2023 年度税政调研建议征集启动。该关举行了进口税收政策调研座谈会，听取楚天科技、华曙高科、山河智能、三诺生物等企业关于进口税收政策方面的建议并解答疑问。

2 月 27 日，国家税务总局祁阳市税务局党建工作股支部与第二税务分局支部深入湖南益安运动用品有限公司生产车间党群驿站联合开展“党业融合促清廉”活动。

3月

△ 6 日，湖南省注协评协以线上线下相结合的方式，举办“悦读会评”——湖南省注册会计师资产评估行业巾帼读书分享会。省财政厅党组书记、厅长刘文杰向行业全体女同胞发来了节日问候和美好祝福，勉励大家在推动湖南高质量发展上施展才干、建功立业。省财政厅党组成员、总会计师、省注册会计师资产评估行业党委书记刘平，行业党委委员及执业机构代表等 50 多人参加现场活动，500 多名行业从业人员在线观看直播。

△7日，石鼓区委财经委员会2023年第一次会议召开，市政协副主席、石鼓区委书记颜和平主持会议并讲话。区领导李一帆、仇寿海、吴颖参加。

△10日，湖南省财政厅团委联合湖南银行团委、湖南省生态保护联合会，在长沙西湖公园共同举办2023年“大爱筑绿城低碳我先行”环保志愿服务活动。省财政厅二级巡视员杨海霞与厅机关、湖南银行的志愿者共150余人，种下100株紫玉兰、桂花树。

△10日，新晃县基金项目投资座谈会议召开。县委书记周重颜与省财政厅投资基金管理中心主任廖翠林一行，就我县土壤污染防治基金运作情况、重点产业招商引资情况、产业运作方式等方面进行深入交流。县领导余小武、吴建东、刘振球参加。

△13日，长沙市税务部门透露，2023年1至2月，长沙共为8479台新能源汽车减免车辆购置税1.7亿元。

△16日，国家税务总局郴州市税务局结合“办好惠民事 服务现代化”便民办税春风行动，联合市医保局在郴州市五岭广场开展“春风暖林邑 医保进万家”宣传活动，将与居民息息相关的最新医保政策和便捷缴费方式传递给市民。

湖南：“湘女智税”省级专家团成立

湖南省女科技工作者协会庆“三八”暨税务专委会“湘女智税”省级专家团成立大会现场

2023年3月3日，湖南省女科技工作者协会庆“三八”暨税务专委会“湘女智税”省级专家团成立大会在国家税务总局税务干部学院（长沙）举行。湖南省政协党组成员、副主席李民，省妇联党组书记、主席黄芳，省人大财经委副主任委员、常委会预算工委主任欧阳煌，国家税务总局湖南省税务局党委书记、局长曾光辉出席成立大会。

“湘女智税”专家团是由湖南省妇联、湖南省税务局联合组建的女性税费政策专家团队、税务巾帼公益组织。经个人申报、组织推荐、现场选拔及综合评定程序，100名政治素质过硬、专业技能精湛的团队成员从全省税务系统在职女干部中脱颖而出。“湘女智税”专家团成立后，将从税收法制、税政管理、社保非税、综合管理4大专业类别，充分发挥税费专业优势，在服务“三高四新”战略定位和使命任务中，当好“智囊团”；在全力支持打好“发展六仗”、落细落稳“湘税30条”政策措施上，当好“生力军”；在响应纳税人缴费人的税费服务需求、尽心尽力办好税收实事中，当好“贴心人”。

1.3月21日，全国人大代表、中南大学校长、党委副书记、中国工程院院士李建成一行莅临国家税务总局湖南省税务局调研指导工作

2.3月21日，株洲税务部门介绍“云上智税”推动税务审核事项便利化

1
2

湖南举办首届大企业税收风险管理案例展示活动

湖南举办首届大企业税收风险管理案例展示活动

湖南举办首届大企业税收风险管理案例展示活动

2023年3月21日，在国家税务总局湖南省税务局首届大企业税收风险管理案例展示活动现场，来自邵阳市税务局大企业税收专业团队的周夫一指着屏幕上的财务数据，向7名专家评审、25名大众评审，以及现场的近300名税务干部发问并解说道。

此次案例展示活动旨在通过以赛促学、以学促用的方式，持续提升湖南省大企业税收团队专业化管理质效。15支参赛队伍精心挑选出辖区内的某行业税收风险管理典型案例，在15分钟展演时间内，或从风险引入、或从方法着手，以一个个风采各异、亮点频出的案例讲演，把大企业税收专业管理有板有眼地展示出来，赢得评审和观众的阵阵掌声。经过近4个小时的紧张角逐，邵阳市税务局专业团队凭借M公司税收风险管理案例的精准应对过程与成果，以及引人入胜、抽丝剥茧的精彩呈现，以94.75分摘得此次案例展示活动的冠军。怀化市税务局、长沙市税务局荣获亚军，湘潭市税务局、株洲市税务局、娄底市税务局荣获季军。

1.3 月 21 日至 23 日，国家税务总局湖南省税务局党委书记、局长曾光辉来到湘西自治州，深入调研基层税务部门党的建设、纳税服务、政策落实等情况

2.3 月 23 日，湖南省税务系统 2023 年“送教下基层”活动首站来到双牌县税务局

3.3 月 30 日，芷江县税务局举办“税惠千万家 共建现代化”志愿服务活动

4.3 月 30 日，税务干部在鼓楼广场给游客讲政策

怀化税务：青年『双课堂』助力『双提升』

2023 年 3 月，国家税务总局怀化市税务局为激励青年干部干事创业，积极落实习近平总书记关于青年工作的一系列重要论述，坚持以“种子”党建为抓手，开设“理论 + 业务”双课堂，打造双向教学通道，助力青年干部实现政治理论和税费业务双提升。

怀化市税务局相继推出了“老党员讲党史课”等理论学习课堂。同时，推出了“典型案例剖析”培训、学习兴税“云端课”，以“征管改革”“减税降费”“以数治税”为主题的实战课等业务学习课堂。并组建以青年业务骨干为主的师资团队 10 支，带动了一大批青年干部在学中干、干中学，营造了浓厚的学习氛围。在最近开展的湖南省税务系统首届教育培训十大精品项目评选活动中，怀化税务的精品项目再次荣获第一名。机构合并以来，怀化市税务系统青年干部入选税务总局、湖南省税务局人才库 23 人，获得市级以上荣誉 30 人次，获得“三师”资格 59 人。

国家税务总局怀化市税务局党委书记、局长盘海源表示，怀化市系统青年干部将坚持“两条腿走两条路”，以“双课堂”助力理论与业务双提升，致力于打造怀化税务青年的“人才高地”，为税收现代化服务中国式现代化提供强大的人才和智力保障。

湖南省财政厅发布 25 条措施

2023 年 3 月 27 日，湖南省财政厅发布《关于服务打好“发展六仗”的若干财政政策措施》（以下简称《措施》），全力服务打好“发展六仗”。

年初，湖南省政府提出 2023 年经济工作要打好“发展六仗”。湖南省财政厅主动对标对表“发展六仗”目标任务，建立健全保障机制。此次出台《措施》，共 7 个方面 25 条。

一、强化重大战略财力支撑。二、积极推动扩大有效需求。三、着力支持“三个高地”建设。四、加强财政金融协同创新。《措施》还明确，持续提升公共服务水平，切实防范化解重大风险，提升财政政策资金效能，推动经济运行整体好转、社会发展大局稳定。

△ 16 日，为深入贯彻落实全面从严治党工作要求，按照湖南省财政厅“廉政教育月”系列活动安排，厅机关纪委联合省纪委监委驻省财政厅纪检监察组组织机关纪委委员、厅属基层党组织纪检委员及近五年新进干部一行 100 余人赴省反腐倡廉警示教育基地长沙监狱开展警示教育活动。

△ 20 日，石鼓区委副书记、区长李健调研蒸湘区财税工作，他希望财税部门为全区经济社会协调健康发展提供更强保障和坚实的经济支撑，区委常委、常务副区长阳宏伟参加调研。

△ 20 日，郴州市委副书记、市长阚保勇到市财政局、市税务局宣讲党的二十大精神和全国两会精神，并调研全市财税工作。市委常委、副市长王伟东，市政府秘书长李建军参加调研。

△ 20 日，祁阳市财政局召开全市财政系统 2023 年全面从严治党工作会议。会议传达学习中央、省、市相关文件及会议精神，全面总结了 2022 年全面从严治党工作暨党风廉政建设工作，安排部署了 2023 年党风廉政建设工作。

△28日，湖南省税务局透露，湖南税务部门联合多家银行，共同搭建“银税互动”工作机制，将纳税信用与融资挂钩。

△31日，湘、黔、桂三省（区）五县联合财源建设暨税费精诚共治座谈会在靖州苗族侗族自治县召开。此次会议是三省（区）五县为深入学习贯彻党的二十大精神，大力深化税收征管改革，推进税费精诚共治，进一步促进财源建设召开的一次跨区合作会议。

△31日，湖南省财政厅举办2023年第二期湖南财政讲坛，邀请省第十四届人大常委会委员、省人大财经委副主任委员、常委会预算工委主任欧阳煌作题为《看好人民的“钱袋子”守好人民的“共同财富”》的专题讲座。厅党组书记、厅长刘文杰致欢迎辞，厅党组副书记、副厅长庄大力作总结讲话。

4月

△3日—6日，第一期全省乡镇财政所长培训班在长沙举行。省财政厅党组书记、厅长刘文杰出席开班仪式并讲授“开班第一课”，厅党组副书记、副厅长庄大力主持。

衡阳市启动第32个全国税收宣传月活动

“进机关、进乡村、进社区、进学校、进企业、进景区”六进小分队队长依次站定，郑重地从衡阳市局党委班子领导中接过象征着志愿服务的鲜红旗帜

1.3月31日，国家税务总局湖南省税务局联合长沙市税务局、湖南湘江新区税务局在雷锋家乡——长沙望城，举办“税惠千万家 共建现代化——湖南税务青年助企惠民志愿服务队”成立暨第32个税收宣传月启动仪式现场，湖南省税务局党委书记、局长曾光辉（中），省科技厅副厅长朱皖（右一），团省委副书记夏彬华（左一）为湖南税务青年助企惠民志愿服务队授旗

2.3月31日，湖南省财政厅举办2023年第二期湖南财政讲坛

2023年4月3日，衡阳市围绕“税惠千万家 共建现代化”启动第32个全国税收宣传月活动，积极回应纳税人缴费人关切。活动现场为6支税务青年志愿者宣讲队授旗，他们将深入机关、乡村、社区、学校、企业、景区开展“六进”活动，全方位宣传税法知识、宣讲税费优惠政策。

活动现场，“六进”小分队队长郑重接过鲜红的旗帜和税费政策礼包后，承诺将用有温度的辅导解决纳税人缴费人的“急难愁盼”问题，用有热度的宣传上门入户普及税费知识，用有力度的服务精准落实税费优惠政策。

2023年，税务系统将聚焦打好“发展六仗”、围绕衡阳市“一核两电三色四新”十大主导产业，加强税源培育，把依法依规贯穿于组织税费收入全过程，着力实现税费收入质的有效提升和量的合理增长；优化税源结构，做大税源增量，推动产业链高质量发展，助力衡阳经济跑出“加速度”；统筹推进精确执法和加强税收宣传，不断完善税务执法的方式方法，大力开展税法普及教育，在全社会营造诚信纳税、公平竞争的浓厚氛围。

衡阳市第32个税收宣传月启动仪式现场

湖南发布第二批25条便民办税措施

2023年4月2日，在国家税务总局统一部署下，湖南省税务局推出第二批便民办税25条措施，在6方面持续发力。

积极响应纳税人缴费人合理诉求。精准推送税费优惠政策，健全纳税缴费服务投诉分析改进机制，设立税费争议调解室，畅通诉求表达渠道。

税费政策精准落地。加强税费政策宣传解读，开展“税务青年助企惠民志愿行动”，提升政策知晓度和送达率。

从无差别服务向精细化、智能化、个性化服务转变。推进税收征管和服务一体化，开展助力中小微企业发展主题服务月活动，深化税务与银保监部门“银税互动”机制，为纳税人缴费人提供更细致、有温度的税费服务。

智能办税再提速。优化自然人税收管理信息系统税务端功能，推行社会保险经办和缴费业务线上“一网通办”，进一步便利跨省经营纳税人缴税方式，全面提升办税缴费便捷度。

优化纳税人缴费人办理体验。探索实现“一键零申报”，简化印花税申报流程，对银行、保险、烟草行业相同税目的应税合同实行合并申报并留存备查，让纳税人缴费人“少跑路”。

提高税收执法规范化水平。推动税务执法理念和方式手段变革，提高规范公正文明执法水平，维护纳税人缴费人合法权益，创造法治公平税收环境。

张家界市启动第 32 个税收宣传月活动

2023 年 4 月 4 日，张家界市税务局启动第 32 个全国税收宣传月活动。本次活动紧紧围绕“税惠千万家，共建现代化”主题，继续深入实施税收征管改革，推动办税缴费智能化便利化，不断提升纳税人缴费人获得感和满意度。

《税惠政策赋能七星山》《凯伦说税——便民办税春风行动》《春风十里》……现场的税惠助旅、春风行动主题暖场片用独特的方式宣传税收政策让人耳目一新。

活动中，张家界市税务局将联合张家界市文旅局、市工商联等多个部门，开展数字化、智能化的实践，共同深化税费精诚共治的新格局，让纳税人缴费人获得更好的服务体验，助力张家界高质量发展。

启动仪式上，为“税惠千万家 共建现代化——张家界税务青年助企惠民志愿服务队”和“税惠助旅志愿服务队”授旗。

张家界市税务局启动第 32 个税收宣传月活动

1
2
3

1.3 月 31 日，与会嘉宾共同启动湖南第 32 个税收宣传月

2.4 月 1 日，湘、黔、桂三省（区）相邻的靖州苗族侗族自治县、通道侗族自治县、黎平县、三江侗族自治县、龙胜各族自治县财政和税务部门联合开展的财源建设暨第 32 个税收宣传月活动在靖州苗族侗族自治县举行

3.4 月 4 日，湘潭高新区税务局“青廉之声”播客电台第一期节目在该局办公区域内准时发声

石鼓税务揭牌衡阳市首家『五星级办税服务厅』

2023 年 4 月 7 日上午，“石惠办”纳税服务品牌发布暨湖南省税务系统首批、衡阳市税务系统首家“五星级办税服务厅”揭牌仪式，在石鼓区政务中心成功举办。衡阳市税务局党委委员、总经济师邹启权，衡阳市石鼓区委常委、常务副区长仇寿海为“五星级办税服务厅”揭牌。

仪式现场，石鼓区税务局发布了“石惠办”纳税服务品牌及解读第一批十项办税服务举措，并以党建为引领，为 4 支红色护航青年志愿服务队授旗。该局组建红色护航青年志愿服务队，旨在为专业市场、产业基地、上市后备企业提供常态化、专业化税政服务，第一时间解决涉税需求，护航市场主体行稳致远、做大做强。揭牌仪式结束后，与会嘉宾一起体验了办税流程。

仇寿海向衡阳市石鼓区税务局获评湖南省五星级办税服务厅表示祝贺，希望衡阳市石鼓区税务局以此为新起点，踔厉奋发、笃行不怠、锐意进取，切实发挥示范带动作用，在衡阳市石鼓区政务服务工作中不断取得更大成绩。

衡阳市石鼓区税务局党委书记、局长表示，在“五星级办税服务厅”揭牌之际，向公众发布“石惠办”纳税服务品牌，是落实衡阳市税务局“一强三创”工作要求的具体行动，也是优化营商环境的务实举措。

△ 4 日，长沙海关召开全面落实减税降费政策、服务企业高质量发展推进会。会上通报，2023 年一季度，长沙海关共办理各类优惠贸易安排项下进出口税款减让 3.36 亿元。

△ 11 日，位于岳阳市城陵矶综合保税区的湖南鑫源链科技有限公司顺利申请到 46 万元退税。针对企业所在行业精准推送税费政策，是岳阳税务助力九大重点产业链发展 10 项举措之一。目前，该市已有 110 多家链上企业通过辅导享受税费优惠。

△ 11 日，长沙瑞德体外生物科技有限公司首批用于保税研发的人肝微粒体，顺利完成报关，进入长沙黄花综保区。这是湖南保税研发业务“零的突破”。

△ 14 日，湖南省财政厅召开学习贯彻习近平新时代中国特色社会主义思想主题教育动员大会。厅党组书记、厅长刘文杰作动员讲话，厅党组副书记、副厅长庄大力主持。省委巡回指导组第十组组长张志军出席会议并作指导讲话，副组长易德才到会指导。

△18日，湖南省财政厅机关、省注会评估行业联合举办学习贯彻习近平新时代中国特色社会主义思想和党的二十大精神主题演讲比赛。省财政厅党组成员、副厅长祝孟辉出席并讲话，厅党组成员、总会计师刘平，省财政事务中心党委书记、主任张明到会指导。省财政厅各处室（单位）负责人及干部职工、省注会评估行业党委委员和纪委委员、执业机构代表，厅双联单位湖南中核公司代表等200余人参加。

△21日，双清区召开区财经委2023年第一次会议，认真贯彻落实党的二十大精神和中央、省委、市委经济工作会议部署要求，听取区财政局关于全区财源建设工作情况汇报，对双清区当前经济运行情况、相关经济指标及部分重点领域工作完成进度进行分析研究，安排部署相关任务。区委书记赵逢春出席会议并讲话，会议由区委副书记、区长江韬主持。

1.4月21日，“税务党建书屋”捐建仪式现场，中国税务出版社副社长马连庆（左四），湖南省税务局党委书记、局长曾光辉（右五），党委委员、副局长曾初良（右一）向炎陵县税务局、平江县税务局等受捐建单位干部代表授予“税务党建书屋”牌匾

2.4月11日，“发现最美 你评我论”——“看税收走基层·税惠赋能高质量发展”湖南行网评品牌活动启动仪式在长沙举行

3.4月24日，中共娄底市税务局社会保险费和非税收入科支部、财产和行为税科支部与中共涟源市税务局社会保险费和非税收入股支部开展党支部联建活动，前往涟源市阳光家园残疾人托养服务中心联合开展“税务助残 同心圆梦 一起向未来”主题党日活动

4.4月7日，国家税务总局邵阳市税务局以举办专题纳税人学堂的形式，正式启动科技型企业高质量发展培训服务季活动

湖南财政收入实现『开门红』

2023年4月7日，湖南省财政厅透露，2023年一季度，湖南省财政系统全面贯彻落实党的二十大精神，在湖南省委、省政府坚强领导下，克服各种不利条件和因素影响，湖南省财政收入实现“开门稳”“开门红”。

一季度，湖南省地方收入完成922.7亿元、同比增长2.6%，全口径税收收入完成1294亿元、同比增长4.4%，为完成2023年目标任务打下了较好基础。

2023年以来，一系列稳增长政策持续发力，湖南省社会消费快速复苏，重大项目加速开工，工业生产恢复较快，经济运行整体好转，奠定了财税增收基础，制造业等行业税收呈现良好增长态势。一季度增值税、消费税增收122.8亿元，拉高税收增幅9.9个百分点；其中，增值税完成486.3亿元，同比增长12.8%。

湖南省财政厅介绍，下阶段湖南省财政系统将落实落细稳增长各项财政政策措施，从供需两端持续发力，着力强产业、促消费、扩投资，推动稳预期、稳大盘、稳增长；巩固传统支柱财源、培育新兴财源，加强统筹调度，推动财税收入实现质的有效提升和量的合理增长。

中国首个“非居民跨境办税”场景在湖南省上线

2023年4月19日，“非居民跨境办税”场景在湖南省电子税务局上线。通过这一场景，境外企业转让湖南企业股权需自行办税的，可在境外登录湖南省电子税务局进行注册并获得身份码，凭此码在全国办理申报缴税等涉税事项，实现“一地注册赋码、全国互认通行”。

“非居民跨境办税”场景上线前，非居民企业需到办税大厅办理纳税申报，现在线上即可完成涉税业务。境外某物流公司是湖南第一家体验“非居民跨境办税”场景的非居民企业，该公司因间接转让位于湖南湘江新区一家企业的股权，需自行申报企业所得税。该企业通过湖南省电子税务局成功办理申报缴税业务，缴纳企业所得税约900万元。

湖南省“非居民跨境办税”场景，是首个在全国范围内推广上线的创新场景。湖南省税务局针对无法通过境内“实名认证”的非居民企业，创新设计认证方案，通过“邮箱注册+证件上传+人工核对”等多种形式，让企业在境外轻松完成认证。该场景以全国唯一的身份码为非居民企业构建“一户式”身份档案，有助于推进涉税业务“全国通办”。此外，该场景设计了智能税款计算器，可为纳税人自动算税。

湘潭市雨湖区税务局举行党建·社保费与非税收入知识抢答赛

2023年4月27日，为全面学习贯彻党的二十大精神、树牢“税费皆重”理念，拓展精诚共治格局，打造雨湖“税务+”品牌，雨湖区税务局举行“党建引领促发展·社保非税惠民生”知识抢答赛。

雨湖区税务局举行“党建引领促发展·社保非税惠民生”知识抢答赛

比赛以税、政、企三方联合组队的形式开展，雨湖区税务局联合财政、人社、水利、医保等部门以及湘潭城发、裕能新能源等企业组成7支队伍，开展精彩角逐，内容涵盖习近平新时代中国特色社会主义思想、党的二十大精神、社保费和非税收入相关知识。经过激烈比拼，最终由雨湖区税务局的周大城、雨湖区财政局的彭珊、湖南一格制药有限公司的阮问理3人组成的党建·社保费和非税收入知识抢答赛5队获得比赛第一名。

雨湖区税务局主要负责人介绍，此次以税政企联合组队的形式举办党建·社保费与非税收入知识竞赛，就是要让干部在实战实训中充分认识到社保费和非税收入征收管理工作的重要性、复杂性，同时借此契机畅通各部门联络渠道、凝聚奋进力量。下一步，雨湖区税务局将坚持党建引领，结合雨湖区委、区政府“红润雨湖”党建共建主题，推动社保非税工作深度融入全区经济发展全局，为雨湖区经济社会高质量发展贡献力量。

颁奖现场

湖南省财政厅举办2023年第三期湖南财政讲坛

省财政厅举办2023年第三期湖南财政讲坛

2023年4月21日，为深入贯彻落实学习贯彻习近平新时代中国特色社会主义思想主题教育和大兴调查研究的系列安排部署，提升湖南省广大财政干部的调查研究能力和水平，湖南省财政厅聚焦“系统大调研”主题举办2023年第三期湖南财政讲坛，邀请湖南省委政策研究室原副主任（正厅级巡视员）刘国良作题为《服务中国式现代化目标加强和改进调查研究》的专题讲座。湖南省财政事务中心党委书记、主任张明主持并作总结讲话。

湖南省财政厅全体在家厅领导、厅机关干部职工、厅归口管理及厅属公司代表在主会场聆听讲座，各市县财政部门相关人员通过视频在分会场收看。

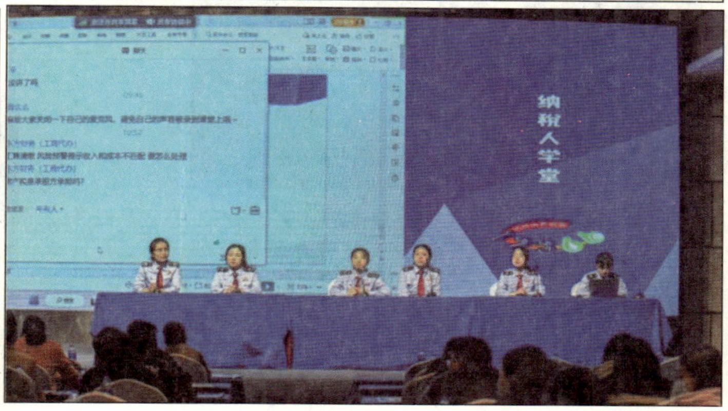

1.4月27日，国家税务总局张家界市税务局“湘女智税”专家团首场巡宣暨2023年“纳税人学堂”第一期开讲

2.4月27日，2023年湖南税协公益讲坛邵阳专场活动在洞口县举行

△26日，蒸湘区委副书记、区长李健主持召开全区财政工作会议，总结2022年全区财政工作，分析当前财政经济形势，部署2023年工作任务。区委常委、常务副区长阳宏伟作2023年财政工作报告，区领导龙金、夏敏、邓三德参加会议。

5月

△6日，湖南省注册会计师资产评估行业首期高端人才培训项目在上海国家会计学院正式启动，省财政厅党组成员、总会计师、行业党委书记刘平出席开班仪式并讲话，上海国家会计学院党委委员、副院长张各兴致辞，我省56名第一批注会评估行业高端人才学员参加。

△10日，张家界市税务局召开全市税务系统提升纳税人满意度暨优化税收营商环境工作推进会。市委常委、常务副市长尚生龙出席会议。

△17日，新化县委副书记、县长左志锋主持召开全县“三高四新”财源建设暨综合治税工作调度会议，动员各乡镇和相关部门全面谋划长远，进一步理顺财源建设思路，明确综合治税体制机制和重点任务，全力实现“双过半”目标。县委常委、副县长邹谊翔，副县长罗轶民，三级调研员秦仁秋、苏建平等出席。

△19日，湖南省财政厅联合财政部湖南监管局、国家税务总局湖南省税务局举办“湖南财税大讲坛”，特邀中国社会科学院副院长、党组成员，中国社会科学院学部委员，中国社会科学院大学党委书记高培勇教授作《深入学习贯彻习近平经济思想》专题辅导报告，省财政厅党组书记、厅长刘文杰主持，省委主题教育第十巡回指导组组长张志军及部分成员出席。

6月

△7日，湖南省税务局透露，湖南省税务部门以开展主题教育为契机，统筹推进“稳增长20条”和“湘税30条”等优惠政策，政策红利加速释放。数据显示，2023年1—4月，湖南省办理新增减税降费及退税缓费110多亿元，有力提振了企业发展信心，减轻了企业负担。

△7日，郴州市财政局调研组一行三人在局党组书记、局长雷题铭的带领下，来苏仙区财政局调研旅发大会资金保障情况。区财政局班子成员，预算、国库、债务、经建等相关股室负责同志陪同调研。

湖南税协公益讲坛在湘西市凤凰县『开课』

湖南税协公益讲坛第三期线下活动在湘西市凤凰县举行

2023年6月7日上午，湖南税协公益讲坛第三期线下活动在湘西市凤凰县举行。

欢快热闹的土家族“三棒鼓”拉开此次公益讲坛活动序幕。来自长沙市税务局的业务骨干向纳税人缴费人现场解读企业纳税信用的评价范围、评价指标和方式、守信激励和失信惩戒措施，以及如何进行纳税信用补评、复评、修复等热点内容，帮助纳税人缴费人消除纳税信用评价盲点，引导纳税人提升纳税信用意识。来自湖南省中税网天一税务师事务所的行业“大拿”则聚焦延续和优化实施的税费优惠政策，详细解读2023年研发费用加计扣除的核算要求、办理方式、享受时点及申报要点，在互动中为纳税人缴费人答疑解惑。

此次活动通过“湘税通”全程同步直播，讲坛上的税宣“好声音”通过网络“云端”走出凤凰，走进千企万户。在线下，凤凰县102家涉税专业服务机构、国有企业、重点行业企业代表与讲课老师面对面交流，了解最新涉税资讯和税费政策。在线上，一万余名湖南省内纳税人缴费人在“湘税通”直播间共话税收，为这座小城古镇营造出“沉浸式”税收宣传良好氛围。

1.5月24日—26日，岳阳市税务局举行2023年全市税务系统办公室、社保非税、规划核算和税收分析、征管科技、督察内审、税收大数据和风险管理等6个业务条线的练兵比武活动。

2.5月4日，湘潭经开区税务局举办数电发票相关业务知识培训

3.5月25日，双清区税务局青年干部与企业签署“一对一”结对协议

常德市财税收入暨财源建设税费征管提质增效“十大行动”工作调度会召开

2023年6月8日下午，常德市委副书记、市长周振宇主持召开常德市财税收入暨财源建设税费征管提质增效“十大行动”工作调度会，全面分析研判当前财税经济形势，研究部署下段工作。他指出，要扛起担当、奋力作为，坚定不移完成全年财税目标任务，厉行节约，守牢“三保”底线，推动财税收入持续向好，以最大的努力争取最好的结果。

常德市财税收入暨财源建设税费征管提质增效“十大行动”工作调度会召开

针对当前财税收入及财源建设情况，周振宇指出，要对标对表树立和践行正确政绩观，坚持实事求是，严守组织纪律，坚决防止玩“数字游戏”，追逐虚假的政绩。要以只争朝夕的干劲，要全力以赴抓好收入组织，要着眼长远夯实财源基础，要厉行节约守牢“三保”底线，要统筹协作强化精诚共治。

常德市委常委、常务副市长徐永健，原副市长龚德汉，常德市政府秘书长陈爱喜参加会议。

岳阳、益阳双双入围！获中央农村黑臭水体治理资金3个亿

2023年6月19日，财政部、生态环境部对2023年中央农村黑臭水体治理试点竞争性评审结果进行公示，中国12个城市获批2023年中央农村黑臭水体治理试点城市，湖南省岳阳市、益阳市脱颖而出，双双入围，获中央财政支持3亿元。这是继2022年常德市获批试点后，湖南省再次成功入围中央支持名单。自此，洞庭湖区三市均纳入支持范围，将对加强洞庭湖生态环境保护、控制和削减总磷污染起到重要作用。

岳阳、益阳两市将在未来两年对辖区范围内纳入国家监管清单的111条农村黑臭水体进行系统治理。项目总投资6.38亿元，覆盖11个县市区、49个乡镇、78个行政村，治理范围120.95平方公里，受益人口39.68万。试点项目的实施，将有效改善农村人居环境，集中解决群众反映最为强烈的热点难点问题，形成一批可复制、可推广的农村黑臭水体治理模式和长效管护经验，推动构建良好的乡村生态环境，助力湖南省生态文明建设。

1
2
3

1.6月28日，张家界市税务局党委书记、局长许晖为3名退休老党员颁发“光荣在党50年”纪念章

2.6月30日，湖南省税务局高质量承办中非税收征管创新与技术合作研讨会期间中方工作人员向国外来宾介绍税收征管创新情况

3.6月2日，2023年益阳市新就业形态劳动者集中“入会+社保缴费服务”行动暨全市互联网工会联合会成立仪式在春园大酒店举行，益阳市税务局设置社保缴费服务台，现场辅导新就业形态工会代表通过手机办理缴费业务

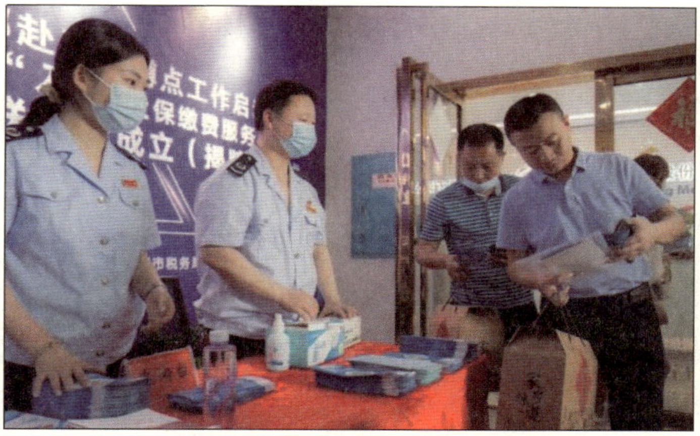

“红色税务先驱”李六如故居开展

『红色税务先驱』李六如故居开展

2023年6月29日上午，李六如故居开展仪式在湖南省平江县加义镇泊头村举行。国家税务总局党委委员、副局长饶立新，最高人民检察院二级大检察官万春，湖南省人民检察院党组书记、检察长叶晓颖，湖南省税务局党委书记、局长曾光辉，财政部政策研究室副主任赵则永，岳阳市委副书记、市长李挚等国家省市相关单位负责人及李六如亲属代表参加开展仪式。

李六如故居于2011年入选湖南省级文物保护单位。故居共有《六十年的变迁——李六如生平》《党领导下的人民检察大事记》《首任税务局长——李六如与人民税收起源》等专题陈列，生动立体地呈现了李六如为了党和人民的事业，忠于理想，忘我奋斗的革命历程。故居专设300平方米，“伟大实践、革旧鼎新、勇于开拓、廉洁从税、贡献巨大、赓续血脉”六个税收红色教育展区，通过文物史料、照片雕塑、艺术装置、融合多媒体等艺术表现形式，重现中央苏区时期税务先辈为支援革命战争、促进苏区经济发展作出的伟大牺牲和贡献。李六如故居不仅为深入学习党的百年奋斗史和红色税收发展史提供了重要历史资料，也为税务系统深入扎实开展学习贯彻习近平新时代中国特色社会主义思想主题教育提供了重要教学平台。

△16日，湖南省财政厅召开厅机关第五届妇女代表大会，换届选举产生新一届机关妇女委员会。厅党组书记、厅长刘文杰对大会召开致信祝贺；厅党组副书记、副厅长庄大力，省直属机关妇工委主任黄瑜出席会议并讲话。来自全厅机关各处室、单位以及离退休的115名妇女代表参会。大会宣读了省直属机关妇工委《关于同意湖南省财政厅机关妇委会换届选举的批复》，听取了厅机关妇委会工作报告，经无记名投票选举产生了由罗贤艺等11位委员组成的新一届厅机关妇委会。

△30日，衡阳市税务局举办“砥砺奋进五周年 税务发展谱新篇”党建实物成果展。衡阳市税务局党委书记、局长李昕为成果展揭牌。衡阳市税务局全体班子成员，各县（市）区税务局主要负责人观展。

△30日，湖南省财政厅召开2023年“七一”表彰暨“榜样在身边”交流分享会，厅党组书记、厅长刘文杰出席会议并讲授专题党课，厅党组副书记、副厅长庄大力主持会议，厅党组成员、副厅长邓斌宣读“七一”表彰决定。在家厅领导、全厅干部职工、离退休老党员代表、厅归口管理和厅属公司党委负责同志参加会议。

7月

△10日，湖南省财政厅暑期爱心托管班暨“童心心向党”夏令营活动正式启动，厅机关54名干部子弟报名参加爱心托管班。厅党组高度重视，厅党组书记、厅长刘文杰要求把开办爱心托管班作为解决干部职工实际困难的重要举措，厅党组副书记、副厅长庄大力要求抓好统筹、确保安全，落实好厚爱机制。

△25日—28日，湖南省注册会计师协会、广东省注册会计师协会在韶山干部学院联合举办省市秘书长财会监督培训班。广东省财政厅党组成员、副厅长胡建斌，湖南省财政厅党组成员、总会计师刘平出席开班仪式并讲话。韶山干部管理学院副院长向哲代表学院致辞，两省各级注协相关负责人近60人参加培训。

8月

△18日，湖南省财政厅举行“财政青年说·调研背后的故事”分享活动，并表彰青年干部公文材料写作竞赛获奖人员。厅党组书记、厅长刘文杰及全体在家厅领导出席，主题教育省委第十巡回指导组副组长易德才出席并点评，厅双联单位省生态地质调查监测所纪委书记贺玉红出席活动。厅机关全体干部职工、厅双联单位青年代表参加活动。

1.7月17日，沅陵县税务局举办2023年“深化银税互动 助企纾困解难”活动

2.8月11日，国家税务总局永州市税务局组织开展“以书会友 以学促干”暨学习贯彻党的二十大精神主题读书分享会，市局读书分享会兴趣小组成员和市局机关读书爱好者参加

3.7月19日，邵阳县财政局组织开展2023年财政支农政策培训（黄亭市镇课堂）

4.8月，益阳市资阳区税务局“政策宣讲小分队”走进育苗基地，向基地负责人讲解税收惠农政策

1 2 3 4

中非税收征管创新与技术合作研讨会在长沙举办

2023年6月29日—30日，作为第三届中国—非洲经贸博览会暨中非经贸合作论坛的专题活动之一，中非税收征管创新与技术合作研讨会在湖南长沙举办。中国国家税务总局副局长饶立新、埃及国家税务局副局长埃尔赛义德·马哈茂德·穆罕默德·阿卜杜拉出席会议并作主旨发言。中国国际税收研究会副会长孙瑞标主持会议。

本次研讨会由湖南省人民政府参事室主办，湖南省中非经贸合作促进研究会、中国国际税收研究会、国家税务总局湖南省税务局承办。中国国际税收研究会副会长张云英致辞。会后，非洲税务官员赴湖南省税务局参观，体验人工智能等新技术在税务领域的创新应用项目。

中非税收征管创新与技术合作会议现场

湖南税务：奏响党业融合“最美和声”释放为民服务“大能量”

国家税务总局湖南省税务局党委书记、局长曾光辉（后排左二），党委委员、副局长曾初良（后排右二）走进“湖南最美税务人”直播间

2023年7月27日，“湖南最美税务人”、国家税务总局怀化市税务局业务专家张金林走进“湖南最美税务人”直播间，为广大纳税人缴费人解读税收服务“走出去”相关内容。

2023年来，湖南省税务局坚持以党的二十大精神为指引，深入开展学习贯彻习近平新时代中国特色社会主义思想主题教育，结合落实中办、国办《关于进一步深化税收征管改革的意见》以及省局党委“一二三四”工作部署，持续优化“新纵合横通强党建”机制，创新打造“‘湖南最美税务人’直播间”党业深度融合品牌，用服务“小窗口”释放“大效应”。

首届湖南省财会金融人才培训班在上海开班

2023年8月18日，首届湖南省财会金融人才培训班在上海国家会计学院开班。湖南省财政厅党组成员、总会计师刘平出席开班仪式并讲话，上海国家会计学院院长、党委副书记卢文彬出席并致辞。湖南省委组织部、省地方金融监督管理局、中国人民银行湖南省分行相关领导参加开班仪式。

开班仪式上，卢文彬勉励学员在当好“学生”的同时，主动“开口讲”“深入研”，精思细悟、融会贯通，确保学有所成、学有所获。

湖南省财会金融人才培养项目是湖南省委九大人才项目之一，是中国唯一将财会和金融两个专业领域人才融合培养的湖南省级人才项目。该项目由原省会计领军人才项目继承、拓展、升级而来，面向湖南省企业、行政事业单位、金融机构等选拔高端复合型财会金融人才，进行为期三年的培养，每年脱产培训30天，旨在培养一批政治忠诚、视野开阔、专业精湛、实战经验丰富的财会金融行业高端人才，为推动湖南省经济高质量发展提供重要人才支撑和智力支持。

首届湖南省财会金融人才培训班在上海开班

1.8月16日，国家税务总局新宁县税务局为6名新录用公务员举办入职仪式　1

2.8月22日，2022年度“湖南最美税务人”蒋志华讲解税费优惠政策　2

首届全国职业院校技能大赛（高职组）业财税融合大数据应用赛项在长沙市举行

2023年9月23日至24日，2023年全国职业院校技能大赛（高职组）业财税融合大数据应用赛项在长沙商贸旅游职业技术学院举行。湖南省政府副秘书长季心诠、湖南省人大教育科学文化卫生委员会主任委员甘跃华、湖南省教育厅副厅长王仁祥、副市长肖正波出席开幕式。

业财税融合大数据应用赛项是一项集合业务、财务、税务场景融合与大数据应用的复合型技术技能竞赛。2023年是该赛项（高职组）的全国首届比赛，共有来自全国各地高职院校的95支代表队、380名学生参赛。经过一天半的角逐，评选出10个一等奖、19个二等奖、29个三等奖。湖南4支代表队表现突出，长沙商贸旅游职业技术学院、湖南信息职业技术学院、湖南电气职业技术学院均获一等奖，郴州职业技术学院获二等奖。

肖正波在开幕式上致辞时说，长沙现有各级各类职业院校127所，在校学生45万多人，每年为社会培养技能型人才15万余人，毕业生就业率保持在92%以上，为长沙乃至湖南经济社会高质量发展提供了坚实的人才支撑。他表示，长沙将以此次竞赛为契机，深入贯彻落实习近平总书记关于职业教育发展的重要讲话精神，加快构建现代职业教育体系，为湖南实现“三高四新”美好蓝图、为现代职业教育高质量发展作出长沙贡献。

比赛现场

△24日，湘乡市财政局召开2023年新进人员座谈会，局党组成员、相关股室人员和2023年新招录人员参会。此次座谈会既为新进人员搭建了展示自我、交流思想的平台，也让他们感受到局党组的关心和关怀。

9月

△4日，华容县委副书记、县长周鹏主持召开全县财税工作暨“三资”运作改革工作调度会。县委常委、常务副县长潘典宏参加。

△5日，国家税务总局湖南省税务局与中南大学签署战略合作框架协议，进一步加强税校战略联动，从平台共建、人才培养、决策咨询、税费共治四个方面展开深入合作。

△6日，鹤城区委副书记、区长郑明明主持召开全区财政收入工作专题会议。他强调，要深入贯彻落实区委六届四次全会精神，认清形势，坚定信心，强化措施，保障财政收入稳定健康发展。区领导向艳平、吴晓萌、翟明华、李利朝、曾治国等参加。会议听取了区财政、税务等部门有关情况汇报，与会人员分别发言。

10月

△9日，溆浦县财政增收和项目融资暨惠农惠民补贴资金普查工作调度会召开。县委副书记、县长杨廉喜主持会议并讲话。县领导肖明、严安民，县直相关部门主要负责人及各乡镇人民政府主要负责人等参加。会上，县财政局汇报了相关工作情况。与会领导、相关单位依次进行了发言。

△30日，湖南省财政厅在中南大学举办全省财会师资力量培训班，厅党组成员、总会计师刘平出席开班仪式并讲话，中南大学党委常委、副校长陈立章出席并致辞。本次培训是湖南省首次面向全省所有市州、县市区行政事业单位财会人员举办师资力量培训，共有142名学员参加。

△31日，天元区组织召开了全区预算单位（镇、街道）财政财务业务培训暨2024年预算编制会议，本次培训会以“财政改革”作为切入点，针对目前财政政策和具体业务内容进行了宣讲，共约210名财务人员参加培训。

湖南省税务局第四期“湖湘税务大讲堂”开讲

2023年10月27日，国家税务总局湖南省税务局举办第四期“湖湘税务大讲堂”。国家行政学院原副院长、中华诗词学会会长周文彰教授应邀作题为《诗词与书法——让业余更有意义》专题讲座。湖南省局党委书记、局长曾光辉参加，省局党委委员、副局长曾初良主持讲座。

讲座中，周文彰教授从诗词和书法基本知识入手，结合自身经历，分享个人通过诗词和书法让业余时间更有意义的经验和体会，并提出珍惜时间、充分读书、勤于思考、置身现实四点建议。周文彰教授以深刻丰富的讲课内容、深入浅出的授课方式、严谨细致的学术风格赢得了现场掌声。

湖南省局机关干部纷纷表示，将深入学习贯彻习近平文化思想，不断增强文化自信，践行社会主义核心价值观，大力弘扬中国税务精神，在奋力推进税收现代化服务中国式现代化新征程上开新局、建新功。

湖南省局局领导、二级巡视员、各处室主要负责人、副处级领导干部以及党员代表共120人参加讲座。

湖南省税务局第四期“湖湘税务大讲堂”开讲

1
2
3

1.8月28日—9月1日，邵阳市市局机关羽毛球代表队荣获一等奖

2.8月28日—9月1日，邵阳市税务系统2023年“税最闪耀气羽非凡”羽毛球、气排球运动会火热开赛

3.9月5日，“文明花开映税红·税月如歌谱新篇”——2023年湘西土家族苗族自治州税务系统新时代文明实践志愿服务示范活动，在吉首举行

湖南省财会师资力量培训班在长沙举办

2023年10月30日，湖南省财政厅在中南大学举办全省财会师资力量培训班，厅党组成员、总会计师刘平出席开班仪式并讲话，中南大学党委常委、副校长陈立章出席并致辞。

刘平指出，开展财会师资力量培训，是湖南省财政厅全面贯彻习近平总书记关于做好新时代人才工作的重要思想、党中央国务院关于人才工作决策部署以及省委省政府工作要求的具体行动，旨在通过为期3年的培养，建设一支紧跟理论前沿、熟悉财会实务、契合基层需要的“县域小专家、财会小老师”队伍，全面夯实市县行政事业单位财会基础工作，为实现“三高四新”美好蓝图和建设现代化新湖南贡献财会智慧和力量。

刘平强调，参训学员要做到：一是树立坚定的政治信仰。二是培养精湛的专业能力。三是厚植更浓的服务情怀。四是秉持过硬的职业操守。

本次培训是湖南省首次面向全省所有市州、县市区行政事业单位财会人员举办师资力量培训，共有142名学员参加。

全省财会师资力量培训班在长沙举办

湖南税务开展“税惠赋能 湖南民企轻装前行”新闻媒体集中采访活动

湖南税务开展“税惠赋能 湖南民企轻装前行”新闻媒体集中采访活动

2023年11月30日至12月1日，国家税务总局湖南省税务局开展“税惠赋能 湖南民企轻装前行”媒体集中采访活动。来自人民日报、新华网、人民网、中国新闻网、湖南日报、湖南卫视、湖南经视、湖南电台、潇湘晨报、红网等主流媒体记者，走进长沙市、湖南湘江新区税务机关和多家民营企业，通过座谈交流、实地采访、办税体验等方式，深入了解企业生产经营状况和税费优惠政策享受情况，切实感受智慧税务建设带来的办税缴费获得感。

湖南省税务局党委委员、副局长曾初良在新闻媒体见面会上致辞时表示，税务部门实打实、硬碰硬地落实支持民营企业高质量发展的减税降费政策，欢迎新闻媒体记者走到一线、纵深观察，全方位、多角度地了解政策落实、优化服务、纾困解难等情况，以笔尖记录改革，用镜头见证发展，进一步稳定民营市场主体预期、提振民营市场主体信心、激发民营市场主体活力。

长沙市雨花区税务局“智慧办税客厅”纳税人接受采访

1.9月5日，湖南省税务局与中南大学签署战略合作框架协议现场

2.9月8日，国家税务总局永州市税务局组织开展2023年岗位技能竞赛第二次普考

湖南加大减税降费力度

2023年12月3日，国家税务总局湖南省税务局透露，1至10月，湖南省新增减税降费及退税缓税缓费416亿元，惠及325万户企业。

2023年来，湖南省税务部门以更大力度更优举措落实落细税费优惠政策，积极拓展减税降费“五措并举”工作策略，确保各项税费优惠政策在湖南落地见效。

从行业来看，制造业相关行业累计新增减税降费及退税缓费173.9亿元，占比41.42%；从规模来看，中小微企业受益明显，新增减税降费及退税缓费209.2亿元，占比50.18%，个体工商户累计新增减税降费及退税缓费50.38亿元；从企业性质来看，民营经济税费负担持续减轻，累计新增减税降费及退税缓费229.9亿元，占比55.16%。

为确保各项税费优惠政策落实落细，湖南省税务局制发《“一政策一方案”精准推送统筹实施细则》和《精准推送“四个有人管”闭环管理工作任务清单》，通过电子税务局、征纳互动平台、短信、湘税通平台，推送税费政策85批次，覆盖纳税人缴费人1560.11万户次；深入开展“三送三解三优”行动，累计服务企业1.1万户，解决问题1200余个。

11月

△1日，沅陵县委书记刘向阳主持召开中央财政支持普惠金融发展示范区工作推进座谈会。国家金融监管总局怀化监管分局党委书记、局长谢校初出席并讲话，县领导董崇毅、滕海涛、舒齐、戴德伟，县财政局、县自然资源局、县辰发控股集团等相关单位主要负责人参加。会议通报沅陵县创建国家普惠金融发展示范区的进展情况，听取县域内各商业银行行长和部门负责人、各商业银行怀化分行行长以及怀化金融监管分局各科室长的意见建议。

△2日—3日，湖南省财政厅系统工会联合会2023年度工会干部培训班在长沙举行。本次培训由省财政厅系统工会联合会主办、省融资担保集团工会承办，来自系统基层工会的工会主席和干部共80人参加。

△6日，茶陵县财税工作座谈会在县委第三会议室召开，县委书记邓元连，以及陈章勇、周新华等领导参加。会上，洣水集团、犀城集团、经开区、财政局、税务局等相关负责人汇报了融资、税收等工作相关情况，与会人员就目前存在的问题和短板以及今后的目标进行了交流发言，并对加强税收管理等方面提出意见建议。

△15日，益阳市财源建设推进会召开。市委副书记、市长熊炜出席会议并讲话，他强调，全市各级各部门要深入学习贯彻习近平总书记关于财税工作的重要论述，对照全年财源建设目标，查漏补缺，攻坚克难，凝心聚力，确保圆满完成全年财税收入目标任务。市委常委、常务副市长刘勇会主持会议。市政协副主席、市科技局局长高德文，市政府秘书长梁成立参加。

△17日至18日，湖南省直单位“全民健身·活力省直”工间操竞赛在长沙成功举行，省直机关工委委员、省直工会主席杨立勇出席活动并讲话。经过层层选拔，省直各片区、系统工会39支代表队，共计1000多名干部职工参加复赛。经过激烈角逐，最终21支优秀代表队挺进决赛，省财政厅代表队以94.42分荣获二等奖。

△20日，新宁县委书记邓涛专题调度全县财政收入工作，总结今年1至10月财政收入工作，分析研判当前工作形势，安排部署下阶段工作任务，破局解难，确保全县财政运行平稳有序。他强调，要自觉加压、主动作为，以时不我待的精神、分秒必争的行动确保完成全年目标任务，为全县经济社会高质量发展提供有力支撑。县领导李爱铭、姚美春、王江丰、邓昌海、唐国、尹俊、陈静、郭华满、邓凯丽出席。县财政、自然资源等县相关部门负责人参加。

怀化税务税费精诚共治工作经验获推介

2023年12月7日，在怀化市召开的湖南省税费精诚共治工作现场会议上，国家税务总局怀化市税务局党委书记、局长盘海源作典型发言，工作经验获湖南省推介。

为深入贯彻落实《湖南省税费精诚共治办法（试行）》，怀化市依托财源税收综合治理改革“1+4”方案和财税综合信息平台，全力构建“党政领导、财税主责、部门协同、司法保障、纪检监督”的税费治理体系。怀化市税务局积极作为，自主打造了集“风险管控可视化、指标分析自动化、单户风险归集化”等六大功能于一体的风险监控系统，培育了5批次、30余名既懂税收业务、又懂数据结构、还懂分析应用的专业人才，通过加大数据共享与分析应用，有力保障了精诚共治工作开展。该局先后被确定为国家税务总局数据联系点和全省精诚共治试点单位。

“推进税费精诚共治，为我们进一步提高税费征管效能、提升税费服务水平提供了有力支撑。”盘海源表示，怀化市税务部门将进一步推进规范化、智能化、增值化数据运用，与行业主管部门合力做好财源共育文章，稳步提升以数治税效能，为全面推进税费精诚共治贡献怀化税务智慧。

1
2
3

1.9月13日，国家税务总局湖南省税务局党委书记、局长曾光辉到常宁市水口山镇，调研基层税务部门党的建设、纳税服务、政策落实等工作

2.9月13日，国家税务总局邵阳县税务局举行2023年青年干部成长月启动仪式，县局全体党委委员、57名青年干部参加活动

3.9月25日，曾光辉和田自成为省税务局纳税服务和宣传中心现场授予“湖南省法治宣传教育基地”荣誉奖牌

湖南税务两部作品在第十届亚洲微电影节斩获奖项

湖南税务两部作品在第十届亚洲微电影节斩获奖项

2023年12月8日，从第十届亚洲微电影艺术节传来喜讯，由国家税务总局湖南省税务局、湘西土家族苗族自治州税务局联合拍摄的微电影《山茶花开》荣获“中国税收”单元“优秀作品奖（二等奖）”，怀化市洪江区税务局组织拍摄的微电影《厘金·税月》荣获“中国税收”单元“好作品奖（三等奖）”。

此次亚洲微电影节“中国税收”单元征集到700余部微电影和微纪录片。经专家评审，10部“最佳作品奖”，20部“优秀作品奖”，34部“好作品奖”脱颖而出。湖南的两部获奖作品主题鲜明、视角独特、内涵丰富，在光影交织中展现了湖南税务人服务发展、担当作为的奋斗历程。其中，《山茶花开》结合湘西鲜明的地域文化特色，以演绎真实人物故事的方式，讲述了税务干部刘莹在参加脱贫攻坚和乡村振兴工作的18年里，以爱心温暖自闭症儿童，帮助村民发展山茶种植产业，用真心与坚守浇灌出大山里的山茶花开的故事。微电影《厘金·税月》跨越3个年代，以古代厘金局与现代税务局存在的关联关系，以传承和对比的方式，生动刻画作为千千万万普通税务干部缩影的主人公张洪生与税务相伴的一生，展现出时代变迁下，“为国聚财，为民收税”的感召力量。

1
2
3

1.10 月 21 日，2023 年湖南省税务系统男子气排球比赛现场

2.10 月 8 日，“税费服务体验师”在国家税务总局龙山县税务局深入体验办税缴费流程

3.9 月 25 日，湘潭市税务系统举办了“最美师徒”展示评选活动

湖南省 2023 年度会计高级职称评审工作顺利完成

我省 2023 年度会计高级职称评审工作顺利完成

2023 年 12 月 12 日—17 日，湖南省财政厅组织开展 2023 年度湖南省会计高级职称评审大会。厅党组成员、副厅长祝孟辉出席评审大会并讲话。

祝孟辉指出，要立足于人才强省战略的高度、事业创新发展的广度、解决行业队伍突出问题的深度看待评审工作，选好用好高级会计人才，助力会计工作加速转型升级，推动湖南省由会计大省向会计强省转变。

祝孟辉要求，各位评委要本着对参评者负责的原则，仔细审阅评审材料，准确掌握量分标准，认真出好面试题目，精心组织面试答辩，选拔出名副其实的高级会计人才。尊重、珍惜各位参评人员的辛勤劳动及成果，维护好广大会计人员的切身利益，既让个人人生获得出彩机会，也让事业发展获得人才支撑。他强调，纪律是底线，也是确保评审工作规范有序、公平公正的根本保证，评委要严格遵守评审纪律，落实“六个严禁”，确保评审工作风清气正。

本次评审共有 1136 人申报参评，系历年来参评人数最多的一年。目前评审结果已在湖南省财政厅门户网站“湖南省会计管理”专栏公示。

郴州市宜章县村级财务管理培训班助推“三湘护农”工作

2023 年 12 月 29 日，郴州市宜章县组织乡镇财政所长、农经员、村账代理会计及村（社区）报账员、县级代理机构人员共计 350 人在县委党校举办了村级财务管理培训班，旨在进一步提高郴州市宜章县村级财务管理队伍素质，有效提升全县村级财务管理水平，为持续推进“三湘护农”工作夯实内功。

宜章县村级财务管理培训班

湖南省农业农村厅政策与改革处村级财务管理办公室谢苗会计师应邀讲授了《村级财务统一软件财务处理及常见问题解答》，以紧扣现实的村级财务事项为案例，从新会计制度制定背景及相关问题、会计制度主要内容及会计核算、新旧制度衔接问题、湖南省村财平台问题解答等四个方面对农村集体经济组织和村级的财务管理作了全面细致的讲解，手把手地传授和培训村级财务核算、管理知识，对加强村级财务管理起到了很好的指导作用。

另外，郴州市宜章县农经站、县财政局的分管领导还分别就如何进一步规范全县农村集体“三资”管理工作、惠民惠农财政补贴资金“一卡通”发放管理政策作了业务辅导讲课。

△ 23 日，国家税务总局双牌县税务局组织青年干部开展“税务青年助企惠民志愿行动”，助力为纳税人缴费人提供更有温度的纳税服务。

△ 23 日，湖南省新型工业化推进大会在长沙召开。作为省会城市税务部门，国家税务总局长沙市税务局深入贯彻落实省委省政府关于新型工业化的相关部署，充分发挥税收的基础性、支柱性、保障性作用，落准落好各项税费优惠政策和服务措施，推动重点产业集群发展，提高制造业企业创新研发能力，支持工业数字化转型升级，助力工业经济向“新”而行。

△ 27 日，郴州市税务局召开打好“税收发展八仗”推进会，下发作战书，吹响冲锋号，动员全市税务干部全力拼、加速干，创一流、争先进，众志成城完成全年各项工作任务。

12月

△ 5 日，湖南省财政厅举行新提任处级领导干部宪法宣誓仪式。厅党组书记、厅长刘文杰监誓，厅党组副书记、副厅长庄大力主持仪式。

△7日，湖南省医疗保障局联合国家税务总局湖南省税务局印发《关于规范退休人员个人账户代扣职工大病保险费工作的通知》（以下简称《通知》），明确各市州可从个人账户统一代扣退休人员职工大病保险费。

△12日，湖南省财政厅举行“全民健身活力财政”第九套广播体操比赛，厅党组书记、厅长刘文杰宣布比赛开始，厅党组副书记、副厅长庄大力致辞。厅机关12支代表队伍、300余名干部职工参赛。

△12日—17日，湖南省财政厅组织开展2023年度湖南省会计高级职称评审大会。厅党组成员、副厅长祝孟辉出席评审大会并讲话。

△26日，郴州市召开2023年财税工作关账汇报会议。市委书记吴巨培出席会议并讲话，市委副书记、市长阚保勇主持会议。会上，相关单位分别汇报了郴州市2023年全市一般公共预算收入、税收收入情况等。市领导黄进良、江波、陈跃文、冯海燕、王伟东参加会议。

祁阳市委主要领导在企业调研和考察

祁阳市政府主要负责人在现场会上阐述政府立场

1.10月28日，国家税务总局湖南省税务系统首届气排球赛在中共国家税务总局湖南省税务局友谊楼圆满落幕

2.11月23日，国家税务总局双牌县税务局组织青年干部开展“税务青年助企惠民志愿行动”，助力为纳税人缴费人提供更有温度的纳税服务

3.12月13日，益阳市税务系统成立“税收项目管家”团队，对全市重点项目实行重点服务

4.11月1日，国家税务总局沅陵县税务局党委班子成员及各股室主要负责人与2023年度光荣退休的16名老干部共聚一堂，举办了2023年度“致敬芳华，感恩有您”荣誉退休仪式

1 2 3 4

祁阳市：财政为民奋力绘就民生幸福画卷

2023年来，永州市祁阳市始终把保障改善民生作为经济发展的根本出发点和落脚点，将人们的“幸福愿景”转变为“民生实景”，一个个看得见的变化，一张张幸福的笑脸，汇成了一幅五彩斑斓的城市发展画卷。

数据是最有力的证明，2022年祁阳地区生产总值突破400亿元、增长6.5%左右，完成地方一般公共预算收入19.82亿元、增长9.6%，规模工业增加值增长9%，固定资产投资增长3%，社会消费品零售总额增长3.5%，城乡居民收入分别增长7.6%、8.6%……一串串振奋人心的数字，记录了祁阳人铿锵有力的发展步伐，奏响了城市飞速发展的“最强音”。

永州市政协副主席、祁阳市委书记蒋良铁告诉我们：“2022年永州市受经济下行压力持续增大、减税降费政策效应不断放大等叠加因素影响，面临发展形势复杂等问题，永州市祁阳市始终不忘为民初心，多措并举兜牢兜实民生底线。2022年，祁阳市一般公共预算支出完成61.26亿元，其中民生支出48.39亿元、占比79%，乡村振兴、医疗卫生、教育事业、社会保障等重点领域支出得到有力保障。全年新增财力全部用于‘三保’支出。”

祁阳市紧握财政“算盘”，不断在增进民生福祉上“做加法”，补齐民生短板，兜牢民生底线，推动公共服务深入基层、深入一线，全面推进永州市经济社会高质量发展。

2024
湖南
地方年鉴

金融

要闻纪事 2023年

1月

△10日，湖南建设投资集团与国家开发银行湖南省分行签署战略合作协议。

△15日，中国建设银行湖南省分行发布数据显示，该行各项贷款余额继2019年突破5000亿元、2020年突破6000亿元、2021年突破7000亿元后，2022年继续保持快速增长，至2023年1月1日突破8000亿元大关，达8050亿元，成为建行系统中部地区贷款余额唯一超8000亿元的分行。

△31日，省政府新闻办召开2022年度湖南省金融运行形势新闻发布会透露，2022年全省金融机构本外币存款余额迈上7万亿元台阶，年末达70141.9亿元；贷款余额跨过6万亿元台阶，年末为62351.5亿元。

△31日，2022年度湖南金融运行形势新闻发布会在长沙举行。会上发布，2022年湖南外汇形势总体稳健，收支规模稳定增长，跨境资金净流入维持较高水平。

2月

△2日，人保财险湖南省分公司举行保费收入跨越200亿元授牌仪式，人保财险党委书记、总裁于泽为分公司颁发“双百亿军团”牌匾。

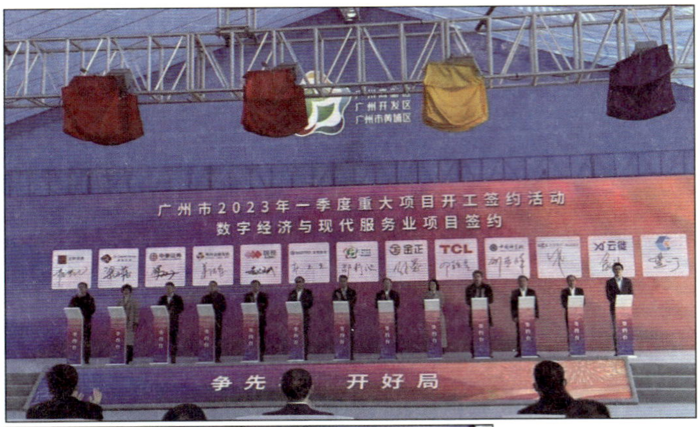

1.1月29日，长沙银行广州分行参加广州市2023年第一季度重大项目集中动工、签约活动

2.2月15日，中国农业发展银行湖南省分行与长沙市人民政府签署“强省会”合作框架协议

3.2月21日—22日，全省小额贷款公司高管人员培训在长沙举行

长沙数字人民币商户落地超30万家

2023年1月31日，2022年度湖南金融运行形势新闻发布会召开，自2020年底长沙开展数字人民币试点以来，截至2022年末，长沙数字人民币商户落地已超30万家。

试点2年来，长沙数字人民币累计交易5325万笔，交易金额达83亿元，较2021年底分别增长270%、64%。根据人民银行总行通报，长沙地区累计开立个人钱包数、当期流通业务笔数和流通业务金额、对公钱包月活跃数等指标，多次在第二批试点地区中位居前列。

数字人民币具备支付即结算、兑换无手续费等优势，能有效降低企事业单位、商户资金收付成本。其可控匿名和高安全性的特征，可以给公众带来更放心的支付体验。试点期间，长沙实现国内首个数字人民币全渠道税费缴纳、首个发放涉农财政补贴场景、首个烟草行业数字人民币场景多项创新应用，助推数字人民币加速融入湖南人的日常生活。

新闻发布会现场

财信金控推出“6+20”服务模式

湖南银保监局举办湖湘清廉金融论坛

2023年2月6日，财信金控下发服务“发展六仗”行动方案，以该行动方案为指南和纲领，组建6支“作战部队”，出台“二十招”具体举措，通过“6+20”服务模式，切实为湖南省打好“发展六仗”提供财信服务。

“二十招”包括以“直接融资强引导+间接融资争创新”的综合金融服务模式赋能产业转型发展，在打好经济增长主动仗上出重招；以“投资+投行”促进重点科技成果转化，服务科技创新体系建设，在打好科技创新攻坚仗上拿实招；以“数据要素支撑+金融科技应用”参与要素市场配置，在打好优化发展环境持久仗上创新招；牢牢把握金融国企政治属性和政治方向，持续推进纾困增效与“三资”盘活，在打好防范化解风险阻击仗上用硬招；以“保险+公益”模式服务安全体系建设，在打好安全生产翻身仗上出稳招；充分发挥保险保障功能，在打好重点民生保障仗上使真招等。

行动方案安排部署了落实好“二十招”的具体举措，一一对应各牵头单位与责任单位，明确责任和任务时间表，确保“仗仗有财信的身影，仗仗有财信的力量”。

近年来，财信金控综合金融服务积极支持湖南省经济社会发展，提升直接融资服务方面、间接融资服务方面的整体水平。

郴州市人民政府与两家银行签订战略合作框架协议

2023年2月23日上午，郴州市人民政府与邮储银行湖南省分行、长沙银行股份有限公司分别签订战略合作框架协议，两家银行将重点在国家可持续发展议程创新示范区建设、文旅产业发展等方面给予郴州金融支持。郴州市委副书记、市长阚保勇，邮储银行湖南省分行党委书记、行长刘宏海，长沙银行股份有限公司党委副书记、行长唐力勇分别出席签约仪式。

阚保勇对邮储银行湖南省分行、长沙银行多年来扎根郴州土壤、支持郴州发展表示感谢。希望两家银行发挥优势，抢抓机遇，布局长远，进一步加大支持力度，拓展合作空间，与郴州共享机遇、共谋发展、共赢未来。

郴州市人民政府与两家银行签订战略合作框架协议

刘宏海表示，感谢郴州一直以来对邮储银行的关心和支持，邮储银行对在郴发展充满信心、充满期待。今后将在乡村振兴、旅发大会、环境保护、综合交通等重点领域，进一步给予支持，为郴州高质量发展作出新的贡献。

唐力勇表示，长沙银行将全面落实协议事项，全面深化同郴州各级党委政府、政企单位的战略合作，发挥自身优势，为郴州文旅产业、有色产业的腾飞和实体经济、中小企业的稳健发展提供金融支持。

湖南日报社党组成员、社务委员龚定名，郴州市级领导冯海燕、王卫东，市政府秘书长李建军分别参加上述活动。

政银合作助力文旅产业发展

2023年2月23日，长沙银行股份有限公司金融支持文旅产业发展宣传推进会在郴州市竹园宾馆举行。

为支持郴州市承办第二届湖南旅发大会，助力郴州市文化旅游产业蓬勃发展，长沙银行计划3年内提供总额不低于120亿元的意向性授信，全力支持郴州市文旅产业重点项目建设和中小微企业发展，推动文化旅游金融产品和服务创新，建立全面、紧密、稳定的政银战略合作关系。

结合郴州市文旅产业建设需求，长沙银行将在第二届湖南旅发大会相关项目建设、培育康养旅游及乡村旅游产业、完善智慧旅游及公共服务体系等方面加大金融支持力度。同时，助力郴州市文化旅游中小微企业发展，推出“景区门票保兑仓”贷款业务以及“长湘贷”信用贷款、呼啦快贷等贷款产品，3年内服务不少于400家文化旅游产业链企业。

在传统信贷业务基础上，长沙银行还充分利用投资银行的专业优势，打造独具郴州文旅特色的一揽子金融服务方案，全力支持“吃住行、游购娱”的文旅产业链发展壮大。此外，在长沙银行客户权益平台——弗兰社开辟郴州畅游专区，开通郴州商户入驻绿色通道，全面开展专题宣传，向长沙银行1600万私域用户做好推介，为郴州市文旅事业发展注入新动力、开辟新窗口。

1.3月1日，“全国中小企业股份转让系统北京证券交易所湖南服务基地”在长沙举行揭牌仪式 1

2.3月3日，湖南省地方金融监管局金融监管二处党支部联合省小贷协会及部分小贷公司党支部赴邵阳市洞口县石柱镇青山村开展“弘扬雷锋精神奉献小贷力量”主题党日活动 2

政银合作助力文旅产业发展

△2日，雨花经开区举办2022年金融竞赛总结表彰暨2023年金融竞赛启动活动，同步举办雨花经开区、雨湖工业园招商引资项目集中签约。

△6日，财信金控与湘潭市政府就深化战略合作、共同打好“发展六仗”、支持地方经济社会高质量发展等议题，在长沙进行了深入交流。

△10日，中国邮政储蓄银行郴州市分行召开2023年工作会议，回顾总结了2022年工作情况，分析研判当前经济形势、银行经营面临的机遇和挑战，全面部署该行2023年重点工作。

△10日，湘西州召开2023年金融工作视频会议，总结2022年全州金融工作，安排部署2023年全州金融工作。

△14日，沅江市金融事务中心组织市内主要职能部门、各银行机构和相关企业召开联席会议。

△15日召开的湖南省联合社衡阳办事处2023年度工作会上传来喜讯，衡山农商银行获评“2022年度衡阳市农商银行系统资产业务综合考核先进单位”和“衡阳市农商银行系统资产业务风险管控优胜单位”两项荣誉。

△16日，农业银行湖南省分行和省融资担保集团签订战略合作协议。

△17日，“2023长沙新消费品牌与金融对话主题沙龙”在长沙网红打卡地“方寸LIFE”举行。

△17日，农发行衡阳市分行2023年度工作会议召开，计划今年全年贷款投放不低于90亿元，贷款净增不低于60亿元。

△24日，“全国中小企业股份转让系统 北京证券交易所长沙服务基地”揭牌仪式暨北交所上市业务培训活动在长沙市会议中心举行。

△24日，浙商银行长沙分行探索“区块链+供应链”，为山河智能、中联重科等企业提供融资支持，取得阶段性成效。

△27日，湖南股权交易所“湘潭专板”开通，湘潭地区101家在湖南股权交易所挂牌企业集体入列，这是湖南省区域性股权市场首个市州专板。

△28日，岳阳市“三资”运作改革办传来消息：岳阳城运集团供应链资产支持专项计划获上海证券交易所5亿元储架批文，完成首期1.86亿元发行，优先级证券发行利率为4.60%，为岳阳市资产证券化同类品种首发产品，在省内同类企业同类产品中价格最低。

湘西州保靖县召开非公经济领导小组会议

2023年3月1日，湘西州保靖县召开2023年非公经济领导小组会议暨“金融暖春”政企银对接集中签约仪式。本次银企对接签约项目共46个，涉及资金18亿元。保靖县委副书记、县长周建武出席并讲话。

会议总结了2022年非公经济工作开展情况，通报了2022年度保靖县金融机构支持地方经济社会发展工作考核结果，并为获奖的先进单位和完成股改并挂牌的两家企业进行颁奖授牌。保靖县非公经济领导小组成员、所有金融机构和60余位民营企业家参加了会议。

周建武充分肯定了各金融机构为湘西州保靖县经济社会发展作出的贡献，对非公经济和金融助企工作作了具体安排部署。他强调，非公经济领导小组各成员单位要提高站位把握大势、精准施策精心服务、拉高标杆攻坚克难。金融机构要充分发挥职能作用，强化市场观念、比拼意识、专业水准、改革创新精神，全方位加强金融需求对接，以十足干劲开展主动服务、前置服务、全生命周期服务，把更多的金融资源配置到经济发展重点领域和薄弱环节。各位企业负责人要大力弘扬企业家精神，增强信心抢抓机遇，整合资源增资扩产，信心满满敢闯市场，勇往直前放手拼搏。

1.3月13日，农行岳阳湘阴支行走进湘阴县第一职业中学开展“送金融知识进校园”宣讲活动

2.3月13日，农行益阳分行联合益阳市人民银行中心支行在黄家湖研学基地，走进新桥河镇中心联校，开展了“普及金融知识进校园”主题活动

3.3月7日，隆回县2023年政银企洽谈会签约仪式现场

充分发挥『金融+科技』优势

2023年3月10日，湖南省供销合作社农业社会化服务大联盟在湘潭市湘乡市成立。平安银行长沙分行等首批10家金融机构与湖南省供销社、农资和农机企业代表、农业生产主体代表，签订了四方协议。金融机构将用金融“活水”精准浇灌农业生产资料供应、农机作业及维修和初加工等农业社会化服务。

平安银行长沙分行副行长袁新文表示，作为“大联盟”成员，该行将依托金融科技、综合金融等优势，面向农户、基层供销社、农民合作社等各相关方，提供特色金融服务。

农户融资方面，面向与供销社合作的农户，平安银行长沙分行将基于省内各级供销社的采购数据，为农户发放日常经营用途的数字化信用贷款。支付结算方面，面向湖南省内广大基层供销社、农民合作社或其相关线上平台，将定制化提供行业领先的线上线下支付结算及账户体系服务，助力数字化经营。

为全方位给基层供销社、农民合作社等现代化农业经营主体保驾护航，平安银行长沙分行还可提供全线上自动化投保专属产品服务。

为助力全面推进乡村振兴，近年来，平安银行制定金融机构服务乡村振兴规划，成立乡村振兴金融办公室，出台乡村振兴激励政策，创新开发乡村振兴债贷等金融产品，充分发挥“金融+科技”力量赋能“三农”发展。

湘西州举行2023年首场政银企现场签约暨企业上市培训活动

2023年3月30日，湘西州举行“稳金融、惠企业、促增长”全州2023年度首场政银企现场签约暨企业上市培训活动，深入贯彻落实党的二十大精神和全国两会精神，深化合作，携手共赢，坚决打好经济增长主动仗，助推经济高质量发展。湘西州委书记虢正贵出席并宣布活动启动。湘西州委副书记、州长陈华主持并致辞。

近年来，全州银行业金融机构在人民银行长沙中心支行等部门的大力支持下，始终把服务实体经济放在首要位置，创新开展“万名行长联万企”“银行行长进园区”等系列活动，精准服务市场主体，湘西州存贷款增速年年攀升，贷存比持续保持在90%以上，有效发挥了金融对经济的“助推器”作用。2023年，湘西州安排实施州重点建设项目448个、总投资3497亿元，年计划完成投资760.6亿元。

陈华说，当前湘西州正处于经济复苏发展、政策机遇叠加、后发优势释放的重大机遇期。希望金融机构创优金融产品，创新金融服务，落实金融惠企政策，广大企业家大力弘扬企业家精神和“四千”精神，为金融发展提供重要载体，各职能部门全面履行服务职能，健全常态化政银企合作机制，促进经济和金融良性循环、共赢发展。

湘西州27家企业与银行业金融机构进行现场签约，签约金额47.88亿元。签约仪式后，举行了金融产品推介及企业上市培训活动。

湘西州举行2023年首场政银企签约暨企业上市培训活动

1.3月14日，农行流沙河支行走进养老社区开展金融权益知识宣讲活动

2.3月14日，农行衡阳分行联合衡阳南岳区金融办、衡山县人民银行，走进南岳第一中学开展“金融知识进校园 携手护航促成长”主题活动

湖南将建首个省级文化金融服务中心

“数字赋能高质量创新发展峰会”

2023年4月9日，由湖南日报社、马栏山（长沙）视频文创园管理委员会主办的“数字赋能高质量创新发展峰会”在长沙举行，100余家国内知名数字产业龙头企业参会。

本次峰会以“数创中国 ‘元’梦未来”为主题，以数字经济如何赋能实体产业、拉动内需、促进消费、走出以虚促实的道路为核心，邀请人民网科技（北京）有限公司、阿里巴巴集团等100余家国内知名数字产业龙头企业相聚马栏山。

峰会上，湖南日报报业集团与马栏山（长沙）视频文创园管理委员会战略合作签约，将携手共建湖南首个省级文化金融服务中心——马栏山文化金融服务中心。通过“政策+平台+服务+生态圈”的合作模式，聚焦文化企业股权融资、债券融资和财政支持资金的沟通对接桥梁，共同创建国家文化金融合作示范区。

联合利国文化产权交易所与华强方特、恺英网络、伦萨科技、BSN区块链联盟等国内数字文旅龙头企业战略合作签约，线上线下全新联动孵化品牌IP，通过数字化手段助力文旅企业品牌营销。同时，由联合利国文化产权交易所与浙报艺术产业集团旗下北京融美拍卖有限公司，联合开发运营的联合利国数字版权交易中心在峰会中正式亮相。

3月

△7日，隆回县召开2023年政银企洽谈会。

△7日，永州市中小微应急转贷基金与湖南东安星龙村镇银行股份有限公司签订合作协议，转贷基金银行合作机构增加至17家，基本实现市内全覆盖。

△8日，中国信保湖南分公司透露，自3月1日以来，中国银行湖南省分行等4家银行均已成功投放跨境金融服务平台出口信保保单融资，实现综合险保单融资和中小企业保单融资业务应用场景双落地，湖南省中小微外贸企业的融资效率和获得感不断提升。

△9日，箪子坪镇召开2022年度总结表彰大会暨2023年金融普惠、普法工作会议。

△14日，衡阳首家、湖南省第二家“技术经理人”微专业开班仪式在湖南工学院商学院举行。

△17日，在岳阳市金融支持房地产平稳健康发展推介会上，建设银行岳阳市分行向12家房企提供意向性融资30亿元，为房地产行业高质量发展注入金融活水。

△21日，长沙银行郴州分行与中国农业发展银行郴州市分行签署全面业务合作协议。

△23日，湖南首个获得国际权威认证的保险企业办公职场——太平人寿健康职场WELL V2铂金级认证揭牌仪式在新湖南大厦举行，标志着一场关于办公方式和办公场景的变革翻开崭新篇章。

△24日，麻阳2023年金融工作座谈会召开，9家金融机构与9家企业现场签约，签约金额8.21亿元。

△24日，省工信厅联合株洲市政府共同举办“资汇潇湘”湖南省专精特新中小企业股权融资路演——先进制造业(株洲)专场。

△24日，益阳市政府与农业银行湖南省分行签订框架合作协议、金融服务乡村振兴战略合作协议。

△27日，张家界市召开全市银行业金融机构座谈会。

△28日，省住建厅组织召开金融支持“保交楼”工作政银企座谈会。

△28日，2023年湖南金融中心金融科技应用场景合作大会在湘江基金小镇举行。

△29日，衡阳市人民政府与湖南银行股份有限公司战略合作框架协议签约仪式举行。

4月

△6日，中方县产业开发区企业中南桥梁安装工程有限公司收到中方农村商业银行股份有限公司发放的专利质押贷款1000万元。

湖南首家“红色金融教育基地”落户柴山洲特别区第一农民银行旧址

2023年4月21日，湖南省首家“红色金融教育基地”揭牌仪式在衡阳市衡东县柴山洲特别区第一农民银行旧址举行，为探索建设爱国主义教育基地，丰富金融党建“红色金融之源”品牌内涵注入新血液。衡东县委副书记、县长蒋崇华，人民银行衡阳市中心支行党委书记、行长蒋国政一同揭牌。

来自中国人民银行衡阳市中心支行的领导和专家们与衡东县各界人士齐聚柴山洲特别区第一农民银行旧址，庆祝湖南省首家、全国第53家“红色金融教育基地”揭牌。

柴山洲特别区第一农民银行是中国共产党开创现代金融事业的一次有益尝试，为之后红色金融事业的开展积累了宝贵经验。柴山洲特别区第一农民银行，旧址现位于湖南省衡阳市衡东县三樟镇柴山洲村第27组。通过多年打造，已成为当地进行革命传统教育和红色金融教育的生动课堂，具有独特的政治历史意义和金融学术价值。

揭牌仪式结束后，人民银行衡阳市中心支行举办“行长走市县 金融稳增长”屋场恳谈会，探讨研究用好“红色金融教育基地”这个“金字招牌”，以党的二十大精神为指引，弘扬柴山洲特别区第一农民银行“红色金融首创、革命货币先河”的首创精神，促进新时代金融与经济社会高质量融合发展。

副县长肖珍珠主持仪式。

蒋崇华、蒋国政共同为全省首家“红色金融教育基地”揭牌

全省首家“红色金融教育基地”揭牌仪式在衡东县柴山洲特别区第一农民银行旧址举行

1

2

1.3月14日，人民银行张家界市中支举办2023年湖南省人民银行系统“送文化下基层”文艺志愿服务

2.3月15日，农行岳阳县支行走进毛田镇道仁村开展“一村一机构”送金融知识下乡暨“3·15”消费者权益保护教育宣传活动

专精特新中小企业畅享定制金融服务

2023年4月26日，邮储银行衡阳县支行与衡阳西渡高新技术产业园区管委会、衡阳县科技和工业信息化局联合举办政银企专场对接会，该县40余家专精特新及规上企业参会。会上，该行与西渡高新技术产业园区4家企业签约合作，为他们“量身定制”金融服务方案，提供专属信贷产品，深化巩固政银企合作关系。

活动现场，邮储银行衡阳市分行小企业金融部高级讲师刘健向与会企业讲解了该行服务专精特新中小企业的信贷额度高、放款速度快、服务优、利率低、产品多等优势，重点介绍了科创贷、小微易贷、法人按揭贷款等惠企产品。

衡阳市衡阳县相关负责人对邮储银行助推县域经济发展所作出的贡献以及取得的成绩表示肯定，希望邮储银行积极参与县域招商引资和项目建设全过程，保障续建新建重点项目的融资需求，帮助中小微企业做大做强，播洒更多“及时雨”；希望企业苦练内功，增强金融机构对企业投放的信心，打造“吸金池”；希望政府各职能部门加强联动搭平台，抓好金融惠企政策的精准对接，优化“生态圈”，为银企双方加强交流、促进合作创造更多机会。

签约现场

1.3 月 15 日，中国工商银行永州分行组织宣传小组开展消费者权益保护现场宣教活动

2.3 月 23 日，湖南省地方金融监管局举办“金融大讲堂暨青年干部理论学习—全面实行股票发行注册制政策解读”活动

3.3 月 17 日，常德市在湘西北资本市场服务基地举办企业上市专题培训暨投资者教育活动

『金』汇制造名城 『资』聚幸福株洲

2023 年 4 月 26 日，金融机构走进株洲助力高质量发展“政金企”对接活动举行，株洲市政府与多家金融机构达成合作，其中与湖南银行签订 1000 亿元的战略合作协议；株洲企业签约融资 191 亿元。株洲市委书记曹慧泉，中国人民银行长沙中心支行党委书记、行长张瑞怀讲话，市委副书记、市长陈恢清出席。

湖南省级金融管理机构领导刘胜军、朱远荣、戚力出席并讲话，胡长春、刘光跃等市领导，高新区党工委书记邬凌云、管委会主任刘智勇参加。

本次活动是近年来株洲覆盖金融服务体系最完整的一次交流活动。现场，部分金融机构相关负责人作主题演讲；市政府与北交所、农发行湖南省分行、湖南财信金控、湖南银行签订战略合作协议；28 家株企与金融机构签署合作协议；举行了北交所株洲服务基地揭牌仪式。

曹慧泉以《制造名城 幸福株洲——一座城市的发展逻辑》为题，介绍了近年来株洲市委、市政府“想了什么、干了什么”“在当前高质量发展阶段，如何选择自己的发展道路”等。

张瑞怀等在讲话中表示，湖南省金融系统高度重视对株洲的信贷支持。近年来，株洲持续擦亮产业品牌、优化营商环境，发展来势向好。希望广大金融机构坚定看好株洲、热情拥抱株洲，携手株洲为实现“三高四新”美好蓝图贡献更大力量。

『政金企』对接活动现场

建行株洲市分行荣获“湖南省金融五一劳动奖状”

2023 年 4 月 26 日，建行株洲市分行坚持党建引领，服务经济社会发展，聚焦“三高四新”战略定位和使命任务，持续开展信贷服务“五大行动”，纵深推进新金融实践，强化数字化经营和精细化管理，服务实体经济发展积极有为、亮点纷呈，被中国金融工会湖南省委员会授予 2022 年度“湖南省金融五一劳动奖状”。

近年来，建行株洲市分行主动践行“以人民为中心”的新金融理念，用心服务，用爱经营，连年开展“暖企”行动，为企业融资减费让利，对公贷款平均利率创历史新低。“裕农通”服务点在株洲市实现了行政村全覆盖和村部全覆盖，将银行柜台开到了村口。42 个“劳动者港湾”让户外劳动者有歇脚之地。持续组织金融服务队进校园、进企业、进乡村，让新金融知识广泛惠及社会大众。向学生、老年客户等重点人群宣讲防范非法集资、电信网络诈骗等保护钱袋子的金融知识，不断提高金融服务的广度、深度和精准度，提升广大金融消费者的获得感和安全感。

截至 2023 年一季度，该行一般性存款新增 57 亿元，余额达 651 亿元。新增贷款 54 亿元，余额达 515 亿元，存贷款余额、新增排名均居当地同业第一。

△ 7 日，“凝心聚力助发展 金融赋能创未来”郴州市银企对接会暨融资集中签约仪式举行。

△ 7 日，郴州市就业服务中心和湖南银行在湖南银行郴州分行举行了创业担保贷款合作协议签约仪式，标志着郴州市继邮储银行、农商行后，创业担保贷款经办又添新力量，推动郴州市创业担保贷款发放规模提升至新台阶。

△ 10 日，衡阳市人民政府与交通银行湖南省分行战略合作框架协议签约仪式举行。

△ 10 日，永州农商银行于家支行为永州市鑫城锰业有限公司负责人何先生顺利办结一笔授信 50 万元的“菁英贷”，这是该行最新信贷产品——“福祥 · 菁英贷”首笔成功发放，标志着该行为支持民营企业发展再添助力器。

△ 11 日，涟源市在涟商总部举办“携手政银企 · 奋进新征程”政银企洽谈会暨签约仪式。

△ 11 日，涟源举行政银企洽谈会暨签约仪式，130 家企业达成签约意向，总金额 92.40 亿元。

△ 12 日，衡阳市人民政府与中国银行湖南省分行政银企战略合作框架协议签约仪式举行。

△13日，衡东县2023年金融工作座谈会召开。

△17日，怀化市政府与农行湖南省分行举行战略合作框架协议签约仪式暨“金融稳经济 农行在行动”重点信贷产品推介会。

△18日，财信证券、湖南银行“金芙蓉”跃升行动永州服务站正式揭牌。

△18日，北京银行长沙分行与长沙经开区管委会签署战略合作协议，与长沙经开集团签署基础设施公募REITs（不动产投资信托基金）全面合作协议。

△19日，湘阴县组织开展2023年企业家沙龙活动融资帮扶专场并举行政银企战略合作签约仪式。

△20日，湖南湘江新区举办政银企大型对接会。

△21日，冷水江市举办“行长走市县金融稳增长”企业调研暨2023年政银企担园签约洽谈会，促成31个项目获得39.24亿元融资支持。

△21日，衡山县召开政银企对接暨金融工作座谈会。

△25日，2023年长沙金融服务节在湖南金融中心开幕。

5月

△4日，以文化创意和金融为核心业态的新湖南媒体视频产业基地迎来“新伙伴”，湖南省融资担保集团正式乔迁入驻新湖南大厦。

衡南：政银企对接签约 助力县域经济高质量发展

衡南县2023年重点项目推荐暨政银企对接签约活动

2023年5月6日，为加大对重点建设项目的金融支持力度，搭建政府、银行及企业相互交流、深化合作的平台，将金融服务经济社会高质量发展落到实处，营造良好的金融营商环境。衡阳市衡南县举行2023年重点项目推荐暨政银企对接签约活动。

活动现场，衡南县发展集团负责人介绍了涉及矿山修复、城镇供水提质改造、智慧停车场及充电桩建设、文旅景区基础设施建设等多个行业领域共12个项目，总投资46.74亿元。光大银行衡阳分行等11家银行分别与县发展集团现场签订《战略合作框架协议》，涉及贷款金额35.7亿元。

会议指出，要持续畅通金融血脉。各金融机构要树牢与地方经济"同命运、共发展"理念，克服"零风险"意识，把做好服务作为出发点和落脚点，用好用足各项贷款政策；要持续激发企业活力。企业要主动作为，加强内部管理、资金管理，增强自身盈利能力，提高资金使用效率和诚信度；要持续强化服务保障。各相关职能部门要主动研究政策、研判趋势，为经济发展创造良好宽松的发展环境，推动金融资本与企业资源的有效合作，实现"三赢"，着力营造良好的营商环境。

衡南县政府副县长肖强华出席。

1.4月25日，2023年长沙金融服务节开幕式现场

2.4月28日，农业银行湖南省分行2023年新市民金融服务暨美团骑手卡、小微商户卡发布会启动仪式现场

3.4月15日—16日，中国建设银行湖南省分行·2023湖南（春季）百公里徒步活动成功落下帷幕

1
2
3

常德市人民政府和中国进出口银行湖南省分行签订战略合作协议

常德市人民政府和中国进出口银行湖南省分行签订战略合作协议签约现场

2023年5月10日，常德市人民政府与中国进出口银行湖南省分行战略合作洽谈暨签约仪式在长沙市举行。常德市委书记曹志强，市委副书记、市长周振宇，中国进出口银行湖南省分行党委书记、行长郑伟见证签约并讲话。

签约仪式前，双方举行了洽谈。曹志强、周振宇代表市委市政府对中国进出口银行湖南省分行长期以来给予常德发展的关心和支持表示感谢。希望中国进出口银行湖南省分行在基础设施建设等方面继续给予常德大力支持。他们表示，常德将全力优化金融生态环境，提供最优质服务和坚强保障，支持中国进出口银行湖南省分行在常德拓展业务、发展壮大。

郑伟向常德市委市政府长期以来对中国进出口银行湖南省分行的关心和支持表示衷心感谢。他表示，中国进出口银行湖南省分行将紧扣常德创新突破产业突围三年攻坚行动，突出主责主业，优化金融服务，创新金融产品，在对外开放高地打造、基础设施建设等方面加大支持力度，为加快建设社会主义现代化新常德提供更有力的政策性金融支持。

『湘企融』永州区域平台启动

“湘企融”永州区域平台启动

2023 年 5 月 26 日上午，“湘企融”永州区域平台启动仪式暨中小企业商业价值信用贷款政银企对接活动在永州市冷水滩区举行。湖南省工信厅二级巡视员李红亮，永州市委常委、副市长何恩广，市政协副主席、市工信局局长方智毅出席。

“湘企融”平台是根据湖南省委、省政府统一部署，湖南省中小企业服务中心具体承建，多部门共同参与打造的一站式融资服务平台，旨在解决银企信息不对称难题，合力缓解中小企业融资难、融资贵的问题。目前，该平台注册企业 15 万家，入驻金融机构 28 家，发布金融产品 150 个，撮合融资超百亿元。

何恩广指出，“湘企融”区域平台落地永州，对于永州市广大中小企业降低融资成本，推进商业价值信用贷款，实现政银企资源高效精准对接具有重要意义。永州区域平台将聚力经济建设，加强数据管理运用，缓解中小企业融资困境，缓解金融机构获客成本高的问题，帮助政府部门提高监管效率，不断提升经济建设能力和企业内生动力，促进政银企协同发展，稳定实体经济，助推区域经济高质量发展。

启动仪式后，银行代表和企业代表分别介绍了贷款产品和融资需求，部分企业与银行还进行了现场融资签约。

1.5 月 30 日，慈利农商银行为慈利县南山坪乡梁山村村民发放“新时代文明实践 + 乡村治理”积分存折。图为慈利县南山坪乡梁山村村民发放“新时代文明实践 + 乡村治理”积分存折

2.5 月 4 日—6 日，湖南省典当、融资租赁、商业保理三类机构监管业务培训在长沙举行

株洲市创建重大项目融资专项库

2023 年 6 月 6 日，株洲市发改委、市国资委、中国农业发展银行株洲分行联合创建重大项目融资专项库。

宣讲会现场

重大项目融资专项库计划不低于 800 亿元。截至 5 月底，株洲市已完成首批重大项目融资专项库的申报工作。

2023 年，中国农业发展银行株洲分行将继续加大审批投放力度，努力完成不低于 100 亿元的贷款审批、80 亿元的贷款投放。

对纳入重大项目库的项目，将有 5 个方面的政策保障：一是在贷款规模上给予倾斜，同时优先推送申报农发基础设施基金；二是根据项目建设、管理、运营的实际需要合理延长贷款期限；三是在政策允许范围内，给予优惠融资利率支持；四是在担保准入方面给予农发行政策允许范围内最优条件支持；五是发改部门将在省、市两级投资联审时，开辟绿色通道，优先安排。

2023 年 2 月，湖南省政府与农发行总行签署战略合作协议，农发行湖南省分行与省发改委建立重大项目推进工作机制，设立总量 1500 亿元的重大项目融资专项。

株洲市牢牢抓住政策红利“窗口期”，用活用好农发行量身定制的金融产品和融资政策，提高重点项目融资对接精准度和成功率。同时，不断健全重大项目全生命周期管理协调机制，持续为金融机构支持重大项目创造更好条件和更优环境，共同推进株洲经济社会高质量发展。

△ 10 日，韶山市産教融合職業教育園項目建設現場，施工人員正在對剛完成的主體工程的多功能培訓中心、報告廳進行裝修。該項目屬于今年的中長期貸款項目，獲農發行 4.95 億元貸款支持，建設進度提速，預計 2023 年底投入使用。

△ 12 日，雙峰縣召開金融賦能“實力雙峰”暨“湘企融”銀企對接會，縣内各金融機構與企業現場簽訂貸款意向書 20 份，簽約金額 7.62 億元。

△ 18 日，國家金融監督管理總局正式挂牌，標志着新一輪金融監管機構改革邁出重要一步。

△ 19 日，人民銀行懷化市中心支行牽頭組織了“行長縣市行·金融穩增長”政銀企房地産專場對接會，現場簽約 4 個項目，總金額 5.08 億元。市金融辦、住建局、10 家銀行以及 14 家房地産企業參加會議。

△ 24 日，北塔區召開政銀企座談會，深入推進湖南省政府“三送三解三優”行動做深做實，踐行見效。

△ 26 日，亞行貸款湘西州農村環境整治和綠色發展項目 2023 年度檢查團總結會議在吉首召開。

6月

△8日，新化县举行“金融稳经济、农行在行动”政银企合作洽谈签约会。

△9日，在举行的2023年全省“金融服务进市州”首场活动上，省商务厅与湖南农行签署战略合作协议。

△13日，人民银行长沙中心支行联合省地方金融监管局、湖南银保监局、湖南证监局等单位印发《关于强化金融支持打好湖南省“发展六仗”工作的通知》

△14日，珠晖区人民政府、农业银行衡阳分行“金融赋能共促发展”政银企战略合作签约仪式举行。

△14日，邵阳市科技局联合经开区开展了2023年邵阳经开区知识产权质押融资暨科技型企业知识价值信用贷专场对接会。

△15日，湖南飞沃新能源科技股份有限公司在深圳证券交易所创业板上市（证券代码“301232”），成为常德市科技企业上市第一股，也是该市首家制造业上市公司。

△15日，邵阳市政府产业引导基金宣介会召开。

△16日，中国出口信用保险公司湖南分公司（以下简称“湖南信保”）为怀化国际陆港出具了湖南省首单跨境运输服务贸易出口信用保险保单，创新承保运输服务运费的应收账款业务。

湖南省政府与北京银行签署全面战略合作框架协议

2023年6月8日，湖南省人民政府与北京银行签署《全面战略合作框架协议》。根据协议，未来3年内，北京银行将为湖南省提供不低于1000亿元的意向性投融资支持，全面服务湖南“三高四新”美好蓝图，为湖南省重点项目建设、各类经营主体提供一站式综合金融服务，助力湖南实现高质量发展。

湖南高度重视金融业发展，不断优化营商环境，将为金融机构在湘投资提供良好环境，不断增强金融对实体经济的支撑作用。政银双方以协议签署为新起点，在共建科技企业信用评估模型、共建风险分担机制、共同推进试点等方面加强合作。

北京银行表示，将以“打造专精特新第一行”为目标，充分发挥多牌照经营优势，加强与湖南省政府的全面合作，为湖南省经济社会高质量发展注入强劲金融动力。

1.6月15日，邵阳市2023年防范非法集资集中宣传日活动在市区西苑公园隆重举行

2.5月30日，湖南省地方金融监督管理局牵头组织部分优质企业开展“走进香港交易所”活动

3.6月8日—9日，湖南省地方金融监督管理局在长沙举办了全省地方金融系统兼职通讯员培训班

1
2
3

金融赋能乡村振兴『再加码』

省农信联社与省农业信贷融资担保公司签署战略合作协议

2023年6月16日，全力赋能乡村振兴，湖南金融力量进一步携手共进。湖南省农信联社与省农业信贷融资担保有限公司签署战略合作协议，共同发布“福祥—湘农e担贷”产品。

活动现场，长沙农商银行、浏阳农商银行、星沙农商银行等5家农商银行分别与湖南农业信贷融资担保有限公司签署“福祥—湘农e担贷”担保业务合作协议。根据协议，5家银行与湖南省农业信贷融资担保公司创新业务合作模式，丰富合作产品和服务，共同为湖南省粮食稳产保供、农产品生产和加工、种业安全、农机产业链、城乡融合发展等方面提供金融支持。

此次发布的“福祥—湘农e担贷”产品，是针对湖南省内小额农户贷款“短、频、快、散”特性，研发出的一款纯线上、纯信用担保贷款产品，可充分运用大数据风控和银担系统直连等科技手段，为农业适度规模经营主体提供更高效便捷的担保贷款服务。该产品单户额度限定为10万至50万元，重点支持农林牧渔生产和农田建设以及与农业生产直接相关的产业融合项目。

全国首笔“智慧粮仓贷”落地湖南

农行湖南常德分行客户经理用电子智能锁具为抵押粮仓落锁

2023年7月28日，随着湖南亿泽生态农业粮库院内最后一辆翻斗卡车过磅入库，粮仓门外的电子智能锁具落锁，基于仓储粮食抵押的创新信贷产品——“智慧粮仓贷”，成功实现全国首笔放款。

湖南农行创新推出的“智慧粮仓贷”，主要为解决农业产业化龙头企业、粮食经纪人、粮油专业合作社在收购粮食时，贷款需求和贷款准入门槛难以匹配的难题。其破除粮食作为流动资产无法抵押的困境，以粮企仓储粮食为抵押物，通过粮仓智能管理系统，构建具备数字化识别、监控和管理功能的智慧粮仓信贷管理场景，为粮企提供了一种智能化抵押品解决方案。

在智慧平台系统中，银行能实时掌握粮仓粮食数量、质量等数据信息。湖南农行三农对公业务相关负责人介绍，银行遵循“库贷挂钩”原则，以库里“存”多少决定“贷”多少，粮企可根据自身情况申请部分还款或增加授信。

在粮食收购季节，粮企、合作社等均会面临资金需求攀升的问题，“智慧粮仓贷”在收购季节给相关企业的授信额度较平时可提升150%，全面助力粮食收储高效开展。

近年来，湖南农行全力支持粮食安全、乡村振兴发展。至2023年6月末，该行粮食重点领域贷款余额达72.26亿元，较年初净增33.69亿元，贷款增幅超87%。

1.7月4日，长沙县人民政府与农业银行湖南省分行签署全面合作框架协议

2.8月1日—8日，慈利农商银行开展金融知识宣传

1
2

长沙获批全国社会信用体系建设示范区

2023年8月7日，国家发展改革委、中国人民银行正式公布第四批社会信用体系建设示范区名单，长沙市和浏阳市双双获批。此次获批是长沙首次获批全国社会信用体系建设示范城市，在信用体系建设中具有里程碑的意义，成功树立了“信用长沙”的标杆。

近年来，长沙认真贯彻落实党中央、国务院和湖南省委、省政府决策部署，紧扣中办国办《关于推进社会信用体系建设高质量发展促进形成新发展格局的意见》提出的工作目标和任务要求。截至目前，共归集公共信用信息333.68亿条，其中“双公示”信息694万余条，守信失信信息106884条；累计完成信用核查282万次，执行失信联合惩戒10952次，守信联合激励20754次。依据湖南省发展改革委和省委组织部要求，在人事招聘、干部晋升、代表选举等领域实施信用核查36985人次，累计检出严重失信黑名单125例次。并在信用建设助力“促改革、纾企困、惠民生”等方面取得积极成效，一是重承诺，提升“促改革”服务效能。二是促融资，推动“纾企困”落地见效。三是拓应用，做大“惠民生”关键小事。

长沙将以全国信用示范区为新的起点，深入推进社会信用体系建设赋能营商环境优化和社会治理能力提升，夯实经济社会高质量发展的“信用基石”。

△20日，“产融赋能 创享未来”2023柳叶湖创投大会举行

△21日，湖南省政府近日审议通过《湖南省地质勘查基金设立方案》，决定设立湖南省地质勘查基金，以促进矿业产业绿色转型发展。基金目标总规模20亿元，首期6亿元。

△26日，怀化市政府与农发行湖南省分行签署鹤中一体化合作框架协议。

7月

△10日，湖南银行君山支行开业典礼暨战略合作协议签约仪式在区总部经济大楼前坪举行。

△17日，湖南惠同新材料股份有限公司举行首次公开发行A股上市仪式。

△25日，耒阳市人民政府与湖南省农业信贷融资担保有限公司举行新型政担合作协议签约仪式。

△26日，覆盖湖南省的普惠型医疗保险“湖南爱民保”爱民工程启动。

8月

△2日，人民银行长沙中心支行举行湖南2023年上半年金融运行形势新闻发布会。

△4日，岳阳市政府与工商银行湖南省分行签订战略合作框架协议。

△15日，长沙市人民政府与中国农业银行湖南省分行签署合作框架协议。

△25日，湖南金融中心企业联盟正式成立，28家片区企业成为联盟首批成员单位。

△29日，通道县举办综合金融服务平台宣传推广暨企业上市挂牌培训会。

9月

△7日，张家界市举办“金融服务进市州”暨“金融稳外贸 农行在行动”主题推介活动。

△7日，永州市“潇湘工惠保”启动视频会议召开，宣布“潇湘工惠保”职业伤害保险项目正式启动。

△11日，北湖区举行政银企对接会暨百福大厦全融专场招商推介会。

△15日，县委书记郑湘主持召开溆浦县“金融赋能 共促发展”政银企对接会，搭建平台、促进交流，助力县域经济高质量发展。

△26日，长沙银行“万亿长行走在前 给力湖南作示范”动员誓师大会举行，市委常委、常务副市长彭华松出席。

10月

△9日，中国农业银行湘西分行在龙山县举行“中药材贷”产品发布会。

△19日，资兴市发改局组织召开“信易贷”助力金融服务实体经济工作推进会。

湘西州泸溪县召开社银合作“就近办”业务推广暨授牌仪式

会议现场

2023年8月10日上午，为持续深化人社领域“放管服”改革，优化营商环境，更好满足企业和群众对高效便捷人社服务的需求，社银合作“就近办”业务推广暨授牌仪式在湘西州泸溪县农商行会议室召开，谱写了湘西州泸溪县“就近办”社银一体化合作服务的新篇章。

本次活动由泸溪县人力资源和社会保障局主办、泸溪县社会保险服务中心承办，现场为20家相关授权银行进行了授牌仪式，网点覆盖所有乡镇，打通为民服务“最后一公里”，更好地满足了企业和群众“就近办”“多点办”的服务需求，包括个人参保、权益查询、养老待遇领取资格、生存认证等8项基本社保服务事项。

下一步，泸溪县人社局将持续围绕群众需求，开启政务服务“提质效”，跑出营商环境“加速度”，画好为民服务“同心圆”，积极探索社银合作新途径，让“就近办”为群众提供多渠道、更便捷、更温暖的人社服务，切实增强群众办事获得感和满意度。

1.9月15日，工商银行湖南省分行举行2023年“金融消费者权益保护教育宣传月”活动
2.9月15日，湘潭协会开展金融消费者权益保护宣传月启动日活动
3.9月15日，财信人寿株洲中支开展金融消费者权益保护宣传月启动日活动

娄底市娄星区召开金融工作暨政银企签约会

娄星区召开金融工作暨政银企签约会

2023年8月18日，娄底市娄星区召开2023年金融工作暨政银企签约会，12家金融机构与49家企业达成合作，签约金额达50余亿元。娄星区委书记李彦文出席会议并讲话。娄星区委副书记、区长刘志刚主持会议。

中国人民银行娄底市分行行长李志扬，国家金融监督管理总局娄底监管分局副局长李颖，娄星区领导周庶舟、肖亮、于可超、曾德智参加。

会议全面听取了2023年娄星区金融工作报告，宣读了有关表彰通报，并为获得先进的单位和个人颁奖。

李彦文代表娄星区委、区政府对各金融机构和企业多年来给予娄星经济社会发展的关心和支持表示感谢。他强调，金融是现代经济的核心，是推动经济社会发展的重要力量，金融安全是国家安全的重要组成部分。做好金融工作、稳定金融运行，既是保持经济健康发展的重要前提，也是防范化解风险的重要任务。

刘志刚要求，金融机构要创新金融产品、降低融资成本，让金融活水早日滋润实体企业发展。签约企业要坚持诚信为本，与金融机构保持良性互动，争取早日把金融支持落实到位。金融办要充分发挥好桥梁和纽带作用，促进金融更好服务于实体经济。娄星区各级各单位要全力服务金融机构发展，推动构建银企合作长效新机制。

常德市举办『金融服务进市州』专场活动

2023年8月25日，常德市举办“金融服务进市州”——商务和农行联合精准服务外贸企业专场活动。副市长谭丁出席活动并致辞，常德市90余家外贸企业负责人参加活动。

活动现场，农业银行常德分行与湖南怡武农牧科技有限公司、湖南斯托德医疗器械有限公司、湖南欧亚碳纤维复合材料有限公司等11家企业签订了银企合作协议。来自农业银行湖南省分行、中信保湖南分公司、湖南外贸公共服务平台、国家外汇管理局常德分局等单位的专家，紧紧围绕金融稳外贸、小微企业出口信保、湖南外贸公共服务平台系统应用、外汇业务政策与操作等主题，为参训企业进行了宣讲。

谭丁要求，商务部门与农业银行要以此次活动为契机，进一步加强协作联动，持续了解外贸企业跨境金融需求，精准发力，不断向企业宣讲优惠政策和提供金融服务，当好服务企业的“店小二”。常德市外贸企业要坚定发展信心，以高品质产品、服务，拓展国际市场，做大做强外贸进出口业务，与政府服务部门、金融机构共同面对时代挑战，共闯难关，将事业融入常德外贸高质量发展，让德品向外走得更稳、更远！

农行常德分行与11家企业代表签订合作协议

1.9月16日，2023年“金融消费者权益保护教育宣传月”活动在邵阳启动仪式现场

2.9月21日，湖南工商银行郴州分行组织开展2023年“湖南省金融消费者权益保护行长接待日”活动

1
2

郴州市桂阳县金融社保医保服务“主题银行”揭牌

桂阳县金融社保医保服务“主题银行”揭牌

2023年8月31日，桂阳县“金融社保医保服务示范点”揭牌仪式在桂阳农商银行飞仙支行举行，这标志着郴州市首个“金融＋社保＋医保”服务示范点正式启动，这是郴州市桂阳县践行湖南省政府“三送三解三优”行动的务实举措。

为切实解决群众“跑路远、排队长、往返多”的难题，进一步发挥社保卡和医保卡便民利民惠民作用，推动“三送三解三优”行动在桂阳落地开花结果，桂阳县委、县政府主要领导实地调研，整合桂阳农商银行、县人社局、县医保局三方优势资源，指导桂阳农商银行在乡镇支行设立“主题银行”，打造社保、医保和金融一体化服务综合平台，让百姓享受“进一家门办三家事”的便利，开启政银服务群众“最后一米”新篇章。在主题银行里，金融服务群众电子设备配置齐全，金融服务群众咨询电话保持畅通，可以为周边群众提供全面的金融服务及12项医保服务和8项社保服务，包括医保查询、医保保费缴纳、电子医保激活、社保卡即时制卡、挂失、换卡、电子社保卡申领、社保保费缴纳、养老金领取账户切换等业务，极大地满足了周边群众医保、社保就近办的需求。

目前，桂阳农商行共建成6个社会保障卡即时办卡网点，设立“福祥E站”金融服务站点60个，累计发放社保卡达到7.98万张。

△27日，湖南省农信系统“加快开拓创新、加强经营管理、推进高质量发展”工作会议在长沙召开。

△28日，上海同济高廷耀环保科技发展基金会在长沙举行成立20周年系列活动，并与长沙市高层次人才服务发展中心签订战略合作框架协议，围绕“争创全球研发中心城市”目标，在推介优秀人才回湘、入湘和深化生态环保领域产学研合作等方面，达成合作共识。

11月

△2日，全国银行间债券市场区域做市商机制交流会暨湖南省区域做市商启动会在长沙召开。

△3日，天心区召开区属国企融资工作对接会，邀请21余家金融机构进行对接交流。

△9日，在湘西土家族苗族自治州泸溪县召开的政银企座谈会上，该县16家企业与银行金融机构成功签约，贷款金额12.45亿元。

△9日，泸溪县召开“行长走市县·金融稳增长”2023年度“州级银行机构暨金融支持泸溪县域经济发展”政银企座谈会。

△10日，创业服务暨创业担保贷款跟踪指导助力行（湖南站）活动在湘西州启动。

△15日，湖南湘江新区与长沙银行签署人才服务战略合作协议，双方将在服务长沙高层次人才及企业发展等方面开展深度合作，长沙银行提供总额不低于100亿元人民币的意向性贷款额度支持。

△22日，第六届湘江金融论坛在湖南湘江新区拉开帷幕，聚焦“金融赋能产业 科创引领未来”主题，把脉发展趋势，助力全球研发中心城市建设。

△22日，第六届湘江金融论坛之高端智造创新投资发展论坛在长沙举行。副省长秦国文出席并致辞。

△22日，第六届湘江金融论坛在长沙成功举办。

△28日，长沙银行岳阳县公田支行举行成立揭牌仪式，正式对外营业。

12月

△6日，中国境内银行首笔跨境人民币种业贷款在巴西成功落地。

△8日，常德市召开金融业诉源治理工作站成立大会，并举行揭牌仪式。

△8日，农行郴州分行召开2024年“春天行动”综合营销活动启动会，吹响服务实体经济的“集结号”。

怀化市会同县召开“金融赋能·助企发展”政银保企对接会

会同县召开“金融赋能·助企发展”政银保企对接会

2023年9月12日，为深入贯彻落实湖南省委、怀化市委全会及湖南省县域经济发展座谈会会议精神，怀化会同县举行“金融赋能·助企发展”政银保企对接会，促进金融与经济良性互动、共赢发展，为推动县域经济高质量发展蓄势赋能。

伍罕鸣在致辞中说，近年来，会同县委、县政府高度重视金融工作，始终坚持发挥金融助力经济社会发展的坚强后盾作用，加快推动金融改革创新，着力服务实体经济发展。

伍罕鸣表示，本次政银保企对接会是政府搭台、银企合作，共同谋求地方经济与金融企业良性互动、携手共进、共同发展的有力举措。会同县委、县政府将一以贯之支持引导金融机构重点领域信贷投放力度；一以贯之关注在会企业发展和重点项目建设需求，完善联络服务机制；一以贯之搭建平台载体，深化政银保企对接联络。

谢校初指出，怀化监管分局将持续强化监管引领，加强与会同县委、县政府及有关部门协调联动。

谢校初要求，怀化市各银行保险机构要高度重视并扎实开展此次政银保企对接。要贯彻落实好分局“金融服务50条”监管政策导向。要把会同县政银保企对接的先进经验向其他县域复制推介。

会上，县有关单位、金融机构分别作了县重点项目、金融产品推介；7家金融机构与21家企业进行了授信签约。

1.9月21日，建设银行湖南省分行开展2023年“金融消费者权益保护行长接待日”活动

1

2023年湖南首场“金融标准 为民利企”主题活动在岳阳举办

2023年9月15日，为提升金融标准社会认知度，扩大金融标准影响力，多渠道发挥金融标准助力金融高质量发展的作用，在人民银行湖南省分行的指导下，人民银行岳阳市分行在岳阳楼区岳阳港工业遗址公园组织开展了2023年“金融标准 为民利企”主题活动暨岳阳金融团体标准发布仪式。人民银行湖南省分行党委委员、副行长谢汉阳，岳阳市委常委、常务副市长李建华出席活动。人民银行岳阳市分行以及该市17家市级银行机构主要负责人等近300人参加。

本场活动分为现场宣传和文艺晚会两个阶段，持续6个小时。各机构布置宣传展位18个，同步播放金融标准以及各金融机构宣传视频20余条，100余名统一行服、身披绶带的宣传人员发放宣传资料万余份。晚会上，融入金融标准唱词的原创地方戏曲巴陵戏、音乐快板等文艺节目吸引了众多群众前来驻足围观，通过寓教于乐的形式向观众宣传普及金融标准知识。同时，现场发布全国首个《银行业金融机构残缺污损人民币兑换服务规范》金融团体标准，通过播放宣传片，以生动、真实的场景向广大群众介绍残缺污损人民币的相关知识及兑换流程服务标准。

湖南启动金融消费者权益保护教育宣传月活动

湖南启动金融消费者权益保护教育宣传月活动

2023年9月15日，金融消费者权益保护教育宣传月活动湖南启动仪式在长沙举行。

金融消费者权益保护教育宣传月活动自9月15日开始，持续至10月15日，主题为“汇聚金融力量，共创美好生活”。国家金融监督管理总局湖南监管局等部门将从普及金融知识、防范非法金融活动、倡导理性消费理念等方面出发，在湖南省集中开展教育宣传日、金融消费者权益保护行长（总经理）接待日、金融知识宣传创意短视频大赛等活动，并结合实际推出系列利民惠民举措。

“对金融机构而言，做好金融消费者权益保护，既能体现以人民为中心的发展思想，也是防范化解金融风险的重要举措。”交通银行湖南省分行副行长向伟介绍，近年来，该行聚焦“一老一小一新”等重点群体，深入农村、学校、社区、老年大学等重点区域，分层次、全方位、多维度开展金融知识教育宣传活动。

湖南省持续扩大农业农村有效投资

2023 年 9 月 25 日，湖南省水利建设暨金融支持乡村振兴扩大农业农村有效投资现场推进会召开，近年来，湖南省紧紧围绕三农领域重点工作安排项目资金，多措并举扩大农业农村有效投资，2023 年中央和湖南省级财政支农资金总额达 201.58 亿元。

逐步扩大投资规模，为农业农村注入金融“活水”。近三年，中央和湖南省级财政每年投入农业农村资金较“十三五”同期年均增长 31%，2023 年，湖南省 6 家涉农金融机构涉农贷款已超千亿元，有力保障了乡村产业发展、粮食生产等工作需要。投资方式也在不断创新，2023 年，湖南省通过实施新型农业经营主体贷款贴息，撬动金融资本 400 亿元。在金融“活水”的滋润下，湖南省农业农村发展进入“快车道”，2023 年，湖南省有望建成亩均投资超 3000 元的高标准农田 100 万亩以上；上半年湖南省农产品加工业营收超万亿元，同比增长 8.5%。

扩大农业农村有效投资，用好用活涉农资金。下一步，湖南省将搭建综合金融服务平台，打通农村金融服务“最后一公里”。建立农业农村领域重点项目库，鼓励和引导民营企业参与到乡村振兴中来，通过广泛洽谈对接项目，持续扩大内外资投入农业农村规模，推动农业农村高质量发展。

1.10 月 7 日—13 日，益阳市金融和投融资专题培训班在厦门大学成功举办

1

衡阳市首家邮银乡村振兴金融工作室揭牌

2023 年 9 月 22 日上午，衡阳市邮政分公司与邮储银行衡阳市分行联合举行衡阳市首家乡村振兴金融工作室揭牌仪式。这是衡阳邮银双方不断深化合作，在新形势、新任务下升级乡村振兴综合金融服务体系，提升农村金融服务覆盖率的有益尝试。

乡村振兴金融工作室的成立是衡阳邮银共同发挥“中国邮政”的品牌优势，开启深度融合，携手共绘乡村振兴新图景的实际行动，进一步服务国家重大战略、服务地方经济发展、服务广大人民群众，标志着双方开启了搭建综合化服务场景、构建融合发展格局的新征程。

邮储银行作为国有大行，有责任、有使命，携手邮政一道将乡村振兴金融服务站建设好、经营好。乡村振兴金融工作室是衡阳邮银双方深化协同的重要载体和有效抓手，双方将以成立揭牌为新契机、新起点，切实做好邮政金融服务工作。

衡阳市邮银携手开展“扫村行动”，推动粮食、大棚种植等产业整合发展，已累计发放产业贷款 4.4 亿元；建成信用村 1871 个，评定信用户 3.83 万户，其中建设普遍达标信用村“整村授信”39 个，累计授信金额 1.5 亿元；已累计发放线上贷款超 30 亿元。

衡阳邮银联合举行全市首家乡村振兴金融工作室揭牌仪式

2023 年湖南省科技创新成果路演（永州专场）暨知识价值信用贷款推介会活动举行

2023 年 10 月 18 日上午，2023 年湖南省科技创新成果路演（永州专场）暨知识价值信用贷款推介会活动在永州市祁阳市举行。湖南省科技厅副厅长朱皖，祁阳市政府副市长李旦梅出席活动并讲话，祁阳市政协副主席、祁阳市委书记蒋良铁致辞，湖南工程学院党委委员、副校长魏克湘等领导共同启动本次专场活动并见证签约。

在当天的活动中，共签约项目 23 个，签约金额 2.3 亿余元。13 个项目进行路演并现场答疑。启动仪式结束后，有关科研机构、投融资机构、高校负责人考察调研了祁阳白水纺织小镇有关企业。

2023 年湖南省科技创新成果路演（永州专场）暨知识价值信用贷款推介会活动举行

△ 9 日至 10 日，“2023 中国母基金 50 人论坛”在北京举办。常德财鑫资本荣登“2023 最具潜力母基金 TOP30”榜单。

△ 12 日，邵东市召开融资工作“百日攻坚”行动暨银企对接会。

△ 13 日，工会驿站 · “邮爱驿站”邮储银行湘潭分行站揭牌启动。

△ 14 日，长沙、株洲、湘潭市住房公积金管理中心签订《长株潭住房公积金中心按月还贷提取合作协议》，明确从 12 月 20 日起，全面实现长株潭住房公积金贷款跨中心按月提取还贷业务。

△ 15 日，全国首单民营银行“微小企业贷款资产支持证券”在银行间市场成功发行，国内民营银行公募信贷资产证券化产品由此实现“零”的突破。

△ 19 日，“金融发好声 传播千万里——湖南湘江新区‘我是全能金融人’微宣讲比赛”在湘江基金小镇举行。

△ 22 日，郴州市福天建设发展有限公司“点心债”在澳交所顺利交割。这标志着成功投资了该公司发行的离岸人民币债券的邮储银行郴州市分行，成为了邮储银行在湖南省内首家投资“点心债”的分行，本次投资金额 1.59 亿元，期限 3 年。

△ 23 日，长沙大讲堂围绕“金融赋能科技创新”举行专题讲座。

△ 26 日，长沙县、长沙经开区举行“金融增赋能 产业强动力”长沙星城经开产业基金发布会，总规模 30 亿元的母基金正式启动运行。

△ 27 日，“活水润三湘 普惠行致远”普惠金融宣传推介会在长沙举办，会上发布“惠湘融”普惠金融产品一站式查询平台。

湘西州举办小微企业专场政银企现场签约活动

签约活动现场

2023 年 10 月 30 日，“走万企 提信心 优服务”湘西州 2023 年度小微企业专场政银企现场签约活动在湘西州吉首市举行。

副州长高湘文出席活动并致辞，8 县市、湘西高新区分管金融工作主要负责人、州直相关部门及各大银行机构分管负责人、部分企业代表参会。现场共举行了 8 轮融资签约仪式，27 家企业获得各大银行机构共 2.033 亿元贷款支持。

截至 9 月末，湘西州各项贷款余额 1535.17 亿元，新增贷款 118.29 亿元，同比增长 9.94%。小微企业贷款余额同比增长 15.18%，湘西州一般贷款加权平均利率 5.41%，同比下降 116 个基点，惠企力度湖南省第一。

高湘文指出，金融是实体经济的命脉，为实体经济服务是金融的天职。当前，湘西州正处于经济复苏发展、政策机遇叠加、后发优势释放的重大机遇期，希望各大金融机构继续创优金融产品，创新金融服务，落实金融惠企政策，助推经济社会高质量发展。希望广大企业家大力弘扬企业家精神和“四千”精神，增强发展信心，贴紧市场需求，不断做大做强企业，为金融发展提供重要载体，为经济增长提供有力支撑。各职能部门要全面履行服务职能，健全常态化政银企合作机制，定期向金融机构提供项目建设清单、企业需求清单，实现政银企合作好戏连台，促进经济和金融良性循环、共赢发展。

1.12 月 1 日，2023 年湘西长行村镇银行火炬篮球邀请赛火热开赛 1

湖南省首批企业收支流水数据增信贷款产品落地

2023 年 11 月 14 日，湖南省内首批三家试点银行正式落地数据增信贷款产品“流水贷”。该产品以湖南省企业收支流水征信平台上的企业收支流水数据为基础，能够有效解决中小微企业特别是首次申请贷款企业信用信息缺乏的问题。

第一批“流水贷”落地机构是农业银行、长沙银行、湖南银行。农业银行“流水 e 贷”是全线上信用贷款产品，成立 2 年以上、日常经营性交易流水稳健的小微企业，均可通过湖南农行微银行微信公众号、普惠 e 站微信小程序等多种线上渠道自助申请办理。长沙银行“快乐 e 贷—企业快贷”为中小微企业量身打造，免抵押，线上申请、自动审批、自助放款、随借随还。湖南银行“湘企 e 贷”除支持企业收支流水小微客群外，同时支持湖南省内行政事业单位、国央企公开中标及诚信纳税的小微企业客群。

目前，湖南征信已开发六大维度近 600 个企业流水特征，完成了报告类、评分类、核验类、预警类、分析类、多头类 6 大类 14 款征信产品设计，筛选出 3186 家优质客户，将有力支撑相关机构开展业务。

郴州市『湘企融』平台苏仙专场推介暨企业金融规划培训会成功举办

12 月 8 日，郴州市“湘企融”平台苏仙专场推介暨企业金融规划培训会在郴州市中小企业服务中心 11 楼会议室成功举办。来自郴州市苏仙区、高新区、经开区的 80 余家中小企业和金融服务机构代表参加培训。

此次活动特邀湖南省中小企业融资服务股份有限公司讲师高茜全面介绍了“湘企融”的政策背景以及相关的核心功能，对如何推进化解湖南省中小企业融资难、融资贵、融资信息不对称等问题作出了详细的讲解。

农业银行郴州分行普惠金融业务部负责人郭锋讲解了农行 e 贷的五款融资方式。“湘企融”平台郴州负责人乐途集团董事长王富民针对融资难的问题，现场为企业支招，指导企业如何进行融资规划，针对企业找不到融资渠道、达不到银行融资要求、资料准备不到位、耗时长、瞎折腾等几大难点详细为企业献计献策。

下一步，苏仙区科工局将进一步结合辖区中小企业的实际需求，多措并举为中小企业搭建学习交流平台，全方位为企业纾困解难，助力中小企业健康成长。

郴州市“湘企融”平台苏仙专场推介暨企业金融规划培训会

2024

湖南地方年鉴

民营经济

要闻纪事
2023 年

1月

△10 日，隆回县民营企业服务中心挂牌成立。隆回县民营企业服务中心暨隆回县工商联会员权益服务部，为县工商联所属公益一类事业单位。主要职责是为民营企业提供相关公益服务，主要承担民营企业投诉维权的受理登记、呈报、转办和处理结果反馈等工作。

△16 日，北塔区企业家商会成立大会在湘窖酒业胜利召开，进一步推进北塔区“四区二城”战略，促进企业团结互助、做大做强，推动全区经济社会高质量发展。大会通报了商会筹备工作情况，宣读了《关于成立邵阳市北塔区企业家商会的批复》，表决通过了《邵阳市北塔区企业家商会章程》《商会一届一次会议选举办法》，选举产生了商会领导机构组成人员，并举行揭牌仪式。

△19 日，娄星区召开娄商回归和返乡创业行动部署会议。副区长王谦、肖民海出席会议。会议传达了市娄商回归和返乡创业工作会议精神，区商务局、区农业农村局分别汇报了去年娄商回归和返乡创业工作情况，并对今年娄商回归和返乡创业工作进行了部署安排。

湖南民营企业助力乡村振兴消费帮扶年货节正式启动

湖南民营企业助力乡村振兴消费帮扶年货节正式启动

2023 年 1 月 10 日，湖南省工商联（总商会）主办的湖南民营企业助力乡村振兴消费帮扶年货节启动仪式在长沙举行。省政协副主席、省工商联主席张健出席。

活动现场，省工商联向广大民营企业发出消费帮扶倡议，号召大家积极投身“消费帮扶八方助农增收集中行动”，大力宣传推广“以购代捐、以买代帮”的消费帮扶理念；搭建购销桥梁，切实帮助全省 15 个重点帮扶县及经济薄弱村解决农产品销售问题；探索开发消费帮扶新业态、新模式，激发消费市场潜力。

现场还宣读了全国消费帮扶典型案例表彰文件，其中湖南省民营企业达漫电商榜上有名；发布“消费促振兴 真情满乡村”消费帮扶爱心卡；达漫电商还与重点帮扶县、商协会、企业代表签约，建立战略合作关系，支持消费帮扶；向 6 家参与此次消费帮扶活动的单位代表授旗。

1.1 月 27 日，长沙县举办 2023 年“迎老乡、回故乡、建家乡”湘商回归新春交流会暨重大项目签约仪式

2.2 月 3 日，邵阳县湘商回归和返乡创业示范街挂牌成立，首批 18 家湘商回归和返乡创业企业签约入驻，涵盖教育、餐饮、食品、服饰等项目

3.3 月 20 日，2023“数字经济全国行”活动走进长沙，与天心经开区、长沙市工商联携手举办湘商回归集中签约活动

1 2
3

当好民营企业的“店小二” 隆回成立民营企业服务中心

2023 年 1 月 10 日，隆回县民营企业服务中心挂牌成立。县委副书记、统战部部长曾艳梅，县委常委、常务副县长王兰鹏，县政协副主席（兼）、县工商联主席、总商会会长刘玉出席挂牌仪式。

隆回县民营企业服务中心暨隆回县工商联会员权益服务部，为县工商联所属公益一类事业单位。主要职责是为民营企业提供相关公益服务，主要承担民营企业投诉维权的受理登记、呈报、转办和处理结果反馈等工作。畅通民营企业特别是工商联会员企业或基层商会组织诉求渠道，搭建政企联系新平台、便企服务新通道，实现政企无障碍沟通，营造良好营商环境，激发市场主体活力，促进隆回县民营经济高质量发展。

当好民营企业的“店小二” 隆回成立民营企业服务中心

民营企业服务中心的成立是强力优化环境、支持民营经济发展壮大的一项重要举措。要求发挥民营服务中心的突出地位和重要作用，做到挂牌服务、精准服务、主动服务、高效服务、贴心服务、廉洁服务，全面落实联系民营企业和商会制度，全力推动惠企政策落地，真正帮助企业纾困解难，做大做强，当好民营企业的“店小二”，当好政府的架桥人，为全县民企高质量发展作出贡献。

常德125家企业成为全省首批创新型中小企业

2023年1月19日，湖南省工业和信息化厅发布了《关于对湖南省第一批创新型中小企业进行公告的通知》，经过创新能力、成长性、专业化三类六个指标考核，全省2460家企业成为湖南省第一批创新型中小企业，其中，常德市的桃源县永峰机械有限责任公司、中联恒通机械有限公司等125家企业入围。

根据工业和信息化部《优质中小企业梯度培育管理暂行办法》《湖南省工业和信息化厅关于开展创新型中小企业评价工作的通知》要求，湖南省工业和信息化厅组织开展了创新型中小企业评价工作。经企业申报、市县部门初审、第三方机构审核、公示等程序，湖南省第一批创新型中小企业出炉，有效期三年。

近年来，常德市全面落实“三高四新”战略定位和使命任务，以高质量发展为主线，着力培优壮大市场主体，发展优势产业，培育新兴产业，全力引导常德市中小企业专注于细分产品市场精耕细作，在研发设计、生产制造、市场营销、内部管理等方面持续创新，加快推动中小企业向专精特新发展。

浏阳市召开推进民营经济高质量发展大会

浏阳亿元重奖民营企业

2023年2月4日，浏阳市召开推进民营经济高质量发展大会，拿出1亿元重奖871家民营企业。2022年，浏阳市兑现激励民企高质量发展奖补政策资金13.23亿元。

会上，浏阳市发布了《关于促进民营经济高质量发展的十条措施》，提出进一步加大资金支持力度、降低民企生产经营成本、破解民企融资难题等10条措施，并明确每年将统筹至少10亿元资金支持民营企业发展，力争到2025年，民营经济创造税收占全市税收比重的70%以上。

目前，浏阳市有民营企业超过3万家、市场主体超过15万户，其中规模工业企业900余家，包括2家百亿级规模工业企业、9家A股上市企业、565家高新技术企业。民企占全市企业总数的90%以上，贡献了约90%的GDP、90%的就业和60%的税收。浏阳市3年蝉联“国际化高质量发展环境标杆县（市、区）”，2022年被评为“企业家幸福感最强市”。

1
2
3

1.3月28日，“奋进新征程 共建新桃江”桃江县2023年“湘商回归”和招商引资工作动员会暨一季度重点项目集中签约活动在华美达酒店举行

2.3月28日，市工商联举行2023年第一次清廉商会沙龙活动

3.4月10日，2023年湖南省民营企业服务月启动仪式暨专场招聘活动在长沙马栏山视谷中心举行

△30日，郴州市召开深化供销合作社综合改革工作务虚会，全面总结2022年工作，科学谋划2023年全市供销合作社系统发展思路和目标任务，安排部署当前重点工作。大会宣读了《2022年度全市供销社系统综合业绩考核优胜单位名单》《2022年度全市供销社系统专项工作优胜单位名单》，市供销社各分管领导分别结合发展实际和自身岗位，安排部署2023年工作重点。

△31日，“商聚蒸湘　蒸蒸日上”蒸湘区民营企业家代表人士新春座谈会在奇石博物馆举行，100余位民营经济代表人士、异地商会代表、银行机构代表与政府职能部门负责人欢聚一堂，共同探讨、共兴产业、共促发展，发出全区奋力推动高质量发展的“总动员”。

△31日，江华瑶族自治县民营经济发展与研究中心揭牌成立。市委常委、副市长、永州经开区党委第一书记何恩广出席揭牌仪式。

2月

△1日，涟源市首批“签约即交地、交地即交证、交证即开工”项目开工仪式在娄底高新区湖南金弘再生资源集团有限公司项目建设现场举行。娄底市委常委、统战部部长康艳华宣布项目开工。

△6日，永州市人民政府“迎老乡、回故乡、建家乡”恳谈会在湖北武汉举行。市委副书记、市长陈爱林出席并讲话。武汉市永州商会和在武汉永州籍企业家等26位代表叙乡情、话发展、献良策。

△10日，永州市“全力拼经济冲刺开门红”企业代表座谈会召开，传达学习湖南“稳经济20条”、听取近期全市工业经济发展和企业复工情况汇报，现场解决企业提出的问题，讨论谋划下阶段工作。

△15日，衡阳市邮政分公司举行2023衡阳邮政新媒体广告营销峰会，邀请各县（市）区近百位商户代表参加，与大家共同探讨新媒体广告的效应与价值。峰会上，省邮政分公司专业技术人员详细介绍了新媒体的发展情况，通俗易懂地阐述了新媒体的优势与好处。

△24日，“全国中小企业股份转让系统 北京证券交易所长沙服务基地”揭牌仪式暨北交所上市业务培训活动在长沙市会议中心举行。北京证券交易所副总经理孙立，中国证监会湖南监管局党委委员、副局长戚力，市委常委、常务副市长彭华松出席。

长沙力争专精特新“小巨人”企业突破300家

长沙市2023年专精特新“小巨人”申报指导培育活动在湖南湘江新区举行

2023年3月6日，长沙市2023年专精特新“小巨人”申报指导培育活动在湖南湘江新区举行。现场，行业资深专家深入解读相关政策及申报难点、评审要点等。来自全市省级专精特新中小企业及相关优质企业代表共200余人参加。

专精特新“小巨人”企业是中小企业中的佼佼者、强链补链的生力军。数据显示，2022年长沙新增培育国家级专精特新“小巨人”企业74家，总量达141家，位列省会城市第四位、全国城市第13位。在2022年度“万家民营企业评营商环境”评选中，长沙跃居全国第六、稳居中西部第一。

“长沙将持续聚焦22条产业链，推进优质中小企业梯度培育，加速迈向专精特新。”长沙市工信局相关负责人表示，“十四五”期间，长沙力争实现专精特新中小企业突破1000家，专精特新“小巨人”企业突破300家，促进全市工业经济高质量发展。

1.4月10日，邵阳市举行第七期“企业家接待日”活动

2.4月19日，2023年长沙市高校毕业生就业服务季进校园活动启动仪式暨民营企业服务月湖南农业大学专场招聘会

3.4月19日，湘阴县组织开展2023年企业家沙龙活动融资帮扶专场并举行政银企战略合作签约仪式

湘西州举办民营企业招聘月活动

湘西州举办民营企业招聘月活动

2023年4月以来，湘西州就业服务中心持续开展以“服务民企促发展，扩大就业惠民生”为主题的民营企业招聘月活动，4033人进入企业上岗就业。

活动中，湘西州就业服务中心及时与各县市教体局、退役军人事务局、工会、妇联、工商联等单位衔接，为广大求职人员搭建优越的应聘就业平台。同时，走访辖区内经济发展园区及重点民营企业，及时掌握民营企业用工需求情况，对重点民营企业逐一配置就业服务专员，开展一对一专项就业服务。通过开展就业岗位社区“职”通车、墟场集市“大篷车”等小型、精准的服务活动，将就业岗位信息送到群众身边。此外，及时跟踪落实招聘会用人单位和求职者情况，对在招聘会中没有找到合适工作的人员进行登记，并提供免费的人力资源信息查询，以促进就业。此次共有310家企业参加，累计举办招聘活动36场次，发放就业政策等宣传资料71800余份。

1.4月21日，长沙市第四工作组赴天心区开展财税银动能政策专题培训，超43000人次参与线上直播学习

2.4月25日，在望城经开区望达智造小镇会议室“知识产权质押融资及知识价值信用贷款入园惠企”讲座现场，园区、企业和机构齐聚一堂，探寻“知产”变“资产”的有效路径

3.5月8日，面对面招聘、直播带岗，衡阳市石鼓区举办2023年“民营企业服务月”现场招聘会

1 2 3

迎老乡，回故乡，建家乡 衡阳市珠晖区举行2023年『酃商回归』恳亲座谈会

珠晖区举行2023年“酃商回归”恳亲座谈会

2023年4月3日，衡阳市珠晖区举行2023年“酃商回归”恳亲座谈会，邀请珠晖籍在外成功企业家代表、衡阳异地商会会长、珠晖辖区内企业家代表，共叙乡情、共谋发展、共话未来。区委书记魏中发出席座谈与大家面对面交流。区委副书记、区长张伟主持座谈会。

区委书记魏中发在致辞中表示，在聚力衡阳中心化进程中，珠晖正以“双争双招”为抓手，全力拼经济、奋力抓项目，着力打造“五大中心、六大片区、七大产业”，加快推动由大区向强区跨越。我们将以最高效的政务环境、最规范的市场环境、最公平的法治环境，为天下客商提供便捷优质的服务，共建美好家园、共创美好未来。会上，珠晖区分别与北京汇根科技投资有限公司、上海德赟电热材料科技有限公司、福建希悦文化旅游发展有限公司、湖南极兔国际供应链有限公司签订项目合作协议。

△25日，新邵县2023年第一季度招商项目集中签约仪式暨湘商回归和返乡创业专项行动誓师大会调度会召开，县委副书记、县长贺朝晖主持会议并强调，要精益求精做好各项筹备工作，全力以赴办好集中签约活动。

△27日，“强产业 心服务”融资有道助力培育创新型中小企业活动在长沙黄金创业园举行。来自中国银行、建设银行、光大银行、长沙银行的代表依次登台宣介特色金融产品，并面对面为中小微企业的融资需求答疑解惑。

△28日，张家界市江苏商会第一届第一次会员大会暨成立大会召开。大会听取了《张家界市江苏商会筹备工作报告》，审议了《张家界市江苏商会章程》，表决通过了《张家界市江苏商会会费收缴管理办法》，选举产生了第一届理事会。

3月

△10日，“乐享消费 惠购三湘”2023年湖南消费促进季（春季）暨娄底市第五届“乐享娄底 幸福生活”促消费活动启动。此次活动由省商务厅、娄底市人民政府主办。全省13个市州和娄底各（县）市区近120家企业参展，分汽车展、名优特新展、综合主体展和商家促销展，展销产品包括汽车、家电、服饰、成品油、预制菜、名优特新、金融产品等。

株洲市渌口区首届渌商大会隆重启幕

签约项目29个 总投资35.53亿元 渌口区首届渌商大会隆重启幕

2023年4月3日，首届渌商大会以乡情为媒，以发展为题，为渌口发展集结了最强“朋友圈”，为渌口建设画出了最大“同心圆”。渌商主旨演讲是此次大会的重磅“节目”，伍继延、廖斌、吴邦明等12位特邀嘉宾陆续登上讲台，畅谈感受。

中国商业文化研究会副会长兼湘商文化分会会长、湖南湘商文化投资有限公司董事长伍继延以“弘扬湘商文化 促进渌商发展”为题，阐述了“心忧天下、敢为人先”的湘商精神，呼吁广大渌商返乡创业。清华珠三角研究院副院长吴邦明分享了清华珠三角研究院产学研深度融合的科技创新孵化体系，并详细介绍了科技研发、企业孵化、创业投资、人才培养、创新园区、国际合作六大功能板块。

大会以“汇聚渌商力量 建设青春渌口”为主题，集中推荐了八个重点项目，其中包括高分子新材料产业链项目、专精特新产业园、渌口区蛇头航空产业园、淦田余热利用产业园、南洲忆山塘鱼项目、挽洲“爱情岛”项目、南洲新区商业综合体。会上共签约项目29个，总投资35.53亿元，涵盖新材料、智能制造、文化旅游、医疗等领域，其中亿元以上项目7个，塑胶环保装备产品扩能生产及环保吸塑高智能数控一体化生产线项目、渌口现代都市农业产业园（渌口镇大乡村、湾塘村）总投资均达10亿元。

△10日，衡山县召开2023年第一次企业联手帮扶工作部门联席会议。县领导夏冰、颜海峰、赵晓阳出席。会议听取了企业当前存在的主要问题汇报，对帮扶工作提出意见建议，并就2023年企业联手帮扶工作进行安排和部署。

△15日，巴西湖南同乡总会（总商会）会长綦湘柏一行来衡阳县参观考察并召开交流座谈会，县人民政府副县长、县侨联主席邓琼，西渡高新区管委会书记胡胜利参加活动。座谈会上，綦湘柏详细介绍了巴西湖南同乡总会基本情况及巴西的投资环境、资源优势、产业结构等情况，并表示将继续做好在巴湘籍侨商的团结工作，进一步引导他们爱祖国爱家乡，讲好中国故事，弘扬中国精神。

△17日，“智赋万企·走进超算”合作对接会在国家超级计算长沙中心举行，吸引来自各行各业的160余家企业参加。威胜信息、圣湘生物、湖南中车智行等7家企业现场签约，与超算中心达成战略合作。

△17日，衡阳市物流与采购联合会举行换届大会，选举产生第三届理事会，市雁城物流园有限公司董事长谢先道当选会长。会议还表彰了2022年度衡阳市社会物流统计工作24名优秀统计员。

1.5月16日，2023年“星商大讲堂”（第一期）成功举办

2.5月20日，长沙市芙蓉区2023年“520企业服务日”系列活动正式启动，活动宣读了促进区域经济高质量发展奖励和优秀企业家表彰决定

3.5月23日，新化县人力资源和社会保障局联合高新技术产业开发区举办2024年民营企业服务月专场招聘会，吸引了众多求职者和数十家优质民营企业热情参与

1
2
3

第六届全球娄商大会涟源商园区行

2023年4月3日，涟源市委、市政府组织举办涟商园区行招商推介会，邀请参加第六届全球娄商大会的涟商们来涟共叙乡情、共谋发展、共话未来。市委书记刘杰发表讲话，市委副书记、市长邓伟谋致欢迎词，市委副书记、统战部部长肖元意主持会议。

会上，市委、市政府为深圳娄底商会会长、深圳雷曼光电科技股份有限公司董事长李漫铁，上海娄底商会会长、上海秋华置业有限公司董事长刘新华颁发了招商顾问聘书。为湖南邬辣妈农业科技发展有限公司董事长邬文明，深圳娄底商会执行会长兼秘书长、深圳华怡文化传媒有限公司董事长张凯，深圳力合生物科创有限公司总经理曾令西，深圳市维创达科技有限公司董事长廖魏，湖南中达电子科技有限责任公司董事长刘卫球颁发了招商大使聘书。为北京娄底商会涟源分会、上海娄底商会、广州涟源经促会、深圳娄底商会、太仓湖南商会等涟商服务工作站授牌。

第六届全球娄商大会涟商园区行：共叙乡情 共谋发展 共话未来

新区17家企业被授予“长沙市商业秘密保护示范企业”

新区17家企业被授予“长沙市商业秘密保护示范企业”

2023年4月6日，长沙市商业秘密保护示范基地、示范站（点）、示范企业授牌仪式举行。会上公布了2022年长沙市商业秘密保护示范基地、示范站（点）、示范企业名单，对63家示范单位进行了授牌。

此次授牌的63家示范单位中，3家被授予“长沙市商业秘密保护示范基地”，10家被授予“长沙市商业秘密保护示范站（点）”，50家企业被授予“长沙市商业秘密保护示范企业”。

其中，来自湖南湘江新区的岳麓山大学科技城管理委员会被授予“长沙市商业秘密保护示范基地”称号；湖南湘江新区科技创新和产业促进局、岳麓区知识产权公共服务中心被授予“长沙市商业秘密保护示范站（点）”；湖南慧泽生物医药科技有限公司、湖南鹏登生物科技股份有限公司等17家新区企业被授予“长沙市商业秘密保护示范企业”。

张家界市举行政企面对面暨企业家接待日 2023 年第二期活动

2023 年 4 月 28 日，张家界市举行政企面对面暨企业家接待日 2023 年第二期活动，市委副书记、市长王洪斌与企业家代表座谈交流，面对面听取意见建议，现场回应企业家诉求，协调解决民营企业发展中面临的困难和问题。市委常委、市委统战部部长廖国豪，市政协副主席、市工商联主席陈艳静，市政府秘书长向志刚参加活动。

张家界市举行政企面对面暨企业家接待日 2023 年第二期活动

座谈会通报了张家界市政企面对面暨企业家接待日 2023 年第一期活动建议问题办理情况。随后，来自张家界市各行业的 7 位民营企业家代表，结合各自实际，围绕加强政策指导和服务、提升政务服务水平、优化营商环境、拓宽融资渠道、加强用地保障等提出了工作建议或问题诉求，与会相关部门负责人一一给予了回应。

王洪斌认真倾听和记录企业家代表提出的建议和问题，对他们提出建议表示感谢，对有关问题诉求现场进行答复，并从宏观层面对企业的发展思路和方向提出建议。王洪斌叮嘱相关部门，高度重视企业家代表提出的意见建议，结合张家界市打好优化发展环境持久仗有关工作部署。

1.5 月 31 日，慈利县举行政企面对面暨县领导服务民营经济开放接待日 2023 年第二期活动

2.6 月 11 日，“山货上头条—风味湖南”电商助农活动在长沙启动

1

2

湘西州 4 家茶企获得全国首批生态低碳茶认证

杭州举办的中国茶产业生态低碳发展信息交流会

2023 年 5 月 21 日，在杭州举办的中国茶产业生态低碳发展信息交流会公布全国首批生态低碳茶认证企业名单，湘西州吉首市丰裕隆茶叶专业合作社、吉首市惠民茶叶专业合作社、花垣五龙农业开发有限公司、湖南十八洞七绣农业发展有限公司 4 家茶企获得认证。

近年来，湘西州增强茶行业生态低碳发展意识，充分发挥绿色、富硒生态优势，完善生态茶园体系建设，积极组织茶叶企业参加生态低碳茶认证，不断推广绿色生态、节能低耗的生产技术，促进全州茶产业绿色高质量发展。截至 2022 年底，湘西州茶叶种植面积已达 77.52 万亩，居湖南省第一。茶叶种植面积 5000 亩以上乡镇 40 个，1 万亩以上乡镇 16 个，建成万亩标准示范园 5 个，千亩标准示范园 20 个，茶园基地的标准化和绿色有机程度也不断提高，全州绿色有机茶园面积超 13 万亩，部分茶园通过欧标检测，基地建设质量不断提高。全州现有茶叶经营主体 850 家。有州级以上茶叶生产龙头企业 41 家（省级龙头企业 7 家、州级龙头企业 34 家）。

湘西州 4 家茶企获得全国首批生态低碳茶认证

△ 18 日，永州市福建（闽侨）总商会十周年暨第三届理监事就职大会在冷水滩召开。在永闽籍企业代表、闽籍异地商会代表及会员等 300 余人参加。会议与邮政银行永州分行及湖南银行永州分行对接，共助会员企业发展。邀请湖南人和人（永州）法律事务所律师，现场为会员单位做企业法律风险防范讲座。

△ 28 日，湖南输变电产业链招商大会雁峰专场举行，吸引了近 80 家知名企业和机构踊跃参会，雁峰区人民政府现场与 8 家优质企业、机构签订战略合作协议，为雁峰区打造“中国电工城”核心区注入强劲动能。

△ 28 日，“2023 湖南输变电产业发展高峰论坛”在衡开幕。论坛上，衡南县被授予“湖南电力装备配套产业园（衡阳）”牌匾，并与特变电工衡阳变压器有限公司等 8 家企业现场签约。县委书记胡果雄出席，县委副书记、县长许达代表县政府签约。在集中授牌仪式上，省发改委为衡南县颁授了“湖南电力装备配套产业园（衡阳）”金字招牌。

△30日，蒸湘区青年企业家商会举行第一次会员代表大会暨成立庆典。市区级相关部门负责人、异地衡阳商会及客商代表、衡阳市友好商协会代表、区民营企业家代表和区青年企业家商会全体成员200余人参加活动。

4月

△3日，珠晖区举行2023年“鄢商回归”恳亲座谈会，邀请珠晖籍在外成功企业家代表、衡阳异地商会负责人、珠晖辖区内企业家代表，共叙乡情、共谋发展、共话未来。与会企业家们畅所欲言，积极分享企业创新创业经验和发展前景，聚焦经济发展，对珠晖区今后的发展提出了许多宝贵的意见和建议。

△18日，湖南省专精特新企业数字化转型峰会在长沙举行，峰会聚焦数字经济时代下企业经营管理新范式，分享标杆企业数字化转型实践经验。活动中由金蝶软件牵头发起的“益企行动·点亮星空”计划正式发布。

1.6月18日，湖南省政协“湘商回归”民建界别委员工作室揭牌

2.6月19日，“企业家进校园讲好创业就业故事”首场活动在中南大学举行

3.7月18日，衡阳市南岳区统一战线“五学两助”主题教育读书班暨2023年民营经济代表人士理想信念教育培训班开班

娄底30家企业签订数字化转型合作协议

2023年5月24日，娄底电信、娄底移动、娄底联通三大运营商与天宝实业、冷钢、兵器长城等30家企业，签订数字化转型合作协议。这是娄底市推进“智赋万企”行动的成果之一，为企业发展插上数字化翅膀，提升生产效率和产业竞争力。

娄底市把开展“智赋万企”行动作为总抓手，全面推动以人工智能为代表的新一代信息技术赋能产业集群数字化转型，构建数据驱动、人机协同、跨界融合、共创分享的智能经济形态。以“龙头企业建平台、中小企业上平台”为主线，重点推动钢铁新材、工程机械、电子陶瓷、现代农机、现代文印、电子信息、新能源汽车等重点产业集群，率先开展数字化转型示范，支撑构建富有韧性的产业链、供应链，推动全市制造业高质量发展。

目前，娄底市上云企业超过万家，省级“上云上平台”标杆企业达16家，打造5个省级工业互联网平台，5家企业列入省两化融合贯标标杆企业，6家企业获省级“智能制造”示范车间认定，列入省级新基建标志性项目13个，纳入省制造业数字化转型“三化”重点项目77个，全市基本形成了以标杆引领带动制造企业数字化建设的转型体系，信息化对工业增长带动作用明显，对经济和社会效益增长的贡献率超过30%。

保靖县首个湘商回归和返乡创业联络站落户中山

2023年5月29日，保靖县首个湘商回归和返乡创业联络站在中山市广东省湖南保靖商会挂牌成立。县委书记杨志慧出席。

杨志慧指出，希望大家善当推介保靖的“最美代言人”，充分利用联系面广、带动力强、影响力大的优势，发挥桥梁纽带作用，当好保靖的“形象大使”“宣传大咖”，推介招引更多客商关注保靖、投资保靖、建设保靖。希望大家争当献计保靖的“最佳智囊团”，发挥自身走南闯北、经多见广的优势，围绕高质量建设“酉水明珠·黄金茶城·幸福保靖”，多提好建议、多出金点子，以宏大的视野和更前沿的理念，为保靖高质量发展助智赋能。

保靖县首个湘商回归和返乡创业联络站落户中山

“湘商回归和返乡创业”驻广东联络服务站是保靖县首个驻外湘商回归联络服务站。该联络服务站的设立，旨在主动对接粤港澳大湾区朋友圈，织密保靖县在广东省及周边的招商引资、湘商回归和返乡创业服务网，积极搭建同湘籍企业家沟通、交流、回乡的平台，为湘商回归投资创业提供全流程跟踪服务。

衡阳 18 家企业携农特产品精彩“亮相”

衡阳 18 家企业携农特产品精彩“亮相”

2023 年 6 月 15 日—17 日，2023 中国国际电子商务博览会在浙江义乌开展。衡阳市 18 家企业携各自的特色产品精彩“亮相”博览会，并搭建了颇具特色的衡阳展馆。

本届电商博览会以“构建新发展格局 发展高质量电商”为主题，共设标准展位 2000 多个，吸引了来自国内外的 1200 多家企业参展，专业采购商纷至沓来。展览面积 5 万平方米，包括数字商务、跨境电商等 8 大展区，不仅有传统特色产品集中亮相，也有国内外电子商务全产业链的具象展示。

衡阳市参展产品涵盖非遗手工艺品和“三黄两茶”（黄花菜、黄贡椒、湘黄鸡、南岳云雾茶、茶油）等优质农特产品，充分展示了衡阳特色。借助电商博览会这个推广平台，让更多人感受到衡阳的生态优势和地域文化特色，助力衡阳产品搭乘“电商”快车走向更为广阔的市场。

1.8 月 15 日，桃江县司法局以“政务公开主题日”为契机，联合湖南湘资律师事务所在桃江县高新区开展“千所联千企”民营企业法治体检活动，为园区小中微企业定制“法律大餐”

2.7 月 24 日，株洲市渌口区 2023 年民营经济高质量发展培训班开班

3.9 月 6 日，岳阳市岳阳楼区举办“亲清茶典”企业家沙龙（第十五期）重点帮扶企业专场

4.8 月 23 日，冷水江市举行 2023 年民营经济代表人士“爱心助学”活动

湖南省启动“创业伴行 一路有我”活动

湖南省启动『创业伴行 一路有我』活动

2023 年 6 月 27 日是第 7 个“世界中小微企业日”，“创业伴行 一路有我”主题活动在长沙启动。湖南省工业和信息化厅、省市场监督管理局将以该活动为纽带，畅通企业服务信息共享渠道，联合推动省中小企业公共服务平台建设，为中小微企业提供全生命周期支持和服务。

湖南省中小企业公共服务平台已形成省市县贯通、产业园区相通的网络体系，为中小微企业提供各类培训、融资担保、信息咨询、产品推介等全方位、全天候线上线下一站式服务；聚集各类服务机构近 1 万家，入驻企业 20 万余家，累积访问量超过 3.2 亿次，服务机构聚集量占中部六省 70%、全国 10%。

△ 25 日，2023 年长沙保护企业知识产权优化法治营商环境工作启动仪式在湖南湘江新区举行。会议还发布了《2023 年实施知识产权保护十大举措》《2022 年度长沙保护知识产权驻企工作站企业名单》，其中包括全面开展知识产权保护调研、深入推进知识产权保护联动机制、编制《企业知识产权保护指引》等 10 项具体举措，为企业提供更高质量的“量身定制”服务。

5月

△ 31 日，常德市召开粤港澳大湾区异地常德商会招商座谈会，并为常德市人民政府粤港澳大湾区产业招商服务中心授牌。该中心主要负责人就如何实施创新突破产业突围三年攻坚行动，做好粤港澳大湾区产业招商工作进行了表态发言。广东和深圳、珠海等异地常德商会会长围绕发挥自身资源优势开展以商招商进行了交流探讨。

6月

△ 29 日、30 日，2023 中国城市夜间经济发展峰会（西安站）召开，现场发布了《2023 年中国城市夜间经济发展报告》。衡阳成功入选中国夜间经济繁荣度 TOP100 城市名单。夜间经济是指在夜间时段以本地市民和外地游客为主要消费主体的现代城市消费经济，涉及休闲、旅游观光、购物、健身、文化、餐饮等第三产业。

7月

△5日，洞口县与由全国侨联常委、香港福建社团联会荣誉主席、深圳市新二金达城实业有限公司董事长吴换炎率领的深港民营企业家考察团举行考察项目推介洽谈会。县长贺永亮介绍了洞口县交通优势、资源优势、产业优势、政策优势等基本县情。与会人员集体观看了洞口经开区、洞口高铁新城、待开发优质地块宣传视频。

△22日，苏仙区瓦窑坪历史文化街区招商大会暨签约仪式在温德姆酒店举行，苏仙区委副书记、区长吴文明出席仪式并致辞。活动现场发布了瓦窑坪历史文化街区情况及招商政策，介绍了瓦窑坪沉浸式街区场景打造及构思。

△28日，湖南花博园投资发展有限公司、湖南都市乡村旅游发展有限公司在长沙市雨花区成立，将负责长株潭绿心中央公园花卉园艺博览园项目建设和运营，标志着花博园项目即将进入启动施工阶段。

8月

△15日，“点赞青春 致敬未来”湖南青商十年追光巡礼活动在长沙举办。省政协副主席、省工商联主席张健出席活动。湖南省青商会还对优秀会员及市州青商会的优秀会长、秘书长进行表彰，颁发了湖南青商十年瞩目新星奖、湖南青商十年合力同心奖等十类奖项，共157名青年企业家获奖。

全省首批“园创工程”县级示范基地—中小企业创新创业服务站在新化成立

2023年7月5日，全省首批“园创工程”县级示范基地——中小企业创新创业服务站在新化高新区成立。省中小企业服务中心党委书记、主任张雪，省中小企业服务中心创新创业部部长田松鹤、副部长张洪，省中小企业公共服务平台公司董事、总经理李淑芳等出席授牌仪式。

全省首批“园创工程”县级示范基地—中小企业创新创业服务站成立仪式现场

张雪强调，新化县要锚定“工业强县”目标，进一步在服务实体经济上出实招。要继续依托先进陶瓷、现代文印、新能源新材料以及农副产品生产及加工产业，加快推进新型工业化进程。在服务实体经济上，推动服务力量和服务资源进一步下沉，创新服务手段，拓展服务功能，依托平台，着力构建上下贯通、横向联通、运转协调、服务高效的中小企业创新创业服务体系，推动企业依靠科技进步和技术创新，提升生产力水平、做大企业规模。

1.10月19日，全市工商联系统聚力中心化“互访互学互促”系列交流活动在衡山县开展 1

2.9月28日，湖南省委书记沈晓明邀请部分回归湘商企业家的父母在长沙餐叙 2

世界500强企业正威集团落户娄底

世界500强企业正威集团落户娄底

正威娄底电力铜基新材料产业园项目签约暨开工仪式

2023年7月10日，正威娄底电力铜基新材料产业园项目签约暨开工仪式，在娄底市娄星产业开发区举行。

正威娄底电力铜基新材料产业园项目，计划总投资110亿元，主要建设投资90亿元的电力铜基新材料产业园、投资20亿元的正威娄底供应链产业互联网平台。该项目充分运用正威自身大宗商品交易和供应链服务能力，串联娄底的铜基材料、硅基材料、电力装备制造和电力安装产业，打造华中地区聚集度最高的电力铜基新材料产业园。

娄底举全市之力打造中部地区“材料谷”，不断延链补链强链推进产业集聚，已建成全国规模最大的高强钢、液压油缸、压路机、紧固件生产基地，形成年产硅钢基板300万吨产能。2023年，娄底有3个年产值过百亿的重大项目建成投产，湖南宏旺新材料科技有限公司年产96万吨高牌号硅钢项目，下线了湖南省第一块取向硅钢；涟钢1580热轧线，首次实现国产主传动在宽热连轧的应用，成为国内最大的取向硅钢基料供应商；华菱安赛乐米塔尔汽车板二期项目，填补了国内高强、超高强汽车板生产空白。

1.10月26日，长沙侨界讲坛·湘商回归专场活动在湖南湘江新区举行，来自海内外的40余名侨领侨商、专家学者汇聚一堂

2.10月20日，2023湖南（长沙）跨境电商交易会现场

3.10月26日，湖南省预制菜产业高质量发展论坛在长沙县举行，论坛以“湘预未来 食尚星沙”为主题，现场进行长沙县预制菜产业发展招商推介，成立三大预制菜研发平台并举办高峰论坛

湘潭推出扶持民营经济36条『硬核』举措

湘潭市举行新闻发布会，对外发布促进民营经济发展壮大的实施意见

2023年7月25日，湘潭市举行新闻发布会，对外发布促进民营经济发展壮大的实施意见。明确36条扶持民营经济“硬核”举措，承诺做到涉及民营企业的政府工程款不拖欠、上级资金不拖欠和支持政策不拖欠。

实施意见包括提升服务质量、提升要素支撑等10个方面内容，回应涉及民营经济、民营企业家所面临的堵点、难点，帮助解决实际困难和问题，让民营企业享受更加便捷、高效和贴心的服务。通过统筹推进土地、金融、科技等系列改革“新政”，支持促进民营企业加快技术改造、数字化改造、绿色化改造和扩大产能，推动民营企业转型升级。

湘潭市将深入实施优化营商环境“一号工程”，落实市、县两级党政领导及部门联系民营企业家和商协会制度，探索推广党政领导与产业链企业家通过“早餐会”等形式，面对面释疑解惑、助企纾困。把促进民营经济发展壮大和“新官要理旧账”工作纳入领导干部考核指标，把促进民营经济发展壮大纳入各级各部门主要负责人年度述职述廉报告。

湖南省工商联召开湘商回归工作推进会

湖南省工商联召开湘商回归工作推进会

2023年8月15日，全省工商联系统湘商回归工作推进会在长沙召开。会议采用线上线下相结合的形式，在省工商联设主会场，在全国各省级、副省级城市湖南商会、各市州工商联设分会场。省政协副主席、省工商联主席张健出席。

会上，广东省湖南商会会长陈乐田、北京湖南企业商会执行会长李安民先后发言，介绍相关情况，畅谈“回归”经验。永州市、郴州市分别作全球舜商祭舜大典、第二届湖南旅游发展大会招商推介。长沙市、岳阳市工商联作交流发言。

湖南高度重视湘商发展，一以贯之推动湘商回归，让湘商在湘更吃香。省工商联打好情暖湘商“亲情牌”，织密商会招商“工作网”，持续助推湘商回归。2023年上半年，湘商回归新注册企业598家、同比增长40.4%，累计到位资金2574.9亿元、同比增长21.9%。

△22日，“浙商怀化行”招商推介会在怀化市举行。省政协副主席、省工商联主席张健出席。湖南省浙江总商会与怀化市签署战略合作协议，双方将在项目投资建设、人才技术引进、园区共建共享等领域展开合作。

9月

△5日，益阳市工商联（总商会）第七届三次执委会召开，市委常委、组织部部长李铁华讲话，副市长杨智华出席。会议审议通过了执委辞免、增补事项和建议名单，戴朝当选为市工商联主席、市总商会会长。

△24日，长沙市怀化商会15周年庆典暨怀化市招商引资推介会在长沙举行，700余名怀化籍企业家及全国各地怀化商会代表参加，共商发展大计。

△25日，全球湖南商会会长联席会议暨助推永州高质量发展大会在宁远县举行。围绕弘扬诚信文化，打造“四好”商会，凝聚湘商力量、助推湘商回归等主题，湖南省山东商会会长李涛、上海市湖南商会会长谢东海、东莞市湖南永州商会会长吴友军等全球湖南商会会长代表作交流发言永州市还作了产业项目招商推介，举行2022年永州市民营企业50强、永州市民营企业税收贡献10强授牌仪式。

10月

△7日，益阳市资阳区举行深圳市益阳商会洽谈会暨湘商回归座谈会与项目签约仪式，4个湘商回归项目签约，总投资26亿元。此次集中签约的重大项目，涵盖电子制造、新能源利用、农业综合开发等领域。

△11日，长沙市雨花区召开招商引资工作推进会，动员全区全员开展招商竞赛，以10条产业链、十大片区、10栋重点楼宇为载体，营造浓厚招商氛围。

△12日，湘潭举行招商引资主动仗决战四季度出征仪式。湘潭市委书记刘志仁，市委副书记、市长胡贺波等为各招商小分队授旗。各小分队将再赴京津冀、长三角、粤港澳大湾区等区域，结合湘潭产业链发展需求，以冲刺决胜之势完成招商引资全年目标任务。

△19日，2023全国民营企业科技创新与标准创新大会——知名民企助力现代化新湖南建设大会在长沙召开。大会期间重磅发布系列榜单、报告，搭建交流展示平台，助力湖南高质量发展。

△19日，全国工商联发布“2023民营企业发明专利500强榜单”，湖南14家民营企业上榜，其中株洲占4家。

七家湘企上榜2023中国民营企业500强

9月12日，全国工商联发布2023中国民营企业500强榜单和调研分析报告。湖南共有7家民营企业上榜。其中，湖南裕能、唐人神首次入围榜单。图为发布会现场

2023年9月12日，全国工商联发布2023中国民营企业500强榜单和调研分析报告。湖南共有7家民营企业上榜。其中，湖南裕能、唐人神首次入围榜单。

7家上榜湘企分别为：三一集团有限公司2022年营收1262.27亿元，居68位；大汉控股集团有限公司636.7亿，居165位；湖南博长控股集团有限公司612.3亿，居177位；湖南裕能新能源电池材料股份有限公司427.9亿，居282位；湖南五江控股集团有限公司418.46亿，居288位；金东投资集团有限公司335.46亿，居371位；唐人神集团股份有限公司308.52亿，居432位。

2023年是全国工商联连续组织开展的第25次上规模民营企业调研，共有8961家年营业收入5亿元以上的企业参加。2023中国民营企业500强入围门槛达275.78亿元，比上年增加12.11亿元。京东集团以10462.36亿元的营业收入连续两年位居民营企业500强榜首、连续三年位居服务业民营企业100强榜首；江苏恒力集团有限公司连续两年位居制造业民营企业500强首位。资产总额超过千亿元规模的企业有86家，其中有11家企业资产总额超过5000亿元。

1.10月29日，澳企拟携手湘企推动清洁能源发展

2.11月3日，2023年湖南省湘商湘企专场民营企业大型人才交流会启动

3.10月31日，“致敬企业家 建功新时代”2023长沙县长沙经开区企业家日活动举行

1
2
3

桂阳被认定为湖南省“万企兴万村”行动典型县

2023年9月13日，在怀化召开的全省“万企兴万村”行动现场推进会暨民营企业助力县域经济发展溆浦行活动中，共有14个县（市、区）被认定为湖南省“万企兴万村”行动典型县，桂阳是郴州市唯一上榜的县；同时，桂阳县福城文化旅游有限公司被认定为湖南省“万企兴万村”行动示范企业。

桂阳被认定为湖南省“万企兴万村”行动典型县

自“万企兴万村”行动启动以来，桂阳县全面落实中央、省市有关决策部署，统筹谋划、精心组织，组织动员广大民营企业、商协会等社会力量积极参与“万企兴万村”行动，取得较好成效。全县有110家企业和15家商协会参与“万企兴万村”行动，重点结对28个村；民营企业投入资金2.47亿余元参与乡村振兴，其中产业项目资金2.17亿元、就业帮扶资金269万元、公益帮扶2774万元、技能帮扶14万元，深受群众好评。

全省“万企兴万村”行动现场推进会暨民营企业助力县域经济发展溆浦行活动举行

2023 年 9 月 13 日，全省“万企兴万村”行动现场推进会暨民营企业助力县域经济发展溆浦行活动在溆浦县举行。省委常委、省委统战部部长隋忠诚出席会议。此次活动旨在贯彻落实党中央关于全面推进乡村振兴重大部署、省委十二届四次全会精神和全省县域经济发展座谈会工作要求，进一步凝聚民企力量、发挥民企作用，推动“万企兴万村”行动向纵深发展，助力湖南县域经济高质量发展。

全省“万企兴万村”行动现场推进会暨民营企业助力县域经济发展溆浦行活动举行，图为活动现场

会上，宣读了 54 个“万企兴万村”典型项目、14 个典型县、16 家典型金融机构、22 个典型商协会、3 家典型基金会和 31 家“万企兴万村”行动示范企业的认定通报，以及“商会进新化 党员联乡村”行动表扬通报，并进行授牌。何洋、卜贻学、唐海波、周祖辉等企业家代表作交流发言。溆浦县作投资环境推介和经验交流。此次活动共签约项目 49 个，投资总额 47 亿元，其中现场签约 24 个投资项目，投资总额 30 亿元。

400 余名娄商代表共议助力家乡发展

娄底市举行“娄商日”活动

2023 年 10 月 9 日，是第三个“娄商日”。娄底市举行“娄商日”活动，弘扬娄商精神，推进娄商返娄，来自全球各地 400 余名娄商代表参加。

活动发布“2023 娄底民营企业 20 强榜”“2023 娄底民营企业新星榜”。湖南博长、湖南五江、湖南三一华源等 30 家民营企业上榜。在《传奇娄商》赏读会环节，讲述人围绕梁稳根、彭立珊、戴促辉等重点娄商，讲述娄商创新创业的传奇故事。

娄底素来重视娄商成长、厚植营商沃土，建立娄商数据库，实行市级领导挂点联系重点娄商机制，并在全省率先设立企业家日，将每年 10 月 9 日定为“娄商日”，弘扬娄商精神、推进娄商返娄。创新搭建“金融超市”“政策超市”“人才超市”等服务平台，帮助企业降低创新成本、物流成本、要素成本、制度成本。在娄底招商引资的重大项目中，娄商返娄项目或娄商推介的项目占 90% 左右，2023 年已有 68 个娄商返娄项目落地，引资总额 417.98 亿元。

400 余名娄商代表共议助力家乡发展

1

2

1.11 月 17 日，常德桃源多措并举优化营商环境 助力中小企业发展

2.11 月 13 日，湖南省工业和信息化厅公布 2023 年度湖南省智能制造标杆企业和标杆车间名单，盐津铺子食品股份有限公司等 13 家企业入选标杆企业

△ 21 日，蒸湘区委副书记、区长李健就支持和解决“原地倍增”企业相关问题进行调研，问需求、解难题，推动企业实现产值倍增目标。副区长郑刚及相关部门和部分企业负责人参加会议。会议解读了衡阳市《关于加快区域中心化进程鼓励和支持工业企业扩能升级的若干政策措施》。与会人员就行业发展现状、企业发展规划、企业生产经营情况、企业发展的难点和堵点问题进行深入探讨。

△ 25 日，湖南省预制菜产业协会在长沙成立，省内已有 120 多家预制菜产业链企业申请入会。成立大会现场为 3 家产学研基地、3 家战略合作伙伴、7 家战略合作单位、8 家友好协会、3 家友好协作协会、9 位湘菜大师分别颁发聘书。

△ 30 日，2023 年佛山市企业家素质提升班在珠海开班，郴州市工商联组织企业家共同参加培训。本次素质提升班由佛山市工商联主办，来自广东佛山、茂名、云浮以及湖南郴州共 50 多名企业家将在北京师范大学珠海校区共同进行为期 4 天的学习交流。

△31日，湖南省政府新闻办举行“锚定‘三高四新’美好蓝图 全面落实省委全会精神”系列新闻发布会第8场——优化营商环境专场。省发改委主任黄东红解读《关于支持民营经济发展壮大的若干政策措施》出台情况，并介绍湖南省持续优化营商环境相关情况。

11月

△1日是第三个“岳阳人才日”，岳阳学院举办博士人才引进集中签约仪式，26名博士签约入职。岳阳市启动重点产业链“重金纳才”活动，80家企业拿出266个岗位招揽急需紧缺产业人才。

△4日，湘西土家族苗族自治州湘西茶业集团股份有限公司挂牌成立。同时“神秘湘西·黄金茶网”一体交易平台正式上线，该平台将吸引全链条各类茶农、茶企、茶商入驻，成为茶产品溯源、交流、展销的一站式综合服务平台。

△25日，中交中南工程局有限公司首届“三链”融合建设发展大会在长沙举行。中交中南局着力延长产业链、畅通供应链、提升分包链，建立全链条“朋友圈”，集合资源共谋发展，打造湖南“建筑强企”。

40家企业入选“上云上平台”标杆企业

2023年10月24日，湖南省工业和信息化厅发布2023年湖南省“上云上平台”标杆企业名单，湖南泰嘉新材料科技股份有限公司等40家企业上榜。

此次认定的标杆企业，主要分布在工程机械、轨道交通、自主可控安全计算、中小航空发动机以及先进储能材料、先进硬质材料及工具、输变电产业、新能源汽车、现代石化、生物医药等重点产业，在研发设计、生产管控、经营管理、售后服务等核心业务环节积极提高智能化水平，有效降低经营成本、提高生产效率和产品质量、降低能耗排放。

“上云上平台”标杆企业将优先推荐为全省数字新基建标志性项目、全省制造业数字化转型“三化”重点项目，给予政策支持。

1.11月17日，第四届中国先进材料产业创新与发展大会的第一届锂电回收高值循环利用绿色发展论坛在长沙举行

2.11月17日，长沙海关举办海关贸易授牌仪式

3.11月19日，良性互动 抱团发展 南方金（山）银花重点产区共建产业联盟

推动『湘商回归』和招商引资工作上新台阶

郴州市政协主席陈跃文赴安仁县调研“湘商回归”和经营主体“个转企、企升规”工作

2023年10月26日，郴州市政协主席陈跃文赴安仁县调研“湘商回归”和经营主体“个转企、企升规”工作。

在三一海工、湖南佳鑫工业科技、聚石科技等企业，陈跃文一行详细了解企业发展、产业规模等情况。陈跃文指出，要进一步加大工作力度，搭建平台、对接项目、优化服务，让“湘商回归”、招商引资工作再上新台阶。

在随后召开的调研座谈会上，安仁县汇报了“湘商回归”和经营主体“个转企、企升规”工作情况。陈跃文强调，要进一步提高认识，加大“湘商回归”、招商引资工作力度；要加强企业水电气等要素保障，为企业发展提供支撑；要进一步优化营商环境，促进存量企业变增量；要做好第五次全国经济普查工作，有针对性地加大产业扶持力度，推动企业做大做强。

推动“湘商回归”和招商引资工作上新台阶

2023达晨企业家峰会暨长沙招商推介会举办

2023年10月25日至26日，湖南省文资委、长沙市政府、湖南广播影视集团主办的“2023达晨企业家峰会暨长沙招商推介会”在长沙举行。峰会现场汇集600多家企业、800多位企业家及各界嘉宾，50余家上市公司组建“达晨上市公司联盟”，22家企业签约以设立新总部、研发中心等方式落地长沙。

按照省委、省政府决策部署，省文资委紧盯头部企业招大引强，充分发挥省管国有文化企业招商引资的桥梁纽带作用，有效推动产业链招商、以商招商，持续巩固提升新闻传播大省、广电出版大省、红色资源大省、文化产业大省的发展优势，助力全省经济社会高质量发展。

此次峰会旨在发挥湖南广电示范引领作用，彰显电广传媒国有文化上市公司担当作为，放大达晨资源配置功能和行业头部效应，吸引更多省内外优秀企业落地湖南、扎根湖南、发展湖南。以此次峰会为契机，省文资委将进一步加大招商引资的力度，延伸产业链、价值链、创新链，持续拓面提质，推动文化科技创新“关键变量”成为高质量发展“最大增量”。

2023达晨企业家峰会暨长沙招商推介会举办

1.11月20日，2023中国品牌节“浙湘商会论坛”和“商协会品牌论坛”在杭州云栖小镇国际会展中心风云厅成功举办 1

2.11月24日，2023年“一起益企”中小企业服务行动之精益管理专场服务活动举办 2

第三届长沙“企业家日”活动举行

第三届长沙“企业家日”活动举行，图为活动现场

2023年11月1日，2023年第三届长沙“企业家日”活动举行，200多名民营企业家齐聚一堂，政企同心聚力，共谋发展新篇章。副省长、长沙市委副书记、市长周海兵出席。

活动现场，发布了长沙民企研发投入增量10强、湘商回归标志性项目10强、湘商回归突出贡献商会3项榜单。3家企业发布了校企联合攻关项目成果；6个产学研项目签约，总投资额超3.4亿元，涉及医药、能源、人工智能、新材料等新兴优势产业。

自2021年设立“企业家日”以来，长沙通过优化营商环境、推动“松绑减负”、保障合法权益等务实举措，大力营造尊商敬商、亲商爱商的浓厚氛围，让企业家专心经营企业、专注企业发展。2023年上半年，全市民营经济增加值达525.8亿元，同比增长3.5%；2023年1至9月，新注册湘商回归企业105家，累计到位资金787.2亿元，均居全省第一。目前，长沙共有企业近67万户，其中90%以上是民营企业，专精特新中小企业占全省比重30%。2022年，全市民营经济实现增加值达9055亿元，有力推动了长沙经济增长。

12月

△6日，湖南省消费品工业“三品”（增品种、提品质、创品牌）专项工作现场推进会在湘潭市召开。全省已涌现东信棉业、臻和亦康、龙牌酱油、湖南永霏等80家消费品工业“三品”标杆企业。

△7日，2023湖南专精特新企业金融服务大会在长沙举行。湖南省100家企业在区域性股权市场专精特新专板集中挂牌。

△7日，湖南省个体工商户服务月“特湘小店”成长计划活动总结发布会在长沙举行，现场发布入选2023年度“特湘小店”的50家个体工商户名单。

△8日，珠晖区召开推动民营经济高质量发展座谈会，进一步畅通政企沟通交流渠道，倾听企业家心声和诉求。座谈会分别邀请了来自不同行业、不同类型的民营企业和个体工商户代表参加。既涵盖新兴产业，也包括传统产业；既有行业龙头企业，也有细分领域的领跑企业，还有专精特新中小企业、个体工商户等。

△12日，由郴州市工信局、县科工局主办，县中小企业服务中心、中小企业公共服务平台、银都中小企业服务有限公司、稀贵金属产业集群发展促进中心承办的“创新型中小企业梯度培育培训活动”在荣裕国际大酒店举办。本次培训会特邀了专家、业务能手先后就“优质中小企业梯度培育申报”“中小企业运行监测分析平台填报湘企融平台应用”等进行专题培训辅导。

△23日，2023湖南民营企业进边疆·吐鲁番行招商推介会在新疆维吾尔自治区吐鲁番市举行。近百名湘籍企业家齐聚，现场签订益阳市安兴电子有限公司3000万平方米化成箔项目等33个项目合作协议，签约总额246.18亿元。新疆维吾尔自治区政协副主席、自治区工商联主席刘会军出席。

1.12月17日，“传承湘商精神、助力乡村振兴”公益活动暨湘商回归交流论坛在长沙举行

2.12月17日，举行“湘商回归”交流恳谈会暨“百日冲刺”重点项目集中签约活动

3.12月14日，2023年湖南企业家活动日，发布了2023湖南企业100强、2023湖南制造业企业100强、2023湖南服务业企业50强名单

4.12月1日，第二期湖南省中小企业成长之路培训班在长沙举行

5.12月3日，广东省湖南商会家居专委会十周年庆典在顺德龙江万怡酒店隆重举行

湖南省举行促进民营经济发展壮大惠企政策宣讲会

湖南省举行促进民营经济发展壮大惠企政策宣讲会

2023年12月20日，促进民营经济发展壮大惠企政策宣讲会在长沙举行。省政协副主席、省工商联主席张健出席。240余家中小微企业代表参加会议。

2023年以来，《中共中央国务院关于促进民营经济发展壮大的意见》发布，通过31条有力举措提振民营经济的发展信心。央行等八部门从强化金融支持等方面，出台支持民营经济的25条措施。湖南印发《关于支持民营经济发展壮大的若干政策措施》，提出支持民营经济发展壮大30条具体措施。

现场，湖南省税务局、省人社厅有关负责同志深入详细宣讲解读了税务、用工等方面的惠企政策。建行湖南省分行、北京银行长沙分行、浙商银行长沙分行从民营企业融资需求特点出发，针对银企对接进行宣讲推介。

1 2
3
4 5

2024

湖南地方年鉴

科学技术与科技服务

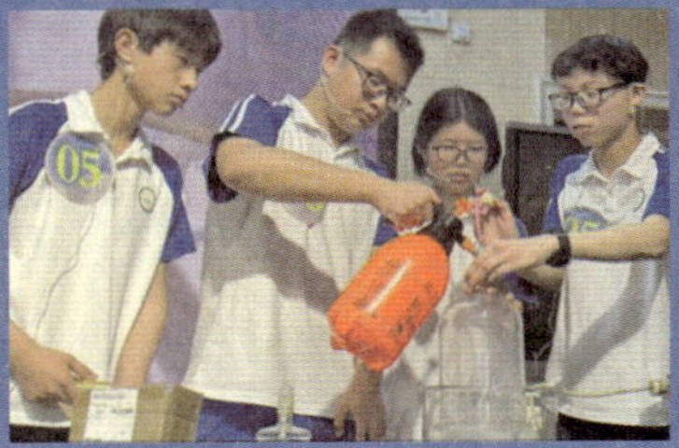

要闻纪事 2023年

1月

△3日，湖南省科技伦理治理委员会第一次会议在长沙召开。副省长陈飞出席会议。

△10日，衡阳市人才发展集团有限公司揭牌暨雁城英才一体化数字平台上线仪式举行。

△10日，湖南省大数据灾备中心在郴州揭牌。

△19日，湖南省工信厅透露，2022年全省共有1847家企业实现发明专利“破零倍增”，其中740家“破零”企业新增发明专利授权1111项，更多中小企业走上“专精特新”发展之路。

△30日，国网株洲供电公司生产管控中心设备监控员，通过该公司自主研发的“电力大数据+人口流动+电力保供”大数据应用平台，第一时间收到供电异常短信，联系炎陵三河供电所及时处置。

△31日，潇湘科技要素大市场（雨湖区工作站）揭牌仪式在雨湖高新区众创空间举行。省科技厅副厅长朱皖，副市长杨晓军参加揭牌仪式。

湘企这项成果获全国一等奖

2023年1月5日，首届“兴智杯”全国人工智能创新应用大赛行业赋能专题赛决赛线上举行，兴湘资本投资企业——自兴人工智能凭借人类染色体智能辅助诊断项目获AI+医药医疗创新方案赛（行业赋能专题赛）一等奖，成功晋级总决赛。

自兴人类染色体智能辅助诊断项目具备扫描、拍片、分析和报告等多种功能，可实现染色体玻片的自动取放与扫描，细胞分裂相自动定位、分级、对焦与拍摄、染色体样本图像自动分割、计数及排序，并能辅助识别异常染色体。

湖南自兴人工智能科技集团有限公司创始人蔡昱峰介绍，过去，染色体核型分析从检测到最后出报告，约需35天。“通过运用AI算法，不但检测全程无需人工参与，总时长也缩短到8天，并且识别准确率高达98%。再经人工辅助纠偏和最后审核，准确率可达100%。”

该项技术2021年初落地以来，已发放辅助诊断报告超过40万例，在全国100余家三甲医院实现了传统染色体分析的业务替代。

首届全国人工智能创新应用大赛由工业和信息化部、科学技术部、深圳市人民政府共同主办，设“技术创新”“行业赋能”“生态构建”3项专题赛和1项总决赛，共16300多支队伍参赛。

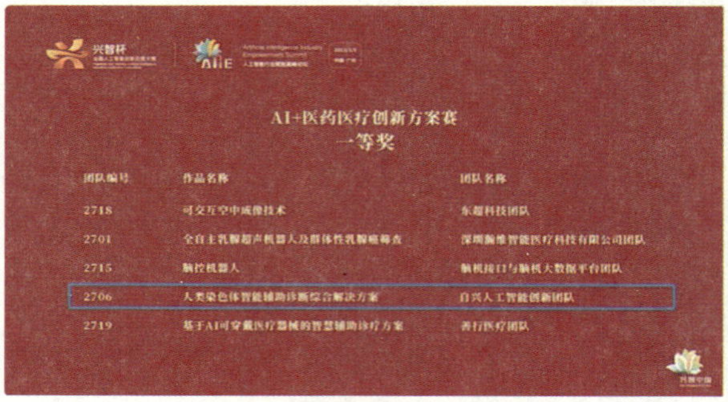

湘企这项成果获全国一等奖

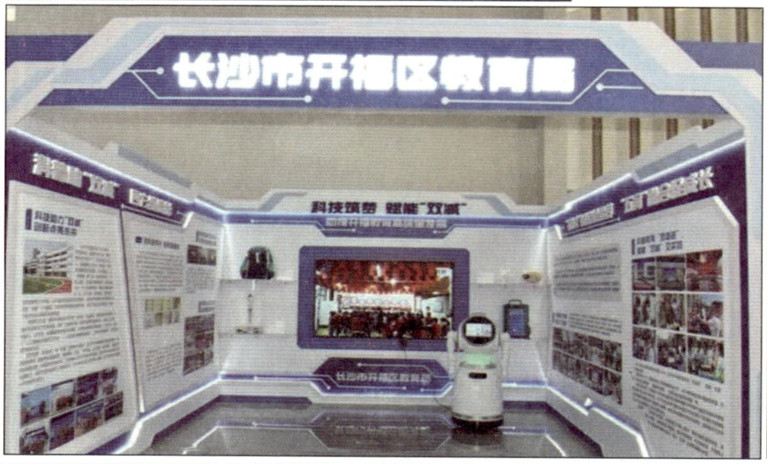

1.1月15日，长沙智造4颗卫星成功发射

2.1月29日，湖南6个项目荣获2022—2023年“发明创业奖项目奖”金奖

3.1月4日，长沙市举行2023年科技赋能“双减”成果展示与交流活动

2023年湖南省十大技术攻关项目公布

2023年1月14日，2023年湖南省十大技术攻关项目在长沙公布，湖南高新创投集团独占其二，分别是其旗下湖南天创精工牵头的超精密加工装备、湖南稀土金属材料研究院牵头的高纯稀土金属靶材。

十大项目中，其余8个项目为算力网络构建、8英寸SiC外延装备、深远海超大功率直驱永磁海上风电机组、北斗时空安全装备产业化应用、氢燃料动力工程机械整车工程化、水稻耐盐碱和耐极端高低温新品种、丘陵山地适用高效智能农机、动力电池高值循环利用。

超精密加工装备项目的目标是突破以超精密机床及关键部件为代表的超精密加工技术，弥补湖南在先进制造领域超精密制造之不足，促进湖南在光电探测、机床超精密基础部件、精密数控技术和高端光学加工技术等方面的发展。

高纯稀土靶材项目将开展高纯金属钪及铝钪合金靶材制备技术攻关，有效突破国外技术封锁，解决中国5G通信领域关键原材料问题，推动中国稀土产业转型升级，实现稀土材料的高价值利用。

1
2
3

1.1 月 31 日，“智汇湘江 科创新区”路演活动新年首场路演——“红枫计划”已投项目投融资对接路演，在长沙岳麓科创港路演中心拉开帷幕

2.2 月 24 日，湖南远泰生物携“基于 CD3 靶向慢病毒载体的 In—Vivo CAR—T 细胞技术平台”项目获“优胜项目奖”

3.3 月 2 日，2023 香湘创科之夜春茗酒会暨第二届香港城市大学 HK Tech 300—长沙市创汇香湘创新创业大赛颁奖典礼合影

一项新技术获中国石化 2022 年度科技进步一等奖

2023 年 1 月 29 日，巴陵石化公司实施完成的“液体环氧树脂分程相转移催化成套技术开发与应用”项目荣获中国石化集团公司 2022 年度科技进步一等奖。该公司在国内首家自主研发绿色环保的第三代液体环氧树脂成套工艺新技术，达国际先进水平，其中单体消耗控制、“三废”处理技术达国际领先水平。

巴陵石化对标国际领先水平，针对影响清洁生产的瓶颈，组织科研团队独立自主开发“升级版”第三代绿色环保环氧树脂新工艺技术，形成 5 万吨级液体环氧树脂低温分程相转移催化醚化（SPTC）成套新技术。

2019 年，巴陵石化采用第三代绿色环保环氧树脂新工艺技术，对年产 3 万吨液体环氧树脂装置进行“3(万吨) 改 5（万吨）”升级改造，不仅产能提升 73%，产品质量升级，每吨产品原料消耗较原工艺下降 15.7 千克，废渣减少 69%，外排含盐废水减排 20%，COD（化学需氧量）总量下降 51.7%，实现环境友好型绿色清洁生产，工艺技术和产品质量国内领先，部分指标国际领先，该项目已累计创效逾 1.4 亿元。

2022 年，中国石化批复同意巴陵石化采用自主开发的第三代液体环氧树脂生产技术，建设年产 17 万吨高性能环氧树脂装置。该项目 2024 年建成投产后，巴陵石化绿色环保环氧树脂年产能将达 30 万吨以上。.

湖南省创新创业大赛“送服务下基层”走进株洲

湖南省创新创业大赛“送服务下基层”走进株洲

2023 年 2 月 13 日，湖南省创新创业大赛“送服务下基层”活动（株洲专场）在中国动力谷举行。来自株洲、湘潭、娄底等地 180 余家科技型企业负责人，聆听科技政策宣讲。银企对接会同步举行，现场达成意向创业投资 5 亿元，意向授信 18 亿元。

本次专场活动以“政策惠企、资本助企”为主题，宣讲会邀请专业人员，就科技型中小企业研发费用加计扣除和研发财政奖补、高新技术企业认定、“三尖”创新人才工程等科技政策进行宣讲，助力科技创新政策落实落地；银企对接会特邀清启资本、兴湘资本、湘投私募基金等 26 家湖南省内外创投金融机构，分享融资技巧，为企业提供“一站式”融资融智服务。

湖南省科技厅相关负责人表示，今后将努力创新举措，搭建平台，持续推进创新要素向企业集聚，促进科技和金融深度融合，为科技型中小企业提供更优服务。

2月

△ 9 日，科技部火炬中心公示 2022 年创新型产业集群名单，衡阳高新区下一代信息网络创新型产业集群获批公示。这是继 2022 年 9 月 21 日国家火炬衡阳高新区智能终端特色产业基地获批后，再添一“国字号”品牌。

△ 10 日，由湖南省工信厅、省通信管理局指导，湖南电信主办的云网融合与算力网络高峰论坛在长沙举行。

△ 10 日，永州市召开打好科技创新攻坚仗第一次工作会议，副市长李旦梅出席并讲话。

△ 12 日，湘阴县举行樟树港辣椒太空种子育种实验启动仪式，这意味着搭乘神舟十四号飞船遨游太空的樟树港辣椒太空种子正式“落地”，这一现代农业“芯片”将在左公故里展开科研之旅。

△ 17 日，何梁何利基金 2021 和 2022 年度颁奖大会在北京举行。中国中车首席科学家、中车株洲所总工程师冯江华获“2022 年度何梁何利基金科学与技术进步奖”。

△21日，湖南省人社厅批准湘江实验室等9家单位设立博士后创新创业实践基地，开展博士后科研工作。

△22日，湖南省科技厅透露，湖南省产业创新链重大项目“湖南千亿茶产业链关键技术创新与示范”近日正式启动实施。

△24日，湖南省科技创新奖励大会举行，中国工程院院士、湖南农业大学校长邹学校荣膺2021年度湖南省科学技术杰出贡献奖。

△24日，在湖南省科技创新奖励大会上揭晓的2021年度湖南省自然科学奖一等奖项目——“脓毒症的致死机制研究”，深入揭示了脓毒症的致死机理，为防治脓毒症提供了新思路。

△27日，郴州“城市大脑”启动上线。市委书记吴巨培宣布郴州“城市大脑”启动上线并讲话。

3月

△2日，位于衡阳市蒸湘区的衡阳鸿菱石油管材有限责任公司，科创团队正加紧开展超高抗扭油套管关键技术研发攻关。

湖南两人荣获“何梁何利基金科学与技术进步奖”

2023年2月17日，何梁何利基金2021和2022年度颁奖大会在北京举行，何梁何利基金2021和2022年度科学与技术奖评选结果同步揭晓。湖南两人获奖，分别为：国防科技大学宋君强获2021年度科学与技术进步奖，中车株洲电力机车研究所有限公司冯江华获2022年度科学与技术进步奖。

宋君强，2013年当选中国工程院院士，是数值天气预报、海洋信息技术和高性能计算交叉领域专家。其主持突破制约中国军数值天气预报准确率提高的系列核心关键技术；负责研制的军用全球数值天气预报系统先后在各军兵种单位投入业务运行，预报产品成为各级气象保障单位日常天气会商、预报保障的基本依据，在各项军事气象保障任务中发挥了重要作用。

冯江华是中国中车首席科学家、中车株洲所总工程师，长期专注于高效电力牵引、列车协同控制、实时安全诊断等技术研究，先后主持或参与研发“中华之星”“和谐号”“复兴号”“600公里高速磁浮”等高速列车牵引与控制系统，率先创建虚拟轨道快运系统新制式，为中国轨道交通核心技术实现从无到有、从追赶到领跑作出了突出贡献。

湖南省科协十一届三次全委会议现场

湖南省科协十一届三次全委会议召开

2023年2月21日，湖南省科协十一届三次全委会议在长沙召开，会议审议通过了湖南省科协十一届常委会2022年工作报告、2023年工作要点。湖南省科协主席、中国工程院院士田红旗，湖南省科协副主席、中国工程院院士陈晓红等出席。

2022年，湖南省科协圆满承办了第二十四届中国科协年会，开创性开展“小荷”人才专项等工作，服务创新驱动发展扎实推进，服务科学决策显成效，科技人才支持力度进一步加强，联系服务科技工作者更加紧密，大科普格局不断完善，科普力量不断增强，青少年科学素质教育培养成果突出，大力弘扬新时代科学家精神，团结引领广大科技工作者落实“三高四新”战略定位和使命任务，为加快建设现代化新湖南贡献科技力量。

2023年湖南省科协将继续实施好科技人才托举工程，组织实施“第十二届湖南省青年科技奖”评选表彰，举办首届湖南科技创新论坛，推进“科创中国”试点城市、“科普研学试点城市”建设，抓好海外科技资源引聚平台建设，推进湖南省科技馆改扩建工程建设，建设三湘院士风采馆，推出《一百个中国科学家的故事》等品牌活动，继续推进科普资源助推“双减”工作，建设“智慧科协2.0”信息化平台。

1.3月10日，天心经开区“科技副总”服务站揭牌

2.3月31日，首届“三一科技节技术成果展”在长沙产业园5号厂房盛大开幕

3.4月2日，三一重卡成功研制800公里长续航电动重卡

1
2
3

长沙企业在首届中国人工智能创新应用大赛中获奖

长沙企业在首届全国人工智能创新应用大赛中获奖

2023 年 2 月 19 日举行的首届“兴智杯”全国人工智能创新应用大赛颁奖典礼中，长沙千博信息技术有限公司“Hearing-Accessible Education Platform（听力无障碍教育平台）”项目获得二等奖。

首届全国人工智能创新应用大赛由工信部和科技部等联合举办，聚焦前沿技术、行业落地与生态建设三大方向，共吸引 16300 多支队伍参赛。作为首批“长沙市新一代人工智能开放创新平台”建设单位，千博信息在人工智能创新领域中开创了一个崭新的赛道，近年来持续深耕 AI 手语技术发展，推动听力无障碍信息化环境建设，在智能手语服务北京 2022 年冬季残奥会等重大活动中贡献了长沙科技力量。“听力无障碍教育平台”项目，基于手语识别、数字人等多项技术，打造了包括千博手语教育支撑平台、千博手语 AR 等产品在内的无障碍信息环境建设产品生态，可应用于公共服务、生活社交等领域，致力于帮助以听障人士为主的残疾人融入主流社会。

截至目前，千博手语特殊教育产品已铺设至湖南省内外数十所特校、高校，人工智能手语播报系统等产品也得到广泛应用。

1

2

1.4 月 10 日，“科创中国”星沙服务中心科创服务机构签约及产学研合作项目现场签约

2.4 月 9 日，2023 年度省科协“十佳”省级学会颁奖现场

湘潭市 44 个项目获湖南省科学技术奖

2023 年 2 月 24 日，2021 年度湖南省科学技术奖获奖名单揭晓，湘潭市 44 个项目获得湖南省科学技术奖，创历年最好成绩。

湖南省科技创新奖励大会在长沙召开

从奖种类别看，湘潭市获奖项目覆盖三大奖种。其中，湘潭大学和湖南师范大学、清华大学共同完成的“冷冻电镜三维重构算法研究与病毒原子结构解析”项目，获自然科学奖一等奖；湘潭钢铁集团有限公司与中南大学、江西理工大学共同完成的“基于结晶器冶金的高品质钢铸坯质量控制关键技术”项目，获技术发明奖一等奖；湖南科技大学和湖南省农业科学院、湖南省作物研究所共同完成的“甘蓝型油菜属种间杂交新种质创制及应用”项目，获科技进步奖一等奖。

“基坑抽水致沉新机制及控沉理论与方法”“地下矿山大型溜破系统建设与修复成套关键技术”“基于氧化物冶金的大线能量焊接用钢关键技术研究及应用”等 13 个项目，分获自然科学奖、技术发明奖、科技进步奖二等奖。“新型 DNA 荧光传感方法的构建及其生物分析应用”“基于低阶煤的腐植酸类土壤重金属修复剂制备及其应用”“国际种业垄断理论解释、发展趋势、对中国粮食安全的影响及对策”等 28 个项目，分获自然科学奖、技术发明奖、科技进步奖三等奖。

△ 3 日，毛万春等全体住湘全国政协委员拟联名在全国政协十四届一次会议上提交提案，呼吁支持长株潭培育建设国家区域科技创新中心。

△ 9 日，2023 年“院士专家常德行”暨“会地合作”高峰论坛在湖南文理学院举行。中国科学院院士杨焕明、湖南省科协副主席李为、中国生物工程学会 6 位专家等出席此次论坛。

△ 13 日，岳麓山种业创新中心洞庭湖区域中心屈原管理区数字农业项目土地平整度模型、农机管理软件等开发已完成，工人正在安装无人机、多光谱摄像头、智能农机盒子。

△ 14 日，湖南湘江新区九华片区首开区科创中心在兴隆湖片区开工建设，标志着九华片区开发建设进入了新阶段。

△ 16 日，“三分地养活一个人”粮食高产绿色优质科技创新工程（以下简称“三一工程”）工作会议在长沙召开，总结 2022 年度“三一工程”项目实施情况，安排部署 2023 年工作。

△16日，湖南首款家禽良种选育的基因组“芯片”在长沙发布。这款命名为“湘芯一号”的黄羽肉鸡育种液相芯片，填补了湖南省黄羽鸡育种“芯片”空白。

△17日，临武县交通运输局的指挥中心，工作人员正在通过治超非现场执法系统，查看超载超限运输车辆信息。

△31日，在湖南省电子信息制造业发展工作会议上，14个市州工信局、重点园区、重点行业组织机构负责人及企业代表汇聚一堂，探讨湖南电子信息产业高质量发展路径。

4月

△2日以来，郴州市临武县花塘乡旗胜新能源科技锂电新能源全产业链项目建设正酣。

△7日，张家界市科协六届四次全会召开，市委常委、副市长杨洪峰参加会议并讲话。

△9日，11位院士组团来到湘江实验室，为13个重大项目进行开题论证。这是湘江实验室等湖南“四大实验室”挂牌集结后的又一次重大行动。经过1年多来紧锣密鼓地边建设、边科研，湖南省“四大实验室”建设取得阶段性成果。

1.4月21—23日，2023年湖南体育产业博览会开展

2.4月21日，国家精神疾病医学中心启动仪式在中南大学湘雅二医院开幕

3.5月5日，“2023碳化硅关键装备、工艺及其他新型半导体技术发展论坛”在长沙盛大召开

长沙5家『科创中国』创新基地获授牌

长沙5家“科创中国”创新基地获授牌

2023年3月8日，长沙市科协十二届七次全委（扩大）会议召开，长沙加快打造“科创中国”试点城市建设样板，有效助力创新驱动发展。现场，“科创中国”创新基地，新建市级院士、专家工作站，新建学会服务站，新建长沙市科技助力乡村振兴专家服务站分别获授牌。

作为“科创中国”试点城市，长沙自2021年获批以来就着力打造科技经济深度融合的“长沙样板”。为推动产学研协同创新和科技成果转移转化，动员更多人才和创新资源助力地方经济社会高质量发展，中国科协2022年启动首批“科创中国”创新基地认定，长沙共有5家基地入选，包括电网防灾减灾、遥感技术、新一代半导体、细胞与再生医学等4个产学研协作类创新基地，以及长沙人力资源服务产业园1个创新创业孵化类基地。

长沙市科协十二届七次全委（扩大）会议现场

湘江新区12家“小巨人”企业、97件授权专利“打包”上市

2023年3月22日，“兴证圆融—湖南湘江新区知识产权资产支持专项计划”在深圳证券交易所发行设立。这是湖南省发行的首单知识产权证券化产品、中西部地区第一单贷款模式知识产权证券化产品，也是全国第一单由民营担保机构担保的知识产权证券化产品。

知识产权证券化，是指以知识产权未来预期收益为支撑，通过发行市场流通证券进行融资的创新融资方式。

该项目采用知识产权质押委托贷款模式发行ABS（即资产支持证券），由瀚华金融作为“基础资产保证人”提供担保，湘江新区发展集团有限公司作为“差额支付承诺人”提供增信。项目整体发行规模1.35亿元，最终发行票面利率2.95%/年，期限为2年。项目基础资产包括湖南湘江鲲鹏、长沙智能驾驶研究院等湘江新区12家国家级、湖南省级专精特新“小巨人”企业，共计97件授权专利，涵盖智能制造、航空航天、生物医药等多个产业领域。

湖南省首单知识产权证券化产品深交所发行

近年来，湘江新区加快构建“三智一芯”产业发展格局，累计获批国家、省、市智能制造示范企业和项目600余家（个），企业发明专利拥有量达1.55万余件。2022年2月，该区启动知识产权证券化试点工作，通过科技金融创新举措，为辖区科技型企业提供更优营商环境，支撑区域产业升级。

中车株洲所发布海陆空7大“黑科技”

中车株洲所发布七大“黑科技”

重载机车自动驾驶

2023年3月28日，中车株洲电力机车研究所有限公司举办第三届科技节，发布7大“黑科技”，涵盖“海、陆、空”等应用场景。

此次发布的“海风1号”大型复合材料风电叶片是中车走向海上的第一款叶片，助力中车海上风电实现零的突破。发布的“无人值守”风电场解决方案，同步应用于陆上风场和海上风场。

此次发布的万吨级重载机车自动驾驶系统，可基于最优曲线规划和智能跟随等技术实现重载列车的自动运行，电气化公路系统是一种全新货运交通制式，能有效解决固定线路大运量、环境复杂的大宗货物运输降碳难题。

中车株洲所推出储能一体化解决方案——中车储能系统能把一段时期内暂时不用的多余能量储存起来，在使用高峰时再提取使用。同时发布的大功率IGBT电源，由整流变压器和IGBT整流器组成，能将电站产生的电能转化为电解槽所需的稳定直流电能。

中车株洲所还创新研发时代碳行管控平台，集成碳看板等模块，提供碳数据等的统一管理，为政企提供一站式碳中和解决新平台。

作为国内交通和能源领域领先企业，中车株洲所持续依托“材料、器件、算法”三大根技术，深耕交通和能源两大领域，创新驱动、科技先导，推动装备制造迈向高端化、智能化、绿色化。

1 2 3

1.5月13日，湖南省教育厅、省科协、省科技厅、省财政厅、团省委共同主办的2023年湖南省中小学生科创实践活动在湘江新区博才建业学校拉开帷幕

2.5月13日，湘潭大学—力合科技流域水体新污染物检测识别与智慧管控湖南省研究生拔尖创新人才联合培养基地授牌仪式现场

3.5月17日，物流配送中心工作人员正在进行“智助烟仓”取货演示

首届湖南省先进制造业科技创新大赛结果揭晓

首届湖南省先进制造业科技创新大赛颁奖典礼现场

2023年3月30日，首届湖南省先进制造业科技创新大赛颁奖仪式在长沙举行。中国工程院院士王耀南、桂卫华、吴义强出席并为获奖代表颁奖。

本次大赛主题为“新技术 新湖南”。大赛设立先进制造业科技创新技术、科技创新人物、科技创新企业3个赛道，共征集作品271项。其中，技术赛道126项、人物赛道77项、企业赛道68项，作品涵盖了轨道交通、工程机械、电子信息、生物医药、中小航空发动机、有色冶金、先进材料等湖南省内主要特色产业。大赛由院士专家组成评审委员会，经过初赛、复赛路演答辩、决赛评审和公示阶段，评选产生隧道钻爆法智能成套装备研制等十大科技创新技术、威胜信息技术股份有限公司等十大科技创新企业，以及中国铁建重工集团股份有限公司刘飞香等10名科技创新人物。

△10日，“科创中国”星沙服务中心启动仪式在松雅湖海创中心举行。

△12日，科技部发布2022年度拟备案国家级科技企业孵化器名单，湖南11家孵化器上榜，其中2家来自长沙，分别为湖南麓谷国际医疗器械产业园和前行58小镇。

△13日，又一批关键设备被运进位于长沙城北的大飞机地面动力学试验平台进行调试。该平台土建工程基本完工，正开展业主验收工作，进入运营前的关键阶段。

△19日，欧美同学会第二届“双创”大赛总决赛颁奖仪式暨第三届“双创”活动启动仪式在长沙举行。

△24日，湖南省工信厅发布2023年数字湖南十大应用场景建设计划重点项目，威胜信息技术股份有限公司等49家企业在建的数字化应用项目入选，计划总投资达15.7亿元。

△27日，永州市人民政府与湖南科技学院联合开展“2023年永州市五大产业链调研暨‘科技赋能——博士教授潇湘行’活动”，组织博士、教授赴相关企业围绕电子信息产业、装备制造产业、农林产品加工产业、生物医药产业、锂资源产业五大产业链进行专项调研。

5月

△3日，益阳大通湖区千山红镇宏硕生物科技农业合作社稻田里，一台无人驾驶插秧机在技术人员编程启动后，启动、加油、升降、插秧等一气呵成。

△5日，湖南杂交水稻研究中心袁定阳研究员主持的国家重点研发计划“农作物强优势新种质创制与应用”项目正式启动。

△5日，岳阳市第三届岳商大会期间，湖南现代石化协同创新研究院揭牌成立。

△9日，由湘潭华进重装科技股份有限公司自主研制的1500吨/18.3米钢管全长扩径机组，交付中油宝世顺（秦皇岛）钢管有限公司。这是我国首台自主研制的能为18.3米直缝埋弧焊管进行全长扩径的制造设备。

株硬集团一项成果荣获首届湖南省十大科技创新技术奖

2023年3月30日，首届湖南省先进制造业科技创新大赛颁奖典礼在长沙举行，株洲硬质合金集团有限公司（以下简称株硬集团）申报的“WC-Co-Ni-Al硬质合金关键技术及产业化”成果荣获“十大科技创新技术”奖项。

首届湖南省先进制造业科技创新大赛是湖南省近年来先进制造业举办的一次高规格和高水平的科技创新评选活动，共有126项成果申报了创新技术奖项，涵盖了轨道交通等湖南省内主要特色产业。株硬集团申报的“WC-Co-Ni-Al硬质合金关键技术及产业化”成果来源于硬质合金国家重点实验室基础研究发展计划课题及企业自主课题，经成果评价，该技术成果总体上达到国际先进水平，其中γ'相强化粘结相技术达到国际领先水平。该成果历经十年的创新研发和技术攻关，在此次参加评比的120余家企业中脱颖而出，成为湖南省代表性科技创新技术。目前该技术已在FHL、BJX、ZJD等系列牌号硬质合金轧辊成功应用，不仅提升了株硬集团轧辊重点产品的核心竞争力，也解决了汽车用帘线钢、弹簧钢等优特线材、高速棒材以及“新国标”高强度螺纹钢多切分控温轧制的技术难题，在提升高强优特钢性能的同时，大幅降低能耗和环境污染，有力地支撑了钢铁行业“碳中和、碳达峰”目标的实现和绿色转型发展，擦亮了“钻石”品牌金名片。

1
2

1.5月19日，邵阳市双清区老师现场进行“火焰掌与干冰秀”科学实验演示

2.5月20日—31日，衡阳市衡山县的学生们正在模拟酸雨形成实验原理

启动式上，有关领导和院士共同为“邵阳市院士（专家）产业园”揭牌现场

首届湖南科技创新论坛在邵阳市启动

2023年4月2日，首届湖南科技创新论坛启动式在邵阳市举行。来自国内外的知名专家、学者云集邵阳市，共话科技创新，把脉地方发展。湖南省人大常委会党组副书记、副主任张剑飞出席活动。

本次活动由湖南省委人才办、省科协和邵阳市委、市政府共同主办。启动仪式上，有关领导和院士共同为“邵阳市院士（专家）产业园”揭牌；邵阳市与中南林业科技大学签订校地战略合作协议；武冈水稻产业研发合作、油茶智能装备推广应用中心建设、纺熔非织造布智能化生产线建设、金银花高值化利用与产业化等8个项目签约，为邵阳市高质量发展注入科技力量。随后，印遇龙等3位院士分别围绕新材料、种业、农业等主题作精彩的主旨演讲。

首届湖南科技创新论坛将在湖南省各市州以“1 + N”（1个主会场 + N个分会场）的形式，组织省级学会、高校科协、市州科协举办主题鲜明、重点突出、产业特色显著的分论坛，打造集学术交流、决策咨询、技术服务、科学普及和成果发布于一体的综合性、多学科、跨专业高端学术品牌。

首届湖南科技创新论坛在邵阳启动

『冯康科学计算奖』助力湖南加『数』前进

冯康科学计算奖签约仪式现场

2023 年 4 月 7 日，“冯康科学计算奖”签约活动暨湖南省计算数学发展论坛在长沙举行。从 2023 年开始，这一奖项将由中国科学院数学与系统科学研究院、湖南教育出版社联合颁发。这是继华罗庚数学奖后，又一项数学大奖结缘湖南。

此次签约活动，如筑巢引凤，将集聚更多中国科学院院士、海内外华人数学家助力湖南数学事业高质量发展，为湖南打造具有核心竞争力的科技创新高地提供有力支撑。同时，促进高层次创新人才交流，吸引更多湖南学子喜欢数学、热爱数学、投身数学，壮大“计算湘军”队伍。

当前，国家超算长沙中心、长沙人工智能创新中心、马栏山视频文创园视频超算中心等不断加速研究，世界计算大会永久落户长沙，中国工业与应用数学学会、中国工业互联网研究院湖南分院“筑巢”湖湘大地。计算数学作为交叉学科已渗透到湖南科技创新、技术更新和成果转化、产业更新换代的全链条各要素之中。

新征程上，湖南对数学科学和优秀数学人才的需要，比以往任何时候都更为迫切。通过签约，湖南数学事业、数字产业，将迎来高质量发展，为中国式现代化新湖南建设提供智力支持和解决方案。

1.5 月 21 日，2023 年长沙市天心区科技活动周正式启动 1

2.5 月 23 日，2023 湘江人工智能高峰论坛暨长沙昇腾人工智能创新中心上线运营启动活动现场 2

创新创业大赛：科创“小巨人”的摇篮

2023 年湖南省创新创业大赛新闻发布会

2023 年 4 月 19 日，2023 年湖南省创新创业大赛新闻发布会在长沙举行，会上发布的诚意满满的参赛“礼包”，拉满了企业对大赛的期待值。

近年来，湖南创新活力竞相涌流。湖南战略科技力量不断强化，区域创新能力全国排名挺进第 8 位。

2016 年，长沙天仪研究院成立不久，即在湖南省创新创业大赛上摘得企业组一等奖。2016 年，他们成功发射中国第一颗商业化科学实验卫星，逐步成长为中国商业卫星领域的“单打冠军”。

2023 年，大赛将在校大学生纳入比赛范围，为青年成长成才培育土壤、为他们施展拳脚搭台打光，可谓是踏准了科研创新的节奏。创新之势风起云涌，青年人才大有可为。

对科技型企业来说，项目、资金等就是“粮草”。“粮草”准备是否质优量足，直接关系到他们能否取得成果。9 年来，湖南省创新创业大赛先后吸引 18160 个项目报名参赛，帮助参赛企业获创业投资超 100 亿元。“送服务下基层”活动深入长沙等地，现场达成意向创业投资 15 亿元。

“大赛出彩”绘就“湖南精彩”。回首过去，华腾制药等大批企业通过大赛成长为科创“小巨人”；展望未来，我们乐见创新能力强、发展势头劲的科技型企业如繁星满天。

△ 11 日，湖南省 2023 年全民数字素养与技能提升月活动在湖南信息职业技术学院启动，现场发布 17 项系列专题活动。

△ 11 日，由湖南省科技厅和湘潭市联合举办的湖南省科技创新成果路演——湘潭市“智造莲城”人大代表创新创业专场路演启动。

△ 13 日至 14 日，第四届液压气动“数智化”产业论坛在长沙举行。

△ 15 日，国务院国资委发布“双百企业”“科改企业”两项国企改革专项行动最新名单。湖南国企有湖南湘电动力有限公司等 6 家企业入围“双百企业”名单，湖南湘投金天科技集团有限责任公司等 11 家企业入围“科改企业”名单，分别比上次增加 1 家和 7 家。

△ 17 日，中国联通中南研究院项目入驻长沙市雨花区。以该项目为牵引，聚焦数字产业化、产业数字化、数字新基建三大板块，“浏阳河数谷”加速成型。

△ 17 日，中国在西昌卫星发射中心用长征三号乙运载火箭，成功发射第 56 颗北斗导航卫星。

△18日，常德国银光伏银基材料循环产业园一期项目500吨超细银粉全自动生产线，在常德经开区投产。

△19日，在株洲举行的第五届“中国造隐形冠军”长青峰会上，19家企业评为“中国造隐形冠军”。

△20日，2023年中国科协院士专家湖南行暨国情考察活动在长沙启动。

△25日，湘潭市2023年科技活动周启动仪式在东方红广场举行。副市长杨晓军出席。

△25日至30日，2023中关村论坛展览（简称“科博会”）在北京举办。湖南馆展览面积108平方米，参展企业及单位60家。

△25日，由中车株洲所旗下时代电气研制的4套大功率IGBT制氢电源设备，运抵内蒙古鄂尔多斯市准格尔旗，将交付三峡集团纳日松40万千瓦光伏制氢项目。

△25日，由大疆创新发起的长沙—天心RoboMaster2023机甲大师超级对抗赛·区域赛（南部赛区）在湖南贺龙体育馆按下“启动键”。

湖南科技创新成果系列路演启动

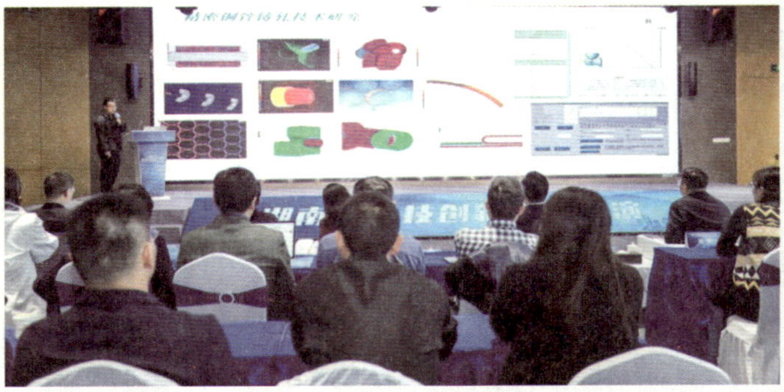

湖南科技创新成果系列路演启动

2023年4月25日上午，湖南省科技创新成果系列路演正式启动并举行首轮路演活动。在4月25日—26日两天举行的首轮路演上，200余项高质量科技创新成果将进行现场路演。

湖南省科技创新成果首轮路演活动在长沙、株洲和衡阳高新区分别设置路演厅，路演项目分属智能制造、新材料、生物医药和新一代信息技术四个领域，项目主要来自执行国家科技计划项目和省重大专项项目单位、高校创业团队及科技型企业。首轮路演邀请中国科学院武汉分院共同举办，中科院组项目分属智能制造、信息技术、生物技术等领域，项目主要来自中国科学院科研机构。

启动式上，同时进行10个高校和高新区的合作项目签约，金额超3亿元。

启动式后，湖南省科技创新成果路演系列活动开启。在岳麓山科创路演中心，各高校、创新平台将轮流承办，按产业领域每月组织成果路演。此外，各市州科技管理部门也将和园区合作，围绕地方发展需求每月组织一场成果路演。此次系列活动将集聚100个投融资机构、100家高校科研院所，引导设置50亿元投资基金，全年开展不少于50场高水平路演，服务不少于1000个路演项目。

1.5月24日，澳优旗下产品亮相科技创新成果展

2.5月25日—30日，2023科博会湖南馆开展

中联重科“科技献礼新时代”科技成果展活动在长沙启动

2023年5月11日，中联重科“科技献礼新时代”科技成果展活动在长沙启动。副省长蒋涤非出席活动并讲话。

中联重科自1992年创办，从8名科技人员起家的院办企业，一步步成长为世界知名行业巨子和国家先进制造业亮丽名片。本次活动从5月11日持续至14日，集中展示中联重科坚持科技自立自强、创新创造，在工程机械、农业机械和智慧农业、建筑新材料等领域的新技术、新产品。

中联重科“科技献礼新时代”活动启动现场

近年来，湖南把做实做强做优实体经济作为主攻方向，着力打造国家重要先进制造业高地，培育了一批新兴优势产业。湖南工程机械产业规模大、创新能力强、集聚程度高、品种规格齐、发展模式新，培育出了5家全球工程机械50强企业。

蒋涤非指出，当前，湖南全省上下正深入贯彻落实党的二十大精神以及习近平总书记关于湖南工作的重要讲话和指示批示精神，奋发有为将“三高四新”美好蓝图变成现实，需要一大批像中联重科这样的企业落地生根、拔节生长。诚挚邀请企业家走进湖南、投资湖南、深耕湖南，湖南将不断厚植政策沃土、营造更好环境、提供更优服务，让大家在湖南投资放心、发展顺心、生活舒心。

中联智慧产业城土方机械园智能工厂

湖南省首家智慧数字乡村振兴馆在衡阳市祁东县建成运营

2023年5月12日，湖南省首家智慧数字乡村振兴馆在衡阳市祁东县正式运营。

仪式现场，湖南黄花泉新农业科技开发有限公司与中科先进技术研究中心（深圳）有限公司签订了战略合作协议。随后，与会人员参观了馆内农产品直播间和销售展厅，详细了解了乡村振兴馆的功能、服务等方面内容，体验了与深圳市数字乡村振兴馆的现场连线，并就农产品销售等进行了沟通。

祁东县智慧数字乡村振兴馆是由湖南省财政厅、省农业农村厅、省乡村振兴局、省供销合作总社四家单位联合发起成立的全国首家省级政府采购助力乡村产业振兴的公益性农副产品网络销售平台。深圳中科先进技术研究中心在衡阳市祁东县率先设立“双中心”——祁东分中心和广东圳乡农业科学研究院祁东分院，为该县投资价值2000余万元的“乡村振兴双中心系统”。在此“双中心”系统推进下，衡阳市祁东县建成了湖南省第一个智慧数字乡村振兴示范项目，搭建了一个沉浸式、全维度、多场景的优质农产品展示大厅，把祁东县农产品全面展示并向全国销售。

湖南省首家智慧数字乡村振兴馆在衡阳市祁东县建成运营

1.5月26日，2023年衡阳市科技活动周暨第六届创新创业大赛启动现场

2.5月25日，新田县政府向永州市工程技术研究中心企业授牌

3.5月30日，芦淞区为科技专家颁发聘书

首届『湘江之星』创新创业大赛落下帷幕

2023年5月13日，2023年首届“湘江之星”创新创业大赛决赛在湖南湘江新区举行，“高水平自主可控工业CAE软件项目”“体外诊断荧光染料进口替代项目”分别获得赛道“1”、赛道“2”一等奖。

决赛现场，选手通过“路演+答辩”模式，介绍了各自参赛项目的核心亮点、应用场景等。经过激烈角逐，比赛设置的两个赛道分别评选出一等奖1名、二等奖2名、三等奖4名、优胜奖5名。大赛组委会为24个获奖项目颁发了奖杯，并给予总计108万元奖励。此外，还将向获奖项目提供贷款贴息、创业培训辅导、资金扶持等优先支持。

大赛共收到284个项目报名，参赛项目涵盖机械制造信息技术、生物技术、新能源、新材料、高端装备、新能源汽车、绿色环保、航空航天、互联网TMT等领域。通过资格审查、初赛筛选、赛前培训，24个创业创新项目进入决赛。

2023年湖南湘江新区首届“湘江之星”创新创业大赛决赛在岳麓科创港举行

△26日，2023首届国家新一代自主安全计算系统产业集群融通生态大会——信创+开源生态分论坛在湖南湘江新区举办。

△26日，衡阳县科技活动周启动。

△29日，2023年常德市科技活动周启动式在市科技馆举行。

△29日，2023株洲（渌口）高分子新材料产业技术论坛暨产业发展推进会召开。

△30日，2023年芦淞区科技创新与产业发展大会暨科技活动周启动仪式，在株洲希尔顿酒店举行。

△31日，以“热爱科学·崇尚科学·点亮精神火炬”为主题的2023年雁峰区“全国科技活动周”暨第七个“全国科技工作者日”主题活动正式启动。

6月

△2日，“中国流动科技馆”湖南澧县站巡展活动启动仪式在澧县体育馆隆重举行。

△6日，怀化市“惠企通”大数据服务平台开通运营，将为企业提供“一口办理”，全链条、全天候、全过程、一站式服务，打通惠企政策、服务落实“最后一公里”。

△6日，三一重卡自主研制的电动重卡魔塔1165从长沙出发，跨越817.5公里路程，历时13个小时，于次日凌晨1时6分抵达深圳，创造了半挂式电动卡车单次充电行驶最远距离的世界纪录。

△9日，以“集智创新、聚力密封”为主题的首届航空发动机密封技术论坛在岳阳举行。

△11日，中国流动科技馆在南岳区第二中学启动为期两个半月的巡展活动。

△13日，柏连阳院士创新团队浏阳工作室在浏阳市北盛镇成立。

△16日，中南大学与湘潭市政府科技创新合作签约仪式在长沙举行，现场签约3个校地、8个校企合作项目。

△16日，“院士专家常德行”暨中国生物工程学会“科创中国”会地合作高峰论坛在湖南文理学院启动。

△18日，在第五届中国西藏旅游文化国际博览会上，中国铁建重工集团展示其自主研制的全球首套高原装配式智能建筑，填补了增压增氧建筑技术空白，助力改善高海拔人居环境。

1.5月31日，湖南省“银龄跨越数字鸿沟”科普专项行动正式启动

2.5月31日，衡阳市科技局、衡阳市科技协会、雁峰区委、区政府在启迪药业集团古汉中药有限公司举办2023年雁峰区“全国科技活动周”暨第七个“全国科技工作者日”主题活动

3.6月7日，《全员加速中2023》互动虚拟玩法火爆

1
2
3

2023年湖南省社会科学普及主题活动周在长沙启动

2023年湖南省社会科学普及主题活动周在长沙启动

2023年5月17日，2023年湖南省社会科学普及主题活动周暨“学习贯彻二十大·团结奋斗谱新篇”系列宣讲活动启动式在长沙举行。湖南省委常委、省委宣传部部长、省社科联主席杨浩东出席并宣布活动启动。湖南省社科联党组书记、副主席胡代松，长沙市委常委、市委宣传部部长、市社科联（院）主席（院长）陈澎等出席。

启动仪式上，与会代表观看了“数说湖南社科”视频和“穿越时空的云端社科普及展”。“穿越时空的云端社科普及展”节目，以“湖南社科，穿越时空”为主题，展示了分布于湖南省东西南北和长沙的8个特色社科普及基地，以“社科时光慢直播”“移动纪实轻直播”等方式呈现了各个基地的成果和作品，并运用“全息投影”让长沙社科3D虚拟人物在舞台上“凌空”互动。

活动通报了“喜迎二十大·奋进新征程”百名专家千场宣讲活动开展情况、2022年湖南省优秀社会科学普及作品、2022年新建湖南省社科普及基地名单等，并为获奖代表、湖南省级社科普及基地代表颁奖授牌。启动仪式后，与会代表前往长沙县田汉文化园现场聆听“国歌的力量”微党课，观看《田汉与国歌》等社科普及节目。

湖南建成全国首个覆盖湖南省低空空域监视网

农业无人机已装载北斗终端

长沙飞行服务站实时调度情况

2023年5月17日，湖南省国防科技工业局技术开发中心透露，以该中心为总承单位的湖南省北斗低空综合应用示范工程项目建设成果显著，目前已建成全国第一个覆盖湖南省的低空空域监视网。

湖南是全国首个全域低空空域管理改革试点省份。针对在湖南省内低空监视通信能力弱，特别是低空500米以下监视通信覆盖不足的区域，存在“看不见、连不上、喊不应”等通航安全问题，北斗低空综合应用示范项目总投资约1.5亿元，重点改造升级湖南省低空综合服务平台，围绕低空综合管控需要，建设低空监视管理、通航地面保障、无人机管控服务等功能，实施“北斗+低空产业链”，开展通航应急救援、无人机物流试点及应用、林业空地一体化服务、无人机数字农业服务4大应用等。

在通航领域，通过在航空器上安装北斗终端，实现湖南省全域低空监视全覆盖。在农业领域，项目研发建设无人机数字农业服务平台。在林业领域，项目研发建设北斗林业空地一体化综合服务平台。

2023 湖南省国资国企“科技周”活动启动

2023 年 5 月 22 日上午，2023 湖南省国资国企“科技周”活动在长沙启动。作为本次“科技周”的内容和成果之一，湖南省国资委与湘江实验室现场签订战略合作协议，携手打造示范性原创技术策源地。

5 月 22 日，省属监管企业 2023 年数字化转型、信息化建设推进会在长沙举行

本次“科技周”活动以“科技引领、数字赋能”为主题，持续至 5 月 26 日，旨在强化湖南省国资委系统科技兴企、数字强企的理念和思维，扎实推进科技攻关和数字化转型等重点工作，助力打好湖南省“发展六仗”。

活动干货满满，将举行湖南省属监管企业 2023 年数字化转型、信息化建设推进会，以及科技创新实务工作培训、科技创新优秀代表面对面经验交流等活动。

湖南省国资委透露，根据湖南省产业发展规划，在明确湖南省属国有企业产业领域、策源地建设方向以及技术特色的基础上，2023 年目标培育 3 个国家级创新平台、15 个湖南省级创新平台、22 户高新技术企业、3 户国家级专精特新“小巨人”企业、12 户湖南省级专精特新“小巨人”企业。

1.6 月 11 日，湖南省科技厅驻勤丰村帮扶工作队开展了“童心永向党 科技筑未来”为主题的关爱儿童活动

2.6 月 30 日，湖南省科学技术厅、长沙市人民政府在长沙举行 2023 年湖南省科技创新成果路演中部（长沙）工程设计创新智谷专场活动现场

3.6 月 14 日—16 日，湖南省“湘企英才”中小企业经营管理人员培训——机械制造行业工业互联网应用能力培训班现场

1

2

3

2023 年湘西州科技活动周、科技工作者日和首批『揭榜挂帅』项目活动启动

现场颁发技术攻关“揭榜挂帅”项目立项证书

2023 年 5 月 26 日，2023 年湘西州科技活动周、科技工作者日和首批“揭榜挂帅”项目启动仪式在吉首大学举行。湘西州委常委、州委组织部部长刘章宇出席并宣布活动启动。副州长高湘文主持，吉首大学党委副书记、校长黎奇升致辞。湖南省科技厅党组成员、副厅长周斌讲话。

启动仪式上，湘西州科技局主要负责人介绍了科技活动周等情况，技术攻关“揭榜挂帅”项目承担单位、湖湘青年英才和州派科技特派员等作了发言，现场还颁发了技术攻关“揭榜挂帅”项目立项证书。

刘章宇指出，科技活动周是科技部、中宣部、中国科协等部门统一部署的全国大规模群众性科技活动，科技工作者日是激发科技工作者创新积极性、增强全社会科技意识和创新活力的重要节日，“揭榜挂帅”项目是湘西州引才聚才、破解关键核心技术难题的重要举措。广大科技工作者要增强责任意识，争当弘扬自主创新精神的“先行者”；要增强担当意识，争当提高全民科学素质的“推动者”；要增强开放意识，争当建设现代化新湘西的“实践者”。

启动仪式现场

△ 19 日，在 2023 互联网岳麓峰会“AI 致远 产业图新”主题论坛上，《湖南省软件和信息技术服务业发展蓝皮书（2022—2023）》发布。

△ 19 日，举行的 2023 互联网岳麓峰会上，湖南湘江新区与蚂蚁集团签订项目协议，蚂蚁集团中南技术研发中心、中南数字运营中心将落户湘江新区。

△ 20 日，湖南欧拉生态创新中心在湖南湘江新区启用，标志着我省国产操作系统生态发展迈出重要一步，数字湖南建设再添坚实底座。同时，由 32 家企业、高校及科研院所组成的湖南欧拉技术创新与产业发展联盟授牌成立。

△ 21 日，张家界市卫星应用技术中心挂牌成立。

△ 21 日，岳麓山实验室第一届理事会和学术委员会成立暨第一次会议在长沙举行。

△ 25 日，中南大学与津市市科技创新合作签约暨津市（长沙）飞地孵化器启用仪式在长沙矿冶研究院举行。中南大学知识产权中心津市分中心、津市（长沙）飞地孵化器相继揭牌。

△28日，湖南省工信厅公布2023年度湖南省首版次软件产品名单，湖南麒麟信安科技股份有限公司“麒麟信安云服务器操作系统（嵌入式标准版）V1.0”等20个软件产品入选。

△29日，中国电科48所携自主研发的集成电路、第三代半导体等领域关键核心专用设备亮相2023上海国际半导体展览会。

△29日，岳麓山实验室林科院项目封顶仪式在长沙举行。这是岳麓山实验室建设进程中具有里程碑意义的大事，标志着湖南打造具有核心竞争力的种业创新高地开启了新征程。

7月

△7日，汨罗市人民政府与中国联通岳阳市分公司签订数字政府战略合作协议。

△11日，2023中国新媒体大会主题活动之一，2023中国新媒体技术展在长沙举行，众多“黑科技”集中亮相，观众大开眼界。

△11日，湖南大数据交易所文化大数据交易中心3大专区入驻，包括中国香港商会—跨境电商和文化出海专区、北京工美—工艺美术专区、影视版权专区，并与5家企业现场签约。

常德市津市市生物制造（深圳）科创平台签约揭牌

签约仪式现场

2023年6月16日上午，津市市生物制造（深圳）科创平台签约暨揭牌仪式在深圳光明科学城卫光生命科技园举行。常德市委书记曹志强见证签约，并与深圳时代高科技产业园有限公司董事长张业炎共同为津市市生物制造（深圳）科创平台揭牌。津市市委书记黄旭峰，津市市委副书记、市长彭子晟参加签约揭牌仪式。

津市市人民政府副市长杨剑波与时代高科董事长张业炎、中化学南方建设投资有限公司湖南分公司总经理周洪坤、湖南新合新生物医药有限公司董事长刘喜荣、湖南鸿健生物科技有限公司董事长李洪兵共同签约，组建津市市生物制造（深圳）科创平台公司，匹配孵化生物制造产业链优质项目，共同推进优质项目在津市中试和产业化，探索打通产业招商、科技招商、基金招商的平台模式。

常德市商务局局长林红华，常德市政府驻深圳联络处主任晏丰儒，深圳市东方富海投资管理股份有限公司董事、合伙人宋萍萍，深圳市东方富海投资管理股份有限公司合伙人陈华伟，津市市委常委、市委办主任徐兴宇，津市政府办、招商中心等部门单位主要负责人参加签约暨揭牌仪式。

签约仪式前，曹志强一行还参观考察了深圳时代高科技产业园有限公司，详细了解企业发展情况及运营模式。

湖南省内首家县域算力中心落户茶陵

2023年6月16日，湖南省内首家建成并投入运营的县域算力中心——茶陵县天翼云算力中心正式揭牌成立，并与茶陵县政府签署战略合作框架协议，为茶陵县机关企事业单位提供高质量的云计算服务和技术支持，助力茶陵数字化转型和智慧城市建设。

目前，茶陵县天翼云算力中心已投资800多万元，完成建设15个高配置机柜，拥有400核vcpu、1200G内存、100T存储、20G网络宽带能力，能够为茶陵的机关企事业单位提供灵活可扩展的云计算资源，差异化、多场景的算力服务，助力党政、公安、医疗、教育、园区、文旅等千行百业数字化转型。

茶陵天翼云算力中心除了为机关企事业单位提供托管、上云服务，还充分发挥云计算的优势，为茶陵县打造了数字乡村、智慧园区、智慧医疗、智慧教育、明厨亮灶等数字智能应用产品，助力茶陵打造数字化政府，提升城市管理效率，改善居民生活品质，为茶陵县数字化转型和智慧城市建设提供有力支撑。

茶陵天翼云算力中心的开通不仅为茶陵县注入了新的活力和动力，也为该县的数字经济发展提供了广阔的空间。中心还规划在五年内投资2亿元，拓展包括云主机、云存储、IT系统上云、云备份等服务，将茶陵县打造成株洲南部新一代城域网核心枢纽。

1.7月16日，PerfXCloud大模型开发与服务平台在长沙正式发布

2.7月20日，2023年湖南省“科创筑梦”青少年高校科学营湘潭大学分营暨“英才计划”湘潭大学数学夏令营开营

1

2

湖南省内首家县域算力中心落户茶陵

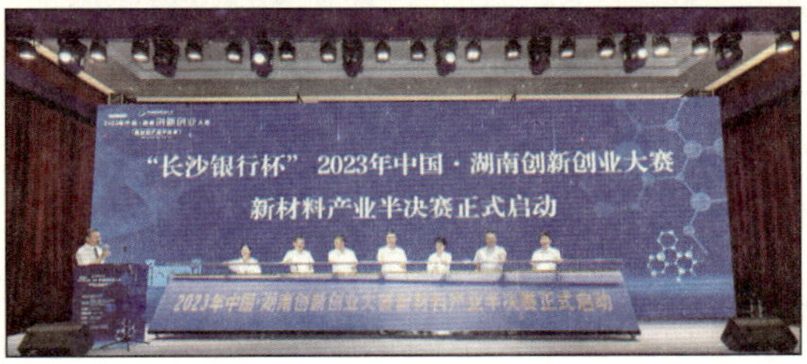

1
2
3

1.8 月 23 日，2023 年湖南省创新创业大赛湘潭分赛举行现场

2.8 月 24 日—25 日，2023 年中国·湖南创新创业大赛新材料产业半决赛启动现场

3.9 月 1 日，长沙市全力建设全球研发中心城市首开式在世界计算·长沙智谷举行

第八届衡阳市青少年机器人竞赛举行

第八届衡阳市青少年机器人竞赛举行

2023 年 6 月 27 日，以“实践、探索、创新”为主题的第八届衡阳市青少年机器人竞赛在高新成章实验中学拉开帷幕，共有 324 支参赛队、近 400 名选手参赛。副市长朱春光宣布活动启动。

此次比赛设有纸飞机托起太空梦、太空足球挑战赛、太空星际对抗赛、“天罗地网”太空挑战赛、机器人传承闯关赛等 10 个赛项。现场，选手们聚精会神，沉着冷静，团结协作，编写机器人程序、调试和操作机器人，认真完成每一个步骤，通过竞技与交流，碰撞出科技火花，“点燃”科技梦想。

青少年机器人竞赛是一项科技含量高、学科跨度大、参与面广、展示性强的科技教育活动。衡阳市自 2008 年举办该项活动以来，活动普及面逐年扩大，参与度不断提高，参赛学生及教练员超过二十万人，现已成为具有一定影响力的青少年科创品牌活动。尤其是近五年，衡阳市选手在各项竞赛中成绩喜人，先后获得国家级二等奖 3 项、三等奖 2 项；省级一等奖 27 项、二等奖 44 项、三等奖 48 项。

国防科大战队再获机器人世界杯单项冠军

2023 年 7 月 10 日，国防科技大学以智能科学学院、研究生院的研究生学员为主体的智能机器人技术团队，在 2023RoboCup（机器人世界杯）的救援机器人赛事中，获得机械臂灵巧操作项目（DEX）的冠军，这是中国代表队在此项目上的最好成绩。

国防科大战队再获机器人世界杯单项冠军

RoboCup 是全球最富影响力、学术水平最高的机器人赛事之一，本届 RoboCup 于 7 月 3 日—7 月 11 日在法国波尔多举行。救援机器人赛事大项吸引了来自美国、德国等国家的 20 余支代表队参赛，所有参赛队要在规定时间内完成共 20 项不同任务的比拼，并综合打分。

20 项任务侧重各有不同，共分为三个大项，分别为：移动操作项目（MOB）、机械臂灵巧操作项目（DEX）和探索感知项目（EXP）。移动操作项目考察机器人翻越、通过各种不同类型障碍物的能力；机械臂灵巧操作项目考察机器人通过搭载的机械臂遂行各种操作任务的能力；探索感知项目考察机器人在没有操作人员干预的情况下自主对环境完成三维建模并探索搜救的能力。

此前国防科技大学智能机器人技术团队分别在 2016 年获得移动操作项目（MOB）小型组冠军、2021 年和 2022 年获得探索感知项目（EXP）冠军。此次参加 2023RoboCup，该团队获得的机械臂灵巧操作项目（DEX）冠军补全了其在 RoboCup 救援机器人赛事大项各项目冠军拼图中的“最后一块拼图”。

△ 13 日，在 2023 中国新媒体大会“马栏山时间”文创活动“AIGC 发展与机遇”高峰论坛上，华为技术有限公司、北京信工博特智能科技有限公司等 6 家企业现场签约项目入驻马栏山视频文创园。

△ 14 日，湖南省科技重大专项“超级地下工程智能成套装备关键技术研究与应用”在长沙通过综合验收。

△ 14 日，湖南天一奥星泵业有限公司研发的离心式双级吸沙泵获中国船级社（CCS）颁发船用产品证书。

△ 14 日，湖南省部共建淡水鱼类发育生物学国家重点实验室鱼类健康养殖分中心在湖南省水产科学研究所正式揭牌成立。

△ 15 日，湖南天河国云科技有限公司承担的“产业区块链底层关键技术攻关与应用研究”项目以高分通过专家组现场验收。

△ 13 日，“人工智能靶向碾米关键技术研究及产业化应用”项目科技成果评价会在长沙召开。

△ 24 日，网络安全技术创新与人才教育高峰论坛在长沙举行。

△ 26 日，2021 年度湖南省十大技术攻关项目中的“第三代半导体核心装备国产化关键技术攻关”“8 英寸集成电路成套装备”2 个项目，均在 25 日顺利通过综合验收。

△ 28 日，由株洲太空星际卫星科技有限公司投资运营的“株洲星座”项目启动。

8月

△ 1 日，湖南省完成全国首款辣椒液相芯片研发，为辣椒精准育种提供“利器”。

△ 3 日，第十届“创青春”湖南省青年创新创业大赛将火热开启。

△ 7 日，长沙理工大学储能研究所贾传坤教授、丁美教授联合中南大学刘金龙副教授、清华大学深圳国际研究生院周光敏副教授创新性研发了全球首款低成本高能量密度锌—高锰液流电池，相关成果发表在国际知名期刊《Energy Storage Materials》（《储能材料》）上。这一新型液流电池技术有望为中大规模储能提供新方案。

△ 10 日，岳阳县人民政府与中国联通岳阳市分公司举办了“数字政府”战略合作协议签约仪式。

国内首家离子注入机自研量产企业在湖南诞生

2023 年 7 月 14 日上午，随着货车平稳启动，中国电子科技集团公司第 48 研究所研发生产的第 100 台国产离子注入机发往用户。这标志着国内首家离子注入机自研量产企业诞生，也代表国产离子注入机已成功通过产业化考验。

高能离子注入机 CIE8000

“离子注入机是芯片制造中至关重要的核心设备之一，开发难度仅次于光刻机。”48 所党委书记王平介绍，在芯片制造过程中，需要掺入不同种类的元素，并按预定方式改变材料的电性能。离子注入机就是执行这一掺杂工艺的芯片制造设备，使得元素以带电离子的形式被加速至预定能量并注入至特定半导体材料中。

作为国内最早从事离子注入设备研制及产业化的企业，48 所深耕离子束技术近 60 年，现已具备从产品设计到量产应用的完整研制体系，量产的百台设备均广泛应用于国内各大集成电路先进产线，全面参与国产芯片制造的核心环节，累计流片超 2000 万。

王平表示，48 所将继续扎根集成电路领域补链强链，提升中国芯片产业链供应链韧性和安全水平，并不断推动更多科研成果在湖南实现转化和产业化，助力国家重要先进制造业高地和具有核心竞争力的科技创新高地建设。

1.9 月 7 日，湖南省科技活动周湘科普“四进”走进娄底市双峰县丰茂学校

2.9 月 7 日，鹤城区政府与航天柏克（广东）科技有限公司举行新能源开发项目签约仪式

1
2

湖南省首届博士后创新创业大赛决出金银铜奖

湖南省首届博士后创新创业大赛决出金银铜奖

2023 年 7 月 14 日上午，首届湖南省博士后创新创业大赛决赛在中南大学举行。通过“路演 + 答辩”的方式，评选出基于元胞自动仿真的植入物智能成形机器人等 52 个金银铜奖项目。这些项目将代表湖南参加即将举行的第二届全国博士后创新创业大赛。获奖项目团队的省内博士后研究人员，还将享受到职称评定、特贴专家选拔等政策支持。

大赛自启动以来，吸引了超过 300 个博士后团队报名，参赛选手呈现全球化、年轻化的特点。经过层层选拔，244 个项目进入初赛，最终有 80 个项目入围决赛。这些项目涵盖生物医药、现代农业、高端装备制造、新材料、新一代信息技术、节能环保与新能源等多个领域，项目科技含量高，与湖南创新资源和产业特色紧密结合，具有较高的科研价值和应用前景。大赛还邀请前沿研究领域专家、投融资机构负责人和知名企业家担任评委，他们将助力优秀博士后科研项目在湖南落地，推动人才引育、科技创新和产业发展。

湖南省首届博士后创新创业大赛决出金银铜奖

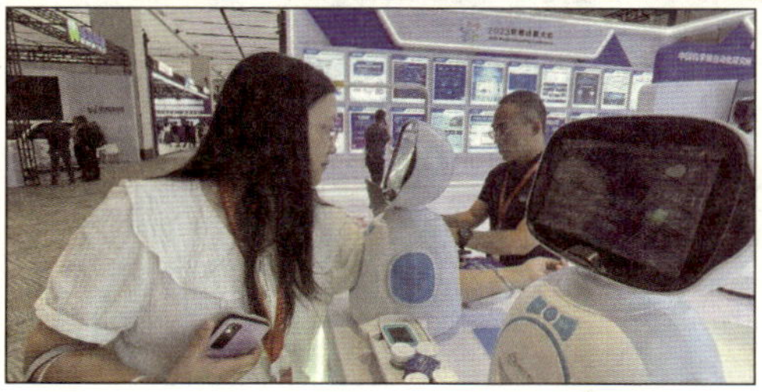

1 2 3 4

1.9月12日，2023年中国流动科技馆湖南巡展益阳赫山站暨“全国科普日”活动启动仪式在益阳世通学校举行，为赫山区学子带来一场丰盛的“科普大餐”

2.9月15日，参展者体验超能健康陪伴机器人

3.9月16日，第二届湖南旅游发展大会开幕式暨文化旅游推介会在郴州市举行，实景三维郴州体验项目受欢迎

4.9月18日，东安县举行2023年全国科普日活动启动仪式暨主场活动

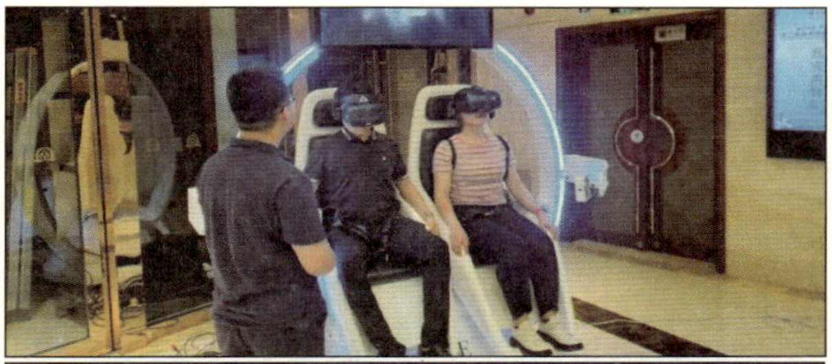

岳麓山种业创新中心获授牌『湖南省技术转移示范机构』（长沙全力建设全球研发中心城市）

2023年7月27日，湖南省科技创新成果路演种业专场启动仪式暨首轮路演活动在潇湘科技要素大市场种业工作站举行。

启动仪式上，岳麓山种业创新中心获授牌“湖南省技术转移示范机构”。6家单位集中签约，项目涉及湘猪cGPS技术（芯片）开发等。

湖南省科技创新成果路演系列活动采取“1+N”（岳麓山科创路演中心+潇湘科技要素大市场体系）的模式进行，集聚100个投融资机构、100家高校科研院所，全年开展不少于50场高水平路演，服务不少于1000个路演项目，高效整合“基金、项目、平台、园区”，为优质项目路演提供一站式转化服务，高标准高起点打造中部领先的路演品牌，促进技术等要素高效融合，为经济社会高质量发展提供科技支撑。

岳麓山种业创新中心相关负责人介绍，中心作为岳麓山实验室的建设基础与重要组成部分，承担着建设岳麓山实验室成果转化与产业应用中心的重要任务，已建立潇湘科技要素大市场种业工作站、岳麓山种业技术产权挂牌交易系统等，完成了岳麓山种业科技成果转化平台（一期）建设，将进一步打造集科技“孵化器”、技术“服务器”、品种“展示器”、成果“转化器”、企业“加速器”于一体的高能级种业成果转化平台，为中国种业振兴探索种业科技成果转化新路径。

启动仪式

△15日，湖南工业大学科技园开园。

△19日，“中昊杯”第五届中国研究生机器人创新设计大赛在长沙拉开序幕。

△19日，湖南省科学技术信息研究所发布了《湖南省区域科技创新能力评价报告2023》（以下简称《报告》）。评价结果显示，长沙持续领跑，位于科创能力综合得分首位，岳阳科技创新提速显著，跻身全省科技创新“第一梯队”。

△28日至29日，“长沙银行杯”2023年湖南省颠覆性技术创新大赛决赛在湘潭市雨湖区举行。

9月

△1日，兴湘集团与中南大学科技创新合作签约仪式在中南大学科技园（研发）总部举行。

△4日，湖南省科学技术厅传出喜讯：鹤城区“科技专家服务团”荣获“湖南省优秀科技专家服务团”荣誉称号。这是怀化市唯一获此殊荣的团队。

△7日，核技术应用产业高质量发展大会在衡阳举行。

△12日，由中电港、AMD和马栏山视频文创产业园共建的“先进计算产业联合实验室”揭牌。

湖南省桥梁领域——技术国际领先

2023年7月30日，湖南省交通科技项目“超高性能轻型组合加劲梁自锚式悬索桥关键技术研究”在长沙举行项目验收评价会，以全国工程勘察设计大师马骉为组长的专家组一致同意该项目通过验收，给予“研究成果总体达到国际领先水平”的评价。

该项目由湖南建投交通设计院主持，依托益阳青龙洲大桥开展。青龙洲大桥是全球首座采用钢—UHPC组合矮肋桥面板的自锚式悬索桥，2017年6月开工，2021年6月建成通车。

大桥施工期间，项目组研发出钢—UHPC组合矮肋板及自锚式悬索桥超高性能轻型组合加劲梁，解决了普通混凝土桥面结构在车辆荷载反复作用下容易开裂、桥面板自重过大的技术难题，形成了超高性能轻型组合加劲梁自锚式悬索桥设计理论和标准化施工工艺等成果。

目前，该项目组累计在国内外发表相关论文13篇，授权发明专利5项、实用新型专利26项。该项目顺利通过验收，标志着湖南建投交通设计院在超高性能混凝土桥梁领域取得又一重大突破，稳固了湖南在国内该领域的领先地位。

△13日，2023势银国际先进聚酰亚胺材料产业大会召开，500余名来自全国各地的聚酰亚胺材料领域的学术权威、行业泰斗汇聚一堂，围绕“深度解析PI产业技术创新路径”主题，共话产业发展，共谋聚酰亚胺薄膜的技术突破和产业升级。

△15日，2023世界计算大会“算力支撑 共筑高地”产业对接专场活动在长沙举行。

△15日，2023年新能源+储能产业创新发展高峰论坛在长沙举行。

△22日，2023海峡两岸绿色低碳循环发展产业科技交流会在长沙举行。

△23日，2023湖南（国际）通用航空产业博览会“北斗+低空”融合发展论坛在长沙举行。

10月

△10日，湘江实验室签约入驻世界计算·长沙智谷，标志着湘江实验室正式推动实体化运行建设。

△14日，“逐梦空天 共赴新程”2023年中国国际飞行器设计挑战赛总决赛，在国防科技大学及长沙县开慧镇拉开帷幕。

△15日，湖南省重点实验室洞庭实验室挂牌、开工仪式在岳阳学院举行，这是目前唯一一个省市共建、落户市州的实验室。

第十届“创青春”湖南省青年创新创业大赛开幕

2023年8月3日上午，第十届“创青春”湖南省青年创新创业大赛在长沙拉开帷幕，现场发布了《湖南共青团关于实施助力全球研发中心城市建设“湘青创”青春建功行动的若干措施》（以下简称《措施》）。副省长秦国文出席开幕式。

《措施》从发挥企业主体作用、集聚青年科技人才、强化创新平台支撑、优化科技创新生态4个方面提出10项助力全球研发中心城市建设的具体举措。开幕式现场，长沙市科技局、共青团长沙市委与湖南青年创业就业基金会等9家单位共同签署了助力全球研发中心城市建设合作框架协议，4位优秀青年科技工作者代表全省广大青年发出助力全球研发中心城市建设的青春倡议。

活动现场精心布置了“创青春”十年项目展，邀请历届“创青春”大赛优秀项目进行展示交流，并举办了“创青春十年”座谈暨助力全球研发中心城市建设恳谈会。

2023年是“创青春”湖南省青年创新创业大赛举办的第十年。十年来，大赛吸引了5万名青年、10000余个项目参与，共评选和资助了460个优秀获奖项目，直接资金帮扶近2000万元，形成了教育培训、平台搭建、金融服务、组织培育、厚植文化的“五位一体”跟踪服务工作格局，培育出一大批优秀青年创业典型。

青年代表作主题分享

签订助力全球研发中心城市建设合作框架协议

1.9月19日，现代智能制造联合实验室落地雨花区

2.9月20日，娄底市副市长刘继清为新人颁发首张区块链婚姻电子证照

2023年湖南省科学实验展演会演决赛举行

2023年8月16日，2023年全国科学实验展演会演预选赛暨湖南省科学实验展演会演总决赛举行。来自湖南省各地的18支代表队展开精彩竞演，带来各种科学实验“秀”。经过激烈角逐，湖南人文科技学院代表队凭借《神奇的液态气体》节目夺得一等奖。湖南省内近千名中小学生到场观看，直播观看和互动超60万人次。

参演队员们围绕物理、化学领域的相关知识，通过实验向观众展开科普分享——闪电、雷暴、台风、龙卷风等大自然现象，在小小实验台上复制模拟；杠杆、滑轮、齿轮这样的日常物品，带来了神奇的“魔幻演绎”；许多高端前沿的科学知识，被拉近至大众中间，而一些日常生活中的“流言”，也在观众们的见证下去伪存真。展演中，长沙海关技术中心代表队就展示了“隔夜菜中亚硝酸盐的真相”：常温储存的隔夜菜中，亚硝酸盐增加的量比低温储存下增加的量要大得多。

湖南省科技厅透露，湖南省将广泛动员全社会力量参与科普事业，发动院士、专家和广大科技工作者，利用科研院所、高等学校、科创基地的优质科普资源，为全社会提供更多更好的科普服务。同时，湖南省还将不断创新科普工作的方式方法，激发广大青少年求知探索的欲望，为国家科技自立自强培养重要的后备力量。

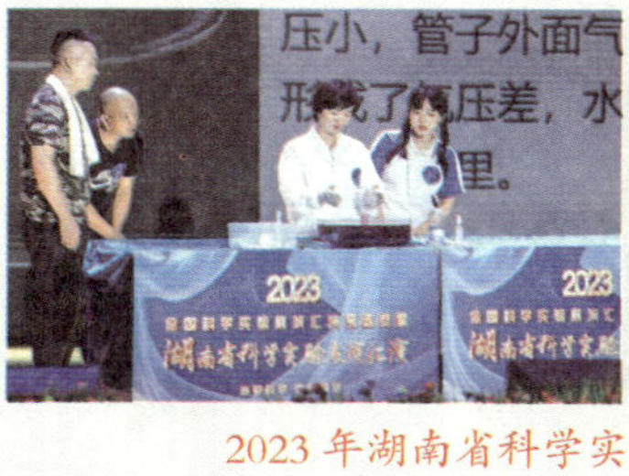

2023年湖南省科学实验展演会演决赛举行

1.9 月 20 日，中国科协、全国工商联共同主办，以“高端装备关键核心技术攻关”为主题的 2023 年企业自主创新研讨系列活动第三期在长沙成功举办

2.9 月 22 日至 24 日，2023 湖南（国际）通用航空产业博览会上自然资源展区吸引观众

3.9 月 21 日，长沙大飞机地面动力学试验平台试验取得圆满成功

1
2
3

湘西州首家国家级科技企业孵化器挂牌

湘西州国家级科技企业孵化器正式揭牌

2023 年 8 月 18 日上午，湘西州国家级科技企业孵化器揭牌仪式在湘西高新区武陵山片区创新创业示范园举行，湘西州实现国家级科技企业孵化器“零突破”。该孵化器亦为武陵山片区首个国家级科技企业孵化器。

本次挂牌的武陵山片区湘西州科技企业孵化器，共有孵化场地 1.5 万平方米，拥有科技服务机构 10 家、创业导师 18 人，将提供空间共享、财务代理、专利申请等一系列完善的孵化服务，还为毕业企业配套 6 万平方米标准化厂房 +1 万平方米物流仓储空间，打造了“众创空间—孵化器—产业园”的完整孵化链条。同时，孵化器自建“种子资金”500 万元，与吉首农商银行等 7 家金融机构合作，搭建了“投资 + 孵化”多层次创业孵化投融资服务体系。

△ 17 日，麻阳生物基新材料产业链万橡技术产品交流会在麻阳产业开发区召开。

△ 18 日，蓝思科技核心研发机构工业研究院在浏阳园区公司总部正式揭牌。

△ 20 日，湖南大数据交易所新型数据要素交易平台 1.0 版上线，同时，地理空间信息数据交易专板正式开通，意味着湖南大数据交易所已跑通线上交易全流程，实现了数据从线下到线上交易。

△ 20 日，首届中南大学新能源科技大会在长沙举办。会上，雨湖区正式与中南大学签订科技创新成果转化合作协议，雨湖高新区被评为“中南大学产学研合作优秀园区”。

△ 26 日，湖南大学—中国移动产业智能联合研究院在湖南大学挂牌，标志该研究院正式进入实体化运行阶段。

11月

△ 3 日，“时代之光 创见未来”时代峰会 2023 光明生物医药产业发展论坛在深圳光明科学城卫光生命科技园举行，深圳时代高科、中化南投湖南分公司、津市城发集团、新合新集团共同组建光明合成生物学开放式平台——新合时代细胞创新工厂 CDMO 举行揭牌仪式。

2023 年全国科普日（湖南）主场活动启动

2023 年 9 月 21 日晚上，2023 年全国科普日（湖南）主场活动启动仪式在衡阳举行。本次主场活动共有 1 场“科普之夜”晚会，4 场科普主题报告会，9 场科普展览、科普体验等活动，突出理论科普宣传与实际互动体验相结合，为群众特别是青少年提供生动有趣的科学文化体验。

颁奖现场

2023 年是“全国科普日”活动举办 20 周年，湖南省以“提升全民科学素质，助力科技自立自强”为主题，围绕科技创新等行业领域开展专题活动。活动于 9 月 17 日至 23 日集中举行，湖南省各地将围绕“加强政治引领，激发奋进力量”“聚焦创新发展，服务自立自强”“坚持科技赋能，助力‘国之大者’”“践行科普为民，共创美好生活”等主要内容，组织开展科普展览等各类科普活动。湖南省全民科学素质纲要实施工作办公室成员单位将举办本系统的全国科普日活动，各市州科协也将突出地域特点，动员组织辖区内科研院所等，面向群众开展主题鲜明、贴近生活的科普活动。截至目前，湖南省已开展线上线下科普日活动 300 余个。

启动仪式上，20 名 2023 年湖南省青年科技奖获得者一一亮相，接受表彰。现场还为被国家乡村振兴局、中国科协聘为第一批产业顾问组的专家代表颁发了聘书，为衡阳市南岳区颁发“湖南省科普研学试点县（市、区）”牌匾。

△10日，常德市女科技工作者协会成立大会暨第一次会员大会召开。

△15日，2023（第六届）行业信息技术应用创新大会在北京举行，南县“三长联动信息系统”获2023信息技术应用创新样板工程。

△20日，中国运载火箭技术研究院湖南分院在长沙金霞经开区揭牌。

△20日，中欧海智未来科技交流会在长沙举行，中国科协海智专家服务团赴我省开展专家服务。

△20日，“湖南博物院博士后科研工作站授牌仪式暨首批博士后进站开题报告会”在湖南博物院举行。这是湖南省文博行业首家获批的国家级博士后科研工作站。

△21日，湖南省新确定“马栏山创意中心数字视频专业孵化器”等12家孵化器为省级科技企业孵化器、“卓越湖工众创空间”等40家众创空间为省级备案众创空间。

△24日，“U—CAN”视频承载技术产业发展论坛暨“湖南一号”卫星遥感数据产业发展大会在长沙举行。

第十二届湖南省青年科技奖获得者名单揭晓

2023年9月21日晚，在2023年全国科普日湖南主场活动现场，20名第十二届湖南省青年科技奖获得者受表彰，其中长沙地区有16人，他们专注于轨道交通、新材料等重点领域，是优秀青年科技工作者的代表。

长沙16名第十二届湖南省青年科技奖获得者分别是：中南大学湘雅医院王杨、湖南粮安科技股份有限公司王杰、湖南中医药大学第二附属医院刘未艾、湖南省人民医院（湖南师范大学附属第一医院）刘苏来、湖南省环境保护科学研究院许友泽、国防科技大学杨跃能、湖南大学杨鑫和彭晋卿、中南大学湘雅二医院吴海竞、湖南师范大学何流琴、长沙理工大学郝威和卿志和、湖南省交通规划勘察设计院有限公司贺耀北、中南林业科技大学卿彦、中南大学彭勇和谭静强。

表彰决定寄语湖南省广大科技工作者特别是青年科技工作者，要以湖南省青年科技奖获奖者为榜样，坚定理想信念，始终心怀“国之大者”，自觉践行科技报国之志，坚持“四个面向”，坚定创新自信，增强自主创新能力，坚持传承弘扬科学家精神，推动形成有利于创新创造的良好风尚，为实现高水平的科技自立自强和推动湖南省高质量发展贡献智慧和力量。

1.9月27日，“湘粤社科智库联盟”揭牌

2.10月10日，湘江实验室与世界计算·长沙智谷举行签约仪式

湖南首届北斗双创大赛启动

2023年10月17日，2023年湖南省首届北斗应用领域创新创业大赛在株洲启动。

湖南首届北斗双创大赛启动

大赛受到全国北斗产业关注，吸引152个项目报名，131个企业、31个团队参与，涉及国内18个省市和18个科研院所。

10月17日，152个项目分为4组进行线上答辩，在北斗创新和应用技术、北斗规模应用场景等领域进行较量。经过激烈角逐，18个项目脱颖而出，将于10月26日参加决赛，上演“巅峰对决”。

株洲市科技局负责人介绍，此次大赛是北斗峰会的重要组成部分，通过赛事这一媒介，让北斗项目与北斗企业产生实质性的对话交流、互通互融。大赛组委会将全力助力北斗项目扎根湖南，推动北斗应用领域创新链、产业链、资金链、人才链深度融合。

首届国防科技高地论坛主论坛在长沙举行

首届国防科技高地论坛主论坛在长沙举行

2023年9月27日下午，首届国防科技高地论坛主论坛在长沙举行。军事科学院院长杨学军，湖南省委常委、副省长张迎春，国防科技大学政治委员傅爱国出席并致辞。中国科协副主席包为民出席，国防科技大学校长黎湘主持。

主论坛上，相关专家学者还围绕智能时代背景下国防领域教育、科技、人才等主题作大会报告。

主论坛还集中展示了国防科大70周年校庆系列学术专刊、专著，发布国防科大校友卡，宣读国防科技高地论坛主标识入围获奖名单，并举行了纪念品捐赠仪式，中国电子信息产业集团有限公司向国防科技大学赠送“中国第一台自主可控知识产权中文微型计算机——长城0520C-H”。

首届国防科技高地论坛以“交流·合作·融合·创新”为宗旨，以“科创未来·智汇高地”为主题，设置1个主论坛、17个分论坛和6个配套活动，近70名两院院士、5000余名相关领域专家、军地单位领导、青年学者和学生参加论坛。论坛聚焦高端人才培养、关键核心技术攻关、科技成果转化、产学研深度合作等，围绕空天技术、气象海洋、信息通信、无人装备、电磁防御、智能博弈、智能感知、数智空间等关键前沿领域和基础学科领域进行了深入研讨交流。

益阳市南县助农米业“揭榜挂帅”湖南省重大科技攻关项目

2023年11月6日，湖南省科技厅公布了关于2023年湖南省重大科技攻关“揭榜挂帅”制拟立项项目的公示，益阳市南县助农米业入选“婴幼儿营养辅食安全加工关键技术研究与示范”项目参与揭榜单位。

益阳市南县联合中南林业科技大学稻谷及副产物深加工国家工程研究中心，采用南县稻虾米定制品种与AI智能靶向碾磨专利技术成功生产出国内第一款“米珍营养米”。通过靶向碾磨，米珍营养米的糊粉层中功能活性成分能保留90%以上，出米率（整精米率）提高3%—5%。稻谷综合价值及稻米产业链不断提升，有力推动了南县稻虾产业发展。

南县助农米业“揭榜挂帅”湖南省重大科技攻关项目

1.10月14日—15日，2023年（第七届）湖南省大学生物联网应用创新设计竞赛参赛学子合影　1

100人当选2023年湖南省企业『创新达人』

大会现场

2023年10月31日，由湖南省科协、省工商联、省科技厅、省工信厅、省国资委共同主办的2023年湖南省企业“创新达人”评选活动在长沙举行发布暨宣讲大会。湖南省欧美同学会会长张大方、中国工程院院士印遇龙出席大会。

在5家主办单位的共同努力下，湖南省企业“创新达人”选树宣传工作已连续开展4年，中国科协将湖南省列为全国首批3个试点区域之一。本次从湖南省14个市州242名候选人中评选出的100名企业“创新达人”，多为科研能手、技能工匠及企业家。会上，新引擎（长沙）科技发展有限公司负责人王庆伟、湖南省建筑设计院集团股份有限公司副总工程师龙海珊等10位企业“创新达人”代表作的创新事迹宣讲报告，引发了观摩代表的共鸣。2023年又启动创新技术管理工程专业职称申报评审工作，还将成立湖南省工程师学会，与中国科协科创部共同主办“科创中国”技术交易大会，为企业“创新达人”自我提升搭建平台。

湘西州龙山县2023年科技专家服务“助农兴企”活动周启动

2023年11月28日，湘西州龙山县2023年科技专家服务“助农兴企”活动周启动，来自各行业的专家学者会聚龙山，为龙山的企业和产业发展出谋献策，把脉问诊。湘西州委组织部副部长、州委人才办主任杜修林宣布“龙山县科技专家服务团‘助农兴企’活动周”正式启动，龙山县委常委、县委组织部部长龙志勇出席活动。龙山县的省、州、县科技特派员和湖南省“三区”科技人才参加活动。

龙山县2023年科技专家服务“助农兴企”活动周启动

龙志勇在启动仪式上致辞，他对此次科技专家服务团来龙山指导科学技术表示感谢，他说，近年来，科技专家服务团在州委组织部、州委人才办的精心指导和大力支持下，踏遍了龙山的山水，走进了龙山的村寨，在田间沃土播撒了一项项科学知识，在企业车间破解了一道道技术难关，在群众心中厚植了一片片真挚情意。希望科技专家服务团能够结合龙山地理环境，结合农村产业发展需要、农民增收致富需求，深入开展科技服务，切实把科技和农业更好地结合起来，把涉农高校、科研院所和科技工作者的作用发挥出来，助力乡村振兴。

活动现场，部分科学研究学院还和民营企业进行了产学研合作项目签约，将在技术上指导民营企业发展。

启动仪式结束后，科技专家服务团分组来到全县各个产业发展基地和民营企业，为他们送技术、送支持。

△24日，地理信息安全与应用湖南省工程研究中心在湖南省地理信息产业园总部基地揭牌，这代表着全国首家专注于地理信息安全的科技创新平台正式成立。

△25日，国家超级计算长沙中心新一届理事会和专家委员会成立暨第一次会议在湖南大学举行。

△27日至28日，常德市老科学技术工作者协会工作经验交流会在安乡县召开。

12月

△2日，湖南省量子科技学会学术年会召开，会上发布《量子测量技术发展蓝皮书》。

△5日，湖南科技学院2023年科技成果转化对接发布会在零陵高新技术产业开发区举行。

△8日，第十二届中国创新创业大赛轨道交通产业技术创新专业赛颁奖仪式暨创新高峰论坛在株洲举行，株洲包揽企业组、团队组一等奖。

△8日，湖南工学院社会科学界联合会揭牌成立。

△12日，中国乡村发展协会印发复函，同意将湘西土家族苗族自治州花垣县作为“科创小院”试点县并启动相关工作。

△16日，以“全球研发 智汇长沙”为主题的2023“全球研发人才长沙体验日”活动举行欢迎仪式。

△17日，湖南三友环保科技有限公司院士专家工作站揭牌仪式在长沙举行。

△21日，湖南省科学技术协会与益阳市人民政府“会地”合作共建例会召开。市委副书记、市长熊炜，省科协党组书记、常务副主席王瑰曙出席并讲话。市委副书记、市委统战部部长邓斌主持。

△22日，湘江科学城7个项目在长沙举行集中开工仪式，标志着湘江科学城建设正式跨入快速推进的新阶段，迈进高质高效的新征程。

△26日，娄底半导体显示新材料产业园科创中心暨平板显示技术和装备国家工程实验室娄底分院揭牌仪式举行。

△28日，综合型科技创新公共服务平台——郴州“科技服务超市”正式上线。

湖南省第五届“智赋万企”人工智能产业创新与应用大赛决赛举行

湖南省第五届“智赋万企”人工智能产业创新与应用大赛决赛现场

2023年12月1日，以“湘融AI智赋万企”为主题的湖南第五届“智赋万企”人工智能产业创新与应用大赛落幕，来自湖南省各行业的17支参赛队伍，分为标志性创新产品和示范性应用场景两个赛道进行角逐，长沙行深智能科技有限公司和博世汽车部件（长沙）有限公司分别摘得两个赛道冠军。

当前湖南人工智能领域呈现出技术创新和产业化应用双轮驱动、双向促进的发展特征，2023年湖南省人工智能核心产业产值将突破200亿元。湖南省总算力超5100PF，建成和在建规模以上数据中心51个、标准机架17.2万个，中南智能、长沙人工智能创新中心等一批智算中心投产运营。

本次大赛设置标志性创新产品和示范性应用场景两个赛道。标志性创新产品赛道针对软硬件结合，突出在工业领域中运用的人工智能产品，如智能传感器、视觉大模型等；示范性应用场景赛道突出人工智能技术在工业领域的融合，展示人工智能技术在产品工艺、制造等环节的深度应用。

决赛采取现场路演+答辩的形式。经过现场激烈角逐和专家评委的精彩提问点评，长沙行深智能科技有限公司的多规格无人驾驶运载工具项目获标志性创新产品赛道一等奖，博世汽车部件（长沙）有限公司的产品全生命周期的工业数字孪生系统则在示范性应用场景赛道中夺冠。

1.10月16日，中国科协党校2023年“领航计划”青年科技领军人才国情研修活动（湖南班）开班

2.12月22日，昇腾AI大模型融合行业应用发展论坛在世界计算·长沙智谷成功举办

3.10月24日，2023长沙·中国1024程序员节——湖南“智赋万企”软件产业高质量发展论坛在长沙举办

鸿鹄卫星和『湖科大一号』卫星比翼齐飞

2023年12月9日7时39分，鸿鹄卫星与天仪33卫星（命名为“湖科大一号”）搭载朱雀二号遥三运载火箭，在酒泉卫星发射中心发射升空。

鸿鹄卫星是一颗由天仪研究院自主研制的50公斤级空间科学试验卫星。此次是中国首次利用氙气、氪气永磁电推进系统，实现累计百公里级轨控试验，同时还计划完成霍尔电推进系统近3000小时在轨点火试验和1万次开关机寿命验证。该卫星上还搭载了“星昱Ⅱ号”氙气型离子推进器。该型推进器能广泛应用于微小卫星的入轨、组网调姿、退役离轨等场景，可以大幅降低卫星星座的部署成本。

“湖科大一号”卫星是一颗50公斤级空间科学试验卫星，星上主载荷包括光学遥感载荷、自主诊断智能载荷，能够为载荷的常态化在轨工作提供更加精准可靠的温控、热防护和能源保障条件。同时，应用了高性能复合材料。该卫星平台将在轨验证新型热控技术，为湖南科技大学在热控材料和器件领域的持续深入研究提供助力，也为后续相关科研成果落地提供在轨实证支撑。同时，还将支撑湖南科技大学开展软件加密技术在轨验证，持续测试该项技术的加密性能和可靠性、鲁棒性。

这次“湖南造”双星的成功发射，展现了湖南省在科研卫星领域发展的最新技术水平。

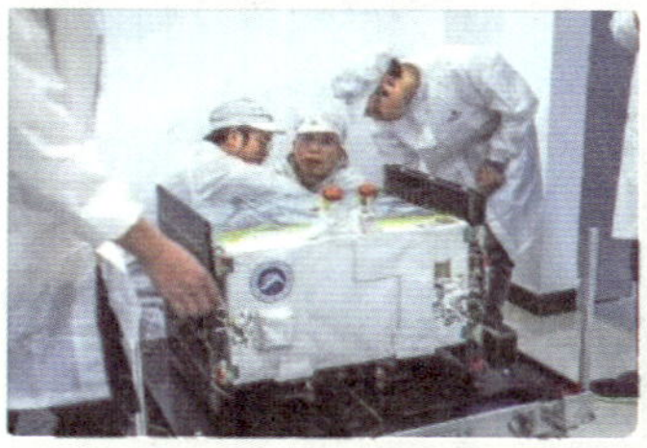

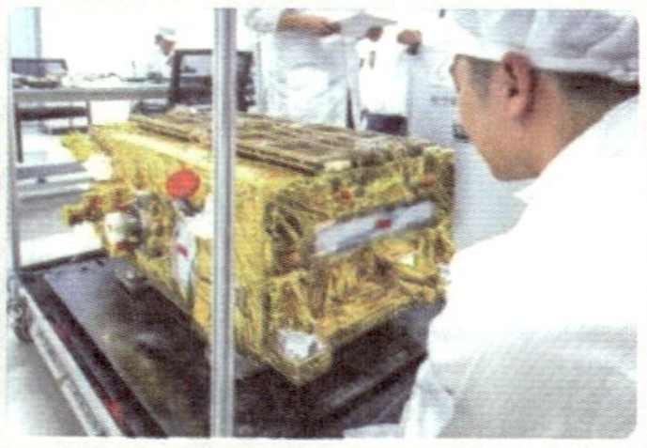

“湖科大一号”卫星（天仪33卫星）

教育

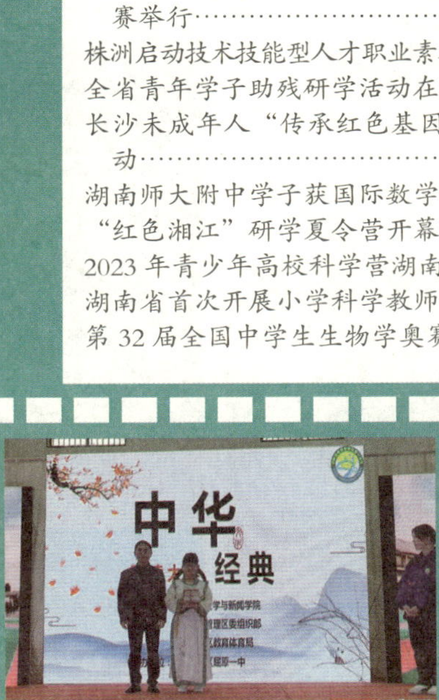

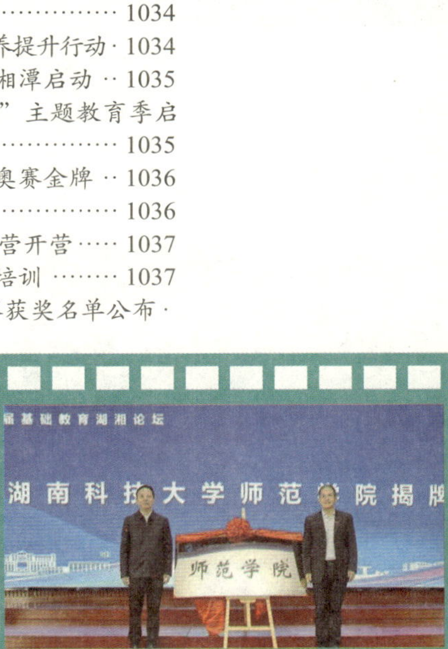

要闻纪事
2023年

1月

△3日至5日，全国政协副主席、民革中央主席郑建邦在湘考察。郑建邦一行实地考察了石门县洞国学校，并出席了湖南省郑洞国教育基金会表彰仪式。在湘期间，郑建邦一行还出席了抗日名将郑洞国将军爱国事迹座谈会等活动，并为郑洞国将军祭奠扫墓，为民革石门县支部揭牌。

2月

△7日，2023年全省教育工作会议在长沙召开。副省长秦国文在会上强调，2023年乃至今后一段时间，全省教育工作的主要任务是建设教育强省，为全面落实“三高四新”战略定位和使命任务、全面建设社会主义现代化新湖南贡献强大教育力量。

△28日，“雷锋精神职业教育实践教学基地”揭牌仪式在长沙职业技术学院举行。省教育厅一级巡视员罗桂香，市委常委、市委宣传部部长陈澎共同为基地揭牌。基地占地1000余平方米。其中展示厅包括雷锋精神和雷锋职业品质、雷锋精神在职业教育中传承、新时代的职场雷锋三个篇章。

3月

△1日，湖南省委党校（湖南行政学院）举行2023年春季学期开学典礼。省委常委、省委组织部部长汪一光出席开学典礼并讲话。

首批62个湖南统一战线教育基地名单公布

湖南统一战线教育基地揭牌仪式在长沙县李维汉故居举行

2023年2月16日，湖南统一战线教育基地揭牌仪式在长沙县李维汉故居举行，公布首批62个湖南统一战线教育基地名单。韶山毛泽东故居和纪念馆（含毛泽东广场、滴水洞、韶山毛泽东图书馆）等38处在湘全国爱国主义教育示范基地被明确为湖南统一战线教育基地。李维汉故居等24处场所场馆被明确为湖南统一战线教育基地并授牌。

开展湖南统一战线教育基地命名授牌工作，是湖南统一战线贯彻落实中共二十大精神和中央统战工作会议精神、加强统战红色资源保护利用的重要抓手，也是完善湖南统一战线理想信念教育体系、深入开展“五学两助”主题活动、推动党史学习常态化长效化的具体举措。工作启动后，经相关单位自愿申报，各民主党派省委会、省直统战系统单位、市州委统战部等审核推荐，省委统战部评估审议，最终确定。

1.1月19日，省委教育工委委员、省教育厅党组成员、副厅长刘静到湖南第一师范看望慰问西藏山南师范班师生

2.1月28日，省委教育工委委员、省教育厅副厅长左清一行到湖南省大中专学校学生信息咨询与就业指导中心走访调研

3.1月28日，祁阳市教育局开展“爱·悦·读”主题读书会活动

郴州中小学生交通文明安全第一课开讲

2023年2月22日，为进一步加强青少年的交通安全教育和自我防护能力，强化学生的交通安全意识和法制意识，教育引导青少年养成自觉遵守交通法规的良好习惯，郴州公安交警走进苏园中学，开展“交通知识大讲堂”直播活动，活动实况通过网络进行直播，提高宣传覆盖面。

活动现场，苏园中学二年级近千名师生家长齐聚体艺馆。市交警支队民警通过列举近期的交通事故案例、情景模拟违规骑乘电动车、解读交通安全规则以及演练交通手势操等方式，帮助学生们养成遵纪守法意识，掌握交通安全出行常识，做到知危险、会避险，远离交通事故。

郴州：中小学生交通文明安全第一课开讲

红色文化铸魂育人润物无声

新田县枧头镇枧头学校的红色教育课在镇上富柏村萧明故居前开讲

2023年2月22日，新田县枧头镇枧头学校的红色教育课在镇上富柏村萧明故居前开讲。校长胡光辉介绍，为深入学习贯彻落实党的二十大精神，学校积极依托本地红色资源，多渠道开展宣传教育活动，推动红色精神深植学生心中。

数百株大树的枝丫间，挂着写有革命先辈事迹、名言警句等吊牌；“党的二十大精神”“红色新田大美新田”等宣传专栏，在校园多处可见；教室的墙上、黑板报，展示着同学们摘抄的党的二十大报告原文、革命诗词等书画作品；走廊上，布置着“养体开智以外，又以德育为重”“学以知道，教以成德”等牌匾；道路两侧，张贴着老一辈无产阶级革命家、社会主义优秀建设者的画像及生平事迹介绍；课间休息，红领巾广播站传来时事政治新闻和学生学习党史的心得。

主讲这一期“追光课堂”枧头学校思政课的陆婉婷老师介绍，他们多次修改策划方案，4次组织学生深入大坪塘镇，到中国共产党早期优秀党员、无产阶级革命家、著名工人运动领袖和具有影响力的军事将领蒋先云烈士的故居，实地拍摄。枧头学校团委工作人员肖露说，新田县有小源会议旧址、红军宣传标语等众多红色资源，他们正准备拍摄“追光课堂”第二期、第三期，为广大师生送去更多精神食粮。

1.2月9日，省委组织部、省教育厅联合召开全省第十批援疆教师及首批教育部“组团式”援疆教育人才进疆培训暨欢送会

2.2月15日，北湖区教育局检查郴州市十九中新春开学工作

1
2

护航“小树苗”健康成长为“参天大树”

2023年2月22日，湖南省圆梦工程——关爱农村留守儿童活动暨乡村“复兴少年宫”建设现场推进会在安化举行。

此次推进会，旨在总结乡村“复兴少年宫”项目建设试点工作，交流试点经验，探索新时代文明实践中心（所、站）与乡村“复兴少年宫”相结合的乡村育人模式改革创新，护航“小树苗”健康成长为“参天大树”，培养德智体美劳全面发展的社会主义建设者和接班人。

湖南省圆梦工程——关爱农村留守儿童活动暨乡村“复兴少年宫”建设现场推进会现场

湖南省现有1200万名中小学生，其中近600万名为农村中小学生。湖南省文明办2021年将宁乡市、韶山市、安化县、桂阳县、新田县作为第一批省级试点，2022年又将衡南县、邵阳县、汨罗市等县（市）纳入试点，探索和打造乡村“复兴少年宫”实践品牌，为全省乡村“复兴少年宫”建设提供样板和路径。目前，全省共建设省级乡村“复兴少年宫”124所。

推进会上，安化县、长沙市、韶山市、桂阳县、新田县文明办主任分别发言，介绍乡村“复兴少年宫”建设经验。与会代表还实地考察安化县思源学校和城南社区乡村“复兴少年宫”。现场推进会还举办了全省未成年人心理健康辅导骨干培训班。

△6日，2023年度“楚怡杯”湖南省职业院校技能竞赛湖南高速铁路职业技术学院赛点“建筑工程识图”赛项落幕，来自全省37所高职院校、67支队伍、134名选手同台竞技，湖南高铁职院参赛选手表现出色，在本次“建筑工程识图”赛项中斩获2个一等奖。

△6日，武陵区家庭教育指导中心正式揭牌，副区长张恩参加揭牌仪式。武陵区家庭教育指导中心在武陵区妇联指导下成立，将围绕家庭建设、亲子关系、心理健康、爱国教育、传统文化五大板块，打造武陵区“家庭教育创新实践基地”，引导全社会注重家庭家教和家风建设，促进家庭幸福与社会和谐。

△10日，株洲专精特新产业学院在湖南铁路科技职业技术学院揭牌成立。依托该产业学院，株洲集合有效资源，探索有效形式，积极开展职业院校与专精特新企业的对接合作，加快构建校企合作双赢的良好生态圈。根据协议，未来三年，株洲专精特新产业学院将针对企业在课程、师资、实习实训等领域的个性化资源和需求，为株洲专精特新企业提供订单班人才培养、科研服务和支持、项目孵化、技能人才提升培训和等级认定、创新创业辅导等服务。

△17日，宁乡市与湘潭大学签订校地战略合作协议。双方将从产业规划咨询、科研攻关与科研项目、科技成果转化、校地资源共享、共促服务务活动等方面开展合作。

△23日，湖南省基础教育数字化转型研讨会在长沙县开慧中学召开。来自全省的专家、各市州教育信息化负责人、外省基础教育信息化部门负责人等共同研讨探索构建数字教育、信息化教学新模式。研讨会上，来自全省各地的专家学者以“基础教育数字化转型”“关于中小学教育数字化转型的几点思考”“中小学信息课数字化转型趋势研究”“基础教育数字化转型农村学校实践”等主题对数字化在教育领域的探索和实践进行了分享。

△23日至24日，衡阳市举行博士行动（第三季·2023）集中洽谈签约活动，4所驻衡高校及南华大学3所附属医院、11家市属事业单位、38家企业共提供岗位589个。此次活动共邀约329名海内外博士来衡阳洽谈，其中186名博士现场签订引进意向协议。

1.2月26日，衡阳市教育局开展2024年春季开学“师德师风第一课”专题教育活动，特邀“全国优秀共产党员”、《榜样8》专题节目录制对象衡阳市特殊教育学校刘玲琍开展师德现场宣讲

2.3月6日，“楚怡杯”全省职业院校学前教育专业技能竞赛在湖南幼专圆满闭幕

3.3月21日，衡阳市珠晖区泉溪村小学教育集团泉溪村校区举行思辨赛

4.3月13日，永州一中组织学生志愿者前往永州市特殊教育学校开展了“真情奉献情暖特校，学习雷锋服务人民”慰问活动

湖南首个雷锋精神职教基地在长沙揭牌

2023年2月28日，湖南省首个雷锋精神职业教育实践教学基地，在长沙职业技术学院揭牌。

雷锋精神职教基地占地面积1000余平方米，由展示厅、讲堂、广场三个部分组成，将作为长沙职业技术学院开展思想政治理论课实践教学、学雷锋主题实践活动、师生党团教育实践活动的重要阵地，助推新时代“大思政课”建设。雷锋精神职教基地落户长沙，对进一步擦亮“雷锋家乡学雷锋”品牌、增强城市文化软实力具有重要意义。

多年来，长沙职业技术学院坚持用雷锋精神兴校育人，把雷锋精神与社会主义核心价值观、现代工匠精神有机融合，在全国职教界率先提出“培养雷锋式职业人”的教育理念，构建特色职业素质培养模式，“雷锋式职业人”育人经验吸引省内外各类院校前来学习和借鉴。

湖南首个雷锋精神职教基地在长沙揭牌

湖南省在第三届全国技工院校教师职业能力大赛上斩获佳绩

湖南省在第三届全国技工院校教师职业能力大赛上斩获佳绩

2023年3月1日，第三届全国技工院校教师职业能力大赛决赛落幕，湖南省代表队斩获一等奖1个、二等奖5个、三等奖4个，10名参赛选手全部获奖。湖南省人力资源和社会保障厅获优秀组织奖。

全国技工院校教师职业能力大赛是人社部主办的全国性赛事。省人社厅高度重视，全力抓备赛工作。2022年8月在株洲商业技师学院、衡阳技师学院举行选拔赛，来自14个市州48所技工院校的320名选手参赛，经过层层选拔，各赛项产生的第1名参加全国决赛。组织13人的专家团队进行反复集训打磨，做了充分参赛准备。

湖南省正大力发展技工教育，截至2022年底，湖南省80所技工院校共有教职工11153人，其中专任教师8364人，全日制在校生16万人，为现代化新湖南建设输送大量技能人才。2023年，湖南省将持续实施技工教育提质工程，加大技师学院建设力度，实施优质技工院校和优质专业建设，全面推行工学一体化技能人才培养模式，加快师资队伍建设，推行师资提升三年行动计划，进一步改善技工院校办学环境。全力支持各类职业技能竞赛开展，充分发挥竞赛促进高质量稳定就业的示范引领作用。

湖南启动大中小学学雷锋活动

湖南启动大中小学学雷锋活动

2023年3月3日，湖南省大中小学“传承雷锋精神培育时代新人”学雷锋活动在湖南第一师范学院东方红校区正式启动。《湖南省大中小学2023年“传承雷锋精神培育时代新人”学雷锋活动实施方案》（下称《方案》）同时下发。

开创网络课堂，通过“我是接班人”“为时代育新人”等载体，推出《学习雷锋好榜样》《雷锋的朋友圈》等专题大课。开展雷锋精神体系化研究，立项国家级课题3项、省级课题33项，在CSSCI等核心刊物发表论文45篇。同时，组织开展“雷锋家乡学雷锋”“传承雷锋精神，争当时代新人”“学雷锋，争先锋”等主题活动，精心打造“青少年志愿者联盟”“苗系列”等实践品牌，学生志愿者超过100万名，涌现出“全国道德模范”周美玲、“中国大学生自强之星”王美玲等一批先进典型。

按照《方案》要求，湖南省各地各校将充分发挥思政课作为落实立德树人根本任务关键课程的作用，加强雷锋课程建设，将雷锋精神纳入思政课教学体系、融入高校思想政治理论课和中小学德育课教学内容之中，深入推进大中小学思政课一体化建设。

1.3月28日，省教育厅举行“湘教关爱行”志愿服务活动启动仪式，宣布“湘教关爱行”志愿服务队正式成立

2.3月27日，长沙环境保护职业技术学院启动“楚怡读书行动暨2023年读书节”

3.3月24日，湘阴县家庭教育指导服务中心揭牌暨家庭教育指导讲师培训启动仪式在洋沙湖实验学校举行

全国雷锋精神职业教育联盟在长沙成立

2023年3月3日，全国雷锋精神职业教育联盟在长沙职业技术学院成立。来自全国20多个省市的高等院校负责人及雷锋精神研究专家学者、企事业单位代表齐聚长沙，共话雷锋精神和时代新人的培育。

该联盟由湖南省教育厅、湖南省社科联指导，长沙职业技术学院牵头，联合全国致力于弘扬雷锋精神和培育“雷锋式职业人”的高等院校、企事业单位组成的组员联合体，主要任务包括研究雷锋精神、研制创评标准、共建教学资源、开展学术交流、推进学雷锋活动等。长沙职业技术学院当选联盟首届理事长单位。

联盟首届理事长、长沙职业技术学院党委书记喻友军介绍，2019年11月启动筹建以来，联盟筹备工作组先后到全国30余所职业院校、企事业单位走访调研，促成40余家单位签订“雷锋式职业人”合作培养协议，为联盟成立打下坚实基础。长沙职业技术学院将建立雷锋职业精神研究基地，建成全国首个雷锋精神职业教育实践教学基地。

全国雷锋精神职业教育联盟在长沙职业技术学院成立

△29日，湖南省委宣传部、省社科联主办，长沙学院承办的2023年第1期湖湘大学堂在长沙学院举行。中国社会科学院新闻与传播研究所所长、中国社会科学院大学新闻传播学院院长胡正荣教授以《学习贯彻党的二十大精神——增强中华文明传播力影响力，加强全媒体传播体系建设》为题作主旨演讲。

4月

△12日，湖南工业大学图书馆报告厅“首届思想政治理论课学习标兵”颁奖典礼举行。通过大数据分析，湖南工业大学在全校1万余名已修满5门思想政治理论课的2020级学生中，遴选出5门课程成绩总分（满分500分）排名全校前10的同学，授予其“思想政治理论课学习标兵”荣誉称号。校党委书记刘望给他们颁奖，并以“用马克思主义武装头脑，指导实践，无往不胜”为主题与同学们进行分享交流。

△13日，2023年衡阳市普通高中教学开放日活动在衡阳市第一中学举行。该活动以“聚焦减负提质 打造高效课堂”为主题，来自市直和县市区的57所学校近千名教育工作者参加。

△20日，市教育局主办、雨花区教育局承办的长沙市教师读书工程2023年启动仪式暨雨花教育大阅读联盟、教师“三晒”工程展示活动在雨花区砂子塘新世界小学举行。市委常委、市委宣传部部长、市教育工作领导小组组长陈澎出席并宣布活动启动。

△27日，《湖南省2023年防范中小学生溺水专项行动实施方案》出台，以推动地方政府和相关部门加强水域隐患排查治理，落实重点危险水域管理措施，完善部门、属地、学校和家庭“四方”责任体系，力争实现较大及以上学生溺水事故零发生，力争实现一般学生溺水事故和溺亡人数总量“双下降”的工作目标。

△28日，湘西土家族苗族自治州召开青年人才座谈会，10名来自农业、医疗、文旅等行业的专家学者，被聘为该州首批“青年成长导师”，涵盖经营管理、科学技术、教育医疗、专业技术及其他技能。按照“传帮带”人才培养机制和“导师+青年+项目”的模式，10名导师每人将结对5名左右培养对象，以3年时间为周期，根据培养对象的实际情况，制定针对性的培养计划，采取面对面、手把手等方式，开展个性化培养与辅导。

中宣部命名第八批全国学雷锋活动示范点和岗位学雷锋标兵

2023年3月4日，习近平总书记对深入开展学雷锋活动作出重要指示，要求深刻把握雷锋精神的时代内涵，让学雷锋活动融入日常、化作经常，让雷锋精神在新时代绽放更加璀璨的光芒。为贯彻落实习近平总书记重要指示精神，中宣部命名第八批全国学雷锋活动示范点和岗位学雷锋标兵。其中，湖南1单位、2个人获此殊荣。

此次命名的第八批全国学雷锋活动示范点和岗位学雷锋标兵中，常德市临澧县消防救援大队被命名为第八批全国学雷锋活动示范点，湖南科技大学齐白石艺术学院音乐系教授王育霖、衡阳市环境卫生事务中心垃圾运输中心副主任许海平被命名为第八批全国岗位学雷锋标兵。

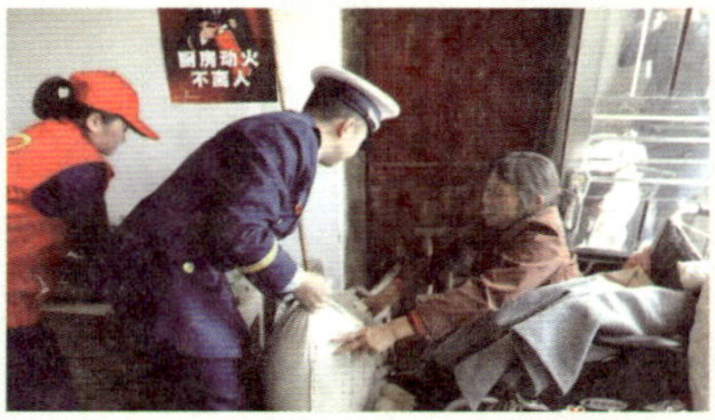

临澧县消防救援大队长期开展志愿服务活动

志愿者们以湘北大鼓的形式宣传消防安全知识

1.3月30日到4月1日，南华大学、湖南教育电视台联合主办的“高中高校协同育人”校长论坛在南华大学举行

2.4月6日，2023年湖南省大学生创新创业孵化基地项目路演遴选会成功举办

3.4月6日，在永安小学开展了2023年鼎城区语言文字规范化建设专项培训

4.4月7日，屈原管理区举行2023年“中华经典诵读比赛”活动

1 2 3 4

溆浦县扎实开展禁毒知识进校园活动

溆浦县扎实开展禁毒知识进校园活动

2023年3月18日，溆浦县公安局禁毒大队民警周晓梅向鹿鸣学校600名师生开展禁毒宣讲。

为深化全县青少年毒品预防教育“6·27”工程，增强青少年拒毒、防毒意识，2023年来，溆浦县禁毒部门在全县96所中小学校轮流开展“禁毒知识进校园”宣传活动。

每到一个学校，禁毒民警以案说法，普及防毒、拒毒常识。并以禁毒答题的方式，与学生们互动。一张张答题卡片涵盖了毒品种类、毒品危害、禁毒法律法规等内容，学生们通过盲抽的方式抽取答题卡，回答相关禁毒问题，民警再对大家的禁毒知识盲区进行耐心细致讲解，以加深他们的理解。

截至目前，全县共组织禁毒知识进校园活动20场次，接受教育的学生达4万余人，有力营造了“绿色校园·平安无毒”氛围。

1
2
3

1.4 月 10 日，2023 年湖南省普通高校教师教学创新大赛 落下帷幕

2.4 月 15 日，湖南省郴州市永兴县树德中学教育集团在核心校树德中学举办 2023 年中考学科第二轮教学视导活动

3.4 月 13 日，临武县特殊教育学校举行主题家长会及专家讲座

第16届中国数字传媒教育与发展论坛年会在张家界市举行

第 16 届中国数字传媒教育与发展论坛年会在张家界市举行

2023 年 3 月 25 日，第 16 届中国数字传媒教育与发展论坛年会暨第 16 届中国好创意大赛国赛颁奖典礼在张家界市举行。长沙理工大学党委书记付宏渊，副市长陈瑜，教育部高校动画与数字媒体专业教指委秘书长、全国高等院校计算机基础教育研究会会长黄心渊参加活动。

该活动由中国数字传媒教育与发展论坛年会组织委员会、中国好创意暨全国数字艺术设计大赛组织委员会、长沙理工大学联合主办，长沙理工大学设计艺术学院承办。涵盖的专业领域广泛，横跨艺术学、设计学、工学、人工智能、数字艺术、数字媒体等多个专业门类，涉及动漫、数字媒体戏剧与影视学类、设计学类、计算机类、美术学类、音乐与舞蹈学类以及新闻与传播学类等多个专业，具有较强的交叉性特点。本届大赛以省为单位，在全国设立 30 个分赛区，平均每个分赛区有 50 至 70 所高校参加。共计收到 1576 所院校的 139460 件投稿，其中 985、211 参赛院校 155 所，参赛师生共计 80 余万人。

付宏渊指出，大数据技术的蓬勃发展带来了内容生产力的解放及交互方式的创新，相信此次大会的召开将进一步推动国家数字创意创业远景规划在高校的落实，为构建数字经济新形态、推动数字社会创新发展、加快数字中国建设贡献力量。

包揽第十五届全国大学生结构设计竞赛冠亚军

长沙理工大学两支代表队脱颖而出，包揽第十五届全国大学生结构设计竞赛冠亚军

2023 年 3 月 26 日，为期 3 天的第十五届全国大学生结构设计竞赛在太原理工大学落下帷幕。经过 16 小时现场模型制作以及陈述答辩、模型加载等环节激烈比拼，长沙理工大学两支代表队脱颖而出，包揽冠亚军，实现八届蝉联该项赛事国赛一等奖。学校还荣获最佳组织奖，长沙理工大学城南学院荣获最佳制作奖。

本届竞赛共有来自全国 31 个省（自治区、直辖市）514 所高校的 1209 支代表队参加。来自同济大学、清华大学、浙江大学等 110 所院校的 111 支代表队闯入决赛同台竞技。比赛要求各队伍以三重木塔结构为基本单元现场制作模型，并针对竖向荷载、扭转荷载及水平荷载等多种荷载工况下的空间结构进行受力分析、模型制作及加载试验。长沙理工大学城南学院雷缮诚、乐宇航、潘鑫烨 3 位同学制作完成的模型《再鸣》，以自重 101.2 克承受三级静力荷载 45 千克夺得唯一特等奖；土木工程学院伍凯、舒德星、周苇朝合力完成的模型《守正塔》以 108.9 克满载负荷，以总分第二名的成绩荣获一等奖。

5月

△ 16 日，宜章县 2023 年迎郴州市小学音乐送教送研暨教师培训活动在宜章县湘南红军学校隆重举行。郴州市送教送研团队、宜章县音乐学科教研员及宜章县中小学全体音乐教师参加活动。活动分优质课例观摩、专家点评及讲座和市县教育局领导总结讲话三个环节进行。

△ 18 日，“2023 年桃源县中小学心理健康教育教师实操能力提升培训班” 在县进修学校开班。来自全县各乡镇中学、中心学校、县属学校、民办学校的 100 名心理健康教育教师参加了为期 3 天的培训。副县长汤赛男出席开班仪式。

△ 19 日，湖南省教育厅下发《关于实施“楚怡工匠计划”试点工作的通知》，聚焦服务“三高四新”、乡村振兴战略的专业，由省属本科高校和高水平高职院校结合自身办学特色，联合培养具有高尚的职业道德、先进的职业理念、较高的文化水平、熟练的专业技能、创新的思维能力的高素质本科层次技术技能人才。

△24日，怀化市芷江侗族自治县第四中学与美国内华达州拉斯维加斯斯科菲尔德中学缔结“飞虎队友谊学校”签约仪式在线上举行。中国驻旧金山总领事张建敏，美国驻武汉总领事蓝如瑾，省委外事办、美中航空遗产基金会以及两地相关部门和学校负责人出席并见证两校线上签约。

△26日，资兴市“国培计划（2023）”项目农村骨干教师能力提升培训项目工作部署会在资兴市教师发展中心召开。市发展中心主任文志勇，副主任李焕立和各学科首席专家及项目申报团队成员参加了会议。

6月

△1日，湘潭市岳塘区举办“警娃进警营·欢乐六一行”主题活动，50多名“警娃”代表走进岳塘公安分局，警娃们先后参观了人口与出入境接待大厅、情指行合成作战指挥中心和警械展示等，在随后开展的禁毒讲座中，警娃们对冰毒、大麻等传统意义上的毒品，以及被包装成极具诱惑力的“奶茶”“可乐”“跳跳糖”等新型毒品有了更直观的认识。

1

2

3

1.4月15日，首届基础教育湖湘论坛在湘潭召开。来自全国各地的教育“大咖”集聚湖南科技大学，以“聚焦高素质教师队伍建设，推动基础教育高质量发展”为主题，凝聚业界力量，针对我国基础教育发展、教师教育体系建设、队伍建设等现实问题进行集中研讨

2.4月15日，岳阳市2023年“4·15”全民国家安全教育日系列宣传活动启动仪式

3.4月16日，2023年全民国家安全教育日启动仪式暨大中小学思政课集体备课展示活动，学生代表进行维护国家安全集体宣誓

全国技工院校优秀教师选拔活动在株洲举行

2023年3月27日至29日，全国技工院校通用职业能力课程三个模块（企业管理与企业文化、就业指导与实训、创业创新指导与实训）优秀教师选拔活动在株洲举行。来自17个省份的117名优秀老师参加了此次选拔活动，最终22人从选拔中脱颖而出。湖南省颜双、于岚、刘雨芳、刘星仪、高翔5名老师入选，总成绩位居全国第一。

师资队伍建设是提升技工教育的关键，通用职业素质课程是提高技工教育教学水平的重要举措，也是提升技工院校学生综合素养助其成为技能人才的重要教学方式。此次入选的22名教师将成为全国技工院校通用职业能力核心课程的首批骨干培训指导教师，指导全国通用职业能力课程教学。

2018年以来，人力资源和社会保障部开始部署通用职业能力改革创新试点工作。湖南省积极响应，在湖南工贸技师学院、湖南省建筑高级技工学校等4所院校开展试点教学，鼓励各技工院校开设通用素质课程，并通过成立专家委员会、举办通用素质课程教师职业能力大赛等不断扩大课程实验范围，推动公共课程改革创新。

全国技工院校选拔优秀教师活动现场

澳门大学学生领袖国情考察交流团来湘访问

澳门大学学生领袖国情考察交流团来湘访问

2023年4月6日至10日，澳门大学学生领袖国情考察交流团一行38人来湘，赴湖南第一师范学院、岳麓书院、橘子洲、隆平水稻博物馆、岳阳楼、韶山等地参观访问，并与省港澳办、省教育厅、湖南大学等开展座谈交流。

访湘期间，交流团一行实地缅怀革命先辈们的历史足迹，深刻感受湖湘文化的源远流长与博大精深，切身体会“先天下之忧而忧，后天下之乐而乐”的家国情怀，详细了解我国水稻发展历史和杂交水稻对世界的贡献。澳门青年大学生们纷纷为湖南经济社会发展成就点赞，表示此行内心受到很大触动，作为一名当代大学生，要继承发扬先辈们艰苦卓绝的奋斗精神，努力实现人生价值。大家纷纷表示希望能够参与湖南大学的学生交换计划，有机会来湖南实习和工作。

省港澳办表示，将携手相关部门为港澳青年大学生在湖南的求学、实习和发展创造有利条件，助力他们融入国家发展大局和湖南经济社会建设，实现共同发展。希望港澳青年大学生在实现自身奋斗目标和人生价值的同时，为全面准确、坚定不移贯彻落实“一国两制”方针贡献力量。

湖南省首届基础教育湖湘论坛在湖南科大开幕

2023 年 4 月 15 日，全省首届基础教育湖湘论坛在湖南科技大学开幕，湖南科技大学师范学院、基础教育发展研究院揭牌成立。教育部基础教育司司长吕玉刚，湖南省教育厅党组成员、副厅长刘静，副市长周艳希出席开幕式，共同见证揭牌。

湖南省首届基础教育湖湘论坛在湖南科大开幕

这次论坛以“聚焦高素质教师队伍建设，推动基础教育高质量发展”为主题，由省教育厅指导，省教育科学研究院、湖南科技大学联合主办，邀请教育部“长江学者”特聘教授刘铁芳等作大会报告，精心安排地方党委政府领导论坛、教育局局长论坛、中小学组织书记校长论坛等活动，吸引了省内外 300 多名专家学者、教师代表等齐聚一堂，共商基础教育发展大计，共谋基础教育发展路径。

周艳希表示，首届基础教育湖湘论坛举办和湖南科技大学师范学院、基础教育发展研究院揭牌，开启了湘潭基础教育领域新篇章。湘潭市将充分发挥伟人故里的独特资源禀赋优势，多措并举打造湘潭基础教育高地和湖南科技大学师范教育品牌，希望各界专家学者一如既往支持湘潭基础教育改革与发展，共同携手为教育强省和现代化新湖南建设注入强劲活力。

湖南省首届基础教育湖湘论坛在湖南科大开幕

湖南高铁职院选手夺得全国一等奖

2023 年 4 月 10 日—14 日，“2022‘一带一路’暨金砖国家技能发展与技术创新大赛”之城市轨道交通运营管理技术赛项全国总决赛在福建省南平市隆重举行。湖南高速铁路职业技术学院选手夺得全国一等奖、三等奖，学院获得最佳组织奖。

此次城市轨道交通运营管理赛项全国总决赛以真实地铁运营管理岗位为依据，紧紧围绕城市轨道交通站务员、行车值班员职业岗位能力要求，通过“理论＋实操”的考核模式，全面考查参赛选手乘客事务处理、票务运作、行车作业办理、应急处理等能力，对参赛选手的理论知识储备、技能操作水平、临场心理素质、团队协作能力等方面要求极高。

学院坚持“以赛促教、以赛促学、以赛促改、赛课融通、赛训结合”的育人方式，建立人才选拔通道，提升人才培养能力，全面推进职业技能的深化改革。湖南高速铁路职业技术学由铁道运输学院教学团队李培锁、赵小红、胡斌、周阳老师指导的城运21级文洁、杨林凯、綦梅可可，刘晨宇、黄娟、陆星如分别组成的 A（行车值班员）、B（站务员）两个模块代表队。赛场上，选手们沉着冷静、全神贯注、操作熟练、作业规范、灵活应变、有条不紊，从全国 90 所院校 164 支队伍的 492 名晋级选手中脱颖而出，分别荣获全国一等奖、三等奖，学院荣获最佳组织奖。

1
2
3

1.4 月 21 日，湖南共青团开展 2023 年“青社学堂”暨湖南新兴青年“青春会客厅”主题沙龙活动

2.4 月 23 日，湘潭大学“悦·读湘大”阅读文化活动开幕

3.4 月 23 日，祁阳市 2023 年“阅读城市·书香祁阳”全民阅读活动启动仪式在祁阳市民生小学举行，祁阳市委常委、宣传部部长吴东涛参加并宣布活动正式启动

△ 16 日，“生活中，我们如何预防毒品”宣讲活动在长沙学院举行。活动邀请中国禁毒爱心形象大使、青少年毒品预防宣传教育办公室主任、全国禁毒工作先进个人戴文军和湖南省长康监狱一级警长陈丹亮做禁毒教育专题讲座。开福区禁毒委员会等部门及长沙学院师生代表 300 余人参加。

△ 17 日，衡阳市学前教育联盟成立大会在衡阳幼儿师范高等专科学校召开。会议宣读了该联盟成立文件，并为该联盟首批 44 家成员单位授牌。衡阳市学前教育联盟是在衡阳市人民政府引导下，衡阳市教育局的大力支持下，由衡阳幼儿师范高等专科学校牵头成立，是自愿组成的、非营利性的、非法人的学前教育社会组织。该联盟遵循“以联盟为平台，以市场为导向，以项目为纽带，加快人才培养，促进学前教育事业发展”的理念。

△ 21 日，蒸湘区人大常委会组织全区各级人大代表，在呆鹰岭镇振兴小学举行“6·25”为民服务日暨书香校园读书角启用仪式，旨在汇聚人大代表爱心，助推乡村教育振兴，丰富乡村儿童精神生活，引导孩子们养成爱阅读、勤阅读的好习惯。

△21日，雨湖区风车坪学校举行湖南教育报刊集团小记者站（雨湖区站）授牌仪式，湖南教育报刊集团经委委员朱晓龙、湖南教育报刊集团首席讲师郑司南、湖南教育报刊集团区域通联部部长曾仕伟、雨湖区教育局党委委员、副局长、总站长王红，立云学校、护潭学校、司马学校等16所学校的执行站长、指导老师，小记者代表们共计82位参加。

△25日，湖南省举行2023年高考第二次新闻发布会。湖南省教育考试院公布了今年各批次录取控制分数线。其中，历史类本科线为428分，专科线为200分；物理类本科线为415分，专科线为200分。

△26日，株洲市托育综合服务中心在株洲师范高等专科学校揭牌，将全力推动株洲托育机构的专业化、规范化管理，争创“省级婴幼儿照护服务示范城市”。株洲师范高等专科学校现设有学前教育、早期教育、婴幼儿托育服务与管理等16个专业，建有婴幼儿照护实训室、蒙台梭利实训室等多个实训场馆，是省幼儿教师“国培计划”定点单位。

湖南省中小学劳动教育现场展示交流活动举行

湖南省中小学劳动教育现场展示交流活动现场

2023年4月17日，湖南省中小学劳动教育现场展示交流活动在长沙举行，教育部基础教育司司长吕玉刚，省教育厅党组书记、厅长夏智伦，省教育厅党组成员、副厅长刘静，市领导朱东铁、陈澎、肖正波等出席或参加相关活动。

与会人员分别前往浏阳梅田湖劳动实践基地、长沙市示范性综合实践基地、开福区新竹二小、天心区仰天湖新路小学、芙蓉区朝阳小学和湖南雨花非遗馆等地，开展实地调研考察。在交流活动中，长沙市、雨花区、株洲市、雨湖区等现场就劳动教育开展情况作经验交流，活动还为全省首批劳动教育实验区、实验校代表授牌。

近年来，长沙依托全国首批中小学劳动教育实验区建设，认真落实立德树人根本任务，把劳动教育纳入人才培养全过程，创新机制、因地制宜、挖潜拓域，充分发挥劳动教育在素质教育中树德、增智、强体、育美的综合育人价值，使其成为撬动学生发展关键能力的杠杆，着力培育爱劳动、会劳动、懂劳动的时代新人，为长沙教育高质量发展奠定了坚实基础。

1

2

1.4月23日至24日，在共享图书馆，长沙市雨花区大阅读联盟学校50名教师参加了“小雨滴”阅读指导师培训

2.4月24日，“阅美湖湘·点亮成长”湖南省首届青少年读书行动在长沙开福区青竹湖湘一外国语学校正式启动

湖南省中小学劳动教育现场展示交流活动在长沙举行

全国大学生数学竞赛决赛成绩揭晓

2023年4月21日，第十三届全国大学生数学竞赛决赛成绩揭晓，湖南赛区选手斩获一等奖4项，其中3项为湘潭大学夺取、1项为湖南大学获得。

全国大学生数学竞赛始于2009年，是面向本科生的全国性最具影响力的高水平学科竞赛之一。此次竞赛，全国共有32个赛区218823人报名，参加赛区初赛选拔。湖南赛区18名选手晋级全国决赛，获得一等奖4项、二等奖12项、三等奖2项。

湘潭大学数学类韶峰班是该校最早开设的拔尖创新人才培养实验班，2021年入选教育部基础学科拔尖学生培养计划2.0基地，实行小班化教学、个性化培养、协同化育人等特殊培养模式。自2016年参加此赛事以来，韶峰班学生累计获数学类专业组全国一等奖3项、二等奖8项、三等奖2项，145名毕业生中有126名学生进入北京大学、中国科学院等知名高校和科研院所继续深造。

娄底“闪光课堂”闪亮“双减观摩会”

2023年4月21日，娄底市“双减”工作观摩会在娄底市金海学校举行。观摩会由娄底市民办教育协会主办，娄星区教育局、娄底市金海学校承办。

“双减”工作观摩会在娄底市金海学校举行

会上，金海学校负责人介绍了具体做法。学校坚持独具特色的151高效课堂，致力课堂提质，减少学生作业负担；开展多彩体艺活动和社团活动，促进学生全面发展。娄底市教育局局长刘国良、娄星区教育局局长王晖表示学校的经验值得学习推广。

观摩会在4位小学生演唱《金海欢迎你》歌曲中拉开序幕。学生展示了丰富多彩的文体节目，既有乐器表演，也有运动项目，还有合唱、朗诵等。该校总校长梅良汉作《双减，让教育更美好》经验分享，小学部校长杨城花作《推进闪光课堂，为“双减”赋能》经验分享。

金海学校根据学生兴趣爱好，开设了棋类、球类、科技等59个社团，保证每个学生参与一个体育项目和两个艺术项目。最让观摩团赞赏的是闪光课堂。151闪光课堂被《中国教师报》评为2020年度“全国十大课改样本”之一，是金海教育集团的创新之举，此次共观摩94节。

1
2
3

1.4月24日，湖南省2023年（首届）高校和高中学校协同育人论坛举行，全国120余所高水平大学和湖南180余所优质高中学校负责人齐聚长沙，共商协同育人大计

2.4月24日，湖南省委教育工委、省教育厅举行学习贯彻习近平新时代中国特色社会主义思想主题教育读书班开班式

3.4月25日至26日，2023年长沙市公办骨干幼儿园园长培训班的学员分别赴国防科技大学第一附属幼儿园和长沙市教育局幼儿园（八方园）开展观摩研学活动

怀化市与长沙市举行教育协作对接会

推动长怀两地教育事业互利共赢——怀化市与长沙市举行教育协作对接会

2023年4月25日，怀化市与长沙市教育协作对接会暨签约仪式在怀化举行，两地就加强教育教学、学校管理、师资培养等方面进行交流合作。市委副书记、市委教育工作领导小组组长王建球，长沙市副市长肖正波和怀化市副市长向秀亮出席并见证怀化市与长沙市教育协作签约。

2016年，长沙市积极响应省教育厅号召，安排49所优质学校结对帮扶怀化市50所薄弱学校，有力促进怀化市教育事业快速发展。此次长怀教育合作，长沙市委、市政府将长郡中学、雅礼中学、周南中学、明德中学等7所名校优质教育资源派往怀化市支援教育事业发展，标志着两地教育合作踏上了新征程、开启了新局面，将为怀化教育事业高质量发展注入强劲动能。

王建球说，怀化市委、市政府高度重视与长沙市合作办学，将以此次合作为契机，充分学习借鉴长沙名校的好经验好做法，充分吸收运用长沙名校的优质教育资源，加快提升怀化教育教学质量水平。希望长沙市一如既往关心支持怀化教育事业发展，以合作协议为基本框架，继续深化务实合作，切实加强沟通交流，长期推动两地教育事业互利共赢。

△30日，纪念何炳麟诞辰146周年暨“民进全国会史教育基地”揭牌仪式在株洲市炎陵县举行。民进中央副主席、全国人大监察和司法委员会副主任委员高友东，省政协副主席、民进湖南省委会主委潘碧灵出席。

7月

△2日，长沙市教育局发布《2022年长沙市普通中学教育质量综合评价报告》。报告包括学生成长、教师成长、学校发展三部分测评内容以及智慧教育、体质健康两项专题评价。此次评价邀请了全市9个区县（市）的128905名中学生及家长、34224名专任教师参与，将学生综合素质评价数据纳入综合评价体系，搭建全样本、多维度、全方位的教育评价大数据仓。

△3日，湘潭市岳塘区宝塔街道云峰社区2023年暑假公益托管开班仪式暨湘潭大学研学活动举行。该活动由湘潭市教育团工委指导、岳塘区宝塔街道云峰社区主办、湘童儿童公益协会承办。活动旨在缓解岳塘区暑假期间部分学生“看护难”的问题，减轻家长的负担，帮助辅导学生作业和完善相关社会教育，同时寓教于乐，助力小学生投身社会实践，健康快乐成长。

△10日，江华瑶族自治县公安局交警大队、县教育局、县妇联、县民政局、县卫健局、团县委的96名工作人员组成6个家庭教育宣讲小组，分别到辖区6个乡镇开展以“乐享暑假，安全先行”为主题的家庭教育宣讲活动，辖区1500余名家长及学生参加活动，拉开今年“暑假安全行”宣教活动序幕。

△10日，新田县教育局2023年义务教育阶段班主任培训班开班典礼在湖南师范大学物理与电子科学学院举行，湖南师范大学物电学院党委书记罗嵘出席开班仪式，新田县教育局和县进修学校选派的54名优秀班主任参加本次培训。

△11日，“地域与当代”2023岳阳市美术馆少儿美育研究探索展在市美术馆开展，副市长魏淑萍参加。此次展览是以全市50位教师的美育案例为主体，结合教师的课研、教案、教学过程，全方位、综合、立体地展示他们指导的近1000幅优秀作品。“传统文化”“红色岳阳”“绿色岳阳”“一江碧水”“乡村振兴”“艺术疗愈”“趣味生活”“无限空间”等主题多样，作品形式也丰富多彩，涵盖绘画、剪纸、雕塑、陶艺、立体装置、服装秀、影像等。

湘潭市2023年『护苗·绿书签』行动启动

湘潭市2023年“护苗·绿书签”行动启动

2023年4月28日，2023年“护苗·绿书签”行动在湖湘学校启动。市委常委、宣传部部长刘永珍出席启动仪式。

“护苗·绿书签”行动以“护助健康成长拒绝有害内容”为主题，通过开展“绿书签”“网络安全进课堂”等系列宣传活动，倡导绿色阅读、文明上网，倡导全社会努力营造积极健康安全的未成年人文化环境。

在护苗网络安全互动课堂上，学生们通过视频学习了防范网络诈骗、抵制盗版书籍等内容，并踊跃回答问题。湖湘学校学生代表还发出倡议，拒绝盗版，远离和抵制有害出版物及信息，同时获赠了正版书籍和绿书签，并参与绿书签行动签名。

刘永珍指出，倡导绿色阅读，严厉打击不法行为，事关少儿健康成长、事关教育事业发展、事关“强国建设、民族复兴”全局。全市“扫黄打非”工作各级各相关部门要增强责任感和使命感，强化组织领导，压实责任；强化宣传引导，倡导绿色阅读；强化专项整治，织密安全防护网，为全市广大青少年营造一个安全健康、向上向善的文化氛围和学习环境。

1.4月27日到28日，2023年度衡阳市蒸湘区“幼儿园教学能手”专业技能竞赛活动在船山英文幼儿园成功举办

2.5月5日，长沙开放大学举办2023年春季学期开放教育开学典礼

3.5月8日，常德市第七中学开展2023年“携手经典行，传承文化情”校园读书节系列活动

1
2
3

第一届“友道杯”全国航空职业院校飞机维修技能大赛落下帷幕 张家界航院代表队荣获二等奖

2023年5月17日至18日，第一届“友道杯”全国航空职业院校飞机维修技能大赛在三亚航空旅游职业学院落下帷幕。张家界航空工业职业技术学院学生代表申瑞威、翟耀国、何金山、刘广成、杨玉林、邓智嘉6名学生组成的两支参赛队伍均荣获二等奖；赵翔鹏、王斌、邵绪威、王鹏荣获“优秀指导教师”称号。

第一届“友道杯”全国航空职业院校飞机维修技能大赛落下帷幕张家界航院代表队荣获二等奖

此次大赛共有来自全国各地的38支队伍参赛，大赛包含航空零件钣金铆接、电子线路制作、传动部件操纵调整、航空零件拆卸与安装、机务维护与检查，旨在检验学生对于航空零件在制造过程中的加工、装配、调试、维护等实践能力，培养学生精雕细琢、精益求精的职业素养和工匠精神。比赛专业覆盖面广、参赛选手多、社会影响大、参赛水平高，竞争十分激烈。张家界航院代表队赛前在各位专业教师的指导下，积极备赛，最终不负期待，均取得二等奖的好成绩。

衡阳小学生获评“全国生活垃圾分类达人”

2023年5月19日，住建部办公厅公布了2023年“生活垃圾分类达人”名单，衡阳市石鼓区人民路小学学生邹欣岑榜上有名。

邹欣岑积极投身于各种垃圾分类公益活动，通过《垃圾分类》小视频，向同学们介绍生活垃圾分类知识。此外，她还通过创作美术作品和童谣作品，倡导身边人共同提高垃圾分类意识。排练《垃圾分类三句半》舞台剧，在学校进行演出，赢得了师生们的一致好评。她用废弃的矿泉水瓶制作了一个多功能取水器和河道垃圾打捞器，该作品在衡阳市青少年科技创新大赛中获得了二等奖。市垃圾分类办相关负责人表示，将大力宣传推广“生活垃圾分类达人”的先进事迹，充分发挥榜样的示范作用，影响带动周边市民群众积极参与垃圾分类，投身垃圾分类事业，推动垃圾分类成为广大市民群众的自觉行动，促进文明习惯养成，为衡阳创建全国文明城市增光添彩。

衡阳小学生邹欣岑获评“全国生活垃圾分类达人”

1.5月12日，2023年湘台知识产权保护和运用交流活动举行 发布150余项专利

2.5月13日，“第四届湖南高校毕业季美术作品展”在湖南美术馆开展。相关单位负责人及来自省内18所高校美术学院师生代表等300余人参加开幕式

3.5月15日，株洲市2023年小学英语课堂教学竞赛活动举行

4.5月13日，湖南省中小学生科创实践活动在长沙拉开帷幕

1
2
3
4

『百名院士进校园万名科技工作者上讲台』活动走进开福

2023年5月20日，“百名院士进校园万名科技工作者上讲台”活动在开福区四方坪小学拉开帷幕。

活动中，中国科学院院士周卫健带来了以“全球变化与绿色发展”为主题的科普讲座。周院士用通俗易懂的语言、深入浅出的方式，为师生们带来了一场震撼人心的盛宴，不仅揭示了全球变化问题对人类社会的严重影响，也昭示了坚持绿色发展对人类社会解决全球变化问题的深远意义。

作为全国科学教育基地、长沙市未来学校和长沙市科技教育特色学校，开福区四方坪小学在开福区教育局引领下，不断加大科普教育工作的组织力度，合理规划与开展科技教育活动，为培育具备科学家潜质、愿意献身科学研究事业的青少年群体贡献力量。

“院士进校园”科普活动的开展，旨在让青少年近距离感受到独属于科学家的人格魅力，有利于激发青少年对科学探索的兴趣，增强科技创新意识，树立投身科技、立志报国的远大理想。

△16日，“韶山下的思政课”第三季在韶山毛泽东广场启动。湖南省政协副主席李民出席并宣布活动启动。“韶山下的思政课”是省韶山管理局、中央党史和文献研究院第二研究部为探索党史学习教育与革命纪念地思政教育深度融合，打造“思政大课堂”新模式的生动实践。

△18日，第二届长沙市青少年禁毒宣传教育展启动仪式在长沙市图书馆举行。本次禁毒宣传教育展旨在通过多种形式的交流互动，提高广大青少年对毒品问题的关注和警惕，并呼吁社会各界人士共同参与，积极投身于青少年毒品预防教育工作。通过面试入围的“小小禁毒志愿者”，在接受专业培训后，成为第二届长沙市青少年禁毒宣传教育展的讲解员。

△21日，溆浦县教育局邀请全国著名教育专家冯恩洪到溆浦开展教师暑期培训，指导溆浦学校“好课堂”建设。通过专家诊断，为溆浦学校课堂教学改革推进提出建议，进一步确定课改推进的路线图。副县长向莉丽主持。

△26日，湘潭市家庭教育讲师团成立暨暑期家庭教育巡讲活动启动仪式在岳塘区云峰社区举行，市家庭教育讲师团讲师将深入学校、机关、企业、村（社区）开展宣讲。副市长周艳希参加。

△31日，湘西州工商联“五学两助”非公有制经济人士理想信念教育暨“万企兴万村同心共富裕”烛尘故里行活动在永顺县毛坝乡举行。州委常委、州委统战部部长吴凌频出席活动并讲话。

8月

△16日至18日，第七届中国（长沙）国际职业教育大会暨产教融合博览会在长沙举行。湖南铁路科技职业技术学院作为高职院校代表参展。该校党委副书记、校长陈彬在“高等职业教育治理现代化论坛”“中北非国际教育创新合作论坛”上发言。

△18日，保靖县关心下一代工作委员会在保靖县碗米坡镇沙湾村村史馆挂牌“青少年土家文化民俗教育基地”，县人大常委会原副主任、二级调研员、县关工委执行主任向治学，教育关工委和县关工委相关人员参加挂牌仪式。

全国职业教育新思维博士论坛举行

全国职业教育新思维博士论坛举行

1.5月19日，2023年永州市职业教育活动周启动仪式在永州经开区潇湘科技创新中心广场隆重举行

2.5月22日，永州市工商职业中专开展“5·25”教师心理健康知识讲座

2023年5月20日，第九届全国职业教育新思维博士论坛在湖南师范大学举行。来自北京师范大学、华东师范大学等国内外50余所高校、职业院校、研究机构以及学术期刊的200余名中青年学者，围绕“中国式职业教育现代化”主题展开研讨。

来自各大高校、平均年龄不到30岁的50位博士，就现代职业教育体系构建、产教融合、科教融汇与数字化改革以及人才培养转型等热点话题作了精彩报告，探讨职业教育研究前沿理论和重大主题，共话职业教育助推经济社会高质量发展的新契机和新发展。职业教育新思维博士论坛长期聚焦职教学术前沿，关注职教发展热点，已成为广大职教青年学者成长的重要舞台，培养了一支重要的学术骨干研究力量，助推我国职教学科的成熟与发展、高水平职教学者队伍的成长与壮大。

近年来，湖南职业教育先后2次获国务院真抓实干督查激励，国家“双高计划”学校数、国家教学资源库立项数等绝大部分内涵建设指标稳居全国第一方阵。围绕“三高四新”美好蓝图，湖南省正加快推进教育链、人才链与产业链、创新链有效衔接，构建融通、融合、融汇的现代职业教育体系。在本届论坛上，湖南职教为广大职教青年学者提供了一个职业教育现代化和服务经济社会高质量发展的“湖南样板”。

十八洞村成为湘西州少先队校外实践教育基地

2023年5月30日，湖南省“六一”主题示范性入队仪式暨湘西州少先队校外实践教育基地授牌仪式，在花垣县十八洞村举行。来自花垣县十八洞小学、花垣县第三小学的36名学生代表，在精准坪广场庄严宣誓，光荣加入中国少年先锋队。十八洞村被授予“湘西州少先队校外实践教育基地”。此次活动由湖南省少工委、共青团湘西州委、湘西州教体局、湘西州少工委主办。

自2021年以来，共青团湘西州委积极落实少先队校外体系建设系列要求，依托十八洞村丰富的资源优势，以十八洞村红色故事为主基调，不断丰富研学品牌内容，通过理论教学、劳动教育、非遗体验等，引导广大少先队员认识和感悟精准扶贫首倡地的精神内涵，着力推动党、团、队育人链条相衔接，不断丰富十八洞村“全国青少年教育基地”内容。

为了用好“红阵地”、讲好“红故事”、育好“红领巾”，湘西州还依托丰富的红色文化资源，培育100名红领巾讲解员，让青少年群体从党史教育中汲取奋进力量。共青团湘西州委书记彭礼介绍，目前湘西州已建设58个少先队校外实践教育基地，为全州28万名少先队员开展校外实践、主题队日活动提供场地。

十八洞村成为湘西州少先队校外实践教育基地

永州市首个省级应急消防科普教育基地在祁阳市正式开馆揭牌

2023 年 5 月 30 日，湖南省应急消防科普教育基地——祁阳市消防科普体验馆在祁阳市举行开馆揭牌仪式。湖南省消防救援总队党委委员、副总队长邹田荣，永州市委常委、宣传部部长刘厚出席并讲话，永州市政协副主席、祁阳市委书记蒋良铁，永州市消防救援支队支队长欧军歌，永州市应急管理局党委委员、政治部主任周鹤等领导出席。

祁阳市消防科普体验馆总占地面积 1500 平方米，引进 AR、VR、全息成像等国内外先进技术，设置了室内、室外两大体验板块；从“防”“消”“救”三个维度，规划了形象展示、发展历史、知识科普、技能体验、消防设备、应急救护六大展区以及十六个匹配展览设施。

刘厚表示，祁阳市消防科普体验馆开馆揭牌，标志着永州市首个省级应急消防科普教育基地正式扬帆启航，实现了永州消防宣传阵地建设的跨越发展，开启了消防安全科普教育社会化的新篇章。各级各部门要深入贯彻落实习近平总书记关于科技创新与科学普及的重要论述，营造全民参与、内容丰富的强大宣传声势，不断夯实全社会防灾减灾能力，努力推动永州消防安全工作再上新台阶。广大社会团体和人民群众要以主人翁的姿态，主动参与消防公益活动，学习和传播消防安全常识，积极推动消防工作社会化进程。

1.5 月 23 日，2023 年湖南省科技活动周启动仪式暨“科技潇湘行（宜章）”专家组走进郴州市宜章县第三完全小学

2.5 月 27 日，长沙县第六中学举行 2023 届高三学生成人礼暨毕业典礼活动。校领导班子成员、高三师生及家长共 1000 余人参加盛典，共同见证这熠熠闪光的时刻

3.5 月 31 日，2023 年湖南省科普讲解大赛湘西州预选赛暨吉首大学选拔赛圆满落幕

4.5 月 31 日，“新声无限——2023 年新华社进校园活动”走进湘潭大学

韶山村获评首批湖南省红色法治文化基地

2023 年 6 月 20 日，湖南省守法普法工作办公室公布了首批湖南省红色法治文化基地名单，韶山市韶山乡韶山村名列其中，是湘潭市唯一入选单位。

韶山村是毛泽东青少年时期生活、学习和早期从事革命活动的地方，是全国爱国主义教育基地和革命纪念地，具有丰富的红色资源和经典法治元素。长期以来，韶山村充分发挥伟人故里红色资源优势，依托毛泽东同志纪念馆、中共韶山特别支部历史陈列馆等，将丰富的红色资源与法治元素有机结合，创新“党建 + 普法”“红色教育 + 普法”新模式，进一步挖掘红色法治史料，精心打造红色法治文化基地，大力开展红色法治宣传教育，先后获得“全国法治宣传教育基地”“全国民主法治示范村”、湘潭市“人民调解先进单位”等殊荣。

△ 21 日，经蓝山县委组织部和蓝山县驻海南流动党支部牵线搭桥，“永州市驻海南流动党支部党员干部教育培训现场教学示范点”揭牌仪式在文昌市举行，标志着永州在省外创建的首个党员干部教育培训现场教学示范点正式成立。

△ 25 日，蓝山县残联联合团县委、县总工会在蓝山县中西结合医院共同开展以“预防先天残疾，守护美好未来”为主题的宣传教育活动。活动现场，通过设立宣传台、张贴横幅标语、分发宣传图册、面对面讲解等多种形式，大力宣传残疾预防知识，帮助群众了解出生缺陷预防、疾病防控、意外伤害预防、残疾人康复等知识，提升自我保护能力，远离致残风险，增强广大群众预防残疾发生的意识。

△ 31 日，湖南省委宣传部指导，省教育厅、团省委、省少工委联合主办的“我是接班人”网络大课堂推出的秋季“开学第一课”火热开讲。这堂名为《小小的种子，大大的梦想》的“开学第一课”，从文学作品入手，邀请不同学科的专家，讲授种子在他们眼里各自不同的意义，让孩子们在思考中学习知识、收获快乐，进一步激发热爱科学、崇尚科学的兴趣。

9月

△4日，联合中心校以“未成年人保护教育”为主题，通过“线下讲座＋线上直播”的形式，邀请专家为学生家长上“开学第一课”。讲座围绕《中华人民共和国未成年人保护法》《中华人民共和国家庭教育促进法》《中华人民共和国反家庭暴力法》以及家庭教育实操等方面内容展开。专家深入分析未成年人身心发展特点，强调家庭氛围营造和亲子关系对孩子成长的重要性，阐述孩子心理健康的影响因素以及家校协作的注意事项。

△5日，津市市第39个教师节庆祝表彰大会在津市一中举行，会议表彰常德市级、津市市级“优秀教师”“优秀班主任”“优秀教育工作者”“师德标兵”及年度教学质量先进单位和个人。市委书记黄旭峰主持会议，市委副书记、市长彭子晟参加会议并讲话。

株洲启动技术技能型人才职业素养提升行动

株洲市技术技能型人才职业素养提升行动启动仪式在湖南铁道职业技术学院举行

2023年6月20日，株洲市技术技能型人才职业素养提升行动启动仪式在湖南铁道职业技术学院举行。株洲高职院校和龙头企业、株洲职教园管理办公室、株洲市企业联合会、株洲市企业家协会、株洲市职业教育协会（产教融合联盟）共同发起“株洲市技术技能型人才职业素养提升十大行动”，全力为株洲产业高质量发展添薪。

十大行动包括发布《株洲市技术技能型人才职业素养培育白皮书》、企校联合编写《产业工人职业素养知识手册》、企校共同编写《轨道交通、航空动力、先进硬质材料科普知识读本》，校、企教师共同讲授《职业素养》课程等。

其中，企校联合编写《产业工人职业素养知识手册》，将结合株洲市产业升级与高质量发展对产业工人职业素养的需求，企校联合编写知识手册，为学生、员工成长成才指明方向。此外，行动要求，政府、协会将定期举办株洲市职业素养教师技能比武，校企行业协会还将联合开展企业员工、院校学生职业素养竞赛和展示活动等。

湖南铁道职业技术学院党委书记方小斌表示，将大力践行“株洲市技术技能型人才职业素养提升十大行动”，为毕业生更高质量、更充分就业提供支撑，为株洲加快构建“3+3+2”现代产业体系赋能。

1.6月1日，茶陵县明德学校举行了“快乐童年，梦想起航”欢度六一暨课后服务展演主题活动

2.6月5日，教育系统通讯员、网评员培训学员现场写作佳作集

第九届湖南省“互联网＋”大学生创新创业大赛举行

第九届湖南省“互联网＋”大学生创新创业大赛推进会暨“青年红色筑梦之旅”活动启动仪式在湖南大学举行

2023年7月6日，第九届湖南省“互联网＋”大学生创新创业大赛推进会暨“青年红色筑梦之旅”活动启动仪式在湖南大学举行。大赛分为高教主赛道、“青年红色筑梦之旅”赛道、职教赛道、产业命题赛道和萌芽赛道等5条赛道，采用校赛、省赛两级赛制。获省赛一等奖的项目，将优先纳入岳麓山大学科技城“红枫计划”，为项目提供股权融资及创业服务支持。

同时，本届省赛优秀项目将参加中国国际“互联网＋”大学生创新创业大赛。该项赛事是覆盖全国所有高校、面向全体大学生、影响最大的高校双创盛会。在第八届中国国际“互联网＋”大学生创新创业大赛上，湖南取得6金、20银、87铜的好成绩，突破了历史纪录。

此次“青年红色筑梦之旅”活动启动仪式设安江农校纪念园、“半条被子的温暖”专题陈列馆、十八洞村3个分会场。启动仪式上，来自湖南工业大学的李正则分享了团队“红旅”项目“绣色十八洞，让阿妈回家”助力500多位阿妈返乡就业的故事；来自中南大学湘雅医学院的付馨瑶讲述了团队奔赴374所农村中小学送上健康教育的故事；来自湖南农业大学的莫博程分享了团队“战”实蝇害虫取得的丰硕成果。

全省青年学子助残研学活动在湘潭启动

全省青年学子助残研学活动在湘潭启动

2023年7月10日，湖南省“阳光行动·星火计划”青年学子助残研学活动在湘潭启动。

为培育志愿助残种子，传承扶残助残美德，让青年学子树立“平等、参与、共享、融合”的现代文明社会残疾人观，2020年至今省残联主办了三次青年学子助残研学活动。此次活动在湘潭市示范性综合实践基地启动，吸引了来自全省各地的40名中学生志愿者参加。在为期3天的研学中，他们将进行项目式学习，了解助残公益项目的策划和设计思路，还将参观红色教育基地、走进福利院开展志愿活动、听残疾人自强模范作励志报告。

在启动仪式上，“中国好人”“湖南省自强模范”扶婷，“全国最美志愿者”“中国青年五四奖章”获得者罗小小作了励志演讲，以自己的故事深深感染了研学学子。

1.6月6日，长沙市同升湖高级中学延续23年的“送考节”如期而至

2.6月16日，2023年湖南省中小学防溺水游泳安全公益宣教活动在湘阴县启动

3.6月16日，湖南工程学院举办2023年“梦航二外助学基金”颁发仪式

4.6月7日，湖南师范大学举办2023年校园开放日活动

长沙未成年人『传承红色基因』主题教育季启动

长沙市未成年人“传承红色基因”主题教育季启动仪式

2023年7月8日，在长沙市雨花区王家冲小学，举行了长沙市未成年人“传承红色基因”主题教育季启动仪式。

主题教育季将开展“七个一”活动项目，即推荐一批红色游学路线，推荐一批青少年暑假阅读书目，聆听一系列有风景的思政课，表彰一批长沙市文明校园、文明家庭，推广一系列未成年人思想道德建设优秀案例，讲述一系列“新时代好少年”故事，分享一批个人学习所得。

长沙未成年人“传承红色基因”主题教育季启动仪式现场

△6日，娄底市2023年秋季开学禁毒“第一课”主题活动在市第一中学举行，全市中小学生通过娄底禁毒抖音号、微信公众号观看视频直播。通过此次主题活动，将切实增强青少年学生的禁毒意识，促使他们在内心深处自觉构筑防毒反毒的思想防线。围绕“绿色人生，青春无毒”的主题，活动现场播放了《合成毒品警示录》，让学生认识新型毒品，辨别相关涉毒陷阱，掌握相关的防毒本领，识破生活中的“毒品伪装术”，有效提升对毒品的“免疫力”。

△8日，高中教育帮扶共建合作框架协议签约仪式在永州市庆祝第39个教师节大会上举行，永州市第一中学与宁远县人民政府、永州市第四中学与道县人民政府分别签约，跨出了市、县联动构建县中帮扶体系的第一步。这是永州市围绕建设高质量教育体系，进一步做大优质教育资源“蛋糕”，解决优质教育资源总体不足与人民群众期望“上好学”的矛盾的创新之举。

△9日，民进长沙市委会举办了2023年长沙民进品质教育论坛。民进湖南省委会副主委、省政协文教卫体和文史委员会主任雷鸣强，市人大常委会副主任、民进长沙市委会主委李平出席。此次论坛是民进长沙市委会庆祝第三十九个教师节的系列活动之一，特邀分享嘉宾、民进会内外教育专家、民进教育界会员代表等，围绕“推进教育高品质发展，助力长沙人才强市建设”主题进行了分享和探讨。

△12日，湘潭市教育系统2023年网络安全宣传周活动启动仪式暨网络安全宣传“校园日”专场活动在湘潭大学附属实验学校举行。各县（市）区教育局、市直学校网络安全负责人及湘潭大学附属实验学校师生共600余人参加。

△13日，在常德召开的湖南省县域普通高中发展推进会上，湖南师大附中、长沙市一中、长郡中学、雅礼中学等15所省内优质普通高中，与保靖民族中学、城步苗族自治县第一民族中学、通道侗族自治县一中、麻阳苗族自治县一中等15所乡村振兴重点县普通高中集中签订帮扶协议，力争3年内使帮扶对象办学条件和教育质量等得到显著提升。

『红色湘江』研学夏令营开幕

“红色湘江”研学夏令营开幕

2023年7月11日，“吾道南来湘江北去”文旅主题研学活动首场“红色湘江”研学夏令营在湖南图书馆拉开帷幕。

此次活动面向全省青少年开展，首场“红色湘江”研学夏令营共有30名学员参加，其中有6名2023年“新时代湖南好少年”，还有长沙各中小学校推荐的“优秀学生”代表和湖南图书馆的“优秀小志愿者”代表。研学活动以“纪念毛泽东诞辰130周年”为主题，以重走毛泽东青少年时期求学路为重点，通过实地参观、现场教学、红色故事会、党史课、编导演出情景剧等形式，感受毛泽东青少年时期走出家乡、一心向学、投身革命的激情，从而点燃学员们努力报国的雄心壮志。红色研学活动从长沙集结出发，途经韶山、武汉等地，为期5天，于7月15日结束。

活动由湖南图书馆、湖南省图书馆学会、湖南少年儿童出版社主办，湖南省各市（州）公共图书馆、《小溪流》杂志社协办。活动旨在将革命先烈的红色精神与青少年教育结合，与时俱进担负起公共图书馆“以文化人”的职责。接下来，“人文湘江”夏令营、“开放湘江”夏令营、“外籍体验官”研学及“读步课堂”研学等活动将有序启动，主题系列活动将于12月结束。

1.6月16日，岳阳经开区教育体育局开展2023年“新时代好少年”主题教育读书活动 1

2.6月19日，《2023年湖南高考志愿大讲堂》郴州专场开讲 2

湖南师大附中学子获国际数学奥赛金牌

湖南师大附中学子获国际数学奥赛金牌

2023年7月11日，第64届国际中学生数学奥林匹克竞赛在日本千叶落下帷幕，中国队连续第5年获得团体第一！其中，队员湖南师大附中高三学生梁行健以41分的优异成绩获得金牌。2023年5月，他被保送至北京大学数学与应用数学专业，决心为国家基础科学事业贡献力量。

梁行健从小就喜欢数学，读小学时就会捧着教材书自学，读初中时已经自学高中数学。除了数学方面的天赋与努力，梁行健也是一名全面发展的素质型人才。班主任刘婧提到，梁行健虽是理科生，但他多才多艺，钢琴弹得很不错，还在全校合唱比赛时为全班同学伴奏。

湖南师大附中被誉为“金牌摇篮”，截至目前，学生参加国际中学生学科奥林匹克竞赛获得国际金牌36枚、银牌12枚，亚洲金牌12枚。金牌总数和奖牌总数均居全国前列。

2023 年青少年高校科学营湖南营开营

2023 年青少年高校科学营湖南营开营

2023 年 7 月 20 日，由湖南省科协、省教育厅共同主办的 2023 年青少年高校科学营湖南营分别在国防科技大学、中南大学、湖南大学开营。

2023 年青少年高校科学营活动于 2023 年暑期在全国 57 所“双一流”高校相继开营，包含线上、线下共 72 个分营活动。湖南营共接收来自本省和全国的 300 名线下营员、400 名线上营员参加。还遴选了 150 名营员参加陕西线下科学营活动，130 名营员分别参加北京、吉林、上海、南京、陕西分营的线上科学营活动。

国防科技大学作为全国 57 所高校中唯一一所军队院校，充分发挥军营特点、军校特色和科大优势，突出设计立志国防、军校风采等活动环节，精心筹备了“参与‘梦天一号火箭’装配与试飞”“国防科技军事特色实践”等富有军营特色的活动，引导激发营员对国防科研事业的热爱向往，树立从军报国的目标追求。

中南大学分营、湖南大学分营的线上、线下营活动同步开展。他们不仅组织了“云游大学校园”“与名家大师面对面”“线上科研实践”“与朋辈互动交流”等线上活动，同时也组织了“特色营队活动——悬浮冲浪纸飞机大赛培训”“特色营队活动——悬浮冲浪纸飞机大赛”“走进机器人视觉感知与控制技术国家工程研究中心”等一系列丰富有趣的线下科学实践活动。

1.7 月 7 日，沈晓明走进中南大学毓秀楼，调研教学发展、学生思政工作、少数民族学生培养、招生就业等情况

2.7 月 11 日至 12 日，湖南省 2023 年义务教育新课程小学数学学科省级骨干教师培训举行

3.6 月 29 日，“湘语时光”2023 诵读大赛（第二季）在湘潭大学举行

1
2
3

湖南省首次开展小学科学教师培训

湖南省首次开展小学科学教师培训

2023 年 7 月 26 日，为期一周的湖南省 2023 年度暑期小学科学教师科学素养提升培训班正在湖南师范大学举办。这是省科协、省教育厅首次联合开展小学科学教师培训，且实现了全省 122 个县市区全覆盖，共有 130 名科学教师参加。

目前，湖南省小学科学教师配备不齐，水平参差不齐，区域发展不齐，总的来讲“专职”科学教师较少，“兼职”科学教师居多。省科协、省教育厅敏锐发现这个问题，一起协商研究如何为小学生提供更加优质的科学教育，于是在湖南省开创性举办了此次培训。

在为期一周的培训时间里，培训班将通过理论学习、科研实践、外出研学，着重培养教师利用科学教学资源因地制宜开展科学课程和科技活动指导的能力，在师德师风修养、专业理念与学科知识、教学实践与育人能力上着力提升科学教师科技创新意识、能力和水平。

△ 14 日，由衡阳县委宣传部、衡阳县人民武装部主办的 2023 年衡阳县“全民国防教育月”主题活动启动仪式在衡阳县高觉教育基地举行。今年全民国防教育月的主题为“踔厉奋发强国防　勇毅前行向复兴”。围绕这一主题，衡阳县充分利用纪念设施、公共文化设施和军史场馆等，有针对性组织开展全民国防教育和革命传统教育，通过报告座谈、交流访谈、典型示范等，宣讲国家安全形势、国防政策法规、革命历史和光荣传统等。

△ 16 日是第 23 个全民国防教育日。湖南革命军事馆在湖南文理学院举行“馆校融合”暨常德细菌战文史资料捐赠仪式。湖南革命军事馆联手高校打造“馆校融合”课堂，推动新时代全民国防教育走深走实。

△ 19 日，湖南省委宣传部印发通知，公布 7 所第二批湖南省重点马克思主义学院名单和 3 所培育单位名单。本次遴选坚持以习近平新时代中国特色社会主义思想为指导，认真贯彻落实中共中央办公厅《关于加强新时代马克思主义学院建设的意见》、中共中央宣传部有关文件和省委宣传部、省教育厅《关于加强新时代马克思主义学院建设的意见》。

△ 22 日，湖南省 2023 年未成年人“传承红色基因·向国旗敬礼”主题教育实践活动在茶陵举行，来自全省各级宣传系统相关负责人、株洲市和茶陵县“新时代好少年”代表、道德模范和“好人”代表，以及师生代表等近 500 人参加。

△ 26 日，衡阳县启动涉台教育进校园主题活动暨县涉台教育基地揭牌，积极营造两岸融合发展的良好氛围，增强青少年参与促进祖国统一的责任感和使命感。衡阳县选择衡阳县实验学校建设涉台教育基地，依托新华书店开设阅览室，并邀请省委台办涉台教育宣讲员、省“十佳文明服务能手”康衡讲授“台湾问题与新时代中国统一事业”。

△ 31 日，湘潭市关工委在黄公略故居、李卓然故居举行湘乡市关心下一代党史国史教育基地授牌仪式，标志着湘潭市继东山书院、陈赓故居之后再添两处青少年接受党史国史教育的重要场所。

1.7 月 18 日，2023 年长沙图书馆未成年人“传承红色基因”主题教育实践活动

2.7 月 19 日，道县 2023 年暑期小学卓越教师语数研修班在湖南师范大学开班

3.7 月 19 日，“用爱守护生命——2023 年长沙市‘防溺水大篷车’走进城乡安全教育公益活动”在湖南湘江新区白箬铺镇正式启动

桃江“幸福教育”项目启动

2023 年 7 月 29 日，由北京大学教育学院文东茅教授团队发起的“幸福亲师”研修班暨桃江“幸福教育”项目启动仪式在桃花江小学启动，市人民政府副市长罗晓皓、北京大学教授文东茅，湖南胡杨公益基金会理事长唐灵芝、执行会长曾立坤，桃江县委副书记、统战部部长、县委教育工委书记冷亮，副县长龚胜芳及相关部门负责人出席启动仪式并讲话。

项目团队成员听取了桃花江小学幸福教育开展情况和桃江教育发展情况，文东茅教授就幸福教育有关情况进行了介绍，项目团队成员分别结合各自的工作经历就怎样开展“幸福教育”进行了交流发言。

罗晓皓强调，全市教育系统要提高政治站位，深刻认识幸福教育建设的重要性，深入思考培养什么人、怎样培养人、为谁培养人的问题，切实增强以人民为中心发展教育的政治自觉、思想自觉、行动自觉，努力打造有温度、有特色的教育品牌。要加强组织保障，激活幸福教育“动力源”。参与项目建设的学校要主动作为，发挥“先锋队”作用，扎实学习理论知识，把握幸福教育真谛；优势互补，资源共享，积极探索实践举措，创建幸福教育机制，构建幸福教育文化。要深化活动成效，搭建幸福教育“大舞台”。

第 32 届全国中学生生物学奥赛获奖名单公布

2023 年 8 月 16 日，第 32 届全国中学生生物学奥林匹克竞赛在北京落下帷幕。全国共有 50 名学子进入国家集训队，其中湖南省共有 4 名学子入选，分别是湖南师大附中的张鼎康、长沙市第一中学的戴伟鑫、长沙市长郡中学的万芷仪和张雨非。进入国家集训队的选手获得大学保送资格，在经过培训和进一步选拔后，优胜者还将代表中国参加国际生物学奥林匹克竞赛。

全国中学生生物学奥林匹克竞赛是生物学基础教育一项备受瞩目的高水平赛事，为早期发现和培养我国生物科学拔尖创新后备人才，全面提高人才自主培养质量，助力中国式现代化建设发挥了重要的促进作用，被誉为中学生生物学的“全运会”。本届大赛共有来自全国 29 个省（自治区、直辖市）代表队的 555 名队员参赛。大赛为期 5 天，分理论考试和实验考试两个环节，最终产生金牌获得者 150 名、银牌获得者 260 名、铜牌获得者 145 名。

获得金牌的湖南学子共有 14 人，分别来自湖南师大附中、长沙市第一中学、长沙市长郡中学。获得银牌的湖南学子共有 16 人，分别来自湖南师大附中、长沙市第一中学、长沙市长郡中学、长沙市雅礼中学、长沙麓山国际实验学校。

第 32 届全国中学生生物学奥赛获奖名单公布，湖南省共有 4 名学子入选

岳阳市举行首批党史学习教育基地命名授牌仪式

2023年8月23日，岳阳市举行首批党史学习教育基地命名授牌仪式，市委副书记汪涛出席授牌并讲话。他强调，要以习近平新时代中国特色社会主义思想为指引，从历史中汲取丰富精神营养，为加快建设名副其实的省域副中心城市作出新的更大贡献。市委常委、市委秘书长谢胜主持，老同志赖社光参加。

岳阳市举行首批党史学习教育基地命名授牌仪式

仪式上，宣读了《关于评授任弼时纪念馆等8家单位为“岳阳市党史学习教育基地”的决定》并授牌，任弼时纪念馆、平江起义纪念馆负责人分别发言。

汪涛指出，历史是最好的教科书，党史是最好的营养剂。要提高政治站位，严格对标对表，以此次授牌为新的起点，纵深推进党史学习教育常态化长效化，把红色资源利用好、把红色传统发扬好、把红色基因传承好。他强调，要把基地建强。要从丰富展陈史料、配套基础设施、铺开基地申报等方面着手，把建强党史基地作为重中之重，充分展示岳阳在湘鄂赣、湘鄂西革命中的风云画卷，要把基地用活。

湖南省中小学青年教师征战国赛获历史性突破

湖南省中小学青年教师征战国赛获历史性突破

2023年8月25日，第四届全国中小学青年教师教学竞赛决赛在浙江落下帷幕，来自31个省（自治区、直辖市）和新疆生产建设兵团的150余名选手参加了全国决赛。湖南省5名优秀选手组队代表湖南出战均获奖，其中，长沙市一中语文老师徐雪姣，湖南师大附中数学老师尹明、英语老师肖添宇喜获一等奖；长沙市一中政治老师毛沁玲、岳阳市岳阳楼区白杨坡小学语文老师黄雨琴获得二等奖；湖南省教育工会获得优秀组织奖。这是教育湘军“征战”国赛以来取得的最好成绩，实现了历史性突破。

本届比赛分省内选拔赛和全国决赛两个阶段，近110万名中小学青年教师参与了各层级的竞赛。决赛共设小学组、中学语文组、中学数学组、中学英语组、中学思想政治组5个组别。竞赛激励机制不断完善，通过比赛搭建了教学研讨和经验交流的平台，在推动青年教师积极研究教育教学、提升教书育人本领等方面发挥了示范引领作用。

湖南师大附中数学教研组和英语教研组以此次赛课为抓手开展了针对新课标、新教材、新教法的系列研讨，分别进行超过20次的组内磨课，集思广益，全力以赴做好各项备赛工作。通过青教赛，两位参赛老师磨炼了教学基本功，更新了教育理念，提升了教学方法，提高了专业素养，打造了个人教学风格。

1.7月24日，2023年网络安全技术创新与人才教育高峰论坛举行

2.8月6日，湖南教育电视台承办的2023年湘教关爱行“闪闪红星”夏令营在长沙开营，本次夏令营以红色研学为主题，邀请15名来自龙山县尖岩村的留守孩子，与省教育厅机关干部家庭的孩子结伴奔赴红色革命圣地井冈山，开展为期6天5晚的传承井冈山革命精神研学之旅

3.8月22日至23日，郴州市教育局举办、郴州开放大学承办的《2023年湖南省备课大赛郴州专家团队研修培训班》在郴州开放大学北校区举行

1
2
3

湖南省中小学青年教师征战国赛获历史性突破

10月

△5日，汉寿一中“金秋启航”基金首次颁奖大会暨徕木电子教育捐赠仪式举行，县委副书记、县长王时雨出席，县级领导李辉、曾健、胡浩参加。汉寿一中首次获得“金秋启航”奖励金的班主任15名、高三高二学生各30名。王时雨现场为获奖教师颁奖，李辉、朱新爱分别为高三高二获奖学生颁奖。

△7日，在湖南农业大学建校120周年之际，以“强国建设与大学高质量发展”为主题的校长院士论坛在长沙举行，来自全国各地的27位院士以及80余所高校和科研院所的专家学者出席论坛，共商“强国报国 共创未来”之策，共谋“大学高质量发展”之道。省政协副主席、省工商联主席张健出席。

△12日，吉首大学举行办学65周年教学成果汇报演出。本次汇报演出主题为“奋进新时代”，分为“岁月峥嵘”“薪火相传”“再谱华章”三个篇章。校友师生同台演绎的《凤飞千仞 万里鹏程》《武陵文渊》《幸福石榴花》等精彩节目，生动回顾展示了吉首大学建校65年来的发展历程和丰硕的教学科研成果。

△14日，岳麓书院大思政课堂启动仪式在湖南大学举行。副省长秦国文宣布岳麓书院大思政课堂正式开课，并向湖南大学授牌。岳麓书院大思政课堂注重将实践研学和理论教学相结合，每天组织100名大学生来岳麓书院研学，观看《于斯为盛》思政大课，探寻湖湘文化和红色文化，感悟习近平总书记的殷殷教诲，激发奋进新征程、建功新时代的青年担当。

△15日，常德市首期“匠心传承”职业技能师资培训班开班。来自全市各技工院校、职业院校、就业训练中心、民办职业培训机构、企业职工培训中心的50名学员参加了培训。在课程设置上，此次培训注重提升学员的综合能力、教学能力和管理能力。培训内容包括职业技能培训与规范化管理政策解读、教师师德修养、教师职责及职业素养、成人教学原理、职业技能培训常用教学方法、职业技能培训教案撰写及课件制作等。

△20日，长沙民政职业技术学院举行首届“产教融合·科教融汇——数字民政·智慧民生”成果推介会，从“数字民政，服务美好生活”“智慧康养，解密幸福养老”“科技殡葬，传承生命价值”“VR文创，创新文化传承”4个方面，展现学校坚守民政民生特色、赋能民政事业发展的产教融合成果，探讨分享职业教育发展的新理念、新模式、新经验、新路径。

2023年度“湖南省教书育人楷模”出炉

2023年9月1日，2023年度“湖南省教书育人楷模”推选工作委员会组织召开了第二轮推选工作会议，确定了2023年度“湖南省教书育人楷模”名单，共有10位老师当选。

第二轮推选委员会委员除了有湖南教育领域专家、主办媒体负责人外，还特别邀请了往届“湖南省教书育人楷模”、湖南省优秀教师等教师代表共同参与。综合网络推选和专家投票结果，万步炎、王云真、王良、尹敏芸、卢光琇、张华、柳佳、黄守道、麻小娟、傅爱斌等10人入选2023年度“湖南省教书育人楷模”；马丽华、叶水云、兰旭霞、朱朝义、伍爱华、李军、豆朝晖、宋平芝、宋祖荣、陈艳辉、钟哲峰、段雅琳等12人获2023年度“湖南省教书育人楷模”提名奖。

2023年度“湖南省教书育人楷模”推选活动由省教育厅联合湖南日报社、湖南省教育基金会共同主办。其中，网络投票环节于8月21日0时至8月25日20时进行。为期5天的投票阶段，有超1.45亿人次浏览候选人事迹，近170万人次参与网络投票，“教书育人楷模”推选活动已成为湖南教育系统最具关注度的品牌活动之一。

1.8月28日，湖南省2023年“我的书屋·我的梦”启动式暨“新时代乡村阅读季”示范引领活动在郴州举行

2.8月28日，教育部副部长王嘉毅、长沙市委书记吴桂英来长沙第六中学调研、慰问

3.9月1日，湘潭市第一中学举行2023年秋季学期开学典礼暨湖南科技大学附属高级中学挂牌仪式

4.8月29日，全国职业院校技能大赛（高职）轨道车辆技术赛项在湖南铁道职院拉开大幕

1 2
3
4

韶山市举行庆祝第39个教师节『躬耕教坛，强国有我』主题活动

2023年9月10日，韶山市庆祝第39个教师节“躬耕教坛，强国有我”主题活动在《最忆韶山冲》剧场举行，表彰先进，致敬每一位躬耕不辍的教育工作者。市委书记曹伟宏出席活动并致辞。

曹伟宏强调，市委、市政府将坚决贯彻党的教育方针，将教师队伍建设作为基础性工作，多措并举提高人民教师的政治地位、社会地位和职业地位，真正让尊师重教在全社会蔚然成风、让教师的待遇不断提高、让教师真正成为无上荣光的职业。

会议宣读了《韶山市教育局、韶山市教育发展基金会关于庆祝第39个教师节表彰先进个人的决定》并进行表彰奖励。谭炼等2名同志获“映山红园丁”称号；文红波等6名同志获“韶山市优秀班主任”称号；万争等8名同志获“韶山市优秀教师”称号；张令等6名同志获“韶山市优秀教育工作者”称号；龙竹君等4名同志获“韶山市教育新秀”称号；冯小兰等6名同志获“韶山市师德标兵”称号。

1.9月6日—7日，湖南高速铁路职业技术学院党委书记吴伟生带队视察2023年迎新工作

2.9月8日，芙蓉区举行“躬耕教坛　强国有我”——庆祝第39个教师节“师德大课堂”主题活动

3.9月8日，澧县银谷西苑小区举办了“陪伴式”亲子心理辅导讲座

1
2
3

全军十大英模雕像首进湖南省中小学校园

全军十大英模雕像进校园活动在长沙市雨花区育新第二小学举行

2023年9月15日，全军十大英模雕像进校园活动在长沙市雨花区育新第二小学举行。张思德、董存瑞、黄继光、邱少云、雷锋、苏宁、李向群、杨业功、林俊德、张超等全军十大英模雕像矗立在该校国防主题文化园。英模事迹感人至深，鼓励师生从中汲取精神力量，培塑家国情怀，树立远大理想，坚定爱国之心。

全军英模雕像进校园在湖南中小学尚属首次。雕像由俞春等驻雨花区的爱心企业家捐赠，如同爱国主义“教科书”，时刻传递着榜样的力量。至此，雨花区第23个“全民国防教育日”系列活动也拉开序幕。

活动现场，180名入伍新兵一身戎装即将奔赴火热的军营，他们肩负家乡人民的重托，将用青春热血筑就钢铁长城，捍卫祖国的繁荣与安宁。

全军十大英模雕像首进湖南省中小学校园

湖南省中小学红色教育基地送培送教活动走进汨罗链接两所“红色校”

2023年9月19日，湖南省中小学红色教育基地送培送教汨罗市项目县精准帮扶行动在汨罗市成教中心举行启动仪式。省中小学教师发展中心书记、主任徐文胜，汨罗市副市长任娜，省教育厅、省中小学教师发展中心、相关学校专家管理团队，汨罗市教体局负责人出席启动仪式。

仪式上，送培专家表示，将坚持行动实践导向，多方协同，多面参与，从文化立心、课改立品、研修立师三个维度，分层分类对接，全面帮扶。坚持成果导向，打磨优秀课堂案例，产出学科教研成果，创新校本教研模式，整合学校资源，融合信息技术，减负增效，直播互动。从基地学校的问题清单开始，到深度参与、成果转化与辐射引领，致力培养乡村学校学科教学的关键少数，带动乡村教育均衡发展。

启动仪式后，徐文胜作了题为《好老师是民族的希望》的师德专题讲座。此次精准帮扶由省中小学教师发展中心指导，长沙市仰天湖实验学校、长沙市华益中学联合汨罗市教体局、市教师发展中心实施。接下来两天时间，仰天湖实验学校团队、长沙市华益中学团队将分别来到任弼时红军学校、屈子学校开展红色教育送培送教精准帮扶及示范教学。

△20日，由衡阳市教育局主办、衡阳市教育基金会承办的“炬火——2023年衡阳市师德师风建设宣讲大会”在衡阳市文化艺术中心大剧院举行。市人大常委会副主任谢明芳，市政协副主席许云生，市老领导、市教育基金会理事长雷良玉出席活动。此次活动旨在表彰优秀教育工作者，大力弘扬教育家精神，引导广大教育工作者牢固树立“躬耕教坛、强国有我”的志向与抱负，促进衡阳教育事业高质量发展。

△24日，湖南理工学院思想政治理论课实践教学基地挂牌仪式暨移动思政课，在“守护好一江碧水”首倡地展陈馆和华龙码头举行。区委常委、宣传部部长朱平出席并致辞，湖南理工马克思主义学院院长鲁涛和学院主要领导、师生共50多人参加。

△30日，宁远县高中语文教师工作坊开班仪式暨第一次线下集中研修在县进修学校报告厅隆重举行。仪式由坊主欧阳睿主持，县教育局、进修学校领导到场指导，工作坊联合中学地理教师工作坊，共计100余人参加活动。

11月

△2日至3日，湖南省“双减”两周年展示交流活动在株洲举行。与会人员分组走访了株洲天元区新马小学、建宁实验中学、株洲市“制造名城”展示中心、健坤现代工业教育实践基地、天元区社区学院。活动中，还发布了20个2023年湖南省“双减”工作典型案例，包括永州市的“运用大数据赋能作业管理”、长沙市第十一中学的“智慧课堂”、石门县湘佳永兴学校的“以琴育人”等。

△3日，长沙市民办学校“品质教育”创新发展大会民办义务教育分会场活动在长沙县湘珺未来学校举行。活动以“教育生态·创新发展”为主题，围绕“打造高品质民办义务教育生态”，以湘珺未来学校为例，通过主旨演讲、互动交流、实物展示等多种形式展现近年来长沙民办义务教育发展成就，明确未来发展方向。

△4日，永顺县第一届教育公益交流会在溪州芙蓉学校召开，旨在深度探讨永顺教育发展的战略方向，促进公益理念传播，推动公益教育县域模式发展，让更多的孩子能够享受到更好的教育资源，实现更优质更广泛的教育公平。爱德基金会、腾讯、湘土支教、湖南弘慧教育发展基金会等社会公益组织就教育公益项目进行介绍和主题分享。

衡阳市初中教育高质量发展论坛在市铁一中举行推动全市初中教育高质量发展

2023年10月13日，衡阳市初中教育高质量发展论坛在衡阳市铁一中学多功能报告厅举行。此次论坛由衡阳市教育局主办，衡阳市教育科学研究院、衡阳市铁一中学、高新成章实验学校承办。

活动以“弘扬教育家精神，推动教育高质量发展”为主题。活动中，来自衡阳市初中学校的10名校长（书记）结合学校实际，聚焦学校特色管理、教师队伍建设、学生阅读课程、活动育人、优化作业设计等方面的先进经验、典型做法，分别作了交流分享，全面呈现了各自的办学理念、管理智慧和专业素养，为全市各学校进一步提高管理水平提供了新方法、新思路。

教育部中小学校长幼儿园园长培训专家工作组专家梁朝阳对校长（书记）的经验分享进行了点评。各美其美，美美与共。梁朝阳指出，各位校长（书记）都能立足于岗位实践和初心使命践行教育大道大法，践行国家教育路线、方针、政策。他高度肯定大家在管理中关注活动，狠抓阅读，充分利用集团化资源等要素，全面促进学生德智体美劳心发展。他强调，每一位校长（书记）作为“掌门人”，要充分考虑自己的行业特色、职业角色，促进师生发展，用高质量管理带动高质量发展。

衡阳市初中教育高质量发展论坛在市铁一中举行推动全市初中教育高质量发展

1.9月11日，长沙市委统战部主办的“统战青年说”2023年第六场活动举行

2.9月22日，湖南省2023年未成年人“传承红色基因·向国旗敬礼”主题教育实践活动在茶陵举行

湘潭大学中共党史党建研究院揭牌

2023年10月14日，湘潭大学中共党史党建研究院揭牌成立，旨在深化对中共党史党建学科的研究阐释，促进党史研究与党建研究有机融合，为加快构建具有中国特色的中共党史党建学的学科体系、理论体系和话语体系，培养党史党建高水平专门人才贡献力量。

湘潭大学中共党史党建学科是全国最早培养党史人才且从未间断的学科之一，拥有本硕博一体化人才培养体系，党史专业是国家一流本科专业。学科平台众多，有中国共产党革命精神与文化资源研究中心等教育部人文社科重点研究基地，“四史”虚拟仿真实验室入选全国“大思政课”实践教学基地。学科教研成果丰硕，承担“中国共产党早期人物理想信念与精神风范研究”国家社科基金重大项目等国家级项目30余项，2项成果获国家级教学成果二等奖；出版《红藏：进步期刊总汇（1915—1949）》《中国共产党文化抗战史（1931—1945）》《抗战精神》等系列专著，1项成果入选国家哲学社会科学成果文库，《伟大的民族英雄：毛泽东与抗日战争》《新中国粮食工作六十年》获评教育部人文社科成果二等奖。

湘潭大学中共党史党建研究院揭牌

1
2
3

1.9 月 23 日，湖南省（永州市）中小学生“学宪法 讲宪法”演讲比赛和素养竞赛决赛举行

2.9 月 24 日，湖南第一师范学院 2023 级新生军训总结表彰大会分别在该校东方红校区和城南书院校区田径场举行

3.9 月 27 日，2023 年湖南省“国培计划”长沙市幼儿园党组织书记研修班顺利开班

湖南省县域普通高中管理者（中层）高研班在双峰县开班

2023 年 10 月 23 日，湖南省县域普通高中管理者（中层）高研班在双峰县开班，全省 191 名教育名家齐聚双峰，将通过专家讲座、互动研讨、沉浸体验、实践调研等方式，共同剖析县域普通高中发展的现实困境和挑战，探讨县域普通高中振兴的路径和方法，共同提高教育管理干部综合素质和岗位技能。

会上，县委副书记、政法委书记戴志雄致欢迎词。他说，近年来，双峰县积极实施“教育强县”战略，以阅读教育为突破口，探索走出了一条义务教育高质量发展“低投入、高效益”之路。2016 年以来，双峰县 3 次参与国家义务教育质量监测均居全省前列，2022 年综合排名居全省首位。

省教育厅教师工作与师范教育处副处长缪高勇在讲话中对双峰县义务教育均衡优质发展和双峰一中近年来取得的优异成绩给予了高度评价。他强调，双峰一中作为一所县域普通高中学校，秉承“追求至美、崇尚一流”的办学宗旨，在资源有限的情况下实现了高质量的发展，为县域高中学校的发展树立了榜样。

湖南省县域普通高中管理者（中层）高研班在双峰县开班

△ 6 日，湖南省特殊教育资源中心建设研讨活动在长沙举行。活动围绕特殊教育资源中心建设，特邀北京、南京、重庆、宁波等地的教授、校长，来到长沙特校省市两级资源中心进行实地观摩，并作专家讲座与案例分享。根据特殊教育提升计划，湖南省在市、县建立特殊教育资源中心，集中特殊教育专业资源，加强特殊教育教学研究，指导随班就读和送教上门工作开展。

△ 16 日，2023 年全国青年社会组织骨干专题读书班在株洲召开。来自辽宁、吉林、黑龙江、河南、湖北、湖南、云南的 130 余名青年社会组织骨干和湖南 14 个市州的 90 余名各级团干部参加读书班。读书班从理论辅导和政策解读两方面，带大家深入了解了青年社会组织发展的时代背景和整体态势，以及全面加强新时代青年社会组织共青团工作的目标任务和方法路径。

△ 18 日，邵阳市第四届“最美乡村小学教师”和“最美乡村小学生”表彰大会在湘郡铭志学校举行，会上对来自各县（市、区）的 22 名“最美乡村小学教师”和 102 名“最美乡村小学生”予以表彰。

“长沙市关心下一代实践教育基地”授牌仪式在开福区举行

2023 年 10 月 24 日，“长沙市关心下一代实践教育基地”授牌仪式、“长沙市开福区乡村经济发展促进会、党支部”揭牌仪式在开福区沙坪街道竹安村竹安驿站举行。

近年来，开福区“五老”助力乡村振兴，而竹安驿站作为开福区“五老”助力乡村振兴的示范点，充分发挥“五老”政治优势、经验优势、智慧优势和威望优势，协调社会各方力量，形成了将关心下一代工作与乡村振兴工作充分融合的特色品牌，取得了一系列的成绩和良好的社会反响。同时，积极发挥乡贤的聪明才智和雄厚资源优势，引导和聚集了竹安村贤达人士，立足本地成立乡村经济发展促进会，为竹安乡村经济发展出谋划策。投入资金 2000 余万元，搭建了牵头产业运营的平台公司，统筹竹安村内所有农业产业项目运营，有序启动了研学、民宿和非遗传承等项目建设。

下一步，开福区关工委将一以贯之，坚持“党建带关建”，守正创新，压实责任，强化担当，发挥广大“五老”优势作用，不断完善竹安驿站“加油站”“中转站”“服务站”的功能，把竹安驿站打造成全市乃至全省乡村振兴的示范基地、和美乡村建设的展示窗口、青少年教育实践的良好平台，让村民的生活更加富裕、幸福，让青少年的成长更加快乐、美好，让“五老”的光芒照亮更多的人。

△19日，溆浦“新课标 新中考 新目标”教学研讨会在溆浦县师大思沁高级中学召开。全市13个县市区教育局相关负责人共700余人应邀参与此次活动。省、市教科院基础教育研究所的教育专家围绕“义务教育课程改革培养目标”“中考命题改革”等主题，从“落实立德树人”“聚焦核心素养”“转变教学方式”“改革考试评价”这四大部分进行详细解读，深入探讨了面对新课标、新中考、新目标背景下，实现高效教学和有效备考的相关内容。

△29日，衡阳市“光影育人”启动仪式暨德育电影《红领巾飘飘》首映典礼在高新区栢里渡小学举行。市委宣传部、市教育局、省校园文联有关领导，各县市区教育局基教股长、局直各中小学校德育负责人、栢里渡小学师生共200余人参加了活动。

△29日，永州市开展中心城区职业院校师生“进园区、进企业”活动，副市长肖质彬出席并讲话。职业院校师生代表一行先后到园区、企业开展“沉浸式”体验活动，实地参观了园区环境、智能化车间、党员活动室等地，现场了解企业发展、生产经营等方面情况。

1.9月28日，“父母如何说 孩子才会听”长沙县妇联家庭教育公益知识讲座

2.10月13日，2023年“红枫计划”暨“麓山杯”湘潭高校专场创新创业大赛首场复赛在湘潭大学举行

3.10月10日，常德市教育科学研究院学科教研员一行来到市三中开展实施新课程标准专项教学视导

全市中职学生技能竞赛在岳阳县举办

2023年10月28日，“荣湖杯”2023年岳阳市中职学生技能竞赛在岳阳县职业中专举办，来自全市22支中职学校代表队共575名选手参与21个项目的角逐。市政协副主席、市教体局副局长万五龙，副县长续广宁出席开幕式。

续广宁对来自全市中职学校的各参赛代表队表示热烈的欢迎。他指出，技术技能人才是建设制造强国之基，职业教育是技术技能人才培养之本。岳阳县乘着职业教育快速发展的大潮，成功创建“国家级农村职业教育和成人教育示范县”；县职教中心为首批湖南省示范性县级职教中心；县职业中专先后荣获首批国家重点中等职业学校等多项荣誉；湖南石油化工职业技术学院、岳阳北大青鸟、岳阳远大建设职业学院等一大批高职专科学校纷纷落户岳阳县，为促进县域经济发展、服务县委“四区”建设贡献了职教力量。

此次技能大赛主赛场设岳阳县职业中专，同时在中南工校、平江县职校、汨罗市职业中专、湘北女校设立分赛场。

湖南科技学院清廉学校建设走深走实

2023年11月8日，湖南科技学院学生根据廉政歌曲《一路清风》改编而成的手指舞在音乐厅舞台上演，美妙的歌声，流畅的舞蹈，赢得了在场师生的点赞。

湖南科技学院学生根据廉政歌曲《一路清风》改编而成的手指舞在音乐厅舞台上演

湖南科技学院开展“红色芳华清廉有我”传媒艺术节活动，将专业实践教学与清廉教育相结合，通过同学们丰富的实践作品立体化、实体化地展现廉洁精神，让廉洁文化真正融入校园文化之中，浸润师生心灵、滋养师生美德。

近年来，湖南科技学院坚持把加强廉洁教育作为一体推进“三不腐”的重要抓手，通过教育醒廉、文化润廉、实践守廉、监督护廉“四廉”驱动，丰富廉洁教育载体，厚植廉洁文化土壤，推动清廉学校建设走深走实。

学校通过抓实廉洁教育“必修课”、抓紧廉洁教育思政课，构建廉洁教育多维课堂，深化教育醒廉。学校兴建廉洁文化长廊，设立楼道廉洁文化宣传牌，让廉政文化景观“出门可见、随处有影”，打造廉洁文化矩形阵地，深化文化润廉。学校积极拓展清廉建设活动载体，深化实践守廉，探索“党建+”社区育人体系，创新学生社区建设，将廉洁文化与支部建设、机关作风、业务工作深度融合，推进清廉单元建设，开展“家庭助廉团团圆圆”家风建设大家谈，教育引导干部家属当好“廉内助”，共筑家庭“廉洁关”，深化廉洁家风建设。

涟源市第一中学“全国国防教育示范学校”挂牌

2023年11月9日，涟源市人武部为涟源市第一中学举行“全国国防教育示范学校”授牌揭牌仪式。市委常委王学军提出工作要求，以及市人武部、市委宣传部、市教育局相关负责同志参加。

国防教育是全民教育的重要组成部分，是培养德智体美劳全面发展的社会主义建设者和接班人的重要内容。涟源一中一直以来注重国防教育的开展，积极探索国防教育的新模式、新途径，取得了显著的成效。授牌揭牌仪式上，涟源一中负责同志从学校有红色基因传承、学校有国防教育落实、学校有国防教育成果三个方面，介绍了学校国防教育开展情况和成果。

王学军表示，涟源一中成功创建“全国国防教育示范学校”，是市委、市政府和市人武部坚强领导的结果，是全校师生通力协作、共同努力的结果，涟源一中要以更加昂扬的斗志投入到国防教育工作中，将国防教育融入到日常教学工作中，切实提高做好国防教育工作的责任感、紧迫感和使命感。要聚焦青少年这个“重点群体”，将国防教育进学校、进课堂、进头脑作为对青少年进行文化熏陶、意志培养、品行塑造的重要抓手，继续做好固化、传承和发扬文章，切实打牢青少年崇军尚武的思想根基。

1
2
3

1.10月19日，湖南湘江新区2023年普特融合教育课堂研讨活动在长沙市岳麓区第一小学举行

2.10月24日，“2023年全国中小学青年教师教学竞赛优秀获奖选手巡讲”活动在长沙举行

3.10月24日，邵阳县第一高级中学举办2023年秋季社团启动仪式，旨在助推学校教育高质量发展，丰富校园文化生活，发展学生兴趣与特长

湖南省首届残疾学生职业技能大赛正式开幕

湖南省首届残疾学生职业技能大赛结果揭晓

2023年11月10日至12日，湖南省首届残疾学生职业技能大赛暨展能节活动、湖南省第二届国家通用手语应用能力大赛暨2023年“阅美湖湘”通用手语阅读大赛，在长沙举行。大赛由省残联、省教育厅、省广播电视局主办，长沙职业技术学院承办。

经过各地选拔，全省14个市（州），湖南师范大学、长沙职业技术学院、省特教中专共组建17个代表队参加此次比赛。336名选手参加残疾学生职业技能大赛，21个项目参加展能节活动，经过11个竞赛项目的激烈角逐，208人荣获一、二、三等奖，长沙职业技术学院、省特教中专、湘潭市代表队荣获最佳组织奖。长沙职业技术学院、省特教中专、怀化市代表队荣获优秀展能奖。

181名选手参加国家通用手语应用能力大赛，77人荣获一、二、三等奖；113个手语阅读作品参加通用手语阅读大赛，68个作品荣获一、二、三等奖，《盛世中国》等3个作品荣获最受欢迎作品奖。长沙职业技术学院荣获大赛突出贡献奖。

12月

△5日，株洲市产教联合体成立，是全省唯一的国家级市域产教联合体。株洲市产教联合体依托株洲高新区，以湖南铁道职业技术学院、中车株洲电力机车有限公司为牵头院校和企业，重点建设株洲轨道交通装备行业产教融合联盟、株洲航空航天装备行业产教融合联盟、株洲新材料行业产教融合联盟、株洲北斗规模应用行业产教融合联盟，打造产学研高端发展的株洲科教融汇中心，建好服务中小微企业的株洲市专精特新企业发展促进中心。

△6日，全省应对学龄人口变化调整优化中小学幼儿园布局和教师配备会议在长沙召开。湖省将通过有序组织幼儿园设并转撤、增加特殊教育学位供给、增加高中学位供给等措施，确保调整一所、用好一所、带动一批。

△7日，国家轨道交通装备行业产教融合共同体能力建设部工作推进会在株洲举办，同步举行湖南省轨道交通装备制造与运用职教集团、机械行业高铁装备制造职业教育产教联盟2023年会。会上，湖南铁道职业技术学院分别与中车株洲电力机车有限公司等10家单位签约，共同推进校企深度合作。

△8日至9日，新时代中小学“大思政课”研讨会在湖南韶山举办。研讨会以“传承红色基因 培育时代新人”为主题，采用“课程观摩＋创新体验＋研讨会交流”的形式，集中展示湖南思政教育改革创新成果，共同推动新时代“大思政课”建设内涵式发展。

△11日至12日，湖南省新时代基础教育单良名校长工作室授牌仪式暨线下集中研修活动，在郴州市第十九中学举行。北湖区教育局党组书记、局长张小文为单良名校长工作室授牌。工作室10余名优秀校长和100余名学员老师参加授牌仪式，并参加线下研修活动。本次线下集中研修培训班为期两天，内容涉及办学经验分享、专家讲座、工作发展方向规划、学员交流、参观校园等。

△15日，宁乡市产教联合体成立。联合体将通过有效的制度保障和政策投入，调动和发挥政府、企业、学校各自优势，促进教育链、人才链与产业链、创新链有机衔接，推动宁乡产业整体高质量发展。

第六届教博会在珠海开幕

第六届教博会现场

2023年11月18日，第六届中国教育创新成果公益博览会（简称“教博会”）在广东珠海国际会展中心开幕。本届教博会以“汇聚·共享·创新——教育高质量发展”为主题，由北京师范大学主办。长沙市教科院携《区域构建普通中学教育质量增值评价体系的实践探索》《“五有四化”主题式地理教学改革实践》《区域推进中小学综合素质评价》《综合实践活动课程建设、推进与实施》四项研究成果亮相第六届教博会。

本届教博会依据SERVE模型“指向本源的教育问题、前瞻的价值理念、系统的解决方案、有效的实践案例、‘可复制’的标准规则”的原则，全国仅20项优秀成果获SERVE奖殊荣，长沙市《区域构建普通中学教育质量增值评价体系的实践探索》和《“五有四化”主题式地理教学改革实践》两项研究成果荣获SERVE奖。

本届教博会将聚焦教育优质均衡、教育治理现代化、新课程改革、新时代教师队伍建设、教育数字化、教育质量评价六大领域，采取展览展示和会议论坛相结合的方式，开展100余场主题论坛和品牌活动，开设1100余场成果工作坊，布设五大展馆集中展示2200余项国内外优秀教育创新成果，并设SERVE奖成果、科学教育、家庭教育、项目学习、未来设计、未来媒体与数字素养等特色主题展区。

1.10月26日，永州市2023年义务教育阶段音乐学科单元整体教学竞赛暨研讨活动在新田举行

2.10月28日—29日，2023年“理解当代中国”湖南省大学生外语能力（英语组）比赛在湖南科技学院举行

3.11月5日，郴州市一中举行2023年青年教师教学竞赛暨党员示范课活动

湖南省职业院校技能竞赛在衡阳开幕

2023年11月21日，2024年“楚怡杯”湖南省职业院校技能竞赛在湖南财经工业职业技术学院开幕。湖南省教育厅副厅长王仁祥、副市长谢宏出席活动。

湖南省职业院校技能竞赛已经走过了16年的历程，是全省职业教育领域关注度最高、影响力最大的高水平赛事。该赛事在展现职教发展成果、对接产业市场需求、促进产学研融合等方面起到了极大的促进作用。

湖南省职业院校技能竞赛在衡阳开幕

此次大赛由省教育厅、省人社厅等多家单位共同举办，在全面对接国赛赛项设置的基础上，结合湖南职教特色，共设置中职组、高职组学生赛项160个，设置教师赛项17个。竞赛优胜者经选拔集训，还将代表湖南省参加2024年全国职业院校技能大赛。

此次大赛旨在以赛促教、以赛促学、以赛促建、以赛促改，鼓励全省广大职教工作者笃行不怠、接续奋斗，共同开创湖南职教跨越式发展的新篇章。

新时代中小学“大思政课”研讨会在韶山举办

2023年12月8日至9日，新时代中小学“大思政课”研讨会在韶山举办。研讨会以“传承红色基因培育时代新人”为主题，采用“课程观摩+创新体验+研讨会交流”形式，集中展示湖南思政教育改革创新成果，共同推动新时代“大思政课”建设内涵式发展。

研讨会主旨演讲环节，省教育厅副厅长刘静，全国大中小学思政课一体化建设实践研究共同体专家指导委员会主任、北京工业大学马克思主义学院教授王锋，湖南大学马克思主义学院党委书记龙兵，“我是接班人”湖南省网络大课堂总班主任郭晓芳分别作主旨演讲，结合各自的工作实际，为“大思政课”发展建言献策。

研讨会还举行“我的韶山行”红色研学开班仪式，观摩毛泽东同志纪念馆展教结合思政微课和韶山学校思政教育研学实践营地《恰是风华正茂》思政大课，聆听“诗词思政课”“音乐思政课”创新课程，让思政教育可视可触。

新时代中小学“大思政课”研讨会在韶山举办

1.11月10日，衡阳师范学院：2023年“一校一书”阅读推广活动

1

“智汇潇湘·青沙龙”湖湘青年英才活动举行

2023年12月8日，“智汇潇湘·青沙龙”湖湘青年英才活动在长沙举行，为入选2023年芙蓉计划湖湘青年英才项目人文社科、文化创意、创业三个类别的74名青年颁发奖杯和证书。

“智汇潇湘·青沙龙”湖湘青年英才活动在长沙举行

现场，2名历届湖湘青年英才代表周博文、余小龙和2023年芙蓉计划湖湘青年英才代表贺顺达、王楠结合自身岗位，依次分享了自己在智能科技、乡村振兴、研发创新、新闻宣传等领域的奋斗故事，以自身经历号召青年朋友挺膺担当、勇毅前行，争做走在时代前列的奋进者和开拓者。

共青团湖南省委书记李志超表示，全省各级团组织深入学习贯彻习近平总书记关于做好新时代人才工作的重要思想，一如既往为广大青年人才创新创业营造良好“生态圈”，打造施展才干的“大舞台”，着力促进各领域青年脱颖而出、竞展才华，不断描绘“智汇潇湘”的青春画卷。

芙蓉计划湖湘青年英才项目旨在加快湖南省优秀青年人才培养，为优秀青年人才提供政策、资金、创新创业等多方位支持。此次活动由省委组织部指导，团省委主办，省青联、省青科协、团长沙市委协办。

教育部公示首批『高校辅导员名师工作室』

教育部2023年12月7日至12月14日公示2024年度高校思想政治工作质量提升综合改革与精品建设项目遴选结果，南华大学“同心圆梦”辅导员工作室成功入选“2024年度高校辅导员名师工作室”，是湖南省省属高校唯一入选的辅导员工作室。

南华大学“同心圆梦”辅导员工作室成立于2017年5月，工作室以提升辅导员育人能力、促进辅导员职业发展为主线，以指导大学生成长成才为目标，聚焦辅导员职业能力建设、心理健康教育以及军工文化育人等方面，开展了“向心力”沙龙、“同心圆”论坛、“迎新联谊会”等系列特色活动。6年来，工作室主要成员获得教育部人文社科项目、辅导员专项，以及省、校级思想政治教育提升工程研究项目等23项，获省级工作案例及精品项目立项12项，发表相关论文30余篇、优秀案例6篇，获得省级教育教学成果奖2项。南华大学辅导员工作室依托学校辅导员职业发展协会，形成了园艺育人、音美育人等系列品牌。

△19日，长沙召开全市经济管理部门主题教育座谈会，深入学习贯彻习近平总书记关于主题教育系列重要讲话和重要指示批示精神，认真落实中央、省委和市委部署要求，了解全市经济管理部门主题教育进展情况，突出围绕“优化营商环境”听取意见建议，进一步压紧压实主体责任，推动全市主题教育持续走深走实。

△22日，湖南省首个税收红色教育基地在平江县李六如故居正式挂牌成立。湖南省税收红色教育基地的正式挂牌标志着教育培训、参观游览为一体的税收红色地标在平江诞生，平江将不断完善软件、硬件设施，努力将教育基地打造成主题教育的新课堂、税务系统红色教育的新阵地。

△23日，“在知行合一中夯实教育强国之基”振兴县域教育论坛（2023）在桃源举行。

来自全国各地300多名教育专家、教育一线工作者聚焦当前振兴县域教育经验、问题和对策进行集中深入研讨，挖掘典型与经验，探讨路径与方案。

△27日，南华大学2023年“青春榜样”优秀学生颁奖典礼举行，表彰本年度“最美大学生”、优秀学生干部标兵、成才报国奖获奖、见义勇为奖、道德风尚奖等。学校还结合“三会一课”、主题党日等活动，动员学校各级各类身边榜样深入基层开展宣讲，通过“身边人”讲“身边事”，更好激励广大青年学生“比学赶超”。

△28日，常宁市教育局在柏坊镇新柏村荷花里举行中小学首届劳动教育研讨会活动。研讨会上，教育专家以《中小学如何实施劳动教育》为题，从为什么加强劳动教育、劳动教育有哪些政策导向、如何实施劳动教育三方面，结合多个实践案例，深入浅出地解读了《劳动课程标准》，提高了大家对劳动课程设计的认识和感悟，拓宽了教学思路。

永兴县2023年师德教育大宣讲活动圆满收官

2023年12月11日，永兴县2023年师德教育大宣讲活动最后一站走进了永兴一中，通过专题讲座、互动研讨以及送培到校等形式，为教师们上了一堂堂深刻的师德教育课。

宣讲组成员以《守底线铸师魂做新时代党和人民满意的好教师》为题，结合身边的典型案例，深入剖析了师德师风的意义和重要性，及其内涵和基本要求。

教师们纷纷表示，这次宣讲让他们对师德素养、政策解读、廉洁从教、爱生敬业、乐学善教、践行责任、求真务实等方面都有了更深入的理解。大家一致认为，要加强自身修养，弘扬高尚师德，做到以学促改、以学促变、学有所获，争做新时代有理想信念、有道德情操、有扎实学识、有仁爱之心的“四有”好老师。

此次永兴县2023年师德教育大宣讲共分为六个片区进行，旨在全县范围内提高教师职业道德素质，引导教师树立正确的教育观、价值观和人生观。

第五届『节地中国』学术研讨会在湘潭市举行

第五届“节地中国”学术研讨会在湘潭市举行

2023年12月14日，以“推进县域创新示范，探索资源节约集约治理体系建设”为主题的2023年（第五届）“节地中国”学术研讨会在湘潭市举行。研讨会采取“实地观摩＋经验交流”的模式，召集业内专家，通过典型引领、示范带动、交流互鉴，促进资源节约集约利用，推动高质量发展。

与会人员前往实地，了解了湘潭盘活存量用地典型案例。湘潭县锦石乡碧泉村，利用存量集体经营性建设用地入市机会，引进湖南顺餐食品有限公司，有效盘活了存量集体建设用地，为乡村振兴添砖加瓦；天易示范区柏屹产业园利用标准厂房建设，使存量商业用地华丽变身为配套工业厂房，采用“产业链＋招商”新模式，为县域经济注入了内生动力。

研讨会上，来自中国农业大学、南京大学、浙江大学的专家教授分别作了题为《土地要素配置与高质量发展》《基于县域主体功能的国土空间绩效研究》《土地节约集约利用试点成效及其治理体系建设探讨》的主题报告；自然资源部人力资源开发中心通报了全国自然资源节约的典型案例，自然资源部咨询研究中心就积极推进自然资源节约集约利用的理论和实践探索创新、广东省三旧改造协会就当地低效用地再开发政策体系与治理结构变迁进行了深入研讨。

1.12月29日，2023年“我的书屋·我的梦”湖南农村少年儿童阅读实践征稿活动获奖名单公布

2.12月14日，第十届全国大众冰雪季2023年“激扬中国梦·冰雪酝新篇”湖南省百万人上冰活动在湖南科技大学举行，3000余位市民朋友和校内师生们欢聚一堂，共同享受冰上运动带来的乐趣

积极推进国防教育浏阳三中跻身“全国示范”

积极推进国防教育浏阳三中跻身“全国示范”

2023年12月29日，全国国防教育示范学校挂牌暨中国人民解放军陆军防化学院“优质生源基地”签约授牌仪式在浏阳市第三中学举行。浏阳市委常委、市人武部部长廖伟出席。

自2017年开办首个国防教育班以来，浏阳三中将国防教育深度纳入学校教育体系，积极推进国防教育，通过组织学生参观红色教育基地等方式强化爱国意识、厚植爱国情怀。此次成为中国人民解放军陆军防化学院的优质生源基地，是对浏阳三中国防教育工作的肯定，更饱含着对未来发展的期许，两校也将开启协同育人的新征程。

廖伟表示，希望浏阳三中以此次授牌为契机，继续开拓创新，提升国防教育品质，形成自己的模式和品牌，为打造湘赣边中小学国防教育高地，服务好浏阳经济和社会发展作出新的贡献。随后，廖伟还以“正青春，当兵去”为主题作宣讲，从国家安全形势和征兵政策两方面剖析，鼓励学生们把热血挥洒在实现强军梦的伟大实践中，为实现建军一百年奋斗目标贡献力量。

2024

湖南地方年鉴

新闻·出版·广电

要闻纪事
2023年

1月

△13日，2023年全市新媒体暨网友座谈会召开。会议通报表彰了2022年度优秀政务微信公众号、优秀媒体微信公众号、优秀自媒体微信公众号、网站专题创作优秀平台、原创微视频优秀集体、原创抖音优秀账号、原创微文博文优秀个人，并宣读了常德市网络文明建设倡议书。

2月

△13日，由湖南省地方金融监督管理局与湖南日报社联合创建的新湖南客户端“金融频道”正式上线。该频道将打造湖南金融“主流发声”的重要窗口，为全省金融工作和行业发展宣传开启新征程。频道暂设置金融要闻、长株潭金改、政策发布、机构风采4个栏目，内容重点聚焦全省金融行业重要事件、长株潭金融改革、金融政策的发布与解读、全省金融机构最新动态等。

△13日，央广网以《湖南衡阳：英雄城市深藏功名成就 复兴崛起重塑工业强市》为题，以万字长篇报道展现了衡阳市以制造业立市，在科技创新、绿色转型、承接产业转移、打造产业链等方面的日新月异的发展变化，全面展现了衡阳十年来的巨变。

1
2
3

1.1月16日，2023湖南卫视春晚

2.1月17日，以“韧·征2023”为主题的湖南广播影视集团有限公司（湖南广播电视台）2022—2023年度总结表彰暨工作会议召开

3.1月18日，“潇影一起拼”2022年度总结表彰大会圆满召开

湖南日报《理论周刊》全新亮相

2023年1月5日，湖南日报在原有理论版基础上改版升级的《理论周刊》全新亮相。《理论周刊》将在湖南省委宣传部指导下，进一步加强党的创新理论宣传，打造具有强大传播力、引导力、影响力、公信力的全国一流理论宣传阵地。

长期以来，湖南日报始终坚持把加强党的创新理论宣传作为党报的灵魂和底色，以高度的政治自觉、坚定的理论自信、强烈的创新意识，把握党报理论宣传规律，营造了理论学习浓厚氛围。在人员、版面配置和传播效果上，均居全国省级党报前列。此次改版，从原有的每周三个版扩至每周四个版，由原有的分散推出改为整体推送，既实现量的增长、质的提升，也更便于读者阅读。

党的创新理论是科学、生动、鲜活的，《理论周刊》将努力把鲜活的思想讲鲜活，把透彻的道理讲透彻，努力追求准确性、深刻性、生动性。将以湖南日报社旗下的《湖南日报》、新湖南客户端、华声在线网站、“经武门论道”公号等全媒体矩阵为载体，实现报网端微联动、线上线下聚力的立体传播。

蓝山参与拍摄的《小镇青年》获中国纪录片大奖

2023年1月7日，从第28届中国纪录片学术盛典暨第15届深圳青年影像节传来消息，由永州市委宣传部、蓝山县委宣传部参与拍摄的6集纪录片《小镇青年》荣获第28届中国纪录片学术盛典系列片十优作品，根据第二集制作的《阿暄》获年度十佳短片。此前，该作品还被评为国家广播电视总局2022年二季度国产优秀纪录片。

蓝山参与拍摄的《小镇青年》获中国纪录片大奖

《小镇青年》“机位低移”，聚焦乡镇青年人群不甘平庸、在普通工作岗位上坚持奋斗的鲜活故事，展现了“小镇青年”憧憬美好、脚踏实地、怀抱理想、拥抱家乡的奋斗形象，生动刻画出了一部出自小镇青年的“青春图谱”。该纪录片第一集《留在家乡务工的年轻人》、第二集《小镇女孩的舞蹈梦》由湖南卫视、湖南广播电视台金鹰纪实频道在蓝山县工业园拍摄。

中国纪录片学术盛典是经中国文学艺术界联合会批准，由中国电视艺术家协会纪录片学术委员会承办的、中国纪录片业界规格最高的专业奖项评选活动，也是国内纪录片参评数量最多、规模最大、规格最高的评选活动。

全国网络媒体走进郴州记录美丽画卷

2023年2月21日，由湖南省委网信办、湖南日报社主办的“湘”当自觉自信自强——全国网络媒体湖南行之“湖南省市州和县域经济发展扫描”暨“郴势而上向未来”重大主题宣传活动启动仪式举行。

此次活动旨在通过中、省、市网络媒体和网络名人深入基层采访，描绘好湖南市州和县域经济发展的蓬勃之势，展现好产业兴旺、生态和谐、乡村振兴、民生改善的新画卷，讲述好湖南贯彻落实“三高四新”战略定位和使命任务高度自觉、自信、自强的底色、本色和气概。

市委常委、市委宣传部部长贺建湘在致辞中表示，走遍五大洲，最美有郴州。郴州诚挚欢迎各位媒体朋友，多到郴州走走看看，挖掘更多的生动素材，记录更多的美丽画卷，创作更多的精品力作，讲述郴州好故事，推介郴州好经验，传播郴州好声音。郴州的新媒体更要深度参与，进一步沉到基层群众中去，唱响网络主旋律，弘扬网络正能量。

图为启动仪式现场

1

2

1.1月28日，2023年永州市“春风行动”直播带岗活动服务业专场举行

2.2月8日，湖南省第十一届网络文化节之“我是文明大使——2022年度湖湘好网民新风大典”活动在长沙举行

湖南省微电影大赛『金芙蓉奖』揭晓

2023年2月23日，“光影湘村”湖南省微电影大赛“金芙蓉奖”颁奖典礼在湖南广播电视台节目生产基地“七彩盒子”举行。

颁奖典礼现场，湖湘电影人齐聚一堂，共同见证“金芙蓉奖”12大奖项的出炉。其中，《嗦啵·花亘》获得“金芙蓉奖”一等奖，《一步之遥》《寂寨》《生长诗歌的村庄》3部作品获得二等奖，《信仰》《芳菲始盛》《长鼓悠悠》《心宝》《一亩田，大梦想》5部作品获得三等奖，《直播吧！支书》《铜锣新声》《桥》等27部作品获得优秀作品奖。大赛另设最佳导演奖等6个单项奖和网络人气奖、组织工作奖。

此次大赛由湖南省委网信办、湖南省电影局、湖南省乡村振兴局联合主办，旨在服务乡村振兴战略，通过光影艺术反映新时代湖南山乡巨变。大赛报名影片数量超300部，来自全省14个市州的文艺类社会组织、专业影视机构、乡村振兴驻村工作队、市州融媒体中心和高校学生等个人创作者踊跃投稿。

大赛组委会介绍，获奖作品坚持以人民为中心的创作导向，融入乡村振兴、精准扶贫、绿水青山、文化乡愁等元素，记录时代，讴歌人民，充分展现了湖南乡村振兴事业发展新面貌以及人民对美好生活的向往。获奖作品后续将进行展播展映，还可纳入全省精神文明建设“五个一工程”奖的评选。

“光影湘村”湖南省微电影大赛“金芙蓉奖”颁奖典礼举行

△17日，新湖南“普法”频道上线仪式在长沙举行。作为省司法厅、湖南日报社深度合作的重要载体和全省普法宣传教育的重要阵地，新湖南“普法”频道将成为全省普法依法治理工作新平台新窗口，为全面建设社会主义现代化新湖南营造浓厚法治氛围。

△23日，湖湘动漫月·马栏山数字文化新业态高峰论坛在长沙举行，国内专家学者齐聚，以“数创湘聚 焕新业态”为主题，为推动数字文化产业高质量发展建言献策。

3月

△5日，《毛泽东“向雷锋同志学习”题词发表六十周年》纪念邮票在衡阳市邮政分公司集邮营业厅发行。该套邮票2枚，邮票面值2.40元，邮票图案名称分别为毛泽东同志题词、《雷锋》雕像，全国发行数量为750万套。邮票由吴为山、史渊设计。

△21日，2023年国际传播协同协作工作会在长沙召开。中国外文局及局属单位分别与经济日报社、湖南省委宣传部等10家单位签署战略合作协议。杜占元、杨浩东为2022对外传播优秀案例颁奖。

△28日，郴州市消防救援支队举行消防工作新闻发布会。郴州市消防救援支队支队长徐国水，副支队长胡波、曾亮、邓湘波就各个媒体提出的灭火救援能力、指挥体系建设、消防安全监管、消防产品整治、火灾隐患整改、消防宣传教育等热点问题作了详尽解答。

4月

△10日，张家界市税务局成立税收宣传新媒体工作室。该工作室的成立旨在对接纳税人缴费人的宣传需求，用新媒体的思维和手段宣传策划与产品制作，实现多渠道精准传播。

△11日，常德市创新突破产业突围大型融媒体新闻行动启动仪式在常德高新区举行。此次活动将组织省、市主流媒体深入园区企业和项目建设现场，挖掘先进典型、记录生动实践，在全市上下掀起开展创新突破产业突围三年攻坚行动的宣传热潮。

△14日，“携手青媒，网聚能量”2022湖南省青媒奖主题活动交流分享会在长沙马栏山创意中心举行，为荣获2022湖南省青媒奖的单位或团队颁发荣誉证书。新湖南获评“年度YOUNG伙伴”称号。

湖南省全民反诈新媒体创意大赛圆满落幕

获奖现场

2023年2月24日，由湖南省打击治理电信网络诈骗犯罪和跨境突出犯罪工作协调小组办公室（以下简称“省反诈协调办”）主办，中国建设银行湖南省分行协办，湖南日报社承办的“全民行动无诈三湘”湖南省全民反诈新媒体创意大赛在长沙举行颁奖典礼。

近年来，全省不断构建“党政主导、部门联动、全域协同”的反诈宣传新格局，形成了“全民反诈、全社会反诈”的强大合力。全省各级媒体聚焦反诈宣传领域，推出了一大批反诈“爆款”作品。社会各界人士积极投身反诈宣传，以短视频、微动漫、创意海报、H5等群众喜闻乐见的形式，普及反诈知识，提高全民反诈意识。

经大赛组委会初评、复评、终审后，最终评定最佳人气奖1名，最佳创意奖4名，行业组并列一等奖2名，二等奖2名，三等奖3名，高校组和大众组一二三等奖分别为1、2、3名，优秀组织奖、优秀作品奖各20名。颁奖典礼上，获奖单位和个人依次上台领奖。获奖代表上台分享创作心得、表演文艺节目，现场气氛热烈。此次大赛自启动以来，社会各界高度关注、参赛作品水准高超。全省14个市州企事业单位、高校、个人积极响应、精心创作，紧扣主题制作推选近1000件作品。

1.2月26日，“原创之春·湖南作家专场”新书发布会在北京召开

2.3月1日—3月3日，岳阳市文旅广电局联合市市监局、市文化执法支队、经开区宣传部、楼区文旅广体局、南湖新区文旅局组成督查组以明查的方式对中心城区进行为期三天的卫星锅专项整治行动

3.2月10日，“爱长沙@长沙”网络文化节之“网聚星力量 奋进新时代”2023星城盛典在湖南长沙举行

1
2
3

网红长沙『领衔主演』

渔人码头

2023年3月1日，电影《长沙夜生活》曝光定档预告片与海报，宣布将于4月28日全国上映，进军“五一”假期。该片由陈可辛、赵晓时监制，张冀编剧并执导，尹昉、张婧仪、苏岩、吴昊宸、白宇帆、周思羽、吴军、罗钢主演，张艺兴特别出演。

被誉为屈贾之乡、楚汉名城的长沙，不仅是电影《长沙夜生活》故事发生的舞台，更是整部电影当之无愧的“领衔主演”。在定档预告片中，伴随着律动十足的湘味rap，五一广场、渔人码头、“长沙之眼”摩天轮等知名景点轮番登场，令人目不暇接；口味虾、糖油粑粑、小炒黄牛肉等湘味美食也悉数亮相，令人垂涎三尺。霓虹璀璨的闪耀之城，热辣鲜香的市井之味，共同构成长沙夜晚鲜活动人的烟火气。

导演张冀将镜头对准了长沙这座繁华的网红城市，在这里每一个平凡而努力的小人物都是自己生活的主角，都和这座生机蓬勃、热情洋溢的城市共同书写着属于自己的故事。无论是土生土长的长沙伢子，还是在外打拼的异乡游子，都与这座城市结下了深厚而独特的感情。

电影中的长沙美食糖油粑粑

1.3 月 27 日，"新时代学雷锋 榜样思政课"百场公益宣讲活动正式启动

2.3 月 30 日，百余名百度优质内容创作者齐聚长沙开始采风之行，沉浸式感受长沙魅力

3.3 月 5 日，永州广电艺术中心在永州广播电视台一楼演播大厅举行 2023 年春季开学典礼，典礼在艺术中心教师们的集体朗诵《春天，是属于我们的》中拉开序幕

张家界红色文化主题宣传曲 MV《山花红如火》首发

2023 年 3 月 3 日，张家界红色文化主题宣传曲 MV《山花红如火》在发。

《山花红如火》由中共张家界市委党校（市行政学院）、中共张家界市永定区委宣传部、张家界市永定区湘鄂川黔革命根据地纪念馆出品，由湖南省音乐家协会驻会副主席廖洪立作曲、音乐文学委员会理事鲁絮作词，由"最美土家和声"之称的扎扎朵组合演唱。

歌曲 MV 以红二、六军团在湘鄂川黔革命根据地的斗争为背景，以山花为喻，以红色为征，既象征着革命峥嵘之火，又象征着发展建设之火。通过一个年轻人的视角，追溯先辈足迹，扎根红色热土，感怀革命先辈为了家国无恙和人民幸福而无惧牺牲的精神，展现了在中国共产党领导下，新时代人民生活"红如火"、家国天下"永安定"的时光静好。

张家界丰富的红色文化资源和标志性的现代文旅融合成果也在 MV 中悉数亮相，既体现了历史的厚度，又展现了发展的速度，进一步唱响了张家界"赓续红色血脉，传承红色基因"主旋律，为张家界文旅融合发展注入新的活力。

张家界红色文化主题宣传曲 MV《山花红如火》首发

《衡阳酒娘》获"年度十佳散文集"

2022 年度中国散文年会作家合影留念

2023 年 3 月 18 日，由《散文选刊》《海外文摘》杂志社、《散文选刊》主办的 2022 年度中国散文年会在北京召开。中国散文学会会员、湖南省作家协会会员、衡阳县籍作家罗平的散文作品集《衡阳酒娘》获 2022 年中国散文年会"十佳散文集"奖。

《衡阳酒娘》收录了罗平专门为家乡而创作的系列散文作品。全书共 60 多篇 30 余万字，分为三辑：西渡旧事、衡阳酒娘、渣江酒席。"西渡旧事"以描写家乡的景点为主，突出家乡的美；"衡阳酒娘"主要记录家乡的旧日时光；"渣江酒席"通过对四季变化的描写，让读者深深体会到家乡味道的醇厚。罗平的《衡阳酒娘》曾被新华社内参推介，其中多篇文章在各级获奖并被朗诵名家配乐朗诵（《长乐梯田，只种清欢不种愁》获 2021 年中国散文年会二等奖）。

作家罗平以独特的视野、细腻的笔调、浓郁的乡愁，用淳朴的文字诠释家乡之美、家园之恋，让人勾起家乡沧桑岁月的记忆，让人珍惜当下美好的年华，让人憧憬未来可期的梦想。

△ 14 日，长沙市与湖南广电协作推进会在马栏山（长沙）视频文创园举行。会上审议了《关于建立湖南广播影视集团（湖南广播电视台）与长沙市工作协调机制的方案（审议稿）》。双方就共同打响"马栏山出品"品牌、打造《问苍茫》《长沙夜生活》等影视精品、推进 5G 实验室和"芒果城"建设、共建马栏山产业生态等进行了深度交流。

△ 14 日，"携手青媒，网聚能量"2022 湖南省青媒奖主题活动交流分享会在长沙马栏山创意中心举行，分享会为荣获 2022 湖南省青媒奖的单位或团队颁发荣誉证书。共青团常德市委官方微信公众号"常德 V 青年"及官方微博账号、常德青年人才专属主题 MV《常青者》在此次青媒奖评选活动中斩获"2022 湖南省青媒奖年度影响力共青团微信""2022 湖南省青媒奖年度影响力共青团微博""2022 湖南省青媒奖年度最佳文化产品"。

△16日，中央广播电视总台《金牌新字号》大型融媒体活动暨“中国夜经济活力指数发布”启动仪式在长沙举行。

△17日，湖南工业大学校团委，湖南工业大学各媒体平台、联合会学生代表走进株洲高新区（天元区）融媒体中心，开展新闻采编专业人才“校地合作”洽谈会，并参观了解融媒体中心的平台运营情况。双方分享了各自团队的媒体产品，并就新闻产品的策划、写作、拍摄等流程进行交流。

△17日，央视执导专为2023年绥宁苗族四月八姑娘节准备的电视节目《超级乡村对对碰：一起回娘家》在上堡古国开机拍摄。《超级乡村对对碰：一起回娘家》是一部真人秀式纪录片，由央视主持人及网红明星组团探访绥宁，推荐精品旅游线路，拍摄内容以花园阁、上堡古国、寨市古镇为主，曲幽谷、大园、大团、坝那部落、县城为辅，展现绥宁“景美、物美、姑娘美”。

湘西州“百名记者百村百企四季行”宣传报道活动启动

2023年3月20日，湘西州“从十八洞出发——百名记者百村百企四季行”大型主题宣传报道活动在古丈县启动。州人大常委会副主任杨永芳，副州长马碧，州政协副主席邓建英向媒体代表授旗。

为深化拓展“走转改”活动，更好服务发展大局，多角度全方位讲好湘西故事，传播湘西好声音，州委宣传部、州新闻工作者协会在全州新闻战线开展“从十八洞出发——百名记者百村百企四季行”大型主题宣传报道活动，进一步凝心聚力、振奋精神、鼓舞干劲，为湘西州经济社会发展营造良好舆论氛围。

此次采访活动按照“春夏秋冬”四季四个阶段进行，春季聚焦春茶生产上市、夏季聚焦文旅市场发展、秋季聚焦农产品生产上市、冬季聚焦高新技术企业发展。省驻州媒体、州直主要媒体和各县市融媒体中心共选派100名优秀记者（编辑），分四批赴各县市村寨、企业共100个采访点蹲点采访，深入宣传湘西州全域文明创建、重点项目建设、乡村振兴、文旅融合发展、优化营商环境、统筹发展与安全等方面的工作进展和亮点成就。

启动仪式上，州领导为湖南日报社湘西分社、红网湘西站、团结报社、州广播电视台等媒体代表授旗。

1.3月31日，“2023年炎陵县湖南公共文化进村入户文化惠民”文艺宣传巡演活动到下村乡小横溪村、大横溪村进行文艺演出

2.4月12日—4月14日，第十期马栏山智慧融媒创造营在长沙举办，本期活动以“科文融合 智创新声”为主题，各路嘉宾齐聚，共探媒体融合高质量发展

3.4月13日，第七届节目交易会暨“数智城市”融媒协作体大会在长沙开幕

《衡阳邮政志》付梓出版并举行首发式

《衡阳邮政志》付梓出版并举行首发式

2023年3月30日，衡阳市邮政分公司举行《衡阳邮政志》首发式。该志书实事求是、科学严谨地记录了衡阳邮政独立运营24年的发展历程和衡阳邮政员工的艰辛与努力，记录了24年风雨兼程中的不俗业绩。

《衡阳邮政志》编撰工作始于2019年4月，得到了衡阳邮政历任领导的高度重视，科学谋划、统筹安排，全体编纂人员经历四个寒暑的努力，搜集、查找、整理、归纳、取舍，于2022年4月得以付梓开印。修志工作全面真实地反映了1998年邮电分营以来衡阳邮政的发展历程，该志书的篇目主要有机构沿革、邮政业务、党群组织、网路运行、企业管理、县域邮政等九个方面，通过文字、图片等形式记录衡阳邮政创业发展、荣辱与共的历史。

衡阳邮政独立运营的二十多年，是衡阳邮政人值得铭记的岁月，经过衡阳邮政员工的接续奋斗，实现了美丽蜕变，从邮电分营之初全省邮政排名垫底跃升到“全省第一方阵”，荣获了湖南邮政优秀企业、湖南省优秀企业、中国邮政优秀企业、全国文明单位等诸多殊荣。

2023『好评中国』网络评论大赛在长沙启动

2023年3月31日，2023“好评中国”网络评论大赛启动仪式暨“好评中国”网络评论创新论坛在湖南长沙举行。中央网信办副主任、国家网信办副主任牛一兵，中共湖南省委常委、省委宣传部部长杨浩东出席并致辞。

牛一兵指出，习近平总书记在党的二十大报告中对塑造主流舆论新格局、推动形成良好网络生态提出了新部署新要求。以“点点星火，汇聚成炬”为主题，接续举办“好评中国”网络评论大赛，就是要坚持以习近平新时代中国特色社会主义思想为指引，守正创新推动网络评论高质量发展，壮大舆论场主流声音，凝聚奋楫再出发的磅礴力量。

2023“好评中国”网络评论大赛启动仪式暨“好评中国”网络评论创新论坛以“点点星火，汇聚成炬”为主题，围绕传承精神密码、礼赞光辉时代、澎湃青春梦想、汇聚九州同心四个篇章依次展开，邀请党的二十大代表、科技工作者、青年代表、正能量网络名人和2022“好评中国”网络评论大赛作者代表等，共论网络评论高质量发展，引领网民感受网络评论力量、参与网络评论创作。

2023“好评中国”网络评论大赛在长沙启动

1.4月25日，湖南广电2024年度“青春扬益”公益广告创制活动正式启动

2.4月14日“携手青媒，网聚能量”2022湖南省青媒奖主题活动交流分享会在长沙马栏山创意中心举行

3.5月11日，湖南省2023年全民数字素养与技能提升月启动仪式在长沙市望城区举办

全省230名记者探寻茶乡写乡村振兴故事

2023年4月7日至8日，“助力茶乡向振兴新闻战线安化行”全省新闻战线代表文体采风活动在益阳市安化县举行，来自全省各级媒体230余名新闻工作者走进茶乡安化，用镜头和笔触探寻、感知、记录安化在乡村振兴路上的生动故事。此次活动由湖南省新闻工作者协会组织。

全省230名记者探寻茶乡写乡村振兴故事

安化县作为省级乡村振兴重点县，抓住省宣传文资系统联县帮扶的契机，积极探索文化振兴引领乡村振兴新路径，制定出台《安化县“文化振兴引领乡村振兴”三年行动方案（2022—2024年）》，运用“文化+”和“+文化”两种融合引领方式，抓实“示范县、示范镇、示范村”三大载体，着力打造文化振兴引领乡村振兴的“安化样板”和“安化经验”。

采风团走进安化黑茶博物馆、安化黑茶文化艺术馆、中茶安化第一茶厂等一些独具代表性的建筑，了解安化黑茶的发展历史，深切感受到一片叶子发展成一个产业的过程。活动期间，新闻媒体边采边发，运用图文、短视频、航拍、直播等多种形式，推出行进式、体验式、见闻式融媒体报道，宣传推介安化，生动展现高质量发展给当地群众带来的获得感、幸福感。

△23日，邵阳县召开“委员说邵阳”短视频大赛工作部署会。县政协副主席朱绮华、县政协副主席肖湘森出席会议并讲话。会议传达学习了省政协“7+4+5+3”履职重点工作主要内容，解读了《乡镇场党委宣传统战委员履行政协工作职责考核办法（试行）》《全市政协系统“委员说邵阳”短视频大赛邵阳县工作方案》。

△28日，湖南省地方志工作暨表彰先进会议在长沙召开。会议总结了2022年度全省地方志事业发展成绩，安排部署了2023年工作。

△28日，第十一届中国（湖南）国际矿物宝石博览会新闻发布会在郴州举行，本届矿博会由中国古生物学会和郴州市发展投资集团有限公司共同主办，采取“线上+线下”双向并行、融合互动的形式举办。展会将集中展示来自全球50多个国家和地区、1000余家展商的矿物宝石、珠宝玉石、化石陨石、观赏石、工艺品等精品。

5月

△9日，中国气象局气象宣传与科普中心（中国气象报社）联合中央媒体、湖南省气象局、湖南省内主流媒体开展的“中央媒体走基层看气象——寻访最美气象台站”主题采访活动湖南站在张家界天门山雷达站启动。报道组将深入张家界、岳阳等地，实地探访张家界国家天气雷达站、岳阳国家基本气象站等基层气象台站，挖掘台站背后气象工作者的动人故事。

△13日，电影《长沙夜生活》研讨会在长沙举行，来自全国文艺界以及北京大学等高校的近30位专家学者围绕《长沙夜生活》的艺术特点、丰富内涵、电影创新、美学价值等展开研讨。此次研讨会由省文学艺术界联合会、省电影局、湖南师范大学联合主办。

△18日，纪念国务院《地方志工作条例》颁布实施17周年暨《鉴证湖南2022》发布会在湖南省地方志编纂院举行。《鉴证湖南2022》由湖南省地方志编纂院编辑出版，是《湖南年鉴》的年度增刊，其牢牢把握湖南一年的新事、大事、特事、要事，图文并茂地生动展现全面建设社会主义现代化新湖南的精彩横断面。

常德启动创新突破产业突围大型融媒体新闻行动

2023年4月11日，常德市创新突破产业突围大型融媒体新闻行动在常德高新区启动。市委常委、市委宣传部部长彭晛丹宣布活动启动并为采访团队授旗，市政协副主席、鼎城区委书记、常德高新区党工委书记朱金平为活动致辞。

图为启动仪式现场

启动仪式上，市委宣传部相关负责人宣读了《常德市创新突破产业突围主题宣传工作方案》，常德日报社、常德市广播电视台主要负责人分别作表态发言。此次大型融媒体新闻行动贯穿全年，邀请省市主流媒体、各县市区融媒体中心共同参与，重点聚焦科技创新、招商引资、项目建设、企业培育、产业链群、园区提质、平台建设等7个方面的工作开展宣传报道，旨在充分展示创新突破产业突围三年攻坚行动的进展成效以及典型经验，为奋力实现高质量发展新跨越，加快建设中国式现代化新常德提供坚强的舆论保障。

启动仪式结束后，受邀媒体记者走进常德高新区部分企业，开展集中采访。活动期间，各媒体将在重要版面、时段、位置开设“创新突破产业突围”专栏，通过推出系列报道、策划主题采访、刊发评论文章、推出理论专版、做好成就展示、加大网络宣传的形式，高质高效开展主题宣传各项重点工作。

1.5月12日，2023年全省“网聚职工正能量 争做中国好网民”主题活动启动

2.5月17日至18日岳阳市文旅广电局利用“中国电信日”“国际博物馆日”和“中国旅游日”等节日开展境外电视传播秩序管理宣传活动

3.5月15日，湖南省互联网协议第六版（IPv6）技术应用创新大赛在长沙市正式启动

湖南省启动2023年『湘观影』活动

2023年4月19日，湖南省总工会联合省电影局启动2023年“湘观影”全省职工观影活动。4月起，全省机关和企事业单位工会将陆续为单位会员购发200元观影券。

拉动电影消费，培育电影文化，是进一步推动湖南省消费复苏、加快文化强省建设的重要抓手。“湘观影”活动购发观影券有效期3年，仅限于兑换电影票，不能用于其他消费。

为确保职工观影便利，省总工会要求基层工会购买观影券的合作影院需覆盖全省90%以上县市区，且合作影院总数不少于300家，能够按照影片最低发行价的优惠标准兑换电影票。

张家界市首台多空间沉浸式体验剧复演

张家界市首台多空间沉浸式体验剧复演

2023 年 4 月 29 日，张家界市首台多空间沉浸式体验剧《遇见大庸》复演，上座率高达 100%。这是一部以明末清初的大庸为背景，讲述大庸男儿英勇抗倭、为国捐躯，大庸女性敬重英雄、为爱坚守的感人故事。与传统演艺不同的是，《遇见大庸》一改观众坐在座位上观演整场演出的传统模式，采取移步换景式的体验方式，分别在 5 个演出空间制作城墙、街道、桥梁、山体、亭台、牌坊、战船等情景，实现屏幕画面与大量实景结合，打造一个四面皆舞台的剧场。

此次复演的《遇见大庸》，从灯光音响、节目内容等细节进行优化，在视听效果上给予较为完美的展现。演出空间里，349 个 360 度旋转座椅构成一条古老澧水的大船，载着观众驶向张家界的南门码头。观众随着可 360 度旋转座椅，像乘着一艘船沿着澧水河前行至第二空间，进入新的剧情。从澧水之巅到悬崖之下，又到波涛汹涌之上和高空俯瞰，完全实现全方位、沉浸式的演出效果，观众连连称奇。

1.5 月 19 日，红色多维沉浸式青春剧场《恰同学少年》是国家 5A 级旅游景区橘子洲上首个常驻式演出项目

2.6 月 1 日，2023 永州市“爱心助考”大型公益活动在市广电大楼前坪启动，本次活动以“农商银行 助梦启航”为主题

1

2

东盟国家主流媒体团走进芷江

2023 年 5 月 9 日，参加“行走中国——2023 东盟国家主流媒体怀化行”的东盟国家媒体记者走进芷江，来自马来西亚、印尼、老挝、柬埔寨等国的记者们用国际化的视角呈现芷江的历史文化底蕴、侗乡人文魅力和经济发展潜力。县委书记梁志平参加活动。

东盟媒体记者团合影

媒体记者团一行来到水河畔，先后参观龙津风雨桥、天后宫，体验芷江独具特色的风土人情，感受芷江深厚的历史文化和民族文化。

在唯楚酒庄，媒体记者们体验了侗族迎客拦门酒、打糍粑等民俗风情，在互动中被芷江阿哥阿妹的热情深深感染。非遗项目沅洲石雕、芷江甜茶、芷江剪纸、侗古佬酸萝卜也吸引了记者们的镜头，他们一边品尝、参观、拍摄，一边与非遗传承人们交谈，探索非遗背后的故事，感受非遗文化的魅力。

柬埔寨《柬中时报》摄影记者郑南正在拍摄芷江建筑

下一步，芷江将把文旅产业作为提档次、调结构、促转型、利长远的产业来谋划推进，围绕打造脱贫地区乡村振兴新样板，以文旅产业为突破，进一步提升“和平湖夜游”吸引力、“芷江受降”影响力，集聚县城及周边旅游资源，全力做好“文旅＋乡村振兴”“文旅＋研学”文章，着力打造湖南网红打卡地，形成芷江文旅 IP。

△ 18 日，国内首档城市人才发展生态纪录片《我的梦想我的城》第三季拍摄宣布启动。该纪录片由长沙市委组织部（市委人才工作局）出品。《我的梦想我的城》第三季将以“超燃长沙”为主题，在审美、格局、视觉、故事结构等多个形式上进行全新升级，从一个人的奋斗历程映射出一群人的奋斗蓝海，以点到面解读长沙人才薪火相传的精神内核。

△ 21 日，一部反映百年前湖南水口山工人大罢工和武装起义的电影《八百矿工上井冈》，在长沙启动全国公映，300 多人观看样片，省委常委、省委宣传部部长杨浩东宣布开映。《八百矿工上井冈》由青年导演邓楚炜担纲编剧和导演，是一部讲述百年工运传奇故事、诠释主题教育内涵的新主旋律电影，也是为了挖掘中国工人运动的红色基因而创作的作品。

△ 22 日，“思想领航·法治护航 新湖南”全国省级法治（制）报大型融媒体采访活动启动仪式在长沙举行。来自全国 24 家省级法治（制）报的社长、总编辑及优秀记者汇聚湖南，聚焦平安湖南、法治湖南建设和创新社会治理的新做法新成效，共商法治专业媒体高质量融合转型发展。

△24日，华为湖南区域总部开工仪式暨影视企业合作签约活动，在马栏山视频文创园举行，加速构建马栏山音视频全产业链生态。马栏山依托华为云音视频产业创新中心，搭建华为驻地云、超高清视频制作共享平台等多个技术底座，累计上云162家；完成数字人、视频AI等6条生产线，打造了20个优势应用场景。

△24日，中国作家益阳文学周系列活动之《散文诗》出版600期纪念会举行，百人朗诵散文诗名家名作致敬经典。

△25日，衡阳市委宣传部主办的本土原创理论宣讲栏目“衡有道理”开播。市委常委、市委宣传部部长周玉梅宣布栏目开播。第一期节目《我们的民主——大家的事大家商量着办》用小角度切入大主题，用小故事讲好大道理，让观众在轻松活泼的氛围中产生共鸣，进行思考。

首届重庆·张家界文旅艺术节暨2023“黄龙洞杯”中老年才艺直播大赛启幕

2023年5月10日，首届重庆·张家界文旅艺术节暨2023“黄龙洞杯”中老年才艺直播大赛在张家界黄龙洞景区启幕，来自重庆的22支中老年艺术团进行时装秀、音乐、舞蹈等才艺大比拼。

张家界市武陵源区文化旅游广电体育局局长彭振华介绍，重庆·张家界文旅艺术节2023“黄龙洞杯”中老年才艺直播大赛是2023年武陵源拓展西南客源市场的一项重要旅游营销活动，全年将共组织22期，预计有万名重庆中老年文艺爱好者参与。通过活动的举办，推动重庆张家界两地文旅融合发展，助力武陵源经济复苏。

此次活动张家界市武陵源区文化旅游广电体育局、张家界黄龙洞景区乡村网视、张家界芙蓉假期国际旅行社共同举办，乡村网视《周末去哪儿》频道、乡村网视《周末大舞台》频道、南斗文化艺术（重庆）有限公司、重庆商友客国际旅行社有限公司共同承办。

参与比赛的重庆中老年文艺爱好者还将走进张家界国家森林公园、黄龙洞等景区游览，在共享文艺大餐的同时感受“仙境张家界胜地武陵源”的独特魅力。

首届重庆·张家界文旅艺术节暨2023“黄龙洞杯”中老年才艺直播大赛启幕

1.6月15日，2023年湖南省少儿戏曲小梅花暨第27届中国少儿戏曲小梅花荟萃湖南选拔展演

2.6月15日，祁阳市融媒体中心喜提湖南广电两项大奖十一年蝉联优秀通联集体奖

1

2

衡山县第一届短视频大赛正式启动

2023年5月15日，“奋进新时代、网友看衡山”衡山县第一届短视频大赛启动仪式在开云镇双全新村举行。县委常委、宣传部部长谷蓉出席启动仪式并致辞。市委网信办副主任蒋素娟受邀出席并宣布活动正式开始。

谷蓉表示，县委、县政府一直以来高度重视新媒体发展，尤其是以网络视听为载体的文化传播工作，倡导努力讲好“五兴六强”现代化新衡山建设的网络故事。在衡山经济社会蓬勃发展的关键时期，举办“奋进新时代、网友看衡山——衡山县第一届短视频大赛”，目的就是借助新媒体的力量，用短视频的方式描绘衡山的变化图景、记录衡山的时代脉搏、展现衡山的优美画卷、展示衡山的发展成果。她希望，新媒体人士能紧紧围绕服务衡山发展大局，化身为衡山的推介官和代言人，将衡山人、衡山事、衡山景、衡山情创作成饱含深情、彰显活力、极富创新的精品力作，为建设“五兴六强”现代化新衡山鼓劲加油。

本届短视频大赛活动以“奋进新时代、网友看衡山”为主题，围绕“五兴六强”现代化新衡山建设中的新创举、新探索、新成果、新业绩，大力宣传各领域的模范人物、先进事迹和奋斗历程，展现衡山美好形象，提高衡山知名度和影响力。

衡山县第一届短视频大赛正式启动

『张家界媒体之家』在七星山揭牌

2023年5月19日是中国旅游日，以“仙境张家界，爱在七星山”为主题的“张家界媒体之家”揭牌仪式暨张家界七星山媒体采风活动在张家界七星山举行。张家界市委常委、市委宣传部部长吴文海，市人民政府副市长汪涛，永定区委书记朱法栋，永定区人民政府副区长王传殊出席启动仪式。媒体记者、网络达人、摄影家、无人机爱好者以及艺术家等200余人参加。

“张家界媒体之家”揭牌仪式

“张家界媒体之家”入驻要求如下：凡来张家界采访、采风的媒体记者、网络达人、头部主播及摄影家协会会员、美术家协会会员、作家协会会员等，在向七星山预约、审核通过后，均享受“张家界媒体之家”待遇——免费游览七星山，免费在七星山定点民宿入住、用餐等。

张家界因旅游建市，亦因旅游闻名于世。在这块神奇的土地上，集中了峰林、峡谷、溶洞、温泉、湖泊、溪流、原始森林、名胜古迹等各类资源，是世界罕见的旅游资源富集之地。张家界以世界绝版的石英砂岩峰林峡谷地貌奇观闻名天下，“三千奇峰”“八百秀水”组成了一幅幅气势恢宏、美轮美奂的山水画卷，被国际地貌学家协会命名为“张家界地貌”，被誉为“地上最高绝景”。

“张家界媒体之家”在七星山揭牌

1

2

1.6月16日，长沙市文化旅游广电系统行业2023年“安全生产月”

2.6月19日，2023互联网岳麓峰会在长沙开幕

长沙师范学院思政微电影获全国特等奖

2023年5月26日，第六届“我心中的思政课”全国高校大学生微电影展示活动颁奖礼暨“微电影与大思政课建设”教学研讨会在武汉大学举行，长沙师范学院的作品《火种》从1684部参赛作品中脱颖而出，荣获全国特等奖。

该活动由教育部思想政治理论课教学指导委员会主办。获奖作品《火种》以长沙师范学院外国语学院“特立火种”队开展暑期“三下乡”社会实践活动为原型，以“火种”为意象，讲述了一名女大学生志愿者利用暑期深入衡阳县岣嵝乡开展关爱留守儿童支教活动的故事。在创作过程中，创作团队扎实研读校史，深入采访师生，领会教育的真谛，有效传递了青春正能量。

长沙师范学院思政微电影获全国特等奖

近年来，长沙师范学院积极探索思政课教学模式改革，着力加强理论课程实践教学环节，让师生参观学习省内外数十个红色胜迹，用校内外革命历史、红色人物故事、教师自身正能量影响学生，打造血肉丰满的“行走的思政课堂”。

△28日，国家文物局指导，北京市文物局与北京广播电视台联合推出的大型文博探秘文化类节目——《博物馆之城》第二季走进长沙简牍博物馆拍摄。《博物馆之城》第二季是全国首个以“中华文明探源”为主题的深度文化探秘真人秀，旨在完整展示中华文明探源工程中呈现的思想成果。

△31日，由湖南省儿童艺术剧院创作演出的儿童剧《巨人计划之信仰》在四川省南充市大木偶剧场上演，亮相第九届全国优秀儿童戏剧展演。《巨人计划之信仰》以“信仰”为主题，通过《我的妈妈杨开慧》《少年许光达》《小戏迷田汉》3个篇章，讲述了湖湘英雄人物的故事。该剧展现了中华优秀传统文化、红色文化和湖湘精神，融入了现代艺术，音乐、服饰、道具都有鲜明的地域特色。

6月

△7日，湖南长沙版权展区在深圳文博会精彩亮相，展示了“一基地、四集群、软著、四平台、版权出海”五大内容展示板块。

△7日，湖南省委宣传部指导，湖南出版投资控股集团、中南出版传媒集团主办，湖南文艺出版社、芙蓉杂志社承办的韩少功散文集《人生忽然》读者分享会在深圳文博会湖南馆举行。

△9日，2023年岳阳楼区新闻通讯员培训班在洞庭在线数字产业园开班，进一步提高全区广大新闻宣传工作者的综合素质和业务水平，动员大家振奋精神，开拓进取，在全区形成“人人关心宣传，人人支持宣传，人人参与宣传”的良好局面，共同构建大宣传工作格局。区委副书记、宣传部部长胡晓明出席开班仪式并讲话。各街道（乡）办事处宣传委员、通讯员和区直各单位通联员共130余人参加。

△12日，2023年中国（长沙）马栏山视频文创产业园部省共建工作推进会在长沙召开，会上发布了2023—2024年度马栏山视频文创产业园部省共建重点项目清单，“中国V谷”建设再添马力。

电影《周立波》在周立波故居举行开机仪式

2023年6月2日，由潇湘电影集团有限公司、湖南清溪文化旅游发展集团有限公司、湖南潇影第二影业有限公司联合出品的电影《周立波》在益阳高新区清溪村举行开机仪式。

电影《周立波》在周立波故居举行开机仪式

省政协原副主席、省文联原主席谭仲池；省委宣传部副部长、省电影局局长任晓山；省文联党组书记、主席夏义生；湖南广播影视集团有限公司（湖南广播电视台）党委委员、副总经理，潇湘电影集团党委书记、董事长谷良；市委常委、市委宣传部部长陈计伟；周立波先生家属代表周小仪等出席开机仪式。

陈计伟指出，益阳是周立波先生的家乡。上世纪50年代，周立波先生回到家乡清溪村笔耕十年，写下了被世人传颂的《山乡巨变》，留下了“为人民创作、为时代放歌”的宝贵精神财富。此次拍摄电影《周立波》，是2023年益阳市文艺创作生产中的一件大事，相关地区和市直单位要积极协调，主动配合做好电影拍摄工作，为讲好立波故事、繁荣电影市场、擦亮“文学之乡”名片贡献力量。

电影《周立波》由赵楠导演，华表奖著名演员果靖霖携鲁诺、虞朗等实力派演员主演，重点在益阳、长沙取景拍摄。

仪式现场

1.6月28日，来自17个非洲国家的主流媒体记者来到湖南邵东市采访考察，发挥国际媒体传播平台优势，助推邵东与非洲国家深化交流、密切协作、共赢发展

2.6月29日，湘西州羊峰山电视调频转播台、湘西州广播影视监听监看中心赴羊峰山发射基地联合开展“应急演练保安播筑牢忠诚践誓言”主题实践活动，活动包括党员集体过政治生日主题党日、上党课、安全播出应急演练等活动

《非遗里的中国·湖南篇》在郴州启动

2023年6月2日，中央广播电视总台大型文化节目《非遗里的中国·湖南篇》在湖南省郴州市举行启动仪式。

《非遗里的中国·湖南篇》聚焦湘楚大地上的非遗技艺，展现芙蓉国里三湘四水浇灌出的独特湖湘文化和精神内涵。总台主持人龙洋和嘉宾单霁翔、杜江一起，以竹纸制作技艺（蔡伦古法造纸技艺）、湘西苗族鼓舞、浏阳花炮制作技艺、土家族吊脚楼营造技艺、侗锦织造技艺为主要线索，让观众通过节目感受湖南历史文化的千年变迁，看到湖南非遗技艺在新时代的传承、创新和发展，见证岁月在这里沉淀出的丰厚文明，目睹时代赋予非遗发展的无限可能。

《非遗里的中国·湖南篇》落地于郴州长卷。郴州记载着湘南的历史古韵，是见证千年历史的文化名城。这里的秀丽山水和悠久历史共同孕育出了诸多如“人类口头和非物质遗产代表作”湘昆、传统银饰锻制技艺（郴州银饰锻造技艺）、嘉禾伴嫁歌、栖凤渡鱼粉制作技艺、糍粑制作技艺（大禾米糍制作技艺）等国家级、省级、市级非物质文化遗产技艺，描绘出郴州大地上非遗技艺的五彩斑斓。

《非遗里的中国·湖南篇》在郴州启动

长沙获评『全国版权示范城市』

“2023 文化强国建设高峰论坛——共建互联网版权新生态分论坛”上，长沙获评“全国版权示范城市”

2023 年 6 月 8 日，在深圳文博会“2023 文化强国建设高峰论坛——共建互联网版权新生态分论坛”上，长沙、佛山、潍坊、南通被正式授牌为“全国版权示范城市”。

在中国知识产权与版权保护的总体格局中，全国版权示范城市代表着版权“创造、保护、运用、管理、服务”的最高水平。国家版权局自 2009 年开展全国版权示范工作，目前共授予全国版权示范城市 17 个，全国版权示范单位 251 家，全国版权示范园区（基地）67 个。

佛山市、南通市、潍坊市和长沙市分别于 2019 年、2020 年和 2021 年申请创建全国版权示范城市。中宣部版权管理局局长王志成介绍，创建期间，这些城市版权的创造、运用、保护、管理和服务水平不断提升，版权事业产业高质量发展取得新成效。

作为中国首个“世界媒体艺术之都”，长沙汇集了电视湘军、出版湘军、文学湘军与动漫湘军等一批在版权界知名的产业品牌，已逐步形成相当规模的版权产业。目前，长沙各区县（市）及重点园区都建立了版权服务工作站，打通了版权服务“最后一公里”，开发了网上申报系统，实现网上办、一次办的要求。同时，成立了马栏山版权服务中心，设作品登记窗口、作品展示厅，建设“优版权”服务平台，并将区块链技术运用于该平台。

1.7 月 10 日，湖南省第十七届“三湘蒲公英”暨永州市第十二届少儿音乐舞蹈大赛道县选拔赛在敦颐高级中学报告厅举行 1

2.7 月 12 日，2023 中国新媒体大会发布新时代国际传播《马栏山倡议》 2

3000 余册精品湘书亮相图博会

3000 余册精品湘书亮相图博会

2023 年 6 月 15 日—18 日，第 29 届北京国际图书博览会（以下简称“图博会”）在北京国家会议中心举行。在湖南省委宣传部、省新闻出版局的组织下，“出版湘军”携 3000 余册图书参展，汇报湖南出版“走出去”成果。

在“湖南出版”展馆，中南出版传媒集团（以下简称中南传媒）参展图书主要围绕三大主题。“这里是中国，这里是湖南”主题重点展示《奔向共同富裕》《立此存照》《扶贫志》《我们的 2012—2022》《十年：我们的故事》《我们湖南这十年》等图书，突出向世界彰显中华文化魅力和时代风采，同时体现湖湘特色和湘书作为。“走出去”主题重点展示《十村记·精准扶贫路：十八洞启航》（老挝文版）、《大国小村》（哈萨克文版）等图书，展现湖南出版对外讲好中国故事，传播中华优秀传统文化的奋力作为。“引进来”主题则以“第一推动”丛书、霍金系列、《费曼语录》《地中海三千年》等引进类图书为代表，从科普、文艺、少儿等多个板块，体现湖南出版向国内阅读市场引入优质海外内容读物的成果。

在图博会上，“出版湘军”还以“向世界讲好中国故事湖南篇”“推动原创文学出海”“积极共建一带一路”“谱写合作共赢新篇”四大活动主题，文化交流和版权合作“好戏连台”。

△ 15 日至 18 日，第 29 届北京国际图书博览会将在北京国家会议中心举行。“出版湘军”此次携 3000 册图书，8 场现场活动参展，以书为媒，向世界展示湘书风采，讲好中国故事和湖南故事。

△ 21 日，第三届中非经贸博览会智库成果交流会在长沙举行，现场发布成果《中非农业合作与非洲农业产业化》一书。该书是由省委外事办、省发改委和湖南农业大学共同承担的课题研究项目。

△ 25 日，2023 湖南日报“全媒大脑”新闻实训营（第二期）在长沙开班。岳阳市各县（市、区）、企事业单位，高校、中央和省驻岳阳单位有关负责人以及分管宣传工作的领导、新闻发言人、宣传专干 332 人参加此次学习培训。此次湖南日报“全媒大脑”（第二期）新闻实训营培训为期 4 天，整合短视频、直播、新闻写作、网络评论、舆情应对等多方面国内顶级师资力量授课，打造一站式“全媒体名师好课”课程服务体系。

△ 26 日，“乡村振兴看湖南”——2023 行走中国·海外华文媒体高层湖南行在长沙启动。海外华文媒体是海外侨胞和世界友人了解中国的重要窗口和平台。“行走中国·海外华文媒体行”是中新社为积极联系海外华文媒体、深化与世界各地联系，定期组织海外华媒高层到中国大陆进行实地采访报道的系列活动。

△ 28 日，湘潭市新媒体协会正式成立，湘潭市委常委、宣传部部长刘永珍为协会揭牌授旗。湘潭市新媒体协会举行了第一届一次会员大会，审议通过协会章程，审议通过大会选举办法，选举第一届理事会、监事会成员以及协会会长、副会长、秘书长。大会发表了“争当 e 路先锋 共建网络文明”倡议，倡导“把握正确导向，奏响奋进强音”。

△ 30 日，来自刚果、纳米比亚、喀麦隆等 18 个非洲国家的主流媒体记者受邀走进湖南日报社参观考察。此次活动是“非洲媒体湖南行”采访活动的重要一站。非洲媒体团一行首先来到湖南日报社报史馆，了解《湖南日报》创刊历史和发展历程。

1.7 月 14 日，2023 广播之声全国青少年艺术节语言展演湖南总决赛在长沙举行

2.7 月 20 日，湖南国际传播中心正式揭牌成立

3.7 月 21 日，复旦大学—中南大学联合国际新闻传播国情调研暨暑期社会实践活动启动仪式在中南大学人文学院成功举办

《八百矿工上井冈》在衡阳首映

2023 年 7 月 1 日，衡阳市 2023 年“光影铸魂”电影党课启动式暨电影《八百矿工上井冈》在衡阳首映式在水口山工人运动纪念馆举行。市人大常委会副主任、市总工会主席王东文启动首映式。

该影片由湖南省总工会、衡阳市委宣传部、潇湘电影集团等单位联合摄制，讲述了 20 世纪 20 年代处于水深火热之中的水口山矿工，为争取生存权利发动声势浩大的大罢工，取得彻底胜利并建立起工人武装队伍积极投身革命的故事，生动诠释了工人阶级在中国革命进程中的先锋作用和历史担当，凸显出水口山工人运动在中国工运史上的精彩一页。

这一历时多年精心打磨的影视作品，填补了水口山工人运动在中国工运史上影视作品的空白，为加强党史、工运史学习教育提供了鲜活教材，对于弘扬革命精神、赓续红色血脉、传承红色基因，特别是全面贯彻落实党的二十大精神、深入开展学习贯彻习近平新时代中国特色社会主义思想主题教育具有积极意义。

《八百矿工上井冈》在衡阳首映

湖南省首部数字化模型革命文物书籍《红色宝藏》出版

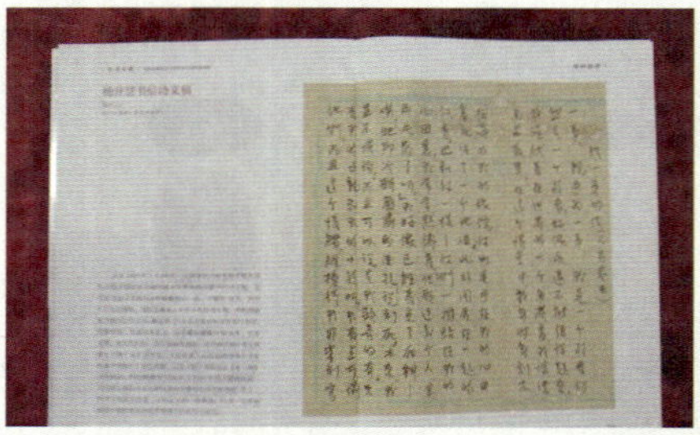

湖南省首部数字化模型革命文物书籍《红色宝藏》出版

2023 年 7 月 1 日，由湖南省文物考古研究院组织编撰、湖南人民出版社出版的书籍《红色宝藏——湖南馆藏革命文物数字化保护成果集》（简称《红色宝藏》）正式发行，这是湖南省首部数字化模型革命文物书籍。

湖南是伟人故里、将帅之乡，革命文物大省。《红色宝藏》以湖湘珍贵革命文物数字化保护项目数字化采集成果为基础，40 余位专家走访了省内 30 个博物馆和红色纪念馆，采集了 100 余件革命文物数字化资料并构建模型，同时记录了大量珍贵史料。

《红色宝藏》从创作到出版历时 3 年，选取了 100 件最具代表性的革命文物，按文物所属机构分类编排，内容包括革命文物所属的 30 家博物馆及纪念馆简介，文物对应的人物、故事、历史文献、档案资料和口述史料等，用丰富翔实的资料、真实感人的细节讲述了三湘儿女在中国共产党的领导下艰苦奋斗，实现中华民族伟大复兴的动人故事。值得一提的是，每件革命文物都配了专属二维码，扫描二维码就可以看到相应文物的数字化模型图片，听文物故事。

2023中国新媒体大会技术应用论坛在长沙举行

2023中国新媒体大会技术应用论坛在长沙举行

2023年7月11日，2023中国新媒体大会“新智媒新机遇”技术应用论坛在湖南国际会展中心举行，来自新闻宣传部门、行业组织、新闻媒体等方面的200多位嘉宾齐聚长沙，共话智媒体时代新机遇、新挑战。

主题演讲环节，人民网党委委员、董事、副总裁潘健以《建设主流价值语料库 促进AIGC安全发展》为题演讲，提出主流价值语料库建设方案与实施路径；新华社技术局研发中心主任、中国新闻技术工作者联合会副秘书长成鹏围绕《以数智化之利 推动媒体生产流程再造》，介绍新华社在数字化智能化技术赋能下衍生出的新生产能力；央视网党委委员、董事、副总经理赵磊发表《AIGC——智慧媒体的内生动力》主题演讲，系统介绍央视网在AIGC（人工智能生成内容）技术领域的创新应用。中科闻歌、华为、腾讯3家国内头部科技企业，均发布了企业自研的行业大模型与最新的数智技术，进一步助力传媒行业智能化进程。

“智媒新挑战”主题圆桌环节，芒果TV副总经理、首席技术官卢海波等来自主流媒体、技术企业的6位嘉宾，聚焦智媒时代人与技术之间的协作关系，就强化技术环节“把关人”作用、用主流价值驾驭“算法”、智能化时代人才培养体系建设等智媒体实践中遇到的现实问题进行充分交流讨论。

1.7月27日，湖南省互联网违法和不良信息举报平台正式上线

2.7月28日，湖南湘江新区龙湖长沙洋湖天街流光溢彩，湘江新区夜经济文化消费节启动仪式在此举办，洋湖天街将联手湖南广电开展近30场“越夜越天街”人气系列活动

3.7月29日，“追梦中华·幸福湖南”2023采访行活动

1
2
3

第六届『爱·在芒果』活动启动

2023年7月13日，第六届台湾高校新闻传播专业学生暑期来湘“爱·在芒果”实习交流活动在长沙启动。来自台湾世新大学、辅仁大学、台湾大学等21所高校的50余名学生，将在湖南卫视、芒果TV等单位进行近一个月的实习交流。

台湾高校新闻传播专业学生暑期来湘“爱·在芒果”实习交流活动是湘台品牌交流活动之一，目前已成功举办5届，为200多名来自台湾高校的大学生、研究生提供进入湖南广电开展交流实习的机会。该交流活动已成为两岸青年交流的桥梁和台湾青年来大陆实习就业创业的重要载体，在海峡两岸收获良好反响。

本届交流活动由湖南广电、台湾中华两岸文经协会、台湾中时媒体集团时际创意传媒联合主办。2023年4月以来，活动在台湾进行校园推介，并广受关注。多名在台湾高校就读的学生踊跃报名参加。最终，主办方通过短视频评选、面试等环节择优选拔出50余名学生来湘实习。

来湘实习期间，实习生们将分赴湖南广电的新媒体运营、节目导演、编剧策划等多个岗位进行专业实习，涵盖《你好星期六》《披荆斩棘的哥哥3》等多个热门综艺。此外，他们还将投身节目创意实战、参与媒体大型活动，进一步拓展节目制作思维。

第六届“爱·在芒果”活动启动

7月

△11日，2023中国新媒体大会“强‘四力’促深融”专题培训班在长沙开班。来自人民日报社、北京师范大学、湖北日报、浙江广电集团的4位专家学者以鲜活的案例，多角度分享了打造新媒体爆款的做法和经验，探讨媒体融合发展的规律和趋势。

△12日，2023中国新媒体大会“媒体+”专题论坛在长沙举行。本次“媒体+”专题论坛系中国新媒体大会举办以来首次设置，论坛以“融服务 新价值”为主题，设置了“主题演讲”和“圆桌论坛”两大板块，发布了2023“媒体+”创新案例库。

△20日，湖南国际传播中心（HICC）揭牌仪式在长沙举行。湖南国际传播中心是经省委编办批准设置、省委宣传部主管、湖南日报社承建运营的海外传播专业媒体机构。

△27日，人民法院新闻传媒总社指导、湖南省高级人民法院和湖南日报社共同主办“中国梦·天平颂”湖南法院新媒体大赛举行颁奖典礼，蓝山县人民法院自编自导自演的生态环境保护微电影《悠然见蓝山》荣获大赛视频类三等奖、《档案工作公益宣传海报》荣获大赛创意类最高人气奖。

△28日，长沙市2023年度对外宣传工作协作交流会举行，表彰了2022年长沙市十大对外传播优秀案例、外宣品、外宣图片及第六届“城市之光·长沙魅力”短视频大赛获奖作品。

△31日，《中国微名片·世界遗产》摄制组完成对张家界武陵源景区（张家界国家森林公园）为期六天的外景拍摄。《中国微名片·世界遗产》纪录片由中央广播电视总台影视剧纪录片中心制作，时长约5分钟，将采用国际化的表达方式，带入性的视角、情感化的叙述、通过打动人心的细节呈现中国的56处世界遗产地最具代表性的文化、自然特色，以融媒体方式在海内外进行传播，打造出一套“中国微名片”。

8月

△16日至19日，人民日报、新华社、湖南日报、湖南卫视等11家媒体的40余名记者组团到湘西州集中采访，以湘西边城机场正式通航为契机，推介湘西特色文旅资源。采访团先后到凤凰县、花垣县、永顺县等地，关注旅拍、民宿等旅游产业发展情况，观看《边城》《凤凰样子》等文旅演出，体验十八洞赶秋、芙蓉镇夜游、猛洞河漂流等文旅活动，以“文化旅游赋能乡村振兴”为主题对湘西州文旅发展进行深入采访报道。

红色电影《八百矿工上井冈》岳阳首映式举行

2023年7月13日，《八百矿工上井冈》岳阳首映式举行，市委常委、市委宣传部部长刘启峰出席并宣布公映启动，市人大常委会副主任、市总工会主席喻文参加。

红色电影《八百矿工上井冈》于2021年建党100周年之际正式开机，是湖南开展党史学习教育的一个重要项目，由湖南省总工会、潇湘电影集团等单位联合摄制。该片讲述了20世纪20年代处于水深火热中的水口山矿工，为争取生存权利发动声势浩大的大罢工，取得彻底胜利并建立工人武装，最终走上井冈山成为中国工农红军主力之一的艰辛历程。影片生动诠释了工人阶级在中国革命进程中的先锋作用和历史担当，凸显了湖南工人运动在中国工运史上的精彩一页。

喻文指出，希望广大院线单位大力宣传、扩大发行、优质排片，为影片热播打下坚实基础；各级宣传部门和广大新闻媒体精心发掘影片的特色亮点，加大宣传推介力度，让影片走进更多群众；广大文艺工作者进一步关注工运、了解工运、研究工运，创作更多精品力作，讲好新时代的工人故事、工匠故事和工会故事。

红色电影《八百矿工上井冈》岳阳首映式举行

1.7月30日，少儿语言类个人展演活动2023“讲书吧！少年”湖南省总展演暨颁奖盛典在湖南广播电视台圆满落幕

2.7月31日，出版湘军重磅发布“三个高地”系列新书

3.8月7日到12日，“文化润边疆、湘青两地情”2023年“春雨工程”湖南文旅志愿者青海行活动，湘西州文化旅游广电局招募40多名文旅志愿者实施活动相关项目

湘乡融媒再获『国字号』大奖

2023年7月23日，第三届全国市县融媒体中心建设发展论坛在内蒙古鄂尔多斯市举行，论坛发布了“2022—2023年度全国融媒体中心能力建设典型事例”，湘乡市融媒体中心成功入选“县级融媒体中心政务商务服务典型事例”。

本届论坛邀请到全国具有代表性的市县融媒体中心及行业融媒体中心负责人，高等院校、科研机构、头部互联网负责人共同探讨媒体融合发展的新路径、新趋势，发布市县融媒体中心建设运营专题调研成果，搭建产学研交流互动平台。

湘乡市融媒体中心打造的“新湘乡App”手机客户端不仅是湘乡宣传的“主阵地”，更涉及美食、百货、娱乐、教育、服饰、家装等多个与老百姓生活息息相关的领域。目前，“新湘乡”App问政平台共有党政、群团、机关等85家单位入驻，511个政务许可服务事项都可以通过“新湘乡”App掌上办理。上线了“文明实践”频道，通过“新湘乡”App即可实现群众点单、中心派单、志愿者接单，共点单200多次，为200多名留守儿童实现了愿望；开设了“湘乡就业”频道，上线一年来累计发布1000余条就业信息，帮助500多名劳动力本地就业；推出了“湘乡金融”频道，搭建了融资登记平台，为乡村振兴提供金融支持，目前已通过该频道为30多户农户提供无息贷款500余万元。

湘乡融媒再获“国字号”大奖

央视新闻频道播出特别节目《实干笃行·大省勇担当——湖南篇》

2023年8月24日，央视新闻频道播出特别节目《实干笃行·大省勇担当——湖南篇》，用超过10分钟的篇幅，充分展示上半年面对外部市场环境压力背景下，湖南为实现“三高四新”美好蓝图，拼搏实干、奋勇争先，实现高质量发展的担当作为。

央视新闻频道记者走进湖南的园区、企业、科研院所，深入采访主管部门和企业家，详细了解湖南打造“三个高地”、将蓝图转化为“施工图”“作战图”“实景图”的举措作为，生动展示全省上下奋发有为的朝气、“功成不必在我”的精神境界和“功成必定有我”的责任担当。

该特别节目从“稳增长向未来”“‘数’赋值提增效”“破难题勇创新”“谋发展有底气”等多个层面，展现湖南实干笃行、尽责担当。全省持续提升实体经济能力，持续拉动制造业投资，持续改善营商环境，通过开展“湘商回归”等活动，用软实力吸引企业投资，加快项目落地；通过开展“智赋万企”行动等举措，加快建设以智能化、绿色化、融合化为特征的现代化产业体系；大力推动“产学研用”深度融合，突破“卡脖子”关键核心技术，实施创新驱动发展四大标志性工程，努力打造具有核心竞争力的科技创新高地。

1 2 3

1.8月15日，2023年“美术新锐湖南行”新征程、新思路、新作品展览创作培训班在赫山开班

2.8月8日，湖南广播电视台广播传媒中心为暑假期间中、小学生家庭倾力打造了“小小保险体验官”暑期社会实践公益专场活动

3.8月9日，湖南省广电局主办的2023年“益童成长·乡村振兴”关爱儿童公益夏令营在长沙开营

第十八届海峡两岸媒体来湘联合采访活动启动

第十八届海峡两岸媒体来湘联合采访活动

2023年9月18日，第十八届海峡两岸媒体来湘联合采访活动在长沙启动。来自中国新闻社、中国台湾网、台湾联合报、东森新闻云等海峡两岸20余家媒体的媒体人将开启为期一周的湖湘之旅。

联合采访团首站来到永州，参访浯溪碑林、柳子庙，品味文人骚客的挥毫泼墨、丈量唐代文学家柳宗元的人生脚步，夜游零陵古城，领略零陵古集市的千年繁华。省委台湾工作办公室主任曾智夫介绍，湖南省两岸媒体联合采访活动是两岸新闻交流的品牌活动，也是联通两岸的重要桥梁和纽带。此次联合采访活动将围绕“吾道南来湘江行”的主题，邀请两岸媒体朋友感受“一次湖南行、一生湖湘情”的真挚情谊。

此次联合采访活动将持续至9月24日。联合采访团还将前往衡阳、株洲等地，并采访2023湘台经贸交流合作会和2023（癸卯）年海峡两岸炎帝神农文化交流大会，见证三湘大地上的湘台情缘。

△31日，湖南省委宣传部、省新闻工作者协会主办的湖南省新闻战线第十届“好记者讲好故事”活动决赛在长沙举行。通过初赛、复赛选拔出的全省15名新闻工作者结合图文或视频讲述了他们在各个重大新闻现场的真实经历，生动呈现湖南省在乡村振兴、爱国敬业、社会民生等方面的报道实践成果，全面展现出本年度新闻战线的新风貌、新作为。

9月

△1日至2日，“山水画卷·郴州相见”——全省新闻战线郴州集中采风采访活动举行。来自人民日报社、新华社、中央广播电视总台、湖南日报社、湖南卫视等中央、省、市新闻媒体的约200名记者云集郴州，聚焦第二届湖南旅游发展大会带来的“办会兴城”之变。

△2日，沅陵县举行沈从文文学交流研讨会暨《散文海外版》创刊30周年纪念活动。《美文》《散文》《散文选刊》《散文海外版》《散文百家》等文学期刊主编、社长、编辑和《光明日报》评论版首席编辑及作协代表们围绕沈从文文学创作与沅陵散文创作的发展趋势主题进行研讨，从更权威的层面确立了沈从文与沅陵的文学关联，并举行“沅陵沈从文研究会”揭牌仪式。

△4日，新华通讯社湖南分社与中共郴州市委签署战略合作框架协议，深度探索中央媒体驻湘机构与地方的合作模式，向世界讲好郴州故事，传播郴州好声音。市委书记吴巨培，新华社湖南分社社长陈俊出席活动。

△19日，“雷小锋”阅读活动启动仪式在长沙市望城区长郡月亮岛学校举行，《雷锋》杂志少儿版《雷小锋》首刊与望城的师生见面。以“雷小锋课堂开课啦”为主题，通过“习爷爷说”“颂英雄”“存孝心”“知感恩”“有爱心”“懂礼仪”“求奋进”“强国志”8个篇章，以“童言童语”“童画童说”的方式生动讲述雷锋事迹、身边榜样、少年英雄故事等，诠释雷锋精神，传递正确价值观。

10月

△12日，重庆市秀山县融媒体中心、重庆市酉阳县融媒体中心、贵州省松桃县融媒体中心、湖南省花垣县融媒体中心组成的武陵山区域媒体联盟在秀山成立。武陵山区域媒体联盟是一个跨区域的专业媒体合作组织，其宗旨为团结、动员和依靠渝湘黔主流媒体单位和相关机构、新闻工作者，致力于推动渝湘黔媒体经营理念及模式创新，充分整合和利用行业资源，发挥主流媒体联盟优势，促进成员之间的信息沟通和合作。

湖南省党的创新理论网络视频生产传播基地授牌仪式在长沙举行

湖南省党的创新理论网络视频生产传播基地授牌仪式在长沙举行

2023年9月28日，湖南省党的创新理论网络视频生产传播基地授牌仪式在长沙举行，株洲市委网信办、湖南红网新媒体集团、新湖南客户端、湖南风芒传媒有限公司、湖南星辰在线新媒体有限公司等5家首批入选单位获牌。

设立湖南省党的创新理论网络视频生产传播基地，旨在深入学习贯彻习近平新时代中国特色社会主义思想、党的二十大精神和习近平总书记关于湖南工作的重要讲话和重要指示批示精神，发挥湖南省网络视频生产传播优势，担当网络视频发展使命责任，阐释、传播党的创新理论，让党的声音借助网络视频更好入脑入心、落地生根。

5家单位将充分发挥基地阵地作用，进一步提升内容生产力、增强理论吸引力、扩大网络传播力、拓展品牌影响力，持续打造有高度、有力度、有鲜度的理论宣传作品，让理论可视可听、思想有声有色，让党的声音始终成为网络空间最强音。

1

2

3

1.8月21日，“邮政杯”2023“做新时代的追梦人”湖南日报朗读者主题活动麻阳分赛场上学期颁奖典礼暨下学期启动仪式

2.8月25日，廿念不忘 爱有回声“大爱株洲 金秋助学”20周年盛典活动在株洲市第二工人文化宫举行，湖南广播电视台广播传媒中心作为此次活动策划执行团队，全程倾情呈现

3.8月30日，益阳市文旅广体局组织开展“钻业务、强能力、优服务、争先进”礼仪培训，旨在深入贯彻落实市委市政府关于开展“三项行动”的工作部署，提升全系统干部职工职业素养和政务服务专业化水平

大型历史文化纪录片《湖湘一万年》开机

大型历史文化纪录片《湖湘一万年》开机

2023年10月12日，大型历史文化纪录片《湖湘一万年》在岳阳汨罗市屈子祠镇双楚村黑鱼岭遗址举行开机仪式。接下来，摄制组将在全省各地进行采访拍摄，以“考古中国”重大项目、中华探源文明工程为背景，从玉蟾岩的一粒稻种到城头山中国最早的城再到鸡叫城遗址，为人们展示一个不为史籍所载的远古湖南，力争以权威生动、制作精良的作品传播好湖湘文明、讲述好湖南故事。

《湖湘一万年》由湖南省委宣传部指导，湖南日报社、湖南省文物局联合摄制，新影集团旗下北京发现纪实传媒有限公司承制。湖南日报社、省文物局将和摄制组一起，穿越万年重返家园，直抵湖湘最深腹地。在中国乃至世界的大坐标上，以“湖湘一万年”为特定的时空经纬，融合贯通湖湘考古成果、文物资源、历史文献等丰富、权威的湖湘历史文化研究成果与实物留存，充分运用现代影像技术，通过融故事性、科学性、文学性为一体的画面叙事与解说，梳理湖湘一万年的思想文化、社会生活等发展脉络，提炼、聚焦湖南对中国乃至世界产生影响、令人骄傲的文化高光点，打造首部湖湘文化视觉盛宴、时光简史，谱写一部波澜壮阔的湖湘万年时光史诗、文化大剧，让人们通过它看懂湖南、爱上湖南。

1
2
3

1.8 月 31 日，“山水画卷·郴州相见”——全省新闻战线郴州集中采访采风活动正式启动

2.9 月 1 日，长沙广电融媒宣传全球研发中心城市首开式

3.9 月 8 日，湖南省第十二届网络文化节暨品牌建设工程在郴州正式启动

2023 年第二季网络直播带货技能竞赛宁远选拔赛开幕

2023 年 10 月 13 日，2023 年第二季网络直播带货技能竞赛宁远选拔赛在宁远县创业孵化基地开幕，市、县人社局、县财政局、农业农村局等相关单位负责人及组委会成员单位相关工作人员、参赛人员、网络直播带货供应商代表参加启动仪式。

启动仪式上，县人社局主要负责人在致辞中表示，此次网络直播带货技能竞赛的开展，旨在营造创新创业氛围，挖掘直播带货人才，积极推进网络直播带货行业和经济社会的发展。同时也要以此次大赛为契机，加大对直播带货达人的挖掘、培训和孵化力度，组织开展全产业链、全周期的就业创业服务，促进产业融合、业态共生，为直播电商的长远发展夯实人才和产业基础。

此次竞赛共有 20 支队伍参加，竞赛围绕“三看三比三助”展开，即看营销力、看表达力、看诚信力，比销售额、比网络人气、比产品热度，助推技能提升、助推乡村振兴、助推宁远经济发展。

2023 年第二季网络直播带货技能竞赛宁远选拔赛启动仪式

△ 20 日，"建强用好共同前行"2023 年"红网云"县融运行成效座谈会在红网演播厅举行。会议对先进集体及个人进行了表彰，其中"智慧衡南"荣获"十佳客户端"荣誉称号，衡南县融媒体中心主任刘尚东荣获"融媒先锋人物"，刘友元等创作的《衡南泉溪：标准化建设绘就美丽乡村新蓝图》荣获"融媒优秀作品奖"。

△ 27 日，国版链文化产权（益阳）综合服务基地揭牌仪式，在益阳高新区谢林港镇清溪村中国当代作家签名版图书珍藏馆举行。基地旨在数字经济时代创新中国版权市场的服务模式，探索文学作品充分利用区块链等技术推动文化产业发展，构建作家以及文学爱好者的资产管理平台。

△ 27 日，“湘创未来 智造不凡”湖南省 2023 年“智能制造产业”专场直播带岗活动在湘潭市岳塘区融媒体中心举行。岳塘区委副书记、区长周赏玲在直播间助力全区就业工作，并与网友互动交流，湖南 7 家知名制造业企业的“直播推荐官”轮番上阵，为广大求职者在线发布 77 条招聘岗位信息。

第三届“一带一路”国际合作高峰论坛官网展播《出海记·走进非洲》大型融媒体报道

第三届“一带一路”国际合作高峰论坛

2023 年 10 月 17 日，第三届“一带一路”国际合作高峰论坛于 10 月 17 日至 18 日在北京举行。湖南日报社《出海记·走进非洲》系列报道在论坛官方网站新媒体专区集中展播，展示湖南积极参与“一带一路”建设的开放形象和丰硕成果。

第三届“一带一路”国际合作高峰论坛官方网站 10 月 11 日正式上线，论坛官方网站以中英文两种语言的版本呈现，及时发布高峰论坛的相关信息。网站特别设立新媒体专区，通过新媒体作品展现“一带一路”十年发展成就。新媒体报道专区共展播了 64 件新媒体作品，其中包括《出海记·走进非洲》作品 5 件，分别为《可靠的朋友，真诚的伙伴》《肯尼亚：湖南小伙，攀登非洲电商高峰》《贝宁：海拔一米，引水奔赴太平洋》《莱索托：两代三人，50 余载非洲情》《跨越山海重器远航》。

湖南日报社 2023 年 6 月推出了《出海记·走进非洲》大型融媒体报道，紧扣湖南积极参与“一带一路”建设特别是中非合作的生动实践，以杂交水稻、中国基建、湖南工程机械、丝路电商等湖南元素为切入点，报道湖南人和湖南企业在非洲拼搏奋斗、为构建新时代人类命运共同体不懈努力的故事，展示“一带一路”上的湖南实践、湖南作为、湖南贡献。

△29日，长篇历史报告文学《为什么是滕子京》，绘本《岳阳楼记》作品首发式在岳阳楼景区举行，市委常委、市委宣传部部长刘启峰，省政府参事万岳斌，湘潭大学出版社党总支书记、社长申永丰等出席首发仪式。

11月

△4日，湘潭大学在纪念该校商学院建院30周年大会上，发布《中国消费经济运行报告》丛书，这是中国首套从多角度考察中国消费经济运行现状的综合性研究论丛。该丛书突破以单个消费领域现象为研究对象、产出单篇研究报告的研究范式，而是以综合性丛书形式，聚焦新消费、旅游消费、农产品消费领域展开研究，集成式推进消费经济学科研究成果创新。

△5日，在“传承·创新——齐白石与二十世纪中国美术”主旨演讲活动上，举行了大型纪录片《大地赤子齐白石》首发仪式。该片由湘潭市委宣传部、湘潭市广播电视台、湘潭市文旅广体局联合制作，共3集，采用“手绘+动漫”等表现手法，重点讲述湖湘大地对齐白石的滋养，以及齐白石勇于“衰年变法”、坚守民族气节、珍爱和平等内容。

湖南日报3件作品获中国新闻奖

湖南日报3件作品获中国新闻奖

2023年11月6日，由中华全国新闻工作者协会主办的第33届中国新闻奖评选结果揭晓。湖南共有14件作品获奖，其中，湖南日报系列报道《今年我10岁》和新闻业务研究《辩证处理媒体深度融合中的五对关系》获二等奖，通讯《跨越2800余公里的“拥抱”》获三等奖。

系列报道《今年我10岁》（作者：颜斌、刘建光、陈永刚、赵雨杉、曹舒琴、朱加宁、徐果靖、李征；编辑：集体）获二等奖。作品在党的二十大即将召开之际推出，以“10年·10人·10岁”的时代概念作引领，运用了倒叙、人物特写、插叙等表现方式拍摄短视频，讲述10名在党的十八大召开之年出生的孩子的成长故事，刊播后被人民日报客户端、新华社客户端、央视新闻客户端等权威平台广泛转载，总浏览量超1亿。

新闻业务研究《辩证处理媒体深度融合中的五对关系》（作者：夏似飞；编辑：陈琦）获二等奖。作品根植于媒体深度融合改革实践，围绕如何正确处理“快功”与“慢活”、“流量”与“质量”、“内容”与“渠道”、“专家”与“全能”、“迎合”与“引导”五对关系进行详细论述，对深入推动媒体改革发展具有重大现实意义，具有较高的学术水准和实践指导价值，在业内产生广泛的价值认同。

1
2

1.9月11日，祁阳市2023年“国家网络安全宣传周”活动启动

2.9月16日，湖南省领导观摩团一行考察711时光小镇，参观了时光广场上的711时光邮局、供销社等文化消费场景和《超级老声》活动比赛现场

2023年《湖南蓝皮书》丛书面世

2023年《湖南蓝皮书》丛书发布会现场

2023年10月20日，湖南省社会科学院（湖南省人民政府发展研究中心）与社会科学文献出版社联合发布2023年《湖南蓝皮书》丛书，其中首次发布的《2023年湖南经济发展报告——产业图谱研究》，全新、直观的研究展示方式让读者眼前一亮。

当下，湖南省正聚焦现代化产业体系建设，扎实推进现代化产业体系建设各项重点任务落实落地。《2023年湖南经济发展报告——产业图谱研究》立足湖南省产业发展现状，借鉴波士顿矩阵（四象限分析法），对湖南工业行业进行全景式描绘画像和研判分析。创新研究方法，让专业分析变得直观，让产业发展建议更有说服力。

《湖南蓝皮书》至今已连续出版发行28年。2023年的丛书由《2023年湖南经济发展报告——产业图谱研究》《2023年湖南社会发展报告》《2023年湖南生态文明建设报告》及《2023年湖南发展研究报告》组成。丛书聚焦实现“三高四新”美好蓝图，生动展示了2022年湖南产业、社会、生态文明等领域的最新研究成果。

益阳市举行庆祝第 24 个中国记者节座谈会通报表扬 27 名优秀新闻工作者

2023 年 11 月 8 日，益阳市庆祝第 24 个中国记者节座谈会举行。市委常委、市委宣传部部长陈计伟讲话。

一年来，全市新闻战线坚持以习近平新时代中国特色社会主义思想为指导，认真学习宣传贯彻党的二十大精神，紧紧围绕党中央重大决策部署和省、市中心工作，精心策划实施了一批重大主题报道，特别是在“三个提升”专项行动、“强中心城区”战略、打好“发展六仗”、中国作协系列活动、以文化振兴推动乡村振兴等重点工作中，创作了一批有思想、冒热气、接地气的新闻作品，为全面推进现代化新益阳建设提供强大精神动力和舆论支持。

益阳市举行庆祝第 24 个中国记者节座谈会通报表扬 27 名优秀新闻工作者

陈计伟要求，全市广大新闻工作者要坚持以习近平文化思想为指引，深入学习贯彻习近平总书记关于新闻舆论工作的重要论述精神，深刻领会省委关于新闻舆论工作中导向、内容和传播方式三要素关系的论述，做好“加减乘除法”。要坚持“四向”。

1

2

1.9 月 25 日，以“网络安全为人民，网络安全靠人民”为主题的湖南省 2023 年国家网络安全宣传周活动在湖南湘江新区启动

2.9 月 28 日，“光影·未来——千里江山沉浸秀暨芒果未来艺术中心揭幕礼”在湖南广播电视台节目生产基地“七彩盒子”1 号馆举行

『智赋万企』企业直播大赛苏仙区选拔赛成功举办

2023 年 11 月 13 日，“智赋万企”企业直播大赛苏仙区选拔赛在郴州市中小企业服务中心 912 会议室成功举办。此次活动由湖南省中小企业服务中心、郴州市工业和信息化局指导，郴州市中小企业服务中心、郴州市中小企业公共服务平台主办，苏仙区中小企业服务中心、苏仙区中小企业公共服务平台承办。大赛组委会特邀“96871”直播中心对赛事进行全程直播。

此次大赛吸引了一大批企业报名参赛，集聚了苏仙区电商渠道和网络大 V 资源。大赛通过“线上短视频营销 + 直播带货”等形式，集中展示推介苏仙区名优产品。大赛特邀郴州市中小企业服务中心纪检员杨秀蓉致辞并给各评委颁发聘书。比赛采取“线上项目展示 + 线下评审”的方式进行，选手们以各具特色的讲解，上演了一场短视频和网络创业直播大比拼。经过紧张激烈的角逐，郴州贵宾农业开发有限公司夺得企业短视频组第一名，中丰油脂有限公司夺得企业产品组第一名。

此次选拔赛以“数字化营销赋能，助力企业新增长”为主题，旨在发掘和培养一批电商企业，为中小企业提供展示和推广的平台，全力推动苏仙区中小企业利用新媒体新技术及现代新媒体平台实现高质量发展。

“智赋万企”企业直播大赛苏仙区选拔赛，大赛组委会特邀“96871”直播中心对赛事进行全程直播

△6 日，“长沙出品”电影定点播放启动式在保利影城 24 品店举行。定点播放影院的授牌，对“长沙出品”电影作品进行分批播放、推介，是落实“长沙出品”电影在长沙定点播放工作，对促进长沙电影事业和电影产业繁荣发展，擦亮“长沙出品”电影品牌，丰富群众精神文化生活，推进长沙文化和旅游深度融合、高质量发展起着非常积极的作用。

△8 日，“媒体融合谋发展 持续奋进谱新篇”张家界市新闻战线庆祝第 24 个记者节活动大会在桑植县红军体验园举行。会议还表彰了 2022 年度张家界新闻奖、省驻张新闻媒体优秀作品和优秀新闻工作者。共有 23 件新闻作品获 2022 年度张家界新闻奖，5 名新闻工作者荣获 2022 年度优秀新闻工作者称号，4 件作品荣获 2022 年度驻张媒体优秀新闻作品奖。

△9日，长沙市新媒体协会换届大会暨“新媒体助力全球研发中心城市建设”宣传活动启动式举行。中国社会科学院新媒体研究中心副主任兼秘书长黄楚新分享了中国新媒体发展的新特点新趋势，3家长沙媒体代表、5位新媒体大咖分别围绕“融合之路 长沙实践”“新媒体助力城市发展”主题展开交流研讨。

△20日，民盟中央原专职副主席、中国文联原副主席、中国作协原副主席张平在益阳新华书店参加第二届岳麓书会之《换届》新书分享会。张平新作《换届》是一部题材独特、具有现实意义的作品，整部小说承载着作家的人生积淀，凝聚了他多年的深刻感悟，希冀唤起人们对现实社会的高度关注和反思。

△21日，以“耀动云上，璀璨三湘”为主题的湖南省首届“耀动三湘”网络创业直播大赛张家界市选拔赛举行，武陵源区就业服务中心选送的项目荣获佳绩。本次大赛共有创意组13个项目，创业组14个项目参赛，旨在发掘和培养一批优秀网络创业项目，为创业者、创业项目提供展示和推广平台，以创业带动就业，不断催生经济发展新动力。

长沙获2022年中国版权金奖管理奖

第九届中国国际版权博览会在四川成都开幕，长沙获2022年中国版权金奖管理奖

2023年11月23日，第九届中国国际版权博览会在四川成都开幕，由国家版权局与世界知识产权组织共同主办的2022年中国版权金奖颁奖仪式上，长沙市委宣传部分管日常工作的副部长、市新闻出版局（市版权局）局长周海毅代表长沙捧回2022年中国版权金奖管理奖。这是长沙2023年在中部省会城市中率先获得“全国版权示范城市”称号后，再度在中部省会城市中率先获得中国版权金奖管理奖。

成都版博会期间，国家版权局举办“版权助力建设中华民族现代文明主题展”，其中的中国版权金奖展区集中展示了2008年以来中国版权金奖获奖名单，长沙市版权局上榜2022年中国版权金奖管理奖名单；在中国版权好故事展区展示的2022年版权执法典型案例板块里，湖南长沙童梦文化股份有限公司特教软件被侵犯著作权案上榜。

在市版权局的策划组织下，全市版权公共服务体系逐步完善。目前，全市建有版权工作服务中心1个、版权工作服务站9个、版权工作服务点112个，以专业网点打通版权服务“最后一公里”，带动作品版权登记量飞跃式提升。2022年，全市作品版权登记量13.5万件，是2021年的2.3倍、2020年的23倍。2023年截至11月20日，全市作品版权登记量超19万件。

1.10月1日，湖南卫视大型活动中心李词岳创新小组主要负责制作的《2023湖南卫视芒果TV蓝月亮中秋之夜》 1

2.10月17日，长沙市广播电视台（集团）联合天心区坡子街打造的“长沙直播间”正式启用 2

安乡县2023年农村致富带头人直播创业训练营开营

2023年11月24日，由安乡县农民教育办公室主办，常德市三人行职业技能培训学校承办的安乡县2023年农村致富带头人直播创业训练营开营，来自安乡县酱卤协会、自媒体协会、绿色农仓农产品协会、餐饮协会及相关行业、企业的70余名直播爱好者参加培训。

培训现场

此次培训为期四天三晚，采取线下专家授课、现场答疑、讨论交流、线上后续服务、线下跟踪服务等方式持续进行。课程内容根据参训学员项目实际需求精心设计，邀请到优秀创业导师讲授短视频直播电商、营销新思路、短视频脚本创作和拍摄技巧、抖音账号运营、农产品品牌打造等课程。

此次培训旨在帮助安乡创业者提升直播技能，增强市场竞争力，促进项目合作，推动当地创业环境的改善，营造浓厚的电商创业创新氛围，助力酱卤产业创新发展。

全省新闻战线青年编辑记者代表新化采风采访活动启动

2023年12月7日，“探寻世遗之地，解密茶寿之乡”全省新闻战线青年编辑记者代表新化采风采访活动在新化县启动，来自全省各级媒体的130余名编辑记者代表走进新化，集中推介新化乡村振兴、文化旅游和产业发展，全面展示新化经济社会高质量发展成就。省委宣传部一级巡视员李颖出席并致辞。

此次活动由省新闻工作者协会主办。在接下来的3天时间里，130名编辑记者代表将走进向东街、大熊山、梅山龙宫、紫鹊界梯田、渠江源等地，感受千年古县的古朴厚重、领略生态美县的如诗如画、体验活力强县的烟火气息。

新化文旅资源丰富多彩，“世界双遗地”紫鹊界梯田层层叠叠，亚洲最美地质博物馆梅山龙宫鬼斧神工，龙湾国家湿地公园水绿风轻，奉家古桃花源山环水绕，大熊山国家森林公园仿若人间仙境。新化地处雪峰山东南麓北纬28°的茶叶黄金优势产业带，有着全球罕见的原生态复合型茶园，是历史上有名的贡茶产地，在上千年的茶叶历史沉淀中，形成了独特的种茶、制茶、饮茶和茶道、茶俗、茶礼、茶歌、茶调等茶文化，是中国万里茶马古道重要的货源地和起始点之一，是湖南红茶的发祥地。

全省新闻战线青年编辑记者代表新化采风采访活动启动

1.10月18日，湖南广播影视集团有限公司（湖南广播电视台）党委委员、副总经理、副台长徐蓉一行来东安开展合作交流、采访调研

2.11月7日，2023年气象新媒体大会暨第五届全国气象短视频创作观摩活动在长沙举行

3.11月8日，长沙市广播电视台（集团）举行“青春当燃因你不凡”2023年度“广电之星”颁奖典礼，庆祝第24个记者节

1
2
3

湘潭市积极筹备电影《堡垒》首映活动

2023年12月11日，湘潭市召开电影《堡垒》首映活动筹备调度会，湘潭市委常委、宣传部部长刘永珍出席。电影《堡垒》已纳入全省纪念毛泽东同志诞辰130周年重点影视作品，现进入全面宣发阶段，拟于12月16日在韶山市举办首映活动。

电影《堡垒》由湘潭市委宣传部牵头，潇湘电影集团与湘潭市5家单位联合出品，以1925年6月毛泽东同志亲手创建的中共韶山特别支部第一批共产党员“韶山五杰”为故事原型，讲述了在大革命时期，革命志士在严峻的生死考验下执行秘密任务，与敌人斗智斗勇的故事。影片采取类型化的电影创作，融入谍战和悬疑元素，具有很强的思想性、教育性和观赏性。

首映活动由省委宣传部、省电影局指导，湘潭市委、市人民政府、潇湘电影集团有限公司主办，湘潭市委宣传部、韶山市委、韶山市人民政府、“光影铸魂”电影党课服务平台等单位承办。活动拟邀请电影《堡垒》主创团队、“韶山五杰”烈士后代、中共韶山特别支部历史陈列馆馆长等特邀嘉宾参加。观众不仅可以听到宣讲员分享中共韶山特别支部的故事，还能听到《堡垒》主创团队分享创作历程。

湘潭市积极筹备电影《堡垒》首映活动

△24日，全省优秀新闻作品和优秀新闻工作者表彰会议召开。省委常委、省委宣传部部长杨浩东出席会议并讲话。会议表彰了第三十二、第三十三届中国新闻奖湖南获奖作品，第十七届长江韬奋奖湖南获奖人员，2022年度湖南新闻奖获奖作品以及湖南省在第十届“好记者讲好故事”活动中表现优异的选手。

△28日，《跟着文物看茶陵》栏目开机仪式在茶陵县工农兵政府旧址举行。县委常委、宣传部部长李甜甜参加并宣布开机。该栏目旨在展现茶陵深厚的历史文化底蕴及保存完好的古老建筑、遗址、遗迹，扩大茶陵文物的知名度，提高广大市民对茶陵文物的关注度和参与度。

12月

△3日，“名人名家看湖南高质量发展”网络主题宣传活动在株洲醴陵召开。来自全国各界的网络名人名家、主流媒体记者等70余人从醴陵出发，将赴株洲、衡阳、长沙等地采风，“沉浸式”打卡湖南优势产业，体验科技创新成果，全方位、立体式展现湖南高质量发展的新成就、新作为。

△4日，《中国少数民族文物图谱·湖南省卷》统稿审核会在长沙召开，对编纂工作进行了统稿审核，经专家组审核后，决定给予通过。《图谱·湖南省卷》收录湖南省少数民族文物434件，其中不可移动文物117件，可移动文物317件，含中文稿和英文翻译稿，中文稿总字数近28万字。

△7日至9日，“探寻世遗之地，解密茶寿之乡”全省新闻战线青年编辑记者代表新化采风采访活动举行。来自中央、省、市、县新闻媒体的130余名编辑和记者，走进向东街、大熊山、梅山龙宫、紫鹊界梯田、渠江源等地，集中推介新化乡村振兴、文化旅游和产业发展，全面展示新化经济社会高质量发展成就。

△22日，首届湖南省高校大学生“做马克思主义新闻观的践行者”征文颁奖典礼暨马克思主义新闻观教育创新论坛在湖南大学举办，征文活动共收到全省17家高校的1021篇征文。经初筛、初评、复评和终评后，组委会最终评选出获奖作品64件。湖南大学新闻与传播学院、长沙理工大学文学与新闻传播学院获得优秀组织奖。

第二届长沙市微电影大赛颁奖

2023年12月15日，2023“光影文旅”第二届长沙市微电影大赛颁奖典礼在华谊电影小镇举行。此次大赛共评出获奖作品12部，其中，一等奖1部、二等奖2部、三等奖3部、优秀奖3部、青苗奖3部。

长沙响应“光影文旅”第二届湖南省微电影大赛的要求，于2023年7月启动“光影文旅”第二届长沙市微电影大赛，邀请有理想有温度的电影工作者、微电影爱好者共赴光影之约。截至11月底，大赛组委会共收到来自全市各区县市选送及高校专业人士、机构拍摄的作品107部，作品涵盖了长沙自然观光、历史文化、红色基因、特色文旅、非遗传承等内容，形成了城市新印象，产生了良好的社会反响。经过专业评审，《小星的夏天》获得一等奖，《粉墨无声》《归》获得二等奖，《心归荷处》等3部作品获三等奖。

近年来，长沙在电影事业上持续发力，《长沙夜生活》联动城市文旅，实现了“电影+城市”的双向奔赴。《学爸》的热映也擦亮了“电影湘军”的金字招牌，为长沙持续引流。长沙还制定了《长沙市电影拍摄服务暂行办法》，吸引更多优秀电影来长沙拍摄，《正正的世界》《南方南方》等作品获得全国乃至国际大奖，长沙出品、长沙拍摄电影持续闪耀大银幕。

第二届长沙市微电影大赛颁奖

1

2

1.12月22日，湖南省广电局举办局系统2023年乒乓球比赛，本次比赛为团体赛，设混合双打、男子单打、团体接力、男子双打、女子单打五个项目，来自局系统的7支代表队和总局二八二台特邀代表队共60多名选手参赛

2.12月8日，网络中心党委邀请高级编辑、湖南日报社原编委兼市州新闻中心主任黄志坚，为全体党员作专题辅导讲座，这也是网络中心党委开展学习贯彻习近平新时代中国特色社会主义思想主题教育读书班第八场课，中心党员干部共30人到场聆听

2023年『湖南十大科技新闻』揭晓

2023年12月29日，由院士专家和科技新闻工作者担任评委、湖南省科技新闻学会组织评选的2023年“湖南十大科技新闻”在长沙揭晓。

“十大科技新闻”分别是：

1. 籼型杂交水稻研究成功50周年。
2. 中国首台大功率纯电新能源调车机车在中车株洲电力机车有限公司下线。
3. 全球最大直径盾构机主轴承在长沙下线。
4. 湖南半导体技术攻关取得突破，研制装备实现国产化。
5. 长沙全力打造全球研发中心城市。
6. 中南大学湘雅二医院国家精神疾病医学中心正式启动。
7. 中南大学湘雅医院雷光华教授团队率先建成中国骨关节疾病领域长期稳定随访的大型前瞻性自然人群队列，聚焦以骨关节炎为代表的常见骨关节疾病，针对危险因素、发病机制、临床治疗、疾病预后和新药研发开展系列研究，相关成果发表于国际四大顶级医学期刊。
8. 湖南牵头重组入列全国重点实验室11家，其中，位于湖南大学的电能高效高质转化全国重点实验室新增入列。
9. 中国工程院院士、湖南农业大学教授邹学校团队联合美国康奈尔大学费章君教授团队成功绘制辣椒泛基因组图谱和基因组变异图谱，为辣椒属物种分子育种提供全面而有价值的基因组资源。
10. 湖南自主研制的全球首台可变径斜井岩石隧道掘进机“天岳号”。

2023年“湖南十大科技新闻”揭晓，中南大学湘雅二医院国家精神疾病医学中心正式启动

2024

湖南地方年鉴

文化事业

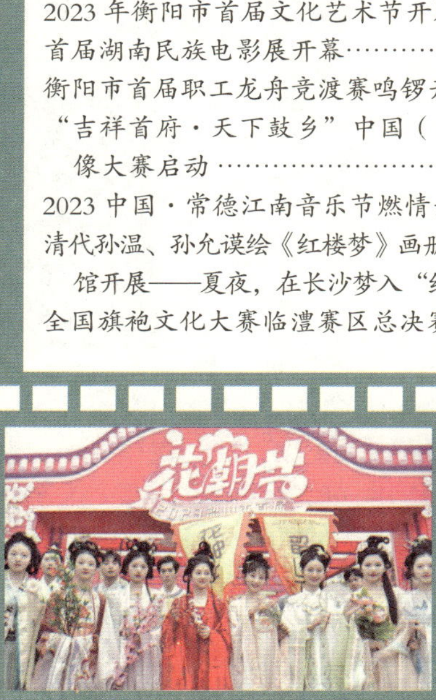

要闻纪事
2023年

1月

△3日，“怀素逸韵——永州八家书法展”在长沙后湖国际艺术区“弦歌邨舍”艺术馆开幕。

△5日，《百年正青春》湖南省庆祝中国共产党成立100周年文艺晚会在梅溪湖国际文化艺术中心大剧院视频号进行展播，为2023“我们的中国梦——文化进万家”活动拉开帷幕。

△10日，郴州市举行2023年廉洁文化宣传周启动仪式暨清廉文化优秀作品展开幕式。市委常委、市纪委书记、市监委主任肖开斌出席活动，并为濂溪书院廉洁文化教育基地揭牌。

△16日，“丹青颂衡州”衡阳市美术家协会会员作品展暨云界文创奖颁奖仪式在建湘工业艺术馆举行。

大型交响组曲《岳麓书院》在长沙首演

《岳麓书院》大型交响组曲音乐会排演现场

2023年1月10日晚上，2023年长沙新年音乐会——《岳麓书院》大型交响组曲音乐会在长沙音乐厅上演，为广大市民奉献了一场高规格的交响盛宴。湖南省委常委、长沙市委书记吴桂英，省委常委、省委宣传部部长杨浩东观看演出。

大型交响组曲《岳麓书院》是湖南省贯彻落实党的二十大精神的重点文艺项目。组曲以2020年9月习近平总书记在湖南考察时提出的“岳麓书院是党的实事求是思想路线策源地”重要论断精神为纲领，艺术化实现历史传统文化和红色文化基因的创造性融合与时代性传承，由湘籍音乐家廖勇作曲。

全篇以“实事求是”核心意象为主旋律，分“千秋文脉”“一院弦歌”“百年风华”“十年丰碑”“时代之光”5大乐章。现场，著名指挥家余隆执棒，中国爱乐乐团、长沙交响乐团联袂演奏，王传越、么红等歌唱家与湖南师范大学天籁合唱团、长沙交响乐团歌剧中心合唱团共同演绎。演出大气磅礴又不乏细微生动，交响浑厚又融合湖湘底蕴。在岳麓书院的造景中，音乐的流动与荧幕背景视频的变幻配合，呈现千年学府实事求是思想路线策源地的历史文化之源与红色革命实践足迹。在高潮的推进中，展示新中国成立、改革开放、全面建设、新时代中华民族伟大复兴的激昂征程。

1.1月4日，湖南省文化和旅游厅湖湘文旅开讲首场讲座《挖掘中国传统文化内涵，推进文旅深度融合发展》
2.1月9日，湖南省文化和旅游厅2023年“送戏曲进万村，送书画进万家”下基层文艺惠民活动在桑植县刘家坪白族乡热闹上演
3.1月12日，书画名家进行现场创作

1
2 3

原创歌曲《有双翅膀》获一等奖

2023年1月12日，2022年湖南省禁毒文化宣传季活动闭幕式暨禁毒创意卡通形象发布仪式现场传来好消息：张家界市原创禁毒歌曲《有双翅膀》获得湖南省优秀禁毒文艺类作品唯一的一等奖。

“2022年湖南省禁毒文化宣传季活动”由湖南省文化和旅游厅、省禁毒委员会办公室联合主办，共征集到湖南省内外禁毒文艺作品101个，共评出优秀文艺作品一等奖1名、二等奖2名、三等奖3名。获奖歌曲《有双翅膀》，由张家界市公安局二级高级警长鲁昕策划，政协委员工作室召集人鲁絮作词，青年音乐人胡情作曲，青年歌手“歌梅拉”组合演唱。“要有一双健康的翅膀，冲破云雾的幻想。这是最美最美的情感，春风送上了坚强。要有一双浪漫的翅膀，燃烧青春的能量。”歌词紧贴“健康人生、绿色无毒”主题，以传播禁毒理念、宣传禁毒知识、展现禁毒工作者风采为主要内容，“跳出禁毒写禁毒”，积极向上，突出音乐的美育功能，融思想性、艺术性于一体，是紧扣时代脉搏的好作品。

歌曲《有双翅膀》获湖南省优秀禁毒文艺作品一等奖

全国"村晚"湖南分会场活动在益阳市安化县举行

2023年1月13日下午，"看大戏 赏民俗 过大年"——"青云之上马路溪"全国"村晚"示范展示活动湖南分会场在安化县马路镇马路溪村举行。活动由文化和旅游部公共服务司主办，湖南省文化和旅游厅承办，省文化和旅游厅副厅长尚斌，益阳市人大常委会党组副书记、副主任汤瑞祥出席。

全国"村晚"示范展示活动已连续举办多年，在基层乡村社区广受欢迎。"村晚"舞台搭在大山深处的青云洞景区游客接待广场，这里张灯结彩、热闹非凡。伴随铿锵有力的鼓点，马路溪村民文艺队舞着雄狮、祥龙闪亮登场，拉开"村晚"的序幕。形式多样、内容丰富的节目接连上演，《喜看山乡新巨变》描述了清溪村的巨大变化，《早安隆回》唱热台上台下，《甜甜的吆喝》唱出了侗族人民的甜蜜生活，《村里召开屋场会》则生动演绎了村委会通过屋场会解决村里的大小事，促进乡村振兴。安化千两茶制作技艺、梅山剪纸、安化擂茶等非遗项目现场展示；安化本土网红主播通过直播平台，介绍马路溪村的美食美景。

全国"村晚"湖南分会场活动在安化举行

2023年全国共有74个"村晚"示范展示点，展示活动以"启航新征程幸福中国年"为主题，线上线下相结合，农民自编自导、自演自赏，唱身边事，演身边人，道家乡美，赞新生活。

1.1月15日，2023年湖南省春节联欢晚会表演现场

2.1月19日，张家界市"迎新春·送福字、送春联、送文学书籍，拍全家福及摄影展览"活动现场

3.2月4日，2023湖南省演艺集团新春音乐会在湖南大剧院举行

推动马王堆汉文化强势『出圈』

2023年1月13日，湖南省政协委员，马栏山（长沙）视频文创园党工委副书记、管委会主任易鹰在接受记者采访时表示，党的二十大报告提出，实施国家文化数字化战略。在推动中华优秀传统文化创造性转化、创新性发展中，以数字技术为承载展现全景文化，推动历史文化基因与当代文化相适应、与现代社会相协调，将迎来大好时机。

结合多年对历史文化名城的比较思考，以及在长沙市芙蓉区利用马王堆遗址修建古汉路、汉桥和辛追夫人广场，打造汉文化历史街区的实践，易鹰发现，马王堆考古成果仍是点状发展、浅层开发的状态，整体规划开发程度不够；对马王堆文物的创意开发、品牌营销、文化消费等略显疲软。

2023年湖南省两会，易鹰联合陈刚、梁仲、李舜等省政协委员提交提案，建议以马王堆汉墓发现发掘50周年为契机，抢抓实施国家文化数字化战略的机遇，打通文博、文旅、文创产业链，让文物"活"起来，文旅兴起来，文创火起来，推进长沙历史文化名城汉文化中心建设。

△17日，炎陵县考古研究和文物保护中心在县红军标语博物馆挂牌成立。炎陵县考古研究和文物保护中心的成立，标志着炎陵县文物保护研究、专业队伍建设、文旅有机融合等工作迎来了新发展，对加强文物保护与利用，促进文化产业和旅游业发展具有重要意义。

△19日，衡阳市民翘首以盼的城市文化新地标——衡阳文化艺术中心正式开放。

△28日，城步苗族自治县在县民族文化体育中心举行"非遗展盛世·龙狮闹新春"巡演活动启动仪式，县委书记余勋伟出席，县委副书记、县长王慧敏为活动致辞。

2月

△1日，长株潭美术书法摄影优秀作品巡展在长沙简牍博物馆美庐展厅开幕。本次展览共展出260幅作品，包括100幅美术作品、77幅书法作品、83幅摄影作品。

△2日，娄星区首届“中国历代名家碑刻暨非遗拓片展”在娄星区图书馆举行。同时，娄星区考古研究和文物保护中心正式挂牌成立。市政协副主席、民盟市委会主委、市文旅广体局副局长傅小松出席并宣布开幕。区委常委、宣传部部长曾海军，区人大常委会副主任、区工商联主席聂永红为娄星区考古研究和文物保护中心揭牌。区政协副主席、民盟区委会主委王文成出席。

△5日，2023年湖南省“我们的节日·元宵·制造名城闹元宵”主题活动在株洲举办。

△5日，由张家界市人民政府主办的“仙境张家界欢度元宵节”活动在张家界永定区大庸古城拉开帷幕，为广大市民和游客献上一道浓浓年味的非遗文旅盛宴。

△5日，城步开展“元宵喜乐汇·文化进万家”系列展演活动，县委常委、宣传部部长、副县长陈芳参加活动并为文艺演出致辞。

益阳市赫山区文明之花遍地开放

赫山区新市渡镇举办第二届最美系列评选颁奖大会

2023年2月1日，赫山区新市渡镇举办第二届最美系列评选颁奖大会。

益阳市赫山区依托新时代文明实践阵地，在区、镇、村三级深入开展推进“最美”系列评选等活动，不断深化乡风文明内涵，培育时代新风。目前，益阳市赫山区已建成1个新时代文明实践中心、16个新时代文明实践所、207个新时代文明实践站，实现县、镇、村（社区）新时代文明实践中心、所、站全覆盖。该区先后涌现全国道德模范提名奖段意花、中华慈善人物彭顺超、感动湖南人物候选人熊建国、湖南省最美志愿者刘造、湖南好人王洪伟等一批先进模范。

益阳市赫山区新时代文明实践中心打造“赫赫有鸣·五讲五进”理论政策宣讲和“艺润赫山”文化文艺志愿服务两大品牌。“艺润赫山”以“结对子+种文化”方式，开展瑜伽等群众文化辅导培训40余堂（次），培训8000多人次，实现基层公共文化服务由“送文化”到“种文化”“创文化”的演变。

全区新时代文明实践所（站）因地制宜，培育理论宣讲等特色品牌项目223个，形成“一镇一品牌、一村一特色”发展态势。

益阳市赫山区号召乡土文化人才等，积极参与新时代文明实践所（站）建设和志愿服务，全区建立新时代文明实践志愿服务队伍1369支。

1.2月5日，芷江举行元宵佳节晚会

2.2月16日，“华枝春满”张锡良书法工作室第二期公益教学班结业作品展开展现场

湖南省文联第十届委员会第四次全体会议现场

常德市6件作品获第二届湖南省文学艺术奖

湖南省文联第十届委员会第四次全体会议现场

2023年2月8日，湖南省文联召开第十届委员会第四次全体会议，会上颁发了第二届湖南省文学艺术奖，98件作品和10位文艺家获此殊荣。其中，常德市有6件作品喜获第二届湖南省文学艺术奖优秀作品奖。

湖南省文学艺术奖是经湖南省委、省政府批准设置的湖南省文学艺术最高综合类奖项。此次，常德市获奖的6件作品分别是陈文双的文学作品《通鸟语的人》、陈华的书法作品《陈华印痕》、周少剑的书法作品《砥庐杂记数则》、潘能辉的民间文艺作品《百骏图》、常德市汉剧高腔保护传承中心的戏剧作品《孟姜女传奇》、武陵区文化馆的曲艺作品《今天再唱新事多》。

株洲衡阳郴州书法联展开展

2023 年 2 月 9 日，由株洲、衡阳、郴州三市文学艺术界联合会主办，三地书法家协会共同承办的“喜庆二十大，书写新时代”书法联展开展，首展在株洲举行。同时，《株洲·衡阳·郴州书法联展作品集》出版。之后，该书法联展将在衡阳、郴州巡回展出。

本次书法联展，是三地联手打造的成规模、上品位、具特色、有影响的文化交流项目，集中三地书法创作骨干的 180 件作品，涵盖各种字体和多种艺术表现形式。

1.2 月 21 日，“彩墨洞庭·美丽兰溪美术作品展”开幕式暨洞庭画院赵溅球艺术馆开馆庆典活动现场

2.2 月 24 日，2023 年湖南省文化馆“艺美同行”美育系列活动首届群文社团专场展演

3.2 月 28 日，文化和旅游厅在长沙举办“贯彻二十大　奋进新征程”湖南省文艺精英人才（高级编剧）提升班

第 28 届湖南文物交流会开幕，参会的瓷器、玉器等文物琳琅满目

第 28 届湖南文物交流会开幕

2023 年 2 月 16 日，第 28 届湖南文物交流会在长沙开幕，吸引 1200 多家参展商参展。

3 年疫情，让藏家整体持谨慎态度，他们直言：“看的多，交易的少。”不过，冲着湖南文物交流会多年奠定的“江湖地位”，众多藏家还是欣然前来，“探探风向，试试水”。开幕前，近 700 个客房已被参展商预订一空。

2023 年的湖南文物交流会以潇湘华天大酒店、小天鹅戴斯酒店的房间交流会为主，房间内瓷器、玉器、杂件等琳琅满目。许多连续多年参加交流会的藏家如约而至，他们说，长沙仍然保持着文物交流会的龙头地位，吸引力十足。来自江西的藏家童津跟着父亲来长沙参加湖南文物交流会，他的家族中有多家从事文玩收藏行业，这次好几位亲友一同前来。他转了转各个参展的房间，认为“这次的老货不少，品质不错”。交流会的老朋友、苏州藏家毛湘行说，这次自己带了 200 多件玉器参展。他还看到了来自巴基斯坦等国家的参展商。

本届湖南文物交流会由湖南日报报业集团旗下的联合利国文交所及湖南省级国有文物商店湖南朗溪文物商店共同主办，包括房间交流会、域鉴“湖南文物交流会”线上专场瓷器拍卖会、湖南省拍卖咨询服务周等活动，将持续至 2 月 19 日。

芒果美术馆正式亮相

2023 年 2 月 11 日，湖南广电新落成的“七彩盒子”节目生产基地——芒果美术馆正式亮相。

芒果美术馆正式亮相

作为电广传媒芒果城项目全新板块，芒果美术馆位于长沙市开福区金鹰影视文化城，建筑面积 2428 平方米，其中展厅总面积 1200 平方米，集展览陈列、收藏保护、学术研究、教育推广、对外交流、文化服务等功能于一体。

电广传媒涉足艺术品领域多年，通过子公司北京中艺达晨艺术品投资管理有限公司，投资收藏了李可染的《东方欲晓》、徐悲鸿的《愚公移山》等具有较高历史价值、艺术价值的精品 200 余件。运营芒果美术馆，是电广传媒和中艺达晨在“文旅 + 投资”战略下开辟全新赛道的有益尝试。

电广传媒相关负责人表示，芒果美术馆旨在树立专业高度，关注青年文化、引领艺术潮流，打造青春活力的品牌形象。芒果美术馆未来还将展示艺术巨匠的经典名作，对外引进优秀的当代艺术名家展览，开展一系列的文化艺术交流活动。

△ 7 日，2023 永州文旅推介会在广东省深圳市举行。江永女书习俗传承人蒲丽娟、胡欣现场写女书字、唱女书歌，向大湾区朋友展示了罕见的女性文化“密码”。

△ 10 日，桑植县文学艺术界学习贯彻党的二十大精神暨“廉洁文化周”书画展获奖作品颁奖仪式举行。县委常委、宣传部部长王茂蓉出席会议。

△ 18 日，衡阳湘黄鸡主题书画摄影作品展在衡阳市书画院开展。

△ 24 日，“与天无极 璀璨秦中——陕西周秦汉唐文物精华展”开展。

3月

△ 3 日，望城区纪念毛泽东等老一辈革命家为雷锋同志题词六十周年文艺会演暨“雷锋之星”表彰仪式举行。区委书记秦国良出席并讲话。

△ 5 日，“新时代 新雷锋”纪念毛泽东等老一辈革命家为雷锋同志题词六十周年文艺晚会在湖南举行，以文艺形式为雷锋精神注入新时代的青春注脚。

△6日，以“新时代 新雷锋”为主题的“2023雷锋精神论坛”分论坛，在位于长沙市望城区的湖南雷锋纪念馆举行。

△12日，岳麓印社社址揭牌仪式在岳麓山风景名胜区举行。湖南省文联主席夏义生、市政协主席陈刚出席。

△14日，翰墨芳华——第十一届衡阳市女子书画展在市美术馆新馆开幕，展出的150幅作品以女性艺术家独特的文化视角，表达了热爱家乡衡阳、追求美好艺术的情怀。

△17日，由中国舞坛“双子星”韩真、周莉亚共同执导的舞剧《咏春》在梅溪湖国际文化艺术中心大剧院上演。

△18日，“弱光的力量”全国优秀弱光摄影作品巡回展（株洲站）在株洲市博物馆、美术馆开幕。

湘鄂赣三省精品剧目展演周开幕

活动现场

2023年2月20日晚，随着花鼓戏《夫子正传》上演，“湘鄂赣三省精品剧目展演周”在湖南戏曲演出中心开幕。

湘鄂赣三省同饮长江水，文化相近，发展相融。本次展演由湖南省文化和旅游厅、湖北省文化和旅游厅、江西省文化和旅游厅共同主办，湖南省花鼓戏保护传承中心承办，是湘鄂赣三省实现长江中游三省协同推动高质量发展的一项重要举措，将集中展示近年来三省地方戏曲艺术的优秀成果，促进三省文化交流合作。

展演周将持续至2月27日。在此期间，将有花鼓戏《夫子正传》、花鼓戏《双玉蝉》、赣南采茶戏《一个人的长征》3部优质剧目上演。参加展演的演员阵容强大，包括“文华表演奖”和“戏剧梅花奖”获得者杨俊、曾菊，“戏剧梅花奖”获得者蔡建庭、“文华表演奖”获得者罗涛，“全国戏曲表演领军人才”朱贵兵，“文旅部优秀专家”黄涓涓等三省名家。

湖南省百团百角文艺竞演活动启动

2023年2月20日，“贯彻二十大·百团百角唱新歌”湖南省文艺院团竞演活动启动。活动号召湖南广大文艺工作者勇做宣传党的二十大精神的先行者、传播者，以“新”字为引领，聚焦新时代、推崇新创作、鼓励新表达，用文艺的力量让党的二十大精神“声”入人心，将党的关怀送到千家万户。活动由湖南省委宣传部、省文旅厅、省文联等主办。

湖南省注册登记备案的近800家文艺院团皆可参加本次活动。同时，对角逐“十佳演员”“优秀演员”的演员，要求须为节目主演，德艺双馨，年龄不超过45周岁（1978年1月1日后出生），且入职所属院团1年以上。演员竞演项目包括节目表演、主题讲述、知识考核等。

本次竞赛活动为基层文艺院团及演员提供学习平台，允许院团之间横向拼团、组团，纵向邀请国家队、湖南省队参与指导。多个院团组团参加竞演视为1个院团，限推荐1个节目和对应演员代表1名，所推荐的节目占参与院团的名额。

竞演活动列出了时间表。决赛结束后，在长沙举行“贯彻二十大·百团百角唱新歌”全省文艺院团竞演活动颁奖典礼暨文艺展演，公布“十佳节目”“十佳演员”“优秀节目”“优秀演员”“优秀组织单位”获奖名单并颁奖。

1.3月16日，湖南省张家界慈利县举行板板龙灯艺术季活动现场

2.3月18日，“春暖潇湘·花开韶山”2023韶山市“光大村镇银行杯”首届花朝节在湖南韶山开幕

3.3月18日，“风拂大地”王建国油画作品展在李自健美术馆开幕

邵阳市城步县首届醉美桃花节开幕

桃花节书法展示活动

2023年3月13日，“千年苗寨·十里桃林”邵阳市城步县首届醉美桃花节开幕式暨文艺演出在桃林村举行。

曾艺在致辞中指出，近年来，桃林村大力发展乡村旅游，先后获评“中国少数民族特色村寨”“中国传统村落”“中国美丽休闲乡村”“湖南省4星级乡村旅游区”“湖南省特色旅游名村”等殊荣。今日桃林，已经蝶变成“赏花、登山、玩水、看戏”四位一体的民俗文化旅游胜地，成为远近游客休闲度假的绝佳去处。本届桃花节是打造桃林村3A级景区、南山国家公园4A级景区的华美先声，也是邵阳市城步县推动民族特色旅游产业发展，推进中国式现代化社会主义新农村建设的精彩序幕，要以花为媒、以节会友，充分展示苗乡村寨的和谐甜美、开放包容、共赴繁荣的迷人风采。

本届桃花节由城步县委宣传部、县文旅广体局、县商务局、县文联主办，时间从3月13日持续至4月30日，将为助力桃林村广大群众持续增收、加快乡村旅游发展、创建国家3A级旅游景区增添动力。节会期间，游客可以参与桃花节开幕式暨民俗文艺演出、商品美食展销会、系列民俗文化活动、登奇山寨踏青寻宝、篝火晚会、苗族特色长龙宴、书画摄影大赛七大活动。

1

2

1.3月25日，“楚风湘韵”2023港澳文化活动现场

2.3月27日至28日，国家艺术基金管理中心主任王明亮一行来湘调研，实地走访部分艺术单位并观看作品排演

实体书店登上长沙城市路标

2023年3月24日，第三十届长沙图书交易会在湖南国际会展中心开幕，展会面积4万平方米，设国际标准展位1400个，为历届之最。

会上，首次发布长沙实体书店路标，将在城区各大商圈新型城市路标上增设一批实体书店指示标识，同时发布“长沙阅读地图”，在定王台书市及2022年度长沙最美书店设置十大主题展区。十大主题展区总展区面积达3万平方米，其中袁家岭新华书店设置湘版图书展，定王台书市设置教辅图书展，乐之书店橘洲店设置湖南地方文献展，止间书店设置文学艺术展，梅溪书院设置人文社科展，觅书店设置文创精品展，德思勤24小时书店设置外文图书展，卡佛书店设置科普读物展，长沙十二时辰设置青少年优秀读物展，卡乐书城设置儿童绘本展。

实体书店登上长沙城市路标

本次图交会以“深化全民阅读 建设书香长沙”为主题，围绕宣传阐释党的二十大精神，突出展示主题出版物、重点出版物，重点展示满足人民文化需求、增强人民精神力量的时代精品。

本次图交会将持续至3月26日，举办“书香长沙”全民阅读购书节，免费向市民发放50万元购书券，评选表彰一系列书香先进典型，举办读书分享会、新书首发式、知名作家签售会，组织出版、印刷、版权合作项目集中签约等。

△19日，安仁县党史陈列馆开馆并举行揭牌仪式，标志着该县为助力郴州市承办第二届湖南旅游发展大会，打造爱国主义教育基地再添一处红色新地标。

△21日，由国家文物局指导，万里茶道联合申遗办及福建、江西、安徽、湖南、湖北、河南、山西、河北、内蒙古九省（区）文物局联合主办的“世纪动脉——万里茶道九省（区）茶文物联展”在湖南博物院开幕。

△23日，娄底市在锡矿山街道红军长征纪念碑广场举行锡矿山教育基地开工仪式。市委书记、二级巡视员曾伯怡宣布项目开工。

△25日，“唱不过祁阳”永州市（祁阳）第七届京剧演唱汇在祁阳白竹湖祁剧大舞台开幕，来自永州市各县市区12支队伍参赛。

△25日，永州市（祁阳）第七届京剧演唱汇在祁阳市成功举办。湖南省京剧促进会会长谢玉兰，市文联党组书记、主席刘翼平等出席开幕式。

△ 26 日，在上海爱乐乐团的倾情演绎下，中国古典四大名著之一的《红楼梦》以小提琴协奏曲形式首次登上交响乐舞台，俄罗斯当代音乐三杰之一施尼特凯的《仲夏夜之梦》《果戈里组曲》在上海东方艺术中心迎来中国首演。

△ 29 日，湘西七绣坊离岸孵化中心在北京成立。

△ 29 日，“贯彻二十大 奋进新征程”常德·岳阳书法作品联展在市文化馆开展，市政协副主席王鳌宣布开展，国家文旅部驻瑞典原文化参赞、湖南省文旅厅二级巡视员陈友才出席活动。

△ 31 日，“湖南文学创作示范基地”在神农谷国家森林公园挂牌。

4月

△ 1 日，“山河清明·一脉湘承——2023 湖南省清明文化活动”启动仪式在湖南烈士公园举行。

△ 5 日，“缅怀辛亥先烈·矢志民族复兴”清明祭扫暨“长沙市流动博物馆”——湖南辛亥革命重要人物主题展览活动在长沙市岳麓山举行。

张家界市诗词楹联协会第二届第三次理事会召开

2023 年 3 月 25 日，张家界市诗词楹联协会第二届第三次理事大会在张家界市武陵源区召开。

2022 年，张家界市诗词楹联家协会克服疫情影响，团结奋进，扎实工作，开展了一系列有意义的活动。包括组织开展桑植红色之路党日主题活动，组织创作以抗疫、助力首届湖南省旅游发展大会为主题的诗词楹联歌赋作品，组织开展助力首届湖南省旅游发展大会慈利东线采风活动；出版两期《天门诗词》以及数期澧兰诗韵网络期刊。为会员交流创作、讴歌张家界积极搭建平台，有效地宣传张家界城市形象、张家界红色旅游，提升城市美誉度，助力旅游复苏。

会议宣读了关于推选龙章海同志为张家界市诗词楹联协会第二届理事会党支部书记候选人、关于推选邹梅芳同志为张家界市诗词楹联协会第二届理事会主席的批复，并按相关程序进行了表决。

张家界市诗词楹联协会第二届第三次理事会召开

1.4 月 20 日，2023 年湖南省（春季）乡村文化旅游节通道侗族大戊梁歌会现场

2.4 月 8 日，省市县书画家“丹青写警魂”安乡行活动现场

3.4 月 23 日，津市车胤城市书房举行揭牌仪式

4.4 月 7 日，湖南艺术职业学院举行“画里山南”暨首届“格桑杯”山南非遗文创作品联展剪彩仪式

马栏山视频文创产业园获评『国家级文化产业示范园区』

2023 年 3 月 28 日上午，2023 年全国文化和旅游产业发展工作会议在苏州市举行，包括马栏山视频文创产业园在内的全国 15 家园区，被认定为“国家级文化产业示范园区”。

这是马栏山视频文创产业园获得的第 6 个国家级“金字招牌”。此前，园区已获国家级广播电视产业园、中国创新创业典型示范基地、国家文化和科技融合示范基地、全国版权示范园区、中国侨联第七批新侨创新创业基地。

近年来，马栏山视频文创产业园锚定守正创新目标，坚持以人民为中心的创作导向，园区企业作品获得国际级、国家级和湖南省级奖项 90 多项；推动文化与科技融合发展，园区企业获得国家级创新大赛奖项 28 项；支持园区企业联合国防科大、华为等科研院所和科技企业，建立产业创新联合体。目前，园区聚集了 144 家“四上”企业、115 家高新技术企业、8 家研究机构、23 个创新创业类服务平台。

全国目前已有 34 家国家级文化产业示范园区。马栏山视频文创产业园获评之前，湖南有长沙天心文化产业园、湘潭昭山文化产业园入列。按照文化和旅游部规划部署，到“十四五”末，国家级文化产业示范园区将达到 50 家左右。

第十二届丁玲文学奖在常德市颁奖

颁奖现场

2023年4月9日晚，为深入学习贯彻党的二十大精神，推动新时代文学高质量发展，第十二届丁玲文学奖颁奖典礼在常德举行。中国作家协会党组成员、书记处书记《人民文学》杂志社主编施战军出席并致辞。常德市委书记曹志强出席并致辞。常德市委副书记、市长周振宇出席并为获奖作者颁奖。

第十二届丁玲文学奖评选以《文艺报》《人民文学》《诗刊》《小说选刊》为学术支持单位，设小说、散文、诗歌、文学评论4个评奖门类。其中，各门类“成就奖”分别由蒋子龙、陈建功、欧阳江河、南帆获得；老藤、何士光、张战、王尧等12名作家分别获各门类“作品奖”；雷默、胡竹峰、马骥文、刘大先等12名作家分别获4个门类“新锐奖”。

颁奖典礼上，与会领导嘉宾共同为第十二届丁玲文学奖新锐奖、作品奖、成就奖的获奖作者颁奖。

中国作家协会原副主席、天津市作家协会名誉主席蒋子龙，《文艺报》社总编辑梁鸿鹰，《诗刊》社主编李少君,《小说选刊》杂志社主编徐坤,《文艺报》社副总编辑刘颋，《小说选刊》杂志社副主编李云雷，中国作家协会社联部社团管理处处长、二级巡视员丰玉波等参加活动。

1
2
3

1.4月24日，2023年湖南新邵首届全民K歌大奖赛决赛现场

2.4月25日，“读城·书香常德”启动仪式暨第九届常德阅读节开幕活动现场

3.4月26日，汉寿县第二中学“青春心向党 礼赞新时代”第十四届体育科技文化艺术节晚会现场

第一届“长沙最美文物安全守护人”评选启动

2023年4月9日，第一届“长沙最美文物安全守护人”评选推介活动启动。本次活动将深入寻找、发掘和宣传文物安全守护人的先进事迹。

本次评选推荐范围为长沙文旅广电系统内负责文物安全工作人员，参与文物安全工作的政府机构、司法系统、消防救援、新闻媒体等系统人员，文物保护志愿者或志愿者团队，文物保护员，向文物部门和公安机关举报重大文物案件线索人员，其他为文物安全工作作出重要贡献的个人或者团队。

第一届“长沙最美文物安全守护人”评选推介活动最终确定“长沙最美文物安全守护人”10名（包括团队），优秀组织奖3名。各区县（市）文物行政主管部门，推荐名额不超过3名（包括团队），推荐文旅广电系统内或者联合推荐其他相关人员均可。长沙市公安机关和消防救援部门，各自推荐名额不超过3名（包括团队）；其他市级行业部门，各自推荐名额不超过2名（包括团队）。以自荐方式报名人员或团体，经属地县（区）级文物行政部门进行审定推荐。

主办方邀请有关行业专家，对各地各单位推荐人员或团队进行初选，经网络投票和专家综合评议，最终确定“长沙最美文物安全守护人”及优秀组织奖名单。特别优秀的，推荐参与国家文物局“寻找最美文物安全守护人”宣传推介活动。

△7日，“贯彻党的二十大精神·音乐思政课”在常宁市拉开帷幕。

△11日，“三三见久”南岳衡山展在南岳美术馆开展，共展出湖南、山东、四川三地9位知名书法家的81幅作品，吸引100余位书法爱好者前来交流观展。

△17日，湖南省摄影家协会第八次代表大会在长沙召开。

△18日，中国·张家界第二届世界遗产摄影大展在张家界开幕。

△21日，宁乡市举行“书香宁乡 美好时光”世界读书日阅读推广活动。市委常委、宣传部部长胡珊珊，市政协副主席、市文联主席胡宇参加活动。

△22日，“文化同根 青春同梦”湘台大学生中华优秀传统文化知识竞赛决赛在长沙举行。

△22日，炎陵县在十都镇举办神农谷第一届民俗文化节，畲族歌舞及祭祖游行，让广大游客感受到浓厚的畲族文化氛围。

△ 23 日，岳塘区新时代文明实践中心人头攒动、热闹非凡，“重温红色经典 坚守初心使命”诵读活动在这里举行。

△ 27 日，2022 中国（永州）山水散文征文大赛颁奖仪式暨文学名家山水散文创作座谈会在零陵区举行，鲁迅文学奖获得者、中国作协散文委员会副主任熊育群，湖南省作协党组书记胡革平，市委常委、宣传部部长刘厚出席并颁奖。

△ 28 日，永州国际文化艺术中心大剧院举行首场演出，大型民族舞剧《醒·狮》燃情上演。市委书记朱洪武，谢景林、刘厚、何恩广、刘玲军、李旦梅、车丽华、魏秋云、龚文启、黄冰、李黎武等领导观看演出。

△ 29 日，怀化市洪江区洪江古商城首届曲艺文化节开幕，吸引万余名戏曲爱好者和游客体验“国潮戏曲嘉年华”。

首届湘赣艺术焰火赛浏阳“对决”

2023 年 4 月 15 日晚 8 时，2023 年首届湘赣艺术焰火邀请赛在浏阳市天空剧院拉开序幕，来自长沙市浏阳、株洲市醴陵和江西省万载、上栗的 6 支焰火燃放队伍，4 月 15 日—16 日两晚进行“巅峰对决”。

本次邀请赛，6 支湘赣焰火燃放顶级团队将带来 6 场创意焰火燃放，每晚焰火燃放时间超过 40 分钟，为观众带来全新的视听“盛焰”。以此为契机，长沙市浏阳将与株洲市醴陵、江西省上栗、万载携手，推进焰火燃放技术创新与产业发展，让烟花璀璨全国，闪耀全球。

4 月 15 日，2023 年烟花爆竹产业订货交流会在长沙市浏阳举行，展会展览总面积约 5000 平方米，吸引来自全国各地 138 家烟花爆竹及机械类生产企业参展，展出上万种花炮全产业链产品，全方位呈现烟花爆竹产业发展的新产品、新机械、新材料、新工艺、新技术。这是 3 年疫情后长沙市浏阳举办的首场烟花爆竹产业线下展销会。

2023 年首届湘赣艺术焰火邀请赛在浏阳市天空剧院拉开序幕

张家界第二届世界遗产摄影大展在张家界市开幕

中国·张家界第二届世界遗产摄影大展开幕

2023 年 4 月 18 日，中国·张家界第二届世界遗产摄影大展开幕式在张家界永定城区大庸古城举行。本届摄影大展展出为期 7 天，以“交流共享·保护传承”为主题，有 1828 名摄影家的 6556 幅摄影作品亮相展览，作品涉及全球 83 个国家和地区、259 个世界遗产地。

中国自 1985 年加入世界遗产公约，目前共有 56 个项目被联合国教科文组织列入《世界遗产名录》，总数位居世界前列。其中世界文化遗产 38 项、世界文化与自然双重遗产 4 项、世界自然遗产 14 项。1992 年，张家界武陵源自然风景区被联合国教科文组织列入《世界自然遗产名录》。

大展分为名家致敬展、世界遗产摄影名家邀请展、外交官镜头中的世界遗产摄影作品展、“人类共同的财富”世界遗产摄影大展等 10 多个展览。这些中外摄影家镜头中的影像，既有国外摄影师寻访世界遗产的艰辛历程，也有中国摄影家多年执着于本土世界遗产的多角度呈现，不仅展现了中外世界遗产的现状，更对其赋予了崭新的艺术化表达。

1
2
3

1.4 月 28 日，“我们的共同家园”湘鄂赣三省中青年书法作品展在李自健美术馆开幕

2.5 月 7 日，长沙举行中学生传承“汉风文化”展示活动

3.5 月 6 日，怀化文旅主题展馆芦笙悠

株洲打造湖南省首家『旅阅书房』

株洲打造全省首家“旅阅书房”

4月18日，由株洲市图书馆与株洲火车站联合打造的湖南省首家“旅阅书房”亮相。株洲市图书馆负责人介绍，在世界读书日即将到来之际推出“旅阅书房”，旨在营造全民阅读的良好氛围，倡导“读万卷书，行万里路”，推动全民阅读向纵深拓展。株洲站客运车间党总支书记张晖说，株洲火车站目前常规客运量每天在7000至1万人次，周末有时超2万人次。与株洲市图书馆共同推出的“旅阅书房”能够提升旅客的幸福感，全力打造“阅旅途、悦精彩”特色服务。

“旅阅书房”分书刊区、展览展示区、阅读区、数字资源区，旅客可以在现场阅读、借阅书刊等。在数字资源区，旅客还可以用手机扫取数字阅读一体机上的二维码，免费获取图书数字资源，方便在列车上阅读。“旅阅书房”还以展柜、电子显示屏展示和刊播株洲具有纪念意义的实物，宣传株洲的历史文化、旅游资源、城市发展印记等。

1

2

1.5月14日—15日，2023年度湖南省少儿戏曲小梅花暨第27届中国少儿戏曲小梅花荟萃湖南省选拔展演现场

2.5月16日，湖南艺术职业学院承办的2023年度中国非遗传承人群研修研习培训计划“湖南花鼓戏声腔非遗传承人群培训班”顺利结业

湖南首家“红色金融教育基地”落户衡阳市衡东县

2023年4月21日上午，柴山洲特别区第一农民银行旧址“红色金融教育基地”揭牌仪式在衡阳市衡东县三樟镇柴山洲村夏拜公祠举行。该基地为湖南首家“红色金融教育基地”。

湖南首家“红色金融教育基地”落户衡东

夏拜公祠，为砖木结构的上下两层建筑，面积623平方米，典型的江南院落式布局，现已成为湖南省级文物保护单位、湖南省爱国主义教育基地以及红色金融教育基地。20世纪初，夏拜公祠所属的柴山洲特别区是第一次国共合作时期农民协会划定的一个行政区，民国时期属衡阳市衡山县，今位于衡阳市衡东县最北端。

柴山洲特别区第一农民银行创下了共产党红色金融史乃至中国金融史上的多个第一：它是中国共产党创建的第一家红色银行，也是第一家冠以“农民”二字的银行，发行的白竹布币是迄今发现的第一种红色货币。1927年1月，毛泽东在实地考察了柴山洲特别区第一农民银行时，对第一农民银行的创办给予了高度评价和充分肯定，它是中国共产党领导劳动人民在金融方面掌握自己经济命运的首次尝试，也是中国共产党开创红色金融和革命货币先河的积极探索。

柴山洲特别区第一农民银行旧址挂牌湖南省第一家“红色金融教育基地”，衡阳市衡东县将以此为契机，把这里打造成传播红色金融文化的教育基地、传承红色基因的信仰高地。

△29日，“寓言的空间——李海华油画作品展”在长沙美术馆开幕。市政协主席陈刚出席，与港澳界别、文艺界别长沙市政协委员共赏文艺精品，共话履职成效，共度“五一”佳节。

5月

△1日，科头乡首届民间文化艺术展在东景山庄举行，全方位展示新化名人事迹、发展历程，山歌、水酒、武术等文化，进一步加快文旅交融发展，实现以“文”促“旅”，把山水生态资源转化为“美丽经济”，助力乡村振兴。副县长陈元怀出席，县政府办、科头乡相关负责人参加。

△18日，中国文联、中国戏剧家协会主办的第九届中国戏剧奖·曹禺剧本奖评奖结果揭晓。湘籍知名编剧徐瑛创作的花鼓戏《夫子正传》获得曹禺剧本奖。

△21日，纪念陈渠珍先生暨岳立功“湘西三部曲”研讨会在凤凰举行，来自全国各地的20多名文学专家和学者教授，开展研讨交流。

△22日，中国作协作家活动周、中国作家益阳文学周在益阳开幕。

△22日，中国当代作家签名版图书珍藏馆在益阳落成揭牌。

△23日—24日，常宁市原创民族歌剧《八百矿工上井冈》在第五届中国歌剧节中大放异彩，喜获“优秀剧目奖”，成为衡阳人的骄傲。

6月

△5日，癸卯年两岸同胞祭祀舜帝典礼，在中华道德文化始祖舜帝有虞氏安寝之地——宁远县九嶷山举行。

△6日，第三届“湖南·中国画双年展”在湖南美术馆开幕。

△6日，第六届木偶皮影优秀剧（节）目展演圆满落幕，该中心创排的大型木偶剧《大禹治水》获评“最佳剧目”。“最佳剧目”是中国木偶皮影行业的最高荣誉。

△9日，“谱写湖南新篇章”湖南工业题材美术作品展在湖南美术馆开幕。

湘潭首届茶文化节在万楼·青年码头启动

湘潭市首届茶文化节在万楼·青年码头启动

2023年4月30日，“春茶之约 万众品茗”湘潭市首届茶文化节主题活动在万楼·青年码头启动。这次活动由湘潭市茶产业发展工作领导小组主办，湘潭市供销合作总社、市农业农村局、团市委承办。副市长陈爱民出席。

这次茶文化节是一场以茶为媒、以节会友、共谋发展的盛会，希望通过活动展示湘潭茶艺的独特魅力，搭建交流合作的舞台。参加首届茶文化节的有韶山茶业、羊鹿茶业、船形茶业、龙凤茶业、香露红茶业、涟水双泉等茶企，活动持续3天，有湘潭茶艺表演专场、传统文化展示专场、茶道表演、古典音乐专场等展示活动。

湘潭，是历史上重要的产茶区，是五彩湘茶体系的组成部分，曾拥有10万亩茶园，分布广泛，高峰时茶叶年产量曾达1700吨，湘乡红茶远销国外，有“斗米斤茶”之说。如今，在毛主席家乡韶山，在元帅故里乌石，在万山贡茶的诞生地毛田，仍在讲述着源远流长的湘茶故事。

湘潭市供销合作总社负责人表示，将以这次茶文化节为契机，充分发挥供销合作社优势，统筹做好茶文化、茶产业、茶科技这篇大文章。

1
2
3

1.5月19日，长沙谢子龙摄影博物馆展出明代鎏金无量寿佛铜像

2.5月20日—21日，2023年“黔湘四十八寨歌节”活动现场

3.5月20日，2023年湖南省“文化馆服务宣传周”在湖南省文化馆启动现场

第三届中国·张家界莓茶文化节5月20日举行

第三届中国·张家界莓茶文化节5月20日举行

2023年5月15日，第三届中国·张家界莓茶文化节新闻发布会透露，2023第三届中国·张家界莓茶文化节将于5月20日举行，至7月结束。期间通过举办内容丰富、形式多样的五大主题活动，为助力乡村振兴贡献新的力量。

五大主题活动包含“莓茶有爱 莓好湘约”2023第三届中国·张家界莓茶暨“茶力量”张家界莓茶公益行动启动仪式、中国·张家界莓茶产业展览会、张家界莓茶抖音线上义卖活动、中国·张家界莓茶制作技能大赛、中国·张家界莓茶摄影大赛，内容丰富多彩，亮点精彩纷呈。

“茶力量”张家界莓茶公益行动，由张家界市政府向湖南省残疾人福利基金会申请设立“茶力量公益助残专项基金”，并邀请汪涵等公众人物参与公益行动；发动莓茶爱心企业开展莓茶直播义卖活动，义卖创收注入“茶力量公益助残基金”；在莓茶种植、采摘、加工、销售等环节，倡导广大企业、组织积极安排残疾人及其家属就业等。

1.5 月 22 日，2023 年临澧春季“村晚”现场
2.5 月 26 日，绥宁县四月八姑娘节主题晚会现场
3.5 月 26 日，舞剧《热血当歌》在湖南大剧院上演

国际博物馆日主场活动在湖南省博物馆举行

国际博物馆日主场活动在省博举行

2023 年 5 月 17 日，“博物馆、可持续性与美好生活”湖南省 2023 年“5·18 国际博物馆日”主场活动开幕式在湖南博物院举行，丰富多彩的活动尽展博物馆与人们美好生活的联系。

现场，发布了《透过国宝看湖南》第一季节目先导片。纪录片将通过珍贵文物反映湖南深厚的历史底蕴和丰富的文化积淀，展现光辉灿烂、意义深邃的湖湘文明和心忧天下、敢为人先的湖湘精神。

5 月 18 日前后，湖南省博物馆将围绕“博物馆、可持续性与美好生活”主题开展“一江两岸”主题灯光秀、流动展览、文化讲座、公益性鉴定、社会教育等丰富多彩的活动，展现文物的多重价值，搭建博物馆与公众沟通的平台。

活动现场还公布了湖南省入选全国和湖南省的博物馆志愿服务案例。其中，韶山毛泽东同志纪念馆“传承红色基因”志愿服务宣讲项目案例等 4 个案例入选 2022 年度全国博物馆志愿服务典型案例。同时，宣布衡阳市成为 2024 年“5·18 国际博物馆日”湖南主场活动举办城市。

本次活动由湖南省文化和旅游厅、湖南省文物局主办。

益阳市获“文学之乡”授牌

2023 年 5 月 22 日上午，中国作家协会作家活动周、中国作家益阳文学周开幕式在益阳市清溪村举行。会上，益阳获得“文学之乡”授牌。中国作协认为，益阳具有浓厚的文学传统和蓬勃的时代风貌，文学活动丰富、文学创作活跃、文学惠民工作富有成效，符合“文学之乡”的称号，具有很好的典型示范作用。

益阳获“文学之乡”授牌

“文学之乡”是在中国作家协会的领导下，由中华文学基金会具体实施的文学公益项目，通过文学品牌创建进一步繁荣当地文学创作、普及文学知识、鼓励和扶持基层文学事业建设，起到“标杆”示范作用，共同推动文学事业的发展。

益阳是楚文化的发祥地之一，厚重的文化积淀和秀美的湖光山色，成就了益阳人民崇文尚义、通达超越的传世之风，也哺育了一代代名人俊杰。从唐代诗僧齐己，到湖湘经世派第一人陶澍，从被人们誉为“三周一叶”的现代文化名人周扬、周立波、周谷城和叶紫，到首届茅盾文学奖获得者莫应丰，益阳一直是一个备受文化浸润、充满文学力量的地方。

2022 年，益阳市正式启动创建“文学之乡”工作，坚持把创建“文学之乡”作为推动文学艺术繁荣发展的重要载体，坚持全面创建、全民创建、全程创建。2022 年 7 月底，中国作协在益系列活动的圆满举行，极大地提升了益阳的知名度和美誉度。

△ 9 日，湖南省第五届“文化和自然遗产日”主题活动走进怀化，在湖南万佛山侗寨自然遗产地启幕，今年的主题为“多彩的地球，多样的生命”。省林业局党组成员、副局长李林山，怀化市人民政府副市长余建勇出席并讲话，通道侗族自治县县委书记毛运鸿致欢迎辞。

△ 10 日，在 2023 年“文化和自然遗产日”主场城市四川成都活动开幕式上，国家文物局公布了第五届“最美文物安全守护人”获奖名单，全国共 15 名个人和 11 个团体入选，凤凰县文物保护事务中心榜上有名。

△ 13 日，新邵县召开扶贫志编纂工作推进暨业务培训会，对全县扶贫志编纂工作进行再动员再部署，对扶贫志编纂相关业务进行集中培训，确保按期高质量完成《新邵扶贫志》编纂任务。

△ 16 日，林时九捐赠文物及作品展在湘西州博物馆举行。省政协副主席、湘西州委书记虢正贵宣布展览开展，省人大常委会原副主任叶红专出席。

△ 19 日，“雁鸣衡山·经典流传”2023 年衡阳市首届文化艺术节首场戏曲专场演出——《白蛇后传》在市文化艺术中心大剧院全新“亮相”。

△ 28 日，怀化市清廉文化作品巡回演出走进通道县，在县影剧院震撼开演。县委书记毛运鸿，县委副书记、县长田刚，县委副书记、县委统战部部长张春松，县人大常委会主任夏华，县政协主席刘登富，江岳松、钱政、龙章义、杨太铁、李世萍等县领导观看演出。

△ 29 日，首届中国辰溪燕尾龙舟文化艺术节开幕。

△ 29 日，李六如故居开展仪式在平江县加义镇泊头村举行，这座古色古香的老屋为平江县再添“红色地标”。

岳阳市第三届百合农旅文化节开幕

游客徜徉百合花园中

2023 年 6 月 2 日，岳阳市第三届百合农旅文化节在岳阳楼区郭镇乡正式拉开帷幕。

节会期间，游客不仅能欣赏到 100 多个各色品种的百合花，还能参加花海相亲会、儿童绘画展、露营派对、乡野厨房等多个主题活动，内容丰富多彩，场景浪漫热烈。

近年来，岳阳楼区按照“产业兴旺、生态宜居、乡风文明、治理有效、生活富裕”的总要求，全面推进脱贫攻坚与乡村振兴有效衔接，连续两年被评为全国数字农业先进区，引进了“柏连阳院士基层联系点”，郭镇乡被评为湖南省美丽乡村全域推进示范乡镇、岳阳市农业产业化特色小镇和岳阳市乡村振兴十佳乡镇，田园牧歌等企业分别荣获中国农业产业化龙头企业、高新技术企业、农文旅融合发展示范企业和研学旅游主要基地。

田园牧歌相继打造了百果园、百合园、菊花园等示范园区。一年一度的百合农旅文化节也成为岳阳市民的传统节日，更成为带动当地村民就地就业、自主创业的主要机遇。通过农文旅融合发展，共新增农家乐、农家客栈、旅游休闲等企业 50 多家，扩大就业岗位 1000 多个。

1

2

1.5 月 26 日，益阳市轻骑兵艺术团新驻地揭牌音乐会现场

2.6 月 1 日，新宁县崀山镇中心学校在窑市中心小学隆重举办庆“六一”文艺会演

郴州市桂东县举行“文化和自然遗产日”非遗宣传展示活动

2023 年 6 月 4 日，郴州市桂东县 2023 年“文化和自然遗产日”非遗宣传展示活动在桂东县城罗霄广场成功举行。

活动旨在深入贯彻落实党的二十大精神和习近平总书记关于非物质文化遗产保护工作的重要指示精神，进一步提高人民群众非物质文化遗产保护意识，为传承、弘扬中华优秀传统文化，营造良好社会氛围。

活动通过现场体验、“非遗进校园”成果展示等多种方式开展，组织了桂东黄糍粑制作技艺、桂东板凳龙等各级非遗代表性项目、代表性传承人和非遗进校园成果展演师生团队全程参与，让广大群众零距离感受非物质文化遗产的魅力。

活动在桂东县职教中心学生表演队的“桂东板凳龙”表演中拉开帷幕，“桂东客家采茶调”展演节目轮番登场，吸引了大批群众和外地游客驻足观看，活动现场气氛热烈、其乐融融，欢声笑语贯穿全场。在非遗项目展示体验区，每个展位前都排起了长长的等候队伍，大家跃跃欲试、积极参与，在传承人的现场展示和指导下，亲自体验传统技艺的精工细作。

活动的开展，深深契合了“加强非遗系统性保护·促进可持续发展”主题，既起到了引导广大群众认识非遗、参与非遗保护，加深对中华优秀传统文化的了解，增强文化自信的作用，又让大家更深地了解了非物质文化遗产保护的意义。

桂东县举行“文化和自然遗产日”非遗宣传展示活动

海峡两岸中华文化交流活动在长沙启动

2023年6月6日，“求同存艺”海峡两岸中华文化（书画艺术）交流活动启动仪式在湖南省圆点美术馆举行。湖南省委常委、常务副省长李殿勋，海峡两岸关系协会常务副会长龙明彪出席。

本次交流活动由湖南省人民政府台湾事务办公室、湖南省文学艺术界联合会主办，以中华传统文化为纽带，以艺术交流活动为载体，促进两岸文化艺术界深入交流，共同弘扬中华优秀传统文化。

在湖南省圆点美术馆布展的海峡两岸艺术家画展共展出百余幅两岸艺术家画作，海峡两岸的艺术家通过艺术作品讲述两岸同根同源的故事，讴歌中华文化的源远流长。画展同步打造网上展馆，两岸民众可上网观看展览。

本次活动还将组织湘台两地艺术家前往张家界进行艺术写生，在湖南省美术馆开展交流活动，引领台湾同胞感受湖南山川之美、湖湘文化传承和湖南经济社会发展的日新月异，进一步增进湘台两地友好往来。

求同存艺——海峡两岸中华文化（书画艺术）交流活动启动

1

2

3

1.6月3日，湖南省夏季“村晚”示范展示活动现场

2.6月12日，城步县关心下一代民族民俗文化展演活动落幕合唱

3.6月4日，《德夯幻境》沉浸式5D苗境喜宴剧场首次试演

2023年文化和自然遗产日湖南主场城市活动在长沙王陵考古遗址公园举行

西汉吴氏长沙王和刘氏长沙王陵区位置确定

2023年6月9日，2023年文化和自然遗产日湖南主场城市活动在长沙王陵考古遗址公园举行。

本次活动由湖南省文物局、长沙市文旅广电局主办，主题为“文物保护利用与文化自信自强”。

活动现场，汉代长沙王陵墓群考古项目负责人何旭红发布了汉代长沙王陵墓群十年考古成果。汉代长沙王陵墓群是第七批全国重点文物保护单位，代表中华文明的全国150处重要大遗址之一，湖南省与国家文物局“省部共建”的重要项目。近年来，长沙考古工作者新发现18座高等级西汉时期墓葬，加上之前发现的7座，高等级西汉时期墓葬共有25座。同时，基本完成了3代长沙王墓地的考古调勘工作，厘清了3代长沙王埋藏设施的空间布局及其规模。由此确定了西汉时期吴氏长沙王和刘氏长沙王的陵区位置和范围，划定了5个片区的保护范围和建设控制地带588公顷。

此外，来自江永县勾蓝瑶寨、长沙铜官窑、安化第一茶厂和邵阳市隆回县的有关代表分别介绍了文物保护利用工作高质量发展的经验与案例，主办方为湖南省2022年全国文物行业职业技能大赛的获奖者廖定国、刘胄颁奖。

本次活动还包括《汉代长沙王陵墓群十年考古成果分享》《西汉简牍中所反映的长沙国疆域问题》专题讲座，先秦两汉琴史漫谈、纺织技艺体验等市民体验活动。

7月

△1日，江华县硬笔书法协会党支部组织开展了“庆七一 抄党章 颂党恩”书法笔会活动。

△6日，南岳佛道救难协会陈列室、南岳游击干部训练班陈列室举行“湖南统一战线教育基地”揭牌仪式。市委统战部常务副部长陈群洲，区委常委、统战部部长、副区长沈伟出席并为基地揭牌。

△7日，在抗战胜利受降地芷江中国人民抗日战争胜利受降纪念馆，当地举行群众性活动，纪念全民族抗战爆发86周年。

△7日，雨花区第七届“飞梦雨花”群众文化艺术节——2023年雨花区庆祝中国共产党成立102周年合唱比赛在雨花大礼堂举行。

△9日，“百团百角唱新歌”湖南省文艺院团竞演颁奖典礼在湖南大剧院举行。省委常委、省委宣传部部长杨浩东为“十佳节目”颁奖。

△12日，岳阳市纪委监委主办的“忆初心、感党恩、颂清廉”岳阳市廉洁文艺作品展，集中展出各类文艺作品387件。

△13日，“文旅赋能·艺美巴陵”岳阳县非遗传承产品展暨“长乐杯”彭丕当代艺术作品展览开幕式在县美术馆举行。县政协副主席张忠新出席并宣布活动正式开幕。

△16日，“心物熔冶·湖南省画院系列写生创作作品展——且行·丁虹、孙磊、付红作品展”在湖南省画院美术馆开展，展出了湖南省画院三位专职画家丁虹、孙磊、付红近几年来写生及创作作品共75件，题材涵盖花鸟、人物、山水。

△19日，2023年耒阳市文物保护工作培训会召开。副市长阳姣丽，市政协副主席、市文旅广体局局长陆小勇出席。

△20日，双峰县走马街镇王憨山故居，广州美术学院中国画学院教学实践基地、城市学院教学实践基地揭牌。

△21日，长沙简牍博物馆携手旅顺博物馆，推出“鉴古知今——罗振玉藏品展”。这是华中地区首次举办与罗振玉有关的专题展览，展览汇集了罗振玉旧藏及其各类著述96件（套）。

湖南省2023“文化和自然遗产日”主场活动在娄底举行

2023年6月10日，湖南省2023“文化和自然遗产日”主场活动暨第四届湖南非遗购物节启动仪式在娄底市举行。

活动以“走进湖湘非遗 品味美好生活”为主题。现场为千两茶制作技艺、茯砖茶制作技艺、君山银针茶制作技艺3项国家级非遗代表性项目，颁发联合国教科文组织人类非遗代表作名录证书。设有“非遗街景”“儿时的回忆”“高手在民间”“我们的乡愁”“美食在娄底”等5个非遗展区，“非遗工坊”“匠心非遗”“悦赏非遗”“养生非遗”等4个非遗体验区，来自各市州的158项非遗项目参展参演，还推出了非遗戏剧专场演出等系列活动。

近年来，湖南秉持“见人见物见生活”的保护理念，不断推出湖南计划、亮出湖南特色、发出湖南声音、形成湖南品牌，绘就一幅绚丽多彩、魅力四射的湖南非遗画卷。湖南省现有联合国教科文组织人类非物质文化遗产代表作名录项目9项、国家级非遗代表性名录项目137项，省级非遗代表性名录项目410项。作为湖湘文化的主要发祥地之一，娄底着力推动非遗保护与产业发展、旅游经济深度融合，在非遗保护、文旅融合等方面迈出新的步伐。目前，娄底市有蔡和森故居、曾国藩故居等市级以上文物保护单位70多处，新化山歌、溪砚制作等市级以上非遗项目80多个。

2023年湖南省“文化和自然遗产日”主场活动在娄底市开幕

1
2
3

1.6月17日，2023年株洲市夏季“村晚”示范展示活动现场
2.6月19日，衡阳市周敦颐“廉莲之源”文化主题园开园

2023年衡阳市首届文化艺术节开幕

2023年衡阳市首届文化艺术节开幕

2023年6月16日晚，为深入学习贯彻习近平新时代中国特色社会主义思想和党的二十大精神，弘扬中华优秀传统文化，传承衡阳本土优秀文化，“雁鸣衡山·经典流传”2023年衡阳市首届文化艺术节在衡阳市文化艺术中心开幕。衡阳市委书记刘越高出席并宣布艺术节开幕。衡阳市委副书记、市长朱健出席并致辞。

开幕式演出分为《红色之魂 初心不改》《山水之间 融合共生》《幸福之城 共享荣光》三个篇章，大量采用衡阳原创并获得国家级、湖南省级奖项的各类节目，涵盖交响乐、歌曲、舞蹈、小品、情景剧、戏曲等多种艺术形式，形成集传统与现代相结合、经典与流行相交融的艺术精品，充分展示了衡阳市人民奋发进取、攻坚克难、干事创业的新气象，获得了观众的一致好评。

衡阳市领导赖馨正、刘正兴、刘丽华、周玉梅、黄立、陈礼洋、朱春光、谢宏、陶朝晖出席开幕式。

2023年衡阳市首届文化艺术节开幕现场的文艺节目表演

衡阳市首届职工龙舟竞渡赛鸣锣开赛

衡阳市首届职工龙舟竞渡赛鸣锣开赛，一艘艘龙舟如离弦之箭向终点进发

2023 年 6 月 17 日上午，为进一步弘扬同舟共济精神，“聚力中心化、建功新衡阳”衡阳市首届职工龙舟竞渡赛在湘江合江套水域举行，湖南省总工会一级巡视员刘为民出席活动，衡阳市委书记刘越高宣布开赛，衡阳市委副书记、市长朱健致辞，并共同为获奖队伍颁奖。

上午 8 点 30 分，活动现场已经人头攒动，吸引了广大市民前来观赛。在开赛前，刘为民、刘越高、朱健等领导现场为参赛龙舟披红点睛。裁判员、运动员代表还进行了赛前宣誓。随后，刘越高宣布“聚力中心化、建功新衡阳”衡阳市首届职工龙舟竞渡赛正式开赛。裁判员敲响开赛锣，江面上顿时鼓声震天，选手们踏着鼓点击水奋楫、劈波斩浪，一艘艘龙舟如离弦之箭向终点进发，岸边的观众深受感染、热情高涨，不停地呐喊助威，现场沉浸在一片“速度与激情”的氛围里。

本次比赛设 4 条赛道，16 支龙舟队参与两轮积分赛，轮次赛按每一轮成绩排名计积分。经过近两小时的激烈比拼，衡东县华翔龙舟队荣获冠军，常宁铅都龙腾龙舟队荣获亚军，蒸湘飞翔龙舟队荣获季军。

赖馨正、刘正兴、刘丽华、周玉梅、黄立、陈礼洋等市领导，衡阳市中级人民法院院长胡建福、市人民检察院检察长刘兴无出席或颁奖。

1.6 月 19 日，屈原管理区河泊潭楚风庙会表演现场

2.6 月 20 日，2023 年湖南省广场舞桃江站活动现场

首届湖南民族电影展开幕

2023 年 6 月 27 日，首届湖南民族电影展在长沙开幕。17 部在国内外获奖的优质作品将于 6 月 27 日至 7 月 1 日在长沙、邵阳两地公益展映，集中讲述瑶族、壮族、回族、苗族、土家族等少数民族的文化与故事。

首届湖南民族电影展节目表演现场

参加民族电影展映的影片有《海的尽头是草原》《回西藏》《巴林塔娜》《万物有灵》《父母的城市生活》《随风飘散》《秀美人生》《第一次的离别》《红花绿叶》《远去的牧歌》《十八洞村》《海林都》《布德之路》《西兰姑娘》《侗族大歌》《红巴山》《泡菜》。在这些影片中，观众能看到独特奇丽的风景、神秘神圣的风俗、本真纯美的原生态、饱满丰实的情感、热情淳朴的人民，近距离感受绚丽多彩的民族文化和中华各族儿女团结奋进的时代风貌。

影迷可前往长沙潇湘国际影城（东塘店、阿波罗店、天马店）、潇湘青春影城（海派店、印象城店）、横店 IMAX 影城（悠游小镇店）、万达影城（开福万达广场 IMAX 店）、芒果国际影城（东风店），以及邵阳市人民电影院、邵阳市广电影城、隆回楚湘影城、隆回米高梅国际影城、隆回华美影院查看展映影片场次并免费观影。

首届湖南民族电影展期间还将举办民族电影主创见面会、民族电影创作高质量发展论坛、民族电影发展交流座谈会、闭幕式等主题活动。

△ 24 日，为期 5 天的湖南省第一期地方志专家高级研修班在韶山干部学院开班。

△ 23 日，2023・湖南（南山）六月六山歌节暨湖南（城步）高山农业博览会，在“中国山歌之乡”城步苗族自治县拉开帷幕。

8月

△ 5 日，中国舞蹈家协会官方微信公众号发布了第十三届中国舞蹈“荷花奖”舞剧奖评奖结果，湖南省歌舞剧院有限责任公司创排的舞剧《热血当歌》等 4 部作品获奖。

△ 7 日，以“凝心铸魂强根基，团结奋进新征程”为主题的民盟湘西州委员会成立 35 周年文艺晚会在武陵山大剧院举行。省政协副主席、中共湘西州委书记虢正贵，省人大常委会副秘书长、民盟省委会专职副主委胡颖，副州长、民盟湘西州委主委高湘文，娄底市政协副主席、民盟娄底市委主委傅小松出席并观看演出。

△15日，“作始也简 将毕也钜——董必武手迹展”在湘潭市博物馆开展，展出了董必武1938年至1975年间创作的题诗、题字及手迹复制件共计百余幅。

△15日，娄底市举行锡矿山教育基地揭牌暨娄底市廉洁文化示范基地授牌仪式，标志着锡矿山教育基地正式揭牌成立，并成功获评娄底市廉洁文化示范基地。娄底市委常委、纪委书记、监委代理主任唐浩然，娄底市委书记、二级巡视员曾伯怡出席仪式并共同揭牌。

△17日，中国首创室内实景互动演艺、大型民俗篝火狂欢体验秀《凤凰样子》，在湘西土家族苗族自治州凤凰县“凤凰样子文化村”燃情上演。

△18日，首届张家界土家民俗文化节“文创园杯”展演大赛总决赛圆满落幕，永定区沅古坪镇《高花灯》获得一等奖。

“吉祥首府·天下鼓乡”中国（吉首）首届影像大赛启动

摄影师在吉首市矮寨大桥拍照创作

2023年7月8日，由湖南日报社和吉首市人民政府联合主办的“吉祥首府·天下鼓乡”中国（吉首）首届影像大赛在湘西州吉首市矮寨奇观旅游区正式启动。

来自全国各地的主流媒体记者、知名摄影师等100多人参加了启动仪式。媒体记者和摄影师们将深入吉首市矮寨大桥、德夯大峡谷、德夯苗寨、乾州古城等景区和特色苗寨开展摄影创作活动，用镜头展现德夯大峡谷的山水之美，乾州古城的人文之美，矮寨大桥的时代之美，以及各族人民勤劳奋斗的生活之美。

大赛面向国内外摄影师征稿，时间为2023年7月8日至2024年7月7日。大赛设图片类、视频类两个类别的奖项，总奖金11.6万元。

近年来，湘西州吉首市大力实施“强州府”战略，把生态文化旅游作为加快打造“州域经济核心增长极”的先导产业，坚持以文塑旅，以旅彰文，全面推进旅游产业发展，相继荣获“中国旅游百强县”“湖南本地新锐旅游目的地”“湖南省首批全域旅游示范区”“中国茶业百强县”“中国黄金茶之乡”等荣誉。

1.6月21日，少儿诗朗诵《诗韵流殇汨罗江》
2.6月28日，“美好生活 民法典相伴”法治文艺演出活动
3.7月10日，2023年“中国寻根之旅”夏令营湖南（长沙）营圆满闭营

2023中国·常德江南音乐节燃情开幕

开幕仪式现场

2023年7月10日晚，2023中国·常德江南音乐节在常德市鼎城区融媒体中心举行，副市长杨成英，常德市政协副主席、鼎城区委书记、常德高新区党工委书记朱金平等与会领导共同按下启动按钮。

开幕式在国家级非遗项目常德花鼓戏国家级代表性传承人杜美霜的一首《鼎城春满园》中拉开帷幕，歌曲融入了常德花鼓戏、常德丝弦等地方音乐元素，婉转动听。开幕式还邀请了中国流行音乐家协会理事孟文豪，中国音乐著作协会会员、歌手、原创音乐人杨罡，中央歌剧院青年女高音歌唱家陈颖芳，丢火车乐队，青年小提琴演奏家朱维等嘉宾现场助阵。他们精湛的唱功、娴熟的演奏技巧，引得现场观众随乐而舞，陶醉于音乐的海洋中。

2023年以来，鼎城区委区政府精心谋划打造了涵盖“吃在江南”“购在江南”“游在江南”“乐在江南”四个系列的“聚人气、促消费、兴产业”系列节会活动。2023中国·常德江南音乐节就是其中之一。

1.7月11日—12日，湖南省第十七届“三湘蒲公英”活动常德选拔赛在常德市文化馆成功举办

2.7月21日，刘少奇同志纪念馆宣讲团带来的“一纸家书只为国”情境演绎节目

3.8月7日，新时代广场舞舞王争霸赛现场

全国旗袍文化大赛临澧赛区总决赛举行

2023年7月13日，全国旗袍文化大赛临澧赛区总决赛在瑞丰园酒店举行。石门县150余名参赛选手通过旗袍走秀的形式展示女性魅力，为现场观众带来一场视觉盛宴。

比赛现场，旗袍佳丽们踏着优雅的乐曲、迈着优雅的步伐，展现了旗袍的典雅与女性魅力的完美融合。

经过激烈角逐，赵琼、邓梅、徐珊荣获个人组前三名。本次比赛旨在通过展示旗袍独有的文化艺术魅力，进一步弘扬传承优秀传统文化、丰富活跃群众文化生活，展示常德市广大群众幸福健康、昂扬向上的精神风貌。

比赛现场

清代孙温、孙允谟绘《红楼梦》画册展在长沙博物馆开展——夏夜，在长沙梦入“红楼”

河北孙氏叔侄绘制鸿篇巨制

2023年7月14日晚，长沙博物馆中华文明特展系列之“谁谓情深画不成——清孙温、孙允谟绘《红楼梦》画册展”在该馆开幕。众多书中人物“现身”、各式沉浸式活动，让现代的博物馆摇身一变，化作了中国古典名著《红楼梦》里的大观园。

旅顺博物馆馆长王振芬介绍，孙氏所绘画册是该馆馆藏珍品、国家一级文物。清代晚期画家孙温、孙允谟以当时流行的程甲本《红楼梦》小说为蓝本，历时数十载，精心绘制了这本画册。

该画册为推蓬装，共有24册，存230幅。画心是绢本，纵43.3厘米、横76.5厘米，描绘了小说《红楼梦》的主要故事情节，入画人物多达3700余个。绘画技法结合青绿山水、人物与界画艺术，并参用西方焦点透视法，用笔细腻、格调清新，极具清代宫廷新体画风格特征。

清孙温、孙允谟绘《红楼梦》画册展，从画册的230幅画中精选了149幅展出，以《红楼梦》主要故事情节为主线，分为“通灵石慕红尘美”“大观园聚皇亲贵”“繁花胜景终有尽”“高楼倾时万艳悲”4个单元展开。

为了让观众更好欣赏理解这些画，展厅中还引进了旅顺博物馆、雅昌文化集团共同打造的“红楼幻境”沉浸式数字展，让观众在梦幻唯美的动画和音乐中了解《红楼梦》。

本次展览将持续至10月29日，免费向公众开放。

△22日，由中国戏剧家协会会员、湖南省文化和旅游厅艺术专家、湖南省德艺双馨中青年艺术家、衡阳市知名剧作家周作君独立创作的大型现代戏《追随朱德上井冈》获得2023年第37届田汉戏剧奖·剧本二等奖。这是衡阳市首位获此殊荣的剧作家。

△23日，“大地情深”——全国优秀群众文艺作品区域示范性巡演（湖南）活动在长沙启动。

△28日，大地欢歌·和美永州——永州市乡村文艺晚会暨零陵区“文化赶闹子”活动在富家桥镇周家大院举行。副区长陈丽萍出席晚会并致辞。

△28日，双峰县政协举办“品读书画文化，助力乡村振兴”主题读书活动，弘扬双峰书画及非遗传统文化，助力乡村文化振兴。

9月

△10日，2023年第3期“湘江大讲堂”在省委党校举行，中国文物学会会长、故宫博物院学术委员会主任单霁翔应邀作专题讲座。

湖南省职工摄影大赛作品展开幕

工人代表在现场观展

2023年7月14日，2022年“好工人·向未来”湖南省职工摄影大赛作品展在湖南美术馆开幕，共展出以劳动者为主体的摄影作品80余幅。

“好工人·向未来”湖南省职工摄影大赛由湖南省总工会、省文学艺术界联合会、湖南广播影视集团联合主办，组织摄影爱好者深入工业企业，围绕工业、工厂、工人题材，开展了一系列摄影活动，创作出2万余件展现新时代、体现劳动美的优秀作品。

此次展出作品涵盖了劳模工匠“领跑时代”的亮眼瞬间、一线职工“默默无言”的坚守时刻和新就业形态劳动者“奋力向前”的奔跑刹那……整体展现出湖南经济社会发展的巨大成就及湖南职工拼搏奋斗的精神风貌。

湖南省总工会介绍，“好工人·向未来”湖南省职工摄影大赛作品展持续到7月23日，除了在湖南美术馆2F第5展厅、特1展厅展出，还同步搭建“永不落幕”的线上VR展厅，以便让更多人观展，共享大赛成果。

1.8月18日，新宁县城管局系统“铸清廉之魂、树清廉之风”主题朗诵比赛现场

2.8月23日，2023“新疆是个好地方”对口援疆19省市非物质文化遗产展在新疆维吾尔自治区阿克苏市新疆理工学院举行开幕仪式

3.8月23日，文化和旅游部非遗司司长王晨阳考察指导湖南展台

第二届怀化艺术节启幕

《孙学辰》剧照

2023年8月13日晚7点30分，第二届怀化艺术节将在怀化市委礼堂启幕。届时，大型辰河戏原创剧目《孙学辰》将上演，为广大市民带来一场文化盛宴。

作为第二届怀化艺术节的开幕之剧，《孙学辰》围绕当时湖南省十大水利工程之一的深子湖水库枢纽工程建设展开，通过塑造革命夫妻孙学辰、章青英、军烈属、党员干部和老支书等人物形象，深刻描述党组织在推进社会主义各项事业中发挥的战斗堡垒作用，共产党员的先锋模范作用和清廉为民的形象。剧情起伏跌宕，人物形象塑造动人，全剧具有厚重的历史感和催人奋进的时代精神。

第二届怀化艺术节活动分为主体版块和预热版块两部分，将集中推出一批优秀文艺节目和文化活动。主体版块由开幕式、闭幕式、专业舞台艺术展演及群众舞台艺术展演四项活动组成。预热版块由第二届怀化市铿锵号子山歌擂台赛暨长江流域邀请展演、“一粒种子 改变世界”原创作品诵读大赛及名家朗诵会、“怀化有戏”社区文艺大比拼、“怀景怀乡怀味”摄影巡展四项群众文化活动组成。

8月14日晚7点30分，《打焦赞》《无薪县令》《盘花》等小戏，8月15日晚7点30分，由新晃民族歌舞剧团带来的大戏《侗寨军民情》，将在怀化市委礼堂上演。

△14日，位于北湖区华塘镇塔水村枝青乡村旅游度假区的枝青艺术村正式开村。

△14日，位于北湖区华塘镇塔水村枝青乡村旅游度假区的枝青艺术村正式开村。北湖区美术家协会、摄影家协会、书法家协会、湘昆剧团等11家组织成为艺术村首批“村民”。

△15日，“湖南著名美术家推介工程·黄铁山艺术展”在湖南美术馆开展。

△15日，“红绿如画 江山多娇”郴州红色绿色古色大型主题绘画创作展在郴州国际会展中心开展。高1.8米、长150米的郴州红色绿色古色主题绘画长卷首次亮相。

△21日，“蓉园讲坛”正式开讲。省委常委、省委宣传部部长杨浩东出席并作点评讲话。

△23日，“俄罗斯功勋艺术家——尤里·戈留塔油画展”在长沙李自健美术馆开幕。

△23日，“全国多民族作家怀化行”文学采风活动在洪江市安江农校拉开帷幕。

湖南省第十二届网络文化节在郴州市启动

湖南省第十二届网络文化节在郴州启动

2023年9月8日，湖南省第十二届网络文化节暨品牌建设工程启动仪式在郴州市举行，“山水画卷 郴州相见”网络名人郴州行暨网络传播PK大赛同期开赛。

湖南省网络文化节已经连续成功举办11届，精心策划开展了近300项活动。本届网络文化节由湖南省委网信办主办，郴州市委宣传部、市委网信办承办，活动以“品牌引领 筑梦湖湘”为主题，以实施网络文化品牌建设工程为载体，总结展示近年来形成的品牌打造经验，进一步擦亮湖南省网络文化节品牌。

启动仪式上，“谁不播咱湖南好”主题活动、“策游湖南 营出花‘YOUNG’”文旅活动、“光影文旅”湖南省微电影大赛、湖湘好网民新风大典、“领读中国”第四届湖南网络阅读节、网络名人郴州行等品牌活动依次进行项目展演，以精品项目经验分享，塑造湖南网络文化特色活动品牌效应。感动中国2021年度人物江梦南、奥运冠军侯志慧、花样游泳世锦赛冠军樊家懿及网络名人代表为活动送来祝福。

1.9月3日，长沙市送戏下乡进社区暨2023“长沙之夜”露天文艺晚会——原创与经典梦想花园专场演唱会现场

2.9月7日，“蜕变——种子的力量”画展是以农耕文化为主题的儿童画展

洞庭渔火季主题曲《岳州印记》正式版首演

2023年9月9日晚7点30分，“洞庭天下水·岳阳天下楼”2023年第二届岳阳市旅游发展大会——岳阳楼旅游区分会场专场音乐会在岳阳港工业遗址公园洞庭渔火季主舞台举行，《岳州印记》正式版首次呈现在广大市民面前。

“欢乐渔火”引得人流涌动，“岳阳声音”唱响洞庭欢歌

9月9日晚活动上，现场发布了洞庭渔火季主题曲《岳州印记》并进行首演，逐项公布了洞庭渔火季秋之韵系列精彩活动内容。

音乐会上，由岳阳市委宣传部统筹策划，姜宗福作词，李歌也作曲，方帆担纲戏曲设计，本土歌手李歌也、胡峥、余志峰、钱宇、吴坤阳与由巴陵戏传承研究院青年演员方帆领衔的13位戏曲演员联袂表演的《岳州印记》将整个活动掀起高潮。

“庆历四年春，滕子京守巴陵……”方帆一口纯正的巴陵戏唱腔拉开了《岳州印记》的主旋律，歌曲将巴陵戏等12项非物质文化遗产与二妃寻夫等岳阳故事巧妙结合，形成了独具巴陵特色的岳阳旋律；从梆糖等岳阳传统美食切入，用地地道道的岳阳味道让人爱上岳阳这座城市；同时，一句“先天下之忧而忧，后天下之乐而乐”将岳阳推上了中国人文思想的精神高地，将忧乐精神演绎得淋漓尽致……

歌曲充盈着独特的民族性、烟火气和精气神，说的身边人和事，唱的熟悉的曲调与旋律，让一座拥有2500多年历史的古城重新鲜活。

△26日，2023湖南泸溪首届沅水流域辰河高腔艺术节在泸溪县浦市古镇游客中心隆重开幕。泸溪县委常委、县委宣传部部长向梦华，副县长熊艺，县文化旅游广电局党组书记向方华、局长谭瑶等领导出席活动并观看首场演出。

△27日，益阳市文物工作会议召开。市委副书记、市长熊炜出席并讲话。

△28日，“扬清立廉”常德廉洁文化展在常德博物馆开展，百余件（套）廉洁文化展品集中亮相，首次公开展映的原创廉洁文化作品荆河小戏《聚宝盆》吸引观众驻足观看。

△28日，益阳市博物馆新馆开馆仪式隆重举行。市委副书记、市长熊炜宣布益阳市博物馆新馆开馆。外交学院原党委书记、常务副院长、资深外交官袁南生，市人大常委会主任彭建忠，市政协主席胡立安，省委外事办副主任邱爱华出席。省文旅厅二级巡视员王鹏，市委常委、市委宣传部部长陈计伟致辞。

10月

△1日起，由李彦导演团队执导的国内首部“演+宴+剧”的沉浸式文旅新样式《德夯幻境》，在吉首市德夯大峡谷风景名胜区正式开演，以湘西抗战历史为背景，大胆采用创新戏剧模式，再现峥嵘岁月湘西儿女英勇抗敌、保卫家园的感人故事。

△10日，由长沙市文化旅游广电局主办，长沙简牍博物馆承办的“我和我的博物馆”——2023年长沙地区博物馆创作采风活动在长沙简牍博物馆正式启动。

△14日，《湘西通史》编纂工作启动会议在吉首召开。州委常委、州委秘书长向邦伟主持会议并讲话。

△15日，中国散文学会凤凰创作基地授牌仪式在凤凰县举行。中国散文学会、中国电视艺术家协会相关代表，州、县相关部门负责人以及文艺创作者、爱好者齐聚一堂，以文艺力量赋能高质量发展。中国散文学会会长叶梅、副州长马碧参加活动。

2023衡阳市南岳区首届祝融彩灯艺术节启幕

2023南岳首届祝融彩灯艺术节启幕

2023年9月14日晚上，2023衡阳市南岳区首届祝融彩灯艺术节在祝融文旅小镇正式启幕。

副市长谢宏，南岳区委书记刘浪，衡阳市文旅广体局党组书记、局长邹远国，南岳区委副书记、区长蒋炳炎及区委副书记谢斌观展并为醒狮点睛。

此次彩灯节从9月14日开始，将一直持续到11月中旬。期间，不仅有巨型主题彩灯灯展、马戏杂技等特色内容，还有美食市集、儿童游乐、星空电影等体验项目，为广大市民游客带来一场新奇的文旅盛宴。

步入恢弘大气的“迎宾门”，浸入一个梦幻浪漫的彩灯世界。53组巨型彩灯中，“龙腾四海”气势磅礴，“平安如意”清新典雅，“水上宫灯”绚烂绮丽，“熊猫乐园”栩栩如生，“十二生肖”呆萌有趣，“龙凤呈祥”蔚为壮观。

在祝融剧场，来自河北吴桥的杂技团队为观众们带来丰富精彩的马戏表演。唯美惊险的双人高空绸吊、滑稽有趣的小丑互动、优雅经典的抖空竹、转花碟等趣味节目，让现场观众开怀大笑，掌声连连。

南岳区领导旷慧忠、徐红松、蒋和平、尹朝晖、胡融峰、邹声锋莅临现场观展。

此次祝融彩灯艺术节为衡阳市南岳区打造了一个流光溢彩的网红打卡地，极大丰富了居民的精神文化世界，尤为重要的是，活动将促进旅游产业结构升级，成为南岳夜经济增长的新亮点。

1
2
3

1.9月15日，“非遗画卷 美好相见”第二届湖南非遗博览会在郴州长卷历史文化街区启幕，省市领导在现场观摩非遗产品

2.9月18日，书法爱好者交流经验

3.9月19日，北塔镇隆重举办“十星放光彩、榜样耀北塔”文艺会演现场

湘剧《夫人如见》入选中国戏剧节参演剧目

《夫人如见》剧照

2023年9月16日，长沙市湘剧保护传承中心透露，由该中心和长沙市艺术创作研究院联合创排的湘剧《夫人如见》将于11月奔赴杭州，亮相第十八届中国戏剧节。

“夫人如见”四字，是谭嗣同生前写给妻子李闰私人信函的抬头。谭嗣同与李闰结缡15年，每封书信皆依此例，朴素、自然、亲切。

湘剧《夫人如见》以书信体的方式，既娓娓道来又慷慨激昂，既细致入微又纵横捭阖，把大时代中仁人志士的儿女情长，把旧时代里闺阁女子走向精神解放和人格独立的心路历程，通过“信”的细节展示出来。剧中的李闰，有幸福的厮守，有大义的离别，有深情的想念，有痛苦的忿怨，也有绝望的沉沦，更有“忍死须臾”的坚韧和超越自我的觉醒……与此同时，“信”也试图打通戏曲舞台与演员表演常态化的单一表演空间，尝试着将纯正的湘剧艺术充盈在生与死、真与幻、虚与实、近与远的多维度艺术平行空间。

《半条红军被》开启全国巡演

民族歌剧《半条红军被》开启全国巡演

2023年10月11日晚，2023年度国家艺术基金传播交流推广资助项目——民族歌剧《半条红军被》在长沙梅溪湖国际文化艺术中心大剧院上演，开启全国巡演序幕。

《半条红军被》选择以红色故事的叙事角度，讲述了1934年的湖南汝城县沙洲村，3名女红军借宿徐解秀老人家中，临走时，把自己仅有的一床被子剪下一半留给老人，另一半则带到长征路上的故事。

该剧由戏剧教育家、国家一级导演黄定山担任总导演，编剧任卫新、作曲家杜鸣分别担任编剧和作曲，长沙歌舞剧院艺术总监王蕾担任巡演导演。值得一提的是，此次巡演的主要演员均来自长沙本地的青年艺术人才，由长沙歌舞剧院青年演员李凯丽、赵浩舟、李晟、周唯、吴志强、谭潇，湖南师范大学音乐学院教师陈刚，湖南省艺术研究院徐欣等担纲主演。

《半条红军被》由中共长沙市委宣传部、长沙市文化旅游广电局出品，长沙歌舞剧院、长沙交响乐团创作演出。10月21日至22日，该剧将在江西赣州大剧院上演。

1
2

1.9月21日，游客在张家界市武陵源区标志门广场观看摄影展览
2.9月23日，“同根·同源”2023（癸卯）年海峡两岸炎帝神农文化交流大会文艺演出在炎陵拉开大幕

科普中国创作大会首次在湖南举办

科普中国创作大会暨2023中国科普作家协会年会在长沙召开

2023年10月26日，科普中国创作大会暨2023中国科普作家协会年会在长沙召开，湖南省政协副主席潘碧灵出席并致辞。

这是科普中国创作大会首次在湖南举办。会上，中国科普作家协会两项团体标准《科普视频评价指标体系》和《科普人员继续教育培训体系》正式发布。

《科普视频评价指标体系》对科普视频评价的基本要求、评价方法与结果判定、指标体系等进行了系统的规范。《科普人员继续教育培训体系》对科普人员继续教育培训体系的基本要求、培训体系框架以及培训目标、培训内容、培训管理、培训考核的基本内容和要求等进行了相应规范。这两项标准的出台将推动科普内容的创作与传播活动更加规范，营造良好的科普生态，促进科普高质量发展。

大会主旨报告环节由中国科学院院士周忠和主持，中国工程院院士柴立元等4位专家作主题报告。大会还设有8个专题论坛，内容涵盖科普资源助力教育“双减”、科普创作与传播、科普人才培养、科普节目制作、生态环境科普交流、应急科普等方面。借助讲座、圆桌、对话等形式，专家学者展开热烈交流与深入研讨，从理论、方法、实践等方面进一步推动科普中国建设。

△16日，“中国华侨国际文化交流基地”授牌仪式在张家界国家森林公园举行，中国侨联文化交流部部长刘奇为基地授牌。

△20日，洞口县举行非物质文化遗产展演活动，民间艺人现场展演断节龙、渔鼓、熬茶等，让群众近距离感受非遗文化的魅力，增进对当地传统文化的了解。

△23日，新化县第四届重阳水酒文化节暨首届上梅古镇美食文化节启动，水酒文化展示、产品展销、高峰论坛、美食之夜等特色活动，多元化展示了新化水酒的历史和文化，打造特色水酒名片。

△24日，“缅怀伟大领袖、深化党史教育”衡阳市青少年纪念毛泽东主席诞辰130周年书法大赛颁奖大会在衡阳文化艺术中心小剧院举行。

△26日，郴州湘南红色文化研究院成立，这对推动湘南红色文化研究、加强红色资源保护利用具有重要意义。

△27日，粤汉铁路历史文化研究院在衡阳市成立。

△28日至30日，中国作协《民族文学》杂志社文学实践活动走进通道。

△29日，岳阳市举办首个“岳阳楼日”暨《岳阳楼记》诞生977周年纪念活动。

11月

△3日，中国文联文艺志愿服务团在湘西自治州举办专场文艺演出。

△3日，桃源·临澧·鼎城美术作品联展在县文体中心文化馆举行，县委常委、宣传部部长丁利民观展。

△4日，“云起新湖南 墨舞大洋河”第四届湖南中青年书法大展开幕式暨颁奖典礼在湖南省展览馆举行。

△7日，由湖南美术馆、湖南省美术家协会主办，湖南省工笔画学会承办的“源·流——湖南工笔画70年”在湖南美术馆开展。

△8日，湖南师范大学博物馆举办“潇湘铜华——湖南新发现商代南方青铜器展”。现场，青铜觥形器为出土后首次亮相。

首届全国街舞锦标赛在长沙开赛

第一届全国街舞锦标赛开幕式在湖南贺龙体育馆举行，舞台热闹、青春活力十足

2023年10月28日晚，“锦鲲杯”第一届全国街舞锦标赛开幕式在湖南贺龙体育馆举行，舞台热闹、青春活力十足。

作为街舞的一个重要舞种，霹雳舞于2020年12月正式成为2024年巴黎奥运会的竞赛项目，这是街舞发展史上的里程碑事件。在前不久的杭州亚运会上，霹雳舞首次亮相亚运会，中国运动员刘清漪获得亚运会历史上的首枚女子霹雳舞金牌。为进一步推动街舞运动的规范化发展，加强街舞后备人才队伍建设，为广大街舞爱好者提供一个展示和历练的舞台，首届全国街舞锦标赛应运而生。

本次街舞锦标赛吸引了来自全国25个省市的216支代表队1300多人次参赛，赛制完全与奥运会接轨。前来参赛的街舞爱好者可以在这个舞台体验奥运的节奏，享受比赛的乐趣。

自2016年开始，“锦鲲杯”全国体育舞蹈锦标赛已连续多年在长沙举办，无数的体育舞蹈选手在长沙展现自我、积累经验，成长为全国乃至世界级的优秀选手。长沙还曾打造出现象级的青年舞者的竞技秀节目——舞蹈风暴，侯垚、庄婷等中国体育舞蹈的翘楚，从长沙走到全国观众面前。

此次赛事系国内最高级别的国家级街舞赛事，比赛时间为10月27日至29日。按照街舞锦标赛比赛习惯，10月27日，运动员已经进行海选、初赛、循环赛。

1.9月24日，2023年湖南省（秋季）乡村文化旅游节暨湖南省秋季“村晚”示范展示活动在安化县举行

2.10月13日，写生中国万里行“走进张家界·彩绘武陵源”大型写生活动启动现场

3.9月28日，“100%·爱长沙每一面”城市摄影展开展

怀化市洪江市芙蓉楼成功申报“中国历史文化名楼”

2023年10月29日，在中国文物学会历史文化名楼保护专业委员会第十六届年会暨第十九届名楼论坛工作交流会上，通过汇报、专家评审等环节，怀化市洪江市芙蓉楼获得专家们一致好评，成功申报“中国历史文化名楼”，这也是怀化市申报成功的第一批“中国历史文化名楼”。

活动现场

芙蓉楼申报“中国历史文化名楼”历经半年的准备，从历史沿革、文化展示、历年来管理与维修等八方面准备申报资料，邀请中国文物学会历史文化名楼保护委员会专家到现场就芙蓉楼历史文物保护、历史文化内涵挖掘、场馆展陈提质等进行多次指导。

目前，芙蓉楼正在实施历史文物修缮和整个园林的历史文化挖掘整理、展陈提质，为迎接怀化市洪江市承办怀化市第三届旅发大会做准备。

“东亚国家博物馆对话年度沙龙”在长沙举行

2023年11月1日，“东亚文明足迹”——东盟与中日韩（10+3）青年博物馆行长沙站暨“东亚国家博物馆对话年度沙龙”在长沙博物馆举行。活动现场，来自“10+3”国家的青年就“东亚文明互鉴与传承”主题展开对话，近距离感受各国文化遗产的独特魅力，增进相互了解。

“2017年长沙被中日韩三国文化部长评为东亚文化之都，足见其深厚的文化传承。”中国外文局综合业务部一级巡视员黄卫表示，希望各国青年能够深切感受长沙魅力，继续前行，探寻东亚文明足迹，展现有底气、有锐气、有豪气的形象，释放青春活力。

“2023年，长沙博物馆观众超过180万人次，举办社会教育活动800余场，有新媒体粉丝130余万，拥有上千款馆藏文物的文创产品。”长沙博物馆馆长周慧雯介绍，长沙博物馆成立于1986年，为国家一级博物馆，建筑面积2.4万平方米，收藏文物5万余件。

“10+3”国家博物馆馆长对话环节，老挝国立博物馆馆长和故宫博物院、敦煌研究院的有关专家等，围绕东亚地区博物馆的民族文化内涵和历史底蕴进行了讨论。

“东亚国家博物馆对话年度沙龙”在长沙举行

1.10月14日，2023湖南红色旅游文化节开幕式现场
2.10月18日，2023年永州市柑橘采摘文化季

第十五届中国（浏阳）国际花炮文化节开幕

第十五届中国（浏阳）国际花炮文化节开幕

2023年11月3日晚上，第十五届中国（浏阳）国际花炮文化节在长沙市浏阳天空剧院开幕，中外宾客数万人相约浏阳河畔，观看烟花艺术会演。

本次会演以“满城烟花等你来”为主题，由《近悦远来》《我心已来》《爱达未来》三个篇章构成，融合了“行进式数字焰火秀”、杂技、水陆空烟花科技秀等节目，巧妙运用了空中威亚、冰屏、激光秀等大量新科技新形态。晚会首创国内威亚焰火秀，创新设计天幕焰火秀，设置4800多平方米的LED网幕屏，整合天空剧院、浏阳河和金滩燃放场全维度空间，呈现“天、地、山、水”融为一体的舞美特效与立体情境。晚会最后，数万发烟花在浏阳主城区49个点位同时绽放，描绘出“一河诗画，满城烟花”的壮美景观。

本届花炮文化节采取“行业众筹”办会模式，举行第十五届中国（浏阳）国际花炮文化节开幕式暨烟花艺术会演、2023年焰火大会（LFC）、第六届中国（浏阳）国际烟花爆竹产业博览会、“烟花+”高质量发展论坛等8大活动，持续打响“世界烟花看浏阳”品牌。

11月4日晚，2023年焰火大会（LFC）将在长沙市浏阳天空剧院举行。从全球范围内遴选出的中国、意大利、德国、瑞士4支顶级焰火燃放队伍，齐聚浏阳河畔开展巅峰对决，展示烟花产品燃放编排创意和表演形式创新。

△10日，“讲好郴州故事，助力乡村振兴”郴州市书画院双年展暨2023年“水墨丹青·遇见北湖”书画名家走进北湖创作笔会在北湖区文化馆四楼隆重举行。

△13日至11月23日，由省委宣传部、省新闻出版局指导，湖南出版投资控股集团、中南出版传媒集团主办的第二届岳麓书会将在湖湘大地盛大举行，线上线下百余场活动将尽展湖南处处书香。

△13日，泸溪县召开文艺工作座谈会暨“沅水明珠·画里泸溪”首届征文大赛颁奖大会，县委书记彭武学出席并讲话。县委副书记符家波主持会议，县领导向梦华、黄鹏程、符海河、熊艺、向自芳出席会议。

△13日，第二届岳麓书会开幕式暨主题阅读大会在湖南广电“七彩盒子”举行。

△15日，2023“欢乐潇湘”全省群众文艺优秀节目展演在湖南大剧院上演。

△15日，“建功新时代”第五届岳阳市文化艺术节美术、书法、摄影精品展在市美术馆开展。

△18日，湖南博物院三楼专题展厅举行“扇里·扇外——湖南博物院藏扇面展”。此展为湖南博物院最新推出的展览，也是首次推出专题扇面展。

△20日，岳阳市举行首届廉洁家风主题戏曲集中观演活动，花鼓戏《铁面无私夏原吉》《明灯》以及花灯戏《部长吃笋》等廉洁文艺作品相继登场，演绎清廉故事。

△22日，第8届中国校园戏剧节在深圳举行。由湖南大众传媒职业技术学院师生打造的原创话剧《侗乡大医》参演戏剧节，并荣获优秀剧目奖。

△24日，江华瑶族自治县2023“逐梦瑶都”专场文艺演出在永州国际艺术中心倾情上演。市委书记朱洪武，市委副书记、市长陈爱林，刘厚、何恩广、刘玲军、李农妹、龙飞凤、车丽华、姚如男等市领导观看演出。

第六届中国·凤凰民俗摄影双年展暨第九届苗族银饰服饰文化节

活动现场

2023年11月9日晚，2023年第六届中国·凤凰民俗摄影双年展暨第九届苗族银饰服饰文化节在湘西州凤凰古城精彩开幕。

节目分为《非遗之韵》《节庆之欢》《婚俗之喜》《世界之美》四个篇章，通过苗族歌舞、非遗展示等多元表演形式，全方位展示丰富多彩的民族服饰及苗族银饰文化。

开幕式上，还为“传承文化根脉，铸牢中华民族共同体意识”全国民俗摄影大展和“文化旅游赋能凤凰乡村振兴”全国摄影大展入展嘉宾颁发证书，并举行“湖南省摄影家协会凤凰旅拍新文艺群体联络处”“中国摄影创作基地”授牌仪式。

本次活动时间为11月9日至12日，由中国摄影家协会、湖南省文学艺术界联合会、湘西州人民政府主办，中国摄影报社、湖南省摄影家协会、凤凰县人民政府承办。在古城内展出包括报名展等近4000幅优秀摄影作品等内容。还将举行抓拍大赛等系列活动。活动期间，来自湖南等地区33支队伍1000余名苗族同胞齐聚凤凰同台竞秀，开展千人长龙宴等精彩活动，全方位、多角度、立体式展示凤凰文旅资源优势，活态演绎多姿多彩的苗族服饰、银饰等非物质文化遗产。

1
2

1.10月19日，2023年湖南省“我们的节日·重阳”主题活动启动仪式暨麻阳首届长寿康养文化旅游节在麻阳福寿广场正式启动

2.10月27日，祁阳市民生小学表演开场歌曲《“绿书签行动”来护航》

第二届岳麓书会在湖南省长沙市开幕

开幕式现场

2023年11月13日，第二届岳麓书会开幕式暨主题阅读大会在湖南长沙举办。省委常委、省委宣传部部长杨浩东，中国期刊协会会长吴尚之出席并致辞。中国毛泽东诗词研究会会长、中央马克思主义研究和建设工程咨询委员会委员陈晋，省领导秦国文、赖明勇出席，中国工程院院士、中南大学副校长柴立元以视频方式作阅读分享。

杨浩东强调，要深入学习贯彻习近平文化思想，贯彻落实习近平总书记关于全民阅读工作重要论述，着力将岳麓书会打造成学习贯彻习近平新时代中国特色社会主义思想的典型实践。要坚持服务人民，着力将岳麓书会打造成推动全民阅读风尚浸润千家万户的重要媒介。要推出精品，着力将岳麓书会打造成赓续湖湘文脉、传播湖湘文化的重要载体，为推进书香社会建设、提高社会文明程度贡献力量。

吴尚之指出，要加强优秀读物的出版和推荐，丰富阅读载体，完善阅读服务，面向基层、群众，加强阅读辅导和推广服务，丰富阅读形式，以数字赋能全民阅读，推出更多数字阅读产品。

开幕式上，发布了第二届岳麓书会系列活动安排，为2023年“校园阅读推广人”颁发聘书，并为一批特色农家书屋捐赠图书。主题阅读大会环节，知名作家、资深出版人、院士专家、阅读推广人带来沉浸式阅读分享。

岳阳市首届廉洁家风主题戏曲集中观演活动举行

岳阳市首届廉洁家风主题戏曲集中观演活动举行

2023 年 11 月 20 日晚，岳阳市首届廉洁家风主题戏曲集中观演活动在岳阳文化艺术会展中心举行。市委书记曹普华，岳阳市委副书记、市长李挚，市领导马娜、刘启峰、谢群、邱虹、谢运策、谢胜等观看演出。

观演前，大家集中观看了警示教育片《严正家风》。随后，《铁面无私夏原吉》《明灯》《部长吃笋》等廉洁文化戏曲相继登场，以群众喜闻乐见的形式演绎清廉故事，颂扬本土廉洁人物清廉自守的高尚气节。演出在多媒体投射出的光、声、影的配合下，情景交替、影像交叠，“沉浸式”体验让大家在寓教于乐中接受廉洁意识熏陶。

“见贤思齐、自省自警，我们要常敲警示钟，绷紧廉洁弦，做品行过硬的党员干部”“筑牢拒腐防变的思想道德防线，用清正廉洁守护好‘全家福’”……大家纷纷表示，演出集艺术性、思想性、教育性于一体，主题突出、内容丰富、寓意深刻、催人警醒。

此次活动由岳阳市纪委监委、市委宣传部主办，市文旅广电局、市妇联承办，既是岳阳市首次廉洁文化戏曲展演，也是“廉洁文化＋传统艺术”的深度融合，更是深入推进“清廉岳阳”廉洁文化品牌建设的生动实践。

1.11 月 8 日，“山前白夜大地艺术展”在湖南平江举行 1

长沙市岳麓印社首届全国篆刻作品展开展

2023 年 11 月 21 日，长沙市岳麓印社首届全国篆刻作品展在湖南湘江新区李自健美术馆开展。此次展览共展出来自全国各地的篆刻作品 106 件。展览展期至 11 月 26 日，免费对公众开放。

岳麓印社首届全国篆刻作品展开展

曾国藩家庭教育博物院开馆

与会嘉宾参观曾国藩画像专题展

2023 年 11 月 23 日，曾国藩家庭教育博物院开馆仪式在荷叶镇荷塘村举行。

娄底市政协副主席、双峰县委书记彭石清，娄底市政协副主席、民盟娄底市委主委、市文旅广体局副局长、湖南省楹联家协会副主席傅小松，湖南省作协名誉主席、《曾国藩全集》主编、曾国藩研究会副会长唐浩明，曾国藩五代嫡孙曾宪华共同为曾国藩家庭教育博物院揭幕。

双峰县委副书记、县长李基联主持开馆仪式。

与会嘉宾还参观了曾国藩家庭教育博物院和涤生书院以及富厚堂“高山仰止”曾国藩画像专题展。涤生书院位于双峰县荷叶镇荷塘村曾国藩家教园，距曾国藩故居富厚堂 1.5 公里，内设曾国藩家庭教育博物院、曾国藩耕读文化园、涤生书院酒店。曾国藩家庭教育博物院是国内首家曾国藩家教家风主题博物院，为曾国藩故里文化旅游区“以文塑旅、以旅彰文”的重要配套场馆。

△27 日，株洲工人运动历史展示馆开馆仪式在株洲市第二工人文化宫举行。

△27 日，“神农故郡 仁者安仁”2023 湖湘红色书法大展评审会在新湖南大厦举行。

△29 日，祁阳市“爱廉说”廉洁书法美术摄影展开展。

△28 日至 30 日，2023 年全国古籍修复工作研讨会在长沙举行。会议透露，10 年来，国家级古籍修复技艺传习中心在全国设立了 47 家国家级古籍修复技艺传习所，覆盖 27 个省（市），累计修复古籍 4 万余册（件）。

12月

△1 日，“走读家乡 快乐成长”青少年儿童期刊主题阅读活动在湖南湘江新区城市馆举行。

△1 日，“我们唱给世界听”中国民歌合唱音乐会在长沙音乐厅湘江大厅举行。湖南省总工会一级巡视员刘为民，长沙市领导陈刚（政协）、罗缵吉、刘汇、李平、高文棋、彭民安、陈昌佳出席。

△3日，第六届“外教社杯”全国高校学生跨文化能力大赛全国总决赛在湖南师范大学落幕。

△4日，“无久不止——李舸体育艺术作品展”在长沙谢子龙影像艺术馆开展。

△10日，沅江市汉服文化协会第五次代表大会召开。会议选举产生了第二届常务理事会会长、副会长、秘书长。郑蓉当选新一届沅江市汉服文化协会会长。

△13日，第四届“长沙之韵”京剧折子戏惠民公益演出在长沙实验剧场举行。现场上演了传统京剧《二进宫》、现代京剧《红色娘子军》、昆曲《游园惊梦》等精彩曲目。

△14日，常德市“第十四届鼓书大王擂台赛”在安乡县酱卤不夜城落幕。县领导刘飞、罗志星出席活动。

△17日，寻找安详小课堂（张家界）第一期“知行合一”读书会在武陵源国学堂开班。

此次活动由武陵源区委宣传部、区妇联、武陵源国学堂联合举办。

娄底市娄星区首家乡村美术馆在集和村揭牌开馆

2023年12月2日，娄底市娄星区首家乡村美术馆“江枫乡村美术馆”在杉山镇集和村揭牌开馆。这是湘中地区第一家挂牌的乡村美术馆。

娄底市人大常委会副主任朱桂良，市人大常委会原副主任、一级巡视员杨金含，娄底市委原常委、市委宣传部原部长伍美华，娄底市人大常委会原副主任彭增光，娄星区委常委、区委宣传部部长曾海军，娄星区人大常委会副主任聂永红参加揭牌仪式。

该馆创办人江枫表示，希望通过乡村美术馆，能为各地钟情乡村美术创作的书画家来湘采风写生时，提供一个集创作、展览、交流为一体的乡村文化艺术场所。让书画艺术家融入湘中乡村，近距离感受农村和农民，体会“诗意乡村，书画田园”之魅力。让书画滋养分、接地气，让阳春白雪的高雅艺术走入乡村，用艺术赋能乡村、服务村民。

集和村地处城郊结合部，有意将“艺术”打造成当地乡村振兴的“支点”，借天时地利人和营造美丽乡村景色，最终形成一个乡村文旅“打卡点”，从而带动当地群众走出一条适合村情的发展之路。揭牌仪式上，娄底市美协、娄底市美术馆、娄星区文联、娄底市株山艺社分别给江枫乡村美术馆授牌“采风写生创作基地”。

娄星区首家乡村美术馆在集和村揭牌开馆

1.11月8日，湖南新出土商代青铜器觥形器首展

2.2023年“欢乐潇湘”全省群众文艺优秀节目展演

1
2

首届海峡两岸大同小学绘画作品展在长沙市开幕

2023年12月19日，以“共享时节之美”为主题的首届海峡两岸大同小学学生绘画作品展在长沙市芙蓉区文化馆开幕。湖南省人大常委会副主任、省总工会主席周农出席开幕式。

“麦黄梅熟，仲夏已至。”“气收禾黍熟，风静草虫吟。”从春天的嫩芽、盛夏的骄阳，到秋日的丰收、隆冬的静美；从自然之美到人文风情……来自台湾台中市西区大同小学和长沙市大同小学的100多名学子，用画笔描绘出华夏大地的美好生活画卷，以独特视角和细腻笔触，展现对二十四节气的理解、对中华传统文化的传承与热爱。

本次画展由湖南省台办、长沙市台办指导，芙蓉区委办（区委台办）、区教育局、区文旅体局主办。参展作品将在芙蓉区文化馆展出至12月22日，之后还将在台中市西区大同小学展出。

本次画展不仅是海峡两岸青少年儿童的一次艺术交流，更是对中华民族传统节气文化的一次继承和发扬。画展充分体现海峡两岸同文同种、同根同源，将为海峡两岸青少年提供一个展示才华、交流学习的平台，进一步加深两岸同胞之间的了解和情谊。

首届海峡两岸大同小学学生绘画作品展开幕

首个『中国诗意景区』花落衡阳市南岳衡山

12月20日上午，首届中国·南岳衡山诗歌节在南岳祝融文旅小镇拉开序幕

2023年12月20日，首届中国·南岳衡山诗歌节在衡阳市南岳区举行。王山等来自全国各地的100余位诗人、评论家、艺术家踏雪而来，在银装素裹、白雪皑皑的衡山脚下赏诗、论诗。12月20日，中国诗歌学会将首个“中国诗意景区”授予南岳衡山。

上午9时30分，诗歌节活动在南岳祝融文旅小镇拉开序幕。

中国诗歌学会党支部书记、秘书长王山，代表中国诗歌学会授予衡阳市南岳区“中国诗意景区”称号。王山介绍，这是中国诗歌学会首次授予的“中国诗意景区”牌匾，是中国诗歌学会与衡阳市南岳区联合打造的具有国际影响的文化品牌。

南岳衡山作为中华五岳之一，素有“五岳独秀”“文明奥区”的美誉，山川秀美，人杰地灵，文化底蕴博大精深，自古以来是诗歌的沃土。古代的屈原、李白、杜甫、韩愈……现代的毛泽东、叶剑英、田汉、朱自清、威廉·燕卜荪、羊春秋、洛夫……无数文人墨客登临南岳，留下了讴歌衡山的精品力作2.4万余首，南岳是一座名副其实的“诗岳”。

此次诗歌节还举行首届中国·南岳衡山诗歌奖评选活动，全国共有2083位诗人和诗歌爱好者报送了1万余首诗歌。经过精心评选，最终评选出26篇获奖作品。其中，马倩倩的作品《在衡山，解读苍木和石头的简史》获得一等奖。

1.11月18日，桑植县乡村文化旅游节暨桑植民歌节现场

2.11月19日，“沿着长江读懂中国——万里长江行”湖南段宣传推广活动在岳阳楼景区举行，王鹏为长江文化探访团授旗，探访团团长、长江网总编辑杨文平接旗

1

2

湘西州剪纸踏虎凿花研究会换届工作会议在吉首市召开

2023年12月23日，湘西州剪纸踏虎凿花研究会第二次代表大会在湘西州吉首市召开。

会议总结了湘西州剪纸踏虎凿花研究会过来三年的工作，展望了未来美好前景。会议审议通过了原会长李铁骑代表第一届湘西州剪纸踏虎凿花研究会作的工作报告，以及修改后的《湘西州民间文艺家协会剪纸艺术委员会章程》，选举产生了新一届理事会和主席团。邓启刚当选州剪纸踏虎凿花研究会会长，关洁、王敏、谢士群、谢志平、彭景芳、陈瑾、鲁婕、柴直良、龙俊甲、刘克梅、金玥当选为主席团成员。会上，吉首大学师范学院教育系副教授、州剪协副会长关洁为李铁骑和石春秀颁发名誉会长及顾问证书。

湘西州剪纸踏虎凿花研究会换届工作会议在吉首市召开

会上，州文联副主席冷皓作了重要讲话，对该研究会今后的发展提出了要求：希望研究会及全体成员坚持正确的政治方向，加强组织优秀作品的创作生产，要更注重原创作品的权益保护等。湖南省民协主席田茂军对该研究会过来三年所取得的工作成绩给予了充分肯定，并对今后的工作寄言：希望在新一届领导班子的带领下，推动湘西剪纸高质量发展，为繁荣发展湘西州剪纸事业作出更大贡献。

此次换届选举大会标志着湘西州剪纸踏虎凿花研究会迈向了新的阶段，湘西州剪纸事业必将迎来更美好的明天。

△18日，在雷锋同志诞辰83周年纪念日到来之际，“做一颗永不生锈的螺丝钉”新时代廉洁文化专题展在湖南雷锋纪念馆开展。

△19日，湖南省文学艺术界联合会第十届委员会第五次全体会议在长沙召开。会上透露，为推动湖南文艺事业高质量发展，省文联将启动一批文艺项目与工程。

△26日，在县文化馆举办“江山如此多娇”纪念毛泽东同志诞辰130周年书画作品展。

△27日，湖南省教育厅公示了湖南省第七届大学生艺术展演活动评选结果，南华大学选送原创舞蹈作品《光》，从全省各高校381个艺术表演作品中脱颖而出，获“一等奖”并已推送参加全国第七届大学生艺术展演。

△28日，长沙博物馆举行“融合之路——拓跋鲜卑迁徙与发展历程”特展。展览以拓跋鲜卑的民族发展史为主题，180件（套）文物展示了拓跋鲜卑不同阶段的文明与文化特征。

△28日，岳阳金鹗书院开院，多位文化学者、中国传统文化传承者、生活美学践行者齐聚一堂，共同为百年书院揭开重谱新章的帷幕。

△29日，由湖南省书法家协会和市委宣传部共同主办，市总工会、市文联、市书法家协会承办的第八届湖南省书坛新人新作展在市美术馆举行开展仪式。市人大常委会党组书记、主任彭建忠宣布展览开幕。中国书法家协会副主席、湖南省书法家协会主席鄢福初，市委常委、市委宣传部部长陈计伟讲话。市人大常委会党组副书记、副主任汤瑞祥出席。

革命历史题材电影《出发》在娄底市首映

2023年12月26日，是毛泽东同志诞辰130周年纪念日。12月26日上午，主要讲述青年毛泽东游学调研历程的革命历史题材电影《出发》首映仪式在娄底举行，以此表达对伟大领袖毛主席的深切缅怀之情，激励大家牢记初心使命，传承红色基因，赓续革命传统，奋力走好新时代长征路。

第一部反映青年毛泽东游学历史的电影，主要讲述1917年毛泽东与友人萧子升两人行程千里、游学五县、开展调研的故事。娄底是青年毛泽东游学的第一站，1916年、1917年暑假，他先后两次来娄开展游学调研，今天的娄星区万宝镇、涟源市七星街镇等地，都留下了他深入基层、了解民情的足迹。

邹文辉代表娄底市委、市政府向电影《出发》在娄首映表示热烈祝贺！他指出，毛主席虚心向社会学习、向群众学习、与群众打成一片的调研方法，值得我们认真学习、深入践行、发扬光大。我们要以电影《出发》首映为契机，进一步发扬我们党以人为本、求真务实、实事求是的优良传统，进一步挖掘娄底的红色资源、讲好娄底的红色故事、赓续好红色血脉，汇聚团结奋斗的强大力量。

电影《出发》首映活动后，还特别策划了“重走青年毛泽东游学之路”活动，同时，电影还将在伟人游学的其他县市开展特别放映活动。

△2023年12月26日上午，革命历史题材电影《出发》首映仪式在娄底举行

1 2
3
4

1.11月26日，湖南省2023年合唱展演张家界专场现场

2.12月6日，2023年湖南省（冬季）乡村文化旅游节、湖南省冬季“村晚”示范展示活动暨第二届常德市旅游发展大会现场

3.12月16日至17日，2023年全国象棋业余棋王赛湖南赛区津市市“乡村振兴杯”中国象棋公开赛现场

4.12月5日，常德市桃源县热市云顶温泉旅游度假区举行“美好生活 云顶相约”2023年湖南省冬季“村晚”示范展示活动，活动现场乡村文化气氛浓郁

湖南第十三届农民工『春晚』在邵阳市邵东市精彩上演

2023年12月28日晚，湖南第十三届农民工春节联欢晚会在邵阳市邵东市黑田铺镇玉京村精彩上演，晚会以“情系农民工·奋进新征程”为主题，旨在丰富农民工的精神文化生活，推动农民工文化健康发展，凝聚起建设新时代的强大力量，实现文化强省目标，助推乡村振兴。

联欢会上，男声二重唱《时代号子》唱出了广大劳动者以“奋斗才会有幸福，劳动最风流”的饱满热情及建功立业新时代的坚强决心；湖南省曲艺大赛金奖得主郝长鸿和钟泽优表演的相声《乡村新发现》，通过乡村振兴的新变化新成就，展现新时代农民的新气象新风尚；邵阳市武冈市农民“音乐达人”李辉桓带来的歌曲《农民兄弟》，满怀深情地歌颂了中国农民勤劳、善良、憨厚、爽朗的性格。此外，群舞《醉叹盛世》、川剧变脸、歌曲《一晃就老了》《我是一只小小鸟》、花鼓戏《你待同志亲如一家》、歌伴舞《冰糖橙之恋》《幸福中华》等节目依次登场，精彩表演赢得观众的阵阵喝彩和热烈掌声。

湖南农民工春节联欢晚会由湖南省优秀文旅志愿者朱良成先生发起，以自办、自导、自演、自赏、自评为特色，扎根乡村、惠及群众，弘扬传统文化，促进乡村旅游。湖南农民工“春晚”从2011年启动以来，已连续举办12届，线上线下参与群众近千万人。

湖南第十三届农民工“春晚”在邵东精彩上演

2024

湖南地方年鉴

旅游

要闻纪事
2023年

1月

△9日，文化和旅游部官网公布了最新评定的41家全国甲级旅游民宿、30家全国乙级旅游民宿名单，其中湖南有3家民宿被评为甲级、1家被评为乙级。湖南入围全国甲级旅游民宿的是凤凰雪晴集人文半山民宿、张家界“远方的家”、怀化市徽州会馆·曾府酒店。湖南唯一入围全国乙级旅游民宿的是位于郴州资兴市的那一年精品主题客栈。

△18日，首届张家界冰雪旅游节暨张家界七星山滑雪场开板启动仪式在张家界七星山度假区举行。

△22日正月初一，雁峰寺香炉红火。回雁峰景区初步统计显示，当日，雁峰寺祈福者达2万余人次，景区实行“北门进、南门出”单向通行安保模式，公安干警通宵执勤，敬香安全有序，未发生一起安全事故。

2月

△2日，2023年湖南省文化和旅游局长会议在长沙召开。2023年湖南省将以举办旅发大会为抓手，擦亮“五张名片”，构建文旅高质量发展新格局。力争旅游业总收入达8000亿元左右，恢复到2019年疫情前的水平。

大庸古城被确定为省级旅游休闲街区

2023年1月3日，湖南省文化和旅游厅官网发布《关于省级旅游休闲街区名单的公告》，张家界市大庸古城榜上有名。

省级旅游休闲街区名单为，长沙市雨花区圭塘河岸旅游休闲街区、岳阳市洞庭南路历史文化街区、邵阳市武冈市同保楼同福街、娄底市新化县向东街、湘西土家族苗族自治州泸溪县浦市古镇太平街、怀化市芷江侗族自治县索子街、株洲市钟鼓岭旅游休闲街区、张家界市大庸古城旅游休闲街区、郴州市长卷非遗街区、永州市江华瑶族自治县水口瑶族风情街。

1
2
3

1.2月17日晚，湖南省乡村文化旅游节暨汝城温泉旅游度假季在郴州市汝城县热水镇开幕

2.2月21日—23日吉首市举行首届旅游发展大会暨第九届吉首鼓文化节

3.2月23日晚，吉首市乾州古城流光溢彩，《荣光·乾城》大型实景演艺系列活动在这里热闹上演。

首届张家界冰雪旅游节开幕

首届张家界冰雪旅游节开幕

2023年1月18日，首届张家界冰雪旅游节暨张家界七星山滑雪场开板启动仪式在张家界七星山度假区举行。

活动现场，市民和游客尽情享受冰雪带来的乐趣，滑雪、看冰雕、溜雪圈……仿佛置身于东北的冰雪世界。随后，在滑道上，来自七星山的滑雪教练举着彩旗闪亮登场，矫健的身姿，展现了冰雪运动的激情与魅力。滑雪世界冠军郭丹丹在现场秀起了滑雪技艺，引来众人尖叫欢呼。

“这样的冰天雪地在南方确实难见，所以赶紧带着家人来看看。”市民田进介绍，没想到在家门口就能看到和东北一样厚厚的大雪，当看到其他游客娱雪的乐趣后，他决定给自己和孩子找个教练好好学习一番滑雪技艺。

首届张家界冰雪旅游节的举办将丰富张家界冬季旅游项目，把冰雪运动与旅游有机融合，解锁“旅游+冰雪”新业态。未来，该市将以本次活动为契机，在打造冰雪品牌、引领冰雪运动、拓展冰雪文化等方面持续努力，推出“冰雪休闲”“冰雪康养”等更多、更好、更优的旅游方式和消费业态，让冰雪“冷资源”逐步释放出经济“热效应”，进一步打响张家界冬季旅游品牌。

湖南省评出首批生态旅游示范基地

2023年1月31日，省林业和草原局公布消息，全省首批省级生态旅游示范基地“出炉”，共9处林场、森林公园、石漠公园、风景名胜区入选。

近年来，生态旅游已经成为全球旅游市场的“热点”。省林业局介绍，湖南生态资源丰富，为充分发挥自然遗产地、自然保护区、风景名胜区、森林公园、地质公园、石漠公园、草原公园、湿地公园、其他旅游度假区等自然资源在游憩、教育、康养等方面功能，湖南省启动了生态旅游示范基地创建，以加快推动生态体验、生态教育、生态认知旅游产品挖掘。

据介绍，宁乡市青羊湖国有林场、黑麋峰国家森林公园、莽山国家森林公园、大云山国家森林公园、九龙江国家森林公园、幕阜山国家森林公园、苏仙岭—万华岩国家级风景名胜区、昭山省级风景名胜区、安化云台山国家石漠公园被评定为全省首批生态旅游示范基地。这9处生态旅游示范基地的空气质量、地表水质量、空气噪声质量、空气细菌含量均达到国家Ⅰ级或Ⅰ类标准，空气负离子浓度全部高于1500个/立方厘米。

据了解，湖南省对省级生态旅游示范基地实行动态管理，每3年开展一次全面核查，不合格者将被取消示范基地命名。

湖南省青羊湖国有林场被评定为全省首批生态旅游示范基地

1.2月26日下午，由香港永安旅游组织、湖南光大国际旅行社接待的16名香港游客抵达长沙高铁南站，入境长沙后，他们将在湖南体验六天五晚的美好旅程

2.3月6日上午，“风舞崀山 筝情相约”首届崀山风筝节活动启动仪式在崀山夫夷江畔的何家湾草地举行

1
2

武陵源迎来首批“一带一路”国际文旅交流考察团

自马达加斯加、缅甸两国的体育运动员在张家界梓民宿参观

2023年2月25日，由马达加斯加、缅甸两国50余名体育运动员组成的“一带一路”国际文化旅游交流考察团，来到张家界市武陵源区开展交流访问活动。

考察团一行首先来到张家界国家森林公园，实地考察了国家首批体育旅游示范基地户外运动线路，参观张家界世界地质公园博物馆，并参加了张家界地貌科普研学旅行课程。随后，考察团一行来到位于梓山漫居的武陵源世界自然遗产保护研究与交流中心和乖幺妹土家族织锦生产研发基地，通过参观体验、实际操作等形式，了解武陵源非遗保护状况和土家族织锦非遗技艺，增进对中国传统文化的认知。

当晚，考察团一行来到张家界魅力湘西景区，体验土家族摆手舞，观看大型民俗文化大戏《魅力湘西》，参与舞台节目互动，感受民俗文化的魅力。

今年武陵源区将定期邀请“一带一路”沿线国家驻华使节、国外体育文化旅游相关领域官员、国外运动员到武陵源开展文化、旅游、体育等领域的交流活动，扩大武陵源国际知名度和影响力，助力武陵源率先建成世界一流旅游目的地。

△7日，2023永州市文旅推介会在深圳举行。会上着重推介永州文旅品牌、精品旅游线路、重点文旅项目以及招才引智政策，邀请大湾区的游客、企业家及文旅人才走进永州。现场签约项目12个，项目总投资78.33亿元，引进资金68.58亿元。

△17日，由省文化和旅游厅、郴州市人民政府主办的湖南省乡村文化旅游节暨汝城温泉旅游度假季在汝城县热水镇开幕。省政协副主席潘碧灵出席。本次活动以“三湘四水 相约湖南 温泉之都 幸福汝城”为主题。其间，将举办湖南文旅赋能乡村振兴研讨会，以及泉都之夜游园会暨汝城香火龙非遗秀、第34届湘粤赣边三省三县“南岭风”文艺会演等活动。

△21日，首届长沙市芙蓉区旅游发展大会暨首届袁家岭戏剧月开幕式举行，湖南省花鼓戏保护传承中心创排的《夫子正传》，作为戏剧月湖湘剧目首演作品进行了展演。活动现场，4条精品旅游线路亮相，还公布了青年戏剧大赛“金芙蓉”等奖项。

△21日，湘西土家族苗族自治州吉首市乾州古城万溶江畔灯光璀璨、鼓乐震天，吉首市首届旅游发展大会开幕式暨第九届吉首鼓文化节在这里举行。

3月

△1日，文化和旅游部在官网发布公告，公布了54家第二批国家级旅游休闲街区名单。其中，湖南永州市零陵区柳子街、湘西土家族苗族自治州吉首市乾州古城旅游休闲街区被确定为国家级旅游休闲街区。

△1日，张家界市武陵源区在长沙与中国移动通信集团湖南有限公司签订文旅元宇宙战略合作协议，共同探索"元宇宙＋文旅"融合新路径。这是武陵源区推动旅游高质量发展和率先建成世界一流旅游目的地一次有力探索。

△6日，首届崀山风筝节在世界自然遗产地、国家5A级旅游景区——新宁崀山夫夷江畔的何家湾举行。此次风筝节活动为期3天。

△11日，由深圳雄狮旅行社和湖南雄狮乐游旅行社组织的香港、澳门2趟入境高铁包列抵达郴州，共有游客550多名。郴州为大湾区游客举行了热烈的欢迎仪式。

△17日，靖州苗族侗族自治县排牙山梨花节开幕，吸引上万名游客前来赏花踏春。靖州排牙山梨花节以"生态排牙山 醉美梨花节"为主题，是一次集观光踏青、采风摄影、梨花文艺汇、苗侗民俗情的特色文旅体验之旅。活动将持续至3月26日，分为"赏""玩""食"三大板块，其间将举行星空集市、国潮美食、森林音乐会、抖音大赛等系列特色活动。

湘潭首届白石文化旅游节开幕

自行车爬坡挑战赛现场

2023年2月26日，湘潭首届白石文化旅游节在湘潭县白石镇开幕。该活动是第六届齐白石国际文化艺术节的重要组成部分，通过"文化＋体育＋旅游"融合发展方式，弘扬白石文化、深化文旅融合、助力乡村振兴。

首届白石文化旅游节内容丰富，其中全程38公里的自行车爬坡挑战赛，受到来自"长株潭衡"4个市的160余名运动员的青睐。上午9时20分，伴随裁判员哨声响起，选手们如离弦之箭，争先恐后冲出起点。沿途吸引众多市民观赛。

"能不能拿奖不重要，重要的是收获骑行中的美好心情和珍贵友谊。"来自株洲市弘骑俱乐部的参赛选手张伟告诉记者，白石镇沿途环境优美，有齐白石故居、黎氏八骏故居以及齐白石森林公园等风景名胜，美不胜收。

游客还可以在白石故居星斗塘观一场艺术写生，到白石人家赏一桌白石家宴奇石展，赴齐白石木雕艺术馆品一段笔尖里的岁月，感受白石文化的独特魅力。

1.3月8日，2023东北地区"寻美湖南全域主题旅游年"首发团抵达怀化市芷江侗族自治县

2.3月9日，"春色满沅·沅来真美"2023年沅江市春季乡村文化旅游节暨首届琼湖保民油菜花节盛大开幕，一幅沅江市琼湖街道保民村大地上的春日"油"画展现在人们眼前

2023年湘潭首届白石文化旅游节在白石镇盛大开幕

"仙境张家界"再次走进泰国

2023年3月16日，以"仙境张家界 峰迷全世界"为主题的张家界文化旅游推介恳谈会在泰国曼谷举行。此次推介恳谈会是新冠肺炎疫情以来张家界第一次到泰国，也是第一次走出国门开展旅游招商营销活动，中泰6家旅行社就双方互送和接待游客签订合作协议。

仙境张家界走进泰国

推介恳谈会上，奇秀山水《仙境张家界》旅游宣传片、2023年张家界入境旅游接待奖励、国际航线航班奖励等让现场的旅行商们激动不已，他们对恢复张家界旅游市场充满信心，纷纷表示一定会组织更多泰国客人到张家界旅游。相关航空公司负责人也表示，4月将开通曼谷至张家界的旅游包机，方便两地人民往来，助力中泰两地旅游复苏。

2023年，张家界实施"以外促内 内外兼修"旅游营销策略，突出做好入境旅游恢复，重点做好港澳台、东北亚、东南亚等旅游市场恢复，第二届世界遗产摄影大展、第九届天门山翼装飞行世界锦标赛等一系列活动将精彩呈现，欢迎国内外游客前来张家界旅行体验。

泰国国家旅游局东亚司副司长塔丽妮松潘、中国驻曼谷旅游办事处兼曼谷中国文化中心主任阙小华、张家界市人民政府副市长汪涛出席推介恳谈会，泰国航空公司、旅行商、中泰媒体记者代表以及张家界代表团全体人员参加活动。

2023古丈县首届旅游发展大会暨第七届中国·古丈茶旅文化节圆满举行

2023古丈县首届旅游发展大会暨第七届中国·古丈茶旅文化节举行

2023年3月20日，2023古丈县首届旅游发展大会暨第七届中国·古丈茶旅文化节在古丈县栖凤湖景区举行。州委书记虢正贵、省人大常委会原副主任叶红专出席活动。

湖南省军区原副司令员彭楚政，湖南日报社党组成员、社务委员张永中，省农业农村厅二级巡视员杨孚初，州领导邓晓东、杨永芳、马碧、邓建英，中国茶叶流通协会会长王庆出席活动。中央候补委员、中国工程院院士、湖南农业大学教授刘仲华现场推介古丈茶。

三月的栖凤湖碧波荡漾，湖畔樱花盛放、茶香飘扬。开场秀《苗鼓催春》拉开活动序幕，短视频《寻找无射山》演绎了古丈悠久的茶叶故事。本次活动由“春风又绿酉水岸”“又逐春风到古丈”“春风得意马蹄疾”三个篇章组成，节目内容丰富，精彩纷呈。活动现场还组织开展“以茶为媒”湘商回归签约、2023古丈文旅战略合作签约等丰富内容。

据了解，当前，古丈县现有茶园20万亩，其中绿色有机茶园4.8万亩，2022年茶叶总产量12385吨，实现产值16.17亿元。16家茶企通过欧盟和有机茶认证，38家茶企实施有机茶认证转换认证。同时，2022年古丈县全年共接待国内外游客400.42万人次，实现旅游收入31.18亿元，同比增长分别为2.67%和19.90%。

湖南迎来疫后首个港澳旅行商踩线团

港澳旅行商踩线团走进张家界七十二奇楼

2023年3月25日，“楚风湘韵”2023港澳文化和旅游界人士来湘踩线活动在张家界启动。来自香港、澳门的20多家旅行商代表将走进张家界、湘西、长沙三地，开展为期六天五晚的参访交流。这也是疫情解封后，港澳文化和旅游界人士首次组团来湘踩线。

踩线团于3月25日傍晚抵达张家界，当晚就前往张家界文旅新地标七十二奇楼领略了这座土家族风格建筑的风采，各旅行商代表屡屡停下脚步拍照。

接下来，考察团还将在张家界考察天子山风景区、袁家界风景区、张家界大峡谷景区，观看魅力湘西民俗表演，探访中国工农红军第二方面军长征出发地纪念馆。27日，踩线团将前往湘西芙蓉镇景区、矮寨大桥风景区、凤凰古城，体验神秘湘西的风情。28日，踩线团将前往长沙，走访中共湘区委员会旧址、贾谊故居、橘子洲、湖南博物院，感受这座网红城市的魅力。

本次活动由文化和旅游部港澳台办主办，省文化和旅游厅承办。

1
2
3

1.3月11日，由东北三省旅行社联盟组织的首发团40余名游客抵达娄底，开启2023年东北三省寻美娄底全域主题之旅。当晚，“蚩尤故里·湘中明珠”与您有约——2023年东北三省“寻美全域主题旅游年”启动仪式在新化县三联峒景区举行

2.3月20日晚，马桑树主题公园沿路华灯璀璨，歌声飞扬，一派热闹景象。由县委宣传部主办，县文旅广体局、县文联、各乡镇人民政府联合承办的张家界首届桑植民俗文化旅游节开幕

3.3月9日，桃江三堂街镇首届乡村文化旅游节暨“花为媒，纸鸢相伴，千里资水任逍遥”湖莲坪第四届花田风筝节开幕

△20日，桑植县城创业路上灯火辉煌、人声鼎沸，独具桑植文化特色的民俗技艺轮番登场，张家界首届桑植民俗文化旅游节拉开帷幕。

△27日，张家界武陵源2023年研学旅行季活动启动，向全球发布“张家界地貌”研学旅行产品线路和以张家界山水为元素的美术写生产品线路。

4月

△7日，怀化举行旅游金三角重大文旅项目开工仪式。开工重点文旅项目共20个，总投资21.05亿元；签约文旅项目共18个，总投资24.14亿元。项目涵盖农耕旅游、民宿度假、研学旅游、数字文化、运动康养等多种业态，全面掀起旅游金三角高质量发展项目建设新高潮。

△16日，湘西·永顺（青坪）首届桐子花节在此浓情开幕。精彩的节目接连上演。歌伴舞《桐花迎客歌》、笛子独奏《天路》、音乐小品《山村夜话·笑了》、唱诗《桐子花的思念》、舞蹈《土家阿哥苗家阿妹》……有的是对传统文化的演绎，有的是对美好生活的赞颂，有的是对未来发展的憧憬，都满含着永顺人民的淳朴好客和深厚情谊。

△16日，举行的“湘约粤港澳·郴遨大湾区”郴州走进大湾区文旅招商推介（佛山站）活动，签约文旅项目和产业项目25个，合同金额107亿元。这是郴州抢抓承办第二届湖南旅发大会契机，积极融入粤港澳大湾区联动发展的具体举措。

△18日，皇都侗寨举办“相约通道大戊梁·天下第一合拢宴”活动，168道味道各异的侗族酸食悉数亮相，1000余名游客共品“天下第一合拢宴”。活动是2023年湖南省（春季）乡村文化旅游节、湖南省春季“村晚”示范展示活动暨湖南·通道侗族大戊梁歌会系列活动之一，其主要目的是向各地游客展示侗族特色的饮食文化，推动乡村旅游产品更新迭代。

△20日，来自江西吉安的500名学员结束韶山参观学习之旅，满载而归。学员们表示，在两天一晚的学习期间，更加深入地了解了毛泽东同志出生、成长、学习经历，此趟来韶山不虚此行。

首个东北“千人旅行团”抵衡开启心愿之旅

首个东北“千人旅行团”抵衡开启心愿之旅

2023年4月6日，首批抵衡的东北“千人旅行团”走进南岳，万寿广场上一片热闹欢腾，一场别开生面的欢迎仪式拉开帷幕。

伴随着《祝融探火》的激昂音乐，游客们与当地群众一起跳起了广场舞，在如火的热情中，开启南岳心愿之旅。此次行程，来自大连、沈阳等地的游客们将在“五岳独秀”的秀丽风光中，领略南岳最高峰祝融峰“独如飞”之气度，探寻“江南小故宫”南岳大庙古建筑之精妙，感受“中华寿岳”博大精深的寿文化。当天，南岳区还为旅行团中当天生日的40余名游客，献上了吉祥贺礼葫芦和祈福绶带，表达了“福禄双全、寿比南山”的美好祝福。

此次来衡来岳旅游的东北游客约3000人，除当天过来的近千名游客外，第二趟和第三趟约2000名游客也将分别于4月7日和21日抵衡。在领略了南岳衡山“五岳独秀”的秀美风光和千年文化底蕴之后，他们还将至雁峰区南湖公园品味衡阳特色美食，去衡阳党史馆了解衡阳党史和衡阳发展史。除东北游客外，今年首个香港入境旅游团也于4月5日抵达南岳。

近年来，衡阳市积极对外拓展旅游市场，出台《衡阳市促进旅游产业发展奖励办法》，从产业发展资金中拿出1000万元用于“引客入衡”奖励，同时持续加大旅游宣传力度，吸引了大批国内外游客来衡来岳旅游。

常益长高铁长沙文旅专列4月26日首发

2023年4月26日，“快乐长沙 韵味星城”常益长高铁长沙文旅专列首发仪式在长沙站（锦泰广场）举行。副市长彭涛宣布专列正式首发，广铁集团副总经理兼长沙办事处主任郑圣刚参加仪式。

上午9时40分，伴随着掌声和欢呼声，满载旅客的D7452次长沙文旅专列从锦泰广场城际长沙站准时出发。这趟长沙文旅专列，由长沙站始发，途经湖南湘江新区、宁乡、益阳、常德等地，最终抵达张家界，串联起湖南省内多个经济发达、人口密集、资源丰富的城市。

在乘坐的车厢内，长沙最具代表性的橘子洲、岳麓山、岳麓书院、铜官窑古镇、洋湖国家湿地公园、湘江欢乐城等标志性景区景点尽收眼底，随处可见“快乐长沙 韵味星城”等长沙文旅标牌和特色装饰，吸引乘客拍照打卡。沿线一日游和两日游共8条精品旅游线路也同步向市民和游客推介。

本次“快乐长沙 韵味星城”常益长高铁长沙文旅专列的开行，将给游客提供一条内涵丰富、体验独特的文化旅游快车道，也为长沙打造“城市文化和都市休闲”名片，奋力建设具有“长沙味、湖湘韵、中国范”的世界文旅名城助力赋能。

1.3月30日晚，芷江文化旅游产业发展大会开幕。图为大会启动的水上和之城——芷江沉浸式水陆光影夜游项目

2.3月31日，“潮起潇湘 相约湖南”2023湖南文化旅游消费季暨“携手大湾区五十万港澳游客入郴”活动启动

长沙市人民政府副市长彭涛宣布长沙文旅专列正式首发

全国首个超高清景区元宇宙体验馆本月落户张家界国家森林公园

全国首个超高清景区元宇宙体验馆本月落户张家界国家森林公园

用元宇宙体积视频、虚拟人与超高精度数字孪生等自主研发技术讲好张家界国家森林公园的“前世今生”。继在全国率先创立元宇宙研究中心之后，张家界国家森林公园携手中国V谷·马栏山视频文创产业园匠心打造的张家界元宇宙馆于2023年4月28日面向全球开放。

张家界元宇宙馆位于张家界国家森林公园大氧吧广场，以“张家界山水、元宇宙科技、沉浸式体验、数字化互动、网红地打卡”为特色主题，以萌宠IP“咕嘟猴”为主线，以XR技术为核心，融合VR交互系统、VR载具、5G云渲染、AI+、自动化建模等新技术，为游客打造有故事、有场景、有内容、有创意、有温度的元宇宙游览体验空间，让游客在虚拟世界中畅游山水，用一种体验方式传播“仙境张家界”的大美山水。

近年来，张家界国家森林公园一直致力于元宇宙文旅领域的创新和探索，将张家界的自然文化和前沿元宇宙技术创新结合，实现了虚与实的交融、科技与人文的对话，变观光为体验，变游览为探索，变走马观花为身临其境，在数字科技赋能文旅产业上迈出重要一步。

据悉，该项目由张家界市武陵源景区旅游投资有限公司携手长沙宏达威爱信息科技有限公司共同打造，计划于4月28日正式对外营业。

1 2

1.4月15日至16日，英国旅游业界考察团赴长沙考察旅游线路

2.4月9日，为期12天的“古县耒阳·贡茶飘香”2023年耒阳市乡村文化旅游节之江头贡茶文化节在耒阳市“茶香小镇”龙塘镇启动

矮寨·十八洞·德夯大峡谷景区入选国家级文明旅游示范单位

2023年5月8日，文化和旅游部公布第二批国家级文明旅游示范单位名单，共66家单位，湘西矮寨·十八洞·德夯大峡谷景区入选。此次湖南省入选的单位，还有宁远县九嶷山舜帝陵景区、湖南省中国国际旅行社。

雨后的十八洞

雨后的十八洞

矮寨·十八洞·德夯大峡谷景区，位于湘西世界地质公园核心区，由被誉为国际桥梁界“珠穆朗玛峰”的吉首市矮寨大桥、精准扶贫首倡地花垣县十八洞村、“天下鼓乡、天然氧吧”吉首市德夯大峡谷等景区共同组成。2021年，矮寨·十八洞·德夯大峡谷景区成功创建国家5A级旅游景区。

根据《文化和旅游部办公厅关于开展〈文明旅游示范单位要求与评价〉（LB/T 075—2019）实施工作的通知》，全国旅游标准化技术委员会认定66家单位为第二批国家级文明旅游示范单位，包括2021年因疫情原因未开展实地评定的9家单位和2022年申报的57家单位。据文化和旅游部官方消息，在2021年11月公布的47家第一批国家级文明旅游示范单位中，因疫情防控原因，湖南省及湖北、甘肃等10家单位未开展实地评定。

△29日，衡阳市乡村文化旅游节之首届衡南田野亲子节开幕，来自全省各地的数千个亲子家庭，相聚在衡南县洪山镇清泉农夫田园综合体“谷溪安漫亲子农趣园”，开启一场浪漫的亲子田园野趣之旅。本次活动以“希望的田野”为主题，策划打造“一场开幕式、三大亲子田园赛事、三项特色主题活动”等系列亲子嘉年华活动。

5月

△10日，2023世界旅游城市联合会长沙香山旅游峰会在长沙举行。会上，长沙向世界旅游城市发出倡议：凝聚力量，携手同行，共创旅游城市发展新动能，共建全球旅游业美好未来。

△15日，长沙市智慧文旅平台正式上线。游客可通过这一平台开启在网红长沙的智慧旅游，实现一站式预约门票、预订酒店、购买特产，还可以查看各景区的实时状况，合理选择出游线路。

△25日，全国旅游标准化技术委员会、中国旅游车船协会日前发布第三批全国自驾车旅居车营地质量等级评定结果，认定22家单位达到全国5C、4C级自驾车旅居车营地标准。其中，郴州市北湖区仰天湖大草原自驾车旅居车(帐篷)营地荣获全国5C级营地，成为湖南省首个获评最高等级的营地。

6月

△4日，“别样村光看吉首”2023文旅新媒体湖南行在吉首市启动，来自全国各地的30余家媒体记者走进该市乡村旅游精品廊道，打卡洽比河畔的5个特色乡村旅游景点，感受当地秀丽的自然景色和浓郁的民俗风情。

△17日，张家界元宇宙夜游文旅景区——九歌山鬼景区开园。这是一个穿越原始森林、喀斯特溶洞、天坑地貌的行浸式探秘夜游文旅景区。

△20日至21日，2023年湖南国际文化旅游节暨纪念屈原逝世2300周年系列活动在汨罗江畔举行，拜谒中华诗祖，赓续历史文脉，谱写时代华章。

△29日，毛里求斯共和国旅游推广局在长沙举办旅游推介会，向湖南人民展现这个非洲海岛国家的独特魅力，邀请中国游客前往毛里求斯领略山海美景。

7月

△5日，2023年全国暑期文化和旅游消费季主场活动在大连举行。文化和旅游部发布了全国20个沉浸式文旅新业态示范案例，张家界大庸古城《遇见大庸》演艺榜上有名，这也是湖南省唯一上榜的演艺项目。

八国驻华大使齐聚长沙 共话国际旅游

在“2023世界旅游城市联合会长沙香山旅游峰会”大使论坛上，八国驻华大使化身旅游推荐官，推荐了各自国家的旅游亮点。

2023年5月10日，“2023世界旅游城市联合会长沙香山旅游峰会”活动之一的大使论坛在梅溪湖举行。来自哥伦比亚、埃塞俄比亚、约旦、马耳他、摩尔多瓦、塞舌尔、斯里兰卡、特立尼达和多巴哥等8个国家的驻华大使，围绕“旅游复苏：挑战与合作”的议题进行交流。

8国驻华大使齐聚长沙，共同探讨全球旅游发展的新需求和新理念，分享本国如何运用新科技、顺应新潮流、开发新模式、迎接新挑战的创举，共谋未来世界旅游繁荣发展的大局，振兴世界旅游业的发展信心。各位大使还化身本国旅游推荐官，推荐了各自国家的旅游亮点。

在“2023世界旅游城市联合会长沙香山旅游峰会”大使论坛上，八国驻华大使化身旅游推荐官，推荐了各自国家的旅游亮点

参与节会的市民体验橘子洲栀子花打卡盛况，更有“栀子花节短视频大赛”等市民参与。

1.4月16日，湘西·永顺（青坪）首届桐子花节开幕

2.4月26日—5月16日，2023年湖南生态旅游节暨大围山第十五届杜鹃花节在浏阳举行

3.4月27日，“潮起潇湘·相约张家界”2023张家界文化旅游消费季活动在张家界七十二奇楼启幕

北湖一景区荣获全国5C级营地！

2023年5月25日，文化和旅游部发布中国旅游标准化技术委员会、车船协会关于“第三批全国自驾车旅居车营地质量等级评定结果的公告”。其中，仰天湖大草原自驾车旅居车（帐篷）营地成功斩获“全国5C级自驾车旅居车营地”殊荣，是湖南省目前首个获评且等级最高的营地。

仰天湖大草原帐篷营地包括云野帐篷营地、湖上云居帐篷营地、云集帐篷营地、云奢帐篷营地和仰天湖大草原自驾车旅居车帐篷营地，全都按照国家5C级高标准建设，风格多样，设施优质。

其中云野帐篷营地占地面积150亩，可搭帐篷300余顶，并设有星空主题帐篷区、自搭区、活动区、露营生活服务区等功能区，相关配套设施一应俱全。营地将户外美学与自然美景融合，奢华舒适又自带野味情趣，真正实现住在风景里。

自驾车旅居车（帐篷）营地是旅游住宿业的重要组成部分，本次等级评定，对于提升旅游服务质量、打造仰天湖大草原景区的优良形象有重要意义。景区将持续推动自驾露营旅游健康高效发展，不断增强景区自驾游吸引力和影响力，以更高的标准为自驾游客提供更优质的服务。

1.4 月 28 日上午，2023 年湖南生态旅游节暨第十四届湖南·阳明山“和”文化旅游节（杜鹃花会）开幕式在双牌县阳明山国家森林公园举行

2.4 月 29 日，衡阳市乡村文化旅游节之首届衡南田野亲子节开幕

3.5 月 18 日，湖南省 2023 年“文明旅游 快乐同行”主题活动在张家界大峡谷景区启动

首趟凭祥至张家界『山水画·生态游』主题旅游专列开行

2023 年 5 月 26 日，Y872 次“山水画·生态游”主题旅游专列从凭祥火车站出发，400 名越南籍游客搭乘专列分别停靠柳州、吉首、张家界等地，开启为期 6 天的山水之旅。这是中国边境车站——凭祥火车站开出的首趟服务越南旅客的旅游专列。

今年以来，中国旅游业强势复苏，文旅市场消费需求加快释放。随着中国—东盟交流合作日益密切，中国同东盟已互为重要客源地和旅游目的地。随着 5 月 15 日起友谊关口岸全面恢复口岸快捷通关，出入境管理政策措施的进一步调整优化也让跨境游的热度持续升温。

据悉，Y872 次“山水画·生态游”主题旅游专列共配备 12 节空调软卧车厢和 1 节餐车，具有“日游夜行，快旅慢游”的特点，旅客白天下车旅游，晚上返回车上休息。6 天的旅程中，他们将一路打卡广西、湖南的著名景点，在柳州乘坐游船夜游百里柳江，前往吉首领略湘西土家苗族异域风情，体验张家界天门山的人间仙境，一路畅享好山好水好风光。

铁路工作人员与越南旅客合影

湖南（夏季）乡村文化旅游节在吉首开幕

2023 年 6 月 3 日，在热闹的苗鼓声和湘西黄金茶的茶香中，2023 年湖南省（夏季）乡村文化旅游节暨湖南省夏季“村晚”示范展示活动在湘西州吉首市隘口村开幕。

本次活动以“三湘四水 相约湖南 神秘湘西 天下鼓乡”为主题，策划“1+5+N”系列活动，全方位展示湘西文化旅游资源和文旅赋能乡村振兴成果，助力打造乡村旅游精品线路，全面推进乡村振兴。

活动开幕后，紧接着举行了湖南省夏季“村晚”示范展示活动，现场以茶文化为主题，通过茶之源、茶之义、茶之情、茶之歌四个篇章，以歌曲、舞蹈、情景剧等形式，展示湘西民族地区乡村振兴的丰硕成果以及村民安居乐业的幸福生活。

现场，围绕“神秘湘西爽一夏”主题，湘西州推出了“靓”爽湘西多彩风情旅拍游、“炫”爽湘西灯火阑珊梦幻游、“凉”爽湘西避暑养心度假游、“趣”爽湘西花式体验研学游、“惬”爽湘西自驾露营休闲游、“酷”爽湘西极速狂飙全景游等“靓、炫、凉、趣、惬、酷”六大特色旅游线路。

本届湖南（夏季）乡村旅游节还将举行五大主体活动，即湖南乡村文旅赋能乡村振兴活动研讨会、湖南省乡村文化旅游节成果展、湘西州非遗民俗展示展演、《德夯幻境》沉浸式实景光影文旅演艺、“别样村光看吉首”乡村旅游踩线活动。

△ 10 日，吉首市矮寨峡谷星空音乐节现场，美味烧烤与清爽啤酒惬意碰撞，激情音乐与璀璨星空浪漫交织，来自全国各地的游客到此体验“向云端”的仲夏狂欢。

△ 11 日，2023 乡村旅游路村论坛日前在浙江省湖州市八里店镇世界乡村旅游小镇举行。会上，世界乡村旅游理事会、亚太旅游协会公布 15 家单位荣获“世界乡村旅游 RL 杯（乡村之光）”，湖南省张家界市、郴州东江湖景区榜上有名。

△ 15 日，郴州仰天湖大草原星空露营节启动，并举行国家 5C 营地颁牌仪式。仰天湖大草原帐篷营地总占地 1200 亩。营地将户外美学与自然美景融合，设有星空主题帐篷区、自搭区、活动区、露营生活服务区等功能区，是中国南方露营规模最大、影响最广、营地类型最多的营地之一。

△ 14 日，洪江古商城啤酒狂欢节激情开幕。5000 余名游客齐聚烟雨洪江街区，喝啤酒、品美食、赏夜游、玩互动，感受清凉又热辣的“醉嗨夜洪江”。

△29日，洪江古商城灯火璀璨，光影如昼，2023“盛夏良宵·八月天天乐”活动盛大开启。传统龙狮、花式篮球、武术、旗袍、广场舞等14支各色巡游队伍组成方阵，沿古城踏街巡游表演，吸引万余名游客激情狂欢。

8月

△4日，农商之夜“桃”气一“夏”·炎陵黄桃美食音乐嘉年华活动开幕。以“黄桃+夜市”“黄桃+湘菜大师”“黄桃+客家文化”等形式，打造一场炎陵黄桃的美食音乐盛宴。

△7日，2023“味道湖南·去湘当有味的地方”旅游美食体验季启动。首站在蓉园宾馆举行，暑期来湘的台湾高校“爱·在芒果”实习交流团的70余名师生现场体验。省委常委、省委宣传部部长杨浩东出席仪式，为台湾实习交流团代表、台湾中国时报副社长王儒哲先生颁发“湖南旅游美食推荐团”荣誉证书，并赠送了1套《中国湘菜大典》。

△7日，伴随着震撼的焰火在华容河腾空绽放，洞庭渔火季·2023“雪花之夜”华容啤酒节开幕，湘鄂边区域旅游融合发展研讨会同时举行。

△18日，2023汝城莲文化旅游节在汝城县土桥镇金山古村开幕。现场，汝城县和江西省于都县签署《红色旅游战略联盟合作框架协议》。

中非文旅体联盟在长沙启动

在2023年7月1日举行的第三届中非经贸博览会湖南对非产品与旅游专场对接会上，中国—非洲文化、体育与旅游联盟（以下简称“中非文旅体联盟”）正式启动。该联盟作为促进中非文旅体交流合作的综合性服务机构，致力建立起多方参与的中非文体旅合作交流长效机制，打造地方和企业对非文体旅合作新平台新窗口。

2023年7月1日，长沙国际会展中心，第三届中非经贸博览会现场人气旺，游客、嘉宾在此参观、购物

联盟由湖南省中非经贸促进研究会牵头，联合11家行业组织、文旅体企业单位发起成立。成员主要包括中非双方文旅体相关国家部门和体育俱乐部、酒店集团、交通运输公司，以及能够推进非洲体育和旅游产业发展的规划机构、咨询机构、服务提供商等。

根据规划，联盟将充分协调和调动政产学研用各方资源，开展中非双方文化、旅游和体育领域交流合作等促进工作。具体包括受政府有关部门委托或经有关部门批准，组织制定中非文化、体育和旅游行业技术标准并推动标准贯彻实施；根据市场和行业发展需要，组织中非双方参加国际性旅游展会，举办中非旅游合作相关研讨会；探索在国内山东、海南、湖南等地举办非洲旅游展、中非旅游文化周等活动。

1.5月19日上午，2023年“5·19中国旅游日”湖南宣传活动暨崀山文化旅游推广季启动仪式在世界自然遗产地、国家5A级旅游景区——崀山风景名胜区举行，活动期间推出了众多优惠，让游客畅玩湖南景区

2.5月19日上午，冷水滩区在永州大市场举行旅游日主题活动，推介旅游路线、特色商品和文创产品，联合参与企业给市民带来优惠让利活动，并召开文旅企业座谈会。永州市文旅广体局党组成员、副局长张科春出席座谈会，冷水滩区副区长王付荣出席活动

1
2

张家界市荣获“世界乡村旅游RL杯（乡村之光）”最高品牌荣誉

2023乡村旅游潞村论坛在浙江湖州举行

2023年7月11日，2023乡村旅游潞村论坛在浙江省湖州市八里店镇世界乡村旅游小镇举行。会上，世界乡村旅游理事会、亚太旅游协会公布了《关于授予张家界市等15家单位“世界乡村旅游RL杯（乡村之光）”的决定》。

据了解，“世界乡村旅游RL杯（乡村之光）”遴选出5个最高品牌项目、3个创新品牌项目、3个人气品牌项目、3个奉献品牌项目、1个特别荣誉品牌项目，中国张家界市荣获最高品牌项目。

活动主办方表示：“世界乡村旅游RL杯（乡村之光）品牌项目竞选活动是第四届世界乡村旅游大会重要板块之一，意在寻找世界乡村旅游优质项目。然后将其品牌、创新模式、优异机制、奉献精神等在全球推广，树立世界乡村旅游发展排头兵与典型样板，供乡村旅游从业者研究与学习，实现乡村经济的持续性发展，推动乡村旅游健康稳步向上，培育世界乡村旅游领军者。”

首届炎陵黄桃文化节开幕

2023年7月21日，第一届炎陵黄桃文化节新闻发布会在长沙举行。第一届炎陵黄桃文化节将于本月26日在炎陵开幕。

炎陵被誉为“中国优质黄桃之乡”，好山、好水孕育了个大、形正、色艳、肉脆、味甜、香浓的炎陵黄桃，获评国家地理标志证明商标产品、国家农产品地理标志产品。

活动期间，精彩纷呈。7月26日，在炎帝陵景区，将举行“寻中华始祖·品炎陵黄桃——第一届炎陵黄桃文化节”主题祭祀典礼，届时将有百余名桃农、黄桃经销商齐聚炎帝陵，共祭中华始祖炎帝，缅怀始祖恩德，传承炎帝精神。同日，还将举办2023年炎陵黄桃大会。

新闻发布会现场

后期，株洲“厂BA”炎陵黄桃之夜、“桃”气一“夏”黄桃美食音乐嘉年华、炎陵黄桃抖音直播大赛、炎陵黄桃推荐官短视频大赛等一系列精彩活动轮番上演，以炎陵黄桃为切入点，全方位展示炎陵黄桃、炎陵风光的独特魅力。

为确保消费者买到正宗的“炎陵黄桃”，炎陵构建“炎陵黄桃”全产业链食品安全风险管控体系，实施全程标准化质量管理，炎陵黄桃不仅味道好，还安全健康。为严厉打击假冒“炎陵黄桃”行为，市场监管部门还组建了市、县两级维权工作专班，建立异地维权工作机制，开展线上线下、省内省外异地维权打假行动。

张家界文化旅游推介会在英国伦敦『圈粉』

2023年8月16日，由张家界市人民政府主办的张家界文化旅游推介会在伦敦成功举办。英国旅游界、文化界、媒体界100多名嘉宾出席活动，不少嘉宾连连惊叹“太美了！”，被张家界山水“圈粉”。

与会人士纷纷表示，中国旅游市场正在强劲复苏，此次活动让更多英国旅游业者全面、细致了解张家界丰富的文旅资源与特色产品，未来将向英国民众多推介张家界，让更多的英国游客亲身体验张家界之美。

推介会现场气氛热烈，张家界主题宣传片和旅游宣介引来现场嘉宾的一阵阵惊叹，“太美了！”张家界海外营销合作伙伴MIC总经理胡锴铁带领在座嘉宾开启一段爱上张家界之旅，声情并茂地讲解张家界数十个著名的景点，当场“圈粉”不少与会嘉宾。

本次推介会集中展示了张家界文化旅游业取得的新成果，进一步加强各界对张家界文旅资源和城市形象的了解和认识，扩大英国客源市场，提升张家界国际知名度和美誉度。活动由英国MIC公司承办，中国驻伦敦旅游办事处、海航英国公司、人民网英国公司、Wendy Wu Tours 协办。

1.5月27日，“一粒种子改变世界”2023湖南省雪峰山（怀化）农耕文化旅游节在辰溪县苏木溪瑶族乡举行。开秧门仪式拉开了整场活动的帷幕

2.5月25日，2023年湖南生态旅游节暨黄桑青钱柳节在绥宁县举办

张家界文化旅游推介会现场

△19日，湘西土家族苗族自治州龙山县八面山星空露营周暨“两赛一节”系列活动在千年古镇里耶拉开帷幕。2000多名来自全国各地的骑手云集山脚，在畅快骑行中感受大美湘西。

9月

△5日，湖南省文化和旅游厅在官网连发2则公告，宣布郴州市新增2家省级旅游度假区、2家省级旅游休闲街区。公告显示，确定郴州十畝温泉旅游度假区、郴州仰天湖大草原旅游度假区为省级旅游度假区。被确定为省级旅游休闲街区的是郴州北湖不夜天旅游休闲街区、郴州临武宝玉石旅游休闲街区。

△10日，湖南智慧文旅指挥调度平台暨“又湘游”服务平台正式上线。副省长秦国文出席上线仪式。湖南智慧文旅系统包括文旅大数据中心、“又湘游”服务平台、指挥调度平台和行政服务平台四大版块。其中，“又湘游”小程序是主要面向游客的服务平台，不仅推出了年轻化、时尚化、小众化等定制文旅服务，还可为本地市民提供快捷准确的公共文化服务信息、短期周边游线路等。

△12日，郴州市苏仙区磨心塘历史文化街区正式开街迎客。在这里，可游览传统湘南建筑，可体验郴州民俗风情，可品尝郴州美食，可重温骡马古道历史，成为“郴州八点半、夜空最闪亮”文旅品牌的又一处经典地标。

△12日，享有“中国南方葡萄沟”美誉的中方县桐木镇大松坡村热闹非凡，“行走慢城·萄醉中方”2023中方县旅游发展大会暨刺葡萄文化旅游节开幕，吸引众多游客共赴这场“萄醉”之约。

△19日，第二届邵阳旅游发展大会在隆回县虎形山大花瑶景区开幕。省政协党组成员、副主席李民宣布开幕。本次大会以“早安隆回 云上花瑶”为主题，由邵阳市委、市政府主办。开幕式上，民俗表演《龙狮欢腾鼓舞瑶乡》、武术《梅山武晕》、歌伴舞《花瑶妹子》等极具邵阳特色的文艺节目依次上演，一首歌曲《早安隆回》配上绚烂美丽的烟花秀，更是将晚会推向高潮。

△22日，中国旅游报社等单位发布20条2022全国非遗特色旅游线路，“魅力湘西沉浸式非遗体验游”入选，为湖南省唯一入选线路。

全国首家绿色旅游联盟成立

全国首家绿色旅游联盟在岳阳平江发起成立

2023年8月28日，平江天岳幕阜山景区，云雾缭绕，秋雨送凉。

远道而来的客人，共赴“青山绿水之约”。他们既有旅游专家学者，也有中岳嵩山、东岳泰山、西岳华山、南岳衡山、北岳恒山等知名旅游景区负责人。

由中国旅游景区协会引领的全国首家绿色旅游联盟，当天在平江成立。联盟倡议“中国绿色旅游从我做起”，共同交流“绿色旅游”建设实践经验，谋划探索绿色旅游先行先试的方法举措。

联盟成立后的“第一课”，由中国科学院大学首席教授刘家明现场开讲。针对“山岳型景区的绿色旅游发展”主题，他提出要拿出旅游市场的颠覆性创意，让老景区焕发新活力；打破生态与经济逆向发展的枷锁，将旅游服务做细做精，打造旅游沉浸式体验；学习先进理念，做好绿色旅游规划，增强移动端传播，打造下一个“网红”旅游地。

1.5月27日下午，2023年“5·19中国旅游日”衡东县花奇里首届帐篷音乐节活动在花奇里景区拉开帷幕

2.6月4日，2023年湖南省（夏季）乡村文化旅游节暨湖南省夏季“村晚”示范展示活动主体活动——“别样村光看吉首”乡村旅游踩线活动在吉首市举行

3.6月15日，由湖南省林业局主办，涟源市人民政府承办的2023年湖南生态旅游节暨涟源龙山生态文化节开幕式在涟源龙山国家森林公园举行

2023湖南文化旅游产业博览会在郴州举行

2023湖南文化旅游产业博览会在郴州开幕

2023年9月15日，2023湖南文化旅游产业博览会在郴州国际会展中心开幕。省委常委、省委宣传部部长杨浩东出席并宣布开幕。开幕式后，杨浩东来到会展中心，听取各展馆负责人情况介绍，了解科技赋能文旅产业发展现状。

本届文化旅游产业博览会由省文化和旅游厅、省科技厅、省工业和信息化厅、省商务厅、郴州市人民政府共同主办。作为第二届湖南旅游发展大会的配套活动之一，文化旅游产业博览会以“新科技、新文旅、新消费”为主题，展览面积约6万平方米，参展企业1000余家，设置国内外特色旅游目的地精品形象展区，水上、低空、户外等新户外文旅装备展区，沉浸式、数字化文旅新项目新业态展示体验区，“一带一路”特色文旅企业展区，郴州及国际精品特色矿物晶体展区，湘粤港澳潮文旅24小时沉浸式体验展区等六大展览板块。本届旅博会还吸引了粤港澳大湾区、海南、湖北及西藏山南、新疆吐鲁番等地参展，推介当地旅游项目。

展会期间，还将举行湘粤港澳网络大咖“五张名片”采风体验以及特色文旅产品推介订购会、“科技赋能文旅”新装备新业态推介订购会、2023湖南文化旅游商品大赛暨特色文旅商品（矿晶）推介订购会、成果发布会等活动。

2023中国美食旅游发展论坛在郴州举行

三湘四水，相约湖南，山水画卷，郴州相见。2023年9月16日，2023中国美食旅游发展论坛在郴州市举行。世界旅游联盟主席张旭、省政协副主席肖百灵出席论坛并致辞。

本次论坛由中国旅游研究院、省文化和旅游厅、郴州市人民政府主办，省旅游协会承办。论坛着眼于现代化之路上，旅游业的发展创新方向，紧扣“美食新动能·旅游新生活”主题，为全国文旅界“政企学研”提供高端对话与产学研对接平台。

此次论坛汇集各方的智慧和力量，中国旅游研究院院长戴斌、中国旅游集团20强及重点旅游企业负责人等多位嘉宾应邀而至。论坛上，戴斌发布了“中国美食旅游特别案例”、《美食新动能·旅游新生活——中国美食旅游发展报告（2023）》；中国旅游研究院博士李惠发布了《湖南美食旅游发展报告》。中国旅游饭店业协会会长李峰，浙江省文旅厅二级巡视员戴言，长沙市政协主席陈刚，携程集团副总裁李欣玉，北京宴禧餐饮管理有限公司董事长、总经理杨秀龙，分别作了有关主题演讲。

随后，论坛发布了“中国美食旅游十城、十街、十企”以及“中国美食旅游特别案例”。论坛举办期间，来宾们还参与了郴州美食线路实地考察、湘味专题美食品鉴等配套活动体验。

2023中国美食旅游发展论坛在郴州举行

1
2

1.7月27日上午，2023桂东康氧避暑节开幕式暨万洋山景区开园仪式在桂东县万洋山景区彩虹营地举行

2.8月18日上午，在汝城县土桥镇金山古村景区，2023汝城莲文化旅游节拉开序幕

首届中国（张家界）文旅融合发展大会主旨演讲举行

首届中国（张家界）文旅融合发展大会主旨演讲举行

2023年9月22日，首届中国（张家界）文旅融合发展大会主旨演讲在武陵源举行。湖南省政协副主席赖明勇、海南省政协副主席陈马林出席活动。

此次活动由民革中央、湖南省政协主办，旨在深入贯彻落实党的二十大精神，通过业界专家、学者的思想碰撞，交流旅游发展的理论成果和实践经验，深入探索新时代文旅融合发展的新路径，为张家界文旅产业深度融合与发展奠定坚实基础，为推动全国文旅融合发展提供湖南样板。

活动现场，文化和旅游部原副部长、故宫博物院原院长单霁翔，中国科学院院士、中国科学院生物物理所中国科学院核酸生物学重点实验室学术委员会主任陈润生，中国旅游协会副会长、顶度集团有限公司董事长、乌镇旅游股份有限公司总裁陈向宏分别作题为《文旅融合与发展》《生命科学与康养旅游》《旅游项目的开发与管理》的主旨演讲。

“让自然‘遗产’到‘场景’，争做文旅融合发展的先行者。”赖明勇在致辞中指出，希望张家界以此为契机，找准文化和旅游工作的最大公约数、最佳连接点，进一步加深对文化旅游产品资源的认识，进一步完善文化旅游产业体系，进一步构建文化旅游消费场景，争创全省文旅融合发展的标杆。

10月

△1日，通道侗族自治县牙屯堡镇通坪村举办鱼羹文化节。湘桂黔三省区边界和全国各地游客1万余人共享鱼羹。

△14日，长沙市文旅资源推介会在浏阳举行。同程旅行全国第二总部项目、浏阳河十里画廊夜游项目、长沙县开慧镇开慧村缦苏湖乡村民宿度假村、湖南省非遗文化产业园项目等16个重大文旅项目签约，签约金额达69.86亿元。

△14日，作为2023湖南红色旅游文化节重要活动之一，2023中国革命文物主题游径建设专题研讨会在平江举行。研讨会聚焦中国革命文物主题游径建设赋能文旅融合高质量发展，探讨革命文物融入经济发展、城市建设、乡村振兴、人民生活、文物旅游、文化消费的新思路、新方法，助推革命文物保护利用，推动红色旅游高质量发展。

△27日，2023年益阳市文旅融合发展大会在著名作家周立波著作《山乡巨变》原型地益阳高新区清溪村开幕。大会由益阳市委、市政府主办，以“益山益水 益美益阳；立波故里 文约清溪”为主题，旨在以文塑旅、以旅彰文，推动“强中心城区”战略深入实施，不断书写新时代高标准的“山乡巨变”。

△27日，“守湖湘之正 兴文旅之路——发起成立湖南历史文化旅游联盟”大会在衡阳市南岳区召开，南岳衡山、炎帝陵、岳麓山—橘子洲、岳阳楼、桃花源等60余个省内历史文化型景区、博物馆、文旅单位等聚首商讨，倡议成立湖南历史文化旅游联盟。

11月

△5日，湘潭市第二届旅游发展大会在该市雨湖区万楼·青年码头开幕。省政协副主席、民进省委会主委、湘潭大学校长潘碧灵宣布开幕。本次大会由湘潭市委、市政府主办，将举行开幕式暨“红色旅游周”启动仪式、新文旅项目观摩、湘潭市旅游产业发展推进大会、湘潭市文旅产业招商推介暨湘商回归座谈会四大主题活动，以及“风味窑湾·渔乐无限”美食品鉴、白石“家”文化艺术节、生态雨湖·礼赞丰收节等系列文旅活动。

△6日，湘潭市举行打造经典红色名片暨旅游产业发展推进大会，集中签约34个重点文旅项目，总投资56.41亿元。

△3日—4日，第十五届中国（浏阳）国际花炮文化节在浏阳举行，数万名中外宾客相约浏阳河畔，共同领略“一河诗画满城烟花”的城市魅力。

泸溪县文旅广电局开展乡村文化旅游节暨农民丰收节

泸溪县文旅广电局开展乡村文化旅游节暨农民丰收节

2023年9月22日，泸溪县文旅广电局开展“神秘湘西·氧城泸溪·和美洗溪”乡村文化旅游节暨农民丰收节，顺应乡村民俗传统，加强农耕文化传承与保护，推动乡村旅游发展。

此次活动精彩纷呈，组织开展了党的二十大精神与农业科技等宣传、“千人登天桥山”健身比赛、乡村音乐会及民俗非遗展演、丰收长龙宴等7项活动。活动重点还围绕惠农助农帮扶，举行优质农产品展销推介，在会场路边设立洗溪镇24个村展位，每村搭建一个展台，展销自产的农产品。为提升乡村丰收互动体验，设计“农家游”和“农艺体验”两大主题，开展农家乐、向日葵花海、抢鸭子活动，让游客感受农村生活和乡村文化。

据悉，张家坪村积极创建村级“最美潇湘文化阵地”，遵循因地制宜、经济适用、运行良好的原则，按照打造具有文化品位、主客共享的新型城乡公共文化空间的要求建设，对标乡村“门前十小”文化建设的基本条件和文化设施。积极开展各类文旅志愿服务活动，乡村四季春晚、广场舞演出、文化旅游节、戏曲进乡村、惠民演出培训等群众公益文化活动，促进文旅融合提升群众幸福指数，助推乡村振兴。

1.8月26日上午，“飞阅汝城·翱翔三湘”2023湖南体育旅游节暨全国滑翔伞定点精英赛在汝城绿源长安生态城开幕

2.8月26日，临武县滴水源景区历经两年经营调整后盛大开园

3.9月22日上午，2023“中华书山 开山大典”在沅陵县二酉乡举行

南岳区获评『2023文化和旅游高质量发展优秀区』

第十届文化和旅游融合与创新论坛现场

2023年9月24日，第十届文化和旅游融合与创新论坛在甘肃省武威市举办。会上，南岳区捧回“2023文化和旅游高质量发展优秀区”奖牌。

文化是旅游的灵魂，旅游是文化的载体。近年来，南岳区坚定实施“以文塑旅，以旅彰文”的文旅融合发展战略，以打造世界级文化旅游目的地为目标，从提升吸引力、体验感和美誉度三个方面入手，舞活全市旅游龙头，擦亮全省历史文化名片。该区积极开展项目攻坚、改革赋能、产业转型、民生优先、平安建设等“五大行动”，不断促进旅游产业转型升级与旅游基础设施提升，南岳的好环境、优服务得到越来越多游客的认可与点赞。

据统计，1—8月，南岳区接待游客985.61万人次，同比增长55.44%，比2019年增长9.07%；旅游总收入103.74亿元，同比增长58.21%，比2019年增长43.17%。南岳年轻游客人数、过夜游客人数、省外游客人数均持续增长。

湖南红色旅游文化节在平江开幕

2023 湖南红色旅游文化节在平江开幕

2023 年 10 月 14 日，2023 湖南红色旅游文化节在平江开幕。省政协副主席赖明勇宣布开幕。

开幕仪式上，湖北红安县，安徽金寨县，江西兴国县、永新县，湖南平江县、浏阳市、茶陵县、长沙县、湘乡市、湘潭县等部分开国将军县代表，共同启动“将军故里”红色旅游发展联盟。

本次大会以“致敬潇湘红 奋进新时代”为主题，为期 3 天。主体活动为 2023 湖南红色旅游文化节，同时举行 2023 湖南红色旅游文化节新闻通气会、湘鄂赣边三省红色主题歌曲邀请赛、潇湘红色故事讲解员大赛、全省红色文创和红色旅游成果展览展示、中国革命文物主题游径建设专题研讨会、“将军故里展新姿”全国部分开国将军县乡村振兴成果展、红色研学线路观摩等 7 个配套活动。

2004 年至今，湖南红色旅游文化节已成功举办 19 届，成为湖南文化旅游节会的知名品牌。为进一步用好红色资源、发展红色旅游、打造红色名片、赓续红色血脉、传承红色精神，今年 5 月，经湖南红色旅游文化节组委会批准，2023（第二十届）湖南红色旅游文化节由平江县承办，这是自 2018 年来时隔 5 年后平江县再次承办该活动。

1.9 月 28 日，第五届中国·辰溪稻花鱼文化节暨 2023 年辰溪县旅游发展大会在辰溪县火马冲镇开幕，吸引了大批游客及周边群众参加

2.11 月 18 日，“枫华麓山·湘漾湘声”第十七届中国（长沙）岳麓山红枫节正式开幕

△ 18 日，桑植乡村文化旅游节暨桑植民歌节之桑植首届村歌赛总决赛激情唱响。12 支参赛队伍，用歌舞的形式，展示桑植丰富的文化内涵和传统乡土风情。

△ 22 日，湖南省推动工业旅游高质量发展座谈会在长沙召开，会上为 22 家 2023 年省级工业旅游示范点授牌。

12月

△ 4 日，湖南省文化和旅游厅公布了首批 20 家省级夜间文化和旅游消费集聚区名单，14 个市州均有入选。省文旅厅表示，举行本次评选旨在贯彻落实《湖南省政府办公厅关于湖南省恢复和扩大消费的若干政策措施》文件精神。各市级文旅行政部门需加大政策资金支持力度，丰富文旅业态，优化产品和服务供给，加强品牌建设，营造良好消费氛围，促进夜间文旅经济发展。

△ 8 日，在江西于都县举行的 2023 中国红色旅游博览会——湖南红色旅游研学推介会上，湖南省文化和旅游厅对外发布首批 10 条湖南红色旅游研学精品线路，并启动相约湖南·红色旅游研学活动。

双峰县首届红橙文化旅游节开幕

县委副书记、政法委书记戴志雄宣布双峰县首届红橙文化旅游节正式开幕

2023 年 12 月 2 日，相约和美乡村·唱响红橙甜歌·助力乡村振兴，双峰县首届红橙文化旅游节在梓门桥镇石门村开幕。

县委副书记、政法委书记戴志雄宣布双峰县首届红橙文化旅游节正式开幕。

县委常委、纪委书记、县监委主任孙义主持开幕式。市乡村振兴局副局长陈康庄、县人大常委会副主任罗武群、县政协副主席王贵祥等参加活动。

享发展成果的甜蜜盛宴，也是一个深化交流合作、推动产业升级的精彩平台，更是一项提振人气信心、扩大消费需求的重大行动。县委、县政府将一如既往重视支持红橙产业的发展，着力兴产业、促消费、稳发展，推动红橙品牌越来越亮、产业越来越强、产销越来越旺。

开幕式上举行了双峰县红心脐橙协会授牌仪式、红心脐橙现场认购仪式和销售签约仪式，并设置多个展台，向来宾推介红橙品质品相、品尝美味红橙。同时，通过融合“融媒体小视频、邮政网络、网红达人、企业签约、任购任销”等销售路径，齐推本地农特产品出圈，助力农民增收。当天，红橙预销售额 160 万余元，各方引流农产品零售额 3 万余元。

此次活动由中共双峰县委实施乡村振兴战略领导小组主办，县农业农村局、县乡村振兴局、县商务局、县文旅广体局、中共梓门桥镇委员会、梓门桥镇人民政府承办。

△18日，文化和旅游部联合自然资源部、住房和城乡建设部印发通知，公布了首批国家文化产业和旅游产业融合发展示范区建设单位名单，湖南省长沙浏阳市、衡阳南岳区、岳阳平江县上榜。全国50个，湖南占3席。

△16日至18日在海南省澄迈县举办的海南文旅资源推广大会传来消息，郴州市、湖南湘江新区与淄博市、榕江县、包头市、丽江市、福田区、孝感市、昆山市、阳江市一道上榜“2023年度十大热门热点城市”。

△23日，“洞庭渔火季·冬之味”华容县乡村文化旅游节在禹山风景区举行。开幕式现场热闹非凡，舞龙耍狮，敲锣打鼓，竹马戏、蚌壳戏、采莲船纷纷登场，赢得游客阵阵喝彩。

湖南省红色文化旅游节系列活动之怀化通道“追寻红色记忆 感悟百年初心”红军长征通道转兵纪念暨侗年节活动启动

2023年12月2日，湖南省红色文化旅游节系列活动之怀化通道“追寻红色记忆 感悟百年初心”红军长征通道转兵纪念暨侗年节活动启动仪式在皇都侗文化村举行。市文旅局党组成员、副局长戴英群，县领导李世萍、杨晓黎及相关部门负责人参加。

湖南省红色文化旅游节系列活动之怀化通道“追寻红色记忆 感悟百年初心”红军长征通道转兵纪念暨侗年节活动启动

据了解，此次“追寻红色记忆 感悟百年初心”红军长征通道转兵纪念与侗年节活动结合开展，为期一个月，从2023年12月2日至2024年1月6日将以多样化的民俗体验释放旅游发展活力。“重走长征路”“转兵福地庆丰收哆嘎哆吔过侗年”“红军精神粮食节”等丰富多彩的系列活动，让广大游客在追寻红色记忆的同时，也能够在坪坦侗寨群，共享一场场饕餮的文化盛宴。

本次活动是通道文旅以节会刺激通道县文旅市场，探索冬季旅游发展路径，破解冬季旅游淡季困境的有力举措，将进一步丰富通道冬季旅游产品供给，满足人民群众冬季文化旅游消费需求，激发冬季旅游消费潜力和旅游市场活力，有力地推动通道文旅产业迎来新一轮的跨越式发展。

1.12月29号，“潮起湘江·幸福洋湖·相遇非遗”2023年湖南非遗旅游迎新集市在长沙洋湖水街开幕

1

洪江古商城创建国家5A级旅游景区首批建设项目开工

2023年12月12日，洪江区举行洪江古商城创建国家5A级旅游景区首批建设项目开工仪式，8个项目集中开工。项目的开工是该区举全区之力狠抓国家5A级旅游景区创建工作的具体举措，也是推动怀化旅游“金三角”高质量发展的生动实践。

洪江古商城创建国家5A级旅游景区首批建设项目正式开工

本次开工的8个项目分别为东游客中心提质升级项目、西游客中心建设项目、半个铜钱剧场周边建筑风貌改造项目、撑花亭建设项目、聚宝广场建设项目、里仁巷6号建筑风貌改造项目、青山界广场提质改造项目和古商城核心区建筑立面改造项目。项目总投资3亿元，涵盖了洪江古商城景区游客中心升级建设、新景点打造、整体风貌改造等内容。

2023年湖南省（冬季）乡村文化旅游节桃源开幕

2023年湖南省（冬季）乡村文化旅游节在桃源开幕

2023年12月6日，2023年湖南省（冬季）乡村文化旅游节、湖南省冬季“村晚”示范展示活动暨第二届常德市旅游发展大会，在桃源县热市云顶温泉旅游度假区开幕。

沉浸式演唱《如果我去常德》、土家民俗舞蹈《吠酒》等文艺节目将开幕式推向高潮。“思念深处藏着桃花源，飞得再高走得再远，最爱这片水云间……”由龙泽索南演唱的新歌《星河祈愿》首发，唱出人们心中对桃花源的向往。

本次活动由省文化和旅游厅、常德市委、市政府主办，以“三湘四水 相约湖南 人间仙境 世外桃源”为主题，包含五大主体活动，即2023湖南省冬季“村晚”示范展示、“踏寻常德·心灵之旅”常德市特色乡村文化旅游线路考察体验、活动开幕式、政银企对接会和云顶温泉创意秀暨康养产业赋能乡村振兴沙龙。

2024

湖南地方年鉴

体育

要闻纪事
2023年

1月

△16日，资阳区女子选手曹天晴在全国自由式滑雪雪上技巧冠军赛上分别获得女子个人第一、女子双人第一、女子个人滑行第一，连夺3枚金牌。

2月

△13日至15日，以“武动桃花江 竹乡遇见美”为主题的2023年湖南省青少年武术锦标赛在桃江县举行。

△19日，亘爱·湘跑联盟2023新年半程马拉松赛在松雅湖国际友谊林拉开帷幕。

△24日，永定区“首届冬季文化旅游节篮球友谊赛”圆满闭幕。零视角一队、零视角二队、农商银行分获前三名。

△25日，2022—2023年衡阳市青少年U系列游泳锦标赛在奥星游泳馆火热开赛，400余名游泳小将劈波斩浪，奋“泳”争先，展开激烈角逐。市政协副主席、市文旅广体局副局长叶玉泉出席并宣布开幕。

全国新年登高健身大会在张家界举行

2023年1月1日，“中国体育彩票”2023年全国新年登高健身大会主会场在张家界国家森林公园拉开序幕，来自全国各地3000名登山运动员和户外爱好者齐聚张家界，决战黄石寨之巅，开启新年登高之旅。这是张家界连续第二次作为全国主会场举办新年登高健身大会。

全国新年登高健身大会在张家界举行

活动开幕式在极具张家界民族特色的歌舞声中拉开帷幕。市委副书记、市长王洪斌致欢迎辞，湖南省体育局局长罗双全发表讲话，国家体育总局群体司司长丁东宣布活动开幕，中国登山协会主席李致新，国家体育总局登山运动管理中心副主任张志坚，国家体育总局体育彩票管理中心副主任董红芳，湖南省体育局党组成员、副局长罗跃龙，市政府党组成员、副市长汪涛，举重奥运冠军龙清泉等领导和嘉宾出席活动开幕式。

随着发令笛声响起，花样滑冰冬奥冠军韩聪、攀岩世界冠军钟齐鑫和3000名登山爱好者从海拔700米的黄石寨景区入口处出发，拾级而上，步步登高。

与此同时，在张家界国家森林公园大氧吧广场，太极拳表演、武术表演、街舞表演、轮滑表演、花式足球表演等各类体育运动也随之展开，老少皆宜的运动让现场观众玩得无比开心。

随后，丁东、罗双全、董红芳、罗跃龙、龙清泉等一行人还来到张家界冰雪世界滑雪馆参观。

1.2月19日，亘爱·湘跑联盟2023新年半程马拉松赛在松雅湖国际友谊林拉开帷幕

2.2月27日上午，祁阳市2023年第三届“体彩杯”社区趣味运动会

3.1月31日下午，省发改委机关工会举行“奋进百年路 启航新征程”趣味运动会，委党组副书记、副主任刘崇斌出席并宣布运动会开幕

1 2 3

“林丹杯”羽毛球赛落户郴州

1月3日下午，郴州市文化旅游发展投资集团有限公司与丹辉（广州）体育文化有限公司战略合作签约仪式

2023年1月3日，以著名运动员林丹命名的“林丹杯”羽毛球赛落户郴州签约仪式举行。举办该赛事旨在借助林丹在国际羽坛的影响力和号召力，带动郴州的羽毛球运动发展，同时提升当地承办湖南省第二届旅游发展大会的影响力。羽毛球世界冠军林丹和郴州市委、市政府主要负责人等见证签约。

郴州是中国女排“五连冠”的腾飞地，是“女排精神”的发源地，近年来郴州籍世界冠军辈出，“体育名城”名副其实。据了解，“林丹杯”系列赛由世界羽坛双圈大满贯得主林丹2020年创办。在签约仪式上，林丹表示，“林丹杯”郴州羽毛球公开赛今年将同郴州的羽毛球爱好者进行互动交流，并开展青少年羽毛球培训、林丹羽毛球俱乐部等相关活动。同时，积极导入更多的文体项目及明星资源，以及粤港澳大湾区文体游学资源，推动郴州文旅体产业发展。他将为郴州市体育工作发展提供专业指导。

湖南省县（市、区）篮球联赛开幕

2023 年 2 月 11 日，“新化红茶杯”湖南省县（市、区）篮球联赛开幕式在新化县体育运动中心篮球馆持续激战。13 支强队将争夺“县域之王”的桂冠。

本次赛事由湖南省体育局主办，湖南省篮球协会、娄底市文化旅游广电体育局、新化县人民政府承办。全省县（市、区）篮球联赛是本土极具影响力、参与度与竞技水平较高的县域篮球赛事，此前已成功举办四届。该项赛事逐步成为激发参赛队伍篮球活力的有效载体，也是各县域加强交流、增进友谊的良好平台。本届联赛共 13 支县域代表队伍，超 180 名领队、教练员、运动员参赛，比赛将持续至 2 月 18 日。

“新化红茶杯”湖南省县（市、区）篮球联赛开幕式

开幕式上，13 支代表队正式亮相，本土篮球精英会聚一堂，多位国内具有较高知名度和超高人气的球星前来助阵，让本届赛事的竞技水平独树一帜，各队实力均衡，竞争性十足。开幕式后，东道主新化队与冷水江队的比赛随即打响，最终，新化队取得“开门红”。

13 支球队中有 3 支来自长沙，分别为宁乡市、长沙县及望城区代表队，他们被分在了 B 组，将与北湖区、珠晖区、邵东市代表队争夺出线名额。在揭幕战之后的一场比赛中，长沙县代表队击败了珠晖区代表队，取得了首战胜利。

『湘煤杯』2022 湖南省篮球联赛在怀化开幕

揭幕战中怀化辰溪队和湘潭湘钢队比赛现场

2023 年 2 月 24 日，“湘煤杯”2022 湖南省篮球联赛在怀化市体育中心开幕。省政协原副主席、省篮协名誉主席刘晓出席并为揭幕战开球，市委书记许忠建宣布开幕，省体育局局长罗双全，市委副书记、市长黎春秋，省煤业集团有限公司党委书记、董事长廖建湘分别致辞。副市长佘建勇主持开幕式。

黎春秋代表市委、市政府向全体运动员、裁判员、教练员和赛会工作者表示亲切慰问。他说，作为东道主，怀化将全力为联赛创造最优质的服务、最公平的赛场环境，努力把本次联赛办成一届出彩的篮球盛会。全市上下要借此次篮球联赛的东风，深入开展全民健身运动，大力发展体育事业，促进群众体育、竞技体育、体育产业全面开花，为深入实施“五新四城”战略提供健康支持。

“湘煤杯”湖南省篮球联赛作为全省水平最高、规模最大、影响面最广的篮球赛事，受疫情影响，赛事由去年推迟至今年举办。此次联赛为期 16 天，共有来自省直、长沙、怀化等 12 支队伍参赛。在开幕式后举行的揭幕战中，怀化辰溪代表队以 103 ∶ 79 战胜湘潭湘钢代表队。

1.3 月 4 日上午，长沙市第十一届全民健身节系列活动、长沙市望城区“芬芳在望 花香满城”花海文化艺术节暨长沙市首届乡村欢乐跑赛事在茶亭花海举行

2.4 月 15 日上午，2023“一汽红旗”张家界武陵源生态马拉松在张家界武陵源标志门举行

3.4 月 2 日一早，战马 2023 湘江马拉松赛在万丰湖畔超燃开跑

3月

△ 17 日，岳塘区第六届休闲体育节庆“三八”机关干部职工趣味运动会在区全民健身中心举行。来自全区各部门的 40 支代表队参与角逐，热闹非凡。

△ 18 日，古丈县环栖凤湖越野赛，在湘西土家族苗族自治州古丈县栖凤湖景区鸣枪开跑，奥运冠军向艳梅现场领跑。

△ 19 日，“策马绿心 · 筑梦南城”第二届长株潭融城半程马拉松赛在长沙市天心区许兴村举行。

△ 27 日，双峰县“巾帼心向党 · 奋进新征程”第三届“女杰杯”气排球比赛在县体育中心正式开幕。

4月

△ 2 日，战马 2023 湘江马拉松赛 · 株洲站在万丰湖鸣枪开跑，3000 余名选手参赛。

△ 8 日，第二届湖南省“冠军摇篮”杯青少年业余羽毛球赛开幕式在益阳市奥林匹克公园举行。

△ 9 日，“盛腾汨罗印杯”第 19 届亚运会龙舟项目国家集训队资格赛在汨罗开赛，来自全国各地的 23 支参赛队伍逐浪汨罗江。

△9日，由人民公安报社·中国警察网主办的2023柳州马拉松暨警察马拉松在柳州鸣枪开跑。衡阳公安3名参赛选手均安全完赛并取得了佳绩，其中刘胜利、吴艳丽分别获得女子全程马拉松的第五名和第八名。

△12日—16日，2023年全国U21青年篮球锦标赛男子组第一阶段辰溪赛区在辰溪县体育中心举行。

△15日，2023年NYFO（National Youth Football Open）青少年足球公开赛（春季赛）暨长沙·望城赛区比赛，在望城区开幕。

△15日，“雁峰酒业杯”湖南省第十一届气排球赛开幕，来自三湘四水的17支队伍156名运动员齐聚雁峰，开启“夺冠”之旅。

△19日，第十届湖南省少数民族传统体育运动会民族健身操自编动作比赛圆满落幕，比赛分甲组和乙组进行，共27支队伍参赛。

△21日，湖南省第十届少数民族传统体育运动会高脚竞速、板鞋竞速项目比赛落幕。

2023长沙（春季）走娃少儿健走大赛江边开拔

2023年3月12日，让孩子们跑起来！今天上午，2023年湖南省“奔跑吧·少年”儿童青少年主题健身活动暨交通银行·2023长沙（春季）走娃少儿健走大赛开赛，4091组家庭从滨江新城市民中心广场出发，一路沿江南下，挑战13.5公里毅行。

2023年湖南省“奔跑吧·少年”儿童青少年主题健身活动暨交通银行·2023长沙（春季）走娃少儿健走大赛在长沙市湘江边绿化带欢乐开走

一步一步，长成大树。活动当天正值中国植树节，湘江西岸的风光带上，蓝衣、黄帽浩浩荡荡，“小树苗们”与家人小手拉大手，或漫步前行或肆意奔跑。对于孩子们而言，只要顺利到达终点，成长路上便迈出了新的一步。

长沙走娃少儿健走大赛参赛少儿年龄为5至13岁，完赛选手均获颁奖牌和成绩证书。经过五届的培育，“走娃”已逐渐拥有一批忠实“粉丝”。报名平台统计显示，本次比赛有60%以上家庭属于重复参赛。赛事鼓励和引导孩子从小养成毅行健身的习惯，让孩子拥有独立的人格、坚韧的毅力、不屈的斗志，以及强健的体魄。

今年的赛道依然选择湘江风光带上风景最秀美的一段，起终点分别为滨江新城市民中心广场和潇湘风光足球场，全程13.5公里。途经渔人码头、裕湘纱厂等网红打卡点，抬眼可见岳麓山，隔江可望橘子洲头。

1.4月15日上午，衡阳市体育馆人声鼎沸，热闹非凡。“雁峰酒业杯”湖南省第十一届气排球赛开幕，来自三湘四水的17支队伍156名运动员齐聚雁峰，开启“夺冠”之旅

2.4月16日，在临澧县五环时代全民健身中心激战正酣的湖南省第八届“石湾·公仆杯”乒乓球赛迎来高潮

“佐克”杯长株潭青少年击剑公开赛暨湖南科技大学击剑馆开馆仪式举行

湖南省首座高校击剑馆开馆

“佐克”杯长株潭青少年击剑公开赛暨湖南科技大学击剑馆开馆仪式举行

2023年3月18日，“佐克”杯长株潭青少年击剑公开赛暨湖南科技大学击剑馆开馆仪式举行，500余名击剑健儿在比赛场上，互相学习交流、拼剑论技、角逐奖牌。

本次赛事于3月18日至19日在湖南科技大学击剑馆内举行，旨在丰富长株潭都市圈的体育文化生活，促进各个市州击剑运动协会与学校、俱乐部之间的交流，为本年度省击剑锦标赛而练兵。

2022年7月，湘潭佐克体育俱乐部投资1000余万元，开始筹建湖南科技大学击剑运动馆及其配套设施，目前已投入运营，填补了击剑运动进湖南省高校的空白。

开馆后，下一步将培养湘籍击剑运动人才及教练员，通过组织比赛和冬夏令营活动，创建校地合作和校企融合的典范，搭建优秀击剑运动员通过体育单招就读高校的升学桥梁，促进湖南击剑运动高质量发展。

据了解，湖南科技大学从今年起将面向全国招收击剑运动单招学员，同时面向全校学生开设击剑选修课，创建击剑社团，拟培养一批击剑高水平人才，助力我国击剑运动发展。

1.4 月 22 日上午，作为 2023 湖南体育产业博览会“体育赛事嘉年华”系列活动之一“2023 年湖南省健身操舞大赛”在体博会 6 号会场举行，来自全省 70 支队伍 1200 余人参赛

2.5 月 13 日，2023 年湘潭市甲级篮球联赛在 403 文体街区火热开赛

3.5 月 19 日至 21 日，湖南省太极拳公开赛在星城娄底成功举办

4.5 月 20 日，2023 年耀骑（BRM 中国）300 公里资格认证暨第五届“易程天下杯”宁乡至张家界国家森林公园 300 公里自行车骑行挑战赛举行

2023 湘江马拉松赛湘潭开跑

2023 湘江马拉松赛·湘潭站鸣枪开跑

2023 年 4 月 9 日，2023 湘江马拉松赛·湘潭站在湘潭雨湖区窑湾历史文化旅游街区开跑，3000 余名选手在湘潭河西沿江风光带激情奔跑。

跑一场马拉松，爱上一座城。本次赛事分为半程马拉松（21.0975 公里）和融城欢乐跑（约 5.2 公里）两个组别，均从窑湾历史文化旅游街区出发，以万楼景区为终点。线路设计立足“体育＋旅游”，沿着赛道奔跑，途经宽裕枯粮行、秋瑾故居、北五省会馆等多个旅游景点，参赛者在奔跑中感受湘潭浓厚的历史文化底蕴。经过激烈角逐，参赛选手谭奇获得湘潭站男子组冠军，黄菲摘得女子组桂冠。

4 月 22 日，本届湘江马拉松赛将在长沙举行收官战。

△ 22 日，长沙市第十一届全民健身节启动式暨战马 2023 湘江马拉松赛·长沙站在贺龙体育中心南广场鸣枪开跑，来自全国各地的 5000 余名跑者参赛。

△ 26 日，祁阳市卫健系统第一届“健康杯”气排球比赛在翰林御景气排球场开幕。

△ 26 日，北塔区“迎五一”职工文体活动在广厦文创园前坪举行。区委副书记、区长姚文娟宣布活动开幕，共 51 支代表队的 600 余名干部职工参加比赛。

△ 29 日，湖南省街舞公开赛怀化站暨怀化市第一届街舞锦标赛在怀化学院开幕，来自鹤城、溆浦等县市区的 30 多支代表队、600 余名运动员参加。

5月

△ 11 日，澧县第二届企业职工运动会开幕式在县体育中心举行。

△ 13 日，2023 年芙蓉区人大代表“建功新时代 奋发向未来”主题运动会在东郡小学举行。本次运动会由区人大常委会主办，区教育局协办。13 个街道代表队共 200 余人参加。

湖南省首届风筝邀请赛在渌口开赛

2023 年 4 月 16 日，“青春渌口·放飞梦想”湖南省首届风筝邀请赛在渌口区渌江风光带（南岸足球场）拉开帷幕。来自岳阳、郴州、江西、益阳等地的 30 余名优秀风筝运动员在渌江岸边一展风采，现场放飞百米长线串联的软体风筝、龙串类风筝等多种巨型风筝，让市民大饱眼福、大开眼界。湖南省体育局二级巡视员、湖南省体育总会专职副主席兼秘书长王晃宣布活动开幕，区委副书记、统战部部长梁天琛出席并致开幕辞。

湖南省首届风筝邀请赛在渌口开赛

上午 10 点，礼炮齐鸣、气球飞舞，霸气的“龙头蜈蚣”风筝、憨态可掬的动漫人物风筝、充满神奇色彩的神话人物风筝等多种巨型风筝随着开幕式的启动而腾空而起，各式各样的风筝在参赛选手们的精准操控下，随风扶摇直上湛蓝的天空。

经过激烈角逐，最终江西代表队获得四线运动风筝赛一等奖，岳阳代表队获得最佳软体造型（挂件）风筝赛一等奖，郴州代表队获得滚地龙风筝赛一等奖，益阳代表队获得优秀传统风筝赛一等奖。

活动现场不仅有精彩的武术、情景诗朗诵、拉丁舞等节目表演，还有非遗特色美食展示展销互动摊位。游客们一边观赏遥舞于天际的风筝表演，一边品尝色鲜味美的传统美味，在宽阔的足球场内“忙趁东风放纸鸢”，尽情体验春日闲趣和多彩风筝的魅力。

△14日，湖南省第五届环金江湖自行车赛在享有“梦幻水乡”美誉的邵阳县金江乡金江湖开赛，来自全国7个省、市及瑞典的430余名自行车选手应邀参赛。

△14日，长沙市第十届老年人运动会开幕式在湖南商务职业技术学院举行，这是展现全市老年人积极向上、健康幸福良好精神风貌的一次盛会。

△19日，长沙市第十一届全民健身节暨浏阳市第四届全民健身运动会在市体育馆开幕，全市共有155支队伍8000余名运动员参赛，赛事规模为历届之最。

△19日，155支队伍8000余名运动员参赛，赛事规模为浏阳历届全民健身运动会之最——长沙市第十一届全民健身节暨浏阳市第四届全民健身运动会在浏阳市体育馆开幕。

△20日，2023年耀骑（BRM中国）300公里资格认证暨第五届“易程天下杯”宁乡—张家界国家森林公园300km自行车骑行挑战赛举行。

嘉禾县武术·健身气功·太极拳比赛开幕

嘉禾县武术·健身气功·太极拳比赛开幕

2023年4月28日上午，由嘉禾县文旅广体局主办，县全民健身服务中心承办的2023年郴州市健身气功联赛暨嘉禾县武术·健身气功·太极拳比赛在县体育馆开幕。县人大常委会副主任李佩军出席开幕式并宣布开幕，县人民政府副县长杨漾致辞。

本次比赛设八段锦、易筋经、马王堆导引术、大舞、各式太极拳、武术操、武术拳等20余个集体和个人项目。来自嘉禾社会各界的14支代表队共200余名武术、健身气功、太极拳运动员参加比赛。

比赛现场，各参赛队员们身着统一的健身气功、武术、太极拳运动服，伴随音乐起势，一招一式，整齐划一，或力道干劲，或行云流水，大家都以最佳状态展现出良好精神面貌，引来现场观众阵阵喝彩。

嘉禾县全民健身服务中心负责人曹娜表示，希望通过举办本次比赛充分展示新时代嘉禾人的崭新风貌，同时有效加强和推广相关运动项目，扩大影响力，助力旅发大会。

1.5月23日下午，2023年“郪湖杯”珠晖区男子篮球赛在衡阳市体育中心篮球馆正式开幕

2.5月26日，第17届中国大学生跆拳道锦标赛在张家界市开赛

3.5月28日，嘉禾县2023年中小学篮球和初中排球比赛在嘉禾六中体艺馆圆满落幕

2023年第十届湘黔边区乒乓球巡回邀请赛（新化站）开幕

2023年5月13日，2023年第十届湘黔边区乒乓球巡回邀请赛（新化站）开幕，新化县政协主席李笃成宣布开幕，副县长陈元怀致辞。县政府办、县文旅广体局、县紫鹊界梯田文化旅游开发有限公司负责人及参赛运动员、裁判员参加。

陈元怀在致辞中表示，这次乒乓球比赛，是响应全民健身号召、锻炼身体、强健体魄、以饱满的精神状态建设美好家园的一次重要活动，是各县市区之间相互了解、相互交流、相互学习、相互促进的机会。广大运动员在赛场要尊重裁判、尊重对手、尊重观众，赛出风格、赛出水平、赛出友谊；裁判员要严肃执纪、公正裁决、努力营造公平有序的竞赛环境；教练员要忠于职守、科学指导、保证运动员竞技水平的最佳发挥，努力将这次运动会办成一个凝聚人心、展示才华、团结拼搏的盛会。

开幕式上，运动员、裁判员代表分别进行宣誓。

比赛现场，运动员们奋勇拼搏、不畏强手，激情澎湃、精彩纷呈。据悉，本次第十届湘黔边区乒乓球巡回邀请赛（新化站）为期两天，共有来自两省各县市区的43支代表队、300余名运动员、裁判员参加，通过比赛，决出前8名。

比赛现场

2023中国最早的城市·城头山首届自行车公开赛上演速度与激情

自行车竞赛现场

2023年5月21日，2023年城头山农耕文化旅游节系列活动之一，中国最早的城市·城头山首届自行车公开赛在城头山国家考古遗址公园举行。澧县县委常委、县委宣传部部长王毅，副县长张硕，县政协副主席杨钢出席开幕式。

本次比赛主题为“魅力无限澧州城·快乐骑行城头山”。共聚集了来自全国各地的780余名自行车专业选手和骑行爱好者参加，赛事分为男子公路组、男子山地精英组、男子山地大众组、女子组和本地组五个组别。

上午8点50分，男子公路组率先开赛，随着裁判员的一声令下，参赛选手骑着自行车如离弦之箭，快速驶入赛道，绕赛场三圈，全程42公里。途中穿越城头山古遗址，在感受澧县深厚文化内涵，领略沿途乡村美景的同时，享受比赛的激情和快乐，对于许多参赛选手来说都是一次全新的体验。

经过激烈的角逐，最终来自启明星车队的张文杰获得男子公路组第一名，美利达挑战者车队的庞培林获得男子山地精英组第一名，哈尔滨选手王海峰获得男子山地大众组第一名，汉江大学自行车队的袁一帆获得女子组冠军，澧县美利达风行车队的孙冰波获得本地组冠军。

1.5月31日上午，“520·来武陵”活动暨2023年全国第八届“万步有约”武陵赛区健走激励大赛启动

2.5月31日上午，由湖南省体育局主办、长沙市体育局承办的2023年全国“奔跑吧·少年”儿童青少年主题健身活动（湖南会场）暨湖南省首届儿童体育大会（嘉年华）活动在长沙市芙蓉区大同瑞致小学正式启动

中国舟钓（路亚）公开赛南县站开赛

2023年5月26日，2023年中国舟钓（路亚）公开赛首场分站赛在南县琴湖公园开赛，来自新疆、广东、陕西、湖南等10多个省区的近百名精英选手参加角逐。

本次大赛由中国钓鱼运动协会和南县县政府联合主办，是国内顶级的路亚赛事、中国钓鱼运动中最具国际化的品牌赛事。本站赛事也是第10届舟钓世界锦标赛中国区资格赛，冠军选手将有资格入选中国舟钓队，代表中国出战世锦赛。

2023中国舟钓（路亚）公开赛首场分站赛在湖南南县琴湖公园开幕

依托赛事，南县加快推动自然水域发展水上运动步伐。目前，该县正在规划以三仙湖水库为核心，辐射周边约30平方公里，打造可容纳万人以上的国际垂钓竞技基地，推进“垂钓+露营”“垂钓+文化体验”“垂钓+赛事活动”深入融合，满足群众多层次多样化体育需求，以体育赋能乡村振兴。

近年来，南县借助生态人文优势，推进体旅融合发展，不断激发体育、旅游市场活力。成功举办环洞庭湖国际新能源汽车拉力赛、国际篮球对抗赛、环中国国际公路自行车赛、全国广场舞复赛等全国大赛，洞庭之心体育旅游线路荣膺“中国体育旅游十佳精品线路”。

△20日，2023“长沙银行杯”中国十八洞半程马拉松暨“520”中国乡村相亲节在花垣县双龙镇十八洞村举行。

△21日，第26届中国大学生网球锦标赛分区赛（华中赛区）在衡阳落幕。经过激烈角逐，武汉体育学院包揽男女体育院系组冠军，华中科技大学包揽男女普通组冠军。

△25日，塘家村“湖南省农民体育健身活动示范基地、全国农民体育健身活动基地”揭牌仪式暨首届村民运动会活动举行。

△26日，第17届中国大学生跆拳道锦标赛在张家界市开赛。

△27日，新晃县“电信杯”第五届职工羽毛球混合团体赛在县职业中专体育馆开幕。

△27日，娄星区举办“城乡投杯”首届干部职工工间操比赛。

△31日，“520·来武陵”活动暨2023年全国第八届“万步有约”武陵赛区健走激励大赛启动。

6月

△2日，长沙湾田勇胜男篮征战2023赛季全国男子篮球联赛（NBL）启动仪式在湖南贺龙体育馆举行，俱乐部新赛季长沙赛区主场正式落户这座有着30余年历史的体育地标。

△4日，2023年“体彩杯”郴州越野跑节暨第五届苏仙岭跑山赛开幕。

△5日，民建中央调研部、民建湖南省委会推进“十年禁渔”·守护好一江碧水绿色健康跑活动在君山区最美长江岸线举行。

△9日，2023年湘潭县“伍子醉杯”第六届35岁以上篮球联赛在天易篮球场举行。13支参赛队伍及教练员、裁判员等参加。县领导刘永志、文香军出席开幕式。

△9日至11日，“三湘邮情杯”湖南省首届“湘融湘爱·城市之光”农民工运动会将在长沙举行。

△11日，津市市举行2023年第五届“高新区杯”干部职工羽毛球赛。

△21日，2023年郴州市“嘉华国际城杯”龙舟邀请赛暨东江湾龙舟大赛，在资兴市东江湾水上运动中心举行。

“永州陆港杯”2023年中国龙舟公开赛（湖南·永州站）举行

2023年6月4日，“永州陆港杯”2023年中国龙舟公开赛（湖南·永州站）开幕式在冷水滩潇湘平湖举行。省人民政府副省长蒋涤非宣布开幕，亚洲龙舟联合会主席、中国龙舟协会主席范广升鸣锣。市委书记朱洪武出席开幕式并致欢迎辞。市委副书记、市长陈爱林主持开幕式。省人民政府办公厅副主任贺建壬，省体育局局长罗双全，省体育局副局长龚旭红，中国龙舟协会副主席沈冬生，中国龙舟协会副主席、湖南省龙舟协会主席孙平波，国家体育总局社会体育指导中心全民健身事业部副主任、中国龙舟协会秘书长何懿以及刘厚、刘玲军、肖扬等领导和嘉宾出席。

开幕式开始，31支龙舟队进行了巡游入场。巡游入场结束后，全体起立，奏唱《中华人民共和国国歌》。

开幕式上，出席开幕式的领导为龙舟披红点睛，运动员代表和裁判员代表进行了宣誓。比赛结束后，出席开幕式的领导为获奖运动员代表颁奖。

比赛共分男子组、女子组、大众组三个组别，来自广东、福建、湖北、重庆、湖南等地的19支专业代表队及大众组12支队伍参赛。此次大赛于6月3日—4日开赛，来自全国各地的31支龙舟队伍在潇湘平湖挥桨竞渡，吸引了1000多名运动员参赛，50多万群众现场观赛。

“永州陆港杯”2023年中国龙舟公开赛（湖南·永州站）开幕

1
2

1.6月11日，津市市举行2023年第五届“高新区杯”干部职工羽毛球赛

2.6月22日是端午佳节。当天上午，虽然大雨滂沱，但中国·常德鼎城首届阳明湖龙舟赛现场热闹非凡，人头攒动

湖南省首届农民工运动会在长沙举行

2023年6月10日，“三湘邮情杯”湖南省首届“湘融湘爱·城市之光”农民工运动会在长沙举行。来自各市州和企业的运动员、裁判员、领队和志愿者共600余人参加比赛。

湖南省首届农民工运动会以“湘融湘爱·城市之光”为主题，自启动起就得到了全省各市州、企事业单位的热切关注与积极响应，各行业各领域的农民工纷纷组团报名参与属于自己的“奥运会”。本次运动会比赛现场设置了100米赛跑、800米赛跑、单人跳绳、跳远、铅球、三人篮球、乒乓球、羽毛球、中国象棋、围棋等10个竞赛项目和多个趣味体验项目，覆盖了球类、田径类、智力运动类、趣味运动类等多种类型竞赛和体验类项目，共设单项奖、团体奖、优秀组织奖、体育道德风尚奖和突出贡献奖等多个大小奖项。

现场气氛热烈，呐喊助威声此起彼伏，一串串欢乐的笑声洋溢在整个赛场，精彩纷呈。各代表队周密组织，力争发挥出优秀水准，取得满意成绩，同时也互相加油鼓劲，期待能共同奉献精彩。

本次运动会坚持全民健身与全民健康深度融合，赛事活动突出全民参与，呈现出覆盖面广、参与项目多的特点。

湖南首届农民工运动会开幕式现场

1
2
3

1.6月28日上午，“龙腾潇湘”中国·沅陵2023年“沅陵酱酒”杯传统龙舟大赛盛大开幕

2.6月24日，2022—2023赛季NYBO青少年篮球公开赛春季赛（怀化赛区）在星跳跃篮球馆落下帷幕，9天48支队伍约500余名小球员挥洒汗水、逐鹿赛场。各组别的冠军队将代表怀化参加全国总决赛，各组别的前三名球队也将晋级湖南省总决赛。

3.7月8日，一场足尖上的速度与激情在市体育中心上演，2023年湖南省“奔跑吧·少年”儿童青少年主题健身活动暨2023年“轮动冰感”湖南省轮滑巡回赛常德站开赛

祁阳市举办首届龙舟公开赛

2023年6月20日，祁阳市2023年“农商行杯”首届龙舟公开赛开幕。

本次龙舟赛由中共祁阳市委、祁阳市人民政府主办，市新时代文明实践中心、市委宣传部、市文化旅游广电体育局、浯溪街道办事处承办。比赛为期3天，共有16支龙舟代表队530余名队员参加。

上午9时30分，随着裁判一声令响，文明铺代表队和进宝塘代表队百桨齐开，拉开了比赛序幕。龙舟队员喊着号子，和着鼓点，劈波斩浪，挥桨争锋，龙舟像离弦的箭奋力向前。河两岸，观众激情呐喊，热情助威。当龙舟冲过终点线的一瞬间，欢呼声响彻河畔两岸。

祁阳龙舟运动有悠久的历史和广泛的群众基础，已经成为传承和弘扬优秀传统文化、展示竞技风采的重要平台。本次比赛，既是一次诠释体育精神、演绎速度、绽放活力的激烈比拼，也是祁阳人民坚韧不拔、奋力拼搏精神的展示，将凝聚起全市上下砥砺前行的强大动力，为建设美丽幸福的现代化新祁阳而努力奋斗。

首届龙舟公开赛开幕现场

“我们的节日·端午”主题活动汨罗开幕

2023年湖南省“我们的节日·端午”主题活动在汨罗启动

2023年6月21日，2023年湖南省“我们的节日·端午”主题活动启动仪式暨汨罗江国际龙舟邀请赛，在汨罗江国际龙舟竞渡中心开幕。省委常委、省委宣传部部长杨浩东宣布开幕，全国政协常委、中国作协书记处书记邱华栋，省政协副主席赖明勇出席。

开幕式上，众人精彩演绎楚地舞蹈《倡舞祈福》、民族歌舞《闹端阳》，朗诵《天问》《诗韵流觞汨罗江》，举行千年传承的龙舟下水、龙舟上红、龙头点睛仪式。湖南籍航天员汤洪波以视频形式送来端午节问候。

汨罗是端午文化的发祥地。本次活动旨在纪念屈原逝世2300周年，加强国际文化交流，以拼搏姿态，弘扬龙舟精神，谱写“端午源头、龙舟故里、诗歌原乡”的文旅融合崭新篇章。今年的汨罗江国际龙舟邀请赛分为两部分，有采用22人制标准龙舟进行比赛的国际龙舟赛，邀请8支国际龙舟队、12支国内龙舟队参加500米直道竞速；还有从形式上回归传统，展现“原味端午”的民间龙舟赛。

本次活动由省委宣传部、省文明办，岳阳市委、市政府主办。岳阳市委宣传部、市文明办，汨罗市委、市政府承办。

△25日，第七届“湖南银行杯”青年职工篮球赛闭幕式在荷塘街道清水村公益篮球场举行。

7月

△5日，由郴州市老年人体育协会、市全民健身服务中心举办的“庆七一·跟党走”2023年郴州市老年人柔力球比赛在盛峰文体中心举行。

△5日，2023年永州市青少年举重锦标赛暨后备人才选拔赛在永州市体育学校落幕，来自冷水滩区、零陵区、祁阳市等10个县市区的100余名运动员参赛。

△8日，2023年湖南省“奔跑吧·少年”儿童青少年主题健身活动暨2023年“轮动冰感”湖南省轮滑巡回赛常德站开赛。

△11日，岳阳市“岳农杯”和美乡村篮球大赛（村BA）开幕式在湘阴县举行，省农业农村厅二级巡视员王元宝、市人大常委会副主任田文静、副市长陈阁辉、市政协副主席李运帷出席开幕式。

△ 14日，2023郴州“湖南银行”林丹杯羽毛球公开赛，在郴州体育中心拉开序幕，羽毛球世界冠军、双圈全满贯选手林丹，羽毛球世界冠军谢杏芳出席开幕式，郴州市委书记吴巨培宣布2023郴州“湖南银行”林丹杯羽毛球公开赛开幕，省体育局党组书记熊倪为赛事开球。

△ 14日，2023郴州“湖南银行”林丹杯羽毛球公开赛在郴州体育中心综合馆开幕。

△ 15日，“羽动潇湘 国窖同行”2023第二届全省职工羽毛球嘉年华活动（常德站）在市城区威克多汉豪羽毛球馆举行。

△ 15日，2023年吉首市首届“乡村振兴杯”八人制足球联赛在乾州街道大庭村足球场火热开赛。

△ 16日，湖南省第一届湘南三地县区足球邀请赛圆满落下帷幕。新田县委书记秦山成出席闭幕式并宣布赛事闭幕。

1.7月16日晚，平江县2023年“天岳黄金杯”和美乡村（村BA）周末篮球（第十届）联赛开幕式在天岳广场举行

2.7月17日下午，2023年湖南省青少年击剑公开赛暨张家界击剑大奖赛在风景秀丽的张家界大峡谷玻璃桥上开赛，来自广东、江苏、湖南等地的2500余名小剑客参赛

3.7月15晚，2023年吉首市首届“乡村振兴杯”八人制足球联赛在乾州街道大庭村足球场火热开赛，点燃乡村夏日激情

湘南三地县区足球邀请赛举行

2023年7月7日，湖南省第一届湘南三地县区足球邀请赛开幕式在新田县举行。来自衡阳市、郴州市、永州市共计20支县区代表队的340余名足球爱好者展开角逐。

比赛时间为7月7日至16日，赛程包括开幕式、小组赛、淘汰赛、决赛、闭幕式等活动，设新田县职业中专、新田一中、新田二中、新田瑞华实验学校4个赛场。

此次足球邀请赛由湖南省体育局指导，由永州市文化旅游广电体育局、新田县人民政府主办，新田县文化旅游广电体育局、新田县全民健身服务中心承办，新田县教育局等单位协办，旨在为广大足球爱好者搭建良好的展示平台，促进湘南各县区足球文化交流，推进全民健身运动。

湖南省首届湘南三地县区足球邀请赛

2023年全国和美乡村篮球大赛郴州市选拔赛启动

2023年7月9日，2023年全国和美乡村篮球大赛郴州市选拔赛在北湖区华塘镇吴山村正式启动。市委副书记、市委政法委书记黄进良宣布开幕。

本次选拔赛全部赛程4天，吸引了全市各县市区共11个乡镇的11支队伍132名运动员参加，队员均为来自农村的农民业余球员。经过14场激烈比拼后，本次选拔赛产生的最佳球队，将代表郴州参加全国和美乡村篮球大赛（村BA）湖南省选拔赛。

2023年全国和美乡村篮球大赛郴州市选拔赛启动

2023年6月，农业农村部办公厅、国家体育总局办公厅联合印发通知，决定组织开展全国和美乡村篮球大赛（村BA）。大赛分为基层赛、大区赛和总决赛三个阶段。金秋十月，全国总冠军将在贵州省台江县决出。

郴州市将通过举办本次选拔赛，进一步丰富乡村文体活动、增强农民群众健身意识、展示郴州新时代农民风采，营造全社会关心关注宜居宜业和美乡村建设的浓厚氛围，助力乡村全面振兴。

市领导罗成辉参加活动。

株洲市首届和美乡村篮球选拔赛（村 BA）在渌口镇王家洲村篮球场开幕

2023 年 7 月 18 日，株洲市首届和美乡村篮球选拔赛（村 BA）在渌口镇王家洲村篮球场燃情开幕，来自株洲各地的 4 支“草根球队”聚集渌口，向着晋级省级比赛的目标进发。区委书记、渌口经开区党工委第一书记李晓彤到现场观赛。

本次比赛共 4 支参赛队伍，分别是天元区和美三门队、石峰区幸福云田队、渌口区青春渌口队、醴陵市五彩醴陵队。村 BA 开幕战的两支队伍分别是青春渌口队和幸福云田队，比赛开始后，两队你追我赶，十分胶着。球员在球场拼搏，场下观众用此起彼伏的欢呼声、呐喊声、锣鼓声来支援各自支持的球队。经过四节比赛，最终青春渌口队以 51 ： 39 战胜幸福云田队取得开门红。

场内比赛饱眼福，场外夜市饱口福。市民们穿梭在夜市摊前，品尝、购买渌口区特色农产品和美味、解暑的风味小吃，摊主的叫卖声、顾客的交谈声此起彼伏，浓浓“烟火气”扑面而来。

据了解，本次比赛将从 18 日持续至 20 日，3 天的比赛时间里，参赛队伍将采用分组循环赛的方式，按积分高低进行排名，角逐出一等奖一名、二等奖一名、三等奖两名。一等奖获奖队伍将被推荐参加省级比赛。

全国县域社会足球赛事活动（湖南）暨岳塘区邀请赛开赛

全国县域社会足球赛事活动（湖南）暨岳塘区邀请赛竞赛现场

2023 年 8 月 5 日，在湘潭市三和足球公园，2023 年“全民健身 健康中国”全国县域社会足球赛事活动（湖南）暨岳塘区邀请赛顺利开幕。

本次赛事活动由国家体育总局群众体育司、中国足球协会指导，中国足球发展基金会主办，湖南省足球协会承办，湘潭市岳塘区文化旅游广电体育局执行，共有 7 支足球队、百余名球员参加比赛，球员平均年龄在 40 岁以上，比赛采用单循环积分制进行。

首场比赛对决双方分别是金财足球队和湘城竞技队。当天 8 时整，随着裁判员哨声吹响，比赛正式开始，双方球员迅速进入状态，盘带、过人、突破、盯防、抢断……一次次漂亮地进攻、精密地防守，引得现场观众掌声和惊呼声不断，历经 60 分钟角逐，最终湘城竞技队取得胜利。接下来的 20 场比赛将继续在三和球场举行，每个比赛日 8 时至 9 时一场比赛、16 时 30 分至 18 时 30 分两场比赛。

1
2
3

1.7 月 22 日至 23 日，2023 年第二届天门山云纵天梯跑酷大赛在张家界天门山景区举办，来自英国、德国、乌克兰及国内的共 80 余名跑酷选手进行角逐，为张家界暑期旅游市场增添亮点

2.7 月 29 日，2023 年湖南省青少年攀岩锦标赛在平江猎玩体育小镇开赛

3.8 月 2 日，澧县 2023 年全民健身周暨第十届“华安杯”篮球赛在澧县体育中心篮球馆正式开幕

△ 29 日，2023 年湖南省青少年攀岩锦标赛在平江猎玩体育小镇开赛。来自全省各市州 10 支代表队的 104 名攀岩小将将在这里展开为期五天的竞技比拼。

△ 29 日，全国第八届“万步有约”健走激励大赛湘西赛区启动仪式在吉首谷韵绿道广场举行。

△ 30 日，平茶镇“清廉杯”篮球赛圆满收官，平茶村代表队获得冠军。

△ 31 日，吉首市首届“职工杯”男子篮球赛圆满结束。峒河街道代表队、矮寨镇代表队、马颈坳镇代表队分别获得乡镇组的一、二、三名；市直组的一、二、三名则由市公安局代表队、市消防大队代表队、市政府办商务联队获得。

8月

△ 1 日，成都第 31 届世界大学生夏季运动会第 4 个比赛日，两名衡阳妹子王珂怡和罗妙溢，分别在射击和跆拳道赛场斩获 1 金 1 铜。

△2日，澧县2023年全民健身周暨第十届“华安杯”篮球赛在澧县体育中心篮球馆正式开幕。

△2日至5日，第四届全国老年人体育健身大会门球交流活动在湖北省咸宁市举行。湖北省代表队荣获冠军，山东省代表队荣获亚军，湖南省代表队荣获季军，并同时获得体育道德风尚奖。

△4日，由临武县卧龙谷生态农业发展有限公司主办，郴州市赛车运动协会、县文化旅游广电体育局指导的2023年“卧龙谷·竹林”杯临武汽车拉力赛正式开赛。

△5日，2023年湖南省青少年网球锦标赛在益阳爱协能体育中心举行，全省15支代表队共486名运动员参赛。

△6日，2023年湖南省青少年羽毛球锦标赛在益阳落幕。长沙代表队以13枚金牌问鼎金牌榜，邵阳、衡阳代表队分别以9枚、5枚金牌位列二、三名。

△11日，2023年湖南省和美乡村篮球大赛（村BA）暨全国选拔赛开幕式在辰溪县孝坪镇爱国村举行。

2023年衡阳市“松木·建衡杯”健身气功邀请赛鸣锣开赛

2023年衡阳市“松木·建衡杯”健身气功邀请赛

2023年8月6日，由市全民健身服务中心主办的2023年衡阳市“松木·建衡杯”健身气功邀请赛在市体育中心鸣锣开赛，来自各县市区和园区的13支代表队、200余名健身气功爱好者同台竞技。市政协副主席叶玉泉宣布比赛开始。

比赛现场，伴随着悠扬的乐曲，各代表队的参赛队员凝神静气、缓缓起势。大家的动作整齐划一、刚柔并济，行云流水般飘逸潇洒，既展现了健身气功各种功法套路的风格特色，也体现了大家健康乐观、积极向上的精神风貌。经过角逐，耒阳市代表队、雁峰区代表队、松木经开区代表队、高新区代表队获得一等奖。

2023年8月8日是我国第15个“全民健身日”，8月8日所在的周是我国第一个“体育宣传周”，主题是“全民健身·绘就幸福生活”。本场健身气功邀请赛系衡阳市2023年全民健身周系列活动的首场活动，也是衡阳市举办的首场全市性的健身气功赛事。

1.8月3日上午，保靖县庆祝第15个“全民健身日”系列活动开幕式暨广场舞展演在该县全民健身中心举行，来自全县的32支代表队共3000余名队员参加活动

2.8月4日，NYBO青少年篮球公开赛湖南省省赛暨夏季邀请赛开幕式在衡山县新体育馆举行

3.8月4日，由临武县卧龙谷生态农业发展有限公司主办，郴州市赛车运动协会、县文化旅游广电体育局指导的2023年“卧龙谷·竹林”杯临武汽车拉力赛正式开赛

2023年湖南省青少年举重锦标赛在常德开赛

2023年湖南省青少年举重锦标赛在常德开赛

2023年8月7日，“奔跑吧·少年”2023年“雪天盐业杯”湖南省青少年举重锦标赛在常德市郡德学校（中学部）体育馆开幕。来自全省各市州、省体校、省高水平体育后备人才基地、省体育后备人才基地的20支代表队共246名运动员齐聚桃花源里的城市，展开激烈比拼。

比赛为期5天，分为女子组和男子组，按照不同年龄段和体重又分为U18组（17至18岁）、U16组（15至16岁）、U14组（14岁以下）。在一阵阵杠铃砸地的铿锵声中，运动员们小小的身躯展现出惊人的力量，动作一气呵成，并纷纷向更高的重量发起挑战，展现出良好的竞技状态，上演了一场场紧张又刺激的比赛。

本次比赛由湖南省体育局、湖南省教育厅主办，湖南省举重运动管理中心、常德市文化旅游广电体育局、常德市教育局承办，旨在检验全省青少年举重发展水平，同时对推动全民健身运动、开展和选拔优秀举重运动后备人才具有重要意义。

2023 中国优秀旅游城市自行车大赛郴州站开赛

2023 中国优秀旅游城市自行车大赛郴州站开赛

2023 年 8 月 12 日，2023 中国优秀旅游城市自行车大赛郴州站在飞天山国家地质公园鸣笛开赛。

本次大赛由中国自行车运动协会、湖南省体育局、郴州市政府主办，郴州市文化旅游广电体育局、苏仙区政府承办，旨在倡导“绿色环保、低碳出行”的环保理念。大赛共设置山地自行车男子精英组、山地自行车男子大师组、山地自行车女子组和骑游公开组 4 个组别，吸引了国内外近 600 名自行车骑行爱好者参赛。

经过激烈的角逐，最终陈凯、陈湘源、万佳丽分别获得山地自行车男子精英组、男子大师组、女子组冠军。陈凯表示，在飞天山国家地质公园骑行，碧水映丹霞的独特美景，让人心情舒畅。比赛中，有着众多极具挑战性的弯道以及坡度起伏较大的道路，充分体验到了骑行的竞技快乐。

郴州作为中国优秀旅游城市之一，拥有丰富的自然风光和悠久的历史文化。本次大赛精心设计赛程路线，让选手和观众们沉浸式体验飞天丹霞、翠江河畔充满诗情画意的唯美意境，强化了郴州作为中国旅游城市的定位和文化肌理，让文旅内涵得到进一步拓展。同时，本次大赛也将为第二届湖南旅游发展大会增添一大亮点，吸引更多游客来到郴州，感受其独特魅力。

副市长周海林参加开幕式。

1.8 月 5 日，2023 年湖南省湘飞滑翔伞定点联赛首站走进邵东市简家陇镇滑翔伞基地

2.8 月 5 日，2023 年湖南省青少年网球锦标赛在益阳爱协能体育中心举行，全省 15 支代表队共 486 名运动员参赛

1
2

全国县域足球赛事活动暨益阳赛区比赛圆满结束

2023 年 8 月 13 日，2023 年“全民健身 · 健康中国”全国县域足球赛事活动暨益阳赛区比赛在资阳区体育场落下帷幕。

比赛场上，各支队伍的队员们个个精神抖擞、激情洋溢，各施球技、配合默契，一次次的进攻、防守，你来我往，精彩纷呈。比赛于 7 月 19 日开始，设置社会男子组、社会女子组两个组别，共有 12 支队伍 170 余名球员参加，举行了 42 场比赛。最终，资阳足协、桃江队、沅江队获社会男子组八人制足球比赛前三名，资阳足协、容达体育、黑美人获社会女子组八人制足球比赛前三名。

全国县域足球赛事活动暨益阳赛区比赛在资阳区体育场开展

此次比赛由国家体育总局群众体育司、中国足球协会指导，中国足球发展基金会主办，湖南省足球协会承办，益阳市资阳区足球协会执行，旨在大力开展群众性足球运动，增加足球人口，推广足球文化，丰富基层群众文化生活，为益阳市业余足球爱好者提供更大更广的舞台。

△ 11 日，2023 年湖南省和美乡村篮球大赛（村 BA）暨全国选拔赛，在怀化市辰溪县孝坪镇爱国村火热开赛。

△ 11 日，2023 年龙胄最美乡村门球赛（湖南汝城站）在热烈的气氛中隆重开幕。

△ 13 日，2023 年“体彩杯”湖南省首届校园摔跤柔道比赛在我市第一中学拉开帷幕，共有来自长沙、娄底、湘潭、益阳等全省各地 25 支代表队近 600 名参赛选手。

△ 19 日，2023 浏阳市球类运动会启动。运动会以“幸福浏阳 · 全民追‘球’”为主题，在全市范围创新举办气排球、羽毛球、足球、乒乓球、门球等球类赛事，构建面向大众、基于民间、全龄友好、运动生活的全民健身“盛宴”。

△ 19 日，湘鄂赣边首届“县 BA”篮球邀请赛开幕仪式在我县举行，来自湘鄂赣三省 12 个县市区的篮球代表队在这里展开为期 7 天的篮球赛。

△20日，“靖州工商联杯”2023年湖南省第十届武术大赛在靖州苗族侗族自治县民族体育馆拉开帷幕。

△20日，2023年中国桨板超级联赛暨第二届天子湖桨板公开赛，在邵阳县天子湖国家湿地公园圆满收官。

△23日，岳阳县卫健局主办的“健康促进杯”首届职工篮球赛在星光篮球馆正式开赛，来自全县卫生健康系统的10支球队参赛，县人大常委会副主任彭碧芳、副县长续广宁、县政协副主席张忠新出席开幕式。

△24日，新田县第二十三届篮球争霸赛决赛在县文体中心举行，猎豹队夺得青年组冠军。

△27日，2023年湖南体育旅游节暨全国滑翔伞定点精英赛在郴州市汝城县结束赛事争夺，陶忠文、方燕云分获男、女组冠军。

9月

△9日，张家界武陵源第六届“峰林穿越”自行车挑战赛举行。

△9日，2023年湖南省村BA冠军郴州市马田镇篮球队从郴州出征东南赛区大区赛。

2023全国象棋男子甲级联赛第二阶段在湘乡开赛

2023全国象棋男子甲级联赛第二阶段赛事

2023年8月19日，2023全国象棋男子甲级联赛第二阶段赛事，在湘乡水府旅游区拉开序幕，来自全国12支队伍68名选手参赛。据悉，这是全国象棋甲级联赛赛会制首次在湖南举办。

象甲联赛是代表国内最高竞技水平的象棋职业赛事。本赛季的68名参赛棋手高手云集，有王天一、汪洋、赵鑫鑫等象棋特级大师，也有来自越南的世界冠军棋手以外援的身份出战。此外，00后棋手多达13位，成为象甲联赛的重要力量。

本次联赛分4个阶段进行，在湘乡举行的第二阶段赛会制为期8天，8月19日至26日每天进行1轮比赛，每轮比赛分成2场进行，上半场为13时开始，下半场为19时开始。

本次赛事由国家体育总局、中国象棋协会和湘乡市人民政府主办，湘乡市文化旅游广电体育局、湘乡市象棋协会和北京中体明星体育文化传播有限公司承办。

1.8月6日—10日，由湖南省体育局、湖南省教育厅主办，湖南省射击运动管理中心、长沙市体育局、长沙市贺龙体育运动学校承办，长沙市望城区文化旅游广电体育局、湖南酷击体育有限公司协办的“奔跑吧·少年”2023年湖南省青少年射箭锦标赛在长沙市望城区千龙湖生态旅游度假区成功举办

2.8月5日，2023年湖南省青少年网球锦标赛在益阳爱协能体育中心举行，全省共15支队伍486名运动员参与

3.8月7日，由临武县协助承办的郴州市第二十八届中小学生“英东杯”运动会足球比赛正式开赛，来自全市11个县市区的中小学生代表团和市直中小学生代表团参加

2023年湖南省第十届武术大赛开幕

2023年8月20日，“靖州工商联杯”2023年湖南省第十届武术大赛在靖州苗族侗族自治县民族体育馆拉开帷幕。本届赛事由湖南省武术协会主办，怀化市文化旅游广电体育局、靖州苗族侗族自治县人民政府承办。来自全省14个市州的83支代表队（个人）、904名运动员参加武术套路、武术散打、自由搏击等项目的比赛。

2023年湖南省第十届武术大赛开幕

1.8月12日，为期三天的2024“大美湘西·云端上的骑行”自行车邀请赛在八面山收官

2.8月12日，由省体育局、省教育厅主办，省摔跤柔道跆拳道运动管理中心、永州市文旅广体局、祁阳市委、市人民政府承办的“奔跑吧·少年”2023年湖南省青少年拳击锦标赛在祁阳体育馆拉开帷幕

3.8月9日，2023年湖南省青少年水球锦标赛在永州开赛，来自全省的长沙、株洲、永州、岳阳、湘西5支队伍130名运动员将在五天的赛程里展开激烈对决

南县首届『南BA』开赛

2023年9月4日，2023年南县首届“南BA”乡村篮球联赛在麻河口镇东胜村毛泽东与南县红色文化主题馆开幕，吸引上千名群众前来观战。

开幕仪式现场，来自麻河口镇的16支队伍一一亮相。比赛开始，球员个个斗志昂扬，发球、抢球、防守、进攻，酣畅淋漓。

本届“南BA”由南县文旅广体局主办，旨在推动南县和美乡村建设、农民体育事业发展，以文化体育赋能乡村振兴，推进全民健身和全民健康深度融合，掀起全民打球、全民看球、全民爱球的文体旅融合发展热潮。据了解，年龄在18至50周岁的乡镇非公职人员，不限男女，均可报名参赛。选拔赛后，每个乡镇推选1至3支队伍参加“南BA”总决赛。比赛将持续至10月，为期30天左右。

南县首届“南BA”乡村篮球联赛开赛

永兴县马田镇队东南赛区首战告捷

永兴县马田镇队东南赛区首战告捷

2023年9月12日，全国和美乡村篮球大赛（村BA）东南赛区在福建晋江拉开战幕，永兴县马田镇队首战对决浙江苏溪队，最终以54比41战胜浙江苏溪队，首战告捷。

19时30分，马田镇队与浙江苏溪队的比赛，在数百名马田球迷的欢呼呐喊中拉开战幕。

比赛一开场，双方连续多次进攻未果。在马田镇队外线进攻率先打破僵局之后，浙江苏溪队开始利用绝对的身高、体重优势，连续冲击内线、强攻篮下，并以26比22的比分结束上半场。

面对不利局面，马田镇队并未自乱阵脚，从始至终都在贯彻坚决收缩篮下协防、打防守反击的思路。下半场，双方攻防节奏更加激烈。进入第三节比赛，马田镇队持续坚持的高压逼抢逐渐开始显现效果。在现场球迷震耳欲聋的加油声中，马田镇队成功顶住内线压力，通过快速的防守反击连续打出一波快攻，以34比29一举将比分反超。

最后一节，马田镇队状态更加出色，面对浙江苏溪队多次强攻，队员们凭借出色的团队配合和防守，在成功限制对手进攻的同时，多次在内、外线建功，成功将比分差距迅速拉开。终场哨响，马田镇队以54比41战胜浙江苏溪队，取得东南赛区比赛的首场胜利！

△12日，由长沙市总工会主办的“长沙银行杯”长沙市首届职工运动会在湖南贺龙体育馆举行开幕式。市人大常委会主任文树勋宣布开幕。

△16日，2023年“全民健身挑战日——健康湖南动起来”（湘潭站）活动在湘潭市体育中心田径场和岳塘区滨江中路正式拉开帷幕。本次赛事主题为“全民健身 共享健康”，比赛分为线上、线下两种挑战形式，吸引了众多市民参加。

△22日，在2023年中国农民丰收节农民篮球邀请赛决赛中，湖南（辰溪）代表队力克东道主安徽代表队获得冠军。

△23日，“中国体育彩票”2023中国户外健身休闲大会（津市站）暨津市市首届城市运动会盛大开幕。

△23日，2023年湖南省第十四届健美健身锦标赛在郴州举行，300名来自全省的运动员齐聚郴州，展现力与美。

△9月30日至10月2日，中国家庭帆船大赛将在岳阳南湖举行，这将是湖南省首次承办中国家庭帆船赛。

10月

△1日，2023年中国家庭帆船赛·岳阳站比赛在岳阳市南湖水上运动中心开赛。来自全国各地的40个家庭、100余名选手扬帆启航，在“天下洞庭、只此南湖”的优美山水中同场竞技。

△8日，喜迎建区四十周年·云溪区第二届大众运动会健身舞大赛在云溪广场火热开赛。区委副书记、宣传部部长周玉萍出席并致辞，区领导曹显良、余望新、杨重燕出席。

△8日，2023年全国U系列羽毛球比赛U12—14总决赛在益阳奥林匹克公园体育馆开赛。

△9日，石门县第三届全民健身运动会压轴项目——“红医杯”气排球比赛开幕。

△11日，杭州第四届亚洲残疾人运动会中国体育代表团成立大会10月11日上午在北京举行。湖南省有20名运动员参赛，其中男运动员10人、女运动员10人，将在田径、游泳、射击、射箭、盲人柔道、路拳道项目上，一展体育湘军的风采。

蓝山获得永州宣传文化系统趣味运动会一等奖

“学习贯彻二十大·奋力建设新永州”首届全市宣传文化系统职工趣味运动会

2023年9月19日至20日，由永州市委宣传部主办的“学习贯彻党的二十大·奋力建设新永州”首届永州市宣传文化系统职工趣味运动会在永州市体育中心举行，全市19支队伍参加比赛。经过2天激烈角逐，蓝山代表队获县市区组团体总分一等奖。

本次比赛含气排球、趣味跳绳、“毛毛虫”、定点投篮等4个比赛项目，集趣味性、娱乐性、协作性和竞争性于一体。蓝山县39名队员参加了4个项目比赛，加油助威、欢呼喝彩声响彻整个场馆。在趣味跳绳、“毛毛虫”、定点投篮项目比赛中，蓝山队选手精神抖擞、配合默契、奋勇拼搏，夺得团体总分30分，位列县市区组第一名。

“第一次参加这样的比赛很开心，与其他县区队员增进了友谊。我们将把比赛的拼搏意识和精神转化为工作动力，在宣传工作中再创佳绩。”参赛选手曾静十分享受比赛，乐在其中。

近年来，蓝山县积极推进各类全民健身运动。今年先后举行了蓝山县第十八届夏季男子篮球联赛、“健康人生·绿色无毒”职工禁毒一起跑、永郴两市六县篮球邀请赛等，有效增强了群众身体素质，提升了干部群众的获得感、幸福感。

1 2 3

1.8月12日至15日，2023年湖南省青少年田径锦标赛火热开赛

2.8月13日上午，由湖南省体育局、省教育厅联合主办的“奔跑吧，少年！”2023年“体彩杯”湖南省首届校园摔跤柔道公开赛在邵阳武冈市第一中学体育馆开赛

3.8月13日，2023年“体彩杯”湖南省首届校园摔跤柔道比赛在武冈市第一中学拉开帷幕

常德妹子刘锐获亚运会女子25米手枪个人冠军

常德妹子刘锐获亚运会女子25米手枪个人冠军

2023年9月27日，在杭州亚运会女子25米手枪个人决赛中，常德妹子刘锐发挥出色，以38分的成绩夺得冠军，并刷新亚运会纪录。这是湖南运动员在本届亚运会上获得的第8枚金牌。

在当日上午女子25米手枪团体赛中，刘锐与队友赵楠、冯思璇组成的中国队，以1756环的成绩获得亚军，表现优异，以排名第三的成绩进入个人决赛。

刘锐出生于石门县新铺镇，2013年7月，13岁的刘锐从石门县永兴学校（现名“思源学校”）选拔进入常德市体育运动学校射击队。2015年2月，刘锐进入湖南省射击队训练，现为中国国家射击队队员。

作为一名00后的年轻运动员，刘锐在近年来的国内和国际大赛中屡创佳绩，曾获得2020年全国射击冠军赛（手枪项目）女子25米运动手枪冠军、2021年第十四届全国运动会25米运动手枪冠军、2023年全国射击锦标赛（步手枪）女子25米手枪冠军，展现了一名优秀运动员顽强拼搏、团结协作的竞技体育精神，展示了常德运动健儿斗志昂扬的精神风貌。

1.8 月 19 日，湘鄂赣边首届“县 BA”篮球邀请赛开幕仪式在平江县举行，来自湘鄂赣三省 12 个县市区的篮球代表队在这里展开为期 7 天的篮球赛

2.8 月 24 日下午，2023 年全民健身线上运动会“健康湖南·云动潇湘”湖南省第三届体育云动会启动仪式在长沙举行

3.8 月 21 日晚，由郴州市教育局、郴州市文化旅游广电体育局、郴州市总工会、霍英东基金会主办，桂东县委、县政府承办的郴州市第二十八届中小学生“英东杯”运动会第一阶段比赛在桂东县拉开大幕

杭州亚运会湖南首金产生

张亮（左）、刘治宇（右）夺冠后合影

2023 年 9 月 24 日，杭州亚运会湖南首金产生。湖南赛艇名将张亮与队友刘治宇夺得男子双人双桨冠军。湖南省委、省政府发出贺电。

在这封“杭州亚运会湖南首金贺电”中，省委、省政府“向中国体育代表团和张亮本人表示热烈祝贺，向参加杭州亚运会的全体运动员、教练员和工作人员致以亲切慰问，衷心感谢国家体育总局和中国赛艇队对湖南体育事业的关心和支持，祝愿中国体育代表团在杭州亚运会赛场再创佳绩、捷报频传”！

在今晚结束的体操男子资格赛暨团体决赛中，湖南运动员张博恒与队友一起夺得冠军，为体育湘军收获第 2 枚金牌。

湖南省第五届中学生运动会开幕

2023 年 10 月 16 日，湖南省第五届中学生运动会开幕式在衡阳市体育中心体育馆举行。副省长王一鸥出席并宣布运动会开幕。

10 月 16 日晚，湖南省第五届中学生运动会开幕式在衡阳市体育中心体育馆举行

本届中学生运动会由省体育局、省教育厅、团省委主办，衡阳市文化旅游广电体育局、衡阳市教育局、共青团衡阳市委承办。竞赛共设田径、篮球、排球、游泳、足球、乒乓球、羽毛球、武术、健美操、跆拳道等 10 个大项、118 个小项，来自全省各市州和省直的 15 个代表团 2365 名运动员将同台竞技，全面展示湖南省中学生健康向上、奋勇拼搏的青春风采。

为办好本届中学生运动会，东道主衡阳市秉持简约、安全、有序、精彩的办赛理念，以饱满的热情、精心的组织、优质的服务做好各项筹办工作，努力将本届中学生运动会办成文明精彩、青春活力的体育盛会，彰显衡阳市在加快实现“三高四新”美好蓝图中的担当作为。

开幕式上还举行了《相聚衡阳，筑梦远航》文体展演。展演以“梦想”为关键词，分为“梦想之旅，少年自强”“梦想之翼，青春飞扬”“梦想之光，点亮潇湘”三个篇章。文体展演充满时代气息，洋溢青春风采，抒发豪情壮志。本届运动会将于 10 月 26 日闭幕。

△ 12 日，娄底市政协系统第一届气排球赛在新化县开幕，来自市政协机关、各县市区政协的 7 支代表队参赛。

△ 13 日，“湖玩雁峰·健康乒乓”“区长杯”雁峰区第二届社区乒乓球赛激情开赛。

△ 13 日，2023—2024 赛季 CBA 联赛“洞庭渔火季·秋之韵”季前赛（岳阳）在岳阳市奥体中心体育馆开赛。

△ 19 日，“凤舞潇湘 健康未来”第二届湖南省妇女健康运动会暨“洞庭渔火季·秋之韵”全省妇女广场舞大赛总决赛在平江县开幕，省妇联党组书记、主席黄芳，市委常委、市委宣传部部长刘启峰等出席开幕式。

△ 20 日，第二届株洲旅游发展大会系列活动之 2023 年炎陵县全民健身月暨首届“工惠杯”气排球比赛在炎陵县文体中心落下帷幕。本次比赛共有 25 支队伍参赛，最终农业银行、龙鄢公司、炎陵农村商业银行三支代表队分别获得本次比赛的一、二、三名。

△ 20 日，2023 年湘潭县“体彩杯”羽毛球赛火热开赛。副县长陈赞参加开幕式。

△21日，2023年全国象棋业余棋王赛湖南—株洲赛区预选赛暨第二届“海达杯”象棋公开赛在渌口区开赛，株洲市人大常委会副主任王建勇宣布比赛开幕，区委书记、渌口经开区党工委第一书记李晓彤致词，市棋类协会副主席兼秘书长段林军出席。

△21日，2023年湖南省“公仆杯”太极拳比赛在会同县体育馆举行。

△22日，2023年汨罗市首届中老年人体育健身大会颁奖典礼暨汨罗市广场舞大赛举行。

△22日，楚天科技2023第二届宁乡灰汤温泉半程马拉松暨宁乡市第31届马路赛在灰汤镇举行。

△28日，2023中国湖南国际标准舞锦标赛（体育舞蹈）全国公开赛暨第18届湖南省国际标准舞锦标赛在市体育中心体育馆举行。

11月

△3日，湖南省第四届社区运动会邵阳市选拔赛暨国家体育锻炼标准达标测试项目在邵阳市体育新城圆满落幕。大祥区在此次比赛中表现出色，荣获湖南省第四届社区运动会邵阳赛区团体一等奖，邵阳赛区羽毛球选拔赛团体第一名，三人篮球项目第三名的好成绩。

“建行杯”怀化中泰国际拳王争霸赛开幕

10月26日晚，“建行杯”怀化中泰国际拳王争霸赛在怀化市体育中心篮球馆开幕。图为中国拳手李辉（右）对阵泰国拳手A'MAX（左）

2023年10月26日，“建行杯”怀化中泰国际拳王争霸赛在怀化市体育中心篮球馆开幕。

当晚的比赛现场，匡菲、万奇拉·阿宝、易宇轩、隆纳猜等中、泰搏击选手悉数登场，为观众献上了7场精彩纷呈的拳击比赛。此次大赛从10月26日至28日，涵盖了当今世界流行的自由搏击、综合格斗、WWE等搏击风格，分设青少年组、女子组、职业组，其中国内自由搏击第一代领军人物方便、康恩、杨建平、周志鹏等将到场助阵。

省政协原副主席、省老科协会长欧阳斌出席，市委常委、常务副市长陈旌致辞，市领导李卫林，老挝国家粮食和物资储备局、湖南省政协、湖南省体育局、中国粮食行业协会、中国饭店协会、亚钾国际投资公司、广东省粮食和物资储备局相关领导到场观赛。

『健康湖南』岳阳市首届太极拳大赛开幕

2023年10月27日，“健康湖南”岳阳市首届太极拳大赛暨岳阳市老年人体育健身大赛太极拳比赛在南湖广场开幕，市政协主席、党组书记黎作凤宣布开幕。市领导周隽、赵岳平、张世恩、张赟，市政协老领导赖社光，八届市政协副主席刘传汉，市政协秘书长李冯波参加。

本次赛事为期两天，由岳阳市教育体育局、南湖新区管委会主办，岳阳市全民健身指导服务中心、南湖新区教育体育科技局、岳阳市老年人体育协会、岳阳市太极拳协会承办。来自各县（市）区，市直各单位，中央、省直属驻岳各单位的21支代表队和参赛队员，将在岳阳市全民健身指导服务中心（体育馆）参加甲、乙两组团体赛和三式、三拳、四剑、一刀等四个项目个人赛。

开幕式上，运动员、裁判员代表分别宣誓，太极拳爱好者进行了大型集体太极拳、太极刀、综合太极拳等节目表演。

1 2
3
4

1.9月22日至23日，“国玺·追梦人杯”2023年湖南省第二届群众健美操比赛在郴州资兴市举行

2.9月22日至24日，2023年湖南省健身气功站点联赛在位于湘潭市的湖南科技大学北体育馆内举行

3.9月7日至10日，“奔跑吧·少年”2023年湖南省青少年高尔夫球锦标赛在常德市桃花源国际高尔夫俱乐部球场举行

4.9月9日，娄底市在体育公园体育场举行2023“全民健身挑战日·健康湖南动起来”（娄底站）活动

1.9月23日，由国家体育总局健身气功管理中心、中国健身气功协会、湖南省体育局、株洲市人民政府主办，湖南省社会体育指导服务中心、株洲市文化旅游广电体育局承办的2023年第二届全国健身气功·马王堆导引术交流比赛大会在株洲市全民健身服务中心举行

2.10月5日，经过6天比赛的激烈角逐，2023年新宁“崀山家乡杯”篮球赛（村BA）完成既定赛程，在高桥镇圆满落下帷幕

3.9月23日上午，“中国体育彩票”2023中国户外健身休闲大会（津市站）暨津市市首届城市运动会盛大开幕

湖南省篮球联赛在益阳开赛

2023年11月6日，召开湖南省篮球联赛新闻发布会，“清溪杯”2023湖南省篮球联赛将于11月10日在益阳高新区开赛。

省篮球联赛是目前湖南省竞技水平最高、最具影响力的业余篮球品牌赛事，已连续举办16届。本届比赛将在益阳奥林匹克公园体育馆开打，历时18天，11月27日决出总冠军。整个赛程包含53场比赛，全省13个市州代表队参加角逐。

比赛采取“赛会制＋主客场制”方式进行，分为两个阶段。11月10日至18日为第一阶段，在益阳进行赛会制比赛；11月19日至27日为第二阶段，将在四强队伍所在市州进行主客场比赛。赛事采用“互联网＋篮球”模式，启用线上报名系统、比赛数据录入系统，方便、快捷查阅相关比赛信息。

本次赛事由省体育局、益阳市政府主办，省篮球协会、益阳市文化旅游广电体育局、益阳高新区管委会承办。

湖南省篮球联赛新闻发布会

岳阳市运动员斩获全国首届学青会男子极限皮艇比赛冠军

2023年11月4日，全国首届学生（青年）运动会皮划艇（激流回旋）男子极限皮艇比赛在福建（南安）赛区落下帷幕，岳阳市岳阳县运动员徐曾夺得第一名，为岳阳市代表团斩获首金。

该项赛事共设男子单人皮艇、男子极限皮艇、女子单人划艇等6个小项，来自岳阳市、太原市、厦门市等队伍的运动员在激流中劈波斩浪，奋勇向前，就各赛项展开激烈角逐。

运动员在激流中劈波斩浪

本届学青会由教育部、体育总局、共青团中央主办，广西壮族自治区人民政府承办。据了解，该赛事由原全国学生运动会和全国青年运动会合并而成，是推动新时代青少年体育和学校体育改革发展，增强青少年学生体质，促进体育后备人才培养的重要举措，更是全国学校体育和竞技体育的重要展示平台。

△4日，岳阳县“亚泰杯”第三届职工太极拳运动大赛在厚德广场隆重开赛，最终，荣家湾镇向红社区代表队获得一等奖，县职业中专、县中医医院代表队获得二等奖，县二中、县妇幼保健院、县教体局获得三等奖。

△4日，2023年郴州市第十七届教职工运动会气排球比赛在桂东县沤江中学落下帷幕，市六中气排球队再次勇夺气排球市直学校组冠军，实现了“五连冠”。

△5日，2023年湖南省第十四届全民健身节暨飞天山“百里丹霞”第十一届徒步越野赛在郴州飞天山国家地质公园正式拉开序幕。

△10日，君山区举行第九届“君山渔业杯”区直机关篮球赛，区委常委、宣传部部长朱平宣布开幕；区委常委、组织部部长吴旺兴作了开幕式致辞；副区长虢汉平见证开幕式。

△11日，“中国联通杯”怀化市乒协第十五届会员联赛举行开幕式。

△11日至12日，衡阳市直工交系统第16届“国投杯”乒乓球邀请赛在湖南工学院举行。市人大常委会主任刘正兴宣布开幕，市政府副市长朱春光致开幕辞。

△12日，湖南银行2023常德柳叶湖马拉松赛在柳叶湖游客集散中心鸣枪开跑。

△25日，2023年湖南省板式网球巡回赛“湖南农业集团杯”CPT—100在长沙开赛，近200名来自全国各地的板式网球爱好者将展开男子、女子双打和混合双打三个项目的角逐。

△25日，泸溪县2023“氧城泸溪”消费节暨“星红山”杯首届村超足球联赛在泸溪县电商产业园开幕。

△25日，韶山市韶山村第二届农民运动会在此精彩开赛。湘潭市委书记刘志仁出席并现场观摩比赛。

△25日至26日，2023年益阳市第一届“公仆杯”羽毛球比赛在奥林匹克公园举行。

△26日，2023张家界马拉松在张家界市民广场鸣枪开跑。

2023年湖南省大学生羽毛球比赛在临澧开幕

2023年11月6日，2023年湖南省大学生羽毛球比赛在临澧县丁玲学校开幕。湖南省教育厅学生体育协会比赛项目负责人、湖南省学生体育协会羽毛球比赛赛事主管金望明宣布比赛开幕。临澧县委副书记、统战部部长、县委教育工委书记魏翔主持开幕式。

开幕式在雄壮的国歌声中正式开始，全体人员起立奏唱《中华人民共和国国歌》。

临澧县人民政府副县长谭三宝致辞。

运动员和裁判员代表先后庄严宣誓，承诺恪守准则、公正裁判，秉持体育精神，赛出水平、赛出精神。

本次比赛由湖南省教育厅主办，临澧县人民政府承办。比赛时间为11月3日—11日，为期9天，来自国防科技大学、中南大学、湖南大学、湖南师范大学等全省61所高校近400名运动健儿齐聚临澧，展开激烈的角逐与比拼，充分展现大学生运动员敢于拼搏、善于拼搏的体育精神和积极向上的精神风貌。

2023年湖南省大学生羽毛球比赛在临澧开幕

1.10月13日下午，“潮玩雁峰·健康乒乓”“区长杯”雁峰区第二届社区乒乓球赛激情开赛

2.10月20日，宁乡市柑橘文化游乐节开幕，参加马到“橙功”乡村欢乐跑的选手自由奔跑在两边满是柑橘树的乡村道路上

3.10月8日，2023年全国U系列羽毛球比赛U12—14总决赛在益阳奥林匹克公园体育馆开赛，来自全国各地的24支代表队398名运动员齐聚“羽毛球之乡”同台竞技、一决高下，将为市民呈现一场场精彩纷呈的体育盛宴

湖南省社区运动会总决赛在株洲举行

2023年11月15日，湖南省第四届社区运动会总决赛在株洲市全民健身中心体育场举行，来自14个市州的630余名运动员参赛。

湖南省第四届社区运动会由省体育局主办，7月启动，设立社区组队、县区海选、市州选拔、全省总决赛4级赛事，搭建湖南省最高级别的社区体育展示舞台。在历时5个月的角逐中，全省共开展665场社区比赛，参赛社区2031个，直接参与人数19.3万人。

总决赛设置三人制篮球、羽毛球、趣味挑战赛、国家体育锻炼标准达标测试四大运动项目。趣味挑战赛按照参赛者年龄分青年组、中老年组2个组别，设障碍接力、世界杯足球、趣味飞盘、众星捧月、创意拼拼乐等项目，参赛者通过个人参赛、家庭报名、同事组队、邻里抱团等方式，体验了一把趣味体育项目的魅力。

总决赛现场

1
2
3

1.10 月 21 日，2023 年全国象棋业余棋王赛湖南—株洲赛区预选赛暨第二届“海达杯”象棋公开赛在渌口区开赛，百余名棋手齐聚锦江都城酒店切磋技艺、交流心得，给棋迷带来一场智力盛宴

2.10 月 21 日，“奔跑吧·少年”儿童青少年主题健身活动暨 2023 年韶山市中小学生足球赛在市体育公园开幕

3.10 月 29 日，长沙产投·2023 长沙马拉松在芙蓉中路贺龙体育中心东广场正式起跑

中南五省体育产业联盟首届羽毛球菁英邀请赛在湘潭开赛

中南五省体育产业联盟首届羽毛球菁英邀请赛在湘潭开赛

2023 年 11 月 25 日，中南五省体育产业联盟首届羽毛球菁英邀请赛在湘潭市体育中心开赛。来自湖南省、湖北省、江西省、河南省、广西壮族自治区的 160 余名羽毛球爱好者齐聚一堂，共享红色羽毛球盛会。湖南省体育局副局长罗跃龙、江西省体育局副局长张祖平、株洲市副市长杨胜跃、湘潭市副市长丁诚出席开幕式。

比赛分为混合团体、菁英双打和友谊交流赛。赛场上，选手们腾挪跳跃，高接低挡，灵活运用扣杀、轻挑、上网等各种技术，将比赛推向高潮。最终，湖南一队在混合团体赛中夺冠，来自广西的陈维、关键斩获菁英双打冠军，来自长沙的李科明、李虎获得友谊赛双打第一。

湖南体育产业集团有关负责人表示，在毛泽东同志诞辰 130 周年之际举办此次盛会，旨在传承红色基因，发扬革命精神和体育精神，希望比赛能为羽毛球运动爱好者搭建交流平台，展示新时期干部职工精神风貌。

本次比赛由五省体育局联合指导，湘潭市政府、泸州老窖国窖酒类销售股份有限公司、湖南体育产业集团共同主办，湘潭市文旅广体局、湖南体育产业研究院有限公司共同承办。

湖南省太极拳“进社区、进乡镇”大赛决赛在常开幕

2023 年 12 月 3 日，2023 年湖南省太极拳“进社区、进乡镇”大赛决赛在常德市体育馆举行，来自全省各市州 36 支代表队共 300 余名太极拳爱好者同台切磋。湖南省体育局党组成员、副局长罗跃龙出席并宣布开幕。

湖南省太极拳“进社区、进乡镇”大赛决赛在常开幕

本次大赛是湖南省“太极拳健身活动月”系列活动之一，本次大赛得到了社会各界的广泛关注。截至 9 月 30 日，组委会共收到 72 支由基层社区、乡镇参赛团队的参赛视频作品，参与人数达到 1000 余人。10 月 13 日至 23 日，组委会举行了网络展播活动，参赛作品的网络浏览点赞量达到 45 万人次，共评选出 33 个“网络人气奖”。11 月 4 日至 5 日，经裁判组严格评选，共有 36 支队伍获得全省决赛资格。

本次大赛由湖南省体育局主办，湖南省太极拳运动协会、常德市文化旅游广电体育局承办。

△26 日，“中国体育彩票”2023 薪火传承·中国健康跑·耒阳站在蔡伦竹海景区开跑。

△27 日，2023“清溪杯”湖南省篮球联赛总决赛在益阳奥林匹克公园体育馆完美收官，益阳代表队夺得湖南省篮球联赛总决赛总冠军。

12月

△1 日，雨湖区 2023 年中小学体育一体化啦啦操比赛于江麓体育馆圆满举行。此次比赛由雨湖区教育局举办，湘潭市哈森体育俱乐部承办，雨湖区文化旅游广电体育局、湘潭市啦啦操协会协办。

△8 日，“雁峰酒杯”衡阳市篮球联赛 2022—2023 赛季的收官之战在衡阳市体育馆拉开帷幕，甲、乙、丙三个组别进行了激烈的冠军角逐。最终，甲组冠军为杰锐篮球俱乐部代表队，乙组冠军为头号玩家代表队，丙组冠军为中国黄金代表队。

△9 日，2023 年湖南省击剑俱乐部联赛（总决赛）在湖南省青少年击剑训练基地——长雅中学体育馆举行。

△10 日，长沙市第十一届全民健身节暨 2023 长沙（冬季）走娃少儿健走大赛在马栏山鸭嘴公园鸣枪开走。

△22日，荷塘区总工会、荷塘区直属机关工会在区政府大院前坪联合主办“幸福荷塘，聚力同行”庆元旦2023年荷塘区干部职工拔河比赛活动。

△23日，“‘凝心铸魂跟党走，团结奋斗新征程’·雁峰区2023年‘工行杯’第六届干部职工气排球比赛”在岳屏镇前进村前进球馆火热开赛。

△23至24日，第五届赛卡联盟百力通206动力24小时卡丁车耐力赛在株洲国际卡丁车场举办，来自全国各地区的30支车队，近220名车手参赛。

△25日，“湖南建投杯”中国体育彩票2023薪火传承·中国健康跑全国总决赛在韶山市人民广场鸣枪开赛，来自全国各地的近4000名跑者欢聚于此，共同参加这场年末的红色体育盛会。

湖南省“乒动三湘”CTT乒乓球积分联赛年度总决赛举行

2023年12月30日，2023年湖南省“乒动三湘”CTT乒乓球积分联赛年度总决赛，在位于宁乡的蓝月谷工人文化宫举行。2天比赛中，来自全省各市州的36支队伍570多名乒乓球爱好者，将争夺年度总决赛冠军。

2023年湖南省“乒动三湘”CTT乒乓球积分联赛年度总决赛

赛事采用积分制，积分根据每场比赛成绩进行增减，同步实现全省实时排名。目前积分区间分为2段至10段，比赛按段位进行分组，以保证对决选手之间水平接近。总决赛分为混合团体、嘉宾双打、成年组单打、青少年组单打、超级组单打、大球组单打6个组别，共设16个奖项。

此次活动由湖南省乒乓球协会、博乒网联合主办，各“乒动三湘”分赛区单位承办。6月18日开赛以来，共举办31场比赛，参赛人数达4000余人次，吸引了来自山东、贵州、重庆、江西、湖北、广东等地乒乓球爱好者参与。

1.11月25日上午，2023年“健康东安·和美乡村”篮球赛，“东BA”，东安“乡巴”赛火热开启

2.12月16日，“我要上全运”2023年湖南省轮滑、滑板邀请赛在湖南省体育运动学校轮滑馆开赛，共有来自全省14个市州的84支队伍共600多名轮滑、滑板爱好者参加

3.12月31日，备受瞩目的中国体育彩票杯第七届环洞庭湖流域羽毛球俱乐部邀请赛在汨罗市正则学校举行决赛暨闭幕仪式

4.12月24日下午，2023年湖南省直单位乒乓球联赛在长沙大满冠乒乓球俱乐部落下帷幕，这场国球盛宴也为本年度省直单位各项赛事活动画上了圆满的句号

第十三届全国少数民族传统体育运动会将在湘西土家族苗族自治州和张家界市举行

2023年，经国务院批准，2027年第十三届全国少数民族传统体育运动会将在湖南省举办。自1953年11月首届全国少数民族传统体育运动会在天津举办以来，至今已举办了十一届，第十二届全国少数民族传统体育运动会将于2024年11月在海南省三亚市举办。2027年第十三届全国少数民族传统体育运动会由国家民委、国家体育总局主办，湖南省人民政府承办，将在湘西土家族苗族自治州和张家界市举行。这是湖南省首次承办全国最高规格的民族体育盛会，开创了全国少数民族传统体育运动会首次在自治州举办的先河。

传统体育运动会申办工作启动以来，湖南省委、省政府高度重视，多次专题研究、精心筹划部署，省直各部门、湘西土家族苗族自治州和张家界市紧密联系、上下联动，扎实推进各项申办筹备工作。去年7月，国家民委、国家体育总局申办工作考评组来湘，深入湘西土家族苗族自治州和张家界市进行了实地综合考察评估，对湖南省申办工作给予高度评价。

2024

湖南地方年鉴

卫生健康

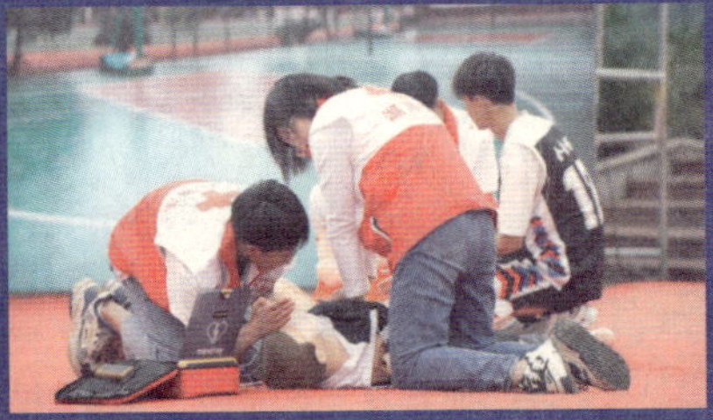

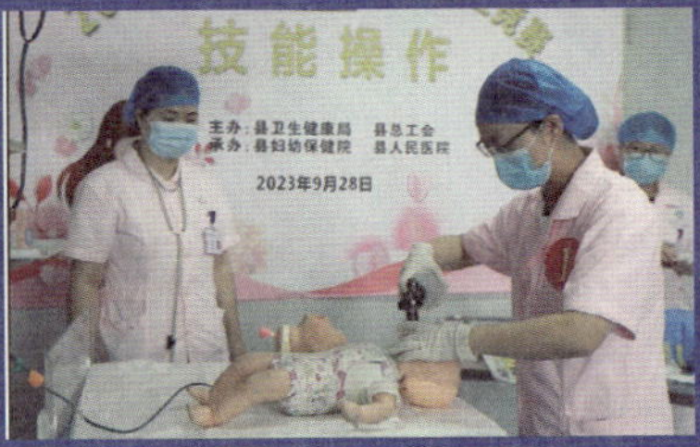

要闻纪事
2023年

1月

△8日，湖南省医疗保障局联合省财政厅、省卫生健康委出台《关于实施“乙类乙管”后优化新型冠状病毒感染患者治疗费用医疗保障相关政策的通知》，决定对新型冠状病毒感染患者治疗费用医疗保障相关政策进行优化调整。

△10日，湖南师范大学与湖南协和健康科技研究院有限公司正式开启战略合作，并在湖南师范大学医学院举行了签约仪式。该项目以湖南师范大学医学院杨小平教授及其科研团队为技术骨干，湖南协和健康科技研究院有限公司为市场主导，围绕健康产品的研发进行深度战略合作。

2月

△12日，邵阳市医疗保障局召开了2023年创文工作推进会暨迎国卫复审工作部署会。局党组书记、局长唐远伟主持，局班子成员、局机关各科室负责人、中心班子成员及中心各部室负责人参会。会议传达了邵阳市创建全国文明城市2023年工作推进会暨爱国卫生工作会议精神，通报了上年度第四季度创文考核情况，指出了创建工作中的短板和弱项，对下阶段创文重点工作进行研究部署。

湘阴县为60岁以上老年人发放『健康爱心防疫包』

我县为60岁以上老年人发放“健康爱心防疫包”

2023年1月1日，湘阴县举行老年人“健康爱心防疫包”发放仪式。县长刘世奇出席并讲话，副县长张亚玲、刘勇参加。

为做好疫情防控期间的民生工作，保障特殊困难群体的基本生活，湘阴县对60岁以上老年人（含养老机构），特困、独居等重点人群免费发放“健康爱心防疫包”。此次发放的“健康爱心防疫包”中包含抗原检测试剂、免洗消毒液、口罩、镇痛药和感冒药等物品。同时，湘阴县特设立新冠病毒感染健康服务热线0730–2608820，安排专人值班值守，24小时接听群众来电，提供疫情防控相关政策、个人防护措施、消毒、新冠病毒疫苗接种等咨询服务。

刘世奇在传达学习习近平总书记在2023年新年贺词中有关疫情防控工作的讲话精神、省委副书记朱国贤来湘阴县调研督导农村疫情防控工作时的讲话精神的同时强调，要进一步提高思想认识，持续加大对老年人群的关心关爱力度，组建工作专班，明确职能职责，加强配合协调，提高工作效率，确保“健康爱心防疫包”及时发放到位。

1.2月27日，长沙市规模禽场疫病防控与净化知识培训班在浏阳举办

2.2月28日，2023年国际罕见病日主题大型义诊活动在湖南省妇幼保健院诚信楼一楼大厅举行

郴州市组织开展“健康乡村行”活动

2023年1月1日，为保障农村地区居民身体健康和生命安全，最大限度减少重症发生率，郴州市组织开展“健康乡村行”送知识、送药品、送技术、送服务活动。

此次活动的对象为全市60岁以上老年人和0—3岁儿童，其中，65岁以上合并8类基础疾病（冠心病、脑卒中、高血压、糖尿病、慢阻肺、慢性肾病、肿瘤、免疫功能缺陷）的老年人群优先发放，具体范围由各县市区根据疫情实际情况确定。

活动期间，市卫健委将组织专家指导组分别到各县市区送知识，内容包括新冠感染防治科普知识、自我健康监测和抗原自测、结果上报要求、医疗服务咨询电话、家庭医生签约团队电话、心理咨询电话；送药品，对确有需要的60岁以上老年人和0—3岁儿童发放“防疫健康包”；送技术，深入帮扶的县级医院指导发热门诊诊疗、院感防控、重症病房建设、转诊绿色通道建设、多学科配合和新冠重症患者救治等，提高新冠感染救治能力；送服务，各组将与县级医院巡诊小分队一道，进村入户进行常见病、多发病、慢性病的诊疗服务，开展健康教育，传播健康知识，普及健康生活常识和预防新冠感染知识，提高群众健康意识。

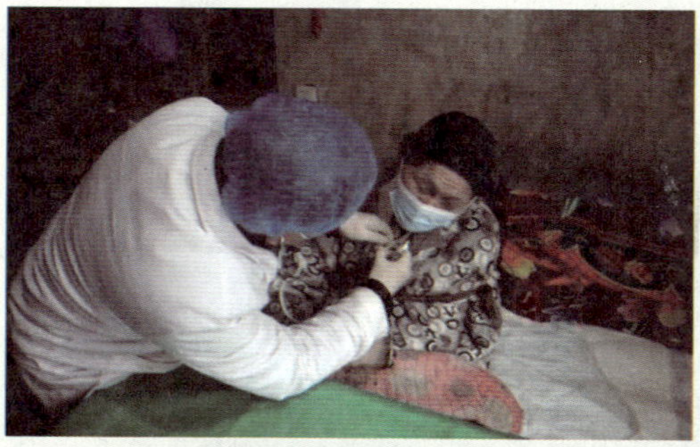

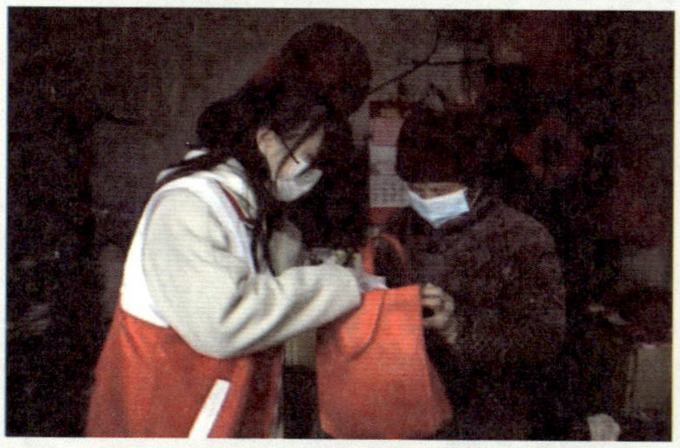

郴州市组织开展“健康乡村行”活动

湖南出台职工基本医疗保险实施办法

《湖南省职工基本医疗保险实施办法》(以下简称《实施办法》)于2023年1月1日起施行。该《实施办法》的出台，标志着湖南省职工基本医疗保险（以下简称“职工医保”）制度有了统一标准与管理办法。

《实施办法》规定，职工应当参加职工医保，基本医疗保险费由用人单位和职工按照规定共同缴纳。其中，用人单位缴费基数为上年度职工工资总额，个人缴费基数为本人上年度月平均工资。原则上用人单位的缴费率(不含生育保险)为本单位职工工资总额的8%，职工个人缴费率为本人工资收入的2%。

用人单位职工达到国家法定正常退休年龄或领取基本养老金后，且缴费达到以上规定年限的，可办理职工医保退休人员待遇确认手续，从办结次月起按规定享受退休人员医保待遇；灵活就业人员年龄达到男满60周岁、女满55周岁或领取基本养老金后，可办理职工医保退休人员待遇确认手续，按规定享受退休人员医保待遇。

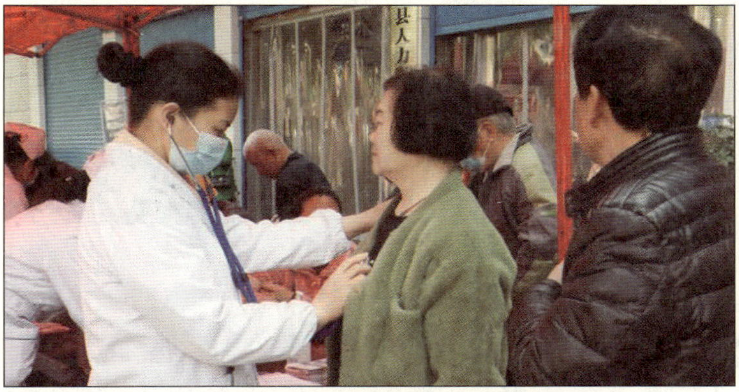

1
2
3

1.3月31日，隆回县人民医院结核门诊开展“关爱农民工”义诊活动
2.3月5日，新化县卫健系统开展学雷锋志愿服务活动
3.4月6日，湖南省重大疾病心理健康指导与干预联盟走进永州暨非精神科医师精神卫生知识培训班正式开班

湘潭市八届蝉联『全国无偿献血先进市』

湘潭市八届蝉联“全国无偿献血先进市”，图为湘潭市中心血站大楼

2023年2月7日，根据国家卫生健康委员会官网发布的最新消息，国家卫生健康委、中国红十字会总会、中央军委后勤保障部卫生局联合印发的《关于表彰2020—2021年度全国无偿献血表彰奖励获奖者的决定》，湘潭市被授予“全国无偿献血先进市”荣誉称号，这也是湘潭市连续十六年、第八次获此殊荣。

在此次表彰中，湘潭市有595人获得全国无偿献血奉献奖；其中，17人获得全国无偿献血奉献奖终身荣誉奖；94人获得全国无偿献血奉献奖金奖；140人获得全国无偿献血奉献奖银奖；344人获得全国无偿献血奉献奖铜奖；53人获得全国无偿献血志愿服务奖（以申报地为准）。

自1998年10月1日《中华人民共和国献血法》正式实施以来，在市委、市政府的高度重视和全力支持下，在市卫健委的组织领导下，在全市爱心市民的鼎力相助下，湘潭市累计有近50万人次无偿献血，为全市临床用血提供了强有力的保障。

△20日，由岳塘区卫健局、岳塘区妇幼保健计划生育服务中心主办的主题为“预防出生缺陷、落实民生实事、提高人口素质”的预防出生缺陷专场宣传活动在万达影城举行。

活动现场，湘潭本土相声团体“伴趣社”采取相声、快板、脱口秀等群众喜闻乐见的方式，围绕婚前、孕中、孕后等关键阶段，广泛普及出生缺陷预防知识，增强群众优生意识，引导群众主动接受出生缺陷防治服务。此次活动共发放宣传资料1200余份。

△23日—24日，永州市心理健康教育名师工作室在江华博雅实验小学多功能报告厅开展了“2023年春季日慈课程线下培训，培训对象为永州市心理健康教育名师工作室成员及本学期申领了日慈心智素养课程教师。专家对人在不同年龄阶段的心理发展需求和重要关系、儿童社会情感能力培养的重要性进行了详细解读，并给教师们带来了精彩绝伦的预防视角心理健康教育+日慈心智素养课程介绍心智素养示范课。

△24日，湖南省卫生健康委疾控处主办，省癌症防治中心（湖南省肿瘤医院）承办的市州癌症防治中心主任会议在长沙召开，会议发布了最新肿瘤登记年报数据。

△24日，全市医改工作现场推进会在桑植县召开。会议组织学习了《张家界市医疗集团建设三年行动计划（2022—2024年）》。桑植县作了典型发言，其他区县和相关单位作了表态发言。武陵源区人民政府与市人民医院签订了托管协议。

3月

△5日，全市医疗保障工作会议在辰溪县召开。会议传达贯彻落实党的二十大、全国、全省医疗保障工作会议精神，总结2022年医疗保障工作，对2023年医疗保障工作进行全面部署。副市长向秀亮出席会议并讲话，市政府副秘书长丁琼主持会议，县委副书记、县长丁热平出席会议。

△9日，2023年湖南省慢性病综合防控工作会议在岳阳召开。湖南省疾病预防控制中心党委书记李孝君主持启动仪式并讲话。本次会议为期3天，会议期间将对2023年全省慢性病综合防控工作进行讲解和部署，开展慢性病综合防控优秀经验交流，并在花板桥小学、南湖公园分别就健康学校建设、健康支持性环境建设工作进行现场观摩。

2023年全省医疗保障工作会议召开

2023年2月15日，全省医疗保障工作会议在长沙召开。会议总结2022年全省医保工作“成绩单”，提出2023年从五大方面精准发力。

过去一年，湖南省出台了《湖南省职工基本医疗保险实施办法》《湖南省城乡居民基本医疗保险实施办法》，均衡统一基本医保待遇标准。职工医保门诊共济政策全面落地实施，截至2022年底，全省享受职工门诊共济待遇72万人、141万人次，基金支出2亿元。

落实集采任务减轻群众用药负担，全省集中带量采购药品通用名数累计451个，高值医用耗材8种，静态测算每年可节省医药费用20亿元。全力开展打击欺诈骗保集中整治“回头看”，现场检查基层医疗机构和民营医院6106家，追回（含处罚）医保基金1.14亿元。

完善医保目录动态调整机制，新增纳入医院制剂132种，新增纳入传统中药饮片114种，非传统中药饮片437种；将258种急需急用药品纳入“双通道”管理。深化医保支付方式改革，各统筹区全部启动DRG/DIP改革工作，6个统筹区实现实际付费。

全省统一的医保信息平台建立了核心经办、基金财务、公共服务、智能审核、招采管理、宏观决策大数据等6大类20个子系统，已在全省上线运行。此外，全省能提供7项以上医保服务的乡镇（街道）覆盖率为97%，开展医保帮办代办服务的村（社区）覆盖率为92%。

2023年全省医疗保障工作会议召开

1.4月15日，第29届全国肿瘤防治宣传周湖南站系列活动正式开启

2.4月7日，湖南邵阳洞口县卫生健康局、县红十字会、县计生协会组织志愿服务队，深入黄桥镇潮水村开展以“优质资源下沉，人人享有健康”为主题的“世界卫生日”大型义诊志愿服务活动

湖南省医保局调研新区医疗保障工作

2023年2月22日，湖南省医保局党组成员、副局长伍国用一行，通过现场调研、座谈交流等方式，深入新区调研职工门诊统筹政策落实等医疗保障工作开展情况。湘江新区民政和社会保障局党组书记、局长李平波等陪同调研。

湘江新区医保服务常住人口210万，居全省首位。自2022年10月1日起实施职工医保门诊共济保障制度以来，截止到2023年2月21日，全区城镇职工共计门诊诊疗87864人次，总费用3267万元，统筹基金报销1087万元，职工医保退休和个人账户划拨已于2023年1月按新政策执行。各项工作有序推进，改革总体平稳落地。

调研组指出，职工医保门诊共济保障制度是一项社会关注度高、政策性强、事关群众切身利益的重大改革措施。要“全方位”开展政策宣传，及时回应关切，合理引导社会预期，扎实开展各项工作。基层医疗机构要进一步提高医疗服务能力，保障参保人员能够及时享受职工医保普通门诊统筹待遇，着力解决好广大职工“看病难、看病贵”的问题。

湖南省医保局职工门诊统筹政策落实情况座谈会

1.4 月 19 日，衡阳市南岳区医保基金监管宣传义诊活动举行

2.4 月 21 日，湖南省医学会主办的 2023 年基层医疗卫生机构“健康湖南—基层巡讲”培训活动

3.4 月 20 日，株洲市中心医院为痛风患者义诊

4.4 月 20 日，长沙市芙蓉区湘湖街道车站北路社区新时代文明实践站、车站北路社区工会联合会、车站北路社区退役军人志愿服务站携手长沙市银发族为老公益服务中心组织开展户外游园会、安全宣传乐趣活动

『一村一室一医』全覆盖

2023 年 3 月，走进零陵区富家桥何仙观村卫生室，只见村卫生室宽敞明亮，功能区设置规范有序，独立的静脉给药观察室及观察床，常用的抢救药品、设备及供氧设施一应俱全。

为进一步巩固拓展健康扶贫成果有效衔接乡村振兴，提高基层防病治病和健康管理能力，零陵区投入 0.89 亿元开展村卫生室标准化建设，原则上规定每个行政村设置一所村卫生室，人口较多或者居住分散的行政村可酌情增设；人口较少或面积较小的行政村，可与相邻行政村联合设置村卫生室，村卫生室房屋建设规模不低于 60 平方米，目前全区 299 个村已实现“一村一室一医”全覆盖，实现了让村民在“家门口”就医。

澧县“15 分钟医保服务圈”全覆盖

2023 年 3 月 4 日，澧县澧南镇徐湖村村民张振涛，因高血压致身体不适，被家人送至村卫生室。医务人员为他注射降压药、开具口服药。此次医疗费用 175 元，全部由职工医保统筹基金支付。

澧县全力打造“15 分钟医保服务圈”。澧县下沉服务，打造“家门口”的医保便民服务点，将所有基层医保公共服务实施清单事项全部纳入乡镇（街道）便民服务中心，方便群众就近办理医保业务，打通参保群众办事“最后一公里”。

推进清廉医保建设，联合纪检、公安等部门组织打击欺诈骗取贪占挪用医保基金专项行动“回头看”行动。2022 年，对全县 288 家定点医院、药店、诊所监督检查，约谈 125 家医药机构负责人，追回和拒付医保基金 95 万元，罚款 93 万元，暂停定点协议药店 10 家。健全医保经办机构内控机制，医保基金审核支付实行双审双核制度。基金零星报销全面实行“一站式”结算打卡到人。

全面优化医保便民服务，实现基本医疗保险参保信息变更等 6 项医保事项“跨省通办”，高血压等 5 个门诊慢特病实现跨省结算。拓宽门诊慢特病患者就近选点购药范围，全县开通门诊慢特病医保定点购药医疗机构 27 家、定点药店 46 家，方便群众就近购药。

△ 10 日，沅陵县召开 2023 年爱国卫生工作会议，副县长向建设出席会议。会议总结了 2022 年全县爱国卫生暨健康沅陵行动工作，分析当前形势，安排部署 2023 年重点工作。会议下发了《沅陵县巩固国家卫生县工作方案》《2023 年沅陵县爱国卫生工作要点》《2023 年度健康沅陵行动工作考核评估方案》和《健康沅陵行动十五项专项行动实施方案》，要求各地全面落实 2023 年爱国卫生暨健康沅陵行动工作。

△ 10 日，“中国创伤救治 CTCT（邵阳站）培训班”在邵阳学院附属第一医院开班。来自湖南湘中南地区从事急诊创伤救治的相关医护人员 120 余人参加培训。整个培训围绕创伤救治的质量控制指标、早期评估和处理、休克评估及监护，损害控制性复苏及头、颈、面创伤的评估与处理，胸部创伤评估和处理等方面开展。

△ 10 日，湘雅常德医院第一届职代会、工代会第六次会议暨 2023 年医院工作会议召开。会议要求，全体干部职工要铆足干劲开创医院高质量发展新篇章。

△14日，湖南省卫生健康委印发《关于印发国家临床重点专科建设项目与培育项目评估工作方案的通知》，永州市中心医院心血管内科入选国家临床重点专科培育项目，这是永州市综合性医院在学科建设方面取得的重大跨越。

△16日，举行的湖南省儿科管理专业委员会年会暨湖南儿科医联体工作会议上，湖南国家儿童区域医疗中心共建项目正式启动。该项目由省儿童医院牵头，旨在通过联合区域内医疗机构，共同构建国家区域医疗中心和区域内优质高效的儿科服务体系，助力国家分级诊疗制度落地。

△16日，郴州市举行“春风暖林邑 医保进万家”2023年医保政策宣传活动启动仪式，宣传医保为民、惠民、便民举措，进一步提高广大群众对医保政策的知晓率和关注度。活动现场开展了政策宣讲和爱心义诊，医保系统干部职工为市民开展解读政策、答疑解惑、激活电子医保凭证等服务，并发放《医保政策问答手册》《郴州市职工医保门诊共济十问十答》等宣传资料60000余份，面对面解答群众疑问3500余人次。

湖南省举办药品检验检测技能竞赛

2023年3月15日至17日，湖南省药品监督管理局、省人力资源和社会保障厅、省总工会联合举办2023年湖南省药品检验检测技能竞赛。通过劳动技能竞赛，不断提高药品检验检测技术人员的专业水平和操作技能，助推湖南省医药产业高质量发展。

药品安全关乎人民生命健康，检验检测是保障药品安全的重要手段。近年来，湖南省将生物医药产业列入20个工业新兴优势产业链之中，生物医药产业迅猛发展，全省生物医药产业总产值突破3500亿元。高水平的药品检验检测，为湖南省生物医药产业发展提供人才和技术支撑。

此次竞赛，来自全省14个市州和省直有关单位的33支参赛队伍参加。经过激烈比拼，角逐出中药组和化药组团体奖一等奖1个、二等奖2个、三等奖3个，个人一等奖2名、二等奖3名、三等奖5名，此次竞赛化学药品检验检测项目第一名和中药材检验检测项目第一名将由省人社厅、省总工会分别授予“湖南省技术能手”“湖南省五一劳动奖章”荣誉称号。

湖南成功举办药品检验检测技能竞赛开幕式

1.4月24日，2023年湖南省《中华人民共和国职业病防治法》宣传周在益阳市启动，宣传主题是“改善工作环境和条件，保护劳动者身心健康”

2.4月24日，“当好自己健康第一责任人”主题老年保健知识讲座

3.4月25日，“主动接种疫苗，共享健康生活”2023年全国儿童预防接种宣传日活动举办

1
2
3

古巴生物医药专家来长沙交流

2023年3月21日，2023年“一带一路”国际生物医药成果推介会在岳麓山国家大学科技园举行。

此次推介会由湖南省科技厅指导，长沙市科技局、湖南湘江新区科技创新与产业促进局主办，长沙市生产力促进中心、岳麓山国家大学科技园和上海理工大学国家技术转移中心长沙工作站（湖南大科城博士科技有限公司）承办，湖南湘江新区科技服务产业链、国际人才成果展示交流服务平台协办。

生物医药产业是长沙市重点发展的新兴产业。会上，古巴生物技术和医药产业集团中国总代表Zulaine Guerra Montane介绍了集团基本情况、主要产品及合作模式，Yasser Perera Negrin教授重点推介了“一种正在古巴开展Ⅱ与Ⅲ期临床试验的治疗晚期肺癌的首创合成肽新药CIGB—300”和“一种已在古巴注册的治疗重度痔疮的患者友好型成熟药物Proctokinase”两个项目，吸引与会企业代表、高校专家和投融资机构关注。

古巴生物医药专家来长沙交流

1
2
3

1.4 月 25 日，“创卫生城市，赢健康生活 望城区 2023 年‘爱卫之旅’”定向赛激情开跑

2.4 月 25 日，湖南省卫生健康委举办 2023 年全国儿童预防接种日宣传活动

3.4 月 25 日，湘西州疾控中心开展“4·25”儿童预防接种宣传周活动

全省首家县级市优抚医院在浏阳挂牌成立

2023 年 4 月 7 日，浏阳市优抚医院在浏阳市中医医院挂牌成立，标志着湖南省首家县级市优抚医院落户浏阳，全市 6.8 万名退役军人及其他优抚对象在就医就诊方面的“绿色通道”正式开启。

浏阳市优抚医院将结合市中医医院自身优势，为全市退役军人提供健康服务，保证退役军人就医就诊“优先就医、优质医疗、优惠费用”的“三优”服务。退役军人在浏阳市优抚医院就医就诊的过程中，可以享受一系列优待优惠政策。

市退役军人事务局相关负责人介绍，近年来，浏阳对于退役军人的服务保障体系越来越健全，体系内容和职能不断扩展，为广大退役军人提供了司法援助、志愿服务、帮扶救助等服务。下一步，市退役军人服务中心将继续探索出台更多关爱举措，全维度、全领域发力，为退役军人提供更多贴心、暖心服务。

全省首家县级市优抚医院在浏阳挂牌成立

“中医药文化三湘行”走进衡阳县

湖南省“中医药文化三湘行走进衡阳县”活动启动仪式

2023 年 4 月 9 日，湖南“中医药文化三湘行”公益活动走进衡阳县，来自全省各医疗机构的专家教授通过开展义诊和健康讲座的形式，为衡阳县人民带去一场丰盛的健康服务公益大餐。

湖南“中医药文化三湘行”是由湖南省老科学技术工作者协会、省湖湘文化交流协会、湖南中医药大学等单位联合主办的大型中医药公益系列活动，通过开展精准义诊、精准宣教、精准培训、精准帮扶基层医疗机构、捐赠义卖等系列志愿服务活动，如今已打造成了一个响彻湖湘大地的健康品牌，让越来越多群众得到了实惠。

此次活动共为 600 余名问诊群众进行义诊，免费发放价值 2.6 万余元的药品，让老百姓在家门口享受到了优质的中医药健康服务。同时，医务人员还为群众发放健康管理服务手册，向他们讲解健康知识，普及中医药养生保健的理念和方法。启动仪式后，湖南“中医药文化三湘行”组委会还组织了 12 支义诊小分队、20 多名专家分别在衡阳县中医医院、西渡镇中心卫生院开展大型义诊活动，为广大群众提供优质的中医药服务。

△ 19 日，中国红十字基金会徐荣祥再生生命公益基金项目合作医院、中国中西医结合学会烧伤专业委员会烧伤创疡临床基地医院、湖南省创面修复与再生医疗联盟张家界成员单位授牌及学术活动开幕式举行，市人民医院被授予中国红十字基金会徐荣祥再生生命公益基金定点医院、中国中西医结合学会烧伤专业委员会烧伤创疡临床基地医院及湖南省创面修复与再生医疗联盟副主席单位。

△ 20 日，江华瑶族自治县第一人民医院联合县人民医院口腔医学专家走进小圩博雅幼儿园开展口腔健康推广活动。此次活动，共为 345 名幼儿进行口腔涂氟及健康指导。县第一人民医院深入贯彻落实党的二十大精神，作为全市唯一的湖南省清廉医院示范单位（县级），医院坚持开展“清廉瑶医、医心为民”系列主题活动，全心全意为人民服务，努力推动医院高质量发展。

△21日，2023年“一带一路”国际生物医药成果推介会在长沙举办，来自古巴和湖南的生物医药产业代表企业，交流前沿成果，共促高层次合作。古巴生物技术和医药产业集团中国总代表Zulaine Guerra Montane介绍了集团基本情况、主要产品及合作模式，Yasser Perera Negrin教授重点推介了“临床试验的治疗晚期肺癌的首创合成肽新药CIGB—300”和“治疗重度痔疮的患者友好型成熟药物”两个成果。

△24日，“公益守护初心 助力乡村振兴”湖南省儿童医院先天性心脏病义诊筛查项目启动仪式在茨岩塘镇小学举行，团省委副书记罗常军，北京京妍公益基金会项目总监王珊，省儿童医院纪委书记罗衡辉，县领导樊未、赵雪峰出席仪式。启动仪式上，播放了《守护生命从“心”出发》公益救助视频；罗常军为“京妍守护初心公益行动”授旗。

湘西医保进万家『百日行动』启动

湘西医保进万家“百日行动”启动

2023年4月9日，2023年湘西医保进万家“百日行动”暨安全规范用基金、守好人民“看病钱”集中宣传月启动仪式在吉首市人民广场举行。副州长彭延敏出席并讲话。

湘西州围绕待遇保障、参保权益、医药服务、基金监管、经办服务、清廉医保等重点，开展医保进万家“百日行动”，通过组织一次视频大赛、推出十套系列报道、组建百支宣传分队、送出千份健康礼包、刊播万条户外广告等多种形式，开展全方位、多层次的宣传活动，使医保政策人人知晓、户户明白、人人受益，推动医保领域改革顺利推进及各项医保政策在我州落实落地。

彭延敏指出，医疗保障事业是涉及千家万户幸福安康、关系广大群众切身利益的民生大事，“解除全体人民的疾病医疗后顾之忧”既是党中央交给我们的重大政治任务，也是满足人民群众对美好生活向往的具体实践。希望通过“百日行动”真正使医保政策家喻户晓，让医保政策更加全面公平地惠及群众，让医保经办更加贴心周到地服务群众，让医保基金更加安全有力地保障群众，创造更多经得起历史和人民检验的医保惠民实绩。

湘西医保进万家“百日行动”启动

1

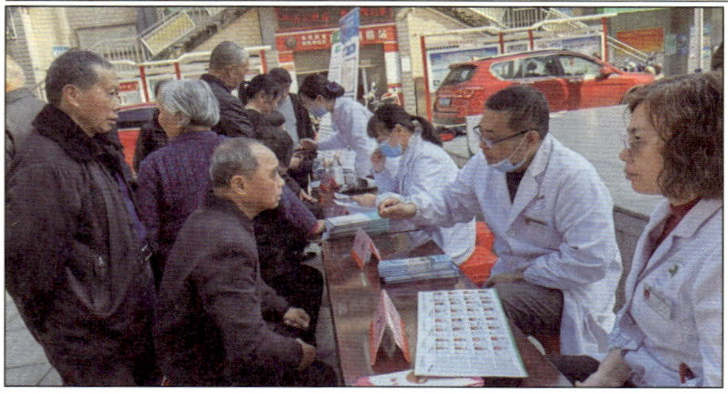

2

1.4月26日，长沙市天心区南托街道联合湖南省荣军优抚医院，开展以“春风送温暖 义诊送健康”为主题的爱国卫生月宣传暨居民义诊活动

2.5月11日，在医院门诊大厅举办义诊科普及健康讲座活动，助力儿童肥胖防治

湘潭市雨湖区启动2023年守好人民“看病钱”医保基金监管集中宣传月活动

雨湖区启动2023年守好人民“看病钱”医保基金监管集中宣传月活动

2023年4月17日，湘潭市雨湖区医疗保障局以“安全规范用基金，守好人民‘看病钱’”为主题，在白石公园启动2023年医保基金监管集中宣传月活动。湘潭市医疗保障局局长马金辉、湘潭市医疗保障事务中心主任李好、雨湖区副区长伍颜等出席此次宣传活动。

活动现场放置了打击欺诈骗保、门诊统筹等医保政策宣传展板，同时向市民发放宣传手册及宣传礼品3000余份。工作人员还开展现场咨询，耐心解答群众提出的参保、报销、异地就医、欺诈骗保等问题，真正做到将医保政策“搬到”居民家门口，打通服务群众的“最后一公里”。下一步，雨湖区医保局将继续加大医保政策宣传力度，采取线上、线下相结合的方式，开展一系列内容丰富、形式多样的宣传活动，发出医保声音，讲好医保基金监管故事。

攸县召开国家卫生县巩固提升工作动员大会暨 2023 年全县爱卫工作全会

攸县召开国家卫生县巩固提升工作动员大会暨 2023 年全县爱卫工作全会

2023 年 4 月 19 日，攸县召开国家卫生县巩固提升工作动员大会暨 2023 年全县爱卫工作全会。县委副书记、县长武挪强出席会议并讲话。

会议通报了当前全县爱国卫生工作中存在的突出问题，并对现阶段巩固提升国家卫生县复审工作需完成的任务进行了安排部署，县卫健局、城管局、市场监管局、联星街道、新市镇等五个单位代表分别进行了表态发言。

会议要求，各乡镇（街道）和相关部门单位要严格对照新标准，落实好爱卫组织管理、市场卫生整治、健康教育和健康促进、市容环境卫生整治等八项工作任务，抓好自查自纠和问题整改，确保信息早推送、薄弱早发现、问题早解决，为高分通过国家卫生县复审创造最好条件。

武挪强强调，国家卫生县是攸县最重要的国字号荣誉，全县上下要坚定必胜信心、紧扣必胜目标、凝聚必胜合力，全力冲刺国卫复审。要紧盯重点攻坚，做到标本兼治，对标规则标准，筑牢底板、提升长板、补齐短板，持续巩固创卫成果。要压实责任链条，强化组织领导，加强督导落实，确保高质量完成好迎检任务，高标准通过国家卫生县复审。

1.5 月 12 日，湖南省血防所湘岳医院庆祝“5·12 国际护士节”

2.5 月 15 日，蒸湘区疾控中心开展 2023 年全民营养周主题宣传活动，宣传主题为“合理膳食，食养是良医”，宣传口号为“健康中国营养先行”

3.5 月 16 日，湖南省卫生健康委在长沙松雅湖新城吾悦广场举办 2023 年“全国防治碘缺乏病日”宣传活动

娄底为千名新就业形态劳动者免费体检

娄底为千名新就业形态劳动者免费体检

2023 年 4 月 20 日，又一批娄底中心城区的快递员、外卖配送员、家政服务员等新就业形态劳动者，来到娄星区人民医院接受免费体检。娄底市总工会启动 1000 名新就业形态劳动者免费体检行动，为他们送去“健康大礼包”。

2022 年以来，娄底市总工会扎实开展“新就业形态劳动者温暖服务季”活动，帮助他们解决急难愁盼问题。调查发现，新就业形态劳动者群体对“免费体检”的诉求迫切。由于职业特点，他们中大部分人生活作息不规律、工作压力较大，希望更好地了解身体健康状况。

娄底市总工会联合娄星区人民医院，开展免费体检行动。“医院根据行业特点设置了体检方案，包括胸透、肝胆胰脾肾彩超、心脏彩超等项目。”娄底市总工会负责人介绍，目前，娄底市总工会已着手准备下一批 520 名新就业形态劳动者免费体检事宜，并计划通过开展法律宣传、生活救助、技能培训等活动，增强劳动者获得感、幸福感、安全感。

△ 27 日，“微笑露齿”口腔健康公益行动启动仪式在娄底双峰县举行，双峰县与北京中瞳慈善基金会完成签约。公益行动将为双峰县中小学生及贫困家庭提供全额资助牙齿矫正服务，预计每年覆盖 3000 人以上。活动还举行“双峰县口腔健康筛查中心”授牌仪式，分别对双峰县人民医院、双峰唯美口腔进行授牌。

△ 30 日，江东乡卫生院举行新综合大楼揭牌庆典仪式，县委副书记、政法委书记陆志宏为新综合大楼揭牌。江东乡卫生院新综合大楼位于江东乡白龙社区，占地面积约 8 亩，建筑面积约 2500 平方米，建设总投资 800 万元，开放床位 30 张，环境优雅、设施完善、独具特色。

4月

△ 7 日，岳塘区卫生健康局、岳塘区红十字会召开了关于岳塘区“呵护眼健康·一年一眼检”活动工作部署会议。岳塘区卫健局、湘潭爱尔眼科医院、岳塘区红十字会相关负责人参加会议。此次活动将在岳塘区各街道社区卫生服务中心开展眼健康科普讲座、普查、健康咨询等活动 18 场，服务辖区居民近 1000 人，让老百姓掌握科学的眼病防治知识，做到早发现、早诊断、早治疗。

△11日，桑植县总医院民族中医院行管后勤党支部、临床第一党支部与陈家河卫生院党支部联合开展“赶集医生助力百姓健康”，助力打造县域医疗次中心，为群众提供义诊和健康咨询服务。神经内科、五官科、儿科等7个来自不同科室的医生在陈家河镇集市附近开展诊疗，医生们全神贯注地为前来咨询的群众进行诊断，详细询问病情，耐心回答群众提出的问题，并现场给出诊断和治疗建议，还为群众免费测量血糖、血压，宣传健康知识。

△13日，国际基因组学大会第十八届年会在张家界召开。来自全球的顶尖科学家、医学专家、行业领袖齐聚一堂，共同探讨基因组学领域的最新进展和未来发展趋势。国际基因组学大会（ICG）是全球生命科学领域学术交流与合作会议，是一个具有全球影响力的集产、研、学于一体的生命科学和医学盛会，也是一个地域性、全国性和全球性共享平台。

△14日，中国创伤救治联盟“新晃侗族自治县人民医院创伤救治中心建设单位”签约授牌仪式在县人民医院举行。县委书记周重颜参加并致辞，中国创伤救治联盟常委兼副秘书长、北京急救中心科教科、信息科主任张进军，县领导余小武等参加。

湖南省“复明10号”中国流动眼科手术车项目签约

2023年4月25日，湖南省“复明10号”中国流动眼科手术车项目调研会在祁阳市卫健局召开。省防盲办执行主任、省人民医院眼科学术主任段国平，省防盲办秘书“复明10号”手术车项目负责人吴丽玲，祁阳市副市长周贞霖出席。

湖南省“复明10号”中国流动眼科手术车项目——祁阳站签约

会上，市中医医院负责人介绍了医院及眼科基本情况。段国平对手术车项目以及合作模式进行详细说明。吴丽玲对项目开展提出工作要求。祁阳市中医医院与省防盲办签订了项目合作协议。“复明10号”手术车将于8月上旬进驻市中医医院，为符合条件的白内障患者免费实施手术。

“复明10号”中国流动眼科手术车是由亚洲防盲基金会捐赠，由省卫健委、省残联、省妇联、省防盲办及省人民医院共同组织实施，省人民医院顶级眼科专家团队领衔，汇集全省优势医疗力量对偏远县级医院开展白内障筛查，为白内障患者免费实施手术治疗，并培养一批有独立手术能力的眼科专业技术人才。

1.5月18日，湖南省2023年“世界家庭医生日”主题宣传活动在开福区隆重举行

2.5月18日，长沙市开福区芙蓉北路街道社区卫生服务中心开展签而有约 共享健康的家庭医生签约服务主题宣传活动

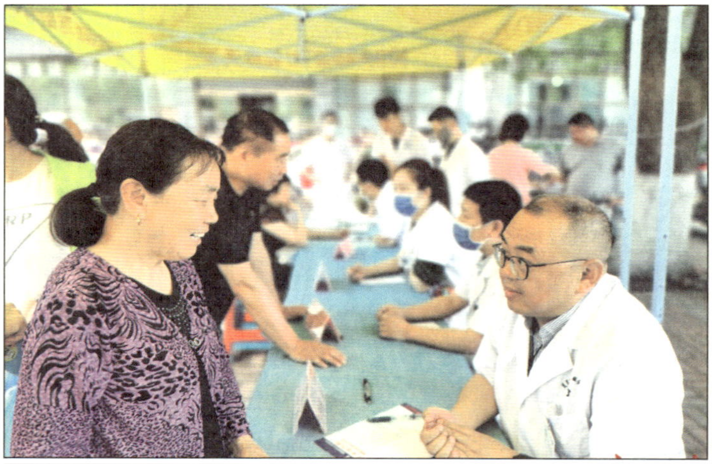

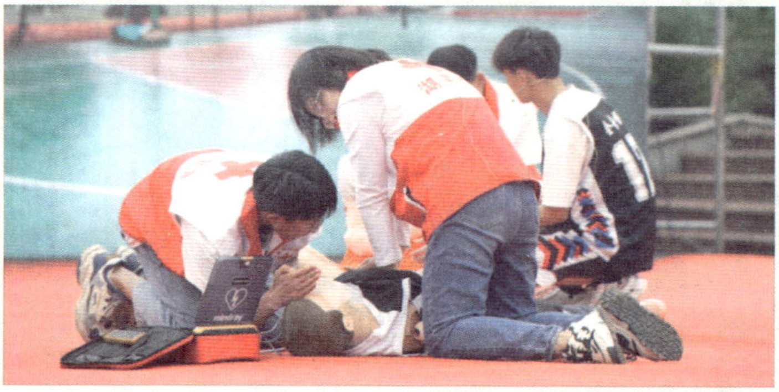

校园内突发状况现场救护演练

三市红十字青少年集体宣誓

湘潭市开展世界红十字日纪念活动

2023年5月7日，纪念“5·8”世界红十字日暨长株潭红十字青少年校园安全生命守护行动启动仪式在湘潭举行。活动由市卫健委和红十字会主办，市卫健委、湖南永霏集团负责人，长株潭三市红十字会相关负责人及三市红十字青少年志愿者等共300余人参加。

每年5月8日是世界红十字日。近年来，长株潭三市红十字会开展深度合作，整合志愿救援资源，实现红十字志愿资源共享。启动仪式上，周艳希为长株潭三地红十字青少年志愿服务队授旗；三地红会相关负责人向全社会倡议，守护青少年校园生命安全，让广大青少年树立安全意识，掌握自救互救技能，提高应对突发事件的能力。活动还通过情景剧表演，向公众普及了心肺复苏等急救知识和技能。

湘潭市一直重视红十字组织和红十字队伍建设，建设了红十字救护站，成立了学校红十字青少年工作基地和急救培训基地，培育了一批专业救助力量。这次校园安全生命守护行动，湘潭市配备了一批校园急救箱，以提升校园应急救护能力，并将加强与全国急救教育试点学校合作，打造学校红十字工作品牌。

1.5 月 19 日，湘江新区梅溪湖街道社区卫生服务中心家庭医生团队开展义诊活动

2.5 月 26 日，湖南省儿童医院急救知识进宜章校园

3.6 月 3 日，湖南省卫生健康委员会健康教育宣传中心主办的“健康湖南·关爱中老年人健康”科普系列宣传活动启动会暨国产带状疱疹疫苗科普宣传启动仪式在长沙举办

4.5 月 26 日，芙蓉区人民政府党组成员、副区长罗加祥为芙蓉区“健康家庭”示范户颁奖

湘西州 3 所学校入选首批全国健康学校建设单位

2023 年 5 月 8 日，教育部公布了首批全国健康学校建设单位名单，湘西州凤凰县第一中学、州溶江中学、吉首大学 3 所学校榜上有名。

此次确定 1075 所学校为首批全国健康学校建设单位，建设周期为 2 年，是由教育部在学校自主申报、各省级教育部门遴选推荐、专家组审核、网络公示的基础上产生的，旨在落实健康第一的教育理念，促进学生健康成长、全面发展。

湘西州教体局相关负责人表示，湘西州将严格落实立德树人根本任务，践行健康第一的教育理念，将健康素养融入德智体美劳各方面，把健康促进贯穿学校教育教学、管理服务全过程，不断改善学生健康成长环境，全面提升学生健康素养和综合素质，提高学生健康幸福指数。

△ 14 日，衡阳县卫健系统举办现场救护“第一目击者”培训班。衡阳县人民医院急救培训导师以图文并茂的形式，结合实际讲解了现场救护“三个一”理念和第一目击者行动的概念、心肺复苏、外伤急救，止血包扎、AED 体外除颤仪的使用、气道异物梗阻急救等救护知识。并利用医学人体模型进行现场演示，一对一、手把手教大家掌握心肺复苏技术要点和正确的操作手法。

△ 25 日，是第 37 个“全国儿童预防接种日”，宣传主题为“主动接种疫苗，共享健康生活”。免疫规划是我国卫生工作效益最为显著、影响最为广泛、最受群众欢迎的举措之一，对有效保障儿童健康、提高人口素质作出了巨大贡献。

5月

△ 6 日，江华瑶族自治县人民医院举办了第二届“临床护理实践案例”竞赛。本次竞赛，全院共有 25 个临床护理单元参赛，各参赛选手通过 PPT 课件讲解、情景模拟等方式，对案例的主题选定、现状把握、目标设定、对策拟定、成效分析等方面进行了分享展示。

益阳市举行“5·12”国际护士节表彰会

2023 年 5 月 11 日，益阳市 2023 年“5·12”国际护士节表彰会在益阳福朋喜来登酒店举行。副市长罗晓皓出席。

会议表彰了市中心医院心血管内一科等 20 个“优质护理服务先进病区”、夏彩云等 25 名“优秀护理管理者”、范雪琼等98名“优秀护士”。市第四人民医院、市妇幼保健院、市第五人民医院等单位还带来了尊巴舞、情景礼仪剧、舞蹈剧等丰富多彩的文艺表演。

罗晓皓强调，全市护理工作者要谨记嘱托，秉持“以病人为中心”的服务理念，牢记自身肩负的神圣职责，继续发扬护理事业的光荣传统，为增进人民健康福祉作出新贡献。在工作中要强化服务意识，改进服务模式，提高服务质量，努力使护理工作更加贴近病人、贴近临床、贴近社会，更好地满足人民群众对美好生活的向往。各地医疗机构要采取暖心、用心的举措，关心、关爱护士的工作和生活，为护士创造良好舒适的工作、学习、生活环境。

益阳市举行“5·12”国际护士节表彰会

△8日，湖南省人民医院定点指导医院签约授牌仪式暨“仁术心连心”博士团系列活动在州民族中医院举行。副州长彭延敏，州政协副主席邓建英，省人民医院常务副院长向华等出席。签约授牌仪式后，省人民医院的12位专家在州民族中医院开展了“仁术心连心”专家大讲堂、爱心义诊、教学查房、疑难病例讨论和手术等系列活动。

△11日，江华瑶族自治县第二人民医院以“我们的护士，我们的未来”为主题，举行了庆祝“5·12”国际护士节表彰大会，表彰在临床一线工作中作出突出贡献的护理工作者。医院班子成员、各科室负责人、全体护士长、受表彰的护理工作者及各科室代表参加大会。

△12日，中国—巴基斯坦药用植物园建设会商会议在怀化召开，怀化学院、湖南医药学院教授，怀化中药材产业专家及市中药材办相关人员围绕该药用植物园品种选择、栽培、异地管护等项目落地问题进行了讨论，并初步确定了青风藤、百合、黄精等20余味中药材作为该药用植物园植株品类。

桑植县举办“5·12”大型义诊活动

桑植县举办“5·12”大型义诊活动

2023年5月12日，在第112个国际护士节到来之际，桑植县举办“5·12”大型义诊活动，来自中南大学湘雅二医院的11名专家和桑植县总医院的40名专家、护士为群众提供了免费义诊、健康咨询、就医指导等服务。

此次活动持续3天，义诊队伍涵盖了中南大学湘雅二医院、桑植县总医院派出的普外科、神经内科、妇科、儿科等科室的医生，有“湘雅名医”，也有“一号难求”的专家。义诊现场，前来咨询的群众络绎不绝，医务人员贴心服务、耐心解答，追踪病难的起因发展，了解现状及用药情况，解答突发症状的及时处理，现场暖意融融。

作为全国紧密型县域医共体建设试点县，近年来，桑植县委、县政府稳步推进医疗改革发展，不断在惠民政策落实、区域医疗协作、资源互补共享、重点学科建设等方面下功夫，提升医疗卫生机构服务能力以及群众就医的获得感、幸福感和安全感。

1.6月5日，湖南衡阳卫生健康系统2023年“安全生产月”活动启动

2.6月6日，宁远46支医疗服务队“送健康”下乡

3.6月6日，湖南举办第28个全国“爱眼日”宣传活动

1
2
3

第三届航天医学与大众健康学术研讨会召开

衡山论健——第三届航天医学与大众健康学术研讨会召开

2023年5月20日，衡山论健——第三届航天医学与大众健康学术研讨会在南岳区举行。中国载人航天工程原副总设计师、人因工程国家重点实验室主任、国际宇航科学院院士陈善广，中国研究型医院学会常务副会长、空军军医大学原校长周先志，中国科学院院士、天体化学与空间生命—钱学森空间科学协同研究中心主任赵玉芬，中国工程院院士、中南大学湘雅医院终身教授周宏灏，湖南中医药大学党委书记戴爱国、副校长曾福生，天津中医药大学副校长郭义、世界卫生组织传统医学顾问刘新民以及来自国内航天与医学领域的70余位专家、学者、企业和医疗机构代表共同探讨健康理念，分享医疗智慧，洞悉行业未来。衡阳市人大常委会党组副书记、副主任谭敦龙出席研讨会。

此次论坛和研讨活动以“航天医学与大众健康”为主题，由衡阳市人民政府和国家食药同源产业科技创新联盟、湖南中医药大学主办，旨在探寻将我国具有国际领先地位的航天医学成果转化，军为民用，助推衡阳发展集航天医学、现代医学与传统医学结合的健康监测、疾病预防、康复保健、食疗食养、养生养老、森林康养于一体的大健康产业。

第三届航天医学与大众健康学术研讨会召开

湖南“温暖社保”行动计划启动仪式在长沙开福区举行

人社、税务、银行等部门工作人员为群众答疑解惑

2023年5月30日，湖南省“温暖社保”行动在长沙开福区启动，通过开展全民参保专项行动、暖心服务专项行动、能力提升专项行动、安全护航专项行动等四大专项行动，加快健全覆盖全民、统筹城乡、公平统一、安全规范、可持续的多层次社会保障体系。

活动现场，人社、税务部门联合发布了《湖南省“温暖社保”行动计划（2023—2025年）》。通过实施该行动计划，促进社会保险持续扩面，到2025年底，企业职工养老保险、机关事业单位人员养老保险、城乡居民养老保险、工伤保险、失业保险参保人数分别达到1720万、287万、3380万、977万、758万。实现社保服务全面提质，健全服务体系、创新服务方式，构建窗口服务、远程服务、上门服务全面优化的全方位服务新格局。实现经办能力全面提升，建设一支政治过硬、业务精湛、作风优良的社保干部队伍。实现安全防护全面升级，织密扎牢社保基金安全网、工伤预防安全网，有效防范化解重大风险，守护好人民群众的每一分“养老钱”“保命钱”。

1
2

1.6月14日，湖南省疾病预防控制中心开展2023年保密教育实训

2.6月16日，永州市医保中心主任谭鹏飞带队赴湖南兵器建华精密仪器有限公司、永州恒康医药集团，开展“进企业、送政策、解难题”活动

湖南省开展“世界无烟日”主题宣传活动

2023年5月31日是第36个“世界无烟日”，主题是“无烟为成长护航”。为进一步加强湖南省青少年控烟工作，保护青少年免受烟草的危害，由湖南省卫生健康委、省教育厅、省爱卫办、健康湖南行动推进办主办的2023年湖南省第36个“世界无烟日”现场主题宣传活动，在醴陵市陶瓷烟花技术学校开展。

近年来，湖南省深入贯彻落实健康中国战略，大力推进健康湖南行动，以控烟专项行动为抓手，加快推进全省控烟履约进程，开展控烟宣传教育，积极推进无烟环境建设。目前，全省无烟党政机关建成率已达100%，无烟医疗卫生机构、无烟学校已全面建成，为加快健康湖南建设作出了积极贡献。

省卫生健康委相关负责人表示，要从实现健康中国战略的高度，倡导全社会共同努力，从身边做起、从点滴做起，营造无烟的社会环境，共同呵护青少年健康成长，携手打造政府、社会、个人共建共治共享的控烟格局，为青少年健康成长保驾护航，为进一步推进健康中国建设奠定坚实基础。

湖南省开展“世界无烟日”主题宣传活动

全省各地纷纷开展宣传活动，通过播放控烟宣传片、摆放展板、发放健康知识折页、开展控烟有奖知识竞答等形式，广泛发动更多的人投入控烟行动，打造无烟学校、无烟家庭，还青少年一个清新的无烟环境。

△19日，东阳渡街道第二社区卫生服务中心开展以“签而有约，共享健康”为主题的“世界家庭医生日”主题宣传义诊活动。义诊现场，医务人员在为群众提供免费测量血压、测量血糖等身体检查外，还通过设立宣传台、悬挂宣传横幅、发放宣传资料、进行现场咨询等，为群众讲解家庭签约服务的意义和内容，尽最大努力为群众的身体健康护航。

△21日，中国民间中医医药研究开发协会临床与保健技术研究开发分会成立大会暨学术研讨会在南岳区召开。国家“973”首席科学家、广州中医药大学原常务副校长许能贵分享了针灸在防治肿瘤中的应用与研究；全国名老中医、全国风湿病学科带头人王承德教授做“论湿与风湿病”学术报告；仁和药邦负责人凌中鑫做“三酶一酵”在中医药中的应用学术报告。

△25日，湘潭县食品药品安全委员会2023年第一次全体会议召开。县委副书记、县长、县食药安委主任王利主持会议并讲话，会议传达学习国省市相关会议和文件精神；宣读了2022年湘潭县食品安全工作的考核通报；安排部署了野生蘑菇中毒防控和食品安全“两个责任”机制工作等。

△26日，湖南省无结核社区创建工作在长沙正式启动。石门县楚江街道、祁阳市龙山街道、泸溪县武溪镇成为湖南省国家首批3个无结核社区创建试点社区。此次正式启动全省无结核社区试点工作，旨在以无结核社区创建为契机，进一步加强结核病防治体系建设，全力提升防、治、管能力，积极探索创新工作策略措施。

△28日，湖南省疾病预防控制局挂牌成立。副省长秦国文为湖南省疾病预防控制局揭牌。组建省疾病预防控制局是贯彻落实党中央、国务院关于疾病预防控制体系改革的部署要求，有利于理顺体制机制、明确功能定位、提升专业能力，是湖南省建立健全疾病预防控制体系的重要举措，标志着湖南公共卫生体系建设站在了新的起点。

△30日，宁乡市城郊街道举行“宁乡创国家卫生市暨5·21全国助残日、计生协会5·29会员活动日、5·31世界无烟日”宣传活动。此次活动旨在倡导文明健康的生活方式，树立全周期城市健康管理理念，助力建设健康宁乡和更高水准全国文明城市。

6月底前全面上线应用村医系统

2023年6月13日，湖南省卫生健康委、省医疗保障局联合召开全省推进村卫生室门诊统筹医保定点工作电视电话会议。发布湖南省将在6月底前全面上线应用村医系统，免费供村卫生室使用。

目前，湖南省正加快推进村卫生室门诊统筹医保定点资格申请确定工作，预计2023年8月底前将实现符合条件的村卫生室全部纳入医保定点范围。届时，农村参保群众可在纳入医保定点的村卫生室享受门诊报销。

村医系统的应用，是实现村卫生室医保报销的基础和必要条件。为打通基层医疗卫生服务体系信息化道路的“最后一公里”，近期，湖南省组织研发了村医系统，包含门诊处方、进销存管理、医保结算等功能模块。目前，该系统已经试点运行，反馈良好。村医系统免费供村卫生室使用，不仅可为村卫生室开通医保通道，还有利于指导和监管村医医疗服务，提升医疗服务能力和水平，满足基层群众就医和报销需求。

1.7月10日—12日，湖南中医药大学医学院暑期三下乡助力祁东县官家嘴镇医疗振兴

2.7月5日，长沙开福区提档升级“15分钟医保服务圈”

3.7月11日，东安县卫健局、县计生协会在水岭乡开展东安县2023年“7.11世界人口日”宣传服务活动

安乡汉寿获评『中国长寿之乡』

安乡汉寿获评“中国长寿之乡”

2023年6月15日，中国老年学和老年医学学会为安乡县、汉寿县授牌，两县分别成为第97、第98个“中国长寿之乡”。至此，加上麻阳县，全省已有3个县获此称号。

安乡县、汉寿县均为“洞庭水乡”，气候宜人，物产丰饶。两县着力推进医养发展，建立健全健康养老服务保障制度，制定出台医养结合、养老、敬老相关措施，全力保障老年人健康。

目前，安乡县人口平均预期寿命80.20岁，有80岁及以上高龄老年人口19917人，100岁以上老人74人。汉寿县总人口83万，平均预期寿命80.93岁，高于全国平均水平2.73岁；100岁以上老人达91人，占总人口11.38/10万；80岁及以上高龄老年人口占60岁及以上人口比例为15.62%。相关核心指标均超出我国“长寿之乡”认定标准。

近年来，常德市积极创建“中国长寿之乡”，全力发展大健康产业。截至2022年底，全市90岁以上老年人数量较2011年翻一番、百岁老人数量增长近5倍，64个乡镇（街道）被授予“长寿之乡”称号。

130名专家教公众安全用药

2023年6月17日，第七届中国药学会基层医院药学学术年会在湘潭开幕，全国130名医药专家齐聚一堂，商讨创新基层药学服务、促进人们合理用药。

此次活动由中国药学会医院药学专业委员会主办，湘潭市中心医院等单位承办，主题为“推动基层医院药学高质量发展，满足患者合理用药高保障需求”。活动采用线上与线下结合、主会场与分会场结合的方式，安排多场分享报告会，通过学术引领、焦点研讨、示范分享和工作交流，理清基层药学发展思路与方向，首次发布中国药学会基层药学年会会徽和会旗。

2023年特设药学科普宣教征集活动，广大药师从窗口走向临床、面向患者，从纸笔到网络，把枯燥的文字变成有趣的视频，以轻松诙谐的方式，将用药知识传递给受众。此外，组委会表彰一批优秀科普用药作品。

中国药学会医院药学专委会科技帮扶系列活动、“药学科普湘潭行”活动同步举办。湘潭市中心医院专家为市民带来的常见慢性病义诊，全国药学专家带来的安全用药互动式宣教、药学科普有奖竞猜等活动，受到大家欢迎。

“药学科普湘潭行”暨湘潭市深化国家卫生城市创建健康科普文化展演

1.7月22日，中南大学湘雅医院、湖南省卫健委培训中心和湖南医药学院组成的专业团队赴怀化市最基层第一线调研

2.7月24日，现场医疗机构代表宣读老年健康宣教活动倡议书

3.7月25日，2023年湖南省老年健康宣传周活动在邵阳启动

1
2
3

第七届中国药学会基层医院药学学术年会在湘潭开幕

衡阳市首批DRG支付方式改革医疗机构实际付费启动

2023年6月26日，衡阳市首批DRG（按疾病诊断相关分组）支付方式改革医疗机构实际付费启动仪式在市中心医院华新分院举行。这标志着衡阳市住院医疗费用报销进入按病组付费时期、医保领域重点改革迈上了新台阶。省医保局党组成员、副局长伍国用出席并讲话，副市长谢宏出席并宣布衡阳市首批DRG支付方式改革医疗机构实际付费正式启动。

DRG支付方式改革是医疗、医保、医药“三医”联动改革的重要内容，也是有效控制医疗费用不合理增长、实现“医、保、患”三者共赢的重要举措。衡阳市DRG支付方式改革自2022年3月启动以来，市医保部门积极谋划、主动作为，在主动申请纳入长株潭区域DRG改革范畴的同时，把全市50家二级及以上公立医疗机构纳入第一批实际付费，认真制定并严格遵循改革路线图和时间表，自行研究细化了11个方面44项内容的改革具体工作，切实加强了数据分析和测算，助力DRG工作高质量推进。

伍国用指出，要密切关注改革成效，切实加强基金监管和医疗机构协同改革，让DRG改革产生最大效益、造福参保群众。

衡阳市首批DRG支付方式改革医疗机构实际付费启动

6月

△10日，湖南省人民医院6个“名医工作站”集中入驻湘西州民族中医院授牌仪式举行。“廖江涛名医工作站”“朱黎明名医工作站”“陈超武名医工作站”“沈贤波名医工作站”“杨科名医工作站”“张欢名医工作站”正式入驻湘西州民族中医院。授牌仪式后，6名专家分赴涉及消化内科、呼吸科、普外科、肝胆外科、泌尿外科、神经内科，开展坐诊、查房工作，并指导手术。

△12日，衡阳市第三人民医院与县人民医院顺利举行衡阳市传染病专科联盟签约揭牌仪式，这标志着双方将在专科发展、人才培养、技术提升等方面开展合作，进一步促进全县完善传染病城乡医疗服务体系，提升传染病综合防治服务能力。

△14日，衡阳市医疗保障事务中心组织召开全市异地就医直接结算政策宣传月活动推进会，要求全市医保经办机构全方位、多渠道、多形式深入开展异地就医直接结算政策宣传活动，进一步提高社会公众政策知晓度，持续提升人民群众异地就医结算的获得感、幸福感和安全感。

△16日，湖南省肿瘤医院“博士专家团走基层”暨湖南肿瘤专科医联体成员单位签约授牌仪式在衡南县城举行，衡南县人民医院与湖南省肿瘤医院现场签约，正式成为湖南肿瘤专科医联体新成员。衡南将以“强县、活乡、稳村、惠民”为目标，大力推行紧密型县域医共体建设，深入实施“三三”工程，采取“上联下共、上派下送”方式，着力推动医疗卫生工作重心下移、资源下沉。

△25日，南华大学附属职业病防治院正式揭牌。根据协议，双方将全面开展医教研深入合作，携手建立特色鲜明的职业卫生教学和科研体系，着力创新医防融合机制，打造高水平的职业病防治院，努力创建“国家职业病临床医学研究中心”和“国家区域职业病医疗中心”，推动职业健康事业高质量发展。

△28日，湘渝黔三省市边区接壤县花垣、秀山、松桃，在湘西土家族苗族自治州花垣县十八洞村，共同签署《湘渝黔三省市边区县医保联动试点框架协议书》，标志着湘渝黔三省市边区县医保联动机制启动。此次三省市三县医保协作第一批试点医院共28家，将惠及三省边区18个乡镇35万余名群众。

全国特色食用油功能与营养联合创新中心在湘揭牌

2023年6月26日，全国特色食用油功能与营养联合创新中心在长沙揭牌。该中心是全国首个以茶油、菜籽油等区域性特色食用油为研究对象的联合创新中心，将为湖南省特色食用油尤其是茶油产业的高质量发展夯实技术根基。

该中心由农业农村部食物与营养发展研究所与湖南农业集团所属省食用油集团共同建设，将聚焦特色食用油营养评价理论体系建设、特色油料油脂资源评价与标准化生产、优质特色食用油产品特征品质等方向展开研究创新。

省食用油集团相关负责人介绍，中心成立后，目标是建设一个特色油料油脂资源营养品质数据库、制定一批特色食用油全产业链分等分级标准、研发一批高品质营养健康的特色植物油产品、推出一个特色食用油（植物油）产业交流品牌会议、编制一份特色食用油（植物油）产业发展趋势报告，最终形成一个特色食用油的研究体系。

全国特色食用油功能与营养联合创新中心在湘潭揭牌

湖南的油茶产量居全国第一，是中国特色油料的主产区和优势区。2023年4月，省食用油集团启动全国油茶交易中心建设。此次联合创新中心的成立也为全国油茶交易中心的建设和长远发展提供了技术支撑。

永州启动『慢病三六康工程』

永州启动『慢病三六康工程』

2023年6月26日，湖南省老龄事业发展基金会“慢病三六康工程”在永州市正式启动。

永州率先开展全省老龄智能“慢病三六康工程”项目，是实施慢性病综合防控策略，提高老龄四高病人特别是糖尿病等重大慢性病综合防治能力，推进“四高”（高血压、高血糖、高血脂、高尿酸）共管的重大举措，更是一项很有意义的社会公益性活动。目前，永州市各地组织多个志愿者服务团队，进行严格专业培训后，与当地基层医疗机构密切协作，为全市60岁及以上老年人群，提供居家调治、康复指导，帮助老年慢病人群解决医养难题。

仪式上，企业代表、志愿者代表、医疗机构代表等依次发言，聚力推进“慢病三六康工程”这一惠及全市老年人的大型公益活动。现场还开展了公益性现场募捐及合作服务机构授牌。

1.7月26日，2023年“湖南爱民保”爱民工程在长沙启动

2.7月31日，湖南省妇幼保健院开展“2023年全国老年健康宣传周夜间门诊义诊”活动

3.7月31日，石峰区开展2023年中医适宜技术培训

1

2

3

1
2
3
4

1.8 月 14 日，湖南省胸科医院组织召开了全省技能竞赛集训队员开班仪式

2.8 月 16 日，娄底市中心医院举行 2023 年中国医师节表彰大会

3.8 月 19 日，湖南省人民医院举行第六个中国医师节庆祝表彰大会

4.8 月 18 日，全省 2023 年县域医疗卫生次中心建设试点示范项目培训班在长沙举办

张家界市武陵源区推行『医保快递』服务新模式

2023 年 7 月，在张家界市武陵源区，“医保快递”服务团穿梭山村田野，为老百姓送去健康与便捷。

2022 年 5 月，人口只有 6 万人的武陵源区在全国首推“医保快递”服务新模式。如今，“医保快递”从 1 个试点发展到全区 15 个山区行政村，“医保快递员”从最初 1 名成员增加到拥有 15 名成员的“医保服务团”。

“医保快递”每进驻一个村，村干部和村民们都竞相上岗，为参保对象提供送、收、购、办服务——送政策、送药、送诊下乡；上门收集业务资料，建好一人一事一档；为高龄、行动不便、交通不便等人群代购药品；实现医保业务“一次办”“一网办”“上门办”。“医小二”，便是村民对“医保快递员”的亲切称呼。

就乡村外出务工人员多等情况，“医保快递员”通过建立“乡亲群”微信服务群，将医保服务由“窗口办”变“线上办”；针对“五老、三弱、一慢”等群体，“医保快递员”还为他们提供力所能及的帮助。

武陵源区医保局负责人邓红艳说，一年多来，参保对象咨询电话同比下降 30%，村级医保服务站业务量同比增加 108%；“医保快递”已为武陵源参保群众送去大量药品，经办代办业务 2635 人次，落实医疗保障待遇 260 万元，惠及群众 2.3 万余人。

武陵源区推行『医保快递』服务新模式

武冈市“家庭医生”守护百姓健康

2023 年 7 月中旬，武冈市迎春亭街道地母庵村村医曾凯上门为患癌村民林梅（化名）做体检。曾凯一边为她检查血压、心率，一边叮嘱注意事项。林梅手术后回家疗养，该街道第二社区卫生服务中心第三“家庭医生”团队为她提供签约服务，村医曾凯定时随访，林梅遇到健康问题，也可在线咨询团队任何医生。

武冈市不断加强基层卫生服务网络建设，依托 21 个乡镇卫生院（社区卫生服务中心）和 299 个标准化村卫生室，培训 1191 名基层医生，组建 170 个“家庭医生”签约服务团队，304 个村（社区）“家庭医生”签约服务全覆盖。同时，购买使用“人人家医”医院管理系统，将全部服务对象纳入，构建村（社区）、乡镇、市三级服务体系，采取“多对一”的服务方式为签约对象提供线上线下服务。

目前，武冈市辖区常住人口“家庭医生”签约服务率达 69.61%，其中脱贫人口（含监测户）签约率 100%，65 岁及以上居民、0—6 岁儿童和高血压、糖尿病等慢性病患者及精神障碍患者等重点人群签约率均在 95% 以上。2022 年，该市开展签约服务质量满意度调查中，获群众好评。

△ 29 日，在第三届中非经贸博览会期间，中国—非洲国家卫生与植物卫生（SPS）合作论坛成功举行。中华人民共和国海关总署副署长王令浚，湖南省委常委、副省长张迎春出席论坛并讲话。

△ 30 日，中非中医药合作论坛在长沙举行。论坛以“深化中医药合作，助力人类卫生健康共同体建设”为主题，中国国家中医药管理局代表、非洲国家驻华外交使节、国内外知名中医药专家学者汇聚一堂，就中非中医药合作发展的现状与愿景进行研讨交流。

7月

△ 1 日，衡阳县“危重孕产妇救治中心和危重新生儿救治中心”揭牌仪式在县妇幼保健院举行，随着“两个中心”的揭牌运行，标志着全县孕产妇和新生儿危急重症临床救治能力上了一个新台阶。

△ 4 日，援外医疗队派遣 60 周年工作推进会议暨 2023 年全国卫生健康外事工作会议在长沙召开。国家卫生健康委员会主任马晓伟作批示，国家卫生健康委副主任曹雪涛出席会议并讲话，湖南省副省长秦国文出席会议并致辞。

△5日，2023年湖南省医保经办系统练兵比武活动启动仪式暨邵阳市练兵比武大赛在温德姆大酒店举行，提升全省医保系统经办服务水平，推进医保经办工作提质增效。省医疗保障局党组书记、局长王运柏，邵阳市政府副市长蒋伟参加启动仪式。邵阳市练兵比武大赛共分为基础入门、必答题抢答题环节、场景模拟、一决雌雄四个阶段，来自邵阳市各县市区医保系统13支队伍39名业务精英现场比拼。

△11日，第八届中欧生命科学论坛在长沙举行。来自法国、德国、瑞士等9个国家的生命科学专家，与省内相关领域及生物医药科研机构、投资机构、专家代表、企业代表开展互动交流，分享最新研究成果。中国工程院院士、遗传药理学和临床药理学家周宏灏出席并作主旨报告。

△17日，召开的全省药品（疫苗）安全和高质量发展协调小组会议明确下半年湖南省生物医药产业发展的工作要点，从保安全、强创新、培育园区、金融支持、知识产权保护等方面予以细化，坚决守住药品安全底线，主动服务于全省经济社会发展大局。

全省村卫生室医保定点工作推进会在益阳召开

全省村卫生室医保定点工作推进会在益阳召开

2023年7月18日，湖南省卫生健康委、湖南省医疗保障局联合在益阳市召开全省村卫生室医保定点工作推进会。省卫生健康委党组成员、副主任罗辉，省医疗保障局党组成员、副局长伍国用，副市长罗晓皓出席。

会议强调，全省卫生健康和医疗保障系统务必提高思想认识，强化保障协同发力，让农村参保群众在家门口就能得到医疗保障服务。务必采取有效措施，坚决迅速完成村卫生室医保定点工作任务，加强服务指导，把握标准条件，建立工作机制。务必明确责任分工，按照时间节点，定期会商落实，坚持“应纳尽纳、应开尽开”原则，确保村卫生室稳妥有序开展门诊统筹业务。务必加大培训和宣传力度，聚焦队伍建设，逐一指导解决问题，提升村卫生室村医的业务能力，广泛宣传医保报销政策。

会议要求，全省各地卫健、医保部门要深入村卫生室开展督导检查，持续责任上肩、重心下移、力量下沉、督导到底。坚持特事特办、急事急办，加快医保定点审批，全面推广村医系统，加快乡村一体化管理。坚持以人为本，一切围绕群众，落实主体责任，加强统筹协调，减少乡村医生基层负担。成立工作专班，充分发挥职能作用，强化组织领导，确保村卫生室医保定点工作早完成，满足群众就近看病报销需要。

1 2 3

1.8月19日，邵阳市中医医院举行2023年“中国医师节”表彰大会

2.9月4日，2023年洞口县中医药适宜技术推广和“社区卫生服务中心、乡镇卫生院中医馆服务能力提质建设”“社区卫生服务站、村卫生室中医阁建设”项目培训班

3.9月12日，常德市第二人民医院各党支部联合开展“党建引领促教育 情系教师送温暖”系列公益行主题活动

汝城县启动2023年居民健康素养监测项目

2023年7月20日，汝城县卫生健康局组织召开了2023年居民健康素养监测项目启动暨业务培训会。汝城县卫生健康局、县疾控中心相关领导及业务人员，3个监测点乡镇政府分管领导、卫健办主任、卫生院分管领导、参与现场调查的调查员及村支部书记、乡村医生共40余人参加培训。

组织学习了《汝城县居民健康素养监测方案》，详细讲解了监测点绘图列表、现场调查方法和技巧。开展健康素养监测旨在了解居民健康素养水平变化趋势，分析居民健康影响因素，为制订健康相关政策、策略和措施提供科学依据，推进健康汝城建设，巩固国家卫生县城成果。

2023年，湖南省卫生健康委员会将启动第八批共17个省级健康县区的项目建设，在29个国家级、省级监测点开展健康素养监测，通过项目实施，推动健康知识普及行动落地见效，确保2023年全省居民健康素养水平达到30%。

汝城县卫生健康局组织召开了2023年居民健康素养监测项目启动暨业务培训会

『洞庭渔火季』之『健康夜市』大型义诊活动启动

2023年7月24日，“洞庭渔火季”之“健康夜市”大型义诊活动启动仪式在巴陵广场举行。市委常委、市委宣传部部长刘启峰出席活动。此次活动由市委宣传部、市文明办主办，省第三人民医院联合省卫健委直属六大医院（省人民医院、省肿瘤医院、省妇幼保健院、省脑科医院、省儿童医院、省直中医医院）承办，市志愿服务组织联合会积极参与服务。

举行“洞庭渔火季”之“健康夜市”大型义诊活动，是深入推进健康岳阳建设、弘扬志愿服务精神的重要举措。岳阳市委、市政府一直高度重视卫生健康事业，认真贯彻新时代卫生与健康工作方针，建立健全健康促进政策体系，全面实施健康知识普及、全民健身、职业健康保护、传染病及地方病防控等专项行动，为人民群众提供了高质量的健康服务和高水平的健康保障。

省第三人民医院等将以此次义诊为契机，大力践行“人民至上”理念，用实际行动弘扬医者仁心的崇高精神，充分彰显省级医院、省级文明标兵单位担当作为，为新时代健康岳阳建设贡献更大力量。

“洞庭渔火季”之“健康夜市”大型义诊活动启动仪式在巴陵广场举行

1.9月23日，糖尿病足诊疗学习班暨中医基层适宜技术培训班在株洲市中医伤科医院开班

2.9月26日，湖南启动2023年“敬老月”活动暨“智慧助老”提升行动

1

2

全省医联体建设培训会在桃江召开

全省医联体建设培训会在桃江召开

2023年7月23日、24日，全省医联体建设培训会在桃江县召开。湖南省卫健委党组副书记、副主任祝益民出席会议并授课，省医院协会会长陈卫红、副市长罗晓皓、县委书记向荣出席开班仪式。全省各市州、区县（市）卫生健康行政部门相关负责人、二级以上医疗卫生单位主要负责人、城市医疗集团及58个省级备案专科联盟牵头单位负责人近600人参训。

开班仪式上，祝益民高度肯定了全省医联体建设工作，要求全省各医疗卫生机构紧紧围绕深化公立医院改革，强化医联体建设，积极推进基层医疗服务能力同质提升。希望通过此次培训会，深入剖析新时期下医联体建设现状、发展契机和趋势，阐明新形势下医联体建设工作发展途径，为全面提升医疗卫生服务能力，加快推进医联体建设工作，进一步推动卫生健康事业高质量发展赋予新的能量。

培训会上，省卫健委以及相关市州12位领导、专家围绕医联体模式探索、紧密型城市医疗集团建设、县域医共体建设、专科联盟建设、远程诊疗等方面作精彩授课。省人民医院常务副院长向华、县卫健局党组书记詹国辉、县人民医院党委书记杨永中，分别就医联体建设“桃江模式”、县域医共体建设作经验交流。

△20日，常德市第一人民医院与安乡县中医医院学科共建暨农工党常德市第一人民医院总支与农工党安乡支部结对援助签约仪式成功举行。活动中，双方进行交流发言，并签约了眼耳鼻喉学科共建合作协议，成立眼耳鼻喉专科联盟。市第一人民医院眼耳鼻喉科专家还来到现场开展了义诊活动。

△21日，岳阳市人民医院召开甲状腺“金蝴蝶”基础学苑（临湘站）暨MDT小组成立大会。会议宣布市人民医院“甲状腺疾患MDT小组”正式成立并进行授牌，特邀岳阳市中心医院专家为大家讲解了《孕产期甲状腺疾病防治管理指南》等知识。

△23日，“泛洞庭湖地区中心医院管理论坛”第四期在市中心医院举行，来自益阳、湘潭、岳阳、常德、娄底等地21家医院的400多名医院管理人员齐聚一堂。省卫健委党组副书记、副主任祝益民，省医院协会会长陈卫红、副会长兼秘书长李爱勤，副市长罗晓皓等出席。

△26日，邵阳市医保局举办2023年全市医保基金监管稽核综合能力培训班，各县市区医疗保障局分管基金监管副局长、基金监管股和稽核全体人员，各医保事务中心相关人员参加培训。此次培训采取集中授课、研讨交流相结合的形式。省、市医保局有关领导授课围绕DIP支付方式改革下的医保基金监管、关于医保基金监督检查专业发展的思考、DIP支付方式病案编码规范以及医保行政执法法律程序、文书制作规范等方面进行深入浅出的讲解。

8月

△4日，郴州县中医医院与湖南省脑科医院（湖南省第二人民医院）举行以“防治卒中、脑医同行、携手共进”为主题的医联体签约授牌仪式。省脑科医院代表与中医医院负责人进行签约，结成医联体，省脑科医院还向县中医医院进行授牌，并为“技术指导医院”牌匾进行揭牌。

△5日，湖南省生物医学工程学会成立大会暨华湘学者论坛在天心区举行。天心区国家医学中心指挥部与湖南省生物医学工程学会签订合作框架协议，双方将展开广泛、深度合作，提速天心区大健康产业发展，助推长沙全力建设“全球研发中心城市”。

1
2
3

1.9月26日—27日，湖南省卫生健康委联合健康报社举办的全省卫生健康宣传工作培训班在长沙举行

2.9月26日，武警湖南总队医院开展“2023年服务百姓健康行动”义诊活动

3.9月27日，芙蓉区举行“芙蓉区2023年芙蓉花开·卫你而来健康巡讲启动仪式暨健康科普大赛决赛”

湖南省启动县域医疗卫生次中心建设

2023年7月24日，湖南省卫生健康委、省财政厅联合下发实施方案，启动2023年县域医疗卫生次中心试点示范项目建设，在全省首批建设20个县域医疗卫生次中心。与此同时，省卫生健康委下发《湖南省县域医疗卫生次中心建设指南（试行）》，指导各地规范县域医疗卫生次中心建设。

从普通的乡镇卫生院到县域医疗卫生次中心，部分乡镇卫生院的功能正在改变。开展县域医疗卫生次中心建设工作，既是贯彻落实中共中央办公厅、国务院办公厅《关于进一步深化改革促进乡村医疗卫生体系健康发展的意见》的具体举措，也是湖南省加快推进分级诊疗制度建设的有效途径。

按照部署，湖南省进一步优化县域医疗卫生资源配置，规划建设县域医疗卫生次中心，依托现有乡镇卫生院，对标二级综合医院服务能力，打造县域片区医疗救治中心、急诊急救中心、人才培训中心、技术指导中心、公共卫生示范中心，不断提升乡村医疗卫生机构单体规模和服务辐射能力。县域医疗卫生次中心建设，不改变现有医疗卫生服务体系，不新增医疗卫生机构。县域医疗卫生次中心属性仍为乡镇卫生院，不另外加挂牌子，主要向居民提供常见病、多发病的诊疗及康复、护理服务，以及急危重症、疑难病症的急诊急救及转诊服务。

桃江获评“湖南省百岁健康示范创建先进县”

2023年7月25日，全县百岁健康示范创建先进县表彰暨老科协工作会议在县教师发展中心召开。县委副书记、统战部部长、县“创百”工作领导小组组长冷亮出席会议并讲话，副县长童春义主持会议。

冷亮要求，要进一步深化桃江县“创百”工作，打造“长寿县”品牌，坚持各级党委政府、相关职能部门、老科协自身“三位一体”，实现整体联动；要注重多措并举，创造良好环境，真正让老科技工作者们“老有所养、老有所医、老有所学、老有所乐、老有所为”，推动桃江县老科协工作更高质量、更高水平发展，为建设富饶美丽幸福新桃江作出新的更大贡献。

会上，鸬鹚渡镇党委、修山镇老科协、桃花江镇大华村党支部、武潭镇熊家村老科协、灰山港镇金沙洲相关负责人作了“创百”经验介绍。会议对被省老科协授予“湖南省百岁健康创建示范镇”的修山镇、被市老科协授予“益阳市百岁健康创建示范乡镇”的浮邱山乡等7个乡镇、桃花江镇花园洞村等78个“益阳市百岁健康创建示范村（社区）”、吴婧芳等60位“百岁健康示范创建”先进个人给予了通报表彰。

全县百岁健康示范创建先进县表彰暨老科协工作会议现场

湖南省出台中医执业及诊疗新规

2023 年 7 月 25 日，湖南省中医药管理局联合省卫生健康委下发了《关于进一步明确湖南省中医类别执业医师执业范围及规范非中医类别执业医师开展中医诊疗活动的通知》（以下简称《通知》），对相关情形作出明确规定。

《通知》指出，中医类别执业医师可以在医疗机构中的中医科、中西医结合科按照执业类别、执业范围执业，或者在对应的内科、外科、妇产科等其他临床科室执业。中医类别执业医师经培训和考核合格，在执业活动中可以采用与其专业相关的西医药技术方法；经所在执业机构考核确认其专业技术达到相应水平的，可以开展手术等诊疗技术。

《通知》规定，非中医类别执业医师经过不少于 1 年系统学习中医药专业知识并考核合格后，遵照中医临床基本的辨证施治原则，可以开具中成药处方；取得省级以上教育行政部门认可的中医、中西医结合、民族医学专业学历或学位的，或者参加省中医药主管部门认可的 2 年以上西医学习中医培训班（总学时数不少于 850 学时）并取得相应证书的，或者按照《传统医学师承和确有专长人员医师资格考核考试办法》的有关规定跟师学习中医满 3 年并取得《传统医学师承出师证书》的，既可以开具中成药处方，也可以开具中药饮片处方。

1
2
3

1.9 月 27 日，湖南省绥宁县卫生健康局和绥宁县总工会主办的“弘扬工匠精神 建设健康绥宁”2023 年绥宁县妇幼健康职业技能竞赛在绥宁县人民医院举行

2.9 月 28 日，2023 年“世界狂犬病日”主题宣传活动举行

3.9 月 28 日，东安县举行妇幼健康职业技能竞赛

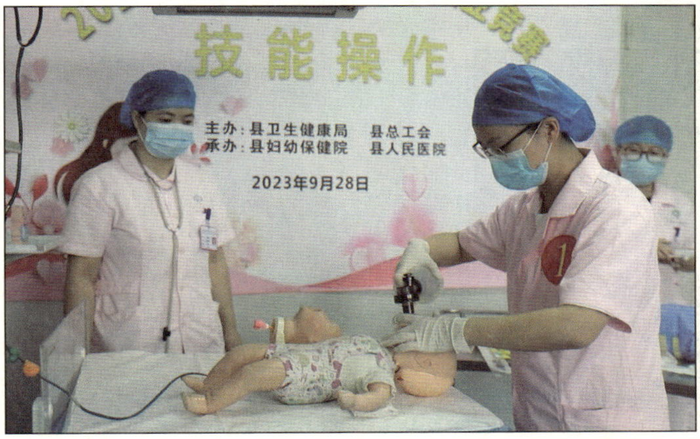

湘潭『首针』国产带状疱疹疫苗来了

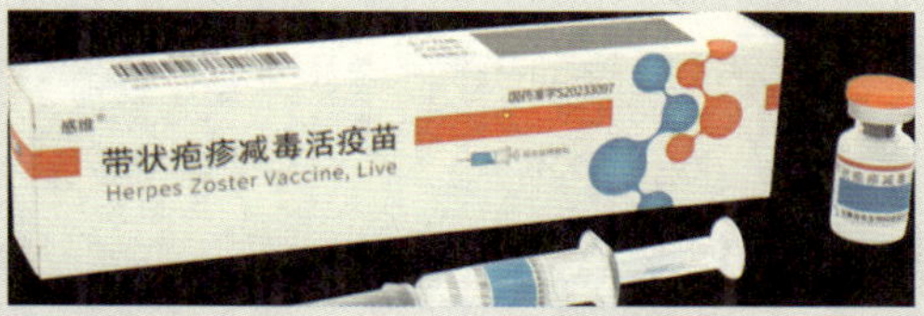

湘潭“首针”国产带状疱疹疫苗来了

2023 年 7 月 31 日，湘潭市正式启动国内首个适用于 40 岁及以上人群的带状疱疹减毒活疫苗接种及其上市后的研究项目。

带状疱疹发病的原因是幼年时曾感染过水痘—带状疱疹病毒，这个病毒并不会离开我们人体，而是潜伏到我们神经根部的神经节中，伺机而动。随着年龄增长，免疫力降低，该病毒会被重新激活，引起带状疱疹，多发于中老年人。

目前，带状疱疹的治疗多以抗病毒及对症治疗为主，尚无特效药，接种疫苗是最有效可行的预防手段。此次引入的国产带状疱疹减毒活疫苗，具有接种年龄放宽、接种程序简化、群众经济负担降低等特点，只需接种 1 针，就可以保护 40 岁以上人群及老年人群，减少带状疱疹患病风险。

为进一步确证疫苗的安全性、有效性和质量可控性，建立健全疫苗全生命周期质量管理体系，市疾控系统还同步启动了带状疱疹减毒活疫苗上市后的研究项目，对全市各级疾控中心和接种单位相关负责人开展了带状疱疹疾病负担及防控策略、水痘—带状疱疹病毒全生命周期的预防管理策略等内容的培训，严格落实疫苗管理、确保规范接种。

△ 12 日，“肿瘤病理诊断新进展学习班”暨中国病理学网（CPN）2023 学术会议在龙山举行。来自省内外 100 多位专家学者畅怀论道，共叙肿瘤病理诊断新进展。

△ 25 日，长沙启动 0 ~ 6 岁儿童孤独症筛查干预健康民生项目，为全市常住 0 ~ 6 岁儿童提供集健康教育、筛查、诊断和治疗康复于一体的全流程免费服务。副市长肖正波出席项目启动会议。

△ 31 日，“全国基层医疗高质量发展援建工程”第一站溆浦县启动仪式举行。中国初级卫生保健基金会专职副秘书长、全国基层医疗高质量发展援建工程管理办公室主任汪辉出席并讲话。该项目通过联合多个基金会共同发起，旨在持续为基层医疗针对性赋能，改善基层群众就医条件，切实为人民群众身体健康保驾护航。

9月

△ 7 日，衡阳市开办消除“艾梅乙”母婴传播项目培训班。湖南省妇幼保健院信息管理科副主任熊黎黎以《消除母婴传播信息管理要求》为主题，开展了线上专题讲座，衡阳市第三人民医院副院长阳辉等多位专家从《HIV 感染孕产妇抗病毒药物治疗注意事项》等方面展开了专题讲座。培训班课程安排丰富紧凑、全面详细、覆盖面广，专家队伍涵盖实验室、信息数据、乙肝治疗等领域专家。

△15日，湖南省航空医疗救援应急演练在长沙湘江新区举行。演练由湖南省卫生健康委主办，中南大学湘雅二医院、湖南湘江新区发展集团有限公司共同承办。本次演练以“突发安全生产事故紧急医学救援”为主题。

△16日，怀化市县级医院高质量发展协作体成立大会召开。中华慈善总会党委书记孙达，副市长向秀亮出席。怀化市县级医院高质量发展协作体是以湖南医药学院第一附属医院为龙头，以“自愿加入、资源共享、学科帮扶、共同发展”为原则，实现全市县级医院协同抱团发展的协作组织。会上，宣布怀化市县级医院高质量发展协作体正式成立，并分别为协作体牵头单位、援建单位、成员单位授牌。

△18日，“爱卫新征程 健康中国行”主题活动走进湘潭。活动包含推介分享、圆桌论坛、现场调研、对话一线爱卫工作者等，分为“新时代·牢记初心使命”“新使命·筑牢健康防线”“新征程·共创美好未来”3个篇章，并以视频形式全面展示爱国卫生运动71周年的光荣历程与伟大成效。活动现场直播，累计在线观看人数达1200万人次。

岳阳市村卫生室医保定点全覆盖

截至2023年8月3日，岳阳全市1372家行政村卫生室电脑、打印机、读卡机具配备率达100%，医保定点开通率达100%，开展医疗服务率达100%，医保报销率达100%，该市村卫生室医保定点实现全覆盖。

为方便群众就近就医，及时享受医保待遇，岳阳市将村卫生室医保定点列入真抓实干工作的重要内容。同时加强村卫生室标准化建设，改善设施设备，优化就医环境；实施乡村医生本土化培养和医学毕业生免试注册乡村医生，优化乡村医生机构，壮大乡村医生队伍；开展乡村医生临床基本技能、急诊急救能力、全科医学理念、基层适宜技术、慢病规范管理、健康教育指导等方面的培训，提升服务能力。

岳阳市卫生健康委员会负责人介绍，该市将健全以县级医院为龙头、乡镇卫生院为枢纽、村卫生室为基础的乡村医疗卫生服务体系，探索“县治、乡管、村访”的乡村医疗卫生服务模式，进一步强化乡村医疗卫生队伍建设，持续提升乡村医疗卫生服务能力，夯实乡村医疗卫生服务网底，助力全面推进乡村振兴。

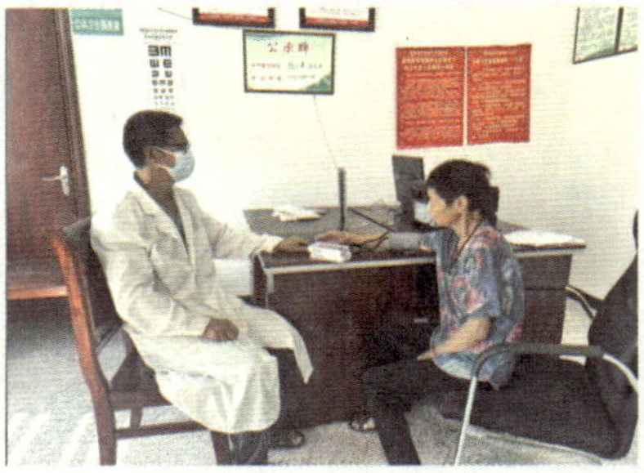

岳阳市村卫生室医保定点全覆盖

1.10月8日，湘潭市卫生健康委员会主办，湘潭市健康教育所承办的“健康知识普及·我行动”主题活动暨2023年湘潭市健康科普大赛演讲类决赛顺利举行

2.10月8日，第32个世界精神卫生日系列活动，主题是“促进儿童心理健康，共同守护美好未来”，通过培训儿童青少年心理健康知识，向社会大众传播儿童青少年心理健康知识

3.9月28日，长沙市天心区卫生健康局与长沙市中医医院签订中医医联体战略合作协议，正式开启业务协作、人才培养、资源共享、共同发展的中医发展新篇章

1
2
3

衡阳市开启定点医药机构医保协议『网签模式』

2023年8月22日，通过湖南省医保信息管理平台，衡阳市两家定点医疗机构——市第二人民医院、市第二精神病医院，与市医疗保障事务中心成功实现线上签约。这标志着自即日起，衡阳市定点医药机构医保服务协议签订工作可通过网上办理，衡阳正式进入医保协议“网签时代”。

为进一步规范医疗保障定点医药机构管理，提高医保服务信息化、便利化水平，市医保部门认真落实省、市相关部署要求，积极推动医保服务协议签订“全程网办”，有效减轻医药机构来回跑腿办事负担，努力为优化营商环境贡献医保力量。

在医保服务协议签订过程中，市医保经办机构依托医保信息化平台下发协议文本，定点医药机构接收并签字盖章后，在医保两定平台上传协议；经办机构进行初审、复审、签章，便完成了协议签订。这种线上签订的模式，不受时间和地域限制，结束了过去医药机构与医保经办部门逐个面对面现场签订的复杂流程，也避免了手工填写、往返奔波的费时费力，真正实现了“让数据多跑路、让企业零跑腿”，为服务对象提供更贴心、更暖心的医保服务。

湖南省开展乡村医生等级评定试点

2023年8月25日，全省乡村医生等级评定试点工作启动会上发布，湖南省将在汝城县等16个县（市、区）启动乡村医生等级评定试点工作，多维度对乡村医生进行评价，加强乡村医生待遇保障，激励乡村医生自觉提高服务能力和质量。根据《湖南省乡村医生等级评定试点工作方案（试行）》，评定对象为经试点地区卫生健康行政部门核准登记，准予在村卫生室执业，从事预防、保健和一般医疗服务的在岗乡村医生。

在评定等级上，将从基本医疗卫生服务能力、工作年限、服务对象满意度等多维度对乡村医生进行评价，将符合条件的乡村医生分别评定为一级村医、二级村医、三级村医等三个级别。其中，等级最高的一级村医要求具有大专及以上学历，具有执业医师资格，在乡村医生岗位上连续工作10年及以上，考核周期内在以建制乡镇卫生院（社区卫生服务中心）为单位的乡村医生考核中排名前30%，服务对象满意度达90%及以上。

在动态管理上，乡村医生等级评定实行届期制，以5年为一个周期，明确了等级晋升和降级条件，建立“能上能下”的工作机制；要求各试点地区组织乡村医生在上级医疗机构进行跟班坐诊、带教查房，在临床一线提升乡村医生服务能力。

全省乡村医生等级评定试点工作启动会召开

1

2

1.10月10日，郴州苏仙区健康教育所联合郴州市第四人民医院、苏仙区妇幼保健院和许家洞镇卫生院在711矿广场开展“健康生活，理想血压”高血压日宣传活动

2.10月8日，岳阳市南湖新区卫生健康局组织湖滨、南湖、求索三家社区卫生服务中心家庭医生团队在飘尾、麦子港、湖畔社区等人流密集处积极开展“全国高血压日”公众宣传和健康讲座活动，旨在提高社区居民定期测血压，早期发现高血压的自我保健意识

“湖南中医药文化三湘行走进溆浦”启动仪式举行

活动启动仪式现场

2023年9月10日，“湖南中医药文化三湘行走进溆浦”启动仪式在溆浦县中医医院举行。湖南省政协原副主席、省老科协会长欧阳斌讲话并宣布“湖南省中医药文化三湘行走进溆浦”活动启动。此次活动由湖南省老科学技术工作者协会、湖南省湖湘文化交流协会、湖南日报文旅集团、湖南中医药大学、湖南医药学院、溆浦县人民政府主办；溆浦县老科学技术工作者协会、溆浦县卫健局、溆浦县中医医院承办。

欧阳斌在讲话中指出，此次“湖南中医药文化三湘行”公益活动，既是贯彻落实党的二十大精神和党中央、国务院关于中医药传承创新发展重大决策部署的具体实践，也对弘扬中医药文化、推动中医药文化保护传承和传播推广具有重要意义。湖南中医药文化三湘行公益活动开展五年来，举办了24场大型宣讲和义诊，已经成为湖南省的一张公益健康名片。

启动仪式后，何清湖还以《科学把握“传承精华，守正创新”》为题展开学术讲座，围绕传承精华之内涵、守正创新之内涵、实施方法等方面，深刻阐述中医药“传承精华，守正创新”的意义。

△27日，在北京召开的全国医疗保障系统先进集体和先进个人表彰大会上，全国医疗保障系统49个先进集体和50名先进个人受到了表彰。衡阳市医疗保障事务中心荣膺“全国医疗保障系统先进集体”，为湖南省唯一获此殊荣的市州医疗保障事务中心。

10月

△11日，湘乡市疾控中心开展传染病疫情调查处置技能比武，进一步提升疾控人员业务知识储备和应急处置能力，增强全市传染病防控能力。本次技能比武以新形势下新冠变异株疫情调查处置为背景，从传染病报告、流调报告撰写、个人防护、采样、消毒等各个环节，以理论考核、桌面推演和技能实操的形式开展。

△12日，市医疗保障局主办的2023年怀化市医保经办系统练兵比武大赛举行。副市长向秀亮出席。此次比赛是全市医保经办系统练兵比武系列活动的收官之战。经过层层角逐与选拔，共有市县乡三级医保经办岗位的14支队伍共42名选手参加总决赛，在全市上下营造了“爱岗敬业、比学赶超”的良好氛围。

△20日—22日在湘潭市雨湖区漫奇酒店召开湖南省肌肉骨骼疾病调查项目启动会。开幕式由湖南省疾控中心慢病科长殷黎主持，省疾控中心、中南大学湘雅二医院项目负责人、各相关市州卫健委疾控科、区县卫健局疾控科负责人等参与此次会议。湖南省疾控中心对开展调查的4个县市区项目工作人员进行培训，内容包括问卷调查、身体测量、项目信息收集和管理平台介绍及操作，血样检测、DXA骨密度和肌肉测量、骨关节X线检查、调查现场观摩等。

△20日，第三届全国茯苓大会暨第六届武陵山（怀化）国际健博会，在靖州苗族侗族自治县开幕，500余家医药健康企业参展参会。省政协副主席李民宣布开幕。此次大会以“‘茯’地怀化 健行天下”为主题，由中国菌物学会、湖南省科学技术协会、怀化市人民政府主办。

△23日，湖南省中小学生心理健康教育平台（心晴驿站）上线暨首部教育亲子心理剧发布会在长沙举行。湖南省中小学生心理健康教育平台由省教育厅、省教育科学研究院组织团队开发设计，平台融入了人工智能、大数据、云计算等新兴技术，是集心理健康知识学习、心理健康工作互助于一体的心理健康教育平台。

1.10月10日是第32个世界精神卫生日，今年的主题是“促进儿童心理健康，共同守护美好未来”。儿童青少年的心理健康关乎国家的前途和未来，关乎每个家庭的幸福和社会稳定

2.10月11日，湖南省卫生健康委全体在家班子成员赴湖南省保密教育实训基地，以国家安全和保密知识为主题开展党组理论学习中心组第十次集体学习研讨

3.10月13日是第34个国际减灾日，主题是“共同打造有韧性的未来”。湘西土家族苗族自治州卫生健康委与吉首市卫生健康局组织10余名工作人员，到乾州农贸市场开展普及防灾知识，呵护生命健康宣传服务活动

1
2
3

永州市医保局获评『全国医保系统先进集体』

2023年9月27日，全国医疗保障系统先进集体和先进个人表彰大会在北京召开，会议对全国医疗保障系统49个先进集体和50名先进个人进行了表彰。永州市医疗保障局喜获“全国医疗保障系统先进集体”表彰，为湖南省唯一获此殊荣的市州医保局，并作为先进集体代表上台领奖。

永州市医疗保障局扎实推进基本医保参保征缴扩面工作，广泛宣传医保惠民政策，精准落实困难群众参保资助，有效保障全民覆盖，全市常住人口基本医疗保险参保率常年稳定在101%以上，一直走在全省前列。建成“一纵三横”医保经办服务新体系，医保经办服务事项进驻全市14个统筹区、182个乡镇、3312个村，下沉乡镇、村的医保政务服务事项26项，不断完善“15分钟医保服务圈”。做实“推行异地就医结算与基层医保代办服务”省重点民生实事，在全省率先实现普通门诊异地结算二级以上定点医疗机构全覆盖，实现全部43个门诊慢特病治疗费用省内异地直接结算，实现全市182个乡镇（街道）、3312个村（社区）医保参保登记、信息查询及变更、异地就医备案等经办服务事项直办或帮代办全覆盖。国家医疗保障局内刊3次推介永州经办服务工作经验。

全国第九届侗医药学术研讨会在新晃召开

2023年10月14日，为期3天的2023全国第九届侗医药学术研讨会在新晃侗族自治县晃州国际大酒店会议室拉开帷幕。

共有来自湖南、贵州、重庆、河南、广西等邻近县市的主任医师、执业医师、侗医传承人、民间医生、医药教授、基层名老中医，以及侗医药获奖论文作者等100余人参会。

全国第九届侗医药学术研讨会在新晃召开

会议认为中医是打开中华文化的金钥匙；中医的优势在于：理论完整、技术成熟、自成一体、整体恒动、辩证论治、无病不治、天然无毒、简便验应；研讨会的目的是“我们很健康、我们能让别人健康、我们正在传播健康的路上”。此次会议旨在扬长避短，博采众长，提高侗医诊疗整体水平。学术会上，怀化学院的肖教授当场进行了展示。

石门县2023年“全民健康行”活动启动

启动仪式现场

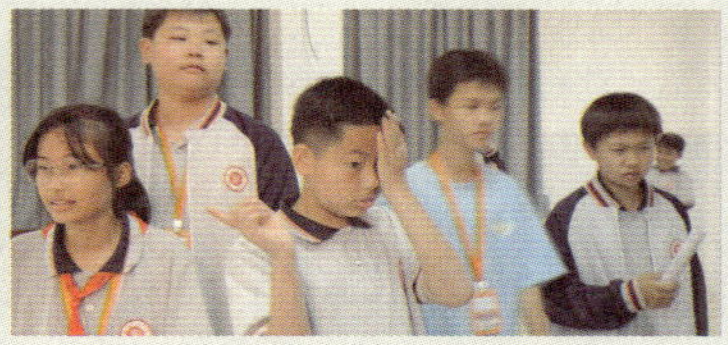
视力检测

2023年10月17日，石门县2023年“全民健康行”活动启动仪式在湘佳永兴学校举行。县委常委、常务副县长廖江华宣布石门县2023年全民健康行——“眼健康进校园”活动启动。随后，廖江华一行在活动现场参观指导。现场还开展了眼健康知识讲座、学生视力检测等活动。

“眼健康进校园”是石门县全民健康行的首站活动，将在各级各类学校持续开展眼健康教育宣传、视觉环境监测等活动，营造爱眼护眼、保护视力的浓厚氛围，守护孩子明眸“视界”。

1
2
3

1.10月14日，农工党湖南省委员会赴沅陵县七甲坪镇开展医艺融合社会服务沅陵行活动

2.10月15日是第16个“全球洗手日”，湖南省疾控中心在北城教育集团福元小学举办“全球洗手日”宣传活动，宣传主题是“干净的手 触手可及”

3.10月17日，第二届“情系红丝带 共筑防艾梦”湖南省2023年艾滋病防治知识健康科普总决赛圆满收官

永州市医保系统举行练兵比武

永州市医保系统举行练兵比武

2023年10月18日，由永州市医疗保障局和永州市总工会主办的2023年永州市医保系统练兵比武大赛，在永州市融媒体中心（市广播电视台）演播大厅举行。

开展练兵比武大赛是国家医保局明确的一项重点工作，也是提升医保队伍素质、强化为民服务本领的具体行动。数月来，永州市县医保部门联合总工会成立机构、制定方案，认真研究、精心谋划，全市医保系统广泛动员发动干部职工全面练兵，逐级比武。通过层层选拔、县市初赛的方式，来自各县（市）、区医保系统的14支代表队42名参赛选手进入决赛同场竞技。

大赛设计了必答题、抢答题、风险题等多种题型，内容涵盖时事政治、医保政策、经办服务、业务流程、法律法规等多方面内容。场上各代表队选手团结协作、沉着冷静，展现了医保经办队伍过硬的业务能力和扎实的工作作风。经过激烈的比拼，江华代表队勇夺团体一等奖，祁阳市代表队、零陵区代表队获得团体二等奖，冷水滩区代表队、双牌县代表队、蓝山县代表队获得团体三等奖。同时，大赛产生了个人一等奖4名、二等奖8名、三等奖8名，优秀组织奖4支，优胜奖4支。个人一等奖且符合条件的，将由永州市总工会按程序和规定授予“永州市五一劳动奖章”。

11月

△8日，邵阳市医疗保障事务中心生成了全市“第一张”医保基金直接结算集中带量采购中选产品医药货款对账单，有效解决了医药货款回款难、回款慢的难题，促进集采药品及时足量供应，使患者能够及时享受降价成效，推进医保政策落地落实。

△5日，湘潭市中心医院、湘钢集团、岳塘街道社区卫生服务中心三方签订功能社区家庭医生服务协议，上万名湘钢职工实现上班、居家有“医”靠。功能社区家庭医生签约模式，是湘潭市城市医疗集团的一次改革创新，旨在围绕心脑血管疾病、慢性呼吸系统疾病等，探索构建集团内上下联动的高危人群筛查、疾病全生命周期管理的医防融合新模式。

△18日，以“立足资源优势 做强地标药材”为主题的第八届“湘九味”中药材论坛在洪江市开幕，湖南雪峰山道地与特色中药材发展研讨会同步举行。论坛主要包括洪江市中药材产业推介、《洪江市中药材产业发展规划》与南药联盟解读、中药材专题报告及论文评选等系列活动。在开幕式现场，靖州苗族侗族自治县、湘潭县、澧县津市（联合）、新邵县等获评并被授牌为“第三批中药材种植基地示范县”。

△19日，湖南中医药大学第一附属医院与衡山县中医医院“湘中医”医疗联盟揭牌仪式在衡山县中医医院举行。县委常委、副县长张志斌出席揭牌仪式，县人大常委会副主任陈琛主持仪式。揭牌仪式后，来自湖南中医药大学第一附属医院针灸推拿康复科、骨伤科等多个科室的专家在县中医医院开展了义诊、讲座、查房等活动。

△20日，湖南省药品监管局发布《湖南省药品说明书适老化及无障碍改革试点工作方案》（以下简称《方案》），鼓励药企提供大字版、简化版纸质说明书，完整版电子说明书，以及药品说明书、标签的语音播报服务、盲文信息，解决药品说明书“看不清”问题，满足老年人、盲人和其他有视力障碍患者的安全用药需求。

△20日，民政牵头，永州市零陵区乡村医师协会“医生小屋”在邮亭圩镇岿山村正式挂牌启动。零陵区乡村医师协会联合零陵爱尔眼科医院为全村村民开展“爱心义诊”活动，为全体村民免费义诊。医师们详细询问村民的身体情况，为村民检查白内障、测量血压、贴药膏、扎针灸等，并将村民的身体健康情况登记在册，建好档案，便于后续更好地帮助村民进行健康管理。本次活动共帮助300余人进行爱心义诊，得到了广大村民的一致好评。

“关爱退捕渔民”义诊活动启动

2023年10月28日，“关爱退捕渔民共筑健康防线”义诊活动在君山区钱粮湖镇启动，为退捕渔民提供健康体检、免费就诊等服务。区政协副主席严若亮参加活动。

在君山中医院的义诊现场，前来看病的上岸渔民络绎不绝，工作人员向他们介绍医保政策情况，并引导渔民们有序参加义诊。各科室共9名专家为退捕渔民进行全面仔细的检查，把脉、看诊、量血压、测血糖、开药方，提供专业医疗指导，把健康和关爱送到他们身边。

此次义诊活动是为了进一步关心退捕渔民的生产生活，方便退捕渔民就近就医，共接诊退捕渔民及附近村民200余人。

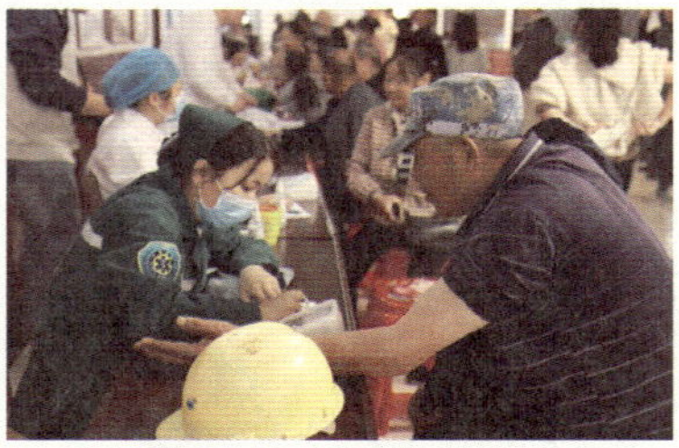

“关爱退捕渔民”义诊活动启动

全国基层中医药工作示范县评审专家组到安化县评审创建工作

专家组听取汇报并宣布评审工作纪律要求

2023年11月1日，全国基层中医药工作示范县评审专家组到安化县评审创建工作。县委副书记、县长潘文剑，县委副书记、统战部部长李丰出席评审汇报会。

专家组一行集中观看了全县创建全国基层中医药工作示范县宣传片，并听取相关情况汇报。安化县中医药资源丰富，境内有中药材263科1277种，引入国家药典248种，列入国家和省级重点保护药材品种27种，是湖南省中药材种植基地示范县、全国农村中医药工作先进县，享有“湘中药库”“中国厚朴之乡”“中国多花黄精之乡”等美誉。近年来，安化县全面落实中医药发展政策，加强传承创新，强化组织管理，中医药事业稳步发展。2022年，全县中药材种植面积达30.8万亩，综合产值31.3亿元。

汇报会后，专家组将通过现场访谈、查阅资料、实地查看等方式开展全方位评审。

评审汇报会现场

1.10月19日至20日，常德市卫生健康委员会主办的“2023年常德市医院感染管理及医疗废管理省市联合培训班”在常德市第一人民医院成功召开

2.10月20日，湖南省卫生健康委、省计划生育协会代表队在“凤舞潇湘　健康未来”第二届湖南省妇女健康运动会暨“洞庭渔火季·秋之韵”全省妇女广场舞大赛总决赛中荣获三等奖

3.10月20日，长沙市举办2023年中医药科普大赛

1

2

3

衡阳市启动『全国安全用药月』相关活动

安全用药健康为民——衡阳市启动“全国安全用药月”相关活动

2023年11月15日，省、市两级药品审评与不良反应监测中心开展的2023年衡阳市“全国安全用药月”暨“携手共建药品安全防线”活动启动。

2023年“全国安全用药月”的主题是，“安全用药健康为民”“守护社区用药安全，携手健康向未来”。活动现场，省药品审评与不良反应监测中心、市市场监管局药械化相关科室、市市场监管局高新分局等单位在现场设置了咨询展台，邀请专家和行业企业为居民群众答疑解惑，提供测量血压、血糖等义诊服务。此外，还以讲座的形式向大家讲授药品不良反应与安全用药、正确认识医疗器械不良事件、化妆品不良反应监测实践等安全监测知识，解读了《中华人民共和国药品管理法》《医疗器械监督管理条例》《化妆品监督管理条例》法规监测相关内容，进一步提升居民群众安全用药意识。

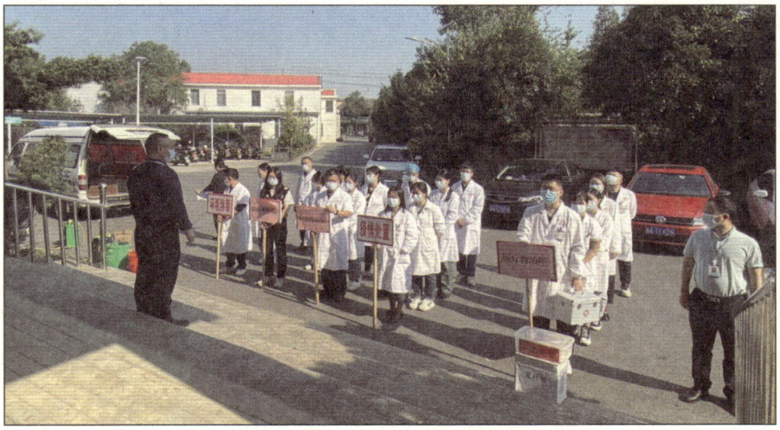

1.10月24日，东湖塘镇卫生院在辖区幼儿园进行手足口病聚集性疫情应急处置演练

2.10月21日，湖南中医药大学中医养生学专业联合长沙市金线巷社区、蓝天门诊部及湖南和一堂中医药科技有限公司，开展了以“九九重阳节，浓浓敬老情”为主题的重阳节活动

3.10月24日，宁乡市历经铺街道社区卫生服务中心组织开展流行性感冒疫情防控应急处置演练

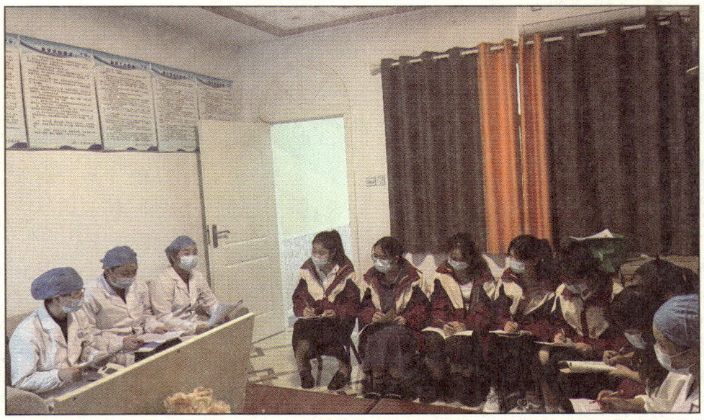

郴州“农民健康行”送医送药送健康

2023年11月17日，郴州农民健康行组委会组织市人大教科文卫委、市卫生健康委和郴州市第一人民医院，成立服务团队，深入桂东县四都镇西水村，开展以“深入开展爱国卫生运动，倡导文明健康生活方式”为主题的郴州“农民健康行”送医义诊下乡活动，为村民送医送药，普及健康知识，让村民在家门口享受专家服务，帮助他们解决健康问题。

郴州“农民健康行”送医送药送健康

来自郴州市第一人民医院的9名医疗专家现场为村民开设了内分泌科、神经内科、康复科、呼吸内科、疼痛科、老年病科等9个就诊渠道。医疗专家结合自身丰富的临床经验，为村民免费提供健康咨询、疾病初筛、一般治疗、健康教育等医疗服务。此次活动吸引西水村及周边众多村民参加，共为村民免费发放总价值17600余元的药品，受到村民的一致好评。

△25日，“2023心血管健康大会”在北京国家会议中心举行，国家胸痛中心第三十五次执行委员会对通过中国胸痛中心认证的单位进行隆重授牌。东安县人民医院获国家基层版胸痛中心认证并授牌，这标志着该院胸痛中心综合救治能力达到国家级水平，也体现了该院胸痛中心内涵质量建设和心血管内科学科建设迈上新台阶。

△29日到12月3日，江永县卫健局组织县计生协会、疾控中心、妇幼保健院及县医共体人民医院、中医院组成志愿服务队，多形式开展“合理膳食防止肥胖暨健康城市健康体重”主题宣传服务活动。活动通过“进社区、进学校、进企业”等方式，以“合理膳食、防止肥胖、健康城市、健康体重”为主题，采用悬挂横幅、摆放展板、显示屏播放、发放资料与宣传小礼品、举办健康知识讲座、现场问答、村村通喇叭及健康义诊等形式开展。

12月

△2日至5日，郴州市举行2024年度按疾病诊断相关分组（DRG）付费权重谈判会。此次谈判是郴州市DRG改革以来进行的第四轮权重谈判，分为16个谈判组，是郴州市DRG改革全面实施的重要一环。来自郴州市第一人民医院、湘南学院附属医院、郴州市第二人民医院、郴州市第三人民医院、郴州市第四人民医院等29家医院的185名学科带头人和临床专家参与谈判。

△7日，全国县级中医医院建设推进会在浏阳市召开。会议以线上线下相结合方式召开，国家卫生健康委、国家中医药管理局有关部门，各省级中医药主管部门以及部分县级中医医院负责同志120余人在主会场参会，各级中医药主管部门、各县级中医医院设置3100余个分会场。

△12日，涟源市与南华大学附属第二医院举行紧密型医联体项目正式签约。此后，双方将在基层医务人才培养、医疗服务质量、医疗技术水平提升等方面进行深度合作，携手打造高水平、高质量、高素质的医疗服务队伍。

湖南省（湘西）中医药和生物医药创新服务站揭牌

2023年11月23日，湖南省（湘西）中医药和生物医药创新服务站揭牌仪式在湘西高新区举行。服务站营运将为湘西土家族苗族自治州的医药、医疗器械、化妆品等企业提供全方位、高质量的绿色通道服务，助推湘西州生物医药产业步入高质量发展的“快车道”。

2023年7月，省药品监督管理局与湘西州人民政府签订《药品安全巩固提升暨生物医药产业发展合作框架协议》。省药品监督管理局将湘西州列入湖南省生物医药产业重点帮扶地区，开设专用审评审批通道，并享受若干便利措施。

该创新服务站设在湘西高新区武陵山片区创新创业示范园，将围绕产品注册初审、检验和生产质量管理体系，为园区企业提供优质的前置服务。同时，根据企业在申报注册中遇到的堵点和难点，加大对相关政策法规和专用审评审批通道的宣传力度，及时协调上级相关部门答疑解惑。

湖南省（湘西）中医药和生物医药创新服务站揭牌仪式在湘西高新区举行

近年来，湘西州把中医药和生物医药产业列为重点发展的战略性新兴产业之一，产业发展取得长足进步。2023年前三季度产值同比增长23.2%，税收同比增长45.8%。全州中药材种植面积42.95万亩，产业链规上企业33家，建成1家“道地药材生态种植示范基地”和3家“定制药园”，荣获3个“地理标志标识”荣誉称号，拥有6个“湖南省道地药材品种”（第一批）。

2023年“全国安全用药月”永州启动仪式暨基层（药品）监管能力建设现场会在东安县召开

永州启动仪式暨基层（药品）监管能力建设现场会在东安县召开

2023年11月23日，2023年“全国安全用药月”永州启动仪式暨基层（药品）监管能力建设现场会在东安县召开。副市长肖扬出席并宣布活动正式启动，市政府副秘书长谭立宏主持，市市场监督管理局局长周云玲出席并讲话，县委书记唐何出席并致辞，副县长周志成出席现场会。

唐何代表县委、县政府对现场会在东安召开表示热烈祝贺。他说，药品安全涉及千家万户的幸福安康。近年来，东安县始终坚持人民至上、生命至上，全面落实“四个最严”要求，扎实开展药品安全专项整治、药品安全巩固提升等行动，有效保障了人民群众身体健康和生命安全。下一步，东安将以此次活动为新的起点，不断提升药品安全治理体系和治理能力现代化水平，坚决维护人民群众健康权益，以规范化药房建设为抓手，推动形成政府监管、企业主责、行业自律、社会协同的药品安全共治格局。

1 2 3

1.10月25日至26日，宁乡市卫健系统举办领导干部政治能力提升专题培训班

2.10月27日，永州市中心医院举办2023年世界骨质疏松日活动

3.10月29日，湖南省摄影家协会卫生健康工作委员会组织前往宁乡市卫健系统，开展“健康向未来”卫健行业摄影创作活动

安乡县第二届中医药职业技能竞赛举行

比赛现场

2023年11月28日，县总工会、县卫生健康局主办的安乡县第二届中医药职业技能竞赛在县中医院成功举行。县人大常委会副主任、县总工会主席熊明华出席活动。

比赛分为县直医疗机构组和乡镇医疗机构组，内容为理论考试、中药饮片鉴别与功效、中药饮片炮制三个赛项。理论考试阶段所有参赛选手直接在现场进行考试；中药鉴别与功效阶段，选手要对10味中药饮片进行辨别后，写出功效和名称；中药饮片炮制阶段，选手按照要求对药材进行切制和炒制，同等质量下，用时少者胜。比赛现场，参赛选手们沉着应赛，展示了良好的专业技能，赛出了风格和水平。

此次比赛旨在不断增强职业素养，提高理论水平和实践技能，挖掘与传承中药技艺，发挥中医药的独特优势和作用，促进中医药服务质量提升，推动全县中医药事业高质量发展。

1.10月29日，宁乡市组织召开卫生城镇创建培训会　1

全国基层医疗高质量发展援建工程怀化市鹤城区签约暨启动仪式举行

2023年11月24日，全国基层医疗高质量发展援建工程鹤城区签约暨启动仪式举行。中国初级卫生保健基金会专职副秘书长汪辉出席并讲话，全国基层医疗高质量发展援建工程管理办公室常务副主任陈顺俊介绍援建工程项目情况，湖南医药学院第一附属医院党委书记张光慧出席。区委副书记、区长郑明明致辞，区领导刘育军、翟明华、唐敏参加。

郑明明在致辞中表示，近年来，鹤城区牢固树立“谋健康就是谋民生、抓健康就是抓发展”理念，不遗余力保基本、强基层、优服务，公共卫生事业获得长足发展，医疗服务水平显著提升。这次中国初级卫生保健基金会到鹤城开展援建工程，并捐赠医疗物资和设备，充分体现了中国初级卫生保健基金会大爱无疆的公益胸怀。

启动仪式上，中国初级卫生保健基金会与鹤城区签署了战略合作协议，并向鹤城区捐赠了总价值2000万元的（第一批）医疗设备物资。

全国基层医疗高质量发展援建工程鹤城区签约暨启动仪式举行

国家医疗保障基金飞行检查湖南省启动会在邵阳市召开

国家医疗保障基金飞行检查湖南省启动会在邵阳市召开

2023年11月29日，国家医疗保障基金飞行检查湖南省启动会在邵阳市召开。飞行检查组督察员、国家医保局基金监管司监管一处处长袁辉，飞行检查组组长、福建省医保局党组成员、副局长梁步腾，湖南省医保局党组成员、副局长张棉长，邵阳市人民政府副市长晏丽君出席会议并讲话，会议由飞检组副组长、福建省医保局稽查处处长魏丹琦主持。

会议指出，医保基金是人民群众的“看病钱”“救命钱”，基金安全稳定运行涉及广大群众切身利益。党中央、国务院高度重视医保基金监管工作，习近平总书记多次作出重要指示批示，明确要求加强基金使用监管。维护医保基金安全不仅是医保部门和定点医药机构的政治责任，更是贯彻落实全面从严治党的具体举措，是定点医药机构实现自身高质量发展的必然选择。

会议强调，飞行检查是贯彻落实党中央、国务院决策部署的重要举措，是打击医保领域违法违规行为的重要利器，是保障医保基金规范使用和管理的重要抓手。被检地医保部门和定点医药机构要正确看待飞检工作，要以高度的使命感和责任感，全力配合好飞行检查工作，自觉接受监督检查。

△13日，国家卫生健康委发布“关于表彰全国援外医疗工作先进集体和先进个人的决定”，30个集体和60名同志被表彰。其中，南华大学衡阳医学院被授予“全国援外医疗工作先进集体”荣誉称号，是湖南省唯一获得此荣誉的集体。

△20日，湖南省妇联、湖南省妇女儿童发展基金会及益津汇专项基金联合爱心企业青岛海尔生物医疗股份有限公司，向县疾控中心捐赠了一辆价值65万元的智慧预防流动接种车，方便边远山区妇女儿童及其家庭“零距离”疫苗接种，让疫苗“多跑路”，让群众“少跑腿”。

△20日，以“关注母亲健康助力健康中国”为主题的预防接种车捐赠仪式在龙山县举行，省妇联副主席卢妖香、副州长彭延敏出席捐赠仪式。该移动接种车内智慧接种冰箱、应急处置设备和消毒设施等一应俱全，相当于一个可以移动的小型接种门诊。车内还搭载基于物联网的疫苗安全移动接种系统，可提供疫苗预约、登记预检、接种追溯、异常反馈等接种闭环服务，便于工作人员远程监管。

△26日，桂东县卫健局主办、县人民医院承办的全县医疗新技术新项目知识培训在桂东县人民医院举行，全县各医疗机构相关负责人和部分一线医技人员参加培训。本次培训主要围绕桂东县人民医院DSA冠状动脉介入手术、支气管镜、鼻咽镜等新技术新项目展开。该院骨干医护人员结合病例分析，通过PPT形式详细讲解了心梗、呼吸类疾病、鼻咽喉类疾病的疾病概述、急救步骤、治疗与护理、危险因素及其干预管理等知识。

△29日，祁东县卫生健康工会联合会成立并召开第一次代表大会。县人大常委会副主任、县总工会主席张振宁出席。会议要求，要把握主基调，理清工会与局党组、工会与职工之间的“两种关系”。

△30日，常德市武陵区中医药协会成立大会在武陵区举行，区政府领导王哲参加会议。活动现场，王哲为常德市武陵中医药协会授牌。常德市武陵中医药协会已注册会员130名，今后将以协会为平台，共谋武陵区中医药事业的发展。

武冈市健康教育所荣获“湖南省2023年度健康教育与健康促进工作先进单位”

2023年12月14日，在湖南省卫生健康委员会组织召开的健康教育与健康促进专业技术培训班暨表彰会上，武冈市健康教育所荣获“湖南省2023年度健康教育与健康促进工作先进单位”称号。

2023年武冈市健康教育所开拓创新，一是组建了武冈市健康教育导师团队，培养了50余名基层健康教育讲师，定期巡回送教入村，培训乡村医生或直接面向群众开办健康讲座或咨询，深入普及健康教育知识；二是组织举办了邵阳地区第一届健康科普大赛，遴选出20余个优秀的健康科普作品，激发了医务工作者宣传科普知识的热情，提高了武冈市健康宣教整体水平。同时，持续指导全市各级各部门各单位健康教育工作的开展，全市共设置健康教育宣传栏共800余处，全年定期更换宣传教育内容共5000余期次；指导全市各医疗卫生机构制作健康科普视频60余个，全年开展健康知识讲座、咨询1000余场次，印发各种健康教育宣传资料80余万份，受益群众达26.8万余人次，极大地提升了武冈市居民健康素养水平。

市健康教育所将以此项荣誉为契机，继续贯彻落实“健康武冈”2030行动方案，守正创新，引领健康示范建设，倡导“健康优先、健康教育先行”理念，积极打造宣教特色，为武冈市健康教育和健康促进工作发展作出更大的贡献。

1.12月15日，省卫生健康委召开全省卫生健康系统安全生产工作电视电话会议暨消防安全管理培训会

2.12月1日，2023年湖南省“世界艾滋病日”主题宣传活动在株洲启动

津市市举行“现场救护第一目击者行动”启动仪式

2023年12月20日，津市市“现场救护——第一目击者行动”启动仪式在市人民医院举行。市人民医院负责人进行致辞，市卫健局相关负责人进行讲话。

启动仪式现场

市红十字会会长、市人民政府副市长陈璐指出，希望社会各界以此次活动为契机，深入践行“人民至上，生命至上”理念，进一步提高急救知识普及率，真正做到“人人学急救，急救为人人”。所有参训学员要深刻认识“第一目击者”的重要性和责任感，第一时间积极安全参与现场救护，挽救更多生命。

启动仪式后，市人民医院医护人员还进行了“双人心肺复苏＋自动体外除颤仪使用”的模拟施救汇报演练。

湖南省健康管理学会第六届湘南论坛在衡阳召开

湖南省健康管理学会第六届湘南论坛在衡阳召开

2023年12月17日，由湖南省健康管理学会主办，衡阳市中心医院承办的湖南省健康管理学会乳腺甲状腺健康管理专业委员会第六届湘南论坛顺利召开。

此次会议推动了省级、地市级、基层各个层面的学术沟通和学术合作，为乳甲外科搭建了高水平的交流平台。大会邀请了来自省内的10余位乳腺甲状腺领域知名专家教授，就乳腺甲状腺诊治的各个方面进行了深入的交流与讨论，内容方面兼顾临床与研究，形式多样，涵盖多位专家的疾病诊疗及手术心得经验分享、相关疑难病例讨论等，满足了不同层次医生的需求，得到了参会人员的一致好评。

市中心医院相关负责人表示，作为衡阳市医学会普外专业委员会乳甲学组主委单位、衡阳市乳腺甲状腺疾病质量控制中心挂靠单位，市中心医院乳甲外科近年来发展迅速，并为衡阳地区乳甲学术水平的进步贡献了力量。

2024

湖南地方年鉴

民族宗教

要闻纪事 2023年

1月

△6日，湖南省委常委、长沙市委书记吴桂英召开市委常委会，研究通过了《长沙市加快创建全国民族团结进步示范市三年行动方案（2022—2024）》（以下简称《行动方案》）。

△9日，贯彻落实《湖南省民间信仰活动场所管理办法》（以下简称《管理办法》）暨弘扬民间信仰优秀传统文化现场交流会在长沙市辖神庙举办。其间，辖神庙等15处湖南省首批民间信仰活动场所登记编号证完成授牌。省民宗委宗教业务四处负责人，市县两级民宗局有关负责人，民间信仰活动场所负责人代表参加活动。

△17日，国家民委发布第十批全国民族团结进步示范区示范单位，湘西土家族苗族自治州荣膺全国民族团结进步示范州。这是该州2016年获此殊荣后，再一次创建成功。湘西州各族儿女在分布上交错杂居、文化上兼收并蓄、经济上相互依存、情感上相互亲近，已经成为多民族聚居的典型和各民族共同团结奋斗、共同繁荣发展的缩影。

衡阳统一战线党的二十大精神“百人千场微宣讲”活动走进南岳佛教协会

2023年1月4日，南岳区委常委、统战部长、副区长沈伟赴南岳佛教协会，开展“团结奋进新征程凝心聚力建新功——衡阳市统一战线党的二十大精神‘百人千场微宣讲’”活动。

沈伟从8个“深刻领会”入手，畅谈党的二十大精神学习体会。他谈到，要深刻领会学习宣传贯彻党的二十大精神重大而深远的意义，特别是要深刻领会团结奋斗的时代要求，不断巩固全党全国各族人民大团结，形成共创强国业、共圆中国梦的强大合力。

沈伟希望，南岳佛教协会切实把思想和行动统一到党的二十大精神上来，正确处理好历史地位与健康传承、集思广益与突出重点、率先垂范与众人拾柴、日常工作与特色工作的四个关系。坚持正确方向，坚定不移推进宗教中国化进程。从政治上要认同、社会上要适应、文化上要融合、自身建设上要加强四个方面，推进我国宗教中国化走深走实。理清工作思路，进一步明确工作重点。抓好人才培养，打造方广寺天台宗佛学研修基地，挖掘文化资源，打造磨镜台禅宗文化体验修行区；着眼事业需要，进一步优化班子结构；促进健康传承，进一步推进从严治教；确保平稳和顺，进一步守牢安全底线。

区人大常委会副主任释怀辉、尹朝晖，区政协副主席周智毅参加活动。

衡阳统一战线党的二十大精神“百人千场微宣讲”活动走进南岳佛教协会

1｜2

1.1月19日，岳麓区民族宗教事务局携手区民族联谊会、区佛教协会，到莲花镇敬老院看望慰问敬老院老人，为他们送去党和政府及社会大家庭的关爱和祝福

2.1月5日上午，望城区委统战部在基督教徐家桥聚会点宗教中国化大讲堂举行了2022年度“五进五好”活动表彰暨“我国宗教中国化”方向精品课程试讲活动

2023年衡阳市民族宗教界代表人士迎春座谈会召开

2023年1月5日，2023年衡阳市民族宗教界代表人士迎春座谈会召开。副市长谢宏主持会议。

2023年是全面贯彻党的二十大精神开局之年，市委经济工作会议和衡阳两会对全市经济社会高质量发展提出了新目标、锚定了新方位，希望全市民族宗教界要走在前，挺在前，把思想和行动统一到市委、市政府的安排部署上来，为加快衡阳“中心化”进程贡献智慧和力量。要把牢方向，做坚持党的全面领导的拥护者；要扣牢主线，做推进民族团结进步事业的引领者；要抓牢重点，做促进宗教健康传承的实践者；要守牢底线，做维护社会和谐稳定的捍卫者，共同开创衡阳民族宗教工作新局面。

会上，五大宗教团体负责人和少数民族代表纷纷发言，共商民族宗教工作大计。

2023年衡阳市民族宗教界代表人士迎春座谈会召开

邵阳市民宗局以党建引领民族团结进步创建进机关

1 月 18 日，市民宗局开展“铸牢中华民族共同体意识”大家谈活动

2023 年 1 月 18 日，根据市直机关工委下发的 1 月党建工作安排，邵阳市民宗局机关支部开展以“学习贯彻党的二十大精神，铸牢中华民族共同体意识”为主题的党日活动。会上在完成重温入党誓词、集中交纳党费、党员积分登记等规定动作的同时，聚焦学习贯彻习近平总书记关于民族工作重要论述、中央、省委关于民族工作的相关会议精神，组织党员干部开展“铸牢中华民族共同体意识”专题研讨交流，并研究贯彻落实意见。局非党干部职工、市创民专班常驻工作人员等 20 余人列席。

下一步，市民宗局还将不断探索提质“党建＋民族团结”模式，立足主责主业，力争在推进民族团结进步创建“进机关”工作上走在前头、干在实处，创新方法、打造品牌，推动全国民族团结进步示范市创建工作有形有感有效地常态化开展。

1.1 月 31 日，湘西州民宗局局长麻建锋带队到吉首市丹青镇开展少数民族特色村寨建设情况调研

2.2 月 1 日，湖南省民族团结进步示范单位——湘龙街道湘贸社区“各族青年手拉手，欢乐同心话交流”活动

1

2

1 月 18 日，市民宗局机关支部开展 1 月主题党日活动

娄底市民族宗教工作推进会暨现场观摩会在涟源召开

娄底市民族宗教工作推进会暨现场观摩会在涟源召开

2023 年 3 月 1 日，娄底市民族宗教工作推进会暨现场观摩会在涟源市召开，回顾总结娄底市 2022 年民族宗教工作，安排部署 2023 年民族宗教重点工作。

与会人员先后深入湄江观音寺、桥头河镇珠璜村、桥头河教堂进行观摩学习，听取各民族宗教场所的工作开展情况介绍，了解涟源民族宗教工作的特色经验、做法。

推进会上，各县市区就民族宗教工作作了汇报和交流发言。

目前，涟源市已成功创建省级民族团结进步示范点 3 个、娄底市级示范点 10 个，完成宗教活动场所管理规范化建设 9 处，成功申报全国少数民族特需商品定点生产企业 1 家，民族交往交流交融有力促进，宗教事务治理能力明显提升，为经济社会高质量发展营造了民族和睦、宗教和顺、社会和谐的良好氛围。

娄底市委常委、统战部长康艳华对近年来全市民族宗教工作取得的成效表示肯定。娄底市委统战部常务副部长倪志铭主持会议，娄底市委统战部副部长、民宗局局长陈健庄安排部署当前工作，涟源市委副书记、统战部长肖元意致辞。

△ 17 日，国家民委官方网站正式公布第十批全国民族团结进步示范区示范单位，常德市石门县榜上有名。这也是继桃源县枫树维回乡后，全市第二个地区成功创建全国民族团结进步示范区。

△ 18 日，娄底市委统战部常务副部长倪志铭，市委统战部副部长、市民宗局局长陈健庄为市人大、市政协机关授予第三批全市民族团结进步示范单位牌匾。市人大、市政协有关负责人出席。此次授牌标志着娄底市民族团结进步示范创建“进机关”工作取得新的突破。

2月

△ 2 日，长沙市雨花区召开民族团结进步创建业务培训暨工作推进会，13 个街道（镇）具体负责民族团结进步创建工作的同志参会。

△ 3 日，邵阳市“学习贯彻党的二十大精神铸牢中华民族共同体意识”主题知识竞赛总决赛在市委礼堂举行。市委宣传部负责人出席讲话，市政府有关负责人出席。

△3日，双清区召开民族团结进步创建工作推进会。会议传达学习了中央统战工作会议、中共中央政治局第二次集体学习、党的二十大报告中关于统一战线工作的重要论述、党的二十届一中全会等会议精神，以及省委、市委关于统一战线、民族工作等会议和文件精神，对双清区2023年民族团结进步创建工作进行安排部署。

△10日，邵阳市民族团结进步协会第一届会员大会暨成立大会召开。省民宗委监督检查处主要负责人到场指导，邵阳市委常委、组织部部长、统战部部长龚红果出席并讲话。该协会第一届会员大会审议通过了《邵阳市民族团结进步协会章程（草案）》《邵阳市民族团结进步协会内部管理七项制度》《邵阳市民族团结进步协会会费管理制度（草案）》等文件，选举产生了第一届理事会、理事与监事。由第一届理事会第一次会议选举产生协会首届领导班子。

1
2
3

1.2月10日，湘西州档案馆与州图书馆联合开展“传承非遗文化 促进民族团结”主题活动

2.2月21日，湖南省民宗委文化教育处处长丁亚波到吉首、古丈等县（市）调研民族文化工作

3.2月20日，正值农历二月二龙抬头，在凤凰县苗疆腹地——千工坪镇老鸦坡，苗族同胞正举行一年一度的苗族“炯文化节”活动。来自周边乡镇的上千名各族群众以及外地游客参与活动

绥宁两个民族乡庆祝建乡40周年

2023年3月14日，绥宁县举行关峡苗族乡、长铺子苗族侗族乡成立40周年庆典活动，各族群众身着节日盛装，欢聚一堂。

关峡、长铺子是绥宁县最早成立的两个少数民族乡，共有少数民族群众5万余人。40年来，在党和政府的关怀下，两个民族乡各族人民顽强拼搏、奋勇争先，都取得经济社会协调发展的良好成绩。长铺子不断优化产业结构，积极保障民生，大力实施乡村振兴战略，强力推进重点项目建设，乡域经济持续繁荣，人民生活不断改善，乡村面貌发生翻天覆地的变化；关峡以“工业重镇、农业大乡、旅游强乡”为目标，大力发展特色农业、农产品加工业和特色旅游，不断完善基础设施，有力带动经济增长和人民生活水平提高，去年该乡居民人均纯收入达16036元。

当天，省民族宗教事务委员会、邵阳市人民政府给这两个民族乡送来贺匾。在这个喜庆的日子里，长铺子苗族侗族乡身着民族服饰的苗、侗同胞，表演了极具特色的《芦笙欢歌》《侗歌向着北京唱》等节目；关峡苗族乡除表演《走寨》《苗山妹》等节目外，还带来了逗春牛、舞草龙等特色民俗演出。

庆典活动现场

衡阳市清明节民族团结进步主题活动在衡山县举行

“中华文化润心田民族团结一家亲”

2023年4月6日，“同心祭英烈衡鄯一家亲”2023年衡阳市清明节民族团结进步主题活动在衡山县举行。县委常委、组织部部长、统战部部长、县总工会主席夏冰参加活动。

活动分为“衡鄯同祭英雄魂民族团结一家亲”2023年清明祭扫和“中华文化润心田民族团结一家亲”文化交流两个环节。

在清明祭扫环节中，大家先后参观了毛泽建烈士纪念馆和毛泽建烈士陵园。在毛泽建烈士纪念馆，大家通过展出的照片和相关文献资料，跟随讲解员一起回顾毛泽建同志的生平事迹和丰功伟绩。在毛泽建烈士陵园，全体人员庄严肃立默哀，聆听讲解员讲述毛泽建的生平事迹，感受毛泽建敢于奋斗、敢于牺牲、无私奉献的精神。

“听了毛泽建烈士的事迹后，首先我是作为一个母亲，特别地感动。革命前辈们，有了他们的牺牲，才会有我们今天的幸福生活。所以我们要更好地珍惜现在的美好时光。”中共鄯善县委员会党校教师坚乃提·阿卜力克木说。

在文化交流环节中，大家参观了衡山县民族团结进步教育基地，了解了衡山的文化底蕴。紧接着，大家在基地一楼进行文化交流，营造了衡鄯一家亲的浓厚氛围。“回去以后，我会多多宣传衡山优良文化传统。”中共鄯善县委员会党校教师坚乃提·阿卜力克木说。

新宁县成功举办“学习贯彻党的二十大精神、铸牢中华民族共同体意识”主题知识竞赛活动

2023年4月12日，新宁县“学习贯彻党的二十大精神、铸牢中华民族共同体意识”主题知识竞赛决赛在崀山国际会展中心举行。

县委副书记、统战部部长杨云龙出席并致辞，县委常委、宣传部部长尹远芳，副县长陈静，县政协副主席、工商联主席林小石，县政协副主席彭红艳到场指导。

本次活动由县委统一战线工作领导小组主办，自2023年初启动，通过层层角逐，全县来自乡镇和机关单位共10支队伍30名参赛选手成功入围决赛。

新宁县举办“学习贯彻党的二十大精神、铸牢中华民族共同体意识”主题知识竞赛活动

活动过程中，各参赛选手沉着应对，精彩的回答引得台下掌声不断，民族主题歌舞表演和观众互动问答等环节让现场气氛更加热烈。通过激烈的角逐，水庙镇代表队荣获一等奖，县自然资源局、卫健局代表队荣获二等奖，县委宣传部、税务局、司法局代表队荣获三等奖。现场还为获得优胜奖和组织奖的队伍颁发奖牌。

本次主题知识竞赛活动线上线下共计有2万余人次参赛，总决赛进行了网络现场直播，共有超10万人次观看了比赛实况，在全县掀起了以赛促学、比学赶超的新热潮，并推动了学习贯彻党的二十大精神、铸牢中华民族共同体意识在新宁县不断走深走实。

湖南省第十届少数民族运动会在江华开幕

2023年4月19日，湖南省第十届少数民族传统体育运动会在江华瑶族自治县开幕。省委常委、省委统战部部长隋忠诚出席开幕式并宣布开幕，省人民政府副省长李建中出席开幕式并致开幕辞。国家民委政策法规司一级巡视员王平，省人民政府副秘书长黎咸兴，省委统战部副部长、省民宗委党组书记、主任覃万成，省体育局局长罗双全等领导出席。市委书记朱洪武出席并致辞。市委副书记、市长陈爱林，市领导谢景林、刘厚、何恩广、刘玲军、李农妹、龙飞凤、肖质彬、黄玉芳、姚如男出席。

开幕式进行了大型文体表演。表演分为“瑶都融汇八方客”“民族融合一家亲”“竞技融炼精气神”“家国融昌盛世梦”四个篇章，通过特色民族歌曲和体育衍生舞蹈，生动展示湖南省各民族交往交流交融成果。

本届全省民族运动会由省民族宗教事务委员会、省体育局、永州市人民政府主办，江华瑶族自治县人民政府承办。来自全省14个市州和17个县市区的31个代表团共3195人（其中2339名运动员）参加比赛，是参赛人数最多的一届。

1.2月22日，龙山县茅坪乡组织广大青年志愿者来到老场村黑木耳户外基地，开展“民族团结心连心·志愿服务手牵手”活动，用实际行动助力春耕生产

2.3月1日，怀化辰溪罗子山瑶族乡举行成立40周年庆祝大会，全乡处处欢歌笑语，瑶族人民穿上节日盛装，载歌载舞

第十届全省民族运动会在江华开幕

△13日，怀化市人大常委会党组书记、主任李万千在调研民族宗教工作时强调，要以创建全国民族团结进步示范市为抓手，运用法治思维、法治方式、法治力量，聚焦重点任务，狠抓关键环节，着力打造民族宗教工作的“怀化样板”。市人大常委会副主任向建平参加。

△14日至17日，湖南省政协调研组就关于支持解决玉泉寺周边停车难及环境品质提升的微建议办理情况开展“回头看”，并赴省民族宗教事务委员会和长沙市部分宗教活动场所开展调研。省政协副主席肖百灵参加。

△15日，湖南湘江新区召开民族宗教工作会议，会议介绍了新区民族宗教工作开展情况，并分析目前存在的问题，就2023年如何进一步做好新区民族宗教工作进行了具体布置。各参会单位负责同志围绕自身职能职责，就如何做好民族宗教工作交流发言。

△16日，邵阳市人民政府副市长蒋伟专题调研玉清宫，市人民政府副秘书长许红梅，市民宗局党组书记、局长黄俊玲等参加调研。调研组参观了玉清宫民族团结进步示范创建工作展板及有关基础设施建设情况，仔细检查了安全消防设施，听取了玉清宫在民族团结进步示范创建、规范化管理、安全管理等方面的工作汇报。

△16日，张家界市举行创建“全国民族团结进步示范市”工作调度会，市委常委、市委统战部部长廖国豪在会上要求，对照标准，紧盯问题，突破难点。副市长陈瑜出席会议。会议宣读了《张家界市2022年度关于创建“全国民族团结进步示范市”工作督查情况通报》，安排部署了创建“全国民族团结进步示范市”近期工作。

△20日，农历二月初一，是江永县松柏瑶族乡一年一度的“赶鸟节”，湘、粤、桂三省区边邻县市的数万瑶胞齐聚松柏，欢度瑶族传统佳节。

△23日，全省性宗教团体秘书长会议在长沙召开。省民宗委党组成员、副主任刘鸿伏出席会议并讲话。省委统战部、省民宗委相关处室负责人及各全省性宗教团体秘书长参加会议。会议安排部署了进一步深化开展“五进五好”活动，组织动员了开展全省性宗教团体班子成员年度述职和民主评议工作。

△27日，新宁县迎接全国民族团结进步示范市创建评估验收暨创建全国民族团结进步示范县动员大会召开。

龙山举办首届旅游发展大会暨第八届中国·龙山舍巴日活动

湖南龙山县首届旅游发展大会暨第八届中国·龙山舍巴日活动在龙山县惹巴拉景区拉开帷幕

2023年5月4日，龙山县首届旅游发展大会暨第八届中国·龙山舍巴日活动在该县惹巴拉景区举办，活动以“同庆舍巴日 迈步新征程”为主题。

舍巴日是土家族缅怀祖德、庆丰祈福的节庆活动，被列入湖南省首批非物质文化遗产，被国家民委评为“中国最具特色民族节庆”，现已成为土家族文化传播的一张活名片。

青山为幕，大地为台。开幕式以惹巴冲、春巴冲、吴著冲三大土司“三冲结盟”的故事为主线，由“序、实姐（狩猎）、借日（做阳春）、苦涅澈（山水间）、厝桶丽诗阿纱（喜堂结盟）、团圆”五个篇章组成，以剧目的形式全面展示龙山县土家族摆手舞、打溜子、毛古斯舞、梯玛歌、咚咚喹、土家织锦技艺等国家级非遗代表性项目，向宾客展现出土家族生生不息的生活画卷，传递了土家人民向善向上、崇尚自然、爱国团结的精神风貌。

开幕式后，七大主题配套活动把龙山县的秀美山水、璀璨文化、炽烈热情一一展现出来，让人养眼醉心，流连忘返。

1.3月15日，长沙市民宗局干部职工赴浏阳市荷花街道义务植树基地开展“共植民族团结树，同护民族团结林”义务植树活动

2.3月6日至8日，湖南省民宗委在长沙市望城区委党校举办“贯彻实施《湖南省民间信仰活动场所管理办法》培训班暨现场交流推进会”

3.3月7日，湘西州农机事务中心在矮寨开展以“铸牢中华民族共同体意识”为主题的趣味运动会

绥宁苗族『四月八』姑娘节开幕

2023绥宁苗族『四月八』姑娘节庆祝活动盛大启幕

2023年5月24日，随着“喜回娘家”大型巡游活动举行，绥宁县一年一度的苗族“四月八”姑娘节拉开序幕。

绥宁苗族“四月八”姑娘节是歌颂勤劳、勇敢、善良女性的特殊节日，主要流传于以湖南绥宁为中心的湘桂黔边界苗族地区，2008年被列为国家级非物质文化遗产名录，是湖南特色民族节庆活动之一。绥宁苗族“四月八”姑娘节相传是为了纪念宋代飞山洞蛮女英雄杨金花而传承下来的节日，是苗家妇女的特有节日，也是青年男女的“情人节”。每到这一天，姑娘们穿戴民族特色服饰，与远道而来的客人一起吃“黑饭”、对山歌、唱傩戏、跳苗舞、吹树叶、道真情。

今年的绥宁苗族“四月八”姑娘节活动，围绕“山水情缘·相约娘家”，举办绥宁苗族“四月八”姑娘节全景沉浸式欢庆活动、“极拍中国·三美绥宁”短视频大赛、乡村振兴新“县”象级高峰论坛、文旅大集·农特产品展示推荐活动、绥宁苗族“四月八”姑娘节媒体团采风活动、《超级乡村对对碰》、2023年绥宁苗族“四月八”姑娘节主题晚会等七大活动。

中国·凤凰苗族『四月八』跳花节精彩上演

现场，苗族男女穿上民族节日盛装齐聚一堂

2023年5月26日，农历四月初八，中国·凤凰苗族“四月八”跳花节，在湖南十大文旅小镇——湘西土家族苗族自治州凤凰县山江镇举行。3万余名湘西州各族同胞和国内外游客一起载歌载舞，共享苗族风情，共度苗族佳节。

大型鼓舞表演《弦歌凯鼓颂升平》拉开活动大幕。随后，《喜庆丰收》《长城颂歌》《跳花跳月》等花鼓、苗舞苗歌、苗族银饰服饰展演、苗族武术等丰富多彩的苗族原生态民俗节目接连上演。精彩的表演引得观众掌声连连。在悦耳的“飞歌”声中，苗族同胞与游客围成一圈，欢快舞蹈，一同跳花跳月，现场变成了欢乐的海洋。

中国·凤凰“四月八”跳花节，是苗族人民聚会欢庆的重大传统节日，2011年被列入第三批国家级非物质文化遗产名录，是苗族文化悠久历史传承的见证。每年农历四月八这天，成千上万的苗族男女都要穿上节日盛装，唱着欢快的山歌，跳起优美的舞蹈，欢度自己的传统节日。经过传承发展，凤凰“四月八”跳花节已成为传承弘扬民族传统文化，助推文旅产业快速发展的重要盛会。

1.3月31日，湘西州民宗局组织全体党员干部深入少数民族特色村寨吉首丹青镇河坪村，开展“学习雷锋好榜样、抢抓农时促春耕”主题党日志愿服务活动，帮助村民解决春耕春种春管实际困难

2.4月18日，侗族大戊梁歌会在湖南省怀化市通道侗族自治县牙屯堡镇举行，来自湖南、广西、贵州三省（区）的侗、苗、瑶等少数民族群众载歌载舞，欢度佳节

1
2

湘台少数民族同胞举行2023海峡两岸民族文艺嘉年华

2023年6月5日，永州九嶷山下，湘台两地少数民族同胞欢聚一堂，共同举行“九嶷山·阿里山情话”2023海峡两岸民族文艺嘉年华。

海峡两岸民族文艺嘉年华

活动现场，精妙绝伦的歌舞表演轮番上演，既有永州瑶族热情洋溢的敬酒歌、长鼓舞，也有台湾少数民族独具感染力的舞蹈和民谣表演。来自台湾台北市的古建筑改造专家戴翎怡分享了她在长沙的创业经历和参与天心区古城改造的感悟；台北市新闻记者协会理事长刘湘仕向大家讲述了此次来湘，与居住在永州道县的堂哥刘湘元跨越千里认亲的感人故事。

来自广州台湾青年之家的冯栊仪是这场文艺嘉年华的主持人之一。冯栊仪出生于台湾，如今在广州工作，她同时也是“永州的女儿”。“我的爷爷是永州冷水滩人，今天我穿着精美的瑶族服饰，来当一回瑶族小阿妹！”

这场文艺视听盛宴是2023湘台文化交流季暨两岸少数民族文化交流活动在永州的主体活动之一。省委台办有关负责同志表示，通过湘台两地共同举办民族文艺嘉年华的方式，能加深海峡两岸互相理解，增进互信认同，两岸同胞越走越亲，共创两岸关系和平发展的光明前景。

3月

△1日，辰溪县罗子山瑶族乡举行成立40周年庆祝大会，全乡处处欢歌笑语，瑶族群众穿上节日盛装，载歌载舞。省、市、县祝贺团嘉宾与瑶乡群众共享欢乐，共绘蓝图。

△8日，副市长高文棋到长沙市部分宗教活动场所检查安全工作。他强调，宗教界要认真学习贯彻党的二十大精神，开展深入细致的安全隐患排查工作，确保宗教场所安全，确保全市宗教界和谐稳定。

△24日，江永县源口瑶族乡迎来了成立40周年庆典，数万名瑶乡儿女在群峰环绕中欢聚一堂，共庆盛会。湖南省祝贺团、永州市祝贺团送来祝贺，并向源口瑶族乡赠送贺匾。40年来，源口瑶族乡注重瑶族文化的挖掘、保护和传承，大力弘扬乡风文明，全乡先后涌现出诸如党的十九大代表、全省民族团结先进个人田满姣，“全国三八红旗手”万姗等一批致力于民族团结进步事业的先进典型、模范。

4月

△6日，绥宁县委民族工作暨创建全省民族团结进步示范县动员大会召开。县委书记佘芝云出席会议并讲话，市民宗局党组成员、副局长龚世喜作讲座，县委副书记、统战部部长唐枝作动员报告，县委常委、县委办主任袁玲主持会议。县领导石亮明、梁乐高、向国胜、谢文远、梁恩雄、张立名、周楚舜、熊巍、罗青松、彭遵礼、王日忠、唐森华等参加。

△24日，邵阳市北塔区芙蓉学校团委积极响应团市委、区委、区政府的号召，与远隔2200公里之外的西藏类乌齐县中学开展第二次“书信手拉手 藏汉一家亲”视频交流活动。

△27日，湘桂黔环“三省坡”区域铸牢中华民族共同体意识示范带启动仪式在柳州市三江侗族自治县举行。现场，怀化市、柳州市、黔东南州三个市州的统战部门共同签署《桂黔湘环“三省坡”区域铸牢中华民族共同体意识示范带合作协议》。

△28日，怀化市创建全国民族团结进步示范市工作汇报会召开。市委副书记、市长黎春秋汇报怀化市创建工作情况并作表态发言，省第三方评估组组长、省社会科学院（湖南省人民政府发展研究中心）党政办公室主任陈军反馈调研情况。市领导向建平、余建勇、李如清，市政府秘书长李仕忠参加。

首届湖南民族电影展在长沙开幕

首届湖南民族电影展在长沙开幕

本届民族电影展于6月27日至7月1日在长沙市及隆回县虎形山瑶族乡举办，对《父母的城市生活》《海的尽头是草原》《回西藏》等17部民族电影进行展映，唱响民族团结进步主旋律。主体活动包括开幕式、民族电影主创见面会、民族电影展映、民族电影创作高质量发展论坛、民族电影发展经验交流座谈会、闭幕式六大主体板块。活动由湖南省电影局主办，潇湘电影集团、中共邵阳市委宣传部、中共隆回县委、隆回县人民政府承办。

作为本次影展的主要承办方之一，潇湘电影集团立足湖南民族文化富矿，深挖湖南丰厚的民族文化资源，以饱满的创作热情，拍摄出品了《十八洞村》《半条棉被》《父母的城市生活》等多部民族题材电影，用镜头记录了各民族独特亮丽的风土人情。

邵阳市委常委、宣传部部长于金旺表示，民族电影是中华优秀传统文化的特色名片，是反映人民群众新生活面貌、体现各民族民俗、增强民族文化认同的重要载体。邵阳将以此次活动为契机，深入挖掘邵阳本土民族文化内涵，提供更多鲜活的素材，打造更多优质拍摄基地，为湖南民族电影事业发展贡献邵阳力量。

1.4月22日，芭蕉坪村举办以传承非遗文化、赋能乡村振兴为主题的苗族民俗活动“三月三”挑葱节，当地村民及周边各族群众身着节日盛装，与慕名而来的游客共同欢庆民族节日

2.4月24日上午，北塔区芙蓉学校团委积极响应团市委、区委、区政府的号召，与远隔2200公里之外的西藏类乌齐县中学开展第二次“书信手拉手 藏汉一家亲”视频交流活动

3.4月27日，湘桂黔环“三省坡”区域铸牢中华民族共同体意识示范带启动仪式在柳州市三江侗族自治县举行

1
2
3

沅陵县开展藏族大学生交流交心会

沅陵县开展藏族大学生交流交心会

“今天看见德吉、玉珍两位藏族姑娘，感觉气色比刚到沅陵的时候好了很多。”“是的，我们来到沅陵后，肤色确实好了很多，这里空气和环境挺好的。”2023年7月9日，藏族大学生来沅陵工作交流交心会在一来一往爽朗笑声中开始。

会上，大家围绕来沅感受、岗位履职、民俗风情、今后努力方向等方面进行了亲切交流。藏族姑娘索朗玉珍和次仁德吉表示，虽远在异乡，但依然能感受到沅陵人的热情，也能体会到民族团结一家亲的浓浓温情。她们感谢沅陵县委、县政府和用人单位的关心照顾，表示将继续努力、不负信任，积极为促进西藏山南地区与沅陵的交流交往交融注入更多色彩。

用人单位县林业局、县农业农村局相关负责人表示，将一如既往对两位藏族大学生在生活上充分照顾、风俗上充分尊重、工作上充分支持，坚持人尽其才、术业专攻原则，结合藏族大学生所学专业，合理安排岗位指导，尽可能发挥其所长、培养其成才。

会后，沅陵县委统战部为两名藏族大学生送上了《民族团结一家亲结对交友卡》。

1.4月27日上午，西藏山南贡嘎县委统战部副部长、民宗局局长达瓦次仁一行来长沙市民宗局访问交流，长沙市民宗局党组书记、局长李佑明热情接待达瓦次仁一行

2.5月5日，湘西州公安局开展民族团结进步知识竞赛活动

3.6月5日，2023湘台文化交流季暨两岸少数民族文化交流活动之两岸同胞共祭舜帝典礼

『牵手三省坡·侗歌颂党恩』活动在通道侗族自治县举行

2023年7月23日，湘桂黔环“三省坡”区域铸牢中华民族共同体意识示范带共建暨“牵手三省坡·侗歌颂党恩”活动在通道侗族自治县独坡镇举行。

“三省坡”地处湖南通道、贵州黎平、广西三江三省（区）交界处，是中国侗族传统文化保存最完好的地方，主要聚居着侗、苗、瑶、壮、汉等民族。三省（区）山水相依、文化相近、民俗相通、交通相连、人缘相亲，近年来，持续开展的创建全国民族团结进步示范工作为环“三省坡”铸牢中华民族共同体意识示范带建设打下了良好的思想基础和群众基础。

活动现场，当地各族群众载歌载舞，欢聚一堂，开展了丰富多彩的民俗活动，展现出民族大团结新的时代特征。在木瓜村，通道、三江、黎平三县相关领导共同为中国共产党湘桂黔三省坡边界联合委员会、环“三省坡”铸牢中华民族共同体意识志愿者之家、三省坡联合人民调解委员会授牌。

“牵手三省坡·侗歌颂党恩”活动在通道举行

5月

△18日，长沙市基督教两会组织开展爱国主义教育集体学习活动。一行人首先来到任弼时纪念馆，通过历史图片、泛黄史料、珍贵文物，踏寻着伟人的足迹，感受老一辈共产党人毕生追求真理、鞠躬尽瘁的精神伟力。在张谷英村，大家了解村里的族规、家训以及耕读传家、文风盛炽的累世传统，感受张谷英村的历史和文化积淀。

6月

△3日，2023湘台文化交流季暨两岸少数民族文化交流活动在岳麓书院启动。本次活动以“寻文化根脉·叙一家亲情”为主题，通过共祭人文始祖、开展两岸少数民族文化交流、音乐互动交流、书画艺术交流等为载体，促进两岸同胞共同传承中华优秀文化。

△4日，在常宁市塔山瑶族乡西江村广场上，身穿艳丽民族服饰的瑶族和来自台湾台东县的少数民族同胞携手登上舞台，手拉手纵情高歌，这是“台湾台东 常聚常宁——常宁市与台东县两地少数民族文化交流活动”中的一幕。

“感恩这十年 奋进新航程”花垣苗族赶秋节盛大开幕

花垣苗族赶秋节开幕现场

2023年8月18日，“感恩这十年 奋进新航程”苗族赶秋节系列活动在花垣县十八洞村盛大开幕，四方宾朋汇聚一堂，共享苗族文化的饕餮盛宴。县委书记廖良辉，湖南建设投资集团有限责任公司党委副书记、职工董事陈克军，中南大学教授伍彦谚，县委副书记张世田等县领导，以及来自全国各地的客商、旅游协会、旅行社代表和县直相关部门负责同志参加活动。

喜庆的苗鼓敲起来，欢乐的苗歌唱起来。在十八洞村“赶秋”现场，十里八乡、四村五寨的苗家儿女放下手中的活、卸下肩上的担，穿着华丽鲜艳的苗族服装，邀友结伴，从四面八方涌向秋场，加之慕名前来的游客朋友，形成了“喜满秋场、情满秋场”的盛大场面。

2023年的“感恩这十年 奋进新航程”苗族赶秋节分为“迎秋”“祭秋”“闹秋”三个环节，苗族鼓舞、巴代祭祀、司刀绺巾舞、苗歌、接龙舞、都乐舞、八人秋、上刀梯、苗族武术、舞龙舞狮等多项苗族传统文化节目轮番上演，尽情表达苗家儿女对五谷丰收、六畜兴旺与幸福的追求。

△20日，新疆维吾尔自治区吐鲁番市人才小区，干部群众在一起包粽子。当天，湖南省援疆前方指挥部举办“‘粽香缘 心相连’2023年端午节民族团结一家亲”活动，各族干部群众欢聚一堂，包粽子、品粽子、跳民族舞，共叙民族团结之情。

△25日至27日，第二届桂粤湘三省（区）三市人大民族工作跨区域合作调研暨交流座谈会在永州江华瑶族自治县举行。会上，与会人员围绕“推动民族团结进步”“促进民族地区高质量发展”“完善交通路网建设”等主题作交流发言，并提出相关建议。

△27日，衡阳市民族和宗教事务局联合市教育科学研究院、市毽球协会来到塔山瑶族乡，在全市首个少数民族传统体育项目训练基地塔山中心学校开展“大手拉小手民族团结一起走 民族传统体育项目送教下乡”主题活动，对全校200余名师生进行毽球训练指导。

隆回县召开深化民族团结进步创建工作推进会

隆回县召开深化民族团结进步创建工作推进会

2023年9月26日，隆回县召开深化民族团结进步创建工作推进会。会议深入贯彻落实习近平总书记关于加强和改进民族工作的重要思想，要求全县上下进一步巩固全县民族团结进步宣传月活动成效，促进全县创建工作全面提质增效，为实现邵阳市成功创建全国民族团结进步示范市贡献隆回力量。县委副书记、统战部部长曾艳梅出席。

会议指出，自邵阳市开展创建全国民族团结进步示范市以来，隆回县始终围绕“铸牢中华民族共同体意识”这条主线，紧扣“中华民族一家亲，同心共筑中国梦”总目标，以习近平新时代中国特色社会主义思想为根本指导，全面贯彻党的二十大精神，深入贯彻落实习近平总书记关于加强和改进民族工作的重要思想以及中央、省委、市委民族工作会议精神，在深入推进全县民族团结进步创建工作上取得了一定成绩。

县创民工作领导小组成员单位分管领导、创民专干；各乡镇（街道）统战委员、民族宗教专干；2021—2023年市级以上民族团结进步创建示范单位主要负责人参加会议。

麻阳民族团结进步协会第一届会员大会暨成立大会召开

2023年10月9日，麻阳民族团结进步协会第一届会员大会暨成立大会召开。麻阳县委副书记、县委统战部部长李彬，县政协副主席鲁鸿参加。

会议报告了麻阳苗族自治县民族团结进步协会第一次会员大会筹备工作情况，审议了《麻阳苗族自治县民族团结进步协会章程（草案）》、《麻阳苗族自治县民族团结进步协会第一届会员大会选举办法（草案）》、《麻阳苗族自治县民族团结进步协会内部管理八项制度》等，投票选举产生了县民族团结进步协会会长、副会长、秘书长、监事会监事长。

麻阳民族团结进步协会第一届会员大会暨成立大会召开

1.6月9日，长沙市委统战部副部长彭顺勇带队到开福区检查宗教工作

2.6月16日，2023年湖南省反邪教集中宣传教育暨“防范邪教宣传周”活动启动仪式在常德举行

3.6月13日至19日，由中央统战部主办的宗教界人士中华优秀传统文化学习体验活动在湖南长沙举办

1.7月14日上午，吐鲁番实验中学师生代表应邀来到长沙，与周南中学、周南秀峰学校的学生代表开展“民族团结一家亲·湘吐同心向未来”结对共建活动

2.7月1日，是中国共产党建党102周年的日子，长沙市天主教两会组织班子成员、教职人员和信教群众40余人赴浏阳开展爱国主义和党史教育主题活动，参观了秋收起义文家市会师纪念馆和胡耀邦故居

3.7月6日，洞口县组织瑶、苗、壮、侗、汉等各族青少年来到通道侗族自治县皇都侗文化村开展“民族团结心连心、籽籽相拥共命运”主题实践交流活动，共计300余名青少年参加

江华召开全县民族宗教工作培训会

2023年10月19日，江华召开全县民族宗教工作培训会，全县宗教工作专题会议机制成员单位负责人、乡镇宣统委员、宗教专干，部分村、社区党组织负责人，县委党校主体班学员以及全体统战干部职工约180人参加培训，市委统战部副部长、市民宗局局长周建志进行了授课。

培训会以铸牢中华民族共同体意识为主线，以宗教工作在党的二十大报告中的定位为准绳，围绕“为什么要坚持我国宗教中国化方向”“坚持宗教中国化的意义”和“如何深入推进我国宗教中国化方向”三个方面进行了全面详细的解读和阐述。

培训会强调，要认真学习，深刻领会，准确把握最新的民族宗教理论观点和政策要求，切实把思想和行动统一到党中央关于民族宗教工作的决策部署上来，为进一步做好全县民族宗教工作、维护民族团结打下坚实基础。

参训人员表示，要以这次培训为契机，提高思想认识，充分认识民族宗教工作的重要性，加强民族宗教知识学习，提升做好民族宗教工作的能力，扎实开展工作，真正把责任扛在肩上，工作抓在手上，任务落到实处。

湖南省人大常委会执法检查组来益阳开展宗教事务“两个条例”执法检查

2023年10月17日至18日，湖南省人大常委会委员、民侨外委主任委员文富恒率队来益阳开展国务院《宗教事务条例》《湖南省宗教事务条例》执法检查。市人大常委会党组书记、主任彭建忠陪同检查。

检查组一行先后到桃江县、赫山区、资阳区等地的宗教场所开展实地检查，仔细查看宗教活动记录、资金账目、法人登记手续，现场书面考核教职人员法规知识，详细了解宗教事务“两个条例”相关配套措施、职能部门法定责任落实、宗教场所登记管理、行政执法等方面情况。在汇报会和座谈会上，听取了益阳市人民政府及桃江县人民政府关于宗教事务“两个条例”贯彻实施情况汇报，征求了宗教界代表人士、有关部门及基层人大代表意见建议，反馈了实地检查中发现的问题。

市人大常委会副主任卜铁洪，副市长、市公安局局长史尚篪分别代表市人大常委会、市人民政府作表态发言。省人大常委会委员、民侨外委副主任委员禹新荣，省人大常委会委员、民侨外委委员李平、张玲及部分省人大代表参加相关活动。

7月

△11日，怀化市委、市政府召开创建全国民族团结进步示范市工作推进会。市委书记许忠建强调，要深入学习贯彻习近平总书记关于加强和改进民族工作的重要思想，紧扣铸牢中华民族共同体意识这条主线，坚定“创则必成”的信心决心，心往一处想、劲往一处使，全力以赴打好创建工作攻坚战，确保交出一份创建高分答卷，推动全市民族工作高质量发展。

△17日，夜幕降临，国家4A级景区黄岩旅游度假区白马景区热闹非凡，“黄岩山上歌如海·民族团结一家亲”怀化市“亮嗓对歌”村晚在此开幕。此次村晚聚合了侗、苗、瑶、土家族、汉族、满族、锡伯族等多民族的民间高手和智慧力量，400余名演职人员共同唱响“黄岩山上歌如海·民族团结一家亲”优秀传统文化之歌，为怀化创建全国民族团结进步示范市产生广泛接续的影响和溢出效应。

△23日，2023·湖南（南山）六月六山歌节暨湖南（城步）高山农业博览会，在“中国山歌之乡”城步苗族自治县拉开帷幕。现场，国家民委离退休干部局副局长朱彤代表国家民委，向城步授予“全国民族团结进步示范县”荣誉称号。

8月

△8日，《中国少数民族文物图谱·湖南省卷》编纂工作专家研讨评审会在长沙举行。会议对《图谱》编纂的前期工作进行评审，并对下一步工作提出了具体要求。

△25日，由大祥区委统战部（民宗局）、芷江侗族自治县委统战部（民宗局）精心指导，共青团大祥区委、区教育局、共青团芷江侗族自治县委、县教育局联合主办，大祥区华夏方圆学校和芷江侗族自治县荷花池小学承办的“民族团结手拉手·石榴花开心连心”青少年交流活动暨大祥区“红石榴”夏令营在怀化市芷江侗族自治县荷花池小学举行，来自邵阳市大祥区华夏方圆学校和怀化市芷江县荷花池小学100余名青少年代表参加活动。

9月

△7日至9月11日，应江西省文化和旅游厅邀请，湖南省、湖北省、安徽省文化和旅游厅会商，第六届湘鄂赣皖非物质文化遗产联展在江西省南昌市南昌万寿宫历史文化街区举办，凤凰县非遗中心带领国家级苗族银饰锻制技艺项目、州级传承人杨洪江前往参展。

永州举行“祥昀”杯首届瑶族服装秀邀请赛

永州市“祥昀”杯首届瑶族服装秀邀请赛在零陵举行

2023年10月21日至22日，永州市“祥昀”杯首届瑶族服装秀邀请赛在零陵举行。来自永州各县区及邵阳、衡阳、郴州、广西、广东等地，以及包括国外瑶族老挝代表队的21支队伍参加比赛。不同的瑶族服饰色彩斑斓，每一套服装都富有民族特色和文化内涵，给游客和观众献上了一场精彩的视觉盛宴。

活动包括瑶族服装秀、瑶服出行、特色表演，其中还穿插进行《走，去永州》瑶语、汉语演唱，国家级非遗《盘王大歌》和瑶族长鼓舞表演，瑶族婚嫁习俗、舞龙表演，瑶语版《我和我的祖国》演唱，广西河池瑶族山歌大合唱、老挝瑶族代表队独特的服饰和舞蹈等节目，在零陵古城掀起“最炫民族风”，把活动推向高潮。

永州瑶族文化历史底蕴深厚，瑶族风俗精彩纷呈，瑶族服饰五彩斑斓、刺绣精美、款式丰富，具有极强的艺术价值，是瑶族代代相传的民间美术语言。此次活动不仅是一次民族服饰的展示，也是一次民族文化的普及，更是一次各瑶族交往交流交融的生动实践。

此次瑶族服装秀大赛，吸引了社会各界对民族服饰文化的兴趣和关注，对进一步传承和保护民族服饰文化、促进优秀传统文化发扬发展、提升民族服饰创新创意发挥了重要作用。

1 2

3

1.7月17日，夜幕降临，国家4A级景区黄岩旅游度假区白马景区热闹非凡，“黄岩山上歌如海·民族团结一家亲”怀化市“亮嗓对歌”村晚在此开幕

2.7月25日至8月2日，“湘新两地情 文旅一家亲”2023年“春雨工程”湖南文旅志愿者边疆行活动在新疆喀什举行

3.7月23日，2023·湖南（南山）六月六山歌节暨湖南（城步）高山农业博览会，在“中国山歌之乡”城步苗族自治县拉开帷幕。现场，国家民委离退休干部局副局长朱彤代表国家民委，向城步县授予“全国民族团结进步示范县”荣誉称号

湖南省政协启动『同心共筑中国梦 助力民族地区发展』行动

图为省政协民族地区发展调研成果交流会议现场

2023年10月22日至24日，湖南省政协在湘西土家族苗族自治州启动“同心共筑中国梦 助力民族地区发展”行动，聚焦“促进湖南省民族地区省级边界县经济发展”重点课题积极建言献策，更好助推民族地区高质量发展。省政协副主席肖百灵，省政协副主席、湘西土家族苗族自治州委书记虢正贵出席。

在省政协民族地区发展调研成果交流会议上，与会专家学者、县市区政协相关负责人和政协委员分别发言，深入交流。

与会人员还赴十八洞村等地开展了“委员看变化·聚共识·促发展”活动，在吉首大学开展了“中华民族一家亲·同心共筑中国梦”委员学生共话民族团结情活动。据悉，本届省政协将每年开展这一助力行动。

1
2
3

1.7 月 26 日，中华民族始祖炎帝神农氏陵寝地——湖南省株洲市炎陵县鹿原陂上古乐悠悠，清香袅袅，炎帝陵祭祖典礼在此间举行

2.8 月 14 日上午，湖南省道教协会 2023 年第一期教职人员培训班在南岳坤道学院圆满结业

3.8 月 25 日，2023 年春雨工程·湖南文旅志愿者新疆（吐鲁番）行活动启动仪式在吐鲁番市图书馆举行

中华民族团结进步宣传推广大使在怀化发布

中华民族团结进步宣传推广大使发布仪式

2023 年 11 月 18 日，中华民族团结进步宣传推广大使发布仪式在怀化市举行。省政协原副主席、省文联原主席谭仲池出席。中华民族团结进步协会副会长兼秘书长刀波、市委书记许忠建致辞。市委副书记、市长黎春秋出席。张佳春、张也、刘雨昕、李现、张杰被聘为首批中华民族团结进步宣传推广大使。

发布仪式上，还官宣征集中华民族团结进步题材动漫设计、微电影脚本、短篇小说及报告文学作品、主题歌曲。

省民宗委二级巡视员肖丽萍，中华民族团结进步协会副会长、基金管理委员会主任冷向洋，中华民族团结进步协会顾问杨胜勇，市领导余建勇出席。

2023 年神州瑶都（中国·江华）瑶族盘王节开幕

2023 年神州瑶都（中国·江华）瑶族盘王节开幕

2023 年 11 月 27 日，2023 年神州瑶都（中国·江华）瑶族盘王节开幕式暨“逐梦瑶都”文艺演出在江华瑶族自治县图腾园广场举行。市委书记朱洪武宣布开幕。市委常委、常务副市长何恩广致辞。市领导刘玲军、李农妹、龙飞凤、桂砺锋、方智毅参加。

每年农历十月十六是瑶族传统的盘王节。传说这天是瑶族始祖盘王的生日，盘王节是瑶族同胞缅怀先祖的盛大节日，是弘扬瑶族文化的隆重庆典，更是增强民族向心力、维系民族团结的人文盛典。江华瑶族自治县是全国瑶族人口最多的县，湖南省唯一的瑶族自治县，永州市唯一的少数民族自治县，是瑶族历史上重要的中转站、大本营和发祥地，被誉为“神州瑶都”。近年来，江华积极保护利用和传承发展瑶族优秀传统文化，已成功将瑶族盘王节申报为省级非物质文化遗产保护项目，并成为湖南省重点打造的四大民族节庆品牌之一。

本届盘王节系列活动从 11 月 21 日持续至 29 日，包括瑶族盘王节开幕式暨“逐梦瑶都”文艺演出、癸卯年神州瑶都（中国·江华）盘王祭祀大典、民俗民贸民品博览会、“瑶 BA”盘王杯篮球邀请赛、大美永州大穿越（江华站）暨首届“两河三岸”健康跑等活动。

△ 14 日，为深入开展民族团结进步宣传教育，进一步巩固平等、团结、互助、和谐的社会主义民族关系，岳阳县开展以“深入学习党的二十大精神，有形有感有效铸牢中华民族共同体意识”为主题的民族团结进步宣传月活动。

△ 20 日，怀化市民族团结进步协会第一届会员大会暨成立大会举行，标志着怀化市首个致力于民族团结进步事业的市级社会团体正式成立。

△ 25 日，湖南省第九届“铸牢中华民族共同体意识 建设伟大祖国 建设美丽家乡”主题演讲比赛落下帷幕。此次赛事由湖南省民宗委、湖南省教育厅、共青团湖南省委联合举办，来自全省 42 所学校 13 个民族的 42 名选手入围决赛。

△ 26 日，湖南省民族乡村振兴试点工作现场经验交流会在桑植县召开，来自全省 5 位代表分别作经验交流发言。会议以 2023 年中国农民丰收节、桑植县乡村文化旅游节等系列主题活动为载体，通过现场观摩、总结成绩、交流经验等方式，充分展示全省民族乡村振兴试点工作成果，把全省民族乡村振兴工作推向新高度。

△27日，邵阳市财政局组织该局干部职工、大祥区财苑小区的居民开展民族团结进步故事分享会。近年来，市财政局紧紧围绕“铸牢中华民族共同体意识”主线，以学促干、真抓实干，积极开展民族团结进步创建活动，为邵阳市创建全国民族团结进步示范市贡献财政力量。

10月

△7日，湖南省马克思主义宗教学（湘潭大学）研究基地揭牌成立。湘潭大学党委书记刘起军，省民宗委党组成员、副主任龙毅，中国社会科学院世界宗教研究所原所长卓新平，湖南省佛教协会会长圣辉出席揭牌仪式并讲话。

△9日，洪江市民族团结进步协会第一届会员大会暨成立大会召开，标志着洪江市首个致力于民族团结进步事业的县级社会团体正式成立。

△10日，中方县民族团结进步协会成立大会暨第一次会员大会在县行政中心中心会议室举行，标志着中方县首个致力于民族团结进步事业的县级社会团体正式成立。县委常委、组织部部长白云，县民族工作专项机制成员单位分管领导、县民族团结进步协会全体会员、单位会员代表参加。

1
2
3

1.8月25日，由大祥区委统战部（民宗局）、芷江侗族自治县委统战部（民宗局）精心指导，共青团大祥区委、区教育局、共青团芷江侗族自治县委、县教育局联合主办，大祥区华夏方圆学校和芷江侗族自治县荷花池小学承办的“民族团结手拉手·石榴花开心连心”青少年交流活动暨大祥区“红石榴”夏令营在怀化市芷江侗族自治县荷花池小学举行

2.9月4日，株洲市2023年民族宗教政策法规宣传月暨民族团结进步主题宣传月启动仪式在芦淞市场群服饰广场举行

3.9月8日，2023慈利县民族团结进步宣传月活动启动仪式

永州瑶胞欢庆盘王节

2023年11月28日，农历十月十六日，是瑶族人民祭祀瑶族始祖盘瓠的重大节日，永州江华瑶族自治县、江永县举办了盛大的盘王节庆典。瑶族同胞身着民族盛装，唱瑶歌、跳长鼓舞、喝油茶，共叙瑶家情。

江华有瑶族人口37.5万，是全国瑶族人口最多的县、湖南省唯一的瑶族自治县。江永千家峒，历史上曾经是瑶族的祖居圣地，瑶族人文古迹众多。每逢盘王节，两地瑶族人民欢聚一堂，载歌载舞，表达对祖先的怀念和对美好生活的追求。一年一度的瑶族盘王节，是弘扬瑶族文化的隆重庆典，更成为增强民族向心力、维系民族团结的人文盛典。

江华盘王节为期9天，活动包括逐梦瑶都文艺会演、盘王谒祖仪式、民俗民贸民品博览会、“瑶BA”盘王杯篮球邀请赛、健康跑等活动。近年来，江华保护利用和传承发展瑶族优秀传统文化不遗余力，已成功将瑶族盘王节申报为省级非物质文化遗产保护项目和湖南省重点打造的四大民族节庆品牌之一。

盘王殿广场

云溪区召开2023年宗教界代表人士谈心谈话暨年度述职会议

2023年11月29日，云溪区召开2023年宗教界代表人士谈心谈话暨年度述职会议。区委常委、统战部部长王静晗出席。

会议组织学习了宗教工作重要会议精神和政策法规，并对宗教界代表人士的述职进行了讲评，同时对后段工作进行了安排部署。王静晗要求宗教界代表人士要深刻理解坚持我国宗教中国化的重要意义，争做政治上靠得住、宗教上有造诣、品德上能服众、关键时起作用的代表人士。同时要求要持续深入开展“四正四清”和“五进五好”活动，各宗教场所要进一步加强内部规范管理，切实做到教风正、陋习除、形象好、环境清。

2023年宗教界代表人士谈心谈话暨年度述职会议

湖南省道教协会第八次全省代表会议在长沙召开

湖南省道教协会第八次全省代表会议在长沙召开

2023 年 12 月 25 日至 26 日，湖南省道教协会第八次全省代表会议在长沙召开。会议期间，省委常委、省委统战部部长隋忠诚会见与会代表及省道教协会新老领导班子成员。中国道教协会副会长孟至岭致贺词。

会议选举产生了湖南省道教协会新一届理事会及领导班子，吴理之当选会长。

会议号召，全省道教界要旗帜鲜明讲政治，对教义教规作出符合当代中国发展进步要求、符合社会主义核心价值观和中华优秀传统文化的阐释，持续开展“五进五好”“四正四清”等主题实践活动，在推动道教中国化上做出新成绩。要深入推进全面从严治教，坚决遏制和纠治不良风气，加强“镜鉴”警示教育，建立健全各项机制，不断提高自我教育、自我管理、自我约束、自我净化的制度化、规范化水平，在全面从严治教上展现新风貌。要与时俱进加强自身建设，规范内部教务管理，加大人才培养力度，培养一批精通道教经典教义和中华优秀传统文化的高层次“双通”人才，在人才培养上取得新成果。要积极发挥道教在助推社会发展中的积极作用，主动参与现代化新湖南建设，积极探索服务经济社会发展的新途径，在服务社会上彰显新担当。

会上还举行了向甘肃地震灾区捐款仪式。

1 | 2 | 3

1.9 月 14 日，岳阳县开展以“深入学习党的二十大精神，有形有感有效铸牢中华民族共同体意识”为主题的民族团结进步宣传月活动。志愿者向少数民族学生捐赠书包

2.10 月 20 日上午，湖南佛学院 2023 级新生开学典礼在长沙麓山寺讲经堂隆重举行

3.9 月 10 日至 14 日，湖南省伊协在其教育培训中心举办 2023 年第二期阿訇培训班暨“爱党爱国爱社会主义”新“卧尔兹”演讲交流赛，并于 14 日下午在长沙清真寺举行了 2023 年新“卧尔兹”巡回演讲活动启动仪式

11月

△ 9 日，2023 年洞口县“铸牢中华民族共同体意识”广场舞大赛决赛隆重举行，团结奋斗的主旋律贯穿整场比赛。洞口县境内居住着 30 个民族，有罗溪、长塘、大屋三个瑶族乡，12 个散居少数民族村，2.4 万少数民族人口。近年来，该县将民族团结进步创建作为全县重点工作，融入经济社会发展全领域，创造了“创建＋社会治理”“创建＋产业发展”“创建＋乡村振兴”等鲜活模式，实现全县各民族共同繁荣进步。

△ 18 日，由中华民族团结进步协会和怀化市人民政府共同主办的民族团结进步文艺宣传活动在怀化市体育中心举行。本次活动以“石榴花开美中华 民族团结新征程”为主题。伴随着绚烂的烟火，欢乐的《五十六个民族五十六朵花》舞蹈表演拉开活动序幕，依次呈现“中华大家庭”“共画同心圆”“奋进新征程”三个精彩篇章。

△ 24 日，来自衡阳、郴州、永州湘南 3 市 10 县（市、管理区）的 11 支瑶族原生态歌手代表队共 170 余人，欢聚永州市金洞管理区晒北滩瑶族乡，参加第十三届湘南瑶乡盘王节暨“坐歌堂”活动。瑶族同胞歌唱新时代，讴歌瑶乡新变化新风尚，好歌唱不停。

12月

△11日，“我心向党 逐梦潇湘”中国民族音乐专场音乐会暨湖南省民族管弦乐学会成立三十周年音乐会在长沙群艺馆举行。来自省民族管弦乐学会下属各专业委员会的民乐工作者及学员，用古筝、葫芦丝、琵琶、扬琴、陶笛、二胡等，给现场观众带来一场音乐盛宴。

△13日，常德市民族团结进步创建工作互观互检暨推进会在石门县召开。市委副书记、市委统战部部长刘国龙出席会议并讲话。

△23日，通道侗族自治县独坡镇独坡村，各族群众身着盛装，载歌载舞，欢庆当地新风雨桥落成。近年，该县以推动民族团结进步为抓手，紧密结合省际边界共建、文化传承、旅游开发、乡村振兴，开展形式多样的民俗文化活动。

1 2
3 4
5 6

1.12月22日，湖南民族职业学院获评“第二批湖南省铸牢中华民族共同体意识示范学校”

2.11月7日下午，湖南省民族宗教事务委员会文化教育处处长丁亚波来学院调研铸牢中华民族共同体意识教育工作

3.6月13日，参加“山海相连 共谋振兴”海峡两岸农业交流活动的台湾嘉宾来芷考察

4.12月21日，湖南省铸牢中华民族共同体意识体验馆在长沙挂牌运行

5.11月18日晚，由中华民族团结进步协会和怀化市人民政府共同主办的民族团结进步文艺宣传活动在怀化市体育中心举行

6.12月20日上午，“湖南省铸牢中华民族共同体意识示范学校”授牌仪式在芙蓉区八一路小学举行

土家族非遗乐器『咚咚喹』地方标准发布

2023年，湖南省市场监督管理局批准、发布118项地方标准，其中，中国首个土家族非遗乐器湖南省地方标准正式发布，标准名为《土家族非遗乐器咚咚喹通用技术要求》，该标准从2024年2月9日起实施。该标准的发布是土家族“咚咚喹”非遗传承划时代的里程碑事件，是湘西土家族苗族自治州非遗传承标准化的新探索。

该标准由龙山县土家姑娘文化发展有限公司、湘西州音乐家协会、吉首大学、龙山县委宣传部等单位起草，由国家级土家文化传承人田隆信和州级土家文化传承人田剑英、彭继蓉等人主编。

该标准规定了“咚咚喹”通用产品分类、发音规则、技术要求、测试方法、检验规则、标志、包装、运输、贮存等内容，适用于不同形制、不同结构、不同材质的“咚咚喹”；借鉴和引进了其他乐器的先进制造工艺，并将专利纳入标准进行公开公示备案，既促进了乐器发展又实现专利保护。

据介绍，“咚咚喹”是土家族传承的古老乐器，小小竹管浓缩了土家族的文化艺术精髓。伴随着时代进步，“咚咚喹”开始走出大山，该标准的发布将“咚咚喹”制作和演奏由口耳相传演变为文字传播。

社会生活

江永县“学雷锋”文明实践我行动主题活动启动仪式
暨志愿服务月集中示范活动

2023年“春风行动”暨“乡村振兴”专场招聘会

民进·和清爱心公益行
关爱边远山区学子 助力乡村发展

要闻纪事
2023年

1月

△3日，常宁市启动了关爱老人——免费送药活动，为该市60岁以上的老人免费发放新冠防疫药品。

△3日，雨湖区启动2023年度0—6岁残疾儿童康复救助项目，救助对象包括符合救助条件的听力、言语、肢体、智力等残疾儿童和孤独症儿童。

△3日，北湖区“善心汇大爱文明润北湖”疫情防控文明实践志愿服务活动，在燕泉广场前坪正式启动。

△4日，郴州市残疾人联合会第五次代表大会召开。

△4日，2023年张家界市“我们的中国梦——文化进万家”暨文旅志愿者宣讲轻骑队基层行活动启动仪式举行。

△4日，洞口县生活垃圾焚烧发电项目举行首车垃圾进厂暨1号炉点火仪式。

怀化市沅陵县433支家庭医生团队送医送药到乡村

2023年1月5日，怀化市沅陵县七甲坪镇扶桑村村医全承顺像往常一样，背上小药箱为有需要的村民送去“健康小礼包”，礼包里有中药预防茶饮和布洛芬胶囊等药品。

怀化市沅陵县是湖南省版图面积最大的县，系山区县，山高路远。当前，疫情防控进入新阶段，群众用药需求不断增加。为保障农村广大人民群众生命安全，守护百姓健康，沅陵县通过送医送药下乡等多种方式，打通农村医疗卫生服务“最后一米”。沅陵县卫健部门发挥村医乡医熟悉村情民情优势，以各村、社区的村医和党员干部为主体，组织家庭医生团队走村串户。该县共有403个村（居委会），目前，已组建起433个家庭医生团队，覆盖沅陵县各村（居委会）。每个家庭医生团队由1名临床医生、1名村医和1名护士组成。团队医生公开手机号码，每天背上小药箱，开展入户暖心巡诊服务。

为掌握农村重点人群的健康状况，自2022年12月9日起，怀化市沅陵县对65岁及以上老年人合并基础疾病患者及其新冠病毒疫苗接种情况开展调查。根据调查结果评估健康风险等级，按照低风险一般人群、次重点人群、重点人群，分级建立重点人员台账。截至目前，共完成65岁及以上重点人群健康调查128119人。

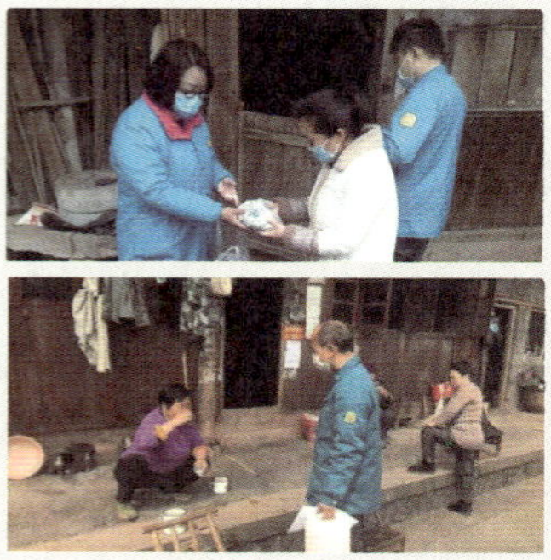

沅陵县为群众送上中药汤剂

1.1月10日—11日，“迎新春送温暖”走访慰问活动 1

2.1月18日，2023年“情满旅途·暖冬行动”志愿服务活动 2

长沙市『民政爱心暖万家』活动启动

2023年1月11日，长沙市“民政爱心暖万家”活动启动，将通过十大暖心举措，助力群众温暖健康安全过年。副市长邹特出席。

根据部署，长沙市民政局安排福彩和慈善爱心资金，紧急采购3万余份含药品、口罩、抗原试剂等防疫用品的民政“爱心包”，将在春节前发放给全市特困人员、孤儿、事实无人抚养儿童等；投入近300万元用于困难群众、防疫一线工作人员慰问；组织人员加强与低保对象、特困人员、困难老年人、农村留守儿童、困境儿童和残疾人等困难群体的沟通联系，做好摸底排查和救助帮扶；建立救助绿色通道，对因疫情造成基本生活困难的群众，启动低保扩围，统筹救助资金，实施“五项帮扶”，确保救助全面、及时；重点关注“一老一小”，全力保障身体健康、生活安全；开展结对帮扶；动员慈善、社工、志愿服务等“五社”力量参与疫情期间困难群体基本生活保障。此外，将进一步加强对长期奋战在抗疫一线的城乡社区工作者、社会福利机构工作人员关心慰问。

2022年，长沙市共销售福利彩票20.39亿元，筹集公益金6.22亿元。长沙市慈善总会聚焦扶贫、安老、抚孤、助残等慈善救助服务，2022年共筹集慈善款物8500余万元，发放救助款物7400余万元，惠及困难群众4万多人次。

长沙市“民政爱心暖万家”活动启动

怀化市自助图书馆开馆

2023年1月15日，怀化市自助图书馆开馆仪式在五溪书屋举行。即日五溪书屋、种子书屋、清廉书屋、陆港书屋4座自助图书馆与广大市民见面，为怀化市增添了一道亮丽的“文化风景线”。副市长余建勇出席开馆仪式。

五溪书屋坐落在迎丰公园，清廉书屋位于丰溪苑公园，种子书屋花落岩门公园，陆港书屋建于河西武陵山大学生创客社区。4座自助图书馆共藏书1万余册，书屋内部的数字资源借阅机、百年党史数字屏、怀化文旅数字屏等数字设备，还可以为读者提供智能化、数字化的阅读新体验。市民携带身份证即可现场办理电子借阅证。

在五溪书屋，送春联、写福字、制糖画等活动热热闹闹地开展，吸引了众多市民前来学习、阅读、交流。市民曾华庆经常和队友来迎丰公园打太极拳，她们赞叹道：“太好了，书屋让阅读变得‘触手可及’，也让市民朋友多了一处‘乐聚’之地。”

倡导全民阅读，共建书香社会。新建的4座自助图书馆是怀化市2022年的十大民生实事项目之一。怀化市文化设施进社区、进景区，实现了公共文化服务身边化、智慧化，满足人们的精神文化需求，提升了城市文化品位，推动了文旅深度融合。

五溪书屋坐落在迎丰公园

在自助图书馆服务机上便能完成借书、还书、办理借阅证等服务

1.1月18日，湖南省人力资源和社会保障厅开展了2023年元旦、春节送温暖走访慰问活动

2.2月1日，湖南省2023年“春风行动”专场招聘会暨劳务协作专项服务活动启动仪式现场

3.1月29日，古丈县2023年春风行动暨就业援助月现场招聘会现场

湖南首个AI公园正式开放

2023年1月16日，在梅溪湖片区节庆岛，湖南首个AI公园“悦梅溪”正式对外开放。该项目通过对服务、管理等过程进行数字化表达、智能化控制和管理，实现与游人互感、互知、互动，打造长沙新一代“智慧网红”打卡地，游客可在此体验钻石天幕、AI大屏、AR合影机等智能化互动项目，充分感受科技发展带来的便利。

在梅溪湖片区节庆岛，湖南首个AI公园“悦梅溪”正式对外开放

△6日，南岳区妇联联合道缘慈善基金会开展“践行二十大把爱带回家”关爱留守儿童暨集中慰问困境母亲、困难家庭活动。

△6日，“智汇潇湘”湖南省2023年高层次人才引进全国巡回宣讲洽谈会在长沙启动。

△9日，桃源县总工会“工会进万家·新就业形态劳动者温暖行动”服务月启动仪式在漳江街道白佛阁社区举行。

△11日，张家界市总工会联合永定区总工会开展“工会进万家 新就业形态劳动者温暖行动”，集中慰问外卖骑手、网约车司机等新就业形态劳动者。

△11日，一场网络招聘会在抖音直播间火热进行着，洪江区就业服务中心的职业指导老师在抖音直播间向广大群众介绍工作岗位，吸引务工人员前来现场应聘。

△12日，株洲市红十字会“博爱送万家”活动走进渌口区南洲工业园，为部分园区困难职工送上党和政府的关心与社会各界的温暖。

△13日，祁阳市妇幼保健院举行贫困残疾儿童生活补助金现场发放仪式，分别为62名贫困残疾儿童家庭发放每人1000元生活补助金。

△14日，靖州苗族侗族自治县在甘棠镇平原村正式启动2023年“我们的中国梦——文化进万家”暨新时代文明实践志愿服务活动。

△14日，伴随着“五送五促”新春系列招聘活动首场网络招聘会的开始，湘潭市2023年“春风行动暨就业援助月”专项服务活动正式启动。

△17日，县妇联开展“把爱带回家——暖童心护成长”2023年寒假儿童关爱服务活动。

△18日，2022年第四季度“中国好人榜”发布，湖南7名群众身边好人光荣上榜。其中，长沙市芙蓉区荷花园街道恒达社区党委第一书记刘朝辉获评敬业奉献类“中国好人”。

湘西州龙山县本土歌曲演唱大赛圆满落幕

2023年1月27日晚，农历正月初六，一支支脍炙人口的本土歌曲，从湘西州龙山县龙凤广场广场飘出，激情澎湃的歌声，伴随雄壮激昂的旋律感动着每一位观众。

龙山县本土歌曲演唱大赛圆满落幕

由龙山县委县政府举办的龙山县“我们的中国梦·湖湘文化进万家”系列活动本土歌曲演唱大赛决赛在这里圆满落幕。龙山县领导彭绍兴出席并为参赛选手颁奖。本次决赛在线上同步直播。

歌曲《惹巴拉》拉开比赛的序幕，选手轮番登场演唱，《大灵山》《一眼千年》《望乡台》等歌曲，展示湘西州龙山县本地民族风情、人文景观、自然风光等内容。

本次决赛采用评委打分制，16名选手经过近三小时的角逐，杜礼成获一等奖，王靖铭、兰宏文获二等奖，向宽志、彭素英、向倩纤获三等奖。

此次活动，丰富龙山县人民群众春节期间精神文化生活，落实党的二十大精神，弘扬和挖掘优秀的本土文化，充分发挥文体活动传播影响力对文化旅游品牌效应的带动作用，激发人民群众爱党、爱国、爱家乡的热情，充分展现龙山人民脱贫致富奔小康的新风采、新面貌。

活动启动现场

喜乐会橘子洲开场

2023年2月4日，橘子洲景区喷泉广场将举行湖南非遗元宵喜乐会。本次活动由湖南省文化和旅游厅指导，湖南省文化馆（湖南省非物质文化遗产保护中心）、长沙市文化旅游广电局主办。

本次展演上午场为沉浸式观赏汉唐古典舞《长安仕女》，下午场及晚场节目将由长沙非遗展演团带来长沙弹词、长沙花鼓戏、长沙山歌等在长沙地区独具特色与代表性的传统曲艺、传统戏剧、传统音乐等，同时融入相声、变脸、口技等各类原创节目，以创新的形式将广为人知的经典曲目、唱段与趣味性的舞台互动融为一体。

活动还将根据元宵佳节送“福”字、送“福”气的传统特色，打造“新活字”“新拓字”“新剪字”“新灯祝福”等板块，运用3D激光打印技术，展示非遗技艺与科技创新的融合，让大家在趣玩中探究非遗背后的传统科技智慧。

1
2
3

1.2月24日，临湘市2023年就业困难人员专场招聘会（长安街道办事处专场）现场

2.2月3日，长沙市2023年“春风行动”望城专场招聘会现场

3.2月8日，石鼓区万居国际家居广场专场招聘会现场人潮涌动

全国首家消防主题『密室逃脱』体验馆亮相衡阳

全国首家消防主题“密室逃脱”体验馆亮相衡阳

2023 年 2 月 15 日，湖南省消防救援总队联点建设的衡南县新时代文明实践中心示范基地揭牌，一并亮相的还有全国首家消防主题“密室逃脱”体验馆。

该示范基地包含“两馆一中心”，即消防主题展馆、消防沉浸式体验馆、“消防救援＋衡南县新时代文明实践中心”。基地面向群众免费开放，将“志愿红”和“火焰蓝”深度融合，在开展新时代文明实践活动中，同步向群众开展消防科普宣传、警示教育。

值得一提的是，消防沉浸式体验馆是全国首家消防主题“密室逃脱”体验馆，由家庭生活模拟区域、公共场所密集区域、紧急疏散指引区域、消防知识问答区域组成。体验馆采用科技手段模拟火焰、烟雾等多重效果，还原火灾现场，让参与者沉浸式学习火场逃生自救知识，锻炼火灾应急反应和自救逃生能力，实现“防、逃、灭、救、练”全方位消防科普教育。

近年来，衡阳消防部门探索“文明实践＋消防救援”模式，广泛开展具有消防救援特色的文明实践活动，打造消防宣传特色阵地。组建消防宣传轻骑队，成立乡镇专职消防队，积极引导企业建立消防队伍，筑牢农村消防安全屏障。还建立社区消防安全“宣传链”工作机制，延伸宣传触角，实现城乡消防宣传全覆盖。

1.3 月 3 日，湘潭县“志愿集市”科普志愿服务现场

2.3 月 5 日，江永县启动 2024 年“学雷锋·文明实践我行动”主题活动暨志愿服务月集中示范活动

第三届全国青年名厨精英赛（华中赛区）在长沙市长沙县举行

2023 年 2 月 21 日上午，2023“松雅湖商圈”美食消费节暨第三届全国青年名厨精英赛（华中赛区）启动仪式在长沙市长沙县举行。

第三届全国青年名厨精英赛（华中赛区）是长沙县 2023“松雅湖商圈”美食消费节主要活动之一，由长沙县与中国饭店协会联合举办。比赛旨在推进餐饮产业建设，促进同行交流，提升新时代人才技能水平，培育一批具有代表性的青年厨师，持续推动餐饮行业高质量发展。来自华中地区的百余位青年名厨精英们参加比赛，赛事现场还设立了多个餐饮品牌展位，全面展示各地美食文化魅力和餐饮发展成就。

仪式现场

启动仪式上，长沙县与中国饭店协会就湘商回归和返乡创业、长沙县地标美食培育和认定、长沙县优质食材推广应用等方面签订战略合作协议，双方将建立并发展相互协作、相互支持、相互共赢的长期稳定的合作机制，采取定期会谈、走访企业或共同举办活动等方式，实现资源共享和信息互通。

本次“强强联合”是双方深入贯彻落实党的二十大精神，落实习近平总书记关于技能人才工作重要指示的有力举措，对于积极推进长沙县农产品“湘品出湘”，扩大食材销售、促进县域农业产业发展，助力乡村振兴战略具有重要意义。

△ 29 日，株洲市第七届“春风行动·百企万岗”稳就业专项活动暨助企稳工稳岗专场招聘会现场举行。本次招聘会，株洲市人社局组织市内 75 家企业参加，提供近 5000 个岗位。

△ 30 日，在东方大道丰嘉科技有限公司园区内举办 2023 年春风行动暨就业援助月园区专场招聘会，将 2000 余个工作岗位送到群众“家门口”。

△ 31 日，双峰县 2023 年“春风行动暨就业援助月”现场招聘会在曾国藩广场举行。

2月

△ 1 日，由鹤城区人力资源和社会保障局、鹤城区总工会联合主办的 2023 年春风行动之“迎新春、送岗位”专场招聘会在鹤城区人力资源市场举行，这是该区举办的新春首场招聘会。

△ 3 日，衡东县滨江广场举办 2023 年春风行动暨就业援助月系列活动现场招聘会，95 家招聘企业为求职者提供就业岗位 6000 多个。

△3日，为期5天的怀化市中青年人才专题研修班圆满结业。

△8日，“衡阳好人”、衡阳市模范好人协会会长尹冬英，“湖南好人”刘康青、欧阳振大、尹春云带领十余名大学生志愿者来到城区各个主次干道开展随手公益志愿服务活动。

△16日，永定区举行人才交流座谈会暨人才服务“绿卡”授卡仪式，现场为引进人才代表颁发人才服务“绿卡”。

△18日，一场主题为“大手牵小手，亲子共成长”的亲子团建活动在邵阳市妇女儿童活动中心举行，这意味着该中心从18日起正式面向社会开放。

△20日，以“人人学雷锋 长沙志愿红”为主题的长沙市学雷锋志愿服务文化节在湖南省文化馆启动。

△20日，由湖南省科技厅主办、省火炬创业中心承办，湘西州科技局和湘西高新区承接的“湖南省创新创业大赛‘送服务下基层’活动（湘西专场）”在吉首举行。

老中青三代“雷锋传人”话雷锋

2023年3月6日，从全国学雷锋活动中涌现出的先进集体代表、先进个人代表，在参观完湖南雷锋纪念馆后，汇聚一堂参加“新时代 新雷锋”2023雷锋精神论坛先进英模论坛。这其中，有雷锋生前好友、如今已耄耋之年的冯健，有80后全国岗位学雷锋标兵、“扁担校长”张玉滚，有“雷锋家乡小雷锋”周美玲。

老中青三代，传承雷锋精神，又因雷锋而聚。在一次次发言和对未来的打算中，他们怀念雷锋、宣传雷锋、学习雷锋……

1.3月15日，嘉禾县2023年“点亮万家灯火”易地扶贫搬迁专场招聘会

2.3月16日，湖南省人社厅在“精准扶贫”首倡地十八洞村，隆重举行2023年湖南省乡村振兴技术技能人才高级研修班开班、“湘土有才”创业兴业能力提升行动启动暨国家开放大学乡村振兴人才培养实践基地、湖南开放大学国家级专业技术人员继续教育（实践）基地揭牌仪式，持续为乡村振兴造血

3.3月8日，省人社厅厅长李永军调研怀化国际陆港人力资源港建设

4.3月11日，临武县2023年“311”就业帮扶暨就业困难人员就业帮扶专项活动

长沙市湘江新区万名『五老』投身志愿服务

3月22日，湖南湘江新区“五老红”志愿服务活动正式启动

2023年3月22日，“牢记总书记嘱托 ‘五老’宣讲面对面”湖南湘江新区“五老红”志愿服务活动正式启动，20余名“五老”金牌讲师团成员进机关、进社区、进学校、进企业，传承红色基因，传播湖湘文化。

长沙市湘江新区创新开展“发挥五老优势，进行四项教育”主题活动，通过老干部、老战士、老专家、老教师、老模范等离退休老同志、老党员，开展形势政策、党的历史、思想道德、公民意识等4项教育。

湖南雷锋纪念馆退休职工谭荒芳与女儿张璐琪，接棒讲述雷锋故事、传播雷锋精神；公益“母女档”高燕、胡晓萍，10余年如一日带动身边人投身公益、传递善意……目前，该区共建成“发挥五老作用”示范阵地60余个，创建市级最佳“五老红”志愿者服务队15个。500多个“五老红”志愿团队、1.2万名“五老红”志愿者在关爱青少年健康成长、支持青年积极创业、引才育才等广阔舞台持续发光发热。

1 2 3

1.3 月 22 日，嘉禾县行廊镇中心学校的少先队员们来到行廊镇中心敬老院开展“新时代小雷锋”情暖敬老院志愿服务活动

2.3 月 29 日，长沙市望城区 2023 年春风行动零工专场招聘会在红旺大市场举行，50 家与会企业提供岗位 1000 多个，吸引了不少求职者前来应聘

3.3 月 22 日，“银龄关爱，影食相伴”社会工作主题宣传活动

2023『好评中国』网络评论大赛在长沙市启动

2023“好评中国”网络评论大赛启动仪式暨“好评中国”网络评论创新论坛于 3 月 31 日上午在湖南长沙举行

2023 年 3 月 31 日，2023“好评中国”网络评论大赛启动仪式暨“好评中国”网络评论创新论坛在长沙举行。中央网信办副主任、国家网信办副主任牛一兵，湖南省委常委、省委宣传部部长杨浩东出席并致辞。中央网信办网络传播局局长范小伟，湖南省委宣传部副部长、省委网信办主任刘学，长沙市委常委、市委宣传部部长陈澎等出席。

2023“好评中国”网络评论大赛启动仪式暨“好评中国”网络评论创新论坛以“点点星火，汇聚成炬”为主题，围绕传承精神密码、礼赞光辉时代、澎湃青春梦想、汇聚九州同心四个篇章依次展开，邀请党的二十大代表、科技工作者、青年代表、正能量网络名人和 2022“好评中国”网络评论大赛作者代表等，共论网络评论高质量发展，引领网民感受网络评论力量、参与网络评论创作。

永州市零陵区首家村级乡贤馆揭牌

菱角塘镇金坪村乡贤座谈会

2023 年 4 月 5 日，永州市零陵区第一家村级乡贤馆——菱角塘镇金坪村乡贤馆在村活动中心开馆，成立村乡贤理事会，这是该村开展“迎老乡、回故乡、建家乡”活动的重要内容。

金坪村位于零陵城区东郊的金牛岭下，潇水贴村而走，泾溪穿村而行。拥山面水，生态美丽，风光秀丽，产业兴旺，历史文化底蕴深厚，宜游宜居宜业。该村“耕读尚文”之风浓郁，涌现出一批有识之士和精英贤才。目前，村里走出博士后 1 人、博士 3 人、硕士 6 人、大学本科 25 人，本科以上在读生 12 人，全国劳模、全国模范教师各 1 人，湖南省作家协会会员 2 人，永州市道德模范、永州市十大杰出青年各 1 人，10 余人在深圳等地办企。“我们要通过建立乡贤馆，挖掘‘书香’文化，聚焦乡贤力量，服务乡村发展。”菱角塘镇主要负责人介绍。

△ 24 日至 26 日，中国残联副主席、副理事长程凯一行来湖南省调研残疾人就业、无障碍环境建设等工作，他强调要着力办好各项惠残实事，不断把残疾群体对美好生活的向往变成现实。

△ 26 日，中共郴州市委人才工作领导小组办公室联合共青团郴州市委开展“青爱郴州 才聚林邑”青年人才交友联谊活动。

△ 28 日，湖南湘江新区“春风行动”专场招聘会望城坡街道分会场活动举行。93 家企业携 600 余个岗位参加活动。

△ 28 日，石门县零工驿站启动授牌仪式暨就业困难人员专场招聘会在楚江街道观山社区举行。

△ 28 日，娄底市侨联、娄底市爱心华人华侨助学社、涟源市侨联在渡头塘镇联合开展爱心助学活动。

3月

△ 1 日，中国残联在衡阳市举行全国残疾人职业能力建设工作推进部署会，交流、推广先进评估工作经验。

△2日，常德市残疾人联合会第七次代表大会召开。

△2日，汉寿县新时代文明实践志愿服务项目展演暨学雷锋志愿服务活动月启动仪式在新时代文明实践广场举行。

△2日，中宣部人权发展和交流中心副主任、中国人权发展基金会副秘书长秦亮带队来到桑植开展公益捐赠和医疗志愿服务。

△2日，湘西州新时代文明实践志愿服务先进典型颁奖暨2023年“四季同行·雷锋家乡学雷锋”志愿服务活动启动仪式在湘西高新区民族文化园广场进行。

△3日，湖南省民政厅举行“百城百院春风暖 民政领域学雷锋”2023年学雷锋志愿服务主题月活动启动仪式，旨在深入学习贯彻党的二十大精神和习近平总书记关于深入开展学雷锋活动的重要指示精神，全面落实民政系统新时代文明实践活动和机关作风建设的工作部署，进一步传承和弘扬雷锋精神。

衡阳市衡阳县首个落户商业街的新时代文明实践基地揭牌成立

我县首个落户商业街的新时代文明实践基地揭牌成立

2023年4月18日，衡阳市衡阳县首个落户商业街的新时代文明实践基地在星悦茂揭牌成立，使新时代文明实践志愿服务活动零距离走进商圈，进一步传播文明风尚，助推商户诚信经营、文明经营。

18日上午，衡阳县委常委、宣传部部长李桦和星悦茂负责人共同为星悦茂新时代文明实践基地揭牌，随后一同查看了商业街目前的运作情况。

新时代文明实践基地落户商业街是衡阳县打造商圈文明实践生态系统的一次全新探索，也是推动新时代文明实践工作向纵深发展的具体行动。星悦茂新时代文明实践基地集便民利民服务、志愿服务、城市文明形象推广等功能为一体，同时通过向商户大力宣传诚信经营理念，引导商户提升诚信建设和文明服务水平，推动形成诚信守法、文明经营、公平竞争、健康有序的商圈经营环境。

近年来，衡阳县新时代文明实践工作从健全机制、整合资源、丰富活动、打造样板、阵地建设等方面着手，打造“文明实践+”综合体，实现新时代文明实践全覆盖，真正让文明实践中心、站所、基地成为“百姓之家”，让文明新风浸润百姓生活点滴。

1

1.4月6日，湖南省大学生创新创业孵化基地项目路演遴选会现场

2.4月9日，湖南工商大学举行湘江实验室博士后创新创业实践基地揭牌仪式

2

永州市祁阳市举办环卫园林工匠劳动技能大赛

祁阳市举办环卫园林工匠劳动技能大赛

2023年4月26日，永州市祁阳市举办环卫园林工匠劳动技能大赛，祁阳市委常委、组织部长唐旭参加活动。

这次活动根据环卫园林主要工作性质分道路机动清扫、运输车倒车入库、生活垃圾分类、灌木球修枝四个比赛项目进行，进行垃圾分类比赛时，参赛选手精准无误地选取垃圾分类小卡片投入对应的垃圾箱；在道路机动清扫，选手争分夺秒以最短的时间精准地完成规定的项目任务；在灌木球修枝中，针对灌木球原有生长态势和树形，选手们动作娴熟，精细修剪整形。

参赛队员雷野表示，参加了活动，知道垃圾分类（后）有哪些可以回收利用，哪些是有害的，以后会把这些知识带到工作当中，促进工作发展，也可以向亲朋好友推广宣传，让我们生活更美好。

这次活动共有12支队伍60多名职工参加，通过这次比赛，不仅提高了广大一线的环卫和园林工作者的实际操作技能，还增加了一线环卫园林工人的职业操守和精细化管理水平，同时增强了环卫园林系统的工作纪律和工作作风，让职工们能够分享劳动带来的快乐。

祁阳市举办环卫园林工匠劳动技能大赛

祁阳市环卫园林事务中心主任周春表示，此次技能大赛活动展现了行业风采，激发了环卫职工自豪感，不仅提升个人专业技能和工作效率，也更好地推动环卫事业持续健康发展

1.4 月 10 日，2023 年湖南省民营企业服务月启动仪式暨专场招聘活动在长沙马栏山视谷中心举行

2.4 月 10 日，湘潭市 2023 届高校毕业生暨岳塘区产教融合专场招聘会

3.4 月 12 日，苏仙区良田镇春风行动暨乡村振兴专场招聘会现场

娄底市冷水江市举行首届『锑都工匠』表彰大会

2023 年 5 月 6 日上午，娄底市冷水江市举行首届"锑都工匠"表彰大会暨"中国梦·劳动美"工人阶级宣传月活动启动仪式。冷水江市委书记、二级巡视员曾伯怡强调，冷水江市上下要大力弘扬劳模精神、劳动精神和工匠精神，靠实干开创更加美好的未来。

大会对倪祖昕、王啸臣、段炼等 10 名首届"锑都工匠"荣誉获得者进行了表彰通报，并为"锑都工匠"现场颁奖。近年来，冷水江市工人阶级和广大劳动群众坚持"听党话、跟党走"，以"主人翁"的姿态投身产业转型主战场、科技创新第一线，展现了敢于创新、奋勇争先的"闯"劲，爱岗敬业、争创一流的"干"劲，吃苦耐劳、甘于奉献的"韧"劲，谱写了"中国梦·劳动美"新篇章。

大会还发布了书籍《创造与奉献——冷水江全国级、省部级劳模风采录》。该书由冷水江市总工会和市作协编撰完成，共收录了冷水江市建市以来健在的44位国家级、省部级劳模代表风采。

"锑都工匠"们纷纷表示，在今后的工作中，将继续发挥示范引领作用，爱岗敬业、求真务实、勇挑重担，努力创造新业绩，为推动冷水江"1+5"城市建设，全面建设社会主义现代化新冷水江贡献力量。

冷水江首届"锑都工匠"表彰大会

中国（首届）汉字速写大会在张家界市召开

2023 年全国首届汉字速写分享会

2023 年 5 月 9 日，2023 年中国（首届）汉字速写大会在张家界市召开。书法圈内具有代表性的王力春、李付飞、张红星、谷运增、定军山、许盈盈等数十位书法家出席大会。

此次大会由汉书童·逸云硬笔主办，入青家学堂、书画教培网、写字圈、笔墨先锋、河南省当代书法艺术研究院等承办，中国书画网、中国硬笔江湖网、湖南大书法网等网络平台媒体共同参与。

大会从汉字速写之道、实用书画展示、解决轻松运笔的技法以及书画·文字·国学如何做到三位一体等方面进行了现场交流。众多名师通过六大主题专场演说以全新的视角，解析汉字速写的松手、提速过程。现场与会人员与导师嘉宾还进行了深度研讨，表达对传统文化的热爱。

△3 日，湘潭市第 60 个"学雷锋纪念日"暨"心相莲·搭把手"志愿服务活动启动仪式举行。

△5 日，岳阳市在巴陵广场举行新时代"守护好一江碧水"文明实践志愿服务先锋行动启动仪式暨 2022 年学雷锋志愿服务"五个一批"先进典型表彰活动。

△5 日，安化县举行"弘扬雷锋精神 共建文明安化"2023 年学雷锋志愿服务月活动启动仪式。

△7 日，由龙山县就业服务中心、茨岩塘镇政府、惹巴妹手工织品有限公司共同组织的布鞋织造工职业技能培训暨 SYB 创业培训在茨岩塘镇开班。

△13 日，郴州市召开 2023 年基层公共就业服务平台暨充分就业社区（村）建设培训会。

△14 日，衡阳市"衡阳群众"志愿服务培训班开班，市直单位部门、社区志愿服务负责人和骨干志愿者共 515 人参加培训。

△17日，湖南省“专精特新”中小企业系列专场招聘活动在湖南大学正式启动。湖南省33家“专精特新”重点企业携800多个岗位现场揽才。

△21日，怀化市残联在沅陵镇岩板铺村民康医院为沅陵县阳光残疾人托养康复中心进行3A级授牌，沅陵县阳光残疾人托养康复中心是怀化市首家县级3A级残疾人托养机构。

△28日，湘西州首届中老年迎春晚会在州广播电视台演播厅举办。

△29日，郴州市人社局党组成员、副局长黄斌与建设银行郴州分行党委委员、副行长胡秀明为建设银行五岭支行“社会保障卡合作银行制卡点”牌匾揭幕，此举标志着全市191个社保卡合作银行制卡点挂牌工作正式展开。

4月

△2日，双峰县举行“春蕾计划”助学金发放仪式，湖南馨心公益爱心团队现场为198名双峰贫困女学生发放“春蕾计划”助学金23.7万元。

湘潭市举行全国助残日活动

2023年5月18日，湘潭市在雨湖区城正街街道洗脚桥社区举行全国助残日主题活动。湘潭市委副书记、统战部部长刘扬出席并讲话，湘潭市领导傅军、周艳希参加。

2023年全国助残日活动的主题为“完善残疾人社会保障制度和关爱服务体系，促进残疾人事业全面发展”。湘潭市残联积极创新助残举措，建立了市残疾人文化创意示范基地，组建了市助残公益法律服务团。活动现场举行了揭牌授牌仪式。市残疾人文化创意示范基地是集残疾人文学艺术创作、文艺作品展示、文化活动开展、文化培训交流、文创产品销售于一体的市级残疾人文化创意示范基地，将定期开展残疾人优秀文化作品展览、文化活动交流培训、直播带货等活动。市助残公益法律服务团依托湖南金州（湘潭）律师事务所、扶婷公益法律服务工作室的15名执业律师组成，为残疾人阳光助残示范基地、集中就业示范基地、民办康复托养服务机构和遭遇权益受损的残疾人，提供法治宣传和法律援助等服务。

湘潭市残疾人文化创意示范基地

1.4月15日，“敬老慰问帮扶·助力乡村振兴”主题活动

2.4月28日，湖南省人社厅举办主题教育专题读书班集中学习暨2023年第二期湖南人社大讲堂

3.4月26日，“全民携手垃圾分类 全力创建文明邵阳”主题宣传活动现场

怀化市90人获“怀化好人”“新时代怀化好少年”表彰

2023年5月20日上午，2022年度“怀化好人”暨“新时代怀化好少年”现场发布会在沅陵县第一中学举行。发布会现场气氛温暖感人，60名怀化好人和30名新时代怀化好少年的先进事迹和高尚情怀让人感动，给人力量。

此次活动由怀化市委宣传部、市文明办、市教育局、共青团怀化市委、市妇联、市关工委主办，生动展现了身边好人和好少年的先进事迹，将好人、好少年的宣传学习与日常生活有机融合，将“大社会”转化为“小舞台”、“大道理”转化为“好故事”、“大主题”转化为“小场景”，在丰富多彩的实践活动中接受道德教育、提升道德素养，为深入实施“五新四城”战略、加快建设现代化新怀化提供精神动力和道德滋养。

近三年来，共评选出怀化好少年80人。截至2022年底，怀化市共上榜“中国好人榜”38人，上榜“湖南好人榜”140人（组），还有“最美革命文物保护传承者”4人、集体奖项1组、“最美景区人”1组、“最美生态环境保护者”1组。

发布会前，与会人员参观了沅陵县爱国主义教育基地——湘西剿匪纪念园，沿着革命先辈的足迹，追寻红色记忆。

2022年度“怀化好人”暨“新时代怀化好少年”现场发布会在沅陵县第一中学举行

湖南省首个古楼婚姻登记中心在万楼启动

2023年5月20日，湖南省首个古楼婚姻登记中心在雨湖区万楼启动，120对新人在万楼婚姻登记点领到了结婚证。

“520”成为不少准新人青睐的结婚登记好日子。5月20日，雨湖区民政局将婚姻登记中心设在了青年人聚集的雨湖区万楼青年码头，为新人提供结婚登记服务，积极引导青年人树立正确的婚姻观和生育观。这也是湖南省首个古楼婚姻登记中心。

新人留影

上午8点，不少新人在万楼前坪，排队等候登记结婚。领取结婚证后，大家纷纷在大红喜字前拍照，让古楼见证爱情。为了烘托现场热闹、喜庆氛围，雨湖区民政局在现场举行集体颁证仪式，参与的新人可以在大幅婚书上写上自己的名字。

雨湖区民政局相关负责人表示，万楼婚姻服务登记点的启用，是民政部门落实习近平总书记的指示，着眼民生需求，努力为群众提供更多有温度、暖民心的婚姻登记服务的一次探索。希望通过万楼婚姻登记点的示范作用，使婚姻登记点成为新时期新人举办婚礼场所的主要目的地，同时也成为展示湘潭城市名片的新晋“网红打卡点”，为发展“甜蜜产业”“双囍经济”提供可复制的经验。

1
2
3

1.5月15日，长沙市民在领取合理膳食知识手册

2.5月13日，结对联系高校引导毕业生留长就业专项活动在湖南大学启动

3.5月15日，“5·12”母亲节、“5·15”国际家庭日、“5·29”会员活动日暨“奋进新征程 共筑家国梦”主题活动现场

湖南首个『文化馆服务宣传周』启动

2023年湖南省“文化馆服务宣传周”启动仪式在这里举行

2023年5月20日，湖南省文化馆载歌载舞，欢声笑语不绝于耳，2023年湖南省“文化馆服务宣传周”启动仪式在这里举行。

启动仪式上举办了广场舞展演活动、戏曲雅苑、艺术普及训练营、非遗市集、新书发布、风采环道六大主题活动。此外，还有“特长生风采”青少年美育成果展演、龙育群书法展、丹青湖湘——湖南省群众文化学会美术专业委员会作品展等室内演出和精彩展览。

值得关注的是，活动还设置了数字文化馆服务体验展，云唱机、AR魔屏、数字书法机、数字钢琴、元宇宙、VR高空骑行、高速摄像机等数字化设备互动体验吸引了众多观众参观、体验。

湖南省文化和旅游厅党组成员、副厅长尚斌介绍，“文化馆服务宣传周”是近几十年来国家文化部门首次对基层文化馆的服务进行的宣传推广活动，湖南省积极响应文旅部工作部署，推出此次活动，进一步提高公共文化机构公众知晓度、参与度和美誉度，提升公共文化服务效能。

△7日，湖南省第一届人力资源服务业发展大会在长沙举行。这是全国首届人力资源服务业发展大会召开后，首次举办的省级发展大会。

△16日，“爱心相伴”农村留守儿童关爱项目捐赠签约仪式在武冈市举行，国家能源集团公益基金会与邵阳市慈善总会互签协议，国家能源集团公益基金会向武冈捐赠未成年人关爱保护服务项目基金100万元，邵阳市慈善总会为其颁发荣誉证书和爱心单位匾牌。

△21日，大中城市联合招聘高校毕业生暨湖南文理学院2023届毕业生春季供需见面会火热举行。

△23日，2023年“中国体育彩票”湖南省老年人广场舞比赛在津市举行。

△23日，祁阳市2023年“阅读城市·书香祁阳”全民阅读活动启动仪式在祁阳市民生小学举行。

△26日，湖南机场集团、中国航信、交通银行联合举办“数字人民币，智慧新场景——长沙黄花国际机场数字人民币落地民航中转旅客服务平台发布会”，标志着长沙机场成为民航行业首家将数字人民币应用在航空服务场景的机场。

△26日，娄底市娄星区芭蕉消防救援站举行驻勤揭牌仪式，市委副书记、市长曾超群揭牌并讲话。

5月

△4日，岳阳市举办首期“青春有岳·我心向阳”2023年青年人才沙龙。

△9日，以“爱心相‘髓’、博爱三湘”为主题的“5·8世界红十字日”湖南主题活动启动仪式在长沙举行。

△10日，长沙县召开2023年“智慧星用工”劳动保障公益行动启动仪式，宣布全省首个“智慧星用工”劳动保障系统在长沙县全面推行。

岳阳市首届城市生活垃圾分类宣传周活动举行

2023年5月27日上午，《岳阳市生活垃圾分类管理办法》实施暨首届城市生活垃圾分类宣传周启动仪式活动在南湖广场举行，岳阳市委常委、副市长李美云出席并宣布活动启动，市政协副主席何祚云等参加。启动仪式上，市城管局负责人发布了生活垃圾分类倡议书，市直机关干部职工代表、青年志愿者代表和学生代表分别作表态发言。

垃圾分类，牵民生、连文明，既是关键小事，更是民生大事。《岳阳市生活垃圾分类管理办法》实施暨首届城市生活垃圾分类宣传周启动仪式，目的是贯彻落实习近平总书记重要指示批示精神，对强化我市群众生活垃圾分类意识，扩大生活垃圾分类影响力，努力营造政府倡导、社会响应、人人参与的良好氛围，推动垃圾分类成为岳阳市广大市民的低碳生活新时尚具有重要作用。

“举办这次活动，希望能加强生活垃圾分类工作宣传，提高市民群众参与生活垃圾分类的积极性和主动性，将垃圾分类行动融入市民生活。”市城管局相关负责人表示，近年来，越来越多的人开始关注绿色环保、关注垃圾分类。下一步，岳阳将着力解决制约垃圾分类的关键性瓶颈问题，开展多种形式的垃圾分类宣传活动，让垃圾分类成为新时尚，让环保理念深入人心。

活动启动现场

1.5月15日，第15个全国防灾减灾日暨湖南省第七届地质灾害防治宣传“红背包”公益行动现场

2.5月17日，双牌县预防野生蘑菇中毒宣传日活动现场

衡南县创建全国文明城市提名城市知识竞赛活动

衡阳市衡南县举办创建全国文明城市提名城市知识竞赛活动

2023年6月9日，为进一步提升文明城市创建水平，提高文明城市创建知晓率、支持率、参与率，持续营造共建美好衡南的浓厚氛围，衡阳市衡南县创建全国文明城市提名城市知识竞赛在云集街道福祥文化广场举行。

此次知识竞赛吸引了黄金社区、保合社区等7支队伍42名居民代表参加，竞赛设置必答、选答、抢答等6个环节，竞赛题目涵盖党的二十大精神、文明礼仪常识等内容。比赛现场紧张有序、激烈精彩，各参赛队伍均展示出高超的个人能力和默契的团队协作，参赛队员们精神饱满、沉着应答、稳定发挥，展现了参赛选手们积极向上的良好精神风貌和扎实深厚的知识功底，各参赛队伍反应迅速、你追我赶，比分不断交替变化，特别是在抢答题环节，上演着一场紧张刺激的“抢分大战”，把现场气氛推上高潮，台下的观众也为选手们加油鼓劲，加油声、欢呼声和鼓掌声响彻全场。经过两个多小时的激烈角逐，最终由云集社区荣获竞赛一等奖。

开展知识竞赛活动，通过以赛促学、以学促用、学用结合的方式，带动衡南县干部群众掀起学习宣传文明知识的热潮，增强干部群众支持参与文明城市创建的文明意识和行动自觉，为奋力争创全国文明城市汇聚磅礴力量。

1
2
3

1.6 月 1 日，民进·和清“爱心公益慈善行”活动爱心捐赠现场

2.6 月 1 日，宁远县“六一”国际儿童节防拐卖防性侵主题宣传活动现场

3.6 月，湖南省机关社保中心为服务对象送政策、送培训

湖南首个社会组织公益园开园

湖南首个社会组织公益园开园

2023 年 8 月 4 日，长沙市湖南湘江新区透露，湖南首个社会组织公益园——湖南湘江新区社会组织公益园于 9 月 1 日正式开园，新区社会组织发展壮大有了全新平台。

湘江新区社会组织公益园由原长沙市岳麓区社会组织培育基地演变而来。作为新区发展公益慈善、社会组织的综合性平台，公益园坐落于学堂坡社区公共服务中心二楼，总面积 800 平方米，设有公益会客厅、实训课堂、共享办公区、社工直播间、人才驿站、个案工作室六大功能区。

公益园相关负责人介绍，公益园围绕“湘聚新区，绘城大爱”主题，致力于组织培育、资源链接、专业服务、人才培养、公益创新等服务，实现社区、社会组织、社会工作者、社区志愿者及社区公益慈善资源“五社联动”。目前公益园已经成功孵化培育出 56 家社会组织，包括老年人服务、儿童青少年家庭服务、残疾人服务、禁毒服务、志愿者服务等类别。作为社会组织人才输出高地，近年来，新区社会工作专业人才队伍建设有序推进，目前，持证社工人数（含社区、社会组织）达 1100 人。未来公益园将全面打造新区社会工作人才库、公益资源库以及社工直播间等品牌亮点，建成湖南湘江新区公益创新平台、服务示范基地、人才集聚高地和成果展示窗口。

益阳市在湖南省率先打造老年助餐普惠型社区食堂

2023 年 7 月 21 日中午时分，益阳市赫山区赫山街道罗溪社区全丰小区“益老食堂”，20 多名老年人围坐在一起就餐。红烧鸡腿、蒸鱼……六菜一汤，老人们吃得喜笑颜开。这个食堂于 2023 年 6 月开始试运营。除双休日外，每天都有 20 多名老人就餐。

居家养老的老人特别是独居老人“吃饭难”“吃好难”，是当今社会面临的问题。益阳市民政局聚焦老年群体养老服务需求，在湖南省率先打造“益老食堂”老年助餐普惠型社区食堂，从扩大和优化老年助餐服务供给、提升服务质量、完善支持政策、加强质量安全监管等四方面着力，用一餐饭的暖心温度，提升老年人的幸福浓度。

赫山区会龙山街道龙山港社区益老食堂，老人们在吃饭

△ 19 日，“企业家进校园 讲好创业就业故事”首场活动在中南大学举行。省委常委、省委统战部部长隋忠诚，中南大学党委书记易红出席活动。

△ 26 日，武陵源区举办以“全民禁毒你我他 禁毒宣传进万家”为主题的国际禁毒日万人签名活动。

7月

△ 4 日，开福区“竹安驿站”在沙坪街道竹安村成立，该驿站将作为开福区“五老”助力乡村振兴的“枢纽站”，引入投资、运营、消费等资源，开发民宿、研学等项目，探索乡村振兴新路径。

△ 8 日，断龙山镇新时代文明实践所组织志愿者在镇域沿街主干道开展“创建有我 扮靓乡村”志愿服务活动。

△ 11 日，“同心筑梦 湘遇未来”2023 年海峡两岸暨港澳台大学生暑期湖南实习计划在长沙启动，该实习计划为港澳台大学生提供 236 个实习岗位，涵盖智能制造、金融科技、传媒、文创、文旅等领域。

△11日，邵东市召开退役军人就业创业工作培训会议。

△11日，2023年全市养老服务体系（长者食堂）建设推进会在宜章县召开。

△14日，云溪区开展2023年大学生“返家乡”社会实践活动启动仪式暨青年人才交流活动。

△17日，靖州苗族侗族自治县禁毒协会志愿者来到太阳坪乡贯堡渡村，开展“禁毒宣传进村入户”活动，村民踊跃参与禁毒知识抢答。

△20日，白羊田镇举办“相逢书田”公益书屋授牌成立仪式暨“愿子继自今书田勤种播”读书分享活动。

△21日，云溪区人才公寓正式揭牌启用。

△24日，长沙市望城区首个社区零工市场“新生活”零工市场，在月亮岛街道桃花井社区启动运营，18家知名企业提供超500个零工岗位，吸引700余人入场求职。

长沙首家“湘易办”线下体验中心启用

长沙首家“湘易办”线下体验中心启用

2023年8月13日，长沙市浏阳市建成启用长沙地区首家“湘易办”线下体验中心，让办事群众体验掌上办事的便捷。

“湘易办”超级服务端是湖南省统一的掌上办事服务端，浏阳“湘易办”线下体验中心设在市民之家政务大厅一楼，占地面积120余平方米，分为功能宣传区和沉浸体验区。功能宣传区配备LED透明屏和LED柱子屏，全方位立体宣传“湘易办”功能。沉浸体验区配备14台体验平板，安排专职工作人员指导业务办理。

目前，长沙市浏阳市已在“湘易办”超级服务端上线689项政务服务事项，办事群众可在这里一键查询社保、医保等信息，调用护照、驾驶证等电子证照，一站式申报“新生儿出生一件事”等“一件事一次办”事项。办事企业可享受“开公司、办业务、找政策、提诉求、招人才、融资金、拓商机”等服务。

“湘易办”超级服务端上线以来，浏阳注册用户达22万余人。下一步，长沙市浏阳市将不断完善“湘易办”线下体验中心的各项功能，丰富应用场景，进一步扩大“湘易办”的知晓面、使用度和影响力，提升政务服务“掌上办”能力水平，打造“湘易办浏城优”的服务名片。

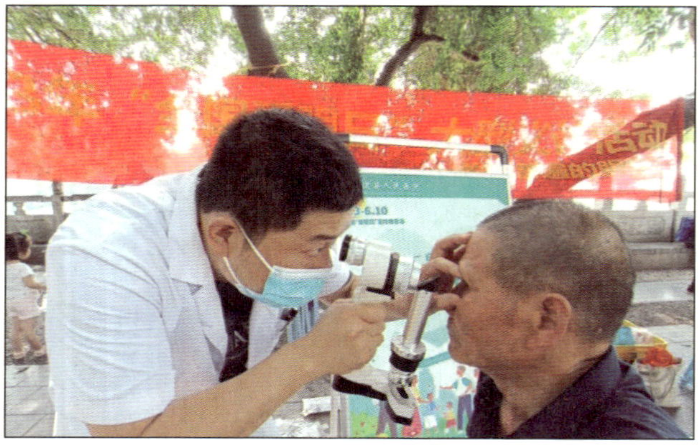

1
2

1.6月4日，道县“全国爱眼日”健康义诊志愿服务活动

2.6月9日，湘江新区（岳麓区）婚姻家庭调适服务中心第一期专题培训班的志愿者们合影

岳阳市举行第六个『中国医师节』表彰大会

岳阳市举行第六个“中国医师节”表彰大会

2023年8月18日，岳阳市举行第六个“中国医师节”表彰大会，湖南省卫健委党组副书记、副主任祝益民，副市长黄伟雄出席。来自岳阳市各级医疗服务机构的近300位医师和医务工作者代表参加。

会议组织观看了展示岳阳医务工作者光辉形象的宣传视频，集中表彰奖励了17位“白求恩式好医生”、104位“圣洁医德好医生”、30支“卓越医疗团队”和10家“优秀医疗质控中心”。

黄伟雄向岳阳市医师、医务工作者致以节日的问候和崇高的敬意。他勉励广大医务工作者以仁为美，涵养圣洁医德，矢志不渝做一个内心有爱、眼里有光的仁医良医；以进为乐，锻造过硬医技，持续擦亮医疗卫生“岳家军”品牌；以精为要，打造品牌医业，集中培育打造一批省内一流、国内知名的特色专科和“拳头”产品；以廉为基，厚植清正医风，持续构建和谐医患关系。

岳阳市举行第六个“中国医师节”表彰大会

娄底市新化县举行首届婚俗文化艺术节暨国潮集体婚礼

2023年8月22日，“银河之恋·爱在七夕”2023新化首届婚俗文化艺术节暨国潮集体婚礼在向东街举行，娄底市民政事务中心主任胡题欧，新化县副县长刘志军出席。

集体婚礼采用新化传统的送接亲形式，上午9：08，9对新人身穿喜庆中国传统礼服，在大红花轿、八排锣鼓、秧歌队、彩礼花的伴随下，一路沿着向东古街携手走过红地毯。待到吉时，新人依次跨火盆、过马鞍、拜天地、合卺酒、结同心锁等，以实际行动践行婚俗新风，拉开人生崭新篇章。新化县民政局相关负责人现场为新人颁发《中华人民共和国结婚证书》，同时为新人送上幸福大礼包。

胡题欧指出，本次活动形式新颖、意义深远，新化首开娄底市先河，举办婚俗文化艺术节，将婚俗改革与传统文化、与新时代文明实践有机结合，是对婚俗改革的良好探索，希望继续勇于探索，不断推陈出新，在婚俗改革试点工作中积累成功经验，为推进娄底文明进步贡献积极力量。

国潮集体婚礼现场

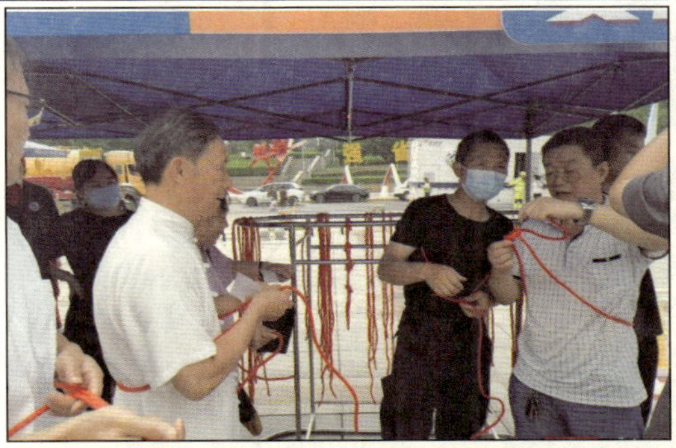

1.6月16日，应急志愿者现场演示应急抢救、心肺复苏、逃生结绳、应急避险等实用技能

2.6月19日至20日，湖南省人社厅在益阳市召开湖南省人力资源和社会保障法治工作座谈会暨依法行政培训班

1
2

湘潭市首家养老服务行业工会联合会在雨湖区成立

湘潭市首家养老服务行业工会联合会在雨湖区成立

2023年8月23日，雨湖区民政局举行湘潭市雨湖区养老服务行业工会联合会授牌仪式，标志着湘潭市首家养老服务行业工会联合会正式成立。

授牌仪式上，雨湖区总工会开展了“工会送清凉 防暑保安康”活动，与会领导为雨湖区养老服务行业一线护理员发放170余份物资；养老机构代表纷纷感谢市、区两级领导对养老服务从业人员的关心关怀。

蒋文武对雨湖区养老服务行业工会联合会成立表示祝贺，同时强调，要加强雨湖区养老服务工作，从讲政治的高度，深入理解养老服务的重大意义；从重实干的角度，不断优化养老服务的供给水平；从善创新的维度，加快发展养老事业和养老产业。雨湖区率先建立区养老服务行业工会联合会，健全完善了行业内部组织架构，为凝聚广大护工护理员助力行业发展、贡献更大力量提供了平台，传递出党委、政府对广大护工护理员的关怀和温暖，进一步营造了“劳动最美丽、劳动最光荣、劳动最崇高、劳动最伟大”的社会风尚。

谭联在会后的走访调研中对新成立的区养老服务行业工会联合会提出三点期望：一是强化政治引领，二是强化组织功能，三是强化作用发挥。

△26日，石门县社会化拥军优军发布会暨退役军人志愿者服务队授旗授牌活动在县委党校举行。

△31日，益阳太平洋建设有限公司向市青少年发展基金会捐赠奖学金40万元，来自箴言中学的9名受助学生代表现场领取奖学金。

8月

△7日，泸溪县第一中学组织高一新生18个班级共900名学生到县青少年活动中心禁毒教育基地开展禁毒教育实践活动。

△8日，2023年石鼓区“百日千万招聘专项行动”系列招聘会之“制造技工类”专场招聘会在这里举行，吸引了众多求职者前来应聘。

△8日，衡阳五强动力瓶装液化气站举行落实燃气安全管理“六化”工作，全面推进自有钢瓶转换，实现“小黄车”“最后一公里”配送启动仪式，成为衡阳市首家瓶装燃气“小黄车”统一配送试点。

△11日，湖南省2023年“百日千万招聘专项行动”启动。

△13日，怀化国际陆港经开区举办2023年怀化市国际陆港大型招聘会，107家企业携千余个岗位现场揽才。

△14日，湖南省就业援藏专场招聘会在西藏山南市人力资源市场举办。2023年湖南省就业援藏已累计为西藏籍高校毕业生带来岗位3317个。

△14日，冷水江市举行市第一中学首届“启德奖”和“爱心助学奖”颁奖暨市教育基金会“奖助金”颁发仪式。

△21日，“鹊梦千年·七夕今宵”澧县2023年七夕联谊主题活动在瑞高酒店举行。

△23日，衡阳市举行户外劳动者服务站点建设现场经验交流会。

△23日，雨湖区养老服务行业工会联合会授牌仪式在雨湖区民政局举行，这标志着湘潭市首家养老服务行业工会联合会正式成立。

△24日，新晃侗族自治县“职等初九”赶墟招聘会第二场——高校毕业生专场在县城沙洲路“就业帮”大社区服务驿站举行。

湖南省2023年『我的书屋我的梦』启动

2023年8月25日，湖南省2023年“我的书屋我的梦”暨“新时代乡村阅读季”示范引领活动在郴州市启动。

活动现场推介《大国小村》《袁隆平的故事》《雷锋文稿》等8本主题出版物。嘉宾分享了《我的书屋我的梦》作品集，该书收录了2022年全国“我的书屋·我的梦”农村少年儿童阅读实践活动中的优秀作品，反映农家书屋惠民工程对农村少年儿童健康成长的重要作用。

近年来，湖南省精心打造100家传承红色基因、弘扬湖湘文化、助推产业发展、富有地域特色的农家书屋。活动现场连线郴州沙洲村农家书屋、衡阳延寿村农家书屋、益阳陶澍农家书屋。第二届全民阅读大会全国乡村阅读推广人宋庆莲来到现场，讲述了她13年来坚持创办农家书屋、实现乡村孩子阅读渴望的故事。

在农家书屋数字管理员“小墨”的指引下，与会嘉宾共同启动“新时代乡村阅读季”示范引领活动。活动期间，将在全省范围内陆续举办“我爱阅读”读书打卡、“阅读促进农业保供增收”领读计划等子活动。数字管理员“小墨”由华声在线股份有限公司打造，通过人工智能技术与应用场景相结合，将智能化推荐书籍、智慧化阅读指引、发布活动信息等功能应用于读者服务。

农家书屋数字管理员“小墨”进行现场互动问答

1.6月28日，湖南省人力资源和社会保障厅在长沙举行湖南省失业保险省级统筹业务经办暨基金有关问题专项整治工作培训班

2.6月30日，2023年湖南省残疾人大学生雏鹰展翅夏令营专场招聘会活动

3.7月，“‘嘉’有好岗‘职’等你来”专场招聘会现场

首届“五溪工匠杯”职业技能大赛在怀化市启动

首届“五溪工匠杯”职业技能大赛启动

2023年9月3日晚，怀化市首届“五溪工匠”职业技能大赛在2023怀化市“建设国际陆港城·争做国际陆港人”秋季招聘会现场同步启动。此次活动由怀化市人社局、市总工会、团市委联合举办，旨在充分发挥职业技能大赛选拔培养和引领示范作用，加快培养大批高素质劳动者和技术技能人才，建设知识型、技能型、创新型劳动者大军，为怀化市全方位推进高质量发展提供技能人才支撑。

此次大赛以“怀景怀乡怀味·技创陆港新篇章”为主题，设有职业技能赛项和文旅短视频达人赛项两个类别在内的17个赛项。其中职业技能赛项包括车身修理、CAD机械设计，数控铣、数控车、健康和社会照护、美容、养老护理员、育婴员、中药炮制工、导游、客房服务员、餐厅服务员（中餐）、茶艺师、互联网营销师（直播销售员）、中式烹调、中式面点；文旅短视频达人赛项以“怀景怀乡怀味”为主题，拍摄制作短视频作品，并进行网络传播。

大赛开幕式定于10月14日，共设湖南医药学院、怀化职业技术学院、湖南省怀化高级技工学院、湖南省怀化工业高级技工学校4个赛点，是怀化有史以来举办赛项最多，规模最大的职业技能竞赛。

永州市首届“慈善杯”演讲大赛举行

2023年9月5日上午，为深入贯彻落实党的二十大精神，进一步推动永州市慈善事业高质量发展，由永州市慈善总会、永州市演讲与口才学会联合举办的“学习二十大 慈善你我他”永州市首届“慈善杯”演讲大赛在冷水滩举行，副市长李旦梅，市慈善总会会长杨海河出席。

李旦梅指出，慈善是弘扬中华民族传统美德，扶危济困、造福人民的崇高事业。习近平总书记在党的二十大报告中为新时代慈善事业高质量发展指明了方向。永州市广大慈善工作者要深入学习党的二十大精神，坚决担起新时代慈善事业的新使命，创新工作思路，扎实落实好工作任务。希望通过此次活动，广泛动员引导社会公众参与慈善活动，弘扬中华传统美德，倡导人人向善、人人行善，厚植永州慈善文化根基，在永州市营造人人关心慈善、支持慈善、参与慈善的浓厚氛围。

永州市慈善总会会长杨海河给蒋润芝老师颁奖

比赛现场，16名选手用生动的事例讲述了永州市慈善事业发展取得的成就。经过激烈的角逐，来自道县的蒋润芝获得一等奖。

娄底市新化县获评『中国茶寿之乡』首创县

2023年9月9日，2023第十五届湖南省茶业博览会暨新化·中国老年保健协会“中国茶寿之乡”首创县创建启动仪式在长沙市黄兴路步行街举行。娄底市新化县被中国老年保健协会授予“中国茶寿之乡”首创县，并被列入中国老年保健协会理事单位，这是目前中国第一个被授予以茶寿生活为主题的“中国茶寿之乡”称号。

唐振兴从自然出好茶、新化的地理气候、饮茶风俗等方面对新化红茶的产地优势、品质优势和品牌优势进行了深入解读。

启动仪式上，唐之享、马宏宇为新化县“中国茶寿之乡”首创县授牌，左志锋接牌。同时，大熊山、奉家山和天门山等核心产茶地，被湖南省运动养生协会授予湖南省运动养生康养示范基地。

授牌仪式后，一场以“茶寿新化、源生自然”为主题的“茶寿生活”表演在五一路黄兴步行街隆重举行，以茶叶扎的草龙、梅山武术、新化山歌等独具梅山文化元素的系列表演，把长沙市民一下子沉浸式拉入了新化的茶寿生活场景之中。

9月9日还有60余名志愿者参与活动，他们在场内外引导市民了解新化红茶，协助工作人员做好宣传、推介等各项工作，其中大部分为新化籍在长大学生，他们将对家乡极大的热爱投入任务中，出色地展示了梅山儿女新生代的风采。

与会领导共同见证新化获得“中国茶寿之乡”首创县称号

1.7月1日，2023年湖南省《中华人民共和国中医药法》宣传月中医体验区活动现场

2.7月2日，永州市在第六届“中国创翼”创业创新大赛湖南省选拔赛中获二等奖

3.7月7日，湖南省2023年“湘才乡连”万名专家服务乡村振兴行动正式启动

1
2
3

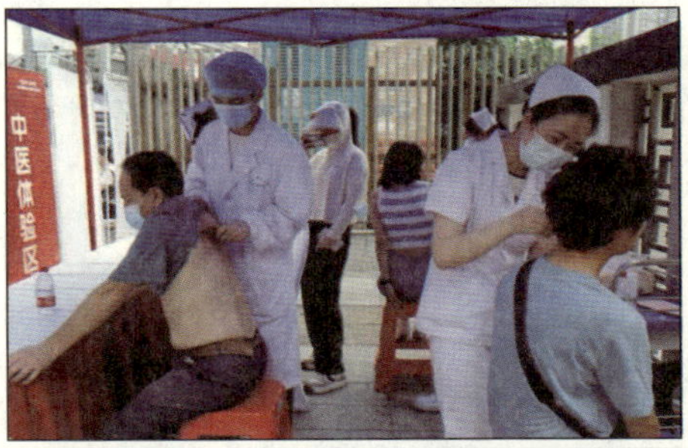

△25日，2023年“创客中国”益阳市中小微企业创新创业大赛决赛举行。

△28日，衡阳市举行2023年“慈善一日捐”活动动员会，副市长朱春光出席会议并讲话。

△30日，衡东县育才助学慈善会2023年度助学金发放仪式在县老干部活动中心举行，现场认捐爱心款68500元，发放资助奖励金34万元。

9月

△4日，怀化市就业创业暨人社“链式”服务推进会在洪江区召开。副市长邹兴旺出席。

△5日，上海市湖南商会、上海市常德商会考察团一行来到桃源县青林乡开展爱心助学活动。

△5日，2023年“创客中国”湖南省中小微企业创新创业大赛永州市复赛在冷水滩举行。

△6日，一场主题为“保障廉桥学生和家长骑行安全”的捐赠活动在邵东市廉桥镇举行。邵东市退役军人就业创业促进中心为廉桥镇的学生与家长捐赠了1400顶电动车安全帽。

△6日，桂阳县“一站式”矛盾纠纷调解中心举行揭牌仪式，县委常委、政法委书记钟宾为该中心揭牌。

△15日，永州2023年优秀图书巡展和图书捐赠活动在零陵区安康广场启动。

△19日，岳阳市隆重举行“德耀巴陵”岳阳市道德模范与身边好人基层巡回宣讲暨“建清廉城管 当执法标兵”道德讲堂活动。

△21日，湖南省创新创业大赛颁奖仪式上，郴州市科学技术局荣获2023年湖南省创新创业大赛优秀组织奖，实现了近十年来我市获省赛优秀组织奖零的突破。

△21日，2023年湖南省创新创业大赛总决赛在常德落下帷幕，怀化华晨电子科技有限公司作为怀化市唯一一家入围省总决赛的企业，成功斩获成长组二等奖。

△26日，岳塘区文明实践志愿服务集中活动日暨“心相莲·搭把手—岳塘乐帮”志愿服务集市在湘电公园举行。

1.7月12日—13日，“困难肿瘤患者家庭学子助学”公益项目活动

2.7月12日，湖南省保障农民工工资支付综合服务平台暨“安薪务工”平台全省上线仪式在长沙举行，“安薪务工”平台依托已建成的全省农民工工资支付监控预警平台，在全国率先推出省级农民工工资保证金线上监管服务

3.7月14日，“智汇潇湘 鸿雁之约”——永州市2023年大学生“返家乡”助力乡村振兴主题实践系列活动启动仪式现场

长沙获评2023企业家幸福感最强市

2023年9月19日，由新华社《瞭望东方周刊》主办的“企业家幸福感营商对话暨制造业立市苏州论坛”在苏州太仓举行，长沙获评年度“企业家幸福感最强市”。副市长高文棋代表长沙作主旨演讲，重点推介长沙持续优化营商环境，推进建设更高水平、更全方位、更宜居宜业的幸福城市。

论坛现场发布了2023企业家幸福感最强市（区）（城区及县级市）、2023企业家幸福感最强市（地级及以上城市）调查推选结果。长沙上榜2023企业家幸福感最强市（地级及以上城市），与长沙一同入选的还有宁波、成都、苏州、杭州、合肥、青岛、鄂尔多斯、温州、泰州。

长沙获评2023企业家幸福感最强市

郴州获评“全国社会信用体系建设示范区”

2023年10月17日，全国社会信用体系建设示范区（湖南省）授牌仪式在长沙举行，郴州市被授予“全国社会信用体系建设示范区”。

社会信用体系建设水平是城市营商环境和综合竞争力的体现。近年来，郴州市贯彻落实党中央、国务院和湖南省委、省政府的决策部署，以创建全国社会信用体系建设示范区为目标，以打造“诚信郴州”为引领，健全体制机制，强化信用平台功能服务，拓展信用应用，优化信用监管，弘扬诚信文化，不断提升信用建设法治化、智能化、协同化水平，推进郴州市信用体系高质量发展。

郴州获评“全国社会信用体系建设示范区”

全国社会信用体系建设示范区的成功创建，标志着“诚信郴州”品牌建设迈入新阶段。接下来，郴州市将积极推进信用理念、信用制度、信用手段与经济社会发展各方面各环节深度融合，加强信用赋能，探索实施“信用＋旅游”“信用＋审批”等模式，将信用体系建设“软实力”转化为城市高质量发展“硬支撑”，为全面落实“三高四新”美好蓝图，加快建设社会主义现代化新郴州作出新的更大贡献。

湖南省首个农民培训学院在岳阳揭牌成立

2023年10月26日上午，新时代农民培训学院揭牌暨岳阳市百佳村（社区）党组织书记能力素质提升专题培训班开班仪式在汨罗大荆举行。

岳阳市新时代农民培训学院前身为1999年的岳阳市农村党员基层干部实用技术培训基地。2023年初，为贯彻落实党的二十大精神，大力开展乡村振兴人才培训，岳阳市委、市政府高度重视，高位推进，投资1280万元对基地进行整体提质改造，并正式更名为“岳阳市新时代农民培训学院”，由岳阳职院作为具体负责单位，全方位推动筹建工作。至此，一座湖南省首家地市级实体化运行的农民培训学院正式落成，校内设有综合楼、实践馆、宿舍楼、食堂4栋主体建筑，还配套有设施齐备的实训等场地。

成立岳阳市新时代农民培训学院，是全面贯彻党的二十大精神，树立大抓基层鲜明导向的具体实践；是推动基层党员提升党性修养、增强能力本领的有力举措；也是打造“人才矩阵”、赋能乡村振兴的创新探索。作为湖南省首家地市级实体化运行农民培训学院，学院以理论武装铸魂、实用技术赋能、乡村振兴共富为主旨，以农村党员基层干部实用技术培训基地为根底，以农村基层干部、农村党员、致富带头人、高素质农民为对象，必将为夯实基层基础、推动乡村振兴构建坚实平台、提供有力支撑。

培训班开班仪式

1.7月14日，湖南省人社厅举办劳动关系和谐企业（工业园区）公共服务标准化试点研讨会暨启动仪式

2.7月15日，新化县上梅中学2023年“爱心行李箱”公益助学活动

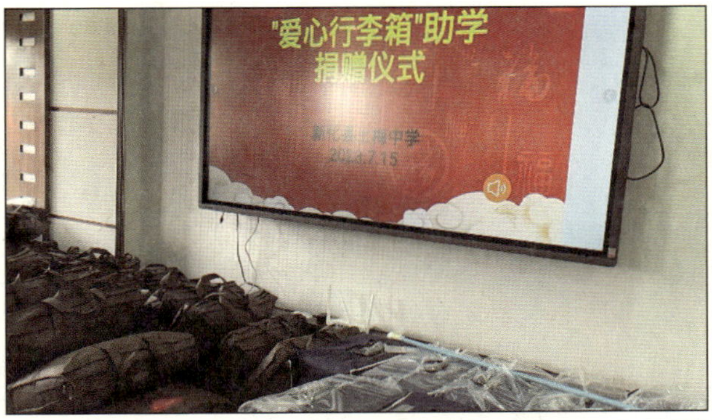

1

2

郴州上线全省首家智能化“土地超市”启动仪式

郴州上线湖南省首家智能化『土地超市』

2023年11月4日，郴州“土地超市”正式上线，政府部门将424宗土地摆上“货架”，供市场主体挑选。这是湖南省首家集资源信息归集、部门集成联动、高效优质服务、订选购于一体的智能化资源要素类“土地超市”。

如果有企业或个人需要购买土地，只要打开“郴州土地超市”微信公众号或微信小程序即可进入。首批次上线的郴州国有土地357宗、集体土地4宗、矿产资源46宗、标准厂房17宗，包括土地信息归集、查询发布、智能选址、政策指引和招商地图等信息。“土地超市”参考“淘宝”模式，如企业发布购地意向或需进一步咨询时，地块所在地的自然资源部门工作人员将化身“在线客服”，点对点答疑解惑；如企业将地块加入“购物车”后，系统将及时推送邀请邀约短信。

2023年以来，郴州全面组织清理新征转报批回、供而未用、低效利用土地、收回（购）、拟转让或退出市场的土地，将其纳入“土地超市”平台集中管理。首批次土地上架后，郴州还将继续开展土地征收成片开发方案编制报批、转用征收报批、征地拆迁、土地平整等供应前期准备工作，保证土地“货源”持续更新。

△26日，渌口区举行2023年退役军人返乡欢迎会暨就业服务专场招聘会，把退役军人迎回来、送上岗，激励退役军人“退役不褪色、就业再起航”。

△28日，株洲高新区、天元区星级志愿者礼遇褒奖大会在区新时代文明实践志愿服务促进中心举行。

10月

△10日，荷塘区举办优秀青年人才沙龙暨青锋“大调研大实践”干部揭榜挂帅活动，区委书记方靖出席活动，区领导余鹏、邹晖、张宇晨、田业强、张璐参加活动。

△10日，2023年湖南省金秋招聘月活动启动仪式暨现场招聘会在衡阳市蒸湘区举行。

△17日，湘西州巾帼志愿服务项目培训班在湘西高新区开班。

△17日，娄底市娄星区长青街道综合养老服务中心正式启用，并推出一系列新型养老服务，为社区老年人提供更全面、舒适和多元化养老供给。

△18日，郴州市举办2023年保障农民工工资支付业务培训会。

△23日，安化县益老小院·红色之家揭牌仪式在东坪镇黄合社区益老小院举行。

△24日，老年人共享生日会在白羊溪乡马入田村村部楼文化广场内举行，辖区老年朋友们及儿童、各举办单位、志愿者等220余人参与了活动。

△24日，怀化市志愿者协会在中方县铜湾镇黄溪村开展“圆梦工程，关爱农村留守儿童”活动。

△25日，湖南省首届“耀动三湘”网络创业直播大赛常德市选拔赛暨常德市2023年度创业大赛总决赛圆满收官。

△25日，第二届湖南省残联专职委员知识竞赛暨国赛选拔赛在益阳市举行，湘潭市残联代表队夺得冠军，我市选手谌雁琪和谌月英获笔试赛个人一等奖。

湖南省第五届国潮集体婚礼活动在湘潭市韶山市举行

2023年11月12日上午，“有国才有家·我的婚礼在韶山”——湖南省第五届国潮集体婚礼活动在湘潭市韶山毛泽东广场举行。在伟人铜像前，110对新人共缔山盟之誓，共赴白首之约，携手开启幸福生活。

婚礼现场，身着古典中式婚服的新人们依次入场，上演了温馨而甜蜜的国潮红毯秀。在庄严地向毛泽东同志铜像敬献花篮后，全体新人完成了夫妻对拜、合卺同杯、执手盟誓等具有中华传统文化特色的婚礼环节，共同发起了婚事新办简办、移风易俗的倡议，并许下爱国爱家、相守一生的庄严承诺。活动还邀请了“中国第一幸运伉俪”蒋含宇、彭淑清夫妇，为全体新人分享穿越半个世纪的爱情和家风故事。刘志仁、曹忠平等为新人代表赠送贺礼，并共同揭幕第五届国潮集体婚礼纪念典册。

近年来，简约的婚俗礼仪成为湖南新人的新潮流。自湖南省民政厅、湖南交通频道2019年共同发起国潮集体婚礼以来，先后有近500对新人幸运参与，践行了婚事新办简办、移风易俗的新风尚。借助这次活动契机，韶山市民政局积极响应居民婚姻登记“全省通办”政策，在韶山火车站建起结婚登记点，呼吁湖南省新人来韶山领证。

夫妻对拜

集体婚礼现场，领导共同揭幕湖南省第五届国潮集体婚礼纪念典册

1.8月21日—22日，“长沙银行杯”2023年中国·湖南创新创业大赛新一代信息技术产业半决赛在湖南湘江新区举行

2.8月4日—6日，2023年“中国寻根之旅”夏令营湖南营郴州行活动现场

3.8月8日，《高导“芯”材——开启芯片散热新时代》项目团队获职教赛道创意组一等奖

衡阳市耒阳市『互助养老』提升老年人生活质量

2023年11月15日，衡阳市耒阳市余庆街道同仁村养老服务中心，老人或在阅览室读书，或在棋牌室打牌消遣，或围坐一圈聊家常。这是耒阳市探索农村互助养老模式带给老人的温馨生活画面。

近年来，该市以“1+X”互助式养老为主体，以“邻里守望”“湾村明白人”为依托，以实施困难老年人居家适老化改造、签约家庭医生等为补充，有效解决农村老年人的日常需求，提升其生活质量和幸福感。目前，耒阳市已建成209个示范点，覆盖全市30个乡镇(街道)，惠及近20万名农村老人。

同时，耒阳以“邻里守望”志愿服务活动和本村有一定影响力、有一定能力、有一定时间、有一定热情的“湾村明白人”为依托，邀请乡亲们做照料护理人，在力所能及的范围内帮助邻里老人解决出行、就医等问题，实现了分散供养的特困对象“平日有人照应、生病有人看护、困难有人帮扶”。

居家适老化改造，让老人们更好地“原居养老”。耒阳市财政出资，为531名困难老年人添置轮椅、坐便器、洗浴椅等适老设施，着力解决其居家“行走难、如厕难、洗澡难、生活难”等实际问题。并通过签约家庭医生，为老年人提供“全生命周期”的健康管理服务。目前，耒阳市已完成家庭医生签约12.5万人，履约率达99.05%。

湘潭市举办首届老年消费节暨养老服务推介会

2023年11月29日上午，湘潭市首届老年消费节暨养老服务推介会在东方红广场举办。副市长周艳希出席会议并致辞。

这次活动为湘潭市涉老机构、市场主体和服务商提供一个展示平台，是通过政府资金撬动养老服务市场促进老年消费的一次全新尝试。活动在太极拳表演中拉开序幕，现场派发了总价值50万元的养老服务消费券，60周岁及以上老年人可在指定时间内领取养老机构入住抵扣、居家上门服务满减、老年产品用品购买优惠等3类消费券。在养老服务效果宣传展区，全市优质品牌机构、产业服务、养老产品现场集结，针对康养知识、养老机构、居家上门机构、养老器材、老年金融产品与防诈骗、老年教育、老年活动等内容进行沉浸式宣传。活动还设置专家义诊服务台，为现场的居民群众免费义诊。

一直以来，湘潭市高度重视养老服务工作，推动养老服务城乡统筹发展、事业产业协调发展、供需动态平衡发展，实现政策有引领，改革有创新，产业有活力。

养老消费券发放现场

1.8月21日，湖南省第八次全国残疾预防日现场宣传活动现场

2.8月22日，长沙市祁乡商会向县教育局转交2018年捐赠资金转账支票33.1万元

湖南两单位入选中国首批“美丽工坊”示范机构

湖南两单位入选全国首批“美丽工坊”示范机构，图为仪式现场

2023年11月29日，“美丽工坊”残疾妇女就业增收项目推进会暨首批“美丽工坊”授牌揭牌仪式在湖北武汉举行。湖南省株洲张爱武职业技术培训学校、衡阳市蒸湘腾跃工艺厂入选全国首批55家“美丽工坊”示范机构。

“美丽工坊”是中国残联、全国妇联、人力资源和社会保障部、文化和旅游部、国家乡村振兴局联合发起的残疾妇女就业增收项目。项目计划在“十四五”期间，通过层层培育、推荐和选拔，推出100家“美丽工坊”，辐射带动1万名以上残疾妇女就业增收。

株洲张爱武职业技术培训学校2020年推出残疾人培训项目“手绣”，将培训融入市场，课堂与订单相融合，实现培训即就业模式，现已培训残疾姐妹235人次，带动居家灵活就业残疾女性35名，并培育3家市级“美丽工坊”基地。学校列入湖南省首批省级“美丽工坊”培训基地。

衡阳市蒸湘腾跃工艺厂以非遗手工编织技艺，生产编织服装服饰、仿真花工艺品等，产品远销海外20多个国家和地区，目前，帮助残疾人稳岗就业50人，安排居家灵活就业残疾人126人，绝大多数为女性，常年为残疾妇女提供技术培训，帮助实现巧手“编织”的美丽人生。

△26日，华容县2023年“金秋送岗”暨汇川技术配套企业专场招聘会在三封工业园开幕，20余家企业参加，提供就业岗位500余个，初步达成就业意向204人。

11月

△2日，在市总工会、市人社局联合组织下，衡阳市“工会+人社”劳动争议调解工作室正式揭牌成立。市人大常委会副主任、市总工会主席王东文为工作室揭牌。

△3日，靖州县政务服务站青年就业见习基地正式挂牌，标志着靖州县首个事业单位青年就业见习基地正式诞生。

△9日，衡山县新就业群体党群服务中心落成揭牌并正式启用，专为新就业人群打造一站式党群服务。

△9日，湖南2023年度“119”消防宣传月活动启动仪式在长沙举行，省委常委、副省长张迎春出席并宣布活动启动。

△9日，湖南省12355青少年服务台心理志愿服务队成立第一支分队——湖南移动公司分队，为青少年心理健康服务的发展增添志愿新力量。

△10日，湖南省服务中小企业志愿者公益活动“携手行动”株洲站启动仪式在株洲高新区举行。

△12日，中央文明办发布2023年三季度“中国好人榜”，湖南9人（组）群众身边好人光荣上榜。其中，衡阳市衡阳县岘山镇村民龙正良、黄广东当选见义勇为类“中国好人”。

△14日，在郴州市召开的退役军人创业大赛中，嘉禾县普满“三汇红園绿洲”项目斩获二等奖，位列前三名。

△16日，东安县妇联举行2023年度全国妇联“低收入妇女两癌救助”中央专项彩票公益金资金发放仪式。

△18日，第三届台胞青年创业发展研习营开营仪式暨全国台联台胞之家联谊站授牌仪式在岳阳举行。

△24日，武冈市党外知识分子联谊会联合市残联走进市特殊学校，开展以“走进特殊学校 关心特殊学生”为主题的联谊活动。

株洲市茶陵县2023年首届创新创业大赛成功举办

2023年12月5日，“创新创业圆梦茶陵”2023年株洲市茶陵县首届创新创业大赛成功举办。来自茶陵县的20家企业，同台比拼，向评审专家们充分展现企业团队的核心技术成果，展开思维与创新的激情碰撞。

比赛现场，20家企业分别利用五分钟时间，围绕“项目创新性”“公司与团队”“行业与市场”“项目效益”“规划及融资”5个维度进行全方面展演，并就评委组提出的问题展开精彩答辩，大赛分为创新组和创业组，涵盖农业、新材料、AI智能等多个领域，每组分别评出一、二、三等奖。经过激烈的角逐，最后株洲澄然新材料科技有限公司获得创新组一等奖，湖南强强陶瓷股份有限公司获得创业组一等奖。

本次大赛充分展现了茶陵县企业“双创”风采，展现了茶陵县在优化创新创业发展生态圈上的不断探索。近年来，株洲市茶陵县先后引进博士研究生26人，搭建“博士讲坛”“产业链对接联络站”等平台，签订产学研合作协议12个，实施科技成果转化10项，拥有16家“省级专精特新中小企业”、8家湖南省级技术创新平台，高新产业增加值跑出了“加速度”，创新动力不断增强。下一步，茶陵县将继续抢抓机遇，紧紧抓住科技创新这个牛鼻子，推动大众创业、万众创新，为实现“三高四新”美好蓝图作出更大贡献。

茶陵县2023年首届创新创业大赛成功举办

1

2

1.8月24日，2023年长沙市希望工程圆梦行动暨“晚安学子”励志奖学金发放仪式现场

2.8月25日，珠晖区开展2023年“点燃希望 助梦青春”助学活动

娄底市新化县举办首届残疾人才艺大赛暨展能节活动

2023年12月6日，娄底市新化县举办首届残疾人才艺大赛暨展能节活动，进一步丰富残疾人精神文化生活，促进残健融合发展，引领广大残疾人听党话、感党恩、跟党走。

黄征兵指出，近年来，娄底市新化县经济社会发展成效显著，全县残疾人工作取得可喜成绩。广大残疾人要永远听党话、感党恩、跟党走，在各自行业展示独特风采。

黄征兵强调，残疾人事业是新时代中国特色社会主义的重要组成部分。残疾人才艺大赛和展能节活动是丰富残疾人精神文化生活、发展残疾人文化事业的一项重要活动。省市县各级残联要始终坚持党建引领，凝聚社会各界助残力量，进一步弘扬扶残、助残的社会主义道德风尚，倡导残健共融的良好氛围，全面推进残疾人更高质量的生活和工作，推动基层残疾人事业健康可持续发展。

比赛前，曾鹏程为新化县残疾人艺术团授牌。李峰宣布新化县首届残疾人才艺大赛暨展能节活动开幕。

活动现场，比赛和展示交互进行，通过独唱、歌舞、器乐等多种艺术形式，让残疾人的才艺和技能得到充分展现，充分感受艺术和技能之美，增进残疾人的自尊自信和社会认同感。

新化县举办首届残疾人才艺大赛暨展能节活动

1.9月1日，2023年“创客中国”湖南省中小微企业创新创业大赛湘西州复赛圆满落幕

2.9月6—7日，“长沙银行杯”2023年湖南省“科技+”大学生创新创业大赛决赛举行现场

3.9月7日，湖南铁道职业技术学院校周方圆老师指导的项目“时空转储——电气化铁路节能降耗新技术”在总决赛中荣获省三等奖

湖南省启动『稳企业 保就业』活动

2023湖南“稳企业 保就业”活动正式启动

2023年12月14日上午，湖南省2023年“稳企业 保就业”活动在长沙启动，重点针对高校毕业生等青年群体及返乡务工人员，开展就业创业服务，为重点企业生产保驾护航。活动将持续到2024年3月。

活动从7个方面助力稳就业惠民生：发布一批政策清单，线上线下开展灵活多样的入户宣传和集中宣传；组织30场厅局长带岗直播，省市县三级人社厅局长携各地企业推荐岗位；举行15场优秀毕业生直播推荐，各高校负责人对毕业生进行网络直播推荐；搭建一个“湘职通”就业指导服务平台，针对高校毕业生等青年群体，组织就业创业政策答题比拼；定制开发一个重点群体就业档案库，帮助有就业需求的求职者建立个人求职档案；开展30次就业创业典型云宣讲，通过云讲述宣传就业创业精神，引导各类求职群体，理性就业，积极就业；举办一次掌上校园招聘月活动，春节前后举办一次知名企业掌上校园招聘月活动，在湖南人社等平台搭建招聘专题。

△27日，湘潭市举行女童保护工作座谈会暨湘潭市女童保护关爱中心揭牌仪式。副市长、市政府妇儿工委主任周艳希出席。

△28日，长沙市举行2023年一刻钟便民生活节启动仪式，18个社区获得高品质一刻钟便民生活圈（第一批）授牌，服务社区居民24万余人。

△30日，沅江市小河咀村“禾堂阅舍·村民书屋”建成投入使用，3000册书籍、10万余册电子书籍面向广大群众免费开放。

△30日，怀化市残疾人联合会携手怀化市人力资源和社会保障局、怀化市国有资产监督委员会共同举办残疾人冬季专场招聘会。招聘会专设361个残疾人岗位并采取线上线下方式同步进行，共达成意向就业协议200多人次。

12月

△5日，衡阳汽车行业首个消费维权服务站——“12315维权服务中亿汽贸城站”揭牌仪式在中亿汽贸城举行。该站的成立标志着衡阳市在促进消费者权益保护和汽车行业健康发展方面迈出了坚实步伐。

首届婴幼儿照护职业技能大赛在岳阳市举办

2023年12月15日—18日，“一带一路”暨金砖国家技能发展与技术创新大赛首届婴幼儿照护职业技能决赛在岳阳举办。湖南省妇联副主席卢妹香，金砖国家工商理事会中方技能组执行总监崔雪艳，副市长张世愚，岳阳职业技术学院党委副书记、校长黄岳山出席开幕式。

2023“一带一路”暨金砖国家技能发展与技术创新大赛之首届婴幼儿照护职业技能决赛在岳阳落幕

金砖国家技能发展与技术创新大赛是2017年金砖国家最高领导人会晤筹备委员会认可、经中华人民共和国外交部备案、金砖国家工商理事会批准的国际大赛。自2017年起，已成功举办六届，累计16万余人次参与了竞赛及相关会议、展览展示、技术交流等活动，并连续五年在《金砖国家工商理事会年度报告》中作为设计成果呈送给金砖五国最高领导人。

本赛项由北京企学研教育科技研究院、岳阳职业技术学院、湖南金职伟业母婴护理有限公司、北京嘉克新兴科技有限公司等联合承办单位精心组织。通过比赛总结和创新婴幼儿照护职业技能标准，反映世界技能标准规范所描述的最佳国际实践；引领婴幼儿照护技术紧缺人才培养方向和院校专业转型升级，推动赛事成果转化和产学研用国际合作。12月14日至17日先后进行理论和实操技能考核比赛。

△ 11 日，2023 年“工会进万家·新就业形态劳动者温暖行动”项目启动仪式在株洲市茶陵县举行。

△ 20 日，双清区垃分办组织开展“有害换有爱”垃圾分类主题活动。

△ 21 日，2023 年湖南省职工帮扶基金会“爱心营养餐·温暖驿家人”活动在永州举行启动仪式。活动现场，120 位新就业形态劳动者代表与户外劳动者代表领取营养餐。

△ 28 日，默戎镇新时代文明实践所组织志愿者奔赴默戎镇辖区各村，开展“德润苗乡”系列志愿服务活动，为村民送政策、送健康、送礼品、送祝福，用实际行动点亮群众“微心愿”。

湖南省首届网络创业直播大赛收官

湖南省首届网络创业直播大赛

2023 年 12 月 20 日，湖南省首届“耀动三湘”网络创业直播大赛举行颁奖仪式。这是湖南首次以“直播 + 创业”的形式办赛，56 个项目参与竞逐，28 个项目脱颖而出，分获创业与创意 2 个组别的一、二、三等奖和优秀奖。

在 19 日举行的总决赛现场，选手们通过短视频、直播带货等形式拿出“看家本领”——有的把自家农产品带到现场，有的当起“好物推荐官”。线上的选手分别进入专属直播间，屏幕的另一端，评委团围绕话术、文案等“赛点”进行评分。湖南非遗出海项目负责人孙昕认为，就文旅而言，电商有其优势，比如能在短时间内增加曝光量，但电商直播仍需不断学习，这次比赛是一次难得的成长机会。

创业是扩大投资的第一来源，促进消费的有力支撑，解决就业的重要保障。2023 年以来，湖南在政府激励、社会支持等方面发力，帮助更多有志青年投身到创业队伍中，刮起网络创业新风，让创响三湘品牌更加响亮，更多人共享创业成果。截至目前，湖南省共培训创业学员 14.18 万人，新增发放创业担保贷款 47.03 亿元，扶持 1.65 万人创业，带动就业 11.71 万人；累计建成创业孵化基地 454 家，在孵创业实体 1.5 万个，新增就业岗位 11.36 万个；组织开展创业讲座、创业沙龙等活动 1750 场，吸引 1.22 万名各类创业者参加，全民创业热情明显提升。

1.11 月 28 日，长沙市 2023 年一刻钟便民生活节启动仪式现场

1

临武县成立郴州市首家农村产权流转交易中心

临武县成立全市首家农村产权流转交易中心

2023 年 12 月 28 日，郴州市临武县农村产权流转交易中心正式揭牌成立，并现场为 5 名流转大户颁发了农村土地经营权证。

农村产权流转交易市场是为各类农村产权依法流转交易提供服务的平台，是政府主导、服务“三农”的非营利性机构。临武县农村产权流转交易中心在郴州市范围内尚属首家，其交易平台集信息发布、产权交易、资产评估、融资贷款、信息咨询、招商引资等五大功能于一体。农户们提出流转申请之后，经过村、镇两级审批，即可在交易平台上进行农村土地承包经营权、林权、“四荒地”使用权等 14 项产权的流转交易。

临武县农村产权流转交易中心主任陈智武介绍，农村产权交易中心为农户提供了一个公开、透明的交易平台，使得土地流转更加便捷。

长沙·龙山广场舞决赛举行

长沙·龙山广场舞决赛举行

2023 年 12 月 30 日，“长龙一家亲·舞出新风采”长沙·龙山广场舞决赛在湘西州龙山县惹巴拉景区举行。来自长沙的 8 支广场舞代表队与龙山县的 8 支广场舞代表队携手相约，在清山秀水间、土家阁楼前，上演了一场精彩的广场舞大赛。

比赛在热烈欢快的开场歌舞《摆手锣鼓》中拉开序幕，接着，16 个节目依次登场。来自长沙市岳麓区群众文艺协会的《黄河颂》热烈激昂、铿锵慷慨；湘西州龙山县东方佳丽文化礼仪协会的《梦中女神》舞者一袭旗袍，雍容华贵，步履生香，一颦一笑间尽显古典风韵；湘西州龙山县毕兹卡演艺公司的《摆手迎吉祥》等节目演绎了热情奔放的土家族、苗族豪情，跳跃、旋转、飞翔，铿锵的节奏中诉说爱的深沉；长沙市岳麓区老小孩艺术团的《全民健身动起来》随着长沙花鼓戏《刘海砍樵》改编版乐曲翩翩起舞，舞出了长沙人积极向上的精气神。

经过近两小时的精彩角逐，《黄河颂》荣获一等奖，其他奖项也花落各家。“这次广场舞比赛效果很好，既带动了当地旅游，也给了我们展现自我的平台。”龙山县毕兹卡演艺公司领队说。

怀化市住房保障服务中心

怀化市住房保障服务中心脱胎于1998年撤地设市时成建制上收的原县级怀化市房产管理局与原怀化地区房地产业局、怀化地区住房制度改革领导小组办公室合并成立的怀化市房产管理局（副处级），2005年升格为正处级并设立党组。2016年始，经过多轮机构改革和职能调整，2019年4月更名为怀化市住房保障服务中心（正处级），2021年10月调整为市住建局管理的副处级公益一类事业单位。现有编制57名，实际在编52人，内设4个部室，下设1个正科级分支机构。主要承担物业专项维修资金管理、公租房后续管理、白蚁防治等3项工作职能。

2023年，怀化市住房保障服务中心始终坚持以习近平新时代中国特色社会主义思想为指导，全面贯彻党的二十大和二十届二中全会精神，忠诚捍卫“两个确立”，坚决做到“两个维护”，始终把思想和行动统一到习近平总书记重要讲话精神和党中央决策部署上，聚焦落实市委、市政府确定的战略目标和任务，开拓进取，精准发力，各项工作取得较好的成绩，为深入实施“五新四城”战略和全面建设现代化新怀化贡献了应有力量。

（一）物业专项维修资金管理工作成效明显

一是维修资金归集使用基本平稳。2023年完成维修资金归集1.24亿元，拨付使用647.53万元。历年来累计归集19.4亿元，累计使用拨付7283.16万元，累计利息收益2.19亿元。**二是维修资金追缴有力有为。**2023年将房地产开发企业代收未缴部分作为维修资金追缴工作重点，召开了10次专题调度会，制定了追缴工作方案，实行挂图作战。8月和9月分别开展了两次追缴“攻坚行动”，收集了29个项目开发企业代收业主维修资金和契税相关证据材料，共涉及2976户1896.88万元。9月份联合公安机关、税务机关集中约谈了24家开发企业负责人；向城管执法部门移交11个行政追缴项目证据材料，联合城管部门约谈开发企业11家。启动抵押资产拍卖程序，怀化电器大市场抵押资产三次拍卖、现代农机物流中心抵押资产两次拍卖，共涉及欠缴金额549.55万元。2023年共约谈开发企业84家，追缴现金入库2753.02万元。**三是电梯维修保险改革试点工作取得突破。**为有效解决电梯维保维修引发的矛盾，积极探索物业专项维修资金增值收益引入电梯维修保险改革试点工作，怀化市住房保障服务中心提请主管部门市住建局联合市场监管、金融办等三部门于2023年11月14日联合下发了《怀化市物业专项维修资金探索增值收益引入电梯维修保险改革试点工作方案》，怀化市住房保障服务中心12月4日下发了《怀化市物业专项维修资金统筹账户增值收益购买电梯维修保险改革试点操作流程》，12月7日和15日召开了两次改革试点工作推介会，共50余家物业企业以及街道社区、业主代表参加了会议，正式启动了该项改革试点工作，预计2024年底签约电梯可达到300台。

（二）公租房后续管理工作持续加强

怀化市本级城东、城南、城北三个公租房小区共有住房5478套。截至2023年底，实有住户5361户，2023年新分配入住264户，清退212户（其中强制清退36户），收取租金858.69万元；完成租赁资格年审5016户，办理房屋租赁备案146宗。加强了对物业服务企业的监管和考核力度，公租房小区管理服务质量有了较大提升，全年无安全生产责任事故。

（三）白蚁防治工作扎实推进

2023年，完成白蚁预防申请受理面积152万m²，完成房屋白蚁预防施工230万m²，房屋白蚁灭治施工面积3000 m²，树木白蚁灭治施工2.3万棵，完成房屋白蚁回访复查面积708万m²，回访率98%。

另外，购房补贴发放、房地产历史遗留问题处理、基层党建、主题教育、意识形态和网络意识形态、党风廉政建设、安全生产和消防工作、平安建设、信访维稳等其他各项日常工作均有序开展。

怀化师范高等专科学校

怀化师范高等专科学校是怀化市人民政府主管、省教育厅管理教育业务的普通高等学校。学校于2018年12月28日经湖南省人民政府批复设立，2019年5月22日通过教育部备案。建设基础为始创于1936年的湖南省芷江民族师范学校。

现有在编教职工365人，其中教授11人、副高职称87人，博士、硕士研究生学历教师168人。现有在籍学生9003人，其中高中学生6288人。学校环境优美，校区规划占地面积656.66亩，规划建筑面积27.1万平方米。现占地面积441亩，建筑面积21.1万平方米。

学校目前开办有学前教育、小学教育、小学语文教育、小学数学教育、小学英语教育、小学科学教育、现代教育技术、美术教育、体育教育、音乐教育、早期教育、舞蹈教育等12个国控师范教育专业及音乐表演、计算机应用技术、婴幼儿托育服务与管理、智慧健康养老服务与管理、书画艺术、动漫设计、数字媒体技术等7个非国控专业，以及初中起点五年制大专公费定向培养学前教育、小学教育专业，并承担怀化市小学、幼儿园教师继续教育。近百年来，学校秉承“勤毅 朴实 敬业 求真”的校训，为社会培养输送了一批又一批教育工作者及各类专门人才。成为怀化市小学和幼儿园教师培养、培训的主要基地及周边省市基础教育师资的重要来源地，为国家教育事业、地方经济、社会发展作出了重要贡献。

近年来，因办学成绩突出，学校被评为全国职业教育先进单位、国家级语言文字规范化示范学校、湖南省文明高等学校、湖南省五年制大专层次农村小学教师定向培养基地、湖南省中小学骨干教师培训基地、湖南省节水型高校、湖南省绿色学校创建示范校、湖南省少数民族文化传承示范基地、湖南省平安建设示范校项目立项单位、湖南省校园毽球试点学校、怀化市民族团结进步示范学校、怀化市清廉学校、怀化市少数民族传统体育基地等。

潮头扬帆竞百舸，奋进崛起奏凯歌。在新的历史起点上，怀化师范高等专科学校坚持以习近平新时代中国特色社会主义思想为指导，全面贯彻落实党的二十大精神，围绕怀化市“五新四城”“鹤中一体化”战略，紧扣学校第一次党员大会提出的“夯实专科办学基础、集中力量创建双高，瞄准本科建设标准、积极申办本科高校”两步走战略目标，顺应形势政策变化，以发展为主题，以改革为动力，以高职院校办学条件要求、“双高”建设指标、本科院校设置标准为依托，加快专业结构调整，突出师范教育特色，深化落实“立德树人”根本任务，深入推进职业教育“三教”改革，用奋进之笔书写学校高质量发展的新篇章。

湘企印刷界的巾帼英雄

——长沙市乐成印刷有限公司董事长陈丽红

企业家名片

陈丽红，女，现任长沙乐成印刷有限公司董事长。从2005年开始进入印刷行里滚打摸爬，以一种倔强、永毅、勤勉的精神，终于闯出了一片属于自己的天地。于2010年成立了长沙市乐成印刷有限公司，由过去的小作坊打拼到今日，拥有德国海德堡四色彩印机、北人胶印机、配套印前、印后设备，已成为湖南省出版物定点印刷企业，是远大集团、长房集团等单位定点印刷企业，连续三年公司的营收以30%的速度递增，发展势头相当强劲。

陈丽红的最大特点是沉静、执着、坚定，别看她平时说话柔声细语，但她上进心强、思路清晰、决策果断，跑市场亲力亲为、身先士卒，待客户真诚所致、肝胆相照，对员工有温有度、关爱有加，即便是遇上难以克服的困难，她都淡然以对。她把家庭、企业打理得内外有别、井然有序，而其中的辛苦付出，则是冷暖自知。

弱肩挑起千斤重，玉手揽月万山轻。我们有理由相信，经过了市场千锤百炼的女企业家陈丽红，必将在未来的职业生涯里，与时俱进弄潮头，成功创业绽芳华！

企业

【长沙市乐成印刷有限公司】

长沙市乐成印刷有限公司，成立于2010年，注册资本200万元人民币，法人代表：陈丽红，公司经营地址：湖南省长沙市天心区书院路望岳村街冶金仓库，以生产加工印刷中高档产品为主。

公司现有生产及管理人员共20人，在行业管理上有较强的能力，丰富的经验，团队精神良好，技术人员与一线工人也具备良好的素质，其中大学以上：3人，中专以上5人，从事印刷管理10年以上的有4人，从事10年以上印刷专业技术人员5人，为正常生产经营和发展提供了有力的保障。

公司主要经营印刷各种企业画册、期刊杂志、宣传单页、楼书海报、手提袋、档案袋、信纸信封、台历挂历等。主要设备有海德堡四色印刷机、对开单色机、折页机、胶包机、订丝机、覆膜机、烫金机、压型机等。上游客户有湖南省美添纸业有限公司、湖南省湘江纸业物资有限公司、长沙润邦印刷材料有限公司等，下游客户有长房集团、电建地产、老百姓大药房连锁股份有限公司、长沙电务段、远大空品科技有限公司、中国人保、长沙高岭国际商贸城、湖南省华郡教育科技有限公司等等。

公司具有良好的商业信誉和健全的财务会计制度，依法纳税，无重大违法记录。

现有的产品市场呈逐渐成熟态势，前景一片光明，做好现有产品的同时挖掘潜能，优化产品结构，提高管理水平，以期更优更快地发展。

院长　蔡坤梅

湖南省三湘地域文化历史研究院

湖南省三湘地域文化历史研究院主要以研究湖湘地域文化历史工作，整合资源和力量，制定新时代地域文化历史研究规划，收集、修复、保存地方文献和资料，讲好湖湘历史，传播湖湘文化，推动湖湘历史文化发展而成立的社会公益性机构。自成立以来，以湖湘地域历史文化为主题，分别参与省委党史部门、省政府文化部门、省政协文史部门编纂《脊梁·90位湖南共产党人》《周小舟文集》《中国共产党·红色湖南图志》《湖南抗战图史》《图记湖南改革开放》《辉煌70年·湖南图鉴》《湖南通史图志》《湖南历史博览》《湖南百年图库》《芙蓉国里》《湖南地名志》《湖南古县》《湖南地域文化志》等一系列地域文化历史辞书。与中国文化信息协会合作编纂了《中国历史图典》《中国通史图志》《中国乡村图志》等全国性历史文化辞书。致力于推进湖湘地域特色历史文化学学科体系，积极推动地域历史学融合发展，充分发挥知古鉴今、资政育人的史学功能，为湖湘地域历史文化贡献智慧和力量。

《红色湖南图志》共六卷，入编文字150余万，辑录图片9000余幅，对中国共产党湖南历史的重大事件、重要人物、重要文献，列条目予以介绍记载，并录编了全省各地的红色革命遗址遗迹。

《湖南抗战图史》约70万字，图片3500余幅，共二卷，记述了在中国共产党领导下的湖南人民抗日战争，客观真实地揭露了日本帝国主义的侵略罪行，全面鲜活地再现了湖湘儿女抵御侵略的卓越功绩。

《图记湖南改革开放》按湖南改革开放历史进程编为四卷，以图文并茂的形式展现了改革开放40多年来湖南人民携手同心创造的人间奇迹，记录了湖南改革开放前进步伐。

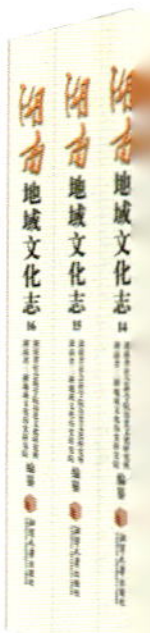